U0929694

# 中国信托业年鉴 2010—2011（上卷）

ALMANAC OF CHINA'S TRUSTEE

中国信托业协会　编

中国金融出版社

## 编辑委员会

2010年中
回顾 展望
2010年
主办单位：中国信托业协会
承办单位：上海国际信托有限公
独家网络合作伙伴：新浪财经
CHINA TRUST INDUSTRY SUMMIT
中国信托业峰会
信
蔡鄂生
阎庆民
吴晓灵
方星海
王世宏
居伟民
蒋昌建
周小明
邢成
潘卫东
蒲坚
刘向东

屠光绍

李飞

柯卡生

联合主办：金融时报社

协办单位：人大信托与基金研究所

# 2010年中国信托业峰会

**Q&A嘉宾**

1 吴晓灵　第十一届全国人大常委、财经委副主任委员
2 王国刚　中国社会科学院金融研究所所长
3 柯卡生　中国银行业监督管理委员会非银行金融机构监管部主任

**主持人**

- 王丽娟　中国信托业协会专职副会长

**圆桌论坛1**

1 王连洲　信托法起草小组成员
2 王晓龙　北京国际信托有限公司总经理
3 黄东峰　江苏省国际信托有限责任公司董事长
4 翁先定　新华信托股份有限公司董事长

**主持人**

1 黄　伟　第一财经主持人
2 蒋昌建　复旦大学国际关系与公共事务学院副教授

圆桌论坛2

❶ 孟　扬　华润深国投信托有限公司总经理
❷ 陈明理　华融国际信托有限责任公司总裁
❸ 马　磊　百瑞信托有限责任公司总裁

圆桌论坛4

① 姚江涛　江西江南信托股份有限公司总裁
② 崔进才　西安国际信托有限公司总经理
③ 陈建超　中铁信托有限责任公司高级研发经理
④ 卢晓亮　华宝信托有限责任公司产品部副总监

圆桌论坛3

❶ 李招军　中国银行业监督管理委员会河北监管局副局长
❷ 蔡概还　华鑫国际信托有限公司首席风控官
❸ 张天民　君泽君律师事务所高级合伙人

# 2010年中国信托业峰会

柯卡生
王世宏
方星海
2010年中国信托业峰会
回顾 展望 务实 创新
2010年12月2-3日 上海
报到
2010年中国信托业峰会
回顾 展望 务实 创新

2010年11月12日，中国银监会主席刘明康参加中诚信托民主生活会。

2010年4月22日，2010年全国信托公司监管工作专题会议在海南召开。

2010年7月26日，全国信托公司现场检查案例交流会在内蒙古召开。

2010年3月19日，中国银监会副主席蔡鄂生莅临中诚信托调研。

2010年4月7日，中国银监会副主席蔡鄂生，重庆银监局局长洪佩丽、副局长陈明柱莅临新华信托调研。

2010年4月9日，中国银监会副主席蔡鄂生莅临重庆信托调研。

2010年6月2日，中国银监会副主席蔡鄂生、非银部副巡视员闵路浩莅临中粮福临门大厦听取中粮信托战略汇报。

2010年11月17日，中国银监会副主席蔡鄂生莅临厦门国际信托调研。

2010年11月18日，中国银监会副主席蔡鄂生莅临百瑞信托调研。

2010年12月2日，中国银监会副主席蔡鄂生一行莅临华澳信托调研。

2010年12月31日，中国银监会副主席郭利根莅临中诚信托调研。

2010年3月23日，中国银监会非银部主任柯卡生一行莅临中航信托调研，听取公司经营管理工作汇报。

2010年7月23日，中国银监会非银部主任柯卡生、信非处处长战伟宏莅临新时代信托调研。

2010年9月9日，中国银监会非银部主任柯卡生在中信信托调研并指导“小金库”治理工作。

2010年10月，中国银监会非银部主任柯卡生莅临中铁信托调研。

2010年12月6日，中国银监会非银部主任柯卡生莅临陕国投调研。

2010年12月6日，中国银监会非银部主任柯卡生莅临西安信托调研。

2010年3月17日，中国银监会非银部副主任陈琼、准入处处长邵敏莅临新华信托调研。

2010年11月19日，中国银监会非银部副主任陈琼莅临英大信托调研。

2010年5月11日，中国银监会非银部副巡视员闵路浩一行莅临杭州工商信托调研。

2010年11月11日，中国银监会非银部副巡视员闵路浩、湖北银监局副局长郑振平莅临交银国信调研。

2010年3月15日，江苏银监局局长于学军一行莅临国联信托调研。

2010年4月30日，北京银监局副局长向世文一行莅临国投信托调研。

2010年6月9日上午，山东银监局副局长王忠坦一行莅临山东信托调研。

2010年7月7日，江西银监局副局长李洪一行莅临中航信托调研，听取公司经营管理工作汇报。

2010年9月1日，江苏银监局副局长谭震祥莅临苏州信托调研。

2010年12月9日，湖北银监局副局长郑振平莅临方正东亚信托调研。

2010年7月28日， 中国信托业协会副会长王丽娟莅临新时代信托调研。

2010年1月14日，自律工作室第一次会议在北京召开。

2010年1月28日，中国信托业协会会员单位联络员第一次会议在重庆召开，与会领导为会员单位联络员颁发会员证书。

2010年2月3日，中国信托业协会承办金融行业八家协会第三次联席会议。

2010年2月25日，中国信托业协会标准工作研究室第一次会议在上海召开。

2010年3月4日，中国信托业协会培训工作研究室第一次会议在北京召开。

2010年4月，中国信托业协会第二届理事会第二次常务理事会议在海南召开。

2010年4月，中国信托业协会第二届理事会第二次会议在海南召开。

2010年4月，中国信托业协会第二届会员大会第三次会议在海南召开。

2010年5月13日，中国信托业协会法律工作研究室第一次会议在北京召开。

2010年5月，中国信托业协会考察团赴英国、瑞士考察学习。

2010年7月16日，中国信托业协会召开业务研讨会。

2010年9月10日，中国信托业协会第二届理事会第四次常务理事会议在北京召开。

2010年9月13日，中国信托业协会召开公益信托试点办法起草座谈会。

2010年9月14日，中国信托业协会召开信托公司参与股指期货业务研讨会。

2010年10月12日，中国信托业协会会计工作研究室第二次会议在大连召开。

2010年10月12日，中国信托业协会会计工作研究室第二次会议全体代表。

2010年10月14日，中国信托业协会专职副会长王丽娟会见日本信托协会专务理事上野宏。

2010年10月14日，日本信托协会拜访中国信托业协会。

2010年1月4日，陕西省政协副主席、民建陕西省委会主委李冬玉一行莅临陕国投视察指导。

2010年1月13日，北京信托高级经理岗位竞聘会。

2010年1月15日，金谷信托与香山国际游艇俱乐部战略合作签约仪式。

2010年1月15日，平安信托与湖北东方投资有限公司、香港恒茂集团有限公司签署湖北樊魏高速公路项目。

2010年1月20日，建信信托在合肥举行揭牌仪式。

2010年2月2日，联华信托与兴业证券在福州签署战略合作协议。

2010年2月6日，华能贵诚信托召开2010年工作会议。

2010年2月8日，陕西省政府副秘书长周玉明出席陕国投职工大会并作重要讲话。

2010年2月8日，中投信托2010年工作会议在安吉天荒坪召开。

2010年2月11日，杭州工商信托与杭州银行签订战略合作协议。

2010年2月20日，交通银行董事长胡怀邦视察交银信托。

2010年3月6日，中航信托聘请中国社科院金融研究所副所长张平同志为公司首席经济学家。

2010年3月8日，厦门国际信托乔迁新址及新VI标识揭牌仪式。

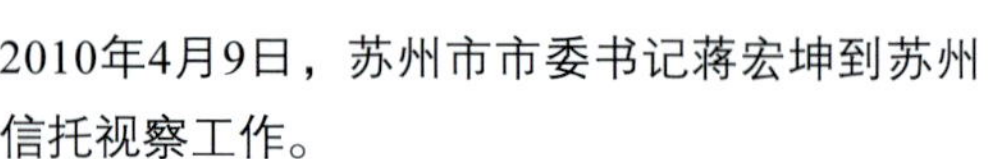
2010年4月9日，苏州市市委书记蒋宏坤到苏州信托视察工作。

2010年4月12日，国元信托推进政信合作座谈会。

2010年4月18日，中航信托与江西省建设银行在南昌共同举办“21世纪管理者的职责、挑战与自我管理”高层管理人员培训班。

2010年4月24日，金谷国际信托开展内部业务培训。

2010年5月10日，国元信托董事长过仕刚率团参加“皖江城市带承接产业转移示范区银企对接会”。

2010年5月17日，中粮信托召开“新时期、新模式、新发展”战略研讨会。

2010年6月1日，中海信托推出首款世博概念理财产品——“泸州老窖特曲绝版老酒信托理财产品”。

2010年6月3日，澳大利亚副总理Wayne Swan、澳大利亚国民银行首席经济学家Alan Oster在上海会见联华国际信托有限公司董事长杨华辉。

2010年6月9日，交通银行副行长王滨莅临交银信托视察。

2010年6月9日，四川信托领导与首次竞聘上岗的中层干部合影。

2010年6月11日，渤海国际信托参加天津第四届中国企业国际融资洽谈会。

2010年6月11日，国元信托总裁俞仕新率公司商务考察团赴台湾进行商务考察和业务交流。

2010年6月17日，福建省省委书记孙春兰和省长黄小晶一行视察第八届中国·海峡项目成果交易会的联华信托展馆。

2010年6月23日，四川信托员工岗位竞聘会。

2010年6月，中信信托和中国国际经济咨询公司联合举行《认知改变信托——2010年中国信托业研究报告》媒体见面会。

2010年7月9日，国联信托举办信托诉讼案例解析培训。

2010年7月17日，爱建信托召开半年度工作会议。

2010年7月17日，华宸信托管理人员参加2010年上半年经营分析会议。

2010年7月31日，外贸信托召开党总支中心组学习扩大会暨2010年年中工作会议。

2010年7月31日，新时代信托举办《信用评级与财务分析》培训。

2010年7月31日，中融信托召开2010年中期工作会议。

2010年8月6日，华能贵诚信托2010年第二次股东会。

2010年8月12日，摩根大通中国区主席邵子力一行访问百瑞信托。

2010年8月17日，平安信托与雅居乐签订学城项目合作协议。

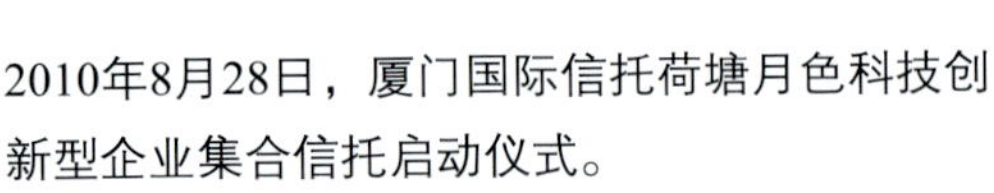

2010年8月28日，厦门国际信托荷塘月色科技创新型企业集合信托启动仪式。

2010年9月1日，中投信托举行网络商学院成立仪式。

2010年9月3日，华宸信托在内蒙古呼和浩特市举办“中国会计学会信托分会北方区域学术研讨会”。

2010年9月4日，山西信托领导参加新晋商形象展示与产业博览会。

2010年9月9日，金谷信托举办“金谷信托—建行北京分行代理信托业务合作研讨会”。

2010年9月15日，国资委监事会领导视察华能贵诚信托。

2010年9月17日，平安信托与香港瑞安建业达成首项物业投资合作。

2010年9月18日，中航信托邀请“现代管理学之父”那国毅博士在江西省共青城举办“经理人执行力”专题培训。

2010年9月20日，上海市政府副秘书长李逸平先生出席华澳信托一周年庆典并致辞。

2010年9月20日，中国信托业协会专职副会长王丽娟女士出席华澳信托一周年庆典并致辞。

2010年9月27日，湖南信托召开第三季度司务会。

2010年10月12日，华澳信托召开发展战略研讨会。

2010年10月14日，北京信托会见日本信托协会来访一行。

2010年10月14日，北京信托与日本信托协会来访一行交流、座谈。

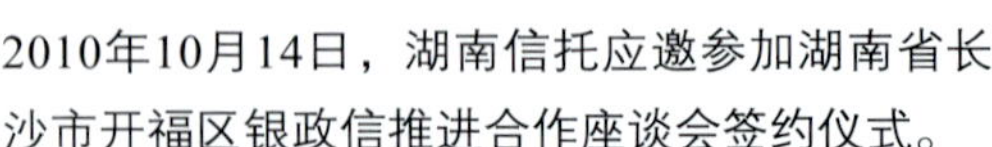

2010年10月14日，湖南信托应邀参加湖南省长沙市开福区银政信推进合作座谈会签约仪式。

2010年10月14日，中国平安PE投资论坛暨交流酒会在北京举行。

2010年10月15日，中信信托会见到访的日本信托协会代表。

2010年10月22日，湖南信托举行创新发展交流研讨会。

2010年10月28日，江苏省信托公司业务发展座谈会在昆山举行。

2010年10月29日，重庆信托成功举办“新监管形势下银信合作业务研讨会”。

2010年11月3日，上海信托召开新品牌发布会。

2010年11月4日，北京信托参展第六届金融博览会。

2010年11月13日，厦门信托世欧王庄城安置房股权投资项目开工仪式。

2010年11月15日，中铁信托召开2011年经营管理研讨会。

2010年11月18日，“杭州工商信托·第二届中国（杭州）艺术品收藏与鉴赏高峰论坛大会”系列活动。

2010年11月19日，上海信托参加第八届上海理财博览会。

2010年11月19日，武汉市副市长邢早忠莅临方正东亚信托视察工作。

2010年11月20日，安信信托参加第八届上海理财博览会。

2010年11月20日，安信信托董事长出席“理财、生财、护财、传财”专题讲座研究讨论会。

2010年11月22日，交通银行行长牛锡明莅临交银信托视察。

2010年11月25日，杭州工商信托董事会下属专业委员会履职会议。

2010年11月26日，方正东亚信托开业庆典盛况。

2010年11月26日，湖北省银监局副局长段银弟为方正东亚信托总经理李群元颁发金融许可证。

2010年11月28日，华宸信托在呼和浩特市新华广场举办银行业公众教育服务日活动。

2010年11月28日，华融信托在香港举办2010年信托业务与创新培训班。

2010年11月28日，陕国投董事长薛季民在银行业公众教育服务日活动中接受新闻媒体采访。

2010年11月28日，西安信托参加2010年陕西银行业公众教育服务日活动。

2010年11月28日，中原信托参加2010年河南银行业公众教育服务日活动。

2010年11月30日，陕西证监局局长薛文石莅临陕国投视察。

2010年12月1日，渤海信托与相关机构召开集合资金信托计划发行研讨会。

2010年12月8日，“新形势下信托公司业务发展与创新”2010年北京地区信托公司业务研讨会在北京召开。

2010年12月16日，华能贵诚信托领导拜会贵州省领导。

2010年12月16日，中信信托与深圳文化产权交易所签署战略合作协议。

2010年12月17日，西安市副市长黄海清莅临西安信托检查指导工作。

2010年12月17日，重庆信托举办“私人银行信托产品创新研讨会”。

2010年12月19日，昆仑信托、冀东发展集团有限责任公司以及中国石油河北销售公司在北京唐山大厦签订三方战略合作协议。

2010年12月22日，中融信托与北京大学共青团委员会举行“青年就业创业见习基地”战略合作座谈会并签署战略合作协议。

2010年12月24日，华融信托召开类基金集合信托业务研讨会。

2010年12月28日，青海省省委书记强卫、省长骆惠宁、五矿集团总裁周中枢共同启动五矿信托开业。

2010年12月28日，青海省副省长骆玉林在五矿信托开业庆典上致辞。

2010年12月28日，青海银监局党委书记、局长冷云竹出席五矿信托开业庆典并致辞。

2010年12月28日，中国五矿集团公司党组书记、总裁周中枢出席五矿信托开业庆典并致辞。

2010年12月28日，青海省工商局局长陈兴龙向五矿信托总经理徐兵颁发“企业法人营业执照”。

2010年12月28日，青海银监局纪委书记葛玉修向五矿信托总经理徐兵颁发“金融许可证”。

2010年12月29日，联华信托董事长杨华辉、福建银监局城商非银处副处长翁海滨为联华信托新营业场所揭牌。

2010年12月29日，四川信托召开首届职工大会。

2010年，北方信托与天津银行战略合作签字仪式。

2010年1月20日，百瑞信托董事长马宝军代表百瑞信托向郑州慈善总会捐赠30万元。

2010年2月12日，中航信托总经理姚江涛一行前往江西省南昌县练塘镇东房村、岗前村，对孤寡老人等进行春节慰问。

2010年3月8日，厦门国际信托携手厦门慈善总会捐赠仪式。

2010年3月25日，云南信托倪云与泸西县领导共同为泸西县向阳乡公益信托希望小学的竣工落成揭牌。

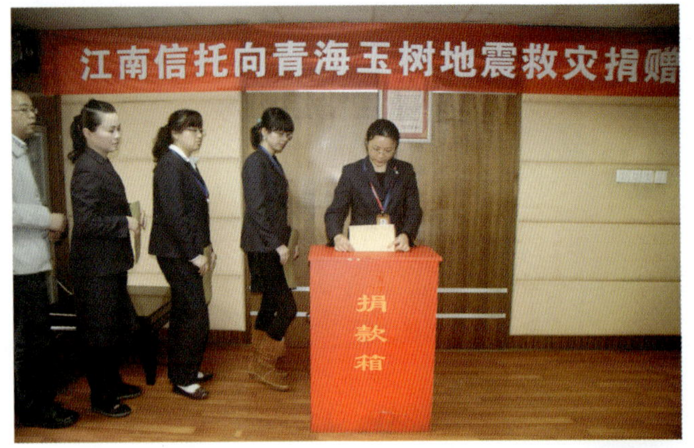


2010年4月21日，中航信托组织全体员工向青海省玉树州玉树县地震灾区捐款。

2010年5月10日，由中信信托援建的四川省绵阳市平武县爱心信托中心小学举行揭牌仪式。

2010年5月28日，华润信托·爱心传递梦想中心捐赠仪式。

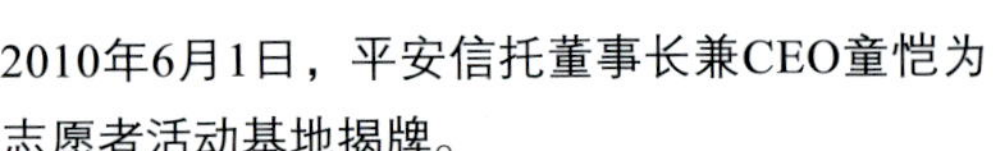
2010年6月1日，平安信托董事长兼CEO童恺为志愿者活动基地揭牌。

2010年7月2日，北京信托“忠诚于委托人，当好投资人守夜人”全员企业文化宣传活动。

2010年8月6日，陕国投为陕西省灾区捐款。

2010年8月26日，吉林森工为感谢吉林信托抗洪捐款赠送锦旗。

2010年9月20日，平安信托向深圳民爱特殊儿童福利院捐赠价值6552元的复康治疗器材。

2010年9月20日，荥阳市高村乡百瑞慈善小学揭牌仪式。

2010年9月25日，联华信托副总裁赖少英一行赴霞浦县联华信托民族小学慰问全体师生。

2010年10月26日，杭州工商信托党委第二支部向民工子弟学校赠书。

2010年2月3日，上海信托举行新年联谊会。

2010年2月10日，华信信托举行2010年春节联欢晚会。

2010年3月27日，杭州工商信托开展“新安江山水画廊徒步活动”。

2010年3月28日，北方信托开展军营一日活动。

2010年4月16日，中原信托获河南省直系统登山比赛团体一等奖。

2010年4月17日，中投信托组织全体员工参加春游徒步踏青活动。

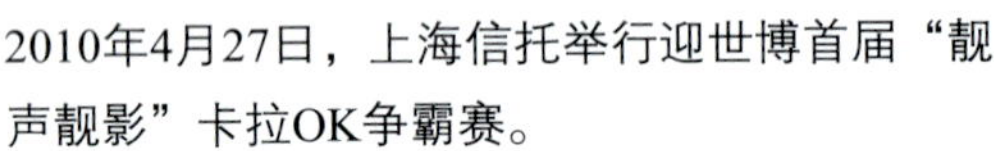

2010年4月27日，上海信托举行迎世博首届“靓声靓影”卡拉OK争霸赛。

2010年5月18日，中粮信托开展素质拓展活动。

2010年5月20日，华融信托董事长隋运生为全体员工上专题党课。

2010年5月20日，中粮信托领导和员工参加中粮集团嘉年华运动会。

2010年5月21日，爱建信托举办青年世博讲图会活动。

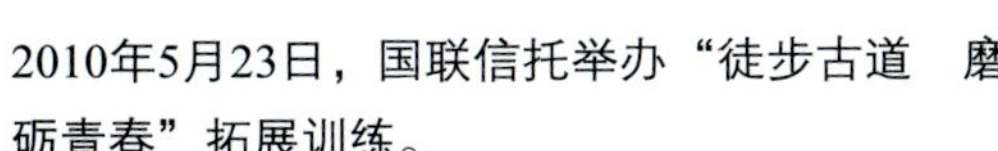

2010年5月23日，国联信托举办“徒步古道　磨砺青春”拓展训练。

2010年5月27日，山西信托举行警示教育大会。

2010年6月23日，外贸信托参加中化集团60周年司庆歌咏盛会，以一曲《好日子》荣获“最佳人气奖”。

2010年6月25日，华宸信托全体党员参加“深入开展创先争优活动动员部署会议”。

2010年6月28日，华融信托举办庆祝建党八十九周年知识竞赛。

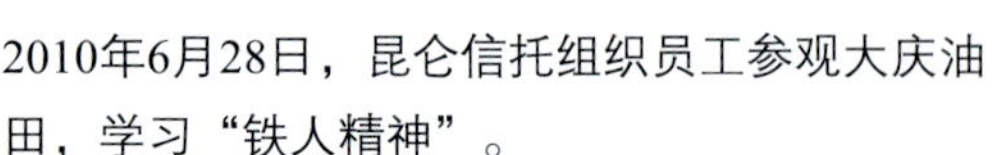
2010年6月28日，昆仑信托组织员工参观大庆油田，学习“铁人精神”。

2010年6月30日，中海信托召开“纪念中国共产党成立八十九周年暨创先争优活动推进会”，积极推进创先争优活动。

2010年7月1日，华宸信托全体党员参加公司党委举办的“预备党员入党宣誓仪式”。

2010年7月1日，陕国投举办庆祝建党八十九周年文字图片展。

2010年7月9日，杭州工商信托开展“杭州工商信托第二届足球赛”。

2010年7月19日，安徽国元信托召开第一次党员大会。

2010年7月20日，百瑞信托党员及入党积极分子赴重庆进行革命传统教育。

2010年7月23日，陕国投党委召开深入开展创先争优活动动员大会。

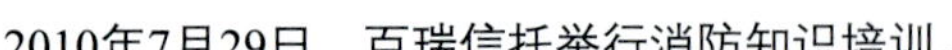
2010年7月29日，百瑞信托举行消防知识培训。

2010年8月8日，苏州信托开展《卓越执行》课程。

2010年8月12日，中诚信托参加“金融系统反腐倡廉建设展”。

2010年8月23日，上海信托第二党支部走访慰问“爱心结对”帮扶对象。

2010年8月28日，中诚信托员工参加全国金融系统首届职工运动会足球比赛。

2010年8月，外贸信托组织2010年新入职员工参加军训活动。

2010年9月2日，山西信托举行2010年中秋贵宾答谢会。

2010年9月21日，外贸信托组织全体员工参加登山比赛。

2010年9月23日，中诚信托员工参加全国金融系统首届职工运动会乒乓球比赛。

2010年10月16日，外贸信托在中化集团举办的足球比赛中获得第四名。

2010年10月20日，华融信托举办商务礼仪培训班。

2010年10月21日，江苏信托组织员工开展团队拓展训练。

2010年10月22日，西安信托太白山之行。

2010年10月26日，云南信托参加2010年“国资杯”国有企业球类运动会。

2010年10月29日，爱建信托井冈山红色之旅。

2010年10月29日，山西信托拓展培训。

2010年11月18日，陕国投组织员工参观“金融系统反腐倡廉建设展”。

2010年11月21日，山东信托全体员工参观“金融系统反腐倡廉建设展”。

2010年11月28日，杭州工商信托开展“军营一日”活动。

2010年12月16日，陕国投举办冬季拔河比赛活动。

# 目　录
CONTENTS

## 上　卷


**重要文献与政策法规** …… 1

**重要文献** …… 3

在银监会 2011 年工作会议上的讲话

中国银监会主席　刘明康 …… 3

在 2010 年全国非银行金融机构监管工作会议上的讲话

中国银监会副主席　蔡鄂生 …… 17

在全国信托公司现场检查案例交流会上的讲话

中国银监会副主席　蔡鄂生 …… 21

在 2010 年中国信托业峰会上的讲话

中国银监会副主席　蔡鄂生 …… 28

在全国非银行金融机构市场准入工作会议上的讲话

中国银监会副主席　蔡鄂生 …… 35

在 2010 年全国非银行金融机构监管工作会议上的讲话

中国银监会非银部主任　柯卡生 …… 46

在 2010 年全国信托监管专题会议上的讲话

中国银监会非银部主任　柯卡生 …… 61

在 2010 年中国信托业峰会上的讲话

中国银监会非银部主任　柯卡生 …… 67

**政策法规** …… 75

中国银行业监督管理委员会令
2010 年第 5 号 …… 75

中国银监会关于加强信托公司结构化信托业务监管有关问题的通知
银监通〔2010〕2 号 …… 79

关于加强信托公司房地产信托业务监管有关问题的通知
银监办发〔2010〕54 号 …… 82

中国银监会关于规范银信理财合作业务有关事项的通知
银监发〔2010〕72 号 …… 84

关于信托公司房地产信托业务风险提示的通知
银监办发〔2010〕343 号 …… 86

## 行业发展与监管报告 …… 87

**行业发展报告** …… 89

**监管报告** …… 123

## 公司发展与创新 …… 137

中信信托有限责任公司 …… 139
北京国际信托有限公司 …… 145
大连华信信托股份有限公司 …… 149
华润深国投信托有限公司 …… 152
上海国际信托有限公司 …… 156
中诚信托有限责任公司 …… 162
中海信托股份有限公司 …… 166
安徽国元信托有限责任公司 …… 171
重庆国际信托有限公司 …… 178
国投信托有限公司 …… 183
华宝信托有限责任公司 …… 187
华融国际信托有限责任公司 …… 190

江苏省国际信托有限责任公司 …… 194
交银国际信托有限公司 …… 198
昆仑信托有限责任公司 …… 202
平安信托投资有限责任公司 …… 206
山东省国际信托有限公司 …… 209
苏州信托有限公司 …… 213
天津信托有限责任公司 …… 216
中国对外经济贸易信托有限公司 …… 218
中投信托有限责任公司 …… 220
安信信托投资股份有限公司 …… 225
百瑞信托有限责任公司 …… 230
北方国际信托股份有限公司 …… 233
渤海国际信托有限公司 …… 237
东莞信托有限公司 …… 240
方正东亚信托有限责任公司 …… 245
甘肃省信托有限责任公司 …… 249
广东粤财信托有限公司 …… 252
国联信托股份有限公司 …… 255
国民信托有限公司 …… 258
杭州工商信托股份有限公司 …… 259
湖南省信托有限责任公司 …… 262
华澳国际信托有限公司 …… 267
华宸信托有限责任公司 …… 272
华能贵诚信托有限公司 …… 276
华鑫国际信托有限公司 …… 279
吉林信托有限责任公司 …… 281
建信信托有限责任公司 …… 286
江西国际信托股份有限公司 …… 290
联华国际信托有限公司 …… 292
青岛海协信托投资有限公司 …… 296
山西信托有限责任公司 …… 297
陕西省国际信托股份有限公司 …… 301

上海爱建信托投资有限责任公司 …… 306
四川信托有限公司 …… 309
五矿国际信托有限公司 …… 311
西安国际信托有限公司 …… 316
西部信托有限公司 …… 320
西藏自治区信托投资公司 …… 325
厦门国际信托有限公司 …… 327
新华信托股份有限公司 …… 331
新时代信托股份有限公司 …… 335
英大国际信托有限责任公司 …… 338
云南国际信托有限公司 …… 340
中国金谷国际信托有限责任公司 …… 344
中航信托股份有限公司 …… 347
中粮信托有限责任公司 …… 350
中融国际信托有限公司 …… 355
中泰信托有限责任公司 …… 359
中铁信托有限责任公司 …… 361
中原信托有限公司 …… 364
紫金信托有限责任公司 …… 367

**专题研究与思考** …… 369

信托公司的定位与发展空间
——2010 年中国信托业峰会上的讲话 …… 371
发挥信托制度功能　促进信托事业发展 …… 377
经济发展方式转变中的信托业发展选择 …… 382
现代信托的功能与价值取向
——中国信托业的理性回归 …… 387
金融支柱：中国信托业辉煌曲折三十年
——中国信托业的发展历程及业务演变 …… 401
认知改变信托：2010 年中国信托业研究报告 …… 424
自主管理、服务社会、改善民生，实现信托公司可持续发展 …… 445

试论“十二五”规划下信托业的未来发展 …… 464
资产规模、专业能力和品牌影响力
——关于信托公司未来发展战略的思考 …… 481
浅析信托公司客户专业化战略 …… 490
中国信托法律制度框架的建立、发展与完善 …… 499
从信托功能角度论我国信托立法的完善 …… 516
信托公司信托产品创新与产品设计研究 …… 540
信托理财产品和各类金融理财产品的综合比较 …… 561
财富传承信托：信托登记制度建立后的私人信托业务 …… 594
TOT 产品市场及其发展趋势 …… 602
结构化证券投资业务模式研究
——以信托型有限合伙为视角 …… 614
论信托公司资本充足性的风险监管
——构建以净资本为核心的风险控制体系 …… 624
基金化产品
——信托公司向自主管理转型的逻辑路径 …… 635
发挥信托制度优势 促进房地产业健康发展 …… 641

**协会发展与成效** …… 647

中国信托业协会 2010 年工作报告 …… 649
关于进一步规范和促进银信合作业务的自律公约 …… 656

**大事记** …… 659

**媒体报道** …… 689

# 下　卷

**2010 年度中国信托公司信息披露分析报告** …… 911

**2010 年度各公司年度报告** …… 1055

安徽国元信托有限责任公司 …… 1057
安信信托投资股份有限公司 …… 1071
百瑞信托有限责任公司 …… 1091
北方国际信托股份有限公司 …… 1108
北京国际信托有限公司 …… 1120
渤海国际信托有限公司 …… 1135
重庆国际信托有限公司 …… 1148
大连华信信托股份有限公司 …… 1165
东莞信托有限公司 …… 1175
甘肃省信托有限责任公司 …… 1187
广东粤财信托有限公司 …… 1198
国联信托股份有限公司 …… 1209
国民信托有限公司 …… 1221
国投信托有限公司 …… 1230
杭州工商信托股份有限公司 …… 1245
湖南省信托有限责任公司 …… 1256
华澳国际信托有限公司 …… 1266
华宝信托有限责任公司 …… 1278
华宸信托有限责任公司 …… 1294
华能贵诚信托有限公司 …… 1308
华融国际信托有限责任公司 …… 1318
华润深国投信托有限公司 …… 1331
吉林省信托有限责任公司 …… 1347
建信信托有限责任公司 …… 1364
江苏省国际信托有限责任公司 …… 1382

江西国际信托股份有限公司 …… 1394
交银国际信托有限公司 …… 1407
昆仑信托有限责任公司 …… 1418
平安信托有限责任公司 …… 1433
山东省国际信托有限公司 …… 1447
山西信托有限责任公司 …… 1461
陕西省国际信托股份有限公司 …… 1471
上海爱建信托投资有限责任公司 …… 1487
上海国际信托有限公司 …… 1502
苏州信托有限公司 …… 1518
天津信托有限责任公司 …… 1534
西安国际信托有限公司 …… 1551
西部信托有限公司 …… 1563
西藏信托有限公司 …… 1577
厦门国际信托有限公司 …… 1586
新华信托股份有限公司 …… 1598
新时代信托股份有限公司 …… 1612
英大国际信托有限责任公司 …… 1622
云南国际信托有限公司 …… 1636
中诚信托有限责任公司 …… 1649
中国对外经济贸易信托有限公司 …… 1664
中国金谷国际信托有限责任公司 …… 1675
中海信托股份有限公司 …… 1685
中航信托股份有限公司 …… 1698
中融国际信托有限公司 …… 1709
中泰信托有限责任公司 …… 1727
中铁信托有限责任公司 …… 1738
中投信托有限责任公司 …… 1750
中信信托有限责任公司 …… 1762
中原信托有限公司 …… 1776

# 重要文献与政策法规

# 重 要 文 献

## 在银监会 2011 年工作会议上的讲话

中国银监会主席　刘明康

（2011 年 1 月 17 日）

### 继往开来锐意进取　再创银行业监管工作新辉煌

同志们：

这次工作会议的主要任务是，贯彻落实党的十七大、十七届三中、四中、五中全会和中央经济工作会议精神，总结 2010 年工作，研究部署 2011 年工作。我代表会党委讲两点意见。

#### 一、2010 年主要工作

2010 年，面对复杂多变的国内外经济金融形势，针对银行业潜在风险凸显的严峻挑战，在党中央、国务院的坚强领导下，银监会系统各级机构、各部门以及监事会、行业协会等按照会党委要求，深入贯彻落实科学发展观，紧紧抓住银行业各项指标处于历史最好水平的难得机遇，注重把握主动权，加强前瞻介入监管，积极引领我国银行业科学发展。目前，银行业转变发展方式已逐渐进入日程，贯彻落实国家宏观调控政策的内生动力有所增强，全面风险管理水平明显提高，重点领域风险得到及时预警和有效防控，稳健发展的良好态势得以继续保持。

回顾"十一五"以来，特别是过去一年，我们主要做了以下工作。

(一) 周密部署、反复协调，防控重大系统性和代偿性风险取得新成效

一是地方政府融资平台贷款（以下简称平台贷款）规范清理和风险化解工作深入推进。早在2004年，我们就大力规范地方政府与银行之间的借贷行为，多次强调不得与地方政府签订无特定项目的大额授信合作协议。2008年，在全力应对国际金融危机冲击的同时，针对平台贷款风起云涌的局面，多次向国务院报告其风险状况，促成2009年银监会与人民银行共同致函地方政府，及早拉响警报。2010年，按照“逐包打开、逐笔核对、重新评估、整改保全”十六字方针，以及“分解数据、四方对账、分析定性、汇总报表、统一会谈、补正检查”六个步骤，督促银行业金融机构按现金流覆盖情况对平台贷款进行分类处置，明确偿债主体，强化风险缓释，足额提取拨备，充分核销不良。积极参与制定《国务院关于加强地方政府融资平台公司管理有关问题的通知》（国发〔2010〕19号），联合发改委、财政部、人民银行、审计署等研究具体实施细则，反复磋商确定平台贷款认定口径和数据基础。目前，平台贷款高增长势头和相关风险得到有效遏制。自2007年下半年以来，针对“实贷实存”等不科学的贷款管理旧有模式，连续三年深入研究制定“三个办法、一个指引”，于2010年初正式出齐后，按照“齐步走”策略，持续开展宣传教育、检查督导、跟踪整改，推动银行业金融机构转变认识、改造系统、革新流程，全面落实贷款新规，从源头上防范信贷资金被挪用风险，引导企业优化财务管理，确保信贷资金进入实体经济。截至2010年末，按“三个办法、一个指引”走款占比达50%。坚决推进中长期贷款合同的科学签署和及时补正，合理规范还款方式、风险定价和期限科学设定。

二是房地产贷款风险防范取得明显成效。2004年以来，及时发布相关制度，多次开展不同情景下的压力测试，及早督导银行业金融机构高度关注商品房空置面积居高不下、部分城市房价快速上涨、土地闲置面积上升等问题。2009年以来，特别是2010年，积极与国土部、住建部、国资委、人民银行等协调行动、共享信息，指导银行业金融机构预先布防高风险房地产企业风险暴露，坚持以房为限实施差别化房贷政策，动态审慎管理首付款比例，严格执行利率风险定价，切实做到“面测、面试、居访”。加强对房地产信托业务的监管。严厉查处零首付、假按揭等违规行为。配合打击房贷中介高“返点”行为。经过不懈努力，房地产贷款增幅已回落到2009年9月水平，个人住房贷款新增量逐月减少且主要投向首套住房，八城市专项检查结果显示，二套及以上房贷金额占比已从2010年4月的24.7%降至8月的17.9%，年末已降至15%。

三是全面风险管控取得积极进展。我们坚持密切跟踪经济金融形势，定期监测分析我国产业行业风险，与发展改革委、工信部等及时沟通，指导银行业金融机构优化信贷结构，防范产业结构调整相关风险。及时提出将不良贷款考核重点转向风险管理工作的扎实深入程度、科学精细化水平、风险早期暴露充分性等，督促银行业准确进行贷款风险分类，抓住这两年盈利较

好的有利时机，“以丰补歉”全力提足拨备。果断清理规范银信之间的不当合作，使其从峰值的2.08万亿元下降至1.66万亿元，降幅达20.19%。进一步规范信贷资产转让，要求洁净转让、严禁分拆、重签协议、变更担保手续和成本对称，防止监管套利和隐藏风险。继续保持案件防控高压态势，努力挖掘陈案，及时移送案件，强化责任追究，适时将考核重点放在案防工作开展的力度、深度及实效上，成效比较显著。加强与境外监管当局的协调，阻止了美欧个别银行破产重组危机向境内传染。大力加强流动性风险、集中度风险、信息科技风险、声誉风险、国别风险，以及银行卡、理财产品、代理保险、票据融资等领域风险的防范与处置。

此外，制定融资性担保公司管理暂行办法及八个配套制度，积极推进规范整顿工作。推动将打击和处置非法集资工作纳入社会治安综合治理考评范围，加大对重大案件的协调处置力度。配合协调地方政府和相关部门妥善处理多起集体上访事件。

### （二）科学规划、扎实推进，服务实体经济取得新突破

一是信贷投放更加平稳有序。在2008年5月，我们就及早预见到国际金融危机在迅速逼近，并及时建议增加信贷规模20%，第四季度又适时建议临时取消规模，有效支持了国内经济回升向好。针对形势变化，于2009年第二季度就立即着手引导银行业信贷投放有序减速，实现了信贷从超常规投放逐步趋于常态。在2009年末，科学测算出2010年“3:3:2:2”的季度信贷投放节奏，并报国务院批准，同时根据季节性特点对农村合作金融提出“5:3:2:0”的差别化指导意见。采用多种审慎监管工具，大力推动银行业金融机构科学制订信贷投放计划和进度，适当缩减规模和业绩指标考核权重，从内在机制上遏制盲目扩张，防止月末、季末、年末“冲时点、压时点”和月中、季中“鼓肚子”。2010年人民币信贷投放总额7.95万亿元，各季度分别投放2.6万亿元、2.03万亿元、1.68万亿元、1.64万亿元。

二是信贷结构有所优化。鼓励银行业金融机构采用“名单式”管理，以及差别化的风险定价、经济资本占用系数、专项拨备等方法，继续严格控制“高耗能、高排放”和产能过剩行业授信。督促稳定和扩大县域营业网点，加快新型农村金融机构建设，鼓励县域法人机构将新增存款用于当地贷款。截至2010年末，全国共组建新型农村金融机构509家，所有省（市、区）均提前一年实现基础金融服务空白乡镇全覆盖，农村金融机构涉农贷款“两个不低于”目标如期实现。深入研究小企业金融服务差异化监管政策，督导加快设立小企业金融服务专营机构，落实“六项机制”，创新业务模式和产品。截至2010年末，共有109家商业银行成立了小企业金融服务专营机构，小企业贷款增量和增速明显提升，小企业贷款覆盖率、满足率和满意度均有所提高。推动银行业金融机构积极为应对地震、泥石流、洪涝干旱等自然灾害及灾后重建提供有效支持。根据中央西藏、新疆工作座谈会议和西部大开发工作会议精神，积极引领银行业金融机构支持欠发达地区经济社会发展。重视加强对民生领域信贷支持方式的研究，引导加强

对廉租房、公租房及棚户区改造的支持，加大对农产品生产、加工、流通环节的支持，取得了积极效果。

三是改革开放进一步深化。农业银行完成股改上市。政策性银行改革有序推进。邮政储蓄银行改革迈向纵深。农村信用社改革迈出关键性步伐。农村商业银行实现首家上市突破。中小商业银行改革深入推进。资产管理公司转型改革试点正式实施。高风险非银行金融机构处置已基本完成。4 家消费金融公司先后开业。银团贷款、社团贷款、供应链融资等逐步推广。合格抵（质）押品范围积极扩大。“送金融知识下乡”活动和青年创业小额贷款工作继续深化。上海世博会、广州亚运会等重大活动金融服务安排周到。全国首届“中国银行业公众教育服务日活动”成功举办。中西部 12 省（区）外资银行营业性机构实现零的突破。与港澳台地区银行业合作进一步加强，特别是两岸银行业互设机构迈出重大步伐（2010 年共批准 6 家台资银行在大陆设立分行，2 家台资银行在大陆设立代表处，同时 3 家大陆银行获准赴台设立代表处）。

### （三）系统评估、开拓创新，监管能力建设再上新台阶

一是监管法规工具不断丰富完善。认真开展法规清理工作，全面进行法规制度后评估。就董事履职评价、薪酬制度、金融资产管理公司并表监管、国别风险、数据中心监管、外包管理、公允价值计量、外部审计等出台了一批指引，填补了多项制度空白。紧密结合国情，积极推进实施国际新监管标准，包括资本充足率、动态拨备率、杠杆率、流动性比率等在内的新监管框架已具雏形。引导银行业注重内生积累，强调股东持续注资责任和能力，优先补充核心资本。反复论证、多方协调，资本补充方案成功实施，可持续的资本补充机制建设取得进展。

二是监管方式方法持续改进。在广泛深入调研论证的基础上，系统总结评估银监会成立以来市场准入、非现场监管和现场检查工作的成效、经验和不足，研究改进优化措施，夯实监管基础。积极运用相关调查权，坚持“长牙齿”，不断提高监管权威性。银行风险早期预警和非现场监管系统进一步完善。现场检查系统（EAST）得以推广。新 OA 系统在会机关正式启动，办公效率明显提高，信息共享显著改善，办公成本大为节约。新闻宣传和信息报送实现重大突破。舆情监测应对获得中央领导肯定。《银监会年报》已经成为我会信息披露的重要渠道。

三是国际监管合作中的参与引导能力继续增强。开展 G20 框架下监管政策研究，参与起草胡锦涛主席在两次 G20 领导人峰会上的发言和中方立场文件。深度参与国际金融监管改革政策制定，很多建议已经体现在国际新监管标准中。代表中国首次承办巴塞尔委员会逆周期资本工作组会议。协助完成金融稳定理事会（FSB）和巴塞尔银行监管委员会（BCBS）多项调研和专题评估工作，顺利完成金融部门评估规划（FSAP）相关工作和美联储综合并表监管（CCS）评估工作，并以此为契机，认真研究制定提高我国银行业监管有效性的中长期规划。成功组织召开大型银行监管（国际）联席会议。建立健全与母国监管当局的日常沟通交流机制。已与 42 个

国家和地区的金融监管当局签署 MOU 或合作协议。将与台湾地区金融监管部门开展一年两次的正式监管磋商。

此外，还就科学制定实施货币政策、公共财政体制改革、民间资本投资兴办银行等一系列重大问题，主动向中央建言献策。积极参与“十二五”规划研究、中美战略与经济对话磋商。认真准备国务院金融旬会，并提出建设性意见。认真牵头和配合完成国务院关于当前金融领域十五项重大课题研究。

### （四）围绕中心、服务大局，党建和内部管理达到新水平

认真学习贯彻党的十七届四中、五中全会和中央经济工作会议精神，完善党建治理结构，全面加强党建各项工作。开展“四比四创”、“党旗飘扬在监管岗位上”等“创先争优”活动，广大基层党组织和党员干部工作积极性、主动性和创造性进一步提高。充分发挥党委中心组学习的龙头作用和示范效应，注重把学习成果转化为工作能力，学习型组织建设有关经验被国家机关工委作为典型交流。顺利完成首轮处级以上党员领导干部党校培训任务。深入落实干部监督四项制度，首次公开选拔正局级领导干部，进一步完善竞争上岗机制，加大公务员招聘力度，加强干部教育培训，人才队伍不断优化。进一步加强惩防腐败体系建设，认真贯彻执行《廉政准则》及相关制度，出台《银监会工作人员廉洁从政从业承诺制度》，全面开展会规会纪后评价和监督检查工作，切实做好“小金库”等专项治理，认真开展巡视工作，大力督促银行业治理商业贿赂。预算执行科学性、均衡性明显提高。群工工作深入开展，组织了对青海玉树、甘肃舟曲受灾职工和全系统困难职工的捐助慰问活动，同时还组织了高寒艰苦地区和受灾、基层地区职工代表参加的“世博之旅”、“亚运之旅”两期职工休养活动。定点扶贫工作进展明显。业务竞赛、文体活动丰富多彩。民主管理、政务公开成效显著。监管文化建设不断延展深化，凝聚力、向心力、和谐度不断提升。

回顾近年来，特别是2010年的工作，成绩来之不易，经验弥足珍贵，有很多方面值得我们认真总结、继续坚持、深化提高，归纳起来主要有“四个坚持”。一是坚持科学审慎的监管理念。银监会一成立，我们就把握风险监管精髓，旗帜鲜明地提出了“管法人、管风险、管内控、提高透明度”的监管理念。在不断探索实践的基础上，又总结提炼出“准确分类—充足拨备—及时核销—做实利润—资本达标”的持续监管思路和金融创新“风险可控、成本可算、信息充分披露”的监管原则。这些理念、思路和简明原则，是我们多年监管实践的高度凝练，是持续提高监管有效性、成功走到今天的重要法宝，应当也必须在今后的监管工作中一以贯之地坚持下去。二是坚持守好风险底线，加快转变发展方式。这些年来，我们从全局和战略高度，注重处理好争取政策支持、监管外部指导和机构内生自觉的关系，以支持实体经济又好、又快发展为基本导向，以发展促转变、在转变中谋发展，以发展化解风险、在化解风险中谋发展，不断

提升发展质量、水平和核心竞争力。三是坚持借鉴国际经验，紧密结合国情，不断自我超越，着力提高监管的针对性和有效性。我们始终密切跟踪国际最佳实践，取其精华、为我所用，不断丰富创新一系列基本、简单、管用的监管“工具箱”和符合我国实际、行之有效的监管方式方法，以极其有限的监管资源高质量完成了异常复杂艰巨的监管任务。四是坚持扎实的工作作风，对大事、难事咬住不放、攻坚克难，确保银行业稳健运行。我们始终强调，要敢于揭示问题、勇于面对问题、善于解决问题，对所有重点工作，坚持令出法随，剑及履及，有部署就要有检查，有重大行动就要有后评价，有问题就要有整改，真正形成有始有终、扎实深入的工作风气。

同志们，我们的工作能有这样的局面，是党中央、国务院坚强领导的结果，是有关各方大力支持的结果，饱含着银行业广大干部职工的辛勤劳动，凝结着全系统广大监管干部的心血和汗水。特别是各银监局、各银监分局以及各监管办按照会党委统一部署，兢兢业业、恪尽职守，做了大量细致而卓有成效的工作，为我国银行业安全稳健运行和持续健康发展作出了不可磨灭的贡献。在此，我代表会党委向大家，并通过你们向广大干部职工表示衷心的感谢和崇高的敬意！

## 二、2011 年重点工作

胡锦涛总书记和温家宝总理在中央经济工作会议上明确指出，2011 年防范和化解经济运行风险任务艰巨，全党务必增强大局意识和忧患意识。我们作为监管者，要对面临的形势和风险始终保持清醒认识。经过前些年深化改革特别是股改上市，我国银行业体制机制的确出现可喜变化，但这种变化目前还是阶段性的，没有深植于理念和文化进步当中。在遇到国际、国内复杂形势影响的情况下，就发生了落伍乃至退步“回潮”现象，如发展战略应变设计不足（知识经济时代，设计特别是顶层设计很重要），风险意识淡漠（合同各种约定无以及时发现风险和覆盖可能出现的各种风险），内部控制弱化（“三查”流于形式，内审形同虚设），看时点数、看市场排位等不审慎行为反弹，已孕育了一些重大的系统性和区域性风险隐患。与此相反，国际银行业危机后大都在警醒与反思，并正在进行新的战略调整设计和布局。所有这些，务必引起高度重视。

面对复杂形势和严峻挑战，2011 年银行业监管工作的总体要求是：全面贯彻党的十七大，十七届三中、四中、五中全会和中央经济工作会议精神，以邓小平理论和“三个代表”重要思想为指导，深入贯彻落实科学发展观，全面推进加快转变发展方式，着力提高监管政策的前瞻性、深入性、有效性，着力增强改革发展的科学性、持续性、稳健性，着力布控防范系统性和区域性风险，确保银行业安全稳健运行，促进实体经济平稳较快发展。

2011 年要重点抓好以下工作。

## （一）严密防范四大风险，坚决守住风险底线

一是严防信用风险，尤其是系统性和区域性的代偿性风险。当前及今后一个时期，信用风险仍然是我们面临的最大挑战。其中平台、房地产贷款风险以及“影子银行”、集中度等相关风险，具有典型的系统性和区域性特征，对这些风险的传染性和破坏性必须保持清醒认识，并采取有效措施防患于未然。

对平台贷款，要按照既定部署坚决化解风险。平台贷款不仅是未来一个时期的重大系统性金融风险隐患，也是国家财政风险的“定时炸弹”，务必督促银行业金融机构力争在今明两年有效防范和化解。要把握好三条：一要严格控制增量。仅允许平台贷款在有偿还能力的保障性住房（公租房、廉租房、棚户区改造）建设领域适度新增，要统筹考虑平台公司整体偿债能力和项目本身偿还贷款本息能力，严格落实贷款“三查”制度，审慎发放并科学管理。对到期平台贷款必须收回，不能展期和贷新还旧。二要加快存量分类处置。要推动严格落实《关于加强融资平台贷款风险管理的指导意见》，按照既定方针扎实做好平台贷款分类处置工作：对于经平台、银行、政府三方签字确认的全覆盖类贷款，不再列为平台贷款，作为一般公司类贷款按商业化原则运作；对于现金流为全覆盖且拟整改为公司类贷款的，继续落实抵押担保，推进确认工作，核实一家、退出一家；对于保全分离和清理回收类贷款，要督促银行业金融机构制定整改时间表，通过项目剥离、公司重组、增加担保主体、追加合法足值抵（质）押品、直接收回等措施，如期完成有关工作并定期报告工作进展，争取主动，防止被动。三要严格资本、拨备要求。2011 年要区分全覆盖、基本覆盖、半覆盖和无覆盖，对平台贷款按照 100%、140%、250% 和 300% 严格计算贷款风险权重，提高资本占用成本。要重点加大对贷款风险分类准确性及其责任的督查，特别是正常类和关注类中实际隐含较大风险的，要严格按照标准重新认定，该降则降，相应加大次级类和可疑类的占比。要确保平台贷款的拨备覆盖率和贷款拨备率均不低于一般贷款拨备水平，对于短期内因客观限制确实难以提足的，也必须制订分年补提计划，确保 2～3 年内补足，期间按新资本监管协议首先做到对资本作相应扣减。此外，要强化问责处罚。对于国发〔2010〕19 号文件发布后继续违规发放平台贷款，以及接受地方政府甚至人大违规担保的，不能置若罔闻，要按照有关法律法规严肃追究贷款发放机构“一把手”及其总部相关负责人的责任，并对该行固定资产贷款实施整顿，代偿性风险大且整改不力、情节严重的，应发布叫停令。

对房地产领域贷款风险，要有重点地加强防控。当前房地产贷款风险，主要集中在具有平台性质的土地储备中心贷款和开发商贷款领域。对土地储备贷款，要把握其平台贷款特点，按照前述相关要求严密防控和问责。对开发商贷款，要抓住三个重点。一要加强“名单式”管理。

对住建部、国土资源部等认定有重大违法、违规行为的房地产开发企业，以及因法人代表违法、违纪致使企业不能持续经营的，银行业金融机构应按出现重大违约事项的贷款合同约定，采取加速还款等保全措施。要密切关注存在高价购地、跨业经营、过度扩张、负债率偏高等问题的房地产企业风险暴露。严防集团公司通过母子公司借款和其他各种关联交易将信贷资金违规流入房地产市场，杜绝用信贷资金购地，充分发挥贷款新规在防控房地产贷款风险上的作用。二要加强风险评估计量。要按照更严格和更审慎的标准，建立房地产客户的内部评级体系，开发针对房地产企业集团整体的风险计量和评估方法。要督促深入开展压力测试。对于商业物业抵押贷款，不能简单采信中介公司的评估，要根据物业的合理经营期限、产生的现金流和合理的折现率审慎评估物业价值。必要时，要提高资本和拨备要求。三要加强长远谋划。从中长期看，还要高度关注房地产需求增速可能明显降低的潜在影响，科学制定房地产行业信贷战略、合同期控制和抵（质）押风险管控措施，实现良性发展。对个人住房贷款，重点是督促银行业金融机构继续执行好差别化房贷政策，把现有监管要求落实到位，防止出现假按揭和“次级房贷”，避免信贷资金违规进入房地产投资投机领域。

对银信合作等“影子银行”业务，要果断予以规范。重点把握好三个方面：一要坚持科学理念。确保成本对称，坚决禁止监管套利。与发展改革委、财政部、人民银行、证监会、外管局加强工作协调和信息共享，防止企业过度负债。加强“防火墙”建设，严防不当授信。还要抓好并表管理。二要继续坚决清理规范银信合作业务。要督促科学安排清理规范工作进程，确保今年将银信理财合作业务表外资产全部转入表内，同时在计算杠杆率、流动性和资本充足率以及拨备比率时充分反映。对未转入表内的银信合作信托贷款，要求信托公司按 10.5% 的比例计算风险资本，并按照银信合作不良信托贷款余额 150% 和银信合作信托贷款余额的 2.5%（孰高为准）计提信托赔偿准备金。对融资类银信合作房地产业务中用于股权投资的，必须明确资金来源是私人银行高端客户，并充分披露信息。严禁用理财资金直接购买信贷资产。进一步督促财务公司规范开展委托贷款业务，检查和查处一切监管套利行为。三要规范开展信贷资产转让。督促银行业金融机构严格遵守真实性、整体性和洁净转让原则，做好信贷资产转让的尽职调查、授信审批、风险评估、重签协议、担保物权转移工作，防范不当销售、担保落空等合规与法律风险，确保信贷资产转让真正服务于银行信贷风险管理的真实需要。做好成本对称工作，对转出方和转入方的资本充足率、拨备覆盖率、大额集中度、存贷比、风险资产等监管指标的计算，及时调整，一笔都不遗漏，非现场监管手段要跟上。不允许商业银行将正常类贷款转让给资产管理公司。

对集中度风险，要加强前瞻防范。督促坚守客户授信集中度红线，将所持有的债券、发放的贷款以及担保和贷款承诺（合同明确无条件可撤销的除外）统一纳入授信集中度限额管理，无论是企业还是政府部门都不能例外。严格设定产业、行业授信集中度限额，对国家明令限制的产业和行业应实行更严格的动态差异化管理。加强对重点领域的压力测试和风险监测。必要时可在第二支柱下对集中度提出专门的资本要求。

有效防范这些重大信用风险，离不开科学贷款管理制度的精细化设计完善和跟进落实。要牢牢抓住三条：一要抓住“三个办法、一个指引”不放松。及时系统总结推广上年实施贷款新规的经验，查找分析存在的不足和原因，坚持法人导向研究改进方式方法。执行不到位、成效不明显、未能限期达标的银行业金融机构，对其相应不到位贷款要提高资本附加和增加拨备，直至限制市场准入、暂停相关业务、限制贷款发放等联动监管措施。特别对没有严格落实贷款新规，没有执行笔笔贷时审查和至少一年一次的贷后现场检查，并因此诱发贷款挪用和其他风险的机构，必须严厉追究问责，并与人民银行保持工作联动，争取采取上调存款准备金率、发行定向票据等措施。确保各行今年按照贷款新规走款比重真正达到80%以上。二要科学签订合同。强力推进中长期贷款合同整改工作，补签相关贷款差额补足协议，弥补还款资金缺口。对于新发放的非基础设施类的固定资产和项目贷款，要根据项目原概算和原定建设期、合理运营期，确定贷款期限以及科学的本息偿还方式，还本期限不得超过15年，原则上项目建成投产后，每年至少两次偿还本金，利随本清。三要抓住贷款的精细化管理。督促各行实施前瞻性、指导性的经济资本管理不倒退，推动在风险定价和内部考核中全面运用风险调整后的资本收益率（RAROC）和经济增加值（EVA）（也就是做到“算了放，不是放了算”）。要充分考虑不良贷款反弹的客观必然性，引导加强对还本到期偿付比率的考核（对于所有展期、贷新还旧的，必须与拖欠一起计算违约率，同时剔除只偿还利息而本金还未到期的部分），更加注重贷款分类的准确性和贷款质量管理的精细化，进一步与外审合作，加强对贷款分类迁徙度和偏离度的考核，密切监测贷款逾期率和贷款质量向下迁徙率等系列指标的异常变动。要对商业银行不审慎更换外部审计机构等行为进行“负面干预”。

二是抓紧加强市场风险防控。一直以来，中资银行市场风险管理偏弱，经验积累明显不足，交易账户和银行账户划分随意性较大，尚无真正意义上的银行账户利率风险管理，除个别银行外，间接性市场风险（主要是信用风险、流动性风险对市场风险的影响）从未得到应有的重视和防范。这种局面必须尽快改观，否则难以应对汇率波动和利率市场化进程加快、金融国际化程度日益加深带来的挑战。要从两个层面入手抓好工作：一要科学制定监管标准并严格实施。要合理设定衍生产品交易风险暴露指导性上限，要求银行业金融机构从事非套期保值衍生产品交易，要从严把控其标准法下市场风险资本占核心资本的比例，同时一律禁止从事无限风险的产品以及再衍生产品等高杠杆业务。要严格交易账户和银行账户的科学划分，将套期保值类衍生产品交易全部划入银行账户管理，非套期保值类衍生产品交易必须划入交易账户管理，并抓紧健全和完善有关会计制度。2011年起，取消原来规定的市场风险85亿元的计提阈值，督促所有银行业金融机构至少按照标准法不折不扣计提市场风险资本。二要推动银行业金融机构提高自身管控能力。要督促大中型银行，尤其在实施新资本协议过程中，不断学习借鉴国际最佳做法，大力改进加强系统支撑、模型运用和管理技术，不断提高数据质量和风险管理的有效性。推动中小型银行等着重加快解决基础性问题，包括账户划分、估值、使用简单有效的方法计量风险等。要推动增强市场风险管理的独立性、全面性，完善与相关业务条线和其他风险管理模块的沟通协调机制，提高有关数据的完整性和准确性，提高风险识别、计量、监测及管理方法与银行现有风险水平和业务发展预测的匹配度。要引导加强“防火墙”建设，加强对交易对手风险和新增风险的研究与评估。

三是继续狠抓操作风险防控，特别是案件风险和信息科技风险。近年来，在银行业案件防控出现趋势性可喜变化的同时，部分省（市）银行业案件也出现反弹态势，部分银行业金融机构内控执行力、内审有效性和案件防控能力明显不足。近期出现的一些大案充分暴露出这方面问题的严重性。对此，必须清醒认识，高度警惕。要干实活、动真格，切实做好三条：一要优化考核机制。对案件防控工作的考核办法，要由简单考核案发数量和涉案金额的单一型模式向综合考核工作机制、队伍素质和充足性、工作力度的复合型模式迅速转变，确保案件信息报送迅速、准确、全面，推动各项工作抓早、抓实、抓到位。二要强制性建设银行业金融机构内生动力。要将内审稽核工作质效评价纳入监管评级参考要素并加大权重，推进银行业金融机构内审稽核与监管现场检查的信息沟通和工作互动，提升内审稽核人员素质和工作的独立性，明确信息报告路线，合理设定突查频率、覆盖范围、延伸要求和工作方式及工作质量的基本评判标准，对内审稽核队伍建设和工作保障力度要向法人提出明确要求和实施问责制。要推行制度执行和案防队伍建设承诺制，对在年内未按承诺要求出现实质性进步的机构，一律视情况由监管部门（或银监局）调低监管评级，严格限制市场准入，并限期整改到位。整改验收实行总会、省局两级制，不到位的不复准。要建立案件与资本监管之间的关系，落实中国式操作风险资本要求，研究把案件风险金额与资本各类缓冲和附加挂钩，与当期拨备立即挂钩的机制。要督促银行业金融机构重新反思所谓低风险业务。三要强化责任追究。明确案件防控责任在总行和省分行，要做到人员该开除就开除，案件该移送就及时移送，且责任上追两级。对于各类违规问题，特别是对屡查屡犯、屡纠屡错和各类重复出现的操作风险隐患和违规行为，不仅要追究当事人的责任，而且要追究总行和省分行以及所在机构领导的责任。对于已进行过风险提示却又发生同质同类案件的机构，除追究其案件责任外，还要追究其落实风险提示不到位的责任，且加重处罚。另外，要督促银行业金融机构重新反思所谓低风险业务，加强内部管控。推动银行业金融机构加强信息科技建设，提升信息科技能力，规范电子银行、外包业务、内外运营管理，切实提高系统合规运行水平，保障业务安全性与连续性。

四是密切跟踪货币政策从适度宽松转向稳健可能带来的影响，严密盯防流动性风险。要推动建立月度日均存贷款的统计制度，进一步加强资产流动性和融资来源稳定性的管理。要指导银行业金融机构充分考虑各类风险要素之间的关联性，适时开展流动性风险的压力测试，并根据测试结果早预案、早部署。要督促商业银行特别是中小商业银行严密监测流动性风险变化趋势，积极推进实施新的流动性监管指标体系，从根本上提高流动性风险管理水平。这里再次重申，宁可少贷款，也要坚决禁止高息揽储、相互交易存款和违规吸存、违规串类。

此外，要规范开展代理业务，强调保护客户利益原则，向客户出具详细的提示书，全面客观披露相关信息。对风险测评和适合度评估满足要求的客户，要其本人签字确认风险口味测评及真实的购买意愿，并承诺自担责任；对不适合购买的客户，即使其仍坚持购买，应坚持劝阻。银保专管员和保险顾问应当持有保险代理从业人员资格证书。不允许保险公司在银行驻点、开窗口和直接销售。同时，信用卡、理财、票据融资、关联交易等领域的潜在风险也要继续紧抓不放。

### （二）深化体制机制改革，大力提升核心竞争力

一是进一步完善公司治理、强化内部管控。尽快出台具有普适性的商业银行公司治理指引。合理引导社会资本参股银行业金融机构，强调银行股东在支持银行持续补充资本和合规审慎经营方面的责任，要求其承诺支持银行从严控制关联交易，积极采取一切可行的措施支持银行达到审慎监管标准，并坚持有限参与，主动防止盲目扩张、利益冲突和行业垄断。全面落实《商业银行董事履职评价办法》，强调“三个互动”，即与独立董事、监事会和外审的互动，每年分别与之约谈，强化董事会对风险管理的最终责任，制定并及时修正发展战略和风险偏好，提高公司治理有效性。加强对他们必要的培训和年度或重大事项约谈，继续推动建立科学合理的激励约束机制。

二是继续深化改革创新。继续深化国有商业银行和中小商业银行改革，督促其提高可持续发展能力和竞争能力。推进完善政策性银行法规制度，科学界定业务范围，厘清风险责任。继续支持国家开发银行积极解决商业化改革过程中的重点、难点问题，确保平稳过渡。待国务院正式批准中国进出口银行章程修订后，抓紧推动落实。继续推动农业发展银行改革。进一步加强督导引领，推动邮政储蓄银行尽快完成股份制改造，增强服务社区、服务农村功能。继续深化农村中小金融机构改革，提高支农服务能力。继续推进资产管理公司改革。加快探索完善各类非银行金融机构的功能定位和业务模式，提高发展的稳健性和可持续性。总结推广银行业金融机构根据其所长和所短，在客户特色、产品特色、市场特色、管控特色等方面科学发展的成功经验，鼓励因行而异的特色化、品牌化战略，大力节约成本，大力提高效率和服务质量，以持续提高核心竞争能力。按照服务客户真实需求和对冲风险的要求，积极稳妥地开展金融创新。

三是有效服务实体经济。按照目前与人民银行协商的意见，2011年货币信贷调控由人民银行负责，银监会主要从审慎监管角度予以支持和配合，推动信贷科学合理投放。要加强对产业

行业发展及结构调整政策的研究，注重引导银行业金融机构自觉将国家宏观调控和产业结构调整政策纳入中长期发展战略规划和年度经营计划，主动增强预见能力和应对水平。要继续探索新型农村金融机构建设模式、加快建设进度，继续大力提高金融服务薄弱乡镇的服务覆盖面和满足度，确保涉农贷款增幅高于贷款平均增幅。继续优化小企业金融服务差别化监管政策，提升银行业金融机构与融资性担保机构的合作水平，推动改善包括税收优惠、财政补贴、风险补偿等在内的外部环境，多组织相关的经验交流，进一步激发银行业金融机构在商业可持续前提下支持小企业的能力和积极性，确保小企业贷款增幅高于贷款平均增幅。加强对廉租房、公租房、棚户区改造及灾后重建等方面实施审慎和科学有效金融支持的研究。

### （三）科学完善工具方法，持续提高监管效能

一是抓好市场准入、非现场监管和现场检查工作重大部署的落实。一要抓好基础建设。坚持重点建设关口前移，完善单兵作战的信息环境和工具，不断提高协同作战和精确打击能力。提高系统应用水平、风险分析和预判能力。加强自上而下的监管指导，推进相互学习、触类旁通。要通过将数据质量纳入监管评级和加强现场检查等方式，督促银行业金融机构将数据质量管理作为内部控制的重要组成部分，不断改进业务流程、绩效考核和信息科技系统。二要开好联席会议。根据既定部署，2011 年要组织开好分别由银行一部、银行二部、银行三部先行牵头组织的现场检查、市场准入、非现场监管工作联席会议，成立会领导组成的专业指导委员会，负责对三个联席会议的重点内容、具体疑难问题、相关专业领域进行指导和辅导；由牵头部门“一把手”负总责，设计好会议制度并组织具体实施，尽快确定参会单位和开会时间，要做好充分的会议准备，会前要及时发送背景材料和问题清单。三要做好现场检查计划。目前，现场检查计划“一上”已经完成，各机构监管部门要抓住重点风险，与功能监管部门和 EAST 应用分析办充分沟通协调，确保检查任务少而精并留有余地。

二是抓好新监管标准的完善和实施。积极借鉴国际经验，紧密结合我国实际，坚持实事求是、适度前瞻、适用有效的原则，推进《巴塞尔资本协议Ⅱ》、《巴塞尔资本协议Ⅲ》的同步实施，对系统重要性银行和非系统重要性银行适用不同的要求，第一支柱和第二支柱一起执行，各类缓冲、附加以及风险权重与重大风险防控情况及成效挂钩。研究制定国家开发银行、邮政储蓄银行、农村金融机构和部分城商行的差异化特色标准，并合理设定过渡期，但 2011 年不能不起步执行。对符合中国国情的中长期贷款违约损失率和下行周期违约率数据果敢作出定性加定量的分析与指导。科学制定监管有效性建设中长期规划，优化完善监管组织架构和运行机制，持续改进监管信息系统、监管评级及风险评估等技术手段和方式方法，防范区域性风险和系统性风险。

三是抓好并表监管。要科学有序抓重点，把向上和向下并表做到位。向上并表方面：要积

极争取法律授权。同时，要坚持银行集团的控股股东或者相对大股东是银行，并作为公司治理的重大目标推进。原则上不再允许证券、基金、信托、保险以及非金融类企业做银行集团的控股股东。对目前已存在上述控股股东的银行集团，从2011年起要强化年检制度。向下并表方面：要按照《银行并表监管指引》要求扎实做到位。控制好非银行附属公司的杠杆率，加强资本充足率和流动性管理，对其高风险非银行业务，视情况采取结构性措施进行规模限制，高度关注母子之间和子子之间等关联交易，并勒令其向监管者及外审信息披露，防止利益输送和风险传染。强化母行责任，促其对一级附属机构进行一年一次的后评价并向相关监管部门认真报送书面报告。要建立综合化经营试点主动退出机制，要求试点银行所投资对象的资本回报率和资产回报率在达到一定宽限期（5年，人寿8年）时，应高于或至少达到商业银行良好经营平均水平，并高于其所在具体行业良好经营平均水平，否则主动退出相关投资行业。

此外，继续发挥好部际联席会议牵头部门作用，做好处置非法集资和融资性担保业务监管有关工作。继续推动银行业金融机构破产立法工作，完善市场退出和危机管理的制度安排。多方争取理解支持和帮助，继续做好2011年“两会”代表、老领导、老同志、各民主党派、全国工商联和无党派人士的汇报沟通工作；进一步加强与有关部委之间的监管协调与合作；大力加强与地方政府尤其是金融办的协调沟通，并创造条件为他们提供好专业领域的培训服务，形成合力。积极参加金融稳定理事会、巴塞尔委员会的各项工作，推进跨境监管合作。

### （四）抓好党建和内部管理，为中心工作营造良好氛围

一是狠抓党建治理结构责任落实。深入推进“创先争优”活动，大力加强基层党组织建设。以纪念中国共产党成立90周年、辛亥革命100周年系列活动为契机，认真组织开展主题宣传和形势政策教育活动。以领导班子和领导干部为重点，深入推进学习型党组织建设。举办局级领导“十七届五中全会精神专题研讨班”。全面启动银监会系统党员领导干部第二轮党校培训工作。在全系统开展文明单位创建活动和先进基层党组织、优秀共产党员、优秀党务工作者评比表彰活动。二是进一步深化干部人事制度改革。逐步扩大竞争上岗覆盖率，在总结系统单位局级干部竞争上岗经验的基础上，在会机关实行部分局级干部竞争上岗，并逐年扩大比例。三是全面推进党风廉政建设。认真贯彻落实中央纪委第六次全会和国务院第四次廉政工作会议精神。继续严格执行党风廉政建设责任制、《廉政准则》和领导干部个人事项报告两项制度，加强内部监督（此次工作会议期间，会党委将和机关各部门、银监局主要负责人重签修订后的《党风廉政建设责任书》）。深入开展反腐倡廉教育和廉政文化建设。进一步推进财务管理规范化，深化银行业“小金库”专项治理工作。四是进一步做好群工工作。以党建带团建，深入做好青年工作。大力发挥群众组织的作用，关心群众生活。大力加强科学的监管文化建设，营造积极向上、团结进取、务实创新的浓厚氛围。五是尽快向全系统推广新OA系统，进一步提升全系统办公效

率和信息共享水平。

同志们，“十二五”规划的大幕已经拉开，让我们紧密团结在以胡锦涛同志为总书记的党中央周围，高举中国特色社会主义伟大旗帜，以邓小平理论和“三个代表”重要思想为指导，深入贯彻落实科学发展观，锐意进取，扎实工作，为我国银行业加快转变发展方式，实现科学发展作出更大的贡献，以优异的成绩迎接中国共产党成立90周年！

# 在2010年全国非银行金融机构监管工作会议上的讲话

中国银监会副主席　蔡鄂生

（2010年4月23日）

## 认清规律　把握本质　促进信托公司可持续发展

同志们：

关于2010年的非银行金融机构监管工作，我在3月初召开的全国非银监管工作会议上跟大家交换过想法和意见。借今天这个机会，跟一线的信托公司监管人员和信托公司董事长、总经理就信托监管所面临的形势与问题再做一次交流。

2010年初，国务院对2010年的经济工作作出了明确要求，即“深入贯彻落实科学发展观，着力搞好宏观调控和保持经济平稳较快发展，着力加快经济发展方式转变和经济结构调整，着力推进改革开放和自主创新，着力改善民生和促进社会和谐稳定”。在4月20日召开的2010年第二次经济金融形势通报分析会上，刘明康主席强调，银行业金融机构要充分利用国际金融危机形成的倒逼机制，切实转变发展方式，坚持科学发展，提升发展质量，严防大的代偿性风险，力争在公司治理、经营机制、内部控制、风险管理等方面取得质的提高，赢得发展的主动权，同时为国家的经济转型、结构调整作出新的贡献。这是我们2010年信托监管工作和行业发展的指导方针，我们要认真学习领会，将国务院和刘明康主席的要求落实到具体工作中去。

下面，就我思考的一些问题跟大家交换意见。

### 一、要充分认清信托公司的发展规律，客观评价信托公司所取得的成绩，做到“不忘本”

信托公司在2008年以来的国际金融危机中表现良好，整体经营稳健，无论结构还是总量都是历史最好水平，未出现群体性事件和系统性风险，更没有发生类似前几年新疆德隆、青海庆泰和浙江金信信托之类的重大单体机构风险，社会地位有了一些提高。这表明2007年“新两规”实施以来我们在信托制度改革和监管方面取得了显著成果，但同时，我们也要思考取得这些成绩背后深层次的原因。只有不断总结经验教训，辩证地分析走过的路，才能看清楚未来的发展方向，才能实现可持续发展。

目前，中国金融业正处于发展阶段，或者说，是处于向成熟金融市场过渡的阶段。这几年，信托公司实际上仍处在改革过程当中，还是属于摸索着前进的阶段，是一边发展、一边总结经验的阶段，和银行不一样。刘明康主席说过，信托公司和银行是不同类型的机构，特别是在现阶段市场经济不断完善的过程当中，信托公司到底怎么发展，仍然是一个需要大家共同思考的课题。银监会成立以来，非银行金融机构监管干部换得比较频繁，在座的自20世纪80年代以来一直从事非银监管工作的人不是太多，信托公司的高管也有许多是新入行的，但是凡走过这段历史的人都知道这几年取得的成果确实来之不易。刘明康主席给了很高的评价，从历史上看，现在是一个最好的时期。

“不忘本”是什么含义呢？无论从历史的角度还是从寻找规律的角度来看，任何事物都有一个本的东西。从历史的角度看就是把任何事都放在历史阶段上认识，从寻找规律的角度看就是信托业务必须找到自己的发展模式，否则就不可持续发展。信托公司在历史发展的长河中如何找准定位，这是最主要的。不管我们做监管的也好，做信托公司的也好，都不能违背规律，谁违背了规律都会出问题。我们不能让一家公司的问题影响其他机构或者整个行业。

## 二、要明晰信托公司的功能定位和市场定位

信托是做什么的？能够为投资者提供什么样的服务？信托公司是否就是银行的简单补充？这些问题我们要思考清楚。

对信托公司而言，要做的是真正的财产委托管理，一方面要想办法吸引民间资金进入，另一方面要在法律法规的框架下推出适应市场需求的成熟产品。有一个界限，就是如何厘清信托产品与传统信贷服务的界限。如果只是做银行的通道，帮助银行规避信贷规模控制，做的又是跟银行没有区别的贷款融资，那不是真正的信托，而且会随时被政策所调整，调整的结果对信托业来讲，可能是相当负面的。你们看一下舆论对银信合作的态度，就可以知道。幸好银监会对这个问题一直有着比较清醒的认识，刘明康主席多次要求信托公司不要成为“替罪羊”。

其实，市场上可做财产管理的资产很多，需要信托公司开动脑筋去发现，做市场细分，比如按顶级的、省会城市的、二三级市场的。信托业务可不可以做的判断标准是什么？三个标准：一是法律规范，现行法律法规是否允许；二是市场原则；三是客观需求。

## 三、要切实转变观念，转变增长方式

信托行业不能总处在晃晃悠悠、摸不着方向的状态。转变观念、转变增长方式首先要求的是解放思想，是方法论的问题。不能简单地认为，以前不能做的，现在就能做了。要摸清事物的客观发展规律。

我们面临的客观环境是：银行信贷市场仍然是目前我国融资的主渠道。直接融资的比例短期内不会有很大的提高，企业对信贷的依赖程度高的局面短期内也不会改变。因此，找准信托业务的市场定位尤为重要。

如何转变观念、转变增长方式？这是监管者与被监管者都要认真研究和思考的问题。要高度重视体制、机制建设，着力培养专业团队，着力提升管理水平。简单地讲，就是要做到现任高管离开了，公司仍能持续发展。

关于信政业务，个别公司存在一种错误观念，认为绑着政府就没问题，不信地方政府会赖账。这里面有个理解上的偏差：地方政府的责任是维护社会稳定，而不是承担融资平台的经济责任。信托公司面临双重风险：如果面临市场风险、操作风险，那要考察你手艺高低；如果面临政策风险，则有些信托公司就不得不做冤大头，因为你不讲政治、不认真学习国家的政策，没有分析当时的社会环境。在第二次经济金融形势通报分析会上，刘明康主席针对地方政府融资平台贷款风险管控工作提出了“逐包打开，逐笔核对，重新评估，整改保全”的十六字要求。信托公司也要认真贯彻落实这项要求。非银部要布置相应的现场检查，并尽快拿出“三个方法、一个指引”如何在信托公司监管中具体运用的落实方案，指导各银监局准确把握。

关于银信合作，宏观层面有普遍性，微观层面有合理性，但如何做成可持续发展的经营模式，需要继续探索和完善。不能依靠监管部门的文件、政策去支撑，而是要依靠市场创新、产品创新。这些创新既要服从公司的长远发展战略，又要贴近市场、迎合客户需求。在订立合同时，一定要把风险隔离好，并且争取提高业务收入。现在的情况是，信托公司只提供了融资功能，并承担了很大的风险，但却享受不到企业成长、发展带来的好处。在地方政府、企业购回股权，项目真正产生效益的时候，信托早已退出。要想办法把融资转变成投资，而且是吸引民间资金来投资。信托公司在发展的道路上仍然面临各种矛盾。

关于核心竞争力的问题。信托公司现在面临的不是没饭吃，也不是简单生存的问题，而是要多考虑如何可持续发展，既要有社会效益，也要有经济效益。信托公司目前提供的财产管理还拿不出 3 年以上的中长期产品，说明在服务水平上仍有欠缺。在核心竞争力建设方面尚有差距，信托公司的议价能力也会存在不足。

关于信托监管工作，就是要不断完善法律法规，适时调整监管政策，协调社会各方关系，牢牢把握风险底线。监管与被监管是辩证的，是相互促进的，是互动的。监管的具体要求，非银部已经有了明确具体的布置，我就不重复了。

2010 年将是形势十分复杂的一年，也是我们谋求经济发展方式转变最为关键的一年。转变发展方式是一个长期问题，我们要始终保持头脑清醒、准确判断、灵活应变。从现在的情况看，经济已经企稳并开始复苏，短期“保增长”的目标基本实现，2010 年经济环境也将好于 2009 年。在这个时候，应当把长期目标和短期目标结合起来，为经济长久发展夯实基础。

同志们，2008 年开始的这次危机还没有完全过去，它远比十几年前的亚洲金融危机凶猛，波及范围也更广。在这次危机中，我们的制度、我们的监管乃至我们非银行金融机构的发展，都经受了考验。由于我们进行了良好的制度改革和监管强化，这次危机到目前为止还没有对非银行金融机构产生根本的危害，但我们决不能掉以轻心。非银行金融机构下一阶段面临的外部形势仍然十分严峻和复杂，我们不会因为形势的复杂而停下改革与发展的步伐，而是要主动适应国际、国内市场的新变化，迎接新挑战，创造新业绩，为非银行金融机构稳定健康发展作出更大的贡献。

谢谢大家！

# 在全国信托公司现场检查案例交流会上的讲话

中国银监会副主席　蔡鄂生

（2010 年 7 月 26 日）

同志们：

召开信托公司现场检查的经验交流会，这是非银部近年来第一次，也是 2010 年培训计划的一部分。信托公司多年一直是处于一种探索发展的过程，文章写得不少，但是从实践角度看现在还有很多问题需要我们去总结。就目前情况来看，信托公司涉及的领域比较广，由于它的市场定位还不能像商业银行那么准确，所以说它的发展也是多样化的。尽管这两年在法规和办法层面上完善了一部分，但是仍然还有很多问题还很难放在法规层面来规范。在前几年的会议上，每次开会我都在强调，虽然国家有一个《信托法》，但是还没有一个关于对信托机构的法规。因为《信托法》颁布以后，国务院发过一个通知，当时银监会还没成立，只是请人民银行和证监会分别就信托公司和证券公司制定管理办法。由于《证券法》中对证券机构的管理已经有了一定的确定，但是信托公司作为机构来讲在法规层面现在还有缺失，这也是我们现在从事信托公司监管工作的难度所在。自新“两规”颁布以后，随着经济的发展和市场的不断完善，信托公司的业务相对来讲比前几年要好很多，但是不是已经完全走到正道上，现在说不好。从正道来讲，与国外的模式相比我们还有差距，与我们前几年发展的情况相比已有所改善，现在就是处在这么一个状态。因为作为纯正的资产管理、财富管理，甚至像刘明康主席讲的其他的诸如税收安排或者是遗嘱安排等，目前信托公司都还没有触及。就是作为资产管理来讲我们做得规范与否，是否按照国际上通行的做法，现在从市场条件和社会认知度也存在一定的困难，所以说我们这几年信托公司的发展还只是在摸索当中。既然是上述这种情况，我们的现场检查应该如何做呢？应该说这两年在非现场、市场准入方面已经有了改善。在非现场方面也下了很大的工夫，但是从准入到非现场、现场它们如何能形成一个有机的流程，如何通过我们这三个环节最终能够促使信托公司走到正道上来，这个问题还需要我们上下共同来摸索。对于在座的各位来说，值得我们探索研究的问题还很多，不一定要指望会里怎么说，或者领导怎么说，我们才怎么做，这样工作可能还做不好。所以在2010年非银部的工作会上，还有包括在海南的会议上我都讲了一些。从目前形势和发展的情况来看，信托公司确实又面临了一些新的问题。上午闵路浩主任已经就刘明康主席在年中经济形势会上包括工作会上对一些问题作了解释说明和风险提示。通过这个我们可以看出，自2009年经历了国际金融危机以后，中国在应对措施等方面取得了很大成效，但是进入2010年以后整个形势变得比较复杂，不管是国际还是国内，面临的问题不一样，形势对大家都有影响，但是各自所面临的问题和选择实际上差异是很大的。最近美国总统奥巴马签署了金融改革法案，好像反响挺大。英国也发生了一些变化。有的人说我们是不是也要这样做，刘明康主席在前一段银监会委务会上对这个问题还是有说法的，我们还是要根据我们所摸索的这些情况来确定，根据中国的实际情况来判断，不能一味地跟在人家后头走。

这几年会里很重视现场检查工作，各个部一般都采取上下几个回合，然后才把检查方案定下来。检查的重点是什么，我也经常在思考。从信托公司来讲，我们的现场检查、公司的业务、功能各方面比较多样化一些；从我们的检查来讲，从数量上来说，应该比商业银行简单一些；从内容上来讲，可能对每个人要求又高一些。为什么？就是要把我们这么多年积累的经验、商业银行监管的要求、国家宏观政策的要求、法规的要求、办法的要求，都融合在一起并加以综合判断，这一点实际上是我们的难点。检查商业银行主要看能不能比较深入地或者通过延伸检查，能够找到一些问题。但是对信托公司的检查判断起来没那么简单，主要靠我们现场检查人员充分地和非现场甚至要包括其他方面的政策结合起来综合判断我们检查的结果。如果不这样做可能我们实际上的难度更大。为什么？因为我们如果判断得简单了，那边处罚或者要求一出来，根据这种东西出来的要求反过来还是得要我们去做，还是得让你去规范，还是得让他去纠正。说是让他去纠正，实际上很多事、很多工作在我们这里，不是简单地像对商业银行检查提出一个整改措施就能纠正的。当然，我们也不是说为了信托公司能不能生存而一味迁就，关键是我们怎么看待信托公司在目前中国金融体制下的功能定位。坦率地说我也不是很清晰，我也要对这个问题进行重新认识。

这次会上讲一个所谓的银信合作，这个问题现在已经成为一个很关键的问题。咱们会里包括非银部也包括我自己，2009年开始对这个问题也作了一些调研。要从盈利的角度来讲对信托公司的影响不是很大，充其量占它盈利的三分之一，但是在整体规模上它的影响可能要占一半。为什么在现在这种情况下银信合作仍能存在？在信托层面上的研究，我认为还是有限的。从信托作为一种功能机构和我们现在整个体制、市场运转情况来看，就是我们把这项业务叫停以后可能还会产生新的问题，所以我们对银信合作业务，包括社会上其他资金方面的业务到了信托公司和信托产品的变化要作出判断。现在我们通过目前的数字和各方面来判断，还是有些问题的，但这些问题光靠简单地论来说去，可能是公说公有理婆说婆有理，但如果放在大道理下，那只有小道理服从大道理。所以说纵观这几年的现场检查，从办法本身来对照、从违规角度来看，这些事情是做了，有的做得也比较好，包括我们这次培训会交流的一些案例。但是，如果从发展的角度来看，通过现场检查发现的问题，到底怎么归类，如果仅从一个计划或一个情况来讲，可以判断；但是如果从它根上去找的话，就要从信托资金的委托资金来源方面，到信托产品的设计方面，一直到项目的管理来看是不是真正能够尽职尽责。大家要注意一个问题，近几年我们国家的金融市场相对较好，加上我们新“两规”出来以后，信托公司的活动余地相对较大，从市场上也很快得到了一些实惠。所以作为信托公司的经营者和管理者，它们在这种市场环境下开展业务，是不是按照刘明康主席和监管部门的要求，需要靠现场检查人员到公司与高管沟通、交流才能感觉到。我说的这些事情大家可能觉得难度比较大，但是对于信托公司的监管来说，就是存在这个问题。简单来讲，对照我们的新“两规”，我认为新“两规”现在还不足以完全能够去判断某家信托公司、某项信托业务做得符不符合规定。但是在出现问题的时候能不能判断它就是完全的违法或者是违反办法规定，这些东西可能还需要考虑。所以说我们现场检查有些问题不单纯是看资金的问题，还要看它们的行为和产品是不是符合最基本的要素，这是非常关键的。但是要让信托公司一下变成纯资产管理，可能目前还做不到，这就需要我们和信托公司的人员一起动脑子。

在下一步现场检查过程当中，我们要根据信托公司的机构和业务特色展开，各省、区、市对管辖之内的信托公司日常监管，除了会里布置的专项以外，我想（当然这个还得报刘明康主席同意），主要的现场检查的决策权还是让各省、区、市自己决定。因为我们信托公司是单体结构，所以说给局里一些大一点的自主权，我觉得没有什么坏处，这样可以把责任相应地跟上。按照高风险的高频率、低风险的低频率，这个话没错，但是作为我们目前非银机构特别信托这种特殊性来讲，加上非银处承担的任务又比较多，除了信托以外还有财务公司、汽车金融公司、租赁公司，人员的安排和匹配、资源的调动可能是个大问题。以后会里非银部主要是解决资源调配，帮助下面解决现场检查的一些困难，所谓困难主要是资源和人员安排方面的困难，但是检查内容我想还是放给局里去安排，会里的安排是有重点的，主要是要考虑整体发展中突出的问题。2009 年我比较简单地表达过这个意思，但是按照现在这种情况来看有点问题，就是专项检查在一些基础的建设方面有问题，比如准入、非现场的联动问题，包括非现场的一些报表的设计，还有机器生成和现场检查资料不能随时进去的问题等。所以我想今后在这方面非银部的工作主要在加强基础建设方面，以便各局能够做得比较好一点，相对可以集中全力地进行现场检查，查回来也知道哪些东西该进哪、往哪送。实际上不要说非银机构了，就是银行的检查有些也是在那儿拼材料。现在我们查的东西数字能有、专项检查情况也能出来，但是怎么归纳和进行提升还是要下工夫的。一线的资料和你们对于一线情况的认识是最主要的，一线提升不提升是一回事，但是起码要把你们对检查完了所认识的一些基本情况客观的需求和产生这些东西的背景能够说清楚。我总觉得我们现在有时候老是容易在好与坏、对与错之间去工作，其实很多事情不是这么简单的好与坏、对与错就能判断出来的，所以说你必须把它的原貌和基本情况搞清楚。所谓对与错不是概念，是把它们放到法规层面或者政策层面去衡量，这个衡量不是简单地套公式。如果我们能把事情说清楚，这就是做到了最基本的一步，或者说最基本的职责就做到了，不要到时候说不清楚会很麻烦。刘明康主席有时候找我，包括上级有些讨论问我有关事情的对与错，我就回答说对与错先不说，反正这事情我能说清楚。首先给上头打这么一个保票，能说清楚咱们就先说，把事情说清楚以后再来判断哪些能做哪些不能做，这样大家再往下也就听出来了。现在有些事情都说不清楚就这能做那不能做，这个怎么样那个怎么样，其实到了最后受罪的还是我们，但是我们受罪不是说利润少了，而是我们的效率大打折扣。因为作为监管它是没完没了的，不是说像设计个产品，完了就完了，生产出多少，在流程下完全去走，按流程走出产品出成果就完了。金融的检查监管没那么简单，这次国际金融危机更证明了这一点。存在那么多年的银行，具有那么丰富经验的那些所谓监管者，不也面临着这么大的问题吗？所以这就说明没有那么简单，就是说你按照流程就可以简单得出一个非常正确的成果，那是不可能的。所以说我们要按刘明康主席经常讲的非银干部要有单兵作战的能力，现场检查更应该具有单兵作战的能力。但是，单兵作战的能力是指你本身具备的素质，并不是说让你一个人一个劲地往前冲，那可不行，而是在这个整个作战过程当中，你的单兵能力要强，并且你的能力一定要和其他的方面要结合起来，要不然没有用。你的单兵能力再强只能解决一个问题、两个问题，再多的问题就解决不了了。在这个问题上希望大家思考思考，要不然我们 2011 年的监管可能又要有问题，中央领导、国务院领导都讲了 2010 年是最复杂的一年，所以我们一定要注意。作为非银处来讲，准入、非现场和现场，其实按道理就是那么多人，应该很好地融合比较容易。这个容易的概念在哪呢，起码有一个比较顺畅的沟通机制，观点对与错无所谓，主要是一种主动态度，关键是我们这些同志要把这些关系串好。串好了起码你三个人说出来这一件事一个样，串不好三个人说出来这一件事好的三样，搞不好就四五样，互相影响，最后谁也搞不清楚。现场监管就像刘明康主席讲的那样，对于违法、违规这些行为的查处和检查要毫不留情，这个我觉得是无可非议的，但是决不能把它作为一个唯一，不能理解为只要去检查就一定要查出一个违法、违规的案子，而是对查出来的违法、违规的案子决不能留情。警惕性可以高，但是不要掉在里面。属于违法、违纪的，属于严重违法、违规的，该报谁报谁，涉嫌犯罪的马上移交给公安，你不用再琢磨什么，你有线索并且觉得判断正确，你就可以很快地移交。移交必须有事实依据，接与不接暂且不论，反正你先移交，先走程序。如果说打回来了，证据不足，那我们再找。如果我们抱着一种实事求是的态度去检查，谁都不用怕，不管它机构背景是什么，不管这项业务的背景是什么，对于我们现场检查人员来说先不下结论，先把东西统统拿走，拿完了再判断，判断完了再进行交流。我们现在有些同志到现场还没查情况就先给人家扣一堆帽子，结果到最后事情没做成不说，对机构基本情况也没了解，不但没处罚人家，有些材料还让人家给变了，这种情况是有的。审计署的工作方法是：最后的结论是完全对照法规来下的。其实对于被检查者来讲，他们心里最清楚，哪些他们做的有准，哪些没准，要是有问题的人他们更清楚，因为这事就是他们做的。就跟我们自己在哪方面犯了错误一样，实际上自己最清楚。所以现在对于我们非银部的这些情况来讲，2009 年的计划和工作，大家基本是按照要求去做了，但是在这里确实有参差不齐的现象，在这里我不是责怪哪个局，因为现在干工作和不干工作关键是看你动没动脑子。哪个局怎么样，一看他们返回来的东西就知道是不是动脑子去做了，而不是简单地看卖不卖力气。现场检查作为我们监管的一部分、准入的一部分、非现场的一部分，整体上最后要回到银监会最初的“四四六”理念上。实际上这个“四四六”理念就是在各个流程当中都要有这个意识。风险为本那是总的，现场检查也一样，实际上都是可以提炼的。

就我目前的感觉来看，2010 年信托公司监管工作可能不大好干，最大的问题我觉得还是如何落实中央宏观调控的要求、如何落实银监会贯彻执行过程中衍生出来的要求和分析被监管对象的一些行为。也就是说有些问题不稳定，但变又是客观存在的，主要是对于政策方面的东西判断不稳定。有些信托公司说，你要求严，现在勒住了，风声一松又走了。我们监管的本身是希望通过说服和一些窗口指导使信托公司能够勒住缰绳，扎扎实实地回到正道上来，并且能够经常回头反思自己的问题，但这一点我们现在的被监管对象还做不到。所以我觉得是比较难的，它和我们的有些要求，不能同步地来反思。

我们历来不反对信托公司创新，但实际上它可以创新的余地不多。从方式上来讲，信托公司没有新东西，可能只有内容上有新东西。当然我这话说得绝对一点，但是我觉得差不多。另外一个新是什么新呢？就是说以前不能做的现在能做了，这可能是个新的；还有一个比较新的、比较符合实际的就是真正能够结合我们经济结构调整、产业调整、节能减排或者绿色经济等设计出来符合这些方面的产品，我觉得都是新的。我觉得我们下一步的难点还是在于信托公司内部的激励机制。因此我们下一步还要承担压力。今天我还要跟大家说非银的事，承担点压力不是坏处，不要认为老表扬你你就老进步，其实有压力的人、只要不被压垮的人一定进步快。所以只要不被压垮，一定能行。我觉得内在素质的提高和经验的积累比什么都宝贵。不管今天表扬还是明天批评那都是领导的事，只有积累的东西和得到的经验才是真正属于自己的，而且能够把这些经验积累再上升到一个程度那就会变成一种智慧，那你的能力、你的各方面素质就提高了。所以 2010 年我们的这几项检查，不管银信合作也好，信政合作也好，政府平台公司也好，还是房地产也好都很难，这个难的概念就是我开始介绍的有些东西并不清晰，甚至包括政策上的，并不一定很清晰。而且一旦出现了不让办，或者业务暂停下来的时候，那后续的东西怎么办？所以 2010 年下半年有些检查首先就必须得把住第一个环节：一定要看这个产品当时设计的管理责任在谁，落实不落实。你认为合同是形式，但是最后人家就按合同来定你的责任的话你就傻了。所以我们现在有时候也说，从形势上来讲，是信托公司负责，但实际上是银行在承担责任。我们有的信托公司还挺仗义，还不愿意出卖人家，怕断了自己的后路，这就是我们现在信托公司很多人的想法。如果下一步有些业务要停，或者要压缩的话，我觉得从现场检查方法来讲，风险防范很重要的一步是按照法律看资产和风险是否落在信托公司身上，除非现场检查能查出它背后还有另外一份合同，或者还有其他协议，如果没有，那我们可以判断，肯定是信托公司担着。我是比较担心这种情况，因为2009年会里给房地产、银信合作等下过文件，信托公司也知道了，但是实际上他们对付我们的现场检查，合同上说是，实际上不是。所以我们现场检查就是要通过对信托公司的行为、思维方式和市场发展状况进行检查，检查其名与实是不是相符。名副其实就没问题，名实不符已经过去了也算了，如果过不去就是信托公司的问题。而且最后要讲清楚，哪些不符就要把它纠正了，绝不客气，2010年不能再客气了！哪怕有些问题我们摆出来再判断，但是必须指出来。所以我要求大家下一步现场检查最主要的就是要检查这个，特别是在银信合作上要检查这个，包括房地产方面也一样，就是检查信托资金和信托计划是否相匹配、风险管理到底怎么样、信托资金是真的还是假的。如果大家能把这些东西指出来，我觉得就尽了基本职责了，就不能算是简单的及格了，应该算是良好，如果能把后续的工作再做好那就是优秀。所以说我们如果通过现场检查发现我们信托公司在这几年的新“两规”以后，经营上虽然盈利了但仍然存在很大问题的话，那下一步可能真要从体制上和机制上来研究信托公司的问题，就不能只简单停留在修修补补上。如果真正到了那个时候就得靠我们大家一块打仗了，那可不是件简单的事。现场检查一定要促使被查机构、业务、内控等一整套东西都要走到正轨上去，都要有好的变化，如果没有变化那我们就要更加严格监管。不一定非得等到出现市场风险的时候才把它淘汰或者让它出局，而是要在有问题的时候我们就要发出信号，如果公司连续三年都有这种问题，对其高管人员就要根据我们原来审查高管的准入情况，给董事会发函，认为它们高管不称职，或者说在某些方面不称职，不一定取消资格，可先让它们来重视，去找更好的团队；如果是董事会没尽职，最后就要找它们的大股东来说事。我们的现场检查就要这么一步一步往下深入，看看最近三年改进的状况。尤其是核心业务或是重大业务如果与法规要求不一致，你们判断这一笔重大业务可能会给公司带来毁灭性的或是致残性的打击的话，就一定要给它的高管人员或者部门管理人员提出警告。但是这里要区分两种情况，一种是完全不懂的，一种是特别懂得办坏事的。现在我们特别难处理的就是所谓特别懂得办坏事的，他从这边收拾收拾走了，又到那边去了，这是我们今后要研究的问题。银监会还需要和保监会、证监会甚至其他单位进行沟通，共同加强管理。对于一些高级管理人员的行为管理，我们监管人员更要特别关注。

再讲一个问题就是我们现在信托公司是单体的，但是它的业务是跨地区的，各局一定要及时地把这些情况进行沟通。下一步要把这个东西给弄起来，在这个问题上大家不要简单地争论权力和责任的问题，而要从银监会整体去考虑，对这些信托公司做的业务监管做到全覆盖，不能留有空隙。有一些权力、政策不清希望大家不要有什么怨言，而要把它覆盖掉并管住，这才是当务之急。同时，非银部一定保质、保量地认真完成银监会布置的工作任务，尤其是近期要关注这次年中工作会上刘明康主席强调的那几个方面，把政府平台问题搞清楚，再进行分类，关注风险大的问题。信政合作是现在比较模糊的问题，我们能不能分清现在就看我们自己的了。房地产这些东西关键是看它前期的这些东西是不是符合政策，不是说不让建房地产，而是房地产在取得土地几证的这些问题上是不是走程序。我们不要用信托产品来支撑它，本来是不需要信托产品支撑而取得的那些手续或者这证那证的。如果你这个楔子楔的是合理的，在这个过程当中是没问题的，如果人家就是拿你这个楔子去当敲门砖的话那就值得考虑了。

# 在2010年中国信托业峰会上的讲话

中国银监会副主席　蔡鄂生

（2010年12月3日）

通过学习五中全会通过的国民经济社会发展“十二五”纲要，我谈一点对我们信托如何发展的体会。既然是体会，就是大家可以商榷，也可以讨论。《中共中央关于制定国民经济和社会发展第十二个五年规划的建议》（以下简称《建议》）指出：“十二五”以科学发展为主题，以加快转变经济发展方式为主线，而且特别强调加快转变经济发展方式是我国经济社会领域的一场深刻变革，所以要将其贯穿经济社会发展的全过程和各个领域，当然也包括我们这个行业在内。

怎么才能把这个主线贯彻下去，《建议》讲了“五个坚持”：一是坚持把经济结构战略性调整作为加快转变经济发展方式的主攻方向；二是坚持把科技进步和创新作为加快转变经济发展方式的重要支撑；三是坚持把保障和改善民生作为加快和转变经济发展方式的根本出发点和落脚点；四是坚持把建设资源节约型、环境友好型社会，作为加快转变经济发展方式的重要着力点；五是坚持把改革开放作为加快转变经济发展方式的强大动力。我也希望大家能够好好地思考一下，这几个坚持，如果我们做到了就能够实现经济发展方式的转变。

大家现在坐在这里，好像都挺高兴的，通过“十一五”发展赚了一点钱，但是这点钱够不够支撑“十二五”花的，或者说有些公司可能在“十二五”期间会把它乱花了。2001年时我还在上海工作，《信托法》刚颁布，在上海的国际会议中心也开了一次高峰论坛。当时因为有了法律的支持，所以使我们信托业的发展可能很快会走上一个快速发展的道路。当时我在会上也作了一个简短的发言，但是这个发言不是讲信托，而是讲我们人民银行上海分行怎么支持监管银行业。从自己的思考上来讲，从发展阶段来看好像还没有看到信托业就可以走上一个快速发展的道路上的路径。结果在“十五”期间确实遇到了新的困难，“德隆”系信托两家被关闭，好几家被重组，还有庆泰信托。到了“十五”的最后一个年头的岁尾，又把浙江金信信托给关闭了。所以在《信托法》出台后的这五年当中，我们当时面临的境遇就是这样。

但是在这个发展过程当中，在这里还要特别感谢王世宏名誉会长。从2003年、2004年开始，王老不懈地为信托协会的成立作努力，到各个部委去游说，去做工作。当时我在监事会王老也找过我，实际上我也说应该搞，但是信心不足。没有想到在2005年上半年，信托业协会就成立了。协会成立以后，特别是这个行业的自律，大家的呼声、诉求和一些现状，与监管部门架起了比较畅通的桥梁。刚好是“十一五”时期的开始，2006年我们处在什么状态下？当时在协会组织的很多活动中，跟大家聊天时，大家都很困惑，也觉得这个行业的发展确实遇到了很大的问题。其实我们认真地回想一下，“十一五”是怎么走出来的？是没有通过自己的认识、观念的更新、业务的更新，就在原来那条路上走过来了吗？可能不是这么回事。所以我的体会就是，我们银监会管理水平的高与低是另外一回事，而“两个新办法”的出台，实践证明应该是对路的，最主要还是靠信托公司的努力。但是基础大家不要忘了，是中国经济在“十一五”平稳、较快发展中受益的。2007年、2008年、2009年三年的盈利模式、盈利点都不一样，2010年又不一样。

所以今天谈的就是一个问题——怎么能够把信托办成真正的信托。什么叫真正的信托？法律上对信托关系说得很明确了，但是现实当中要怎么做。我刚从党校学习完这一段时间，昨天，包括今天上午，也在上海的信托公司作了一些调研，不同公司提出的要求和诉求，以及对现在的判断，还是有差异的。我到每个公司都讲，什么东西最难改、最难变？就是顽固不化。但是我们改革开放受益的是什么？就是思想解放。没有思想解放就没有今天。

所以说我们从事这个行业的同志，在“十二五”期间如何实现信托的转变，跟上中国经济发展和改革开放的步伐而不掉队，实际上是到了关键期。我在调研时，有的公司老跟我说72号文件的事，事实上任何一个规定或者政策的出台，总有缺失的地方，因为它不可能做得那么完美，何况我们还是在一个改革发展的过程当中。反过来我要说了，2010年初在海南开会时我说的主题是“不忘本”。第一个“本”，是不忘受苦的“本”，就是不忘信托公司走过的历程；第二个“本”，是不忘我们信托的本质。而且当时我也说了，我们可能会遇到问题，比如银信合作、房地产，我还说了我们的监管政策取决于信托行业的执行者、操作者。那是2010年“五一”以前讲的话，结果三个月以后，72号文件就出来了。这也没有什么不正常。这都是我们现实当中所走过来的，大家不要认为走了这一步就怎么样了，我们要应对的就是这些问题，包括我也是，就是要面对这些问题。如果不想让我这里再出73号、74号文件，就必须靠我们上下共同的努力，因为光靠我们监管部门肯定解决不了问题，众口难调。

面临着复杂变化的市场环境，大家一定要用历史的眼光来看待，不要光看了眼前的利益，就忘了长远的利益。所以我希望我们的信托公司要把视野放宽。如果视野放宽，看得就多了，看得多了就增加了自己的判断和认识。如果我只看见眼前这一点点距离，那就麻烦了，视角就太窄了。然而我只看到这一点也行，站得高一点还可以看到前面，起码我还知道再往前走还有什么障碍。所以说怎么能把视野放宽、把立足点站高是我们这些高管层和公司的管理者必须具备的素质。

大家不要以为现在信托公司发展了，一年可以挣几个亿，甚至十几个亿的利润，就高兴了，这还差远了。市场真正要考验的是信托公司能不能成为百年老店，能不能可持续发展。“十二五”已经提出了这种要求，从我们监管者开始都要思考这个问题。媒体说，国家调控房地产，而信托公司支撑房地产；国家限制规模，而信托公司是游离在外。实际上这个问题从我们监管部门来讲，有多少支撑房地产的信托计划，我们都有统计也都有要求，银信合作的数据我们也有了解。现在关键是我们这种模式在“十二五”期间还能不能持续，必须值得大家认真考虑。现在我们相对有了很好的市场环境，从信托公司自身来讲，最好的状况就是都健康起来了，能够应对一些一般性的“流行性感冒”，但能不能真正应对变异的还很难说。所以在这个时候就得把自己练得更强一点，做得更好一点。

我说的第一个问题就是让大家思考怎么能够把信托变成真正的信托。我听很多的信托公司讲，现在房地产企业找我们的多，但是实际上我去了几个公司调研，我们信托公司不是没有辨别力的，不是说房地产公司来找就给他的。因为大家也深受风险之害，所以也不会随便给钱。何况这里面不是单纯给不给钱的问题，而是这种业务发展模式是不是还适应下一步发展的问题。这几年的监管主要还是提示，不能说每件事都提在前头，但是我认为我们有什么风险、有什么问题时（不管政策上、业务上，或者是经济环境变化、市场环境变化方面的），我能说的基本上都说在前头了。

要想在“十二五”期间能够可持续的发展，我觉得下一个五年是非常关键的时期，所以希望大家都来思考怎么转变自己的发展方式。在这里也有转变得比较好的。上海信托就给我一个比较好的印象。在它们的信托计划里，80%是它们自己的客户，不用银行代销，只有20%是银行帮着介绍的，大体上是二八开。如果说我们的信托公司都可以达到二八结构，我觉得起码在这个环节上，就可以说真正能够做到代人理财了。因为你的客户，你了解他的诉求，就可以按他的诉求来考虑怎么设计产品。“受人之托、代人理财”，你不能光是简单跟银行的理财产品对接，还应该考虑买银行理财产品的群体是什么群体，银行理财产品给投资者的是什么收益，对接起来又是什么关系等问题。如果说我们的信托公司能够走在这么一个结构下，我们未来的市场发展前景就会特别广阔。

信托公司不是银行，要真是说信托贷款，还确实值得思考。如果说我们真能走到财产管理、财富管理上，那就完全不用怕。当然这个一定要具备成熟的条件和市场环境，但是有些我们是可以创造的，而且现在我们也具备了很多有投资意愿的投资者，他们的财产和资金需要一些金融服务机构替他们理财。我们信托公司能不能作为这样的支撑，公司团队、管理能力、专业知识、服务水平，能不能跟得上，未来就得靠这些。这是我讲的第一个问题。

第二个问题还是要讲一讲《信托法》。《信托法》到明年就公布了十年了，我们现在对信托到底有个怎样的理解？在《信托法》中信托是赔偿的概念，不是简单的资能抵债的概念。当初曾有一家信托公司被关闭了，最后通过采取某种方式其部分资产卖了大价钱，就感到资能抵债了。但是我说不对，虽然你的资产能够赔偿你的计划，但是你的信托资产做得太差，如果你的信托资产做得好也不会倒闭。所以这些基本的概念，在我们这些信托公司里（包括每个员工）是要根深蒂固的。

还有一个信托公司的盈利模式到底是来源于什么？如果变成有公司自己特色的东西应该是什么？还有一些人说这都简单，大家不要自以为是，老实说到现在，我对信托也不那么在行。但是我总在思考，怎么能够把它真正做到正道上。现在就怕有些人自以为是。所以在业务发展模式上，我们要解决这些问题（不知道对与不对，大家去考虑）：怎么改变信托业务的类信贷化，或者说光给人当补充，而不是自己真正的信托理财机构。过去我们描述一个体系可以说谁是主体，谁是补充，多样发展，这是一个话题，但是作为这个行业来讲，不能老是信贷的补充。机构体系中，我是作为服务的主体，补充多样化的。但是信托业务绝对不是信贷业务的补充，就是因为我们前些年老是去作补充，结果不但没有把窟窿堵住，还弄出了更大的窟窿，这种教训已经相当深刻了。在海南的时候我就讲了，因为有些东西作为信贷的补充了，那信贷的宏观调控政策为什么不能覆盖你？理所当然要覆盖到你的业务上，你也必须要遵守。所以你不能说，有些事别人不能做的我能做。别人能做的时候不找你，别人不能做的时候你来做，那你就是净做瞎事了。这些事情大家看似明白，实际上有些事情过去以后，就忘了。不是说老让这些事情在你脑子里停着，而是这些东西是不是在你走下一步的时候，能够把你原来走歪的路走正了。你怎么才能走正过来呢？不是说你踏在这个路上就走正了，你就是这么歪歪斜斜才慢慢走正的。谁有那个本事一开始就走正，从小到大不知道摔多少跟头，更不要说其他的错误了。就光说学走路，一个跟头不摔的，在座的应该没有。

关于对信托问题的认识，现在到了该谈这个事情的时候了。我们认为《信托法》立得很好，包括我刚到银监会工作的时候，刘明康主席说让我把国外的这些东西拿来，最后刘明康主席看过后，认为《信托法》基本关系是非常清晰的。既然是很清晰的，为什么在实践中法律一颁布，反而又栽了这么一个大跟头？所以说这些基本概念怎么理清、基本业务怎么做、信托计划怎么真正地转向管理财产是需要思考的问题。有一些人探讨，比如说房地产这些东西怎么做，我想做两头，你别净做那“两证变四证”的业务，基本上不挨骂，也差不多，稍微一紧就找你的事。比如说 PE 股权投资、房地产，我们的企业资本金不足，开始的股权投资和到最后这个产品差不多了，怎么证券化，有了他的经营模式以后怎么把人家的钱由信托公司来管理。

昨天几个人在说信托，说有的公司是“四证”都全的，人家行长说“四证”都全的还轮到信托来做吗？银行就做了，轮不到信托来做。我们在市场上竞争不能老是拿我们的短板，或者拿认为我们可以游离在某某政策之外的东西去做，那只有越做越出麻烦。在市场中竞争一定要有自己的长处，运用自己功能的长处，才能够有位置。我们现在做的是什么呢？是中国特色的社会主义市场经济。中国的市场经济本身就是具有特色的，在这个特色市场经济下的机构，你还不讲特色？刚才屠光绍市长也讲了一个很好的观点，怎么从同质到这个阶段的分化，在这种情况下就要找准自己的位置。现在就要找好自己的位置，别到时候人家把位置都占完了，你没地方，不是挤这个，就是挤那个，最后人家一块把你推坑里了。这个问题我不是随便说的，是有感受的。所以信托计划和信托资产，我觉得需要的是团队，是我们的专业精神、产品设计和管理服务能力，而且你还要跟其他的专家相配合。而固有资产这一块，又是另外一种情况。固有资产要增值，增值以后公司才能壮大，壮大才能具备赔偿能力。过去信托公司都以为自己是银行，所以他们的信托计划圈了钱，并全用在了固有资产的投资上，从而这种关联的风险就相互传递。所以管不好人家的钱是因为把人家的钱都弄到自己公司搞自己的项目了。现在倒闭的信托公司不都是这样吗？哪一家不是这样？凡是用别人的钱投在自己的项目上的，市场一旦变化就都不行了。所以信托计划里面真正需要的就是要提升团队合作和专业技能。

对于固有资产这一块怎么增值，这几年为了使信托公司真正做到“受人之托、代人理财”，我们的“两个新办法”还是先从规范性（不是说完全规范，而是使信托先走到正道上）入手，其中也包括对固有资产的规范。但是实践中也在变化，对固有资产这一块，包括一些探索，你们自己在作计划时也在看。所以说有的都搞了这么多年信托了，但是你在真正的财产管理上到底怎么做，值得认真思考。

我了解了国投信托所做的带有真正信托意义上的产品，如葡萄酒、黄金、艺术等。虽然信托计划并不大，有的才几千万元，但是他走的路子我认为还是正道。例如，做葡萄酒信托，我想那个7.5万亿元的信贷规模和房地产的政策都不会覆盖到你，你可以在里面好好地经营，好好地管理。你要具备的知识是这一年的葡萄怎么样，你弄的这个酒庄的酿酒水平怎么样，还要判断葡萄酒未来五年的价值是多少。到那个时候收益价格没那么高，说不定也还能拿两瓶酒回家喝呢，绝不会有投资者找到门上要兑付的担心。又例如，艺术，“十二五”规划里讲了，要振兴中国文化。2010年政治局开会，还专门谈到这个，而且“十二五”明确提出来，怎么能使文化产业成为国民经济的支柱产业。我发现国投做的艺术基金，还是在拍卖市场，在藏家收藏的过程当中，也有艺术基金已经和信托开始做一些有潜力的艺术品，如有潜力的油画等。其实还有很多，如水墨画。像这样的领域我们都可以通过信托计划使那些真正有造诣的大家找到愿意对文化事业传承发扬的投资者，他们将来一定会有价值。这些价值不仅体现在金钱上，更重要的是体现在对中华古老文化和我们民族文化的传承上。现在很多东西，如钢铁大楼越来越多，但是文化传承的东西有的都断档，或者是濒临断档。我不是说都要做这个，我是想让大家在这些方面多动一些脑子。

包括公租房这些东西到底能不能设计成信托产品、信托计划，也包括“三农”和中小企业。中小企业不能对单独一个企业怎么样，但是可以对一个整体的组合怎么去做。我这个话不一定说得对，但是我感觉欧洲有的私人银行，一辈子没几个信托计划，如葡萄酒，从投资者的爷爷辈做到孙子辈，人家也就一直把钱放在银行，一直让银行理财。不像我们设计的一号、二号……结果都是房地产。所以希望大家能从信托的概念、基本的东西入手，好好钻研怎样通过业务的基本要求，通过我们团队、人才的培养，通过我们信托高水平的金融服务，把市场的需求和我们的发展进行对接。这样就可以发挥我们的作用也可以找到我们的位置。

由此我来讲第三个问题，监管。就是在五中全会提出转变经济增长方式和国际金融危机的大背景下，我们怎么提高监管水平的问题。

怎么提高、怎么发展？有些人说，不要因为一两家公司他生病我吃药。我在一些场合也说，他生病是给他打针，他吃药病情肯定比你重，你吃的药是预防的，不一样。但是你该吃的时候也要吃，因为他那是传染病，你不吃可能就会被传染上。当然这有时候也是因为我们的监管水平没那么高。但是现实情况是这样，因为我们这个行业整体抵抗力还不那么强，位置还找得不那么准，这一两家公司如果生病生大了，虽然政策出来了，但是这两家公司可能就被埋了，不会再出现了。而你们大家吃药呢？是为了更好地生存下去，不要走他那个路，最后也被埋了就麻烦了。所以说我们在“十二五”期间也要更新监管理念。一是要完善法规政策环境，刚才讲了上海作为地方政府既有很好的市场基础、需求环境，也有政策层面的支持。但是从整个信托发展的环境上来看（法规有了，特别是机构管理），怎么能够尽量地完善，还要创造更好的条件使信托公司通过这些法律、规章一看，就知道怎么走。不是说看了这个东西只知道今年怎么走，或者说上半年怎么走，下半年怎么走还得看银监会出不出新东西。72号文件出来以后是不是市场就变了，是不是发生根本的变化了？我认为不一定，有的变了，有的还没有变。所以每一个政策的出台到最后的落地还是主要靠落实。光指望出政策是不行的，有了好政策，还得要靠我们对政策的理解，怎么把它贯彻到实际当中去。而在贯彻和落实政策当中是要动脑子的，不是说不动脑子就可以贯彻到底的。所以说我们要在法规建设和市场环境上多下工夫。二是创新发展。我说的并不是不鼓励创新，而是归到根本信托业务走到正路上以后，在有些条件不成熟的情况下，根据市场的需求、现在具备的程度，以及管理能力，对创新发展的业务给予提倡和支撑，做到“受人之托、代人理财”。三是我们也要转变监管的一些理念或者方式。就是说要针对信托的特性和市场真正的情况及风险的表现形式，来设计指标、设计监管工具箱，使监管的方法、办法、指引，真正能够对你的发展既有约束又可以健康地走下去。四是怎么做。因为大家不可能齐步走，我们会在“十二五”期间，对于哪些公司走得好，哪些公司某一类业务走得好进行个别指导和分类指导，使大家都能够做得有特色。说白了还是让大家真正能够健康、平稳、快速、可持续地发展。所以你现在别光看业务规模，规模是量，量是在变的，量变完了以后就是质变，这个关系大家要考虑好。关于具体的一些东西，我们应该在以上几个方面的监管上下工夫。年初在海南的时候我就说了，今年要碰见谁，有问题的一定不会对他宽容，实际上最后也没有抓到几个特别严重的，还是大家一块吃药，我觉得这个药大家吃得不亏。真正到了你们要思考的时候了。

今天就谈这么一点体会和感受。既然是体会，就有思考全面的地方，也有不全面的地方，有的可能是对的，也有的可能是错的。希望大家实事求是地面对现实，解决我们眼前的问题，从而为了更长远的发展。

最后感谢屠光绍市长莅临大会，并且给大家提供了一些很重要的信息，大家可以听到上海这个市场是很有潜力的。

谢谢大家。

# 在全国非银行金融机构市场准入工作会议上的讲话

中国银监会副主席　蔡鄂生

（2010 年 11 月 24 日）

同志们：

刘明康主席最近在市场准入电视电话会议上，对银监会成立以来的市场准入工作进行了全面总结，对未来的准入工作也有了明确的指示。非银行金融机构（以下简称非银机构）的市场准入工作难度大一些，因为非银机构是我国改革开放的产物，没有现成的经验可循。非银机构的发展历程，是在改革发展中探索前进的过程，是边发展边总结经验教训的过程。银监会成立以来，非银机构监管工作在会党委的领导下，以科学发展观为指导，一手抓风险防范化解，一手抓科学发展，取得了很大成绩。非银机构能够摆脱周期性治理整顿的命运，有今天这样稳健发展、蓬勃向上的局面，来之不易。这些成绩与全体非银机构监管工作者的努力密不可分。

在风险监管链条上，市场准入是第一环，它与非现场监管、现场检查、风险处置和市场退出共同构成完整的监管过程。市场准入是监管的前沿，具有举足轻重的作用。我们召开准入工作会议，主要目的是认真总结、交流非银机构准入工作的成绩和经验，讨论如何贯彻落实刘明康主席对准入工作的要求，进一步做好下一步非银准入工作。我讲三点意见。

## 一、认真总结非银机构市场准入工作

非银机构总体规模较小，但类型丰富（现在已包括六类机构）；市场份额不大，但专业性强、活跃度高、涉及面广，也是境内外商业银行、企业集团合理配置资源、延伸经营领域、拓展机构类型、提高竞争能力的首选对象。因此，我们要带着前瞻性的眼光，运用科学的准入安排，贯彻国家重大方针政策，丰富我国金融机构类型，促进金融产品创新，完善金融体系，构建功能健全、竞争有序的现代化银行业体系；运用科学的准入安排，完善非银机构的公司治理结构，加强业务拓展，增强抗风险能力，使其制定科学的中长期发展战略规划，实现可持续发展；运用科学的准入安排，强化非银机构与银行之间的功能互补、合作共赢，有效提升银行业整体竞争力，提高金融服务专业化、特色化、精细化水平；运用科学的准入安排，督促企业集团加强资金集中管理，提高资金使用效率，加快我国产业结构升级和战略调整。

银监会成立以来，非银准入工作取得很大成绩。在法规先行、依法准入的前提下，机构类型进一步丰富，机构数量大大增加，风险机构处置接近尾声，准入工作对机构、高管、业务的把关更加严格规范，形成了较完善的制度安排和操作流程。非银准入系统的同志们为此倾注了大量的心血和汗水。总结起来，有三点经验值得我们发扬光大。

### （一）坚持市场准入与非银机构风险防范化解相结合

这些年来，非银机构历史风险的处置和单体高风险机构的风险化解工作不断推进。认真总结非银机构发展和监管中的经验教训，以史为鉴，是非银准入工作的重要经验之一。

非银机构的监管是持续的促进发展和防范风险并重的过程。所谓并重，是指在支持机构创新或者发展的同时，不要忘记其存在的风险。非银机构抗风险能力不强，这有市场上的原因，也有政策不够完善的因素。在当前经济金融形势下，我们监管的某类非银机构一旦出现风险，将会影响到这一类机构整体的行业信誉和经营能力，形成系统性风险。这一点非银部是有深刻体会的。2003 年德隆系风险爆发，以及庆泰信托、金信信托和泛亚信托接连出事，都是前车之鉴。我们要及早预防这类事情发生，不要让别人诟病我们的准入工作。

这几年非银机构准入工作取得令人满意的成绩：一是机构准入方面，经过重组改造的原高风险机构，在严格的债务清零等准入标准下予以重新开业。要求新设立的机构，必须由规模较大、资质较好的大中型商业银行或企业集团发起设立，并有可持续的盈利模式支撑，杜绝了“先天不足、带病运行”的状况。二是机构的股东、董事和高管准入方面，严格资质条件，并通过面谈和考试等形式把关，董事和高管的合规意识明显提高，机构的公司治理逐步完善，股权结构更加合理，股东质量明显改善。三是业务准入方面，实行有限牌照制度，严格执行“高风险、严准入，低风险、宽准入”的差别化原则。在创新业务的试点中，将风险管控能力和风险承受能力差的机构“拒之门外”。

### （二）坚持市场准入与非银机构自身创新和体制机制改革相结合

这些年来，在确保非银机构整体风险可控的前提下，我们的准入工作同时致力于非银机构的创新和机构自身体制机制的改革。

一是引进战略投资者，加强非银机构的体制机制建设，提高抗风险能力。引进战略投资者是会领导的一贯要求，也是非银机构完善公司治理、实现稳健经营、可持续发展的自身需要。本着宁缺毋滥原则，鼓励引进合格的境内外投资者，积极探索建立科学合理的非银股权结构。

这几年，商业银行和大型国企入股信托公司取得较大进展，先后批准建设银行、交通银行、中粮集团、中石油、信达等机构投资者入股信托公司，有效提升了信托公司的公司治理、风险管控、业务创新等核心竞争力。

二是密切关注国家宏观政策、产业政策变化，因势利导地采取多项措施，支持关系国计民生、基础设施、生态环境建设、产业结构调整、拉动内需消费，以及具有自主创新能力的企业集团设立财务公司，支持符合条件的大型汽车生产企业设立汽车金融公司，全力服务于确保国民经济增长的目标要求。

三是拓展融资渠道，为银行无法惠及的居民提供新的金融服务。在对国内外消费金融行业的发展情况进行深入调研和充分论证后，抓住以促进消费应对危机的机遇，主动与相关部委进行沟通、协调，并向国务院专题报告后，于2009年7月颁布了《消费金融公司试点管理办法》，有效推动消费金融机构在我国的设立。目前，4个试点城市的消费金融公司都已经开业，运行良好。这一新型非银机构的设立，既是便民之举，又有促进消费、拉动内需的作用，也是我国金融体系的一种有益补充。

### （三）坚持横向沟通与纵向联动相结合

在非银准入工作中，方方面面的沟通协调工作量很大。一是这几年推动的商业银行设立金融租赁公司试点工作、商业银行入股信托公司的个案试点，以及消费金融公司试点工作，都是在与会外相关部委如国办、法制办、人民银行、证监会等充分沟通协商的基础上完成的。二是在商业银行设立或入股非银行金融机构的准入审批中，与商业银行的监管部门先充分沟通，在银行监管部门同意后再考虑正式受理申请。三是纵向联动，指导属地银监局做好工作，充分尊重银监局的意见，上下一致做好准入工作。四是准入、现场和非现场的横向沟通、信息共享，确保在分工的基础上加强协作，根据日常监管掌握的情况，对部分不审慎、不合规的机构适时限制准入，不断提高监管的整体效能。

总体上，这几年非银监管战线的同志们能够根据客观的需求情况和各自职责权限的划分情况，较好地把握了准入环节的工作，取得了很大成绩。

当前，非银准入工作中有三个问题需要重点把握。一是市场需求问题；二是申请准入机构的定位问题；三是机构批准后，如何能够使其在现有市场条件下实现可持续发展的问题。

对于监管人员，风险的防范和化解是个永恒课题。在准入的环节上如何判断风险，尤其是在创新业务的准入中如何判断风险，是有难度的。有些机构和业务，在国外有现成的经验，但引入国内后，结合具体的国内市场环境和方方面面的条件，风险该如何判断？最重要的是把握机构的定位及其内在规律。要搞清它到底是干什么的，或者说这些事该不该它干。现在我们要办的事很多，很多都是社会需要和党中央号召的，但是这些事是不是该由非银机构做？不要一说“三农”、小企业、创新等，各类机构都要去做。虽然去做没有错，但是机构是否能按照其内在的基本要求和发展去做，是否能从科学发展观的角度来看待这个问题，是需要很好把握的。不是说领导打招呼的事，就要去办。因为机构批准设立之后，出了事我们要能把事情的来龙去脉说清楚。所以，我们要思考，要从工作的立足点出发，把握所批准机构的发展，不要管“批条子”问题。如果准入人员能够从机构定位、内在发展要求和市场完善程度来判断的话，就能够把握好。

任何事情不是领导发了话，机构就能“带病运行”。“带病运行”的概念，有时候是一个变化过程，开始是小病，可以叫“带病运行”，但如果不及时治，即事先明知机构或高管人员有弱点和毛病，批准之后就不管了，小病就会变成大病，最后治不了就出问题。所以我们不可能把一个机构批的十全十美，只能是相对而言。只有这样去认识问题，工作才能做好。机构批了之后，两年好、三年好、百年好的也可能会垮掉，这是金融内在的发展规律。只要一不注意，就会出问题。虽然最终风险暴露了，不单纯是监管者的责任，但是从监管者的角度应该考虑如何对待准入工作。所以大家在总结经验和教训时，既有工作方法的问题，也有改善标准的问题，还应从观念和认识上把握好这些问题和现实当中反映出来的事情。一定要明白机构是干什么的，准入不是批了就结束了。原来总说“只批不管”，“只批不管”在那个时代有一定的道理，但不完全适用现在。别人都在往前冲的时候，我们说“跑太快了”，这个时候我们怎么能慢慢“跟着跑”。“跟着跑”是指在跑的过程中知道自己该做什么，作出什么努力，不能站着看，那样想追都追不上。

不同类型非银机构的发展，各有特色，需要认真总结。在把握每一类机构发展时，都要考虑这类机构的定位如何、市场需求如何、市场需求容量的发展条件是否成熟，从而指导准入工作的开展。例如，消费金融公司试点，各个城市都想申请，我在北京调研发现，这种发展模式和各地政府上项目的实质是一样的，我们不能盲目看重机构的数量，而应从市场需求的角度出发，考虑消费金融机构的设置问题。所以我们在对非银机构市场准入工作进行总结时，首先要看存续的非银机构当前的发展状况，在确保机构正常运营后，一定要着眼于其未来的发展。

## 二、深入分析研究当前的经济金融形势

在探讨下一阶段准入工作的重点和要求之前，我们需要先研判国内外宏观经济金融运行态势，分析新形势下非银机构面临的问题和挑战。总体来看，我国经济企稳回升，但全球经济金融体系不稳定、不确定因素增多，对外需和资本流动的影响不可忽视。

### （一）国内宏观经济平稳较快增长的形势趋于巩固

一是经济平稳较快增长。2010 年前三个季度国内生产总值同比增长 10.6%。二是消费、投

资需求继续保持快速增长势头。从消费看，2010 年以来社会消费品零售总额增速一直在 18% 左右的高位运行。固定资产投资增速向常态增长回归，新开工项目总投资同比增长 24.5%。三是房地产投机投资需求受到初步抑制。国发 10 号文件出台后，房地产贷款新增额逐月回落。国庆前后，有关部委和各地政府相继出台了进一步完善和落实国发 10 号文的新举措。

### （二）全球经济复苏速度放缓，美国采取新一轮量化宽松政策的影响不容忽视

发达国家的经济复苏面临严重挑战。2010 年 9 月末，美国失业率仍处于 9.6% 的高位，小银行和中小企业情况持续恶化，吸收就业和新增投资能力继续减弱。日本、欧盟等国也处于经济增长内生动力不足、失业率居高不下的困境。

当前美国经济仍在低谷徘徊，增长前景脆弱。迫于政府赤字的不断攀升，加大货币政策力度成为美国经济刺激政策的重要手段。2010 年 9 月 21 日，美国联邦储备银行公开市场会议提出在较长一段时期内将利率保持在极低水平，并表示将准备提供进一步的宽松措施。11 月 3 日，美联储公开市场会议最终商议决定在 2011 年 6 月之前购买 6 000 亿美元的美国长期国债。

宽松的货币政策有利于美国利用美元霸权地位，实现其经济复苏的策略。美联储宽松货币政策对国际金融市场和中国等新兴市场国家的影响已开始显现。一是人民币升值压力持续上升，人民币兑美元汇率不断向上攀升，自 6 月 19 日以来已上升 3%，出口行业竞争力削弱。二是粮食、棉花和金属等国际大宗商品价格大幅走高，输入型通胀压力增大。三是国际资本流动性增大，热钱冲击进一步加剧。随着发达国家的增长放缓，新兴市场相对稳健的基本面和更强劲的增长潜力吸引了热钱的快速流入，新兴市场已成为国际投资者资金配置的重点。未来一段时间，我国面临的热钱流动压力也将不断增大，国内大宗商品、房地产及农产品等资产价格的波动性将显著上升，国内宏观调控难度加大。

2010 年前三个季度，银行业运行情况总体平稳，信贷投放节奏得到较好控制，资本充足率仍保持较高水平。但在国际经济复苏艰难、国内结构调整任务艰巨的大环境下，整个银行业面临的风险形势仍十分严峻，大家对此要有清醒的认识，风险管理一日不可放松。2010 年会里提出几大任务：一是切实抓好地方政府融资平台贷款风险管控；二是高度关注房地产贷款风险；三是清醒把握和应对由于产业结构调整引起的部分行业和企业不良贷款的反弹压力；四是加强银行业金融机构的流动性风险管理。

分析当前经济形势中的整体趋势和存在的问题，关键是要看问题与趋势两者的发展方向。如果两者是同向发展，这就是发展当中的问题；如果是逆向发展，那这个问题就不应放到发展中去，这就是我们常说的要通过发展改革来解决的问题。

同时，我们在分析判断形势时，要将问题分层次来看待，有的是基本面的问题，有的是具体问题，有的在前，有的在后。这些问题相互影响后，可能发生变化，这种变化又会对我们机

构的发展产生影响。我们回头看过去10年国内的发展情况，以及解决问题的方式、方法，这是相当复杂的一个过程。

目前，国际环境变得错综复杂。国际金融危机以后，各国受的影响和打击不同，每个国家政府都从自身发展要求出发，采取相应措施。而国际市场已经高度一体化，每个国家和地方发生的变化，对国际市场整体肯定要产生影响。那么，在这些变化过程中，对于我们的影响是什么？我们现在的内需怎么扩大？国外石油、铁矿石的价格变化，以及国外初级产品如粮食的价格变化，对我们国内的市场需求到底有多大的影响？现在国际市场上很多产品的定价权到底在谁手中？我们要带着这些问题深入思考，分析当前的国际形势。

在“十二五”的经济发展中，我们尤其要学会用科学的方法认识和看待国际、国内经济形势。我们要看到，除非出现特大问题，基本上是可以通过采取措施来保证经济向好的方向发展。正所谓物极必反，事情坏到一定程度后，它就会变好，这也是经济周期的特点。经济不断发展变化，经济周期是客观存在的，只不过有在谷底、上升、恢复和成长期各阶段的持续期长短的问题。学会运用科学的方法看问题，我们的眼界才能更加开阔。我们常说，“站得高，看得远”，这是客观规律，道理非常简单。但是到我们自己判断形势的时候，你如何能站在一个比较高的点上来关注未来的发展变化？只有看得长远，你才能判断出眼前的这些情况，哪些会对自己产生影响，才能去思考应对之策。

所以，在当前形势下，对国内的总体发展态势树立信心是必要的，我们目前也的确处于非常好的发展机遇期。但是五年或者十年后经济形势又会发生怎样的变化？我希望大家能审时度势，在理清当前宏观经济形势的前提下，关注我们所监管的机构如何应对形势的变化。

在“十一五”这样一个快速发展期，政策导向性变换频率比较高，就好比车子在路上跑得特别快时，有一点问题，就得马上采取措施。虽然有些问题一下子看不透，但是必须马上把影响发展的东西把握住。中共中央于2010年10月18日通过了“十二五”规划建议，提出加快转变经济发展方式，我们也要认真思考我们面临的问题到底有多大，下一步工作怎么做等问题。

## 三、未来非银市场准入工作的重点和要求

在此，我就如何把握非银机构的特点做好未来的市场准入工作谈几点意见。

### （一）坚持分类监管和有限牌照制度

银监会一直强调分类监管，对非银机构更应该强调分类监管。

首先，谈谈信托公司的市场准入问题。信托公司的市场准入，主要体现在业务准入和创新发展上。下一步我们仍需关注使信托公司回归财富管理、资产管理的本位问题。信托公司只有

在坚持自身定位的前提下，结合市场需求创新产品，提供符合国情的投资理财产品，才可能巩固市场地位。在信托创新业务的审批上，我们采取了审批和备案两种形式，不论采取何种形式，一定要将信息及时传递给非现场和现场环节，保证监管的连续性。要想在日常监管中发现问题，准入、非现场和现场必须联动。一旦发现问题的苗头，就应立即多方收集信息，掌握情况，做到心中有数。不要非等到现场检查立项时才去了解，也不要等到机构出了问题再搞个指引或规定出来。要使信托公司健康发展，除了关注业务准入，还要在董事和高管的审核中，使我们的工作更加科学有效和合情合理，促其公司治理科学完善，使公司治理真正发挥作用。

其次，谈谈财务公司的市场准入问题。近几年来，要求设立财务公司的企业特别多，有中央企业，有地方国企，也有民营企业。因为管理办法中规定的准入条件比较低，各家企业都觉得自己够条件，可以申办。现在有20多家企业在排队，因此准入方面的压力比较大。

财务公司是现行条件下非常特殊的一类机构。所谓特殊，是因为它既是企业集团内部的机构，又是一个实实在在的准银行类机构，是个“内部银行”，存款、贷款、汇款业务都有，基本功能比较齐全。实践证明，财务公司通过对集团成员单位资金的集中管理，加上其他金融功能的配合，对提高集团资金使用效率确实起到了很大作用。但是，有的企业集团设立财务公司的潜台词不光是为了提高资金效率，还要进行投融资。这几年企业集团发展的观念也在改变，也在上项目，也投资拉动，既可以贷款，还可以发债，这就有些问题了。

如果按照我们现在的审批速度发展下去，到本届政府换届时，财务公司有可能达到150家甚至200家。所以我们必须认真研究财务公司的市场准入问题。每年分指标的数量管理方式，我个人认为，不是解决问题的根本方法，因此寻求科学的准入策略，仍是我们下一步面临的主要问题。

我想把这个题目交给大家，初步采取一种“需求对表”的方式，大体规划一下。从现在开始，各银监局要关注本地区企业集团发展的情况。通过摸底，了解本地区符合财务公司设立条件的企业集团的情况，了解本地区设立财务公司的需求情况，但不要主动建议政府和企业集团设立财务公司，更不要说“只要会里同意，我们才能受理”这一类的话，要有点牺牲和负责任的精神。然后，要考虑加工制造、商业、旅游等不同行业企业对财务公司需求程度的异同，分类研究其现金流和资金管理的特点。通过摸底掌握的情况，我们下一步对财务公司的监管思路才能有理有据，才能进一步考虑我们的办法修订问题。

在修订行政许可办法的问题上，我希望大家仔细考虑企业集团财务公司与资金集中度的关系，换而言之，是在企业集团达到一定的资金集中度前提下批设还是让企业集团借助财务公司来提高资金集中度。我个人认为，还是应在集团的现金池达到一定的程度后，集团自身能达到较高的财务管理水平的前提下，我们再考虑其设立财务公司的诉求。一旦我们将财务公司准入的相关硬指标提高，可能马上将影响到各地方型企业集团。从规模上讲，它们的总体水平与中央企业仍存在很大的差距，因此我们需审慎考虑政策变化可能造成的影响后才可作进一步判断。

在当前严控贷款规模的形势下，财务公司的市场准入仍要坚持“有限牌照”原则，贷款业务暂时不会批给新设公司。我希望新设公司内部能先做好结算业务，以提高资金使用效率。坚持“有限牌照”原则，一方面可以减轻准入工作的压力，另一方面也能激励财务公司在提高资金使用效率的前提下逐步走向成熟。未来是否改变或放宽有限牌照制度，还要看宏观经济形势等环境因素的变化，再作考虑。

总的来说，把握财务公司准入工作的关键，在于牢记两项原则，一是坚持摸准需求，二是坚持有限牌照，同时要加强横向和纵向沟通力度，做到心中有数。

希望各地银监局对不同企业集团进行研究，配合银监会向地方政府领导做好宣传解释工作，不要一味追求辖内新设机构的数量。

### （二）坚持做好准入的后评价工作

要从“重审批、轻管理”的误区中跳出来。这几年我们的工作有了很大变化，在风险监管方面有了很大进展，但在市场准入和后续监管的配合上还可以更加有所作为，可以考虑如何更好地通过现场或非现场的后评价手段修正准入行为。对于准入后的机构或者允许开展的某项业务在市场中的表现是否符合我们设想的初衷，可以进一步探索。

2009 年，国务院确定的首批试点的四家消费金融公司已经全部开业，它们如何体现与银行的差异性和服务性，社会的满意度和需求到底怎么样，是我们近期要后评价的重点。现在有很多地方，看到有新型机构，就想设一个。已有多个城市提出要设消费金融公司，我们的回答是在后评价完成之前，不予考虑。在全面总结和评估的基础上，2011 年上半年，或者第三季度以前向国务院上个报告，看是否还需要继续扩大消费金融公司的试点。目前四家试点机构，要认真总结试点阶段的经验和问题，特别是问题，要将眼光放在整个行业的健康发展上，不能仅局限于贡献及服务当地经济的层面，更应为全国摸索经验。

汽车金融公司要继续保持平稳发展的态势。目前，除了安徽的“奇瑞”和湖南的“三一”是民族品牌外，大部分汽车金融公司还是外资或合资的，我们要借此了解外资对中国市场的感觉和办汽车金融的感受，了解汽车金融的发展趋势。

货币经纪公司由于是在人民银行管理的市场中开展业务，政策配套的有关问题，我们会继续与人民银行沟通协调。

2010 年刘明康主席有好几次批示，凡是银行办的非银机构，三年到五年后要对其进行后评价，经营水平低于行业平均水平的，要责令出售或退出。商业银行办的几家金融租赁公司基本都快三年了，大家对它们的经营情况要心中有数，早作评估安排。

自从新办法出台以后，我们新批设的金融租赁公司基本上是银行办的。银行办金融租赁公司的数量，是按照国务院批准的数量来把握的。下一步工作如何开展？最近非银部写了个报告，提到国际租赁的某些规则发生了变化。辖内有金融租赁公司的银监局要引起注意，并关注国际规则的改变，会里也要重点研究这个问题，即租赁规则改变以后，对金融租赁公司未来发展的影响问题。

对汽车金融公司和货币经纪公司这两类机构，奢望不能太高，要实事求是地看待它们的发展。金融租赁公司虽然处在上升发展阶段，我们也不能抱有过高的期望值。我们要很好地把握这几类机构的市场定位。如果它们在市场上的定位本来就是一个补充，就不要强求它们发挥很大的作用。对于这些机构的管理和监管，一定要实事求是，一定要有耐心，最主要的是使机构在自身的努力和我们的监管下，能够逐步地健康成长。

### （三）坚持在风险有效隔离的前提下开展综合经营试点

自从银监会审慎允许商业银行开展综合化经营试点以来，不断有商业银行已经或者有意向投资入股非银机构，其中热度最高的是信托公司和金融租赁公司。在国际金融危机爆发以后，从上至下对综合经营有了新的认识和理解，银行综合化经营是否忽略了自身的主业呢？在这样的背景下，我们的准入方式也要相应调整，不能光顾着化解非银机构这边的风险而忽略了可能产生的新问题。怎么调整呢？其实很简单，就是想要跨业经营的商业银行取得其监管部门准出的批复，各方面都沟通好了以后，我们非银这边才正式受理。这就避免了不同部门之间信息不对称而产生的沟通协调问题。

除此以外，非金融企业综合化经营的冲动也相当强烈。非金融企业投资多个、多种金融机构的情况越来越多，这已引起我们非银机构准入的关注和研究。对于这类情况，我们一方面要求申请机构事先开展充分的可行性研究分析，对未来业务和盈利模式进行充分的预测和论证，要有商业可持续性，要求母体与被投资机构建立风险可控并有效隔离的“防火墙”体系；另一方面，事后开展对该类机构的认真总结和评估，对于经营困难、风控薄弱的，坚决予以市场退出。

有些地方和机构，根本没有真正认清非银机构的盈利模式，就一味冲动地想拿牌照，我们从事准入工作的同志们要做好解释工作。机构设立是有条件的，不允许设立是因为存在不允许设立的原因和客观环境，具体要看我们如何开展工作。从多角度考察，看其是否具备条件，或帮助它在条件成熟时才提出设立申请。我们监管者应从根本上来思考问题，确切地认识提供监管服务的精髓。所谓高水平的“监管人员”，就是既要有很高的监管技术水平，还要有妥善处理复杂关系的能力和过硬的心理素质。

### （四）继续优化审批流程，加强上下联动

这些年，非银部和很多银监局，都在准入审批流程优化与创新、信息合理利用与共享、经

济环境与具体审批相结合方面作出了努力，取得了一定的进步。现在会里各部门的准入事项基本都在准入处，是“大准入”的概念，而银监局的情况各异，尤其是非银这一块，有统一在准入处的，有在监管处室的。很难说哪种方式更好，因为各局的情况不一样。这种设置，就需要我们进一步优化准入流程，发挥协同效应，形成合力，确保准入工作的时效性和质量。

相对银行而言，非银机构结构不稳定，尤其这几年非银机构由于引进战投、引入管理团队等举措，导致行政许可事项较为频繁。因此，需要准入工作与日常持续监管形成相辅相成、相互支持、紧密结合的工作机制，优化现有监管流程，准入处室和各机构监管处室在分工的基础上加强协作，才能不断提高监管的整体效能。

准入工作涉及面广、政策性强，需要我们不断学习、积累知识、技能和经验，要保持队伍的相对稳定性和上下一致的对应性，要从机制上做好配套工作。

构建信息共享渠道，加强上下联动。总会、省局、分局对外都是一个整体，上下之间只存在信息沟通的差异，不应有本质判断上的不同，这是基本要求。做好充分沟通之后，监管系统内部就不应该存在内部公关和矛盾上交的情况。面对具体机构的不仅是属地局，而且是银监会系统整体。要继续强调“属地监管”原则，做到各司其职。准入工作要真正深入到机构、深入到市场，对机构本身的经营行为、主要管理者的情况有充分了解，作出正确判断。

### （五）其他问题

针对同志们在讨论中比较关注的几个问题，我谈谈自己的看法。

一是异地业务的监管问题。异地业务的监管问题，会里应着手认真研究。我先笼统地谈谈个人看法。我认为，属地局要担负起主要监管责任。机构的基本数据、统计报表都要报送属地局，即使业务都在外面发展，也得定期向属地局汇报在其他地区业务发展的情况。异地局通过关注市场的综合反映，给予配合。我们不能让机构在异地有分支机构，只能有营销团队。财务公司设分支机构的实际意义，需进一步研究。至于信托公司，则不应以设分支机构为发展模式。信托公司管理财产是靠管理团队的专业，到任何地方开展业务，都是项目管理的概念。当然，有时除了业务发展需要，还有公关的需要，这个层面的问题，我们再研究，看如何能使其更规范发展。

属地局一定要认认真真地负起责任，对异地业务的开展，特别是信托和租赁，属地局要把基本情况弄清楚。对于机构在异地的经营情况，我们要主动了解，掌握第一手资料，这样监管起来才能让人信服，监管才能收到效果。监管与被监管，是一种对立，但不是完全的对立。我们对机构实施监管不是为了解脱自己、怕承担责任，而是为了机构的长远发展。其实我们和机构的想法是一致的，只不过在发展过程中，我们站在不同的位置上，履行不同的职责。

二是分支机构的问题。现阶段，信托公司和金融租赁公司都不能设分支机构。财务公司维持现状，原则上不设新的分支机构。我们要想办法让被监管机构承担自己应有的责任。凡是关口一突破就收不回来，会给以后的工作造成很大影响。因此，我们一定要把好关，不能轻易突破原则。除非是不可比的行政许可事项，即使作出突破，也有理由收口。

三是政府平台公司的问题。地方上一般让银行来牵头，银行比较强势，有可能造成非银机构的债务悬空。这得让非银机构自己来管，不能把这事压给异地局管。这事我们尽量不要过多地去做一些额外的功课，但是我们自己该做的功课千万要做到位。如果出现什么问题，你们及时反映，我们及时沟通。如果有些问题是个案和少数我们能控制的情况，还是得单独处理和研究。如果这事变成普遍性问题的时候，可能就要定规矩了。大家一定要注意信息的收集。

四是监管评级的问题。每到监管评级的时候，很多机构就会向我反映情况。我希望通过监管评级，真实地反映出机构的客观情况。但我希望2011年能在评级时作出适当的调整，或者借助信托业协会的力量对信托公司进行评级，或是改进我们的评级方法和内容，比如说通过增加对“软实力”的考核，如对管理层、决策程序和激励机制的评价等。评级是监管部门对机构成长发展情况的一种判断，也是我们对于监管效果的一种判断，那么如何把评级的作用发挥出来，还有待于今后的改进。但无论怎样，在评级问题上，不能让机构跟我们在指标上讨价还价，要客观反映出他们的经营现状。

五是高管人员的资格审查问题。一定要注重高管的能力和诚信品格。如果诚信方面有严重缺陷，要引起注意，这样的人即便具备高学历也要拒之门外。有的高管，虽然在准入环节给了资格，但是对于他整体能不能胜任的问题，还要结合现场和非现场的反馈意见。我们要尽量保证高管不带病运转，但是万一出现了问题，我们要把问题向下传递，准入要传给非现场，非现场再传给现场。通过现场检查的方式，着重考察他在上任两年以后的工作情况，特别是非银机构的高管变动比较频繁，大家要把握准。

同志们，非银机构种类多、涉及面广、与市场联系紧密。从事非银准入工作的同志一定要勤于学习、善于思考、刻苦钻研、深入观察、讲究方法。在我国进入经济发展方式转变和经济结构战略调整至关重要的“十二五”时期，机遇和挑战并存，我们从事非银准入工作的干部应不断加强培训和自身队伍建设，认真落实刘明康主席关于提高单兵作战能力的要求，争取每个人都能够独当一面，使非银机构的准入工作再上一个新的台阶！

谢谢大家！

# 在2010年全国非银行金融机构监管工作会议上的讲话

中国银监会非银部主任　柯卡生

（2010年3月2日）

同志们：

大家上午好！

今年的非银行金融机构监管会议，会领导高度重视，刘明康主席发表了重要书面讲话，对近几年非银监管工作充分肯定，并对今年的中心工作提出重点要求。刚才，蔡鄂生副主席就如何做好今年的非银监管工作作了重要指示。希望大家认真学习、深刻领会，将刘明康主席、蔡鄂生副主席的讲话精神和要求认真贯彻到日常监管工作中去。下面，我就非银监管2009年所做的工作及2010年的规划、设想，做个详细的回顾与展望。

## 一、2009年工作回顾

2009年，非银监管系统在会党委的正确领导下，认真贯彻落实中央对经济工作的决策部署，全面贯彻银监会2009年工作会议精神，深入学习实践科学发展观，以提高监管有效性和非银机构竞争力为主要目标，面对复杂多变的国内外经济金融形势，继续坚持科学监管，坚持“一手抓风险防范和高危机构看管、一手抓金融创新和稳定发展”，在努力克服国际金融危机带来的不利影响、全力支持国民经济保增长的基础上，切实履行监管职责，与时俱进改进监管方式，重视有的放矢调研先行，注重增强监管工作的预见性、针对性和有效性，同时，采取有力措施，着力推进非银机构的改革与发展，着力提升非银机构的创新能力、竞争能力和服务水平，着力防范和化解风险隐患，有力地促进了非银机构的稳健运行和较快发展。

2009年，全国正常经营的五类非银机构共175家，包括信托公司57家，企业集团财务公司93家，金融租赁公司12家，汽车金融公司10家，货币经纪公司3家。到2009年末，非银机构资产总额达到了3.6万亿元，比上年增加1.18万亿元，增长48.7%；所有者权益2 858.82亿元，比上年增加758.74亿元，增长36.13%。实现利润322.15亿元，比上年增加24.39亿元，增长8.19%。不良资产总额72.58亿元，比上年减少21.61亿元；不良资产率0.6%，降低0.29%。

2009年，非银机构监管工作主要体现在以下几个方面。

### （一）积极贯彻落实中央宏观经济决策，支持“扩内需，保增长”大政方针

2009年一开年，以中央为应对全球金融危机冲击而推出的一系列举措为主轴，依据中央精神和会党委作出的支持扩大内需、确保经济增长目标实现的相关指示，非银行部高度重视，快速跟进，因应形势，及时研究，因势利导采取多项措施，较快地对监管政策作出了适当调整，鼓励非银机构为实体经济提供多方位的金融服务，为社会提供更丰富的金融新产品，增强消费对经济发展的拉动作用，全力服务于确保国民经济增长的目标要求。我们以此拉开全年工作的序幕。

1. 根据国家宏观政策变化，适时调整信托公司监管规定，出台相关通知和决定。迅速发布了《中国银监会关于支持信托公司创新发展有关问题的通知》、《中国银监会关于修改〈信托公司集合资金信托计划管理办法〉的决定》等多个文件，其中，对优质信托公司有条件地放宽投资者要求，对单笔信托金额为300万元人民币以上的自然人投资者和合格的机构投资者数量不再作限制；有条件、有期限的放开集合信托贷款比例考核限制；允许符合条件的信托公司以固有资产独立从事PE投资业务；对房地产信托贷款有条件放宽部分限制；积极推动信托公司创新产品等。上述规定的放宽，对优质信托公司支持实体经济发展发挥了积极支持作用。

2. 适时启动第二批财务公司发行金融债券试点工作。通过继续推动财务公司发行金融债试点工作，重点支持关系国计民生、基础设施、生态环境建设、产业结构调整、拉动内需消费，以及具有自主创新能力的企业集团财务公司发展，缩短其走出困境的时间。在总结以往经验的基础上，批准了中石油、中石化、中电力、兵器、国电、中电投、海尔等7家财务公司发行金融债券225亿元，进一步优化财务公司自身的长短期资金结构，同时，补充其所属企业集团资金来源，增强其应对国际金融危机冲击的实力。

3. 创设新型非银机构，丰富居民融资渠道。为给民众消费提供新的融资渠道，我们自2007年末开始组织人员，对国内外消费金融行业的发展情况进行多次调研和充分的论证，抓住2009年以促进消费应对危机的机遇，主动与相关部委进行沟通、协调，并向国务院提交了专题报告，随后于2009年7月颁布了《消费金融公司试点管理办法》，有效地推动了专门消费金融机构在我国的建立。经请示国务院同意，确定在北京、天津、上海、成都四城市进行首批试点，目前四个城市已被批准正式筹建。昨天，北京、成都消费金融公司已正式挂牌营业。这一新型非银机构的设立，既是便民之举，又有拓宽促进消费、拉动内需渠道的作用，对进一步完善我国的

金融体系也是一种有益的补充。从另一个角度看，也是我们借危机兴改革、促创新、谋发展、化危为机的一个例子。

4. 加强与相关部委沟通协调，优化非银机构运营环境。非银机构的业务活动横跨货币、资本、实业多个领域，具有金融综合经营的特性，并与多个监管部门和部委密切相关。为给非银机构的监管和发展创造更加良好的外部环境，根据会领导的指示和要求，2009 年我们更加主动地与相关部门进行沟通协调。为解决信托公司的信托登记、信托证券账户设立、公司上市等问题，我们与全国人大、最高人民法院、国务院秘书二局、人民银行、证监会等部门进行了多次沟通与协调；为推动融资租赁税收问题的解决，主动向财政部、国家税务总局作了汇报，在《财政部国家税务总局关于执行企业所得税优惠政策若干问题的通知》中，对环保、节能设备融资租赁享受所得税优惠政策作出具体规定；配合财政部研究制定融资租赁出口退税政策，研究制定了《金融租赁公司在保税地区设立项目公司开展融资租赁业务管理暂行规定》。为破解金融租赁公司和汽车金融公司资金来源难题，取得人民银行的大力支持，与我会联合下发了《关于金融租赁公司和汽车金融公司发行金融债券的公告》，为从根本上解决长期制约这两类非银机构进一步发展的中长期资金来源问题奠定基础，并有望今年在发债上取得突破。

### （二）实施审慎监管政策，促进非银机构稳健运行

2009 年国际、国内经济形势复杂多变，年初、年中、年末的经济形势大不相同，国家应对内外形势变化的政策也在不断作出调整。因此要求我们必须迅速反应，化压力为动力，出手要稳还要快。为确保非银机构平稳有序运营，我们除了贯彻“区别对待，有保有压”的要求以外，还及时研究和关注非银机构可能面临的新情况、新问题，严守风险底线，实施审慎监管政策。

我们在监管工作中高度关注国家宏观调控和产业政策调整对非银机构风险变化的影响，注重对国家宏观经济政策实施力度和节奏的把握，增强监管政策的针对性和有效性。如针对银信合作发展中出现的问题，特别是银信合作资金投向房地产领域较多的情况，有的放矢，进行深入调查研究，撰写了《全国信托公司房地产融资业务调查报告》上报会领导，并根据刘明康主席、蔡鄂生副主席的批示精神，及时采取监管措施，指导各省局开展工作；又比如，针对信政合作中出现的风险苗头，我们在广泛调查、深入分析的基础上，及时下发了《关于信托公司开展项目融资业务涉及项目资本金有关问题的通知》，要求各信托公司注意防范信政合作业务中的风险和关注业务合规性，并对债务性集合信托资金充作项目资本金予以规范；2009 年 3 月即提示信托公司要高度关注地方政府担保以及人大承诺函的合规性和有效性，这一做法比财政部还要早半年；再比如，为了防范财务公司发行金融债可能出现的问题，我们对发债用途进行了严格审查，严禁用于不符合国家宏观产业政策投向、不符合管理要求的建设项目，严禁用于“两高一资”行业、低水平重复建设和产能过剩行业的项目，严禁用于与企业集团和财务公司主业

无关的风险性投资。

此外，根据财务公司信贷投放增长较快的特点，认真落实刘明康主席关于“引导财务公司贷款科学管理”的指示，对信贷规模增加较大及增长较快的财务公司进行风险提示，要求财务公司严格执行国家宏观调控政策，根据集团所在行业发展需要，围绕集团主业提供信贷服务，防止信贷快速扩张过程中出现资产负债期限结构错配，加强对委托贷款、票据业务的管理；提示金融租赁公司根据市场变化调整业务规划，合理控制租赁资产增速，稳健开展租赁业务，防止出现粗放发展模式；针对汽车金融公司经销商贷款风险不断上升的问题，及时联合属地银监局通过各种方式进行风险提示。

通过不断关注非银机构的主要风险点，特别是在应对危机时期更加重视督促机构加强内部管理和提高风险控制水平，从而有效地促进非银机构的健康稳健运行。

### （三）通过采取破产、破产重整、重组等方式，积极推进历史遗留高风险机构的处置工作

经过不懈努力和各方面的通力合作，2009 年高风险非银机构处置工作又取得积极进展。至 2009 年末，历史遗留的近 30 家高风险机构已进入最后处置程序，存量风险基本消化完毕。其中，6 家信托公司的风险处置工作接近尾声，已批复 3 家重新登记；5 家财务公司的重组处置工作已经完成，风险得到妥善化解；2 家租赁公司重组方案已基本确定，今年将继续推进；13 家历史遗留问题信托公司的重组工作已经审慎启动。与此同时，我们针对单体业务风险，积极采取措施加以化解，如指导督促属地局采取暂停部分业务、处理相关人员等措施，及时化解重庆信托、爱建信托和江苏信托的单体业务风险；起草《中国银监会办公厅关于上海爱建信托投资有限公司风险化解有关问题的函》，积极推动爱建信托重组；督请青岛市政府成立海协信托重组工作组，加快开展相关重组工作。2006 年新成立的高风险机构处置处已基本完成历史使命，目前做一些收尾工作，风险处置处的编制也调剂给其他部门使用。

### （四）借危机兴改革，加强体制机制建设，提高非银机构竞争力

2009 年，我们在会党委的领导下，抓住机遇，认真观察国际金融危机演变，及时总结危机经验教训和对非银机构的影响，在危机中深化改革，扎实有效地推进科学监管，坚持“鼓励与规范并重、培育与防险并举”的创新监管原则，指导非银机构按照“成本可算、风险可控、信息充分披露”的要求，开展金融创新，增强经济增长活力和动力，提高非银机构竞争力。

1. 积极推动非银机构引进战略投资者，加强非银机构的体制机制建设。引进战略投资者是会领导的一贯要求，在总结、评估近几年引进战略投资者经验和效果的基础上，进一步加强非银机构引进境内外战略投资者的对外开放工作，坚持择优而取，按照“依法、自愿、市场、审

慎、效率”的原则，鼓励引进有实力的合格境内外战略投资者，积极探索建立科学合理的非银股权结构。2009 年，商业银行和大型国企入股信托公司又取得重大进展，先后批准中国建设银行、中粮集团、中国石油集团公司、信达资产管理公司等机构投资者入股信托公司，有效提升信托公司的公司治理、风险管控、战略规划和业务创新等核心竞争力。同时，还批准国投财务公司引进德裕银行作为战略投资者，鼓励新设财务公司引入具有丰富行业管理经验的境内外战略投资者和管理团队，促进财务公司现代企业制度和管理规范化的建设。

2. 积极探索，稳步推进综合经营试点。认真总结商业银行开展设立金融租赁公司试点成效，修改《金融租赁公司管理办法》，撰写《关于扩大商业银行设立金融租赁公司试点范围的请示》等报告，上报国务院领导批准同意扩大试点。及时制定扩大试点范围的准入工作规划，为科学审慎扩大试点的审批工作打下良好基础。

3. 推动产品创新，增强服务能力。为提高非银机构的金融服务水平，2009 年对信托公司 QDII 业务相关法规进行了相应调整，积极推动信托公司发展 QDII 业务，包括调整新业务的审核程序，对单一信托产品设定投资门槛和投资比例等。根据蔡鄂生副主席关于加强信托产品创新研究的要求，积极落实对信托公司伞形信托、TOF、PE 子公司设立等创新产品、创新制度的研究，在此基础上，批准了少数信托公司进行 TOF 产品试点、设立 PE 子公司等。

### （五）加强现场、非现场监管配合，增强监管工作的预见性、针对性和有效性

2009 年，我们克服人员少、监管机构类型多、市场变化快等困难，组织专人负责完善以风险为本的非现场监管体系建设，提升对非现场监管信息及各类综合信息的运用，加强非现场监管对现场检查的指导，实现了非现场监管、现场监管和市场准入各环节的有效衔接，深化了非现场监管、现场检查和动态监管的有效配合机制。

1. 完善非现场监管信息系统，为提高监管分析和运用能力提供保障。针对实际监管需求，组织研究并完善了五类非银机构的监管指标体系、监管报表及监管信息系统。积极推进部内综合管理系统建设，构建横向覆盖整个非现场监管工作流程、纵向支持非银部与各银监局密切信息交流互通的综合性监管平台，提高了非现场监管效率。通过对信托公司和财务公司实施并表监管，有效提高监管能力。目前非现场监管信息系统运行良好，从统计部反馈的结果看，2009 年各局监管报表的及时性、准确性、完整性显著提高。

2. 强化风险预警机制，提高非现场监控的深度和广度。通过依托非现场监管信息系统，对机构违反审慎监管标准、异常变动等情况，进行风险提示与窗口预警指导，提示机构关注经济周期变化、国家宏观经济政策调整以及市场的波动等，寻找应对的策略，评价存在风险和问题，提出改进要求，实施审慎稳健经营。

3. 灵活运用多种监管方式，实施持续动态监管。继续加大实地走访、调查、监管谈话以及

日常沟通力度，与非银机构董事会、高管层、业务人员进行交流座谈，及时传导监管政策与监管理念；加强对高管人员的履职监管，坚持按月进行分析监测，按季度进行风险通报，持续跟踪机构的经营管理情况、财务和风险状况，及时进行风险提示。督促机构认真落实通报要求，转变经营理念，制定翔实有效的整改措施，不断提升公司治理、内部控制和风险管理水平。

4. 加强上下配合，实施属地监管和联动监管。进一步明确总会与派出机构属地监管的权限和职责，不断完善动态跟踪、信息共享、上下联动、渠道畅通和反应迅速的非现场监管机制。每季度对全国近百家财务公司的主要科目和指标进行排名，并及时向属地银监局进行反馈，使属地局能够及时掌握辖内机构在整个行业中的排列状况。

5. 完善现场检查制度，努力提高现场检查的针对性和有效性。2009 年，我们更加紧密关注非银机构风险状况，加大现场检查力度，充分发挥现场检查的集成效应，按照“高风险高密度检查、低风险低密度检查、全面检查与专项检查相结合”的原则，通过非现场与现场的沟通确定现场检查的重点机构、重点业务。根据立项，合理安排检查任务和配置资源，提升现场检查“准确制导”和“精确打击”能力，重点围绕非银机构面临的信用风险、市场风险和流动性风险，公司治理、内部控制和业务合规性等方面开展现场检查。同时，加强对整改效果的持续跟踪和后续评价，注重对被检查机构的整改情况和相关责任人员处理情况的跟踪检查，通过深入挖掘和充分利用每次现场检查的信息，有效提高整改效果。

6. 持续开展监管评级和风险评价，实施分类监管。2009 年，共完成对 54 家信托公司的监管评级和 44 家财务公司的风险评价；金融租赁、汽车、货币经纪等几类机构也在启动，如启动并完成了《金融租赁公司监管评级与分类监管指引》和监管评级操作评分表初稿，对汽车金融公司的风险评估工作进行指导，启动了货币经纪公司的风险评估工作。

### （六）严格把关，积极、稳妥实施准入监管

经过近几年对 30 家高风险非银机构的艰苦处置，我们更加深深地感到严格把好准入关的重要性。2009 年，我们对准入工作方式进行改进，主要通过实地考察当地经济环境、金融需求、相关企业和金融机构经营管理状况，现场检查、非现场分析的联动，会机关与属地银监局的联动，共同把好准入关，做到既严格审慎又积极稳妥。

在此前提下，积极支持符合国家产业政策、关系国计民生的重要行业中符合准入条件的 15 家大型企业集团设立财务公司；积极支持符合条件的大型汽车生产企业和民族汽车企业设立汽车金融机构，批准了首家中资汽车金融公司——奇瑞汽车公司与徽商银行联合发起设立的奇瑞徽银汽车金融公司。批准广州汽车集团与东方汇理个人金融公司联合筹建广汽汇理汽车金融公司，批准宝马汽车与华晨汽车公司联合筹建宝马汽车金融公司，满足了汽车企业发展的需要。

目前，13 家历史遗留问题信托公司有 7 家进行重组，到 2009 年末 3 家开始正式营业。正常

营业的54家信托公司中已有49家按照新办法的要求完成换发新许可证，实现了平稳转型。

### （七）贴近市场，推陈出新，为非银机构发展提供制度保障

制度建设是近几年的主要工作之一，2006年专门成立了制度处，做了大量工作。废止了160多个文件和通知，修改完善了10多件管理办理，新颁布了几十件管理规章，起草完成10多件拟出台的规章，目前还确定了一批将要制订的规章的题目。

2009年，我们与时俱进，在前几年推陈出新、全面梳理、废止、修改完善、颁布新法规的基础上，根据非银机构的功能定位和监管需要，针对机构出现的新情况、新问题和新的风险表现形式，出台了一系列法规制度和监管政策。

1. 适时梳理修改现有法规。根据现有法规的执行情况，我们对《信托公司监管评级办法》、《信托公司信息披露管理办法》进行了修改完善，进一步提升监管评级的科学性和指导作用，增强行业披露信息的透明度。

2. 制定、起草了新的监管制度。制定了信托公司信托业务执行新会计准则的监管规定，对信托业务会计核算作进一步规范。起草了《外资非银机构驻华代表处管理办法》、《企业集团财务公司内控指引》、《信托从业人员资格管理办法》、《信托公司基础设施投资信托业务指引》、《信托公司净资本管理办法》、《关于加强信托公司异地业务监管的通知》等监管制度，目前正在抓紧修改，并将在履行征求行业意见等程序后尽快择机出台。

3. 推动相关制度的出台。2009年，在我们的不懈努力下，信托登记、租赁税收以及REITS制度等有了较大突破，存在的问题有望争取在今年加以解决。

此外，为便于大家执行现有的监管制度，我们在2007年编制的《非银机构监管法规文件汇编》第一辑基础上，组织专人、在湖北局的帮助下编辑印刷了《非银机构监管法规文件汇编》第二辑，已发给大家。

### （八）围绕热点难点问题，开展调查研究

坚持围绕热点难点问题进行调查研究，方能准确判断“疑难杂症”的病因所在，做到“对症下药”，心中有数。2009年，我国经济运行中的不确定因素增多，为提高非银工作的前瞻性和有效性，更有针对性地指导机构稳健发展，非银监管系统的同志们积极开展调研，形成了很多很好的调研报告，既增强了风险识别的敏感度，也为“对症下药”处置风险和采取支持措施提供了依据。

我们会同其他监管部完成了《中国银监会关于信政合作业务和地方政府平台公司贷款业务有关情况的调查报告》，上报国务院。报告除对信政业务风险进行深入分析外，还就相关政策提出了很多建议；在针对银信合作业务增长较快，特别是资金较多投向房地产的专项调研中，撰

写了《全国信托公司房地产融资业务调查报告》；为分析新形势下财务公司和各集团所处行业面临的机遇和挑战、财务公司行业的投资情况、开展信贷资产转让业务及信贷增长状况等，分别撰写了《财务公司及所属集团主要行业形势分析报告》、《财务公司行业委托贷款业务调研报告》、《关于2009年下半年财务公司信贷增长情况的报告》等十个调研报告，根据这些调研结果，结合财务公司风险监管重点和风险暴露情况，及时对财务公司进行风险提示，同时要求相关银监局加强对辖内财务公司票据业务、委托业务、信贷规模合理增长等方面的监管。

此外，针对经济运行对汽车企业产销状况和汽车金融公司开展业务产生的影响等有关问题，撰写了《当前形势下汽车金融公司业务发展面临的主要问题和应对措施》的调研报告，上报国务院有关部门。

### （九）加强舆情管理，编辑《非银行金融机构监管舆情摘编》

随着我国经济的高速发展，各类媒体在经济生活中的作用日益显著。刘明康主席曾多次就舆情工作作出过具体指示。非银部对利用舆情做好非银机构监管工作一直非常重视，建立了舆情观测和舆情管理制度，一方面加强信息系统建设，并要求非银机构做好信息披露工作，不断提高对舆情的应变能力。另一方面由制度处专人每周收集信息编辑《非银行金融机构监管舆情摘编》，2009年编辑了40多期，挂内网供全系统参考。同时，对舆情关注的重大问题随时处理，提示被监管机构重视风险问题可能引发的突发事件，要求相关处室、相关局高度关注事件的变化。

### （十）积极承担融资担保联席会议相关工作

为落实《国务院办公厅关于当前金融促进经济发展的若干意见》中提出的有关扶持中小企业融资担保的政策，国务院要求设立融资性担保业务监管部际联席会议制度，并明确我会作为联席会议牵头单位。自2009年初开始至10月融资性担保部正式成立前，非银部承担了大量有关建立融资性担保监管机制的前期准备工作，为创立融资性担保监管机制作出了积极贡献。

我们的主要工作包括，草拟了《关于担保业机制建设有关问题的意见》，对融资担保监管的组织安排提出建议；制定了《融资性担保业务监管部际联席会议制度》；起草了《融资性担保业务管理办法（讨论稿）》。组织有关部委分两批赴8个省份开展融资担保业务发展和监管的调研并形成报告上报国务院，处置南京担保公司风险等，这些工作不仅为新成立的融资担保工作部打下良好的工作基础，而且还得到了会领导的高度评价。

回顾2009年的工作，最后要提一下的是，为了加强业务培训和经验交流，2009年我们采取多种形式提高非银监管系统的整体监管能力和单兵作战能力。举办了两期信托公司监管法规培训班，培训各银监局主监管员、信托公司高管、合规主管236人次；组织对近年来信托公司典型风险案例进行整理并在内网上通报，供各银监局交流参考。

2009 年，在非银监管全体同志和业内同仁的共同努力下，在相关部门的支持和帮助下，我们既取得了一定的工作成效，又积累了在复杂多变经济环境中，为推动经济企稳回升发挥积极作用的重要经验。非银机构监管工作的有效性明显提高，机构经营的合规意识进一步增强，行业竞争力普遍有所提升。在应对国际金融危机冲击、保持经济平稳较快发展的这场重大考验中，我们和机构一道借危机兴改革，促创新谋发展，齐心协力化危为机，不但平稳度过了 21 世纪以来最为困难的一年，而且还稳中取进，实现了较好、较快发展。成绩既来自会党委的正确领导，也来自非银监管全体同志和业内同仁的共同努力。

上述成绩的取得，实在来之不易。在此过程中，从事非银监管工作的同志讲奉献、顾大局、集中精力干工作，勇于应对挑战，迎难而上，表现出了高度的事业心、责任心和良好的业务素质及精神风范。在此，我代表非银行部向大家表示最衷心的感谢！

## 二、2010 年的监管任务和工作要求

刚刚结束的银监会年度监管工作会议已对今年的形势作出了全面深入的分析。总的判断是，今年的情况不比上年乐观。2009 年是 21 世纪以来最为困难的一年，今年是最为复杂的一年。国内外形势多变恐怕将成为常态。因此，我们一定要对国际、国内形势所面临的艰巨性和复杂性有充分的认识，未雨绸缪，保持旺盛的斗志，“气可鼓，不可泄”，及早明确今年的目标和任务。

2010 年非银监管工作的总体要求是：全面贯彻落实中央经济工作会议和银监会年度工作会议精神，坚持贯彻“一手抓风险防范、一手抓科学发展”的方针，紧盯市场变化，严守风险底线，全力推进改革开放，审慎鼓励金融创新，努力提高非银机构的竞争力和服务水平，促进非银机构的健康稳健运行，继续为宏观经济企稳回升作出应有贡献。

为落实这一要求，从事非银监管的每位同志都应当树立五种观念。

第一是全局观。正如刘明康主席所说，非银机构是银监会监管机构中一个比较独特的领域，不但是我国金融体系中的一个重要的组成部分，而且还具有综合经营的特点，尤其是财务公司背靠的大型企业集团，是我国国民经济的重要支柱。企业集团及其所处行业的好坏、风险状况、经营策略，都更易传导并对机构产生影响。在当前形势下，我们尤其要“眼观六路，耳听八方”，在关注其他金融机构经营动向的同时，更要注意督促非银机构坚持自己的业务特点和业务领域，避免成为不同市场和不同金融机构防范风险的“港湾”，甚至成为“替罪羔羊”。

第二是风险观。说到风险观，我们一定要谨记“千里之堤，溃于蚁穴”的古训，真正明白“星星之火，可以燎原”的危害性。金融机构的风险常与发展相伴而生，完全没有风险，理论上也许说得过去，但实践中却根本不可能。正因为如此，银监会成立以来，非银系统同志在促进

非银机构发展的同时，还要花费大量精力去处理历史造成的遗留问题、处置高风险机构和业务。毫无疑问，将风险扑灭在“星星之火”的萌芽状态是上策；击破单体风险，构筑好“防火墙”，逐个处置，不让其“火烧连营”、形成系统性风险是中策；等到“火烧连营”再扑救，已是下策。能将风险消灭在萌芽状态是事半功倍，等到形成“燎原”之势再扑救是事倍功半，吃力还不讨好。因此，我们一定要力争将风险消灭在萌芽状态，预先构筑好“防火墙”。要做到这一点，关键是大家都有昼乾夕惕的心态，真正将风险观入心、入脑，并贯彻于监管工作的全过程。

第三是辩证观。非银机构是我国经济改革开放的产物，既秉承了发达国家的一般发展规律，又有我国独特的科学发展规律；在经济转轨时期，既发挥了积极作用，也在经济发展过热、结构失衡时，起了一定的推波助澜作用。因此要求我们辩证地看待非银机构的历史，清醒地面对未来，既要坚持抓风险防范和高危机构看管，又要抓金融创新和稳定发展；既要坚持改革发展和对外开放，又要不断提高监管专业化水平，注重培养非银机构的自主管理能力。在监管中有紧有松、先松后紧、先紧后松、有堵有疏、有予有取、互相支持。

第四是市场观。鉴于非银机构是我国市场经济中最活跃的机构种类，与货币市场、资本市场和实体经济关系密切，市场上的任何变动，都会直接影响到非银机构的稳健经营，包括资本市场、货币市场、房地产市场，甚至地方政府的政策导向，都可能成为我们非银机构的主要约束因素。因此必须随时紧盯市场，努力培养见微知著、洞察“大风起于青萍之末”的能力，善于积极应对国内外金融市场、商品市场等市场变化。

第五是历史观。近几年我们出台了很多关于非银行机构体制、机制建设的监管制度，已整理成两大册。在我们的督促下，各非银机构也制定了很多业务规则和流程。毋庸置疑，这些制度在推动非银机构发展上发挥了重大的作用，保持其连续性和相对的稳定性很有必要。但也应看到，这些制度、规则、流程有的是特定条件和环境下的产物，有其历史的局限性；有的甚至已成为继续发展的障碍。“时移则势易，势易则须变”，特别是在金融环境复杂多变的今天，我们必须适时评估，大胆改革，推陈出新，有“破”有“立”，为非银机构的稳健发展打下更为坚实的制度基础。

按照这些要求，我对做好今年的工作讲几点意见。

### （一）不断提高监管工作的科学性和灵活性

2010年，各级非银机构监管部门要认真贯彻落实中央经济工作会议的要求，通过更加科学的监管，督促非银机构按照“稳增长、调结构、促消费”的方针政策，提高在当前经济金融环境下自我识别风险和管理风险的能力，在审慎监管、风险可控的前提下，加大对经济支持的力度，为促进国民经济平稳较快发展尽一己之力。具体可从以下几个方面着手。

1. 针对信托公司经营特点和风险状况，在不放松风险监管的前提下，继续积极重点支持基础建设、能源、环保等符合国家宏观政策、产业结构调整导向的项目；适度支持信托公司开展房地产信托投资基金业务。有关这方面，人民银行在草拟完成的《银行间债券市场房地产信托受益券发行管理办法》中，已明确规定受托人只能是信托公司，信托公司受益券发行资格由银监会核准。配合这个办法，我们已修订完善该资格准入门槛和风险控制标准；继续实行2009年有关支持信托公司发展的政策，加大力度支持信托公司创新产品，积极推动QDII业务发展，努力提高信托公司自主管理能力，不能过度依赖银行。

2. 深入贯彻落实《中国银监会关于当前调整部分信贷监管政策促进经济稳健发展的通知》精神，重点支持关系国计民生、基础设施、生态环境建设、产业结构调整、拉动内需消费以及具有自主创新能力的企业集团设立财务公司；进一步扩大财务公司发行金融债券的试点范围和发债规模，认真研究和积极推进财务公司资产证券化等业务创新；鼓励财务公司通过市场化运作，为企业集团进行兼并收购、战略重组提供设计方案、业务咨询及资金支持，担当项目融资的牵头、代理行、结算及财务顾问等角色，承销企业集团发行的债券，更好地满足企业集团成员单位的多元化金融服务需求。

3. 按照国务院扩大商业银行设立金融租赁公司试点范围的有关批示，继续稳步推进扩大试点工作。根据准入条件严格把关，审慎开展准入审批和后续监管工作，做好商业银行新设金融租赁公司筹建和开业的指导。同时，对拟发行金融债的金融租赁公司、债券承销方等市场参与各方进行指导；落实会领导关于允许金融租赁公司在保税区设立项目公司开展融资租赁业务试点的批示精神，抓紧做好相关工作，并严格审查、审慎准入，选择条件具备的公司开展试点业务；密切跟踪金融租赁公司在保税区开展租赁业务的情况，引导该业务有序健康发展，组织各有关局抓紧调研，做好相关准备。

4. 切实落实国务院“金融30条”中有关“支持汽车消费信贷业务发展，拓宽汽车金融公司融资渠道”的要求，继续加强与有关部门沟通协调，共同研究推动解决影响汽车金融业务正常开展的外部政策环境问题；继续推动汽车金融公司发行金融债券，争取从根本上解决长期制约汽车金融公司发展的融资问题；推动符合条件且具备较强风险控制能力的汽车金融公司，在政策允许的情况下以其优质资产作为基础资产进行证券化的业务；根据国家实施汽车产业调整和振兴规划有关要求，进一步完善汽车金融相关法规建设，鼓励和引导汽车金融公司在业务许可范围内，开办新的业务品种，如汽车融资租赁业务及与汽车金融相关的代理业务等。

### （二）严守风险底线，前移风险识别处置关口

1. 把好风险识别第一关，做好准入审批工作。包括辅导机构做好筹建的可行性论证、准入材料的准备和开业前的筹建工作；继续加强现场检查、非现场分析和市场准入的沟通配合，严格按照准入条件进行各项审批；继续做好消费金融公司试点机构的审批和商业银行设立金融租

赁公司的审批工作；在商业银行投资入股信托公司工作中，坚持“个案审批”，多与相关部门沟通协调；继续做好历史遗留问题信托公司的重新登记；做好2009年批准筹建及重组的12家企业集团财务公司的开业审批；开展财务公司设立分支机构和信贷业务等准入工作中普遍性问题的调查研究。

2. 加强日常监管工作，提高风险监管水平。重点针对各类非银机构的流动性风险、信用风险、市场风险、交易对手风险及资本充足率等风险加大监管力度，及时把握主要风险机构和主要风险业务，及时提示潜在风险，采取有效措施，做好风险防范和风险处置预案。

3. 完善非现场监管基础建设。按照统计部、信息中心统一部署，对实施新会计准则后新增或修改的监管报表进行上线测试；对于符合并表要求的进行并表监管。进一步丰富和完善数据集市的功能开发，完善各类非银机构的数据集市系统；进一步推进、试行非银部监管综合管理系统，进一步规范和优化非现场监管工作流程。

### （三）借危机兴改革，构筑牢固“防火墙”，审慎推进综合经营试点工作

我们倡导改革创新，但不能学习美国式的创新。在创新中一定要重视“防火墙”的构筑，重视对根本有效的良好监管指标的坚守，注意监管与创新之间的平衡。在商业银行综合化经营趋势不断发展的情况下，非银机构一定要做好与商业银行和企业集团的风险隔离和防范工作。尤其是对于那些被商业银行和企业集团当做综合经营试验平台的非银机构，如信托公司、财务公司、金融租赁公司和消费金融公司等，更要构筑严格的防火墙制度，坚持独立运作、自主管理的原则，严格实行与控股股东的“人员、资金、办公场所”三分开，实行独立经营；防止风险在控股股东与非银机构之间的相互转移和传递；要加强授信管理、并表监管；可以允许非银机构与控股股东进行客户的相互推介，但需独立自主进行尽责调查和审议，客户资源不可共享，并需建立防止利益冲突的良好隔离制度和机制。

### （四）与时俱进，开展法规制度的后评价工作

开展法规制度后评价要体现历史观。准备分三个层次展开：一是由非银部统一规划部署，区分轻重缓急，逐一对各项监管制度开展评价；二是由各银监局非银处对各项监管制度应用情况、适用情况、执行情况、建议及改进内容等提出意见；三是由各类非银机构在属地监管局的统一组织下，对需评价的监管法规提出修改意见。最后由非银部统一汇总，形成正式文字报告，向会领导申请对相应法规进行修改。

今年拟适时启动对《非银机构行政许可事项实施办法》、《申请材料格式目录》的后评价，并对相关文件进行修订；研究修订《金融租赁公司管理办法》、《金融租赁公司监管评级和分类监管指引》，进一步完善金融租赁公司监管评级和分类监管制度；跟踪评价《金融机构间货币经

纪和交易行为指引》执行情况；择机修改完善《货币经纪公司试点管理办法》，明确对境外货币经纪公司在华开展业务行为的监管问题；完成对《信托公司监管评级办法》的修订，促进信托公司提交产品技术含量和创新水平；起草《单一资金信托管理办法》，解决目前对单一信托业务的法规缺失的问题。

与此同时，争取出台《信托从业人员管理办法》、《信托公司净资本管理办法》、《信托公司内控指引》、《外资非银机构驻华代表处管理办法》、《企业集团财务公司内控指引》等监管规章；制定适合财务公司特点的《财务公司风险管理指引》；加强对银行系租赁公司业务发展和经营管理存在问题的研究，适时出台商业银行开办金融租赁业务相关的配套监管政策和制度。

### （五）改革现场检查方式，增强监管威慑力

1. 以促进非银机构增强合规审慎经营理念为目标，坚持以风险为本的核心，贯彻风险监管、检查与处罚相结合的要求。按照非现场指导现场检查的原则，完善现场检查制度，改进检查方法、方式。充分运用会机关和各银监局现场检查资源，针对非银机构的不同情况组织多种形式的现场检查，提高对全系统现场检查的指导、监督能力。

2. 采取多种现场监管手段。将监管人员列席公司董事会、定期走访、与内审或稽核人员定期谈话制度化，促进非银机构自我约束机制的建立；结合改善公司治理和内控要求，继续推进非银机构建立合规自我约束和监督机制。做好对2010年度计划中重点非银机构的现场检查工作，密切关注宏观调控和市场波动对非银机构业务的影响，继续关注信托项目清算兑付风险、异地开展业务情况和引进战略投资者的效果。

### （六）积极开展调查研究，努力破解非银机构发展和监管难题

“没有调查就没有发言权”，没有调查更谈不上实现预见性、针对性和有效性。因此2010年我们要继续借调研谋发展，借调研促规范。

今年将加大对信托登记、信托产品流通、标准化，财务公司发挥现金池集中管理作用中遇到的困难，租赁税收、租赁物登记、建立租赁SPV制度，监管分工与协作等问题的调研力度，尽快解决这上述制度缺失。同时也希望各银监局通过调研，更充分掌握辖内非银机构的经营状况，我们将择机组织大家交流调研成果。

### （七）关注舆情动向，推进非银机构信息系统建设

随着互联网的高速发展，影响力与日俱增，党中央、国务院对舆情高度重视，胡锦涛总书记和温家宝总理曾反复强调做好这一工作的重要性，刘明康主席也有过多次明确指示。因此，做好舆情工作的重要性不言而喻。我们在2009年的非银机构监管工作要点中，曾提出过四点要

求，各银监局对利用舆情做好非银机构监管工作也非常重视，工作开展得比较积极。希望各银监局继续贯彻2009年的要求，同时督促非银机构建立舆情管理制度，加强信息系统建设，做好信息披露工作，积极开展危机公关。希望各银监局今年认真组织辖内各非银机构提高对舆情的应变能力，制定舆情管理制度，并报监管部门。督促各非银机构加强信息管理系统建设，制订信息系统发展规划，规范管理、做好信息披露，关注信息披露不充分可能给我们的监管工作和机构经营带来的负面影响。

### （八）深入开展业务学习和培训，提高监管人员的单兵作战能力

非银机构种类多、业务复杂、变化较快。非银监管干部要能代表公司发展方向，就要努力走在前头。这就要求从事非银监管的同志要勤学习、会思考、肯钻研、善观察、能吃苦。在目前的复杂环境下，更要求我们从事非银机构监管的干部必须是学习型干部，认真落实刘明康主席关于提高单兵作战能力的要求，在现场、非现场监管、市场准入、风险处置等方面，争取每个人都能够独当一面。同时，发挥非银监管人员善于处理复杂风险问题、化危为机，善于将"复杂环境"转化为"发展机遇"的优势。因此加强学习和培训很重要，今年我们将在2009年信托法规培训的基础上，把培训工作做深、做细，包括解读法规，组织专家、学者讲解新机构类型、新业务产品，分批开展非银机构董事、高管人员培训，为大家创造良好的外部条件。

### （九）强化属地监管，加强内部管理

要处理好系统内的整体监管协调问题。总会、银监局、银监分局对外是一个整体，上下之间只存在信息沟通的差异，不应存在本质判断的不同。在具体机构监管中，要充分发挥属地监管局的作用，按照属地监管的要求落实监管责任。最近不少局的监管人员分工有了调整，我们希望从事非银监管的人员不要有畏难情绪，不要上交矛盾，有困难可以协调解决，但省局仍是主要责任人。要实事求是地面对问题、反映问题、解决问题，应时刻牢记自己作为监管人员的责任。另外，这几年，非银机构发生了很多变化，准入和变更事项频繁，各局要加强机构的档案管理，建立涵盖机构设立、日常监管、风险处置等全过程的机构档案。

### （十）加强党风廉政建设，廉洁监管

按照中央、国务院和会党委的统一部署，认真贯彻落实《建立健全惩治和预防腐败体系2008—2012年工作规划》和"三项法规"清理工作，正确行使非银机构监管权力，严禁内部公关，提高办公效率和水平，全力为机构发展和实体经济提供良好服务。

作为金融监管人员，一定要认真学习和落实《中国共产党党员领导干部廉洁从政若干准则（试行）》、中纪委《关于加强廉政文化建设的意见》和《银监会党风廉政建设责任制实施办法》

等有关规定，自觉抵制各种不当利益的诱惑。年初，我们出台了《关于加强信托公司结构化信托业务监管有关问题的通知》（银监通〔2002〕2号）。由于信托结构化产品设计中的劣后受益权可能出现高收益，但同时也伴随着高风险，而为了防止可能存在的不当利益输送，我们要求从事与信托公司监管工作直接相关的人员不得买具有劣后受益权的结构化信托产品。

非银机构是我国金融市场的生力军和综合经营实验平台，虽然已粗具规模，但基础仍很不稳固，制度环境还很脆弱，体制、机制仍不健全。我们从事非银监管的同志一定要有充分的认识，同时更要树立攻坚克难的坚定信心。“风物长宜放眼量”，让我们在会党委的正确领导下，求真务实，开拓进取，扎实工作，将非银机构的监管工作推上一个新台阶！

# 在2010年全国信托监管专题会议上的讲话

中国银监会非银部主任　柯卡生

（2010年4月22日）

同志们：

2008年12月，为应对世界金融和经济危机对我国实体经济的冲击和影响，我们召开“信托业峰会暨全国非银行金融机构监管工作会议”，共同展望未来，总结工作经验，研究如何做好信托公司的经营和监督工作。刘明康主席亲自莅会发表重要讲话，要求我们用世界眼光，从我国国情和信托业发展的实际情况和历史出发，综合分析形势和任务，准确地判断，积极地应对。

2009年9月，中国信托业协会在北京召开第二届会员大会，蔡鄂生副主席发表了重要讲话，对协会成立四年来所发挥的作用予以肯定，希望协会在以后的工作中发挥更大的作用。蔡鄂生副主席强调，危机带来诸多思考，目前信托公司业务发展相对平稳，但整体行业尚未进入成熟发展期，解决信托行业发展问题比解决生存问题还要难，要求我们共同提早深入思考和研究信托行业未来可持续发展问题，努力探索成熟的发展模式。

2009年，中国经济经历了由扩内需、保增长，到经济逐渐企稳、宏观支持政策有选择地退出等不同阶段。信托公司的监管重点围绕银信合作、信政合作、房地产信托业务快速增长的态势，针对信托公司主动管理能力不足、风险与收益不匹配、风险积聚等问题，先后出台了一系列法规、指引。

过去及未来几年，我们仍继续按照非银行金融机构工作的规划和总体要求：坚持“两手抓”，一手抓风险防范化解，一手抓科学发展；着力提高监管工作有效性，着力防范和化解风险隐患，着力用改革和发展的办法解决存在问题，着力提升非银机构的金融创新能力和服务水平，促进机构的科学发展。

尽管信托业过去30年经历了跌宕起伏的发展过程，但可喜的是监管部门和信托业内人士大力推动和发展的决心从未改变，社会各界也给予我们大力的关心和支持。我们鼓励和支持信托公司在风险可控的前提下，开展金融创新，开发新的金融产品，并颁布和出台相关的法规，力求加以规范和完善，力求为信托公司的发展创造良好的外部环境。当然，作为监管部门和信托公司仍将面临许多挑战，如行业的科学发展问题、行业的竞争力和知名度问题、公司的自主管理和金融创新问题等，但我们仍然认为信托公司具有巨大的发展潜力。因此，对信托公司的监管和服务工作，需要以科学发展观为统领，需要根据不同时期所面临的国内外经济形势和市场环境，辩证地看待历史，清醒地面对未来，做到因势而变，化危为机，有紧有松，有堵有疏，有破有立。

在2010年3月结束的2010年非银系统年度监管工作会议上，刘明康主席和蔡鄂生副主席对今年的形势作了全面深入的分析，对近几年非银监管工作取得的成绩给予了高度评价，认为非银机构建设总体向好，进步度较大，出现了史无前例的良好局面，并对非银监管工作提出了新的具体要求。在成绩面前，我们更加需要保持清醒头脑，更加需要充分认识今年国内外形势的复杂性和不确定性，扎实地加强信托公司的体制、机制建设工作，这也是我们召开本次专题会议的主要目的。下面，我就信托公司监管工作谈三点意见。

## 一、加强信托公司治理和内部控制的监管问题

与普通工商企业相比，信托公司治理具有其特殊性：脆弱性、外部性及信息的高度不对称性。因此，2008年我们出台了《信托公司治理指引》。落实《信托公司治理指引》，是我们3～5年监管工作规划的重点内容之一。近年来，信托公司的公司治理水平有了很大的提高，大多数公司按照银监会的要求，建立了公司治理机制，包括成立董事会、审计委员会、风险管理委员会，引进独立董事以及采用先进的公司治理措施。许多信托公司已经认识到，健全的公司治理结构和有效的内部控制是现代企业提高管理水平、实现企业价值最大化目标的重要保证。对于信托行业而言，建立符合信托公司自身发展规律的治理机制，是公司业务创新和稳健发展的根本保证。

信托公司良好的治理结构应包括健全的组织架构、清晰的职责边界、明确的决策规则和程序、有效的激励和约束机制、信息披露和透明度、合理的社会责任等六项要素。具体请大家认真学习刘明康主席在南开大学第四届公司治理国际研讨会上的演讲“银行业公司治理：机遇和挑战”。这是一篇总结国际、国内银行业公司治理的精彩的演讲，对加强信托公司治理同样具有指导意义。

由于信托公司在经营战略、股东背景、组织形式以及企业文化等方面存在差异，因此，需要不同的公司治理模式，也衍生了公司治理的新课题，使得信托公司治理结构安排的难度增大。目前，信托公司治理尚存在以下几个问题。

1. “一股独大”仍然是制约“一层三会”有效发挥制衡作用的主要问题

根据我们统计，目前全国有62%的信托公司不同程度地存在一股独大的现象，且大股东多

为中央企业、地方政府部门或地方政府控股的大型国企。实践中，有的中央企业对信托公司在集团产融结合平台的战略定位与银监会确立的专业理财机构的定位存在着偏差，市场化程度偏低，使信托公司无法形成独立的人事、薪酬、业务管理和风险管理体系，实质上成为大股东的内设机构或部门。

2. 治理结构的实际运行效果有待提高

例如，虽然大多数信托公司形式上都能按照治理指引中的要求设立信托委员会、独立董事、合规管理部门、内审等人员或部门，但实际履职效果不够理想。

3. 引进外资战略投资者对公司经营管理的积极作用尚未显现，战略合作层次有待进一步提高，引资协议承诺内容有待进一步的落实

有的民营控股的信托公司，在强烈的利益追求驱动下，经营行为更易求大求快，短期行为特征比较明显，发展战略不够科学和稳健。

针对上述问题，需要采取相应措施，进一步加强对信托公司公司治理和内部控制的监管，督促信托公司练好内功，树立良好的受托人形象，探索建立良好的公司治理架构与获得新业务审批的关系。

当前信托公司治理要解决以下几个问题。

### （一）首要课题是解决一股独大带来的控股股东或实际控制人滥用控制权的问题

我们需要正视大股东对信托公司控制的现实，在此基础上限制和规范股东滥用控制权的行为，加强董事会和监事会的建设，建立适合信托公司现阶段发展的制衡机制。这种制衡机制，不是简单地建立了“三会”制度就行，而是要从实际且有效的角度来考虑是不是真正实现了有效制衡。针对信托公司在经营战略、股东背景、公司规模和业务领域等方面存在的差异，对其治理结构要求的侧重点也应该有所不同，比如，对大型国有企业控股的信托公司，要侧重关注母集团对信托公司的战略定位是否清晰，关注集团究竟想用信托公司来做什么；对民营企业控股的信托公司，我们应深入了解控股股东的背景及其对资金需求的程度，关注公司决策权力的实际制衡机制以及防范道德风险；对外资参股的信托公司，除正常的治理结构外，还应多关注入股时引智协议的兑现程度，评估外方是否真正带来了先进的风险控制制度和经验；对于一些规模较小、业务较少且比较单一的信托公司，不一定过度看重“三会”的形式，而是要看重实质，关键在于是否建立真正有效的制衡机制。总之，建立有效的信托公司治理结构，将是一个长期而艰巨的过程，同样需要差别监管，更加需要实事求是，持之以恒。

### （二）信托的公司治理应着重解决信托受益人的利益保护问题

信托公司的产品结构灵活而且复杂，专业性较强。目前信托公司对投资者的教育主要停留

在产品的推介和销售层面，公司治理结构中尚缺乏在产品设计阶段主动保护信托受益人利益的机制设计。公司治理结构中虽有信托委员会设置，但欠缺保护受益人的工作机制。因此，我们要探索在信托公司内部设立专司投资者保护的职位，与信托委员会的职责相统一，从而有效督促信托公司履行受托人职责。除此以外，信托公司还应从选聘和激励约束机制等方面完善独立董事制度，充分发挥独立董事的作用，最大限度地保护信托受益人的利益。

### （三）信托的公司治理要着力解决风险控制机制的有效性问题

信托公司所从事的资产管理业务技术性较强、风险较高，需要充分评估信托财产运用所面临的各种风险，尤其是要坚决做好自营业务与信托业务的风险隔离。目前信托公司风险控制主要通过后台的风控部门执行，部门层级较低，只是被动和后置地参与公司的风险管理。风险控制委员会往往为非常设机构，难以充分和持续履职，公司的整体风险防范策略无法持续贯彻。因此，可探索建立首席风险官（CRO）制度，由首席风险官对董事会（或其下设的风险管理委员会）负责，制定全面的信托公司风险管理政策和策略，建立涵盖信用风险、市场风险、操作风险、声誉风险等在内的全面风险管理的组织架构，参与信托公司的项目评审，确保公司按照风险控制的流程进行风险管理。2010 年，我们将首先考虑在评级为二级以上的信托公司中开展建立 CRO 制度的试点。

### （四）信托的公司治理应建立合理的激励约束机制

薪酬委员会应通过建立适度的激励约束机制，将股东利益和公司的长期发展有机地结合起来，从而比较全面地反映公司的长期风险和回报。激励约束机制不能没有，关键是要适度，要避免出现因激励创造短期价值而忽略约束长远风险的做法。过度的激励约束机制可能激发过度追逐利益的高风险行为，对内控体系也提出了更高的挑战。2008 年以来少数信托公司业务和规模快速扩张，在一定程度上与过度的激励机制有关。一旦内控体系严重滞后，将不可避免地出现重大风险隐患。对首席风险官 CRO 的激励，应与其履行控制风险职责的实际效果相挂钩，而不能采用与其他高管层相同的激励手段。近期我们拟出台《信托公司净资本管理办法》，通过外部的监管约束来弥补内控不健全和过度激励的不足。同时，还将进一步采取有力措施加大对所谓“大而不倒”公司的监管力度。

大家会注意到，在宏观和市场上出现大的波动的时候，公司治理规范的金融机构，由于科学管控到位、社会责任良好，所受到的冲击也明显少于市场上一般同业机构，这也是我们在当前形势下特别强调加强信托公司治理的原因。我们希望，再经过几年的艰苦努力，使信托的公司治理水平会有质的提高和飞跃。

## 二、加强信托公司人才队伍建设，提高核心竞争力问题

作为资产管理类机构，重视培养和引进专业人才是信托公司提高核心竞争力的具体体现。信托公司从业人员素质的高低决定着行业发展的前途和命运，因此，加强人才队伍建设问题需要引起信托公司的高度重视。

自“新办法”实施以来，信托公司为了实现专业理财机构的功能定位，在培养和引进人才方面成绩比较显著，主要表现为从业人员数量稳步增加，质量不断提升。2006 年到 2008 年三年间，信托行业从业人员由 3 736 人增至 4 778 人，平均年增长率为 13.09%。硕士以上学历人数增加更为显著，由 897 人增加到 1 519 人，平均年增长率达 30.13%。从每年的增量上看，新增人员中硕士以上学历占比超过五成。以上数据表明，随着近几年信托行业的快速发展，信托公司引进高学历人才的步伐已在逐步加快，从业人员的年龄和学历结构逐步改善，整体素质逐步提高。

在看到成绩的同时，我们也必须清醒地认识到，与其他金融行业相比，信托业的人才队伍建设仍然任重而道远。希望各信托公司进一步采取有效措施，通过不断加强人才队伍建设，进一步提高产品研发能力、营销能力和核心竞争力。

### （一）加强行业培训

教育是提升人力资本的主要方法。对于信托行业来说，加强业务培训是当前的一个重点工作。相比银行、证券等其他金融行业，信托行业在从业资格等系统性培训和考试方面还有许多工作要做，信托业协会可配合非银部，根据公司和市场需要，发挥各方的积极性，把这项工作担当起来。

### （二）建立有效的激励约束机制

包括适当的薪酬激励、股权激励、企业文化激励等吸引人才。针对资产管理行业主要以人力资本为主的特点，信托公司应通过建立市场化的薪酬体系、人才培养和晋升机制，建立利益激励和精神激励相结合的激励机制，自主培养或吸引来自市场其他金融行业的高素质人才，从而为行业的长期稳健发展提供人力资源保证。

## 三、加强合规风险管理，提高管理有效性问题

合规风险管理是信托公司风险管理活动的核心。2006 年 10 月，银监会颁布实施《商业银行

合规风险管理指引》，明确要求信托公司参照执行。从总体情况来看，信托公司合规管理仍然存在一些薄弱环节，主要表现为合规部门缺乏独立性，合规管理人才比较缺乏，合规风险识别和管理流程尚未全面纳入信托公司业务各环节、各层面，合规培训与教育制度不够深入。近期出现的信政业务担保承诺无效、证券账户开立违规等案例都说明了这个问题。合规风险与信托公司声誉风险息息相关，希望各信托公司务必高度重视，进一步加强自身的体制建设。作为监管部门，我们将通过制度指引、非现场督导、现场检查等多种手段推动信托公司不断增强合规意识，不断提高风险管控能力。

1. 要在公司的管理组织框架中确保合规管理部门的独立性，做到制度和操作流程与公司业务流程相匹配，传导机制顺畅有效，对内对外的报告路线清晰独立。

2. 要加强合规文化建设。合规文化的理念应成为公司全体员工的行为准则和道德规范，并深植于人心。合规文化学习方式应多样、及时，合规要求应前移至项目研发和营销阶段，所有业务人员应首先建立合规的自我检查对照机制。

3. 要重视引进合规人才。信托公司的合规部门普遍反映合规工作难度大、人员少、业务量大、激励机制缺乏等问题。对此，信托公司董事会与高管层应高度重视合规部门地位的提升，积极培养和引进合规专才并确保其独立性和权威性，同时建立相应的激励与问责机制，充分调动合规工作人员的积极性，最大限度地发挥合规文化在公司发展中的积极作用。

4. 要重视信息系统建设。合规风险管理信息系统是全面风险管理信息系统的重要组成部分之一。合规管理涉及各项业务、各个环节，没有强大有力的信息系统支持，很难做好公司业务节点之间、部门之间以及局部与全局之间的合规评价与信息反馈工作。合规事项的推陈出新对系统升级的要求也很高，需要增加相应费用投入加以开发和维护。

刘明康主席在2010年初我部的报告上批示："当前我们要保护来之不易的第五轮改革成果，加快属地监管推动，由主要依靠银证带动向依靠自身理财能力、科技进步、从业者素质提高、管理创新的转变，真正提高我信托业的竞争力。这方面要以更大的决心和力度加上专业培训指导，推动发展方式取得真正转变。"

所以，通过今天的会议，我希望各家信托公司能够转变观念、求实创新，进一步完善公司治理和内部控制，建立有效的激励约束机制，创造良好的合规文化氛围，培养和吸引市场高端专业人才，从而提升信托公司的核心竞争力，使得信托行业的发展再上一个新台阶。

# 在2010年中国信托业峰会上的讲话

中国银监会非银部主任　柯卡生

（2010年12月3日）

各位领导，女士们，先生们：

大家上午好！很高兴参加“2010年中国信托业峰会”。这是我国信托业三十多年发展历程中最大的一次盛会。因此，我想借此机会，和大家一起简要回顾过去，把握现在，展望未来。我的发言分以下三个部分：一是历史回顾，二是总体监管要求、目标与政策；三是科学发展建议。

## 一、历史回顾

我国信托公司重新恢复设立至今，跌宕起伏，已经走过了三十年的历程。我把这三十年分为两个阶段：以2001年《信托法》出台为标志，分为《信托法》出台前的探索发展阶段和《信托法》出台后的规范发展阶段。

### （一）探索发展阶段（1979年至2001年《信托法》出台）

信托业在我国的恢复和发展，有其特殊的历史背景和现实需求。1978年12月，党的十一届三中全会召开，确立了我国进入改革开放的新时期。过去高度集中的单一计划体制逐渐被打破，开始出现了多层次经济结构、多种经济成分和流通渠道并存的局面。原来与高度集中计划经济相适应的单一银行信用方式，已远远不能满足实体经济发展的需要，客观上需要金融体制作出相应的变革，以更好地促进社会经济的发展。我国的信托业正是在这种历史背景下恢复并逐步发展起来的。1979年10月，中国国际信托投资公司在北京设立，标志着新中国信托业的正式恢复。其主要目的：一是探索在银行之外开拓引进外资及国内融通资金的新渠道；二是在高度集权的计划经济、传统的金融体制之外，引入具有一定市场调节功能的新型组织机构，进一步推动经济体制、金融体制的改革。其后，随着财政收入分成制度的实施和地方利益的强化，在银行体系之外，迅速形成了一批以融通资金、促进地方经济发展为目的的信托机构。至1982年末，全国各类信托机构发展到620多家，进入了第一次蓬勃发展期。为协调信托行业发展与国家宏观控制的关系，我国于1982年对信托业进行了第一次行业清理整顿。

1984年，中国经济改革的重心从农村转向城市，国家实施了一系列进一步搞活经济的方针政策，经济增长速度明显加快，财政预算外资金迅速增加，信托业又开始了新一轮的扩张。20世纪80年代中期，由于我国经济发展开始出现了过热现象，因此决定停办新的信托贷款和信托投资业务，同时对信托存款的资金来源和发放的信托贷款进行清理。1988年8月，国务院决定对信托投资公司进行业务清理和行业整顿，到1991年，信托公司数量从1 000多家减少到377家。

1992年，为期三年的全国经济治理整顿宣告结束。邓小平同志南下视察，掀起了我国新一轮改革开放的热潮，经济迅速回升并呈现高速增长态势。在此过程中，信托公司与银行联手，积极开展资金拆借，直接大规模地参与了沿海热点地区的改革开放，并发挥了其特有的历史作用。但在这一过程中，违规经营现象有所抬头。为规范信托公司行为，国家于1994年开始清理各级人民银行越权批设的信托公司，撤销了各省分行越权批设的信托公司及信托公司分支机构。

1997年下半年，亚洲金融危机爆发并影响我国，国内经济面临挑战。1999年2月，国家对信托公司进行第五次清理整顿，处置了信托公司多年来积累的风险，保留了70多家规模较大、管理严格、真正从事受托理财业务的信托公司。

### （二）规范发展阶段（2001年《信托法》出台至今）

2001年10月1日《中华人民共和国信托法》正式颁布实施，使我国的信托业开始逐步走上法制化、规范化的道路，发展方向更加明确，更重要的是使信托制度在中国得到正式的确立。同时，它对于理顺信托法律关系，确立信托制度，规范我国信托业的发展，保护投资者利益，特别是在促进信托业和银行、保险、证券业的共同发展方面具有重大的促进作用。

与此同时，信托公司的第五次清理整顿也接近尾声，有210多家机构陆续退出市场，有59家信托公司获准重新登记，还有13家机构拟保留未重新登记。重新登记公司消化的历史负债达2 000多亿元，同时按照新的规则开办比较规范的信托业务。2003年4月，中国银行业监督管理委员会（以下简称银监会）成立，信托公司由中国银监会负责监管。这些年来，银监会努力遵循信托业的科学发展规律，着力研究改革多年来信托公司摇摆不定的业务发展模式，着力解决多年带病运行等困扰行业监管和发展的根本问题，不断加强监管制度建设，引导信托公司改革和对外开放，使我国信托行业开始步入良性、快速、可持续的发展轨道，在国民经济和金融体系中发挥着日益重要的作用。

特别是2007年以来，银监会修订了信托业的两个“新办法”，对信托公司经营提出了新的规范和要求。“新办法”及与之相配套的系列法规的实施，对部分传统业务模式产生重新构造的作用，并引导信托公司回归信托主业。这几年来在“新办法”的引导下，信托公司探索创新，努力改变传统增长模式，实施业务转型，加强内控管理，取得良好业绩，管理的信托财产总额不断增加：2007 年末为 9 621 亿元，2008 年跨过 1 万亿元大关，2009 年一举迈过 2 万亿元大关，经受住了国际金融危机的考验，实为不易。今年，信托公司面对后金融危机的影响和严峻的外部环境变化，同样取得了良好业绩。截至 2010 年 10 月 31 日，全国信托公司自营资产合计 1 351. 4亿元，负债合计 179. 96 亿元，所有者权益合计 1 171. 44 亿元。信托资产合计 30 103. 71 亿元，已经跨越 3 万亿元大关，与 2004 年末 2 102 亿元的信托资产规模相比，在不到 6 年的时间里增长近 15 倍。信托公司前三个季度累计实现经营收入 109. 42 亿元，其中利息收入 15. 31 亿元，信托业务收入 58. 33 亿元，投资收益 31. 18 亿元。利润总额 76 亿元，行业人均利润 134 万元，在金融业中处于较高水平。

回顾过去，由于信托公司在我国不完全具备开展真正信托业务的条件和基础，因此长期以来发展定位不明，监管难度较大，负面评价较多。但客观地说，信托公司在 30 年的发展历程中对促进我国改革开放和金融创新都发挥了积极作用。具体表现在：一是支持国民经济发展。在改革开放初期，中国经济建设面临资金短缺问题，信托公司通过在海外市场发行债券等方式，为国内经济建设筹集了宝贵的资金，这些资金多数用于引进先进设备和进行国家、地方重点项目建设。近几年来，信托公司贴近市场、发挥各自股东背景优势，信托资金投向覆盖资本市场、货币市场和实体经济，包括能源、基础设施、公共设施建设、医疗卫生和公益事业等领域，促进了我国实体经济的较快发展。二是发挥了金融改革试验田和生力军的作用。在计划经济向市场经济转轨时期，信托公司在金融资源配置方式、调动国内储蓄、建设中国初期证券市场等方面发挥了重要作用。其在业务上的探索，也为国家进行金融体制改革和完善金融监管制度提供了经验和教训。三是为合格投资者提供金融服务，成为理财市场重要的参与者和提供商。近年来，中国经济高速增长，企业和个人财富迅速增加，财富管理需求急剧膨胀，各信托公司通过发挥制度优势和资金优势，不断推出各种类型的信托产品，初步形成了证券投资、股权投资、信托贷款、准资产证券化、资产转让受益权、信托资金租赁等多种类型的信托品种，为具有风险意识和投资意识的合格投资者提供了灵活多样的信托理财服务。

信托公司发展到今天，取得了一定的成绩，来之非常不易，我们要倍加珍惜。同时，我们仍然要保持清醒头脑，看到自己仍存在诸多不足，还要进一步强化依法合规、稳健的经营理念，进一步提高自主管理和创新发展能力，进一步完善公司治理和内控机制，才能百尺竿头更进一步。

总的来说，三十年来，我国一直处于经济体制变革和转型时期。就信托业而言，相对比较年轻，其外部市场环境、法律环境、监管环境还不够成熟，尤其在改革开放初期很多领域都缺乏经验，信托业的发展更是“摸着石头过河”。因此，出现失误和挫折在所难免，先后出现“广国投”、“德隆系信托”、“金信信托”等一些较为重大的单体机构风险事件。但应该说，信托业三十年发展历程中成绩是主要的，出现的一些问题仅仅是发展中的问题。纵观国际、国内的金融实践，还没有任何一类金融机构在发展过程中，尤其是在起步初期，能够不出任何风险问题，信托业也是如此。只要我们正确认识和对待这些问题，及时处理和解决这些问题，全面总结和吸取其中的经验和教训，信托业三十年的历史积淀就是一笔宝贵的财富。

回顾30年的发展历程，我国信托业自重新恢复设立之日起，就承载着为金融改革探索的重任，承载着市场化的重任，承载着支持国家经济建设的重任。因此，它的每一次清理整顿，都注定与国家宏观政策调控密切相关，这是每一个从事信托业实践和监管者必须牢牢记取的。刘明康主席今年在总结非银机构工作成效时指出，信托公司发展总体向好，避免了每逢我国经济进入宏观调整期，必然伴随被治理整顿的路径依赖；摆脱了信托业多次起伏，反复折腾的历史“宿命”。因此，我们要倍加珍惜这来之不易的良好局面，更加注重协调信托业发展与宏观调控的关系，进一步做好信托业的科学发展工作，防止陷入“发展—整顿—再发展—再整顿”的怪圈。

## 二、总体监管要求、目标与政策

银监会成立以来，我们在总结历史经验教训的基础上，明确了信托公司监管的总体要求和目标。总体要求是：以科学发展观为统领，一手抓风险防范化解，一手抓科学发展；不断完善监管法规，不断化解金融风险，不断推进对外开放，不断鼓励金融创新；有计划、有步骤、有重点地做好各项监管工作；力争把信托公司办成功能完善、特色突出、治理良好、风险可控的专业性理财机构。我们已将上述要求贯穿于过去几年的监管工作当中，今后一段时期的监管工作仍将继续按照这一要求开展。监管目标是：通过科学监管，改进服务，力争在3~5年内使信托公司的盈利模式有较大转变，真正体现信托原理，充分发挥信托功能，发展成为面向合格投资者，主要提供资产管理、投资银行业务等服务的专业理财机构。

为了实现以上要求和目标，当前和今后一段时期信托公司的监管工作，要做到“六个坚持”。

### （一）坚持风险为本，实行科学监管

目前我国信托公司规范发展还需要有一个较长的过程。我们要坚持以科学发展观为指导，以行业审慎经营、稳健发展为目标，在化解存量风险、防范增量风险的同时，积极支持行业创新，不断提高信托公司的经营管理水平和市场竞争力。

在风险防范方面，我们紧盯市场变化，严守风险底线。为有效落实国家房地产调控政策，进一步规范房地产信托业务，我们最近根据信托公司房地产信托业务增长较快、个别信托公司

开展业务不够审慎的问题，对信托公司房地产信托业务进行了风险提示，要求各信托公司立即对房地产信托业务进行自查，逐笔分析业务合规性和风险状况。通过树立全局观、风险观、市场观和辩证观，保持高度的政策敏锐度和监管敏感性。通过研究宏观经济形势和经济政策走向，准确锁定各个时期监管重点、指导机构关注经济周期，做到审慎经营。通过对历史遗留风险的处置常抓不懈，在甩掉历史“包袱”的同时有破有立，采取破产、破产重整、重组等方式，积极推进历史遗留高风险机构的处置工作。通过 6 年多的努力，10 多家高风险机构的处置工作已进入尾声，存量风险基本消化完毕。

在支持创新发展方面，我们在加强监管的同时认真做好服务，为信托公司发展创造更加良好的外部环境。根据“分类监管、区别对待、扶优限劣”的原则，以“风险可控、成本可算、信息充分披露”为标准，支持经营稳健的信托公司进行业务创新。通过座谈交流、简化程序等手段，不断提高监管服务效率。

（二）坚持制度先行，实行依法监管

法规制度建设是规范行业健康发展方向的根本保证。近几年来，我们清理废止了 160 多个文件和通知，修订完善了 10 多个管理办法，新颁布了数十个管理规章，搭建了以《信托公司管理办法》、《信托公司集合资金信托计划管理办法》，以及净资本管理、公司治理、监管评级与分类监管等为核心，以证券、房地产、银信合作等多个规范性文件为辅助的制度框架体系。除此之外，我们还积极协调相关部门，推动相关制度的出台。近年来经过不懈努力，在信托登记、信托税收以及 REITS 制度等方面有了较大进展，并有望争取在不长的时间内加以解决。

（三）坚持相互沟通，实行民主监管

随着展业地域的放宽，信托公司的业务将立足本地、面向全国，业务类型越来越多，涉及的领域也越来越广泛。我们除了继续加强与其他相关监管部门的沟通协调外，将进一步健全上下左右联动的监管机制，完善监管职责分工和信息共享，多调研、多征求意见，特别是更多地听取一线信托公司的意见，提高监管有效性。

（四）坚持精确制导，实行重点监管

我们对信托公司监管的人力资源处于紧缺状态。为提高监管效率，我们坚持以风险评级为导向，通过不断完善非银机构风险评级和分类监管体系，发现并锁定重点监管机构和业务，对高风险的机构实行高密度监管、低风险的机构实行低密度监管，从而更加有效地配置监管资源，克服实际困难。

在日常非现场监管中，我们注重对行业、机构数据的监测分析，积极发挥非现场“精确制导”的功能，确定监管重点，提出检查需求，提高现场检查的精确性。比如，对信托公司开展政府融资平台业务、信政业务异常增长，银信业务、房地产信托业务增长过快等，就是通过非现场检测分析，有针对性地展开业务调研、分析利弊并进一步采取监管措施。

（五）坚持一司一策，实行分类监管

对信托公司实行分类监管的核心是扶优限劣，主要体现在业务准入和监管资源的分配两个方面。对风险管理能力较强、评级结果较好的公司，积极支持其发展，鼓励其开办创新业务；对于风险管理能力差、风险水平高、评级结果较差的公司，限制其高风险业务并加强监管力度，增加检查频度，并通过《信托公司净资本管理办法》，对不同监管级别的信托公司设置差异化风险系数、将业务规模与评级水平挂钩等手段，进一步贯彻“分类监管”的理念。

（六）坚持标本兼治，实行全方位监管

由于信托机构发展尚不成熟，因此规制监管仍是我们现阶段监管的主线。我们坚持实事求是，研究改进规制监管的措施，提高监管效率和监管水平。包括建立并不断完善符合信托公司监管特色的监管工具箱、设计针对信托公司特点的非现场报表体系、及时调整补充监管规定和限制性指标等。

## 三、科学发展建议

随着信托新办法的实施，我国经济环境已发生巨大变化，社会财富逐年增长，越来越有利于中国信托业的创新发展。信托公司逐渐引起国内外金融市场的关注，其专业特色和功能价值正日益被人们发现和认识。对于今后信托公司如何进一步科学发展，我想提一些原则要求。

第一，在功能定位上，应更专注于以信托方式开展业务，制定与公司风险管理能力、内部控制水平和人才储备相适应的业务发展战略，主要发展成为面向合格投资者提供资产管理和投资银行业务的专业理财机构。

第二，在公司治理和内部控制上，应当按照《公司法》、《信托公司治理指引》的要求，建立有效的公司治理和内部控制制度，形成分工合理、制衡有力、监督到位、运行顺畅的治理结构和内控机制，提高自我约束和自我完善能力。

第三，在依法合规经营上，应充分认识依法合规对于履行受托职责的重要意义，建立合规管理机制，加强合规文化建设。过去信托公司在这方面所付出的代价相当大。就目前而言，如果信托公司因为违规而被限制或暂停业务，其结果也是得不偿失。

第四，在风险管理上，应当建立与其业务规模及复杂程度相匹配的风险管理体系，以有效识别、计量、监测、控制和缓释信托业务的操作风险、法律风险和声誉风险等各项风险。

第五，在风险揭示上，信托公司及其工作人员不得以信托合同、补充协议、口头宣传或其他任何方式向投资者承诺信托财产本金不受损失或者保证最低收益，并应在其营业场所显著位置公示信托投资风险，并在推介信托计划时，不以任何方式明示、暗示或者误导投资者。

第六，在人才队伍和业务创新上，应当建立科学的选人用人机制和合理的薪酬机制，引进有经验的管理团队和专业人才。在遵纪守法、管理严谨、风险可控的前提下开展业务创新活动，充分体现诚实信用、审慎经营、自律和市场约束原则。

第七，在亲自管理义务上，开展业务要与自身经营管理能力相适应；应遵守法律法规规定和信托文件的约定，恪尽职守，履行诚实、信用、谨慎、有效管理的法定义务，认真管理信托财产，为受益人最大利益处理信托事务。

第八，在“防火墙”设置上，应当与其股东之间在业务、人员、资产、财务等方面严格分开；公司自营业务和信托业务分开，并对自有财产、信托财产分别记账、分别管理。将信托资金以及有独立托管登记交收系统的有价证券等信托财产实施外部保管，保证信托财产独立安全运行。我们也将逐步探索实施其他场外金融产品以及非标准化信托财产的外部保管或者其他风险防范机制。

第九，在客户分析与营销上，应建立完善的制度和程序，对客户进行分析和分类，根据客户资质和风险偏好开展产品营销，避免不当销售，完善建立营销推介标准和营销人员从业标准、适当的薪酬标准，明确营销人员个人对不当销售、虚假销售和误导销售应承担的法律责任和经济赔偿责任。

第十，在关联交易上，应当按商业原则与关联企业或关联人开展交易，不得开展不当关联交易，防止关联交易损害投资者或信托公司利益。

第十一，在信息披露上，应当建立有效的制度和程序、完善的客户信息披露系统，确保向社会公众披露的机构信息和向客户披露的信息真实、完整、准确、及时，保证客户能够按照合同约定的时间和方式查阅或者复制披露的信息资料，了解其持有信托产品的相关信息。

第十二，在投资者教育上，应当开展其产品和服务知识的宣传与普及，提示相关业务的风险程度和状况，加强投资者教育。信托公司应当用管理信托财产所产生的实际信托收益进行分配，严禁挪用其他信托财产垫付损失或收益。

今后，我们将考虑在以下方面支持信托公司的科学发展：一是充分发挥受托人角色，开发低风险信托产品。《证券法》、《商业银行法》等法律确立了分业经营规则，明确信托公司是我国国家和法律认可的营业信托的受托人。后来，个别特殊财产的受托人政策放宽，如《基金法》规定证券投资基金管理公司可以受托管理证券投资基金、商业银行可担任企业年金受托人、保险资产管理公司可担任保险资金受托人等。即便如此，信托公司在受托人角色上仍具有强大的法律优势，使银行、证券、保险及民间私募等机构在业务创新中，涉及受托人角色时，必须找信托公司担任。过去，信托公司利用这一优势，成功开展了银信合作、资产证券化、阳光私募（证券投资）等业务。今后，信托公司还要继续利用这一制度优势，整合社会资源，为客户提供优质信托服务。对了解信托制度的合作伙伴，信托公司要巩固合作关系，提升信托产品含金量；对不了解信托制度的客户，信托公司则要耐心引导，让其接受信托的理念，了解信托公司可以为其提供什么样的金融服务，并进而开展有益的合作。二是鼓励信托公司研究创新设立中长期“私募基金型信托计划”。根据现有法规，信托公司可依法设立集合资金信托计划，但期限短、规模小的融资类产品成为当前主导。我们将鼓励信托公司研究创新设立“私募基金型信托计划”，初步设想：一要采取“产业投资基金”的运作方式，每个产品的设立由信托公司自主研发，但需事先向银监会报告并经审查，按照“风险可控、成本可算、信息披露充分”的原则把握；二要最低规模为5亿元人民币、期限2年以上，为市场提供中长期（非短期）投资基金；三要实施主动管理，受托管理费可以厘定在2%左右。今后，如每家公司能管理3～5只这样的基金，将更有利于走上可持续的发展道路。另外，我想，大家如果对这种产品感兴趣并能设计出来的话，还可以争取得到人民银行的支持，争取在银行间市场进行挂牌交易。对此，我们已经初步起草了一个草稿，如果大家觉得可行，会后可以进一步讨论修改。三是继续扶持有能力的信托公司开展QDII业务。早在2007年，我们就与国家外汇管理局联合下发了《信托公司受托境外理财业务管理暂行办法》，其后一些公司也取得了QDII业务资格。未来信托公司可以在这项业务上有所突破，可以配合国内企业走出去，先把眼光投向资源收购兼并上，通过股权投资、兼并收购等方式，开发一些产业类、资源类的QDII跨境业务。当然，这需要有一个过程。我特别提醒大家，在实践之前，我们要在人才、技术、法律、市场等方面做好充分的准备。

最后，我要特别感谢社会各界、各位领导、各位媒体朋友长期以来对我国信托业的关注与支持。希望通过这次峰会，使信托业能够更加稳健发展，在我国金融组织体系和国民经济中发挥独特的积极作用。

# 政策法规

## 中国银行业监督管理委员会令

2010 年第 5 号

《信托公司净资本管理办法》已经2010 年7 月12 日中国银行业监督管理委员会第99 次主席会议通过。现予公布，自公布之日起施行。

主席：刘明康

二〇一〇年八月二十四日

## 信托公司净资本管理办法

### 第一章　总则

**第一条**　为加强对信托公司的风险监管，促进信托公司安全、稳健发展，根据《中华人民共和国银行业监督管理法》、《中华人民共和国信托法》等有关法律法规，制定本办法。

**第二条**　本办法适用于在中华人民共和国境内依法设立的信托公司。

**第三条**　本办法所称净资本，是指根据信托公司的业务范围和公司资产结构的特点，在净资产的基础上对各固有资产项目、表外项目和其他有关业务进行风险调整后得出的综合性风险控制指标。对信托公司实施净资本管理的目的，是确保信托公司固有资产充足并保持必要的流动性，以满足抵御各项业务不可预期损失的需要。

本办法所称风险资本，是指信托公司按照一定标准计算并配置给某项业务用于应对潜在风险的资本。

**第四条** 信托公司应当按照本办法的规定计算净资本和风险资本。

**第五条** 信托公司应当根据自身资产结构和业务开展情况，建立动态的净资本管理机制，确保净资本等各项风险控制指标符合规定标准。

**第六条** 中国银行业监督管理委员会可以根据市场发展情况和审慎监管原则，对信托公司净资本计算标准及最低要求、风险控制指标、风险资本计算标准等进行调整。

对于本办法未规定的新产品、新业务，信托公司在设计该产品或开展该业务前，应当按照规定事前向中国银行业监督管理委员会报告。中国银行业监督管理委员会根据信托公司新产品、新业务的特点和风险状况，审慎确定相应的比例和计算标准。

**第七条** 中国银行业监督管理委员会按照本办法对信托公司净资本管理及相关风险控制指标状况进行监督检查。

## 第二章 净资本计算

**第八条** 净资本计算公式为：净资本 = 净资产 - 各类资产的风险扣除项 - 或有负债的风险扣除项 - 中国银行业监督管理委员会认定的其他风险扣除项。

**第九条** 信托公司应当在充分计提各类资产减值准备的基础上，按照中国银行业监督管理委员会规定的信托公司净资本计算标准计算净资本。

**第十条** 信托公司应当根据不同资产的特点和风险状况，按照中国银行业监督管理委员会规定的系数对资产项目进行风险调整。信托公司计算净资本时，应当将不同科目中核算的同类资产合并计算，按照资产的属性统一进行风险调整。

（一）金融产品投资应当根据金融产品的类别和流动性特点按照规定的系数进行调整。信托公司以固有资金投资集合资金信托计划或其他理财产品的，应当根据承担的风险相应进行风险调整。

（二）股权投资应当根据股权的类别和流动性特点按照规定的系数进行风险调整。

（三）贷款等债权类资产应当根据到期日的长短和可回收情况按照规定的系数进行风险调整。

资产的分类中同时符合两个或两个以上分类标准的，应当采用最高的扣除比例进行调整。

**第十一条** 对于或有事项，信托公司在计算净资本时应当根据出现损失的可能性按照规定的系数进行风险调整。

信托公司应当对期末或有事项的性质（如未决诉讼、未决仲裁、对外担保等）、涉及金额、形成原因和进展情况、可能发生的损失和预计损失的会计处理情况等在净资本计算表的附注中予以充分披露。

## 第三章　风险资本计算

**第十二条**　由于信托公司开展的各项业务存在一定风险并可能导致资本损失，所以应当按照各项业务规模的一定比例计算风险资本并与净资本建立对应关系，确保各项业务的风险资本有相应的净资本来支撑。

**第十三条**　信托公司开展固有业务、信托业务和其他业务，应当计算风险资本。

风险资本计算公式为：风险资本 = 固有业务风险资本 + 信托业务风险资本 + 其他业务风险资本。

固有业务风险资本 = 固有业务各项资产净值 × 风险系数。

信托业务风险资本 = 信托业务各项资产余额 × 风险系数。

其他业务风险资本 = 其他各项业务余额 × 风险系数。

各项业务的风险系数由中国银行业监督管理委员会另行发布。

**第十四条**　信托公司应当按照有关业务的规模和规定的风险系数计算各项业务风险资本。

## 第四章　风险控制指标

**第十五条**　信托公司净资本不得低于人民币 2 亿元。

**第十六条**　信托公司应当持续符合下列风险控制指标：

（一）净资本不得低于各项风险资本之和的 100%；

（二）净资本不得低于净资产的 40%。

**第十七条**　信托公司可以根据自身实际情况，在不低于中国银行业监督管理委员会规定标准的基础上，确定相应的风险控制指标要求。

## 第五章　监督检查

**第十八条**　信托公司董事会承担本公司净资本管理的最终责任，负责确定净资本管理目标，审定风险承受能力，制定并监督实施净资本管理规划。

**第十九条**　信托公司高级管理人员负责净资本管理的实施工作，包括制定本公司净资本管理的规章制度，完善风险识别、计量和报告程序，定期评估净资本充足水平，并建立相应的净资本管理机制。

**第二十条**　信托公司应当编制净资本计算表、风险资本计算表和风险控制指标监管报表。

中国银行业监督管理委员会可以根据监管需要，要求信托公司以合并数据为基础编制净资本计算表、风险资本计算表和风险控制指标监管报表。

**第二十一条**　信托公司应当在每季度结束之日起 18 个工作日内，向中国银行业监督管理委员会报送季度净资本计算表、风险资本计算表和风险控制指标监管报表。如遇影响净资本等风险控制指标的特别重大事项，应当及时向中国银行业监督管理委员会报告。

**第二十二条** 信托公司总经理应当至少每年将净资本管理情况向董事会书面报告一次。

**第二十三条** 信托公司董事长、总经理应当对公司年度净资本计算表、风险资本计算表和风险控制指标监管报表签署确认意见，并保证报表真实、准确、完整，不存在虚假记载、误导性陈述和重大遗漏。

**第二十四条** 信托公司应当在年度报告中披露净资本、风险资本以及风险控制指标等情况。

**第二十五条** 信托公司净资本等相关风险控制指标与上季度相比变化超过30%或不符合规定标准的，应当在该情形发生之日起5个工作日内，向中国银行业监督管理委员会书面报告。

**第二十六条** 信托公司净资本等相关风险控制指标不符合规定标准的，中国银行业监督管理委员会可以视情况采取下列措施：

（一）要求信托公司制定切实可行的整改计划、方案，明确整改期限；

（二）要求信托公司采取措施调整业务和资产结构或补充资本，提高净资本水平；

（三）限制信托公司信托业务增长速度。

**第二十七条** 对未按要求完成整改的信托公司，中国银行业监督管理委员会可以进一步采取下列措施：

（一）限制分配红利；

（二）限制信托公司开办新业务；

（三）责令暂停部分或全部业务。

**第二十八条** 对信托公司净资本等风险控制指标继续恶化，严重危及该信托公司稳健运行的，除采取第二十七条规定的相关措施外，中国银行业监督管理委员会还可以采取下列措施：

（一）责令调整董事、监事及高级管理人员；

（二）责令控股股东转让股权或限制有关股东行使股东权利；

（三）责令停业整顿；

（四）依法对信托公司实行接管或督促机构重组，直至予以撤销。

## 第六章 附则

**第二十九条** 本办法由中国银行业监督管理委员会负责解释。

**第三十条** 本办法自公布之日起施行。

# 中国银监会关于加强信托公司结构化信托业务监管有关问题的通知

银监通〔2010〕2号

各银监局，银监会直接监管的信托公司：

为规范信托公司开展结构化信托业务，保护信托当事人的合法权益，鼓励信托公司依法进行业务创新和培养自主管理能力，确保结构化信托业务健康、有序发展，根据《中华人民共和国信托法》、《信托公司管理办法》、《信托公司集合资金信托计划管理办法》等法律法规的规定，现就信托公司开展结构化信托业务的有关问题通知如下：

一、结构化信托业务是指信托公司根据投资者不同的风险偏好对信托受益权进行分层配置，按照分层配置中的优先与劣后安排进行收益分配，使具有不同风险承担能力和意愿的投资者通过投资不同层级的受益权来获取不同的收益并承担相应风险的集合资金信托业务。

本通知中，享有优先受益权的信托产品投资者称为优先受益人，享有劣后受益权的信托产品投资者称为劣后受益人。

二、信托公司开展结构化信托业务，应当严格遵循以下原则：

（一）依法合规原则。

（二）风险与收益相匹配原则。

（三）充分信息披露原则。

（四）公平公正，注重保护优先受益人合法利益原则。

三、信托公司开展结构化信托业务，应当培养并建立与业务发展相适应的专业团队及保障系统，完善规章制度，加强IT系统建设，不断提高结构化信托产品的设计水平、管理水平和风险控制能力，打造结构化信托产品品牌。

四、结构化信托产品的投资者应是具有风险识别和承担能力的机构或个人。

信托公司在开展结构化信托业务前应对信托投资者进行风险适应性评估，了解其风险偏好和承受能力，并对本金损失风险等各项投资风险予以充分揭示。

信托公司应对劣后受益人就强制平仓、本金发生重大损失等风险进行特别揭示。

五、结构化信托业务中的劣后受益人，应当是符合《信托公司集合资金信托计划管理办法》规定的合格投资者，且参与单个结构化信托业务的金额不得低于100万元人民币。

六、结构化信托业务的产品设计：

（一）结构化信托业务产品的优先受益人与劣后受益人投资资金配置比例大小应与信托产品基础资产的风险高低相匹配，但劣后受益权比重不宜过低。

（二）信托公司进行结构化信托业务产品设计时，应对每一只信托产品撰写可行性研究报告。报告应对受益权的结构化分层、风险控制措施、劣后受益人的尽职调查过程和结论、信托计划推介方案等进行详细说明。

（三）信托公司应当合理安排结构化信托业务各参与主体在投资管理中的地位与职责，明确委托人、受益人、受托人、投资顾问（若有）等参与主体的权限、责任和风险。

（四）结构化信托业务运作过程中，信托公司可以允许劣后受益人在信托文件约定的情形出现时追加资金。

七、信托公司开展结构化信托业务不得有以下行为：

（一）利用受托人的专业优势为自身谋取不当利益，损害其他信托当事人的利益。

（二）利用受托人地位从事不当关联交易或进行不当利益输送。

（三）信托公司股东或实际控制人利用信托业务的结构化设计谋取不当利益。

（四）以利益相关人作为劣后受益人，利益相关人包括但不限于信托公司及其全体员工、信托公司股东等。

（五）以商业银行个人理财资金投资劣后受益权。

（六）银监会禁止的其他行为。

八、结构化信托业务劣后受益人不得有以下行为：

（一）为他人代持劣后受益权。

（二）通过内幕信息交易、不当关联交易等违法违规行为牟取利益。

（三）将享有的信托受益权在风险或收益确定后向第三方转让。

九、信托公司开展结构化证券投资信托业务时，应遵守以下规定：

（一）明确证券投资的品种范围和投资比例。可根据各类证券投资品种的流动性差异设置不同的投资比例限制，但单个信托产品持有一家公司发行的股票最高不得超过该信托产品资产净值的20%。

（二）科学合理地设置止损线。止损线的设置应当参考受益权分层结构的资金配比，经过严格的压力测试，能够在一定程度上防范优先受益权受到损失的风险。

（三）配备足够的证券交易操作人员并逐日盯市。当结构化证券投资信托产品净值跌至止损线或以下时，应按照信托合同的约定进行平仓处理。

十、信托公司应就结构化信托产品的开发与所在地银行业监督管理机构建立沟通机制，并按季报送上季度开展的结构化信托产品情况报告，报告至少包括每个结构化信托产品的规模、分层设计情况、投资范围、投资策略和比例限制以及每个劣后受益人的名称及认购金额等。

十一、各银监局应切实加强对信托公司开展结构化信托业务的监管。对未按有关法规和本通知要求开展结构化信托业务的信托公司，应责令其改正，并限制或暂停其开展结构化信托业务；情节严重的，应依法予以行政处罚。

十二、中国信托业协会可根据信托公司开展结构化信托业务的实际情况，制订相关行业标准和自律公约。

本通知自2010年2月10日起实施。

请各银监局及时将本通知转发至辖内相关银监分局及信托公司。

中国银监会

二〇一〇年二月五日

# 关于加强信托公司房地产信托业务监管有关问题的通知

银监办发〔2010〕54 号

各银监局，各政策性银行、国有商业银行、股份制商业银行，中国邮政储蓄银行，银监会直接监管的信托公司：

为进一步规范信托公司开展房地产信托业务，防范房地产信托业务风险，提高信托公司风险防范意识和风险控制能力，现就有关事项通知如下：

一、商业银行个人理财资金投资于房地产信托产品的，理财客户应符合《信托公司集合资金信托计划管理办法》中有关合格投资者的规定。

二、信托公司以结构化方式设计房地产集合资金信托计划的，其优先和劣后受益权配比比例不得高于3:1。

三、停止执行《中国银监会关于支持信托公司创新发展有关问题的通知》（银监发〔2009〕25 号）第十条中对监管评级2C级（含）以上、经营稳健、风险管理水平良好的信托公司发放房地产开发项目贷款的例外规定，信托公司发放贷款的房地产开发项目必须满足“四证”齐全、开发商或其控股股东具备二级资质、项目资本金比例达到国家最低要求等条件。

四、信托公司不得以信托资金发放土地储备贷款。土地储备贷款是指向借款人发放的用于土地收购及土地前期开发、整理的贷款。

五、信托公司开展房地产信托业务应建立健全房地产贷款或投资审批标准、操作流程和风险管理制度并切实执行；应进行项目尽职调查，深入了解房地产企业的资质、财务状况、信用状况、以往开发经历，以及房地产项目的资本金、“四证”、开发前景等情况，确保房地产信托业务的合法、合规性和可行性；应严格落实房地产贷款担保，确保担保真实、合法、有效；应加强项目管理，密切监控房地产信托贷款或投资情况。

六、各银监局要加强对既有监管规定的执行力度，强化对房地产信托融资的监管，按照实质重于形式的原则杜绝信托公司以各种方式规避监管规定的行为。

七、各银监局要进一步加强对信托公司房地产业务的风险监控，对发现的风险苗头要及时予以提示或发出监管意见，并在必要时安排现场检查。

请各银监局将本通知转发至辖内有关银监分局、信托公司及有关金融机构，督促认真遵照执行并总结经验。如遇重大问题，请及时报告。凡与本通知不一致的相关规定，以本通知为准。

中国银监会办公厅
二〇一〇年二月十一日

# 中国银监会关于规范银信理财合作业务有关事项的通知

银监发〔2010〕72号

各银监局，各政策性银行、国有商业银行、股份制商业银行，邮政储蓄银行，银监会直接监管的信托公司：

为促进商业银行和信托公司理财合作业务规范、健康发展，有效防范银信理财合作业务风险，现将银信理财合作业务有关要求通知如下：

一、本通知所称银信理财合作业务，是指商业银行将客户理财资金委托给信托公司，由信托公司担任受托人并按照信托文件的约定进行管理、运用和处分的行为。上述客户包括个人客户（包括私人银行客户）和机构客户。

商业银行代为推介信托公司发行的信托产品不在本通知规范范围之内。

二、信托公司在开展银信理财合作业务过程中，应坚持自主管理原则，严格履行项目选择、尽职调查、投资决策、后续管理等主要职责，不得开展通道类业务。

三、信托公司开展银信理财合作业务，信托产品期限均不得低于一年。

四、商业银行和信托公司开展融资类银信理财合作业务，应遵守以下原则：

（一）自本通知发布之日起，对信托公司融资类银信理财合作业务实行余额比例管理，即融资类业务余额占银信理财合作业务余额的比例不得高于30%。上述比例已超标的信托公司应立即停止开展该项业务，直至达到规定比例要求。

（二）信托公司信托产品均不得设计为开放式。上述融资类银信理财合作业务包括但不限于信托贷款、受让信贷或票据资产、附加回购或回购选择权的投资、股票质押融资等类资产证券化业务。

五、商业银行和信托公司开展投资类银信理财合作业务，其资金原则上不得投资于非上市公司股权。

六、商业银行和信托公司开展银信理财合作业务，信托资金同时用于融资类和投资类业务的，该信托业务总额应纳入本通知第四条第（一）项规定的考核比例范围。

七、对本通知发布以前约定和发生的银信理财合作业务，商业银行和信托公司应做好以下工作：

（一）商业银行应严格按照要求将表外资产在今、明两年转入表内，并按照150%的拨备覆盖率要求计提拨备，同时大型银行应按照11.5%、中小银行按照10%的资本充足率要求计提资本。

（二）商业银行和信托公司应切实加强对存续银信理财合作业务的后续管理，及时做好风险处置预案和到期兑付安排。

（三）对设计为开放式的非上市公司股权投资类、融资类或含融资类业务的银行理财产品和信托公司信托产品，商业银行和信托公司停止接受新的资金申购，并妥善处理后续事宜。

八、鼓励商业银行和信托公司探索业务合作科学模式和领域。信托公司的理财要积极落实国家宏观经济政策，引导资金投向有效益的新能源、新材料、节能环保、生物医药、信息网络、高端制造产业等新兴产业，为经济发展模式转型和产业结构调整作出积极贡献。

九、本通知自发布之日起实施。

请各银监局将本通知转发至辖内银监分局及有关银行业金融机构。

二〇一〇年八月五日

# 关于信托公司房地产信托业务风险提示的通知

银监办发〔2010〕343 号

各银监局，银监会直接监管的信托公司：

近来，信托公司房地产信托业务增长迅速，个别信托公司开展这项业务不够审慎。为有效落实国家房地产调控政策，进一步规范房地产信托业务，提高信托公司风险防范意识和风险控制能力，根据《信托公司管理办法》及相关规定，现就信托公司房地产信托业务风险提示如下：

一、各信托公司应立即对房地产信托业务进行合规性风险自查。逐笔分析业务合规性和风险状况，包括信托公司发放贷款的房地产开发项目是否满足“四证”齐全、开发商或其控股股东具备二级资质、项目资本金比例达到国家最低要求等条件；第一还款来源充足性、可靠性评价；抵质押等担保措施情况及评价；项目到期偿付能力评价及风险处置预案等内容。

二、各银监局要加强对辖内信托公司房地产信托业务合规性监管和风险监控，结合今年开展的专项调查和压力测试，在信托公司自查基础上，逐笔对房地产信托业务进行核查，对以受让债权等方式变相提供贷款的情况，要按照实质重于形式的原则予以甄别。自查和核查中发现的问题，应立即采取措施责成信托公司予以纠正，对违规行为依法查处。

各银监局于 12 月 20 日前将核查及处理结果书面报告银监会。

三、各银监局要督促信托公司在开展房地产信托业务时审慎选择交易对手，合理把握规模扩张，加强信托资金运用监控，严控对大型房企集团多头授信、集团成员内部关联风险，积极防范房地产市场调整风险。对执行不力的银监局，银监会将予以通报，并视情况追究相关责任。

请各银监局将本通知转发给辖内有关银监分局和信托公司，如有重大问题，请及时向银监会报告。

中国银监会办公厅
二〇一〇年十一月十二日

# 行业发展与监管报告

# 行业发展报告

## 2010年中国信托业回顾与展望

### 一、净资本管理办法平稳出台，信托行业再创佳绩

《信托公司净资本管理办法》（以下简称《办法》）的实施将是我国信托业的发展进入历史新阶段的一个重要标志，它将与《信托法》、《信托公司管理办法》和《信托公司集合资金信托业务管理办法》一道，将中国信托业正式引入一个以“一法三规”为信托业监管主要政策依据的全新的历史发展时期。

#### （一）《办法》出台的主要背景与目的

2007年3月1日正式实施的《信托公司管理办法》中明确规定“信托公司应实施净资本管理”，《办法》的出台并非偶然，监管部门三年前就已经开始酝酿。银监会结合信托公司监管实践并借鉴境外成熟市场的做法，经过多次征求意见和修改完善，制定了《办法》。目的在于落实《信托公司管理办法》的规定，同时建立以净资本为核心的风险控制指标体系，加强信托公司风险监管。随着我国信托业的发展、信托公司业务模式的调整和创新业务的开展，信托监管急需建立一个能综合反映信托公司潜在风险的、有效的风险监管体系，《办法》的制定满足了这种迫切需求，具有非常重要的意义。就《办法》而言，其主要指导思想包括以下几个方面。

1. 建立符合国际惯例的资本监管体系。从20世纪90年代中期以来，境外成熟市场监管当局深刻认识到以净资本为核心的风险监管对投行类金融机构风险控制的重要性，目前包括美国、英国、欧盟、新加坡、中国香港、马来西亚等国家和地区均已建立起以净资本为核心的资本监管体系。在我国，继商业银行全面实施了净资本管理办法之后，2006年中国证监会也正式颁布实施《证券公司净资本管理办法》，对所有证券公司实行净资本管理，实践证明，效果良好，收益明显，有效的体现了监管部门的监管思路和监管理念。

2. 净资本管理将弥补信托监管工具的不足。随着信托业的快速发展、信托资产规模的不断扩大以及信托公司业务模式的转变和创新业务的频繁开展，信托业的监管环境已经大为改观。2007 年“新两规”以来，信托资产规模快速扩张，目前信托公司平均管理规模约为 400 亿元，个别信托公司管理的信托资产规模已经达到净资产的 50 倍以上，最高的达 182 倍。信托资产规模快速扩张的同时，多数信托公司的内控和风险管理能力并没有及时跟上，单体信托业务风险时有发生。为此，监管部门曾就银信、信政和房地产信托业务下发风险提示，但银信合作业务在年末仍然达到 1.32 万亿元，创出历史新高。以上事实表明，在当前信托公司风控意识普遍不足、风险管理能力有限的情况下，信托公司的扩张冲动只能通过实施净资本监管进行必要的约束。

3. 重构信托公司风险管理框架，提高监管有效性。《办法》的出台将推动信托公司建立并完善内部风险预警和控制机制，通过对净资本等风险控制指标动态监控、定期敏感性分析和压力测试等手段，逐步实现信托风险的计量和监控。同时有利于监管部门对信托公司风险的事前控制，提高对信托公司日常监管的针对性和有效性。在落实监管意图方面，监管部门也可以通过调整不同业务风险系数，有效引导公司根据自身特点进行差异化选择与发展。

4. 推动分类监管，促进信托公司创新发展、做优做强。《办法》通过对不同监管级别的信托公司设置差异化风险系数、将业务规模与评级水平挂钩等手段，进一步落实了分类监管、扶优限劣的理念。限制评级水平较低公司盲目扩张的同时，为鼓励信托公司积极创新，在新产品或新业务的监管规定上预留了空间。

### （二）《办法》的主要监管内容

《办法》的核心内容。《办法》中要求信托公司计算净资本和风险资本，并且持续要求信托公司净资本与其风险资本的比值不小于100%，建立了风险资本与净资本的对应关系，使各项业务的风险资本均有相应的净资本支撑，促使信托公司将有限的资本在不同风险状况的业务之间进行合理配置，引导信托公司根据自身净资本水平、风险偏好和发展战略进行差异化选择，实现对总体风险的有效控制。归纳起来净资本管理主要内容为净资本、风险资本和风险控制三个方面（见表 1）。

**表 1　　净资本管理主要内容**

| 项目 | 规范内容 |
| --- | --- |
| 净资本 | 净资本 = 净资产 – 各类资产的风险扣除项 – 或有负债的风险扣除项 – 中国银行业监督管理委员会认定的其他风险扣除项 |
| 风险资本 | 风险资本 = 固有业务风险资本 + 信托业务风险资本 + 其他业务风险资本 |
| 风险控制 | 净资本不得低于人民币 2 亿元 |
| | 净资本不得低于各项风险资本之和的 100% |
| | 净资本不得低于净资产的 40% |

## （三）信托资产规模高速增长

2007年修订后的《信托公司管理办法》和《信托公司集合资金信托计划管理办法》（以下简称“新两规”）颁布实施以来，信托业管理资产规模快速扩张，从2007年初的3 606亿元发展到2008年1.2万亿元；2009年末的2万亿元；2010年的3万余亿元，4年实现9倍的增长。目前信托公司（不含正在重组和刚开业的公司）平均管理的资产规模约为400亿元，个别信托公司管理的信托资产规模已经达到净资产的50倍以上。

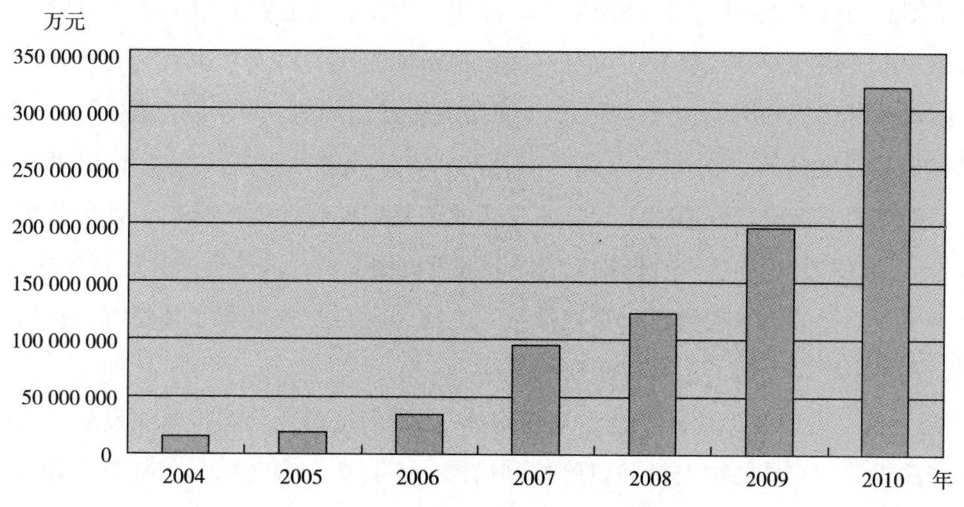


**图1　行业信托资产规模增长示意图**

信托公司在此期间管理的信托资产规模实现高速增长，主要导因包括下述几个方面。

1.“新两规”明确了信托业发展方向。中国银监会总结信托行业回归本业5年来的发展历程，再度将信托公司的市场定位调整、明确成“为合格投资者提供资产管理服务的金融中介机构”，其业态接近于国外私募基金。信托新政的颁布，标志着监管部门对中国既有商业信托制度“颠覆性”制度创新的完成。为促进信托公司转型，2007年中国银监会又陆续发布了《中国银监会关于实施〈信托公司管理办法〉和〈信托公司集合资金信托计划管理办法〉有关具体事项的通知》、《信托公司治理指引》、《信托公司受托境外理财业务管理暂行办法》（银监发〔2007〕27号）等政策性文件。

由于“新两规”将信托公司明确定位于专业的资产管理机构和金融理财机构，彻底解决了影响中国信托业多年功能定位模糊的痼疾。“新两规”中明确对信托公司固有业务进行了严格限制，禁止信托公司再持有实业投资股权，信托资金债权运用方式也规定了严格上限限制，委托人必须是符合要求的合格投资者，自然人委托人不得超过规定上限；“新两规”鼓励信托公司开展私募股权投资信托、资产证券化信托、房地产投资信托基金、年金基金信托等创新业务，明确了信托公司的本源业务范围，突出了信托公司经营特色，引导信托公司构建专业化经营模式。“新两规”使信托公司真正全面回归信托本源业务，全面实施转型和开展创新，自此，中国信托业进入了全新的历史发展时期。这一时期，信托业发展方向得以明确，经营模式得以确立，经营机制得以转换，产品结构得以升级，人的思想得到彻底解放，短短四年中管理信托资产突破3万亿元，新增信托资产规模超过历史总额。

2. 原评级分类标准助推信托公司“规模偏好”。自2006年我国监管部门对信托公司试行评级分类监管，即按照不同的监管指标分别对信托公司作出量化评级，再根据评级高低对信托公司的经营范围和创新业务资格作出不同规定。例如，评级分类监管办法第四部分资产管理第二条第三款第一点“信托业务规模”中规定：信托业务规模得分12分，其评分标准规定为：根据公司管理的受托财产规模与行业平均值之间的比值得分，比值300%以上得12分；比值20%（含）~300%得分=信托业务规模/行业平均值×12/3分（得分四舍五入）；比值20%以下得分为0分。其评分说明指出，该指标评价公司受托业务规模在行业内的地位，评价公司信托业务的发展水平。加之对管理的资产规模规定的评分权重比例偏高，占该资产管理部分总分的12%。因此，客观上对信托公司忽视质量、重视数量，不顾公司自身条件和具体情况，盲目扩张信托资产规模，在一定程度上起了诱导和助推作用。

3. 信托公司“通道型”业务导致“规模泡沫”。我们把信托公司没有主动、系统地进行项目开发、产品设计、交易结构安排和风险控制措施，不直接、亲自参与信托资产管理，仅仅是将外部资产通过信托合同的形式在信托公司履行一个文件性流程，业务回报率极低的这一类业务通称为“通道型”或“平台型”或被动管理型业务。在此期间，此类“通道型”业务规模增长速度极其迅猛。快速增长的“通道型”业务来源主要包括两个渠道。

一是信托公司与其大股东或者关联公司之间的业务来往。一些信托公司的控股股东为了迅速提高信托公司的分类等级，使其信托资产规模短期内实现跨越式增长，便通过利益输送的方式将相关资产作为信托资产委托控股的信托公司进行资产管理，虽然信托公司报酬极低，但资产规模实现了增长。可以看到有的信托公司通过上述方式在短短一年内，资产规模由一二百亿元一跃超过千亿元。

二是信托公司与商业银行通过所谓银信合作业务迅速扩大资产规模。据监管部门统计：2010年前三个季度全行业信托资产规模29 570.16亿元，其中集合资金信托产品4 800亿元，占16%；单一资金信托产品23 390亿元，占79%；银信合作产品余额18 932亿元，占64%。而在银信合作产品中，较为保守的估计，“通道型”产品的规模约占到70%，即13 000亿元左右。这一做法在产生资产规模泡沫的同时，还规避了监管部门对商业银行的一些特定指标监管，也使信托公司的资产管理能力趋于弱化，同时潜在的法律风险和市场风险都在增加。

表 2　　2010 年前三个季度银信合作情况统计表

| 时间 | 2010 年第三季度 | 2010 年第二季度 | 2010 年第一季度 |
|---|---|---|---|
| 银信合作资产规模（万元） | 14 608 710 | 12 558 588 | 14 608 710 |
| 银信合作占比（%） | 70.29 | 73.23 | 70.29 |

资料来源：各信托公司网站。

4. 少数公司创新乏力，错选粗放外延型模式。极少数信托公司由于自身机制约束或团队缺失，市场开发能力和业务创新能力低下，难以有效的开展由信托公司主导话语权主动型管理的信托业务，产品线单一，公司很难供应高科技含量、高产品附加值、高业务收益率的创新产品。故错误地选择了没有原创要素、丧失主动话语权、毫无核心竞争力、信托报酬率极低的平台业务，而此类业务只有“以量取胜”，做大资产规模基数，才能勉强维持收支平衡。显然，此类粗放型的业务，外延式发展的模式是难以为继的。

与此同时，部分信托公司的内控和风险管理能力并没有及时跟上，单体信托项目风险时有发生。2010 年以来，根据国际惯例和我国信托业当前阶段发展的现实情况，中国银监会制定了一系列监管制度和业务规范。《办法》在征求意见之后，已于 2010 年 7 月 12 日中国银行业监督管理委员会第 99 次主席会议通过，并正式下发。《办法》与 2010 年 8 月 12 日银监会发布的《中国银监会关于规范银信理财合作业务有关事项的通知》（银监发〔2010〕72 号）、2009 年 12 月中旬中国银监会下发的《关于进一步规范银信合作有关事项的通知》等一系列行政法规中均传达出一个相同的声音——“抑制被动管理型信托业务，鼓励主动管理型信托业的发展”。监管者明确引导信托公司尽快实现从“广种薄收”、“以量取胜”片面追求规模的粗放式经营模式，向“精耕细作”、提升业务科技含量和产品附加值内涵发展的经营模式升级转型的深层考量和战略意图。这将彻底转变信托公司的盈利模式，鞭策信托业务再次转型，使信托公司切实成长为具有核心能力的特殊资产管理机构。信托行业走内涵式发展的模式成为必由之路。

### （四）信托公司“二次转型”迫在眉睫

1. 顺势而为，调整公司传统业务结构。从《办法》出台的背景可知，监管部门酝酿净资本管理由来已久，引导信托公司加大主动管理类信托产品的开发，培育核心资产管理能力的监管思路也在有步骤地实施，通过对净资本等风险控制指标的动态监控、定期敏感性分析和压力测试等手段，有效控制风险。通过净资本监管有效落实监管意图，可引导信托公司根据自身特点进行差异化选择与发展。信托业发展模式重构是大势所趋，唯有顺应发展，积极应对才是信托公司的前途所在。此次《办法》的出台，是对信托业整体发展模式的重大调整，信托公司应尽快认清形势，根据自身优势，迅速调整公司发展战略，重新布局公司业务体系，尽快培育自身核心能力，在新形势下获得发展的主动。

2. 加强核心竞争力，提升产品附加值和科技含量。信托公司要实现可持续发展，就必须尽快提升信托资产自主管理能力这一核心竞争力。所谓的自主管理能力，就是信托公司从项目开发、产品设计、交易结构、风险控制、存续资产监控、信托资产收回，全程自主操作，拥有话语权和定价权，主动掌控，不再“受制于人”，为投资者获取令人满意的投融资收益和资产保值增值，利用信托公司业务人员的行业经验和专业知识进行积极有效的自主专业化管理，识别潜在风险并利用丰富多样的控制手段进行调节。信托公司还可引入外部专业管理团队作为投资顾问，通过与投资顾问的合作提升自身主动管理能力，迅速构建一支高水平的专业化理财团队，确保信托财产按照委托人的意愿实现高效率运行。

3. 重视渠道建设，逐步构建私募化营销网络。《办法》出台后，由于信托公司产品结构和业务模式要发生根本性变化，一些所谓银信合作类的通道型产品将逐步淡出市场，因此，信托公司的产品营销渠道必须两条腿走路，不能完全依赖以往银信合作的传统销售模式，信托公司应充分运用目前相对宽松和有利的政策环境与监管规定，立足区域，迅速辐射全国市场，以最大限度扩张自身的理财市场占有份额，挖掘高净值金融资产客户、合格投资者及机构投资者，大力开发不同门类、不同风险特色、不同收益水平的投融资项目，适应不同投资偏好和风险偏好的投资者需求，为投资者提供量身定做的具有个性化、差异化的理财产品。从而，逐步积累自有的忠实客户群和项目池与资金池，为高水准开展基金化信托创新业务创造条件。

4. 研发先行，不断提升公司产品创新能力。信托业务原本就是一个智力密集型的行业，在《办法》出台后，信托业务创新、信托产品创新就显得更加迫切和重要。但就目前情况而言，与商业银行、证券公司、基金公司等其他金融机构相比，信托公司的研发力量最为薄弱，研发投入十分不足，有的信托公司甚至根本就没有设置研发部门，一些公司虽表面设立了研发部，但人员和经费都十分不足，研发人员往往还兼任其他许多工作。因此，信托公司必须改变过去只顾急功近利，忽略前瞻研究的短视行为，进一步加大公司的研发投入和研发力度，大力引进和培养业务研发人才，设立专门的研发机构，组建一支高水平的研发团队，将产品研发与《办法》出台后新形势下公司创新业务的目标和需求紧密结合起来，从而不断提升公司信托产品的科技含量和附加值，为公司走内涵式的发展道路奠定基础。

5. 调整资本规模，兼顾优化结构。据统计目前我国信托业平均净资本规模高于平均注册资本，但多数信托公司的资本金已经用于各类投资，大多基本被固化。在《办法》实施后，按照要求信托公司的净资本必须按风险系数进行抵扣，而与此同时，信托公司的信托资产规模在快速增加，所以信托公司的增资需求十分迫切。在此大背景之下，一些资质达标的信托公司通过申请上市的方法来扩张资本规模的思路再次被提上日程，而且较之净资本管理办法出台实施之前，信托公司上市募集资金的理由和政策依据则更加充分和合理。此外，还有信托公司为适应《办法》实施后的新形势和新要求，将公司可供分配利润、任意盈余公积、董事会基金转增资本。由上述可知，《办法》实施后适时、适当增加资本规模已经成为大势所趋。因此，一些原来资本结构不尽合理、一股独大的信托公司，恰恰可以利用扩充资本的有利时机，同时达到优化股权比例，调整资本结构的效果。

## 二、监管制度逐步完善，银信合作向主动管理型转化

对于银信合作，监管部门在高度重视和正面引导的前提下，几年来连续出台实施了多项政策规章，其中较具影响意义的包括：

### （一）《银行与信托公司业务合作指引》

中国银行业监督管理委员会2008年12月23日印发《银行与信托公司业务合作指引的通知》（银监发〔2008〕83号，以下简称《指引》），明确指出制定《指引》的主要目的。

一是为了满足银行与信托公司业务发展的需要。银行拥有丰富的服务网络和客户资源，可以开展理财业务等服务，而信托制度则具有信托财产独立、风险隔离等制度优势，是金融创新的良好平台，在现行监管制度下，我国信托公司可将信托资金运用于货币市场、资本市场和股权投资，是金融创新的有效保障。通过银信合作可以实现银行与信托公司之间的优势互补，促进金融创新和发展。

二是为了促进现有银信合作健康规范发展的需要。目前银信合作不断深入，既有理财产品的合作，也有资产证券化、信托产品推介、账户开设等方面的合作，涉及不同金融机构和金融市场，对风险管理和监管工作提出了更高的要求，为促进银信合作规范发展，提高风险管理能力。同时，为确保银信理财产品中银行与信托公司所进行的交易是“洁净交易”，《指引》中规定：“银行不得为银信理财合作涉及的信托产品及该信托产品项下财产运用对象等提供任何形式担保。信托公司投资于银行所持的信贷资产、票据资产等资产的，应当采取买断方式，且银行不得以任何形式回购。银行与信托公司进行业务合作还应该遵守关联交易的相关规定，并按规定进行信息披露。”为了维护信贷资产和票据资产等相关权利人的权益，防范银信理财产品合作过程中由于信息不对称可能出现的风险，《指引》中规定“银行以卖断方式向信托公司出售信贷资产、票据资产等资产的，事先应通过发布公告、书面通知等方式，将出售信贷资产、票据资产等资产的事项，告知相关权利人”。

### （二）《关于进一步规范银信合作有关事项的通知》（银监发〔2009〕111号）

可以说“111号文”是监管部门针对当时部分已经严重异化的所谓银信合作业务和开始背离银信合作规范模式及创新方向的违规操作苗头，再次提出警示和加以政策引导，助推银信合作

模式全面实现升级和转型。2009年12月中旬中国银监会再次下发《关于进一步规范银信合作有关事项的通知》，核心内容是禁止商业银行发行理财产品购买本银行自身的信贷资产。同时对银信间真实贷款转让也作出更严格的界定，要求信托公司亲自履行管理职责，禁止将资产管理职能转交给银行或第三方。由于当时银信合作中，大量业务是“通道”类业务，信托公司的管理职能没有体现出来，报酬率低。因此，监管部门希望信托公司能够尽快提升资产管理能力，把激励机制建立起来，引进人才，往高层次发展。文件的根本用意是通过督促信托公司提高自主管理能力对银信合作进行规范。面对“新规”的出台和市场变化，银信合作并非走向低谷，甚至已经走到尽头，在新的政策导向和市场环境下，银信合作的发展空间巨大，其根本出路在于更新观念、不断创新和增加产品科技含量。

### （三）《关于规范银信理财合作业务有关事项的通知》发布

银监会2010年8月12日正式发布《关于规范银信理财合作业务有关事项的通知》（以下简称《通知》），《通知》下发的背景是之前部分商业银行和信托公司置83号文、111号文有关政策规定于不顾，甚至“顶风”突击开展“踩线”业务，引致监管部门通过窗口指导，口头暂时限制以规避当前信贷政策为主要目的、信托公司被动管理型、贷款融资类的所谓银信合作业务，即所谓“平台型”业务。《通知》在对此类业务明令禁止的同时，还进一步强化了其他一些新规定，择其要者为三个方面：首先，新发行的信贷类理财产品首先要遵循信托公司在银信合作业务中自主管理的原则，在开展银信理财合作业务过程中，信托公司应体现主动管理能力，严格履行项目选择、尽职调查、投资决策、后续管理等主要职责，不得开展通道类业务；其次，信托公司融资类银信理财合作业务余额占银信理财合作业务余额的比例不得高于30%；最后，银信理财合作产品不得运用于风险较高的非上市公司股权投资。上述三大核心要素决定了《通知》下发后新发行的信贷类理财产品与之前的产品模式、交易结构、管理主体、运用方式、信托报酬以及法律主体都会发生根本性变化。而对于存续的信贷类理财产品影响相对不是太大，监管部门一般应该新老划断，区别对待。当然因为《通知》规定了融资类银信理财合作业务余额占银信理财合作业务余额的比例不得高于30%的刚性要求，因此一些超标的信托公司需立即停止开展该项业务，直至达到规定比例。

**表3　　《通知》核心规范内容**

| 项目 | 规范内容 |
| --- | --- |
| 管理方式 | 信托公司应自主管理，不得开展通道类业务 |
| 产品期限 | 产品期限不得低于1年 |
| 融资类银信合作 | 融资类业务余额占银信合作比例不得高于30% |
|  | 银信合作产品不得设计为开放式 |

续表

| 项目 | 规范内容 |
| --- | --- |
| 投资方向 | 资金不得投资于非上市公司股权 |
| 对商业银行的要求 | 银信合作业务产生的表外资产要在2年内转为表内资产 |
| | 按照150%的拨备覆盖率要求计提拨备 |
| | 大型银行应按照11.5%、中小银行按照10%的资本充足率要求计提资本 |
| 鼓励与支持方向 | 与国家宏观经济政策趋同 |
| | 资金投向：新能源、新材料、节能环保、生物医药、信息网络、高端制造产业等新兴产业 |
| | 有利于经济发展模式转型和产业结构调整 |

### （四）银信合作模式创新与转型趋势分析

纵观几年来银信合作的探索和实践，在交易性合作模式中即银信连接理财业务中，银行往往处于强势地位，即在银信合作的整体过程中，项目选择、产品设计、交易结构安排、风险控制、公信力和客户来源，均由商业银行发挥主导作用，只因商业银行的人民币理财投资领域和投资方向存在某些政策制约，故借道信托规避约束，扩大产品投资领域。从某种意义而言在此模式下这种银信合作对信托公司来说并不是一个平等的合作，事实上，信托公司只是一个管道和平台，无任何科技含量可言，产品附加值极低，主动权始终掌握在银行一方，因此，信托公司只从中获得极低的管理费，而法律风险却丝毫没有减少。且一旦银行并购信托公司或政策允许可以组建信托机构，或放宽商业银行理财产品的投资领域，则此类业务立刻大幅萎缩乃至灭失。伴随111号文和8·12《通知》的下发与实施，银信合作模式应逐步实现颠覆性变化，在银信合作的整体过程中的项目选择、产品设计、交易结构安排、风险控制，甚至客户来源，信托公司均应全程介入，甚至在一些项目和环节中要发挥主导作用，坚持信托公司主动管理的原则，彰显信托公司资产管理能力和投资决策能力。正常情况下，银行则运用其网络优势、营销优势、客户优势和社会公信力优势，与信托公司的政策优势、制度优势、操作优势和工具优势进行对接，实际是理财产品业务链中上下游的关系。在此模式下，银行与信托公司在合作架构中的功能与话语权基本处于均衡状态，其中包括利润分成比例自然也应达到基本均衡。在新形势下，主动管理原则下的银信合作模式主要有以下几种。

1. 两头在外，主体在我，全程介入，主动管理。
2. 主导项目，合作营销，代收代付，均衡分利。
3. 单一信托，银信链接，贷款运用，控制比例。
4. 私人银行，个人信托，财富管理，制度安排。

## 三、积极财政政策平稳着陆，基础设施基金方兴未艾

### （一）信政合作面临考验，产业基金型基础设施信托是主流趋势

随着政府融资平台风险的逐渐显现，银监会下发了《关于信托公司信政合作业务风险提示的通知》，财政部就财政担保下发了规范性文件，银监会2010年工作会议也对防范地方融资平台风险进行了部署。具体而言，信政合作中地方政府投融资平台的风险主要体现在以下方面：第一，系统性风险。对于一些没有第一还款来源的政府投融资项目，即公益性的项目，其主要还款来源依靠地方财政收入和预算支出，因此一旦地方经济出现大的波动，导致财政收入滑坡或财政赤字，则会导致信政合作的系统性风险。第二，运行风险。对那些具有第一还款来源的政府投融资项目则应重点防范其在项目运行过程中的市场风险和管理风险等。即在政府融资平台对债务资金使用过程中，由于市场波动、外部环境变化或者因制度缺陷而造成的管理不善等因素导致项目投融资资金收益下降、损失，甚至出现呆坏账，而难以偿还本金、利息的各种风险。第三，其他风险。由于国家宏观政策特别是货币政策调整、地方政府机构调整、人事变动、发展规划变化、地方融资平台或窗口公司经营不善导致的或有负债转嫁给地方政府等产生的风险。在此背景之下，2010年政信合作业务规模占比急剧回落，大起大落特征极为突出。

**表4　　信托资产投向基础设施数量规模对比**

| 时间 | 2010年第三季度 | 2010年第二季度 | 2010年第一季度 | 2009年 | 2008年 |
|---|---|---|---|---|---|
| 基础设施资产规模（万元） | 100 123 000 | 106 365 000 | 88 765 400 | 82 647 787 | 42 430 211 |
| 基础设施占比（%） | 35. 53 | 38. 29 | 40. 16 | 42. 51 | 35. 87 |

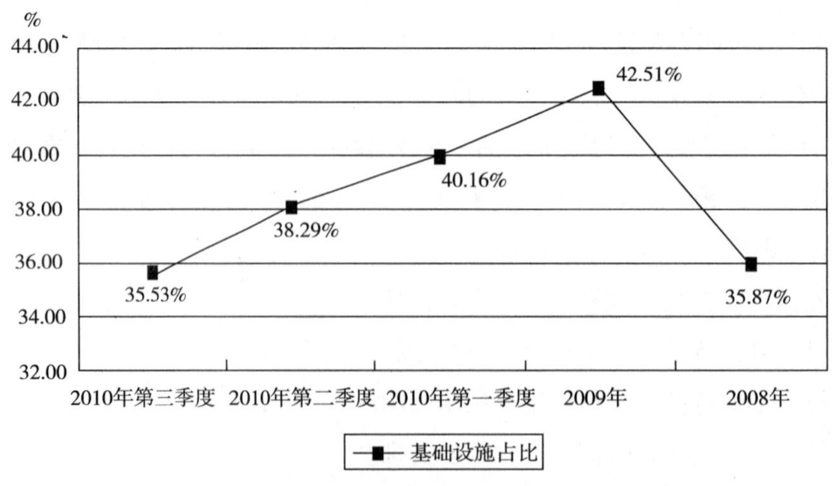


**图2　信托资产投资基础设施比例变动图**

### （二）基础设施投融资市场需求巨大，市场前景光明

从国内外发展趋势来看，基础设施投融资市场需求极为巨大，据亚洲银行预测，未来20年，亚洲国际城市化将经历前所未有的快速发展，每年将有4 000多万新增城市人口，此现象对城市基础设施的融资和建设提出了更高的要求，城市基础设施建设面临巨大的资金压力。如何在坚持合规经营、风险可控的原则下，按照监管精神的要求积极进行业务创新，充分发挥信托制度优势，提高风险管理能力，确保政信合作业务有序发展，既支持地方经济建设，又保证信托资金的安全和受益人的合法权益，确立可持续发展的信托公司政信合作业务策略，是信托业未来业务创新的一个重要领域。信托公司应积极制定应对措施，大胆探索创新，学习和借鉴先进发达国家基础设施基金的运作模式和成功经验，建立具有中国特色的产业基金化基础设施信托产品。2010年10月由南南全球技术产权交易所、上海国际集团、上海陆家嘴集团共同组建的全球首个以基础设施为标的物的融资交易平台“上海国际基础设施融资交易中心”在沪成立。该交易平台的建立为拓展基础设施融资模式提供了机会，信托公司可在城市基础设施建设投融资模式中尝试创新。进入“交易中心”的交易标的物为基础设施项目的股权或债权，交易主体分为项目建设方和资金供应方。其中，资金供应方为国际银行、保险公司、基金、信托公司、投资公司等。信托公司在基础设施投资、融资、资产收购、资产证券化等方面有着丰富的经验。在未来的城市基础设施投融资体制创新中，信托公司应逐步实现运用市场机制由专业机构提供服务、偿付、担保替代地方政府和地方财政提供的担保；基础设施基金结构以大型机构投资者为主与自然人投资者相结合；信托收益分配以长期持有和分享成长价值逐渐替代短期运作和以预期收益为名的固定回报。对基础设施信托产品进行产品结构创新设计，全面引进产业基金运作要素，引导大型的投资机构包括社保资产通过信托法律结构参与需要资金的各类基础项目，对已经在建或已建成的有一定现金流的项目发行准资产证券化信托产品，加入债转股的概念。还可以为比较成熟的基础设施领域发行产业基金，联合各种专业机构管理相应的产业基金。

## 四、信托公司不断探索新路，创新业务初见成效

### （一）信托PE投资退出渠道寻求多元化

自从2008年《信托公司私人股权投资信托业务操作指引》出台，信托公司就一直未能走出私人股权投资信托业务IPO方式退出受限的困局。近期，一直走在私人股权投资信托业务前沿的中信信托探索出“信托PE＋有限合伙”的创新模式。该模式下，待上市企业的股东将体现为有限合伙企业，而不是信托，旨在以“曲线”方式实现信托PE的IPO。证券监管部门明确拒绝

存在信托持股企业的 IPO 申请，一般分析其主要导因包括：一是证监会认为信托持股突破了《公司法》对股东人数的限制，违反证券法对公开发行证券的有关规定；二是信托公司作为受托人要为受益人的相关情况保密，这与资本市场的信息披露原则有冲突；三是信托登记制度的缺失，使得信托公司作为企业上市发起人而股东无法确认其代持关系。因此，在"信托 + 有限合伙"这种新型模式下，信托 PE 就基本不存在 IPO 障碍。因为在该模式下，待上市企业的股东将体现为有限合伙企业，而不是信托。除非证监会对股权关系"严查到底"，否则信托参与其中不会影响 IPO。

信托 PE 与投资公司成立合伙企业引进了一种较新的操作模式，它融合了信托制与有限合伙制两种法律结构，主要目的是实现"隔离"功能，探索信托 PE 新的退出渠道。该新模式的具体运作方式是，放弃以往成立 PE 资金池直投项目的做法，转而由信托公司募集客户资金先成立信托计划，在此基础上成立合伙制创投公司，以信托计划作为 LP（有限合伙人）进入有限合伙企业，将信托资金转为创投公司资本金，并由有限合伙企业进行私募股权投资。在治理结构上，投资公司作为 GP（普通合伙人）负责投资管理事务的执行，而信托 PE 则作为 LP 不参与合伙企业的管理事务。在实践中，双方成立了专门的投资决策小组，信托公司也会派驻小组成员对项目进行尽职调查，不但对投资项目拥有一票否决权，而且直接参与投资决策和投资企业的管理等事宜。

该模式的不利之处在于，还存在双重收费的问题。有限合伙企业的投资管理人会收取一次管理费，信托公司成立信托计划也要收取一次管理费。一般来说，信托公司管理 PE 信托，可收取管理费和业绩报酬，管理费一般为当期资金的 2% ~2.5%；而有限合伙企业，GP 一般会收取 2% ~3% 的管理费。同时，信托 PE 和有限合伙企业，也会根据业绩报酬提取一定的提成。实际业务中只要股权收益率（ROE）高于 4%，双重缴费就比双重缴税更加有利。对于运作成功的 PE 来说，高于 4% 的 ROE 不是个问题。对于 Pre - IPO 投资项目上市后近 10 倍，甚至数十倍的投资回报率，上述费用比例应该是微不可感的。

作为对该模式的大胆尝试，2010 年下半年，随着中信信托和西安国际信托成立的私募股权投资企业在天津成功落地，信托公司探索以有限合伙人（LP）的身份参与 PE 业务成功破冰，主要目的是通过创新模式能够实现"隔离"功能，最终打破此前信托 PE 以 IPO 方式退出的障碍。中信信托与西安国信在 9 月分别在天津泰达开发区设立了四家股权投资合伙企业。这四家股权投资合伙企业中，三家由中信信托与上海华岳投资有限公司合伙设立，分别为博道信元股权投资合伙企业，华辰佳业股权投资合伙企业和御道元诚股权投资合伙企业。另一家名为天津大石洞稳健股权投资基金合伙企业，由西安国际信托和江西鄱阳湖产业投资管理有限公司合伙设立。四家 PE 合伙企业的注册资本分别为博道信元 23 400 万元人民币，华辰佳业 26 100 万元人民币，御道元诚 20 300 万元人民币，大石洞稳健 70 100 万元人民币。西安信托在 8 月、9 月间，分别发行了西安信托、长安投资5号和6号分层式集合资金信托计划，资金总规模上亿元，其投资领域均明确为“合伙企业股权投资”。

### （二）信托系 QDII 产品低调“试水”

2010年1月12日国家外汇管理局正式批准中诚信托、上海国际信托和中海信托三家公司分别获得了2亿美元的QDII投资额度。这是国内的信托公司自2007年取得QDII资格后，首次获批QDII额度。对信托公司来说，它开展的各项理财业务都有了一个新的渠道、市场和空间，可以拓展到境外。而信托公司的合格投资者一般是100万元以上的高端客户，对他们来说，量身定做投资计划的需求更大，QDII额度的获批解决了境外市场的这一需求，但这三家公司的业务开展可能还需要一个摸索的阶段。信托公司QDII产品的实质是“专户理财”，其目标客户主要是高净值的私人银行客户和机构投资者，门槛是1 000万元人民币。信托公司QDII产品的投资范围远比银行、基金公司、保险公司的宽泛，再加上其私募性质的特点，客户需求非常个性化，“小规模、多批量、个性化”会成为信托公司QDII产品的一大特色。

获批的三家信托公司对QDII业务作了充分准备，与传统的公募产品投资一些传统的金融产品相比，例如股票、债券等，信托公司的QDII产品则不同，其发行的对象是风险和专业化程度相对较高的高端私人客户或机构客户，产品方案也是和这些客户的需求紧密相连并量身定制的，产品成立的路径较短，因此在市场时机的选择上会比公募产品更占优势。而且信托QDII产品投资标的“多元化”的特点，在客观上也会分散市场的系统性风险。即便部分投资产品出现风险，但由于这些单一客户的特定需求往往是长期的，如海外上市公司的股权激励计划。因此，市场短期的波动并不影响这些客户的实际投资效果。其中中海信托公司提出信托系的QDII产品主要创新思路包括：（1）拓展投资品种范围。对于传统的证券类投资产品，除了原有公募产品的组合管理策略之外，还会考虑引入少量的对冲工具，帮助投资管理人实现真正意义上的“绝对收益”；（2）调整投资比例。传统的公募产品在投资比例上比较分散，而专户管理将来投资标的将会比较集中，更多地带有为高净值客户量身定制的特色；（3）进行财富管理。信托公司的QDII产品，可以成为客户财富管理的一种投资手段，帮助其实现境内外资产的跨境配置，通过不同的市场和标的获取配置收益，并分散风险。如在内地和香港市场上，存在大量同一投资标的在某些阶段价格差异很大的情况，QDII产品将为部分偏好在两地市场套利的投资者提供机会。

与此同时，获批的信托公司还在人才、组织结构、管理制度和投资策略等诸多方面作了充分准备。例如，中海信托已经在资产管理总部架构下设立了国际业务部，负责受托境外理财业务的管理、研究、监督、运作、评估、客户服务及市场开拓等工作；成立了QDII投资决策委员会，专门负责QDII重大事项的研究决策；完善了硬件设备及应用系统等。该公司还从境外聘请了拥有丰富产品设计经验的专家加盟QDII业务团队，在前期摸索了一套行之有效的QDII产品设计、投资流程。中海信托拟开发的QDII产品包括“中海中国概念证券投资计划”、“中海股权激励计划”、“中海另类收益权信托计划”三个系列的代客境外理财信托产品。将利用中海信托在人民币信托产品上积累的产品创新能力经验，丰富优质的客户资源，在上述系列产品的范畴内，针对每个专有客户特定的需求，为客户提供“专户理财”方案。上海信托则放眼海外，在2亿美元QDII额度获批后，该公司于2010年成立了国内首只信托QDII产品“上海信托铂金系列”，在国内信托资金对外投资领域作出了有益的探索和尝试。上国信托首只信托QDII是联合了凯石投资公司合作成立的。凯石投资的实力雄厚，由雅戈尔集团与一批原公募基金人士创立，注册资本为10亿美元，雅戈尔集团占60%，公司管理团队占40%，自2008年10月成立以来，资产管理规模已达100亿元人民币。上海信托首款QDII产品将在获批投资付汇额度之内进行海外市场投资，主要包括香港市场的股票、债券、基金等，上海信托还将在信托产品存续期内根据金融市场周期的波动，调整投资组合。

2010年末，中国银监会非银部柯卡生主任在中国信托业峰会上再次明确指出，要继续扶持有能力的信托公司开展QDII业务。未来信托公司可以在这项业务上有所突破，配合国内企业“走出去”，通过股权投资收购等方式，开发一些产业类、资源类的跨境业务。当然，这需要有一个过程，特别需要提醒的是，实践之前要在人才、技术、法律、市场等方面做好充分的准备。这一讲话表明未来一个时期信托QDII产品极有可能实现一个飞跃式发展。

## 五、证券投资业务遭遇政策“挤压”，市场环境较为严峻

### （一）“冰冻期”导致部分信托公司阳光私募业务濒临绝境

自2004年华润深国投创新证券投资信托模式以来，阳光私募的发展逐步得到壮大。在2009年3月至7月期间，200多只证券投资信托的设立成为阳光私募发展的一个阶段性高潮。据国泰君安统计，2003—2009年我国阳光私募发行规模年复合增长率为55%，远高于全球对冲基金近10年20%的年复合增速。相比过去私募公司的代客理财，阳光私募在一定程度上暴露在公众目光中，发展一直顺利。2009年6月，武汉一家阳光私募投资公司国贸盛乾遭到证监会立案调查，包括该公司总经理在内的多人成为调查重点。此后不久，中登公司停止了信托公司开设证券投资股东账户，阳光私募模式遭遇了诞生以来的最大挫折。信托公司新开证券账户禁令颁布的缘起，可以追溯至新股发行制度改革。2009年6月18日，沪深证券交易所公布了新修订的《资金申购上网公开发行股票实施办法》，规定每一账户申购新股数量最高不得超过当次社会公众股上网发行总量的1%，且不得超过9 999.9万股。新政策改变了原来大机构、大资金中签率高的不公平状况，有利于保护中小投资者的利益。但“上有政策，下有对策”，一些大机构开始用增加

账户数量的方式提高中签率，而信托正是个别允许开设多个证券账户的合法途径之一，所以很多大资金都向信托产品靠拢。正是在这种背景下，证监会对信托公司新开证券账户全部叫停。随着监管层暂停信托开设新的证券账户，阳光私募基金的发展也由此进入低迷状态。

### （二）“后解冻期”信托证券投资业务不容乐观

一般认为，即使信托证券账户全面解冻后，证监会仍将延续严控打新股信托。由于银监会开户新规则将禁止一个信托产品拆分后申请开立多个证券账户，同时禁止信托公司将已清算但未销户的信托产品证券账户重新启用，因此，打新股信托这项业务对于信托公司将变得无利可图。此前操作的如火如荼的打新股信托产品或将逐渐萎缩乃至灭失。在信托公司清理其证券信托账户后，银监会也会对证券信托开户出台相关的监管细则，禁止拆分开立证券账户和重启已清算证券账户。IPO 重启之后，新规则要求合理设定单一网上申购账户的申购上限，原则上不超过本次网上发行股数的千分之一。这对原有大量依靠资金量优势盈利的打新股信托业务产生有效约束。

经过这段账户冻结期，大部分信托公司已经逐步完成了证券账户的清理和自查。据初步统计，需要注销的证券信托账户接近 9 000 户之多。其中不少是为了打新股设置的。目前大多数信托公司已经接受了这个严酷的现实：按照新规则，打新股信托或者和银行合作的打新股理财已经变得无利可图。

### （三）“银行＋私募”合作模式“乘虚而入”，信托市场份额面临流失

2010 年以来，私募与银行的合作逐渐成为市场的热点。借助银行强大的渠道，私募发行规模明显呈跨越式发展。2009 年 7 月，银监会发布了《关于进一步规范商业银行个人理财业务投资治理有关题目的通知》，规定“理财资金不得投资于境内二级市场公开交易的股票或与其相关的证券投资基金，但私人银行客户不受此限制”，为高端理财留下了余地。目前中高端理财市场竞争日趋激烈，银行为了维系自身客户，对相关产品也有很强的需求。与此同时，国内的私募经过几年的高速发展，投研水平、公众认知度等都有明显提高，但基本没有自己的营销团队。虽然通过银行进行募资，银行除了获得销售费以及托管费外，还将获得产品的部分管理费以及私募的部分提成收益，但由于银行渠道有自己的客户数据库，能最快地达到精准销售，这为双方的合作提供了契机，未在监管约束范围之列的私人银行加大了与私募的合作力度。因此，双方在产品发行销售方面的合作可谓一拍即合。2009 年末，交通银行发行的首只具有阳光私募概念的理财产品——“得利宝至尊 5 号”成功发行，募资规模达到 12 亿元，该产品由交通银行出任产品管理人，由重阳投资担任投资顾问。这并非是私人银行首次与私募联合推出新品，早在上年 8 月，光大银行联手北京星石、上海尚雅等 5 家业内顶尖私募，推出创新型产品“阳光私

募基金宝”，开创了银行与私募基金联手的全新模式。银行不仅代理私募产品的销售，还参与了私募产品投资的主动管理。光大银行、邮政储蓄银行等金融机构都相继推出了“阳光私募基金宝”等产品。

**表5　　2010年部分主要“银行+私募”合作产品一览表**

| 序号 | 理财产品名称 | 发行银行 | 私募基金 | 认购起点（万元） | 发行规模（亿元） | 发行时间 |
|---|---|---|---|---|---|---|
| 1 | 得利宝至尊5号 | 交通银行 | 重阳投资 | 50 | 12 | 2009.11 |
|  | 得利宝·至尊12号 | 交通银行 | 北京星石 | 50 | 5 | 2010.7 |
| 2 | 阳光私募基金宝 | 光大银行 | 北京星石　上海尚雅等 | 50 |  | 2009.8 |
| 3 | 重阳3期 | 招商银行 | 重阳投资 |  | 10.5 | 2009.8 |
| 4 | 汇利3期 | 北京银行 | 上海汇利 |  | 1 | 2010.5 |
| 5 | 星石私募基金 | 民生银行 | 北京星石 |  |  |  |
| 6 | “精·赢”证券投资系列 | 工商银行 | 北京星石 | 100 |  | 2010.8 |
| 7 | 非凡1号 | 民生银行 | 北京星石 | 100 | 5 | 2010.10 |
| 8 | 金种子优选 | 邮储银行 | 北京星石等 | 30 | 20 | 2009.10 |

私募基金一直在追求绝对收益理念，对于银行来说就是要把这种投资理念匹配到合适的客户。随着经济的发展，越来越多的高端客户会从银行产生，理财意识也越来越强，阳光私募自然会纳入客户的视野。随着私募产品规模爆发式增长，银行顺势而为与信托和投资顾问联起手来，为客户提供服务是水到渠成和大势所趋。

### （四）私募基金寻求突破新路径，“自我阳光”指日可待

2009年末施行的修改后的《证券登记结算管理办法》中允许中国合伙企业开立证券账户的条款，通过成立有限合伙企业，以普通合伙人的身份发起基金。这为私募脱离信托开辟了出路。2010年2月，由银河财富资产管理有限公司发起的一只投资于二级市场的合伙制基金“银河普润”引起了多方关注。该基金摒弃了私募以投资顾问身份借助信托平台发行产品的模式，通过成立有限合伙企业，以普通合伙人的身份发起基金。当然，有限合伙制在现阶段还存在一些不尽成熟的地方。有研究认为，有限合伙制的私募基金面临四大问题。首先，合伙制私募基金如何“阳光化”。其次，合伙制私募基金如何解决进出问题。根据《中华人民共和国合伙企业法（修订）》的规定，新合伙人的入伙及原合伙人的退伙须经全体合伙人一致同意，并在工商局变更登记。若合伙人需要赎回，现行法律要求付出更高的时间成本。再次，合伙制私募基金如何保障资金安全。在信托模式下，资金安全由托管银行提供保障，而《合伙企业法》中并未就保障合伙人出资的安全性作出特别规定。最后，合伙制私募基金监管尚处于空白状态。由于合伙企业没有资本维持的要求，所以工商局对其的监管主要集中在合伙企业设立条件的审核，而不是基金的日常经营情况。但无论如何通过有限合伙制实现私募基金的“自我阳光化”是一种有

益的尝试。

### （五）转变观念，另辟蹊径

证券投资信托业务一直是国内信托理财市场上的主力军，曾经占信托理财市场发行量的近一半。然而，自上年开始资本市场持续动荡，信托公司通往资本市场的路径屡遭封堵，传统证券投资信托业务的市场空间愈发受到挤压。一些信托公司面对现实，开始探索新的投资方式，尝试在其中加入新元素。2010 年上半年有两款专门投资于国内上市公司定向增发和大宗交易的信托计划，正是这一探索的大胆尝试。

1. 中投信托公司推出的“中投——会稽山股权投资集合资金信托计划”。该信托计划资金中有 2 800 万 ~2 850 万元按 1 元/股的价格，受让天堂硅谷和浙江天堂硅谷恒通创业投资有限公司所持有的浙江天堂硅谷鲲鹏创业投资有限公司股权。在上述受让完成后，受托人将信托计划资金中的 12 000 万元用于缴足鲲鹏基金注册资本。若信托计划募集资金超过 1.5 亿元的，受托人将信托计划资金中的不超过 5 000 万元用于对鲲鹏基金增资。

该信托产品的主要特点是，该信托以股权方式投资于上述创投资公司，而这个公司资金的投资方向正是国内上市公司定向增发项目和国内 A 股大宗交易等。由于项目本身的高风险，为满足不同投资者的需求，该产品采用了 3 层受益权分级设计，若均按计划募集上限计，三类资金比例为 5:3:2，优先受益权和一般受益权资金优先保障超优先级投资者利益，但后者不参与超额收益的分层，优先级和一般级受益权按 1:4 比例分享超额收益。目前，三类受益权年预期基本收益率均为 8%，该产品的利益按序进行分配：三类受益权本金、三类受益权基本收益、优先级和一般级受益权超额收益。

2. 上海信托推出的“上海信托（钻石一号）——上市公司股权（受益权）投资集合资金信托计划”。该信托产品主要投资于定向增发的上市公司股权（如监管政策允许）、上市公司股权受益权、上市公司股权拍卖、通过大宗交易购买上市公司股权。

该信托产品的主要特点包括，该信托的收益来源包括信托受让上市公司股权（受益权）后获得的现金分红、股票分红、股权增值、转让股权获得的增值收入以及由受让股权产生的其他增值。与中投信托公司的“中投——会稽山股权投资集合资金信托计划”相比，上海信托的这款产品似乎更加突出专业性，投资领域更加集中和专注，其信托规模并不庞大，但投资的内容却更为专业，包括上市公司股权拍卖、大宗交易的方式等。该产品的另一个特色或亮点就是，该信托产品没有按照传统的信托计划内容明确产品的预期收益率，但一般此类产品均会根据当年银行利率的上浮额度进行调整。从整体看，一些风险厌恶型的投资者会更加关注这一款信托产品。

### （六）自律规范，树立全新市场形象

基金业绩排名和评级一直是证券市场上最为投资者重视和作出市场判断的依据。目前我国

市场上各种名目和门类的基金排名令投资者有些无所适从，真伪难辨。但由于公募基金信息公开程度较高，管理相对规范，加之已经在市场上运行多年，相对判断起来的难度还不是很大。对私募基金而言，由于其法律地位多年来未有定论，长期处于灰色地带，整体的监管、分类、评级、考核基本处于半自发状态，因此私募基金评级难度似乎要比公募基金大得多，此类评级机构也就鲜为人知。

而上述状况在2010年3月29日发生改变。平安信托宣布自2010年3月29日起将在公司官方网站和《证券时报》定期公布其所管理的证券信托产品排名和投资管理公司评级，开创业内私募基金排名评级之先河，正式作为一家非银金融机构对阳光私募基金进行综合评级，为投资者提供更为公正、客观的私募基金投资参考。平安信托采用科学的评级方法对其平台上投资顾问的投资风格和业绩进行了深入的分析和研究，为已合作的及部分潜在合作伙伴建立了完整的投资顾问档案，并进行持续跟踪分析。无疑这一做法在填补了私募基金综合评级空白的同时，也为信托公司私募阳光业务增加了几分规范运作的光彩。

## 六、房地产信托业务表现突出，潜在风险需加强防范

### （一）逆市增长，环境险峻

在《国务院关于坚决遏制部分城市房价过快上涨的通知》发布之后，商业银行的房地产贷款量已经开始回落，但房地产信托贷款并没有大幅减少。中国人民银行的数据显示，2010年上半年，银行机构发放的房地产开发贷款规模总计4 423.00亿元人民币。房贷重镇上海全市银行业上半年新增贷款3 118.26亿元，同比少增534.88亿元。而房地产贷款在2010年4月新政出台后增量明显下降，第二季度平均每月房贷量比第一季度下降逾半。根据中央银行营业部数据显示，北京近期新增房地产贷款也明显回落。2010年5月、6月房地产贷款新增额比1~4月月均新增额分别下降57.4%、58.4%。房地产开发贷款增长回落明显。5月、6月单月新增额比4月分别下降72.9%、67.9%。与之形成明显反差的是2010年的前6个月里，各信托公司共计发行了至少人民币667亿元房地产类信托产品，6月当月的发行规模更是达到了170多亿元的新高，据不完全统计，截至2010年9月末，房地产信托类业务大概为3 770亿元，在整个银行业金融机构的占比为10%多一点。而2009年全年，房地产类信托产品的发行规模仅400多亿元。虽然从资金规模上，信托公司向房地产企业投入的资金只有商业银行的10%，但在中央综合调控政策背景之下，信托公司房地产信托业务规模却不降反升。

从2010年4月中下旬开始，银监会要求各家商业银行对房地产业务进行压力测试，结果显示，多家商业银行对房价下跌容忍度在30%~40%。国有商业银行中，交通银行率先公布房贷

压力测试结果：房地产价格下降30%，交通银行开发贷款不良率将增加1.2%，个人按揭不良率提高0.9%。2010年7月初，按照监管部门的统一安排，各信托公司此前对房地产信托业务启动了压力测试，目前各家信托公司自查阶段基本结束，相关信托公司已相继将压力测试结果上报到监管部门。由于担心房价下跌的风险累及信托公司，2010年第二季度末存量就已过3 000亿元的房地产信托业务正受到监管部门越来越多的关注，针对房地产信托单项业务的压力测试是前所未有的，风险测评标准也比往年针对整体业务时更为精细。在2010年上半年银监会连续两轮对房地产信托业务进行压力测试的基础上，河南等地方监管部门正准备按季度测试的频率，对辖区内信托公司的房地产信托业务进行长期关注。银监会在上海、北京等地也均在内部口头提醒信托公司注意风险控制。由此不难预测，房地产业务在当前综合调控不断强化的背景之下，很有可能成为监管机构重点规范的业务领域。

针对2010年第三季度房地产信托业务的增速比较猛的态势，2010年12月8日银监会发布《关于信托公司房地产信托业务风险提示的通知》（以下简称《通知》），要求各信托公司逐笔分析房地产信托业务的合规性和风险状况，合理把握规模扩展。从《通知》内容看，严格说其实并没有新的规定，但对业务过快增长潜在的风险作了提示。《通知》要求，各信托公司需立即进行业务合规性风险自查，逐笔分析业务的合规性和风险状况，包括但不限于信托公司发放贷款的房地产开发项目是否满足“四证”齐全、开发商或其控股股东是否具备二级资质、项目资本金比例是否达到国家最低要求等条件；第一还款来源充足性、可靠性评价；抵（质）押等担保措施情况及评价；项目到期偿付能力评价及风险处置预案等内容。《通知》下发以来，已有部分房地产业务规模增长过猛的信托公司调整了房地产信托业务的节奏和规模。应该讲虽然银监会对信托公司和房地产公司的合作要求一直比较严格，但该类业务是合法的业务，银监会并未下文强制要求某些公司暂停该项业务。

### （二）近期房地产信托业务特点分析

2010年4月17日，国务院为了坚决遏制部分城市房价过快上涨，发布《国务院关于坚决遏制部分城市房价过快上涨的通知》（以下简称《通知》），采取了“史上最为严厉的”信贷政策，提高了首套房和二套房的首付比例及贷款利率最低标准，传达了政府遏制房价过高上涨、关注民生、促进房地产市场平稳健康发展的决心。

《通知》下达以后，消费者观望情绪日趋浓厚，市场呈现量跌价滞的局面，房地产企业通过信托融资的需求日渐强烈。通过对信托公司房地产信托产品发行情况分析发现，房地产信托计划在发行数量、单只产品规模上呈明显上升的趋势，房地产信托产品在交易结构设计和风险控制措施方面也有显著变化。信托期限短期化、预期收益率不断攀高、股权投资一枝独秀、土地及房产抵押和非上市公司股权质押成为风险控制措施的主流。

1. 房地产信托资金“雪中送炭”。《通知》下发后的3个月内，房地产信托产品发行总数达115只，占集合信托产品发行总量的36.28%，发行规模达367.85亿元，占总发行规模的12.15%。与之前的1—3月相比，无论是发行数量、发行规模还是占比都有明显的增加。《通知》下发后，房地产信托的平均规模有较大幅度的增加，这说明开发商在对未来市场状况和信贷环境较为悲观的预期下，纷纷希望多“积粮”，以应对即将到来的“冬天”。

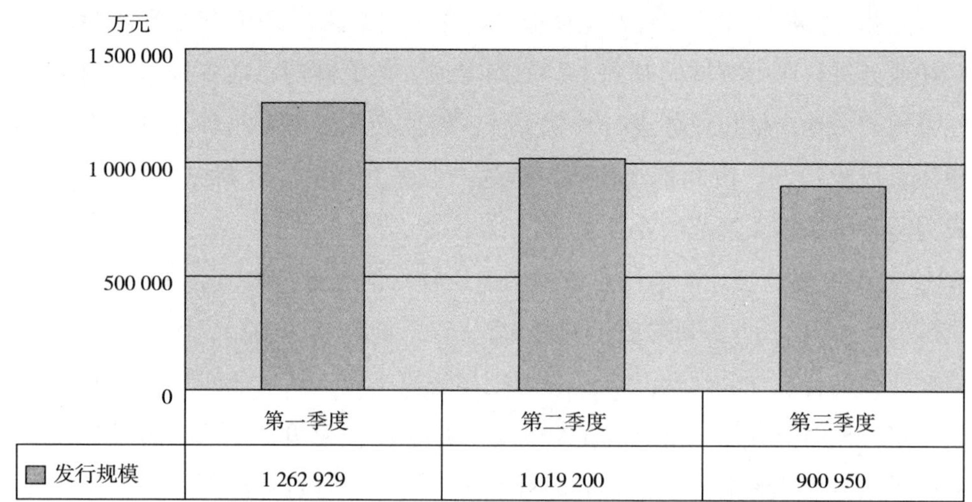


**图3　2010年前三个季度房地产信托计划发行规模示意图**

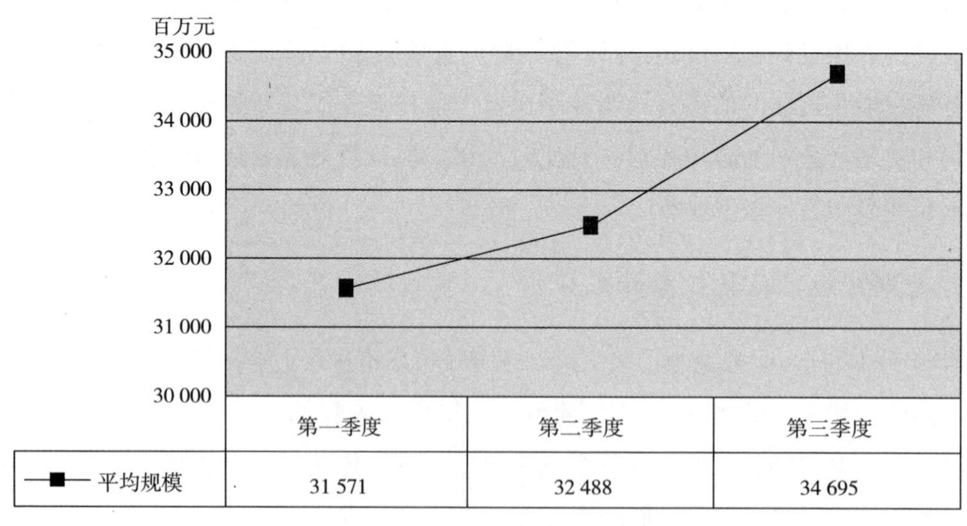


**图4　2010年前三个季度房地产信托平均规模变化示意图**

2. “信房合作”对手选择随机性增加。《通知》下发后的3个月内，发行房地产信托产品的机构总数达31个。发行数量最多的为中融信托，数量达27只，规模接近94亿元，这一方面显示了中融信托敏锐的市场嗅觉和把握市场机遇的能力；另一方面，在房地产市场未来预期不明确的情况下如此大规模的开展业务，确实面临较大的风险。

从信托公司与全国性大型开发商合作的情况看，一个特点是全国性大型开发商的合作热情普遍不足，仅限于较为激进的大型开发商。2010 年与信托公司合作的全国性大型开发商仅有恒大、保利、海航、恒基等，这些开发商属于拿地比较激进、资金较为紧张的类型，而万科、金地、招商等较为保守的实力开发商与信托的合作上显得较为谨慎。第二个特点是大型开发商和信托公司的合作呈现零散化，合作的偶然性和机会性较为明显，未发现某大型开发商与一家信托公司结成战略性合作伙伴的迹象。究其原因：一是从操作上，大型开发商地方性项目主要采用项目公司提供融资方案和信用增级手段，母公司进行审核的方式，而项目公司为了降低沟通成本、加快融资速度，倾向于就近选择信托公司融资。这一点在与保利地产合作的信托公司中表现最为明显，各个项目均是选择项目所在地的信托公司融资。二是大型开发商融资渠道较为广泛，并未对信托融资渠道的构建给予足够重视。三是大型开发商一般项目较多、资金需求较大、项目分布地区较为广泛，某一家信托公司很难完全满足其资金需求，由于信息不对称，信托公司可能对一些异地项目也不敢尝试。

**表 6　　2010 年前三个季度发行数量最多的十家发行机构**

| 发行机构 | 发行数量 |
|---|---|
| 中融国际信托有限公司 | 27 |
| 新华信托股份有限公司 | 12 |
| 中铁信托有限责任公司 | 11 |
| 中诚信托有限责任公司、中信信托有限责任公司 | 9 |
| 北方国际信托股份有限公司 | 6 |
| 百瑞信托有限责任公司 | 5 |
| 安信信托投资股份有限公司 | 4 |
| 杭州工商信托股份有限公司 | 4 |
| 平安信托有限责任公司 | 4 |
| 中国对外经济贸易信托有限公司 | 4 |
| 天津信托有限责任公司 | 4 |

**表 7　　2010 年前三个季度合作发行信托产品超过两只的开发商**

| 开发商名称 | 信托产品数量 | 规模（亿元） | 合作信托公司 |
|---|---|---|---|
| 恒大地产 | 5 | 4.6 以上 | 中信、中融、西安、山西 |
| 保利地产 | 3 | 4.2 以上 | 粤财、中泰、昆仑 |
| 海航置业 | 2 | 18 以上 | 中信、中铁、天津、新华 |
| 四川蓝光 | 2 | 2.5 | 中铁 |
| 科恩置业 | 2 | 1.1 | 安信 |
| 恒基置业 | 2 | 2.3 | 中融、山东 |

3. 房地产信托产品期限长短互见，运用方式多元。《通知》下发后的3个月内，已披露相关信息的115只房地产信托产品中，其中有59只产品的期限为1~2年，48只产品的期限为2~3年，8只产品的期限为3年以上，平均期限为19.95个月，环比缩短2.4个月。产品的期限以中短期为主，最短的为1年，最长的为5年，反映出信托公司的谨慎心态。

从各领域产品的预期收益率对比情况来看，由于行业基本面与政策面预期不明确带来的投资风险及产品供给相对较多的事实，为了吸引投资资金，房地产信托产品收益率比工商企业和基础设施类产品收益率普遍高1.5~2个百分点。

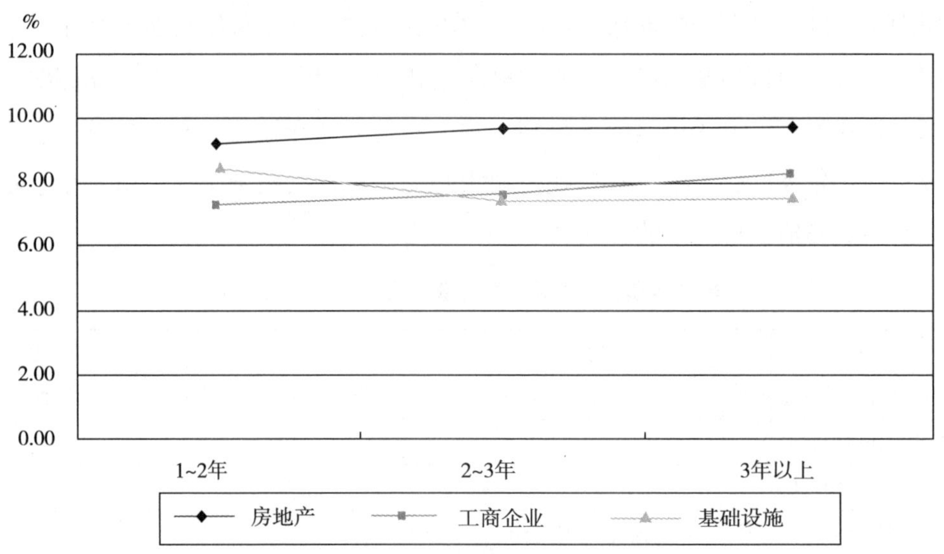


**图5　各领域产品预期收益率对比**

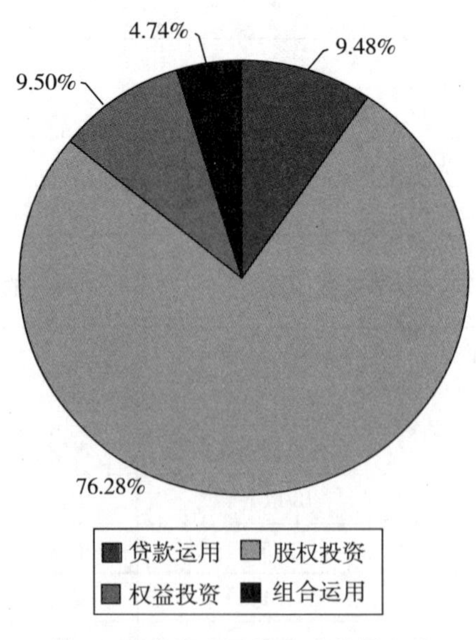


**图6　各种资金运用方式数量占比**

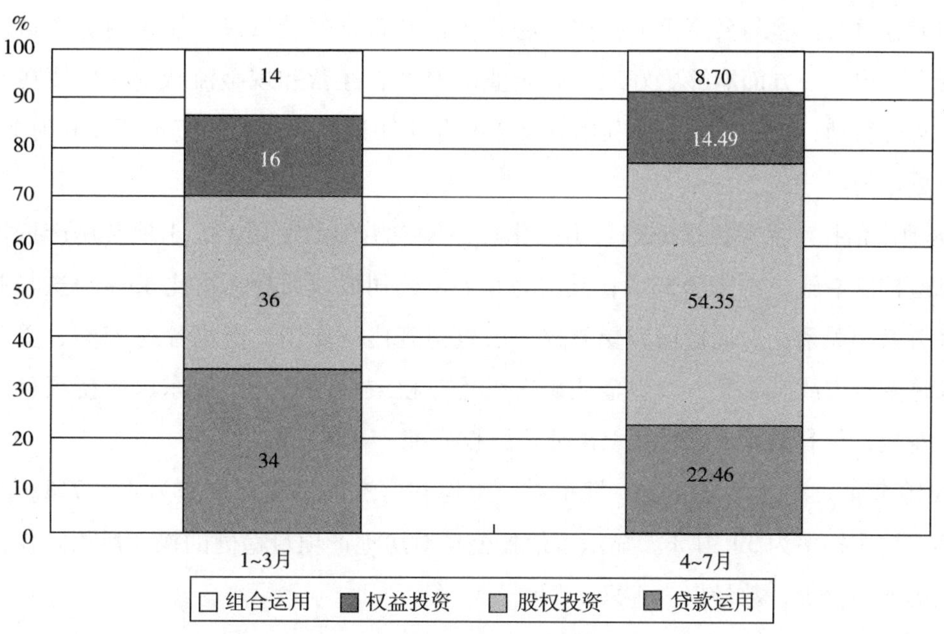


**图7　各种资金运用方式数量占比及环比变化情况**

股权投资占比较高并不断提高的因素主要有以下几个方面：第一，2009年3月末，银监会下发《中国银监会关于支持信托公司创新发展有关问题的通知》，对符合条件的信托公司当年的信托贷款占比由30%放松至50%，但2010年1月1日后需降低至30%以内。经过2009年贷款类信托计划的大量发行后，不少信托公司2010年初的信托贷款占比已超过30%，从而不得不采用贷款以外的资金运用方式。第二，为了应对房地产市场不确定性的加大，更好的控制投资风险，促进房地产信托风险收益的平衡，更多的信托公司也愿意选择股权投资这种模式。通过派

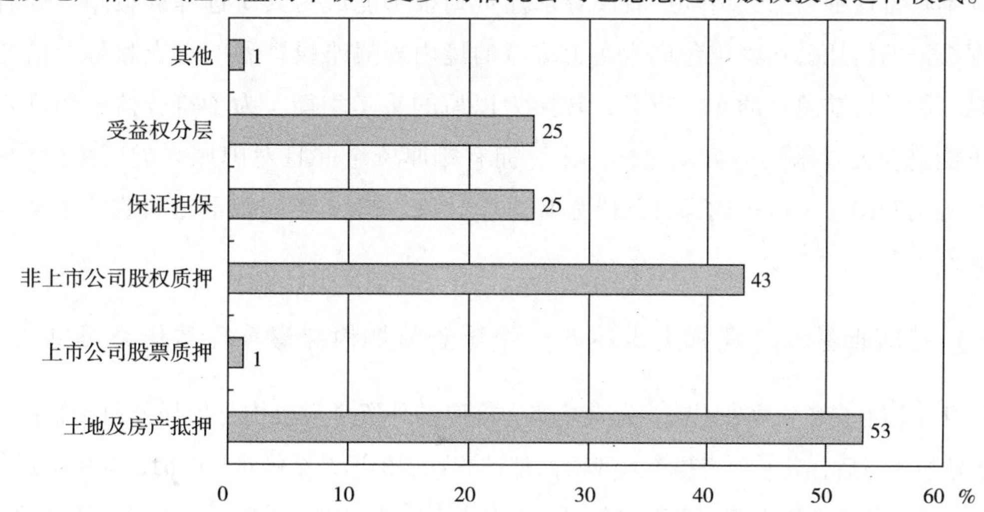


注：因部分信托公司多采用多重风控措施，故上述统计比例有叠加计算成分。

**图8　各种风险控制措施占比**

驻董事和财务总监，参与公司重大投资、融资决策和日常经营管理，制定财务政策，监督销售回款和资金流出，一方面能够更好地了解企业的财务、经营和现金流状况，以便在发生偿付危机前采取必要行动；另一方面能够利用自身金融专业知识提高企业的资本预算和财务管理水平，促进企业更好的经营。

4. 房地产信托产品风控措施进一步强化。在风控措施的使用上，土地及房产抵押成为使用最多的风险控制措施，占比达53%；其次为非上市公司股权质押，占比43%，这与股权投资类项目较多有密切关系；保证担保和受益权分层也得到广泛应用，占比各约25%，受益权分层的主要形式是融资方或其关联方以现金认购次级受益权或是项目公司股东以所持项目公司股权认购次级受益权；仅有一款产品采用上市公司股权质押。

从2010年前三个季度抵（质）押率看，土地和房产的平均抵押率为42.37%，上市公司股票质押的平均质押率为39.91%，显示了信托公司对房地产项目稳健的操作风格。仅使用土地或房产抵押的产品较少，数量仅为4只。

## 七、行业重组个案颇具亮点，增资扩股势头强烈

在经历了2008年、2009年的重组热潮之后，2010年信托业基本完成了整体升级和扩张，总体趋于平静。然而，《办法》的出台则可能再次掀起波澜，这一管理办法将直接颠覆信托公司可以用少量自有资本维系巨额受托资产规模的传统理念。在《办法》的要求下，部分信托公司实力较为强劲，如果净资本出现不足，其很可能通过上市的途径来进行融资。但是，其余的大部分公司则不具备这种实力，增资扩股或寻求注资则很可能成为其所选择的道路。今后一批资本金出现缺口的信托公司将难免成为实力雄厚的境内外战略投资者的重点目标。信托牌照的供求关系可能从以前单边的卖方市场，转换为以后的买卖均衡。为了符合监管的规定，信托公司有可能主动去寻求资金方。这样一来，拥有雄厚资金并且对牌照兴趣颇浓的中央企业、外资金融机构和国内金融机构都可能成为其选择对象。2010年一些重组和购并个案也不失其各自的亮点。

### （一）伴随世界经济危机走出谷底，外资金融机构身影再现信托公司重组

2008年美国次贷危机爆发之前，有众多实力雄厚的外资金融机构与信托公司频繁接洽投资入股，经济危机爆发后，几乎所有投资入股洽商都被搁置、延迟乃至停滞和取消，其中富通集团、瑞信集团、瑞银、德意志银行等表现得十分明显，迄今也未能重启。外资投资入股信托公司暂时进入低迷期。2010年伴随以美国为首的西方发达国家逐步摆脱世界经济危机的谷底，陆续进入回复反弹阶段，一些境外金融机构再次活跃起来，并成功入股2010年重组的几家信托公司。

日本住友信托银行以16亿日元的价格收购原南京信托银行大约20%的股份以帮助在中国经营的日本公司筹资和管理资金。南京信托投资公司是南京紫金投资公司的全资子公司，现已更名为紫金信托公司。这次收购将使其成为参与中国信托公司管理的首个日本银行。住友信托银行希望参股后，通过紫金信托公司这一资产管理平台，向江苏的中国企业和富裕个人提供各种产品和服务。

在海峡两岸成功签署《海峡两岸金融监理合作备忘录（MOU）》和《海峡两岸经济合作框架协议》（ECFA）之后，两岸金融机构合作的道路更加通畅。台湾金融主管部门已拟开放岛内银行参股大陆信托投资公司，参股对象限为1家。大陆信托业以其规模小而业务种类全的特点，被岛内金融业视为“登陆”新管道。在台金融主管部门拟订的相关办法草案中，除银行业和证券业外，大陆信托业也被列入岛内银行可参股的对象之一，台湾工业银行表示，有意参股大陆信托投资公司20%股权，并派人到天津等地考察参股可行性。日前，天津信托公司已与台湾工业银行签署战略合作备忘录。按照协议，台湾工业银行将落户滨海新区，天津信托与台湾工业银行将充分发挥各自优势，共同在金融创新改革，信托业务上实现新突破、新发展，达到互利共赢，促进津台两地经济发展。

方正东亚信托公司是由北大方正集团、东亚银行和武汉经济发展投资集团在重组原武汉国际信托投资公司的基础上共同组建的一家非银行金融机构，注册资本为3亿元。而此前一直低调行事的香港东亚银行，一举成为方正东亚信托公司的第二大股东。

### （二）“上市系”信托公司渐成气候，“圆梦”资本市场各显其能

截至2010年，共38家上市公司直接或间接持有28家信托公司股权。其中9家上市公司所持信托公司股权比例超过30%，最高的全资控股，28家公司的持股比例不到20%，均为参股股东。持股比例低于10%的上市公司占70%以上。

目前控股比例最高的为正在接受调查的爱建股份，全资拥有爱建信托公司，同时持有上海国际信托0.4%的股权。排名第二的是中国平安。其持有平安信托99.88%的股权。目前平安信托以69.88亿元的注册资本位居全行业之首。位居第三的是中铁信托，2007年主导重组四川衡平信托的中国中铁，对更名后的中铁信托控股比例达92.7%。银行系的信托公司也紧随其后。交通银行持有交银国际信托股权达85%，而建设银行以增资方式认购合肥兴泰信托67%的股权，现金出资高达34.09亿元。招商银行正在加紧推进控股西藏信托进度，拟持股比例为60.5%。此外，信托概念颇为浓厚的还有中原高速及新黄浦，两家公司分别持有中原信托33.28%、中泰信托29.97%的股权。两家信托公司都为地方实力股东加盟，地域性较强。而上海国际信托、中铁信托、西部信托则受到青睐，都有4家上市公司参股，北京国投、北方国投、天津信托、华信信托分别有2家上市公司参股。

2010 年上市公司入股信托公司的三个突出案例：

1. 2010 年 1 月 28 日，宏达股份发布公告称，接四川信托有限公司（下称四川信托）筹备组通知，其参与四川省信托投资公司和四川省建设信托投资公司的合并重组方案近日正式获得中国银监会批复。宏达股份出资 2. 47 亿元，占股为 19%；携手一同进驻的宏达股份大股东宏达集团以 4. 52 亿元出资，占股为 34. 75%，为四川信托第一大股东。“宏达系”以合计持股比例达 53. 75%，成功控股四川信托；与此同时，因重组后的四川信托持有和兴证券 59. 67% 的股份，“宏达系”实际上也间接获得这一券商平台。

2. 金智科技在 2010 年 3 月 5 日宣布拟受让南京信托 250 万股股份（占南京信托 5% 的股权），受让价格为 5 元/股，合计 1 250 万元。此外，金智科技还将参与南京信托增资扩股，南京信托注册资本将由 5 000 万元增加至 5 亿元，全体股东按出资比例同比增资，金智科技将增资 2 250万股，每股增资价格 1 元，合计 2 250 万元。上述合计出资 3 500 万元，出资完成后，金智科技持有南京信托 5% 的股权。

3. 经纬纺机 2010 年公告称收到银监会批复，同意公司收购中融国际信托有限公司 36% 的股权。根据公司此前公告，经纬纺机于 2010 年 1 月 8 日与中融国际信托公司控股股东中植企业集团有限公司签署《股权转让协议》，拟以人民币 12 亿元的价格受让其持有的中融国际信托有限公司 36% 的股权。

### （三）中央企业入主势头不减，信托公司控股股东再增新军

2010 年 3 月 18 日，华鑫国际信托有限公司在华电集团总部举行开业揭牌仪式，这意味着又一家历史遗留问题信托公司获得新生，同时也标志着又有一家大型电力中央企业正式进军信托业。华鑫信托前身是佛山信托，由中国华电集团主导重组并实现控股。华鑫信托公司完成重组并顺利开业，表明佛山信托的重组工作最终收官。作为“13 家历史遗留问题信托公司”之一，佛山信托较早完成了资产、负债和权益的“归零”，并及早引进了战略投资者。

另一桩颇为引人关注的购并重组案是中国五矿成功重组前庆泰信托投资有限责任公司。从 2005 年被银监会责令停业整顿至今，随着公司债权清偿的顺利展开，等待 6 年之久的庆泰信托投资有限责任公司终于重获新生。2010 年 12 月 28 日，更名之后的五矿信托公司在青海西宁开业。五矿信托公司注册资本为 12 亿元，由中国五矿集团旗下的五矿投资发展公司持股 66%，西宁城市投资管理公司持股 33. 9%。2010 年 1 月初，五矿集团与青海省政府庆泰信托风险处置工作领导小组在京签署《关于重整庆泰信托投资有限责任公司的框架协议》。根据该协议庆泰信托重整后，五矿集团将拥有其 66% 的绝对控股权，并将更名为五矿国际信托有限公司。自此，围绕青海省庆泰信托多年的整顿与重组之路终于落下了帷幕。由于大型中央企业中国五矿集团的“及时出手”，不但替青海省保留了该省唯一一家信托公司，使债权人可以及时偿付债务，五矿

集团也将以1亿元的低成本有望拥有一块宝贵的信托牌照，这对于重整各方来说是一个多赢的结果。五矿信托将依托青海省的资源优势和大股东五矿集团在矿业投资开发上的专业优势，在矿业投资信托方面作出特色，目前正在酝酿设立矿业投资基金。五矿信托通过和集团的合作，全方位凸显其专业化优势。

2010年1月，长城资产管理公司与新疆兵团国资公司及深圳盛世创业投资公司就重组伊犁信托达成一致，签订参股重组伊犁信托协议。随后重组工作进展顺利，已在2010年末正式获得中国银监会批筹。此次重组包括清理、重组、重新发起三步，利用已有牌照组建全新信托公司，注册地仍在新疆，注册资金约为3亿元。此次成功重组伊犁信托，将是长城资产管理公司商业化转型道路上的重要一步。

**表8　　2010年重组信托公司一览表**

| 公司名称 | 公司原名 | 主导重组方 | 注册地 | 进展情况 |
|---|---|---|---|---|
| 华鑫信托 | 佛山信托 | 华电集团 | 北京 | 2010年2月9日开业 |
| 方正东亚信托 | 武汉国投 | 方正集团 | 武汉 | 2010年11月26日开业 |
| 紫金信托 | 南京信托 | 紫金控股 | 南京 | 2010年11月28日开业 |
| 四川信托 | 四川信托 | 宏达集团 | 成都 | 2010年11月29日开业 |
| 五矿信托 | 庆泰信托 | 五矿集团 | 西宁 | 2010年12月28日开业 |
| 大业信托 | 广州科技信托 | 东方资产 | 广州 | 2011年3月28日开业 |
| 伊犁信托（暂名） | 伊犁信托 | 长城资产 | 乌鲁木齐 | 已获批筹备开业中 |
| 云南信托 | 云南信托 | 光大集团 | 昆明 | 进行中 |
| 联华信托 | 联华信托 | 兴业银行 | 福州 | 进行中 |
| 浙商信托（拟名） | 金信信托 | 浙江国贸 | 金华 | 进行中 |

之所以2010年众多大牌中央企业、金融巨头、外资大鳄们纷纷高调控股或参股信托公司，布局其中，一方面是有利于中央企业自身业务的开展，另一方面也有助于信托公司的重组和行业的规范，因此监管部门通常乐观其成。同时，无论是通过产业投资基金业务为大型企业集团进行融资，还是通过资产证券化盘活资产，再或者是对大型企业集团的资产进行资产管理，信托公司的这些业务都是大型企业集团所需要的。股东实力对信托公司的业务发展有着重要作用，根据2009年信托公司年报，净利润和总收入排名前十位的信托公司大股东绝大多数为上述背景。一些背靠强大股东的信托公司重组之后得以快速发展。如华能贵诚信托，该公司2009年重新挂牌运营后，在大股东华能集团与贵州省政府的大力支持下，信托业务得以迅速发展。2009年，华能贵诚信托固有资产实现净利润7 283万元，同比增幅达10 083%。

当然，在当前这一大趋势之下，也要防止一哄而上，不顾自身现实，盲目攀比。因为此类购并重组，不仅能带来融资杠杆、效益多元化或资源整合等便利，也具有风险普遍化等消极因素。特别是对一些实体经济类中央企业来说，产融结合并不适应于每个企业集团。一些中央企业控股信托公司后，不按照金融业的市场规律经营管理，高管任用、薪酬分配、激励机制等均较为滞后，甚至出现机制僵化、“去市场化”等负面效应。从企业内控角度来看，企业进行产融结合或开拓新业务领域，均应服务于企业的战略目标。

## 八、规范自律渐成共识，行业组织功能凸显

中国信托业协会成立以来，做了大量的基础工作，特别是近两年来，中国信托业协会的功能作用不断彰显，会员不断增加，协会的工作也在新一届理事的带领下迈上了新的台阶，取得了显著的成果，信托行业的凝聚力和影响力得到了大力提升，规范自律逐渐成为行业共识。2010 年，金融业协会第三次联席会议召开，中国信托业协会首次承办了金融行业八家协会的联席会议，并取得重大成功，进一步加强了行业间的信息共享、增进彼此合作，扩大了信托行业的影响。中国信托业协会相继与产权交易所、资信评估机构、香港银行学会、北京金融工作局等机构和部门建立联系，积极探索与研究行业培训、风险控制与评估工作的外部支持，努力为信托业获得更多方面的支持，使信托业为地方经济建设提供金融服务等方面创造更多的业务机会。协会还走访了上海市、江苏省、重庆等地区信托公司，深入了解会员情况，实地听取会员意见，并与当地监管部门沟通协调。协会还组织了人力资源建设研讨会、业务报表系统培训会、研发工作研讨会等专题会议，成立了标准工作研究室、法律工作研究室、会计工作研究室等专设机构，加强了协会服务功能与组织建设，切实提高会员服务工作水平，解决信托公司实际问题，搭建起一座分享业内经验，沟通监管与被监管之间的和谐平台。并在第一时间积极组织抗震救灾，发起公益信托号召，不仅弘扬了信托业的社会责任，而且再次昭示了信托制度在公益事业方面的独特优势。

### （一）加强业界横向交流，扩大信托影响

2009 年初中国信托业协会承办的金融行业八家协会第三次联席会议在北京召开。该联席制度是由中国银行业协会、中国证券业协会、中国保险业协会、中国国债协会、中国期货业协会、中国信托业协会和中国财务公司协会于 2006 年 10 月在北京共同签署合作备忘录并宣布建立。来自中国银行业协会、中国财务公司协会、中国证券业协会、中国银行间市场交易商协会、中国保险业协会、中国国债协会、中国期货业协会的领导共同就如何进一步加强金融行业协会间的信息共享，增进彼此的了解与合作进行了讨论。会议认为进一步完善金融行业协会间的联席会议制度，建立多元化的信息交流与共享平台非常必要，同时希望协会间能够通过加强沟通与交流，对共同关注的问题进行更为深入的研究与探讨，共同推动协会作为行业自律组织在促进金融业的发展进程中发挥更大的积极作用。

### （二）积极协调相关机构，为行业寻求合作机遇

2009—2010年，中国信托业协会相关部门先后与杭州产权交易所、上海联合资信评估有限公司、香港银行学会、北京市金融工作局等多家机构和部门进行了广泛接触和交流，对信托产品的自由流通问题、建立业务往来关系、信托产品实行标准化、信托产品合理分类、产品进入市场时的顺序、信托公司风险评价与风险咨询、国际交流及信托行业国际热点业务、进一步深化在金融服务领域全方位的合作等众多领域进行了深入交流，取得了广泛共识，增加了相互了解，创造了合作机遇。

### （三）加强功能建设，切实为会员提供服务

仅仅在2009—2010年，协会相关部门和领导深入会员单位，走访了超过50%以上的信托公司，深入与各信托公司交流，了解信托业务发展状况，与各公司高层进行了座谈，拜访了各地监管机构，听取相关负责人对于当地信托公司的监管思路，并反映了公司在经营过程中遇到的一些问题。通过深入会员单位，对于增进协会和会员单位的相互了解起到了积极的作用，各信托公司对于协会发展提出了宝贵的意见和建议。协会在未来的工作中将进一步完善自身职能，增强协调能力，为会员单位提供更全面的服务。

此外，协会多次组织、主办各类研讨会和业务培训，其中主要包括“2009年信托业人力资源建设研讨会”、“信托公司业务报表系统培训会”、“2009年信托公司研发工作研讨会”等。特别是2010年12月初隆重召开的中国信托业峰会，会议规模、层次、影响和意义都达到了协会成立以来从未有过的高度，取得圆满成功。

### （四）加强制度建设，不断完善组织结构

2010年1月19日至20日中国信托业协会召开了第二届会员大会第二次会议，会议审议并通过了《关于进一步规范和促进银信合作业务的自律公约》。中国信托业协会正式将2010年定为“信托行业自律年”。在中国银监会的指导下，加大自律工作力度，根据行业发展需要制定一系列行业自律公约和业务行为准则，同时，针对公约的执行情况开展监督、检查，加强各项公约的贯彻落实，强化信托公司自律合规经营意识，不断推动行业诚信合规文化建设，提升整体行业的市场竞争力和影响力。协会先后成立中国信托业协会标准工作研究室、法律工作研究室、会计工作研究室等，在对深入研究信托行业发展模式的前提下，全方位推动和形成标准化构架，维护行业公平竞争的市场环境，推进信托业法律体系建设，提高信托公司年报披露质量，规范信托行业财务核算内容，促进信托行业财会工作整体水平不断提高，发挥了积极有效的作用。

## 九、2011 年，中国信托业趋势判断与展望

### （一）业务模式二次转型将成最大亮点

《办法》以净资本和风险资本为核心，将信托公司管理的信托资产规模与其净资本直接挂钩，这标志着信托公司可以无限做大信托资产规模的时代终结。今后，信托公司在开展信托业务时必须权衡不同风险系数给不同种类信托业务带来的净资本收益率。其业务模式必然与监管部门的指向趋同，由被动管理型向主动管理型业务转变。业务模式的转变是《办法》出台后对信托公司的核心影响，由此还会引发一些例如人才流动、公司组织架构变动、发展战略转变等影响。预计在 2011 年信托公司的业务模式将主要在下述方面发生重大转变：

1. 由粗放型转型为深耕型。
2. 由外延式发展转型为内涵式发展。
3. 由资金推定型转型为制度服务型。
4. 由通道型转型为主动管理型。
5. 由量产型转型为定制型。
6. 由资金密集型转型为智力密集型。
7. 由以小博大型转型为量力而行型。
8. 由项目融资型转型为产业基金型。

### （二）增资扩股引发新的重组浪潮

《办法》下发后，其效应不断发酵，2010 年末，中融国际信托有限公司通过利润转增资本和股东增资的方式增加注册资本为 8. 2 亿元，增资完成后，其注册资本将达 14 亿元。华鑫信托也于日前获得股东中国华电集团公司和中国华电集团财务有限公司的增资，公司的注册资本由 3. 2 亿元增至 12 亿元。较早前，重庆信托宣布将注册资本由 16. 3373 亿元增加至 24. 3873 亿元。

《办法》对净资产提出了明确要求，也强化了信托公司的资本意识，按照《办法》有关规定，信托公司信托业务规模必须要与风险资本系数和资本消耗关联，一些信托公司为了解决公司存在的先天不足和短板约束，特别是一些净资本规模较小的信托公司，极有可能首当其冲选择增资扩股的方式来加以弥补。虽然这一途径并非万全之策，甚至还关联不少负面效应，同时增资扩股也不是监管部门净资本管理的根本目的和解决净资本瓶颈的最有效手段，但对于部分信托公司却是最可操作、最直接的解决方案。可以预期，2011 年即将掀起的增资扩股的热潮，会随之带来一系列连锁反应。

首先，股本规模加大之后，信托公司的经营压力陡然增加，如果信托公司业务增量不能实现同比增长，则必然会导致公司的资本收益率等核心经营指标出现滑坡；其次，股本规模的扩张极可能引发股权结构的变化。股本规模的扩张虽然可以在原股东范围之内完成，同比例增资，保持原结构不变，但更有可能要引进外部战略投资者，这就必然引起公司原有股权结构调整、实际控制权变化和股东构成的调整，所以进入2011年，信托公司如果出现“城头频换大王旗”，也就不足为怪了；最后，股东结构的变换、实际控制人的变化极有可能引发信托公司管理层和主要管理者的变动，甚至会引起员工队伍不稳定进而导致公司经营和效益发生波动和起伏的现象。信托公司不同于其他金融机构，其个性化和地域性特点比较突出，业务经营和公司管理具有较强的延续性和惯性，因此，频繁变换公司主要管理者或者业务骨干，对于公司的长远发展和风险控制都具有较大成本的影响，这一点应该引起业界足够的警惕和关注。

### （三）信托公司分化加剧

由于信托公司净资本充足水平与其业务准入、监管措施相挂钩，一些净资本规模具有先发优势的信托公司，例如，平安信托、江苏信托、大连华信信托等原有实收资本规模较大，最高接近70亿元人民币，就显得十分主动和优越。不仅信托业务规模可以继续放大，而且市场份额也会进一步出现集聚效应，进而在评级分类监管中就会占据更加有利的地位，从而享受更多的政策倾斜和市场机会；而对一些净资产规模不大、风险资产规模过高的信托公司而言，2011年则必然会面临更多的业务准入限制。在此基础上，《办法》出台实施后，一些净资本等风险控制指标继续恶化，严重危及稳健运行的信托公司，甚至可能面临停业整顿、督促机构重组，或撤销等严厉的监管约束。

按照监管部门分类监管的理念和原则，本着“奖优限劣”的方针，监管部门为了使得部分优秀信托公司实现跨越式发展，同时也避免“一人生病，全家吃药”的弊端，监管部门在2011年极可能按照信托公司监管评级不同，要求信托公司相应的调整上浮/下浮系数。如一类、二类信托公司分别下浮10%、20%；三类信托公司按照办法中规定的系数执行；而四类、五类信托公司分别上浮10%、20%。信托公司将面临截然不同的竞争环境和不同高度的起跑点，从而使得信托公司之间的分化程度进一步加剧，分化进程进一步加速。

### （四）信托公司上市呼声再起

2007年以来，尽管一再受挫，信托公司上市热情不减。排队上市的信托公司包括中信信托、北京信托、中海信托、华信信托等。其中，中信信托拟借壳安信信托，北京信托拟借壳＊ST玉源，华信信托、中海信托拟通过IPO。除中信信托借壳安信信托属于特例，预计2011年初有望获批之外，其他信托公司无论通过何种方式和渠道上市，短期而言，获得证监会乃至银监会最终放行的希望都不大。目前，如果把所有并没有实质性进展，只是具有准备上市热情和冲动的信托公司排列一下，则会数量更多。

但有关监管部门认为信托公司上市理由不充分，因为信托公司虽然是金融机构，但并不像银行那样，业务规模受资本金的约束。比如，2009 年信托资产规模和净利润分别居于全行业第一位和第二位的中信信托，2009 年末管理的信托资产规模为 2 067. 81 亿元，但资本金仅为 12 亿元。因此信托公司的业绩取决于资产管理能力和运营能力，业绩好坏和资本金多寡关联度并不高。也不像银行那样，要受到资本充足率的限制，放贷多了必须再融资，而且融资有明确的用途，比如扩充分支机构。

2010 年《办法》公布后，信托公司再次感受到资本金对于未来业务发展的重要性。在沉寂了两年多之后，一些信托公司开始重新审视上市的必要性和重要性，2011 年极可能会再次出现一个信托公司争相酝酿上市的高潮。其中，华信信托、中海信托均拟在国内证券市场首次公开发行股票并上市，目前正在接受光大证券和中信证券的辅导。如果从 2008 年算起两家信托公司启动 IPO 已经有 2 年多的时间了。之所以迟迟未能上市，并非出自公司方面的原因，而是由于整个行业面临的共同问题，即目前监管层对信托公司上市并不认可，相关监管部门认为信托公司目前没有固定的盈利模式。净资本管理开始实施以后，不少信托公司都认为信托公司通过上市融资将成为一种趋势。其重要依据就是，由于以前信托公司开展业务对资本金的依赖性不强，对信托公司上市融资的必要性存在争议。随着《办法》的实施，信托公司的业务规模同其净资本挂钩，信托公司对资本金的需求必将比以前强烈。而信托公司募集资金的渠道不能仅仅依赖大股东注资，上市融资必将成为一种重要渠道。此外，盈利模式问题在《办法》的公布之后又再次成为其实现二次转型的核心和焦点，只要信托公司在《办法》实施后完成主动转型，对自身的战略进行清晰的定位，调整其经营模式和业务模式，形成公司核心竞争力，通过组织重建以及公司治理结构的调整达到公司各方面的制衡，这一敏感问题有望取得实质性突破。

当然，信托公司是否应该上市或者能否上市，不仅是政策问题，信托公司上市应当具体问题具体分析。从广义上说，只要是市场化、为社会提供产品或服务的企业，都有上市的可能性，信托公司也不应被排除在外。从这个意义上说，信托公司整体上不存在适不适合或应不应当上市的问题。但具体到一家信托公司而言，则还要取决于该公司的股本、股东、盈利业绩、管理体系、合规要求等现实的软硬条件，同时还取决于该公司的未来收益和透明度。从近三年全行业的经营指标来看，利润总额始终保持在约 120 亿元的规模，平均每家信托公司约为 2 亿元的利润水平，不可谓不高。从公司透明度程度来看，信托公司从 2004 年就被监管部门强制要求行业性信息披露公布年报，到目前已经整整 7 年，透明度也不能说太低。当然目前信托公司信息披露中，距达到向公众披露公司信息的要求还有一定差距。但另外信托公司应清醒地看到，信托公司上市是一柄双刃剑，上市以后必然对信托公司带来融资能力的大幅提升，而融资能力的提升则要求信托公司资产管理能力的提升与之相匹配。信托公司上市后，首先会对信托公司的资产管理能力提出更高的要求，即信托公司必须具备相应的资产管理能力和高水平的专业化团队对高速扩张的资本规模提供强有力的支撑，上市才有意义。上市绝非是一副“灵丹妙药”，不能认为上市之后就会万事大吉，财路亨通，一切难题都会迎刃而解。相反，信托公司在上市之初会首先面临严峻考验，即如果上市的信托公司的主动管理能力和风险控制能力能够匹配和覆盖资本规模的扩张，就会实现预期目标，达到预想的目的；相反如果期间出现滞差和错位，则必然会事与愿违，欲速则不达。

### （五）基金化趋势将成主流

2010 年 12 月，在上海召开的“中国信托业峰会”上，中国银监会非银行金融机构监管部柯卡生主任首次明确指出，鼓励信托公司研究创新中长期的私募基金计划。根据现有法律，信托公司可以依法设立集合资金计划。但期限短，规模小，融资类产品成为当前的主导。监管部门鼓励信托公司研究创制私募基金型计划，一是采取产业投资基金的运作方式，每个产品的设立由信托公司自主研发，但事先要向银监会报告，并经过审查，按照风险可控、成本可算、信息披露充分的原则把握。二是最低的规模为 5 亿元，期限在 2 年以上，为市场提供中长期的投资基金。三是实施主动管理，受托管理费可以在 2% 左右，甚至更高。今后如果每家公司可以管理 3 ~5 只这样的基金，将更有利于走上可持续的发展道路。要做好事前的评估，同时更重要的还要争取得到人民银行的大力支持，争取在银行间市场交易。

可以预期 2011 年在“一法三规”政策框架下，信托公司将加快发展成为专业资产管理公司的步伐。从产品开发角度而言，信托公司要实现转型，首先需要用基金化原理来构建产品模式，设计和塑造标准化信托产品。预计一些创新能力较强，评级分类级别较高的的信托公司将会在基金化信托产品设计创新方面大放异彩，实现实质性的巨大突破，2011 年全行业基金化信托产品的比重会有大幅度上升，乐观的估计会接近全部信托产品规模的 30% ~40%。同时，相关监管条款和规定也会随之加以完善和调整。如产业基金型的信托计划在其发行规模、运行期限都符合相关要求的前提下，其委托人规模、自然人数量、投资起点门槛、发行方式和范围、流动性设计等诸多方面都有可能实现突破，从而使其产品要素、参与主体、运行模式、业务流程、发行渠道都更加接近严格意义上的产业基金，最终使得信托产品在规范化、标准化、规模化、长期化等方面大大迈出实质性的一步。

### （六）监管政策传导的有效性进一步彰显

《办法》的颁布实施是这一趋势的集中体现。2011 年监管部门将会进一步完善其监管体系和监管手段，更新监管理念，使之逐渐与国际接轨，与市场接轨。量化监管和定向监管将是 2011

年信托监管政策中的两个主要特点。在《办法》第六条中规定“中国银行业监督管理委员会可以根据市场发展情况和审慎监管原则，对信托公司净资本计算标准及最低要求、风险控制指标、风险资本计算标准等进行调整”。这一条款就充分说明了2011年监管政策的主要风格和思路。

可以预计，2011年监管部门通过对净资本及相关风险控制指标的制定、监控与调整，监管部门可以更加有力地实施监管意图，更加灵活地调控信托公司业务的开展。对信托公司净资本实施硬约束，相当于以杠杆率的方式给信托公司资产管理业务安装上了量化抓手，监管部门可以通过对不同业务风险系数的调整来调控和规范信托公司的业务结构，并从总量上对不同业务规模进行适时监控，从而形成一种制度性的安排，在增加了监管层监管手段的同时，也使政策的传导更加有效合理。

# 监 管 报 告

## 2010 年信托监管与政策解读

2010 年，面对极其复杂的经济金融形势，我国仍成为当年全球经济增长最快的重要经济体之一，金融市场总体运行平稳，金融体系总体稳健。信托融资与信托理财业务的不断拓展，使信托业在快速的经济增长中扮演着日益重要的角色，其自身实力不断壮大。从监管层面看，银监会更加突出有效监管理念，年内出台的各项监管政策和措施的针对性、导向性进一步增强，使监管部门对信托公司的监管在宏观审慎政策框架内更趋于精细化与透明化，信托公司的自主管理能力进一步提高，信托业发展步入新的规范化轨道。

### 一、重视房地产信托业务监管

#### （一）2010 年是房地产调控政策最严厉的一年

房地产业一直是带动我国国民经济快速增长的主要行业，房地产业的兴衰起落成为反映国民经济发展状况的一面镜子。2010 年是我国房地产调控政策最严厉的一年。受两轮调控政策的影响，房地产市场起伏交替。临近年末，房地产市场又现反弹迹象。从“国十条”到“国五条”，从上调房贷到限购、加息，从计划出台房产税到打击囤地和捂盘惜售，2010 年房地产调控力度之大、涉及面之广前所未有。

2010 年 1 月 10 日国务院出台“国十一条”，严格二套房贷款管理，首付不得低于 40%，加大房地产贷款窗口指导。

国务院要求，对二套房不再区分改善型和非改善型，一概执行首付 40% 的标准；明确要求中央银行及银监会加大对金融机构房地产贷款业务的监督管理和窗口指导；加强对跨境投融资活动的监控，防止境外“热钱”冲击国内市场。

2010 年 1 月 21 日，国土资源部发布的《国土资源部关于改进报国务院批准城市建设用地申报与实施工作的通知》提出，申报住宅用地的，经济适用住房、廉租住房和中低价位、中小套型普通商品住房用地占住宅用地的比例不得低于70%。

2010年3月10日，国土资源部再次出台了19条土地调控新政，即《关于加强房地产用地供应和监管有关问题的通知》，明确规定开发商最少提供两成竞买保证金、1个月内付清50%的地价款、囤地开发商将被“冻结”等19条内容。

2010年3月12日，国土资源部将于2010年3—7月在全国开展对房地产用地突出问题的专项检查，本次调查重点针对擅自改变房地产用地用途、违规供应土地建设别墅以及囤地炒地等问题。

2010年3月22日，国土资源部会议提出，在2010年住房和保障性住房用地供应计划没有编制公布前，各地不得出让住房用地；将在房价上涨过快的城市开展土地出让招拍挂制度完善试点；各地要明确并适当增加土地供应总量；房价上涨过快、过高的城市，要严控向大套型住房建设供地。

2010年3月23日，国资委要求78户不以房地产为主业的中央企业加快进行调整重组，在完成企业自有土地开发和已实施项目等阶段性工作后要退出房地产业务，并在15个工作日内制订有序退出方案。

2010年4月2日，财政部下发通知，对两个或两个以上个人共同购买90平方米及以下普通住房，其中一人或多人已有购房记录的，该套房产的共同购买人均不适用首次购买普通住房的契税优惠政策。

2010年4月7日，国家发改委发布2010年经济社会发展工作重点，提出要进一步加强房地产市场调控，增加普通商品住房的有效供给，支持普通自住和改善性住房消费，大力整顿房地产市场秩序。

2010年4月11日，中国银监会主席刘明康表示，银监会要求所有银行在6月底之前提交贷款情况的评估报告，并称房地产风险敞口大，要严控炒房行为。银监会表示，银行不应对投机投资购房贷款，如无法判断，则应大幅提高贷款的首付款比例和利率水平，北京部分银行已将二套房首付比例提升至60%。

2010年4月14日，国务院常务会议指出，全球金融危机的影响仍在持续，将保持货币信贷适度增长，坚决抑制住房价格过快上涨，并将加快研究制定合理引导个人住房消费的税收政策。

2010年4月16日，2010年4月14日召开的国务院常务会议决定：二套房首付不得低于50%，90平方米以上首套房首付不少于30%。对购买首套自住房且套型建筑面积在90平方米以上的家庭，贷款首付款比例不得低于30%；对贷款购买第二套住房的家庭，贷款首付款比例不得低于50%，贷款利率不得低于基准利率的1.1倍；对贷款购买第三套及以上住房的，大幅度提高首付款比例和利率水平。

国土资源部2010年4月15日公布的2010年住房用地供地计划表明，在全国住房用地计划中，保障性住房用地为24 000多公顷，比上年相比增加一倍多。其中，经济适用房用地占保障性住房用地总量的71%，比上年实际供地增加79%；廉租房用地占保障性住房用地总量的29%，与上年实际供地相比增加472%。

2010年4月19日，国务院加大高房价遏制力度，明确规定高房价地区三套房可停贷，商品住房价格过高、价格上涨过快、供应紧张的地区，商业银行可根据风险状况，暂停发放购买第三套及以上住房贷款；对不能提供1年以上当地纳税证明或社会保险缴纳证明的非本地居民，暂停发放购买住房贷款。地方人民政府可根据实际情况，采取临时性措施，在一定时期内限定购房套数。

2010年4月20日，住建部明令禁止开发商以排号、发放VIP卡等方式收取定金，并规定今后未取得预售许可的商品住房项目，房地产开发企业不得以认购、预订、排号、发放VIP卡等方式向买受人收取或变相收取定金、预定款等性质的费用。房地产开发企业应将取得预售许可的商品住房项目在10日内一次性公开全部准售房源及每套房屋价格，并严格按照预售方案申报价格，明码标价对外销售。

2010年4月20日，购房实名制实施，商品住房严格实行购房实名制，认购后不得擅自更改购房者姓名。住房城乡建设部要求，各地要严格商品住房预售许可管理，合理确定商品住房项目预售许可的最低规模和工程形象进度要求，预售许可的最低规模不得小于栋，不得分层、分单元办理预售许可。

2010年4月20日，商品房取得预售许可后10日内须公开房源价格。今后未取得预售许可的商品住房项目，房地产开发企业不得以认购、预订、排号、发放VIP卡等方式向买受人收取或变相收取定金、预定款等性质的费用。房地产开发企业应将取得预售许可的商品住房项目在10日内一次性公开全部准售房源及每套房屋价格，并严格按照预售方案申报价格，明码标价对外销售。

2010年5月19日，国家税务总局发布《关于土地增值税清算有关问题的通知》，明确了土地增值税清算时的收入确认、房地产开发费用的扣除等问题。

2010年6月14日，住房和城乡建设部、中国人民银行、银监会发出通知，对商业性个人住房贷款中第二套住房的认定标准进行了规范。通知规定，商业性个人住房贷款中居民家庭住房的套数，应依据拟购房家庭成员，包括借款人、配偶及未成年子女名下实际拥有的成套住房数量进行认定。也就是说，购房单位是家庭而不是个人。一个家庭只要购买了一套住房，再买房就叫二套房了。在通知中，还正式提出可认定为二套房的三种情形：一是借款人首次申请利用贷款购买住房，如在拟购房所在地的登记系统中已有一套住房的；二是借款人已利用贷款购买过一套住房，又申请贷款购买住房的；三是贷款人通过查询征信记录、面测、面谈等形式的调查，确信借款人家庭已有一套住房的。

### （二）房地产信托——“痛并快乐”的纠结

房地产信托业务历来是信托公司的核心业务之一，在信托公司的信托业务中所占比例较大，一直处于银监会的严格监管之下。2010年，银监会十分重视对房地产信托业务的监管，并配合国家房地产市场调控政策接连发出通知，不断规范信托公司的房地产信托业务。

2010年1月7日，国务院办公厅发布《关于促进房地产市场平稳健康发展的通知》，特别强调要加强房地产信贷风险管理，严格执行信贷标准，严格执行房地产项目资本金要求，严禁对不符合信贷政策规定的房地产开发企业或开发项目发放房地产开发贷款。该通知旨在进一步加强和改善房地产市场调控，稳定市场预期，促进房地产市场平稳健康发展。中国银监会在分析地方融资平台和房地产贷款相关风险的基础上，为落实国家房地产调控政策，于2010年2月11日发布《关于加强信托公司房地产信托业务监管有关问题的通知》（以下简称《监管通知》），强化对房地产信托融资的监管，加强对既有监管规定的执行力度。通知要求，停止执行《中国银监会关于支持信托公司创新发展有关问题的通知》（银监发〔2009〕25号）第十条中对监管评级2C级（含）以上、经营稳健、风险管理水平良好的信托公司发放房地产开发项目贷款的例外规定，要求“信托公司发放贷款的房地产开发项目必须满足‘四证’齐全、开发商或其控股股东具备二级资质、项目资本金比例达到国家最低要求等条件”。信托公司开展房地产信托业务应建立健全房地产贷款或投资审批标准、操作流程和风险管理制度并切实执行；应进行项目尽职调查，深入了解房地产企业的资质、财务状况、信用状况、以往开发经历，以及房地产项目的资本金、“四证”、开发前景等情况，确保房地产信托业务的合法性、合规性和可行性；应严格落实房地产贷款担保，确保担保真实、合法、有效；应加强项目管理，密切监控房地产信托贷款或投资情况。

该通知最重要的一项新内容就是明确规定了信托公司不得以信托资金发放土地储备贷款，并明确指出土地储备贷款是指向借款人发放的用于土地收购及土地前期开发、整理的贷款。这一规定对信托公司开展的传统房地产业务冲击很大。因为此前信托公司房地产投融资业务的一项重要优势就是在开发商获取土地的环节及时切入，在开发商通过招、拍、挂拿地过程中，以及获得土地后缴纳后续土地出让金、配套费出现资金缺口时，往往是信托资金最佳的进入时机；或者在开发商获得土地证、建设规划许可证后，商业银行的开发贷款尚难以介入的时候也往往是信托公司开展过桥融资的最好时机。但《监管通知》下发后，上述业务都将被叫停，或者不同程度受到影响。

此外，《监管通知》还规定，信托公司以结构化方式设计房地产，集合资金信托计划的，其优先受益权和劣后受益权配比比例不得高于3:1；商业银行个人理财资金投资于房地产信托产品的，理财客户应符合《信托公司集合资金信托计划管理办法》中有关合格投资者的规定。这对规范信托公司房地产信托业务，提高信托公司的风险防范意识和风险控制能力具有积极意义。

针对信托公司房地产信托业务增长迅速，个别信托公司开展业务不够审慎的情况，2010 年 11 月 12 日，中国银监会办公厅发布《关于信托公司房地产信托业务风险提示的通知》（以下简称《提示通知》），就信托公司房地产信托业务的风险进行了提示。该通知要求各信托公司立即对自身房地产信托业务进行合规性风险自查，逐笔分析业务合规性和风险状况，包括信托公司发放贷款的房地产开发项目是否满足“四证”齐全、开发商或其控股股东具备二级资质、项目资本金比例达到国家最低要求等条件；第一还款来源充足性、可靠性评价；抵押、质押等担保措施情况及评价；项目到期偿付能力评价及风险处置预案等内容。同时，银监会也加强了对信托公司房地产信托业务的逐笔核查，对以受让债权等方式变相提供贷款的情况，按照实质重于形式的原则予以甄别。《提示通知》要求各银监局积极督促信托公司在开展房地产信托业务时，审慎选择交易对手，合理把握规模扩张，加强信托资金运用监控，严控对大型房企集团多头授信、集团成员内部关联交易，积极防范房地产市场调整风险。应该说，银监会对房地产信托业务的风险提示，更多的是出于风险控制的考虑，从效果看，整个房地产信托业务规模与增速在自查和核查后有所回落，一些信托公司开始有意识地调整房地产业务的节奏或逐渐转向其他投资领域。

## 二、加强结构化信托业务规范

### （一）结构化信托设计广为应用，已经成为防控风险的重要手段

结构化信托业务是近年来信托业广泛运用的创新型金融产品模式，较好地展现了信托制度的优越性和信托产品设计的灵活性，已被广泛运用于房地产信托、证券投资类信托等诸多领域。该类信托产品通过止损条款的设置，使其在解决风险防控、退出机制等方面发挥独特作用。在结构化信托业务中，信托公司根据投资者风险偏好的不同对信托受益权进行分层配置，按照分层配置中的优先与劣后安排进行收益分配，从而使具有不同风险承担能力和意愿的投资者通过投资不同层级的受益权获取不同的收益、承担相应风险。一般来说，结构化信托产品将信托受益权分为优先受益权和劣后受益权两类。其中，投资者认购的是产品的优先受益权部分，而劣后受益权则通常向投资顾问及机构投资者或者受托人的固有财产等特定对象发行。在信托受益权安排中，优先受益人的收益水平通常都在信托合同中加以约定，往往是一个锁定的固定收益；劣后受益人的收益水平往往是不加以规定的浮动收益，也可以是零收益或者负收益。市场风险通常都是由劣后受益人向优先受益人提供风险补偿。例如在信托公司广为开展的阳光私募证券

投资信托中，以上海信托为代表的一大批信托公司推出的产品都是设计有优先、次级、劣后受益人的结构化信托产品，有效地保证了那些风险厌恶者或者自然人委托人的利益，较好地规避了投资风险。可以说，作为集合资金信托业务，结构化信托业务业已成为国内金融信托领域实现产品专业化和个性化的重要标志之一。

### （二）未雨绸缪，鼓励和规范并举

为规范信托公司开展结构化信托业务，保护信托当事人的合法权益，银监会于2010年初即专门就信托公司开展结构化信托业务的有关问题，发布了《关于加强信托公司结构化信托业务监管有关问题的通知》，并自2010年2月10日起实施。该通知中，下列内容引起了信托公司和机构投资者的高度重视。

一是信托公司开展结构化信托业务不得有以下行为：（1）利用受托人的专业优势为自身谋取不当利益，损害其他信托当事人的利益；（2）利用受托人地位从事不当关联交易或进行不当利益输送；（3）信托公司股东或实际控制人利用信托业务的结构化设计谋取不当利益；（4）以利益相关人作为劣后受益人，利益相关人包括但不限于信托公司及其全体员工、信托公司股东等；（5）以商业银行个人理财资金投资劣后受益权；（6）银监会禁止的其他行为。

二是结构化信托业务劣后受益人不得有以下行为：（1）为他人代持劣后受益权；（2）通过内幕信息交易、不当关联交易等违法违规行为牟取利益；（3）将享有的信托受益权在风险或收益确定后向第三方转让。

三是信托公司应就结构化信托产品的开发与所在地银行业监督管理机构建立沟通机制，并按季报送上季度开展的结构化信托产品情况报告，报告至少包括每个结构化信托产品的规模、分层设计情况、投资范围、投资策略和比例限制以及每个劣后受益人的名称及认购金额等。

随着信托市场竞争的不断加剧，市场细分成为不争事实。通知表明，银监会已经密切关注结构化信托业务，注意到不同信托产品的差异化特点，并从鼓励信托公司开展业务创新和培养自主管理能力的角度对该类业务进行了规范。作为监管部门，银监会高度重视该类业务中对信托投资者利益的保护，强调信托公司在开展结构化信托业务前，对信托投资者进行风险适应性评估，了解其风险偏好和承受能力，并充分揭示本金损失风险等各项投资风险；同时强调，信托公司应对劣后受益人就强制平仓、本金发生重大损失等风险进行特别揭示。

## 三、规范银信理财合作业务

### （一）从“指引”到“规范”，银信合作经历“过山车”

2006年以来，银信合作业务飞速发展，截至2010年前三个季度，全国信托公司共开展银信合作业务规模共计近1 900亿元，占同期全部信托资产规模的60%以上。银信理财合作业务的增长满足了客户资产配置多元化的需要，发挥了银行和信托各自的功能，并在两类机构之间形成优势互补，增强了双方的综合竞争力，与此同时也暴露出一些问题。其中，在信贷资产转让和信托贷款业务中，两类机构的风险管理隐患令人担忧，对其健康发展带来不利影响。2008年以来，银监会先后下发了《银行和信托公司业务合作指引》、《关于进一步规范银信合作有关事项的通知》、《关于规范信贷资产转让及信贷资产类理财业务有关事项的通知》等多项监管规定，对银信合作业务进行指导和规范。为科学把握银信合作业务的发展节奏，保护相关当事人的合法权益，有效防范银信理财合作业务风险，2010年7月初，银监会紧急叫停了通道型银信合作理财贷款类业务，银信理财合作偏离最初定位并影响到国家宏观调控效果是此次叫停的主要原因。

### （二）《关于规范银信理财合作业务有关事项的通知》开辟银信合作新阶段

2010年8月12日，银监会下发了《关于规范银信理财合作业务有关事项的通知》，明确指出，银信理财合作业务是指商业银行将客户理财资金委托给信托公司，由信托公司担任受托人，并按照信托文件的约定进行管理、运用和处分的行为。上述客户包括个人客户（包括私人银行客户）和机构客户。商业银行代为推介信托公司发行的信托产品不在该通知规范范围之内，这意味着银信合作并非仅限于银信理财合作。从内容看，该通知强调信托公司在银信理财合作业务中要坚持自主管理原则，严格履行项目选择、尽职调查、投资决策、后续管理等职责，不得开展通道类业务。信托公司开展银信理财合作业务，信托产品期限均不得低于一年。对于融资类银信理财合作业务而言，对信托公司实行余额比例管理，即融资类业务余额占银信理财合作业务余额的比例不得高于30%，同时叫停开放式信托产品。上述融资类银信理财合作业务包括但不限于信托贷款、受让信贷或票据资产、附加回购或回购选择权的投资、股票质押融资等类资产证券化业务。该通知重申对银信理财合作业务中风险较高的非上市公司股权投资业务的限制，并就通知颁布前商业银行表外的存量业务提出在近2年内转入表内，计提相应拨备和资本的要求。该通知厘清了银行和信托公司在业务合作中各自的风险责任及业务定位，明确了受托资产所含风险的具体归属，对提高监管部门跨行业风险管理水平具有实质意义。具体说来，对归属于银行方的风险，银行必须满足监管要求；对归属于信托公司的风险，信托公司必须履行受托人尽职管理责任；对归属于投资者的风险，银行必须做好风险揭示，投资者在获得高收益的同时必须承担相应的风险。另外，该通知鼓励商业银行和信托公司探索科学的业务合作模式和领域，并要求信托公司的理财要积极落实国家宏观经济政策，引导资金投向有效益的新能源、新材料、节能环保、生物医药、信息网络、高端制造产业等新兴产业，为经济发展模式转型和产业结构调整作出积极贡献。

2010 年 12 月 3 日，银监会下发了《关于进一步规范银行业金融机构信贷资产转让业务的通知》，第一次明确提出银行业金融机构开展信贷资产转让应该遵守的三项原则，即真实性原则、整体性原则和洁净转让原则。具体来说，就是要求资产真实转移，转让的信贷资产应当包括全部未偿还本金及应收利息，要求实现资产的真实、完全转让，风险的真实、完全转移。同时要求严格遵守信贷资产转让和银信理财合作业务的各项规定，不得使用理财资金直接购买信贷资产。该通知对银行业金融机构依法合规地开展信贷资产转让业务提出了更高要求，同时规范了信托公司的相关业务，有利于防止个别银行利用信贷资产转让进行监管套利、规避监管或者盲目扩大表外信贷资产类理财业务，也有利于分散信用集中度风险、调整优化信贷结构，以及更好地防控金融体系风险、更好地保护相关主体的合法权益。

## 四、细化信托公司净资本和风险资本管理

### （一）监管手段与时俱进，与国际接轨

建立以净资本为核心的风险控制指标体系，是 2007 年以来我国信托业监管制度建设的重要目标之一。对信托公司实施净资本管理的目的，是确保信托公司固有资产充足并保持必要的流动性，以满足抵御各项业务不可预期损失的需要，防范系统性金融风险，维护金融稳定。2010 年 8 月 24 日，银监会颁布实施了《信托公司净资本管理办法》，将信托公司的信托资产规模与净资本挂钩，并对信托公司实施以净资本为核心的风险控制指标体系。所谓信托公司的净资本，事实上就是信托公司净资产减去各类资产（或负债）的风险扣除项及银监会认定的其他风险扣除项的余额。该办法要求，信托公司要按照规定计算净资本和风险资本，即净资本不得低于人民币 2 亿元，且持续符合下列风险控制指标：净资本不得低于净资产的 40%，也不得低于各项风险资本之和的 100%。此外，信托公司还应当根据不同资产的特点和风险状况，按照一定的系数对资产项目进行风险调整。

采取净资本管理，相当于对信托公司设定了类似于商业银行资本充足率的指标，使信托公司可管理的信托资产规模与其净资本直接挂钩。对于信托公司净资本等相关风险控制指标不符合规定标准的，该办法明确规定了银监会可以采取的具体措施。这些措施包括：要求信托公司制订切实可行的整改计划、方案，明确整改期限；要求信托公司采取措施调整业务和资产结构或补充资本，提高净资本水平；限制信托公司信托业务增长速度。对未按要求完成整改的信托公司，则明确规定了银监会可以进一步采取的具体措施，如限制分配红利，限制信托公司开办新业务，责令暂停部分或全部业务。对信托公司净资本等风险控制指标继续恶化，严重危及该信托公司稳健运行的，银监会还可以责令调整董事、监事及高级管理人员，责令控股股东转让

股权或限制有关股东行使股东权利，责令停业整顿，或者依法对信托公司实行接管或督促机构重组，直至予以撤销。

### （二）强化风险意识，推进业务转型

该办法唤醒了信托公司的资本意识，强化了其风险意识，结束了之前的粗放型发展模式。按照规定，信托公司应当根据自身资产结构和业务开展情况，建立动态的净资本管理机制，确保净资本等各项风险控制指标符合规定标准。由于信托公司开展的各项业务存在一定风险并可能导致资本损失，所以应当按照各项业务规模的一定比例计算风险资本，并与净资本建立对应关系，确保各项业务的风险资本有相应的净资本来支撑。建立风险资本与净资本的对应关系，使各项业务的风险资本均有相应的净资本支撑，有利于信托公司将有限的资本在不同风险状况的业务之间进行合理配置，引导信托公司根据自身净资本水平、风险偏好和发展战略进行差异化选择，实现对总体风险的有效控制和对信托公司各项业务规模的间接控制。实行净资本管理，有利于弥补信托监管工具的不足，有效控制信托公司的盲目扩张，同时推动信托公司建立完善内部风险预警和控制机制，通过对各项信托业务风险资本比例系数的调控，促使信托公司加快主动转型的步伐。《信托公司净资本管理办法》公布后，信托公司业务结构的调整在所难免，平台类业务受到限制，信托公司发展自主管理类业务成为大势所趋。各公司开始重视自身营销渠道的培育和营销队伍的建设，以适应净资本管理带来的深刻变化，着力提升自身的资本管理能力，加强产品研发、风险控制、资产运营等工作，实现对总体风险的有效控制。

## 五、修订监管评级与分类监管指引

### （一）强化分类监管，体现奖优限劣

目前，信托公司按照业务模式和发展特色已初步形成专业型、资源型、能力型及综合型四大类。不同类型的信托公司在业务能力、盈利能力等方面表现出不同的特征。对信托公司实行监管评级和分类监管，有利于监管机构全面掌握信托公司的风险状况，合理配置监管资源，采取监管措施，提高监管效率，实现对信托公司的持续监管和风险预警。2010 年，银监会调整了信托公司的监管评级标准，修订了《信托公司监管评级与分类监管指引》。根据新指引，评级要素包括公司治理、内部控制、合规管理、资产管理和盈利能力等五个方面。其中，公司治理要素主要评价信托公司股东诚信状况、治理结构以及公司治理的决策、执行、监督、激励约束机制，旨在引导信托公司建立完善的公司治理架构，督促各治理主体尽职履责，实现信托受益人的利益最大化；内部控制要素主要评价信托公司内控体系的适当性及有效性，旨在引导信托公

司强化内部约束机制，树立风险管理理念，确保信托公司发展战略和经营目标的全面实施和充分实现；合规管理要素主要评价信托公司在经营管理过程中，遵守相关法律法规、公司制度和受托文件的情况，旨在引导信托公司建立诚实守信的合规文化，谨慎管理信托财产，维护受益人的利益；资产管理要素主要评价信托公司的资产管理能力、效果和风险控制等方面内容，旨在引导公司加强团队建设和尽职管理，提高资产管理能力和风险控制水平；盈利能力要素主要评价信托公司的盈利模式、盈利能力以及盈利的可持续性，其中通过重点评价信托业务的盈利情况，旨在引导信托公司建立以信托业务为主的发展模式。在五个分类考核完成之后，监管机构还要根据各个信托公司的情况进行综合评级，得出最终结论。评级结果不仅作为衡量信托公司风险程度的主要依据，而且作为监管规划和合理配置监管资源的主要依据，作为监管机构采取监管措施和行动的主要依据。

### （二）引导主动管理，鼓励内涵式发展

新指引弱化了信托资产规模，强调了信托公司自主管理类业务。此次修订中，银监会在信托业务综合管理能力这一指标系中增加了信托报酬率增长率的评级要素，盈利能力方面则增加了固有业务收入稳定性的评级要素，从而既增加了对信托公司自主管理能力的考核，也突出了信托公司固有资产作为信托业务风险缓冲的作用。同时，为进一步鼓励信托公司做大信托主业，新评级体系在资产管理要素部分考核中，还将信托业务区分为主动管理信托业务和被动管理信托业务，并增加了主动性管理类信托业务规模和主动管理类信托规模的增长率指标。此处的主动管理类信托，是指信托公司作为受托人，在信托资产管理中发挥主导性作用，承担了产品推介、项目筛选、投资决策及实施等主要管理职责，并收取合理信托报酬的营业性信托业务。

评级结果对信托公司意义重大，各家信托公司在完成评级后共分为六个级别。其中，得分在90分以上的为一级，而得分在50分以下的则为六级。按照新指引规定，信托公司的综合评级并非对上述五个要素评级结果的加权平均，而是在考虑要素的重要性后综合确定，根据信托公司的风险状况、业务规模和收益情况等，确定同一综合评级级别中不同信托公司的A、B、C档次。另外，新指引还引入了对信托公司声誉风险的管理指标，进一步引导信托公司恪尽职守，履行诚实、信用、谨慎、有效管理的义务。

## 六、引入国别风险管理

随着我国金融机构国际化进程的加快，信托公司面临的国别风险日益加大。国际金融危机的爆发和蔓延，进一步凸显了加强国别风险管理的重要性与必要性。2010年，由一国或地区经济状况恶化、政治和社会动荡、资产被国有化或被征用、政府拒付对外债务、外汇管制或货币

贬值等情况引发的国别风险迅速纳入监管部门的风险管理范围。6月8日，银监会公布了《银行业金融机构国别风险管理指引》，并要求信托公司参照执行。

从风险类型看，国别风险主要有转移风险、主权风险、传染风险、货币风险、宏观经济风险、政治风险以及间接国别风险等。按照该指引，信托公司需要将国别风险管理纳入全面风险管理体系，建立与本机构战略目标、国别风险暴露规模和复杂程度相适应的国别风险管理体系。这里的国别风险管理体系包括以下基本要素：（1）董事会和高级管理层的有效监控；（2）完善的国别风险管理政策和程序；（3）完善的国别风险识别、计量、监测和控制过程；（4）完善的内部控制和审计。通过建立国别风险管理体系，有利于清晰划分信托公司内部的国别风险管理职责，提高监管部门国别风险监督检查的有效性和针对性。该指引明确了国别风险准备金的计提要求，对有效提高银行业金融机构的风险抵补能力具有实质意义。按照规定，信托公司在计提资产减值准备时，要充分考虑国别风险因素，有效识别、计量、监测和控制国别风险。为确保计提的充分性和一致性，监管部门规定了计提比例。具体而言，低国别风险不低于0.5%；较低国别风险不低于1%；中等国别风险不低于15%；较高国别风险不低于25%；高国别风险不低于50%。对存在国别风险暴露的信托公司而言，应在考虑风险转移和风险缓释因素后，按分类对具有国别风险的资产计提不低于对应档次标准的风险准备金。在国别风险监督管理方面，该指引明确了监管部门的监督检查职责、监管方式、监督检查内容以及可采取的监管手段。

从理论上看，该指引的出台，有助于提升信托公司国别风险管理意识和水平，推动信托业国别风险管理体系的建立和完善，为监管当局的监督检查提供标准和依据。但实践中，基于国别风险的鉴定非常敏感，有可能涉及高级别的外交层面问题，因此国别风险管理的“警示”作用大于实质影响。尽管如此，该指引对防范金融风险传递，促进信托公司持续、健康发展仍不失为一个新的推力。

## 七、2011年信托业政策环境前景展望

加快转变经济发展方式，已成为我国经济社会领域的一场深刻变革。“十二五”时期是我国全面建设小康社会的关键时期，也是深化改革开放、加快转变经济发展方式的攻坚时期。信托业要在“十二五”期间实现发展方式的根本转变，必须在回归信托本源的基础上加快创新发展，同时运用好信托制度的功能优势，找好市场定位，为各类市场主体提供可靠的信托专业服务。

2011年是“十二五”规划开局之年，具有承上启下的重要意义。货币政策从适度宽松转向稳健，是宏观政策导向的一个重要变化，也是我国经济在当前国际国内大环境下的正确选择。我们认为，信托业应积极支持经济发展方式转变和经济结构战略性调整，信托公司应维护稳健货币政策并利用信托工具，积极引导民间投资方向和投资领域，信托业监管应适应规划要求，

在保持监管政策连续性的基础上，不断完善监管制度体系，推动信托法制建设，实现信托业的健康、可持续发展。

### （一）信托业要进一步做好支持节能减排和淘汰落后产能的金融服务工作

发展绿色经济、循环经济和低碳经济是我国经济实现全面协调可持续发展的基本方向。大力推进节能减排和淘汰落后产能，既是加强我国经济结构调整、加快转变经济发展方式的重要抓手，也是全面落实科学发展观、坚持走新型工业化道路的内在要求。在建设资源节约型、环境友好型社会中，信托业不能置身事外、袖手旁观，相反应积极采取措施，通过自身业务活动，切实提高经济增长的质量和效益，促进经济社会又好又快发展。信托兼具融资与投资功能，同时还有资源整合功能。信托公司要根据国家金融宏观调控要求和支持节能减排、淘汰落后产能的相关政策精神，牢固树立绿色、低碳发展理念，加强对节能减排和淘汰落后产能，行业发展趋势和信托项目管理的深层研究，积极拓宽清洁发展机制项目融资渠道，支持发展循环经济和低碳经济。在低碳经济发展中，信托公司可以在投资入股、融通资金、设备租赁、收购兼并、咨询服务等方面实现“一站式”金融服务，围绕信托项目从服务对象、服务形式、服务领域等方面进行必要调整，做好绿色信托产品的设计和开发。同时，结合自身业务范围和所在区域经济特点，制定详细、操作性强的管理要求，研究开发低碳与新能源产业投资信托产品，充分发挥信托资金运用方面的广泛性、多元性、融合性及创新性等优势，严防风险积累，使信托公司快速、平稳地融入低碳金融领域。

### （二）信托公司要积极开发投资类产品，通过产品创新满足民间投资需求

投资是信托本身固有的重要功能，相比其他金融机构，信托公司更适合做实业投资，更符合“十二五”规划建议中要求扩大民间资本实业投资规模的主体角色。多年来，信托公司是唯一可以横跨货币市场、资本市场和产业市场的金融机构，其投资范围之广泛，投资方式之灵活，投资组合之多样，备受市场投资主体的青睐。与其他投资工具相比，信托投资的投资安全和投资效率均具明显优势。从国家政策层面看，我国已开始鼓励扩大民间投资范围，放宽市场准入，支持民间资本进入基础产业、基础设施、市政公用事业、社会事业、金融服务等领域。从市场投资需求看，个人投资者和机构投资者资金规模近年来增长迅速，投资需求旺盛。从信托业发展水平看，目前我国信托业正处于快速成长期，近几年信托总资产和集合信托产品规模均获得大幅提升，信托公司自主管理能力也在逐步增强，行业集中度持续提高。信托公司在调整优化投资结构中要争取主动，把握住市场机遇，提高投资质量和效益，有效拉动经济增长。相比其他金融机构，信托公司更有能力支持民间资本进入实业投资领域，通过增加创新型投资产品、增强自身创新能力，引导投资进一步向民生和社会事业、农业农村、科技创新、生态环保、资

源节约等领域倾斜，并在宽松的投资环境下，发展壮大信托业，真正打造出信托公司的核心竞争力。

### （三）监管部门要有效推动信托法制建设，继续完善信托法律制度体系

从今后五年经济社会发展的主要目标看，无论是经济平稳较快发展，经济结构战略性调整取得重大进展，还是城乡居民收入普遍较快增加，社会建设明显加强，或者是改革开放不断深化，使我国转变经济发展方式取得实质性进展，综合国力、国际竞争力、抵御风险能力显著提高，最终落脚点均是为了人民物质文化生活水平明显改善，全面建成小康社会的基础更加牢固。要提高发展的全面性、协调性、可持续性，信托业发展及其监管同样要有所作为。控制风险是信托公司发展的前提，制度建设是规范信托行业健康发展的根本保证。为此，监管部门要转变监管理念，强调有效监管，依法规范和保障信托业稳健发展；要坚持标本兼治，大力提倡和支持符合信托本色的创新业务，继续完善全方位监管制度体系；要促进信托产品交易市场发展，全面建立信托财产登记过户制度和信托受益权转让制度，不断完善信托税制；要有重点有步骤地推进监管制度改革，及时推出专项信托立法，加快信托法的修改和涉外信托冲突法的制定。2011 年是我国《信托法》颁行十周年，全面评估和总结一法两规的实施效果，全面推进信托法制建设，是从根本上改变我国信托业发展面临的法律困境，切实巩固信托创新成果，保障信托业健康稳定发展的关键所在。

# 公司发展与创新

# 中信信托有限责任公司

## 一、2010 年经营概况

中信信托有限责任公司秉承“无边界服务、无障碍运行”的经营理念，充分发挥中信集团的品牌优势和协同效应，稳健经营，创新服务，科学发展，整体竞争力和可持续发展能力进一步增强，在信托资产管理规模、信托收入和净利润等主要经营指标方面继续位居行业前列。

公司当年经营管理有以下主要特点：

### （一）深化信托认知，深耕信托价值

公司注重业务发展与国家产业政策和监管政策导向的一致性，强调在深刻认识信托功能的基础上深耕信托价值，创造性地解决中国经济社会发展中的矛盾和问题，不断提高信托对国家经济发展方式转变和经济结构调整的贡献度，切实履行公司战略型社会责任，推出了一批有助于解决“三农”问题、改善民生和支持新兴战略产业发展的创新产品。

### （二）深入挖掘市场需求，持续培育新的业务增长点

公司当年不断开拓新的业务领域，除基础设施、金融投资和房地产等传统领域外，在煤炭资源整合、石油开采及流通、粮食农副畜牧产品生产、城镇供暖、保障房建设、运输车辆销售卖方融资（租赁）、金融及准金融机构股权投资、黄金玉石书画等另类投融资、商业零售企业并购等新的行业都取得实质性进展，推出了一批有市场竞争力和影响力的创新业务。

### （三）持续培育主动管理能力，主动管理规模持续增加

公司积极顺应监管政策导向，持续培育和加强主动管理能力，积极实现业务模式的战略转型和可持续发展。截至 2010 年末，公司主动管理型信托业务余额合计 1 344 亿元，占实收信托余额的 41%，比 2009 年末增加了 200%，主动管理比例大幅度提高。

### （四）风险管理与业务发展相匹配，全面建设风险管理体系

在业务保持平稳较快发展的同时，公司秉承“理性、稳健、审慎”的风险管理原则，通过全面的风险管理范围、全面的风险管理体系、全程的风险管理过程、全员的风险管理文化、全新的风险管理方法、全额的风险计量，打造具有信托特色的风险管理长效机制，使风险管理更加适应业务创新发展，适应公司业务规模和业务品种的变化，适应每个业务过程的各个环节，形成了“风险防范有力促进经营效益提高、经营效益提高有力补充资本、资本充足有力抵御风险”的良性循环。

公司持续快速健康的发展得到了市场的积极评价。在由中国社科院金融研究所和《金融时报》联合举办的2009—2010年中国金融机构金牌榜评选中，公司因其突出的综合实力和显著的经营业绩连续第三次摘取“年度最佳信托公司奖”。此外，在由《北大商业评论》和中国管理案例联合中心的联合评选中，公司“无边界服务、无障碍运行”的创新经营管理模式受到专家评委充分肯定，获得第四届中国管理学院奖专项金奖。

## 二、创新业务案例

**2010 年公司创新业务案例** 单位：万元

| 种类 | 项目名称 | 实收信托 | 创新点 |
|---|---|---|---|
| 产业投资基金 | 中信聚信汇金煤炭资源产业投资基金集合信托计划（Ⅰ号和Ⅱ号） | 637 821.00 | 该信托计划是国内规模最大的煤炭信托，贯彻了国家的产业政策以及能源发展战略，实质性推动了山西省的煤炭资源整合 |
| | 中信聚信汇金地产基金Ⅲ号集合资金信托计划 | 208 530.00 | 该信托计划设计了信托资金参与房地产开发的新途径，实现对房地产项目的真实收购，并聘请地产公司提供专业服务 |
| | 中信国元农业基金一号集合资金信托计划 | 40 000.00 | 中信信托贯彻国家关于金融扶持“三农”的号召，推出国内首只专注于农业产业发展的信托型基金 |
| 另类投资 | 中信文道·中国书画投资基金集合资金信托计划（一期） | 4 000.00 | 该信托计划在投资领域上是国内首只针对书画艺术品实物的另类投资信托型基金，在交易模式上采取与深圳文化产权交易所合作，在该交易所进行交易，通过该所实现资金支付和艺术品保管，保证交易流程的安全和透明 |
| 信托融资 | 中信草原惠农基金集合资金信托计划（一期） | 10 500.00 | 该信托计划以股权方式投资于小额贷款公司，开辟小额贷款公司融资新渠道，并充分发挥政府部门的监管作用，进而通过引入政策性担保公司、挑选优质小额贷款公司等方式进一步降低项目风险 |

续表

| 种类 | 项目名称 | 实收信托 | 创新点 |
| --- | --- | --- | --- |
| 资产流动化 | 河北创捷汽车租赁受益权流动化系列项目（Ⅰ期和Ⅱ期） | 18 260.00 | 公司与国内最大的汽车分期付款运营商河北开元集团合作开发，利用信托平台开展汽车融资租赁业务，推出国内第一只针对汽车融资租赁资产的资产流动化信托产品。该产品采用围绕服务商的管理服务外包和会计核算外包的创新管理方式，并聘请专业评级公司出具信用风险评估报告 |
| 并购贷款 | 中信弘元基金集合信托计划 | 132 300.00 | 该计划是国内信托行业第一单并购贷款业务，通过信托型基金形式，以股债结合方式，实现对大型煤企的并购整合 |

## 三、社会责任履行情况

基于“信行天下、信惠百姓”的企业愿景，公司确立了“为客户提供最佳的增值服务、为股东创造最大的价值、为职工搭建实现自我价值的平台、为行业发展献出智慧、为社会作出最大的贡献”的使命。2010年，公司持续深化对社会责任的认识，不断丰富社会责任的实践内容，大力培育公司的责任文化，积极建设和健全履行社会责任的长效机制。

### （一）股东回报稳定，国有资产保值增值

2010年，公司保持平稳较快发展，可持续发展能力和核心竞争力不断增强，在信托资产规模、信托收入和净利润等主要经济指标上均持续位居行业前列，在行业影响力和竞争力不断巩固和提升。

### （二）发挥信托价值，支持国家产业政策

公司从理论和实践两个层面对信托制度的功能和优势进行了再认识，认为信托不仅具有经济价值，还具有重要的政治价值和社会价值。在生产力和生产关系之间，在社会主义和市场经济之间，在所有权和使用权之间，在公平与效率之间，信托关系能够很好地发挥兼容和转换作用并促进生产力发展和财富分享，对于促进包容性增长，促进和谐社会建设都具有重要意义。

基于这种认识，公司积极探索以信托模式解决“三农”问题、推动低碳经济发展、抑制房价过快增长、促进西部大开发、加速资源整合的新路径。

1. 改善“三农”，促进金融普惠

农业关乎国计民生，但由于国家有限的财政资金投入、较高的农业贷款风险及制度的不完善等因素的影响，现有的金融支持力度远不能满足农业产业结构调整的需要。

中信信托积极贯彻国家关于金融扶持“三农”的政策号召，集成信托的多种金融功能，在“三农”领域做了诸多积极探索：一是与河南省合作推出国内首只农业产业投资基金，通过发放

贷款及附认股权的贷款、认购增资、受让存量股权等综合金融服务，扶持当地农产品加工业的发展。二是通过私人股权投资信托基金的形式，投资一家集马铃薯育种与种薯繁育于一体的公司，积极推动马铃薯产业的发展。三是通过应收账款流动化方式为河北一家汽车租赁公司提供融资。该汽车租赁公司主要服务的客户是分布在农村的个体运输户，每年可解决几万名农村人口的就业问题。四是通过股权增资的方式，为内蒙古多家小额贷款公司向广大农牧民发放小额贷款提供资金支持。

由于信托公司将在城市募集的资金用于农业发展、农村建设和农民增收，引导资金流向欠发达地区和边缘化群体，按照政策导向实现金融资源的有效配置，在实现“城市反哺农村”的同时达成金融普惠。

2. 支持能源产业整合

在山西等煤炭资源大省的能源产业整合中，多数煤炭整合主体面临技术改造升级、缴付收购价款和新一轮兼并收购等巨额资金需求，但由于融资渠道狭窄、融资方式单一、缺乏专业的能源金融机构等，整合战略实施起来有一定难度。

中信信托通过金融创新，推出了国内规模最大的煤炭信托——中信聚信汇金煤炭产业投资基金，已先后为煤炭企业融资 40 多亿元，用于煤炭企业的技术改造，帮助企业提高安全生产、改善资源利用效率和加强环境保护。目前中信信托正将在山西煤改中的业务模式复制到陕西和河南等煤炭资源大省，支持其煤炭整合战略的实施。

3. 支持保障房建设

在地方保障性住房建设中，作为筹措资金和项目建设的主体，各地政府采取了政府主导、市场化运作的方式，部分地方政府以建设—回购（BT）方式，吸引企业投资于保障性住房建设，但由于回购期一般较长、资金占用较多，投资企业面临巨大的资金压力，也影响了保障性住房的建设进度和参与企业的积极性。

中信信托在江苏等地推出了中信民享系列保障房建设信托项目，为开发商承建当地保障性安居工程项目而产生的回购款进行流动化安排。信托资金快速灵活，能缓解开发商的流动性压力，加快保障房建设速度，使失地农民能尽快搬进新居，促进当地社会的和谐稳定。

4. 支持文化产业发展

文化产业已被国务院列入产业振兴规划，但由于文化企业存在有形资产少、无形资产多、抵押担保品不足等问题，因此金融资本与文化产业的对接存在一定难度。

公司近期通过金融创新，推出了国内首只针对中国书画类艺术品实物投资的信托计划——中信文道·中国书画投资信托基金，依托信托机制，借助深圳文化产权交易所艺术品交易平台运作，募集资金主要用于购买中国书画作品。该基金是对“文化 + 金融”新概念的一次积极实践，有效促进文化市场的金融化趋势。

5. 公益类信托

（1）中信开行爱心信托项目捐助700万元援建的四川省绵阳市平武县爱心信托中心小学于2010年5月举行了揭牌仪式。由该信托项目捐赠200万元建设的100个“宋庆龄爱心图书室”也已全部投入使用。中信开行爱心信托项目由公司与国家开发银行、招商银行等金融同业合作推出，是国内捐款规模最大的公益类信托项目。

（2）在为中电投集团提供首期结构性融资服务时，公司从信托收入中提取50万元捐赠给中国宋庆龄基金会，用于安徽省宿州埇桥区解集乡鲁营小学的校舍建设。校舍建设工作在中国宋庆龄基金会的监督下已于2010年下半年顺利开展并完成竣工验收。

### （三）以员工为本，共同成就价值

人力资本是公司最为宝贵的财富。公司坚持以人为本，和谐共赢，保持知识与个人、公司、社会协调发展。

1. 为职工提供差异化的培养渠道，改善获取知识、运用知识的环境，提高“综合集成”和“解决问题”的能力。

2. 以正向激励为导向，用价值标准配置人力资本，为职工设计体现自身价值和社会形象的薪酬福利计划和职业生涯计划。

### （四）依法纳税，支持当地经济社会发展

从2008—2010年，公司累计上缴各种税金18.75亿元，连续三年获得北京市朝阳区纳税突出贡献奖，对当地经济建设和社会发展提供了较大支持。

### （五）维护受益人权益，与客户共同成长

公司积极履行受托人职责，勤勉尽职，确保受益人利益最大化。通过持续金融创新，公司为投资者量身定做个性化的金融产品，满足其多元化的投资需求，同时集成多种金融工具，为客户提供综合金融解决方案，并不断提升服务境界，强调与客户共同成长的服务理念。在为中小民营企业提供资金支持时，公司多是在企业处于关键发展阶段时提供支持，与客户共渡难关，共同发展。

### （六）履行行业责任，促进行业发展

1. 通过理念创新、制度创新和业务创新，为促进行业持续健康发展积极作为。

2. 大力加强信托文化、功能和价值的宣传，促进相关利益者对信托价值的认知，为信托业发展营造积极有利的氛围。

3. 加强与同业对话和交流，在公司治理、风险管理、内部控制、信息化建设等多个领域与同业深入交流，并为监管政策的制定和修订积极献言献策。

### （七）开展公益活动，积极回馈社会

1. 青海玉树地震发生后，公司响应中信集团号召进行抗震救灾，开展爱心捐助活动。公司两百余名员工向灾区同胞奉献爱心捐款共计122 840元。

2. 公司自2010年起每年向中国网球协会少年网球实验班提供资助，支持西部贫困山区少数民族孩子从事网球训练，并完成从小学、中学，到大学的文化学习。开办该实验班宗旨是将这些来自贫困山区的孩子培养成具有文化素养、专业实力，能够冲击世界网坛的球员。

## 四、2011年发展规划

总体策略：公司在2011年将继续围绕“无边界服务、无障碍运行”的经营理念，秉承“综合金融解决方案的提供商、多种金融功能的集成者”的经营方针，紧密结合国家经济金融形势和政策，认真落实银监会的监管要求和中信集团“十二五”发展战略部署。

具体思路：积极发挥“中信”的品牌影响力和中信金融的协同效应，以差异化的竞争策略，通过不断创新推动业务多元化；持续提升主动管理业务比重，将主动管理业务从房地产、能源、证券等行业向民生工程、农副产品、消费品、艺术品等更多领域拓展；加快在全国战略区域的布局，将业务区域从东部地区向中西部地区展开；推动公司公众化进程，不断提升公司治理水平；持续提高风险管理对市场变化的适应力和效率，进一步完善业务过程管理；持续加强合规文化建设，通过合规经营引领行业自律形象；依靠中信系统业务协同改善客户服务，对代销渠道进行精耕细作，对私行模式创新运用，较大幅度提升信托产品营销能力；提升多个业务部门扁平化格局下的协调管理水平，使激励约束机制和人力资本管理适应公司业务规模和组织规模。

# 北京国际信托有限公司

## 一、2010年经营概况

北京国际信托有限公司（简称北京信托）成立于1984年10月5日，注册资本金14亿元人民币。公司为中国信托业协会会员，常务理事单位，北京市银行业协会会员。

### （一）业绩指标

基于健全的内部管理架构和有效的激励机制，并依托于良好和谐的外部环境，公司业务取得了骄人业绩，开发的信托产品涉及基础设施、能源、房地产、环境保护等诸多行业及产业。截至2010年末，公司实现收入总额6.37亿元，实现净利润3.63亿元；公司固有资产总额26.58亿元，较年初增加3.70%；负债总额2.37亿元，不良资产率为零。2010年末，北京信托受托管理的存续信托财产总规模为742.74亿元，年内新增信托财产规模743亿元。

### （二）公司治理

完善的公司法人治理结构，确保了股东会、董事会、监事会及各专业委员会充分发挥职能；实施风险管控、高管层监督考核的问责制，提高了合规管理的有效性；各专业委员会严格履行职责，定期向董事会报告工作；对经营层的考核、问责制度化并成为例行规则。

### （三）业务合作和创新

在资源类企业并购重组以及节能减排、低碳经济领域，适时抓住市场机遇，推出金融产品，目前已在这一领域实现信托规模50亿元，在行业中处于领先地位。

将证券投资作为业务发展的重点，积极开展证券投资集合信托业务（阳光私募），稳步推进投顾模式的发展。通过加大与大渠道合作的方式发行信托产品，持续扩大产品运作规模，丰富产品线。

在为中小企业服务方面，北京信托与多家机构合作共同打造了系列化创新型产品，成功发行了多只面向区县近70家中小企业提供资金支持的信托产品，投资领域覆盖众多高新技术领域与未来高成长行业，总规模8亿元，打造了公司在北京金融市场上中小企业融资服务的品牌。

积极发展私募股权投资基金。2010年9月北京信托专职于PE投资的基金——富智阳光基金（有限合伙）已正式成立，围绕现代制造业、新能源、新材料、节能环保、智能电网、移动通信、现代农业等几大产业板块，择优投资行业内处于快速成长期的创新型企业进行投资，目前已完成了第一轮投资。

适度开展房地产类金融产品，以保障性住房为服务对象，加大研发和推进保障房投资信托的力度；深化和完善此类基金化信托产品，提升标准化程度、可流通性和可交易性；进一步抓住商业地产投资的机会，适度开展信托业务。

在与其他金融同行业合作方面，公司创新推出了信泰四号信托产品，尝试通过银信保合作的新型方式，将银行理财资金投入保险资产管理计划。

## 二、创新业务案例

创新业务案例包含低碳财富系列信托产品，稳健系列房地产信托基金，联盛能源产业投资集合信托计划，阳光私募系列信托产品，上市公司股权质押融资系列信托产品，成长之星等系列中小企业融资集合信托产品，无锡太湖新城、北京京东方等大型项目投资产品。

公司严格遵循内部控制的全面性、审慎性、独立性、有效性、适时性、相互制约原则，实行公司内部授权控制、岗位分离、资产隔离、规范操作的政策和流程。

公司通过规范法人治理结构、建立内控组织、制定业务运作基本政策和工作流程、完善授权制度、充实内部审计系统等内容，形成包括董事会、监事会、风险管理委员会、高管层、各职能部门和业务管理部门在内的五个层次的组织保障。

公司制定了包括法人治理、信托财产管理、人力资源、文秘行政、财务管理、稽核审计等多项制度，以及实施细则和操作流程，形成了较完善的制度保障体系。

公司注重执行力管理，在项目前期尽职调查和内部初审、法律文件的审查、风险管理委员会决策、财务和风险管理部门在资金拨付前的把关控制以及稽核审计部门和风险管理部门的追踪监控和评价预警五道防范业务风险的“防火墙”的基础上，将每一道“防火墙”继续细化和对接，使业务流程上下环节协调和相互制衡。

公司设立了独立的信托业务运营管理部门，实施了信托项目中后期管理的集中化、标准化，保障信托财产的安全性。

公司注重使用高科技、电子化等手段，提高工作效率的同时防范操作风险。信息化工作已经逐步向统一数据平台过渡、集中，进入全面的数据集成、网络集成的发展期。软件系统以信托系统为核心，由后台不断向中台、前台延伸，逐渐覆盖全业务流程，形成有机整体；硬件系统构建了全新的千兆交换网络，核心节点及外部链路实现了双机或双路容灾，信息安全机制也初步确立，实现了公司办公及业务运营的网络物理层建设稳定可靠。目前，已完成信托业务财务核算模块、债券业务模块、中后期管理系统、用户管理系统 CRM、证券业务估值系统、银行间以及基金业务系统、反洗钱可疑交易识别和筛选系统、新 OA 办公系统、网络安全及灾备系统的建设和完善，保证了内控措施的实行。

## 三、社会责任履行情况

在促进国家和北京市经济发展的同时，北京信托不忘情系社会，奉献爱心。当青海玉树发生特大地震后，公司第一时间通过民政部门捐款100 万元，体现了北京信托勇于承担社会责任的良好形象。为促进北京市妇女儿童事业和金融事业的发展，北京信托还向北京市妇女儿童基金会和北京市金融论坛提供了力所能及的帮助。

## 四、2011 年发展规划

### （一）经营目标

以诚信合规、稳健发展为理念，充分发挥信托功能，建成战略清晰、实力雄厚、管理严谨、风控完备、队伍精良、执行得力的卓越信托公司。

### （二）经营方针

继续坚持防范风险、合规经营、持续创新、稳健发展的方针。

### （三）战略规划

将遵循国家和监管部门法规，遵循信托业的发展规律，将安全稳健运作作为公司发展的第一要务，进一步优化公司法人治理结构，在内部组织、决策流程、产品开发和营销、风险控制和管理、信息管理系统、人力资源等方面实施有效管理，进一步加大风险控制的深度管理，强化规范发展，使公司形成具有自身鲜明特色的业务结构和可持续健康发展盈利模式，形成品种多样、结构合理的新型信托业务结构，扩大信托资产管理规模，确立自身在信托领域的专长优势，为机构投资者和私人投资者提供一流的信托金融服务，并努力使股东获得较好的回报，共享财富稳定增值收益。

（四）管理主题

以优化结构为重点，前台、中台、后台联动，加快经营方式转型；以强化风险管控为保障，进一步提升发展质量；以流程优化、制度完善为基础，进一步提高工作效率，提升边际效率；以前台、中台、后台分工又协作的管理为切入点，进一步推动公司集约化管理，提升公司核心竞争力；以信息化建设为手段，进一步强化科技的引领作用，延长手和放大脑，让科技成为公司新的生产力；以“人才兴司”为根本，继续发扬老职工的模范带头作用，进一步培养公司中青年业务骨干群体，实现员工价值与公司价值的共同提升、共同成长，进一步推动公司研投一体化；以“软实力”提升为核心，进一步激发公司新的发展动力，为股东、为员工、为委托人、为受益人作出新贡献。

# 大连华信信托股份有限公司

## 一、2010 年经营概况

2010 年，大连华信信托股份有限公司严格落实各项监管政策，合规稳健开展业务，按照"提升资产管理能力，加强自主管理，实现内涵式增长"的监管导向，通过增资扩股增强了资本实力，积极开展自主管理项目营销，在巩固具有华信特色的盈利模式基础上，努力创新产品和服务，为投资者提供了丰富产品和满意回报，取得了良好的经济效益和社会效益。

固有业务方面，大连华信信托股份有限公司积极开展金融股权投资，目前为大通证券第一大股东、百年人寿并列第一大股东，并参股了大连银行、丹东银行、良运期货等其他金融机构。

按照监管政策要求，大连华信信托股份有限公司及时调整信托业务结构，以自主和创新为发展理念开展全方位营销，全年新增信托 314.63 亿元。自开办信托业务以来公司受托规模已突破 2 000 亿元，年末管理信托资产余额 406.32 亿元。公司组织开展了金融衍生产品、信托受益权交易、债券市场交易信托产品等新业务研究，取得了 QDII 业务资格、上海黄金交易所交易专户资格，推出了"北方明珠 · 大连基础设施建设项目集合资金信托"等创新信托产品。

2010 年公司实现营业收入 6.6 亿元，其中信托业务收入 4.31 亿元，占比 65.3%；实现利润总额 5.52 亿元，同比增长 7.1%；净利润 4.28 亿元，同比增长 2.36%。

## 二、社会责任履行情况

2010 年 4 月，公司和员工向青海玉树地震灾区捐款 50 600 元。

2010 年 8 月，公司成功开办了"大连市金融人才暑期培训班"。该项目由大连华信信托股份有限公司负责牵头承办，由大连市金融发展局和大连市金融干部培训中心主办，是一个完全公益性的人才培训项目。该项目旨在推动大连市金融人力资源建设，为拥有优秀教育背景的在校大学生和部分有志于从事金融业的社会青年提供系统的金融专业知识培训和金融业务实践交流平台，为大连区域性金融中心建设培养、选拔和输送高素质人才。

2010 年 12 月，公司向中国“友成企业家扶贫基金会”捐款 300 万元。

2010 年 12 月，公司向对口扶贫单位瓦房店小房村捐款捐物合计 3 万元。

## 三、2011 年发展规划

公司 2011 年总体发展规划是：继续围绕公司中期战略目标，抓住振兴东北老工业基地和辽宁省沿海经济带建设的契机，坚持自主管理原则，一手抓公司内部管理提升，一手抓公司业务拓展，不断提高经营效益和提升管理层次，实现科学发展，不断提升核心优势和竞争实力。

### （一）在内部管理提升方面

1. 完善各项业务管理制度

公司坚持自主管理原则，进一步梳理各种业务的内部管理制度和工作流程，完善信托项目的尽职调查、产品设计、项目决策和后期管理等关键环节的风险识别、评定和控制制度，明确风险控制要素、加强风险防范和管理。对于创新性业务，在开展过程中将坚持制度先行原则，在风险可控的基础上，自主开发适合市场需求的信托产品，丰富公司的产品体系。

2. 加快推进公司信息化建设

按照公司信息化建设的目标加快推进信息化建设，公司在 2011 年加强信息化应用的培训力度，提高全体员工信息化的思维模式和办公自动化的应用水平，根据反馈优化信息系统，不断提高工作效率和管理水平。

3. 建设长效的人力资源激励保障机制

建立与业务发展相适应的人才结构，通过社会招聘和员工推荐等方式多渠道引进人才，特别是开展新业务所需的专业人才，为提高公司自主管理能力储备充足的人力资源。进一步完善绩效考核制度和激励约束机制，真正建立起员工能进能出、干部能上能下的动态管理机制，推动员工队伍整体素质的不断提高。

4. 加强企业文化建设

公司以“诚信为本、客户至尊”的经营理念和“团结、敬业、奋进、创新”的精神作为公司企业文化的基石。在公司内部着力打造真诚沟通、分担共享、和衷共济的企业文化，在公司外部以受益人利益最大化为宗旨，展现公司“诚信为本、客户至尊”的企业文化，做到内外部企业文化的统一。

### （二）在公司业务拓展上，公司强调在信托业务中强化自主管理能力和提高固有业务的创新性

1. 提高信托业务的自主管理能力并丰富信托业务类型

以自主管理为原则，开拓创新，不断丰富公司信托业务的类型。在房地产投资信托业务中审慎选择项目，采用多种方式降低项目风险，尝试国家倡导的保障房建设信托业务。在工商企业投资信托业务方面，把握国家战略性经济结构调整的机遇，积极寻找国家产业政策支持、具备较好增长潜力、还款来源有保障的工商企业进行合作，满足其发展中的融资需求。提高证券投资信托业务的自主管理能力，积极关注股票市场和债券市场的发展态势，开发风险可控、收益有保障的结构化证券投资产品。根据经济政策的发展形势，积极研究并开展公益信托、QDII信托、黄金投资信托、资产支持证券信托、产业投资基金信托等创新型信托业务；开展私募基金型信托产品的研发工作，探索基金化信托业务的可行性方式，在条件成熟的情况下，适时推出私募基金化的信托产品，实现信托资产中长期、大规模的运作。

2. 加强信托业务营销能力的培育

在深耕大连高端理财业务的同时，积极拓展区域外目标市场，将理财和投资业务向大连周边城市和国内重点城市扩展，进而形成立足辽宁、辐射东北、面向全国的信托业务市场布局。同时，一方面公司将根据信托产品和投资者的特点，积极尝试多元化营销手段和拓宽营销渠道；另一方面公司着重提高信托营销队伍的专业水平，提升信托业务营销的客户服务能力。

3. 提高固有业务的创新性

公司不但要做好已有股权投资项目的管理工作，注重投资控股金融企业之间的优势互补，谋求综合效益，而且要争取在2011年金融股权投资上有所创新，向新的金融类企业进行投资。同时，发挥公司在项目融资方面的优势，挖掘区域经济发展、经济结构转型和产业结构调整大背景下所蕴藏的投资机会，积极探索以固有资产开展私人股权投资业务，尝试性开展企业并购、重组、财务顾问等投资银行业务。

# 华润深国投信托有限公司

## 一、2010 年经营概况

华润深国投信托有限公司 2010 年主要经营指标营业收入 164 646 万元、利润总额 150 429 万元、净利润 140 375 万元、净资产收益率 18.72%、总资产收益率 14.47%、拨备后不良资产率 0、净资产 832 934 万元、总资产 969 816 万元。

## 二、创新业务案例

在监管机构的大力支持和集团及公司的高度重视下，华润信托 2010 年比较突出的创新产品主要有“华润信托·托付宝 TOF－1 号集合资金信托计划”和“华润信托·消费信贷信托”。

### （一）华润信托·托付宝 TOF－1 号集合资金信托计划

1. 产品描述

TOF 信托是指华润信托主动管理的组合证券投资信托，以国内优秀证券投资信托作为主要投资标的，通过组合投资、动态优选，以实现风险收益匹配最佳、持续稳定绝对回报的投资目标。

2. 创新点描述

该产品本质上为 FOF（基金的基金），但与目前国内市场上的 FOF 相比，其投资标的主要为类似海外对冲基金的证券投资信托产品，因此该产品更类似海外的 FOHF（对冲基金的基金），填补了中国证券市场的一项空白，并为公司乃至全行业的证券投资信托业务发展提供了一条新路。

托付宝 TOF－1 号产品为托付宝一系列产品中的第一个，未来公司将在该产品的基础上陆续推出具有多样性和差异化的系列产品，增加公司参与证券市场的新信托产品类型。

托付宝 TOF－1 号产品为主动管理型的信托产品，在公司的证券投资信托业务平台的基础上，能够不断深化和发展公司在私募基金领域的自主投资能力，对于培养公司的核心竞争力能够起到至关重要的作用。

3. 发展现状

通过 TOF 投资实践，华润信托总结出 FOF 的投资理念、投资逻辑、投资体系，使公司在国内 FOF 投资领域取得了更大的先发优势。

托付宝 TOF－1 号通过主动管理，动态配置，在全年证券市场震荡下跌的情况下，不仅取得了正收益（7.58%），并且大幅超越市场同类产品（光大私募基金宝 4.39%、邮储金种子 3%）、对冲基金指数（MCRI 4.88%）、公募基金指数（中证股票基金指数－0.28%）、股票指数（沪深300 指数－12.51%），为信托公司开展主动管理的 FOHF 类产品探索了方向和道路，也为华润信托将来大规模开展此类业务提供了优良的历史业绩基础。

### （二）华润信托·消费信贷信托

1. 产品描述

华润信托与深圳捷信合作设立“华润信托·消费信贷信托”项目，深圳捷信作为委托人交付信托资金用于向个人消费者发放消费贷款；深圳捷信作为信托的委托人，也是贷款合同项下的服务提供商，向贷款人以及借款人提供相关的管理服务；同时，广东捷信担保有限公司为借款人偿还贷款本金提供保证担保；2010 年 4 月 10 日起此业务开始试运行，目前已在重庆和湖北地区开展消费贷款业务。

该产品同时引入国家开发银行进行个人消费贷款债权的转让。即华润信托向借款人发放贷款之后，将每日（$T$ 日）发放的个人消费贷款债权于 $T+1$ 日“打包”卖断给国家开发银行，国家开发银行支付转让个人消费贷款债权包本金的 85%，另外 15% 的本金从收回的每一期本息中扣收；债权转让之后，深圳捷信为借款人偿还贷款本息提供连带责任保证担保。

项目瞄准了国内蓬勃发展的消费贷款业务，此模式引入了 HOME CREDIT 这一领先的消费贷款提供商作为贷款服务商，嫁接信托平台，保障消费贷款业务的合法合规性；深圳捷信以及广东捷信为贷款发放以及债权转让提供信用增级，保障了债权的安全性；国家开发银行通过受让个人消费贷款债权，间接参与了个人消费贷款业务。

2. 创新点描述

（1）运作模式

华润信托串联了整个消费信贷业务的信托、贷款、转让等环节。具体而言，华润信托是消费贷款信托的受托人，也作为贷款合同的贷款人，同时还是个人贷款债权的出让方。华润信托与国家开发银行进行贷款债权的转让，保障了贷款发放的下一工作日即完成债权交割转让，实现贷款资产的“准证券化”，极大提高了信托财产的流动性。

同时，安排了增信措施：其一，捷信担保为贷款合同项下的贷款提供连带责任保证担保；其二，转让环节深圳捷信追加连带责任保证担保；其三，国家开发银行受让债权本金的15%于借款人每期还款时扣划；其四，担保方预先在国家开发银行开立账户并存入保证金，作为其履行担保义务的保证。

（2）操作流程

针对项目贷款笔数多、转让时间要求高的特点。华润信托对操作流程进行了优化：其一，服务供应商提供系统以及核算支持；其二，简化贷款发放及转让环节的用章审批；其三，放款时，通过网上银行设置，绑定单一的代收款账户，简化付款流程，保证资金的安全性。

3. 发展阶段

本项目先于2010年4月在重庆地区试运行，随后推广到了湖北地区，反响较好，预计到2013年将会扩展到10个以上省份/直辖市，贷款发放规模将达到数十亿元以上。

本项目的贷款发放主要是门店贷款（POS贷款），通常在60分钟之内可以完成贷款审批，客户无须花较长时间等待；相对信用卡，本项目的贷款期限较长，还款灵活方便，可以轻松快捷满足购物需求，对于购买家用电器、摩托车等消费品的消费者有较大的吸引力。

国家开发银行通过本项目，可以参与个人消费贷款业务，为项目提供“准证券化”的安排；项目的保障措施较为充足，有效保障了国家开发银行的权益。

华润信托在本项目中采用固定收益与浮动收益比较孰高计算信托报酬。

## 三、社会责任履行情况

公司自1982年成立以来，在追求经济效益、保护股东利益的同时，积极保护债权人和员工的合法权益，诚信对待投资者，维护公共利益，积极从事公益事业，积极承担企业应尽的社会责任。

自公司成立以来，公司资产增长了160多倍，由一家注册资本不到6 000万元的公司发展成为今天总资产近97亿元、管理信托资产601亿元的体系完善、运营高效的公司。为股东和客户权益提供了高效、稳定的保障，并以积极态度一直坚持回报社会。

在员工合法权益保障方面：一直以来，公司坚持保障员工的各项合法权益，在利用人才为公司谋发展的同时，也积极开展各项培训活动，使员工自身得到提升和发展，为员工实现自我价值提供了优秀的平台。

在慈善公益方面：公司秉承着华润集团企业文化的重要组成部分之一——感恩，始终坚持“感恩、回馈”的理念。公司不仅初步制定并实施了《华润深国投信托有限公司慈善公益活动管理办法》，组织公益性质信托产品捐赠发布会、扶持少数民族文化艺术等公益活动，并获得了良好的社会反响。

2010 年 3 月，在华润集团经理人慈善晚会上，公司高管率先以实际行动捐助了位于广西百色的华润希望小镇，向华润慈善基金共捐款 6 万余元。2010 年 4 月，青海玉树地震发生后，为体现公司对青海玉树地震遇难同胞的关爱，公司全体员工第一时间为玉树灾区进行了募捐，共捐款近 6 万元。2010 年 5 月 28 日，汶川地震两周年之际，公司举行了“华润信托　爱心传递梦想中心”捐赠仪式。公司在金管家—爱心传递集合资金信托计划项目结束后，将自身享有的超过信托计划基准收益部分 10% 的收益，以全体受益人的名义通过真爱梦想基金捐赠成立“华润信托　爱心传递梦想中心”。它是国内首只针对汶川地震灾后重建并带有公益性质的信托产品，同时也开创了信托公司将其从汶川地震灾区重建信托计划获取的部分收益以受益人名义捐献用于汶川地震灾区的先河。2010 年 8 月 20 日，公司以投资者名义捐建的“华润信托·爱心传递梦想中心”在四川阿坝藏族羌族自治州理县营盘街小学装修竣工，该中心面积 53.25 平方米，是集多媒体教学、阅览图书、“梦想课程”于一身的多功能教室，旨在拓宽灾区（山区）学生的知识面，提高学生综合素质。目前，价值近 10 万元的电脑、书籍、桌椅等已配备到位，基础网络已联通。待设备调试完毕，即可投入使用。

公司业绩源自社会，怀着感恩之心，公司将盈利的一部分用于慈善公益事业，与社会共享公司的经营成果。努力做到慈善公益的开展与业绩增长相结合。在开展慈善公益活动中，公司提倡实行“智慧型”公益事业，使用有限的资源，通过统筹协调，突出实效，开展形式多样、切实有效的慈善公益活动。

## 四、2011 年发展规划

公司高度重视未来业务发展规划，确立了“以客户为导向，通过持续创新，建立专业专长，为客户持续提供定制化、差异化的综合解决方案，成为领先的金融服务公司”的战略愿景；确定了个人金融服务和机构金融服务为公司的核心业务；通过发挥信托制度的优势以及信托公司跨实业市场、资本市场和货币市场的结合，为个人客户提供大规模定制解决方案，为机构客户提供一对一定制解决方案。2011 年是公司战略规划实施的第二年，公司将进一步加强管理、加快变革，使业务更上一个台阶，确保公司的战略规划按照时间进度落实。

# 上海国际信托有限公司

## 一、2010年经营概况

2010年，在复杂多变的宏观环境下，上海国际信托有限公司正确把握国内外经济发展的变化趋势，以“扩大信托资产规模、提高信托业务收入”为发展重点，积极适应政策变化，深入挖掘业务拓展机遇，促转型、谋变革，主动管理能力得到显著提升，战略转型取得阶段性成果，公司呈现又好又快的发展态势。

2010年，公司信托业务收入较上年同期增长50%，年末存续信托规模较上年末增长10.37%，公司利润总额也同比增长了36.22%，各项经营指标均实现大幅攀升。

在信托主业方面，公司顺应市场需求导向，动态调整业务策略，不断推进业务创新，信托规模实现持续增长，业务结构实现纵深发展。在证券投资领域，开创性地推出“红宝石”系列多元资产配置信托计划，通过资金在多个子信托间进行自主投资，实现跨资产、跨策略、跨管理人的多元资产配置。在股权投资领域，针对PIPE细分市场推出了投融资结合型的璞玉系列以及引进外部投资顾问的碧玺系列。公司发行的首只股权投资基金钻石一号，也是业内首只受托人自主管理的PIPE基金，充分体现了对细分市场和股权价值的研判能力。在不动产领域，对原有房地产系列进行分析和梳理，建立了“上信优利”系列股权受益权信托产品。在银信合作、政信合作业务方面，公司积极适应监管政策变化，在压缩银信合作信贷融资类业务的同时，努力摸索银信合作业务模式转型，大力推进银信合作固定收益类资金池业务，截至2010年末，该类业务的总规模占全部银信合作业务规模的60%。在创新业务方面，公司不断增强创新意识，多项业务取得实质突破：作为两家首批获得QDII业务资格的信托公司之一，率先推出业内首只QDII产品；在企业年金方面，成功推出了两个员工激励信托；在另类投资方面，积极挖掘艺术品投资的潜力，产品框架初步确立。

在自营业务方面，公司根据整体发展战略，沿着提高主动管理能力的路径，积极推动固有业务向固定收益和权益投资方向转型，不断提高固有资产管理效益和效率。同时，积极发挥种子资金作用，继续深化自有资金与信托业务之间的联动，全力支持信托主业做大做强，特别注重公司在股票、债券、股权信托投资等方面的主动管理能力。

随着信托计划数量持续增加、业务规模不断增长，公司始终高度重视防范和化解风险，不断加强内控体系建设，切实提高运营保障能力，确保项目安全兑付。对银信合作、信政合作、房地产等业务进行定期排查，对结构化证券投资信托业务、可交换债权类信托业务、开放式信托业务进行专项检查。监管部门对上海信托的现场检查后，均对公司总体情况给予了积极正面的评价。

在营销服务方面，公司大力拓展直销业务，坚持以直销为主，渠道代理收付为辅的销售策略，2010 年公司直销规模达 85 亿元，占集合信托产品总销量近 80%。公司深入进行市场分析，对客户做好细分，拟定《合格投资者认定实施细则》，根据客户个人情况及风险偏好测评结果，匹配对应的信托产品，满足客户不同投资需求。

2010 年，公司完成了品牌重塑和全新视角系统项目，推出品牌形象和视觉应用系统。“信利正・睿见远”的品牌宣言及古体“上”字形印章作为品牌标识，充分体现了公司“诚信合规、彰显正气”的服务品质和“睿智通明、目光高远”的企业精神，公司的品牌形象被赋予更深刻的内涵。

在自身发展不断取得突破的同时，公司也不遗余力于推动行业整体发展。2010 年，投入大量精力成功承办首届中国信托业峰会，获得参会人员和社会各界的一致好评，银监会领导称之为“一次有水平、有品位、有内涵的大会”。会议也创下了信托行业的多项纪录，即规格最高、规模最大、范围最广、立意高远、成果丰硕。会后，信托业协会向公司颁发了 2010 年中国信托业峰会突出贡献奖的铜牌，对公司卓有成效的辛劳付出给予最高评价，公司的市场地位和品牌形象得到进一步提升。

2010 年，公司不断深化体制机制改革，优化人力资源管理，经营业绩和管理水平得到显著提高。在人民银行对银行业征信系统建设综合评比中，荣获一等奖；在人民银行对会计报表评比中，荣获综合优胜奖，成为上海地区唯一获此殊荣的信托公司。在《上海证券报》、《21 世纪经济报道》、《证券时报》等主流媒体举办的信托业评比活动中，2010 全年共获得三项综合大奖、四项单项奖，上海信托“红宝石”系列跨市场配置信托荣获上海首次颁发的 2010 年上海金融创新成果奖二等奖，充分显示公司强大的品牌影响力和行业美誉度，公司的企业形象获得专家学者、社会大众和监管部门的一致肯定。

## 二、创新业务案例

### （一）钻石一号上市公司股权投资集合资金信托计划

2010 年 1 月，上海信托瞄准定向增发市场，推出了钻石一号上市公司股权（受益权）投资集合资金信托计划（一期）。该产品通过上市公司股权（受益权）投资，包括但不限于参与上市公司定向增发、上市公司股权受益权、上市公司股权拍卖、通过大宗交易购买上市公司股权、对拟实施或已完成定向增发的上市公司流通股票进行择机投资，等等，深入挖掘定向增发市场的投资机会。

产品特点是：（1）“钻石一号”上市公司股权（受益权）投资集合资金信托计划是业内首只信托公司主动管理型，针对定向增发市场投资的信托基金；（2）产品通过宏观基本面的研判，精选个股，捕捉一级半市场套利空间，充分体现受托人主动管理和业务创新能力；（3）产品采取产品分散化投资策略，合理控制风险，在享受折价率的同时保持较强的流动性，为投资者带来满意的回报。

### （二）“红宝石”安心进取伞形配置信托计划

2010 年 3 月，上海信托正式推出了首只大类资产配置概念的创新型主动管理类信托产品：“红宝石”安心进取系列伞形资产配置投资信托。在投资策略上，该产品资金在代表各类资产、行业、主题类的子信托进行自主投资，实现信托资金在权益市场、固定收益市场、商品市场、艺术品以及海外市场等大类资产的灵活配置，获取理想的投资收益。在 2010 年证券市场维持震荡下行的情况下，“红宝石伞形信托”通过正确把握各类资产及行业板块风险收益特征及通过合理的筛选、动态评估机制、适时的仓位控制，在整体市场出现剧烈震荡的情况下，实现了较好的正收益。

产品特点是：（1）突破领域界限，积极发挥信托跨市场资产配置的制度优势，有序开发了跨机构、跨市场、跨产品的金融业务，填补了国内空白；（2）搭建协同通道，整合基金、券商、银行和信托等国内重要的金融机构，实现优势互补，形成合力，致力于打造上海国际金融中心财富管理和资产管理的大平台；（3）汇聚国际理念，采取全新的结构设计理念，首创了满足投资者多样化投资需求的解决方案。

上海信托的“红宝石”安心进取伞形配置信托计划在上海市政府主办的“2010 年上海金融创新奖”的评选中作为唯一一家信托公司创新产品入围，并获得上海金融创新奖二等奖，同时在 2010 年《证券时报》举行的第三届中国优秀信托公司评选中荣获“最佳信托计划”奖之一。

### （三）“薪动力”员工福利及激励单一信托计划

2010 年 7 月，上海信托推出“薪动力”员工福利及激励单一信托计划，实现企业年金业务的新突破。

产品特点是：（1）资产配置灵活，该信托产品能够按照企业自身需求和风险承受能力进行独立的资产配置，单独运作，同时在信托存续阶段，企业可以与受托人协商进行资产配置调整，以满足不断变化的投资需求；（2）覆盖范围灵活，产品建立的基础条件和人员覆盖范围不受限制，可以根据企业实际情况涵盖全体员工，也可以针对部分员工设计信托方案；（3）缴费模式灵活，企业可以根据福利及激励政策自行确定员工之间的缴费比例，并且员工不必随企业配缴，可最大限度体现公司的差异化福利及激励政策。

### （四）绿洲中环股权投资集合信托计划

2010年8月，上海信托推出“上信·攒金”系列绿洲中环股权投资集合信托产品，其中70%的资金用于股权投资，30%的资金用于发放信托贷款。信托计划将通过股权投资收益及信托贷款利息收入来获取投资收益。

产品特点是：（1）引入选择回购权，进一步增强资金运用的安全性；（2）投资标的结合了成熟物业和开发类物业，不仅分散投资风险，同时改善了单一标的的局限性，产品设计更为复杂灵活，满足企业多样化的资金需求。

### （五）盈投控股债权投资计划

2010年11月，上海信托推出信券系列·盈投控股债权投资计划。信托资金由盈投控股用于调整A公司资产负债结构及项目收购，便于完成其股权改革实现上市。

产品特点是：（1）构建了融资方的债务主体评级体系和信用增级措施的信用评级体系，便于全方位评判债权项目的风险要素；（2）针对市场上现有产品的空白，创造性地构建了“固定收益+看涨期权”的结构化产品设计，在保证投资者固定收益的同时，使投资者能分享到一定比例的浮动收益。

## 三、社会责任履行情况

作为一家国有大型信托公司，公司始终以“服务社会、改善民生”为己任，秉承追求卓越的精神、稳健合规的理念、客户至上的宗旨和诚信勤勉的作风，在市场上树立了良好的品牌形象，得到了业界和客户的广泛认可和赞誉。

公司把积极履行企业社会责任作为一项重要战略举措和对社会的郑重承诺，积极贯彻国家政策，服务广大客户，强化公司治理，弘扬卓越文化，支持公益事业，帮助弱势群体，保护生态环境，推动经济社会环境健康协调发展，与利益相关方携手促进社会和谐，努力成为国内一流的资产管理和财富管理金融机构。

2010年，公司不断践行企业的社会责任，开展了内容丰富的精神文明创建活动。公司以党支部为单位，通过捐助现金、运动器材、文具等方式继续开展“一手牵小、一手扶老”的双结对活动，不仅向结对老人和学生提供资金资助和物质资助，更重要的是从精神层面给予老人关怀和温暖，关注学生身心健康。圣诞前夕，公司领导前赴星雨幼儿园看望自闭症儿童，送上幼儿园亟需的教具，受到幼儿园老师和孩子们的欢迎，通过这类活动，引导员工增强对弱势群体的关心和了解，进一步加强了“奉献、友爱、互助”的精神。公司还配合集团结对帮扶工作，捐献10万元带动南汇四墩村的经济发展。2010年上半年青海玉树地区遭遇强震，公司组织全体员工向地震灾区捐款4万余元。公司还号召广大员工义务献血，2010年共有9名员工参加上海市义务献血。

2010年，举世瞩目的上海世博会成功召开。在世博期间，公司结合业务特点，秉承服务世博的理念，不断推进窗口文明建设，确保了大楼和周边安全以及信息系统稳定运营，在市金融办举办的评比中荣获“上海金融系统世博服务工作先进集体”表彰，进一步体现了公司参与社会、践行社会责任的决心。

着眼未来，公司将一如既往地秉持“源于社会、融于社会、回报社会”的社会责任宗旨，成为优秀的企业公民。

## 四、2011年发展规划

2011年是国家“十二五”规划的开局之年，也是公司实施五年战略发展规划的第二年，改革发展的任务更加艰巨。公司将继续深化体制机制改革，推进业务转型，不断增强自主创新意识，积极培育主动管理能力，全力打造公司核心竞争力。

主要工作思路：以提高信托业务收入、巩固信托行业地位为立足点，以增强自主创新、推进业务转型为切入点，以加强风险控制、优化运营管理为支撑点，深入挖掘市场机会，不断适应监管导向，努力推进业务转型的先发优势，打造专业团队，不断提升上海信托核心竞争力。

在信托主业方面，公司将主要做好以下三方面的工作：

1. 做强做大创新类产品

创新与主动管理是上海信托未来发展之本。2011年公司将对已经初步完成培育期的主动管理产品，如钻石系列、红宝石系列产品加大投入力度，集中资源发展，作出业绩，做大规模。

2. 不断推进业务和产品创新

在拓展业务时，公司将紧密围绕科学发展这个主题和加快转变经济发展方式这条主线，加强对宏观经济形势基本面的研判，重点布局国家政策大力扶持的行业，精选拥有核心技术、发展前景良好的优势企业，积极发挥信托跨市场、跨行业的制度优势，以丰富的专业知识和较强的产品设计能力，为企业提供优质的金融服务，为国家深化经济结构调整作出积极的努力。

3. 继续推进受托和融资型业务

2011 年，公司将在风险控制的前提下，继续保持传统信托业务的规模扩展。公司重点发展的资金池类业务，要顺应宏观经济政策，调整资金池产品投资范围，以银行理财客户资金特点为导向，设计资金池产品结构，发挥资金池产品交易主导能力，提高业务管理效率，推动规模化运作，强化客户营销和维护。

在自营业务方面，公司将根据市场环境变化，加强资产长线布局，以固定收益和证券投资类业务为重点，探索股权管理业务新模式，全力支持信托主业特别是主动管理类信托做大做强，完善自营与信托的研究资源共享，在确保资金安全性和流动性的基础上追求投资增值。

在经营管理方面，公司将配合业务转型需要，全面提升内控管理水平，加强风险量化控制的措施与作用，积极做好信息技术和运营管理的保障支持，继续完善管理机制，建立市场化、专业化、职业化的高素质团队，不断激发企业经营活力。

# 中诚信托有限责任公司

## 一、2010 年经营概况

2010 年经济发展形势比较复杂，市场环境和监管政策都发生了较大变动。全球经济继续复苏，但主要经济体进展明显分化。欧洲主权债务危机问题不断升级，国际金融市场剧烈动荡。在持续泛滥的流动性推动下，新兴市场通货膨胀压力巨大。我国经济继续保持较快增长势头，但通货膨胀风险再次抬头。2010 年内中央银行两次加息、六次上调存款准备金率，不断收紧流动性。房地产市场从 2010 年 4 月再次进入严厉调控周期，市场风险逐渐暴露。证券市场总体表现低迷，全年跌幅达 15% 左右。银监会不断调整银信、信政等监管政策，信托公司业务开展受到较大影响。信托证券开户问题也一直未能解决。此外，随着一批历史遗留问题的信托公司相继完成重新登记，信托市场竞争更加激烈。面对不利的经营形势，中诚信托有限责任公司 2010 年的经营概况有如下几个方面。

### （一）顺利完成增资扩股，在净资本监管变革中取得一定先机

中诚信托从 2009 年开始启动增资扩股计划。在各股东单位的大力支持下，增资扩股资金 4 月末全部到位，9 月取得银监会批复，11 月完成工商登记变更等后续手续。增资后公司注册资本金由 12 亿元增至 24. 57 亿元，补充资金 34. 06 亿元，净资产规模达到 70 亿元以上，资本实力跻身行业前列，为今后扩大业务规模和适应净资本监管新要求提供了有力保障。

### （二）继续壮大信托主业，加快业务转型步伐

中诚信托及时调整业务策略，上半年抓住银信合作快速发展的机遇，加强与银行合作，实现信托财产规模的较快增长。在银信监管政策收紧后，中诚信托充分挖掘房地产传统优势领域的市场机会，业务向全国重点城市拓展。此外，中诚信托还积极培育股票质押融资、新能源、矿业资源等新的业务增长点，成功推出 QDII 单一信托产品，与国家开发银行等机构合作进行了多个私募资产证券化项目，不断创新产品和业务模式。截至 2010 年末，公司管理信托财产规模

达到1 490.98亿元，较上年末增长近60%。

### （三）不断拓宽自有资金运用渠道，完善战略布局

在完成增资扩股以后，中诚信托积极拓宽自有资金运作渠道，提高收益水平。除继续开展贷款、担保等传统业务外，中诚信托重点围绕金融股权投资、PE创新业务、支持信托业务运作等领域展开运作。在金融股权投资方面，中诚信托投资组建的中诚宝捷思货币经纪公司于2010年4月末完成了工商登记，将成为全国第四家、北京地区第一家货币经纪公司；参与完成了国都期货公司的增资扩股；投资参股兖矿财务公司，该公司已在2010年10月开业经营。在PE创新业务方面，公司增资认购淮北矿业股份有限公司，预计上市后能带来可观效益。

## 二、创新业务案例

关于“2010年中诚信托民心1号集合资金信托计划”的介绍。

自2010年4月17日国务院发布“新国十条”楼市新政以来，各部委陆续出台了一系列抑制房价过快上涨的调控政策。为了体现调控政策“有保有压”的方针，中央经济工作会议确定的2011年的六大主要任务中明确指出要“加大保障性安居工程建设力度，加快棚户区和农村危房改造，大力发展公共租赁住房”，明确了对涉及城乡统筹项目、棚户区改造项目以及廉租房、经济适用房和两限房等保障性住房项目的地产领域仍持鼓励发展的态度。

为响应国家上述政策，结合全国快速城镇化的过程中出现的城乡结合部发展相对滞后、居民生活条件恶劣的实际情况，公司发挥信托制度优势及自身优势，通过积极参与城市棚户区改造，城乡统筹建设等“民心工程”，承担起信托公司应有的社会责任，进而发起设立了“2010年中诚信托民心1号集合资金信托计划”。

本信托计划资金规模总计16亿元，其中优先级信托资金12亿元，一般级信托资金4亿元。其中8亿元用于对江汉置业进行增资，剩余不超过8亿元信托资金以资本公积形式进入江汉置业。本产品的主要创新之处在以下几个方面：

一是响应国家政策，配合国家调控。在整体房地产调控趋紧的情况下，此业务符合国家政策导向，属于武汉市政府大力支持的范畴，在合法合规的情况下，达到各方共赢。

二是产品设计为结构化安排。一般受益人先于优先受益人承担信托计划风险，达到各方收益与风险匹配。

三是引入定期评估机制。引入各方认可的第三方专业评估机构，定期对公司所持有的项目公司股权进行评估，如评估价值低于约定值，则福星集团必须履行追加保证金义务。

四是引入受让保证金机制。为了确保信托成立一定期限后，福星惠誉地产能按照股权的评

估价格受让公司持有的全部江汉置业股权，福星惠誉地产须按照约定时点和约定金额向由公司监管的银行账户支付保证金，保证金不视为其提前支付股权转让价款，但只能用于支付股权转让价款。

五是设置或有担保。约定在特定条件下，福星集团公司承诺将追加其持有的上市公司股票作质押。

六是有效控制拆迁。由于此项目涉及100多万平方米的拆迁，为有效控制拆迁进度，按照时间节点对拆迁面积及建筑面积达到预售标准进行了严格约定，并作为触发对方违约的条件。

## 三、社会责任履行情况

2010年4月28日，公司党委倡导全体员工向青海省玉树县地震受灾群众捐款，公司142名员工共捐款19.58万元，公司捐款100万元。

2010年3月，公司党委响应银监会定点扶贫工作安排，向甘肃省和政县捐款50万元，今后5年，公司将每年捐此数额。

2010年6月，公司团委组织全体团员向银监会定点帮扶和政县贫困高中学生项目捐款6 200元，公司捐助8台电脑。

## 四、2011年发展规划

2011年全球政治经济形势仍然十分复杂，中东、北非等地缘政治事件对全球经济复苏带来较大影响。新兴市场国家通胀压力继续加大，经济增速会有所放缓。我国经济政策主旋律是“调结构、稳增长、控通胀”，尤其是稳定价格总水平、控制通胀已成为2011年第一季度首要工作。中央银行在稳健货币政策的基调下，继续提高存款准备金率和利率，并实施差别准备金率工具，以收紧市场流动性。2011年预计CPI同比增速在4%左右，总体呈现前高后低的走势；经济增速将有所放缓，但仍有望保持8%以上的较高水平。证券市场尽管整体估值不高，但通胀前景的不确定、流动性持续收紧、市场高速扩容等因素形成较大制约，比较利好的因素在于外围市场的回暖和带动效应，有可能出现阶段性的投资机会。房地产业继续面临严厉调控，房产税试点推行、资金渠道持续收紧、保障房供给的不断增加等因素将加快市场分化，风险进一步暴露。在国家推进经济结构的战略调整中，矿产资源等行业兼并重组，新兴产业将孕育新的发展机遇。信托监管政策进一步收紧，净资本监管新政即将落实，对银信、信政、房地产信托等业务进一步加强规范和风险管理。总体来看，2011年经营环境不容乐观。中诚信托经营工作重点是：

第一，认真落实《三年规划（2010—2012 年）》目标，扎实推动公司由融资服务机构向真正的财富管理服务机构转型，进行股份制改造，争取早日上市。通过资本市场建立持续的资本补充机制，为业务持续发展提供资本保障。

第二，做好信托产品兑付工作，防止出现风险。由于信托公司缺乏必要的风险缓冲机制，信托项目风险“零容忍”，一旦出现风险会使公司发展遭受巨大波折。2011 年中诚信托的前中后台部门要积极配合，加强沟通，针对每个项目研究制订细致周全的资金回收方案和应急预案，确保到期信托计划顺利兑付，保持公司平稳运行。

第三，提升自主管理能力，加快推动业务结构调整。在巩固现有的业务、市场和客户基础上，中诚信托力争在结构调整上取得明显成效。业务领域由单一倚重住宅房地产项目，向保障性住房、商业地产等新兴领域扩展，加大资本市场、新兴市场业务比重；深入参与项目管理运作，发展基金型产业投资信托；开拓私募债、并购、私募证券化等新领域；盘活存量资产，稳步拓展 PE 等新兴业务，加强自有资金与信托业务的协同发展。

第四，根据银监会净资本监管新规和业务转型要求，完善内部管理制度，提升管理的规范化、科学化、精细化水平。中诚信托继续梳理规范操作流程和内控机制，加快研究建立以净资本管理为核心的风险管理和计量、资本消耗和分配管理模型，确保风险管理能力与业务发展水平相匹配；整体规划和提升信息化水平，利用信息化平台和手段促进公司管理的现代化；继续加强人力资源管理，打造市场一流的专业化团队；认真落实银监会党风建设和反腐倡廉工作要求，真正做到合规守法、廉洁从业。

# 中海信托股份有限公司

## 一、2010 年经营概况

2010 年，在面临多种内外部不利因素带来的强烈冲击下，中海信托股份有限公司在董事会带领下，在全体员工的辛勤付出下，继续保持平稳发展的态势，顺利完成董事会预定的经营目标，各主要经营指标同比均有所增长，并且在基础管理、业务创新等方面有了新的突破。

### （一）公司资产继续保持高质量

截至 2010 年 12 月 31 日，公司总资产 24.37 亿元，净资产 22.51 亿元。不良资产继续保持为零，公司连续 7 年保持新增不良资产为零。

### （二）经营指标同比实现较大幅度增长

2010 年实现营业收入 81 196 万元，利润总额 65 082 万元，同比分别增长 23.22% 和 15.99%，分别完成年度预算的 117.34% 和 114.18%，超额完成年度经营目标。该年度实现信托手续费收入 62 176 万元，占营业收入的 76.58%。

### （三）管理资产规模再创新高，为未来发展做好布局

2010 年，信托监管政策频繁出台，对公司已具有优势的信托投行业务造成一定冲击。公司积极应对，开拓创新，信托业务继续保持快速发展态势。截至 2010 年末，公司管理信托资产余额达 1 645 亿元，同比增长 20.02%，全年累计管理资金 3 224 亿元，再创历史新高。同时，注重布局，该年度开展的项目为未来年度布局信托手续费 6.98 亿元，提升了公司可持续发展能力。（注：以上数据均为财务快报数据，以最终经审计的年报数据为准。）

## 二、创新业务案例

2010 年，中海信托的业务创新更上新台阶，对信托制度的运用更加深刻，在业务合作模式、

盈利模式、管理模式等方面同以往项目相比，信托制度优势的发挥及公司的地位有了质的变化。

第一，2010 年 6 月，中海信托将期酒理财的理念从葡萄酒延伸到白酒领域，与工商银行、泸州老窖共同推出了“泸州老窖特曲绝版酒收益权投资项目”，进一步发展了期酒理财理念。投资者在获取高收益的同时，享受口感优良的白酒。

第二，2010 年 7 月，推出了“中海聚发 25 - 保证金 1 号信托计划”。项目借鉴了国际投行的产品设计思想和原理，采用了多层次结构化设计，满足了不同风险偏好投资者的投资需求，是国内信托公司发行的首只保证金交易型证券投资基金。该项目由中海信托联合证券公司负责产品设计和产品管理，受托人本身不承担市场风险，同时中海信托可获得较为可观的无风险的发行费，有利于按监管部门的要求，实现由“融资平台”向“信托理财产品供应商”的转变，从“项目开发”到“产品开发”的转型，同时形成新的商业模式。产品推出后受到各类投资者的广泛好评，产品应投资者的要求，不断扩募，从成立时的 2.5 亿元迅速发展到近 10 亿元。

第三，2010 年 8 月，中海信托推出了 11 亿元的“中海・首创—奥特莱斯股权收益权受让集合资金信托计划项目”，以 8.25 亿元优先级信托资金受让北京创新建业公司持有的首创奥特莱斯公司 95% 股权受益权，同时要求转让方将受让资金投入到首创奥特莱斯公司项目建设中，以保证中海信托持有的股权收益权能够顺利实现。

第四，2010 年 10 月，中海信托推出了 25 亿元的“中海・中信城特定资产收益权受让集合资金信托项目”。该项目将特定资产收益权理念成功运用到商业住宅投资领域，圆满达成企业端的资金安排需求，25 亿元的总规模，451 位高端投资者，改写了中海信托乃至 2010 年信托行业集合资金信托计划发行的历史。同时，项目信托经理团队全国路演，渠道端的预约超过 50 亿元，正式发售仅用了 1 天半，市场的积极反馈、产品的成功发售，极大地提升了公司的行业美誉度，也进一步强化了开拓创新的勇气和底气。

第五，2010 年 12 月，中海信托推出了 17.5 亿元的“中海・京东方股权收益权投资集合资金信托计划”，创造性地运用信托制度有效盘活存量资产，间接支持国有企业定向增发，期间克服诸多困难，成为参与京东方增发项目的众多信托公司中唯一成功的一家，帮助北京市政府顺利实现获取京东方控股权的战略目标，同时，有力支持了新型显示板这一国家“十二五”规划新兴产业的发展，体现了作为国有金融企业的社会价值。

第六，开发“理财宝/融通宝”系列产品。发挥公司在结构化证券、贷款转让和资金流动性管理的综合优势，推出了国内首家信托公司主动管理的“理财宝/融通宝”开放式组合管理的增强型固定收益信托产品，创立了中海信托在外资银行业内的资产管理品牌。

第七，积极推进 QDII 业务。继 2009 年获得中国银监会 QDII 业务资格批复之后，2010 年 1 月 12 日，中海信托获得外汇管理局批准的 2 亿美元 QDII 额度。中海信托秉持“通过产品创新满足客户个性化需求，为客户提供全球化资产配置解决方案”的 QDII 业务发展策略，结合公司固定收益产品优势，设计“中海稳健－QDII 结构性票据”系列代客理财境外信托产品，打通境内外通道，为客户提供风险较低的海外投资产品，目前中海信托已有两个 QDII 产品获银监会批准，预计年内将有一款产品推出市场，中海信托 QDII 业务走在业内前列。

## 三、社会责任履行情况

以维护委托人利益为重点，切实履行国有企业社会责任。作为一家国有工业企业控股下的金融机构，中海信托在追求盈利的同时认真履行国有金融企业的社会责任，维护委托人利益。2010 年监管政策调整，中海信托严格按照监管政策规定，压缩银信合作业务规模，坚持合规经营；严格项目审查标准，加强业务风险审查，完善后期管理，不涉足高风险的房地产、地方政府平台业务，保证委托人的资金安全；在股市震荡下行情况下，加大对结构化产品的监控，严格设置风控参数，保护优先级委托人的利益不受损失。2010 年，中海信托为委托人实现信托业务收入 114.99 亿元，创造信托利润 87.48 亿元，未发生任何信托项目不能按期兑付、损害投资人利益的情况。

中海信托以实际行动积极贡献社会。在 2010 年我国西南地区遭受旱灾之时，公司全体员工积极支援灾区，发起了“捐赠一箱水，献出一份爱”活动，募集捐款人民币 24 500 元。玉树地震发生后，公司以集体名义捐赠 50 万元，向灾区人民伸出援手。在上海世博会期间，公司员工积极参与世博志愿者工作，展现出良好的精神风貌，获得街道党委的好评和荣誉锦旗。

中海信托还积极响应上海市委组织部号召，参与城乡党组织结对帮扶活动，2010 年 8 月 5 日，与崇明县建设镇签署《城乡党组织结对帮扶（共建）工作协议书》。公司党委派专员赴三星村进行实地调研，已决定对其扩建村卫生室项目提供资助，以改善当地村民的就医条件，为上海市构建城乡统筹基层党建格局作出贡献。

## 四、2011 年发展规划

2011 年，公司将围绕做强中海信托的二次转型战略开展各项工作，重点在以下方面取得突破。

### （一）不断完善法人治理结构

严格按照监管部门和海油总的要求，不断完善科学、规范的法人治理结构。适时引进战略投资者，优化股权结构，切实发挥公司战略投资者和独立董事作用。加快中海信托的经理人职业化和市场化的步伐，建立科学的经理人激励机制，特别注重平衡长期激励和短期激励，侧重长期激励制度的建设，规范经理人行为。

### （二）加快业务转型，打造知名资产管理品牌

积极开拓信托投行业务。在不违反政策规定的前提下，继续发挥公司在为能源、交通、基础设施等实业领域国有大中型企业服务的优势，维持已有优质项目，同时积极开拓优质项目，在公司业务转型过程中，保证业务开展的可持续性。

打造资产管理品牌。业务转型过程中，以创新手段重点开拓资产管理业务，继续发展结构化证券投资业务，重点围绕结构化优先级证券投资产品开发相关固定收益类组合管理产品，形成可持续的产品线，提升资产管理规模和主动管理能力。加大业务创新力度，力争在资产证券化、房地产基金、QDII 业务方面取得突破。

继续加强对高端个人客户营销管理工作。大力开拓资产管理业务的直销高端机构和私人客户，推进分级客户管理，强化高端客户服务，拓展公司资金来源渠道，提升公司盈利能力，同时加强与商业银行、证券公司、基金公司等金融企业高端客户管理部门的战略同盟，发展一批具有优异历史业绩表现、品牌、诚信的职业化私募基金投资管理公司客户群，为未来公司开发主动性 TOT 业务打基础。

### （三）配合战略转型，完善现有风控体系

按照公司战略转型的要求，整体转变风险控制理念。在公司企业文化整体框架下，逐步形成以价值为目标、以客户为中心、以市场为导向、以责任为纽带、以能力为基础的风险文化，同时继续强化人人有责的全面风险意识。

完善前台、中台、后台隔离的风险控制体系，强化全面风险管理。公司将继续倡导和强化“全员的风险管理意识”，把风险管理贯穿于公司业务的整个流程，推行事前防范、事中管理、事后处置的全过程风险管理行为，加强项目实施后期管理，保证公司在不断变化的环境中能够敏锐地感知风险、分析风险和防范风险。提高制度执行力，使遵守规章制度成为每一位员工的自发行动。

加强稽核、监察审计工作。充实审计力量，加强监督项目运作的合法合规性，及时揭示项目管理及资金运作中的风险。继续弘扬“红线文化、以人为本”，采取教育引导为主，把制度建设作为有效防止腐败的根本途径，严格落实党风建设和反腐倡廉责任制，进一步完善惩防体系建设。

### （四）加强队伍建设、文化建设

继续推进全员的绩效考核制度，对人力资源改革方案实施的过程中出现的问题进行调整、

完善，加快用人市场化、考核市场化和薪酬逐步市场化的人力资源整体改革。

围绕转型要求，继续引进关键岗位的专业人才，考虑未来完善金融产业链的需要，做好人才储备。同时加大人员培训力度，建立一支技术过硬、品德过硬、作风过硬的资产管理队伍。

继续深入开展创先争优活动，把创先争优活动作为提高公司经营管理的重要契机和重要手段，把国有企业政治优势转化为核心竞争力，为公司实现向资产管理型公司转型提供思想基础和组织保障。

继续开展合规效能监察工作，将“三重一大”、廉洁从业、合规经营等效能监察工作制度化、长期化。继续弘扬“红线文化、以人为本”，采取教育引导为主，把制度建设作为有效防止腐败的根本途径。

# 安徽国元信托有限责任公司

## 一、2010 年经营概况

### （一）2010 年经营业绩

截至 2010 年末，安徽国元信托有限责任公司管理的资产总规模 391.74 亿元，较年初增加 194.5 亿元，增长 98.62%。其中，信托财产规模为 359.61 亿元，较年初增加 192.36 亿元，增长 115.02%；固有资产 32.13 亿元，较年初增加 2.14 亿元，增长 7.14%；净资产 30.91 亿元，较年初增加 1.94 亿元，增长 6.71%。

2010 年，实现各项业务收入 37 398.4 万元，较 2009 年增加 5 278.27 万元，增长 16.43%。其中，信托业务收入 15 005.98 万元，较 2009 年增加 8 959.76 万元，增长 148.19%；固有业务收入 22 392.42 万元，其中自主经营固有业务收入 7 722.42 万元，较 2009 年增加 2 332.61 万元，增长 43.28%。

信托业务收入占总收入的 40.12% ，较 2009 年增加 21.19%。信托业务收入占自主经营收入的 66.02%。

自主经营收入 22 728.4 万元，较 2009 年增加 11 292.37 万元，增长 98.74%，占总收入的 60.77%；长期股权投资权益收入 14 670.0 万元，占总收入的 39.23%。

利润总额 28 845.25 万元，较 2009 年增加 3 042.58 万元，增长 11.79%。净利润 25 495.24 万元，较 2009 年增加 992.56 万元，增长 4.05%。

2010 年，全年公司新发行集合信托计划 28 个，募集资金 20.99 亿元，较 2009 年增长 52.43%；新增单一信托计划 127 个，募集资金规模 361.07 亿元，较 2009 年增长 111.2%。截至 2010 年末，公司存续信托项目 187 个，信托财产总规模达到 359.61 亿元，其中，集合类 51 个，金额 35.29 亿元，单一类 136 个，金额 324.32 亿元。

2010 年，全年共清算信托项目 103 个，金额 166.48 亿元，没有发生一例兑付风险。

从上面的经营数据分析，可以看出 2010 年国元信托呈现以下特点：继续保持平稳较快发展；

固有业务和信托业务同步发展；自主经营管理收益占比明显提高。

2010 年，公司自主经营管理收益占比明显提高，改变了过去公司的长期股权投资分红、权益核算在公司的收益中占很大比重，而公司自主经营管理收益这一块占的比重较小的局面。公司自主经营收入首次超过长期股权投资的收益。

### （二）创新发展信托主业

积极打造主动型资产管理能力，以基础设施类信托产品为主导，通过股权投资、债权转让、收益权转让、股权受益权转让等多种形式大力发展集合类信托计划，逐步摸索、完善以基础设施类集合计划为主的国元信托特色集合业务；全力推进银信业务合作，抢抓机遇，实现单一类信托计划的跨越式发展。

2010 年，在信托业务经营领域和信托业务品种开发上主动创新，不断取得突破，实现了创新发展，推出了多款具有创新特质的产品。

1. 设计了泗县江上青小学助学金公益信托计划。显示出了国元信托在从事公益事业方面的积极性和主动性，为公司从事公益信托探索出一条新路，确保公益事业的稳固安全。

2. 创新开发了“宣城市振宣中小企业担保公司股权投资集合资金信托计划”，该信托计划采用股权 + 回购、优先/劣后的产品设计，成为行业首个扶持中小企业担保机构的具有高比例结构化安排特点的股权投资信托计划。扶持了当地中小企业信用担保体系建设，为缓解当地中小企业担保难、融资难发挥了重要作用。

3. 成功发行了“合肥兆祥房地产开发有限公司贷款项目集合资金信托计划”，成为公司 2010 年首只房地产类集合信托计划，丰富了公司集合信托产品种类。

4. 成功发行首个定向增发的优先 + 劣后结构化证券投资集合信托计划，公司证券资产管理能力进一步增强。

5. 发起设立合肥市“滨湖春晓”中小企业贷款项目集合资金信托计划，将多个指定管理的信托资金以信托计划方式聚集起来，形成集合信托资金向经过审核的合肥市 21 家中小企业提供贷款，支持中小企业快速发展。

6. 公司紧跟政策导向，结合“皖江城市带承接产业转移示范区”建设浪潮，开发设计了“皖江城市带系列产品”。2010 年，公司全年累计发行 20 只“皖江城市带系列集合信托产品”，募集资金 13 亿元，有力地支持了地方经济发展。

7. 公司获得中国银监会核准，取得特定目的信托受托人资格（即资产证券化资格）。取得资产证券化业务资格，将拓展新的业务领域，公司可作为资产证券化业务中特定目的信托受托机构，负责管理特定目的信托财产并发行资产支持证券。这不仅使公司信托的业务领域得到拓展，丰富公司服务于大型企业集团、大型商业银行的金融手段，更对公司未来业务模式的创新起到了积极的推动作用，进一步奠定公司的行业地位。

### （三）发挥信托功能优势，支持地方经济发展

多年来，公司一直“立足安徽，致力于地方经济建设”。2010 年，公司面对错综复杂的经济环境，坚持“依法合规、稳健经营”的经营方针，深入分析、研判宏观经济形势，坚持“有所为，有所不为”，准确把握、灵活应对、踏准节奏，坚持创新发展，在支持皖江城市带承接产业转移示范区建设，合芜蚌自主创新综合配套改革试验区建设，861 项目建设以及县域经济发展，“三农”、中小企业发展等诸多方面，进行了积极探索和有益尝试，取得了良好的社会效益。

1. 支持皖江城市带承接产业转移示范区建设。公司领导班子转变经营理念，深化金融创新，多次率队到示范区登门拜访，主动了解资金融通、项目建设等方面需求，充分发挥公司推进皖江城市带承接产业转移示范区建设进程中的引擎作用和服务功能。2010 年，公司为支持皖江城市带承接产业转移示范区建设，设立信托项目个数 20 个，金额 13 亿元。

2. 支持合芜蚌自主创新综合配套改革试验区建设。公司积极响应省委、省政府要求，积极参与和支持自主创新银企对接平台建设，重点支持合肥、芜湖、蚌埠三市基础设施建设，进一步提高创新区核心竞争力。项目个数 10 个，金额 16.4 亿元。

3. 支持 861 项目建设。项目个数 2 个 ，金额 1.17 亿元。

4. 支持县域经济发展。项目个数 6 个 ，金额 3.33 亿元。

### （四）加大金融股权投资，做好证券投资业务，高效运用固有资金

积极稳妥做好固有资金贷款贷后项目管理，2010 年，实现利息收入 2 001 万元；回收不良贷款 730 万元；调配资金参与网下新股申购及二级市场买卖，实现证券投资收益 4 076 万元。同时，积极寻找金融股权投资机会。2010 年，公司投资池州九华农村商业银行 1.2 亿股，投资金额 1.44 亿元，成为该行第一大股东；参与淮南通商银行和桐城农村合作银行增资扩股，投资金额 9 300 万元。截至 2010 年末，公司投资的农村金融机构 5 家，投资总金额达 3.3 亿元，全部为优质金融股权。

### （五）以信托业务综合管理信息系统建设为手段，进一步提高业务管理效率和水平

为进一步提高公司业务管理效率和水平，公司全力推进信托业务综合管理信息系统项目建设，使用计算机信息系统提高业务操作管理的效率和水平。2011 年 1 月，该系统上线运行。

## 二、创新业务案例

“皖江城市带系列产品之宣城市振宣中小企业担保有限责任公司股权投资集合资金信

托计划”

该信托计划采用股权投资 + 回购，优先/劣后的结构化设计，为行业内首个扶植中小企业担保机构发展的具有高比例结构化安排特点的股权投资信托计划。

## （一）信托计划简介

该信托计划规模不超过人民币 1 亿元，期限 2 年。分别向宣城市宣州区财政局（一般受益人）和普通社会投资者（优先受益人）按 1:1 的比例募集资金。信托资金用于对宣城市振宣中小企业担保有限责任公司（以下简称振宣担保）进行增资扩股。信托期满宣城市宣州区财政局将受让国元信托（受托人）持有的振宣担保全部股权，同时宣城市宣州区国资公司为宣州区财政局支付相关款项提供连带责任保证担保。

该信托计划业务操作流程如下：

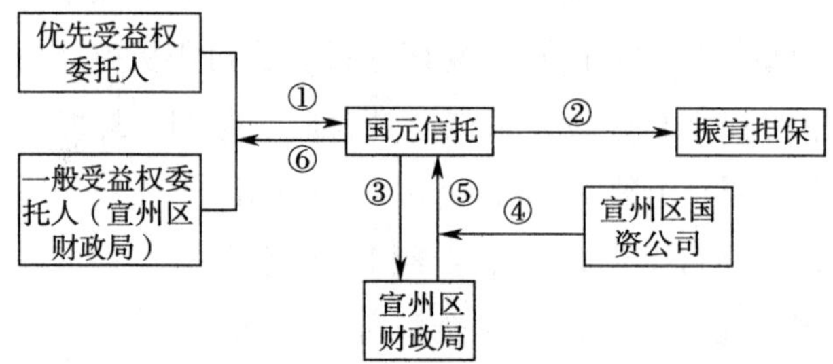


注：①委托人将其合法拥有的资金交付受托人，并与受托人签订《资金信托合同》。其中一般受益权委托人交付 5 000 万元，信托规模合计不超过 1 亿元。

②国元信托（受托人）与宣州区人民政府、振宣担保三方签订《增资扩股协议》，国元信托将信托计划资金向振宣担保进行增资扩股。

③国元信托与宣州区财政局签订《股权转让合同》，约定宣州区财政局在信托存续期内按计划支付股权受让价款。

④国元信托与宣州区国资公司签订《保证合同》，为宣州区财政局到期受让股权所支付的价款提供不可撤销的连带责任保证担保。

⑤宣州区财政局在信托存续期内按计划支付股权受让价款，到期受让国元信托持有的振宣担保股权。

⑥国元信托根据信托合同按期向受益人进行收益分配。

**振宣担保股权投资集合资金信托计划操作流程**

## （二）创新特点

该信托计划不仅在资金运用方式上采用股权投资方式，更采用了优先/劣后的信托分层结构，同时结合财政资金对国有中小企业担保公司增资扩股，该业务领域和业务操作模式不仅为公司的首单产品，更在国内信托业界首开先河。

1. 股权投资 + 信托分层的信托产品

该信托计划为国元信托首只股权投资 + 信托分层的信托产品。受益人收益安排上创新性地使用了优先/劣后的信托分层结构，宣州区财政局作为次级受益人加入本信托计划，优先、次级资金的配比为1∶1，对优先受益人的保障大大增强。在资金运用方向上使用了股权投资＋回购的方式，相比普通贷款方式，资金使用上更为灵活，回购方和担保方的加入，使得信托资金在信托期满后可以安全退出，确保信托资金的安全兑付。

2. 创新政信合作新领域

信托计划结合财政资金对国有中小企业担保公司增资扩股，是信政合作除政府平台公司之外的新业务领域的尝试。政府背景的担保公司，资质优良，符合国家产业政策和公司鼓励的合作伙伴和业务领域。通过扶植担保公司，增加其注册资本，可以充分发挥担保机构放大担保倍数的杠杆效应。同时，与中小企业担保公司股权方面的直接合作，相比面向一揽子中小企业贷款的信托计划，不仅大大减少后期管理成本，而且降低了信托计划到期即期兑付的刚性风险。

该信托项目有效地将金融要素更好地搭配和组合，直接投资于中小企业担保公司，是支持中小企业发展、优化业务流程、创新金融服务方式、效率更高的一种新模式，使得信托机构在服务中小企业方面找到了一个契合点，使得信托模式在风险管理、产品设计、业务创新、资金安排、服务领域等环节上更加得心应手，走出了一条适合政信企共同发展的经营道路，呈现许多值得推广的“亮点”。此项金融创新的业务实践活动，为信托公司今后更加安全、高效地服务中小企业取得了宝贵的经验，也为支持地方经济建设、繁荣社会主义市场经济多元化发展，发挥了地方金融机构应有的功能和作用。

## 三、社会责任履行情况

1. 支持中小企业发展

项目个数2个，金额7 400万元。

为贯彻落实省政府关于支持中小企业发展的战略决策，拓宽优质中小企业的融资途径，切实支持中小企业发展，国元信托充分发挥信托的投融资功能，与专业担保有限公司合作，募集社会资金，发行了“合肥市中小企业发展集合资金信托计划”，募集信托资金2 400万元，为中小企业的快速发展提供资金支持。

发行了“合肥市‘滨湖春晓’中小企业贷款项目集合资金信托计划 ”，该项目信托规模为5 000万元人民币，期限2年。该项目为国元信托首次通过设立信托计划向经过审核的一揽子优质中小企业提供贷款。该信托计划不同之处在于采用了“一对多”的创新服务方式，以设立信托基金形式实行批量放贷，即资金的投向不再是单一的用款企业，而是贷款给21家合肥市中小企业，有组合投资性质。通过采取“统一冠名、统一担保、集合发行、批量放贷”的方式，解决了一些规模较小企业不能独立发行信托计划的矛盾，彰显集合优势。该项目融资模式创新，贷款对象涉及面广、覆盖面宽，是中小企业的优秀集群。信托贷款期限适中，更符合成长型、创新型中小企业的需求。

该项目信托资金的募集集合了财政资金和社会资金，通过这种合作，发挥了财政资金对社会资金的撬动作用。利用信托的桥梁纽带，放大政府信用，启动民间资金，拓宽社会投融资渠道，在吸引社会资金提供有益的投资渠道同时降低了中小企业融资成本，从多方面、市场化的角度促进中小企业成长，支持其全面发展。该信托计划是国元信托支持合肥市政府、扶持合肥市中小企业发展的金融创新信托产品，实现了“政、信、银、企”多方共赢的格局，是破解中小企业融资难的有效尝试。

2. 支持“三农”发展

公司认真贯彻中央经济工作会议精神，努力实践科学发展观，积极筹集资金，加大农业信贷投放力度，创新支农服务信托新品种，取得了明显实效。项目个数2个，金额1.2亿元。

3. 设计了泗县江上青小学助学金公益信托计划

该计划显示出了国元信托在从事公益事业方面的积极性和主动性，为公司从事公益信托探索出一条新路，确保公益事业的稳固安全。

4. 公司与合肥交通广播合作举办了“2010爱心送考活动”，以实际行动支持莘莘学子，回报广大社会投资者，赢得社会广泛好评

5. 捐赠

公司员工积极为云贵川等遭受严重旱灾的西南地区捐款2 200元。

公司员工积极为六安市分路口镇江堰村逸夫楼小学捐赠图书和学习用品活动，共捐赠图书856本，文具2 771件，玩具4个。

## 四、2011年发展规划

2011年，公司将紧紧围绕转变发展方式、提高发展质量、巩固发展成果、调整业务和产品结构、推进业务转型这一工作主线，提高主动管理能力，把提供优质丰富的产品，形成稳定有效的渠道，建立一套完备的整合了产品、客户、渠道、资产管理、风险控制的系统平台，打造一支优秀的信托经理人队伍和经营管理水平上台阶作为全年工作重点。

### （一）2011年经营目标

力争实现利润增长10%，固有业务、信托业务收入增长10%。

### （二）2011年工作任务

固有业务：做好定向增发，金融股权、拟上市公司股权投资、证券投资等业务。加强已贷

款业务和已投资金融股权的跟踪管理。

信托业务：切实增强风险意识，强化“四大风险”——信用风险、流动性风险、操作风险、市场风险的防控，做好到期项目，尤其是集合类项目的清算兑付。稳健开展基础设施类业务，积极开发基础设施投资基金；开发房地产的股权投资和房地产的投资基金；开发定向增发类证券投资业务和定向增发类的基金化产品；做好中小企业融资的信托产品，开发典当、担保、小贷公司的股权投资信托产品；加强与银行的合作，做好银信合作的单一类产品和两头在银行的集合类产品。

### （三）逐渐形成国元信托的特色经营

找准发展的方向，开展错位竞争，培育新的业务增长点，形成经营和业务特色。要通过创新并提供具有鲜明特色的个性化产品和服务来开拓市场，争取客户，提高自主管理的能力。提升核心竞争力，实现内涵式和外延式发展并举。

固有业务：巩固包括长期股权投资（包括国元证券股权、农村金融股权投资）、拟上市公司的股权投资、证券市场投资（一级、二级市场和定向增发）的公司固有业务特色经营。继续争取参股一家基金公司。

信托业务：目前公司最主要信托业务还是基础设施类项目，同时，要向房地产、证券投资、中小企业融资、“三农”、旅游文化、保障性住房（棚户区改造、公租房、廉租房建设）等业务领域迈出坚实的步伐。

# 重庆国际信托有限公司

## 一、2010 年经营概况

重庆国际信托有限公司成立于 1984 年 10 月，注册资本金 24.3873 亿元，净资产近 80 亿元。公司始终坚持诚信、稳健、创新、求精的理念，秉承“受人之托，诚信第一，代人理财，盈利为本”的经营策略，充分发挥专业优势，为国家经济发展提供信托金融服务，为百姓财产增收提供信托理财产品，以高度的社会责任感回报社会。

2010 年，公司继续保持良好的发展势头，通过强化项目后续管理、严控经营风险、尽职履行受托人义务、全方位拓展信托主业，经营业绩再创新高，主要体现在以下几个方面。

### （一）兼顾稳健与进取，经营业绩稳步提升

2010 年，公司一方面苦练内功，完善公司治理结构，大力加强内部管理，完善风险控制体系；另一方面紧跟市场节奏，充分发挥自身优势，加大主动管理类项目的开拓，培育合格投资者，信托业务稳步增长，结构更趋于合理。

2010 年，公司新增信托项目 84 个，信托资金 346.37 亿元。其中，单一资金信托 275.67 亿元，集合资金信托 69.20 亿元，财产（权）信托 1.5 亿元，年末存续的集合资金信托所占比重也由 2009 年的 6% 上升为 20% 。公司加强了自主管理类项目的拓展，按照信托产品高端理财定位，推出了众多收益风险特征符合合格投资者群体需求的创新信托产品，逐步形成以渝信系列、润丰系列为代表，具有全国影响力的信托产品品牌。

### （二）成功引进战略投资者，公司治理结构和内控体系进一步完善

2010 年 12 月，重庆信托完成第三次增资扩股，公司注册资本由人民币 16.3373 亿元增加至人民币 24.3873 亿元，增资后的重庆信托净资产近 80 亿元，资本实力跃居全国信托行业第二位。增资扩股的完成，大大增强了公司的实力和抗击市场风险的能力，为公司进一步壮大信托主业、跻身国内一流信托公司奠定了坚实基础。

2010年公司董事会增设了薪酬及提名委员会，制定并通过了《董事履职评价办法》、《薪酬管理暂行办法》等规章制度，全面修订了风险控制委员会、关联交易审查委员会、审计委员会、信托委员会等董事会下设专委会议事规则，公司治理进一步完善，风险管控能力进一步增强。

（三）投资企业取得了较好的成绩

2010年，公司投资控股的企业均取得了较好的成绩：公司牵头采取市场化手段筹集32亿元，消化12亿元不良资产而重组成功的重庆三峡银行，连续3年入选英国《银行家》杂志“全球银行1 000强”。2010年重庆三峡银行各项经营指标再书写新的历史纪录，2010年末全行资产规模456.4亿元，比重组前增长7.61倍，实现利润5.12亿元、比重组前的2007年增长10.6倍，各项监管指标均达到监管要求；公司发挥专业理财优势，鼎力支持西南证券克服严峻的市场环境不利影响，提前3个月圆满完成再融资任务，募集资金60亿元，刷新重庆资本市场的融资规模；重庆路桥不断拓展新的业务领域和长期稳定的利润来源，2010年营业收入344 763 514.94元，比2009年上涨6.75%；利润总额为143 160 217.12元，比2009年上涨31.08%。

（四）加强同业交流，共同推动行业发展

1. 协助信托业协会成功举办第一次联络员大会

2010年1月28日，公司作为唯一协办单位，协助中国信托业协会在重庆召开了“中国信托业协会会员单位联络员第一次会议”。全国各信托公司的联络员共50多人参加了此次会议。

2. 成功举办新监管形势下银信合作业务研讨会

2010年10月29日，公司联合有关金融机构成功举办了“新监管形势下银信合作业务研讨会”，中国建设银行股份有限公司广东、福建、重庆等分行投资银行部的相关领导应邀出席，各方积极就新监管形势下银信合作业务的难点、监管文件的解读、信托公司的主动性管理和新产品开发、银行与信托公司的项目交流、信托项目后期管理合作等问题进行了广泛、深入的交流，探讨了新规下银信合作业务的各种可能模式，为将来的业务合作奠定了坚实基础。

3. 成功举办私人银行信托产品创新研讨会

2010年12月17日，由公司主办的“私人银行信托产品创新研讨会”在重庆隆重召开。公司副总裁林德琼、业务总监吴浩风及有关业务部门负责人汇同中国建设银行股份有限公司总行财富部，及12个地区分行私人银行部及个人金融部的相关领导一起讨论了在个人金融资产持续增长的大环境下，私人银行业务的开展既有良好的外部环境和基础又受到相关条件的制约，使得银行业务的发展一直面临着产品创新的困难。希望充分利用信托在金融创新中独特的优势，通过合作共同发展。

## 二、创新业务案例

1. 结构化信托——满足投资者风险偏好

公司积极探索结构化信托模式，在股权投资、证券投资等集合信托中，根据投资者不同的风险偏好对信托受益权进行分层配置，并按照分层配置中的优先与劣后安排进行收益分配。从2010年以来，公司先后推出了“两江新区价值成长1号——松芝时代城股权投资集合信托”，“重庆信托・新泉结构化证券投资集合资金信托计划”，“重庆信托・聚益证券投资集合资金信托”等新产品，并对存续的“润丰系列”、“渝信系列”证券投资集合信托计划加以改造，引入信托受益权分层设置机制，使具有不同风险承担能力和意愿的投资者能够通过投资不同层次的受益权获取不同收益。

2. 股权投资信托——助推两江新区开发建设

为助推重庆两江新区的开发建设，公司于2010年7月推出“两江新区价值成长1号——松芝时代城股权投资集合资金信托计划”，将信托资金以收购和增资的方式取得重庆松芝置业有限公司的股权，运用于两江新区核心腹地的项目建设。信托计划设置了配套的风险控制措施，公司通过参与项目公司管理，力保信托资金安全和信托财产增值。“两江新区价值成长1号——松芝时代城股权投资集合资金信托计划”的成立，不仅为重庆两江新区的建设作出了积极的贡献，而且使投资者能够分享到两江新区的价值成长。

3. 公益信托——履行企业社会责任

2009年9月，公司发起设立了全国首只警察英烈救助公益信托基金——“金色盾牌・重庆人民警察英烈救助公益信托基金”，专项用于牺牲、伤病、伤残、特困公安民警及其家属的优抚救助。

该公益信托得到了中国银监会、公安部和中国公安民警英烈基金会的充分肯定，在各级领导的关心、重视和社会各界热心人士的鼎力支持下，不断有新的企业和个人加入信托基金，募集金额已由成立之初的10 070万元增加到约13 500万元，实现了基金规模快速稳健增长，为切实解决广大干警后顾之忧打下了坚实的物质基础。

该公益基金信托成立一年以来，通过公司专业投资运作，已实现投资收益超过千万元。经基金管理理事会批准，累计拨付1 780余万元，用于慰问全市公安英烈、因公牺牲民警家属、英模、因工伤残民警、特困民警、离退休干部4 000余人次。

## 三、社会责任履行情况

1. 受托托管庆隆公司，成功化解金融风险

重庆庆隆屋业发展有限公司及其关联公司（以下合称庆隆公司）的实际控制人彭治明涉嫌

犯罪被采取刑事强制措施后，其公司经营出现的严重问题将会引发一系列社会问题。在市委、市政府领导下，2010年9月，受重庆市公安局及渝中区、南岸区政府委托，重庆国际信托有限公司正式对庆隆公司进行托管。为解决民工工资和工程款拖欠问题，恢复部分项目施工建设，公司向庆隆公司发放贷款，发起设立“金融资产投资集合资金信托计划”，买断银行与庆隆公司相关信贷资产等方式，彻底化解了各银行机构的金融风险，维护了重庆市良好的金融生态。

2. 响应绿化长江倡议，踊跃捐款

长江是中华民族的母亲河，孕育了几千年华夏文明。由于历史自然等多方面因素，目前长江两岸森林资源匮乏，生态环境脆弱，水土流失严重，自然灾害频繁发生。公司积极参与“绿化长江　重庆行动”捐资造林大型公益活动，定向捐款400万元绿化重庆，彰显了企业的环保责任。

## 四、2011年发展规划

### （一）发展思路

立足重庆，紧紧抓住城乡统筹综合改革试验和建设长江上游地区金融中心的契机，调整资产结构和业务重点，以基础设施建设和金融投资为核心，大力发展信托主业，力争公司信托规模、管理水平、盈利能力不断迈向新的高度；同时，积极探索与国内外金融机构的合作，引进优质战略资本及先进管理技术，不断提升公司的资本实力、管理水平和盈利能力。

### （二）发展目标

突出信托主业地位，以创新为核心推动信托业务拓展，重点为优质客户特别是机构客户提供综合性金融产品和服务；深化与其他金融机构的合作，积极适应金融业混业经营的趋势，不断提高控制、驾驭风险的能力，建立可持续发展的盈利模式和核心竞争力。在信托服务领域奠定全国性的行业领先地位，将公司建设成为全国一流的信托金融机构，充分实现公司价值、股东权益和社会效益的和谐发展。

### （三）发展布局

立足重庆，面向全国，逐步涉足国际业务。

以重庆本市为依托，充分利用直辖市和全国统筹城乡综合配套改革试验区的政策资源，以及居于西部大开发和三峡库区建设“桥头堡”的地缘优势，将公司打造成为重庆市的最佳投融资平台和核心金融机构，使重庆成为公司发展的“根据地”，进而辐射中西部，确保公司在整个中西部地区的绝对领先优势。同时，积极创造条件，尽快进入银监会一类监管行列。

在时机成熟时，以北京、上海、深圳三地为据点，全面开拓东部和沿海市场，通过与该区域众多实力信托机构的合作和竞争，在东部沿海地区树立公司的品牌和市场地位。同时，逐步完成在全国主要大城市的经营布点，面向全国提供信托服务，进而实现由中西部龙头向全国性信托机构的转变。

到 2012 年，公司核心业务盈利模式基本成熟，信托规模、管理水平、盈利能力都跃入一个新的高度，各项业务稳定发展，与境外金融机构的合作取得实质性进展，实现业务和经营国际化。

# 国投信托有限公司

## 一、2010 年经营概况

2010 年，面对复杂多变的经营形势，国投信托有限公司稳健经营、创新发展，在保持各项业务平稳健康运作的同时，积极优化调整业务结构，切实加强内部管理，全面完成年度经营目标，并为 2011 年业务的开展夯实了基础。

按权益法核算，公司全年实现经营收入 25 789 万元，利润总额 21 036 万元，分别为年度计划的 114%、119%。截至 2009 年末，公司合并资产总额 25 亿元。

### （一）明确战略目标，稳步推动各项业务发展

公司三年战略规划获股东会审议通过，正式进入实施阶段。按照规划设定的“资产管理（信托业务）与财富管理两大业务板块协同互动、固有业务稳健增值”的未来业务格局，公司积极推进各项业务，经营成效明显。

1. 信托业务

以“调结构、保创新、提升主动管理能力”为中心，信托业务取得平稳较快发展。截至 2010 年 12 月末，公司管理信托资产总额 251 亿元，新增信托项目 39 个；全年实现信托业务收入 7 220 万元，同比增长 119%。公司主动开发并管理的信托产品由年初的 5 只增至 9 只，资产规模较年初增长 5 倍，其中“国投飞天 · 财富宝”证券信托产品，取得了在市场 16 只同类产品中收益率排名第一的优异业绩。与此同时，保持在另类投资信托领域的创新优势，推出国内首只纯基金型的艺术品信托计划，全年共发行 8 只艺术品信托产品，实现了“飞龙艺术品信托”产品的系列化持续化发展。

2. 财富管理业务

以客户为核心的财富管理业务在探索中成功起步。全年累计完成 18 只集合资金信托计划合计规模逾 30 亿元的发行与申购，其中实现直销规模 7 亿元，在提高综合信托报酬率的同时，大幅增加了客户数量。进一步完善渠道销售网络，提升销售能力，目前已与 5 家银行、4 家券商建

立起相对稳定的合作关系，并正在与工商银行等多家银行、券商积极接触。

3. 固有业务

截至2010年12月末，公司固有财产规模约20亿元，取得投资收益1.4亿元。年度内，加强固有业务与信托业务联动，积极拓宽固有资金运作渠道，促进主动管理能力提升的同时获取了良好收益。公司长期股权投资项目运行平稳，累计收到分红8 428万元。公司对参股企业国投财务公司的出资额增至2亿元，出资比例16.67%，成为其第二大股东。

### （二）强化基础管理，为业务发展提供有力保障

1. 调整部门设置

根据公司三年战略规划，将原有的产品部、交易部、市场部、资产管理部、信托财务部调整为信托业务总部、资产管理总部、财富管理总部、固有业务总部、资产运营总部，并根据实际工作开展情况成立了信息技术部，为推动各业务板块按照规划确定的方向发展、提高专业化管理水平提供了组织保障。

2. 推进信息系统建设

在顺利完成信息系统一期工程的基础上启动二期建设项目，主要包括建立固有业务管理系统、完善信托业务风险控制功能等，并根据集团信息化建设统一部署开展财务报销系统、固定资产管理系统建设。预计二期项目将于2011年2月完成，届时能够基本满足业务管理、风险控制等各方面对信息系统建设的需求，促进管理水平与工作效率的有效提升。同时，根据市场化业务发展需求，于2010年9月正式开通客服呼叫专线400－608－8800。

3. 加强内控管理

根据股东和监管部门统一部署，认真开展小金库专项治理、金融系统“内控和案防执行年活动”，进一步加强反腐倡廉工作。结合业务开展及管理情况，进行制度流程的年度梳理修订，营造合规有序的工作氛围。

配合国投资本公司，全面完成将国家开发投资公司持有的公司95.45%股权无偿划转至国投资本控股有限公司相关工作。

### （三）加强品牌建设，公司形象进一步提升

2010年，公司凭借飞龙系列艺术品信托连续获得第四届“诚信托”评选之“价值信托产品奖”、第三届中国优秀信托公司评选之“最具影响力品牌奖”等殊荣。国内知名专业财经媒体《金融时报》、《当代金融家》、《投资有道》等均围绕艺术品投资热点对公司进行了专访报道。

公司扎实有效的管理工作也得到各方面的肯定。年内获得北京银监局2009年度监管统计工作考核评比三等奖，是辖内唯一获奖的信托公司。公司还被评为国投集团2009—2010年财务报

告编报先进单位，这是公司自2005年以来连续6年获此奖项。

## 二、创新业务案例

2010年，公司在艺术品信托和非上市金融股权投资等领域进行了创新，具体如下：

### （一）艺术品信托基金

2010年，公司在持续推出艺术品信托系列产品、打造飞龙艺术品基金品牌的基础上，实现了艺术品信托由融资型向投资型的转变。2010年9月，公司比照国际标准设立了国内第一只专门以艺术品为投资标的的艺术品信托基金——国投飞龙艺术品基金·保利4号集合资金信托计划，信托规模1亿元，信托期限5年，投资者按照艺术品实际投资增值获取投资收益，承担市场风险，实现了信托产品基金化，极大地推动了国内艺术品基金市场的发展。

### （二）非上市金融股权投资

2010年6月，公司设立了“国投信托·哈尔滨银行股权收益权投资集合资金信托计划”，信托规模为3.1亿元，期限为2年，委托人预计年化收益率为7.5%/年～8%/年。信托资金用于购买融资人持有的哈尔滨银行股权收益权，融资人到期回购哈尔滨银行股权收益权。国投资本控股公司为信托计划提供了信用增级，有效地降低了信托产品的投资风险。

哈尔滨商业银行股权信托项目实现了公司在非上市公司股权融资领域的突破，同时，公司联手国投资本控股公司对项目进行增信，切实发挥了国投金融板块为社会提供金融服务的功能，扩大了国投金融板块的社会影响力。

## 三、社会责任履行情况

公司坚持把履行社会责任融入日常经营管理活动之中，依法经营、规范运作，切实维护股东合法权益，2010年全面完成各项经营指标，不良资产率保持为零。公司忠实履行“受人之托、代人理财”的信托职能，切实维护客户合法权益，审慎管理信托资产，及时进行信息披露，不断完善服务手段，年度内开通客服呼叫专线，所有到期资金信托计划全部兑付。公司重视和保护员工合法权益，定期组织职业培训，保障员工福利待遇；积极履行纳税义务，热心社会公益事业，2010年4月以公司名义向玉树地震灾区捐款20万元，并组织全体员工向灾区捐款1.5万元。

## 四、2011 年发展规划

2011 年，公司将以三年战略规划的全面实施为契机，着力提升主动管理能力和财富管理能力，推进信托业务、财富管理和固有业务三大板块协调发展，促进业务结构持续优化；严控风险，强化管理，进一步深化机制改革，适时启动区域战略，推动公司健康快速向规划目标迈进。

业务方面，以主动管理为核心，围绕“三条主线”，即以证券投资为主、黄金投资为辅的场内主动管理的主线，以房地产信托为主、股权投资为辅的场外主动管理的主线，以艺术品信托为主、红酒信托为辅的另类投资主动管理主线，积极开发信托产品，创新业务模式。抓紧推进财富管理业务，丰富服务手段，适时成立财富俱乐部。稳健经营固有业务，提高固有资金收益水平。

# 华宝信托有限责任公司

## 一、2010 年经营概况

2010 年，华宝信托上下紧紧围绕年初制定的工作目标及重点，坚定信心、危中寻机、抢抓机遇，各项工作有序开展并取得显著成效，经营业绩再上新台阶。2010 年全年，公司共实现收入总额超 15 亿元（合并口径，下同），利润总额超 8 亿元，总资产利润率约 15.5%，资本利润率约 19.7%，主营业务收益率约 39.5%，年末管理的信托资产规模超 900 亿元（含年金），稳居行业前列。

### （一）信托业务方面

华宝信托积极顺应监管政策导向，适时调整业务结构，努力实现从融资平台向专业理财机构的转型，重点围绕信托主业提升配置资源、开展工作，信托业务水平显著提升，较好地完成了年初制定的经营指标。

### （二）自有业务方面

一方面，华宝信托认真分析国内领先信托公司的资产结构和盈利模式，以充分高效运用资金为原则，在保持原有证券市场投资优势的基础上继续优化投资策略，不断调整资金配置结构，固化投资收益的盈利性和稳定性，分散投资风险，控制盈利的波动性。另一方面，华宝信托积极拓展和丰富固定收益类业务的产品线，进一步降低证券市场对公司自有业务的风险，寻求稳健的投资回报。

## 二、社会责任履行情况

2010 年，秉承宝钢集团一贯的严谨规范风格，华宝信托始终以“受益人利益最大化”为原则，谨慎经营，努力创造，业绩持续良好，在行业中处于领先地位，取得多项行业第一：2007

年“新两规”颁布后，第一家重新登记的信托公司；第一家取得社保部颁发的年金受托人及账管人资格；第一家开展结构化信托业务；第一家在公开媒体开展信息披露；第一家引入独立董事；第一家成立合资基金公司。一直保持银监会最高行业评级水平。

公司领先推动股指期货和公益信托等创新产品的开展，受银监会、民政部等机关委托，起草了《信托公司参与股指期货交易试点办法》、《信托公司开展公益信托业务试点办法》，并组织行业研讨会，与部分机构探讨开发信托业务参与股指期货套保和套利产品。公司同时积极推进“爱世界”和“捡回珍珠”等公益信托项目。

公司在取得丰厚收益回报的同时，更在业内树立了卓越的品牌形象。2006 年起，在沪深两地媒体《上海证券报》和《证券时报》分别举办的优秀信托公司评选中，先后荣获“最佳知名品牌”、“中国最佳信托公司”、“最优秀信托公司”、“最值得尊敬的信托业领袖”、“最佳创新公司”、“最佳信托经理”、“诚信托—TOP 大奖”、“诚信托·卓越公司奖”、“中国优秀信托公司”、“中国优秀信托经理”、“最佳组合投资信托产品”、“最佳信托贷款产品”和“最具影响力品牌（产品）”、“上海市企业管理创新成果二等奖”以及信托营销部荣获 2010 年“上海市模范集体”等奖项。

## 三、2011 年发展规划

2011 年，华宝信托将在认真总结经验的基础上，以组织架构调整和增资扩股完成为契机，充分利用信托优势，拓展自身核心竞争力，发展专业化、主动化的核心资产管理能力，坚持“受益人利益最大化”的经营理念，实现经营效益、股东回报和职工成果分享的稳健增长。

### （一）信托业务开展战略

2011 年，华宝信托将不断强化政策和经济形势变化趋势的研究，立足资本市场，走专业化、差异化竞争道路，着力拓展资产管理、信托服务两类业务领域。

1. 资产管理业务

充分利用已形成一定核心竞争力的证券投研能力，捕捉证券市场较为独特的投资机会获得较好收益；加强投研营销体系协作以丰富证券主动类信托产品并促进营销，使该类产品对公司盈利形成稳定支撑；拓展投行类业务，丰富公司收入结构，提高公司收入的稳定性。

2. 信托服务业务

保持对公司信托资产规模的支撑作用，努力提升对公司收入的贡献，形成多元化的收入来源。坚持推进私募、年金（福利计划）等已有一定基础的持续发展业务，并注重开发与主要交易对手的全面合作；努力提高产品设计能力和业务创新能力，密切关注政策和市场变化，挖掘市场热点，根据客户需求组织设计适销产品。

### （二）自有业务开展战略

2011 年，华宝信托将以资本实力大幅提升为契机，依托公司专业的研发团队及历年来在券商、基金和上市公司的资源积累，在保持原有证券市场投资优势的基础上继续优化投资策略，深入挖掘投资标的，在风险可控的前提下，努力抓住市场机遇，分享中国经济快速发展带来的收益。

# 华融国际信托有限责任公司

## 一、2010 年经营概况

2010 年，华融国际信托有限责任公司在社会各界的大力支持和关心帮助下，积极应对内外部环境变化，充分发挥信托行业的优势及功能，以客户为中心，扎实推进各项工作，取得了显著的经营业绩。

### （一）经营能力和盈利水平大幅度提升

2010 年华融信托实现收入总额 7. 54 亿元，比 2009 年增长 136%；实现净利润 3. 1 亿元，比 2009 年增长 65%；信托资产规模余额 536. 34 亿元，比 2009 年增长 75. 35%。公司重组以来受托管理的信托资产规模已累计达 1 564 亿元。

### （二）信托业务快速发展，科学可持续的盈利模式得以确立和巩固

2010 年，华融信托信托业务收入增长 3. 5 亿元，占公司全年总收入增长额的 80. 67%，成为公司 2010 年收入增长的主要来源。从收入结构来看，信托业务收入占营业收入之比从 2009 年的 57. 88%，提升至 2010 年的 71. 01%。这表明公司主营业务突出，以信托报酬为主要收入来源的盈利模式进一步得以确立和巩固，符合银监会倡导的大力开展信托主业的监管要求，符合公司长远发展要求。

### （三）立足信托本源，“受人之托、代人理财”能力显著提高

经过两年多的发展，华融信托的资产管理能力显著提高。公司管理的主动信托规模从 2008 年的 22 亿元、2009 年的 88 亿元增长到 2010 年的 157 亿元；主动管理信托 2010 年为公司贡献收入比 2009 年增长 185. 78%，在信托收入中的占比已达到 82. 76%。

### （四）资金客户开发工作卓有成效，集合信托发行能力再上新台阶

2010 年，华融信托积极开发资金客户并取得明显成效，在与银行的合作关系进一步巩固和

加深的基础上，机构和个人客户的开发也取得了历史性突破，客户增长率达208%。资金客户的大规模增加使得公司集合信托的发行水平得到显著提升，公司全年共计发行集合信托计划28个，发行规模82.13亿元，分别比2009年增长87%和192.76%。

## 二、创新业务案例

### （一）TOT信托理财模式

大连某公司运用6亿元自有资金委托华融信托设立单一资金信托，信托资金运用将以贷款、投资等方式运用于企业或信托产品等，信托存续期闲置的信托资金存放于经营稳健、具有一定实力的境内商业银行，或者用于购买国债等低风险高流动性金融产品，不指定具体项目。

TOT信托理财模式是吸收机构客户理财资金的有效方式，它通过吸纳机构客户大额闲置资金建立母信托，一方面有助于实现信托公司代客理财的机构职能，提高核心竞争力；另一方面可以创立信托公司自身的资金池，提高具体信托项目的资金匹配速度，降低客户资金闲置成本。

### （二）××煤炭信托项目

2009年，山西省制订了《山西省煤炭产业调整和振兴规划》，加快了关闭小矿和兼并重组的过程，着力提升产业发展水平。山西××煤炭公司是山西省政府确定的煤矿兼并重组主体，由于股权收购、技术设备改造等多种原因向公司提出融资需求。

考虑到整合阶段的煤炭企业股权结构不稳定，存在不能进行股权投资和股权质押的问题，经反复磋商研究，公司最终拟订了特定资产收益权信托方案，方案总体框架是用企业未来两年煤炭产品的销售收入作为信托财产，由公司发行结构化信托产品，其中优先级受益权向社会公众发售，次级受益权由企业认购。它不仅很好地解决了不能进行股权投资和股权质押的问题，而且煤炭销售可观的销售收入也为项目的风险控制提供了保障措施，取得了良好的实施效果。

此外，该项目采取采矿权质押置换连带责任保证的担保措施（即项目先期由融资企业股东和实际控制人提供连带责任担保，待煤矿整合完毕具备采矿权抵押条件后，用采矿权抵押来置换融资企业股东的连带责任保证）有效地控制了项目风险和受益人权益，是促使项目顺利实施的重要因素。

### （三）××房地产股权投资集合资金信托计划

××房地产集团公司实际控制的××房地产开发公司因开发新项目对公司提出融资需求。根据项目的实际情况，公司拟订股权投资方案，对××房地产开发公司进行增资扩股，期限1

年，××房地产集团公司到期通过收购该股权收益权的形式，实现信托资金的本息回收。

此项目的主要创新点在于其资金退出方式并非实施“股权转让”，而是进行“股权收益权”的转让。公司通过转让“股权收益权”的方式达到“股权转让”的效果，满足了企业和项目的多方面要求。

此外，该“股权收益权”的转让价格为浮动价格，具体为标的股权评估价值和、信托费用及优先级信托受益权的信托本金及收益二者中的较高者。同时，交易结构采取结构化安排，由××房地产开发公司的现有股东认购次级受益权，在信托到期时，优先级本金及收益兑付后的剩余信托财产将按照原状分配给次级受益人。这样的安排保障了优先级投资者本金的安全及其收益的兑现，有效控制了项目风险。

### （四）××股权投资集合资金信托计划

××上市公司需要转变经营范围，而自身缺乏资金，必须通过定向增发实现。在定向增发公告之前，为减少定向增发公告对收购产生的不利影响，××公司在这期间需将拟收购公司的股权锁定，保证其最终收购目的的实现。针对这一融资需求，公司发起设立了××股权投资集合资金信托计划，此项目作为一单真实交易的股权转让，通过引入信托机制，设计结构化的交易结构，既满足了委托人、股权转让各方的特定需求，锁定了股权转让标的，减小股权转让的交易风险，也发挥了股权信托的屏蔽效应，最终实现股权的真实转让，获得了监管部门认可。目前，银监会鼓励信托公司开发投资类信托产品，建议发挥股权投资信托的优势，差异化提高特定金融服务。

## 三、社会责任履行情况

华融信托自成立以来就一直积极投身于促进经济与社会发展的各项事业中，公司在新疆确立了塔什库尔干县柯克亚尔乡谢尔乃甫村等三个村作为对口扶贫对象，长期坚持开展帮扶工作。通过修建医务室，购置电视机、DVD等文化设施和产品，捐赠电脑、衣物、钱款等措施，切实关心贫困地区群众生活，提高群众物质生活和卫生条件，丰富群众文化生活，有力支持了少数民族区域建设，加强了民族团结。2010年4月，青海玉树地震发生后，华融信托立即向灾区同胞捐赠40万元，并组织员工捐款36 150元，支持灾后重建和民众生产生活恢复工作。2010年9月，公司向四川宣汉县捐款35万元，以援助宣汉县学校加强基础设施建设。2010年12月，根据银监会定点扶贫工作第三次会议精神，公司向银监会定点扶贫专项账户支付扶贫资金50万元，为银行业金融机构开展扶贫工作贡献了一份力量。重组3年以来，华融信托每年均被授予新疆自治区“精神文明单位”称号，2010年，华融信托被评为全国银监会系统先进集体。

## 四、2011 年发展规划

2011 年，华融信托将在之前取得成绩的基础上再接再厉，秉承稳健创新和谐发展的公司理念，立足信托本业，继续提升资产管理能力，不断开发新产品，拓展新领域。在产品设计上充分发挥“受托之人、代人理财”功能，以个人高端客户和机构投资者需求为核心，加大业务和产品开发力度，并争取在基金类信托、艺术品信托、房地产信托投资基金（REITs）等创新领域有所突破；在风险管控上始终把风险放在第一位，不断提高全员风险管理意识，明确和落实各级风险管理职责，积极适应业务发展和业务创新的需要，切实把风险管理工作做深、做实、做到位；在日常经营活动中加大对市场的研究力度，提高对监管政策的预判和前瞻能力，为早日把华融信托发展成为一家专业优势突出、经营创新特色明显、规范经营、业绩优良、具有较强核心竞争力和可持续发展能力的国内一流的专业化金融服务机构而不断努力。

# 江苏省国际信托有限责任公司

## 一、2010 年经营概况

江苏省国际信托有限责任公司是江苏省国信资产管理集团有限公司控股的非银行金融机构，注册资本金人民币 24.8 亿元。

2010 年是“十一五”和“十二五”规划承上启下之年，也是江苏信托抓住机遇、转变观念、积极开拓市场、实现快速发展的一年。公司在 2009 年业绩大幅增长的基础上，2010 年又全面超额完成了年初制定的各项经营指标，各项工作取得了较好的成绩。公司 2010 年末自有资产总额 40.95 亿元，同比增长 13.8%；实现营业收入 7.63 亿元，同比增长 53.8%；实现利润总额 6.89 亿元，同比增长 43.5%；信托存续资产规模 272.97 亿元，同比增长 70.3%；手续费收入 2.08 亿元，同比增长 56.4%。在省财政厅 2009 年对省属金融企业绩效考评中，公司获得了“优秀”A 等成绩，名列各家机构前茅，行业地位不断提升。

### （一）信托业务方面

公司信托主业大幅提升，信托规模创历史最好水平，产品类型更加多样，创新力度不断加强，结构调整初见成效。基础设施信托业务、房地产信托产品、中小企业融资业务、事务性信托等业务不断创新产品，规模不断扩大，取得了新的成绩。公司证券投资类信托业务（阳光私募）也获得了突破。

### （二）自有业务方面

公司进一步管好用好资金，优化资产配置，不断提高使用效益。公司全年新增投资 5 家省内农村商业银行、2 家村镇银行，此外还投资了国信财务公司、国信担保公司和利安人寿保险公司等多家金融企业，金融股权投资再上新台阶，为公司可持续发展奠定了坚实的基础。在日常资金运用管理方面，公司抓住市场机会，积极参与资本市场运作，合理运用自有资金，资金周转明显加快，资金使用效益明显提高。

### （三）创投业务方面

由公司主导发起的第一个创业投资基金“江苏国投衡盈创业投资中心（有限合伙）”成功设立，标志着公司创投业务达到一个新的高度。公司参与投资的高投名力等创投基金在2010年投资业绩良好，包括超图软件等多个投资项目已上市成功，并新储备了一批成长性好、具备上市条件的项目。

### （四）内部治理方面

公司股权多元化工作取得实质性进展。2010年12月，国信集团与江苏省丝绸集团等三家省属国有企业签订股权转让协议，各项转让报批工作正有序推进，公司股权多元化工作取得了实质性成果。

### （五）公司内部管理方面

公司进一步规范经营操作，严格把控风险。各项规章制度和内控体系不断完善。公司成立了工作领导小组统一指导银信合作业务，进一步增强主动管理能力。公司进一步加大人才队伍建设，外部引进和内部培养相结合，组织各项培训活动，有效提升员工专业素质。公司创建了首个内部刊物，成为内部交流沟通和展示企业形象的窗口平台。

## 二、创新业务案例

### （一）中小企业投融资集合资金信托计划

中小企业投融资集合资金信托计划系列产品是由江苏信托与江苏省国信信用担保有限公司、江苏投资网发展有限公司三方合作开展的业务，已经推出了4期，累计募集资金4.26亿元，具有特色的、可复制的、系列化的业务模式初步形成。

中小企业投融资集合资金信托计划以牢固的三方合作结构为基础，由江苏投资网负责寻找和推荐优质企业和项目，国信担保对项目进行评审，分析项目风险，提供融资担保，江苏信托运用信托平台募集资金并负责项目管理，三方分工明确，提高了效率，降低了风险。该系列产品开创了单个信托计划对应多个中小企业投融资项目的新模式；信托计划期限灵活，与相应的投融资项目匹配，为江苏中小企业融资探索出一条新路。

### （二）江苏信托——新城房地产投资基金（1期）

江苏信托——新城房地产投资基金（1期）基金规模5亿元人民币（其中优先受益权向社

会募集 3.75 亿元、次级受益权由江苏新城购买 1.25 亿元），基金期限 5 年，每满两年优先受益权持有人有两次开放赎回的权利。优先受益权持有人基金期限满，则可以按约定比例分享基金收益。次级受益权在保证优先受益权基本收益后按约定比例分取基金剩余收益。基金存续期每满一年分配一次。该信托资金运用灵活，组合性投资可有效降低风险，在国家对房地产实施调控的背景下，较长的产品周期可抵御市场的短期波动，较大的基金规模也提高了整体收益。

### （三）江苏国投衡盈创业投资中心（有限合伙）基金

衡盈基金是由江苏信托主导发起的第一个创业投资基金。该基金设定规模为 10 亿元，采取有限合伙制，整体架构按照市场规则设计安排，其中上海衡盈易盛资产管理有限公司和苏州衡盈投资管理中心基金担任普通合伙人兼管理人，有限合伙人为江苏信托、齐星集团、苏州澄和创投等，基金托管人为交通银行，江苏信托参与基金管理工作。股权投资基金是金融市场中最重要的直接融资工具，既可以为中小企业实现产业和融资的结合培育有竞争力的大企业、大集团，也可以通过专业管理团队的努力把资金引导进产出效益高、市场前景好的企业中去，为投资人提供更好的经济回报，这是市场经济发达国家企业主要的融资渠道之一。发起成立衡盈基金正是顺应这一金融发展趋势和金融创新的趋势，标志着江苏信托创投业务又迈上了一个新台阶。

## 三、社会责任履行情况

### （一）客户服务得到重视

公司初步建立了自己的客户网络，和众多机构客户建立了良好的合作关系。全部到期信托业务均按期分配和清算，做到按时和零差错；全部新增自有资金贷款都做到本息及时回收，无新增不良贷款，保护了广大投资者的利益，维护了信托行业社会声誉。

### （二）为政府、社会提供服务

公司与省政府有关部门及事业单位加强合作，扩大了合作的范围与层次，为地方经济发展作出贡献。发挥自身专业功能，为多家省级公益机构，包括省公安厅见义勇为基金会、省慈善总会、省红十字会、省扶贫基金会等提供公益信托理财服务，理财金额达数十亿元人民币，实现了公益财产的保值增值。

### （三）赞助公益事业和体育事业

公司向江苏省妇女联合会捐助资金，专项用于电影《永贻芬芳》在全国的免费放映工作；

出资赞助江苏舜天足球俱乐部2011年的比赛和训练。这不仅支持了江苏社会文化事业和体育事业的发展，有利于树立良好的企业形象，而且体现出公司作为国有企业所应承担的社会责任，有力地提升了企业文化建设水平，同时对公司的发展也具有积极意义。

## 四、2011年发展规划

2010年江苏信托抢抓机遇，公司综合实力和向外拓展能力达到了一个新高度，为迎接下一步大发展做好了准备。2011年公司总的发展思路是：以公司业务发展为主线，以合规经营、稳健经营、持续经营为基础，进一步增强发展意识、责任意识、大局意识和市场意识；以提高内部管理和市场服务水平为保障，进一步优化调整业务结构，加大业务创新；进一步合理配置资金，提高运用管理效益；进一步加强全面风险管理，增强整体风险防范与管控能力；进一步完善内部管理，保障业务有序高效推进；进一步加强人才队伍建设，提升员工专业能力；进一步加强企业文化建设，促进公司的长远和谐发展。通过全体员工的共同努力，在已有基础上实现公司又好又快地发展。

# 交银国际信托有限公司

## 一、2010 年经营概况

2010 年，在交通银行集团和公司董事会的正确领导下，在监管机构的帮助指导下，交银国际信托有限公司积极应对复杂多变的经济金融形势和行业监管政策重大调整带来的挑战，全体干部员工迎难而上、团结拼搏，全面完成各项经营任务和发展目标，开创了公司改革发展和经营管理工作的新局面。2010 年的主要成绩和业务运行特点包括以下几个方面。

### （一）经营计划目标顺利达成

实现净利润 8 315 万元，较 2009 年同期增长 21.05%。平均实收信托规模 417.26 亿元，较 2009 年同期增长 59.32%。实现营业收入 21 166 万元，较 2009 年同期增长 29.73%。其中，实现信托业务收入 14 795 万元，较 2009 年同期增长 47.15%。

### （二）信托业务结构明显改善

主动管理能力和产品创新能力显著增强，业务结构和收入结构不断优化。2010 年末自主管理类信托存续规模 115.8 亿元，较 2009 年增长 90.6%；实现信托业务收入 1.18 亿元，较 2009 年增长 67%。

### （三）产品销售能力快速提升

集合类主动管理信托计划发行成功率达到 100%；当年新增合格投资者客户 919 户，同比增长 112%；与多家金融机构建立了良好的合作关系。公司营销渠道和客户队伍基础进一步夯实，产品销售能力持续增强。

### （四）重点地区业务实现新突破

充分利用集团和公司在经济发达地区的资源聚集优势，加大重点区域信托业务拓展力度，沪江浙区域信托发行规模累计达到480亿元，业务占比达38.65%；积极拓展公司注册地湖北地区业务，支持地方经济发展和两型社会建设，当年新增受托资产规模39亿元，较2009年同期增长89%。

### （五）固有投资业务实现突破

资本金对外金融股权投资工作取得突破，发起设立中航油财务公司已获国家银监会批准筹建。全年实现考核收入7 465万元，较2009年增长15.99%，保持平稳较快发展势头，固有业务发展基础进一步夯实。

### （六）业务保持安全平稳运行

全年清算信托项目138个，清算资金规模332.2亿元，全部实现到期安全兑付。固有业务不良资产率和信托赔付率保持“双为零”。经总行审计和监管现场检查，对公司风险管控水平的提升均给予充分肯定。

### （七）体制机制建设成效明显

完善了经营管理和业务授权管理体系。按照扁平化管理模式调整了信托业务组织架构，组建了资产管理部和创新发展部，为提高自主资产管理能力、增强产品创新能力提供体制保障。建立和完善了经营绩效考核办法，初步建立了基本符合行业特征的激励约束机制。

### （八）业务运行效率大幅提高

按照“管理提升年”工作目标要求，全面梳理优化业务流程，细化风险评估标准，实施项目分类审查，突出重点环节的风险审查，改进了电子化业务审批系统。在加强风险管控的同时，业务运行效率大幅提高。

### （九）市场品牌形象进一步提升

在第四届“诚信托”评选活动中荣获“成长优势公司奖”和“价值信托产品奖”两项大奖。在第六届北京国际金融博览会上荣获“最佳理财奖”。“交银国信”品牌的市场认知度和美誉度进一步提升。

### （十）和谐公司建设成效显著

努力营造“风正、心齐、气顺、劲足”的和谐局面，坚持科学发展、民主决策，大兴求真务实、真抓实干、团结协作之风，干部员工队伍整体素质不断提高，公司凝聚力和向心力持续增强。

## 二、创新业务案例

公司积极服务集团打造财富管理银行发展战略，着力加强具有专业特色的产品创新力度，先后推出以优质基础资产或稳定还款来源为保障的资产支持信托产品，开发了租赁资产受益权和应收账款投资、资产支持票据、资金池、应收账款池、财产权信托等新业务品种。2010 年公司推出的创新业务主要有：

一是通过信托平台对接资金供给方与需求方，实现资金供求的动态平衡，开发了资金池类产品。信托资金主要用于投资固定收益金融产品，以获取投资收益。

二是结合市场需求，进一步开发了票据收益权、电费应收账款收益权、信用证收益权等收益权类信托产品，有效地满足客户的资金需求，实现资产的流动化。

三是优化房地产信托产品模式，推进房地产业务股权投资产品创新。开发了房地产结构化股权融资模式产品和附加对赌协议的股权投资产品。代表项目有银泰嘉园项目投资集合信托计划和泰州景瑞股权投资集合资金信托计划等。

## 三、2011 年发展规划

公司 2011 年发展规划：深入贯彻落实交通银行集团“争先进位，跑赢大市”和“做大做强，做专业，做特色”总体发展要求，坚持以发展为主旋律，以效益为目标，以转型为主线，以客户为中心，以创新为动力，以管理为保障，通过持续夯实人才建设、体制机制、客户队伍、产品创新四项基础，不断提升公司资产管理能力、风险管理能力和市场拓展能力，为全面实现“倍增计划”目标、早日成为信托行业的领跑者而努力奋斗。

公司 2011 年重点工作任务和经营措施：

### （一）加快业务结构调整转型和产品创新步伐，实现信托主业快速发展

加强自主管理融资类业务拓展力度，巩固和提升市场份额。做大做强私募证券投资等资产管理业务，探索发展家庭财富管理等新型信托业务。深化银信业务联动，在交银集团“一站式、一揽子、一体化”金融服务中充分发挥作用。着力提升业务创新和产品研发能力，围绕客户需求，逐步形成系统化、专业化、品牌化的信托产品管理体系。加大产品销售能力建设，积极培育对公司依存度高、综合贡献度高的机构客户群体和私人高端客户群体。

### （二）突出固有业务基础地位，实现资本金“低风险，多元化”配置和收益水平平稳增长

合理配置资金头寸、投放规模比例和投放节奏，认真研究做好间歇资金的投资计划安排。做实做优自营贷款业务，加大对重点客户、重点优势行业的营销力度。发挥信托公司功能优势，扎实推进金融股权直投工作，提升长期稳定投资收益水平。稳健开展自营证券投资业务和债券投资、货币基金投资、同业拆借等新业务品种，丰富短期间歇资金配置渠道。推动增资扩股工作，优化调整业务结构，确保达到净资本管理的各项指标要求。

### （三）完善全面风险管理体系，构筑牢固的风险管理防线

进一步厘清公司各级机构及岗位的风险管理职责，对内控制度进行动态维护和完善，使之始终与业务发展和风险管理相适应。加大重点业务环节风险管控力度，在尽调环节上坚持“双人实地尽调”，在销售环节上坚持“双人面签销售”，在监控环节上坚持“双人换手查访”。加强内控制度的执行监督和考核力度，建立与业务管理制度相配套的检查考核办法，细化业务风险责任认定和追究制度，确保制度执行到位。

### （四）持续深化体制机制改革，夯实发展基础，增强发展动力

持续优化制度体系和管理流程，形成协同高效、管理顺畅的业务运行机制。充分发挥激励约束机制的导向作用，激发全体干部员工干事业的动力和创新管理的活力。完善优化以年终绩效、季度绩效、专项奖励三位一体的绩效考核分配机制。探索建立符合信托公司特征的人才机制，打造一支与公司战略目标相适应、与经营管理相协调、与统筹发展相匹配的干部员工队伍。树立科技引领发展理念，强化信息科技保障，全面加强 IT 基础建设，不断提高 IT 与业务的融合程度，使其成为公司业务发展、营运管理和风险监控的重要工具。

### （五）持续深入开展“创先争优”活动，营造良好的发展氛围

突出发展主题，深入开展“创先争优”活动，努力营造“风正、心齐、气顺、劲足”的和谐局面和发展氛围。加强责任文化建设，牢固树立发展责任理念和风险责任理念。大力倡导“司兴我荣，司衰我耻”的责任意识，营造“千斤重担大家挑，众人拾柴火焰高”的群体责任氛围，逐步形成特有的全员风险责任文化，使人人关注风险，人人揭示风险，人人防范风险，人人规避风险。在责任文化培育中突出执行力建设，让责任文化“落地生根”。

# 昆仑信托有限责任公司

## 一、2010 年经营概况

2010 年，昆仑信托有限责任公司按照“高起点、快发展、可持续”的原则，依法合规经营，取得了较好的经营业绩。年末公司资产总额 47.2 亿元，负债总额 4.1 亿元，净资产 43.1 亿元。全年实现收入 7.4 亿元，利润 6.1 亿元，净利润 4.53 亿元。

公司大力开展市场化业务，下大力气提高资产管理能力和行业竞争力，并取得了显著的成果。一是股权投资业务取得重大突破。公司投资成立了融源广达公司，发起设立了 30 亿元的融源成长基金。目前已投资冀东发展集团等三个项目，共计 9.1 亿元。同时，公司正式获得以固有资产从事股权投资业务的资格，完成了华电福新能源的股权投资项目，投资规模 4 亿元。二是加大长三角市场开拓力度，与地方大型集团开展业务，推出针对当地中小企业的信托计划，支持了地方经济建设，得到了地方政府和监管部门的高度肯定。三是积极开发市场化项目，与十余家大型企业集团开展多层次业务合作。四是努力拓宽资金来源渠道，全年共发售集合类信托产品 16 个，共计金额约 88 亿元。五是稳健运作固有资金，全年实现资金收益率 9.2%。

公司大力开展“基础工作年”活动，风险控制能力和内部管理水平进一步提高。一是公司治理不断优化完善。及时组织召开三会会议，调整充实了公司领导层力量，优化部门骨干人员配置。二是发布实施《内控与风险管理手册》，强化风险合规审查，加大项目中后期管理检查力度。三是高度重视信息化建设工作，实现了公司对信托业务的集中掌控。四是加强人才队伍建设，积极探索，在组织机构、薪酬机制和绩效考核办法等方面进行改革。五是不断强化财务和综合管理工作，提高管理效率。

## 二、创新业务案例

### （一）山西煤层气联合开发资金信托项目

本信托项下，昆仑信托作为受托人，募集社会资金设立资金信托，与中石油山西煤层气分公司联合开发山西沁水煤层气项目。双方成立“联管会”对联合开发项目进行管理，设立联合账簿记录投入及费用，并按约定的比例对项目收益进行分成。项目结构图如下：

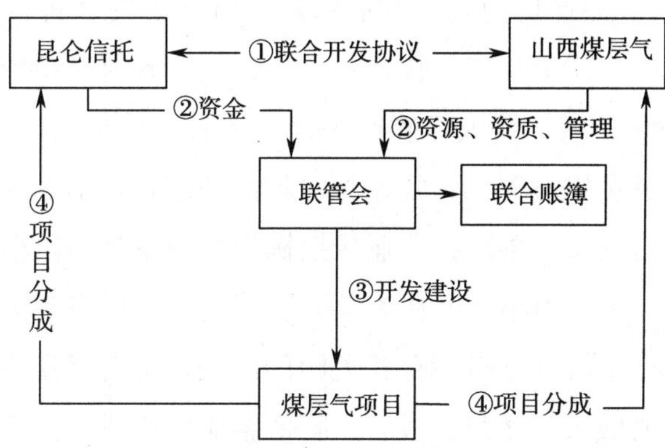


山西煤层气联合开发资金信托项目结构图

该项目创新采用了联合开发的模式。联合开发所遵循的主要原则包括：信托以投资方式进入项目；项目建设期间，信托在项目当地不落地，所有生产、税务、安全等事宜均以项目部名义出现；项目合作双方共同成立联合管理委员会，为合作的最高决策机构。

联合开发模式是引入信托资金支持国家重大战略项目开发建设的一种崭新的模式。国家税务总局针对信托资金采取联合开发模式进行项目建设的税收问题专门发布公告，规定该经营模式下项目运营方在项目建设期内取得的增值税专用发票和其他抵扣凭证，允许其按现行增值税有关规定予以抵扣。这一公告对信托公司运用信托资金参与项目建设开发所享受的税收优惠予以明确，惠及了整个信托行业。

### （二）股权投资信托基金

公司以有限合伙形式投资成立了融源广达公司，发起设立了30亿元的融源成长基金。目前，已投资能源等领域多个项目，实现了公司在信托PE业务上的突破。

## 三、社会责任履行情况

### （一）发挥金融平台作用，支持当地中小企业发展

为支持中小企业发展，切实解决中小企业融资困难的问题。在宁波市政府的协调下，公司发起设立了三只中小企业集合资金信托计划，分别为宁波中小企业集合资金信托计划、杭州上城区中小企业集合资金信托计划和富阳市小企业集合资金信托计划，总规模达1.6亿元。

上述产品主要采用中小企业集合债的模式。中小企业集合债信托计划为面向中小企业的一种创新债权融资方式，由信托公司发起信托计划，所发行的信托产品由政府财政资金（或专项引导基金）、社会理财资金、专业机构资金共同认购，所募集资金将投向经筛选的优质中小企业。中小企业集合债具有以下几个特点与优势：首先，放大政府扶持资金的效应，具有资金放大效果明显、资金全部循环使用、绩效可确切评价的特点。其次，有效补充银行信贷的不足，为社会资本寻找到了一个风险相对较小、收益相对较高的理财产品，对提高金融要素供给、改善社会融资结构具有重要的意义。再次，企业成批操作抱团发展。目前国内的中小企业大多不符合企业债的发行条件，以多家中小企业作为共同发行人，可以有效地解决中小企业所面临的资产规模、融资规模等与企业债发行指标存在差距的问题，集合优质中小企业，实现融资质量的提高，有利于中小企业的做大、做强。最后，降低企业融资成本。由于有政府财政资金或者专项引导基金的支持，信托产品的融资成本明显低于小企业的平均融资成本。

### （二）积极投身公益活动，回报社会

面对2010年初我国西南地区发生的严重旱灾，公司团委组织于4月15日发起“宝石花·同心水”抗旱救灾捐款活动。在公司领导班子的带领下，公司全体员工积极响应号召，慷慨解囊，热心向灾区同胞伸出援手，共有145名员工参加了捐款活动，共募集捐款8 800元，并全数汇至中央企业对口支援地区——重庆抗旱救灾专用账户。

5月29日，在国际“六一”儿童节即将到来之际，在公司党委组织下，公司员工来到北京太阳村为孩子们带去节日的礼物与问候。太阳村是一家专门资助服刑犯未成年子女的慈善组织，无偿代养、代教服刑人员未成年子女，对这些孩子开展特殊教育、心理辅导、权益保护及职业培训服务。此次活动中，公司员工为太阳村的孩子们捐助了大量衣物和用品，同时认养了太阳村100棵爱心桃树；公司领导代表员工捐赠爱心林桃树款5万元整并将员工们购买的价值万元的儿童节礼物——凉帽和T恤赠送给孩子们。

## 四、2011年发展规划

2011年是“十二五”规划的开局之年。2011年及此后一段时期公司工作的指导思想是：以科学发展观为统领，立足公司尚处在初级发展阶段的客观实际，依法合规经营，以市场化为导向，全面推进体制机制改革和营销体系建设，努力提高自主管理、财富管理、产品创新和风险管理能力，不断加强人才队伍建设和企业文化建设，打造一流的信托公司。

公司发展的总体思路是：

立足投资银行的定位，为中石油集团的发展提供优质可靠的金融服务，助力主业发展。

不断提高市场化运营水平，形成以传统信托业务为基础，以股权投资业务为突破，以基金化、系列化信托产品为主要模式的业务结构。

稳健开展固有业务，积极推进股权投资，优化资产配置，保障资金安全，支持信托业务，提高资金总体回报。

大力开展营销体系建设，以服务石油员工为突破，建立市场化的营销体制和激励机制，尽快完成营销渠道的战略布局，为合格投资者创造财富、创造价值。

完善公司治理结构，提高内控和风险管理水平，加快信托 ERP 建设，健全完善各项规章制度，保障公司安全高效运转。

建立市场化的体制机制，打造铁人和超人相结合的一流文化，建设诚信型、团结型、服务型、专业型、学习型、创新型的一流团队。

# 平安信托投资有限责任公司

## 一、2010 年经营概况

2010 年平安信托大力发展财富管理业务，积极调整产品结构，持续推进渠道建设，盈利能力不断增强，各项经营指标良好，业务品质显著提升。业务品质的显著提升集中体现在 2010 年公司净利润达 10.39 亿元人民币，同比增长 71%；向受益人分配信托利润 100.77 亿元人民币，同比增长 265%。这一成绩的取得，得益于平安信托敏锐地捕捉了监管政策和市场发展趋势，提前转型布局，2010 年在信托产品、销售渠道及自营业务等方面均有长足发展。

2010 年，信托产品成功转型，建立了久期从 1 个月至 20 年的全谱系产品系列，初步构筑开方式产品平台，集合产品规模同比增长 313%，管理费收入同比大幅提升。渠道建设取得长足进步，私人财富渠道业务突破性发展，新增规模同比增长超 5 倍，通过建立销售团队的自主培养模式，销售力初步形成，为业务快速发展打下坚实基础。自营投资业务成绩显著：PE 投资方面，减持南玻 A 股套现，以上市流通当日股价计算，实现了 235.5% 的账面回报，见证了“玻璃”成为“钻石”的奇迹；物业投资方面，与多家知名房地产开发商建立稳固的战略合作关系，首次年度新增规模突破 100 亿元，商业、酒店和写字楼三种物业的商业管理取得巨大突破，多个物业项目成功开业；基建投资方面，初步完成投资业务多元化转型，与相关大型基建合作伙伴确立了战略合作关系。

## 二、创新业务案例

创新是信托行业发展的灵魂，也是平安信托赖以生存和持续发展的法宝。在监管部门的领导和支持下，平安信托始终以监管精神为指引，合规经营，坚持诚实、信用、谨慎、有效管理的原则，本着“在竞争中求生存、在创新中求发展”的精神，立足为客户提供专业的财富管理服务，在发展的过程中努力探索不同方式、不同领域的创新，形成了具有自身特色的创新模式，这一点在 2010 年显得尤为突出。

为打造国内房地产投资基金品牌，增强主动管理能力，平安信托创新推出了安鑫1号（金地赵巷）房地产投资基金集合信托。该产品所募集的信托资金投资于金地赵巷项目，在信托端采用优先劣后的结构化设计，在项目端则采取“股权+债权”相结合的方式。设立信托后，平安信托根据相关合同规定在现行法律框架下办理了目标股权的受让、向金地建材的增资和目标股权的信托登记等手续；后续，通过对工程建设、销售、资金等重要方面进行控制随时监测项目运作风险，通过设置股东借款回收、分红及转让股权受益权等多种方式保障信托资金安全退出。安鑫1号得到合作机构及监管部门的高度认可，获得了2010年深圳市金融创新优秀奖。

平安信托不但致力于为客户提供高端个人理财服务，同时也积极为客户打造一个方便、快捷的融资平台，为此，于2010年全线推出质押融资业务。该业务的主要功能是设计融资类产品，它不再是传统的资金与项目的单一对接，而是提供资金池来对接项目池，为融资方提供多元化的融资渠道，同时给出资方带来较固定的收益，因而具有更大的灵活性。与当前国内其他融资方式相比，平安信托的质押融资业务具有放款时效快、融资门槛低、融资款用途限制少和期限灵活等特点，可通过三种模式满足客户融资需求：股票质押模式、大宗交易模式和信托受益权卖出回购模式。同时，为了最大限度保障投资者在风险可控的前提下实现较高收益，根据三种模式的不同特点，平安信托制定了严格的股票、信托受益权筛选标准、风险控制措施、股票实时监控以及处置制度。该业务符合市场需求，一经推出，即得到广大客户的认可。

## 三、社会责任履行情况

凭借自身优势，积极发展公益信托，支持低碳环保行业发展。

2010年，平安信托积极开展“公益主题日”活动，将深圳市民爱特殊儿童福利院定为志愿者活动基地，支持员工加入志愿者队伍，并每年抽出一个工作日参与慈善活动。2010年平安信托再次与民爱福利院签订助养协议，由不同部门员工自发捐款，接力助养家庭困难的特殊儿童。2010年全年，平安信托员工通过节日慰问、翻新教舍、亲身探访、康复用品捐助及助养金捐赠等方式帮助特殊儿童走上康复之路。

同时凭借自身专业优势，2010年8月，平安信托宣布携手国家开发银行浙江省分行共同无偿捐赠520余万元人民币，用于支援四川地震灾区援建工作。该笔捐赠基于2008年平安信托和浙江开发银行合作发起设立的“平安·汶川地震受灾儿童救助单一资金信托”的公益信托，相关信托收益在信托合同到期清算扣除营业税后全额捐出，此次捐款共计人民币5 267 801.70元，款项已纳入浙江省青川援建资金，用于四川省青川地区灾后重建工作。

在投资项目的选择上，平安信托重点扶持低碳、环保、新经济的企业：2010年3月18日，平安与江苏天楹赛特集团签署垃圾焚烧发电项目的投资合作协议，成为平安在低碳、清洁能源和循环经济领域的又一投资；2010 年，平安信托积极投资基建，积极投资国家长期能源发展战略，与风电龙头企业金风科技子公司北京天润新能投资有限公司天润风电项目签署股权转让协议，以股权受让方式投资风电项目。

在投后管理上，作为股东的平安信托传递社会责任理念，引导企业加强社会责任建设。一是向所有投资企业赠送平安社会责任报告；二是要求投资的企业达到或超过国家环保标准；三是指导企业规范用工，维护员工权利，提高员工收入水平；四是推动企业加强研发，提高技术水平和运营效率，推动节能环保进步。

## 四、2011 年发展规划

2011 年信托业充满了机遇与挑战，一方面，中国经济的稳步增长提振了居民理财信心，增加了社会财富，财富管理需求更加旺盛；另一方面，“净资本管理办法”等系列监管措施出台，迫切要求信托业回归主动管理和内涵式增长，信托业将在转型中求生存，创新中求发展，业务的不确定性倍增，行业的并购扩张将再起风云。

针对 2011 年的机遇与挑战，平安信托于 2010 年抢先迈出了坚实一步。2011 年平安信托将继续秉承“品质优先、利润导向、遵纪守法、挑战新高”的指导方针，以“铸就中国私人财富管理第一品牌，打造非资本市场投资竞争优势，实现公司资产规模和盈利快速增长”为经营目标，进一步深化渠道建设，着力打造营销团队，加快产品结构升级，积极探索产品创新，全面提升客服水平，稳步推进自营投资业务发展，持续打造运营平台和人才队伍，为股东、客户、员工创造更多价值。

# 山东省国际信托有限公司

## 一、2010 年经营概况

截至 2010 年末，山东省国际信托有限公司固有合并资产总额 30.90 亿元，归属于母公司所有者权益 17.68 亿元。实现合并营业收入 3.40 亿元，投资收益 1.39 亿元，合并利润总额 3.42 亿元。

### （一）信托业务

2010 年，山东信托以证券信托、产业信托和房地产信托为重点，着力增强主动管理能力，实现内生性发展。山东信托 2010 年开展信托业务规模 1 176.70 亿元，截至 2010 年末，管理的信托资产余额 966.88 亿元。

1. 证券投资信托

山东信托管理的以阳光私募为主的证券投资信托余额已近 100 亿元，市场占有率约 10%，并与第一财经合作推出了“第一财经 · 山东信托阳光私募基金指数”，该指数为中国阳光私募证券基金市场提供了可比较的业绩基准和投资分析工具。在第二届中国阳光私募基金峰会上，山东信托获得 2010 年中国阳光私募最佳创新信托公司“金樽奖”。

2. 产业投资信托

山东信托已形成恒富、恒鑫、尊享和绿色投资等多个系列品牌，分别投向重点支柱产业、新兴产业、节能环保企业以及优质上市公司等领域，契合国家“十二五”规划，为国民经济“转方式调结构”提供金融服务。

3. 房地产信托

山东信托重点加强与国内一线房地产企业的合作，创新性地与银行合作实现了济南市房地产互助信托收益权质押融资业务，提高了资金的使用效率。

### （二）自营业务

2010 年，山东信托稳妥推进自有资金业务，积极开展以股票、基金为主的中短期金融产品投资。在保证资金安全性、流动性的前提下，大胆创新，不断探索各种形式的长期金融股权投资。目前，山东信托固有项下长期投资主要是控股泰信基金，参股富国基金、民生证券、泰山财产保险、德州商业银行、邹平浦发村镇银行等金融机构。

### （三）内部管理

1. 制订了公司“十二五”发展规划，明确公司发展思路

2010年山东信托根据新形势，编写了公司“十二五”发展规划，该规划在分析宏观经济和金融形势、国家金融监管政策、初步判断行业走势的基础上，对公司信托业务、自营业务、人事劳资、风险控制等各个方面都作出了详细筹划，提出了公司未来发展的方向和目标。

2. 完善了全面风险体系

2010年，随着证券业务的快速发展，山东信托在业内率先主动规范证券投资管理人员执业行为，印发了《公司证券投资业务九条规范》，内容包括防止关联交易、规范证券投资管理人员个人行为、严守保密制度、防止利益冲突、强化定期培训、严防操作风险、信息技术系统控制、加强监督检查力度、建立处罚机制，九条规范的发布防止了利益冲突，规避了公司证券业务的人为风险，树立了规范运作、忠于投资者利益的良好形象。

## 二、创新业务案例

### （一）山东信托·船舶航运投资基金1—4号集合资金信托计划

1. 业务背景

后金融危机时代，随着全球经济的转暖，世界航运船舶行业也从危机时的低谷期逐渐进入恢复增长期。中国在2009年发展成为世界第一大贸易国。与此相对应的是，中国海洋运输企业（中远、中海运、外运长航、招商运输等）自有运力不大，租用国外船舶比例较高，从而导致租用成本居高不下，较难满足国内运力需求的快速增长。同时，中国船舶工业产出的船舶70%～80%是出口船，给国内船东造船的比例过低，造成国内船舶制造业易受国际市场影响而剧烈波动。另外，国内航运企业在关乎国计民生的战略物资进口承运比例过低，且多半为利润率很低的转手合同，严重影响了国家经济安全。在此背景下，国家发展和改革委员会于2009年批准组建了国内唯一一只从事船舶产业投资的基金——船舶产业投资基金。为促进船舶基金的有效运营与发展，满足当前国际、国内航运市场与日俱增的运输需求，推动国内船舶产业的迅速发展，船舶基金建立了以其下属子公司为依托购置并运营单船公司的运营模式。

2. 业务框架

山东信托设立一揽子项目船舶航运1—4号集合信托产品，为船舶基金下属子公司——雨泽投资管理有限公司提供融资，投资购置4艘18万吨好望角型散货船，帮助其扩展运载能力。该信托贷款由船舶产业投资基金及中船基金管理企业共同提供连带责任保证担保。

3. 创新性分析

该系列信托项目是当前单船信托融资在国内的首个信托业务，开创了国内信托业务在船舶项目融资领域的先河。

### （二）山东信托·尊岳稳健系列证券投资集合资金信托计划

1. 业务框架

该系列信托产品属创新型的结构化TOT证券投资信托，产品主要投向于证券二级市场。与国内普遍发行的结构化证券信托产品不同点是其创新型的伞形结构设计，即尊岳稳健1号系开放式的结构化母信托，其后发行的尊岳稳健2号、3号等均为定向投资尊岳稳健1号的定期结构化证券投资信托（TOT），2号、3号等产品设立后均定向申购1号母信托产品。

2. 创新性分析

该系列产品根据投资管理人的不同时点要求，连续系列化发行，资金均汇集至母信托，避免多账户操作，降低管理成本。产品结构多种多样，融资成本根据市场情况灵活设定，每个信托产品设置不同的警戒线和止损线，并采用母信托与子信托双重监控，最大程度降低优先受益人的资金风险。该系列产品通过连续发行，将短期的单一结构化产品转变为长期产品，树立了良好的品牌效应。

### （三）华瑞园商用物业租金收益投资信托项目

1. 业务框架

山东信托设立华瑞园商用物业租金收益投资资金信托，用于山东华瑞园房地产开发有限公司商用物业租金收益投资，期限3年。为了保证租金收益的顺利实现，山东华瑞园房地产开发有限公司以其商用物业提供抵押担保，以信托到期后3年的租金收益提供质押担保。

2. 创新性分析

在设计理念上，该信托产品与传统融资方式依赖融资方整体信用不同，主要依赖标的商用物业本身的现金流量，是一种资产证券化产品。

## 三、社会责任履行情况

山东信托积极履行社会责任，不断探索适合自身特点的社会责任承担方式，大力提升对社会的价值回报。一是明确自身社会责任，打造良好服务品牌。山东信托坚持把承担社会责任和自身经营发展有机结合起来，将履行社会责任纳入公司的经营管理战略，以实现自身稳健发展作为履行社会责任的前提条件，将支持经济社会发展作为履行社会责任的核心，从对投资者、员工、客户及社会发展等多方面着手，不断深化履行社会责任的措施，打造自身服务品牌。二是积极贯彻落实国家宏观调控政策和山东省产业发展规划要求，充分发挥信托工具优势，积极做好金融支持山东省黄河三角洲高效生态经济区、山东半岛蓝色经济区建设，不断加大对国有重点支柱骨干企业产业改造升级、战略新兴产业、绿色低碳经济和民营经济的信贷支持。推出了绿色投资系列产品，支持污水处理项目和环保产业；与建行山东省分行合作发行了山东国托—建设银行助力黄三角贷款项目单一信托，有力地支持了黄三角地区的区域经济发展，在转方式调结构中树立了负责任的企业形象。三是重点关注社会民生，大力支持公益事业，向关心下一代工作委员会捐款36万元。

## 四、2011年发展规划

在科学发展观指导下，公司按照国家对金融业改革和发展的总体要求，依托鲁信集团长期发展战略，立足山东，面向全国，外拓业务，内抓管理，不断做大、做强。

不断规范公司治理，进一步完善公司管控机制和各种约束激励机制，加强客户营销、服务和维护，引进战略投资者，夯实全面发展的基础。在业务领域，以“受人之托、代人理财”为宗旨，围绕信托和自营两个方面，加强业务研发和市场开拓，增强公司盈利能力。在自营业务方面，进一步做好自有资金投资项目的管理，做好长期金融股权投资和中短期金融产品投资。在信托业务方面，根据国家宏观调控政策的调整动向以及银监会倡导的方向，以产业投资信托、证券投资信托和基础设施投资信托为重点，从严控制开展房地产信托业务；大力加强与银行等金融同业的合作，积极开展与山东省基本建设基金相结合的信托业务和不良资产类信托业务，增强主动管理能力，不断提升业务运作水平和项目管理水平，实现公司各项业务全面发展，业务规模和效益更加提高，为我国信托业的发展作出更大的贡献。

# 苏州信托有限公司

## 一、2010 年经营概况

2010 年以来，在全球经济温和复苏的背景下，中国经济运行开始回归正常增长轨迹，相关领域改革、经济结构调整，以及发展方式转变都在继续加快推进。从信托业来看，监管政策调整频繁，同业竞争日趋激烈。

苏州信托有限公司 2010 年完成营业收入 2.41 亿元，实现利润 2 亿元，分别完成年度目标的 112% 和 139%，全面完成年初董事会下达的各项经营指标。信托业务取得了可喜的成绩，全年信托业务收入 1.85 亿元，比 2009 年增加 4 500 万元，增长 32%，信托业务收入占比由 2009 年的 61.5%，增加到 76.5%。2010 年，新增信托规模 80.64 亿元，新增年合同收入 1.34 亿元，存续管理信托项目 111 个，管理资产 163 亿元，创历史新高。

## 二、创新业务案例

### （一）苏信财富·华实 1001 集合资金信托计划

带有真实投资色彩的基金型组合运用非结构化房地产投资，未来还将选取合适的项目进行组合投资。

### （二）苏信理财·瑞城 1006 精选房地产投资集合资金信托计划

投资房地产信托产品的信托产品（TOT），其突出的创新点是 TOT。

### （三）苏信理财·三安光电股票收益权投资 2 号集合资金信托计划

非回购型限售股（受益权）投资，不设任何第三方受让，以市场变现方式实现信托利益；结构化设计中结构不仅限于劣后和固定收益的优先（A 类），还包括享受投资收益分成的优先

（B 类），体现了非回购型前提下的部分优先受益权一定意义上的真实投资，并且还引进了中国投资担保有限公司成为信托项目担保和投资者。

### （四）农利丰系列集合资金信托计划

2008 年，随着金融危机的发展并逐步向实体经济的传导，中央启动扩大内需计划，两年内计划投资 4 万亿元。苏州地方政府提出促进经济平稳较快增长的 10 项 32 条措施，包括加快推进重点项目建设，加快农村公路、水利、环保等基础设施建设，提升农村基础设施建设水准等。

在此政策背景之下，苏州信托首创信托公司和农业担保公司服务乡镇服务新农村建设的创新模式，以受托人的名义，采用贷款、股权等资产投资、债权投资、权益投资等合法合规方式，投资运用于苏州地区乡镇的基础设施建设、城市化建设和农业产业化等领域。苏州市农业担保有限公司为信托产品提供担保，并作为劣后受益人出资认购 10% 的信托计划规模。

农利丰是“镇·信·保”合作模式在县级市的尝试和突破，达到了多方共赢的目标，有效地引导社会资本、金融资本加大对农业生产的投入，促进地方农村经济发展和社会和谐。为广大的投资者提供了稳健的金融产品和优质的金融服务。

截至 2010 年末总计发行五期，募集资金超过 5 亿元人民币，基金化运作日益成熟，已经形成一定品牌优势。

## 三、社会责任履行情况

2010 年 4 月，苏州信托组织全体干部员工捐款，为青海省玉树县“4·14”地震的受灾群众共筹措资金 30 114 元。

## 四、2011 年发展规划

根据战略规划，2011 年公司将充分发挥自身优势，发展业务特色和优势领域。业务拓展中坚持三项准则：一是积极应对政策和市场变化，在合法合规风险可控的原则下努力开拓基础设施、证券和房地产领域传统业务市场，加强传统业务的模式创新，确保业务规模和收入的基本稳定与适度增长；二是从紧政策逐渐显现，政府和地产商借道信托融资的需求增加，公司要抓住时机加速转型；三是高度重视监管政策变化，及时跟进调整业务拓展标准。

固有业务定位于稳健、获取战略资源并支持信托业务。在防范风险的前提下，积极做好固有资金的运用，在资金的配置方面兼顾安全性、流动性和资金效益性。

中后台各项工作依然要坚持“稳健高效”原则，以“提高反应速度，提升服务质量”为目标，有力支持业务发展，有序推进各项工作开展。从公司业务发展的实际需求出发，建立从被动管理到主动管理的过渡机制。

2011 年，着眼于未来的发展，加快推进二次增资扩股工作。

# 天津信托有限责任公司

## 一、2010 年经营概况

2010 年，面对来自政策和市场的双重压力，天津信托上下紧紧围绕年初制定的工作目标及重点，坚定信心、抢抓机遇，各项工作有序开展并取得显著成效，经营业绩再上新台阶。天津信托全年实现收入 38 108 万元，比 2009 年 36 132 万元增加 5. 5 个百分点。

### （一）信托业务方面

天津信托积极顺应监管政策导向，适时调整业务结构，努力实现从融资平台向专业理财机构的转型，重点围绕信托主业提升配置资源、开展工作，信托业务水平显著提升，较好完成了年初制定的经营指标。天津信托全年新发信托项目 197 个，2010 年末存续 272 个，比年初 284 个减少 12 个，但项目的规模和资产质量有相对的提高。

### （二）自有业务方面

一方面，天津信托认真分析国内领先信托公司的资产结构和盈利模式，以充分高效运用资金为原则，不断加强资产管理和运作，努力盘活存量业务，积极主动寻找期限短、收益高、风险可控的自营租赁、贷款项目，新办理融资租赁 2 500 万元，新发放自营贷款 4. 1 亿元。另一方面，天津信托继续坚持理性投资的理念，兼顾一级、二级市场，合理安排股票、债券、基金及其他衍生产品的比例，动态把握投资组合中各大类资产的平衡，稳步提高组合的收益水平。

## 二、业务创新案例

2010 年，公司作为受托人参与天津市政府组织的第一单房地产信托投资基金业务（RETIs）取得了阶段性进展，完成了所有制度、流程、合同等相关文件的准备工作并获得了监管部门批准的受托人资格。只待人民银行批准即可成为全国第一家获批的房地产信托投资基金。

私人股权信托基金业务规模继续扩大。在2009年末公司成功首发天津市首只3亿元保障性住房股权信托投资基金的基础上，2010年，公司又成功发行了滨海新城镇发展股权信托基金12.9亿元和天房集团保障性住房股权信托基金3亿元。

对私人股权投资PE业务和中小企业科技发展基金投入了大量的研发和产品设计，目前进入实际操作阶段。

## 三、2011年发展规划

1. 公司业务发展的战略指导思想

坚持以邓小平理论和“三个代表”重要思想为指导，认真贯彻落实科学发展观，紧紧抓住滨海新区开发开放的契机，以遵循国家和监管部门法规为依托，以诚信合规、稳健发展高效运营为理念，进一步健全和强化法人治理、内控严密、管理合规的内部控制体系；以业务开拓创新为动力，以风险防控为前提，进一步提升和增强公司的核心竞争力；以受益人利益最大化和股东稳定回报为原则，努力创建公司、股东、客户共赢平台。注重加强人才队伍、企业文化和长效机制建设，不断提高公司的盈利能力、风险控制能力、创新能力、营销能力，正确把握宏观经济形势和政策环境，推进公司又好又快地发展。

2. 发展目标

公司总的发展目标是要认真贯彻落实科学发展观，积极应对复杂的经济形势，充分发挥信托功能，从持续性、盈利性和增长性等方面使公司不断提升，为股东和受益人提供较高回报。坚持稳健经营理念，增强风险管控能力，大力培育主营业务模式，促进业务科学转型，继续推进业务创新，提高理财服务能力，把公司打造成核心竞争力强、综合理财水平高、信誉度高的信托理财机构。

业务发展目标是要抓住2010—2012年的战略机遇期，加快业务转型和盈利模式创新的步伐，做优做强信托业务，做好做精固有业务，相得益彰，共同发展，形成公司可持续发展的盈利模式和核心竞争力。

# 中国对外经济贸易信托有限公司

## 一、2010 年经营概况

2010 年，中国对外经济贸易信托有限公司坚持“稳健思变，诚客理财”的理念，通过专业化运营和业务创新取得了一定的差异化竞争优势。2010 年，公司克服了行业政策调整的不利影响，超额完成了全年经营目标，营业收入和税前利润均实现了大幅度增长，整体盈利能力显著增强，全年实现营业收入 6. 41 亿元人民币，同比增长 60. 12%，税前利润 5. 38 亿元人民币，同比增长 68. 3%，净利润 4. 36 亿元人民币，同比增长 56. 96%，实现资本利润率 15. 64%，人均利润 480. 43 万元人民币。

在严格控制风险的前提下，外贸信托抓住市场机会，围绕优质客户开展信托业务。截至 2010 年末，管理的信托资产总规模达 864 亿元人民币，信托报酬率达到 0. 64%，信托收入占比从 2009 年的 47% 提高到 67%。

外贸信托全年共发行集合信托产品 218 款，规模达 355 亿元人民币，处于行业领先地位。公司阳光私募证券投资信托产品在规模、数量和产品种类上取得重大突破，构建了完整的产品线，业务规模和收入均增长 1 倍以上，300 多亿元人民币的资产管理规模位居行业前列，在业内树立了产品品牌。

## 二、创新业务案例

2010 年，外贸信托在金融合作、房地产信托、资产管理等方面的创新取得突出成就。

### （一）金融合作方面

创新设立的阳光私募证券投资信托产品在规模、数量和产品种类上取得重大突破，构建了完整的产品线，业务规模和收入均增长 1 倍以上，资产管理规模位列行业第二位，在业内树立了产品品牌；金融股权融资业务取得突破，成功设立 4 只新产品，为未来奠定可观利润基础；积极探索有限合伙企业制度与信托产品的结合模式，成功开发系列项目。

（二）房地产信托方面

初步形成自主管理理念，围绕优质企业客户，开发了包括债权融资项目、股权投融资项目、特定资产收益权项目、房地产基金类项目等在内的多种信托模式的房地产项目，丰富了房地产信托业务模式。

（三）资产管理方面

进一步推广矿产资源领域的“股权融资模式”，成为信托业界的范例，全年共发行四个“鑫欣”系列产品，总规模7.3亿元。同时，积极开展PE及PIPE业务，成功地完成了对四只定向增发股票的投资和一个金融股权投资项目，取得了较好的投资成绩。

## 三、社会责任履行情况

2010年，外贸信托依法经营、规范管理，取得了较好的经营业绩，内控管理工作的深度和广度有了较大的发展和进一步提高。公司经营决策程序符合法律、法规和公司章程的规定，员工在业务经营及管理过程中，能够依据《信托法》，确实履行“受人之托、代人理财”的法律职责。公司管理信托财产恪尽职守，履行诚实、信用、谨慎、有效管理的义务，维护投资者利益，没有因公司自身责任而导致信托资产损失的情况。公司全年共实现投资者信托资产增值369 986.23万元，向信托受益人分配信托收益210 834.95万元。其间，没有发生任何违反国家法律法规、《公司章程》或损害公司和损害股东利益的行为。

## 四、2011年发展规划

经过长期探索与实践，公司明确了未来发展的战略方向，提出了成为“国内理财市场的金字招牌和国际金融市场的百年老店”的发展愿景，确立了以营销服务为支撑的主动型自主资产管理模式。为实现这一愿景和目标，外贸信托制定了“一、二、三、四”发展战略，培育持续稳定的盈利能力，打造核心竞争力，即

一个核心——人力资源建设；

两项策略——专业化和差异化经营策略；

三种能力——自主投资能力、项目开发能力和市场营销能力；

四大板块——资产管理、金融合作、房地产信托、营销服务。

此外，外贸信托还通过不断探索完善激励机制和绩效考核体系等手段，积极推进管理变革以保障战略的有效实施。

# 中投信托有限责任公司

## 一、2010 年经营概况

2010 年是中投信托有限责任公司贯彻执行《2007—2010 年发展战略规划纲要》的收官之年，也是公司努力构建多层次业务架构、向专业化方向探索核心业务模式的起步之年。面对 2010 年极为复杂的经济金融形势，公司在监管部门和总公司的关心支持下，实现了两会一层的顺利换届、经营管理的稳步推进和业务发展的持续增长，全面超额完成了年度综合经营计划。截至 2010 年 12 月 31 日，公司管理的信托财产规模为 198. 5 亿元；实现收入 3. 9 亿元，其中固有业务收入 2. 5 亿元，信托业务收入 1. 4 亿元；实现利润 2. 68 亿元。

### （一）逐步构建起多层次业务架构体系，积极探索核心业务模式

1. 信托总规模和项目平均规模均创历史新高，信托收益水平持续提升

公司管理的信托财产规模达 198. 5 亿元。信托项目平均规模 1. 93 亿元，创 3 年多来最高水平，比年初上升 109. 8%。以公司到期清算的集合信托计划计算，综合实际收益率和信托报酬率均有不同程度提高。

2. 融资类及服务类信托业务稳步发展

融资类信托业务作为实现当期营收的支撑与保证，在控制好风险的前提下，产品发行数量和发行规模稳步增长。同时，按照“服务类业务作为补充、成熟模式复制运作”的发展思路，较好地贯彻执行了监管部门有关要求。

3. 加强战略性业务布局市场研究

公司一方面重点加强对金融股权投资业务的研究和市场机会的把握，研究分析浙江省对地方性银行进行战略性重组和发展直接融资的机遇；另一方面，积极探索开展上市公司股权投资（定向增发）及非金融类股权投资项目，并逐步推进企业股权投资项目的各项前期准备工作。

4. 全力支持信托主业发展

固有资产以购买信托计划等形式对信托业务在重点产业领域拓展提供支持，借此丰富固有

业务投资品种，提高固有资金收益。同时，通过项目实地回访等形式，及时监测信托项目的运行状况，加强对已认购信托项目的运行管理。

5. 积极筹划固有资产多渠道运用

通过新股和可转债申购业务、认购银行理财产品、专户理财、项目贷款等方式运作固有资金，基本完成有关历史遗留清欠和不良资产核销工作，固有资产结构进一步优化。

### （二）加强市场营销，不断提高资金募集能力

2010 年，公司共完成 17 个集合资金信托计划的发行募集工作；累计募集信托资金规模 33.3 亿元。募集规模、单个信托计划募集规模、平均信托计划募集规模和单季信托计划募集规模均实现突破，集合信托计划推介完成率继续保持 100%。新增在册合格投资者继续快速增加。一是继续巩固和扩大与在杭金融机构的业务合作，与农业银行浙江省分行签订了全面业务战略合作协议，就业务开发、产品营销等进行了广泛联系与洽谈。二是继续大力拓展省内机构客户。公司利用推介投资类信托计划的契机，邀请省内多家大型国有企业和民营企业参加项目路演，为拓展机构客户、支持主动型管理业务发展积累客户资源。三是加强品牌形象建设。与《新西湖》杂志合作，策划推出 6 期宣传方案。专门设立 400 客服电话，进一步体现以客户为根本的理念，提升服务品质。

### （三）适应新的监管要求及市场形势变化，切实加强项目风险管控

2010 年，公司严格按照政策导向，梳理合规管理框架，充实合规管理技术，优化合规管理程序，建立起程序高效、管理全面、保障有力的合规管理框架体系，为公司依法合规经营和稳健可持续性发展保驾护航。一是做好存续项目“回头看”工作，开展项目压力测试，对存量房地产业务，确保做到足额担保，资金封闭运作。二是切实落实各项监管政策要求。2010 年，监管部门将银信、信政、房地产信托等作为监管重点，公司制订了房地产类集合资金信托计划现场检查专项方案，组成现场检查小组，对公司存续房地产信托项目进行现场检查。从多次检查情况看，交易对手经营情况正常。同时，结合监管部门到公司进行的银信、信政项目现场检查及公司监管评级复评工作，公司对相关业务及经营管理各项工作进行全面自查，并对自查发现的不足进行了逐项整改落实。三是制订预案，积极应对，妥善处置了公司重组前遗留的两起诉讼案，努力化解了遗留诉讼案件法律风险。四是继续加强制度体系建设，公司在对现行的 80 部规章制度进行全面评估的基础上，制订了 2010 年制度编制计划，全年共完成修订或制定规章制度 18 部。

## 二、创新业务案例

根据公司业务战略定位和监管部门对业务发展方向的要求，公司业务创新和产品创新工作取得新的进展。

（一）股权投资类信托业务取得突破性成果

在具体项目上，采取纯股权投资方式，以多重措施把控项目风险，实现公司在投资性房地产信托业务上的成功尝试；通过设立公司制投资平台，适应当前证券监管环境要求，参与上市公司定向增发，获取良好收益；以西部大型国有能源公司股权为投资标的的 PE 项目已确认公司股东地位及权益，标志着公司在 PE 投资类信托领域取得突破性进展。

（二）“投融资结合”业务模式继续推广实践

在健康医疗、清洁能源等领域，“股债结合”形式的产品已成功发行。有关基金已成功实施股权投资，被投资企业进入股改阶段。

（三）尝试为温州民间资本提供全面金融服务

公司与温州政府部门、金融机构、民间资本投资服务中心洽谈，就未来引导和拓展温州民间资本投资渠道进行项目合作。预计总规模为 10 亿元的“中投·雁荡之星中小企业信托基金”项目正式签署了合作意向书。

## 三、社会责任履行情况

（一）积极服务中小企业，助力转型升级

中小企业信托基金作为公司紧密贴近浙江区域市场需求、履行企业责任、服务中小企业的标志性品牌，已拥有了多种较为成熟的业务模式。其中，“宝石流霞”中小企业集合信托债权基金项目获得“杭州市金融创新优秀项目奖”，是获奖项目中唯一的信托项目。该项目项下已有企业成功上市案例。公司被评为“杭州市金融创新优秀项目首创单位”，是获奖单位中唯一的信托类金融机构。同时，还获得了浙江银监局颁发的“浙江小企业金融服务先进单位”荣誉称号。公司已累计设立中小企业信托基金 14 只，总规模 7.6 亿元，累计支持了 278 家中小企业，所有获得公司信托资金支持的中小企业均运行良好。

### （二）积极组织爱心募捐，情系玉树灾区

在青海玉树发生特大地震灾害后，公司特事特办，总办会、董事会立即开通绿色通道，第一时间向玉树灾区捐款人民币30万元。公司党委和工会还联合发出“情系玉树　爱心募捐”倡议。公司领导带头募捐，公司全体员工积极响应，人人参与捐助活动，通过浙江省红十字会向玉树灾区捐款人民币39 600元。

## 四、2011年发展规划

2011年公司进入新的发展战略期，公司将在有效控制风险的前提下，进一步在市场拓展、客户营销、研究创新、风险内控、激励约束等方面力争完善和提高，推动公司各项工作更好发展。

### （一）基本工作思路

2011年工作的基本思路是：以科学发展观为统领，以“十二五”规划为指导，以公司发展战略规划为指引，“坚持一条主线，建设四大板块”，推进公司业务又好又快发展，提升公司整体价值，塑造专业化品牌形象。“坚持一条主线，建设四大板块”，即以主动管理能力提升为主线，重点加强业务创新、营销建设、风险管理、人力保障四大板块建设。

### （二）主要工作

2011年，公司确定的工作重点主要是以下四方面工作。

1. 全力推进主动管理型业务发展，培育价值提升能力

在信托业务方面，一是在业务模式上，深度挖掘各行业的产业投资机会，加快从融资型、服务型业务为主向投资型业务为主的转变步伐。二是在具体业务投向上，将根据“十二五”规划产业导向和各区域市场特点，合理确定业务投向。三是在业务管理上，进一步加强项目前期调查和后期管理，重视发掘融资类业务管理中潜在的投资类业务机会。

在固有业务方面，一是继续优化资产合理配置。二是抓住市场机遇开展投资业务，提升公司中长期投资价值。三是探索业务发展新模式，寻找新的利润增长点。四是继续做好存量资产经营管理工作。

2. 大力加强自主营销能力，推进全面营销体系建设

一是考虑在重点区域市场建立异地营销团队，配置加强客户营销力量。二是优化和整合公司现有营销渠道，实现公司对整个渠道系统的综合管理。三是探索创新适合业务发展的营销组

织管理机制。

3. 着力提高风险管理的前瞻性和适应性，支持业务创新发展

一是提高风险管理前瞻性，有效实现合规风险管理对业务发展的引导作用。二是优化风险管理整体架构，加大风险管理对业务前中后期的管控力度。三是进一步加强各类项目审查和管理，继续加大对业务部门的风险管理教育和指导。四是推动风险管理工作向标准化、规范化和专业化方向发展。

4. 推进组织机构优化、岗位管理平台和薪酬绩效体系建设

一是优化组织机构，有针对性地解决业务发展对风险管理、运营支撑的长远要求。二是完成岗位管理及固定薪酬体系建设，建立市场化的职位和基本薪酬体系。三是继续探索完善激励约束机制，考核指标体系坚持战略导向原则。四是持续实施专业人才招聘工作，加快培养与引进发展战略主导业务人才。五是以核心岗位人员和新入职员工为重点，加强培训工作。

# 安信信托投资股份有限公司

## 一、2010 年经营概况

2010 年，在复杂多变的内外部经营环境下，安信信托投资股份有限公司全体员工结合公司实际，坚持专业化、差异化的经营策略，明确市场定位，审慎展业，积极开拓信托业务，在严格控制风险的同时，实现了业绩连续 3 年的持续稳定增长。报告期内实现营业总收入30 992.93 万元，归属于母公司的净利润 9 266.38 万元，累计净利润较上年同期增长 96.07%。与此同时，在公司治理、团队建设、内控体系完善、制度建设、客户管理与维护方面也取得了较为明显的成果，公司在建设具有自己特色、良好品质和较强竞争力的非银行金融机构方面取得了长足进步，在可持续发展模式的探索方面迈出了新的坚实步伐。

### （一）继续贯彻落实监管要求，调整展业方向，丰富公司业务结构

积极探索、开拓工具型信托投行业务。公司根据自身实际，结合业务团队的结构和特点，确立了工具型信托投行业务作为公司主要信托业务之一，并形成了具有公司自身特色的业务创新和管理模式。着力完善了公司短期、中期、长期信托产品业务结构，逐步培育公司可持续发展的信托业务模式。巩固并发展信托投行业务，积极探索并实践有别于银行、证券、保险的提供中长期信用服务的资产管理型信托业务。

### （二）加大研发力度，“创新”业务得到一定发展

1. 开发了类公益型、类基金型的资产管理信托业务。研发了在交易结构、创新性、投资策略、资产配置等方面都处于行业领先地位的类公益型的安信·关爱系列“阳光 1 号”集合资金信托计划，大大地提高了公司的影响力和社会公信力。

2. 积极研究并开拓私人信托业务。2010 年初，公司设立了“私人信托部”，经过一年来的探讨、研发，已经取得了一定的成绩并积累了相当的客户资源和业务经验，为今后开拓并形成具有安信特色的私人信托业务奠定了基础。

3. 开拓矿产资源类信托业务。2010 年，公司在涉及矿产资源类的信托业务方面取得了突破，为公司发展多元化的信托业务起到了积极的促进作用。

### （三）加强风险管理，确保项目存续管理正常清算

2010 年，公司在业务拓展和经营过程中，继续倡导并坚持“控制风险、合规先行”的理念，严格管好项目风险和经营风险。在 2010 年已清算完成的 40 个项目中，全部实现正常、足额清算，未发生影响受益人和公司利益的风险事件，公司的项目风险和经营风险得到了有效控制。同时，公司还采用集中培训和自我学习等多种形式，对各类人员进行了专门的培训和考核，内容涉及各种法律法规、业务指引和财务等方面的知识，对于加强员工的风险识别、风险防范和风险管控能力起到了积极的作用。

### （四）实现了公司销售模式及业务模式战略“转型”

2010 年公司提出销售模式战略性转变的要求。公司单笔委托资金和单体集合型信托计划发行规模已经向更大规模发展。业务模式在已经实现了由原来以银信合作模式为主向以信托投行（项目融资型）业务为主的基础上，再次开始了向信托产业投资基金型、私人信托业务、中长期信托业务的第二次战略转型。通过以上两方面的“转型”，将保障公司的经营向专业化、差异化的战略方向发展。

### （五）严格执行国家政策，落实行业监管要求，更进一步完善和健全公司治理

2010 年，公司继续严格按照《信托法》、《信托公司管理办法》和《信托公司集合资金信托计划管理办法》以及相关的监管要求进行业务拓展。同时，继续按照上市公司的标准来严格规范公司的经营和管理，进一步完善和健全了法人治理机制。

## 二、创新业务案例

本着对社会“最弱小、最困难的群体”的关爱为出发目的，安信信托将关爱残智障儿童、残疾人士等特殊人群的利益为己任，2010 年，公司创新研发了“安信·阳光 1 号”关爱系列准公益类慈善个人信托产品。关爱系列信托是以对残智障儿童、残疾人士等社会特殊群体的关爱为宗旨，立足于低风险、高收益、优质管理，目的是充分发挥信托公司在理财、生财、护财、传财的资产保值增值金融功能，从而达到对特殊人群的扶助关爱的社会职能的创新型信托产品。安信信托将每年从信托报酬中提取一部分资金，无偿捐赠给该基金会用于资助残智障儿童福利事业，借以发挥信托公司在为促进公益性捐款的枢纽和渠道作用。鉴于上海宋庆龄基金会的各

类为妇女儿童服务的思想和无私奉献的精神，重视扶贫济弱，加强少儿文化教育、关心儿童保健的宗旨，安信信托在关爱系列信托管理中与其通力合作，为实现对全社会的关爱与维护世界和平而努力。

关爱“阳光1号”信托计划有相当比例的委托人为残智障人士或其亲属，而对于残智障人士及其亲属以关爱目的认购的，公司提供降低认购门槛、费用减免、受益人指定、意外伤害保险及年度体检等多项个性化条件。

关爱信托参考“一法两规”法律通知，试点性地利用公司强有力的专业资金托管能力及合法合格融资平台，结合公益性质的关爱社会特殊人群、无偿捐赠宋庆龄基金会，以期望为社会特殊群体提供金融理财服务，让社会特殊群体家庭受益，实现信托事业与公益事业的双赢结合。

## 三、社会责任履行情况

### （一）强化经营管理，提高企业效益，为社会经济作贡献

安信信托在复杂多变的内外部经营环境中，坚持“专业化、差异化”的经营策略，明确市场定位，调整展业方向。信托业务模式正逐步从传统的融资型向融资和股权投资类业务并存的业务形态发展；此外诸如消费品、矿业权等新领域融资需求也不断涌现，有效地拉动了社会投资，为国民经济的增长作出了自己的贡献。

### （二）坚持依法诚信纳税，积极履行企业公民的法定义务

依法按时缴纳税款和进行税务登记、设置账簿、保管凭证、纳税申报，如实向税务机关反映公司的生产经营情况和执行财务制度的情况，并按有关规定提供报表和资料，没有隐瞒和弄虚作假。2010年，税务机关还授予安信信托“纳税A类企业”荣誉称号，公司为国家财政收入和地方经济发展作出了应有的贡献。

### （三）为客户创造财富，与行业合作伙伴实现共赢

在不断发展壮大的过程中，公司始终将客户视为合作的伙伴，注重尊重客户的需求，保护客户的合法利益，使其能在与公司的合作中获得合理的盈利，与公司在激烈的市场竞争中共同发展，达到互惠互利、共同发展的目标。

### （四）维护金融稳定，做好存量项目管理和到期清算工作

2010年，公司在进行业务拓展的同时，做好存量项目的日常管理、信息披露、风险管控及

到期清算工作。

（五）规范公司治理，注重保护股东和债权人的合法权益

2010年，通过不断健全公司治理结构、强化董事会专业委员会职能和严格履行信息披露等措施，最大限度地保护股东和债权人的合法权益。

（六）重视人力资源建设，切实保护职工的合法权益

2010年，公司严格贯彻落实《劳动合同法》，切实保护员工的合法权益。同时，通过形式多样的培训、健全的薪酬体系和激励制度，提升员工的业务素质、工作积极性和对企业的满意度。

（七）积极金融创新，关爱社会，助推类公益信托

安信信托作为上市的金融机构，以服务大众、回馈社会作为公司应尽的社会责任。在强化经营管理，提高企业效益为社会经济做贡献的同时，也积极致力于金融产品创新。2010年，公司邀请了信托业界的专业和权威人士，参与研发安信“阳光”关爱系列信托，从市场需求出发，锁定特定人群，设立了类公益性质的信托产品——“阳光1号”关爱信托计划。

（八）注重环境保护，致力于可持续发展

深入贯彻落实科学发展观和构建和谐社会的政策指引，公司积极致力于环境保护与可持续发展，从推进无纸化办公到节约每一滴水、每一度电，倡导节约成本、降低能耗、资源共享，从而实现可持续发展。

## 四、2011年发展规划

公司将在巩固2010年已取得的经营成果的基础上，从产品的创新、品牌知名度的提升、规模的扩展、可持续发展及内部管理上做好以下几点。

（一）业务方面

认真贯彻落实各项监管要求，完善现有信托业务体系，加大信托产品创新，积极审慎地拓展业务。根据国家经济、金融政策的变化要求，在各级监管部门的文件精神指导下，择机适度开展全流通股票质押融资业务、结构化证券投资信托业务、产业投资信托基金型业务，审慎开展房地产投资信托业务、私人信托业务，在进一步拓展业务品种的同时，做好风险管理工作；根据国家相关政策要求，结合市场的实际需要，公司拟继续与各种慈善机构、团体和个人进行

多种形式的有效合作，积极开展各种类公益性的信托业务。

### （二）管理方面

认真学习相关法律法规，做好公司经营及业务的规范工作。在2010年的基础上，多形式地组织全体员工认真学习"一法两规"、"三个办法、一个指引"和《信托公司净资本管理办法》等与公司经营及业务发展有关的法律、法规。同时，随着公司的不断发展，还要对以下几方面的工作进一步完善：

1. 逐步建立并形成科学、高效、权责明晰的决策程序和机制。
2. 完善公司内控制度建设。
3. 继续做好公司的各类信息披露和投资者关系管理工作。
4. 进一步提高事前、事中、事后的风险管理能力。
5. 继续倡导合规和风险控制的理念，提高全员的风险意识。

### （三）加强公司团队建设，实现人力资源合理有效地配置

尽管2011年公司仍将面临复杂的经营环境及重组带来的不确定性，但公司将结合自身实际情况，调动现有的每一位员工的积极性，通过继续加强组织员工进行法律、法规、业务知识的学习和培训工作，组织业务人员进行信托业务案例探讨、交流及金融知识学习工作等方式，开发每一位员工的潜能，逐步将公司的员工队伍培养成一支吃苦耐劳、开拓进取、具有一定专业知识、较强战斗力、齐心协力、能适应公司业务发展需要的具有安信特色的团队，实现公司人力资源有效合理的配置，提高公司经营与管理的效率。

# 百瑞信托有限责任公司

## 一、2010 年经营概况

2010 年，面对来自政策和市场的双重压力，百瑞信托有限责任公司上下紧紧围绕年初制定的工作目标及重点，坚定信心、危中寻机、抢抓机遇，各项工作有序开展并取得显著成效，经营业绩再上新台阶。百瑞信托全年实现收入 4.22 亿元，比上年增加 1.94 亿元，增长 85%。其中信托业务收入 3.09 亿元，比上年增加 1.43 亿元，增长 87%；自有业务收入 1.13 亿元，比上年增加 5 045 万元，增长 81%。实现净利润 1.67 亿元，比上年增加 4 629 万元，增长 38%。截至 2010 年 12 月 31 日，资产总额 14.41 亿元，比年初增加 3.8 亿元，增长 36%；净资产 11.78 亿元，比年初增加 2.38 亿元，增长 25%；净资产收益率 15.76%，比 2009 年增加 1.93 个百分点。

信托业务方面：百瑞信托积极顺应监管政策导向，适时调整业务结构，努力实现从融资平台向专业理财机构的转型，重点围绕信托主业提升配置资源、开展工作，信托业务水平显著提升，较好完成了年初制定的经营指标。百瑞信托全年新增信托项目 78 个，新增信托规模 164.35 亿元，比上年增加 1.01 亿元，增长 0.6%；全年清算信托项目 50 个，规模 65.12 亿元，比上年增加 2.85 亿元，增长 5%；截至 2010 年末，百瑞信托存续信托项目 103 个，存续信托规模 289.49 亿元，比年初增加 108.52 亿元，增长 60%。同时，信托业务结构得以改善，存续信托业务收入大幅增加。截至 2010 年末，延续到以后年度的信托业务收入达 4.8 亿元。

自有业务方面：百瑞信托一方面认真分析国内领先信托公司的资产结构和盈利模式，以充分高效运用资金为原则，不断加强资产的精细化排布，PE 创投和证券投资业务都取得显著成效，全年实现 PE 投资 1.21 亿元，股票投资收益 3 165 万元。另一方面，百瑞信托通过有效运用债券代持、回购业务等现金管理工具，进一步提升了现金管理水平，同时通过清理担保业务、化解项目潜在风险等方式，使公司自有资产质量得到大幅提升。

另外，百瑞信托第二阶段增资扩股工作历经近两年的艰苦努力后终于在 2010 年末水到渠成，成功引入大型电力中央企业中国电力集团作为新股东，注册资本增至 12 亿元，公司实力极大增强。同时，随着公司监管评级的提升和对外宣传工作成效的显现及研发影响力的不断增强，百瑞信托企业形象和影响力进一步提升。2010年末，为满足公司长远发展，更好应对内外部环境变化，百瑞信托经营层经审慎研究，充分论证，对公司组织架构进行了全面调整。在各部门的共同努力下，目前该项工作已顺利完成。本次组织架构调整意义深远，将有力提升公司在业务开拓、产品设计和自主营销等方面的专业能力，为百瑞信托的可持续发展奠定坚实基础。

## 二、创新业务案例

近年来，公司信托业务取得了快速的发展，信托资产规模不断上升，信托行业处于快速发展和变革之中。百瑞信托十分重视信托创新业务，围绕整体战略发展规划，建立了以研究发展中心和博士后科研工作站为平台，渗透公司经营各个环节的产品创新工作体系，逐步形成在业务中创新，以创新推动业务的金融创新与产品开发特点，并在业务领域拓展、创新业务模式打造等方面取得了一定的突破。

2010年1月和4月，百瑞信托相继实施百瑞富诚郑汴产业发展基金第1期信托计划和百瑞富诚郑东新区发展基金第1期信托计划，为百瑞信托拓展基础设施信托业务打下了良好的基础。5月，百瑞信托又联手建业集团推出了河南省首只房地产信托投资基金——百瑞宝盈58号（建业集团房地产信托投资基金1号）集合资金信托计划，该基金系列总规模预计30亿元，首期项目期限采用3+1+1年设计，规模6.67亿元，在设计上充分体现了受托人自主管理、主动管理的风格，在当前的房地产信托业务领域中属于创新投资模式，符合未来房地产信托业务的发展趋势。目前，该项目运行良好，如运行满5年，预计可为公司获取收益1亿元。6月，"百瑞富诚42号集合资金信托计划（特定资产收益权）"顺利实施，该项目信托人员跳出传统的信政业务思维定式，着眼于交易对手实际持有的资产，通过受让交易对手持有的特定资产收益权，将信托资金作为转让款支付给交易对手，使其成功参与海马股份增发，有效支持了郑州市的汽车产业发展。该项目期限采用2+1年设计，如运行满3年，预计可为公司获取收益3 400万元。

在行业研究方面，百瑞信托博士后科研工作站先后完成了两项前瞻性课题研究，发布了包括《2009年信托公司年报分析》系列分析报告在内的30多篇行业研究报告并参与了中国银监会、中电投财务有限公司的10多项课题研究，撰写出版了《信托研究与年报分析2010》一书，在业界引起了强烈反响，并得到了中国银监会、中国信托业协会、河南银监局等部门的关注和肯定，百瑞信托企业形象和行业影响力得到大幅提升。

## 三、社会责任履行情况

2010年，百瑞信托继续秉承"勇于承担社会责任，热心公益慈善事业"的宗旨，积极参与各种慈善公益活动。年初，百瑞信托再次以公益信托方式向郑州慈善总会捐款70万元，该款项专项用于省内贫困及偏远地区教育事业援助；4月中旬，青海玉树地震发生后，百瑞信托第一时间组织员工捐款，两天内募集善款22 110元；11月末，百瑞信托积极响应号召，向郑州公交总公司捐赠大型公交车5辆，价值325万元。截至目前，百瑞信托已累计参与各类社会公益活动30余次，捐款捐物总额近500万元，并逐渐形成以公益信托方式进行偏远和贫困地区教育事业援助的特色捐赠模式，援建了四川江油市新兴乡新兴小学、河南荥阳汜水镇百瑞慈善小学和高村乡百瑞慈善小学三所小学。百瑞信托通过积极参与慈善公益活动，很好地履行了一个合格企业公民应尽的职责，也进一步提升了百瑞信托企业形象和影响力。

## 四、2011年发展规划

2011年，百瑞信托将在认真总结2010年工作经验和不足的基础上，以组织架构调整和增资扩股完成为契机，在顺应监管导向的基础上继续推动业务升级，努力提升管理水平，以促进公司业务更好发展。

### （一）2011年业务开展战略

1. 信托业务开展战略

2011年，百瑞信托将不断强化政策和经济形势变化趋势的研究，以基础设施信托、房地产信托基金打造为主线，进一步强化证券投资信托业务开拓力度，努力提升项目风险控制和自主管理能力。同时，在营销方面以建立起一个庞大、忠实的客户群，实现理财中心和异地部门的营销联动为工作重点，多管齐下提升公司产品自主营销水平。

2. 自有业务开展战略

2011年，百瑞信托将以资本实力大幅提升为契机，并充分考虑《信托公司净资本管理办法》对公司自有业务开展的影响，以流动性和收益性兼顾为原则，在稳定贷款业务的基础上，通过投贷相结合的方式有选择地布局一些成熟地产、商业物业和创投项目等长期资产，同时进一步加强证券投资和谨慎布局长期金融股权，不断推动自有资产结构的调整和优化。

### （二）管理提升战略

为更好地匹配公司业务开展，2011年百瑞信托内部管理要与时俱进，努力实现两个提升：提升管理的规范化程度，通过完善制度、推动流程持续优化和强化制度执行等不断提升管理的规范化程度，让规范化成为所有员工的共同价值观；提升管理的精细化程度，将管理覆盖到公司运营的各个环节，并且形成量化管理和信息化管理，让精细化管理成为公司管理的常态。

# 北方国际信托股份有限公司

## 一、2010 年经营概况

2010 年，面对来自政策和市场的双重压力，北方信托上下紧紧围绕年初制定的工作目标及重点，坚定信心、危中寻机、抢抓机遇，各项工作有序开展并取得显著成效，经营业绩再上新台阶。北方信托全年资产总额 537.5 亿元，完成年初计划指标的 2.3 倍；实现税前收入 2.6 亿元，完成年初计划指标的 1.7 倍多。公司发展再上新台阶。

### （一）信托业务

北方信托 2010 年新增信托资产 521.26 亿元，比年初增加 314.93 亿元，增长 1.53 倍。2010 年是市场和政策形势复杂多变的一年，全体员工不怕困难，用心做事，灵活应变，认真贯彻公司做大做强信托主业的战略方针，再次刷新公司信托业务发展的历史纪录。全年新增信托 577 亿元，净增 315 亿元，为委托人创造利润 18.43 亿元，为公司实际创造收入 3.94 亿元，出色地完成了公司赋予的使命，实现了公司转向的战略意图，为公司今后的发展打下了一个更好的基础。

### （二）自有业务

北方信托认真分析国内领先信托公司的资产结构和盈利模式，以充分高效运用资金为原则，不断加强资产的精细化排布。2010 年实现收入 6 473 万元，完成全年任务的 1.41 倍，实现公司自有资金的最大化。

2010 年是“十一五”的收官之年。回顾北方信托 5 年来的发展历程，公司上下奋力拼搏，发生了脱胎换骨的变化。5 年间，累计实现利润总额 9.54 亿元，上缴税收 2.44 亿元，为股东分红 1.7 亿元，为委托人创造收益 32.17 亿元，公司人均创利、创税水平始终处于天津市金融界的前列。“十一五”是北方信托发生巨变的 5 年，值得每个北方信托人引以骄傲和自豪的 5 年。

2010 年北方信托在天津泰达控股业内绩效考核成绩突出，获得天津泰达投资控股 2010 年考核工作先进单位，同时获得天津经济技术开发区 2010 年百强企业的称号。

## 二、创新业务案例

近年来，公司信托业务取得了快速的发展，信托资产规模不断上升，信托行业处于快速发展和变革之中。北方信托为适应国际国内金融、经济环境的变化，配合监管部门监管要求，充分发挥信托机制灵活、高效的优势，致力于加速业务转型步伐，加速将业务创新与发挥实效相结合，加速将资金优势与企业资金需求对接，完善资金运用和风险控制体系，整合滨海新区的资源优势，为天津及滨海新区的快速发展出谋献计，2010 年实现创新业务规模 103 549 万元。其中多元融资方式创新 45 824 万元，集合资金信托计划信托期限创新 20 000 万元，集合资金信托计划信托用途创新 36 125 万元。

作为北方信托以集合信托方式募集资金投资的船舶产业投资基金项目，在创新实践中发挥了较为突出的重要作用：

### （一）集合信托投资渠道的创新解决了客户大额度的融资需求

该集合信托首次由包括国有银行、股份制银行等多家银行全国性代销公司一只集合资金信托产品，同时还首次设计了 10 亿元的规模，突破了公司目前集合信托销售渠道单一、规模不大的发展瓶颈，从而解决了客户大额度的融资需求。

### （二）集合信托投资领域的拓宽满足了不同风险承受度客户的理财需求

该集合信托计划募集资金投资于船舶产业投资基金，这只由国家发改委批准设立的总规模 200 亿元的产业投资基金是当前已经获得批复的十只试点产业基金之一，基金在国内首次实现募集中信托产品的介入，该模式的创新不仅拓宽了公司集合信托投资领域，同时还满足了不同风险承受度客户的理财需求。

### （三）提高了信托公司风险控制水平

该信托计划首次在集合资金信托产品中设计完全投资的理念，不设预期收益率，首次在项目类集合资金信托产品中设计了全开放的形式，为长期限信托计划的流动性问题提供了一种可借鉴的解决方式，从而提高了公司风险控制水平。取得以上创新，实际上意味着在前期项目谈判中，公司不但取得了胜利，而且为今后的继续合作奠定了优势地位。

### （四）开创了集合信托计划支持我国船舶产业发展的先河

船舶产业投资基金是国家发改委批准设立的唯一一只进行船舶资产投资及相关领域股权投

资的产业基金，而公司的该笔集合信托计划加入船舶产业投资基金开创了信托公司支持我国船舶产业发展的先河。

## 三、社会责任履行情况

本着“服务于社会”的宗旨，坚持不懈推进企业文化建设。2010年，北方信托组织开展“比奉献、重执行、求实效，做合格北方信托人”年度主题活动，聘请专家学者就“打造高效的执行力体系”进行专题集中培训，先后组织全员观看体现晋商勤奋、敬业与诚信文化的大型话剧《立秋》和催人奋进的《2009感动中国人物》光盘，相继推荐《阳光心态　灿烂人生》和《中国大趋势》等好书新书20余部。进一步发挥《北方信托报》、“员工网络论坛”等平台作用，先后刊发倡导奉献精神、提升团队执行力和企业文化等文章、稿件近百篇。组织开展“军营一日”和“观世博、蓄锐气、促发展”以及“争优创先”等专题专项活动。通过各种形式的活动，不仅激发了全员的凝聚力、向心力与战斗力，而且提升了全员的思想境界、文化品位和道德情操。一年来，全员通过不同渠道向公司建言献策数十条，在“献爱心、送温暖”社区扶贫救助和“情系灾区、大爱无疆”等捐款活动中，全体党员和员工积极践行社会职责，先后踊跃捐款总计37 000余元。

## 四、2011年发展规划

2011年，北方信托将在认真总结2010年工作经验和不足的基础上，以组织架构调整和增资扩股完成为契机，防风险、保成果、稳中求进、创新发展。

### （一）业务开展战略

2011年，北方信托将不断强化政策和经济形势变化趋势的研究，在布局上继续遵循“三为主、三兼顾”原则。即以基础设施项目信托为主，兼顾证券信托；以自主管理行业为主，兼顾管道式业务；以创收为主，兼顾规模。保持信托业务总体结构的协调性。同时以资本实力大幅提升为契机，自有业务继续坚持量力而行原则，将风险控制在公司的承受能力范围内，严格控制年度投资总额，积极探讨资本市场、债券市场、货币市场的新产品、新业务，为公司寻求和开辟新的业务渠道和增长点。

### （二）管理提升战略

为更好匹配公司业务开展，2011年北方信托内部管理要与时俱进，努力实现三个提升：提升优化部门与人员结构，按照公司资源进一步向一线业务集中，增设滨海新区、北京和上海三个业务发展总部；提升完善管理操作流程，从规范操作程序、提高办公效率的目的出发，进一步推进公司的 OA 系统建设，充分发挥整个系统的办公自动化作用；提升强化合规管理，提高风控能力。

# 渤海国际信托有限公司

## 一、2010 年经营概况

2010 年，渤海信托以提高“两个自主”能力为着眼点，深化管理构架调整，加强人才队伍建设，大力拓展市场，积极培育客户，严格控制风险，信托规模迅速增长，经营业绩大幅提升。

### （一）信托规模迅速增长，行业地位显著提升

2010 年，渤海信托抓住市场机遇，大力开展银信合作，推动信托资产规模持续高速增长，新增信托资产规模 636 亿元，同比增长 84.6%；年末管理信托资产规模达到 761.85 亿元，是 2009 年末信托资产规模的 2.3 倍。公司全年实现经营性收入 17 676 万元，同比增长 169%。实现经营性利润 9 461 万元，同比增长 134%。净资产收益率达到 13.52%，同比增长 176%。人均净利润达到 185 万元，同比增长 101%。渤海信托在“第三届中国优秀信托公司”评选中被评为“中国最具成长性的信托公司”，公司知名度和行业地位得到显著提升。

伴随着业务规模大幅提升，渤海信托业务版图迅速扩大，业务市场化程度进一步提升。业务已拓展至包括京、津、沪、渝四直辖市在内的全国 20 余个省市，公司品牌初步确立，与各主要商业银行及重点地区中小金融机构建立了顺畅的合作关系。

### （二）风险管理工作情况

随着业务的发展，渤海信托董事会和管理层高度重视风险控制工作，将风险控制能力视为公司的核心竞争力，从无到有，逐步建立完善了公司的风险控制体系，建立了“三位一体”的风险管控模式。

一是加强企业文化学习，提高全员风险意识，树立科学风控理念，巩固和加强公司风险管理的三道防线。即前台业务人员，提升业务素养和职业操守，通过业务实践积累经验，提高项目风险的识别和把控能力，做好尽职调查和后期尽职管理，把好风险管理的第一关；中后台人员加强对法律法规研究和学习，加强对项目合规性和风险的把握，加强对项目的日常检查和督

促，守好公司风险管理的第二道防线；同时，中后台人员强化和充实公司风险管理委员会，在实践中不断修正公司风险管理理念，持续完善公司风险管理框架和风险管理制度，把好风险控制的第三道防线。

二是认真学习行业内其他公司先进经验，不断总结、提高，逐步摸索出一套适合渤海信托实际情况，高效、管用的风险管理组织架构和运作机制，初步达到了职责清晰、授权明确，流程完善、标准科学、管理规范、执行严格、持续改进的良性状态。

三是大力推进相关业务管理系统开发和建设，利用现代信息技术提高风险识别、判断能力，提升项目管理效率，推动公司风险管理工作水平不断提升。

四是不断密切与监管机构的合作关系，不断就监管政策、项目风险等情况进行交流和沟通，及时掌握政策走向，争取监管当局对公司经营思路和相关项目理解和支持，降低政策风险。

### （三）管理架构调整工作情况

1. 调整公司机构编制，改革薪酬体系

为了促进公司战略转型和快速发展，渤海信托根据公司管理构架创新思路和总体原则，与外聘人力资源咨询公司配合，调整公司机构编制。增设信托四部、五部，分别在成都、上海建立工作点，加强前台业务团队力量；整合中后台风控和管理岗位，完善风控体制，提高风险管理能力；增设信息技术部，加强信息系统建设，促进公司业务发展。同时对公司组织架构、薪酬、激励体系进行全面调研，瞄准标杆企业，以市场为导向，以绩效评价和激励为核心，重新设计了公司薪酬体系，以更好体现对员工的引导和激励作用。

2. 大力引进人才，加强人才梯队建设

根据业务发展需要和人员结构调整计划，渤海信托多渠道积极引进应届大学生及各类成熟人才，为公司信托、固有业务快速发展以及风控、财务和信息技术等方面建设提供了有力的人力资源支持。

3. 积极开展全员培训，提高员工执业能力

为全面提高在岗员工的执业能力，结合公司业务发展需要，渤海信托积极开展全员在岗培训。一是积极推动全员从业资格认证工作，二是多种形式开展英语学习和培训，使在职学习成为一种风尚。目前，渤海信托具备与岗位相关从业资格证书的员工占公司在岗员工总数的66%，有力地促进了干部员工知识结构改善和业务素质提升。

## 二、创新业务案例

渤海信托在信托产品创新之路上不断探索前进，积极向主动资产管理方向发展，不断丰富

产品类型和种类，2010 年推出的创新产品有：一是能源类股权投资信托项目——“遇喜·藏金阁 1 期集合信托计划”，主要投资于项目主体联碱和合成氨项目的建设。二是面向高端个人客户的另类投资产品——“遇喜·稳健”信托项目，主要投资于私募股权、艺术品等另类投资产品。

## 三、2011 年发展规划

根据宏观形势的变化，2011 年，渤海信托的基本指导思想是夯实信托平台基础，持续推进产品创新，打造特色渤海信托，具体工作有以下几方面。

第一，继续推进业务转型，着力提升产品创新能力和自主资产管理能力，走内涵式、高效型发展道路。以自主产品设计和自主营销渠道为切入点，打造有特色、差异化的信托产品，构建公司核心竞争力，提升公司品牌形象。

第二，以实施公司增资为契机，扩大固有资金规模，加强固有业务团队建设，形成成熟稳定的固有业务盈利模式，提高固有业务盈利能力和收益水平，提升公司整体实力和监管评级档次。

第三，开展“巩固、整理、完善、提高”工作，提升经营管理水平，为公司长远和可持续发展夯实基础、做好准备。强化风险管理，确立公司统一的风控理念，处理好风控和效率的关系。通过开展业务，在实践中锻炼队伍，提高风险识别能力，增强风险控制和缓释手段。研究利用计算机技术和网络系统，逐步建立风险管理信息化系统，提高各类信息数据的整合分析能力，实现信息共享，增强业务流程的透明度，提高效率，降低风险。

第四，继续推进管理构架调整和管理模式创新，构建适应市场竞争环境的制度平台和管理架构，引进相关专业人才，加快理财专家团队建设，把渤海信托打造成独具特色，专业高效的资产管理机构。

# 东莞信托有限公司

## 一、2010 年经营概况

2010 年，东莞信托有限公司以市场为导向，以夯实基础为保障，促使公司经营管理能力进一步提高，信托资产规模快速增长，管理团队质素逐步提升。截至 2010 年 12 月 31 日，公司总资产 100 381 万元，比年初增加 10.92%；管理信托资产 148 亿元，比年初增加 27 亿元，增长 21.96%；利润总额 18 680 万元，净利润 14 041 万元，完成年度利润任务的 115.09%。

### （一）完善法人治理结构，提升管治能力

1. 完善董事、监事、高级管理层的考核制度

进一步完善对高级管理层考核制度的工作要求，结合公司实际，制定和修订了多项管理制度，强化了对董事、监事、高级管理层的考核约束，确保股东会、董事会各项决策得以贯彻和落实。

2. 整合内部资源，强化拓展能力

公司新设立了研发部、信托三部，行政部并入办公室。通过优化和调整，建立合理的部门架构，加大业务创新和研发力度，加快公司业务市场化转型步伐。

3. 进一步完善激励机制，促进业务拓展

在信托二部激励方案试点基础上，2010 年扩大至信托一部、信托三部和研发部。通过完善与业绩挂钩的市场化激励考核制度，打破信托公司与银行、证券等金融机构的人才竞争劣势，留住和吸收各种专业优秀人才为公司服务，调动前线人员的创新激情和拓展动力，增强公司发展后劲。

4. 综合业务管理系统上线运行，公司管理走向信息化

通过信息化项目的实施，推动公司从人手操作向系统管理转变。系统的上线运行，规范了业务流程，提高了管理效率，强化了风险管理，整合了内部资源，有力地推动了公司管理模式的转型和升级。

## （二）把握市场机会，信托业务加快发展

2010年，宏观经济保持了回稳向好的态势。公司把握宏观政策调整带来的业务机会，加大业务拓展力度，信托资产规模、信托业务收入均实现了较大增幅。

1. 加大银信、信政合作力度，稳健发展房地产信托业务

公司实现了信托规模、信托手续费收入的同步较快增长。2010年，公司新发行39个信托项目，资金规模96.13亿元。截至2010年12月末，公司存续信托项目63个，管理信托资产147.78亿元，比2010年初增加26.60亿元，增幅达21.95%。2010年累计实现信托业务收入7.30亿元，同比增加0.61亿元，增幅达9.11%。

2. 加强机构合作，拓展项目资源

加强与省内外银行、券商、投资银行、资产管理公司、市场中介、地方优质民企等机构的合作和业务联系，搭建主动型的项目资源网络，为持续发行信托产品提供源源不断的项目资源。及时总结、完善项目准入制度，形成科学的项目筛选、评价制度，提高项目质量，防范项目风险。

3. 加强客户管理和渠道建设，支持业务发展

加强客户管理，完善客户资料，做好客户细分工作。树立持续关怀的服务理念，定期、专人做好客户回访，提高服务素质。加强公司形象宣传，通过派发宣传品、举办高端客户联谊会、在市内发达镇街举办产品推介会等形式，提高市场对信托的认知度，培育客户资源。

4. 积极研发新业务，打造公司核心竞争力

公司积极探索有别于传统信托融资产品的财富管理概念业务，培育自主管理能力。

## （三）提高资产管理能力，实现自营资产的稳健增值

公司加强了对市场的研判，因应市场变化及时调整资产配置，高效运用自有资金，努力实现稳健增值。

1. 结合当地市场实际，加大了信贷投放

截至2010年12月31日，公司自营贷款余额45 900万元，比年初增加14 300万元，增长45.25%。累计实现利息收入5 730万元。

2. 健全投资管理制度，提高资产管理能力

保持与证券研究机构的合作关系，加强业务交流和信息沟通，提高决策水平。加强上市公司调研，兼顾短期收益和长期投资，加大对高成长潜力股的挖掘和投资，做好证券资产的配置。完善自营证券决策机制和管理流程，增设自营证券投资决策小组和风险管理小组，调整相关小组的人员组成，完善相关制度，进一步提高证券投资决策能力和风险控制能力。

3. 加强对投资企业的管理，积极拓展新的股权投资项目

进一步完善对投资企业的管理制度。积极发挥股东作用，通过参加投资企业召开的股东会、董事会，对其重大经营决策进行监督，促进投资企业不断完善法人治理，规范经营。建立与投资企业的信息沟通制度，通过外派人员定期述职，了解投资企业的经营动态，及时对其进行监控和指导，防范投资风险。

## （四）加强合规建设，合规文化逐步形成

2010 年，是公司的合规提升年。通过积极倡导和培育健康的合规文化和价值观念，加强合规教育，完善制度体系，规范业务流程，员工的制度执行意识明显增强。

1. 加强合规教育，积极倡导和培育健康的合规文化

围绕 2010 年的合规提升年活动，公司制订了合规提升年主题教育方案，召开了动员大会，通过举办合规培训、案例分析、制度学习、法律法规解读等方式，加强合规教育。自主开发了公司合规门户网，汇集金融行业相关法律法规及公司各项规章制度，及时更新相关的法律法规动向和内部制度发布，为公司员工提供实时查阅、学习的平台。

2. 加快制度梳理，完善制度体系

对现行制度进行全面梳理，及时补充、完善相关制度和操作规程，确保各项制度的合规性和可操作性。公司对风险控制委员会工作制度、授权管理办法、自营业务审批操作规程、自营证券投资风险管理小组工作规定、费用管理办法、实物管理办法等 17 项制度进行了完善。

3. 加强事前事中风险控制，完善风控体系

因应公司业务快速发展和项目跨地域特性，公司进一步加强对项目的准入评审和过程管理，探索建立全程风险管理模式。加强市场研判，关注重点业务的政策走向，通过不定期召开业务研讨会，及时分析经济形势，评价业务风险，提出改进措施，不断提高市场把握能力和风险控制能力。

4. 认真配合监管检查，不断完善内部控制

积极配合监管部门的监管评级、现场检查和非现场监管，认真落实监管意见。针对东莞银监分局对公司信政业务、银信业务进行了现场检查发现的问题，制定了相应的整改措施进行整改，加强了贷款管理，及时解决经营管理中存在的问题，不断完善内控管理。

## （五）加强团队建设，增强队伍的凝聚力和战斗力

1. 加强企业文化建设

加强工青妇工作，不定期组织集体活动、举行员工生日会、员工谈心等活动，关爱员工身心健康，增强凝聚力和归属感。畅通信息渠道，不定期召开职工大会，传达公司的重大经营事

项和公司对部门的工作要求，调动员工积极性和主动性，形成发展合力。

2. 加强人力资源管理

完善招聘机制，对专业要求高的工作岗位实行公开竞聘制度，提高人才素质，确保引进人才能胜任岗位工作。加强人才储备，合理调配人员岗位，通过以老带新、业务操练、重点培养等方式，建立科学的人才梯队。加强职业培养，创新培训模式，逐步建立系统化的培训体系，为公司业务发展培养专业化、高技能的综合型人才。公司在培训方式上进行了大胆的革新，引进了中欧商业在线培训系统，员工可以在线进行自我学习和考试，并定期进行学习分享；系统的引进，搭建了持续学习的培训平台，促进了公司逐步向学习型组织转变。

## 二、2011 年发展规划

2011 年，随着银监会关于规范银信理财合作业务有关事项的通知、《信托公司净资本管理办法》等政策的出台，信托公司将迎来新一轮的调整。在新的监管形势下，公司将坚持稳健合规经营，积极应对环境变化，谋划好公司的战略布局。重点抓好以下几个方面工作。

### （一）做好公司的发展规划

邀请行业、监管部门等领域的专家学者组成课题组，为公司编制发展规划提供指导和帮助，提高发展规划的科学性和前瞻性，描绘符合行业发展规律和公司实际的发展蓝图。

### （二）优化管理架构

设立营销中心，组建营销团队，加快直销渠道建设，提高客户服务水平。调整理财部职能，将业务部门后台纳入理财部，优化业务流程，强化业务监督，提升管理效率。

### （三）加强渠道建设

准确定位目标客户，提高对高净值客户的营销渗透，加强对镇村、财务公司等机构的营销，探索建立系统化、持续性的营销模式。

### （四）提升自主管理能力

加强在资本市场、固定收益产品、房地产、股权投资等领域的研发力度，建立资产配置模型，着力提升自主资产管理能力，为全面开展镇村集体资产管理业务、未来开展家族财产管理等资产管理业务培养团队、积累经验，打造核心盈利能力。

（五）灵活配置自营资产，实现稳健增值

积极探索基于经济周期的资产配置模型，通过建立数量化投资工具，实现资金在不同资产之间的灵活配置，提高资产配置能力，为日后开展客户资产管理业务培养团队和积累业绩记录。

（六）进一步加强合规建设

一手抓制度建设，进一步规范业务流程和工作指引，逐步建立动态的全程风险管理体系；一手抓违规问责，制定员工违规处理办法，提高全员的合规意识和制度执行力。

（七）加强人才建设

继续引进投融资管理人才，提升团队的资产管理能力。加强新员工培训和锻炼，促使其尽快成长。加强全员职业培训和道德规范建设，促进学习型组织的建立，树立诚信、敬业的市场形象。

（八）加强形象宣传

通过与媒体合办慈善、理财专栏、完善强化网站产品营销功能、创办公司内刊等形式，多渠道传播信托知识和公司形象，潜移默化地把信托理念和公司品牌渗透市场当中去。

（九）完善信息化系统

优化综合业务管理系统的现有功能模块，结合业务发展需要和业务流程，不断升级系统功能，以满足现有业务发展需要，支持公司未来业务拓展。

（十）加强企业文化管理

树立正确的企业文化导向，传播和强化诚信、专业、合规的核心价值理念，增强员工的使命感和责任感，引领公司上下围绕公司的发展目标，凝心聚力，为客户、为股东、为社会创造更多的价值，实现员工自身与公司的共同发展。

# 方正东亚信托有限责任公司

## 一、2010 年经营概况

### （一）2010 年公司运行简况

2010 年 9 月 2 日，中国银监会批准方正东亚信托有限责任公司成立，经过近 3 个月的紧张筹备，完成工商、税务登记等各项工作后，于 2010 年 11 月 26 日在武汉香格里拉大饭店举行了隆重的开业庆典仪式。此后，公司业务经营和管理工作步入正轨，截至 2010 年 12 月 31 日，公司管理的信托资产总规模为 362 330 万元，固有业务规模达到 20 000 万元，实现业务收入 1 412 万元，净利润 99 万元。

### （二）信托业务开展情况

2010 年 11 月公司正式向市场推出信托产品。截至 2010 年 12 月 31 日，信托资产总规模 362 330万元，实现信托业务收入 610 万元。其中，以长期股权投资为主的投资类集合资金信托 24 211 万元，以融资类为主的单一资金信托 338 119 万元，主要投向基础产业和工商企业。

公司信托业务的快速增长对支持地方经济发展作用初显。在 362 330 万元信托总规模中，6 个为本地项目，包括南国置业、武汉 CBD、方兴一号、银通一号金融资产、银通（三期）金融资产、武汉水务集团项目，信托规模合计 250 211 万元，占 69%，体现了公司“立足本地”的发展思路，受到了地方政府的肯定。

### （三）固有业务开展情况

为使自有资金保值增值，同时要遵守银监会对固有业务的规定，一开始公司就把防范风险放在第一位，不追求高风险高收益，力求稳健经营。为此，公司确定了开展固有业务的 7 条经营原则，并严格按照规定开展固有业务。

2010 年固有业务主要开展低风险的以银行承兑汇票质押的对外融资方式，累计开展了 2 亿元人民币融资业务，获得657万元的融资收益。

### （四）营销平台建设情况

信托产品的销售历来是信托公司业务发展的瓶颈，公司在开展业务的同时，十分注重营销平台的搭建工作。一是初步形成了合格投资者客户网络建设；二是建立了59名合格投资者客户档案；三是公司与国内所有大型银行签订了战略合作协议，为今后业务发展创造条件。

### （五）管理工作情况

1. 建立了较为健全的公司治理结构和完善的组织架构

为保证公司规范运作，有效防范风险，最大限度地维护信托当事人、公司股东及其他利益相关者的合法权益，公司建立了包括股东会、董事会、监事会，高管层和独立董事在内的完善的法人治理结构。在董事会下，设立4个专业委员会，即风险管理委员会、审计委员会、信托委员会和人事薪酬委员会。在高管层下，设立信托业务和固有业务两个业务审查委员会。公司现有前台、中台、后台部门十个，分别是综合管理部，计划财务部，固有业务部，信托业务一部、二部、三部，信托财务部，财富管理中心，合规与风险管理部，审计稽核部。各个层级、各个部门职责明确，相互有机协调又相互制衡，保证了公司经营管理有序健康开展。

2. 建立和健全管理制度和风控体系

截至2010年末，公司制定发布的管理制度、业务制度、风控制度等共41项，其中公司治理方面的8项，公司综合管理方面的8项，公司前台业务管理方面的12项，公司中台、后台风险管理方面的13项。

## 二、创新业务案例

方正东亚·方兴一号权益投资集合资金信托计划，属证券投资信托项目。该项目是公司开发的第一笔证券投资信托业务，项目采取有限合伙企业的组织方式，由武汉当地新兴的投资顾问机构武汉富晨东方投资有限公司担当一般合伙人，信托计划作为有限合伙人组建有限合伙企业，以有限合伙企业名义进行证券市场投资。

为保障受益人的利益，项目采用了优先劣后结构，按1:2比例由武汉富晨东方投资公司出资1 500万元作为次级受益人，方正东亚信托有限责任公司募集3 000万元作为优先受益人。

通过对交易结构的巧妙设计，从而实现公司作为资产管理平台在证券投资市场领域的业务拓展，解决了信托计划不能开设证券账户的政策限制。

## 三、2011 年发展规划

### （一）2011 年面临的形势及挑战

1. 监管政策趋严

继银监会 2010 年下发 72 号文《关于规范银信理财业务有关事项的通知》、102 号文《关于进一步规范银行业金融机构信贷资产转让业务的通知》及 5 号令《信托公司净资本管理办法》，2011 年初，银监会又下发了 7 号文《中国银监会关于进一步规范银信理财合作业务的通知》，监管部门对信托业实行一系列重拳监管，对信托公司常规业务的开展带来极大的限制和影响。

2011 年春节过后，银监会又下发了《信托公司净资本计算标准有关事项的通知》，对信托公司净资本、风险资本计算标准和监管指标及监管要求作出明确规定："各信托公司应根据国家宏观调控政策和银监会监管政策导向积极调整业务规模和业务结构，确保在 2011 年 12 月 31 日前达到净资本各项指标要求。""对在规定时间内未达标的信托公司，各银监局应立即暂停其信托业务，并追究该公司董事长和高级管理人员责任。"

净资本管理办法将资本与业务发展紧密挂钩，公司资本金只有 3 亿元，要得到超常规发展，受到的制约非常之大，因此，在适当时机增加资本金，已是一个极为重要的问题。

2. 货币政策趋紧

2011 年国家货币政策由"适度宽松"转向"稳健"，调控范围由银行机构扩大到非银行金融机构，调控管理也由银监会移交到了人民银行。信托公司的信托规模除了受银监会的净资本管理办法约束外，还要纳入人民银行的信贷规模约束。这种强力监管对公司业务发展的影响不容小视，极可能影响公司预期的信托业务规模和收入。

终上所述，2011 年信托行业的经营环境将发生很大变化，主要体现在"严"和"控"上。"严"就是监管部门会从严监管，对违法违规经营行为不会放任，公司不能轻易踩"红线"；"控"就是监管部门会按国家调控政策来控制公司的业务方向和业务规模。从同业竞争格局来看，虽然公司所处地域暂时不可能成立新的信托公司，但外地信托公司有可能将业务渗透进来，公司在外地的业务也有可能受到封堵。2011 年公司将面临严峻的形势和挑战，战略规划也要相应作出调整。

### （二）2011 年经营目标及工作思路

1. 经营思路

立足本地，依托股东，自主管理，自主经营。立足武汉城市圈，辐射全国；依托股东力量，整合各方资源，发挥股东整体优势；强调自主管理业务的开展，符合国家监管要求，追求长远发展目标；按现代企业管理制度，开展自主经营，为股东和社会带来最大回报，实现股东、公司、员工的共赢。

2. 经营目标

计划实现业务收入 6 500 万元，利润总额 1 800 万元。

3. 业务拓展

在开展传统信托业务同时，加大对创新型自主管理信托业务的开发，如开展公租房、廉租房、城中村改造等房地产信托、上市公司定向增发证券投资信托、优良的政府平台业务、私募股权投资信托等，2011 年自主管理的信托计划必须实现 6 个以上；固有业务继续坚持审慎、低风险和较高回报相统一原则，逐步向金融类公司股权投资、金融产品投资等方向发展。

4. 异地展业

在拓展本地市场的同时，“走出去”开拓异地市场，拟在北京、上海设机构，在风险可控、人员可控的前提下开展异地业务。

5. 营销团队建设

着力打造高素质的营销团队，建立较完善的营销网络，争取实现项目自主营销。培育100 名以上合格投资者，逐步摆脱对其他营销平台的过度依赖。

### （三）确保实现 2011 年经营目标的措施

为实现业务收入 6 500 万元，利润总额 1 800 万元的经营目标，具体工作措施如下：

1. 分解经营目标到业务部门，与部门签订经营目标责任书，确定各项工作指标和评价、考核体系。

2. 采用相对灵活的激励机制，引导全员关注公司业务发展。以业绩考评制度与激励机制的优化，来提高公司整体工作效率。

3. 强化内部控制。以业务制度和工作流程的优化来辅助提高管理及风险控制水平，进一步强化风险控制，把风险防控放在首位，全程管控，宁失效益，不出风险。

4. 不断挖掘和引进人才，充实经营管理队伍，并实行优胜劣汰，保持队伍活力和战斗力。

5. 进行公司品牌宣传与推广，提高社会对“方正东亚信托”品牌的认知度，促进业务发展。

6. 加强与股东的联络，争取股东资源，整合各股东资源，做好与股东的正向关联。

7. 关注国家金融政策，适时调整经营方向，不违政策、不踏红线。

8. 处理好与监管机构的关系，争取最大限度的支持。

9. 管理人性化，关注个人成长，提升团队凝聚力。

10. 加强员工业务能力的培训，不断提高员工队伍工作素质。

# 甘肃省信托有限责任公司

## 一、2010 年经营概况

2010 年，面对来自政策和市场的双重压力，甘肃信托上下紧紧围绕年初制定的工作目标及重点，坚定信心、危中寻机、抢抓机遇，各项工作有序开展并取得显著成效，经营业绩再上新台阶。甘肃信托全年实现收入 10 289. 38 万元，占年计划的 101. 57%；完成利润总额 6 970. 97 万元，占年计划的 116. 18%；实现人均利润总额 129. 09 万元；管理信托资产余额 60. 47 亿元。

### （一）信托业务方面

1. 深化银信合作

在银信合作机制上，坚持“平台共用、信息共享、人才互动”的思路；在银信合作模式上，由单纯的信托贷款逐渐发展为信托贷款、股权投资等多种方式；在银信合作对象上，由过去相对单一的国有商业银行，向股份制银行、城市商业银行发展，与工商银行、建设银行、招商银行、浦东发展银行、邮政储蓄银行、兰州银行等十余家商业银行建立了业务合作关系。参与了宁夏银行理财业务招标，成功竞标后被确认为该行 2010 年理财业务主要合作伙伴，通过业务合作，与宁夏地区宝塔石化集团等 12 户当地大型优质企业建立了业务联系，并拓展了与黄河银行和石嘴山银行的业务合作。全年开展银信合作业务累计近 70 亿元。通过银信合作业务，不仅拓展了公司业务渠道，也锻炼了信托业务团队，为公司信托业务进一步拓展打下了良好的基础。

2. 加强信企合作

在不断完善公司现有股权信托业务的基础上，主动为企业融资投资、改制重组和并购上市等提供专业的咨询与服务工作。2010 年进一步深化对酒钢集团、金川集团、兰石集团等重点企业的服务、沟通工作，在此基础上与中盐甘肃盐业集团公司建立了业务合作关系。进一步加强了对国家财政参股的农业综合开发企业的日常监管，对张掖市有年金龙马铃薯雪花全粉食品工业有限责任公司、甘肃西域阳光食品有限公司、甘肃禾麟油脂食品有限公司等 6 户农业龙头企业的财务状况和生产经营情况进行严格监管，督促各企业按期召开了年度股东大会，并确定利润分配方案，落实财政资金2010年度分红款83.57万元，不仅达到了扶持“三农”的目的，也确保了国有资产的保值增值。

3. 加强项目管理

根据信托业务不断创新发展的需要，及时完善、改进了原有信托业务流程，并进一步细化了工作要求，对存续信托项目的管理提出了更高、更为严格的要求。制定了公司《受益人大会管理办法》、《房地产信托业务管理办法》、《尽职调查报告的要求》等业务管理细则。2010年到期信托产品28个，402 043万元。公司严格依据信托合同约定，按时向受益人全部兑付了信托本金及收益，得到了广大信托理财客户的充分肯定和广泛好评，树立了公司良好的社会形象。

### （二）自有业务方面

公司领导牵头调研考察了金融、新能源、农业制种、医疗器械等10余个行业的60多户企业（项目），经过初步考察论证，筛选出21个项目充实到公司项目储备库中。截至年末，完成股权投资两笔，共计1.928亿元。

## 二、2011年发展规划

为进一步深化改革，加快推进公司跨越发展，公司以科学发展观为指导，结合具体实际，组织省内多位专家、学者以及有关部门负责人员，经过认真调研和多次研讨，制定了《甘肃省信托有限责任公司发展战略规划（2011—2015）》（以下简称《发展规划》），并已经公司董事会审议批准实施。《发展规划》提出了“未来3年内将甘肃信托构建成为信托业最具区域发展特色的综合性金融服务平台，未来5年内成为信托业前20位、具有全国品牌影响力和核心竞争力的智慧型和创新型的信托公司”的战略目标；确立了“规范经营，诚实守信，大胆创新，跨越发展”的经营理念；构筑了“主动管理型信托、金融股权投资和证券投资”三大核心盈利业务。《发展规划》为公司未来5年乃至中长期的发展指明了正确的方向，提出了振奋的目标，描绘了宏伟的蓝图，极大地鼓舞了信托全体员工的士气，是指导公司发展的纲领性文件！

### （一）业务开展战略

1. 信托业务开展战略

2011年，努力提升主动管理型信托业务的资金规模、市场影响、创新能力，做精、做专资金信托；做大、做优股权信托，切实提高信托产品营销能力和信托资产管理水平，加强与国内优秀信托机构的学习交流，着力打造信托人才团队。

2. 自有业务开展战略

2011 年积极拓展金融股权投资和拟上市企业股权投资业务，进一步夯实公司战略投资基础。

## （二）管理提升战略

为进一步完善公司法人治理结构，建立健全科学、有效的经营决策机制，真正建立相互制衡、相互监督、高效运作的管理机制，2010 年公司完善了“三会一层”（股东会、董事会、监事会、经营管理层），各专门委员会和各内设部门的有关议事规则，工作制度和各项要求。

调整了董事会各专门委员会。根据《公司法》、《信托公司管理办法》、《信托公司治理指引》以及《甘肃省信托有限责任公司章程》等有关规定，经董事会审议批准，设立了提名与薪酬委员会。同时，修订、完善了董事会各专门委员会议事规则。风险管理委员会、提名与薪酬委员会、信托委员会、审计委员会四个专门委员会分别独立开展工作并向董事会报告，实现了董事会对公司各项经营活动的有效监控。

# 广东粤财信托有限公司

## 一、2010 年经营概况

2010 年，公司实施业务与管理双轮驱动策略，在稳步拓展信托业务的同时，积极培育核心竞争能力，不断增强创新能力、强化风险控制能力，努力提高企业管理水平。信托业务规模首次突破千亿元大关，自主管理能力逐步提高，企业管理水平稳步提升，整体经营实力明显增强。

截至 2010 年末，公司固有资产 17.2 亿元，比年初增长 22%；净资产 16.8 亿元，比年初增长 21.7%；实现利润总额 3.35 亿元，比 2009 年增长 25.7%；营业收入 3.94 亿元，比 2009 年增长 24.9%，其中信托报酬收入 1.75 亿元，比 2009 年增长 57.7%；信托资产规模 1 008 亿元，比年初增长 48.5%。

具体业务发展情况如下：

### （一）银信合作业务

2010 年，银信合作政策持续收紧，银监会通过出台新规，签署自律公约、窗口指导、颁布净资本管理办法等方式，多管齐下，对银信合作进行清理规范。面对复杂多变的政策和监管环境，公司审时度势，确定了稳中求变的工作方针，在稳定现有银信合作规模基础上，逐步加大银信合作的深度和广度。截至 2010 年末，公司银信合作规模 678 亿元，较 2009 年同期增加 252 亿元，增长率为 59.2%。

### （二）信政合作业务

2010 年，监管部门出台了清理整顿地方政府融资平台规定，提高了信政合作的准入门槛，对信政合作业务进行清理规范并加大了监管力度。为此，公司一方面加强项目管理，严格控制风险。继续通过联席会议制度，定期通报资金使用情况和项目建设情况，及时协调和解决信托项目运作过程中出现的问题；同时，严格信托资金封闭运作，密切跟踪和监督地方政府对项目资金的使用情况，敦促地方政府合理安排资金运用，并严格按照要求做好信息披露工作。另一方面，深化信政合作，实现从做项目到做区域的转变。2010 年，完成顺德区公有企业股权投资项目，切实推进了与顺德区的战略合作；新增惠州市国有企业股权收益权信托计划；设计珠江三角洲轨道交通建设项目和珠海市横琴岛开发项目融资解决方案等。其中，横琴岛多币种土地信托基金方案已获国务院审批通过同意试点。

### （三）证券投资信托业务

2010 年，信托公司证券账户开户仍然受限，在存量账户不足的情况下，公司稳步推进证券投资信托业务的发展，取得良好成绩。截至 2010 年末，公司管理的证券投资信托计划共有 17 只，规模达到 16.6 亿元，比 2009 年增长了 168%。17 只产品均获得了较好的收益，其中瑞天基金获得 40% 的收益，在全国私募基金中排名第六。

### （四）房地产信托业务

2010 年，公司积极推进房地产信托业务，加强自主管理，深入探讨房地产信托基金等创新业务：一是联合广东省政府发展研究中心，完成保障性住房信托基金课题研究，还参与了广东省公租房实施意见的修订工作，目前，正积极参与广州市公租房建设融资方案；二是加强区域合作，广东省外大型企业和外资企业共同探讨房地产信托基金（REITs）合作业务；三是与大型房地产企业及中介机构研究探讨房地产信托基金业务。截至 2010 年末，房地产信托业务规模 143.7 亿元，占全部信托资产规模的 14.3%。

## 二、2011 年发展规划

2011 年，公司将继续坚持“诚信、稳健、专业、进取”的经营理念，稳步拓展信托业务，稳健开展自营业务，积极创新既合规又适应市场需求的业务品种，加强客户管理、渠道建设和市场营销工作，努力提升金融服务水平，打造主动资产管理的核心竞争力，推进公司各项业务稳定健康快速发展。

### （一）稳固银信合作关系，深化和创新银信合作业务

按照新的监管政策和精神，在严格控制银信合作风险的前提下，努力压缩信贷资产转让、票据资产转让和信托贷款等传统融资类业务规模，积极调整银信合作业务结构。按照新的监管要求，将银信合作业务逐步由传统的融资业务向自主管理的投资业务转变，积极培育公司在货币市场、债券市场、同业市场、股权投资等方面的投资管理能力。

### （二）探索和开展创新业务，努力提高自主管理能力

加强对创新业务的研究，通过不断创新业务品种，逐步加大公司主动管理业务规模，重点开展：（1）研究整合各类资源，通过引进战略合作伙伴，尝试开展私人中小股权信托基金和其他各类产业信托基金业务；（2）加强与本土大型房地产企业的沟通，以房地产投资基金为方向，创新设计房地产投资（基金）方案，尝试开展房地产投资基金业务；（3）抓住与省外大型机构战略合作的机遇，参与房地产信托基金（REITs）试点，尝试开展房地产信托基金业务。

### （三）积极参与保障房建设，继续深化信政合作业务

2011 年，公司将重点深入了解广东省、广州市在保障性住房方面的需求，力争在广州市进行试点信托基金参与保障性住房建设模式，并将该模式向全省推广。同时，继续开拓思路，积极深化信政合作业务，继续做好亚洲开发银行节能减排项目信托业务。

### （四）壮大公司资本实力，全面提升公司管理水平，为业务转型奠定基础

一是完成增资扩股工作，实现资本规模与业务规模的匹配。二是制订公司发展战略，进一步明确业务转型方向。三是积极探索建立新的信托业务管理体制，制定公司净资本管理办法实施细则。四是进一步完善公司信息系统的建设。

# 国联信托股份有限公司

## 一、2010 年经营概况

2010 年，在各级主管部门的关心和支持下，国联信托全体员工以良好的精神面貌和务实的工作作风，扎实推进各项工作的开展，公司在业务开拓、渠道建设、客户维护和风险控制等各方面都取得了较大的进步，总体上向着科学发展的方向不断前进，全年实现利润总额 34 054 万元，年末净资产达到22.04 亿元，受托信托资产规模达到161.63 亿元。主要的成绩和进步体现在以下几个方面：一是公司平台搭建和战略布局工作继续有效推进；二是信托主业继续保持良好发的发展势头，信托收入和信托规模双双创出历史新高；三是公司客户维护和产品营销能力进一步加强，客户满意度不断增强；四是公司品牌影响力和市场形象进一步提升。

## 二、创新业务案例

国联信托股份有限公司非常注重业务风险的防范和控制，自重新登记以来，公司的融资业务主要专注于有足额抵押或发展相对成熟的行业和企业。2010 年，公司响应中央和地方支持中小高科技企业发展的号召，积极探索科技型中小企业融资领域，并于 2010 年 7 月推出“国联信托·新兴产业 1 号集合资金信托计划”，募集资金用于向无锡本地某企业进行贷款。该企业是无锡市 2009 年重点引进的 A 类“530”[①] 企业之一，主要从事激光新材料的研发、生产与销售，产品附加值高，增长潜力大，但是在企业早期发展阶段面临较大的融资瓶颈。通过“中小企业集合信托计划”这种业务模式，为企业的发展、扩张提供了宝贵的资金来源。

2010 年，国家宏观经济调控较为严厉，银行银根紧缩，地方工业企业普遍反映资金紧张，

① “530”计划是无锡城市转型产业升级的重要战略步骤，是无锡的城市名片。2006 年 4 月，无锡正式出台“530”计划，目标是“5 年内引进 30 名海外领军型创业人才”，该计划已成为无锡广揽海外领军型创业人才、打造科技创业家摇篮城市的主要抓手。实施该计划所带来的综合效应逐步显现，目前正进入“泛 530”计划阶段。“530”计划扶持的项目分为 A、B、C 三类，其中以 A 类项目扶持力度为最大。

融资困难。针对这种现状，公司推出了承兑汇票短期质押融资创新业务。2010 年 12 月，国联信托向无锡市江阴某企业提供了 2 000 万元银行承兑汇票的质押融资业务，融资期限为 3 个月，企业可提前还款。该业务大大缓解了企业流动资金紧张的状况，且手续灵活，操作简单。

## 三、社会责任履行情况

主动承担社会义务、促进社会和谐发展是现代企业走向成熟的重要标志，也是国联信托作为金融机构义不容辞的责任。国联信托自成立以来，始终坚持合规经营、诚实守信的基本原则，并以维护良好的金融市场环境为己任，不断提高社会责任感。根据地区经济发展的要求，发挥联结三个市场的独特作用和信托制度的优势，积极投身无锡的经济建设和社会事业的发展，通过引导和培育居民投资意识和财富管理理念，实现地方经济发展与公司业务拓展、居民收入增长的有机结合。

2010 年，公司以四个方面为主要抓手，着力提升信托综合服务功能，寻找自身业务拓展与地方经济发展的最优结合点。一是以服务创新创业企业为抓手，切实拓展公司投资银行和私募股权投资业务，为无锡广大中小高科技企业提供包括投资、融资、财务顾问、管理咨询等一揽子金融服务。二是以基础设施建设项目为抓手，推进城市建设和社会公共事业发展。公司通过发行信托产品、对接理财产品等形式，为太湖新城建设、藕塘职教园等社会事业项目募集建设资金。三是以个性化、低门槛的投融资产品为抓手，扩大服务对象，加大服务力度，创新服务手段。2010 年，公司探索发行了无锡首个中小企业集合信托计划——新兴产业 1 号，为中小高科技企业融资开辟了又一绿色通道。四是以服务居民财富管理为己任，提高居民财产性收入，让老百姓分享到地方经济发展的成果，促进社会财富增长。

公司还结合实际积极参与社会事务，关心社会公益事业和慈善事业，树立健康的“企业公民”形象。近 3 年来，公司及员工通过组织“人道一日捐”等形式，已经累计向无锡市红十字基金会，“希望工程”，汶川、玉树灾区等捐款近 70 万元。此外，国联信托团总支还与民工子弟学校春蕾小学结成互助对子，给无锡的新市民子弟带去关爱和温暖。

## 四、2011 年发展规划

### （一）公司宗旨

建立以信托为基础的综合金融服务体系，为受益人、客户、股东、员工和其他利益相关者创造价值，并以此促进中国信托事业的发展，为社会财富的传承和积累作出贡献。

### （二）愿景目标

致力于发展成为一家以信托为基础，以银行、证券等金融机构为一体，能综合运用金融市场资源、提供综合金融服务，在行业内具有一定影响力的专业化金融公司。

### （三）2011 年工作计划

1. 要进一步挖掘平台优势，有效拓展业务模式。加强与国联集团内部兄弟单位、股东单位及战略合作伙伴的互动，最大程度地挖掘股东资源优势和战略伙伴的专业优势，充分发挥国联综合金融平台功能，加大力度延伸业务触角，最大限度地发挥信托制度优势。

2. 要进一步落实研发创新，调整优化业务结构。2011 年，要把研发工作落到实处，结合公司业务发展的实际、结合行业发展的动态，通过研发带动模式的转变、产品的创新，实实在在地促进公司业务结构的调整和优化。

3. 要进一步提升"转型升级"服务能力，加强"大投行"战略的实施。国联信托要充分发挥金融导向和杠杆作用，积极助力地方产业升级、城市转型。

4. 要进一步推进管理和业务的精细管理，充分夯实发展基础。

5. 要进一步加强理念引领，全面提升团队综合素养。通过科学、合理的机制建设，形成员工与公司之间利益共享、风险共担、共同发展的环境，引导和保护广大员工的工作积极性和创造性。营造健康、积极、向上的文化氛围，引导员工树立正确的事业观和价值观，用"奋发有为、开拓进取、勇往直前、永不言难"的国联精神陶冶员工思想情操，引导员工树立责任感和主人翁意识。

# 国民信托有限公司

## 一、2010 年经营概况

2010 年，国民信托有限公司本着求稳务实的态度，审慎开展信托核心业务，谨慎灵活管理自营业务，通过公司同仁的共同努力，取得了较好的经营业绩。

公司 2010 年实现营业收入总额为 9 410 万元人民币；实现净利润为 4 258 万元人民币。截至 2010 年末，公司固有资产规模为 11.64 亿元人民币，负债总额为 2 300 万元人民币，所有者权益合计为 11.41 亿元人民币，不良资产率为零。

信托业务方面，2010 年信托报酬收入为 2 762 万元人民币。截至 2010 年末，公司存续信托资产总额为 32.61 亿元人民币，信托资产不良率为零。

## 二、2011 年发展规划

业务创新是信托公司未来生存、发展的保证，是提升信托公司盈利能力的主要手段，是信托公司综合实力的体现。公司将坚持以市场为导向，结合行业发展现状，参考国际先进经验，按照监管部门的要求，通过建立、培养有创新能力的专业人才队伍，建立以客户为核心的全资产管理平台、涵盖业务处理的全流程操作平台，在机制上、技术上保障业务创新规划的落实。

# 杭州工商信托股份有限公司

## 一、2010 年经营概况

2010 年，杭州工商信托股份有限公司管理信托资产规模与经营业绩双双再创新高、私募股权投资基金管理新业务资格获批，对于公司业务发展战略规划的实施、可持续性盈利模式的构建都具有关键性意义。

### （一）盈利能力显著提升

2010 年，公司实现总业务收入 32 685 万元。其中，信托业务收入 25 495 亿元，同比增长 51%；主营业务收入占比（信托业务收入/总业务收入）78%；实现利润总额 21 337 万元，同比增长 56%；实现净利润 16 030 万元，较 2009 年同比增长 56%，再创历史新高。2010 年，公司的资本利润率为 22. 9%。

### （二）信托资产规模稳步增长

截至 2010 年 12 月末，公司管理的信托资产规模为 92. 53 亿元，同比增幅 78%。其中，集合信托规模 76. 03 亿元，同比增长 119%；单一信托规模 16. 5 亿元。

2010 年 1—12 月，新增信托业务实收信托规模 73. 57 亿元，同比增长 141%，其中，发行集合资金信托计划 14 个，规模 56. 59 亿元，同比增长 132%。

### （三）信托业务主动管理特色鲜明

2010 年 1—12 月，公司继续实施以分散投资为核心的基金化策略拓展信托业务，信托资产规模显著提高，资产结构进一步优化，主营业务收入占比保持较高水平。新增集合信托业务大多为中长期产品，业务模式正往“投资”方向转化，符合监管层及公司业务发展战略规模的要求，并在金融时报社联合中国社会科学院金融研究所共同举办的 2009—2010 年中国金融机构金牌榜“金龙奖”活动中，因主营业务突出，主动管理特色鲜明，成为唯一获评金龙奖“年度最佳主动管理信托公司”的信托公司。

2010年先后成立的“飞鹰系列”的两款新品——飞鹰五号、飞鹰六号，为基金化产品品牌打造及“基金化、中长期化、投资化”的业务战略实施奠定了良好基础。

在信托业务拓展中，公司注重合作伙伴的选择与机构客户的开发，积极寻求与优质的企业构建良好的合作关系，合作伙伴的层面进一步提升，公司通过产品创新与市场开发，在为投资者获得稳健收益的同时，也使合作方及公司自身价值提升。

### （四）PE基金管理新业务资格获批

2010年，公司申请设立资产管理公司、拓展PE基金管理的新业务资格获得银监会的批复，这是公司获得的首个创新业务资格，将为公司PE业务的发展搭建新的平台。

### （五）信托业务清算情况

2010年1—12月，公司共清算信托项目实收信托规模合计31.44亿元，截至2010年末，公司已清算信托资产规模累计约190亿元，信托产品的规范运作与良好收益为公司赢得了良好的口碑。

### （六）风险管理进一步加强

公司管理层坚持开展“合规午餐”，通过与员工的沟通互动，培养全员合规意识。此外，专项合规培训与新员工合规培训成为常态，公司合规风险管理质量得到监管机构和客户认可。

公司全面推进精细化管理工作。成立“精细化管理工作推进小组”，明确精细化管理工作要点，进行部署与落实，从修订和完善制度、流程工作入手（全面修订《信托业务操作规程》、拟订《项目监管方式选择标准指引》），全面梳理公司各项经营活动的风险点，有针对性地进行补充和完善，进一步降低了操作风险发生的可能性，公司整体工作质量与效率亦同步提高。

## 二、创新业务案例

### （一）推出飞鹰系列信托基金新品

2010年，公司先后推出并成立的“飞鹰系列”的两款组合投资信托基金新品——飞鹰五号、飞鹰六号，为基金化产品品牌打造及“基金化、中长期化、投资化”的业务战略实施奠定了良好基础。

（二）产品营销尝试TOT（Trust of Trust）模式

在“杭信·飞鹰五号房地产投资集合资金信托计划”、“无锡西水东项目债权受让集合资金信托计划”的营销中，公司尝试与信托同行合作，首次运用了TOT模式，即“基金中的基金”模式。

（三）投资类产品获得高收益

公司发行的3年期投资类产品“阳光100集团无锡项目结构化股权投资集合资金信托计划”已于2010年10月顺利清算，投资者实现的加权平均年化收益率超过20%，其中，股权部分的总投资回报达260%，投资类信托产品的魅力正在逐渐显现。

## 三、社会责任履行情况

2010年，公司在持续创新、稳健经营的同时，继续通过各种途径履行社会责任，积极投身“联乡结村”、抗震救灾、“春风行动”等公益帮扶活动，公司先后被授予“杭州市模范集体”、“杭州市创建和谐劳动关系先进企业”、“杭州市服务业企业100强”、“杭州市社会主义新农村建设贡献奖”等系列荣誉称号。

## 四、2011年发展规划

2011年，在国内外经济金融形势复杂动荡、国内房地产持续调控、理财市场竞争激烈的背景下，公司将坚持“有所为，有所不为”的业务策略与“基金化、投资化、中长期化”的业务战略方向，进一步深化房地产业务、启动PE业务管理，进一步加强产业研究、项目储备、团队建设，深化以投资和投资管理为方向的业务转型，推进精细化管理，开拓创新，为公司核心竞争力的构建、资产管理能力的提升奠定基础。

# 湖南省信托有限责任公司

## 一、2010 年经营概况

截至 2010 年 12 月 31 日，公司资产总额为 72 632 万元，比 2009 年同期增加 4 882 万元，增加 7.2%；负债总额 12 851 万元，比 2009 年同期增加 2 805 万元，增加 27.9%；所有者权益 59 781万元，比 2009 年同期增加 2 077 万元，增长 3.6%，其中 2010 年以现金股利方式向股东分红 2 500 万元；公司资产负债率为 17.69%。

2010 年公司实现总收入 14 840 万元，比 2009 年同期增加 4 829 万元，完成年度计划的 116.8%；总支出 9 016 万元，比 2009 年同期增加 2 466 万元，完成年度计划的 115.9%；利润总额 5 821 万元，比 2009 年同期增加 2 347 万元，完成年度计划的 118.1%。其中信托业务收入 12 920万元，比 2009 年同期增加 4 775 万元，增长 58.6%，完成年度计划的 116.3%，占公司总收入 87.1%。

公司主营信托业务情况：2010 年公司在发展信托业务方面取得了显著的成绩，全年新增信托计划 92 个，共计 164.33 亿元，比 2009 年增加 11 个，多发行 109.62 亿元；全年兑付信托产品 65 个，金额 72.18 亿元；2010 年末存量信托产品 170 个，金额 174.87 亿元。

2010 年公司共缴纳税费 2 729 万元。

### （一）创新业务，积极推动信托业务发展

1. 做大、做强城市基础设施建设信托业务

2010 年，公司完成发行并成立城市基础设施建设信托计划 15 个，规模 11 亿元。完成基础设施类信托业务收入 4 067 万元。此外，公司还进行了市政基础设施信托产品“类基金”业务模式的探讨，对新业务模式的操作方法以及风险控制措施提出了可行的意见。

2. 创新发展私募股权投资信托业务

2010 年，在私募股权投资业务方面，公司已实现 10 余个项目挂牌或通过审批，尤其是公司于 2007 年 8 月 29 日设立的股权三期信托计划，于 2010 年 11 月、12 月进行了两次分配，给投资

者带来了十余倍的收益。

3. 推进发展城市棚改为主的房地产信托业务

2010 年，根据国家宏观政策调整，公司将房地产信托业务重点调整为发展棚户区改造业务。2010 年已与湘潭、宁乡、浏阳等地棚户区改造项目展开了合作，规模为 3 亿元的湘潭棚改项目已成功发行 1.55 亿元，规模为 9 000 万元的宁乡沙河片区棚改项目已成功发行，浏阳棚改、湘潭昭山区棚改、宁乡正农片区棚改项目正在筹备。公司还加大了对房地产基金模式的探索研究、对优质中小企业发展融资贷款的扶持及与政府保障性住房的合作。积极发展房地产类投资基金业务，拟设立有限合伙制房地产投资基金方案。同时，还与湖南省中小企业信用担保有限责任公司及湖南农业信用担保有限公司签订了打造中小企业发展基金的初步方案。

4. 创新发展金融合作业务

2010 年，新设立了金融合作部及北京业务总部，仅上半年，公司抓住机遇积极开展与各大银行理财产品的对接，实现业务规模 132 亿多元。

5. 积极开展自有资金投资业务，提高投资运作能力

在投资业务中，将所持有的湖南产权交易所有限责任公司股权与控股公司进行置换，并取得投资收益 15 万元；中小企业担保公司取得投资收益 237.74 万元；财信创投项目获得投资收益 724 万元；完成对三一金融有限公司投资 3 000 万元，对创业投资企业华鸿浦海投资 1 000 万元。2010 年，公司收回科引资金贷款本金 990 万元，收回科引资金使用费 832.6 万元。

### （二）基础管理得到夯实，规范化运营有效推进

1. 制订修改公司五年发展规划

为使公司战略规划更加符合财信控股的整体战略，更加切合公司发展远景，在公司董事会组织下，公司对规划进行了进一步的修订。公司于 2010 年 9 月末在宁乡专门召开的公司发展讨论会议，让公司员工一起为公司未来发展出谋划策。11 月 9 日，公司再次召开司务会，讨论审议五年发展规划。12 月 9 日，公司第三届董事会第六次会议正式通过五年发展规划。12 月 24 日，公司完成五年发展规划的印发。

2. 大力推进薪酬改革和人力资源优化配置，加快人才队伍建设和市场化进程

2009 年 8 月开始，公司全面启动了薪酬绩效改革试点工作。2010 年 1 月，公司向董事会汇报改革进展，提交了《薪酬与绩效考核改革试点总体方案》、《薪酬绩效改革方案》获得审议通过。5 月 7 日召开老员工座谈会，充分听取了老员工意见与建议。5 月 11 日将《薪酬绩效改革方案》、《优化人力资源配置方案》报职代会审议并获审议通过。5 月 12 日将老员工座谈会的讨论意见和改革方案提交董事会讨论与审议，改革方案经审议获通过，公司改革得到了各层面的支持。2010 年 5 月份第三届董事会第十六次临时会议决议通过，聘任刘格辉同志为公司常务副

总裁、黄飞彪同志为风控总监、周江军和唐慧同志为业务副总裁、王晓芸同志为财务总监、刘瑛同志为行政总监，完成了董事会对经营班子的选聘。6 月初，从 29 名参与中层管理岗位的竞聘人员中聘任了 13 名部门负责人，经营层完成了对中层人员选聘。7 月初，公司各部室在经营班子分管领导的指导下，完成了部门员工的选聘，并完成了工作交接，人力资源优化配置工作完成。

3. 着力加强风险管理，全面推进风险控制体系建设

一是对公司的业务、财务及内部控制制度的执行情况进行了较全面的内部审计，并向董事会提交了 2009 年审计报告和 2010 年半年内审报告，并督促各相关部门对内审报告中提出的问题限期进行整改。二是进一步强化非现场稽核审计工作和各专项检查工作，按月出具日常监管分析报告、按季出具非现场稽核报告。三是协调配合湖南银监局的现场检查和日常监管工作，根据银监会及省银监局的工作安排和要求，公司积极配合湖南银监局对公司银信业务、地方政府平台贷款项目的现场检查，并对地方政府融资平台贷款、房地产业务、担保业务等进行了认真的清查，并出具相关报告上报湖南银监局。四是积极配合事务所完成风险清查审计。根据财信控股公司的统一部署，公司历时 4 个月，认真组织配合完成了公司存量项目风险自查工作，并配合天健会计师事务所进行风险清查审计。2010 年全年评审项目（事项）共计 161 个，金额 2 269 636. 2万元。2010 年风险项目处置和收回现金共 16 519. 68 万元。

4. 完善公司制度体系，为公司规范化管理提供保障

2010 年，公司重点修订了《信托业务管理办法》、《授权管理制度》、《费用管理办法》、《总裁办公会议事规则》、《中介机构管理办法》及《稽核审计办法》，制定了《司务会议事规则》、《督办工作规定》、《绩效薪酬分配办法》及《湖南信托 2010 年度考核办法》等相关制度，并已着手制定公司《全面风险管理办法》。

5. 加强研究，提升发展前瞻性

2010 年，公司重点针对国家宏观经济政策的调整及《信托公司净资本管理办法》的出台，加强了对宏观政策及监管制度的研究。

9 月 27—29 日，以“围绕监管新政《信托公司净资本管理办法》的出台及变化，如何在有效控制风险前提下推动公司业务创新发展”为主题，公司专门召开了中层以上人员的讨论会议，通过对新政的解读及对在新的监管环境下，如何调整优化公司的业务结构等八个专题讨论，明确了《信托公司净资本管理办法》出台的目的是要求信托公司加强自主管理能力以及提高风险防范的能力，并进一步确定了公司未来业务发展的几大核心板块：基础设施建设信托业务板块、房地产信托业务板块、私募股权投资信托业务板块。

10 月 22—24 日，公司发起并承办了“信托公司创新发展交流研讨会”。来自全国共计十家信托公司参加研讨会。信托业协会王丽娟副会长应邀参加会议。研讨会以“学习贯彻《信托公

司净资本管理办法》，创新发展信托业务”为主题。各与会代表介绍了各自经营情况及业务结构，阐述了对《信托公司净资本管理办法》的看法、想法，畅谈了信托公司创新发展，并就当前监管政策导向，信托新政对信托业务的影响，信托公司采取的相应措施以及信托公司如何建立主营业务模式、如何创新发展、如何快速转型等问题进行了广泛深入的探讨。

6. 突出高效运行，确保工作任务有效落实

2010年，公司进一步强化了董事会、司务会、总裁办公会决策、执行、协调系统，使公司每项重大业务开展及风险控制管理工作都能够充分发挥集体智慧。2010年，在董事会及董事长的要求下，共组织或配合组织召开2次正式股东会、1次临时股东会、4次正式董事会、21次临时董事会、2次监事会，共审议议案50余项，确保了公司各项工作的向前推进；共组织召开总裁办公会10余次，召开司务会2次，讨论议题30余项。

7. 狠抓预算管理，确保收支平衡

一是严格预算编制，及早下发了2010年度财务预算。二是严格预算执行，对于公司业务收入，要求确保超额完成全年预算目标，对于费用支出严格控制，实行跟踪控制，每一季度汇总费用的执行情况于公司司务会上通报；对于可控性费用实行实时预算监控，对于临界指标予以警示，对于超支部分暂缓报销，并及时将情况上报经营层，保证每项开支合理合规。三是加强资金管理，有效地提高了短期闲置资金的收益率。

8. 加强信息化平台建设，提升公司运营能力

2010年，公司重点推进了信托业务系统二次开发和业务系统电子审批流程的上线运行。在各方的重视下，业务系统电子审批流程已于2010年11月1日开始试运行，并于12月1日正式上线运行。此外，公司还在大力推进信托证券投资管理系统、信托财务系统、财信控股综合信息平台系统的完善。

### （三）拓宽渠道，重点开展机构客户营销和大客户营销策略

2010年，公司将优化营销策略、提升营销能力作为业务发展的一项主要、重要工作来抓。通过着力拓宽营销渠道、高端客户和机构客户的发展和管理，2010年公司累计完成资金信托计划21.271亿元，比2009年同期增加7.81亿元，上涨58%。共发行项目39个，其中公司独立发行26个，募集资金14.5771亿元，比2009年同期增加6.145亿元，银行代理发行13个，募集资金5.6027亿元，比2009年同期增加0.57亿元。

## 二、2011年发展规划

2011年是湖南信托实施五年发展规划、加快信托业务调整转型、夯实生存发展基础的关键

一年。国际、国内经济金融形势不断发展变化，对湖南信托深化改革、创新发展提出了新的要求。董事会在客观分析当前形势和公司实际的基础上，提出2011年工作的指导方针“抓住机遇，创新发展，规范管理，再创辉煌”，总体目标任务是：总收入比2010年增长20%，税前利润比2010年增长25%，净资本符合监管要求，实现协调可持续发展。

（一）抓住机遇

要正确分析和判断公司发展面临的形势，根据2011年中央经济工作会议“转方式、调结构、控通胀、保增长”的总体要求，坚定信心，坚持既定战略，坚持科学发展，增强责任感、使命感和紧迫感，紧紧抓住每一个机遇，切实转变发展观念和发展方式，努力保持经营工作开展的良好态势，齐心协力、昂扬向上，在全省经济发展的大局中、在财信控股发展的大局中来谋划和推动公司的发展。

（二）创新发展

一要创新业务模式，积极研究、探索信托业务基金化模式，逐步实现业务转变，重点在基础设施建设及以经济适用房为主的房地产信托业务中实现突破。二要创新营销模式，切实改变从“坐商”到“行商”的营销模式，重点要抓好客户的发展和公司品牌的营销。三要充分发挥信托平台功能优势，在做好资金信托的基础上，进一步创新金融合作业务。

（三）规范管理

一要将全面推行预算管理作为2011年规范管理工作的重中之重，强化预算约束，强化成本费用控制，强化预算执行，改变以往管理不全、执行不到位的状况。二要进一步完善薪酬绩效分配，要在人力资源优化配置的基础上，将薪酬绩效分配、全面预算管理及风险控制有机结合，并通过加强考核推动相关制度落实。三要强化业务的规范运行，重点突出责任落实和细节管理，要以建立责任制为根本、以关注细节为手段推动业务规范开展。四要狠抓风险管理，重点抓好风险管理体系的建设完善以及风险资产的处置。五要重视内部管理，加强内部控制，重点通过加强团队建设和制度建设建立适应公司发展的激励约束机制，为员工创造和谐的工作环境，更好地调动员工的工作积极性。

（四）再创辉煌

要根据财信控股公司的要求和公司自身发展的需要，以敢于负责和勇于担当的气魄，充分发挥湖南信托在集团的核心带头作用，振奋精神，再接再厉，争取在2010年的基础上实现更大发展。

# 华澳国际信托有限公司

## 一、2010 年经营概况

2010 年，华澳国际信托有限公司（以下简称华澳信托）全体员工秉承“团结、诚信、高效、创新”的企业精神，抓住机遇、开拓创新，各项工作取得了显著成效，基础业务得到了显著发展，为公司下一步战略发展奠定了坚实基础。截至 2010 年末，公司集合信托业务规模 47.75 亿元，单一信托业务规模 5.99 亿元，信托资产总规模 53.74 亿元，新增业务收入 8 257 万元，实现利润 1 313 万元。

### （一）狠抓基础管理，实现重点突破

2010 年，公司围绕基础工作，抓住关键环节和要点，逐步实现管理和业务上的突破。

1. 风险控制方面

加强了中后台在整个业务操作中的监督控制作用，在业务前端的选择、评价、立项、决策过程中，均有合规、风控、财务的参与并发表评审意见，在项目操作中后期管理中，均有审计进行全程跟踪和参与。

2. 业务管理方面

公司采取了重点行业、重点业务类型、重点销售渠道集中突破的方法，实现了业务的快速增长。

3. 流程设计方面

公司制定了项目审批流程，通过培训，让前台业务人员迅速熟悉流程，确保流程有效地实施；推进项目流程化运作，有效控制风险；同时，中高层管理人员通过流程管理获知项目操作人员的需求，提高了招聘业务人员的针对性。公司成立二级项目管理部门，加强项目后期管理，配备专门人员和岗位，专注于对存续项目的跟踪、分析和管理，进一步降低风险。此外，公司还开发建立了一系列信息管理系统，多方面完善流程，提高效能，通过开发 SAP 管理系统，提高项目管理水平；开发办公自动化系统，提高办公效率和管理水平；更新公司网站，搭建信息

平台，提高宣传效能。

4. 制度发展方面

公司梳理了业务合同，形成规范文本，对空白领域的业务管理办法进行增补，并梳理了支持管理制度。截至2010年末，共修订制度12项，新增制度22项。在制定和完善制度的同时，公司时刻强调制度的落实和执行，重视前台、中台、后台的衔接、协调和相互制约，尤其重点强调并赋予了中台在整个业务环节中的监督职能，从而不断强化了制度执行力。

### （二）拓展渠道，加强维护，宣传品牌

2010年，公司致力于渠道的拓展，与企业、银行、第三方理财渠道建立了良好的合作关系，同时也与律师事务所、会计师事务所、房产评估机构加强了合作。

同时，公司重视客户关系维护，初步建立了热线电话、短信平台和客户管理系统在内的维护平台，并通过节假日发送温馨祝福、定期寄送精致礼品、开展客户答谢活动等形式，加强与客户的紧密联系。

品牌宣传上，公司通过讲座、联谊及杂志等媒介扩大宣传，同时更加注重优质产品和服务在品牌宣传上的作用，不断开发新产品，努力为客户提供优质服务，扩大品牌影响力。

### （三）培养企业文化，打造核心团队

2010年，公司紧紧围绕“团结、诚信、高效、创新”的核心价值理念开展经营管理工作，力争让此理念渗透管理及业务工作的每个环节，从而强化员工的价值认同感。

公司在制度设计中强化激励内容，调动员工的主动性和积极性，保证鼓励常态化，确保团结、和谐的工作氛围；利用座谈会形式，让员工畅所欲言，加强沟通交流；举办丰富多彩的文体活动，进一步活跃员工文化生活，增强企业凝聚力。

公司致力于团队建设工作，一方面从管理要求出发和业务需要出发，大力吸纳优秀人才；另一方面通过建立针对新员工每月一次的集中授课制度，以及针对在职员工的专业知识培训和业务锻炼制度，不断提高员工技能，进一步增强公司的竞争力和持续发展能力。

## 二、创新业务案例

2010年12月28日，华澳信托宣布华澳·长信5号——华丰组合投资集合信托计划成立，并经两次募集成功达到优先级信托本金6亿元人民币，这是上海地区第一款准基金化加入特定资产收益权概念的组合投资运用的信托产品，该产品的特色不仅有传统的信托计划分层（即次级为优先级提供信用增级保障，次级委托人以债权资产和特定资产收益权认购次级信托单位），而

且还可能约定设立中间级信托单位，由中间级委托人以特定资产收益权认购，预期规模由受托人决定，大大降低了优先级信托本金的兑付风险，并拓宽了信托退出的渠道。此外，信托计划通过抵押、质押、受让股权及通过次级的特定资产收益权控制的核心资产价值约25亿元以上，囊括交易对手华丰系列的四家核心子公司，有效降低了交易对手单一项目的市场风险，从而实现了全盘的现金流控制。再者，该产品增加了严格的惩罚措施，若信托计划进入处置期，华澳信托有权分别以1万元购买其中两个项目公司各40%的股权，并且中间级受益人（若有）、次级受益人承诺将放弃持有的全部信托受益权。

此产品充分体现了华澳信托的资产管理能力，华澳信托将按照约定对四个项目公司所开发的项目进行销售业绩考核和销售进度监控，并进行账户监管，严格监控资金回流状况，在监管的四个项目中，可售面积的估值与留存在监管账户中的销售回笼资金之和必须超过10亿元，否则华澳信托有权宣布资产处置，现金流监控也远大于优先级信托本金。

总之，华澳信托发行的长信5号信托计划是值得仔细研究的特色产品。

## 三、2011年发展规划

2011年，华澳信托将从九个方面，努力达成业务目标，提高管理能力，推进企业文化建设，提高品牌影响力。

### （一）抓好关键点，开拓新领域

公司业务逐步向新能源、资源类和新兴农业等国家政策导向型领域转移；着手考虑核心产品类型向私募股权基金（PE）、资产证券化及针对高端理财客户的个性化创新产品转变；同时，还要重视固有业务，实施净资本指标的动态监控，在期限、利率合理配比下，使资本金运用收益最大化。

### （二）增强核心能力，提升单位产能

在销售端，制订销售计划，设计优势产品，寻找优质项目，由专人负责机构和个人高端客户的营销，并对营销目标进行量化，逐步培养销售能力；在研发端，组建业务小组和创新团队，提高产品研发能力，确立能够培养华澳核心竞争力的主导业务和产品。此外，公司将加强考核，通过制定业务考核办法，调整费用结构，多层面激励员工，促进公司全面发展。

### （三）提高整体服务与协作能力

公司将增强后台服务前台、一线服务客户的意识，强调主动服务、专业服务和创新服务，

增强员工集体意识和团队意识，提高团队协同的作战能力，发挥评审委员会的作用，建立积极的沟通交流机制，实现高效决策。

### （四）加强制度建设，规范经营管理

公司将梳理现有流程，改进和打造完善的业务流程和管理流程；对现有制度进行梳理，明确空白领域，逐步制定和完善相应制度；加强 SAP 系统和办公自动化系统建设，提高管理的科学化和系统化水平。

### （五）加强团队建设，提高员工素质

通过扩大招聘渠道，科学配置人员，打造一体化的经营管理平台；优化组织架构，明确岗位职责，合理配置人力资源；实施绩效管理，对员工进行能力评价，实行优胜劣汰；制定产品手册，开发培训课程，提升培训质量，完善培训体系；实施员工职业生涯规划，增强员工的归属感和认同感。

### （六）加强合规稽核，构建风控体系

公司将定期开展敏感性分析和压力测试，严格遵守监管单位的各项规定，不踩红线，不碰高压线。为此，公司高度重视合规稽核，扩大稽核覆盖面，提高稽核频率，创新稽核手段，开展非现场稽核和 IT 稽核；努力完善风险防控流程，实施贯穿业务及管理前中后台的全程监控体系，确立内部风险预警与控制机制；加强员工职业操守教育，拟订和提示关键风险点，实施自我风险评估，严防操作风险。

### （七）提高精细化管理水平

全员树立精细化管理意识，精益求精，自省自重，自我提高；不断强化办公管理，实施精细化的档案管理，树立节约意识，转变财务职能，实施成本控制，提升综合收益；加强督导，增强执行力；强化安全保卫工作，确保万无一失；制订应急方案，建立应急处理机制，加强媒体管理，提高危机公关能力。

### （八）加强员工交流，多渠道建设富有特色的企业文化

强化对“团结、诚信、高效、创新”企业精神的学习与思考，引导和培养员工正确的价值观，增强社会责任感；逐步建立和完善党、工、团的组织和职能，促进企业文化建设；提高执行力，增强责任感与紧迫感，焕发员工激情，踏实工作、勤奋工作；逐步形成独具特色的业务文化、合规文化和管理文化体系，从而最终形成和谐共进的企业文化。

### （九）营销宣传，提升品牌形象

通过刊物、网站、宣传册等多种媒介和渠道宣传公司业务和文化；适度开展广告宣传，加强对外联系，增进外界了解，提高企业认知度；最关键的一点，要通过优质服务和特色产品，提升品牌形象。

# 华宸信托有限责任公司

## 一、2010 年经营概况

2010 年，面对复杂多变的宏观经济环境和金融监管政策，华宸信托有限责任公司按照发展战略，冷静分析、沉着应对、严防风险，克服重重困难，以信托为主业，以创新为手段，各项业务和综合指标再创历史新高。全年实现营业收入 25 347 万元，比 2009 年增加 7 381 万元，增长了 41.08%；利润总额 17 416 万元，比 2009 年增加 4 713 万元，增长了 37.10%；净利润 15 215万元，比 2009 年增加 5 061 万元，增长了 49.85%。

2010 年，公司共完成信托业务 60 笔，新增托管信托资金 1 210 897 万元，新增规模再创新高。其中，成功发行集合资金信托计划 13 笔，募集资金 191 597 万元；办理单一资金信托 47 笔，托管资金 1 019 300 万元。截至 2010 年 12 月 31 日，公司托管的信托资产规模为 1 431 679 万元，比 2009 年增长了 17.59%；全年共实现信托手续费收入 14 001 万元，比 2009 年增长了 18%，占公司营业收入的 55.23%，进一步巩固了信托业务的主业地位。全年兑付本金的信托项目共计 59 个，兑付金额为 996 739.90 万元。分配信托收益的集合资金信托计划 34 个，分配金额 16 032.01 万元，分配信托收益的单一信托计划 76 个，分配金额 65 127.74 万元。以上项目全部兑付和分配，本金兑付率和信托收益分配率已连续 8 年保持 100% 的优秀记录。

## 二、创新业务案例

2010 年，公司的信托业务发展经受了更为严峻的考验。银监会从年初开始对地方政府融资平台业务展开了彻底清查，并对新增的此类业务增加了限制条款；下半年又全面叫停银信合作业务；同时对房地产信托业务实行更为严厉的监管。这一系列监管政策的实行，对公司以往开展较为成熟的业务产生了一定的冲击和影响。在此不利的情况下，公司一方面认真执行最新监管政策，审慎选择项目，严格操作管理，全力规避业务的合规性风险和操作风险。另一方面以此为契机，把工作的重心放在业务创新上，紧紧围绕基础设施信托业务、房地产信托业务、矿产资源信托业务和银信合作信托业务等领域，在交易结构、盈利模式、行业领域等方面进行理论和实践的创新探索，在创新中找出路、求发展。

### （一）信托资源类项目的创新

与以往银信合作项目中将银行理财资金用于矿业企业投资不同的是，2010 年的“华宸紫玉 1 号·物华煤炭公司股权投资集合资金信托计划”，将信托资金首次用于矿业能源领域，是公司与矿产资源型企业的初次深度合作，并实现了公司在矿业投资项目上立项、方案设计、营销发行、后续管理等全过程的独立决策与自主管理的突破。该项创新对公司具有十分重大的战略意义，这是公司真正依托内蒙古的资源优势打造自己特色产品的破冰之举。

### （二）信托计划期限设计的创新

与以往信托计划采取单一的固定期限不同，2010 年公司多个信托计划采取了弹性期限的设计模式，例如颐高数码广场租金收益权转让项目、湖南新族股权收益权投资项目等，或赋予融资人提前还款选择权，或预留一定的处置期，或设定信托期限自动延长条款。这便赋予了融资人在一定条件下提前结束信托计划的权利，同时避免了因融资人违约致使信托计划无法按时结束的风险，增加了受托人管理信托的主动性，赋予受托人在信托终止时点上更大的自主权，也可增加延长期内受益人的收益。

### （三）信托资金募集方式的创新

与以往信托计划只简单地设定一个推介期不同，2010 年公司的明泽地产商业物业租金收益权转让项目、阿拉善经济开发区中等职业学校校园建设项目均采取分期募集的方式设计交易结构。这种交易结构的优点在于：它符合监管部门关于信托计划的所有监管要求，并且降低了因融资额较大但推介时间过短可能导致的信托计划无法足额募集而不能成立的风险，也降低了公司的营销难度，增加了资金使用的灵活性。

### （四）信托资金分配方式的创新

与以往公司提前结束信托产品，均是以现金方式分配收益不同，2010 年公司的“华宸·天玺 1 号私募股权投资集合资金信托计划”经过受益人大会同意提前结束信托计划，其中部分本金及收益是以股权方式向受益人分配。这种创新，既实现了委托人的投资需求，也保证了融资人对资金使用的连续性和灵活性。

### （五）信托业务领域的创新

2010 年，利用自治区政府鼓励小额贷款公司通过资本扩张、加快发展的政策，公司成功推介发行了西蒙小额贷款公司股权投资集合资金信托项目。该项目的实施是内蒙古自治区信托公司以信托资金参与小额贷款公司增资扩股的首次探索，对小额贷款公司的行业发展及信托公司的业务创新，都具有较强的可借鉴性和可复制性。

（六）与银行合作方式的创新

与以往由银行发行理财产品委托信托公司贷放的初级业务模式不同，2010 年公司的西蒙小额贷款公司股权投资集合资金信托项目赋予了公司与银行合作新的内涵。该项目在项目选择、信托产品推介、优质客户资源利用、账户监管、信托财产保管等方面与浦东发展银行进行了深度合作，增强了公司的自主管理能力、议价能力和获利能力，为今后公司与银行合作在项目资源和客户资源共享、互惠互利、实现共赢方面奠定了良好的基础。

## 三、社会责任履行情况

2010 年，根据内蒙古自治区党委、政府有关部门部署和公司确定的帮扶工作计划，公司全年共投入资金 30 余万元，开展了以下工作：一是第一时间为青海玉树地震灾区捐款。二是开展“送温暖、献爱心”活动，慰问了扶贫点贫困户，使嘎查的贫困户过上了一个祥和、愉快的春节。三是针对扶贫点贫困户春耕物资短缺、无力抗旱播种的实际，筹集资金为贫困户购买种子、化肥等春耕物资，保证了农牧民种上地、种好地，为秋收打下了良好的基础。四是为扶贫点改造危草房，进一步改善了农牧民的居住条件和村容村貌。五是缴纳了扶贫点农牧民的医疗保险金，较好解决了农牧民的看病难问题。

## 四、2011 年发展规划

2011 年，公司预计完成营业收入 2.6 亿元，利润总额 1.8 亿元，净利润 1.58 亿元，信托业务收入 1.4 亿元。全年的工作重点如下：

（一）加大创新力度，推动业务持续健康发展

近年来，基础设施、房地产、矿业是公司信托业务致力开拓的重点，银信合作也是公司信托业务上规模的重要依托。上述领域恰恰是监管政策调控的重点。因此，公司必须因势而动，不断创新，有所为，有所不为，力争在新的环境下，大幅提升公司的自主管理能力，在回归本业的历程中，全面夯实发展的基础。

（二）消除人才瓶颈，打造人力资源核心优势

为实现可持续发展，增强核心竞争力，公司必须要建立起高素质的管理队伍、理财队伍、研发队伍和营销队伍，以打造信托人力资源的核心优势。为此，2011 年，公司将把优化人才生态环境作为第一要务，为吸引人才、留住人才创造条件。

（三）完善风险控制体系，全面倡导合规文化

华宸信托的发展历程告诉我们，不论公司发展处于哪一个阶段，都必须恪守发展需要规范、规范促进发展的理念。当前，由于宏观经济复杂多变，调控政策频频出台，而公司自身的业务也不断拓展，管理的信托资产规模巨大，这些情况对公司的经营理念产生了一次新的考验。为此，公司将继续倡导先进的风控及合规文化，构建全员、全程、立体式的风控体系，全面倡导合规文化，形成纵向到底、横向到边的风控运行机制，为公司发展奠定坚实的基础。

（四）强化营销工作，努力弥补营销短板

2011 年，公司将继续推动全员营销计划，完善营销激励机制，招募专业营销人才，加大在公司本部和北京地区的营销部署工作，以打破有好的理财产品却没有好的销售渠道的尴尬局面。

# 华能贵诚信托有限公司

## 一、2010 年经营概况

2010 年，是华能贵诚信托完成重组后的第一个完整业务发展年度。由于国内外经济形势复杂多变，宏观调控政策特别是监管政策出台频率较高，使得整个信托行业发展面临严峻考验。按照“稳基础，塑核心”的工作方针，经过公司上下精诚团结，知难而上，顽强拼搏，扎实工作，确保公司全面超额完成年度工作目标，公司赢得了自开业之年“高起点、稳起步”之后又一次重要的跨越。

全年新增信托规模 431 亿元，到期清算兑付规模 245 亿元，存续规模由 2009 年的 226 亿元增至 412 亿元；公司恢复营业以来累计发行信托规模 659 亿元；2010 年公司实现营业收入 2.72 亿元，完成预算 133.69%，比 2009 年增长 44.25%；实现利润 1.53 亿元，完成预算 152.9%，比 2009 年增长 52.29%。

在主要经营指标超额完成的基础上，整个公司发展基础更加牢固，管理更加规范，活力进一步增强，集中体现为“七个结合”。

1. 外延发展与内涵提高得到有机结合

在信托业务规模实现较快增长的同时，标志信托公司自主管理能力的集合信托业务规模也得到长足发展。全年累计发行集合类信托计划 33 个，累计发行规模 84 亿元，占全年新增信托业务规模的 19.5%，发行家数和发行规模分别为 2009 年的 6.6 倍和 2.3 倍。集合信托业务占比的提升，不仅当期实现了良好的收益，提升了信托业务的盈利能力，而且改变了公司“寅吃卯粮”的被动发展格局，实现了由重组型公司向发展性公司的转变。

2. 强化信托主业与整体推进得到有机结合

固有投资业务在整个资本市场持续低迷的情况下，按照风险可控、科学操作、权益类投资与固有业务投资有效配置的原则，实现收益 6 600 多万元，资产保全工作清收不良资产 2 900 多万元，在信托主营业务快速发展的同时，初步建立了以信托业务为主体，固有业务相配套，资产保全为补充的发展格局。

3. 巩固原有发展能力与培育新的业务增长点得到有机结合

通过新增上海、深圳、浙江三个业务联络处，培育了公司新的业务和利润增长点，初步形成了公司面向全国的业务发展布局。上海、深圳、浙江三个业务联络处当年开业当年盈利。

4. 强化风险控制与增强发展后劲得到有机结合

公司完成了重组后第一轮增资扩股工作，新增资本金6亿元，资本金总额达到12亿元，壮大了公司发展的基础；同时，按照更高的标准、更新的要求，严控公司的合规经营风险，搞好审计监查，促进公司健康发展。

5. 服务客户与回馈社会得到有机结合

随着公司业务的扩展，公司的客户基础进一步壮大，通过委托理财累计为客户提供35亿元的收入，为合作银行创造中间业务收入18.4亿元，广大客户对华能贵诚信托品牌的信任度进一步增强。同时，公司为当地上缴各种税收1亿多元，为贵州经济社会发展累计融资53亿元，其中85%为黔外融资，受到当地党委、政府的高度赞扬。

6. 加强基础管理与增强服务意识得到有机结合

公司计划财务、信托财务管理在公司发展中的基础性作用进一步增强，人力资源和综合管理的能力不断提高，以业务发展为主线，前台、中台、后台协调一致的工作机制日益完善。

7. 加强党的建设与企业文化建设有机结合

围绕创先争优，公司党的建设、工会建设以及企业文化建设正在蓬勃发展，先进党组织和优秀共产党员的先锋模范作用进一步发挥，广大员工的精神面貌发生了新的变化，新老员工之间、当地员工与外地员工之间相互融合，团结协作，企业凝聚力进一步增强。

## 二、2011年发展规划

2011年是“十二五”的开局之年。围绕实施公司“十二五”发展规划，2011年公司工作的指导思想是在邓小平理论和“三个代表”重要思想指导下，深入学习贯彻落实科学发展观，以转变公司发展方式为主题，以优化业务结构为主线，以创新型业务为抓手，全面推进包括产品研发、市场营销、人才培养、团队建设和体制机制创新等方面工作，确保完成公司全年经营任务，使公司的整体发展实力和核心竞争力进一步提高，向着打造国内一流的信托公司迈出坚实的步伐。工作目标是存续信托规模达到550亿元，实现利润3亿元。工作指导方针是“调结构，促转变”，通过增加创新业务和自主管理业务在整个信托业务规模中的比重，推动公司从原有发展方式向新的更科学的发展方式转变，力争2011年末集合信托规模和创新业务规模占比达到30%以上。

主要工作措施：

1. 坚持业务结构调整这个重点不动摇

业务结构调整要服从和围绕国家转变经济发展方式、调整产业结构的方向开展，处理好新兴业务和传统业务、长期潜力品种和短期收益品种这两大关系，要统筹兼顾，突出重点，各有侧重，科学实施。2011 年特别要在节能减排、民生工程、资源整合和新能源等领域开发产品，并有计划地进入矿产资源、文化旅游、资本市场等新的业务领域。要继续加大对贵州业务发展的支持力度，实行人财物倾斜，全年融资规模不低于50 亿元，争取达到80 亿元，为地方经济社会发展作出新贡献。在精耕细作原有产品、原有业务的基础上，由公司牵头主导，继续实施“大项目战略”和“新产品扶持战略”，“专人负责，使命必达”，确保重大项目和主导产品成功实施，要通过努力，快速提升公司集合业务和创新业务的占比。固有业务在今后相当长的时间里承担着为公司创收增效的重要任务。2011 年固有业务操作要继续在宏观政策研究、固有资金的综合运用和平衡运作、提高权益类和固定收益类投资收益以及继续加强信托业务的协作等方面下工夫，力争固有资金投资收益取得更好的成绩。要继续加大资产保全工作力度，盘活资产，提高流动性。

2. 高度重视合规与风险控制工作

一方面，要通过完善制度、优化流程、强化执行力和责任意识，形成一套完善的合规与风险控制的制度约束，以制度防控风险。另一方面，要有计划、有目的地建立科学的风险评估机制，提高风险识别能力，使公司的风险管控由被动控制向主动管理转变。要正确认识和处理好风险和收益的关系，防控风险但不能害怕风险、躲避风险，要科学分析，积极掌控，做到“艺高人胆大”。合规风控工作无小事，风险控制工作是公司上下的共同的事，特别是业务第一负责人，要切实负起合规风险控制的第一责任。要坚定不移地落实好国家各项监管政策，做监管政策的“捍卫者”和“守护者”，为企业经营创造更加安全、更加健康的环境。

3. 进一步提高公司的管理运作水平

随着公司的业务范围、业务区域、业务档次比以往有了大幅度提升，公司的管理手段也必须与时俱进，实现管理升级。比如公司要适应公司五地办公、人员分散的实际，大力度引入信息技术和科技手段，打破空间阻隔，提高工作效率；再比如随着项目类型和资金流转量的猛增，建立现代财务管理体系的需要越来越紧迫，公司要改进原有财务管理手段，在预算管理、资金管理等方面尽快建立适应现代金融企业需要的财务管理体系。

4. 大力加强人才队伍建设，营造吸引人才、留住人才、让人才发挥才干的良好企业环境

企业发展，人才是第一资源、第一生产力。我们要深入营造宽松、和谐、向上的公司氛围，还要建立健全有关制度，包括人才培养机制、激励机制、使用机制，让优秀人才进得来、留得住、干得好。构建一流现代金融企业，公司还要注重完善人才结构，不仅要引进金融人才，还要引进一些产业领域的专业人才、引进优秀管理人才，使公司发展更有潜力、有更大的空间。

# 华鑫国际信托有限公司

## 一、2010 年经营概况

华鑫国际信托有限公司于2010年2月9日获得中国银行业监督管理委员会批准重新登记，注册地为北京，在业务上受中国银行业监督管理委员会的监督和管理，控股股东为中国华电集团公司，公司注册资本金12亿元人民币。

按照《公司法》、《信托公司治理指引》和现代企业制度建设的要求，公司确立了法人治理基本架构。制定了包括公司业务操作、财务管理、风险管理、信息化建设在内的制度，形成了一套较为科学合理的制度体系。公司坚持以客户为中心、以业务为主线，建立起各类风险的监测、评估、处置等工作机制，保证风险可控在控。按照精干、高效原则，引进和培养了一批年富力强、从业经验丰富、有较强管理水平和开拓能力的高素质、专业化人才。

公司自2010年3月18日开业运营以来，认真落实国家监管要求，紧紧围绕“开拓市场创效益、强化管理树品牌”中心任务，聚精会神抓发展，千方百计抓项目，齐心协力创效益，在战略规划、业务拓展、经营管理、队伍建设和党的建设等方面取得扎实成效，完成中国华电集团公司下达的利润平衡目标。在业务发展方面，累计成立了希森三和、金安桥、盈安永、大同地产等26个信托项目，业务拓展呈现良好态势。在经营管理方面，按照现代企业治理要求，进一步完善了“三会一层”管理架构和制度。加强基础管理，制定了92项管理制度。着力建立市场化用人用工激励机制，打破“大锅饭”的薪酬分配方式，制定了绩效管理、业务人员提成管理、岗位岗级管理等制度，初步建立了一支年龄结构合理、知识结构较好的员工队伍。在党的建设方面，紧密结合公司市场化运作特点，建立了党组议事规则等10多项党务制度，积极开展了创先争优、争创“四强”党组织、争做“四优”共产党员、“学践促”等活动，党组织的引领、推动、保证作用有效发挥。荣获“集团公司2010年文明单位”、“中国电力企业联合会优秀企业文化成果奖”荣誉称号。

公司结合自身实际，制订了具有鲜明特色的发展规划和发展思路。华鑫信托以“受人之托、代人理财”为根本，秉承“稳健经营，价值至上”的理念，坚持面向市场，为客户提供全面、专业、特色金融服务。结合自身优势，华鑫信托形成了具有鲜明特色的发展思路。公司以能源和基础产业信托业务为核心，坚持多领域经营；以提供多元化、专业化、特色化金融服务为手段，坚持业务创新；以全面风险管理为保障，坚持稳健经营，规范运作。主要经营的信托业务包括资金信托、动产信托、不动产信托、有价证券信托、其他财产或财产权信托、作为投资基金或者基金管理公司的发起人从事投资基金业务；经营企业资产的重组、购并及项目融资、公司理财、财务顾问等业务；受托经营国务院有关部门批准的证券承销业务；办理居间、咨询、资信调查等业务；代保管及保管箱业务等。主要自营业务包括存放同业、拆放同业、贷款业务、租赁业务、投资业务、以固有财产为他人提供担保、同业拆借、法律法规规定或中国银行业监督管理委员会批准的其他业务。

发展思路：坚持一个核心、提升三种能力、实现一个目标，即坚持以信托业务为核心、自营业务为支撑、投行业务为协同，重点发展能源和基础产业信托业务，有效利用资源，为客户提供全面、专业、特色金融服务；2011 年，力争实现利润 2 亿元；2012 年，力争实现利润 3 亿元；2013 年，力争实现利润 4 亿元。公司努力提升盈利能力、人才支撑能力、执企能力、科学发展能力、风险管控能力，打造核心竞争力，努力把公司建设成为业绩优良、管理先进、科学发展、质形俱佳、值得信赖、具有核心竞争力、同业领先的专业化国际化信托公司。

## 二、业务创新案例

公司于 2010 年 6 月 21 日自主发行了“华鑫信托樵山叠翠中小企业贷款集合资金信托”项目，并被当地政府列为示范性项目在当地媒体报道。本信托规模为 4 400 万元，信托期限 1 年，客户投资收益率 6%。信托资金用于向佛山地区纺织和玩具行业的 8 家中小企业发放信托贷款，由广东中盈盛达担保投资有限公司为本信托提供连带责任保证担保。

与传统的中小企业融资和一般性的信托产品相比。本信托存在以下的创新性：一是在银行融资之外，为中小企业融资提供了一项新的选择，拓宽了中小企业的融资渠道，在传统的银行融资之外，为其提供了一个新的选择。二是突破单一的反担保模式，首次在信托项目中引入“按份连带共同保证”（即对某企业的欠款额由组合内其余企业按贷款受益额的大小比例连带代偿）方式实施互保增信，向担保公司进行反担保。三是突破自发的企业筛选模式，在佛山南海区经贸局的协助下，由借款企业所属的行业协会全程参与，降低了贷款风险。四是突破行政主导的担保模式，选择单一的商业担保公司——广东中盈盛达担保投资股份有限公司对项目实施全额风险保障，使项目的实施更具市场化。五是实现了有效的资源整合，首先由信托、担保、银行建立确定的合作关系，然后在具体操作中实施联合调查、分别评审。六是突破政府购买信托产品的扶持模式，政府通过更加市场化的方式，对项目实施直接补贴。

# 吉林信托有限责任公司

## 一、2010 年经营概况

吉林省信托有限责任公司成立于 1985 年，旗下拥有全资子公司天富期货，作为第一大股东投资天治基金公司和九台农村商业银行，作为并列第一大股东投资上海中融保险，参股东北证券、吉电股份等多家上市公司以及吉林银行、长春农村商业银行等地方金融机构，已初步形成以信托为主业，涵盖基金、期货、商业银行、证券、保险等领域的金融控股集团公司。

截至 2010 年末，公司管理资产总额 496 亿元，同比增长 69.86%；所有者权益 207 226 万元，同比增长 6.33%；实现总收入 45 410 万元，同比增长 78.79%；实现利润 21 756 万元，同比增长 43.45%；人均实现利润 177.53 万元，同比增长 34.83%；资本利润率 8.63%；无不良资产。

2010 年公司全年新发行信托计划规模达到 561 亿元，同比增长 75.11%；实现信托主业收入 23 055 万元，同比增长 350.77%；存续信托报酬 14 902 万元。管理信托资产规模 471 亿元，同比增长 75.75%。在 2010 年“诚信托奖”评选中荣膺“成长优势奖”。

## 二、创新业务案例

### （一）类地产基金信托

2010 年，公司共发行了两只类地产基金，分别为“吉信·蓝色港湾地产基金集合资金信托计划”和“吉信·收获地产基金集合资金信托计划”，规模共计 47 745 万元。这开创了吉林信托地产项目基金化管理的新模式，通过基金管理委员会、派驻项目公司董事、财务总监等机构和人员设置实现对项目的控制，利用信托优先分配收益权以及抵（质）押等相关措施，实现了公司对地产项目真实有效的自主管理。

### （二）艺术品投资信托

2010年9月，公司推出的首款艺术品投资集合资金信托计划——“雅盈堂艺术品收益权集合资金信托计划”成功设立。该款产品是公司为高端客户提供的艺术品投资类信托理财产品，规模45 000万元，期限两年。该信托计划通过聘请专业的艺术品鉴赏机构为广大艺术品投资者提供专业化评估报告，同时由专业机构提供保管服务，确保艺术品价值在保存过程中不会受到影响。该产品为投资者提供了新的投资渠道，一经推出便得到了投资者的热情踊跃认购，不日便告售罄。

### （三）股票受益权类信托

公司在原有上市公司股权受益权投资业务的基础上，不断丰富产品设计方案，衍生出多种信托产品。2010年，公司成功发行“吉信·财富精品7号方大化工股权收益权集合资金信托计划”，规模13 370万元。通过一般/优先级结构性分层设计匹配不同投资者风险、回报等多样性的投资需求，并通过预警线、止损线设计，最大限度地保障了优先受益权的本金及收益安全，为一般受益权提供较高的浮动收益。

### （四）类PE股权投资信托

股权投资是公司对信托资金运用的主要方式之一，经过多年的经验积累，逐步由被动式管理向主动式管理转变。如2010年发行的“吉信·亿利资源集团有限公司股权投资集合资金信托计划”（已发行两期），规模共计20亿元，用于参与亿利集团增资扩股，期限两年。吉林信托派驻董事兼财务人员进入亿利集团董事会，参与企业经营管理，在对信托投资实现自主管理的同时，有力保障委托人和受益人的权益。

## 三、社会责任履行情况

在吉林省抗洪救灾中，公司党委和全体干部员工快速反应，在第一时间向灾区捐款总计418.7万元，向集安中学捐赠20台电脑建学生实验室，向扶余西长发村捐赠6万元为农民建文化活动室，向八道江区小学捐赠30万元帮助小学校园灾后重建。与此同时，公司为东北亚绿色金融高峰论坛捐款220万元。这些公益行为，充分展示了吉信人的高度社会责任感。

## 四、2011 年发展规划

### （一）定性目标

2011 年，公司将进一步完善法人治理结构、内部控制体系和激励约束机制；构建核心竞争力，使资产管理能力达到更高水平，综合实力进入前 20 名；巩固和加强“吉信・长白山”、“吉信・松花江”、“吉信・财富精品”等专有优势品牌的影响力。

### （二）定量指标

| 年份 | 总收入（万元） | 资产管理收入（万元） | 固有业务收入（万元） | 利润总额（万元） | 成本收入比（%） | 净资产收益率（%） | 每股收益率（%） | 不良资产占比（%） | 信托赔偿准备余额（万元） |
|---|---|---|---|---|---|---|---|---|---|
| 2011 | 52 328 | 28 796 | 23 532 | 30 000 | 48. 19 | 4. 58 | 10 | <3 | 1 320 |

### （三）五大战略

2011 年，公司要全力推进五大重点战略，确保规划目标的全面实现。

1. 主业战略

2011 年，公司要全力打造信托主营业务，确立信托业务在公司业务结构中的核心地位。公司要立足金融信托的专业优势，大力拓展业务模式和理财产品，为客户提供多领域、专业化的理财服务。要与银行等金融机构开展差异化竞争，以专业的资产管理业务为最主要的利润增长点。

2. 创新战略

2011 年，要下大力气加强创新能力建设，加强研发体系建设，采用基金化信托产品开发模式，使自主创新产品收入占存量业务收入比重提高，打造特色业务，全面提升公司的创新能力和创新水平。

3. 人才战略

2011 年，要加强人力资源开发，打造出一支具有较高专业水准的理财团队。坚持以人为本的思想，形成市场化的人才选聘机制，不断优化队伍结构。提升高学历人才比重，基金、期货、证券从业人员 100% 具有行业从业资格，全面提高整体素质，为保持公司快速健康发展提供强有力的人才支撑。

4. 风控战略

2011 年，要不断强化全员风险防范意识，继续完善风险控制体系，构建完善的风险控制决策体系，建立全面的合规管理和内部审计机制，制定完备的风险管理制度，拥有全方位风险预警信息系统，确保公司管理资产处于相对安全运营状态，信托资产终点不出现一笔损失，公司不良资产占比不超过5%。

5. 企业文化战略

2011年，要以企业核心价值观为核心，培育和形成具有吉林信托特色的企业文化。按照“有品位、有质量、有动力、有活力、有思想、有变化”的标准和要求，塑造有吉林信托特色的企业文化，培育和打造公司软实力。同时，作为企业文化的重要内容，公司将履行社会义务、承担社会责任，积极争取设立公益信托，重点支持教育和社会公益事业发展。

（四）具体措施

1. 做强信托主业

公司将继续强化信托主业的核心地位，加大内部资源向信托业务的倾斜力度，不断提高信托业务收入占比。拓展和深化与银行、保险、券商、资产管理公司等金融机构的业务合作，积极拓宽信托产品销售渠道，探索新的信托产品退出方式。加大对理财中心的投入力度，建立公司自主产品销售体系，提高公司信托理财产品市场占有率和品牌知名度。根据公司净资本规模，将信托业务规模保持在一个适度水平。优化信托业务结构，提高集合资金信托计划占比，增强信托产品附加值，提高信托业务盈利能力。

2. 稳妥推进业务创新

加强研发体系建设，深化银信合作业务创新，不断加大新业务、新产品的研发力度，拓展创新品种。开发特色信托业务，在信托规模、期限、运用方式和分层结构等方面引入基金化管理模式，加快在产业基金、公益基金、私募股权投资基金等具有专属优势的业务领域的拓展步伐。积极开展个人信托、财产信托、事务信托等新型信托业务，为客户提供不同于银行业务的差异化金融服务。

3. 加强内部管理

在财务管理方面，细分各项业务及相关岗位，特别是针对信托业务处理过程中的关键控制点，落实到决策、执行、监督、反馈等各个环节。在业务流程方面，细分前台、中台和后台岗位，明晰各个岗位经理、员工的职责，完善书面报告制度。在信息系统建设方面，围绕办公系统、财务系统、信托系统、证券系统开发增加新的功能模块，完善风险管理系统和信用审批系统。

4. 强化风险控制

公司将按照监管部门的有关要求规范开展各项业务，进一步完善风险管理体系。对各类业务实施有效的事前评估、事中控制和事后监测的内部控制流程，完善合规管理机制，强化风险控制委员会和投资决策委员会的职能，有效识别和管理公司面临的合规风险和项目风险。动态测算公司各项业务风险资本和净资本，严格控制高风险业务量，确保自有资本能够全面覆盖风险敞口。建立健全以投资决策系统、内部规章制度、经营风险控制系统和业务审批及操作系统为主要内容的内控制度，加强风险管理信息系统建设，逐步建立适应公司业务特点的风险预警系统，确保实现公司风险控制目标。

5. 大力开发人力资源

公司将用具有竞争力的薪酬福利方案和激励机制来吸引人才、留住人才，与高等院校建立长期合作机制，形成产学研相结合的联合培养机制。挖掘内部人力资源，加强员工的素质教育和业务培训，激发员工自主学习的积极性。加强员工专业知识和技能培训，提高每位员工胜任本职工作的能力。完善干部能上能下、员工能进能出的用人机制，不断优化员工队伍结构，提高员工队伍执行力和战斗力。

6. 企业文化建设

吸收传统文化与现代管理理念，建立符合现代金融企业和公司人文实际的信托文化，使“求真务实、开拓创新、诚信高效、稳健卓越”成为吉信的精神。同时，作为企业文化的重要内容，公司将履行社会义务，承担社会责任，倡导绿色金融，积极开展公益信托，重点支持教育和社会公益事业，促进经济社会和谐发展。

# 建信信托有限责任公司

## 一、2010 年经营概况

### （一）主要经营业绩

2010 年，公司实现利润总额 2.21 亿元，完成年度预算的 103.23%，较 2009 年增长 146.24%；实现净利润 1.74 亿元，完成年度预算的 106.17%，较 2009 年增长 141.95%。

2010 年，公司新设立信托计划规模 739.51 亿元，完成年度预算的 147.90%。截至 2010 年末，公司受托管理信托项目 84 个，信托资产规模 660.16 亿元，较年初增加 384.61 亿元，增幅 139.58%。新增信托项目没有发生不良。

截至 2010 年末，公司资产总额为 45.61 亿元，其中，不良资产余额为 450 万元，较 2009 年末下降 825 万元，不良资产率为 0.1%。

2010 年，各项基础建设有序推进，整体运营稳健，全年没有发生案件和责任事故。

### （二）主营业务发展情况

1. 单一类信托业务快速增长

2010 年上半年，以银信合作业务为突破口，努力做大业务规模。截至 5 月末，受托管理信托资产余额达到 855.71 亿元，比年初增长近 600 亿元，增幅 210%，在全国信托同业中增速列第二位、规模居第八位。

2. 适时调整经营重点，加快集合类信托业务发展

2010 年下半年，适应监管政策调整，适时提出了业务转型，从 7 月开始，开展了“百日营销”专项活动，重点推进集合类信托业务发展。截至 2010 年末，公司集合类信托项目达到 11 个，信托资产规模 16.07 亿元，较年初增加 7.52 亿元，增幅 87.95%。

3. 创新类业务积极推进

设计开发了房地产类信托“股权 + 债权”的混合型信托模式，发行了“建信海南国际旅游

岛投资1号”集合信托项目，信托规模达到5亿元。设计开发证券投资类信托采取TOT方式，推出“建信私募精选集合信托计划”，成为第一只发行母子信托为不同信托公司的信托产品。股权投资类信托引入有限合伙制，研发了“建信交通产业基金”和“建信证大金牛定向增发”等项目。

4. 围绕打造建设银行金融持股平台的战略目标，统筹安排固有资产组合及流动性管理

股权投资方面，对财务公司、商业银行等项目投资取得了实质性进展。金融产品投资方面，通过公司内部审批等待投资的项目储备达到15亿元，在2010年上证综指跌幅达14.3%的情况下，证券市场投资取得了4%以上的正收益。在业务创新方面，发起设立“建信环保产业投资私募股权基金”和“建信产业升级私募股权基金”，筹备工作取得进展。

### （三）公司治理和内控机制建设进展情况

不断完善“三会一层”的治理架构和工作机制，相继设立了董事会的六个专门委员会，制定完善了各委员会的工作规则。公司经营层在授权范围内，形成了以总裁办公会为议事决策核心、项目审批委员会和财务与成本控制委员会辅助审批把关、12个职能部门负责执行落实的运营管理机制。公司监事会选举产生了职工监事，建立健全了工作制度。

在内控建设方面，一是坚持制度先行，规章制度建设取得进展。先后完成了80多项规章的起草和修订，业务流程进一步细化，基本形成了涵盖公司各类经营管理活动的规章制度体系。二是坚持有章必循，规范业务操作。在整章建制的基础上，通过学习培训和教育引导，力促各项规章制度的落实。三是坚持违章必纠，加强内部审计和监督检查。组织了多次业务合规性检查，完成了92个项目审计。

### （四）员工队伍和企业文化建设取得长足进展

公司重视员工队伍建设。公司重组前原有员工53人，平均年龄42岁。2010年末，公司员工95人，平均年龄39岁，平均年龄降低3岁。其中，大学本科以上学历员工占比为73%，较重组前提升23个百分点。公司积极倡导“勤奋、效率、专业、创新”的经营理念，着重培育规范、有序的工作标准和高效执行的工作习惯，团结进取、势争一流的企业文化氛围日益浓厚。

## 二、创新业务案例

### （一）案例一

1. 创新产品名称及规模

建信优质应收账款流动化集合资金信托计划，信托计划规模为1亿元；建信优选应收账款

流动化集合资金信托计划，信托计划规模为1.83亿元。

2. 信托资金运用方式

建信信托发起设立集合资金信托计划，募集资金用于受让中建一局对债务人合法享有的应收账款。

3. 信托计划创新点

（1）该信托计划采用平价受让债权人应收账款的方式，实现了债权人的资产流动化，提高了债权人的资金使用效率，同时无追索权的受让还改善了债权人的资产结构。

（2）在信托计划中引入第三方担保机构，为信托计划提高了安全的增信措施。

### （二）案例二

1. 产品名称及信托规模

建信海南国际旅游岛投资1号集合信托计划，信托计划成立时总计发行受益权份额数量为5亿份。其中，优先受益权份额为2.8亿份，中间级受益权份额为0.2亿份，次级受益权份额为2亿份。

2. 信托类型及资金运用方式

该产品为结构型集合信托计划，依照规定以股本权益性投资及/或债权性投资的方式投资于受托人和次级受益人共同选定的海南国际旅游岛文化旅游地产及配套开发项目。

3. 信托计划创新点

该项目为积极响应党中央、国务院关于建设海南国际旅游岛的相关文件精神，首次采用“股权+债权”的混合信托模式，实现了完全的自主管理，既盘活了房地产企业的资产，又为委托人提供了高收益、中低风险的投资产品，更为公司此后设计与开发类似产品、制定相关业务制度与流程积累了经验，提供了依据。

### （三）案例三

1. 产品名称及规模

建信私募精选集合资金信托计划（1期），信托规模为3.481亿元。

2. 信托类型及资金运用方式

该产品为开放式证券投资类集合资金信托计划，本信托计划项下的信托资金由受托人根据信托目的，主要投资于联华国际信托有限公司作为受托人发起设立的两只证券投资资金信托计划，并分别由北京星石投资管理有限公司、上海从容投资管理有限公司担任投资顾问进行投资管理。受托人有权调整所投资的证券投资资金信托计划范围和比例。

3. 信托计划创新点

采用“TOT”的形式，精选优秀证券投资信托计划进行产品组合，推出“建信私募精选集合信托计划（1期）”，满足了客户的投资理财需求，为公司开辟了新的产品线，成为国内第一只发行母子信托为不同信托公司的信托产品。

## 三、社会责任履行情况

2010年，公司积极参与当地政府组织的社会责任活动，特别是在城市绿化、人口普查等工作中作出了积极贡献。

## 四、2011年发展规划

### （一）工作目标

新增信托规模270亿元以上，当年新设立信托规模总额540亿元以上；新增自营投资收益率达到10%以上，自营资产可用资金使用率达到95%以上；全年实现营业收入6.32亿元以上，净利润3.3亿元以上。

### （二）工作思路

以确保完成2011年综合经营计划为目标，以提高盈利水平为核心，以加强市场营销能力、自主管理能力、业务创新能力和风险管理能力建设为手段，抢抓机遇，顺势而为，稳健经营，加快发展。

# 江西国际信托股份有限公司

## 一、2010 年经营概况

### （一）经营利润

全年实现营业收入 2.35 亿元，实现利润 6 352 万元。

### （二）资产情况

截至 2010 年 12 月 31 日，公司总资产为 23.59 亿元，净资产 22.66 亿元。

## 二、创新业务案例

案例介绍：×××产业投资基金集合资金信托。

此信托属委托人独立确定管理方式的信托，即委托人授权受托人将信托资金加入信托计划，与加入信托计划的其他信托资金聚集起来，集合运用于投资受让×××公司取得的×××产业股权投资有限公司的注册资本出资所对应的股权收益权。此次受让股权收益权的目的，是为了×××产业股权投资有限公司所投资的企业在一定期限内通过上市、向第三方转让或被原股东收购等方式使目标公司合法取得的该优质企业的股权获得增值，最终实现受托人所受让的×××产业股权投资有限公司股权收益权随之增值，实现信托资金的投资收益。

由于是准 PE 类投资，该信托业务在信托期限设计中，采取了 5 年加 2 年（延期）的设计，充分考虑了 PE 投资时间长的特点。

## 三、社会责任履行情况

### （一）服务地方经济建设，支持江西经济发展

2010 年，公司累计为江西省 30 多个市县区以及上市公司、重点工程、大中小企业提供各种

信托融资服务。全年累计融资102.08亿元，其中支持江西省各市县（区）融资49.5亿元，支持省属重点项目建设融资16.46亿元，支持省内上市公司及中小企业等融资36.12亿元。同时，顺应江西提出的加快全省转变经济增长方式、促进县域经济发展的战略安排和部署，进一步加大了为省内信托融资，特别是县域地区融资的力度，为各县区的政府民生工程、基础设施建设、工业园区建设、重点工程建设等重点项目和各类优质中小企业，在风险可控的前提下，提供了更多的信托融资资金。

### （二）热心公益事业，支持爱心工程

秉承“扶危济困、助人为乐”的中华传统美德，积极参与社会各项公益事业建设，全年共为玉树地震、教育扶贫、江西老干部疗养基地、贫困乡镇扶贫等各项公益事业、公益组织及爱心工程累计捐款近500余万元，为社会公益事业发展贡献了一份力量。

## 四、2011年发展规划

### 发展思路

1. 指导思想

以服务地方经济建设为己任，继续发挥信托融资功能，在服务地方经济建设中壮大自身；以业务创新创造为重点，加速业务转型，不断提高市场竞争力；以省外金融研发中心为依托，加快省外业务拓展，谋求更大的发展空间；以强化风险控制为保障，切实加强项目审查和把关，确保项目无风险运作。

2. 2011年发展目标

（1）截至2011年末，信托总资产达35亿~40亿元，净资产达32亿元，资本金达15亿~20亿元。

（2）实现收入3亿元以上，利润1亿元以上。

（3）为地方经济提供信托融资100亿元以上。

# 联华国际信托有限公司

## 一、2010 年经营概况

联华国际信托有限公司成立于2003 年3 月，是经国务院、中国人民银行批准设立的非银行金融机构，是福建省属（不含厦门市）唯一一家信托公司，也是我国第一批引进境外战略投资者的信托公司。公司总部设在福建省福州市。

开业以来，联华国际信托有限公司按照《中华人民共和国信托法》、中国银行业监督管理委员会《信托公司管理办法》等有关法规和要求，紧紧围绕“高起点、高标准、高品位，打造一流信托公司”的发展战略目标，坚持以人为本、依法经营，不断夯实业务基础和客户基础，着力提升公司业务发展和服务能力，致力于成为国内优秀的综合信托服务提供商，成为全国性、综合化、有特色的一流信托公司。截至 2010 年末，联华国际信托有限公司注册资本 5. 1 亿元，固有资产总额达 8. 75 亿元，信托资产余额 326. 5 亿元（未经审计），累计开展信托项目 520 个，已顺利结束信托项目 370 个，所有结束清算信托计划全部如期或提前兑付，所有信托产品收益达到或超过预期收益率，存续的信托财产运营正常。公司成功参股紫金矿业集团财务有限公司、广发华福证券有限责任公司。

按照立足福建、面向全国的经营发展战略，联华国际信托有限公司已设立了 9 个综合管理部门、10 个业务发展部门、1 个客户营销服务部门，公司在福州、北京、上海、深圳、重庆、西安、武汉、沈阳等全国主要经济中心城市设立业务和客户服务网络。在全国优秀信托公司评选活动中，联华国际信托有限公司先后荣获“最具区域影响力信托公司”、“最佳高端客户投资渠道奖”、“最具成长性信托公司”、“最佳区域理财机构” 等多项荣誉。

2011 年 1 月，经中国银监会正式批准同意，兴业银行股份有限公司通过受让联华国际信托有限公司原股东持有股权的方式成为联华国际信托有限公司的控股股东。股权转让后，联华国际信托有限公司的股东为（按出资比例高低排序）兴业银行股份有限公司、福建华投投资有限公司、澳大利亚国民银行、永安资产管理有限公司、南平市投资担保中心。

## 二、创新业务案例

联华信托·道冲 ETF（Exchange Traded Fund）套利先锋证券投资集合资金信托计划。ETF 基金兼具了指数基金、封闭式基金、开放式基金的优点：指数基金——“被动管理”，收益稳定和操作透明；封闭式基金——“交易所交易”，自由交易提高流动性；开放式基金——“申购赎回”，申购赎回消除折溢价。正因为在产品设计中兼具多种类型基金优势，ETF 具备独特的投资与交易价值。该信托计划主要利用 ETF 基金的套利和市场变化，适时捕捉市场利差等套利机会，用对冲套利的方法进行投资管理；投资股票市场，择股也以是否可用于 ETF 套利为标准。

### （一）该信托计划基本情况

1. 期限

5 年，自信托计划成立日起至 5 年后之对月对日。

信托计划期满前 1 个月，受托人可根据市场情况决定是否有必要延长信托计划期限。

2. 成立日期

2010 年 12 月 22 日开始发行，并于 2011 年 1 月 19 日正式成立。

3. 信托计划规模

实际成立规模为 13 810 万元，其中优先级为 10 310 万元，次级为 3 500 万元，杠杆比例为 2.95∶1。

### （二）该信托计划主要创新点

1. 投资标的的创新

有别于市场上其他证券类信托计划投资范围主要以股票、债券为主，该信托计划仅限于投资在上海证券交易所、深圳证券交易所公开发行并挂牌交易的 ETF 基金和 ETF 成分股，交易所的国债逆回购交易；业务范围的限制，使得该信托计划的风险相对于其他证券投资类产品有所降低，在投资标的方面是一种创新。

2. 产品结构的创新

该信托计划为结构化设计，由次级受益人提供的次级资金，保证优先级受益人的本金和必要的收益，有别于市场上的结构化证券投资信托计划一般全封闭运作，该信托计划设定了开放日。这一结构不仅使得优先级受益人获得了优质安全的短期流动性理财产品，同时有效地降低了次级受益人的应付成本，创新地设立了一种“结构化+开放式”信托产品模式。

3. 指标体系的创新

该信托计划具有“结构化＋开放式”的特有模式，有别于市场上一般的封闭式结构化信托计划，且优先级受益人获取的是固定的年化收益率，信托计划剩余收益均由次级受益人享有，故市场上信托计划普遍采用的信托单位净值无法作为受益人申购、赎回该信托计划的依据。因此，该信托计划直接以委托人的申购金额计量其在信托计划中的收益权，不再计算委托人持有的信托单位。

## 三、社会责任履行情况

### （一）联华信托开展向青海玉树地震灾区捐款活动

2010年4月14日，青海玉树藏族自治州玉树县发生强烈地震，联华信托快速反应，紧急部署，主动承担起企业公民的社会责任，通过中国红十字总会向玉树灾区捐款30万元人民币，全力支持灾区人民抗震救灾、重建家园。

同时，联华信托还在公司内部发出捐款倡议书，号召公司全体员工积极向灾区人民捐款，共同帮助灾区人民渡过难关。联华信托全体员工已通过中国红十字总会向玉树灾区捐款39 100元人民币。

### （二）联华信托开展向福建省闽北洪涝灾区捐款活动

2010年6月13日以来，受特大暴雨袭击，福建省南平、三明等地区遭受严重的洪涝灾害。联华信托通过福建省慈善总会向闽北洪涝灾区捐款10万元人民币，帮助灾区同胞尽早渡过难关，重建家园。

### （三）联华信托副总裁赖少英一行赴霞浦县慰问联华信托民族小学师生

2010年9月25日，联华信托副总裁赖少英一行赴霞浦县联华信托民族小学慰问全体师生。联华信托民族小学校长蔡加远介绍了学校的整体教学情况，同时对联华信托长期以来给予的资助与关怀表示感谢。副总裁赖少英表示，热心公益事业特别是贫困地区的教育事业是联华信托作为一家金融企业应有的社会责任，联华信托将一如既往地支持联华信托民族小学。

2010年，联华信托结合联华信托民族小学的实际情况，不仅为该校贫困学生继续提供资金助学，还帮助该校建立了图书活动室和电脑室，为学校学生增长知识、丰富课外文化生活起到了积极的推动作用。

## 四、2011 年发展规划

联华国际信托有限公司 2011 年及今后一段时期发展的规划是：坚持以科学发展观为指导，认真贯彻落实国家宏观经济政策和金融监管要求，从容应对内外形势变化，全面完成公司股权重组工作，加强与主要股东的战略协同和业务协同，深入推进业务发展模式和盈利模式转变，以资产管理业务和投资银行业务为重点，全力推动业务向专业化、规模化、基金化发展，夯实业务基础、客户基础和管理基础，强化自主管理能力和专业服务能力，逐步塑造公司的经营特色和核心竞争力，努力推动各项业务持续、快速、健康发展，圆满完成全年经营计划与任务，力争信托资产规模和盈利能力等各项指标再上新台阶，为公司 2011—2015 年的发展战略规划奠定坚实的基础。

# 青岛海协信托投资有限公司

青岛海协信托投资有限公司于2007年12月全面启动重组工作，重组方案于2010年2月获银监会原则同意，股权变更于2011年1月获银监会批复。

过去的一年，公司和战略投资者在银监会及青岛监管局的悉心指导下，克服种种困难，规范重组操作，稳步推进重组。以往久拖不决的问题逐步得到解决，风险逐一排除，新局面逐步显现。

2011年，公司将紧扣“一边抓紧重组扫尾操作，一边推进经营发展”的主题，努力塑造一家健康运行、持续发展、质地优良的信托公司。

# 山西信托有限责任公司

## 一、2010 年经营概况

2010 年，在国家经济增速放缓、通胀压力加大，证券市场上行乏力、震荡加剧，信托行业监管严厉的形势下，山西信托有限责任公司坚持以科学发展观为指导，紧紧围绕年初下达的经营指标，解放思想，统一认识，团结一致，迎难而上，坚持一手抓风险防范，一手抓业务创新，取得了来之不易的经营业绩，使公司以信托业务为主营业务的业务模式得以进一步确立和巩固，基础管理进一步夯实，风险控制能力有效提升，为山西信托有限责任公司今后的健康持续发展奠定了坚实的基础。2010 年，在《证券时报》主办的优秀信托公司评选中，山西信托荣获最具区域影响力信托公司奖。

### （一）各项主要经济指标完成情况

2010 年，山西信托有限责任公司实现营业收入 24 120.65 万元，同比增长 66%；其中，信托业务收入 14 938 万元，占比 62%，同比增长 64%；固有业务收入 9 182 万元，同比增长 70%；利润总额 13 184 万元，同比增长 104%。截至 12 月末，山西信托有限责任公司固有资产总额为 149 002.11 万元，信托资产总额为 2 520 348.87 万元。

### （二）主要业务开展情况

1. 根据监管导向，调整经营思路，以信托业务为主营业务的业务模式逐步确立

2010 年，山西信托有限责任公司面对严峻的监管环境和日趋激烈的市场竞争，不退缩，不动摇，严格按照监管要求，积极创新，大力开拓各类信托业务，信托规模与收入获得稳步增长，以信托业务为主营的业务模式得以确立和巩固。

（1）统一思想，坚定信心，进一步明确信托业务发展方向

2010 年，中国银监会出台了一系列新的管理办法约束和规范现有业务。在这样的形势下，山西信托有限责任公司在认真研究、深刻理解和正确把握监管意图与政策导向的基础上，根据

经济发展状况和整体市场需求，结合自身实际，积极思考业务转型方式，提出了要严格按照监管要求，继续坚定信心，在优选项目、严控风险的前提下，大力开展各类信托业务，形成百花齐放、齐头并进的信托业务发展新局面。

（2）迎难而上，积极拓展，信托业务规模与收入稳步增长

2010 以来，山西信托有限责任公司根据确定的业务发展思路和方向主动出击，在困难中找出路，在市场中寻机会，在积极开展结构化证券投资、银信合作、中小企业担保基金等成熟信托业务的同时，不断加强业务创新能力，积极开展符合监管导向的房地产股权投资、资产收益权、小额贷款等创新型信托业务，实现信托业务规模的稳步增长。

2. 巩固传统，寻求突破，自有业务呈现良好发展态势

山西信托有限责任公司在大力拓展信托业务的同时，积极巩固自营证券投资、贷款回收等传统自有业务，并积极寻求新的利润增长点，努力推进金融股权投资业务，使自有业务呈现良好的发展态势。

（1）依托自身优势，积极巩固传统业务。自营证券投资、贷款回收等业务均属山西信托有限责任公司传统优势业务，2010 年以来，继续通过回收贷款不断优化资产质量；自营证券投资业务不断调整投资策略，拓宽投资渠道，积极介入股票增发市场。公司精选的增发投资品种走势良好，获得较大浮盈。

（2）借鉴同业经验，积极介入金融股权投资业务。山西信托有限责任公司积极借鉴同业先进经验，集中人员和资金力量，与省内有意向的金融机构加强联系和沟通，积极参与地方金融机构的增资扩股和改制，以期获得安全而稳定的收益，同时搭建战略配置平台。

### （三）管理工作情况

1. 全面排查各类风险，确保公司安全经营

2010 年，公司根据中国银监会对信政、银信合作及房地产信托业务的相关要求进行了严格的自查。同时，积极配合山西银监局的现场检查工作。截至目前，山西信托有限责任公司所有存续信政、银信合作以及房地产信托项目均按照合同约定正常运作，风险分类全部为正常类，未出现风险事件；根据监管机构关于加强案件治理和防范工作的要求，山西信托有限责任公司全面开展了“案防攻坚年”活动，成立了领导组，制订了详细的案防活动方案，并对重点部门、重点岗位的案防工作作了重要部署，严防各类案件的发生。2010 年公司的专项检查工作组对本公司部分银行账户进行了现场抽查及核对，确保账户、资金安全。同时，经营班子带队，全体二级部门经理以上人员赴山西省榆次女子监狱进行现场警示教育活动，进一步增强员工案防意识，从源头上遏制案件的发生。

2. 夯实内部基础管理，有效支持业务发展

2010 年，山西信托有限责任公司进一步加强内部管理，为业务的发展提供有效的支持。

一是梳理修订业务流程，确保各项业务规范开展。成立业务流程修订组，对现有业务流程进行全面梳理，对与业务实际不符，甚至制约业务发展的业务流程进行修订；同时，对新开展的业务流程进行制定，确保山西信托有限责任公司各类业务开展的规范性，严控风险。

二是加强项目风险控制，促进山西信托有限责任公司合规安全经营。山西信托有限责任公司合规风控部门对项目进行细致审查，通过事前防范、事中监控、事后总结全程参与项目的风险控制。

三是加强反洗钱制度建设，有序推进反洗钱工作。加强与人民银行反洗钱工作信息的交流与反馈，建立相关信息交流平台，促进了山西信托有限责任公司反洗钱工作的有序推进。

四是加强营销管理，提升营销能力。积极推行多元化营销和大营销工作，具体实施方案正在积极讨论制定中。

3. 加强人力资源管理，有效支持业务发展

加强员工培训，提高员工素质是公司的一项长效机制。2010 年初，山西信托有限责任公司紧紧围绕 2010 年经营目标制订了全年员工培训计划，力求通过充分利用各项资源进一步加大员工培训力度，提倡差异化培训、分层次培训，全员素质得以有效提升。同时，结合公司五年发展规划的相关内容以及“服务客户、奉献社会、回报股东、成就员工”的总体目标要求，制订了人才发展规划，在引进的基础上造就规模适当、结构合理、素质一流的人才队伍，不断完善内部机构设置，本着有利于业务发展、有利于和谐安定、有利于调动员工积极性的原则，在理顺部门岗位职责的基础上，根据员工队伍现状，合理整合和配置人力资源，充实业务部门人员，有效支持了公司业务的创新发展，提升公司整体竞争实力。

## 二、社会责任履行情况

山西信托有限责任公司自成立以来，积极履行社会责任，不断发挥信托职能和优势，服务地方经济建设，为山西省内中小企业及重点建设的基础设施项目提供资金支持，解决融资困难等问题。同时，在四川省汶川县发生特大地震后，公司设立“汇丰晋信爱心单一信托计划”，积极参与灾区重建工作；在 2010 年 4 月青海省玉树县发生地震后，公司员工在党委组织下，纷纷伸出援助之手，慷慨解囊，募集捐款共计 18 000 元，员工们用实际行动尽到了自己的一份力量，奉献了自己的一片爱心。同时，在“爱心帮困”和“送温暖，献爱心”的捐款活动中，员工们积极响应，共募集捐款 17 100 元，使困难群众得到及时帮助，感受社会大家庭的温暖，营造良好和谐共爱的社会氛围。

在山西省财政厅组织的全省地方金融企业决算报表工作评比中，山西信托有限责任公司荣获“省直地方金融企业优秀单位”称号，同时，被山西省国家税务局和山西省地方税务局评为“纳税信用 A 级单位”。

## 三、2011 年发展规划

2011 年，山西信托有限责任公司将围绕国家“十二五”规划，继续坚持一手抓内控建设、风险防范，一手抓业务创新、机制创新，积极调整业务结构，切实转变收入增长方式，逐步使公司发展成为面向合格投资者、主要提供资产管理服务的、最具区域影响力的专业理财机构。2011 年山西信托有限责任公司计划全年实现营业收入 2.6 亿元，实现利润 1.45 亿元，信托资产规模 300 亿元。为此，将主要做好以下几个方面的工作：一是做好增资扩股工作，完善法人治理，提升公司资本实力，按照银监会和公司五年发展规划的要求，积极引进战略投资者。二是加强自有资金运作力度，在现有运作方式的基础上，扩大在资本市场、资金市场的运作，进一步拓宽运作渠道，加大金融股权投资的力度，有选择地积极参与商业银行、保险公司的增资扩股，根据净资本管理办法的要求，稳步提高自有资金的收益，为信托业务的拓展提供支撑和保证。三是推进营销体系建设，逐步建立起柜台直销、银行和其他金融机构代销、信托公司之间互销等的大营销体系。四是继续加强内控管理，健全内控体系，强化内控职能，全面提升公司风险防控能力。

# 陕西省国际信托股份有限公司

## 一、2010 年经营概况

2010 年，面对不断调整变化的宏观经济环境和监管政策环境，陕西省国际信托股份有限公司上下励精图治，团结拼搏，超额完成了全年的各项目标任务，为“十一五”画上了一个圆满的句号。

全年新增信托资产规模 152.2 亿元，实现营业收入 2.2 多亿元，利润总额 1.05 亿元，净利润 8 152 万元，资本收益率达 25.81%，公司管理资产总额 210 多亿元，上缴国家和地方税费 3 580.8万元。全面超额完成了董事会下达的年度各项目标任务。目前公司资产质量优良（无不良资产和诉讼纠纷），公司总市值 40 多亿元，1.59 亿股国家股市值达 17 多亿元，公司运行总体上呈现出良性健康发展态势，主要表现在以下方面：

### （一）强化投融资及理财功能，服务经济社会发展

1. 以公司战略转型为契机，大力强化信托主业地位

公司将主动转型做强信托主业作为经营重点，不断加大市场开发力度，开发了一系列单一资金信托、集合资金信托、证券投资信托、股权投资信托等产品，继续深化与众多金融机构的合作关系，不断延展业务触角，信托资产规模再创历史新高，业务创新也有较大突破。榆林神华陶氏前期基础设施私募股权信托计划，在省内开创了以股权形式支持陕北能源化工基地基础设施建设的先河；正在推出的中小企业成长信托基金，开创了省内动员民间资本支持中小企业发展的新形式。与此同时，房地产信托除了传统的融资模式外，还开展了权益投资的积极尝试；结构化分层设计也在多款信托产品中被采用，有效控制了信托项目的风险，提高了公司产品的同业竞争力。年内新发行信托计划 77 个，新增信托资产规模 152.2 亿元，超额完成年度计划 27%；年末存续信托项目 113 个，信托资产规模 202 亿元，同比实现了 65% 的增长，自主销售信托产品 6 亿多元，也创历史新高；管理的各项资产规模超过 210 多亿元；为省内一批煤炭、交通、电力、高速公路、城市新区开发项目等提供了 70 多亿元的投融资服务；信托业务收入占公

司总收入的比重提高到了72.8%，主业地位大幅提升，呈现出良好的发展态势。同时，信托资产管理水平不断提升，全年完成了34个信托计划53.6亿元的清算兑付，全部实现了预期收益，全年实现信托投资收入8.7亿元，其中，为投资者创造投资收益8.29亿元，公司实现信托人报酬收入7 810万元，清算兑付未发生一笔差错，存续的113个信托计划都运作正常，陕国投信托理财的品牌价值进一步提升。

2. 强化自有资金运作，切实加强对外投资管理

为了做好自有资金的投资运作，公司积极适应行业政策调整的形势，抢抓市场机遇，加大力度进行短期的证券投资、贷款等，提升即期效益，同时，积极参与信托业务，为信托业务拓展提供增信支持。经过努力，2010年实现投资收益6 670万元。

### （二）提升内部管理素质，促进公司规范健康发展

1. 继续完善制度建设体系，强化风险控制、优化人力资源管理

以建立现代企业管理体系为切入点，切实加强和改善内部管理薄弱环节，在完善已有各类规章制度的基础上，又先后新制定出台了20余项规章制度，强化了合同管理、风险管理、贷款管理、尽职调查及项目管理、私人股权投资信托业务管理、固有业务决策管理、外派兼职人员管理、信息披露管理等工作，形成了以制度管理为主要手段的运行机制。按照监管部门的要求，完善了公司各种业务的风险管理制度，进一步加强事前、事中和事后的风险控制，取得了明显成效。公司建立起了内控体系评审流程，制定了统一的内控体系自我评估标准，建立了一支内控体系评审专家队伍，形成了防控风险的“三道防线”。全年未发生一起违法、违纪案件和风险事件，没有产生一笔不良资产，内部运行不断规范。人力资源方面，通过机构改革和全员竞争上岗，有效地激发了员工工作的主动性和创造性；引进了包括博士和硕士在内的20多名高端业务人才，在信托业务创新、产品研发、信托理论研究等方面发挥了积极作用；加大了薪酬体系的市场化改革步伐，提高了业务拓展的奖励比例，同时将高管人员绩效考核与分管部门业绩相挂钩，极大地激发了员工的业务拓展动力和热情。

2. 提升企业文化品位，突显陕国投品牌张力

搬迁到新办公地点，改善员工的工作条件，建立职工食堂，发放伙食补贴；与附近的健身俱乐部合作，为员工业余时间常年提供健身场地，供员工强身健体；在办公楼内设立乒乓球场地，供员工锻炼；开展“创先争优，共享世博”主题实践活动，让员工感受世博、参观世博；开展职工拔河比赛，城墙越野赛，乒乓球、羽毛球比赛健身活动，迎春联欢会等一系列文化娱乐活动，丰富了员工的文化生活；建立身体健康检查制度，聘请医学专家举办健康讲座等举措，提高职工健康意识，改善健康状况，把组织的温暖融入到职工日常生活的点点滴滴之中。

3. 着眼提升公司品牌内涵，自觉履行社会责任

坚持奉献社会、回报社会，积极投身社会公益，热心参加社会公益事业。在陕西南部地区遭受洪涝灾害后，公司员工自发捐款，奉献爱心，公司也捐款50万元，帮助灾区恢复生产。公司一如既往地给予对口扶贫村华阴市岳庙办庙前村经济支持，每年都坚持慰问贫困户、五保户和低保户，努力帮助其脱贫致富。

### （三）以组织开展创先争优活动为契机，促进企业党建和经营管理有效结合

结合企业发展和经营管理实际，将创先争优活动作为加强企业党建工作的重大机遇，创新举措，扎实推进，促进企业党建和企业经营管理的有效结合。开展了“我为公司发展建言献策”、征集公司宣传语等活动，有效地激发了员工集体责任感；开展了签订共产党员承诺书和设立优秀共产党员公示牌活动，共产党员在公司经营管理中的模范带头作用更加凸显。通过一系列活动，公司经营管理素质得到了有效提升。

公司始终坚持落实民主集中制原则以提升组织领导力和决策质量，不断加强廉洁从业建设，开展了对新聘任的中层负责人员任前集体廉洁谈话，组织全体员工签署廉洁从业承诺书，印发了《员工职业操守》；积极组织开展“内控和案防制度执行年活动”，并通过开展效能监察，巩固了“执行年”活动的成果；开展了“小金库”治理工作，严肃了公司财经纪律；组织开展“反腐倡廉宣传教育月活动”，继续在全体员工中深入开展廉洁从业教育；扎实开展内部审计工作，通过事中审计、事后审计、离任审计、专项审计等，确保各项工作健康运行。

## 二、创新业务案例

### （一）陕西首单私人股权信托——“神华陶氏榆林循环经济煤炭综合利用项目基础设施建设私人股权投资集合资金信托”

1. 项目简介

（1）信托规模：人民币3亿元。

（2）信托期限：信托计划成立起12~36个月。

（3）信托收益：预期年收益率7%~8%。

（4）运作特点：陕国投以其发行的私人股权信托出资3亿元，向榆神公司增资，占其注册资本的54.4%，以股东身份并派出董事和监事参与榆神公司管理。

（5）保障措施：榆神工业区管委会以其持有的榆神公司股权为其回购协议提供质押担保；榆林市榆神煤炭有限责任公司为榆神工业区管委会的回购提供不可撤销连带责任担保。

2. 产品意义及特点

（1）神华陶氏榆林循环经济煤炭综合利用项目是世界上单体规模最大的煤化工项目，不仅对促进陕北能源化工基地建设、保障我国能源安全以及煤化工产业的发展具有重大意义，也将对全球化工业产生重大影响。目前，该项目已进入实质实施阶段，项目符合国家新能源战略。

（2）具有较好的盈利潜力。神华陶氏榆林循环经济煤炭综合利用项目一期投资 100 亿美元，建成后每年生产约 350 万吨精细化工和塑料产品，建设包括 332 万吨/年甲醇、122 万吨/年 MTO（甲醇制烯烃）等 23 套装置。项目建成后，将推动榆神工业区经济快速发展，使其具有较好的偿付保证。

（3）绿色、环保、低碳、循环。神华陶氏榆林循环经济煤炭综合利用项目以当地丰富的煤炭能源，采用低开采、高利用和低排放的原则，通过资源高效和循环利用，实现污染的低排放甚至零排放，保护环境，实现社会、经济与环境的可持续发展。

（4）有效的风险控制。此信托项目采用了财务型控股模式，设计了多种退出方式、两种担保措施，更有效地保护了投资人的利益，降低了投资风险。

（5）成功引导民间资本、金融机构积极参与陕西省重点项目建设融资。此信托计划吸引了民营资本、陕西省信用再担保有限责任公司等金融机构的参与，500 万元以上的个人客户达到 14 名，1 000 万元以上的机构客户 3 名，得到了高端客户的认同，符合私人股权信托业务的客户发展方向。

## （二）陕国投·精英荟萃之极元私募优选 1 期证券投资集合资金信托计划

1. 项目简介

作为公司发行并自主管理的第 9 款 TOT 产品，“陕国投·精英荟萃之极元私募优选 1 期证券投资集合资金信托计划”于 2010 年 12 月 10 日成立，规模 1 250 万元，成立以来开放 4 次，累计申购资金 520 万元，披露信托单位净值 4 次。信托财产投资于上海朱雀投资发展中心（有限合伙）、上海鼎锋资产管理有限公司、深圳市合赢投资管理有限公司、广东新价值投资有限公司、北京市东方远见资产管理有限公司、北京龙鼎投资管理有限公司担任投资顾问的证券投资集合资金信托计划及受托人选定的其他信托产品或持有现金等。信托期限 5 年，开放日及估值基准日为每月 20 日，认购申请日为 T－5 日前，赎回申请日为 T－15 日前。

2. 信托产品意义及特点

与业内其他信托公司（如华润信托、平安信托）发行的相关 TOT 产品相比而言，该产品具有以下特点：

（1）降低投资门槛。该产品认购起点为 100 万元，与目前市场上证券投资类信托起点一致。而目前市场上其他的 TOT 产品起点基本保持在 300 万元左右，仅作为合格投资者中高端客户才能购买的配置资产，受众面偏小。

（2）标的实行动态调整，在运作过程中，将单个子信托投资比例设定在资产总值的40%，在此范围内，公司可根据子信托的业绩表现动态调整投资范围，即新增其他信托计划或减少现有信托计划，并对委托人进行公告。通过宽松的比例限制及相关的动态调整措施，在运作过程中达到合理配置、分散风险、动态配置的目的，使得该产品真正实现了TOT投资的精髓。

（3）投资运作透明化。在相关信托文件中，对于所有投资的子信托都进行了披露，与业内其他TOT产品发行时标的不清晰、范围过于宽广形成明显对比。在调整投资范围之后，公司及时进行了披露。

作为公司发行的TOT产品的代表，该计划体现了"TOT"产品分散投资、动态调整、阳光化运作的特点。

## 三、2011年发展规划

1. 经营目标

坚持以科学发展观为统领，以"创新经营，稳健发展"为主题，着力提升自主管理能力，开发多样化信托产品，强化固有业务运作水平，构建起科学、合理、稳定的盈利模式，使公司效益稳步提升，实现"服务客户、回报股东、奉献社会"的发展目标。

2. 经营方针

深入把握信托本源和监管政策导向，立足陕西，辐射全国，重点围绕交通、能源、重化工、装备制造、战略性新兴产业、房地产等领域开发权益投资、贷款、融资租赁、投资银行等多元化信托理财产品，有效培育自主管理能力和可持续发展能力，竭诚为广大客户提供全方位、多层面的金融信托服务；运用综合化业务手段有效运作自有资金，为公司培育相对稳定的长效盈利点，使信托业务与固有业务相得益彰；持续健全优化激励约束、风险管理机制、人才开发机制等，有效确保经营工作健康快速发展。

# 上海爱建信托投资有限责任公司

## 一、2010 年经营概况

2010 年，公司面对复杂多变的国际国内经济金融形势，成功克服未完成重组的不利因素，在业务经营、资产清理、风险控制、内部管理等各方面取得了一定成绩，监管评级等级得到提升，整体发展水平进一步提高。当年，公司实现营业收入 9 666.30 万元，比 2009 年增长 55.58%，其中信托业务收入 8 353.41 万元，比 2009 年增长 59.16%。全年实现净利润 6 369.48 万元，比 2009 年增长 39.23%，其中经营性利润 5 492.99 万元，比 2009 年增长 112.85%。

### （一）业务发展

面对国家对房地产行业调控逐渐趋紧，公司着力于发挥自身优势，努力挖掘业务渠道，立足“实”字，稳扎稳打，将每个项目落到实处。同时，积极开拓非房地产业务领域，在水务、旅游等行业取得突破。2010 年，公司累计发行集合资金信托计划 7 个，共募集信托资金近 18 亿元，获得信托业务收入 6 719 万元。

此外，为降低公司房地产项目集中度高的风险，减少受国家房产政策调控的影响，优化业务结构，公司积极研究创新业务，向监管部门申报了“结构化证券融资方案”，并最终获准开展结构化证券投资业务。

2010 年，公司把提高自有资金使用效率和收益作为开展自营业务的首要任务。通过发放贷款、开展新股认购以及稳健投资债券业务等运作方式，当年实现收益 1 365 万元。同时严格按照风控要求，认真做好贷后管理，及时跟踪项目情况，定期回访，按期收回了到期贷款。公司利用闲置资金，精心选择品种，规范开展新股投资业务和债券业务，并投资公司推介的信托计划，均获得了较好收益，确保公司自有资金保值升值。

### （二）风险管理

公司上下始终高度重视风险控制，牢牢把握业务拓展的每一道关，全面控制好项目成立—

存续—清算整个流程的各个风险节点，形成了更为有效的风险管控体系。

2010 年，为应对房地产行业政策收紧的变化，公司明确风控重点，及时调整项目的风控政策，提示业务人员注意项目风险，同时还专门出台了一些制度指引，规范业务行为。

公司注重项目事前、事中、事后每个环节的风险管理，根据项目特点，采取多种风控手段。风控部门在项目前期审查中，及时提出意见和建议；项目存续期间，及时跟踪项目风险状况，提示存在的问题，不定期进行压力测试和项目检查；对于检查中发现的问题，及时报告经营层，同时提出整改要求和期限，并跟踪落实。

公司托管部门进一步强化托管职责，更新了符合监管要求的信托业务会计核算系统，并制定托管管理办法，以合同管理为切入点，严格按照合同条款的约定进行控制和管理，监督和控制信托经理在日常工作中的操作风险。

### （三）营销拓展

公司加快建立营销团队，出台了劳务派遣用工办法，制订了切实可行的营销团队绩效考核方案。另外，积极拓宽营销渠道，加强渠道销售建设，结合公司信托产品特点和银行特色，与数家商业银行、第三方理财机构建立起了良好合作关系。

此外，公司还利用多种手段维护和扩大客户资源。积极寻找高净值客户，对现有客户进行细分和筛选，确定重点维护和发展的目标客户，同时以多种方式与客户保持联系，了解需求和产品偏好，收集建议意见，对客户满意度进行定期分析。

### （四）内部管理

公司在积极拓展业务的同时，也狠抓内部管理，通过制度建设实现人性化管理、科学管理，逐渐建立起了严谨、务实、高效的现代管理体系，为公司快速发展保驾护航，夯实基础。

公司致力于完善法人治理结构。董事会修改通过了下属各专业委员会工作细则，以充分发挥专委会作用，并设立了董事会办公室，加强经营层与董事会沟通。同时董事会、监事会和经营层进行了人员调整，为公司进一步拓展业务做好准备。另外，公司健全分级授权体系，根据控股股东的授权，制订了内部分级授权方案，逐步建立起控股股东、董事会、经营层一整套分级授权体系。

公司进一步完善内部控制体系，着力加强制度建设，对现行所有规章制度进行了全面梳理，着手修订或新制定多项制度。同时，强化内部审计，发挥事后监督功能，加大整改落实的监督力度，促使公司经营活动中风险管理能力和控制能力不断提高，各项制度不断完善，制度执行力不断加强。

## 二、2011 年发展规划

### （一）指导思想

按照控股股东爱建股份“三年经营目标与规划”，发挥“三个优势”（即区域、集团、股东优势），强化“一主二辅业务特点”（即以房地产信托业务为主，证券投资业务、银信合作业务为辅），构建“三个基础”（即业务创新研究、全面风险管理、全员绩效考核），加快研究制定公司发展战略，着力培养与引进专业人才，提升监管综合评级，为公司完成重新登记后加速发展奠定基础。

为此，公司将 2011 年定为“发展基础年”。

### （二）主要任务

1. 以净资本管理为核心，强化资金运用能力、自营与信托业务的协同能力，进一步提高自有资金的收益率。

2. 以稳健开展房地产信托为核心，大力推进证券投资、银信合作等业务。

3. 按照风控在先原则，着力推进风控管理精细化操作。

4. 强化信托资产托管职责，实现资产核算与托管的全覆盖。

5. 加强业务创新研究，为业务发展提供支撑。

6. 加强用人、选人制度建设，形成与公司业务发展及管理相匹配的人力资源管理体系。

7. 探索和完善全员绩效考核体系，为业务发展提供动力。

8. 强化内部管理，着力推进公司文化建设，形成积极向上、具有朝气、和谐互助的工作氛围。

# 四川信托有限公司

## 一、公司基本情况

四川信托有限公司（Sichuan Trust Co.，Ltd.）是在四川省信托投资公司、四川省建设信托投资公司历经11年艰辛整顿、重组，最终采取剥离部分优质资产进行合并的基础上，引入战略投资者而设立的信托公司。公司经中国银监会批准，经四川省工商行政管理局登记注册，于2010年11月28日正式成立。公司法定代表人为董事长刘沧龙，总裁为陈军。公司注册资本13亿元人民币，注册地址为四川省成都市锦江区人民南路2段18号川信红照壁大厦。

目前，公司下设15个部门：信托业务一部、信托业务二部、信托业务三部、金融市场部、投资银行部、资产管理部、投资管理部、风险管理部、资产托管部、财务部、审计部、人力资源部、办公室、代保管箱业务部、理财中心。

### （一）雄厚的股东优势

公司共10家股东：四川宏达（集团）有限公司、中海信托股份有限公司、四川宏达股份有限公司、四川豪吉食品（集团）有限责任公司、汇源集团有限公司、成都铁路局、四川省投资集团有限责任公司、四川成渝高速公路股份有限公司、中铁八局集团有限公司、中国烟草总公司四川省公司。其中控股股东宏达集团系我国大型民营企业，拥有近300亿元总资产，荣列国家520户重点企业、中国500家最大企业集团、中国民营企业500强。第二大股东中海信托由中国最大的海上油气生产商中国海洋石油总公司控股。中国海洋石油总公司是中央特大型国有企业，也是中国最大的海上油气生产商，注册资本949亿元人民币，总资产达5 183亿元。中海信托2008年、2009年连续两年在中国银监会信托公司监管评级中获得最高评级，是国内最有竞争力的大型信托资产管理公司之一。

### （二）良好的开局

通过全员的努力，截至2010年末，公司开业仅1个月，管理信托资产规模达到133.4亿元，业务涵盖了基础设施建设、工商企业贷款、权益投资、资产证券化等领域。本部总资产 130 984 万元，净资产 130 214 万元，实现营业收入 2 394 万元，实现利润总额 300 万元；合并控股公司和兴证券、川信物业公司报表后，公司总资产 501 554 万元，净资产 170 808 万元，实现营业收入 32 627. 18 万元，实现利润总额 15 955. 37 万元。

川汇沧海，信达天下，四川信托扬帆起航。公司将充分发挥后发优势，依托国家新一轮西部大开发战略，抓住地处成都统筹城乡综合配套改革试验区的机遇，利用地域优势积累资源，吸取国内外信托行业的成功经验，着力打造核心竞争力。通过建立先进的法人治理结构、灵活的用人机制及科学的分配机制，努力建设成为在利润指标、信托规模、产品创新、风险管控、企业文化等方面具有鲜明的个性与特色的信托公司。

## 二、发展规划

处于 21 世纪重要战略机遇期的今天，公司将在我国促进产业升级和加快调整经济结构的背景下，立足西南，面向全国，为客户提供全方位、一揽子的金融服务。公司还设立了理财中心，通过产品研发、设计，打造专业的理财团队，积极满足多样化市场需求，扩大金融服务领域。公司结合宏观经济形势及信托业发展前景，制订了适合自身发展的规划和目标：从平稳起步、树立品牌入手，通过积极开拓、跨越提升来巩固优势，达到做大、做强的目标。力争 5 年内在信托规模、盈利水平方面进入行业前十位。

公司坚持规范、稳健、诚信的经营方针，塑造公司良好的社会形象。未来，公司将充分依托宏达集团的产业优势、中海信托的专业水平和其他股东的平台支持，密切加强与金融同业的战略合作关系，不断研发出满足客户特别是高端客户多样化理财需求的信托产品；加强主动管理和产品直销能力，提升业务创新水平；坚持“风险第一，效益第二”的原则，强化内部控制与管理，确保公司可持续健康发展。

# 五矿国际信托有限公司

## 一、2010 年经营概况

### （一）高效完成重整工作，全面推进基础建设

1. 完成重组，全面落实风险处置

按照2009 年末中国五矿集团公司与青海省政府庆泰信托风险处置工作领导小组签订的合作框架协议约定，五矿投资公司注资后，成为庆泰信托第一大股东；全部债务的偿付比例和偿付顺序按重整计划进行，完成兑付或提存足够备付资金专项用于支付；落实原有风险的控制措施，避免对五矿信托造成不良影响。

2. 多方协调，推进开业各项工作

在集团领导、青海省委省政府领导以及监管部门的大力支持协调下，先后完成庆泰信托股东变更的工商程序，获得股东资格核准的批复文件并完成开业核准申报工作。2010 年 10 月 8 日，银监会正式批准公司各项变更事项并批准恢复运营。10 月 11 日，公司取得金融许可证及企业法人营业执照，开始实际运营。12 月 28 日在青海隆重举行开业庆典，青海省委书记强卫、省长骆惠宁等领导参加，五矿信托、五矿金融乃至中国五矿的社会影响力得以有力提升。

3. 整章建制，着力构筑管理基础

公司在拟订各项基本管理制度的基础上，逐步构建和谐、高效的行政办公，风险管理、财务管控、信息支持等运营支持管理体系；召开首次股东会、董事会和监事会，强化内部治理，明确运营方针；明确组织架构，完善激励机制，初步建立起一支稳定、专业、高效、具有较强凝聚力和战斗力的业务经营队伍；注重团队文化建设，初步形成团结互助、良性竞争的工作作风。

### （二）着力拓展业务领域，推动稳健持续运营

1. 全面开拓，体现自主经营管理

积极推进银信合作，提升信托业务规模，截至2010 年末，开展银信业务 36 笔，管理信托资

产规模 898 499.6 万元；顺应信托业发展趋势，重点开发主动管理型信托产品，正式发行了“五矿信托—西藏药业股票收益权转让集合资金信托计划”等；推进固定业务，开展自有资金贷款及证券市场投资，自有资金贷款余额 30 000 万元，均为优质企业客户，证券市场投入余额 7 775.51万元，其中股票投资为 5 480.34 万元，债券投资 1 330.45 万元，基金投资为 964.72 万元，力争获得较好投资收益；多管齐下，强化销售渠道建设，完成公司财富管理中心的初步搭建，提升产品销售能力和私人财富管理能力，与包括银行、第三方理财等在内的金融机构合作，积极探索新的合作模式。

2. 合规经营，防控各种经营风险

公司在业务拓展和经营过程中，倡导并坚持“控制风险、合规先行”的理念，风险管控关口前移；与监管部门实时沟通，确保监管部门及时掌握公司的经营风险控制状况，提升稳健发展能力。

3. 塑造品牌，树立优秀市场形象

以公司开业庆典为契机，通过《金融时报》等专业财经媒体，向社会各界传达公司的理念、特色和品牌，有力提升了企业知名度，塑造了良好的市场形象。

4. 勇创佳绩，初显经营发展成效

截至 2010 年末，公司固有资产总额 120 995.32 万元，其中流动性资产 89 987.12 万元，占总资产的 74.4%，净资产 120 238.84 万元，受托本金规模 91.65 亿元，流动性状况良好，无清算交付压力。特别是在公司成立不足 3 个月的情况下迅速实现盈利，累计实现收入 1 640.53 万元，实现利润总额 353.84 万元，体现出良好的成长性以及优异的盈利能力。

## 二、社会责任履行情况

公司积极履行作为一名企业公民所应承担的社会责任，并将社会责任纳入公司战略体系。

### （一）稳健经营，实现股东稳定回报

依托五矿集团的品牌、管理、产业优势，五矿信托努力挖掘信托行业本身具有的特质，发挥其特有的制度优势，提升投资的效率和效益，实现真正资产管理者角色的回归，实现国有资产的保值增值，为股东提供稳定的投资回报。

### （二）合规发展，加快推动业务创新

五矿信托公司致力于为客户提供差异化、个性化的信托理财产品服务，更多开展结构化信托业务，改变以往靠信托规模取胜的策略。在住宅类项目方面，积极推进与五矿地产板块的对

接；同时，与五矿勘察公司合作，争取设立勘察探矿产业基金；与五矿有色板块、PE 机构合作，争取设立矿业产业基金。

### （三）依法纳税，支持西部经济腾飞

在营业收入保持稳步增长的同时，公司依法履行纳税义务，为青海的经济建设和社会发展提供积极支持。

### （四）聚焦行业，着眼未来长远发展

在集团公司的支持下，五矿信托有借鉴股东较为成熟的风险防范体系，并在此基础上，根据信托行业的特点，形成信托业独有的风控机制，不再被动地去接受市场风险，而是从更高的层次主动把握风险，防范风险，由此推动整个信托行业的持续快速发展。

### （五）整合资源，满足客户多元需求

五矿信托将致力于打造高水准的金融策划能力，通过概念工具和理论创新，整合各种资源，运用各种金融手段，经过专业设计，使五矿信托能够为客户提供全方位的金融策划服务。借助集团自身特有的行业优势，在资源矿产相关行业投资基金、房地产信托等领域，突出重点，集中优势，形成具有自身特色的资产管理能力。

### （六）以人为本，积极弘扬和谐理念

公司将组织需要、自身需求置于同等重要位置，坚持以人为本，和谐共赢，以正向激励为导向，用价值标准配置人力资本，为职工设计体现自身价值和社会形象的薪酬福利计划、职业生涯计划。公司汲取五矿集团文化精髓，突出信托行业特点，营造团结互助、良性竞争的工作氛围，建立起既有母公司基因，又凸显自身特质的企业文化。

## 三、2011 年发展规划

### （一）质量并重，进一步加快业务拓展

1. 严控风险，提升固有资金收益

坚持以优化资产结构、符合监管要求为准则，对固有资产的运用和管理本着审慎的原则展开，主要选择流动性强且能为公司带来较高收益的业务。在投资管理方面，形成清晰完善的业务流程及系统化解决方案，以严控风险为基础，在保证充分流动性的前提下，把握市场机会、

合理组合投资。

2. 把握机遇，拓展信托业务空间

探索和拓宽信托运用空间，推动信托产品结构转型，服务经济结构战略性调整。面对2011年全国1 000万套保障性住房建设任务和地方政府面临巨大资金缺口的新形势，公司将积极参与保障房信托项目，在体现自主管理的同时，获得较好品牌效应，彰显企业社会责任。此外，公司也将适时介入商业地产项目，高标准开展商品房信托业务。

3. 注重研究，强化业务创新力度

积极挖掘信托公司具有的投资、融资功能，大力发展以PE为代表的新兴投行业务，在资产、债务和股本结构重组中发挥综合金融优势，开发融资性、管理型或投资性PE信托产品，并通过上市迅速退出，实现资本性增值。凭借信托特有的破产隔离特点，确保信托资金高度安全与最佳投资回报之间的恰当平衡，创新盈利模式，形成差异化竞争优势。

4. 建设渠道，培育专属客户资源

进一步加快财富管理中心建设，截至2011年末，要在全国范围内设立至少6支销售团队，重点拓展北京、深圳、上海市场，进一步完善财富管理中心平台，强化专业的理财顾问团队建设，培育形成能够支撑公司持续发展壮大的专属高端客户资源。在与各金融机构的合作上，与其私人银行部、同业部等进行有效沟通，探索新的合作模式，为深化合作的深度和广度奠定基础。与一些大中型银行建立共享高端客户资源的合作通道，为公司信托计划销售发挥作用。

### （二）优化目标，进一步夯实管理基础

1. 优化管理流程，合规稳健发展

从项目运作的流程上建立事前预防、事中控制、事后管理的三阶段风险控制流程，并在项目审核上经由业务部门、合规与风险管理部、总经理办公会的多道风险控制环节。以对风险的识别、评估和控制作为风险管理体系的关键要素，对其中的评估和决策模块逐步进行量化，在保持灵活多变的业务模式并加快业务创新的同时，建立与业务规模及复杂程度相匹配的风险管理体系，确保公司合规经营和平稳运行。

2. 适时调整架构，支持创新业务

适应市场变化积极调整组织架构，在信托业务总部下设资本市场部和创新发展部。针对特定领域，建立专业化投资管理团队，努力形成自身特色。完成证券投资、客户服务、档案管理等信息系统建设，充分满足各项业务对信息技术的需求，大幅提升公司运营效率。

3. 发挥激励机制，打造人才团队

以确保稳定为重点，引入良性激励机制，着力打造公司管理、业务两支队伍，拓宽人员横向、纵向流动通道，打造业务能力与综合素质提升平台，构建业绩与薪酬互动，业务拓展实际

需求与团队建设节奏规模联动的，凸显市场、富有弹性的人力资源体系，打造富有荣誉感和归属感、持续稳定的员工团队。

### （三）弘扬理念，进一步凝聚和谐企业文化

1. 利用内外平台，塑造企业品牌

保持与主流财经媒体的充分沟通，利用网站、报纸、论坛、会议等宣传平台，积极发挥对外、对内宣传两种职能，重点宣传公司经营理念和特色，不断提升公司市场知名度和品牌美誉度。

2. 开展信托宣传，履行社会责任

通过信托业协会、金融媒体等平台向社会各界宣传普及信托知识，树立良好信托理念。开展信托产品和服务知识的宣传与普及，提示相关业务的风险程度和状况，加强投资者教育。严格信息披露制度，真实、完整、准确、及时地向客户披露信息，积极履行企业社会责任。

3. 凝练行业特质，构建企业文化

汲取五矿集团文化精髓，突出信托行业特点，营造团结互助、良性竞争的工作氛围，建立起既有母公司基因，又凸显自身特质的企业文化。通过公司内刊、网络论坛、定期或不定期的座谈会等形式搭建公司干部员工的交流平台，积极构建和谐、向上的企业文化。

# 西安国际信托有限公司

## 一、2010 年经营概况

2010 年，公司在信托业竞争日益激烈、金融政策复杂多变的环境下，较好地把握了市场机遇，延续了 2007 年以来的良好发展态势。公司各项业务快速发展，经营管理水平稳步提高，影响力和行业地位显著提升，综合实力明显增强。公司向全国性信托公司转型的步伐加快，经营网络基本覆盖国内经济金融较发达的区域；公司综合信息系统不断优化；公司自主管理和业务创新能力显著提高，为业务转型和持续发展奠定了良好的基础。

2010 年，公司实现营业收入 3.62 亿元，同比增加 186%。其中，信托业务收入 2.59 亿元，占营业收入的 71.5%，同比增长 154%；固有业务收入 1.03 亿元，占营业收入的 28.5%，同比增长 3.4 倍。公司实现利润总额 1.98 亿元，净利润 1.52 亿元，同比增长 1.9 倍。

2010 年末，公司固有项下资产总额为 8.89 亿元，较年初增加 2.97 亿元，净资产为 6.9 亿元。自营业务按照稳健高效的原则，在保持资产流动性和控制风险的前提下，均衡配置自有资金，积极围绕资本市场开展业务，提高资金的使用效率，实现资本增值。2010 年，公司以自有资金积极参与上市公司股票的定向增发，取得了较好的收益。同时公司发起筹备长安基金管理有限公司，公司的长期金融股权投资布局更加合理。

2010 年末，公司信托资产规模达到 801 亿元，比 2009 年末增加了 467 亿元，增长 139.82%。公司单一信托项目新增 297 笔，结束 251 笔，存续 281 笔。集合信托项目新增 57 笔，兑付结束 19 笔，存续 88 笔。公司信托规模为 788.14 亿元。从规模结构看，单一信托规模 707.68 亿元，集合资金信托规模 80.46 亿元。从信托收入构成上看，集合信托项目实现收入 11 601万元，占信托收入的 44.81 %；单一信托项目实现收入 14 282 万元，占信托收入的 55.19%。

2010 年公司着力发展证券投资类信托业务，取得了较好的成效。公司创新开展证券投资类信托业务，以信托加合伙的模式来搭建公司开展证券业务的新平台。2010 年 2 月，公司设立了专门的证券投资信托业务部门投资管理部，4 月发行了首个自主管理的阳光私募证券投资信托计划金源1号，首次募集资金3 960万元，该产品2010年的收益率大大高于同期沪深300指数涨幅。同时，积极围绕资本市场设计和发行了有关的结构化和管理型证券投资信托计划及参与定向增发的证券投资信托计划，为在净资本管理办法实施后公司业务的开展打开了新的局面。证券投资集合信托业务年末规模达到21.13亿元，占集合信托发行规模的26%。

2010年公司发行的集合资金信托计划单个发行规模普遍过亿，最大规模达到7亿元。公司在利用银行渠道营销方面取得突破，通过银行代理成功发行了多只规模3亿~7亿元的集合信托产品，与多家大型商业银行和股份制银行等金融机构建立了良好的合作关系。信托产品直销能力也有所增强，机构营销方面有所突破，公司自主销售信托规模金额突破15亿元。

公司成立了专门的营销机构“长安财富中心”。计划用1~2年的时间建立起覆盖全国范围的营销网络，建立自己的营销渠道和平台，从根本上解决目前存在的信托产品营销瓶颈。

2010年公司正式成为全国银行间拆借市场成员。2011年初，取得了固有业务股权投资资格。

根据西南财大《信托与理财研究》2010年12月公布的信托公司理财综合竞争力排名，公司的综合排名为第十四位。

## 二、创新业务案例

2010年公司积极围绕资本市场不断加强业务创新，取得了一定成效，有力支撑了信托业务的创新发展。

### （一）有限合伙证券投资业务模式创新

公司从法律、风险控制等多角度进行探讨，利用信托加有限合伙的模式开展证券投资信托业务，充分发挥有限合伙企业的制度优势，通过业务创新，有力推动了证券投资类业务的拓展。截至2010年末，公司已成立该类信托产品十多只，体现出了良好的复制性和推广价值。

### （二）定增宝基金一期集合资金信托计划

该产品是公司信托加有限合伙模式开展证券投资业务在定向增发领域的拓展，及时捕捉了定向增发领域的市场机会，为普通投资者开辟了一条参与收益高、稳定性好的定向增发项目的渠道。

### （三）金源1号证券投资集合资金信托计划

该产品是公司第一只自主管理的管理型证券投资信托产品，符合监管政策导向，具有可复制性和推广价值。

## 三、社会责任履行情况

2008 年 5 月 12 日汶川大地震发生后，西安信托于 2008 年 6 月 6 日推出了全国首个规范的公益信托计划“西安信托 · 5 · 12 抗震救灾公益信托计划”。该公益信托共募集资金 1 000 万元（其中西安信托自身捐助 200 万元），信托期限为 3 年。该信托资金用于捐助陕西省汉中市镇巴县赤北中学、巴山盐井小学、观音小学、简池小学和三元小学的校舍建设。截至 2010 年末，五所中小学新建校舍已全部竣工。

2010 年 4 月 14 日青海玉树发生地震后，公司积极组织员工为灾区捐款，共募集捐款人民币 17 350 元整。

2010 年 7 月陕西省陕南部分地区先后发生强降雨，引发山洪、滑坡、泥石流等次生灾害。公司弘扬“一方有难，八方支援”的精神，组织员工为灾区捐款，共募集捐款人民币 10 100 元整。

## 四、2011 年发展规划

公司将在信托“新两规”和净资本管理办法的指引下，坚持“诚实、信用、谨慎、有效”的管理原则，积极拓展业务新领域、提升业务层次、加快业务转型、培养核心竞争力，进一步完善各项管理制度和内部风险控制制度，做大、做强信托业务，力争使公司成为业务优势明显、品牌影响较强、在西部地区领先、在国内信托行业具有一定影响力的专业资产管理和投资理财机构。为客户提供更专业、更贴心、更全面的金融理财服务，使委托人和受益人的资产稳定增值。

### （一）信托业务发展规划

以提升自主管理能力为着力点，以增强风险控制能力为保障，持续推进业务和产品创新，重点开拓资本市场业务产品和房地产信托业务产品。通过管理能力的提升来提高信托产品占用单位净资本的收益率，不断完善理财产品线和客户服务体系，形成公司优势业务和主导产品，树立公司信托理财品牌，并逐步实现以产品为导向的业务模式向客户需求为导向业务模式的根本转变。

### （二）固有业务发展规划

公司固有业务发展以保持资产流动性、增强盈利性、控制业务风险、为信托业务提供支持为总体目标。

1. 保持资产流动性

公司固有资产中证券投资类、货币性等高流动性资产将占到较大比例，保持资产的流动性，以达到监管部门对公司净资本管理的要求。

2. 控制业务风险

严格控制自营业务风险，特别是证券投资业务的市场风险和股权投资业务的流动性风险，建立风险评估、风险防范、风险预警等风险管理体系，使固有资产总体保持安全性。

3. 增强盈利性

在控制风险的前提下，发挥专业能力，根据市场状况及时调整公司资产投资组合，优化资产结构，努力提高资产报酬率。

4. 提供业务支持

为信托业务的发展提供经验、技术、资本和人才等方面的支持和保障。

### （三）市场发展规划

公司将围绕“长安财富”理财品牌积极打造一支专业化的市场营销队伍。对客户进行分类，深入了解客户需求，在全国，主要是经济发达地区建立起自己的市场营销队伍，通过品牌主动推广和信托产品的不断推介，提升客户对西安信托的认知度，增强公司的美誉度。继续加强和完善公司的信托业务展业的全国布局，使公司项目资源、客户资源、人才资源的全国布局更加稳固。

### （四）资本管理规划

随着中国银监会关于《信托公司净资本管理办法》的颁布实施，公司将加快调整业务结构，充分发挥现有资本的作用，积极围绕资本市场开展业务，通过提升产品设计能力、投资管理能力和市场营销能力提高收益水平。同时，通过利润滚存和股东增资来支撑公司信托业务的稳步扩张。

# 西部信托有限公司

## 一、2010 年经营概况

### （一）主要经济指标及经营目标完成情况

2010 年，公司各项业务取得较快发展。全年共开办信托项目 47 个，募集资金 48.13 亿元；固有业务方面，彻底完成了实业清理工作，并在固有资金运用方面迈出了新的步伐。年末，公司资产总额 75.38 亿元，较年初增加 18.95 亿元。其中，固有资产总额 10.1 亿元，较年初增加 1.45 亿元；信托资产 65.28 亿元，较年初增加 17.5 亿元。

全年公司实现各项收入 2.54 亿元，各项支出 5 893 万元，实现利润 1.95 亿元，分别完成全年计划的 229%、177% 和 275%。

2010 年公司到期信托项目 20 个，100% 完成兑付，共兑付信托资金 32.97 亿元。其中，兑付集合类信托项目 8 个，兑付信托资金 5.48 亿元；到期清算单一类信托项目 12 个，兑付信托资金 27.49 亿元。

### （二）2010 年主要工作

1. 改善机制，引进人才，增设机构，为全年工作奠定基础

结合年度的任务目标，研究制订 2010 年绩效考核框架，合理设置考核指标及权重，进一步加大对业务部门的激励力度，对综合管理部门进行分档，对营销部门首次实行销售提成奖励制度。从 2009 年末开始，公司启动了历史上第一次公开招聘工作。经过初选、复选、笔试、面试、复审等环节，最终于 2010 年初录用了 11 位同志，充实到了业务工作的第一线。2010 年初增设了两个异地工作小组，分别以北京和上海为重心，辐射周边区域，全面开拓异地业务。

2. 狠抓主业，信托业务规模和收入双双创出新高

2010 年信托业务规模和收入均创公司成立以来的最高值。2010 年末，管理信托资产规模 65.28 亿元，管理信托项目 67 个，其中集合项目 34 个，资金 33.53 亿元，单一类项目 33 个，资

金31.75亿元。2010年末，公司实现信托业务收入7 582万元，比上年增长76%，完成年初计划任务的109%，五个信托业务部门均出色地超额完成了年度目标任务。

3. 彻底完成实业清理工作，固有资产管理运用取得新进展

按监管要求，公司签订了最后四个实业投资项目的股权转让合同，完成了历经3年的实业投资清理计划。全年共收回实业投资清理项目转让款13 254.86万元，同时收回西部证券股权转让款18 400万元。全年投资项目共收回投资收益6 371万元，分红到账率100%。经过艰苦努力，共清收不良资产本息1 226万元。年末，公司计提资产减值损失1 647万元，固有资产质量进一步提高。

固有资金管理运用起步良好，一是加强与信托业务部门联系，在购买信托产品获取高收益的同时起到了信托产品增级作用；二是以自有资金独立从事适度规模和期限的贷款；三是加入了全国银行间同业拆借市场，为短期资金运用做好了基础准备。公司以固有资金购买信托产品5个，投资金额12 219万元，实现收入438万元，年化收益率平均为8.5%。下半年开发了固有短期融资业务，先后开办信贷资产受让业务4笔，受让信贷资产2亿元，实现收入97.62万元。在资金使用间歇期，公司不间断开办短期同业存放业务，全年实现了200万元左右的收入。

4. 不断强化内控管理，有效防范经营风险

完善风控合规体系，从源头做好风险预防工作，加强项目论证和审查，防范项目风险，加强项目合规管理检查，严格监控项目后期风险，提高审计覆盖面，强化整改检查力度。

## 二、创新业务案例——“荣德·棕榈湾商铺不动产财产权信托”项目介绍

### （一）财产权信托业务

财产信托业务是指委托人将其合法所有的财产或财产权（包括各种动产、不动产和其他权益等）交付给信托公司设立信托，由信托公司作为受托人，按照委托人意愿，为受益人的利益，根据信托文件的约定进行管理、运用和处分的业务。

按照信托财产的标的物可分为动产信托、不动产信托、知识产权信托和其他财产权信托；按照以信托方式分为管理处理财产信托、处理方式财产信托和管理方式财产信托；按照公司是否给予资金融通分为融资性财产信托和服务性财产信托。

### （二）项目概况

9名自然人（以下统称全体委托人）就共同投资陕西荣德置业有限公司（以下简称荣德置

业公司）开发建设的“荣德·棕榈湾项目”中房号为×××的商铺（以下简称“不动产信托标的”）已经达成一致，并自行缴纳全部房款。全体委托人将其有权购买的“不动产信托标的”的经营事务委托给公司，由公司与荣德置业公司签订《商品房买卖合同》，作为“不动产信托标的”的名义所有权人，按照委托人的指令，以“不动产信托标的”的出租、转让行为为主，管理、处分该商铺。

### （三）项目设计方案

1. 信托类型

不动产信托。

2. 委托人

全体委托人。

3. 受托人

西部信托有限公司。

4. 信托规模

以本信托全体委托人实际缴纳的全部购房款总额（即“不动产信托标的”房款总额）为准。

5. 信托期限

10 年，根据实际情况可延期。

6. 信托目的

委托人基于对受托人的信任，自愿将其有权购买的“不动产信托标的”的经营事务委托给受托人，由受托人与荣德置业公司签订《商品房买卖合同》，作为“不动产信托标的”的名义所有权人，按照委托人的指令，以“不动产信托标的”的出租、转让行为为主，管理、处分该商铺，为受益人获取信托收益。

7. 信托报酬计收标准、支付时间及方式

（1）信托成立后，受托人一次性收取货币形式的信托报酬，由委托人按比例（即委托人各自缴纳的购房款额占全体委托人实际缴纳购房款总额的比例）另行支付。

（2）信托期内，受托人按照当年信托收入（除“不动产信托标的”转让收入外）的一定百分比收取信托报酬，如当年“不动产信托标的”未取得收入，则受托人不收取信托报酬。

（3）“不动产信托标的”如需转让，则受托人一次性收取相应的信托报酬。

### （四）项目可行性评价

1. 利用灵活的信托制度优势。为满足现今房产市场多元化的投资需求，利用灵活的信托制度优势，为委托人量身设计了荣德·棕榈湾商铺不动产财产权信托。

2. 公司承担的风险较小。由于该项业务属于全体委托人风险自担的信托业务，所以公司承担的业务及社会风险相对很小，符合公司的业务发展方向。

3. 不动产信托为公司创新型信托产品，并且具备一定的可复制性，开展此类可为资金规模较小，但有房产特别是商铺投资需求的客户提供一个投资机会，为公司今后在此领域更好地发展此类业务打下良好的基础。

## 三、社会责任履行情况

2010 年 4 月 21 日，青海玉树地震发生后，公司领导和员工心系灾区，发扬“一方有难、八方支援”的中华传统美德，踊跃捐款，向灾区捐献现金 9 960 元。5 月 7 日，公司召开 2010 年第三次临时股东会会议，会议通过了《关于向玉树地震灾区捐款的议案》，同意向地震灾区捐款 20 万元。

8 月 5 日，公司员工踊跃向陕南遭受水灾地区捐款献爱心，计现金 11 220 元。8 月 23 日，公司召开 2010 年第五次临时股东会会议，会议通过了《关于向陕南灾区捐款的议案》，同意向灾区捐款 120 万元。

## 四、2011 年发展规划

本着实事求是的态度，经过反复讨论和慎重分析，公司制定了年度经营目标，2011 年实现收入 1.18 亿元，其中信托报酬收入 8 340 万元，年末总额利润 5 256 万元。

### （一）稳健推进信托业务，争取效益和规模取得新的突破

公司既要努力追求信托资产规模和信托报酬收入双增长，同时又要下更大力气追求收益与风险的动态平衡，实现业务的平稳健康发展。

### （二）科学管理固有资金，提高固有业务盈利能力

在 2011 年，公司要继续打牢固有业务板块的基础，优化资产结构，提高资产质量，降低不良资产比重，提高固有业务的盈利能力。

### （三）狠抓项目管理，严格防控风险

做好存量信托项目的管理是防范风险的核心环节，项目中期、后期管理工作直接影响信托项目兑付，对公司信誉、经营成果和社会稳定都有着十分重要的意义。2011 年公司有 8 个集合

类和24个单一类信托产品到期，清算本金28.44亿元，公司主要抓以下方面的工作：一是修订完善公司各项项目管理制度，修订规范业务合同范本，加强学习和培训，提高项目经理的思想认识和业务水平；二是要督促项目经理认真做好管理工作，坚持及时检查与沟通，坚持及时汇报，坚持及时信息披露；三是内控部门对于项目管理的检查与督促整改工作要进一步落实，对于不规范行为要从严从重处罚；四是严格按照公司风险应急预案，有关部门要及时提示，提前反映，坚定不移地落实风控措施。

### （四）夯实管理基础，提升中后台服务质量

对于各综合部门，公司依据年度工作任务，围绕一线业务和内控管理，提出年度考核目标，与奖惩挂钩，从而提高工作服务质量。

# 西藏自治区信托投资公司

## 一、2010 年经营概况

2010 年是西藏信托有限公司打基础、建团队，探索业务方向的一年，公司完成了重新登记及换发金融许可证的工作，重新开展了业务工作。公司基本完成了新的办公场所、通信系统、信息系统、交易系统、清算系统、会计系统、估值系统等基础系统搭建工作，初步完成了业务团队的组建工作，前台、中台、后台基本成型，法人治理结构初步形成，董事会、监事会人员已经确认开始工作，基本制度在不断完善中。因 9 月才获得换发新的金融业务许可证，公司全年实现业务收入 849 万元，营业支出 464 万元，税前利润 385 万元。

## 二、创新业务案例

2010 年公司有一项创新业务。

2010 年 10 月，与某商业银行 QDII 计划合作，参与在香港交易所发行的某股票的 IPO，全部资金获得 49% 的配售，超过了巴菲特所获得的 12% 的获配比例，获配部分在 1 个月内出售完毕，取得了 17% 的投资收益。

## 三、社会责任履行情况

公司认为，企业作为一个社会公民，应承担其对股东、对员工、对客户、对其他利益相关人，以及对全社会的相应责任。2010 年，公司首次提出了公司口号“财务保障通达自由心境”。通常理解，作为信托公司，以自身的专业服务完成客户的托付，使客户在资金增值、财富自由度不断提高的基础上，能有更为健全的心智、更为宽广的胸襟，进而悟到人生意义，实现认识的升华。这也适用于公司的员工，让员工在努力工作的同时，能得到职业的尊严感和自豪感，在收入随公司业务和利润增长的同时，心灵境界得以提升。这个口号，也包含了公司对于股东的承诺：不断提高经营水平，提高股东的投资回报。

2010 年，因公司尚处业务恢复初期，业务和利润水平不高，对利益相关人以外的社会公众的奉献不多，但公司却在招收少数民族员工、环保节能、促进民族区域的经济发展等领域做了努力。公司促成了西藏某商业银行多年来第一笔信托保管业务，促成了西藏某国有企业参与固定收益业务，促成了某新能源公司的资金融通，这对该地区的经济发展模式的改变有积极作用。

## 四、2011 年发展规划

公司将按照银监会对信托公司“受人之托、代人理财”的要求，2011 年主要在资本市场进一步培养自己的竞争力。

一是开始建立自己的资产管理品牌，在一个季度内募集设立一个自主管理的以二级市场为投资方向的集合资金信托计划；如此期效果达到预期，则持续增大在这个领域的工作，争取进入主要商业银行的资产管理者名单。

二是减少对单一通道业务的依赖，在年末自主管理型的信托资产规模力争达到 50% 以上。

三是与商业银行建立优先次级融资结构的系统连接，争取在二级市场优先次级的信托资产规模达到 10 亿元以上。

四是固有资产仍以相对高利率的固定收益和金融资产为主要投入方向，适当把握一些交易性机会。

2010 年公司以培养人才、锻炼队伍、明晰业务框架为核心目标，为未来立足西藏、服务西藏经济建设、拓展西藏经济发展思路探索道路。2011 年，公司将沿着此方向，进一步开拓前进。

# 厦门国际信托有限公司

## 一、2010年经营概况

2010年，厦门国际信托有限公司（以下简称厦门国际信托）以领会政策、研判趋势、把握风险底线、寻求发展之道作为各项工作的主线，在政府各相关部门、监管部门及股东的关心和大力支持下，自有资产投资业务取得新进展，信托业务积极探索增规模、创效益的新途径，内部管理体系建设继续完善，管理水平和效率得以进一步提升，并在董事会的指导下完成了2011—2015年发展战略规划。2010年，厦门国际信托实现总收入20 699万元，其中固有业务收入12 233万元，信托业务收入8 466万元；实现利润总额15 813万元，实现净利润13 800万元，风险准备拨备全部到位。截至2010年12月31日，公司总资产达211.26亿元，其中固有资产为14.18亿元（含委托业务0.37亿元），信托资产为197.08亿元。

### （一）自有业务方面

经公司董事会批准，厦门国际信托按规定的流程以自有资金通过上海产权交易中心正常拍卖程序竞拍到1 939.1523万股的申银万国证券股份有限公司股权。这项投资已获中国证监会上海证管办出具无异议函予以批准。

经公司董事会批准，厦门国际信托拟投资福建能源集团公司财务公司3 000万元（占股权10%），该项投资已获福建省银监局初审同意。

厦门国际信托完成了投资参股象屿期货公司的工作，支付股权转让款5 713.875万元，占股46.47%，该项股权转让已获中国证监会审核批准，受让入股象屿期货公司的股权已变更登记完毕。

### （二）信托业务方面

2010年，厦门国际信托通过深化银信合作业务、开拓业务新渠道和创新业务模式等手段，面向全国市场，努力推进信托业务的拓展，取得了一定的成绩。厦门国际信托与各商业银行的业务合作进入了良性发展轨道，不仅合作银行范围有所扩大，合作的内容和形式也有所变化。银信理财产品对接项目、信贷资产转让项目规范运作。厦门国际信托积极拓展新业务渠道，开辟新的业务方向，与银行、券商、资产管理公司、外部专业营销机构、投资顾问公司、信托公司等建立合作伙伴关系。厦门国际信托坚持创新是信托自主管理的重要手段，尝试股权收益权转让、应收账款收益权转让、股权投资等多种方式开展信托业务，也设立了多个有特色的信托产品。2010 年厦门国际信托共新增信托项目 87 个，实收信托金额 163.24 亿元，信托业务收入与上年同期相比增长 24.35%，信托规模与上年同期相比增长 112.78%。截至 2010 年末，存量信托项目达 230 个，信托资产总额 197.08 亿元。2010 年安全、及时、准确地实施信托财产到期交付的资金信托项目 66 个，减少实收信托金额是 99.13 亿元。厦门国际信托在管理信托财产过程中恪尽职守履行受托职责，2010 年未有委托人投诉情况。

### （三）内部控制与风险管理方面

厦门国际信托以业务处理流程为基础，运用目标控制、组织控制、授权控制、程序控制、检查控制等多种控制方法，致力于形成一套包括前台、中台、后台三道防线的内部监督控制体系。公司内部控制职能主要通过法务合规部、风险管理部和审计部来履行。公司将风险控制管理视为生命线，坚持规范运作，审慎经营，将信用风险、市场风险、操作风险、流动性风险以及其他各类风险全面纳入风险管理的范畴，实行全面的管理。通过制度安排、程序设计、岗位设置、职责分工、流程设置等方面的改进，使风险管理贯穿于各项业务的整个流程、生命周期和操作环节。并不断及时更新有效的风险管理方式、手段和技术。通过自上而下的风险识别、自上而下的风险控制和上下结合的风险化解，将公司业务运作和经营管理的所有内容都涵盖于风险管理制度之下。

## 二、业务创新案例

创新是信托自主管理的重要手段，是信托业务富有生命力的本源。2010 年，厦门国际信托尝试股权收益权转让、应收账款收益权转让、股权投资等多种方式开展信托业务，设立了多个有特色的信托产品。

### （一）厦门信托·世欧王庄城安置房项目股权投资集合资金信托计划

信托总规模 24 亿元，其中优先级 8 亿元。采取股权投资的方式介入国家政策支持的安置房建设，政府保证回拨款、市政配套拆迁安置费以及相关配套商业设施销售收入，足以覆盖信托计划资金的退出。该项目的交易安排、风险管控的落实，将为公司自主管理型业务积累宝贵的经验。

（二）荷塘月色扬州中小企业流动资金贷款集合资金信托计划

这是江苏省第一笔科技创新中小企业集合信托，特色在于由财政、银行、信托、创投、担保等“五金合一”和社会投资者共同搭建参与支持中小企业发展的融资平台，为虽优质但融资难、担保物少的中小企业发展提供了新的融资模式和服务模式，符合银监会对中小企业贷款的扶持政策，为公司带来良好的经济效益和社会效应。

## 三、社会责任履行情况

2010年，厦门国际信托依照“诚信服务社会、有效回报股东、实现员工价值”的企业使命，合规经营，依法纳税，维护受益人的利益，热衷公益活动，积极履行作为一名企业公民所应承担的社会责任。厦门国际信托取消本来要庆祝乔迁新址和新VI标识系统启用的庆典活动，并把原来的预算费用30万元一次性捐赠给厦门市慈善总会，扶危济困，旨在用爱心树立一个企业公民的形象。

## 四、2011年发展规划

（一）发展愿景

成为值得信赖的财富管理人。

（二）公司使命

诚信服务社会、有效回报股东、实现员工价值。

（三）经营宗旨

稳健经营、诚实信用、开拓创新、有效回报。即以稳健经营为前提，以诚实信用为根本，以开拓创新为动力，以有效回报为目标。

（四）总体发展战略

根据国家“十二五”规划的发展重点，依托国务院关于支持福建省加快建设海峡西岸经济区的发展契机，以开拓创新为先导，以专注主业为核心，以风险控制为保障，加强与银行、政府、其他非银行金融机构和中介机构之间开展各种形式的合作，逐步实现信托业务从平台型为主到自主管理型为主的转变。建立健全有效的激励和约束机制，实施有效的人才战略，为公司可持续发展创造条件。着力提升公司的投融资能力、项目开发能力、资产管理能力和市场营销能力。在确保安全性的前提下适当调整自有资产结构，提高自有资产的运作效益，从而推动公司业务规模、经营效益、管理水平的全面提升。规划期内确保各项主要经营指标实现复合增长，在信托业务主要指标行业排名上均能够逐年提升，初步形成自身的核心盈利模式并成为国内具有一定竞争力的信托机构。

（五）公司治理目标

引进优质的战略投资者，实现股权的多元化。

# 新华信托股份有限公司

## 一、2010 年经营概况

新华信托股份有限公司是经中国银行业监督管理委员会批准成立的非银行金融机构，成立于1981年。公司秉承"珍视所托，专业理财"的经营方针，以国家"十二五"规划改变经济增长方式为指导思想，以《信托公司净资本管理办法》作为业务拓展方向的重要指引，经过多年的发展，取得了良好的经营业绩，并得到市场的广泛认可。

### （一）积极拓展主营业务

2010年在全球经济发展模式、供需关系、治理结构调整变化，国内防通胀、扩内需、调结构的大环境之下，公司积极应变，各项工作开展迅速，成效显著，尤其是信托业务成绩突出。

截至2010年12月31日，公司净资产11.94亿元，管理的信托资产规模为605.20亿元，较2009年增长149%。

2010年，公司实现了跨越式的发展，总业务收入81 225万元，较2009年增长297%；信托业务收入73 397万元，较2009年增长300%；信托业务收入占比90.27%；利润总额46 577万元，净利润34 656万元，较2009年增长326%；净资产收益率为32.76%。

公司2010年成功发行信托130个，规模314.96亿元。其中，成功发行集合资金信托计划79个，规模185.40亿元；办理单一资金信托44个，规模126.61亿元。公司全年实现信托手续费及佣金净收入60 885万元，占营业收入的比重为88.77%。

### （二）自营业务取得重大突破

2010年，公司积极加强自身投资研究能力，稳健、高效地进行战略性布局，合理有效利用自有资金，在信托业务取得喜人成果的同时，自营业务方面也取得重大突破。公司自营业务严格控制投资规模，强调投资的安全性、流动性与盈利性的均衡匹配，及时把握市场机会，实现投资收益10 628.51万元，与2009年相比有极大提高。

### （三）进一步完善内部控制工作

公司建立了完善的“三会一层”法人治理结构。公司管理层及各职能部门分工负责、互相配合、互相制约，权责明确、制衡合理、报告路线清晰、风险控制理念恰当、尽职管理、问责机制健全，确保了对经营风险的事前防范、事中控制和事后的反馈与纠正。

公司加强了对董事、监事和高级管理人员的履职管理，制定了《董事、监事、高级管理人员考核办法》和《高管人员问责暂行办法》，对董事、监事和高级管理人员进行积极的评估和考核，形成了有效的问责机制。

### （四）积极进行有关制度的制定或修订

目前，公司已颁布了创新业务委员会相关制度、《证券投资信托业务管理制度》、《房地产信托业务管理办法》、《私人股权投资信托业务管理办法》等制度或办法。公司将进一步梳理、完善与创新业务、资产管理业务有关的管理制度，及时制订有关的业务流程和操作规程，并严格督促执行，为公司全面开展业务创新和资产管理业务打下坚实基础。公司目前正在制订和讨论的创新业务制度包括资产管理业务委员会相关制度、《资产管理类信托项目管理办法》、《普天股权投资基金管理办法》等。

## 二、创新业务案例

2010 年，公司加大了对创新业务和资产管理业务的政策扶持和资源投入，将资产管理业务板块的筹建方案研究、私募股权投资基金产品规划、高端理财类信托产品规划等列为公司管理层年度工作计划的重点。通过一年的努力，公司在创新业务和资产管理业务的机构设置、产品研发以及制度创新等方面均取得了可喜的成果，相关举措初见成效，为公司创新业务和资产管理业务的进一步发展奠定了坚实的基础。

公司创新业务部设计并成功发行了以可转股债权（Convertible Bond）为核心理念的 PE 类信托产品，并在 2010 年完成了该产品的资金投出。此外，公司创新业务部已完成新华·普天系列股权投资基金以及新华·普天高端理财系列产品的产品方案设计工作，资产管理业务板块（筹）下设的普天基金管理团队已正式成立，拟投资项目池的构建与相关产品的发行募集准备工作进展顺利。根据规划，普天基金管理团队管理资产规模在 3 年内将达到人民币 200 亿元以上，为公司创造 8 亿元的信托业务收入。

## 三、社会责任履行情况

2010 年，公司对 1998 年捐建的武隆县桐梓镇双凤村新华信托希望小学进行捐助。

2010 年 12 月，公司领导前往武隆县桐梓镇双凤村新华信托希望小学进行实地考察，同时捐献各类图书、教学教具、试验仪器，以及益智玩具，提供教师培训和学生伙食补助，并收集该校资料、拍摄照片和了解需求。武隆县桐梓镇双凤村中心小学和新华信托希望小学校长来司与公司领导交流，并表示感谢。

公司在搞好经营工作，积极缴纳税金的同时，不忘社会责任，多次向“希望工程”捐赠。其中，1998 年 10 月向重庆市灾区希望小学捐款 100 万元；2008 年 11 月通过中国青少年发展基金会向“希望工程”捐款 200 万元。

## 四、2011 年发展规划

公司围绕全力打造公司核心竞争能力，建成一流的职业团队、高效的运营体系、良好的公司机制、显著的品牌效应的战略规划，立足重庆，以上海、北京及深圳等城市为基点，以长江经济带、珠江三角洲和环渤海经济圈为优先发展区域，通过推进专业化分工、提高风险管理水平及产品创新能力、加大投入，强化公司基础建设、优化人才结构和提高现有人员素质等措施，在风险可控的情况下实现业务规模的快速扩张。

### （一）经营目标

通过加强资产管理业务的拓展、完善功能信托、加大产品创新力度，创建中国管理和回报俱佳的信托公司，力争发展成为从事战略型投资、提供全面高端金融服务的大型优质综合金融服务机构。力争在 2012 年，实现公司管理的信托资产规模、信托业务收入以及股本回报率等综合财务指标方面均位列行业前五。

### （二）经营方针

公司将秉承“珍视所托，专业理财”的经营方针，以国家“十二五”规划改变经济增长方式为指导思想，以《信托公司净资本管理办法》作为业务拓展方向的重要指引，以客户为中心、市场为导向，努力优化部门职能，积极完善业务流程和“承揽、承做、承销、承管”的流水线作业模式，不断提高经营管理水平；大力推进“以人为本”的企业文化建设，以及合规文化建设，坚持合规、稳健经营，完善对业务风险的分析和定价系统，提高风险管理水平，切实防范经营风险；加强人才队伍建设，锐意进取、开拓创新，提升直销能力和客户服务水平；继续完善激励约束机制，推进薪酬改革，保持公司激励政策的领先性、持续性、约束性；努力实现全面信息化，全方位培育公司核心竞争能力，树立公司一流的品牌形象，确保公司能够实现长期、可持续发展目标。

### （三）战略方针

合作战略：积极引进国外资金、技术和管理，迅速提升公司综合实力，缩短与国际金融服务业的差距。

区域战略：以上海、北京、深圳、重庆为中心，抢占制高点，将业务触角延伸至全国。

人才战略：全面推行职业经理人制度的建设，建立奖惩分明，能者上、庸者下的用人机制，培养高素质的职业经理人队伍。

产品战略：提供一揽子金融服务，运用多种金融工具和手段，为客户创造价值，提供增值服务；逐步形成以信托为龙头，以基金、投资、证券、投行等业务为支点的集团架构。

品牌战略：加强信息化建设，建立广泛的营销网络，在国内资本市场树立“诚信、创新、专业”的市场形象。

### （四）战略规划

公司战略规划为“保持优势、巩固基础；突破重点、锐意创新；积极投入、专业规范；协同联动、差异竞争”。经过3年努力，希望公司能够在优势领域中实现关键产品的突破，并积累相当的品牌效应、竞争优势、管理经验、专业能力和客户资源，以此为基础谋求优化业务布局，推动业务覆盖和模式的新发展；再用5年时间，将公司建设成为综合优势明显、具有核心竞争力和国内领先综合金融解决方案的提供商和资产管理者。

公司业务方向主要定位于房地产、基础设施、私人股权投资（PE）、证券投资、资源类投资等五个方面，保持房地产、基础设施项目原有优势基础上稳固提高，PE、证券、资源类投资类项目做到重点突破、锐意创新。公司将由以投行业务为主转向以资产管理业务为主，并使资产管理业务成为公司走向高端金融服务的突破口，以《信托公司净资本管理办法》为契机积极准备启动上市工作，以提升公司核心竞争力建设。

# 新时代信托股份有限公司

## 一、2010 年经营概况

新时代信托股份有限公司前身是包头市信托投资公司，成立于 1987 年，1996 年完成股份制改造，注册资本金人民币 3 亿元。公司以科学发展观为指引，坚持审慎、合规、稳健发展的经营理念，着力于投资决策能力、资产管理能力、投资理财能力、风险控制能力和自主管理能力的提升，治理结构日趋完善，内控管理体系不断健全，组织管理体系日益优化。

公司积极推进职业道德、专业精神、专业品牌的建设和提升，信托业务合作和信托资金渠道不断拓宽，地域不断拓展，营销能力显著提升，项目开发和管理能力大大提升，信托业务规模取得了突破性的扩大，实现了资产、收入、利润同步增长，主要经营指标继续呈稳定增长势头。截至 2010 年 12 月 31 日，公司自有资产总额较 2009 年末增长 30.46%；净资产较 2009 年末增长 27.60%；实现营业收入较 2009 年末增长 31.49%；实现营业利润较 2009 年末增长 36.55%；上缴营业税金及附加较 2009 年末增长 129.64%；实现净利润较 2009 年末增长 47.02%；资本利润率为 33.86%。

公司积极挖掘信托业务潜力，延伸信托业务触角，增进与大机构的广泛联系，拓宽业务渠道，努力把内蒙古地区的资源优势、财力增长形成的基础设施项目优势，与经济发达地区的资金优势进行有机结合，塑造信托产品品牌，打造核心竞争力。自 2004 年以来，公司先后成功发行涉及基础设施建设、公用事业、装备制造业、房地产、化工、商业服务业、教育产业、医疗卫生等领域近 260 多个信托计划；形成慧金、嘉盛、锦程等多个系列产品，尤其是慧金系列信托产品已达到近 70 个。2010 年，公司新增信托计划 137 个，信托规模 3 499 724 万元，较 2009 年末增长 125.46%，为支持经济建设和社会发展作出了应有的贡献。

公司不断加大优秀人才的引进和团队建设，截至 2010 年末，公司有职员 120 名，平均年龄 35 岁，大学以上学历职员占总人数的 69%；前台一线业务人员包括分管业务的高级管理人员占总人数的 71%，前台与中后台的人员比例趋于合理。

公司坚持客户利益最大化，将继续不断优化治理结构，提高运营效率，搭建高效的产品体系和营销体系，构建可持续发展的盈利模式和核心竞争力，力争向专业化资产管理机构发展。

## 二、创新业务案例

2010年，公司组织各业务部门、集中优势资源进行课题攻关。在公司董事会、经营管理层的关心指导下，公司相关业务部门通过对权益资产证券化课题的研究和产品结构化设计突破，结合信托制度的功能优势、信托业监管法规，调研分析当前国内产业市场需求、客户需求以及借鉴国内外信托业先进经验，提出通过对具有价值可评估、可测算、具备特定流动性的权益资产作为基础资产，遵循资产证券化的基本原理，通过信托理论与实践的结合，创造性地推出并设计了股权收益权流动化、应收账款收益权流动化等准资产证券化型创新信托产品。

区别于资产证券化的公募化特征以及证券凭证作为权益的载体，信托型准资产证券化、权益资产流动化类产品的特点是定位于面向合格投资者的私募营销、以信托合同为权益的基本载体，是一种在产品原理和功能结构上类似资产证券化的创新型信托业务品种。

公司在创新产品开发的同时，加强对公司创新业务品种的品牌化、系列化建设，形成具有新时代信托特色的创新业务产品线体系。其中，股权收益权流动化类信托品种被打造为慧金系列信托产品，截至2010年12月末，已经累计发行61期，规模达1 421 775万元，在全国范围内形成了新时代信托的创新业务品牌形象；根据国家产业结构优化升级和金融政策调整需要，面向中小科技贸易类企业的贸易链融资需求，通过将中小科技类企业的应收账款收益权进行流动化设计，打造具有产业投资特色、贸易链融资和中小科技企业扶持概念的蓝海产投系列信托产品，截至2010年12月末，已经累计发行9期，规模达26 389万元。

## 三、社会责任履行情况

公司注重培养全员的社会责任感和奉献精神，在2010年青海玉树、甘肃舟曲发生自然灾害后，公司全员踊跃捐款，先后捐款数万元，向受灾同胞献上一份爱心。

## 四、2011年发展规划

持续推进公司内部变革，建立和完善具有信托精神的职业经理人体系、以业绩为导向的薪酬体系、内控严密的风险管理体系。实现运营模式向集约化、专业化和规模化转型。集约化方面，充分整合资源，建立资源和信息共享平台，实现内涵式增长和价值增长；专业化方面，整体推动专业技能、职业形象、职业道德、专业精神、专业品牌的建设，形成统一的品牌和形象；

规模化方面，紧紧抓住增资扩股的机遇，力争实现信托规模、信托收入、利润及员工薪酬的倍增计划。

以《信托公司监管评级指引》关于公司治理、内部控制、合规管理、资产管理和盈利能力五要素的最高要求为目标，公司扎实推进基础管理，提升盈利能力，达到经营稳健、治理结构合理，按照法律法规开展业务，风险管理能力较强等指标，争取在监管评级中上升到更高的一级，为公司经营创造更大的发展空间和宽松的经营环境。

努力实现信托业务规模达到或超过当年行业平均水平。公司将从完善的产品线、强有力产品销售体系、高效运营系统三个基本点入手，打造在基础设施、矿业、房地产、证券类业务等领域的专业化经营能力和资产管理的品牌，构建专业化经营模式，形成自己的核心竞争力。公司将在加强自身营销团队的建设同时深入推进银行渠道的建设力度，为集合信托计划的发行和做大信托规模，提供坚实的保障；建立财富管理业务体系，迅速提升客户数量和质量，形成有稳定的高端客户资源的产品营销网络。

公司将坚持从“抱诚守拙，谨行致远”的核心理念出发，加强行商文化、绩效文化、合规文化、风险文化的建设。通过在用人机制、激励机制和运营机制等方面的不断创新和完善，吸引优秀人才，加快专业化团队建设的步伐，扩大合作范围，并形成一种良性效应，实现公司快速、健康和可持续发展。

# 英大国际信托有限责任公司

## 一、2010 年经营概况

2010 年英大信托领导班子带领全公司员工励精图治、开拓创新、抢抓机遇、攻坚克难、加快推进转型，公司经营业绩再创新高。

2010 年，公司主要经营指标均创历史最好纪录，创新发展取得新的重大成就：实现利润总额 3.18 亿元，同比增长 81%；人均创利 288.18 万元，同比增长 42%；资产总规模达到 1 479 亿元，其中固有资产 21 亿元、信托资产 1 458 亿元，在行业内继续保持领先地位；实现营业收入 4.56 亿元，同比增长 60%，其中信托业务收入 3.82 亿元，同比增长 59%；累计向受益人提供信托收益 72.5 亿元。

2010 年公司圆满完成由济南向北京的迁址工作，成为银监会直接监管的信托公司；公司再度荣登“中国金融机构金牌榜”，蝉联“最具成长性信托公司”称号。

2010 年公司继续深化与各大金融机构总部的合作力度，先后与光大银行、华夏银行签署战略合作协议；主动加强与监管部门、行业协会、业内机构的汇报和沟通。

2010 年公司成功取得固有股权投资和银行间市场同业拆借资格；面对市场环境适时调整投资策略，积极开展债券投资，努力提升固有资金使用率。

2010 年公司强化制度建设，按照提升效能、优化配置、完善程序、增强执行力的要求，制定、修订了 13 大类 134 项管理制度，公司管理水平显著提升。

2010 年公司认真总结发展历史、客观评价发展环境、广泛借鉴同业经验，科学编制了公司“十二五”规划，确定公司“十二五”发展总体思路、发展战略和发展目标。

## 二、社会责任履行情况

作为信托公司，按时足额偿付委托人资金是最大的社会责任。2010 年英大信托延续了此前为委托人创造安全、稳定收益的优良传统，全年到期兑付本金达 635.3 亿元，向受益人提供信托收益72.5亿元，及时、足额偿付率100%，为广大社会投资者创造了财富。

2010年英大信托严格服从监管要求，坚持合规经营、依法纳税。公司管理坚持以人为本，在推动员工进步的同时，营造了和谐的工作环境。

2010年英大信托积极履行社会责任，服务经济社会发展。向青海玉树地震灾区捐款50万元，为灾区人民重建家园贡献力量。

## 三、2011年发展规划

2011年是“十二五”开局之年，公司将严格遵守银监会等相关部门的监管要求，遵循公司“十二五”规划的具体安排，确定合理发展战略，力求在结构调整中推进公司转型取得实质性进展，为建设“创新型、公众型、专业化、市场化”和国内一流信托公司开好局、起好步。

根据资本约束安排，2011年公司将通过集约化经营不断提升资本使用率，发展低资本消耗、高经济增加值的信托项目。同时加强净资本运行情况监测和管理，建立资本充足率预警机制。

2011年公司将致力于提高主动型业务份额、积极开发集合资金信托计划，有效开拓机构投资者和合格自然人投资者客户群体。

2011年公司将进一步做专、做精、做优电力市场业务，为电力行业提供更便捷高效的金融服务，优化电力行业信托产品结构，加大金融产品研发力度、丰富产品种类。同时把握好新兴战略产业发展机遇，重点关注电工装备及制造企业、新能源企业的投融资需求，开发信托产品，打造公司核心竞争力。

2011年公司将致力于提升宏观经济和资本市场研发实力，努力提升固有资产运作水平。以公司获得银行间市场同业拆借资格为契机，最大限度地减少资金沉淀，进一步提升公司固有资产使用效率和收益率。在创新固有资产贷款运作模式的同时，保持债券投资的适度比例，提升债券收益率；积极开展证券市场投资业务，以价值投资为导向，稳健开展证券二级市场投资业务，形成稳定的投资风格和盈利模式；充分利用实业投资资格，合理配置长期股权资产，加大股权投资力度。

2011年，结合转型需要，英大信托将根据以净资本要求为核心的监管框架，确立严格、稳健的风险管理制度体系。在审慎基础上深入研究业务开展与经济周期的关系、监管政策调整与行业公司发展的关系，统筹兼顾规模、收益与风险的关系，确保信托业务规模适度、速度适中、质量良好。

为成功实现业务转型，2011年英大信托将结合公司实际，重点抓好以“真诚服务、共谋发展”为主题的“优质服务年”活动。

# 云南国际信托有限公司

## 一、2010 年经营概况

云南国际信托有限公司（以下简称云南信托）是2003 年经中国人民银行批准，由原云南省国际信托投资公司增资改制后重新登记的非银行金融机构。

云南信托 2010 年末存续信托项目 53 个（其中集合资金信托 44 个、单一资金信托 8 个、财产信托 1 个），信托总资产 453 965 万元。

2010 年，随着国内外经济的逐步企稳及好转，云南信托在各级监管部门和股东的支持下，以及在全体员工的努力下，较好地完成了全年的工作任务，实现了既定的工作目标；而在国家逐步收紧的货币政策以及不断出台限制银信合作的文件的不利条件下，公司秉持“稳健经营，适度拓展”的思路，在维护现有业务的基础上，健全机制、提高风险防控能力，在合规合法的范围内努力开创新业务，最大程度地维护了公司和客户的稳定。

### （一）资产管理业务

“中国龙资本市场集合资金信托计划”系列产品数量为 22 只。在投资业绩上，所有产品全部跑赢上证指数；在相对排名上，中国龙精选、增长、价值、进取系列及中国龙瑞涌与共同基金相比，排名均位于行业前列。

### （二）新股申购业务

2010 年是新股市场融资创历史新高的一年，公司在认真服务好老客户、积极业务需求的同时，也多方位拓展新股业务新客户，使公司拥有网下配售资质账户的使用率逐步提升，有效地增加了新股资产管理规模；同时 2010 年公司自营账户也积极参与新股网下申购，为公司创造了可观的效益。

### （三）新业务的开展

2010 年，随着监管部门对信托公司开展业务的若干限制性规定的出台，公司在法律法规允许的范围内，结合市场实际，努力拓展新业务。由业务部门不断论证拟开展的项目，包括伞形结构化证券投资项目、多层结构化证券投资项目、股权质押融资项目、大宗交易项目等。

### （四）完善企业管理制度及各项系统建设

2010年云南信托依然在管理制度上从细从严不断完善各项企业管理制度，确定了合规工作业务构架，进一步加强审计监督，防范经营风险。确定了包括法律事务、业务合规风险监控管理以及由人民银行、银监局等监管机构要求配合完成的反洗钱管理等在内的合规工作构架，并设立了相应工作流程；逐步完善公司风险及内控指标分析评估体系，并以此为据开展监控工作，包括进一步完善对自营资金的监控范围；对信托项目大额资金进行监控；对证券投资风控结果进行监督；同时，根据云南银监局的要求，全面配合完成属地监管局的各项工作。

### （五）加强党建工作，开展企业文化建设，提升员工队伍凝聚力

2010年，云南信托公司党委在云南省国资委党委的指导下，以科学发展观为导向，以“创先争优”和“创建学习型组织”活动为载体，认真贯彻落实党的十七大和十七届四中、五中全会精神，巩固深化科学发展观活动成果，进一步夯实党建工作基础，加强党员干部队伍建设，努力探索新形势下股份制企业党建工作的新思路。

同时，公司将员工思想政治工作与建设有云信特色的企业文化紧密结合，致力于树立“和谐团队、多方共赢、快乐工作、精彩生活”的企业文化氛围。公司党委、经营班子以及全体员工在建立具有云信特色的企业文化和构建积极向上的企业团队方面开展了大量活动，包括组织“优秀员工”、“明星员工”的评选，组织员工参加由省国资委及省银行业协会分别举办的“企业员工球类运动会”，组织员工对2010年云南省内干旱、地震灾区的捐款捐物活动等。在所举办的活动中树立了员工的责任感，提升了团队的凝聚力！

2010年对云南信托的发展来说是承上启下的一年，大环境上既有金融危机复苏后的机遇，也有宏观调控中对业务发展的种种限制。2011年是国家“十二五”规划的第一年，公司将继续秉承稳健经营的思路，巩固和维护所取得成果，并根据市场变化适度调整经营方向，在合规、合法的范围内开发新产品。新的一年，新的希望，云南信托将向着更高、更远的目标前进！

## 二、社会责任履行情况

### 爱心·稳健收益型公益信托项目

作为我国第一家发行公益性质的集合资金信托计划的信托公司，云南信托一直坚持以理财

专长积极回馈社会，其发行的“爱心·稳健收益型集合资金信托计划”将稳定的收益和公益事业相结合，按年度将超额收益部分捐赠给云南省青少年发展事业，很大程度上提高了社会公众关心和参与公益事业的广泛性和积极性，为广大热心于社会公益事业的投资者提供一个更好的投资选择。2010 年 3 月，云南信托与云南团省委下属云南省青少年发展基金会以及云南省泸西县人民政府的相关领导和人员举行了泸西县向阳乡卷洞门公益信托希望小学的竣工典礼。截至 2010 年末，云南信托捐建的公益信托小学已达五所，以一个金融企业应有的社会责任感继续在公益之路上传递爱心。

## 三、2011 年发展计划

2011 年，云南信托将在业务上严格按照股东制定的发展战略执行，力争有所发展。在公司的日常管理上，将继续以维护公司稳定为原则，力争实现公司的稳健合规经营。

### （一）业务发展方面

1. 发挥公司在资本市场的专业优势，继续加强中国龙业务的开展，在稳固现有客户与管理的基础上，加大市场研究力度，认真分析、及时捕捉市场发展中的机遇，准确把握时机，积极开拓市场，争取实现稳定发展，实现市场份额的较快增长。

2. 根据市场变化，以不断创新的产品设计理念为高端机构客户量身定制业务合作方案，全方位拓展业务资源，积极推动符合公司特点的信托业务，在现有中国龙、新股申购信托业务的基础上，努力开拓其他信托产品，关注信托监管政策及行业动态，适时开发相关产品。

3. 加强与各大银行、证券公司、同业信托公司等金融机构的深入合作，通过信银合作、信证合作、信信合作等方式实现合作各方优势互补、盈利模式整合，从而达到共同创造价值、共同分享收益的共赢局面。

4. 按照风险可控、一事一议的原则谨慎开展低风险中间业务。加强与公司业务重点合作伙伴的沟通、联系与维护，构建公司业务的外部支持系统。利用信托的特殊法律制度提供功能信托等中介服务。

### （二）营销及服务方面

1. 加强营销策划，积极开展营销，重点以打开银行销售渠道为主，提高客户服务人员业务能力，提升服务质量；继续完善中国龙、金丝猴、新股信托等品牌建设。

2. 继续推行和完善现有的中国龙季度策略会、客户季度回访机制等多层次服务体系，继续推行客户经理负责制和定期沟通机制。

3. 完善产品推介资料和说明资料，继续做好信息披露、产品事务管理等工作。

### （三）内部管理方面

1. 继续加强合规、审计工作，进一步完成合规工作部工作职责的完善补充，优化合规工作流程。依据公司的安排和公司内控制度完善的要求，针对公司不同的业务要求，灵活地开展合规工作，进一步发挥合规工作在公司业务事前和事中风险评估监控方面的作用，保证公司业务的顺利开展。

2. 不断修订和完善公司的后勤管理制度及人力资源管理工作，保障公司后勤及人力资源管理的规范性运作；进一步推动公司管理工作的规范化、制度化，使得各项工作有条不紊，秩序井然，保证了公司健康有序地发展。

### （四）团队建设方面

1. 充分发挥党委、工会对公司发展的重要保证作用，利用内刊、网站、宣传栏、电子邮箱等渠道，加强企业文化建设及员工队伍建设，体现党组织在凝聚人心、促进和谐、舆论引导等方面的积极作用，打造云南信托的高素质团队。

2. 开展主题实践活动。公司党委将根据上级党委的布置，结合公司实际情况，发挥党委在企业中的思想建设和保障作用，积极探索党组织在公司业务经营中发挥作用的有效途径，不断增强企业党建工作的活力。

3. 继续加强业务学习和专题研究，加大业务培训力度，有的放矢，做好有效的培训规划，提高员工队伍整体业务水平和创新能力，为未来业务发展奠定坚实基础。

# 中国金谷国际信托有限责任公司

## 一、2010 年经营概况

### （一）经营目标

1. 2010 年经营目标

实现营业收入 12 300 万元，净利润 4 020 万元，净资产年收益率 3. 49%。

2. 组织结构与管理目标

构建科学的组织机构方案，明确部门、岗位职责，明确工作责任。对管理、业务、风险文化等方面进行全面梳理，努力建立市场化的业务发展的制度与流程体系，建设有效的合规与风险管理体制。

3. 人力资源目标

着力构建市场化薪酬体系，积极吸纳市场化高端专业人才；努力充实、培养和提升业务团队管理水平。构建清新和谐企业文化，关心、关怀员工职业规划，构建诚信、专业、高效的业务团队。

4. 内部控制目标

完善业务流程所有环节的制度和流程，构建高效制衡的、相互约束的、隔离有效的前台、中台、后台经营管理职能体系；对项目尽职调查、方案设计、业务决策、产品销售、项目管理、产品清算等逐步建立全流程标准化体系，切实加强事前监控、事中管理和稽核、事后监督与评级体系。

### （二）经营业务开展情况

1. 2010 年主要经营成果

2010 年累计实现营业收入 17 300 万元，完成计划的 141%，其中资本金运营业务收入13 278 万元，信托业务收入 4 022 万元；实现净利润 10 298 万元，完成计划的 256%；净资产收益率达到8.46%；存续信托产品规模116亿元，其中单一信托产品17只，存续规模96亿元，集合信托产品10只，存续规模20亿元。

2. 积极培育渠道，信托业务扎实起步

2010年是公司开业的第一年，上半年在宏观经济形势复杂，宏观调控趋紧情况下，公司管理层坚持合规合法经营，控制经营风险。信托资产规模从开业第一年不足20亿元发展到116亿元；全年新增信托资产规模126亿元，全年实现信托业务收入4 022万元，信托业务收入占总收入比重达23%。

3. 严格控制成本，努力提升资本金运营水平

由于信托业务的培育期较长，开业初期资本金运营收入是公司利润的主要来源，2010年资本金运营收入13 278万元，平均年收益率达到11%。一是在严把风险关的基础上，积极开拓贷款业务，全年实现含财务顾问费的全口径贷款利息收入7 815万元；二是积极开展证券投资业务，2010年实现新股申购投资收益约3 000多万元；三是探索股权投资业务，培育新的利润增长点，金融股权投资已获得突破，优质股权投资项目是固有资金的重要战略投资方向，是中长期稳定收益的来源。

4. 做好项目储备基础工作

在积极面向市场开拓项目来源的同时，依托股东网络资源优势挖掘优质项目资源。公司项目库已粗具规模，储备项目涉及房地产、新能源、物流、资源类、高科技等多个领域。

## 二、社会责任履行情况

### （一）金谷信托举行“情系玉树，大爱无疆”抗震救灾捐款活动

2010年4月14日，青海玉树藏族自治州玉树县发生7.1级地震，给当地人民生命、财产造成严重损失。根据党中央、中国银监会党委和中国信达资产管理公司党委的有关倡议和要求，金谷信托党委号召全体员工发扬一方有难、八方支援的精神，积极参与抗震救灾捐款活动。

4月22日上午，在公司党委副书记刘学敬同志的主持下，金谷信托全体员工踊跃参加公司“情系玉树，大爱无疆”抗震救灾捐款活动，总计为玉树地震灾区捐款133 500元，其中公司捐款10万元，员工捐款33 500元。

### （二）金谷信托响应信达资产管理公司号召进行扶贫捐赠

2010年2月29日，金谷信托响应中国信达资产管理股份有限公司扶贫开发领导小组办公室号召，向安徽、河北两个扶贫点总计捐赠5万元扶贫款。

## 三、2011 年发展规划

### （一）立足两个发展战略，实现公司业务持续稳健发展

1. 充分借助股东业务、网络和客户优势拓展信托业务

公司控股股东中国信达资产管理股份有限公司在业务发展过程中逐步形成了以不良资产经营为核心，涉及证券、期货、保险、基金、信托、租赁等金融服务和资产管理领域的业务结构，在 31 个省区、计划单列市均设立了分支机构，业务网络遍布全国。

2. 顺应宏观经济发展和监管导向，切实推进公司业务品种多元化

适应监管调控重点业务的规模和比重，提升主动资产管理能力，加大投资类和事务类信托业务的投入力度。以国家“十二五”发展规划为指引，积极在节能环保、信息技术、生物、高端装备制造、新能源、新材料和新能源汽车、国家政策鼓励的廉租房公租房等房地产相关领域等开拓市场和业务。

### （二）着力提升四个能力，实现公司业务可持续发展

1. 以培育主动管理能力为重点，提升资产管理能力

在产品模式、盈利模式上加深研究，从传统的通道型业务向高附加值信托业务发展，加大集合信托业务比重，发展创新产品，开创具有金谷品牌的差异化产品，回归“受人之托、代人理财”的信托本源。

2. 以制度建设和内控管理建设为核心，提升风险控制能力

公司风险控制能力的提升以建立公司风险文化为核心，以全员全过程风险管理为理念，通过建立健全风控相关制度、有效的风控程序和风控人才队伍建设，实现风控制度化、专业化，切实加强复合型人才建设，引进法律、评估师、工程师等专业人才。

3. 以持续发展为理念，提升创新能力

提升创新能力将从信托产品多元化、产品交易结构及交易方式等方面入手，着力培养公司创新能力。

4. 以打造公司品牌为目标，提升营销能力

通过建立专业营销队伍，培育稳定的高端客户群。同时，逐步培育投资者风险理念，加强投资者教育。

# 中航信托股份有限公司

## 一、公司基本情况

中航信托股份有限公司（以下统称中航信托）的前身系江西江南信托股份有限公司，是经中国银监会批准设立的股份制非银行金融机构，经中国商务部核准的外商投资企业。公司由国内大型国有企业中国航空工业集团公司、中国航空技术深圳有限公司等，及引进的战略投资者新加坡华侨银行共同发起设立，注册资本为30 000.5万元。为进一步提升公司形象，促进公司品牌建设，经监管机构批准，公司于2010年末更名为“中航信托股份有限公司”，并乔迁至南昌市红谷滩新区赣江北大道1号，注册地为江西省南昌市。公司总部设有财富管理中心、信托业务中心、投资管理部、固定收益部、风险管理部、计划财务部、综合管理部、稽核审计部、信息技术部等，目前已在北京、上海、深圳、重庆、昆明、沈阳等区域开展业务。

作为一家负责任的企业，中航信托从踏上红土地的那一刻起，对公益事业的关注就从未停止。近几年来，公司相继投入200余万元用于扶助弱势群体、关爱儿童等各种公益活动；出资近120万元修建了两所希望小学；积极捐助贫困大学生和失学儿童重返学校。团江西省委、省青基会特授予中航信托“江西省十大爱心企业”荣誉称号。公司的无私奉献得到了社会的广泛认可和普遍赞誉。

2010年，中航信托在上级有关单位正确领导，各股东单位和社会各界的大力支持下，以科学发展观为指引，凭借股东优势和自身不懈努力，克服困难，实现业务发展与经营管理并驾齐驱，取得良好经营业绩。开业首年，公司即实现营业收入10 597万元，实现利润4 342万元，信托业务设立项目125个，累计信托规模达472亿元，信托业务收入占比达到76.73%，部分指标超过同行业2009年平均水平，为公司谋求可持续快速发展奠定基础。

## 二、创新业务案例

### （一）产品名称

中航信托·天启2号循环经济项目集合资金信托计划

### （二）产品简介

2010 年 8 月，中航信托股份有限公司推出了“天启 2 号循环经济项目集合资金信托计划”。该产品响应国家支援新疆建设的号召，投资新疆自治区循环经济产业项目，让投资人分享循环经济的收益。

### （三）产品特点

1. 产品采用优先、次级受益权的分层结构设计。优先受益权部分面向社会投资者，次级受益权部分由私募股权投资公司认购。在有效降低优先受益权风险的同时，为次级受益权提供了获取风险溢价的机会。

2. 突破传统的风险管理思路，在关注交易对手抵/质押资产价值的同时，也着重于企业的发展前景。

3. 拓宽了实体经济募集资金的手段和渠道，特别是在 PE 投资领域，通过分层设计将不同风险偏好的资金有效地引入新疆经济建设中去，在支持实体经济发展的同时，让投资人分享相应的投资收益。

## 三、2011 年发展规划

### （一）发展愿景

打造细分市场资产管理核心能力，成为专业化的一流金融服务商。

### （二）经营方针

高起点、高境界、可持续、快发展。

### （三）战略规划

根据公司发展愿景，我们将公司中长期发展划分为三个阶段。

1. 生存期（2010—2012 年）

在现有注册资本 3 亿元的基础上，增加注册资本金至 15 亿元左右。立足江西，依托中航工业集团，开展资产管理、投融资业务、投行业务等，在信托行业站稳脚跟，为谋求公司战略发展打下坚实基础。

2. 发展期（2013—2016 年）

获得全业务资格，依托中航工业集团与战略投资者，发展相关优势业务，成长为集团投融资平台，托管集团资金。培育形成良好的创新能力和营销能力，申请企业年金牌照，涉足集团年金业务，成为信托行业具有独特优势的企业，进入行业内排名前二十名。

3. 品牌期（2017—2020 年）

建立市场品牌，拥有领先创新能力和营销能力的团队，全面开展各项业务，部分业务行业领先。

# 中粮信托有限责任公司

## 一、2010 年经营概况

2009 年 7 月 1 日，中粮信托有限责任公司获银监会批准开业，注册地为北京，由银监会直接监管，注册资本 12 亿元人民币。公司由中粮集团有限公司持股 90%，中粮财务有限责任公司持股 5%，中粮粮油有限公司持股 5%。

2010 年是中粮信托第一个完整的会计年度。中粮信托得到了中粮集团的大力支持，制定了切实可行的发展战略，初步建立了专业化、有执行力的团队，合规风控工作与业务工作同步发展，对约束激励机制进行了市场化方向的改革，经营业绩大幅超越预定目标。截至 2010 年末，中粮信托总资产 12.80 亿元，净资产 12.53 亿元，受托管理信托财产规模 391 亿元，实现各项收入 1.05 亿元，实现税前利润 0.56 亿元，实现净利润 0.42 亿元，资本利润率 3.41%，人均净利润 110 万元。

2010 年是中粮信托的信托业务入门年。首先，平台业务全面推进，信托规模从 2009 年末的 107 亿元上升到 2010 年末的 391 亿元；合作伙伴从 2009 年的 20 个发展到 2010 年的 79 个；目前，已拥有投资额超过 300 万元的高净值个人客户 96 名。其次，业务品种多样化初步展开，在 2010 年新开拓业务领域 6 类（农业金融、租金收益权、其他收益权、股权代持类、中小企业融资和捐赠项目），业务品种多样化趋势明显。最后，资产管理能力不断提高，集合资金信托业务项目数从 2009 年的 1 个发展到 2010 年的 11 个，整体信托报酬率显著提高，体现了在自主资产管理能力方面的成长，未来随着资产管理能力的进一步提升和营销渠道的建立完善，信托报酬率将逐渐达到行业平均水平并向行业领先水平靠拢。同时，农业金融从无到有，成功运作了中信银行—中粮信托 2010 爱心基金一期信托，五里明土地承包经营权、鱼塘承包经营权信托和中粮信托供应链信托贷款等项目。

2010 年中粮信托的固有业务以金融股权投资为核心、以支持信托业务发展为重点、以现金管理为补充，其中金融股权投资 6 亿元、配比信托 3 亿元、信贷资产转让项目 1 亿元、公开资本市场投资 0.67 亿元。

中粮信托不断加强合规风控工作：全年召开业务审查与风险控制委员会会议 54 次；各业务流程均包含风控环节和风控措施，业务开展过程中已全面实施，风控部门参与所有项目的事前审核、事中管理和事后监督；学习工商银行、中国银行、中信银行、中投保、中金等机构的风控经验，结合公司实际情况不断完善自身制度体系。

中粮信托按照管理层、前台、中台、后台建立了清晰高效的组织结构。2010 年末员工总数 51 人（包括农业基金筹备组 6 人），比 2009 年末的 30 人增加 21 人，人员配置更为合理，并不断向前中台倾斜。在集团人力资源部领导下，聘请美氏咨询作为顾问，对薪酬体制进行了专业设计，建立了“以岗付薪、按绩取酬”的薪酬体制，虽然相对市场水平还有较大差距，但是初步具有了对市场人才的吸引力。

中粮信托不断加强 IT 建设，一是推进了业务流程规范化，实现了信托项目的全过程管理，更换了新的会计科目体系；二是突出了风险控制的渗透，实现操作风险的过程管理，增强用户登录安全控制，系统实施每日备份，每月转录光盘备份；三是加强了与监管层的对接，调整新版 1104 报表，准确统计项目运行信息，及时完成对银监会的监管月报、季报、半年报和年报的报送工作。

## 二、创新业务案例

### （一）五里明土地承包经营权、鱼塘承包经营权信托

1. 项目关键点

黑龙江肇东市五里明镇政府将其下属的三个玉米种植合作社（先锋、东风和胜平）土地承包经营权以及五里明农户将其所有的五里明鱼塘承包经营权委托给中粮信托设立自益型财产权信托，信托受益权质押给龙江银行肇东支行，为先锋、东风和胜平三个玉米种植合作社在肇东支行的 1 000 万元农业贷款提供还款担保。项目涉及农户 3 200 家、耕地 5 万亩。

2. 项目意义

（1）利用信托的功能优势解决了农业金融中缺乏贷款抵押问题，对信托利用财产隔离的制度优势配合银行形成土地承包经营权等信托担保模式介入农村金融是一种有益的尝试。

（2）信托项目在信托的模式上实现了创新，通过农业金融的介入，辅助集团成员企业控制上游供应链，保障下游低成本优质原料供应，有利于保障食品安全和商品价格的风险管理。

3. 推广的条件

当地政府的支持与协调，集团相关业务单元对资金循环的封闭。

### （二）中粮信托供应链信托贷款

1. 项目关键点

中粮信托向与中粮食品营销公司保持长期合作的经销商发放贷款，直接汇至中粮食品账户，经销商使用中粮信托资金向中粮食品采购相关产品。中投保与中粮信托签订保证合同，为中粮信托的中粮食品营销公司经销商专项信托资金提供担保。到期前，经销商将销售回款存至在中粮信托的指定账户，归还信托资金。

2. 项目意义

此项目属于新兴的物流金融产品，是充分利用供应链核心企业（中粮食品）和上下游企业的业务关系开发的新的业务模式，可以帮助经销商提高存货管理水平，降低资金成本，同时逐步提高中粮福临门食用油的销售额、市场占有率。试点成功后可对全国范围内的经销商复制推广，并可将此模式运用到中粮酒业、中茶公司等多个业务单元。此项目是2009年战略的落地。

3. 推广的条件

集团业务单元对上下游企业的有效协调，发挥其制约能力。

## 三、社会责任履行情况

中粮信托是由中粮集团在司法重组伊斯兰国际信托投资有限公司后新设的信托公司，与伊信公司不存在债权债务和业务的承继关系。在中粮集团和各方共同努力下，目前伊信公司的风险、重组成本、后续清理责任人已锁定，伊信公司大部分债权解决完毕。且中粮集团与宁夏国资委达成一致，由宁夏国资委负责清理伊信及子公司，清理工作已逐步展开。

中信银行——中粮信托2010爱心基金一期信托。该项目信托规模5 000万元。中粮信托与中信银行共同协商同意将各自预期可获收益（按委托金额年化0.5%的利率计算）以信托计划的形式捐赠给政府认可的慈善机构，传递了爱心。

筹备组织了中粮信托—北京CBD金融杯羽毛球赛，沟通了政企关系，促进了同业交流，提升了公司形象。

## 四、2011年发展规划

中粮信托的愿景是依托集团行业优势，发挥信托制度优势，把中粮信托建设成有产业特色的金融股权投资管理平台、农业金融服务平台和财富管理平台；使命是奉献优质金融理财服务，实现客户、股东、员工价值最大化；目标是5年内信托规模600亿元，综合排名进入行业前十位，农业产业特色排名行业第一位，力争引进战略投资者或3~4年内上市。

中粮信托2011年规划信托规模321亿元，同时业务结构均衡并具有弹性，到2015年集合信托规模占比要超过30%，投资类信托规模占比要超过30%，事务类信托规模占比要超过10%。农业金融要形成特色，通过供应链金融信托、融资租赁、土地流转信托等对产业上下游企业形成支持；从单纯地降低融资成本到促进销售及降低负债率和平滑现金流；在成熟阶段通过股权信托、房地产信托、农业PE信托等方式加强产业链的控制。目前已在积极筹备的有农产品投资信托、中粮产业园投资综合信托方案和中粮地产“生态谷”股权投资信托等项目。

中粮信托固有业务首先将以金融股权投资为核心，主要是推进中粮农业产业基金的设立，目前已确定注册地为北京市朝阳区，并已基本完成团队建设及规章制度建设。固有业务还将支持信托业务发展作为固有资金配置的重点，留出1/3的额度配置，并通过开展对外投资业务，渠道资源与信托业务共享，同时发展自身投研力量，加强与外部投资机构的协作，在资产管理能力方面支持信托业务创新发展。

从战略实现路径看，中粮信托将做好以下方面：

1. 资产管理能力提升是核心

在将农业作为突破口，打造品牌的前提下，通过发起设立农业基金管理公司、地产基金管理公司、证券基金、REITs等提升内部能力，通过与私募基金、证券基金管理公司、期货公司、集团其他业务单元等专业机构的合作来提升外部能力。

2. 营销渠道是关键

要组建专门的营销管理部门，开展银行渠道扩展——千行计划，在实际工作中建立稳定的、高效的营销渠道合作方，探索未来营销渠道的最终模式。

3. 农业金融是特色

农业是我们的优势领域，继承了集团深厚的农业背景，发展农业金融，既支持了集团全产业链的战略推进，又为自身发展找到一个立足点和突破口。

4. 团队建设是基础

初创期向信托业务团队倾斜，建立营销团队，充实信托财产管理团队；成长期向风控团队及向信托财产管理团队和固有投资团队倾斜，建设资产管理能力。

5. 风控工作和IT系统建设做保障

继续坚持中粮信托风险控制策略：合规优先，加强内控；制度先导，细化流程；依托系统，全程监控；业务开展注重稳健，以安全性为首要目标。

6. 中粮的企业文化是内涵

诚信文化与信托公司作为受托人责任紧密相连；专业文化与实现中粮信托愿景，打造财富管理平台紧密相连；用产业链的思维合理安排风控工作和安排信托业务的项目立项、信托财产管理、信托产品销售全流程。

7. 整体上市是目标（远景目标）

适时引入战略投资者。

# 中融国际信托有限公司

## 一、2010 年经营概况

### （一）公司总体经营状况良好，业务转型初见成效

截至 2010 年 12 月末，公司管理的资产总额为 1 819.80 亿元，比 2009 年初增长 37.53%。公司实现业务收入 17.52 亿元，同比增长 165%。公司实现税后利润 6.95 亿元，比 2009 年增长 115%。

2010 年公司共成立信托计划 464 只，主要投向房地产、证券、基础产业等领域，也出现了投资艺术品、期酒、矿业、PE 等领域的信托产品。从收入结构上看，主动管理业务收入占信托收入的 85.21%。信托报酬率同比提高 0.5 个百分点，增长 125%，公司主动管理能力进一步增强。

2010 年，公司按照监管要求，大力压缩融资类银信理财合作类业务。从投资类别来看，公司股权投资类和证券投资类项目的占比有所提高，集合信托占比同比增长 26.03%，资产结构得到优化。

2010 年末，公司共设置 29 个部门，现有员工比年初增长 197%。为加强房地产和证券业务监管，公司新设立了资产管理二部和资产管理三部，部门分工更加精细和合理。

### （二）以转型发展为核心，不断强化内部管理

公司于 2010 年 7 月 8 日完成了股权变更，股东数量增至 4 家，经纬纺织机械股份有限公司以 36% 的出资比例成为公司第一大股东，公司也由民营企业控股转变为由国有企业控股，改变了过去一股独大的局面，优化了公司股权结构。配合股权结构变更，公司及时改组了董事会，并对董事会下设的五个委员会进行了人员调整，进一步理顺了治理架构。

2010 年，公司针对业务发展中发现的问题，及时进行内部整顿，以有效防范风险，维护公司的形象，开展了营销行为整顿、业务管理流程整顿，以及对安永内控提升报告整改情况进行跟踪。

公司在 2010 年 9 月制定了《信托经理考核管理办法》，在行业内率先对信托经理实行资格

准入和不间断持续考核。

### （三）加强风险合规管理，风险合规意识不断提高

2010年，公司在发展业务的同时，高度重视风险管理，结合公司业务实际，构建了较为实用的风险管理体系，严密防范业务风险，开展了房地产项目风险排查、压缩银信合作项目、地方政府融资平台项目排查、净资本达标规划等工作。

### （四）加强各项基础建设，为业务发展提供有力支持

2010年，公司建立了公平公正的用人机制，加强了薪酬的管理，完善了约束机制，建立风险赔偿制度，并制订了实习生培养计划。公司信息系统经过几年的建设，在业内处于领先水平，可以满足大规模多种类资产管理、证券交易管理、财务管理和客户管理工作需求。

在2010年政策环境、金融形势复杂多变的情况下，公司积极进取、勇于实践，建成了较为完善的风险管理架构，努力实现风险管理创造价值，做到了资产管理由被动管理为主向主动管理为主的转变，取得了资产管理规模和收入大幅增长的辉煌业绩。2010年公司共实现信托业务收入16.2亿元，在国内信托公司中名列前茅，信托业务收益与公司承担的风险基本匹配，同时确保了信托资金运作的安全、透明性，实现了受益人的利益最大化。

2010年公司在《上海证券报》和《金融时报》上合计刊登各类公告八则。严格依据《信托投资公司信息披露管理暂行办法》的规定，对公司重大事项和重要信息进行了规范、及时地披露，维护在客户和相关利益人的知情权。

公司注重人才开发和储备，2010年启动了“中融实习生培养计划”，并与北京大学共青团委员会举行“青年就业创业见习基地”战略合作座谈会并签署战略合作协议。

2010年下半年以来，国家房地产宏观调控政策密集出台。为有效落实国家房地产调控政策，公司于2010年11月初停止了房地产信托业务。目前，公司正积极研究国家政策支持的房地产项目，包括棚改项目、保障性住房项目等，在民生工程领域作出应有的贡献。

公司诚信经营，依法纳税。2010年累计上缴国家各类税收2.26亿元人民币，有力地支持了国家和地方财政，彰显其社会责任。

## 二、创新业务案例——科力远定向增发信托计划

### （一）产品要素

1. 信托计划类型

以有限合伙企业为平台的结构化集合资金信托计划。

2. 信托目的及资金使用

委托人基于对受托人的信任，将资金交付受托人，由受托人按委托人的意愿，以自己的名义，作为有限合伙人加入某有限合伙企业。该有限合伙企业由专业资产管理机构担任普通合伙人，执行合伙企业事务，将合伙企业的财产投资于证券市场，为受益人获取投资收益。

3. 信托计划规模

信托计划项下募集信托资金 4 630 万元人民币。

4. 信托计划期限

信托计划期限为自信托计划成立日起 24 个月，满一年可提前终止。若信托期限届满时，信托财产尚未全部变现的，信托期限顺延至信托财产全部变现之日止。

5. 风险控制措施

（1）信托计划为结构化产品，优先次级比约为 1:1，次级资金为优先级受益权提供信用支持；（2）设置了警戒线、止损线，充分保障优先级受益人的权益；（3）设置止盈线，并约定普通合伙人执行合伙事务不力时，由受托人行使相关职能。

### （二）产品创新点

本信托计划是对信托产品利用有限合伙企业平台投资证券市场的创新探索，公司以此为契机对“有限合伙 + 信托”产品模式进行了深入的研究，并设计了较为完善的交易结构和风险控制措施，为未来大力开展主动管理型创新业务打下了良好的基础。

## 三、2011 年发展规划

2011 年，公司将继续以坚持回归本业、推进业务转型发展、加强业务创新、强化公司内部管理、提高风险防范能力为工作目标，有序开展各项工作。

### （一）加强业务创新，稳步推进业务转型

公司将继续推进业务转型，由以融资类为主向以投资类为主转变，在提高投资管理能力的同时，合理调整资产结构。同时，通过加强业务创新，提高盈利增长点和核心竞争力。一方面，将关注环保、保障房、棚户区改造、新能源等国家政策鼓励、引导的产业，自主研发出符合国家政策导向和市场需求的信托产品。另一方面，也将在风险可控的基础上，在证券投资、矿产能源投资、艺术品投资、黄金投资、酒类投资、公益信托、融资租赁等方面积极探索。

### （二）提高风险管理水平，支持公司业务转型发展

公司将在现有风险管理体系基础上，本着“全面管理、重点突出、急用先行”的原则，力

求解决风险管理中的实际问题，逐步提高风险管理水平，使风险管理成为公司主动管理的重要支持。

### （三）通过财富管理中心整合，进一步扩大渠道推广能力

公司将对财富管理中心进行整合，由目前的分别授权管理，改为统一归口管理，以增强合力。

### （四）加大授权力度，不断加强内部管理

公司将进一步放宽授权范围，以进一步提高中层管理人员的自主性，并根据公司发展，进行及时调整。同时，公司拟根据业务的发展情况调整业务部门激励考核机制，以更加科学、有效地进行激励约束。

2011 年，中融信托将继续坚持发展成为优秀资产管理公司的愿景、坚持包容性增长的人才理念；坚持注重实质性风险控制的风险管理理念；坚持鼓励创新的导向；营造良好的工作氛围，推进系统的企业文化建设，在内部形成一致的发展目标、共同的价值标准、基本信念及行为规范；向外部加强宣传与沟通，让外界更深入理解、接受中融信托的经营理念和行为，树立良好的品牌形象。

# 中泰信托有限责任公司

## 一、2010 年经营概况

中泰信托有限责任公司前身是中国农业银行厦门信托投资公司，成立于1988 年，注册资本为51 660 万元人民币，注册地址为上海市。

中泰信托成立以来，始终坚持稳健经营的原则，努力克服各种不利因素影响，各项业务持续、良性发展，盈利水平一直保持在同业前列。根据经审计的会计报表，截至2010 年末，公司固有资产总额为17. 39 亿元，净资产15. 69 亿元，净利润实现1. 73 亿元。2010 年净资产收益率为12. 75%。

在信托业务方面，2010 年末信托资产总额168. 23 亿元，其中单一类信托余额113. 26 亿元，占比67. 3%，集合类信托余额47. 76 亿元，占比28. 4%，财产权信托余额7. 21 亿元，占比9. 6%。

在固有业务管理方面，大成基金作为公司核心资产，近年来稳居全国前十大基金公司行列，截至2010 年12 月31 日，大成资产管理规模超过1 000 亿元人民币，旗下有21 只公募基金产品和多只特定客户资产管理组合。华泰证券于2010 年2 月顺利上市后，公司作为华泰证券股东，所持该部分资产的增值较大。截至目前，公司金融股权投资资产（大成基金、中国太保和华泰证券）均保持良好发展态势。

风险控制方面，为适应发展模式转变，应对当前宏观调控政策及新的监管要求，公司继续对整体组织架构进行优化，并通过构建信息化平台，使前台业务部门专业职能更集聚，运营职能更集中，风控和信息技术等中后台支撑得到强化。

## 二、理论研究

公司一直关注行业领先者和专业机构的研发战略和研究成果，以学习、借鉴、创新为重要研发手段，以货币市场、资本市场为主要研究方向，积极培养和建设适应自身未来业务发展需要的研发体系，有效利用自身和同业的信息资源和研究成果，积极与科研机构建立长期稳定有效的联系，充分利用“外脑”资源，提升自身研发能力。与此同时，公司重视创新业务的研究与业务对接工作，每一年都进行若干课题研究，2010 年在“养老信托”方面取得一定成果。

公司与中国社会经济系统分析研究会合作的养老课题《中国信托业：为应对人口老龄化挑战而准备》于 2010 年 7 月顺利结题，课题提出了一种新的概念“社会化养老”——一种通过市场整合和优化社会资源的模式。将信托作为一种媒介，以政府主导、社会支持、企业参与、市场推动来发展养老产业，解决中国日益严重的老龄化问题。社会化养老模式的大力拓展有利于拉动内需，调整我国的产业结构，提高老年人的生活质量与社会效益，安排下岗职工再就业，减少社会失业率等问题，推动社会与经济的协调发展。

## 三、公司发展规划

公司秉承“专业、创新、诚信”的精神，放眼全国、有的放矢，与新老客户共成长，并在“十二五”的开元之年，抓住新机遇，迎接新挑战，坚定信念搞发展。

2011 年公司将继续提高创新能力，在充分发展传统信托业务、资产管理业务、投行业务的基础上，努力实现向专业的、高品质财富管理者的身份转变，将公司建设成经营规范、制度完善、内控到位、机制灵活、理性谨慎，具有核心竞争力，引领市场的专业金融机构。

# 中铁信托有限责任公司

## 一、2010 年经营概况

2010 年，面对错综复杂的国内外宏观经济形势与充满不确定性的信托行业市场，中铁信托有限责任公司紧紧围绕年度经营管理目标，坚持“创新、服务、可持续”的核心经营理念，以全面预算管理为中心，以三个“进一步”（进一步提升创新服务能力、进一步调整经营拓展机制、进一步创新完善风险管理体系）为经营工作思路，及时研判行业市场变化和风险的可容忍度，深化“大优客户”发展战略，巩固优化“3 + 1”核心业务模式；稳固发展本地业务市场，深耕细作异地重点业务区域；积极拓展营销思路，创新营销模式，倡导全员营销，构建大营销格局；加强不良资产的管理和处置，盘活不良资产，加强资产保全，全面提高资产质量；强化风险管理体系，建立业务与风险的平衡机制；完善激励约束机制，加强人力资源开发与管理；深入开展创先争优活动，着力打造以人为本的企业文化；加强公司品牌建设，“中铁信托”品牌价值在行业影响力持续提升，通过外拓市场、内强管理，创新风险管理和激励约束机制，积极应对政策调整与宏观经济变化等不确定性因素，公司继续保持了近年来健康发展的良好势头，经营管理跨越历史新高度。2010 年平均信托财产余额超过 400 亿元，累计信托财产管理规模首度突破 1 000 亿元，公司资产质量、收入盈利等核心指标进入行业前列。截至 2010 年末，公司未经审计的营业收入 55 913 万元，利润总额 35 117 万元，净利润 26 453 万元。与 2009 年同期相比，利润总额增长 15 133 万元，增幅 75. 73%，净利润增长 10 529 万元，增幅 66. 12%。公司在《证券时报》主办的“第三届中国优秀信托公司评选活动”中荣获“中国优秀信托公司”称号，是中西部地区唯一获得此项殊荣的信托公司；在第六届“中国（成都）金融理财节”上，公司荣获“年度最佳服务品牌”、“年度最佳信托公司”和“年度金牌理财师”三项大奖。

## 二、创新业务案例

2010 年，面对复杂的国内外形势，中铁信托秉承“创新、服务、可持续”的经营理念，将创新思想融入业务拓展、风险管理和营销工作之中，积极探索低碳经济、保障房建设、中小企业融资、灾后重建中的业务机会，为金融市场的繁荣和地方经济的发展作出了贡献。

### （一）以应收账款收购方式创新解决灾区安置房建设的资金瓶颈

1. 创新项目名称

中铁信托·优债30期（都江堰东能）集合资金信托计划

2. 项目背景

5·12 汶川大地震对都江堰市造成严重破坏，住房安置问题亟待解决。为了配合灾后重建工作，都江堰市政府要在3年内按照受灾户的申请需要制订修建救助安置房计划。基于以上背景，湖南东能投资有限公司投资承建了“官家民苑”安置小区、灾后重建安居房 A－6 地块、川苏都江堰科技产业园农民安置房（二期）三个项目，以解决震后灾民的居住安置。这三个项目已经部分完成，并得到政府部门的确认，但为了完成后续安置房建设还需要继续投入资金。

3. 交易结构

中铁信托发起成立信托计划，并将信托募集资金6 000万元用于受让都江堰东能投资发展有限公司因为修建“官家民苑”灾后重建安置房项目而形成的对都江堰土地储备中心的应收账款。湖南东能投资有限公司把出让应收账款所收到的信托资金用于上述三个安置房项目的后续建设。信托到期前，由都江堰东能投资发展有限公司按照约定回购该笔应收账款并支付相应的资金占用费，以实现信托计划的退出。

4. 项目创新意义

将固化的应收账款通过金融工具设计变为流动性高的金融资产，创新解决企业金融需求，推动了灾后重建安置房建设的顺利开展，具有较强创新性和可复制性。

充分挖掘企业的金融资源，不需要企业另外提供抵押物和实务资产，主要通过账户监管和股权质押，并在交易结构设计中引入了政府信用，增强了项目安全性，降低了企业融资的门槛。

### （二）以合伙制组建上海城开绿色低碳城市发展基金

1. 创新项目名称

中铁信托·上海城开绿色低碳城市发展基金集合资金信托计划

2. 基金背景

低碳建筑将成为城市建设健康发展的下一个引擎，绿色地产上游可以拉动绿色生产、绿色建材，下游可以拉动绿色消费。绿色低碳城市建设孕育了巨大的商业机会和新型商业模式。低碳经济不仅需要技术创新，也需要金融创新，需要新的金融模式和绿色金融产品来推动实施低碳标准、低碳技术的运用。上海城开绿色低碳城市发展基金正是基于这一考虑，由中铁信托、城市运营商携手通过创新的商业模式，在低碳经济时代为投资人创造中国城市建设向绿色低碳升级发展的丰厚收益。

3. 基金概况

中铁信托计划组建的上海城开绿色低碳城市发展基金，是按照《合伙企业法》设立的有限合伙制基金。此基金由喜神（天津）股权投资基金管理公司（以下简称基金管理公司）出资人民币 1 000 万元，作为基金普通合伙人（GP）；中铁信托通过发行集合资金信托计划募集资金 15 亿元作为有限合伙人，上海城开集团出资 15 亿元作为有限合伙人，有限合伙人以出资额为限承担有限责任。此基金拟投资于符合绿色低碳和投资收益标准的基础设施、旧城改造、保障性住房建设、地产项目开发、资产收购，以及金融债券和其他金融资产等。此基金负责执行基金投资决策委员会所选择的项目。基金投资项目的管理由普通合作人委托上海城开集团管理。

## 三、社会责任履行情况

一直以来，中铁信托在自身稳健发展的过程中，积极履行社会责任，发挥信托制度的独特优势，广汇善源、凝聚爱心，向弱势群体、受灾群众提供持续关怀与帮助。2008 年以来陆续推出了“衡平爱心系列”、“普益爱心信托”等多个公益信托，筹集善款700 余万元，产生了良好的公益示范效应。2010 年 10 月，“中铁·精瑞爱心信托”二期捐赠仪式举行，筹集善款 100 万元；2010 年 10 月，中铁信托设立“中铁·爱心（助学）系列”信托计划，凡投资者认购中铁信托任意集合信托理财产品一份，中铁信托将以投资人的名义向四川省希望工程捐赠人民币 100 元，定向用于贫困中小学生助学。

## 四、2011 年发展规划

2011 年是中铁信托“十二五”规划的开局之年，国内外宏观经济形势、信托行业发展趋势发生了深刻复杂的变化，公司将在中国银监会的监管指引下，继续深入贯彻“创新、服务、可持续”的经营理念，着力进行管理创新和业务创新，不断提高专业管理水平和综合理财能力，积极应对宏观经济、行业发展的新形势与不确定性，以全面风险管理为主线，进一步创新业务模式和内控管理机制，优化配置资源，提高市场拓展能力，努力发挥信托优势，继续在支持地方经济建设、活跃区域金融市场、促进民间资金向民间资本转化等方面发挥积极的作用。

# 中原信托有限公司

## 一、2010 年经营概况

2010 年，面对复杂的经济金融形势和日趋激烈的市场竞争环境，中原信托坚持以科学发展观为指导，大力发展信托业务，稳妥开展固有业务，着力改善业务结构，加强风险控制和内部管理，抢抓机遇，奋力拼搏，超额完成了年度经营目标，股东会、董事会各项决议得到了贯彻落实，各项工作均取得较好成效。截至 2010 年末，中原信托资产总额 372 亿元，比年初增加 114 亿元；其中信托资产 357 亿元，比年初增加 113 亿元；固有资产 15 亿元，比年初增加 1 亿元。全年实现总收入 26 184 万元，比 2009 年增长 27. 60%；实现利润总额 16 030 万元，比 2009 年增长 47. 21%；成本费用占主营业务收入的比重 38. 12%，比 2009 年下降 8 个百分点；实现净利润 13 131 万元，比 2009 年增长 20. 28%。

### （一）信托业务健康快速发展，主业地位日益显现

一是信托规模和收入持续增长。截至 2010 年末，中原信托管理信托财产余额达到 353 亿元，比 2009 年末增长 46%。全年实现信托业务收入 14 399 万元，比 2009 年增长 88. 39%；信托业务收入占总收入的比重达到 54. 99%，比 2009 年提高 17. 66 个百分点。二是业务转型成效显著，体现自主管理能力的信托业务快速增长。2010 年末主动管理类信托规模余额 160 亿元，比年初增长 126%；主动管理类信托规模占信托规模余额的比重达到 45%，比 2009 年提高 16 个百分点。三是投资者群体有效增长，销售能力再上新台阶。通过加强营销能力建设，不断扩大合格投资者群体，全年实现自主销售规模同比增长 2. 55 倍。四是到期信托计划继续保持按时足额清算。全年累计清算到期或部分到期信托项目 150 个，按时足额向受益人交付信托财产 235 亿元，分配信托收益 20 亿元。信托项目到期清算率和信托收益实现率达到 100%，继续保持信托资产不良率为零的优良纪录。

### （二）固有业务审慎稳健发展，稳定性作用得到巩固

一是坚持不懈推进金融股权投资。继 2009 年成功参股焦作商业银行后，重点开展推进向优

质地方商业银行和其他金融机构的投资工作。二是加强金融股权管理，维护公司利益。2010年，参股的长城基金管理公司继续高额分红，持有焦作商业银行股权的账面净值增长了41%。三是精心运作，提高流动资金收益。通过配置债券、信托产品、短期贷款和新股申购等品种，在有效控制风险的前提下，提高了流动资金收益率。四是积极争取创新业务资格，提升固有业务发展空间。2010年内获得固有资产从事股权投资业务资格，为中原信托固有业务拓展投资领域奠定了基础。五是退出实业投资，改善资产结构。按照监管政策要求和股东会决议精神，中原信托在2010年3月1日前按时完成了全部实业股权投资的清理和退出工作，履行了对监管部门的承诺，也盘活了长期股权投资资产。

### （三）扎实做好风险与合规管理工作，保障中原信托又好又快发展

风险管理工作在做好业务活动事前、事中控制的同时，注重持续完善风险管理制度，培育风险管理文化。严格按程序召开项目审查委员会会议、证券投资决策会议、资产清收会议，审议信托项目、投资方案和清收方案等。按季制作《信托业务风险分析报告》和《固有业务风险分析报告》，定期对所有存续项目进行风险分析并提出完善风险管理的建议和措施；每周对上市公司股权质押融资业务进行风险监测，监控质押股票的安全边界。新制定了外包业务、净资本管理等方面的制度，对相关业务管理办法、操作流程进行完善和优化。推出了《合规文化建设》简报，在中原信托内部普及合规知识，进一步提高了员工合规意识。

2010年，中原信托在证券时报“第三届中国优秀信托公司评选”活动中被评为“中国最具区域影响力信托公司”，被大河财富评为“2010助力中原十大活力金融企业”，中原信托的社会形象和美誉度进一步提升。

## 二、创新业务案例

2010年，中原信托与多家上市公司合作推出中原信托—成长系列上市公司股权质押信托业务。该类产品是以上市公司股票为标的质押物，根据交易对手的不同特点及融资需要，提供贷款、股权收益权投资等多种方式的融资服务。基于公司现有业务团队专门致力于该类业务的研究、市场开发及拓展，通过对交易结构、模式的不断探索和创新，该类业务已经形成了可持续的、稳健的产品线，在市场上有着良好的口碑，报告期内累计开发该类信托产品近40期，已发展成为具有中原信托自身特色的重点信托产品之一。

## 三、社会责任履行情况

中原信托始终坚持服务社会、奉献社会、回报社会，积极参与公益事业，为和谐社会建设

作出贡献。报告期内公司及员工先后向地震、旱涝灾区提供捐款，对失学儿童实施救助；参与绿色公益事业，开展植树造林活动；通过组织开展爱国主义教育、“结对帮扶”以及座右铭征集、“文明交通行”等活动，深入推进文明创建工作；积极开展“2010”银行业公众教育服务日活动，普及信托知识，宣传推广信托理念，提高公众金融意识。

## 四、2011 年发展规划

2011 年经营管理工作的总体思路是：以科学发展观为指导，以经济效益为核心，加大业务结构调整力度，通过业务模式和产品创新、严格风险控制等手段，努力转变发展方式，提升管理水平，促进中原信托持续、稳定、健康发展。

一是加强重大问题研究，把握发展方向。加强经济金融政策研究，引导业务拓展；加强信托行业发展趋向研究，促进转型升级；加强行业监管政策研究，提高业务合规性；加强财税等其他政策研究，促进经营管理工作。二是调整业务结构，促进发展方式转变。调整信托与固有业务收入结构，更加凸显信托主业地位；调整信托业务结构，打开主业发展空间。三是优化固有业务结构，追求固有业务的长期稳定。继续实施金融股权的战略配置；开拓非金融股权投资市场；压缩股票二级市场投资；清理不良资产，处置低效率资产；加强流动资金管理。四是加大业务模式和产品创新力度，提升市场竞争力。创新营销模式，进一步提高产品销售对信托业务发展的支持力度；创新信托产品，提升公司竞争力。五是探索固有资金运用新模式，提高收益水平。

严格风险管理，确保业务健康发展。分析存在的问题和不足，持续改进和完善相关制度、流程；紧密结合业务拓展重点开展风险管理工作；提高量化管理技术，推动尽职调查和项目评审的标准化建设；加强市场风险与操作风险管理；提高项目评审人员业务素质、加强风险管理机构自身建设；加强尽职管理，确保到期项目正常清算。

# 紫金信托有限责任公司

紫金信托有限责任公司，简称紫金信托。公司前身为南京市信托投资公司，成立于1992年。2010年经中国银行业监督管理委员会批准实施重组，更名为紫金信托有限责任公司。公司控股股东为南京紫金投资控股有限责任公司，并引入了国际一流的信托机构——日本住友信托银行和国内知名企业等多家战略投资者，注册资本为5亿元人民币。

## （一）紫金信托拥有独特的发展优势

公司地处经济活跃的江浙沪长三角地区，股东实力雄厚、金融运作经验丰富。控股股东——南京紫金投资控股有限责任公司（简称紫金控股）作为南京市政府着力打造的金融控股平台，是南京银行、南京证券、江苏紫金农村商业银行、紫金信托和南京紫金担保的第一大股东。紫金控股还参股紫金保险、利安人寿，并正在发起设立合资寿险公司。紫金控股将以其完善的金融产业链、雄厚的国有资本和政府背景优势，为紫金信托未来业务的开展提供有力支持；公司第二大股东——住友信托银行为日本第四大银行和最大的信托机构，以其国际金融运作背景和丰富的信托业务经验，为公司的信托产品设计、风险管控、业务流程等方面提供良好的借鉴；而三胞集团、南京高新和金智科技等国内知名企业的参股，进一步优化了治理结构，提升了公司的经营活力。

## （二）紫金信托拥有一支专业化、国际化的知识团队

公司管理层均为资深的金融行业专家，有丰富的经营管理经验和敏锐的市场洞察力。员工80%以上来自金融机构，全部具有本科以上学历，研究生占50%以上，23%的人员具有海外工作或学习经历；员工平均年龄33岁。丰富的工作经验和国际化视野造就了一支充满活力的队伍，这支队伍能够更有效地专注于客户需求，为其提供定制化的财富服务。

## （三）紫金信托崇尚“更优的服务、更快的速度、更高的价值”，致力于为客户提供量身定制的理财服务和融资服务

对理财需求客户，可根据客户风险偏好、流动性要求、收益期望等提供不同类型产品；

对融资需求客户，可根据企业不同发展阶段、业务特点、融资用途、资产状况等提供债权式、股权式、收益权式等多种灵活的融资方式。公司还积极推进包括支持中小企业发展、创新性业务在内的产品研发，承担社会责任，服务经济社会发展，努力为客户提供灵活多样、个性化的服务。

# 专题研究与思考

# 信托公司的定位与发展空间

## ——2010 年中国信托业峰会上的讲话

全国人大财经委副主任　吴晓灵

应该说我离开信托业的时间也比较长了，从 2003 年银监会分设以后，人民银行就不对金融机构进行监管了。信托业发展的情况我已经不太了解了。但是承蒙大家的盛情邀请，希望我来谈一谈，我就不得不做点功课，结合这几年我对理财市场一些产品的研究和大家在这一次峰会之前所做的主要论文，谈点儿观点。我觉得这次峰会论文的质量还是很高的，确实对 30 年来中国信托业所经历的艰难曲折和现在所面临的困惑，提出了很多独到的见解和看法。

我今天讲的这个问题是我自己的一些思考，但也借鉴了很多同志的论文。因为这次峰会不是一次学术论文会，所以我即便引了别人的观点，也没有注出处，如果涉及侵权，希望大家能够谅解。而且因为脱离信托业这么长时间了，很可能我说的话和行业的实际有差距，也希望大家能够谅解。

我想讲的第一个问题就是信托业的曲折发展经历折射出中国信托文化的缺失。信托应该是在财产明晰制度下基于信任的财产管理服务。它是信托人对受托人诚信、责任以及能力的一种信任。我想财产管理的服务应该包括财产的保值、增值、传承和财产权的行使等问题。

改革开放以来，在没有明确对私有财产的平等保护的条件下，引入了信托公司。它的主要功能，不是提供财产管理服务，而是冲破现行金融制度的束缚。我们知道第一家批准成立的中信国际信托，国务院的批文从商业、工业、金融，无所不包。其实邓小平同志给了荣毅仁同志一个尚方宝剑，能干什么就干什么，借助荣毅仁同志在海内外的影响，来为我们改革开放时期的经济引入资金、引入技术。

我们最早从事信托业的人都是些什么人呢？都是从我们大一统银行体制出来的一些同志，因而计划外融资是信托公司的首要任务。在那个时代我们的信托主要还是在干着存放款的业务。存款的资金来源当时给得非常狭小，因而有很多违规的揽存。而贷款又是突破当时严格的计划管理，因而往往信托发的委托贷款、信托贷款都是突破现有的贷款规模的。因此，每一次宏观经济过热整顿经济的时候，首先就要整顿信托，因为信托是计划外放款的一个重要来源。

2002年7月，《信托投资公司资金信托管理暂行办法》的公布，开辟了资金信托的道路。但是许多的信托公司并未在资产管理技能上下工夫，而是急于扩张业务，在平台通道上做了许多的工作。2002年7月人民银行制定资金信托管理办法的时候，当时有《证券投资基金管理暂行办法》，如果做公募基金的话都要通过专门的基金管理公司来做，而信托公司就没有这个空间。最后人民银行制定的资金信托管理办法，实质上是给了信托公司以私募的资金信托的业务空间。因为有200份的限制，不管几个亿的项目，只能把这几个亿的资金除以200，最低的融资额度就应该是这么多。但是我们信托业的人并没有很好地理解这样一个业务结构，于是以5万元为起点来募集资金，200份根本募集不了多少资金，于是就发一期、二期，变相搞成了公募，最后被人民银行非银司叫停，这种办法是不行的。

信托公司得到了这个业务许可之后，没有在找合格的投资人、资产管理方面下很大的工夫，而更多的还是习惯于过去那样，想尽办法筹集资金，然后把它投出去。而这就是类似于贷款，也是类似于债券性质的信托计划。后来大家做的银信合作，包括阳光私募，其实都是通道。就是信托做通道的多，做自己实实在在资产管理的少。因而自2004年以来，银监会多个文件均是引导信托公司真正走上资产管理服务的道路，有标志性意义的就是2007年修订的《信托公司管理办法》和《信托公司集合资金信托计划管理办法》，包括今年关于信托的集合资金计划的一些业务指导，实际上都是希望信托公司能够在项目选择、尽职调查、决策咨询、后续管理方面，真正地发挥主导的作用，成为资产管理的主导者。

目前有众多的金融机构均涉足资产管理服务，但对资产管理业务的法律关系认识并不一致、并不统一。如何认识委托代理和信托业务还需要进一步的研究。在金融业当中，我认为有四种法律关系，一个就是债权债务关系，一个是股权关系，一个是信托关系，再一个就是保险的互助关系，基于大数法则下的互助关系。关于信托的关系，我们现在所有做的资产管理业务就其本质来说都是信托业务。如果是单一委托，单一事项的委托，可以是委托或者是代理。但是现在我们以代理和委托的名义做的很多事情，其实是有广泛授权的，我个人认为这种广泛授权的委托和代理并不是委托，不是真正的委托代理，而是一种信托业务。

但是基于我们现在机构管理的现实，很多监管者不愿意承认他所管业务的真实法律关系，我能够理解这里面的苦衷。比如说《证券投资基金法》立法的时候，证监会就不希望把证券投资基金界定为是一种信托关系，它其实是典型的契约型的信托关系。现在还有一些业务是不是要明确成信托关系，大家也有所顾虑。我个人认为这个顾虑的背后其实是受制于我们国家的机构监管的一种现实。

对于信托文化来说，我们的信托法当中谈到的是自愿、公平、诚实、信用、谨慎、有效，也有的同志提出来我们的信托文化应该是忠诚、善良、诚信、谨慎、有效。总体来说，我们认为一个受人之托来办事情的人，受人之托、忠人之事，应该是我们办信托业务最起码的要求，客户利益至上应该得到更多的体现，这里面对客户的忠诚和对客户所表现出来的善意应该是格外重要的。

看了我们信托的历史之后，我想谈的第二个问题是信托公司的定位和发展空间。

资产管理是中国金融业未来一个广阔的市场，中国的人民币存款到2010年11月末为70.87万亿元，居民的定期存款就有17.66万亿元，如果再加上单位的定期存款的话，市场就更大了。中国还有很多的富人，中国的企业也有很多的资产，他们都需要有人为他们提供资产管理的服务。特别是经过30多年的改革开放之后，第一代的民营企业家，他们打了江山、创了业，但是他们的子女未必愿意在实业的基础上来继承他父亲的这一份产业。那么他的这份财产今后应该怎么样来处理，怎么样来管理，这是富二代和富一代对他自己财产今后的发展前途所考虑的问题。

资产管理我认为包括三种形式，一个是现金管理，一个是实物资产管理，还有就是财产权的管理。

中国的各类金融机构通过三种形式介入资产管理业务。

现金管理包括两种类型，一个是咨询服务和金融规划。当然咨询服务里面其实也包括对个人和企业的咨询服务，证券公司还有信托公司也在对企业做着咨询服务。我这里面讲的主要还是对大的净资产的个人的服务，主要还是私人银行在做的。一个是资金信托。对有价证券的投资，包括对已经上市和未上市的证券投资，基金管理公司在做，信托公司也在做，这就是资金信托。

实物资产管理。实物资产管理实际上就是对现有的一些企业可以实行收购、兼并、重组。投行，也就是我们的证券公司，基金里面的私募股权基金，还有信托公司都在做这些业务。实业的管理最典型的就是房地产信托投资基金——REITs，现在中国要发展这个，还没有确定出来到底走什么样的路线，由谁来做。但是我想REITs这项业务其实是基金管理公司和信托公司都有希望来做的。而在国外这是信托公司的业务。

财产权的管理。占有、使用、获益和处置四个方面构成了财产的完全的权利，但是这四个权利是可以分解的。财产的使用和处置，前面的现金管理和实物资产管理都表现了对财产的使用权和处置权，但是还有三种权力，财产权的传承、财产权的代表、财产收益权的处置，在这几个方面以上所有的机构法律都不允许它做（不是说它没有能力，而是法律并不允许它做这几个方面），这是唯独信托可以做的，就是财产的传承、他益信托、公益信托等。还有就是可以把他的投票权做一个信托，由信托公司来代表，到企业里面进行股权的投票等。我想这些是明确的以信托的方式出现的。很多机构在避讳这个问题，它不能够直接来做这一项业务。

法人分业、集团综合是今后中国金融业综合经营的方向，资产管理业务由独立法人经营也应该是这个方向。这就是我们在法里面经常写到的，银行、证券、保险、信托分业经营、分业管理。分业经营、分业管理今后是要走向综合的。在中国法人综合此路不通，因为中国人的法律意识还不是特别强，如果在法人之内实现综合，我觉得风险会比较大。但是由一个集团公司来控股，由不同的独立法人来做这些业务，应该是可以的。我不用说大家都知道，实际上我们国家已经存在了很多这样的综合经营的控股公司，有纯控股的，有事业型控股的，还有企业控股的金融控股公司。纯的金融控股公司大家都知道中信和光大；事业型的金融控股，是我们国家的各个商业银行，它们都已经变成了事业型的金融控股公司，因为很多商业银行底下都有投行、保险、信托、基金管理公司。而且我们很多大企业有的也已经实际上形成了金融控股公司，它们参股到了众多的金融机构当中去。

银行的理财产品，我认为保本类的就应该纳入表内管理。不保本的是一种资产管理业务，是继续借道信托还是允许自营，这是一个需要研究的问题。我们的很多商业银行，它在做的一些理财产品当中，如果保本的，就进入了资产负债表当中，由银监会来管理，这个事情是没有问题的。但是也有一些商业银行发起的理财产品，是和银行间债券市场挂钩的，如果商业银行不保本，这个风险完全由客户承担的话，实际上商业银行在这里做了一个资产管理公司的业务，它发起了一个债券基金，如果它的人数超过了200份的话，就是一个公募的债券基金。但是现在由于我们是机构监管的，于是大家就说，我这个理财产品和基金是不一样的，因为我们的操作方法、目标客户等等，都与基金不同。我们可以承认机构监管的现实，但产品的法律关系也应搞清楚。

大家都知道人大财经委在推动《证券投资基金法》的修法，在修法当中不想把银行理财产品包括在其中。第一，承认机构监管的现实。第二，一个机构之所以要监管它，是为了要防范风险，现在根据《巴塞尔资本协议Ⅲ》的规定，银行如果从事这类业务，即使是资产管理业务，不纳入表内也要求提操作性的风险拨备和占用一定的资本金。如果一项业务有人管它了，能够防范风险，我们也不一定非得要打破现在的格局。另外银监会也非常明确地向商业银行提出来发行的产品绝对不能投资于已上市的证券，我觉得这个指令是非常正确的。有的时候银行发的理财产品超出了这个规定，就要借道信托来干这件事情，实际上做了二次委托。今天上午的峰会，大家对银行理财产品也有一些分析了。

我们今后是名正言顺让商业银行有一个独立的部门来做这些，还是继续借道信托来做这些业务，我估计未来都会有考虑。我不知道结果是什么，但是这些问题会随着监管的深入逐渐提到议事日程上来。

再有一个就是《证券投资基金法》在修改，如果修改之后，私募证券投资基金会有合法的身份，那么阳光私募的借道模式会受到极大的冲击，这个我就不展开说了。

分析了资产管理的三个领域：现金管理、实物资产管理和财产权的管理，在这三个领域当中，信托都面临着众多金融机构与之竞争，而且我也认为未来信托业务，就是资产管理（广义的信托，不是狭义的），对广义的信托资产管理来说，应该是银证保三业的一个交集，它们都会在这个领域当中展开竞争。信托业就面临着激烈竞争的核心区，信托业的出路何在呢？根据我刚才给大家分析的，唯一跟信托无法竞争的，就是财产权的传承、代表和收益的分配，无人跟信托来竞争。而且私募的财产管理，也就是最原始的信托的产生，在英国的时候，它其实是对很多实物资产在进行着信托管理，这些领域其他的金融机构是无法与信托进行竞争的。因而信托业的未来是面对高净值客户进行全方位理财的管理，这是一个无人与之抗争的优势。

再有就是契约型的私募基金。公募基金已经在基金管理公司那儿了（就是在现在的各种基金管理公司，比如说华夏基金管理公司，管了很多的公募证券投资基金），现在的法律没有给信托公司这个空间，尽管我个人认为应该给大家，公募证券投资基金应该是信托业资金信托的本业。但是现在这种机构监管的格局使得这个权利不可能给信托。那么就剩下契约型的私募证券投资基金，你们是可以做的。我希望信托公司不要老当通道，应该自己做一个管理人。这也是银监会这几年来屡屡下发文件来规范信托的一个苦衷所在，希望大家成为一个名副其实的管理人。

最后还有一个小的领域就是信托和融资租赁的结合，这个我也受到融资租赁协会的一些启发。中国融资租赁是一个广阔的市场，飞机、船舶、医疗设备、通信设备等的购置很多都要采取融资租赁的方式进行。特别是明年要放开低空领域之后，很多人要买小型飞机、私人飞机，于是又出现了一个广阔的市场，这些人买飞机的时候也都会用融资租赁的方式。但是，我们国家的融资租赁公司是没有资金来源渠道的，包括有金融牌照的融资租赁公司，资金来源也是非常有限。如果要说融资租赁公司都从银行融入资金的话，同样会创造货币，这条路在控制货币、放活金融的思想指导下，不能开得太大。融资租赁公司只有向社会去募集资金，才能够更好地发挥融通资金的功能。就是它只转变货币的形态，而不创造新的货币。但是法规又决定了它不能过多地向社会去融通资金。信托可以通过募集资金的方式（当然尽管是私募的，却可以通过私募的方式来募集很多的资金）来进行投资，但是现在投资的范围不是很广阔。我想融资租赁应该是一个投资的方向，把一个有资产的工具和一个有资金来源的工具结合起来，也许也会开辟出一个不小的空间。

这就是我对信托业面临的一些困惑和未来前景的初步想法。很可能大家都说你给的路太窄了、太难了，但是这是中国的客观现实。所以我想我们一定要面对这样一个痛苦的现实，来错位竞争，找到一个与别人不一样的地方。最成功的案例是谁呢？是招商银行。如果招商银行当初和四大商业银行做同样的业务，以公司业务为主，以大企业为主的话，它就没有今天。但是偏安于一隅的一个小银行，它能够把它定位在为零售客户服务，就成就了今天的招商银行。所以我说所有的信托公司应该在中国这个13亿人口的大市场当中，去找别人不愿意做的东西，把自己练成具有特殊本领的金融机构。大家都知道很多的奢侈品在国外来说，销路是很少的，但是一到了中国就不得了，为什么？中国有13亿多人，有千分之一的人，万分之一的人需要你，就是一个不小的市场。如果我们信托公司能够在13亿多的人口当中找到自己的客户群的话，我想大家也会有一个市场。

这就是我的想法，不对的地方请大家批评指正。

# 发挥信托制度功能　促进信托事业发展

全国人大法工委副主任　李　飞

《信托法》是我国社会主义市场经济法律框架的重要组成部分，它的颁布实施对人们的社会经济生活将产生重大影响。由于历史的原因和信托制度的特殊性，人们对《信托法》的认识还不够深入，对信托业还缺乏正确的认识。

## 一、《信托法》的立法背景

制定《信托法》是适应改革开放和市场经济发展的客观需要。

1. 随着社会经济的发展，人们的民商事活动领域扩大，内容不断丰富，对信托活动的规范性和信托制度的发展提出了新要求。各类适应社会主义市场经济发展需要的社会主体日益增加，出现了大量不同组织形式、不同所有制性质及不同存在目的的社会组织。个人、企事业单位和社会的公共财富增加，人们的需求和活动范围进而不断扩大。国家和社会的养老保险、医疗保险、失业保险等社会保障资金需要不断累积增值，企事业单位的闲置资金、个人财产都有转化为投资的需求；为应对社会和自然环境的变化，需要发展社会公益事业，合理进行社会财富的再分配，保持稳定、和谐的社会秩序；深化金融改革、发展多层次资本市场，需要创新金融服务方式、丰富金融产品、培养市场参与主体。在法律上确认和保护各类信托关系、信托活动，是社会经济发展的必然结果。

2. 建立完善与市场经济体系相适应的法律制度，明确交易规则，保证交易安全。市场经济是一种契约经济，人们要根据法律和合同文件确定的规则进行交易。在《信托法》颁布之前，我国有代理、行纪、公司等类似制度，但信托与这些类似制度存在重大差异甚至冲突，需要通过明确的立法进行区别。信托作为一种财产管理制度，能够保障社会保险资金、公益基金及个人和企事业财产的有效管理和运用，为市场塑造诚实信用的合格投资人。另外，我国缺乏信托的传统文化和理念，制定统一的《信托法》，便于人们理解和运用信托制度。

3. 对外交往的需要。改革开放将我国的企业和个人推向了国内和国外两个市场。国外市场发达，资产管理制度健全，金融信托产品种类丰富。在我国通过立法形式确立信托制度，有利于我国企业与国际市场建立广泛经贸联系，为对外经济贸易等活动搭建平台、建立渠道。

## 二、《信托法》立法过程中遵循的基本原则

1. 涵盖信托活动的重要方面，适用范围要广泛、全面。现实生活中的信托活动多种多样，并随着社会经济的发展和社会关系的复杂化不断产生出新的活动形式。富有生命力的法律应当具有足够的适应能力，满足丰富多样的信托活动的需要。我国《信托法》适用于自然人、法人和其他组织等各种形式的法律主体，在中华人民共和国境内的中国人和外国人进行信托活动，都受《信托法》的调整和管辖；适用于民事信托、商事信托和公益信托、以财产传承为目的设立的信托、以抚养和赡养的家庭成员生活保障为目的设立的信托，以及以公司融资、企业管理为目的设立的信托等。

2. 明确信托当事人的权利义务，强化委托人的权利。我国《信托法》设专章规定了信托当事人的法律地位、权利和义务，为人们从事信托活动、明确各自的相互关系提供了规范依据。由于受托人在信托关系中居重要地位，信托法条文中，关于受托人的行为规范占有最大的比重。赋予委托人较多的权利是我国信托法的新颖之处。按信托传统，信托设立后委托人基本丧失了对信托财产的权利，在信托关系中的地位无足轻重了。我国《信托法》制定过程中考虑到传统财产观念的影响，保留了委托人对信托财产管理运用的知情权、调整信托财产管理方法及解任受托人等权利，有利于人们接受信托制度，保持信托关系的稳定性。

3. 强调依法开展信托活动，依法进行监管，尤其是对营业信托。在起步阶段严格监管，防止对整个行业造成不必要的损害。我国《信托法》多个条款规定了信托活动的合法性原则。信托当事人进行信托活动必须遵守法律，不得损害国家利益和社会公共利益；设立信托，必须有合法的信托目的；信托目的违反法律、行政法规或社会公共利益的信托无效等。对于营业信托，尽管我国还没有专门调整信托业的法律，目前主要根据监管部门的规章进行规范，但调整信托基本关系的信托法为信托业的经营活动提供了基本规范。

4. 强调法律的稳定性与适应时代需要相结合原则，留有余地，为信托业今后发展留有空间。我国信托实践已经有了一定的历史，但相对而言并不发达，已出现的信托活动只是丰富多样的信托关系的冰山一角。在世界经济和文化不断发展、变迁的大背景下，我国社会、经济、金融等领域新的关系、新的活动层出不穷，信托制度应当具有不断地顺应历史发展和时代变化的能力。《信托法》不仅着眼于规范已有的信托活动，更应注重充分发挥信托的制度功能，推动信托制度在社会生活中的深入发展和广泛应用。我国制定《信托法》时，主要考虑规范和发展营业信托的需要，但现在的情况表明，除投资、融资的需求外，营业信托中的财富管理业务增长迅速，各类民事信托的需求大量涌现。经济发达地区的富裕阶层生前要做好财产的分配和管理安

排，考虑遗产继承、个人养老、子女教育、老人赡养等。

## 三、推进信托业健康发展

我国信托业经历了一个从无到有、从小到大的发展过程。在我国社会转型、经济快速发展时期，《信托法》颁布实施，信托业的发展也经历了一个质的飞跃，信托业在社会经济生活和金融领域的独特作用日益显现出来。但是，相比于其他民事法律制度，信托的制度功能远未发挥出来；与其他金融行业相比，信托业还是一颗幼苗，需要精心的侍弄呵护。信托业今天取得的成绩是社会各界共同努力的结果，信托业的未来发展，还需要全社会的关心和关注。

1. 发挥信托制度功能，促进社会经济发展。历史地看，信托业在我国社会经济发展过程中发挥了积极的作用：引进国外资金、促进国际经济技术合作、促进多层次资本市场建设、弥补传统银行等机构金融功能的不足、为社会主义市场经济体制改革先行先试、支持国家重点项目建设和重要产业的发展等。

人们习惯说信托能够连接资本市场、货币市场和实业投资领域。一方面是因为国家对信托业的行业定位，另一方面是因为信托是一种民事制度，能够应用于各领域、各个行业。信托具有财产管理功能，同时又具有投资和融资功能，可以将社会各方面的资源组织起来，实现有效对接。以银信合作业务为例。因信托制度的灵活性、信托财产独立性等优势最适合应用于财产管理领域，国际上的银行一般基于信托制度办理理财和财富管理业务。尽管我国商业银行的理财业务有巨大的市场需求和发展潜力，但因为商业银行法的限制，只能通过代理制度做理财业务。信托公司不具备商业银行的客户资源和账户管理能力。二者的合作是一种强强联合，既能缓解商业银行开展理财业务过程中可能存在的利益冲突和道德风险，又能够弥补信托公司在客户资源和产品设计能力方面的不足。

2. 构筑社会信用，培养信托理念。市场经济是一种契约经济。在市场经济运作过程中，需要国家信用支持，也需要社会信用支持。在社会信用严重不足或者缺位的情况下，作为社会秩序最后一道防线的法律往往也无能为力。目前，我国经济社会中存在的一些矛盾和问题，社会信用缺失是一个重要诱因。

因此，基于我国社会信用的现状，并从我国既有的法律传统和财产权观念出发，我国《信托法》在规定信托的定义时，未明确要求设立信托的财产转移，如果告诉委托人将其财产设立信托后不再享有财产的所有权，脱离其控制，人们恐怕难以接受。

对于信托，信用并不是全部内容。信用是因，信托是果。信托关系建立的前提是委托人对受托人信任。之所以信任，是因为受托人有信用。在信任前提下，委托人将其财产交付受托人管理。在信托制度诞生初期，受托人在法律上仅享有对信托财产的“名义”所有权。此时，信托是一种单向信用的产物。建立在产业化基础上的现代信托制度发展到今天，一方面确立了信托的财产转移功能、财产管理功能和融资功能，另一方面也通过信托制度的运用从理念上、从财产转移制度上、从财产管理制度和投融资体制上完成了对社会信用的构筑。在全社会建立诚信的经济模式，能够降低交易成本，减少交易风险。因此，信托制度对构筑社会信用具有引领和推动作用。

3. 加强信托研究，深化信托实践。信托制度内容丰富，运用领域广泛，在应用上具有巨大的灵活性。但信托制度和信托业在我国的发展一直侧重于实务领域的应用型研究，被作为一个解决现实社会经济问题的工具使用，在系统化的理论准备和深入研究方面的工作做得不够。《信托法》的颁布，在法律制度上引入了信托制度，要使人们在生产、生活实践中自觉运用信托制度，遵守信托法，还需要一个长期过程。在基础理论研究方面，关于信托价值、信托理念、信托文化、信托功能等，关系到信托制度与我国基本社会、经济和文化背景的融合。在实务应用方面，关于产品设计、风险控制、监管手段等的研究，既要借鉴国外的有益经验，也要基于中国国情进行创新发展。

信托业涉足的领域广泛，要更好地发挥信托的作用，形成自身的差异化竞争优势，需要对相关或相近领域进行系统化的研究，对重大的理论实践问题进行专题研究。例如，关于信托在社会保障领域的应用。中国人口众多，社会老龄化提前到来，社会保障是目前面临的重大社会问题之一。中国的社会保障制度的内容包括社会保险、社会救济、社会福利和优抚安置，其中社会保险又分为政策性保险和商业保险两大类。社会保障体系大致由三部分构成。第一部分是主要由国家财政支撑的保障项目，包括社会救济、社会福利、优抚安置、社区服务；第二部分是由国家法律强制实行的社会保险项目，包括养老、失业、医疗、工伤、生育保险和住房保障；第三部分是遵循自愿原则，以盈利为目的的商业保险项目，包括个人投保、企业投保和互助性保险。

在社保基金和企业年金基金管理方面，信托制度发挥了基础性作用。2004 年 5 月，劳动和社会保障部、银监会、保监会和证监会联合颁布《企业年金基金管理试行办法》，这是建立多层次的养老保险制度，完善社会保障体系的重要举措。委托人、账户管理人、托管人、投资管理人和其他为企业年金基金管理提供服务的主体以信托的受托人为核心，以基金财产为纽带，各司其职，实现基金财产保值增值的目的。

但是，在社会保障方面，信托的作用远不止这些。可以探讨社团、社区、企业、个人等多主体多层次运用信托制度解决社会保障问题。

再如，关于信托在社会公益领域的运用。公益慈善事业是社会财富的第三次分配，能够促进社会公平，化解社会矛盾。目前，我国社会公益事业机制单一，主要由国家财政承担，社会化的公益组织发展缓慢，不能满足社会经济发展的需要，制约了整个国家公益事业的发展。近年来自然灾害频发，发展社会救助、教育和环保事业的需要日益迫切。

2008年5·12汶川地震发生后，银监会颁布了《关于鼓励信托公司开展公益信托业务支持灾后重建工作的通知》（银监办发〔2008〕93号，2008年6月2日起施行），鼓励信托公司依法开展以救济贫困、救助灾民、扶助残疾人，发展医疗卫生、环境保护，以及教育、科技、文化、艺术、体育事业等为目的的公益信托业务。但到目前为止，信托公司的公益信托业务还没有开展起来。除了国家法律政策的支持、社会公众对公益信托的认同外，信托公司在这方面也应当进行积极的探索和推进。

4. 完善法律法规，规范信托发展。《信托法》确立了我国的信托法律制度，有关部门通过制定行政规章对《信托法》的实施加以细化。《信托法》实施后，监管部门制定的规章成为推动信托业发展的主要规范，实践证明监管工作是卓有成效的，十年来信托业一直在稳步发展，没有出现大的问题。然而，仅仅做到这些还不够。信托业有其特殊性，还需要在法制建设方面给予更多的支持。现实中，《信托法》的实施还存在与其他现行法律制度矛盾的地方，需要解决衔接问题，这些问题需要通过修改法律、行政法规或作出司法解释予以解决。例如信托登记问题，要解决与现行动产、不动产及股权登记的关系；再如信托税收问题，要解决在现行税制下如何处理好对信托活动的纳税问题。

在信托业经历了一个准备和初步发展阶段后，信托法制建设工作也应当从初期的制定基本规范的框架性制度建设，转向针对具体问题、具体领域或业务的专项制度建设，进行精细化的立法工作。

总之，信托法制建设的目的是保障信托业依法展业，加强监管，规范发展，不是为了限制信托的运用，而是在规范发展中充分发挥信托的功能。

# 经济发展方式转变中的信托业发展选择

中国社会科学院金融研究所所长　王国刚

信托业的发展应该说已经不是一个新话题。从20世纪90年代到现在的信托业发展历程中，信托业如何发展就困扰着当时的信托投资公司，现在则困扰着信托公司。从1979年算起，信托公司发展历程已经30多年，在中国经济中也起到了重要的作用。以2008年为例，当年按照原定计划银行的新增信贷不超过2007年的数据，到2008年9月，银行新增信贷3.5万亿元。大家都知道，受美国金融危机的严重冲击，中国经济在下滑。如果用季度算，大致概念是：2007年中国GDP增长率14.2%，2008年第一季度为10.7%，第二季度为10.1%，第三季度为9%。如果说2008年中国经济的资金增量仅仅来自于新增信贷，可以说2008年中国GDP增长率达不到9.1%。这个过程中，信托公司发挥了积极重要的作用，通过银信合作，放出了几千亿的资金，有效地支持了中国实体经济的运转，减缓了中国经济向下滑的步伐。

在中国经济发展过程中，我们发现，信托业又是一个多灾多难的行业。为什么？大家现在对它关心，是因为现在又是一个重要的时期了，也许从2007年以后，走到今年，这条路还算比较顺，但明年的路怎么走，后年的路怎么走？现在各家信托公司都在想这个问题，同样，监管部门也在关注这个事情。

大家看到我列的这个题目——中国信托业的困境，所以我首先从这个地方破题讨论一下，这个困境在哪儿？这里给大家列出了一些问题。2001年4月《信托法》出台，标志着中国信托业开始进入了法律规范的运行轨道，这是大好事。但是，在《信托法》实施过程中可以发现，它恐怕和金融的其他法相比都有着明显的差别。什么明显差别呢？《信托法》是规定了信托是什么，犹如其他的法也大致如此——把相关的事讲清了。其他的法在落实时候，是根据这样一个定义的内在特征去把握经济活动和金融市场上的各种行为的，只要你的行为符合这个法律规定的特征，就该受这个法律约束，而不管你用什么名称。但是，当我们在落实《信托法》的时候就出了这么一个事。虽然“信托是什么”说清楚了，但是，在落实《信托法》的过程中并没有把“什么是信托”弄清楚。许许多多带有典型信托特征的行为，并没有纳入《信托法》的规范范畴。也就是说，当讨论所谓《信托法》的时候，很多人认为它就是规范信托公司的法，不是规范信托行为的法律。由此，造成了这样一种局面，只要不用“信托”二字，哪家金融机构都可以从事相关业务。所以，我在这里想问，这样一个《信托法》，究竟是仅仅局限于约束信托公司还是它本来是规范整个信托市场和信托行为的。

我早些年讲过，金融本来有三个机制：债权债务机制、股权机制和信托机制。比如说，在股权方面，公司法等只约束某些机构行为吗？并不是。它是约束整个市场上的股权行为。债权债务也是如此。所以，对信托公司来讲，这些问题是需要认真去探讨的。因为这些问题不探讨，在我们这个环境中，已经形成了这样的一种情况，你做的是信托这项业务没错，但我也做这项业务，只要把信托两个字拉掉，有时候我称委托，有时候我连委托这个词也不称，我也可以干。所以，你可干的事我也可干，可是，我可干的事你不能干。那么，信托公司怎么过日子？信托市场中存在的很多问题，都来自于这样一个最基本的概念之中。

制度不清是第一个问题，制度落实依然是一个主要的问题。大家都知道流行的一句话：没有定位，就没有地位。信托在金融市场中的地位是由法律规定的。可是它没有很好的落实。第二个不清楚的是业务范畴。这是与前面的制度问题直接相连的。当讲起存贷款，人们头脑马上想起是银行；讲起证券就想起证券公司；讲起保险当然想起保险公司；不知道讲起什么产品，人们能想起信托公司。人们不明白什么是信托计划？它与证券公司的集合理财有什么不一样，与基金管理公司的“一对多”业务有什么不一样？如此等等。

信托是“受人之托、代人理财”。信托公司从事的业务是“受人之托、代人理财”的。可是，“受人之托、代人理财”的业务并不是只有信托公司做。保险公司的业务也是“受人之托、代人理财”的，基金管理公司业务也建立在这个基点上，如此等等。因此，信托公司的服务究竟定位在哪儿？“受人之托、代客理财”这一句话并不能反映出信托公司的完整特征，因为基金管理公司的外延比信托公司要大，所以，这个概念并不清楚。与此相比，制度和政策层面上的取向更是不清。实际上中国有着大量的并且随着经济发展不断丰富的信托业务资源和可用信托方式来管理的资产以及财富。可是当我们在考虑这些问题的时候，往往把信托公司扔在一边。所以，有关决策层在讨论这些问题的时候，或者“一行三会”在讨论这些问题的时候，并没有把信托的主要特征列入考虑范围。在中国，体制问题是大问题，许许多多可用信托方式管理的资产都被体制不健全给肢解了。举个例子给大家，早些年，我们讨论住房公积金的时候，各地都成立了一大批住房公积金机构。但有两个最基本的问题没有解决：住房公积金的资金是谁的？相关权益又是谁的？住房公积金的钱是各个缴款人的，权益是这些缴款人的。为了保证这些资金的安全，这些资金在运行中的有效性，本来应该采取的方式就是信托的方式。但是，这条线没走下来，为什么？因为当时没有“信托法”。随后，在行政体制中进行讨论时，信托业也缺乏足够的行政谈判权，所以，住房公积金机构在各地成为准政府机构，像这类事，在今后发展中还会碰到，是否需要考虑，此类行为必须采用完整的信托机制来管呢？再举个例子，比如说住宅的预付款。把这个预付款付给开发商，就存在这样那样的问题。一个解决方案是，把预付款交到某一个信托账户，然后由信托管理人来监督开发商的行为。如果开发商整个建筑的进度质量达到了预先设计的要求，就可以按进度划款。这样，一方面保护了购房者的利益，另一方面强化了对开发商的约束。但是，如果现有的这样一种政策思路不改变，政策格局的讨论不改变，当果真把这个事摆到面前的时候，有多少购房资金将用信托的方式来管理？依然是个问号。又比如，各个物业小区交的物业费。业主们交的物业费现在都交给物业公司，成为物业公司财务上的资金。当业主委员会要把这个物业公司换了的时候，极其困难。如果把这笔钱交到一个信托账上，业主委员会根据物业公司提供的财务预算进行审查，觉得这个预算能通过了，通知信托管理人按照这个预算付款，那物业公司就得好好地为业主服务了。不然，业主可以随时换物业公司了。钱不在你兜里，没问题。可是当这种事讨论出来的时候，是否能落到信托公司恐怕又是问号。

如果说政策面上讨论这些事仍然是在行政机制范围里讨论，仍然存在着一些非信托考虑的话，那么，信托今后的市场又在哪里？各种机构可以以这一种的集合理财，那一种的委托方式等方式来做，就是不给信托公司，怎么办？所以，政策取向不清，依然是我们的问题。

第三个问题，市场不清。刚才所讲的，讲起存贷款想起银行，讲起保险单想起保险公司，这个市场边界都是非常明确的，市场的结构和氛围也是很明确的。可是，信托在哪里？信托市场讲白了，它需要用《信托法》把市场边界切清。其中，最重要的问题就是前面所讲的，具有哪些特征的经济活动、金融活动必须纳入信托范畴来考虑，而不是换个名称就可以随便做了。否则，在金融的其他市场是不是也能这样做呢？换个名称我不叫存贷款，那我是不是也能做这些业务呢？

第四个问题，人员结构不清。什么叫人员结构不清呢？实际上，信托公司有一个很麻烦的问题，当我没有这项业务的时候，我去招这种业务人员，养这些业务人员干什么？可当这项业务摆在面前的时候，这些业务人员还没来，又没法做这些业务。这里面有一个业务人员和业务之间的鸡和蛋的关系，可能需要我们认真地考虑。究竟我们的信托需要哪些专业人才？这些专业人才分别是做哪些特征的信托业务？然后，根据你业务规模的状态来规定或者划定公司内部这些业务人员的结构和岗位状态。现在，比较多的是只做前面这样一些事，而后面更多的事，仍然需要考虑。

把所有的这些不清的问题都加在一起，为什么说现在又到了一个重要时期。2011 年是“十二五”规划的第一年，“十二五”规划乃至更长时间，中国经济肯定是一个调整增长或者说是一个快速增长的过程。许多的经济资源、金融资源都将在这个过程中进一步在规模上、在结构上、在内容上等各方面拓展，可是，信托业如何从中分一杯羹呢？如何从里面分一块市场，如何在这个过程中，把信托公司本身做好、做大、做强？到今天看，依然扑朔迷离，这是我们的困境。

在中国的经济发展过程中，这一轮经济发展跟过去相比，一个重要的特征是城镇化将大幅度提高。在这个城镇化乃至在城市经济展开过程中，人们就可以去寻找中国各类金融资产的状态。我这里简单地列了一下，可能不全，甚至有些数据可能偏小。但从这些数字人们可以看到，加在一起有多少？200万亿元之多。你准备管理多少？在“十二五”规划随着GDP增加，居民收入水平增加等，它还将增加，不讲多，到“十二五”末200万亿元达到260万亿元、270万亿元，甚至接近300万亿元的可能都有。在这样的大盘子中，你能拿多少？你能占多少？“十二五”规划以经济发展方式转变为主线，这种转变，一方面是通过城镇化发展来带动整个国民经济，另一方面有着一系列调整，我这里简单地列了六项内容。

一是工业经济从东部向中西部梯度推移。我们今天会议地处上海。从上海角度而言，在未来五年、十年乃至更长的时间，要靠过去的那一种方式进行大规模的大型工业项目投资来支持上海经济发展，这已经是几乎不可能的。上海经济将向现代城市经济，长三角地区将向现代都市圈经济展开，这种都市圈经济当然不仅仅是在长三角，还有珠三角、环渤海等等。在这个过程中，工业将从东部转向中西部。如果说机械设备等资产都还好转移（当然，也有不好转移的机械设备），那么，留下的一堆不动产，该怎么办？这就是转移过程中需要讨论的事。我们过去曾经走过这样的路子，比如说北京当时退二进三（从二环内退出来进三环），然后呢，再走一轮，退三进五（从三环左右退出来进五环），从20世纪80年代一直走到了跨世纪。今后还这么走吗？一个城市的工业？所以，在这个过程中，就有很多需要运作的资产，需要有机构来管理资产。

随着全国能够支付得起上海消费成本的人向上海集中，原来的金融服务就不能适应了。以工业化为基础的金融服务，它的特征是机构金融、存贷款金融；以城市经济为特征的金融服务是以人为本的金融服务，它的特征是财富管理。那么，信托往哪儿走？在财富管理中信托能占多大的份额？

从中华人民共和国1949年10月成立开始到现在，中国花了60多年的时间解决13亿人口吃穿用的问题，实现了第一个发展战略目标，即温饱型小康，大家吃穿不愁了。“十二五”以后，城镇化将成为经济发展的主要引擎。城镇化将带动城镇经济发展，同时带动工业经济发展，中国还将有50年的经济高位增长。在这个过程中，解决“住行学”将成为主要的政策抓手。其理由是，我们现在着力要解决的是人们在“住行学”方面的短缺，而这方面短缺，不论对居民消费来讲支出的费用、比例，还是需求弹性都远大于此。因此，把这些作为抓手，整个经济依然有着相当长时间的较快平稳增长。在这个过程中，各方面需求提出来，信托能做什么？一个简单的问题是，人口将在各层次城镇之间流动和选择。人口流动实际上提出诸多需要管理的财富，信托能够做什么？

城镇化投资也将成为全国投资的重心，尤其是在中心城市更是重心。举个简单例子，像北京这种城市，“十一五”期间的投资90%以上是城镇投资，而城镇投资中70%左右是房地产投资。有人估算，未来10年仅仅由于城镇化方面投资就需要200万亿元的投资量，那么，信托市场和信托业怎么办?

最后，未来的过程也是中国国际化步伐加快的过程。在这个过程中随着中国经济走好，随着中国城镇化的发展，相当多的外资将从原来仅仅在工业经济方面发挥作用，转向在城镇经济方面发挥作用，因为我们的城镇经济发展水平，乃至城镇经济的管理水平远低于发达国家。在这个过程中，有大量的海外资金、技术等要进来，那么，作为一个管理者，信托应采取什么方式来做好这件事。在这当中，对于信托业发展来讲当然有着许多的新机遇。一方面是资产变动中的新机遇，这里面有各种资产管理，我这里列了一下：城乡居民储蓄存款余额达30万亿元，居民家庭财产达到60多万亿元；规模以上工业企业资产达50多万亿元；债券、股票市场等证券市场的市值总额达到30多万亿元；银行资产已达80多万亿元；证券公司、基金管理公司和保险公司等的资产达到10万亿元左右；各类PE的资产达到2万亿元。这些都属于资产管理类，这些资产管理你做好准备了吗?另一方面有各种的财富管理，直接针对着个人或者家庭来做的，这些财富管理不仅需要产品创新、机制创新，也需要你的营销模式创新、管理模式创新，如此等等。那么，在这方面做好准备了吗?

要把握好所有这些的变化，虽然需要很多条件，归根到底两件事：一个是信托公司本身的素质要专业，包括你的业务治理结构、风险方法、能力技术等等；另一方面需要诸多相关制度的保障。这是为什么我一开始就讲制度，因为确确实实制度是关键，它决定和界定了你能做和不能做的事。也许有人还记得，20世纪80年代开始了改革开放，当时有人说了一句话“政策也是生产力”，使得一批经济学家一头雾水。为什么呢?因为经济学上讲，资本、劳动、技术、信息、管理等是生产力，什么时候属于上层建筑的政策也跑到生产力里面去了呢?实际当时讲“政策也是生产力”的含义是，因为在改革开放前中国许许多多人的手脚、头脑被政策束缚住了，当你把这样一种政策放松了，你允许他做了，这样，一个人就可以干他所能干的事了。毛泽东非常伟大，说了很多非常精辟的话，其中有一句话是：世间人是第一可宝贵的，有了人，什么人间奇迹都能创造出来。毛泽东这句话是真理，但是，这句话还应该做一个补充，什么补充呢?要有一个好的体制机制。所以，中国信托业有良好的发展前景需要一个好的体制机制。

谢谢，我讲完了。

# 现代信托的功能与价值取向

## ——中国信托业的理性回归

中国人民大学信托与基金研究所所长　周小明

《信托法》的颁布实施，迄今已整整九个年头了。中国信托业据此开展的信托实践也取得了骄人的业绩。但是，环绕在中国信托业头上的两个“历史怪圈”，至今也没有因《信托法》的出台而完全破解：一是信托业的发展方向仍然迷惘，行业“十字路口”式的选择隐忧始终没有消除，经营策略长期难以实现从“生存导向”到“发展导向”的跨越式转型；二是信托业的监管目标仍然不坚定，是限制还是发展？监管的目标导向容易受环境影响而频繁波动。上述两大“怪圈”相互联动，彼此传导，最终导致对中国信托业存在和发展必要性的历史怀疑一直难以消解。这是迄今为止中国金融业内唯一没有完全破解的认识谜团。

是什么原因导致对信托业的认识如此难以获得坚定发展的共识？究其根源，还是在于对信托制度的功能和价值没有清晰和透彻的认识。现代信托因其实务应用上的巨大灵活性，以致信托本质上的功能和价值，通常为缤纷复杂的信托活动表象所掩盖。表象上的信托活动鱼龙混杂，真是“横看成岭侧成峰”，难识庐山真面目。于是，有人见其正面为之鼓与呼，有人见其反面视之为洪水猛兽。本文的目的正是要透过表象，揭示信托本质的功能与价值，为中国信托业的长治久安构建认识论上的基础。

## 一、信托的功能

### （一）制度功能

#### 1. 财产转移与财产管理

现代信托包括我国《信托法》所确立的信托制度，均源于英国法律上的“Trust”，汉译为“信托”。英国法律上的“信托”起源于13世纪即中世纪英国的一项古老的财产制度，经过几百年的去芜存精，如今已经发展成为一个严密而精巧的世界性的法律体系。现代信托的基本法律结构是受托人以所有人的身份，按照信托目的的要求，为了受益人的利益而持有、管理和处分信托财产。在实务上，运用信托的基本情况有两种：一种情况是，财产所有人希望将财产或财产利益转移给第三人享有（比如他的子女或亲朋好友），但考虑到某些因素（比如第三人未成年、缺乏理财能力等），又不愿立即直接将财产或财产利益转移给该第三人。这时，财产所有人可以将财产交付信托，通过受托人的中介设计，从而使第三人享受到与直接转移相同甚至更为优厚的好处（比如，信托财产因受托人的有效管理而大幅度增值）。这是典型的他益信托场合。另一种情况是，财产所有人希望特定的财产能增值，给自己带来更大的经济效益，但因自己或没时间精力，或缺乏理财能力，从而将财产交付信托，借受托人的管理活动，以达成自己的心愿。这是典型的自益信托场合。由此可见，信托实质上乃是一财产转移与管理的法律设计，其制度性功能不外有二：一是转移财产，这体现在他益信托场合；一是管理财产，这充分表现于自益信托场合。

从历史的角度观察，信托的制度功能经历了一个有趣的演变过程。当信托最初在英国中世纪出现之时，主要是被用做一种消极的财产转移设计，目的是规避当时封建法律对财产转移所加的种种限制与负担。说其消极，是因为当时多数的信托设计中，受托人仅仅是一承受信托财产法律上所有权的“人头”，对信托财产不负任何积极的管理处分义务，受益人不仅享有信托财产的利益，实际上也拥有管理处分权。正是通过受托人的这种“人头”设计，委托人成功地将财产转移给依当时法律不能享有财产权利的人（即信托设计中的受益人）。

然而，随着封建制度的彻底崩溃和资本主义市场经济以及法治原则的确立，信托作为一种单纯的、消极的、以规避法律限制为目的的财产转移设计，在新的社会环境中已失去了用武之地。因为原先加诸于财产转移上的种种不合理的限制，已为凸显个人主义和自由主义的资本主义市场经济法制所取缔。而且，市场社会的法治原则也不允许信托被主要用做一种规避法律的设计。适应新的社会发展，信托于是摇身一变成为一提供专业财产管理的管道，受托人角色也从一消极的“人头”借用者蜕变为需以自己知识经验为信托财产进行投资决策的管理者。财产转移功能与财产管理功能紧密结合，并日益突出财产管理功能，正代表着现代信托的一种发展趋势。

2. 财产制度的创新

人类活动的一个极其重要的层面，就是进行财产转移与财产管理，并寻求更有效的制度设计，这是人类物质文明得以持续发展的内在原因之一。现代信托就是这样一种在实现财产转移与财产管理功能方面具有创新价值的制度安排。信托的制度创新具体体现为现代信托的六项基本法律规则。

（1）权利与利益相分离。即信托财产的所有权由受托人享有，但信托财产的利益由受益人享有。受托人拥有信托财产的所有权并加以管理、处分，不是为了自己的利益而是为了受益人的利益。受益人的对象和受益人享受信托利益的范围则由委托人通过信托目的和信托文件加以确定。

（2）信托财产独立性。信托财产虽然由受托人享有法律上的所有权，但不属于受托人的固有财产，信托财产独立于受托人的固有财产。在他益信托场合，信托财产还独立于委托人的固有财产；如果信托文件有约定，信托财产还可以独立于受益人的固有财产。信托财产独立性的规定，旨在确保信托财产的安全，以充分实现信托目的。

（3）信托存在的连续性。信托设立后，除非信托文件另有约定，否则，信托不因委托人和受托人的死亡、终止而终止，也不因受托人的辞任、被解任而终止；在遗嘱信托中，信托还不因受托人的欠缺而不成立。发生上述情况时，应按照信托文件的约定或法律的规定，选任新的受托人继续管理信托，直至信托期限届满或信托目的实现。

（4）信托目的自由性。委托人设立信托的目的是自由的，只要不违背法律的禁止性规定或者违背公共政策和社会利益，委托人可以为各种目的设立信托。信托目的自由性集中表现为委托人可以自由确定信托财产的管理目标、管理方式以及受益人的范围、受益权的内容和受益人享有受益权的条件，从而充分实现委托人转移和管理财产所要达到的目的。

（5）受托人职责的法定性。在信托中，受托人不仅要遵守信托文件约定的各项职责，还必须遵循法律规定的各项职责。而且，现代信托中，受托人的法定职责还呈现三个发展趋势：一是法定职责的积极化。现代信托法不仅要求受托人需消极承受信托财产所有人的名义，还要求受托人履行对信托财产的积极管理职责，这主要体现在现代受托人投资职责的法定化。二是法定职责的高标准化。现代信托法要求受托人以更高的标准履行法定职责，主要是对受托人忠诚和谨慎管理义务的强化。三是法定职责的强制化。除非法律允许可以以信托文件的约定加以排除。

（6）信托责任的有限性。受托人管理信托对内会产生对受益人的责任，对外会产生对信托财产交易对手的责任。无论是对内还是对外责任，只要受托人无过错地履行了自己的约定和法定职责，均以信托财产为限承担有限责任。只有在受托人履行职责有过错的情况下，才会以自己固有财产承担责任。

从现代信托的创新性规则设计不难看出，与传统的财产转移制度（主要是赠与、继承与买卖三种）和财产管理制度（主要是委托代理、投资公司和有限合伙三种）相比，信托在践行财产转移与财产管理功能方面具有独特的四个优越性。

一是整合性。信托是将财产转移功能与财产管理功能整合为一体的新型制度，既可以用于财产转移，又可以用于财产管理，还可以同时用于财产转移和财产管理。而传统的财产转移制度只能用于财产转移，不能用于财产管理；传统的财产管理制度则只能用于财产管理，不能用于财产转移。

二是灵活性。由于委托人设立信托的目的是自由的，可以在信托财产的管理结构和信托利益的设置方面附加各种各样的条件，因此，信托在应用上具有空前的灵活性。而传统的财产转移制度在财产转移时通常是即时的转移，传统的财产管理制度在管理结构上则通常是法定的，因而，难以在财产转移和财产管理方面附加可以达成财产权人特定目的的各种条件，从而使其在应用上比较僵化，缺乏弹性，灵活性不够。

三是稳定性。由于传统的财产转移制度在财产转移时通常是即时的转移，因而难以有保障财产权人转移财产所要达成的目的的稳定性机制；传统的财产管理制度，除投资公司和有限合伙外，委托代理随时可以解除，因此也没有稳定的管理机制。而信托在法律上因有存在连续性的设计，因此，信托设立后可以不因各种意外情况发生而终止，从而确保委托人能稳定地实现自己的信托目的。

四是安全性。传统的财产转移制度由于实行的是即时的财产转移，因此，财产转移后，难以保障财产接受人不因自己的品行和能力方面的缺陷而使财产蒙受损失；传统的财产管理制度中，管理各方的职责由于采取法定主义，而且法定的职责通常是原则性的，因此容易发生损害当事人利益的“内部人控制”现象。而通过设立信托，因有信托财产独立性的特殊设计以及受托人约定职责和法定职责的双重设计，而且受托人的法定职责非常具体明确，因此，信托在保障信托财产安全和受益人利益方面较之传统财产制度更具有可靠性。

### （二）应用功能

正因为信托是一种创新性的财产转移和财产管理制度，所以通过其实务应用，信托便产生了巨大的、良好的社会效应。信托的积极社会效应体现在信托在实务应用上通过推陈出新、不断创新而派生出了丰富的应用功能。信托的应用功能是其制度功能的表象功能、派生功能，是其制度功能实现的社会效果。总体说来，现代信托的应用功能可以分为两大类：目的型应用功能和工具型应用功能。

1. 目的型应用功能

目的型应用功能是信托在实现财产转移与财产管理的制度功能时，由信托目的不同所派生出来的功能。信托制度的一个巨大优越性，就是只要不违法，委托人可以为了各种各样的目的设立信托，从而使信托在应用上具有巨大灵活性，几乎可以与人类的想象力媲美，信托的创新力也正源于此。因此，由于信托目的的不同，信托可以派生出极其丰富的应用功能。从实践看，信托的目的型应用功能主要有：

（1）传承功能。在英美国家，传统上多运用“隔代信托”（Generation - skipping Trust）与“累积信托”（Accumulation Trust），以确保财产在家族之间的代代传承。所谓“隔代信托”就是委托人仅将信托财产的部分利益授予其继承人（父母、妻子和儿女），而将信托财产的主体利益授予给孙辈。如此，委托人不仅在死后仍能照顾妻儿的生活，更可确保家产不落入外姓人之手（如妻子再嫁或其子辈运用不当时）而代代相传。如无法律限制，此类安排可以无止境重复下去，如规定孙辈也需设立同样的隔代信托。

而隔代信托与累积信托相结合，不仅可以使家产长久传承，还可以积累巨大的家产。所谓“累积信托”就是将信托财产的收益不予分配，由受托人归入信托财产本金。由此，信托存续期间财产势必不断累积，待后辈取得信托本金时，无疑可掌握巨大的经济资源，委托人家族在社会经济上的地位藉此也可维持代代不坠。

（2）保障功能。为特定的家庭成员提供生活保障一直是信托的传统应用功能。在英美国家，委托人广泛利用“自由裁量信托”和“保护信托”，以实现这一目的。自由裁量信托的特征在于信托文件本身并不确定受益人的具体信托利益，而是授权受托人根据具体情况加以确定和分配。据此，委托人可以赋予未来最需照顾的家属（如境遇不好而贫穷的家属）以更多的保障。而自由裁量信托与保护信托的联合应用，更可以保障具有浪费习性的家属的生活。保护信托的特点在于设置“没收条款”，即若受益人欲转让信托利益或者信托利益被受益人债权人追索时，则信托利益终止，同时“保护信托”自动转化为“自由裁量信托”，其后，由受托人根据受益人生活实际需要自由决定分配信托利益，由此，可以确保具有挥霍习性的受益人的正常生活。

如果说传统的家属生活保障信托主要是向富人提供的信托服务，那么，随着社会的发展，信托适应新的环境，其保障功能如今已被广泛地延伸到公司企业的员工之中，各种“雇员受益信托”应运而生，在西方发达市场经济国家的社会福利计划中，已日益占据显赫的地位。“雇员受益信托”正如其名称所示的那样，是公司为其雇员的利益而设立的各种信托，其特点是公司定期从公司的利润和/或员工的工资中扣除一定比例的资金，交由受托人管理，受益人则是该公司的员工。“雇员受益信托”的形式繁多，最普遍的是为保障员工退休生活而设立的“养老金信托”，此外，还有鼓励员工储蓄而设立的“节约储蓄信托”、为保障员工失业而设立的“失业利益信托”等。我国现行的企业年金也普遍采取了“企业年金信托”的形式。

（3）风险管理功能。由于信托财产具有独立性，因此，信托也被广泛运用于各种交易的风险管理，成为一种新的风险管理工具，发挥风险管理功能。在国际上，大型项目如海底电缆铺设、跨海大桥建设具有建设周期长（通常在10年以上）、建设资金大的特点。在如此长的建设周期中，如果将建设资金直接拨付给相关建设主体，一旦该建设主体发生财务危机甚至破产的情形，则因建设资金没有与建设主体的表内资产进行有效的风险隔离，有被其债权人追索的危险，从而影响项目的正常实施。为解决这一问题，通常会将建设资金交付信托，由受托人根据建设进度拨付资金，一旦期间相关建设主体发生财务危机，因信托财产具有独立性，建设资金就不会被其债权人追索，而交由新的建设主体继续进行，如此便能确保项目的顺利实施。

利用信托财产独立性特点，信托还被广泛用作担保的一种替代形式，用来管理交易风险，确保交易安全。在交易双方没有信用基础的买卖交易中，买方会担心：一旦交付货款，卖方有可能不交付货物或交付的货物不合格；而卖方也会担心：如果交付了合格的货物，买方有可能不支付相应的货款。为解决这一问题，买卖双方可以将货物和货款作为信托财产设立信托，由受托人按照买卖合同的约定予以执行：如果卖方交付了合格的货物，则由受托人向卖方支付货款，并向买方交付货物，否则，由受托人将货款退回给买方或将货物退还给卖方。如此，交易风险得以有效规避。

（4）公司治理功能。现代公司治理的核心有两个：一是保护小股东的利益；二是建立有效的激励体系包括股权激励。现代信托适应公司发展的需要，也被普遍应用于公司治理的完善。在美国，首先创设了“表决权信托”，用以保护小股东利益。公司两个以上的股东，在一定期间，以不能撤回的方法，将其所持有的股份以及法律上的权利包括表决权，转移给受托人，由受托人持有并集中行使股份上的表决权，股东则从受托人处取得载有信托条款与期间的“信托证书”（Trust Certificate），以证明股东对该股份（信托财产）享有受益权（主要包括股利请求权和信托终止时股票返还请求权）。这就是“表决权信托”（Voting Trust）。表决权信托实质上是通过股东将其表决权集中于一个或数个受托人，使受托人透过董事的选举或其他方法，以控制公司业务的一种法律设计。表决权信托在美国极为流行，用途甚广。举凡稳定公司管理、协助公司重整、防止相竞争的其他公司控制本公司以及少数股东的保护，都可透过表决权信托而实现。

此外，信托还被广泛运用于建立股权激励。股权激励信托的形式很多，在美国，运用较多的有“利润分享信托”（Profit - sharing Trust）和“股份分红信托”（Stock Bonus Trust），前者是指公司或企业将其一定数量或比例的纯收益交付信托，约定在将来一定时期将信托收益分配给所有员工或其中某些员工，以使他们能分享企业的利润；后者是指由公司出资成立信托，对服务卓越或对企业有特殊贡献的员工予以奖金，并使他们有机会购取公司股份，成为公司股东。在我国，信托也被普遍应用于管理层持股和员工持股。

（5）公益功能。信托设计一直在社会公益促进方面扮演着极其重要的角色。在中世纪，英国人就习惯于利用信托设计就自己的土地为教会设定利益，以推进宗教事业的发展。今天，社会公益领域覆盖面更广，公益信托的利用也更频繁。在英美，举凡宗教、慈善、学术、教育、医学、科研等公益事业，无不得益于公益信托的实施。以美国为例，现今有数千个基金会（Foundations），从事各种不同的公益事业。资力雄厚的人往往自己成立个人的基金会，例如卡内基基金会、洛克菲勒基金会等。这些基金会在法律上都采用公益信托形式，其中有的财力非常雄厚，规模十分庞大，对于美国甚至世界的学术、科学、教育都有巨大贡献。我国《信托法》也确立了公益信托，信托公司在开展公益信托方面也进行了不少尝试。只是由于审批手续不明确和配套税收优惠措施没有建立，公益信托在我国的发展还受比较大的制约。有理由相信，随着相关制度的健全，信托在我国公益事业的发展中将扮演越来越重要的角色。

（6）廉政功能。现代政府不仅对经济事务拥有巨大的干预权，而且往往直接控制庞大的经济资源。为防止政府决策阶层的私人事务与其政府职务产生利益冲突以致影响决策的公正性和客观性，现代法律对此多有种种监控设计。在美国，信托概念也被引入了这种监控设计之中，从而产生了一种特殊的信托产品——盲目信托（Blind Trust）。一定职务以上的政府官员在诸多的监控设计中，可以选择盲目信托，即将其资产交由独立于其影响之外的受托人管理处分。盲目信托与一般信托最大的不同点在于：前者的委托人（也为受益人）被禁止告知信托财产管理处分的详情，也不得保留对信托的干预权，因而对信托的实施情况一无所知。此即“盲目”二字的由来和意思。而在一般信托，受托人有义务向委托人（和受益人）详细报告信托事务的处理情况，委托人于设立信托时可保留相当程度的指挥、介入权。盲目信托的功能在于，透过委托人对信托事务的“盲目”以降低政府决策官员因私害公或假公济私的机会，从而保证决策的客观公正。

出于相同的考虑，台湾在“阳光法案”——“公职人员财产申报法”中，也推出了一种类似于“盲目信托”的设计——公职人员的强制信托。它要求重要公职人员，包括正副总统、五院正副院长、政务官、立委、省市议员及区县市长，必须将个人、配偶及其未成年子女的股票和不动产，转移或设定于政府承认的、有管理能力的信托机构代为管理处分，旨在避免主导或影响决策的公职人员在拟订政策过程中谋取不当利益。强制信托迥异于世界各国通常只有“自愿信托”的制度，赋予了信托以新机能。

2. 工具型应用功能

工具型应用功能是信托在实现财产转移与财产管理的制度功能时，由于信托财产管理方式不同所派生出来的经济功能。早期的信托，由于信托财产数量有限，类型单一，主要是土地和动产，与此相适应，信托需求尚未形成市场，受托人以非营业性的个人担任，受托人信托财产的管理方式也比较单一，主要限于保管、出租、出售等方式，因此，由信托财产管理所派生的经济功能也非常有限，应用上主要以目的型功能为主。但是，随着社会的进步，财富在量上急剧增长，信托需求逐步形成了一个巨大的市场，营业性的信托机构开始登上历史舞台；而且财富的形态也发生了革命性的变化，传统上以土地和动产为核心的财富形态，逐步发展为今天以资金和金融资产为核心的财富形态。相应地，信托财产的管理方式也发生了重大的变化，从传统上以保管、出租、出售为主的方式，逐步发展为今天以各种融资和投资为主要方式。其结果是，信托机构通过金融化的方式管理着巨大的信托资产，信托越来越营业化和金融化，信托机构自身也摇身一变成了金融机构，这是现代信托的一个重要发展趋势。信托的营业化和金融化，使现代信托具有了强大的金融功能，在经济生活中日益发挥重要的投融资作用，极大地丰富了信托的工具型应用功能。

总体说来，现代信托适应了变化的社会经济环境而发展起来的工具型应用功能主要有两大类：一是融资功能；二是投资功能。

（1）融资功能。现代信托机构利用信托的各种特性，创设了各种形式的融资信托，以满足巨大的社会融资需求。融资信托主要有四种类型。

一是传统型融资信托。即信托机构通过募集信托资金，以贷款的传统融资方式加以运用，从而实现融通资金的功能。我国信托公司开展的多数信托业务属于传统型融资信托，融资领域涉及基础设施、房地产等产业和行业。传统型融资信托的极致要数日本的“贷款信托”，日本通过立法的方式，以受益权证券化的方式，募集信托资金用于发放贷款。

二是资产支持融资信托。即信托机构通过募集信托资金，通过购买融资人具有良好现金价值的基础资产（如信贷资产、上市公司限售流通股、高信用等级的应收账款和物业租金、高现金流的各类收费权等）的方式，为融资人实现融资。资产支持融资信托又有“买断式”和“买入返售式”两种，其极致形式就是资产证券化。资产支持信托作为一种新型的融资方式，在我国信托公司的实践中已得到普遍应用。

三是结构化融资信托。即信托公司根据投资者不同的风险偏好对信托受益权进行分层配置，按照分层配置中的优先与劣后安排进行收益分配，使具有不同风险承担能力和意愿的投资者通过投资不同层级的受益权来获取不同的收益并承担相应风险的集合资金信托业务。结构化信托本质上是为劣后受益人进行融资的一种信托业务，是我国的首创，已被广泛运用于房地产投资、证券投资和私人股权投资等领域的融资。

四是融资服务信托。融资服务信托本身不直接提供融资，而是信托公司利用信托的结构设计，为融资方提供融资便利和融资服务。典型的融资服务信托有：为配合公司发行附担保的公司债券而设立的“公司信托”（Corporate Trust），基本做法是以发行公司为委托人，以信托公司为受托人，以所有公司债债权人为受益人，以发行公司用于担保公司债的财产上的担保权为信托财产，以将来所有公司债债权人享受共同担保利益为目的，由发行公司与信托公司之间缔结信托契约。在日本、韩国称为“附担保公司债信托”，在台湾则叫做“公司债信托”。为配合铁路公司或航空公司进行车辆、飞机等设备融资而创设的“设备信托”，基本做法是动产设备的制造商、买受人与信托公司三者间先订立一个基本合约；然后，制造商据此接受买受人的订货制造动产设备，完成后再与信托公司缔结信托契约，以信托公司为受托人，将该动产设备的所有权转移于信托公司，同时领取受益权证书（表示有权受领设备货款和租金的证书）；信托公司则于接受委托之后，与买受人缔结租赁与买卖契约（即租赁契约），同时向买受人收取租金（相当于分期买卖中的分期付款）及其他费用并将之交给受益权证书持有人（受益人）；买受人于租赁期间（通常为8~15年）届满时，自信托公司买取该动产设备，取得其所有权。

（2）投资功能。现代信托的一个重要发展动向就是信托的积极化，即受托人在信托财产管理中承担起越来越主动、积极的职责，其主要的表现就是信托与投资日益紧密结合，投资已成为信托的应有之义。与此相适应，规范受托人投资的规则也开始出现，英国专门制定了“受托人投资法”（Trustee Investment Act），美国则通过判例形成了“审慎投资规则”（Prudent Investor Rule），这些规则极大地丰富了现代信托的内涵。如今，信托在实务上已经发展成为最重要的投资方式之一，发挥着巨大的投资功能，以致信托机构和以投资为目的的信托本身已被视为重要的机构投资者。

实务上，用于投资的信托品种类型繁多。从投资的领域看，有用于不动产投资的“不动产投资信托”，有用于股权投资的“股权投资信托”，有用于基础设施投资的“基础设施投资信托”，有用于证券投资的“证券投资信托”，还有投资于艺术品、黄金、红酒等的另类投资信托产品。从信托的形式看，有单一的信托，更多的是集合信托。集合信托从募集方式看，有私募的，也有公募的。目前，我国公募的投资信托品种仅限于基金管理公司设立的证券投资基金，信托公司只能设立私募的投资信托。国际上，还有公募的“不动产投资信托”，即“REITs”。集合信托从投资策略上看，有项目型和基金型的。我国信托公司目前开展的集合投资信托以项目型为主，国际上则以基金型为主。

## 二、信托的价值取向：自由与效率

信托丰富的应用功能，表面上使信托的价值取向趋于模糊。如前文所述，从目的型应用功能看，现代信托既可以为个人所用，以达成各种各样的私人目的，也可以为公司企业所用，以实现企业特定的商业目的，还可以为政府和社会利用来促进政治清明、增进社会福利、推动社会公益事业的发展。从工具型应用功能看，现代信托既可以用来处理与财产管理的相关事务，更可以用来融资和投资，发挥重要的金融功能。然而，信托历经数世纪演变始终不脱财产转移与管理色彩，此其制度性功能之所在，也是信托的本来面目。与此相联系，信托的基本价值取向便清晰地浮现出来：一是自由，二是效率。

### （一）转移信托与自由

自由包括经济层面的自由和意志层面的自由。经济层面的自由表现为追求财富的最大支配空间，意志层面的自由表现为特定理念和目的的顺利实现。信托作为财产转移的一种制度安排，即转移信托在扩张上述两方面的自由上一直起着举足轻重的作用。

信托的性格中一直隐含了个人对经济层面财富自由的追求。这一价值取向可自信托的历史发展中获得充分印证。远自中古世纪，由于封建法律限制财产自由转让（比如禁止将土地捐赠给教会）与继承（比如规定长子继承制），于是引发了现代信托的前身——用益设计（Uses）。用益设计借受托人承受“名义所有权”，而由受益人实际保留信托财产管理权与受益权（消极信托的来源），使委托人（拥有财产之人）成功地将财产转移予法律禁止享有财产的人（比如教会、非长子、夫权体制下的妇女）。其后，法律的演变几乎完全接纳并反映了信托的这一价值取向，这体现在资本主义自由竞争模式和“私法自治”制度的确立及其对限制财富自由转移与处分的扬弃上，以致信托在英美被誉为“法律改革的先驱”。

现代信托扩张财富、支配自由的努力有了不同于以往的新领域，已从早期追求财产转移的自由发展为委托人通过处分财产以实现意志的自由。比如，委托人通过“累积信托”与“隔代信托”，可确保其特定财产代代相传而不致落入外人之手；通过“自由裁量信托与保护信托”，使后代子孙不受自己挥霍浪费和不当管理所累而永续受到信托财产的照顾；还可通过“公益信托”，达成慈善、增进社会公益的目的。不仅如此，委托人还可透过财富的巨大影响力实现自己特定的道德、社会和政治理念。比如，甲一生酷爱医学，希望其子乙继承其事业，但乙对医学缺乏兴趣。此时，甲可设立“自由裁量信托”，指示受托人：若乙将来从事医学则将信托利益支付予乙，否则应将信托利益捐赠给某一医院。如此，乙为了获得巨额的信托利益，完全可能放弃所热爱的事业而选择并无兴趣的医学事业。又如，甲的政治社会观点极端保守，为了扩大其影响力，甲可捐出一笔资产成立公益信托，指示受托人将信托利益用于与其观点有关的文化推广及学术研究奖学金或制作散发宣传材料等。如此，该信托可经其赞助或发起活动影响社会各阶层倾向保守派的观念。

现代信托追求和实现自由的价值取向，是以现代信托的规则体系为支撑的。信托财产的“独立性”、信托目的的“自由性”、信托存在的“连续性”等独特法律设计，无一不是为了确认和保护信托追求自由的价值取向。当然，信托对自由的追求也不是没有边界的，为防止委托人利用信托而滥用自由，现代信托也确立了另一条基本原则——“信托目的合法性”原则，禁止委托人设立违法或违背社会公共政策、社会公德的信托。但这本身不是对信托扩展自由的价值取向的否定，恰恰是对自由的理性保护。理解这一点，对于认识信托制度存在的价值至关重要，就不会因信托在实践中可能发生的消极功能而简单否定信托制度本身的存在价值，而这恰恰是像我国这样引进信托制度的国家，常常会发生的认识误区。

### （二）管理信托与效率

如前文所述，现代信托的一个重要发展动向就是信托的积极化，即信托除继续发挥传统的财产转移功能外，已日益成为一提供积极的、专业化财产管理的管道，与此相适应，受托人开始承担更多、更重的财产管理职责，并日益营业化和金融化。如今，以金融化的信托业为主导的、为单纯财产管理而设立的信托即管理信托，已在琳琅满目的信托品种中占据越来越重要的地位。就是为了转移财产而设立的信托，也与受托人的积极管理分不开，以使受益人获得更大的信托利益。管理信托本质上适应并体现了人类社会对于效率的价值追求。

现代经济学证明，效率隐含于自由之中。现代市场经济富有效率的运行正是筑基于财富自由支配上，从这个意义上说，转移信托扩张自由的倾向，同时也在实现着效率的价值。而管理信托满足效率追求的倾向，也正是因其从另一层面更大范围地扩张财富的支配自由。现今社会对支配财产自由的最大障碍不再是法令限制，而是缺乏专业管理能力与理财所需的个人时间，信托借提供专业管理而促使支配财产能力无限延伸。由此，也促使效率得以极大提升。

效率，就其最简单的意义而言，就是以最小成本实现最大价值。信托设计从两方面满足了这一效率追求。一是受托人的专业管理。委托人将财产交付信托，通常是因为自己或受益人缺乏理财能力，而受托人则是受其信赖并富有经验的理财能手。尤其是现代信托业（信托公司、信托银行）的兴起，受托人发展成一专业的营业机构，其下云集各种专职的投资理财好手，理财能力得以空前扩张。又信托法制强加受托人忠诚义务和善良管理人的注意义务，须就信托财产管理谋取最大化利益。由此透过受托人的管理经营，委托人就可避免财富因自己或后代的轻率莽撞或错误决定而受损失，从而造成巨大社会资源的浪费。信托设计尤其适合那些必须得到有效管理的资产，比如退休基金和公益基金。退休基金必须持续不断地增值，方能确保退休人员的生活不因其后收入减少或社会经济情势恶化（比如通货膨胀）而受影响；公益基金通常也只以其增值部分用于公益事业，增值越大，社会从中才会获益越大。这两种基金对于效益的追求是显而易见的，而信托提供的专业管理无疑可较好地满足这一追求。这大概就是英美对退休基金和公益基金多采用信托管理模式的原因所在。在提升效率方面，信托设计中的“权利与利益分离”，与公司设计下的“所有与经营相分离”无疑具有异曲同工之妙。信托提升效率的另一机制是“有限责任”。“有限责任”使委托人或受益人在有限度的风险内（充其量损失的不过是信托财产本身，而不危及其个人财产）享受信托财产的利益。而且，有限责任借特殊形态的信托设计（自由裁量信托与保护信托）还能扩张到极致，即赋予信托利益以“超越性”，使信托利益免于受益人之债权人的追索，从而进一步缩小受益人履行其债务的责任范围。由此可知，信托设计将交易的风险降至最低，而风险的下降从另一角度看即意味着成本的降低和效率的提升。

## 三、中国信托业的理性回归

### （一）承认信托业的功能和价值

中国信托业虽然已经有30多年的发展历史，但对其存在的功能和价值，认识上一直存在极大的疑虑，这是历史造成的认识结果。历史上，由于没有在法律上确立规范的信托制度，加上当时信托市场本身的不发达，因此，中国信托业长期实行的是高度银行化的混业经营体制，信托业没有自己的本源业务，出现了很多问题，以致屡遭整顿。因此，每当行业出现问题时，就会提出“中国有没有必要发展信托业”的疑问。这一源于历史的“认识怪圈”，今天依然深深地烙在社会心理的底层，严重阻碍了信托业的健康发展。

如何看待信托业的功能和价值？必须依据今天中国信托业的制度定位。2000 年以后，中国颁布了《信托法》，确立了规范的信托制度；加上中国经济持续的快速发展，使社会财富急剧增长，从而造就了巨大规模和发展潜力的信托市场。根据变化了的社会经济环境，中国对历史上的信托业进行了全行业整顿，摒弃了原来“高度银行化的混业经营体制”，确立了全新的“主营信托业务的分业经营体制”，从此，信托业开始了理性回归之路，获得属于自己的本源业务——规范的信托业务。这一制度定位是对中国信托业的“革命”，信托行业虽然继续沿用了“信托公司”的名称，但其在社会经济生活中所发挥的功能和价值，已与历史上的信托业截然不同。可以说，在中国的金融业态中，唯有信托业是割裂了历史的延续性而完全重新加以设计的。相应地，在认识上，也必须是革命性的，必须彻底抛弃对信托业的历史认识。

在新的制度定位下，信托业存在、发展的功能和价值是不言而喻的。由于信托业已成为主营信托业务的金融机构，因此，信托制度具有什么样的功能和价值，信托业就具备什么样的功能和价值。如前文所述，现代信托是适应市场经济发展的需要，承继市场经济“自由和效率”的价值取向，践行灵活的财产转移与财产管理的制度功能，并藉此实现丰富的目的型和工具型应用功能，从而在社会经济生活中发挥巨大的社会效益。特别是像我国这样非信托本源的国家，信托的实践主要是通过信托业的主体开展的，因此，信托制度的功能和价值的实现程度，完全取决于信托业发展的程度。可以说，信托业在我国正是信托制度功能和价值发挥的载体。实践证明，重新定位后的信托业通过近 10 年的发展，积极践行信托制度的功能和价值，已经取得了骄人的业绩，管理的信托资产从无到有，从小到大，如今已逾 3 万亿元，本源的信托业务已经使信托业在我国发展为独立的一种金融业态。

### （二）确立正确的监管理念和政策

一是在监管理念上，要坚定促进行业发展的信念。应该承认，与信托的历史相比，中国信托业回归本源业务的历程才刚刚起步，因此，实践中出现这样那样的问题是必然的。在充分认识信托业功能和价值的前提下，不能一出现问题，就像过去那样开始从根本上怀疑信托业存在、发展的必要性，从而动摇促进行业发展的信心。信托业作为一个行业是否有价值，关键取决于两个因素：一是制度设计的正当性，二是市场空间的发展性。如前所述，回归本源业务的中国信托业，依托规范的信托制度和巨大的信托市场，其存在、发展的功能和价值已经毋庸置疑。因此，现今中国信托业的制度定位没有错，促进其发展的监管理念不能动摇。在此前提下，信托业实践中出现的问题都是次要矛盾，对于非主流的局部问题，监管的策略只能是具体问题、具体解决，不能“一人生病、全家吃药”。应该说，监管部门已经充分意识到这一点，但也要谨防在特殊时期重新陷入历史的“认识怪圈”，将局部问题上升为全局问题，将非主流问题上升为主流问题，从而冲击发展的主旋律。

二是在监管政策上，要立足信托业务的本质。要防止信托业务经营中出现的问题，用“非信托”的政策去解决。应该说，信托业重新定位后，监管政策一直能紧扣信托业务的本质，尤其是“新两规”及其配套政策的出台，确立了“合格投资者”制度、规范了关联交易、强化了信息披露、引导主动管理，促使信托业务的经营上了一个台阶。

三是在监管协调上，要消除“部门壁垒”。由于信托的应用功能十分丰富，因此，信托活动的触角常会延伸到其他监管部门的领域。比如，企业年金信托会涉及人力资源与社会保障部的主管领域，产业基金会涉及发改委的主管范围，而证券投资信托更会触及证监会的监管领域。目前，信托业发展遇到的一个巨大障碍就是，上述其他监管部门对信托业务的准入，或多或少都构筑了限制性的“部门壁垒”，特别是证券监督管理部门对信托业通往资本市场的三大路径，以“潜规则”形式予以了全面封杀：不允许信托公司上市；不允许信托公司以信托资金持有拟上市公司股份；不允许信托公司的证券投资信托业务开立证券交易账户。如前文所述，现代信托业管理信托财产最重要的方式就是投资资本市场，如果切断信托通往资本市场的道路，无疑折断了信托业腾飞的翅膀，将严重削弱信托业发挥现代信托所具有的资产管理功能。应该说，证券监督管理部门对信托通往资本市场路径的封杀，既无法律依据，也无政策依据，根本上乃是认识上对现代信托业功能和价值的误解所致。因此，中国信托业要获得长远发展，不仅需要信托监管部门认识到信托业的价值，更需要其他相关监管部门对此也有充分的理解，并有必要建立信托监管的协调机制，唯有如此，才能消除信托业发展之路上的各种人为的“部门壁垒”，中国信托业方能走上康庄大道。

### （三）塑造全行业的“信托文化”

在信托业务的经营层面，信托公司近10年实践中出现的问题，多是与“信托文化”的欠缺有关，因此，信托业要谋求长远发展，必须要在全行业的业务经营中，塑造“信托文化”。现代信托文化的核心理念有三个：

一是合法。信托在中世纪英国起源的历史阶段，主要是为了规避当时法律对财产转移所加的种种限制，因此，在当时国王的眼中，信托曾被视为一种“罪恶”，而遭到普通法的否定。但是，随着其后法律对信托的确认以及信托法制的发展，信托在起源阶段所具有的“规避法律”的历史性格已被扬弃，现代信托法制普遍确立了“信托合法性”的原则，要求信托的设立和管理必须符合法律的规定。信托合法性既表现为“目的合法性”，要求信托目的合法，也表现为“工具合法性”，要求信托财产的管理必须遵循法律的规定。由此，“合法”便成为现代信托文化的合理内核。应当承认，我国信托业实践中的主要问题就是“合法守规”不足，信托业务经营中存在比较严重的规避法律限制、逃避金融监管的问题，这是现今信托业遭到诟病的主要原因。因此，中国信托业要获得社会普遍的认可、尊重，要回归金融主流，要获得长远的发展，必须恪守合法的现代信托文化的要求。

二是忠诚。信托功能和价值的实现是通过受托人实现的，而委托人之所以愿意将财产交付信托，是源于对受托人的信赖。可以说，信托制度的成败完全取决于受托人能否忠诚履行委托人所托。因此，“忠诚”不仅成为受托人的法定义务，也是现代信托文化的最主要理念。“忠诚”就是要求受托人忠实于委托人设定的信托目的，忠实于受益人的最大利益，不利用受托人的地位为自己谋取不当利益。现代信托法有关信托财产与受托人固有财产分别管理的规定、信托财产与固有财产关联交易的限制等都是为了确保受托人能够谨守忠诚的信托文化。由于信托业是以盈利为目的的信托企业，其经营信托业务的目的是为了取得信托报酬，因此，信托业作为营业受托人的盈利目标和其忠诚于受益人的目标之间，客观上存在利益冲突，如何平衡受托人自身利益与受益人利益，需要以忠诚为导向，恪守以受益人最大利益为目标的现代信托文化。坦言之，我国信托业在这方面还存在相当大的差距，这是全行业需要为之长期努力一大目标。

三是能力。信托作为一项古老的制度之所以能够取得现代的意义，最关键的因素之一就是信托能够适应变化了的社会经济环境，不断丰富自己的功能和价值，其中最主要的发展就是财产管理功能的丰富和提升。毫无疑问，现代信托主要是作为财产管理工具而加以利用。与此同时，受托人的职责越来越积极化，要求受托人必须具备专业化的财产管理能力。由于一般个人受托人很难具有专业的财产管理能力，因此，信托业应运而生，取代个人受托人而主导了现代信托的发展方向。“能力”由此便成为现代信托尤其是营业信托的基本文化之一。中国引入信托制度，一开始便以营业信托为主导，以投融资的现代理财方式为主要的财产管理工具，本应要求受托人有更高的财产管理能力。然而，近 10 年的信托业实践表明，信托业的业务经营主要是依托市场机会的驱动而不是依靠能力的驱动获得发展，主动投资管理能力的欠缺已经成为制约中国信托长远发展的一个软肋。因此，如何提升主动的投资管理能力，是当前摆在中国信托业面前一个刻不容缓的大课题。

# 金融支柱：中国信托业辉煌曲折三十年

## ——中国信托业的发展历程及业务演变

中国人民大学信托与基金研究所执行所长　邢　成

1979 年改革开放至今的 30 年，是现代中国经济实现飞跃发展的重要历史阶段。三十年中，中国现代信托业也经历了从恢复、起步、发展到规范、创新的过程。伴随着改革开放的深入，中国信托业在新的历史条件下演绎了一段不同寻常的发展历程。

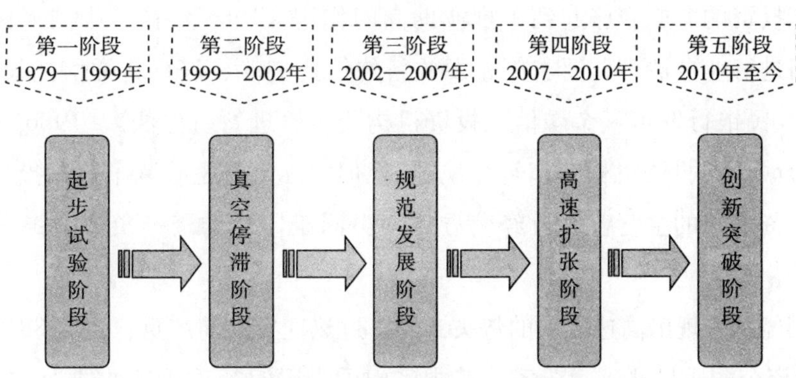


**图 1　中国信托业发展历史阶段**

## 一、第一阶段：起步试验阶段

该阶段大致从 1979 年至 1999 年，约 20 年的时间。以 1979 年 10 月中国国际信托投资公司在北京宣告成立为标志，中国现代信托业在完全没有制度准备的情况下，作为金融创新和市场化转型的试验田摸索起步。二十年中信托业历经了恢复起步、蓬勃发展、失误挫折大起大落的艰辛历程。该时期是中国信托公司数量膨胀最迅速、业务模式最混杂、经历时间最漫长的时期。

### （一）起步试验阶段的发展历程

1979 年 10 月中国国际信托投资公司在北京宣告成立。同月，中国银行总行也率先成立了信托咨询部，后又在此基础上成立中国银行信托咨询公司。1982 年末，全国各类信托投资公司发展到 620 多家。这些公司所发展的业务基本上是变相的银行业务，信托业务的快速发展产生了资金分散、基建规模扩大等问题，因此，国务院于 1982 年 4 月下发《关于整顿国内信托投资业务和加强更新改造资金管理的通知》，整顿的要点是行业清理，要求地方所办信托业务一律停止，以加强和协调信托业和银行业的宏观调控关系。

1983 年 1 月，全国人民银行工作会议召开，1984 年 6—7 月，中国人民银行召开的全国支持技术改造信贷信托会议和全国银行改革座谈会使信托业务再次恢复起来。会议下发的文件中将信托的功能定位在为银行拾遗补阙的地位，并指出："凡有利于引进外资、引进先进技术，有利于发展生产、搞活经济的多种信托业务都可以办理。"在这种政策指向下引发的经济过热中，信托业通过多种方式的贷款和投资，为地方政府急剧扩大了银行外融资的规模，被认为对固定资产投资的急剧膨胀起到了推波助澜的作用。1985 年初，中国人民银行决定重点对信托投资公司进行业务清理，要求停止发放新的信托贷款、停止新增信托投资。1985 年 12 月 23 日，中国人民银行发布《金融信托投资机构资金管理暂行办法》。1986 年 4 月，人民银行总行颁布《金融信托投资机构管理暂行规定》。但实际上只是收紧了信托投资公司的业务空间，使得信托投资公司的主营业务及经营方式均类同于银行的资产负债业务，与真正的信托业务背道而驰。

1988 年中国经济呈现出高速发展的势头，经济过热现象空前严重，到 1988 年末，为各种目的设立的信托投资公司数量达到上千家，其中经中国人民银行正式批准的为 745 家，资产总额 700 多亿元。由于国民经济和企业双重软预算约束，投资饥饿症难以压制，同时各专业银行为回避中国人民银行对信贷规模的控制，纷纷通过各种形式和渠道向信托投资公司转移资金，信托投资公司再次成为地方利益的牺牲品。从 1988 年 8 月开始，一方面对信托投资公司信贷规模、固定资产比例、存贷款利率、业务操作等进行严格监管，切断银行与信托投资公司之间的同业拆借渠道，减少信托投资公司可运用资金量；另一方面撤销合并了一些公司，重新核发信托投资公司的金融业务许可证。

进入 1993 年，经济过热现象有增无减，"圈地运动"愈演愈烈，金融秩序越发混乱。在此过程中，信托投资公司继续惯性地扮演地方部门回避政策监管的工具，再次充当了加剧经济形势过热、扰乱金融秩序的替身角色。1993 年 6 月，中央决定进行宏观调控，整顿金融秩序，按"分业经营、分业管理"的思路将信托业与银行分开，并切断了银行与信托投资公司间的资金联系。1995 年国务院下令要求四大国有商业银行与所办的信托投资公司脱钩。

1996年10月5日，中国人民银行公告批准中银信托投资公司由广东发展银行收购；1997年1月4日，中国人民银行公告依法关闭中国农村发展信托投资公司；1998年10月，广东国际信托投资公司也因资不抵债和支付危机被关闭。由于个别信托投资公司倒闭引发了信托行业系统性风险和区域性风险问题，加之多次整顿以及业务剥离造成的重大创伤，使信托公司普遍处于资产质量差、支付困难的局面。1999年3月，国务院下发第12号文，其主要措施包括：（1）对所有问题严重的信托公司一律实行停业整顿、关闭、撤销；（2）少数经营状况良好或者经营状况尚可、地方政府又有意救助扶持的信托投资公司予以保留，化解债务、增加资本金，并全面清理债权债务，解决各类历史遗留问题后，经人民银行验收和重新登记；（3）信证分业，信托投资公司所属的证券资产全部剥离；（4）先后出台《信托法》、《信托投资公司管理办法》、《信托投资公司资金信托管理暂行办法》（以下简称“一法两规”）。

### （二）起步试验阶段的主要信托业务

1979年中国国际信托投资公司成立之初的首要目的，一是探索银行之外的引进外资及融通资金的新渠道，即首先是作为中国政府对外融资的窗口而开办的；二是在高度集权的计划经济、传统的金融体制之外，引入具有一定市场调节功能的新型因素，推动经济体制、金融体制的改革。因此，新中国恢复信托业后的第一家信托投资公司，一开始就走上了以银行业务为主营业务、金融实业并举的混业经营之路。这一时期，信托投资公司所发展的业务基本上是变相的银行业务，通过吸收存款、同业拆借资金用以发放贷款或直接投资实业项目。

1983年1月，全国人民银行工作会议在《中国人民银行关于人民银行办理信托业务的若干规定》中指出：“金融信托主要办理委托、代理、租赁、咨询业务，并可办理信贷一时不办或不便办理的票据贴现、补偿贸易等业务。”这一文件将信托的功能定位在为银行拾遗补阙的地位。1984年6月、7月召开的全国支持技术改造信贷信托会议和全国银行改革座谈会上指出：“凡有利于引进外资、引进先进技术，有利于发展生产、搞活经济的多种信托业务都可以办理。”这两次会议上对信托功能的混乱定位，使信托业务的边界被模糊和放大，此后两年间信托投资公司通过多种方式的贷款和投资，开展了大量银行外融资的地方政府固定资产投资业务。在1993年发生经济过热现象过程中，由于信托的功能和定位依旧没有得到明确，信托投资公司大规模地与银行联手，违规经营拆借、揽存、放贷业务，并直接参与了沿海热点地区的圈地运动和房地产炒作活动。

总结起来看，信托投资公司在20年起步试验的时期中，基本围绕两类主要的业务运作：第一是负债类业务，（变相）高息揽存，大规模开展存款、贷款等债权性业务；第二是证券类业务，包括证券经纪业务、自营证券投资和IPO业务。

当然，其他业务，包括债券承销、委托贷款、境外发债等也参与一部分，但远远赶不上上述两项业务的比例。换言之，中国信托投资公司在长达20年的起步试验时期中基本处于无序发展状态，基本就没有开展真正意义上的信托本源业务，而是利用经济转型期间出现一些政策漏洞和改革缝隙，游走于主流金融机构严格控制和禁止的业务地带，进行一些擦边运作、灰色运作、体外运作，充其量起一个拾遗补阙的作用。因此，在总结起步试验过程中信托业走过的这段无序发展的历史时，业界将之概括为“耕了别人的田、荒了自己的地”。

同时，毋庸置疑，中国信托投资公司也创造过许多辉煌，如全国第一只IPO、全国第一家证券营业部、全国第一只境外债券等，特别是中国国际信托公司在对外开放、引进外资等方面都作出了特有的巨大贡献。在当时特定历史时期，一方面，中国的改革开放需要信托这样一个“先头兵”对一些金融创新领域及金融开放等方面进行摸索和试验；另一方面，监管者对信托的运行机制和内在规律并不了解，既不清楚信托的本源功能和行业定位究竟是什么，又缺少对该行业宏观发展战略和方向的政策引导，相关政策法规严重滞后和缺失。毋庸讳言，在该发展阶段中国正处于经济体制剧烈的变革和转型时期，就中国信托业而言，其外部市场环境、法律环境、监管环境都极不成熟，信托业长期处于定位模糊、功能不清的状态，加之改革开放初期人们在很多领域都缺乏经验，经常“摸着石头过河”，因此，出现失误和挫折也就在所难免，在特定时期也付出了高昂的学费。对待中国信托业在此期间走过的坎坷曲折历程应该历史、客观地去看待和分析。

## 二、第二阶段：真空停滞阶段

### （一）真空停滞阶段的发展历程

该阶段特指1999年至2002年7月，约4年的时间。其间先后出台了《中华人民共和国信托法》、《信托投资公司管理办法》，并以《信托投资公司资金信托管理暂行办法》正式颁布实施为该阶段结束的标志。

1999年开始的全国信托业整顿比以往任何一次都力度大、时间长、程度深、定位准、方向明，被称为是一次制度再造式的整顿。其间出台了《中华人民共和国信托法》、《信托投资公司管理办法》和《信托投资公司资金信托管理暂行办法》，构成我国规范发展时期信托法律的基本框架。根据一个省市原则保留1~2家信托公司的基本原则，信托公司数量由1999年全国230余家锐减至最终获保留资格的信托公司约60余家，最终完成重新登记获得经营资格的信托公司仅有59家。而由于2004年一系列信托事件的爆发，重新登记工作再次暂停，仍有13家被批准保留的信托公司尚未完成重新登记，成为获得保留资格，拥有工商执照，但未获得金融许可，不能正常经营的“休克型”信托公司，其处境非常艰难。

表 1　　2001 年重新登记后 59 家信托公司名单

| 序号 | 公司名称 |
|---|---|
| 1 | 中诚信托投资有限责任公司 |
| 2 | 华宝信托投资有限责任公司 |
| 3 | 新华信托投资股份有限公司 |
| 4 | 大连华信信托投资股份有限公司 |
| 5 | 上海国际信托投资有限公司 |
| 6 | 陕西省国际信托投资股份有限公司 |
| 7 | 上海爱建信托投资有限责任公司 |
| 8 | 英大国际信托投资有限责任公司 |
| 9 | 重庆国际信托投资有限责任公司 |
| 10 | 中海信托投资有限责任公司 |
| 11 | 深圳国际信托投资有限责任公司 |
| 12 | 平安信托投资有限责任公司 |
| 13 | 厦门国际信托投资有限公司 |
| 14 | 中泰信托投资有限责任公司 |
| 15 | 吉林省信托投资有限责任公司 |
| 16 | 东莞信托投资有限公司 |
| 17 | 北京国际信托投资有限责任公司 |
| 18 | 西藏自治区信托投资公司 |
| 19 | 山西信托投资有限责任公司 |
| 20 | 浙江省信托投资有限责任公司 |
| 21 | 金信信托投资有限责任公司 |
| 22 | 宁波金港信托投资有限责任公司 |
| 23 | 金新信托投资有限责任公司 |
| 24 | 甘肃省信托投资有限责任公司 |
| 25 | 西安国际信托投资有限责任公司 |
| 26 | 中融国际信托投资有限公司 |
| 27 | 中信信托投资有限责任公司 |
| 28 | 山东国际信托投资有限责任公司 |
| 29 | 伊斯兰信托投资有限责任公司 |
| 30 | 苏州信托投资有限公司 |
| 31 | 黔隆国际信托投资有限责任公司 |
| 32 | 中国对外经济贸易信托投资有限公司 |
| 33 | 庆泰信托投资有限责任公司 |
| 34 | 西部信托投资有限责任公司 |
| 35 | 江苏省国际信托投资有限责任公司 |
| 36 | 新疆国际信托投资有限责任公司 |
| 37 | 广东粤财信托投资有限公司 |
| 38 | 天津信托投资股份有限责任公司 |

续表

| 序号 | 公司名称 |
|---|---|
| 39 | 北方国际信托投资股份有限公司 |
| 40 | 百瑞信托投资有限责任公司 |
| 41 | 中原信托投资有限公司 |
| 42 | 内蒙古信托投资有限责任公司 |
| 43 | 衡平信托投资有限责任公司 |
| 44 | 湖南省信托投资有限责任公司 |
| 45 | 湖北省信托投资有限责任公司 |
| 46 | 国联信托投资有限责任公司 |
| 47 | 福建联华国际信托投资有限公司 |
| 48 | 云南国际信托投资有限责任公司 |
| 49 | 安信信托投资股份有限公司 |
| 50 | 杭州工商信托投资股份有限公司 |
| 51 | 弘泰信托投资有限责任公司 |
| 52 | 江西省信托投资有限责任公司 |
| 53 | 吉林泛亚信托投资有限责任公司 |
| 54 | 青岛海协信托投资有限公司 |
| 55 | 新时代信托投资有限责任公司 |
| 56 | 合肥兴泰信托投资有限责任公司 |
| 57 | 安徽国元信托投资有限责任公司 |
| 58 | 河北省信托投资有限责任公司 |
| 59 | 国民信托投资有限公司 |

注：其中金新信托、庆泰信托、伊斯兰信托、金信信托、吉林泛亚信托于2004年、2005年、2006年先后被停业整顿，迄今多家信托公司已经重组更名。

在1999年至2002年的近4年间，全国大部分未获保留资格的信托公司忙于关闭、清算、合并、重组等善后事宜，少部分被批准保留的公司则忙于增资扩股、处置不良资产、上报审批资料、申请重新登记。虽然，有极少数几家信托公司如上海国投、上海爱建信托、新华信托等，在2001年已经首批完成重新登记，但由于相关业务法规尚未出台，也要和其他大部分尚未完成重新登记的信托公司一样，全部业务均处在冻结和停滞的状态，处境非常尴尬和奇特。一方面，重新登记之前传统的原有业务已经被勒令全部停止，并逐渐进行清理，诸如存款业务是明令严禁的业务，信、证必须严格分离，因此，信托业不得再进行任何证券经纪业务和IPO业务；另一方面，有关新的信托主业的政策法规尚未制定和出台，所谓回归信托本业的政策规定又处在空白状态，而且资金信托业务究竟是审批制还是报备制也无定论，所以在此期间信托公司开展新业务也根本没有任何操作性，使当时的信托公司效益锐减、生存艰难。

### （二）真空停滞阶段的主要信托业务

由上可知，这一时期从信托公司业务开展的角度来说，中国信托业在1999年至2002年上半年之所以被称之为真空停滞阶段，就是因为该阶段，即使完成了重新登记的信托公司，由于制度的缺失，也无法执行开展本源信托业务，对信托业务只能进行学习、培训、储备和探索，极少数信托投资公司虽然完成重新登记，拿到了金融经营许可证，但因为缺少信托业务实施细则，将信托计划上报到监管部门后，一直杳无音讯，束之高阁，并不能真正开张纳客。直至2002年7月18日《信托投资公司资金信托管理暂行办法》正式颁布实施，中国信托业才走出了这一困境，进入规范发展的大好时期。

也正是这一段信托业务上的空白，使信托监管者与众多法律、研究人员，以及信托业者，反而能够静下心来，深刻反思我国信托业曲折与坎坷的原因，研究国际上先进国家信托业成功发展的经验和案例，深入学习理解业已出台的《中华人民共和国信托法》以及《信托公司管理办法》等法律法规，认真探寻新的法律环境和经济形势下我国信托业未来发展的思路，构建适合我国国情的信托法律体系和信托业务发展模式。这是监管部门第一次通过制度再造的方式，引导信托公司走上以真正的信托业务为经营主业的发展道路，回归了“受人之托、代人理财”的本源业务。经历了这一特殊时期后，中国信托业基本终结了起伏不定的震荡期，进入了规范发展的良性循环轨道。经过重新登记的信托公司轻装上阵，资本金实力明显增强，股权结构有所改变，内部管理水平、风险意识得以提高，专业化团队逐步建立。此后，“一法两规”的颁布实施，为信托业的规范发展奠定了基础，以法律形式确认了信托制度，明确了信托的业务定位。

## 三、第三阶段：“一法两规”框架下的规范发展阶段

我国信托业进入规范发展阶段的标志是2002年7月18日《信托投资公司资金信托管理暂行办法》的正式颁布实施。《信托投资公司资金信托管理暂行办法》与2001年10月1日实施的《中华人民共和国信托法》和2001年1月10日颁布的《信托投资公司管理办法》统称为“一法两规”，成为这一时期的主要法律依据和监管准则，也是我国信托业能够得以规范发展的基石。自此，信托投资公司才得以按照上述“一法两规”的相关政策规定，在“受人之托、代人理财”的功能定位下，规范有序地开展真正的信托本源业务，中国信托业真正步入规范发展的新时期，行业重获新生。

### （一）规范发展阶段的发展历程

#### 1. 配套法规与规范性条款频繁出台

这一历史时期的起始标志分别为2002年7月18日《信托投资公司资金信托管理暂行办法》的正式颁布实施始，直至2007年1月由中国银监会主持修订的《信托公司管理办法》与《信托公司集合资金信托计划管理办法》（“新办法”）的正式出台，“旧办法”的废止，历时四年半。

这一时期的一个重要特征是，信托业得到了监管部门前所未有的重视，其配套法规及业务规范性条款频繁出台。

2004 年 6 月 11 日，中国银监会发布《信托投资公司集合资金信托业务信息披露暂行规定》。2004 年 6 月 24 日，银监会发布《中国银行监督管理委员会关于进一步加强信托投资公司监管的通知》（银监发〔2004〕46 号），确立了属地监管、分类监管以及审慎监管的三大监管原则，并提出对包括关联交易在内的各项业务及经营风险的提示与预警。2005 年 1 月银监会发布《信托投资公司信息披露管理暂行办法》。2005 年 1 月财政部发布《信托业务会计核算办法》。2005 年 5 月中央银行、银监会联合下发《信贷资产证券化试点管理办法》，明确了信贷资产证券化采用信托模式，由信托投资公司担任受托人，充分利用了信托具有信托财产独立性的制度优势。2006 年 6 月 29 日，银监会发布《关于加强信托投资公司集合资金信托业务项下财产托管和信息披露等有关问题的通知》，信托投资公司新发行设立的集合资金信托将必须由商业银行进行第三方托管，并于 8 月 1 日实施。

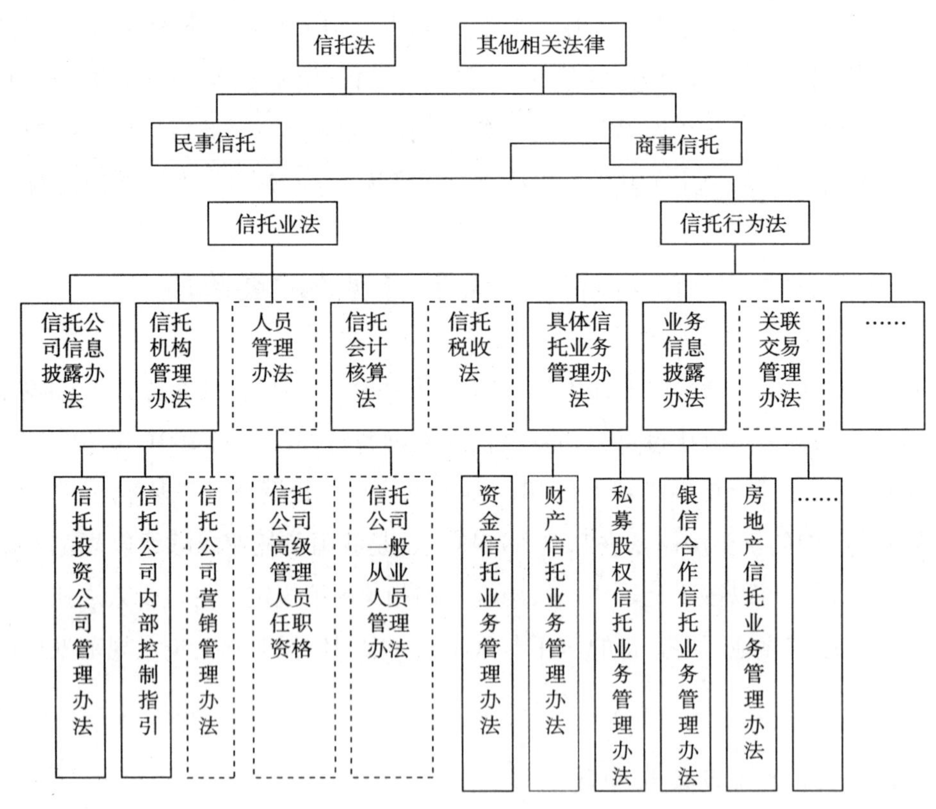


**图 2 “一法两规”框架下信托法规体系示意图**

2. 监管理念与策略实现突破

2004 年 10 月 16 日，监管部门相关领导在长沙信托国际研讨会议上为中国信托业发展首次制定出规划目标：第一个五年，实现信托业的恢复性发展，即信托财产恢复到 1999 年前的 6 400

亿元——当时这一数字仅为2 000亿元；第二个五年，追上银行、证券、保险，让信托真正成为我国四大金融支柱之一。

2004年4月，中国银监会在安徽合肥召开全国信托投资公司信托监管工作会议，首次提出评级分类管理的概念，并于2005年10月正式下发《信托投资公司监管评级体系（草案)》。评级标准共分五大项，主要是按照2004年4月5日银监会主席刘明康提出的分类监管思路制定的：对于做得好的信托投资公司，可以异地开展业务；可以突破资金信托最多200份的限制；可以实行报备制而不是报批制；行业间的拆借银监会可以和人民银行商量。对于做得不好的信托投资公司，要限制其发展、重新整顿，并逐步建立破产、退市机制。信托业“分类监管”是我国金融业监管与国际接轨的一大举措，是监管理念和监管策略的重大突破，彻底改变了过去几十年中国信托业监管过程中“一人得病、全家吃药”的悖论，也是银监会将要出台的一系列政策前的先头性基础储备。

3. 行业性自律实现机制化

2004年11月22日经国务院和国家有关部门批准，历经三年漫长筹备的中国信托协会第一次会员大会在中国银监会等有关部门的关怀和支持下，终于正式召开。大会通过了协会章程、选举出理事单位，推选出会长和副会长以及秘书长。从此中国信托业终于与其他金融机构一样有了行业性的自律组织，有了面对社会和外界的统一形象与声音。

4. 传统惯性时有反复

在中国信托业逐步规范的同时，2004年的中国信托业又进入了多事之秋，先后有金信信托“乳品信托”、爱建信托“刘顺新事件”、庆泰信托恶炒“桂林旅游”等事件接连爆发，2004—2006年开始陆续几家信托投资公司被监管部门停业整顿。2004年8月29日，金新信托被监管部门正式责令停业整顿；2005年5月13日，宁夏伊斯兰国际信托投资有限公司实施停业整顿；2005年7月庆泰信托停业整顿；金信信托于2005年12月30日被停业整顿；2006年11月24日，吉林泛亚信托投资有限责任公司被中国银监会授权吉林银监局责令其停业整顿。至此，尚保留非银行金融机构经营牌照的信托公司只剩下54家。

**表2　因停业整顿而减少的信托公司情况一览表（截至2006年）**

| 公司名称 | 整顿原因 | 整顿工作机构 | 停业时间 |
|---|---|---|---|
| 金新信托 | “德隆事件”债务危机，非法吸收公众存款 | 华融资产管理公司 | 2004年8月29日 |
| 伊斯兰信托 | “德隆事件”债务危机，经营困难 | 华融资产管理公司 | 2005年5月13日 |
| 庆泰信托 | 操控“桂林旅游”崩盘，资金链断裂 | 东方资产管理公司 | 2005年7月 |
| 金信信托 | 违规经营、经营不善、挪用信托资金，造成较大损失 | 中国建银投资 | 2005年12月30日 |
| 泛亚信托 | 公司治理存在严重缺陷，董事长、总经理长期虚位，受实际控制人操控的情况严重，管理非常混乱；挪用客户保证金和信托资金、抽逃资本金 | 东方资产管理公司 | 2006年11月24日 |

2004 年第二季度初以“安徽会议”为标志，全行业进入谨慎监管期。2004 年 12 月 16 日银监会向各银监局和直接监管的信托投资公司下发《关于加强信托投资公司风险监管防范交易对手风险的通知》。2004 年 12 月 28 日银监会又下发了《关于进一步加强信托投资公司内部控制管理有关问题的通知》，体现了银监会加强信托投资公司内部风险控制，由单纯的外部监管转变为外部监管与内部控制相辅相成的监管思路，进一步强调自营业务与信托业务分离，要求信托投资公司建立前台、中台和后台的风险控制体系，并进一步明确内部稽核的主要内容。2005 年 8 月 27 日银监会向各银监局下发了《关于加强信托投资公司部分业务风险提示的通知》（简称“212 号文”），对房地产信托进行了严格限制。2005 年 8 月 29 日上海银监局根据银监会《关于进一步规范集合资金信托业务有关问题的通知》下发了《关于进一步规范集合资金信托业务及银信合作的通知》。2005 年 10 月银监会正式下发《信托投资公司监管评级体系（草案）》至地方银监局，并指定几家信托投资公司率先按该评级标准进行自评，信托投资公司的评级试点工作开始启动。

自“一法两规”颁布实施以来，中国信托业在回归本源业务、探索中国特色的信托发展新路，取得一定成效的同时，也积累了一些问题。中国银监会副主席蔡鄂生在出席“全国信托业第二届峰会论坛”上指出：“信托投资公司所面临的挑战既有功能定位问题，也有公司如何根据自身特点及市场需求，找准自身定位的问题。”其时，多数信托投资公司的经营模式定位十分模糊，创新乏力，基本无经营特色，各公司开展的业务领域和产品结构同质性极强，投融资领域过于分散和广泛，而其间毫无关联和共性。该模式所进一步衍生出来的负面效应就是：首先，各信托投资公司的专业能力和人才结构根本无法、也不可能与如此分散和庞杂的业务结构相匹配，伴之而来的就是公司整体业务驾驭能力、风险识别、判断防范控制能力以及投资决策能力普遍不足乃至低下，最终导致经营风险不断积聚。其次，资金信托业务演化为负债业务，背离初衷。几乎所有信托投资公司发行的集合资金信托产品，均以所谓“预期收益”的名义，变相对信托收益进行保底承诺，这就导致本应委托人承担的市场风险和投资风险均转嫁到受托人信托投资公司的身上。再次，债权运用方式重复雷同，与银行同质竞争。最后，业务市场风险开始凸显，刀口舔血令人担忧。这些问题间接导致了监管思路的错位和监管策略的偏差，致使信托市场的风险教育发生扭曲，信托投资的兑付刚性不断强化，信托产品的负债性业务特征开始彰显，潜在的监管风险和社会风险不断积聚。如此恶性循环，导致广大投资人模糊地将一类市场化程度很高的理财产品错误地理解为债权性产品，一部分信托投资公司甚至自觉或不自觉地回到“高息揽储”的老路上，而监管部门在更多的时候则扮演了“救火队”的角色。

### （二）规范发展阶段的主要信托业务

#### 1. 集合资金信托业务一枝独秀

2002 年 7 月 18 日《信托投资公司资金信托管理暂行办法》颁布实施的当天，上海爱建信托投资有限责任公司发行全国第一只标准的信托产品——“外环隧道集合资金信托计划”。2002 年 7 月 28 日上海国际信托有限公司推出第一只房地产信托产品——“新上海国际大厦项目资金信托计划”。一时间，各家公司纷纷推出酝酿已久的集合资金信托计划，信托投资公司被压抑的热情瞬间爆发，信托产品也立刻成为市场上的紧俏商品，一度遭到热捧。集合资金信托业务也成为我国信托业最重要、最成熟的业务形式。

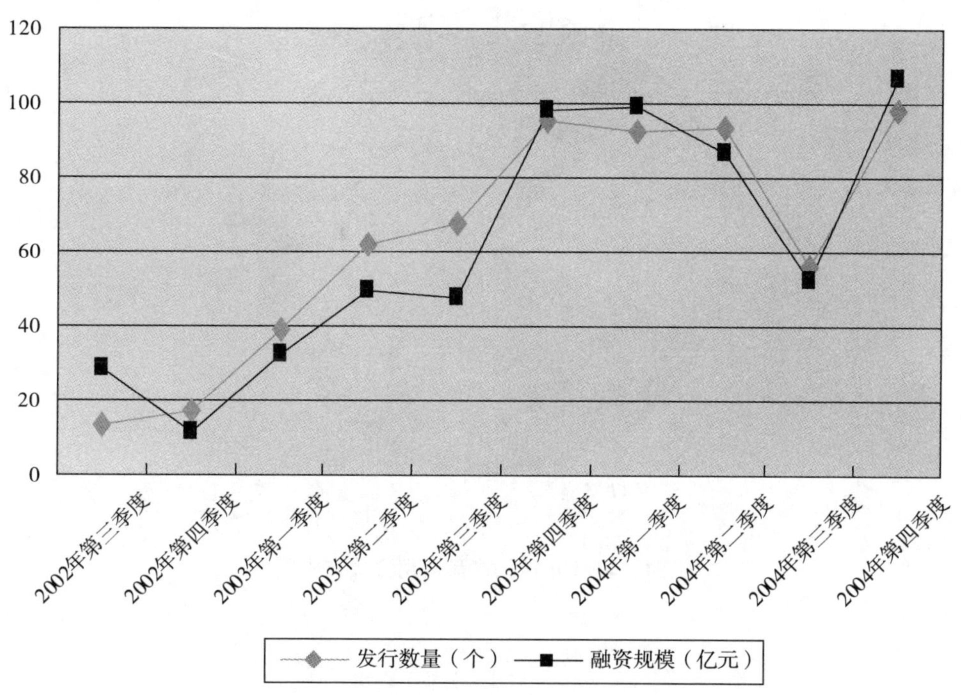


**图 3　2002—2004 年集合资金信托产品发行规模变动示意图**

2. 贷款为主要运用方式，投资领域传统

规范发展初期信托投资公司开展的信托业务还处于基础阶段，大多以贷款类信托业务为主，投资领域也主要集中在基础设施、房地产、工商企业和银行信贷资产等传统领域，这与信托投资公司长期从事类似商业银行的业务密切相关，信托投资公司的人员也多熟悉于贷款类业务。此后几年间，随着创新业务管理办法的逐步实施，以及信托制度被信托投资公司更加广泛、灵活地运用，信贷资产证券化、企业年金业务、公益信托逐渐出现，信托投资公司开展的信托业务逐渐出现了发散性趋势，信托业务遍及基础设施、房地产、金融企业、工商企业、能源、教育、医疗、水利等多个领域。这一时期，多数信托投资公司的经营模式定位相对模糊，几乎没有经营特色，各公司开展的业务领域和产品结构同质性极强，投融资领域过于分散和广泛，横跨十余个大的行业和领域，其间毫无关联和共性。多数信托投资公司的经营模式与其他信托投资公司相比，没有本公司的专属优势和经营特色；与其他金融机构相比，也没有体现本行业的市场定位和独特功能；与其他普通工商企业相比又不具备行业专业优势。在“无所不能”的表象下，其实质往往是“广而不专”、“博而不精”，盲目追求综合性、全能型的经营模式。

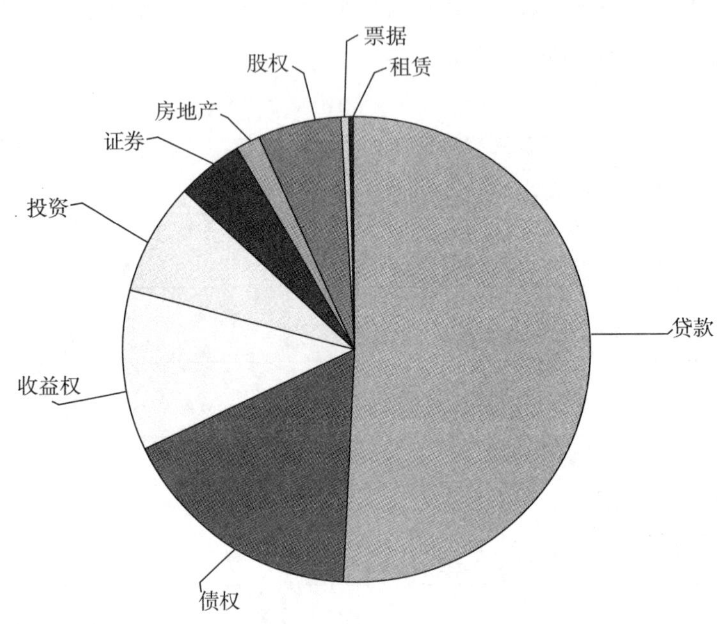


**图4　2004年信托产品运用方式结构图**

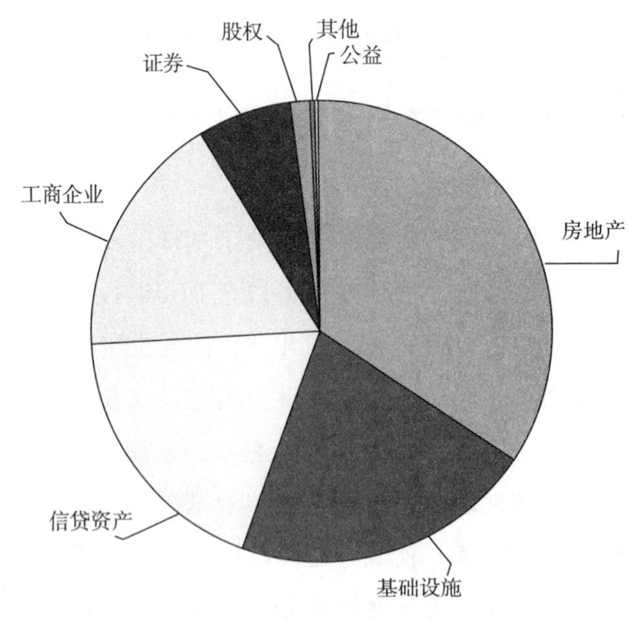


**图5　2004年信托产品投资领域结构图**

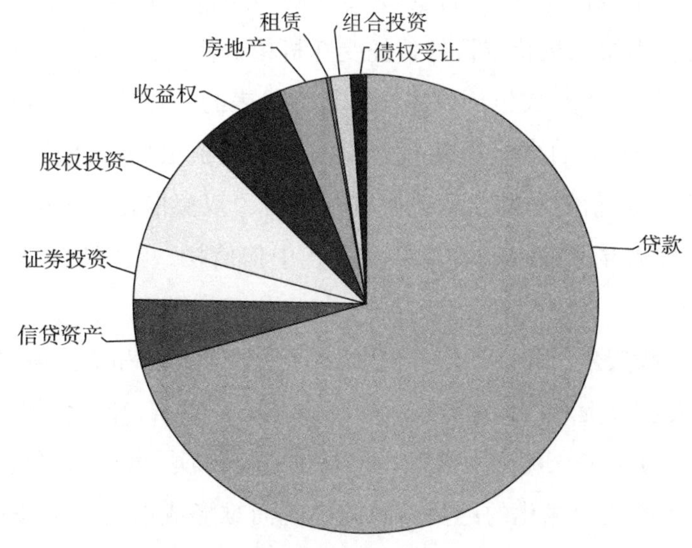


图 6　2005 年信托产品运用方式结构图

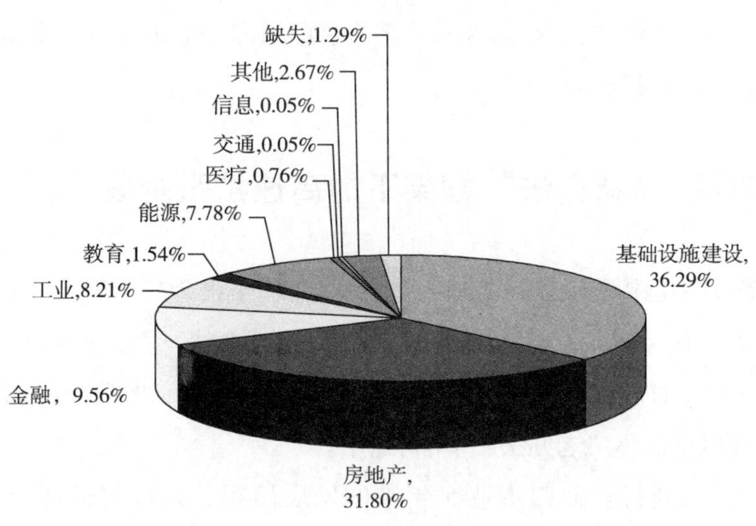


图 7　2005 年信托产品投资领域结构图

3. 信托原理广为运用，边缘地位处境尴尬

规范发展阶段后期，信托制度优越性逐步被社会认可，信托原理被广泛发掘，信贷资产证券化、企业年金基金、保险资产投资基础设施、银信链接理财产品、QDII 都争相搭上信托制度的快车，创新空前。2005 年由中国人民银行牵头，国家发展和改革委员会、财政部、劳动和社会保障部、建设部、国家税务总局、国务院法制办、银监会、证监会、保监会参加的信贷资产证券化试点工作小组正式成立。2005 年 4 月 28 日颁布实施了《信贷资产证券化试点工作管理办法》。中诚信托、中信信托分别与国家开发银行、建设银行合作进行首期真正的信

贷资产证券化业务。继中诚信托和中信信托后，2006 年有中海信托、上国投、华宝信托、平安信托 4 家信托公司获得第二批特定目的的信托受托机构资格。同年，《企业年金试行办法》和《企业年金基金管理试行办法》实施，以华宝信托为代表的一些信托公司开始了企业年金业务的积极探索。2006 年 5 月 16 日，民生银行首次与信托投资公司合作推出“非凡”人民币理财 T1 计划，中国人民大学信托与基金研究所首次提出“双层信托・银信连结理财产品”的概念。此后，银信合作理财异军突起。2006 年 9 月，中信信托、上海国投原则上获准试点 QDII 业务。

规范发展时期信托投资公司开展的信托业务毕竟还处于起步和探索阶段，虽然业务分布领域十分庞杂，也在一定程度上对信托业务进行了探索和创新尝试，但信托业务手段却比较单一，严重依赖贷款方式，创新业务虽然广为涉足，但基本都是扮演“龙套”角色，难以承担或胜任主角地位，甚至还有逐渐被边缘化的趋势，因此也就尚难形成信托投资公司的主导盈利模式，遂使这一时期信托投资公司主流业务模式逐渐形成“四七模式”，即 70% 的信托公司，70% 的利润来源依赖自有资金的自营业务，70% 以上的产品为集合资金信托计划，70% 以上集合资金信托计划的运用方式为贷款运用的状态。这一状态不仅酝酿着一定的潜在业务风险，而且也难以形成信托投资公司可持续发展的经营模式。

## 四、第四阶段：“新办法”框架下的高速扩张阶段

2007 年 1 月 23 日中国银行业监督管理委员会以 2007 年第 2 号主席令颁布了全面修订后的《信托公司管理办法》和《信托公司集合资金信托计划管理办法》（以下简称“新办法”）。“新办法”自 2007 年 3 月 1 日起施行，原《信托投资公司管理办法》和《信托投资公司资金信托业务管理暂行办法》（以下简称“老办法”）不再适用。

中国银监会总结信托行业回归本业 5 年来的发展历程，再度将信托公司的市场定位调整、明确成“为合格投资者提供资产管理服务的金融中介机构”，其业态接近于国外私募基金。信托新政的颁布，标志着监管部门对中国既有商业信托制度“颠覆性”制度创新的完成。为促进信托公司转型，同年中国银监会又陆续发布了《中国银监会关于实施〈信托公司管理办法〉和〈信托公司集合资金信托计划管理办法〉有关具体事项的通知》、《信托公司治理指引》、《信托公司受托境外理财业务管理暂行办法》（银监发〔2007〕27 号）等政策性文件。

由于“新办法”将信托公司明确定位于专业的资产管理机构和金融理财机构，彻底解决了影响中国信托业多年功能定位模糊的痼疾。“新办法”中明确对信托公司固有业务进行了严格限制，禁止信托公司再持有实业投资股权，信托资金债权运用方式也规定了严格上限限制，委托

人必须是符合要求的合格投资者，自然人委托人不得超过规定上限；“新办法”鼓励信托公司开展私募股权投资信托、资产证券化信托、房地产投资信托基金、年金基金信托等创新业务，明确了信托公司的本源业务范围，突出了信托公司经营特色，引导信托公司构建专业化经营模式。“新办法”使信托公司真正全面回归信托本源业务，信托公司全面实施转型和开展创新，自此中国信托业进入了全新的历史发展时期。这一时期，信托业发展方向得以明确、经营模式得以确立、经营机制得以转换、产品结构得以升级、人的思想得到彻底解放，短短3年中管理信托资产突破2万亿元，新增信托资产规模超过历史总额，因此我们称这一时期为“新办法”框架下的高速扩张阶段。

### （一）高速扩张阶段的发展历程

1. “蒙尘珍珠”再现光芒

“新办法”颁布实施后，众多境外金融机构和战略投资者一反“新办法”出台之前对信托业犹豫、观望的态度，对中国信托业表现出浓厚的兴趣，称其为“蒙尘的珍珠”。此后，境内外业界大牌公司纷纷亮相，对信托公司股权的投资购并浪潮风起云涌，热情空前。

2007年6月，经中国银监会批准，交通银行对湖北省国际信托投资有限公司实施重组，交通银行以现金出资10.2亿元人民币，持有85%的股权。2007年10月28日，首家银行系信托公司交银国际信托公司挂牌，是我国首次批准商业银行投资入股信托公司。2008年5月19日中国华融资产管理公司重组新疆国际信托投资有限公司成功，华融国际信托有限责任公司在乌鲁木齐宣告成立。2008年5月20日，中国建设银行与合肥兴泰控股集团有限公司、合肥市国有资产控股有限公司签订战略合作协议：该行将以现金34.09亿元投资控股合肥兴泰信托有限责任公司。增资后的兴泰信托，注册资本可达到40亿元，成为全国注册资本最大的信托公司之一。此后中国石油、中粮集团、华电集团、华能集团、中国航空工业集团、中国人保集团、信达资产等诸多中央企业和金融机构先后入主信托业，使得信托公司股东结构“脱胎换骨”，今非昔比，焕然一新。

境外金融机构方面，2007年11月5日，信托业重组新标本：英国安石投资入股北京国投。我国首家外资金融机构，作为战略投资者入主信托公司获监管部门批准。英国安石（Ashmore）投资管理有限公司在诸多竞争者中，历尽曲折，最终胜出，获中国银监会批准，参股北京国际信托投资有限公司19.99%股权。2008年2月25日北京国际信托投资有限公司正式换取新的金融牌照，经中国银监会批准公司更名为北京国际信托有限公司。此举表明外资参股中国信托业的大门已经正式打开。此后，英国巴克莱银行参股新华信托、澳大利亚国民银行入股联华信托、苏格兰皇家银行入股苏州信托，以及摩根士丹利入股杭州工商信托、新加坡华侨银行入股江南信托等相继瓜熟蒂落，牵手结缘。

表 3　　金融集团控股类信托公司一览表（截至 2010 年）

| 序号 | 公司名称 | 控股股东 |
|---|---|---|
| 1 | 中信信托 | 中国中信集团公司 |
| 2 | 交银信托 | 交通银行股份有限公司 |
| 3 | 中诚信托 | 中国人民保险集团公司 |
| 4 | 平安信托 | 中国平安保险（集团）股份有限公司 |
| 5 | 中泰信托 | 人保投资控股有限公司 |
| 6 | 建信信托 | 中国建设银行股份有限公司 |
| 7 | 华融信托 | 中国华融资产管理公司 |
| 8 | 金谷信托 | 中国信达资产管理公司 |
| 9 | 联华信托 | 兴业银行（进行中） |
| 10 | 西藏信托 | 招商银行（进行中） |

表 4　　外资金融机构参股信托公司统计表（截至 2010 年）

| 信托公司 | 外资金融机构 |
|---|---|
| 北京国投 | 英国安石投资 |
| 新华信托 | 英国巴克莱银行 |
| 联华信托 | 澳洲国民银行 |
| 工商信托 | 摩根士丹利 |
| 苏州信托 | 苏格兰皇家银行 |
| 方正东亚信托 | 东亚银行 |
| 南京信托 | 日本住友信托银行 |

2. 重启信托公司重新登记

2004 年“金新乳品事件”爆发以来，信托投资公司的数量是只见减少，未见增加，不仅已经批准保留尚未完成重新登记的信托投资公司重组之门被彻底关上，还不断有被停业整顿的信托投资公司。这种情况从 2007 年起有了松动，监管部门先后下发解决“历史遗留问题信托公司”的相关文件，直到 2009 年才有了彻底转机。2007 年 10 月 26 日，中粮集团与宁夏自治区政府伊斯兰信托风险处置办公室及伊斯兰信托共同签署了《伊斯兰国际信托投资有限公司重组框架协议书》。2009 年 9 月 10 日，中粮信托有限责任公司在北京开业。2009 年 10 月，由信达资产管理公司重组的中国金谷国际信托有限责任公司重新开业。2009 年 12 月 28 日，中航工业集团对江西江南信托的重组工作完成，江南信托投资股份有限公司在南昌开业。同年，原昆明信托重组成功，由澳大利亚麦格理集团与三吉利能源参与设立的华澳国际信托有限公司也于上海开业。中国华电集团对原佛山信托重组完成，崭新的华鑫国际信托有限公司也已经开业。2010 年四川信托也由上市公司宏达集团联手中海信托重组成功，进入正式运营。多年搁置的信托公司重新登记遗留问题基本得到圆满解决，为信托业增添了新的活力。

表 5　　遗留公司重组情况一览表（截至 2010 年）

| 公司简称 | 公司原名 | 主导重组方 | 注册资金 | 开业时间 |
|---|---|---|---|---|
| 中粮信托 | 伊斯兰信托 | 中粮集团 | 12 亿元 | 2009 年 9 月 10 日开业 |
| 五矿信托 | 庆泰信托 | 五矿集团 | 10 亿元 | 2010 年 10 月批筹 |
| 金谷信托 | 金谷信托 | 信达资产管理公司 | 12 亿元 | 2009 年 10 月开业 |
| 江南信托 | 江南信托 | 中国航空工业集团 | 3 亿元 | 2009 年 12 月 28 日开业 |
| 华澳信托 | 昆明信托 | 三吉利能源 + 麦格理 | 3 亿元 | 2009 年 8 月开业 |
| 方正东亚信托 | 武汉国投 | 方正集团 | 3 亿元 | 2010 年 6 月批筹 |
| 四川信托 | 四川信托 | 宏达集团 | 13 亿元 | 2010 年 8 月批筹 |
| 大业信托 | 广东科技信托 | 东方资产管理公司 | 3 亿元 | 2010 年 9 月筹备 |
| 南京信托 | 南京信托 | 金智科技 | 5 亿元 | 2010 年 7 月批筹 |
| 华鑫信托 | 佛山信托 | 中国华电集团 | 3.2 亿元 | 2010 年 8 月开业 |
| 伊犁信托 | 伊犁信托 | 长城资产管理公司 | 3 亿元 | 2010 年 9 月筹备 |

3. 管理信托资产规模突破万亿元

“新办法”颁布实施初期，也有些信托公司对于这一突如其来的“被转型”抱怨连连，在新业务面前徘徊犹豫，对原有业务模式依依不舍。但另一部分市场化程度高、转型迅速的信托公司已经在优惠的创新政策下，迅速占领了市场，推出了创新型的信托产品，并得到市场认可，获得丰厚的收益。在成功经验的带领下，信托公司迅速统一了思想，积极转变经营思路和业务模式，一举实现了信托业质的飞跃。2007 年末，全行业管理信托资产规模 9 622 亿元；2008 年末，全行业管理信托资产规模 1.24 万亿元；2009 年末，全行业管理信托资产规模超过 2 万亿元。而“新办法”颁布实施以前，2006 年全行业管理信托资产规模只有 3 617 亿元，此前的

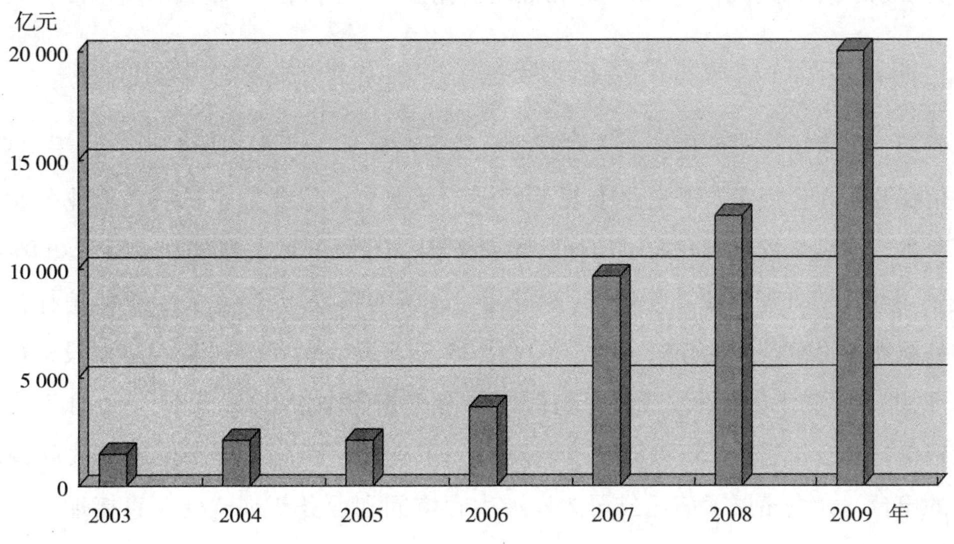


图 8　信托资产总额年份增长趋势图

2003—2005 年，则分别为 1 484 亿元、2 102 亿元和 2 113 亿元。从信托资产年份增长趋势图可以看出，2007 年后，信托资产规模实现了爆发性增长，当年信托资产余额超过前四年的总和。

4. 银信合作如火如荼

进入高速扩张阶段的中期，银信合作类业务逐渐占据了信托市场的大半江山，尽管此间有借助资本市场火爆的有利时机，银信合作开展“打新股”业务，以及银信合作“阳光私募”证券投资业务的重要因素在内，但除此之外，银信合作也确实大胆探索，开展了一些极具创新价值和符合主流方向的成功案例，一定程度上体现出银行与信托公司通过合作实现优势互补、战略双赢的初衷与本意。然而到后期阶段，部分银信合作业务开始“异化”成“平台型”、“管道型”业务。有的信托公司甚至90%以上的信托资产都是银信类业务，而由此产生的收益连利润总额的10%都不到，投入产出严重失衡。为此，银监会先后于 2009 年 7 月 6 日下发《关于进一步规范商业银行个人理财业务投资管理有关问题的通知》（银监发〔2009〕65 号），2009 年 12 月 14 日下发《中国银监会关于进一步规范银信合作有关事项的通知》（银监发〔2009〕111 号），2009 年 12 月 23 日下发《中国银监会关于规范信贷资产转让及信贷资产类理财业务有关事项的通知》（银监发〔2009〕113 号），并于 2010 年上半年通过窗口指导的形式叫停部分“平台型”贷款类银信合作理财业务后，于 2010 年 8 月 12 日正式下发《中国银监会关于规范银信理财合作业务有关事项的通知》（银监发〔2010〕72 号）。

信托公司“被动管理型”业务的无序泛滥，引起了监管部门的高度关注，不仅对银信合作业务进行了多次严厉规范，并对监管评级管理办法进行了修订，弱化信托资产规模所占比重，强调“主动管理型”信托业务的重要性，还酝酿推出对信托公司的《信托公司净资本管理办法》，一系列政策的出台表明，一场促进和推动信托公司“内涵式”增长的变革即将来临。

### （二）高速扩张阶段的主要信托业务

这一时期，监管机构改变传统的监管理念和监管战略，一手抓风险控制，一手抓业务创新，既要引导信托公司在合规经营的道路上规范发展，又大力为信托公司拓展信托业务领域保驾护航、创造条件，特别是银监会在鼓励信托公司业务创新方面下足了力气。先后于 2007 年 3 月出台《信托公司受托境外理财业务管理暂行办法》，2007 年 7 月出台《关于调整信托公司受托境外理财业务境外投资范围的通知》，2008 年 6 月 25 日下发《信托公司私人股权投资信托业务操作指引》，2008 年 12 月 4 日下发《银行与信托公司业务合作指引》，2009 年 1 月下发《信托公司证券投资信托业务指引》，2009 年 3 月下发《关于支持信托公司创新发展有关问题的通知》。这些法规的出台，大大拓展了信托公司的发展生存空间和业务拓展空间，直接地促进了信托公司创新业务的开展和信托业整体的扩展与提升。

1. 私募股权信托业务

2007 年 3 月，银监会颁布了信托业新政，鼓励信托公司从事 PE 业务。随后，信托公司的 PE 业务渐成燎原之势，中信信托于 4 月率先推出了“中信锦绣一号股权投资基金信托产品”，湖南信托随即也推出“湖南信托创业投资一号集合资金信托计划”，2007 年 7 月 9 日北京国际信托投资公司发起设立的“北国投 · 云程泰资本增值集合资金信托（1 期）”正式进入销售推介期，2007 年 7 月 15 日深圳国投联合深圳市松禾投资管理有限公司及深圳市深港产学研创业投资有限公司共同推出“深国投 · 铸金资本一号股权投资集合资金信托计划”。

2. 银信合作业务

我国的银信合作业务基本经历了五个阶段：产品代理销售阶段、资产交易阶段、银信连接理财阶段、股权重组阶段和目前这个问题重重的阶段。我国发展银信合作业务具有广泛的市场需求和坚实的市场基础，银信合作业务开展的初期既解决了广大投资者对多元化、复合型的金融服务与金融产品存在十分迫切的需求，又满足了商业银行拓展中间业务领域、大中介业务收入、发展高端客户和改善银行客户结构的现实需求，是信托制度创新的重大突破。随着银信合作业务的快速扩张，商业银行与信托公司不均衡的现象愈发明显，部分信托公司将其逐渐异化为“平台型”、“管道型”完全没有主动管理因素的被动型业务模式，附加值低，法律风险大，甚至成为商业银行规避监管、灰色运作的乐土，与银信资产交易的本源定位渐行渐远，为规范的银信合作业务进一步发展埋下一定隐患。

3. 政信合作业务

2008 年下半年美国金融危机对世界经济产生巨大影响，国务院出台了一系列政策稳定经济，特别是 4 万亿元刺激经济新政让市场嗅觉一贯敏锐的信托公司感受到了巨大的潜在市场机遇。2008 年 7 月，中融信托就与昆明市人民政府、富滇银行合作推出了“新昆明信托”人民币理财产品，此后政信合作业务立刻如火如荼地发展起来。一时间，以信托公司与地方政府合作为特点的基金化基础设施信托产品层出不穷。中信信托推出 30 亿元的“中信盛景天津区域发展基金一期集合信托计划”；平安信托、中信信托推出规模 100 亿元的“昆明市轨道交通信托计划”；粤财信托推出规模 50 亿元的“粤财信托 · 中山市政府投资项目股权信托计划”、“粤财信托 · 新市政项目信托理财计划”等等。为了抢占市场份额，2009 年相当部分的信托公司将业务重点转向一些由于无法得到国家投资、银行贷款转而寻求通过信托渠道获得资金的二线、三线县市的基础设施项目。虽然此类项目较为容易立项合作，收益水平往往也高于同类项目的平均水平，但地县级财政收入存在相当的不稳定性，还款渠道欠缺，信托公司同时也要承担比较大的风险。信托公司对政信合作业务的一哄而上现象，引发了监管者的关注，针对政信合作业务中的种种问题，2009 年 5 月，中国银监会下发了《中国银监会办公厅关于信托公司信政合作业务风险提示的通知》。2009 年 12 月财政部下发文件《关于坚决制止财政违规担保向社会公众集资行为的通知》，即 388 号文，政策环境骤然趋紧。

4. 阳光私募证券信托业务

证券市场投资一直是信托公司重要的业务手段之一。2007 年是私募基金通过借道信托公司实现阳光化飞速发展的一年，市场上迅速形成了以上海国投“优先/次级”为代表的“海派”证券投资信托模式，和以深国投“投资管理人”为主导的“南派”证券投资信托模式。两种模式都借鉴了公募基金在资金托管、账户监督等方面的优点，形成了包括银行、证券公司、信托公司、投资管理人在内的职责明确、相互监督、相互制约的制度和机制，保证了委托人的财产按照信托契约的合理运用。一时间，信托公司纷纷效仿开展此类业务，掀起一股阳光私募证券信托业务的高潮。但好景不长，2009 年 7 月证监会下发《关于进一步改革和完善新股发行体制的指导意见》，中登公司亦出台了《资金申购上网公开发行股票实施办法》，信托公司证券开户宣告暂停，阳光私募证券投资信托产品发行规模直线下滑。

5. 基金化房地产信托业务

国务院“金融国九条”和“金融 30 条”反复提出大力推行房地产信托投资基金试点之后，有关 REITs 出台时间成为包括信托公司在内的诸多机构关注的焦点，但时至今日 REITs 仍然迟迟未能出台，久拖未决。在这样的背景下，基金化房地产信托业务应运而生，中信信托推出“天泰不动产投资信托基金”、“聚信汇金地产基金Ⅱ号集合信托计划”；北京信托推出“稳健系列房地产集合资金信托计划”系列产品；中诚信托推出“2009 年汤山项目股权投资集合资金信托计划”等。这些信托计划的特点都是先有资金池，再从项目池中选择具体项目进行投资，增强了信托公司在信托事务管理中的主动地位，具有强烈的基金化色彩。

6. 公益信托

2008 年 5 月 20 日汶川大地震再次将公益事业的形式与渠道问题尖锐地提到日程上来。2008 年 6 月 2 日，为帮助和支持灾区重建工作，中国银监会迅速发布《中国银监会办公厅关于鼓励信托公司开展公益信托业务支持灾后重建工作的通知》（以下简称《通知》），从而为长期为政策瓶颈和法律缺失所困的中国公益信托业务打开了一条通道。《通知》鼓励信托公司依法开展以救济贫困、救助灾民、扶助残疾人，发展医疗卫生、环境保护，以及教育、科技、文化、艺术、体育事业等为目的的公益信托业务。《通知》下发后，广大信托公司普遍表现出了极高的热情，公益信托纷纷上马。2008 年 6 月 6 日，由西安国际信托有限公司推出的“灾后重建为目的的公益型信托计划”在西安成立，1 000 万元的捐助资金将定向用于陕西地震灾区受损中小学校舍重建或援建新的希望小学等公益项目。随后衡平信托推出了“爱心系列”信托理财产品，该系列产品将拿出每期信托募集资金的 1%，以投资者名义定向捐助灾区支持中小学校园重建，计划募集资金 8 000 万元，产品期限 2. 5 年。平安信托设立了“平安·汶川地震受灾儿童救助单一资金信托”的公益信托，约定该信托收益在信托合同到期清算扣除营业税后全额捐出，用于支援地震灾区灾后重建。2009年4月10日华润信托成立“华润信托·金管家—爱心传递集合资金信托计划”，信托资金以贷款或其他投资方式运用于四川地震灾区灾后重建项目。公益信托的普遍兴起，在为信托业创造新的展业领域和行业形象的同时，也为新形势下我国构建和谐社会增添了一支重要的新生力量，也让全社会认识到创新性公益救灾的第三渠道：公益信托。

## 五、趋势展望："一法三规"框架下的创新突破

《信托公司净资本管理办法》（草案）（以下简称《办法》）在征求意见之后，已于2010年7月12日中国银行业监督管理委员会第99次主席会议通过，并正式下发。《办法》与2010年下发的一系列行政法规中均传达出一个相同的声音——“抑制被动管理型信托业务，鼓励主动管理型信托业的发展。”监管者明确引导信托公司尽快实现从“广种薄收”、“以量取胜”片面追求规模的粗放式经营模式，向“精耕细作”、提升业务科技含量和产品附加值内涵发展的经营模式升级转型的深层考量和战略意图。这将彻底转变信托公司的盈利模式，鞭策信托业务再次转型，使信托公司切实成长为具有核心能力的特殊资产管理机构。因此，可以预期《信托公司净资本管理办法》的实施将成为我国信托业发展的进入历史新阶段的一个重要标志，展望未来趋势，该办法将与《中华人民共和国信托法》、《信托公司管理办法》、《信托公司集合资金信托业务管理办法》一道，对信托公司再次实现本源业务的战略转型和升级产生巨大推动作用，并将中国信托业正式引入一个以“一法三规”为信托业监管主要政策依据的全新的历史发展时期。

### （一）主动管理型银信合作理财业务

新的历史时期，银信合作业务不仅不会终结，相反会呈现出更加广阔的发展前景。2010年8月12日，银监会正式下发《中国银监会关于规范银信理财合作业务有关事项的通知》（银监发〔2010〕72号），明令禁止了以规避当前信贷政策为主要目的、信托公司被动管理型、贷款融资类的所谓银信合作业务，即所谓“平台型”业务，并强调了三大原则：首先，新发行的信贷类理财产品要遵循信托公司在银信合作业务中自主管理的原则，在开展银信理财合作业务过程中，信托公司应体现主动管理能力，严格履行项目选择、尽职调查、投资决策、后续管理等主要职责，不得开展通道类业务；其次，信托公司融资类银信理财合作业务余额占银信理财合作业务余额的比例不得高于30%；最后，银信理财合作产品不得运用于风险较高的非上市公司股权投资。上述三大核心要素决定了新发行的信贷类理财产品与之前的产品模式、交易结构、管理主体、运用方式、信托报酬以及法律主体都会发生根本性变化。未来的银信合作模式中，信托公司应构建均衡性银信合作框架，增强银信双方优势资源的主动管理能力。均衡型银信合作模式的最佳切入点就是在我国分业经营的金融体制以及对外资金融机构尚有一些限制性政策的市场

环境下，尽快整合银行的客户资源、网络优势、公信力和信托公司的制度优势、政策平台，以及多元化的工具，创新开展主动型银信合作理财业务。

### （二）专业化私募股权投资业务

从“新办法”颁布实施以来，银监会一直大力推进信托公司的业务创新，其中私人股权投资信托首当其冲，并于2008年6月下发《信托公司私人股权投资信托业务操作指引》，其制度配套最为完善。2007年以来，信托公司对于私募股权投资业务的探索一直没有停止，已经积累了相当的业务经验，再加上一些成功的私募股权投资信托产品的设立，已经形成了较好的市场氛围和较为固定的客户群体。特别是《信托公司净资本管理办法》实施以后，信托公司在平衡净资本与风险资产比例的时候，更加注重单位资产收益率，一些传统业务形式逐渐边缘化、萎缩乃至退场，而私募股权投资业务则将登堂入室，扮演越来越重要的角色。新时期信托公司开展的私募股权投资业务将不同于早期粗放式、广种薄收、“眉毛胡子一把抓”的业务形式，各家信托公司根据自身人才结构、核心能力、专业优势等的不同，将在不同领域、不同行业、不同板块间加以细化分工，各公司私募股权投资方向和领域专业化程度大大提高。

### （三）房地产信托投资基金业务

中国银监会出台的信托“新办法”明确将REITs作为信托公司今后创新业务的重要方向之一，在此政策导向之下，信托公司必将更大规模地开展真正意义上的房地产信托投资基金，为我国房地产融资模式探索出一条全新的道路。今后我国房地产信托业务应在现有基金化房地产信托产品的基础上，强化其基金要素的实质和特性，使其名实相符。同时，进一步加快向标准化、规范化的REITs转轨的步伐，与国际接轨，使产品的资产结构、投资方向、运作流程和法律配套全面符合国际标准，突出其流动性强、投资风险分散、市场回报率高、投资管理手段灵活等证券化产品的优势，真正成为我国房地产金融创新和房地产融资来源拓展的生力军和主渠道，促进我国房地产业和信托业的规范发展与战略双赢。

### （四）产业基金化基础设施信托业务

基础设施信托是信托公司最重要的传统业务领域之一，但多年以来多以简单的债权运用方式设计信托产品。在创新突破阶段，产业基金化的基础设施信托将成为趋势。信托公司应借鉴国外成功操作的基础设施基金的运行模式，在投资领域方面，继续传承传统的基础设施建设领域，最大限度对接信托公司多年经营与维护的客户与项目；在投资管理方面，彻底改变过去单一的贷款模式，广泛运用高度市场化的国际通用的BOT、TOT等管理模式，将该类管理模式与产业基金型基础设施信托产品相结合，通过产业基金化的运作方式，使传统基础设施信托标准化、规模化，形成信托公司新的业务模式。

### （五）私人银行财富管理信托业务

该业务也可称为“银信连接财富管理业务”或“银信连接私人银行业务”。随着个人财富总量的不断增加，个人财产管理需求的日益多样化，机制灵活的个人信托需求势必快速增长。被称为“富人俱乐部”的信托，在新时期应该充分抓住有利时机和大好的市场机遇，超常开展私人银行财富管理信托业务，迅速占领该业务的市场份额，形成牢固的先发优势。其中私人银行业务是信托公司与银行合作开展该类业务最好的切入点与结合点。在这一时期，信托制度的优越性将被最大限度地发掘，以财产保护、财产转移、财产传承、财产分割、高端投资与税收服务为目的的财富管理信托业务将拥有广阔的市场前景。信托公司通过与商业银行私人银行业务对接开展难以复制的财产保护信托、子女教育信托、婚姻财产信托、财产传承信托等系列个人信托业务，在夯实银信合作业务模式的同时，逐步形成自身专属的核心竞争力以及专业化经营特色。

### （六）多形态资产证券化信托业务

以中国建设银行和国家开发银行推出的信贷资产证券化产品为标志，中国的资产证券化业务已经进入实质性操作阶段，但尚未进入规模性发展阶段。之前，信托公司也未将此类业务作为常规性信托业务大规模开展。进入创新突破阶段，此类业务将迎来发展的高峰期，而且信托公司除积极参与已经推出的信贷资产证券化业务之外，更应该以开创性新思维、新理念大规模开展其他形态的资产证券化（信托化）业务，而实际上早在2005年中金公司推出的“中国联通CDMA收益权资产管理计划”就已经证实了这一点，中国的资产证券化市场对信托公司而言孕育着巨大的市场商机和盈利来源。如果信托公司把握市场机遇，创新产品设计，多业态资产信托化业务有可能出现爆发式增长，成为新时期信托公司最为核心的主导业务之一。

# 认知改变信托：
# 2010 年中国信托业研究报告

中信信托有限责任公司
中国国际经济咨询公司

"一法两规"改变了中国信托业发展的边界条件和未来走向。2001 年 4 月 28 日颁布的《中华人民共和国信托法》（以下简称《信托法》）和 2002 年颁布的《信托投资公司管理办法》、《信托投资公司资金信托管理暂行办法》以及 2007 年"新两规"的出台，对中国信托业的发展产生了重大和深远的影响，彻底地改变了中国信托业、信托公司生存和发展的基础并指明了中国信托业、信托公司未来发展的方向，为信托业发展打开了一个自由创新的无限空间。

以战略的、多角度的、多层次的视角重新认识中国信托业势在必行。对中国信托业及其发展的再认识要以目前中国的信托制度建设及未来的发展趋势为起点和准绳，以信托市场目前及未来发展趋势为依据，站在人类社会发展高度，从经济基础与上层建筑、生产力与生产关系、国家经济发展、产业经济学等多方位视角，通过对信托本质，也就是"人、财、理"信托三要素，特别是信托功能的深刻理解、解读、认知，发现和找到信托及信托业、信托公司的竞争优势、关键成功要素，并将这种认知转化为信托业发展的驱动力，推动其长久的、持续的、高效的运行。

价值成就信托。通过对信托基本概念的再认识，挖掘和重新定义信托所具有功能的价值潜力，构建起三个方面相互依托的信托价值体系，即信托的政治价值、经济价值和社会价值，从而使信托业展现出其所具有其他金融业不具备的、更强的竞争优势。如果把这些竞争优势与中国社会发展、经济发展现状、特点、趋势结合起来，信托业一定能在国家发展、社会进步中扮演更重要的角色，发挥更大价值。而信托价值得以发挥，信托行业美好未来的有效支撑是信托行业、信托企业的核心能力构建。这将成为未来的重点之一。

## 一、重新认识信托

### （一）信托三要素

1. 信托制度

从2001年4月28日《信托法》颁布到现在已近9年，信托法规的制度建设历程大致分为两个阶段：

第一阶段：始于2001年的《信托法》和2002年的《信托投资公司管理办法》和《信托投资公司资金信托管理暂行办法》，主旋律是拨乱反正、奠定基础，使信托业务回归本源有了坚定的法律基础。

第二阶段：始于2007年对《信托投资公司管理办法》和《信托投资公司资金信托管理暂行办法》的修订，以及随后颁布的一系列加强自主管理能力方面的政策和即将推出修订后的信托公司分级管理办法，其主旨是脱胎换骨、战略转型，推动信托公司培育主动投资管理能力，尽快实现信托公司从债权性运用为主向权益性运用为主、从融资平台向资产管理平台的转变，真正变成具有自主管理能力的资产管理或财富管理机构。

2. 信托本质

人们经常用“受人之托、代人理财”概括信托的本质，准确理解和诠释“受人之托、代人理财”的信托理念，将是信托行业、信托公司未来发展的“蓝海”所在。通过对“受人之托、代人理财”的分析，可以看到在信托概念、本质和理念中，除去“受人之托”这个信托关系存在前提条件（信任）之外，最重要的包括了“人、财、理”三个最基本的因素，我们把它称为“信托三要素”。

人是前提和归宿、是左岸。《信托法》及相关法规中的“人”，就目前的含义来讲不是随便意义上的自然人，应当是合格投资人。其中包括了两个方面，第一方面是委托人，含有三个层面，一是合格的自然人，二是机构、企业，三是政府；第二方面是融“资、物、智”方，可以是机构、企业，更可以是政府。

财是基础、是右岸。没有财就没有信托。对于中国而言，经济发展到目前的阶段，社会已经积累了很多的财富，为信托的发展打下了坚实的基础。

理是核心、是桥梁。“智慧型信托生产渡桥，将众多可能性变为现实。”在信托关系中的“人、财”基本上是客观存在的事物，人们可以发生作用的成分不大。但是“理”却在很大程度上是主观的事情，包括对信托本质、功能、竞争优势的认知，确实是“仁者见仁、智者见智”，具有极大发挥主观能动性的空间。信托业、信托公司的发展依赖于使用“理”这个“桥梁”，很

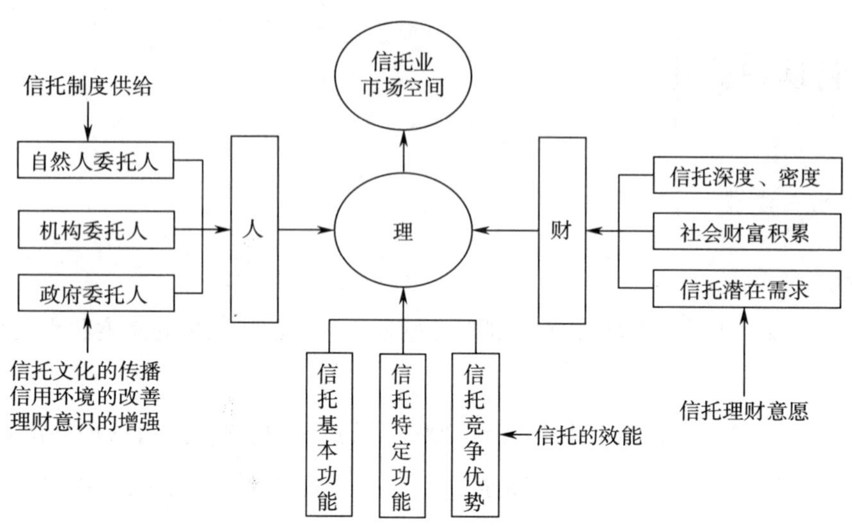


资料来源：CIEC 分析。

**图 1　信托三要素模型**

好地将“人”、“财”有效地连接在一起。“理”包括三个层面，一是信托的基本功能；二是信托的特定功能；三是基于前两者以及横向对比的结果，也就是信托的竞争优势。信托业的竞争优势将是今后信托业、信托公司发展的起点和基础。

### （二）人：前提和需求方

1. 自然人

合格投资者。2007 年修订的《信托公司集合资金信托计划管理办法》第六条规定，合格投资者“是指符合下列条件之一，能够识别、判断和承担信托计划相应风险的人：（一）投资一个信托计划的最低金额不少于 100 万元人民币的自然人、法人或者依法成立的其他组织；（二）个人或家庭金融资产总计在其认购时超过 100 万元人民币，且能提供相关财务证明的自然人；（三）个人收入在最近三年内每年收入超过 20 万元人民币或者夫妻双方合计收入在最近三年内每年收入超过 30 万元人民币，且能提供相关收入证明的自然人”。

自益信托。2007 年修订的《信托公司集合资金信托计划管理办法》要求委托人和受益人应为同一人。《信托公司集合资金信托计划管理办法》第五条第二款规定，“参与信托计划的委托人为唯一受益人。”

合格投资者规模不再设限。《信托公司集合资金信托计划管理办法》第五条第三款规定，“单个信托计划的自然人人数不得超过 50 人，合格的机构投资者数量不受限制。”彻底取消原管理办法集合资金信托计划“200 份”限制，放开单个资金信托投资者规模。

及时修改对集合资金信托计划的数量限制，着力培养信托市场理性投资人。2009 年 2 月 4

日，中国银监会公布施行了《信托公司集合资金信托计划管理办法》的修改决定，核心内容是将该办法的第五条第三款“单个信托计划的自然人人数不得超过 50 人，合格的机构投资者数量不受限制”修改为“单个信托计划的自然人人数不得超过 50 人，但单笔委托金额在 300 万元以上的自然人投资者和合格的机构投资者数量不受限制”。

2. 机构

有关人员的研究结果表明：在西方欧美发达国家，个人信托占全部信托市场 70% 左右，机构信托占 30% 左右。所以，这也就是《信托法》及其法规为什么特别重视自然人的原因所在。但是，在中国这个特定的市场中，在中国目前的经济发展阶段下，根据对《信托法》及其法规的理解，机构投资者，特别是企业，以及政府将会比国外成熟的信托市场占有更大的比重。

3. 政府

目前，中国正处于经济高速发展的阶段，而中国又处于从计划经济向具有中国特色的社会主义市场经济过渡的时期，处于工业化和城市化发展的关键时期，所以中央政府、地方政府在政治生活、经济发展、社会生活中发挥着举足轻重的作用。由于信托这种独特的制度安排，本身具有独特的结构设计，可以将自然人、机构投资者、政府的资产、资金的管理要求以及保值增值的要求很好、很和谐地在一个集合信托计划方案中体现，更好地解决了公平与效率的问题。所以，政府、机构投资者应当成为今后信托业客户的重要，乃至主要来源。

### （三）财：基础和供应方

1. 信托深度、信托密度

我们用信托深度（信托资产/GDP）（%）、信托密度（信托资产/人口总数）（元/人）这两个概念来解释信托业发展的水平。可以看到目前中国信托业的发展程度还很低，这预示着中国未来信托市场前途一片光明，有巨大发展空间。

国金证券研究报告表明，2008 年末左右，美国和日本的信托资产占 GDP 的比例分别为 186.79% 和 153.97%，而我国的这一比例仅为 16.67%，不到美国的 1/10，仅为日本的 11%。据此推算，2008 年末左右，美国、日本、中国大陆信托资产规模分别约为 185 万亿元人民币、53 万亿元人民币和 5 万亿元人民币。

经过我们的研究和分析，2008 年美国和日本人均信托资产占有量分别达到了 600 242 元人民币/人、410 144 元人民币/人，而我国的这一数据仅为 3 788 元人民币/人。美国是中国大陆的 158 倍，日本是中国大陆的 108 倍。未来随着我国经济的进一步发展、居民财富的不断增加，以及居民信托理财意识的进一步增强，我国的信托业将有着巨大的发展潜力。

2009 年信托业管理资产规模超过 2 万亿元，达到一个新的高度。自 2007 年以后中国信托业取得了长足的进步和发展。2004 年信托业资产管理规模为 1 498 亿元，2007 年达到 9 358 亿元，

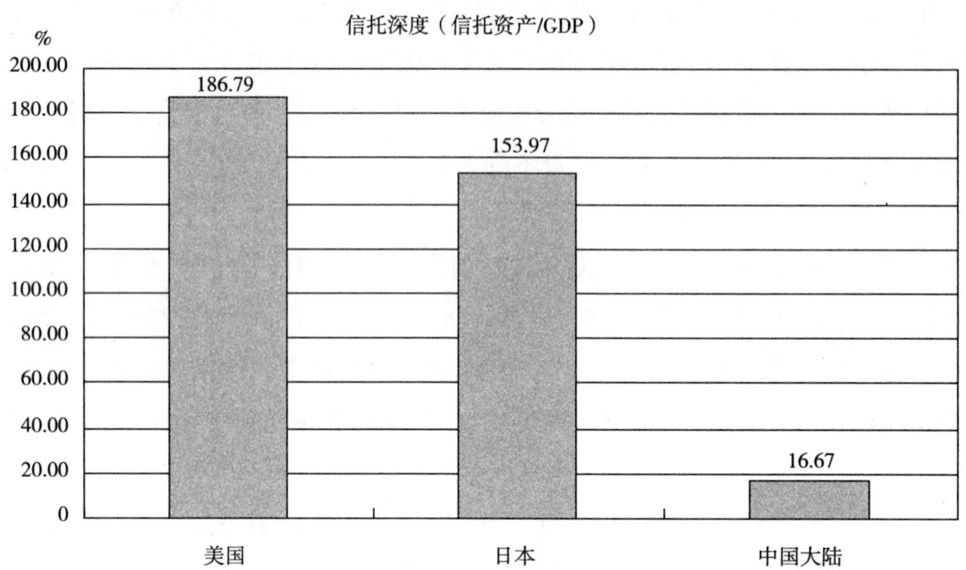


注：图中的信托资产是广义的信托资产，主要包括信托业管理的资产、银行业理财资产、公募基金管理资产等。

资料来源：CIEC 整理、分析，国金证券。

**图 2　2008 年中国、美国、日本信托深度比较**

元/人

信托密度（信托资产/人）

700 000

600 000

500 000

400 000

300 000

200 000

100 000

0

600 242

410 144

3 788

美国

日本

中国大陆

注：图中的信托资产是广义的信托资产，主要包括信托业管理的资产、银行业理财资产、公募基金管理资产等。

资料来源：CIEC 分析。

**图 3　2008 年中国、美国、日本信托密度比较**

2009 年达到 20 557 亿元。从 2004 年到 2009 年 5 年间，信托业资产管理规模平均算术增长率达到 74.59%，平均几何增长率达到 66.32%。

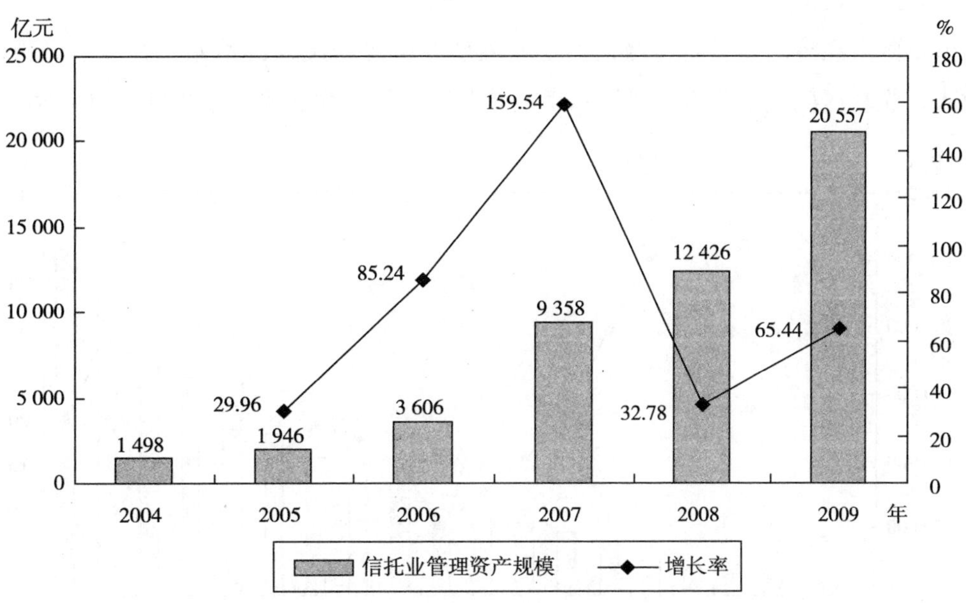


资料来源：CIEC 整理。

**图 4　2004—2009 年中国信托业管理资产规模状况**

和银行业、保险业、公募基金管理业相比，2009 年中国信托业也取得了骄人的成绩。2004 年信托业占银行业、保险业、公募基金管理业管理资产规模的 0.45%，2009 年达到了 2.35%。

**表 1　　2004—2009 年信托业、银行业、保险业、公募基金业管理资产规模**　　单位：亿元

| | 2004 年 | 2005 年 | 2006 年 | 2007 年 | 2008 年 | 2009 年 |
|---|---|---|---|---|---|---|
| 信托业管理资产规模 | 1 498 | 1 946 | 3 606 | 9 358 | 12 426 | 20 557 |
| 保险业资产总额 | 11 854 | 15 226 | 19 731 | 29 004 | 33 418 | 40 635 |
| 银行业总资产 | 315 990 | 374 697 | 439 500 | 525 983 | 623 913 | 787 691 |
| 公募基金管理资产规模 | 3 247 | 4 739 | 8 555 | 32 766 | 19 389 | 26 819 |
| 合计 | 332 588 | 396 608 | 471 392 | 597 111 | 689 146 | 875 702 |

资料来源：CIEC 整理、相关网站。

**表 2　　2004—2009 年信托业、银行业、保险业、公募基金业管理资产规模占比**　　单位：%

| | 2004 年 | 2005 年 | 2006 年 | 2007 年 | 2008 年 | 2009 年 |
|---|---|---|---|---|---|---|
| 信托业管理资产规模占比 | 0.45 | 0.49 | 0.76 | 1.57 | 1.80 | 2.35 |
| 保险业资产总额占比 | 3.56 | 3.84 | 4.19 | 4.86 | 4.85 | 4.64 |
| 银行业总资产占比 | 95.01 | 94.48 | 93.23 | 88.09 | 90.53 | 89.95 |
| 公募基金管理资产规模占比 | 0.98 | 1.19 | 1.81 | 5.49 | 2.81 | 3.06 |

资料来源：CIEC 整理、相关网站。

2. 社会财富积累

社会财富随着经济的发展高速增长。主要表现在城乡居民人民币储蓄存款、城镇居民人均可支配收入、农村居民现金收入、恩格尔系数等。这些指标均反映了社会财富的多少。

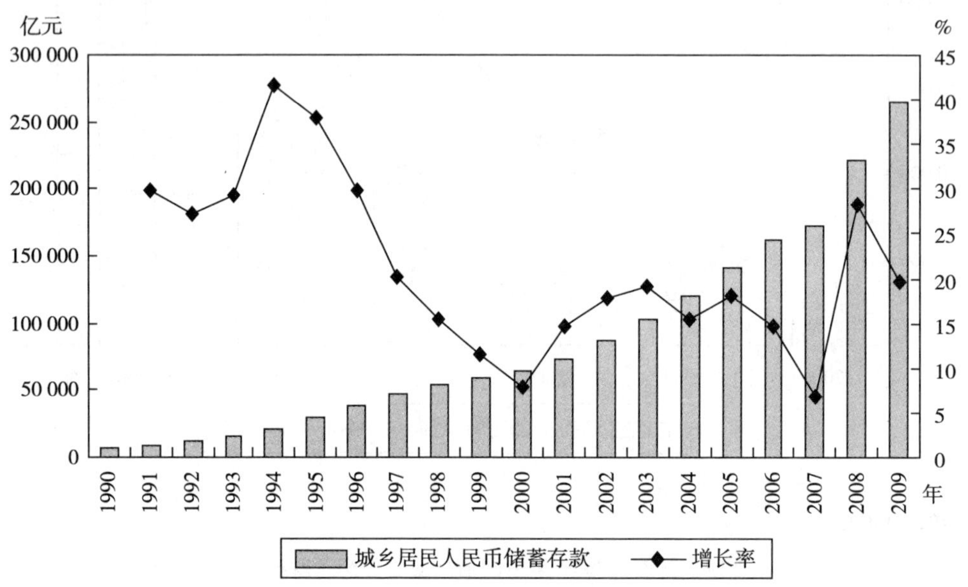


资料来源：CIEC 整理、国家统计局网站。

**图 5　1990—2009 年中国城乡居民人民币储蓄存款状况**

2009 年城乡居民人民币储蓄存款 264 761 亿元人民币，接近 4 000 亿美元。2009 年城镇居民人均可支配收入达到 17 175 元人民币，超过 2 500 美元。

富裕人群大量出现，为信托市场提供了发展基础。根据《2009 年中国私人财富报告》，2008 年中国大陆个人总体持有的可投资资产规模接近 38 万亿元人民币，同比增长约 5%。报告显示，截至 2008 年末，中国内地亿万富豪约有 1 万人，内地千万级以上的高端人群（个人可投资资产超过 1 000 万的人群）达到了 30 万人的规模，手中掌握着 8. 8 万亿元人民币，相当于 2008 年我国 GDP 的 29%，人均达到 2 900 万元。国民收入增加，财产增加，信托财产也会随着增多，能够增加信托需求。财富的增加是推动信托业发展的基石，将会带动信托产品数量和结构上的变化。相对于我国目前 5 万亿 ~8 万亿元的信托资产规模（广义信托资产，国金证券估算），国内居民可投资金融资产的巨大潜力有望成为信托资产增长的源泉。

3. 信托潜在需求

改革开放三十多年，我国居民个人财产不断积累并出现了可投资性资本剩余现象，社会各层面的中长期闲散资金日益增多，并正寻求合理回报的工具和途径。在目前以间接融资为主导的格局下，存款利率尚未完全市场化，相当一部分个人在满足消费之余开始追求财产的保值增值，以支撑个人养老、子女抚养、自身精神生活品质提高等新问题。

信托资产来源于社会财富的积累，而社会财富的积累又需要经济发展的支撑。因此，从根本上说，社会经济的发展是信托资产增长的动力源泉和物质基础。一个国家和地区的经济越发展，财富积累程度越高，则这个国家和地区信托资产就会越大或者其增长空间就会越大。

中国经济的发展和人均收入、财富的增长，必将带来金融资产结构的深刻变化，这种变化将促进资产管理市场的长久发展。随着生活水平的提高，金融市场的成熟，理财理念必将深入人心，资产管理也将成为人们生活和经济发展不可缺少的一部分，以资产管理为主要功能的信托业将迎来巨大的创新空间

人均 GDP 增长促进信托资产管理市场起飞。有关专家研究表明根据众多国家和地区的统计经验，人均 GDP 达到 1 000 美元，标志着经济进入一个新的重要发展阶段。一个国家从低收入国家向中等收入国家迈进阶段（1 000 ~ 3 000 美元），经济社会结构变化最为活跃，这一时期，是重要发展机遇期，各项经济活动空前活跃，资产管理市场的兴起更在情理之中。

**表 3　　2004—2009 年中国大陆 GDP 状况**

| | 2004 年 | 2005 年 | 2006 年 | 2007 年 | 2008 年 | 2009 年 |
|---|---|---|---|---|---|---|
| GDP（亿元人民币） | 159 878 | 183 218 | 211 924 | 249 530 | 300 670 | 335 353 |
| GDP（亿美元） | 19 316 | 22 359 | 26 579 | 33 823 | 43 262 | 49 317 |
| 人均 GDP（美元/人） | 1 500 | 1 740 | 2 010 | 2 360 | 2 940 | 3 351 |

资料来源：CIEC 整理、国家统计局网站。

**表 4　　2004—2008 年美国 GDP 状况**

| | 2004 年 | 2005 年 | 2006 年 | 2007 年 | 2008 年 |
|---|---|---|---|---|---|
| GDP（亿美元） | 116 309 | 123 761 | 131 329 | 137 514 | 142 043 |
| 人均 GDP（美元/人） | 41 200 | 43 570 | 44 890 | 46 090 | 47 580 |

资料来源：CIEC 整理、国家统计局网站。

**表 5　　2004—2008 年日本 GDP 状况**

| | 2004 年 | 2005 年 | 2006 年 | 2007 年 | 2008 年 |
|---|---|---|---|---|---|
| GDP（亿美元） | 46 059 | 45 521 | 43 760 | 43 843 | 49 093 |
| 人均 GDP（美元/人） | 36 690 | 38 950 | 38 710 | 37 800 | 38 210 |

资料来源：CIEC 整理、国家统计局网站。

2009 年我国人均 GDP 已经达到 3 350 美元。按照我国整体发展目标是 2020 年全面建设小康社会，在 2000 年的基础上翻两番，按照目前中国经济发展状况以及人均 GDP 的情况，2020 年我国人均 GDP 将达到 7 000 美元以上，GDP 总值将达到 10 万亿美元的规模。另外如果按照购买力平价的方法计算中国的人均 GDP 和 GDP 总体规模，将会是另外一番景象。

表 6　　2007 年中美日按购买力平价法计算的国民经济核算指标

| | GDP（亿国际元） | 人均 GDP（国际元） |
|---|---|---|
| 中国 | 70 551 | 5 345 |
| 美国 | 138 112 | 45 790 |
| 日本 | 42 835 | 33 525 |

资料来源：CIEC 整理、国家统计局网站。

信托业发展的临界值。统计分析表明，当居民收入和金融资产达到了一定的临界值之后，将会对居民持有的资产组合在安全性、收益性和流动性方面提出更高的要求，以储蓄为单一财富结构已经不能满足居民日益丰富的资产管理需求，财富结构多元化势在必行。根据安信证券研究中心的研究，美国、日本的情况显示当人均可支配收入达到 3 000 美元时，对理财需求会产生爆发式增长。2009 年中国城镇居民人均可支配收入达到 17 175 元人民币，超过 2 500 美元。

在金融脱媒大趋势下，我国信托资产具有很大的增长空间。表 2 的数据表明，在银行业、信托业、保险业、公募基金管理业中所占比例，银行业 2004 年比重为 95.01%，2009 年比重为 89.95%，降幅超过 5% 以上。

金融脱媒促使银行的部分金融资产逐渐流出银行体系或在银行体系内从表内资产转化为表外资产（信托资产）。当资金的盈余者和资金的短缺者不通过银行等资金中介机构而直接进行资金交易时，金融脱媒就会出现。金融脱媒出现的原因大致分为三方面：一是从居民角度看，随着投资理财意识的增强，居民将倾向于更高的回报和更为多样化的资产形式；二是企业为了寻

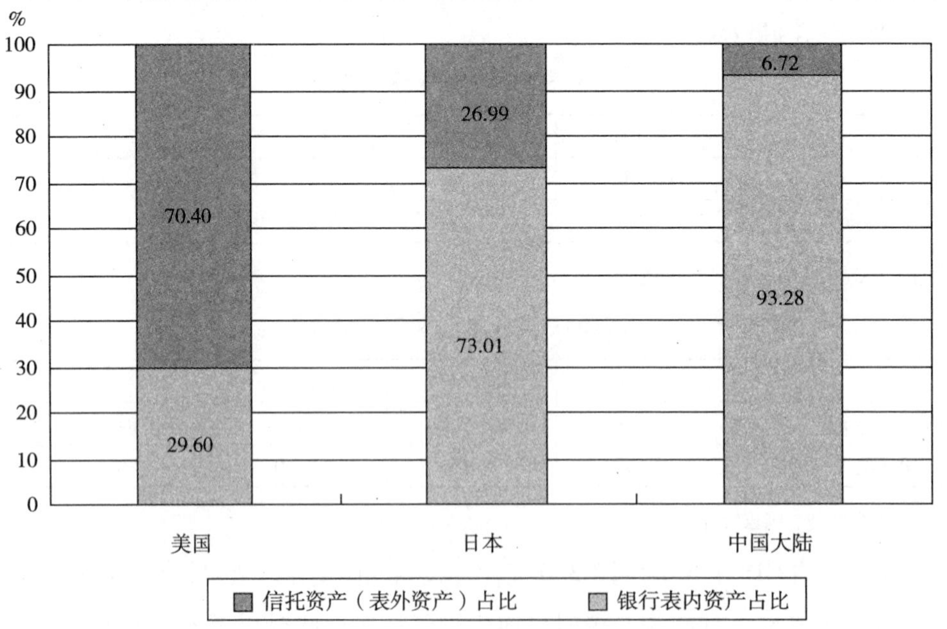


资料来源：国金证券。

图 6　2008 年中国、美国、日本银信系统中信托资产占比情况比较

求更为便利的融资渠道和更低廉的融资成本，通过债券、股票、融资票据等证券直接筹措资金；三是证券公司、基金、保险公司、信托公司等其他金融机构通过发展多种形式的理财产品和金融方式，对商业银行的负债业务、资产业务形成竞争和替代。在现实的经济生活中，金融脱媒在银行资产中的一个重要体现就是金融资产从银行体系流出到其他金融机构，或在银行系统内部从表内资产转化为表外资产（信托资产）。

国金证券的研究表明，在金融脱媒的驱动之下，一国银行系统的部分表内资产将最终转化为信托资产，信托资产在银信系统中的占比会不断上升，甚至超过表内资产。美国、日本等发达国家的经验表明，在金融脱媒的趋势之下，银行的表内资产会转化为信托资产，银信系统的信托资产占比会不断提升。我国目前的这一比例仅为6.72%，仅相当于日本的1/4和美国的1/10。

有关专家研究还表明，美国的信托资产规模在1987年以后逐渐超过银行资产规模，并且差距在日益扩大。1987年美国人均国民收入为18 900美元。所以，从另外一个角度看，目前中国理财市场的广度和厚度还有相当的历程。但是，又必须看到的是中国未来理财市场的前提是光明的。

### （四）理：核心和渡桥

委托人、财是客观存在的事物。从社会发展、经济发展的角度讲，当一个国家的经济发展到一定的水平之后或者在达到较高水平的过程中，无论是自然人、机构，还是政府都会自然而然地产生理财及保值增值的需求与愿望，这是一种客观存在。而在经济发展或经济发展过程中积累下来的财富就为满足这种理财及保值增值的需求和愿望奠定了物质基础，这是一种客观存在。

理：信托制度是主观的东西，其中带有很强的主观能动性。如果要将这两种客观存在有机地结合在一起，就需要一种很好的工具、关系或者制度安排。实际上，能够将这两种客观存在成功对接的东西就是信托这种关系或制度安排，信托这种关系或者制度安排将能很好地把这两种客观存在和谐地统一在一样东西之内。

1. 基本功能

诺奖得主Robert. Merton所提出的金融功能观点认为：金融功能比金融机构稳定，即金融功能随着时空的变化要远小于金融机构的变化。金融功能比金融机构的组织结构更重要，即组织结构只有在竞争中不断创新才能使金融体系本身具有更强的功能和更高的效率。基于功能观点的金融体系更便于政府监管，因此，“首先应当确定金融体系应具备哪些金融功能，然后据此来建立更好地完成这些功能的金融机构或组织。”功能观点不仅得到了学界的认可，而且也为监管部门所援引，并提出了功能监管的概念。

因此，要保证中国信托业的健康稳定发展，无论是监管当局，还是业界自身，都需要首先明确信托公司在整个中国金融体系中的基本功能问题。

（1）财产管理功能

方嘉麟（1994）认为，封建土地规则的束缚催生了早期的信托制度，也决定了早期信托制度的主要功能使财产转移。随着时间推移和经济发展，封建土地束缚逐渐解除，信托的主要功能也随之发生转变，由持有土地的一种转移工具，演变成为人们进行财产保全、促进财产增值的财产管理功能，受托人的角色也从消极的“人头”借用者变为需要以自己知识、经验为信托财产投资决策的管理者。信托的财产管理功能体现在两种情况。一种情况是，财产所有人希望将一部分财产转移给第三人享用，但考虑到某些因素，又不愿意立即将财产直接转移给第三人。这时，财产所有人可以将财产交付信托，通过受托人暂行财产管理之职能，在适当时机再将财产转移给第三人。另一种情况是，财产所有权人希望特定财产保值增值，给自己带来更大的经济效益，但是因为自己没有精力或者时间，或者缺乏管理能力，从而将财产交付信托，借受托人的财产管理活动，达到财产增值的目的。

（2）财产隔离功能

由于信托财产具有独立的法律地位和破产隔离效应，因此信托被视为一种能够“充分保护投资人利益”的优秀财产管理制度。根据《信托法》第十五条、第十六条的规定，信托财产与委托人未设立信托的其他财产相区别。设立信托后，委托人死亡或者依法解散、被依法撤销、被宣告破产时，委托人是唯一受益人的，信托终止，信托财产作为其遗产或者清算财产；委托人不是唯一受益人的，信托存续，信托财产不作为其遗产或者清算财产；但作为共同受益人的委托人死亡或者依法解散、被依法撤销、被宣告破产时，其信托受益权作为其遗产或者清算财产。信托财产与属于受托人所有的财产（以下简称固有财产）相区别，不得归入受托人的固有财产或者成为固有财产的一部分。受托人死亡或者依法解散、被依法撤销、被宣告破产而终止，信托财产不属于其遗产或者清算财产。

（3）投融资功能

有关专家研究表明，信托业务的开拓和延伸必然伴随着投融资行为的出现，通过开办信托业务参与社会投融资行为是信托业的重要职能。只有在信托业享有投资权和具有相适应的投资方式的条件下，代人理财功能的发挥方能建立在可靠的基础之上。信托机构在投融资中提供的是一揽子金融服务，架构委托人、受托人、受益人、投资项目的多边信用关系，可以是融资、融物和直接融资、间接融资的混合运用。随着营业信托的发展以及信托投资开发功能的充分发挥，信托业越来越具有了中长期金融功能。

（4）权益分拆功能

根据《民法通则》的规定，财产权包括占有、使用、处置、收益。通过信托公司凭借其独特的制度优势，可以将财产权进行拆分、转让。

2. 特定功能

（1）意识自治、权利重构与“融智功能”

从制度的角度看，法律赋予了信托关系在制度方面的优势就是自治。有了这种属性，它就有了可以解决发展中出现的很多问题的基础条件和能力。

有关专家研究表明，信托在执行财产转移和财产管理的功能时，具有巨大的弹性空间。这是其他类似的法律设计所不具备的。信托所具有的灵活性，正是它得以在现代化社会迅速发展的原因。

（2）公平属性

和其他制度，如代理制度、公司制度、合伙制度等相比，信托制度本身是一种专家管理制度、外部监督制度；同时，又有相关监管机构对信托公司进行有效监管，其本身就具有了公平的属性。随着信托行业的不断发展和进步，随着信托法规的不断健全和完善，随着监管制度、行为的不断深化、合理，信托制度、信托行业、信托公司的公平属性将会更加完善和提高。

（3）效率属性

根据有关专家的研究，信托的设计从两个方面满足了对效率的追求。一方面，受托人的专业管理。委托人将财产交付信托，通常是因为自己或受益人缺乏理财能力，而受托人则是其信赖并富有经验的资产管理专家。特别是现代信托业的兴起，受托人发展成为专业的营业机构，汇集了专职的投资管理专业人士，理财能力得以空前提高。另一方面，《信托法》要求受托人必须恪尽职守，履行诚实、信用、谨慎、有效管理的义务，须为受益人谋取最大化利益。由此通过受托人的管理经营，委托人就可以避免财富因自己或其后代的轻率鲁莽或错误决定而受损失，进而造成社会资源配置的效率低下。

（4）适应性：创新及拓展属性

从信托在英国产生，在德国、美国、日本的发展、壮大，都证明了信托的最大特性之一是依托信托本身的天然属性，然后适应各国不同的经济发展阶段、发展基础，创造性地发展成为重要的金融工具，在国民经济发展、百姓生活中扮演了重要的角色。

信托制度始终处于创新发展的变化之中。有关专家研究表明，从信托的初始状态，到现代蓬勃发展的信托业，信托制度经历了巨大而丰富的变迁，从信托目的、委托人、受托人、受益人、信托财产、信托盈利性等方面均发生了重大变化。推动信托这些创新发展的力量，是经济、社会和法律的现代化进程。

信托业发展的国情依赖性。信托业在各国的发展并无统一的模式，而是在市场选择下寻求最适合自己发展的道路。在业务重点和信托职能发挥方面，各有特色。英国信托业仍然以民事信托、公益信托及不动产信托为主。美国信托业以有价证券信托为主。而日本信托业则以“金钱信托”为中心发展了贷款信托、年金信托等许多其他信托产品。由此可见，信托业的发展只能是在结合本国国情作本地化改造后才能得到更好地发展。这对于具有继受性质的中国信托业来说，更加凸显其重要意义。

信托制度、信托关系所具有的财产管理、财产隔离、投融资、财产分拆等基本功能，以及意识自治、权利重构、“融智”、创新与拓展、公平与效率等特定属性，无边界服务、无障碍运行等竞争优势，使得信托行业、信托公司具有了一个异常强大的“武器”在手中，剩下的关键在看信托行业、信托公司的“武功或功夫”怎样发挥了。

## 二、价值化信托

就信托目前在中国经济发展、社会进步的过程中所扮演的角色，信托本身所具有的特质以及今后中国经济发展、社会进步的趋势，信托可以发挥更大的、积极的作用。

能力越大，责任越大。信托制度、信托关系是一种特别有生命力、特别强大的制度设计和安排。作为信托制度、信托关系主要的、有效的、实体化的载体，信托业、信托公司理应肩负起更多的责任，具体讲就是要发挥三位一体的价值，包括政治价值、经济价值和社会价值。

### （一）信托价值三要素

信托价值三要素的前提是以目前信托法律框架和有关法规为基础，是信托三要素与信托的基本功能、特定功能和竞争优势，在实际操作过程中的延伸和具体运用，是在一国国民经济发展、社会进步过程中的延伸和积极作用的具体体现。

信托的价值包括政治价值、经济价值、社会价值。其中，经济价值是信托价值的基础，没有信托的经济价值，就不会有信托的政治价值和社会价值的存在与发展；政治价值是信托业政治责任的具体体现，如果没有信托的政治价值，信托的经济价值就不会有大的发展和更大的价值；信托的社会价值是信托业社会责任的具体表现，是建立信托业良好声誉的渠道，同时也是信托政治价值的延伸。所以，信托的政治价值、经济价值、社会价值共同构成了信托的价值体系，三者之间相互依存、共同发展、不可偏颇。

### （二）政治价值

政治是以经济为基础的管理或统治系统，它既要保证其经济系统、社会系统的稳定，更重要的是确保经济系统、社会系统基础的不断壮大，以确保整个经济的不断发展和社会的不断进步。

信托的政治价值就是以信托的基本功能、特定功能和竞争优势为基础，在政府或政治系统需要解决整个社会资源的有效配置，需要宏观调控以服务民生的过程中，发挥信托的积极作用，贡献信托的力量，以保障整个国家的可持续发展、国家稳定、经济社会系统基础的不断壮大。信托政治价值的切入点就是与政治、经济、资金相关而又不能完全依靠市场经济本身解决的问题。也就是在“市场失效”现象发生的情况下，信托有可能发挥自己的作用来弥补这个鸿沟。

从公平与效率的角度看，社会主义市场经济就是要通过实行市场调节与计划调节的结合解决经济、社会发展中存在的公平与效率的问题。信托的政治价值的方向就是要朝着主要解决公平，解决效率发挥基础的问题。

具体到建设具有中国特色社会主义市场经济的伟大进程中去的话，就是要不断关注中央政府、地方政府、社会、民众的关切，发挥信托的基本价值和主观能动性，解决在政治生活、经济发展、社会生活中中央政府、地方政府、社会、民众近期、中远期需要解决的问题。研究、关注与社会系统稳定、社会系统发展基础扩大相关且需要宏观调控以服务民生、促进社会和谐与均衡发展的问题。

1. 扩大发展基础

（1）优化与调节生产关系

信托关系是市场经济形态下一种重要的社会经济关系。如今，信托关系已经渗透当今社会经济生活的方方面面，成为推动经济和社会发展、调节社会财富和社会矛盾的有效工具和手段。

研究与探索信托关系，是实现社会主义与市场经济有机结合的重要途径之一。信托关系在某种意义上说，是一种新型的生产关系，它能够促进社会主义市场经济实现一种革命性的体制转型，促进生产力发展的新要求和新变化。

①信托关系是一种新型的生产关系

信托是建立在信任基础上的一种财产管理制度，它也可以说是“受人之托、代人理财”。从信托关系的起源来看，信托（Trust）关系具有信任、托付、公益、和谐的性质。

信托关系的出现，是由于市场经济条件下个人投资需求、企业投资需求、社会保障资金管理需求、公益积累资金管理需求而产生的。信托关系是一种财产制度关系，属于物化了的金融服务关系，是委托人、受托人和受益人围绕信托标的而产生的经济关系。在一定范围金融服务业的领域内，信托关系也是社会生产关系的一种特殊的表现形态。

改革开放以来，我们在经济体制改革上进行了一系列的探索，承包制、合伙制、股份制等都是一些有益的实践活动，这些改革实际上都是在我国从社会主义计划经济向社会主义市场经济转型的过程中，对生产力与生产关系的重新调整。然而我们还需要探索一种新型的经济模式——信托关系。

②信托关系是实现公有制的一种有效形式

中国改革开放三十多年以来，生产力得到了极大的解放。然而在产业结构调整方面，遇到了制约生产力发展的瓶颈。生产关系于生产力有着双重的作用，即促进和阻碍生产力的发展。

党的十六大提出股份制是实现公有制的一种形式，那么通过信托手段也是实现公有制的一种经济形式。从一些已经实施的案例中我们可以看到，部分信托的委托人多达上万人，这些普通民众一般不具备投资的专业知识和能力，他们通过把自己的财富委托给信托公司经营，共享收益。这些事例表明，信托关系实现了在相当人群范围内的公有制。

如果集合信托计划能够实现从私募到公募的转变，那么信托关系作为实现公有制的一种经济形式将更加具有代表性和典型意义。

公有制是所有者主体是由多人组成的整体，这就决定了公有经济中的代理关系有比私有制更加复杂的结构。集合信托在某种意义上是一种新型的公有制，是市场经济下的公有制。集合信托用一种法定的产权代理机制来表达他们的共同意志，行使他们的共有权利。产权代理人与经营代理人是分开的，公众投资者通过产权代理和经营代理两个层次体现他们的所有权和收益权。

③信托关系有利于推动经营决策的民主化

为人民服务是我党执政的宗旨，民情民意是进行正确的经济决策的基础。经济决策只有顺民情合民意，才能受到人民群众的拥护，实施时得到人民群众的支持。

把多数人的知识和智慧集成在一起，可以推动民主化决策的管理过程。如果通过信托关系，则可以运用经济手段在一定范围内落实经营决策的民主。在集合信托计划实施过程中，体现的是一种公众化的经济关系。这是由于信托关系的背后代表着背后若干个委托人的利益，所以必须在决策过程中体现多数人的利益需求。

由于信托关系的法律结构严谨，各种利益关系均受到法律文件的制约，可以制约某些权力，避免国有资产流失等腐败现象的发生，可以促进社会经济关系向着更加严谨、公正、廉洁的方向发展。

（2）有效配置资源

①信托关系有利于产业结构的优化配置

伴随着生产关系的不断调整，我国深化改革的任务繁重。产业结构、经济发展模式的调整等必须依赖生产关系的变化。

近年来我国在城市化和工业化进程中出现了诸多土地利用方面的问题。其主要表现在：一是缺乏合理的规划，城市规模扩展过快，“摊大饼”是普遍现象，土地利用结构和空间布局不合理；二是土地利用效率低，浪费严重，人均占用面积大；三是基础设施建设跟不上，大城市的“城市综合征”极为突出；四是城市建设中出现了开发区热、房地产开发热和大学城热，大量占用稀缺的耕地。

当城市化和工业化有了明确的战略定位、战略措施和行动计划之后，如何合理配置有限的资源，有效落实战略、措施和计划，就成为至关重要的问题了。为此，通过信托关系方式，可以艺术性地、创造性地进行工作，灵活变通，抢抓各种机遇，做到系统、有效地配置各种资源，推进城市化和工业化的进程。

近年来，随着《信托法》和“新两规”的出台，政府加大了监管力度，信托公司回归本业，大力开拓创新，已经取得了可喜的发展成就。信托作为有效的融资工具，积极活跃于基础设施建设、解决中小企业融资难、加大对农业等基础产业的支持力度等关系国计民生的重点领域，为调整生产关系，促进社会主义市场经济的和谐发展，发挥了其特有的功能和作用。

在建设“新农村”和城乡一体化的过程中，通过信托手段可以有效地解决土地使用、产业集中、村镇居住、耕地集约利用等具体问题。

②信托关系可促进传统企业与资本的有机结合，完善国有资产管理制度

从集合信托的性质来看，它通过两次的委托代理关系，把分散的资金集合起来，使这些资金拥有了资本的属性。委托人成为间接的股东，并可以获得资本收益。

对于国企而言，国企最大的问题是效率问题，国企的性质导致产权不明晰、法人治理结构不完善、内部人控制、效率低下，因此阻碍生产力的发展。由于公司管理层缺乏有效的约束和激励机制，一般都会追求较为单一的盈利目标，重视短期盈利和个人收入的最大化。

如果引入信托关系，可以天然地调整法人治理结构，使之趋向合理，同时又不改变企业的国有性质。由于代表了委托人的利益，信托更加关注企业的经营管理和业绩，关注提升企业的价值，关注利益的实现，关注企业和自身的声誉。因此，对于促进国企的发展同样有利。

③信托关系有利于改善我国的三农问题

在社会主义新农村建设中，普遍存在着农村自身资金外流和主流金融机构惜贷形成的农村和农业资金短缺问题。当前，尽管土地流转取得了一定成效，但由于农业生产成本较高、农业的比较效益低下、农民进城务工增多等原因，土地抛荒在一定范围内仍普遍存在。如果依靠行政手段向成员农户租用土地，再以土地入股经营或包给其他个人或法人单位经营，从而使这种流转变异为“反租倒包”，这种做法从根本上违背了农民的意愿。

2. 维护系统稳定

（1）发展落后地区经济

信托公司可以通过在落后地区发起设立产业发展基金、优势行业并购基金、新能源产业基金、中小企业信用担保互助基金，加大与农村金融机构的合作和资源整合力度，集合民间资金和机构资金对地方基础设施建设、棚户区改造、教育、卫生提供融资支持，将本地区的闲散资金集聚起来，一方面用于本地区的经济建设，另一方面还有利于防止落后地区资金外流。

（2）解决分配问题，增加居民财产性收入

2010 年人大会议上，温家宝总理提出了改革分配制度，让更多民众有财产性收入。与欧美

等发达国家相比，我国居民人均金融资产水平还远远落后。除了传统的储蓄、国债、证券等投资外，我国居民也正在寻找回报合理、风险适度的投资工具，尤其是收益稳定、风险可控的金融投资渠道。信托市场能够满足以上需求，在经济发展过程中发挥更大的作用，通过其形式多样的信托产品，可以发挥投资和融资功能，在促进经济发展的同时，通过信托的方式为广大百姓和投资者提供综合的资产管理平台，增加居民财产性收入，解决分配问题，维持社会安全与稳定。

（3）发展战略性新兴产业

2010 年 3 月 8 日全国政协举行的“加快经济发展方式转变、大力发展战略性新兴产业”提案办理协商会上，全国政协副主席、全国工商联主席黄孟复认为必须按照市场经济规律办事，将引导、扶植新兴产业的资金从行政化转为社会化，同时出台政策保证新兴产业能够赚到钱、赚大钱。“西方已经提出了用新的战略性产业来引领经济发展，不管是美国、欧洲还是日本都是下了相当大的力量，所以在经济竞争中，我们如果仍然还是目前十大产业为基础的经济结构，是无法与它们进行竞争的。”他建议设立多方运作的产业基金。

### （三）经济价值

信托的经济价值就是以信托的基本功能、特定功能和竞争优势为基础，在整个社会、经济系统发展的过程中，发挥信托的积极作用以主要解决发展的效率问题。效率是指最有效地使用社会资源以满足人类的愿望和需要。在给定投入和技术的条件下，经济资源没有浪费，或对经济资源做了能带来最大可能性的满足程度的利用，也是配置效率的一个简化表达。

具体到建设具有中国特色社会主义市场经济的伟大进程中去的话，发挥信托的经济价值就是要关注中国经济的热点、难点，关注中国企业在发展过程中遇到的难题。信托的经济价值所要研究、关注的是发挥信托在促进经济发展方面的积极作用，具体表现在加速中国工业化、城市化和信托化的进程三个方面。

1. 工业化

目前中国的经济发展正处于工业化发展阶段，这是人类历史上最壮观和宏大的工业化发展事件。钱纳里等人从结构转变过程的角度将各国的人均收入水平划分为六个变动时期，其中第二个到第五个时期为工业化时期。在工业化的成长阶段，经济发展呈现两个重要特征：一是人均收入水平迅速提高，给予工业化进一步展开资金和市场的准备；二是工业结构转换的速度加快，制造业发展迅速。人均收入水平与工业结构变化的相关程度在这一阶段是比较高的。成长阶段的时间大致为几十年，日本、韩国等用了二三十年的时间完成了工业化成长阶段。

所以，信托业就是要以信托的基本功能、特定功能和竞争优势为基础，在中国经济工业化进程当中，发挥信托的积极作用以主要解决发展的效率问题。

（1）利用信托的优势，加快实业资本与金融资本的有机融合

产业是金融的基础。如何介入产业整合，实现产业资本和金融资本的有机融合是金融界永久的课题。从产业链整合入手，与实业投资领域内的优秀企业同行，是信托公司运作的成功所在。在这方面，通过资产证券化、私募股权投资、产业投资基金等方式，信托公司已经开始了一定的探索。例如平安信托在业务机构设置方面就设置了直接投资、物业投资等多个投资方向，并进行了有益的探索。

但是我国信托基金主要投向集中在基础设施、房地产、公用事业三大领域项目，属于传统成熟行业，经营模式具有一定的垄断性，没有高科技含量。对于高科技行业，信托融资案例很少，原因有二：我国自主开发的真正的高科技少；信托公司项目开发人员职业经历局限于金融业内，没有工程技术背景，对工业技术并不熟悉，也未曾从事过实业公司的经营管理。

综观美国产业投资基金发挥的积极作用有：避免了融资过度集中银行，使得社会融资结构比较合理；为企业提供了长期、稳定的资金，形成多元化融资渠道；促进了新科技成果转化为生产力；丰富了投资者理财选择。

（2）加强与有关方面的合作，为工商企业的发展“融资、融物、融智”，促进中国工业化进程

信托行业、信托公司的发展，信托产品的开发可以利用本身的优势，例如信托的资源整合、结构化设计等方面的功能，与银行、证券、保险、政府等金融机构联手，采取信政、信保、信银等合作方式，以资本投资、流动贷款、金融租赁、发行债券等不同的投资方式进行综合运作，设计包括资产证券化、产业发展引导基金、私募股权投资等类型的信托产品，为地方经济、企业的可持续发展提供全方位金融服务。一种形式就是通过股权融资的方式，参与工商企业运营管理，利用自身更接近金融市场的优势，为企业提供短期运营管理、长期战略规划等服务，规范和提升企业管理水平，增强其核心竞争力，培育其引进其他金融资本的条件，以金融服务不断推进中国经济的工业化进程。还有就是发挥投资银行的作用，发挥对本地区产业的兼并、收购、重组以及提高集中度的作用。

（3）中小企业融资

由于我国资本市场不发达，加之中小企业规模小、信用记录缺失等固有特征，中小企业通过资本市场或银行进行融资时常常受到很大的限制。近年来，随着金融信贷政策的收紧，资金成为许多企业的发展瓶颈，寻找新的融资渠道成为这些企业的重要工作，破解中小企业融资难的呼声日高。而信托融资作为融资方式的一种，正逐渐成为中小企业融资的一个重要选择。

2. 城市化

目前中国的经济发展也正处于城市化发展阶段，这也会是人类历史上最壮观和宏大的城市化发展事件。中国的城市化发展阶段会伴随着中国的工业化进程而共同成长，恐怕也还会再需

要二三十年的时间才能完成城市化的发展阶段，进而进入后工业化、后城市化时代。

对于中国的城市化来讲，就是信托业要以信托的基本功能、特定功能和竞争优势为基础，在中国城市化进程当中，发挥信托的积极作用以主要解决城市化发展中的效率问题。

（1）利用信托的优势，从打造产业链的角度，助推中国城市化进程中的基础设施建设，并与产业结构升级有机结合在一起

我国信托基金主要投向集中在基础设施、房地产、公用事业三大领域项目，属于传统成熟行业，经营模式具有一定的垄断性。目前的重点方向是利用信托资源整合、结构化设计等方面的功能，将城市化进程中的一级土地开发、房地产开发、公用事业发展以及产业结构调整、产业升级等方面通过区域发展规划有机地结合起来，利用土地发展基金、产业发展引导基金、基础设施建设类信托等信托产品手段，将社会投资者的闲散资金、政府引导资金、企业资金以及其他金融行业的资金有机地结合在一起。

这种思路同时可以用在新农村建设和小城镇开发方面。例如，通过将涉及食品供应链类企业在农村地区的发展与信托基金有效地结合在一起，整合的内容包括种植业、养殖业、食品加工业、供应链、超市（卖场）以及相应的土地开发、工业园区开发、房地产开发等，是一种跨越土地开发基金、产业发展引导基金、房地产开发基金等方式的组合基金形式，其中不仅包含了融资、融物，更有融智的成分在其中。当然，这个过程中非常需要当地政府的合作与配合，也非常需要与银行、证券、保险等金融机构共同联手。

（2）深度介入房地产开发产业链

从房地产行业的发展趋势来看，房地产开发企业与综合性金融服务提供商之间的对接将会是房地产行业未来的发展趋势之一，房地产开发“金融化”是房地产行业发展面临的重要课题。

随着房地产单个项目开发规模的日益扩大，资金问题日益成为房地产行业发展的瓶颈。而开发商在进行项目融资时，除了项目抵押这一传统的商业银行融资渠道之外，项目前期资金的筹集成为开发商面临的难题。加之房地产行业又存在开发周期长、资金周转慢等突出特点，开发商自有资金日益不能满足项目开发的需要。房地产信托通过“受益权转让”的信托机制设计筹措资金，并对房地产开发项目进行增资，投资者通过受让“受益权凭证”来共同分享项目利润。这样就可以在解决房地产项目资金问题的同时实现投资者的财富增值。

3. 信托化

从某种角度讲，中国金融资产将是一个逐步信托化的过程。从对中国大陆、美国、日本2008年信托深度、信托密度以及在银信系统中信托资产占比情况的研究中可以看到，在金融脱媒的驱动下，一国银行系统的部分表内资产将最终转化为信托资产，信托资产在银信系统中的占比会不断上升，甚至超过表内资产。美国、日本等发达国家的经验表明，在金融脱媒的趋势下，银行的表内资产会转化为信托资产，银信系统的信托资产占比会不断提升。

所以，从金融业、信托业、信托资产发展的角度看，未来将是一个逐步信托化的过程，这将需要一个较长的时间，需要依靠我国经济的进一步发展、居民财富的不断增加，以及居民信托理财意识的进一步增强。

### （四）社会价值

信托业、信托企业必须发挥自身的社会价值，而发挥社会价值，一是信托政治价值角色的补充、延伸；二是信托行业、信托企业社会责任的具体表现形式。

公益信托是不以盈利为目的的，但是又必须以经济为基础的特定信托产品或服务，其可以发挥信托独立性的优势，对公益资金、慈善资金等起到保值增值的作用，同时，能够真正用于其目的方向，使社会公众能够通过公益信托的方式为社会的慈善事业、公益事业贡献自己的一份力量。

基于社会学与信托价值的研究，信托的社会价值主要表现在以下三个方面：整合群体组织、促进社会进程、缓解社会问题。

1. 整合群体组织

信托整合群体组织主要表现在中介服务价值方面，是指信托能够沟通和协调各经济主体之间的经济关系，并为其提供信息和咨询的功能。信托业务具有多边的经济关系，受托人作为委托人和受益人的中介，是天然的横向经济联系的桥梁和纽带。通过信托业务的办理，特别是通过代理和咨询业务，受托人以代理人、见证人、担保人、介绍人、咨询人、监督人等身份为经营各方建立相互信任关系，为经营者提供可靠的经济信息，为委托人的财产寻找投资场所等，从而加强了横向经济联系和沟通，促进了地区之间物资、资金、信息的交流，也推进了跨国经济技术协作等。总之，信托的中介服务功能促进了不同类别群体组织的整合完善。

2. 促进社会进程

促进社会进程主要表现在促进培育社会信用基础的价值方面。从社会学意义上来说，信托是建立在当事人之间信任关系基础之上的，虽然信用并不是信托的全部内容，但信托制度的发达却有利于培养社会公众的信用意识，这是因为信用与信托之间存在着一种必然因果关系的，因为只有受托人有信用，才能得到委托人的信任，并在信任的前提下，将其财产交付受托人管理。

3. 缓解社会问题

缓解社会问题主要表现在与目的财产相关的社会福利和公益价值。目的财产是指用于特定目的的财产，主要是专用于资助社会公益事业的各种公益基金，例如救灾资金等，和专用于各种社会福利支出的社会保障基金。目前存在的问题：一是缺乏有效的监督机制而滥用、挪用；二是因缺乏有效的管理方式而难以保值增值。如能引入信托制度，一方面可以保证资金的安全，增加资金的收益，有利于扩大公益事业的规模；另一方面，采用信托方式，也便于接受社会的监督，使信托资金合理地用于公益性事业，更好地为社会服务。这样，就可以通过信托的方式，大大促进我国社会保障事业的发展，同时有效缓解社会矛盾。

公益信托由于其信托目的的公益性，信托公司作为受托人一般不便于收取过高的管理报酬。因此，信托公司开展这类业务的盈利性不高，但是这类业务的开展可以提升信托公司的社会知名度和信誉度，树立其高尚为民、勇于承担社会责任的形象。因此，信托公司可以结合企业品牌的塑造开展公益信托业务。

信托公司开展公益事业信托的最大利益不是公益信托本身带来的信托收入，而是通过公益信托事业的大规模发展，信托制度得以广泛传播，信托观念得以深入人心，信托公司的社会声誉得以提升，从而大大促进信托公司开展的其他商业性信托业务的发展。因此，在公益信托的制度出现重大突破的情况下，信托公司应当把开拓公益事业信托业务提升到战略性高度的地位。

建议：为推动信托行业实现社会价值，更有利于发挥信托功能，实现信托行业、信托企业的社会责任，由信托行业监管部门硬性规定每一个信托公司每年实施公益信托计划的规模、数量，并作为考核指标。

# 自主管理、服务社会、改善民生，实现信托公司可持续发展

上海国际信托有限公司董事长　潘卫东

证券投资信托开户被停、银信信贷合作因与宏观政策相背而被规范等一系列事件，昭示信托公司的正常发展遇到了问题。多年来，信托公司一直游走在市场的夹缝中，苦苦寻找生存发展的空间，通过自身的不断努力，在管理资产规模、盈利能力、社会影响力等方面都取得了巨大成就。但是由于价值观的短视、社会贡献不明显、机制和人才瓶颈、展业环境的恶劣等原因，不但核心竞争力未能得到实质性提高，而且有些行为还损害了自身形象，导致通向一些重要领域的市场大门均被关闭，这更加重了其开展业务的难度。很显然，信托公司正走在一个恶性循环之中，如不及时寻找对策，前景堪忧！痛定思痛，要扭转局面、重塑形象，何去何从事关行业发展大计。因此，我们从经济发展和社会进步的大视角去解读信托业，明确信托的社会属性和信托业的发展哲学，梳理影响行业健康发展存在的问题、提出切实可行的解决方案、树立适应社会发展的展业价值观、构建审慎且宽松的监管环境，不仅十分必要，而且迫在眉睫。

## 一、信托的社会属性和信托业的发展哲学

### （一）信托具有社会属性，信托源于社会需求

总结世界与中国的信托发展史的经验和教训，我们发现信托具有鲜明的时代特征和社会属性，信托的意义不应仅仅是优化资源配置和开展资产管理，而且要结合国情民情，参与构建更好的金融规则、市场秩序和社会结构，最终实现特定社会矛盾与问题的解决。

1. 来自世界信托发展史的证明

信托诞生的基础是私有制。早在古希腊、古罗马时期，财产所有者不仅在生前要占有、使用和维护个人财产，而且关心死后对自身财产的处理和安排。“信托遗赠”便应运而生，最常见的形式是，以遗嘱形式规定具有法定资格的继承人（一般为长子），然后由他把遗产再转给财产

所有者指定的所要赠与的人（一般为幼子）。

社会需求的普遍化导致了信托的制度化。首先将信托理念进行制度表述的是英国。12 世纪中期，英王亨利三世为了维护贵族利益并阻止土地遗赠给教会而颁布了《没收法》，规定以土地赠送给教会者必须经诸侯的许可，否则政府没收其土地。当时，英国的法官多是教徒，为达到赠与目的而创立了著名的"尤斯制"，即先将土地让与给第三者，由其为教会管理土地，再把土地收益捐献给教会。后来，又扩展到为保障家庭财产遗赠给家属，委托第三人交给儿女。这种非交易性的财产转让必须基于信任的基础，因此，这种方式也被称为"信托"。

随着封建制度的衰落和商品经济的发展，这种以土地为对象的信托，逐渐发展为以商品物资及货币为对象的信托。到了 16 世纪，英国的近代信托业已经基本形成，但此时的信托多为民事信托。在美国独立战争后，随着资本主义的迅速发展，出现了由股份公司经营、以盈利为目的的商事信托，信托的运作方式和经营范围蓬勃发展。

1853 年，美国第一家专业化经营的信托公司"合众国信托公司"成立。1865 年南北战争结束后，美国国内建设蓬勃发展，建筑铁路、开发矿山的各类公司常常以发行股票、债券等方式解决融资难的问题，于是，有价证券取代土地成为信托公司的主要运营标的，也使得信托更具有金融机构的特性。在随后的数十年中，银行和信托的竞争与合作日益增多，大多互相兼营彼此的业务，两者最终在功能上互相渗透而融合一体，在美国经济史中占有重要的地位。

此外，信托在德国和日本也得到长足发展。信托公司普遍在信用增级、信用验证和承担信用载体方面发挥着重要作用，信托公司因为勤勉尽责并努力维护受益人的利益而获得社会的广泛认可，受托资产规模和金融业务种类都在不断扩展。

2. 来自中国信托发展史的证明

早在 1921 年，中国近代第一家标明为"信托公司"的企业"中国商业信托公司"就在上海成立，而代表当时先进生产关系的信托制度则在更早时期就被商业洋行引入。然而，由于外受列强的侵略，内有连年的战乱，中国社会总是处于动荡不安之中，信托公司大多主要从事股票、债券的投机炒作和代理业务，牟取资本市场的短期价差，甚至存在严重的寻租、腐败等现象，严重扰乱了市场自身的发展规律，并通过在外国领事署或公共租界登记注册来逃脱中国政府的制裁，这种状况直接导致了"信交风潮"的爆发。

1949 年新中国成立后，政府在接管、没收、清理国民政府经营的信托机构的同时，甚至曾试图建立以混合经济为特征的"新民主主义经济"体制。但由于新政府很快决定建立高度集中统一的计划经济体制，国家信用成为社会经济活动的主导力量，信托机构也就无法履行资金配置和资产管理功能而被社会放弃。新中国成立初期信托业的存废，显然是社会制度选择的结果。

这也充分表明，市场经济体制及其产权制度的完善，才是信托生存的根本基础①。

1978年，十一届三中全会提出了思想上拨乱反正和经济上改革开放，全力着手经济体制改革。1979年10月，金融组织体系开始逐渐恢复，当月，中国国际信托投资公司在北京宣告成立。由此可见，中国信托业的重新开启是为了大力发展国民经济基础，缓解经济结构严重失衡的危机，恢复过去数年里基本停滞的生产活动，改善金融体系的结构和功能，为改革开放寻求突破与出路。同时，引以为证的是，1978年，中国人均国民生产总值仅为250美元，仍然处于国穷民贫的境地，根本"无财可理"，信托公司发挥信托本源的"受人之托、代人理财"的功能更是无从谈起。

随后几年中，经济体制改革逐渐深化，统收统支的财政管理体制逐渐过渡到"统一领导、分级管理"，实现了地方和中央的"分灶吃饭"，基本建设投资也由采用财政拨款、无偿使用的管理办法，逐步变为基本建设投资试行贷款的方式，即"拨改贷"。同时，在改革开放初期，国家对利用外资非常慎重，除了政府双边贷款和国际金融机构贷款外，建立信托公司这样的"窗口公司"是主要渠道，很多信托公司由此获批了外汇经营权。因此，国家和社会赋予信托公司的使命是，一方面探索银行之外的引进外资及融通资金的新渠道；另一方面，在高度集权的计划经济与金融体制之外，引入具有市场调节机制的新型因素，推动金融体制的改革。

伴随国有商业银行（1984年诞生）、股份制商业银行（1987年诞生）、政策性银行（1992年诞生）的逐步设立，信托公司在帮助地方融通资金、利用存贷款业务搞活地方经济业务的作用也逐渐消退，能力不足和附庸地方意志也造成信托公司各类贷款中蕴藏着较大的风险。在1988年的中国经济大变革中，"价格闯关"最终触发了全国性抢购风潮，此后数年间，中国各地尤其是沿海地区你追我赶，大干快上，争相推出各类经济刺激举措，中国经济过热现象有增无减，圈地运动愈演愈烈，金融秩序越发混乱。在此过程中，信托与银行联手，违规拆借、违规揽存、违规放贷，大规模地参与了圈地运动和房地产炒作活动，加剧了经济形势过热，扰乱了金融秩序。

2001年，《信托法》成为信托业发展的里程碑，自此中国信托业全面步入"受人之托、代人理财"本源业务的坦途。获得重新登记的信托公司得到了质的改善，治理结构、内控制度、资产质量、专业人才队伍都进行了重大重组和整合，核心竞争力有了较大提升，信托业开始步入规范运行的轨道。信托公司开始定位于高端理财市场，不断开拓财富管理、资产管理和投资银行业务。针对集合资金信托、房地产信托、私人股权投资信托、资产证券化、受托境外理财等业务的规定陆续出台。在新的监管框架下，信托业的业务扩容和资源整合逐步提速，2009年全行业管理的受托资产规模突破2万亿元。

① 杨林枫、罗志华、张群英：《中国信托理论研究与制度构建》，成都，西南财经大学出版社，2004。

### （二）信托具有民生倾向，信托造福民生

无论从国际还是国内的发展经验看，我们都会发现，信托具有与生俱来的民生倾向，信托与民生有着千丝万缕、密不可分的联系，民生是信托的根，是信托不断发展的基础。信托的基本功能是“受人之托、代人理财”，正如经济学家西斯蒙蒂所言“财富不是目的，人才是终极目的”，“人”是信托服务的对象，也是信托存在的意义，唯有“人”从中受益、获得发展，信托才能有广阔的应用空间。

从信托与民生的分析框架看（见图 1），民生意识是人类怀有对“诚信、财富、公平、稳定、正义、福利、自由”等方面的追求，信托源于民生，即在于信托具有非常鲜明的民生倾向，处处渗透着这种民生意识。民生内容是指民众对基本生存状态、各项权益保护、发展机会和发展能力等方面的需求，而满足民众的这种需求或提升民众的满意度，就是信托公司为之奋斗的基本使命。民生领域包括基本衣食住行、教育文卫、就业、社会保障、环境保护、公共安全等各个领域，它是落实和贯彻民生内容的具体途径，是民生意识在微观结构上的具体体现。“信托造福民生”意味着，信托作为一种特殊的社会经济关系，其价值贡献的大小，由信托在这些民生领域中功能发挥的实际效果决定，如果脱离了具体的民生领域，信托则难免沦为局限于技术层面的、缺乏生命力的金融工具。

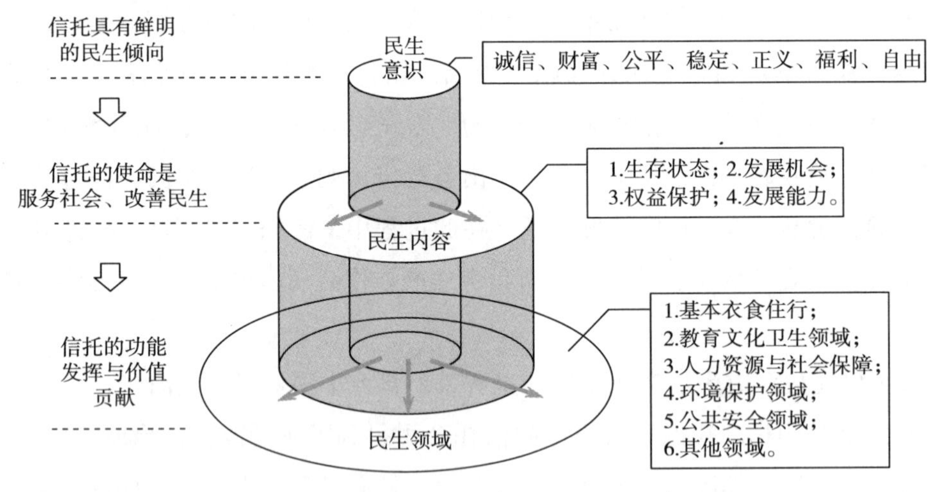


**图 1　信托与民生的辩证关系及分析框架**

“快乐是人类经济行为的终极目标”（黄有光、杨小凯）。信托业的未来发展，终究要在“源于民生、造福民生”的道路上寻找答案。回顾中国信托业发展史，在改革开放初期，信托业的目标是为了扩大国民经济基础，间接利用外资，缓解经济结构失衡，引入市场调节机制，改善金融体系的结构和功能，为改革开放寻求突破与出路。如今，伴随经济总量增长和社会不断进步，“以人为本”成为时代主题，“全面小康和共同富裕”是广大人民群众的呼声，千头万绪

的民生问题需要破解和改善，信托业的发展哲学也亟待转换和重新定义，只有把广大民众的利益维护好、发展好、实现好，才能形成促进经济社会发展的强大合力，才能实现信托业自我成长的正向激励。

### （三）“服务社会、改善民生”是信托的基本使命

1. 信托服务社会

“信托服务社会”的意义在于，信托可以实现专业能力的整合与协调，推进产业领域改革，满足社会资源配置和资金融通的需要，更好地协调政府和市场、自由与稳定、公平和效率、尽力而为和量力而行的关系，保护经济发展的现有成果，重筑社会的诚信和谐氛围，进一步解决矛盾、深化改革、提高绩效。这也是社会各界对信托所寄予的信赖与希望。

在服务社会方面，信托可以发挥功能的空间十分广阔：（1）可以通过资源优化配置提高生产力，增加社会总体财富，不断满足人民群众日益增长的物质文化需要；（2）可以通过信托机制和受托服务有力保护投资者，参与构建稳定的金融结构，降低部分非系统性风险，不断扩大经济体量与就业规模；（3）可以通过创新信托产品和服务参与经济结构调整和转型，调节金融存量与流量结构，发展服务业、劳动和知识密集型产业、支持中小企业和非公有制经济发展；（4）可以更好地发挥治理结构的优势，解决和缓解各种社会经济矛盾，更有效地利用各种社会资源，体现专业化管理的精神。

2. 信托改善民生

从最广大人民的根本利益出发，创造条件让群众增加财产性收入，这既是信托业的使命，也是信托业的舞台①。“藏富于民，让人民富起来”，“让一部分人先富起来，最终实现共同富裕”，这是我国在改革开放初期就确立的发展目标，也是过去三十年里人民在现实与理想中进行权衡抉择与拼搏奋斗的最终动力。信托只有高举“为民”大旗，才能将制度优势转化为经济优势，改善普通百姓的民生状况，增加人民的财产性收入。唯有信托普惠及民，方有家国繁荣昌盛，才会有更加诚信与和谐的社会氛围。

在1995年至2007年的十三年里，伴随GDP的迅猛增长（年均复合增长率达到9.88%），劳动者报酬比例从1995年的51.4%下降到2007年的39.7%。居民收入占GDP的比重从1992年的68.6%下降到2007年的52.3%②。“信托改善民生”并不是一句口号，既能体现在广泛性方面，也能体现在专业性方面。信托能够参与调整国民收入分配格局，让更多群众拥有财产性收入；能够扩大居民的投资渠道和理财品种，体会信托渠道的多元化和便捷化，降低居民家庭总

① 王南：《信托为民：应创造条件让群众增加财产性收入》，载《中国经济时报》，2010-09-06。

② 九三学社提案：《关于优化国民收入分配结构，推动经济社会持续健康发展的建议》，2009。

资产中银行储蓄的比重；能够促进社会排难解纷机制的健全，构筑社会信用体系，缓解社会内部矛盾。

### （四）从社会与民生的角度理解信托

1. 实践效果才是评价信托价值的标准

信托具有很强的目的性和务实性，评价信托的标准也因此摆脱了法律制度层面的争执而归于统一，简单而言，适合社会发展且有利于民生的信托就是好的、有价值的。从各国的理解和应用来看，信托的核心是“基于信任而采取权益分拆和利益重构的财产管理”，如果脱离法学的争论，按照实用主义哲学，信托只是有利于经济发展和社会进步的手段和工具。回顾过去三十年，我国改革开放海纳百川，各种制度兼容并蓄，信托在不同时期履行着不同的历史使命和社会价值，因此，信托是一门实践性科学，我们追求的并不是完美的理论与制度，而是富有活力的实践，它的发展并不在于对信托本源及国际法则的坚守和遵从，而在于信托在民生伦理方面展现的普适性价值，是“服务社会、改善民生”等各种多维目标的达成，满足社会及公众对财富、公平、自由、稳定、效率等方面的需求，所以，吸收各国应用精髓并结合国情实际才是信托发展的根本之道。

2. 必须改善信托发展的基础和功能发挥的条件

我们可以对信托的主要功能和价值贡献进行更深入的分析和探究。在达成信托基本使命的过程中，“信托功能”产生“价值贡献”的通道并非全无障碍和边界，事实上，将“功能”变成“价值”的效率与效果，有赖于信托业发展的扎实基础，需要具备满足信托功能发挥的必要条件，包括市场需求环境、制度政策供给、监管机构指导、生存发展哲学，以及信托公司的自身能力等诸多因素（见图2）。

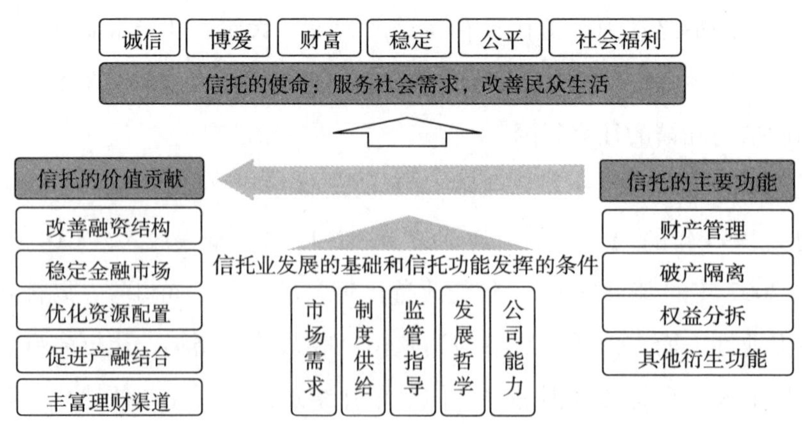


**图2 从使命、价值及功能的角度分析信托业的框架**

立足于“服务社会、改善民生”的思想，重新审视这些影响因素，我们发现这些因素具有正反两面的影响，分析其间蕴涵的各种问题，将促使我们重新理清思路并明确发展方向，从而进一步消除其中的各种障碍和阻滞。我们必须改善信托发展的基础，创造信托功能发挥的条件，释放信托业发展的空间，让更加广泛的社会群体能够分享到信托的制度优势和独特应用。

## 二、影响当前信托公司生存发展的重大问题

### （一）社会和市场需求方面

1. 信托观念尚未植根社会

“信任”是信托机制的基本特征。委托人对受托人的信任，是信托功能发挥的基础，西方社会非常强调契约尊重，整个经济的运行基础就是信用。因此，因信任而进行财产和财产权的转移，这是信托关系成立的前提，其中蕴涵两个重要的思想：一是对受托人诚信和受托责任的信任；二是对信托人受托能力的信任。在中国，《信托法》要求信托关系必须以书面形式确定，但以合同为表现形式并不能证明信托就是商业交易，恰恰相反，委托人自愿承担风险并接受有限披露就是信任关系的最好表现。源于“信任”而非“交易”，这是信托司法与信托纳税的基础，也是目前社会对信托认知最薄弱的环节。就中国的信托环境而言，信托观念的普及还有很长的路要走，较低的市场认知度导致真正的信托投资者群体难以壮大，构建信用社会需要持续不断的努力，需要社会各界的支持、理解、学习和应用，只有信托意识植根社会，才有信托功能服务全民。信托公司生存环境的改善，有赖于社会整体对信托机制的正确认知，有赖于全社会形成的契约尊重和信任氛围。

2. “刚性兑付”倒逼信托公司热衷平台业务而不敢尝试主动管理

“刚性兑付”使受托人的责任被扩大化，成为信托公司发展步履艰难的原因之一。

“买者自负、卖者有责”是国际范围内金融理财机构通行的规则。但在我国，迫于维稳的政治考虑，往往不自觉地要求信托公司必须每单业务都要安全按时兑付，即使有出了“问题”的产品（即收益无法覆盖风险损失时），也会采取各种措施使投资人免受损失，并将其视为对投资者的“保护”。久而久之，使投资者认为信托公司卖的产品没风险，将信托公司的信用隐含到了产品之中。经济有周期、投资有风险是常识，信托公司在缺乏组合资产池的商业模式背景下，不可能确保每个产品不出风险，这种形势倒逼信托公司广泛开展固定收益类融资业务，而未来收益不确定的主动管理组合投资类产品则无人敢于尝试，即使略有尝试也以平台为主，例如普遍开展的阳光私募业务，试图将投资者的关注引向聘用的投资顾问机构，从而放弃了自身主动理财能力的培育，信托公司开展自主管理业务为客户理财只能是一个美丽的传说。

3. 理财市场的信托应用混乱增大市场潜在风险

根据《信托公司管理办法》第七条规定“未经中国银行业监督管理委员会批准，任何单位和个人不得经营信托业务，法律法规另有规定的除外”。可以说，信托制度是信托公司特有的、专属的制度安排。但是目前市场上，信托原理几乎被所有现存的金融机构运用来开展理财业务，有的是私下设计采用，有的则作为产品亮点公开宣传，如银行的理财业务，证券公司的定向资产管理业务与集合资产管理业务，保险公司的分红保险、投资连结保险。但许多合约都将无法确认其性质，合约项下的财产也根本不具有信托法理上的独立性，将无法确定损失的最终承担者，最终会无法保护投资者的利益。然而，当前，除信托公司明确遵循《信托法》约束并接受银监会监管外，其他各机构均刻意回避或模糊其信托实质。不同金融机构采用同种“信托”机制，却受到宽严程度不同的监管约束，不仅会影响竞争的公平性，而且会增大理财市场的风险。

### （二）制度供给方面

法律制度框架还不完善。有无完备的调整信托机制的法律制度，是信托业能否健康发展的重要因素，信托业在新时期的更大拓展空间呼唤信托法制的健全。目前，我国信托业的法律框架还不完善，存在很多法规政策层面亟待解决的问题。制度供给缺陷是导致我国信托公司经营行为异化和信托业持续发展的主要障碍。信托发展的三十多年中，在不断的整顿与探索中前进，不同时期出台了不同的规定，取得了一定的成效，但依然存在许多立法上的空白，信托法制建设的步伐仍落后于信托业的发展。“一法两规”只是为信托公司的从业活动提供了基本的法律依据，涵盖了信托业务操作中的部分内容。信托业的配套制度建设已明显滞后于信托业的实践，尤其是涉及具体信托业务、信托财产登记、转移、税收、信息披露、受益权流通等，仍然缺乏统一的操作规程，其中，信托登记是最急需解决的问题，因为信托登记是信托关系确立的基础，是实现破产隔离的前提。法律制度的缺失影响了信托业的规模化发展。

### （三）发展哲学方面

1. 对信托和社会民生的关系理解不深，缺乏具有号召力的价值观和发展哲学

行业缺乏广泛认同的价值观，难以系统回答信托公司作为一类金融机构存在对社会和经济发展的独特意义，即便有所体会和感受，也未能像证券经营机构、银行和保险公司那样得到广泛发掘、宣传和普遍接受。

“服务社会、改善民生”的民生伦理是信托制度延续千百年的灵魂，是我们对信托业发展道路的再认识。信托公司必须怀有对民生伦理的坚守，必须具有独立的存在价值和商业模式，必须能够以自由的思想和专业的能力去寻找自身定位，才能避免沦为其他金融机构腾挪资产的附庸，才能避免沦为股东利益集团融资投资的工具，才能避免沦为缺乏社会贡献与核心价值的花

瓶。加强对民生伦理的理解，信托公司的道德操守和从业原则便水到渠成，信托的基本使命和发展路径也就顺理成章。具体而言，信托公司要形成良好的治理架构，保持自身发展的独立性；要形成独立的核心价值观，能够完成特定的商业价值并履行社会责任；要形成坚定的诚信原则体系，在充斥诱惑的市场环境下严格遵守自身的使命与原则；要形成富有时代感的创新开拓精神，以良好的道德操守和专业能力去赢得尊重与价值。

2. 对客户的财富管理体验缺乏系统关注

社会财富结构的变化和私募高端服务的定位，要求信托公司必须走具有特色的财富管理道路。但是，随着市场的逐渐完善以及投资者的日益成熟，财富管理业务对信托机构的创新能力、营销能力、风险管理能力等都提出了更高的要求，综合竞争能力的比拼成为生存法则，客户进行财富管理过程的体验日益重要。目前，与银行等大型金融机构相比，信托公司的财富管理的体验仅仅停留在购买合适金融产品的状态。具体问题包括："以客户为中心"的营销理念不够深入，影响客户体验的服务流程、礼仪规范等还需系统化的改进；客户需求同信托公司即期效益之间存在差异，产品营销带有盲目性，客户与信托公司之间缺乏诚信互赖的氛围，高端客户基础还很薄弱；客户服务体系不够完善，"以客户为中心"的理念尚未贯穿产品开发、后台运营、项目管理等各个环节。

### （四）公司能力方面

1. 适应社会飞速发展进行业务创新的机制和人才缺乏

近几年信托业的快速发展，并不代表信托公司已经具备了迅速开展创新业务的能力和条件。恰恰相反，必须值得注意的是：第一，信托公司长期以来以信托贷款、证券投资信托、房地产融资等业务为主，对私人股权投资、资产证券化等创新业务缺乏足够的研究和实践，主动管理能力欠缺，产品同质化现象严重，短期内信托公司能否在这些业务领域迅速扩展有待观察。第二，作为中国金融发展的新领域，这些创新业务也同样受到银行、证券公司、基金公司及保险公司的青睐。然而和这些机构相比，信托公司在组织架构、团队建设、市场参与度等方面均没有明显的优势，甚至存在不同程度的劣势。第三，信托公司对固有业务的依赖仍然比较强，各家公司的治理结构、内部控制机制以及风险管理的水平参差不齐，开展创新业务的系统能力仍显不足。

2. 与项目开拓力相比，外部洞察力与内部驱动力薄弱

外部洞察力的欠缺使得信托公司战略定位不清晰，业务发展受到制约。对于主动管理的业务模式、产品、客户、渠道等缺乏规划，没有清晰的实施路径，造成信托主业占比不高、业务模式多点开花、业务方向随市场热点频繁轮动，无法形成稳定的盈利模式和固定的业务增长点。由于欠缺对经济发展、金融结构和信托价值的洞察力，资源配置导向缺位，自主管理能力缺乏，

业务拓展能力显著不足。无论是业务的扩张速度还是业务的改革发展，都显得后劲不足。

内部驱动力的欠缺使得信托公司停留在产品提供的层面，无法渗透到客户服务的深层。一方面，信托科研能力和投资能力的不足。信托表现出业务结构单一、长期依赖信托贷款、被动适应政策法律等问题，即粗放型发展模式比较明显，而精细化、集约型发展的基础不实，导致产品同质化严重且行业竞争力不强，常被认为是规避法律和监管的通道。另一方面，由于产品和服务价值链的整合度不高，“以客户为中心”更多地作为一种理念，有些信托公司内部各种职能缺乏系统的整合和协调，体制机制不合理，中后台的服务分割，内部资源浪费且能效低下。在开展业务过程中，往往被短期利润主导，不愿花力气苦练内功，不自觉地以“出售信托法律结构”、“听委托人指令”的执行性平台业务为主要业务模式，能力缺乏、人才流失，这使得信托公司沦为缺乏核心理财能力的制度平台和其他金融机构实施业务战略的一个备选通道。

### （五）监管指导方面

监管割裂形成行业壁垒。信托机制具有“跨市场运作”的优势，但按照目前的监管体系和监管机制，信托公司的跨市场操作遇到了严重阻碍，创新业务进展缓慢。主要包括：第一，同质的产品面对两种不同的监管态度。在“分业经营、分业监管”管理体制下，政出多门、标准不一的情况比较普遍。举例而言，信托公司的“打新股”产品只能参与网上配售，而券商理财产品却依然可以参与网下配售。同样，信托公司不能开设证券账户，而修改后的《证券登记结算管理办法》允许合伙制私募基金开设证券账户，同质的产品面对两种不同的监管态度，对信托公司和信托业均显失公平。第二，在上市交易环节遇到监管障碍。由于分业监管的体制安排，不同监管机构分管的金融产品大多只能在相应的市场上进行流通。如已发行的信贷资产支持证券，以及未来的债权型 REITs 产品，都可能会考虑在银行间市场交易，而与证券交易所市场无缘。此外，“新两规”鼓励信托公司开发私人股权投资信托业务，但是证监会要求拟上市公司还不得出现以信托方式持有公司股权的现象，这直接导致信托公司无法进入 pre－IPO 项目，难以顺利开展私人股权投资信托业务。

## 三、解决问题的思路、方法和路径

可见，影响信托公司生存发展的重大问题，既有中国社会发展所处阶段对信托的内在需求层次问题，也有信托公司建立自身发展哲学不能主动适应社会服务民生的问题；既有国家层面政策法规和分业监管导致的问题，也有中观层面监管政策导向问题，更有微观公司层面机制人才和能力的问题。宏观的问题和国家层面的问题不可能一蹴而就，需要很长时间乃至几代“信托人”的不懈努力，提出具有号召力的价值观和发展哲学，宣传信托理念以根植于社会，推动立法和配套政策的完善；但是，有些中观和微观层面的问题是我们监管机构、信托公司和从业者眼前就可以着手解决的。

因此，我们建议更加务实的方法是，认清和推动解决长期的根源性问题，立即着手从微观和中观层面解决力所能及的现实问题。

而解决问题的基础，首先是对信托公司开展的业务进行系统科学的分类，统一标准和重新认识；然后，以此为基础，实现对产品进行风险定价，应用国际通行的金融服务统一语言，来推动信托走向更广阔的市场、扩大受众和提高投资者接受程度、方便信息披露并解决刚性兑付问题；最终，信托公司才能走规模化可持续发展之路前进。

就发展策略而言，分析清楚信托公司的业务结构就可以找到信托公司在金融服务价值链中高附加值的领域，就可以明确信托公司应培育的核心竞争力所在。以此为基础，就可以层层剥笋，就业务规范和标准、风险定价、监管政策、信息披露、人才配备、机制配套、品牌宣传等方面进行多维展开。待信托公司核心能力和存在价值得到社会广泛认同，就可以让更多的人才和资源融入信托事业，再结合上层建筑，上下结合，信托公司走出困境就可以水到渠成。

### （一）信托公司的大类业务结构

1. 国际信托业的信托业务情况

从国际信托业的实践来看，信托主要是基于特殊法律体系的财产管理安排，并未形成一个独立的行业。尽管“信托”这一名称被广泛应用，但实质上，以信托为名的机构通常涉及资产管理、财富管理、受托服务三个金融业务领域，通常根据服务对象是私人或机构而采取不同的服务内容。

以美国为例，私人信托通常包括受托管理财产、受托处理财产、充当监护人或管理人，以及私人代理账户；机构信托通常包括员工持股信托账户（雇员基金）、发行公司债务信托、公司财产管理业务、表决权信托以及代理股票经纪业务等。另外，许多新型的信托投资工具得到广泛应用，比如共同基金、现金管理账户、共同信托基金、信托型融资租赁，以及采用特殊目的信托（SPT）结构的投资工具。

在组织形式上，国际范围内因为金融服务的激烈竞争，优胜劣汰，信托公司要么转为银行、要么转为投资信托公司，留存的信托公司多为金融公司的附属公司或信托部门，主要从事典型意义上的受托服务业务。如在美国的金融体系中，银行业务与信托业务实行分别监管，信托机构与商业银行享有同等地位，但是，美国现在数以万计的商业银行中有 1/3 以上设立了信托部门。

相比之下，我国由于处在赶超发达国家的高速发展阶段，利率和投融资手段还存在管制，银行、保险、券商和基金等金融机构提供的金融服务尚不能完全满足社会的需求，信托公司作为一类特殊的金融机构，相对于国际上的信托公司，可提供业务范围更广泛、更全面的金融服务。

2. 业务结构：按信托目的划分

信托具有很强的目的性和务实性，评价信托价值的标准则主要基于社会各界对信托的应用和认同，抛开法律制度安排和管理运作体系上的差异，按信托目的划分能够看到信托的本质属性。具体可分为：

（1）投融资目的信托。成立信托的第一目的是信托财产的保值增值以及将信托财产运用于要素需求方，即我们常说的金融信托。目前主要集中在证券、房地产、基础设施及项目、各类工商企业等。

（2）特殊目的信托。成立信托的第一目的有特殊要求，信托财产的保值增值和满足要素需求方非信托目的或为从属目的。例如年金信托、职工持股激励信托、资产证券化受托人、公益信托、遗产信托等。

3. 业务类型：按信托公司承担的功能划分

按信托公司承担的功能，具体可分为：

（1）财富管理。信托公司为各类合格投资人设立信托，运用资产配置、税收、保险、遗产规划等综合手段为客户提供综合财务规划和资产配置服务，同时，信托公司一般通过大资产类别的配置，进行财产管理，对具体资产类别的管理职责则通过购买和外包的方式采购资产管理及产品。本类信托强调信托公司要具备较强的财务规划能力、资产配置能力以及第三方渠道产品采选能力。

（2）资产管理。通过分析投资机会，以基金化标准产品为导向，以财产保值增值为主要目的设计信托产品销售给委托人，以组合理念通过内部团队或外聘投资管理人（或投资顾问）对信托财产进行组合投资管理，在信托合同中委托人将部分或全部财产管理的自由裁量权授予信托公司，资产管理产品一般以金融市场的产品为投资对象。本类信托强调信托公司要具备较强的市场研究能力、投资管理能力、资源整合能力以及第三方投顾团队遴选能力。

（3）专项资产管理 + 投资银行服务。即目前通称的“融资类业务”，以固定收益类业务为主，以资本要素需求方为导向，运用信托或其他法律结构设计交易架构，并通过承销或代销方式将产品销售给合格投资人。主观上信托公司是从资本要素需求方出发，一般是为某一个项目或某一个主体设计产品。但是，如果信托公司运用信托结构成为资金方的受托人，从客观上讲，信托公司也是为委托人投资寻找投资机会，因此投资银行业务发掘投资项目设计产品，信托公司结合信托法律结构以信托产品面向委托人承担受托人角色，从为委托人提供服务的角度也可称为专项资产管理。由于项目在信托产品销售时就已经确定，信托公司的主要管理职能在保持对资金运用对象的监督和后续管理，以期达到信托招募书披露的预期目标。本类信托强调信托公司要具备较强的项目开拓挖掘能力、产品开发设计能力、运营与监督管理能力、整体方案解决能力、市场营销能力，以及其他行业领域专业理解能力等。

（4）受托服务。信托公司作为受托人角色，不承担设计开发、价值判断、规划配置等方面的职责，主要是严格按委托人的要求和合同的规定管理信托财产，投资管理等涉及价值判断、交易结构安排等模块则由委托人保留，并亲自或聘请顾问行使裁量权。本类信托强调信托公司要具备较强的账户管理能力、高效指令与数据处理能力、模式适应与风控监督能力。

在信托实务中，受托服务是一项基础性服务，信托公司的很多业务是受托服务和前三类中的一种或多种功能相结合，可说是受托人和投资管理人、资产管理人、交易安排人、保荐人、发行人等多重角色的重叠。如果信托公司仅提供受托服务，附加值都比较低，主要利用信托法律结构提供平台服务，盈利能力差，不足以支撑信托公司作为一类金融机构在经济社会中发挥重要作用。

**图3　信托公司按金融功能划分的核心业务类别**

## （二）业务主动能力和自主管理能力是信托公司需要长期培育的核心能力

业务主动能力是相对广义的概念，主要指对各类资源具有整合集成能力，在业务价值链上处于举足轻重地位，附加值高的业务能力。上述四项业务中，纯受托服务在金融产业链中基本处于附属地位比较难以取得业务主动能力。业务主动能力是获得信托业务主导地位和提高信托报酬的前提条件，对应的概念是从属管理功能和业务配合功能。

从历史经验看，业务主动能力的取得途径有两个。第一是垄断经营。信托公司目前的业务均属于充分竞争领域，通过垄断获取业务主动能力几无可能，如果从事纯受托服务，全国有几家大型信托公司就够了，日本的先例就可为鉴。第二就是培育核心竞争力。何为核心竞争力?就是在投资项目、客户渠道、核心技术、人力要素等各类资源中的一种或几种具有比较优势的能力，机制和制度是保证这种能力的基础，创新是手段。

要培育信托公司业务主动能力，首先要分析社会发展对金融服务需求的机遇，根据竞争环境进行战略分析。在客户渠道、产品设计、投资管理、受托服务等各业务链上为自身定位。选择其中一个或几个节点重点培育核心竞争力，在选择的业务链上至少要有不低于提供同类服务的其他金融机构的专业能力和服务水平。同时，监管机构应该在网点布局、公司治理、从业人员管理和人才吸引、业务准入等方面支持信托公司积极尝试各类业务，发挥信托公司综合理财服务机构的比较优势，在至少两个节点上具有核心竞争力，那么信托公司具备业务主动能力将是顺水推舟、事半功倍的事。

自主管理能力是信托公司业务主动能力最为核心的一环。自主管理是指对信托事务的管理和信托财产的处理发挥自由裁量的专业判断，为受益人利益最大化管理处分信托财产。自主管理既可以完全使用内部资源管理，也可以将非核心理财功能外包。自主管理多采用主动管理模式进行。

主动管理国际上主要在资产管理业务中使用，是指资产管理人发挥价值判断，以战胜业绩基准产生阿尔法的一类管理方法，它不仅强调对业务的主动性和自主性，也强调在技术层面的专业能力。被动管理是与主动管理相对应的概念，主要指以减少跟踪误差为主要评价指标的管理方法，侧重于对既有标准或约定内容的无差别执行，强调自身的运营能力。

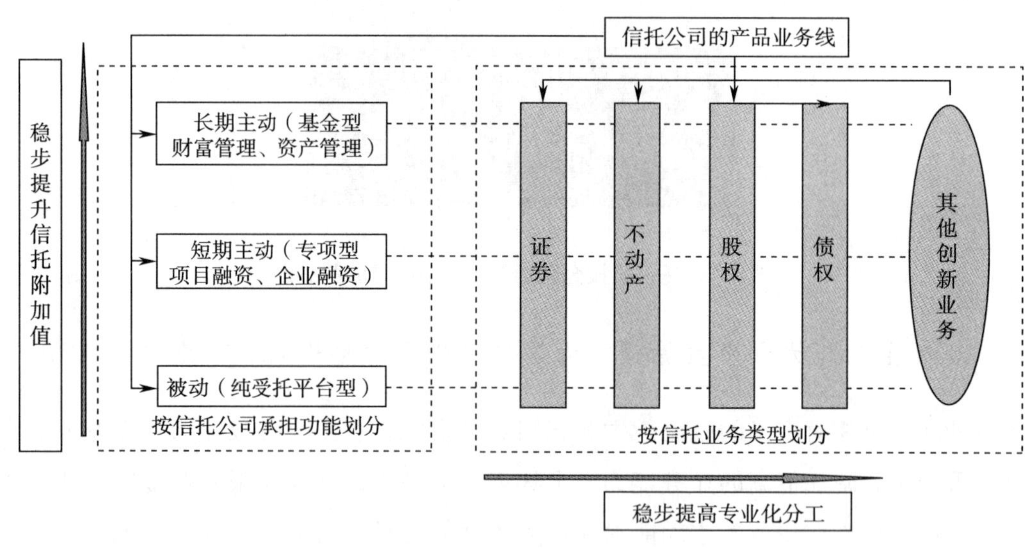


**图4 信托公司业务附加值梯度图**

### （三）自主管理成为信托公司发展的必由之路

严格且泛化的受托责任仅是信托公司面临的艰难的局部，更大的挑战来自于财富管理市场上的竞争压力和中国经济金融的结构性变革。数据表明，在2009年，信托行业的受托资产规模比上年增长了65%，但是，信托业务手续费及佣金收入却与上年基本持平。这种反差现象背后的原因是，银行等金融机构在业务合作中创造大量受托资产规模的同时，仅仅将信托公司视为发展中间业务、调整资产结构、规避监管限制的“管道”或“平台”，削弱了信托公司的产品创新度和盈利空间。证券、基金等金融机构专注于资本市场的细分领域，拥有比信托公司更强的专业素质和投资管理能力，形成了财富管理和资产管理业务上的竞争优势，使信托公司在业务价值链上只能履行低附加值的受托服务。无论如何，信托公司充当纯受托平台或将核心业务外包的时代已经走向了谢幕。

目前，很多信托公司开始定位于专业的资产管理和财富管理机构，强调信托业务拓展中的核心技能和主导地位，大力培育投资管理能力和资产配置能力，力争为客户提供更富主动性和更加多样化的金融服务。然而，尽管这种发展目标是广受业内认可的共识，但单凭信托公司的自身努力和研究摸索，很难在短期内将自主管理推上新台阶，需要监管机构在更高的层面上予以规则制定和发展指导，理顺行业竞争秩序并创造良好制度环境。

### （四）自主管理应注意的几个法律问题

我国《信托法》对受托人转委托持一种谨慎甚至保守的态度，第三十条规定只有在信托文件另有规定或者有不得已事由的，才可以委托他人代为处理信托事务，并要求受托人依法将信托事务委托他人代理的，应当对他人处理信托事务的行为承担责任。这比美国信托法重述、日本、韩国、中国台湾等欧美和大陆法系规定的受托人转委托及责任的规定都要严格。

相对而言，在我国《合同法》中，第四百条规定受托人应当亲自处理委托事务，但经委托人同意，受托人可以转委托。受托人仅就第三人的选任及其对第三人的指示承担责任。转委托未经同意的，受托人则应当对转委托的第三人的行为承担责任，但在紧急情况下受托人为维护委托人的利益需要转委托的除外。由此可见，在我国，信托关系的受托人责任比委托关系下的法律责任要严格得多。

因此，我国监管机构要求信托公司履行亲自管理，主要是由于《信托法》对受托人的义务规定。如果按此法律的内在精神，在前述第四类业务“受托服务”中，信托公司承担的受托责任和信托报酬明显不匹配。唯一的解决之道是在信托文件中委托人将信托事务的内容提前进行清晰界定，仅局限在受托人的受托服务上，而对于其他功能和事务，委托人则不对受托人授予权利，且不需要信托公司承担相应的责任。这是信托公司承做平台业务和被动管理业务的唯一可行方法。

不仅如此，与信托公司作为受托人的责任范围的扩大化相呼应，是受托人在管理、运用、处置信托财产等方面的权益缩小化。已有的相关司法判例表明，如果委托人将相关债权作为资产进行信托，即使受托人在信托设立后再次以公证及公告的方式向借款人表明债权转移，信托公司也不具有诉讼主体资格，无法履行相关诉讼权利能力，不符合《民事诉讼法》第一百零八条规定的起诉条件。信托公司在维护自身相关权益的道路上走得如此艰难，必然会在信托业务的管理模式和运营方式上进行思考权衡，这也将影响信托业务的未来发展空间。

## 四、突破信托发展瓶颈的政策建议和公司自身应做的工作

### （一）做好社会性基础工作

1. 推动信托观念深入社会。整个行业要多层面、多角度宣传信托制度、信托理念和信托优势，让社会和广大民众知晓并接受信托理念和信托服务，让信托公司的社会价值与贡献有目共睹，并成为社会所不能或缺的重要功能。

2. 为推动信托理念普及并规范信托行为。可以借鉴国际上成熟经验，将受托人责任、何为尽职管理等重大问题立规；推动信托登记和税收政策等配套政策的到位；关注基金法修订工作对信托公司的影响，并主动将有利于社会与信托的条文体现在新法之中；考虑推动“信托业法”的立法工作，建立友好型的社会环境。

3. 健全信托财产登记制度。信托登记制度的缺失，使得占据半壁江山的财产权信托业务存在法律瑕疵，须办理登记的财产才能设立信托，应尽快推出急需的信托登记制度，并可与工商局、建设部、国土局等部门沟通，明确公司股权、房地产等最常作为信托财产的登记办法，使信托行为不仅有法可依，而且有章可办。

4. 统一资产管理市场的管理。不同机构在开展同种资产管理业务时，其政策待遇却很不一样：一是分支机构和营销网络设置上的差异；二是具体经营范围和产品审批上的差异；三是产品设计和募集方式上的限制性。建议逐步规范目前的资产管理市场，制定统一的资产管理政策，避免政出多门、相互矛盾，全力营造公平、公正且富有生命力的市场环境。

### （二）完善相关政策与制度

1. 真正实施分类监管

（1）真正落实信托公司分级监管办法和净资本管理办法，科学引导信托公司培育自身实力，积极防范风险。对于行业内少数从业规范、实力雄厚的信托公司应给予充分的业务空间自由，鼓励其在创新业务模式、培育核心竞争力方面先行先试，探索行业发展路径。允许其在准备充分的基础上开展各类创新业务。此类机构也应具有肩负探索行业发展的责任感，及时将创新业务标准化形成可操作模式在全行业推广。

例如，允许其到异地乃至海外设立分支机构，以扩大客户和项目覆盖范围，支持优质公司走集约经营道路，以应对理财市场客户和配置全球化的趋势。对于违规从业信托公司，应该有

严厉的制裁措施，增加违规成本，创造良好有序的竞争环境。

允许创新业务先行先试。对以 TOT（母信托公司自己开发的不同资产类别的子信托）结构设计的跨大类资产市场伞形配置创新产品，豁免关联交易审批，一定时期后就伞形信托专门制定指引规范和引导。因为信托公司相对其他资产管理机构，当前还仅存的略显差异化竞争优势就是“跨大类资产市场的配置”，能够为客户提供差异化资产管理服务。目前，基金管理公司还不能投资到黄金等非证券类另类资产市场，如果眼前信托公司不抓紧时机培育资产配置能力，一旦基金法修改成功，信托公司基本没有招架之力，作为资产管理机构的差异化优势荡然无存。

（2）根据信托公司的监管评级对不同类型业务实施不同的准入要求。信托公司目前从事的金融业务包括资产管理、财富管理、受托服务等，按业务的要求不同分别持牌准入。

（3）为培育信托公司自主管理能力，对完全由信托公司自主管理的、以公开交易场所交易的金融产品为投资标的的信托计划，只要投资者符合合格投资人标准，先行放开 50 自然人限制（至少做到和银行理财计划同种标准，银行理财计划也是一类私募理财业务，在其通过信托投资于各类资产时除了要求投资人是合格投资者外，单个理财计划并无人数限制）。对以固定收益金融产品为投资对象的信托计划可以考虑放低合格投资人标准，支持信托公司培育自主管理能力走规模化、标准化道路，和银行理财计划统一规则；对场外交易的股权、贷款等债权、物权等仍坚持现有规则，视市场发展程度逐步放开。

（4）地区分类：《信托公司集合资金信托计划管理办法》（以下简称《办法》）第七条规定：“信托公司异地推介信托计划的，应当在推介前向注册地、推介地的中国银行业监督管理委员会省级派出机构报告。”但对“异地推介信托计划”的界定，《办法》中没有进一步说明，这在一定程度上影响了政策的执行力度。目前信托公司存在向发达城市展业、跨区域经营的趋势，这在某种程度上也造成异地监管的诸多问题。

针对各地信托公司离开注册地在中心城市及经济发达地区集中开展业务的现象，应明确对信托公司异地业务监管的权责，避免产生监管真空，法规上进一步明确异地信托计划的概念标准，进一步强化对异地信托业务的监管程序、监管手段和监管力度。

2. 业务科学分类并建立信托交易所

将信托公司的业务按一定的标准科学分类，主动和重要金融市场接轨，使信托业务成为国家金融经济发展战略的一部分，成为多层次金融市场的一个或几个层面。对每类业务根据其属性、风险、对人才机制的要求不同，建立分类管理体系，改革现在不区分业务属性以“两规”一统所有信托业务的现状。同时，多管齐下协同提升信托流动性，完善信托财产登记制度、信托权益拆分、投资者人数约定、信托受益权转让等在内的系列制度，整合现有分割的信托柜台交易市场，建设统一的信托受益权发行与转让信息系统，汇集各家信托公司的产品信息。在合适时机申请设立信托交易所，将标准化和凭证化的信托产品进场交易允许合格投资者通过信托公司进场，为投资者适度提供流动性安排，在“文化产权交易所、能源交易所”等各类专业交易所百花齐放的当下，应该推动成立专门的信托交易所，提高产品分类、标准化、信息披露的专业化程度，提高信托产品的社会认知度和影响力。

3. 建立重点业务领域的从业人员管理标准

引导行业薪酬和激励机制，吸引人才加入行业，敦促公司完善治理结构。对从事不同业务类别的从业人员按可比金融业务形成激励约束制度。

4. 避免刚性兑付

要在资产管理业务领域鼓励信托公司培育自主管理能力，就不应要求信托公司确保每个产品正收益。只要产品的收益风险特征为投资者接受，不应强求信托公司绝对回报，避免倒逼信托公司全部开展固定收益类融资类业务和风险责任小的平台业务。信托公司也应在产品标准化、信息披露公开透明及时、尽职管理等方面提高专业水平。

5. 加强合规激励与自律激励

培养信托公司在内部治理层面上的内生性力量，寻求路径激励信托公司的自律精神和合规遵从，凭借多元化的外部力量促使信托公司在内部管理上苦下工夫，让信托合规之路能够由“训政”逐步通往“宪政”。从而降低监管成本，节省监管资源，使得监管形成一种“四两拨千斤”的力量。

6. 支持信托公司建立直销渠道，积累自己的客户

避免像基金公司那样被银行垄断营销渠道，不得不出让管理费分成。推动起草《信托公司合格投资人管理办法》，达到不同类型的合格投资人有模型评估其适合购买何种风险信托产品。

7. 加强与其他部委的沟通，排除业务开展的障碍

证券市场是信托计划进行投资和理财的重要领域，目前，证券账户的停开影响到信托无法进入资产配置的一个大类市场。通过与有关部门沟通，争取先行允许信托公司全权受托自主管理（Discretionary Trust）的集合证券投资信托业务开立证券账户。

### （三）加强信托公司自身建设

1. 完善信托公司的治理结构，继续推进产权制度改革，建立合理的公司股权结构，为引入市场化激励机制和建立科学高效专业的决策机制奠定基础。

2. 构建研究体系并加强前瞻性业务研究。宏观层面，尽快研究我国经济发展方式调整、新兴战略产业、区域振兴规划、城镇化、国际化、土地政策、户籍制度等重大问题，正确理解信托所处的政策环境，组织人力物力研究业务模式，主动调整自身发展方向；中观层面，制定长期发展规划，明确竞争策略，加强业务流程标准研究，标准化、制度化的组织模式可以在很大程度上避免依靠经验的管理模式，减少人治的因素，细化分工并提高效率；微观层面，分析市

场上信托产品的交易结构、风控措施，将经验知识系统化、抽象化，提升知识的普适性，分析研究高端客户的需求，构建有较高忠诚度的客户体系。

3. 对核心业务建立从被动管理到主动管理的过渡机制，建立项目的价值判断、后续跟踪和管理能力，建立并形成稳定的行业专家队伍，融合内外部资源共同组建投资决策与项目管理团队。建立内部控制大纲，必须根据发展战略，明确公司风险偏好和风险容忍度，提高风险识别与评估水平，加强价值判断，规避市场风险，防范法律风险。

4. 投入建立具有竞争力的 IT 系统，通过新兴科技革命，弯道超车，以网络销售覆盖服务高端客户。

5. 人才战略。自主管理和业务主动能力关键是人，只有培育和吸引了优秀人才并对行业和公司具有忠诚度，行业和公司的发展才有未来。新进人员严格把关，具有合理的知识结构、良好的个人品性和较高的专业素质，从源头上确保人员素质；原有员工加强学习，不断更新知识结构、提高专业素质、培养应变能力，能够根据经济形势和监管政策的变化灵活把握合规原则。以老带新、新老结合，培养和造就高素质的团队。

6. 正确处理创新发展与合规经营。把握好创新对制度突破的“度”，找到二者的平衡点。在业务创新发展中要有合规意识，同时合规管理又不能阻碍了业务创新。做到既要创新，又不违规。

7. 品牌建设。品牌是金融机构的生命，建一个好的品牌要几代人的努力，但毁一个品牌只要一件事。信托公司应“风物长宜放眼量”，避免短期行为，站在行业共存亡的高度，共同维护行业形象，实现多赢。

# 试论“十二五”规划下信托业的未来发展

上海国际信托有限公司　刘文雯　简永军

过去十年间，信托业在促进国内经济发展和理财市场繁荣方面所取得的重要成就有目共睹，信托机制的应用日益广泛，信托公司诚信受托的形象深入人心。总结发展经验，信托业所取得的成功源于坚定不移地推进改革，源于不遗余力地满足社会需求，源于围绕“信托本源”持续不断地开展业务创新。如今，信托业站在新的起点上，其“开放性”和“共生性”决定了信托业未来发展更加依赖中国经济、政治、社会、金融的大环境，唯有从经济发展和社会进步的大视角去解读信托业，才能免于短视纷争，才能保证基业常青。

毫无疑问，十七届五中全会提出的“十二五”规划建议是极具前瞻性与参考性的文件，在生产力分布、经济结构调整和社会体系建设等方面作出了具体规划，囊括了中国未来发展的众多主题，对深刻改革转型与可持续发展的融合给出了设想。众多信托业内同仁都对“十二五”规划的重要性深感认同，但对规划下的具体产业政策、目标执行路径、改革难点与障碍、信托机制发挥与信托业面临的机遇挑战等方面还缺乏系统的思考，相关政策导向可能成为不同的表述，引发了各种争论。因此，本文尝试对“十二五”规划下的主要产业领域进行分析，根据“十二五”规划建议提出的五大目标，从信托业的角度审视未来的机遇和挑战，为未来五年间信托功能发挥和信托发展路径的探讨提供参考。

## 一、规划对信托业影响的整体分析

### （一）从经济结构层面分析信托业未来的重点领域

全球金融危机后的经验表明，刺激性财政政策在增加政府负债的同时，还会造成产能过剩、库存积压、投资效率降低，严重影响国民经济发展的持续性和高质量。显而易见，加投资、增贷款、扩出口的发展模式已经不可持续，投资增长对 GDP 增速的拉动效应逐年下降，贸易出口顺差受国际环境影响也不会持续扩张，内需拉动还有待收入分配结构改革和社会保障体系完善，因此，未来经济成长有赖于“三驾马车”的协同拉动，改革经济发展的体制性障碍势在必行，解决经济的结构性失衡迫在眉睫，“十二五”规划建议将“加快转变经济发展方式”作为开篇之题也正在于此。未来，转变经济发展方式最主要的内容仍然是从“工业化早期的粗放型”向“现代的集约型增长模式”转变，转型的核心和实质仍然是提高经济效率和增加产品附加值①。

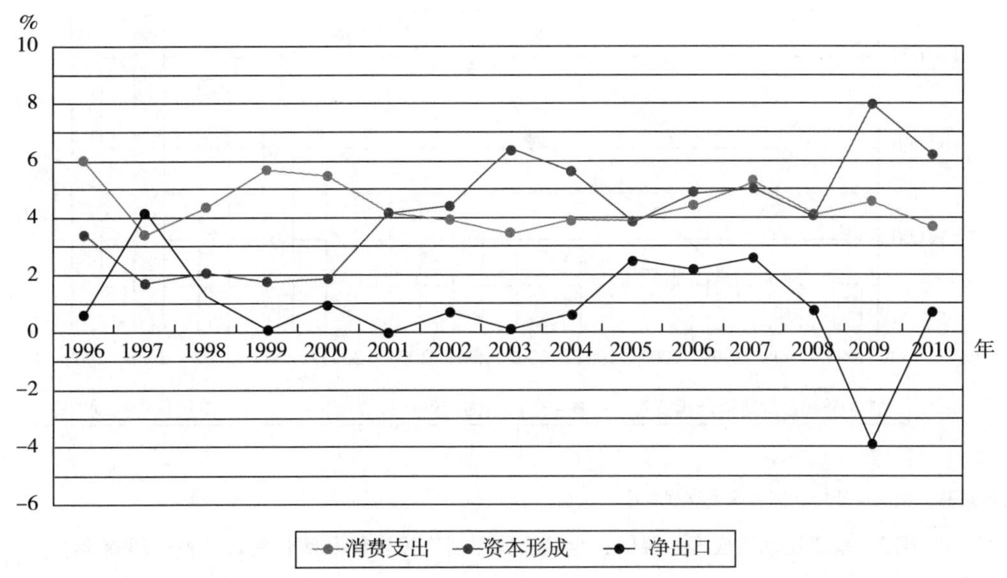


资料来源：国家统计局、国务院发展研究中心报告。

**图1 简单发展模式不可持续：“三驾马车”对GDP增长的拉动（1996—2010年）**

目前，国家发改委等多个部委确认了产业结构调整优化的具体内容：将战略性新兴产业作为产业结构升级的根本，推动“中国制造”逐渐转变为“中国创造”；服务业将超过工业成为经济增长的最重要拉动力量；传统产业的产业结构、产品结构、组织结构将得到优化，水平和竞争力要显著提高。在“十二五”期间，社会资源的分配和流向将随产业结构调整而调整，越来越多的资源将会通过渠道流入战略性新兴产业。从细分产业领域看，第一类是全力培育支柱产业，即该产业的增加值占GDP的比例超过3%，主要包括新能源、节能环保、新信息产业、生物产业。第二类是积极发展先导性产业，主要包括新能源汽车、新材料、高端装备制造产业。国务院决定提出的发展目标是，到2015年，力争战略性新兴产业增加值占GDP的比重达到8%，到2020年力争达到15%。

然而，信托是以社会需求为根本出发点的金融工具，通过对国民经济结构的分析可以看到，未来五年中，信托应用的重点和空间恐怕并不是在战略性新兴产业领域，这不仅是因为七大新

① 吴敬琏：《抓住危机后重整机会，推动战略性新兴产业发展》，载《财经》（年刊），2010（12）。

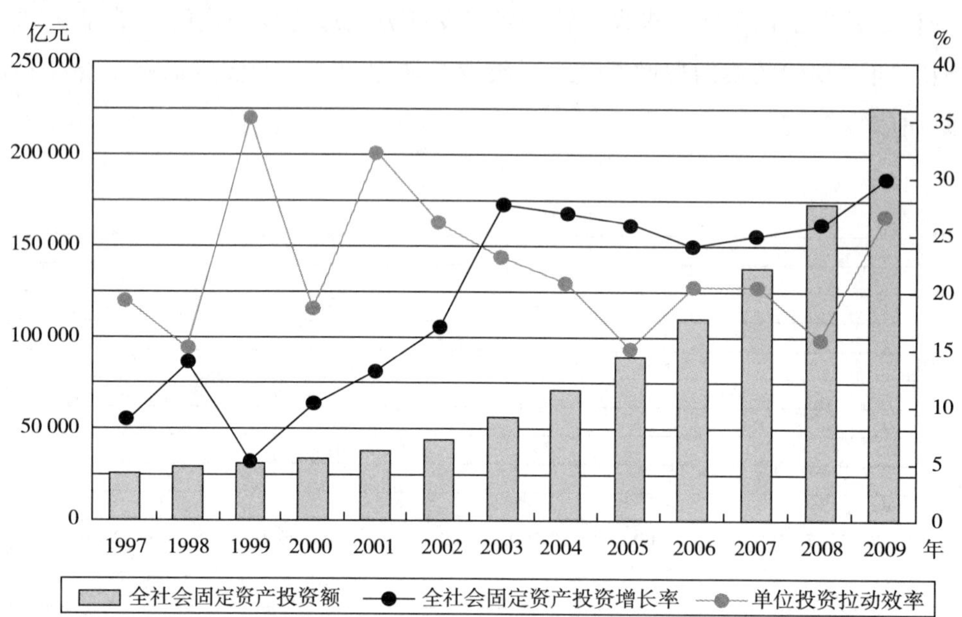


资料来源：国家统计局、国务院发展研究中心报告。

**图 2　投资拉动效应开始降低：全社会固定资产投资额及增长率（1997—2009 年）**

兴产业占存量经济总量的比例并不高，其成长壮大还需要较长时间来慢慢培育，而且还因为技术、体制、创新、应用、组织方式等因素可能成为制约新兴产业发展的障碍，增添了很大的风险和不确定性。因此，我们必须清醒地认识到，传统产业和成熟产业依旧是国民经济发展的主要组成，传统产业的资源重整、结构升级和能力优化同样是未来经济发展的重要动力，第三产业将占的比重也会逐年增加并终将在更远未来成为经济增长的主导产业，信托业的未来发展可能并不在于对“新兴热点领域”的追逐捕捉，而在于如何为“传统成熟领域”提供更适合、更便捷、更全面的产品与服务。

“十二五”期间经济发展的中心话题是“深化改革、调整结构、保障民生”，这也是信托业未来发展的大背景、大环境。因此，从中国经济社会发展趋势和目前信托业务结构状况两方面来看，信托公司在“十二五”期间需要重点关注的具体领域包括：一是财富管理与分配改革领域；二是城镇化与房地产业；三是资本市场和新金融服务；四是能源环境领域；五是战略性新兴产业。

### （二）从经济政策层面分析信托业未来的成长路径

“十二五”是承上启下的关键时期，中国既要全面建设小康社会，又要应对国际经济格局改变的挑战，还要保持经济平稳进入科学发展的轨道，所以，未来五年将是中国经济社会发展的战略机遇期和矛盾凸显期。在这个过程中，国家会更加关注发展中不平衡、不协调、不可持续的问题，会花大力气解决经济发展的资源环境约束、投资和消费关系失衡、收入分配差距较大、科技创新能力不强、产业结构不合理、农业基础薄弱、城乡发展不协调、就业压力等各种社会矛盾。总体而言，国家调控调整的具体领域增多且组合措施的力度加强，社会管理体制会越来越完善，出台的政策规定也会越来越多，信托业也将不可避免地会受到政策导向和转型洪流的影响。

在财政政策方面，"十二五"规划建议提出了三大要点：一是加快分税分级财政体制改革，理顺各级政府间财政分配关系，加强基本公共服务财力保障；二是形成现代预算制度，提高预算完整性和透明度；三是改革和完善税收制度，资源税、房产税是关注重点。从实际情况看，中央和地方的财政收入与支出将继续扩大，信托公司需要重点关注"十二五"期间的地方政府融资平台和地方财政状况。截至2010年6月末，地方债务总量达到7.75万亿元，合计设立8 221家平台公司，地方债务率为97.8%，部分城市超过200%，大概有1/3的省市县债务超过了财政收入①。美国的次级债是银行把资金贷给没有还款能力的个人，而我国金融机构把资金贷给缺乏还款能力的地方政府同样会产生坏账，各自独立的地方财政还会加速风险隐患的暴露。由于当前"GDP政绩观"仍普遍存在，地方政府的投资冲动依旧强烈，加上金融市场体系尚不够发达，使地方经济仍面临着"资金需求旺盛"和"融资渠道狭窄"双重压力②，这也会影响地方政府提供基本公共服务的能力，甚至降低城镇化进程的质量和效果。因此，信托公司未来与地方政府合作的过程中，应大力加强市场化运作，改变信政合作的简单模式，降低对政府信用的依赖，更注重地方融资平台的现金流和还款能力，从主动管理和系统筹划的角度为地方政府提供金融服务方案，最终为落实国家的政策导向和推进地方的民生建设贡献力量。

在信贷和货币政策方面，2009年的情况表明经济增速下滑带来的就业压力尚可承受，国家未来很可能会提高对经济增速下滑的容忍度，而着力加强对信贷增速和通货膨胀的控制。截至2010年9月，全国银行业金融机构的资产总额将超过92万亿元，所有者权益5.4万亿元，实现净利润7 097亿元，商业银行不良贷款余额是4 243亿元，不良贷款率仅为1.1%，四大主要银行的资本充足率达到11.6%，从数据看，银行业有实力扩张信贷规模和维护金融稳定。因此，考虑到保增长需要和信贷惯性，货币政策并不会"急刹车"，信贷增速短期内不会下降，但长期将回归到历年平均增速水平，稳中偏紧的货币政策取向几成定局。同时，由于负利率扭转和通胀拐点短期内还不会出现，受资产价格上涨、经济惯性和基数效应的影响，通胀压力在未来较长时期内仍将居高不下，2010年上半年的压力尤为突出。在这种情况下，信托产品未来几年对外发行的利率可能继续走高，市场营销压力逐渐显现，信托报酬空间受到双重挤压，同时，由

① 数据摘自于中国银行业监督管理委员会网站。

② 阎庆民：《监管政策应纳入宏调"工具箱"》，载《财经》，2011（1）。

于信托业务的监管完善和运作规范化，信托产品的发行规模很可能与市场资金面开始呈现同向变化。

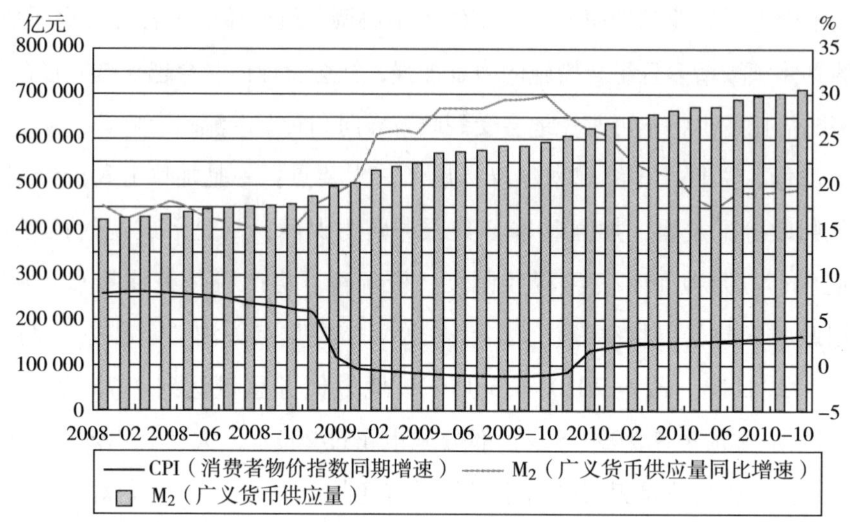


资料来源：聚源数据、国家统计局。

**图3　信贷不会“急刹车”：CPI同比与广义货币供应量（2008—2010年）**

金融政策对信托业的影响更加直接和明显。“十二五”规划建议中指出，未来要“构建逆周期的金融宏观审慎管理制度框架”，既防范金融业内部相互关联可能导致的风险传递，又关注金融体系在跨经济周期中的稳健状况，这是金融危机发生后针对系统性风险开出的药方。而《巴塞尔资本协议Ⅲ》中也对资本定义、交易对手风险处理、杠杆计算、逆周期缓冲资本设立和流动性监管等做了规定，尤其对系统重要性金融机构（SIFIs）突出了风险敏感性的资本要求与非风险敏感性的杠杆率要求相结合，从这方面来看，《信托公司净资本管理办法》的出台使信托公司作为资产管理类公司率先执行了国际标准，有效地约束了信托公司扩张受托资产冲动和短期经营行为，提高了信托体系的整体风险防范能力，这种监管意图在未来较长时期内可能仍将继续贯彻和加强。

“十二五”规划建议提及的其他金融政策还包括：一是“稳步推进利率市场化改革”，这意味着资金价格会回归到与风险匹配的水平，银行业终将面临更加激烈的竞争，息差降低也会促使信贷规模的进一步扩张，信托业将可能面临更直接的客户争夺和业务压力；二是“完善以市场供求为基础的有管理的浮动汇率制度，改进外汇储备经营管理，逐步实现人民币资本项目可兑换”，对于信托型QDII业务的影响是双方面的，资本项目可兑换前将会逐步放开QDII的对外投资范围，为外汇储备管理开拓更加丰富的渠道，但同时，留给信托公司获得先发优势的时间也很有限，提供对外投资服务的主体会更多更强；三是“加强金融监管协调，建立健全系统性金融风险防范预警体系和处置机制”，这预示着我国金融监管体制会进一步健全，会更加突出保护金融安全“稳定器”的作用，对信托公司经营管理水平的要求会日益提高，对具体信托业务领域的监管会更加详细规范。同时，这种监管协调是以防范风险和强化处置为着力点的，对广大信托公司期待解决的市场分割和监管壁垒等问题的影响十分有限。

## 二、财富管理与分配改革领域

“十二五”规划建议为实现经济社会发展总目标提出了两方面的要求：一是要实现财富总量的提高，保证城乡居民收入普遍较快增加，努力实现居民收入增长和经济发展同步、劳动报酬增长和劳动生产率提高同步；二是要改变收入分配的结构，努力提高“两个比重”——居民收入在国民收入分配中的比重、劳动报酬在初次分配中的比重，使低收入者收入明显增加、中等收入群体持续扩大、贫困人口显著减少，从追求国富转向注重追求民富转变。这些都对信托的应用和发展提出了新要求，也使信托业迎来了新挑战和新机遇。

在财富管理方面，伴随居民可支配收入增长和财富积累指数效应，高净值群体的数量将持续增加，预计“十二五”期间千万富豪将在110万人以上，其中，亿万富豪在7万人以上①，其拥有的财富总量将以每年8.8%以上的速度攀升②。巨大的财富管理需求，急需更加多元化和便捷化的投资渠道，急需更加稳健和高效的资产管理，使金融理财市场在未来保持高速增长，因此，信托的资产配置、受托服务、直接融资和财富管理等方面的功能都将有用武之地，信托密度（信托财产占人均财富的比重）会显著提高，民事信托的应用会更加广泛。信托将深入到高净值群体的生活方式中，这是不可逆转的历史趋势。就行业而言，信托的客户结构与产品内容将继续升级，跨领域、跨机构、跨产品的资产配置优势将更加突出，专业能力和社会认同会得到加强，混业型“金融超市”服务有望全面做实。值得关注的是，理财市场多种机构竞争也会逐渐加剧，信托机制的专有属性更加淡化，信托公司在“集合各方资金”方面的优势会逐渐消散，但由于专业能力和社会认知的深入强化，信托公司在“集合各方理念”、“集合各类品种”、“集合各种资源”方面的优势会得到进一步加强。

在财富传承方面，中国社科院的调查数据显示，目前中国第一代企业家的年龄平均为55岁到75岁，在未来5年到10年内，全国有300多万家民营企业将面临企业传承问题。当积累的财富已经远远超过自身富裕生活需要时，这批先富群体自然而然地会开始考虑财富传承的问题，这种需求在“十二五”期间会得到扩张和加强。信托以其财产独立性、管理灵活、利益分配多样性等特点，成为国外私人财富传承的首选方式，未来我国也不会例外。

---

① 根据《2010年胡润财富报告》披露：截至2009年末，全国千万富豪人数已达87.5万人，年增长6.1%，其中，亿万富豪5.5万人，年增长7.8%。此处假设增长率保持不变，以2009年为基数计算而得。

② 数据摘自招商银行与贝恩管理顾问公司联合发布的《2009年中国私人财富报告》。

由于财富的主要部分是股权、房地产等非现金资产，这种形式决定了财富传承要较好地完成转移、支付、隔离、管理、增值、分配等多重目的。生前信托具有各种制度优势，能够兼顾企业成长经营与财富转移分配，一方面能够构建财产传承信托内部有效的决策、监督与调解纷争的治理机制，实现财富的最优管理、保值增值和规则分配，同时，还能防止家族企业的逐代侵蚀，传承经营理念等非物质财富；另一方面能够动态完成财产传承过程中的各项任务，按照预先约定的规则进行处理，如进行受益权转让、公益目的安排、税务递延规划、家族争端解决、企业品牌传承等重要事项①。因此，信托能够最全面地满足财富传承的多种目标，是最具生命力和想象力的制度形式，当然，信托登记制度、信托法律体系和诚信文化环境等因素，会对财富群体的传承意愿与传承效果产生重要影响，这些方面在未来的改进和完善将为财富传承信托的发展道路扫清障碍。

在分配改革方面，平衡各方群体利益结构、理顺收入分配关系将是庞大复杂的系统工程，关系到社会的公平正义、企业的切身利益和群众的民生保障，既涉及收入分配领域自身的政策安排、措施责任和路径设计，也涉及经济社会体制和经济发展方式的关系调整、结构变革和职能统筹，需要标本兼治。信托的功能主要体现在两个方面。

一是信托可以构建新型的市场经济微观基础。利用信托财产独立性制度、信托运营的专业化管理，受托主体的勤勉尽责意识来改善所有权行使的主体、方式与效用，避免权力寻租和利益结构不合理等问题②，深入参与收入分配关系调整，具体形式可包括员工激励与福利计划、股权信托、表决权信托等。同时，“十二五”期间还要有条件地实现工资标准“倍增”，改变大部分员工收入低位徘徊的状况，推进工资集体协商，而信托恰恰是集合群体智慧和反映群体意志的载体，受益人大会制度是这种特定范围民主的形式保障。

二是信托可以提供更加丰富且风险较低的理财品种。信托定位于高端私募主要是为了更好地控制金融风险，但这并不妨碍信托参与建立以多元化为特征的普惠性金融体系。信托应探讨将较低风险、较高收益的产品卖给普通大众，开展以共同基金为特征的大众信托业务，借助专家理财、组合投资、专项经营、分散风险的优势，将受益对象扩展到全社会，增加信托财产的种类，落实“提低控高”的规划目标，促进普惠性金融体系的建立。具体形式可包括个人企业年金、共同信托基金、主动性债权银信合作、组合配置类银信合作等。尽管目前此类业务还有许多制度障碍，但社会需求是客观存在的，在社会政治方面也是必要的，信托制度逐步改进完善和信托功能呈现民生倾向将是不可逆转的趋势。

---

① 卢晓亮：《财富传承信托：信托登记制度建立后的私人信托业务》，2010 信托峰会论文集，2010－12。

② 刘文雯：《民生理念是信托公司发展哲学的核心》，2010 信托峰会论文集，2010－12。

## 三、城镇化与房地产领域

推进城镇化建设是国家一项重要经济政策，“十二五”规划建议的许多重要内容都是围绕城镇化展开的。国家统计局披露，2009 年我国城镇人口按统计口径算，已经达到了 6.22 亿人，城镇化率提高到 46.6%，逐步接近中等收入国家的平均水平，但与发达国家 70% ~90% 的城镇化率相比仍有很大的差距，根据国务院发展研究中心的预测，未来十年我国城镇化建设仍会以较高的速度增长，这为信托在城镇化建设中寻找业务机会留下很大的空间。

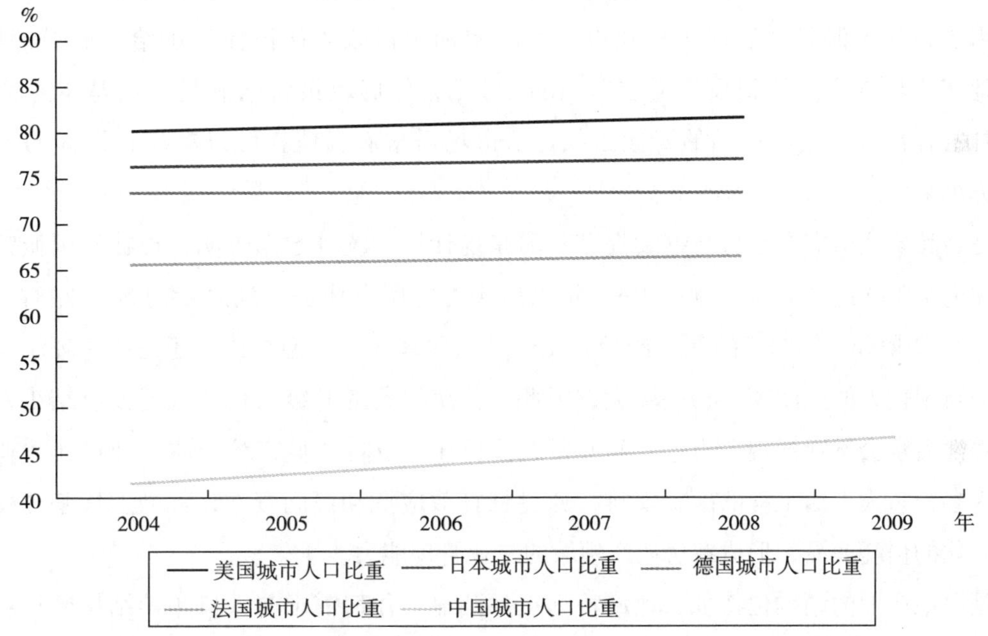


资料来源：聚源数据。

**图 4　城镇化进程空间很大：主要国家的城市人口比重（2004—2009 年）**

未来我国将积极稳妥推进城镇化，提升城镇发展质量和水平，但是同时提出要坚持走中国特色城镇化道路，促进大中小城市和小城镇协调发展，着力提高城镇综合承载能力，发挥好城市对农村的辐射带动作用，壮大县域经济，把重点放在加强中小城市和小城镇发展上，放宽中小城市和城镇户籍限制，提高城市规划水平，加强市政基础设施建设。从这一点来看，未来国家将会进一步加大中小城镇化建设力度，加快市政基础设施建设步伐，提高公共服务供给。根据未来政策趋势和现有监管导向，信托公司着重把握的业务趋势包括：一是业务重点区域应逐渐调整。随着国家基础设施投资重点区域的调整，信托应紧跟投资重点区域变换而调整节奏和步伐，将业务重心逐渐从大城市的周边以及相对比较发达的中小城市转向中西部重点区域的城市群和交通网建设。二是创新担保合作方式。信托可以考虑采用资产抵押、权利质押、机构担保等多种市场化的信用增级来保证城镇建设的发展。三是寻找新的资金来源方式。改变原来简单的“银信合作”、“政信合作”，实现资金供应的多元化，鉴于基础设施的行业风险回报特征比较符合保险资金久期配置和风险偏好的要求，可以探索产业投资基金和“信保合作”的方式。四是参与公共服务和民生保障项目。城镇化顺利推进和农民市民化的前提是人均公共服务逐渐增加，信托可以从保障房、环境保护、社会保障、基础设施等多个领域介入，改革基本公共服务提供方式，参与社会管理和金融服务，协调各方关系并保障各方权益，增加信托在推进公共服务市场化改革中的附加值。

在房地产业方面，“十二五”规划建议中提出“加强土地、财税、金融政策调节，合理引导住房需求，加大保障性安居工程建设力度，增加中低收入居民住房供给。加强市场监管，规范房地产市场秩序，抑制投机需求”。由此可见，住房政策将向满足人民基本生活需求回归，向社会保障和准公共产品的属性回归。从市场需求看，信托可以参与和把握的主要趋势有三个方面。

一是高品质住房需求也将会继续提升。国家统计局的统计数据表明，现在我国城镇里既有的存量住宅是130亿平方米，其中1996年以后竣工的所有住房占到总量的50%左右。这些在1996年之前计划分配体制下的住宅产品，无论是人居理念、户型结构，还是居住环境、建材品质等，都与现代人的生活需求相差较大，因此，住房消费的升级换代还远远没有结束，居住环境的改善性需求会不断涌现，市场空间非常大。信托可以将“城市综合体”建设作为业务切入点，深入参与重大人居工程的融资安排，通过杠杆效应撬动民间资本，大力发展基金化、规模化、多元化的信托产品，形成在房地产领域的专业管理能力。

二是房地产业的结构化特征、地域特征更加凸显。住房需求与人口年龄结构密切相关，中国社会科学院公布的数据表明，中国16～64岁的劳动年龄人口在2010年到2015年处在峰值阶段，顶点将出现在2015年，随后劳动年龄人口比例将开始逐年下降。由于刚性住房需求多集中在25～35岁的青年群体，该类群体数量大概在2亿多人，这也是未来五年支撑住房需求的主要动力。此外，流动性人口的代际特征开始显现，伴随劳动力密集型的产业转移，中西部的打工者开始回流到原户籍地，该群体的生活需求也促进当地房地产市场，使中西部呈现潜在增长强劲的区域性特点。就住房价格而言，由于高端群体的供养比不高、货币扩张远超实体经济需求、居民依赖房地产财富作为自身保障、改善性需求依然旺盛、买房群体享受上代补贴等因素的影响，住房价格难以下降。同时，伴随“十二五”期间开展房地产税试点，部分试点城市房价持续上升的情况也有望缓解。因此，对于信托行业，房地产业依旧拥有广阔空间，二三线城市的住宅地产和一线城市的商业地产更具增长潜力，中西部主要城市的住宅地产项目将更具价值成长优势，东部地区的养老地产和保障地产项目将伴随人口老龄化而更加重要。

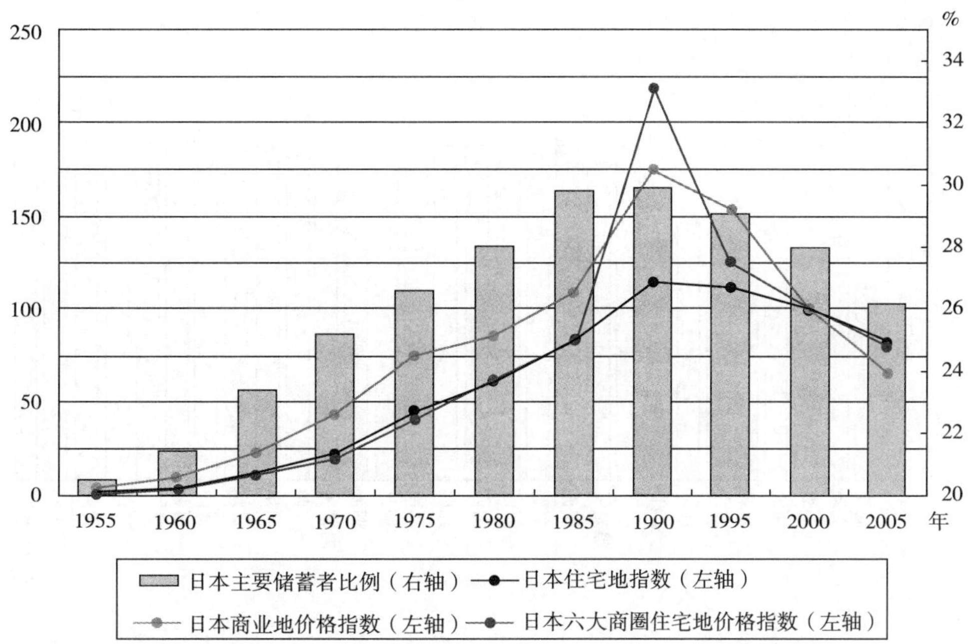


资料来源：国务院发展研究中心、联合国。

**图5　人口结构决定住房需求：日本主要储蓄者比率与房地产价格指数**

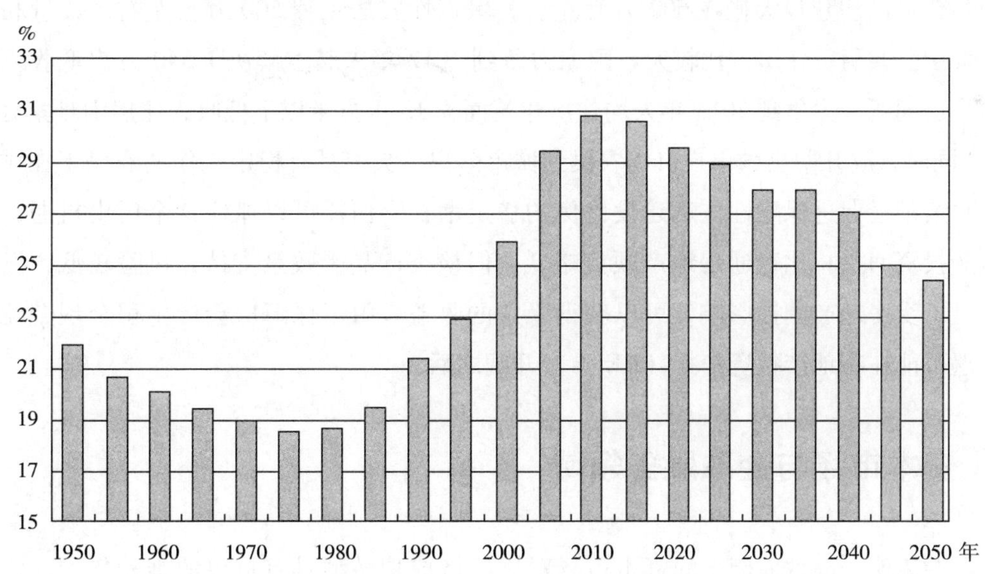


资料来源：联合国网站。

**图6　未来五年我国人口红利高峰：主要储蓄者比率（35～54岁占总人口比例）**

三是保障性住房需求和供应都会稳定增加。在人口流动方面，城镇化进程造成每年新增1 600万人口，未来将着力解决新增城镇人口的定居落户任务，目前新房交易占整个住房交易的80%，未来房产市场仍然是以增量交易为主的市场。“十二五”时期还将加大比例建设公共租赁

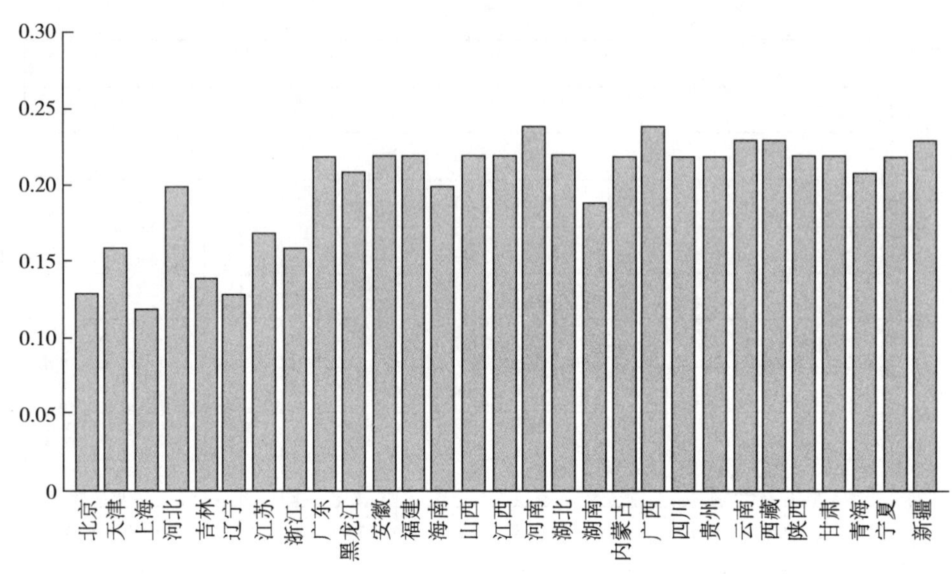


资料来源：聚源数据。

**图7　未来五年中西部25～35岁人口更多：国内各省市的十年累计出生率（1985—1995年）**

住房，以满足那些虽是异地户籍，但在当地城市里已稳定工作若干年限的家庭的需求。“十二五”期间每年商品房建设大概在600万套左右，保障性安居工程500万套左右，数量和规模十分庞大，其中公共租赁住房占比较大。国家力争到2012年末基本解决1 540万户低收入住房困难家庭的住房问题，力争到2015年人均住房建筑面积13平方米以下低收入住房困难家庭基本得到保障①。同时，放开中小城市户口让农民到城市落户、吸引具有稳定工作的农民工在城市里定居，这些政策都会促进保障性住房建设比例的稳定增长。信托可以抓住这个历史机遇，尽管保障性房地产投资回报相比普通房地产项目略低，但该类产品受政策支持，风险较低，发行会相对容易，且不受房地产调控影响，可以获得稳定的收益。由于保障房会产生租金现金流，更大的发展机遇可能在房地产投资信托（REITs）开闸之后。

## 四、资本市场与金融服务领域

国际经验表明，高效而健全的资本市场对于经济成功转型具有重要的推动作用，资本市场作为落实市场经济和国家战略的重要平台，可以有效引导各类要素和资源向高新技术领域和应用技术领域流入，推动高新技术企业快速发展和传统产业升级改造。英国前首相撒切尔夫人曾经说过：“欧洲在高科技及其产业方面落后于美国，并不是由于欧洲的科技水平低下，而是由于

① 数据摘自住建部、发改委、财政部联合下发的《2009—2011年廉租住房保障规划》。

欧洲在风险投资方面落后于美国10年①。”风险投资是资本市场的前沿，PE与VC都是风险市场的天然组成部分，在“十二五”期间，上市仍将是风险投资的主要退出渠道。目前中国境内资本市场总市值超过27万亿元，全球排名第二位，到2015年，在当期市盈率水平下资本市场总市值有望超过50万亿元。一方面上市资源十分丰富，符合上市标准的企业众多，伴随资本市场制度环境的日益完善，优秀企业的上市进程也会加快，核准通过的比例也会提高；另一方面投资机构快速成长，专业能力和职业素养提高很快，投资理念深入人心，同时，投资者对资本市场的热情十分突出，交易活跃，换手率较高，资本市场的深度和宽度逐渐加强。因此，中国资本市场的前景非常广阔，具有巨大的发展潜力，是信托开展财富管理的重要资产配置领域，将来仍将是实现信托投资价值和提高信托吸引力的重要平台，从这方面看，信托与资本市场是密不可分的。

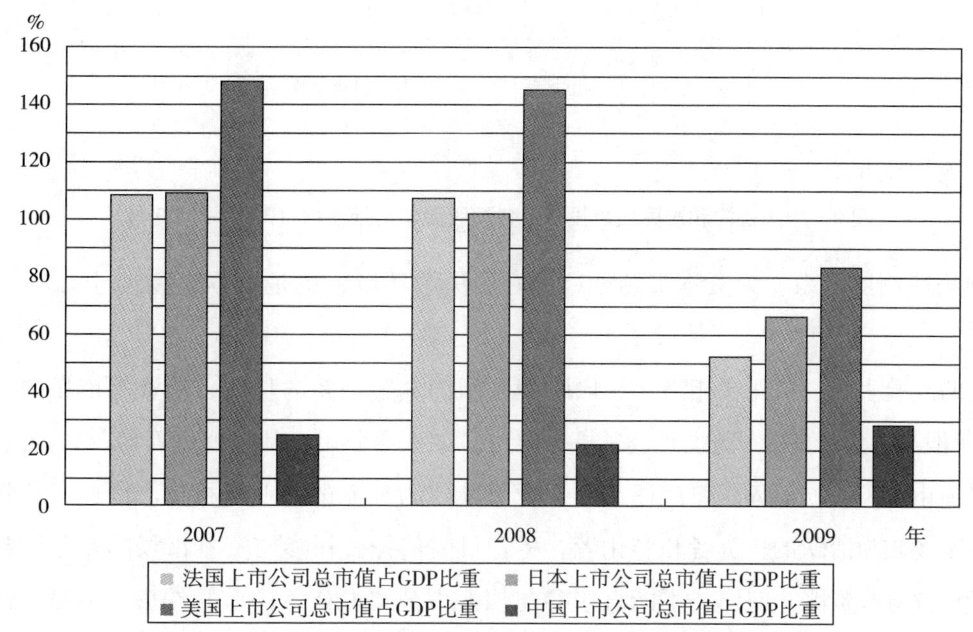


资料来源：聚源数据。

**图8 中国资本市场规模将强势扩张：各国上市公司市值占GDP比重（2007—2009年）**

目前，资本市场的“十二五”规划正在制定中，中国证监会研究中心主任祁斌曾透露，资本市场“十二五”规划主要从三个方向推进：一是提高效率，继续改革发行机制，继续完善并购机制，继续丰富交易机制；二是扩展市场边界，加快OTC市场建设，发展债券市场，加快PE行业的发展；三是提高国际化水平。此外，为了更好地辅佐资本市场快速发展，进

① 李月平、王增业：《风险投资的机制和运作》，北京，经济科学出版社，2002。

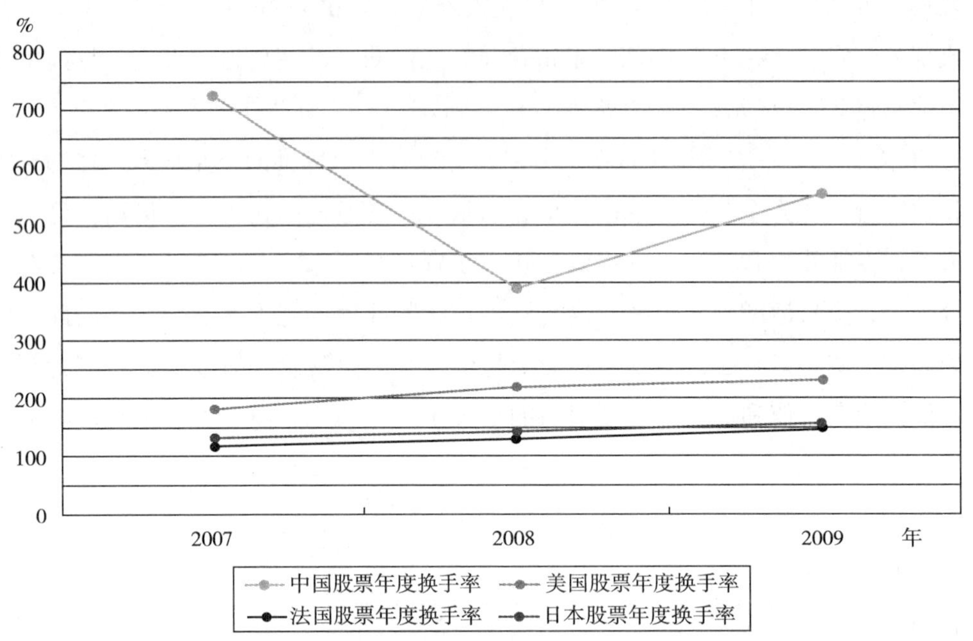


资料来源：聚源数据。

**图 9 中国机构和居民热衷投资：各国股票年度换手率（2007—2009 年）**

一步完善法律制度体系，为资本市场创造更好的法治环境，也是资本市场“十二五”规划的重要内容。

过去的经验表明，信托在相当长一段时期是国内金融创新的母体，从资本市场的主要产品（如债券、股票、基金等），到主要金融机构类型（如证券公司、基金公司等），都曾受惠于信托平台并伴随市场扩大、业务成熟后逐步独立于母体成为独立的行业与机构。因此，信托公司一直是资本市场较为活跃的投资者和孵化者。尽管目前信托公司参与资本市场的业务受到诸多限制，如新设证券投资账户叫停，不能直接参与拟上市公司 IPO 等的监管约束。但是，伴随资本市场法治建设的进一步规范和完善、信托公司自身经营模式的稳定和内控体系的加强，“放松管制、加强监管”是主要趋势，主体监管和业务监管有望更好地实现协调统一，信托公司有望进入资本市场开展各类业务并在资本市场进行产品创新，对信托而言的主要政策变化和业务趋势可能包括：一是新基金法对不同形式、不同方式的私募证券投资行为作出全面规定，证券信托投资账户限制放开，信托资产配置的范围得到扩充，信托产品的配置能力和发展潜力增强；二是在国家经济转型和政策鼓励的支持下，创业板和中小板成长更快，规定信托不能直接参与拟上市公司 IPO 的限制放开，扫除信托公司开展 PE 业务的障碍，但是信托相对于合伙等组织形式的优势也会日趋淡化；三是金融危机后资本市场的发展方向和风险管理更加明确，国家将抓住后危机时代的机遇期，鼓励创新性金融产品发展，信托公司有望参与各类金融创新业务，对冲型信托产品、房地产投资信托、产业投资基金和资产证券化等金融创新产品将有可能取得重大突破。

## 五、能源与环境保护领域

“十二五”规划建议对能源行业做了明确要求，包括加快建设现代能源产业体系，推动能源生产和利用方式变革，构建安全稳定清洁的能源体系，加快新能源开发，推进传统能源清洁高效利用，在保护生态的情况下，积极发展水电，加强生态建设，推广低碳技术，发展智能电网，扩大油气战略储备。目前，我国能源总体呈现西富东平，消费呈东多西少的局面，随着经济发展，能源生产与消费中心逆向分布将可能加剧。总体来看，从“十二五”开始，能源供应和能源消费均持续增长，我国将逐步形成山西、鄂尔多斯盆地、西南和蒙东、新疆5个综合能源基地，在中东部建设核电站，形成“5+1”能源开发总体格局。与此相对应，能源行业在产业集中度、节能减排、新能源开发方面也面临不小的压力。

鉴于能源行业普遍具有投资额大、战略性强、收益丰厚的特点，信托业对其关注由来已久。早在2004年，在法规政策环境不健全、产业基础条件不完善的背景下，多家信托公司就瞄准了能源投资的机会，发行了数款信托计划，用于煤矿技术改造和产业整合，并取得了较好的效果。例如北京信托发行的“山西柳林焦煤集合资金信托”、平安信托发行的“山东里能能源开发项目”等。近年来，国家加大了能源企业兼并重组及行业转型升级，得益于国家产业政策的支持，多家信托公司又积极开展金融创新，在煤炭企业并购重组、循环经济项目建设、风电等新能源领域进行探索，开发设计更具行业特色的信托融资产品，开拓出新的业务领域，使能源类信托的发行规模呈现逐年上行趋势。

根据我国的基本国情和能源发展趋势，“十二五”期间要达到一次能源消费总量控制在相当于40亿~42亿吨标准煤，其中，非化石能源比重要达到15%左右，单位GDP二氧化碳排放要下降40%~45%，该目标无疑将为能源行业发展带来挑战和机遇。对于信托公司而言，开展能源类信托业务需要把握几点。

一是瞄准“能源行业的产业集中、技术改造、安全生产和节能减排”，为大型能源企业提供综合金融服务和财务顾问服务。东部地区核电建设、煤炭企业兼并重组以及能源行业升级转型为信托业务发展提供了重要机遇，尤其是在银行贷款与能源企业的巨大资金需求存在很大缺口的情况下，信托机构提供相关的金融支持就显得弥足重要。信托公司应发挥自身在实业类权益投资和复合型资本运作方面的综合优势，将能源企业的资源优势与信托公司的制度优势相结合，从融资安排、投资渠道、资金规划等方面为企业经营运作和兼并重组提供解决方案。

二是瞄准“提高能源产业的科技含量，推广低碳技术，降低资源消耗和减少环境污染”，为“可再生”、“节能环保”等新型能源企业提供PE等创新金融服务。“十二五”规划初步确定了可再生能源发展目标，其中，兴建重大水电基地工程，光伏发电装机目标为5GW，风电装机目标为9 000万千瓦。信托公司开展此类业务，应注重在收益可算的条件下最大限度控制风险。一方面努力创新交易结构设计，综合采用股权、债权、资产受益权、第三方担保等手段，风险收益结构化、信托受益权转让的期权协议、扩募赎回机制、“信托+有限合伙”的PE基金模式，最大限制保证资金安全；另一方面要利用充足的抵押物作保障，设计详细的担保措施保证资金安全，考虑取得企业的控制权，对项目的运作全方位监控，除了监控企业的财务经营行为，也对安全生产进行严格监管。

三是瞄准“加强能源输送管网建设，加快能源科技装备创新，发展智能电网，扩大油气战略储备”，为能源基础设施类企业提供私募债、产业基金投资等金融服务。信托可以就项目直接设立信托计划，也可以设立基金化信托，以产业基金的形式先形成资金池，然后再配合优秀能源企业进行战略性的项目投资和并购。例如，中信信托发行的“聚信汇金系列煤炭资源产业投资基金信托计划”，外贸信托发行的“鑫欣系列能源产业基金集合资金信托计划”等。这些能源基础设施类项目的特点是结构简单、投向明确、收益稳定，具有较好的同质相似性，设立基金化能源信托，可以最大程度容纳外围资金，加快资金项目的融合速度，为能源企业的管网建设和规模扩张提供滚动资金安排。

## 六、战略性新兴产业领域

发展战略性新兴产业是“十二五”规划的重要内容，关系到经济社会发展和产业优化升级，具有全局性、长远性、导向性和动态性特征。发展战略性新兴产业的主要原因是我国产业的比较优势已经从“低成本低技术制造”转化为“低成本研发创新、低成本复杂制造”，在智力劳动与技能劳动“双密集”的战略性新兴产业领域内建立了竞争优势。同时，我国也迈入了创新活动活跃期，过去五年间的专利申请数量年均增长达29%，其中发明专利数量年均增长36%①，一些重大制造领域面临技术和产业突破的临界点，这也使得我国进军未来产业的制高点成为可能，并使发展战略性新兴产业成为必然趋势。

“十二五”规划建议中将战略性新兴产业已基本厘定为7个领域、23个重点方向，包括节能环保、新兴信息产业、生物医药、新能源、新能源汽车、高端装备制造业和新材料。在传统产业逐步进入成熟期、进入壁垒越来越高的情况下，战略性新兴产业大都处于幼稚期和成长期，

① 陈清泰：《发展新兴产业的几个核心问题》，政策信息参阅，国务院发展研究中心，2010（12）。

需要大力培育。对于企业而言，新兴产业的创新具有很大的技术风险和不确定性，带有根本性、偶然性和颠覆性的色彩，不太可能具有成熟路径和显著方向。因此，很多在新兴产业领域颇有建树的企业并不是既有大企业，而是热衷技术突破和抓住市场需求的创新型小企业，政府的助力也多体现在制度环境支持、投资消费倾向、产品竞争引导等方面，这为信托业的发展提供了一个新的舞台。目前大型商业银行为主的金融供给结构，对于促进技术创新来讲存在不足，中小企业金融支持体系的运作还存在不少问题，市场规范不足和监管方式存在缺陷，部分产业投资追求短期效益。在此过程中，信托公司可以针对处于不同行业周期的行业和公司做好研究分析工作，深入挖掘业务机会，将各个产业和行业进行分类，从而提供更具竞争力和支持度的金融服务，具体来讲可以分为以下两类。

一是为处于成长后期的战略性新兴产业内公司提供资金融通服务。根据各战略性新兴产业的不同发展阶段采取差异化信托服务策略，针对产业化程度，全面评估风险，重点支持较为成熟的新兴产业企业，作为银行贷款的有效补充。具体来讲，对于产业化程度高的新能源、新材料、节能以及大型成套设备制造业，优先给予资金支持；对于资源丰富或形成产业集群效应的地区，拥有技术基础、成本优势、政策扶植的客户以及产能扩张及技术升级项目，优先给予资金支持。

二是对处于初创期和成长前期的企业进行股权投资。《国务院关于加快培育和发展战略性新兴产业的决定》（国发（2010）32 号）中提出要大力发展创业投资和股权投资基金，充分运用市场机制，带动社会资金投向战略性新兴产业中处于创业早中期阶段的创新型企业。由于信托公司从事产业投资及股权类投资的人才缺少、经验不足、投资力量不足，可以考虑先与产业基金及私募股权投资基金合作，主动积累项目资源、专业能力、渠道建设等各类资源，充分利用政策规范和监管鼓励的制度空间，学习私募股权投资的管理经验和运作模式，从而逐步介入风险更大的初创企业投资。

## 七、总结

在后危机时代，中国的金融体系将从偏好于成熟行业和大型企业的银行主导金融体系逐步转变为消费友好型、创新友好型的市场主导金融体系，体系健全、体制改革和产品创新将是我国金融改革与发展的主要任务。在“十二五”时期，尽管信托业的发展仍将受到法律制度环境、自身专业能力等多方面的限制，但是我们也应看到，中国经济的体量和活力仍在快速增强，深层次的制度性改革有望加速，解决社会矛盾和协调生产关系的任务仍然很重，金融稳定和金融创新会得到兼顾，因此，信托业的成长空间和应用领域还很大。信托公司在“十二五”期间首先要考虑经济社会发展的客观需求，加大对实体经济的支持，立足于工业化、城镇化和现代化，把对企业和公众的基本金融服务放到更加优先的地位，开展差异化竞争，着力增强信托的服务功能，不断提高信托的生命力和竞争力。

总体而言，我们对信托业在“十二五”期间的发展依旧保持着谨慎乐观的态度。

# 资产规模、专业能力和品牌影响力

## ——关于信托公司未来发展战略的思考

中泰信托有限责任公司　杨峰

始于2008年下半年的全球性金融危机，在各国政府的主动干预下，似乎还没有结果，经济复苏进程的放缓和二次探底的危险依然存在，各国政府面临着经济刺激政策退出与寻找新的增长动力的两难选择。处于这样一个风雨飘摇的世界经济大环境中，中国经济很难独善其身，人民币升值和通胀压力日益显现，未来对国内金融行业的冲击和影响尚不得而知。

随着2007年《信托公司管理办法》和《信托公司集合资金信托计划管理办法》（以下简称“信托新规”）的颁布和实施，信托公司的经营环境发生了颠覆性的变化，更为显著的是，在金融行业竞争加剧和金融混业的大背景下，银行、保险、证券、基金等金融同业的各类金融创新和业务拓展活动进一步加剧了信托公司的外在竞争压力：一方面是信托功能得到更大范围的认同和应用，另一方面是信托公司面临发展路径和盈利模式重塑的重任。与此同时，信托公司之间的竞争与分化进一步加剧，信托资产规模和收益快速积聚和集中。

面对充满变数的经营环境，信托业及信托公司需要及时调整经营发展战略，找准自身的定位和盈利模式，只有在业务发展路径选择与策略安排等方面形成自身的特点和核心竞争力，才能在未来的竞争中立于不败之地。

## 一、信托公司的发展误区、定位及演变

“信托新规”将信托公司从拾遗补阙的泥潭中拖出，将其定位于附带中长期金融功能的资产管理平台上，自身特征进一步凸显，然而，来自行业内外的竞争才刚刚开始。

### （一）误区：经营灵活性不等于富有竞争力

从2002年信托公司重新登记至2007年3月“信托新规”的颁布实施，其间，重新登记伊始，面对相对宽松的信托经营环境，即信托业内外一致认同的信托公司业务经营可以链接货币

市场、资本市场和产业市场的制度优势和高度灵活性，不少信托公司继续沿用了清理整顿前的经营思路：股东背景下的融资平台和拾遗补阙的经营模式。

结果是，过分强调融资能力，忽视投资能力；强调依托银行渠道，忽视自身客户培养；强调热点业务追逐，忽视整体盈利模式塑造；强调信托管道作用，忽视信托自身品牌和专业能力；强调短期利益，忽视长远规划。

冠以“金融百货公司”之称的信托公司经营上的灵活性没有转化为信托公司的核心竞争优势和可持续的盈利模式，反而带来了信托公司主业定位不清、竞争环境日益恶化的不利局面，结果是制度上的优势成为信托公司快速发展和重塑盈利模式的羁绊和包袱。

### （二）定位：附带中长期金融功能的资产管理平台

“信托新规”充分明确了信托公司在风险可控、守法合规、创新不断等原则下的专业化金融机构定位，即从法规层面推动了信托公司从“融资平台”转向“受人之托、代人理财”的“投资平台”，将信托公司与商业银行业务严格地区分开来，进一步推向产业和资本市场，对专业能力和品牌影响力的要求更高，行业集中度将进一步提升，信托公司面临二次定位。

除去资金信托外，“信托新规”中提到的新兴资产管理业务、私人股权投资信托、产业投资、资产证券化、受托境外理财等信托公司未来可为的创新业务，或者不是金融牌照业务，或者很难在短时间内支撑起信托行业的发展空间。与此同时，规划中的资本市场相关业务难以避免地切入到中国证监会管辖下的券商和基金公司业务中，信托公司无法形成排他性的牌照业务。

实际上，从早期的《信贷资产证券化试点工作管理办法》的出台涉及国务院十部委，再到近期的证监会和人民银行关于REITs的两套方案之争可以看出，规划中的信托公司创新业务已经跨越了现有的金融分业体制，如果想成为一种可持续的发展模式和路径，需要方方面面的创新与突破。

现实是，在大信托和金融创新的大旗下，信托公司的资金信托和资产管理业务存在众多的投资替代品：银行的私人银行和人民币理财业务、证券公司的集合资产管理业务和直投业务、保险公司的投资型保险产品和资产管理业务等，以及基金公司的全部主流及创新业务更是一种正面的冲突。

国内整体金融制度安排和改革进程已将信托公司的定位与吸存性商业银行的职能区别开来，事实上，目前的信托公司金融功能定位已经外推到资本和产业市场上，金融监管层面对信托公司金融创新的支持，很大程度上是在尝试金融混业和突破金融行业管制。

随着投资类和融资类信托的区分、主动管理信托概念的提出以及《信托公司净资本管理办法》的出台，信托公司的行业定位和自身特点开始逐渐清晰。

简单判断，未来信托公司的基本定位将是，依托于资本市场和产业市场，发挥资产管理和中长期投融资平台作用，以专业能力和品牌影响力驱动的高端客户理财平台。

至于每家信托公司如何演变与发展，与自身的现状和发展路径有关。

### （三）未来的演变：综合化和专业化

历史经验提醒我们，高进入壁垒的金融行业内部竞争异常激烈，“赢者通吃”将成为信托行业重新洗牌的基本游戏规则。

通过信托公司年报及相关信息，国内信托公司大致可以分为综合或全能型、银行控股型和市场主导型三类，除去少数领跑的综合或银行控股型信托公司定位相对明晰以外，剩下80%的信托公司面临未来定位问题的困扰。

从2007年至2009年的信托公司年报数据变化上也可以大致看出未来信托公司的发展演变趋势。

1. 行业集中度逐年提高

在过去的三年，信托公司的家数减少和业务集中同步发生，以2009年年报数据统计为例，前5家信托公司所管理的信托资产规模平均为1 507.8亿元，是行业平均资产规模386.2亿元的4倍。

2. 业务竞争趋于全方位

信托公司的地域特征和人脉优势逐步弱化，专业能力和品牌影响力成为信托公司的竞争核心要素。相关的信托展业竞争还将来源于金融同业，如基金业、证券业和保险业相关业务和产品的竞争。

3. 信托规模增长与净利润增长不匹配

2009年信托规模再创新高，51家披露年报的信托公司管理的信托资产规模达到19 760亿元，比2008年增长57.2%，同期，51家信托公司的净利润达到120亿元，比2008年增长13.2%。可以看出，信托公司的规模与收益不能同步增长，信托公司规模增长即将面临瓶颈，盈利模式转型迫在眉睫。

4. 综合化和专业化方向演变

不同的信托公司将依据各自的股东背景、自身优势向综合化和专业化两个方向转化。少数公司将成为母公司主导的金融控股集团下属子公司或成为全能银行的中间业务部门。多数信托公司将走专业化道路，或称差异化道路，在金融细分市场建立自身的竞争优势和盈利模式。

## 二、面向竞争的业务拓展方向选择

信托公司的资产管理业务从来就不缺少竞争，未来的业务定位和发展路径也无法回避来自行业内外的激烈竞争。

## （一）信托公司盈利模式的横向比较

如前所述，信托公司本身是一个附带中长期融资功能的资产管理平台。现阶段，由于信托配套制度的缺失，信托的破产隔离与权力重构功能无法得到有效的发挥，理论上的制度优势无法转化为现实的业务模式，信托公司缺少金融牌照庇护下的主导盈利模式。

结果是，信托公司一方面无法介入银行、基金、证券和保险的牌照业务，另一方面在资产管理层面又不可避免地与银行、基金、证券和保险等资产管理相关业务产生正面的竞争。

信托公司与银行、证券、基金、保险等金融相关行业在盈利模式、金融创新、竞争程度以及功能互补等方面的比较如表1所示。

**表1　　信托公司与银行、证券、基金、保险的比较**

| | 银行 | 证券 | 基金 | 保险 |
|---|---|---|---|---|
| 主导盈利模式（牌照业务） | 吸存性金融中介、存贷差和结算服务 | 证券承销与经纪 | 面向资本市场的公募化资产管理平台 | 基于大数法则的保费收入 |
| 创新业务方向 | 金融混业、中间业务 | 资产管理和直投业务 | 另类投资、专户理财和衍生产品投资 | 理财型保险产品、年金管理 |
| 与信托公司的竞争程度 | 弱 | 中 | 强 | 弱 |
| 与信托公司的功能互补 | 强 | 中 | 弱 | 强 |

## （二）信托公司业务分类与比较

目前，信托公司的业务类型尚无一个公认的标准，习惯上是按照资金运用方向将信托公司的业务类型分为证券投资、房地产、基础设施等。

这里，从资金来源和资金运用、信托公司在业务开展中的作用等要素将现阶段信托公司业务分为以下几类。

1. 融资主导型的资产管理业务，如贷款运用模式、收取固定收益的资金信托业务。

2. 投资主导型的资产管理业务，如投资运用模式，收取“固定收益+业绩报酬”的资金信托业务。

3. 管道型的资产管理业务，如客户营销和资金运用“两头在外”的资金信托业务。

4. 创新业务，如另类投资、资产证券化、QDII等。

各类业务对信托公司重塑盈利模式、专业能力要求、品牌影响力要求、利润和资产管理规模贡献等方面的影响程度如表2所示。

表 2　　各类业务对信托公司的影响程度

| | 融资主导型 | 投资主导型 | 管道型 | 创新业务 |
|---|---|---|---|---|
| 对重塑盈利模式的贡献 | 中等 | 强 | 弱 | 中等 |
| 对专业能力的要求程度 | 中等 | 强 | 弱 | 强 |
| 对公司品牌影响力的要求 | 强 | 强 | 强 | 弱 |
| 对公司利润的贡献 | 中 | 强 | 弱 | 弱 |
| 对公司资产管理规模的贡献 | 强 | 弱 | 强 | 弱 |

## （三）信托公司的核心竞争要素与业务拓展选择

1. 信托公司的核心竞争要素分析

资产管理是一种带有明显规模效应和集聚特征的行业，资产管理规模是最能体现信托公司行业地位和竞争实力的关键要素。

需要说明的是，这里讲的资产规模是指能够体现信托公司主动管理能力、品牌影响力和有着忠实客户基础的可持续的受托资产规模，有别于目前银信理财主导下的信托资产规模。某种意义上讲，通过银信理财形成的信托规模可以看做是银行的中间业务规模。资产规模也是信托公司盈利能力的基础，特别是在信托公司盈利模式重塑和奠定行业地位的阶段更是具有举足轻重的作用。

推动信托公司做大资产规模的基础是客户。

专业能力和品牌影响力是信托公司吸引客户和维系客户的基础。专业能力包括投资管理、研发与创新、风险管控、营销与客户维护等不同层面的公司经营活动，最终将反映在公司的信誉和品牌上。

信托公司的资产规模、专业能力、品牌、客户和利润之间的关系如图 1 所示。

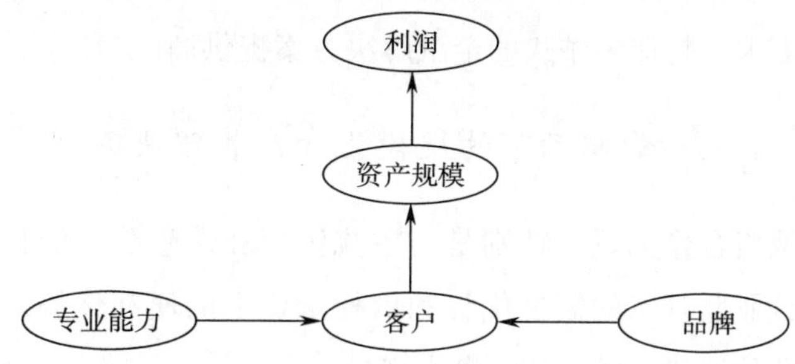


**图 1　资产规模、专业能力、品牌、客户和利润关系图**

这里，我们将资产规模、专业能力和品牌影响力界定为信托公司的核心竞争要素。

2. 基于核心竞争要素的业务拓展方向选择和策略

根据上述分析，投资主导型资产管理业务应该是信托公司重塑盈利模式的重点，通过引导信托公司盈利模式从佣金型向收益分成型转化，逐步匹配信托公司高端客户理财的特征。

同时，投资主导型资产管理业务对信托公司专业能力和品牌影响力的要求也是最高的，需要信托公司在人力、物资和可控资源方面进行重点倾斜和扶持。

管道型和融资主导型资产管理业务体现的是客户营销能力，对信托公司资产规模、品牌影响力建设同样具有至关重要的作用贡献；创新型业务是储备信托公司未来业务发展潜力和新的利润增长点，体现的是公司的专业能力和金融智慧。对上述三类业务，信托公司也需要分出部分资源和精力加以关注。

在具体策略安排上，信托公司大致可以按照“二八原则”进行公司资源分配，即将80%的公司资源和精力投入到投资主导型资产管理业务中，按照“基金化管理＋收益分成”重塑盈利模式，持之以恒地培养公司自身的专业能力和品牌影响力。同时，在风险可控和效率优先的前提下拓展管道型和融资型资产管理业务，加强与金融同业的合作，紧跟经济和金融热点，坚持有所为和有所不为，不放弃做大公司资产管理规模的任何机会。

## 三、信托公司未来业务发展策略设想

信托公司本身是一个综合金融控股平台，一方面，可以基于公司股东战略确定自身的发展战略；另一方面，信托公司又是一个优质的资产管理平台，未来应当围绕资产规模、专业能力和品牌建设不断提升自身的核心竞争力和行业影响力。

### （一）综合化金融控股公司

基于不同的母公司股东背景，有条件的信托公司可以依托股东战略，利用信托的综合金融平台优势，整合金融资源，形成多元化的金融混业架构，丰富公司的产品线，满足不同客户、不同风险偏好投资人的需求，打造一站式的金融解决方案提供商。

### （二）增长战略：信托功能驱动下的规模化资产管理业务

建立与金融同业的战略合作关系，特别是与主流银行和保险公司的长期战略合作安排，发挥信托公司在目前金融分业监管下的制度优势和信托融资上的便利优势，拓展融资类和管道类信托业务，充当混业经营的桥梁，做大信托资产规模。

1. 银信合作相关业务

服务于商业银行中间业务创新，利用银行的客户与渠道优势，设计对接的理财产品或其他资本市场相关业务，与具有行业影响力和金融主流地位的商业银行建立长期的战略合作关系。

2. 建立与保险公司的战略合作

除了将保险公司视为信托公司最重要的机构投资者和合作伙伴外，更为重要的是利用好保险公司的高端客户资源和营销渠道。

3. 与基金、证券等非银行金融机构的战略合作

基于货币市场和资本市场的不同功能，发挥各自领域的优势，形成互补的合作关系，提升自身的专业能力。

4. 信政合作业务

通过引入政府信用，积极拓展准市政债券性质的低风险资金信托业务，发挥信托融资优势，服务区域经济发展。

### （三）效率战略：投资主导型资产管理业务

信托盈利模式和信托产品基金化是信托公司的发展方向，也是提升信托公司经营效率和实现内涵式增长的必然选择。

信托公司可以根据自身的专业优势，选择资本和产业细分市场，坚持凸显专业能力的基金化信托产品发展方向，突破现有信托业务固定收益模式，引入业绩报酬，打造公司品牌和行业影响力。

1. 房地产信托基金

短期内信托公司主导这类业务的难度较大，可以从信托融资优势和构建资金池入手，逐步积淀专业经验和培养合作伙伴，尝试类基金化信托产品的创新与设计。

2. 能源和资源类信托基金

配合宏观经济政策和地方政府发展产业基金的思路，在初级资产投资领域尝试信托模式的产业基金创新方式，建立专业领先优势。

3. 公司并购信托基金

投资银行业务是最能体现金融机构专业智慧和专业能力的业务类型，通过与产业细分行业龙头企业合作，构建信托平台下的并购基金，进行产业整合，同时，可以回避目前 PE 业务的退出渠道问题。

4. 直投和 PE 类业务

按照中国银监会的制度安排，信托公司是最有机会成为 KKR 或黑石这类私人股权投资公司的，然而，PE 类公司及相关业务完全是市场竞争的产物，并不是金融牌照业务，介入相关领域难度很大。尽管如此，瞄准高成长公司的财务性投资应该是信托公司未来的一个重要业务发展方向。

5. 证券投资信托基金

在研发和风险管控手段和措施能够同步跟进的条件下，信托公司应当积极开展面向资本市

场的基金化的证券投资业务，毕竟证券投资相关业务是成熟市场经济的主流投资领域。初期可借道证券公司或基金的专业力量，逐步形成和建立自身在资本市场的核心优势。实际上，现在的银行系 QDII 和基金系的 QDII 又何尝不是如此。

### （四）创新业务

加强对年金、资产证券化、QDII、另类投资等创新业务的研究和持续关注。

2008 年以来的全球性金融危机导致的对金融创新业务审慎监管态度以及所造成的阴影短时间内还无法消除，但作为驱动金融发展的各类创新却从来不会停止，投资对象、投资理念、投资市场以及投资需求的不断变化构成公司创新业务发展的原动力，创新是公司与市场互动的结果。

### （五）业务发展的配套策略安排

1. 公司治理与文化建设

围绕“客户至上”、“以人为本”和“坚持长远的利益”建设与信托公司发展相适应的公司治理结构和公司文化。

2. 信托和固有的业务联动

信托公司固有业务和信托业务需要满足形式分离和避免利益冲突，但信托和固有业务的联动是不可缺少的，信托公司固有资金的运用应服务于和有利于公司信托业务的整体发展，如结构化产品中的劣后资金安排。

3. 人才培养与激励机制

金融行业的竞争最终是人才的竞争，信托公司更是人才的高地。通过树立“以人为本”的人才观念，建立结果导向的绩效评价体系。

4. 研发与创新

无论何时，创新与发展都是信托公司经营发展的永恒主题，面向问题和具体产品的研发与创新以及与市场的交互能力，对信托公司的可持续发展至关重要。

5. 强化风险管控

“信托新规”下的金融监管类似事后的追惩制度，赋予了信托公司更多的“自由裁量权”，在这种情况下更需要强调信托公司的风险自律和自我约束，风险管控的独立性和风险管控能力需要进一步加强和提高。

## 四、小结

“信托新规”将信托公司定位于附带中长期金融功能的资产管理平台，配套制度的不完善导致信托公司的制度优势短时间内无法转化为业务优势，结果是，信托公司缺少金融牌照庇护下的主导盈利模式。

寻求差异化战略是一种追求，面向竞争的发展战略定位是信托公司不可回避的现实问题，这种竞争不仅仅来自行业内部，更多的是金融同业。不同的是，行业内是竞争主导的，金融同业是合作主导的。公司需要在上述两个竞争层面上争取主动性和话语权。

资产规模是信托公司之间最具可比性的信息，专业能力是金融机构生存和发展的基础，品牌影响力是公司实力的外在表现和取得金融同业信任的根本，三者共同构成了信托公司的核心竞争要素。

坚持开展投资主导型的资产管理业务有利于建立“基金化管理 + 业绩分成”的可持续盈利模式，符合信托公司的高端客户理财的基本定位，而融资型和管道型的资产管理业务的最大好处是能够迅速做大公司资产规模，维持公司基本的生存条件和竞争优势，公司需要在资源和精力分配方面找到一个适当的平衡点。这实际上是一个短期利益和长期利益的平衡问题。

简单地说，坚持“做规模”、“做能力”和“做品牌”是提升信托公司价值和行业影响力的最有效手段，也是应对来自行业内外部竞争的最有效手段。

跳出信托看信托，我们或许能够更容易看清楚目前信托行业的现状：以基金行业为例，经历了2007年的爆发性增长，资产规模一度超过保险业，经历了2008年的全球性金融危机，资产规模几乎腰斩，整个基金业同样面临着创新与发展的问题，2009年至今的调整一直在延续。除了进一步强化在证券市场投资的主流地位外，年金、QDII、另类投资、PE、专户理财、投资咨询、广义资产管理等都已进入基金的视野和版图。类似的事情在银行、证券和保险领域同样发生着。

这是最好的时代，也是最糟的时代，一切取决于我们准备怎样做。

# 浅析信托公司客户专业化战略

百瑞信托有限责任公司　高志杰

构建以客户为中心的战略是所有企业良性发展的必要条件，对于处在金融服务行业的信托公司尤其重要。信托公司客户专业化战略是以客户细分为基础的，致力于服务特定客户的一种战略。客户专业化强调服务细分客户，充分重视客户需求，是一种市场化的运作方式。具体到业务层面，信托公司实施客户专业化战略，就是充分重视客户资源，为高端客户提供理财规划、财产传承、资产管理等一系列服务的一种模式。客户专业化战略能够适应信托公司从融资平台向资产管理平台的转变。实施客户专业化战略的信托公司并非不生产信托产品，而是把公司自身产品和外购产品结合起来，从而充分满足客户的需求。

## 一、信托公司客户专业化战略的国际经验

国际信托业，尤其是美国信托行业，在实施客户专业化战略、服务高端客户方面取得了丰硕的成果，简要概括为以下几个方面。

1. 以客户关系管理为重心

信托公司实施客户专业化战略，就是要以客户关系管理为重心。国外信托公司围绕高净值客户开展业务。尤其是美国信托公司，大多以高端财富管理业务为主，成立之初就拥有高端客户，甚至信托公司本身就是亿万富翁为管理其私人财富而专门设立的。“全世界成功人士、家族、机构都相信我们，把钱交给我们打理，所以他们可以全力投入到真正重要的事情上去。”遵循这样一种理念，信托公司把客户关系管理作为重点，取得了高净值客户的信任，成为他们的财富管家。

2. 以客户财富保值增值为主业

美国信托公司在实施客户专业化战略的过程中，以客户财富保值增值为主业。著名的贝西默信托公司的理念充分说明了这一点：“我们只有一项业务——客户财富的保值和增值，我们不是投资银行，不是证券交易商，也不是商业贷款机构。”在业务模式上，是客户理财规划驱动，而不是产品驱动，是面向客户的全方位理财，而不是仅仅卖产品。诚信国际信托公司认为，“我

们只提供投资解决方案，而不设计和销售产品”，也正是这种理念的反映。

3. 人员少，机构规模小

相对于银行、保险来说，信托公司人员少，机构规模小。信托公司客户专业化运作以后，成为高净值客户的私募机构和财富管理机构，由于不面向大众投资者，使得信托公司能够以精干的人员和简洁的机构设置来满足客户的需求。不设分支机构的信托公司人员多在100人以内，即使是设立多个分支机构的信托公司，其人员也大多在1 000人以内。

4. 管理资产规模大

服务高净值客户和机构客户的信托公司，管理的资产规模十分庞大。截至2008年9月末，贝西默信托650名员工管理着1 900个客户的538亿美元资产，单个客户平均资产达2 760万美元。2004年末，美国北方信托公司管理的信托资产高达2.6万亿美元。庞大的信托业务经营规模，正是国外信托公司高额利润的坚实来源。

5. 受经济周期波动的影响较小

信托公司实施客户专业化战略以后，受托打理高净值人群的大量财富，获得赖以生存的资金来源。这部分资金受经济周期波动性的影响较小，通常情况下，信托客户不会频繁地增加或者减少信托财产规模，使得信托公司受经济周期波动的影响变得比较小，其资产规模和利润相对稳定。

6. 主业的无序更替容易导致失败

美国信孚银行（Bankers Trust），最初是一家由银行创办的信托公司，从事与银行业务互补的信托业务。自1903年成立以来，业务性质几经改变，20世纪20年代开始为机构客户提供批发金融服务；20世纪60年代又变成一家提供零售服务的银行超市。虽然规模扩大了，并进入了全美前十大金融机构，但业绩却变差了，在石油危机中几乎破产。20世纪80年代，信孚又变身为一家提供交易和投行服务为主的批发银行，但90年代的连续金融危机让公司遭遇巨额损失，最终在1998年被德意志银行收购，成为后者进入华尔街的桥头堡。信孚银行在成长中迷失了方向，大而不强，最终失去了独立存在的意义。这反衬出专业化生存才是出路。

## 二、信托公司实施客户专业化战略的必要性

从国内的政策环境来看，信托公司实施客户专业化战略十分必要。信托公司要把客户财富的保值和增值作为主要业务，把自己的定位和公募基金公司、投资银行、证券交易商、商业贷款机构分开，形成独特的竞争力。

1. 政策导向

随着2007年3月1日起《信托公司管理办法》、《信托公司集合资金信托计划管理办法》等

信托新政的施行，集合信托委托人必须是“合格投资人”，表现之一是购买信托计划的起点提高到100万元。信托“新两规”的颁布实施，在政策方面引导信托公司从融资性机构转向投资管理性机构，从“融资平台”真正转变为“受人之托、代人理财”的专业化机构。大力发展合格投资者，就是要真正实现由信托财产，而不是信托公司，来承担资金运用中的风险，构建信托公司有自身特色的与银行相区别的财产管理业务模式。

2. 客户全方位理财的需要

信托公司实施客户专业化战略是客户全方位理财的需要，实现以客户为中心，围绕客户量身定做产品，而不是仅仅向客户销售现有产品。

在“受人之托、代人理财”这句话中，“理财”处于重要的地位，是信托公司的核心业务，而“托”则是业务实施的方式。理财可以分为两个层次，一是产品层次，表现为在客户的投资组合中增加一种产品/资产；二是组合层次，表现为统筹管理客户的整个投资组合。

在业务实践中，第一个层次往往表现为向客户推荐一种产品，尽管这种产品本身适合该客户，但由于不了解客户全面的财务状况，有可能造成总的投资组合远离了客户的风险承受能力或者理财目标。银行客户经理向客户推销基金、票据、理财产品，保险理财顾问向客户推荐投资连结类、养老类、存款类保险产品，这些当前流行的理财业务和操作模式基本上都停留在产品这个层次上。

第二个层次的理财是全方位理财，统筹客户的理财目标和风险承受能力，兼顾长期目标和短期目标，根据客户需要安排整个投资组合，可以说是为客户量身定制，从而最大程度地满足客户的金融需求。只有第二个层次的理财，才是真正的理财，才能为客户创造价值，并赢得长期稳定的客户关系，从而实现盈利模式的转变。当前，我国商业银行纷纷设立私人银行部，正是看到了高净值客户的全方位理财需求。

3. 信托行业发展的需要

以客户为核心的财富管理业务扩大了信托业务资金来源，是一种可持续的盈利模式。就信托公司当前盈利模式而言，毫无疑问，除了长期股权投资和证券投资收益这些信托公司自有业务收入以外，集合资金信托计划是当前信托公司盈利的核心业务。不发行集合资金信托计划，难以筹集足够的资金，无法完成信托项目。许多信托项目实质上是融资项目，与“受人之托、代人理财”尚有距离。信托项目融资是先有项目，再有信托计划，然后引导客户投资理财；而“受人之托、代人理财”是先有理财规划，再有信托，而后根据信托合同约定进行投资管理。集合资金信托计划在100万元的门槛下的确是一种“高端理财”，虽然仍然属于产品层次的理财，但是已经朝着面向高端客户、最终实现量身定做迈出了重要一步。

2007年信托“新两规”出台了“合格投资人”概念，指引信托公司走向高端客户，回归本源业务。有远见的信托公司应该制定更高的“合格投资人”标准，从而转变业务模式，实现公司的长期稳定发展。对于贷款融资业务，连银行都在转型，信托公司更应该意识到其中潜在的结构性风险。银行业有一句颠覆式的名言："不做公司业务现在没饭吃，不做零售业务将来没饭吃。"套用在信托业务上，不做"融资业务"现在没饭吃，不做"资产管理业务"将来没饭吃。

4. 客户专业化更符合中国国情

对比客户专业化与产品专业化两种发展道路，信托公司实施客户专业化战略更符合中国国情。

从国际信托业的发展道路来看，信托公司尽管有着最广泛的业务范围，但却应该遵循最专业化的发展道路。这种专业化可能来自于产品的专业化——从而走上资产管理或证券化道路，也可能来自客户的专业化——聚焦高端客户的定制化服务。但前者受到新《信托法》中对集合理财产品份额和营销途径的限制，同时面临基金公司、证券公司的强势地位，难以取得突破，而后者则正是新《信托法》中所鼓励的信托主业。

"信托的运用范围可以和人类的想象力媲美"，业务范围非常宽，但如果因此而什么业务都做，结果很可能是什么都做不好。信托"新两规"引入了"合格投资者"概念，实际上是指明了信托业发展的方向，即客户限定在高端人群。信托公司应该形成"一窄一宽"的核心竞争力，即"窄的高端投资人定位"和"宽的投资范围选择"。

信托"新两规"对合格投资人有严格规定——投资于单一信托计划的规模不少于100万元人民币，或个人和家庭金融资产总额在100万元以上，或个人年收入超过20万元、家庭年收入超过30万元的投资人，才能被称为合格投资人。这一规定已经在推动信托公司走向高端客户，并逐步走向单一信托的发展阶段，为每个客户建立独立的信托账户。

建立在高端客户基础上的财富管理业务，以服务取胜，其财富管理期限更长、规模更稳定。因此，业绩波动不是更大，而是更小——稳定的长期资产和广泛的投资范围成为对抗其他金融机构的最有力武器。

信托公司高端财富管理的投资范围是非常宽泛的。不局限于信托公司自己开发的集合信托计划，也不局限于银行、保险、股票、债券等产品，还可以引入包括房地产、私募基金等品种在内的另类投资，引入适合客户需要的衍生产品，并且在地域上做到全球配置。用丰富多样的投资满足高端客户的财富管理需求，根据客户量身定做，实现"一对一"的理财，使客户的单一信托计划成为真正适合自己的理财产品。

单一信托计划是弱流动性的。富裕阶层有能力承受短期收益的波动，同时需要一种长期内能够提供相对稳定收益的、可以对抗通胀威胁的投资产品，他们愿意承担短期的波动性风险来换取长期的相对稳定收益。传统的投资基金追求高流动性，适合大众群体，但弱流动性产品满足了那些能够忍受短期损失的高端投资人的需求。这种弱流动性被私人股权基金利用，成就了一个全新的市场，并在近几年的资本市场上独领风骚。

私人股权基金面对的是一个很窄的客户群体，它的繁荣说明了即使在狭窄的客户群体上，仍有广泛的成长空间。国内信托业同样可以通过对狭窄客户群体的深度挖掘、对弱流动性的利用来开发一片自己的生存空间。资产的弱流动性和客户的弱流动性，正是信托“弱周期性”的内在基础。

## 三、信托公司实施客户专业化战略的可行性分析

1. 高净值人士是客户基础

为什么经过30年的发展信托业没有形成固定的客户群？我国信托公司30年的发展进程中，业务模式几经变化，却没有形成固有的客户群。信托业看起来业务范围很宽，却没有形成独有的特色业务。信托公司要长期发展，在金融业取得一席之地，发展信托本源业务是根本。不管这一业务模式如何困难，只有在本源业务上获得突破的信托公司，才能成为信托业的“百年老店”。

信托本源业务是“受人之托、代人理财”，是根据客户的具体情况量体裁衣，制定特定的财富管理规划，从而实现资产保值增值、长期传承等目的。除了事务性信托之外，信托理财对于客户资产的要求相当高。信托客户可以分为个人客户和机构客户。个人客户需要的是高净值客户，以高端富裕家庭、家族为主，客户可投资资产要在1 000万元以上，最好在1亿元以上。机构客户以拥有长期可投资资金的客户为主，包括大学捐赠资金、社区捐赠资金、基金会资金、企业年金（养老金）等。国外大学捐赠资金规模相当大，著名大学甚至成立了独立的基金会，资产上百亿美元，聘有专门的基金管理人。

从这一客户标准来看，信托业历史上的业务变换有其必然性。在改革开放的前20多年，尽管经济发展很快，人们走上了富裕，但是信托本源业务的适宜客户却还没有成长起来。在这种情况下，信托公司只能根据经济形势变化，不断挖掘新业务，什么赚钱做什么，首先保证生存的需要。2000年以来，中国富裕人群日渐庞大。美林（亚太）有限公司和凯捷顾问公司发布的2007年《亚太区财富报告》显示，截至2006年末，中国内地共有34.5万名拥有100万美元金融资产的富裕人士。这一客户群体受到了各家金融机构的高度重视，尤其是银行，纷纷开设私人银行部，将客户标准基本界定在800万元以上。而这一群体也正是信托本源业务的客户基础，信托公司现在必须加紧向千万富翁、亿万富翁渗透，为未来业务发展提供坚实的客户基础。在实际业务中，信托公司可以从现有客户中挖掘，从“大小非”中挖掘，从子女不愿或没有能力从事家族工商生意的高净值客户入手。

2. 分业牌照是政策优势

近年来，在高净值客户服务上，私人银行业务发展非常快。私人银行业务是在瑞士得到发展的，20 世纪 70 年代以来，私人银行业务在美国进一步壮大，1997 年以来，私人银行业务在亚洲站稳脚跟，尤其以新加坡为中心增长迅速。国际大型银行为了促进其私人银行业务的发展，纷纷加大收购信托公司的步伐。例如 2004 年末，瑞银集团收购了德国绍尔博恩信托；2007 年，美国银行收购了美国信托。国际活跃银行逐渐成为私人银行业务的主体，但信托公司依托传统优势也活得很滋润。

**表 1　　我国信托公司和银行的高端财富管理业务对比**

| | 信托公司 | 银行 |
|---|---|---|
| 业务名称 | 信托本源业务 | 私人银行业务 |
| 客户 | 高净值客户，慈善基金 | 高净值客户 |
| 业务起点 | 100 万元人民币 | 100 万美元 |
| 业务关系 | 信托关系 | 委托关系 |
| 信托牌照 | 有，能接受全权委托 | 无，借道信托公司开展 |
| 信息技术支撑 | 弱 | 强 |
| 与证券基金保险公司合作 | 稍弱 | 强 |
| 优势 | 以信托关系为基础，涉及资产管理、代际传承、税务规划、捐赠等多方面 | 具有广泛的客户基础，便于挖掘高端客户，国内私人银行业务已经开展 |
| 劣势 | 客户资源少 | 没有信托牌照，代际传承等相关业务必须与信托公司合作 |

通过对比可以发现，我国信托公司在高端财富管理领域有自身的牌照优势，信托公司要把分业经营的牌照优势切实转化为业务优势，才能立于不败之地。以企业年金业务为例，我国企业年金基金管理采取信托模式，包括受托人、账户管理人、托管人、投资管理人四个管理主体资格。信托公司本应该在这一模式中占有重要地位，但事实上，由于我国信托公司力量薄弱，对业务研究不够重视，商业银行、保险公司、基金公司在企业年金业务中都分得了不少份额，尤其商业银行、保险公司在这一领域中进展非常快，使得企业年金这一原本属于信托公司的业务反而成为信托行业的鸡肋。

在欧洲和美国，信托公司起源于接受家族财产管理，并始终以服务高净值客户为主。在我国，信托公司改革开放之初就有了，但它的传统客户基础——资产在 1 000 万元甚至 1 亿元以上的高净值客户人群——现在才逐渐浮出水面，这就要求信托公司向这一客户群靠拢。谁的业务转型做得快，谁就在新一轮竞争中占据优势，从而完成业务模式转变，形成长期持续发展的牢固基础。

3. 财富传承是现实需求

没钱的人想着挣钱，有几十万元的人想着财富翻番，有几百上千万元的人想着保值增值，有几亿几十亿元的人考虑的则是保值和代际传承。中国文化中一直有世代传承的观念，总想着荣华富贵能够恩泽后代。信托公司应该围绕这一点做文章，以资产管理为核心，着力发展面向高净值客户的财富管理、代际转移、隔代转移、投资、理财、捐赠、税务规划、企业咨询等一系列业务。

信托公司本源业务发展是长期立足的根本。相对于银行的私人银行部，我国信托公司开展高端财富管理业务还是有自身优势的。我国金融业实行分业经营、分业监管，银行业不具有信托牌照。银行无法接受客户的全权委托来开展信托业务，在财富代际传承、特殊目的信托等方面的业务必须借助信托公司才能开展。信托公司应该抓住有利时机，紧紧围绕财富管理，以高净值客户为核心，把信托本源业务做成强项，实现行业的可持续发展。

## 四、产品销售和客户专业化的关系

对于信托公司来说，产品销售是现实目的和短期目标，客户专业化层次的资产管理业务应该成为远期的发展目标。产品销售是实现客户全面资产规划和管理的必经阶段。可以说当前我国财富管理整体上还处在产品销售的阶段，信托、券商、基金、保险均是如此。即使是号称面向高端客户、提供全面解决方案的私人银行，通常亦将产品销售作为考核基准，尚未过渡到以实际管理资产规模为考核基础，因此，客户经理具有销售产品的内在冲动，在一定程度上会忽视客户的长期资产配置需要。

在产品销售阶段，销售渠道是核心。销售渠道不仅能满足当前产品的销售，还为未来向财富规划转型提供了现实的客户资源。近年来，信托公司集合资金信托计划发行量快速增长，对于发行能力和客户服务能力提出了很高的要求，销售渠道的价值得到突出显现。加强渠道建设，是发售产品、维护客户的现实要求。

1. 渠道创造利润

在产业链中，附加值更多体现在两端，即设计和销售，处于中间环节的制造附加值最低。

微笑曲线中间是制造；左边是研发，属于全球性的竞争；右边是营销，主要是当地性的竞争。当前制造产生的利润低，全球制造供过于求，但是研发与营销的附加价值高，因此产业未来应朝微笑曲线的两端发展，也就是在左边加强研发和产品设计，创造智慧财产权，在右边加强客户导向的营销与服务。

信托公司必须坚持以客户服务为中心，紧密围绕高端客户开展业务。金融服务业基本上不存在“制造”利润，主要利润来源都是在产品研发设计和渠道两个环节实现的。

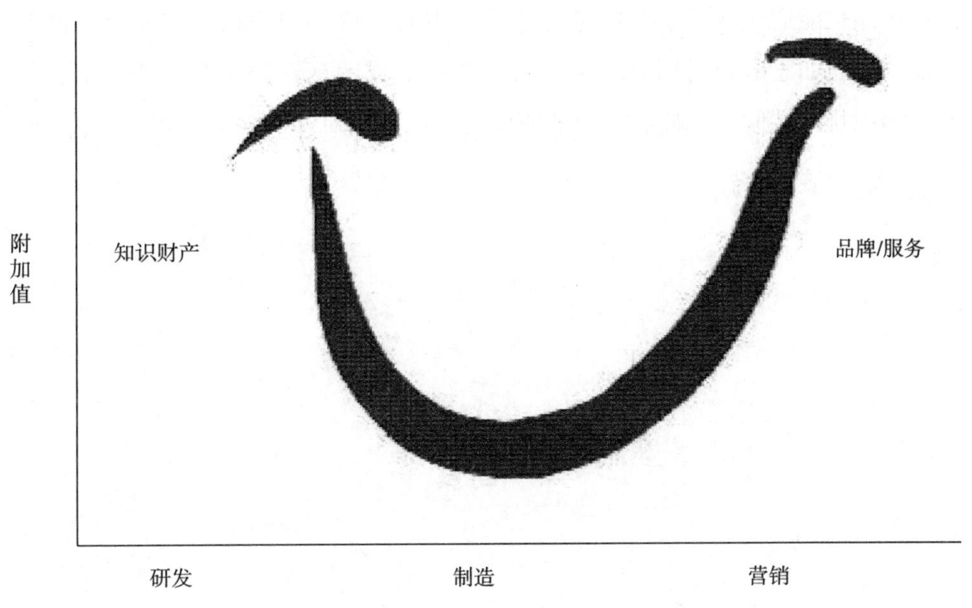


**图1　微笑曲线**

2. 信托公司掌握渠道的方法

信托公司要掌握渠道，不外乎两种途径：一是自建渠道，完全掌控；二是拥有渠道公司股权。

在自建渠道模式下，不断提升客户服务机构的重要性，提升其在公司产品销售中的占比，做好客户维护工作，逐步使其成为公司自主产品销售的主渠道。公司自有渠道的最大优势在于客户都是公司的。即使理财经理辞职了，客户资料仍然在公司。客户服务机构重视客户的二次购买，而首次购买则依靠主动开发、自然增长、员工介绍等途径。积极建设异地客户服务机构，尤其是在上海、深圳、北京、广州等富裕人群聚集的城市，以及武汉、青岛、太原等离公司比较近的城市。客户服务人员工资需要两种类别的工资，一是相对固定的工资奖金制度，适合普通客服人员；二是以底薪加提成构成工资奖金的制度，适合客户开拓人员，在其业绩不佳时可以极大地降低人员成本。对于底薪加提成的员工，必须加强其客户资料的管理。将客户资料和客户维护情况及时追加到客户关系管理系统中，使其成为公司的客户，理财经理仅是代表公司行使客户服务工作。

在渠道公司股权模式下，信托公司和其他公司合作设立专门面向高端客户的信托产品销售公司，这种模式有利于快速占领市场，迅速形成优势。国内目前面向高端客户的理财机构正在蓬勃发展之中，主要业务范围包括财富管理、资产规划等，主要盈利途径是通过销售银行理财产品、信托产品、保险产品等获得销售佣金。这类机构的一个优势是占有客户资源，销售方式、激励方式灵活。由于国内个人财富总量的不断膨胀，成立面向高端客户的子公司具有良好的发展前景，公司产品也能通过合资子公司进行销售。占有渠道公司股权，实质上是产业链一体化发展的一种模式，犹如家电公司拥有苏宁电器的股份，或者钢铁公司拥有淡水河谷的股份，无论产业链的利润向哪一端倾斜，拥有相应的股份都可以起到对冲风险的作用。

# 中国信托法律制度框架的建立、发展与完善

锦天城律师事务所高级合伙人　李宪明

《信托法》的颁布标志着我国信托制度的正式确立，与《证券投资基金法》一并在法律层面构建了我国信托活动的制度基础。经过近十年的发展，我国商事信托法律制度体系初步建立，形成了以信托公司的业务规范为主，辅之以信贷资产证券化、企业年金基金管理、保险资金基础设施投资等专项信托业务规范的商事信托制度框架。但是，信托制度发展过程中存在的问题依然明显。除了《信托法》之外，关于民事信托、公益信托的制度几乎是空白。实践中，《信托法》自身存在的理解歧义和立法滞后等问题逐步显现出来，信托活动需要的信托登记、信托税收及与其他法律适用的衔接等配套制度不健全，制约了信托制度的发展和信托活动的开展。中国信托法律制度将进入一个迅速发展的新阶段。

## 一、中国信托法律制度的初步确立与发展

中国信托法律制度经过了一个由实践探索到正式立法的发展过程。1979 年恢复信托业后，社会经济生活中的信托活动逐渐增多，信托概念的使用频率越来越高。这一时期，我国信托制度还停留在法律理论阶段。人们或者是使用了信托的概念，但是没有做信托的事情；或者从事了与信托类似的活动，但不具备信托的实质。

2001 年 4 月，《信托法》颁布，确立了我国调整信托关系，规范信托行为的基本法律制度，结束了长期以来信托活动无法可依的局面。2003 年 10 月颁布的《证券投资基金法》是规范公募基金以资产组合方式进行证券投资信托活动的专门法律。这两部法律确立了我国信托法律制度的基本框架，在此基础上，中国人民银行、银监会、证监会、保监会等部门颁布了一系列关于金融信托业务的规范性文件。

### （一）《中华人民共和国信托法》

《信托法》颁布前，我国关于信托活动的法律规范主要是对信托机构的行政管理法。对金融

信托机构的管理依据《银行管理暂行条例》、《金融信托投资机构管理暂行规定》。这两个法规将信托公司按照商业银行的管理办法进行监管。有关金融信托机构信托贷款、信托存款和信托投资业务的法规，实质上将信托业务按照商业银行固有资金的存贷款业务进行规范。金融信托机构发行的投资基金和信托受益债券作为投资基金证券和金融机构债券进行管理。

证券投资基金业务由证券公司和其他做证券业务的机构经营，《证券投资基金管理暂行办法》（证委发〔1997〕81 号），规定了证券投资基金的基本法律关系，明确了基金资产独立于基金托管人和基金管理人资产等基本制度。但其适用范围限于证券投资基金活动。

这期间，关于信托活动基本关系的法规是空白的。由于真正的信托实践活动缺乏，没有信托惯例可遵循。在司法实践中，法院不得不运用信托法理进行判决。2000 年 5 月，最高人民法院对广东省轻工业品进出口（集团）公司与被上诉人 TMT 贸易有限公司商标权属纠纷一案作出判决，在无法可依、无惯例可循的情况下，法院根据信托法原理确认了在 TMT 公司和轻工业品公司之间事实上存在的商标信托关系。

《信托法》构建了我国信托法律制度的基础，确认了信托关系。与我国传统民事法律制度不同，《信托法》规定了以下几方面制度：一是信托设立制度，应当有合法信托目的，有确定的信托财产，采用书面形式，并依法进行信托登记；二是信托财产制度，规定了信托财产独立性的法律属性；三是受托人制度，通过对受托人忠实义务、审慎义务的规定，塑造了一个专业、尽职、诚实、信用的财产管理人；四是受益人制度，他是委托人和受托人的信托活动创设的，但却充分享有信托财产带来的利益。

《信托法》为我国营业信托、公益信托和民事信托的发展奠定了制度基础，推动了我国财产管理市场的规范化健康发展，为我国信贷资产证券化、企业年金基金管理、保险资金投资基础设施提供了制度支持。

相比于《信托法》，《证券投资基金法》是特别法。证券投资基金是一种标准化的公募信托产品，以资产组合方式进行证券投资，除适用《证券投资基金法》外，还适用《信托法》、《证券法》等法律法规。鉴于证券投资基金活动的独立性，法律制度相对完整，本文不再细述。

### （二）关于信托公司的业务规范

《信托法》颁布实施为我国信托业发展奠定了信托关系基础，但是，信托业的管理规范还是空白。关于信托机构的设立、监管和经营规则等是信托机构开展业务的必要条件。

根据《信托法》关于信托活动的基本规定，监管机构修订了《信托投资公司管理办法》（2002 年修订）（中国人民银行令〔2002〕第 5 号），制定了《信托投资公司资金信托管理暂行办法》（中国人民银行令〔2002〕第 7 号）。这标志着我国信托业开始了第一次转型，信托公司开始按照《信托法》的原则从事真正的信托业务。

两个办法及后续的相关规范性文件对信托公司的机构的设立、变更与终止、经营范围、经营规则及监督管理进行了系统规定。关于业务规则，包括产品设计、法律文本、信托产品的投资人数量规定、最低投资金额、产品推荐、信息披露等。这些规定，多数在国内金融管理领域都是全新的，没有前例可借鉴。例如，关于集合资金信托产品，以信托计划的形式发行，每个信托计划的法律文本包括信托计划说明书、信托合同与风险说明书三个必备文件。信托合同应当包括信托目的、信托当事人、信托财产、信托利益分配、信托变更与终止等必备条款。

信托公司业务范围广、需要与《信托法》衔接的法律繁杂，涉及信托登记、信托税收、公益事业、争议解决等一系列问题。不具备条件制定规范性文件的问题，监管部门以试点或个别指导的形式进行探索。这些立法实践和业务指导工作，有效地保障了信托公司规范有序地开展业务。

关于信托公司监管的立法实践和业务实践，为后来开展的信贷资产证券化、企业年金基金管理、保险资金基础设施投资、证券公司集合资产管理计划、证券投资基金特定客户资产管理业务、商业银行个人理财业务提供了宝贵的经验。这些信托产品或准信托产品的监管思路、产品设计、法律文本安排借鉴或发展了信托公司的监管思路和业务实践。

两个办法推动的信托公司转型从业务内容上看还是形式上的。从业人员、内部控制制度没有脱离传统业务的特征。业务转换也停留在形式上，委托贷款变成了信托贷款，客户结构和资金来源、项目评审、风险控制也都是延续了过去的业务，收入和利润主要靠固有的投资，信托业务收入占的比重小。

在这个背景下，2007 年初，中国银监会修改了 2002 年的两个办法，颁布实施《信托公司管理办法》和《信托公司集合资金信托计划管理办法》。新办法体现了加强信托公司核心竞争力，促进信托公司根据市场需要和自身实际进行业务调整和创新，实施自主管理战略的宗旨，推动信托公司从“融资平台”真正转变为“受人之托、代人理财”的专业化机构，推动行业的持续健康发展和安全运行。

目前，我国社会经济形势的发展客观上要求信托公司业务进行明确定位，形成自身的核心竞争力。四年来的实践表明，新办法前瞻性地预见了信托业务向自主管理转型的必要性，适应信托公司调整业务模式和开展创新业务的需要，为信托公司在新形势下的第二次业务转型做好了制度准备。新近实施的《信托公司净资本管理办法》进一步丰富了信托监管工具，将有效落实监管意图，引导信托公司根据自身特点进行差异化选择与发展，增强比较竞争优势。

### （三）关于其他金融信托活动的业务规范

信托是一项内容丰富的法律制度，具有很强的适应能力，在社会经济生活中有广泛的应用。除了信托公司和基金管理公司的常规业务，信托制度也应用于深化金融改革、解决社会养老和商业保险问题、发展社会公益事业等方面。信托业从信托公司、基金管理公司发展到商业银行、保险公司和保险资产管理公司等机构。

中国人民银行、中国银行业监督管理委员会于2005年4月颁布了《信贷资产证券化试点管理办法》。作为一种重要金融工具，信贷资产证券化对于提高银行资产的流动性，降低经营风险，完善资本市场结构，推动我国扩大内需等方面具有重要的意义。

信贷资产证券化采取了信托形式，银行业金融机构作为发起机构，将信贷资产信托给受托机构，由受托机构以资产支持证券的形式发行受益证券。目前，只有信托公司可以作为受托机构。

2004年5月，劳动和社会保障部、银监会、保监会和证监会联合颁布《企业年金基金管理试行办法》，这是建立多层次的养老保险制度，完善社会保障体系的重要举措。企业年金基金管理基本关系是建立在信托制度基础上的，委托人、账户管理人、托管人、投资管理人和其他为企业年金基金管理提供服务的主体以信托的受托人为核心，以基金财产为纽带，各司其职，实现基金财产保值增值的目的。企业年金基金管理的受托人实行资格审批制度，信托公司、商业银行和保险公司可以作为受托人，开展信托业务。

经国务院批准，保监会于2006年3月颁布了《保险资金间接投资基础设施项目试点管理办法》。该办法借鉴国际先进经验，依托于信托制度构造了以资产隔离、资产托管和独立监督为核心的保险资产管理制度。保险公司作为委托人，将保险资金委托给受托人，加入受托人设立的投资计划，投资于基础设施项目。投资计划的基础法律文件是投资计划说明书和信托合同。可以作为受托人的机构包括信托公司、保险资产管理公司、产业投资基金管理公司或者其他专业管理机构。

在金融领域，信托业与证券业、银行业、保险业实行分业经营、分业管理，相关机构分别设立，是证券法、商业银行法和保险法确立的基本原则。近年来信托业的发展逐步突破了这一原则，这既是社会经济发展的客观需求，也是信托制度的本质所致。信托是以财产管理为内容的基本民事法律制度。随着社会经济的发展，个人、机构的财富不断积累，为实现财产安全性和保值增值的目的，必然产生各式各样的理财需求。历史发展表明，信托这种制度，只有在社会、经济、文化乃至政治生活中广泛应用，才能发挥其作用。信托业的发展只有打破现有的信托机构经营活动，放眼于信托法律制度广阔的应用领域，发挥信托应用的制度功能才能健康持续发展。但是，信托业的发展趋势对信托业立法和监管提出了挑战。

### （四）制定统一的信托业法是当务之急

信托是一种财产管理制度。信托法是调整财产管理活动基础关系的制度，但对整个行业管理的统一立法还是空白。根据《商业银行法》、《证券法》等法律，我国金融业实行分业经营、分业监管，各类金融机构的资产管理业务相应建立在不同的法律制度基础上。大体分为两类。一类是代理制度，商业银行、证券公司和保险公司根据《民法通则》、《合同法》规定的代理制度办理理财业务，另一类是信托制度，基金管理公司和信托公司根据《信托法》、《证券投资基金法》规定的信托制度办理理财业务。

与各类金融机构开展的本业不同，理财业务具有同质性。除了开办的机构不同之外，在产品结构、风险控制、运用方式、管理机制、客户来源等方面都是相同的，在金融机构分业经营模式下，将理财业务纳入不同的法律制度体系，并进行分业监管，蕴藏着巨大的法律风险和市场风险。

1. 资产管理制度发展的障碍。代理和信托是性质和功能上完全不同的两种制度。具有相同性质的理财业务，由于依据的制度差异，可能导致当事人之间的权利义务、承担的责任不同，造成交易混乱，不利于培育社会对法律的认同感，也使司法实践不知所措，阻碍资产管理制度的健康发展。

2. 投资人利益保护机制薄弱。资产管理市场涉及多方主体和复杂法律关系。需要界定金融机构固有资产与理财资产之间的关系、各参与方之间权利义务关系，需要明确财务会计、账户开立、业务审批、部门设置、信息披露等防火墙制度，隔离风险，保障理财资产安全，保护投资人利益。目前资产管理市场的这些基础性制度建设或者是空白，或者是粗糙混乱、缺乏实效。

3. 行业保护和监管空白。监管部门之间为本行业的利益，会为其他行业进入其所管辖的市场领域设置不合理的障碍或禁入措施，人为分割市场，限制市场功能的发挥。在一些交叉领域或会承担责任的领域监管部门之间可能相互推诿，造成监管空白，风险和问题得不到有效控制。另外也导致了同业的不正当竞争。各金融机构之间各自为战，因争夺客户、抢占市场而恶性竞争，采取不正当手段降低价格、设置壁垒。

4. 资产管理市场的健康与否关系到社会稳定和经济的健康发展。2010 年仅信托公司管理的信托财产总额已近 3 万亿元，其中还不包括商业银行非银信合作的理财资产，证券公司、基金管理公司和保险公司的理财资产，以及其他机构的各种形式理财资产。资产管理涉及的资产总额和人数是过去任何时期都无法比拟的，未来还将高速增长。一旦发生风险、出现动荡，关系到国家的金融安全、经济发展和社会稳定。

在基本法律关系的立法层面，我国《信托法》和《证券投资基金法》已经确立了信托作为资产管理市场基础性制度的地位。在行业管理方面，我国还缺乏统一的资产管理行业立法。这种现状，既可以说是百花齐放，也可以说是杂草丛生。与十年前不同，今天论证和思考将资产管理作为一个单独的行业来立法，尽快制定信托业法，出发点不是仅仅规范信托公司业务，不是规范基金管理公司的业务，而是规范和保障我国资产管理市场的健康发展，深化金融改革，维护国家金融安全和社会稳定。

## 二、《信托法》实施中存在的问题与对策建议

### （一）委托人设立信托是否需要将信托财产转移给受托人

在信托制度传统中，委托人设立信托时，需要将信托财产移转给受托人。我国《信托法》第二条对信托的定义回避了这个问题，使用了“委托给”的概念。主要理由是，考虑中国本土的法律传统，如果规定委托人一旦将财产设立信托，就是财产权交给受托人，丧失其对该财产的所有权，人们就不再敢于设立信托了。这一定义在实践中引起了很大争议。

从信托法的规定看，信托财产转移是信托有效设立的前提条件。

第一，受托人要以自己的名义管理、运用和处分信托财产。如果没有财产移转行为，在我国现行法律制度下无法做到以自己的名义管理和处分财产。

第二，受托人因承诺信托而取得的财产是信托财产。如果信托财产不转移到受托人名下，不能形成法律上的取得财产的效果。

第三，信托终止时，信托财产归属确定后，信托财产要转移给权利归属人。从结果看，在信托设立后的管理阶段，都应有财产转移的过程。

第四，在信托对外关系中，信托设立时的信托财产登记在委托人名下，信托财产管理运用过程中受托人运用信托资金购入不动产、股权，使其成为信托财产，登记在受托人名下。这种结构将导致认定某财产是不是信托财产的标准出现双重标准，不利于信托参与交易的便捷和安全性，反而带来混乱。

从立法本意看，我国《信托法》并没有否定信托财产应当移转给受托人的法律特征。只是基于中国特色的社会、经济和文化背景考虑，使用一个“委托给”的模糊概念，更符合中国老百姓的心理，可能便于人们对信托制度的接受。但是，近 10 年多的信托活动实践表明，在法律上没有给信托一个明确的定义，没有明确信托财产是否需要移转给受托人，反而使人们更糊涂了，分不清信托与代理等其他类似制度到底有什么区别，阻碍了信托制度的推广和实施。

就整个信托制度而言，对信托的定义是信托制度的根本性问题，决定了信托的基本法律特征，是人们在信托活动中正确理解和运用《信托法》的基础。模棱两可的信托定义不利于《信托法》的普及和实施，影响信托登记、信托税收等配套制度的建设，财产权信托、公益信托等业务无法正常开展。

### （二）信托目的合法性的认定标准

信托目的的合法性是《信托法》对信托活动的基本要求，各国法律一般都禁止规避法律的信

托活动。我国《信托法》对信托目的合法性要求进行了原则性规定（第六条），同时，对信托目的违法情形做了典型性列举。第十一条规定，下列信托活动无效：信托目的违反法律、行政法规或者损坏社会公共利益，委托人以非法财产或者本法规定不得设立信托的财产设立信托、专以诉讼或讨债为目的设立信托；第十二条规定，委托人设立信托损害其债权人利益的，债权人有权申请人民法院撤销该信托。由于信托目的合法性是我国《信托法》确定的基本原则，除了已列举的信托目的违法情形之外，其他任何被认定为违反法律、行政法规或者损坏社会公共利益的信托活动都可能判定无效。

但是，目的合法性是个宽泛的概念，概括地讲信托目的合法性原则，可能使信托关系中一些合理的受托人财产管理活动被解释为直接或间接规避法律的限制性规定，导致信托目的合法性原则被滥用，因此，需要有具体可操作的认定标准。

判断哪些信托活动的目的违反法律规定，应当依据现行法律制度的规定和国家的社会经济政策。信托目的的具体内容是丰富多样的，不同领域、不同团体和不同背景的人会形成不同的目的，规制人们社会经济活动的法律制度往往会基于法律传统、社会经济发展需要等作出一些限制性规定，例如人数、期限、参与资格等。区别哪些目的的信托活动为法律所禁止，一个思路是对现行法律强制性规范进行法律价值分析。例如，《公司法》规定，有限责任公司由五十个以下股东出资设立。其目的在于保障有限责任公司的人合性特点，使那些志同道合、有相互信任基础的人共同出资、共同经营。如果有限责任公司人数过多，就会接近股份公司，削弱了其人合性的特征。根据《中外合资经营企业法实施条例》规定，邮政公司是禁止外商投资的产业，这类规定是出于维护国家安全、保护民族产业发展的需要，禁止外资参与相关产业的投资经营。《公司法》和《中外合资经营企业实施条例》的规定在目的上、违法后果上截然不同。信托公司设立信托计划募集资金投资持有有限责任公司股权，如果公司的直接持股股东人数与信托计划的受益人人数超过五十人，可以认定信托目的违法，但对信托公司持有公司股权进行价值分析，可以发现这类投资对有限责任公司的人合特征冲击不大，而其活跃投资、丰富财产管理市场的作用巨大，不应当认定这类行为无效。

另一个思路是借鉴《合同法》关于效力性强制性规定与管理性强制性规定的区别。效力性强制性规定是指法律及行政法规明确规定违反该类规定将导致合同无效的规范，或者虽未明确规定违反之后将导致合同无效，但若使合同继续有效将损害国家利益和社会公共利益的规范。这类规范不仅旨在处罚违法行为，而且否定违法行为在民商法上的效力。

管理性强制性规定是指法律及行政法规未明确规定违反此类规范将导致合同无效的规范。此类规范旨在管理和处罚违反规定的行为，但并不否认该行为在民商法上的效力。

对于一些管理性强制性规定禁止的活动，如果通过信托实施能够弱化对管理性强制性规定的冲击，有利于社会经济的发展，应当认定信托活动有效。

从国际上《信托法》发展的趋势看，一般都对信托目的违反法律导致无效的情况进行了限定。日本《信托法》对信托目的合法性要求规定了具体标准，例如，根据法律不得享有一定财产权利的人，不得以受益人身份享有与该权利相同的利益；信托不得以进行诉讼行为为主要目的等。

基于上述思路，建议对信托目的合法性判断确立如下标准。

（1）信托合同本身如果违反法律、行政法规的效力性强制性规定则信托合同无效，信托也属无效，而不必评价信托目的。

（2）如果信托目的是为了使法律和行政法规限制和禁止的主体通过受益权的形式取得特定信托财产，该等主体可能取得特定信托财产，从而违背了法律和行政法规强制性规定的立法宗旨，该信托应属于无效。

（3）如果违反的法律和行政法规的某些规定本身已经丧失客观合理性，且信托设立未侵犯第三人合法权益或损害社会公共利益，可以确认信托有效。

（4）如果信托目的或信托合同仅违反了行政规章，应施以行政处罚，但不能仅依据违反行政规章而确认信托无效。

（5）如果委托人和受益人因管理、运用和处分信托财产的法律资质条件受到限制，通过设立信托借助受托人的特殊资质达到增值性投资目的（属于财富管理，而非购并控股），并且信托文件限制了受益人和委托人在信托终止时“按照信托财产原状归属”，则不宜以信托目的规避法律为由确认信托无效。

我们认为应该区分“法律资质条件受到限制”和“法律、行政法规限制和禁止的主体”对信托效力的不同影响。“法律资质条件受到限制”系指某类主体虽然可以允许从事某行为，但应符合一定的条件才能取得该等资质，此时，合法成立的主体因不具备某些条件不能直接从事的行为，可以委托符合该等资质的受托人通过设立信托来达到财富投资目标，或者在自身条件符合法定条件后经过法定程序（法定程序不能因设立信托而规避，信托终止时应履行该等程序，例如履行审批程序）而达到信托目的。“法律、行政法规限制和禁止的主体”是指该类主体不具备行为资格，而不是指该等主体的某些条件不符合规定，因此，原来受限主体无法也不能通过信托来弥补其条件性缺陷。

（6）如果委托人和受益人因管理、运用和处分信托财产的法律资质条件受到限制，通过设立信托借助受托人的特殊资质，只是在合理期限内为了锁定投资目标和等待资质成就，并且信托文件规定只有受益人和委托人符合法律资质的条件下经过法定程序，才能在信托终止时“按照信托财产原状归属”，此时，为效力待定之信托，不能一概以信托目的规避法律为由确认信托无效。但是，如果有证据表明在信托存续期间，委托人和受益人实质性控制了信托事务的决定权（例如股权作为信托财产时，受托人完全听命于委托人和受益人），信托完全沦落为当事人规避法律的工具，则应该允许法院揭开信托面纱，宣布信托无效。

### （三）受托人审慎义务的标准

审慎管理信托财产是信托公司处理信托事务时应当遵循的基本原则。我国《信托法》规定："受托人管理信托财产，必须恪尽职守，履行诚实、信用、谨慎、有效管理的义务。"由于信托公司作为受托人是基于与委托人的信任关系管理信托财产的，应当根据信托文件的规定，为受益人的最大利益管理信托财产，处理信托事务。否则，因处理信托事务不当致使信托财产受到损失的，信托公司应恢复信托财产的原状或者给予赔偿。

如何判断信托公司是否履行审慎管理义务？这是信托活动中困扰信托当事人的难题，也是在信托案件中让法官头痛的事。一只股票投资产品，由于所投资股票的产业波动，一周之内股价下跌，造成亏损。事后统计表明，55%的专业投资机构成功规避了这一风险，45%的没有逃过一劫。信托公司应负担什么责任。两年前的一只房地产融资产品，现在因为楼市调控政策，不能正常变现房产，无法及时兑付，信托公司当时没有预见到这种风险，应承担什么责任。反之，现在发行的一只房地产融资产品，一年后同样因为目前的楼市调控政策导致变现风险，信托公司应承担什么责任？

需要根据具体信托事务、信托财产、当时的背景等来判断。

对于是否履行审慎管理，一般的抽象标准包括以下几个方面：首先是遵守信托文件的规定。受托人管理信托财产、处理信托事务的行为应当是为了受益人的利益、服从于信托目的。信托公司为所欲为地随意管理信托财产，为自身或第三人谋取利益，就违背了信托文件的规定。但是，遵守信托文件的规定并不意味着信托公司只能根据信托文件的条文亦步亦趋。信托文件不可能穷尽信托活动中的所有情形，不能规定信托公司的每一个行为，而是要求信托公司严格根据信托文件规定的信托目的进行活动。

其次是善良管理人的注意义务。信托公司要做到，以管理自己固有财产同样的技能和注意管理信托财产。但是，作为专业受托人，做到这一点还不够。信托公司还应恪守善良管理人的注意义务，其含义是依据事务处理或交易活动上的一般观念，具有相当知识和经验的人对于一定事件所能做到的注意程度。就像一家之父一样，既富有经验，精通人情世故，又具备管理家业所必要的良苦用心和勤勉。这种注意义务高于信托公司管理固有财产的注意义务。

最后是专业技能。具备必要的专业技能是善良管理人注意义务的一部分，只是要求程度更高。社会经济结构复杂化、专业分工细化，使得人们在社会活动中对专业技能和专业知识服务的需求增加。信托公司作为具备国家许可的资产管理资格的专业理财机构，工作性质具有高度的专门性。判断信托公司处理信托事务是否尽到了审慎管理业务，要参照同业的管理能力和业绩，看其是否符合相同职业或行业中一个合格的且具有普通谨慎的从业人员在相同或相似条件下所应采取的行为标准。这里的同业，不一定限于信托同业，也可能包括金融同业或与所管理的信托财产相关的资产管理机构。所谓的标准，不是统一的，而是在不同的职业或行业领域有不同的标准。

《信托法》实施以来，我国资产管理市场日益发展，信托公司业务的数量和管理资产规模增长迅速。在市场推动和监管政策的引导下，信托公司的主动管理型业务越来越多。但是，相关纠纷也日益增加。目前，已经出现一些证券投资或房地产投资的信托产品亏损，投资人要求信托公司承担管理责任，赔偿损失的纠纷。如何有效地解决纠纷，保护各方的合法权益，促进这个行业的规范发展，是我国金融信托领域立法和司法实践面临的重大课题。这些也正是在法律法规中需要进一步完善的地方。

### （四）受托人依法将信托事务委托他人代理的，对他人处理信托事务的行为承担的责任

我国《信托法》规定了受托人亲自处理信托事务制度和委托他人代为处理信托事务制度。受托人首先应当亲自处理信托事务，同时允许在特定条件下将信托事务委托第三人代为处理。这一规定和其他国家信托法的规定大同小异，但从我国《信托法》实施的实际情况看，以下方面有待进一步完善：

第一，如何界定“不得已事由”。

《信托法》第三十条第一款规定，出现不得已事由的，信托受托人可以委托第三人代为处理信托事务。那么究竟什么属于“不得已事由”？需要进一步明确。可以参考《民法通则》第六十八条和《民通意见》第八十条关于转代理的规定。代理人在紧急情况下，可以未经本人同意而转托他人代理。所谓的“紧急情况”是指代理人由于急病、通信联络中断等特殊原因而不能办理代理事项，又不能与被代理人及时取得联系，如不及时转托他人代理，会给被代理人的利益造成损失或者扩大损失的。

第二，受托人委托他人代为处理信托事务的构成要件。

根据我国《民法通则》、《合同法》这个问题不难回答。受托人委托他人代为处理信托事务，需要有明确的委托代理意思表示。但是，由于信托关系的特殊性，以及人们对信托缺乏认识，近几年发生的信托诉讼案例中，已发生一些案件当事人和法院将信托关系中委托人保留全部或部分信托事务管理权的情况与委托代理混淆，据此追究信托公司的责任。

根据信托法，受托人权利义务的来源主要有两个方面，一是法律规定，二是信托文件的约定。信托公司要按委托人的意愿以自己的名义，为受益人的利益或者特定目的管理或处分信托财产。委托人在信托文件中赋予受托人什么样的权利，受托人就应行使相应的权利，履行义务。委托人保留的权利，受托人不能享有，否则就是违反信托文件的规定。委托人保留管理权的，委托人直接或间接处理与信托相关的事务，不构成受托人委托他人代为处理信托事务。

第三，受托人委托他人代理的责任。

根据《信托法》的规定，受托人依法将信托事务委托他人代理的，受托人应当对他人处理信托事务的行为承担责任。这里存在两个问题。

受托人委托第三人代理信托事务，可能基于信托文件的约定，可能因出现不得已事由，究竟哪种情形下受托人应对第三人处理信托事务的行为承担责任？还是两种情形下，受托人均应对第三人处理信托事务的行为承担责任？受托人依照信托文件的规定委托第三人代理信托事务，实际上已经事先获得了委托人的同意，和出现不得已事由而委托第三人代理信托事务不同，理应区别对待。

受托人究竟是只负责选任和监督责任，还是对第三人处理信托事务的行为承担责任？根据民事法律一般原理，委托第三人处理信托事务时，受托人的职责范围应当是选择适当的代理人人选，在代理人违约时追究代理人的责任，并以追究代理人责任取得的利益为限纳入信托财产。但是，受托人对因代理人过错造成的损失不应承担赔偿责任。从《日本信托法》和《韩国信托法》等的规定看，受托人对于代理人只负责选任和监督责任。而我国《信托法》规定对第三人处理信托事务的行为承担责任，加重了受托人的负担，增加了受托人退出信托法律关系的难度。

### （五）公益信托的公益事业管理机构认定

公益信托涉及社会公共利益，各国法律对公益信托的监督和管理都要比非公益的营业信托和民事信托严格。我国《信托法》规定，公益信托的设立和确定其受托人，应当经有关公益事业的管理机构批准。这里的公益事业管理机构不是专门设立的审批公益信托的机构，而是按行业管理来划分的目前已有涉及相关领域的管理机关。按信托活动的内容，公益事业管理机构可能涉及教育行政部门、民政部门、卫生行政部门、科技部门、体育部门等管理机构。

从我国公益信托的实践看，这种分散管理模式存在一系列问题。尽管信托法对公益信托有专章规定，但因为多头管理，主管部门不明确，多年来一直没有实质性进展。银监会和民政部曾多次研究、探讨推进公益信托发展，发挥公益信托缓解社会压力、促进社会和谐、推动经济发展的作用，面临的主要制度障碍就是公益事业主管机构的职责不清。

在公益信托业务层面，一个公益信托可能涉及多个公共利益目的，如果由相关公益事业的主管部门分别审批，需要考虑各部门之间的职责分工和工作协调，满足一些公益信托活动的时效性要求，对公益信托活动进行有效监管，防止出现扯皮、推诿或寻租现象。

确定一个具体机构作为公益事业管理机构是一种可行模式。在英国，设立公益信托应当向政府的公益委员会办理登记手续。在美国，各州的检察长为公益信托监管机构。实践证明，由单一机构作为公益事业管理机构有利于提高工作效率，保障监管质量。

我国要确定单一机构作为公益事业管理机构，需要对《信托法》进行相应修改或作出解释。

### （六）宣言信托与双重信托的合法性

我国《信托法》规定，设立信托应当采取书面形式，包括信托合同、遗嘱或法律、行政法规规定的其他书面文件。这一规定沿袭了日本、韩国等大陆法系国家传统，禁止宣言信托。基本出发点是考虑刚刚移植信托制度的特殊国情，人们缺乏理解和运用信托制度的基本意识和能力，引入这种信托特例，容易被用来规避债务，损害债权人利益。

尽管如此，宣言信托的价值还是得到了人们的认可，尤其在公益信托或以抚养、教育为目的的民事信托领域，宣言信托有其便利性和高效率的优势。日本学者自20世纪70年代开始研究在信托法中引入宣言信托制度，2006年日本《信托法》修改时，承认了以信托宣言方式设立信托的合法性。我国台湾地区《信托法》规定，法人为增进公共利益，可以经过决议外宣言自为委托人及受托人，并邀请公众作为委托人加入。

人们认为，宣言信托的弊端也是可以控制的。2006年日本《信托法》规定了三方面措施防止滥用信托。一是以信托宣言方式设立信托应当采用公证书或其他书面方式；二是委托人的债权人可以对通过简易手续设立的宣言信托的信托财产主张权利；三是委托人的债权人可以不经过一般信托的撤销程序，直接对信托财产强制执行。

大陆法系国家对宣言信托制度的发展对我国有一定借鉴意义。我国社会的现实状况是，一方面人们缺乏对委托他人理财的信任基础，一般都更倾向于相信自己或亲人，另一方面具有乐于助人的优良传统，但公益捐赠事业欠发达。在这种背景下，宣言信托能够扬长避短，推动公益信托、抚养教育等民事信托的发展。

双重信托是指第一个信托设立后，该信托的受托人作为委托人将信托财产再设立第二个信托，受托人是第一个信托的受托人。对于双重信托，一种观点认为，我国《信托法》未做规定，应当理解为不允许设立双重信托。

从法律上看，双重信托与我国现行的信托制度并不矛盾，作为一项民事活动，法律未做规定的，就可以从事。实践中，我国信托公司已经开展了大量类似或属于双重信托的业务，例如，母子信托结构。从法律上确认双重信托，有利于促进信托产品设计，促进金融信托创新活动。

对于双重信托，一种歧义是根据我国《信托法》双重信托容易被理解为一种宣言信托。形式上看双重信托的委托人和受托人是同一人，但实质上是两个不同的法律主体，不能等同于宣言信托。法律上认可了宣言信托也就消除了这种歧义。另一种歧义是双重信托违反《信托法》第四十三条的规定，从条文的本意看禁止指定受托人为唯一受益人，防止信托财产的管理、运用和处分权与信托收益权归属同一人，受托人运用信托财产以自己为受托人再设立信托的，不属于这种情况。

## 三、信托配套制度建设存在的问题与对策建议

### (一)《信托法》与现行法律体系的协调——《证券法》和《公司法》

运用信托资金对公司进行股权投资是信托公司普遍开展的一项信托业务。无论是有限责任公司、非上市股份公司或上市公司，信托公司都可以以自己的名义对这类公司进行股权投资。但是，近年来，信托公司运用信托资金参与上市公司或非上市股份公司的股权投资却遇到了多重障碍。

2007 年 9 月，《上市公司非公开发行股票实施细则》规定，非公开发行股票的，信托公司作为发行对象，只能以自有资金认购，禁止信托公司以信托资金参与认购。

2007 年末，根据监管部门要求，中国太平洋保险（集团）股份有限公司在上市前对信托持股进行了规范，转变为信托公司自有资金持股或转让给其他法人机构。主要理由是上市公司应该股权明晰，有明确的出资人。根据保监会 2004 年《保险公司管理规定》，企业法人或者法律、行政法规许可的其他组织可以向保险公司投资入股，自然人不具备投资入股保险公司的资格。信托持股与此相悖。自此，股份公司向证监会申报上市不能再有信托资金持有其股权。

2009 年 7 月，中国证券登记结算有限责任公司根据证监会要求，禁止信托公司以信托合同到交易所开户，主要原因是信托公司对于产品账户使用混乱，一个信托产品拆分后申请开立多个证券账户，或将已清算但未销户的信托产品证券账户重新启用。

在这些禁令颁布前，资本市场对信托资金是开放的。2004 年 12 月颁布的《股票发行审核标准备忘录第 18 号——对首次公开发行股票询价对象条件和行为的监管要求》规定，信托投资公司依据信托合同可投资于证券市场的信托产品可以参与首次公开发行股票的询价。2006 年 9 月颁布的《证券发行与承销管理办法》规定，信托投资公司设立并已向相关监管部门履行报告程序的集合信托计划可以参与股票配售。

从证监会监管政策的演变及信托资金参与上市前股份公司或上市公司股权投资的实践看，无论是立法机关，还是证监会、银监会等监管部门，对于信托资金参与资本市场都持有支持的态度。信托资金多年来是资本市场的一支重要力量，对于稳定市场、活跃市场发挥了重要作用。各类信托产品的推出，能够缓解限制流通股票的流通压力，员工信托持股和表决权信托安排能够有效解决上市公司股权激励、维护中小股东权益和反收购等问题。

信托资金参与资本市场所涉及的问题，都是《信托法》与《证券法》、《公司法》相互衔接的操作问题。例如，关于上市公司应当有规范合理的治理结构的规定、非公开发行证券累计不得超过 200 人的要求等。这些操作问题，完全可以通过部门规章或行业自律规范的形式解决。

（二）信托登记

信托登记是《信托法》颁布实施后开展信托业务最迫切需要解决的问题，也是探讨最多的问题，但目前仍然没有理想的答案。

关于信托登记的必要性，已成为近年来信托业的共识。社会各界、人大代表、政协委员、政府职能部门、信托机构、中介机构等分别通过议案、工作立项、课题研究等多种形式为信托登记制度的完善呼吁或提出操作建议。

首先，信托登记是充分发挥信托制度功能的需要。不进行信托登记可能导致以房屋所有权、土地使用权、股权等应登记财产设立信托时不生效，无法有效对抗第三人对信托财产的强制执行。目前，信托制度已成为我国一些重大金融创新或关系到国民经济和社会发展的重大社会经济活动的基础制度，例如，信贷资产证券化、房地产投资信托基金、公益信托等，但因信托登记制度缺位，这些业务无法顺利开展。

其次，信托登记是有效保护信托投资人利益的需要。由于信托财产需要以受托人的名义进行管理运用，受托人名下的信托财产之间容易相互混淆，与受托人的固有财产相互混淆，信托财产的独立性得不到保障，损害信托投资人的利益。

在信托公司未办理信托登记、未随着信托财产投资运作变化办理信托变更登记时，信托公司无法有效地证明某一信托项下信托财产投资运作的过程。因此，在信托发生亏损、信托投资人对其他信托项下的信托财产主张权利时，信托公司无法提出有效的证据进行证明。

最后，信托登记是有效监管信托活动的需要。信托财产是信托关系的核心，其管理运用过程反映了信托活动的基本内容。信托登记可以有效约束信托公司的经营行为，监管部门、信托当事人、人民法院可以对信托公司进行监管或监督，防止信托财产被挪用、占用或侵吞的情况发生。在信托终止或清算、信托公司被依法解散、宣告破产时，保障信托财产的独立性和安全性。

完善信托登记制度，需要解决三个方面的问题。

一是登记什么。由于我国《信托法》对信托设立时信托财产是否需要转移没有明确规定，人们对信托登记的内容有不同的理解。一种观点认为，信托登记是关于信托财产独立性的登记，给设立信托的财产贴上“信托”标签。另一种观点认为，基于信托设立时信托财产发生移转的基本前提，信托登记是关于信托财产独立性登记和权属变更的登记。争议的焦点是，信托财产独立性登记与权属变更登记合并还是分离。

二是在哪里登记。关于信托登记机构设置，目前有两种方案，第一种方案是分散登记，依据不同信托财产的特征，分别设置或授权不同的财产登记管理机构进行信托登记；第二种方案是统一登记、分散确认，建立全国统一信托登记机构，现有财产登记机构对统一信托登记信息进行确认，达到公示、对抗第三人的法律效果。

三是何时登记。根据我国《信托法》规定，信托设立时，应当依法办理信托登记。在信托存续期间，信托财产形态发生变化，受托人因管理、运用、处分信托财产或其他情形而取得的财产是否需要进行信托登记，对此有不同认识。多数观点认为，信托登记应贯穿于信托设立到信托终止的全过程。

目前，我国的信托登记立法工作主要有两种模式，一是银监会的统一登记分散确认模式，二是建设部的分散登记模式。银监会的《信托登记试行办法（征求意见稿）》规定，设立专门从事信托登记业务的信托登记机构，依法集中统一办理全国信托登记业务。信托登记的法律效果为信托财产的独立性登记，不涉及所有权变更登记的内容。试点期间，登记申请人为信托公司，登记的财产限为股权和不动产。建设部的《房地产信托登记暂行办法》规定，房地产所在地的房地产登记机构负责办理房地产信托登记。房地产信托登记内容包括信托公示事项和权属变更事项，登记申请人为委托人和受托人。其中受托人不限于信托机构，包括自然人。暂行办法适用于营业信托、民事信托和公益信托活动。

整体看，我国信托登记的立法实践缺乏统一协调，各种立法思路和模式各有优缺点。客观上，无论哪种立法模式率先推出，都将填补信托登记配套制度的空白，推动信托业的发展。但是，从信托业自身发展的需求看，一方面，需要国家尽快出台切实可行的信托登记办法，解决燃眉之急；另一方面，也需要信托登记配套制度建设能够有利于信托业的长远发展，而不仅仅是权宜之计。否则，不合理的制度可能阻碍行业的发展。

### （三）信托税收

信托活动涉及复杂的税收关系。进行任何信托活动都会遇到如何纳税、如何征税的问题。《信托法》颁布实施以来，社会各界就信托税制问题进行了大量卓有成效的学习研究和理论探讨。监管部门也积极推进信托税收立法工作。银监会在2002年信托公司开展信托业务以来，高度重视信托税制问题，与国家税务总局多次就信托税制交换意见。财政部、国家税务总局也专门成立课题组就中国信托税制进行专题研究。

在理论研究和认识层面，监管部门、信托机构、学术研究机构和其他部门对构建信托税收制度应遵循的一些基本原则达成了共识。

1. 受益人纳税原则。我国的信托税收制度，应当坚持以受益人为纳税义务人的原则。

根据目前业界的研究成果和讨论意见，我国在对信托收益征收所得税方面主要有五种方案：一是对受益人课税，对信托本身不课税；二是对受益人免税，对信托本身课税；三是对受益人和信托本身同时课税，但对信托本身已课征的税收，在对受益人课税时予以抵减；四是对受益人和信托本身同时课税，但降低税率；五是开征利得税。从根本上说，前四种方案在不同程度上都体现了信托导管原理。具体而言，第二种方案有悖于收益课税原理，从未采用过；第三、第四种方案将信托本身视为纳税主体，并且都出现在英美等国中，因为英美等国的信托大都已经发展为大规模的基金；第四、第五种方案不但需要修改我国的所得税法，而且征收管理复杂，税务成本较高，不具有操作性。因而，我国的信托税收制度，应当以受益人为纳税义务人进行课税。

2. 税负无增减原则。这也是多数国家接受的信托税收原则。尽管信托本身被视为一个纳税主体，但根据信托导管原理，信托只是受益人实现一定目的的管道，信托受益人通过信托进行的经济活动所应承担的税负，不应当高于受益人亲自进行该项经济活动所承担的税负。

3. 发生主义课税原则。根据信托导管原理，受托人取得信托财产即视为是受益人取得了该财产。因而，受托人管理和运用信托财产时发生应税项目，应视同受益人亲自运用该信托财产时发生的应税项目。受益人应当在应税项目发生时就发生纳税义务，所需税金直接由受托人从信托财产中扣划。也有的主张另一种税制政策模式——实现主义。基本含义是，信托投资所得或信托财产增值收益发生时受益人没有纳税义务，在受益人真正取得信托利益，所得实现时才发生受益人的纳税义务。

4. 公益信托的税收优惠原则。以发展科教卫生、保护生态环境和救灾济困等公共利益为目的而设立的信托，属于国家和社会政策要实现的特殊目的。我国《信托法》第六十一条规定，国家鼓励发展公益信托。在制定信托税制时，也应考虑到公益信托的特殊性，可以通过一定的税收减免政策，扩大信托利益，从而鼓励当事人热心投资公益事业。

在信托税收制度建设方面，鉴于我国已建立成熟的税收制度体系，信托税制的发展路径只能是在现有税收制度的基础上，对信托活动涉及的税收问题进行明确或补充规定，将信托税制纳入现行税制体系，逐步构建完整的信托税收制度。

我国证券投资基金税收制度相对比较完善。1998 年以来，财政部、国家税务总局颁布了一系列关于证券投资基金涉及的营业税、所得税、印花税的规范性文件。信托公司开展的信托业务与证券投资基金业务尽管有差异，但所依据的基本法律制度毕竟是共同的，可以研究资金信托业务与证券投资基金的差异和共同点，提出信托税收立法建议。

2006 年 2 月，财政部、国家税务总局颁布了《关于信贷资产证券化有关税收政策问题的通知》（财税〔2006〕5 号），国家税务总局于 2010 年 8 月颁布《关于项目运营方利用信托资金融资过程中增值税进项税额抵扣问题的公告》（国家税务总局公告 2010 年第 8 号）。这两个文件是关于信托公司办理的信托业务税收问题的文件，遵循了受益人纳税、税赋无增减的原则。

但是，信托业务纷繁复杂，信托产品种类繁多。单纯依靠一事一议的立法策略不能从根本上解决信托税制建设问题，更无法满足信托业务迅速发展的需要，反而成为阻碍信托发展的制度瓶颈。近年来一些重大社会经济问题的解决迫切需要信托参与，抗灾扶贫、助残助学、涉及国计民生的重要产业的发展、富裕阶层个人财产的传承和管理，税收制度不配套，导致人们运用信托制度参与这些工作的积极性不高，或者根本无法参与。

《信托法》实施近十年，信托税制统一立法的条件已经具备。信托业发展过程中，积累了丰富的信托税收制度需求，这是信托税制统一立法的现实基础。社会各界对信托税制的理论探讨和研究，是统一立法工作必备的理论准备。政府职能部门的信托税收立法探索，为统一立法提供了必要的经验和技术支持。为推进信托税制统一立法的工作，应在国务院的统一协调下，财政部、国家税务总局、银监会等部门联合组成工作组或类似组织开展具体的论证、调研、起草工作。

# 从信托功能角度论我国信托立法的完善

山东省国际信托有限公司　李高峰

我国信托业尚不发达的原因在于民众不了解信托，不了解信托的原因主要是不理解信托的功能，也就是信托究竟可以拿来做什么用，与自己的工作和生活有没有可以结合的地方。本文试以信托功能为脉络，对信托七大功能进行简单介绍，并由此入手，分析应当如何从立法上支持信托功能的实现。

## 一、综述

目前，我国已经初步建立起了以《信托法》、《信托公司管理办法》和《信托公司集合资金信托计划管理办法》为核心的信托法律体系，全国各家信托公司也陆续推出了很多信托产品，信托这一事物，正逐渐被社会所接受。但整体来看，信托观念仍未能深入人心，社会大众对信托这一事物还不很熟悉，无论是在民事领域还是商事领域的运用都较为有限，究其原因，笔者认为主要是由于信托属于英美法系的舶来品，与大陆法系的固有所有权观念有冲突之处，并且，信托制度具有多面性，往往以多种形式发生、存在，使人们难以对其准确认识。要解决这一问题，仅靠专业性的定义和概念是不行的，只有当社会大众真正弄明白了信托究竟可以拿来做什么，派什么用场，与自己的工作生活有何影响，也即本文所指的信托功能时，才会对信托有一个准确的认识，信托业也才会真正获得健康发展的社会基础。

第九届全国人大常委会第二十一次会议通过的《中华人民共和国信托法》，标志着我国有了第一部规范信托关系的基本法律，对促进我国经济繁荣发展具有重要意义。《信托法》第一条明确规定："为了调整信托关系，规范信托行为，保护信托当事人的合法权益，促进信托事业的健康发展，制定本法。"从字面上就可以看出信托法律体系的三个主要目的：第一，信托法律应确定信托关系和信托行为的基本准则；第二，信托法律应维护信托当事人的合法权益；第三，信托法律应当促进信托事业的健康发展。这也可以说是完善我国信托法律体系的三个基本原则①。

① 周玉华：《信托法学》，北京，中国政法大学出版社，2001。

虽然《信托法》已于2001年10月1日颁布，但在我国，信托毕竟还属新生事物，民事信托非常少见，在实际工作中，也经常发现人们对信托存在诸多的不了解和误解，严重影响了信托的发展，要解决这一问题，首先应正本清源，第一步就要从完善我国信托法律体系中许多具体的定义和规定入手。

本文将尝试在符合信托法律体系的三项原则前提下，从信托功能的角度出发，分析我国信托法律体系中需要完善之处，提出问题，并给出具体建议。希望可以用更加完善的信托法律去支持信托功能的实现，从而促进社会大众形成正确的信托观念，最终达到促进我国信托业健康发展的目的。

## 二、从信托的起源和定义看信托功能

### （一）信托起源

“遗嘱托孤”，是古今中外人们在处理继承问题时很常见的做法，信托这一事物即起源于此。资料载明最早的信托出现在公元前2548年，一个埃及人立据由其妻继承财产，并为其子指定监护人。信托作为一种观念的形成，最早源于罗马法典中的“信托遗赠”，最初的古罗马法只适用于罗马市民，没有市民权的人，就没有主动立遗嘱的能力，也就没有受遗赠的能力，要规避这种限制，遗嘱人将其财产的一部分或全部实行委托，由受托人为其代行管理处分，并将信托利益支付给没有市民权的受益人，让原先没有机会获得遗产的人取得遗产，从而绕开了遗产只能由罗马市民来继承的限制。罗马皇帝奥古斯特士首先在一些特例上认可了这种制度，继而设立了裁判官专门处理这类诉讼，缓解了市民法关于财产继承的限制。因此，罗马法上的信托有时又被称为裁判官信托。

信托作为一种法律制度的真正起源是在13世纪的英国，为了规避英王颁布的《没收条例》，法官们引入了“信托遗赠”做法，创设了“尤斯制”，由教徒在生前立下遗嘱，先把土地赠与第三者所有，名义上教堂没有土地所有权，政府不得依法没收其土地，但遗嘱中明确指出，土地赠与的目的是要保障教堂对土地有“用益权”。也就是说，虽然第三者有名义上的土地所有权，但教堂有土地的实际使用权和收益权。

1866年，伦敦出现了第一家私营信托公司，名为“伦敦受托遗嘱执行和证券保险公司”，经营商务性的个人信托业务。到今天，以美国、英国和日本三国的信托业发展最为繁盛，代表着信托业发展的主流方向[①]。

---

① 金志：《国际金融信托概论》，上海，华东师范大学出版社，1999。

### （二）信托的定义

信托法律制度源于英美法系，大陆法系国家的信托法均是由英美法系国家移植而来，抛开这两种不同类型信托法之间的区别不谈，二者之间存在着一些基本共性，表1对各个国家和地区对信托法的定义作了一个简单的比较。

**表1　　各个国家和地区对信托法的定义**

| 类别 | 定义 |
|---|---|
| 中国信托法 | 本法所称信托，是指委托人基于对受托人的信任，将其财产权委托给受托人，由受托人按照委托人的意愿以自己的名义为受益人的利益或特定目的，进行管理或者处分的行为 |
| 美国信托法重述 | 当事人之间的一种财产信赖关系，一方（受托人）享有财产所有权，并负衡平法上为另一方（受益人）的利益管理与处理财产的义务，而以明示方式表示设立者 |
| 日本信托法 | 本法所称信托，是指办理财产权的转移或其他处理，使他人遵从一定的目的，对其财产加以管理或处理 |
| 中国台湾信托法 | 称信托者，谓委托人将财产权移转或为其他处分，使受托人依信托本旨，为受益人之利益或为特定之目的，管理或处分信托财产之关系 |
| 韩国信托法 | 本法中的信托，是指以信托者与信托接受者间特别信任的关系为基础，信托人将特定的财产转移给受托人或经过其手续，请受托人为指定者的利益或特定目的，管理和处理其财产的法律关系 |
| 海牙国际私法会议《关于信托的法律适用与承认公约》 | 因委托人的生前行为或死后行为所设定的，为了受益人的利益或某一特定目的将财产转移于受托人的控制之下所产生的法律关系 |

无论是从上面所论及的信托产生和发展的过程，还是从信托定义的字面来看，我们都可以发现，信托一经产生，就有两个基本的含义：一是信托财产的转移，主要是指信托财产所有权的转移，也可能是其他处分，如在财产权上设定用益物权或担保物权①。信托是一种以信托财产为核心的法律关系，没有信托财产，就不可能有信托，而信托财产又来源于委托人的提供，是由委托人的合法财产转化而来的。所以委托人将其财产转移或委托给受托人以形成信托财产对信托来说是至关重要的，大陆法系各国在信托定义中对此点都作了明确的表述。如韩国《信托法》第一条规定，“本法中的信托，是指……委托人将特定的财产转移给受托人或经过其手续……”日本《信托法》第一条规定，“本法所称信托，是实行财产转移或其他处分……”我国台湾“信托法”第一条规定，“称信托者，谓委托人将财产权移转或为其他处分……”我国《信托法》第二条规定，“本法所称信托，是指委托人基于对受托人的信任，将其财产权委托给受托人……”由上述可见，在大陆法系国家的信托定义中，十分强调委托人将财产转移或委托给受托人的重要性，就此意义而言，信托可以说是一种财产转移制度。较之英美法系而言，大

① 邹颐湘：《从中日信托立法差异的比较看我国信托法的不足》，载《江西社会科学》，2003（3）。

陆法系的信托法之所以非常重视委托人在信托关系中的地位，赋予委托人更多的权利，原因也正在于此。二是受托人对信托财产的管理、处分，这是各国信托定义强调的另一个核心要点，在大陆法系各国信托的立法定义中都作了明确的规定。如韩国《信托法》第一条规定，“本法中的信托，是指……请受托人为指定者（受益人）的利益或特定目的，管理和处理其财产的法律关系。”日本《信托法》第一条规定，“本法所称信托，是……而使他人为一定目的管理或处分财产。”我国台湾“信托法”第一条规定，“称信托者……使受托人依信托本旨……管理或处分信托财产之关系。”我国《信托法》第二条规定，“本法所称信托……由受托人按照……进行管理或者处分的行为。”从大陆法系下的信托定义来分析，可以说，受托人对信托财产进行管理和处分是信托含义的核心。它是委托人设立信托的初衷，也是受益人实现受益权的途径和手段，没有受托人对信托财产的管理和处分，信托财产不可能发生增值，受益人就无从受益，委托人设立信托的目的也就会落空。应该说，在大陆法信托定义中，管理和处分信托财产既是受托人的权利，又是受托人的义务。在信托制度设计中，受托人自接受信托财产时起就获得了一项重要权利，即对信托财产管理和处分，这项权利排除了他人对信托财产进行管理和处分的可能性，使受托人可以独占地管理和处分信托财产。当然，从另一角度讲，对信托财产进行管理和处分同时也是受托人的一个重要义务。可以说，自从受托人享有管理和处分信托财产的权利产生的那一刻起，受托人管理和处分信托财产的义务也就同时产生了。管理和处分信托财产无论是作为受托人的权利还是作为受托人的义务，对信托制度来说，都是同样的重要。如果不赋予受托人管理和处分信托财产的权利，其就无权进行管理和处分信托财产的行为；如果只把管理和处分信托财产作为受托人的权利而不将其作为受托人的义务，受托人就可能会滥用这种权利，或者不去管理和处分信托财产。这样，利用受托人管理财产以使受益人获益的信托初衷也就无法实现，信托制度本身也就失去了意义①。

上述两点是信托的最本质内涵，可以说，二者缺一则不称其为信托，要正确地分析认识信托功能，上述两个信托的基本含义将是最基本的出发点。

## 三、从信托功能认识的误区看信托功能的种类

### （一）对信托功能认识的两个误区

1. 将信托与证券、银行、保险并称

在提到信托时，人们往往将信托与证券、银行、保险等金融业务并称，更有人将上述四者

① http：//www. chinaxuexi. com/lunwen/jingjifa/2004/12/1503095931 - 3. html.

称为现代金融业的四大支柱。事实上，这里指的信托恐怕仅仅是金融信托，信托包罗万象，金融信托只是其中的一个重要组成类别而已。从法律关系、法律概念的角度看，与信托并称的应该是代理、委托或者公司制这样的概念，信托，首先是作为一种法律制度存在的。信托行为一旦实施，就意味着将产生如下法律后果：被交付的委托人的财产转化为独立的信托财产；信托财产独立于委托人的其他财产，委托人对该信托财产不再享有管理和处分的权利；受托人享有对信托财产的管理和处分权，同时也承担管理和处分信托财产并向受益人移交信托收益的义务。

经过长时间的耳濡目染，诸如证券、银行、保险、公司制度、代理制度这些概念在我国均有了较为深厚的社会基础，至少，在社会大众的头脑中，对这些概念所代表的功能均有所认识，如证券业务意味着股票或债券的发行和交易；银行业务意味着资金存贷和中间业务；保险意味着保险消费，公司则是可以用来组织配置资产和人员从事某一事业的制度，代理制度就更不用说，而信托意味着什么呢，信托究竟可以做什么，恐怕在社会大众的头脑中并没有一个哪怕是模糊的概念，这也是在作为典型大陆法系国家的我国，社会对信托难以接受的最现实、最表层的原因。

2. 我国目前对信托功能的理解和定位有失偏颇

在信托业管理层的大力倡导下，目前我国信托行业内普遍以“受人之托、代人理财”为发展业务的宗旨，社会大众也多将信托的功能定义为财产管理，即将财产交付给信托机构，获取理想收益。“受人之托、代人理财”，是指委托人将财产交付受托人的目的，是借助于受托人的专业知识和能力来管理信托财产，以使信托财产保值、增值，从而实现受益人的利益。在这种定位之下，受托人具备“能力和专业知识”是信托得以设立的前提条件，事实上，信托的功能并不仅仅取决于受托人的能力和专业知识，我们更应该从信托制度的层面上去认识信托的功能。

不可否认，财产管理是诸多信托功能中非常重要的一个，但“受人之托、代人理财”并不能全面和准确地描述信托的功能，这只是阐明了信托功能的一个具体内容，信托的一些功能，如财产隔离和保护避险功能、融资功能、中介功能等，并不需要或不特别需要受托人有很强的“能力和专业知识”，以在日本得到极大发展的贷款信托为例，在金融管理上与存款有相当大的类似性，贷款信托甚至可以成为存款保险的对象，从这个意义上讲，在贷款信托这一特定产品中，信托主要发挥融资功能，理财功能至少是被弱化了。这些功能能够得以实现，更多的是由于信托制度的存在，而非特定机构的理财能力使然。因此，如果过于倡导信托“受人之托、代人理财”的定位，不但会影响信托概念在国内的准确表达，更可能会导致整个信托行业，乃至社会大众对信托这一事物偏于狭义化，这样不准确的理解将直接影响信托功能的发挥，进而影响信托业在我国的健康发展。

### （二）信托功能的种类

在前文已阐述过的信托的定义、对信托功能认识的误区等内容的基础上，套用前面所述信托定义中的模式，从信托功能的角度，我们可以这样去理解信托，信托就是通过财产的转移来获取财产权益归属的安全、收益、继承、规范或者高效率的一种法律制度，这也就是信托的基本功能。信托的功能主要分为两类，一类是基于信托制度而形成的信托功能，如信托的财产隔离和保护避险功能、中介功能、保密功能和节税功能等；另一类是主要基于受托人的能力而形成的信托功能，如信托的财产管理功能、融资功能等，下面将对每一项具体的信托功能分别加以介绍。

1. 财产隔离和保护避险功能

信托发源于英国的尤斯制度，在尤斯制度中，第三人（受托人）扮演了至关重要的角色，土地捐赠给受托人之后，就处于一种特殊的独立状态，在这种状态下，国王无法干涉，土地的收益权属于教会（受益人），可以说，信托制度最初的功能就是对财产进行隔离和保护。在现代社会中，昔日的王权和《没收条例》早已不复存在，规避法律也已不可能成为信托的主要目的，现代法治国家也力图对此加以控制，但人们将其财产置于一种特别的保护之下的需求仍然存在，随着社会财富的增加，这种需求甚至在不断增长，经过长时间的演变后，由此抽象出的信托制度显示了强大的生命力，逐渐成为一种成熟的法律制度。从前面各国《信托法》对信托定义的分析来看，各国《信托法》都十分强调委托人将财产转移或委托给受托人的重要性，原因在于当财产转移给委托人后，财产的性质就发生了变化，成为信托财产。

信托一经设立后，信托财产就置于受托人名下，并处于一种免于任何来自内部（信托当事人）和外界的（如债权）干扰的特殊状态，在这种状态下，信托财产只为信托目的和受益人的利益而存在，委托人承担有限责任，委托人、受托人的债权人并无权对该项信托财产追偿，换而言之，财产一经设立信托，就受到了《信托法》的保护，信托的设立，为信托当事人排除了其财产遭受损失或流失的不确定性。这种制度特性，是信托这一事物具有生命力的根本和源泉，也是有别于其他法律关系的最主要特点。从这个角度上讲，信托的功能，首先是一种财产的隔离和保护功能。

信托的财产隔离和保护功能无论是在商事信托还是民事信托领域均有较为广泛的用途，如委托人将资金或其他财产设立信托对目标公司投资入股，则其投资受《信托法》保护，不因委托人、受托人的债务受影响；再如企业年金，这笔资金的作用在于企业退休职工的养老，对退休职工的福利和企业的稳定其意义不言自明。若企业经营不善或其他原因导致企业破产，如果这笔资金是属于清偿范围之内的，这样就使职工福利无法保障，也失去了当初设立企业年金的初衷。① 信托制度是解决这一矛盾的最佳方法，《信托法》中明确规定，设立信托后，委托人或受托人的死亡或者依法解散、依法撤销、宣告破产而终止，信托财产不属于清算财产。这样充分保障了受益人的权利，也由于信托制度的特殊性使信托财产具有最大的安全性。在民事信托领域，某自然人担心财产被自己的子孙挥霍、子孙不具备理财能力或者为其他亲戚占有等情况，设立一个信托，指定受益人即可解决这一问题。

2. 信托的财产管理功能

信托开始是作为一种规避现行法律规定，达到财产权或财产的收益权移转目的的一种制度安排，但随着信托的发展，货币等各类财产逐渐成为信托财产的重要形式，资本的天性是追求利润，信托财产也不例外，在很多情况下，信托财产的保值增值成为非常重要甚至是主要的信托目的，信托的财产管理功能，也就应运而生了。

从信托的发展过程中受托人的角色变化来看，也与上述情况相似，一开始，委托人只是借用受托人的名义，受托人并不需要动更多的脑力，采取更多主动的行动。随着信托制度的不断演进成熟，受托人逐渐变成了需要以自己的知识和经验、专业能力为信托财产进行投资决策的管理者，这就产生了新的信托功能，即信托的财产管理功能。现代信托设计从两方面满足了财产管理的追求，委托人将财产交付给受托人设立信托，往往是因为自己或受益人缺乏理财能力，而受托人则是受其信赖并富有经验的理财能手。随着现代信托业的兴起，信托的财产管理功能逐渐成为信托制度的一项基本功能，也可以说是信托特征最显著的功能。人们基于置产、保产、理财等各种目的，将财产交付于受托人，通过受托人合法依约营运，而使委托人的目的得以实现②。随着社会财产外显性和个人收入资产性的增强，信托的社会理财性已具有相当的基础，受托人也逐渐发展成为各个行业的专业财产管理机构，信托的财产管理功能得以空前扩张，并继续存在广阔的发展空间。信托的财产管理功能不仅具有可靠的法律保障，也具有坚实的市场基础，实际上，信托财产管理业务在成熟的市场经济环境中运用十分普遍，以美国为例，信托财产规模已经超过商业银行的资产规模，信托财产管理业务的市场容量与潜力由此可见一斑。我国目前的信托机构的专业性不强，信托财产规模也不大，但社会财富迅速增长，从这个角度讲，我国的信托理财市场确实大有可为。

3. 信托的融资功能

从信托的起源来看，一开始信托并不具备融资功能，或者说融资并非信托的目的，但随着信托的不断普及，信托财产，尤其是信托资金，开始向特定的受托人集中，信托事务，从原来委托人和受托人之间一对一的关系，越来越表现为多个委托人与特定受托人之间的多对一关系，

---

① 张雅楠：《信托法颁布实施后的中国信托制度体系研究》，载《中国信托研究》，2002（10）。

② http：//www. booksir. cn/gb/economy/show. asp？ id = 1763&mclass_ id = 4&sclass_ id = 118.

这时，信托的融资功能就出现了。需要特别注意的是，信托的融资功能是与信托财产管理功能的产生密不可分的，此类信托资金的性质，也多为谋求更理想的收益而得以聚集。

信托一经引入金融领域，就与货币资金的融通密不可分了，具体而言，信托的融资职能主要表现在：货币资金的筹集融通，如贷款、投资、购买和出售、发行有价证券等；物质上的融通和货币资金融通的相结合，如租赁就是融物与融资的结合；通过受益权的流通转让而进行的货币资金的融通，其中最主要的，当属资金的筹集功能，在日本信托业中，该功能表现最为明显，日本结合本国国情，对信托业务内容和经营方式作了新的开拓和发展，创办了信托银行，信托银行将筹集的资金转为长期资金，对工商业部门进行长期贷款，发挥长期融资职能。[①] 对日本经济的高速发展起到了重要作用。

在我国，信托融资在产业领域表现为项目融资形式，有确定的项目作为融资载体。根据我国《信托公司集合资金信托计划管理办法》的规定，信托公司可以发行集合资金信托计划。这就使信托具备了筹融资功能，客观上讲，使信托机构的业务再次具备了银行的特征，但当然也有不同，信托资金的来源与运用一般来讲是相对应的，并要对委托人和受益人进行严格的信息披露，期限上也不像银行贷款，不存在贷款展期的可能，到期后必须立即偿付，从这个角度来讲，信托贷款后期管理往往要比银行贷款更严格。另外，发行集合资金信托计划同发行企业债券、股票、银行贷款等传统融资方式相比，信托融资有限制条件少、融资负担小、时间短、见效快等特点。信托产品的设立主要取决于信托公司对相关项目投资、效益和风险等因素的判断，在设立时向中国银监会备案即可。

我国第一只集合资金信托产品是上海爱建信托投资有限公司推出的上海外环隧道项目资金信托计划，该信托产品就是利用信托集合运用信托计划资金，并以资本金形式投入外环隧道项目公司，由上海外环隧道项目公司用于外环隧道项目建设。从我国的集合资金信托产品构成来看，贷款类信托仍然为最主要的资金运用方式，由此也可以这样说，在我国目前的信托产品中，对信托功能发挥最为充分的就是信托的融资功能。

4. 信托制度弥补了公司制的一些不足，起到降低交易成本和提高商业效率作用

要正确地认识信托功能，就不能不重复地强调一点，即信托这一事物从诞生的那天起，就注定不是一种单纯的财产管理的金融工具或融资手段，信托的特殊性，在于它还负载了很强的制度性安排，是一种较为科学的事业组织形式，与公司制相比，信托具有独特的功能和经济价值。在美国信托业的发展过程中，为了回避法人从其他法人取得股份的禁止规定，作为设立手续烦琐的公司的代用品，TRUST（信托，音译则为托拉斯）被广泛利用，这种方法很快成为企业组合的一种手段，形式上的个别公司实际上使一个人可以支配一个企业集团，信托成为企业

---

① 金志：《国际金融信托概论》，上海，华东师范大学出版社，1999。

组合的代名词。这种组织形式的流行程度甚至使它走到了市场公平竞争的反面，以至于国家要制定“反托拉斯法”来进行对抗，不过这也反面印证了信托被运用的广泛和成功。

在公司制下，公司的经营者管理不当造成的财产风险和责任只能由股东来承担。比如上市公司高价收购大股东的资产，或通过日常经营中的关联交易转移公司利润等行为，这种操作有时显得较为隐蔽，或者不好区分界定，因此难以禁绝，不过都损害了小股东的利益。究其原因，我们可以说是因为“一股独大”，或者公司法中关于中小股东民事赔偿机制没有建立，但从另一个层次讲，这也是公司制的内在缺陷造成的。在信托制下，委托人和受托人在订立了信托合同后，将受益权分离给了受益人，把运用、管理、处分权分离给了受托人，受托人成为名义上的财产所有人，由受托人根据合同规定进行运用、管理和处分，同时要求受托人履行诚实、信用、谨慎、有效管理的义务，受托人对违反信托合同的过失行为承担过失责任，因此，在信托制下实现对经营者的法律约束成为可能。① 此外，信托还有一些特性优于公司制，如设立信托的条件相对于公司制更为简单明晰，更为宽松，由于信托财产的独立性和特殊性，与公司制下的财产相比较，其安全性还要高，相应地，经营稳定性也就要高。与信托制度一样，公司制也可以说是一种财产管理制度，信托制度在一定程度上可以弥补公司制度的缺陷，运用信托制度独特的法律安排以及财产管理的灵活性和创造性，与公司制相结合，使设计多种创新资本运作的方式成为可能，在资本运营的视角下，信托制度起到了降低交易成本、提高交易效率的作用。

5. 信托的中介功能

不可否认，信托制度起源于对法律的规避，但时至今日，规避法律已不可能也不应当成为信托的主要目的，尽管如此，在这方面信托仍发挥着自己独特的功能，比如信托的中介功能，往往可以避免现行法律对于社会利益所加的不合理负担与限制，从而使信托制度往往能够主动地对现行法律和社会进行改革。实际上信托的中介功能也源于信托所具有的强烈的制度安排特征，因为信托中介功能在信托实务中得到了较为广泛应用的缘故，因此单列一类进行论述。

信托的中介功能，在实际操作中多体现为定向委托业务，即在大多数情况下，由委托人指定投资方向，仅仅借助受托人名义进行规范的资金或财产集合，并使财产能够在信托制度下得到保障，受托人并不实际参与投资项目的日常经营，通常在所订立的信托合同中也约定免除受托人自身的管理责任。如通过信托可以由受托人代公司高管、技术骨干或内部职工持股；代为设立有限责任公司；定向信托贷款、表决权信托等。设立一个信托作为中介，可以起到规范操作，或规避一些法律限制的作用，如近两年市场规模很大的银信合作业务，资金来源和项目两头在外，就是一种典型的中介业务。虽然信托公司在这种业务中并没有做更多主动性的工作，但对这个问题，我们应当站在更高的高度上去认识，这实际上是信托制度在为我们的经济提供

① 王艳梅：《信托的功能——资本运营视角下的探析》，载《当代法学》，2004（5）。

更多的弹性，这种弹性的存在，是市场自发形成的，这相对于我们集权性质的金融体制而言，究竟意义如何，是值得深思的。再如通过资金信托的形式，委托人将所有权让渡于受托人，受托人以自己的名义进行集中投资，可以突破成立有限责任公司不得超过50人的限制，从而解决了持股主体人数限制的问题；此外，运用信托财产的相对独立性，信托公司是以自身的名义对外进行投资，也可以解决一般性公司持股模式受净资产规模限制问题。同时，也规避了一般性公司持股模式面临的持续经营问题①。

6. 信托的保密功能

我国《信托法》第二条规定："……由受托人按委托人的意愿以自己的名义，为受益人的利益或者特定目的，进行管理或者处分……"第三十三条规定："……受托人对委托人、受益人以及处理信托事务的情况和资料负有依法保密的义务。"由上面的法条我们可以看出，信托设立后，委托人似乎就退到了台后，受托人是以自己的名义对信托财产进行管理和处分，并依法履行对委托人和受益人的保密义务。因此，信托具有保密功能，当委托人不方便或不愿意以自己的名义出面处理财产时，就可以设立信托解决这一问题。信托的这一功能较为容易理解，十分直观，因此，在信托实务中也常有运用。

7. 信托的节税功能

信托可以使用有利的税率，也可以被用于推迟纳税，以此达到节税的目的②。由于信托制度的独特性，从委托人设立信托到受益人享受信托利益，中间除很有限的管理费之外，中间几乎没有任何环节，因此产生"导管"效应，不会因税赋造成财产流失，美国惠普公司的主要股东席位就是几只信托基金③，这些基金正是创业者留给自己家族的财产。根据税赋无增减原则，信托财产的多次转移，也不会造成多次纳税，根据税法原理，管理信托财产所产生的费用可以在税前列支，合理地延迟了纳税。我国尚无专门完善的信托税法，对信托收益所得并无税收规定。一个明显的例子是，我国对银行储蓄曾经征收20%的利息所得税，而当时委托人购买信托产品获取信托利益可以省去利息税。因此，信托制度应当并实际上具有独特的节税功能。

8. 信托对发展社会公益事业的作用

我国《信托法》第六十条规定，为了下列公共利益目的之一而设立的信托，属于公益信托：救济贫困；救助灾民；扶助残疾人；发展教育、科技、文化、艺术、体育事业；发展医疗卫生事业；发展环境保护事业，维护生态环境；发展其他社会公益事业。第六十一条规定，国家鼓励发展公益信托。随着经济的发展和社会文明程度的提高，越来越多的人热心于学术、科研、教育、慈善、宗教等公益事业，纷纷捐款或者设立基金会，但各基金会在运作中存在两个普遍的

---

① http：//www. zgjrw. com/News/2005413/Frust/976417343200. html.

② 张天民：《信托税制研究》，摘自信托法律事务网，2006－04。

③ 尹朋：《信托——风行世界的财产管理制度》，载《理财周刊》，2002（71）。

问题：一是由于对基金会缺乏有效的管理与监督机制，公益基金往往没有用于捐助其章程欲达到的目的，而移作他用；二是由于基金会的理事多为社会知名人士和文化人士，缺乏理财的专长，难以使公益基金保值和增值，以致影响了事业的继续与发展①。若采用公益信托的形式加以管理，将基金委托给专业的信托机构去经营，不仅能有效地使基金资产保值和增值，而且可以加强对基金使用方向的监督，从而有利于公益事业的发展。

## 四、从信托功能角度分析如何改进我国信托法律法规及规章

### （一）完善《信托法》中对信托的定义

1. 财产的隔离和保护避险功能是信托制度的基本特点，是重要的信托功能，但我国《信托法》的定义直接影响了这一功能的发挥

我国属大陆法系，承受的是罗马法上“一元所有权”观念，对所有权实行严格的一物一权主义，即在一物之上只能有一个所有权，不能形成双重所有权，财产所有人对其财产享有的所有权，可以依法排斥他人的非法干涉，不允许其他任何人加以妨碍。而信托起源于英美法系，英美国家将信托财产上的权利一分为二，普通法上的所有权属于受托人，衡平法上的所有权属于受益人，也即受托人是信托财产的名义所有人，而受益人则是信托财产的实际所有人或信托财产的利益所有人。大陆法系国家在立法上解决这一问题的办法，一般是规定委托人向受托人移转财产。在多个国家和地区的《信托法》定义（见表1）中也可看到诸如此类的表述，如日本《信托法》的“办理财产权的转移”；中国台湾“信托法”的“财产权移转”；海牙国际私法会议《关于信托的法律适用与承认公约》的“将财产转移于受托人的控制之下”等。

在我国《信托法》中，对信托的定义是这样的：“本法所称信托，是指委托人基于对受托人的信任，将其财产权委托给受托人，由受托人按照委托人的意愿以自己的名义为受益人的利益或特定目的，进行管理或者处分的行为。”正如上面所分析的，大陆法系国家解决双重所有权问题的通行做法是规定委托人向受托人移转财产，而我国《信托法》在表述这一问题是所用文字为“委托给”三字，一般来说，“委托”多用于行纪和代理关系中，即一方（行纪人或代理人）接受另一方（委托人）的委托，以自己或委托人的名义，为委托人的利益行事。无论是行纪还是代理，与信托都有本质的区别，即行纪和代理关系均不转移财产的所有权，所有权与受益权不产生分离，都归属于委托人，而信托关系则必须以财产权的转移为成立要件，且所有权与受益权发生分离，所有权归受托人所有，利益则由受益人享有。因此，“委托”一词非但没有揭示

① 王连洲、李诚、焦亚尼：《信托立法迫在眉睫》，载《证券时报》，2001－04。

信托的本质属性，而且混淆了信托与行纪、代理等法律关系的界限，是不科学的，而“给”的提法更是有欠规范。[①]

由于财产权的归属存在疑问，在一些诉讼和执行过程中，信托财产的独立性往往得不到法院应有的承认，使信托的隔离和保护避险功能得不到发挥，也直接影响法律的权威性。信托制度发源于英美法系，其特性决定了大陆法系民法的传统架构很难将其完全包容，我们既然已决定将其移植到国内，就应该按照它内在的法律属性清晰地定义它，从而将信托同其他法律关系区别开来。我国大众对信托的概念和性质的认识本就非常模糊，立法上更应该讲究用词的准确和明晰，像“委托给”这样的定义用词直接妨碍了社会大众对信托的理解，从而影响了信托业在我国的健康发展。因此，建议将我国《信托法》中关于“将其财产权委托给受托人”的提法明确为“将其财产权移转于受托人”。

2. 建议去除信托定义中关于“信任”的表述

通过表1中的比较，我们不难发现各国对信托法的定义还有一个区别也十分有趣，如在中国《信托法》和美国《信托法重述》中均提到信托定义中提出基于“信赖、信任”的问题，而日本和中国台湾的《信托法》则没有。如何认识这个现象呢？从《信托法》的起源来看，在英国，最早的信托都是无偿的，委托人委托受托人管理和处分信托财产，处理各种信托事务，只能是基于私人友谊或对受托人品格的信任，但在这种形式下也容易产生各种纠纷甚至诈骗，因此，英国政府开始推行官选和官设受托人的制度，并颁布了《官立信托局条例》和《官立信托局取费章程》[②]，信托从民间无偿走向官方有偿，官选受托人由法院选任，被选定的受托人要向法院提供担保，受托人处理信托事务对法院负责，法院对被选定的受托人监督甚严，不像法院对普通受托人的监督那样松。目前在我国，资金信托业务也只能由信托公司开展，并且信托公司要接受银监会的严格监管。

受托人从无偿走向有偿，意味着受托人不再像以前那样是基于崇高的道德为委托人处理信托事务，而是在向委托人提供一种有偿的信托服务，其基本出发点是为了获取信托报酬，是为了经营获利，从这个过程可以看出，委托人如果选择官设受托人，则在某种程度上已经不再是基于对受托人道德意义上的信任，而是基于对信托法律制度、信托行业监管或者受托人经营状况的一种判断，或者说是对其所处社会的整个信托行业的信任，对家庭信托尤其是这样，因为相当部分的委托人可能并不指望受托人能够在财产的增值方面有所作为，而只是希望财产能够保值并按自己的预想进行财产分配。受托人一经签订信托合同，则必须履行其作为受托人的法律义务，与其道德品质和专业技能无关。在没有信托法的国家，委托人要实现信托功能，往往

① 邹颐湘：《从中日信托立法差异的比较看我国信托法的不足》，载《江西社会科学》，2003（3）。

② http：//www. 51ting. com/channel/economy/xtsj/xtsj040602. htm.

只能找大型并且财务状况良好的机构，如将银行作为受托人，而在有信托法的国家，个人作为委托人的情况相对就更多见，这就从另外一个角度证明了因对受托人的信任而设立信托的因素正在逐渐淡化。从信托的历史和功能看，其最基本的含义包括两个方面，一是信托财产的转移，主要是所有权的转移，也可能是其他处分，如在财产权上设定用益物权或担保物权；二是受托人对信托财产的管理、处分，这都是信托的最本质内涵。可以说，以上两个方面是信托成立的关键因素，而是否信任受托人则有越来越淡化的倾向，人们设立信托，更多的是基于对信托法律制度的了解和认识。

因此，建议在信托的定义中取消“委托人基于对受托人信任”的表述，强调该强调的东西，淡化应淡化的，以适应信托的发展，并有利于社会对信托的理解和发展。

### （二）建立、完善信托登记制度，保障信托财产隔离和保护避险功能

在信托实际操作当中，除了因法律规定需要进行信托登记的信托财产外，信托登记的作用实际上较为有限。根据《信托业务会计核算办法》的规定：委托人应在原对应的会计科目下，增设信托财产明细科目核算，并设置备查账簿进行登记，并在会计报表附注中披露信托财产的性质，资产负债表日的账面价值或余额，当期期末计提的减值准备，当期计提的折旧或摊销金额等。也就是说，信托财产在企业的会计账册中已有较为明确的体现，此外，动产信托的设立往往是已转移对信托财产的占有为前提的，因此，信托财产的性质较容易被第三方所知。从国际上看，英美信托法并未规定信托公示制度，大陆法系的日本《信托法》则有此规定。

为此，在以记名有价证券和不动产为代表的财产形态为标的物设立信托时，信托登记还是十分重要的。法律有必要在保证信托财产独立性的同时，切实保护交易第三方的利益，在这方面，信托登记制度可以起到非常重要的作用。信托登记，可以使交易第三方能够通过一定方式、途径了解到有关财产是否已设立信托，保证第三方的交易安全和交易效率，确保第三方免受无谓的损失，从而平衡受益人和第三方的利益关系。我国《信托法》第十条规定：设立信托，对于信托财产，有关法律、行政法规规定应当办理登记手续的，应当依法办理信托登记。这是因为，信托一经设立，财产权就实现了向委托人的移转，像货币资金、动产这样的财产可以通过转移占有来实现财产权移转，但有一些信托财产，如有价证券、不动产，则无法简单地转移占有，解决财产权移转的手段就是办理信托登记，只有办理了登记，才能保证信托财产的独立性，确保信托财产隔离和保护避险功能的实现。

我国信托对信托登记制度的规定不十分明确，容易让人产生误解。首先，我国《信托法》规定，对于信托财产，有关法律、行政法规规定应当办理登记手续的，应当依法办理信托登记。在法条中出现了两个“登记”，但是含义并不相同，因为在《信托法》出台之前乃至到目前为止，其他法律或行政法规中并没有对于信托财产办理登记手续的规定，甚至不存在所谓的“信

托财产”，这种“登记”，我们可以理解为是指有价证券和不动产在办理质押手续时应在登记机关所做的登记，但这种登记和信托登记是不相同的，信托登记必然意味着财产权的移转，但质押登记仅是对质押事项进行登记。

此外，我国《信托法》中对信托定义本身就不太明确，即财产权到底是否要进行移转并不明确，仅仅是用“委托给”这样的字眼进行了模糊描述，在这种前提下，信托登记的规定就显得更加不明确了，在具体的操作中，是按质押登记的方式办理信托登记，还是按照信托的应有之义进行信托登记？什么才是规范的信托登记？企业按照《信托业务会计核算办法》在财务报告和备查账簿中所做的登记是不是信托登记？这些问题都十分模糊。

日本《信托法》第三条规定：“对应登记或注册的财产权，如不登记或注册，其信托不得对抗第三者。有价证券信托须按敕令之规定，在证券上标明其为信托财产，股票及公司债券如不在股东名簿或公司债原簿上标明其为信托财产之意旨，则不得以此对抗第三者。”与日本《信托法》关于信托公示的规定相比，我国《信托法》的规定有欠准确和具体，这给信托的实际操作带来了很大的麻烦，可能是基于以上原因，直接进行股权信托和不动产信托的做法并不多见，操作起来的难度也比较大。因此，建议我国的《信托法》应对信托登记进行更为具体的规定，如明确指出股票、股权、不动产的信托登记所应采取的方法。

此外，一个信托的设立存在许多要素，信托功能也有很多种类，缺少一个要素，并不一定意味着信托功能的全部丧失，我国《信托法》规定，如应登记而不进行信托登记，则该信托不产生效力，这种表述有些欠妥，信托登记这一要素的不完备，应仅仅对应着不可对抗第三者这样的信托功能的丧失，并不应意味着信托的无效，因为随着信托的无效，所有的信托功能均将随之丧失，如受托人以此为由不履行忠实、谨慎和注意义务，并使信托财产遭受损失，这显然是不妥当、不科学的。按日本《信托法》的规定，信托的登记和注册只会影响信托的外部关系，即信托与第三人的权利义务关系，对信托的内部关系则没有影响。对已经登记和注册的信托财产，可以对抗第三人，即信托关系人可以对第三人主张信托关系存在；应公示而未公示的信托财产，则不得对抗第三人，即信托关系人不得向第三人主张信托关系存在。因此，建议我国《信托法》在这一点上向日本的《信托法》学习，即如信托财产应登记而未登记的，不再规定信托无效，而仅规定不得对抗第三人。

### （三）完善信托财产不得强制执行的规定，保障信托财产隔离和保护避险功能

《信托法》第十七条规定：“除因下列情形之一外，对信托财产不得强制执行：（一）设立信托前债权人已对该信托财产享有优先受偿的权利，并依法行使该权利的；（二）受托人处理信托事务所产生债务，债权人要求清偿该债务的；（三）信托财产本身应担负的税款；（四）法律规定的其他情形。”此外，我国《信托法》第四十四条明确规定：“受益人自信托生效之日起享

有信托受益权。信托文件另有规定的，从其规定。”我国《信托法》并未界定受益权是属于债权或物权，仅简单规定受益人因信托的成立而享有受益权，因此，只要有关的信托行为一旦生效，被指定的受益人无须作出任何表示，即当然的取得受益人身份，在英美法下，受益人享有实质上的所有权，衡平法下即视受益人为信托财产的所有人。

根据《信托法》对信托财产虽然不能直接强制执行，但在实际操作中，却出现过法院对受益人的信托受益权进行冻结、查封、执行的情况，而在自益信托（即委托人与受益人为同一人）的情况下，这种冻结、查封和执行名义上是对信托受益权，实际上的对象也就是信托财产，这在很大程度上影响了信托财产的安全性和独立性。因此，建议在《信托法》中直接加入信托受益权不得强制执行的规定，至少应规定对一些因特殊目的设立的信托（如为慈善事业而设立的信托），其信托受益权不得强制执行，以切实维护信托财产的安全性和独立性。

### （四）信托融资功能在《信托法》中的不足

在目前我国信托业务的实际操作中，信托的融资功能得到了最为广泛的应用。按照《信托公司集合资金信托计划管理办法》中的规定，信托公司发行集合资金信托计划，签订信托合同总数和每份合同的金额都有一定的限制和门槛。从这些规定分析，管理层提高每份信托合同金额的目的十分清晰，也体现了一种信托为“富人”理财的定位。

1. 信托合同上限及认购门槛问题

从我国信托业发展的实际情况来看，集合资金信托计划的资金使用方式多为贷款，信托贷款的投向多数是收益较为稳定的基础建设类项目，或者是收益前景良好的房地产项目，并且往往匹配强有力的第三方担保措施，单次筹资需求一般较大。换而言之，至少从现阶段来看，信托投资的风险并不大，相应的收益也不算高，约在7%～9%，这种特征的投资，可以说与信托为“富人”理财的定位并不相适应，因为按照法规制定者的思路，“富人”是有较多富余资金，具有一定风险承受能力的投资人。相反，目前市场上存在的众多贷款类信托是一种特别适于向社会广大人民群众推出的理财产品，但由于有合同份数的限制，信托公司不得不提高投资门槛，这一方面加大了信托公司的产品销售难度，有时会导致发行失败，开发信托产品的前期投入也付诸东流，许多风险小的基础建设项目、市政项目得不到及时的融资支持；另一方面也使广大中小投资人难以参与一些稳健的信托计划。实际上，现行法规所引导的富人理财的局面，是一种十分尴尬的无奈选择，不过富人理财最好不要从法律法规上去引导，而应由市场自然形成。对项目的风险控制，对委托人资金的保护，更多地应正视现实。对融资类项目，一定要强调信托公司的风险承受能力，明确这类项目出现问题，信托公司应当承担赔偿责任，或者从净资本额度的角度去控制这种风险。

总而言之，目前信托融资功能处于一种不尽和谐的状态，从现有法规限制理解，信托理财是为有一定经济实力和风险承受能力富人服务的，但从实际的市场情况来看，普通投资者对信托理财的热情较高，信托机构从社会责任上也应当为这类客户去提供服务。在现行法规下，虽然可以通过提高投资下限来解决融资规模问题，但从逻辑上讲，针对贷款类项目，放开合同上限，并明确信托机构赔偿责任更合乎情理。在立法上不要急于在市场经营的细节上给信托机构过多的限制，在加强定量监管的前提下，交给市场更多的调节空间才是最佳选择。

2. 信托公募问题

《信托公司管理办法》规定，信托公司不得对其信托产品进行广告宣传。这样一来就限制了信托只能以私募的方式进行，严重约束了信托业的发展。据了解，在国际上信托产品公募较为普遍，我们在信托业的实际操作中也深刻地认识到，信托的公募与私募是两种完全不同的信托产品，目标客户不同，产品的特性也不同，二种产品互为补充，相辅相成，缺一不可。建议放开信托的公募渠道，形成较完善的信托市场。信托私募是立法者鉴于金融安全的考虑，但实际上，如果信托能够公募，信托产品的流动性问题也会相应得到解决，而金融产品的流动性又反过来直接影响了产品的安全性，一个有着充分流动性的金融产品，本身就意味着产品风险的降低。立法工作对专业领域的研究和辩证思维的引入亟待加强。

3. 信托机构设立分支机构的问题

目前信托公司不得设立分支机构和营业网点。这种规定强化了对信托公司的风险控制，但信托业要成为现代金融的支柱之一，要作为一个产业参与全球性的竞争，不能设立分支机构和营业网点的规定只能是暂时的和过渡性的规定。一个金融机构如果不能设立分支机构，没有营业网点，它就不能形成规模经济，就不能为客户提供全方位的服务，最终必然导致在激烈的市场竞争中处于劣势，对行业的发展极为不利。①

### （五）完善信托法律法规和规章，强化信托的财产管理功能

如前文所述，信托最本质的内涵有二：一是信托财产的转移，二是受托人对信托财产的管理、处分。信托一经设立，信托财产完成转移后，受托人对信托财产的管理和处分，也就是财产管理，就成为最重要的事情了。我国目前私人财富的管理还比较分散，无论是对个人还是社会而言，这都意味着低效率和巨大的资源浪费，因此，我国信托法律体系重要的立法目标在于建立一套完善的财产管理制度，使社会财富通过信托的这一途径得以聚集、运用、分配。

1. 受托人对受益人的义务和责任，是实现财产管理功能的基础

一般说来，受托人对受益人负有以下几方面的基本义务，如果违反这些基本义务而造成信托财产损失，都应承担无限赔偿责任：第一，忠实义务，即以受益人利益为处理信托事务的出

① 程红：《完善信托法律体系的几点建议》，载《深圳特区报》，2003－06。

发点。包括两方面：一是受托人不得置身于信托财产利益与其自身利益彼此冲突的地位；二是受托人处理信托事务时，不得自己得利，也不得使第三方获得不当利益。第二，注意义务，即受托人应尽善良管理人的注意义务，像处理自己的事务一样处理信托事务。这在金钱信托中尤为重要。如果受托人随意将信托财产投入高风险、高投机领域，有可能给受益人造成重大损失。第三，分别管理的义务。因为信托财产的独立性，其并不属于受托人的自有财产范围，所以受托人理所当然应将自己的固有财产与信托财产以及受托管理的多个信托财产分别进行管理。这可以防止受托人滥用权利给受益人造成损失或对不同的信托财产给予不公平的待遇①。

我国《信托法》第四章“信托当事人”中的“受托人”一节，对受托人的义务作了较为详细的规定：受托人应当遵守信托文件的规定，为受益人的最大利益处理信托事务。受托人管理信托财产，必须恪尽职守，履行诚实、信用、谨慎、有效管理的义务；受托人除依法取得报酬外，不得利用信托财产为自己谋取利益。受托人违反规定，利用信托财产为自己谋取利益的，所得利益归入信托财产；受托人不得将信托财产转为其固有财产。受托人将信托财产转为其固有财产的，必须恢复该信托财产的原状，造成信托财产损失的，应当承担赔偿责任；受托人不得将其固有财产与信托财产进行交易或者将不同委托人的信托财产进行相互交易，除非信托文件另有规定或者经委托人或者受益人同意，并以公平的市场价格进行交易，等等。

在同一章中的“委托人”一节，在规定委托人权利的同时对受托人相应义务也作了规定：受托人违反信托目的处分信托财产或者因违背管理职责、处理信托事务不当致使信托财产受到损失的，委托人有权申请人民法院撤销该处分行为，并有权要求受托人恢复信托财产的原状或者予以赔偿；该信托财产的受让人明知是违反信托目的而接受该财产的，应当予以返还或者予以赔偿。撤销处分行为的申请权，自委托人知道或者应当知道撤销原因之日起一年内行使；受托人违反信托目的处分信托财产或者管理运用、处分信托财产有重大过失的，委托人有权依照信托文件的规定解任受托人，或者申请人民法院解任受托人。受托人如违反了上述法定义务，委托人、受益人则有权向人民法院提起行使撤销权、请求赔偿权、利益归入权、解任受托人权等诉讼②。受托人则必须承担《信托法》上的相应民事责任。

从我国《信托法》的有关规定来看，委托人、受益人还可以就以下事项向人民法院提出诉请：一是申请撤销其债务人设立的损害其利益的信托（第十二条）；二是因信托财产的强制执行而向人民法院提出异议（第十七条第二款）；三是受益人依法行使权利，与委托人意见不一致时，可以申请人民法院作出裁定（第四十九条第一款）；四是公益事业管理机构违反《信托法》规定时，可以向人民法院起诉（第七十三条）。

---

① 邹颐湘：《从中日信托立法差异的比较看我国信托法的不足》，载《江西社会科学》，2003（3）。

② 《信托法上的民事责任》，载《中国证券报》，2004－11－18。

信托是为受益人利益而设立的，但在信托设计中，受益人对信托财产是没有权利进行管理处分的，其信托利益能否实现主要依赖于受托人，因此只有通过对受托人课以较重的责任，才能促使其更好地履行对受益人的忠实义务、注意义务和分别管理义务及其他法定或约定的义务，从而更有效地保障受益人的利益。在我国信托法律体系中，对受托人的义务规定还是较为详尽的，不仅有受托人应“恪尽职守，履行诚实、信用、谨慎、有效管理的义务”这样的一般性规定，也列举有几种具体情况，如“受托人不得将其固有财产与信托财产进行交易或者将不同委托人的信托财产进行相互交易”，基本能够满足信托业目前的实际需求。

但有两点值得注意。第一，由于信托的财产管理功能越来越体现为专业理财，因此，应在我国《信托法》中受托人注意义务的立法上区分一般和专业受托人的注意义务标准，专业受托人应当承担更高的注意义务是各国法院的共识。例如，英国法官 Bringtman J. 在审理 Bartlett v. Barclays Bank Trust Co. （NO. 1）（1980）时认为，因为专业受托人自称是财产管理方面的专家，仅仅期望他们像一般谨慎的人那样，恐怕是不现实和不合理的，必须按照他们的技能和职业标准来判断他们的所作所为。美国的《统一谨慎投资人法案》第 2 条（f）款规定“如果受托人拥有特殊的技能或专业能力，或者委托人因信赖受托人表现出来的特殊技能或专业能力而任命其为受托人，受托人就有义务在管理信托事务时运用这些特殊技能或专业能力”。需要注意的是，该法案的起草小组认为专业受托人的这种义务不因信托的大小而有减轻，因为委托人如果认为受托人的责任可以减轻，该法案规定委托人可以通过约定降低受托人的谨慎义务标准。早在《信托法重述》第 2 版中就明确了专业受托人应当承担更高的谨慎义务，美国的案例也显示出专业受托人应负有更高义务的强烈倾向①。建议我国《信托法》应当在专门规定注意义务的法条的第二款参照《统一谨慎投资人法案》对一般和专业受托人加以区分规定。第二，在有关信托交易机会与受托人关联交易的规范目前仅见于作为行政规章的《信托公司管理办法》，其适用范围会受到较大限制。根据《信托法》，信托行为不一定只发生在信托从业者身上，非信托从业者也可以办理信托，这表明信托从业者的忠诚义务种类和范围与非信托从业者作为民事信托受托人的忠诚义务的种类和范围是有差距的，这些为受益人利益，尤其是非信托业者担任民事信托受托人时受益人利益的保护留下了巨大的法律漏洞，使受益人利益隐藏着巨大风险。

2. 关于信托理财的风险问题

正如上面所讲到的专业受托人的注意义务应高于一般委托人的道理，委托人将信托财产交付给专业受托人，往往是基于对专业受托人专业水准的信任，而我国《信托法》规定：受托人违反信托目的处分信托财产或者因违背管理职责、处理信托事务不当致使信托财产受到损失的，委托人有权申请人民法院撤销该处分行为，并有权要求受托人恢复信托财产的原状或者予以赔

---

① 卢晓亮：《关于我国发展房地产投资信托的法律分析》，信托法律网，2005。

偿。这就产生了一个问题，即对于专业受托人来讲，如果信托财产发生了收益率下降或蚀本的情况，如何判断是否是因其管理不当而出现的呢？这在实际操作中是十分难以区分的，在相当多的情况下，信托财产遭受损失时，是不可能明确专业受托人所应负的责任的，换言之，在相当多的情况下，委托人的本金和收益可能得不到客观上的任何保证。

目前我国投资市场尚不够成熟，一方面整个社会可以用来投资的资金总量已经积累到一定程度，另一方面社会投资人的风险承受能力还较为有限。在这种客观的市场环境下，当信托财产遭受损失，却又不能确定专业受托人是否有违背管理职责、处理信托事务不当的行为时，这个损失应由专业受托人来承担，至少，不应由委托人来承担，如果大面积或较多的发生由委托人承担损失的情况，对目前我国的社会投资力量的形成将是极大的伤害。实际上，对于一个具体的理财市场或者具体的理财机构来说，并不存在一个是否应保证本金或保证收益的问题，整体而言，理财市场在客观上存在一个从保本、保收益逐渐发展到不保本、不保收益的渐进的发展过程，退一步讲，在一个成熟的市场中，保本、保收益的产品与不保本、不保收益的产品也应该是同时存在的。目前发行的信托产品中大部分都属于贷款信托，委托人的收益可以根据贷款利率和发行成本进行倒算，绝大部分贷款信托都有相当可靠的担保，这实际上就是对委托人的收益间接地作出了保证，而当信托公司的控股方或关联公司为信托贷款的偿还提供担保时，不允许向客户保证本金和收益的法律规定更显得苍白，因此，在这种情况下，不允许受托人保证本金和收益是毫无意义和不尊重客观事实的。

目前的信托赔偿准备金制度在某种程度上起到了保证本金不受亏损或保证收益的作用，当信托公司在主观上愿意就信托财产的损失向委托人和受益人进行赔偿时，找出一条赔偿的理由并非难事。因此，与其这样含混的规定让人钻空子，不如进行明确地、有操作性的规定去引导受托人进行规范、合理的保本和保收益，比如市场自然形成的结构类证券信托产品就可以解决这一问题，并且在保本或保收益的保证资金来源上也能够做到广开财路，在促进民间投资的规范化的同时，也可能激发民间投资的数量增长，达到双赢的局面。而按现有的规定，信托公司的保本保收益资金，只能来自于自身的税后利润，来源窄自不必说，关键还在于难以保证在确实该由信托公司进行赔偿的时候能否有能力去赔偿，目前一个信托产品的规模动辄上亿元，赔偿准备金的数量级与信托产品的数量级相差很大，实际意义可能较为有限，此外，这样的保证模式对民间投资也不可能有太大的带动作用，守尚不足，攻必不能。由此微小的规定，即可看出法规制定对实际经营活动影响之巨大，亦反证在我国信托法律体系中，可能存在大量的细节值得探讨。

应尽快建立集合资金信托计划的风险评级机制，在机构设置上可以与企业债市场的评级机构相重合，或由当地监管部门负责，从目前的市场情况来看，当地监管部门完全有能力对市场上推出的各类资金信托计划进行综合评级，这样也便于投资人进行选择比较，从而降低发生金融风险的可能性。

### （六）从信托法律角度促进信托中介功能的发挥

如前面所论及的，信托中介功能在实际的操作过程中，往往具备定向的特点，即信托设立后，投资方向均由委托人确定，受托人只是代办手续，投资收益也按委托人的指令处置，基于该种前提，信托合同中往往约定免除信托机构的管理责任，该类业务风险小，收益相对也较低，委托人往往是内部人或行业专家，委托人并非是想通过设立进行财产的保值增值，而是看重信托所具备的规范性和安全性；信托所投资的项目也可能并不缺乏资金来源，而只是为规避公司法的某一限制。因此，在这种情况下，信托的融资功能、财产管理功能均显得无关紧要，但在目前的法律环境下，要设立中介型的信托，实现信托中介功能，仍然要受到一些不尽合理的限制，如信托资金在集合的过程中仍需要遵守 5 万元的下限规定，受托人的管理责任需要通过信托合同的约定来免除，这往往容易引起纠纷。

建议在《信托法》或相关信托法规中明确：如果信托业务明显具备定向和中介的性质（如符合投资方向和具体投资决策由委托人确定，投资收益的分配方案由委托人确定等条件），则将该类信托业务界定为中介型信托，此类信托的受托人对信托财产的盈亏不负任何管理责任。此外，对中介型的集合资金信托业务而言，也不应设立信托资金的下限，以此鼓励民间投资活动。

在某种程度上，中介型信托业务的具有消极信托的特点，一些不法资金也可能因此通过设立信托进行洗钱活动。有些中介型信托往往存续时间比较长，在这一过程中，比较可能发生信托当事人的变更，在我国目前的信托法律法规中，关于受托人和受益人的变更均有较为明确的规定，但并未对委托人的变更情况作出规定，事实上，委托人的变更也是实际操作中经常出现的情况，在自益信托中这一问题表现得尤为突出，如委托人想退出某一信托，并转让给他人，只能通过受益人的变更或中止原合同来操作，退出转让不彻底，手续也很烦琐，而直接进行委托人变更则省却了这一麻烦，建议在《信托法》中应加入委托人变更的相关内容。

### （七）处理好与其他法律的冲突，更好地发挥信托保密功能

根据《信托法》，信托财产的财产权会因信托的发生“委托给”受托人，并由受托人以自己的名义进行管理，因此，信托在实际操作中，存在一个匿名的问题，即以受托人名义进行的投资活动可能并不是以受托人自有资金进行的，而是以信托资金进行，并代表着受益人的利益。在我国《信托法》第二十五条第一款规定：受托人应当遵守信托文件的规定，为受益人的最大利益处理信托事务。第三十三条第三款规定：受托人对委托人、受益人以及处理信托事务的情况和资料负有依法保密的义务。如在上面所述的金信信托收购伊利股份国有股权进行 MBO 这一案例中，根据《信托法》，金信信托并没有向市场披露终极收购人的义务，反而有保密的义务。

但我国《证券法》第三条规定：证券的发行、交易活动，必须实行公开、公平、公正的原则，证券监管部门也要求上市公司应对收购方的实际控制人进行终极披露。很显然，《信托法》和《证券法》在这里发生了冲突。

在这一冲突中，还是应遵从《信托法》的保密约定，以伊利股份违法实施 MBO 为例，在这个过程中，信托只是发挥了其中介功能和保密功能，而这些功能的实现，伊利股份管理层即便不通过金信信托公司操作，而通过注册多家空壳公司进行腾挪的通用伎俩，也不难达到。在信托的财产隔离和保护功能方面，在伊利股份的案例中，收购资金的来源是挪用上市公司国债回购套现所得。根据《信托法》第十一条的规定，“委托人以非法财产设立信托的，信托无效”，也就是说，信托并不会为非法财产提供保护。此外，如果上市公司是以增持股份为目的，根据证券法规，在达到一定持股限制时应予以公告，而《信托法》也规定，信托目的违反法律、行政法规或者损害公共利益的，信托无效。因此，无论是根据《信托法》还是《证券法》，在增持股份的时候都是应予以公告的，某种程度上还增强了整个事件的公开性。

换言之，在证券市场收购活动中，整体而言，信托的引入并不会与证券市场的游戏规则相冲突，匿名问题也并非由信托带来。在 2004 年 10 月，中国银监会、中国证监会联合颁发了《关于信托公司开设信托专用证券账户和信托专用资金账户有关问题的通知》，其中规定信托公司在运用信托资金进行证券投资时，应使用单独开设的信托专用证券账户和信托专用资金账户，账户名称中应含有信托公司及具体信托业务的名称，因此，信托的引入不仅不会给证券市场带来不公，反而将匿名问题在某种程度上公开化。反过来讲，如果强制信托公司披露委托人和受益人信息，非但不能解决证券市场上的匿名问题，反而却使《信托法》的保密功能受到影响。

### （八）信托立法如何促进发展公益事业

“公益信托”一词，对绝大部分人来说，还是一个陌生的词汇，老百姓的认知度低，是因为见得少，自我国《信托法》颁布至今，市场上推出的公益信托产品可谓凤毛麟角、寥若晨星。实际上，公益信托在英美国家是慈善最主要的工具，在我国台湾，台塑集团董事长王永庆以委托人身份，将持有现金与股票等，委由“中央信托局”成立“公益信托王长庚社会福利基金”，以向不特定的原住民及弱势族群或团体等提供经费补助①。这是台湾岛内民企老板最大一笔公益信托基金。目前我国公益信托产品匮乏的情况是一种极不正常的现象，并不是社会没有这个需求，原因很多，值得深思，公益信托法律制度的不完善算是一个。

1. 公益信托发展不力的法律制度原因

我国《信托法》第六十一条规定：“国家鼓励发展公益信托。”态度虽然是鼓励，但缺乏具

① http：//www. chinanews. com. cn/news/2004/2004 -08 -23/26/475628. shtml.

体的鼓励措施，影响了委托人设立公益信托的积极性。如对公益信托的税收优惠政策还没有出台，我国在大力发展证券投资基金（实质上是信托关系）时，就明确对投资人（委托人）从基金获得的分红不征所得税，企业投资证券投资基金也能获得免税待遇，这就对证券投资基金业的发展起到了极大的促进作用。对公益信托的信托财产及其收益在税收方面给予优惠，减免各种税收，这是各国税法的一个惯例。税金为国家财政收入的主要来源，而国家征税的主要目的，说到底，还是为了募集资金以运用于社会公益事业以及与此有关的事业。公益信托中的信托财产及其收益，本身便是一种被直接或间接地运用于社会公益事业的财产。因此，对它们在税收方面予以减免，实为极其顺理成章。建议尽快在相关信托法律法规及规章中明确公益信托的税收政策，促进公益信托的发展。

《信托法》第六十二条规定："公益信托的设立和确定其受托人，应当经有关公益事业的管理机构（以下简称公益事业管理机构）批准。未经公益事业管理机构的批准，不得以公益信托的名义进行活动。"但由于公益事业管理机构没有明确到位，致使公益信托的受托人资格和公益信托的有效性大打折扣，上述内容明确的难度并不大，应尽快明确。因公益信托多属资金信托业务，根据现行信托法律法规和规章，资金信托业务只能由信托公司开展，建议明确公益信托的管理部门为业务主管部门，也即中国银监会。

信托产品能否迎来真正的市场化公募目前还很难说。为此建议，目前至少应对公益信托的发行明确立法允许可以采取公募形式，可以突破份数及认购门槛的限制。

此外，我国《信托法》第六十三条规定：公益信托的信托财产及其收益，不得用于非公益目的。其立法原意当然是限制公益信托财产被挪用，这样的初衷没有问题，但这样的规定过于简单，反而大大限制了公益信托的发展。第一，该条文没有考虑信托机构合理的信托报酬，信托机构开展公益信托的积极性就调动不起来，利人利己的事情为什么不能做呢？我们反对损人利己，提倡舍己为人，但对利人利己的事情也不应该加以限制；第二，这样的规定也大大限制了信托财产的运用，公益信托财产交到受托人手里，是要通过运用保值增值的，而这样简单的、原则性的规定大大限制了信托财产的运用，因为在实际操作中，如将公益信托资金运用于贷款，用于投资，按现有法律规定，算不算用于非公益目的呢？这些都有待细化和明确。

2. 处理好公益信托与基金会的关系，充分发挥公益信托作用

我国当前各方面的公益需求非常巨大，但公益事业主要以基金会的形式出现。从 1988 年国务院发布基金会管理办法以来，基金会在我国已有 17 年历史。基金会在公众心目中已成为推动公益事业的唯一渠道，所以一直以来舆论焦点都集中于如何健全基金会内部机制、如何加强外部监管上。尽管公益信托已经在中国法律中出现，但是，公益信托并没有在公益事业舞台上扮演本属于自己的重要角色。一些部门对此的看法是，基金会的管理已经有一套现成的制度，在此前提下，再建立一套公益信托制度是否有必要性？当社会财产捐赠给社会公益事业时，是以

基金会形式更好还是以契约性的公益信托形式更好有待进一步探讨。

基金会属于财团法人，依照民法规定，设立时有一定金额限制。基金会管理条例规定至少不低于200万元人民币，且财团法人的资产运用，仅得动用孳息部分，不得动用本金。除此之外还要求有规范的名称、章程、组织机构以及与其开展活动相适应的专职工作人员；有固定的住所，能够独立承担民事责任。按此规定，一般人要想以成立基金会的方式从事公益活动比较困难。基金会的高门槛、高成本以及烦琐的手续让普通人望而却步。对捐赠者而言，基金会接受捐赠后，是否能确实、有效地运用受赠资产，也还是一大疑问。相对于基金会，公益信托拥有更大的弹性。首先，公益信托的设立没有最低金额的限制；其次，可以享受更加专业化的服务，比如可以把文物信托给博物馆；另外，信托资产的运用弹性较大，本金及孳息皆可运用，效率较高，有利于信托财产的保值增值；还有，公益信托本身无所得税，而基金会则需要税收方面的监管；公益信托有信托监察人的设置规定，对受托人有较为健全的监督机制。此外，公益信托还有一个无可比拟的优势，即财产独立性。① 把财产捐赠给基金会以后，捐赠财产的所有权转移到了基金会名下，财产便丧失其独立性，而公益信托财产经信托后仍然是独立和封闭的，所有权没有转移给受托人，受托人的任何法律经济纠纷甚至破产都不会影响这个财产的存在和使用，而财产的独立性和安全性将直接影响到捐赠目的的实现，即公益目的的实现。国外公益信托具有代表性模式是美国的基金会管理模式和日本的信托银行管理模式。这两种不同模式的形成主要取决于公益信托在各自国家的国情及法律特点。在我国，经过多年的发展，各种基金会推动公益事业发展的形象已经逐渐被普通大众所接受，基金会的规模也逐步壮大起来，基金会的运作也更加规范。信托公司经过多次清理整顿，特别是《信托法》及其相关配套法律制度的实施，使得信托公司合规经营管理能力有了很大提高。

为此，在公益信托的立法上，应有意识地将基金会的规模优势和信托公司的专业投资管理能力结合起来，如对一些运作相当成熟的基金会，可以赋予其办理资金信托业务的功能，二者的结合将有利于公益信托资金的管理运作和效率提高，使信托财产独立性对委托人和受益人起到更好的法律保护作用，对促进我国公益事业的发展大有裨益。

## 五、结束语

从信托立法的效力等级层次看，我国目前有“一法两规”，也就是说，上有全国人大常委会的基本法，下有部门规章，而中间却没有国务院这个层次的法规，甚至信托业的典型判例也很少见到，这直接导致信托立法与实际操作的脱节，严重影响了信托功能的发挥。这种法律现象

---

① 吴晓锋：《法律不健全和信用严重缺失，公益信托如何摆脱困境》，载《法制日报》，2005-08。

和银行业、保险业、证券业相比，足以说明我国信托法律制度的不完善。

因此，应当不断完善包括法律、法规、规章、立法和司法解释以及国际公约等方面信托立法的层次，细化、具体化、科学化信托立法的内容，提升信托立法的权威性、法律效力和操作性，从立法的角度促进信托功能的发挥，从而促进信托业的蓬勃发展，更好地服务于有中国特色的市场经济建设工作。

# 信托公司信托产品创新与产品设计研究

重庆国际信托有限公司副总裁　林德琼

中国的信托业触及国民经济各个领域，在经济与社会发展中有着自己广泛、独特和不可替代的重要作用。从《信托法》颁布至今，我国信托业的市场环境、政策体系、法律构建、信托业的市场和行业定位、信托公司经营模式、信托产品的开发与实践等都发生了质的变化。从金融学原理看，信托的基本功能是资产管理，其核心定位应该是长期金融信用。就盈利模式而言，“受人之托、代人理财”是信托的本业，资金信托则是当前信托业的重要品牌，由于受现行法律以及资本市场发育程度等条件限制，恐怕要在一段时期内以私募型资金信托业务为主角。就信托产品创新模式及核心竞争力而言，传统的单一、封闭式信托产品设计模式正在被基金化（资金池）信托、开放式信托、“伞形”信托、可赎回信托、产权租赁信托、贷款 + 股权组合等新的多样性信托模式所取代，信托产品已介入房地产、科研教育、资本市场、上市公司、银行信贷资产、商业票据、应收债权等多种领域。就经营管理体制模式而言，我国信托业应按照“分业经营、分业管理”的监管原则和“集团综合、法人分业”的模式，构建金融（信托）控股集团。

信托产品一直随着社会环境的变迁而不断创新，信托产品创新是信托业发展中的永恒主题，是信托公司赖以生存的基础。纵观信托业务发达的国家，如英国、美国、日本等，信托业的发展都是建立在完善的法律制度基础上的。除了有一般的信托法外，还有根据不同信托品种而制定的信托特别法，使每一种信托业务和产品都有与之相对应的法律依据。

信托业的发展应该立足于信托功能的实现，信托功能的实现只能依靠信托业务的发展，而信托业务的拓展必须借助信托产品的设计与创新，本文将信托原理和优势与金融创新动因理论结合起来，分析我国信托产品创新与设计的理论与实践，精练出信托公司信托产品的创新与开发模式、路径依赖，提出信托公司信托产品创新的对策、法律法规和制度设计与安排，期望对信托公司在信托产品创新和开发中具有一定的参考意义。

# 第一部分　信托制度的优势与信托产品创新

## 一、信托制度的优势

随着市场经济的发展，信托的基本功能已经从诞生时单纯的财产转移功能向综合的财产管理功能转变，信托已经成为一个提供专业财产管理的“管道”，受托人不仅承担财产转移中的“中转站”的角色，更重要的是以专门化的管理知识和经验为委托人或受益人管理财产，以实现财产增值的目的。

1. 信托财产的多样化

相对于其他具有长期性和财产转移特点的财产管理制度，如股份公司制，信托财产的形式更具多样化。股份公司对股东交付的财产有形式上的限制，主要限于货币、实物、工业产权、非专利技术和土地使用权，而债权、有价证券等不能作为对股份公司的出资。对于信托而言，只要具有金钱价值的物，都可以作为信托财产交付委托人管理，无论信托财产是物权还是债权，是动产还是不动产，是有形财产还是无形财产。信托的这一特性符合经济生活中财产形式多样化的发展趋势，因此信托在财产管理上的适用范围非常广阔。

2. 信托目的的多元化

只要不违反法律法规和社会道德规范，委托人可以为各种目的设立信托，包括特定或不特定的目的，营利性或非营利性的目的。任何财产管理都以一定的目的为出发点，从这点上看，信托目的的多元化能更好地满足经济生活中财产管理目的的多元化的需求。

3. 信托经营范围的宽泛化

该优势来源于信托财产的多样化和信托目的的多元化，以上两点优势决定了信托经营机构在经营范围上必须能涵盖多样化的财产形式以及资产市场，才能够实现多元化的信托目的。这方面的优势在我国实行分业经营的金融体制下显得尤为突出，信托公司是分业经营体制下我国金融机构中唯一能够横跨货币市场、资本市场和实业投资领域进行经营的金融机构。这一优势在赋予信托公司较大的发展空间的同时，也构成了信托公司进行产品创新的巨大内在推动力，因为信托公司在经营范围上所受到的约束比其他金融机构宽松。

4. 受益人的责任和权益相分离

伴随着信托中所有权和受益权相分离，信托关系中的受益人处于只享有信托财产产生的利益而不承担相应责任的优越地位。因为受托人是信托财产的名义所有人和管理人，受益人就不必承担管理信托财产的责任，也免去了信托财产管理中因对第三人的侵权行为可能造成的赔偿责任。而代理制中的代理人在代理活动中所产生的一切法律后果都直接归属于被代理人本人。这体现出信托制度的“风险隔离”优势。

5. 信托受益权的优先性

信托财产的独立性使得委托人和受托人的债权人在原则上不得对信托财产主张债权（具体论述见前面关于信托财产独立性的解释），从而赋予受益人对信托财产优先于委托人与受托人的债权人的权利（但受益人享有信托财产利益的权利可被受益人的债权人追及）。这一优势是其他财产管理制度所无法比拟的，在股份制下，股东在公司破产时的财产清偿顺序上位于公司的债权人之后。

信托受益权的优先性有效地在信托财产与委托人、受托人的风险之间形成了一道“防火墙”，更好地保障了受益人的权益，体现了信托的“风险隔离”的独特优势。

## 二、信托产品及其类型

### （一）信托产品的定义

目前理论界和信托业尚未对信托产品形成一个标准化的定义，各种研究信托产品的文献对于信托产品的内涵和外延也未达成共识。我们试图通过对于本文讨论的信托产品进行定义，以区分信托产品与信托公司经营范围内的其他业务。根据各种研究文献中对于信托产品的表述，本文所讨论的信托产品指的是信托公司为满足金融市场的多样化需求，根据信托的原理和信托制度的规范要求，进行设计并推向市场的金融服务解决方案，是信托公司开展信托业务的载体。

因此，本文所定义的信托产品并不等同于信托公司可开展的所有业务（信托公司除了信托业务外还可以开展债券承销、代理财产的管理等业务）。信托产品是目前信托公司所能提供的金融服务中的一种，也是信托公司的核心业务品种。与其他金融产品相同，信托产品也具有“三性”特征，即“收益性、风险性和流动性”。但我国信托产品与常见的股权和债权类金融工具最大的区别在于信托产品是以信托合同的形式为载体的，而常见的金融工具是以有价证券（指标有票面金额，证明持有人有权按期取得一定收入并可自由转让和买卖的所有权或债权凭证）的形式为载体。

### （二）信托产品的主要种类

目前，我国信托公司开发的主要信托产品有：

1. 资金信托

资金信托是指委托人基于对信托机构的信任，将自己合法拥有的资金委托给受托人（信托机构)，由受托人按委托人的意愿以自己的名义，为受益人的理由或者特定目的管理、运用和处分资金的行为。信托机构在办理资金信托业务时，可以按照要求，为委托人单独管理信托资金；为了使受托资金达到一定的数额，也可以采取根据委托人的意愿将不同委托人的资金集合在一起管理的做法，通常称为集合资金信托。资金信托产品可以分为以下几个二级类别。

(1) 贷款信托

这是指受托人接受委托人的委托，将委托人存入的资金，按其（或信托计划中）指定的对象、用途、期限、利率与金额等发放贷款，并负责到期收回贷款本息的业务。

(2) 股权投资资金信托

它是指将信托资金投资于企业股权，谋求资本长期增值利益的信托业务。

(3) 权益投资信托

它是指将信托资金投资于能够带来收益的各类权益的资金信托品种，这些权益包括基础设施收费权、公共交通营运权等。

(4) 证券投资信托

它是指受托人接受委托人的委托，将信托资金投资于证券市场的信托业务。

(5) 融资租赁信托

它是指信托公司以信托资金购买设备租赁给承租人，并收取租金、购买设备佣金等形成信托收益的信托业务。

(6) 组合投资信托

它是根据委托人的风险—收益偏好，将信托资金投资于债券、股票、基金、实业投资的股权等金融工具，并运用现代投资学的组合投资理论和技术进行管理和运作的信托业务。

(7) 养老年金信托

它是指企业、事业法人将计提的年金或养老金委托给信托机构，由其进行专业管理运作，并给予受益人分配信托利益的信托业务。

(8) 创业投资基金信托

它是指以高科技、创新型产业为投资对象，追求长期资本利得的信托业务。

2. 财产信托

财产信托是委托人将自己的动产、房产、地产等财产和财产权，委托信托公司进行运用、管理和处分。可以分为动产信托和不动产信托两种。

3. 权利信托

权利信托是信托标的物以各种权利形态出现的信托。它包括以债权为信托财产的债权信托、以有价证券为信托财产的有价证券信托、以股权为信托财产且由受托人集中行使股份表决权的表决权信托、以担保权利为信托财产且以公司债权人为受益人的附担保公司债信托、以专利权为信托财产的专利信托等。

4. 特定目的信托

它是指信托的设立具有特定的目的，主要包括为公共利益而设立的公益信托、为员工持股和管理层收购目的而设立的员工持股信托和管理层收购信托、为解决国有企业产权虚置等问题而设立的国有资产管理信托、为进行企业重整和破产清算而设立的企业重整与清算信托、企业年金信托、信贷资产转让信托等。

## 三、信托产品创新的界定

金融创新就是金融业各种要素和金融工具（产品）的重新组合，具体是指金融机构和金融管理当局出于对微观利益和宏观效益的考虑而对机构设置、业务品种、金融工具及制度安排所进行的金融业创造性变革和开发活动。

根据以上定义，信托产品作为一种金融工具，其创新可以纳入金融创新的范畴，但信托产品相较其他金融工具，具有独特性。其独特性来自于信托的原理和独特优势，可以满足金融市场中传统的股权、债权工具所无法满足的多样化需求。虽然衍生金融工具创新的最终目的也是为了满足金融市场中的多样化需求，但信托产品创新和衍生金融工具创新两者所依赖的路径不同。信托产品创新依赖的是信托在法律原理上的独特结构，以权利和义务的重构为主要手段，以发挥信托制度的优势为产品创新的核心；而衍生金融工具的创新依赖的是金融工程理论和技术，以转移和分散风险的解决方案为主要手段，以风险管理作为衍生工具创新的核心。因此，信托产品区别于其他金融工具的性质决定了信托产品的创新具有一定的特质。

信托公司作为创新主体，对于信托产品的各种要素（包括权利—义务结构、风险—收益结构、产品的运用目的、运用领域等要素）进行重新组合和创造性的安排，开发出新型的、能更有效地满足金融市场中多样化需求的信托产品，并将新型产品推向市场及管理和运作信托财产。其过程涵盖了创新主体内部的关于新型产品的可行性论证、产品设计、市场营销、投资管理、风险管理等一系列的程序，也包括创新在信托业内的扩散（即其他信托公司对于创新的模仿）和创新与制度环境、市场环境之间产生的互动过程。

# 第二部分　我国信托产品创新的动因分析

信托产品创新属于金融创新的范畴，根据金融创新理论中的有关金融创新动因的理论，结合我国信托产品创新的具体环境因素，可以较好地解释和说明我国信托产品创新的动因。同时，对于信托产品创新动因的分析有利于更好地了解信托产品创新的态势。

## 一、金融创新理论对于金融创新动因的一般性解释

金融创新的动因一直是西方学者研究的热点，学者们从不同的研究角度出发，形成了系统的金融创新动因理论。虽然各种动因理论的研究重点不相同，通过对各种理论的总结，同时根据美国的米什金（F. S. Mishkin）对金融创新的分类，可以将各种金融创新的动因理论大体上分为顺应需求的动因、顺应供给的动因和规避管制的动因。

### （一）顺应需求的动因

顺应需求的动因指的是随着金融的发展，经济主体产生了新的金融需求，金融机构为了满足这些需求而进行的金融创新。这些需求包括公众财富增长后对金融资产和金融服务的需求，因利率和汇率的波动产生的防范风险的需求等。格林包姆（S. I. Greenbum）和海沃德（C. F. Haywood）认为由于经济的发展和人们财富的增长，加大了对金融资产和金融交易的需求，促发了金融创新以满足日益增长的需求。格利（J. Gurley）和肖（E. Shaw）认为金融创新是盈余或赤字企业的需求与金融部门提供的服务相匹配的结果，当旧的融资技术不适应经济增长的需要时，必须用新的融资技术对长期融资进行革新。艾伦（F. Allen）和盖尔（D. Gale）认为金融创新是作为抵制通货膨胀和利率波动的产物出现的，20 世纪 70 年代的“滞胀”和利率、汇率的反复无常的波动，使投资回报具有较大的不确定性，促使人们创造出能够降低利率和汇率风险的新金融工具。

### （二）顺应供给的动因

该动因指的是因为新的交易技术、经营模式与管理理念的出现，金融部门对其加以应用进而降低成本的创新。尼汉斯（J. Niehans）认为由于科技进步导致的交易成本降低是金融创新的主要动因。韩农（T. H. Hannon）和麦道威（J. Mcdowell）通过实证研究发现 20 世纪 70 年代美国银行业新技术的采用和扩散与市场结构的变化密切相关，从而认为新技术的采用是导致金融创新的主要因素。

### （三）规避管制的动因

该动因是因为金融业受到较为严格的管制，当金融机构的内外约束可以被合理地规避，并且伴随着利益的获得，金融创新就会发生，政府的管理法规成为金融创新的重要推动力量。学者们主要从规避政府管制、摆脱内外部约束以及创新与制度的相互作用等方面进行研究。

凯恩（E. J. Kane）认为金融创新主要是金融机构为了获取利润回避政府的管制引起的。许

多形式的政府管制实质上等于隐含的税收，阻碍了金融机构从事已有的盈利活动和利用管制以外的利润机会，因此金融机构通过创新来回避政府管制。当金融创新可能危及金融稳定和货币政策时，政府又会加强管制，新的管制又导致新的创新，形成一个相互推动的过程。塞拉（R. Scylla）认为金融创新是一种与经济制度相互作用、互为因果的制度改革，金融体系的任何因制度改革引起的变动都可以视为金融创新。西尔伯（W. L. Silber）认为金融创新的目的是因为金融机构力图摆脱或回避其面临的各种内部和外部约束。内部制约是金融机构内部传统的流动资产率、增长率、资本率等管理指标，外部制约是指金融当局的各种管制和制约，以及金融市场上的一些约束。

## 二、我国信托产品创新的动因分析

我国信托产品创新的动因基本上也可以归结为以上说明的三大类创新动因，但由于我国信托公司所面临的特殊制度环境（主要为信托业法规体系和监管体系）和市场竞争环境，信托产品创新的动因更多地体现为信托公司为应对外部严格的法规约束和激烈的市场竞争所采取的竞争策略，具有明显的“顺应需求型”金融创新的特征。

### （一）信托产品创新是信托公司应对日益激烈的市场竞争的需要

我国的金融市场正在经历着深刻的变革，原有的“分业经营、分业管理”的金融体制不能实现金融资源的高效配置，无法满足我国金融机构参与世界贸易组织原则下世界金融市场竞争的要求，因此，逐步向混业经营模式过渡应该是金融业未来的发展方向，这就意味着不同类型的金融机构之间原有的某些业务界限和产品差异将逐步模糊，银行业中实力雄厚的大型商业银行将凭借自身的资金优势、客户资源优势、管理优势向原属于证券、信托等的经营领域渗透。在这样的大背景下，信托业面临着严峻的市场竞争压力。

信托业的主要业务品种面临着来自于银行、证券和保险行业的同质性金融产品的激烈竞争。资金信托业务是信托业的主要业务，但该业务领域也是信托业与其他金融行业存在业务交叉和竞争最为激烈的领域。

在资产管理市场上，商业银行的创新型产品——委托贷款产品和人民币委托理财产品对资金信托业务的冲击最大。在委托贷款业务中，商业银行和信托公司一样，在资金供求双方中起媒介作用，只收取手续费，并不承担贷款风险，而且资金的利率比普通贷款有更大的灵活性，类似于信托业的贷款信托产品，虽然该业务目前还未全面铺开，但将来一旦推广，必将分流原属于信托业的客户资源（因为投资者普遍认为银行的信用等级高于信托公司，而且银行对融资方的信用和现金流状况的了解比信托公司更深入具体，有利于风险控制）。商业银行的人民币委托理财产品对风险厌恶型的小额投资者有较强的吸引力，银行推出的人民币委托理财产品，虽然在收益率上不如信托产品，但最大的“卖点”是商业银行的信誉，也将“侵蚀”信托产品的小额投资者这一客户资源。保险公司推出的分红保险、投资连结保险等也构成了对资金信托产品的竞争。同时，证券公司在资产管理方面的创新业务对信托产品构成了新的竞争压力，中国证监会批准中金公司设立“中国联通 CDMA 网络租赁费收益计划”的申请，该计划将由中金公司面向境内合格机构投资者推广设立，所募集的委托资金将专门投资于中国联通 CDMA 网络租赁费的收益权。该资产管理产品非常类似信托产品中的受益权类产品，随着证券公司为客户办理特定目的的专项资产管理业务的展开，信托公司的传统资金信托业务必然受到较大冲击。

在证券市场上，信托公司的证券投资信托产品与证券投资基金在产品性质上较为相似（基金就是在信托原理基础上创设的），而且基金管理公司拥有多年投资证券市场的经验、专业化的证券投资专家队伍、相对完善的风险控制和投资管理流程等突出的资产管理优势，同时开放式基金在资金管理规模上不受限制，这些优势都是证券投资信托产品无法比拟的。

在财产信托业务领域，四大国有资产管理公司在受托管理国有资产、资产证券化等领域与信托公司的经营范围存在重合，资产管理公司在整合资源能力、资金实力等方面都占绝对优势地位。在投资银行业务领域，信托公司面临证券公司和资产管理公司的竞争，在财产托管、代保管等中间业务领域，信托公司主要面临商业银行的竞争。

由此看来，信托业由于客户资源和业务基础薄弱，欠缺在细分市场上的专业化投资能力，加上业务推广和市场营销受制度环境的羁绊，信托业在各个金融细分市场上与商业银行、保险公司、证券公司和基金管理公司的竞争中处于劣势。在我国金融业混业经营的大趋势下，随着其他金融机构突破目前分业经营界限的各种金融创新活动的展开，信托公司现在所占领的市场份额必然被银行等实力雄厚的金融机构“侵蚀”，信托公司面临着在市场竞争中被“边缘化”的危局。而开展信托产品创新有助于信托业克服这种危局，任何市场竞争归根到底都是产品（或服务）与公司信誉的竞争，通过信托产品创新，信托公司能拓展投资领域，逐步摆脱目前过度依赖融资中介的角色，发挥信托跨行业和专业化投资的优势，比如积极拓展向房地产物业、外汇和货币市场等领域的投资，抢占客户资源，取得先发优势，积累相关的专业化资产管理经验，形成能够与其他金融机构的同质产品相竞争的业务特点和特长，提高信托公司应对竞争的能力。

### （二）信托产品创新是培育信托公司核心竞争力的需要

截至 2009 年末，信托公司受托管理的信托资产超过 20 000 亿元。除了上海、北京等中心城市是行业中实力雄厚的信托公司较为集中的注册地外，在全国其他经济较发达的省份，每个省份的信托公司一般只有 2 ~ 3 家，信托公司的经营呈现一定的地域性特点。信托公司目前在金融市场的竞争中主要依靠的竞争力优势来自于信托可以跨行业投资的灵活性，以及地方政府对具有政府背景的信托公司的支持，但这样的竞争优势相对于银行、证券、保险行业所具有的严格的“行业壁垒”（《商业银行法》、《证券法》和《保险法》分别规定了只有银行、证券公司、保险公司才可以经营银行、证券、保险业务）来说只是微不足道的，因此信托公司必须培育自身的核心竞争力，即信托公司相对于竞争对手而言所具备的独特优势。

信托产品创新的核心是发挥信托制度的优势，而信托的“风险隔离”和“权利和义务重构”的优势正是信托公司核心竞争力最重要的源泉，目前信托公司核心竞争力不足的根本原因在于当前的多数信托产品的开发并没有充分发挥信托制度的优势（例如简单的贷款信托仍然占较大的比例），所以，通过信托产品创新，提升产品创新的层次，发挥信托制度的各项优势，根据不同客户的个性化理财或融资需求，为其量身定制个性化的金融解决方案，从而使信托产品比其他金融产品具有更多的差异性和“附加价值”，形成自身的独特优势。同时，信托公司的核心竞争力的培育不是一朝一夕或通过一两个产品的开发可以成功的，必须坚持不懈地通过产品创新，不断积累客户资源和产品创新经验，提升信托公司的信誉和公众形象，力争公司整体盈利能力的提高和资本实力的发展壮大。虽然信托公司核心竞争力的培育是一项复杂的系统工程，但信托产品的创新仍然是其中非常关键的环节。

### （三）信托产品创新是改善信托公司的制度环境的有效途径

我国信托业面临的制度环境主要由信托业法规体系和监管体系组成。“一法两规”是信托业的基础性制度框架，但随着2004年下半年以来监管部门加快了制度建设的步伐，一批对信托公司的规范经营和业务开展影响深远的规章和细则密集出台，信托业面临的制度环境逐步完善。虽然制度环境的完善在很大程度上压缩了信托公司以“规避管制”为目的的信托产品创新的生存空间（如2002年时有信托公司把每200份合同设置为一期信托计划，通过发行多期信托计划筹集资金，规避当时信托公司集合信托计划“200份合同”限制，但是这样的创新与监管部门对信托业的定位和监管思路产生严重矛盾，监管部门往往通过出台新的规定“封闭”该类创新的空间)，但它无疑为信托业的规范经营和发展壮大开辟了更加广阔的空间，因为只有规范经营才能有效化解信托业的风险，增强投资者的投资信心，为信托产品的创新创造良好的外部环境。

由于信托本身具有的运作灵活性与目前分业监管体系存在矛盾，以及信托业存在历史“污点”，监管部门为信托业“设计”的制度环境就比其他金融行业的经营机构所面临的制度环境更具约束力，其中的某些管制还严重地阻碍了信托业在金融市场上与其他金融机构展开公平竞争。近两年的制度变迁（即新制度或新制度结构产生，并否定、扬弃或改变旧制度或旧制度结构的过程）中，新出台的法规和规章多以规范为目的，而原先的对信托产品创新等业务开展形成阻碍的制度因素并未消除或“松绑”，造成“管制趋严”现象的原因固然有信托业的制度环境还很不完善，监管部门出于完善制度的目的，但这一现象还与监管体系的缺陷有关。

在监管体系方面，一个有效的监管体系应该是政府监管、行业自律与市场约束为特征的三位一体的监管体系，但由于当前行业自律与市场约束机制的不足，使得政府监管在整个监管体系中承担的责任过重，其风险承担能力与责任不相匹配，进而导致如果放松行业监管将被迫承担监管不力的责任，而一旦管制过严，市场的创新空间被阻碍，又不利于提高整个行业的市场竞争力。这种进退两难困境的直接表现就是监管体系构成要素失衡，责任风险不能有效分散，造成了监管当局在监管政策取向方面缺乏连贯性，业界对监管政策不能形成稳定预期。

信托产品创新能够改善信托业所面临的制度环境，创新不一定总是招致监管部门更为严格的管制，反而有可能促使监管部门放松管制，同时，信托产品创新将促进制度环境的完善。这点可以从制度经济学的理论中得到证明，如果把信托产品创新与制度的互动过程看成一种制度变迁，根据诺斯（D. C. North）的理论，当制度变迁给人们带来的报酬递增普遍产生时，制度的变迁不仅得到了支持和巩固，而且能在此基础上一环紧扣一环，沿着良性循环的轨迹发展，出现“Path Dependence”（路径依赖）轨迹。林毅夫把制度变迁分为诱致性变迁和强制性变迁两种：诱致性制度变迁指的是一群（个）人在响应由制度不均衡引致的获利机会时所进行的自发性变迁；强制性制度变迁指的是由政府法令引起的变迁。如果由信托产品创新引起的诱致性制度变迁给人们的规模报酬递增，该制度变迁就可能走良性发展的轨迹，诱致性制度变迁需要强制性制度变迁来完成后期任务，强制性制度变迁也需要诱致性制度变迁来进行前期探索、积累经验。也就是说，如果信托产品的创新在实践中被市场证明是有效率的（带来更大的利益，风险控制措施得当等），有可能引起监管部门对原有的制度进行修订，完善或者放松管制，从而使得信托业的制度环境得到改善。

# 第三部分　我国信托产品创新存在的主要问题

## 一、我国信托产品创新设计存在高度同质化

当前我国信托产品设计中存在的最主要问题是，“俗”一点就是山寨信托产品太多；“雅”一点则可归纳为：在具体业务领域和产品设计上，呈现出高度同质化的单一性特征，资金运用方式和资金投向结构过于集中，使本来极具创新性的信托业务，反而表现出相当程度的创新能力不足。多数信托公司的产品与其他信托投资公司相比，没有自己的比较优势和专属特征；与其他金融机构相比，并没有体现本行业的市场定位和独特功能。

## 二、信托产品创新面临的风险巨大

信托产品创新从属于信托公司的整体业务活动，包含了信托公司业务活动的方方面面，因此信托产品创新过程所面临的风险基本上涵盖了信托公司经营管理所必须面对的各种风险，而且信托公司涉及的投资领域和市场几乎涵盖了整个金融市场（货币市场、资本市场、外汇市场、黄金市场；直接金融市场与间接金融市场），根据这些风险的性质，可以划分为以下几类。

1. 信用风险

信用风险是由于交易对象或者授信对象因各种原因而不能偿付信托公司或信托计划投资者的本金和收益的风险。因为目前的多数信托产品具有融资工具的性质，所以信用风险是信托公司所面临的最主要的风险，信用风险管理应当成为信托公司风险管理的核心。

2. 市场风险

这是由于市场的变化给信托公司的资产或交易带来损失的风险。信托财产的几个投资领域，如证券市场、房地产市场等都具有较高的风险性，因此对于市场行情的未来走势进行科学的分析和预测在信托公司的风险管理中十分重要。

3. 流动性风险

它是指资产流动性不能应付流动性需求的风险，是对金融机构资产结构状况的一种风险界定。对于信托产品来说，在兑付期限到期时，如何匹配现金流以满足兑付需求，是信托公司面临的最重要的流动性问题。

4. 操作风险

操作风险是指由于信托公司的内部控制、信息系统及公司治理机制失效而导致损失的风险。规避操作风险可以通过完善业务操作流程和加强风险管理来实现。

5. 利率风险和汇率风险

利率风险和汇率风险是指由于利率和汇率的波动给信托资金的投资带来损失的风险。

6. 政策风险

政策风险是指信托业务由于相关政策的变化引起经营的不稳定性，从而导致无法实现收益目的的风险。政策风险在信托产品创新中应加以重视，某些产品创新活动可能越过有关政策的“底线”，从而使创新产品在向监管部门备案时无法“通关”，加大了创新的成本。另外，某些创新活动可能招致监管部门对该信托公司实施加强监管的措施，因此，应加强信托产品创新中对政策风险的管理。

另外，信托公司作为以信用为基础的金融机构，除了以上的风险外，还应当注意以下几个风险。

1. 道德风险

它是指由于信托公司内部人员蓄意违规违法或与信托公司的利益主体串通而给信托受益人或企业自身带来损失的可能性。如在信托行为过程中，信托从业人员可能发生：利用受托人地位谋取不当利益；将信托财产挪用于非信托目的的用途；将信托资金投资于自己或者关系人发行的有价证券；将信托资金贷放给自己或者关系人，等等。这些都可能危害到信托受益人的利益，也会给信托投资公司自身带来严重的后果。

2. 信誉风险

它是指信托公司或其职员采取的某些行为对其外部市场地位产生的消极影响。这种风险极具破坏性，它可以产生于业务活动中的任何一部分问题，但对信托公司的信用和业务的影响大大超过了这些原来的问题。如《信托公司管理办法》规定信托公司经营信托业务时，不能承诺信托财产不受损失或者保证最低收益，但是现实中可能存在一些信托公司或职员出于种种原因采取私下或变相承诺，而给公司信誉造成不良影响。

3. 欺诈风险

它是指社会上的不法个人或集团利用信托的特点向信托公司进行欺诈，从而使信托公司遭受损失的可能性。信托的财产转移特性，给一些不法分子的非法财产通过信托的方式转移，以变成合法的企图提供了可能性。

## 三、尚未形成科学的信托产品创新机制

信托产品创新是一项复杂的系统工程，包括市场调研、可行性分析、产品设计、风险管理、营销推广、后续管理等一系列流程，贯穿于信托公司的整个经营管理全过程，但是目前信托业中的大部分公司对于信托产品的创新还是简单地将其定位在“个案或者特例”的层面，缺乏从公司战略高度对信托产品创新进行规划，缺乏对信托产品创新的整个流程进行科学设计，在产品创新中，“重设计和推介、轻后续管理”，“重创新、轻风险管理”等现象比较普遍，因此，形成科学的信托产品创新机制对于优化产品创新具有重要的意义。要从公司发展的战略高度重视信托产品创新工作，将产品创新纳入公司的短中期发展规划，形成对本公司开展创新的战略指导；同时，在管理上明确信托产品创新的开发流程、风险控制、人员分工与合作、各种企业内外部资源的运用，形成具体的规章制度和操作程序，并在公司的风险管理体系的指导下对每个流程进行风险识别、监控和预警，将产品创新塑造成标准化、规范化、科学化的业务流程；另外，还应建立灵敏的信息反馈机制，注意收集和分析创新产品推向市场后的市场反应、风险变化情况等重要信息，以指导产品创新工作的进一步完善。

## 四、造成信托产品设计中存在问题的原因

1. 混淆了信托目的的广泛性、信托品种的广泛性和信托财产运用方式的广泛性与信托业务的广泛性、信托业经营范围的广泛性之间的本质区别。

诚然，信托业由于其经营范围的广泛性，产品种类的多样性，经营手段的灵活性和服务功能的独特性，可以针对不同种类的市场需求和服务对象，通过信托品种的创新设计、组合运用，对信托财产采取出租、出售、贷款、投资、同业拆放、融资、租赁等多种方式，全方位满足各类市场需求，具有极明显的综合优势。但是，这种综合优势是信托制度所规定的信托业务的本质特征，信托目的、信托品种和信托财产运用方式的广泛性不能与信托业务、信托业经营范围的广泛性混为一谈。作为信托公司，只能从事信托本业，按照“受人之托、代人理财”的本源去开展业务经营。

2. 混淆了行业特点、优势与公司个体特点、优势之间的本质区别

如果说，信托制度本身所具有的极具弹性和普遍性的特征赋予了信托公司巨大灵活性和多样性的话，那么，这种特点和优势也是属于全行业整体的，不能与公司个体的特点和优势混为一谈。正如整体和个体有着本质区别一样，整体的特点和优势从个体的角度而言，很可能就会变成缺点和劣势。

3. 信托产品创新主体的盈利和承担的风险失衡

风险和收益在金融市场中常常是对等的，风险越高，所要求的收益越高，但是如果单纯从盈利角度来考察信托产品创新，创新主体所承担的风险和其盈利存在严重的失衡，信托公司进行产品创新要承担一定的政策风险，同时承担开发新产品的附加成本，但相应地构成信托公司业务收入的管理费的费率是信托资产的0.2%～6%，创新型的信托产品与传统信托产品在管理费率上不存在差别，产品创新为公司带来的盈利与承担的风险形成鲜明的反差，这在一定程度上抑制了信托公司开展产品创新的积极性。

解决信托产品创新的盈利问题的方向是建立新的盈利模式，使创新主体的收入从依靠单一佣金模式向“佣金+收益共享”的模式转变。《信托法》规定：“受托人可以是受益人，但不得是同一信托的唯一受益人。”据此，信托公司在产品设计中，完全可以采用共同受益人的模式，在承担同等风险的前提下，依托信托产品创新，与受益人共享信托财产运用和管理产生的信托收益，提高自身的盈利水平。

4. 信托产品创新的内涵较为单一

根据对于信托产品创新的现状及存在的问题分析，可以发现目前我国信托产品创新虽然方式众多，但其内涵较为单一，大部分创新是围绕改善信托产品作为融资工具的特性（比如风

险—收益结构、满足融资方的财务管理需求等方面）展开的，对于信托产品作为资产管理工具方面的内涵的挖掘不足，体现为在动产和不动产信托、权利信托、特定目的信托等方面的信托产品创新比较少见。

产品创新内涵的单一反映了目前信托业的业务范围集中于资金信托业务，特别是资金信托中的贷款信托业务，这一业务模式产生的负面结果就是信托公司面临着来自于融资方的信用风险过大。而且在融资服务市场上，信托公司的竞争力与商业银行相比有较大差距，业务发展的空间有限。造成这一问题的根本原因就在于信托业的制度环境不完善，开展资金信托以外业务（如财产信托）的相关法规和监管措施缺失，束缚了信托业的业务拓展。另外，信托公司在开展业务时倾向于操作上较为简单易行的资金信托业务也是一重要原因。要解决创新内涵单一的问题需要宏观政策与信托公司两方面的共同配合，开展财产信托的相关法规和实施细则需要尽快推出，信托公司也应发挥自身的能动性，积极探索新的业务模式。

## 第四部分　信托产品创新的对策及建议

### 一、优化信托产品创新设计流程

信托产品创新与设计机制的建立，首要任务是可合理地设计一套组织化、规范化的产品开发程序。本文是基于微观金融学原理对信托产品设计的一般流程进行归纳，从整体上提出优化信托产品创新设计中的各个技术环节，以突出信托产品创新设计中的技术特征和技术难点，以期对信托公司信托产品创新设计有较大的指导或参考价值。

#### （一）确定设计目标

设计目标的确认是信托产品设计的起始和基础，设计目标的科学设定决定着其可实现性和成本的高低。初看起来这一环节似乎很简单，但实际上要圆满地完成这一阶段的任务，需要设计者有几方面的综合能力。

首先，需要设计者对信托产品的制度特征和技术特征有深刻的理解，并能在二者之间找到一种高效的联系方式，即如何以制度特征实现金融功能，以金融技术突出制度优势。对产品设计中的基本技术和方法能熟练地运用。其次，需要设计者对客户的实际的金融需求有确切的理解。由于一般客户都不是很专业，不具备相关知识，往往只能模糊地表示其需求，因此要做到这一点并不容易。最后，设计者要将其所理解的客户需求“翻译”成产品结构特征。比如需要什么样的期限结构或时间结构；可以内含哪种选择权；是固定现金流还是浮动现金流；应排除哪些因素的影响；选择哪种交割模式，等等。这些问题的回答需要对相关客户的金融财务状况、个人偏好等信息进行分析，以确定预算约束和成本约束。将原本相对较模糊的需求提炼成具体的、可操作的结构设计目标。比如明确利率在什么范围内变化时会产生价格风险；信用风险和价格风险哪个更突出；套期保值的具体范围，等等。

当然，由于信托产品本身的综合性和灵活性，在信托产品设计目标的确定过程中，设计者本身的经验和偏好将起着重要的作用，有时甚至是关键的作用。正因为如此，在信托业发展和信托产品创新的战略安排中，专业人才的培养和储备是至关重要的一环。

### （二）结构设计

设计目标一旦确定，就要在既定的制度约束、市场约束、技术约束下，用金融理论作指导，选择出成本最低的产品结构设计方案。结构设计是实现设计目标的基础环节，设计目标的核心内容要在结构设计中体现。

结构设计中最基础的决策是如何处理既有金融工具和所设计的信托产品之间的关系。是通过复合，还是通过分解？还是使用一种全新的结构？这种决策直接决定了信托产品的新颖程度和实用价值。由于信托业务本身具有综合性和市场跨越性，实务中一般的思路都是选择复合方法来构造信托产品。那么，选择哪些产品作为复合对象？这就要对既有工具的收益风险特性有全面、深入的了解，比较各种可能的组合模式，看哪些能较好地满足要求，并比较相关的性能。同时，信托制度的特征也给构造全新结构的信托产品提供了可能，这时的关键就是比较市场的潜在需求量和结构设计的成本。一般而言，产品结构越简单，交易双方的信息越对称，所构造的信托产品就越容易被市场接受。

关于结构设计的方法，这里要强调的是在信托产品结构设计中要注意衍生工具设计方法的使用。因为衍生工具的设计不是从基本结构出发，而是利用既有的金融产品作为基本模块通过组合和分解技术来构造新的产品，这一思路和信托产品的特征非常符合。如在目前信托实务中探讨的资产证券化产品，其构造过程从技术上讲就是对担保证券组合进行捆绑和松绑，将捆绑的证券组合的现金流适当分解成具有不同风险、收益和期限特征的现金流，以吸引不同偏好的投资者，是分解组合技术的综合运用。证券化产品也是未来信托产品创新的一种很有潜力的模式。

当然，虽然有这些结构设计的方法可供使用，但在具体的产品设计中，由于信托目的和信托财产的多样化，以及委托人的特定需求，可变参数很多，自由度很大，因此还没有一种适应每一种具体情况的一般方法。在这种情况下，设计者的经验、直觉往往起着不可忽视的作用。

### （三）产品定价

产品定价在所有的金融产品设计中都是最关键的环节，因为不能公平定价的产品就不可能在自愿原则下交易。对于那些与已知价格产品具有一定可比性的产品定价，可以应用比较原理、一价定律。因此一般的信托产品的定价可以参照其他一些金融产品的定价。但是对于不可比的创新性产品的定价，往往就需要定价方法的创新。创新性的信托产品的定价方法中最重要的是把握复杂性和简单性之间的“度”，复杂性决定了信托产品定价的可信度和理论价值，而简单性决定了信托产品定价的市场接受程度。

一般而言，金融产品定价的复杂性来自两个方面。一是使用原理的复杂性。不同的原理应用于定价时，所需的信息和考虑的因素是不一样的。相关因素越多，信息越复杂，定价所需的计算量也就越大，但可信度也就越强。从各种原理使用信息量看，一般瓦尔拉斯均衡最多，金融市场均衡次之，市场无套利均衡再次之，局部无套利原理最少。因此，相对而言，一般瓦尔拉斯均衡的价格是综合了所有市场的交易信息，是一种本来意义下的最可信的价格；而局部无套利原理定价是用某种基础产品的价格来表示欲定价产品的价格，这种价格可能因基础产品的错误定价而导致定价错误，且无法用这种方法本身来识别；其他两种原理所定价格的可信度介于前述两种原理之间。二是于金融产品结构的复杂性。在上一节我们已分析过信托产品的金融结构可由基本的金融产品结构来构建，因此在实践中可参照与特定信托产品相关的金融产品的定价模型。但价格的最终确定往往要用到大量的数值计算，虽然有现成的软件可供使用，但这种复杂性依然是存在的。

另外，一种产品的定价方法越是简单透明，就越容易被市场接受，如果产品定价最终无法找到简单透明的方法，交易中对一般的投资者会产生价格信息的不对称性，这就需要一个信誉良好的机构来“认证”、“推销”和“担保”这种价格。因此创新性的信托产品在其市场形成阶段，必须借助外在力量进行信用增级。

### （四）与市场推广相关的几个技术环节

设计目标、结构设计、产品定价是信托产品设计的基础环节和关键环节。在这之后的一些环节涉及一些细节部分，这些技术环节对信托产品的市场推广有不可忽视的影响。

首先是对产品风险收益特性的分析。信托产品定价之后，还必须明确其风险收益特性，这是产品能够在市场上推广使用的基础。我们已经就金融要素结构分析过信托产品的风险特征，在这里还要强调在实务中信托产品的法律风险和政策风险也是非常突出的问题。信托产品风险特性的获取方法可参照一般金融产品风险的分析方法，如情景分析、VaR 方法、模拟方法等。

其次是产品结构的参数设计。信托产品的金融结构一旦确定，往往有一些可调整参数，参数设计就是要确定这些参数的具体取值，使信托产品具有既定的价格或收益率特性。所以参数设计实际上是产品定价的逆问题，但又往往是比定价本身更难更微妙的问题，因为它直接关系到产品的市场接受程度。

最后是产品的标准化结构设计。标准化是任何金融产品市场化的基本要求。尽管信托产品的基本特征是非标准化，但不排除对一些相对成熟的信托产品进行标准化以节约产品开发成本。标准化设计实际是对设计出的信托产品进行再设计，以适应大量交易的要求。其中要考虑的因素有交易单位、计价单位、信息披露、交割方式、期限、仲裁机制等。对这些方面的设计应是以便利交易为导向，但同时还要考虑法律、税收方面的限制，以及社会习惯等因素的影响。

上述流程的设计是以信托产品中所蕴涵的金融学原理为基础来设计的，但信托产品中金融技术的运用必须实现和市场需求的对接才有意义。

## 二、明确信托产品的定位

信托产品的设计应该体现信托产品自身具备的三个主要优势：优越的风险隔离功能、广阔的应用范围和灵活的交易结构。信托产品的这些优点结合起来，形成了信托产品独一无二的功能优势。信托产品设计上的创新，就是明确信托产品的定位、发挥信托产品无法替代的制度作用，根据客户和行业的需要，围绕信托产品的独特优势，设计出有别于其他金融产品的、特色鲜明的信托产品。

从国外的经验来看，发展大规模、标准化的金融信托产品，是信托产品发展的一个重要方向。这是因为较一般的信托产品而言，大规模、标准化的信托产品在安全性和流动性方面有着突出的优势。

因此，目前应该把信托产品定位为金融产品体系中风险相对较高、收益较高、专业性较强、适宜少数成熟投资者投资的高端金融产品，而在未来，则应该努力使信托产品向更为标准化、更为规模化的方向发展，使得信托产品能够逐步面对普通投资者。

## 三、在融资对象和融资方式上的创新

首先，可通过积极发展股权信托融资方式解决我国不良金融资产过多的问题。所谓股权信托，是指委托人基于对受托人的信任，将其持有的股权委托给受托人（信托公司），由受托人按委托人的意愿以自己的名义，为受益人的利益或特定目的，对股权进行管理或者处分的行为。利用股权信托的方式，不仅能达到掌握控制权和资产处分权的目的，而且简化了过程，可以弥补信托业在资金融集能力上的不足。

其次，可加大开展土地和房地产信托融资的力度。根据资料显示，全国信托资金的主要流向是房地产、金融、交通运输三大产业，而房地产位居首位。在当前国家对房地产业进行积极宏观调控的大背景下，除了靠商业银行“输血”之外，房地产企业要选择一种灵活、变通、相融的模式，信托可谓是目前的上上策。通过信托方式的最大优势是减少了资源的交易成本，能够照顾到房地产委托人、信托公司和投资受益人等各方的利益，实现三方共赢。

最后，可结合我国实际，开展各种特种权利的信托融资。信托可以融资的范围除了货币资金形式以外，还包括其他财产表现形式，其中特种权利信托，如专利权、商标权、著作权、债权、表决权等，也是其重要组成部分。目前，最有可能的是专利权信托、债权信托和表决权信托。

## 四、改善信托产品创新的外部环境

改善信托产品创新的外部环境需要宏观政策的配合和发挥信托公司自身的能动性，形成信托公司与制度环境和市场环境之间的良性互动。制度约束是我国信托业发展的主要制约因素，改善信托产品创新的外部环境应从改善制度约束入手，完善相关制度、改善法规体系，创造有利于信托产品创新的制度环境。同时，信托公司还应当主动改善市场环境。

1. 出台鼓励信托公司创新的新法规规章

近年来，对一系列关于信托业的法规和监管规章的出台开展征求意见，我国信托业的法规体系正逐步完善。但是，管理层还应推出一些重要的法规规章，进一步完善法规体系。应尽快推出的法规规章，包括关于信托财产登记制度、关于信托公司行政许可事项的条例、信托业务税收管理办法、关于各类具体信托业务的指引等。

2. 完善监管体系

要完善信托业的监管体系，监管部门需要转变监管思路和监管模式，实行科学有效的监管方式和手段。在监管理念的转变上，要充分认识信托业对我国金融体系的重要作用，以建立和维持一个公平、有序和有效的信托市场为监管目标；在监管重心的转变方面，一是机构审批与业务监管并重，二是合规性监管与风险性监管并重，三是机构监管与制度设计并重；在监管手段的转变方面，一是现场检查与非现场检查相结合，二是逐渐从行政管制过渡为依法实施监管，三是从集中检查转变为例行检查为主。

另外，还应发挥信托业的自律监管和社会舆论的监督，信托业协会作为行业自律性管理机构，应加强会员之间的联系、协调、合作和自我控制，以促进信托业的健康发展。同时，社会舆论监督是必不可少的，信托业具有面向广大社会公众的特点，可以参照上市公司信息披露的有关办法，加强信托业的信息透明度。

## 五、强化信托产品创新风险管理的程序和组织结构

### （一）信托产品创新风险管理的程序

信托产品的风险管理包括五个阶段：风险识别、风险估测（度量）、风险评价、选择风险管理策略和工具、实施风险管理与评价风险管理后果。信托产品创新的风险管理也应当按照这一程序科学地进行。

1. 风险识别

风险识别是指风险管理人员在进行调查研究之后，运用各种方法对潜在及存在的各种金融风险进行系统分类和全面识别。风险识别所要解决的主要问题：影响风险的因素、性质及后果，识别的方法及效果。风险识别是风险管理最基本的程序，也是一项连续性和制度性的工作。

对于信托产品创新而言，加强风险的识别十分重要，因为产品创新可能面对新的政策风险和其他风险，应注意结合具体的信托产品品种、投资领域、创新特征等进行风险识别，例如，如果创新产品属于股权投资信托品种，在风险识别中就应关注因股权的过户、股权价值的评估过高等因素引起的风险；如果创新产品的投资领域是货币市场，在风险识别中就应关注利率、汇率变动和市场价格波动等引起的风险；如果创新特征是增强信托产品的安全性，在风险识别中就应关注影响产品安全性的所有潜在风险。另外，在风险识别程序中，应注意采用科学的风险资料收集和统计方法，用定性（基于财务指标、经营情况等数据）和定量（建立计量模型）的方式进行风险识别。

2. 风险估测（度量）

风险估测（度量）是在第一阶段的基础上，运用数理统计工具和模型，估计和预测风险发生的概率和损失的严重程度，这一阶段工作使风险管理建立在科学的基础上，为选择最佳的风险管理工具提供较可靠的依据。

在信托产品创新中对于风险的度量应注意将传统的基于财务指标和信用评级为基础的风险度量模型和基于风险价值（VaR）为基础的数理统计模型相结合。

3. 风险评价

风险评价是根据国家规定的或者公认的安全指标，确定风险是否需要处理和处理的程度。这一程序中最关键的是根据信托公司的风险承受能力，将各种风险量化后，建立风险的限额，并将其程序化，一旦在风险识别和监测中出现某风险暴露（Exposure）超过限额，就应立即采取应对措施。

4. 选择风险管理策略和工具

选择风险管理策略和工具是在风险度量和评价的基础上，选择风险管理策略，如规避风险（事先采取措施回避风险，或放弃实施某项可能导致风险损失的方案）、分散风险（将风险分散到彼此独立、相关性小的业务或不同的品种上）、转移风险（通过各种合法的交易方式或业务手段，将自身承受的风险转移给他人承担）以及其他风险管理方法，然后选择最佳的金融工具和方法进行风险管理。

目前信托产品创新中多采用规避风险的策略和内外部信用增强措施等风险管理工具，风险管理策略和工具显得比较单一，在今后的信托产品创新中应积极探索转移风险和分散风险的策略，通过组合化投资分散风险，通过引入保险公司对信托计划的承保转移一部分风险。在风险管理工具的选择上，因为我国的金融市场缺乏期货、期权等风险管理工具，所以现阶段应立足现有的风险管理工具，注意不同工具的搭配和组合。

5. 实施风险管理与评价风险管理后果

在实施金融风险管理中，应在信托公司整体风险管理体系的指导下进行，及时评价和总结风险管理的后果能把必要的信息反馈给前面几个程序，有利于完善和改进风险管理。

### （二）建立科学的信托公司风险管理组织体系

由于信托产品创新不同于传统产品的开发，在风险管理的组织体系中要加强风险管理委员会对创新的立项、调研、产品设计、向监管部门备案、推介、投资、信托计划终止等一系列过程的审批，同时，风险管理部门应在风险管理委员会的指导下，强化对产品创新中风险的监测和预警。

### （三）建立风险补偿机制

在风险管理中仅仅加强对风险的防范和控制是不够的，因为不可能完全规避或消除风险，所以应建立风险补偿机制，在风险损失发生后，对投资者进行补偿。按规定，信托公司每年应当从税后利润中计提5%的信托赔偿准备金作为对信托风险计提的准备。同时，应考虑将保险机制引入信托业，建立信托保险制度，全行业的信托公司按一定保险费率缴纳信托保险金，当信托公司因违反信托目的处分信托财产或者因未能恪守受托人的职责、处理信托事务不当导致信托财产受到损失时，由信托公司和保险公司共同对信托受益人进行赔付。

综上所述，加强信托业和信托公司的风险管理，能有效地防范和化解信托产品创新中的风险，为信托产品创新的开展创造良好的内部环境，从而进一步地促进产品创新。

总之，面对金融业逐步实现对外开放和混业经营的发展趋势，我国信托业面临严峻挑战，积极推动信托产品创新是信托公司和信托业应对激烈的市场竞争和培育自身核心竞争力的需要，也是改善信托业的制度环境的有效途径。虽然目前的信托产品创新活动受到众多因素的制约，但信托公司应抓住金融市场对信托产品存在巨大需求潜力这一难得的发展良机，发挥主观能动性，针对当前创新活动中存在的创新内涵单一、风险管理薄弱等问题，有针对性地加以改进，推动创新型信托产品的开发和运作，加强风险管理，将信托公司的信托产品创新活动不断地向深度和广度发展。

# 信托理财产品和各类金融理财产品的综合比较

北京国际信托有限公司首席研究员　刘向东

## 一、分业经营格局中的中国金融理财产品的主要类型与发展现状

随着中国经济的持续发展和财富的快速积累，居民、机构投资理财需求逐步增强，金融机构创新力度不断加大，中国理财产品市场迅速发展，理财产品日益丰富，市场竞争日趋活跃，尽管负面问题现象不时发生，但理财产品的多元化与复杂化唤醒了社会公众的理财意识，催生了投资者风险偏好的清晰化和资产配置的个性化，理财市场正在攀上快速发展的新台阶，呈现产品类型多样、投资领域广泛、市场规模增长迅速的特点。

在目前分业经营的条件下，不同金融机构是按照不同的监管规则开展理财业务的，法律和监管是推动理财市场发展的重要因素。从发行金融机构类型看，理财产品主要包括信托理财产品、银行理财产品、基金理财产品、证券公司理财产品、保险理财产品。理财业务已经成为各类金融机构拓展业务的战略重点。

### （一）信托公司的理财产品

信托产品是信托公司在经营范围内为委托人提供的金融商品。从国际上看，信托作为一种方便、灵活、专业化的财产管理制度，信托业务领域在广度和深度上不断推进，信托产品不断推陈出新，被英美法系和大陆法系国家广泛应用于民事、商事和公益领域，有着丰富的业务内容和表现形式。美国的信托机构业务范围非常广泛，不仅包括传统的生前信托和身后信托等个人信托服务以及其他商业信托服务，如养老金信托、职工福利信托和投资信托等，而且业务范围涵盖信托制度的各个领域。日本不断积极开发具有本国特色的业务品种，日本信托银行业务日趋多元化、专业化，通过对信托资金的运作，充分发挥信托的资产管理、融资和投资功能，促进经济发展。信托财产的广泛性、信托业务的丰富性，使得现代信托业成为市场经济运行过

程中重要的金融工具，在整个财产管理和金融市场中有着不可替代的重要作用。

在我国，信托业作为中国金融体系的重要组成部分，2001 年《信托法》的颁布，确立了信托业的新的制度性框架，经过“一法两规”框架下多年的发展壮大，2007 年信托新政后的业务转型，在日益审慎规范的监管下，我国信托业的整体规模和综合实力实现了跨越式发展，信托产品数量和规模持续增长，信托业务呈现良好的发展态势，信托主业涉足的业务领域、产品创新能力、风险控制能力、盈利能力等方面取得了长足进展。

根据《信托公司管理办法》，信托公司可以经营资金信托、动产信托、不动产信托、有价证券信托、其他财产或财产权信托等信托品种。但目前市场上的信托产品品种主要为资金信托、财产信托和公益信托，资金信托占比最大，运用也最广泛。资金信托按照委托人的数量划分，可以分为单一资金信托和集合资金信托产品。目前信托公司在市场上面对客户进行销售的主要为集合资金信托产品。根据信托业协会统计，截至 2010 年第三季度，信托资产余额共计 2. 957016 万亿元，其中资金信托余额为 2. 81822 万亿元，占比 95. 3%；集合资金信托余额为 0. 479432 万亿元，占比 16. 21%；单一资金信托余额为 2. 33878 万亿元，占比 79. 09%；管理财产信托余额为 0. 138795 万亿元，占比 4. 69%。

信托公司根据自身的实际情况，适应监管政策和市场环境的变化，积极探索产品创新的模式和手段，信托涉及领域不断延伸，在多个市场和领域取得了积极进展，初步呈现产品标准化设计与个性化安排互为补充的态势。目前信托资金投向领域涉及各行各业，按照投资方向的划分，信托产品资金运用方向主要集中在金融证券、企业融资、房地产、基础设施等方面，其他投向领域还包括交通运输、农林牧渔、科教文卫等行业。基础设施和公用事业类信托产品几乎涵盖电力、燃气、水务、热力、公路、铁路、桥梁等所有领域。信托公司开始加大对节能环保、低碳经济、战略性新兴产业等领域的产品创新，着眼于中小企业融资需求，探索中小企业信托产品的运作模式。信托公司充分利用信托制度所具有的风险隔离功能和权力重构功能，在信托产品的投资策略、投资领域、组合性、避险性，以及交易结构、收益结构、信用增级手段等方面进行设计，在信托产品的风险控制手段设计上，信托公司广泛引进信用分层设计，分成优先/次级受益权，实行受益人大会、采用资产抵（质）押担保、第三方担保、大型企业集团信用、银行信用、保险、自身信用等手段，同时针对产品特色作出多种尝试。风险控制手段的多样化尝试使信托产品结构趋于多元化，显现信托理财特色，成为投资理财市场上的一大亮点。

**表 1　　2010 年第三季度资金信托运用情况表**　　单位:%

| 信托资产运用情况 | | 信托资产分布情况 | |
|---|---|---|---|
| 项目 | 比例 | 项目 | 比例 |
| 贷款 | 57. 75 | 基础产业 | 35. 53 |
| 交易性金融资产投资 | 6. 72 | 房地产 | 13. 41 |

续表

| 信托资产运用情况 | | 信托资产分布情况 | |
|---|---|---|---|
| 项目 | 比例 | 项目 | 比例 |
| 可供出售及持有至到期投资 | 10.06 | 证券市场（股票） | 4.11 |
| 长期股权投资 | 14.22 | 证券市场（基金） | 0.37 |
| 租赁 | 0.13 | 证券市场（债券） | 3.89 |
| 买入返售 | 0.87 | 金融机构 | 6.18 |
| 存放同业 | 3.24 | 工商企业 | 18.73 |
| 其他 | 7.02 | 其他 | 17.78 |

资料来源：根据信托业协会数据整理。

## （二）商业银行理财产品

### 1. 商业银行个人理财业务类型

根据中国银监会颁布的《商业银行个人理财业务管理暂行办法》等规定，商业银行个人理财业务按照管理运作方式不同，分为理财顾问服务和综合理财服务两大类。理财顾问服务向客户提供财务分析与规划、投资建议、个人投资产品推介等专业化服务。综合理财服务在向客户提供理财顾问服务的基础上，接受客户的委托和授权，按照与客户事先约定的投资计划和方式进行投资和资产管理。综合理财服务可进一步划分为理财计划和私人银行业务两类。按照客户获取收益的方式不同，理财计划可分为保证收益理财计划和非保证收益理财计划。

总体来说，商业银行个人理财业务都是以理财产品为载体，理财顾问服务主要为开发和运作理财产品服务，综合理财服务则是理财产品的开发运作和营销，提供资产管理活动。

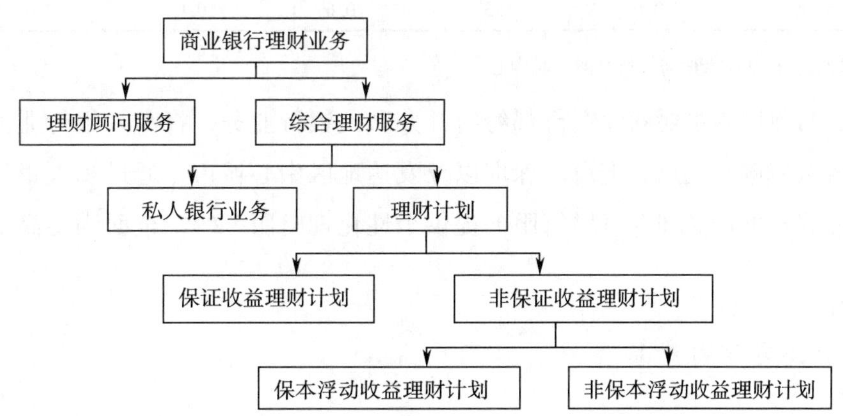


**图1　银监会划分的我国商业银行理财业务分类体系图**

### 2. 银行理财产品

银行理财产品是目前商业银行个人理财业务的载体和核心。商业银行于2004年开始推出理财产品，当前市场上主要的银行理财产品从币种看，外汇理财产品和人民币理财产品是商业银行个人理财业务的基础产品。按照产品投资方向的不同，可以分为信用类、利率类、汇率类、混合类、股票类、商品类等产品。根据《商业银行个人理财业务管理暂行办法》，银行理财产品按照产品收益保证情况，可分为保证收益型产品、非保证收益型产品。保证收益理财计划按照约定条件向客户承诺支付固定收益，银行承担由此产生的投资风险；或银行按照约定条件向客户承诺最低收益并承担相关风险，其他投资收益由银行和客户按照合同约定分配，并共同承担相关投资风险。非保证收益理财计划可进一步划分为保本浮动收益理财计划和非保本浮动收益理财计划。保本浮动收益理财计划按照约定条件向客户保证本金支付，本金以外的投资风险由客户承担，并依据实际投资收益情况确定客户实际收益。非保本浮动收益理财计划根据约定条件和实际投资收益情况向客户支付收益，并不保证客户本金安全。

在经历2008年一些理财产品的零、负收益现象、到期产品的展期甚至高额亏损事件后，目前保证收益型理财产品发行量大幅增加，银行理财市场更趋稳健。

**表2　　2004—2009年银行理财产品总数和分类占比**　　单位：%

| 年份 | 2004 | 2005 | 2006 | 2007 | 2008 | 2009 |
|---|---|---|---|---|---|---|
| 总数（款） | 123 | 631 | 1 283 | 2 974 | 4 399 | 5 986 |
| 利率类产品占比 | 95.9 | 86.7 | 60.4 | 42.7 | 40.4 | 36.3 |
| 信用类产品占比 | 0.0 | 0.3 | 22.7 | 20.2 | 49.9 | 42.0 |
| 股票类产品占比 | 0.8 | 1.3 | 7.9 | 30.6 | 5.5 | 2.7 |
| 汇率类产品占比 | 3.3 | 8.1 | 6.1 | 1.1 | 0.8 | 0.9 |
| 混合类产品占比 | 0.0 | 0.3 | 0.8 | 3.1 | 1.1 | 15.3 |
| 商品类产品占比 | 0.0 | 2.1 | 1.6 | 2.3 | 2.4 | 0.8 |
| 信息不明占比 | 0.0 | 1.3 | 0.6 | 0.0 | 0.0 | 2.0 |

资料来源：中国社会科学院金融研究所金融产品中心。

与此同时，目前国内主要商业银行都纷纷开办私人银行业务，将私人银行业务当做零售业务的重点，业务区域遍及北京、上海、深圳以及发达地区中心城市，通过私人银行业务开展高端理财，通过专属理财产品和专享增值服务提供个性化理财服务等，全面满足高端客户投资理财需求。

### （三）基金公司理财产品

目前国内基金理财产品的主要构成有证券投资基金（公募基金）、特定资产管理业务（一对一、一对多）。

1. 证券投资基金（公募基金）

证券投资基金理财产品是国内较为成熟的一种社会化的投资工具。根据2004年7月1日开始实行《证券投资基金运作管理办法》，中国的基金类别分为股票型基金、债券型基金、混合型基金和货币市场型基金等基金类型。回首中国基金业十二年，从封闭式基金到开放式基金，从股票基金到债券基金、混合型基金和货币市场型基金，从单一类型基金到伞形基金（多个基金共用一个基金合同、子基金独立运作、子基金之间可以互相转换的一种基金结构形式）、交易型开放式指数基金（ETF）、上市开放式基金（LOF），从 QFII 到 QDII，基金产品种类在不断丰富，开放式基金成为市场发展的主流。

基金业绩深受股市波动影响。根据 Wind 资讯，截至 2010 年 9 月，存续的全部基金共 652 只，资产净值 23 853.65 亿元。其中，开放式基金 616 只，资产净值 22 647.78 亿元，占比 94.94%；封闭式基金 41 只，资产净值 1 205.87 亿元，占比 5.06%；股票型基金 297 只，资产净值 12 138.03 亿元，占比 50.89%；混合型基金 162 只，资产净值 7 291.54 亿元，占比 30.57%；债券型基金 85 只，资产净值 1 232.56 亿元，占比 5.17%；其他基金 72 只，资产净值 1 985.65 亿元，占比 7.93%。

**表 3　　各类基金资产及数量统计**

| 类型 | | 2001 年 | 2002 年 | 2003 年 | 2004 年 | 2005 年 | 2006 年 | 2007 年 | 2008 年 | 2009 年 | 2010 年第三季度 |
|---|---|---|---|---|---|---|---|---|---|---|---|
| 开放式 | 只数 | 3 | 17 | 56 | 107 | 164 | 255 | 312 | 408 | 527 | 616 |
| | 资产 | 118.01 | 489.66 | 811.09 | 2 413.38 | 3 869.05 | 6 941.11 | 30 393.27 | 18 694.72 | 25 212.22 | 22 647.78 |
| 封闭式 | 只数 | 50 | 54 | 54 | 54 | 54 | 53 | 35 | 32 | 32 | 41 |
| | 资产 | 700.01 | 717.08 | 861.99 | 809.62 | 822.11 | 1 623.50 | 2 394.69 | 715.89 | 1 270.16 | 1 205.87 |
| 股票型 | 只数 | 0 | 1 | 10 | 17 | 41 | 84 | 120 | 157 | 233 | 297 |
| | 资产 | | 30.94 | 117.94 | 297.14 | 520.6 | 2 931.82 | 15 674.38 | 6 916.20 | 12 935.39 | 12 138.03 |
| 混合型 | 只数 | 3 | 15 | 34 | 66 | 81 | 106 | 121 | 138 | 157 | 162 |
| | 资产 | 118.01 | 421.48 | 549.16 | 1 336.56 | 1 160.13 | 2 919.97 | 11 719.09 | 5 368.23 | 7 888.32 | 7 291.54 |
| 债券型 | 只数 | 0 | 1 | 10 | 10 | 11 | 18 | 21 | 57 | 77 | 85 |
| | 资产 | | 37.24 | 100.27 | 38.56 | 222.83 | 164.11 | 633.29 | 1 833.27 | 783.63 | 1 232.56 |
| 其他 | 只数 | 50 | 54 | 56 | 68 | 85 | 100 | 84 | 87 | 91 | 72 |
| | 资产 | 700.01 | 717.08 | 905.7 | 1 550.75 | 2 787.61 | 2 548.7 | 4 729.13 | 5 270.98 | 4 846.71 | 1 985.65 |
| 合计 | 只数 | 59 | 77 | 114 | 162 | 219 | 308 | 346 | 439 | 557 | 652 |
| | 资产 | 837.6 | 1 226.30 | 1 681.23 | 3 225.68 | 4 693.84 | 8 564.61 | 32 755.90 | 19 388.67 | 26 454.05 | 23 853.65 |

资料来源：Wind 资讯。

2. 特定资产管理业务

特定资产管理业务，又称“专户理财业务”。基金管理公司从事特定资产管理业务，可以采取以下形式。

（1）为单一客户办理特定资产管理业务（一对一）。为单一客户办理特定资产管理业务的，客户委托的初始资产一般不得低于 5 000 万元人民币。2008 年一对一专户业务获准开展。

（2）为特定的多个客户办理特定资产管理业务（一对多）。基金公司为特定的多个客户办理特定资产管理业务，符合条件的客户为委托投资单个资产管理计划的初始金额不低于100万元人民币，且能够识别、判断和承担投资风险的自然人、法人、依法成立的组织等，每个客户特定资产管理计划的委托人人数不得超过200人，客户委托的初始资产合计不得低于5 000万元人民币。2009年第三季度一对多业务获准开展。

**表4　　一对多产品主要类型**

| 产品类型 | 产品特征 |
|---|---|
| 灵活配置 | 股票资产配置比例在0到100%之间的产品 |
| 积极配置 | 股票资产配置比例在80%以上的产品 |
| 稳健配置 | 股票资产和债券资产的配置比例均在50%左右波动的产品 |
| 保本策略 | 应用保本技术来辅助投资或构建投资组合的产品 |
| FOF（Fund of Fund，基金中的基金） | 以公募基金产品为主要投资对象的产品 |
| 量化策略 | 应用数量化分析为主要手段进行投资的产品 |
| 偏债型 | 债券资产配置比例在80%以上的产品 |

目前的一对多产品中灵活配置这一类型的产品占据了主流。在投资策略的使用上，相对于公募基金，一对多产品投资标的更为多样、投资策略更为灵活。专户理财可以投资于股票、债券、证券投资基金、中央银行票据、短期融资券、资产支持证券、金融衍生产品以及中国证监会规定的其他投资品种。在其投资目标中明确的有封闭式基金折价套利、保本策略、数量化投资、股指期货、新股发行和增发认购等。2010年7月7日证监会批准专户不限比例、不限目的参与股指期货交易。公开资料显示，在9月中旬，汇添富、国投瑞银、大成旗下的“一对一”和“一对多”专户理财账户已向中金所成功申请到股指期货的交易编码，成为首批试水股指期货的基金公司。

截至10月15日，已有35家基金管理公司获得特定资产管理业务资格，管理专户资产约982亿元。其中一对一专户管理账户145个，管理资产615.8亿元；一对多专户管理账户240个，管理资产366亿元。过去一年来专户“一对多”的平均规模约在1.5亿元左右。

为进一步推动专户理财业务试点工作，证监会于2010年11月1日修改了《基金管理公司特定客户资产管理业务试点办法》及其配套规则，向社会征求意见。修改稿完善了专户理财业务试点规则：

在业务资格准入条件方面，拟取消基金公司开展专户理财业务资格的“准入门槛”，即关于管理证券投资基金2年以上、公司净资产不低于2亿元人民币、管理资产规模不低于200亿元人民币等条件，在专户理财业务资格准入条件中不再设置具体指标门槛，允许所有经营规范、配备专门业务人员、制度健全的基金管理公司参与专户理财业务。

在单只专户产品的初始规模方面，拟将一对一和一对多专户产品的初始规模限制由原来的

5 000万元适度降低为3 000 万元。

在具体运作方面，一是在确保公平交易的前提下，取消不同投资组合之间同日反向交易的限制；二是适度提高单只一对多专户产品投资单只股票的比重，由原来的10%提高至20%；三是适度增加一对多专户产品开放参与和推出的频率，由原来的每年至多开放一次增加至每季度至多开放一次。在产品投资范围方面，拟将商品期货纳入专户产品投资范畴，以增加基金专户产品的多样性，满足部分投资者理财需求。

这些规则的改变将鼓励基金公司发展高端客户市场，促进专户产品与公募产品的差异化，使专户理财更具有灵活性和适宜性，助推专户理财投资风格多元化，为市场提供更多的、更有特色的专户理财产品。

### （四）证券公司理财产品：客户资产管理业务

经中国证监会批准，证券公司可以从事三类客户资产管理业务：为单一客户办理定向资产管理业务；为多个客户办理集合资产管理业务；为客户办理特定目的的专项资产管理业务。相对来说，我国证券公司资产管理业务目前还处于起步阶段，主要限于创新试点类证券公司经营。

1. 专项资产管理业务

专项资产管理业务的特点：综合性，即证券公司与客户可以是一对一，也可以是一对多；特定性，业务设定特定的投资目标；通过专门账户经营运作。证券公司专向理财产品投资于特定目的的专项资产，迄今专项理财主要集中于兼具投融资功能的资产证券化项目，在2005年9月至2006年9月间，全国共有8家券商设立了9个专项计划，试点规模262.85亿元，基础资产包括租赁费用、BT项目回购款、电费收入等。目前处于停滞状况。

2. 定向资产管理业务

定向资产管理业务的特点：证券公司与客户必须是一对一的投资管理服务；具体投资的方向在资产管理合同中约定；必须在单一客户的专用证券账户中封闭运行。定向理财产品面向单一的高端客户，单个客户委托资产净值最低标准为100万元，类似于国外的独立投资账户。证券公司定向理财始于2003年，2005年针对个人的定向理财业务被叫停并进行了历时三年的清理整顿，直到2008年5月末中国证监会正式颁布《证券公司定向资产管理业务实施细则》才开始重新起航。

3. 集合资产管理业务

集合资产管理业务的特点：集合性，证券公司与客户是一对多；投资范围有限定性和非限定性的区分；客户资产必须托管；专门账户投资运作；比较严格的信息披露。集合资产管理计划募集的资金可以投资中国境内依法发行的股票、债券、证券投资基金、中央银行票据、短期融资券、资产支持证券、金融衍生产品以及中国证监会认可的其他投资品种。集合理财产品根据是否有股票投资比例不超过20%的限定，分为限定性集合资产管理计划和非限定性集合资产管理计划两类。限定性集合资产管理计划资产应当主要用于投资国债、国家重点建设债券、债券型证券投资基金、在证券交易所上市的企业债券、其他信用度高且流动性强的固定收益类金融产品，投资于业绩优良、成长性高、流动性强的股票等权益类证券以及股票型证券投资基金的资产，不得超过该计划资产净值的20%，并应当遵循分散投资风险的原则。非限定性集合资产管理计划的投资范围由集合资产管理合同约定，不受前款规定限制。证券公司集合理财产品主要类型见表5：

**表5　　证券公司集合理财产品主要类型**

| 产品类型 | 产品特征 |
|---|---|
| 货币型 | 属于限定性集合理财产品，主要投资货币市场工具 |
| 债券型 | 一般属于限定性集合理财产品，主要投资固定收益类产品，如债券、定期存款和中央银行票据 |
| 混合型 | 一般属于非限定性集合理财产品，投资范围较广，资产配置也较为灵活，但股票的投资比例都不会太高，债券会在投资组合中占到相当的比重 |
| 股票型 | 券商集合理财产品中最为积极的一类产品 |
| FOF 型 | FOF 型是专门投资于证券投资基金的基金 |

证券公司集合理财产品起步于2005年，集合理财产品的发行数量与规模增长相对缓慢，目前才突破1 000亿元大关。2010年以来，集合理财产品呈现较快的发展势头。

**表6　　券商集合理财产品情况**

| 类型 | 数量 | 占比（%） | 份额合计（亿份） | 占比（%） | 资产净值合计（亿元） | 占比（%） |
|---|---|---|---|---|---|---|
| 限定性 | 35 | 21.60 | 250.38 | 23.65 | 263.0663 | 25.13 |
| 非限定性 | 127 | 78.40 | 808.36 | 76.35 | 783.9572 | 74.87 |
| 全部产品 | 162 | 100.00 | 1 058.74 | 100. 00 | 1 047.0235 | 100.00 |

注：截至2010年10月27日。

资料来源：Wind资讯。

**表7　　2010年券商各月集合理财产品成立概况**

| 年份 | 发行数量（只） | 成立规模（亿元） | 平均每只募集资金（亿元） |
|---|---|---|---|
| 2010年10月 | 4 | 23.77 | 5.94 |
| 2010年9月 | 13 | 72.39 | 5.57 |
| 2010年8月 | 6 | 60.57 | 10.10 |
| 2010年7月 | 8 | 23.53 | 2.94 |
| 2010年6月 | 8 | 50.30 | 6.29 |
| 2010年5月 | 6 | 64.02 | 10.67 |
| 2010年4月 | 6 | 91.12 | 15.19 |
| 2010年3月 | 3 | 26.27 | 8.76 |
| 2010年2月 | 9 | 88.76 | 9.86 |
| 2010年1月 | 9 | 52.64 | 5.85 |
| 2010年1—10月 | 72 | 553.37 | 7.69 |

资料来源：中原证券研究所、Wind资讯。

### （五）保险理财产品

保险公司最早进入个人理财领域，20 世纪 90 年代初便开发了具有理财功能的分红险，目前理财投资型保险险种在我国主要是分红保险、投资连结保险、万能保险。因其兼有保障账户和投资账户，在保障功能的基础上更强调投资回报，被称为保险理财产品。

1. 分红保险

分红保险最早出现在 1776 年的英国，因兼具保障和投资功能，一经推出立即受到市场的普遍欢迎，分红保险逐渐成为世界保险市场的主流产品。它的作用在于客户不仅能享有充分的保障，而且能从保险公司经营的利润中获得较理想的投资回报。

分红保险，通俗地讲就是让客户享受保险公司经营收益的一种保险，是指保险公司将其实际经营成果优于定价假设的盈余，按一定比例向保单持有人进行分配的人寿保险产品。分红保险产品具有确定的利益保证和获取红利的机会。分红保险的红利来源于死差益、费差益、利差益三种。分红水平主要取决于保险公司的经营成果，可分配的红利是不确定的。保险公司在每个会计年度结束后，将上一会计年度该类分红保险的可分配盈余，按一定的比例，以增值红利或现金红利的方式，分配给客户。分红保险的红利分配是有严格规定的。按照保监会的规定，出售分红保险的保险公司每年派发给客户红利的多少，取决于该保险公司上一会计年度该险种的实际经营成果，一般保险公司最少要将当年度可分配盈余的 70% 分配给客户，保险公司最多自留 30% 。客户对现金红利的处置方式有现金领取、存入保险公司并按一定的利率滚动计息、抵缴保险费、增值红利这几种可供选择。

2. 投资连结保险

投资连结保险起源于英国，又称为基金连锁产品。在 20 世纪 70 年代初一问世就受到消费者的普遍欢迎。投资连结保险产品是指包含保险保障功能并至少在一个投资账户拥有一定资产价值的人身保险产品。投资账户是一个进行专项管理的独立账户，与保险公司管理的其他资产或其他账户之间不存在债权债务关系，也不承担连带责任。投资账户里的资金用于国债及其他债券、银行存款、证券投资基金等投资。投资连结保险产品一般分设多个账户，根据所持有不同风险类型的投资标的比例，投资账户划分为进取型、平衡型、稳健型和保守型等类型。投资连结保险的收益主要来源于投资账户的收益。投资连结保险产品的投资回报具有不确定性，实际投资收益可能盈利或亏损，投保人承担全部投资风险。

3. 万能保险

万能保险于 20 世纪 70 年代末 80 年代初面世。万能保险是介于分红险与投资连结险之间的一种投资型寿险。

万能险是包含保险保障功能并设立有保底收益投资账户的寿险产品。万能寿险之所以被称为“万能”，在于客户在投保以后可以根据人生不同阶段的保障需求和财力状况，调整保额、保费及缴费期，确定保障与投资的最佳比例，让有限的资金发挥最大的作用。即除了支付某一个最低金额的第一期保险费以后，投保人可以在任何时间支付任意金额的保险费，并且任意提高或降低死亡给付金额，只要保单中积存的现金价值足够支付以后各期的成本和费用就可以了。这是其他保险所不具有的功能。所缴保费分成两部分，一部分用于保险保障，另一部分用于投资账户。保障和投资额度的设置主动权在客户手中，可根据不同需求进行调节；账户资金由保险公司代为投资理财。

万能险为投资账户提供最低收益保证，并且可以与保险公司分享最低保证收益以上的投资回报，投资利益上不封顶、下设最低保障利率。通常情况下，万能险在具有保障功能前提下，还可享受高于银行利率的收益。万能险与银行利率联动性较紧密，作为一款息涨随涨又具有保底收益的理财产品，随着加息有可能重新获得投资者青睐。

保险理财产品占据寿险市场的绝对比例。根据财政部2009年末发布的《保险合同相关会计处理规定》，投资连结保险、万能保险的合同将被拆分，投资部分的保费不计入保费收入而计入保费存款，新会计准则的施行，目前万能险不断退市，投资连结保险相继隐身，分红险在寿险业的市场份额比重超过80%，不少公司高达90%多。

## 二、各类理财产品的制度设计与市场功能定位比较

**表8　　中国理财产品监管规则一览表**

| 理财产品 | 监管规则 | 发布日期 | 监管部门 |
| --- | --- | --- | --- |
| 银行理财产品 | 《商业银行个人理财业务管理暂行办法》、《商业银行个人理财业务风险管理指引》 | 2005年9月24日 | 中国银监会 |
| | 《关于进一步规范商业银行个人理财业务投资管理有关问题的通知》 | 2008年4月3日 | |
| | 《商业银行开办代客境外理财业务管理暂行办法》 | 2006年4月17日 | |
| 信托理财产品 | 《中华人民共和国信托法》 | 2001年10月1日 | |
| | 《信托公司管理办法》、《信托公司集合资金信托计划管理办法》 | 2007年1月23日 | |
| 证券公司理财产品 | 《证券公司客户资产管理业务试行办法》 | 2003年12月18日 | 中国证监会 |
| | 《关于证券公司开展集合资产管理业务有关问题的通知》 | 2004年10月22日 | |
| | 《证券公司监督管理条例》 | 2008年4月23日 | |
| | 《证券公司集合资产管理业务实施细则》 | 2008年5月31日 | |
| | 《证券公司定向资产管理业务实施细则》 | 2008年5月31日 | |
| 基金公司理财产品 | 《中华人民共和国证券投资基金法》 | 2003年10月 | |
| | 《基金管理公司特定客户资产管理业务试点办法》 | 2007年11月 | |
| | 《关于基金管理公司开展特定多个客户资产管理业务有关问题的规定》（一对多） | 2009年6月 | |

续表

| 理财产品 | 监管规则 | 发布日期 | 监管部门 |
| --- | --- | --- | --- |
| 保险理财产品 | 《分红保险管理暂行办法》 | 2000 年 2 月 18 日 | 中国保监会 |
| | 《个人分红保险精算规定》 | 2003 年 7 月 1 日 | |
| | 《投资连结保险管理暂行办法》 | 2003 年 8 月 25 日 | |
| | 《投资连结保险精算规定》 | 2007 年 3 月 26 日 | |
| | 《关于加强投资连结保险销售有关事项的通知》 | 2008 年 11 月 20 日 | |
| | 《人身保险新型产品信息披露管理办法》 | 2009 年 10 月 1 日 | |

### （一）信托公司的理财产品

1. 制度设计：信托制度

自 2001 年《中华人民共和国信托法》颁布以来，监管部门相继颁布了一系列与信托相关的规范性文件，形成了规范运作的信托法律法规体系，搭建起了信托业发展的制度框架。

2. 市场定位

现阶段监管部门通过明确合格投资者制度将信托理财定义为高端私募性质，对参与集合类信托的自然人投资者资质、最低投资金额、数量进行了限制，信托产品不得进行公开营销宣传。2009 年 2 月，中国银行业监督管理委员会对《信托公司集合资金信托计划管理办法》第五条第三款作出修改，原“单个信托计划的自然人人数不得超过 50 人，合格的机构投资者数量不受限制”，修改为“单个信托计划的自然人人数不得超过 50 人，但单笔委托金额在 300 万元以上的自然人投资者和合格的机构投资者数量不受限制”。目前集合信托产品的认购起点通常为 100 万元，期限通常在 1 年以上。信托公司通过提升信托产品竞争力、加强整体客服水平等多种渠道，牢牢把握住一部分私人高端客户，并逐步将这一群体扩大。国外私募机构所面对的客户主要为包括机构投资者在内的合格投资人，目前境内信托产品恰恰在这个环节上不能满足机构投资者对于产品特殊功能和流动性的需求，现阶段信托公司最大的机构投资者为商业银行。

### （二）商业银行理财产品

1. 制度定位：代理制度

商业银行理财业务主要依据银监会颁布的《商业银行个人理财业务管理暂行办法》及其他部门规章。《商业银行个人理财业务管理暂行办法》第二十一条规定：“商业银行开展个人理财业务，应与客户签订合同，明确双方的权利与业务，并根据业务需要签署必要的客户委托授权书和其他代理客户投资所必须的法律文件。”明确商业银行个人理财业务的实质是商业银行代理个人客户从事理财业务，商业银行和客户之间是委托代理关系。委托代理的基础法律关系一般是委托合同关系，商业银行个人理财业务是建立在商业银行和客户签订的合同基础上，在代理制度下，被代理人对代理人的代理行为，承担民事责任。

从银行和理财产品投资者的关系看，银行在资金募集和管理运作的整个过程中起主导作用，客户处于被动地位。

2. 市场定位

银行理财市场的客户分层涵盖了大众理财产品和中高端理财市场。商业银行都在全力打造理财业务创新发展平台，进一步加快分层服务体系的构建，不断完善对私人银行客户、财富客户和贵宾客户等的分层管理，建立完善低中高端客户相结合的体系，理财业务的财富管理职能也将日益凸显。

**表 9　　部分银行 VIP 客户分层表**

| 银行 | 最低资产 | 银行卡种类 | 资产详细要求 |
| --- | --- | --- | --- |
| 中国银行 | 50 万元 | 中银理财 | 优越：本外币存款 50 万元 |
| | | | 尊贵：本外币存款 200 万元 |
| | | | 白金：本外币存款 500 万元 |
| 建设银行 | 20 万元 | 理财金卡 | 日均资产 20 万元 |
| | | 理财白金卡 | 日均资产 50 万元 |
| | | 财富卡 | 日均资产 300 万元 |
| | | 私人银行卡 | 日均资产 1 000 万元 |
| 交通银行 | 5 万元 | 交银理财 | 5 万元 |
| | | 沃德理财卡 | 季度内日均 50 万元 |
| | | 私人银行卡 | 200 万美元 |
| 招商银行 | 50 万元 | 金葵花卡 | 日均 50 万元 |
| | | 钻石卡 | 日均 500 万元 |
| | | 私人银行卡 | 日均 1 000 万元 |
| 中信银行 | 50 万元 | 白金卡 | 日均 50 万元 |
| | | 钻石卡 | 日均 800 万元 |

按照制度设计，银行理财产品定位于面向大众的稳健型金融产品，可以通过公开的广告宣传等公募方式进行营销，也可以通过私募方式营销。目前银行主要通过银行网站、各种媒体、营业网点、手机短信、电子邮件等多种方式宣传。其产品风险收益在银行存款和股票型基金之间。银行理财产品有认购起点限制，商业银行理财业务的最低投资限额为 5 万元人民币，外币 5 000美元（或等值外币）。没有客户数量限制，但在目前的法律制度框架下，银行不能接受单个客户委托管理其财产。根据《关于进一步规范商业银行个人理财业务投资管理有关问题的通知》，商业银行应将理财客户划分为有投资经验客户和无投资经验客户，仅适合有投资经验客户的理财产品的起点金额不得低于 10 万元人民币（或等值外币）。银信合作产品中商业银行理财产品投资于权益类金融产品或具备权益类特征的金融产品，应执行信托公司合格投资者的标准。

理财产品的投资方向为：固定收益类金融产品（公开评级在投资级以上）、银行信贷资产（正常类）、发放信托贷款、金融衍生产品或结构性产品、信托产品，不得投资于境内二级市场公开交易的股票或与其相关的证券投资基金，不得投资于未上市企业股权和上市公司非公开发行或交易的股份。银行理财产品期限可以为1天、3天、7天、1个月、3个月、6个月、1年及几年，期限设计多样，在产品的流动性安排上更加灵活多变。

银行理财产品期限结构日益短期化。从2010年1—10月银行理财产品期限结构看，发行的8 975款理财产品97%的期限都在1年之内。其中，期限在1个月以内的产品为2 832款，占比31.55%；期限为1~3个月的产品2 580款，占比28.75%；期限为3~6个月的产品1 597款，占比17.79%；期限为6~12个月的产品1 699款，占比18.93%。期限为12~24个月的产品177款，占比1.97%。期限为24个月以上的产品50款，占比0.56%。未公布的40款占比0.45%。目前银行理财产品呈短期化格局。

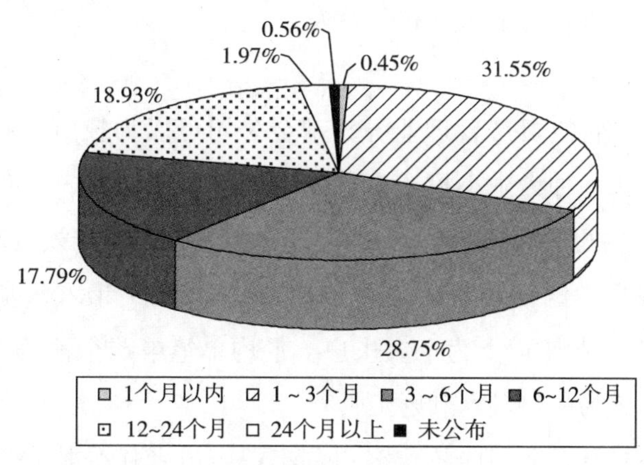


注：统计时段，2010年1月1日至2010年10月30日。

资料来源：Wind资讯。

**图2　银行理财产品期限结构图**

目前国内的私人银行业务实际上是商业银行经营理念下的高端理财，门槛标准一般为100万美元或800万元人民币以上。私人银行业务本质上是商业银行综合金融平台，在此平台上银行向客户提供自有或外购的所有产品及服务，扩充理财产品线，为高端客户提供多样化、高收益的投资选择。

以招商银行为例。招商银行私人银行组建了市场分析研究团队、投资顾问和客户经理团队，为客户提供了更为个性化与定制化的顾问服务，同时打造开放的产品平台，甄选基金、信托、保险、私募股权投资、券商集合理财、另类投资产品、海外资产等不同理财产品，构建齐全的产品种类，逐步完善私人银行产品体系和增值服务体系。已在全国16个重点城市设立私人银行中心。私人银行中心客户准入标准：在招商银行金融资产1 000万元人民币（含）以上。截至

2010 年 10 月底，私人银行客户达 12 000 人。

### （三）基金公司理财产品

1. 制度定位：信托制度

《证券投资基金法》规范了公募形式的证券投资基金的活动。证券投资基金通过发售基金份额，以投资组合的方式进行证券投资，是一种实行集中资金、专业理财、利益共享、风险共担的集合证券投资方式，一方面通过发行基金份额的形式面向大众募集资金，另一方面将募集的资金通过专业理财、分散投资的形式投资资本市场。基金财产是基于信托关系形成的。《证券投资基金法》规定：基金管理人、基金托管人管理运用基金财产，应当恪尽职守，履行诚实信用、谨慎勤勉的义务，基金管理人在运作基金过程中不得将其固有财产或者他人财产混同于基金财产从事证券投资。基金管理人、基金托管人与投资者之间的关系属于信托关系，基金管理人、基金托管人为受托人，投资者为委托人和受益人。

2. 市场定位

通过证券投资基金、特定资产管理业务，基金公司可以为投资者提供更为多样的、不同风险收益特征的产品。作为一种为中小投资者设计的间接投资工具，证券投资基金最低购买门槛为 1 000 元，有些基金还推出了月供数百元的定期定额服务，证券投资基金已经成为大众普遍接受的一种理财方式。根据中国证券业协会的统计，截至 2009 年末，基金账户数量接近 2 亿个（包括重复开户的），其中 99% 以上为个人账户，平均单笔申购金额为 1.5 万元左右。公募基金已经飞入寻常百姓家，成为一种基本理财工具。

特定资产管理业务是基金公司向特定客户募集资金或者接受特定客户财产委托进行证券投资的理财活动，是与证券投资基金在性质上存在较大差异的一种资产管理业务，面向的是高净值人群或机构投资者，具有私募性质，基金公司从事特定资产管理业务不得通过报刊、电视、广播、互联网（基金管理公司网站除外）和其他公共媒体公开推介具体的特定资产管理业务方案。基金专户理财和公募基金共享一个研究平台，整个基金公司强大的研究团队都将为专户理财提供服务，和公募基金相比，专户理财的信息披露更加及时和详尽。专户理财将会向资产委托人定期提供投资月报、季报和年报，披露委托财产的净值和投资运作。另外，根据合同的约定，双方还可通过其他形式进行更加灵活和及时的投资交流。专户理财一对多产品生命周期通常为 1 年至 4 年不等，在公布了存续期的一对多产品中，存续期为 1 年和 2 年的产品最多。

### （四）证券公司理财产品：客户资产管理业务

1. 制度定位：代理制度

《证券法》第一百二十五条规定：证券公司可以经营证券资产管理业务。证券资产管理业务是证券公司作为资产管理人，根据有关法律、法规和与投资者签订的资产管理合同，按照资产管理合同约定的方式、条件、要求和限制，为投资者提供证券和其他金融产品的投资管理服务，以实现资产收益最大化的行为。证券资产管理业务的实质是证券公司作为代理人，以被代理人（客户）的名义为客户从事资产管理的代理活动。资产管理合同中明确规定客户自行承担投资风险。

证券公司为单一客户办理定向资产管理业务，应当与客户签订定向资产管理合同，通过该客户的账户为客户提供资产管理服务。应当保证客户资产与自有资产、不同客户的资产相互独立，对不同客户的资产分别设置账户，独立核算，分账管理。证券公司为多个客户办理集合资产管理业务，应当设立集合资产管理计划，与客户签订集合资产管理合同，将客户资产交由具有客户交易结算资金法人存管业务资格的商业银行或者中国证监会认可的其他机构进行托管，通过专门账户为客户提供资产管理服务，应当保障集合计划资产的相互独立，单独设置账户，独立核算，分账管理。证券公司可以通过设立综合性的集合资产管理计划办理专项资产管理业务。证券公司为客户办理特定目的的专项资产管理业务，应当签订专项资产管理合同，针对客户的特殊要求和资产的具体情况，设定特定投资目标，通过专门账户为客户提供资产管理服务。

2. 市场定位

证券公司专项资产管理计划为固定收益类私募产品，参与投资者应为具有足够证券投资经验、拥有合法资产50万元以上的合格投资者，认购起点15万元左右，投资主体集中在基金公司、财务公司、券商集合理财计划等机构投资者，专项计划成立后在证券交易所以大宗交易方式进行转让交易，期限有半年、1年、5年、10年不等。集合理财产品属于证券投资类私募产品，有认购起点，其中限定性集合计划为5万元，非限定性集合计划为10万元，集合计划的流动性安排比较灵活（包括每日、周、月、季、年开放等），通常有存续期限安排，委托期限从2年至10年不等，但3年期产品数量最多。集合理财产品的投资方向主要为资本市场。

### （五）保险理财产品

1. 制度定位：保险制度+代理制度

从制度功能看，保险是一种建立在大数法则基础上以经济保障为基础的金融制度安排，经济保障是保险的本质特征，保险由经济保障的作用衍生出金融中介的功能。保险公司既是风险保障的提供者，也是金融资产的管理者。

个人对保险的需求主要来自两个方面：一是进行风险规避，二是进行个人理财计划，在发达国家，越来越多的人将保险特别是寿险作为个人理财计划的重要组成部分，并据此对个人金融资产在其一生中进行合理的分配。

投资型保险产品按照产品性质的不同，对于保障功能和投资功能具有不同的偏重，但本质上均属于保险产品。投资型保险产品依据保险合同反映当事人和关系人之间的权利和义务关系，与一般的合同相比，保险合同具有射幸性、补偿性、条件性和附和性等特点。相对于信托、银行、证券、基金等理财产品，其他的金融产品在本质上是“趋利”商品，而保险产品在本质上是一种“避害”商品，保险作为应对人生风险雪中送炭的风险保障安排，主要是提供风险管理服务和弥补经济损失，同时投资型保险产品又运用代理制度代客户投资理财，与其他产品存在既互补又竞争的关系。

2. 市场定位

投资型保险产品的最大特点就是将保险的基本保障功能和资金增值的功能结合起来，同时具有保障功能和投资功能，能够满足个人和家庭的风险保障与投资需要。其给付的保险金由两部分组成：一部分是风险保障金，当合同规定的保险事故发生时，保险公司即按照事先约定的标准给付保险金；另一部分是投资收益，收益水平取决于投资账户中投资单位价值总额的高低，这部分的保障水平通常无法事先确定，涉及保障责任的界定、保险金额的大小、保费的缴纳方式、精算等一系列复杂问题，具有不确定性。

投资型保险产品购买起点低，期限结构灵活，是大众保障兼理财工具。收入水平不高的人、中高等收入者、高资产净值者都可以通过保险理财，以稳健为目的，解决意外、疾病、养老保障等风险问题。保险理财产品具有合约时间长、约束性强的特点，追求长期保障。

## 三、各类理财产品的盈利模式比较

### （一）信托公司的理财产品

1. 信托报酬

根据《信托法》规定，信托公司作为受托人应该为受益人的最大利益处理信托事务，不得利用信托财产为自己谋取利益。信托公司经营信托业务，应当依照信托文件约定以手续费或者佣金的方式收取报酬，并应向受益人公开，说明收费的具体标准。目前信托公司在设定信托报酬时，有固定信托报酬和浮动信托报酬的不同设计。浮动信托报酬将信托报酬与信托收益率联系起来，通过设立信托产品预期收益率临界值，如果到期实际收益率低于临界预期收益率，受托人不收取信托报酬；高于临界预期收益率，受托人采用收益分成或其他交易结构方式提取浮动信托报酬。

一般而言，单一信托信托报酬较低，为0.3%左右；集合资金信托产品信托报酬较高，为1%～3%居多；个别产品例外。

2. 投资者收益率

《信托公司集合资金信托计划管理办法》中规定：信托公司推介信托计划时，不得有以任何方式承诺信托资金不受损失，或者以任何方式承诺信托资金的最低收益；认购风险申明书至少应当包含“信托计划不承诺保本和最低收益，具有一定的投资风险，适合风险识别、评估、承受能力较强的合格投资者”内容。

集合资金信托产品一般都有预期收益率。从产品预期收益率设计看，有固定收益和浮动的区间收益率。相当多的集合资金信托产品都根据客户资金规模和期限进行差异化处理，设计了有浮动的区间收益率。越来越多的信托产品采取资金或期限阶梯型浮动区间收益率设计，预期收益率通常与投资资金规模挂钩，一般资金规模越大，预期收益率越高；产品期限越长，由于流动性溢价的作用，预期收益率越高。某集合资金信托计划信托单位收益结构预期年化收益率如下：

**表 10　　某集合资金信托计划信托单位收益结构预期年化收益率设计**

| 信托单位类别 | 信托单位分类标准 | 预期年化收益率（%） |
|---|---|---|
| 优先 A 类 | 100 万份以上不满 300 万份 | 8 |
| 优先 B 类 | 300 万份以上不满 1 000 万份 | 9 |
| 优先 C 类 | 1 000 万份以上不满 8 000 万份 | 10 |
| 优先 D 类 | 8 000 万份以上 | 10.30 |
| 次级 A 类 | 500 万份以上不满 1 000 万份 | 11 |
| 次级 B 类 | 1 000 万份以上不满 2 000 万份 | 12 |
| 次级 C 类 | 2 000 万份以上 | 13 |

从整体来看，由于受发行信托公司的市场形象、发行地区、发行规模、存续期限、资金投向、风控方式的影响，不同信托公司发行的集合资金信托产品预期收益率高低存在较大差别。

从信托资金的运用方式看。信托资金运作方式有多种类型：贷款类、股权运作类、融资租赁类、受益权转让类、证券投资类以及组合类投资模式等。一般来讲，股权投资类信托产品的预期收益要高于固定收益证券类信托产品。

**表 11　　2010 年第三季度集合信托产品平均预期年收益率（按资金运用方式划分）**

| 信托资金运用方式 | 7 月（%） | 8 月（%） | 9 月（%） |
|---|---|---|---|
| 贷款 | 7.75 | 7.77 | 7.69 |
| 证券投资 | 6.67 | 6.24 | 7.38 |
| 股权投资 | 9.22 | 9.22 | 9.38 |
| 权益投资 | 8.63 | 7.64 | 7.8 |
| 组合运用 | 8.55 | 7.88 | 8.5 |
| 其他投资 | N/A | 6.71 | 10.7 |
| 当月合计 | 8.49 | 7.85 | 8.14 |

资料来源：根据用益信托工作室数据整理。

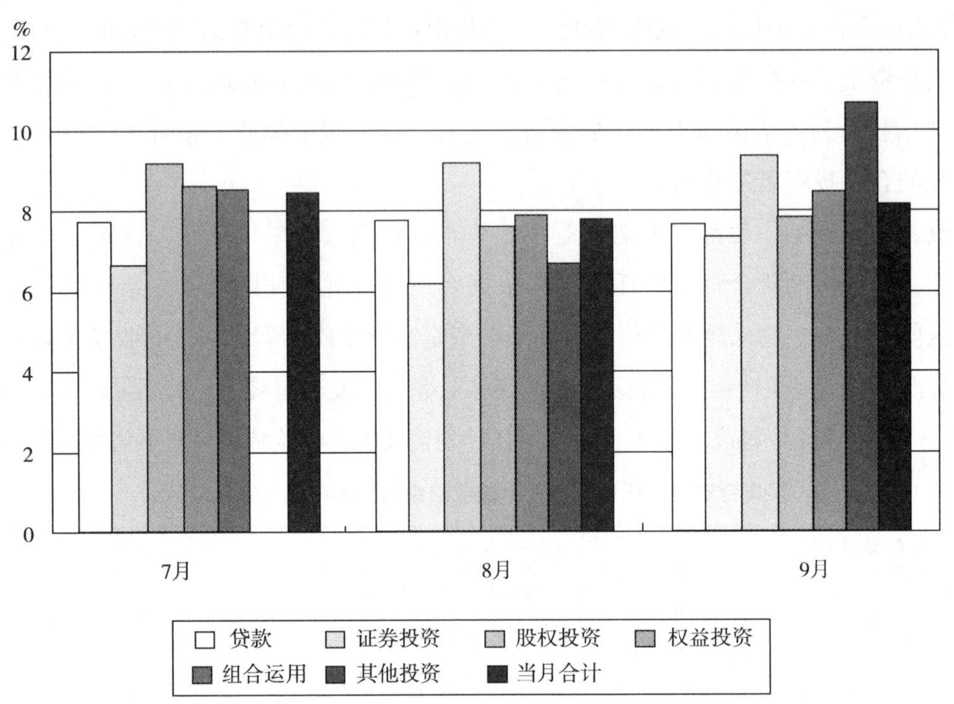


资料来源：根据用益信托工作室数据整理。

**图 3　2010 年第三季度集合信托产品预期年收益率图（按资金运用方式划分）**

从资金投向看。信托产品可以投向基础设施建设、房地产、制造业、交通运输、金融证券等多个领域和行业。不同行业的收益结构各有特点，风险越大的行业或投资领域其预期收益越高。

**表 12　　2010 年第三季度集合信托产品预期年收益率表（按资金投资领域划分）**

| 信托资金投资领域 | 7 月（%） | 8 月（%） | 9 月（%） |
|---|---|---|---|
| 金融 | 6.67 | 5.95 | 7.28 |
| 房地产 | 9 | 8.62 | 8.38 |
| 基础设施 | 7.7 | 7.57 | 7.91 |
| 工商企业 | 8.22 | 7.48 | 8.1 |
| 其他领域 | 10.06 | 8.66 | 8.14 |
| 当月合计 | 8.49 | 7.85 | 8.14 |

资料来源：根据用益信托工作室数据整理。

从信托产品发行规模与期限结构看。通常信托产品发行量越大，规模效应越大，资金运用的预期收益率越高。对于信托产品期限结构来说，信托期限越长，资金运用的预期收益率越高。

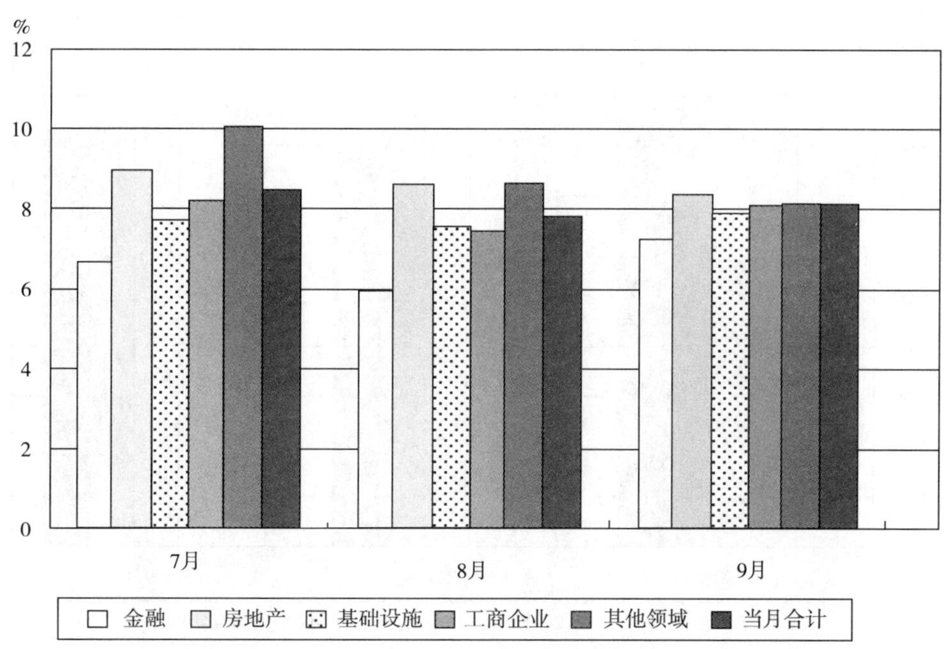


资料来源：根据用益信托工作室数据整理。

**图4　2010年第三季度集合信托产品预期年收益率（按资金投资领域划分）**

**表13　　2010年第三季度集合信托产品预期年收益率（按期限划分）**

| 产品平均预期年收益率 | 7月（%） | 8月（%） | 9月（%） |
|---|---|---|---|
| 1年期 | 7.81 | 7.13 | 6.99 |
| 1.5年期 | 8.36 | 8.11 | 8.42 |
| 2年期 | 9.13 | 8.40 | 8.52 |
| 2年期以上 | 8.74 | 8.58 | 8.62 |
| 平均预期年收益率 | 8.49 | 7.85 | 8.14 |

资料来源：根据用益信托工作室数据整理。

从风险控制方式看。信托产品都有一定的投资风险。不同的风险承受需要不同的风险补偿，风险与收益从来都是成正比的，风险越高，信托产品的预期收益越高。

风险控制是信托业的第一要务。为了控制风险，信托公司在设计信托产品时，一般要提供相应的信用增级方式。信用增级方式有内部信用增级和外部信用增级方式。内部信用增级的方式主要有优先/次级受益权结构、抵押与质押担保等方式；外部信用增级方式有政府信用、银行信用、保险公司担保、担保公司担保、第三方担保等多种方式。通常根据产品本身的风险特点决定采用内部信用增级还是外部信用增级方式，有时则是多种信用增级方式混合运用。信用增级级别越高，信托产品风险越低，其资金运用预期收益相应也就越低。反之亦然。

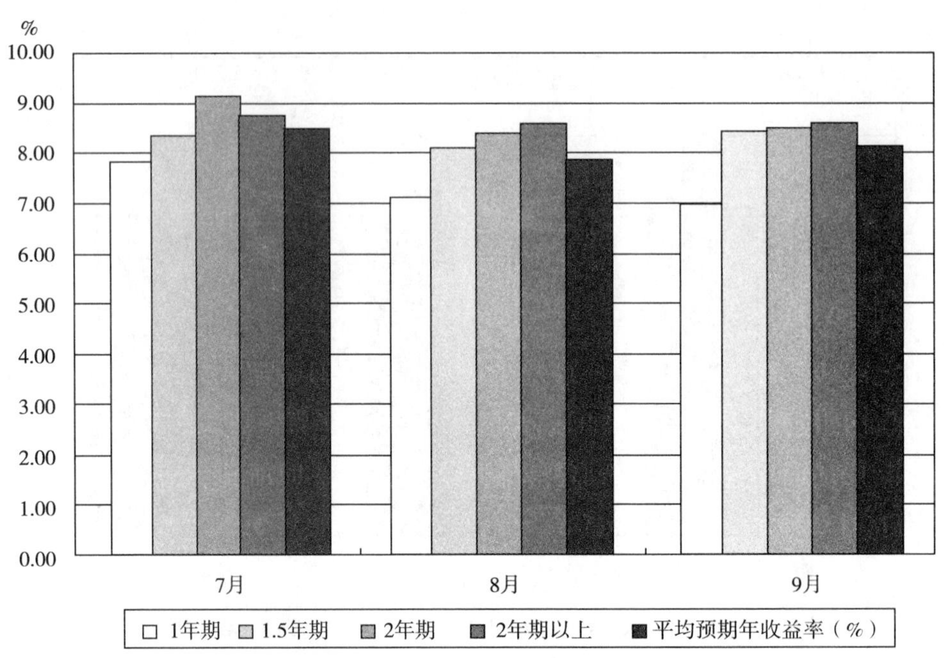


资料来源：根据用益信托工作室数据整理。

**图5　2010 年第三季度集合信托产品预期年收益率（按期限划分）**

在采用优先/次级结构化安排的信托产品中，优先受益人一般获得较为固定的投资收益率但放弃获得更多收益的机会，次级受益人一方面以其认购的信托资金确保优先受益人的本金及收益，另一方面也可能因承担更高的风险获得超额收益，允许享有浮动的投资收益。

当然，影响信托资金运用预期收益的因素还有很多，例如信托产品的流动性、受托人市场品牌形象与资金管理运用水平、宏观经济形势，以及其他不可预见因素影响等。

**表 14　2009 年五家信托公司已清算信托项目加权平均实际年化收益率情况**

| 信托公司 | 集合类（%） | 单一类（%） | 财产权类（%） |
|---|---|---|---|
| 中信信托 | 7.04 | 4.44 | 2.48 |
| 北京信托 | 6.91 | 4.93 | 4.88 |
| 华润信托 | 6.15 | 4.30 | 0.02 |
| 中诚信托 | 4.99 | 5.83 | 4.40 |
| 平安信托 | 8.96 | 3.74 | 5.15 |

资料来源：根据 2009 年信托公司年报数据整理。

## （二）商业银行理财产品

### 1. 商业银行个人银行理财产品

商业银行理财业务是主要针对零售客户的中间业务。依靠服务获取收益。商业银行开展个人理财业务涉及的费用主要有理财产品管理费、提前赎回手续费、认购费等，其标准是银行根据市场情况制定的，收费标准和收费方式应在与客户签订的合同中明示。

银行一般只针对特定收益率较高的产品或非常畅销的产品收取认购费，收益率较低的理财产品，银行一般不收取认购费。

银行的赎回费率有三种主要形式。

（1）固定费率型。固定费率水平在0.25%～3%变化不等。

（2）阶梯费率型。随着产品投资期限的不断延长，理财产品的赎回费率也不断减少。

（3）等差递减型。等差递减型与阶梯费率型的差别在于后者的赎回费率水平随着投资者理财期限的延长呈等差递减趋势。

理财产品的管理费是银行理财业务最主要的收入，一般收取的方式是按照理财产品的规模收费，或者按照理财产品投资收益的一定比例收费，或者将两者结合收费。

银行理财产品投资收益率的设计非常丰富，有固定收益率和浮动收益率、不区分投资额度的单一收益率和根据投资额大小划分的资金递进收益率，挂钩型理财产品收益率的设计则根据挂钩对象表现设计多种选择情况更为复杂。

从2010年1—10月银行理财产品收益结构看，超过92%的理财产品预期收益率都在5%以内。其中，预期年化收益率在0～2%的产品占30.16%；收益率在2%～3%的产品占39.8%；收益率在3%～5%的产品占22.06%；收益率在5%～8%的产品占2.34%，8%以上的产品占0.48%，未公布的产品占5.16%。

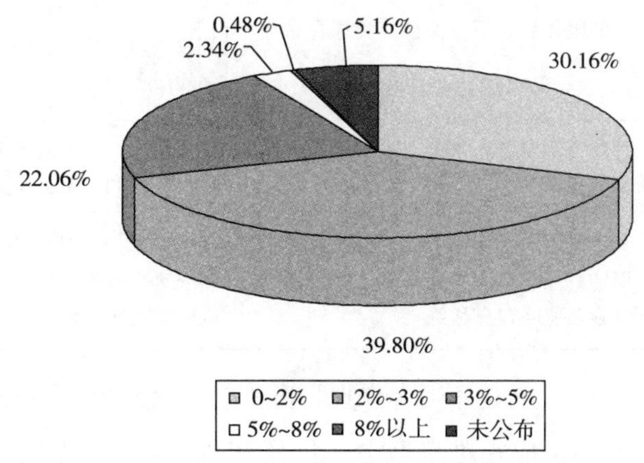


注：统计时段，2010年1月1日至2010年10月30日。

资料来源：Wind资讯。

**图6　银行理财产品收益率区间图**

2. 私人银行业务

全球私人银行盈利模式分为两种：一种为手续费型模式，即以佣金为主要收入来源，鼓励客户经理多销售产品，着眼于销售业绩提升，这种模式盛行于北美；另一种为管理费型模式，以管理费为主要收入来源，是全面的理财规划，致力于建立并维护长期客户关系，较多存在于西欧。

手续费型模式以收取客户手续费（佣金）为主，无论投资的产品是盈是亏，投资者都必须缴纳申购、赎回的手续费。客户必须在每次交易时缴纳手续费，通常手续费率为0.2%～2%不等，一般由私人银行根据每笔交易的资产规模来决定手续费的收费标准。

管理费型模式是以客户账户内的资产规模为基础，按产品类别每年收取0.4%～1.5%不等的管理费，但每次交易时不再收取手续费。在管理费型模式下，客户经理可以对客户总体资产进行统筹管理。

**表15　　手续费型模式与管理费型模式的比较**

| | 手续费型模式 | 管理费型模式 |
|---|---|---|
| 文化背景 | 根植于北美鲜明的淘金文化、冒险文化中，普遍的财富增值需求使北美私人银行选择了侧重于投资交易的手续费型模式 | 根植于西欧浓厚的贵族文化传统之中，兼顾金融投资与生活管理的综合解决方案使管理费型模式成为最佳选择 |
| 客户特征 | 私人银行客户大多属于“创富型”，委托私人银行助其财富升值是主要目标。适合资产规模较小的客户 | 私人银行客户大多属于“继富型”，客户更关心财富的保值与稳定，适合资产规模1 000万美元以上的客户 |
| 产品供给 | 关注投资产品，围绕金融市场设计投资产品或提供相关服务，产品风险较大 | 关注提供优质的服务，产品与服务范围非常广泛，客户收益随市场变化的波动较小 |
| 收费方式 | 按交易次数逐次收取费用，属于“批次性”收费。频繁的人为交易，客户经理的服务品质不易保持，资源容易集中于20%贡献度高的客户 | 以客户账户内的资产规模为收费基础，属于“累进式”收费。规律性的资产组合调整，客户经理按计划检查客户的投资组合，使客户可以得到长期的高品质服务 |
| 经营策略 | 产品导向，以投资管理为主要盈利来源，属于投资产品驱动型。销售业绩压力容易诱发客户经理的短期行为 | 客户导向，注重服务基于投资，属于咨询服务驱动型。客户利益至上是企业长期经营的目标 |
| 经营效果 | 无投资门槛约束，客户对产品有选择空间，但客户资产价值波动较大，资产周转率和客户流失率较高，客户经理在实现企业利润目标时容易忽略客户利益 | 无论对客户或是客户经理都是稳定且长期的收入，转介客户较多。但对喜欢高度参与投资活动或追求高收益的客户，这种模式吸引力较低 |

中资私人银行盈利模式单一，普遍不对客户收取管理费，手续费成为私人银行最主要的盈利点。

随着私人银行业务的发展，应在准确区分不同资产规模、不同财富管理需求的客户和定位的基础上，推进业务模式转型，实现私人银行盈利模式的优化。

## （三）基金公司理财产品

1. 证券投资基金

证券投资基金费用包括两大类：一类是基金设立、销售、买卖发生的费用，该部分费用由投资者直接承担，即持有人费用，如认购费、申购费、赎回费、基金转换费等；另一类是基金在运用过程中的管理费用，包括基金管理费、托管费、销售服务费等。

（1）认购费率。《证券投资基金销售管理办法》规定，开放式基金的认购费率不得超过认购金额的5%，我国股票基金的认购费率大多在1%～1.5%，债券基金的认购费率通常在1%以下，货币市场基金一般不收取认购费。基金份额的认购通常采用前端收费和后端收费两种模式。后端收费的认购费率一般设计为随着基金份额持有的时间的延长而递减直至可降为零。

（2）申购费率。申购费率不得超过申购金额的5%，我国开放式基金现行申购费率水平在0.3%～2%，大部分开放式基金的申购费率都是资金阶梯递减型，随着投资者认购资金的增加，产品的认购费率呈阶梯型递减趋势。在收费方式上，目前在多数开放式基金采取前端收费，但越来越多的基金提供后端收费模式或者前端收费和后端收费两种模式并存方式，其中后端申购费在持有满若干年以后可全部免除。

（3）赎回费率。除货币市场基金及证监会规定的其他品种外，赎回费率不得超过基金份额赎回金额的5%。我国开放式基金赎回费率在0～1%，部分基金的赎回费率随持有期的增加而递减。

（4）管理费和托管费。我国开放式基金按照固定的比例从基金资产中按日计提、按月收取基金管理费和托管费。目前，我国股票基金大部分按照1.5%的比例计提基金管理费，债券基金的管理费率一般低于1%，货币市场基金的管理费率为0.33%。基金托管费收取的比例与基金规模、基金类型有一定关系，开放式基金托管费通常低于0.25%。

公募基金的盈利模式颇受诟病。管理费收益是基金公司收入的主要来源，基金提取的管理费主要取决于资金资产的规模，而不是基金的业绩。基金管理费通常与基金规模成反比，与风险成正比。我国不同基金管理公司之间的投资业绩和服务水平大相径庭，而基金管理公司无论业绩好坏都旱涝保收地提取固定费率。上半年公募基金巨亏后的管理费和托管费大幅增长让公募基金遭遇信任危机。根据60家基金管理公司旗下基金披露的2010年半年报统计显示，基金上半年合计亏损4 397.5亿元，其中股票型基金全线亏损，仅一只基金盈利。按“基金公司”分类统计，上半年无一家基金公司的旗下基金整体盈利。其中，华夏、易方达、博时、南方、广发、嘉实、大成等一线基金公司因为管理资产规模庞大，成为亏损的重头。不过，上半年基金公司的管理费收入和托管银行的托管费收入却齐刷刷增长。60家基金管理公司的管理费收入合计达到149亿元，相比上年同期增长19%，托管银行托管费收入26.22亿元，相比上年同期增长16%。

固定管理费率也是各国公募基金行业的惯例性安排，我国的公募基金管理费率其实低于国际平均水平。基金公司基于提供资产管理服务的成本和合理商业利润而设定一定的管理费率，按照基金资产规模收取管理费，是合理的，基于服务而收取管理费报酬体现的是等价有偿这一基本的商业原则和民法原则。但2010年上半年公募基金投资亏损与基金公司管理费总收入上涨的反差难以平息市场争议。

基金投资的风险由投资者承担是基本常识之一，基金不能设置本金和最低收益保障，也是《基金法》所规定的基本原则之一。公募基金流动性好、透明度高、赋予投资者赎回权，但交易成本高昂。根据好买基金研究中心的测算，自2001年9月第一只开放式基金设立算起，一直到2010年6月末，中国基民投入偏股型公募基金的总成本约为5.61万亿元（首次发行+持续申购），扣除期间退出的市值约4.33万亿元（赎回+分红），基民的净投入成本为1.28万亿元左右。而截至2010年6月末，偏股型基金的总市值为1.41万亿元，总市值与总成本之差即为基民的总投资利润，约为1 317亿元。按认购、申购、赎回分别为1.2%、1.5%和0.5%的费率测算，投资者支付了1 000亿元。扣除手续费之后，基民的总收益只剩下317亿元左右，这就是中国投资者在过去9年间投资偏股型公募基金的真实总收益了。这个数字绝对额看似很大，但考虑到偏股型基金2006年末的规模已经接近5 000亿元，即使仅以三年半投资周期计算，累计收益也仅为6.4%，简单年化收益为1.8%。这虽然为一家之言，但中国公募基金业究竟有没有为普通投资者创造出稳定的、超过通胀的投资回报，值得深思。

**表16　　2001—2010年开放式偏股型基金的资金流入、流出统计**

| 年份 | 首次发行规模（亿元） | 持续申购规模（亿元） | 赎回规模（亿元） | 分红规模（亿元） | 净投入规模（亿元） |
|---|---|---|---|---|---|
| 2001 | 117.26 | 0.3 | -0.32 | — | |
| 2002 | 316.66 | 58.55 | -84.11 | -3.27 | |
| 2003 | 317.15 | 187.97 | -406.46 | -16.21 | |
| 2004 | 1 127.30 | 438.80 | -640.45 | -40.66 | |
| 2005 | 405.12 | 407.64 | -777.44 | -12.38 | |
| 2006 | 2 940.84 | 2 304.15 | -2 782.79 | -256.61 | |
| 2007 | 4 531.25 | 27 951.47 | -18 017.76 | -2 001.52 | |
| 2008 | 560.41 | 5 331.02 | -6 767.66 | -744.29 | |
| 2009 | 1 702.18 | 4 958.48 | -7 376.41 | -341.36 | |
| 2010 | 354.31 | 2 126.97 | -2 314.17 | -752.74 | |
| 总计 | 12 372.47 | 43 765.35 | -39 167.56 | -4 169.05 | 12 801.21 |

资料来源：好买基金研究中心，数据截至2010年6月末。

2. 专户理财产品

专户理财的管理费和托管费最低可相当于同类公募基金费用60%，和公募基金相比有一定的费率优势。

数据显示，大部分的一对多产品的管理费集中于1%至1.5%之间。如果分类型来看，采用量化策略的一对多产品管理费率最高，如长信交通银行量化灵活1号产品费率为2.2%；偏债型产品的管理费率最低，如富国光大增强回报债券型产品收费仅为0.4%。在为数众多的灵活配置型产品中，其管理费率大都在1%以上，最高达到2.4%。

业绩报酬是一对多专户理财产品独有的费率结构，它允许当基金赎回时的收益高于一定基准时，产品管理人可以提取一部分业绩报酬。按照相关规定，在一个委托投资期间内，业绩报酬的提取比例不得高于所管理资产在该期间净收益的20%。固定管理费用和业绩报酬可以并行收取。业绩报酬能够使资金管理者和投资者的利益高度一致，从而减少代理人风险。在现有产品中，大部分是提取这一费用的。对于专户理财基金公司大多约定5%～10%的固定业绩基准，对于超出部分可以按照20%的上限提取业绩报酬。

目前市场上一对多产品的托管费用绝大多数为0.2%或0.25%。在灵活配置型产品中，托管费率主要是0.2%和0.25%两档，市场上一对多产品的客户服务费用基本都小于等于1%。在灵活配置型产品中，85%的产品客户服务费率均低于1%。

一对多产品的违约退出费用类似公募基金的赎回费用，但是其收取费率远高于赎回费用，这是因为按照基金合同，投资一对多产品必须有一个封闭期，如果在封闭期内需要赎回，投资者就要付出高额的费用。目前来看，绝大多数产品的退出费高达3%以上。

在公布了业绩基准的一对多产品中，绝大多数采用的是绝对收益基准，只有极少数产品沿袭了公募基金的风格，采用股票和债券的混合指数作为衡量业绩的准绳。具体来说，一对多产品绝对收益基准的设定有以下两种模式：一是在产品存续期内设置一个确定的年化目标收益率，如工银瑞信平稳收益3.5%，易方达灵活配置1号10%；二是与同期银行定期存款利率或在此利率基础上加上一个百分比，以此作为产品目标收益率。

### （四）证券公司理财产品：客户资产管理业务

#### 1. 集合资产管理

集合资产管理产品的费用一般包括参与费、退出费、托管费、管理费、业绩报酬。

参与费：参与金额越大，费率越低，一般开放期的参与费费率要高于推广期。也有的产品在推广期及开放期都免收参与费。

退出费：持有时间越长，费率越低，持有时间超过一定年限后费率为0，目前退出费费率最高不超过1%。

托管费：由委托人承担，向集合产品托管人支付的费用。年托管费率一般为1%～2.5%，按日计提，按月或按季支付。

管理费：由委托人承担，支付给集合计划管理人的费用。年管理费率一般不超过2%，按日计提，按月或按季支付。

管理人业绩报酬：当委托人退出或者集合计划终止时，年收益率小于等于一定比例时，管理人不提取业绩报酬。年收益率大于该比例时，管理人提取业绩报酬。也有的产品不提取业绩报酬。

不同产品的各项费率不尽相同，但都具有一些共同特点。一般而言，申购、管理、托管、手续和销售服务费是以固定费率为主，即征收募集资金的固定比例作为上述费用，但产品的认购费、业绩报酬和赎回（或退出费）则以阶梯型费率为主，固定费率为辅。产品的赎回费率还有两种常见形式：其一是收益参考型，如某款产品赎回费率的设置是退出费率为0.5%，若最后一个开放日扣除业绩报酬后的份额净值+第一年累计分红>份额面值，则收取退出费，否则免收退出费。其二是赎回方式参考型，如某款产品在开放期赎回，则产品的赎回费率为0.5%；如有司法机构强制退出，则产品的赎回费率为2%；否则产品的赎回费率为0。

证券公司集合理财产品实行与客户风险共担制度。证券公司集合理财产品的保障措施主要有两种。一是自购资金有限补偿法。证券公司通过投入部分自有资金，承担起一定的风险责任，并分享相应的产品收益。这类产品中，当投资收益出现损失时，证券公司将用自购资金对投资者的亏损进行有限补偿。补偿的方式也是不断革新，变化多端。二是收益锁定保障法。此条款类似于银行理财产品市场中的“保息条款”，即在保本的基础上锁定投资者的部分收益。

**表17　券商集合理财产品2010年的回报率（截至10月末）**

| 投资类型 | 统计数量（只） | 平均回报率（%） | 最低回报率（%） | 最高回报率（%） |
|---|---|---|---|---|
| 平衡混合型基金 | 33 | 4.61 | -8.43 | 19.45 |
| 偏债混合型基金 | 4 | 3.96 | -3.05 | 12.43 |
| 偏股混合型基金 | 16 | -0.02 | -10.91 | 11.91 |
| 货币市场型基金 | 3 | 2.92 | 2.27 | 4.10 |
| 混合债券型一级基金 | 9 | 6.69 | 1.30 | 13.87 |
| 混合债券型二级基金 | 14 | 5.79 | -1.84 | 10.27 |
| QDII基金 | 1 | 6.93 | — | — |

注：表中统计产品均为2009年及2009年前成立的产品。
资料来源：中原证券研究所、Wind资讯。

2. 定向理财

定向理财收取的费用包括管理费、托管费、业绩报酬和其他税费，管理费和托管费分别为证券公司和托管银行收取，一般按日从委托资产中计提、按月或按季提取。业绩报酬是定向资产管理计划的主要收入来源，于每年末和合同终止时一次性从委托资产中提取。

### （五）保险理财产品

1. 保险理财产品费用

万能险收取初始费用、死亡风险保险费、保单管理费、手续费（部分领取费用）、退保费用。各项费用的比例在《万能保险精算规定》中予以上限规定。

投资连结保险收取的费用包括初始费用、买入卖出差价、死亡风险保险费、保单管理费、资产管理费、手续费（账户转换费、部分领取费用）、退保费用。各项费用的比例在《投资连结保险精算规定》中予以上限规定。由于投资目标及相应资产配置策略的不同，每个账户的风险、收益也不尽相同，所缴纳的保险费并不是全部进入投资账户用于投资，而是要扣除初始费用或在进入投资账户时收取买入卖出差价。进入投资账户后也可能发生一定的费用支出，如资产管理费、风险保险费、保单管理费等。保险公司在提供账户转换、部分领取等服务时也可能收取一定的手续费或退保费用。投资连结保险资产管理费根据保单条款在每个评估日按照投资账户资产净值的一定比例收取资产管理费，资产管理费年费率根据投资账户类型确定，总额不高于投资账户的2%。以中国人寿保险股份有限公司的国寿裕丰投资连结保险为例，该险种下设四个投资账户：国寿进取股票投资账户、国寿精选价值投资账户、国寿平衡增长投资账户和国寿稳健债券投资账户。其中，国寿进取股票投资账户资产管理费年费率为1.5%，国寿精选价值投资账户资产管理费年费率为1.0%，国寿平衡增长投资账户资产管理费年费率为1.5%，国寿稳健债券投资账户资产管理费年费率为0.6%。

按监管部门规定，分红险在保险期间，保险公司不再另外收取费用。

2. 保险理财产品收益

**表18　　分红险、投连险、万能险与传统寿险的比较**

| 项目种类 | 传统寿险产品 | 分红险 | 投连险 | 万能险 |
|---|---|---|---|---|
| 投资风险 | 预定利率固定，风险公司承担 | 预定利率固定，客户、公司共担风险 | 预定利率无保证，客户承担风险 | 较低的保证利率，客户、公司共担风险 |
| 投资收益 | 预定利率一般较低 | 按盈余分配红利，红利不固定 | 由专门投资账户收益决定，波动性较大 | 有最低保证回报，高出部分客户、公司共享 |
| 资金运作 | 无专门账户，公司统一运作 | 专门账户，单独运作 | 专门账户，单独运作 | 专门账户，单独运作 |
| 现金价值 | 定价时确定 | 不固定，保底 | 随投资账户收益变化 | 受利率、死亡率、保费、收益影响 |
| 缴费方式 | 固定缴费 | 固定缴费 | 缴费灵活 | 缴费灵活 |
| 死亡给付 | 保险金额 | 保险金额与红利之和 | 取账户金额与保险金额较大者 | 账户金额与保险金额之和 |
| 业务管理 | 一般 | 红利计算复杂，精算、电脑、客户后援服务要求高 | 实务、精算、电脑、客户后援服务要求高 | 实务、精算、电脑、客户后援服务要求高 |
| 产品市场适应度 | 频繁变动利率，影响客户购买，保费低 | 有削减通货膨胀的作用，吸引客户购买 | 高风险高收益，适于风险偏好者 | 有保证收益，高回报，对客户有较大吸引力 |

保险公司在产品说明书和其他宣传材料中演示保单利益时，用于利益演示的分红保险的高、

中、低三档假设投资回报率分别不得高于6%、4.5%和3%，现金红利累积年利率不得高于3%；用于利益演示的投资连结保险的高、中、低三档假设投资回报率分别不得高于7%、4.5%、1%；用于利益演示的万能保险高、中、低三档假设结算利率分别不得高于6%、4.5%和最低保证利率。其中，用于利益演示的分红保险的假设投资回报率是指用于计算分红保险红利分配的实际投资收益率假设，用于利益演示的投资连结保险的假设投资回报率是指投资连结保险对应资产扣除资产管理费后的净投资回报率。

万能险的投资账户一般有2.5%保底收益，此外还可分享投资回报。根据监管层要求，保险公司每月需公布万能险的结算利率。2010年以来万能险的结算利率出现了不同程度的下滑，如中国平安个人万能险的结算利率已由1月的4.5%调整至7月的4%，多家保险公司万能险结算利率下降至2.5%左右，浮动利率基本为零。万能险收益的领取方式包括一次领取、年金领取、到期转换为养老保险等。

投资连结保险账户信息披露依据《投资连结保险管理暂行办法》和《人身保险新型产品信息披露管理办法》。以诚实信用、谨慎稳健的原则进行投资连结保险投资账户的投资，但不保证最低收益率。投资连结险没有保底收益，设有多个投资账户，分别投向股票、债市、货币市场等，可以随时追加投资或者部分支取。客户购买投连险后，保险公司会收取初始费用，还要扣除账户管理费和保障成本。以期缴保费6 000元为例，第一年保险公司扣除初始费用、保障费用之后投资资金只剩下不到3 000元，按照10%的收益率，也仅能分红300元。1996年、2008年股市不振，有投资账户损失甚至达到40%，一度引发业内“退保风波”。

**表19　海康人寿保险有限公司一代投连险账户2007—2010年投资收益**　单位：%

| 账户类型 | 2007年 | 2008年 | 2009年 | 2010年前三个季度 |
|---|---|---|---|---|
| 积极型 | 42.16 | -44.18 | 50.24 | -3.76 |
| 平衡型 | 22.16 | -20.24 | 17.00 | -2.44 |
| 安全型 | 1.00 | 2.00 | 0.41 | 0.15 |

注：积极、平衡、安全账户设立时间均为2007年4月9日。

资料来源：根据《中国证券报》海康人寿保险有限公司投资连结保险投资账户信息公告数据整理。

据《华夏时报》相关统计，从2009年12月31日起到2010年11月15日，纳入观测的30多家寿险公司240个投连险账户收益中，只有9个账户的收益率超过10%，75个投连险账户的投资收益为负，占比达到31%，有38个投连险账户的投资收入不到1%，45个投连险账户的投资收益没有达到1年期的银行存款利率2.25%～2.5%。65%的投连险收益抵不上1年期存款利息。

分红险预定利率通常设计为1.5%～2.5%，分红率则根据当年公司可分配盈余的70%来分配。2009年，国内分红险的年度综合收益率在3%到5%之间。预计，中国人寿2010年分红险的综合回报率为4.8%，中国平安、新华保险等公司的分红险综合利率也会在4.5%左右甚至更高。以表20来说明分红险产品的保障与分红设计。

**表20　　保险公司分红险产品比较**

| 产品名称 | 国寿鸿寿年金保险（分红险） | 安联安裕丰财Ⅲ两全保险（分红险） | 平安金宝盆两全保险（分红险） |
|---|---|---|---|
| 发行机构 | 中国人寿保险 | 中德安联人寿 | 中国平安人寿保险 |
| 产品类型 | 人身险—养老险，人身险—分红险 | 人身险—两全保险，人身险—分红险 | 人身险—两全保险，人身险—分红险 |
| 保险期间 | 至被保险人80周岁止 | 13年、15年、20年 | 10年 |
| 投保条件 | 被保险人16周岁至60周岁 | 1年、3年交和5年交：出生满7天至65周岁；2年、10年交：出生满7天至60周岁 | 被保险人3周岁至60周岁 |
| 交费方式 | 趸交、年交、月交（交费期间为10年、20年） | 年交（交费期间为3年、5年、10年） | 年交（交费期间为3年） |
| 基本保额说明 | | | 每份保险费为1 000元人民币 |
| 产品特点 | 1. 养老金<br>2. 身故保险金<br>3. 保单红利<br>4. 保单借款<br>5. 祝寿金 | 1. 100%保费返还<br>2. 每提保证给付6%<br>3. 更多领取次数<br>4. 双重分红<br>5. 加长保障期<br>6. 多倍保障 | 1. 短期交费、长期收益<br>2. 养老规划、教育储备<br>3. 意外保障、人性关怀<br>4. 选择附险、多重保障 |
| 满期保险金 | 被保险人生存至年满80周岁的年生效对应日，保险公司按保险单载明的保险金额的2倍给付满期保险金，保险合同终止 | 已交保费+双重红利 | 被保险人于保险合同保险期满时仍生存，保险公司给付“满期生存保险金”，主险合同终止。满期生存保险金=基本保险金额×交费年度数 |
| 身故保险金 | 被保险人身故，保险公司按保险单载明的保险金额的两倍给付身故保险金，保险合同终止 | 1. 身故给付：103%已交保费+双重红利<br>2. 从被保险人年满18周岁后的首个保单周年日起，还可享有：<br>（1）意外身故给付：203%已交保费+双重红利<br>（2）公共交通意外或九种重大自然灾害意外身故给付：303%已交保费+双重红利<br>注：（1）基本保险金额=年交保费<br>（2）九种自然灾害为地震、泥石流、滑坡、洪水、海啸、台风、龙卷风、雷击、暴雪<br>（3）除生存给付外，其他保险利益不可兼得 | 1. 身故保险金<br>（1）若被保险人于主险合同生效之日起1年内因疾病身故，保险公司无息返还所交保险费，主险合同终止；“所交保险费”按照身故当时的基本保险金额所对应的年交保险费计算。<br>（2）若被保险人于主险合同生效之日起1年后身故，保险公司给付“身故保险金”，主险合同终止；身故保险金=基本保险金额×身故时的保单年度数（交费期满后为交费年度数）<br>2. 意外身故保险金<br>若被保险人遭受意外伤害，并自事故发生之日起180日内身故的，保险公司在按上述约定给付“身故保险金”的同时，还将按以下约定给付“意外身故保险金”；意外身故保险金=2×基本保险金额×身故时的保单年度数（交费期满后为交费年度数） |

续表

| 产品名称 | 国寿鸿寿年金保险（分红险） | 安联安裕丰财Ⅲ两全保险（分红险） | 平安金宝盆两全保险（分红险） |
|---|---|---|---|
| 红利 | 1. 投保人在投保时可选择以下任何一种红利处理方式：<br>（1）现金领取<br>（2）累积生息<br>2. 若投保人在投保时没有选定红利处理方式，保险公司按累积生息方式办理 | 无 | 红利领取方式：<br>1. 累积生息；<br>2. 抵交保险费 |
| 生存保险金 | 无 | 在每个保单周年日仍生存时，给付基本保险金额的固定比例，其中3年交的比例为3.5%，5年交的比例为6%，10年交的比例为10% | 无 |
| 养老金 | 自保险合同约定的年金开始领取日起至被保险人年满79周岁的年生效对应日止，每年在保险合同的年生效对应日，若被保险人生存，保险公司按保险单载明的保险金额的5%给付年金 | | |

分红险安全性好，具有保险功能，还能分享保险公司的经营成果，但收益具有不确定性（收益=保底收益+不固定分红）。所以一家保险公司的总体投资收益对其分红产品的分红状况至关重要。购买分红险产品是以保险公司的实力为基础的。购买保险理财产品除了购买保障外，必须是一项长期投资计划。

## 四、信托理财产品和其他金融理财产品的综合评价

### （一）制度设计

**表21　　各类理财产品制度定位比较**

| 产品类型 | 制度定位 | 业务性质 |
|---|---|---|
| 信托理财产品 | 信托制度 | 主营业务 |
| 银行理财产品 | 代理制度 | 中间业务 |
| 基金理财产品 | 信托制度 | 主营业务 |
| 证券公司理财产品 | 代理制度 | 创新资格类业务 |
| 保险理财产品 | 保险+代理制度 | 新型寿险业务 |

比较结论：

信托业和信托制度具有其他金融行业无法比拟的优势。

从制度优势看，信托作为一种财产管理制度，不仅具有资金融通功能，还具有风险隔离、权益重置的功能，通过其独特的破产隔离功能，信托财产独立性、信托财产所有权、处置权、受益权分离特性，能以特殊的交易结构广泛灵活地满足社会需求。信托财产的多元化以及高度灵活性的运作赋予了信托制度巨大的弹性空间，决定了信托公司经营方式的多样、灵活和较强的适应性。

信托法律关系形成的信托财产具有形式多样性特征，只要具有用金钱衡量价值，无论是动产不动产，物权债权，有价证券，专利权、商标权、著作权等知识产权，有形还是无形，都可以作为信托财产成为受托人管理的对象。可以根据管理的需要，采取投资、出售、存放同业、买入返售、租赁、贷款等灵活运用方式。信托具有功能齐全、手段灵活、综合性强的特点，目前在我国金融市场上，信托公司业务跨度大、范围广，是唯一能够综合利用货币市场、资本市场、产业市场，连接产业与金融市场的金融机构。信托财产的多样性与信托公司自身横跨货币、资本和实业市场的优势结合，为信托公司开发多样化的金融产品服务提供了可能。

从行业优势看，信托公司作为专营性的信托业务经营机构定位明确，《信托公司管理办法》规定：未经银行业监督管理委员会批准，任何单位和个人不得经营信托业务，任何经营单位不得在其名称中使用“信托公司”字样的监管原则，为信托公司依托信托功能开发信托产品提供法律制度保障。信托内在的制度特质和信托广泛的法律边缘，使得以信托制度为纽带的信托业务产品创新有着巨大的潜力空间。2007 年修订的《信托公司管理办法》、《信托公司集合资金信托计划管理办法》颁布实施，明确了信托公司的发展方向是自主从事财富（资产）管理。

与商业银行、基金公司、证券公司和保险公司相比，信托公司业务最为全面，产品设计最为灵活，面对不同种类的市场需求和服务对象，可以创新设计、开发不同信托产品，以多种方式提供金融服务。由于信托公司具有投资领域的广泛性和投资方式的灵活性，在不同的经济环境中显示出旺盛的适应能力。

### （二）市场功能定位

**表 22　各类理财产品市场定位比较**

| 产品类型 | 募集方式 | 规模限制 | 起购点 | 客户数量限制 |
|---|---|---|---|---|
| 信托理财产品（集合） | 私募 | 无 | 合格投资者规定，一般不少于 100 万元 | 单个信托计划的自然人人数不得超过 50 人，但单笔委托金额在 300 万元以上的自然人投资者和合格的机构投资者数量不受限制 |
| 银行理财产品 | 公募或私募 | 无 | 人民币 5 万元，外币 5 000 美元（或等值外币） | 投资者数量不受限制 |

续表

| 产品类型 | | 募集方式 | 规模限制 | 起购点 | 客户数量限制 |
|---|---|---|---|---|---|
| 基金理财产品 | 证券投资基金 | 公募 | 不少于2亿元人民币 | | 开放式基金不少于200人，封闭式基金不少于1 000人 |
| | 特定资产管理 | 私募 | 一对一、一对多不低于5 000万元 | 一对一不低于5 000万元，一对多不低于100万元 | 一对一单一客户，一对多2～200人 |
| 证券公司理财产品 | | 私募 | 集合募集不低于1亿元人民币，资产净值不得连续20个交易日低于1亿元人民币 | 定向资产管理不低于100万元，限定性不低于5万元人民币；非限定性不低于10万元人民币 | 定向资产管理单一客户，集合资产管理客户不得少于2人 |
| 保险理财产品 | | 公募 | 灵活 | 灵活 | 灵活 |

比较结论：

信托产品高端私募性质使得信托产品投资门槛高、缺乏流动性使得退出和转让相对困难。一方面，积极推进建立信托产品交易平台增强流动性，另一方面，不要刻意追求流通，没有必要完全仿照基金流通的做法，不同的理财产品应追求差异化策略，可吸引愿意长期持有的投资者，通过开发丰富多样的产品建立具有信托特色的典型产品体系。

### （三）盈利模式比较

**表23　　各类理财产品期限收益率定位比较**

| 产品类型 | 期限结构 | 是否保证收益 | 收益率 |
|---|---|---|---|
| 信托理财产品 | 1年以上 | 不得承诺信托资金不受损失或者承诺最低收益 | 集合产品7月平均8.49%，8月7.85%，9月8.14% |
| 银行理财产品 | 1个月以内、1～3个月、3～6个月、6～12个月、1年以上 | 保证收益、保本浮动型、非保本浮动型 | 2010年超过92%在5%以内 |
| 基金理财产品 | 封闭式基金15年存续期，开放式基金没有固定存续期，专户没有限制，一般1年以上 | 不得承诺收益或者承担损失（保本基金可保证本金除外） | 保本基金低风险、低收益，货币基金流动性好、安全性高、风险性低、净收益率高于同期储蓄，债券基金收益稳定，股票型基金高风险、高收益 |
| 证券公司理财产品 | 一般2年以上 | 不得向客户作出保证其资产本金不受损失或者保证其取得最低收益的承诺 | 平衡混合型4.61%，偏债混合型3.96%，偏股混合型－0.02%，货币市场型2.92%，混合债券型一级6.69%，混合债券型二级5.79%，QDII型基金6.93% |
| 保险理财产品 | 可达20～30年以上 | 收益＝保底收益＋不固定分红，投资连结保险不保证最低收益率，没有保底收益，万能险的投资账户一般有2.5%保底收益，此外还可分享投资回报 | 2010年9月末公布的万能险年结算利率均值为3.54%。保险产品收益为保险保障＋投资收益 |

比较结论：

买卖费用、投资收益率是影响理财产品核心竞争力的关键指标，投资者购买费用低、收益高、稳定性好是信托理财产品的主要卖点，也是信托产品重要的比较优势。

## 五、结语：竞争、融合、创新、发展

分析比较其他理财产品的特征，总结其发展路径，对于信托同仁正确认识信托产品的定位，促进信托市场的理性繁荣具有重要意义。

信托延绵数百年在世界各国经过普通法系和民法法系不同的发展路径和结构变迁，其最大的功能是为社会经济的发展提供具有长期性、稳定性和巨大弹性空间的财产管理制度，不仅在私法领域，而且在公法领域发展出多样化的信托类型，发挥着无可替代的功能，已发展成为一项世界性的财产制度安排。

法国著名律师皮埃尔·莱勃勒（Pierre Lepaulle）曾写下了这样一段精彩的话："从最庞大的战争赔款到最简单的遗产继承，从华尔街上最具创新的金融计划到对子子孙孙的关爱，都可以看到信托的身影，信托在整个人类为了自我生存付出的各种努力中无处不在，梦想和平、开创商业帝国、扼杀竞争或升入天堂、埋下仇恨的种子或乐善好施、热爱家庭或争夺遗产，人类在进行这些活动中，有的衣着华丽、有的衣衫褴褛、有的头戴神圣的皇冠，信托是盎格鲁撒克逊人的守护天使，冷漠地、无所不在地陪伴着它们，从摇篮到坟墓。"

"十二五"时期将由强国富民向富民强国转型，为城乡居民提供更多更好的理财产品与优质服务将是中国金融业未来的发展重点之一，理财业务将是中国金融业最具成长性的业务，市场需求旺盛，中国的理财市场蕴藏着巨大的发展空间。

目前，我国信托理财市场的发展有着巨大的潜力。经济主体的多元化和产权的明晰化，财富的分散化和管理的社会化，信托财产和信托资源进一步丰富与拓宽，受托管理、运用信托理财方式的需求不断扩大。通过弘扬信托制度，将为促进财产的有效管理和资源的优化配置提供广阔的空间。国际经验表明，金融信托业的繁荣与金融市场的发达程度呈正相关关系。信托公司应在竞争、融合、创新、发展的理财市场发挥自身积极作用，以信托的制度优势促进中国理财市场发展，加强与其他金融机构之间的跨行业合作，在为投资者提供丰富多彩的理财产品中显示旺盛的生命力。

# 财富传承信托：信托登记制度建立后的私人信托业务

华宝信托有限责任公司　卢晓亮

## 一、我国开展财富传承信托的制度前提

在英美法系国家，信托是私人财富传承规划中最为重要的管理工具，其不仅可以规避遗嘱认证程序和高额的遗产税，而且可以达到委托人过世以后其管理和分配财产的指令仍然能够得以延续执行的效果。但是，作为信托本源业务，我国的财富传承信托业务在过去几十年来却一直没有有效开展起来，其原因主要包括以下两个方面：一是需求尚未形成。我国市场经济起步较晚，在过去的很长一段时间内私人都处于财富形成期，市场需求集中在通过投资等各种形式使财富增值，尚没有系统形成后续财富规划的资产规模和需求。二是制度尚不完备。在掌握财富以后，私人手中持有的大部分财富是股权、房地产等资产而非现金，其资金理财需求也转化为资产传承需求，但信托登记制度的缺失导致财产信托无法进行，对财富传承的信托设计造成了制度性障碍。

随着我国市场经济的不断深入，现在私人手中已经积累了相当可观的财富并且已经临近需要考虑财富传承的年龄。根据《2010 年胡润财富报告》显示，全国有 87.5 万个千万富豪和 5.5 万个亿万富豪，其中资产在 10 亿元人民币以上的富豪平均年龄达到了 50 岁。另据中国社科院的一项调查数据显示，目前中国第一代企业家的年龄平均为 55 岁到 75 岁，在未来 5 年到 10 年内，全国有 300 多万家民营企业将面临企业传承问题。当积累的财富已经远远超过自身富裕生活的需求时，这批中国最先富起来的人自然而然地会开始考虑财富如何传承的问题。所以，目前在我国开展财富传承信托的需求已经开始形成，亟待信托登记制度的出台。

信托登记制度在两个关键阶段解决了财产流转问题，从而为信托公司开展财富传承信托业务夯实了基础：一是信托设立时的财产流转问题，二是信托分配时的财产流转问题。信托登记制度出台后，信托设立时无须再使用替代手段（如另签转让合同、权益转让并质押等）取得信

托财产，股权、房地产等需要办理登记手续的财产信托业务将得以开展；信托分配方式也不再以现金分配为唯一形式，从而缓解了信托退出变现压力，更为重要的是可以满足委托人和受益人的多样化分配要求。上述问题解决后，信托公司开展业务时无须再有频繁的资产转让行为，将有效降低交易成本，简化产品流程。信托登记制度的建立将有力地促进信托公司开展财富传承信托业务的研究和实践。

## 二、我国信托登记制度的现状及危害

《信托法》第十条明确规定："设立信托，对于信托财产，有关法律、行政法规规定应当办理登记手续的，应当依法办理信托登记。未依照前款规定办理信托登记的，应当补办登记手续；不补办的，该信托不产生效力。"但是，实践中股权、知识产权、房地产等财产的信托登记无法进行，因为多数情况下有关登记部门会以没有相关登记规则为由拒绝办理信托财产登记手续。这种"有法可依、无法操作"的窘境，迫使信托公司在实践中就信托登记问题主要采取以下应对措施：一是仅在信托合同中约定权利义务，不办理任何登记；二是以"财产转让合同"代替信托登记；三是以"收益权转让+公证+财产抵（质）押"代替信托登记。

信托本质上是一种财产管理制度，而信托登记是信托财产得以规范管理、有效运用的制度前提之一，信托登记制度的缺失，不仅将阻碍我国财富传承信托等财产信托业务的开展，而且会对信托制度本身、社会交易安全和成本及信托公司的业务开展和行业定位等多方面产生危害。

### （一）缺失财产公示，危害交易安全

信托最早作为英美法系国家的特有制度，其特征在于信托财产具备独立性，即信托一经有效成立，信托财产即与委托人、受托人和受益人的自有财产相分离，成为一项独立运作的财产。委托人一旦将财产交付信托，便丧失对该财产的所有权；信托财产虽名义上登记于受托人名下，但这仅是形式上、名义上的所有权，受托人并不享有信托利益；受益人固然享有受益权，但这主要是一种信托利益的请求权，在信托存续期间，其不得行使对信托财产的所有权。信托登记制度就是体现信托财产独立性，将信托财产与受托人财产分离的外在表征，是公示财产处于信托状态（即表明该财产有特殊规定）的基础制度。

在信托登记制度缺失的情况下，实践处理将出现两难境地。例如，就是否过户登记的问题，如果无法过户至受托人名下，那么对于受益人的利益保护及受托人处置信托财产的权利都会产生不利影响，信托的财产独立性、权利重构等基本特性均会受到侵害；如果过户在受托人名下，在受托人不尽责或是有主观违约的故意时，信托登记制度缺陷将直接危及受益人利益。又如，就是否适用民法"善意第三人"规则的问题，如果适用"善意第三人"规则，那么将可能因为

失去了实现信托目的的基础资产使该信托失去了存在的意义，与“按照委托人意愿管理、运用信托财产”和“保护受益人利益”等基本信托原理不符；如果不适用“善意第三人”规则，由于交易方从登记机关那里无法得到登记财产的性质等方面的准确信息，交易方的公平交易等权利如何得到保障？而且，交易确认无效或可撤销将加大交易的不确定性，对社会交易安全不利。

### （二）加大交易成本，浪费社会资源

在财产交易前就财产的归属和状态进行查询或是尽职调查，是通行的商业基本规则之一。如果信托登记制度缺失，那么原来在国家机关查询的简单行为将变成交易双方自身对信托有效性、财产归属及状态进行调查判断的复杂行为，且不同交易方对于同一标的将开展重复的财产调查行为，这将在很大程度上加大交易成本。此外，就信托公司目前对信托登记制度缺失采取的应对措施，也是将原本简单的信托行为转变为“信托＋财产转让”或“信托＋权利转让＋抵（质）押＋公证”的复杂模式，增设的诸多交易环节既增加了交易成本，也加大了风险隐患。

除上述以外，政府机关的资源也被更多的占用。例如，复杂的交易环节增加了公证、登记机关的工作频率和审核难度。原本信托制度目前仍处于普及观念的阶段，再混杂了买卖关系、担保关系及新型权利（如股权收益权、房产未来租金收益权等），使公证机关、登记机关需要花费更多的精力来判断合法、合规性。又如，实践中已经出现的信托司法问题。目前司法人员在进行查询、冻结等司法行为时，需对信托文件进行分析，确认合同的合法性及信托的有效性，从而辨析该项财产是否为信托财产。如果信托设立时委托人交付给受托人的是应当办理登记手续的财产，则该信托的有效性将会受到更多的质疑，需要进行更为详细的调查和判断。

### （三）制约信托业务，阻碍金融创新

从理论上讲，信托公司拥有最广阔和最具想象力的业务空间，但经历反复整顿的信托公司，为防范信托无效的制度风险，本能地选择集中发展资金信托业务，导致目前各信托公司的业务领域及产品结构的同质化、集中化特征非常明显。而且，在其他金融机构开展的各类名称各异、实为信托的资产管理业务或理财业务的挤压下，信托公司的生存环境不容乐观。财富传承信托等财产信托业务本是可以体现信托制度优势的业务品种，却因登记制度缺失而无法有效开展，信托公司在具有一定专属性质的业务上不但无法发挥优势，反而业务受阻、成本畸高。

信托登记制度并不仅仅是信托的一项配套性制度，而且是信托制度本身架构的一部分。信托作为一种财产转移和管理的制度安排，能够在英美法系及大陆法系均得到广泛运用和发展，首要原因在于信托具有财产隔离功能。基于信托的财产隔离功能，国外创设了许多新的金融产品，如资产证券化、产业投资基金、房地产投资信托（REITs）等，而这些创新信托业务，在国内几乎都在信托财产登记环节上遇到直接障碍。例如，已在学术界、监管部门、交易所、券商、

信托公司研究多年的REITs，至今没有实际推出的主要原因，除了要确定上市交易的市场之外，也在于信托登记的问题没有解决。又如，“新两规”后PE业务一直是中国银监会倡导信托公司开展的创新业务，但中国证监会却对信托PE所投资企业公开上市持保留态度，其公开原因之一在于信托业缺乏有效登记制度，信托公司作为企业上市发起人股东无法确认其代持关系。所以，信托登记制度的缺失，已经实际阻碍了信托公司业务创新的步伐。

## 三、我国信托登记制度出台的主要难点及立法理念建议

### （一）我国信托登记制度出台的主要难点

信托制度的“双重所有权”架构和“信托财产独立性”的特性是造成大陆法系国家立法及执法障碍的主要原因，诸多认识上和操作上的难点主要包括以下几点。

1. 信托登记与目前我国物权登记的目的不同

目前我国物权登记的主要目的是明确财产的归属人并通过国家机关的登记向社会公示财产归属；而信托登记则意在明确财产的信托属性，并不是明确财产的归属，因为信托一经设立后信托财产即独立于各方信托当事人，在信托存续期间无论是受托人还是受益人/委托人均不享有完全的物权法意义上的所有权。

2. 信托登记与目前我国物权登记部门的登记规则不同

由于相关登记部门规章及政策所限，目前我国物权登记部门办理登记时并未将信托合同列为权属转移证明文件之一，换而言之，信托当事人无法持信托合同申请财产登记；且目前登记权利仅限于所有权、担保物权，并未包括财产的信托状态登记。

3. 信托登记的税收制度依旧空白

对信托财产应适用何种税收规则是个无法回避的问题，因为缴税凭证是办理财产登记的前置条件之一，但目前对于信托设立时的财产登记及信托终止时的财产分配是否属于交易行为尚无规定。

4. 每个信托计划都是单独建账、独立核算，但信托计划目前在我国不是法律主体，物权登记机关难以在信托计划名下进行登记。

### （二）我国信托登记制度出台的立法理念建议

1. 信托登记是明确财产状态而不是所有权的归属

在发端信托制度的英美法系国家，由于没有物权法所谓的所有权体系，所以信托一经设立后即由受托人享有“普通法的所有权”，受益人享有“衡平法的所有权”，两者对于信托财产分

别主要享有管理处分的权利和享受收益的权利。在属于大陆法系的我国，《信托法》规定信托一经设立则信托财产即独立于各方信托当事人，而且从当事人的权利义务来看，在信托存续期间无论是受托人还是受益人/委托人均不享有完全的物权法意义上的所有权，还是基本沿用了受托人主要享有管理处分的权利，受益人主要享有信托收益的权利这个思路。所以，对于信托财产无须再争论所有权属于受托人还是受益人或是委托人，信托财产本身就是一个独立财产，其所有权不归属于目前各类单一的民事主体，信托登记中将信托财产登记在受托人名下的行为并不是确认所有权属于受托人，而是明确财产的信托状态。

2. 财产信托不涉及所有权整体四项权利的转移，无须缴纳税收

从目前税收制度的规定来看，只有涉及所有权四项权利（占有、使用、收益、处分）的整体转移才需缴纳税费，但从实际情况来看，财产信托时的权利转移并不是所有权整体四项权利转移，首先，信托财产的收益权仅归属于受益人，而依据《信托法》的规定受托人不能是信托的唯一受益人，所以信托财产的收益权并不归属于受托人。其次，信托财产的使用、处分权虽然大部分由受托人享有，但依据《信托法》的规定，委托人/受益人仍享有监督甚至撤销权，所以受托人仅享有部分使用和处分权。最后，信托财产的占有权是完全的转移至受托人，由受托人享有，否则受托人无法获得使用、处分信托财产的必要条件。所以，登记在受托人名下的主要原因在于占有权完全转移至受托人，但受托人对于其他三项权利只是部分的享有，甚至不享有。对于财产信托的税收应当充分考虑到上述实质，不能简单地认为登记在受托人名下就发生了所有权四项权利的转移，因为信托登记是明确财产状态而不是财产归属。

## 四、财富传承信托的业务探讨——以股权传承信托为例

财富传承信托以其财产独立性、管理灵活、利益分配的多样性等特点，成为国外私人财富传承的首选方式。如上所述，经过财富形成期以后，财富传承信托的委托人持有的大部分财富是非现金财产（如股权、房地产等），以下就以股权传承信托为例，探讨财富传承信托设计时需要考虑的主要内容。需要注意的是，股权传承信托既可以是生前信托，也可以是遗嘱信托，但从实际效果而言，生前信托更能体现信托的各项制度优势，如财产隔离等。

### （一）股权传承信托的目的

对股权传承信托设立者而言，其最高要求是让财富能在后代手中发扬光大，最低要求是不要让财富在后代身上以不正常的速度挥霍殆尽。对于前者的要求，信托应更多地体现如何通过管理使家族品牌长存，并使目标企业在股权传承信托设立者的管理理念指导下成长经营；对于后者的要求，信托应更多体现财产分配方面的合理性，而财富本身的管理则交由专业经理人负

责。需要注意的是，实践中往往最高要求和最低要求是复合的，需要信托公司结合财产管理和财产分配两方面进行综合考虑。

### （二）股权传承信托中涉及财产管理的重要内容

1. 传承经营理念

经营理念是企业的经营哲学、经营观念和行为规范，任何人在创办企业时或是经过一段经营时期后均会有自己的经营理念，这些非物质财富是企业的核心竞争力之一。经营理念在企业里面，就像宪法在一个国家的许多法律中占有其不可摇动的地位一样，有其超然的尊严和价值，是不能任意更改修正的。所以，为了确保企业传承经营理念，股权传承信托设立者可以将其经营理念在信托文件中固定，对于不符合经营理念的行为信托公司将不予执行，从而使其经营理念世代传袭、永续长存。

2. 紧锁企业股权

为了防止家族企业的逐代侵蚀，股权传承信托中一般均会有信托股权不得分割转让的规定。紧锁的目的不仅是从法律上避免继承或是被不当分割转让的风险，也是为了促使家族受益人更专注于企业经营，而不是谋求通过转让股权来获利。为达上述目的，信托文件可从三方面进行约定：（1）股权传承信托设立者可以规定在一定期间内（如家族受益人接管企业的若干年内）信托股权不得转让；（2）股权传承信托设立者可以规定信托股权不得分割转让，只有经过一定程序后才能整体转让；（3）股权传承信托设立者可以规定股权传承信托为不可撤销的信托，以保证信托的稳定性。

3. 设置管理委员会

股权传承信托内部应设置有效决策、监督与调解纷争的治理机制。管理委员会包括家族受益人和非家族人士两部分，在家族受益人有管理能力和兴趣的情况下，为其寻求合适的管理伙伴，与其一起组成管理委员会，对信托公司名义持有的股权进行统一决策和管理；在家族受益人缺乏管理能力或缺乏管理企业的兴趣时，可寻求专业人士管理家族企业，家族受益人则留在董事会或相应机构内监控。除了家族受益人外，委员会也应包括家族以外的专业人士（如税务会计、资产管理和法律专业人士）与具备独立性的社会贤明人士，以充分发挥平衡利益、调解纷争、监督决策的作用，并维护没有参与经营的家族受益人的利益。需要注意的是，非家族中立人士在委员会内应占明显比例，有一定任期和选聘规则，并有实际的投票决策权。

### （三）股权传承信托中涉及财产分配的重要内容

1. 分离本金与收益

股权传承信托设立者在设立信托后，可以对信托利益的分配进行弹性设计，从而达到希望的效果。例如，股权传承信托设立者可以在信托文件中规定，其在世时仍然享受部分信托收益，其过世后方由指定受益人享有全部信托利益，这样使其在设立信托后仍然可以从信托财产中获益，保障其身前生活质量不受影响。又如，股权传承信托设立者可以在信托文件中规定，信托财产的收益部分由其配偶和子女分别按比例享有，本金部分仅由其子女享有，从而使股权不会因配偶改嫁等原因流入外姓，保障股权永远在本姓中传承。

2. 设定分配规则

股权传承信托设立者为了防止受益人贪图享受，以不正常的速度挥霍家产，可以事先对信托财产的分配设定规则。例如，股权传承信托设立者可以设定，除必需生活费用之外，在企业正常经营，盈利达到一定水平时受托人才根据不同的标准向受益人分配信托利益，以促使受益人全身心投入企业经营，而不是享乐挥霍。又如，股权传承信托设立者可以设定，每年受益人可获分配的信托利益，除符合特别条件以外，均被限制在一定金额之内。

3. 禁止受益权的不当转让

信托受益权发生转让主要有两个原因，一是非意定转让，即因受益人负债导致被债权人追偿；二是意定转让，即受益人拟转让信托利益以获利。对于非意定转让，股权传承信托设立者可在信托文件中规定受益权不得用于清偿债务。对于意定转让，股权传承信托设立者可在信托文件中规定受益权的转让条件，如果不符合转让条件，受托人应拒绝办理受益权转让登记，且可设置处罚内容（如受益人不再享有转让部分的受益权，该部分受益权由其他受益人按份享有，或投向公益事业等）。

### （四）股权传承信托中的其他重要内容

1. 税务规划

信托本身不是一个纳税主体，除非实际分配至受益人，信托财产收益不会在信托层面被课税。所以，股权传承信托可以有效地利用上述特点，进行延税及避税的设计安排，通过与受益人本身的财务情况相结合，有效地降低甚至免除税收。例如，在没有信托介入的情况下，股权收益直接分配给股东（成为当年的课税对象）；在信托介入的情况下，股权收益归入信托财产（此阶段无须缴税），然后结合受益人每年的财务情况逐步、分批地向受益人分配信托利益，从而达到降低或免除受益人应缴税费的效果。此外，就遗产税而言，家族股权一旦进入家族信托，家族成员就会丧失物权法意义上的所有权，日后也不用再缴纳遗产税。中国目前没有遗产税，但将来不乏开征这些税项的可能，家族同样可以通过信托使财产免受日后税务政策改变的影响。

2. 公益安排

随着社会责任感的不断增强及社会对其回馈社会期望的不断增强，公益支出已经成为越来越多富人的考虑。但是，如果通过捐赠基金会、自设基金会或设立单一公益目的的公益信托的方式，则家族成员将丧失股权收益等一系列权利的享有或行使。而家族股权信托则可以通过事前订立的规则，使家族成员在不丧失股权管理权、不完全丧失股权收益的基础上，事前进行公益安排。例如，信托文件可以约定，每年将股权收益的一定比例捐赠公益事业或是寻求专业公益事业管理人管理，以维系并发扬家族声誉、理念、文化等无形资产。

3. 设置极端解决机制

考虑到严重的家族冲突还是难以由管理委员会解决，股权传承信托设立者可以考虑容许股权传承信托在特定情况下将信托股权转让。这样可以让受益人在严重的家族分歧时有机会将资源重新分配，使家族事业不至于陷入长期瘫痪甚至最终倒闭。但是，股权传承信托设立者应在信托文件中预先规定上述极端情况下股权受让方的受让条件，以保障其企业品牌虽然脱离家族烙印，但仍在市场流传。例如，股权传承信托设立者可以在信托文件中规定股权受让方应继续沿用原来的商号、商标等股权受让条件。当然，考虑到转让的可操作性，建议对股权受让方的受让条件不应太严苛，主要应以保持品牌为目的设置一些原则性要求。

# TOT 产品市场及其发展趋势

中铁信托有限责任公司　陈建超

TOT 的概念有广义和狭义之说。广义的 TOT 已经在已有的信托实践中得到采用，然而真正对 TOT 产生关注和深入研究则开始于 2009 年 5 月平安信托正式推出第一只 TOT 产品“平安财富·东海盛世 1 号”。

广义的 TOT 是信托中的信托（Trust of Trust）的缩写和简称，是指信托公司发行信托计划（母信托），以募集的资金投入该公司或其他信托公司发行的其他信托计划（子信托），通过子信托间接投资于金融、基础设施、房地产等领域。在 TOT 中，母信托的受托人主要负责资产配置和对子信托的约束和监督，子信托的受托人主要负责相关领域的具体投资运作。通过专业化分工，达到分散风险和追求绝对收益的目标，是一种能有效分享中国产业、资本、货币三大市场成长的创新型信托产品。狭义的 TOT 产品则更多的是专指证券业务中的一种业务创新模式，是指产品投资于两个及以上具有不同操作风格和投资理念的阳光私募信托计划。

TOT 产品与其他产品相比具有明显的优势。

1. TOT 产品能够利用信托公司资产配置的专业水平和投资领域的广泛优势，将资产配置从一般的金融市场和货币市场延伸到资本、货币、产业三大市场。通过在更广的范围内选择投资标的，更好地把握资产市场轮动带来的投资机会，并有效规避单个市场的投资风险，为投资者提供风险收益配比更优的金融产品。

2. 在 TOT 产品中，信托公司能够利用其较强的专业能力和丰富的投资经验，通过专门的评价体系，帮助投资者选择投资能力经过实践检验、业绩较为优良、风险控制措施较为有效、投资研究实力卓著的公募基金和私募基金，并通过其对市场周期、市场特征等的研判和严密的测算，将资金在公募基金和私募基金之间，以及公募基金和私募基金中具有不同操作风格和策略的管理人或投资顾问之间进行动态分配，以准确把握市场的节奏，主动获取收益，并规避各基金管理人或证券投资信托计划投资顾问对于个股操作和投资组合构建失误的风险，形成最优的投资组合。

## 一、TOT 产品市场概况

经过一年多的发展，目前 TOT 产品市场已经粗具规模，共发行产品近 20 只，准备发行及拟发行产品 3 只，发行主体主要涵盖了信托和银行。未来随着第三方评级机构 TOT 产品的正式发行成功，券商系的积极加盟，其他信托公司和银行的不断参与，TOT 产品市场将呈现空前繁荣的局面。现有的 TOT 产品情况如表 1 所示。

**表 1　　TOT 产品市场情况列表**

| TOT 名称 | 发行机构 | 成立时间 | 选择私募投资顾问 | 规模（亿元） | 净值 |
|---|---|---|---|---|---|
| 平安财富·东海盛世 1 号 | 平安信托 | 2009 年 5 月 | 星石、金中和、汇利、武当、朱雀、涌金 | 1.03 | 1.1962 |
| 阳光私募基金宝 | 光大银行 | 2009 年 8 月 | 星石、尚雅、民森、从容、涌金 | 10 | 1.062 |
| 托付宝 | 华润信托 | 2009 年 10 月 | 未公布 | 0.6 | 1.0087 |
| 金种子投资顾问 | 中国邮储 | 2009 年 10 月 | 国信证券、星石、朱雀、微风无边、智德投资 | 15 | 1.0462 |
| 中银国际证券精英汇（1 期） | 华润信托 | 2010 年 4 月 | 从容、星石、武当、民森、重阳、亿龙、朱雀、尚雅 | 2 | 0.9743 |
| 托付宝（2 期） | 华润信托 | 2010 年 4 月 | 未公布 |  | 未披露 |
| 平安财富·双核动力 1 期 3 号（阿尔法型）集合资金信托 | 平安信托 | 2010 年 4 月 | 新价值、朱雀 | 7 只产品共 3.5 | 1.0329 |
| 平安财富·双核动力 1 期 2 号（阿尔法型）集合资金信托 | 平安信托 | 2010 年 4 月 | 新价值、朱雀 |  | 1.0325 |
| 平安财富·双核动力 1 期 1 号（阿尔法型）集合资金信托 | 平安信托 | 2010 年 4 月 | 新价值、朱雀 |  | 1.0327 |
| 平安财富·黄金优选 4 期 3 号集合资金信托 | 平安信托 | 2010 年 4 月 | 平安信托旗下精选系列的某一种产品 |  | 1.0024 |
| 平安财富·黄金优选 1 期 5 号集合资金信托 | 平安信托 | 2010 年 4 月 | 平安信托旗下精选系列的某一种产品 |  | 0.9648 |
| 平安财富·黄金组合 1 期 4 号（平衡型）集合资金信托 | 平安信托 | 2010 年 4 月 | 平安信托旗下精选系列的某一种产品 |  | 0.9698 |
| 平安财富·黄金优选 3 期 1 号集合资金信托 | 平安信托 | 2010 年 4 月 | 平安信托旗下精选系列的某一种产品 |  | 1.0282 |
| 陕国投·弘酬优选 1 期 | 陕国投 | 2010 年 3 月 | 朱雀、新价值、北京弘酬 |  | 0.9777 |
| 陕国投·弘酬优选 2 期 | 陕国投 | 2010 年 4 月 | 深圳合盈、北京弘酬、上海智德 |  | 1.0429 |
| 陕国投·弘酬优选 3 期 | 陕国投 | 2010 年 6 月 | 尚雅、汇利、深圳菁英、北京弘酬 |  | 1.0508 |

续表

| TOT 名称 | 发行机构 | 成立时间 | 选择私募投资顾问 | 规模(亿元) | 净值 |
|---|---|---|---|---|---|
| 陕国投·弘酬优选 4 期 | 陕国投 | 2010 年 8 月 | 新价值、汇利、北京弘酬、北京源乐晟等 | | 0.994 |
| 陕国投·弘酬优选 5 期 | 陕国投 | 2010 年 8 月 | 合赢、汇利、北京弘酬、尚雅北京源乐晟 | | 0.994 |
| 汇聚成长 1 期[①]（招商银行） | 外贸信托 | 2010 年 8 月 | 新价值、尚雅、翰信、汇利、金中和 | 17 | |
| 新方程私募精选 1 号 | 好买基金研究中心 | | 未公布 | | |
| 华润信托·融智组合宝 1 期（私募排排网） | 华润信托 | | 1 家稳健、3 家积极配置型私募 | | |
| 中信银行 TOT 产品（拟发行） | 中信银行 | | 重阳、星石、淡水泉、证大等 | | |

资料来源：根据各发行机构官方主页自行整理而得（所有数据根据可得性均更新到 9 月 15 日，其中华润信托托付宝净值数据来源于新闻报道，近期净值一直未予公开）。

从产品的业绩看，大多数产品成立于 A 股市场步入调整期的 2009 年 8 月以后，但 TOT 产品的波动幅度显著低于大盘的波幅，远远领跑于大盘，展现出了良好的运行绩效，显示出良好的盈利能力和风险控制能力。

而具体的产品表现上也呈现出较为明显的差异，如图 1 所示。

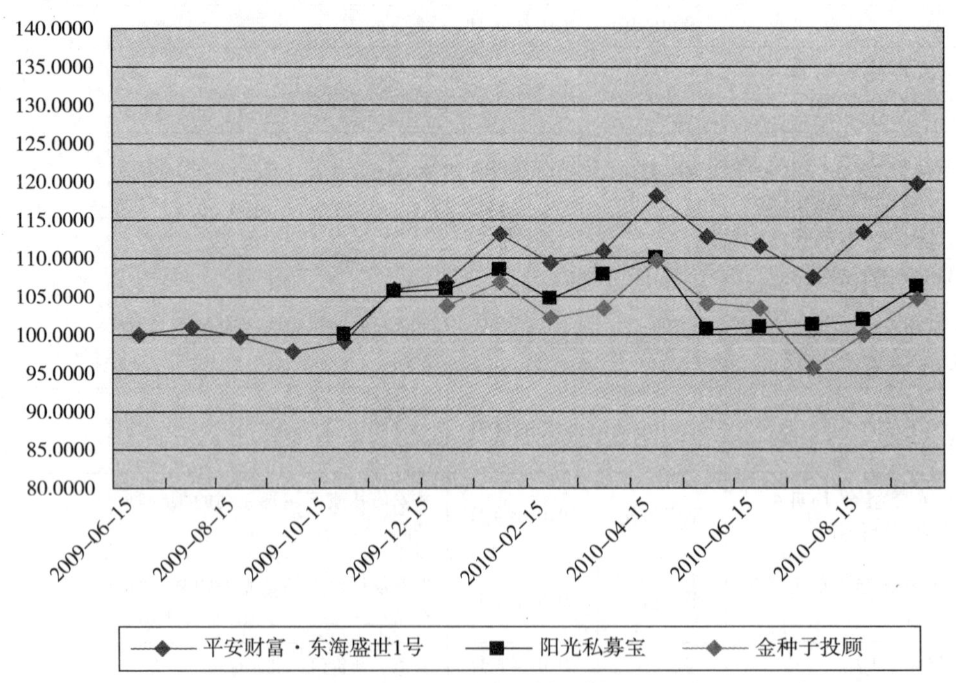


**图 1　主要 TOT 产品市场表现**

① 国信证券负责每 3 个月对私募进行动态调节，在追求绝对回报基础上降低组合的波动性。

## 二、TOT产品设计

TOT产品的设计直接关系到投资者认购产品的积极性，甚至影响TOT产品的业绩表现。我们通过对TOT产品设计的分析，力图寻找出最优的产品设计方案，供未来借鉴使用。本部分以最具代表性的两家信托公司及银行发行的TOT产品为例（见表2）。

**表2　　TOT产品设计**

| 产品名称 | 投资起点（万元） | 流动性设计 | | | 收费 | | |
|---|---|---|---|---|---|---|---|
| | | 封闭期 | 申购日 | 赎回日 | 申购、赎回费 | 固定管理费 | 业绩报酬 |
| 光大阳光私募基金宝 | 50 | 产品成立满3个月 | 每月15日 | 封闭期结束后每月15日 | 1%（与认购金额成正比）；小于730天为0.5%，大于730天为0 | 0.6%（母信托）<br>0.9%（子信托） | 0（母信托）<br>信托单位值高于历史最高信托单位净值差额的18%（子信托） |
| 创富金种子优选投资顾问理财产品 | 30 | 6个月 | 月末 | 封闭期结束后每月末 | 无 | 1.5% | 20%（投资顾问15%，中国邮政储蓄银行5%） |
| 平安财富·东海盛世1号集合资金信托计划 | 300 | 3个月 | 信托成立每满1个月的对应日 | 信托成立每满3个月的对应日 | 1%；<br>满6个月不满1年者3%，满1年不收取赎回费 | 1%（母信托）<br>1%（子信托） | 证券类单一资金信托信托收益的26% |
| 华润信托托付宝（TOF） | 300 | 14个月 | 14个月开放一次 | 14个月开放一次 | 1%；<br>无赎回费 | 1% | 年化收益超过10%部分的10% |

资料来源：TOT产品说明书整理而得。

### （一）从投资起点分析

光大银行的阳光私募基金宝及邮储银行的金种子投资顾问均采用了较低的投资起点，借助于其庞大的营业网点及海量的客户群，促使其始发规模巨大，且由于其良好的市场表现，而引发大量的后续申购。如光大银行阳光私募基金宝成立后在短短时间内就实现了四次有效申购。反观平安信托和华润信托这两家重点发展证券信托业务的信托公司TOT产品发行规模，平安信托为1.03亿元，华润信托托付宝1期为0.6亿元，但其投资起点一律为300万元，在增大客户风险承受能力的同时，由于信托公司营销网络的瓶颈问题，在产品整体规模上难以实现快速突破，由此也导致了通过发行多期产品壮大业务规模的原动力。

### （二）从流动性设计分析

除华润信托外，其余几家TOT产品的封闭期较短，两家银行的产品期限均为3个月，较短的封闭期及赎回期，为客户提供了充分的流动性，更便于客户根据证券市场情况对产品进行申购和赎回，也进一步提高了产品管理者的投资压力。此外，高流动性也需要产品提供者较高的信息化水平和后台估值计算能够提供强有力的支持。而 TOT 产品投资于已有的私募阳光产品，由于其阳光私募产品本身的低流动性，母信托充足的流动性必然需要备存部分高流动性的资金为赎回做准备。若以子信托的方式设立阳光私募产品，母信托的高流动性也势必以影响子信托的投资策略为代价。

华润信托的产品设计方式为私募产品的稳定运作提供了良好的基础，但同时以低流动性为代价，需要申购客户对信托公司投资能力的高度认可。

（三）从收费设计分析

整体的收费可以分为申购、赎回和固定管理费用以及业绩报酬。在具体的收费模式上，信托和银行也出现较大的差异。银行以树立品牌、扩大客户群、为客户提供综合理财服务为目标，在整体收费上较低，在浮动业绩报酬的提取上较少。而信托则因本身产品规模有限，加之实际提供的自主管理和承担的风险等因素，在浮动报酬的提取上存在巨大的动力。

## 三、TOT 产品投资策略

具体的投资策略本应涵盖于产品设计当中，由于其对整个产品的绩效表现存在巨大的影响力，本部分专门对其进行分析（见表 3 和表 4）。

**表 3　　　　TOT 产品投资设计**

| | 投资范围 | 投资比例 | 投资限制 |
|---|---|---|---|
| 光大阳光私募基金宝 | 私募性质的基金化产品、公开挂牌交易的证券产品、固定收益类银行理财产品等 | 权益类资产 0 ~ 98% | 同一投资管理机构管理的私募性质的基金化产品的价值占整体资产净值的比例不得超过 30%；投资于其他任何单一投资标的的价值（采用成本与市价孰低法计算）占整体信托资产净值的比例不得超过 25% |
| 创富金种子优选投资顾问理财产品 | 5 个不同私募基金担任投资顾问的证券投资信托计划（5 家投资机构分别拿出 100 万元首先认购本产品） | 权益类资产 0 ~ 100% | |
| 平安财富·东海盛世 1 号集合资金信托计划 | 交易所债券市场、银行间债券市场、平安信托为受托人的证券类单一资金信托、货币市场基金、一级市场申购和银行存款等 | | |
| 华润信托托付宝（TOF） | 对私募基金进行组合管理，还可以将资金配置于债券、货币市场基金、ETF、LOF、银行间市场产品以及其他流动性较好的理财品种 | | |

资料来源：根据 TOT 产品说明书整理而得。

表 4　　TOT 产品投资策略

| | 投资策略 |
|---|---|
| 光大阳光私募基金宝 | 按比例配置 5 只投资风格互补的私募基金（北京星石、上海尚雅、深圳民森、上海从容、上海涌金）<br>根据对大势的预判调整权益类资产投资比例，设有私募基金公司的进入和退出机制：对长期管理能力较差的私募基金公司进行更换；对于管理能力较强的私募基金公司进行增资；不断寻找新的管理能力较强的私募基金公司纳入本产品的投资运作 |
| 创富金种子优选投资顾问理财产品 | 设有私募基金公司的进入和退出机制 |
| 平安财富・东海盛世 1 号集合资金信托计划 | 投资于多个具有不同操作风格和投资理念的证券投资资金信托计划（包括星石、金中和、汇利、武当、朱雀、涌金）<br>对未来经济预测、风险、产业前景等作出评估，对市场状况和市场特征进行适时跟踪与分析，寻找投资风格与市场特征的契合度较高的私募基金公司作为投资对象 |
| 华润信托托付宝（TOF） | 组合投资；根据持续的投资能力评测及与市场风格匹配度的评价，及时介入或退出 |

资料来源：根据 TOT 产品说明书整理而得。

## （一）投资顾问的管理职责

从上述几只产品看，信托公司或投资顾问在产品中出现如下两种管理职责。

第一种：

（1）根据对大势的预判调整权益类资产投资比例；

（2）寻找投资风格与市场特征契合度较高的私募基金作为投资组合；

（3）对私募基金的投资能力、实际操作与市场风格匹配度进行持续跟踪，如发现问题及时替换。

第二种：

（1）挑选具有不同操作风格和投资理念的证券投资资金信托计划进行组合投资；

（2）对私募基金的投资能力、实际操作与一贯投资理念和策略的匹配度进行持续跟踪，如发现问题及时替换。

第一种属于主动性的管理，即需要信托公司判断大势走向和市场特征；而第二种属于被动式的管理，信托公司仅需要评判私募基金的投资能力和实际操作与一贯投资理念和策略的匹配度，而将大势判断和构建投资组合的任务完全交给私募基金。通过国内经济学家、券商研究所和基金公司研究部对 2007 年、2008 年、2009 年三年股指涨跌幅的预测结果可以看出，几乎没有机构或个人能够准确地预测股市，而预测市场特征则更加困难。在股市中获利，更多的是依靠一套有效的投资策略以及构建收益率超过大盘的投资组合，"牛市多赚、熊市少亏"，而不是依靠对大盘的预测。如果受托人去预测后市，反而容易由于经验的不足及能力的不具备在底部减少风险资产的头寸，顶部增加风险资产的头寸，起到适得其反的效果，所以最好是将这项任务交给实际操作者——阳光私募信托计划的投资顾问，由他们去判断，进行加仓或减仓。因此，将二级市场的操作完全交给投资顾问，信托公司仅对私募基金投资能力、实际操作与一贯投资理念和策略的匹配度进行持续跟踪，发现问题及时替换，而不干预投资顾问的投资运作，“无为而治”，应是此类产品最好的管理方式。

### （二）投资于子信托的方式

尽管在具体投资于子信托的方式上，各 TOT 产品并没有给予具体的说明，但却是 TOT 产品自主管理中重要的一个环节，投资于子信托的方式因主动管理和被动管理的不同而存在着较大的差异。

被动管理方式往往在投资初期确定具体阳光私募信托计划投资比例后，在较长的时期内不会发生变化。而主动管理则存在着较大的不同，根据公开报道来看，银行的 TOT 产品采取的操作模式是先将募集的资金平均分配给 5 家私募，经过一定的考察期后，针对各投资顾问的表现，再向运行好的顾问进行资金倾斜，不好的顾问有可能被淘汰出局。光大银行总行为此设置一个专门的团队跟踪各私募的表现和主动管理该产品，视各家私募的业绩表现再将资金区别配置给各家私募，实现积极的主动管理。同时光大银行总行也会视大盘的走势与私募进行沟通，并商讨仓位控制的问题。对于私募投资顾问光大银行会采取淘汰制，业绩不好的私募会出局，由光大银行再次挑选合适的私募补充进来。同时光大银行对同一投资管理机构管理的私募性质的基金化产品的价值占整体资产净值的比例和投资于其他任何单一投资标的的价值占整体信托资产净值的比例进行了约定，也便于分散风险，也是其实施主动管理的重要方面。

### （三）主动管理典型案例

为更好地说明主动管理对 TOT 产品业绩的影响，我们以光大银行为例，这里仅作学术上的探讨和实践上经验的交流，并不代表作者对其阳光私募基金宝所作的任何不利评价，案例中所有资料均来自公开报道。

光大银行一直在理财产品上表现较为突出，截至 2010 年 8 月 9 日，光大银行累计发行理财产品 6 000 多款，发行额 9 000 多亿元人民币，在理财市场上具有较高的市场地位。其所发行的阳光私募基金宝自发行以来取得了良好的业绩。

第一阶段：

光大银行发行的阳光私募基金宝自 2009 年 9 月 15 日成立至 2010 年 3 月披露的净值来看，同期沪深 300 指数震荡下跌 1. 32%，而其单位净值增长 6. 35%。在波动性上，该区间沪深 300 指数的振幅高达 26. 48%，其振幅仅为 6. 32%。

期间，光大银行的阳光私募基金宝也已经历过 4 次有效申购，根据其积极主动的管理策略，在2009年，阳光私募基金宝曾两次对整体资金分配比例进行了调整。调整之后，主动调整的贡献收益占据了整体收益的52.49%。

第二阶段：

阳光私募基金宝2010年4月12日净值达到峰值1.1015，随着股指的拆迁式下跌，截至5月19日，其净值创出新低到0.9829，净值下滑0.1186，跌幅达10.76%，同期沪深300指数震荡下跌17.58%，高于大盘的跌幅。尽管到7月26日较6月单位净值略微上涨，新闻报道光大银行换帅决心已下。但随后光大银行对此进行了否认，并指出2010年下半年光大银行将以阳光私募基金宝产品为轴心，打造包括阳光私募基金代销，固定比例阳光私募篮子精选以及多元化风险属性开放式主动管理的阳光私募基金宝系列产品等多层次的阳光私募产品线，进一步丰富投资者的选择，满足投资者需求。

数据显示，阳光私募基金宝中所投资的阳光私募产品5月除了北京星石和上海涌金旗下产品近3个月来略有正收益外，尚雅有数只产品3个月来的跌幅接近18.29%，民森的产品跌幅为16%，从容的产品跌幅近10%。其中尚雅、民森的产品跌幅均超过近3月阳光私募产品的平均跌幅。

从风格上看，上述5家私募的表现基本符合了此前光大银行产品发行时的宣传表述——上海尚雅激进、北京星石和上海涌金稳健、上海从容中性偏稳健、深圳民森中性偏激进等特点。但单位净值如此大的跌幅，与先前的良好表现相比，仍令市场人士为之惊讶。

截至2010年7月15日，光大银行阳光私募基金宝产品继续持续实行主动性管理，其中阳光私募基金宝产品配置比例最高的和最低的阳光私募基金之间的比例差值为20.73%，而配置比例最高的产品业绩比配置比例最低的产品业绩更是高出了19.60%。

应该说，光大银行积极主动管理在第一阶段实现了良好的战绩，而在第二阶段则产品表现不佳。这不能不说主动管理是一把双刃剑，绩效的高低取决于其如何使用。

主动管理应该是信托公司自身对证券市场提前预判，并主动采取措施，根据私募历史表现，彻底地将表现不佳的私募强制赎回，通过对私募的仓位控制来实现主动管理，应避免通过频繁的申购、赎回影响私募投资顾问的操作，除非私募自身的投资风格发生转变或是关键投资人员离岗等，而对私募投资顾问的具体仓位更要坚决避免干预。过分地强调主动管理，本身就丧失了TOT自身具备的平滑风险和熨平收益的制度特性，与自身参与证券投资本质则距离不远了。

## 四、TOT营销策略

TOT产品营销在TOT产品发展中扮演着重要的角色，对其的高度重视将有效推动未来TOT产品的巨大发展。

事实上在现有TOT产品发行中业已形成几大阵营，如光大银行等的银行系，以平安信托、华润信托等为首的信托系，以及正在发行产品的私募基金评估网所形成的第三方中介体系，未来还要加入正在积极准备的券商系。未来的TOT产品市场将进入到群雄逐鹿的格局。

然而从TOT产品的营销渠道来看，存在着银行、券商、信托窗口和第三方理财机构四种渠道。

对于信托公司而言，则应着重于提高窗口发行能力，以多元化的产品线作为重要支撑，加大细分市场的营销力度；稳步推进私人银行客户的拓展及在该产品上的银信合作力度，不断壮大产品发行规模；合理借用第三方理财机构力量，使其成为窗口和私人银行主渠道的有益补充；加强与券商的全方位合作，逐步加大培育券商营销渠道力度。

## 五、政策新规下，信托系TOT的主动管理

在银信合作新规下及《信托公司净资本管理办法》出台后，信托公司主动管理的要求更加迫切。作为创新型的TOT产品，信托公司自主管理大有可为。

信托系TOT产品不同于银行系，其在投研团队上的欠缺，以及严格的受托人责任，使信托公司在TOT产品的自主管理上存在自身的特点。对于如何做好信托公司的自主管理，其内容以及形式成为最为关键的核心所在。未来信托公司的主动管理需要从以下几个方面着手。

### （一）加强对证券市场走势的研判，关注已投资阳光私募计划的净值变化

正如我们之前所作的分析，TOT产品自身的属性要求对其进行被动管理，以熨平和降低风险。但由于其在平滑风险的同时，也丧失了获取一定高收益的机会，在这种情况下，积极的主动管理显得尤为必要。前面我们也对光大银行的主动管理进行了深入的剖析，这里我们所提出的主动管理是有限度的主动管理模式。

在实际的管理中，信托公司务必需要加强对证券市场走势的研判，这也是实施自主管理中最为重要的一步。该步骤的实施对于避免TOT产品遭受系统性风险提供了保障。

同时加强对已投资阳光私募信托计划净值变化的观测，通过净值的变化观测其投资业绩以及对不同市场下的反应，便于受托人对阳光私募投资顾问有更为深入的认识。

若某只阳光私募信托计划单位净值跌幅大大超过指数跌幅，则需通过第三方排名资料、持仓证券表现及操作等角度对该私募基金投资能力进行评价。若认为其因投资能力下降而导致下跌，则应形成书面报告提前进行风险提示，并持续进行观测，该状况持续时需要作出紧急更换阳光私募计划的决定。

### （二）加强对所投资的阳光私募计划投向标的跟踪研究

通过对私募基金操作及持仓证券进行持续观察，对阳光私募基金操作风格进行分析。若发现某私募基金偏离其投资风格，保持一定的观察期，观察期内对该阳光私募计划的仓位及持股密切关注，并对其进行充分的沟通并了解产生变化的原因，若观察期后如仍不正常，则应形成书面报告进行风险提示。若情况持续，则应该对其进行更换。

### （三）对私募公司实现定期走访，不定期地与私募公司电话沟通，以了解其管理运作情况是否正常

若发现其核心投资管理人员出现实质性变更，则应形成书面报告进行风险提示，并从备选私募投资顾问中进行选择，第一时间改投备选的阳光私募信托计划。

### （四）构建阳光私募遴选标准及综合评价体系

借助第三方排名资料及现有的私募基金评价体系，构建特色的阳光私募信托计划的遴选标准及程序，构建完整的综合评价体系，并根据实际的运行情况不断进行完善。现有的私募评价体系各有特点，但缺乏适合信托公司自身要求的综合评价体系，通过信托公司自身努力及与其他金融机构合作，综合评价体系将在主动管理中发挥重要的作用。

### （五）其他

此外，信托公司在主动管理过程中应通过自身对证券市场走势判断进而调节更换阳光私募信托投资顾问上下足工夫，避免对阳光私募计划仓位的直接干预，实施有限度地主动管理。

## 六、TOT 产品发展面临的困难及瓶颈

TOT 产品快速发展的同时，其所面临的几个瓶颈问题需要加以解决。

### （一）跨信托平台选择阳光私募信托计划的难度很大

现有的 TOT 产品均以单一信托公司平台上的阳光私募信托计划为选择标的，而对于跨信托公司平台的多计划选择仍存在着相当大的难度。

TOT 产品投资于两个及以上具有不同操作风格和投资理念的阳光私募信托计划，通过组合投资的手段能够有效规避单个证券投资信托计划的投资组合表现不佳引发的非系统性风险；同时，信托公司通过选择过往业绩突出、团队优秀、旗下产品存续时间较长、净值波动较小、投

资理念和投资策略在不同的市场环境下均具有较强生命力的私募基金进行投资，能够利用其股票持仓的灵活性及对入市、出市时机的准确研判来规避市场风险。换句话说，TOT 产品良好的绩效及风险控制能力深刻来源于母信托所投资子信托的优秀程度。

由于阳光私募信息披露的不透明及各信托公司发展的参差不齐，TOT 可选择标的范围很小。以证券信托规模及产品数量最多的华润信托为例，其 TOT 产品也只能选择华润信托上发行的私募基金，数量也仅有 124 只。如此一来，可选择的余地大为缩小。同时翻开近 1 年来阳光私募基金的排行榜，可以发现，排位前 100 名的私募基金分属多家信托公司，其中以证券信托为专长的华润信托平台上也只有 38 只私募基金，TOT 的可选择范围再次被缩小。

由此可见，私募产品发行的高离散度，现实地成为 TOT 博采众长、优选各家私募基金的巨大障碍。

通过对陕国投的 TOT 产品弘酬系列的研究，我们发现先前困扰我们的跨平台投资阳光私募的问题，有望获得一定形式上的解决。该产品通过由中欧商学院的同学之谊搭建的管理层所具备的广泛人脉关系，促成了陕国投与各私募管理公司的直接合作，从而通过广义上投资由私募发行的各项阳光私募计划，实现了跨平台的投资。据我们估计，这种模式下投资数据的来源更可能是由投资顾问在约定的期限内定期提供，使数据共享问题不再成为问题，也促使 TOT 可投资标的的大幅增加。未来跨平台的解决方案或将更加完善，突破该瓶颈已为时不远了。

### （二）双重收费成为制约 TOT 产品发展的瓶颈

如同阳光私募信托计划一样，TOT 产品在收取一定的认购费外，还将在投资者赎回时产生一定的赎回费用。双重收费问题将成为制约 TOT 产品发展的重要瓶颈。

以主动管理型的 TOT 产品为例，投资顾问会在一定时间内会根据投资私募基金的表现进行适时地调换，这样在转换的过程中，一进一出，TOT 需要支付固定的手续费，而这部分费用将增加母信托的投资成本，尽管 TOT 产品可以与私募协商减少一定的费用，但对于不同的私募公司而言，其规模和知名度也将成为筹码。此外，浮动报酬方面也存在着双重收费的问题。

如何通过创新的方式有效解决双重收费、降低投资者成本、提高投资者收益是实现委托人和受托人双赢局面的重要保障。

### （三）短板犹存，构建合理的 TOT 产品评价体系

实际上 TOT 产品业绩分化已经开始，各种运行及评价机制日趋完善，从某种程度上而言 TOT 产品将主宰证券信托产品的未来。而本已处于落后地位的信托公司，则面临更加窘迫的境地，一方面，信托账户受限所带来的与私募基金合作的减少，私募基金数量随着信托计划的到期而逐渐减少；另一方面，由于账户经济的开始，导致大量的优秀私募向银行及优秀信托公司

集中，即使账户放开也能再通过低成本及可能的优质服务吸引优秀的私募公司发行产品；再则就是通过目前的实践，拥有先发优势的银行及信托公司已经建立了培育优秀私募的流程及方法。以上这些成为扼杀弱势信托公司证券信托业务的原因，由此也必将导致信托行业弱经济周期属性由于其制度劣势所造成的业务板块短板（从某种意义上说是无法弥补的短板），使信托公司可能成为顺经济周期的属性，从而加大了业务风险及管理风险发生的概率。

未来TOT产品的发展也迫切需要构建合理的TOT产品评价体系，在给投资者客观评价的同时，也可让TOT产品发行者有良好的执行和操作规范。

## 七、结语

随着TOT参与主体的增多以及在TOT产品业务方面实践经验的累积，仅仅局限于证券业务的被动TOT创新模式将逐步演化为主动TOT创新模式，向依托制度优势的资金池、项目池等营销体系和运行体系的全产业链创新发展。

在这个发展过程中，客户需求导向作用最为明显，即客户需求成为推动TOT发展的原动力，TOT作为满足客户需求的重要载体和支撑。在产品体系上表现为信托公司将成为优秀的产品集成商（固定收益+浮动收益的任意搭配），先构建底层的初级产品线，并在此基础上提供各项衍生产品，满足客户不同的风险偏好；在客户群体上表现为信托公司成为最佳的资金（财产）管理商，对于高净值人士通过组合投资的形式提供个性化金融服务，而对于其他合格投资者则通过组合的方式实现跨市场的多品种专家投资服务，满足客户不同的投资偏好。

应该说信托公司历来并不缺乏创新产品，缺乏的是更为深入的研究和坚持，我们希望通过本文对TOT市场的有益探索，增强信托在该领域的核心竞争力，同时也希望更多的同行加入到对其的研究中来，使其成为信托公司与其他金融机构的有力武器，而不至于沦落成其他金融机构又一次复制超越信托公司的利器。

# 结构化证券投资业务模式研究

## ——以信托型有限合伙为视角

中原信托有限公司　姜占华

2007年颁布了新修订的《信托公司管理办法》，该办法一个细微的变化是去掉了信托投资公司中的“投资”两字，监管部门进行此项修改目的是引导信托公司突出信托主业，而不是要限制信托公司的投资功能，新办法限制的实业投资仅限于固有业务范围，并不针对信托业务。证券投资业务是信托公司典型的投资业务，在信托公司中，证券投资又分为自有投资业务和信托投资业务，对于信托部门而言，证券投资主要是通过结构化的模式开展，该模式具有较高的收益安全性，已经成为一些信托公司较为成熟的业务模式。

2009年末新政策出台，信托开立证券账户被限制，信托部门开展证券投资只能借助原有的账户进行。如何规避政策障碍实现开立新的证券账户一时成为信托领域热烈讨论的话题。

就在信托限制开户政策出台不久，新法规的出台给众多意欲开展证券投资业务的信托公司带来了希望，《合伙企业等非法人组织证券账户开立业务操作指引》规定合伙企业可以开立证券账户，一些信托公司开始尝试通过成立有限合伙企业的方式以实现开立新的证券账户开展结构化证券投资业务。

本文在对理论的分析和实践的思考的基础上，对信托型有限合伙开展结构化证券业务的模式进行比较分析，以期推出较为合理的业务路径，从而推动信托部门证券投资业务的快速发展。

## 第一章　信托型有限合伙的提出

### 一、信托型有限合伙的概念及提出

所谓信托型有限合伙，是指信托业务和有限合伙企业相结合的一种业务模式，即信托公司发行信托计划，并以募集的信托资金作为有限合伙人的出资额向合伙企业出资，有限合伙企业成立后，信托计划借助有限合伙企业运作。从国内信托公司的实践来看，目前信托型有限合伙主要有两种业务方向，一是股权投资型，另一种是证券投资型。本文研究的内容为信托公司借助有限合伙开展结构化证券投资的业务模式。

结构化信托业务是信托公司目前开展较多的业务，其中结构化证券投资是信托公司独特的业务模式，此种业务主要通过优先劣后受益的分层设计来运作，警戒线和止损线的设置保证了优先受益人的预期固定收益，杠杆效应使得劣后受益人有较高的浮动收益预期。结构化证券信托业务的成功开展使得优先受益人、劣后受益人三方受益，因此，结构化信托业务规模最近两年得到了快速增长，也成为一些信托公司较为重要的业务领域。

结构化证券投资业务规模的扩大需要证券账户数量的支撑，遗憾的是，2009 年末有关部门出台了禁止信托开户的政策，这无疑给日益膨胀的结构化证券投资业务设置了重大障碍。只有很少的信托公司有剩余账户，不少私募机构不惜重金借户投资，证券账户对私募机构来说相当紧俏。就在限制开户政策出台不久，《合伙企业等非法人组织证券账户开立业务操作指引》的出台给众多需求投资账户的机构带来了新的曙光，该操作指引明确规定了合伙企业可以开立证券账户，而信托公司按照法律规定则可以以有限合伙人身份加入合伙企业，通过信托资金出资的方式实现信托计划借助合伙企业顺利运作。目前，一些信托机构已经成立了有限合伙企业，通过合伙企业开展结构化投资业务。

## 二、选取信托型有限合伙的客观因素

当出台新规限制信托开户之后，如何规避政策障碍是信托领域热议的话题，要解决的最大问题就是开户，其实，很多机构都可以开户，比如投资公司，那么为什么不选择成立新的公司而采取设立有限合伙企业呢？经过对比，答案就是有限合伙的便宜性，有限合伙可以涉及较广的业务领域，包括投资业务，并且有限合伙企业较为灵活，通过合伙协议的方式可以对较为重要的事项及时变更，合伙企业的组织架构也较为简单，业务运作管理直截了当，税收制度优越，因此，有限合伙更符合信托计划“借壳”需求。而采用新设立公司的模式不但程序复杂，而且也将占用较多的人力资源。

采用有限合伙而不采用普通合伙主要是法律规定了作为国有信托公司不得成为对外承担无限责任的主体。

# 第二章 信托型有限合伙的法律合规性分析

第一章对信托型有限合伙提出的背景进行了分析，作为一种新的业务模式，顺利有效地实施首先必须合规，也就是说，虽然是为了规避限制开户的政策，但信托融入合伙企业也不得违反法律的禁止性规定，本章主要从法律层面论证信托型有限合伙的可行性。

## 一、信托型有限合伙的主体适格

《公司法》第十五条规定：“公司可以向其他企业投资；但是，除法律另有规定外，不得成为对所投资企业的债务承担连带责任的出资人。”《合伙企业法》规定：合伙企业，是指自然人、法人和其他组织依照本法在中国境内设立的普通合伙企业和有限合伙企业。有限合伙企业由普通合伙人和有限合伙人组成，普通合伙人对合伙企业债务承担无限连带责任，有限合伙人以其认缴的出资额为限对合伙企业债务承担责任。国有独资公司、国有企业、上市公司以及公益性的事业单位、社会团体不得成为普通合伙人。

因此，从法律规定分析可知，成立有限合伙企业，参与主体至少为两人，其中至少一人为有限合伙人，并且国有性质的信托公司参与有限合伙企业必须以有限合伙人的身份加入。由此可知，信托公司作为有限合伙人加入有限合伙符合法律规定。

## 二、信托型有限合伙的出资标的

按照《合伙企业法》的规定，普通合伙人可以用货币、实物、知识产权、土地使用权或者其他财产权利出资，也可以用劳务出资。而有限合伙人不得以劳务出资。对于普通合伙人（GP）来说，从信托型有限合伙运作模式来看，只能用货币和劳务出资。货币出资的，直接约定各参与主体的出资额，收益分配比例按照出资额或通过特别约定执行；劳务出资的，在合伙协议中对普通合伙人的劳务进行作价评估。对于有限合伙人（LP）信托公司来讲，目的是借助有限合伙企业开展结构化证券投资业务，出资标的是信托计划（形态上表现为信托资金）。因此，普通合伙人以资金或劳务出资，信托公司以信托计划出资都符合法律出资要求。

## 三、有限合伙开展结构化证券业务的法律可行性（操作层面）

《合伙企业等非法人组织证券账户开立业务操作指引》规定了合伙企业可以开立证券账户，

信托公司通过主持设立有限合伙企业，可以避开信托不能开户的障碍，实现开立新的证券账户开展结构化证券投资业务。

另外，《合伙企业法》规定，有限合伙企业由普通合伙人执行合伙事务；《信托公司证券投资信托业务操作指引》第二十一条规定，证券投资信托设立后，信托公司应当亲自处理信托事务，自主决策，并亲自履行向证券交易经纪机构下达交易指令的义务，不得将投资管理职责委托他人行使。从表面来看，两种规定似乎有所冲突，但这两种规定并不能构成对信托公司加入有限合伙开展结构化证券业务合规性的否定，对于《合伙企业法》的规定，我们可以通过特别委托授权的方式加以解决，即在合伙协议中约定由普通合伙人管理合伙企业日常管理事务，对于证券投资事宜由其委托给证券信托经理进行操作，如此，证券投资业务实际由信托公司掌控。因此，在有限合伙企业名下开展信托结构化证券业务具有法律可行性。

## 第三章　信托型有限合伙结构化证券投资模式比较分析

本章主要对信托型有限合伙的运作模式进行探讨，在模式比较的基础上，选出较优的模式组合。

### 一、模式简介

一般结构化证券模式（举例说明）：××理财得利 1 期——结构化证券投资集合资金信托计划规模约为 5 000 万元，期限 1 年，优先次级分层安排为优先：次级＝1.5∶1，机构投资者出资2 000万元，为次级受益人（同时担任投资顾问），信托计划另行募集集合资金 3 000 万元，投资人为优先受益人。优先受益人预期年收益率 8%，劣后受益人享有浮动收益，信托报酬 2%。

信托型有限合伙模式（举例说明）：××理财得利 1 期——结构化证券投资集合资金信托计划成立后，XX 信托公司以信托计划（5 000 万元）出资，YY 投资管理公司出资 1 万元或以劳务出资成立有限合伙企业，信托计划在有限合伙企业账户下开展结构化证券投资，有限合伙企业日常管理事务由普通合伙人 YY 负责，证券投资操作通过授权由 XX 信托公司信托经理负责。

## 二、模式比较分析

### （一）模式列示

模式1：

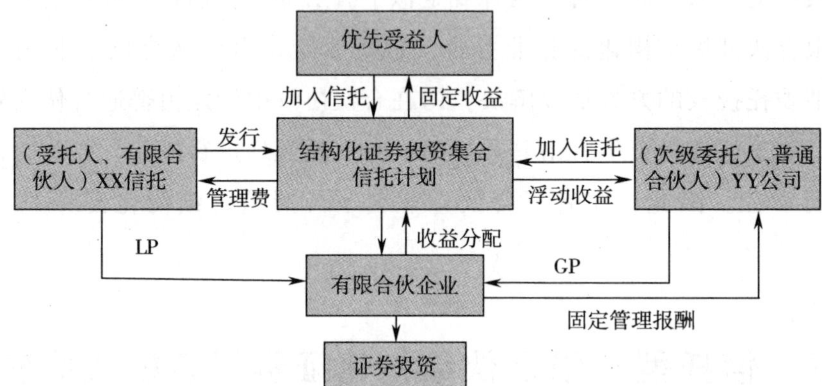


模式2：

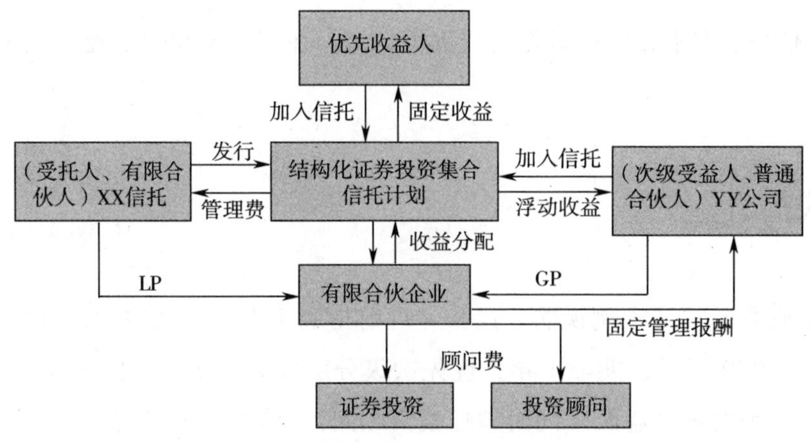


模式3：

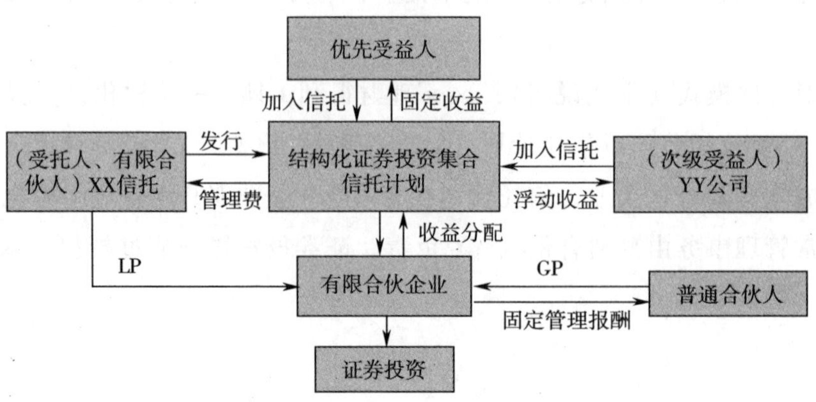

## （二）模式分析

从以上列举的三种模式可以看出，区别主要在于角色的安排上，其中，有限合伙人和受托人在信托公司是相同的，普通合伙人、次级受益人、投资顾问的安排有所不同，模式1中普通合伙人、次级受益人、投资顾问为一人，即YY公司；模式2中普通合伙人、次级受益人为一人即YY公司，投资顾问为另外一人；模式3中次级受益人、投资顾问为一人，普通合伙人为另一人。

从利益制衡的角度考量这三种模式，很难评判哪个模式更好，关键在于各方相互结合的需要，模式3中，普通合伙人只负责合伙企业的管理，因为要承担无限责任，所以，没有足够的利益驱使是不会有人单纯去充当普通合伙人；模式2中，次级受益人和有限合伙人为一人，投资顾问为另一人，选取此种模式一般会在这种情况下发生，即次级受益人为一般机构，没有足够的投资分析能力，此时需要聘请一家投资机构作为投资顾问提供投资建议，此种情况下，由于投资顾问非直接利害关系人，存在“非尽职”的可能；模式1中，一人集普通合伙人、次级受益人、投资顾问为一身，由于自身享有浮动收益，承担无限责任，普通合伙人必然尽职管理合伙企业，提供最为优化的投资策略。因此，在实际操作过程中，信托公司最好的方案是寻找一家既有投资意向又有投资分析能力的机构作为普通合伙人。

## （三）信托型有限合伙业务流程

如上图模式1路径，开展有限合伙结构化证券业务的流程为：

第一步：信托公司与投资公司就成立有限合伙开展结构化证券业务事宜进行沟通，确定各方当事人，签订合伙协议。

第二步：申请有限合伙登记。具体流程：名称预先核准→备齐资料申请登记→审核→核准登记→颁发营业执照。

第三步：有限合伙企业事宜、信托计划同时进行。

①有限合伙成立后，开立银行基本账户、申请证券账户、刻印公章、财务印章等事宜。

②启动信托项目，募集资金，向有限合伙企业注入资金（作为有限合伙人的出资额）。

在此期间（包括在证券投资业务过程中）的账户管理流程为：

为方便起见，信托专户与合伙企业账户开设在同一家银行。

第四步：资金进入证券账户后，由一般受益人提供投资建议，执行合伙人事务人委托信托公司向受托的证券交易经理发出交易指令，证券交易经理按照交易指令进行证券交易操作。

第五步：结构化证券业务到期后，按照第三步中的分配模式进行收益分配。

其中，有限合伙企业的费用如保管费、开办费、银行结算费用、日常管理费用、税费，以

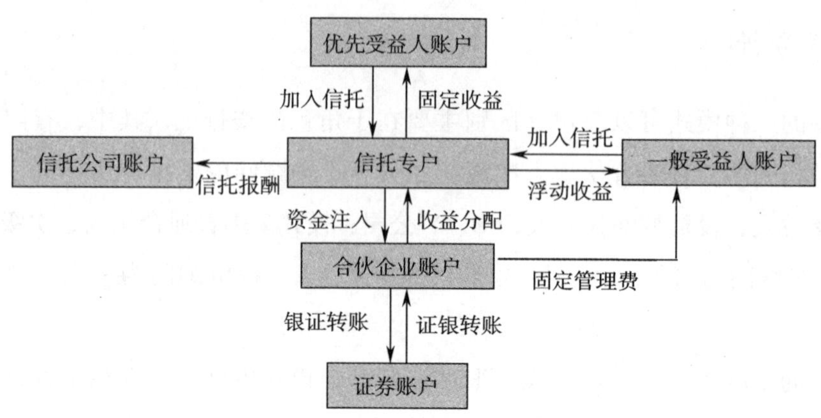


及证券投资所产生的证券开户费、交易费用都在合伙企业账务中开支，不列入信托费用（对于前述部分费用有限合伙人可以代为垫付，待合伙企业清算分配时提前提取。法律依据：有限合伙人可以与合伙企业进行交易）。有限合伙企业获得的全部收益在扣除企业管理费用、税费、证券交易费用等，以及普通合伙人的可分配收益后都归于信托财产。

对于有限合伙企业的税收问题，合伙企业从事金融证券业务的，按照规定不征收营业税，对于所得税而言，是采取“先分后税”的方式进行的，即合伙企业不交所得税，把利润分配给各合伙人后，由各合伙人自己缴纳所得税，信托公司作为有限合伙人的收益实际将以信托财产的形式通过信托专户向各受益人分配收益，对于税费，信托公司不承担代扣代缴义务。

### （四）信托型有限合伙后续管理

有限合伙企业成立后，按照合伙协议及补充协议的约定，由普通合伙人管理日常事务，包括年审、报税、财务、登记等事项；授权委托信托公司证券交易经理（信托经理）进行证券投资交易操作。

信托计划借助有限合伙企业开展，期限可以设定 2 年，根据信托公司开展业务的需要，在有限合伙企业运作过程中可以进行变更，如到期申请延长经营期限、变更普通合伙人、变更经营范围等，当然这些都需要原合伙人一致同意并办理变更登记手续。

至于信托计划的后续管理，按照信托公司原有的管理模式进行。

# 第四章　风险及成本效益分析

## 一、信托型有限合伙面临的风险及防范

信托公司由原来的结构化证券投资转变为在有限合伙企业中运作，除了证券投资面临的各

种投资风险外，有限合伙企业层面理论上也存在着风险因素。从有限合伙开展的结构化证券业务来看，风险主要表现为管理风险和操作风险，对于管理风险，由于在有限合伙的架构中把次级受益人作为普通合伙人，普通合伙人既是管理者，又是受益者，尽职管理将顺利实现收益，否则收益不能实现，还需承担无限责任，因此，有效的组织架构使得普通合伙人成为直接利害关系人，其不尽职管理的风险较小；对于操作风险，由于信托公司是借助有限合伙企业来运作结构化证券投资业务，实际操作权要通过合伙协议约定由合伙企业执行事务人委托给信托公司证券交易经理进行控制，另外，有限合伙企业的公章、财务印章也由信托公司保管，由此控制了财务风险。

## 二、信托型有限合伙的成本

信托公司通过成立有限合伙企业开展结构化证券投资业务，必然涉及成本问题，从以往信托公司开展的结构化证券投资业务看，大部分费用由信托财产承担，实际上是由投资者承担。在成立了有限合伙企业之后，增加了有限合伙企业的运营费用，包括管理费、登记费、年检费等（信托公司可以代为支付，待合伙企业结算时优先提取），这些费用作为有限合伙企业的支出反映在合伙企业的财务报表中，等信托计划结束、合伙企业扣除相关费用后，收益一并归入信托财产。因此，考虑有限合伙的成本负担，大部分最终还是由次级受益人承担。而对于既作为普通合伙人又作为次级受益人的机构投资者来说，其名义上承担无限责任和信托费用的动力在于利用“杠杆效应”获得额外收益（优先受益人与次级受益人投资比例1.5:1，优先受益人获得预期固定收益后浮动收益全归次级受益人享有）。

对于一般的有限合伙企业，税收方面，按照相关规定，投资人为法人的，按25%的税率征收企业所得税。但是通过信托计划加入有限合伙，是否也存在同样的税收问题理论上存在争议，实践中，已存在的信托型有限合伙据了解并未缴纳25%的所得税。

## 三、效益分析

设立有限合伙企业开展结构化证券投资与以往直接开展结构化证券业务相比，增加了设立有限合伙企业的相关费用，但整体来看，效益远大于成本。

1. 成立有限合伙企业对于信托公司来讲是一种创新，有利于公司业务人员创新意识的提高及创新业务的发展。

2. 有限合伙企业开展业务具有灵活性。成立有限合伙企业以后，可以根据公司业务的需要，在有限合伙企业项下开展多期结构化证券投资业务，也可以对有限合伙企业进行适当的变更，如可以延长合伙期限、变更合伙人、变更经营范围等。

3. 成立有限合伙企业，可以开展非结构化证券业务。由于合伙企业的主营业务为证券投资，所以在合伙企业名下可以开展开放式证券投资业务，在合伙企业下开展开放式证券投资业务可以为信托收益率的提高留下较大空间。

4. 关联交易。有限合伙企业的一个重要特点是有限合伙人可以与合伙企业交易，对于信托公司而言构成关联交易，需要作相应的披露。信托公司作为一个桥梁，成立有限合伙企业又多了一个桥梁，桥梁—桥梁的模式提高了信托公司信托业务的灵活度。

## 四、设立信托型有限合伙的建议

设立信托型有限合伙开展结构化证券投资，在原来的结构化证券投资业务基础上增加了一层有限合伙程序，因此，操作上有点复杂，因此在设计过程中应尽可能地留有足够空间，从而可以在运作过程中灵活掌握。

1. 关于合伙期限。合伙期限最好长于信托计划期限，如此设计的好处在于一项信托计划到期结束前，筹划下期信托项目，上期项目结束时能及时续接，若普通合伙人不变，新的一期信托计划仍可按照原模式进行，若普通合伙人发生变更，可采取“先进后退”的方式即新普通合伙人先进入原普通合伙人后退出（原因在于原普通合伙人先退出则缺少普通合伙人，有限合伙失去存在的法律依据）；另外，由于合伙企业期限从颁发营业执照之日起算，信托计划后于有限合伙成立，因此对于2年期的信托计划嵌入有限合伙企业而言，有限合伙企业的期限要覆盖信托计划，建议有限合伙企业期限初步登记为2年半或3年。

2. 关于信托规模。通过有限合伙企业开展结构化证券投资，信托规模不宜过小，虽可以通过各种途径开展多期投资业务，但变更程序及相关协议不可缺少，也就是说交叉运作结构化证券投资业务的程序较为复杂，因此，通过有限合伙开展结构化证券投资，第一期信托规模不宜过小。建议规模不低于1亿元。

3. 现实中有限合伙企业存在的并不多，以信托产品加入有限合伙又是有限合伙的一个特殊形式，有限合伙方面的法规政策及执行不同的地域存在较大差别，信托公司可选择对有限合伙提供优惠政策或执行较为灵活的地域设立有限合伙企业。

## 结　论

信托型有限合伙开展结构化证券投资业务是信托公司结构化证券投资业务和合伙企业巧妙地结合，符合法律规定。开展此项业务的优势在于，一是可以规避信托不能开立新的证券账户的障碍，可以通过有限合伙企业开展证券投资业务，扩大公司业务产品线。二是有限合伙企业普通合伙人和次级受益人的结合，利益制衡的机制有利于合伙企业的管理和投资业务的开展。三是合伙企业的先分后税的税收缴纳制度正是信托计划寻求的模式。可以说，信托型有限合伙是信托计划和有限合伙完美的结合，充分研究挖掘合伙企业的价值将对信托公司开辟新的业务途径发挥重大的推动作用。

# 论信托公司资本充足性的风险监管

## ——构建以净资本为核心的风险控制体系

陕西省国际信托股份有限公司　王　硕

从信托业市场监管角度看，实施以净资本为核心的监管体系，对于提高信托公司的规范经营和抗风险能力有着显著的现实意义。从已颁布的制度建设来看，2007 年施行的《信托公司管理办法》规定：信托公司注册资本最低限额为 3 亿元人民币或等值的可自由兑换货币，注册资本为实缴货币资本。在 2010 年 9 月推出的《信托公司净资本管理办法》则更加深入地规范信托公司所开展的各项信托业务，并对其进行风险约束。该办法要求信托公司计算净资本和风险资本，并且持续要求信托公司的净资本与其风险资本比值不小于 100%，建立了风险资本与净资本的对应关系，使各项业务的风险资本均有相应的净资本支撑，促使信托公司将有限的资本在不同风险状况的业务之间进行合理配置，引导信托公司根据自身净资本水平、风险偏好和发展战略进行差异化选择，实现对总体风险的有效控制。当我们在审视整个金融体系的发展与演变的趋势时，不难发现以风险及资本充足为核心的风险监督体系已经在金融领域的各个行业逐步展开及深化。继银行业、证券业陆续退出以净资本为红线的规范经营制度后，命运多舛的信托业也必将迎来一次渐进式的革命。

## 一、我国信托公司风险状况分析

金融机构是整个社会经济运行体系中的中流砥柱，金融活动就是对各类风险在不同经济主体之间进行重新配置的过程。从我国信托公司发展的脉络和现状来看，信托公司的风险状况与管理能力始终处于非稳定状态，同时信托公司也没有形成稳定的经营模式和盈利模式，应当承认信托公司始终处于高风险经营的状态。

### （一）持续经营风险

为了追逐短期利益，信托公司盲目扩展受托资产规模，业务一路狂飙的信托公司无意中出现了管理能力与风险控制能力不匹配的问题，“小马拉大车”现象尤为严重。无限膨胀的信托资产规模，不仅使得信托公司抵御系统性风险能力减弱，而且普遍面临信托产品到期兑付本金和收益的压力，只要有一个信托产品不能按期清算兑付，整个公司的持续经营将终止。近年来信托行业重大风险事件频发，从清理整顿前中农信、广国投的破产，到德隆旗下的金新信托和伊斯兰信托非法集资被关闭，再到不久前信托业中有较大影响的金信信托挪用信托资金投资股市亏损严重被托管，信托公司不断爆出的违规经营事件，使得包括监管部门在内的社会各界普遍认为信托公司经营处于较高风险状态。

### （二）信托公司缺乏专属业务，整体业务风险水平较高

信托公司的业务范围极为广泛，有人称为“金融百货公司”，是唯一能够横跨资本市场、货币市场和实业领域开展经营的金融机构，也是唯一能够在产业领域进行直接股权投资的金融机构。但是信托公司普遍没有形成稳定的经营模式和盈利模式，没有形成自己的专属业务领域和特色产品，主要做一些金融领域的拾遗补阙或者“通道”业务，没有在整个金融体系内取得一席之地，缺乏经营的稳定性。在我国现有金融体系中，其他专营金融机构都比信托公司更具竞争力。在货币信贷市场上有银行，在证券资本市场里有券商，在产业直投领域也有大量的投资公司、产业投资基金等。由于缺乏专属业务领域，信托公司难以形成行业优势。

### （三）信托产品风险集中，缺乏风险缓冲机制

目前我国信托公司主要信托产品是基于“一法两规”（《信托法》、《信托公司管理办法》、《信托公司集合资金信托计划管理办法》）推出的集合资金信托计划。这种类似于封闭式的投资基金一旦设立，从产品偿付特性、投资领域、流动性、期限长短等要素来分析，这一主导产品的投资风险较为集中和突出。另外，由于产品缺乏流动性，信托公司只能发行投资人能够接受的期限较短的集合资金信托计划，一般为1年至2年。为了实现较高的预期收益，只能将信托资金投入风险相对较大的产业和金融领域，特别是房地产开发等实业投资项目上，这些项目的建设和回收期通常在3年以上，往往与信托资金期限不匹配，进一步加大了信托计划到期兑付风险。

### （四）内控制度不健全，法人治理结构不完善

目前信托公司的风险管理大致分为三个层次：首先是业务层面，在信托业务部门开展业务过程中，通过开展尽职调查等方式来把控项目风险；其次是风险合规部管理层面，在项目进展过程中注重以合法、合规为前提，时刻关注具体项目和整个企业两个层面的信用风险、市场风险等风险敞口的管理；最后是公司层面，通常设立风险管理与审计委员会、董事长办公会，以此来确定企业的风险管理制度和方法，直接管理重大风险事项等。但是信托公司普遍没有建立

有效的风险内控机制，从业务部门角度来讲，在其业务的承揽上，没有形成完整的客户信用评价制度和评级体系，盲目授信；在市场准入方面，缺乏明确的目标市场定位。从法人治理结构来看，企业没有形成整体性的长远规划战略，甚至不看好信托行业的发展，把信托公司作为一种资本运作的手段、促成信托公司经营风险的一个重要来源。

## 二、建立以净资本为核心的风险控制体系的理论基础

### （一）资本及资本充足性

金融层面的资本概念，表示一家金融机构已持有的或是必须持有的金额，其目的用于承担其预期损失或是防范头寸价值的减少，进而保护存款者和一般债权人不受损失。现代企业资本结构理论认为，在没有公司税和个人所得税、企业没有破产风险、资本市场完善等假设条件下，企业的负债率越高，资本充足率越低，企业的价值就越大；企业在没有任何风险的情况下，资本越少越有利。而权衡理论认为，企业债务的增加使企业陷入财务危机甚至破产的可能性也增加，从而会降低市场价值，企业最佳资本结构应当是在负债价值最大化和债务上升带来的财务危机成本及代理成本之间选择的最佳平衡点。

两个资本结构理论在一系列假设条件下，分别从反面和正面说明了资本充足性对于企业抵抗风险、提升价值的重要性。当前信托公司面临信用风险、市场风险、操作风险及法律风险等各种风险，在负债与资本之间确定一个平衡点，进行资本充足监管尤其重要。

资本充足性是指金融机构的自由资本对于涉及的风险资产规模来说是充足的，基本包括两方面的内容：一是一般性规定即资本充足率，即资本占风险总资产的比重，这一比重能够保证自由资本抵御其涉险资产的风险。在商业银行风险控制中该指标反映商业银行在存款人和债权人的资产遭到损失之前，该银行能以自由资本承担损失的程度。其目的在于抑制风险资产的过度膨胀，保护存款人和其他债权人的利益、保证银行等金融机构正常运营和发展。二是资本充足性规定的核心指标——净资本及其计算方法的规定，它是在净资产的基础上对资产等项目进行风险调整后的综合性风险控制指标，净资本是净资产中流动性较高的部分，该指标表明信托公司可变现以满足支付需要和应对风险资金数。

信托公司作为经营风险的企业，其业务性质的特殊性决定了自身的脆弱性。在新出台的《信托公司净资本管理办法》中，没有直接规定信托公司的最低资本充足率，但对净资本做了详细的阐释。

### （二）信托公司净资本的确定

《信托公司净资本管理办法》（以下简称《办法》）中明确规定，所谓净资本，是指根据信

托公司的业务范围和公司资产结构的特点，在净资产的基础上对各资产项目、表外项目和其他有关业务进行风险调整后得出的综合性风险控制指标。其计算公式为净资本 = 净资产 - 应提未提资产减值准备 - 各类资产的风险扣除项 - 或有负债的风险扣除项 - 银监会认定的其他风险扣除项。

对于商业银行而言，资本充足率（也称为资本风险资产率）是衡量银行抵御风险能力的重要指标，资本充足率 = 资本总额/加权风险资产。虽然《办法》没有直接规定信托公司的资本充足率，但是规定信托公司可管理的信托资产规模与其净资本直接挂钩。具体而言，信托公司在任何时点必须确保"净资本/各项业务风险资本之和≥100%"。我们不难看出，《办法》的主旨在于信托公司要有充足的净资本，只能以有限的资本来管理有限的信托财产，即自有资本能够抵御其涉险资产的风险，当这些涉险资产的风险变为现实时，自有资本足以弥补由此产生的损失。但是对于自有资本的要求不能过高，因为那样将会影响信托公司业务开展。此外《办法》还规定信托公司还应当根据自身资产结构和业务开展情况，建立动态的净资本管理机制，确保净资本等各项风险控制指标符合规定标准。

### （三）信托公司风险资本的计算

风险资本计算的实质就是针对不同风险性质的业务来制定与风险相对应的权数，以便最终确立信托公司根据不同资产的特点和风险状况，进而对整个信托财产规模进行调整。风险资本计算公式为风险资本 = 固有业务风险资本 + 信托业务风险资本 + 其他业务风险资本。《信托公司净资本管理办法》对风险控制指标做了如下规定：第一，信托公司净资本不得低于 2 亿元人民币。该绝对指标体现出净资本充足水平应当与其业务准入、监管措施相挂钩。第二，净资本不得低于各项风险资本之和的 100%；净资本不得低于净资产的 40%。也就是说信托公司净资本应当覆盖各项业务风险资本，使信托公司各项业务均有相应的净资本支撑，促使信托公司将有限的资本在不同风险状况的业务之间进行合理配置，实现信托公司各项业务规模的间接控制。同时《办法》还规定"信托公司开展各项业务存在一定风险并可能导致资本损失，所以应按照各项业务规模的一定比例计算风险资本并与净资本建立对应关系，确保各项业务的风险资本有相应的净资本来支撑"。

## 三、信托公司构建以净资本为核心的风险控制体系的意义

### （一）信托公司的历史沿革

新时期中国的信托业复苏于 20 世纪 70 年代末，随着改革开放带给中国经济决定性的转折，

中国信托业也迎来了发展的良好机遇。在迅速适应了全国经济发展客观需要的基础上，信托业在促进经济的横向联系、打破传统的计划经济体制束缚、推动社会经济发展方面发挥了一定的积极作用。我们大体可以归结为三个发展阶段：业务发展探索时期（1979—1986 年），这是新时期信托业务恢复的初始阶段，曾一度掀起全国性的开办信托公司热潮。1979 年 10 月，中国银行总行成立了信托咨询总部。同月，中国国际信托投资公司也在北京宣告成立。1984 年在国家提出进一步搞活经济的政策背景下，中国人民银行连续召开全国支持技术改造信贷信托会议和全国银行改革座谈会，会议中明确指出“信托业务是金融的轻骑兵，也是金融百货公司，更侧重于金融的市场调节”。会议还提出两个有利于方针即“凡有利于引进外资、引进先进技术，有利于发展生产、搞活经济的各种信托业务都可以办理”。信托公司经历的第二大阶段为整顿与转折期（1986—1998 年），该阶段信托公司经历了连续数次的重组与整顿，内部制度建设不断完善，《中华人民共和国银行管理暂行条例》、《金融信托投资机构清理暂行规定》的颁布使得信托公司经营方向与范围得到进一步明确，结束了信托业恢复以来无章可循的境地。虽然信托公司得到一定程度的规范，但是信托业的“定位”“主业”问题长期没有得到解决，整个行业战略方向把握不明确，矛盾重重，甚至以违规拆借为“优势”扮演成“二银行”的角色，在该阶段以中国农村发展信托投资公司、中国新技术创业投资公司、广东国际信托投资公司等著名信托投资公司因巨额债务到期不能偿还而宣布倒闭为标志。解决中国信托业的定位已成为信托行业发展的关键问题，而第五次大整顿即是把解决“定位”问题作为首要目标，要求把信托公司真正规范为从事受托理财业务的金融机构。这个痛苦的转型期，为我国信托业进入一个规范健康发展的阶段打好了基础。2001 年后，信托业进入了全面复苏与规范运作的阶段，随着《中华人民共和国信托法》的颁布，结束了中国信托业长期无法可依的尴尬局面。随后《信托公司管理办法》和《信托公司集合资金信托计划管理办法》的出台，彻底结束了中国信托业多年的沉寂格局，为各信托公司跃出谷底步入规范运营铺就了上行轨道。

### （二）加强风险控制体系，确保信托行业稳健发展

回顾信托业近二十多年的发展史，其往往被视做获取资金的“融资平台”，信托业务发展的不均衡性使得短期资金筹集与贷款、银信合作理财产品成为信托公司获取盈利的主要手段，而自主型的投资管理业务还远远没有成为信托业务的主流。尤其是《办法》出台前叫停的银信合作理财业务，彻底封堵了信托公司仅仅充当平台“通道式”的低回报、被动管理业务，《办法》将使信托公司被迫寻找优质的投资项目，回归到“受人之托、代人理财”为本的自主管理类信托业务上来，使信托公司的业务从外延式的增长逐步转变为内涵式的增长。

此外，在现行制度安排下，信托公司固有业务已无负债业务，投资者购买信托产品的风险本质上属于“买者自负”，只有当信托公司违背受托人职责时，信托公司才需承担赔偿责

任，那么提高信托公司的管理能力则是促进该行业持续稳定增长的保障。与基金管理公司一样，信托公司发展主要依靠能力驱动而不是资本驱动，但是由于信托业务非常灵活，加上目前信托公司主动管理能力亟待提升，净资本管理作为一项防控风险的监管措施，具有很强的现实意义。

## 四、金融业实施以净资本为核心的风险监管体系的经验

### （一）以净资本为核心的风险监管体系在银行业的运用

在探索对金融机构尤其是银行监管的过程中，净资本管理作为控制风险的一项重要手段在整个监管体系中起到了中流砥柱的作用，而资本充足率也是整个资本运作管理中的一项重要指标。作为谨慎性监管的重要内容，资本充足性监管经历了不断调整与完善过程。1995 年《商业银行法》原则上规定商业银行的资本充足率不得低于 8%，从此解开了我国银行业监管的篇章，之后在 1996 年颁布的《商业银行资产负债比例管理监控、检测指标和考核办法》中对计算信用风险资本充足率的方法提出了具体要求。2004 年 3 月实施的《商业银行资本充足率管理办法》、2010 年 1 月发布的《商业银行资本充足率监督检查指引》，对商业银行资本充足率的监督检查内容进一步升级，使监管力度更加严厉，银行资本充足率的管理更加微观化、数量化、可操作化。《商业银行资本充足率监督检查指引》规定，商业银行不仅要持续满足银监会规定的最低资本充足率要求（8%），还须将内部设定的资本充足率目标应高于监管部门确定的最低资本要求。同时，银行须在年度结束后的四个月内向银监会提交内部资本充足评估报告，银监会根据商业银行提交的内部资本充足评估报告，对商业银行的内部资本充足评估程序进行审查和评价，同时根据独立评估结果确定单家银行的监管资本要求。

在以净资本为核心的风险管控体系中，银行将压力测试作为内部资本重组评估程序的重要组成部分，商业银行根据银行的发展战略、业务经营规划和风险偏好设定资本充足率目标，并充分考虑对银行资本水平可能产生影响的负面外部因素，包括或有风险暴露、严重且长期的市场衰退等经济、金融市场环境变化及突破风险承受能力的其他事件。如果商业银行未能达到监管规定要求的各项控制指标，银监会将限制其资产增长速度、限制银行高管权限甚至最终对银行实行接管或者促成机构重组，直至予以撤销。

### （二）以净资本为核心的风险监管体系在证券业的运用

证券公司是金融市场的重要参与主体，它的破产会给整个金融体系带来负面的连锁反应，直接威胁整个金融体系的稳定和安全。资本充足性监管是指监管机构要求证券公司保持充足的、

易于变现的流动资产，以满足紧急需要并抵御潜在的市场风险、信用风险、操作风险和结算风险等，从而保证证券公司免予破产的一种监管手段。1996年中国证券监督管理委员会颁布《证券经营机构股票承销业务管理办法》，首次提出了证券公司净资本概念，是指证券公司净资产中流动性较高的部分，它表明证券公司可变现以满足支付需要和应对风险的资金数额，净资本的计算公式：

净资本 =净资产 -（固定资产净值 + 长期投资）×30% - 无形及递延资产 - 提取的损失准备金 - 证监会认定的其他长期性或高风险资产

2000年9月颁布的《证券公司净资本计算规则》调整了证券公司净资本的计算方法，调整后的公式为

$$净资本 = \sum（资产余额 \times 不同的折扣比例）- 负债总额 - 或有负债$$

该规则的出台可以看做是我国证券公司实施以净资本为核心的风险控制指标体系的起步；2001年12月颁布的《证券公司管理办法》，2006年7月中国证监会颁布了《证券公司风险控制指标管理办法》，它的颁布意味着我国对证券公司进行资本充足性监管的风险可控制指标体系的初步形成。在整个体系不断深入与完善的过程中，其理念与国际趋势一直比较吻合，对中国证券市场也产生了正面、积极的影响。

在现代金融监管中，之所以强调以净资本为核心的风险监管体系，实际上并不是单纯规定证券公司的权益比例，而是根据证券公司业务实际承担的风险拟订相应的风险权重，通过风险权重把证券公司业务与证券公司应提取的资本有机联系在一起。

净资本指标最初是应用于证券行业的监管上，通过对证券公司净资本情况监控，监管部门可以准确及时地掌握证券公司的偿付能力，防范流动性风险。目前以净资本为核心的指标体系已经成为金融机构监管制度的核心之一，也是国际金融市场通行的监管方法。通过对资本充足率、净资本等各项指标的考核，能够全面、准确、及时地反映金融机构的经营财务状况和抗风险能力情况，使监管工作更加科学、透明，这将有助于提高金融机构整体的抗风险能力与合规经营能力，防范和化解系统性风险，促进金融市场的规范发展。

## 五、基于净资本管理的风险管理框架

根据资本充足性的要求，信托公司要在充分计提各类资产减值准备的基础上，根据不同资产的特点和风险状况，按照一定系数对资产项目进行风险调整，所有风险准备之和应该小于等于净资本。因此，信托公司现有净资本的大小就限定了可以开展的业务规模。在短期内无法增加净资本的前提下，信托公司可以根据公司的发展战略和净资本大小，设定公司可以承担的总风险限额，并根据基于风险调整收益最大化的原则在公司各业务部门之间分配，风险控制部门

实时分析各业务部门的风险来源和风险大小，对有可能超过风险限额的业务及时进行调整，确保各业务部门的风险在设定的范围内。同时要建立基于风险调整的绩效考评机制，并且将基于考评机制作为公司分配风险限额的依据之一（见图1）。

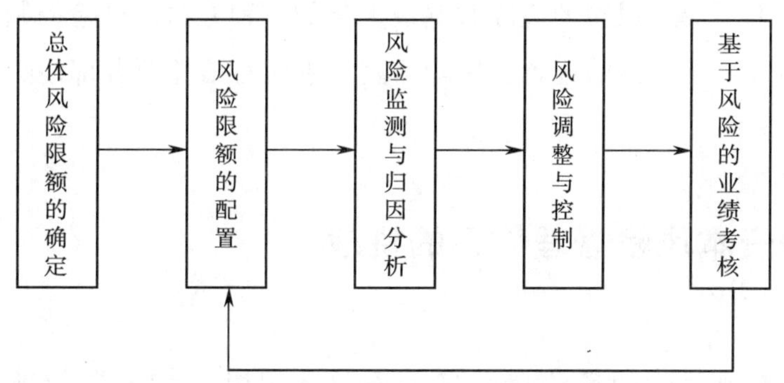


**图1　基于净资本管理的风险管理框架**

以下就图示内容进行详解：

风险限额是金融机构总体和机构内各层次所允许的最大风险限定。信托公司的风险限额取决于公司可以利用的净资本。不同的监管机构对净资本有不同的定义，但总的来说，净资本是指在净资本中流动性较高的部分，公司可以随时用于变现以满足支付需要的资金数额。《办法》明确规定公司总体的风险限额必须小于或者等于公司的净资本，且净资本不得低于净资产的40%。信托公司的净资本总额必须控制在2亿元人民币以上。

在总体风险限额确定的基础上，风险限额分配的任务是将总体风险限额配置到每一个业务部门以及业务部门内的组合管理者。业务部分的风险配额即先由各业务部门提交上一期风险限额和收益数据，公司风险合规部对各业务单元的风险收益情况作出评价，根据公司发展战略和可能的业务发展机会，将风险限额初步分配给每一个业务部门，据以测算新一期各部门所需分配的风险限额，并与部门所提经营计划做比较。然后，将上述信息汇成报告提交公司董事会。董事会对报告进行审议，确定新一期的风险限额方案，并将结果反馈风险管理部门。由风险管理部门根据该方案测算风险限额的详细设置方案。限额管理系统的日常维护由风险管理部门承担，定期对限额模型进行检验、优化和升级。

风控部门在每个风险分配周期对各个业务部门的信托业务进行跟踪评估，因各种不同类型信托资产的风险权重对整个组合总风险会产生相关影响，风险控制部门据此分析整个公司组合风险的承受压力及组合中每个资产的边际风险。通过计算资产风险与其权重的乘积，在考核审议信托项目时不仅考虑受托资产收益率，还要在全局上把握对整个公司风险的控制力。这种考核办法也会迫使业务部门寻找安全优质项目，尽量选择风险系数较低的投资机会。当组合总体风险超过预先设定的风险限额时，风险管理部门应该在风险报告中加以分析，并根据风险处置程序监督业务部门进行风险调整。

随着基于资本充足性风险监管体系的全面成熟，信托公司可以承受的风险受到净资本的制约，因此风险也会变成一种稀缺资源。风险配额将在总风险约束条件下进行业务规模配置，该方法也成为化解危险性、提高风险的边际收益最大化的一种方法。风险控制部门可在确定公司总体风险限额的基础上，通过风险配置、风险监测等手段对信托业务部门进行基于风险调整的绩效考核。

## 六、实践净资本风险管理体系的挑战

### （一）以净资本为核心的风险监管需要逐步体现激励相容监管理念

针对信托公司不同经营风格、不同业务规模等因素，《办法》应逐步体现有效的激励相容理念。哈维茨（Hurwiez）创立的机制设计理论中“激励相容”是指在市场经济中，每个理性经济人都会有自利的一面，其个人行为会按自利的规则行为行动；如果能有一种制度安排，使行为人追求个人利益的行为，正好与企业实现集体价值最大化的目标相吻合，这一制度安排，就是“激励相容”。监管层适时推出净资本管理办法，其影响力被一些业内人士解读为信托业第六次大整顿。其目的就在于通过激励相容机制，树立信托公司合理的风险收益观，引导其创新发展的正确方向，在积极培育市场主体良性竞争的氛围下，迫使各信托公司不要停留在“如何分食市场这块蛋糕”这样的固化思维，而是要思考如何将蛋糕做大。

另外，监管层对信托公司实施分类监管，对不同监管评级的信托公司实施不同的风险资本计算标准。在西方国家，金融行业已经逐渐被少数庞大的、有实力的投资银行所主导。从发展趋势看，需要通过对资本充足的机构减少不必要的政策限制，引导市场主体主动完善净资本管理。

### （二）平衡信托公司的抗风险性与盈利性

《办法》的约束正是在“受托人法”没有出台之前作为受托人的信托公司一种有效的约束，而如何建立赋有灵活弹性而又不失效率的净资本规则才是监管方和市场所期望达到的目标。

该目标涉及监管理念的两个方面，首先如何将“有形的手”和“无形的手”相互配合达到既不抑制金融创新，又不放任风险泛滥的最高目标；从2002年重新登记后信托公司的业务发展所倚重的重点盈利业务大多是监管层屡次提示的风险，或者是与宏观调控不相协调的，比如房地产信托业务、银信合作中的信贷资产转让类业务和政府融资平台业务等。因为缺少一种制度性的安排，对于这些业务的监管仅仅靠行政命令，就会出现“一放就乱、一管就死”的现象，当然这种现象的出现与监管层制定相关规定的初衷是相违背的。通过净资本方式对信托公司进行管理，将信托公司的信托财产与净资本挂钩，并且通过监管层对不同业务风险系数的调整来调整信托公司的业务结构，可以从总量上对不同业务规模进行控制，并形成一种制度性安排，在增加了监管层监管手段的同时，也使政策的传导更加有效、合理。

### （三）信托公司会计核算体系提出新的要求

特别值得注意的是，净资本基本公式为净资本＝净资产－应提未提资产减值准备－各类资产的风险扣除项－或有负债的风险扣除项－监管部门认定的其他风险扣除项。该计算方法不是依照公式的简单加减，还必须依靠有效的会计准则来确定被计量资产的真实价值。历史上曾出现的美国五大证券经纪交易商的经营失败案例，在其倒闭之前账面价值都未显现重大风险，也都获得了评级机构的高度评价，究其原因是缺乏有效、透明的跨级准则对场外衍生产品进行合理估值和风险披露。随着我国金融工具的不断丰富和发展，经过《办法》的不断落实与完善，相关的报表体系和监管指标体系等配套监管措施的出台也将成为监管的必要手段，净资本计算表、资产调整值计算表、对表内与表外的资产、负债权益的确认方法、风险计提准则以及入账计量方法的管理必将成为日后的重要监管内容。

### （四）适时建立资本充足率标准

目前出台的《信托公司净资本管理办法》未规定信托公司应具备的资本充足率标准，与目前我国信托公司资产负债结构、业务类型、风险分析技术状况有关。但随着对信托公司综合治理工作的进行，信托公司资产结构逐步改善，业务逐步拓展，其所面临的各种风险尤其是市场风险急剧扩大，单一净资本指标的简单规定将不能符合我国信托发展的新趋势。根据《巴塞尔资本协议》对包括投资银行在内的金融机构的资本充足率的规定，即资本占风险资产的比例应维持在6%的水平。而对于风雨飘摇的信托业而言，引入资本充足率标准将是全方位监管的一项重要措施，以与信托公司的资产结构、业务类型相适应，更全面准确地计量与控制各种风险资产的风险度，同时与金融业的国际监管接轨。

### （五）切实引导信托公司从“广种薄收”粗放式向“精耕细作”集约式转变

信托公司转型，要对自身的战略进行清晰的定位，随之调整经营模式和业务模式，形成公司的核心竞争力，并通过组织重建以及公司的治理结构来达到公司各方面的制衡。根据净资本等风险指标，将信托公司业务实施差异化的监管措施，迫使信托公司走高端发展创新之路，设计和塑造标准化的信托产品，打造满足投资者需要的信托产品品牌，切实引导信托公司从粗放的外延式增长走向精细的内涵式增长道路。

### （六）建立健全信托公司风险计量体系，以公司风险为基础完善资本充足性监管

随着信托公司综合治理工作的进行、创新业务的发展、信托业对外开放及逐步与国际接轨，我国信托公司将会面临各种风险，风险结构也会发生变化。其中市场风险程度将会提高，甚至超过其他任何一种风险。目前信托公司普遍没有设计出合适的风险计量体系，各种风险控制指标未能与风险直接相对应，这在一定程度上会影响风险控制指标的合理性。随着信托公司将逐步走上规范发展的道路，相对稳定的大环境要求建立并完善风险计量体系，使风险成为资本充足性要求的基础。目前各个国家金融机构运用的风险计量方法，包括巴塞尔委员会提出的内部评级法、证监会国际组织推荐的 VaR 模型，其运用都需要金融机构有效的内部控制制度、公司内部及监管部门对风险计量管理技术的掌握、监管部门的评估控制能力等各种条件，要求较高。信托风险计量管理方法体系的建立健全是一个逐步探索的过程。

## 七、结束语

随着我国信托业的发展、信托公司业务模式的调整和创新业务的开展，信托监管急需建立一个能综合反映信托公司潜在风险的、有效的风险监管体系，《办法》的制定满足了这种迫切需求，具有非常重要的意义。

《办法》的出台，一是净资本管理将弥补信托监管工具的不足。通过净资本监管有效落实监管意图，可引导信托公司根据自身特点进行差异化选择与发展。二是将推动信托公司建立并完善内部风险预警和控制机制，通过对净资本等风险控制指标的动态监控、定期敏感性分析和压力测试等手段，有效控制风险。

# 基金化产品

## ——信托公司向自主管理转型的逻辑路径

陕西省国际信托股份有限公司　王维华

2007年信托“新两规”颁布实施以来，信托公司重回“受人之托、代人理财”的信托本源。“受人之托、代人理财”的信托本源决定了自主管理资产能力是信托公司开展业务的基本要求。一直以来，信托公司也在积极寻求向自主管理转型，但是究竟转向何方一直不清晰。从信政合作、银信合作到房地产信托，在找不到长期主业的情况下，信托公司就只能“打一枪换一地儿”，自主管理资产能力的提高也就无从谈起。为了促进信托公司真正回归信托本源，提高自主管理资产能力，2009年以来银监会陆续颁布了十多项规定、办法和指引，指导、规范信托公司经营和发展，成为历史上出台管理规定最多的时期。监管力度的不断加强和市场竞争格局的变化，特别是《信托公司净资本管理办法》的出台，使信托公司的业务转型再次迈入了改革深水区，行业变革也迫在眉睫。在外部严格监管和信托公司自身发展不健全的条件下，如何提高自主管理资产能力，形成清晰的盈利模式再次成为摆在各信托公司面前的重要课题。因此，本文拟探讨通过什么样的信托产品范式，才能形成有利于提高自主管理资产能力的经营环境和业务模式，推动信托公司向自主管理型转变。

## 一、正确认识信托公司的自主管理能力

### （一）自主管理能力是监管层站在信托公司长远发展角度的一种前瞻性引导

监管机构对信托公司的定位是“受人之托、代人理财”的专业理财机构。《信托法》第二十五条要求信托公司管理信托财产，必须“恪尽职守，履行诚实、信用、谨慎、有效管理的义务”。我国的信托监管部门也在《信托公司管理办法》第二十六条规定：“信托公司应当亲自处理信托事务”，进而在《关于进一步规范银信合作有关问题的通知》中对何谓信托公司的自主管理作了明确的要求，即要求“信托公司作为受托人，在信托资产管理中拥有主导地位，承担产

品设计、项目筛选、投资决策及实施等实质管理和决策职责”。由此可见，自主管理不仅是信托公司业务的本质所在，也是我国信托法规对信托公司的根本要求。

### （二）自主管理能力能够在深层次上解决信托公司的定位问题

信托公司既然是一个专业理财机构，就应该在如何帮助客户获得更高的理财收益上下工夫，其实质就是自主管理资产能力。从国际经验看，自主管理意味着信托公司能为高净值客户提供专业化的资产管理服务。国外信托公司大多建立了以客户经理为中心的专业化服务团队，按照客户的需求提供有针对性的产品服务或解决方案。这些公司拥有覆盖多种资产领域的产品团队，在有效整合各种外部资源的基础上，运用自己在资产管理和受托服务上的专业能力，形成了自己独特的投资渠道和金融产品线，为客户提供可信赖的、全方位的一站式服务。由于信托公司具备了全方位、多层次、宽领域地参与金融服务的比较优势，自主管理能从根本上发挥信托的这一比较优势，能够在深层次上解决信托公司发展能力不足的问题，并多方面提高信托公司的竞争优势。当前，尽管有一部分信托公司依靠大企业集团获得了发展和成功，但主动管理能力的欠缺，使得信托行业的深层次问题并未从根本上得到解决，而信托公司却更多地沦为大机构的附庸。信托行业深层次问题的解决必须依靠自主管理能力的提高。只有自主管理能力提高了，信托公司才能有效发挥信托的机制特色和渠道优势，在投资环节体现专业技能，通过客户服务网络和全面的金融产品线，为客户提供运作规范、能力突出、服务细致、管理专业的理财服务。

### （三）自主管理能从根本上解决信托公司的盈利模式问题

毋庸置疑，信托公司一直是中国经济发展和金融体制改革的先行者与探路者，在过去的30年中，无数的金融人才从信托业中孕育而出，无数的金融事件被信托业赋予了时代内涵。然而，由于恢复经营之初的功能“错位”，信托公司更多地作为引进外资的投融资机构。在转轨经济体制条件下，地方政府的投资冲动常常使其沦为盲目扩大投资的工具，成为历次宏观调控的对象，几乎每三五年都要经历一轮严厉的整顿，并且每一轮清理整顿总和数不清的大案要案相伴随。始于2007年的“第六次整顿”被认为是信托业的“最后一次整顿”，这一次整顿再次明确了“受人之托、代人理财”的专业理财机构定位。但是，由于没有自己的专属领地，专业理财机构的定位并没有真正回答信托公司的主营业务领域和盈利模式是什么。由于主营业务领域和盈利模式不清晰，从信政合作、银信合作到房地产信托，信托公司只能不断地转换业务热点。如果自主管理能力提高了，信托公司就可以充分利用自身的专业理财能力，一方面通过发挥信托投资横跨货币市场、资本市场和产业投资的优势，开发出综合性的投资组合产品，形成完善的金融产品线，推动自身向专业资产管理公司发展；另一方面充分发挥自身的专业投资能力，专注于某一投资领域，改变目前信托产品的点状分布格局，推动信托业务向专业化、常态化转变，以形成稳定的盈利模式。

## 二、基金化产品与信托公司自主管理能力的相互适应性

信托公司要提高自主管理资产能力，实现向自主管理型转变，必须形成有利于提高自主管理能力的业务模式。基金化产品采用投资基金的运作理念，以规范的基金方式进行运作，以一对多的组合投资方式对信托计划进行管理，其内在功能优势，与信托公司自主管理能力的提高有内在的一致性。

### （一）基金产品理论

基金产品的理论基础是现代资产组合理论和金融中介理论。现代资产组合理论认为，个别资产的某些风险是可以分散的，只要不同资产间的收益变化不完全相关，就可以通过资产组合来降低投资风险，即由若干资产构成的资产组合的投资风险低于单一资产的投资风险。现代资产组合理论已被广泛运用于投资基金的管理，并成为基金产品设计、开发的理论基础。基金产品的另一理论基础是金融中介理论。金融中介理论认为，投资基金通过向投资者发行基金凭证获得资金，再用这些资金购买基金的投资组合，有效解决了信息不对称引起的逆向选择和道德风险问题，基金管理机构实际上承担了金融中介的角色；基金管理机构作为金融中介，由于其具有“参与成本”优势和风险管理优势，可以提供现金流更为稳定、投资效率更高的金融产品，基金产品实质上是基金管理公司为投资者提供的管理财产的专业化服务。

从上面的分析可以看出，现代资产组合理论突出了基金的投资多元配置优势和风险管理优势，而金融中介理论突出了基金专业化投资的功能作用。正因为基金具有了投资的多元配置优势和风险管理优势，才使得基金具有专业化投资管理的服务本质。因此，作为投资基金理论基础的现代资产组合理论和金融中介理论具有内在的逻辑一致性。

### （二）基金化产品的功能优势

基金化产品作为一种组合投资方式，其功能优势主要表现在以下几个方面。

1. 专业化运营。基金化产品投资运作由专业投资管理公司按照严密的组织程序和专业分工来进行。研究部门收集、分析信息，提出宏观经济分析报告和投资研究报告；投资决策委员会确定总体资产分配和投资策略；投资经理设计和调整具体的投资组合；风险分析人员监控投资组合并提出意见。整个投资流程都由专业人员分工合作，有效解决了信息不对称引发的逆向选择和道德风险问题，避免了个人投资者因时间、精力、信息及专业知识等方面的局限而产生的盲目决策现象。

2. 组合投资分散风险。基于风险分散的原理，基金化产品将资金分散投资到不同的投资项目上；在具体的投资项目上，还需使投资比重恰到好处。由于投资基金规模相比单一项目投资规模要大得多，基金化产品容易做到多元配置。通过组合投资分散风险，就成为基金化产品的基本特征。

3. 资产独立。投资基金本身不具有法人地位，但能够独立承担债权债务，基金托管人对其托管的基金独立设置账户，基金财产与托管人和管理人的自有资产严格区分，基金总资产扣除自身应该承担的债务外，净资产属于全部持有人，不因管理人或托管人的破产遭受清算。

4. 资产经营与保管相分离。投资基金的资产不仅独立，而且经营权和保管权相分离，基金资产由管理人经营，由托管人保管，两者都受托于基金持有人，但分别独立承担自己的责任。管理人负责基金资产的保值增值，托管人负责资产保管并监督管理人的投资运作。托管人和管理人都是为持有人利益服务，两者相互监督。

### （三）基金化产品与信托内在功能的一致性

从基金化产品的功能优势看，基金化产品从表面看是一种直接融资工具，但资金提供者和资金使用者没有一一对应的权利义务关系，他们的权利义务主要体现为以财产权转移为基础的集合投资方式，集合的基础是投资者风险收益偏好基本一致，集合的目标是为投资者实现价值增值。因此，基金化产品从本质上是一种集合投资服务产品。这种投资服务产品的供给方是基金管理公司，需求方是基金持有人。信托作为一种“受人之托、代人理财”的专业资产管理方式，委托人基于对受托人的信任，将其财产权委托给受托人，受托人以自己名义，为受益人的利益管理处分信托财产。从本质上看，信托公司提供的是一种为他人利益管理财产的服务产品。这种理财服务产品的供给方是信托公司，需求方是委托人。因此，从本质上来看，基金化产品与信托的内在功能是一致的，都是为投资者提供一种专业化的投资理财服务产品，这种一致性的基础是投资管理者而不是基金的组织载体居于投资基金的核心地位。

既然基金化产品与信托具有内在功能上的一致性，信托作为最具灵活性的金融工具，如果仅仅局限于单一项目、单一市场、单一工具和单一模式的运用，而不体现不同金融品种的组合性，就丧失了信托功能的比较优势和信托投资的广泛性特征。以专业化经营为核心业务模式，以基金化原理为核心的产品结构将成为监管新政下我国信托业务模式的主要趋势。而基金化产品的成功在很大程度上取决于基金管理人自主管理资产能力，包括项目筛选能力、资产配置能力、投资运作水平和风险控制能力等。因此说，基金化产品与信托公司的自主管理资产能力有极强的相互适应性。信托产品的结构决定了服务的基本特征。

## 三、信托公司基金化产品设计的基本路径

确定产品功能是产品设计的基础，实现产品功能是产品设计的目标。在功能剖析的前提下对影响功能发挥的各个方面进行设计就是信托公司产品设计必须坚持的基本原则。信托公司的本质功能是为投资者提供专业化的理财服务，信托的服务功能必须通过信托产品的结构体现。那么，信托公司基金化产品的设计体系就应包括三个部分：基金结构、基金费率和基金规模。其中基金结构设计包括基金的组织形式、运行方式、投资对象和投资策略的选择；基金的费率设计包括费率的形式和比例选择；基金的规模设计包括基金规模、单个项目投资规模的决定。但是，由于信托是向高净值客户提供的专业化理财服务，信托公司的基金化产品设计不同于普通的基金产品设计，信托公司的基金化产品设计还必须注意以下问题。

首先，要确定目标客户，了解他们的风险收益偏好。一种或一类基金产品不可能满足所有投资者的需要。随着市场的发展，投资者的需要也在不断细化。确定具体的目标客户是信托公司基金化产品设计的起点，它从根本上决定着基金化产品的内部结构。

其次，要选择与目标客户风险收益偏好相适应的金融工具及其组合。投资对象多元化是基金化产品的重要前提。投资领域越广泛，信托公司基金化产品创新的空间就越大。此外，与金融工具相关联的金融市场规模也是影响基金化产品的重要因素。其规模过小，基金分散和控制风险的能力也将受到制约，基金运作空间收窄，投资风险也加大。

最后，要考虑信托公司自身的管理水平。不同的信托公司有不同的管理风格和特色，有的擅长管理主动式股票基金，有的擅长管理被动式股票基金，有的擅长管理债券型基金，有的擅长 PE 投资。对于自己不是很擅长的领域可以考虑引入投资顾问，借助投资顾问的专业投资能力实现在不同金融市场的投资组合、同一市场中不同品种的投资组合、同一品种的不同运行方向的投资组合、不同投资手段的多元组合。

## 四、信托公司基金化产品的设计方略

信托公司的基金化产品设计要摒弃传统的项目融资贷款业务模式，全面采用基金产品的设计原理和运作、管理流程，实现产品的标准化、品牌化、系列化，真正实现投资风险的市场化、投资方向的组合化、投资管理的专业化。在产品设计中实现以下转变。

### （一）实现由简单信托计划向标准化产品的转变

目前，信托公司的大部分信托产品以个案融资为标的，以信托计划为表象。每一个信托计

划的内容都不可复制，导致投资者面对的是繁不胜数、内容各异的信托计划和千差万别的投资决策依据。基金化信托产品模式，要重点设计和塑造标准化信托产品系列，推动信托公司的市场形象逐步向产品导向型转化；要打造适应投资者需求的信托产品品牌，使基金化的信托产品逐渐向标准化、系列化、品牌化转变。

### （二）实现由特定项目融资向基金模式的转变

项目融资一直以来都是信托公司开展业务的主要方式。但这种方式存在信托规模较小、产品流动性差、难以形成常态业务等缺陷。而基金化信托产品的运行模式要在确定基本投资方向和投资策略以后，发行标准化的信托产品，形成具有一定规模的资金池，再按照基金原理进行专业化管理与运用，最终形成制订投资策略—设计基金化信托产品—打造品牌—募集资金—组合运用资金的规范投融资流程。

### （三）实现由单一项目向组合投资的转变

传统的单一项目信托模式由于投向单一，风险难以分散和化解。基金化信托产品在具备一定规模和较为充分的流动性设计前提下，通过在不同项目、不同产品、不同领域、不同行业之间的组合投资，最大程度地分散风险，保证投资收益，彻底避免了信托产品的兑付风险以及由此引起的声誉风险。

### （四）实现由预期保底向风险分担的转变

现阶段信托行业由于受历史功能定位的影响，目前信托产品实际上都要按约定的收益实现刚性兑付。通过基金化信托产品，一方面可以逐步强化阳光私募的信托本质，另一方面可以推动信托公司通过真实的投资回报和风险控制树立产品品牌和市场信誉、赢得客户，从而使投资者全面理解信托产品的收益和风险结构，形成真正市场化的信托产品需求者，最终培育出一个成熟、理智、有序的信托市场环境。

# 发挥信托制度优势
# 促进房地产业健康发展

中诚信托有限责任公司董事长　邓红国

我国房地产市场经历十余年高速发展后，受2008年以来金融危机以及宏观调控政策的影响，发展增速有所放缓。由于行业的高度关联性以及我国城镇化进程加快等积极因素的影响，房地产业将继续在国民经济中占据重要地位，宏观调控政策的根本出发点仍在于规范和引导行业健康、持续发展。随着信贷政策的收紧，房地产业融资多元化的需求十分迫切，房地产信托开始发挥更加重要的作用。

## 一、加快发展房地产信托的积极意义

自2003年以来，房地产信托业务开始兴起，也已成为多家信托公司的支柱业务之一。特别是2010年以来，房地产信托业务发展势头迅猛。截至2010年6月末，新增房地产信托产品规模已达1 407.49亿元，累计总额3 153.63亿元，占全行业信托财产总额的11.35%。信托的独特制度优势以及灵活的产品设计在丰富房地产业融资渠道、配合宏观调控政策等方面起到重要作用。

### （一）有利于落实宏观调控政策，促进我国住房保障体系的建设

2010年4月开始的新一轮房地产宏观调控，从坚决遏制不合理住房需求、增加住房有效供给等方面采取了一系列措施，特别是在增加土地和住房有效供给、加快保障房建设等方面力度很大。一直以来，我国房地产信托产品业务重点都集中于住宅市场，而且在廉租房、经济适用房等政策性住房建设领域也屡有创新。因此，通过引导和加快运用于住宅领域的房地产信托发展，也契合了房地产调控的需求，有利于促进住房保障体系的完善。

### （二）有利于我国房地产金融体系潜在风险的化解

目前，我国房地产企业高度依赖银行信贷单一间接融资渠道，80%左右的土地购置和房地

产开发资金，都直接或者间接地来自银行贷款。随着国家对房地产信贷政策的收紧，房地产开发企业资金链条日趋紧张，一旦资金链断裂，风险就会暴露，银行的不良资产将大幅度上升，进而可能危及整个金融体系的安全。通过发展房地产信托这一直接融资工具，不仅能够优化融资结构，而且可以有效避免房地产行业波动给金融体系造成的冲击。

（三）有利于促进我国房地产行业的健康发展

目前，我国房地产业依然处于初级阶段，房地产企业规模小，资本实力弱，企业专业化程度较低，资产的利用效率不高。通过发挥信托在财产管理中的专业优势，组织专业的管理公司和专业队伍进行物业资产的投资、运作管理，可以有效提高物业资产的利用效率，也能改变目前房地产企业重开发、轻经营的弊病，促进房地产行业的健康稳定发展。

（四）能够为投资者提供良好的金融理财产品

经过近几年的发展，房地产信托产品以其严谨的风险控制、极低的违约率、稳健的收益水平在投资者中形成了良好的口碑。与股票、基金、债券等金融投资产品相比，房地产信托在风险和收益的匹配方面具有独特优势。因此，加快房地产信托业务的发展，可以更好地满足居民多样化的投资需求，为保险、社保和企业年金等长期性资金提供更丰富的投资选择，拓宽居民财产性收入的渠道来源。

## 二、目前房地产信托市场的创新动向

在发展初期，信托作为房地产企业传统融资渠道的重要补充，以项目贷款融资方式为主。其后，市场上出现股权投资、权益投资、组合运用等不同类型的房地产信托产品。特别是到2007年以后，信托监管新规着力引导信托公司走向专业化资产管理的道路，房地产信托业务也由单纯的融资型向投资管理型转型，以主动管理、组合运用、基金化等为重点发展。综合来看，近年来房地产信托的创新主要表现在：

（一）信托财产由单一资金向多种类型财产和财产权发展

房地产信托业务发展初期，以资金信托为主。委托人将其合法拥有资金交付给受托人设立信托，受托人根据约定将资金贷款给房地产开发企业使用，通过收取利息获得信托收益。随着信托市场的不断发展，目前房地产信托产品涉及的信托财产类型已经不再局限于资金，债权、股权等财产和财产收益权等已经作为新的信托财产类型出现在房地产信托业务中。信托公司的信托产品也不再是单一的房地产资金信托，多种类型的房地产相关财产或财产权信托品种已经出现。

### （二）管理运作方式由单一贷款方式向多元化运作发展

房地产信托贷款在业务起始阶段几乎是唯一的运作方式。但随着监管政策的调整，对房地产信托贷款实行与银行贷款几乎一致的标准限制，且对信托公司贷款方式运用的比例实行限制，信托公司通过发挥信托机制的灵活性，发展出股权附回购、直接股权投资、夹层融资、组合投资等多种运作方式，较好地满足了房地产开发企业的融资需求。同时，随着运作方式的多样化，房地产信托业务也不再局限于单纯的融资目的，信托公司自主管理能力显著增强，开始在整个房地产项目管理运作中发挥更大的作用。

### （三）投资标的由单一项目为主向组合投资方向发展

传统的房地产信托产品多为“点对点”式的项目融资类型，每只信托产品对应一个具体的房地产开发项目。目前，市场上已经出现一批具有组合运用特征的房地产信托产品，运用基金产品的设计原理和要素，制定细致的市场和项目投资标准，可以介入一级土地开发或二级商品房开发，可以介入商业、住宅、工业地产等不同领域，通过科学合理的投资组合，最大限度地分散投资风险，保证投资收益。

### （四）信托产品开始向系列化、规模化方向发展

随着房地产市场的结构调整和产业升级，优势资源开始向大企业集中，项目单体规模也不断扩大。经过多年的实践积累，信托公司在房地产领域形成了运作经验丰富的专业团队，在投资者中也建立了较高的信誉。根据市场发展的需要，一些信托公司开始设计和塑造标准化房地产信托产品系列，打造适应投资者需求的信托产品品牌，使公司房地产信托产品向标准化、品牌化方向转变，从而提高运作效率，降低营销成本，拓宽市场范围，实现规模效益。

此外，在 2008 年 12 月国务院明确推动房地产信托投资基金（REITs）试点后，信托公司依托在房地产信托领域和资产证券化试点中积累的大量经验，积极参与试点工作，并在上海、天津等地的 REITs 试点方案中扮演着重要角色。因此，随着 REITs 产品试点的推出，必将进一步提升信托公司房地产信托业务的标准化、基金化运作水平，拓宽房地产信托发展创新空间。

## 三、目前房地产信托创新的局限性

与国外成熟市场的房地产信托业务相比，目前国内房地产信托业务仍然处于较低水平，信托创新机制的运用空间仍然十分有限，房地产信托产品发展仍有许多缺陷。主要表现在以下几

个方面。

### （一）产品仍以单一项目融资服务为主

目前，房地产信托产品的运用方式已经涵盖了贷款、股权投资、股权回购、夹层融资、财产收益权转让等多种方式或其中几种的组合运用，但由于多数信托产品仍以融资目的为主，因此运作模式受到较大局限。未来随着房地产财产管理等服务需求的兴起，财产代持、代运营、证券化等新的业务创新空间十分巨大。

### （二）产品的标准化、规模化水平较低

尽管目前市场上已经有不少信托公司推出了基金型、组合投资型、系列型房地产信托产品，但由于信托产品规模有限，多数产品最终投资标的仍限定于1～2个房地产项目，有其名而无其实的现象比较普遍，一定程度上也反映了信托公司运作水平仍有待改进。

### （三）产品缺乏流动性，不利于吸引机构投资者

流动性作为衡量一个金融产品的重要标准，在目前的房地产信托产品中始终无法解决。由于流动性不足，缺乏有效的转让交易平台，信托产品期限普遍较短，交易活跃程度很低，很大程度上限制了房地产信托产品的认知程度和投资者选择。由于估价体系不成熟，缺乏价格发现机制，我国政策也未将其纳入机构投资者的资产配置，直接制约了这一领域的规模化发展。

### （四）信托登记、税收等配套制度缺失，业务空间受限

信托登记仅在《信托法》有原则性的规定，但相应的信托财产登记制度细则却迟迟没有推出，处于“有法可依、无法操作”的尴尬局面。而且现行税制中缺乏信托相关税收方面的明确规定，重复纳税现象普遍。由于配套制度的缺失，目前房地产信托产品主要集中于资金信托领域，而在发达国家规模更大、运用更为普遍的房地产财产相关信托难以开展，创新发展空间受到明显限制。

## 四、未来房地产信托创新发展的方向

信托在破产隔离、权利重构、财产管理等方面具有独特的功能优势，运作高度灵活。目前，我国经济持续平稳快速增长，城市化进程仍在加快，房地产业将继续快速增长，融资需求十分旺盛。同时，由于重开发、轻经营，过去几十年来形成的庞大的房地产存量资产管理效率也亟待提高。因此，未来房地产信托业务有着巨大的发展和创新空间，主要方向是以下几个方面。

### （一）提升主动管理能力，促进信托产品转型

信托新规实施以后，监管部门始终强调信托公司建立自主管理能力的引导，对信托通道型业务采取了严格的限制措施。房地产作为信托公司多年来精耕细作的领域，最可能成为今后具有较强市场竞争优势的专业领域之一。

### （二）以REITs为代表，向基金型信托产品发展

REITs作为投资于房地产领域的标准化、基金型信托产品，在交易结构、专业化管理、信息披露、风险控制、产品定价、交易发行等方面具有很高的要求。信托公司应把握REITs试点机遇，通过参与试点工作或经验借鉴，推动传统房地产资金信托的转型发展。

### （三）拓宽受托财产类型，发展不动产信托等创新业务

目前，有些信托公司已经推出了房地产租金收益权等信托产品，并采取了房地产真实交易过户的安排。从国际经验来看，房地产财产信托类型丰富，市场空间巨大，如日本的不动产信托依据信托目的可以分为不动产管理信托、不动产处分（买卖）信托、不动产设备信托、土地信托等类型。其中，不动产管理信托可用于财产的运营、保全等；不动产处分（买卖）信托则由受托机构专门进行不动产的销售、出租服务等；不动产设备信托与转让担保贷款类似，即将不动产交付信托，转让受益权，再于到期后实施回购；土地信托是受托机构在委托人交付信托的土地上进行施工建设开发，并为此进行资金筹措、租赁管理等，并以建筑物产生的收益为信托收益进行交付。随着相关制度的完备，这一类业务将可能成为房地产信托业务的主流。

## 五、推动房地产信托创新发展的政策建议

未来房地产行业发展与金融创新密切相关，信托机制在其中必将发挥更加重要的作用，房地产信托业务领域将不断拓宽。为了推动房地产信托市场的平稳健康发展，有必要尽快推动以下几个方面的制度建设。

### （一）制定房地产信托业务指引，实现统一规范监管

信托作为一种直接融资工具，运作方式包括贷款、股权投资、夹层融资等多种类型，在房地产项目的选择标准等方面也有必要与银行信贷有所差别，才能体现信托的灵活性和独特性。目前，房地产信托已经发展成为多家信托公司的最主要信托业务之一，业务规模和产品创新层出不穷，但一直缺乏统一的业务规范，监管政策散见于多个文件当中，因此，建议监管部门制

定出台统一的房地产信托业务指引，以促进市场规范发展和风险防范。

### （二）推动信托财产登记制度建设，为财产信托发展提供保障

我国《信托法》规定，应当登记的信托未进行信托登记的，该信托无效。而按照《物权法》规定，土地、房屋建筑物等都属于应进行登记确权的财产类型。只有健全信托财产登记制度，才能在不动产能否进行自由处分、强制执行、财产归还等问题上实现委托人交付的不动产与受托人自有财产在法律上的隔离，才具有对抗第三者的法律效力，保障信托投资者的合法权益。因此，建议国务院制定出台《信托登记条例》，妥善解决信托财产登记制度缺失的问题。

### （三）健全信托税制，降低交易成本

房地产信托业务中涉及的财产不仅包括资金，还包括土地、房产等类型，这类财产过户、流转、价值增值导致的税收问题更为突出，税收负担过重直接抑制了业务的创新发展空间。借鉴国际经验，遵循税负公平、避免重复纳税、便于征管等原则，建议在财产转移时暂缓征税，对于信托期满相关房产等产权真实转移的，按照国家现行规定由财产原产权方和新产权方交纳相关税收，如果没有发生实质的财产转移，财产交回给委托人，则应免予征税。

### （四）构建信托交易流通平台，促进产品规模化、长期化发展

由于现有房地产信托产品基本是以特定项目为核心进行的设计安排，产品缺乏标准化，不具有可复制性，导致投资者难以进行选择判断。因此，未来在推动房地产信托产品向标准化、组合投资、基金化发展的前提下，除推动REITs等公募型产品发展外，还应推动信托交易流通平台建设，使信托产品逐渐具备可流动性功能，为投资者提供便利。

# 协会发展与成效

# 中国信托业协会2010年工作报告

2010年是中国信托业协会换届后，按照新制定的《三年工作规划》全面启动各项工作的第一年，也是夯实基础工作的关键一年。一年来，在银监会和民政部的指导下，在全体会员单位及有关各方的积极参与和支持下，协会工作紧紧围绕“自律、维权、协调、服务”的核心功能，积极稳妥地向前推进，开局良好，各项工作收到了可喜成效。

2010年协会着重开展了以下七方面工作：

## 一、积极配合监管需要，强化行业自律工作取得阶段性成效

自律是协会的首要职责，也是信托行业合规经营、维护公平竞争和实现整体利益的重要基础。2010年，在银监会非银部的指导下，协会积极配合有关信托监管政策和措施的调整需要，不断加大行业自律工作力度。注重从以下几方面入手推动行业自律建设：

一是在已有信托行业基本公约基础上，根据规范信托业务的需要，适时组织制定不同业务领域的行业自律公约。例如，为更好地落实银监会《关于进一步加强银信合作有关问题的通知》精神，促进信托公司自主管理能力的提升，营造健康有序的市场竞争环境，维护信托行业的共同利益，协会组织制定出《关于进一步规范和促进银信合作业务的自律公约》，得到全体会员的认同和积极响应，各会员单位签署并认真履行银信业务自律公约，取得较好成效。

二是推出“2010年信托行业自律年”活动，成立由会长单位——中信信托为牵头单位、10多家会员单位共同组成的自律工作研究室，加大行业自律研究，推进有关监管法规制度的建立和完善，确保行业各项自律工作落到实处，不断增强行业自律工作的针对性和有效性。一年来，自律工作研究室配合监管需要，在参与制定和完善有关监管制度和规范业务行为等方面发挥了积极作用，如组织召开《关于加强信托公司限售流通股股权收益权投资信托业务监管有关问题的通知》征求意见座谈会、研究制定公益信托业务管理办法座谈会和关于信托公司参与股指期货业务研讨会等。

三是注重采取积极措施强化信托行业自律和合规意识，加大自律宣传力度，不断推动行业诚信合规文化建设，提升整体行业市场竞争力和影响力。在协会与《金融时报》合办的“信托

专版”上，专门刊登两期自律和合规建设专版，同时，利用协会自身网站，适时刊出自律公约及相关宣传内容，并在推动信托行业提高声誉风险管理意识和能力等方面进行了有益的尝试。在协会网站开辟舆情监测栏目，密切关注信托行业的舆情动向，初步建立起舆情监测工作框架，及时掌握行业最新舆情，为监管部门加强行业声誉风险管理提供必要信息，为提升信托公司声誉风险管理意识和能力奠定基础。

此外，注重加强行业规范发展和职业操守教育。根据银监会有关贯彻《银行业金融机构从业人员职业操守指引》的要求，认真做好落实工作，及时将《银行业金融机构从业人员职业操守指引》刊载于协会网站，引导会员单位增强全员职业操守意识，不断强化职业道德标准，推动行业自律管理。积极配合监管工作，派员参与银监会纪委组织的全国金融机构贯彻落实职业操守指引的检查工作。

## 二、加强行业维权工作，切实为会员单位提供法律支持，着手研究维护行业合法权益的有效途径

为切实发挥维权职能作用，加强信托法律制度研究，积极参与和推动相关法律法规的建立和完善，依法维护信托行业合法权益，协会成立了由中诚信托牵头、10 多家会员单位共同组成的法律工作研究室，着手研究建立和完善信托行业法律法规机制，探讨行业维权的有效途径，着重开展了两方面工作。

一是针对几家信托公司维权诉求（遇到法律纠纷问题），协会及时组织业内律师和法律专家深入研究、分析案情，采取可行的维权措施，及时以律师函形式致函有关法院，并派人前往面商，建议法院依据《信托法》等相关法律法规处理此类案件，对有关案件的妥善处理起到了较好的推动作用。

二是加强信托行业有关法律纠纷案件的基础分析和研究工作，收集整理各类业务的典型案例，组织草拟信托业务司法解释条款和案例指导意见等基础材料，加强与高法等司法部门的沟通与协商，呼吁、推动司法部门加快研究和出台有关信托业务司法解释或案例指导。

## 三、在加强与监管部门、会员单位及相关机构的沟通与协调，切实发挥协会的桥梁和纽带作用方面取得明显成效

一是在银监会非银部的指导和大力支持下，协会与监管部门、会员单位的沟通与协调工作明显加强。

一方面，协会通过参加和承办非银部的有关信托监管和业务研讨活动，及时了解信托监管

要求和工作重点，有针对性地配合监管工作需要，组织和引导信托公司积极参与监管法规的研究制定和专题研讨，提高了监管政策制定的广泛参与性，同时也有助于提高信托公司执行监管政策的自觉性和有效性，在监管部门和被监管机构间搭建起良好的沟通与交流平台。2010年协会承办或参与组织多次信托专题研讨会议，均收到较好效果（如加强自律工作暨研究制定银信合作业务自律规范座谈会、关于限售股股权收益权信托业务研究会、制定公益信托管理办法研讨会、信托公司参与股指期货业务研讨会、证券投资基金法修订草案征求意见讨论会等）。

另一方面，在协会组织的各项重要行业会议和活动（常务理事会议、理事会议、会员大会、各工作研究室会议、行业峰会等）中，银监会领导、非银部领导及银监局领导给予大力支持和亲临指导，大大提高了协会发挥自律组织功能作用的针对性和有效性。

同时，协会注重加强基础制度建设，确保沟通渠道的畅通和常态化。主要抓了两项基础制度建设：（1）建立固定联络员制度，加强协会与各会员单位的信息联络，促进会员单位之间的交流学习，加强协会对内交流和对外宣传的力度。此项工作得到各会员单位的重视和大力支持，固定联络员队伍得以建立，并在推进协会各项协调服务工作中发挥应有的积极作用，确保了协会与会员单位沟通的及时性和有效性。（2）建立《协会工作月报》制度，将每月工作情况及时报送监管部门和会员单位，提高了协会工作的透明度，使协会工作能够及时得到监管部门和会员单位的指导、支持和监督。

二是在加强与国内外同业间及相关金融机构的交往方面有了良好开端。通过“走出去、请进来”等多种方式，加强国际交流与合作，先后接待香港银行学会、日本信托业协会来访，就建立长期联系及合作进行了交流和探讨。与英国、瑞士、加拿大、中国台湾等国家和地区的信托行业自律组织建立联系，了解并借鉴国外信托业创新发展中的成功经验和做法，寻求协会间的交流与合作。

同时，注重加强与金融行业其他协会之间的沟通与联系，互通信息，广泛学习和借鉴其他协会工作的成功经验，不断提高自身服务水平。

## 四、采取多种有效方式，不断提高信息宣传和交流的广泛性，加大信托业正面宣传力度，维护行业形象，提升行业认知度和影响力

根据协会三年工作规划，积极稳妥地推动“六个一平台建设”工作（即一个专版、一个网站、一本刊物、一本年鉴、一个峰会、一个信息库），取得可喜成绩。

一是加强与有影响力的媒体合作，引导社会舆论加大对信托行业正面宣传的力度。协会与《金融时报》签订了“信托专版”合作协议，从2010年1月起两周刊出1期“信托专版”。在银监会非银部的指导和支持下，协会拟定宣传选题计划，配合相关监管政策，积极引导舆论导向，

加大正面宣传力度，引导全行业正确解读和把握信托监管政策及宏观调控政策，研究、探讨创新业务模式，转变发展方式等业内共同关注的课题。全年共出专版25期，发表文章84篇，共计20余万字。“一个专版”的推出，得到监管部门、会员单位、业内专家、相关学者及研究人员的大力支持和广泛参与，取得了良好的宣传效果。

此外，协会还在《中国金融》、《金融博览》等金融类刊物上发表文章，宣传、普及信托理念和业务知识。

二是全面提升协会网站的信息量和可读性，加大业内交流的广泛性，使“一个网站”建设迈上新台阶。2010年1月1日，协会网站实现全面改版。新版网站在整合原有栏目的基础上，新增政策宝典、监管动态、产品览胜、海外信托、舆情观测等多个板块，另外还为会员单位新增在一定权限内自主发布信息的功能，提高了会员单位参与协会网站建设和行业宣传的积极性与主动性。2010年，协会网站经银监会授权，每季度公开发布信托业务统计数据，成为行业内最具权威性的数据发布平台。

三是编撰《信托资讯》（周刊），全年共出版47期，内容包括财经快讯、信托风采、产品概览、产品推介、产品成立、收益兑付和证券类集合资金信托净值统计七个部分。在收集各公司信息的基础上，及时收集整理行业产品数据，分析每周信托产品情况，对每周的集合资金信托产品进行分析总结。初步建立起协会的行业产品信息统计系统，为下一步全面建立信托行业权威的信息数据统计发布平台奠定了坚实的基础。

四是组织编写出版《中国信托业年鉴》（2009年上、下卷）。《中国信托业年鉴》在保留往年年鉴框架的基础上增加“上卷”，包括重要文献与政策法规、行业发展报告、监管报告、公司发展与创新、专题研究与思考、协会发展与成效、大事记、媒体报道八个部分，全面记录反映了2009年信托行业的发展状况及监管成效。

五是成功举办“2010年中国信托业峰会”。峰会以“回顾、展望、务实、创新”为主题，以回顾中国信托业30年发展历程为主线，总结经验和教训，从本源上探索中国信托业的发展规律，对信托行业的现状和未来发展进行深度思考。峰会主题鲜明、内容丰富、研究成果丰硕，得到业界及有关方面领导的高度重视和关注，银监会蔡鄂生副主席、上海市屠光绍副市长、全国人大财经委吴晓灵副主任等出席会议并讲话，来自监管部门、相关部委、上海市政府、会员单位、中外有关研究机构及媒体的近400位代表参加了会议。这次峰会是中国信托史上规模最大、最具影响力的一次行业盛会，受到社会各界的广泛关注和好评，在增强行业交流，扩大对外宣传方面收到了前所未有的效果。

六是着手启动研究建立信托行业综合性、多层次的基础信息库。在银监会非银部的大力支持下，协会拟定了《信托行业基础数据库建设草案》，从了解会员单位信息化建设需求入手，为择机建立全行业的基础数据库做好前期准备工作。为建立行业从业人员信息库，协会已启动征集各会员单位高管通信信息、信托产品信息、从业人员基本信息和信托公司信息化系统信息等基础工作，同时为下一步启动全员培训及从业人员资格认证等工作做好必要的准备。

## 五、加强行业培训工作，全员培训基础性建设工作取得实质性进展

一是成立由北京信托牵头、10 多家会员单位共同组成的行业培训工作研究室，制订全员培训工作规程和年度工作计划，着重启动编写信托从业人员培训教材等工作，确定组织编写《信托基础》、《信托法务》、《信托监管与自律》和《信托经营实务》4 本教材丛书。成立教材编写组和编审委员会，起草、审定《培训教材提纲》，确定编写人员。目前教材编写工作正在按计划积极推进，力争 2011 年上半年完成终稿。培训教材编写工作的启动将为信托行业培训工作实现常态化、制度化打下坚实基础。

二是积极创造条件，加强国际交流与合作，加快推动信托高管及业务经理海外培训合作项目工作取得突破。经银监会批准，2010 年 5 月，协会首次组团赴英国和瑞士进行业务考察。通过考察，学习和借鉴国际发展经验，研究和探索我国信托行业的业务模式和发展趋势，同时就与两国信托行业协会及信托研究学术机构开展长期培训合作项目等事宜进行探讨，与伦敦城市大学卡斯商学院达成信托业海外培训项目初步意向，在此基础上，协会已向银监会提出海外培训项目立项申请，拟从 2011 年开始，每年举办两期英国培训班（高管和业务经理班各一期），此项工作正在加紧推进中。

## 六、加强调研工作，关注并跟踪研究信托行业热点难点问题，推进行业标准化制度研究工作有所起色

一是以举办主题峰会（回顾、展望、务实、创新）为主线，开展专题研究征文活动，引领大家深入研讨对行业共同关注的课题，得到全体会员及相关部门的积极响应和参与，各方提交论文近百篇，协会经过组织评选，从中选出 60 余篇作为峰会主题演讲和参阅材料，并汇编成《2010 年中国信托业峰会征文集》和《2010 年中国信托业峰会现场实录》，共同分享研究成果，得到业界好评。

二是积极稳妥推进标准化研究工作。协会成立由中海信托和华润信托牵头、10 多家会员单位共同组成的行业标准工作研究室，根据需要和可能，研究制定工作规则，从五个方面入手启动行业标准化研究工作：（1）着手从宏观和前瞻性发展战略角度，在深入研究信托行业发展模式的前提下，全方位推动形成标准化构架（公司治理、内控、业务流程及产品等）；（2）研究制定信托业务分类标准；（3）研究制定信托营销工作（方式、渠道等）标准；（4）研究制定委托

人尽职调查工作标准；（5）研究制定结构化证券投资信托业务标准。

此外，协会在推动信托会计制度研究和规范财务核算及信息披露等方面有所加强，成立由上海信托和华信信托牵头、10多家会员单位共同组成的会计工作研究室，2010年召开两次专业研讨会议。同时，协会还与会计学会及其信托分会加强沟通联系，共同推进研究有关信托财会制度的规范与完善工作。

## 七、协会自身建设得到明显加强，组织建设、制度建设、队伍建设以及文化建设有所完善和提升

一是初步建立起与工作任务要求相适应的组织构架。根据工作需要，对原有内设机构进行调整和增设，同时成立由全体会员单位和业内专家共同参与的专门工作研究室（自律工作研究室、法律工作研究室、标准工作研究室、会计工作研究室、从业人员培训及资格认证工作研究室等），形成较为合理的组织结构，为协会功能作用的发挥提供了基本保证。同时，积极创造条件，改善办公用房，使之与工作要求和人员增加的需要相适应。协会本着勤俭办会、竭诚为会员单位服务的原则，在会员单位，特别是常务理事单位的大力支持下，妥善解决了原办公用房无法满足正常工作需要的困难，于2010年8月迁入新址，办公环境得到改善，为协会各项工作的顺利开展提供了基本保障。

二是全面梳理完善内部管理制度及考核和激励约束机制，先后制定了工作人员聘用和管理类、奖惩类、薪酬管理类、财务管理类、档案类、证章管理类等制度及办事机构多项规章制度，上述规章制度的制定与实施，提高了协会的工作效率和服务水平。制定“三定”方案，建立起责任到人、分工明确、办事有序、工作规范的工作机制，确保协会日常工作有序运转。特别是2010年，民政部组织的全国行业协会评估活动，成为对协会工作的一次全面检验，对进一步规范和改进工作起到了良好的推动作用，民政部及评估组专家对协会工作给予高度评价，也增强了协会更好地发挥自身作用的责任感和信心。

三是协会党建和工会工作得到明显加强，在银监会机关党委的指导和支持下，顺利完成协会党支部和工会的改选，并按照银监会机关党委和工会的要求，积极开展组织活动，如及时组织协会员工向玉树、舟曲地震灾区捐款，组织参观有关抗震救灾主题展览、金融系统反腐倡廉建设展等活动，定期组织全体工作人员认真学习贯彻中央和银行业治理商业贿赂领导小组的文件精神，将反腐倡廉、根治商业贿赂的精神贯穿于日常工作中，实行财务公开制度，力求从源头上杜绝商业贿赂类案件的发生。2010年，协会按照银监会要求完成“小金库”自检工作。基层党组织和工会组织的作用得到较好发挥，增强了协会的凝聚力和员工的归宿感。

四是注重不断提升协会文化和队伍建设，加强自身教育和业务学习，增强为会员服务，当

好监管助手的意识和本领，多做实事、好事。采取多种方式鼓励员工加强信托法规及业务学习，提高综合素质和修养，切实改进工作作风，在倡导和营造“想做事、能做事、会做事、做成事”的工作氛围进程中，协会工作正稳步迈上新的台阶。

以上工作成效的取得，得益于银监会领导、非银部领导及同仁们的重视、指导和支持，得益于全体会员单位的积极参与和配合，也是协会全体人员共同努力的结果。应该看到，目前协会工作仍处于打基础阶段，协会应有的功能作用还远没有发挥出来，协会工作在服务意识、服务能力及服务水平等诸多方面离监管部门和会员单位的要求和期望还有一定的差距。我们将再接再厉，精益求精，在银监会的领导下，在全体会员单位的支持下，按照三年工作规划目标要求，扎扎实实把各项工作落到实处，不负大家的重托与厚望。

# 关于进一步规范和促进银信合作业务的自律公约

**第一条** 为进一步规范信托公司与商业银行的业务合作行为，促进银信合作健康、有序发展，保护相关当事人的合法权益，促进信托公司发展自主管理类信托业务，提高金融服务能力，实现行业可持续内涵式增长，按照《中华人民共和国信托法》、《银行与信托公司业务合作指引》、《中国银监会关于进一步规范银信合作有关事项的通知》以及相关法律、法规和监管要求，制定本公约。

**第二条** 本公约所指银信合作业务，是指信托产品委托人或受益人为银行（含银行理财产品）的信托业务。

**第三条** 中国信托业协会（以下简称协会）所有会员单位（以下简称会员单位）在开展银信合作业务时，应充分体现企业社会责任价值，维护促进社会和谐发展，不得损害社会公共利益。

**第四条** 会员单位开展银信合作业务，应当遵循诚信经营、公平竞争的原则，不得通过恶意压低价格、降低服务标准、收取回扣等不正当竞争手段，获取竞争优势和不合理利润，损害行业利益。

**第五条** 会员单位在开展银信合作业务时，应当根据《中国银监会关于进一步规范银信合作有关事项的通知》的要求，勤勉、尽责、专业、审慎地开展业务，应在组织结构、业务制度、决策流程、风险管理、内部控制、资产管理等方面投入足够的资源和人力，以满足开展银信合作业务、提高自主管理能力和服务质量的要求。

**第六条** 会员单位应督促、培训从业人员具备必要的专业水平和职业操守，提高执业水准。

**第七条** 会员单位开展银信合作业务应根据开发和管理成本、提供的服务价值、承担的风险大小，确定合理的费率水平，在补偿财务成本的基础上获得合理利润，以保证有足够的资源投入项目尽职调查、产品结构设计、聘请专业中介机构、后期管理等，不断提升信托公司专业服务水平和自主创新能力，维护信托受益人利益。

**第八条** 根据本公约确定的基本原则，会员单位应针对各类银信合作业务的信托财产运用方式、信托财产运用对象的风险特征、管理信托财产需要的专业能力和服务附加值等各种要素差异，确定各类银信合作业务的收费标准，可以采取固定费率或固定费率与浮动业绩报酬相结合的方式收取信托报酬。

会员单位应将确定的各类银信合作业务收费标准报协会备案，并承诺严格按其标准执行。

**第九条** 协会负责对会员单位银信合作业务的自律管理，对会员单位执行公约及自律承诺的情况进行监督检查。协会可根据情况要求会员单位进行自查，或组织检查并通报检查情况。

**第十条** 协会定期组织对会员单位开展银信合作业务遵守公约情况进行综合测评，测评结果可作为对会员单位进行行业内部评价的依据，并向监管部门建议作为监管评级参考。

**第十一条** 为确保本公约的有效执行，对于会员单位违反公约和自律承诺的行为，协会可采取内部通报、警示通知、限期整改、公开谴责、暂停行使会员权利、取消会员资格等措施，并将有关处理情况抄报监管机构，作为监管评级和业务准入的参考。

**第十二条** 会员单位开展其他信托业务时，若该类信托业务就其信托财产运用方式、信托财产运用对象的风险特征、管理信托财产需要的专业能力、服务附加值等因素与银信合作业务相类似，可参照本公约和自律承诺执行。

**第十三条** 协会可根据行业发展需要组织会员单位对本公约进行适时修订。

**第十四条** 本公约经协会会员大会审议通过后生效，所有会员单位均需严格履行。

**第十五条** 本公约由协会负责解释。

# 大事记

## 1 月

1 月 6 日　中国银监会批准四川省信托投资公司与四川省建设信托投资公司的合并重组方案。批准四川宏达（集团）有限公司、中海信托股份有限公司、四川宏达股份有限公司、四川豪吉食品（集团）有限责任公司、汇源集团有限公司、成都铁路局、四川省投资集团有限责任公司、四川成渝高速公路股份有限公司、中铁八局集团有限公司和中国烟草总公司四川省公司入股合并后新信托公司的资格。重组后新信托公司的注册资本金和股权结构：新信托公司注册资本金 1 300 000 000 元，其中，四川宏达（集团）有限公司出资 451 687 934. 03 元人民币，占总股本的 34. 7452%；中海信托股份有限公司出资 390 000 000. 00 元人民币，占总股本的 30%；四川宏达股份有限公司出资 247 000 000. 00 元人民币，占总股本的 19%；四川豪吉食品（集团）有限责任公司出资 65 000 000. 00 元人民币，占总股本的 5%；汇源集团有限公司出资 49 966 835. 84元人民币，占总股本的 3. 8436%；成都铁路局出资 46 398 104. 57 元人民币，占总股本的 3. 5691%；四川省投资集团有限责任公司出资 27 847 638. 42 元人民币，占总股本的 2. 1421%；四川成渝高速公路股份有限公司出资 15 228 764. 12 元人民币，占总股本的 1. 1715%；中铁八局集团有限公司出资 5 452 204. 94 元人民币，占总股本的 0. 4194%；中国烟草总公司四川省公司出资 1 418 518. 08 元人民币，占总股本的 0. 1091%。

1 月 8 日　陕西省人民政府国有资产监督管理委员会同意西部信托有限公司将所持西部证券股份有限公司 5% 股权协议转让给陕西省电力建设投资公司。

1 月 8 日　安信信托投资股份有限公司以现场、网络投票相结合的方式召开了 2010 年第一次临时股东大会。大会审议通过了《关于安信信托向特定对象发行股份购买资产暨重大资产出售方案有效期延期一年》等五个议案。

1 月 12 日　上海市档案局对中海信托档案工作目标管理升级进行最终评审，认定中海信托股份有限公司荣获“2009 年上海市机关档案工作市二级先进”称号。

1 月 12 日　江苏省国信资产管理集团有限公司及江苏省国际信托有限责任公司分别与中国农业银行江苏省分行签订银企战略合作、银信战略合作协议。双方将在协议框架内，不断拓展双方总部之间及所属机构之间多层面的深度合作。

1 月 13 日　中国信托业协会在中信信托召开加强自律工作暨研究制定银信合作业务自律规范座谈会。中国信托业协会王丽娟专职副会长，中国银监会非银部战伟宏处长、叶凌风副处长，中国信托业协会陈玉鹏秘书长参加了会议。会议根据《中国银监会关于进一步规范银信合作有关问题的通知》有关精神，研究制定了银信合作业务自律讨论。

1 月 13 日　华鑫国际信托有限公司顺利通过中国银监会组织的开业验收。

1月14日　中国银监会核准曾见泽建信信托有限责任公司董事长、程双起建信信托有限责任公司总裁的任职资格。

1月19日　中国信托业协会以通信方式召开了第二届会员大会第二次会议，会议审议并通过了《关于进一步规范和促进银信合作业务的自律公约》。

1月20日　建信信托有限责任公司在安徽省合肥市举行了隆重的揭牌仪式。中国建设银行党委副书记、监事长谢渡扬，合肥市委副书记、市长吴存荣为公司揭牌。

1月21日　北京国际信托有限公司获中国人民银行营业管理部评定的“2009年金融统计数据报送工作”一等奖。

1月22日　中信信托有限责任公司积极探索以信托模式支持农业产业发展的新路径，与河南农业综合开发公司等合作设立的国内第一只农业开发产业投资基金在河南郑州举行了签约仪式。

1月23日　中国银监会批准武汉国际信托投资公司的重组方案。批准北大方正集团有限公司、东亚银行有限公司（the Bank of East Asia，Limited）和武汉经济发展投资（集团）有限公司入股重新登记后信托公司的资格。重新登记后信托公司的注册资本金和股权结构：重新登记后信托公司注册资本金30 000万元，其中，北大方正集团有限公司出资21 003万元人民币，占总股本的70.01%；东亚银行有限公司（the Bank of East Asia，Limited）出资5 997万元人民币，占总股本的19.99%；武汉经济发展投资（集团）有限公司出资3 000万元人民币，占总股本的10%。

1月28日　中国信托业协会在重庆召开了中国信托业协会会员单位联络员第一次会议。中国信托业协会专职副会长王丽娟出席会议并做专题讲话，重庆银监局陈明柱副局长、重庆信托公司CEO翁振杰到会并致辞，重庆银监局非银处胡立新处长、马全副处长以及各信托公司的联络员共50多人参加了此次会议。

1月　湖南省信托有限责任公司计划财务部被中国人民银行长沙中心支行评为“2010年度湖南省金融统计工作先进集体”，计划财务部林莉同志被中国人民银行长沙中心支行评为“2010年度湖南省金融统计工作先进个人”。

1月　新时代信托股份有限公司获得包头市人民政府颁发的2009年“包头市金融服务奖”。

1月　重庆国际信托有限公司获重庆市“国企贡献奖”。

1月　重庆国际信托有限公司信托业务二部获重庆市国资委系统“国企贡献奖先进集体”；公司业务总监、信托业务一部总经理吴浩风获重庆市国资委系统“国企贡献奖先进个人”。

1月　北京国际信托有限公司与中小企业信用再担保有限公司联合推出了京城首只中小企业系列化信托产品——“中小发展·雁栖怀柔集合资金信托计划”（Ⅰ～Ⅲ期），该系列化信托产品采取滚动发行的方式，旨在为中小企业发展提供信托融资支持，拓宽中小企业融资渠道，此次主要面向怀柔区内三个重点中小企业，信托规模为 4 100 万元人民币。

## 2 月

2 月 1 日　厦门银监局批准厦门国际信托有限公司迁址至福建省厦门市思明区湖滨北路莲滨里 8 号办公。

2 月 3 日　中国信托业协会召集中国银行业协会、中国财务公司协会、中国证券业协会、中国银行间市场交易商协会、中国保险业协会、中国国债协会、中国期货业协会八家协会主要负责人欢聚一堂，共同交流协会工作经验，并就如何进一步加强金融行业协会间的信息共享，增进彼此的了解与合作进行了热烈讨论。

2 月 8 日　中国银监会黑龙江监管局核准赵林政中融国际信托有限公司独立董事的任职资格。

2 月 9 日　华鑫国际信托有限公司取得中国银监会批复的金融许可证。

2 月 11 日　中国银监会批准天津信托有限责任公司调整股权结构。公司原并列第一大股东天津市财政局将所持有的公司 23.16% 的股权、原第六股东天津市津能投资公司将所持有的公司 8.42% 的股权、原第四股东天津经济技术开发区财政局将所持有的公司 10.53% 的股权转让给天津市泰达国际控股（集团）有限公司（公司新加入股东）。转让后天津市泰达国际控股（集团）有限公司持有公司 42.11% 的股权，成为公司的第二大股东。公司股东由 7 家变更为 5 家。现公司的股东单位分别是天津海泰控股集团有限公司、天津市泰达国际控股（集团）有限公司、天津盈鑫信恒投资咨询有限公司、天津市大港区财政局、天津环球磁卡股份有限公司。

2 月 11 日　天津信托有限责任公司原股东天津市财政局将持有的 347 368 000 元股权，天津经济技术开发区财政局将持有的 157 895 000 元股权，天津市津能投资公司将持有的 126 316 000 元股权转让给新股东天津市泰达国际控股（集团）有限公司。股权转让完成后，公司的股东构成、出资额和出资比例：天津海泰控股集团有限公司，出资 765 789 000 元，出资比例 51.05%；天津市泰达国际控股（集团）有限公司，出资 631 579 000 元，出资比例 42.11%；天津盈鑫信恒投资咨询有限公司，出资 78 947 000 元，出资比例 5.26%；天津市大港区财政局，出资 15 790 000元，出资比例 1.05%；天津环球磁卡股份有限公司，出资 7 895 000 元，出资比例 0.53%。

2 月 11 日　中国银监会批准南京市信托投资公司的重组方案。批准南京紫金投资控股有限责任公司、日本住友信托银行股份有限公司（the Sumitomo Trust and Banking Company, Limited）、三胞集团有限公司、南京高新技术经济开发总公司和江苏金智科技股份有限公司入股重组后信托公司的资格。重组后信托公司的注册资本金和股权结构：重组后信托公司注册资本金50 000万元，其中，南京紫金投资控股有限责任公司出资 30 005 万元人民币，占总股本的 60.01%；日本住友信托银行股份有限公司出资 9 995 万元人民币，占总股本的 19.99%；三胞集团有限公司出资 5 000 万元人民币，占总股本的 10%；南京高新技术经济开发总公司出资 2 500 万元人民币，占总股本的 5%；江苏金智科技股份有限公司出资 2 500 万元人民币，占总股本的 5%。

2 月 14 日　中信信托有限责任公司以固有资金受让东方金钰股份有限公司 1 800 万元股权，成为其第二大股东。东方金钰在中信信托有限责任公司综合金融服务支持下，当年市值增加了 50 亿元，使 4 万名股东受益。

2 月 21 日　中投信托有限责任公司设立的“宝石流霞”中小企业信托基金项目荣获杭州市人民政府颁发的“2009 年度杭州市金融创新优秀项目奖”，同时公司被评为“2009 年度杭州市金融创新优秀项目首创单位”。

2 月 25 日　中国信托业协会在上海召开“中国信托业协会标准工作研究室第一次会议”。会议由研究室主任单位——中海信托公司承办。中国信托业协会专职副会长王丽娟出席并主持了此次会议，中国银监会非银部副处长游宇，上海银监局非银处处长林谦、副处长张伟菁，锦天城律师事务所高级合伙人李宪明应邀出席会议并做专题发言，中海信托股份有限公司总裁储晓明到会并致辞，来自 17 家信托公司的相关负责人参加了此次会议。

2 月 26 日　中国银监会新疆监管局批准华融国际信托有限责任公司原股东新疆维吾尔自治区国有资产监督管理委员会将其持有的本公司 1 050.96 万股、占比 0.69% 的股权全部转让给新疆恒合投资股份有限公司。

2 月 26 日　中国银监会新疆监管局核准何维达华融国际信托有限责任公司独立董事任职资格。

2 月 29 日　金谷国际信托有限责任公司向安徽、河北两个对口扶贫点总计捐赠 5 万元扶贫款。

2 月　中信信托有限责任公司五部董军获得中央金融团工委颁发的 2009 年“全国金融青年服务明星”称号。

2 月　百瑞信托有限责任公司信托业务二部被郑州市总工会授予郑州市“五一文明号”荣誉称号。

2 月　国联信托股份有限公司获“无锡市 2008—2009 年度 A 级纳税信用等级单位”称号。

2 月　重庆国际信托有限公司获重庆市“金融贡献三等奖”。

## 3 月

3 月 2 日　香港银行学会行政总裁梁嘉丽女士一行拜访中国信托业协会，双方就台湾信托同业工会邀请协会组织内地信托行业专家、学者赴台参加行业论坛的意愿进行了沟通。

3 月 3 日　中国银监会同意庆泰信托投资有限责任公司重整方案的变更内容。青海银监局继续配合庆泰信托风险处置工作领导小组，在青海省高级人民法院的主持下推进该公司的司法重整工作。

3 月 4 日　中国信托业协会在北京召开从业人员培训与资格认证工作研究室第一次工作会议。中国信托业协会专职副会长王丽娟出席并主持了此次会议，中国银监会非银部李招军处长、北京银监局正处级调研员闫维杰出席了会议。会议由研究室主任单位北京国际信托有限公司承办，主要议题为：研究制定信托从业人员培训教材大纲（草案），启动培训教材编写工作；讨论研究信托从业人员培训与认证工作研究室工作规程和 2010 年工作规划。

3 月 5 日　昆仑信托有限责任公司被宁波市江东区人民政府授予“2009 年度经济发展突出贡献企业”奖，同时，该公司还获得“2010 年度五星级骨干企业”和“江东区和谐企业”荣誉称号。

3 月 8 日　经中国银监会陕西监管局批准，国营西北第一棉纺织厂、陕西中烟工业公司将其各持有西部信托有限公司 0. 18% 的股权分别转让给陕西省产业投资有限公司和中国烟草总公司陕西省公司，并完成了《公司章程》修改和股权转让的工商变更。

3 月 9 日　英大国际信托有限责任公司获批固有资产股权投资资格。

3 月 10 日　中国银监会重庆监管局核准李钢新华信托股份有限公司独立董事任职资格。

3 月 11 日　经中国银监会核准，哈尔滨经济投资开发公司将所持有的中融国际信托有限公司 8 000 万元股权转让给哈尔滨投资集团有限责任公司。

3 月 11 日　中融国际信托有限公司原股东哈尔滨经济开发投资公司将所持有的该公司 8 000 万元股权转让给哈尔滨投资集团有限责任公司。股权转让后该公司的股东构成、出资额和出资比例：中植企业集团有限公司，出资 22 000 万元人民币，出资比例 67. 7%；哈尔滨投资集团有限责任公司，出资 8 000 万元人民币，出资比例 24. 61%；大连新星房地产开发集团有限公司，出资 2 500 万元人民币，出资比例 7. 69%。

3 月 11 日　中国银监会核准郑安国华宝信托有限责任公司董事长的任职资格。

3 月 11 日　中国信托业协会召开信托培训教材编写碰头会。中国银监会非银部、北京国际信托有限公司、人大信托与基金研究所等相关单位负责编写人员参加会议，着重就信托培训教材编写的基本思路、原则、进度和分工等有关问题进行了讨论，初步确定培训教材框架和编写具体要求（编四本书：《信托基础》、《信托法务》、《信托监管与自律》和《信托经营事务》），确定教材编写牵头单位，并落实教材大纲编写工作。

3 月 12 日　西部信托有限公司原股东长岭（集团）股份有限公司将其持有的该公司的股权转让过户给陕西长岭电气有限责任公司。

3 月 12 日　中国银监会新疆监管局核准王小选华融国际信托有限责任公司董事任职资格，核准刘绍华、杨晓丽华融国际信托有限责任公司总经理助理（总裁助理）任职资格。

3 月 13 日　由山东省国际信托有限公司和第一财经研究院联合推出的“第一财经·山东信托中国阳光私募基金指数”正式发布。

3 月 15 日　中国银监会批准英大国际信托有限责任公司住所由山东省济南市馆驿街 318 号变更为北京市东城区建国门内大街乙 18 号院 1 号楼英大国际大厦 2 层。

3 月 17 日　中国银监会副主任陈琼、准入处处长邵敏等一行暨重庆银监局莅临新华信托股份有限公司调研指导工作。

3 月 18 日　华鑫国际信托有限公司举行了开业揭牌仪式，该仪式有 80 余家单位共计 150 余人参加。

3 月 19 日　江苏省国信资产管理集团有限公司与江苏省丝绸集团、江苏省农垦集团及江苏省高科技投资集团三家省属国有企业签订股权转让意向性协议。江苏省国际信托有限责任公司股权多元化工作取得重大进展。

3 月 22 日　中国银监会核准温青山任昆仑信托有限责任公司董事长、王亮任昆仑信托有限责任公司总裁的任职资格。

3 月 22 日　中国银监会核准杨健渤海国际信托有限公司总裁的任职资格。

3 月 22 日　中国银监会核准傅帆上海国际信托有限公司总经理的任职资格。

3 月 23 日　中国对外经济贸易信托有限公司原股东远东国际租赁有限公司将所持有的公司 83 152 244. 13 元股权转让给中化集团财务有限责任公司。股权转让完成后，公司的股东构成、出资额和出资比例：中国中化股份有限公司，出资 1 116 847 755. 87 元人民币（含 34 000 728. 61 美元），出资比例 93. 07%；中化集团财务有限责任公司，出资 83 152 244. 13 元人民币，出资比例 6. 93%。

3 月 24 日　平安信托投资有限责任公司获准变更公司名称和业务范围。公司注册名称变更为，中文全称：平安信托有限责任公司，英文全称：Ping An Trust Co. , Ltd. 。变更后公司本外币业务范围：（1）资金信托；（2）动产信托；（3）不动产信托；（4）有价证券信托；（5）其他财产或财产权信托；（6）作为投资基金或者基金管理公司的发起人从事投资基金业务；（7）经营企业资产的重组、购并及项目融资、公司理财、财务顾问等业务；（8）受托经营国务院有关部门批准的证券承销业务；（9）办理居间、咨询、资信调查等业务；（10）代保管及保管箱业务；（11）以存放同业、拆放同业、贷款、租赁、投资方式运用固有财产；（12）以固有财产为他人提供担保；（13）从事同业拆借；（14）法律法规规定或中国银行业监督管理委员会批准的其他业务。

3月25日　中国银监会陕西监管局同意西部信托有限公司注册资本由50 000万元变更为62 000万元。

3月26日　青海省高级人民法院批准了庆泰信托基于债权人会议通过的债务清偿方案及银监会批复制订的重整计划。

3月30日　陕西省国际信托股份有限公司在2009年企业（集团）统计监测工作中成绩优异，被评为先进单位。

3月30日　陕西省人民政府办公厅表彰陕西省国际信托股份有限公司为省金融办考评A档金融机构，省政府为其颁发“优秀金融机构”奖牌，并奖励15万元人民币。

3月31日　华能贵诚信托有限公司组织开展向贵州旱情严重的灾区捐款献爱心活动，公司80名员工共募捐款项达3.54万元。

3月　大连华信信托股份有限公司完成增资扩股，股本由12.1亿元增至20.57亿元。

3月　百瑞信托有限责任公司获得以固有资产从事股权投资业务资格。

3月　华润深国投信托有限公司举办名为“华润信托　让资产更智慧”的品牌战略发布会，向社会各界展示了华润信托的全新企业发展战略以及品牌形象，同时宣告“华润信托”成为华润集团旗下金融服务品牌及华润集团金融控股平台重要的核心业务单元。

3月　北京国际信托有限公司成功推出了与其他金融机构有明显差异化竞争优势的“低碳财富”系列化信托产品。其中“低碳财富·循环能源一号集合资金信托计划”募集资金3亿元人民币，用于我国冶金行业最大的节能减排项目建设。该信托产品不仅投资节能行业，而且在信托行业中首次引入碳排放交易收益概念，使投资人分享根据联合国清洁发展机制（CDM）获得的核证减排量开发收益。

3月　在广西南宁举行的全国金融系统“新中国六十年金融先进文化优秀建设者暨2009年优秀论文”表彰会上，中信信托有限责任公司副总经理马春光获得由中国金融职工思想政治工作研究会颁发的“新中国六十年金融先进文化优秀建设者”称号。

3月　上海爱建信托投资有限责任公司在上海银监局对全市银行业金融机构2009年监管统计工作综合考核中荣获一等奖（八家一等奖获得单位中唯一一家信托公司）。

## 4月

4月1日　北京国际信托有限公司成为北京市CBD金融商会监事会成员。

4月2日　中国信托业协会召开第二次信托培训教材编写碰头会，会议由协会专职副会长王丽娟主持，银监会非银部、北京国际信托有限公司、人大信托与基金研究所等相关单位负责编写人员参加会议，会议按照第一次碰头会的要求对形成的初稿进行讨论并修改。

4月6日　中国银监会重庆监管局核准赵暖新华信托股份有限公司副总经理、郝雅军首席财务官的任职资格。

4月6日　中国银监会上海监管局核准侯勤任上海爱建信托投资有限责任公司首席运营官的任职资格。

4月16日　湖南省信托有限责任公司同意胡小龙辞去董事职务。根据股东推荐，推选陆小平为第三届董事会股东代表董事。黄志刚辞去监事会主席、监事职务。根据股东推荐，推选石波为第三届监事会股东代表监事，并选举为第三届监事会主席。

4月19日　北京国际信托有限公司为青海玉树地震灾区捐款100万元人民币。

4月19日　方正东亚信托有限责任公司获中华人民共和国台港澳侨投资企业批准证书。

4月19日　中投信托有限责任公司组织全体员工通过浙江省红十字会向青海玉树地震灾区捐款3.36万元，公司捐款30万元。

4月20日　天津信托有限责任公司全体员工踊跃捐款，为支援青海玉树地震灾区灾后重建奉献爱心。

4月20日　中海信托股份有限公司捐赠50万元，支援玉树地震受灾地区的抗震救灾工作。

4月20日　中原信托有限公司全体党员干部和离退休老同志向玉树地震灾区捐款318 450元。

4月21日　中国银监会黑龙江监管局核准王海、吴大勇、谢丙武、王宝安、刘伟器、梁越任中融国际信托有公司副总裁，王宝安任中融国际信托有限公司董事的任职资格。

4月21日　苏州信托有限公司开展“一方有难、八方支援”的抗震救灾捐款活动，全体干部员工积极参与，踊跃捐款，为青海省玉树县“4·14”地震的受灾群众献上自己的爱心。此次捐款活动共筹措资金30 114元，上交公司大股东苏州国际发展集团党委统一捐出。

4月21日　青海玉树地震发生后，西部信托有限公司领导和员工心系灾区，发扬“一方有难、八方支援”的中华传统美德，踊跃捐款9 960元。

4月22日　受金谷国际信托有限责任公司董事长张勇委托，监事会主席刘学敬主持“情系玉树，大爱无疆”抗震救灾捐款活动，总计为玉树地震灾区捐款133 500元。

4月22日　中国银监会陕西监管局核准武士伟西部信托有限公司总经理助理的任职资格。

4月23日　中国证监会批准山东省国际信托有限公司向民生证券增资。

4月21—24日　在2010年全国信托公司监管工作专题会议召开之际，中国信托业协会第二届理事会第二次常务理事会议、第二届理事会第二次会议、第二届会员大会第三次会议在海口召开。50余家信托公司董事长、总经理共计100多人出席了此次会议。会议由中国信托业协会会长居伟民主持，协会专职副会长王丽娟向大会作中国信托业协会工作报告，与会代表对协会半年多来的工作给予了高度的评价与肯定，对协会该年的工作规划提出了具体的意见和建议。大会还审议通过了中国金谷国际信托有限责任公司、江西江南信托股份有限公司、华鑫国际信托有限公司加入中国信托业协会有关事项，修改中国信托业协会会费管理办法等共五项提议。

4月26日　日本住友信托银行向上海分行增拨人民币营运资金2亿元人民币等值的自由兑换货币。

4月28日　中国银监会新疆监管局核准卢江天华融国际信托有限责任公司董事、副董事长的任职资格。

4月29日　中航信托股份有限公司选举刘敏先生为公司一届董事会董事，胡剑先生不再担任公司董事职务。

4月　杭州工商信托股份有限公司被杭州市市政府授予“杭州市模范集体”荣誉称号、“2009年度杭州市服务业企业100强”。

4月　在中信信托有限责任公司发出向青海玉树地震灾区奉献爱心的号召后，该公司226名员工踊跃捐款，捐款总额达122 840元。同时，该公司员工还向资助贫困母亲的幸福工程捐献40 720元人民币。

4月　华润深国投信托有限公司及员工第一时间为玉树灾区进行了募捐，同时也向“华润慈善基金”捐赠100万元用于社会各项公益事业。

4月　中国对外经济贸易信托有限公司党总支响应集团公司号召，相继开展了“抗旱救灾，我为灾区献爱心”捐款活动以及为玉树地震灾区捐款活动，得到公司员工的积极参与，两次捐款活动共募集43 120元人民币。

4月　在青海玉树地震发生后，华宸信托有限责任公司第一时间组织全体员工向灾区捐款，并由工会专程送往自治区红十字会。

4月　大连华信信托股份有限公司获得大连市政府颁发的“大连市2008—2009年度先进单位”奖项。

4月　上海爱建信托投资有限责任公司在中国人民银行上海分行对全市金融机构2009年企业征信系统建设情况综合考评中荣获二等奖。

4月　百瑞信托有限责任公司被郑州市人力资源和社会保障部、郑州市民政局、郑州市慈善总会联合授予“郑州慈善·突出贡献奖”。

4月　北京国际信托有限公司获朝阳区“北京市朝阳区2009年度突出贡献企业”奖。

## 5月

5月5日　交银国际信托有限公司2010年股东会第二次会议及第一届监事会第八次会议选举方建华任公司监事长。

5月7日　中国银监会山西监管局核准乔彦林山西信托有限责任公司监事长，雷淑俊、陈强高级管理人员的任职资格。

5月7日　中国银监会山西监管局核准山西信托有限责任公司章程变更的相关内容。

5月7日　西部信托有限公司以通信表决方式召开公司2010年第三次临时股东会议，同意向地震灾区捐款20万元。

5月10日　苏州信托有限公司原总裁崔斌同志因个人原因辞去总裁职务。

5月13日　中国信托业协会召开法律工作研究室第一次会议，会议由专职副会长王丽娟主持，工作室主任单位中诚信托有限责任公司承办，银监会非银部游宇副处长、中诚信托原董事长王忠民、拟任董事长邓红国以及协会常务理事单位及法律工作研究室成员单位等17家信托公司代表参加了会议，人大信托与基金研究所所长周小明应邀参会。此次会议旨在研究推动建立和完善信托行业法律法规机制，制订法律工作室工作规划和工作规则，探讨行业维权的有效途径。会议还邀请协会专家理事李宪明就近年来有关信托业务的法律纠纷进行案例分析，提示法律风险。

5月21日　北京国际信托有限公司荣获北京市CBD金融商会终身荣誉会员。

5月16—25日　由中国银监会非银部副巡视员闵路浩为团长、中国信托业协会会长居伟民、专职副会长王丽娟、副会长王晓龙等一行十人赴英国、瑞士考察。走访了英国金融服务局（FSA），汇丰银行（HSBC），法人受托人协会（TACT），全球受托人与财产从来者协会（STEP），卡斯商学院，史密斯和威廉姆斯信托有限公司，Law Debenture Trust Limited、L&S Trust Services SA，Zurich、Schroder Trust AG，Zurich、Investec Trust，瑞士金融市场监管局（Swiss·FINMA）瑞士信托公司协会（SATC）及相关会员单位。全面了解两国信托业务发展历史、现状及未来发展趋势，围绕信托与其协会和有关部门就共同关心的问题进行广泛交流，思考和研究适合我国国情的信托行业发展模式。

5月25日　甘肃省信托有限责任公司注册资本由31 819.05万元人民币增至101 819.05万元人民币。公司原股东甘肃省财政厅将所持有的公司24 265.21万元股权转让给甘肃省国有资产投资集团有限公司。增资及股权转让后，公司的股东构成、出资额和出资比例：甘肃省国有资产投资集团有限公司，出资94 265.21万元人民币，出资比例92.58%；天水市财政局，出资4 072.84万元人民币，出资比例4.00%；白银市财政局，出资3 481万元人民币，出资比例 3.42%。

5月25日　中国银监会核准陈世彪国民信托有限公司董事长、李政怀国民信托有限公司总经理的任职资格。

5月25日　中国银监会核准盖永光英大国际信托有限责任公司董事长、陈书堂英大国际信托有限责任公司总经理的任职资格。

5月31日　昆仑信托有限责任公司完成全国银行间债券市场准入备案，即日正式进入全国银行间债券市场，成为其成员之一。

5月　华润深国投信托有限公司召开第三次股东会议，选举宋群先生、桂自强先生担任公司董事，选举俞建先生担任公司监事。同时，因工作岗位变动原因，免去吴丁先生、何建锋先生公司董事职务，免去王少平先生公司监事职务。

5月　在由河南省金融学会学术委员会举办的河南省2009年重点金融课题评选中，百瑞信托有限责任公司申报完成的课题《当前政策环境下信托公司资产证券化业务模式研究》和《房地产投资信托基金理论及产品设计》分别荣获2009年河南省重点金融课题一等奖、二等奖。

5月　在汶川地震两周年前夕，由中信开行爱心信托项目捐助700万元援建的四川省绵阳市平武县爱心信托中心小学于5月10日举行了揭牌仪式，标志着中信开行爱心信托项目的圆满结束。该项目由中信信托有限责任公司联合金融同业设立，是国内捐款规模最大的公益类信托。

5月　华宸信托有限责任公司荣获内蒙古自治区人民政府颁发的“内蒙古自治区金融业务创新奖”。

5月　大连华信信托股份有限公司获得大连市政府颁发的“金融创新奖”。

## 6月

6月1日　江西国际信托股份有限公司注册资本由57 012万元人民币增至103 658.1817万元人民币。增资完成后，公司的股东构成、出资额、持有股份及持股比例：江西省财政厅，出资47 470.8万元，持有股份47 470.8万股，持股比例45.796%；领锐资产管理股份有限公司，出资25 914.5454万元，持有股份25 914.5454万股，持股比例25%；北京供销社投资管理中心，出资20 731.6363万元，持有股份20 731.6363万股，持股比例20.000%；江西省江信国际大厦有限公司，出资6 120万元，持有股份6 120万股，持股比例5.904%；江西省江信国际置业有限责任公司，出资1 036.8万元，持有股份1 036.8万股，持股比例1.000%；新余钢铁有限责任公司，出资792万元，持有股份792万股，持股比例0.764%；中国长城资产管理公司南昌办事处，出资600万元，持有股份600万股，持股比例0.579%；江西省财政投资管理公司，出资360万元，持有股份360万股，持股比例0.347%；江西省电力公司，出资332.4万元，持有股份332.4万股，持股比例0.321%；江西省电子集团公司，出资120万元，持有股份120万股，持股比例0.116%；江西省轻工行业管理办公室，出资120万元，持有股份120万股，持股比例0.116%；江西省残疾人联合会，出资60万元，持有股份60万股，持股比例0.058%。

6月3日　中国银监会核准邓红国担任中诚信托有限责任公司董事长的任职资格。

6月7日　中国银监会黑龙江监管局核准赫小铂任中融国际信托有限公司董事的任职资格。

6月10日　中海信托股份有限公司荣获上海市档案局颁发的“2010年度上海市机关档案工作市一级先进”称号。

6月13日　中国银监会陕西监管局核准赵辉西部信托有限公司董事任职资格。

6月24日　中国银监会核准范韬中融国际信托有限公司总裁的任职资格。

6月24日　中融国际信托有限公司原股东中植企业集团有限公司将所持有的该公司11 700万元股权转让给经纬纺织机械股份有限公司。股权转让后，该公司的股东构成、出资额和出资比例：经纬纺织机械股份有限公司，出资11 700万元人民币，出资比例36.000%；中植企业集团有限公司，出资10 300万元人民币，出资比例31.693%；哈尔滨投资集团有限责任公司，出资8 000万元人民币，出资比例24.615%；大连新星房地产开发集团有限公司，出资2 500万元人民币，出资比例7.692%。

6月30日　中海信托股份有限公司被评为“2009年度上海市A类财务会计信用单位”。

6月30日　依据青海省高院下达的司法执行裁定，庆泰信托原3.28亿元股权按银监会预核的比例正式过户至五矿投资、西宁城投、青海华鼎三家单位名下。

6月　中国银监会北京监管局核准国民信托有限公司章程变更。

6月　中信信托有限责任公司委托中国国际经济咨询公司研发的《认知改变信托——2010年中国信托业研究报告》月末正式发布。该报告以管理学的框架、思维方式和逻辑，从国民经济发展、产业经济学、企业发展战略等视角看待信托业，提出了信托三要素、信托价值三要素、信托化、信托深度、信托密度、信托的融智功能、信托业综合指数、信托业发展指数等新概念。

6月　国联信托股份有限公司获“无锡市劳动保障诚信企业”、“无锡市劳动保障诚信A级企业”称号。

6月　北京国际信托有限公司张红同志的摄影作品《妫河岸边》在北京市思想政治工作研究会主办的“发现北京之美”爱国主义教育活动中荣获三等奖。

6月　中原信托有限公司薛怀宇副总裁获得郑州市人民政府授予的“郑州市金融工作先进个人”荣誉称号。

## 7月

7月7日　中国银监会核准赵辉西部信托有限公司总经理的任职资格。

7 月 9 日　庆泰信托重组后 2010 年临时股东会议顺利召开，会议讨论通过了变更公司名称、注册地址、经营范围、公司章程等事项，推选公司新一届拟任董事、独立董事、监事、经营层高管人选。

7 月 9 日　中国信托业协会专职副会长王丽娟拜访中国会计学会常务副秘书长周守华同志和副秘书长许玉红同志，加强双方业务沟通与联系，共同促进信托行业财会培训和财会管理水平的提高。此次交流对于促进协会与会计学会共同发展，以及建立未来长期的合作关系起到了非常积极的推动作用。

7 月 12 日　天津信托有限责任公司办理了股权变更及公司章程，董事、监事变更工商备案登记相关手续，换发新的营业执照。

7 月 13 日　昆仑信托有限责任公司获准进入全国银行间同业拆借市场，成为全国银行间同业拆借市场成员。

7 月 27 日　国投信托有限公司原股东国家开发投资公司将所持有的该公司 115 000 万元股权划转给国投资本控股有限公司。股权划转后，该公司的股东构成、出资额和出资比例：国投资本控股有限公司，出资 115 000 万元人民币，出资比例 95. 45%；国投高科技投资有限公司，出资 5 480 万元人民币，出资比例 4. 55%。

7 月 27 日　中国银监会正式批准了庆泰信托向银监会上报的股权变更的申请，核准了五矿投资发展有限公司、西宁城市投资发展有限公司、青海华鼎实业股份有限公司投资入股信托公司的资格，核准了庆泰信托增资扩股至 12 亿元人民币，核准了三家重组股东的股权比例。

7 月 27 日　《吉林信托》由吉林省新闻出版局正式批准为吉林省信托有限责任公司主办的内部连续性出版物。

7 月 28 日　上海市思想政治工作研究会第十一次会员大会上，中海信托股份有限公司党委委员、工会主席蒋良书同志被授予“上海市优秀思想政治工作者”荣誉称号。

7 月 28 日　由中信信托有限责任公司、天津信托有限责任公司和日本中央短资有限公司拟合资设立的信唐货币经纪公司于 7 月 28 日经监管部门批准筹建，并于 8 月 23 日在北京京城大厦召开了第一次股东大会及董事会。

7 月 30 日　中国对外经济贸易信托有限公司注册资本由 12 亿元人民币增至 22 亿元人民币。增资完成后，公司的股东构成、出资额及出资比例：中国中化股份有限公司，出资 2 116 847 755. 87元人民币（含 34 000 728. 61 美元），出资比例 96. 22%；中化集团财务有限责任公司，出资 83 152 244. 13 元人民币，出资比例 3. 78%。

7 月 30 日　中国银监会核准刘虹中泰信托有限责任公司董事长的任职资格。

7 月 30 日　美国北美信托银行有限公司北京分行获准开业，名称为美国北美信托银行有限公司北京分行（the Northern Trust Company Beijing Branch），地址为北京市朝阳区建国门外大街 2

号银泰中心 C 座 2106B 单元。核准吴初默（Michael Chu Mo Wu）该分行行长的任职资格。该分行营运资金为 2 亿元人民币等值的自由兑换货币。经营对各类客户的外汇业务范围：吸收公众存款；发放短期、中期和长期贷款；办理票据承兑与贴现；买卖政府债券、金融债券，买卖股票以外的其他外币有价证券；提供信用证服务及担保；办理国内外结算；买卖、代理买卖外汇；代理保险；从事同业拆借；提供保管箱服务；提供资信调查和咨询服务；从事经中国银行业监督管理委员会批准的其他业务。

7 月 30 日　中信信托有限责任公司成立中信·聚信汇金煤炭能源产业投资基金集合信托计划，计划首期为山西煤炭产业整合主体的技术改造和并购提供资金支持，资金规模逾 30 亿元，成为国内规模最大的煤炭信托计划。

7 月 31 日　在“大爱湖湘　责任中国——让梦想照进世博”活动中，湖南省信托有限责任公司向川青地区青少年捐赠 5 万元，活动主办方授予了该公司“湖湘爱心企业”的称号。

7 月　华润深国投信托有限公司获特定目的信托受托机构资格。

7 月　中国银监会浙江监管局批准杭州工商信托股份有限公司将 2009 年可供股东分配利润用于分红送股，作为该公司的转增资本。转增后，公司的注册资本由 40 608 万元人民币增加为 50 000 万元人民币，股东持股比例不变。

7 月　中信信托有限责任公司推出了规模为 13. 23 亿元的中信弘元基金集合资金信托计划，以股债结合方式，实现对大型煤企的并购整合，开展了信托业首笔并购贷款业务。

7 月　中诚信托有限责任公司计划财务部在第四届全国金融系统职工职业道德建设十佳单位、十佳标兵、十佳班组和先进单位、先进个人和先进班组评选活动中，被评为“先进班组”。

7 月　百瑞信托有限责任公司连续第五次被郑州市政府授予“郑州市 2009 年度金融工作先进集体”称号，总裁马磊连续第三次被郑州市政府授予“郑州市 2009 年度金融工作先进个人”称号。

7 月　在人民银行对会计报表的评比活动中，上海国际信托有限公司荣获综合优胜奖，成为上海地区唯一获此殊荣的信托公司。

## 8 月

8 月 5 日　中国银监会核准刘叔肄山西信托有限责任公司总经理的任职资格。

8 月 5 日　西部信托有限公司员工踊跃向陕南遭受水灾地区捐款献爱心，共计捐款 11 220元。

8 月 5 日　中国银监会天津监管局核准天津信托有限责任公司以受托人资格开展保障性住房房地产信托基金（REITs）业务资格。

8月6日　中国银监会陕西监管局核准答孝棋西部信托有限公司董事任职资格。

8月11日　中国银监会黑龙江监管局核准姚育明任中融国际信托有限公司副董事长、李辉任中融国际信托有限公司独立董事、连晋华任中融国际信托有限公司财务总监的任职资格。

8月23日　大连华信信托股份有限公司获批受托境外理财业务资格。

8月23日　中国银监会同意中粮信托有限责任公司设立中粮农业股权基金管理公司。基金管理与运行应符合以下要求：（1）贯彻国家产业政策，支持农业发展。切实做好以金融手段引导社会资金和资源投向“三农”，为推动农业产业化发展、促进农业产业结构调整和升级、加快社会主义新农村建设作出贡献。（2）建立健全基金业务流程、风险管理和内部控制等制度，保障基金公司稳健运行。（3）依据法律法规规定和基金文件约定，及时、准确、完整地披露农业股权基金的相关信息。（4）建立重大事项报告制度，遇有重大事项及时向银监会报告。

8月23日　西部信托有限公司向陕南灾区捐款120万元。

8月24日　中国银监会北京监管局核准汤民强北京国际信托有限公司董事任职资格。

8月26日　上海爱建信托投资有限责任公司选举马金为第三届董事会副董事长，增补周伟忠为第三届董事会董事；聘任沈富荣、周磊为公司副总经理；聘任侯勤为公司董事会秘书。

8月26日　中国银监会非银部主任柯卡生一行莅临英大国际信托有限责任公司视察调研。柯卡生主任要求公司认真落实好发展战略，积极稳妥推进转型，在充分开发和利用好国家电网公司资源的同时，重视产品创新和市场开发，更好地为客户提供专业化、特色化的金融服务，实现由以产品为中心向以客户为中心的转型。

8月26日　上海爱建信托投资有限责任公司选举陈柳青为第二届监事会主席。

8月30日　中国银监会重庆监管局核准许洛圣新华信托股份有限公司董事的任职资格。

8月　国民信托有限公司法定代表人变更为董事长陈世彪先生。

8月　华润深国投信托有限公司以投资者名义捐建的“华润信托·爱心传递梦想中心”在四川阿坝藏族羌族自治州理县营盘街小学装修竣工。

8月　陕西省国际信托股份有限公司为陕南灾区捐款50万元，员工也自愿捐款献爱心以支持灾区恢复重建。

8月　平安信托有限责任公司宣布携手国家开发银行浙江省分行共同无偿捐赠520余万元人民币，用于支援四川地震灾区援建工作。

## 9月

9月1日　中投信托有限责任公司网络商学院正式开通设立。

9月2日　中国银监会批准武汉国际信托投资公司重新登记。中文名称变更为“方正东亚信托有限责任公司”，英文名称变更为“Founder BEA Trust Co.，Ltd.”。公司住所变更为武汉市江汉区长江日报路特7号投资大厦11~13层。公司本外币业务范围：（1）资金信托；（2）动产信托；（3）不动产信托；（4）有价证券信托；（5）其他财产或财产权信托；（6）作为投资基金或者基金管理公司的发起人从事投资基金业务；（7）经营企业资产的重组、购并及项目融资、公司理财、财务顾问等业务；（8）受托经营国务院有关部门批准的证券承销业务；（9）办理居间、咨询、资信调查等业务；（10）代保管及保管箱业务；（11）以存放同业、拆放同业、贷款、租赁、投资方式运用固有财产；（12）以固有财产为他人提供担保；（13）从事同业拆借；（14）法律法规规定或中国银行业监督管理委员会批准的其他业务。

9月2日　中国银监会核准方正东亚信托有限责任公司董事和高级管理人员任职资格：余丽董事长，李群元副董事长、总经理，周全锋董事、副总经理、财务总监，吴志强董事，王法圣董事，夏冬林独立董事，尹焰强独立董事，万泽源副总经理，钟戚俭风险总监，白艺丰总稽核，谢从斌总经理助理。

9月3日　广东粤财信托有限公司经广州市地方税务局、广州市国家税务局联合评定为A级纳税人。

9月8日　中国银监会核准查松西藏自治区信托投资公司总经理的任职资格。

9月10日　中国信托业协会第二届理事会第四次常务理事会议在协会新址召开，会议由会长居伟民主持，专职副会长王丽娟就会议主要议题进行了说明和通报。会议审议并通过了修改《中国信托业协会章程》、《2010年中国信托业峰会方案》、成立中国信托业从业人员培训教材编审委员会、《中国信托业协会1—8月财务预算及执行情况报告》、陈玉鹏同志不再担任中国信托业协会秘书长及常务理事等九项提议。

9月13日　中国银监会批准广州科技信托投资公司的重组方案。批准中国东方资产管理公司、广州国际控股集团有限公司和广东京信电力集团有限公司入股重组后信托公司的资格。重组后信托公司的注册资本金和股权结构：注册资本金30 000万元，其中，中国东方资产管理公司出资12 500万元人民币，占总股本的41.67%；广州国际控股集团有限公司出资11 500万元人民币，占总股本的38.33%；广东京信电力集团有限公司出资6 000万元人民币，占总股本的20%。

9月14日　中国信托业协会召开《信托公司参与股指期货交易指引（草稿）》座谈会。该会议由协会专职副会长王丽娟主持，监管部门有关领导到会听取意见，中国金融期货交易所有关领导到会并做专题发言，来自十余家信托公司共30多位参会代表参加了会议，并就指引相关内容提出建议。

9月15日　西藏自治区信托投资公司注册名称变更，中文全称：西藏信托有限公司，英文全称：Tibet Trust Corporation Limited。公司本外币业务范围：（1）资金信托；（2）动产信托；

（3）不动产信托；（4）有价证券信托；（5）其他财产或财产权信托；（6）作为投资基金或者基金管理公司的发起人从事投资基金业务；（7）经营企业资产的重组、购并及项目融资、公司理财、财务顾问等业务；（8）受托经营国务院有关部门批准的证券承销业务；（9）办理居间、咨询、资信调查等业务；（10）代保管及保管箱业务；（11）以存放同业、拆放同业、贷款、租赁、投资方式运用固有财产；（12）以固有财产为他人提供担保；（13）从事同业拆借；（14）法律法规规定或中国银行业监督管理委员会批准的其他业务。

9月19日　中国银监会核准王滨交银国际信托有限公司董事长的任职资格。

9月20日　中诚信托有限责任公司注册资本由120 000万元人民币增至245 666.67万元人民币。增资完成后，公司的股东构成、出资金额及出资比例：中国人民保险集团股份有限公司，出资80 875万元人民币，出资比例32.9206%；国华能源投资有限公司，出资50 000万元人民币，出资比例20.3528%；兖矿集团有限公司，出资25 000万元人民币，出资比例10.1764%；永城煤电控股集团有限公司，出资12 500万元人民币，出资比例5.0882%；深圳市天正投资有限公司，出资8 861.68万元人民币，出资比例3.6072%；中国中煤能源集团有限公司，出资8 333.33万元人民币，出资比例3.3921%；冀中能源邢台矿业集团有限责任公司，出资8 333.33万元人民币，出资比例3.3921%；盘江煤电（集团）有限责任公司，出资8 333.33万元人民币，出资比例3.3921%；中国平煤神马能源化工集团有限责任公司，出资8 333.33万元人民币，出资比例3.3921%；招商局中国基金有限公司，出资8 180万元人民币，出资比例3.3297%；山西焦煤集团有限责任公司，出资6 250万元人民币，出资比例2.5441%；山西潞安矿业（集团）有限责任公司，出资6 250万元人民币，出资比例2.5441%；福建省能源集团有限责任公司，出资6 250万元人民币，出资比例2.5441%；淮北矿业（集团）有限责任公司，出资4 166.67万元人民币，出资比例1.6961%；赤峰富龙热电股份有限公司，出资4 000万元人民币，出资比例1.6283%。

9月20日　中国银监会同意杭州工商信托股份有限公司以固有资产投资设立浙江蓝桂资产管理公司。公司应确保浙江蓝桂资产管理公司的股权投资项目符合国家宏观经济政策和产业政策的要求。公司和浙江蓝桂资产管理公司应建立并完善业务流程、风险管理与内部控制制度。浙江蓝桂资产管理公司应依据法律法规规定和基金文件约定，及时、准确、完整地披露公司制基金的相关信息。公司和浙江蓝桂资产管理公司应建立重大事项报告制度，遇有重大事项及时向浙江银监局和中国银监会报告。

9月20日　安徽国元信托有限责任公司聘任宋柄山为公司独立董事。

9月20日　华澳国际信托有限公司周年庆典暨精英巅峰晚宴在上海浦东香格里拉大酒店隆重举行。活动以“铭耀华澳，铸就永恒”为主题。上海市政府、浦东区政府金融办、工商、税务、外汇管理部门和各银行、信托公司、企业界、新闻界120多人参与此次盛宴。上海市政府副秘书长李逸平先生、中国信托业协会名誉主席王世宏先生、中国信托业协会专职副会长王丽娟女士、原人大财经委信托法起草工作组组长王连洲先生、中投信托董事长高传捷先生、中国人民大学信托研究所所长周小明先生等出席了活动。

9 月 21 日　中国银监会北京监管局核准 Thomas Adam Shippey 作为北京国际信托有限公司董事任职资格。

9 月 27 日　中国银监会北京监管局核准北京国际信托有限公司以固有资产从事股权投资业务资格。

9 月 28 日　中国银监会核准郭云钊中投信托有限责任公司董事长的任职资格。

9 月 29 日　西安市工商行政管理局发文认定西部信托有限公司徽标为西安市著名商标，其有效期 3 年。

9 月 29 日　中国银监会江西监管局核准刘敏中航信托股份有限公司董事、郭若强首席风险控制官的任职资格。

9 月　由百瑞信托有限责任公司援建的荥阳市高村乡百瑞慈善小学和汜水镇百瑞慈善小学顺利落成并投入教学。

9 月　中航信托股份有限公司投资管理部总经理周健儿、综合管理部行政专员柴维青获江西省金融学会“积极分子”荣誉称号。

## 10 月

10 月 8 日　庆泰信托投资有限责任公司中文名称变更为五矿国际信托有限公司，英文名称变更为 Minmetals International Trust Co. , Ltd. 。公司住所为青海省西宁市城西区黄河路 36 号银龙商务大厦 19 层。公司本外币业务范围：（1）资金信托；（2）动产信托；（3）不动产信托；（4）有价证券信托；（5）其他财产或财产权信托；（6）作为投资基金或者基金管理公司的发起人从事投资基金业务；（7）经营企业资产的重组、并购及项目融资、公司理财、财务顾问等业务；（8）受托经营国务院有关部门批准的证券承销业务；（9）办理居间、咨询、资信调查等业务；（10）代保管及保管箱业务；（11）以存放同业、拆放同业、贷款、租赁、投资方式运用固有财产；（12）以固有财产为他人提供担保；（13）从事同业拆借；（14）法律法规规定或中国银行业监督管理委员会批准的其他业务。公司恢复营业。

10 月 8 日　中国银监会核准五矿国际信托有限公司董事和高级管理人员任职资格：任珠峰董事长，徐兵董事、总经理，王晓东董事，闫自军董事，唐伟明董事，马忠智独立董事，陈方正独立董事，何其联副总经理，张岚副总经理，刘雁财务总监，孟元总经理助理。

10 月 12 日　中国信托业协会和大连华信信托股份有限公司在大连联合主办中国信托业协会

会计工作研究室第二次会议，协会专职副会长王丽娟出席会议并讲话。与会专家和代表对统一财务报表格式，进一步规范信托公司信息披露内容，以及建立信托行业财务数据基础信息库等问题进行了深入的探讨和交流。

10月12日　中投信托有限责任公司举行新一届董事会监事会组成人员宣布大会。其中，郭云钊为董事长，叶星、张剑平为董事；徐坤为监事长，薛荣革、曹学文为监事。

10月12日　中投信托有限责任公司聘任叶星担任中投信托有限责任公司总经理；聘任张剑平、周雄、刘伟、瞿纲担任中投信托有限责任公司副总经理；聘任秦程宏担任中投信托有限责任公司财务总监。

10月14日　中国信托业协会专职副会长王丽娟携协会相关部门负责人会见日本信托协会上野宏一行。

10月14日　西部信托有限公司获准进入全国银行间同业拆借市场。

10月14日　北京国际信托有限公司王晓龙总经理会见日本信托业协会上野宏一行，双方就信托业的发展、合作进行了充分的交流探讨。

10月15日　日本信托业协会访中代表团拜访中信信托有限责任公司，就养老产业、遗嘱信托和海外股权投资等领域话题展开交流。

10月16日　英大国际信托有限责任公司原股东山东鑫源控股有限公司所持有的公司224 011 053.79元股权、公司原股东山东鲁能集团有限公司所持有的公司61 848 021.13元股权、公司原股东山东鲁能发展集团有限公司所持有的公司42 650 194.93元股权、公司原股东山东鲁能信谊有限公司所持有的公司36 516 900.00元股权、公司原股东中国石化财务有限责任公司所持有的公司7 440 423.88元股权一并转让给国网资产管理有限公司。股权划转和转让完成后，国网资产管理有限公司持有英大国际信托有限责任公司1 137 466 593.73元股权，出资比例75.83%。其他股东的出资额和出资比例不变。

10月18日　南京市信托投资公司重新登记，公司中文名称变更为紫金信托有限责任公司，英文名称变更为Zijin Trust Co., Ltd.。公司住所变更为南京市中山北路2号紫峰大厦30层。公司本外币业务范围：（1）资金信托；（2）动产信托；（3）不动产信托；（4）有价证券信托；（5）其他财产或财产权信托；（6）作为投资基金或者基金管理公司的发起人从事投资基金业务；（7）经营企业资产的重组、购并及项目融资、公司理财、财务顾问等业务；（8）受托经营国务院有关部门批准的证券承销业务；（9）办理居间、咨询、资信调查等业务；（10）代保管及保管箱业务；（11）以存放同业、拆放同业、贷款、租赁、投资方式运用固有财产；（12）以固有财产为他人提供担保；（13）从事同业拆借；（14）法律法规规定或中国银行业监督管理委员会批准的其他业务。

10月18日　中国银监会核准紫金信托有限责任公司董事和高级管理人员任职资格：王海涛

董事长，浅井英彦（Asai Hidehiko）副董事长，陈峥董事、总裁，仪垂林董事，王瑞董事，白世春独立董事，刘建春副总裁，浅野寿夫（Asano Hisao）副总裁，朱新晖副总裁。

10月22日　天津信托有限责任公司市场营销部在天津银监局和天津市银行业协会组织的“创建客户最满意银行”活动中，被授予“2010年天津银行业文明规范服务示范单位”荣誉称号。

10月22—24日　由湖南省信托有限责任公司发起并承办的以“学习贯彻《信托公司净资本管理办法》，创新发展信托业务”为主题的信托公司创新发展交流研讨会在长沙举行。苏州信托、安徽国元信托、北京信托、山西信托、国联信托、天津信托、北方信托、吉林信托、陕西信托等公司参加研讨会。信托业协会专职副会长王丽娟应邀参加会议，并作重要指示。

10月24日　陕西省工商行政管理局颁发证书，授予西部信托有限公司徽标为陕西省著名商标，其有效期3年。

10月26日　华能贵诚信托有限公司注册资本由60 339.58万元人民币增至120 000万元人民币。增资完成后，公司的股东构成、出资额及出资比例：华能资本服务有限公司，出资78 455.3357万元人民币，出资比例65.38%；贵州省开发投资有限责任公司，出资32 281.8225万元人民币，出资比例26.90%；贵州省贵财投资有限责任公司，出资4 755.2838万元人民币，出资比例3.96%；贵州电网公司，出资1 061.9055万元人民币，出资比例0.89%；中国华融资产管理公司，出资525.1089万元人民币，出资比例0.44%；中国农业银行贵州省分行，出资525.1089万元人民币，出资比例0.44%；人保投资控股有限公司，出资488.8317万元人民币，出资比例0.41%；贵州省技术改造投资公司，出资482.6843万元人民币，出资比例0.40%；首钢水城钢铁（集团）有限责任公司，出资424.7622万元人民币，出资比例0.35%；贵州航天工业有限责任公司，出资337.8790万元人民币，出资比例0.28%；中国有色金属工业贵阳公司，出资275.1301万元人民币，出资比例0.23%；中国贵州航空工业（集团）有限责任公司，出资193.0737万元人民币，出资比例0.16%；贵州开磷有限责任公司，出资193.0737万元人民币，出资比例0.16%。

10月29日　中国银监会黑龙江监管局核准中融国际信托有限公司注册资本金由3.25亿元增加至5.8亿元。

10月29日　中国银监会上海监管局核准马金上海爱建信托投资有限责任公司副董事长，周伟忠董事，沈富荣、周磊副总经理的任职资格。

10月28—30日　由湖南省信托有限责任公司承办的中国会计学会信托分会第四届第四次理事大会暨学术研讨会在长沙金源大酒店成功举行。中国银监会非银部、中国财政部会计司有关领导及全国50余家信托公司的领导和专家110余人参会。会议对中国会计学会信托分会2010年度工作进行了总结，部署了2011年度工作。

10 月　大连华信信托股份有限公司获准在上海黄金交易所交易开设交易专户。

10 月　杭州工商信托股份有限公司获准以固有资产投资设立浙江蓝桂资产管理有限公司，公司获得首个经银监会批准的新业务资格，为公司 PE 业务的发展搭建新的平台。

10 月　重庆国际信托有限公司积极参加“绿化长江·国企行动”，捐款 400 万元。

## 11 月

11 月 4 日　中国银监会核准张立文苏州信托有限公司总裁的任职资格。

11 月 4 日　天津信托有限责任公司荣获幸福工程“救助贫困母亲行动爱心奉献单位”荣誉称号。

11 月 11 日　中国银监会非银行金融机构监管部副巡视员闵路浩一行莅临交银国际信托有限公司调研指导，对银信合作、信托公司净资本管理、创新业务发展等监管政策进行解读，就近期房地产信托业务、信托产品登记、合格投资者评判标准、信托尽职调查等行业热点和难点问题与公司管理层进行交流和探讨。

11 月 15 日　昆仑信托有限责任公司获准以固有资产从事股权投资业务。

11 月 19 日　“安信·阳光 1 号”关爱系列准公益类慈善个人信托产品正式亮相第八届上海理财博览会。

11 月 19 日　中国银监会非银部副主任陈琼赴英大国际信托有限责任公司调研，与该公司领导班子成员和部分中层干部就信托公司盈利能力和风险管理问题进行了深入交流。

11 月 23 日　四川省信托投资公司和四川省建设信托投资公司重组后的新公司重新登记。新公司中文名称为四川信托有限公司，英文名称为 Sichuan Trust Co.，Ltd.；住所为成都市锦江区人民南路 2 段 18 号川信红照壁大厦。新公司注册资本为 13 亿元人民币。新公司股东构成、出资额及出资比例：四川宏达（集团）有限公司，出资 451 687 934.03 元人民币，出资比例 34.7452%；中海信托股份有限公司，出资 390 000 000 元人民币，出资比例 30%；四川宏达股份有限公司，出资 247 000 000 元人民币，出资比例 19%；四川豪吉食品（集团）有限责任公司，出资 65 000 000 元人民币，出资比例 5%；汇源集团有限公司，出资 49 966 835.84 元人民币，出资比例 3.8436%；成都铁路局，出资 46 398 104.57 元人民币，出资比例 3.5691%；四川省投资集团有限责任公司，出资 27 847 638.42 元人民币，出资比例 2.1421%；四川成渝高速公路股份有限公司，出资 15 228 764.12 元人民币，出资比例 1.1715%；中铁八局集团有限公司，出资 5 452 204.94 元人民币，出资比例 0.4194%；中国烟草总公司四川省公司，出资 1 418 518.08元人民币，出资比例 0.1091%。新公司本外币业务范围：（1）资金信托；（2）动产信托；（3）不动产信托；（4）有价证券信托；（5）其他财产或财产权信托；（6）作为投资基金或者基金管理公司的发起人从事投资基金业务；（7）经营企业资产的重组、购并及项目融资、公司理财、财务顾问等业务；（8）受托经营国务院有关部门批准的证券承销业务；（9）办理居间、咨询、资信调查等业务；（10）代保管及保管箱业务；（11）以存放同业、拆放同业、贷款、租赁、投资方式运用固有财产；（12）以固有财产为他人提供担保；（13）从事同业拆借；（14）法律法规规定或中国银监会批准的其他业务。

11 月 23 日　中国银监会核准四川信托有限公司董事和高级管理人员任职资格：刘沧龙董事长，储晓明常务副董事长，陈洪亮副董事长，朱开友董事，夏斌独立董事，伍小泉独立董事，熊敬英独立董事，陈军总经理，叶伟清副总经理，孔维文首席风控官，邓真光财务总监。

11 月 23 日　华能贵诚信托有限公司完成增资扩股的工商变更手续，换领了新的营业执照，公司注册资本金增加到 12 亿元，增资扩股工作全面完成。

11 月 23 日　重庆国际信托有限公司注册资本由 16. 3373 亿元人民币增至 24. 3873 亿元人民币。增资完成后，公司的股东构成、持有股份及持股比例：重庆国信投资控股有限公司，持有股份 163 373 万股，持股比例 66. 99%；重庆水务集团股份有限公司，持有股份 58 180 万股，持股比例 23. 86%；上海淮矿资产管理有限公司，持有股份 10 000 万股，持股比例 4. 1%；重庆水务资产经营有限公司，持有股份 5 320 万股，持股比例 2. 18%；建银国际（中国）有限公司，持有股份 5 000 万股，持股比例 2. 05%；安徽省皖投信用担保有限责任公司，持有股份 2 000 万股，持股比例 0. 82%。

11 月 26 日　华润深国投信托有限公司获批特定目的信托受托机构资格，负责管理特定目的信托财产并发行资产支持证券。

11 月 26 日　中国银监会核准王引平中国对外经济贸易信托有限公司董事长，胡学静、刘剑董事，李银熙、李京副总经理的任职资格。

11 月 26 日　方正东亚信托有限责任公司开业庆典在香格里拉大饭店举行。湖北省副省长赵斌、武汉市副市长邢早忠、中国银监会湖北监管局副局长段银弟，以及省市政府的有关职能部门、驻汉金融机构、重要客户代表等 300 余人出席了开业庆典。

11 月 29 日　厦门国际信托公司董事会同意总经理王前清先生因个人原因辞去总经理一职的申请，王前清先生自 2010 年 12 月 1 日不再履行厦门国际信托总经理职责，在新任总经理正式到任前暂由洪文瑾董事长代行公司总经理职权。

11 月　西安市工商局发文认定陕西省国际信托股份有限公司司徽商标等 289 件商标为西安市著名商标，其有效期限自 2010 年 9 月起至 2013 年 8 月止。

11 月　上海国际信托有限公司召开新品牌发布会，正式启用全新品牌标识，宣布“信利正 · 睿见远”为公司新品牌口号。

11 月　中原信托有限公司黄曰珉董事长获得河南省政府金融办授予的“河南省金融工作劳

动模范”荣誉称号。

11 月　中诚信托有限责任公司工会委员会在金融职工宣传世博活动中，被评为“全国金融系统宣传世博服务世博优秀工会”。

11 月　百瑞信托有限责任公司《百瑞财富》编辑部再次被郑州市文化广电新闻出版局和郑州市版权协会共同授予“年度十佳内部资料编辑部”称号。

11 月　苏州信托有限公司在江苏省财政厅进行的地方金融企业 2009 年度绩效评价中获评“A－优秀”。

11 月　国联信托股份有限公司在江苏省地方金融企业 2009 年度绩效评价中获评“优秀”。

11 月　在世博服务和安保维稳工作中，上海国际信托有限公司积极参与世博、服务世博、奉献世博，荣获“上海金融系统世博服务工作先进集体”的光荣称号。

## 12 月

12 月 3 日　中国海洋石油总公司党组免去储晓明中海信托股份有限公司党委书记职务，任命扈学爱为中海信托股份有限公司党委书记。

12 月 6 日　西安国际信托有限公司原股东西安市财政局将所持有的该公司 20 230 万元股权划转给西安投资控股有限公司。股权划转后，该公司的股东构成、出资额和出资比例：西安投资控股有限公司，出资 20 230 万元人民币，出资比例 39.67%；上海证大投资管理有限公司，出资 20 060 万元人民币，出资比例 39.33%；深圳市淳大投资有限公司，出资 5 950 万元，出资比例 11.67%；陕西鼓风机（集团）有限公司，出资 3 570 万元，出资比例 7.00%；西安高新技术产业开发区科技投资服务中心，出资 850 万元，出资比例 1.67%；西安电视台，出资 340 万元，出资比例 0.66%。

12 月 7 日　新疆自治区精神文明建设指导委员会授予华融国际信托有限责任公司 2010 年度新疆自治区“精神文明单位”称号。

12 月 7 日　北京国际信托有限公司获得北京市财政局关于 2009 年度北京市属金融企业财务决算报表填报工作突出成绩的表扬。

12 月 9 日　中国银监会同意由中国华融资产管理公司组成金新信托投资股份有限公司清算组并行使清算组职责；授权金新信托投资股份有限公司清算组向人民法院提出破产申请。

12 月 10 日　中信信托有限责任公司正式推出“中信文道·中国书画”投资信托基金。该基金是国内首只针对书画类艺术品实物的另类投资信托型基金，引领“文化＋金融”新概念。

12 月 14 日　中国银监会批准伊犁哈萨克自治州信托投资公司的重组方案。批准中国长城资产管理公司、新疆生产建设兵团国有资产经营公司、深圳市盛金创业投资发展有限公司和伊犁州财信融通担保有限公司入股重新登记后信托公司的资格。该公司的注册地由新疆维吾尔族自治区伊犁市迁至新疆维吾尔自治区乌鲁木齐市。重新登记后信托公司的注册资本金和股权结构：注册资本金30 000万元，其中，中国长城资产管理公司出资10 500万元人民币，占总股本的35%；新疆生产建设兵团国有资产经营公司出资10 500万元人民币，占总股本的35%；深圳市盛金创业投资发展有限公司出资5 100万元人民币，占总股本的17%；伊犁州财信融通担保有限公司出资3 900万元人民币，占总股本的13%。

12月14日　中国信托业协会召开信托业从业人员培训教材编写组成立会议，全面启动信托业从业人员培训教材的编写工作。

12月16日　江西国际信托股份有限公司通过在上海产权交易所摘牌，取得天安保险20%的股权，成为天安保险大股东之一，并于2010年对天安保险进行系列重组改革，使天安保险扭亏为盈。

12月17日　华鑫国际信托有限公司注册资本由32 000万元人民币增至120 000万元人民币。增资后公司的股东构成、出资及出资比例：中国华电集团公司，出资61 200万元人民币，出资比例51%；中国华电集团财务有限公司，出资58 800万元人民币，出资比例49%。

12月22日　安信信托投资股份有限公司召开了第六届董事会第十一次会议。审议通过《关于安信信托向特定对象发行股份购买资产暨重大资产出售方案有效期延期一年的议案》等四个议案。

12月22日　中融国际信托有限公司与北京大学共青团委员会举行“青年就业创业见习基地”战略合作座谈会并签署战略合作协议。

12月27日　在山西省财政厅全省地方金融企业决算报表工作评比中，山西信托有限责任公司荣获“省直地方金融企业优秀单位”称号。

12月27日　渤海国际信托有限公司注册资本由79 565万元人民币增至200 000万元人民币。增资完成后，公司的股东构成、出资及出资比例：海航实业控股有限公司，出资120 435万元人民币，出资比例60.22%；海口美兰国际机场有限责任公司，出资31 015万元人民币，出资比例15.51%；海航酒店控股集团有限公司，出资28 400万元人民币，出资比例14.20%；扬子江地产集团有限公司，出资15 300万元人民币，出资比例7.65%；北京燕京饭店有限责任公司，出资3 300万元人民币，出资比例1.65%；海南海航航空信息系统有限公司，出资1 550万元人民币，出资比例0.77%。

12月28日　百瑞信托有限责任公司注册资本由60 500万元人民币增至120 000万元人民币。增资完成后，公司的股东构成、出资及出资比例：中电投财务有限公司，出资29 894.5万元人民币，出资比例24.912%；郑州市财政局，出资26 460万元人民币，出资比例22.05%；深圳市易建科技有限公司，出资13 000万元人民币，出资比例10.833%；北京安瑞汇富投资有限公司，出资12 000万元人民币，出资比例10.00%；河南瀚海投资有限公司，出资5 393.5万元人民币，出资比例4.495%；北京德得创业科技有限公司，出资9 384万元人民币，出资比例7.82%；郑州市自来水总公司，出资8 112万元人民币，出资比例6.76%；郑州市金水区财政局，出资6 492万元人民币，出资比例5.41%；巩义市财政局，出资4 872万元人民币，出资比例4.06%；登封市财政局，出资2 772万元人民币，出资比例2.31%；中牟县财政局，出资1 620万元人民币，出资比例1.35%。

12月28日　中国银监会福建监管局批准联华国际信托有限公司迁址至福建省福州市五四路137号信和广场25层、26层。

12月28日　五矿国际信托有限公司在青海省西宁市隆重举行开业庆典，青海省委书记强卫、省长骆惠宁等参加了庆典。

12月29日　英大国际信托有限责任公司获得银行间市场同业拆借资格。

12月30日　江西江南信托股份有限公司正式更名为中航信托股份有限公司，注册地址变更为南昌市红谷滩新区赣江北大道1号“中航广场”24层、25层。

12月30日　北京国际信托有限公司获得中国人民银行营业管理部评定的关于“2010年度金融统计数据报送工作”一等奖。

12月　联华国际信托有限公司获准成为全国银行间同业拆借市场成员，可在全国银行间同业拆借市场办理拆入拆出资金业务。

12月　经中国证监会福建监管局核准，联华国际信托有限公司正式参股广发华福证券有限责任公司，持股比例4.3519%，广发华福证券有限责任公司成为联华信托参股公司。

12月　重庆国际信托有限公司完成增资扩股工商变更登记手续，注册资本由人民币16.3373亿元增至人民币24.3873亿元。

12月　华宝信托有限责任公司注册资本金增加至20亿元人民币（含1 500万美元）。

12月　陕西省国家税务局和陕西省地方税务局联合授予西安国际信托有限公司“陕西省A级纳税人”荣誉。

12月　西安国际信托有限公司获“2010年度陕西省银行间市场优秀会员单位”称号；同时，公司信托托管部申维飞同志被授予“2010年度陕西省银行间市场优秀交易员”称号。

12月　在中国人民银行上海分行2010年度上海市企业征信系统建设工作考核评比中，上海国际信托有限公司荣获“2010年度上海市企业征信系统建设一等奖”。

12月　上海国际信托有限公司获得2010年中国信托业峰会突出贡献奖牌。

12月　百瑞信托有限责任公司业务总监苏小军被河南省政府金融办、河南省财贸金融工会联合授予河南金融工作劳动模范称号。

12月　国联信托股份有限公司被江苏省精神文明建设指导委员会评为“2007—2009年度江

苏省精神文明建设工作先进单位”。

12 月　安信信托投资股份有限公司获得中国人民银行“2010 年度上海市中资金融机构金融统计工作”二等奖。

12 月　国联信托股份有限公司信托业务部陈晓宁同志荣获无锡市银行业协会授予的“2010 年度无锡市银行业服务明星”称号。

12 月　在中共内蒙古自治区党委宣传部、内蒙古自治区发改委、内蒙古银监局、内蒙古证监局、内蒙古保监局、内蒙古自治区金融办等 13 个部门举办的内蒙古自治区诚信企业评选中，华宸信托有限责任公司荣获“内蒙古自治区诚信企业”荣誉称号。

12 月　华宸信托有限责任公司被内蒙古自治区国税局和内蒙古自治区地税局评为“内蒙古自治区 A 级纳税企业”。

12 月　江苏省国际信托有限责任公司被江苏省精神文明建设指导委员会评为“2007—2009 年度江苏省群众性精神文明建设先进单位”。

12 月　中原信托有限公司山岩同志获得河南省发改委和河南省统计局授予的“2010 年度河南省服务业重点企业统计监测先进个人”荣誉称号。

12 月　西安国际信托荣获西安市人民政府颁发的“支持西安经济发展突出贡献信托公司”奖。

12 月　安徽国元信托有限责任公司荣获安徽省人民政府授予的 2010 年度全省金融工作“突出贡献奖”、2010 年度全省金融创新工作“先进单位”荣誉称号、2010 年度全省银企对接活动“先进单位”荣誉称号。

12 月　安徽国元信托有限责任公司荣获 2010 年度合肥市“卫生先进单位”称号。

12 月　安徽国元信托有限责任公司信托业务二部高级业务经理徐安荣获安徽省人民省政府授予的 2010 年度安徽省金融创新工作“先进个人”荣誉称号。

12 月　重庆国际信托有限公司计划财务部获“重庆银行业 2010 年客户满意度建设年”活动优秀窗口；理财服务中心徐何春获“重庆银行业 2010 年客户满意度建设年”活动优秀个人。

12 月　杭州工商信托股份有限公司被杭州市市政府授予“杭州市模范集体”荣誉称号、“2009 年度杭州市服务业企业 100 强”。

12 月　北京国际信托有限公司陈增红同志在推进地方政府融资平台贷款清理规范工作评优活动中，获得北京银监局颁发的“先进个人”荣誉。

12 月　北京国际信托有限公司刘志泉同志获得北京市人民政府机关事务管理办公室评定的“2010 年度机要文件交换工作优秀交换员”荣誉。

12 月　北京国际信托有限公司李宇同志获得“2010 年人力资源和社会保障统计先进个人”荣誉。

12 月　江西国际信托股份有限公司董事长裘强荣获“2010 年江西省优秀企业家”荣誉称号。

12 月　江西国际信托股份有限公司荣获江西省人民政府颁发的“2010 年度金融机构支持江西经济发展考核奖励”一等奖。

12 月　山西信托有限责任公司被山西省国家税务局和山西省地方税务局评为“纳税信用 A 级单位”。

# 媒体报道

# 自主管理：打造信托公司核心价值

## ——解读《关于进一步规范银信合作有关事项的通知》

（载于《金融时报》2010年1月9日第8版）

2009年12月14日，银监会下发了《关于进一步规范银信合作有关事项的通知》（以下简称《通知》），对近年来银信合作的有关事宜进行了规范。在银信合作快速发展的时候，监管层为什么出台这样的一份文件？它的政策目的和导向是什么？这一政策对银信合作乃至信托公司未来的经营将产生什么影响？本文将进行一些探讨。

银信合作自2006年开始得到逐步发展，银信合作通过充分发挥银行和信托各自的功能和优势互补，陆续推出了多种收益稳定的理财产品，满足了客户资产配置多元化的需要。经过近两年的市场实践，投资者对银信理财产品的认同度也在不断提高。与此同时，银信合作也存在一定的问题。目前信贷资产转让和信托贷款是银信合作业务的主要业务模式，两类业务中银行都占有主导地位，无论是前期的尽职调查还是后期的贷后管理，信托公司只是起到了一个平台的作用。该类业务的快速增长，既不利于监管部门对银行贷款的监控，削弱了宏观货币政策的调控力度，也对银行和信托公司的健康可持续发展有着负面的作用。

对于信托行业而言，经过五次清理整顿后，信托行业在金融领域的地位和作用逐渐得到恢复，近几年信托规模和经营业务也呈现大幅上升趋势，但是整个行业仍处于发展的初期阶段，业务开展仍需得到进一步规范和扶持，平台业务的大量开展，不利于信托行业的核心竞争力的培养，也不利于信托行业的健康可持续发展。

对于银行而言，尽管从形式上将信贷资产出售给了信托公司，但是实际后期管理及风险的承担者依然是银行，也就是说信贷资产并非真正转移，而仅从形式上将贷款剥离至表外，从而导致了银行信贷资产风险被隐藏。一旦信贷资产违约率超过预期，整个银行体系内部可能产生多米诺骨牌效应，最终，整个金融系统将出现严重的流动性不足，从而对金融体系的稳定性造成威胁。

对于投资者而言，银信合作业务资金运用领域主要为基础设施行业，风险相对较低，但是部分产品潜藏着较大风险，如投资权益类金融产品的银信合作理财产品，其蕴涵的风险较大，与银行理财产品的投资者定位存在一定的差异，难以保证银行经办人员能够充分向投资者揭示其中潜在的风险，从而容易造成投资者与项目风险的错配，对投资者利益造成一定的损害。

从《通知》核心内容看，主要强调了信托公司在银信合作中的主导地位，并对银信合作受让信贷资产、权益类投资和政府平台公司投资提出了规范要求。

一是强调了信托公司在银信合作中坚持自主管理。从信托法律关系上看，信托公司作为受托人本应承担前期尽职调查和后期尽职管理职责，为受益人利益最大化管理信托财产。但是在目前的银信合作业务实践中，信托公司较多扮演着“平台”或“通道”角色，受托人的主动管理地位缺失；而银行既作为信托计划的委托人、受益人，又是实际管理人，身兼多职的局面使银行可能面临利益冲突。自主管理是信托行业价值之所在，《通知》首要强调信托公司在银信合作中坚持自主管理，提高核心资产管理能力，不得将尽职调查职责委托给其他机构；在受让银行信贷资产、票据资产以及发放信托贷款等融资类业务中，不得将资产管理职能委托给资产出让方或理财产品发放银行，真正承担起受托人职责，体现“受人之托、代人理财”的信托理念，坚持受益人利益最大化原则，充分实现信托公司作为受托人独立客观管理信托财产的社会责任，使信托法律关系得以清晰，受益人利益得到保护。

二是规范了银行信贷资产转让业务，确保信贷资产真实转让。在2008年12月银监会印发的《银行与信托公司业务合作指引》中，明确规定“信托公司投资于银行所持的信贷资产、票据资产等资产的，应当采取买断方式，且银行不得以任何形式回购”，但是在实际操作中，仍存在大量银信合作业务未严格按照上述规定执行，造成部分银行通过信贷资产转让形式，形式上将信贷资产从表内调至表外，从而获取新的贷款额度扩大信贷规模，而事实上，这些信贷资产仍是由该银行进行管理，信贷资产及对应的风险并未真实转移出银行，银行资产风险被隐藏，不利于风险监管政策的落实。《通知》进一步明确了信贷资产真实转让，防止商业银行通过非真实的信贷资产转让隐藏风险，并从资产转让公告和信贷档案转移两个方面明确了信贷资产转让的具体要求，不仅有利于信托公司资产管理能力的提升，而且对于整个金融体系的稳定性有着重要的意义。

三是对投资于权益类金融产品或类似权益类特征金融产品的银行理财产品进行了规范。一般情况下，银行理财产品投资起点为5万元，客户群体多为不具备风险判别及风险承受能力的普通投资者，而商业银行权益类金融产品或类似权益类特征金融产品潜在的风险较大，一旦出现损失，将波及大量缺乏风险承受能力的普通投资者。《通知》要求商业银行理财产品投资于权益类金融产品或类似权益类特征金融产品的，其理财产品的投资者应统一执行《信托公司集合资金信托管理办法》的合格投资者标准，即单笔最低认购额不低于100万元，或者家庭金融资产不低于100万元，或者个人年收入连续三年不低于20万元或家庭年收入连续三年不低于30万元，主要是为了规范银信合作权益类投资业务，防止将权益类投资风险扩散至中小投资者，避免出现投资人与理财产品风险的错配。

四是明确银信政合作业务不得向空壳平台公司进行投融资。自2008年下半年以来，随着国家“4万亿元”经济刺激政策的推行，大量信贷资金投向地方政府设立的平台公司，并且授信规模呈快速增长态势，地方融资平台隐藏的各种潜在风险开始显现。为了切实加强融资平台和项目贷款风险管控，《通知》规定，对于银信政三方合作业务，信托公司在自主管理的基础上，要全面了解地方财政收支状况、对外负债及或有负债情况，建立并完善地方财力评估授信制度，科学评判地方财政综合还款能力；禁止向出资不实、无实际经营业务、存在不良记录的公司开展投融资业务。

五是加强了对结构复杂的银信信托产品的审核。由于银信合作业务通常规模大、参与主体多、波及面广，本着审慎监管原则，《通知》要求对于涉及信托产品之间发生交易的结构复杂的信托产品，信托公司应按照《信托公司管理办法》有关规定向监管部门事先报告。

《通知》强调信托公司在银信合作中的主导地位，并对银信合作受让信贷资产、权益类投资和政府平台公司投资提出了规范要求。从长远来看，对银信合作业务中信托公司自主管理能力的强化，有利于信托公司更加健康和可持续发展。

《金融时报》记者　金立新

# 让银信合作回归真实的市场交易

（载于《金融时报》2010 年 1 月 9 日第 8 版）

2009 年 12 月 14 日，银监会下发了《关于进一步规范银信合作有关事项的通知》，要求确保银信合作业务中信托公司自主管理，确保信贷资产真实转让。信托公司自主管理能力的提高，无论对其自身竞争比较优势，还是对银行的风险监管，以及银信合作关系更健康、规范的发展，都大有裨益。

信托本质上是一种法律架构，这种工具属性决定了任何人都可以利用信托架构。但同时我们需要注意的是，在这种法律架构上是附属了经济价值的，这种经济价值正是决定此信托非彼信托的关键之所在，而这种经济价值的决定性因素就是信托公司的自主管理能力。不同的信托公司具有不同的自主管理能力，具体体现在信托产品的研发、产品设计、风险控制、投资决策和市场营销等环节上，这些要素的综合就构成了信托公司的核心竞争力。

从微观层面来说，自主管理能力是信托公司实现差异化竞争、体现不可替代地位的核心。信托公司的核心业务应该是具有自主管理能力，拥有专属产品品牌，能使信托公司可持续发展的业务。如果一个信托公司不具有自主管理能力，只能使自己在竞争中处于劣势，只能靠价格竞争来吸引客户，而具有自主管理能力的公司却能凭借为客户创造价值来实现自身可持续性的发展。从宏观层面来说，自主管理能力也是经过长期的市场竞争、优胜劣汰的市场法则选择后信托行业的价值之所在。从某种意义上来说，信托在利率未市场化条件下有一定的专属空间，我们需要思考一旦利率市场化后，信托业依靠什么与其他金融子行业竞争？自主管理无疑是信托行业在激烈市场竞争中的价值所在，能提供与信托法律架构相同作用的工具很多，可再加上自主管理为客户创造价值后，信托业就具有了完全不同的意义。

规范银信合作，实际上还充分体现了银行监管的审慎性。现阶段，银信合作中占据主体的是信贷资产转让和信托贷款。对于商业银行来说，大量的信贷资产并未实现真实出售，导致商业银行体系之中仍然存在大量的信贷资产违约风险。在商业银行经营过程中，面临着两难困境。一方面，商业银行作为营利性金融机构，本身具有通过扩张信贷来实现利润的内在冲动，特别是在竞争压力之下，这种冲动就表现得更为突出；另一方面，商业银行本身为整个金融系统承担了提供流动性的职责。商业银行本质是通过承担金融系统内的流动性风险来获利的，商业银行的经营具有高负债和高杠杆的特征，这导致信贷违约的风险可能在整个银行体系内部产生多米诺骨牌效应，最终，整个金融系统出现严重的流动性不足。因此，商业银行的经营本身还与金融系统的稳定性密切相关。为了实现金融体系的稳定性，商业银行本身需要审慎经营。在信托贷款模式中可能产生各种形式的关联交易或者利益冲突，比如银行既是理财计划的实际管理人，又是信托计划的委托人和受益人，同时还是信托财产的保管人，此外，考虑到银行可能也对借款人存在贷款和其他综合性授信，则银行可能面临复杂的利益冲突，需要由信托公司在权利风险架构中予以制衡。

但是，在现有银信合作格局下，信托公司通常只是发挥了一个“通道”的作用，既不负责开发项目，也不进行后续管理，获得的报酬也较为微薄。对于信托公司来说，一是在现有的银信合作格局下不具有发挥主导作用的内驱力，这使得信托公司无意帮助银行系统分散风险，或者说现有格局无法为信托公司承担分散风险功能提供相应的激励机制。二是这种合作不仅没有给信托公司带来丰厚的利润，而且也不利于信托公司人才培养和业务转型，甚至有可能导致信托公司经营风险被放大。从对银行审慎监管的角度出发，需要将风险从银行体系中有效分散出来，对信托公司自主管理职责的加强无疑将是一个良好的开端。

在正常的信托关系中，信托公司作为受托人应承担前期尽职调查和后期尽职管理职责，为受益人利益最大化管理信托财产。但是在目前的银信合作业务实践中，占比较高的信贷资产转让及信托贷款两种模式均出现信托关系扭曲情形。在与银行的博弈中，信托公司不得不“甘当通道”，同时被迫接受“积极信托”的包装，这造成了信托计划中存在权利义务上的“名实不符”，信托公司名义上作为受托人，管理职责却由银行“一手包办”，信托公司仅充当“平台”或“通道”作用，但从法律关系上仍需对信托事务承担相关责任和风险。

加强信托公司主动管理是银信合作真正回归信托法律关系的重要环节，只有将主动管理职责赋予信托公司，才实现了权利与义务的一致，使银信合作回归真实的市场交易。

《金融时报》记者　金蓉

# 飘红 2009：我国信托业实现又快又好发展

（载于《金融时报》2010 年 1 月 9 日第 8 版）

自 2007 年银监会颁布实施新的《信托公司管理办法》和《信托公司集合资金信托计划管理办法》以来，我国信托公司的功能定位更加清晰准确，新办法支持和鼓励信托公司发展主营业务即信托业务，推动信托公司培育主动投资管理能力和构建专业化经营模式，信托业各项财务指标呈现超常规发展，信托业进入高速成长时期。2009 年，信托业的发展尤显突出。统计表明，截至 2009 年 11 月，全行业管理信托资产规模超过 19 000 亿元，仅三年时间就实现了近百倍的增长。

## 后危机时期信托业实现又快又好发展

2009 年，中国信托业在后危机时期和国内保增长、扩内需、调结构的大环境下，其信托资产规模持续增长。全行业管理的信托资产总额再创历史新高，全年有望超过 20 000 亿元。与此同时，信托主业更加突出。2009 年全国信托公司净利润有把握超过上年 106 亿元的净利润总额，人均利润达到约 200 万元，与上年的水平接近或持平。值得关注的是，2009 年全行业信托手续费收入占业务收入总额的比例突破 50%，首次超过业务收入总额的一半，说明信托公司的利润来源和收入结构更加合理，信托主业更加突出，盈利模式更加趋于成熟和稳定。而在投资收益中，除部分短期投资外，信托公司对部分金融机构的长期股权投资也愈来愈占据重要的地位，逐步形成信托公司良好、稳定的投资收益。此外，信托公司的资产管理能力经受住了市场考验。2009 年信托资产项下信托利润有望突破千亿元大关，如以实收信托资产规模计算，全年的信托资产收益率平均约为 4% 至 5% 左右。在金融危机的大环境之下，一方面，宽松的货币政策导致资金市场竞争更为激烈；另一方面，资本市场走势仍然不明朗，震荡十分剧烈，加之实体经济回暖基础仍不稳固。在此宏观背景之下，信托公司 2009 年取得上述收益水平实属不易。

## 监管战略与时俱进，风险防范与创新发展并举

2009 年，银监会作为信托业监管部门，紧紧围绕风险控制和业务创新的主线，准确把握保

增长、扩内需、调结构、惠民生的宏观调控要求，适时而果断地推出了各项监管政策与措施，有效发挥信托服务功能，不但拓展了信政合作、银信合作、信保合作等市场空间，而且实现了信托业与实体经济的良性互动，在稳定市场信心和有效防范风险的同时，维护了社会经济和金融稳定，为国民经济企稳回升和经济发展方式转变提供了有力的金融支持。这种政策的作用主要体现在以下几个方面。

一是调整了部分信贷监管政策和信贷结构，加大了信托公司对经济发展的信贷支持力度；面对近年来证券投资信托发展较快但相关产品风险控制水平却参差不齐的情况，规范了证券投资信托业务，保护了信托当事人合法权益。

二是及时修改对集合资金信托计划的数量限制，着力培养信托市场理性投资人。这次修改对中国信托业发展而言意义重大，从部门规章的层次上，释放出了监管部门积极支持和鼓励信托业发展并服务国民经济的重要信号。

三是积极支持信托公司创新发展，重点控制股权投资等信托业务风险。信托的优势在于其灵活性，而这种灵活性更多地体现在信托产品和信托服务方式的创新上。从2008年末到2009年初，银监会频频发出鼓励信托公司开展业务创新的信息。令人欣喜的是，信托监管政策的新动向不断向市场表明，信托业务创新发展的针对性和现实性日趋增强，传导给信托公司的行动力和执行力越来越足。

四是在监管政策上。2009年还加强了信政合作业务风险提示，坚决制止和纠正地方财政违规担保。自2008年下半年以来，国务院先后出台扩大内需、促进经济发展的一系列宏观经济政策，各信托公司通过与各级政府在基础设施、民生工程等领域开展信政合作业务，为地方经济发展作出了贡献。

五是进一步规范了银信合作业务，强化信托公司自主管理。继2008年《银行与信托公司业务合作指引》施行后，银行与信托公司在规范发展中实现了合作双方的优势互补与风险隔离。伴随着银信合作体的快速扩大，银信合作产品日益受到监管部门的重点关注，加强监管也成为这一市场的大势所趋。

## 2010年信托政策环境与发展趋势展望

中国信托业的持续创新，对于进一步增强信托对经济的服务功能，促进经济平稳较快增长，推动经济结构调整具有十分重要的意义。在新的一年里，中国信托业应更加注重行业规划、制度建设、配套政策、风险管理以及市场协调等，坚持金融安全观和金融效率观，有效防范系统性风险，积极创造有利于公平竞争和金融创新的外部环境。而这些将体现在坚持安全与效率并重的基本理念、积极为低碳经济发展提供信托服务和提升信托业的综合实力和市场竞争力三个方面。

信托的基本价值取向在于扩张自由并进而提升效率，因此安全与效率是信托业法制建设的核心价值所在。金融安全观不仅强调国家金融体系的诸要素不被破坏和不受威胁，而且高度重视国内和国际金融资源的有效供给是否获得充分保障。对于中国信托业的发展而言，安全与效率必须统筹兼顾，信托业的产品创新必须始终坚守风险监管的底线，注重保护委托人和受益人的利益。

低碳经济是人类社会继农业文明、工业文明之后的又一次重大进步。就信托业发展而言，信托公司既要成为在我国经济发展中推广低碳理念的践行者，也要成为低碳金融服务的创新者，要不断提升自身社会责任感，加大对低碳经济以及低碳行业的研究，把握低碳行业的发展前景和路径，加快培植未来的优质客户群和利润增长点，更好地识别和筛选有前景的低碳产业，审慎判断低碳项目融资风险，积极探索建立节能环保型信托服务的长效机制，并加强与银行业、证券业和保险业的合作，利用信托不断推动产业结构调整，参与低碳经济项目的投资运作，逐步构建“绿色信托”的理念。

在“引进来”和“走出去”并举的开放战略中，信托的市场价值已经被越来越多的投资人和投资机构所肯定，中国信托业初步具备全方位、多层次、宽领域地参与金融服务的综合比较优势，通过开发和利用国内、国际两个市场和两种资源，致力于提升信托业的综合实力和市场竞争力。

中国人民大学信托与基金研究所执行行长　邢成

# 2009年银监会出台的主要信托业务监管政策

（载于《金融时报》2010年1月9日第8版）

1月10日，银监会发布《关于当前调整部分信贷监管政策促进经济稳健发展的通知》（银监发〔2009〕3号）。该通知从十个方面对有关信贷监管规定和要求作出了适当调整，鼓励包括信托公司在内的银行业金融机构按保增长、防风险要求，加大对经济发展的信贷支持力度，促进经济稳健发展。

1月23日，银监会发布《信托公司证券投资信托业务操作指引》（银监发〔2009〕11号），进一步规范了证券投资信托业务，保护信托当事人的合法权益。

2月4日，银监会发布施行《信托公司集合资金信托计划管理办法》的修改决定。修改决定的核心内容是将该办法的第五条第三项“单个信托计划的自然人人数不得超过50人，合格的机构投资者数量不受限制”修改为“单个信托计划的自然人人数不得超过50人，但单笔委托金额在300万元以上的自然人投资者和合格的机构投资者数量不受限制”。

3月25日，银监会发布《中国银监会关于支持信托公司创新发展有关问题的通知》（银监发〔2009〕25号）。该通知以专门文件的形式，通过细化相关政策规定，在坚持风险可控原则基础上，支持并指引信托公司业务创新发展。

4月14日，银监会发布《中国银监会办公厅关于信托公司信政合作业务风险提示的通知》（银监办发〔2009〕155号），及时纠正解决部分信政合作业务存在着项目管理不够严谨，担保、抵押等行为不够规范，个别业务环节存在法律瑕疵等问题。

7月6日，银监会发布《关于进一步规范商业银行个人理财业务投资管理有关问题的通知》（银监发〔2009〕65号），重点对理财资金的投向进行了细化和规定。

12月16日，银监会发布《关于进一步规范银信合作有关事项的通知》（银监发〔2009〕111号），旨在引导信托公司以“受人之托、代人理财”为本，发展自主管理类信托业务，实现内涵式增长。

# 以自律铺平“第四金融支柱”崛起之路

## ——访中国信托业协会会长、中信信托董事长居伟民

（载于《金融时报》2010 年 1 月 23 日第 8 版）

新年伊始，中国信托业协会就做了这样一件事：将 2010 年作为“信托行业自律年”，继年前推出《信托公司证券投资信托业务自律公约》之后，近日又推出了《关于进一步规范和促进银信合作业务的自律公约》，明显加大了行业自律工作的力度。中国信托业协会为什么将自律作为换届后首要的一项工作？两个公约的推出又透露出什么含义？对此，记者采访了中国信托业协会会长、中信信托董事长居伟民。

*记者：在信托业百事待举之时，作为中国信托业协会新一届会长，您觉得协会为什么将 2010 年作为“自律年”，强调自律是协会工作的重中之重？*

居伟民：自律是行业协会的首要职能，也是信托公司实现共同发展的基础保障。特别是在现阶段，信托行业发展尚未进入成熟发展期，而且面对近年来复杂多变的国际国内经济金融形势和市场环境，强化行业自律，维护行业合法权益和公平市场竞争秩序就显得尤为重要。加强自律是推进信托行业实现整体行业可持续发展的需要，也是进一步加强信托监管和合规诚信建设的要求。

协会将 2010 年作为“信托行业自律年”，就是要在银监会指导下，在协会已有的《经营性信托业行业公约》、《中国信托业行业宣言》等自律性公约基础上，进一步深化和细化各个主要业务领域的自律性公约。协会将根据信托行业业务发展和监管实际需要，不失时机地推进制定一系列有针对性的自律公约和业务行为准则，规范业务行为，强化信托公司合规经营和维护行业整体利益意识，在公平有序的市场竞争中谋求发展。新近推出的《信托公司证券投资信托业务自律公约》和《关于进一步规范和促进银信合作业务的自律公约》就是进一步细化不同业务领域自律公约的良好开端，具有很强的指导性和针对性。

*记者：为什么选择在当前首推签署证券投资信托和银信合作这样两类业务的公约？有什么特殊的背景和含义？*

居伟民：协会首推这两类业务的自律性公约，主要出于两方面的考虑：一是这两类业务是

信托公司普遍开展的业务，而且业务规模和增长速度占信托公司和信托行业的主导地位，因此有必要制定行业认同的自律行为标准。二是近年来在开展这两类信托业务过程中出现了一些新情况和新问题，相关市场环境出现了新变化，监管政策和措施也在不断调整，根据变化了的新情况和监管新要求，适时制定两类业务的自律性公约，有助于监管措施的落实和推动相关问题的解决。如针对2009年出现的因个别信托公司在开展证券信托投资业务中，采用打政策“擦边球”的方式违规开立多个证券账户打新，导致证监部门对信托公司证券开户全面叫停，严重影响信托行业证券信托业务正常开展的问题，协会积极配合监管部门及时纠正个别公司的违规行为，并推进协商解决证券开户叫停问题。正是在这样的情况下，协会在银监会指导下，及时组织制定了《信托公司证券投资信托业务自律公约》，进一步严格规范证券类信托投资业务行为。

制定银信合作业务自律公约的必要性和急迫性，主要是由于近年来特别是去年下半年以来，银信合作业务规模骤增暴露出了一些问题，如信托公司主动管理能力不强，平台通道类业务是银信合作的主流，长此以往，不利于信托业务创新能力和资产管理能力的培养。此外，出现了行业间的不正当竞争行为，如通过压低价格、降低服务标准、回扣等不正当竞争手段，获取竞争优势和不合理利润，损害行业利益等行为。对此，银监会及时下发了《进一步规范银信合作有关事项的通知》，引导信托公司加强和提高自主管理能力，实现内涵式增长。该通知中明确要求，银信合作业务中，各方应在确保风险可控的情况下有序竞争，协会可视情形制定行业标准和自律公约，维护良好市场秩序。正是为了更好地配合和落实该通知要求，协会适时组织制定了《关于进一步规范和促进银信合作业务的自律公约》，这将有力地维护公平竞争秩序，推动信托行业的核心竞争力，实现行业共同利益和持续发展。

*记者：两个公约的核心内容是什么？*

居伟民：总的来说，《信托公司证券投资信托业务自律公约》主要是规范信托公司的证券投资信托业务，强调信托公司应严格按照国家法律法规和监管部门的有关规定开展证券投资信托业务，在落实国家关于建设多层次资本市场体系，发挥市场资源配置功能的战略方针过程中起到应有的作用。同时要求信托公司应当诚信经营，不得损害社会公共利益和行业利益。明确信托公司发行证券投资信托产品，应当筛选合格投资人，应如实、充分地向委托人揭示证券投资信托的投资风险，并对如何筛选合格投资人和揭示风险等方面作出了规定。同时强调信托公司应当严格按照监管部门关于开设信托专用证券账户和专用资金账户的规定，开设相关账户，并对应遵循的规定作了具体阐述。要求信托公司应保证信托设立真实有效，承诺不以拆分信托产品或开立“拖拉机账户”等形式，参与新股网上申购业务。

刚刚以通信方式经协会会员大会签署通过的《关于进一步规范和促进银信合作业务的自律公约》，其核心内容是对银监会下发的中国银监会《关于进一步规范银信合作有关事项的通知》的进一步落实和细化，主要目的是为了进一步规范商业银行与信托公司业务合作行为，并引导信托公司发展自主管理类信托业务，遵循诚信经营、公平竞争的原则，实现内涵式增长，制止不正当竞争的行为。

公约强调，信托公司在开展银信合作业务时，应当根据银监会《关于进一步规范银信合作有关事项的通知》要求，勤勉、尽责、专业、审慎地开展业务，应在组织结构、业务制度、决策流程、风险管理、内部控制、资产管理等方面投入足够的资源和人力，以满足开展银信合作业务、提高自主管理能力和服务质量的要求。应根据开发和管理成本、提供的服务价值、承担的风险大小，确定合理的费率水平，在补偿财务成本的基础上获得合理利润，以保证有足够的资源投入项目尽职调查、产品结构设计、聘请专业中介机构、后期管理等，不断提升信托公司专业服务水平和自主创新能力，维护信托受益人利益。信托公司应针对各类银信合作业务的信托财产运用方式、信托财产运用对象的风险特征、管理信托财产需要的专业能力和服务附加值等各种要素差异，确定各类银信合作业务的收费标准，可以采取固定费率或固定费率与浮动业绩报酬相结合的方式收取信托报酬。

此外，两个公约中都明确提出，协会要对所有信托公司履行公约情况进行监督检查，定期组织对遵守公约情况进行综合测评，测评结果可作为对信托公司进行行业内部评价的依据。同时强调，为确保公约的有效执行，对于违反公约和自律承诺的行为，协会可采取内部通报、警示通知、限期整改、公开谴责、暂停行使会员权利、取消会员资格等措施，并将有关处理情况抄报监管机构，作为监管评级和业务准入的参考。

记者：我们了解到，协会刚刚成立了六个工作研究室，您出任其中的自律工作研究室的主任，您对自律工作研究室如何开展自律工作、更好地发挥应有的作用有何打算？

居伟民：自律工作研究室是由中信信托牵头、协会内设的自律部及10多家信托公司共同参与的一个工作平台，主要职责就是负责组织研究制定规范信托行业的各类公约。最近，我们刚刚开过自律工作研究室第一次会议，研究制定工作规则和今年的工作规划，并组织对上述提到的银信合作业务公约（草案）进行座谈，征求意见。今年，我们将唱响“自律年活动”，在银监会指导下，依靠自律工作研究室的专业力量，加大自律工作力度，强化协会自律工作委员会的职能作用，将协会自律工作推上新的台阶。我们将根据实际需要和轻重缓急逐步推进、适时制定一系列行业自律公约和业务行为准则，推动行业公平竞争市场秩序的建设，并加强各项公约的贯彻落实和履行情况的督促检查，力争建立起行业自律与监管联动长效机制，切实提高整个行业的自律性，树立信托行业良好声誉和社会形象。

《金融时报》记者　金立新

# 以合规经营推进行业良性竞争

## ——信托公司热议自律公约

（载于《金融时报》2010年1月23日第8版）

针对2009年下半年商业银行掀起的大规模信贷资产表外腾挪潮，2009年12月，银监会相继出台了111号文和113号文，对目前市场上的银信合作业务产生了重大影响。根据这两个文件的要求，在未来银信合作的模式中，信托公司将承担主导作用，并发挥主动管理职能。为进一步落实监管部门的精神，中国信托业协会适时推出了《关于进一步规范和促进银信合作业务的自律公约》。与此同时，针对证券信托业务中的不规范行为，协会还推出了《信托公司证券投资信托业务自律公约》。对于两个公约的推出，信托公司有哪些看法？反映又如何？记者采访了一些信托公司人士。

华信信托副总经理崔相斌说，近年来银信合作业务快速发展，合作模式不断丰富、业务规模迅猛增长，目前已成为信托公司的主要业务形式之一。但透过庞大的规模数字我们可以看出，在很大比例的银信合作业务中，信托公司仅依托信托功能和制度优势充当平台和通道作用，核心资产管理能力却未得到充分发挥。此外，为抢占市场份额，在行业内还存在恶意压价、无序竞争等现象，严重影响了银信合作业务的健康发展。在这样的背景下，信托业协会颁布了《关于进一步规范和促进银信合作业务的自律公约》非常必要，也非常及时，对于银信合作业务乃至整个信托行业的发展都具有重要意义。崔相斌认为，公约的推出至少对信托行业和信托公司将产生三大影响。

一是有利于在银信合作业务中实现银信双赢。从银行角度，公约对信托公司在银信合作业务中应尽的义务、应提供的服务提出了更高的要求，能够进一步保障业务规范、稳健开展，更好地维护银行利益。从信托公司利益角度，公约明确了信托公司信托报酬的定价原则，也维护了信托公司的切身利益。二是有利于提高信托公司自主管理能力。目前，监管部门大力引导信托公司以"受人之托、代人理财"为本发展自主管理类信托业务。公约要求信托公司开展银信合作业务时要在组织结构、决策流程、风险控制以及从业人员专业水平、职业操守等方面不断提高，这是对监管导向的积极回应和有效落实，将推动信托公司不断提高自主管理能力，培养核心竞争力。三是有利于维护信托行业的良好形象。在公约的规范约束下，信托公司在银信合作业务中降低服务标准、恶意压低价格等现象将得到有效遏制，建立起健康、有序的市场环境。

“针对公约的发布，信托业内各家信托公司都表示了积极支持的态度。两个公约的推出对促进信托公司健康、有序开展银信合作业务，维护行业良性竞争起到了积极的作用。”上海信托副总经理刘响东这样对记者表示。

刘响东认为，首先，自律公约要求信托公司规范经营、合规管理，信托公司的市场行为将被作为行业内部评价的依据，同时也作为监管机构制定监管评级和业务准入的参考，这对信托公司起到了很好的监督作用。其次，自律公约强调“维护受益人利益”，信托公司在开展银信合作业务时，应保证有足够的资源和能力进行项目的尽职调查、贷前贷后管理，这是信托公司“受人之托、诚信理财”的基础。另外，自律公约要求信托公司不断提高自主管理能力，改变在银信合作中仅充当“平台”或“通道”的现状，在银信合作中发挥更大的主动权和主导权，这也是111 号文和113 号文所极力倡导和鼓励的。而且，不断提升专业服务水平和资产管理能力是支撑信托公司未来做大做强的关键。

刘响东表示，其实针对此前行业内一些信托公司在银信合作和证券信托业务开展中表现出的不规范竞争的问题，他一直比较担忧。虽然这些公司短期内看到了一些利益，但长期来说，对整个行业的健康可持续发展非常不利。市场化竞争是发展信托业的客观要求，但恶意的、违规的竞争必然会毁掉整个行业。目前信托行业由于缺乏自律，违规竞争时有发生，最终积聚了不小的风险。而信托业如果不加强管理和规范，很有可能步其后尘。针对行业中为扩大银信合作业务规模而一度出现的价格战，自律公约明确要求信托公司应根据不同类型的银信合作业务，确定不同的收费标准，并报协会备案，收费标准可以采取固定费率或固定费率与浮动业绩相结合的方式。这一收费标准的制定，对维护市场稳定、促进银信合作业务有序竞争都将是极其有利的。同时，信托公司在银信合作中长期处于弱势地位以及存在的收益与风险不匹配的问题也将大为改善。

对于信托公司在银信合作和证券信托业务中如何真正实现自律，刘响东认为可以改进的方面有很多。首先，整个行业的规范化和监管正规化应该做到这样一种结果，让规范经营的、发展健康的、有实力的企业做大做强，最终成为行业标杆，从而产生积极的引导作用。其次，从各个信托公司来说，都应该把“苦练内功”放到经营的首位。毕竟，客户的认可才是真正决定一个企业价值的标准。公约是行业的承诺，对企业来说其实只是一种要求。然而，市场很大，总有企业面临生存压力，从而有可能或者说不得不“违规”求生存。在这样的情况下，恐怕行业真正的“自律”，还是要靠信托业协会和监管部门发挥指导作用和导向性作用，维持整个行业的规范运行。

《金融时报》记者　薛亮

# 大河不满小河干

（载于《金融时报》2010年1月23日第8版）

俗语似乎总能更形象而准确地说明一个道理。在信托公司与信托行业的关系问题上，“大河不满小河干”这句话最能够帮助人们理解行业与公司之间的关系。

社会秩序中，法律、规章都是对人的行为的一种约束。这种约束的目的也正是在于通过强制力的约束使人克服自我或局部利益的行为冲动，使整个社会秩序能够按照正常的方式运转。但是，无论法律还是部门规章，都绝对不可能细化到对人的每一种行为都进行规范。因此，也就有了所谓“打擦边球”这种行为和这个比喻。

在企业行为中，“打擦边球”是指企业运作中既不违反法律、法规，又通过所谓“合法合规”的方式作出一些对企业本身有利，却对整个行业、对其他相关群体，甚至是对整个社会不利的事情。换言之就是挑战法律法规，与政策法规进行博弈。

这种企业与政策进行博弈的冲动源于对自身利益的追求，按照博弈者的说法，是源于经营压力。而博弈的结果也很明显，损害行业甚至是社会利益。

对于因为缺乏自律“打擦边球”而造成的对行业以及自身的损害，曾经几度沉浮的信托行业应该比任何一个金融行业的体会都更加深刻。即使就眼前而言，因为缺乏自律而对信托行业以及信托公司所造成的损害也可以看到。在银信合作业务中，因为信托公司自律意识的缺失而造成了在此项业务中，信托公司只能作为管道被利用，造成了在此项业务中信托公司收益的低下。有业内人士曾这样表示，银监会下发《关于进一步规范银信合作有关事项的通知》后，信托公司的反应并不是很强烈，其中的原因就是因为自律意识的缺乏，信托公司在这一业务中并没有完全尽职，所以收益也并不高，这一业务没有形成信托公司的主要利润点。再看证券投资信托业务，也正是因为自律意识的缺乏导致了信托公司证券账户被停开。因此，无论从历史还是从现状上看，自律都是信托公司首先要建立的一种意识。

在以风险管理为本质的金融行业中，大多建立了一种由监管部门、行业自律、内部控制组成的“三位一体”的机制。自律被提高到了与部门监管和内部控制同等重要的地位。在对一个行业的管理中，“三位一体”机制任何一部分的缺失，都将造成其他部分的成本升高和效率低下，从而最终导致整个行业风险管理效果的降低。

在“三位一体”的机制中，监管部门主要通过监管政策、法规、指引、现场检查和非现场监管等手段，促进公司的风险管理和内部控制，但如果任何违法、违规、违纪行为都由监管部门直接处理，一味依靠监管部门的“他律”，不仅监管成本极高，而且监管效率降低。况且“猫鼠”游戏不可能发现和解决所有的问题，对于以灵活性为主要特征的信托公司创新业务的监管更是如此，因为创新具有突变性、间断性和质变性，层出不穷的创新活动对监管部门的监管工作构成了较大挑战。公司内部控制是公司自我防范风险的重要机制，但是这种风险防范完全来自公司内部的动力，缺乏一种来自市场的外部约束机制。只有在外部持续的压力下，内部控制才能真正发挥应有的作用。

实际上每一个信托人都知道，要想将信托行业做大做强，最首要的是实现信托公司的自主管理而不是“打擦边球”挣那么一点“快钱”。所以，多想一想信托公司的自主管理该向哪个方向发展？该吸引什么样的人才？这才是正道。在曾经被称为“坏孩子”的信托行业，在信托正在逐步扭转不良行业形象向真正的“第四金融支柱”迈进的时候，自律更是应该成为每一个公司、每一个信托人的一种习惯。

对于信托公司，有了自律性公约仅仅是一个开始，因为它仅仅表明的是信托公司自律的一个态度。要真正让自律成为每一个公司、每一个信托人的一种习惯，在面对最朴实的道理与利益诱惑的冲突之时，多想想“大河不满小河干”这句话，或许会有一点意义。

《金融时报》记者　金子

# 信托证券账户重启之路有多远

（载于《金融时报》2010 年 1 月 23 日第 8 版）

从 2009 年 7 月 27 日中国证券登记结算有限责任公司对信托公司新开证券账户颁布禁令以来，已经过去 5 个多月了。此举确实起到了维护新股中签公正性、保护中小投资者利益的作用，但它所带来的各种弊端也不断显现，信托市场上“暗度陈仓”的方式层出不穷。然而，监管层至今仍未对该项政策作出修正，未来信托证券账户何时才能再度开闸现在还仍是一个未知数。

信托公司新开证券账户禁令颁布的缘起，可以追溯至新股发行制度改革。2009 年 6 月 18 日，沪深证券交易所公布了新修订的《资金申购上网公开发行股票实施办法》，规定每一账户申购新股数量最高不得超过当次社会公众股上网发行总量的 1%，且不得超过 9 999.9 万股。新政策改变了原来大机构、大资金中签率高的不公平状况，有利于保护中小投资者的利益。但“上有政策，下有对策”，一些大机构开始用增加账户数量的方式提高中签率，而信托正是个别允许开设多个证券账户的合法途径之一，所以很多大资金都向信托产品靠拢。正是在这种背景下，证监会对信托公司新开证券账户全部叫停。

毋庸置疑，此项调整确实达到了维护新股中签公正性的效果。但问题是，由于叫停的范围太广，不光包括个别要小聪明、通过“拖拉机账户”等方式违规运作的信托公司，大多数正规运作的信托公司也被囊括其中，本是为了维护一种公正性，但却造成一种新的不公正。这就好比是：对一辆正常行驶的车来说，由于旁边车道的车违规，交警把两条车道都封了，那就只有两种办法了：要么减速停车，要么从另一侧的农田绕行。而对目前许多正规运作的信托公司来说，就不得不面临这样的尴尬。

按照银监会的规定，信托公司应对已经清算结束的信托产品证券投资账户及时销户，否则不得再申请新开信托产品证券投资账户。而另外，新开证券投资账户迟迟没有重启，这就意味着随着存量信托产品的陆续到期并销户，证券类信托产品将变得越来越少。因此，许多以证券投资为主营业务之一的信托公司，就不得不谋求一些“绕行”的办法。比如说，一些老账户改头换面，“老瓶装新酒”；再以信托的方式投向老产品，推出“TOT”模式；被迫转向其他高风险、不成熟甚至争议业务等。显然，这些办法又会损伤到信托投资者的利益。无论老账户的改头换面，还是“TOT”，都增加了信托公司的运营成本，并降低了投资者的应得收益。

“如果证券信托业务全面停止，必然造成原来应该投资证券产品的大量资金涌入信贷市场，而信贷市场是银行的主营业务，信托公司又只能投资于信贷市场中的边缘、高危甚至存在合规争议的擦边球项目。这样，最终承担高风险及实际损失的必然是投资者。同时，还加大了监管机构的监管压力和难度，也不利于理财产品市场的健康发展。”有业内人士坦言。

毫无疑问，这些新问题的出现，呼吁着监管层对全面叫停信托公司新开证券账户政策作出修正；而诸多新问题的不断堆积，则要求时间不能拖得太久，重启之路应尽快提上议事日程。

我们相信，只要监管层意识到政策修正的急迫性，并考虑好解决问题的办法，重启之路也就不再遥远。

康凯

# 探索政信合作的全新路径

（载于《金融时报》2010 年 2 月 6 日第 8 版）

主持人：金立新

特邀嘉宾：大连华信信托股份有限公司　副总经理　崔相斌

北京国际信托有限公司　研究部总经理　刘向东

自 2008 年末国务院出台 4 万亿元经济刺激计划以来，各地方政府相继出台投资计划，信托公司纷纷与地方政府合作，利用信托平台为扩大内需、促进经济增长的重点投资领域以及地方基础设施项目和重点建设项目投融资。但随着政府融资平台风险的逐渐显现，银监会下发了《关于信托公司信政合作业务风险提示的通知》，财政部就财政担保下发了规范性文件，银监会 2010 年工作会议也对防范地方融资平台风险进行了部署。如何在坚持合规经营、风险可控的原则下，按照监管精神的要求积极进行业务创新，充分发挥信托制度优势，提高风险管理能力，确保政信合作业务有序发展，既支持地方经济建设，又保证信托资金的安全和受益人的合法权益，确立可持续发展的信托公司政信合作业务策略，是值得信托业界思考的一个重要问题。就此，记者与大连华信信托股份有限公司副总经理崔相斌和北京信托研究部总经理刘向东进行了对话。

主持人：我们知道，大连华信对政信合作业务进行了积极探索与实践，也积累了许多经验，截至目前全部项目均能按时偿付利息或交付投资收益。华信是如何做到这一点的呢？

崔相斌：在地方融资性业务中，我们对存续项目均采用一种或是几种组合的风险缓释措施来保障信托资金安全，使风险缓释措施有效覆盖到全部政府平台项目。在此之外，还特别注重三个方面的问题，准确市场定位指明政信合作业务发展方向、做好尽职调查把好业务准入关和科学进行交易安排设计。

在尽职调查中，我们特别注重对合作政府财力的考察，除打包受让资产中的个别项目外，要求合作政府为省级或经济实力较强的市级政府及其平台公司，根据地方财政收入、经济总量等综合指标审慎选择合作对象，确定投融资规模。

在交易安排设计中，我们在信托合同交易条件的设计上进行了信托期限和清算两个方面的安排。一种是信托合同约定信托期限延长至债务清偿日；一种是约定信托到期时可以以财产原状方式清退。这种弹性的期限设计和多样的清退安排，最大限度降低了到期兑付风险。

主持人：崔总谈到了准确市场定位的问题，在政信合作中，信托公司该怎样选择合作对象？

刘向东：我觉得信托公司应建立地方政府评价指标体系，确立自身选择各级地方政府合作的边际条件。这个指标体系可以包括两个方面：一是要建立地方政府定量评估指标体系。地方政府定量评估指标体系既要全面系统，也要在指标的设计上选择易于量化的指标，强调可操作性。具体来说，可包括GDP总额、GDP增长率等经济指标；金融资产规模、金融机构情况等金融指标；地方政府财政收入占GDP比率、增长率等收入指标；地方政府财政支出增长率、与全国平均水平的比率等支出指标；负债收入比例、负债还本付息收入比例等债务指标等。

二是要建立地方政府定性评价指标体系，指标主要包括地区经济发达程度和区域优势、发展潜力、社会经济环境及信用环境评价、教育科技文化、自然资源、社会保障水平、生态环保建设、偿债准备金执行情况、当地政府对负债管理有无规范的审批制度及流程等。重点考察地区经济发展；区域优势；发展潜力；社会安全稳定性；地方政府对负债的管理情况等。

有了这样的指标体系，根据地方政府的财政收入、债务问题、金融生态环境等科学评判地方财政综合还款能力，信托公司就可以确立与地方政府合作的倾向性原则。

主持人：2009年，信托公司通过与政府融资平台公司合作，为促进地方经济发展作出了积极贡献，但其中也暴露出一些问题，造成一定的风险隐患。为此相关部门出台了一些规范性政策，这些政策出台后，对于此类项目，从信托公司的角度，您是怎样考虑的？

崔相斌：首先是彻底清分存续地方融资平台贷款业务。按地方政府级别、投资项目类型、风险缓释措施等方式对平台公司贷款进行分类，并厘清信托合同各方责任划分。

其次是围绕提升自主管理能力开展政信合作业务。对存续的信托项目，将进一步规范项目管理。对于新拓展项目，将坚持自主管理原则，建立完善地方财力评估体系，科学评判项目主体及地方财政综合还款能力，加强对资金运用投向监管，确保项目管理到位。

另外，开展政信合作业务创新。探索中小企业信托投资基金化运作模式，借用基金化金融工具，帮助地方政府解决中小企业融资难问题。关注产业投资基金业的发展，利用产业投资基金助推地方基础产业的发展。利用BOT等方式，为政府基础建设项目引入民间资本，同时探索民间资本通过信托介入政府基础建设项目的新形式。

主持人：您认为政信合作中地方债务风险主要在哪里？信托公司又该如何规避这些风险？

刘向东：地方债务风险主要体现在四个方面：财政收入和支出风险、效益风险、管理风险和隐性及或有风险。

财政收入风险是指财政收入的未来不确定性，具体体现在收入规模和结构的不确定性。此外，如果财政资金支出不符合政府职责的要求，支出决策失误或者支出不能及时到位，也易诱发支出规模风险。效益风险是指地方政府在债务资金使用过程中，由于不确定性因素导致债务资金偏离预期目标可能产生债务的效益风险。管理风险是指政府债务资金取得、使用或者偿还过程中，由于制度的不完善和其他因素可能导致管理风险。隐性及或有风险包括由于国家宏观政策的变化、人口老龄化、通货膨胀或者紧缩、物价上涨或者下降、地方金融机构和企业的隐性债务风险转嫁给地方政府等带来的风险。

信托公司与地方政府合作时，应明示风险提示，建立有效风险控制措施，注重第一还款来源，建立有效的制衡互补措施化解地方政府领导人任期的短期性与还债的长期性之间的矛盾，对抵押质押物价值进行审慎评判和价值变化跟踪，确保信托公司用于政府合作项目资金的安全和稳定回报。在项目的选择上，应该关注区域经济、产业经济的新动向，选择符合国家政策的优质项目。信托公司可根据国家推动与培养战略性新兴产业要求，以节能减排、低碳经济、高新技术领域等为方向，加大金融产品创新力度，开拓完善信托介入新兴产业发展模式；着眼于中小企业的金融需求，选择信誉良好、治理严密、具有产业前景、有一定资金保障的中小企业创新投融资模式，陆续推出服务中小企业的信托创新产品，通过政府、信托、市场等要素的有机结合提升金融创新能力，激活经济的内生增长机制，在符合国家政策导向的前提下利用信托创新来促进地方经济发展。

《金融时报》记者　金立新

# 以信托模式“反哺”农业

（载于《金融时报》2010年2月6日第8版）

新年伊始，中央政府再次出台“1号文件”，并连续第七次锁定关乎国计民生的“三农”领域。作为非银行金融机构，信托公司应积极探索以信托模式解决“三农”问题，以推进加快农业发展方式的转变和农业产业结构的调整。

## 信托模式扶助国之大本

近年来，国家各项支农惠农政策带来了“三农”工作发展的新局面，但长期制约“三农”的因素尚未根本消除，如农业基础不牢、后劲不足、发展方式粗放；农业设施、装备落后，农业劳动生产率低；城乡经济社会发展失衡，收入差距仍在拉大。同时，新的矛盾和问题不断显现——全球经济复苏进程缓慢曲折，外部形势对农业经济的影响有不确定性；影响农产品价格的因素日益复杂，农产品市场走势呈不确定性等。因此，解决“三农”问题具有较强的战略性、紧迫性和根本性。加快农业产业化步伐，培育壮大龙头企业，是推动粮食增产、农业增效、农民增收的重要方式，是构建现代农业产业体系、发展壮大县域经济、统筹城乡协调发展的必然要求，也是促进农业和农村经济结构战略性调整的重要途径。

近期，在对信托模式“反哺”农业的探索上有了阶段性的成果。中信信托与承担河南省政策性投资任务的河南农业综合开发公司等共同设立了国内第一只农业开发产业投资基金，并为该产业投资基金量身定做了专注于农产品加工业的中信国元农业一号信托基金，在以信托模式扶持农业发展的道路上作出了一次积极的尝试。

中信国元农业一号为期五年，募集资金4亿元，作为河南农业开发产业投资基金的配套基金，将以贷款、发放附转股权的贷款、认购增资、受让股份等多种方式，投资运用于河南省内具有高成长性的农业加工业类企业。定位农业投资，定向农产品加工业，是中信信托从农业作为国民经济基础这一角度出发，在对国民经济实现可持续发展这一重大课题进行深思熟虑后作出的选择。

## 信托模式凸显信托优势

资金的流向与合理配置是金融支持农业产业结构调整中的关键问题。虽然国家多次明确要求要大力支持农业产业结构调整，但在具体实践中，由于有限的财政投入、较高的农业贷款风险及制度不完善等原因，现有的金融支持力度还不能满足农业产业结构调整的需要，金融支持不足日益成为制约我国农业产业结构调整的瓶颈。

中信信托将农业领域的金融创新作为重要的研发领域，充分发挥信托制度的优势，推出国内首只农业投资信托基金，为金融机构支持农业产业结构调整率先示范。通过中信国元农业一号信托基金可以看到：首先，信托公司在融通资金和组织投资方面具有多样化优势和灵活性，已成为传统银行信用之外的重要和有益补充，对完善农村金融产品体系具有重要意义。中信国元农业一号通过信托平台吸引多渠道的社会资金进入农业领域，并能根据企业的实际情况和需求，提供债性融资和非债性融资等综合金融服务，满足企业个性化和多样化需求。

其次，中信国元农业一号通过巧妙的结构设计，将不同利益主体捆绑在统一的信托平台上，有利于解决农业中小企业担保和抵押物不足等问题。为保障投资者利益，特别设计了外部增信手段，由河南农业综合开发公司设立2亿元河南农开基金与信托基金联合投资；作为内部增信手段，河南农开基金同时认购了信托计划的普通级，与优先级投资者共享投资收益和共担风险。

此外，中信信托通过股权融资的方式，参与到农产品加工企业的运营管理中，利用自身更接近金融市场的优势，为企业提供短期运营管理、长期战略规划等服务，规范和提升企业管理水平，增强其核心竞争力，培育其引进其他金融资本的条件，以金融服务不断推进河南省农业的产业化进程。

## 信托模式助力河南从“农业大省”变“农业强省”

河南省已经初步形成了不同层次、不同类别、覆盖全省的农业产业化龙头企业群体，这些龙头企业已经成为农业和农村经济中最具活力和成长性的市场竞争主体。但从整体上看，河南省农业产业化水平与现代农业还有一定差距，这些问题的核心是由于农产品加工领域所具有的规模小、风险高、附加价值低等特点，一直不能得到有效的资金支持；同时一些大的、好的农业投资项目在资金获得、金融担保和资产运作方面都存在着问题，农业产业化投融资体制开放度仍显滞后，农业产业化的资金投入仍有不足。

在河南省政府的支持下，中信信托与河南农业综合开发公司等各方合作，共同成立河南农业开发产业投资基金，分期四年募集，采用“政府引导基金+信托基金+海外配套基金”的模式，并按照“先人民币基金后外币基金”的方式操作。首期6亿元人民币资金已经到位，包括由河南省政府出资的2亿元和中信国元农业一号募集的4亿元。产业基金还计划引入海外配套资金6亿元。目前，美国、日本、以色列等多家海外机构已对该基金表示出浓厚兴趣。

未来，中信信托希望围绕中信国元产品的系列化，打造成国内金融业扶持农业发展的品牌产品，并不断深化信托公司为现代农业发展的服务方式和内容，持续不断地吸引社会资金进入农业产业领域，以加快农业发展方式的转变和结构的调整，推动农业的产业化革命，促进国民经济持续快速健康地发展。

中信信托总经理　蒲坚

# 开创信托业发展新格局

## ——中国人民大学信托与基金研究所所长邢成谈今年信托业务三大看点

（载于《金融时报》2010 年 2 月 6 日第 8 版）

近年来，信托业面临前所未有的发展机遇。随着我国金融业的稳步快速发展，信托业已经成为非银行金融机构中的主力军。2008 年，信托业资产规模已经突破了 1.3 万亿元，2009 年，信托资产近 2 万亿元。2010 年，信托业又将面临怎样的发展趋势和机遇呢？中国人民大学信托与基金研究所所长邢成在接受记者采访时表示，股权信托、资产证券化和财富管理将成为 2010 年信托业发展的三大看点。

从股权信托上看，2007 年 5 月在全国非银行金融机构监管工作会议上，银监会主席刘明康指出："从国际市场上看，直接融资创新活动与参与直接融资的金融机构和非银行金融机构，实际上已成为金融市场上的一支主力军。目前最活跃的私人股本投资公司也出现大有替代传统资本市场上融资手段和形式的趋势，而我国的信托公司与之类似，具有这方面的潜力。较之其他金融机构，信托公司有着更具前瞻性的比较优势。"同年，中国银监会下发的"新办法"明确指出优先支持信托公司开展私人股权投资信托、资产证券化、受托境外理财等创新类业务。2008 年 7 月中国银监会颁布《信托公司开展私募股权投资业务指引》。

"从政策的引导上可知，信托公司 2010 年应及时顺应政策导向和市场需求，加大力度开展信托 PE 业务。"邢成说。

邢成认为，设立和运作股权投资基金完全有可能成为信托公司的专属业务。理论上说，信托公司在既定的制度架构之下，以集合资金信托方式，将 PE 赋予信托产品的形式，必然会推动中国 PE 的发展；从法律制度层面看，PE 可以实现与集合资金信托产品的无缝对接、发展 PE，在现行的制度环境之下几乎不存在任何显性的法律障碍；从理财市场的专业分工来看，监管部门将信托公司的服务对象定位在高端客户市场，PE 业务恰好能适应这种定位，也符合新管理办法内涵的业务拓展方向；从构建信托公司可持续发展的盈利模式看，信托公司积极开展该类业务，不仅可满足公众私人股权投资的市场需求，弥补该类金融产品的缺失，并且能迅速抢占 PE

业务的高端市场，给信托公司的未来发展带来巨大的空间。可以说，信托化股权投资基金模式可能是现阶段乃至较长时期内我国本土化规范开展PE业务的一种现实选择和理想模式之一。

资产证券化将是2010年信托行业的又一个看点。邢成认为，信托公司拓展和创新开展信贷资产证券化信托业务具有三大好处。

一是有利于全面提升信托公司在我国资产证券化业务领域中的整体地位和作用，扩大自身的市场影响，树立良好的专业形象，为信托业逐渐获得与之对称的行业地位，真正成为四大金融支柱奠定坚实的基础。

二是有利于信托公司逐渐形成专业化信托公司的经营模式。从监管部门的政策导向和今后信托公司的发展路径分析，相当一批信托公司都应逐渐从全能型或者“金融超市型”向专业化方向转化。信托公司应根据自身的资源优势、地域特点、市场容量、团队结构及专业优势，逐渐在一两个领域或行业中逐渐形成特有优势，进而逐渐发展成极具特色和竞争优势的专业化信托公司，而资产证券化业务则是一个极好的切入点。

三是有利于培育信托公司的业务创新能力，迅速形成极具特色和市场影响的产品品牌效应。信贷资产证券化产品，无论是ABS还是MBS都具有明显的收益稳定和风险可控的特点，极为适合信托公司的产品定位和客户群体，尽管在目前的起步阶段还只限于机构投资者，但对于信托公司在熟悉资产证券化业务的流程和模式、全面提升自身对资本市场和证券产品的驾驭能力、增强信托业务和投行业务创新能力以及挖掘和发现潜在的市场和客户方面，都具有极为深远的战略意义。

因此，邢成认为，2010年资产证券化应该成为信托公司一个重要的发展点。

在财富管理领域，2009年7月，银监会发布了《关于进一步规范商业银行个人理财业务投资管理有关问题的通知》，规定“理财资金不得投资于境内二级市场公开交易的股票或与其相关的证券投资基金，但私人银行客户不受此限制”，为信托参与高端理财打开了大门。

“私人银行卖的是服务，而服务的一个重要特点是要全面。因此个人信托与私人银行是绝佳组合。信托凭借其风险隔离及权益重构等独特优势，可以在个人理财等多个方面发挥显著作用。”邢成说。

邢成认为，在教育规划领域，子女教育信托或子女激励信托的运用可以起到保全子女教育资金、鼓励子女发展等作用；在投资规划领域，层出不穷的信托投资产品可以帮助不同类型的投资者满足其投资需求；在税收筹划领域，信托一直是全球范围内最为通用的税收筹划工具之一；在退休养老规划领域，针对老年人养老的信托服务将会发挥极为重要的作用；在财产分配传承领域，通过对财产的隔离保护可以有效实现财产的分割与传承保护。

另外，私人银行的服务还需要个性化。而个人信托中受托人为委托人单独管理财产的制度安排决定了信托具有实现委托人个性化目标的特性，这一特性使委托人可以依据信托契约设立满足其不同需要的信托。在商业银行私人银行业务面临种种政策约束，而信托公司又缺少高净值资产客户的条件下，建立在个人信托与私人银行创新组合模式下的“银信合作”，必然增强信托公司自主管理、主动管理的能力，实现银信优势互补，战略双赢。

《金融时报》记者　薛亮

# 信托业应该有所为有所不为

（载于《金融时报》2010 年 2 月 6 日第 8 版）

中国信托业走过了辉煌和极不平凡的2009 年，新的一年信托业所面临的国际国内形势与挑战依然严峻和复杂。最近，中国银监会召开的2010 年监管工作会议，明确了今年监管工作的总体思路和要求，信托业发展应深入贯彻理解中央经济工作会议以及中国银监会 2010 年工作会议精神，勇于改革创新、严控风险，在监管政策保持连续性、稳定性，注重针对性与灵活性的宽松政策环境和有利监管条件下，全面把握和科学使用新方法，优化业务结构，提高理财能力，增强全面风险管理能力和可持续发展能力，实现 2010 年乃至更长时期内信托业持续发展与稳健运行。

在2010 年信托业务的发展上，信托公司应将工作重心放在逐步实现发展方式的转变上，做到“有所不为有所为”。“为”与“不为”的标准和依据就是国家宏观经济政策。第一，在信托资金使用和投向中，要向实体经济倾斜，满足有效需求，避免个别信托机构信托资金运用方向过度虚拟化的趋势。第二，逐步构建“绿色信托”的理念，信托公司不仅要成为我国经济发展中低碳理念推广的践行者，而且要成为低碳金融服务的创新者，要不断提升自身社会责任感，加大对低碳经济以及低碳行业的研究，把握低碳行业的发展前景和路径，加快培植未来的优质客户群和利润增长点，更好地识别和筛选有前景的低碳产业，审慎判断低碳项目融资风险，积极探索建立节能环保型信托服务的长效机制，并加强与银行业、证券业和保险业的合作，利用信托不断推动产业结构调整，参与低碳经济项目的投资运作；与此同时，应严格控制高耗能、高排放和产能过剩行业的资金投放。第三，对市场风险敏感度较高的行业如股票市场、房地产市场应密切关注其变化，对市场趋势和风险因素加以科学分析和预判，严格执行有关监管政策和规定，防止不顾公司自身实际状况和专业能力，一哄而上，盲目从众。同时，信托公司还应积极实施“蓝海战略”扩大信托市场，2010 年应着力加强对农业、中小企业等重点领域和薄弱环节的业务拓展与市场开发，使信托市场空间不断增长，把“蛋糕”做大。

2010 年，后金融危机时期外部环境更为复杂和严峻，在风险控制问题上，信托公司更应该强调有所为有所不为。在证券信托领域，中国银监会于2009 年 1 月 23 日发布的《信托公司证券投资信托业务操作指引》和中国信托业协会组织制定的《信托公司证券投资信托业务自律公约》，进一步严格规范了证券类信托投资业务行为，杜绝和防止大额集中投资风险；在“政信合作”业务中，2009 年 4 月 14 日中国银监会发布了《中国银监会办公厅关于信托公司信政合作业务风险提示的通知》，什么应该“有所为”，什么不应该“为”，已经很明确地表达了出来。因此，信托公司应加强主动管理能力，避免行业间的不正当竞争行为，包括通过压低价格、降低服务标准、回扣等不正当竞争手段，获取竞争优势和不合理利润，损害行业利益等行为；应严格执行银监会下发的《关于进一步规范银信合作有关事项的通知》，加强和提高自主管理能力，实现内涵式增长，切实贯彻落实中国信托业协会组织制定的《关于进一步规范和促进银信合作业务的自律公约》，维护公平竞争秩序，推动信托行业的核心竞争力，实现行业共同利益和持续发展，防控此类业务的经营风险。

《金融时报》记者　金蓉

# 发展低碳经济：信托业参与优势在哪里

（载于《金融时报》2010年2月20日第4版）

主持人：金立新

特邀嘉宾：中国对外经济贸易信托有限公司总经理　杨自理

中铁信托有限责任公司研发部高级研发经理　陈建超

安徽国元信托有限公司高级研究员　刘云

对于低碳经济发展所需要的支持，有人曾形象地将其比喻为一个三条腿的板凳：政策的培育、技术以及资本的支持，三方面缺少任何一个，都将出现问题，而三个要素中最重要的莫过于金融支持。作为金融体系中最灵活、最具有创新动力的信托业，介入碳金融无疑会起到事半功倍的效果。但是对于这个领域的选择，一方面要看信托公司自身是否擅长；另一方面也要看这一行业本身对低碳的接受和认识程度。

作为金融体系中最灵活、最具有创新动力的信托业，如何将行业和公司业务发展融入到为低碳经济发展所构筑的碳金融体系中？就此话题，记者与中国对外经济贸易信托有限公司总经理杨自理、中铁信托有限责任公司研发部高级研发经理陈建超、安徽国元信托有限公司高级研究员刘云进行了对话。

主持人：目前，作为一种全新的概念，“碳金融”已经被许多金融机构接受并重视。在这一领域的竞争中，信托公司如何体现自身区别于其他金融机构的特色，进行差异化竞争，并最终将自身的经营和发展与低碳经济结合到一起呢？

刘云：的确，目前许多金融机构已经注意到碳金融这个全新的领域。目前，包括花旗银行、巴克莱银行、瑞穗银行等国际著名银行和部分新兴市场银行在内的62家银行已宣布接受赤道原则。国内有的银行也已经接受了赤道原则，由此可见碳金融已经开始被许多金融机构所接受并重视。在这样的背景下，盲目进入和竞争，对于各方面实力都相对弱小的信托业无疑是不利的。因此在碳金融领域的业务开展上，信托公司也必须从自身的制度优势入手，实行与其他金融机构差异化的竞争。

信托是一种以信任为基础、以财产为中心、以委托为方式的财产管理制度，在运作上极富灵活性且深具社会及经济优化功能，以其宽泛的投资领域、灵活的交易安排而独具“多元化”

和“全方位”金融服务优势，在市场、信息、成本等方面更容易赢得主动。在低碳经济发展中，信托及信托公司可以在投资入股、融通资金、设备租赁、收购兼并、咨询服务等方面实行“金融一站式”服务，有着很强的竞争力和发展潜力。最近英国碳信托率先行动且已来到中国，与中国节能投资公司合作，合作项目不到一年就盈利40%，取得了骄人的经济效益和良好的社会效益。从某种角度上说，这对中国的信托公司进入碳金融领域的方式和方法应该具有一定的启示。

主持人：具体来说，信托公司的低碳信托业务该如何开展？

陈建超：具体来说，信托公司可以从五个方面进行产品设计和规划。

一是引导社会资金参与碳交易。据世界银行统计，全球二氧化碳交易需求量每年预计为7亿吨到13亿吨，形成了年交易额约为650亿美元的国际温室气体贸易市场。信托公司作为唯一横跨货币市场、资本市场和产业市场的金融机构，综合运用一系列金融工具和信托手段，通过发起设立集合或单一信托产品以及通过银信理财产品对接的方式募集社会资金，为投资者参与碳交易，提供多元的投资品种和投资渠道，分享碳交易所带来的获利机会。

二是为企业发展新能源项目提供融资支持。截至2009年10月，我国已经批准了2 232个CDM项目，其中很大一部分是风电和水电项目。整个CDM项目周期长达21年，项目立项1年内实施项目购买，项目设备方面的融资需求很高，信托公司可以以多种资金运用方式为项目提供资金支持。一是可采用常规的贷款方式，为企业提供资金支持；二是采取融资租赁的方式购买设备后出租给项目企业；此外还可以以股权投资的方式直接介入CDM项目。

三是为解决新能源发展的技术风险提供金融支持。在缺乏资金支持的前提下，技术进步速度将难以满足新能源发展的需求，由此所引发的技术风险正成为机构投资大规模资金的主要顾虑。出于防范风险的考虑，在一些CDM项目中，银行往往难以做到大规模的资金投入。这时候，信托业的制度优势以及创新活力得以再次体现，通过与政府合作组建新能源产业基金的方式，先期投入项目，降低资金成本，减轻来自长期高风险的银行商业信贷的压力，满足技术进步的前导需求，引导后续的银行资金大规模投入。

四是盘活存量项目资产，提供后续资金支持。资产证券化已经作为一项重要的创新在金融领域发挥了重要的作用，而信托公司在资产证券化方面已积累了较为丰富的经验，借助资产证券化技术，通过对现有的一些存量CDM项目打包，组建资产池，在金融市场上发行资产支持证券，从而盘活现有的项目资产，提高企业的现金流，为继续发展新能源项目提供资金支持。另外，对于具有良好CDM项目开发潜质和信用记录的企业也可以以CER（经核证的减排量）的收益权作为质押，发行信托产品募集资金，提供后续资金支持。

五是为低碳项目提供咨询服务。通过对CDM项目一二级市场的广泛参与，发展与项目发起人、国外投资者、金融机构和政府部门之间的业务关系，凭借自身积累的信息优势，为企业

CDM 项目提供咨询服务。

主持人：正如我们所谈到的，碳金融在我国还是一个相对新鲜的概念，如何将碳金融与目前信托公司比较熟悉和擅长的业务结合起来，增强信托公司在这一领域的专业优势，提高竞争力呢?

杨自理：低碳经济涉及我们生活的每一个角落，甚至可以和人们日常的生活习惯联系起来，因此，它对于产业、行业的覆盖面也非常广大。以信托公司所擅长的业务领域为突破口，介入碳金融无疑会起到事半功倍的效果。但是对于这个领域的选择，一方面要看信托公司自身是否擅长；另一方面也要看这一行业本身对低碳的接受和认识程度。从目前我们了解到的情况看，在房地产行业，绿色环保技术应用和建筑标准制定已日趋成熟，其节能减排产业化效果明显。当前缺乏大规模应用主要是需要匹配的金融工具支持。建立绿色地产信托基金，可以发挥集合投资和专业化管理优势，通过节能减排技术运用，推动房地产低碳经济的发展。从目前实施的环境来看，推行绿色地产信托基金已具备法律、政策、技术、产品、市场和资金的条件。

从信托公司的角度看，截至 2008 年末，信托行业受托资产管理规模达到 1.22 万亿元人民币，占当年 GDP 的 4.09%。其中，房地产信托规模达 1 020 亿元，占当期信托资产总规模的 8.36%，占 2008 年全国房地产投资资金来源的 2.67%。房地产信托资产管理涉及债权、股权、证券化、基金式等运用方式。因此无论是对房地产行业的了解、项目的储存，还是这一领域信托手段的运用，大多数信托公司都比较熟悉。

从房地产行业的角度看，自 20 世纪 80 年代以来，房地产行业一直研究、探讨推动绿色环保建筑的可持续发展模式。2006 年建设部颁布了《绿色建筑评价标准》和《建筑节能工程施工验收规范》，明确了项目建设需满足“选址规划合理、资源利用高效循环、节能措施综合有效、建筑环境健康舒适、废物排放减量无害、建筑功能灵活适宜”等六大要求。在房地产项目位置的选择、规划和建筑设计、建筑材料的选择、施工建造以及房屋的维护和管理等方面纷纷进行探索，并形成了一定成果。这样看，房地产行业也相对于其他行业更能够接受低碳概念。

从这两个方面看，我们觉得以绿色建筑为突破口，并随时根据信托公司对不同行业的熟悉和了解，以及这些行业对低碳概念的接受程度拓展市场，更容易使信托公司快速、平稳地进入碳金融领域。

《金融时报》记者　金立新

# 发挥信托公司在低碳经济中应有的作用

（载于《金融时报》2010年2月20日第4版）

近年来，低碳经济发展不断取得突破，国家新能源政策不断出台，我国低碳与新能源产业发展逐步加快，低碳金融产业应运而生，但仍然面临诸多融资瓶颈。无论从社会责任还是从可持续发展的角度看，在低碳新能源行业发挥信托公司的作用成为一个信托人需要关注的问题。

实际上，信托公司产业投资信托方式可以成为低碳与新能源发展重要的融资渠道，而信托公司为低碳新能源产业服务也具有独特优势，这主要基于四个方面的原因。

首先是具有功能跨度大的优势，信托兼具融资与投资功能，又有资源整合功能，有机连接货币、资本、产业三大市场；信托所具有的财产管理功能，可以为包括低碳与新能源在内的各类机构、企业、自然人提供多种资产管理和增值服务。其次是信托资金运用具有广泛性、多元性、融合性及创新性，既可以向低碳企业贷款，又可对新能源企业进行股权投资，还可为它们提供财务顾问、并购等投行业务。再次是信托与其他融资方式有很强的优势互补及联动经营能力，信托业务与银行、证券、保险及担保等机构有着广阔的合作空间，可以为低碳与新能源企业提供一站式服务。最后就是信托财产具有独立性，信托财产与委托人未设立信托的其他财产相区别，具有破产隔离功能，可以保证低碳与新能源企业的财产安全。此外，通过贷款或股权形式，信托也可解决项目资本金不足的问题，为低碳与新能源项目提供资金支持。随着国家政策推动，信托公司还可以开展包括低碳与新能源领域的私人股权投资（PE），并涉足新能源产业投资基金。

正是因为信托在低碳新能源产业服务独特优势，使信托公司拓展低碳与新能源产业投资信托，支持低碳经济发展成为可能。低碳与新能源产业投资信托是指以信托公司作为受托人，借助信托计划发行，将特定委托人的资金集合形成一定规模的信托资产，交由专业投资管理人进行新能源未上市公司股权投资和提供经营管理服务，获取收益后由受益人按照信托合同约定分享的一种投资工具。产业投资信托与信托契约型产业基金类似，是产业投资基金的一种组织形式。目前，产业投资基金尚处于试点阶段，市场准入条件较高，而且政府主导性强，信托公司很难直接介入产业投资基金业务。鉴于产业投资信托与信托契约型产业投资基金类似，信托公司可以通过发展产业投资信托业务达到曲线介入低碳与新能源产业投资基金业务的目的，在取得一定的投资业绩与投资经验后，再申请设立低碳与新能源产业投资基金。

从募集方式上，《信托公司集合资金信托计划管理办法》规定，信托公司设立集合资金信托计划，只能面向合格投资者（即机构投资者与富有个人），因此，产业投资信托天然是私募的。以私募方式设立信托，投资者与投资管理人之间的关系主要是一种基于相互了解和信任而达成的委托—代理或授信关系，信托运作压力相对较小，也较少受制于国家主管机关的监管。

从交易方式上，国外的机构投资者通常先承诺给投资管理人一定金额的资金，但并非一次性交付，而是分批交付。投资管理人在实际操作中也不会取用所有已承诺资金，如果不能把全部资金投资出去，投资回报率就会受到稀释，降低的投资回报率将严重影响到他们下一次的资金募集。同时，产业投资信托多为长期投资，资金沉淀时间较长，如果遭遇集中赎回的情况，信托就无法应付，即使能够支撑现有的投资项目，也会因为赎回导致流动资金不足而丧失很多的投资机会。因此，产业投资信托不宜采用完全开放式，最好采取前开后闭式。当投资管理人需要增加资金供给时，适时实行前端（购买端）开放，但后端（赎回端）最好封闭，以防流动性危机。

从管理模式及产品设计上，可以选择两种方式。第一种方式是信托公司作为投资管理人。选择高级专业人士作为信托经理，要求具有低碳及新能源等投资目标行业专业知识、项目资源和社会资源，熟悉资本运作和企业管理。信托经理与信托公司共同主导高级专业团队的搭建。信托产品采取结构分级设计，一般投资者为优先受益人，信托公司为次级受益人，信托经理为劣后受益人。在信托产品收益率超过优先收益率时，超额收益由三方按设定比例共享，从大到小依次为信托经理、信托公司、一般投资者。这种管理模式及产品设计基本可以达到激励与约束要求。但这种方式也存在两个问题：一是信托经理违背信托计划文件、处理信托事务不当而信托公司未能及时制止时，信托公司将因此而面临一般投资者的索赔；二是由于信托公司的体制原因，信托经理及专业团队的薪酬体系很难独立于信托公司之外。

第二种方式是信托公司与高级专业人士成立合伙型投资管理公司，管理信托资产。选择高级专业人士作为普通合伙人，信托公司作为有限合伙人，成立投资管理有限合伙公司。要求普通合伙人具有投资目标行业专业知识、项目资源和社会资源，熟悉资本运作和企业管理。以普通合伙人为主，信托公司为辅，搭建高级专业团队。信托产品采取结构分级设计，一般投资者为优先受益人，投资管理公司为次级受益人。在信托产品收益率超过优先收益率时，投资管理公司按约定比例分享业绩提成。这种管理模式及产品设计基本上避免了第一种方式的问题，比较理想地降低了委托代理成本。

在上述因素之外，科学的运作程序是产业投资信托良好运作的保证。产业投资信托应该严格按照一般产业投资基金的运作程序运作，其运作过程可分为筹资过程、投资过程和退出过程，而投资过程又有交易发起和筛选、评估、交易设计、投资后管理四个阶段。在运营管理机制上，信托公司应该按照国家有关法律、法规和国际通行的经营管理惯例，结合中国现行的投融资体制，通过制定一整套管理制度，以及一系列协议、合同、章程等法律文件的形式，建立一个职责分明、相互监督、安全有效的产业投资信托运作机制，实现受托人、投资管理人与托管人的相互制衡，以保证投资者的安全投资与投资回报。

英大国际信托有限责任公司副总经理　张传良

# 在“不确定性”中寻找和把握确定性发展机会

## ——访中铁信托公司总经理景开强

（载于《金融时报》2010 年 2 月 20 日第 4 版）

近年来，信托业得到了前所未有的发展机遇，整体发展势头迅猛。信托公司作为资产管理机构对加速经济运行、平衡地区经济能起到很大作用。那么，作为中西部的一家信托公司，中铁信托该怎样理解未来中西部信托行业的发展机遇？记者采访了中铁信托有限责任公司总经理景开强。

“长期以来，信托公司一直没有专属的经营领域，也没有形成稳定的盈利模式，作为一个行业，缺乏明确的定位和盈利模式，对行业的发展非常不利。从 2002 年信托公司重新登记以后，这样的局面得到了扭转，信托业逐步告别了混乱的发展局面，在政策支持下走上了快车道，信托公司对盈利模式的认识也得到了逐步深化。截至 2009 年，信托资产已经突破 2 万亿元，行业发展取得了明显的突破。”对于近年来信托公司的情况，景开强首先这样评价。

景开强说，以中铁信托为例，近年来公司明确了资产管理机构的定位，这样的定位也明确了公司的盈利模式。在这样的定位下，中铁信托必须站在全面把握整体金融市场的立场和角度，预测并确认经济周期转换、大类资产市场轮动，以及宏观经济金融政策调控的方向与力度，把握在不同时期显现的和潜在的重大业务机会，防范在不同时期呈现的不同类型的风险，确定公司在各个不同时期对应的主要业务内容和重点投资品种，为客户提供合适的金融产品，创造各个经济周期的丰厚价值回报。在明确的思路指导下，公司业绩良好，得到了中西部市场的认可。

综观 2009 年经济形势，不确定性因素增多，信托公司又面临新的挑战。国内经济虽然回暖，但内生性增长机制尚未形成，经济基础尚不牢固，而货币金融政策又在微调中逐步收紧，未来一年的经济形势和政策走向都存在高度不确定性。在这样的环境下，信托公司近期的主要任务就是要深刻理解目前的外部经营环境，把握未来经济运行中的重点领域，在不确定的经济环境中寻找确定性的业务机会，通过不断创新完善与业务匹配的风险管理机制，保证信托可持续发展，具有创新性的可持续发展是形成信托公司核心竞争力的动力源泉。“有明确定位的公司将能更好地应对今年的不确定性带来的挑战。”景开强说。

景开强表示，总体看来，信托业整体向好的趋势将能够保持，但中西部信托市场依然还有很大发展余地。根据对2008年披露年报的50余家信托公司不完全统计，目前处于中西部地区的信托公司有20余家。纳入统计范围的全国51家信托公司平均注册资本为10.83亿元，而中西部地区的信托公司平均只有7亿元左右；信托公司平均管理信托资产规模为204亿元，中西部地区的信托公司平均资产管理规模不足80亿元；信托公司平均总收入为3.45亿元，中西部地区的信托公司平均总收入只有1.1亿元。除此之外，盈利水平、信托产品发行数量、资金募集能力等方面中西部地区的信托公司与东部沿海区域的信托公司相比都存在较大差距。然而，信托业的发展很大程度上受地区经济发展水平影响很大，简单地从数据角度评价信托公司的经营能力有欠公平。

“在中西部整体金融欠发达的大背景下，用传统的规模和效益来评价该地区的信托公司是不合适的。”景开强认为。“第一，对信托公司的评价应该从投资者认可度、金融创新、可持续等多个角度出发建立系统评价体系。从这个角度出发，在20余家中西部地区的信托公司中其实不乏业务发展有序、经营稳健的优秀信托公司。第二，从信托公司发展历史来看，资金来源和渠道以及地域因素实质上决定了信托公司的业务模式和风险程度。中西部地区的信托公司大多地处经济不发达地区，和东部沿海区域的信托公司相比，主要是面临着合格投资者数量和资金来源的劣势，制约着公司的进一步发展。但是正因为如此，中西部地区的信托公司不能盲目扩张，不能贸然涉及高风险行业和领域，更不能单纯以承担风险为代价追求短期利润和规模，而是应该从金融创新和金融深化出发，坚持高标准的风险管理水平和体系，从满足客户日益个性化的投融资需求出发，完善以提高专业水准和服务质量的双驱动业务拓展模式，达到客户信赖、监管放心、股东满意的三重标准。”

虽然总体经济发展水平不如东部，但政策的大力倾斜也让中西部地区的信托公司得到了很多东部沿海信托公司不具备的机遇。对此，景开强认为，中西部地区的信托公司应充分利用中部崛起和西部大开发等国家战略导向倾斜优势，把握在经济增长方式转化和经济结构调整中热点领域的轮换，探索建立对社会公共事务、低碳经济、中小企业发展、承接产业转移等领域提供高效金融服务的长效机制，在推进中西部地区新型工业化、新型城镇化和农业现代化的过程中有所作为。

对于哪些具体领域对中西部地区的信托公司来说存在机遇，景开强表示，首先，与东部沿海地区相比，中西部地区在基础领域欠账较多，而集合民间资金和机构资金对地方基础设施建设、棚户区改造、教育、卫生提供融资支持，也是中西部地区的信托公司发挥后发优势的大好舞台；其次，信托公司可依托本地优势行业与企业资源，发起设立优势行业并购基金、新能源产业基金、中小企业信用担保互助基金等；最后，中西部地区基层金融服务较为落后，信托公司还可以加大与农村金融机构的合作和资源整合力度，拓展金融服务的“蓝海”领域，进行自身金融产业链的有效延伸。

中铁信托在近年的经营中取得了良好的成绩，得到了投资者和监管机构的认可，清晰的公司定位功不可没。景开强也表示，未来中铁信托将在明确思路的前提下，积极挖掘在“成渝统筹城乡综合配套改革试验区”深化发展过程中潜在的业务机遇，同时将进一步调整经营管理机制，坚持市场化方向，提升行业市场创新能力；还将进一步提高服务水平和质量，继续贯彻以“金融服务创造价值”的经营理念，用优质服务和金融创新弥补公司地域、渠道上的劣势，形成适合自身特点的核心竞争力；并且还要进一步创新完善风险管理，建立业务与风险平衡机制；通过不断提升创新能力和服务水平，实现企业的可持续发展。

《金融时报》记者　薛亮

# 低碳经济及金融机构的成功实践

（载于《金融时报》2010年2月20日第4版）

低碳指较低的温室气体排放。低碳经济是以低能耗、低污染、低排放为基础的新经济发展模式，是人类社会继农业文明、工业文明之后的又一次重大进步，同时它也是目前最可行的可量化的可持续发展模式。

低碳经济几乎涵盖了所有的产业领域，有人称为是“第五次全球产业浪潮”。它主要包含了三方面的内容。

第一，低碳经济是相对于基于无约束的碳密集能源生产方式和能源消费方式的高碳经济而言的。发展低碳经济的关键在于降低单位能源消费量的碳排放量，通过碳捕捉、碳封存、碳蓄积降低能源消费的碳强度，控制二氧化碳排放量的增长速度。

第二，低碳经济是相对于新能源、相对于基于化石能源的经济发展模式而言的。发展低碳经济的关键在于促进经济增长与由能源消费引发的碳排放脱钩，实现经济与碳排放错位增长，通过能源替代、发展低碳能源和无碳能源控制经济体的碳排放弹性，并最终实现经济增长的碳脱钩。

第三，低碳经济是相对于人为碳通量而言的，是一种为解决人为碳通量增加引发的地球生态圈碳失衡而实施的人类自救行为。因此，发展低碳经济的关键在于改变人们的高碳消费倾向和碳偏好，减少化石能源的消费量，减少碳足迹，实现低碳生存。

由低碳经济而派生出的“碳金融”，在国外的金融机构中已有一些成功的实践。比如，荷兰银行“碳金融”业务领域主要集中在两方面：一是碳交易业务。在碳交易领域，荷兰银行已是排名世界前十位的交易商，凭借其广泛的全球性客户基础，为碳交易各方牵线搭桥，提供代理服务，获取中间业务收入，随着代理交易业务的增长和交易经验的积累，荷兰银行在代理业务外又做起了自营业务，利润额大幅提高。二是环保概念理财产品。通过对各类上市公司股价表现的研究，荷兰银行发现近年来开展环保业务的上市公司股价表现远好于股市综合指数，于是选择这些公司为样本股，设计了气候指数和水资源指数，并推出收益与上述指数挂钩的气候和水资源环保理财产品。这两个产品推出后深受欢迎，仅通过欧洲一家大型超市就卖了3 000万瑞士法郎。荷兰银行还将一部分理财产品以奖金方式分发给员工，既加强了员工的环保意识，又提高了员工对银行社会责任的认识，同时由于理财产品有较长的期限，对稳定员工队伍也有积极作用。

中国碳交易市场早就受到了国际金融机构的青睐。2004 年摩根士丹利进入了碳交易项目，2006 年承诺 5 年内将投资 30 亿美元扩展二氧化碳排放额度业务。如今，摩根士丹利项目有宝丰县耐火材料生产线焦炉煤气利用项目（一期）、固始县杨山明源实业有限责任公司生物质热电厂项目、平顶山瑞平石龙水泥有限公司低温余热电站工程等。而中国目前最大的碳交易项目——辽阳石化公司的氧化二氮减排项目，则被高盛国际和加拿大纳德资产管理公司拿到。截至 2008 年末，高盛国际在华已经拥有了黑龙江建龙富余煤气发电项目、河南昌源 36 兆瓦生物质发电项目、黑龙江东宁大架子山和西大岗风力发电项目、黑龙江东宁华富风力发电项目、黑龙江依兰鸡冠砬子山风力发电项目等。

信托公司代表性环保项目产品一览表

| 产品名称 | 阿拉善盟达康新型环保制冷材料项目集合资金信托计划 | 安泰—上海机场高速污水管道（BT）项目集合资金信托计划 | 重庆国有企业环保动迁项目集合资金信托计划 | 天津泰达环保有限公司电费收入收益权集合资金信托计划 | 百瑞宝盈 4 号（龙羽宜电环保项目）集合资金信托计划 | 都江堰市环保建设融资项目资金信托计划 |
|---|---|---|---|---|---|---|
| 推出时间 | 2006 年 4 月 4 日 | 2007 年 11 月 22 日 | — | 2006 年 12 月 28 日 | 2006 年 8 月 16 日 | — |
| 发行机构 | 华宸信托 | 安信信托 | 重庆国投 | 北方信托 | 百瑞信托 | 中铁信托 |
| 成立时间 | 2006 年 7 月 27 日 | 2007 年 12 月 15 日 | 2007 年 9 月 13 日 | 2007 年 1 月 6 日 | 2006 年 9 月 20 日 | 2004 年 12 月 20 日 |
| 信托规模 | 1 170 万元 | 8 000 ~ 10 000 万元 | 12 000 万元 | 5 000 万元 | 4 272 万元 | 4 500 万元 |
| 信托期限 | 2 年、3 年 | 4 年 | 3 年 | 2 年 | 3 年 | 2 年 |
| 预期年收益率 | 4.60% | 8.50% | 6.00% | 4.80% | 4.00% | 5.00% |
| 收益率描述 | 2 年期 4.6%、3 年期 5% | 8.5% ~ 9.5% 且随贷款基准利率等额上调，不下调 | 预计信托年收益率为 6% 至 10% | 预计年收益率 4.8%（未代扣代缴所得税） | 每年向受益人归还 1/3 本金并分配一次收益，第一年预期收益率为 4%，第二年预期收益率为 4.6%，第三年预期收益率为 5.4% | — |
| 信托产品类型描述 | 贷款信托 | 组合信托 | 权益信托 | 权益信托 | 贷款信托 | 贷款信托 |
| 发行地 | 呼和浩特市 | 上海市 | 重庆市 | 天津市 | 郑州市 | 成都市 |

续表

| 资金运用方式 | 以贷款方式运用于阿拉善盟达康精细化工股份有限公司新型环保制冷材料项目建设 | 股权投资＋债权投资 | 信托资金将运用于重庆市国有控股、参股企业的环保动迁项目，以环保动迁企业土地整治收入及其他合法经营收入为还款来源 | 以5 000万元的价格购买天津泰达环保有限公司2007年1月至2008年12月电费收入中5 550万元电费收入的收益权，若泰达环保有限公司2007年1月至2008年12月电费收入不足5 550万元，由该公司以其他收入补足 | 将信托本金贷放给洛阳龙羽宜电有限公司、洛阳龙羽虹光电力有限公司，由其综合运用于锅炉烟气脱硫环保项目工程 | 本计划信托资金采用贷款形式，全部用于都江堰市排污管道工程建设 |
|---|---|---|---|---|---|---|
| 信托状况 | 已清算 | 运行中 | 运行中 | 已清算 | 已清算 | 已清算 |

资料来源：中国信托业协会。

《金融时报》记者　金蓉

# “两抓一建”防风险 放宽视野促发展

## ——银监会确定2010年信托业监管思路

（载于《金融时报》2010年3月6日第8版）

2010年的信托业监管思路是“两抓一建”——抓重点，抓专项，建机制。抓重点是要对银信合作、信政合作、政府平台融资、地方性债务风险等国务院领导和社会舆论关注的风险以及房地产、证券等敏感性业务重点研究和监管。抓专项是抓机构声誉风险和结构化信托业务等典型项目的管理。建机制是要建立多渠道的风险提示机制，只要发现风险苗头，并履行必要的内部程序后，就要及时对机构提示风险，以增强风险提示的时效性和针对性。

有人说，2009年是中国经济最困难的一年，2010年将是中国经济最复杂的一年。当中国经济刚刚从最困难的2009年走出来的时候，人们发现，无论是在金融危机刚刚发生的2008年，还是在中国经济最困难的2009年，危机环境下的信托公司都显得异常平静。这样的平静显然是对信托公司和信托产品运行正常的最直接肯定；更难能可贵的是，在这样的经济环境下，信托公司和信托产品的正常运行并不是在萎缩的状态下完成的，而是在受托资产急剧扩张的基础上完成的。数据显示，截至2009年12月底，信托资产总规模20 557.26亿元，比2008年的1.3万亿元大幅上升。这样成绩的背后，监管思路的作用不容忽视。

2010年，在更加复杂的经济环境和信托行业新的历史阶段，信托监管又将是一种什么样的思路呢？在近日召开的全国非银行金融机构监管工作会议上透露出这样一个信息：“两抓一建”防风险，放宽视野促发展。

### 风险防范：“抓重点，抓专项，建机制”

“今年的风险防范工作要‘抓重点，抓专项，建机制’。”在2010年全国非银行金融机构监管工作会议上，中国银监会副主席蔡鄂生这样表示。蔡鄂生明确，2010年要继续做好重点公司、重点业务的持续监测，确保监管措施紧跟行业发展和风险的转换，防微杜渐，将风险消灭在萌芽状态。抓重点是要对银信合作、信政合作、政府平台融资、地方性债务风险等国务院领导和社会舆论关注的风险以及房地产、证券等敏感性业务重点研究和监管。抓专项是抓机构声誉风险和结构化信托业务等典型项目的管理。建机制是要建立多渠道的风险提示机制，只要发现风险苗头，并履行必要的内部程序后，就要及时对机构提示风险，以增强风险提示的时效性和针对性。

与此同时，蔡鄂生强调，在重视风险的同时，也要抓住机遇积极促进发展。要从整个市场的视角来看问题，做到对机构反映出来的问题心中有底，提高应变能力。要认真思考在风险控制不断完善的情况下，监管手段和对策如何调整，要把视野放宽，不能公式化监管。

## 适度支持 REITs 解决制度缺失

近年来，根据市场形势，银监会出台了大量法规，加强对银信、信政、房地产、证券等重点业务和重点公司业务的规范。对于2010年信托产品的投资领域，中国银监会非银部主任柯卡生则要求，针对信托公司经营特点和风险状况，在不放松风险监管的前提下，继续积极重点支持基础建设、能源、环保等符合国家宏观政策、产业结构调整导向的项目；适度支持信托公司开展房地产信托投资基金业务。

柯卡生透露，除配合人民银行草拟房地产信托投资基金相关制度外，银监会已开始制定和修订相关配套制度和标准。此外，2010年银监会将继续实行上年有关支持信托公司发展的政策，加大力度支持信托公司创新产品，积极推动创新业务发展，努力提高信托公司自主管理能力；并将加大对信托登记、信托产品流通、标准化等问题的调研力度。

## 严控信托公司成为大股东风险转移平台

对于信托公司与大股东，特别是银行系大股东的关系，柯卡生要求，在商业银行综合化经营趋势不断发展的情况下，各机构一定要做好与商业银行和企业集团的风险隔离和防范工作。尤其是对于那些被商业银行和企业集团当做综合经营试验平台的信托公司，更要构筑严格的防火墙制度，坚持独立运作、自主管理的原则，严格实行与控股股东的“人员、资金、办公场所”三分开，实行独立经营；防止风险在控股股东与非银行金融机构之间的相互转移和传递；可以允许机构与控股股东进行客户的相互推介，但需独立自主进行尽责调查和审议，客户资源不可共享，并需建立防止利益冲突的良好隔离制度和机制。在商业银行投资入股信托公司工作中，要坚持“个案审批”，多与相关部门沟通协调。在银信合作业务上，银监会将推动银信合作向纵深化发展，推动信托公司私人银行业务发展。

## 制度建设强调与时俱进

初步统计，2007年“新两规”出台以来，银监会陆续制定出台有关信托公司的办法、指引、业务规则等共计23项，从资金运用、规范公司治理、加强分类监管和完善信息披露等角度，搭建了信托公司完整、完善的制度框架，保证了信托公司的规范、健康发展。柯卡生透露，2010年银监会还将完成对《信托公司监管评级办法》的修订，促进信托公司提高产品技术含量和创新水平。与此同时，争取出台“信托从业人员管理办法”、“信托公司净资本管理办法”、“信托公司内部控制指引”。此外，2010年银监会在制度建设上还将重点开展后评价制度。

柯卡生强调，2010年监管工作的总体要求是全面贯彻落实中央经济工作会议和银监会年度工作会议精神，坚持贯彻“一手抓风险防范、一手抓科学发展”的方针，紧盯市场变化，严守风险底线，全力推进改革开放，审慎鼓励金融创新，努力提高机构的竞争力和服务水平，促进机构的健康稳健运行，继续为宏观经济企稳回升作出贡献。

《金融时报》记者　金立新

# 良好局面源自“新游戏规则”

（载于《金融时报》2010 年 3 月 6 日第 8 版）

“史无前例的良好局面。”这是中国银监会主席刘明康对 2009 年非银行金融机构的一句评价。中国银监会副主席蔡鄂生也同样给出了几乎同样的评价：“非银行金融机构在这次危机中表现良好，整体经营稳健，无论结构还是总量都是历史最好水平。”

作为非银行金融机构中的主力，信托行业的数据可以说明两位领导为什么给予了非银行金融机构这样从未有过的评价。

在经营业绩上，2006 年末信托资产 3 606 亿元，2009 年末则达到了 2 万亿元，增长近 5 倍；所有者权益从 519.5 亿元，增长到 1 016 亿元，增长近 1 倍。2006 年信托行业实现利润 39 亿元，2009 年实现利润 122 亿元，增长两倍多。在公司治理上，2007 年信托行业改革后，信托公司的功能地位及市场价值逐渐被社会所认知，境内外战略投资者入股信托公司的意愿明显增强。截至目前，7 家外资金融机构和中粮集团、中国华能集团、中国石油集团公司以及中国交通银行、中国建设银行等一大批国内知名企业入股信托公司。2008 年，在国际金融危机全面爆发、国内资本市场暴跌之时，证券公司、基金公司、银行等金融机构的各类金融产品都备受非议，但信托公司却整体经营稳健，信托产品广受追捧。这是让许多人感到惊讶的一个现象。

人们熟知的信托公司优势是横跨货币市场、资本市场和实业三大市场。这种独特的优势也曾经让信托公司饱受痛苦。历史上，只要中国经济发展出现大的波折，就会有信托公司的影子。原因也很简单，综合经营的特性让信托公司可以将触角深入各个领域，而不同领域的风险也反过来传导到了尚不能“经历风雨”的信托公司，于是，清理、整顿不可避免。但是，在 2008 年的世界性金融危机和 2009 年中国经济最困难的一年中，人们看到的是：从支持国家大中型骨干企业和民族产业、支持“三农”、支持中小企业、支持低碳经济等方面，信托公司不仅为国内经济结构调整、应对金融危机、促进低碳经济发展承担起了应有的经济和社会责任，而且自身实现了稳健发展。同样是信托公司，曾经的“坏孩子”为什么突然之间变成了“回头浪子”？

原因是多方面的，其中直接发挥作用的是“游戏规则”的改变。

2007 年 3 月 1 日，银监会出台“新两规”。“新两规”通过压缩固有业务、限制集合信托资金以债权方式运用、限制关联交易、鼓励和引导创新业务和自主管理业务、明确合格投资者标准等方式，调整了信托公司业务范围，使信托公司从过去的“融资平台”向“受人之托、代人理财”的专业理财机构和财富管理机构转型，引导信托公司向信托主业回归。这种对信托公司回归主业的引导所反映的，也正是政策对信托自身特有发展规律的尊重。此后，以“新两规”为基础，银监会不断推出大量的部门规章，从制度建设方面让信托公司按照信托不同于银行的独特发展规律一步步走到了今天。而这些“游戏规则”的改变，所针对的就是当时信托公司功能定位不准、没有合理的盈利模式，以及公司治理不完善、自身管理能力弱等问题。新“游戏规则”不仅凸显了信托公司“代人理财”这种与银行完全不同的经营模式，更将信托公司与银行不同的现实状况纳入了政策视野，让新的“游戏规则”与信托公司贴得更近。

无论是从经营方式上，还是从制度本质上，信托无疑是与银行不同的另外一类金融机构，是一个独特的领域，有自身特有的发展规律。同样是信托公司，不同的是“游戏规则”，信托公司这种变化的原因，也无疑是政策变化的结果。

受托资产超过 2 万亿元的规模让信托行业进入了一个新时代，而在这个新的阶段，自主管理无疑将成为政策的主旋律，这一点，已经在刚刚出台的一些政策中表露无遗。其实，所有的信托人也都明白：只有把握了自主管理这个主旋律，信托行业才能真正摆脱“边缘”、“管道”等“散兵游勇”式的盈利模式，成为金融市场中真正的“主力军”。

对于“游戏者”，规则的改变意味着阵痛。但经历了阵痛后，“游戏”会更加精彩。要成为新规则下“游戏”的赢家，就必须研究和适应新的规则。如今，在自主管理的政策主旋律下，管理什么和怎么管理理应成为信托公司所必须考虑的课题。

《金融时报》记者　金立新

# 在复杂环境下落实"新两规"

## ——信托公司2009年监管工作回顾

（载于《金融时报》2010年3月6日第8版）

2007年，银监会颁布"新两规"；2008年，"新两规"刚刚实施不到一年，一场世界性的金融危机不期而至；2009年，在中国经济最困难的一年中，信托公司在熟悉和适应新政的同时应对着困境，并在恶劣的经济环境中，以这样的业绩检验了新政的政策效果：截至2009年12月底，54家信托公司固有资产总规模1 130.18亿元，负债总额113.18亿元，所有者权益总额1 016.99亿元，分别比年初增长29.26%、31.68%和29.00%。信托资产总规模20 557.26亿元，比年初增长65.43%。

如此结果，不得不让人们对信托政策刮目相看。

### 引进战投　夯实发展基础

夯实基础是发展的前提，而对于经历了五次清理整顿的信托行业来说，解决历史遗留问题是行业发展中必须解决的问题。因此，这也成为银监会信托监管面临的一项重要工作。

资料显示，至2009年末，13家历史遗留问题信托公司中，6家的风险处置工作接近尾声，已批复3家重新登记。通过采取破产、破产重整、重组等方式，中粮集团、中国华能集团、信达资产管理公司等实力企业被引进，推进了历史遗留高风险机构的处置工作。针对单体业务风险，银监会通过指导督促属地局采取暂停部分业务、处理相关人员等措施，及时化解了3家信托公司的单体业务风险；推动了爱建信托重组；督请青岛市政府成立海协信托重组工作组，加快开展相关重组工作。

与此同时，借危机兴改革，引进有实力的战略投资者成为加强信托公司体制机制建设、提高竞争力和夯实行业发展基础的一种方式。

在总结、评估近几年引进战略投资者经验和效果的基础上，近年来，银监会按照"依法、自愿、市场、审慎、效率”的原则，鼓励引进有实力的合格境内外战略投资者，探索建立科学合理的股权结构。2009 年，商业银行和大型国企入股信托公司再次取得重大进展，先后批准中国建设银行、中粮集团、中国石油集团公司、信达资产管理公司等机构投资者入股信托公司，有效提升了信托公司的公司治理、风险管控、战略规划和业务创新等核心竞争力。

## 完善规章　力求因势而变

2009 年，在前几年推陈出新，全面梳理、废止、修改完善、颁布新法规的基础上，根据行业的功能定位和监管需要，针对机构出现的新情况、新问题和新的风险表现形式，银监会出台了一系列法规制度和监管政策。对《信托公司监管评级办法》、《信托公司信息披露管理办法》的修改完善，进一步提升监管评级的科学性和指导作用，增强行业披露信息的透明度。信托公司信托业务执行新会计准则监管规定的制定，则对信托业务会计核算作进一步规范。许多新政策的修改和出台，是在国际国内经济形势的复杂多变、国家应对内外形势变化的政策也在不断作出调整、对监管政策提出了新要求的情况下推出的。因此，因势而动的政策掌控在 2009 年成为信托监管的一大特色。

为配合“保增长、扩内需、调结构”的宏观经济政策，银监会根据经济形势调整政策规章，发布了《关于支持信托公司创新发展有关问题的通知》等多个文件，适时采取了对优质信托公司有条件地放宽投资者要求；对单笔信托金额为 300 万元人民币以上的自然人投资者和合格的机构投资者数量不再作限制；推动信托创新产品等具体措施。为应对国家宏观调控和产业政策调整对信托公司风险变化的影响，针对银信合作发展中出现的问题，及时采取监管措施；针对信政合作中出现的风险苗头，下发了《关于信托公司开展项目融资业务涉及项目资本金有关问题的通知》，要求各信托公司注意防范信政合作业务中的风险和关注业务合规性，并对债务性集合信托资金充做项目资本金予以规范。

信托业务横跨货币、资本、实业多个领域，因此在信托行业发展的外部环境改善工作中，不同监管部门之间的协调成为一项重要工作。2009 年，信托登记以及 REITs 制度等有了一定程度的进展。通过主动与相关部门进行沟通协调，因势而变完善信托政策，信托产品的创新也随之加速。

## 监管手段　“三性”应对挑战

在所有金融机构中，信托公司的灵活性是其重要特色。同时，2009 年我国经济运行中的不确定因素增多。双重因素对监管者的智慧和监管能力提出了挑战。对于这种挑战，银监会强调了监管的预见性、针对性和有效性。而这种预见性、针对性和有效性的实现，则来自于调研。通过调研，银监会既增强了风险识别的敏感度，也为“对症下药”处置风险和采取支持措施提供了依据，同时形成了一批调研报告，在提高对信托行业风险识别以外，也为国家其他宏观调控政策的实施提供了依据。

2009 年，银监会与其他监管部门完成了《中国银监会关于信政合作业务和地方政府平台公司贷款业务有关情况的调查报告》，报告除对信政业务风险进行深入分析外，还就相关政策提出了很多建议；针对银信合作业务增长较快，特别是资金较多投向房地产的专项调研中，撰写了《全国信托公司房地产融资业务调查报告》，为政策的实施提供了依据。

在市场准入、现场监管和非现场监管等常规手段的运用上，银监会组织专人负责完善以风险为本的非现场监管体系建设，提升对非现场监管信息及各类综合信息的运用，加强非现场监管对现场检查的指导，实现了非现场监管、现场监管和市场准入各环节的有效衔接，深化了非现场监管、现场检查和动态监管的有效配合机制。

《金融时报》记者　薛亮

# 房地产投资信托基金

（载于《金融时报》2010 年 3 月 6 日第 8 版）

房地产投资信托基金（Real Estate Investment Trusts，REITs）是一种集合众多投资者资金，用来投资及经营各类房地产项目的投资工具，投资标的一般包括购物中心、写字楼、酒店、公寓及游乐场所等。

与一般证券投资基金的运作模式相似，投资者可通过购买 REITs 的基金份额拥有不同房地产项目的权益，间接成为业主。REITs 是一种证券化产品，可在证券交易所上市流通，从而有效解决房地产市场缺乏流动性等问题。

REITs 最初的运作模式是信托模式。信托公司作为独立的第三方，负责全程监察 REITs 的运作情况并代为投资者保管资产，确保 REITs 有恰当的制衡机制。除信托公司外，REITs 运行中还包括资产管理公司和物业管理公司两个主要角色，前者负责在 REITs 资产组合中增持或出售投资物业；后者则负责物业的日常管理、维修和翻新等工作。

REITs 的主要投资者包括退休基金、教育基金及保险公司等。它们追求的是适度风险下的稳定收益，而 REITs 高额的现金派息以及中长期的稳定收入与这部分资金的特点不谋而合。同时，丰富投资工具、分散投资风险、实现多样化的投资组合，也是投资者选择 REITs 的重要原因。

对于房地产开发商而言，REITs 则为其提供了一条新的融资渠道。由于 REITs 在发行时的定价贴近当时的资产估值，因此不需要以过高的折价出售物业。实力雄厚且拥有优质物业的房地产开发商可利用 REITs 出售一些资产，然后将募集的资金投资于回报比收租物业更高的房产项目。而一些负债较重的房地产开发商则可以在不被市场刻意压价的情况下尽快套现，减轻负债。

REITs 对于国内商业地产的发展具有重要的借鉴意义。商业地产的特点是投入资金大，投资回收期长。在目前国内房地产融资渠道较为单一的情况下，为了解决这一问题，国内开发商大多采用了商铺分割出售的方式进行变现，由此也产生了产权分散与统一经营的矛盾。而商业地产是以长期稳定租金收益增长为目的，因此统一的经营管理、租户的整体配置显得尤为重要，这是实现未来物业保值增值的前提。为实现商业物业从培育、成熟、出售到再投资的良性循环，并解决物业管理中的矛盾，仅仅依靠银行信贷这一传统融资方式是远远不够的，需要引入 REITs 等金融工具，对投融资渠道进行创新，将商业物业市场与资本市场有机结合，实现商业物业的证券化。

张锡麟

# 信托关系有利于解决经济发展中的诸多矛盾

## ——访中信信托总经理蒲坚

（载于《金融时报》2010 年 3 月 20 日第 8 版）

记者：为什么您认为信托这种新型的生产关系是现特定发展时期应该被重视的一个问题呢？

蒲坚：改革开放以来，我们在经济体制改革上进行了一系列的探索，承包制、合伙制、股份制等都是一些有益的实践活动，这些改革实际上都是在我国从社会主义计划经济向社会主义市场经济转型的过程中，对生产力与生产关系的重新调整。然而我们还需要探索一种新型的经济模式——信托关系。

传统观念认为，社会主义和市场经济是水火不容的。社会主义讲求公平与和谐，公平即全社会人员的物质基础、社会地位和知识获得的机会平等。但是传统的计划经济存在着一个突出的问题就是效率低下。搞市场经济可以解决效率的问题，但实行的结果是很难兼顾平等，其中包括生理条件、遗传因素、家庭背景、教育程度和经济环境等方面的差异化。如果只强调市场化的作用，就会加剧这些不平等的现象，并带来社会矛盾的激化。实际上，在一定的条件和范围内，通过信托关系的调节可以实现社会主义与市场经济的有机结合。从经济理论上来讲，集合资金信托中的信托关系是一种委托代理关系，是对公有制的一种间接代理关系，是多数人的财产委托，是由专业投资者进行经营的一种新型生产关系。由于集合资金信托的资金来源于公众，集合在一起后具有公有制的性质。通过信托公司专业投资专家第二次经营性委托代理，即集合信托计划，使公众资金得到有效使用，并获得投资收益。这种信托关系解决了长期以来社会主义公平原则与市场经济效率原则所谓“水火不容”的矛盾问题。

记者：在以信托关系解决“三农”问题方面，中信信托有一些实践。比如在解决农业产业发展方面，公司在今年初与河南省政府合作推出了国内第一只农业投资信托基金——中信国元农业一号信托基金；在解决农民收入方面，2009 年初公司推出中信盛景天津区域发展信托基金，让广大的农民能够购买信托计划，提高农民收入。信托关系对于改善我国的“三农”问题有什么帮助?

蒲坚：在社会主义新农村建设中，普遍存在着农村自身资金外流和主流金融机构惜贷形成的农村和农业资金短缺问题。当前，尽管土地流转取得了一定成效，但由于农业生产成本较高、农业的比较效益低下、农民进城务工增多等原因，土地抛荒在一定范围内仍普遍存在。如果依靠行政手段向成员农户租用土地，再以土地入股经营或包给其他个人或法人单位经营，从而使这种流转变异为“反租倒包”，这种做法从根本上违背了农民的意愿。

实际上，“三农”问题的产生在于知识性的不和谐。生产力与生产关系和谐和与社会的和谐，说到底就是人与人之间的和谐。人是社会关系的总和，但在过去我们更多强调的是人所具有的物质性和社会性，却忽视了知识性元素。农村自身资金外流和主流金融机构惜贷形成的农村和农业资金短缺问题，很大程度上是因为城乡之间知识的差异造成的。和谐社会是以人为本的“三元和谐”，既要满足农民的物质性、社会性，又要满足农民知识性需求的根本利益。而信托恰好可以完美地解决这种因为城乡之间知识性的不和谐而造成的物质和社会性的不和谐，消除城乡差异和因此而造成的结构性问题。

信托可以通过以下途径解决上述问题。一是选择合适的农业或农村融资项目。信托公司与相关农村经济主管机构合作，依据主管机构初选后推荐，信托公司自主确定的原则，选择一批或一类存在融资需求的实业项目。所选择的项目，应该属于盈利潜力较好、项目方治理比较规范的项目。信托公司按内部规范的项目审核程序对备选的项目进行现场、非现场审查，对项目投资盈利和风险状况进行分析和论证，并与潜在资金提供者进行交流，确定拟投资的项目。二是为拟投资项目设计相应的信托方案。信托公司针对选定的目标项目，根据融资方式、融资金额、融资期限、融资成本等各种要素，设计相应的信托方案。例如，针对融资金额较小的项目，可以考虑将该项目与其他同类项目集合打包的方式，形成一个信托融资产品。针对投资风险偏高的融资项目，可以考虑通过内部信用增级和外部信用增级，如设置抵押物、采取外部担保等方式，将风险降低到投资人可接受的水平。三是筹集项目建设资金。信托公司在形成项目投资方案后，利用自身积累的投资者资源，或者借助代理推介机构、采取单一资金信托、集合资金信托、财产信托等多种资金来源方式，向潜在资金供应方进行项目私募推介，为项目筹集所需资金。

记者：信托关系作为一种社会主义市场经济环境中实现公有制的一种有效形式，它的运用范围应该是很广阔的，您认为它还可以解决什么问题?

蒲坚：在目前政策所关注的“三农”问题之外，信托至少还可以解决下面几个方面的问题。

一是信托关系有利于推动经济决策的民主化。我国作为社会主义国家，如何在保持基本政治制度不变的前提下发展市场经济体系，实现公平与效益的有机统一，实现共同富裕的理想和目标，这是一个重大课题。随着体制改革的深入，调节社会财富的手段将更加依赖于市场化的、法制化的手段，而信托关系以其固有的功能和特征，应当而且可以成为主要方式之一。这是由于信托关系的背后代表着若干个委托人的利益，各种利益关系均受到法律文件的制约，可以制约某些权力，避免国有资产流失等腐败现象的发生，可以促进社会经济关系向着更加严谨、公正、廉洁的方向发展。

二是信托关系有利于产业结构的优化配置。近年来，我国在城市化和工业化进程中出现了诸多土地利用方面的问题。当城市化和工业化有了明确的战略定位、战略措施和行动计划之后，如何合理配置有限的资源，有效落实战略、措施和计划，就成为至关重要的问题了。通过信托关系方式，可以艺术性地、创造性地进行工作，灵活变通，抢抓各种机遇，做到系统、有效配置各种资源，推进城市化和工业化的进程。

三是信托关系可促进传统企业与资本的有机结合。从集合信托的性质来看，它通过两次的委托代理关系，把分散的资金集合起来，使这些资金拥有了资本的属性。委托人成为间接的股东，并可以获得资本收益。对于国企而言，国企的性质导致产权不明晰，法人治理结构不完善，效率低下，因此阻碍生产力的发展。如果引入信托关系，可以天然地调整法人治理结构，使之趋向合理，同时又不改变企业的国有性质。由于代表了委托人的利益，信托更加关注企业的经营管理和业绩，关注提升企业的价值，关注利益的实现，关注企业和自身的声誉。因此，对于促进国企的发展同样有利。这种两次代理的信托关系也适用于家族企业、农村的土地征用、垄断性领域的管理等。探索一种新型的信托委托代理关系，可以让分散的资金成为资本，让广大的投资人分享市场经济的好处，实现真正意义上的和谐社会。

《金融时报》记者　金立新

# 中粮信托：探索土地承包经营权信托新模式

（载于《金融时报》2010 年 3 月 20 日第 8 版）

由于我国法律规定农村土地所有权不能转让，因此以家庭承包方式取得的土地承包经营权，以招标等方式取得的鱼塘、荒山的承包经营权将是农村可转让财产的最重要组成形式。中粮信托利用信托的财产隔离的制度功能，为龙江银行对农民专业合作社贷款设计了土地承包经营权信托和鱼塘承包权信托，并利用信托受益权质押为合作社贷款提供担保，为信托介入农村金融提供了较好的创新范例。

自 2007 年开始，中粮集团金融事业部与龙江银行大庆分行经过调研，确定了肇东市海城乡等市、县、区作为农村金融业务的试点地区，并实施了一系列农贷新模式。截至 2009 年末，共为 8 735 户农民发放贷款 21 649 万元，覆盖耕地 50 多万亩，取得了良好的社会和经济效益。

为推进土地规模经营，肇东市政府推动在乡镇成立农民专业合作社。农民将其承包土地的经营权以量化股份形式入社，合作社对土地实行规模化耕种，并承诺以每亩保底收入、盈利分红等方式对农民进行收入分配。主要的贷款主体将从农民转向专业合作社，需要重新设计贷款担保及风险控制模式。

龙江银行拟发放贷款的主体分别为肇东市五里明胜平玉米种植农民专业合作社、东升玉米种植农民专业合作社和先锋玉米种植农民专业合作社。这三家合作社均由自然人发起，注册资金都为 22 万元，营业范围为组织采购供应成员所需的农业生产资料，开展与玉米产业相关的收购、销售、贮藏活动，引进新技术、新品种，开展技术培训、技术交流和信息服务等。三家合作社共涉及农地流转规模 5 万亩，农户 3 200 多户。根据《农民专业合作社法》，以上主体具有组织特征、财产权特征和行政性特征，因此从贷款融资的角度，上述三家合作社存在一些难点问题。

一是合作社为从事农业生产的经济组织，注册基本金仅为 22 万元，对贷款的风险保障价值较低；其资产主要为农具设备等，缺少其他可用于担保的实物资产。

二是从财产权的角度，三家合作社拥有的主要财产为农民以入股方式流转的 5 万亩土地承包经营权，但目前的法律法规均不支持以土地承包经营权进行抵押，而且合作社拥有的5万亩土地承包经营权的权益也受与农民签订的土地流转经营权入股协议的限制。

合作社已经成为农村生产的主要载体，因此农贷模式必须基于合作社的特征和资源特点设计新的体系。龙江银行肇东支行协调当地政府可以以玉米种植合作社土地承包权和鱼塘承包经营权作为抵押，但是，在现行的政策下承包权作抵押存在一定法律障碍，因此仍然存在风险敞口。

针对上述模式的风险点，信托公司可发挥其破产隔离及受托人的专业职能，由玉米种植合作社将土地承包经营权委托给信托公司，成立土地承包经营权自益信托；将鱼塘承包经营权委托给信托公司，成立鱼塘承包经营权自益信托。信托公司履行管理职责，将土地和鱼塘出租，所得收入作为信托收入分配受益人，并约定将以上信托的收益权全部作为玉米种植合作社在肇东支行1 000万元农业贷款的质押担保，若玉米种植合作社违约，肇东支行有权处置信托收益权，所得资金用以偿还贷款。为确保信托模式的有效性，在实际操作中，信托公司还与龙江银行肇东支行制定了监控贷款的各项配合措施，如对合作社的资金使用进行监控、通过对代扣卖粮款保证贷款顺利回收、合作社负责人为贷款提供担保以防范道德风险等；而且完备了设立信托所需要的各种法律文件和手续，包括但不限于合作社成员大会决议、发包人同意设立信托的文件、在土地流转部门办理信托设立、信托财产登记等。

《金融时报》记者　薛亮

# 利用信托方式解决承包难题完全可行

（载于《金融时报》2010年3月20日第8版）

土地承包经营权信托担保模式中有两个要重点解决的法律环节，即土地承包经营权能否作为信托财产以及信托受益权用于质押的有效性。

以土地承包经营权设立财产权信托是否可行？

信托作为一种财产管理制度，其载体是信托财产。在信托关系中信托财产是委托人的合法所有财产，虽然在我国现有法律制度框架内，农村土地在所有权的层面上是不允许转让的，但是农村土地承包经营权依法可以流转，土地承包经营权是承包方在农村集体所有和国家所有，依法由农民集体使用的土地上进行耕作、养殖或畜牧等农业活动的权利。《物权法》第十一章明确规定，土地承包经营权属于用益物权的一种。以土地承包经营权设立信托具有可行性。

第一，设立土地承包经营权信托具有法律依据。《农村土地承包法》第三十二条规定：通过家庭承包取得的土地承包经营权可以依法采取转包、出租、互换、转让或者其他方式流转。虽然《农村土地承包法》没有明确规定土地承包经营权可以信托的方式进行流转，但在私法领域，只要法律没有明文禁止的即为允许。另外，从《信托法》规定看，土地承包经营权信托具有合法的目的，承包方享有的土地承包经营权属于一种用益物权，具有确定性和合法性，能够作为信托财产。

第二，设立土地承包经营权信托已有实践基础。目前我国一些农村地区已经出现了土地承包经营权信托形式。例如浙江绍兴县成立了县、镇、村三级土地承包经营权信托服务组织。虽然不是信托公司作为土地承包经营权的受托主体，但从制度实质上并无差异。

信托受益权能否质押？

在《担保法》、《信托法》以及《信托公司管理办法》等法律法规中并没有对信托受益权能否可以用于质押作出明确规定；《物权法》第二百二十三条对可以出质的权利采用类型化的方式列举，也没有包括信托受益权。但我们认为，信托受益权质押也有其可行性。

首先，信托受益权符合出质权利的构成要件。一般认为，达到致债务人不履行债务时，债权能优先受偿的目的，设立质押的权利具备以下要件即可：该权利属于私法领域可转让的财产权利，具有交换价值；具有权利凭证或登记制度；质权人可以通过占有或办理登记等方式达到控制该权利的目的。信托受益权符合以上条件，例如《信托法》规定“受益人不能清偿到期债务的，其信托受益权可以用于清偿债务”，“受益人的信托受益权可以依法转让和继承”等；信托公司在信托合同中约定“受益人转让信托受益权，应到信托公司办理手续”，“信托受益权一经质押，非经质权人同意的情况下，信托公司不得对委托人和受益人支付信托收益”等。信托公司属于受国家监管的金融机构，其承诺具有一定的公信力，在约定后，信托受益权应能符合以上的出质权利的构成要件。

其次，《物权法》规定基金份额可以用于质押，而基金份额原理上也是信托受益权。从《证券投资基金法》规定：“在中华人民共和国境内，通过公开发售基金份额证券投资基金，由基金管理人管理……适用本法；本法未规定，适用《信托法》、《证券法》和其他有关法律、行政法规的规定。”从上述规定可看出，基金份额实质上也是一种信托受益权。

最后，信托受益权质押在实践中已广泛应用，如民生银行、招商银行、广发银行已经与信托公司合作开展信托受益权质押贷款业务。在实务中，信托受益权可质押，也可提高信托产品的流动性和信托产品的吸引力。

因此，以土地承包经营权和鱼塘承包经营权设立财产权信托并且以信托受益权质押为贷款提供担保是可行的。

推进土地规模经营、建立新型农民合作关系是党的十七届三中全会改革农村经营体制的重要内容，是今后农业发展的必然趋势。因此，专业合作社将成为农村金融的主要组织载体，而且由于银行在资金监控上的优势，信托利用财产隔离的制度优势配合银行形成土地承包经营权等信托担保模式介入农村金融是一种有益的尝试。

由于我国法律规定农村土地所有权不能转让，因此以家庭承包方式取得的土地承包经营权，以招标等方式取得的鱼塘、荒山的承包经营权将是农村可转让财产的最重要组成形式。上述的信托和受益权质押模式以土地承包经营权和鱼塘承包权为信托标的，在实务中拓展了信托财产设立范围，也在一定程度上有利于信托机构进入农村金融的巨大市场空间。

中粮信托有限责任公司总经理助理　张勇

# 信托融资：为中小企业插上腾飞翅膀

（载于《金融时报》2010 年 3 月 20 日第 8 版）

统计数据显示，2009 年全国共有 12 家信托公司发行了 23 个中小企业投融资集合信托计划，总体融资规模达到 15.8 亿元，单个信托计划的融资规模从 300 万元至 3 亿元不等，资金运用涵盖贷款、权益投资、组合运用等多种方式，投资领域覆盖众多高新技术领域与未来高成长行业，促进了大批自主创新项目的产业化，引导了大量社会资金支持中小企业成长。与 2008 年相比，不仅参与中小企业融资的信托公司不再局限于兴泰信托、中投信托等少数几家，而且资金运用与项目管理显著提高，风险控制手段也更加灵活全面，融资规模获得显著增长，其中，中信信逸一号中小企业发展集合信托的融资规模更是达到 3 亿元。这些信托计划为广大中小企业拓宽融资渠道提供了可操作的经验，打通了社会资金支持中小企业发展的途径，激发了全社会层面对中小企业融资的关注和推动。

中小企业的信托融资目前在全国各地已经呈现了遍地开花、蓬勃发展的态势。上海国际信托发行的“创智天地 1 号”集合信托计划，使企业融资条件更加富有弹性，不再局限于企业资产规模、固定资产抵质押价值等，而着重企业实际状况和未来发展前景，企业可以凭借设备、经营权、租赁权、商标权、股权等资产的实际条件，获得最大的融资支持。该产品为上海市杨浦区的 7 家成长型中小企业提供了 200 万元至 1 000 万元的 2 年期信托贷款，涉及防伪技术、特种化工、环保、电子、模具、计算机技术等多个领域，年利率仅为 7.7%。兴泰信托推出的“滨湖春晓”集合信托计划，由财政专项资金直接认购信托计划且不要求回报，并由高新担保公司提供连带责任保证，向经过审核的合肥市高新区优质中小企业提供贷款，实现了“政、信、银、企”多方共赢的格局，是破解中小企业融资难的有效尝试。华宝信托发行的“张江聚惠”担保贷款集合信托计划，联合上海市再担保公司、张江中小企业担保中心、浦发银行和张江小额贷款公司，由有实力的大企业认购信托收益权，由张江担保中心为项目作担保，募集资金用于支持园区内高科技型中小企业的发展。中投信托更是聚焦于中小企业融资，与杭州中新力合担保有限公司和杭州西湖区政府共同发起的“小企业集合信托债权基金”，“平湖秋月”、“宝石流霞”和“三潭印月”已成为债权信托系列性品牌，而“宝石流霞”由 3 个产品组成、分 3 个价格发行，并且打破行业界限，中小企业受益颇多。

从近年来信托公司中小企业信托产品的实践中可以发现，目前信托公司在中小企业融资中的功能特征获得了充分展示，并呈现更加专业化、特色化的发展趋势。由于中小企业的融资规模普遍偏小，信托计划常常将资金运用于数家不同领域、不同规模的中小企业，涉及面广、覆盖面宽，是中小企业的优秀集群，信托计划在资金安排上都是先有资金池，再从项目池中选择具体企业进行投资，并且引入了专业中介机构，如会计师事务所、信用担保公司、小额贷款公司等为其提供专项服务，信托计划运作具有基金化特征。此外，信托计划通过“优先/一般”的结构，将中小企业遴选与管理机构作为投资顾问引入，使社会投资者与专业投资机构的利益进行有效捆绑，同时将不同风险承担能力的投资者的资金集合用于对中小企业提供贷款融资，扩大了产品的融资能力。与此同时，信托计划的存续期限合理延长。目前中小企业的融资获得1年期或1年期以上时间的贷款很少，而信托产品充分考虑到中小企业资金统筹能力，提供2年甚至更长期限的融资，能够更加符合成长型、创新型中小企业的需求，2009年发行的期限为2年以上的中小企业投融资信托计划达到12款之多。

毋庸置疑，经过近年来不断地摸索和创新，信托公司已经逐渐找到了中小企业融资与信托机制的契合模式，在风险管理、产品设计、资金安排等环节上更加得心应手，走出了一条适合信企共同发展的经营道路，呈现许多值得关注的亮点。随着国内经济体系的不断成熟，出于就业和产业结构等方面的考虑，中小企业将是越来越获得重视的经济体。四处萌芽的地方性中小企业投融资集合信托计划，代表了信托业务的开拓思路和发展潮流，也表明信托公司在创新业务中将会大有可为。信托公司应坚持风险可控、成本可算、成本与效益相匹配的原则，认真贯彻“有保有压”的信贷政策，对中小企业及其资金需求进行合理的分类和科学的投放，保证信贷资金真正用于解决符合国家产业政策、能够扩大内需、有助于经济结构调整的中小企业的资金需求，通过坚持不懈地开拓努力，为我国经济以及自身的健康可持续发展打下良好的基础。

上海国际信托有限责任公司　刘文雯

# 做好“60 分”的基础工作

## ——对话信托公司合规经营

（载于《金融时报》2010 年 4 月 3 日第 8 版）

主持人：金立新

特邀嘉宾：上海国际信托有限公司合规部　陈红

大连华信信托股份有限公司研发部　姜文娟

数据表明，截至 2009 年末，我国信托业信托资产超过 2 万亿元，所有者权益达到 1 016 亿元，实现利润 147 亿元。与 2006 年末比较，分别实现了数倍的增长。良好的数据表明，信托公司近年来处于高速发展之中，但在发展的同时，信托业如何稳健发展也更加被重视。正如中国银监会副主席蔡鄂生在 2010 年全国非银行金融机构监管工作会议上的讲话所言，要先把“60 分”的基础工作做好，再去想如何达到“90 分”甚至更高。如此，合规经营在信托公司发展中显得尤为重要。为此，本报邀请了两位在信托公司从事合规工作的一线员工就此话题展开对话。

主持人：从字面意义上理解，信托公司的经营是否合规应该是一个很容易判断的选择题，那么违规经营是否都是主观恶意的？在信托行业为什么更需要提倡合规经营？

陈红：合规风险就是不合规可能遭受各种损失的风险。从理论上说，如果对合不合规这道是非判断题回答正确，那么就能完全杜绝合规风险。但现实中，即使排除明知不能为而为之的主观恶意，事实上也没有那么简单。

在一线工作中我们都有这样的经历，遇到法规、规章中某些条文存在不同理解和解释时，非要给出个明确说法并不是件容易事。原因有三：一是监管部门在发布办法、通知时，往往会有特定的背景和针对性，对于可能变异或延伸的情形无法全面囊括。就表面文字来说，确实留下了形式上不违法的诸多空间。二是仁者见仁，智者见智，从中央到地方即使监管部门内的人员看法都不尽相同，所以即使咨询，通常也只能得到一个非正式的解释。三是有些争论真的只有对簿公堂，打到法院才能断个究竟。

姜文娟：信托行业向来是金融风险防范的重地，信托公司横跨货币市场、资本市场、实业领域的特点使信托公司的经营风险必然面临多样性、复杂性。近年来，走出清理整顿阴影的信托业花样翻新的“产品创新”吸引了人们的注意力，但其中蕴藏的风险也让监管层及投资者心生担忧。少数信托公司为谋取一时之利，依靠钻法律空子打“擦边球”，频频在产品、业务创新上出奇招、出怪招，这给夹缝中求生存、求发展的信托行业蒙上了重重的一层阴影。如果信托公司再不加强合规文化建设，贯彻合规经营理念，信托行业的未来发展将面临更多的不确定性。

主持人：在与信托公司人员的接触中，经常会遇到一些信托一线人员反映一些法规合规不合理，对此，作为信托公司的合规人员你们怎么理解？

陈红：综观监管部门对金融机构的各类监管办法、规则和要求，出发点和达到的效果不外乎打击恶意，限制经营自由度，实现监管在一定时期内对经济各领域的调节目标。鉴于分业经营、分业监管的金融体制，目前的确存在类似业务中的不同部门不同标准。最明显的一个例子就是各类金融机构经营受托资产管理业务时委托资金的准入门槛不尽相同。根据《证券公司客户资产管理业务试行办法》，券商集合资产管理计划，限定性计划单笔委托资金最低 5 万元，非限定性计划单笔委托资金最低 10 万元，没有合同份数限制；《商业银行个人理财业务管理暂行办法》规定，商业银行理财产品销售起点 5 万元，没有合同份数限制；基金公司发行的公募基金也无申购金额的最低法定限制。但是，在信托公司集合资金信托业务中，“新两规”尽管没有对单笔委托资金明文规定，但对合格投资人的条件设定，以及对单笔委托资金 300 万元以下合同份数不得超过 50 份的限制，造成了信托产品成为各金融机构理财产品中投资门槛最高的事实。显然监管部门将信托公司的客户群定位于资产高、风险承受度高的“双高”人群。尽管信托公司无条件严格遵守，然而从掌握的信托客户信息来看，资金投向明确、收益预期确定、风险可控的信托项目销售较好，也最能得到投资人的认可。反馈信息显示，投资人普遍感觉信托投资风险较低，收益稳定适中。为此，不排除一些个人投资人不愿放弃机会，亲朋好友间凑份子，以一个人的名义进行投资签约，这种方式显然存在隐患。信托公司即使按“合规投资者”的标准严格审查，也无法杜绝此类情况，只能做到善意提醒。所以监管部门出台任何限制市场交易自由的规定时一定要谨慎，否则有可能会事与愿违，并带来社会隐患。

当然，作为信托公司，特别是作为合规人员，对监管规定严格遵守的同时不应该放弃监管诉求的权利。2009 年监管部门第一次对《信托公司集合资金信托计划管理办法》及《中国银监会关于支持信托公司创新发展有关问题的通知》的政策实施情况向各信托公司征求评价意见。我们也希望“回头看”的机制持续下去，这不仅对于监管部门监管理念和监管水平的提高具有持续性，对于法规的合理性、科学性也是一个很好的检验机制。

姜文娟：这种现象肯定存在。一方面是因为监管者与经营者所站的角度和考虑的问题不同，另一方面是因为行业特性的不同。正如前面我们说到的，信托行业是高收益、高风险行业。与其他金融行业比较，信托公司因为涉及面广，所以各个方面的风险都更容易传导到信托公司。同时因为信托创新的特性，法律法规也很难及时有效地覆盖到信托行业的每一个产品。尤其是

“一法两规”将合格投资者定位为高端客户之后，信托行业的经营风险明显加大，一旦因违规发生风险，其造成的不良社会影响和巨大的经济损失对于一直在边缘中求生存的信托公司乃至信托行业都将是沉重打击。回顾信托行业发展历程，一些信托公司冒进经营、违规操作，将自身带入泥潭甚至影响整个信托行业声誉的情况曾经出现过，因此，反思过去，每一个信托人都应该明白，任何发展都应该以合法合规为前提，否则今天的“发展”就有可能变成明天的包袱、明天的隐患。

主持人：从合规人员的角度看，您认为信托公司如何才能做到合规经营?

陈红：综观业内信托公司的沉浮，我们总会发现，祸事往往“起于项目风险，咎于违规经营”。理论上，只要受托人没有违法行为，能够自我举证履行了“诚实信用、谨慎勤勉”的义务，所能揭示的各类风险理应由委托人承担，作为受托人的信托公司就没有责任。现实中，鉴于信托公司的发展历程坎坷，社会包括监管层对信托公司的看法或多或少带有一定色彩。于是，在起草“新两规”时，禁止了信托公司自有业务中的非金融股权投资，禁止了对关联方的资产输出和担保，严格限制了信托公司的关联交易等。这些“红灯”，无论“善意”与否，无论“公平”与否，是坚决不能碰的。经过几年的运行，目前各信托公司基本已经适应。另外一类则是将对特定行业的市场风险、流动性风险、信誉风险等的控制措施上升为通知、指引等并要求予以执行。譬如，对房地产项目的融资条件规定，对限售流通股业务的监管意见，对银信合作业务的详细指引等。这类通知、指引具有极大的不可预见性和解释空间，而且对信托公司既定业务形成极大冲击，信托公司必须接受，因此也迅速组织了各方专家对产品进行改良，谁最先研发出新产品谁就抢占了先机。所以从某种意义上说，夹缝中生存的信托公司创新能力也最强。作为合规人员，“下者把住项目不违规，中者协助项目促合规，上者创新项目越陈规”，只有这样，公司才能在项目风险可控的前提下脱颖而出，又快又稳地发展。

姜文娟：正是因为信托公司发展坎坷，很多人对信托公司抱有一定的成见，所以信托公司更需要加强合规经营的意识。目前的现实情况是，我们还没有“受托人法”，对什么是受托人的“诚实信用、谨慎勤勉”没有具体明确的要求，那么作为受托人的信托公司无论是从维护行业形象的角度还是从自身免责的角度，都应该在合规的框架内经营；另外，可以毫不夸张地说合规文化是信托公司保持旺盛生命力、持久竞争力的重要法宝，只有推行合规文化建设才能谋求更大发展。所以信托公司必须加强合规文化建设、强化声誉风险管理举措。因此，信托公司必须在全公司范围内贯彻合规经营、合规管理的经营理念，将合规经营理念渗透到每一个岗位、每一个业务操作环节，推行“合规人人有责”、“主动合规”、“合规创造价值”等合规理念，从源头上预防风险。合规管理应重视合规部门的建设，聘任具有高度敬业精神、较强技术资格和业务能力的人员充实到合规经营管理队伍中，培养和造就一支高素质的专业化队伍，并实行部门负责人责任制，严密把好合规管理的第二道防线。信托公司应努力制定完善的合规管理制度，使各项业务均有具体可操作的规范可以依从，避免“以信任代替管理，以习惯代替制度”等违背合规经营理念的现象。通过制度层面不断修订与完善的方式，形成事事都有明确合规守法的工作标准、处处都有严格的合规经营纪律约束，使依法合规经营成为全体员工的自觉行为。

## 相关链接

**合规风险**

合规是一个广义的概念。它是指一家金融机构的经营活动与所适用的法律法规、监管要求、市场规则与惯例、行业准则、内部行为准则相一致。合规是金融机构经营活动的组成部分，是金融机构内部一项核心风险管理活动，更是银行业机构实施有效内部控制的一项基础性工作。

巴塞尔银行监管委员会发布的《合规与银行内部合规部门》的高级文件中对“合规风险”的定义是，合规风险是指公司因未能遵循法律法规、监管要求、规则、自律性组织制定的有关准则，以及适用于公司自身业务活动的行为准则，而可能遭受法律制裁或监管处罚、重大财务损失或声誉损失的风险。

**合规风险的主要诱因**

造成合规风险的主要诱因是风险管理的失效。一是公司的内部制度不好，不具有执行力。这需要修订制度。二是员工（包括管理人员）缺乏诚信与正直的道德标准而不愿意执行制度。这需要明确惩戒措施。因此，倡导诚信与正直的价值观念与制定一套好的制度同等重要。另外，应主动避免违规事件发生、主动发现和纠正已发生的违规事件并采取适当的惩戒措施、持续修订相关政策和详尽描述良好做法的岗位手册或程序。

**合规文化应成为企业文化的重要组分**

公司应倡导和培育自身的合规文化，并将合规文化作为企业文化的一个重要组成部分。合规应从公司高层做起，通过完善公司治理来强化合规风险管理。公司高层的言行应与公司的宗旨和价值观念相一致。公司高层应设定鼓励合规的基调，倡导并在公司上下推行诚信和正直的道德行为准则和公司价值观念，努力培育公司所有员工的合规意识，强化合规理念、意识和行为准则，促进公司内部合规与外部监管之间的有效互动。破除“以信任代替管理、以习惯代替制度、以情面代替纪律”等不良文化的桎梏，确立“零容忍”理念，以扭转长期职责不清、责任落实难的状况，强化规章制度的执行力。

合规并不仅仅是合规部门或专职合规员的职责，更是公司每一位员工的责任。只有合规成为公司每一位员工的行为准则，成为各岗位人员日常的自觉行动，才能共同保证合规法律、规则和准则及其精神得到遵循和贯彻落实。只有当公司员工恪守高标准的职业道德规范，做到人人都能履行自身的合规责任，公司的合规风险管理才会有效。

**合规意识是合规文化的核心要素**

合规意识是合规文化的一个核心要素，是公司合规风险管理机制得以有效运行的重要基础。公司员工能够主动寻求合规部门或合规员的合规建议，欣然接受合规培训。各业务部门能够准确识别重大合规风险和合规问题，及时向合规部门或合规负责人报告和咨询，主动进行动态的合规回顾。合规部门积极主动地识别、监测、评估和测试合规风险，乐于为各业务部门及其员工提供合规咨询和建议，主动向管理层报告，并持续跟踪合规风险的变化情况。

董事会是公司合规风险管理责任的最终承担者，负责监督公司的合规风险管理，包括但不限于以下职责：核准公司的合规政策，确保公司战略、产品发展以及潜在冲突和新的风险暴露都有独立的评审，确保公司制定适当的政策以有效管理合规风险，监督合规政策的实施，确保被认定的合规薄弱环节得到及时整改；定期接收有关公司合规方案和合规问题的报告；每年至少一次评估公司有效管理合规风险的程度。

高级管理层是公司合规风险的管理者，负责公司合规风险的有效管理，包括但不限于以下职责：负责制定公司的合规政策，并报董事会核准；率先垂范，切实传达和贯彻公司的合规政策，确保合规政策得以遵守，并有责任确保发现违规问题时采取适当的补救方法或惩戒措施；负责组建一个常设和有效的内部合规部门；每年至少一次识别和评估公司所面临的主要合规风险问题以及管理这些风险问题的计划；每年至少一次就公司合规风险管理向董事会报告，报告应有助于董事会就公司有效管理合规风险的程度进行有充分依据的判断；及时向董事会报告任何重大违规情况。

《金融时报》记者　金立新

# 有序竞争是发展基石
# 合规经营是生存基础

## ——山东省国际信托有限公司董事、总经理相开进谈合规经营、有序竞争

（载于《金融时报》2010 年 4 月 3 日第 8 版）

2001 年《信托法》实施后，经过五次整顿的信托公司开始走上以“回归主业”为主题的规范发展道路。2007 年 3 月 1 日，中国银监会正式下发新的《信托公司管理办法》和《集合资金信托计划管理办法》，更给我国信托业带来了深远的影响。从这一时期开始，信托公司规范经营，在业务增长和风险防控方面都取得了长足的发展，并通过发展实践，基本确立了以资产管理为主的发展方向。部分业内领先的信托公司以合规经营为基础，主动适应监管政策导向，已率先完成了业务模式的战略转型，实现了业务模式的专业化、客户结构的高端化、营销体系的私募化、产品要素的基金化、经营战略的市场化、地域战略的国际化、人才战略的复合化和竞争战略的联盟化。

就整个信托行业而言，信托业的资产质量较其他金融机构毫不逊色，也不亚于上市公司。少数优质信托公司在自己擅长的领域内专注经营，细分投资市场，树立品牌化产品声誉，做大做强信托业务。

“实践证明，这些在合规经营基础上完成战略转型的信托公司，无论从市场份额、信托报酬还是发展速度上均大幅度超过了那些战略转型进度缓慢、仍然依靠打政策‘擦边球’和搞低价竞争生存的同业对手，这进一步证明了有序竞争是一个行业的发展基石，合规经营是企业的生存基础。对于我国信托业和信托公司而言，有序竞争与合规经营是我国信托业发展的历史要求，更是信托行业和信托公司得以生存发展不可回避的重要课题。有序竞争与合规经营是信托行业维持稳定发展的唯一出路。”山东省国际信托有限公司总经理相开进说。

为了发挥信托公司主动管理职能，促使银信合作、证券投资等信托业务的合规经营与有序竞争，2010 年初，中国信托业协会适时推出了《关于进一步规范和促进银信合作业务的自律公

约》与《信托公司证券投资信托业务自律公约》，在行业自律的层面率先要求和倡导信托公司的合规有序经营。相开进认为，这种行业自律正是促进信托公司合规经营、有序竞争的一种方式。这种行业自律至少可以从三个方面促进信托公司合规经营的意识，规范信托公司之间的有序竞争。

一是自律公约的实施有利于在银信、证信合作业务中实现双赢。从受益人的角度，公约对信托公司在相关业务中应尽的义务、应提供的服务提出了更高的要求，能够进一步保障业务规范、稳健开展，更好地维护客户利益。从信托公司利益角度，公约明确了信托公司信托报酬的定价原则，也维护了信托公司的切身利益。二是有利于提高信托公司自主管理能力。目前，监管部门大力引导信托公司以“受人之托、代人理财”为本发展自主管理类信托业务。公约要求信托公司开展相关业务时要在组织结构、决策流程、风险控制以及从业人员专业水平、职业操守等方面不断提高，这是对监管导向的积极回应和有效落实，将推动信托公司不断提高自主管理能力，培养核心竞争力。三是有利于维护信托行业的良好形象。在公约的规范约束下，信托公司在相关业务中降低服务标准、恶意压低价格等现象将得到有效遏制，建立起健康、有序的市场环境。除此以外，在其他领域，类似这样的公约也应该尽快推出，推动全行业自律，促进信托公司更快更好发展。

但是，事物的转变与发展离不开外因与内因的共同作用。相开进表示，信托公司要实现全行业的合规经营与有序竞争，也同样需要各信托公司自身的努力和行业监管部门的监管，具体主要体现在以下几种途径。

首先是强化监管。监管部门应在目前的行业分级管理的基础上，进一步强化对合规经营、有序竞争的政策导向，奖惩结合，对合规经营、有序竞争的优质公司应加大政策扶持力度，赋予其更多的业务资格、经营范围并提升其等级，同时应以建议的形式鼓励金融同业与此类合规优质公司开展同业合作；对于违规经营、恶性竞争的部分信托公司，应在政策处罚的同时缩小其营业范围、降低其评级等级，并建议金融同业审慎开展与此类信托公司的合作。实事求是地调整信托公司评级标准，对于信托公司的评级结果定期向金融同业通报并向社会公布，使信托公司的合作伙伴与客户群体都能及时掌握信托公司的合规经营情况，从而选择由那些在合规经营、有序竞争方面表现良好的信托公司管理资产。

其次是加强行业自律。要充分发挥行业协会的作用，以自律公约的形式逐步建立和完善行业准则和行业标准，强化信托公司的整体行业意识，从而树立全行业自觉遵守的道德规范和业务流程，使信托行业更加规范化、信托服务更加标准化、收费标准更加统一化。

最后是加强宣传引导，提升社会关注、监督力度。相开进认为，相对于银行、证券、保险等金融同业，信托公司乃至信托行业的社会影响力有限，社会认知度较低，不像银行、证券、保险等同业一样受到广泛的社会关注和监督，因此也就无法提升合规经营、有序竞争体系外的推动力。为此，无论是监管部门、行业协会还是信托公司本身，都应该进一步加大对信托行业的宣传力度，让社会公众了解信托、关注信托，让违规经营、恶性竞争的不良公司暴露在社会舆论的监督下，从而净化行业环境，提升信托公司的整体形象，为争取稳定健康的政策扶持与发展环境奠定基础。

《金融时报》记者　薛亮

# 信托公司：自主管理管什么

（载于《金融时报》2010年4月17日第8版）

2010年的信托业出现了自主管理这一新概念。自主管理概念的提出，是管理层对目前信托公司以“管道”、“平台”角色所开展的银信合作、信证合作的一种警示性否定，更是站在信托公司长远发展角度的一种前瞻性引导。要真正实现自主管理，信托公司还需要更深入的研究与坚持，只有如此，才能在市场中拥有一片真正属于信托公司的天空。

2010年的信托业出现了一个新概念：自主管理。这对于习惯了依靠信托平台过日子的信托公司或许将是一种考验；对于信托资产总规模已经攀上2万亿元的信托行业，则或许是一场跨时代的“革命”。

自主管理这个概念引人关注的原因，是在即将下发的《信托公司监管评级与分类监管指引》（修订稿）中，监管层增加了对信托公司自主管理资产能力的考核内容。

按照监管层的要求，未来那些通过做渠道片面做大规模的信托公司将无法获得较高评级，而监管层青睐的将是那些有庞大客户基础或者创新技术，能抬高手续费分成比例的信托公司，这些公司未来在开展创新业务方面将获得监管层的支持。而这种要求则有可能具体体现在“信托业务综合管理能力”项下包含信托业务规模、信托报酬率、信托报酬率增长率、信托业务收入、信托规模增长率、投资类业务收益水平、融资类业务收益水平等具体监管指标。

以信托报酬率为标准，对信托业务规模进行区分，将现有信托业务规模指标分为主动管理信托业务规模和被动管理信托业务规模。信托报酬率高于一定标准的，视为主动管理类信托业务。

应该说，自主管理概念的提出，是管理层对目前信托公司以“管道”、“平台”角色所开展的银信合作、信证合作的一种警示性否定，更是站在信托公司长远发展角度的一种前瞻性引导。但一个不容回避的问题是，在自主管理概念提出后，如何将这一概念落实到信托公司的战略理念和日常经营活动中？

很显然，监管政策将对信托公司的经营理念和行为有所引导和约束，但在信托公司层面必须考虑的问题则是如何自主管理？

对于这个问题的回答，应该不是一件简单的事情。大的方面，它将涉及信托公司生存的市场环境、法律法规环境，涉及信托公司内部的公司治理、战略定位；小的方面，它将涉及信托公司的人才引进、设备更新、内部机制等很多方面。

自主管理首先需要解决的是管什么的问题。鉴于我国信托公司发展的特殊性，信托公司的经营范围十分广阔，虽然这是信托公司的一大优势，但因为管什么的问题没有解决，所以在实践中这一优势反而成为了信托公司发展中的劣势。长期以来，对于信托公司最大的困扰就在于“边缘化”、没有准确的定位，而这一困扰又源于信托公司没有自己独有的优势产品。这一问题的出现，就是与信托公司业务中“什么都管”从而引发了“什么都不精”关系密切。因此只有在解决了“管什么”的问题之后，才有可能解决“怎么管”的问题，如此才能将自主管理融入信托公司的日常经营中。但解决信托公司“管什么”的问题，本身就是对信托公司业务领域定位问题的解决，是对信托公司核心竞争力问题的解决，这一问题探讨议论至今却也延续至今，本身就说明了这一问题的解决并不是一件轻松的事情。自主管理这一概念的提出，虽然为信托公司的发展明确了方向，却没有细致到解决发展领域的问题，因此，这也就成为信托公司将自主管理落实到经营中需要首先考虑的问题。

在目前信托公司的经营实践中，资金成为信托公司最主要的管理对象，资金信托在信托公司的经营中占有举足轻重的地位。但从信托公司的经营范围看，在资金信托之外，信托公司可以经营财产信托，比如动产、不动产信托；还可以经营其他一些信托业务，比如遗产信托、知识产权信托等。信托公司放弃财产信托和其他一些信托业务领域，将业务主要集中于资金信托，也的确是市场环境和法律环境约束下的无奈选择。而资金信托业务的基础资产是与银行、保险、证券同质的，这也就导致了信托公司业务与其他金融机构业务同质的现象。将信托公司与其他金融机构比较，无论是在网点渠道，还是在研究深度上，信托公司都无法与这些金融机构匹敌，因此在分业经营的背景下，借助信托的功能优势和其他金融机构寻求混业经营的冲动，与其他金融机构进行合作，也就成为信托公司顺理成章的一种选择。但按照这样的路径发展，对于信托公司无疑是一条死胡同，原因就在于信托公司缺少核心竞争力，缺少具有比较优势的领域和产品。

实际上，即使从事与其他金融机构同质的资金业务，信托公司仍然可以找到符合自身特点，并且避开与其他金融机构竞争的领域。而目前我国产业结构的转型，更为信托公司找到这样的领域提供了更多的可能，但这需要的是对宏观经济形势的研究和成功实践的引领。

统计数据显示，在最难解决的中小企业融资领域，2009 年全国共有 12 家信托公司发行了 23 只中小企业投融资集合信托计划，总体融资规模达到 15. 8 亿元，单个信托计划的融资规模从 300 万元至 3 亿元不等，资金运用涵盖贷款、权益投资、组合运用等多种方式，投资领域覆盖众多高新技术领域与未来高成长行业。在“三农”领域，今年“两会”上，针对目前部分地区土地的流转层次低、规模小，土地资源的价值没有充分放大的现状，有人大代表建议中央出台有关政策措施，积极支持地方探索农村土地信托流转，促进城乡统筹发展。今年出台的“一号文件”明确指出，要“建立农业产业发展基金”。有消息称，日前杭州市人民政府办公厅转发了杭州市发改委《关于2010年综合配套改革试点工作实施意见》。该意见提出，杭州市将探索土地信托制，重点以乡镇为单位组建土地信托中心，构筑土地流转和规模经营信息服务平台，开展土地流转服务。实践方面，目前已经有信托公司开展了此类业务，中信信托成功推出专注于培育壮大农产品加工企业的中信国元农业基金一号集合信托计划。刚刚完成重组挂牌不久的中粮信托更是依托中粮农业全产业链的广阔前景，发掘优质农业企业资源，开发涉农资金信托、商品投资类信托、土地流转类信托，开拓信托业发展的新天地，其利用信托的财产隔离制度功能，为龙江银行对农民专业合作社贷款设计的土地承包经营权信托和鱼塘承包经营权信托，为信托介入农村金融提供了较好的创新范例。此外，低碳经济概念不断升温，这类信托品种也在逐渐增加。这些既符合国家经济发展方向，又能够有可能成为信托公司主要业务点的领域，也正是需要信托公司着力关注和研究的地方。

值得注意的是，从信托产品的历史情况看，信托公司并不缺乏创新产品，但缺乏的是更深入的研究和坚持。正因如此，许多信托公司的创新产品不仅没有成为信托公司的“拳头产品”，反而被其他金融机构复制引用，成为与信托公司竞争的武器。因此，要真正实现自主管理，信托公司还需要更深入的研究与坚持，只有如此，才能在市场中拥有一片真正属于信托公司的天空。

《金融时报》记者　金立新

# 培育信托公司业务主动能力

## ——访上海国际信托有限公司副总经理刘响东

（载于《金融时报》2010 年 4 月 17 日第 8 版）

业务主动能力是指对各类资源具有整合集成能力，在业务价值链上处于举足轻重地位、附加值高的业务能力。业务主动能力强，往往能获取好的报酬。在目前投融资领域的激烈竞争中，如果信托公司不能迅速培育起业务主动能力，未来生存堪忧。

信托公司近年来经营稳健，管理资产规模、盈利水平有大幅提升。经历多轮金融市场波动依然保持业务稳健发展，深得投资者信赖，社会认可度空前提高。但喜中有忧的是，目前信托公司管理财产的手段多以被动受托模式为主，主要发挥信托制度平台优势承担纯受托人角色。在目前投融资领域的激烈竞争中，如果信托公司不能迅速培育起业务主动能力，而处于附加值低又不发展受托服务平台业务，未来信托公司生存堪忧。信托公司要抓住我国经济新一轮发展的机遇，在服务社会的同时取得自身的快速发展，还有很长的路要走。那么，信托公司应该怎样培育业务主动能力？记者采访了上海国际信托有限公司副总经理刘响东。

*记者：在相关理论中常见的提法有主动管理、自主管理等，而业务主动能力却鲜见被人提及。那么，应该怎样理解信托公司的业务主动能力？*

刘响东：首先要明确信托公司的首要任务是形成核心竞争力，寻找可持续发展之路，这就需要分析其业务结构和类型。

国际范围内因为金融服务的激烈竞争，优胜劣汰，信托公司要么转为银行，要么转为投资信托公司，留存的信托公司多为金融公司的附属公司，主要从事典型意义上的受托服务业务。

但我国由于利率和投融资手段还存在管制，银行、保险、券商和基金等金融机构提供的金融服务尚不能完全满足社会的需求，相对于国际信托公司，我国信托公司可提供业务范围更广更多的金融服务。当前信托公司开展的信托业务可分为两类：投融资目的信托和特殊目的信托。按信托公司承担的功能可分为财富管理、资产管理、投资银行（专项资产管理）和受托服务。

在明确了我国信托公司业务开展的现状之后，才能区分这几个概念：主动管理、业务主动能力、亲自管理和自主管理。它们确实是完全不同但业内经常混淆的概念。

主动管理是一个狭义概念，国际上主要在资产管理业务中使用，是资产管理人发挥价值判断取得良好业绩的一类管理方法，和被动管理概念相对应。业务主动能力是一个广义概念，是指对各类资源具有整合集成能力，在业务价值链上处于举足轻重地位、附加值高的业务能力。上述四项业务中，纯受托服务在金融产业链中基本处于附属地位，比较难以取得业务主动能力。业务主动能力对应的概念是业务从属地位。亲自管理是指对财产的处理完全使用公司内部人力资源，在四项业务中都可以使用，对应的是外部管理或外包管理或外聘管理。自主管理基本和亲自管理概念类同。

记者：主动管理、业务主动能力、亲自管理和自主管理这几个概念之间有怎样的联系？为什么强调要培育信托公司的业务主动能力？

刘响东：主动管理能力和业务主动能力相关系数比较高，但并非必然关系。业务主动能力强，谈判能力就强，盈利空间就大，体现在对渠道和客户、产品设计、投资管理能力、人才等各要素资源的一种或几种具有把控能力并能取得业务的主导地位。业务主动能力强，往往能获取好的报酬。主动管理能力是要素资源的一种，一般情况下，在资产管理领域主动管理能力强是谈判力的一个重要要素，可能带来业务主动能力。但在和渠道、客户等其他要素资源相比较时，能否取得较高利润却并非必然，取决于比较优势。

主动管理和亲自管理也不完全相同。主动管理倾向于亲自管理，但主动管理并不一定完全亲自管理。从国际范围看，专业分工、外聘顾问是普遍现象，事必躬亲并不符合分工提高效率的基本规律。在签署相应法律文件后可以将部分功能外包，但亲自并主动管理是资产管理业务重要的竞争能力来源。

亲自管理和业务主动能力并无必然联系，主要取决于某类业务的主导是依赖于客户渠道还是投资管理。如果某公司的业务主动能力体现在客户和渠道优势上，完全可能将资产管理功能模块外包。最近银行发行 TOT 和 FOF 比较成功就是典型案例。

围绕信托公司各类业务，监管机构出台的各类通知均要求信托公司自主管理，将使信托公司从事纯信托服务业务需要承担类似自由裁量的责任，但由于市场竞争和业务具体内容简单的原因，信托公司很难取得匹配的业务收入。信托公司唯有利用目前业务范围广和我国正处在转变经济增长方式发展的历史机遇，以受托服务捆绑其他三类业务，尽快提升自身盈利空间才能找到自身可持续发展之路。

业务主动能力的取得途径：一是垄断经营，二是核心竞争力。信托公司目前的业务均属于充分竞争领域，通过垄断获取业务主动能力几无可能，如果从事纯受托服务，全国有几家大型信托公司就够了。此外就是培育核心竞争力。核心竞争力就是在投资项目、客户渠道、核心技术、人力要素等各类资源中的一种或几种具有比较优势的能力，机制和制度是保证这种能力的基础，创新是手段。

当前在投融资领域提供服务的金融机构类别很多，如果信托公司不能迅速培育起业务主动能力，而处于附加值低又不发展受托服务平台业务，未来信托公司生存堪忧。

记者：从您的分析来看，似乎要实现信托公司的业务主动能力并不是信托公司自己的事，那么究竟怎样才能培育信托公司的业务主动能力？

刘响东：要培育信托公司的业务主动能力，首先要分析社会发展对金融服务需求的机遇，根据竞争环境进行战略分析。在客户渠道、产品设计、投资管理、受托服务等各业务链上为自身定位。选择其中一个或几个节点重点培育核心竞争力，在选择的业务链上至少要有不低于提供同类服务的其他金融机构的专业能力和服务水平。同时监管机构应该在网点布局、公司治理、从业人员管理和人才吸引、业务准入等方面支持信托公司积极尝试各类业务，发挥信托公司综合理财服务机构的比较优势，在至少两个节点上具有核心竞争力，那么信托公司的业务主动能力将是水到渠成的事。具体可从以下几个方面推进。

一是将信托公司的业务按一定的标准科学分类，对每类业务根据其属性、风险、对人才机制的要求不同，建立分类管理体系，改革现在不区分业务属性以“两规”一统所有信托业务的现状。

二是建立重点业务从业人员管理标准，引导行业薪酬和激励机制，吸引人才加入，敦促公司完善治理结构。

三是尽快研究我国经济发展方式调整、新兴战略产业、区域振兴规划、城镇化、国际化、土地政策、户籍制度等重大问题，鼓励信托公司组织人力物力研究业务模式，制订长期发展规划，尽快形成业务模式并推进。

四是以服务社会促进经济发展为行业宗旨，争取政策支持。在项目获取能力、产品设计能力、投资管理能力、销售和客户服务能力的一项或多项中，体现专业、高效，做出特色为社会所认可。各公司应根据自身特长，选择不同的领域、区域培育业务主动能力。行业主管机构也应根据服务需求的变化逐步放开对信托公司设立分支机构的限制。

五是在资产管理业务领域鼓励信托公司培育自主管理能力，不应以单个产品是否亏损来评价信托公司，只要产品的收益风险特征为投资者接受，不应强求信托公司绝对回报，避免倒逼信托公司全部开展固定收益类融资类投行业务。借鉴基金管理公司基金经理负责制。

六是在投资银行（专项资产管理）领域，借鉴券商保荐人制度，让项目经理权责利对应；在财富管理领域，鼓励公司投入建立具有竞争力的 IT 系统，允许开立分支机构覆盖服务高端客户。

七是对需要培育主动管理能力的资产管理业务，鼓励信托公司成立专业子公司，设计合理科学的体制机制，吸引人才，塑造品牌，在证券、房地产、战略新兴产业等领域塑造主动管理能力。

八是对纯受托服务业务，由于单独开展附加值不高，但和其他业务结合起来，就可以体现信托公司特色。虽不鼓励单独开展平台业务，但从对纯受托业务中受托的责任要求上，应科学合理。

《金融时报》记者　薛亮

# 低碳经济　造梦信托

（载于《金融时报》2010 年 4 月 17 日第 8 版）

三十多年来，信托在中国经济变革的几次大潮来临时都充当了急先锋。潮涨潮落，几度辉煌，几度落寞。今天，低碳经济又给了信托一个新的造梦机缘。因为低碳经济没有像有人想象的那样，仅停留在决议中、口号上，而是扎实地落脚在各条因地制宜的低碳路线上，溶解到各个可实施的低碳技术解决方案里。企业低碳化，成了“快鱼吃慢鱼”的竞赛，区域经济低碳化，南京模式、上海模式、无锡模式如雨后春笋，层出不穷。

在市场参与主体方面，中国碳金融的主力军是商业银行，而商业银行的碳金融服务仅集中于各类绿色信贷业务。尽管银行对绿色信贷兴趣不断提升，但其在银行信贷总规模中的比重仍然较小。同为金融机构的保险公司、证券公司、信托公司、财务公司则动作迟缓、创新不足、力量薄弱。反之，民间资本在碳金融领域则显得更加活跃，生机勃勃。国际碳金融市场上，随着碳交易规模的迅速扩大，越来越多的经济主体开始参与到国际碳交易当中。除了碳排放权的最终使用者和提供者之外，金融机构已成为碳交易市场的重要参与者。世界各国的金融机构，包括商业银行、投资银行、保险机构、风险投资、基金等纷纷涉足碳金融领域。目前，全球已有四十多家国际大型商业银行加入旨在推动环境保护的“赤道原则”，同时有六十多家金融机构宣布采纳该原则，在全球范围内积极开展碳金融业务。投资银行则以更加直接的方式参与碳市场。私募基金也越来越关注碳资产投资。截至 2007 年末，私募资本主导的碳基金数量已超过政府机构或组织主导的基金。目前全球共有 58 只碳基金，规模达 118 亿美元。

从中国与国际碳金融市场发展市场参与主体的对比中，我们可以看到，中国碳金融体系中交易主体严重缺失，大大降低了碳金融对低碳经济的推动作用。国际碳金融体系中的交易主体“长枪短炮”齐全，基本覆盖了低碳经济发展的不同层次的资金需求，对促进低碳技术创新与市场扩张起了坚实的推动作用。中国碳金融交易主体发展速度极不匹配。兴业模式、浦发模式在碳金融产品创新方面都是囿于商业银行经营模式，显得创新乏力，迫切要求联合多类型的低碳融资渠道和方式，而光大银行则借助金融混业集团的优势，彰显不一般的气魄，但金融混业集团的资源有限，光大模式几乎不可复制。因此，信托立足碳金融体系有了相当的市场空间。

中国的信托公司是以信托业务为主营业务的金融机构，是中国特色的重要表现。信托立足碳金融体系具有四大优势：第一，法律本源的优势。信托财产的独立性和信托财产管理的连续性是信托公司独有的优势，它对信托财产和受益人利益提供了超强的法律保障，增强了信托公司的核心竞争力。第二，跨行业、跨市场、全方位、多元化金融服务的优势。法律赋予信托公司的经营方式使其既彰显了投资银行的特色，又兼有商业银行、证券公司、租赁公司、财务公司等其他金融机构的部分特色，在碳金融体系构建中担当“自由人”，拾遗补阙。第三，专业理财的品牌优势和金融杠杆优势。与社会私募基金相比，信托更能引导社会资金参与低碳经济建设所需的各种投资、融资活动。第四，政府资源优势。几乎全部信托公司与各级政府都有先天的血缘关系，当节能减排、低碳经济成为政府要务后，信政合作，共建低碳经济就水到渠成了。

走出国门看看华尔街，会对信托如何参与碳金融有更多的昭示意义。国际金融危机发生后不久，奥巴马总统发布新能源战略时，华尔街就已经全面转向清洁能源和气候变化带来的巨大金融产业机会了。美国德勤会计师事务所经理介绍，气候变化给华尔街带来的新生意主要有三个方面：碳排放交易（CDM），清洁能源产业的私募股权投资与传统投行服务，碳排放交易所带来的新能源战略咨询与税收筹划的业务。花旗的环境产品部门认为“碳减排额度就是未来的油井”，它们在为客户做风险管理金融服务的同时，延伸出碳排放交易业务。对于华尔街来说，清洁能源早已成为华尔街无数证券投资基金和私募基金最为看中的行业。当年摩根士丹利一口气完成了两个 IPO，拉开了华尔街角逐新能源产业的序幕。一个是2005 年上市的太阳能企业中国无锡尚德，融资 4. 35 亿美元；另一个则是印度的风电发电机企业 Suzlon Energy，融资 3. 4 亿美元。其强大的资本市场连接性，大大增强了角逐新兴市场的能力，这点对于信托公司而言，极具参考价值。

北京国际信托有限公司总经理助理兼信托业务总部总经理　幸宇辉

# 处于发展新阶段的信托公司更要“不忘本”

（载于《金融时报》2010 年 5 月 1 日第 8 版）

一个有意思的现象是，当金融危机在全球肆虐的时候，中国的信托公司却迎来了春天。

统计数据显示：2006 年到 2008 年三年间，信托行业从业人员从 3 736 人增至 4 778 人，平均年增长率为 13.09%。硕士以上学历人数增长更为显著，从 897 人增至 1 519 人，平均年增长率达 30.13%。从每年的增量上看，新增人员中硕士以上学历占比超过五成。另外，从数据上看，2006 年末信托资产 3 606 亿元，2009 年末则达到了 2 万亿元，增长近 6 倍；所有者权益从 519.5 亿元增加到 1 016 亿元，增长近 1 倍。2006 年信托行业实现利润 39 亿元，2009 年实现利润 122 亿元，增长两倍多。这样的数据足以让中国的信托人自豪，但也的确反映了这样一个事实：信托公司的发展进入到了一个新阶段。

上述数据的背后，至少可以反映出几个事实：一是在金融危机之中，信托公司独树一帜，不仅没有出现大的风险问题，反而挣到了钱；二是在有了本钱之后，信托公司有了进一步扩张和发展的愿望；三是更多的优秀人才开始愿意加入信托的行列。从这样的现象看，信托公司无疑进入了一个发展的新阶段。那么，如何看待信托公司这个新的历史阶段？信托公司该怎么办？

对于信托公司该怎么办的问题，中国银监会副主席蔡鄂生在日前召开的“2010 年全国信托公司监管工作专题会议”上给出了三个字：不忘本。而对于“不忘本”的理解，蔡鄂生也给出了他的解释：既要从历史的角度看问题，又要从寻找规律的角度上看。

任何事物都有一个“本”，这个“本”就是它的规律性。从历史的角度看，就是任何事都要把它放在所处的历史阶段上去认识；从寻找规律角度上讲，离开了“本”和规律性的东西都是不可持续发展的。探究信托行业的“本”，最根本的问题就是怎么认识自我，怎么把信托公司放在历史发展的长河中去认识，把自己的历史定位摆正。2009 年在应对国际金融危机之中信托公司取得了很大成绩，同时也面临新的问题。今年是“十一五”的最后一年，从“十二五”开始，下一个五年会怎么样？这可能是我们面临的一个课题。

蔡鄂生明确表示，从历史的角度看，要实现一种历史性的转折，确实要经过相当长一段时间的努力，越到最后可能越艰难。所谓“艰难”就是要经过一定的痛苦，对于信托公司，这个痛苦就是怎么想办法把一些不该上的项目扔掉，把不该做的事扔掉，这可能从人的心理上如果没有一个相当的认识是做不到的。真正从思想上、认识上、寻找规律上、包括利益上转变方式，可能面临着很多问题。“不忘本”就是既要从历史的角度，又要从寻找规律的角度认识信托行业所处的发展阶段。银信合作从信托公司承担的风险这个角度来讲应该不是大问题，但是从整体经济发展的环境和形势下认识这个问题，角度就不一样了，站在整个国家宏观调控改革的历史阶段上看又不一样。从寻找规律的角度看，市场发展的共性就是它的规律性。监管和信托公司的发展都不能违背规律，违背了规律都会有问题。现在有些同志仅从简单的形式上对立去认识，而没有从根本上去认识，所以在很多问题上不能达成一致，形不成一个比较统一的思想认识。在利益多元化的情况下，这种现象可能表现得更为突出。有的同志不是从规律的角度看待发展问题，而是通过赚不赚钱来看公司发展。如果大家都想在一个特定的历史条件下或者是两三年内得到很大的发展，那肯定会出现问题。去年信托公司在应对危机中取得了很大成绩，但也面临一些新的问题，这些问题恰恰是未来发展当中要解决的问题，是要经过不断地改革和发展才能够解决的。

信托业跌宕起伏的发展历史告诉所有信托人的至少有两点。

一是要重视对宏观经济形势和政策的研究。信托公司的发展史表明，政策风险正是信托公司最需要关注的。其中的原因在于，信托制度的灵活性和横跨三大市场的独特优势，使信托公司可以做很多其他企业不能做的业务，这本来是个优势，但如果不注重对宏观经济形势的研究，不注重对政策的研究，可能给信托公司甚至行业带来伤害，短暂的盈利也许带来整个行业长时间的停顿。信托业的五次清理整顿无一不是与此有关。

二是要找好自己的位置。而找准自己的位置，则需要沿着信托的“本源”去找。从整个国民经济发展的角度看，最健康的状态应该是根据经济发展和市场需求的要求，不同行业各司其职、互相协作。所谓的“鲇鱼效应”有利于企业的竞争，但并不一定适合行业的设置和发展。从信托公司发展的历史可以看出，信托公司所从事的业务一直是与其他金融机构，特别是银行同质的业务，或者是成为其他金融机构绕开政策约束的平台和工具。这种历史教训留给信托公司必须思考的很多，其中最重要的是，造成这种现象的原因往往是因为信托公司忘了信托的“本”。找准信托的位置是一项艰难而复杂的工作。其中的原因不仅在于不同的信托公司业务发展方向并不相同，为重新定位和转型造成了难度，还在于社会环境、法律环境的复杂性使信托公司很难通过自身的努力找到正确的定位。但这并不是一项不能完成的工作，需要考虑清楚的就是：经济发展需要什么？市场需要什么？信托是做什么的？信托能做什么？

在金融危机中，在中国经济最困难的2009年，信托公司实现了较大发展。那么在这个新的历史阶段，在中国经济最复杂的2010年，信托公司应该做点什么？其实不妨先静下心来，把应该想的这些问题想清楚。除了这些关系到行业发展的问题之外，现阶段的信托公司自身也有许多需要完善的地方。在被称为“海南会议”的“2010 年全国信托公司监管工作专题会议”上，银监会非银部主任柯卡生就提出了这样几个信托公司在当前需要格外关注和完善的地方：由于信托公司在股东背景、组织形式以及企业文化等方面存在差异，使信托公司治理结构安排的难度增大，信托公司治理需要进一步完善；目前信托公司对投资者的教育主要停留在产品的推介和销售层面，治理结构中尚缺乏在产品设计阶段主动保护信托受益人利益的机制设计；目前信托公司风险控制主要通过后台的风险控制部门执行，部门层级较低，只是被动和后置地参与公司的风险管理；少数信托公司的激励机制与内部控制体系不相适应；与证券、基金行业相比，信托行业的人才队伍建设任重而道远。这些也都是信托公司在发展之前必须做好的“60 分基础功课”。

《金融时报》记者　金立新

# 房地产信托：重在控制风险和节奏

（载于《金融时报》2010 年 5 月 1 日第 8 版）

房价在牛年的冲天牛气终于让“调控之手”在 2010 年瞄向了房地产，在银行和资本市场开始缩紧房地产企业融资需求后，房地产信托融资开始被人们关注。2010 年以来，一些媒体陆续出现房地产企业借道信托融资的报道。房地产信托怎么了？

历史上，信托与其他融资渠道一直存在这样一个现象：其他融资渠道缩，信托就会进；其他融资渠道进，则信托融资就会缩。其中的原因在于：在目前金融市场中，信托尚不能成为主流融资渠道的时候，只有在主流资金退出的地方，信托才能更容易地找到属于它们的业务。但是，一个明显的事实是，主流资金退出的地方，不是风险较大的地方，就是政策调控的领域。于是这样的现象也很容易让人们产生这样的感觉：要么信托在冒着市场风险自寻死路；要么信托在冒着政策风险与政策抗衡。特别是在高房价已经令国人怨声载道之时，信托公司在投资上对房地产领域的“进”，难免令人侧目。

在几乎所有金融机构对房地产避之唯恐不及之时，无论是什么原因，信托公司进入房地产的确有削弱宏观调控政策之嫌。在业界，关于房地产信托对宏观调控的影响也一直有着两种说法：“漏斗说”和“补充说”。“漏斗说”认为，房地产信托钻政策的空子，削弱了国家对房地产的调控力度；而“补充说”则认为，房地产信托在整个房地产行业的融资需求中所占份额非常小，不足以削弱国家对房地产行业的调控。相反，作为宏观政策的补充，房地产信托避免了宏观政策“一刀切”所付出的代价。站在不同的位置考虑，应该说“补充说”与“漏斗说”都是有道理的。实际上，房地产信托究竟是政策的“漏斗”还是“补充”，需要从对政策效果有可能产生的影响上去考察。

众所周知的是，任何的大起大落对于经济都将是巨大的伤害，房地产也是如此。如果说 2009 年房价的“大起”在招致民怨的同时也正在伤害着中国经济的话，那么房价的“大落”也无疑将对中国经济产生进一步巨大的伤害。从这样的角度看，政策对于房地产的调控目的在于防止它的进一步“大起”，但很显然也不想看到它的“大落”。所以，实现房价的“软着陆”应该是政策制定者们最希望看到的政策效果。那么，考察房地产信托对于房地产调控政策究竟是“漏斗”还是“补充”，则通过规模和环节上就可以作出大致的判断。

从规模上，房地产企业通过信托渠道的融资仅占银行业融资总额的2%左右。这个规模是否能够支撑房价的大规模上涨？如果可以支撑又能支撑多大幅度的上涨？支撑多长时间的上涨？通过这样的判断，至少就可以得出房地产信托是否会影响到防止房价“大起”政策效果的结论。如果藉此不能得出房地产信托将推高房价的结论，那么它的存在就可以起到作为政策补充的作用，修正政策的微观执行主体在执行中因为矫枉过正所造成的负面影响。

从环节上，目前人们对于房价飞涨的原因有很多说法，其中最让人们深恶痛绝的就是房地产开发企业的“囤地”和“捂盘”。事实上，因为房地产企业一般在“四证”齐全后就可以申请银行贷款，而信托资金又无法与银行贷款竞争，因此也存在信托公司在银行资金介入前期进入房地产领域的现象，这种现象也无形中为地产商“囤地”提供了帮助。但这早已经被纳入了监管视野。这一点，从近年来颁布的几个有关房地产信托的文件就可以看到。

近年来有关房地产信托的法规主要有四个：

2008年10月28日颁发的《关于加强信托公司房地产、证券业务监管有关问题的通知》（简称265号文）；2009年3月25日颁发的《关于支持信托公司创新发展有关问题的通知》（简称25号文）；2009年9月3日颁发的《关于信托公司开展项目融资业务涉及项目资本金有关问题的通知》（简称84号文），以及2010年2月21日颁发的《关于加强信托公司房地产信托业务监管有关问题的通知》（简称54号文）。限制性规定主要体现在265号文和54号文中。

265号文规定：“严禁向房地产开发企业发放流动资金贷款，严禁以购买房地产开发企业资产附回购承诺等方式变相发放流动资金贷款。”例如，购买房地产开发企业的应收资产并附回购约定。同时265号文重申了2008年7月颁发的214号文中禁止向房地产开发企业发放专门用于缴交土地出让价款贷款的要求。54号文规定：“信托公司不得以信托资金发放土地储备贷款。”但固有资金不受限制。实际上，这些政策已经从方向上对房地产信托进行了纠正和引导。

有监管层人士表示，在风险控制上，对于房地产信托产品的风险控制，信托公司可以参照银监会对于银行业金融机构房地产开发贷款的监管要求。对开发企业实行名单式管理，对土地闲置一年以上的，银行不得新发贷款；对闲置两年以上或有炒地行为的，已经发放的贷款调低其分类，增加保全措施；此外是要提高抵押品的标准，要求在建工程作为抵押，不轻易用土地作为抵押发放开发贷款。同时应加强对开发商自有资金的审查，把握好贷款成数的控制，贷款总额不能超过在建工程的五成，对于已经有土地抵押的要根据风险状况下调相应成数；对住房销售回笼资金进行封闭管理，根据销售进度按比例归还贷款；对到期不能归还的贷款，一律不能展期。国资委要求78家非房地产核心主业的中央企业退出房地产领域，如果信托公司有项目涉及，应配合国资委停止对这些项目的授信。这些监管要求的提出，一方面对于房地产信托的资金流向，作出了符合政策要求的引导；另一方面，也帮助信托公司规避了这一领域的风险。

不可否认的是，房地产企业通过信托渠道融资的控制来源于政策的约束，而并非信托公司自身的动因。要保持一个相对合理的节奏和规模，需要的不仅是政策的约束，还在于对房地产信托的引导。但要准确引导房地产信托资金流向政策需要的方向，还需要税收、信托产品登记制度等配套政策的完善。要把握好房地产信托的规模和节奏，让房地产信托成为政策的“补充”而不是“漏斗”，则需要对房地产信托的方向、规模和节奏进行相应的引导和控制。为此，如何完善法律环境，引导房地产信托进入政策要求的领域，应该成为一个最需要关注的问题。

《金融时报》记者　金立新

# 引入 REITs 改造城中村

（载于《金融时报》2010 年 5 月 1 日第 8 版）

城中村是指位于城市规划区内，原属于村集体所有的集体土地，在城市发展扩张中，逐步被国有化，集体土地现主要以宅基地的形式存在的村庄。城中村的特征主要表现在以下几个方面：一是耕地极少，许多村子的村民已无可耕之地，集体土地存在的方式主要以宅基地为主；二是地理位置优越，生产经营主要以房屋出租为主，村民以房生财；三是村内公共基础设施薄弱；四是城市规划建设管理缺位，村庄建设无序发展，违章建筑和安全隐患较多；五是大量流动人口涌入，成为社会不良现象的多发地。而引入 REITs（REITs 就是房地产投资信托，是英文“Real Estate Investment Trust”的缩写）。改造城中村，既符合政策导向，又有相应的市场需求，应该是信托公司房地产业务一个不错的选择，目前城中村改造过程中形成了“政府主导、市场运作、整村拆除、安置优先、有形无形改造并重”的模式。但是，土地变性与改造资金的筹措一直是城中村改造的两大难题。第一，征收土地的是国家，而进行土地征收补偿的往往是开发商；第二，改造资金的筹措是通过招商引资方式实现，而房地产公司融资渠道单一、融资手段贫乏、融资结构不合理的现状依然存在。根据我国目前的法律基础和市场现状，以信托模式解决城中村改造的融资问题较为可行。

首先，以信托方式发展契约型 REITs 面临的法律障碍最小。《公司法》、《基金法》都不能支持公司型 REITs 的运作，而《信托法》和 2007 年出台的《信托公司集合资金信托计划管理办法》则明确了信托型 REITs 的法律基础，具有较强可操作性。

其次，信托财产的独立性为推动城中村改造项目提供保障。信托制度的核心在于信托财产独立性和破产隔离功能，因此采用信托型 REITs 可以从根本上保障各当事人的合法利益。

最后，在城改项目中政府提供招商引资和城中村改造的双重优惠政策以及“一村一案”和“特事特办”的改造思路，可以起到避税的效果。在国家未出台相关 REITs 税收政策前，城改项目是一个很好的切入点。

在运作方式的选择上，考虑到房地产信托的投资人较多、城中村改造项目资金需求较大，投资回报期较长以及房地产资产多次评估很难实现等特点，封闭式更适合城中村改造项目的运行，可以根据具体的房地产项目确定封闭期。就目前看，我国 REITs 应当采用公募与私募相结合、以公募为主的方式。原因有以下几个方面：一是我国的资本市场发育还不够完善，金融市场还有不规范之处，私募形式本身所附带的市场风险和政策风险较大；二是从国际经验看，私募方式很大程度上依赖机构投资者，我国机构投资者还未发展成熟；三是我国居民储蓄整体数额巨大但单个数额较小，且缺乏适宜的投资工具，投资基金以公募为主的方式有利于动员这部分人参与长期产业投资。

城中村改造是政府职能范围之内的事情，仅仅依靠市场的力量是很难独立完成的。政府是城改运动的发起者、政策制定者和工作指导者，并且关键的一点是政府拥有大量的城改优质项目，提供了建立 REITs 所需的资产池。故由政府充当 REITs 的发起人，不仅具有一呼百应的效果，而且对于投资者来说是一份心理保障，是一种承诺，对于顺利开展 REITs，推进城中村改造有巨大影响力。政府有关部门为发起人，向主管部门申请房地产投资信托计划的审批并募集资金，依法设立信托计划，受托人作为信托财产的名义持有人，负责信托财产的运用、管理与收益分配。在这一模式中，募集到的资金通过 REITs 直接投入到城中村改造项目，不但降低了风险、理顺了城中村参与各方的关系，也使社会大众共同分享城市化收益成果。同时，解决了城中村改造资金短缺、融资渠道单一的难题，加快推进城市化进程。

但是，目前在城中村改造中引入 REITs 面临着三个主要的问题：一是有关 REITs 的专业法律及政策未出台，工作开展没有依据。二是我国房地产业专业化水平较低。在发达国家房地产业专业化程度很高，一般包括房地产开发、投资和房地产抵押贷款证券化等三个小循环，即以房地产开发商为核心的房地产开发循环，以房地产投资管理公司或 REITs 为核心的房地产投资循环，以及以按揭抵押证券（MBS）为核心的资产证券化循环。我国房地产通过近二十年的发展，只完成了房地产开发循环，我国房地产业发展欠发达的结果是房地产金融市场发展欠发达，这在一定程度上限制了 REITs 的设立。三是 REITs 与城中村改造对接较难。这个难题的解决与城中村改造参与各方观念的转变密切相关，政府对 REITs 的支持态度、投资者（包括村民）对 REITs 的认识、开发公司职能的转变都将影响 REITs 在城中村改造项目中的生存能力。

目前我国推出 REITs 的环境日趋成熟，不同机构都成立了自己的 REITs 研究小组，准备适时推出本地化的 REITs。可是，REITs 是一种涉及面广、运作复杂的金融投资机构，有其特定的生长环境，例如完善的法律体系、税收政策、社会认知、成熟的机构与大众投资者、专业的从业人员等。虽然我国目前外部氛围还没有完全形成，但是我们依然能够找到突破口、切入点，那就是尽快出台法律法规和针对城中村引进 REITs 的专项政策，借用城中村改造项目作为 REITs 的载体来发展它，不但可以突破城中村改造的资金瓶颈，还可以在实践中积累完善 REITs 的发展经验，为 REITs 在全国的推广打下坚实的实践和理论基础。

中原信托有限公司　张涛

# 爱心与慈善如何实现可持续？

## ——对公益信托的思考

（载于《金融时报》2010年5月15日第8版）

汶川大地震两周年即将到来之时，青海玉树再次在大地的颤抖中蒙难。几乎与两年前一样，玉树地震发生后，各界纷纷捐款捐物，人们的爱心也再次被激发。但是，在人们的爱心不断被激发的同时，一些问题也令人思考：爱心的底线是什么？爱心可以持续多久？依托着人们爱心发展起来的中国慈善事业如何实现可持续发展？

很显然，爱心是在自己有能力情况下付出的，而这种付出也绝非可以无限制开发的。如此便需要人们思考这样一个问题：如何实现爱心的可持续性，进而实现公益事业的可持续性发展。实际上，助力爱心正是实现爱心可持续性的一种有效方式。而在此方面，公益信托就完全是一种可以发挥的力量。

公益信托是指为救济贫困、发展文教科卫、环保、慈善等社会公益事业而设立的信托。公益信托的受益人是社会公众中符合规定条件的自然人或者是法人，设立公益信托的目的并非为委托人自己谋利益，也不是为特定利益人谋求一己私利，而是为发展社会公益事业，促进整个社会的文明发展与进步。《中华人民共和国信托法》明确将公益信托与营业信托、民事信托一并纳入调整范畴，成为一项被法律法规所确认和鼓励的重要制度。但是，因为《信托法》中关于批准制和完全以公益为目的的规定，一方面使公益信托的门槛抬高；另一方面也弱化了公益信托“助力爱心”的动能。

按照《信托法》，公益信托的设立和确定其受托人，应当经有关公益事业管理机构批准。未经公益事业管理机构的批准，不得以公益信托的名义进行活动。这样就使公益信托的批准陷入“多头准入”的境地。与此同时，《信托法》规定，公益信托的信托财产及其收益，不得用于非公益目的。也就是说，只有本金和收益全捐的信托才是真正法律意义上的公益信托。这样就使得公益信托与慈善基金一样，处于对爱心的攫取上，并没有发挥信托功能“助力爱心”。此外，公益信托在税收方面的空白以及多重收税等原因，也使得公益信托成为了“纸面业务”。汶川地震发生以后，银监会发布了《关于鼓励信托公司开展公益信托业务支持灾后重建工作的通知》，对一般信托和公益信托作出了区分，为信托公司开展公益信托业务打开三盏绿灯：第一，在宣传方面，一般信托项目不得进行任何形式的广告宣传，但允许公益信托通过媒体等方式公开进行推介宣传；第二，在委托人条件方面，一般信托项目要求投资人必须是合格投资者，且单个信托计划的自然人投资者不得超过50个，而公益信托委托人性质不限，投资者没有数量限制；第三，在委托金额方面，一般信托项目的信托计划投资金额以百万元为单位，而公益信托的信托财产的数量及交付信托的金额不受限制。但是，目前除2001年颁布的《中华人民共和国信托法》，明确将公益信托与营业信托、民事信托一并纳入调整范畴；2008年6月2日，中国银监会办公厅发布的《关于鼓励信托公司开展公益信托业务支持灾后重建工作的通知》，鼓励信托公司通过公益信托计划支援灾区建设外，在最重要的一些其他政策领域，对于公益信托却还没有相应的法规。

相对于《信托法》来说，银监会《关于鼓励信托公司开展公益信托业务支持灾后重建工作的通知》使得公益信托制度具有了一定的可操作性，但是仍然无法全部解决公益信托制度的操作性问题，特别是公益事业管理机构的作用、税收政策等问题，这些问题使得信托公司在开展公益信托计划时仍存在诸多不便。比如根据《信托法》的规定，在公益信托的运行中，公益事业管理机构承担批准设立、确立受托人、指定信托监察人等多项职责，但这些职责具体应如何履行还不够明确。哪些部门或机构是公益事业管理机构？信托公司设立公益信托计划时应依据什么？向哪个单位提出申请？如果一个公益信托计划涉及多个公益目的，此时负责审批的公益事业管理机构又应如何确定？这些问题都在困扰着公益信托的开展。此外，公益事业管理机构设立公益信托和确定受托人的审批程序是怎样的，其权利、义务及责任分别是如何划定的，这一系列问题都没有相应的规范予以明确。再如《信托法》规定“国家鼓励发展公益信托”，但具体鼓励措施却没有相关细则，实践中只能适用其他法律的相关税收规定。《中华人民共和国公益事业捐赠法》规定，企业和个人捐赠财产用于公益事业，可以享受所得税方面的优惠。《中华人民共和国企业所得税法》规定，企业发生的公益性捐赠支出，准予税前扣除的额度为年度利润总额的12%，同时又规定了接受捐赠的机构为公益性社会团体和公益性非营利的事业单位。因此，目前信托公司开展公益性质的信托计划，会倾向于将资金捐赠给基金会来享受税收优惠。但是如果信托公司不是采用将资金直接捐赠于基金会或民政部的方式，而是直接从事公益信托项目，就不能得到税收优惠等各方面的支持。如果信托公司开展信托财产是非资金的公益信托，例如不动产、股权、特殊权益等，就需要解决信托登记，及产生的相关税费处理问题，但这些还缺少法律政策依据。

银监会《关于鼓励信托公司开展公益信托业务支持灾后重建工作的通知》发布后，信托公司参与公益慈善事业的实践中涌现出了一些成功的案例。2008年6月6日“西安信托5·12抗震救灾公益信托计划”成立，6月26日举行了“5·12抗震救灾公益信托计划”向陕西灾区捐赠启动仪式。2008 年 10 月 16 日，百瑞信托携手郑州慈善总会推出了“百瑞信托·郑州慈善（四川灾区及贫困地区教育援助）公益信托计划”。但这样的纯公益信托项目并不多，原因也在于相关政策的空白束缚了作为受托人的信托公司以及委托人的积极性。因此信托公司在公益信托的实践中，大多绕开《信托法》界定的公益信托，而将其做成了“准公益信托”或者是“公益性信托”。与《信托法》界定的公益信托和慈善基金不同的是，“公益性信托”不需要捐助者捐出全部本金，可以根据捐助者的要求，只捐出部分，甚至不捐出本金，利用资金运作盈利部分进行全部或部分捐助。从信托公司角度，这种选择可以绕开政策限制，有利于产品的发行；但另一方面，这种方式也可以更进一步激发人们的爱心，是一种实现慈善事业可持续性的选择。

从形式上看，无论是信托公司开展《信托法》界定的公益信托还是慈善基金的运作模式，都没有考虑到对爱心的呵护。但爱心绝对不是可以无止境开掘的无限资源，因此为爱心添一把土浇一点水也是一种爱心，它更有利于人们爱心的持续，有利于慈善事业的持续。虽然信托公司目前通过准公益信托形式开展了许多这方面的尝试，但因为缺少诸如税收优惠等政策的引导，因此仍然具有一定的局限性，并没有将信托助力慈善事业的功能完全发挥出来。事实上，作为与慈善基金不同的机构，发挥信托公司的功能，将公益信托定位于“助力爱心”似乎更有意义，也更加具有可操作性。因此除完善相应的法律法规，让信托公司更加放开手脚“助力爱心”之外，利用政策引带信托助力慈善基金的运作也是一个很好的选择。原因在于，各慈善基金会并非资金或财产运作的高手，也需要有这样的机构帮助它们运作基金，从而在实现慈善基金保值增值的情况下，一方面调动爱心人士的积极性和主动性；另一方面扩大慈善基金的规模，实现爱心可持续。

《金融时报》记者　金立新

# 以公益性信托开发爱心

## ——“中信开行爱心信托”案例介绍

（载于《金融时报》2010 年 5 月 15 日第 8 版）

在汶川地震两周年即将到来之际，由“中信开行爱心信托”项目捐助700 万元援建的四川省绵阳市平武县爱心信托中心小学于5 月10 日举行了揭牌仪式。该爱心信托项目另外捐赠200 万元建设的100 个“宋庆龄爱心图书室”也已全部投入使用。至此，“中信开行爱心信托”项目画上了一个圆满的句号。

“中信开行爱心信托”项目由中信信托于2008 年8 月与国家开发银行和招商银行合作设立。招商银行发行人民币理财计划募集资金，中信信托为所募集资金成立爱心信托计划，购买国家开发银行的信贷资产。信托资产规模约10 亿元，信托期限10 个月，受益人预期年收益率约为4.5% 至4.7%，在扣减投资者收益和相关税费后的剩余信托收益通过中国宋庆龄基金会捐赠灾区。中信信托和国家开发银行对本项目不收取任何费用。

到2009 年5 月该信托计划结束时，累计向中国宋庆龄基金会捐款956 万元，是国内捐款规模最大的公益性信托。项目所捐款项用于援建四川省绵阳市平武坝子乡中心小学和在四川省39 个县（市、区）的50 个中小学和50 个安置点捐建100 所“宋庆龄爱心图书室”及捐赠2 000 余万册图书。

中信信托已与宋庆龄基金会沟通，将在资助贫困学生、母婴援助、贫困地区医疗设备援助等方面长期合作，继续推出公益性信托项目，把此类活动长期化和系列化，切实履行企业社会责任。

点评：公益事业一直是信托公司关注的焦点，特别是2008 年四川汶川大地震后，许多信托公司在该领域进行了诸多尝试与实践。

在公益事业中引入信托制度具有重要意义。一是能发挥信托的金融理财功能，通过受托人的积极管理，为投资者创造超额收益，将超额收益部分用于公益事业，使投资者在获得稳健收益的同时向社会奉献爱心；二是通过引入信托模式，使各公益基金会的管理更加透明；三是吸引更多的社会投资人关注公益信托理念，扩大公益信托的规模有助于公益基金的发展，进而推动中国慈善业的发展。

虽然还不是真正意义上的公益信托，但即使在诸多公益性信托中，“中信开行爱心信托”也显示出它与众不同的特点。

一是规模和捐款数额高。在信托行业中，信托规模达到10亿元的本来就不多，而以10亿元的信托规模用于公益事业，并捐赠达到956万元更是罕见，显示出了信托公司在从事公益事业方面的积极性和主动性。

二是金融机构之间联合的形式成就了高额的捐赠，也探索出了一条新路径。该公益性信托计划能够有如此高的规模和捐赠额，与这种形式有一定的关系。近年来，信托公司与其他金融机构之间的合作不断加强，将理财投资范围从银行业务拓展到多个领域，有效地为投资者提供了更宽、更广、手段更专业、品种更繁多的理财业务，为投资者们提供了更广阔的投资途径以及更丰厚的收益回报。“中信开行爱心信托”带给人们的启示是：通过信托公司与其他金融机构的合作，是否可以长期发行带有公益性质的系列信托项目，对突发灾害和弱势群体进行资助？是否可以在文物保护和海外文物回归等方面为中华文明的延续和传播提供物质支持？是否可以通过系列信托项目的实施形成信托？

《金融时报》记者　薛亮

# 中小企业融资与信托介入模式分析

（载于《金融时报》2010年5月15日第8版）

近年来，我国连续出台各项经济扶持政策，有效改善了中小企业的生存环境。信托公司利用其灵活的手段和独有的功能优势，通过积极探索和实践，走出了一条富有成效的中小企业金融服务之路，在各地推广，发展方兴未艾，并被誉为“信托模式”。

信托支持中小企业发展经历了两个阶段。第一阶段是信托公司与中小企业直接对接。信托公司作为受托人，接受投资者（委托人）的委托，以信托合同的形式将其资金集合起来，然后通过贷款（也有少量的股权质押）方式，与相关中小企业签订贷款合同，将资金提供给中小企业。企业按照贷款合同规定的时间和利率支付信托利息，并于信托计划期限届满时，将资金本金偿还给信托公司。而信托公司在约定的时点向投资者支付信托收益，并于期限届满时将最后一期信托收益和本金偿还投资者。

这种信企直接合作对接的方式类似于银行的贷款模式，但在资金来源渠道上明显不同，信托公司筹集的是社会闲散资金。还有就是在贷款对象上，银行一般是一笔资金投向一个企业。而信托公司因为筹集的资金规模较大，贷款对象可以针对一家企业，也可以选择多家企业作为联合体。当然在担保方式上，信托公司因为要考虑广大投资者的利益和资金绝对安全，要求比银行要高得多，一般除了贷款企业要提供足够的资产保证外，还要有专业的担保机构进行连带责任保证。

第二阶段是引入政府和担保机构。2008年以来，信托公司在解决中小企业融资难题方面，推出了一种新的业务模式——引入政府相关部门，形成“政、信、企、保”多方合作的模式。

与传统的信企直接对接的方式相比较，这种模式的基本运作原理是：由信托公司发起设立中小企业发展信托计划，将有融资需求并符合基本条件的多家中小企业组成项目贷款包，实行“统一担保、统一命名、分别负债、统一发行”，所发行的信托产品由政府财政资金（或专项引导基金）、社会理财资金、专业机构资金共同认购，所募集资金将投向经筛选的优质中小企业。这种模式自创立以来，得到了很多地方政府和信托公司的参与推广，在2009年度内被誉为信托公司的“业务蓝海”，大批中小企业从中获益。

自2008年8月中投信托在国内推出首个中小企业的信托产品——“中小企业集合信托债权

基金”后，中小企业信托产品如雨后春笋，得到了普及和推广。据不完全统计，已经有北京、上海、浙江、安徽等地的10多家信托公司发行了中小企业信托产品。

与传统的信企直接对接方式相比较，这种新型模式具有以下特点：一是探索中小企业融资新途径。二是开创了财政资金的运用模式，促进了财政扶持资金的循环使用。三是融资成本较低，方便快捷。四是风险可控，产品安全系数高。五是拓展了担保业务。

经过一段时间的实践，目前，信托公司已成为中小企业融资的重要渠道之一，不仅为中小企业提供了及时的资金支持，信托公司也成功拓展该领域的业务。但据笔者了解，这类业务涉及的中小企业户数多、行业门类多，日常管理事务繁杂，技术含量不高，信托报酬也有限，因此一些信托公司并没有进行深度开发和持续发展。

按照监管部门的要求，信托公司今后要加强自主管理业务的能力。在中小企业集合信托业务中，信托公司的自主能力和主导作用很明显。随着国内资本市场中小板活跃，创业板已经开启，中小企业后续发展空间由此打开。加之此类业务社会效应良好，有利于信托公司打造产品品牌、树立社会形象，因此，信托公司可以根据各自的发展策略，加强该类产品的开发力度，进一步提高该类产品的设计水平和管理能力。在产品设计时，可以根据中小企业的所属行业、所在区域、所处发展周期的不同特点，设计出不同类别的产品，确定不同的价格，制定出不同的后期管理策略。比如企业生命周期一般分为种子期、起步期、成长期和成熟期四个阶段，不同发展阶段的中小企业对融资有不同的要求。另外，中小企业可以分为制造型、高科技型、服务型、创业型，不同类型的企业对融资的需求也不一样，这些对信托公司设计专项产品以及制定风险控制和后期管理措施都有很大的启示。从长远来看，这类业务朝着基金化、规模化、特色化、专业化的方向发展可能是一条较好的出路。

陈诺

# 高增长更需要高质量

## ——2009 年信托公司年报点评

（载于《金融时报》2010 年 5 月 29 日第 8 版）

信托报酬是受托人通过管理和运作信托财产而获取的报酬。实际运作中，信托公司在对信托资产的管理中主动管理能力强、作用发挥得大，取得的报酬就会高；反之，如果信托公司在信托业务中并没有进行主动管理、所起到的作用小，信托报酬率就会低。

利润是企业永恒的法则。加强自主管理、提高信托报酬率自然是提高信托行业发展质量的一个重要元素，但同时，注重信托公司“受人之托、代人理财”的行业定位也不容忽视。

截至 2010 年 4 月 30 日，信托公司 2009 年年报披露工作落下帷幕，共有 54 家信托公司披露了 2009 年的经营业绩情况。年报显示，54 家信托公司 2009 年资产总额 1 134.78 亿元，信托资产总额达到 20 405.65 亿元，实现净利润 123 亿元。

中国信托业协会统计的数据显示，2009 年披露年报的 54 家信托公司资产总额 1 134.78 亿元，平均每家公司资产总额 21 亿元；实现净利润 123 亿元，平均每家公司实现净利润 2.28 亿元；信托资产总额达到 20 405.65 亿元，平均每家公司信托资产总额 377.89 亿元。与此相对应的是，2008 年末 50 家信托公司资产总额 870 亿元，行业平均数 17.4 亿元；实现盈利 104.64 亿元，行业平均 2 亿多元；信托资产规模达到 12 284 亿元，平均信托资产规模 246 亿元。将两个年度信托公司的这三项指标进行比较可以明显看出：2009 年信托公司资产总额与其所管理的信托资产增长迅速。但净利润增长幅度不大，两个年度比较仅增长了 14%。与 2007 年全行业实现净利润 151 亿元比较甚至还有差距。在总资产和信托资产均实现大幅度增长之时，行业净利额增长幅度却不大，甚至比 2007 年还要低，这意味着信托公司的盈利能力有所下降，这是一个非常值得关注的问题。

分析信托报酬率数据，可以更直观地反映出这一问题。2009 年公布信托报酬率数据的 39 家信托公司其信托报酬率平均为 0.86%；但 2008 年信托公司平均信托报酬率却达到了 1.06%，2007 年为 1.26%，2006 年为 1.17%，2005 年为 0.91%。由此不难看出，2009 年信托公司的信托报酬率应该是近年来最低的。即使从单个信托公司来看，2009 年除一家业务几乎处于停顿状态的信托公司外，其余信托公司的信托业务报酬率没有一家超过2%，最高的是云南信托，这一指标为1.59%，但与其2008年高达7.4%的信托报酬率比较还是降低了不少。

信托报酬是受托人通过管理和运作信托财产而获取的报酬。按照《信托投资公司信息披露管理暂行办法》，信托业务报酬率的计算是以信托业务收入除以实收信托平均余额，这一指标所反映的是信托公司在信托业务中所获得的报酬。实际运作中，信托公司在对信托资产的管理中主动管理能力强、作用发挥得大，取得的报酬就会高；反之，如果信托公司在信托业务中并没有进行主动管理、所起到的作用小，信托报酬率就会低。

将2009年与2008年两个年度的经济环境进行比较，我们似乎能够很容易理解，为什么在信托行业的资产总额和信托资产规模大规模上升的情况下，净利润却没有相应大幅提高。2008年，国际金融危机肆虐，2008年第四季度开始，国家启动4万亿元投资，货币政策变得适度宽松，这些政策在2009年开始显现出效果，企业对资金的需求开始更容易获得满足，股票市场也逐步攀升。很显然，在经济危机背景下，我国大规模的经济刺激计划和适度宽松的货币政策增加了信托公司在投资领域的竞争难度，这样的经济环境和金融环境迫使信托公司不得不降低自己的收益以争取获得更多的业务机会。但也正因为如此，进一步暴露出了信托公司长期以来存在的问题，这就是自身业务与银行业务高度趋同，缺乏自主管理能力，缺少对新的投资领域的研究以及对产品的创新。而这也是近一段时间以来，监管部门极力要求并推动信托公司加强创新和自主管理能力的原因所在。

据信托业协会的统计，2009年实现净利润位居前三的信托公司分别为华润信托、中信信托和中诚信托，实现净利润分别达到14.8亿元、12.6亿元和8.5亿元；平安信托紧随其后，净利润达到6亿元。信托资产总额排名前三的分别是中信信托、英大信托和中海信托，分别达到2 067.8亿元、1 476.8亿元和1 371亿元。理论上，信托公司的功能就是“受人之托、代人理财”，因此，信托公司取得较高的净利润，应该与信托公司的信托资产总额和资金运作能力有关。但从上述数据的对比可以发现，除中信信托在净利润和信托资产总额的排名中均名列前三甲之外，其他两家净利润位居前三的信托公司在信托资产总额排名中并不在前三之列。数据显示，净利润排名第一的华润信托信托资产总额排名第九；净利润排名第三的中诚信托在信托资产总额的排名为第六。而信托资产总额排名第二的英大信托与排名第三的中海信托，在净利润排名中则分列第二十九和第九。这样就涉及一个问题：为什么以“受人之托、代人理财”为宗旨的信托公司信托资产总额的排名与净利润的排名并不一致，甚至相去甚远？

信托公司利润的来源无非两块：信托收入与自有资金运作收入。简单地用资产运作水平不同似乎并不能完全解释这一现象。更有意思的是，2009年54家信托公司中资产总额排名前三的分别是平安信托、华润信托和中信信托，资产总额分别为137.6亿元、自营资产70.4亿元和固有资产58.3亿元。排名前三的信托公司与净利润排名前三的信托公司基本一致。

利润是企业永恒的法则。加强自主管理、提高信托报酬率自然是提高信托行业发展质量的一个重要元素，但同时，注重信托公司“受人之托、代人理财”的行业定位也不容忽视。2007年出台的信托新政中很重要的一点就是：将原“信托投资公司”这一名称中的“投资”二字去掉，在名称上把“信托投资公司”变成了“信托公司”，其目的就在于提醒信托公司不要把自己做成投资公司。因为只有这样，信托公司和整个信托行业才会有高质量的发展。

《金融时报》记者　金立新

# 借鉴基金和企业年金发展经验 推进信托公司制度和产品建设

（载于《金融时报》2010 年 5 月 29 日第 8 版）

提起信托，信托法律专家和信托从业者首先想到的就是信托公司及其管理的信托产品。

法律专家和信托从业者理解的信托，是《信托法》中定义的信托关系。企业年金和基金、银行理财、券商集合资产管理计划等理财产品，因为不符合上述定义，因而均不是信托产品。在 2001 年出台《信托法》之后，我国于 2003 年相继出台了《证券投资基金法》、《企业年金试行办法》，成为证券投资基金、企业年金的法律依据。无论是基金还是企业年金，都与《信托法》中对于信托关系的描述存有差别。这是为什么呢？原因在于《信托法》所明确的信托关系，尽管从法律角度而言并无瑕疵，但从经济实践和金融实践角度看，该定义不仅过于笼统，而且不便于实际执行。

总结基金和企业年金的制度创新经验，对于以资产管理为核心业务的各类机构而言，大致可以得出如下几点论断：第一，信托制度是资产管理业务赖以生存和得以发展的重要制度保障。第二，基金和企业年金的制度设计，既主要依据了信托制度，又引入了分权制衡原理，这种创造性的思想成果，奠定了基金和企业年金未来发展的坚实制度基础。第三，像信托公司的信托产品一样，基金、企业年金、银行理财、券商集合资产管理计划等，均遵循的是信托关系，均应视为信托产品。换句话说，基金和企业年金等虽不属《信托法》意义下的信托产品，但仍是信托产品。

## 资产管理业务的产权分割原则

信托关系之所以重要，成为资产管理机构所倚重的主要法律制度，在于其财产权利分割的思想。目前笔者尚未见到运用产权分割理论研究金融资产管理领域权利优化配置的理论文献。但是，运用作为西方经济学重要分支的产权理论，是可以对资产管理领域不同行为主体的权责加以描述和论证的。

产权理论认为，从财产获利能力意义上讲，权利体现的是经济价值，而不是一个法律问题。新制度经济学之前的经济学家并不研究产权问题，因为他们认为，权利“要么全部，要么没有”，从而忽略了产权存在只能部分界定的中间状态的可能性。

所有权的各种属性全归一人所有未必最有效率，因此人们有时会把所有权的不同属性分配给不同人，当所有权被分割后，需要专门作出一些排他性规定，包括对各属性的管理人加以约束和限制。所有权的全部属性归一人拥有的独占所有权，不存在不同主体之间的合同安排，却并不是最常见的经济经营模式，这是因为独占所有权的安排容易发生两类交易成本：第一类成本产生是因为非人力资本所有权形式不可能与最有效的人力资本所有权形式相匹配，因而不要引入交易。第二类成本产生是因为一个人拥有并利用所有生产要素存在专业化损失。一个人拥有两种资产，不可能像两个人各自拥有一种资产那样，有利于专业化。那么，上述权利在不同主体之间进行配置的原则是什么呢？

根据上述产权理论的论断，可以对信托资产管理业务得出如下两个结论。

第一，由于资产管理是一种规模经济效应非常明显的业务，因此具有普遍性的业务形态是产权分割而非产权独占。不同类型的资产管理业务可能由不同类型的资产管理机构从事，同一类资产管理业务中包含的不同管理属性（如受托管理、保管、投资管理）可能由不同机构从事。

第二，由于资产管理是一种专业化特征强烈的业务，因此不同类型机构应选择自己具有比较优势的管理职责。比如银行适合担任账户管理人和保管人，基金、券商等比较适合承担投资管理人职责。

## 信托公司应该“但求所在，不求所有”

信托公司在资产管理领域大致承担如下两种角色：一是依据《信托法》承担受托管理职责；二是依据《信托法》和《信托公司管理办法》亲自管理信托事务，特别是要亲自承担作为资产管理业务核心要素的投资管理职责。

对于受托管理与投资管理两种职责合一，即均由信托公司承担的情形，无须讨论。但是，正如前面所述，资产管理业务的常态是二者的分离。在受托管理与投资管理需要分离的态势下，信托公司应该选择以受托为主还是以投资管理为主呢？对于整个信托业来说，这是个发展路径选择问题。

我们先看一个有趣的实践案例：内蒙古和陕西均属中西部地区，经济发达程度不高。内蒙古的鄂尔多斯和陕西的榆林均是我国著名的煤都，蕴藏着丰富的煤炭资源。在发展当地经济的模式选择上，两地政府实施了两种不同的路径选择，最后产生了迥异的结果。内蒙古的鄂尔多斯提出的思路是“不求所有，但求所在”，鼓励各种所有制企业到当地开发煤炭资源，提供各种便利条件。结果当地经济得到迅速发展，该市人均GDP现已居于我国地级市前列。陕西的榆林“既求所在亦求所有”，当地经济潜力至今尚未得到充分发挥。

由此可知，“所有”并不像大家认为的那样重要，能推动人口就业、提高当地GDP的“所在”才是应该追求的目标。由此类推，体现名义所有的受托管理不太重要，作为资产管理链条上利润最丰厚一环的投资管理才是信托公司应该努力的方向。回到信托公司选择受托发展路径还是投资发展路径问题上，似乎可以得出如下意见：尽管目前信托公司在投资管理能力上的比较优势并不明显，但是，作为一个行业而言，信托公司应该将业务重点放在投资管理而非受托管理上。

中信信托有限责任公司投资总监　朱勇

# 中诚信托遵约提前分配<br>滨江信托理财风险释放

（载于《金融时报》2010 年 5 月 29 日第 8 版）

近期，资本市场中房地产板块遭遇深幅调整，中诚信托和其设立管理的滨江优得、优享、优利三款“滨江信托产品”蛰伏于滨江集团十大股东名单半年之久后被媒体相继报道，引起市场广泛关注。

在一片或真或假、虚虚实实的报道与猜测中，“滨江信托产品”所被关注的焦点不外乎三个方面：信托产品的投资者是否遭受损失？中诚信托是否遭受损失？这款信托产品是否会引起股票市场的震动？而实际上，通过产品的结构设计以及相关信托常识去分析，这些担心完全可以释然。

2009 年 6 月 30 日、7 月 2 日和 7 月 3 日，中诚信托分别发布产品成立公告，滨江优得、优享、优利三款信托计划相继宣告成立。根据公告，三款产品募集资金额分别为人民币 25 312 万元、22 634 万元、32 054 万元，信托目的为“通过本信托计划的实施，由中诚信托将多个委托人的信托资金集合起来，发挥规模经营优势，通过大宗交易方式购买流通股股票，并在信托存续期间通过二级市场、大宗交易及协议转让等方式将所持有的流通股股票予以转让变现，获得信托收益”。

首先，从产品的结构设计来看投资者是否遭受损失的问题。作为一个结构化的证券投资集合信托计划，“滨江信托产品”设计了一般受益人和优先受益人。这种设计本身就是出于对受益人不同风险承受能力的考虑而设计的。在结构化信托理财产品中，优先受益人属于风险承受能力较低、希望在信托理财投资中获得既定预期收益的投资者；一般受益人属于风险识别能力和风险承受能力都相当强的特定投资者，自愿且有实力承担全部投资风险。因此，受托人在此类产品中关于补仓线与止损线的设定一般都是基于保护优先受益人的信托本金安全和预期净收益的获得，只有在优先受益人的信托本金安全和预期收益受到威胁的情况下，受托人才会启动平仓机制。与此同时，“滨江信托产品”一般受益人和优先受益人的资金比例设定为 1:1，在一般结构化的证券投资信托计划中，这一比例大多为 1:1.5 或 1:2 的比例，这种优先受益人与一般受益人相对较低的杠杆比例设计，其目的也在于保护风险承受能力较弱的优先受益人。

2010年5月10日、5月11日，中诚信托在网站发布《优先受益人信托资金返还及预期净收益分配公告》，宣布受托人遵照《资金信托合同》的规定，根据信托账户中信托净收益的实际情况，一次性向滨江项目的优先受益人返还全部优先受益权信托资金。这次分配也就意味着从信托理财的角度而言，信托产品的优先级投资人即使在股市大幅调整的情况下信托本金仍得到保障，并且成功实现了既定最高预期收益。而一般受益人购买信托产品的目的经常会与优先受益人获得既定预期收益的目的有所不同，所以他们在承担风险的同时也不一定意味着损失。

其次，中诚信托是否遭受损失？根据《信托法》，作为“受人之托、代人理财”的专业机构，中诚信托按照信托合同规定，按符合委托人共同意志的方式以信托资金参与单一股票的大宗交易，自身不承担任何亏损风险。

最后，这样一款信托产品是否会引起股票市场的震动？在结构化证券投资信托产品中，短期来看，当优先受益人退出之后，一般受益人将承受一定的损失，这将有可能导致一般受益人产生焦虑并要求受托人沽售股票。但因为一般受益人是一个抗风险能力较强的群体，且“滨江信托产品”在成立之时就设定，通过二级市场、大宗交易及协议转让三种方式退出，因此并不必然对二级市场产生实质性影响。此外，当信托计划仅剩下一般受益人时，一般受益人完全可以通过大宗交易等形式直接持有标的股票或者通过受益人大会的形式决定是否延长信托期限等多种方式，以时间换空间，等待未来的良好收益。因此目前滨江信托产品已无强行平仓的压力，也自然不会对二级市场形成巨大的抛售压力，引起股价的巨大波动。

通过查阅中诚信托网站公开披露的信息以及其他专业媒体深度挖掘的交易记录，从信托专业理财的角度冷静下来审视、探究这款滨江信托产品，似乎可以得出这样的结论：如果从证券投资的角度而言，滨江信托产品短期来看未必算是一项成功的投资；但从信托理财而言，滨江信托产品的确可以算是一个包含诸多创新因子、在安全性、流动性等多方面都体现了受托人专业理财能力和风险控制能力的一款优质理财产品。

《金融时报》记者　金立新

# 话语权与实力

（载于《金融时报》2010 年 5 月 29 日第 8 版）

券商理财“一对多”开通、信托公司在企业年金运作中的尴尬地位、信托公司对公益信托努力与向往的搁浅、信托产品登记制度、税收政策……多年以来，一个个难以解决的问题困扰着信托公司。

众多大型央企入主信托公司、信托资产超过 2 万亿元……2007 年以后发生的这些让信托公司从被人忽视的地位开始变得被人们所关注，也让许多信托人开始对信托行业的话语权有了那么一丝丝期盼。但是，2009 年 7 月，一道“信托证券账户停开”的禁令，在众多信托人一片“冤枉”与“不公”的呼喊声中至今仍未解禁，无奈之中的信托人不得不割舍了那一丝期盼，再次重新思索信托行业的话语权问题。

话语权是一种独特的权利表现。拥有或丧失话语权则可能意味着占有或丧失权利。关于话语权，一种普遍的观点是实力决定话语权。对于行业或者企业，规模在一定程度上就代表着实力。金融行业中，相对于 3 万多亿元规模的基金和保险，2 万多亿元信托资产的信托行业的确不大，但信托在话语权上的失衡却与规模不成比例。其中的原因是什么？

“在信托公司所管理的 2 万多亿元信托资产中，有多少是信托公司自主管理的？或者说有多少是信托公司能够支配的？如果说这 2 万多亿元信托资产中的大部分是被银行或其他金融机构指定投资领域的‘管道业务’，不是信托公司自主管理的，信托公司没有支配权，那么这个规模又与信托的实力有多大关系？没有实力又哪来的话语权呢？”中国信托业协会专家理事张德荣曾经这样对记者说。

这是一个令人难以反驳的观点，因为它道出了这样一个真实的事实：在 2 万多亿元信托资产所体现的信托公司实力与话语权中，含金量还不足够多。但这样的现象也并非无解，解的关键也正在于提高话语的含金量。

含金量的提高首先肯定是增强实力，而这种真实实力的体现就是自主管理，但这并不是唯一的途径。除此之外还有话语的质量。话语的质量并不在于在权利受到不公正的对待时，能够找到他人的错误而不断地去反驳，更在于通过信托人自己对信托的理解，将这种理解融入对整个中国经济环境以及需求的分析之中，并形成一种能够被大多数人所接受的思想体系、理论体系，甚至是思维习惯，引导人们利用信托方式去解决经济生活中的问题。这种体系和习惯的形成与培养，需要信托人在实践中自主创新，在创新中思考，在思考中完善，并进而带动整个社会形成关注信托、研究信托、利用信托的良好氛围。

《金融时报》记者　金子

# 信托制度需要在司法实践中发展和完善

## ——访锦天城律师事务所高级合伙人李宪明

（载于《金融时报》2010年6月12日第8版）

《信托法》颁布实施以来，在我国社会经济生活中发挥了重要作用。信托公司运用信托制度开展新式信托业务，填补了我国传统金融领域的空白，为实体经济的发展融通资金，为迅速积累的社会财富提供了有效的管理平台。信贷资产证券化、企业年金基金管理、公益信托等，初步展现了信托制度在我国深化金融改革、完善社会保障体系和社会救济制度方面不可替代的作用。

但是，我国的信托制度毕竟是法律移植的产物。信托制度与我国现行法律制度需要有一个长期的磨合、适应过程，人们需要在信托活动实践中逐步认识、理解、接受和运用信托制度。近年来，出现的一些涉及信托制度的诉讼案例也在警醒人们，当信托制度已经走入人们生活之时，在具体信托活动实践中正确理解和适用信托制度，不仅会影响到个案的公正、一个行业的发展，还会影响到社会正常的经济和生活秩序。针对这一现象，锦天城律师事务所高级合伙人李宪明通过涉及信托制度的几个诉讼案例向记者分析了在司法实践中发展和完善信托制度法律体系的必要性。

记者：2009年末，某信托证券投资亏损案曾经被广泛关注，投资者与信托公司各有说法。这一案件争议的焦点是信托公司是否履行了审慎管理义务。那么，如何判断受托人是否履行了审慎管理义务？

李宪明：审慎管理信托财产是信托公司受托管理信托财产时应当遵循的基本原则。我国《信托法》规定："受托人管理信托财产，必须恪尽职守，履行诚实、信用、谨慎、有效管理的义务。"由于信托公司作为受托人是基于与委托人的信任关系管理信托财产的，应当根据信托文件的规定，为受益人的最大利益管理信托财产，处理信托事务。否则，因处理信托事务不当致使信托财产受到损失的，信托公司应恢复信托财产的原状或者给予赔偿。

一般来说，判断信托公司是否履行审慎管理义务，包括这样几个抽象标准：首先是遵守信托文件的规定。受托人管理信托财产、处理信托事务的行为应当是为了受益人的利益，服从于信托目的。信托公司不应为所欲为随意管理信托财产，或为自身、为第三人谋取利益 。当然，遵守信托文件的规定并不意味着信托公司只能根据信托文件的条文亦步亦趋，信托文件不可能穷尽信托活动中的所有情形，也不可能规定信托公司的每一个行为，而是要求信托公司严格根据信托文件规定的信托目的进行活动。

其次是善良管理人的注意义务。信托公司首先要做到，以管理自己固有财产同样的技能和注意管理信托财产。但是，作为专业受托人，做到这一点还不够。信托公司还应恪守善良管理人的注意义务，就像一家之父一样，既富有经验，精通人情世故，又具备管理家业所必要的良苦用心和勤勉。这种注意义务高于信托公司管理固有财产的注意义务。

最后是专业技能。具备必要的专业技能是善良管理人注意义务的一部分。社会经济结构复杂化、专业分工细化，使得人们在社会活动中对专业技能和专业知识服务的需求增加。信托公司作为具备国家许可的资产管理资格的专业理财机构，工作性质具有高度的专门性。

从实践上看，如何判断信托公司是否履行审慎管理义务，一直是信托活动中困扰信托当事人的难题，也是在信托案件中令法官头痛的事，需要根据具体信托事务、信托财产、当时的背景等来判断。近年来，我国证券市场的跨越式发展和社会财富的爆炸式增长，催生了证券投资的资产管理业务迅速发展，相关纠纷也日益增加。如何有效地解决纠纷，保护各方的合法权益，促进这个行业的规范发展，是我国资产管理领域立法和司法实践面临的重大课题。

记者：因为信托业务范围的广阔以及信托公司自身专业能力的约束，为满足委托人的要求，近年来，信托公司委托他人代为处理信托事务的情况已经非常普遍。但是，法律规定信托公司对他人处理信托事务的行为要承担责任，在信托诉讼中这一点常被作为追究信托公司责任的依据。那么，哪些情况属于受托人委托他人代为处理信托事务的情形？

李宪明：受托人委托他人代为处理信托事务，需要有明确的委托代理意思表示。容易与之相混淆的情形是委托人保留全部或部分信托事务管理权的情况。受托人权利义务的来源主要有两个方面，一是信托文件的规定。信托公司要按委托人的意愿以自己的名义，为受益人的利益或者特定目的管理或处分信托财产。委托人在信托文件中赋予受托人什么样的权利，受托人就应行使什么样的权利，并履行相应的义务。委托人保留的权利，受托人不能享有，否则就是违反信托文件的规定。二是法律的规定。有些受托人的权利是法律强制要求由受托人行使的，委托人不能保留，不能在信托文件中约定。信托公司履行受托人义务，除依据《信托法》和信托文件的规定外，还应当根据信托事务性质和信托财产的状况遵守其他相关法律。委托人保留管理权的，委托人直接或间接处理与信托相关的事务，不构成受托人委托他人代为处理信托事务。但是，有些信托业务，客观上存在委托人保留管理权与受托人委托他人代为处理信托事务容易相混淆的问题。在股权投资信托中，信托公司通常在信托合同中约定“依据公司法或公司章程的规定”行使股东权利，依据惯例委派本公司员工或委托人代表作为目标公司的董事，但对如何行使股东权利和董事权利的关注不够，对公司治理结构的合理性重视不够，这也是出现法律纠纷后，信托公司败诉的原因。

记者：信托目的合法性是《信托法》对信托活动的基本要求，判断哪些信托活动的目的违反法律规定，应当依据现行法律制度的规定、国家的社会经济政策和社会改革发展的需要。在不良信贷资产信托业务的纠纷中，曾经有信托公司因为“信托目的合法性”受到质疑而败诉，对于“信托目的合法性”您是怎么看的？不良信贷资产信托业务是否可以做？

李宪明：信托是一种财产管理制度，《信托法》第十一条禁止专以诉讼或者讨债为目的设立信托，立法宗旨在于避免诉讼或滥用诉权，滥诉有悖于信托制度的基本功能。因此，不能一概否定带有诉讼行为的信托的效力。如果设立信托目的在于通过诉讼获取不正当利益，应当认定无效。如果信托设立的目的主要是管理运用信托财产，诉讼或讨债是管理方式之一，则应当有效。

判断某个信托是否通过诉讼获取不正当利益，或讨债是主要管理方式，需要依据信托活动的具体背景情况和性质。根据国外的信托诉讼司法实践，一般考虑以下因素：一是受托人是否以讨债为职业；二是诉讼是否为信托财产的唯一或主要管理方式；三是委托人与受托人是否存在信赖关系；四是自信托设立至追讨债务的时间间隔，设立信托后立即提起诉讼容易被认定为诉讼信托。

从我国金融机构处置不良信贷资产的实践来看，以信托方式处理不良信贷资产是资产管理公司惯常操作的方式。具体操作方式为资产管理公司将不良信贷资产委托给信托公司设立结构化财产信托，其中的优先级信托受益权由社会投资者认购，资产管理公司认购劣后信托受益权。中国华融资产管理公司、东方资产管理公司与信托公司合作开展过类似业务。立法上，中国人民银行和银监会颁布的《信贷资产证券化试点管理办法》为不良信贷资产的证券化预留了空间。信托公司开展不良信贷资产信托业务，应当遵守国家关于国有资产管理、金融不良债权转让、金融资产管理公司资产处置等相关规定，履行必要的资产真实移转、债务人通知、公告程序等，依法规范开展业务。

记者：近年来发生的信托案例说明人们对《信托法》的理解和认识与丰富的信托活动的需要还有很大差距，司法部门在解决信托法律发展问题方面能够发挥什么作用？

李宪明：法律发展是任何法律都面临的问题。法律制定出来后，很快会滞后于千变万化的社会现实，人们对法律条文的理解会有差异。我国信托制度的发展问题更为突出。在法律发展路径方面，我国沿袭大陆法系传统，主要是采用制定法的形式发展法律，英美法系国家主要是通过案例的形式来发展法律。但这种差异并不是绝对的，两大法系之间逐渐出现了一种融合的趋势。

我国发展信托制度可以采取立法、立法解释、司法解释、案例指导等多种形式。就现实而言，比较可行的方式应当是司法解释或案例指导。人民法院在审批工作中涉及具体应用信托法律的问题，可以由最高人民法院根据法律和有关立法精神，结合审判工作实际需要作出司法解释。最高人民法院发布的司法解释具有法律效力。案例指导相对于司法解释更为灵活、能够及时满足司法实践的需要。近二十年来，最高人民法院建立了“案例指导”制度，这是我国司法制度一个组成部分。对于典型的涉及信托制度的诉讼案例，经最高人民法院审判委员会讨论通过后，以公报的方式公开发布。这些案例事实上已被赋予了与司法解释同等的司法权威，可以说具有事实上的先例约束力。经过近十年的发展，我国信托制度、信托公司的业务、信托产品、公民和企业的民事信托活动，已进入一个接受司法检验的时代。及时、有效的司法解释或案例指导是保障我国信托制度健康发展、规范信托活动的必要形式。

## 相关链接

### 近年来影响较大的涉信托案例

**受托人的审慎义务相关案例**

2007 年 12 月，某信托公司发行证券投资集合资金信托计划，信托公司聘请投资顾问进行操作。两年后，信托计划出现投资亏损，几名投资者诉至法院。

投资者主张：信托公司涉嫌信托欺诈；信托公司未依据信托合同管理信托，擅自变动投资比例和投资策略；信托计划没有设置止损制度，信托公司没有尽到其应尽的审慎管理责任；信托公司及投资顾问在操作中存在着满仓操作，高买低卖的行为，并且在股市出现反弹行情时“踏空”。

信托公司主张：投资者在签署信托合同的同时，均签署了认购风险申明书，该申明书已明示“信托计划不承诺保本和最低收益，具有一定的投资风险，适合风险识别、评估、承受能力较强的合格投资者”。信托公司未对投资者进行任何误导性陈述或保本承诺，不存在欺诈行为。根据《中国银监会关于制定、修改、废止、不适用部分规章和规范性文件的公告》，银监会银监发〔2004〕46 号文件被废止，据此，信托计划对单一股票的投资比例可达 100%，但公司考虑信托财产安全性，将投资比例变更为“除非受托人允许，投资于一家上市公司所发行的单一股票的投资额不得超过信托计划资产总值的 20%”，并且在网站上进行了公告。该产品没有约定进行整体止损，仅约定了投资单只证券的止损；满仓操作是基金经理风格和投资策略的体现，高买低卖是市场行情所致。

**受托人委托他人代为处理信托事务责任相关案例**

A 公司与信托公司签署资金信托合同，设立单一资金信托。A 公司为受益人，资金用途为对 Z 公司进行股权投资。《资金信托合同》约定，信托公司分别提名 A 公司人员和信托公司人员进入 Z 公司董事会，其中信托公司的人员为两名。信托设立后，信托公司对 Z 公司进行股权投资，占 80% 股份。Z 公司与他人合作办学，成立 F 公司。Z 公司成立后第二天，信托公司划入 Z 公司账户中的出资款全部划转到A公司账户。F公司经营过程中发生亏损，经政府批准由原告接管。原告在接管时发现Z公司投入到F公司的资金没有到位，诉诸法院，原告主张Z公司股东信托公司应与委托人A公司共同承担连带赔偿责任。

原告主张：Z公司无正当理由占用F公司教学资金，应负返还义务；信托公司作为Z公司股东有义务保证出资真实，出资到位。但信托公司将股东权利义务委托A公司行使，致使F公司注册资本被抽走，故其应与A公司共同承担连带赔偿责任。

信托公司主张：信托公司与A公司是信托关系，已依据《信托法》和《信托合同》的约定履行了出资义务。原告以A公司抽逃Z公司出资为由，要求信托公司承担连带赔偿责任，违背信托关系"代人理财"的基本原则。信托公司未参与Z公司的经营管理，不具有资金调拨权。

一审法院审理后认为：信托公司委派到Z公司的董事只是挂名，并未履行任何管理、经营职责。而是委派A公司人员实际经营管理Z公司。根据《信托法》第三十条规定，"受托人应当自己处理信托事务"，"受托人依法将信托事务委托他人代理的，应当对他人处理信托事务的行为承担责任。"故与A公司构成代理与被代理关系，信托公司应对代理人A公司的行为承担代理责任。

**信托目的合法性相关案例**

A资产管理公司与信托公司签订了财产信托合同，将不良贷款债权设立信托。A资产管理公司就不良贷款设立信托事宜在报刊上进行公告，并进行了催收。信托公司于信托设立后再次以公证及公告的方式向借款人催收债权，但借款人依然没有履行还款义务。为此，信托公司将借款人告上了法庭，请求法院依法判令借款人清偿信托公司借款本金及利息。

原告方信托公司认为，信托公司具有诉讼主体资格。信托公司作为信托财产的受托人、有权以自己的名义对信托资产进行管理或者处分，而诉讼作为管理或处分的手段之一，当然是受托人的权利。涉诉信托不是专以诉讼或讨债为目的的信托。该信托的目的在于通过转让不良资产的收益权而使不良资产提前变现，而不需借助某个具体债权项目的债务清偿得以实现。

被告方借款人主张：信托公司不是本案的诉讼主体，不具有诉讼权利能力，其诉请应予驳回。债权人A资产管理公司与信托公司之间只是信托关系，而不存在债权转让关系。作为受托人，信托公司与借款人更不存在债权债务关系。因此，信托公司提起诉讼，不符合《民事诉讼法》第一百零八条所规定的起诉条件。同时根据《信托法》第十一条的规定，为了诉讼或者讨债目的而设立的信托合同关系无效。

法院经审理后认为，信托公司依法不具有原告的主体资格，依照最高人民法院《关于适用〈中华人民共和国民事诉讼法〉若干问题的意见》第一百三十九条的规定，法院裁定驳回原告信托公司的起诉。

《金融时报》记者　金立新

# 加强信托业声誉风险管理刻不容缓

（载于《金融时报》2010年6月12日第8版）

良好的声誉是信托公司多年发展积累的重要资源，是信托公司的生存之本，是维护良好的投资者关系、客户关系等诸多重要关系的保证。良好的声誉风险管理对增强竞争优势、提升信托公司的盈利能力和实现长期战略目标起着不可忽视的作用。

## 加强声誉风险建设刻不容缓

自2007年7月以来，以美国次贷危机为导火索的百年一遇的金融危机迅速席卷全球金融市场，为全球金融业带来了巨大的冲击。国际上，以美国为例，金融危机发生后很短的时间内，美国五大投资银行走向终结，拥有悠久历史的美国投资银行界发生了天翻地覆的变化；十几家中小银行迅速破产倒闭，甚至全球最大的花旗银行也难逃一劫，不仅资产大幅缩水失去龙头地位，甚至被迫进行重组；投资者、客户对金融机构的信心空前脆弱，金融机构面临着前所未有的信任危机。在国内，金融危机导致资本市场大幅缩水，随着资本市场的急速下跌，国内商业银行理财等业务亏损面迅速扩大，客户投诉数量不断增加，媒体关于商业银行的负面报道越来越多，金融机构面临严重的声誉风险，加强声誉风险管理已成形势所需。

早在1997年，巴塞尔新资本协议已将声誉风险作为市场约束的组成部分。2009年1月，巴塞尔委员会新资本协议征求意见稿中明确将声誉风险列入第二支柱，指出银行应将声誉风险纳入其风险管理程序中，并在内部资本充足评估程序和流动性应急预案中适当涵盖声誉风险。在国内，声誉风险已引起金融业监管部门高度重视，银监会公布了《商业银行声誉风险指引》，将声誉风险管理纳入银监会风险监管体系。因此，加强声誉风险管理，不仅成为商业银行，更成为信托公司适应监管要求、依法合规经营刻不容缓的责任和义务。

普华永道的一项调查显示，全球134家银行的高级风险管理人员表示，声誉风险是他们目前所面临的最大的风险，声誉风险对市场价值的影响排在第一位，对收益的影响排在第六位，一些在合规方面存在困境的银行，声誉风险的排位更高，声誉对商业银行市场价值的影响已经超过了财务业绩。声誉风险可能引发多种严重后果：经营管理遭受重创，经营业绩下滑；投诉或控告不断上升，社会形象和市场地位遭到损害；员工士气受挫，人员流失严重，难以吸引优秀人才；企业凝聚力下降，工作效率低下；监管机构加强监管力度，可能遭受巨额罚款；公司的战略规划和措施难以有效实施等。严重的声誉风险甚至会导致社会公众对国家、金融机构信任程度降低，引起挤兑，造成社会治安混乱，影响金融业的发展。因此，加强声誉风险管理，已成为影响金融机构持续健康发展的重要因素。

## 信托业声誉风险管理的现状及主要问题

目前，尽管信托公司高层管理人员已经逐渐认识到声誉管理的作用，但在实际操作上尚存在很多问题有待改进。

首先是声誉管理意识欠缺。高管层对声誉管理的内涵和重要性还缺乏深刻认识，还停留在孤立、片面地看待声誉管理的层面，没有把声誉管理渗透到每一个业务环节。公司的存在就是为了追求利润最大化，使得不少高管对声誉问题很少在意。即使一些公司有过声誉管理行为，但还比较粗放，科学性和规范性还比较弱。员工们还不能深入贯彻、理解价值理念，从微处减少声誉风险因素。

其次是缺乏计量和考核方式及人才队伍。由于声誉风险产生的原因非常复杂，可能发生在任何环节，利益相关者包括所有员工，难以通过风险管理部门的常规管理来实现；并且声誉风险往往与信用风险、市场风险、操作风险、流动性风险等多种风险交叉存在、交互作用，更加难以计量和考核；而目前大多数信托公司又没有建立专职的声誉管理机构，难以形成合力统筹和督导。因此，建立一只高素质的声誉管理团队、一套高效的协调管理机制，对信托公司来说是一个很大的挑战。

再次是缺乏与外界必要的沟通。由于信托理财产品的设计比较专业，条款比较复杂，大多投资者其实并不会仔细看这些条款，也不会深刻了解产品的各个细节，往往眼光局限在收益率上。可是“高风险才有高收益”，如果推介人员和营销人员没有明晰投资者的责任和风险，就会产生误会隔阂，破坏了信任基础，同时影响公司的声誉。

最后是对声誉风险的持续投入不足。英国《金融时报》的研究表明，公司声誉是很难改变的，公司长期以来树立起来的声誉比任何短期存在的问题，比如技术领先、回报丰厚显得更重要。不少管理人员由于短期看不到对声誉风险投入的效果就疏忽对声誉风险的有效防范，这种做法是不可取的。从高管到普通员工只有关注公司长期利益才能真正提高其事业心和责任感，才能加强其声誉建设。

## 信托业声誉风险管理的基本路径

对信托公司来说，笔者认为声誉风险管理至少应做到以下几个方面。

一是妥善处理客户的投诉。信托终究是一种服务行业，对投资者来说，获得的服务是否满意直接关系到公司的信誉。因此，与客户打交道的“一线员工”就是公司信誉的代表，是公司声誉风险的重要环节。彬彬有礼、热情耐心、训练有素的客户经理会给人一种放心、舒服、专业的感觉，介绍的产品也更容易被接纳。而且，信托公司往往面对高端客户，对服务质量的要求也将更为苛刻。投诉事件的产生是危险的预警信号，表明客户已经对某些服务不满，如果处理不当就会产生恶劣后果。信托公司应设立专门的投诉渠道，培养素质较高的员工专业处理投诉事件，必要时应提交专门部门并作出快速反应。

二是加强员工对声誉风险的认识。应树立“声誉创造价值、声誉人人有责”的理念，培养以声誉为导向的公司文化，在公司内部形成自上而下的声誉管理意识。增强客户和员工的忠诚度，增加声誉资产的价值。积极培养员工的认同感，形成全员的声誉风险管理体系。积极探索建立声誉风险评估机制和考核机制，让每位员工都切身体会到公司声誉风险与自己息息相关。

三是建立完善的合规体制与制衡机制。建立完善的合规体制与制衡机制是声誉风险防范的核心环节。一个信托公司声誉好坏的根本原因就在于有没有良好的内部控制和组织结构，各部门能否按照合规要求各司其职并互相制衡。信托公司应通过加强合规管理，建立一套有效的合规风险管理机制，有效识别、监测、评估、报告合规风险，主动避免违规事件发生，主动采取各项纠正措施和适当的惩戒措施，持续修订相关制度等，从而提高合规管理水平，避免声誉风险。

四是加强信息的透明化。“缺乏交流是误解的开始”，透明是防范声誉风险的最佳方式。作为信托公司应尽量做到及时、全面地向投资者披露各种信息，把增强公司透明度作为完善公司治理的重要内容，使投资者和社会对整个行业有充分的了解。通过各类活动，树立良好的品牌和形象，提高信托公司的知名度、美誉度，从而提升信托公司的竞争力。对于不利事件，应积极回应媒体，保持公开坦诚的态度，尽早向公众报道事实，引导媒体客观公正地报道事件，避免误导公众。

大连华信信托股份有限公司　徐俊杰　刘纲妤

# 强化自主管理是信托公司发展必由之路

## ——访中国信托业协会专家理事张德荣

（载于《金融时报》2010年6月26日第8版）

近期两则新闻引人注目：一则是中诚信托计划延期，公募投资顾问被下休书；另一则是市场传闻交银国信因纵容股价操纵被停证券业务。

关于中诚信托的报道是，2009年5月20日成立且期限为一年的中诚主题精选信托计划近期通过受益人大会将信托期限延长到五年，但作为原投资顾问的该大型公募基金公司被受益人“下休书”，取而代之的是私募机构凯石投资。市场人士分析认为，风险控制经验和能力不足或是导致该公募投资顾问“下课”的主要原因。关于交银国信因纵容股价操纵证券业务被暂停的报道是，交银国信旗下的国贸盛乾一期成立运作后，交银国信发现其操盘手法存在违规之嫌，多次警示国贸盛乾，要求其注意投资方式，但收效甚微。后在国贸盛乾的争取下，交银国信对其行为不再紧盯，国贸盛乾下单基本不用受到监控审核，甚至下单要求发出后，交银国信直接点击指令就有效了，连审核的程序都省了。国贸盛乾事发后，关于阳光私募信托的监管是否存在漏洞，成为业内人士讨论的关键。

两则新闻反映出的是信托公司对待资产管理不同的态度。在信托业发展的新的历史阶段，信托公司该怎样提高自主管理水平？就此问题记者采访了中国信托业协会专家理事、中伦文德律师事务所创始合伙人张德荣。

张德荣对记者表示，当下信托公司面临的困境可谓不小，银信合作规模将被大大压缩，净资本管理办法也很可能即将出台，原有的通道业务将很难继续。很多地方政府融资平台由于负债过度，已出现信用危机，使得信政合作业务也将很难继续。房地产新政导致信托公司大量开展的房地产信托业务风险不断被提升，而证券业务也因信托计划的开户问题迟迟得不到解决，再加上当下证券市场的持续低迷而迟滞不前，所有这些都致使信托公司再一次面临政策与市场的考验。在监管部门不断加强并出台对银信合作、信政合作及对房地产业务、证券业务等敏感性信托业务监管力度的形势下，如何提高信托公司自主管理水平又一次摆在各信托公司面前。

张德荣表示，自主管理不是，也不应该是只为解决当前形势所迫而提出的问题，更不应该是信托公司为被迫接受监管部门的要求而为之的一个临时话题。“受人之托、代人理财”的信托性质决定了自主管理本身就是信托公司开展业务原本需要具备的基本要求。信托公司自己都不能自主管理，何人敢相托？又何来代人理财？也正是因为信托的这一性质，我国的《信托法》第二十五条要求信托公司管理信托财产，必须“恪尽职守，履行诚实、信用、谨慎、有效管理的义务”。我国的信托监管部门也在《信托公司管理办法》第二十六条规定：“信托公司应当亲自处理信托事务”。并进而在《关于进一步规范银信合作有关事项的通知》中对何谓信托公司的自主管理作了明确的要求，即要求“信托公司作为受托人，在信托资产管理中拥有主导地位，承担产品设计、项目筛选、投资决策及实施等实质管理和决策职责”。由此可见，信托公司自主管理信托业务不仅是信托业务的本质所在，也是我国法律法规对信托公司的根本要求。

信托公司如何切实提高自主管理水平，应该注意的基本原则是什么？张德荣为信托公司支了五招。

一是坚持自主创新、自主管理的基本原则。对客户开发产品设计、资金募集、项目选择、投资决策、项目实施与管理、风险控制等必须首先选择自主管理的道路，并努力做到恪尽职守，履行诚实、信用、谨慎、有效管理的义务。在信托公司证券投资业务中，证券投资信托设立后，信托公司应当亲自处理信托事务，自主决策，并亲自履行向证券交易经纪机构下达交易指令的义务，不得将投资管理职责委托他人行使。

二是对自己不擅长的业务或有不得已事由时，如确需委托他人代理的，必须明确告知委托人且在信托文件明确作出约定时，方可委托他人代为处理，同时必须尽到足够的监督义务，并对他人处理信托事务的行为承担责任。在信托公司证券投资业务中，信托文件事先另有约定的，信托公司可以聘请第三方为证券投资信托业务提供投资顾问服务，但投资顾问不得代为实施投资决策，同时信托公司应加强对投资顾问的选择和监督。

三是坚持规范与自主管理与创新并举的原则，做到在规范的前提下自主管理与创新，走出一条规范、自主管理与创新、可持续发展的业务模式。

四是坚持走差异化、专业化发展的道路。要结合公司实际，结合市场、政策导向，学习并借鉴国际、国内同行的先进经验，摸索出一条适合公司自身实际，切实可行、可持续发展的业务发展模式。

五是加强公司治理，优化股东与资本结构，引入国内外私募基金有关合伙、投资与项目管理、合伙人及员工业务激励机制与风险控制机制等，从根本上、源头上、机制上彻底解决信托公司长期以来难以形成真正自主管理的被动局面。力争在较短的时间内把我国的信托公司打造成一个从“受人之托、代人理财”发展到“赢人之托、专业理财”的阳光私募专业机构。

《金融时报》记者　金立新

# 自主管理 让信托公司前行路充满阳光

（载于《金融时报》2010年6月26日第8版）

驾车上坡的司机会通过“降挡减速”来获得更强的驱动力。如今，信托公司在经历了连续数年的业务扩张和资产膨胀后，也开始面临规模与效益的抉择。有些信托公司在深刻思考之后，更倾向于具有战略意义的自主管理方式，不惜放缓前行脚步来积蓄更多的能力与智慧，巧妙地在短期利益与长远战略中寻求平衡，试图以更有实质效果的创新完成从“卓越成长”到“基业常青”的跨越。

在过去五年间，信托业取得的骄人成就是有目共睹的。从2005年至2009年，我国的国民生产总值从18.31万亿元增长到33.54万亿元，增长率达到83%；与此相对比，信托行业的受托资产规模从1 946亿元增长到20 079亿元，增长了9倍多；信托业务收入从15亿元增长到93亿元，增长了5倍多；年发行集合信托产品规模也从490亿元增长到1 251亿元，增长了1.55倍。以信托方式进行资产管理和财富管理，已经成为提高中国居民财产性收入的重要渠道，也使得社会各界能够有机会分享中国经济成长的盛宴。

然而，财富管理市场的竞争压力和经济金融体系的结构性变革，再度考验着信托公司的生存空间。在回归本源的道路上，信托公司拥有的资源和能力还远远不够，饱受规模化、标准化、可持续业务模式无法建立的困扰。同时，信托机制在各类金融产品中的广泛应用也终结了信托公司的专属优势，“短、平、快”的盈利模式对大多数信托公司而言既是现实的选择，又是无奈的选择。53家信托公司披露的2009年度报告显示，信托行业的受托资产规模比上年增长了65%，但是，信托业务手续费及佣金收入却与上年基本持平，巨大的反差意味着现有信托业务模式的困境和局限，改革创新成为信托公司应对前进道路上各种新问题、不断开拓事业发展新局面的唯一法宝，意义十分重大。

审视现有的信托业务模式，银信合作具有十分突出的代表性：一方面，银行为信托公司带来了庞大的资产规模，提供了获取优质项目资源的良好渠道，使其摆脱了营销网络十分有限的束缚，并降低了固定收益类信托产品的投资门槛；另一方面，由于银行在合作中处于绝对强势地位，常常将信托公司视为发展中间业务、调整信贷资产结构的“管道”或“平台”，造成资金运用集中于简单业务，或仅为“出表”突破资本充足率的限制，或导致银信合作的交易结构不够严密和审慎，或造成法律上受托责任的泛化和扩大，最终削弱了信托公司的产品创新度和盈利空间，增加了潜在的经营风险，影响了竞争力的持续提升。

目前，信托业务转型已经迈进了改革深水区，自主管理概念的提出顺应了发展潮流，是管理层对信托公司以“管道”、“平台”角色所开展的银信合作、信政合作的一种警示性否定，更是站在信托公司长远发展角度的一种前瞻性引导。

加强自主管理，已经成为信托行业的普遍共识，是不再具有争议的改革目标。运作规范、能力突出、服务细致、管理专业的信托公司必将在财富管理市场上脱颖而出，在社会金融服务体系中扮演越来越重要的角色。从国际经验看，自主管理意味着能为高净值客户提供专业与独特的资产管理服务，国外信托公司大多建立了以客户经理为中心的服务团队，能够结合客户各类需求提供有针对性的产品服务或解决方案，这些公司也拥有覆盖多种资产领域和投资渠道的产品团队，并能够有效整合外部金融资源，形成了相当完整的金融产品线，可以在资产管理和受托服务的众多运作细节上展示其专业性，最终，在长达百年的积累、探索后，它们向客户提供了可信赖的、全方位的一站式服务。

从国内发展看，我国经济持续快速增长，富裕人群不断增多，居民投资于非储蓄金融资产的需求日益提高，都为信托业的持久增长提供了市场容量和发展空间。目前，很多金融创新都离不开信托制度的配合和参与，信托公司具备了全方位、多层次、宽领域地参与金融服务的比较优势，而自主管理正是未来发展的原动力，能够在深层次上解决自身能力不足的问题，并在多方面提高信托公司的竞争优势。尽管部分信托公司依靠大企业集团也获得了发展和成功，但是主动管理能力的欠缺、自主参与项目的深度不足，既不利于信托公司长期持续的稳定发展和积累专业管理经验，也无助于信托行业一些根本性问题的解决，极易使自身被外部市场环境的变化所裹挟。要真正实现自主管理，信托公司还需要更深入的研究与坚持，必须致力于信托机制特色，不断提高资产管理能力，专注于各类业务和产品的创新，在每个运作环节体现专业技能，建立强健的客户服务网络与模式，即便在开展专业分工、外聘投资顾问时也要同样保持主导地位，最终，自主管理将使信托公司在财富安排上发挥更独特、更积极、更有效的作用。

毋庸置疑，信托公司一直是中国经济发展和金融体制改革的先行者与探路者，在过去的三十年中，无数的金融人才从信托业孕育而出，无数的金融事件被信托业赋予了时代内涵。如今，加强自主管理对信托公司而言，其实是“新一轮”的长征，信托公司既要心怀“不积跬步，无以至千里”的信念，为取得的每一进步而欢欣鼓舞，也要充分估计前进道路上可能遇到的困苦艰辛，甚至是创新折翅的落寞。无论如何，困扰信托公司前行的迷雾已经散去，未来发展目标已经明确，只要秉持自主管理的旗帜，全力以赴地提高投资管理能力与资产配置能力，信托公司的未来征途一定会充满阳光。

上海国际信托有限公司　刘文雯

# 期盼红海中的蓝海

（载于《金融时报》2010 年 6 月 26 日第 8 版）

最近看到某媒体的一篇专栏文章，讲述的是在汽车和自行车普及的今天，电动自行车本应定位尴尬。可是电动自行车在实用性、方便性和普及性方面，已经超越了“汽车 + 自行车”传统组合。为什么这种新式交通工具能在传统交通工具的红海中找到一片属于自己的蓝海？在看似已几乎没有缝隙的传统机动车和非机动车之间找到一个新的细分市场？是什么因素打破了原有的动态平衡？总编希望代步工具市场的一些变化能给人们带来思考和启示。

这让笔者联想到信托公司信息技术系统的应用。

近年来，信托公司在信息技术系统的建设上不断追加投入，IT 运营成本逐年递增，多数信托公司还专门成立了信息技术部，这表明信托公司开始重视信息技术的推广应用。信托公司信息系统从少到多，从办公使用已逐渐向业务应用转型，但是在这一过程中，有些系统被发扬光大、推广成功；有些系统却遭遇挫折，命运不佳。所以，怎样让技术更好地服务于业务需要，为公司创造效率和效益，或者说怎样找到系统应用的“蓝海”，显然是一个值得思考的问题。

那么，现实中是什么决定了一个系统能被大家接受使用呢？我们看到，财务管理实现电算化降低了财务人员劳动强度，提高了财务管理的效率，报表计算更精准，财务数据集中管理，电子凭证与手工凭证互为备份，这让公司财务人员乐于使用。证券投资交易的系统上线，提供了客户自行交易和查询功能，提升了客户满意度；极大降低了相关岗位工作强度，打破了制约业务发展的瓶颈；更重要的是相对传统交易方式而言，提升了交易速度，提高了盘中交易风控质量。由此可见，在加速业务规模扩张的同时，能否保持岗位工作强度基本不变，甚至有效降低相关岗位的工作强度，有效提高管理效率和质量，是一个系统能够被大家乐于接受使用的关键。

如果把看清系统应用成功因素看做“蓝海”，那么建设能够满足公司实际需求的信息系统就是去寻找那一片“迷人的蓝海”。在这一过程中，必须建立科学的 IT 系统立项决策机制，完善 IT 系统预算编制体系和系统管理制度。

一是要自下而上，找对需要。过去经常是自上而下地推进系统建设，这样做往往对业务瓶颈、业务矛盾的理解不深刻，因为“先有系统，再造需求”，所以系统建设缺乏“需求”这一成功的关键因素，系统建设容易造成“交钥匙工程”。因此务实的系统建设思路应当是：“重点突破、以点带面、自下而上”。在实践中发现问题，找对需要先解决的问题。在成功解决局部问题的基础上，连点成面，进一步解决系统化问题。

二是在系统建设过程中，应时刻关注数据。对金融机构的业务管理而言，业务数据至关重要。从技术视角看，数据就是业务对象，数据在系统之间的有序流动构成了业务经营活动。数据的生成、管理和使用等操作贯穿于业务活动的每个环节。关注数据就是要保证各系统之间数据能够对接、互通、共享，这样系统才能形成有机的整体，而非信息孤岛，从而发挥出更大的作用。

系统建设、规划和选型必须以数据接口为核心，这是“战略”；系统立项和实施必须以“需求急迫”为决策条件，这是“战术”。从业务管理角度出发，先清晰定义业务数据格式，确保业务数据的完整性，这是技术应用的基础。在此基础上，制定管理制度，确保数据录入和备份及时准确，这是技术应用的保障。根据业务管理的需要，以数据格式为标准接口，整合原本孤立的系统，对于新建选型系统，须向厂商声明数据接口要求，以便日后整合，这是实施策略。

从麦当劳、肯德基、必胜客的外卖员已全部由自行车换成了新型电动自行车的情况可以感知，在新的代步工具解放了外卖员的体力瓶颈后，短距离快餐外卖行业的响应速度、客户满意度和销售额将被重新改写。同样道理，在金融行业某些环节被电脑解放人脑之后，传统管理模式、业务流程和服务渠道是否也会像外卖行业一样出现“红海中的蓝海”呢?

中诚信托有限责任公司　俞继东

# 一季度信托公司总收入 38.8 亿元

（载于《金融时报》2010 年 6 月 26 日第 8 版）

**编者按** 为了及时、真实地反映信托行业发展状况，加强信托公司的同业交流，方便信托公司及时、准确地掌握行业状况，营造公开公平的信托市场环境，共同推进信托业的健康稳定发展，银监会非银行金融机构监管部委托中国信托业协会建立信托行业主要数据指标定期披露制度，每季后的第一个月末公布上一季度主要指标数据。本报与中国信托业协会合作，也将通过“权威披露”栏目对相关数据进行定期发布。

本报讯 中国信托业协会日前发布一季度信托公司主要指标数据。数据显示，今年第一季度信托公司总收入 38.8 亿元，实现利润 26.1 亿元。

据中国信托业协会披露的数据，今年第一季度，信托公司各项业务收入总计达 38.8 亿元，其中，利息收入余额达到 5.3 亿元，占总收入的 13.7%；信托业务收入余额 21.7 亿元，占总收入的 55.93%；投资收入余额 9.29 亿元，占总收入的 23.97%。第一季度信托公司实现利润总额 26.1 亿元。

截至 3 月底，信托公司信托资产规模达 23 745.4 亿元。按照来源划分，集合资金信托余额 2 985.52亿元，占 12.57%；单一资金信托余额 19 116 亿元，占 80.50%；管理财产信托余额 1 643.42亿元，占 6.92%。按功能分类，融资类余额 14 616.3 亿元，占 61.55%，投资类余额 4 222.1亿元，占 17.78%；事务管理类余额 4 906.54 亿元，占 20.66%。

在资金信托中，按照运用方式划分，第一季度贷款、长期股权投资和可供出售及持有至到期投资三种资金运用方式占据前三甲，余额分别为 13 663.9 亿元、2 755.24 亿元和 1 858.43 亿元，所占比例分别为 61.82%、12.47% 和 8.41%，其余依次为交易性金融资产投资、存放同业、买入返售、租赁等。按照资金投向划分，位居前三的分别是基础产业、其他类和工商企业，余额分别为 8 876.54 亿元、4 091.36 亿元和 3 263.32 亿元，占比分别为 40.16%、18.51% 和 14.77%，其余依次为房地产、金融机构、证券市场等。

在投资于证券市场的资金中，股票类占 3.98%，基金类占 0.39%，债券类占 1.78%。证券投资信托产品主要投资于二级市场和组合投资，两者的占比分别为 45.78% 和 44.08%。在证券投资类信托产品中，38.11% 是与私募基金合作。

《金融时报》记者 金立新

# 银信合作为什么被叫停

（载于《金融时报》2010年7月10日第8版）

近日，监管层全面叫停银信合作业务令业界“沸腾”。对于这一政策的出台，媒体用“大棒”、“信托公司被打蒙”等词汇进行描绘，让人颇有恐怖之感。

## “被打蒙”还是“太迟钝”？

数据显示，截至2009年末，全国信托资产20 440亿元，其中，银信合作业务13 294亿元，占全部信托资产的65.04%。此外有数据表明，今年5月共有32家银行和36家信托公司参与发行了银信合作产品413款，预计全部银信合作理财产品发行规模在6 149.01亿元。全面叫停占比如此巨大的一项业务，对信托公司来说的确要有一个新的适应过程；但由此就说信托公司“被打蒙”了，似乎并不准确。原因在于，所谓“蒙”，一般是因为事情来得太突然、没有思想准备，但在银信合作业务上，显然并非如此。

2005年末，商业银行和信托公司首次尝试理财业务合作。最初的银信理财合作以商业银行利用理财资金购买信托产品等方式展开，商业银行与理财产品投资人之间形成委托代理关系，商业银行与信托公司之间形成信托关系，实质上是一种“双层信托”。最初的银信理财合作发挥了商业银行的客户资源优势，弥补了信托公司募集能力不足的缺陷，信托公司在实业领域和资本市场的投资能力也填补了商业银行的空白。然而，随着信贷政策的演变，银信理财合作也慢慢变了味儿，成为了银行规避信贷监管的手段。

事实上，一段时间以来，围绕银信合作对于银行、信托乃至整体经济和宏观调控政策的影响，媒体的报道与议论已经不少；而监管部门对银信合作业务的引导和规范则更是持续加强。从2008年开始，银监会先后部署了三次专项调查，并利用非现场监管信息系统持续检测。2008年12月，银监会下发了《银行与信托公司业务合作指引》，对银信合作的信息披露、受托人职责、参与各方权利与义务、风险揭示与控制等作出了明确细致的规定。几乎同时，银监会下发了《关于进一步加强信托公司银信合作理财业务风险管理的通知》，要求信托公司提高风险意识，防范交易对手风险和法律风险，做好风险排查并制定相应的风险化解应急预案；2009年12

月，银监会再次发出《关于进一步规范银信合作有关事项的通知》，对银信合作存在的问题进行规范，强调信托公司在银信合作中的主导地位，并对银信合作受让信贷资产、权益类投资和政府平台投资提出了明确要求。此外，为引导信托公司开展主动型信托业务，限制个别公司过度的规模扩张，银监会还修订完成了《信托公司监管评级和分类监管指引》和《信托公司净资本管理办法》。

在如此强烈的政策信号以及明确的监管要求下，在全面叫停银信合作后还有信托公司感觉"蒙"的话，那只能说明这些信托公司人士是感觉"迟钝"，而不是"被打蒙"。

## "奶酪"还是"鸡肋"？

近年来，银信合作业务发展突飞猛进。但从信托公司的角度，因为主动管理能力的表现不强，因此在合作中的利润也非常低。有数据显示，在目前的银信合作业务中，银信合作在信托公司的利润占比仅为16%，而这16%的利润中不仅包括信贷转让类，还包括证券投资、股权投资等其他方式的银信合作收益。此外，因为在银信合作中，作为受托人的信托公司不直接面对理财产品的投资者，容易低估受托责任风险、放松资产管理。从商业银行的角度看，银行利用其在银信合作中的主导地位，通过管理信贷资产的方式实质控制资产，在规避资本监管的同时隐藏了风险；从宏观调控政策的角度看，银行有意利用银信合作渠道上规模、绕限制，影响了货币政策执行的信息传递和实际效果。对于投资者角度而言，银信合作业务资金运用领域主要为基础设施行业，风险相对较低，但是部分产品潜藏着较大风险，如投资权益类金融产品的银信合作理财产品，其蕴涵的风险较大，与银行理财产品的投资者定位存在一定的差异，难以保证银行经办人员能够充分向投资者揭示其潜在的风险，从而容易造成投资者与项目风险的错配，对投资者利益造成一定的损害。所有这些都迫使政策必须规范此类业务。而银信合作业务在屡次规范后的居高不下，也是迫使监管层叫停该项业务的原因。

记者在与信托公司人士的接触中了解到，对于银信合作，各公司的态度也不完全一致。有信托公司人士认为，目前的银信合作信托产品因为是银行主导的管道产品，费率已经低得非常可怜，虽然规模很大，但信托公司实际上并不能挣到钱。对于信托公司而言，银信合作赚到的仅仅是规模而不是真金白银的利润，如果《信托公司监管评级和分类监管指引》和《信托公司净资本管理办法》颁布，在监管评级中强调主动管理，那么对于信托公司而言，银信合作不过是一块"鸡肋"。但也有信托公司人士对记者表示，"苍蝇肉也是肉"，如果能把银信合作的规模做大，信托公司还是有利可图的一块"奶酪"。

银信合作究竟是"奶酪"还是"鸡肋"？不同公司的确会有不同的理解。而这种不同的理解，则因为信托公司创新能力与自主管理能力的不同而不同。

## 后银信时代该怎么做？

从依靠银信合作扩大了信托行业的规模，到叫停银信合作强调自主管理，人们可以明显地看到，信托行业的发展已经从重规模向重质量转型，这是一个不容改变的事实。在这种行业转型的背景下，信托公司该考虑的是：后银信时代，信托公司该怎么做？

对于这个问题，实际上政策已经给出了答案：自主管理。那么信托公司该如何自主管理？又该向哪个领域发展呢？

目前在信托业内的探讨很多，包括房地产、阳光私募、私人银行等。中信信托总经理蒲坚接受记者采访时则提出，信托公司的业务本质就是解决矛盾，只要抓住了社会经济发展中的矛盾，信托公司也就找到了业务发展的方向和机遇。

蒲坚认为，信托业需要构建三位一体的价值体系，即信托的政治价值、经济价值和社会价值。信托的政治价值就是遵循社会主义宪政逻辑，在生产力与生产关系之间，在公平与效率之间，在贫穷与富裕之间，发挥信托逻辑的力量，解决在政治生活、经济发展、社会生活中政府、民众近期和中长期关注和需要解决的问题，促进社会和谐与均衡的可持续发展。信托的经济价值就是在整个社会经济系统发展过程中，发挥信托作用以解决发展的效率问题，具体到中国特色社会主义这一背景下，经济价值就是关注中国经济的热点、难点，关注中国企业在发展过程中遇到的难题，促进中国工业化和城市化进程。信托的社会价值一方面是信托政治价值角色的补充和延伸，另一方面是通过信托载体，实现资本民主和金融普惠，达成社会和谐。

因此，信托公司怎么转型，向什么方向转型，应是对上述价值的充分挖掘和发挥。

按照这样的思路，目前信托公司所进行的许多探索都有可能形成信托公司转型后的重点业务领域。比如中信信托为解决“三农”问题、环保问题、西部大开发、资源整合等方面所进行的实践，为解决中小企业融资问题所进行的实践等都是如此。近日记者了解到，为解决民间资本对不同领域资产价格的冲击，规范和引导民间资本进入到经济发展急需的领域，中投信托进行了相关的探索，并且已经形成了相对成熟的模式。这些探索都是在解决社会经济发展的矛盾中找到的业务。一旦形成相应的模式并在相关政策等方面给予配合与引导，这些都将成为于国于民于信托行业大有裨益的业务领域。

《金融时报》记者　金立新

# 信托公司从事私募股权投资业务具有优势

（载于《金融时报》2010 年 7 月 10 日第 8 版）

最近，监管部门紧急叫停银信合作业务，净资本管理办法也即将出台，房地产新政还将持续，证券市场低迷，信托计划开户迟滞不前，所有这些都向信托公司发出一个明确的信号：信托公司将再一次面临政策与市场的严峻考验，新的业务转型在即，信托公司必须尽早走上一条属于自己的，能自主管理，并可持续发展的根本道路。而在信托公司面临的转型路径的选择上，大力开展私募股权投资基金的设立与管理业务，不失为信托公司既有利于提高自主管理水平，又具有信托特色的业务发展道路。

## 抓住机遇尽快发展私募股权投资业务

从私募股权投资业务的性质与实践来看，私募股权投资基金的实质为信托业务，从某种角度讲，也是最高级、最典型、最具前景的信托业务。由于信托公司既具有融资功能，又有范围广泛的投资功能，是唯一既能投资资本市场，又能投资货币市场，还能投资实业领域的金融机构。因此，设立和运行基金应当并完全可以成为信托公司长期、稳定并可持续发展的主营业务。

当前，境外私募资本巨头竞相在中国设立管理公司并力图在境内拓展人民币基金业务、境内证券公司依托其从事企业境内上市的保荐、承销业务所建立客户群而从事 PRE－IPO 阶段私募投资、保险公司凭借其资金优势开始自行完善资金投资管理平台，随着中国资本市场一同成长的民营私募投资管理群体也日益壮大，当前是中国私募基金成长的最好时期，也是本土私募巨头形成及私募基金市场份额切割的关键阶段。此时，如果信托公司未能及早介入并大力开展这方面的业务，若干年后，中国将很快形成私募基金的几大巨头，信托公司开展这一业务本身所具有的优势将随着市场的变化而不再继续。

相比上述诸多从事基金设立及管理业务的主体，信托公司拥有如下特殊优势。

第一，基金的本质即为信托，信托公司此前从事的集合资金信托业务就是典型的基金，有很多信托公司开发的股权投资型集合信托计划，其实已类似股权投资基金的操作模式。这些操作模式如再按照私募基金的投资管理模式加以进一步规范与创新，就是典型意义上的私募股权投资基金。

第二，除全国社会保障基金、企业年金、保险资金等拥有雄厚实力的机构资金外，基金的重要投资者仍来源于银行，银行通过存款、结算等业务所掌握的客户是基金重要的潜在投资群体。同为银监会监管下的金融机构，通过此前的“银信合作”业务的磨合，信托公司与银行有更为熟稔的关系及具有更为广泛的共同利益，这在资金募集阶段将起到非常重要的作用。从这一点上说，信托公司不仅不应该放弃原有的银信合作资源与机制，相反更要在原有合作的基础上，进一步开发出一条更新、更高水平的银信合作之路。更何况，如果信托公司开展私募基金的业务规模和业绩也得到了市场与相关部门的高度认可，即使吸引如社会保障基金那样的资金投资于信托公司设立与管理的私募基金，也将是早晚可以期待之事。

第三，信托公司近些年的信托业务，虽然大量从事的是信托融资业务而非真正的投资业务，但在其向企业提供融资服务过程中，不仅储备了许多优质、高端的投资者群体，同时也开发并储备了众多的投融资项目，并在项目筛选、行业研究、项目推介、股权投资与管理等方面积累了很多十分宝贵的经验。这些投资群体与信托公司开展传统信托业务的经验都将为信托公司开展私募股权投资基金业务提供强有力的基础与保障。

第四，信托公司金融机构的背景、监管要求、雄厚的资本金实力，加之近些年建立起来的广泛的市场营销渠道与网点及项目开发点的布置等，都是一般私募基金设立与管理机构所不具备的。

## 信托公司从事私募股权投资业务的模式

信托公司参与基金相关业务主要可以通过以下两种模式参与。

第一种模式，基金募集和对外投资可以在集合资金信托计划平台上进行，即信托公司作为受托人参与设立集合资金信托计划，然后以集合资金信托计划名义对外直接投资。在此模式下，信托公司所做业务与以往的集合资金信托计划业务应有以下不同：一是该计划不应再设计为单独的融资功能，而是直接为股权投资；二是信托的期限可以不再局限于短期，可以根据投资项目的实际需要加以合理设定；三是避免再有预期收益率及担保、回购等传统债项的设计，而是根据投资基金的投资及退出程序等作出相应设计。

第二种模式，信托公司主导设立基金管理企业，然后通过基金管理企业从事基金设立及对外投资事宜。本模式与第一种模式的重大区别在于：基金是单独设立的主体并作为投资平台，而第一种模式以集合资金信托计划作为投资平台。本模式下，仍有集合资金信托计划运用的余地，如信托公司可以发起集合资金信托计划，并以该信托计划作为给基金提供资金的有限合伙方。

第一种模式下，基金的投资平台仍为集合资金信托计划，信托公司参与投资基金（集合资金信托计划）仍应符合《信托公司私人股权投资信托业务操作指引》等银监会监管规则的要求。而在第二种模式下，只要信托公司取得直接投资的许可，理论上，信托公司对单个基金的投资不必受限于两个“20%”的限制。同时，就业绩报酬也可以设定更为灵活有利的安排。第一种模式下，项目核心管理人员的激励平台仍为信托公司，而在第二种模式下，可以设定更为灵活的激励平台及通过更为多样的来源来实现盈利收入。与单纯信托业务中仅能以受托人或者财务顾问名义获得报酬不同，信托公司的核心管理人员可以通过参与设立基金管理企业和/或投资顾问企业并通过基金管理企业和/投资顾问企业为基金提供管理服务和投资顾问服务的方式获取相应报酬。在该种模式下，基金管理企业和投资顾问企业相当于单独建立的项目公司，有利于更为灵活的薪酬及激励体制的建立。

## 加强对私募基金退出机制的研究与协调

尽管信托公司从事私募股权投资基金的设立与管理具有相应的优势，但其面临的退出机制却不容乐观，这也许正是当下信托公司未能在这一领域大有建树或未能大规模开展的症结甚至是瓶颈所在。

2009 年 11 月 20 日，证监会发布《关于修改〈证券登记结算管理办法〉的决定》，主要修改为：明确包括中国公民、中国法人、中国合伙企业及法律、行政法规、中国证监会规章规定的其他投资者均可作为投资者开立证券投资账户。2009 年 12 月 1 日，中国证券登记结算公司发布《合伙企业等非法人组织证券账户开立业务操作指引》，至此，合伙企业作为境内上市公司股东登记的难题彻底破解，但信托公司发起设立的合伙私募基金能否与其他合伙私募基金或合伙体同等对待，却仍是一个不解之谜。

其实，只要信托公司参与设立的合伙型的私募股权投资基金与其他私募基金没有什么本质的不同，有关部门就不应该在这一问题上对信托公司参与设立的私募基金采取不同的监管标准且不做任何明确规定。当然信托公司在今后参与设立私募基金时，也应规避一些传统的做法，如传统意义上的信托计划就必须按照私募基金的各项要求加以规范后方可再做基金的有限合伙人。

另外，信托公司除了研究与协调主板、中小板、创业板市场的退出机制外，还可以研究并寻求其他板块或市场的退出机制问题，如新三板市场、产权交易所、国外市场等。

中伦文德律师事务所创始合伙人　张德荣

# 切中肯綮介入资源产业

## ——浅析中信信托煤炭资源产业投资基金

（载于《金融时报》2010年7月10日第8版）

中信信托发挥信托制度的优势，紧密配合国家的产业政策，将业务发展延伸至农业和文化产业等多个国家政策所扶持的领域。在山西作为试点省份进行煤炭资源的兼并整合后，长期关注此领域的中信信托于近期推出中信·聚信汇金煤炭资源产业投资基金Ⅰ号。该信托基金首期募集资金总规模不超过25亿元，用于为作为山西省煤炭资源整合主体之一的企业提供信托融资服务。

该信托基金优先级委托人和中间级委托人向受托人交付其合法拥有的资金，一般级委托人为融资方，向中信信托交付其合法拥有的股权。融资方获得信托资金后，用于支付其收购煤矿的剩余价款以及用于所属煤矿的技改升级。

对于合作方选择，中信信托设立了四个方面的标准：政府指定的130家并购主体之一；控制优质且具有一定规模的煤炭资源；历史上从未发生过重大安全生产事故；企业资产质量良好，信誉度较高。

在风险防范措施方面，中信信托采用了四道“防火墙”。首先是借助审计、评估和尽职调查，以及中信信托的专业判断，项目小组对拟投资公司的可行性进行审慎分析和测算。其次是依托专业化的管理团队对信托计划投资项目进行有效管理，并通过结构性保障措施保证服务商为全体受益人的信托利益最大化进行合理决策。再次是通过结构性安排以及股权质押，控制煤炭企业100%股权以及其核心下属公司100%股权，为投资人预期收益及本金回收提供保障。最后是派驻董事参与被投资公司重大事项决策，对重大事项具有一票否决权；委托专业机构对企业现金流、投融资活动、安全生产进行严格监管。

《金融时报》记者　薛亮

# 在解决矛盾中寻找业务发展机遇

（载于《金融时报》2010年7月10日第8版）

煤炭行业属于基础能源工业，但是过去信托公司少有进入，缘于煤炭工业发展过程中还存在结构不合理、产业集中度低、增长方式粗放、科技水平低、安全事故多发、资源浪费严重、环境治理滞后、历史遗留问题较多等突出问题和矛盾。随着国民经济的发展，煤炭需求总量不断增加，资源、环境和安全压力进一步加大。

但自2008年开始，山西省作为试点省份，在全国率先开展煤炭资源的兼并整合，通过将2 200多家散、小、乱的办矿主体，行政指导整合成为130家办矿主体，通过94%的淘汰率，提高了办矿企业的准入门槛，减少了监管对象，增强了资源集中度，对企业而言，则是获得了更大的资源使用权，加大了安全生产责任。

山西煤改重在解决煤炭行业所存在的突出矛盾和问题，而这一矛盾的解决对于信托公司来说将带来业务机遇，因为大多数优质的煤炭资源整合主体面临技改升级、缴付收购价款、新一轮兼并收购扩张等巨额资金需求，由于传统银行业务无法完全满足，从而为信托资金进入创造了机会。长期关注煤炭资源产业领域的中信信托适时介入，以信托基金的方式支持山西煤改整合主体企业的收购和技术改造，在顺应国家产业政策促进煤炭资源整合的同时，也为信托公司开拓出新的业务领域。

《金融时报》记者　金子

# 净资本管理办法有利信托公司发展

## ——访中国人民大学信托与基金研究所执行所长邢成

（载于《金融时报》2010年7月24日第8版）

近日，有消息称《信托公司净资本管理办法》（草案）（以下简称《办法》）在征求意见之后已经通过中国银监会的批准，或将于近期下发。然而，业内人士对该“办法”依然存在争论。就《办法》出台中的一些市场关心的问题，记者采访了中国人民大学信托与基金研究所执行所长邢成博士。

记者：信托公司与银行是两种完全不同的金融机构，《信托法》规定，信托财产与信托公司的固有财产相隔离，这就说明作为信托公司固有财产的净资产与信托财产在法律上是没有关系的，基于这种区别，将监管银行的净资本管理方式运用到对信托公司的监管是否合适？

邢成：在我国实行净资本管理并不仅仅局限于对商业银行的监管。至少我们国家目前除了对银行实行净资产监管办法之外，对证券公司同样也实行了净资本监管的方法，而且是早在2006年初中国证监会就下发了《证券公司风险控制指标管理办法》，率先对证券公司实行净资本管理。从实践效果来看，净资本管理可谓卡住了券商的命脉，客观上引导了券商选股原则的大调整，该办法中的相关“计算规则”引导券商多投资成分股，少买ST等高风险股，以前那种控盘式重仓持有的情况也大为减少。由此可见，作为同属资产管理业务为核心定位的信托公司，如果实行净资本管理方式进行监管很有可能产生与当年证券公司近似的正面积极效应。另外，净资本管理规定根据信托公司的业务范围和公司资产结构的特点，在净资产的基础上对各资产项目、表外项目和其他有关业务进行风险调整，进而将不同风险系数的业务规模与调整后的净资本规模挂钩，其实仅仅是监管部门落实监管政策导向、加强风险控制的一种技术处理，和“信托财产与信托公司的固有资产相隔离”等法律规定并不冲突。

记者：强调信托公司的信托财产与净资产之间的关系，的确可以控制信托公司无限制的规模扩张，但运用这样的方式是否也将产生信托公司在未来的经营中重视固有财产的经营而忽视信托财产的经营，使“信托公司”又回到“投资公司”的老路上去？

邢成：应该不会。因为此次监管部门出台的《办法》，并没有对信托公司固有财产的运用等问题进行任何的改变与调整。换言之，也就是2007年中国银监会出台的“新办法”中对信托公司固有业务所做的种种约束与限制并没有任何放松和变通，因此即使是个别信托公司真的想回到“投资公司”的老路上去，也会遭遇“此路不通”。也就是说，一家信托公司今后的主导业务和核心利润来源是定位于自营业务还是信托业务、是倚重于固有财产的经营还是信托财产的经营，主要取决于该公司此前的转型速度和力度、创新能力、战略定位和业务结构，而不是《办法》是否出台。当然，如果《办法》实施后的效果是将信托公司更多地导向高附加值的信托财产“投资”公司，而不是毫无科技含量的信托财产“贷款”公司，则将是监管部门非常乐见的效应。

我们理解此次监管部门出台的《办法》，既有控制“小马拉大车”无意中出现的管理能力与风险控制能力不相匹配的问题，也有防止个别公司为追逐眼前利益而恶意“违规超载”的现象，同时更有引导信托公司尽快实现从“广种薄收”、“以量取胜”片面追求规模的粗放式经营模式，向“精耕细作”、提升业务科技含量和产品附加值内涵发展的经营模式升级转型的深层考量和战略意图。

记者：在净资本管理的条件下，信托公司完全可以依靠扩大实收资本来实现对净资本的提高，但这与信托公司自身的风险控制能力并没有太大的关系，在《信托法》规定信托公司固有财产与信托财产隔离的情况下，将信托公司的净资本状况与业务准入和监管挂钩是否有意义？在净资本管理条件下，不同类别信托公司的业务品种是否可以开放？

邢成：信托公司可以通过增加实收资本规模来扩大净资产规模，但与扩大净资本规模却不一定完全同步。因为虽然理论上而言伴随净资产扩大，净资本会相应扩大，但由于监管部门对信托公司各类资产的风险扣除系数是有巨大差异的，因此，相同的净资产增量对不同信托公司因开展的业务门类和资产结构不同而净资本规模会有很大的不同，最终导致其所允许管理的信托财产总量就会不同。由此可知，信托公司即使在没有扩大净资产规模的条件下，只要开展的业务属于监管政策鼓励开展的低风险系数的业务，却能够达到相对扩大净资本规模的实际效果。从这一点而言，对信托公司实施净资本管理与信托公司自身的风险控制还是有很直接的关系。对信托公司实施净资本管理后，相关监管政策和办法应该有一个同步改革、相互配套的过程，包括信托公司评级分类管理、创新资格管理等都需要进一步配套改革。

记者：目前银信合作在信托公司业务中占有的比重普遍较大，且各公司不同银信合作信托产品的合同到期日也各不相同，有的可能延续的时间较长，但按照现在的政策倾向，如果银信产品不能压下来，这一业务肯定会影响信托公司的净资本水平，但没有到到期日就强行结束又会违反合同规定，对于这样的问题该怎样解决？

邢成：据了解，此次受到影响的所谓“银信合作”业务主要是平台型贷款理财产品，此类产品通常期限都不太长，平均只有一年到一年半左右，因此没有必要强行提前结束。极少数公司长期置监管部门的政策导向于不顾，仍持续性、大规模开展被动管理型的所谓“平台业务”、“管道业务”，使该类业务规模出现反常的高速增长。在《办法》实施后，此类公司的净资本水平受到影响是必然的，其业务收入及业务规模出现剧烈滑坡也是有可能的，但这种情况仅局限于极少数前期“顶风”作业的公司，也正是此次出台实施净资本管理重点调控的主要对象和预期目的之一。对多数信托公司而言，由于该类业务并没有过于集中，加之报酬率很低，因此受到的影响不会过于激烈。

同时，监管部门也应该充分考虑此类业务的现状，在制定相关规定和实施细则时，采取新老划断、区别对待的政策。尤其对一些信托公司主导的、具有较高产品附加值、公允市场价格报酬率、充分体现信托公司资产主动管理能力的银信合作业务应予以扶持和鼓励，要与那些“伪银信合作”区分开来，而避免简单“一刀切”。

记者：信托公司与银行等金融机构一个重要的不同在于信托公司除可以进行债权投资以外，还可以进行股权投资，因此股权投资应该是未来信托公司区别于银行等金融机构的一个重要业务领域。但是，在《办法》中规定，股权投资应当按照类别和流动性特点、按照规定的系数进行风险调整。目前我们还不知道不同类别和流动性股权投资的风险系数，从专家的角度，您认为是否应该在对此类产品风险系数的规定上对信托公司有所鼓励？

邢成：是的，我认为应该有所鼓励。一是因为信托财产采取股权投资型运用方式可以充分发挥信托公司的特有优势，避免与商业银行同质性竞争；二是在2007年出台的“新办法”中，对信托公司信托贷款规模有严格的上限限制，因此鼓励开展股权投资可以保证监管政策的一致性；三是信托公司开展私募股权投资信托业务是监管部门明确鼓励和导向的，信托公司在过去的几年中在相关领域也进行了大量的探索和实践，积累了十分有益的经验，为开展此类业务奠定了重要基础；四是此类业务最能体现信托公司的核心竞争力和专属优势，进而也就最能体现信托公司主动管理信托财产的特点和能力。

《金融时报》记者　薛亮

# 净资本管理：信托业的一场革命

（载于《金融时报》2010年7月24日第8版）

当下，《信托公司净资本管理办法》（以下简称《办法》）正在公开征求意见，其中一个关键词是净资本。

《办法》的核心是信托公司可管理的信托资产规模将与净资本挂钩，这一办法类似于对商业银行的资本金约束。虽然目前还有一些例如信托公司最低的资本金比例、不同种类信托产品的权重如何确定等细节需要最终确定，但可以肯定的是，信托公司的业务规模将受制于净资本规模，整个信托行业将面临巨大的再融资压力，《办法》将迫使信托公司真正转型，淡出低盈利性的银信合作业务。面对新的游戏规则，信托公司亟待加强主动管理，找到适合自身的业务模式，一部分转型迅速的公司将快速上位，整个信托业的竞争格局将面临重构。

在当下广受争议的银信合作产品中，信托公司是为商业银行提供运作平台，而产品的项目开发、产品设计、风险控制、资产管理均由商业银行主导和操作。信托公司基本没有话语权，一般只能获取千分之几的手续费。加之此类业务门槛低、可复制性强，因此信托公司之间往往出现恶性竞争。这种“通道”而非资产管理者的功能使信托公司的盈利水平受到极大限制。2009年公布年报的50家信托公司的平均信托报酬率仅为0.86%。

造成上述现象，有信托公司人才储备、组织架构等多方面原因。中国银监会主席刘明康曾在2008年信托业监管会议上直言批评某些公司的财务部门甚至计算不出每个产品的成本和风险，风险管理部门也没有办法制止业务部门的违规行为，内部合规部门形同虚设，内部稽核力量非常薄弱，一线做产品设计和推销、售后服务的能力远远不能适应业务发展需要。信托公司要实现从“通道”向“专业资产管理公司”的转变，改变为他人做嫁衣的局面，显然是一项关系到包括公司治理、用人机制、薪酬体系、风险控制以及产品创新等各个方面的系统工程。

目前市场上一些信托公司在业务开拓方面，往往比较注重个人的资源开拓能力，崇尚盎格鲁—撒克逊式的个人英雄主义而忽视团队的力量以及组织职能，不仅不能将个体纳入到组织之中，实现个人资源的组织化，相反往往让组织资源进行个人化表达。这种展业模式在《办法》实施后将是不可持续的。

信托公司在《办法》实施后要完成主动转型，首先要对自身的战略进行清晰的定位，随之调整其经营模式和业务模式，形成公司核心竞争力，并且通过组织重建以及公司治理结构的调整来达到公司各方面的制衡。

要成为“专业资产管理公司”，理财产品的开发至关重要。从产品开发角度而言，信托公司要实现转型，还需要用基金化原理来构建产品模式，设计和塑造标准化信托产品，打造满足投资者需求的信托产品品牌，使信托产品逐渐具备标准化、系列化、品牌化，从而提高运作效率，降低营销成本，拓宽市场范围，实现规模效益。相比之下可以发现，一些行业领先的信托公司的产品开发比较注意系统性和关联性。这些公司虽然产品很多，覆盖面广，但设计内核比较稳定，在统一的风险控制和业务体系下，不断发展开拓产品，容易形成产品的标准化和品牌化。

实施净资本管理，是信托公司面临的一次机遇。信托公司应在回归本业的基础上突出信托公司的优势和强项，并在相关的业务领域做出特色、树立品牌、形成自己的核心竞争力。信托公司应当借此契机转变角色，从银行理财产品的“后台”，成为丰富的、个性化信托理财产品的主导力量，在金融产品设计、高端客户合作、投资领域拓展等更多的领域实现多层次的发展。

中海信托股份有限公司　盛大

# 引导信托公司步入内涵式发展时代

（载于《金融时报》2010 年 7 月 24 日第 8 版）

尽管对于尚未出台的《信托公司净资本管理办法》（以下简称《办法》），市场中还在议论纷纷，但一个不可否认的事实是：这一政策对于信托公司的意义绝不寻常，它的出台将有可能导致信托行业一场新的变革，引导信托公司从粗放的外延式增长走向精细的内涵式增长。

记者了解到，《办法》制定的指导思想就是：根据信托公司净资本等风险指标情况、风险状况、内控水平等，将信托公司划分为不同类别，分别适用差异化的监管措施，鼓励优良的信托公司创新业务、行业整合；对高风险公司限制业务、控制风险总量，使信托行业整体实现“扶优限劣、健康发展”。

按照这样的指导思想，《办法》以净资本为核心进行风险控制。一类是绝对指标，要求信托公司净资本大于等于 2 亿元，使信托公司净资本充足水平与其业务准入、监管措施相挂钩；另一类是相对指标，要求信托公司净资本能够覆盖各项业务的风险资本，且净资本在净资产中的比例大于等于 40%，使信托公司各项业务均有相应的净资本来支撑，促使信托公司将有限的资本在不同风险状况的业务之间进行合理配置，实现对信托公司各项业务规模的间接控制。对于净资本和风险资产等指标的计算，《办法》也给出了明确的说明。

从这些可以看出，《办法》出台的目的主要在于：一方面，防范风险，控制不同风险业务的规模；另一方面，监管层通过将此与分类监管的结合，希望达到鼓励信托公司在控制风险的基础上进行业务创新的目的。但它的意义还不仅于此。

首先，按照《信托法》，信托资产与信托公司固有资产是隔离的，信托财产可以无限制做大，而在出现亏损时，只要没有证据证明信托公司没有尽到尽责义务，则信托公司就可以不承担任何责任。在金融危机中，许多金融机构和专业理财机构出现大面积风险之时，信托公司却保持了稳定，虽然目前在监管部门的严厉监管下，并没有一家信托公司可以对信托计划的投资亏损置若罔闻，但在“受托人法”没有出台之前，这无疑是一种制度性的缺失，这种制度性的缺失也很容易导致信托公司在内部风险控制上不加以重视，从而造成风险。而净资本约束正是在“受托人法”出台前对作为受托人的信托公司的一种有效的约束。这种约束就在于将信托公司的净资本与信托财产挂钩以后，信托公司对信托规模的过度追求受到遏制，使信托公司对信托财产风险的关注度增强，避免了信托公司因为过度追求规模而有可能导致的大面积风险的出现。

其次，信托公司本身就是“受人之托、代人理财”的机构。“新两规”也将信托公司定位于专业理财机构，并按照这种定位明确了信托公司的业务范围和经营规则。这种专业理财的机构定位一方面明确了信托公司就是经营风险和管理风险的金融机构；另一方面也在提示信托公司，在管理风险的同时，高超的投资水平和盈利能力才是信托公司价值的真正体现。目前的管道业务正在使信托公司背离这一行业核心价值，《办法》的推出一方面强化了信托公司作为风险管理机构的特性；另一方面也在迫使信托公司压缩管道业务的同时，重新考虑如何提高投资水平，强化自身价值。

最后，一旦《办法》推出将使监管政策的传导更加有效。从2002年重新登记后信托公司的业务发展，特别是近年来业务发展情况看，一些信托公司所倚重的重点盈利业务大多是监管层屡次提示风险，或者是与宏观调控政策不相协调的，比如房地产信托业务、银信合作中的信贷资产转让类业务和政府融资平台业务等。因为缺少一种制度性的安排，对于这些业务的监管仅仅靠行政命令，因此就出现了所谓的“一放就乱，一管就死”，甚至是屡禁不止的现象，这种现象也是监管层不愿意看到的。通过净资本方式对信托公司进行管理，将信托公司的信托业务与净资本挂钩，并且通过监管层对不同业务风险系数的调整来调整信托公司的业务结构，可以从总量上对不同业务规模进行控制，并形成一种制度性的安排，在增加了监管层监管手段的同时，也使政策的传导更加有效、合理。

实际上，《办法》推出的思路也并不是近期的事，在2007年颁布的新《信托公司管理办法》中早已透露出了管理层的这一思路。新管理办法第四十八条规定，中国银行业监督管理委员会对信托公司实行净资本管理。具体办法由中国银行业监督管理委员会另行制定。《办法》的推出，也正是对“新两规”的落实。《办法》对信托公司最直接的影响在于两点：其一，因为净资本的限制，信托公司的规模扩张受到限制，那些“管道型”的低收益产品因为受到规模的制约将可能在信托公司的信托产品中被迫降低比例，信托公司必须依靠自主管理能力的提升，从粗放的依靠规模盈利的外延式增长向依靠提高盈利能力的内涵式增长模式发展。其二，因为信托公司净资本充足水平与其业务准入、监管措施相挂钩，一些净资产规模不大、风险资产规模过大的信托公司将面临业务准入的受限，对于净资本等风险控制指标继续恶化，严重危及稳健运行的信托公司，甚至可能面临停业整顿、实行接管、督促机构重组，或撤销等严厉的处罚。

事实上，在经历了一轮增资扩股之后，目前推出这一《办法》，对信托公司的影响也微乎其微。有测算表明，至2009年6月，信托公司各指标达标率在90%以上。在《办法》推出之前或者在过渡期内，信托公司通过增加净资产或压缩控制风险资产，均可以实现净资本的提升。

《金融时报》记者　金立新

# 关于提升信托公司主动管理能力的思考

（载于《金融时报》2010年7月24日第8版）

近年来，信托行业改革和发展的力度不断加大，大型金融机构和央企重组信托公司的案例不断增多，信托行业发展迅速，行业整体实力不断增强，行业地位不断提升，在金融市场上的竞争力有所增强。但是，我们也看到，制约行业长远发展的很多因素仍然存在：关联交易和低报酬率的通道类业务仍然占比较大，打造可持续发展模式仍然是很多信托公司面临的共性问题，信托行业整体实力远不能与银行、证券、保险等行业抗衡，信托被动融资的管道作用明显，先有项目后有资金，难以发挥主动理财的功能，夹缝中求生存的现状不容小视。因此，信托公司应尽快提升主动管理能力，打造信托资产管理特色显得尤为重要。

提升主动管理能力是信托“一法两规”的内涵要求。继2002年发布《信托法》后，2007年银监会发布了“新两规”，明确信托业要回归本源，将信托公司定位为“受人之托、代人理财”的专业化机构。这一新规一方面限制了信托公司原有的一些类银行业务，另一方面，鼓励自主创新的资产管理业务，这迫使信托公司必须尽快转换盈利模式，提升主动管理能力，拓展生存空间。

从国外经验来看，主动管理与盈利可持续是信托公司的生存基础。起源于英国的信托制度，其信托公司已逐步走向以专业化资产管理为主的投资管理机构；盛行于美国的信托投资业务是以个人信托业务、公允价值交易和投资管理为主的；而日本又以兼融资、投资业务而设立的信托银行占据市场主要地位。无论哪种机构设置均以主动管理为主，并能持续盈利。

信托公司要形成稳定的盈利模式，必须加强主动管理。从行业已有的实践来看，信托公司如果仅仅发挥平台作用，没有形成主动管理能力，就会永远成为其他金融机构的附庸，尽管生存无忧，规模逐年增大，但由于对客户业务需求的满足永远都是属于补缺性质，处于临时性的融资角色，议价能力弱，报酬偏低，从而导致无法形成稳定的盈利模式。要改变这种局面，必须加强主动管理。另外，从交银国信经营两年的实践来看，不提升主动管理能力，公司的信托报酬率也出现下滑趋势。

信托公司加强主动管理，才能有效控制业务风险。信托公司如果主动管理能力不强，导致在业务中对交易对手的掌控不够，一旦出现问题，权利义务不对等，不利于风险控制。此外，对于依赖平台类业务的信托公司来说，还存在合规风险较大的问题。信托公司如果不搞主动管理，仅仅发挥通道或平台作用，也不利于实现规模效益，人均创利能力下降，长此以往，行业的发展受限，在理财市场上的地位弱化。

信托公司要提升主动管理能力，应从以下方面努力。

首先是强化单个项目的主动管理能力。尽职调查要亲自进行并强化此方面的能力；项目决策中要有完全的自主性；对项目运行履行亲自管理义务。

其次是逐步拓展基金类的主动管理项目。要建立各种与投资管理能力相适应的资金池；建立类似于资本市场的机制体制，应允许信托公司就基金管理类的业务设立资产管理公司，在资产管理公司平台上建立起多元化的投资管理方式。同时，要将资金有效地配置到相应的投资项目上，提升产品研发和投资管理水平。此外，信托公司还应该建立项目的评估、后续跟踪和管理能力，在项目决策中，应建立并形成稳定的行业专家队伍，将行业专家顾问的评审和判断能力转化为公司自身的专业能力。为提升项目后续跟踪和管理水平，还应强化跟踪、监测功能。

再次是实现制度隔离，建立风险防火墙。适应信托法规要求，信托公司要承担好受托人与管理人的责任，有效隔离受托财产与固有财产，使得主动管理的项目在风险可控的前提下实现增值目标：一是按不同的受托和管理要求，将采取单个项目管理的信托业务和基金化管理的信托业务相分离；二是将资金池和项目池按照期限、风险度进行有效配置匹配；三是基金类项目之间要避免利益输送。

最后是建立与主动管理要求相适应的人才队伍和激励约束机制。一是要将现有的人才队伍逐步优化以便适应主动管理能力的培育需要；二是要优化人才的选聘机制，以便吸引优质人才；三是要建立有效的考核和激励机制，实行差异化、长期化激励，做到“人尽其才、才尽其用、能上能下、能进能出”，真正留住有用人才；四是要建立与项目的风险收益特征相匹配的责任追究机制。

交银国际信托有限公司　王庆芳

# 山西煤改接近“收官” 煤企借助信托华丽转身

（载于《金融时报》2010 年 8 月 7 日第 8 版）

**编者按** 因为经济和政策环境的变化，近来在信托公司内似乎弥漫着一股迷茫的氛围。今后的发展何去何从，一些信托公司好像不知道该怎么做，也不知道该向哪个方向做了。

如果说目前的政策环境让信托公司遇到了一个“坎儿”的话，那我们不妨回忆一下几年前信托公司曾经遇到过的那道“坎儿”：2007 年信托新政颁布。那时候信托公司似乎也有一个短时间的迷茫，但之后很快就找到了新的方向，并在此后三年内实现了跨越式的发展。由此可见，政策给信托公司设置的所谓“坎儿”，其目的绝不是阻碍信托公司发展，而是要引导信托公司更合理、更科学地发展。

可以断言，目前一些信托公司的迷茫只是短暂的。但在这个短暂的迷茫期，我们愿意将我们所见和所闻与更多的信托公司分享，以期帮助信托公司尽量缩短这个迷茫期，重新找到方向。为此，本期信托版我们推出三篇文章，介绍三个不同领域信托公司的可为之处，希望能对信托人有所启发。

我们坚信这句话：有矛盾的地方就有信托；有经济生活的地方就有信托。信托业务做什么，靠的是眼光。

股市黯淡、楼市不济，近期与煤炭相关的信托产品却逐渐增多起来。

与煤炭相关信托产品逐渐增多，一方面反映出在新的市场环境和政策背景下，信托公司急需新的发展空间；另一方面也折射出，煤改让从来“不差钱”的煤炭企业对资金有了强烈的渴求。

山西煤企重组是我国有史以来规模最大的煤改运动。这次重组整合的具体方案是：2 598 处煤矿整合为 1 053 个，全省最终形成 4 个年生产能力亿吨级的特大型煤炭企业集团，3 个年生产能力 5 000 万吨级以上的大型煤炭企业集团，11 个年生产能力 1 000 万吨级以上的大型煤炭企业集团，和 72 个 300 万吨级左右的地方集团公司。2008 年末，山西煤企重组方案正式启动，目前已近收官阶段，煤炭企业数量将从原先的 2 200 个减少到 100 个左右，在这个“大进小退”、“优进劣退”的过程，以“多、小、散、乱”的中小煤企为代表的落后产能将被淘汰，一批技术先进、规模大、产业链完整的优势企业得以做大做强，由此，山西煤炭工业即将完成“华丽转身”。

如此大规模、高强度的行业整合，为先进产能腾出了空间，为优秀企业的扩张提供了宝贵的发展机遇。同时，由于行业整合、新项目上马也带来了大量的资金需求。此次山西煤改运动，煤企主要靠自有资金和民间融资完成了第一轮并购浪潮，下一步主要是各整合主体煤企在保证自身的现金流前提下要完成任务艰巨的技术改造，提高机械化水平，将保安全生产、提高资源利用率以及减少对环境的破坏落到实处。

据报道，在2010年初，整合后的1 000余座矿井中仅有400多座在正常生产，其他的600多座需要通过技术改造，使采矿条件达标后才能投入运作。多位山西煤企和银行界人士估计，山西煤改完成第一阶段的兼并整合后，后续技术改造的资金缺口高达上千亿元。占煤改整合主体中约30%的民营企业更是求“资”若渴。与整合主体中的国企相比，这批民营企业从银行获得的授信额度难以满足其较为迫切的巨额资金需求。

“和国企一样，我们民营企业也想借这次煤炭整合做大做强。”记者在山西采访中，一位负责人说。“但银行给民企的额度都很小，我们需求又很大。”

但是，据商业银行公开数据显示，2008年末到今年3月初，银行人民币并购贷款的实际余额只在200亿元规模徘徊，且绝大部分发放给了大型国企，占整合主体近40%的民营煤企在获得银行资金支持方面的能力有限，民营煤企求“资”若渴。在银行不能为山西整合煤企特别是民营煤企提供足够资金支持的情况下，一些非银行类金融机构如信托公司等嗅到先机，进场布局，以期分享煤炭行业的丰厚回报。

记者了解到，外贸信托是在山西煤改开始后，最早介入这一领域的信托公司。2009年，外贸信托推出了“鑫欣1号能源产业基金集合资金信托计划”，向山西的一家民营整合主体企业发放贷款，帮助该企业在当地率先完成目标煤矿的整合工作，目前该信托计划已经顺利结束，为投资人带来了良好的收益。此后，外贸信托以“鑫欣1号”产品的成功为契机，深度开发煤炭资源及其产业链，又先后成功发行了“鑫欣2号”和“鑫欣3号”两只信托产品，使外贸信托在煤炭资源产业链的业务实现了由点到面的突破。外贸信托相关人士对记者表示，将继续深度开发“鑫欣”系列能源信托产品，依托中化集团，不断创新业务模式，为煤企提供个性化金融服务，在“产融结合”、建立“跨区域金融连锁店”的战略方向上做深做广。

在此之外，中信信托也进入到了这一领域。由该公司推出的“中信·聚信汇金煤炭产业投资基金一期集合资金信托计划”，首期募集资金总规模不超过25亿元，用于山西省一家煤炭资源整合主体的企业技术改造。

据主办该项目的信托经理介绍，煤炭行业属于基础能源工业，但过去信托公司少有进入，缘于煤炭工业发展过程中还存在产业集中度低、增长方式粗放、科技水平低、安全事故多发、资源浪费严重、环境治理滞后等突出问题和矛盾，信托公司介入存在较大不确定性和风险。自山西煤改于2008年拉开大幕后，2 200多家“散、小、乱”的办矿主体被整合成为130家办矿主体，煤炭局面大为改观，同时，大多数优质的煤炭资源整合主体面临技改升级、新一轮兼并收购扩张等巨额资金需求，为信托资金进入创造了机会。以信托基金的方式支持山西煤改整合主体企业的收购和技术改造，在配合国家产业政策促进煤炭资源整合的同时，也为信托公司开拓出新的业务领域。

“一旦我们技术改造完毕，煤矿重新运转起来，我们现金流就充裕起来，因此现阶段是金融机构进入山西煤改的一个很好的时机。”一位矿区负责人对记者说。

但看似一拍即合的事情，并非那么简单。

信托公司在为煤矿企业进行融资时，为控制风险，保障投资者利益，对企业也提出了诸多要求。比如中信·聚信汇金煤炭产业投资基金一期设计的风险管理手段包括向被投资企业派驻董事，董事拥有一票否决权；监控现金流和企业其他投融资活动，对安全生产进行监管；股权百分百质押等等。虽然要求较多，但是被投资企业乐意承受。一家煤炭企业的财务总监对记者分析道，一是信托公司能满足银行无法满足的融资需求；二是整合企业可以借助信托公司的支持，完成技术改造这一规定动作，实现更大发展。

“我们经常吵架，但吵架也是谈，是交流和沟通，生意不就是谈出来的吗？吵虽然吵，但信托公司的进入，一方面可以促进我们企业的规范化运作，帮助企业更好发展；另一方面，通过信托资金这一杠杆，我们可以撬动企业两到三倍的经营利润。”一位民营煤炭企业财务总监说。

山西煤改虽然已近收官，但后续的煤矿改造，煤产业链的结构深化调整与整合以及其他煤炭大省陆续开始的煤改，信托公司还将大有用武之地。在其他一些资源省份，这种机会仍然存在。此外，在大量关闭小煤窑之后，如何引导山西的民间资金合理流动，并助力山西经济发展结构的转型，都是信托公司值得思考并可以利用的机会。

《金融时报》记者　金立新

# 商业地产或将成为信托新宠

（载于《金融时报》2010 年 8 月 7 日第 8 版）

一直以来，我国商业地产都受制于融资工具的单调。回顾我国商业地产业的发展历程和轨迹可以看到，尽管商业地产发展潜力巨大，但由于过于依赖银行贷款，融资渠道的单一性导致了投资商业地产流动性差，并且银行贷款具有资金进入容易退出难的特点，客观上也加大了投资的风险，从而阻碍了投资者投资商业地产的积极性。然而，随着信托业的介入，将有可能迅速改变商业地产融资工具单一的局面，从而进一步推动商业地产蓬勃发展。

## 商业地产蓬勃发展

随着我国经济的迅速发展和商业需求的不断扩大，商业地产呈现出一片欣欣向荣的景象。从百货商场到超级市场，从娱乐餐饮到购物中心，从商品零售到商品批发，全都离不开商业地产的支持。商业地产逐步成为我国房地产市场的热门话题，受到国际、国内的共同关注。但总体来看，房地产融资市场中，住宅地产依然是主流。

2010 年 4 月以来，针对房价上涨过快，国家出台了“史上最严厉的”房地产调控政策，挤压楼市泡沫，住宅市场观望情绪日趋加重。目前，对于家庭购买第二套房的按揭贷款，首付比例不得低于 50%，贷款利率不得低于基准利率的 1.1 倍。房价的涨势逐渐被不确定性笼罩，再加上房价已经处于高位，使得投资住宅市场变得无利可图或者微利可图。近期，中央高层更是一再强调，“调控不达目的，不会收兵”。调控政策趋紧，给当前住宅地产项目的前景带来了阴影，而部分信托公司也认识到对住宅地产项目的投资过于集中，甚至有公司担心住宅地产可能面临制度性变革而导致更大的风险。

在这种背景之下，越来越多的投资者开始看好商业地产的投资机会。2010 年以来，因为限制住宅投资而带来挤出效应，部分投资资金开始转战商业地产。一方面，二套房贷首付上调之后已经与商业地产首付持平，均为 50%。此外，政策规定对投资商业地产的限制相比住宅地产较小。商业地产正在受到更多投资者的关注。近期甚至有媒体报道投资者一次性豪掷千万元，整层购入写字楼。

除了政策限制对于住宅地产的“挤出效应”之外，我国商业地产本身就极具发展潜力。6月5日，在“国际资本对接中国商务地产”论坛上，摩根大通银行副总裁陈思冲讲到，全球前15名的房地产商大部分都拥有较多商业地产。多家地产公司持有商业物业的比例占总资产的60%~100%不等；香港一些房地产公司投资性物业的比例也达60%~85%。而我国房地产开发商的物业主要都是住宅开发。因此，从全球趋势来看，商业地产将会被逐渐重视，更多的资金会投入到商业地产中。

## 房地产信托受制期限短

信托和房地产行业一直都有着紧密的联系，房地产信托也是各家信托公司发行集合信托计划中的主角之一，越来越多的地产开发商也倾向于通过房地产信托融资。以2009年第四季度为例，根据百瑞信托研究发展中心的统计，该季度发行的216只非证券信托计划中，有72只投向房地产。按预计发行规模计算，排名前10的信托计划中9只投向了房地产，信托规模逾119亿元。

研究发现，在众多的房地产信托中，住宅房地产项目依然占大多数，少有专项用于兴建商业地产的信托计划。业内人士认为，住宅地产项目受宠的主要原因：一是具备较大的利润空间，能够给予投资者良好的回报；二是住宅项目开发销售周期能够与信托产品期限匹配。

但从持有商业地产的对象来看，调控可能会使资金紧张的开发商愿意整体或阶段性出让持有的商业物业来融资。因此，长期来看，商业地产项目也将越来越多地成为房地产信托的投资对象。而投资者开始普遍看好商业地产，也会使信托公司愿意接受商业地产作为抵押物或者融资标的物，从而出现越来越多投资商业地产的信托计划。

由于目前大多数房地产信托计划期限都不超过3年，房地产信托产品投资于商业地产受到了很大的限制，现在能够发挥的仍然只是短期融资功能，即投资新建商业地产以部分销售或者由开发商到期溢价回购的方式实现退出，或者以商业物业作为信托融资的标的资产。但是，商业地产不同于住宅地产，销售并不是其盈利的主要模式。商业地产的资金回收，主要来源于租金以及对租户提供物业管理等附加服务而取得的收入。因此单纯依赖对外销售，尤其是分零销售并不是一种好的退出方式，甚至可能导致商业地产项目的失败。

## 证券化或能解决问题

事实上，从国外信托业发展经验看，信托在商业地产上的优势应该是通过证券化而实现长期持有，即通过设立房地产信托投资基金（REITs）来为商业地产开发企业提供退出机制。早在

2008 年 12 月，国务院出台的九条金融促进经济发展的政策措施中就明确提出，设立房地产信托投资基金（REITs），拓宽企业融资渠道。

REITs 是国际通行的一种大型商业物业投资行为及分散投资组合风险的有效途径，能够将信托制度功能优势发挥得非常充分。最近有消息称，我国第一单房地产投资信托基金（REITs）或由中央银行在天津推出，面向廉租房市场。虽然并非面向商业地产，但业界一致认为，商业地产才是 REITs 未来的方向，距离我国商业地产 REITs 已经更近了一步。

虽然我国目前还没有真正意义上的 REITs，但在商业地产发展的投融资需求及现有的信托法规引导下，在房地产金融市场实践中已有一些 REITs 的雏形或者准 REITs 的房地产组合投资信托产品出现。比如，房地产集合信托计划的期限更长，在信托计划中引入“做市商”，由第三方接受产品的申购与赎回来解决流动性问题。

总而言之，信托所具备的风险隔离与权益重构功能，决定商业地产证券化的最佳工具就是信托。因此，有理由相信，将来商业地产的 REITs 正式推出后，商业地产项目将实现飞跃式的发展，甚至成为房地产信托投资的“明星”。但是，相比住宅地产，商业地产对后期运营能力的要求非常高，这将会是对信托公司资产管理能力的一个考验。信托公司还应该提前准备，逐步积累相关的经验和增加相应的人才储备。

《金融时报》记者　薛亮

# 银信合作：新规将带来新局面

## ——访西南财经大学信托与理财研究所副所长李勇

（载于《金融时报》2010 年 8 月 21 日第 8 版）

“72 号文”精神可以用两对关键词代表：自主和通道、投资和融资。前一对关键词是对信托公司管理模式的概括；后一对关键词是对信托公司业务格局的概括。简单地诠释该文件，监管层是期望信托公司通过做大投资型业务、压缩融资型业务走上自主性管理的内涵发展模式，实现平台式的工具性定位。根据普益财富的数据，银信业务其实并不是当前信托公司的主要盈利来源。但信托公司在银信业务中大多作为“壳资源”，集中暴露了信托公司在转型发展过程中的问题。“72 号文”可以看做是监管层对解决此问题的表态。

从目前银信业务暴露出的问题来看，信托公司首先应该提供更多高质量的投资项目或配置“对接”银行的理财资金。

一个月前的银信合作“叫停”对银行理财市场产生了重大影响，曾经占银行理财产品绝大部分份额的银信类理财产品风光不再。8 月 10 日，银监会正式出台了《关于规范银信理财合作业务有关事项的通知》，又称“72 号文”，明确了对于融资类银信合作产品实行余额管理，同时要求商业银行须在今明两年将表外资金转入表内。那么，随着“72 号文”的颁布，将对信托公司产生怎样的影响？记者就此采访了西南财经大学信托与理财研究所副所长李勇博士。

*记者：日前银监会出台“72 号文”，规范银信合作理财业务。根据这个文件，您认为目前信托公司最亟须解决的问题是什么？*

李勇：“72 号文”精神可以用两对关键词代表：自主和通道、投资和融资。前一对关键词是对信托公司管理模式的概括；后一对关键词是对信托公司业务格局的概括。简单地诠释该文件，监管层是期望信托公司通过做大投资型业务、压缩融资型业务走上自主性管理的内涵发展模式，实现平台式的工具性定位。根据普益财富的数据，银信业务其实并不是当前信托公司的主要盈利来源。但信托公司在银信业务中大多作为“壳资源”，集中暴露了信托公司在转型发展过程中的问题。“72 号文”可以看做是监管层对解决此问题的表态。

信托公司良性发展所应当解决的问题包括内部治理结构、外部制度环境以及人才和技术等诸多问题。从目前银信业务暴露出的问题来看，信托公司首先应该提供更多高质量的投资项目或配置“对接”银行的理财资金。即使这个问题的解决也需要信托公司在包括团队建设、创新机制、激励机制、市场合作等方面作出系统性的安排。这将是一个长期的过程，短期内很难见到效果。

记者：“72 号文”中强调，鼓励信托公司和商业银行探索业务合作科学模式和领域，并进一步强调了“引导资金进入有效益的新能源、新材料、节能环保、生物医药、信息网络、高端制造行业”等领域。您认为在以前的银信合作中，资金没有更多进入上述领域的原因是什么？如何才能让银信合作资金进入这些领域？

李勇：从产品结构上看，这主要是因为银行理财产品短期限倾向明显。根据普益财富提供的数据看，从 2007 年到 2009 年，银行理财产品 6 个月期限以下的产品数量占比从 40% 上升到近 70%，3 个月内产品的占比则从 20% 上升到了 45%。银行理财资金更倾向流动性，从而无法与新能源等行业需求的较长投资周期相匹配。从业务发起模式来看，银信合作发起的重要目的是为满足银行优质客户的融资需求，而新兴领域的优质客户相对较少。

从银行理财的角度分析，多数银行理财资金不适宜进入上述领域。新能源、新材料、节能环保等行业投资风险偏高，大多数银行理财客户不具备相应的风险承受能力。因此，大多数银信合作产品还是应着力于稳健业务，将投资领域重点放在基础设施、金融股权、重大项目和优势制造业等方面。但朝阳产业并不是银信合作资金的禁区，恰恰相反，来自于私人银行高端客户的资金符合长期投资要求，可以更多投向这些领域。

记者：根据目前信托公司和商业银行各自的优势和劣势，您认为“信托公司和商业银行探索业务合作科学模式”应该遵循什么原则？如何使银信合作的模式设计更加科学？

李勇：所谓“科学模式”，实质上就是符合市场需求的模式。此次银信业务新规则的直接用意是消除银信合作的负面效应，更深的意义则是监管层希望升级银信合作的信号。因此，如何升级、或者说什么是科学的模式，这对于具体的公司应当允许个性化的定位。从理财市场的整体发展思路看，其原则应当是以信托精神满足投资者的需求。

就银行和信托公司在理财市场的展业特质而言，所谓客户资源优势与投资渠道优势的结合仅仅是表层的、非核心价值的。两个机构真正的核心价值应当体现为信托机制，即秉承信托理念，追求诚信、谨慎、专业的品格。用务实的说法解读，就是要以客户或投资者利益为核心，凡事以客户是否有收益来衡量。这里的收益包括财富增值的利益，也包括其人生目标的利益。目前理财市场中有一种片面追求资金增值的倾向，其实质是打着为客户赚钱的幌子为理财机构自己赚钱。“雷曼迷你债”、高盛官司、境内的“负收益风波”都是这种诉求的恶果。这些案例很可能就是普遍心态的集中映射。

从金融市场演化周期看，目前片面追求规模、收益等硬指标的“粗放增值模式”是产业发展的必经阶段。尤其在我国，因为体制特殊和人员素质缺乏，加上缺乏信托机制的本土资源，进入良性循环的增值模式需要一个过程。这也恰恰是信托公司应当以信托理念引导理财市场的原因和着力点。

记者：请您展望一下，下一阶段的银信合作有可能在哪些领域展开？又该如何对其进行规范和引导？

李勇：首先，应当承认，银信合作中对接信贷资产、担保式投资等融资型业务，具有满足金融发展的合理性。这块业务无论得失已经为向其他业务领域拓展打下了市场、技术和管理的基础。

对于下一步银信合作可能开展的领域，可以从客户的细分入手。对于流动性要求高的投资者，可以增加类似现有投资货币市场的短期品种；对于平衡型的投资者，可以尝试设立期限较长、规模较大、投资领域更多元的大型计划，从而在分散风险的同时，扩大分享经济成长的人群；对于部分风险承受度高的投资者，可在控制风险的前提下，设计投资新兴领域、另类投资的产品来对接。

关于规范问题，我个人认为，对于包括银信合作在内的金融业务，没有一劳永逸的解决方案和市场规则，只能根据市场出现的新问题、新需求来一步步地探索。在这个认识基础上，目前发展银信业务的制度需求应当是引导大于规制。比如银行和信托公司在银行间市场、证券市场的开户资格问题，信托公司分支机构设置限制、信托证券账户的问题、机构投资者投资信托计划的限制，以及其他行业的投资限制等，已经大大束缚了银行和信托公司自身和合作的空间。从某种意义上说，这也是银信合作"剑走偏锋"的重要原因。因此，尽快形成超越分业管理格局、立足于信托理念的、统一的理财市场规则，才最有利于解决这些问题，才可能使理财市场实质性地上升到新的平台。

《金融时报》记者　薛亮

# 向左还是向右？

## ——对银信合作新政出台前后一些现象的思考

（载于《金融时报》2010年8月21日第8版）

7月2日，银监会口头暂停了银信理财合作业务。但此后近一个月的时间里，市场仍可见相关产品相继发行，甚至还有上升。统计显示，7月26日至8月2日一周，10家银行和9家信托公司参与发行了82款银信合作理财产品；当周银信合作产品预计发行总规模接近2 000亿元，较上一周增幅约为46%。这一发行规模已接近银信合作产品叫停前的周平均数据。有信托公司人士称，银信产品叫停之后，没有接到与银信产品叫停相配套的相关细则文件，信托公司针对现有的一些产品如何操作并不清楚。与此同时，还出现了另外一种现象：叫停信贷类银信合作理财产品后，该类产品的确开始下降，但组合类投资产品却出现了上升。其中的原因在于，有些银行与信托公司将部分信托贷款类产品转化成组合投资类产品发行。

无论是现象本身，还是来自信托公司或机构的说法，其背后所透视的只有这样几个字：政策博弈。无疑，在政策正式出台前加快发行也好，将政策禁止的信贷类银信合作产品绕道组合类产品发行也罢，其最真实的目的只有两点：或增大政策实施的难度，希望能够影响到政策的推出；或在政策出台前把水搅浑，多捞一把。

但是，政策似乎并没有按照市场游戏者们的思路走下去。8月10日，银监会发出了《关于规范银信理财合作业务有关事项的通知》（以下简称《通知》），对银信理财合作业务提出了进一步的规范要求。其中《通知》第七条规定，商业银行应严格按照要求将表外资产在今明两年转入表内，并按照150%的拨备覆盖率计提拨备，并且大型银行应按照11.5%、中小银行按照10%的资本充足率计提资本。此外，《通知》还规定，对2010年7月5日以前发生的银信理财合作业务，要求各银监局督促商业银行和信托公司做好对存续业务的后续管理工作，及时做好风险处置预案和到期兑付工作。对存续的开放式融资产品，要求商业银行和信托公司应立即停止接受新的资金申购，并妥善处理后续事宜。这等于是不仅抽去了信贷类银信合作理财产品的动力源，而且银行与信托公司在此前所做的“存量发行”反而成为了一个“包袱”。于是，市场中多方人士开始忙着计算表外资产有多少需要转入表内，转入表内的表外资产将对银行的资本充足率、信贷规模、中间业务、总体利润等有多大影响。

银信合作中信托公司不占主导地位，因此这场博弈的主导肯定也不是信托公司。《通知》下发后对于信托公司的影响如何，目前一致的看法是“很小”。但就信托公司个体而言，那些追随商业银行大规模进行“存量发行”的信托公司，肯定面临“较大”的阵痛。因此，在信托公司的日常经营中，认清政策方向应该是第一要务。

对于《通知》的下发，有媒体用“重拳”等词汇来形容，甚至认为银信合作将从此绝迹。但事实上，银信理财业务合作并没有被完全停止，而只是从不同方面进行了规范。从内容上，《通知》主要强调了五个方面的内容：信托公司坚持自主管理原则，严格履行项目选择、尽职调查、投资决策、后续管理等主要职责；对银信合作融资类业务实施余额比例管理，并叫停开放式产品；叫停银信理财合作中的非上市公司股权投资业务；督促商业银行和信托公司做好对存续业务的后续管理工作以及鼓励商业银行和信托公司探索业务合作新模式。但其主旨还是切断通道业务，强调信托公司的自主管理。

从时间上来看，《通知》要求自 2010 年 7 月 5 日起，对信托公司银信合作融资业务实施余额比例管理，即融资业务余额与银信理财合作业务余额的比例不得高于 30%。上述比例已超标的信托公司应立即停止开展该项业务，直至该比例达到规定标准。但目前开展银信业务的 56 家信托公司全部超标，按全行业口径计算该比例为 86%，因此该条规定相当于暂停银信业务。但对于目前许多人士所关心的何时开放银信合作融资类业务，在这里也给出了答案：公司达标之时。强调自主管理意味着未来银信合作中商业银行向信托公司只能提供资金或者提供项目，不能二者兼具，体现在银信理财合作中就是只能提供资金，不能提供项目；从期限上，产品期限不能低于一年，且不能设计为开放式产品；从范围上，叫停银信理财合作中的非上市公司股权投资业务，鼓励商业银行和信托公司探索业务合作新模式，积极落实国家宏观经济政策，引导资金投向新能源、新材料、节能环保、生物医药、信息网络、高端制造产业等战略性新兴产业。按照这样的要求，银信合作完全可以找到新的方向与模式。

日前记者在采访中了解到，7 月 2 日，银监会口头暂停了银信理财合作业务后，私人银行与信托公司之间的合作出现了一轮高潮。有股份制银行私人银行部门负责人向记者介绍，暂停银信理财合作业务后，信托产品成为了许多私人银行高端客户的一种选择，一些信托公司的信托产品在极短的时间内就可以销售完毕。而目前私人银行与信托公司之间的合作模式也大多是私人银行利用其拥有高端客户群体的优势与信托公司进行合作，在帮助信托公司销售信托产品的同时，也为自己的客户增加了一个产品的选择渠道，满足了客户不同的理财需求。

但另外一个现象值得注意：《通知》下发以后，很多市场人士认为，这是银信业务的重新开闸，银信合作产品也出现了上升。据用益信托工作室不完全统计，8 月 10 日《通知》下发，8 月 9 日至 15 日一周，共有 12 家银行和 10 家信托公司参与发行了 107 个银信合作理财产品，比上周增加了24个，增幅为28.92%。预计发行规模为1 359.96亿元，比上周增加了329.19亿元，增幅为31.94%。在产品结构中，组合投资类占比仍然最高为62%，但比6月、7月的80%左右已经有很大下降，信贷资产类产品为零，保持在低位，但信托贷款类产品占比29.91%，远高于7月16.99%的水平。在《通知》下发之后，为什么会出现银信合作信托贷款类产品和整体规模的上升？记者就此求教用益信托工作室的李旸，他表示对此也感到迷惑，但这一现象的确需要密切关注。

应该说，信托公司真的正处在一个十字路口，向左还是向右，必须有一个正确的选择。而作出这个选择的依据应该不是短期利益，而是政策的趋向和信托行业的长远发展。

《金融时报》记者　金立新

# 以信托创新助力“两江新区”腾飞

（载于《金融时报》2010 年 8 月 21 日第 8 版）

前不久，中国第三大开发区——重庆“两江新区”正式挂牌。根据国务院发布关于推进重庆统筹城乡改革发展的若干意见，作为统筹城乡综合配套改革试验的先行区，“两江新区”将着眼于建设内陆开放经济和现代产业体系，建设成为内陆重要的先进制造业基地和现代服务业基地，成为内陆开放的重要门户、科学发展的示范窗口。在我国西部大开发走过十年发展历程之际，“两江新区”的正式挂牌，被认为是新一轮西部大开发的标志性事件，它将深刻改变西部的经济面貌，对缩小东西区域差距起到举足轻重的作用。

与上海浦东新区和天津滨海新区一样，金融在“两江新区”的开发建设中占据着重要的位置。因此，建设一个长江上游金融中心和创新中心，也是重庆“两江新区”一个重要定位。而且，为发挥金融中心所形成的集聚力、辐射力和带动力，繁荣重庆乃至长江上游地区的投资、推进产业的扩张以及交易的聚集、进而创造大量就业机会和财政收入，带动整个区域经济的发展，政策特别赋予“两江新区”“包括对于土地、金融、财税、投资等领域先行先试权，允许和支持试验一些重大的、更具突破性的改革措施”。这无疑为金融创新服务西部开发提供了一个宽松、良好的政策环境和市场机遇，金融业特别是信托业应当抓住这一机遇，发挥信托制度灵活以及富于创新力的突出优势，大胆创新信托服务，助力“两江新区”的腾飞。

“两江新区”的发展，一方面要加大基础设施、重大项目工程的建设，为新区的腾飞奠定坚实的基础；另一方面，必然要加快国有经济布局和结构的战略性调整，打造一批拥有自主知识产权和国际知名品牌、国际竞争力较强的优势企业。在这一过程中，不仅资金需求迫切且资金缺口也会比较大，信托公司完全可以借助基金化信托产品，在为新区建设募集资金上发挥积极的作用。

发展“两江新区”，前期的基础设施会涉及大量的道路、桥梁、码头、水电气等设施建设，需要筹集大量建设资金，信托公司可以通过设立基础设施信托投资基金，向大型机构投资者等发行信托基金的方式，引导资金支持“两江新区”的基础设施建设。2009 年，国家已明确鼓励重庆市“设立保险业创新发展试验区，开展保险资金投资基础设施等试点”。2010 年 8 月 5 日，保监会又正式颁布了《保险资金运用管理暂行办法》，将保险资金投资不动产的比例上限确定为

10%，有分析依此估计将近会有4 000亿元的保险资金流向基础设施领域。因此，以基金化信托产品的方式，引导保险资金支持新区建设具有很好的市场前景。在“两江新区”经济布局和结构的战略性调整中，要建设成为内陆重要的先进制造业基地和现代服务业基地，就必须打造一批具有国际竞争力的优势企业。在这一过程中，也可以发挥信托资金股权投资功能，通过设立产业投资股权信托基金，为企业并购重组、新建项目提供资本金，支持发展壮大支柱产业和优势企业。

还应当看到，伴随着“两江新区”建设的不断推进，大量基础设施投入将形成优质的固定资产，这些优质资产升值潜力高，但流动性并不高。将这些优质资产证券化，盘活存量和提高资金的使用效率，在新区建设需要大量资金的背景下具有很好的现实意义。在我国，目前能够充分满足资产证券化基本需求的制度安排就是信托，因为信托的财产隔离制度和权益重构功能在资产证券化交易中能够充分发挥作用；信托的灵活机制还可以为资产证券化提供交易平台、内外部增级措施。因此，通过信托方式，以资产的收益（未来现金流）为支持进行证券化，可以将收回来的流动性继续投入到新项目的建设，从而形成良性循环。

以资产的收益为支持进行证券化，其对象可以是投资形成的商业、工业物业、道路、桥梁、水电气等基础设施，也可以是金融机构的信贷资产。目前，最具代表性的是上海、天津等地都在力推的房地产信托基金，主要用于支持廉租房、工业厂房和写字楼的建设。在建设“两江新区”过程中，会迫切需要大规模开展公共租赁房建设。公共租赁房建设项目资金需求量大、期限长，因此可以以公共租赁房建设项目为突破口，设立公共租赁房建设项目信托计划，通过对公租房等物业进行证券化，提高资产流动性和盈利水平。

大胆创新信托业务，支持“两江新区”建设，当然也迫切需要出台相关政策予以支持。信托是一种创新的金融工具，一方面能够专业地管理财产，多渠道地聚集资金；另一方面，还能够提供创新型金融服务。但正因其在资金运用上的高度灵活性、创新力，也会因现时配套法律法规还不够完善而遭遇到一定的限制。因此，应在尊重信托原则下出台支持信托业务发展的政策，搭建信托交易平台，改善信托公司拓展信托业务的运行环境，包括解决信托交易双重征税问题，降低信托交易成本；尽快建立公开、透明的信托登记制度，如在“两江新区”设立信托登记中心，促进信托受益权转让市场的建立，丰富金融要素市场交易。倘能如此，一定会吸引更多的信托公司积极开展相关的信托业务，从而可以使“两江新区”成为国内的“信托高地”，极大地促进“两江新区”内金融活动的活跃，进而带动整个西部经济的快速发展。

《金融时报》记者　牟龄

# 上半年信托公司实现利润总额65.47亿元

（载于《金融时报》2010年8月21日第8版）

中国信托业协会日前发布信托公司上半年主要业务数据。数据显示，今年上半年信托公司经营收入累计达96.28亿元，实现利润65.47亿元。

据中国信托业协会披露的数据，2010年上半年，信托公司各项业务收入总计96.28亿元，其中，利息收入余额11.36亿元，占总收入的11.8%；信托业务收入53.86亿元，占总收入的55.93%；投资收入余额30.76亿元，占总收入的31.95%。

截至6月底，信托资产规模达29 152.5亿元。按照来源划分，集合资金信托余额3 499.58亿元，占12%；单一资金信托余额24 275.8亿元，占83.27%；管理财产信托余额1 376.87亿元，占4.72%。按功能划分，融资类信托余额18 589.4亿元，占63.77%；投资类余额5 050.45亿元，占17.32%；事务管理类余额5 512.44亿元，占18.91%。

在资金信托中，按照运用方式划分，贷款、长期股权投资和可供出售及持有至到期投资三种资金运用方式占据前三甲，余额分别为17 399.80亿元、3 309.48亿元和2 672.20亿元，所占比例分别为62.64%、11.92%和9.62%，合计占比84.18%，其余依次为交易性金融资产投资、存放同业、买入返售、租赁等。按照资金投向划分，主要投向基础产业、工商企业和其他行业，余额分别为10 636.5亿元、5 191.22亿元和5 026.32亿元，占比分别为38.29%、18.69%和18.10%，合计占比75.08%，其余依次为房地产、金融机构、证券市场等。

投资于证券市场的信托计划，45.24%是与私募基金合作，绝大部分投资于二级市场或进行组合投资，两种方式分别占到证券投资信托总额的41.56%和52.97%，合计94.53%，其余投向一级市场或基金。

《金融时报》记者　薛亮

# REITs呼之欲出　信托公司有备而来

（载于《金融时报》2010年9月4日第8版）

伴随着天津REITs（房地产投资信托基金）方案近期有望获批的消息，REITs再次引起市场广泛关注和热议。从目前媒体披露情况看，天津REITs方案将采取比较保守的债券型形式，在银行间率先发行。即房地产商将物业委托给受托方（信托公司），并通过信托公司在银行间市场发行房地产信托受益券。受益券为固定收益产品，在受益券到期时，委托人或第三方应当按照合同约定的价格收购受益券。依托信托方式，展开REITs的试点，对渴望REITs已久的信托公司来说，显然是一个很大的利好。

自2008年末国务院工作会议提出金融"国九条"，明确发展房地产股权投资基金后，不论是在房地产市场上还是信托行业内，关于推出房地产投资信托基金的呼声此起彼伏。引入REITs有利于完善中国房地产金融结构，拓宽房地产企业和行业的融资渠道，并有效分散银行体系内的金融风险。尽管市场寄予很高的期望，但2009年中国式REITs并没有如期面市。个中原因既有相关法律、市场环境方面还不够成熟的制约，更有风险监管上的重重顾虑。最近，相继被披露的天津、上海REITs方案，均选择了障碍较小的债券型，先走银行间市场，面向有风险承受能力的机构投资者。这意味着REITs试点的方向已定，进入实际操作阶段后，REITs可能随时呼之欲出。

在房地产融资中，信托业的地位举足轻重，而房地产投资也是信托公司的三大支柱业务之一。近几年来，由于房地产市场几度遭遇宏观调控，在资金链紧张的情况下，开发商往往大量转道信托融资，更带来房地产信托市场多次出现爆发性增长。但是，正因为房地产信托基本上是在政策夹缝中生存，因此日子实际上并不好过。一方面，经常受到监管政策的限制困扰；另一方面，房地产信托多为单一项目融资，不仅效率不高，也不利于提高信托公司的资产管理能力。因此，发展REITs，以基金化的投资组合取代现在的单一项目融资为主，是房地产信托市场的发展趋势，在业务空间不断被挤压、监管部门反复要求提高自主管理能力的情况下，也有利于信托公司自身业务的拓展和自主管理能力的提高。

在2010年银监会非银行机构监管会议上，相关负责人指出，要适度支持REITs，解决制度缺失，针对信托公司经营特点和风险状况，在不放松风险监管的前提下，适度支持信托公司开展房地产投资信托基金业务；并透露除配合人民银行草拟房地产投资信托基金相关制度外，银监会已开始制定和修订相关配套制度和标准。此外，2010 年银监会将继续实行 2009 年有关支持信托公司发展的政策，加大力度支持信托公司创新产品，积极推动创新业务发展，努力提高信托公司自主管理能力，并将加大对信托登记、信托产品流通、标准化等问题的调研力度。

实际上，对 REITs 充满热情的信托公司，早在 2008 年就已经开始进行相关方面的理论研究和实际项目的推进。不少信托公司近年来不断在房地产信托领域加大业务创新，尽管目前各信托公司的房地产信托产品仍然以单一项目融资为主，但房地产信托已经出现基金化运作趋势，逐渐向着准 REITs 方向发展。归纳起来，这些创新包括这样几个方面：一是进行股权投资，把房地产信托产品的回报和项目的真实收益挂钩，或者把信托产品的收益水平和未来房产销售价格挂钩。二是进行房产类特定资产收益权信托。信托资金运用主要是购买特定房产资产的收益权，通常以成熟物业作为标的，以租金作为主要还款来源，采用抵押方式设置担保，通过收益权的回购或者转让完成信托计划的退出。三是进行基金化运作。基金化运作的信托产品仍然属于私募，但是借鉴了 REITs 的设计原理，先募集资金建立资金池，然后再投向项目，发行规模大，期限达到 3 年至 5 年，采用组合投资的方式投资于多个项目。

信托以其制度的优势在 REITs 上大有可为，信托公司对参与 REITs 也有太多的期待。虽然目前只有少数两家信托公司获得了 REITs 的试点资格，但来自方方面面的信息显示，已有不少信托公司已经开始了 REITs 的研发和推广工作，并把其作为业务创新和业绩增长的战略性产品，进行重点培育，并积极进行项目和市场的调研及准备工作。

参与 REITs，对信托公司是机遇，更是挑战，从产品的设计、开发到销售，是一个全新的业务流程。而能否成功发行 REITs，并给 REITs 持有人带来合理的回报，则更是新的考验。虽然被认为将首先面市的天津 REITs 方案，距离真正的 REITs 尚有距离，信托业何时才能享受到 REITs 产品创新也还并不确定，但业内普遍认为，这一试点符合国情，也给信托公司房地产业务的拓展带来了很大空间。今后随着试点的不断推进，从保障性住房到商业地产，市场前景会越来越广阔。

据兴业证券的测算，美国在 1985 年至 2000 年的复苏稳定期，REITs 占 GDP 比重一直保持在 0.4% 左右，而在发展期曾达到 1.15%。按我国目前经济总量计算，则 REITs 产品的合理空间在 500 亿元至 3 000 亿元。客观地说，如果天津 REITs 方案能按市场预期在近期正式启动，将会令 REITs 试点大大提速。但在发展初期，预计未来几年内 REITs 发展规模应当有限。但是，从 2008 年 REITs 第一次被明确提出，到 2010 年终于破冰在即，这个诱人的前景已经展现在了人们的面前。

## 相关链接

### 何谓 REITs

REITs 就是房地产投资信托基金，是英文 Real Estate Investment Trusts 的缩写。

从国际范围看，REITs是一种以发行收益凭证的方式汇集特定多数投资者的资金，由专门投资机构进行房地产投资经营管理，并将投资综合收益按比例分配给投资者的一种信托基金。

与我国信托纯粹属于私募性质所不同的是，国际意义上的REITs在性质上等同于基金，少数属于私募，但绝大多数属于公募。REITs既可以封闭运行，也可以上市交易流通，类似于我国的开放式基金与封闭式基金。

《金融时报》记者 牟龄

# "税收中性"有利于 REITs 初期发展

（载于《金融时报》2010 年 9 月 4 日第 8 版）

由于目前中国的房地产业处于发展初期，加之资本市场融资渠道不通畅，使得房地产企业的融资主要依靠银行信贷等间接融资手段，但这种模式在一定程度上加大了银行的风险。因此，如何减少房地产企业对银行的依赖，降低银行的经营风险，借鉴成熟市场的 REITs 发展经验，创新房地产企业融资渠道就具有较强的现实意义。

从 2008 年 12 月初国务院工作会议提出金融"国九条"，明确肯定 REITs，到目前尚未正式出台，影响中国建立 REITs 市场的因素很多，而税收政策和税负问题是其中的关键因素之一。因为税收政策的变动，直接影响到 REITs 运行过程中的投资与经营成本，从而可能增加或减少投资者的投资回报，进而影响 REITs 市场的发展和繁荣。

## 个人投资者难以回避双重征税问题

在不考虑国家相关法律法规对 REITs 设立的合法性及市场环境等方面因素影响的前提下，REITs 的交易分银行间市场和交易所市场，依据我国现有税收政策规定，可能涉及 REITs 个人投资者的税收种类主要是个人所得税和印花税，机构投资者主要涉及企业所得税、营业税和印花税。

对于机构投资者来讲，依照现行企业所得税的税收政策，如果投资企业取得的投资收益已经在被投资企业缴纳企业所得税，且其所得税率等于或者大于投资企业的所得税税率，投资企业不用再缴纳，如果小于投资企业的所得税税率，差额部分需要补交企业所得税。REITs 的机构投资者在这个环节上不存在重复纳税问题。

对于个人投资者来讲，依照现行个人所得税的税收政策，如果个人取得了股利等投资收益，应按全部收益数额的 20% 再缴纳个人所得税。换句话说，即使该部分收益是已经按照国家规定缴纳企业所得税后的税后收益，但是如果该投资收益转移到个人手中，还要再多交 20% 的个人所得税，即 REITs 的个人投资者在这个环节上会出现重复纳税问题。

## REITs 投资或运营过程中的税负相对较高

一般来说，REITs 经营业务范围主要是与商业房地产买卖、股权投资和物业经营等相关的经济活动。REITs 获得房地产项目资产的主要途径有两条：一是购买物业产权；二是收购商业地产项目公司（SPV）。在取得房地产项目资产的过程中所选用的方式不同，涉及的税收种类也各不相同。

直接购买物业产权的方式，交易过程中的税费比较高。涉及资产转让销售需要交纳相关流转税，包括营业税、营业税金及附加、土地增值税等。以一个合同价值 10 亿元的商业地产项目为例，假设其可计算增值部分为 1 亿元，则买入方需要多支付相当于成交价 3.05% 的契税和印花税等，卖出方要支付相当于成交价 5.55% 以上的销售税金及附加税、土地增值税和印花税等，致使收购成本提高约 8.6% 即 8 600 万元。

收购商业地产项目公司（SPV）即股权收购方式，仅涉及企业所得税和印花税，虽然股权投资方式交易成本较低，但这种交易方式也不完全理想：在 REITs 收购 SPV 股权后，该 SPV 即成为一家独立核算的企业，REITs 的投资者所能得到的投资收益最多不超过 SPV 向 REITs 分配的利润，而 SPV 所能向股东分配的利润，必须是按照企业会计准则经过审计后的可分配利润在提取了各种法定公积金后的剩余部分。在计算 SPV 的利润时，又必须提取房屋折旧。因此，租金收入的很大部分将沉淀在 SPV 内，而不能分到投资者的手中，从而大大降低了 REITs 对于投资者的吸引力。

目前，在中国商业地产的并购实践中，实际上选择购买物业产权的方式居多。其原因：一是商业地产并购利润空间较大。国内房地产行业的整体利润水平较高，即便增加一部分成本，购买方与被购买方还是能够获得足够多的利润。二是运作时间短，难度小。商业地产买卖相对于股权投资来说，操作时间短，运作难度较小。三是运作风险小。商业地产项目公司股权重组“陷阱”较多，如项目股东的诚信问题、项目主体股权纠纷问题、项目规划违规问题、项目本身设计和工程质量及验收问题、项目公司债务问题和或有负债问题等。

因此，综合考虑各种因素，在现行中国的房地产相关税收政策中，REITs 投资过程中会存在税负过重问题。

另外，如果把 REITs 当做独立的纳税主体，那么在 REITs 持有商业物业经营过程中存在的税收有营业税、房产税、印花税、城镇土地使用税、所得税等税负。综合来说，在考虑到当前中国商业地产运营过程中租金普遍不高的情况下，REITs 的运营税负也相对较高。

## “税收中性”有利于REITs初期发展

从我国目前的法律环境看,《信托法》、《证券投资基金法》、《合伙企业法》等法律构成了REITs的基础性法律，但目前没有针对REITs的专项法律法规，与REITs紧密相关的《产业投资基金法》也迟迟没有出台，REITs行业法律体系包括税收政策的建立与完善还有很长一段路要走。

因此，在国内正式推出REITs应立法先行，解决的问题包括有REITs的法律主体地位、REITs税收主体和税负问题、REITs的交易结构安排、公开上市交易等方面的规定等。建议相关部门进行专项立法或补充、修订、完善有关法律法规，制定出符合中国国情和市场经济规律的一整套REITs市场规则，为中国REITs市场的规范化发展铺好道路。

其次，在REITs试点阶段应坚持“税收中性”原则。参考信贷资产证券化试点阶段的先例，在中国REITs试点阶段，税收政策应坚持“税收中性”原则。所谓“税收中性”原则就是指既不会享受税收方面的优惠，也不会存在双重征税的问题。这就要出台有关税收政策，解决REITs个人投资者的双重所得税问题。按照国际上通用的方式，REITs的最大优势就在于税收制度，比如在香港，上市REITs所得税全免。

大连华信信托股份有限公司　周其琦

# 加快试点有利于 REITs 制度推进与磨合

（载于《金融时报》2010 年 9 月 4 日第 8 版）

近日，有消息称 REITs 可能在近期获批，第一个获准上市的项目是天津的保障性住房项目。天津 REITs 方案将采取比较保守的债券型形式，在银行间率先发行。REITs 已经蓄势待发。为此，围绕 REITs 推出时机、外部环境建设、发展前景等问题，记者采访了百瑞信托博士后流动站研究员高志杰。

*记者：REITs 酝酿已久，一直未能如期出台，您认为主要的障碍在哪里？*

高志杰：我认为主要存在四个方面的障碍：一是法律障碍。REITs 出台涉及《信托法》《投资基金法》、《公司法》等相关法律，我国目前缺乏房地产投资信托专项法律安排，REITs 推进面临制度性困境，导致实践中的协调和沟通成本相当高。

二是税收障碍。标准 REITs 90% 以上的净收益要向投资者分红，同时免除公司层面的所得税。在没有免税安排之前，REITs 很难得到规模化发展。

三是实际租金收益水平较低。例如为了吸引投资，不少开发区的工业地产项目廉价出租，甚至是免费使用。这样一来，实际收益水平难以满足 REITs 投资者的需求。如果重新设计租金和资本结构，则涉及面太广，短期内难以落实。

四是缺乏高效的商业物业运营商。商业物业运营涉及招商、物业管理等多个方面，目前商业物业领域的分工还不够细，相对于后期运作，房地产商对于开发阶段更加熟悉一些。

*记者：对发展 REITs 的方向市场没有争议，但对推出 REITs 的时机一直争议很大。有观点认为，REITs 的推出，将打破房地产业融资渠道单一的问题，并有利于分散金融系统的风险；但另有观点认为，目前房地产调控正处于关键时期，推出 REITs，会加大房地产价格的泡沫。您怎样看这一问题？对媒体披露的天津 REITs 方案如何评价？*

高志杰：REITs 发展涉及房地产行业多个环节，多个政府部门，各界对于 REITs 的认识和利用是一个逐步深入的过程。同时，REITs 的发展也是一个渐进的过程。作为金融创新，及早安排试点是合适的，有利于 REITs 制度的推进和磨合。从美国 REITs 的发展历程看，REITs 可以在房地产行业弱势时以低价收购房地产，从而获得较好的租金收益和物业增值收益，权益型 REITs 一般是在房地产低潮期获得更快的发展。

就我国推出 REITs 的时机，有人说，REITs 错过了 2008 年的最佳推出时机。换个思路看，如果 2006 年或 2007 年推出了 REITs 试点，各项制度相对比较完善了，2008 年就会成为 REITs 快速发展的一个机会，并在经济金融结构调整中作出贡献。从这个角度看，REITs 试点对于推出时点应该没有十分苛刻的要求。

天津 REITs 方案选取了一个很好的突破点，即面向保障性住房项目，和当前的政策方向一致，试点推进会比较容易，也会产生更好的社会效益。天津方案采用信托契约型，在现有信托法律框架之内，而且银行间市场具有相对成熟的机构投资者，容易发行成功。天津试点方案具有积极意义，符合我国渐进改革的整体思路。

基于债权的 REITs 和我国当前房地产行业的发展阶段是相适应的。REITs 在国外经营成熟商业物业，而国内商业物业增值较快，地产商不会轻易出让所有权。如果有了税收优惠政策，房地产运营商才有转型为 REITs 的动力。

*记者：REITs 被认为是目前国内房地产信托发展的必然趋势，尽管目前传说的天津 REITs 方案被认为离真正意义上的 REITs 还有距离。随着试点即将启动，您认为在外部环境上当前应当尽快完善哪些方面的建设？*

高志杰：应尽早制定适合我国国情的 REITs 相关法规制度，特别是税收制度建设。我国目前没有相应的 REITs 免税制度安排，导致上市权益型 REITs 难以诞生。REITs 在一定程度上是要避免房地产环节重复征税的，将有关收益直接返还给投资者。可以特批试点，给试点一个相对宽松的环境。

法律法规的完善和 REITs 的发展是一个相互促进的过程，REITs 试点的发展也可以为相关规章制度的完善提供经验。不能一味求全，全盘照搬标准 REITs。要和国情相结合，切实推进 REITs 试点，逐步落实“国九条”中关于发展房地产投资信托基金的要求。当然，在法律层面的制度性安排成形以前，可以通过部门联席会议等形式加以协调。

*记者：您对我国 REITs 发展的前景怎么看？比如说 REITs 的市场会有多大？REITs 发展将会经历几个阶段？在发展过程中特别是初期起步阶段应注意防范哪些问题？*

高志杰：REITs 市场会随着商业地产的发展逐步壮大，但是是一个长期曲折的过程。REITs 发展和商业地产进程、相关政策推进密切相关。我国人口众多，对于大城市商业地产的需求也会比较大，REITs 的市场规模在十几年以后预计会超过万亿元大关。

个人以为，REITs 发展将会经历起步（试点）阶段、抵押型 REITs、权益型 REITs、自我管理型 REITs 四个发展阶段。后面三个阶段，其实是以一种类型的 REITs 为主，多种类型共存。

抵押型 REITs 是基于债权的，以标的资产作为抵押，回报相对固定。权益型 REITs 是基于股权的，通过资产收购等途径来完成。自我管理型 REITs 逐步将外部顾问内部化，可以在降低经营费用、减少关联交易方面收到显著效果。自我管理型 REITs 像是一个独立经营的公司，通过增加收入降低成本来提高盈利水平，通过增发或者自身积累来购置新的物业，扩大资产规模。从抵押型到权益型，美国REITs的发展和转换经历了一个房地产泡沫破裂的过程，房地产市场环境的改变往往对于REITs的发展和创新有着巨大的推动力。

在起步阶段，REITs是基于债权的，以抵押贷款作为主要的资金运用手段。作为抵押型REITs，一是要注意控制债务比例，一定的基础资产不能承担过多的债务，这有利于增强REITs对于房地产周期波动的抵抗力。二是要重视房产评估环节，由于REITs对于投资房产要求较高，拟投项目往往具有相对稀缺性，容易导致高估，高估的房产价格就会降低未来的收益水平，增大潜在的风险。

《金融时报》记者　薛亮

# 信托公司转型：难在哪里？

（载于《金融时报》2010 年 9 月 18 日第 8 版）

中国似乎又一次走在了世界的前列。

9 月 12 日，世界主要国家中央银行代表就旨在加强银行业监管的《巴塞尔协议Ⅲ》达成一致，而《巴塞尔协议Ⅲ》的核心内容就是提高全球各商业银行的核心资本。在这一消息公布后，中国金融业一片平静，原因在于：中国的银行业监管者对于商业银行资本充足率和核心资本充足率的要求早已高出《巴塞尔协议Ⅲ》的要求。

就在这个消息公布前不久，中国的银行业监管者在一片或是或否的议论声中又推出了一项新要求：《信托公司净资本管理办法》，但这一次针对的是规模正在无限扩张的非银行金融机构——信托公司。

对于任何是与非的评价，或许只能交给历史。信托公司目前最需要做的是：找到适应监管要求的新的生存方式或者是发展方式。于是，转型，在《信托公司净资本管理办法》出台后，被人们开始广泛地提及。但是，信托公司的转型要向哪里转？这又是一个更深层的问题。

在《信托公司净资本管理办法》中，最核心的内容有二：一是信托公司净资本不得低于人民币 2 亿元；二是信托公司计算净资本和风险资本，并且持续要求信托公司净资本不得低于各项风险资本之和的 100%，净资本不得低于净资产的 40%。建立了风险资本与净资本的对应关系，使各项业务的风险资本均有相应的净资本支撑。表面上看，按照这样的规定，信托公司要适应监管要求并不难，只需扩大净资本或者调低风险资本就可以达到监管要求。在信托牌照“一牌难求”的背景下，以增资方式扩大净资本并不难，以调低风险资本方式增大净资本也不难，但难的是：增资以后做什么业务？降低了驾轻就熟的风险资本业务之后，拿什么补上这一块利润？

监管层推出《信托公司净资本管理办法》的目的，在于促使信托公司将有限的资本在不同风险状况的业务之间进行合理配置，引导信托公司根据自身净资本水平、风险偏好和发展战略进行差异化选择，实现对总体风险的有效控制。而让信托公司“将有限的资本在不同风险状况的业务之间进行合理配置”和“根据自身净资本水平、风险偏好和发展战略进行差异化选择，实现对总体风险的有效控制”，实际上就是在促使信托公司转型。但对于信托公司，要实现“将有限的资本在不同风险状况的业务之间进行合理配置”和“根据自身净资本水平、风险偏好和发展战略进行差异化选择”，其实并不容易。原因有二：

第一，要促使信托公司“将有限的资本在不同风险状况的业务之间进行合理配置，引导信托公司根据自身净资本水平、风险偏好和发展战略进行差异化选择”，最根本的在于信托公司必须明白，什么是监管层所认为的“风险业务”，监管层对其风险系数的认识又会是多少？根据该办法，对于不同业务的风险参数，监管层是在适时调整的，因此信托公司在业务的开展中，对此的认识和了解还必须有一个提前量，以及时对业务结构进行调整。因此，信托公司不仅要对现行行业政策进行研究，还必须对政策依据——宏观经济环境和政策进行研究，如此才能有一个提前量。

但是，区别于其他几乎所有金融机构的是，信托公司在人才结构上本身就“重业务、轻研究”。自2007年始，信托公司的业务大多数集中在银信合作上。有统计表明，截至2009年末，全国信托资产20 440亿元，银信合作业务13 294亿元，占全部信托资产的65.04%。银信业务在信托公司业务中如此高的占比更造成了这样一种事实：信托公司几乎没有自身的研究力量。记者了解到的情况是，在目前的信托公司中，独立进行研究的仅有百瑞信托的博士后工作站，其他公司几乎不设研究部门，有些公司即使有研究部门也与业务挂钩，所谓研究部门几乎就是个摆设。如此状况下，让信托公司区别认识不同业务的风险状况并据此进行业务结构调整，同时在发展战略上进行差异化选择，几乎就是不可能的。虽然监管部门可以通过窗口指导等方式提示信托公司进行业务调整，但政策的初衷还是在于引导信托公司进行自我调整。要实现这种政策意图，信托公司首先要做的就是，在自身队伍建设中对于“重业务、轻研究”思维的改变，通过自身的研究进行业务结构的配置和调整，并形成适合自身特点的发展战略与模式。

第二，自身业务领域和产品的确定问题。与银行、证券、保险比较，信托公司一直没有自己的业务领域和重点产品，广而不专成为了信托公司的特点。也正因如此，“边缘化”、“游击队”等词汇一直围绕着信托公司。自2002年以来，重新登记的信托公司业务领域大多数集中在房地产、基础设施和证券投资信托产品上，形成了信托公司重点业务的“三驾马车”。但是，证券投资信托产品的发行与盈利大多数也是“看天吃饭”，股市行情的好坏决定着信托公司在这一领域的收益，因此也并不稳定；虽然房地产信托与信托公司一样，几乎成了“不死的野骆驼”，但随着国家对房地产行业的调控，这一领域的产品无疑也将成为占用净资本较大的业务领域，不可能在业务结构中占比过大；在基础设施领域，随着2008年国家投资的启动以及对银行资金的带动，这一领域在信托公司盈利结构中的占比也开始减少。2007年后，银信合作异军突起，使信托公司似乎找到了一片新天地，但一纸《关于规范银信理财合作业务有关事项的通知》又使这一业务成为了政策调控的敏感区域。虽然目前一些信托公司已经涉足中小企业信托、涉农信托、公益信托产品等，但从整体上看这些领域的信托产品目前还仅仅是“看起来很美”的阶段，并没有成为信托公司的主要盈利点和拳头产品。没有自身擅长的业务领域和产品导致的就是信托公司只能游走于政策与市场之间，寻求短线盈利，缺乏长远思考。如此所谓“合理配置”、“发展战略”等也就成为了空谈。

实际上，按照信托产品的分类，可以有财产信托和资金信托。目前信托公司所涉足的绝大部分是资金信托，无论是市场环境的原因还是政策环境的原因，财产信托始终没有真正开展起来。而在以资金为基础资产的资金信托领域，在银行、证券保险已经非常成熟的今天，信托公司要寻找到自己的领域不仅在操作上比较难，在政策上也很难获得支持。因此，借转型之机，信托公司是否可以对财产信托给予更多的关注？是否可以在财产信托与资金信托之间的合理转换上展开创新。在这里，也许会找到一片新天地。

《金融时报》记者　金立新

# 有人欢喜有人忧

（载于《金融时报》2010年9月18日第8版）

9月7日，银监会正式颁布《信托公司净资本管理办法》，同时作为净资本管理办法的配套文件，银监会还向信托公司下发了净资本计算表、风险资本计算表以及风险控制指标监管报表。数据显示，截至2010年上半年，中国信托业共管理约2.9万亿元的受托财产，而目前国内54家信托公司2009年末的注册资本金合计只有606亿元，平均注册资本为11.21亿元，平均净资产18.8亿元。以600多亿元的资本金去管理2万亿元的资产，说明近年来国内信托业务发展飞速伴随的结构不合理、风险不对等等问题，已经到了必须引起监管层重点关注的地步。

《信托公司净资本管理办法》（以下简称《办法》）的核心约束为信托公司净资本不得低于人民币2亿元，净资本不得低于各项风险资本之和的100%，此外净资本不得低于净资产的40%。以净资本和风险资本为基础指标，在此之上通过比例测算进行风险管理。净资本的基础是净资产，关键要素是风险扣减系数。风险资本的基础是信托公司的业务范围和资产结构，关键因素是各项业务的风险系数。

为了更加准确地观察《办法》对信托公司的影响，用益信托公司根据多家信托公司2009年的业务规模进行了估算，结果显示：不同公司净资本充足情况也不相同。如平安信托，目前是注册资本金最大的信托公司，其注册资本为69.88亿元，净资产为124.4亿元，粗略计算净资本为81.22亿元，管理的信托资产为1 308.1亿元，各项业务风险资本之和为30.76亿元，净资本/各项风险资本之和为264%，净资本/净资产为65%。平安信托管理的信托资产规模在信托公司中位居前五位，虽然管理的资产规模较大，风险资本之和也较高，但是由于其净资本也够大，所以各项指标均达标，《办法》对其影响就不大。相反，对于一些“小马拉大车”的公司来说则是另一种情况。如中融信托，其注册资本为3.25亿元，净资产为6.75亿元，粗略计算净资本为5.96亿元，管理的信托资产为1 315亿元，各项业务风险资本之和为20.9亿元，净资本/各项风险资本之和为28.5%，净资本/净资产是88.24%。中融信托的注册资本仅3.25亿元，但是管理的信托资产规模达1 315亿元，是“小马拉大车”的最典型代表。其净资本与风险资本之和的比例仅为28.5%，远低于《办法》要求的100%，可以说增资压力巨大。而在50多家信托公司中类似的情况应当说不在少数，特别是一些以前采取做大通道类业务规模“薄利多销”模式的公司，发展前景更是不容乐观。

用益信托工作室负责人李旸告诉记者，综合分析来看，对于资本比较充实，同时业务规模不太大的信托公司而言，《办法》对其影响较小；而对于净资本过小或者管理的资产规模过于庞大的信托公司来说，受到的影响就较大。而受《办法》影响大的公司要化解压力，应该采取两种措施：扩充资本金和调整业务结构。

李旸认为，《办法》出台针对的就是信托公司盲目扩大信托资产规模以及有些信托公司业务结构单一可能带来的风险问题。因此，对于这些净资本规模小的信托公司来说，理所当然应当首先考虑扩充资本金，提高净资本规模。

他认为，目前信托公司可以考虑采取两种方式来扩充资本金：一是通过上市融资，有很多资质较为优良的信托公司完全具备上市的条件。华信信托、百瑞信托、北京信托、华宝信托等公司正在积极筹备上市，在解决信息披露等问题之后，上市有望成为信托公司补充资本金的重要渠道。二是引进新的投资者或者原有股东增持。信托资产规模较大的前十家信托公司有较大增资压力，但它们增资扩股的条件完全成熟，因为其控股股东均是资金实力雄厚的大中型国有企业。对于排名靠后，规模较小的信托公司则可以考虑并入大型银行等金融机构。

需要强调的是，增资扩股并不是净资本管理的目的和有效解决手段，监管部门希望信托公司建立和完善资本约束机制，加强风险管理和提升业务水平，以净资本管理约束信托公司受托资产的过度扩张，有效控制风险，而且增资扩股可能会带来一系列连锁反应，例如股权稀释、控制权变化、股东结构调整、员工队伍不稳定等，因此信托公司还是应当在资本管理方面下足工夫。

除了扩充资本金，提高净资本规模外，李旸强调，受影响大的信托公司还应当及早调整业务结构，加速实现转型。

因为《办法》的出台对于信托业务扩张过快、部分业务集中度过高以及固有业务比重较高的信托公司影响较大，但这部分信托公司如果能做好自身业务结构的调整，改变业务过于集中的问题，则可以迎来新的发展机遇。此外，从风险资本计算表的情况可以看到，固有业务的风险系数基本上都位于5%以上的高位，而信托业务的风险系数大多在1%左右，因此信托公司应把主要精力集中于做好信托业务，及时调整如银信理财合作业务、房地产信托业务等监管调控重点业务的规模和比重，发挥主动资产管理能力，加大投资类和事务类信托业务的投入力度。

《金融时报》记者　薛亮

# 品牌：信托公司的核心竞争力

（载于《金融时报》2010年9月18日第8版）

近期，随着《信托公司净资本管理办法》等政策的推出，越来越多的信托公司开始体会到转型、走内延发展道路的巨大压力。在以往的粗放经营中，由于信托产品缺少差异性，市场同质化严重，使得一些信托公司不得不祭出“价格战”这一利器，谋求市场出路。价格竞争虽然可以帮助信托公司短期内挤占部分市场，但也导致了利润的缺失，破坏了市场的生态环境。生存还是毁灭这一课题严峻地摆在了众多信托公司面前。

价格竞争是市场竞争的基本形式，能够给交易对手带来一些利益，在市场营销中起着很大作用，但由于理财产品本身属于高风险产品，在产品信息不对称的前提下，品牌也同价格一样是影响投资者购买的关键要素。在信托公司越来越重视主动管理、强调资产管理能力的今天，理财产品的竞争越来越表现为品牌竞争。可以预见的是，今后的信托市场竞争，由价格竞争上升到品牌竞争是一个必然的趋势。品牌的重要性不言而喻。信托公司的品牌是其竞争优势的主要源泉和富有价值的战略财富。因此，提升品牌竞争优势是提高信托公司综合竞争力的重要手段。

## 品牌建设的策略性分析

第一，建设品牌应对品牌有一个清晰的认识，品牌不仅是企业名称、商标符号，而且还有着更深更广的含义。对于理财产品品牌来说，它是产品与投资者之间的关系。建设品牌就是要和信托公司的交易对手发生关系，品牌培育、发展、管理的过程，就是和特定投资人群建立关系、巩固关系、发展关系的过程。

第二，建设品牌应对品牌进行科学的规划，建设品牌是一个系统工程，第一步要进行系统的策略分析，分为三个方面：一是投资者分析；二是竞争者分析；三是自我分析。

投资者分析：分析投资者对理财产品的需求、动机，即财富保值、增值。资金的安全性、收益率、期限、流动性等要素是基本指标，挖掘投资者尚未满足的潜在需求、细分需求是建设品牌独特价值的关键要素。

竞争者分析：品牌必须要有竞争性，脱离了市场竞争环境谈品牌建设毫无意义，品牌也可以说是竞争的产物，竞争者分析重点研究竞争者形象、策略以及优劣势。影响品牌建设的关键是，交易对手和投资者如何看待竞争的各个品牌。

自我分析："知己知彼，百战不殆"。信托公司经营品牌也需要有自知之明，清醒地认识到自我品牌的市场地位，重要的是知道自己的品牌是被市场、被投资者如何看待的，以及企业的文化、产品的特点、品牌的历史等。

## 全方位规划品牌认同

所谓品牌认同，就是信托公司希望投资者对品牌产生的认知与归属。由于竞争的实质体现在对投资者的争夺上，竞争就是投资者认知之战，所以品牌的竞争力来源于品牌认同。信托公司如果想要自己的理财产品品牌认同具有广度和深度，必须将品牌当做公司、产品、文化和个性。

公司：信托公司品牌是基于信托公司发展的，涵盖信托公司宗旨理念、整体实力、创新能力、管理、营销的总范畴，体现着信托公司的综合竞争力。品牌的竞争实际上就是信托公司综合实力的较量，是信托公司品牌战略下的人才策略、产品策略、营销策略、管理策略、服务策略、信息质量策略等方面的领先水平竞争。投资者对于信托公司品牌的认同，最基本的表现在信托公司的业务范围内。建立信托公司认知和富有信托文化认知，对信托公司市场竞争力相当重要，对于投资者来讲，和一个有较强的理财能力和悠久历史的信托公司打交道，是特别令人放心的，尤其是在理财行业。积极投身公益事业，通过赞助、捐赠等公益手段对信托公司和产品的社会公众形象进行商业推广的方式，因其效果亲切而容易被接受。目前，通过公益活动树立信托公司和产品品牌、促进业务开展是不少信托公司常用的模式。

产品：理财产品在品牌认同建立过程中扮演了重要的角色，因为这些特性和属性对于投资者满意程度以及是否购买这项产品，有着最直接的影响。

文化：品牌文化的组成一般包括两个方面，一个是信托公司在长期的经营管理、营销传播中自己形成的；另一个是借助产品创新的导入。理财产品营销传播的是一种文化，信托公司产品一旦形成品牌就具有了文化力，产品不仅仅是单纯的物质，而是由信托公司和投资者共同创造的生活方式。

个性：品牌个性是品牌人性化的表现，它具有品牌人格化的独特性。品牌个性是一个品牌最有价值的东西，它可以超越产品而不易被竞争品牌模仿。塑造品牌就必须要塑造品牌个性，一旦形成一个鲜明、独特的个性，就会形成一个富有竞争力的品牌，这应该是品牌建设的一个重要方向。

## 品牌传播的基础

信托公司的品牌定位分为产品品牌定位和信托公司品牌定位两部分。产品品牌定位内容上有功能定位，主要是突出产品特点，适合投资群体等。信托公司品牌定位有理念定位，就是信托公司用自己的具有鲜明特点的经营理念、信托公司精神，甚至信托公司宗旨作为品牌的定位诉求，体现信托公司的内在本质。

善于运用公关赞助、新闻宣传等形式进行传播的信托公司，在品牌建设方面往往会收到事半功倍的效果，其中，较为成功的是上海国际信托。利用公关营销能够迅速地传播信托公司理念、品牌文化，拉近与社会公众的距离，提升美誉度。上海国际信托作为一家近 30 年历史的大型信托公司，其品牌之所以能基业常青并不是靠大量的广告堆砌，而是持续不断的品牌与公关渗透。在媒体举办的信托机构评选中，上海国际信托多次获得最佳信托公司奖、最佳知名品牌等奖项，获得行业内外的广泛好评。在产品创新方面，上海国际信托逐渐形成产品特色，打造了“蓝宝石”、“红宝石”、“白金”、“明珠”、“现金丰利”、“国瑞”等系列化、标准化产品品牌。

当前的理财市场，渠道营销是一个关键，竞争已达到白热化，渠道是品牌最终实现自身价值的环节，因为品牌价值毕竟要通过投资者选择和使用来体现，渠道的宣传、投资者口碑、活动，一点一滴都直接促进品牌价值实现。渠道竞争体现了品牌实力的竞争。

品牌能够帮助信托公司在市场竞争中掌握主动，牢牢将投资者吸引在自己周围，有效地掌控渠道，抗拒市场风险，创造丰厚的效益，实现信托公司的真正转型。

中海信托股份有限公司　盛大

# 依赖再融资有违政策初衷

（载于《金融时报》2010 年 10 月 9 日第 8 版）

《信托公司净资本管理办法》（以下简称《办法》）的出台引发了另外一种可能：信托公司的再融资。关于再融资的方式，借助媒体之口，信托公司人士也表达了自己的设想：增资扩股或者是上市。

的确，按照《办法》，信托公司净资本不得低于人民币 2 亿元；信托公司需计算净资本和风险资本，并且持续要求信托公司净资本不得低于各项风险资本之和的 100%，以及净资本不得低于净资产的 40%。虽然在经历了不久前新一轮的增资扩股后，目前信托公司的注册资本基本没有低于 2 亿元的，但如果持续要求信托公司净资本不得低于各项风险资本之和的 100%，以及净资本不得低于净资产的 40%，则净资本的大小决定着业务规模的大小。按照如此逻辑，信托公司只有扩大净资本之后才可能扩大业务规模，并进而扩大盈利。因此，《办法》出台引发信托公司的再融资潮也是政策实施的必然结果。

但是，在银监会有关负责人就《办法》出台答记者问中，对于《办法》推出的目的，其说法是：促使信托公司将有限的资本在不同风险状况的业务之间进行合理配置，引导信托公司根据自身净资本水平、风险偏好和发展战略进行差异化选择，实现对总体风险的有效控制，其中并没有促使信托公司再融资的说法。事实上，在 2007 年始的信托公司增资扩股潮之后，一批金融企业、大型实业企业和著名外资机构进入了信托公司，对信托公司的法人治理结构起到了很好的正面作用。从监管者的角度，上一轮增资扩股的目的在于进一步完善信托公司的公司治理结构，在一批金融企业、大型实业企业和著名外资机构进入信托公司后，这一政策目的实际上应该已经初步达到。在此之后如此短的时间内，如果说监管层意图通过政策引导信托公司再融资，显然难有说服力。

因此可以这样理解：《办法》出台引发信托公司再融资，并不是监管层的政策意图，而是信托公司的应对策略。

那么这一并非政策意图初衷的应对策略是否得当?

第一，经营与监管本身就是一对矛盾，从公司经营层面和监管层面两个不同的角度考虑同一个问题，得出的结论可能不尽相同。但是，在企业经营风险中，政策风险一向是一个被广泛关注的问题。因此，脱离政策的引导方向另寻它途本身就有可能产生问题。特别是在信托公司的研究力量不强，“轻宏观研究、重微观经营”的现实情况下，就更容易走向与政策相悖的道路，从而引发政策风险。事实上，在信托公司的发展历史上，这种风险对信托公司的影响也应该是信托人感受最深的。

第二，从竞争层面看，目前信托公司经营的是与银行、证券、保险同质的资金业务。即使将净资本做大，是否能够与银行、证券、保险竞争？从全社会的机构配置上，是否有增加与银行、证券、保险同质业务机构的需求？政策是否允许这种现象的存在？在做大净资本之前，这些都是信托公司在还经营资金业务之时必须考虑清楚的。如果答案是否定的，对于整个信托行业，做大带来的可能不是发展，而是毁灭。新巴塞尔协议中对资本约束的强化表明，在经历了金融危机后，世界各国监管者对于银行业做大并不是一种肯定的态度。这一点，对于作为非银行金融机构的信托公司同样适用。

对于信托公司通过再融资将净资本做大，似乎还另有隐忧。

2007 年颁布的信托公司“新两规”中有一点特别值得关注：即将信托公司名称中原有的“信托投资公司”中的“投资”二字删除。这一变化所针对的现象是：在此之前信托公司重自营业务，轻信托业务，导致了信托公司将自身做成了“投资公司”，背离了“代人理财”的资产管理本源业务。删除名称中“投资”二字，目的就在于引导信托公司回归到“信托”的本源中来。但是，如果新一轮再融资潮掀起，信托公司的净资本增大，的确会扩大信托规模，但另外的一种可能也是存在的：即通过再融资方式增加了净资本后，因为股东利益的压力，信托公司有可能再次回到“重自营、轻信托”的老路上去，把“信托公司”办成“投资公司”。特别是在国内并没有“信托业法”或“受托人法”等相关法规约束的情况下，以融资方式增加净资本后，资本的压力有可能导致信托公司利用信托资金为自营资金牟取利益，从而损害受益人的利益。这是隐忧之一。

以融资方式增加净资本从而扩大信托规模的经营思路，实质上沿用的仍然是金融杠杆原理。信托公司的经营者希望以净资本的增加撬动更多的资金使用权。而这种思维模式仍然是规模经营的思路，以规模换利润。与精细化管理模式比较，应该是一种粗放的经营模式。这种粗放的经营模式，对于强调信托公司对资金和财产管理的精细化是一种削弱。试想，一家两百来人的公司去管理数千亿元的资金，如何能精细，又如何能实现完全的自主管理？信托公司自身有没有这种能力？因此，按照越做越大的思路，在以规模求效益的盈利模式下，信托公司的自主管理将很难实现。这是隐忧之二。

或许以上市方式实现再融资仅仅是信托公司的一相情愿，但增资扩股还是信托公司完全可以办到的。但这是否就是信托公司应对《办法》最好的方式呢？

实际上，在“以再融资增加净资本应对《办法》”之外，似乎还有另外一个增加盈利的办法——减少风险资产，通过自主管理能力的提升，提高盈利能力和水平，从而实现盈利的增长。很显然，相对于以规模求效益的“大就是美”的模式，这种“小并美丽着”的路径的确需要信托公司付出更大的努力，但这种付出也正是于行业、于公司自身更长久发展的一种选择。

《金融时报》记者　金立新

# 上市不应成为信托公司的“速效药”

## ——访西南财经大学信托与理财研究所副所长李勇

（载于《金融时报》2010 年 10 月 9 日第 8 版）

信托公司上市，并不是一个新鲜话题。虽然这一话题屡屡被提及，却鲜有信托公司成功上市。《信托公司净资本管理办法》的正式出台，似乎让信托公司上市有了一定的理由，于是相关的讨论再次成为热点。信托公司究竟该不该上市？其上市的利弊又该如何衡量？记者就此采访了西南财经大学信托与理财研究所副所长李勇。

记者：近年来，信托公司上市的讨论一直在继续，您认为信托公司追求上市真正的原因何在？

李勇：梳理过往信托公司上市的缘由，不外乎做大规模、提高声誉、走出地域限制等，与一般公司上市的诉求并无二致。只不过每次上市话题被热议，往往是有政策变化出现的时期。引发最近这一轮上市话题讨论的，则是银监会于 9 月 7 日正式颁布的《信托公司净资本管理办法》。因为采用类似银行的管理办法之后，信托公司无法再继续以前那种“无限做大”的模式，尤其对于规模较小的信托公司，上市意味着可以相对快速增大净资本基数，从而获得更大资产管理规模“额度”。因此，今后遇到类似政策调整或市场变化，“信托公司上市”还将不断引发讨论热潮。上市热潮不断重复的逻辑是，一些信托公司把“上市”当做了破解信托公司发展问题的“速效药”。

记者：有观点认为信托行业整体发展还不成熟，盲目上市会引发重大风险问题。请您从研究机构的角度出发，评价信托公司到底应不应当上市？

李勇：作为第三方研究机构，我们可以跳出行业更宏观地来看待这个问题。就企业的本质而言，信托公司和其他行业的公司并没有什么区别，因此将上市作为某种目标来追求，无可厚非。只不过，“应不应当上市”必须具体到某家信托公司来讨论，而不能针对一个行业来下结论。在我国，上市之所以成为信托公司的行业话题，根源在于信托公司发展时间还短，还没有出现为监管、行业公认的可持续发展模式，行业整体成熟度有待提升。但这也不意味着信托公司目前不应上市，因为上市应当是具体信托公司的问题具体分析。从广义上说，只要是市场化、为社会提供产品或服务的企业，都有上市的可能性，信托公司也不应被排除在外。从这个意义上说，信托公司整体上不存在适不适合或应不应当上市的问题。

记者：那么，怎样分析一个信托公司是否已经具备了上市的条件？信托公司上市面临的最大阻碍何在？

李勇：一家公司上市，股本、股东、盈利业绩、管理体系、合规要求等现实的软硬条件必须具备，但更为重要的是公司的未来收益和透明度。未来的收益是市场衡量一个公司是否具备上市条件的关键所在。从信托公司近年财报看，不少公司都有底气拿出靓丽的数据来说明自己的赚钱能力。但之前也提到，目前我国信托业还没有形成公认的适合我国国情的发展模式，这也导致大多数公司在需要证明未来的可持续盈利能力时，明显信心不足。

除此之外，虽然盈利能力出众，但作为上市公司另一项重要条件是透明度是否达标。就目前信托业的现状看，距离上市的要求还有不小差距，而这也成为信托公司内部阻碍上市的最重要原因之一。目前信托公司向客户、监管部门、行业协会的内部性信息披露中，还存在不少漏报、误差和延迟等问题，距达到向公众披露信息的要求还差距较大。要解决这个问题，将涉及公司治理构架、管理体系和内部控制执行力等缺陷的补强，需要长期系统性的解决方案。所以，不少信托公司抱怨“上市热情屡遭管理部门泼冷水”，这在我看来更多是自身软硬实力差距的必然结果。

一家公司具备上市公司条件，不等于该公司就要选择上市。选择的背后是一种理性思考，即上市是否符合公司发展战略。换言之，扩张规模、提高声誉、规范管理、有效激励等等好处都可以支撑公司选择上市之路，但即使不上市，也可以通过改善发展模式等手段实现。例如，对于从事财富管理的机构，是否要通过成为公众公司来获取优势，就值得商榷。美国的财富管理行业中，较少有公司把上市作为目标。相反，许多财富管理机构将“私人机构”作为自身优势的一种标签。其依据的原理是私人机构比公众机构能更专注地围绕客户需求提高持续和独立的金融服务。反观国内已经上市的信托公司，非但未领衔财富管理的标杆，仅在信托行业内的表现也乏善可陈。

因此，条件具备的信托公司当然有权选择上市。但是上市的好处，并非都适合信托公司，也并非只有上市才能获得。

记者：自信托公司上市话题出现以来，监管层似乎一直是在“泼冷水”。您怎样评价监管层在信托公司上市中的作用？

李勇：我认为“泼冷水”是非常必要的。监管层决策的基础主要是对信托公司发展思路的理解。经过二十多年的曲折和近十年的探索，信托业内已经基本达成一个共识，即信托公司必须走以资产管理业务为主的内涵式增长路线。信托公司的内涵，就是资产管理能力。相应构成资产管理能力的两个方面是盈利能力和风险控制能力。虽然具体增长模式不能一概而论，但避免信托公司误入歧途的监管逻辑由此产生。

上市对信托公司带来的是融资能力的提升，而这需要资产管理能力的提升相匹配。需要注意的是，上市对后资产管理能力的提升是“需求”而非“供给”，是“倒逼”式推动而非“注入式”提高。因此，在上市之初，信托公司必然面临一个“危险的机会”，即内涵的提升能适应和覆盖规模的扩大，则发展；反之，则后退甚至破产。

成功扩张的秘诀在于复制已有的成功经验。但问题在于自 2005 年至 2009 年，信托公司业务人员从 1 126 人增加到 2 025 人，增长 0. 8 倍，而发行规模增长 14 倍，资产规模与管理团队的增长已经严重不匹配。可以预见的是，信托公司上市后资产规模将会进一步增长，资产规模与管理团队严重不匹配的问题也将会更加突出。

《金融时报》记者　薛亮

# 净资本管理为信托公司转型提供新契机

（载于《金融时报》2010 年 10 月 9 日第 8 版）

2010 年 9 月，银监会颁布了《信托公司净资本管理办法》（以下简称《办法》），对信托公司实施净资本管理。《办法》强调了信托公司以净资本为核心的风险控制要求，要求信托公司净资本不得低于人民币 2 亿元，并且持续要求信托公司净资本不得低于各项风险资本之和的 100%，以及净资本不得低于净资产的 40%，其主要目的是保证信托公司净资本能够覆盖各项业务的风险资本和满足信托公司流动性的要求。虽然关于计算风险资本的具体操作规定尚未正式公布，但《办法》已对信托公司的经营模式、业务类型以及风险管理都产生了极大的影响。

## 净资本是信托公司抵御风险的必要手段

信托公司是“受人之托、代人理财”的金融机构，与银行金融机构不同，信托公司不能吸收存款，不能实行类似银行的资本充足率的监管要求。信托财产不属于信托公司的固有财产，虽然根据法律规定，信托公司在管理信托财产时应恪尽职守，履行诚实、信用、谨慎、有效管理的义务，但信托公司在管理过程中仍面临一定的风险，如由于受托人没有尽职管理，甚至违背信托合同而导致的操作风险以及因资产管理能力欠缺而导致的信用风险和市场风险等。依据信托合同的约定，信托公司管理信托财产所产生的风险，由信托财产承担。但信托公司因违背信托合同、处理信托事务不当而造成信托财产损失的，由信托公司以固有财产赔偿；不足赔偿时，由投资者自担。由此可看出，如果信托公司固有资产不足，投资者会因信托公司的管理不当而面临风险。

《办法》第四十八条明确规定信托公司应实施净资本管理。加强对信托公司的净资本要求，是信托公司抵御风险的重要手段，其作用类似于银行金融机构的资本充足率要求，目的是提高信托公司吸收因自身管理不当而造成的风险，也是保护投资者的重要手段。从国际上看，实施净资本管理也是成熟市场国家对投资银行类金融机构进行监管的重要手段。

作为《办法》中最为核心的指标，净资本是指净资产中的高流动性部分，是以净资产为起点，根据资产的流动性，对固有资产项目、表外项目和其他有关业务进行风险调整后得出的风险控制指标。其目的是要求信托公司保持充足、易于变现的高流动性资产，抵御信托公司在开展信托业务中潜在的操作风险、信用风险、市场风险及各类业务风险。《办法》还建立了净资本和风险资本之间的联系。风险资本是指信托公司开展各项业务（包括固有业务、信托业务、兼营业务等）存在可能导致资本损失的潜在风险。风险资本是根据各业务的规模和不同的风险系数计算加总得出，《办法》制定了风险资本与净资本的两个比例指标：净资本/各项业务风险资本之和大于100%、净资本/净资产值比大于40%，确保各项风险资本有对应的净资本支撑。

## 净资本管理是风险管理的重要手段

实施净资本管理也是信托公司进行风险管理的重要手段。2007年“新两规”实施以来，信托公司资产规模快速扩张。截至2009年末，全国信托公司信托资产总规模约2万亿元，全国信托公司净资产约为1 000亿元，信托公司信托业务规模与净资产之比约为20倍，个别信托公司管理的信托资产规模已经达到净资产的50倍以上，有的甚至超过100倍。与信托资产规模的快速扩张对比，信托公司的内部控制和风险管理能力并没有及时跟上，风险时有发生。个别信托公司的风险对信托行业具有较强的传染性，会为来之不易的信托业的良好发展态势造成不利。因此，信托公司管理的资产规模必须与其内部控制和风险管理能力相匹配，不能无限放大，通过实施净资本监管进行必要的约束，是对信托公司进行风险管理的重要手段。净资本也可以有利于信托公司建立正确的业务决策和业绩考核导向，合理平衡风险和收益，实现公司价值最大化目标。

## 实施净资本管理是提高资产管理能力的新契机

实施净资本管理也是信托公司调整业务结构、提高资产管理能力的重要契机。信托公司在经过近三年的发展，业务规模得到了高速的发展，但资产管理能力并未得到快速的提高，究其原因，信托业务规模中银信合作业务占据了近70%的份额，而银信合作业务中信托公司更多的是起到了平台通道的作用，资产管理职能绝大部分由银行和其他金融机构担任，信托公司的资产管理职能并未得到相应的提升，信托报酬率也极低，信托公司陷入了低级的价格竞争局面中。《办法》实施后，信托公司必须在有限的净资本和业务风险中寻求平衡。提高资本和调整业务风险成为了信托公司适应《办法》的两个重要手段。

信托业务的快速扩张会引致潜在风险的增长，而作为风险缓释主要手段的资本却难以快速增长。信托公司资本增加的手段一方面依赖公司的利润留存，另一方面依赖股东增资，前者取决于公司创造利润的能力和股东分红的压力，在短期内难以奏效；后者不是一种常规手段，不会经常使用，二者在净资本的增长上作用较为有限。因此，调整信托业务的种类和结构成为了信托公司进行风险管理的重要手段。进行业务转型，调整业务结构，寻找高收益主动管理业务，实现内涵式增长成为了信托公司适应净资本的内在动力，《办法》的实施为信托公司提高资产管理能力提供了新契机。

《办法》通过对不同的业务设定不同的风险系数，可以有效地体现监管意图，引导公司根据自身特点进行差异化选择，重点开展那些具有竞争优势的业务，在获得较高回报率的同时，将有限的净资本配置到最具有优势的业务环节上。建立风险资本与净资本的对应关系，促使信托公司将有限的资本在不同风险状况的业务之间进行合理配置，引导信托公司根据自身净资本水平、风险偏好和发展战略进行差异化选择，实现对总体风险的有效控制。《办法》的出台将推动信托公司加强风险管理，通过调整信托业务规模结构以提高净资本水平，改善风险控制指标状况，也有利于监管部门提高对信托公司监管的针对性和有效性。

虽然与《办法》相联系的各业务风险计量系数的规定尚未正式颁布，信托公司实施净资本管理的具体操作还有一段时间，但《办法》的颁布无疑是我国信托业监管朝精细化方向迈进的一大举措，对信托公司的风险管理具有重要的意义，同时也为当前我国信托公司调整业务结构、实施业务转型提供了重要契机。信托公司应当积极适应监管要求，努力提高资产管理能力，真正成为我国金融市场上重要的支柱。

冯伟

# 信托业重组购并潮：机遇与变数共存

## ——访中国人民大学信托与基金研究所执行所长邢成博士

（载于《金融时报》2010 年 10 月 23 日第 8 版）

近年来，信托业重组购并之声不绝于耳，购并大潮一浪高过一浪，巨鳄级企业先后现身，大型机构争先入主，形成中国信托业极为独特的一道风景。中国信托业与之前相比，单纯从股东结构而言，甚至可以说是“脱胎换骨”，今非昔比。那么，信托业的重组大潮对于信托公司来说有哪些积极意义，又存在哪些变数？就此，记者采访了中国人民大学信托与基金研究所执行所长邢成博士。

记者：近年来，信托业发生的系列购并重组事件，应该说对信托行业整体的发展方向和发展格局都带来了极为深远的影响。您怎样评价这种影响？并购为信托业带来了什么？

邢成：首先，通过并购重组，信托机构整体资本实力、风险控制能力、业务创新能力和公司管理能力都会产生巨大提升。一大批公司治理结构合理、管理规范、经济实力雄厚的央企、金融机构入主信托公司，成为信托公司的控股股东，通过高级管理团队和管理制度的建立，风险控制体系和手段的引进与共享，使得长期以来制约信托公司可持续发展的约束瓶颈得以根本解决或改观。中国建设银行、中国石油、中粮集团等世界和国内500强企业的综合实力，必然使得其控股的信托公司严格运行于合法、规范、稳健的制度体系之内，从而使部分信托公司抗风险能力差、经营中随意性强、公司管理欠规范等诸多传统弊端和短板得以抑制和克服。

其次，信托机构的盈利能力和资产管理规模会在较短期间内得以明显改善和提高。鉴于信托公司组建和发展过程中的历史特殊性，大多数信托公司具有浓厚的地域性和市场局限性，除了少部分信托公司外，相当部分信托公司的组织形式还不具备金融控股集团的架构甚至也不具备一般集团公司的架构。而在近年一系列增资扩股、购并重组之后，一些信托公司不仅自身实收资本规模陡然增大，从而使固有资产业务的经营能力和收益水平迅速增长，而且，借助一些控股股东资本、人才、技术、管理、市场、客户、投融资渠道等优势，逐步实现资源共享，优势互补，使得信托公司的业务模式迅速形成，盈利来源实现可持续，专业化经营特色逐渐形成，全国市场覆盖范围进一步扩大，公司核心竞争力全面形成和提升。

最后，信托行业的地位得以提升，监管环境有望逐步得以改善，创新领域和经营范围实现突破。经历了近期一系列重组购并后的信托业，伴随行业规范发展和业务超常发展，行业的机构数量、从业人员规模、资产管理规模、委托人数量以及公司盈利能力等等均发生实质性飞跃；吸引众多的境内外战略投资者，无疑使信托业的地位和价值重新得到评判和认识，不仅投资者和同类机构要加以评判，监管部门和高层决策部门同样会加以重新审视和估量，从而使信托业的监管层次得以同步提升，并从根本上改善信托业的生存发展环境，使得信托公司在更加宽广的市场领域内发挥信托独特的功能，与其他理财机构形成有力的竞争之势。

记者：为什么大型实业公司、央企甚至银行都要积极并购、参股信托公司，甚至不惜投入巨资对有历史遗留问题的信托公司进行购并重组？

邢成：近年购并重组的信托公司主力确实主要是大型央企和金融机构。大型实业集团特别是央企参股、控股信托公司，主要目的是进一步拓展投资渠道，打造一个可直接操作的投融资平台，从而使得集团的投资收益能力得以大幅度提高。而对银行等金融机构而言，与国际市场对接，逐步扩大和发展综合化经营规模，扩大中间业务收入，增加表外资产规模，乃至最终转换商业银行存、贷、汇的盈利模式是一个必然趋势，信托公司恰好是一个十分适合的运作平台。在经历了一系列重组购并之后，主要信托公司实际上已经形成了央企系信托公司、金融系信托公司和地方系信托公司三大主要板块。或者也可以从另外一个视角将其划分成：央企和大型金融机构控股的“中央军”以及由地方大型国企和地方国资、财政为主要股东的“地方军”，进而对信托公司的战略定位和业务方向发生直接或间接的影响。央企系信托公司会结合自身产业定位以及产业链结构，根据实体经济发展中对金融功能和金融服务的不同需求，整合优势资源，将信托平台向产业基金方向发展；金融系信托公司则会将银行的盈利模式借助信托公司进一步延展为存、贷、汇、理的新模式，通过各类形式的银信合作，大力发展信托公司的私人银行业务、投资银行业务和财富管理业务；地方系信托公司则整合地方资源和优势，紧密围绕基础设施投融资、公用设施投融资以及地方城市改造、新农村建设改造和地方重点建设项目投融资业务等展开，进一步深化和完善“信政”合作模式，最大程度发挥信托公司地方性金融机构的功能。

记者：信托并购重组大潮的潜在变数也非常值得关注。您认为在信托公司重组过程乃至重组后运营中今后会面临哪些不确定因素？

邢成：首先，并购主体对信托公司的定位是否合适将有可能引发矛盾。一些大型央企特别是一些特定行业的实业集团公司收购、入主信托公司的主要目的是实现其所谓多元化发展战略，仅仅是充门面、树形象。但由于对金融类企业的运作规律和市场规律不熟悉，又不愿意建立或不信任职业经理人团队，简单照搬普通实业类企业的经营套路和经营思路，搞经验主义。还有的大型集团公司，急功近利或出于弥补集团自身功能、机构欠缺的目的，将信托公司的基本功能和主要定位异化为集团内部财务公司。虽然短期而言，能在信托公司发展初始阶段起到一些输血、扶持的作用，但此举有违规操作之嫌，也使得信托公司的市场化程度进一步萎缩，大大弱化了信托公司未来的市场竞争能力。

其次，体制性滞后很有可能引发的新问题。“新办法”实施以来，表面看似乎一些创新业务的市场拓展、流程设计、交易结构、政策约束、风险控制、专业能力等因素构成了信托公司短期内业务转型的直接困难和障碍；但从更深层意义上来看，一些信托公司存在突出的体制性滞后的问题，才是制约其创新业务的主要原因之一。特别是一些国有企业体制背景或者控股股东是大型国有企业的信托公司以及中西部少数信托公司，其重大体制环节均处在相对集中和僵化的模式之下，远远未与市场接轨、更没有与国际接轨。甚至少数信托公司主要管理层的人事编制、工资关系、薪酬标准还都挂靠在控股股东单位，与信托公司自身的经营绩效、分配体制和激励机制关联甚微；或者少数信托公司的收入标准和激励机制与同行业以及同类金融机构之间远远脱节，相差甚远，根本无法引进与新形势条件下大量创新业务相匹配的高端优秀人才，难以增加公司业务和产品的科技含量与创新力度。

最后，应警惕极个别信托公司的并购目的并非是长久经营，通过经营成果获得股权分红，而主要是财务性目的、融资性目的、关联性目的，甚至有圈钱、套现的目的。通过重组收购信托公司股权后，运用对信托公司的控股地位，公开或变相进行大量的正、逆向关联交易，甚至通过非市场公允价格进行逆向利益输送，从而违背了相关法律和规章的规定。

《金融时报》记者　薛亮

# 利用股东优势　拓展信托业务

## ——中铁信托总经理景开强谈企业发展路径

（载于《金融时报》2010 年 10 月 23 日第 8 版）

自 2002 年信托业第五次整顿奠定目前信托业基础以来，信托业发展逐步走上正轨，由于信托公司丰富的投融资功能，越来越多的央企将信托视为涉足金融板块的平台。2007 年，信托“新两规”出台后，这一现象更有明显加速的趋势。据不完全统计，在目前全国 50 多家信托公司中，有 15 家信托公司其控股股东为大型央企，另外还有约 9 家信托公司其控股股东为中信、平安、人寿等金融控股集团。这些具有央企股东背景的信托公司如何看待目前监管与行业变化，其未来发展途径又如何呢？记者采访到了中铁信托有限责任公司总经理景开强，请他谈谈对这一问题的看法。

景开强对记者表示，近几年来，央企、金融控股集团纷纷通过重组、并购进入信托行业，对信托公司和行业发展都产生了较为明显的推动作用，整体增强了信托公司资本实力，提升了信托公司的品牌形象，促进了信托公司的治理结构完善和经营规范化，也进一步强化了信托公司的风险管理体系和抗风险能力。从以上几方面来看，这一现象符合银监会监管导向，改变了以往信托公司“小而散”的格局，提升了信托行业整体社会公信力和综合实力，对行业影响是积极正面的。自 2005 年中国中铁正式控股“衡平信托”并更名为中铁信托，到 2009 年末，五年多来公司管理资产规模和营业利润增长了十余倍，建立起了品种齐全的业务序列；公司治理结构得到进一步规范，建立了完整系统的内部控制和风险管理体系；公司的资产质量持续提高，经营风险进一步降低，理财客户数量和结构较以前有了质的变化。公司的持续稳健发展既来源于信托行业大发展背景和监管层的正确引导，也与随着中国中铁的入股，公司在经营管理上追求稳健可持续而非短期利润最大化的发展理念，在治理结构、创新服务、风险管控、品牌影响力等方面的持续改善密不可分。

对于央企控股背景的信托公司，应该如何确定自己的发展路径的问题，景开强认为，经过持续跟踪研究，发现各信托公司的发展路径和展业思路是千差万别的，受到股东背景、区域差异、资金渠道等先天资源禀赋和历史积累、经营体制、人员结构等后天发展因素的综合影响，股东背景肯定是其中非常重要的关键因素。一方面公司控股股东中国中铁，在激烈的市场竞争中已经形成了具有比较优势的业务领域、完善的治理结构、成熟的市场机制和经营管理理念，会进一步推动公司在各个层面的发展；另一方面中铁信托也一直倡导创新、服务、可持续的核心经营理念，坚持市场化方向，未来将不断优化经营管理体制，适应监管和市场的变化，培育公司的真正核心竞争力。

中铁信托的控股股东是中国中铁，作为世界五百强企业和世界第二大建筑企业集团，根据国资委和集团的战略部署，中国中铁从丰富产业链条，推动多元化发展的发展规划出发，近几年来加快了在勘察设计、设备制造、房地产、资源、金融等相关领域的发展速度，在2005年入股了中铁信托，并于2008年再次实施增资扩股。未来中铁信托与控股股东的产融结合和互动，很可能体现在以下几个方面：一是借助控股股东在大型基础设施及BT/BOT项目建设运营方面的经验和资源，中铁信托将积极介入高铁、地铁、高速公路、机场、港口等大型基础设施和交通枢纽建设领域，并逐步发展出具有自身特色的投资银行业务；二是利用信托公司灵活多样跨市场、多领域的投资手段，帮助控股股东拓展投资渠道、降低财务成本、对冲交易风险、实现资产增值；三是凭借在经济金融方面的专业优势，努力成为中铁系统的咨询服务平台和信息支持平台，为央企在国内外的竞争与发展提供智力保障。

景开强表示，《信托公司净资本管理办法》从净资本和风险资本两个方面对信托公司经营提供了量化控制指标体系，从长远来看，未来大部分信托公司展业将会受到净资本约束，通过股东增资扩股可能会成为较多信托公司首选。央企和金融控股集团一般而言实力雄厚，具有这些控股股东背景的信托公司在补充资本金方面肯定会更有优势。但简单的做加法并不是监管层出台《信托公司净资本管理办法》的真正意图，在净资本约束下，中铁信托将持续提升专业化水平和主动管理能力，优化经营机制，实现人员、客户资源、资金募集渠道、净资本等生产要素的集约化经营和精细化管理，提高净资本的边际收益水平，不断提高在行业内和市场中的竞争力，最终成为专业的资产管理机构。

《金融时报》记者　金立新

# 国美控制权之争　能否为信托人借鉴

（载于《金融时报》2010 年 10 月 23 日第 8 版）

国美控制权之争落下了帷幕，一家公司的控制权问题如何演变成一个令全社会热议并关注的话题？其中的缘由正如许多人所认识到的：表面上这是一场职业经理人与大股东的权力之争，但其深层所透出的是民营企业在公司治理方面的问题。不仅如此，它实际上更反映了目前中国企业在公司治理结构上与真正的现代企业之间巨大的差距。因此，国美股权之争才成为中国公司治理史上一个标志性事件。

那么，对于刚刚经历了增资扩股的信托公司，这一事件是否值得思考？对于在《信托公司净资本管理办法》出台后再次涌发增资冲动的信托公司，这一事件是否值得借鉴？

答案应该是肯定的。

的确，在总结、评估引进战略投资者经验和效果的基础上，近年来，商业银行和大型国企入股信托公司取得重大进展，这些实力机构投资者入股信托公司，有效提升了信托公司的公司治理、风险管控、战略规划和业务创新等核心竞争力。但是统计表明，按照 2010 年公布年报和正式完成重组购并的信托公司名单，目前控股股东名称为集团公司的信托公司 19 家，占全部正常经营信托公司总数的 40%。其中，15 家持股比例占 51% 以上，占目前全部正常经营信托公司总数 30%；6 家持股比例占 90% 以上，占目前全部正常经营信托公司总数的 12%。如果加上具有集团化经营架构或者实质性属于集团公司的，则该比重会更高。因此，股权集中成为目前信托公司的公司治理首要问题。

事实上，现代公司治理中必须避免的是股权集中带来的两大问题：因“一股独大”而造成大股东独霸公司，损害中小股东利益，以及管理层由大股东内部人控制而无法制衡。这样的问题在信托公司中存在吗？答案应该是：问题存在，尚不明显。

“一股独大”最大的危害在于对小股东利益的侵害。事实上，这样的案例在信托公司中也曾出现过。唐氏兄弟利用金新信托非法吸收公众存款从而导致金新信托遭受严重损害就是最典型的一个案例。2007 年以后，新一轮信托公司增资扩股潮后大型国有企业入主信托公司，这样极端案例发生的可能明显减少，但另一种可能却已经出现：信托公司的发展战略被纳入大型企业的整体发展战略，而不是按照信托行业规律为信托公司寻找最适合的发展战略。

在收购金港信托并将其更名为昆仑信托之后，中油资产管理有限公司、昆仑信托总经理戴宪生对媒体作出过如下表示：成立昆仑信托是中国石油集团公司战略发展目标决定的。2008年，集团公司党组正式提出把中国石油建设成为综合性国际能源公司的战略目标，它决定了集团需要多元、综合的金融服务。中国石油除油气资源外，还有丰富的金融资源。怎样把金融资源盘活，通过金融业的发展来推动综合性国际能源公司建设，是中国石油正在思考的问题。在这种情况下，集团公司把金融业务作为中国石油六大业务板块之一，建设综合性的金融服务机构，昆仑信托公司就是在这样一个背景下挂牌成立的。

和其他金融机构不一样，信托公司是目前唯一能够进入货币市场、资本市场和实业领域的金融机构。中国石油是一个大型的实业企业，在实业领域有非常强的基础力量；它又是一个上市公司，在资本市场、货币市场有许多机会。昆仑信托作为能够进入货币市场、资本市场和实业领域的金融机构对中国石油的发展具有特殊意义。这种表述似乎恰好透露出大型实业企业控股信托公司的目的所在。百瑞信托的研究也表明，大型央企进入信托公司后，一些信托公司由于股东背景的行业属性，转而强调行业专属优势。大型实业型央企控股信托公司，无疑将强化信托公司对实业企业的服务，甚至有可能走上产业基金的道路，这是人们希望看到的结果。但是，另外一种可能也需要高度关注，这就是大型实业型央企控股信托公司后，有可能加大资金在金融系统内的流动。虽然大型企业入主信托公司后，类似国美或金新等极端事件发生的可能性并不大，但新的股权结构带来的一些深层问题也是必须考虑的。

大型企业入主信托公司后带来的另外一个问题是：激励机制不同有可能导致信托公司的两极分化。

2007年，新一轮信托公司重组后，入主信托公司的大型企业可以分为三类：大型金融企业、大型实业企业以及外资企业。三类企业的市场化程度各有不同，因此，其对市场化的理解及激励机制也有很大的不同。北京一家由大型实业企业控股的信托公司人士曾对记者表示，目前该公司许多信托经理半年就完成了全年的任务，剩下的时间基本闲着也不愿意多做业务，原因在于多做也不会多得。而该公司的高管对此也很无奈，员工薪酬水平比一些市场化程度高的信托公司相差几倍甚至十几倍，公司内部业务骨干流失严重。但薪酬问题并不是信托公司高管所能决定的，作为控股股东的集团公司需要从平衡集团内部薪酬水平的角度考虑。另有调研报告显示，由于股东背景在行业、地域、理念上的差异，致使信托公司市场化程度、激励约束机制建设方面参差不齐，容易导致信托人才在信托业与银行业、证券行业以及同业之间无序流动与恶性竞争，导致信托行业人力资源数量和结构的矛盾更加突出和加剧，制约了部分信托公司健康发展，甚至成为信托行业未来的重大潜在风险。这些现象虽然并不像国美事件那样极端，但其对信托公司发展造成的危害已经显现。

无论是“一股独大”造成的潜在危害，还是不同类型股东市场化程度和认识不同造成的信托公司分化，都不是信托公司层面能够解决的问题。解决这些问题的根本出路在于信托公司股权结构的分散，在于真正实现股权与经营权的分离。

《金融时报》记者　金子

# 重在形成自生能力及核心竞争力

## ——访五矿国际信托有限公司董事长任珠峰

（载于《金融时报》2010 年 11 月 6 日第 8 版）

2010 年 10 月 8 日，由中国五矿集团绝对控股、注册资本为 12 亿元、注册地在青海省西宁市的五矿信托经银监会批准成立，并于近日获得中国银监会颁发的金融许可证。作为国内信托行业的新军，五矿信托又将如何发展，并寻找自身的合理定位呢？就此，记者采访了五矿国际信托有限公司董事长任珠峰。

*记者：在多家大型金融机构和央企纷纷布局信托业、行业竞争加剧的情况下，五矿信托如何看待行业现状？*

任珠峰：伴随着国家整体经济金融环境的持续向好，加上国家对信托业的金融法规的逐步完善以及科学的监管，近几年，信托业得到了快速的成长，已成为我国金融业的一支重要力量。尽管目前行业内已经出现了一些资质优良、规模较大的领先企业，但是普遍还缺乏过硬的自生能力及核心竞争力，大家基本上还是同质化竞争。

央企纷纷布局信托，我认为对行业的健康持续发展是好事。央企普遍具有的规范、成熟的管理模式和风险控制机制引入到信托行业，使得信托行业的运行朝着更加安全、理性、富有责任感的方向前进，这对整个信托业的长远健康发展无疑是非常有利的。五矿信托虽然是信托行业的新军，但是我们将在学习行业先进经验的基础上，以高起点、高标准、高要求为原则，依托股东的管理与资源优势，以规范、完善的制度为保障，搭建专业、高效的运作平台，资产管理与财富管理并重，相信可以成为我国信托业富有特色、有竞争力的后起之秀。

*记者：相对于业内其他公司，五矿信托具有哪些优势？*

任珠峰：与业内其他公司相比，五矿信托的优势，首先来源于中国五矿集团的深厚文化底蕴。

作为与共和国同龄且跻身于“世界五百强”行列的大型中央企业，五矿集团在六十年的发展历程中，塑造了具有国际影响力的品牌形象。严谨、求实、稳健是五矿做事一贯的风格，不管是做贸易、做产业，还是做金融，我们都一以贯之。此外，多年来的合规运营使得我们沉淀了“诚信”的品格，在国内外享有良好的声誉，而这些五矿品牌中的核心价值都将使得“五矿信托”这一新品牌具有“先天优势”。除了先导的品牌优势外，五矿集团科学的决策机制、高效的管理模式、相对成熟的风险控制机制、严格的内部管控机制，以及高度专业化的人才队伍，都将是五矿信托在较高起点上实现稳步、快速、健康发展的有力支撑。

此外，中国五矿集团通过深化战略转型、优化资源布局、打造价值产业链，经过六十年的不懈努力，建立了坚实的产业基础。中国五矿集团已由此前单纯的进出口贸易公司，转变为以金属矿产资源为依托、上下游产业一体化发展，国内领先、全世界有影响力的大型企业。五矿集团在金属矿产等领域的业务资源及卓越的专业能力，将赋予五矿信托很多先天的优势，有助于其开创出一些独特的业务领域及业务模式。有效利用五矿集团长期积累下的遍布全球的多样化的客户渠道，也将会助推五矿信托快速成长。

另外，五矿集团是较早涉足金融领域的企业集团，目前拥有五矿集团财务公司、中国外贸金融租赁公司、五矿证券有限公司、五矿期货有限公司以及与法国安盛保险合资的金盛人寿保险公司，应该说是拥有金融牌照较多的央企之一，多年来的金融企业经营管理经验是五矿信托可以利用的宝贵财富。

除了依托五矿集团的品牌、管理、产业优势外，五矿信托还将努力挖掘信托行业本身具有的特质，发挥其特有的制度优势，丰富产品组合、提升产品附加值，严控风险，设计出具有创新性、前瞻性、有市场竞争力的信托产品，提升投资的效率和效益，实现真正资产管理者角色的回归。

记者：您刚才谈到了五矿信托借助五矿集团的资源具有很多先天的优势，但其他业内同行多以经济发达地区为依托，五矿信托的注册地青海省仍属经济欠发达地区，您如何看待这一问题？

任珠峰：对于这个问题，我认为应该从两个视角来看待。

五矿信托植根于青海，首先体现了中央企业的一种责任感。中央已将“包容性增长”作为未来社会经济发展中的核心理念之一，而在经济增长过程中保持平衡，是“包容性增长”的题中应有之义，这其中，地区发展间的相对平衡应占有重要地位。就经济发展现状而言，青海当然仍属欠发达地区，但就资源潜力来看，青海无疑具有巨大的成长空间。五矿信托扎根青海，正是希望通过信托这一平台，运用现代金融手段，撬动青海资源潜能，为西部的经济发展助力，以期将青海潜在的资源优势转化为现实的经济优势。这体现了五矿信托着眼大局、服务西部的强烈使命感和责任感。

从另一个方面来看，立足青海也赋予了五矿信托很多特有的潜在机会。青海目前在经济金融发展方面还是一个欠发达地区，但又是一个资源富集之地，不仅有丰富的矿产、水电资源和高原农牧业、旅游业资源，而且太阳能、风能等资源利用的潜力巨大。青海所具有的先天条件，与五矿集团本身的产业发展有很多的契合点，具有非常强的协同性。具体到信托工具的运用，青海基本还是一块“价值洼地”，信托业务的拓展空间很大。五矿信托依托青海的资源优势及五矿集团在矿产资源方面的专业能力，有条件形成富有自身特色的信托经营模式。我们一定要充分利用当地优势，深入挖掘业务资源，捕捉业务机会，为青海当地经济建设作出积极的贡献，同时形成我们的业务特色，实现公司及受益人的价值最大化。

可以这么说，如果五矿的品牌、管理、产业等方面的积淀构成五矿信托发展的一翼的话，那么，青海所具有的资源、市场潜力等条件，将会是五矿信托未来发展的另一翼。我们所要做的，就是京青并举、两翼齐飞。

记者：在您列举的这些优势中，您认为五矿信托未来的核心能力在哪里？

任珠峰：五矿信托未来的核心能力将体现在金融策划、金融营销、资产管理、风险管理这几个方面。

五矿信托将致力于打造高水准的金融策划能力，整合各种资源，运用多样化的金融工具，经过专业设计，使五矿信托能够为客户提供全方位的金融策划服务；通过了解各类投资者的需求，帮助客户寻找到适合自己的金融产品，为满足客户的需求，五矿信托将致力于打造现代的市场营销理念，建立起系统的营销体系，培育一支高效的营销团队，进而全面提升金融营销能力；借助集团自身特有的行业优势，整合各种资源，在资源矿产相关行业投资基金、房地产信托等领域，突出重点，集中优势，形成具有自身特色的资产管理能力。

总之，五矿信托将通过核心能力的不断增强，以业内领先的专业技能和诚信求精的专业态度为客户提供优质可靠的服务。

记者：近些年，央企纷纷涉足金融，五矿集团也是这样。作为产业集团控股的信托公司，集团的产业背景固然会使你们具有一些优势，但是要想成为一个有竞争力社会化的金融机构，应该有自己的企业价值观，培育自生能力。请问您如何考虑五矿信托的价值观？或者说您对五矿信托的企业责任是如何理解的？五矿信托的未来规划是什么，您希望达到一个什么样的目标？

任珠峰：“珍惜有限，创造无限”这八个字是五矿集团的核心文化理念。这八个字应该能够充分反映出一个资源性企业强烈的社会责任感。作为五矿旗下的信托公司，我们必将秉承五矿优秀的文化理念，践行自己的企业责任。

五矿信托发展的着眼点不能仅仅局限于自身、五矿集团乃至各相关利益方，更应关注整个信托乃至金融行业的成长性。在集团公司的支持下，五矿信托有能力做到全方位的规范化操作，业务发展将更加趋向全面化，理性回归信托主业，在综合发展的同时，确立自己的核心竞争力，有效避免行业内的恶性竞争。同时增强风险意识，借鉴股东较为成熟的风险防范体系，并在此基础上，根据信托行业的特点，形成信托业独有的风险控制机制，不再被动地接受市场风险、而是从更高的层次主动把握风险、防范风险，由此推动整个信托行业的全面、协调、可持续发展。

对于未来的发展规划和目标，我们将充分发挥“五矿”的品牌影响力和五矿集团的整体协同效应，充分依托股东的资源优势，以金属矿产领域投资为核心，以差异化为竞争策略，通过不断学习和创新，建立稳定的高端客户群体，建立可持续增长的盈利模式，严控项目风险，提高风险管理水平，建立科学的风险管理体系，以使各类风险能准确识别和安全控制，建立市场化的激励约束机制，建立稳定的人才团队，利用五矿在全国乃至全世界的网络优势，通过三到五年的努力，形成产业优势明显、国内一流、具有核心竞争优势的综合性信托公司。

《金融时报》记者　金立新

# 主动管理：信托公司新一轮发展的助推器

（载于《金融时报》2010 年 11 月 6 日第 8 版）

近年来，随着中国信托市场的发育及信托业务的快速增长，主动管理类信托受到监管机构的提倡并给予了政策支持，信托公司也多有具体实践和创新。那么，如何理解主动管理类信托应运而生的必要性与现实性？如何有效拓展主动管理类信托，并使之成为信托公司新一轮改革与发展的助推器？这需要我们从理论与实际相结合的角度进行深入探析。

## 主动管理类信托的基本特点

按银监会的定义，主动管理类信托主要是指在信托资产管理中，信托公司承担了产品推荐、项目筛选、投资决策及实施等主要管理职责。按此定义，在公司已开展的信托业务中，涉及集合信托计划的运用，包括贷款信托、股权投资信托、受益权信托、证券投资信托、并购类信托等，均可归入主动管理类信托，而通过单一信托计划方式，以提供平台或通道方式为主的银行信贷资产转让、企业受托贷款、私募基金阳光化、企业股权代持等可归入被动管理类信托。

银监会对主动管理类信托的定义及所包含内容，是从比较广义的角度诠释主动管理信托，但从其内涵性上挖掘，主动管理类信托应该具有主导性、深度性、系统性、创新性、可靠性五大特点。

从这些基本特点出发，信托公司如果真正实现了主动管理类信托，并加以有效运用，信托公司的理财能力、管理水平及增长模式就会上一个新的台阶。从更高的战略层面看，主动管理类信托模式的运用，实质上是信托业发展到一定阶段的必然需求，是信托公司实现战略增长的可行路径，是优化经济增长方式在信托领域的具体运用。

## 主动管理类信托的运用与管理模式

主动管理类信托立足主动、依靠自主去拓展各类市场与业务。在产业领域上，基础设施、房地产开发、环保投资、能源开发、低碳经济等领域的企业及项目，均可以实施主动管理类信托。尤其是房地产开发可以作为信托公司主动管理类信托的突破口和试验田，从中积累主动管理类信托的有益经验。证券类信托，也是主动类管理信托运用的战场，各类证券投资基金就是最好的范例。在这方面，云南信托、华宝信托都有较好的实践。另外，在银信合作方面，提升信托公司在证券投资业务、受让资产业务、发放信托贷款业务的自主管理能力，也是主动管理类信托的重要方面，包括既要充分与银行合作，扩大业务范围，又要体现信托的自主管理能力，从亲自履行管理职责上下工夫。

主动管理类信托从中期方向上看，还体现于构建各类信托产业基金；从一般层面上看，发行不定向、宽范围、灵活配置的信托产品；从更高层面看，利用信托原理与方式，由信托公司选择基础设施、房地产、新能源、环保、农业等行业，开发三至八年中、长周期、开放式、滚动发行与运作的特定产业基金信托，并形成较标准的信托单元，争取与证券投资基金一样，到相关证券市场上市，实现进一步的价值发掘、产品流通和可行退出，进而全面提升主动类信托产品的层次。设计和开发具有专门定向和主动管理特色的产业基金信托，将是信托公司提升核心资产管理能力，打造高端专属品牌的战略方向。

主动管理类信托加大了信托公司的主导地位与责任，在具体运用方式上可分为：直接介入式、间接介入式和引进合作式三种。

直接介入式，即信托公司通过股权投资方式，介入相关企业及项目，通过依托《公司法》及现代企业的相关制度，从董事会、经营层、监事会几个方面，比较全面地介入所投资公司的运营及管理，并派人担任相当层面的企业领导职务。股权投入类信托正成为信托公司拓展主动管理类信托的基本依托与突破口。直接介入式要解决好信托公司深入并有效控制公司经营发展与发挥合作企业积极性的关系，既要有机参与，又要防止不切实际地过度干预；既要严控风险，又要支持企业开拓进取。要把握好介入的“度”及相关技巧，起到事半功倍的效果。

间接介入式，即信托公司虽然以股权或股权投资＋贷款方式进入企业，成为所投企业公司股东及债权人，但受相关条件制约，基本上以派出董事、副总、副财务总监及监事会成员等方式参与企业管理与控制，对一些重要决策有制约权，并进行不定期地重点检查。此类方式仍然体现了主动管理信托的要求，但程度有限，如把握得好，可以相当程度地监控所投企业的运行。

引进合作式，即引进专业合作方弥补信托公司专业不足。主动管理类信托项目，因某些行业操作复杂、专业技能高、周期较长等，需要有能经营、懂专业的机构配合介入。信托公司不能完全替代所投企业的经营，又要相当程度上有效介入，管理和控制自主性投资为主的企业及项目，故需要聘请相关优秀的专业机构作为主动管理体系中的有机构成，承担专业性强的具体操作工作，信托公司着重在经营决策、资金筹集、风险控制等方面发挥作用，进而有效地弥补信托公司的专业局限，增加主动管理信托的广度与深度。

在管理内容上，主动管理类信托，需有效实施项目管理、股权管理、财务管理、风险管理、信息管理等系列管理，方能将主动管理落到实处。

## 主动管理类信托的素质构建

主动管理类信托是信托公司在新形势、新环境下的一次业务提升战略，从而对信托公司本身和从业人员提出了更高的标准和要求。

从公司层面讲，主动管理需信托机构制定拓展主动管理类信托的战略规划与经营拓展计划，确定好发挥公司业务优势的主攻方向及重点领域；打造拓展主动管理类信托运行机制，根据主动类信托业务需求，制定从项目调研、项目决策、资金组织、综合管理、风险控制、信息披露等环节的规章制度，加强与处于行业领先地位、行业声誉较高、专业能力突出的顾问机构的合作，形成与主动管理类信托相适应的咨询机制与协调机制；提升主动管理类信托的科学决策水平，增强对相关业务的宏观、中观与微观的把握力度，借鉴和学习优秀同行与相关机构的有益经验，注重把金融信托运用与专业性布局及操作有机结合起来，增大主动类信托项目的可行性与可靠性。

从信托从业人员层面讲，适应主动类管理信托需增强责任心和敬业精神，以积极主动、开拓进取的精神，去主动拓展市场，挖掘项目，加强管理和严控风险。要具备比一般类信托更加负责、更加细心、更加严谨的工作态度；要形成 T 形组织结构，即纵向方面要具备较好的金融知识、经济知识、法律知识，尤其要熟悉和掌握各类信托法规、政策及相关知识，横向方面要善于学习宏观经济、产业经济及基础设施、房地产、新能源、新科技及低碳经济等领域的专业性知识，并善于把专业的金融、信托知识和相对专业的产业、行业知识有机融合起来，增强拓进主动类管理信托广度与深度；要善于培养创新能力与专业能力。主动类信托的本质是将信托原理、信托法规、信托责任、信托手段运用于产业、企业及相应的项目中，形成既有别于银行贷款等负债性融资，又能适应和满足服务对象的需求的金融产品。信托从业人员要有意识、有计划、有目的地自我培养适应市场、适应企业、适应竞争的创新能力及相配合的专业技能，使主动管理类信托的开发更有针对性、可行性与成功性。

孙毅

# 把握产业链条中的关键环节

## ——中粮信托供应链贷款一期单一资金信托计划

（载于《金融时报》2010年11月6日第8版）

近期，中粮信托与中国食品旗下的中粮食品营销公司合作，以华北销售大区天津区为试点，为其“福临门”小包装油的核心经销商设计了一个全新的供应链融资服务方案——中粮信托供应链贷款一期单一资金信托计划。该计划于2010年9月17日成立，期限一年半，金额1 100万元。

中粮食品营销公司目前在全国范围内共有经销商600多家，其中核心经销商100多家，核心经销商的销售额约占整体销售额的50%～60%。目前中粮食品营销公司对经销有旺季信用支持，主要针对核心经销商，授信总额约有2亿元。自2007年开始对经销商实施旺季授信以来，经销商的信用履约记录一直良好，没有出现过违约情况。

随着中粮食品营销公司的销售增长，原有授信额度已不能满足经销商需求，为进一步扩大经销商布点和授信范围，并有效地控制由于授信规模扩大可能带来的信用风险，中粮食品营销公司希望能改变目前的信用风险控制方式，由第三方金融机构直接解决经销商的采购资金问题。中粮信托根据经销商与中粮食品营销公司的贸易背景，设计出了自偿性贸易融资方案。

根据融资方案，中粮食品营销公司向中粮信托推荐和自己保持合作两年以上，主要销售中粮食品营销公司的产品的VIP经销商。中粮信托评审后对符合条件的经销商发放贷款，期限为6个月，期间跨越中秋和春节两个销售旺季，资金直接汇至中粮食品营销公司账户，经销商使用中粮信托资金向中粮食品营销公司采购小包装油。

为防止资金挪用，中粮信托要求经销商每60天回一次销售款到信托账户，再由信托汇至中粮食品营销公司。到期前，经销商将销售回款存至在中粮信托的指定账户，归还信托资金。为保证资金安全，中粮信托与中国投资担保有限公司签订保证合同，为中粮食品营销公司经销商专项信托资金提供担保；经销商需在贷款发放之前提前确定贷款额度并交纳保证金给中国投资担保有限公司，同时提供实际控制人个人连带责任反担保。中粮食品营销公司对未交付产品有监管义务，按月为中粮信托提供经销商当月订货数据，便于贷后监控和管理，并在经销商违约的情况下承诺对其停止供货。

目前，中粮信托供应链贷款一期单一资金信托计划运行效果良好，第二期产品正在准备发行。

《金融时报》记者　薛亮

# 信托在供应链金融中的作用值得关注

（载于《金融时报》2010 年 11 月 6 日第 8 版）

加快实现经济发展方式的转型是我国“十一五”规划经济工作的主线，也是“十二五”规划制定讨论的重要选题。而供应链生产模式的发展，正是契合经济发展方式转型的重要内容之一。

得益于信息技术和运输技术进步所带来的远程生产和流通成本的降低，供应链生产模式已经成为国际上产业组织的主流模式。在这种模式下，大企业专注于品牌、客户关系管理及创新性技术等核心能力的创造和提升，而将生产、流通、销售等一个或几个环节外包给其他企业或多个中小企业，从而形成以稳定交易和利益共享为特征的产业链体系。随着供应链生产模式的兴起，供应链竞争已逐步成为市场竞争的重要方式。放到中粮集团内部来看，该集团党组 6 号文件也有对应的描述，“未来的产业竞争将是整个产业链系统能力的竞争，要求我们必须优化‘产业链生态’，实现各环节通力合作，形成整体优势，才能在竞争中立于不败之地”。

然而就像硬币总有正反两面一样，供应链生产模式在提高整体生产效率的同时，也使得供应链上各个企业间的信息流、物流和资金流更加复杂，因而可能导致交易成本上升。这就要求供应链核心企业必须具有较高的供应链管理水平，协调好上下游企业之间的关系，尽可能利用好金融、物流等支持性服务。在此背景下，供应链金融作为金融机构的一种新的金融服务，近些年应运而生。供应链金融是金融机构站在供应链全局的角度，为协调供应链资金流，降低供应链整体的财务成本而提供的系统性解决方案。对金融机构而言，供应链金融在风险控制技术上的创新体现为充分利用供应链生产过程中产生的动产或权利作为担保，将核心企业的良好信用能力延伸到供应链上下游企业。

供应链金融业务在国际领域已经获得了快速的发展，反观国内的商业银行，因受制于其传统信贷风险控制技术的制约，业务拓展收效甚微。反倒是一些中小商业银行，如深圳发展银行，通过多年的“自偿性贸易融资”和“1 + N”供应链融资试点，在 2006 年全面推出了“供应链金融”品牌，取得了很好的效果。

此方案对于经销商而言，有以下优势：一是通过中粮信托的额外流动性支持，避免了资金链的断裂；二是采购规模突破了中粮食品营销公司的信用额度限制；三是回避了担保抵押不足的劣势；四是信贷风险评估结合了中粮食品营销公司分销体系的信用，融资成本相对较低。

对于中粮食品营销公司而言，融资方案使其与经销商的关系更加紧密，同时，外部的资金解决了经销商的资金瓶颈，有利于中粮食品营销公司产品市场占有率的扩张。

对于中粮信托来说，该方案充分发挥了其金融牌照的优势，使其建立起了与集团下游产业的业务关系，为开展多种形式灵活的金融服务、建立供应链系统性的金融解决方案打下了基础。

从长远来看，对中粮集团这样的实业企业，供应链的融资能够加快存货、应收账款的流转速度而改善现金流，优化供应链的“生态环境”，从而有效地支持实体产业的发展。

《金融时报》记者　金子

# 信托行业的昨天今天和明天

## ——也说“新两规”给信托公司带来了什么

（载于《金融时报》2010 年 11 月 20 日第 8 版）

如果把2010 年作为一个时点，那么从2001 年中国人民银行发出《关于信托投资公司重新登记工作有关问题的通知》以后的这近十年中，信托公司的发展历程是否可以这样划分：以 2007 年 3 月 1 日“新两规”实施为界限，2001 年至 2006 年已经成为了信托公司的昨天；2007 年至今，以“新两规”为指引而发展起来的这个阶段应该被视为今天；而从 2010 年《信托公司净资本管理办法》出台作为标志，未来的日子将是信托公司另一个崭新的明天。而 2010 年，也正是信托公司从今天走向明天的一个重要时点。

在这样的一个时点，审视昨天、总结今天，或许会对信托公司明天怎么走有所裨益，而无论是对昨天还是今天的审视与总结，必须要说的一个问题就是：“新两规”给信托公司带来了什么？

2007 年实施的“新两规”主要内容是：在形式上，“信托投资公司”更名为“信托公司”；在实质上，通过业务范围的调整，使信托公司从过去的“融资平台”向“受人之托、代人理财”的专业理财机构和财富管理机构转型。信托公司回归到信托主业、实现彻底改造和科学发展。具体包括：压缩固有业务，清理原有实业投资，限制负债业务；限制信托资金，主要是集合信托资金以债权方式运用；限制关联交易；鼓励和引导从事 PE、REITs、资产证券化等创新业务和自主管理业务，突出信托公司的经营特色，构建专业化经营模式；明确合格投资者标准。以“新两规”为基础，银监会出台了相关配套法规，搭建信托公司完整、完善的制度框架，保证信托公司的规范、健康发展。从资金运用角度出台了《银行与信托公司业务合作指引》、《信托公司证券投资信托业务操作指引》、《信托公司私人股权投资业务操作指引》、《信托投资公司受托境外理财业务管理暂行办法》；从规范公司治理角度出台了《信托公司治理指引》；从加强分类监管角度出台了《信托公司监管评级与分类监管指引》；从完善信息披露角度出台了《关于修订信托公司年报披露格式规范信息披露有关问题的通知》。

“新两规”给信托公司带来两大明显变化：新一轮的重组和走向全国。

2007年以来，一大批大型实业企业、金融企业和外资金融机构出现在信托公司大股东的名单中。对此，有研究机构作出了这样的评价：中国信托业与之前相比，单纯从股东结构而言，甚至可以说是“脱胎换骨”，今非昔比。对于这种“脱胎换骨”的变化，中国人民大学信托与基金研究所执行所长邢成博士将其总结为三点：信托机构整体资本实力、风险控制能力、业务创新能力和公司管理能力产生巨大提升；信托机构的盈利能力和资产管理规模会在较短期间内得以明显改善和提高；信托行业的地位得以提升，使得监管环境逐步得以改善，创新领域和经营范围实现突破。此外，通过对历史遗留问题信托公司的重组，不仅扩大了信托队伍，而且有效解决了历史包袱，化解了风险。而这种变化的出现，也源于“新两规”及其相关辅助政策的引导。

“新两规”实施后，信托公司的原有业务结构受到严重的冲击，信托收入减少。在新的业务模式和盈利模式形成之前，信托公司通过引进战略投资人，增加自有资本，以自营业务收入的增加来弥补信托业务收入的减少。此外，《信托公司受托境外理财业务管理暂行办法》规定，信托公司开办受托境外理财业务注册资本金不低于10亿元人民币。这些规定激发了信托公司增资扩股进行重组的内在冲动。

在引导信托公司重组，完善信托公司治理结构，化解历史风险以外，“新两规”带来的另外一个最显著的变化是信托公司走出本地，走向了全国。

老的《信托投资公司管理办法》规定：“信托公司不得在注册地以外的地点开设分支机构”，加之“新两规”出台前，各信托公司注重自有资金投资，淡化“代人理财”功能，这也使得信托公司即使“偏居一隅也可小富即安”。一些“上进”的信托公司，虽然在异地以办事处等名义设立机构，但也偷偷摸摸，不敢大张旗鼓地开展业务。2007年3月1日实施的新《信托公司集合资金信托计划管理办法》规定，信托公司异地推介信托计划的，应当在推介前向注册地、推介地的中国银行业监督管理委员会省级派出机构报告。这一规定等于打破了信托公司异地经营的限制。在打开闸门的同时，新的《信托公司集合资金信托计划管理办法》对合格投资人作出了规定，使得那些“偏居一隅即可小富即安”的信托公司经营理念受到严重挑战，迫使一些经济欠发达地区信托公司不得不走出本地，促进一些经济发达地区的信托公司也能够走向了全国。与此同时，“新两规”关于压缩信托公司自有业务，鼓励信托业务的规定，使得必须强化“代人理财”特性的信托公司必须以信托业务谋求盈利，必须在更大范围内寻找委托人，这也成为了信托公司走向全国的一个政策因素。

目前，几乎所有信托公司都在北京设立了业务团队，一些信托公司甚至在全国多个经济发达地区设立了业务团队，在信托公司的招聘启事中，异地招聘随处可见。

信托公司走向全国，一方面是政策促使信托公司回归信托本源的一种必然反应；另一方面，这种政策引导带来了信托规模的扩大。2006年末信托资产3 606亿元，2009年末2万亿元，增长近5倍。所有者权益从519.5亿元，增长到1 016亿元，增长近一倍。2006年实现利润39亿元，2009年实现利润147亿元，增长两倍多。信托规模的扩大，又带来了整个信托行业对社会经济发展更大的支持，以及信托理念被更广泛地接受。

今天的信托行业已经从昨天实现了“脱胎换骨”的改变，明天的信托公司会怎样？政策已经指明了方向，但路要靠信托公司自已走。

《金融时报》记者　金立新

# 乘机遇之风　走创新之路

## ——信托公司高管谈“新两规”

（载于《金融时报》2010 年 11 月 20 日第 8 版）

主持人：本报记者　金立新

特邀嘉宾：英大信托董事长　盖永光

西安信托总经理　崔进才

当历史的脚步即将跨进 2011 年的时候，道路坎坷曲折发展的中国信托业也用其业绩来迎接《信托法》颁布实施十周年。从 2001 年《信托法》颁布、信托公司重新登记，到今天 50 多家信托公司、资产管理规模达到 3 万亿元，超过公募基金。如果必须对这十年的历史进行总结的话，那么，2007 年颁布的“新两规”（即新《信托公司管理办法》和新《信托公司集合资金管理办法》），则是必须要提的一个话题。“新两规”究竟给信托公司带来了什么？就此，记者邀请英大信托董事长盖永光和西安信托总经理崔进才两位信托公司高管，就此话题进行了探讨。

主持人：2007 年“新两规”颁布实施，它给信托公司带来了什么变化？对此您怎么看？

盖永光：作为信托行业的经营者，“新两规”为信托公司带来的变化从英大信托就可以很明显地表现出来。2009 年英大信托的信托资产规模达 1 476. 79 亿元，名列全行业第二，2006 年至 2009 年信托资产规模年均复合增长率达到 43%；2010 年前三个季度公司营业收入达到 36 896 万元，同比增幅更是高达 96%。截至 2009 年末，英大信托实收资本 15 亿元，在信托业协会的排名已从 2006 年前的“名不见经传”提升至行业第 10 位。

崔进才：的确如盖总所言，信托公司各种指标的增长在西安信托也有体现。从数据上看，西安信托管理的信托资产规模由 2007 年的 24 亿元，发展到目前的 800 余亿元，增长 32 倍多。应该说，西安信托的发展仅仅是整个信托行业发展的一个缩影，也是近几年信托行业快速发展的真实写照。这种发展的原因就在于“新两规”的正确引导。

“新两规”的内容是基于正本清源、防范风险与鼓励创新并举的指导思想。正本清源，就是要信托公司及其业务回归于“信托”本源业务；防范风险与鼓励创新并举就是要在大力压缩信托公司固有业务特别是负债业务的同时，提倡并鼓励信托公司真正把信托主业做好做强，有效地发挥信托作为金融平台的独特作用。对于信托行业，“新两规”明确了信托业的定位和发展方向，信托公司转型的步伐也随之加快，逐步实现战略转型。

主持人：“新两规”颁布以后，从信托公司的角度，主要做了哪些具体工作适应新政？

盖永光：英大信托的资本补充比较早，于2006年初成功获得国家电网公司注资，注册资本从之前的5亿元增加至15亿元。其后几年，英大信托把风险控制放在了重要位置，在实践中逐步摸索、制定并形成了一整套严格又不失活力、谨慎且能抓住机遇的管理体系。2010年公司集中力量加快推进制度建设工作，完成113项制度的审定和督导工作，同时公司全面推行财务集约化管理工作。“新两规”颁布以后，许多信托公司意识到，原来“偏安一隅”的经营理念已经不能适应新形势，信托应该走向全国。所以2010年英大信托迁址北京，这使英大信托由一个区域性金融企业变成“面向全国”、由银监会直接监管的信托公司。

崔进才：“新两规”颁布后，西安信托一方面采取措施解决原股东与公司之间的关联交易问题，化解了前期业务发展中积累的潜在风险，并引进新的战略投资人，完成了股权结构的优化重组，建立了新的符合现代金融企业制度特点的法人治理机制；另一方面严格按照“新两规”的要求，积极进行业务转型，调整产品结构，提高投资管理能力和服务水平，逐步从融资型产品为主导的产品结构向为投资者提供资产管理、投资管理服务为主的产品模式过渡。

2008年是西安信托严格按照信托业“新两规”要求开展业务的第一年，更是实现信托业务转型和新旧制度衔接的关键一年。西安信托完成增资扩股，公司治理结构不断优化。通过努力开拓市场、积极开展业务创新以及持续加强风险管理，公司业务发展和经营管理上了一个新台阶。公司拓展了上千名高端理财客户，与全国近四十家银行建立了理财业务合作关系。

主持人：“新两规”奠定了监管层对信托公司监管的基本框架。在新框架下，信托公司“面向高端客户私募发行的专业财富管理机构”的定位日渐清晰。但是在发展过程中，信托公司的发展也出现了一些新问题。因此，2010年《信托公司净资本管理办法》出台，这也意味着信托公司将面临又一次新的转型。作为信托公司的管理者，您如何看待和适应这个转型？

盖永光：“规划先行”是英大信托重大决策的必经环节。公司领导班子在2010年初调控政策出台前就提出了“实现战略转型”的目标。“十二五”将是英大信托的转型时期，英大信托明确了“十二五”期间“以信托业务‘做专、做优、做精’为核心理念；以公司发展‘创新型、公众型、市场化和专业化’为基本要求；抓住时机实现战略转型”的基本方略。

做专就是要以能源电力行业及上下游产业为核心业务领域，重点拓展证券投资基金、新能源产业投资基金、房地产投资信托基金和资产证券化等专业领域。

做优就是要通过引入战略投资者，增强资本实力实现资产优良；通过提升服务满意度、扩宽服务内涵实现服务优质；通过同业对标、监管评测和人力积累实现业绩优秀。

做精就是要在做大信托业务规模时，充分考虑单项业务对公司创收和盈利能力的贡献，使公司有限的净资本、人力在符合监管要求的前提下，为客户、公司和社会创造最大效益。

崔进才：《信托公司净资本管理办法》的出台，将引导信托公司从粗放的外延式发展模式走向精细的内涵式发展模式；从片面追求规模的粗放式经营模式向“精耕细作”、提升业务科技含量和产品附加值内涵发展的经营模式升级转型；通过引入净资本和风险资本这两个核心指标，实现量化监管和动态监管。该办法的实施对于信托业是一次难得的发展机遇，它将引导信托公司在国家宏观经济政策的执行方面发挥更加积极和正面的作用，对于信托业真正成为金融领域的支柱行业之一具有深远的影响。该办法对信托公司的业务发展具有重要的、实质性的影响，同时也是一次考验，西安信托目前正在拟订五年发展规划，对自身发展战略进行清晰定位，在回归信托本业的基础上着力发挥自己的优势和强项，力争在相关领域做出特色，树立自己的品牌，形成自己的核心竞争力。我们致力于成为以丰富的、个性化信托理财产品主导的，在金融产品设计、高端客户合作、投资领域拓展等更多领域实现多层次发展的综合性信托公司。

《金融时报》记者　金立新

# 立足本地经济　打造信托品牌

## ——访上海国际信托有限公司总经理傅帆

（载于《金融时报》2010年11月20日第8版）

在我国信托业三十多年的发展过程中，历经多次清理整顿，几度兴衰，大浪淘沙。自2001年《信托法》颁布，特别是2007年3月1日信托新政实施以来，我国信托公司逐步迈向规范发展的新轨道，信托资产规模和收益水平不断提高。有统计表明，截至2010年上半年，中国信托业资产管理规模已经超过了公募基金，达到3万亿元。但今年以来包括《信托公司净资本管理办法》等一些行业政策的出台，又使信托行业在发展中面临新的选择。对于我国信托业目前所处的这个时点，信托公司高级管理人员是如何认识的？就此记者采访了上海国际信托有限公司总经理傅帆。

记者：面对当前日益规范的监管要求，中国信托业应当遵循什么样的科学发展模式呢？

傅帆：总体而言，信托公司在2010年竞争激烈的理财市场中，推出了大量符合高端客户需求的理财产品，受托资产规模和信托理财产品数量较上年保持大幅增长，呈现出更加健康的发展态势。但我们应看到，国内信托公司的财产管理手段还多以“被动受托”为主，不仅产品同质化十分严重、信托报酬低廉，而且常常触及宏观政策下的灰色地带，此类充当“通道”、“平台”的信托业务已饱受诟病。2010年9月出台的《信托公司净资本管理办法》，标志着银监会对信托业监管的“划时代”进步，将引导信托公司由粗放型、外延性的经营模式逐渐转变为内涵式增长，改变以往信托公司作为融资平台的形象，促使信托公司向高端理财平台的方向发展。

此外我们看到，在国际成熟金融市场竞争中，公司间的竞争最终会演变为“品牌”间的竞争。塑造品牌的重要性已经不言而喻，提升品牌的竞争优势已经迫在眉睫。基于这样的认识，上海信托会更加重视上海信托“品牌”反映的金融服务内生价值和外在评价，增加公司品牌的行业竞争力和市场影响力，最终，更广泛地获得市场和客户的认同，从而进一步推动整个信托行业的发展壮大。

记者：伴随着投资者理财方式的悄然变化，越来越多的理财产品涌入市场，诸如商业银行的私人理财业务，证券公司的集合资产管理计划业务，基金公司的专户理财业务等等。在高端理财市场竞争加剧的背景下，信托公司应该如何发挥其自身的综合优势呢？

傅帆：第一，要充分发挥信托的制度优势。信托行业与信托制度具有其他金融行业与其他委托代理制度无法比拟的优势。从行业优势的角度来说，信托业投资范围最为广泛。银行业无法介入股票、股权等投资领域；证券投资基金只能从事股票、债券等金融工具投资；证券公司、保险公司投资股权也受到限制。而信托公司除了投资于股票、债券等金融工具之外，还可以采用出租、出售、贷款、实业投资、同业拆放等方式，即投资范围横跨资本市场、货币市场和产业市场。

第二，创新结构化产品，培育主动管理能力。银监会于日前公布了《信托公司净资本管理办法》。通过该管理办法，信托公司未来的资产规模扩张将受到控制，同时信托公司的业务模式也将有一定的变动，这将会对信托公司未来业务发展模式产生重大影响，促使其今后将更加注重发展结构化信托产品，培育主动管理能力。

近年来，上海信托紧紧围绕信托主业，积极应对市场的复杂局面，提升主动管理能力，探索了一条提高业务收入与扩大受托规模并进、提升主动管理能力与拓展客户资源并举的道路，初步实现了发展战略调整与经营模式转型。

记者：目前大部分信托公司已经走向全国，但信托公司的发展还应该立足当地经济。上海信托将如何以实际行动支持和推动上海“两个中心”建设？

傅帆：2009 年 4 月，为进一步推进上海国际金融中心建设，国务院颁布了推进上海“两个中心”建设的文件，提出了到 2020 年上海要基本建成与我国经济实力和人民币国际地位相适应的国际金融中心的宏伟目标。

作为上海国际集团的核心成员和国内成立最早的信托公司之一，上海信托紧紧围绕上海国际金融中心建设规划和集团金融投资发展战略，积极调整发展思路，积极转变发展方式，提升主动管理能力，以实际行动有力地支持了上海国际金融中心的建设。

建设上海国际金融中心，需要一大批具有行业领域和国际竞争力的金融机构广泛参与。同时，上海金融中心的建设，也为中国金融机构和民族金融品牌的发展壮大提供了良好的机遇和广阔的平台。上海信托将继续致力于为各类机构及个人提供高端资产管理和财富管理服务，为上海国际金融中心的建设和中国金融品牌的发展带来有益的启迪和帮助。

记者：您认为，实现上海信托既定的发展战略规划，都取决于哪些因素？

傅帆：其一，诚信。坦诚相待，竭诚服务，对客户负责、对股东负责、对社会负责。

其二，稳健。不以当期利益牺牲长远发展；不断优化客户结构、资产结构，不冒风险承受度以外的风险，在经营风险中实现利润最大化；通过科学把握速度、质量、效益的动态平衡，实现可持续健康发展。截至 2009 年 12 月 31 日，上海信托累计共发行信托产品近 400 个，所有到期终止的信托财产均安全交付，并以较高的收益水平回报客户。

其三，规范。遵循全面、审慎、有效、独立的原则，建立自控、互控、监控“三位一体”机制；股东会、董事会、监事会、高级管理层，分工明确、权责利相互制衡；决策层、执行层和监督层的风控架构，确保“事前防范、事中控制、事后监督”有效执行；通过综合业务管理系统、e－Trust 系统、办公自动化系统、公司门户网站和银监局专网等信息化平台，保持各项信息上通下达，信息反馈灵敏快捷，切实有效地发挥了信息交流与反馈机制的作用。

其四，专业。上海信托集多年来完善合理的人才储备及选拔机制，打造出的高效、专业的投研业务团队，保证了持续的金融创新能力和稳健的投资收益。目前，上海信托集聚了大批中高级金融投资和经营管理的专业人才。

其五，创新。上海信托在全国率先推出“优先劣后”受益权的结构化信托产品，在证券投资、房地产和基础设施领域，逐步打造了“蓝宝石”、“红宝石”、“白金”、“明珠”、“现金丰利”、“国瑞”等系列化、标准化产品品牌，成功推出私人股权投资信托计划、企业年金、QDII等创新业务产品，业务模式得到进一步深化，产品投资领域更为深化，资金运用方式更为多样。

《金融时报》记者　薛亮

# 应加强完善信托公权配套规章

## ——访著名法学家、《信托法》起草小组组长江平

（载于《金融时报》2010 年 12 月 4 日第 8 版）

**编者按** 2001 年 4 月 28 日《中华人民共和国信托法》颁布，时至今日已近十年。当年《信托法》起草者对于实施十年的《信托法》怎么看？《信托法》的颁布实施给信托行业带来了什么变化？从今天起，本报开辟“《信托法》十年十人谈”栏目，邀请十位当年《信托法》起草的参与者和多年来在风风雨雨中与信托行业一起走过的信托公司“元老”，畅谈他们对《信托法》、对信托行业发展的思考。

“2010 年中国信托业峰会”召开前，寻着“《信托法》十年十人谈”拟定的名单，记者最先走进了位于北京西南四环附近的著名法学家、当年《信托法》起草小组组长江平的家里。

洪亮的声音，敏捷的思维。面前的这位老人完全不像已入耄耋之年。我们的谈话也从当年他所领导的《信托法》的起草开始。

记者：作为《信托法》起草小组的组长，您能不能回忆一下当时《信托法》起草过程中的一些情况？

江平：我是七届人大的法工委副主任，到了八届人大的时候我就不再担任人大的职务了。八届人大由乔石担任委员长，乔石委员长赋予了专业委员会很大的权力，希望财经委员会立一些法。从 1993 年开始，八届人大期间立了 10 个法，其中一个就是《信托法》。当时厉以宁负责《证券法》，董辅礽负责《破产法》，由我来负责《信托法》，我当时已经不再担任人大的职务，但还是财经委的法律专家。当时为什么让我来起草《信托法》，我想主要是两个原因：一是我在学校的时候教过《信托法》，在我讲的课中也涉及《信托法》的内容；二是《信托法》法律层面的问题更多，因为大陆法系中没有《信托法》，要如何引入《信托法》就更复杂。

当时起草小组是由我和我的博士生周小明以及其他一些同志组成，王连洲是办公室主任，还有一个日本的专家叫中野正俊，中野正俊是日本著名的《信托法》的教授。中野正俊建议搞两个法，一个是《信托法》，一个是《信托业法》，当时我们还专程去日本的七八家信托银行学习，走访了很多专家学者和信托机构。在那儿，我们了解到台湾也在制定“信托法”，他们比我

们要早一两年。回来之后我们也开了一些座谈会，广泛征求大家的意见，主要是与信托公司的人士座谈。当时的信托公司也很关心这部法的情况，因为我们出台这部法主要是为了整顿信托业，解决信托公司将来的出路问题。

记者：当时起草的过程中争论的焦点问题是什么？

江平：日本在1922年时是为了整顿信托业搞了《信托法》，我们当时也是这样。我们在起草《信托法》的时候更关心的是信托公司的前途如何，既要让信托公司有独立的地位，又不能太泛滥；既要让信托公司有一定的出路，又不能搞得太乱；要给信托公司生存空间，但这个空间要合理。

当时争论的主要是两个问题，一是《信托法》到底规定什么？信托到底该如何定义？信托是从英美引进的，植根于英美法系。在大陆法系的中国，信托与委托的关系是怎么样的，委托人、受托人、受益人的权利和义务各自是什么？这些是最主要的问题。信托机构如何监管是次要的。二是是否应该搞《信托法》和《信托业法》两个法。《信托法》侧重于对信托行业私权的立法，《信托业法》侧重对信托行业公权的立法。但在中国的立法中没有这个习惯，无论是《证券法》还是《保险法》，都只有一部法，没有“业法”。所以我们没有搞《信托法》和《信托业法》两个法。《信托法》的建议稿也把两部法合成了一部，既包含了公权又包含了私权，这在过去的立法里面是一脉相承的，但是最后在《信托法》正式出台的时候只保留了私权的部分。

记者：您刚才提到最后颁布实施的《信托法》中删除了公权的部分，那您觉得公权这部分的内容应该怎样来体现呢？目前信托行业发展的社会环境发生了很大变化，您觉得《信托法》有哪些需要修改和完善的地方？

江平：私权的部分应该是由国务院来管理的，但是国务院一直没有相关的法规出台。2002年人民银行颁布了《信托公司管理办法》和《信托公司集合资金信托管理办法》，2007年的中国银监会又颁布了新的《信托公司管理办法》和《信托公司集合资金信托管理办法》，这两个部门规章是对《信托法》公权方面很好的补充。

虽然社会环境有所变化，但我觉得《信托法》没有很大的需要修改的地方，现在的主要问题是一些配套法律法规的不完善，比如说登记问题、税收问题。台湾在“信托法”颁布以后有七八个配套的税法出台，为“信托法”作了很好的补充。《信托法》没有税法的支持是很严重的问题，不利于信托行业的发展。

记者：您对《信托法》在公权方面的补充上有什么建议吗？您觉得有没有必要出台《信托业法》以完善信托公权？

江平：信托公权完善的问题主要是完善相关的制度问题，比如登记制度、税收制度。这些配套制度的出台其实并不难，《物权法》出台以后不动产的登记问题就很好解决了，税法的问题也是一样，需要相关部门配合出台相关的一些与《信托法》相配套的制度。中国没有两部法的传统，证券只有《证券法》，保险也只有《保险法》，没有《证券业法》和《保险业法》，这个问题还是应该由国务院出台相关的法规来解决。

记者：您认为信托业现在所面临的主要问题是什么？您对信托行业今后的发展有什么希望和寄语？

江平：信托业最大的先天不足就是信托公司的地方性问题，我国很多信托公司的设立都是作为地方融资的平台，信托在国外并不是这样的。信托要注意的另外一个问题就是避免利用合法的手段来掩盖非法的目的，这是一个很严重的问题。香港就出现过这样一个案例，一个很有名的富豪，在他去世的时候，为了避免高额的遗产税就做了14份信托计划，这样他的后代就不需要支付任何的遗产税，香港政府起诉他的后人，这个案件一审和二审都是香港政府胜诉，但到了三审的时候，香港政府败诉了，为什么香港政府会败诉呢，因为这14份信托合同都是有效的。

谈到对信托行业的希望，一是应加强有关信托的进一步立法，如登记、税收、监管。二是应严格按照信托的法律法规来开展信托业务。三是应尽量避免出现利用信托制度来逃脱法律问题。

《金融时报》记者　金立新

# 中国信托业发展历程的思考与展望

（载于《金融时报》2010 年 12 月 4 日第 8 版）

中国信托业是中国改革开放的产物，它的命运也必将烙上中国改革开放的深深烙印。

## 信托业的功与过

如何认识中国信托业已走过的历程，仁者见仁、智者见智。科学客观评价中国信托业应从两方面进行。

首先，信托业的功与过是原生性的。信托业诞生的年代中国没有财富阶层，没有要素市场，没有私有财产，是改革开放的需要催生了中国信托业。改革开放需要金融业的配套服务，而国内金融制度满足不了需求。但是为什么恰恰选择了信托业而不是投资银行或证券公司等其他金融组织呢？是信托制度的特殊性决定了这一选择。信托制度从理论和法律意义上应该是资本市场及资产管理业务的基石。如果说传统银行从事的金融业务属于自营性资金业务，那么，其余代理性资金服务业务可以说都是建立在信托制度基础上的。因此，信托制度在英国发源时最初是以个人财产管理为核心的制度安排，以后随着在世界主要经济体的推广已逐步渗透到资本市场服务的主要领域。当时的中国现代金融业刚刚起步，信托平台可以承载改革开放对金融制度配套要求的所有希望。因此，信托引入中国成为历史的必然选择。

这一选择也赋予了信托业的历史使命，在这种背景下，信托业无市场基础、从业人员无职业化训练、监管机构缺乏监管理论与实际，可以说信托业这个孩子降生在“父母无知、家庭无教、政府也无能管理”的环境中，在成长中产生问题是必然的。只有这样，才能客观认识信托业的功过是非，片面指责信托业是不公平的。

其次，信托业的功大于过。信托业的“功”可以概括为四个方面，一是金融创新。信托是中国改革开放后相当长一段时期金融创新的母体。从资本市场的主要产品，到主要金融机构类型无一不是发展于信托平台而随着市场扩大、业务成熟后逐步独立于母体发展成为独立的行业与机构的。二是引进外资。20 世纪 80 年代到 90 年代中期，中国企业国外商业贷款大部分是由信托引入的，相当一部分大项目的设备是由信托以租赁方式引入的。三是筹集建设资金。在改革开放初期，融资需求巨大，而银行无法满足，尤其是计划外的市场经济组织的需求银行更难以满足，信托在筹措资金、促进金融资金市场形成上发挥了很大作用。四是培育现代金融人才。可以毫不夸张地说，中国资本市场及现代金融业建立与发展的人才培养是在信托平台上完成的。到今天为止，资本市场的高级管理人员相当一部分是在信托平台上认识资本市场的。

## 信托业路在何方

今天的中国信托业正处在重生的征途上。信托公司路在何方的答案可能要从两个方面寻找，一是信托公司是否还有独立的路可走，也就是能否找到自己区别于其他金融机构的经营模式；二是路在哪里，实际上就是信托公司的目标市场或者说业务范围怎么定。

关于信托公司是否有独立的路可走，应该说各个方面在认知上有较大差距。代表性的意见有两类。一类认为信托发展前景广阔，既能混业经营，也可以专注于某一项业务。但也有相当一部分人认为信托业已走到尽头，它既与大部分金融机构都有交叉，又充当银行规避监管的通道，信托功能完全可以由其他机构行使。笔者认为，信托业在中国仍然有路可走。主要依据有三点，一是中国金融制度的计划经济特点并未消失，在其他要素市场高度市场化甚至过度市场化的同时，中国金融业仍然以政府行政管理为主，存在浓厚的计划经济特色。只有信托公司在产品创新自主定价定量方面具有相对充分的自主权。在这种金融管理体制下，金融市场存在着二元市场，在银行贷款及公募股票及债券市场之外，存在着巨大的民间市场化的资金需求与供给市场，这个私募性民间资金市场是信托公司的广阔天地。只要中国的金融体系不走向彻底市场化，信托公司的历史责任就尚未完成。二是中国金融市场尚处于高速成长中，市场需求巨大。到目前为止，中国金融市场仍然以服务于企业融资为核心，随着第一代创业企业家退休潮的来临，中国金融业将步入财富管理黄金时代。金融市场细化，金融产品创新将继续，在此过程中，具有天然创新优势的信托业不应或缺。三是中国金融业仍以分业管理为主，其他金融机构业务界限相对严格，不能满足市场需求，这为信托公司提供了发展空间。

## 信托公司的业务定位

关于信托公司业务定位问题，笔者认为应包括两个方面，一个是排他性业务，也可以称为主营业务；另一个是兼营业务，可以与多类机构共享。但需分别申请业务执照。这里主要就信托主营业务的界定提供一些建议。

信托业的主营业务定位主要从两个方面进行。一个是从私募金融市场业务服务商的角度定位；另一个是从信托制度衍生的金融服务功能来定位。

第一，关于私募市场金融服务商的定位。按照中国金融市场的管理理论，资金经营及信用管理属国家统一管理的特许业务，一般工商企业不得经营。到目前为止，货币市场存贷款上主要由银行经营，资本市场公开发行的股票、债券、基金主要由证券公司、银行及其他金融机构授权经营。但是对于私募性质的货币经营，银行及证券公司原则上尚未介入。挂牌金融机构也只有信托公司、典当行，其中信托公司是主要服务提供商。私募金融市场按资金市场可细分为两大类，一类是为资金需求方融资为主的私募性投资银行业务。主体包括民营、国有企业及地方政府融资平台。由于公开发行债券、股票及银行贷款不能满足其资金需求，转而通过私募市场筹集资金。融资方式可以是固定收益方式、股权投资及夹层融资，融资成本根据市场情况确定。另一类是为资金所有者提供投资及理财服务的私募性资产管理业务，主体包括个人及各类法人机构。其服务需求为追求比银行存款及公募性金融产品更高回报或更为安全或流动性更强的资产组合。这种私募性质的金融市场，虽然存在巨大的市场空间，但由于既无明确的合法金融机构提供服务，也缺乏相应的管理法规，民间借贷掮客、担保公司、私募基金、典当公司都介入其中，导致市场管理混乱，乱集资屡禁不止，严重影响到金融安全与社会稳定。随着第一代创富阶层的退休，个人投资能力的提高，私募性金融市场将继续扩大和发展。近年来信托公司已在这个市场上逐步确立了主力地位。但由于在政策法规层面尚无足够的政策依据，信托公司在这个市场的业务拓展受到了严格限制，难以满足市场的客观需求。而其他机构正纷纷进入，例如，证监会正在确定合伙制 PE 的统一管理办法，一旦明确下来，信托公司又面临被驱逐的危险。还有像诺亚这样的非持牌机构可以通过多种方式销售产品，提供理财服务，而信托公司却在销售上被捆住手脚。

信托制度的自身优势决定它是私募金融市场的最佳服务商。既然信托公司已成为私募金融市场的领导者，而信托公司服务介入又对分流投资渠道、规范引导民间金融行为、稳定金融秩序有重要作用，那么，通过必要的政策将信托公司定位为私募金融市场的排他性金融服务提供商，不仅对信托业的发展具有现实必要性，也对中国金融体系的完善有着重大的积极意义。

第二，信托制度衍生的金融服务功能可以定位为信托业的排他性主营业务。资金与信用经营活动中有信托制度安排的都应该由信托公司专营，但对国务院另有规定的应该排除在外，例如基金管理公司。基于这样的观点，至少信托公司可以在四个方面有自己的排他性服务领域。一是在理财市场上，信托既是最好的综合理财载体，也应该是私密性要求较高的高端理财平台。二是在证券化市场上，信托公司应该是垄断性托管机构，它既可充当证券化过程中 SPV 之功能，也可以在债券发行中作为抵押品的托管机构，代表投资人监管处置抵押财产。三是在年金管理、破产清盘过程中充当法定托管机构。四是在公益基金的设立中充当发起及托管机构。

新华信托股份有限公司董事长　翁先定

# 销售为王还是产品为王

（载于《金融时报》2010年12月4日第8版）

前不久有媒体报道，中融信托公司因涉嫌违规获取银行的理财客户信息，其信托产品销售部门被要求停业整顿。虽然这个事情已经过去，但由此也引发了这样一种思考：信托公司在经营中应该以什么取胜？

一个不争的事实是，近年来信托公司所管理的信托财产日益扩大。这种规模的扩大在几乎所有信托公司的报表中都有明确的体现。信托财产规模的扩大，一方面来自银信合作对规模的快速拉动；另一方面，也体现在信托公司对销售环节的重视上。这种重视既有在人、财、物等方面资源的倾斜上，也有对于销售人员考核的压力上。

与其他金融机构比较，信托公司不能异地设立分支机构，不能宣传产品，因此缺少自身稳定的销售渠道以及客户难以了解信托产品，成为了信托产品销售中很难逾越的障碍。正因如此，依托其他金融机构的渠道进行销售，成为许多信托公司产品销售的一个重要方式。

但是，一些信托公司在经营中高度重视销售环节的同时却似乎忽略了这样几个基本事实：在基础资产上，目前信托公司与其他金融机构经营的同样是资金；在资金成本上，信托公司资金的取得成本要远高于其他金融机构；在抗风险能力上，信托公司无论从规模还是从风险识别等方面远低于其他金融机构。与此同时，因为产品宣传、销售渠道等方面的限制，信托公司在销售中对银行等金融机构的依赖也必然导致成本的上升。如此境况下，信托公司在产品销售上要取得突破，唯一的选择就是提高预期收益，这也意味着信托产品的投资收益必须要远高于金融市场中其他理财产品，才能满足信托产品的高预期收益。但高收益必然伴随着高风险，在信托公司的抗风险能力并没有明显高于其他金融机构之前，过度重视销售可以潜伏着难以想象的风险。某些信托公司采用违规手段进行销售，一方面可以理解为个别人员的行为，属于信托公司内部的管理问题；另一方面也似乎透视出，在缺乏研究与风险控制等中后台支持的情况下强调销售，以高预期收益作为竞争手段，目前已经使一些信托公司难以承受，因此不得不采用一些“另类”的方法和手段降低成本。

信托公司在经营中究竟应该是销售为王还是产品为王？

毫无疑问，脱离产品的销售只能是拔苗助长。从长远发展的角度看，信托公司还是应该从理念上更加深入地理解信托关系与信托的功能，从产品与服务的角度入手设计出区别于其他金融机构的产品，才能够立足于财富市场。

信托行业中各公司背景不同，因此经营的侧重点与经营优势上也必然有所不同，但有一点是相同的：所有的信托公司都是基于信托理念与特性的挖掘而经营。在经营理念上，根据信托业的特征，中信信托总经理蒲坚曾提出过“无边界服务，无障碍运行”的经营理念，确立了“中信信托要致力于成为《信托法》约束下，综合金融方案的提供商和多种金融功能的集成者”的经营模式。对于“多种金融功能的集成者”，蒲坚也曾经作出过这样的解释：

信托公司在每个单一的领域都会遭遇专业金融机构的竞争，信托公司很难超越它们，使用信托公司资金的成本一般也要高一些。因此客户在找到信托公司前，基本上都找过其他金融机构。就像治病一样，专业机构治不了，才来找信托，信托公司最后成了专治“疑难杂症”的地方。别人解决不了的问题凭什么信托公司能解决？没有别的办法，唯有比那些专业的机构知道得更多，比它们更进取，比它们的方法论更符合现实。其中最重要的一个方法论就是集成。集成的本质是知识和智慧的集成，就是你要比别人知道得更多，能集成更多的知识。然后，根据信托赋予的自由集成空间，在这个平台上根据客户需求自由地运用所有的金融工具。从信托的本质开发出来的综合性，这种综合性不是银行、证券、保险加在一起的综合性，客户的综合需求才是综合性，甚至不只是客户对金融的需求。

的确，信托公司区别于其他金融机构的最主要特性就在于它的综合性，这种综合性不仅在于横跨三大市场，还在于因为被赋予了可以横跨三大市场的功能所产生的与其他金融机构目标基础资产的不同，如此也就产生了信托与其他金融机构的区别。这种区别不仅在于信托可以综合其他金融机构的业务功能而产生一种“集成效应”，还在于可以根据客户需求，根据客户的资产情况设计出超越其他金融同业业务功能的产品。在分业经营的监管模式下，这种区别与不同也正是信托公司最大的优势。

可喜的是，目前一些信托公司已经看到了这些。在中信信托提出“无边界服务，无障碍运行”经营理念之外，其他一些信托公司也将对信托理念的挖掘和产品的设计与研究列入了工作重点。江苏某信托公司的研究人员队伍已经达到了20多人，其对不同领域的研究不断细化；在大批信托公司广泛招聘销售等业务人员之时，上海信托的招聘岗位中则出现了“不动产项目开发”、“金融同业创新产品开发”、“信托市场研究”、“固定收益研究”等多个岗位，显示出其对不同领域研究的细化。

实际上，在分业经营的监管体制下，许多金融机构的最大苦恼就是不能为客户提供综合的服务。如此情况下，挖掘信托理念，花大力气根据财富阶层的需求设计出区别于其他金融机构的产品，让信托公司成为理财市场的产品提供商，这是否是一条更可持续的可行之路呢？

《金融时报》记者　金立新

# 阵痛之后是重生

## ——2010年信托市场回顾

（载于《金融时报》2010年12月18日第8版）

2010年，一些规范性举措对于信托公司是辉煌时代的结束还是阵痛后的重生？业内人士认为，相对而言，规范性的政策环境使信托公司的发展可能会受到一些限制。但也面临着良好的发展机遇，信托公司如果能够抓住机会，努力提高自身的创新能力和自主管理能力，其发展将会上一个新台阶。

说到即将过去的2010年，信托业界人士大多是这样的一句话：挣钱的时候过去了。

的确，过去的几年中，信托业的发展可以用“辉煌”二字形容。据用益信托工作室不完全统计数据显示，截至2010年9月，共发行集合信托产品1 271款，发行规模为2 398亿元。同时，53家信托公司参与银行发行的银信合作理财产品3 355款，其中公布发行规模的产品1 671款，资金规模为22 781亿元，预计银信合作理财产品发行总规模超过4.5万亿元。截至2010年上半年，中国信托业共管理约2.9万亿元的受托财产，而目前国内54家信托公司2009年末的注册资本金合计只有606亿元，平均注册资本为11.21亿元，平均净资产18.8亿元。

在市场需求以及政策鼓励的作用下，信托理财规模总量不断扩张，无论是对理财市场还是其他金融服务，都起到了巨大的推动作用，同时，信托行业对资本、产业、货币市场的渗透和影响也前所未有，规模之大、领域之广都是历史上的突破。这种规模的高速扩张与对资本、产业和货币市场更深入的渗透，也的确令信托公司尝到了甜头。数据表明，今年前三季度，信托公司净资产总额为1 142.2亿元，经营收入达109.42亿元，利润总额76亿元，行业人均利润134万元，在全国金融业中处于较高水平。以此数据看，2010年仍然可以说是信托公司挣钱的一年。

但是，在国内信托业飞速发展，在国民经济中的话语权日益提高的同时，信托业务结构不合理、风险不对等等问题也暴露了出来，引起了监管层的重点关注。随着国家货币政策的转变，监管层的态度在2010年上半年出现了重要转折。

为规范信托公司开展结构化信托业务，保护信托当事人的合法权益，鼓励信托公司依法进行业务创新、培养自主管理能力，确保结构化信托业务健康、有序发展，银监会下发了《关于加强信托公司结构化信托业务监管有关问题的通知》。为配合国家对房地产市场的调控，进一步规范信托公司开展房地产信托业务，防范房地产信托业务风险，提高信托公司风险防范意识和风险控制能力，2010 年 2 月 24 日中国银监会办公厅下发了《关于加强信托公司房地产信托业务监管有关问题的通知》，其后至今，信托公司所热衷的房地产信托一直是政策关注并规范的重点。针对银信合作中信贷类产品的发行使银行把贷款由表内挪腾到表外，影响到国家宏观调控政策特别是货币政策的效果，以及信托公司在信托贷款类产品中只是起通道作用，业务收入费率很低，但是相应的风险却很高的现状，8 月 10 日，银监会下发《中国银监会关于规范银信理财合作业务有关事项的通知》，对银信合作理财业务作进一步规范，鼓励信托公司开展投资类业务，发挥自身特色和优势，提高自主管理资产能力；9 月 7 日，银监会正式颁布《信托公司净资本管理办法》，该办法的出台也意味着银信合作业务彻底走到尽头，信托公司一味做大规模的粗放式发展方式结束。银信合作若要继续发展，则需要创新，要提高银信合作中信托公司的信托报酬率，使得收益与其占用的净资本相符合。或许正是这些，让一些信托公司人士感觉到钱难挣了。

2010 年，这些规范性举措对于信托公司是辉煌时代的结束还是阵痛后的重生？对此，用益信托工作室的李旸认为，相对而言，规范性的政策环境使信托公司的发展可能会受到一定限制，这是由我国信托业现在的发展阶段决定的。但信托公司现在也面临着良好的发展机遇，信托公司如果能够抓住机会，努力提高自身的创新能力和自主管理能力，其发展将会上一个新台阶。

用益信托工作室在其一份报告中表述了这些机遇何在。2010 年，信托行业兼并重组加快，中外机构对信托公司的热情未减，重组整合此起彼伏，为信托行业迅速做大做强提供了又一个有效的途径。与此同时，江南信托、方正东亚信托、四川信托、伊犁信托、南京信托、庆泰信托、海南信托等遗留问题信托公司的重生，也使信托行业机构扩容实现新突破。而在信托公司方面，各信托公司厉兵秣马，谋求竞争先机。增资扩股、换发新牌成为各家信托公司 2010 年的重点工作。联华信托换发新牌，兴泰信托增资更名，招商局中国基金增资中诚信托，华信、杭州、甘肃和西安等信托增资。值得注意的是，多家信托公司也在为异地经营创造条件，更多地把目光投向了各种市场进入资格的争取上。中诚信托与全球领先的交易商兼经纪商之一 BGC Partners 公司在京开办合资业务，昆仑信托跻身银行间债券市场和同业拆借市场，吉林信托与民族证券共推私人股权投资等直投业务，中信信托开展股权投资业务，上海信托成立首只信托 QDII，平安信托推出的市场首个阳光私募评级，中信信托助力山西煤改，平安信托推出公益信托计划。同时，部分信托公司大举招聘，储备人力资源，为日后信托业务的扩张积累人力资本，谋求竞争先机。这些都充分体现了信托公司未雨绸缪，对未来市场的争夺。在研发新投资领域方面，部分信托公司依托其独有的资源平台优势，取得新的突破。外经贸信托、中信信托助力山西煤改，中信信托为“河南农业开发产业投资基金”量身定做“中信国元农业基金一号集合资金信托计划”，基金总规模为48亿元。这是由河南省政府批准设立的专用于农业产业化发展的第一只产业投资基金，也是全国第一只农业产业投资基金。此外，平安信托推出公益信托计划支持灾区建设。这些信托公司在产品投资领域上的创新，在助力我国经济发展的同时，也为信托公司的业务发展带来了新的机遇。

《金融时报》记者　金立新

# “脱胎换骨”之后 信托业仍不可松懈

## ——《信托法》起草工作具体组织者王连洲访谈录

### （载于《金融时报》2010年12月18日第8版）

随着我国进入“十二五”新时期，信托业也随之面临新的发展机遇和挑战，如何选择发展道路，成为摆在信托人面前的新命题。记者就此采访了《信托法》起草工作的具体组织者王连洲。作为一部对中国信托业存废关系重大法律的起草参与者，他对《信托法》和整个信托业的思考站在了较高的位置。

记者：在《信托法》的推出中，您的作用功不可没，这在业内已经是一种共识。目前在信托行业法律环境还有很多需要完善的地方，您能否回忆一下当时您最主要的工作是什么？解决的最大问题是什么？您是怎么解决这些问题的？能够解决这些问题最根本的原因是什么？

王连洲：我从1983年到2000年，在全国人大财经委工作了17年，主要是负责全国人大财经委同国务院有关部门必要的联系工作，以及参与金融财政方面法律的审议服务和起草工作，包括人民银行法、证券法、基金法和信托法等等。我作为全国人大财经委《信托法》起草工作组的主要组织者和参与者，积极推动了《信托法》的出台。具体做的工作，主要是围绕起草《信托法》所带来的组织工作，包括前期的境外考察、立法比较、制度研究、征求意见和起草条文。

在我的记忆里，解决的最大实际问题是组织了多次包括美国、英国、日本以及中国台湾、中国香港等境内外专家学者参加的信托研讨会。在《信托法》起草工作中遇到的最大问题，是将属于舶来品的普通法系的信托制度根植于奉行大陆法系的中国，有一个吸纳的过程，比如对于“一物一权”与“一物两权”就有个衔接融化的问题，还有《信托法》中应该或者需要安排什么内容等，由此产生的分歧认识就在所难免。对于信托业的经营行为，要不要法律规范就有两种意见。人大财经委信托法起草组就主张规范，因此人大财经委提请人大常委会审议的信托法草案，就包括两个主要内容部分，一是信托基本关系行为，二是信托机构经营运作规则。对信托投资公司规定的存废问题，成为最大分歧点，长期解决不了。是否在《信托法》中规范信托公司并设立专门的章节，应该说这并不是一个很大的原则问题，而是一个可以这样也可以那样的立法体例和立法取向问题。实际上意见双方都有个“以我为主”或者“先入为主”的问题，反映着对于信托投资公司不同的认识和看法，说不上谁是谁非。信托法起草组对信托公司面临的情况和业界的呼吁，似乎感受更深一些，所以力主在《信托法》中专设一章规定信托投资公司，希望借此对信托业进行保护、引导和规范。在《信托法》的前几稿中，一直存在“信托公司”一章，并列举了多个理由维护这个格局，但后来因为强力反对被删去了。所幸的是，《信托法》历经坎坷之后终于在2001年问世了，并为信托业最近10年来的快速发展，营造了良好的法律环境，打下了坚实的法律基础。我的感受是，《信托法》来之不易，信托业发展到今天的状况也不寻常，需要齐心协力扶护。信托业今后应该坚持开拓创新，广泛挖掘市场，加强研发力量，用信心、决心和耐心去推动信托业的发展。

记者：对于目前信托业发展中法律问题的完善，比如税收等，您认为不能及时完善的根本原因是什么？应当采用怎样的方式去解决？

王连洲：近年来，信托行业的立法工作已经取得了不小进展，银监会、人民银行、财政部等部门都制订了有关信托的规范性文件，尤其是资产证券化、企业年金基金等业务的立法中，对“信托”的规定颇为细致。但是，仍有不少信托业开展的重要制度，没有相应跟上，特别是信托登记、信托税制等，这些都是信托业稳健发展的基础制度和有力保障。之所以一些相关的信托制度立法相对滞后，甚至在多年疾呼的情况下仍然驻足不前，主要原因可能在于：其一，信托制度的普及度和认知度还相对较低，各方面对信托的“奥妙、独特制度优势”还不甚了解或者了解不深，由此信托登记和税收等方面的问题，一直难以真正提上日程并得以有效解决；其二，信托制度在大陆法系的文化中较为特殊，与既有的诸多制度存在摩擦或冲突，立法难度颇大，尤其是在已经自成体系的登记和税收等制度中嵌入信托机制，难免会遇到不少障碍；其三，虽然信托行业的资产规模和业务收入增长迅猛，但信托研究和信托宣传明显滞后，缺乏对信托业的总结和宣导，更缺少对信托立法的深入钻研和持续推动。我认为，信托行业应该加强交流，在协会等组织的引导下，多做一些发现问题和解决问题的实际工作，把信托业的真实情况和现实问题等信息传递给相关部门，推动信托制度的持续完善和健全。

记者：对于目前信托行业的发展，特别是对于新“一法两规”以及对于目前规范银信合作、《信托公司净资本管理办法》等相关政策的推出，您如何评价？

王连洲：“一法两规”之中的《信托法》已经发挥了其应有的作用，目前缺少的是配套法规，如法律解释和实施细则等，应当在适当的时机对其加以补充、修订和完善。“新两规”在过去的三年多里发挥了重要作用，尤其是培育合格投资者市场、引导信托公司专心开展信托业务、规制信托公司与其股东的关系、保护受益人利益等，对于促进信托公司由融资平台向资产管理平台转型，起到了不可忽略的巨大作用。银信合作是一把“双刃剑”，曾在信托公司的发展壮大和资源积累过程中起到了不可磨灭的作用，近年来银信合作的资产规模增速惊人，但信托报酬的费率标准整体偏低，同时对信托公司的自主创新和主动管理形成了抑制，尤其是在一定程度上与信贷调控的基本政策有所背离。目前，监管层对银信合作的规范和调整，从长远的角度来看是有利于信托业发展的，信托公司也可转变“出租牌照”的业务模式，从而向主动管理的资产管理平台转型。特别是《信托公司净资本管理办法》把整个行业引向了一条稳健、创新、可持续发展的道路，改变了近年来一味做大规模而忽视内涵增长的粗放式经营思路，在整个行业尚未暴露严重风险之前放慢节奏和重视风控，防患于未然，这是防范风险所需要的，也有利于行业的长远发展。当然，关于风险资本的计提标准等关键问题，还有待进一步深入调查研究，比如具体的业务分类标准，以及是否按照信托公司的监管评级进行差异化的风险资本计提等等。

记者：您认为目前信托行业发展中最亟须解决的是什么问题？

王连洲：目前，信托行业的资产规模已经突破3万亿元，成绩斐然。但是，一些深层次的问题也不容忽视，尤其是下一步的发展速度和质量也取决于当前对问题的认识水平和解决力度。在我看来，有这样几个问题亟须引起各方面的关注：第一，行业定位仍不清晰，到底信托公司的主营业务是什么，在房地产信托和证券投资信托之外还有哪些盈利点；第二，行业发展缺乏必要的制度扶持和鼓励，尤其是信托登记、信托税收、信托受益权流通转让等方面亟待法规政策的“庇佑”；第三，信托公司的内部治理机制仍有待改进，这从一个事实可见一斑，60余家信托公司里真正开展市场化业务的并不占多数，创新能力强的信托公司更是为数不多，这恐怕与内部管理和经营思路有关；第四，信托研究落后，与其他金融行业相比，信托业明显缺乏强大的研发支持，这必然会影响到整个行业的发展后劲；第五，最重要的是人才匮乏的问题已经愈演愈烈，存量流失严重，增量明显不足，已严重束缚信托业的展业空间，成为行业腾飞的羁绊。

记者：最后，您怎样看信托业的未来？

王连洲：《信托法》即将迎来十岁“生日”，令人很兴奋，也很感慨。回顾过去的成绩和发展轨迹，信托业应该庆幸与自勉。尤其是面对社会财富的迅速增长，高净值人士的数量在迅速增加，信托制度大发展的社会土壤正在逐渐具备，即将到来的财富管理时代应该属于信托。因此，信托公司应该坚定发展理念，广大信托同仁应该坚定发展信心，用信托人的聪明才智缔造中国信托业的崭新时代。当然，我相信越来越多的人会接受和运用信托这一灵活机制，也将有更多的企业受惠于信托这一金融工具，未来的中国社会将会因为信托而变得更加富足与和谐。

《金融时报》记者　薛亮

# 信托模式为保障性住房建设提供新路径

（载于《金融时报》2010 年 12 月 18 日第 8 版）

在房价居高不下，保障房成为政府抑制高房价、保障民生重要手段的背景下，金融机构如何介入低收益的保障房建设同时又能保障自身的收益？作为资金成本较高的信托公司，又该如何介入这一领域？日前记者在江苏的采访中，从中信信托连续发行的多款用于保障性住房建设集合信托计划以及各方的反映和理解中，找到了一条通过信托公司发行信托计划，将分散的社会资金在较短的时间内集中起来，投入地方保障性住房建设，缓解当地政府资金和开发商流动性压力，为保障性住房建设提供了新的路径。

## 信托模式与保障房建设 BT 模式对接

记者日前在刚刚升级为国家级开发区的江苏淮安经济技术开发区采访时了解到，该区近年来引资迅速，包括富士康、台玻集团和达方电子等一大批台资名企纷纷进驻，开发区保障性住房建设的任务也随之越来越重。一是开发区发展在使用更多土地资源的同时，需要为被拆迁失地农民提供保障性住房和其他社会保障服务。二是面向入驻企业的中低收入产业工人和困难员工提供平价房，改善其居住条件并留住熟练产业技能人才。

据淮安经济技术开发区管委会副主任张明介绍，在地方保障性住房建设中，作为筹措资金和项目建设的主体，各地政府采取了政府主导、市场化运作的方式，部分地方政府以建设—回购（BT）方式，吸引企业投资于保障性住房建设，但由于回购期一般较长、资金占用较多，投资企业面临较大的资金压力，也影响了保障性住房的建设进度和参与企业的积极性。

中信信托“民享 1 号保障性安居工程应收账款流动化信托项目”在这一背景下应时而生，募集资金总额 2 亿元、期限 18 个月，为淮安开发控股有限公司因在 BT 模式下承建当地保障性安居工程项目而产生的回购款进行流动化安排。

张明说：“与中信信托的合作，大大加快了项目建设速度，让被拆迁农民能够在春节前搬进新居，度过一个欢乐祥和的春节。”

除淮安经济技术开发区保障房建设项目外，中信信托还在武进高新产业开发区推出了同一模式的系列项目，已先后推出两期，融资1亿多元。记者在武进高新区看到，该项目所支持的保障房小区都已投入使用，从社区管理、商业设施、便民大厅和公共活动配套设施都配备齐全。目前，武进高新区已建设了250万平方米的保障房小区，包括国家领导人曾视察过的小区乐活中心。

## 信托模式为保障房建设资金运作提供“支点”

记者在采访中了解到，开发区建设的保障性住房以政府投入为主，信托资金只是保障房建设多元化资金来源的部分。但是与其他资金来源相比，信托资金却能在整体盘子中发挥“支点”作用，因其风险控制措施和可使用金融工具多样，资金因此快速到位，能盘活企业和政府的资金流，使开发区建设得以顺利推进，安居工程得以实施，社会稳定得以促进。

“地方政府对保障房建设都有时间要求。如果找银行，在分行审批权限无法满足的情况下，必须由总行审批，这一过程许多银行可能需要半年，甚至一年的时间。但在保障房建设过程中，对于拆迁户的安置需要政府的投入，每天都是一笔不小的支出，因此银行资金在时间上无法快速满足我们在资金上的要求。”负责淮安经济技术开发区保障性住房建设的淮安开发控股公司负责人对记者说。“中信信托在很短的时间里，就将资金划拨到位。”

森联投资公司是一家按市场化方式运作的民营企业，在过去七年中主营与政府合作的基础设施建设。武进开发区管委会对其该公司的评价是，“他们看重我们的政府信用，我们看重他们的投资理念和资源整合能力”。

森联投资公司代表在接受记者采访时说，他们受政府委托来完成武进开发区的部分建设任务，需要把各方资源整合起来。“相比其他金融机构，信托资金的特点是快速和灵活，创新手段多，这是它们的优势。”

但是，信托公司在资金运用上的快速灵活是因为信托公司的风险识别和控制比银行更高，还是信托公司的风险容忍度更高呢？对此中信信托相关人士的理解是：中信信托公司制度安排上的灵活性与解读国家政策的责任感以及信托相对于银行更丰富的风险控制手段，使得信托公司对于资金的投放更快速。

森联投资有关人士说，“更重要的是，信托能将分散的社会资金集中起来，聚小溪为大川，这是政府做安居工程的很好办法。”

## 信托模式让保障房建设项目各方共赢

据森联投资公司代表介绍，目前不少大的地产商都开始介入政府保障房建设项目。虽然利润较低，但是风险也相应降低。

“保障房建设是政府大力推动的，因此安全系数也是最大的。同时，在建设—回购的模式下，政府也在帮你控制成本。”这位代表介绍道。

对于开发区来说，借助市场化手段，进行开发区建设，一方面缓解了政府的资金压力，另一方面因为快速完成保障房建设所带来的社会效益和税收等经济效益更是难以估量，促进了开发区建设和社会稳定，同时也促进了地方经济的发展。

武进开发区管委会负责人说，“没有森联，没有市场化运作，我们不可能建设那么多保障性住房。”

而对于中信信托，保障房建设是该公司加大开发力度的业务领域之一。据中信信托方面介绍，该公司已在不断将武进开发区和淮安开发区的融资模式进行复制，目前已在苏南多个地方洽谈类似业务安排。

《金融时报》记者　金立新

# 中国信托业年鉴 2010—2011（下卷）

ALMANAC OF CHINA'S TRUSTEE

中国信托业协会　编

# 目　录

CONTENTS

## 下　卷


**2010 年度中国信托公司信息披露分析报告** …… 911

**2010 年度各公司年度报告** …… 1055

安徽国元信托有限责任公司 …… 1057

安信信托投资股份有限公司 …… 1071

百瑞信托有限责任公司 …… 1091

北方国际信托股份有限公司 …… 1108

北京国际信托有限公司 …… 1120

渤海国际信托有限公司 …… 1135

重庆国际信托有限公司 …… 1148

大连华信信托股份有限公司 …… 1165

东莞信托有限公司 …… 1175

甘肃省信托有限责任公司 …… 1187

广东粤财信托有限公司 …… 1198

国联信托股份有限公司 …… 1209

国民信托有限公司 …… 1221

国投信托有限公司 …… 1230

杭州工商信托股份有限公司 …… 1245

湖南省信托有限责任公司 …… 1256

华澳国际信托有限公司 …… 1266

华宝信托有限责任公司 …… 1278

华宸信托有限责任公司 …… 1294

华能贵诚信托有限公司 …… 1308

华融国际信托有限责任公司 …… 1318

华润深国投信托有限公司 …… 1331
吉林省信托有限责任公司 …… 1347
建信信托有限责任公司 …… 1364
江苏省国际信托有限责任公司 …… 1382
江西国际信托股份有限公司 …… 1394
交银国际信托有限公司 …… 1407
昆仑信托有限责任公司 …… 1418
平安信托有限责任公司 …… 1433
山东省国际信托有限公司 …… 1447
山西信托有限责任公司 …… 1461
陕西省国际信托股份有限公司 …… 1471
上海爱建信托投资有限责任公司 …… 1487
上海国际信托有限公司 …… 1502
苏州信托有限公司 …… 1518
天津信托有限责任公司 …… 1534
西安国际信托有限公司 …… 1551
西部信托有限公司 …… 1563
西藏信托有限公司 …… 1577
厦门国际信托有限公司 …… 1586
新华信托股份有限公司 …… 1598
新时代信托股份有限公司 …… 1612
英大国际信托有限责任公司 …… 1622
云南国际信托有限公司 …… 1636
中诚信托有限责任公司 …… 1649
中国对外经济贸易信托有限公司 …… 1664
中国金谷国际信托有限责任公司 …… 1675
中海信托股份有限公司 …… 1685
中航信托股份有限公司 …… 1698
中融国际信托有限公司 …… 1709
中泰信托有限责任公司 …… 1727
中铁信托有限责任公司 …… 1738
中投信托有限责任公司 …… 1750
中信信托有限责任公司 …… 1762
中原信托有限公司 …… 1776

中国信托业 2010—2011 年鉴（下卷）

# 2010年度中国信托公司信息披露分析报告

# 2010 年度中国信托公司信息披露分析报告摘要

## 第一章　信托公司的基本信息

本章主要介绍了56家信托公司披露的公司基本信息、实收资本以及股东情况等。

## 第二章　信托公司年度报告的质量评价——关于审计报告

审计报告的类型对公司财务报告的可信性有非常重大的影响，一般在作上市公司排行榜时，会将被出具非标意见审计报告的上市公司剔除。此外，是否执行《企业会计准则》对公司财务信息披露的影响也非常大。本章对信托公司被出具的审计报告类型及执行《企业会计准则》的情况进行分析，以此作为后面章节对信托公司进行分析的一个依据。

## 第三章　信托公司财务综合排名及单项财务指标排行榜

本章参考了银监会对信托公司的评价和考核标准，参照上市公司的评分方法对信托公司财务综合情况及各单项财务指标进行了排名。

## 第四章　固有资产报表的总体分析

本章将56家信托公司披露的2010年固有资产部分的会计报表，包括资产负债表、利润表和所有者权益变动表，分别汇总成代表中国信托行业固有资产整体的汇总报表，以此来分析中国信托公司固有资产整体的财务状况和经营成果。

## 第五章　信托资产报表的总体分析

本章将56家信托公司披露的2010年信托资产部分的会计报表，包括资产负债表和利润表，分别汇总成代表中国信托行业信托资产整体情况的汇总报表，以此来分析中国信托公司信托资产整体的财务状况和经营成果。

## 第六章　财务报表附注及其他项目的分析

本章分析了在财务报表附注部分披露的包括或有事项、自营资产风险分类、资产损失准备计提以及关联方关系及其交易等各项情况。同时，本章还就信托公司2010年年报中对经营因素的认可情况作了详细的统计，以便于相关部门决策参考。

## 第七章　公司治理结构及人员结构

截至2010年末，信托公司内部控制的构建以“一法两规”及相关法规为基本依据，以保证国家法律法规的贯彻执行，保证风险管理体系的有效性为目标，以全面性、审慎性、及时性、有效性、独立性等为基本原则，建立了授权体系、监控反馈等制度，形成了一定的公司治理运行机制和分工合理、职责明确、报告清晰的组织结构，实施了组织结构控制，明确了“三会一层”(股东大会、董事会、监事会、经营管理层)的职能和责任。本章就信托公司的公司治理情况进行了分析。

## 第八章　信托公司年报信息披露的问题与建议

信托公司的信息披露是根据银监会《信托投资公司信息披露管理暂行办法》的要求进行的。本章对2010年56家信托公司年报的信息披露质量进行分析对比，分析这些财务报告的披露是否符合银监会的要求；同时对比上年度年报信息披露中出现的问题，提出意见和建议，以便以后年度各公司年报的信息披露能够更真实、完整地反映信托公司的情况。

## 第九章　其他一些附表(略)

本章将一些报表作为附表列示，该等列示的报表信息希望能有助于阅读者更好地使用本报告。

# 编 制 说 明

继2009年对54家信托公司进行信息披露后，2010年未收入青岛海协信托投资有限公司，新增加了中航信托股份有限公司、华澳国际信托有限公司、中国金谷国际信托有限责任公司3家公司，合计信息披露的信托公司共56家。2009年期初数披露不包含青岛海协信托投资有限公司，已包含新增加的3家公司。

在《2010年度中国信托公司信息披露分析报告》的编制过程中，我们注意到，在56家信托公司披露的2010年度审计报告中，有10家信托公司本年披露的期初净资产与上年披露的年末净资产不一致（本年新增加的3家公司视同一致），10家信托公司本年披露的上年净利润与上年披露的当年净利润不一致（本年新增加的3家公司视同一致）。在这些有差异的公司中，部分信托公司未披露导致比较报表年初数调整的原因。由于年鉴篇幅所限，不可能一一列示其差异产生的原因和数据调整过程，因此在计算本年各项指标排名时以信托公司本年披露的年初数为准，同时列报上年净资产数和上年净利润数，以供信息使用者参考。

对56家信托公司报表进行汇总统计时，我们还注意到，信托公司报表所采用的货币单位不一致，大部分公司使用“万元”为单位，部分公司使用“元”为单位。为便于汇总合并，我们统一以“万元”为单位，对于部分以“元”为单位的报表进行折算，由于折算差异可能造成部分表格的明细构成与合计数存在尾差。

在对56家信托公司报表进行汇总统计时，对于有合并报表的信托公司，我们采用合并报表数据进行统计分析。

# 2010年度中国信托公司信息披露分析报告

**第一章 信托公司的基本信息** …… 919
一、信息披露情况总览 …… 919
(一)信托公司披露户数及其地区分布情况 …… 919
(二)信托公司变更公司名称情况的披露 …… 919
(三)信托公司基本情况的披露 …… 920
(四)信托公司董事会、监事会及高管对年报意见的披露 …… 922
(五)信托公司重大事项临时公告的披露 …… 923
二、信托公司2010年实收资本及股东情况 …… 923
(一)信托公司实收资本及股东2009年、2010年的综合变动情况分析 …… 923
(二)信托公司截至2010年末股东和大股东情况分析 …… 925
(三)2010年信托公司股东变更情况分析 …… 929

**第二章 信托公司年度报告的质量评价——关于审计报告** …… 931
一、信托公司2010年、2009年审计报告意见类型分类汇总情况 …… 931
二、信托公司2010年、2009年会计师事务所审计情况 …… 931
三、信托公司2010年、2009年审计报告情况 …… 933
四、信托公司2010年执行的会计制度统计 …… 933

**第三章 信托公司财务综合排名及单项财务指标排行榜** …… 936
一、信托公司财务综合排名 …… 936
二、信托公司单项财务指标排行榜 …… 939
(一)固有资产资产总额排行榜 …… 939
(二)固有资产资产总额增减排行榜 …… 940
(三)固有资产营业总收入排行榜 …… 941
(四)固有资产营业总收入增长排行榜 …… 942
(五)固有资产净资产排行榜 …… 944
(六)固有资产净资产增减排行榜 …… 945
(七)固有资产净利润排行榜 …… 946
(八)固有资产净利润增减排行榜 …… 948
(九)固有资产净资产收益率排行榜 …… 948
(十)固有资产总资产收益率排行榜 …… 950
(十一)固有资产货币资金排行榜 …… 951
(十二)固有资产每股净资产排行榜 …… 952
(十三)信托资产资产总额排行榜 …… 953
(十四)信托资产营业收入排行榜 …… 955
(十五)信托资产信托报酬率排行榜 …… 956
(十六)信托资产资产总额增减排行榜 …… 957
(十七)信托资产信托权益排行榜 …… 958
(十八)信托资产实收信托排行榜 …… 960
(十九)期末未分配信托利润排行榜 …… 961
(二十)信托资产净资产收益率排行榜 …… 962
(二十一)信托资产净资产增减排行榜 …… 963
三、信托公司一些总体指标排名 …… 964
(一)信托公司2010年总资产排行榜 …… 964
(二)信托公司2010年总收入排行榜 …… 966
(三)现金比率排行榜 …… 967

（四）现金比率增减排行榜 …… 968
四、信托公司一些其他指标排名 …… 969
（一）2010 年固有资产资产负债率增减变动情况排行榜 …… 969
（二）2010 年固有资产资产负债率排行榜 …… 971
（三）2010 年固有资产人均净利润排行榜 …… 972

**第四章　固有资产报表总体分析** …… 974
一、2010 年固有资产财务状况总体分析 …… 974
二、2010 年固有资产经营成果总体分析 …… 975
三、2010 年固有资产所有者权益总体分析 …… 976
四、2010 年固有资产报表结构比率分析 …… 979
（一）资产结构分析 …… 979
（二）负债结构分析 …… 980
（三）偿债能力分析 …… 981
（四）盈利能力分析 …… 982

**第五章　信托资产报表的总体分析** …… 985
一、2010 年信托资产汇总报表分析 …… 985
（一）2010 年信托业务报表财务状况基本特点 …… 985
（二）2010 年信托业务汇总报表 …… 985
（三）2010 年信托资产财务状况结构分析 …… 987
（四）2010 年信托权益结构分析 …… 988
（五）2010 年信托资产经营成果结构分析 …… 988
二、2010 年信托资产管理情况分析 …… 990
（一）2010 年信托资产分布情况分析 …… 990
（二）集合类、单一类资金信托项目和财产管理类信托项目 2010 年变动情况 …… 991

**第六章　财务报表附注及其他项目的分析** …… 994
一、或有事项情况 …… 994
（一）对外担保和或有事项情况 …… 994
（二）公司本年发生或存在的重大诉讼事项 …… 995
二、自营资产风险分类情况 …… 996
三、资产损失准备计提和覆盖情况 …… 997
（一）资产损失准备的计提 …… 997
（二）资产损失准备覆盖分析 …… 1001
四、自营股票投资、基金投资、债券投资、长期股权投资和代理业务的分析 …… 1003
五、自营贷款分析 …… 1005
六、关联方关系及其交易的披露 …… 1005
（一）关联方及其交易汇总 …… 1006
（二）固有资产与关联方关联交易 …… 1006
（三）信托资产与关联方关联交易 …… 1007
（四）固有财产与信托财产相互交易 …… 1008
（五）信托资产与信托财产相互交易 …… 1009
七、子公司及其合并情况 …… 1010
八、信托公司 2010 年年报中对经营因素的认可情况分析 …… 1010
（一）关于经营目标 …… 1010
（二）关于经营方针 …… 1011
（三）关于战略规划 …… 1011
（四）关于经济形势认识 …… 1011
（五）关于金融形势认识 …… 1011
（六）关于经营有利因素的认识 …… 1011

(七)关于经营不利因素的认识 …… 1012
(八)关于内部控制职能部门的认识 …… 1012
(九)关于风险管理可能遇到的风险的认识 …… 1012
(十)关于风险管理基本原则与政策的认识 …… 1012
(十一)关于风险管理组织机构与职责的认识 …… 1013
(十二)关于信用风险状况的认识 …… 1013
(十三)关于信用风险管理措施的认识 …… 1013
(十四)关于市场风险状况的认识 …… 1013
(十五)关于市场风险管理措施的认识 …… 1014
(十六)关于操作风险状况的认识 …… 1014
(十七)关于操作风险管理措施的认识 …… 1014
(十八)关于其他风险状况的认识 …… 1014
(十九)关于其他风险管理措施的认识 …… 1015
九、2010年自营资产分布与运用情况分析 …… 1015

**第七章 公司治理结构及人员结构** …… 1016
一、2010年公司股东会、董事会和监事会三会情况分析 …… 1016
(一)股东会、董事会和监事会三会会议次数 …… 1016
(二)董事会及其基本情况分析 …… 1017
(三)独立董事分析 …… 1032
(四)监事会及其基本情况分析 …… 1036
(五)信托公司2010年末股东派出董事和监事情况分析 …… 1041
二、公司高管情况分析 …… 1042
(一)公司高管变动情况分析 …… 1042
(二)公司高管处罚情况分析 …… 1044
三、信托公司聘请律师事务所的情况分析 …… 1045
四、人员结构分析 …… 1046
(一)员工数量分析 …… 1046
(二)年龄构成分析 …… 1046
(三)高管性别构成分析 …… 1047
(四)学历构成分析 …… 1048
(五)高管从业年限结构分析 …… 1048
(六)员工岗位汇总分析 …… 1049

**第八章 信托公司年报信息披露的问题与建议** …… 1051
一、关于信托公司执行《企业会计准则》 …… 1051
二、建议制定统一的会计报表格式与信息披露的质量要求 …… 1051
三、信托公司应当规范信息披露时间和质量要求,完善信息披露制度 …… 1051
四、建议对信托公司审计的会计师事务所资格有所限定 …… 1052
五、关于2010年期初数调整的事项 …… 1052
六、信托公司信息披露质量仍需提高 …… 1052
七、信托公司应当加强“重大事项临时报告”的管理 …… 1052
八、关于信托资产报表的审计问题 …… 1052
九、信托公司应当改变股权高度集中的现状 …… 1053
十、信托公司应当严格规范关联交易的披露 …… 1053
十一、信托公司应当遵循信托新规的要求披露净资本状况 …… 1053

**第九章 其他一些附表(略)** …… 1054

# 第一章　信托公司的基本信息

## 一、信息披露情况总览

2010 年，信托公司逐渐建立起以信托业务为主的盈利模式，步入了良性稳步发展的轨道，信托业务规模继续快速增长，固有资产保持稳步增加，信托公司的整体盈利水平稳步提高，信托主业进一步得到确立。

继 2009 年对 54 家信托公司进行信息披露后，2010 年减少了青岛海协信托投资有限公司，新增了中航信托股份有限公司（简称“中航信托”）、华澳国际信托有限公司（简称“华澳信托”）、中国金谷国际信托有限责任公司（简称“金谷信托）三家公司，合计信息披露的信托公司共 56 家。在本章，我们主要介绍 56 家公司的基本情况，包括信托公司的基本信息、实收资本、股东情况等。

在银监会颁发的《信托投资公司信息披露管理暂行办法》的附件《年度报告内容与格式》中要求公司在“重要提示及目录”中刊登声明：“本公司董事会及董事保证本报告所载资料不存在任何虚假记载、误导性陈述或者重大遗漏，并对其内容的真实性、准确性和完整性承担个别及连带责任。”“公司负责人、主管会计工作负责人及会计机构负责人（会计主管人员）应当声明：保证年度报告中财务报告的真实、完整”。2010 年，所有 56 家信托公司披露的年度报告都作了这样的声明，因此本书进行的所有分析均是基于这样的假设：“所有披露的信息内容都是真实、准确、完整的。”

2010 年，56 家信托公司披露固有业务都执行了《企业会计准则》（2006 年版），其中 1 家信托公司披露同时还执行了 2001 年颁布的《金融企业会计制度》，但是由于信托公司披露的年度报告没有统一的格式，使得部分公司财务报表格式存在较大的差异。有的公司采用了一般企业的财务报表披露格式，有的公司参考采用了商业银行的财务报表格式，还有的公司根据自身业务的特点对相关报表格式进行了调整和补充，导致财务报表列示的科目差别较大，很难统一到一个格式中。为了使各公司的指标具有可比性，我们统计这些数据时按照统一的口径作了适当的调整。

2010 年信托公司财务报表涉及上年金额和本年金额的披露，部分公司对比较报表年初数进行了调整，但在 2010 年年报中未详细披露数据的调整过程。由于年鉴篇幅所限，无法一一列示其差异原因和数据调整过程，因此本报告中对于公司披露的 2009 年末数与 2010 年初数不一致的情况，以 2010 年初数作为统计口径。

本报告所有的统计都是依据信托公司公开披露的 2010 年年报内容进行的。以下是信托公司披露的基本信息汇总分析。

### （一）信托公司披露户数及其地区分布情况

**表 1－1－1　信托公司 2008 年、2009 年、2010 年披露户数比较**

| 项　目 | 2008 年 | 2009 年 | 2010 年 |
|---|---|---|---|
| 披露户数 | 50 | 54 | 56 |

**表 1－1－2　披露的信托公司 2008 年、2009 年、2010 年在各省、市、自治区分布情况表**

| 省份 | | 北京 | 上海 | 广东 | 江苏 | 山东 | 陕西 | 安徽 | 福建 | 河南 | 辽宁 | 内蒙古 | 天津 | 浙江 | 重庆 | 甘肃 | 黑龙江 |
|---|---|---|---|---|---|---|---|---|---|---|---|---|---|---|---|---|---|
| 分布户数 | 2008 年 | 6 | 5 | 4 | 3 | 2 | 3 | 2 | 2 | 2 | 1 | 1 | 2 | 3 | 2 | 1 | 1 |
| | 2009 年 | 6 | 6 | 4 | 3 | 3 | 3 | 2 | 2 | 2 | 1 | 2 | 2 | 3 | 2 | 1 | 1 |
| | 2010 年 | 8 | 7 | 4 | 3 | 1 | 3 | 2 | 2 | 2 | 1 | 2 | 2 | 3 | 2 | 1 | 1 |
| 省份 | | 湖南 | 吉林 | 江西 | 山西 | 西藏 | 新疆 | 云南 | 河北 | 湖北 | 四川 | 贵州 | 广西 | 宁夏 | 青海 | 海南 | 合计 |
| 分布户数 | 2008 年 | 1 | 1 | 1 | 1 | 1 | 1 | 1 | 1 | 1 | 1 | | | | | | 50 |
| | 2009 年 | 1 | 1 | 1 | 1 | 1 | 1 | 1 | 1 | 1 | 1 | 1 | | | | | 54 |
| | 2010 年 | 1 | 1 | 2 | 1 | 1 | 1 | 1 | 1 | 1 | 1 | 1 | | | | | 56 |

在本年度进行信息披露的 56 家信托公司中，位于北京的有 8 家（本年增加了 2 家，其中英大信托本年注册地由山东迁往北京）；上海有 7 家（本年增加了 1 家）；广东有 4 家；江西本年增加 1 家；广西、宁夏、青海、海南四个省或自治区均没有进行披露。大部分省、市、自治区有 1 ~3 家不等。

### （二）信托公司变更公司名称情况的披露

**表 1－1－3　披露的信托公司 2010 年变更公司名称的情况表**

| 公司原法定中文名称 | 原简称 | 公司新法定中文名称 | 新简称 |
|---|---|---|---|
| 平安信托投资有限责任公司 | 平安信托 | 平安信托有限责任公司 | 平安信托 |
| 西藏自治区信托投资公司 | 西藏信托 | 西藏信托有限公司 | 西藏信托 |

续表

| 公司原法定中文名称 | 原简称 | 公司新法定中文名称 | 新简称 |
|---|---|---|---|
| 本年新增 | | 中航信托股份有限公司 | 中航信托 |
| 本年新增 | | 华澳国际信托有限公司 | 华澳信托 |
| 本年新增 | | 中国金谷国际信托有限责任公司 | 金谷信托 |

截至2010年12月31日，仍有安信信托投资股份有限公司和上海爱建信托投资有限责任公司两家公司尚未完成更名。

## （三）信托公司基本情况的披露

**表1－1－4　披露的信托公司2010年基本情况**

| 公司法定中文名称 | 公司形式 | 实收资本（万元） | 法定代表人 | 注册地址 | 所在省份 |
|---|---|---|---|---|---|
| 安徽国元信托有限责任公司 | 有限公司 | 120 000.00 | 过仕刚 | 安徽省合肥市宿州路20号 | 安徽 |
| 安信信托投资股份有限公司 | 股份有限公司 | 45 410.98 | 张春景 | 上海市广东路689号29层 | 上海 |
| 百瑞信托有限责任公司 | 有限公司 | 60 500.00 | 马宝军 | 河南省郑州市郑东新区商务外环路10号中原广发金融大厦 | 河南 |
| 北方国际信托股份有限公司 | 股份有限公司 | 100 099.89 | 刘惠文 | 天津经济技术开发区第三大街39号 | 天津 |
| 北京国际信托有限公司 | 有限公司 | 140 000.00 | 刘建华 | 北京市朝阳区安立路30号院1、2号楼 | 北京 |
| 渤海国际信托有限公司 | 有限公司 | 79 565.00 | 金　平 | 石家庄市广安大街10号美东国际12号楼A座第19层 | 河北 |
| 大连华信信托股份有限公司 | 股份有限公司 | 205 700.00 | 董永成 | 大连市西岗区大公街34号 | 辽宁 |
| 东莞信托有限公司 | 有限公司 | 50 000.00 | 何锦成 | 东莞市莞城旗峰路福民购物广场12楼 | 广东 |
| 甘肃省信托有限责任公司 | 有限公司 | 101 819.05 | 赵兰银 | 甘肃省兰州市静宁路308号信托大厦 | 甘肃 |
| 广东粤财信托有限公司 | 有限公司 | 56 550.00 | 汪　涛 | 广州市东风中路481号粤财大厦14楼 | 广东 |
| 国联信托股份有限公司 | 股份有限公司 | 123 000.00 | 华伟荣 | 无锡市县前东街168号 | 江苏 |
| 国民信托有限公司 | 有限公司 | 100 000.00 | 陈世彪 | 北京市东城区安外西滨河路18号院1号 | 北京 |
| 国投信托有限公司 | 有限公司 | 120 480.00 | 钱　蒙 | 北京市西城区阜外大街7号国投大厦11层 | 北京 |
| 杭州工商信托股份有限公司 | 股份有限公司 | 50 000.00 | 未披露 | 浙江省杭州市庆春路136号广利大厦25层 | 浙江 |
| 湖南省信托有限责任公司 | 有限公司 | 50 000.00 | 朱德光 | 湖南省长沙市城南西路1号 | 湖南 |
| 华澳国际信托有限公司 | 有限公司 | 30 000.00 | 余建平 | 中国上海市浦东新区花园石桥路33号花旗集团大厦1702室 | 上海 |
| 华宝信托有限责任公司 | 有限公司 | 100 000 | 郑安国 | 上海市浦电路370号宝钢大厦7层 | 上海 |
| 华宸信托有限责任公司 | 有限公司 | 57 200.00 | 刘晓兵 | 内蒙古呼和浩特市赛汉区如意西街23号 | 内蒙古 |
| 华能贵诚信托有限公司 | 有限公司 | 120 000.00 | 丁　益 | 贵州省贵阳市云岩区北京路27号鑫都财富大厦14层 | 贵州 |
| 华融国际信托有限责任公司 | 有限公司 | 151 777.00 | 隋运生 | 新疆维吾尔自治区乌鲁木齐市中山路333号 | 新疆 |
| 华润深国投信托有限公司 | 有限公司 | 263 000.00 | 蒋　伟 | 深圳市福田区农林路69号深国投广场2号楼11～12层 | 深圳 |
| 吉林省信托有限责任公司 | 有限公司 | 159 659.75 | 高福波 | 吉林省长春市长春大街500号 | 吉林 |
| 建信信托有限责任公司 | 有限公司 | 152 727.00 | 曾见泽 | 安徽省合肥市九狮桥街45号兴泰大厦 | 安徽 |
| 江苏省国际信托有限责任公司 | 有限公司 | 248 389.90 | 黄东峰 | 江苏省南京市长江路88号 | 江苏 |
| 江西国际信托股份有限公司 | 股份有限公司 | 103 658.18 | 裘　强 | 南昌市北京西路88号江信国际金融大厦 | 江西 |
| 交银国际信托有限公司 | 有限公司 | 120 000.00 | 王　滨 | 湖北省武汉市江汉区建设大道847号瑞通广场B座16～17层 | 湖北 |
| 昆仑信托有限责任公司 | 有限公司 | 300 000.00 | 温青山 | 浙江省宁波市江东北路138号金融大厦19楼 | 浙江 |
| 联华国际信托有限公司 | 有限公司 | 51 000.00 | 杨华辉 | 福州市鼓楼区五四路137号信和广场25～26层 | 福建 |
| 平安信托有限责任公司 | 有限公司 | 698 800.00 | 童　恺 | 广东省深圳市福田中心区福华三路星河发展中心办公12～13层 | 广东 |
| 山东省国际信托有限公司 | 有限公司 | 128 000.00 | 孟凡利 | 济南市解放路166号 | 山东 |
| 山西信托有限责任公司 | 有限公司 | 100 000.00 | 袁东生 | 山西省太原市府西街69号 | 山西 |
| 陕西省国际信托股份有限公司 | 股份有限公司 | 35 841.30 | 薛季民 | 陕西省西安市高新区科技路50号 | 陕西 |
| 上海爱建信托投资有限责任公司 | 有限公司 | 100 000.00 | 顾　青 | 中国上海市外高桥保税区泰谷路168号综合楼5楼 | 上海 |
| 上海国际信托有限公司 | 有限公司 | 250 000.00 | 潘卫东 | 中国上海市九江路111号 | 上海 |
| 苏州信托有限公司 | 有限公司 | 59 000.00 | 朱立教 | 江苏省苏州市竹辉路383号 | 江苏 |
| 天津信托有限责任公司 | 有限公司 | 150 000.00 | 王海智 | 天津市河西区围堤道125～127号天信大厦 | 天津 |
| 西安国际信托有限公司 | 有限公司 | 51 000.00 | 高成程 | 西安市高新区科技路33号高新国际商务中心23～24层 | 陕西 |
| 西部信托有限公司 | 有限公司 | 62 000.00 | 隋　舵 | 陕西省西安市东新街232号 | 陕西 |
| 西藏信托有限公司 | 有限公司 | 30 000.00 | 王运金 | 西藏拉萨市经济开发区博达路1号阳光新城别墅区A7栋 | 西藏 |
| 厦门国际信托有限公司 | 有限公司 | 100 000.00 | 洪文瑾 | 厦门市思明区湖滨北路莲滨里8号 | 福建 |

续表

| 公司法定中文名称 | 公司形式 | 实收资本(万元) | 法定代表人 | 注册地址 | 所在省份 |
|---|---|---|---|---|---|
| 新华信托股份有限公司 | 股份有限公司 | 62 112.00 | 翁先定 | 重庆市渝中区临江路69号 | 重庆 |
| 新时代信托股份有限公司 | 股份有限公司 | 30 000.00 | 赵利民 | 内蒙古包头市钢铁大街甲5号信托金融大楼 | 内蒙古 |
| 英大国际信托有限责任公司 | 有限公司 | 150 000.00 | 盖永光 | 北京市东城区建国门内大街乙18号院1号楼 | 北京 |
| 云南国际信托有限公司 | 有限公司 | 40 000.00 | 刘　刚 | 云南省昆明市南屏街4号云南国托大厦 | 云南 |
| 中诚信托有限责任公司 | 有限公司 | 245 666.67 | 邓红国 | 北京市东城区安定门外大街2号 | 北京 |
| 中国对外经济贸易信托有限公司 | 有限公司 | 220 000.00 | 王引平 | 北京市西城区复兴门内大街28号凯晨世贸中心中座6层 | 北京 |
| 中国金谷国际信托有限责任公司 | 有限公司 | 120 000.00 | 张　勇 | 北京市西城区金融大街33号通泰大厦C座10层 | 北京 |
| 中海信托股份有限公司 | 股份有限公司 | 120 000.00 | 储晓明 | 上海市中山东二路15号7楼 | 上海 |
| 中航信托股份有限公司 | 股份有限公司 | 30 000.50 | 朱幼林 | 江西省南昌市红谷滩新区赣江北大道1号中航广场24~25层 | 江西 |
| 中融国际信托有限公司 | 有限公司 | 58 000.00 | 刘　洋 | 黑龙江省哈尔滨市南岗区嵩山路33号 | 黑龙江 |
| 中泰信托有限责任公司 | 有限公司 | 51 660.00 | 刘　虹 | 上海市中华路1600号黄浦中心大厦17~18楼 | 上海 |
| 中铁信托有限责任公司 | 有限公司 | 120 000.00 | 李建生 | 成都市航空路1号国航世纪中心B座 | 四川 |
| 中投信托有限责任公司 | 有限公司 | 150 000.00 | 郭云钊 | 浙江省杭州市教工路18号世贸丽晶城欧美中心1号楼(A座)18~19层C、D区 | 浙江 |
| 中信信托有限责任公司 | 有限公司 | 120 000.00 | 居伟民 | 北京市朝阳区新源南路6号京城大厦13层 | 北京 |
| 中原信托有限公司 | 股份有限公司 | 120 200.00 | 黄曰珉 | 中国河南省郑州市郑汴路96号 | 河南 |
| 重庆国际信托有限公司 | 有限公司 | 243 873.00 | 何玉柏 | 重庆市渝中区民权路107号 | 重庆 |

**表1-1-5　披露的信托公司2010年基本情况(续)**

| 简称 | 公司形式 | 邮编 | 网址 | 电子信箱 | 负责信息披露事务人姓名 | 年度审计报告出具日期 | 披露媒体 |
|---|---|---|---|---|---|---|---|
| 国元信托 | 有限公司 | 230001 | www.gyxt.com.cn | xtbgs@gyxt.com.cn | 朱先平 | 2011-03-23 | 《上海证券报》 |
| 安信信托 | 股份有限公司 | 200092 | www.anxintrust.com | ax600816@126.com | 武国建 | 2011-04-25 | 《中国证券报》、《上海证券报》 |
| 百瑞信托 | 有限公司 | 450018 | www.brxt.net | brxt@brxt.net | 康　磊 | 2011-02-01 | 《金融时报》 |
| 北方信托 | 股份有限公司 | 300457 | www.nitic.cn | wanghui@nitic.cn | 王　辉 | 2011-01-26 | 《中国证券报》 |
| 北京信托 | 有限公司 | 100012 | www.bjitic.com | webmaster@bjitic.com | 江　方 | 2011-02-28 | 《上海证券报》 |
| 渤海信托 | 有限公司 | 050011 | www.bohaitrust.com | ht_mao@hnair.com | 杨　健 | 2011-03-31 | 《金融时报》 |
| 华信信托 | 有限公司 | 116011 | www.huaxintrust.com | huaxin@hxtic.cn | 郭　岩 | 2011-04-06 | 《中国证券报》、《上海证券报》、《金融时报》、《证券时报》 |
| 东莞信托 | 有限公司 | 523008 | www.dgxt.com | bgs@dgxt.com | 刘绮澜 | 2011-03-25 | 《金融时报》 |
| 甘肃信托 | 有限公司 | 730030 | www.gstrust.com.cn | gsxtmail@163.com | 鲁林岐 | 2011-03-06 | 《中国证券报》 |
| 广东粤财 | 有限公司 | 510045 | www.gdycxt.com | ycxt@gdyctz.com | 吴佩华 | 2011-04-21 | 《金融时报》 |
| 国联信托 | 有限公司 | 214003 | www.gltic.com.cn | gltic@gltic.com.cn | 吕建一 | 2011-03-26 | 《金融时报》 |
| 国民信托 | 有限公司 | 100011 | www.natrust.cn | info@natrust.cn | 李　静 | 2011-04-11 | 《金融时报》、《上海证券报》 |
| 国投信托 | 有限公司 | 100037 | www.sdictrust.com.cn | sdictrust@sdic.com.cn | 王　彬 | 2011-01-20 | 《上海证券报》 |
| 杭工商信托 | 股份有限公司 | 310003 | www.hztrust.com | hztrust@hztrust.com | 张　锐 | 2011-04-19 | 《证券时报》、《金融时报》 |
| 湖南信托 | 有限公司 | 410015 | www.huntic.com | huntic@huntic.com | 张仁兴 | 2011-03-16 | 《金融时报》 |
| 华澳信托 | 有限公司 | 200120 | www.huaao-trust.com | enquiry@huaao-trust.com | 郭佳永 | 2011-03-05 | 《上海证券报》 |
| 华宝信托 | 有限公司 | 200122 | www.hwabaotrust.com | hbservice@hwabaotrust.com | 张晓喆 | 未披露 | 《中国证券报》、《上海证券报》、《证券时报》、《金融时报》、《上海金融报》 |
| 华宸信托 | 有限公司 | 010011 | www.hctrust.cn | hctrust@hctrust.cn | 赵澍堂 | 2011-02-15 | 《金融时报》 |
| 华能信托 | 有限公司 | 550001 | www.hngtrust.com | public@hngtrust.com | 王　卓 | 2011-01-23 | 《金融时报》 |
| 华融信托 | 有限公司 | 830002 | www.huarongtrust.com.cn | hrxt@chamc.com.cn | 段建生 | 2011-03-01 | 《金融时报》 |
| 华润信托 | 有限公司 | 710075 | www.crctrust.com | crctrust@crctrust.com | 肖立荣 | 2011-03-14 | 《证券时报》、《中国证券报》、《上海证券报》 |
| 吉林信托 | 有限公司 | 130041 | www.jptic.com.cn | jptic@jptic.cn | 张　巍 | 2011-04-15 | 《上海证券报》 |
| 建信信托 | 有限公司 | 230001 | www.ccbtrust.com.cn | ccbt@ccbtrust.com.cn | 钟四清 | 2011-03-28 | 《金融时报》 |
| 江苏信托 | 有限公司 | 210005 | www.jsitc.net | jsitc@jsitc.net | 陆加芳 | 2011-03-30 | 《金融时报》 |
| 江西信托 | 有限公司 | 330046 | www.jxi.cn | yqh-jx@163.com | 余森清 | 2011-04-20 | 《上海证券报》 |

续表

| 简称 | 公司形式 | 邮编 | 网址 | 电子信箱 | 负责信息披露事务人姓名 | 年度审计报告出具日期 | 披露媒体 |
|---|---|---|---|---|---|---|---|
| 交银国际信托 | 有限公司 | 430015 | www. bocommtrust. com | zhaodg@ bocommtrust. com | 赵德刚 | 2011－04－19 | 《金融时报》、《上海证券报》 |
| 昆仑信托 | 有限公司 | 315040 | www. kunluntrust. com | info@ cnpc. com. cn | 吴　讴 | 2011－03－03 | 《金融时报》 |
| 联华信托 | 有限公司 | 350003 | www. uniontrust. cn | contact@ uniontrust. cn | 杨刚强 | 2011－04－29 | 《金融时报》 |
| 平安信托 | 有限公司 | 518048 | www. pingan. com | pub_paxt@ pingan. com. cn | 宋成立 | 2011－03－25 | 《证券时报》、《中国证券报》、《上海证券报》、《证券日报》 |
| 山东信托 | 有限公司 | 250013 | www. sitic. com. cn | zhb@ sitic. com. cn | 相开进 | 2011－03－15 | 《金融时报》 |
| 山西信托 | 有限公司 | 030002 | www. sxxt. net | websxxt@ sxgt. net | 陈　强 | 2011－04－19 | 《金融时报》 |
| 陕国投 | 股份有限公司 | 710075 | www. siti. com. cn | office@ siti. com. cn | 孙一娟 | 2011－01－17 | 《证券时报》 |
| 爱建信托 | 有限公司 | 200131 | www. ajxt. com. cn | ajmail－1@ ajfc. com. cn | 侯　勤 | 2011－03－02 | 《上海证券报》 |
| 上海信托 | 有限公司 | 200002 | www. shanghaitrust. com | info@ shanghaitrust. com | 陈　兵 | 2011－04－14 | 《上海证券报》 |
| 苏州信托 | 有限公司 | 215007 | www. trustsz. com | sztic@ trustsz. com | 张立文 | 2011－03－15 | 《金融时报》 |
| 天津信托 | 有限公司 | 300074 | www. tjtrust. com | bg@ tjtrust. com | 贾丽娜 | 2011－04－01 | 《金融时报》 |
| 西安信托 | 有限公司 | 710075 | www. xitic. cn | xitic@ xitic. cn | 刘　辉 | 2010－04－21 | 《上海证券报》、《金融时报》 |
| 西部信托 | 有限公司 | 710004 | www. wti－xa. com | wti－xa@ wti－xa. com | 蔡长生 | 2011－01－17 | 《证券时报》 |
| 西藏信托 | 有限公司 | 850000 | 未披露 | wanjingwen@ ttco. cn | 王运金 | 2011－04－21 | 《中国证券报》 |
| 厦门信托 | 有限公司 | 361012 | www. xmitic. com | master@ xmitic. com | 洪文瑾 | 2011－01－20 | 《金融时报》 |
| 新华信托 | 股份有限公司 | 400010 | www. nct－china. com | nct@ nct－china. com | 吕曙光 | 2011－03－08 | 《金融时报》 |
| 新时代信托 | 股份有限公司 | 014030 | www. xsdxt. com | xsdxt@ xsdxt. com | 陈祥盛 | 2011－04－27 | 《证券日报》 |
| 英大信托 | 有限公司 | 100005 | www. yditc. sgcc. com. cn | yditc@ yditc. sgcc. com. cn | 王迎新 | 2011－03－05 | 《金融时报》 |
| 云南信托 | 有限公司 | 650021 | www. yntrust. com | ynxt@ yntrust. com | 舒　广 | 2011－04－02 | 《金融时报》 |
| 中诚信托 | 有限公司 | 100013 | www. cctic. com. cn | contactus@ cctic. com. cn | 魏　青 | 2011－04－26 | 《金融时报》 |
| 外贸信托 | 有限公司 | 100031 | www. fotic. com. cn | fotic@ sinochem. com | 张一冰 | 2011－03－14 | 《上海证券报》 |
| 金谷信托 | 有限公司 | 100140 | www. jingutrust. com | wangchong@ cindamc. com. cn | 王　崇 | 2011－04－06 | 《金融时报》 |
| 中海信托 | 股份有限公司 | 200002 | www. zhtrust. com | service@ zhtrust. com | 胡旭鹏 | 2011－02－28 | 《中国证券报》、《证券时报》、《上海证券报》 |
| 中航信托 | 有限公司 | 330038 | www. avictc. com | zhxt@ avictc. com | 罗国华 | 2011－01－19 | 《金融时报》 |
| 中融信托 | 有限公司 | 150090 | www. zritc. com | zritc @ zritc. com | 黄　威 | 2011－03－14 | 《金融时报》 |
| 中泰信托 | 有限公司 | 200020 | www. zhongtai－trust. com | zhongtai @ zhongtai－trust. com | 沈　烁 | 2011－02－18 | 《证券时报》 |
| 中铁信托 | 有限公司 | 610041 | www. crtrust. com | crtc@ crtrust. com | 陈　赤 | 2011－03－16 | 《证券时报》 |
| 中投信托 | 有限公司 | 310012 | www. zttrust. com. cn | zttrust@ zttrust. com. cn | 张剑平 | 2011－02－27 | 《金融时报》 |
| 中信信托 | 有限公司 | 100004 | www. ecitic. com | citict@ citic. com | 马春光 | 2011－04－16 | 《证券时报》 |
| 中原信托 | 股份有限公司 | 200002 | www. zyxt. com. cn | info@ zyxt. com. cn | 刘　飞 | 2011－02－28 | 《证券时报》、《上海证券报》 |
| 重庆信托 | 有限公司 | 400010 | www. cqitic. com | cqitic@ cqitic. com | 吕　维 | 2011－04－26 | 未披露 |

## （四）信托公司董事会、监事会及高管对年报意见的披露

### 1. 董事会对年报意见的披露

根据银监会颁发的《信托投资公司信息披露管理暂行办法》的附件《年度报告内容与格式》，要求公司在“重要提示及目录”中刊登声明：“本公司董事会及董事保证本报告所载资料不存在任何虚假记载、误导性陈述或者重大遗漏，并对其内容的真实性、准确性和完整性承担个别及连带责任。”56 家信托公司的董事均按要求作了声明保证。

### 2. 监事会对年报意见的披露

根据银监会颁发的《信托投资公司信息披露管理暂行办法》的附件《年度报告内容与格式》，要求公司监事会应当对本公司依法运作情况、财务报告是否真实反映公司的财务状况和经营成果等发表独立意见。2010 年年报中，56 家信托公司的监事会均发表了相关意见，认为公司依法运作、财务报告真实反映了公司的财务状况和经营成果。

### 3. 高管对年报意见的披露

根据银监会颁发的《信托投资公司信息披露管理暂行办法》的附件《年度报告内容与格式》中要求公司在“重要提示及目录”中刊登声明：“公司负责人、主管会计工作负责人及会计机构负责人（会计主管人员）应当声明：保证年度报告中财务报告的真实、完整”。我们看到，56 家公司均按要求完整披露了高管发表的声明。

### (五)信托公司重大事项临时公告的披露

表1-1-6 披露的信托公司2010年临时公告情况表

| 简称 | 期内临时报告的披露次数 | 简称 | 期内临时报告的披露次数 |
|---|---|---|---|
| 国元信托 | 0次 | 平安信托 | 1次 |
| 安信信托 | 47次 | 山东信托 | 1次 |
| 百瑞信托 | 4次 | 山西信托 | 1次 |
| 北方信托 | 1次 | 陕国投 | 未披露 |
| 北京信托 | 0次 | 爱建信托 | 0次 |
| 渤海信托 | 1次 | 上海信托 | 1次 |
| 华信信托 | 1次 | 苏州信托 | 2次 |
| 东莞信托 | 0次 | 天津信托 | 0次 |
| 甘肃信托 | 1次 | 西安信托 | 0次 |
| 广东粤财 | 0次 | 西部信托 | 9次 |
| 国联信托 | 0次 | 西藏信托 | 0次 |
| 国民信托 | 2次 | 厦门信托 | 2次 |
| 国投信托 | 1次 | 新华信托 | 4次 |
| 杭工商信托 | 1次 | 新时代信托 | 0次 |
| 湖南信托 | 0次 | 英大信托 | 4次 |
| 华澳信托 | 0次 | 云南信托 | 1次 |
| 华宝信托 | 1次 | 中诚信托 | 2次 |
| 华宸信托 | 0次 | 外贸信托 | 0次 |
| 华能信托 | 4次 | 金谷信托 | 未披露 |
| 华融信托 | 0次 | 中海信托 | 0次 |
| 华润信托 | 0次 | 中航信托 | 1次 |
| 吉林信托 | 0次 | 中融信托 | 8次 |
| 建信信托 | 未披露 | 中泰信托 | 未披露 |
| 江苏信托 | 0次 | 中铁信托 | 0次 |
| 江西信托 | 0次 | 中投信托 | 2次 |
| 交银国际信托 | 0次 | 中信信托 | 0次 |
| 昆仑信托 | 2次 | 中原信托 | 0次 |
| 联华信托 | 3次 | 重庆信托 | 1次 |

根据《信托投资公司信息披露管理暂行办法》第十八条规定:“信托投资公司发生重大事项,应当制作重大事项临时报告并向社会披露。重大事项包括(但不限于)下列情况:(一)公司第一大股东变更及原因;(二)公司董事长、总经理变动及原因;(三)公司董事报告期内累计变更超过50%;(四)信托经理和信托业务人员报告期内累计变更超过30%;(五)公司章程、注册资本、注册地和公司名称的变更;(六)公司合并、分立、解散等事项;(七)公司更换为其审计的会计师事务所;(八)公司更换为其服务的律师事务所;(九)法律法规规定的其他重要事项。”

上述公司中安信信托披露了47次公告,西部信托披露了9次公告,中融信托披露了8次公告,百瑞信托、新华信托、英大信托、华能信托披露了4次公告,21家公司披露了1~3次不等的临时公告,24家公司期内无临时公告。陕国投、金谷信托、建信信托、中泰信托未披露临时公告的情况。

## 二、信托公司2010年实收资本及股东情况

### (一)信托公司实收资本及股东2009年、2010年的综合变动情况分析

从整体来说,信托公司平均实收资本2010年较2009年增加了15 466.26万元,增幅13.82%,平均股东数略有减少,平均持股10%以上的股东没有变化,第一大股东平均持股比例略有增加,第二大、第三大股东平均持股比例略有减少。应当说,股本增加而股权构成基本稳定,说明股东对信托公司的发展充满信心。

表 1－2－1　信托公司 2009 年、2010 年实收资本及股东综合情况表

| 项　目 | 2009 年末 | 2010 年末 | 增减变动 |
|---|---|---|---|
| 平均实收资本（万元） | 111 928. 24 | 123 333. 75 | 15 466. 26 |
| 平均股东家数 | 6. 40 | 5. 93 | －0. 47 |
| 平均持股 10% 以上股东家数 | 1. 93 | 1. 93 | 0. 00 |
| 第一大股东平均持股比例（%） | 65. 33 | 65. 34 | 0. 01 |
| 第二大股东平均持股比例（%） | 17. 61 | 17. 15 | －0. 46 |
| 第三大股东平均持股比例（%） | 10. 41 | 9. 56 | －0. 85 |

注：2009 年末披露的信托公司共 54 家。计算平均股东数时不包括安信信托和陕国投两家上市公司，共采用 52 家数据进行平均计算；计算平均持股 10% 以上股东数时各家全部披露，共采用 54 家数据进行平均计算；2009 年末，第一大股东平均持股比例计算的基数是 54 家信托公司的平均数据，第二大股东平均持股比例计算的基数是 49 家信托公司的平均数据，第三大股东平均持股比例计算的基数是 36 家信托公司的平均数据。

2010 年末披露的信托公司共 56 家。计算平均股东数时不包括安信信托和陕国投两家上市公司，共采用 54 家数据进行平均计算；计算平均持股 10% 以上股东数时各家全部披露，共采用 56 家数据进行平均计算；2010 年末，第一大股东平均持股比例计算的基数是 56 家信托公司的平均数据，第二大股东平均持股比例计算的基数是 54 家信托公司的平均数据，第三大股东平均持股比例计算的基数是 43 家信托公司的平均数据。

表 1－2－2　信托公司 2009 年、2010 年实收资本情况表（按 2010 年末实收资本数进行排序）

单位：万元

| 排名 | 简称 | 公司上期末实收资本 | 实收资本增加 | 公司本期末实收资本 | 排名 | 简称 | 公司上期末实收资本 | 实收资本增加 | 公司本期末实收资本 |
|---|---|---|---|---|---|---|---|---|---|
| 1 | 平安信托 | 698 800. 00 | — | 698 800. 00 | 30 | 北方信托 | 100 099. 89 | — | 100 099. 89 |
| 2 | 昆仑信托 | 300 000. 00 | — | 300 000. 00 | 31 | 国民信托 | 100 000. 00 | — | 100 000. 00 |
| 3 | 华润信托 | 263 000. 00 | — | 263 000. 00 | 32 | 华宝信托 | 100 000. 00 | — | 100 000. 00 |
| 4 | 上海信托 | 250 000. 00 | — | 250 000. 00 | 33 | 山西信托 | 100 000. 00 | — | 100 000. 00 |
| 5 | 江苏信托 | 248 389. 90 | — | 248 389. 90 | 34 | 厦门信托 | 100 000. 00 | — | 100 000. 00 |
| 6 | 中诚信托 | 120 000. 00 | 125 666. 67 | 245 666. 67 | 35 | 爱建信托 | 100 000. 00 | — | 100 000. 00 |
| 7 | 重庆信托 | 163 373. 00 | 80 500. 00 | 243 873. 00 | 36 | 渤海信托 | 79 565. 00 | — | 79 565. 00 |
| 8 | 外贸信托 | 120 000. 00 | 100 000. 00 | 220 000. 00 | 37 | 新华信托 | 62 112. 00 | — | 62 112. 00 |
| 9 | 华信信托 | 121 000. 00 | 84 700. 00 | 205 700. 00 | 38 | 西部信托 | 50 000. 00 | 12 000. 00 | 62 000. 00 |
| 10 | 吉林信托 | 159 659. 75 | — | 158 659. 75 | 39 | 百瑞信托 | 60 500. 00 | — | 60 500. 00 |
| 11 | 建信信托 | 152 727. 00 | — | 152 727. 00 | 40 | 苏州信托 | 59 000. 00 | — | 59 000. 00 |
| 12 | 华融信托 | 151 777. 00 | — | 151 777. 00 | 41 | 中融信托 | 32 500. 00 | 25 500. 00 | 58 000. 00 |
| 13 | 天津信托 | 150 000. 00 | — | 150 000. 00 | 42 | 华宸信托 | 57 200. 00 | — | 57 200. 00 |
| 14 | 英大信托 | 150 000. 00 | — | 150 000. 00 | 43 | 广东粤财 | 56 550. 00 | — | 56 550. 00 |
| 15 | 中投信托 | 50 000. 00 | 100 000. 00 | 150 000. 00 | 44 | 中泰信托 | 51 660. 00 | — | 51 660. 00 |
| 16 | 北京信托 | 140 000. 00 | — | 140 000. 00 | 45 | 联华信托 | 51 000. 00 | — | 51 000. 00 |
| 17 | 山东信托 | 128 000. 00 | — | 128 000. 00 | 46 | 西安信托 | 51 000. 00 | — | 51 000. 00 |
| 18 | 国联信托 | 123 000. 00 | — | 123 000. 00 | 47 | 东莞信托 | 50 000. 00 | — | 50 000. 00 |
| 19 | 国投信托 | 120 480. 00 | — | 120 480. 00 | 48 | 杭工商信托 | 40 608. 00 | 9 392. 00 | 50 000. 00 |
| 20 | 中原信托 | 120 200. 00 | — | 120 200. 00 | 49 | 湖南信托 | 50 000. 00 | — | 50 000. 00 |
| 21 | 国元信托 | 120 000. 00 | — | 120 000. 00 | 50 | 安信信托 | 45 410. 98 | — | 45 410. 98 |
| 22 | 中铁信托 | 120 000. 00 | — | 120 000. 00 | 51 | 云南信托 | 40 000. 00 | — | 40 000. 00 |
| 23 | 中海信托 | 120 000. 00 | — | 120 000. 00 | 52 | 陕国投 | 35 841. 30 | — | 35 841. 30 |
| 24 | 中信信托 | 120 000. 00 | — | 120 000. 00 | 53 | 中航信托 | 30 000. 50 | — | 30 000. 50 |
| 25 | 交银国际信托 | 120 000. 00 | — | 120 000. 00 | 54 | 西藏信托 | 30 000. 00 | — | 30 000. 00 |
| 26 | 华能信托 | 60 339. 58 | 58 660. 42 | 120 000. 00 | 55 | 新时代信托 | 30 000. 00 | — | 30 000. 00 |
| 27 | 金谷信托 | 120 000. 00 | — | 120 000. 00 | 56 | 华澳信托 | 30 000. 00 | — | 30 000. 00 |
| 28 | 江西信托 | 57 012. 00 | 46 646. 18 | 103 658. 18 |  | 平均数 | 110 582. 59 | 64 915. 02 | 123 333. 75 |
| 29 | 甘肃信托 | 31 819. 05 | 70 000. 00 | 101 819. 05 |  | 合计数 | 6 192 624. 95 | 714 065. 27 | 6 906 690. 22 |

56 家信托公司的实收资本 2010 年比 2009 年总体增加了 714 065. 27 万元。其中，增资最大的是中诚信托，增加了 125 666. 67 万元。

2010 年末平均股本比 2009 年末增加了 64 915. 02 万元，达到了 123 333. 75 万元。超过平均实收资本的公司有 17 家，占全部 56 家公司的 30. 36%，低于平均实收资本的公司也占 69. 64%。

**表 1-2-3 实收资本发生变动的信托公司变动情况明细表：** 单位：万元

| 简称 | 2010 年初 | 2010 年末 | 增减变动 | 原因 |
|---|---|---|---|---|
| 甘肃信托 | 31 819.05 | 101 819.05 | 70 000.00 | 2010 年 6 月 22 日，公司在《中国证券报》A39 版披露如下信息：<br>根据《中华人民共和国公司法》、《中华人民共和国信托法》、《信托公司管理办法》、《信托投资公司信息披露管理暂行办法》及《公司章程》有关规定，按照《中国银监会关于批准甘肃省信托有限责任公司增加注册资本及调整股权结构的批复》（银监复〔2010〕218 号），我公司注册资本及股权结构发生如下变化：<br>1. 公司注册资本由 31 819.05 万元人民币增加至 101 819.05 万元人民币；<br>2. 公司原股东甘肃省财政厅持有的 24 265.21 万元股权转让给甘肃省国有资产投资集团有限公司；<br>3. 增资及股权转让后，公司的股东构成、出资额及出资比例如下：<br>（1）甘肃省国有资产投资集团有限公司，出资 94 265.21 万元人民币，出资比例 92.58%；<br>（2）天水市财政局，出资 4 072.84 万元人民币，出资比例 4%；<br>（3）白银市财政局，出资 3 481 万元人民币，出资比例 42%。<br>（4）公司已在甘肃省工商行政管理局办理完成工商变更登记。 |
| 杭工商信托 | 40 608.00 | 50 000.00 | 9 392.00 | 2010 年 7 月，公司申请送转红股增加资本金予以核准，注册资本变更为 5 亿元。 |
| 华宝信托 | 100 000.00 | 200 000.00 | 100 000.00 | 2011 年 1 月 17 日，公司完成了增资，注册资本由 10 亿元人民币（含 1 500 万美元）增加到 20 亿元人民币（含 1 500 万美元）。 |
| 华能信托 | 60 339.58 | 120 000.00 | 59 660.42 | 公司注册资本金由 60 339.58 万元增加到 12 亿元人民币。 |
| 华信信托 | 121 000.00 | 205 700.00 | 84 700.00 | 2010 年 3 月 31 日在《中国证券报》B05 版刊发关于公司增资扩股的公告。2010 年，注册资本增加到 20.57 亿元。 |
| 江西信托 | 57 012.00 | 103 658.18 | 46 646.18 | 为进一步优化股权结构，壮大公司资本实力，经中国银监会核准，本公司引进领锐资产管理股份有限公司、北京供销社投资管理中心 2 家战略投资者，分别持有本公司 25% 和 20% 的股份，本公司注册资本从 5.7012 亿元增加至 10.36581817 亿元。 |
| 外贸信托 | 120 000.00 | 220 000.00 | 100 000.00 | 2010 年 7 月 30 日，根据中国银行业监督管理委员会（银监复〔2010〕360 号文）批复，公司注册资本金增加至 22 亿元人民币（含 3,400 万美元）。此次注册资本金变更后，中国中化股份有限公司持股 96.22%、中化集团财务有限责任公司持股 3.78%。 |
| 西部信托 | 50 000.00 | 62 000.00 | 12 000.00 | 2010 年 5 月，公司的注册资本由 5 亿元人民币变更为 6.2 亿元人民币。 |
| 中诚信托 | 120 000.00 | 245 700.00 | 125 700.00 | 公司在 2010 年 9 月经银监会批准同意，注册资本由 12 亿元增加至 24.57 亿元，11 月在国家工商总局办理完成变更登记手续。 |
| 中融信托 | 32 500.00 | 58 000.00 | 25 500.00 | 报告期内，公司 2010 年第二次临时股东会审议通过《关于增加公司注册资本及方案的议案》，同意将 2009 年度公司留存收益中的总计 255 000 000.00 元全部按股东持股比例进行同比例转增注册资本，转增后，公司注册资本增加至 58 000 万元。<br>2010 年 10 月 29 日，公司获得中国银行业监督管理委员会黑龙江监管局关于同意中融国际信托有限公司变更注册资本及修改公司章程的批复；2010 年 10 月 31 日，经黑龙江博元会计师事务所有限公司对中融国际信托有限公司对我公司截至 2010 年 10 月 31 日新增注册资本及实收资本情况的审验，公司已将 2009 年度留存收益中的总计 255 000 000.00 元转增实收资本，并出具中融国际信托有限公司验资报告；2010 年 11 月 8 日，公司完成此次增加注册资本及修改公司章程工商变更登记。 |
| 中投信托 | 50 000.00 | 150 000.00 | 100 000.00 | 2010 年 1 月，公司股东中国建银投资有限责任公司经中国银行业监督管理委员会浙江监管局《关于中投信托有限责任公司变更注册资本的批复》（浙银监复〔2009〕751 号）同意，对公司进行单家增资，公司注册资本增资至人民币 15 亿元。 |
| 重庆信托 | 163 373.00 | 243 873.00 | 80 500.00 | 经中国银行业监督管理委员会《关于批准重庆国际信托有限公司增加注册资本及调整股权结构等有关事项的批复》银监复〔2010〕552 号，本公司注册资本由 16.3373 亿元人民币增加至 24.3873 亿元人民币，该变更事项于 2010 年 12 月 22 日完成工商变更登记手续并已履行公告义务。 |

信托公司通过增资扩股可以增强资本实力，增加抗风险的能力，同时还能够通过引进战略投资者进一步完善原有的股权结构。

## （二）信托公司截至 2010 年末股东和大股东情况分析

**表 1-2-4 披露的信托公司 2010 年末股东数量及持股比例 10% 以上股东数汇总表**

| 简称 | 股东家数 | 其中：持股比例 10% 以上股东家数 | 简称 | 股东家数 | 其中：持股比例 10% 以上股东家数 |
|---|---|---|---|---|---|
| 爱建信托 | 3 | 1 | 联华信托 | 6 | 4 |
| 安信信托 | 上市公司 | 1 | 平安信托 | 2 | 1 |
| 百瑞信托 | 10 | 3 | 山东信托 | 5 | 1 |
| 北方信托 | 27 | 2 | 山西信托 | 3 | 1 |
| 北京信托 | 10 | 3 | 陕国投 | 上市公司 | 1 |
| 渤海信托 | 5 | 3 | 上海信托 | 13 | 2 |
| 东莞信托 | 7 | 2 | 苏州信托 | 3 | 3 |

续表

| 简称 | 股东家数 | 其中：持股比例10%以上股东家数 | 简称 | 股东家数 | 其中：持股比例10%以上股东家数 |
|---|---|---|---|---|---|
| 甘肃信托 | 3 | 1 | 天津信托 | 5 | 2 |
| 杭工商信托 | 10 | 3 | 外贸信托 | 2 | 1 |
| 广东粤财 | 2 | 1 | 西安信托 | 6 | 3 |
| 国联信托 | 5 | 1 | 西部信托 | 24 | 1 |
| 国民信托 | 4 | 4 | 西藏信托 | 1 | 1 |
| 国投信托 | 2 | 1 | 厦门信托 | 2 | 2 |
| 国元信托 | 7 | 2 | 新华信托 | 4 | 2 |
| 湖南信托 | 2 | 1 | 新时代信托 | 5 | 3 |
| 华澳信托 | 3 | 3 | 英大信托 | 8 | 1 |
| 华宝信托 | 2 | 1 | 云南信托 | 7 | 4 |
| 华宸信托 | 5 | 2 | 中诚信托 | 15 | 3 |
| 华能信托 | 13 | 2 | 中海信托 | 2 | 1 |
| 华融信托 | 3 | 1 | 中航信托 | 5 | 3 |
| 华润信托 | 2 | 2 | 中融信托 | 4 | 3 |
| 华信信托 | 6 | 1 | 中泰信托 | 6 | 3 |
| 吉林信托 | 5 | 1 | 中铁信托 | 17 | 1 |
| 建信信托 | 3 | 2 | 中投信托 | 1 | 1 |
| 江苏信托 | 3 | 1 | 中信信托 | 2 | 2 |
| 江西信托 | 12 | 3 | 中原信托 | 3 | 3 |
| 交银国际信托 | 2 | 2 | 重庆信托 | 6 | 2 |
| 金谷信托 | 3 | 1 | 平均数 | 5.93 | 1.93 |
| 昆仑信托 | 4 | 2 | | | |

注：计算股东平均数时上市公司未包含在内；根据中国银监会的相关定义，持有一家信托公司10%及以上股权的股东，即被定义为该公司的大股东。截至2010年末，信托公司股东的分散化程度仍较低。

**表1-2-5　披露的信托公司2010年末第一大股东的持股比例排序**

| 排名 | 简称 | 第一大股东名称 | 持股比例(%) | 第一大股东性质 |
|---|---|---|---|---|
| 1 | 中投信托 | 中国建银投资有限责任公司 | 100.00 | 有限公司 |
| 2 | 西藏信托 | 西藏自治区财政厅 | 100.00 | 机关法人 |
| 3 | 平安信托 | 中国平安保险（集团）股份有限公司 | 99.88 | 有限公司 |
| 4 | 广东粤财 | 广东粤财投资控股有限公司 | 98.14 | 有限公司 |
| 5 | 华宝信托 | 宝钢集团有限公司 | 98.00 | 有限公司 |
| 6 | 江苏信托 | 江苏省国信资产管理集团有限公司 | 98.00 | 有限公司 |
| 7 | 爱建信托 | 上海爱建股份有限公司 | 98.00 | 有限公司 |
| 8 | 华融信托 | 中国华融资产管理公司 | 97.50 | 有限公司 |
| 9 | 吉林信托 | 吉林省财政厅 | 97.50 | 机关法人 |
| 10 | 外贸信托 | 中国中化股份有限公司 | 96.22 | 有限公司 |
| 11 | 湖南信托 | 湖南财信投资控股有限责任公司 | 96.00 | 有限公司 |
| 12 | 国投信托 | 国投资本控股有限公司 | 95.45 | 有限公司 |
| 13 | 中海信托 | 中国海洋石油总公司 | 95.00 | 有限公司 |
| 14 | 甘肃信托 | 甘肃省国有资产投资集团有限公司 | 92.58 | 有限公司 |
| 15 | 金谷信托 | 中国信达 | 92.29 | 有限公司 |
| 16 | 山西信托 | 山西省国信投资（集团）公司 | 90.70 | 有限公司 |
| 17 | 山东信托 | 山东省鲁信投资控股集团有限公司 | 85.94 | 有限公司 |
| 18 | 交银国际信托 | 交通银行股份有限公司 | 85.00 | 有限公司 |
| 19 | 昆仑信托 | 中油资产管理有限公司 | 82.18 | 有限公司 |
| 20 | 中信信托 | 中国中信集团公司 | 80.00 | 有限公司 |
| 21 | 中铁信托 | 中国中铁股份有限公司 | 78.91 | 有限公司 |
| 22 | 英大信托 | 英大国际控股集团有限公司 | 75.83 | 有限公司 |
| 23 | 新华信托 | 新产业 | 71.92 | 有限公司 |
| 24 | 苏州信托 | 苏州国际发展集团有限公司 | 70.01 | 有限公司 |

续表

| 排名 | 简称 | 第一大股东名称 | 持股比例(%) | 第一大股东性质 |
|---|---|---|---|---|
| 25 | 建信信托 | 中国建设银行股份有限公司 | 67.00 | 有限公司 |
| 26 | 重庆信托 | 重庆国信投资控股有限公司 | 66.99 | 有限公司 |
| 27 | 上海信托 | 上海国际集团有限公司 | 66.33 | 有限公司 |
| 28 | 国联信托 | 无锡市国联发展(集团)有限公司 | 65.85 | 有限公司 |
| 29 | 华能信托 | 华能资本服务有限公司 | 65.38 | 有限公司 |
| 30 | 华澳信托 | 北京三吉利能源股份有限公司 | 60.00 | 有限公司 |
| 31 | 新时代信托 | 新时代远景(北京)投资有限公司 | 58.54 | 有限公司 |
| 32 | 西部信托 | 陕西省电力建设投资开发公司 | 57.78 | 有限公司 |
| 33 | 杭工商信托 | 杭州市投资控股有限公司 | 52.99 | 有限公司 |
| 34 | 华信信托 | 华信汇通集团有限公司 | 52.17 | 有限公司 |
| 35 | 天津信托 | 天津海泰控股集团有限公司 | 51.05 | 有限公司 |
| 36 | 厦门信托 | 厦门建发集团有限公司 | 51.00 | 有限公司 |
| 37 | 华润信托 | 华润股份有限公司 | 51.00 | 有限公司 |
| 38 | 中航信托 | 中国航空工业集团公司 | 51.00 | 有限公司 |
| 39 | 国元信托 | 安徽国元控股(集团)有限责任公司 | 49.69 | 有限公司 |
| 40 | 华宸信托 | 湖南华菱钢铁集团有限责任公司 | 48.95 | 有限公司 |
| 41 | 中原信托 | 河南投资集团有限公司 | 48.42 | 有限公司 |
| 42 | 江西信托 | 江西省财政厅 | 45.80 | 机关法人 |
| 43 | 陕国投 | 陕西省高速公路建设集团公司 | 44.34 | 有限公司 |
| 44 | 东莞信托 | 东莞市财信发展有限公司 | 40.00 | 有限公司 |
| 45 | 西安信托 | 西安市财政局 | 39.67 | 机关法人 |
| 46 | 渤海信托 | 海口美兰国际机场有限责任公司 | 38.98 | 有限公司 |
| 47 | 中融信托 | 经纬纺织机械股份有限公司 | 36.00 | 有限公司 |
| 48 | 北京信托 | 北京市国有资产经营有限责任公司 | 34.30 | 有限公司 |
| 49 | 安信信托 | 上海国之杰投资发展有限公司 | 32.96 | 有限公司 |
| 50 | 中诚信托 | 中国人民保险集团股份有限公司 | 32.92 | 有限公司 |
| 51 | 北方信托 | 天津泰达投资控股有限公司 | 32.33 | 有限公司 |
| 52 | 联华信托 | 福建华投投资有限公司 | 31.96 | 有限公司 |
| 53 | 国民信托 | 丰益实业发展有限公司 | 31.73 | 有限公司 |
| 54 | 中泰信托 | 中国华闻投资控股有限公司 | 31.57 | 有限公司 |
| 55 | 云南信托 | 云南省财政厅 | 25.00 | 机关法人 |
| 56 | 百瑞信托 | 郑州市财政局 | 22.05 | 机关法人 |
|  | 平均数 |  | 65.34 |  |

从股权集中度来看,虽然部分信托公司股权较为分散,但仍有38家信托公司的第一大股东持股比例超过了50%,处于绝对控股地位。中投信托、西藏信托大股东控股比例达到100%。第一大股东平均持股比例为65.34%,说明大股东的控制地位非常牢固,同时我们可以看到在信托公司的实际控制人中,国有资本占据主导地位的仍为绝大多数,实际控制人为民营等其他资本的为少数。

**表1-2-6 披露的信托公司2010年末前三大股东名称及持股比例**

| 简称 | 第一大股东名称 | 持股比例(%) | 第二大股东名称 | 持股比例(%) | 第三大股东名称 | 持股比例(%) |
|---|---|---|---|---|---|---|
| 爱建信托 | 上海爱建股份有限公司 | 98.00 | 上海爱建纺织品公司 | 1.00 | 上海爱建进出口有限公司 | 1.00 |
| 安信信托 | 上海国之杰投资发展有限公司 | 32.96 | 中国工商银行-南方成份精选股票型证券投资基金 | 2.01 | 中国银行-大成蓝筹稳健证券投资基金 | 1.54 |
| 百瑞信托 | 郑州市财政局 | 22.05 | 深圳市易建科技有限公司 | 21.49 | 北京安瑞汇富投资有限公司 | 19.83 |
| 北方信托 | 天津泰达投资控股有限公司 | 32.33 | 津联集团有限公司 | 11.21 | 天津市财政局 | 6.24 |
| 北京信托 | 北京市国有资产经营有限责任公司 | 34.30 | 威益投资有限公司(Win Eagle Investments Limited) | 19.99 | 中国石油化工股份有限公司北京石油分公司 | 14.29 |
| 渤海信托 | 海口美兰国际机场有限责任公司 | 38.98 | 海航酒店控股集团有限公司 | 35.69 | 扬子江地产集团有限公司 | 19.23 |
| 东莞信托 | 东莞市财信发展有限公司 | 40.00 | 东莞市财政局 | 30.00 | 东莞市经济贸易总公司 | 6.00 |
| 甘肃信托 | 甘肃省国有资产投资集团有限公司 | 92.58 | 天水市财政局 | 4.00 | 白银市财政局 | 3.42 |

续表

| 简称 | 第一大股东名称 | 持股比例（%） | 第二大股东名称 | 持股比例（%） | 第三大股东名称 | 持股比例（%） |
|---|---|---|---|---|---|---|
| 杭工商信托 | 杭州市投资控股有限公司 | 52.99 | 摩根士丹利国际控股公司 | 19.90 | 浙江新安化工集团股份有限公司 | 6.26 |
| 广东粤财 | 广东粤财投资控股有限公司 | 98.14 | 广东省科技创业投资公司 | 1.86 | — | — |
| 国联信托 | 无锡市国联发展(集团)有限公司 | 65.85 | 无锡国联环保能源集团有限公司 | 9.76 | 无锡市地方电力公司 | 8.13 |
| 国民信托 | 丰益实业发展有限公司 | 31.73 | 璟安实业有限公司 | 27.55 | 上海创信资产管理有限公司 | 24.16 |
| 国投信托 | 国投资本控股有限公司 | 95.45 | 国投高科技投资有限公司 | 4.55 | — | — |
| 国元信托 | 安徽国元控股(集团)有限责任公司 | 49.69 | 深圳中海投资管理有限公司 | 40.38 | 首都机场集团公司 | 9.00 |
| 湖南信托 | 湖南财信投资控股有限责任公司 | 96.00 | 湖南省国有投资经营有限公司 | 4.00 | — | — |
| 华澳信托 | 北京三吉利能源股份有限公司 | 60.00 | 北京融达投资有限公司 | 20.01 | 麦格理资本证券股份有限公司 | 19.99 |
| 华宝信托 | 宝钢集团有限公司 | 98.00 | 浙江省舟山市财政局 | 2.00 | — | — |
| 华宸信托 | 湖南华菱钢铁集团有限责任公司 | 48.95 | 内蒙古国有资产监督管理委员会 | 41.96 | 呼和浩特市财政局 | 8.74 |
| 华能信托 | 华能资本服务有限公司 | 65.38 | 贵州省开发投资有限责任公司 | 26.90 | 贵州省贵财投资有限责任公司 | 3.96 |
| 华融信托 | 中国华融资产管理公司 | 97.50 | 新疆凯迪投资有限责任公司 | 1.48 | 新疆恒合投资股份有限公司 | 1.02 |
| 华润信托 | 华润股份有限公司 | 51.00 | 深圳市国有资产监督管理局 | 49.00 | — | — |
| 华信信托 | 华信汇通集团有限公司 | 52.17 | 大连港集团有限公司 | 4.96 | 北京越达投资有限公司 | 4.96 |
| 吉林信托 | 吉林省财政厅 | 97.50 | 吉林粮食集团有限公司 | 0.63 | 吉林化纤集团有限责任公司 | 0.63 |
| 建信信托 | 中国建设银行股份有限公司 | 67.00 | 合肥兴泰控股集团有限公司 | 27.50 | 合肥市国有资产控股有限公司 | 5.50 |
| 江苏信托 | 江苏省国信资产管理集团有限公司 | 98.00 | 江苏省投资管理有限责任公司 | 1.00 | 江苏省房地产投资有限责任公司 | 1.00 |
| 江西信托 | 江西省财政厅 | 45.80 | 领锐资产管理股份有限公司 | 25.00 | 北京供销社投资管理中心 | 20.00 |
| 交银国际信托 | 交通银行股份有限公司 | 85.00 | 湖北省财政厅 | 15.00 | — | — |
| 金谷信托 | 中国信达 | 92.29 | 中国妇女活动中心 | 6.25 | 中国海外 | 1.46 |
| 昆仑信托 | 中油资产管理有限公司 | 82.18 | 天津经济技术开发区国有资产经营公司 | 12.82 | 宁波市南部新城置业有限公司 | 2.51 |
| 联华信托 | 福建华投投资有限公司 | 31.96 | 四川南方希望实业有限公司 | 25.49 | 澳大利亚国民银行 | 20.00 |
| 平安信托 | 中国平安保险(集团)股份有限公司 | 99.88 | 上海市糖业烟酒(集团)有限公司 | 0.12 | — | — |
| 山东信托 | 山东省鲁信投资控股集团有限公司 | 85.94 | 山东省高新技术投资有限公司 | 6.25 | 山东黄金集团有限公司 | 3.13 |
| 山西信托 | 山西省国信投资(集团)公司 | 90.70 | 太原市海信资产管理有限公司 | 8.30 | 山西国际电力集团有限公司 | 1.00 |
| 陕国投 | 陕西省高速公路建设集团公司 | 44.34 | 人保投资控股有限公司 | 1.51 | 中信信托有限责任公司 | 1.07 |
| 上海信托 | 上海国际集团有限公司 | 66.33 | 上海久事公司 | 20.00 | 申能股份有限公司 | 5.00 |
| 苏州信托 | 苏州国际发展集团有限公司 | 70.01 | 苏格兰皇家银行公众有限公司 | 19.99 | 联想控股有限公司 | 10.00 |
| 天津信托 | 天津海泰控股集团有限公司 | 51.05 | 天津市泰达国际控股(集团)有限公司 | 42.11 | 天津盈鑫信恒投资咨询有限公司 | 5.26 |
| 外贸信托 | 中国中化股份有限公司 | 96.22 | 中化集团财务有限责任公司 | 3.78 | — | — |
| 西安信托 | 西安市财政局 | 39.67 | 上海证大投资管理有限公司 | 39.33 | 深圳市淳大投资有限公司 | 11.67 |
| 西部信托 | 陕西省电力建设投资开发公司 | 57.78 | 陕西省产业投资有限公司 | 8.66 | 重庆中侨置业有限公司 | 6.36 |
| 西藏信托 | 西藏自治区财政厅 | 100.00 | — | — | — | — |
| 厦门信托 | 厦门建发集团有限公司 | 51.00 | 厦门港务控股集团有限公司 | 49.00 | — | — |
| 新华信托 | 新产业 | 71.92 | 巴克莱 | 19.50 | 中国诚信信用管理有限公司 | 8.25 |
| 新时代信托 | 新时代远景(北京)投资有限公司 | 58.54 | 重庆四维控股(集团)股份有限公司 | 14.63 | 深圳市金瑞丰实业发展有限公司 | 14.63 |
| 英大信托 | 英大国际控股集团有限公司 | 75.83 | 中国电力财务有限公司 | 6.33 | 济南市能源投资有限责任公司 | 5.32 |
| 云南信托 | 云南省财政厅 | 25.00 | 涌金实业(集团)有限公司 | 24.50 | 上海纳米创业投资有限公司 | 23.00 |
| 中诚信托 | 中国人民保险集团股份有限公司 | 32.92 | 国华能源投资有限公司 | 20.35 | 兖矿集团有限公司 | 10.18 |
| 中海信托 | 中国海洋石油总公司 | 95.00 | 中国中信集团公司 | 5.00 | — | — |
| 中航信托 | 中国航空工业集团公司 | 51.00 | 中国航空技术深圳有限公司 | 21.47 | 华侨银行有限公司 | 19.99 |
| 中融信托 | 经纬纺织机械股份有限公司 | 36.00 | 哈尔滨投资集团有限责任公司 | 24.62 | 中植企业集团有限公司 | 31.69 |
| 中泰信托 | 中国华闻投资控股有限公司 | 31.57 | 上海新黄浦置业股份有限公司 | 29.97 | 广联(南宁)投资股份有限公司 | 20.00 |
| 中铁信托 | 中国中铁股份有限公司 | 78.91 | 中铁二局集团有限公司 | 7.23 | 成都工投资产经营有限公司 | 3.43 |
| 中投信托 | 中国建银投资有限责任公司 | 100.00 | — |  | — | — |
| 中信信托 | 中国中信集团公司 | 80.00 | 中信华东(集团)有限公司 | 20.00 | — | — |
| 中原信托 | 河南投资集团有限公司 | 48.42 | 河南中原高速公路股份有限公司 | 33.28 | 河南盛润创业投资管理有限公司 | 18.30 |
| 重庆信托 | 重庆国信投资控股有限公司 | 66.99 | 重庆水务集团股份有限公司 | 23.86 | 上海淮矿资产管理有限公司 | 4.10 |
| 平均数 |  | 65.34 |  | 17.47 |  | 9.56 |

注：计算平均持股比例时，相关股东情况未披露的信托公司不包含在内。

第一大股东平均持股比例为65.34%，第二大股东平均持股比例为17.47%，第三大股东平均持股比例为9.56%。前三大股东平均合计持股比例为89.52%，再次说明信托公司大股东相对比较集中。

## (三)2010年信托公司股东变更情况分析

**表1-2-7 披露的信托公司2010年股东变更次数及期内变更详细列示**

| 简称 | 股东变更次数 | 期内股东变更详细列示 |
|---|---|---|
| 百瑞信托 | 1 | 前五名股东报告期内无变动情况。2010年12月28日，公司获得《中国银监会关于百瑞信托有限责任公司变更注册资本并调整股权结构的批复》(银监复〔2010〕632号)，同意公司增资至12亿元人民币和中电投财务有限公司成为公司新股东，前五名股东调整为：<br>第一大股东中电投财务有限公司，第二大股东郑州市财政局，第三大股东深圳市易建科技有限公司，第四大股东北京安瑞汇富投资有限公司，第五大股东北京德得创业科技有限公司。 |
| 甘肃信托 | 1 | 2009年11月9日，经公司2009年第四次临时股东大会审议批准，由甘肃省国有资产投资集团有限公司向本公司增资7亿元人民币，并将甘肃省财政厅持有的本公司24 265.21万元股权无偿划转至国投公司。2010年5月25日，得到中国银行业监督管理委员会《关于批准甘肃省信托有限责任公司增加注册资本及调整股权结构的批复》(银监复〔2010〕218号)，将注册资本由31 819.05万元增加至101 819.05万元，同时将原股东甘肃省财政厅所持公司24 265.21万元无偿划转给甘肃省国有资产投资集团有限公司。2010年6月7日，在甘肃省工商行政管理局完成了工商变更法律手续，目前公司注册资金为101 819.05万元。其中：甘肃省国有资产投资有限公司94 265.21万元，占92.58%；天水市财政局4 072.84万元，占4%；白银市财政局3 481万元，占3.42%。 |
| 国投信托 | 1 | 报告期内，根据《中国银监会关于国投信托有限公司股权变更的批复》(银监复〔2010〕348号)，批准本公司原股东国家开发投资公司将所持本公司115 000万元股权划转给国投资本控股有限公司。本次股权划转后，本公司的股东构成、出资额及出资比例如下：国投资本控股有限公司出资115 000万元人民币，出资比例95.45%；国投高科技投资有限公司出资5 480万元人民币，出资比例4.55%。 |
| 华能信托 | 1 | 华能资本服务有限公司参与公司增资以及收购其他股东转让的股权后为公司第一大股东，占比65.38%。贵州开发投资有限责任公司参与公司增资后为第二大股东，占比26.90%，贵州贵财投资有限责任公司参与公司增资后为第三大股东，占比3.96%。 |
| 华融信托 | 1 | 报告期内，新疆银监局以新银监复〔2010〕33号批准公司股东新疆维吾尔自治区国有资产监督管理委员会将其持有的本公司1 050.96万股，占比0.69%的股权全部转让给新疆恒合投资股份有限公司。 |
| 江苏信托 | 1 | 2010年12月，公司控股股东江苏省国信资产管理集团有限公司分别与江苏省丝绸集团、江苏省高科技投资集团有限公司和江苏省农垦集团有限公司签署了股权转让协议，拟向后述三家公司转让江苏信托部分股权，相关报批手续正在履行之中。 |
| 江西信托 | 1 | 为进一步优化股权结构，壮大公司资本实力，经中国银监会核准，本公司引进领锐资产管理股份有限公司、北京供销社投资管理中心2家战略投资者，分别持有本公司25%和20%的股份，本公司注册资本从5.7012亿元增加至10.36581817亿元。 |
| 联华信托 | 1 | 2011年1月30日，经银监复〔2011〕35号文批准，兴业银行分别受让新希望集团有限公司、四川南方希望实业有限公司、福建华投投资有限公司〔原名福建华侨投资(控股)公司〕持有的本公司15.69%股权、25.49%股权、10%股权。此次股权转让完成后，兴业银行股份有限公司持有本公司51.18%股权，成为本公司控股股东。2011年3月28日，本公司完成以上股权变更事项的工商变更登记手续，并换发企业营业执照。 |
| 天津信托 | 1 | 2010年2月，中国银监会下发了《关于批准天津信托有限责任公司股权变更及调整股权结构的批复》(银监复〔2010〕85号文)，公司原并列第一大股东天津市财政局将所持有的公司23.16%的股权，原第六股东天津市津能投资公司将所持有的公司8.42%的股权，原第四股东天津经济技术开发区财政局将所持有的公司10.53%的股权转让给天津市泰达国际控股(集团)有限公司(公司新加入股东)。转让后天津市泰达国际控股(集团)有限公司持有公司42.11%的股权，成为公司的第二大股东。公司股东由7家变更为5家。工商登记变更已办理完毕。 |
| 外贸信托 | 1 | 2010年3月23日，根据中国银行业监督管理委员会银监复〔2010〕127号文批复，中化集团财务有限责任公司获准受让远东国际租赁有限公司所持有的外贸信托6.93%的股权。此次变更后，公司股权结构变更为：中国中化股份有限公司持股93.07%、中化集团财务有限责任公司持股6.93%。 |
| 西部信托 | 1 | 公司第二大股东陕西省产业投资公司受让原股东国营西北第一棉纺织厂0.18%的股权，比例由8.48%变为8.66%。 |
| 英大信托 | 2 | (1)2009年11月12日公司第五次临时股东会(通讯方式召开)通过决议，公司股东中国石化财务有限责任公司拟将所持有公司0.5%的股权转让给国网资产管理有限公司。<br>2009年12月11日，公司第六次临时股东会(现场方式在北京广安贵都大酒店召开)通过决议，公司股东山东鑫源控股有限公司(持股14.94%)、山东鲁能集团有限公司(4.12%)、山东鲁能发展集团有限公司(2.84%)及山东鲁能信谊有限公司(2.43%)四家公司拟将所持的公司股权无偿划转给国网资产管理有限公司。<br>上述股权变更手续于2010年10月正式获银监会批复。至此，公司控股股东国家电网资产管理有限公司持有的公司股权占比上升至75.83%。公司股东数量减少至8家。<br>(2)2010年12月20日，国家电网资产管理有限公司更名为英大国际控股集团有限公司，公司控股股东由"国家电网资产管理有限公司"变更为"英大国际控股集团有限公司"。2011年1月10日，英大国际信托有限责任公司以通讯方式召开了2011年第一次临时股东会，公司全体股东参加了此次会议。会议审议通过了《关于公司控股股东名称变更修改公司章程的议案》。2011年1月31日，银监会已正式批准公司修改章程的申请。 |
| 中诚信托 | 2 | (1)公司股东中国人民保险集团公司因企业改制，公司名称更名为中国人民保险集团股份有限公司，并修改公司《章程》，已在国家工商总局办理完变更登记手续。<br>(2)因增资扩股，公司股东由14家增加到15家。增加一名股东是：深圳市天正投资有限公司，出资88 616 800.00元，出资比例3.6072%。 |

续表

| 简称 | 股东变更次数 | 期内股东变更详细列示 |
| --- | --- | --- |
| 中融信托 | 2 | (1)公司2009年第三次临时股东会审议通过《关于哈尔滨经济开发投资公司将持有的中融信托8 000万股股权(占公司总股本24.61%)转让给哈尔滨投资集团有限公司的议案》，同意将哈尔滨经济开发投资公司持有的中融国际信托有限公司8 000万股股权(占公司总股本的24.61%)转让给哈尔滨投资集团有限责任公司。2010年3月11日，公司获得中国银行业监督管理委员会关于本次股权变更及修改公司章程的批复；2010年3月22日，公司完成本次股权转让工商变更登记。<br>(2)公司2010年第一次临时股东会审议通过《关于经纬纺织机械股份有限公司受让中植企业集团持有的11 700万股中融国际信托有限公司股权的议案》，同意中植企业集团有限公司将持有的中融国际信托有限公司11 700万股股权(占公司总股本的36%)转让给经纬纺织机械股份有限公司。2010年6月24日，公司获得中国银行业监督管理委员会关于本次股权变更及修改公司章程的批复；2010年7月8日，公司完成本次股权转让的工商变更登记。 |
| 重庆信托 | 1 | 经公司股东会审议通过，中国银行业监督管理委员会《关于批准重庆国际信托有限公司增加注册资本及调整股权结构等有关事项的批复》银监复〔2010〕552号，本公司注册资本由16.3373亿元人民币增加至24.3873亿元人民币，公司股权结构由重庆国信投资控股有限公司100%持股，变更为重庆国信投资控股有限公司(持股比例66.99%)、重庆水务集团股份有限公司(持股比例23.86%)、上海淮矿资产管理有限公司(持股比例4.10%)、重庆市水务资产经营有限公司(持股比例2.18%)、建银国际(中国)有限公司(持股比例2.05%)、安徽省皖投信用担保有限责任公司(持股比例0.82%)共同持股。上述变更事项已于2010年12月22日完成工商变更登记手续。 |
| 平均次数 | 1.2 | |

2010年，有15家信托公司共发生了18次股东变更，平均每家变更数为1.2次，说明股东构成还是相对稳定的。

# 第二章　信托公司年度报告的质量评价

## ——关于审计报告

在本章，我们对信托公司被出具的审计报告类型及执行《企业会计准则》的情况进行分析，以此作为后面章节对信托公司进行分析的依据之一。

## 一、信托公司2010年、2009年审计报告意见类型分类汇总情况

**表2-1-1　信托公司2010年、2009年审计报告意见类型汇总比较表**

| 审计意见 | 2010年 | | 2009年 | |
|---|---|---|---|---|
| | 份数 | 百分比 | 份数 | 百分比 |
| 标准无保留意见 | 56 | 100.00 | 54 | 100.00 |
| 无保留意见+强调事项段 | | | | |
| 保留意见 | | | | |
| 无法表示意见 | | | | |
| 合计 | 56 | 100.00 | 54 | 100.00 |

2010年56家信托公司的审计报告出具的均为标准无保留意见。从审计意见来看，信托公司财务信息的质量比较稳定。

## 二、信托公司2010年、2009年会计师事务所审计情况

**表2-2-1　信托公司2010年会计师事务所资格情况一览表**

| 简称 | 聘请的会计师事务所 | 资格情况 |
|---|---|---|
| 爱建信托 | 立信会计师事务所有限公司 | 证券期货资格 |
| 安信信托 | 立信会计师事务所有限公司 | 证券期货资格 |
| 百瑞信托 | 华寅会计师事务所有限责任公司 | 证券期货资格 |
| 北方信托 | 五洲松德联合会计师事务所 | 证券期货资格 |
| 北京信托 | 京都天华会计师事务所有限公司 | 证券期货资格 |
| 渤海信托 | 中勤万信会计师事务所有限公司 | 证券期货资格 |
| 东莞信托 | 中审亚太会计师事务所有限公司 | 证券期货资格 |
| 甘肃信托 | 甘肃华陇会计师事务有限公司 | 非证券期货资格 |
| 杭工商信托 | 德勤华永会计师事务所有限公司 | 证券期货资格 |
| 广东粤财 | 广东正中珠江会计师事务所有限公司 | 证券期货资格 |
| 国联信托 | 江苏公证天业会计师事务所有限公司 | 证券期货资格 |
| 国民信托 | 安永华明会计师事务所 | 证券期货资格 |
| 国投信托 | 中证天通会计师事务所有限公司 | 证券期货资格 |
| 国元信托 | 华普天健会计师事务所(北京)有限公司 | 证券期货资格 |
| 湖南信托 | 天健会计师事务所有限公司湖南开元分所 | 证券期货资格 |
| 华澳信托 | 德勤华永会计师事务所有限公司 | 证券期货资格 |
| 华宝信托 | 中瑞岳华会计师事务所有限公司 | 证券期货资格 |
| 华宸信托 | 立信大华会计师事务所有限公司 | 证券期货资格 |
| 华能信托 | 中瑞岳华会计师事务所有限公司 | 证券期货资格 |
| 华融信托 | 中瑞岳华会计师事务所有限公司 | 证券期货资格 |
| 华润信托 | 天职国际会计师事务所有限公司 | 证券期货资格 |
| 华信信托 | 国富浩华会计师事务所有限公司 | 证券期货资格 |

续表

| 简称 | 聘请的会计师事务所 | 资格情况 |
|---|---|---|
| 吉林信托 | 中准会计师事务所有限公司 | 证券期货资格 |
| 建信信托 | 毕马威华振会计师事务所 | 证券期货资格 |
| 江苏信托 | 中兴华富华会计师事务所有限责任公司 | 证券期货资格 |
| 江西信托 | 中磊会计师事务有限责任公司 | 证券期货资格 |
| 交银国际信托 | 德勤华永会计师事务所有限公司 | 证券期货资格 |
| 金谷信托 | 德勤华永会计师事务所有限公司北京分所 | 证券期货资格 |
| 昆仑信托 | 立信会计师事务所有限公司 | 证券期货资格 |
| 联华信托 | 安永华明会计师事务所 | 证券期货资格 |
| 平安信托 | 安永华明会计师事务所 | 证券期货资格 |
| 厦门信托 | 天健正信会计师事务所有限公司 | 证券期货资格 |
| 山东信托 | 天健会计师事务所有限公司 | 证券期货资格 |
| 山西信托 | 普华永道中天会计师事务所有限公司 | 证券期货资格 |
| 陕国投 | 上海东华会计师事务所有限公司 | 证券期货资格 |
| 上海信托 | 上海上会会计师事务所有限公司 | 证券期货资格 |
| 苏州信托 | 德勤华永会计师事务所有限公司 | 证券期货资格 |
| 天津信托 | 五洲松德联合会计师事务所 | 证券期货资格 |
| 外贸信托 | 利安达会计师事务所有限责任公司 | 证券期货资格 |
| 西安信托 | 希格玛会计师事务所有限公司 | 证券期货资格 |
| 西部信托 | 希格玛会计师事务所有限公司 | 证券期货资格 |
| 西藏信托 | 中磊会计师事务所有限责任公司 | 证券期货资格 |
| 新华信托 | 毕马威华振会计师事务所上海分所 | 证券期货资格 |
| 新时代信托 | 中准会计师事务所有限公司 | 证券期货资格 |
| 英大信托 | 北京中证天通会计师事务所有限公司 | 证券期货资格 |
| 云南信托 | 中审亚太会计师事务所有限公司 | 证券期货资格 |
| 中诚信托 | 中准会计师事务所有限公司 | 证券期货资格 |
| 中海信托 | 中瑞岳华会计师事务所有限公司 | 证券期货资格 |
| 中航信托 | 立信大华会计师事务所有限公司 | 证券期货资格 |
| 中融信托 | 天职国际会计师事务所有限公司 | 证券期货资格 |
| 中泰信托 | 中审亚太会计师事务所有限公司 | 证券期货资格 |
| 中铁信托 | 德勤华永会计师事务所有限公司北京分所 | 证券期货资格 |
| 中投信托 | 天健会计师事务所有限公司 | 证券期货资格 |
| 中信信托 | 京都天华会计师事务所有限公司 | 证券期货资格 |
| 中原信托 | 中审亚太会计师事务所有限公司 | 证券期货资格 |
| 重庆信托 | 天健正信会计师事务所有限公司 | 证券期货资格 |

经统计分析，2010 年度审计报告除甘肃信托是由非证券期货资格的会计师事务所完成审计外，其余 55 家均是由具有证券期货资格的会计师事务所进行审计的，但对信托公司审计的事务所仍比较分散。2010 年有德勤华永会计师事务所有限公司、中瑞岳华会计师事务所有限公司、中审亚太会计师事务所有限公司、立信会计师事务所有限公司、安永华明会计师事务所、天健会计师事务所有限公司、中准会计师事务所有限公司等几家事务所，分别为 3 ~5 家信托公司进行了报表审计，其余大多由不同的事务所完成审计。

在 56 家信托公司中，有 8 家在 2010 年变更了会计师事务所，占 2010 年全部信息披露户数的 14.29%。我们提请监管部门对信托公司会计师事务所变更事项作必要的要求和监管，对会计师事务所变更应该要求信托公司和前任会计师事务所作出专项声明，以避免有的公司可能通过更换会计师事务所实现其特殊目的。

**表 2 -2 -2　信托公司 2010 年与 2009 年会计师事务所及其变更情况统计**

| 简称 | 2010 年 | 2009 年 | 是否变更 |
|---|---|---|---|
| 北方信托 | 五洲松德联合会计师事务所 | 中兴华富华会计师事务所有限责任公司 | 是 |
| 国投信托 | 中证天通会计师事务所有限公司 | 信永中和会计师事务所有限责任公司 | 是 |
| 吉林信托 | 中准会计师事务所有限公司 | 国富浩华会计师事务所有限公司 | 是 |
| 江苏信托 | 中兴华富华会计师事务所有限责任公司 | 江苏苏亚金诚会计师事务所有限公司 | 是 |
| 西藏信托 | 中磊会计师事务所有限责任公司 | 天健正信会计师事务所有限公司 | 是 |
| 新时代信托 | 中准会计师事务所有限公司 | 中勤万信会计师事务所有限公司 | 是 |
| 英大信托 | 北京中证天通会计师事务所有限公司 | 信永中和会计师事务所有限责任公司 | 是 |
| 中融信托 | 天职国际会计师事务所有限公司 | 德勤华永会计师事务所有限公司 | 是 |

## 三、信托公司2010年、2009年审计报告情况

按照《中国注册会计师审计具体准则第1501号——审计报告》的相关规定,如果会计师认为财务报表已经按照适用的企业会计准则和相关财务会计法规的规定,在所有重大方面公允反映了被审计单位的财务状况、经营成果和现金流量,并且注册会计师已经按照独立审计准则计划和实施了审计工作,在审计过程中未受到限制,此外也不存在应当调整或披露而被审计单位未予调整或披露的重要事项情形时,注册会计师应当出具无保留意见的审计报告。而如果会计师认为整体财务报表是公允的,但存在会计政策的选用、会计估计的作出或财务报表的披露不符合适用的会计准则和相关会计制度的规定,虽影响重大,但不至于出具否定意见的审计报告,以及因审计范围受到限制,不能获取充分、适当的审计证据,虽影响重大,但不至于出具无法表示意见的审计报告时,注册会计师应当出具保留意见的审计报告。

2010年,会计师事务所对所有进行信息披露的56家信托公司年报审计均出具了无保留意见的审计报告,表明财务报告在所有重大方面公允反映了被审计信托公司的财务状况和经营成果。2009年披露年报的54家信托公司年报审计也均出具了无保留意见的审计报告。表明信托公司财务报告信息披露质量比较稳定。

## 四、信托公司2010年执行的会计制度统计

表2-4-1 信托公司2010年与2009年执行的会计制度比较表

| 固有业务执行会计制度 | 2010年 | 2009年 | 信托业务执行会计制度 | 2010年 | 2009年 |
|---|---|---|---|---|---|
| | 家数 | 家数 | | 家数 | 家数 |
| 《金融企业会计制度》(2001年)《企业会计准则》(2006年) | 1 | 1 | 《信托业务会计核算办法》(2005年) | 6 | 31 |
| 《企业会计准则》(2006年) | 55 | 53 | 《企业会计准则》(2006年) | 49 | 18 |
| | | | 《信托业务会计核算办法》(2005年)、《金融企业会计制度》(2001年) | | 1 |
| | | | 《企业会计准则》(2006年)《信托业务会计核算办法》(2005年) | 1 | 4 |
| 合计 | 56 | 54 | 合计 | 56 | 54 |

2010年,56家信托公司固有业务中,只有1家披露其同时执行《企业会计准则》(2006年)和《金融企业会计制度》(2001年),55家明确披露已执行《企业会计准则》(2006年)。2010年,6家信托公司信托业务执行《信托业务会计核算办法》(2005年),49家执行《企业会计准则》(2006年),1家同时执行《信托业务会计核算办法》(2005年)和《企业会计准则》(2006年)。

表2-4-2 2010年56家信托公司披露执行的会计制度统计表

| 简称 | 固有业务执行会计制度 | 信托业务执行会计制度 |
|---|---|---|
| 爱建信托 | 《企业会计准则》(2006年) | 《企业会计准则》(2006年) |
| 安信信托 | 《企业会计准则》(2006年) | 《企业会计准则》(2006年) |
| 百瑞信托 | 《企业会计准则》(2006年) | 《企业会计准则》(2006年) |
| 北方信托 | 《企业会计准则》(2006年) | 《企业会计准则》(2006年) |
| 北京信托 | 《企业会计准则》(2006年) | 《企业会计准则》(2006年) |
| 渤海信托 | 《企业会计准则》(2006年) | 《企业会计准则》(2006年) |
| 东莞信托 | 《企业会计准则》(2006年) | 《企业会计准则》(2006年) |
| 甘肃信托 | 《企业会计准则》(2006年) | 《信托业务会计核算办法》(2005年) |
| 杭工商信托 | 《企业会计准则》(2006年) | 《企业会计准则》(2006年) |
| 广东粤财 | 《企业会计准则》(2006年) | 《企业会计准则》(2006年) |
| 国联信托 | 《企业会计准则》(2006年) | 《企业会计准则》(2006年) |
| 国民信托 | 《企业会计准则》(2006年) | 《企业会计准则》(2006年) |
| 国投信托 | 《企业会计准则》(2006年) | 《企业会计准则》(2006年) |
| 国元信托 | 《企业会计准则》(2006年) | 《企业会计准则》(2006年) |
| 湖南信托 | 《企业会计准则》(2006年) | 《企业会计准则》(2006年) |
| 华澳信托 | 《企业会计准则》(2006年) | 《企业会计准则》(2006年) |
| 华宝信托 | 《企业会计准则》(2006年) | 《企业会计准则》(2006年) |
| 华宸信托 | 《企业会计准则》(2006年) | 《企业会计准则》(2006年) |

续表

| 简称 | 固有业务执行会计制度 | 信托业务执行会计制度 |
|---|---|---|
| 华能信托 | 《企业会计准则》(2006 年) | 《信托业务会计核算办法》(2005 年) |
| 华融信托 | 《企业会计准则》(2006 年) | 《信托业务会计核算办法》(2005 年)《企业会计准则》(2006 年) |
| 华润信托 | 《企业会计准则》(2006 年) | 《企业会计准则》(2006 年) |
| 华信信托 | 《企业会计准则》(2006 年) | 《企业会计准则》(2006 年) |
| 吉林信托 | 《企业会计准则》(2006 年) | 《信托业务会计核算办法》(2005 年) |
| 建信信托 | 《企业会计准则》(2006 年) | 《企业会计准则》(2006 年) |
| 江苏信托 | 《企业会计准则》(2006 年) | 《企业会计准则》(2006 年) |
| 江西信托 | 《企业会计准则》(2006 年) | 《信托业务会计核算办法》(2005 年) |
| 交银国际信托 | 《企业会计准则》(2006 年) | 《企业会计准则》(2006 年) |
| 金谷信托 | 《企业会计准则》(2006 年) | 《企业会计准则》(2006 年) |
| 昆仑信托 | 《企业会计准则》(2006 年)《金融企业会计制度》(2001 年) | 《信托业务会计核算办法》(2005 年) |
| 联华信托 | 《企业会计准则》(2006 年) | 《企业会计准则》(2006 年) |
| 平安信托 | 《企业会计准则》(2006 年) | 《企业会计准则》(2006 年) |
| 厦门信托 | 《企业会计准则》(2006 年) | 《企业会计准则》(2006 年) |
| 山东信托 | 《企业会计准则》(2006 年) | 《企业会计准则》(2006 年) |
| 山西信托 | 《企业会计准则》(2006 年) | 《企业会计准则》(2006 年) |
| 陕国投 | 《企业会计准则》(2006 年) | 《企业会计准则》(2006 年) |
| 上海信托 | 《企业会计准则》(2006 年) | 《企业会计准则》(2006 年) |
| 苏州信托 | 《企业会计准则》(2006 年) | 《企业会计准则》(2006 年) |
| 天津信托 | 《企业会计准则》(2006 年) | 《企业会计准则》(2006 年) |
| 外贸信托 | 《企业会计准则》(2006 年) | 《企业会计准则》(2006 年) |
| 西安信托 | 《企业会计准则》(2006 年) | 《企业会计准则》(2006 年) |
| 西部信托 | 《企业会计准则》(2006 年) | 《企业会计准则》(2006 年) |
| 西藏信托 | 《企业会计准则》(2006 年) | 《企业会计准则》(2006 年) |
| 新华信托 | 《企业会计准则》(2006 年) | 《企业会计准则》(2006 年) |
| 新时代信托 | 《企业会计准则》(2006 年) | 《企业会计准则》(2006 年) |
| 英大信托 | 《企业会计准则》(2006 年) | 《企业会计准则》(2006 年) |
| 云南信托 | 《企业会计准则》(2006 年) | 《企业会计准则》(2006 年) |
| 中诚信托 | 《企业会计准则》(2006 年) | 《企业会计准则》(2006 年) |
| 中海信托 | 《企业会计准则》(2006 年) | 《企业会计准则》(2006 年) |
| 中航信托 | 《企业会计准则》(2006 年) | 《企业会计准则》(2006 年) |
| 中融信托 | 《企业会计准则》(2006 年) | 《企业会计准则》(2006 年) |
| 中泰信托 | 《企业会计准则》(2006 年) | 《企业会计准则》(2006 年) |
| 中铁信托 | 《企业会计准则》(2006 年) | 《企业会计准则》(2006 年) |
| 中投信托 | 《企业会计准则》(2006 年) | 《企业会计准则》(2006 年) |
| 中信信托 | 《企业会计准则》(2006 年) | 《企业会计准则》(2006 年) |
| 中原信托 | 《企业会计准则》(2006 年) | 《信托业务会计核算办法》(2005 年) |
| 重庆信托 | 《企业会计准则》(2006 年) | 《企业会计准则》(2006 年) |

**表 2－4－3　2009 年 54 家信托公司披露执行的会计制度统计表**

| 简称 | 固有业务执行会计制度 | 信托业务执行会计制度 |
|---|---|---|
| 国元信托 | 《企业会计准则》(2006 年) | 《信托业务会计核算办法》(2005 年) |
| 安信信托 | 《企业会计准则》(2006 年) | 《企业会计准则》(2006 年) |
| 百瑞信托 | 《企业会计准则》(2006 年) | 《信托业务会计核算办法》(2005 年) |
| 北方信托 | 《企业会计准则》(2006 年) | 《信托业务会计核算办法》(2005 年) |
| 北京信托 | 《企业会计准则》(2006 年) | 《信托业务会计核算办法》(2005 年) |
| 渤海信托 | 《企业会计准则》(2006 年) | 《企业会计准则》(2006 年) |
| 重庆信托 | 《企业会计准则》(2006 年) | 《信托业务会计核算办法》(2005 年) |
| 华信信托 | 《企业会计准则》(2006 年) | 《企业会计准则》(2006 年) |
| 东莞信托 | 《企业会计准则》(2006 年) | 《信托业务会计核算办法》(2005 年) |
| 甘肃信托 | 《企业会计准则》(2006 年) | 《信托业务会计核算办法》(2005 年) |

续表

| 简称 | 固有业务执行会计制度 | 信托业务执行会计制度 |
|---|---|---|
| 广东粤财 | 《企业会计准则》(2006 年) | 《信托业务会计核算办法》(2005 年) |
| 国联信托 | 《企业会计准则》(2006 年) | 《企业会计准则》(2006 年) |
| 国民信托 | 《企业会计准则》(2006 年) | 《信托业务会计核算办法》(2005 年) |
| 国投信托 | 《企业会计准则》(2006 年) | 《信托业务会计核算办法》(2005 年) |
| 杭工商信托 | 《企业会计准则》(2006 年) | 《信托业务会计核算办法》(2005 年) |
| 湖南信托 | 《企业会计准则》(2006 年) | 《信托业务会计核算办法》(2005 年) |
| 华宝信托 | 《企业会计准则》(2006 年) | 《信托业务会计核算办法》(2005 年) |
| 华宸信托 | 《企业会计准则》(2006 年) | 《信托业务会计核算办法》(2005 年) |
| 华能信托 | 《企业会计准则》(2006 年) | 《信托业务会计核算办法》(2005 年) |
| 华融信托 | 《企业会计准则》(2006 年) | 《信托业务会计核算办法》(2005 年)《企业会计准则》(2006 年) |
| 华润信托 | 《企业会计准则》(2006 年) | 《企业会计准则》(2006 年) |
| 吉林信托 | 《企业会计准则》(2006 年) | 《信托业务会计核算办法》(2005 年) |
| 建信信托 | 《企业会计准则》(2006 年) | 《信托业务会计核算办法》(2005 年) |
| 江苏信托 | 《企业会计准则》(2006 年) | 《企业会计准则》(2006 年) |
| 江信国际 | 《企业会计准则》(2006 年) | 《信托业务会计核算办法》(2005 年) |
| 交银信托 | 《企业会计准则》(2006 年) | 《信托业务会计核算办法》(2005 年)《金融企业会计制度》(2001 年) |
| 昆仑信托 | 《企业会计准则》(2006 年)《金融企业会计制度》(2001 年) | 《信托业务会计核算办法》(2005 年) |
| 联华信托 | 《企业会计准则》(2006 年) | 《信托业务会计核算办法》(2005 年) |
| 平安信托 | 《企业会计准则》(2006 年) | 《企业会计准则》(2006 年) |
| 海协信托 | 《企业会计准则》(2006 年) | 《信托业务会计核算办法》(2005 年) |
| 山东国托 | 《企业会计准则》(2006 年) | 《信托业务会计核算办法》(2005 年)2009 年 7 月 1 日之后执行《企业会计准则》(2006 年) |
| 山西信托 | 《企业会计准则》(2006 年) | 《企业会计准则》(2006 年) |
| 陕国投 | 《企业会计准则》(2006 年) | 《企业会计准则》(2006 年) |
| 爱建信托 | 《企业会计准则》(2006 年) | 《信托业务会计核算办法》(2005 年) |
| 上海信托 | 《企业会计准则》(2006 年) | 《信托业务会计核算办法》(2005 年) |
| 苏州信托 | 《企业会计准则》(2006 年) | 《信托业务会计核算办法》(2005 年) |
| 天津信托 | 《企业会计准则》(2006 年) | 《信托业务会计核算办法》(2005 年) |
| 西安信托 | 《企业会计准则》(2006 年) | 《信托业务会计核算办法》(2005 年) |
| 西部信托 | 《企业会计准则》(2006 年) | 《信托业务会计核算办法》(2005 年) |
| 西藏信托 | 《企业会计准则》(2006 年) | 《企业会计准则》(2006 年) |
| 厦门信托 | 《企业会计准则》(2006 年) | 《信托业务会计核算办法》(2005 年)《企业会计准则》(2006 年) |
| 新华信托 | 《企业会计准则》(2006 年) | 《信托业务会计核算办法》(2005 年) |
| 新时代信托 | 《企业会计准则》(2006 年) | 《企业会计准则》(2006 年) |
| 英大信托 | 《企业会计准则》(2006 年) | 《企业会计准则》(2006 年) |
| 云南信托 | 《企业会计准则》(2006 年) | 《信托业务会计核算办法》(2005 年) |
| 中诚信托 | 《企业会计准则》(2006 年) | 《信托业务会计核算办法》(2005 年)《企业会计准则》(2006 年) |
| 外贸信托 | 《企业会计准则》(2006 年) | 《企业会计准则》(2006 年) |
| 中海信托 | 《企业会计准则》(2006 年) | 《企业会计准则》(2006 年) |
| 中融信托 | 《企业会计准则》(2006 年) | 《企业会计准则》(2006 年) |
| 中泰信托 | 《企业会计准则》(2006 年) | 《信托业务会计核算办法》(2005 年) |
| 中铁信托 | 《企业会计准则》(2006 年) | 《企业会计准则》(2006 年) |
| 中投信托 | 《企业会计准则》(2006 年) | 《企业会计准则》(2006 年) |
| 中信信托 | 《企业会计准则》(2006 年) | 《企业会计准则》(2006 年) |
| 中原信托 | 《企业会计准则》(2006 年) | 《信托业务会计核算办法》(2005 年) |

# 第三章　信托公司财务综合排名及单项财务指标排行榜

## 一、信托公司财务综合排名

2010 年，我们参考了银监会对信托公司的评价和考核标准，选取固有资产三项数据和信托资产五项数据作为财务综合排名的评分指标，其中固有资产指标得分占总分的 20%，信托资产指标得分占总分的 80%。评分方法为对 56 家公司按各项指标进行排名，第一名获得 56 分，第二名获得 55 分，依此类推，第五十六名获得 1 分。

**财务综合排名各项指标的分数分布情况表**

| 项　目 | 指标 | 最高得分 | 权数 | 最高排名得分 | 占比(%) |
| --- | --- | --- | --- | --- | --- |
| 固有资产 | 资产总额 | 56 | 0.4167 | 23.33 | 20.00 |
| | 收入总额 | 56 | 0.4167 | 23.33 | |
| | 净资产收益率 | 56 | 0.4167 | 23.33 | |
| 信托资产 | 资产总额 | 56 | 1.00 | 56.00 | 80.00 |
| | 资产营业收入 | 56 | 1.00 | 56.00 | |
| | 净资产收益率 | 56 | 1.00 | 56.00 | |
| | 信托报酬率 | 56 | 1.00 | 56.00 | |
| | 主动管理型信托资产总额 | 56 | 1.00 | 56.00 | |
| 合计 | | 448.00 | | 350.00 | 100 |

在汇总报表的过程中，我们发现有部分信托公司本年披露固有资产报表年初金额与其上年披露的年末金额不一致，有 10 家公司净资产与其上年公告的年末净资产不一致，说明这些公司有调整期初损益的项目。根据《金融企业会计制度》和《企业会计准则》的有关规定，凡是有调整年初未分配利润的项目，公司必须在年报中说明调整的内容和原因。但部分信托公司年报中未提供关于年初金额调整的解释，或者有些公司虽然没有调整年初未分配利润，但调整了年初资产与负债。由于无法知道公司调整年初数的原因，因此我们无法确定该调整的合理性。年初数的调整可能会影响公司本年利润的正确反映或某些指标的正确计算，进而影响到排行榜的准确性，所以本次排行中所用的上年数均以本年各公司披露的上年数据为准。

在总体排名时，由于本年无出具非标准意见审计报告的公司，56 家公司全部参与排名。排名所有数据均来自审计报告后附的财务报表（经过适当调整后的财务报表）。

**表 3－1－1　信托公司财务综合排名前五位公司情况表**

| 排名 | 简称 | 合计得分 |
| --- | --- | --- |
| 1 | 平安信托 | 300.00 |
| 2 | 中融信托 | 296.17 |
| 3 | 华润信托 | 273.67 |
| 4 | 中信信托 | 273.42 |
| 5 | 北京信托 | 265.92 |

表3－1－2　信托公司财务综合排名情况表

单位：万元

| 排名 | 简称 | 2010年固有资产营业收入 | 得分 | 2010年末固有资产资产总计 | 得分 | 2010年固有资产净资产收益率 | 得分 | 2010年信托资产营业收入 | 得分 | 2010年末信托资产资产合计 | 得分 | 2010年信托资产净资产收益率 | 得分 | 2010年信托报酬率 | 得分 | 2010年主动管理型信托资产总额 | 得分 | 合计得分 |
|---|---|---|---|---|---|---|---|---|---|---|---|---|---|---|---|---|---|---|
| 1 | 平安信托 | 947 702. 84 | 23. 33 | 5 218 199. 45 | 23. 33 | 13. 89% | 13. 33 | 1 254 155. 23 | 55 | 13 959 419. 67 | 51 | 8. 40% | 54 | 0. 68% | 30 | 5 903 325. 97 | 50 | 300. 00 |
| 2 | 中融信托 | 175 290. 23 | 22. 08 | 204 331. 40 | 13. 75 | 45. 14% | 23. 33 | 1 120 089. 04 | 53 | 17 993 689. 12 | 55 | 4. 77% | 33 | 1. 05% | 42 | 10 586 377. 00 | 54 | 296. 17 |
| 3 | 华润信托 | 164 629. 98 | 21. 25 | 972 017. 62 | 22. 92 | 16. 62% | 17. 50 | 473 844. 85 | 48 | 6 529 720. 46 | 41 | 6. 17% | 48 | 0. 64% | 28 | 5 560 759. 29 | 47 | 273. 67 |
| 4 | 中信信托 | 238 639. 78 | 22. 92 | 770 865. 92 | 21. 67 | 19. 62% | 20. 83 | 1 631 705. 60 | 56 | 33 279 077. 37 | 56 | 4. 11% | 20 | 0. 50% | 20 | 14 612 486. 38 | 56 | 273. 42 |
| 5 | 北京信托 | 63 298. 00 | 15. 83 | 265 854. 00 | 16. 67 | 14. 98% | 15. 42 | 607 028. 01 | 50 | 8 045 999. 99 | 46 | 6. 93% | 50 | 0. 50% | 21 | 6 524 619. 25 | 51 | 265. 92 |
| 6 | 中诚信托 | 167 194. 64 | 21. 67 | 932 876. 63 | 22. 50 | 12. 55% | 11. 25 | 707 333. 49 | 51 | 14 882 908. 63 | 53 | 3. 96% | 17 | 0. 69% | 31 | 11 539 098. 86 | 55 | 262. 42 |
| 7 | 上海信托 | 181 363. 43 | 22. 50 | 642 785. 96 | 20. 83 | 17. 00% | 18. 33 | 415 507. 15 | 46 | 5 466 952. 81 | 39 | 8. 49% | 55 | 0. 60% | 26 | 2 046 960. 76 | 33 | 260. 67 |
| 8 | 中海信托 | 81 311. 58 | 19. 58 | 243 306. 52 | 15. 42 | 22. 95% | 22. 08 | 1 149 873. 90 | 54 | 16 454 920. 28 | 54 | 5. 33% | 39 | 0. 16% | 3 | 7 881 589. 00 | 53 | 260. 08 |
| 9 | 华融信托 | 75 377. 02 | 18. 33 | 197 663. 49 | 12. 50 | 16. 68% | 17. 92 | 356 517. 11 | 42 | 5 374 640. 10 | 37 | 5. 71% | 41 | 1. 27% | 47 | 2 104 396. 85 | 34 | 249. 75 |
| 10 | 新华信托 | 68 586. 77 | 17. 08 | 156 005. 07 | 10. 83 | 29. 02% | 22. 92 | 287 093. 68 | 38 | 6 092 865. 81 | 40 | 4. 01% | 18 | 1. 45% | 51 | 4 019 158. 02 | 45 | 242. 83 |
| 11 | 华信信托 | 65 992. 19 | 16. 67 | 332 230. 67 | 17. 92 | 13. 36% | 12. 08 | 308 001. 86 | 40 | 4 063 179. 55 | 32 | 5. 99% | 43 | 0. 93% | 39 | 2 133 494. 80 | 35 | 235. 67 |
| 12 | 外贸信托 | 64 111. 49 | 16. 25 | 386 680. 00 | 18. 75 | 12. 17% | 10. 00 | 411 518. 61 | 45 | 8 646 300. 32 | 47 | 3. 80% | 14 | 0. 63% | 27 | 5 685 320. 83 | 49 | 227. 00 |
| 13 | 山东国托 | 47 668. 80 | 15. 00 | 309 004. 45 | 17. 08 | 15. 20% | 15. 83 | 545 923. 02 | 49 | 9 661 297. 09 | 49 | 5. 27% | 38 | 0. 21% | 5 | 2 676 999. 09 | 38 | 226. 92 |
| 14 | 重庆信托 | 84 660. 91 | 20. 00 | 868 962. 83 | 22. 08 | 7. 34% | 3. 75 | 205 805. 88 | 31 | 3 783 775. 67 | 30 | 4. 91% | 34 | 1. 21% | 46 | 2 654 886. 15 | 37 | 223. 83 |
| 15 | 华宝信托 | 144 135. 94 | 20. 83 | 429 206. 89 | 19. 17 | 18. 17% | 19. 58 | 264 536. 78 | 37 | 8 693 461. 65 | 48 | 2. 78% | 6 | 1. 72% | 52 | 879 027. 81 | 13 | 215. 58 |
| 16 | 西安国投 | 36 720. 36 | 12. 08 | 95 752. 59 | 4. 58 | 22. 21% | 21. 67 | 367 650. 13 | 43 | 8 010 430. 46 | 45 | 4. 17% | 22 | 0. 46% | 17 | 5 650 613. 23 | 48 | 213. 33 |
| 17 | 广东粤财 | 38 570. 75 | 12. 92 | 171 057. 38 | 12. 08 | 18. 46% | 20. 00 | 464 107. 37 | 47 | 10 083 568. 50 | 50 | 3. 92% | 16 | 0. 22% | 8 | 5 373 244. 47 | 46 | 212. 00 |
| 18 | 英大信托 | 43 963. 45 | 14. 17 | 202 829. 70 | 12. 92 | 12. 28% | 10. 42 | 737 236. 88 | 52 | 14 582 704. 35 | 52 | 4. 56% | 30 | 0. 26% | 10 | 1 851 178. 76 | 30 | 211. 50 |
| 19 | 吉林信托 | 44 008. 41 | 14. 58 | 253 611. 52 | 16. 25 | 8. 35% | 6. 25 | 263 368. 17 | 36 | 4 713 271. 53 | 35 | 4. 69% | 32 | 0. 64% | 29 | 2 759 615. 00 | 40 | 209. 08 |
| 20 | 百瑞信托 | 41 347. 21 | 13. 75 | 144 131. 23 | 9. 17 | 14. 17% | 13. 75 | 167 060. 72 | 26 | 2 939 436. 79 | 23 | 5. 17% | 36 | 1. 31% | 48 | 2 688 022. 27 | 39 | 208. 67 |
| 21 | 中铁信托 | 55 057. 69 | 15. 42 | 220 091. 56 | 14. 58 | 17. 01% | 18. 75 | 257 134. 00 | 35 | 4 275 118. 00 | 34 | 5. 35% | 40 | 0. 00% | 2 | 3 638 715. 00 | 44 | 203. 75 |
| 22 | 江苏信托 | 76 613. 33 | 18. 75 | 440 887. 45 | 19. 58 | 14. 45% | 14. 17 | 145 825. 32 | 24 | 2 729 725. 04 | 22 | 4. 48% | 27 | 1. 02% | 41 | 2 625 289. 00 | 36 | 202. 50 |
| 23 | 江信国际 | 78 464. 17 | 19. 17 | 762 996. 81 | 21. 25 | 6. 72% | 2. 92 | 324 585. 13 | 41 | 6 764 145. 94 | 43 | 4. 46% | 26 | 0. 43% | 15 | 1 954 350. 67 | 32 | 200. 33 |
| 24 | 渤海信托 | 22 226. 68 | 5. 83 | 92 881. 16 | 4. 17 | 12. 51% | 10. 83 | 388 133. 31 | 44 | 8 002 160. 37 | 44 | 4. 43% | 25 | 0. 28% | 11 | 7 247 004. 00 | 52 | 196. 83 |
| 25 | 国元信托 | 36 462. 05 | 11. 67 | 319 302. 04 | 17. 50 | 8. 23% | 5. 83 | 241 816. 00 | 34 | 3 596 065. 34 | 29 | 6. 16% | 47 | 0. 55% | 22 | 1 823 985. 37 | 28 | 195. 00 |
| 26 | 金港信托 | 74 122. 13 | 17. 92 | 471 948. 34 | 20. 42 | 10. 51% | 8. 33 | 304 493. 37 | 39 | 5 409 765. 56 | 38 | 4. 55% | 29 | 0. 77% | 35 | 498 122. 30 | 6 | 193. 67 |
| 27 | 天津信托 | 33 589. 96 | 10. 83 | 203 527. 04 | 13. 33 | 9. 58% | 7. 92 | 205 440. 85 | 30 | 3 090 256. 22 | 25 | 6. 03% | 45 | 0. 78% | 36 | 1 643 341. 57 | 25 | 193. 08 |
| 28 | 华能贵诚 | 25 862. 95 | 8. 33 | 164 581. 35 | 11. 67 | 7. 40% | 4. 17 | 221 339. 49 | 32 | 4 152 843. 58 | 33 | 4. 19% | 23 | 0. 72% | 33 | 3 430 634. 00 | 43 | 188. 17 |

续表

| 排名 | 简称 | 2010年固有资产营业收入 | 得分 | 2010年末固有资产资产总计 | 得分 | 2010年固有资产净资产收益率 | 得分 | 2010年信托资产营业收入 | 得分 | 2010年末信托资产资产合计 | 得分 | 2010年信托资产净资产收益率 | 得分 | 2010年信托报酬率 | 得分 | 2010年主动管理型信托资产总额 | 得分 | 合计得分 |
|---|---|---|---|---|---|---|---|---|---|---|---|---|---|---|---|---|---|---|
| 29 | 苏州信托 | 24 102.47 | 6.25 | 97 713.41 | 5.00 | 16.11% | 16.67 | 141 729.76 | 22 | 1 631 051.15 | 14 | 7.48% | 52 | 1.36% | 49 | 1 631 051.14 | 23 | 187.92 |
| 30 | 国联信托 | 38 154.00 | 12.50 | 219 634.00 | 14.17 | 13.59% | 12.92 | 126 208.00 | 20 | 1 617 038.00 | 13 | 6.52% | 49 | 1.75% | 53 | 769 117.00 | 10 | 184.58 |
| 31 | 北方信托 | 35 762.84 | 11.25 | 162 430.56 | 11.25 | 13.57% | 12.50 | 197 029.27 | 27 | 5 212 615.64 | 36 | 3.54% | 10 | 0.71% | 32 | 2 962 796.83 | 42 | 182.00 |
| 32 | 杭工商信托 | 32 685.00 | 10.00 | 84 435.00 | 2.92 | 20.88% | 21.25 | 87 481.00 | 14 | 925 321.00 | 8 | 7.18% | 51 | 3.59% | 56 | 784 228.00 | 11 | 174.17 |
| 33 | 中原信托 | 26 156.79 | 8.75 | 149 972.19 | 10.42 | 9.03% | 6.67 | 233 886.96 | 33 | 3 565 292.47 | 27 | 5.94% | 42 | 0.48% | 18 | 1 650 260.92 | 26 | 171.83 |
| 34 | 华宸信托 | 25 347.38 | 7.92 | 129 088.45 | 7.92 | 16.48% | 17.08 | 116 273.36 | 18 | 1 446 249.51 | 11 | 6.00% | 44 | 1.06% | 43 | 1 086 804.35 | 18 | 166.92 |
| 35 | 中投信托 | 38 921.64 | 13.33 | 220 875.52 | 15.00 | 12.76% | 11.67 | 112 458.69 | 17 | 2 008 095.42 | 18 | 4.62% | 31 | 0.83% | 37 | 1 073 276.72 | 17 | 160.00 |
| 36 | 新时代信托 | 26 303.57 | 9.17 | 90 047.00 | 3.75 | 15.21% | 16.25 | 144 454.86 | 23 | 3 001 443.10 | 24 | 3.62% | 13 | 0.88% | 38 | 1 951 766.32 | 31 | 158.17 |
| 37 | 兴泰信托 | 33 083.48 | 10.42 | 456 114.02 | 20.00 | 3.98% | 1.67 | 198 903.50 | 28 | 6 601 601.14 | 42 | 2.62% | 5 | 0.18% | 4 | 2 886 071.96 | 41 | 152.08 |
| 38 | 中泰信托 | 143 585.18 | 20.42 | 347 731.49 | 18.33 | 18.70% | 20.42 | 90 758.20 | 15 | 1 682 367.35 | 15 | 4.39% | 24 | 0.58% | 23 | 957 612.00 | 15 | 151.17 |
| 39 | 山西信托 | 24 120.65 | 6.67 | 149 002.12 | 10.00 | 7.31% | 3.33 | 156 358.35 | 25 | 2 520 348.87 | 21 | 5.21% | 37 | 0.59% | 24 | 1 633 007.67 | 24 | 151.00 |
| 40 | 东莞信托 | 24 483.60 | 7.08 | 100 380.51 | 5.83 | 14.89% | 15.00 | 86 451.43 | 12 | 1 477 810.78 | 12 | 4.95% | 35 | 0.99% | 40 | 1 391 183.73 | 21 | 147.92 |
| 41 | 爱建信托 | 9 666.30 | 1.67 | 43 961.16 | 1.67 | 14.53% | 14.58 | 74 547.19 | 10 | 720 685.34 | 7 | 10.68% | 56 | 1.17% | 45 | 650 391.51 | 9 | 144.92 |
| 42 | 国投信托 | 68 377.78 | 17.50 | 250 497.70 | 15.83 | 11.25% | 9.58 | 121 695.69 | 19 | 2 512 335.89 | 20 | 4.04% | 19 | 0.29% | 12 | 1 717 728.37 | 27 | 139.92 |
| 43 | 安信信托 | 30 433.45 | 9.58 | 68 860.06 | 2.08 | 25.89% | 22.50 | 54 716.90 | 8 | 1 227 032.87 | 10 | 3.59% | 12 | 1.80% | 55 | 1 064 533.15 | 16 | 135.17 |
| 44 | 交银国际信托 | 21 166.45 | 5.00 | 144 956.51 | 9.58 | 6.07% | 2.50 | 199 536.48 | 29 | 3 566 568.99 | 28 | 4.50% | 28 | 0.41% | 13 | 886 257.15 | 14 | 129.08 |
| 45 | 云南信托 | 18 082.25 | 3.75 | 99 557.98 | 5.42 | 7.46% | 4.58 | 41 744.40 | 6 | 453 965.24 | 3 | 6.11% | 46 | 1.77% | 54 | 393 577.98 | 3 | 125.75 |
| 46 | 联华信托 | 20 670.72 | 4.17 | 87 864.91 | 3.33 | 9.48% | 7.08 | 134 085.98 | 21 | 3 264 056.55 | 26 | 3.58% | 11 | 0.48% | 19 | 1 835 194.00 | 29 | 120.58 |
| 47 | 西部信托 | 25 250.43 | 7.50 | 100 976.47 | 6.25 | 17.52% | 19.17 | 36 838.32 | 5 | 652 821.31 | 6 | 3.92% | 15 | 1.39% | 50 | 604 335.01 | 7 | 115.92 |
| 48 | 湖南信托 | 14 518.00 | 2.92 | 72 499.00 | 2.50 | 7.67% | 5.00 | 82 584.00 | 11 | 1 703 897.00 | 16 | 4.17% | 21 | 1.10% | 44 | 644 919.00 | 8 | 110.42 |
| 49 | 陕西国投 | 22 016.91 | 5.42 | 120 403.34 | 7.08 | 10.97% | 9.17 | 86 957.20 | 13 | 2 046 780.43 | 19 | 3.43% | 9 | 0.45% | 16 | 1 452 502.57 | 22 | 100.67 |
| 50 | 厦门信托 | 20 688.00 | 4.58 | 138 112.00 | 8.33 | 10.60% | 8.75 | 72 008.00 | 9 | 1 970 833.00 | 17 | 2.93% | 7 | 0.60% | 25 | 835 373.00 | 12 | 91.67 |
| 51 | 甘肃信托 | 10 289.38 | 2.08 | 127 607.41 | 7.50 | 4.35% | 2.08 | 52 644.51 | 7 | 604 734.09 | 5 | 8.25% | 53 | 0.24% | 9 | 461 955.75 | 4 | 89.67 |
| 52 | 中航信托 | 10 599.79 | 2.50 | 43 661.33 | 1.25 | 9.55% | 7.50 | 104 981.07 | 16 | 3 889 425.59 | 31 | 2.17% | 4 | 0.21% | 6 | 1 257 513.70 | 20 | 88.25 |
| 53 | 金谷信托 | 17 284.19 | 3.33 | 141 000.68 | 8.75 | 8.11% | 5.42 | 23 294.03 | 4 | 1 174 311.68 | 9 | 1.62% | 2 | 0.41% | 14 | 1 120 072.31 | 19 | 65.50 |
| 54 | 国民信托 | 9 410.31 | 1.25 | 116 430.87 | 6.67 | 3.73% | 1.25 | 11 526.00 | 2 | 326 089.22 | 1 | 3.00% | 8 | 0.76% | 34 | 11 840.35 | 2 | 56.17 |
| 55 | 华澳信托 | 5 082.23 | 0.83 | 34 107.52 | 0.42 | 3.05% | 0.83 | 12 158.63 | 3 | 539 819.82 | 4 | 1.71% | 3 | 0.21% | 7 | 482 819.78 | 5 | 24.08 |
| 56 | 西藏信托 | 848.69 | 0.42 | 40 615.83 | 0.83 | 0.91% | 0.42 | 3 445.00 | 1 | 337 412.86 | 2 | 0.95% | 1 | 0.00% | 1 | - | 1 | 7.67 |

## 二、信托公司单项财务指标排行榜

### (一)固有资产资产总额排行榜

| 排名 | 简称 | 2010年12月31日(万元) | 2009年12月31日(万元) | 增长(%) |
|---|---|---|---|---|
| 1 | 平安信托 | 5 218 199.45 | 5 410 338.99 | -3.55 |
| 2 | 华润信托 | 972 017.62 | 704 290.32 | 38.01 |
| 3 | 中诚信托 | 932 876.63 | 509 470.85 | 83.11 |
| 4 | 重庆信托 | 868 962.83 | 561 535.49 | 54.75 |
| 5 | 中信信托 | 770 865.92 | 635 354.16 | 21.33 |
| 6 | 江西信托 | 762 996.81 | 740 290.21 | 3.07 |
| 7 | 上海信托 | 642 785.96 | 593 299.64 | 8.34 |
| 8 | 昆仑信托 | 471 948.34 | 407 994.96 | 15.68 |
| 9 | 建信信托 | 456 114.02 | 454 276.43 | 0.40 |
| 10 | 江苏信托 | 440 887.45 | 379 385.72 | 16.21 |
| 11 | 华宝信托 | 429 206.89 | 627 371.74 | -31.59 |
| 12 | 外贸信托 | 386 680.00 | 218 275.32 | 77.15 |
| 13 | 中泰信托 | 347 731.49 | 276 643.84 | 25.70 |
| 14 | 华信信托 | 332 230.67 | 191 717.86 | 73.29 |
| 15 | 国元信托 | 319 302.04 | 299 906.04 | 6.47 |
| 16 | 山东信托 | 309 004.45 | 190 630.03 | 62.10 |
| 17 | 北京信托 | 265 854.00 | 256 372.00 | 3.70 |
| 18 | 吉林信托 | 253 611.52 | 240 110.91 | 5.62 |
| 19 | 国投信托 | 250 497.70 | 246 587.81 | 1.59 |
| 20 | 中海信托 | 243 306.52 | 243 555.54 | -0.10 |
| 21 | 中投信托 | 220 875.52 | 127 450.91 | 73.30 |
| 22 | 中铁信托 | 220 091.56 | 179 801.10 | 22.41 |
| 23 | 国联信托 | 219 634.00 | 206 660.00 | 6.28 |
| 24 | 中融信托 | 204 331.40 | 79 495.45 | 157.04 |
| 25 | 天津信托 | 203 527.04 | 198 898.63 | 2.33 |
| 26 | 华融信托 | 202 829.70 | 189 596.08 | 6.98 |
| 27 | 英大信托 | 197 663.49 | 177 312.97 | 11.48 |
| 28 | 广东粤财 | 171 057.38 | 140 685.15 | 21.59 |
| 29 | 华能信托 | 164 581.35 | 98 450.60 | 67.17 |
| 30 | 北方信托 | 162 430.56 | 147 615.09 | 10.04 |
| 31 | 新华信托 | 156 005.07 | 102 501.21 | 52.20 |
| 32 | 中原信托 | 149 972.19 | 146 780.12 | 2.17 |
| 33 | 山西信托 | 149 002.12 | 125 924.33 | 18.33 |
| 34 | 交银国际信托 | 144 956.51 | 132 193.79 | 9.65 |
| 35 | 百瑞信托 | 144 131.23 | 106 080.23 | 35.87 |
| 36 | 金谷信托 | 141 000.68 | 131 737.75 | 7.03 |
| 37 | 厦门信托 | 138 112.00 | 154 517.00 | -10.62 |
| 38 | 华宸信托 | 129 088.45 | 153 878.10 | -16.11 |
| 39 | 甘肃信托 | 127 607.41 | 46 175.61 | 176.35 |
| 40 | 陕国投 | 120 403.34 | 109 708.57 | 9.75 |
| 41 | 国民信托 | 116 430.87 | 117 459.46 | -0.88 |
| 42 | 西部信托 | 100 976.47 | 81 887.17 | 23.31 |
| 43 | 东莞信托 | 100 380.51 | 90 495.17 | 10.92 |
| 44 | 云南信托 | 99 557.98 | 95 920.20 | 3.79 |
| 45 | 苏州信托 | 97 713.41 | 89 819.12 | 8.79 |
| 46 | 西安信托 | 95 752.59 | 59 236.65 | 61.64 |

续表

| 排名 | 简称 | 2010 年 12 月 31 日(万元) | 2009 年 12 月 31 日(万元) | 增长(%) |
|---|---|---|---|---|
| 47 | 渤海信托 | 92 881.16 | 104 431.02 | -11.06 |
| 48 | 新时代信托 | 90 047.00 | 74 599.15 | 20.71 |
| 49 | 联华信托 | 87 864.91 | 77 558.53 | 13.29 |
| 50 | 杭工商信托 | 84 435.00 | 68 498.00 | 23.27 |
| 51 | 湖南信托 | 72 499.00 | 67 750.00 | 7.01 |
| 52 | 安信信托 | 68 860.06 | 59 170.21 | 16.38 |
| 53 | 爱建信托 | 43 961.16 | 38 238.01 | 14.97 |
| 54 | 中航信托 | 43 661.33 | 30 130.70 | 44.91 |
| 55 | 西藏信托 | 40 615.83 | 43 078.28 | -5.72 |
| 56 | 华澳信托 | 34 107.52 | 30 655.75 | 11.26 |
| 合计 | | 19 312 126.11 | 17 071 797.97 | 13.12 |
| 平均 | | 344 859.39 | 304 853.53 | 13.12 |

在固有资产资产规模排行榜中，平安信托资产总额仍排名第一，且相对于第二名的领先优势较大。其中中融信托从 2009 年的第 44 名提高至第 24 名，提高幅度最大。本年新增的 3 家信托公司除金谷信托规模较大，排在第 36 名，其余 2 家规模均较小。

## (二)固有资产资产总额增减排行榜

| 排名 | 简称 | 2010 年 12 月 31 日(万元) | 2009 年 12 月 31 日(万元) | 增长(%) | 增减额(万元) |
|---|---|---|---|---|---|
| 1 | 中诚信托 | 932 876.63 | 509 470.85 | 83.11 | 423 405.78 |
| 2 | 重庆信托 | 868 962.83 | 561 535.49 | 54.75 | 307 427.34 |
| 3 | 华润信托 | 972 017.62 | 704 290.32 | 38.01 | 267 727.30 |
| 4 | 外贸信托 | 386 680.00 | 218 275.32 | 77.15 | 168 404.68 |
| 5 | 华信信托 | 332 230.67 | 191 717.86 | 73.29 | 140 512.81 |
| 6 | 中信信托 | 770 865.92 | 635 354.16 | 21.33 | 135 511.76 |
| 7 | 中融信托 | 204 331.40 | 79 495.45 | 157.04 | 124 835.95 |
| 8 | 山东信托 | 309 004.45 | 190 630.03 | 62.10 | 118 374.42 |
| 9 | 中投信托 | 220 875.52 | 127 450.91 | 73.30 | 93 424.61 |
| 10 | 甘肃信托 | 127 607.41 | 46 175.61 | 176.35 | 81 431.80 |
| 11 | 中泰信托 | 347 731.49 | 276 643.84 | 25.70 | 71 087.65 |
| 12 | 华能信托 | 164 581.35 | 98 450.60 | 67.17 | 66 130.75 |
| 13 | 昆仑信托 | 471 948.34 | 407 994.96 | 15.68 | 63 953.38 |
| 14 | 江苏信托 | 440 887.45 | 379 385.72 | 16.21 | 61 501.73 |
| 15 | 新华信托 | 156 005.07 | 102 501.21 | 52.20 | 53 503.86 |
| 16 | 上海信托 | 642 785.96 | 593 299.64 | 8.34 | 49 486.32 |
| 17 | 中铁信托 | 220 091.56 | 179 801.10 | 22.41 | 40 290.46 |
| 18 | 百瑞信托 | 144 131.23 | 106 080.23 | 35.87 | 38 051.00 |
| 19 | 西安信托 | 95 752.59 | 59 236.65 | 61.64 | 36 515.94 |
| 20 | 广东粤财 | 171 057.38 | 140 685.15 | 21.59 | 30 372.23 |
| 21 | 山西信托 | 149 002.12 | 125 924.33 | 18.33 | 23 077.79 |
| 22 | 江西信托 | 762 996.81 | 740 290.21 | 3.07 | 22 706.60 |
| 23 | 华融信托 | 197 663.49 | 177 312.97 | 11.48 | 20 350.52 |
| 24 | 国元信托 | 319 302.04 | 299 906.04 | 6.47 | 19 396.00 |
| 25 | 西部信托 | 100 976.47 | 81 887.17 | 23.31 | 19 089.30 |
| 26 | 杭工商信托 | 84 435.00 | 68 498.00 | 23.27 | 15 937.00 |
| 27 | 新时代信托 | 90 047.00 | 74 599.15 | 20.71 | 15 447.85 |
| 28 | 北方信托 | 162 430.56 | 147 615.09 | 10.04 | 14 815.47 |
| 29 | 中航信托 | 43 661.33 | 30 130.70 | 44.91 | 13 530.63 |
| 30 | 吉林信托 | 253 611.52 | 240 110.91 | 5.62 | 13 500.61 |
| 31 | 英大信托 | 202 829.70 | 189 596.08 | 6.98 | 13 233.62 |
| 32 | 国联信托 | 219 634.00 | 206 660.00 | 6.28 | 12 974.00 |
| 33 | 交银国际信托 | 144 956.51 | 132 193.79 | 9.65 | 12 762.72 |

续表

| 排名 | 简称 | 2010 年 12 月 31 日(万元) | 2009 年 12 月 31 日(万元) | 增长(%) | 增减额(万元) |
|---|---|---|---|---|---|
| 34 | 陕国投 | 120 403.34 | 109 708.57 | 9.75 | 10 694.77 |
| 35 | 联华信托 | 87 864.91 | 77 558.53 | 13.29 | 10 306.38 |
| 36 | 东莞信托 | 100 380.51 | 90 495.17 | 10.92 | 9 885.34 |
| 37 | 安信信托 | 68 860.06 | 59 170.21 | 16.38 | 9 689.85 |
| 38 | 北京信托 | 265 854.00 | 256 372.00 | 3.70 | 9 482.00 |
| 39 | 金谷信托 | 141 000.68 | 131 737.75 | 7.03 | 9 262.93 |
| 40 | 苏州信托 | 97 713.41 | 89 819.12 | 8.79 | 7 894.29 |
| 41 | 爱建信托 | 43 961.16 | 38 238.01 | 14.97 | 5 723.15 |
| 42 | 湖南信托 | 72 499.00 | 67 750.00 | 7.01 | 4 749.00 |
| 43 | 天津信托 | 203 527.04 | 198 898.63 | 2.33 | 4 628.41 |
| 44 | 国投信托 | 250 497.70 | 246 587.81 | 1.59 | 3 909.89 |
| 45 | 云南信托 | 99 557.98 | 95 920.20 | 3.79 | 3 637.78 |
| 46 | 华澳信托 | 34 107.52 | 30 655.75 | 11.26 | 3 451.77 |
| 47 | 中原信托 | 149 972.19 | 146 780.12 | 2.17 | 3 192.07 |
| 48 | 建信信托 | 456 114.02 | 454 276.43 | 0.40 | 1 837.59 |
| 49 | 中海信托 | 243 306.52 | 243 555.54 | -0.10 | -249.02 |
| 50 | 国民信托 | 116 430.87 | 117 459.46 | -0.88 | -1 028.59 |
| 51 | 西藏信托 | 40 615.83 | 43 078.28 | -5.72 | -2 462.45 |
| 52 | 渤海信托 | 92 881.16 | 104 431.02 | -11.06 | -11 549.86 |
| 53 | 厦门信托 | 138 112.00 | 154 517.00 | -10.62 | -16 405.00 |
| 54 | 华宸信托 | 129 088.45 | 153 878.10 | -16.11 | -24 789.65 |
| 55 | 平安信托 | 5 218 199.45 | 5 410 338.99 | -3.55 | -192 139.54 |
| 56 | 华宝信托 | 429 206.89 | 627 371.74 | -31.59 | -198 164.85 |
| 合计 | | 19 312 126.11 | 17 071 797.97 | 13.12 | 2 240 328.14 |
| 平均 | | 344 859.39 | 304 853.53 | 13.12 | 40 005.86 |

2010 年,资产总额增加超过 10 亿元的有 8 家,合计增加了 168.62 亿元。56 家公司合计增加了 224.03 亿元,2009 年比 2008 年增加了 565.77 亿元,本年增速减缓。资产总额减少最多的 5 家是渤海信托、厦门信托、华宸信托、平安信托、华宝信托,五家合计减少了 44.30 亿元。

## (三)固有资产营业总收入排行榜

| 排名 | 简称 | 2010 年 12 月 31 日(万元) | 2009 年 12 月 31 日(万元) | 较上年增减(%) |
|---|---|---|---|---|
| 1 | 平安信托 | 947 702.84 | 1 010 277.96 | -6.19 |
| 2 | 中信信托 | 238 639.78 | 200 467.22 | 19.04 |
| 3 | 上海信托 | 181 363.43 | 158 463.53 | 14.45 |
| 4 | 中融信托 | 175 290.23 | 69 783.28 | 151.19 |
| 5 | 中诚信托 | 167 194.64 | 115 791.63 | 44.39 |
| 6 | 华润信托 | 164 629.98 | 159 081.05 | 3.49 |
| 7 | 华宝信托 | 144 135.94 | 158 459.00 | -9.04 |
| 8 | 中泰信托 | 143 585.18 | 126 562.76 | 13.45 |
| 9 | 重庆信托 | 84 660.91 | 91 137.67 | -7.11 |
| 10 | 中海信托 | 81 311.58 | 65 896.04 | 23.39 |
| 11 | 江西信托 | 78 464.17 | 91 138.33 | -13.91 |
| 12 | 江苏信托 | 76 613.33 | 51 118.65 | 49.87 |
| 13 | 华融信托 | 75 377.02 | 31 937.61 | 136.01 |
| 14 | 昆仑信托 | 74 122.13 | 42 954.86 | 72.56 |
| 15 | 国投信托 | 69 377.78 | 57 413.66 | 20.84 |
| 16 | 新华信托 | 68 586.77 | 22 542.24 | 204.26 |
| 17 | 华信信托 | 65 992.19 | 60 014.05 | 9.96 |
| 18 | 外贸信托 | 64 111.49 | 35 112.19 | 82.59 |
| 19 | 北京信托 | 63 298.00 | 59 124.00 | 7.06 |

续表

| 排名 | 简称 | 2010 年 12 月 31 日(万元) | 2009 年 12 月 31 日(万元) | 较上年增减(%) |
|---|---|---|---|---|
| 20 | 中铁信托 | 55 057.69 | 40 056.12 | 37.45 |
| 21 | 山东信托 | 47 668.80 | 37 750.23 | 26.27 |
| 22 | 吉林信托 | 44 008.41 | 24 812.05 | 77.37 |
| 23 | 英大信托 | 43 963.45 | 26 740.32 | 64.41 |
| 24 | 百瑞信托 | 41 347.21 | 21 772.09 | 89.91 |
| 25 | 中投信托 | 38 921.64 | 22 701.95 | 71.45 |
| 26 | 广东粤财 | 38 570.75 | 31 575.00 | 22.16 |
| 27 | 国联信托 | 38 154.00 | 43 029.00 | -11.33 |
| 28 | 西安信托 | 36 720.36 | 12 662.67 | 189.99 |
| 29 | 国元信托 | 36 462.05 | 32 080.72 | 13.66 |
| 30 | 北方信托 | 35 762.84 | 31 471.99 | 13.63 |
| 31 | 天津信托 | 33 589.96 | 30 184.08 | 11.28 |
| 32 | 建信信托 | 33 083.48 | 18 107.89 | 82.70 |
| 33 | 杭工商信托 | 32 685.00 | 21 723.00 | 50.46 |
| 34 | 安信信托 | 30 433.45 | 16 594.69 | 83.39 |
| 35 | 新时代信托 | 26 303.57 | 25 449.83 | 3.35 |
| 36 | 中原信托 | 26 156.79 | 20 464.13 | 27.82 |
| 37 | 华能信托 | 25 862.95 | 18 851.76 | 37.19 |
| 38 | 华宸信托 | 25 347.38 | 17 966.69 | 41.08 |
| 39 | 西部信托 | 25 250.43 | 8 410.53 | 200.22 |
| 40 | 东莞信托 | 24 483.60 | 19 157.98 | 27.80 |
| 41 | 山西信托 | 24 120.65 | 14 515.31 | 66.17 |
| 42 | 苏州信托 | 24 102.47 | 22 762.34 | 5.89 |
| 43 | 渤海信托 | 22 226.68 | 9 117.37 | 143.78 |
| 44 | 陕国投 | 22 016.91 | 23 790.90 | -7.46 |
| 45 | 交银国际信托 | 21 166.45 | 16 316.16 | 29.73 |
| 46 | 厦门信托 | 20 688.00 | 41 235.00 | -49.83 |
| 47 | 联华信托 | 20 670.72 | 8 981.85 | 130.14 |
| 48 | 云南信托 | 18 082.25 | 22 698.16 | -20.34 |
| 49 | 金谷信托 | 17 284.19 | 1 777.01 | 872.66 |
| 50 | 湖南信托 | 14 518.00 | 9 920.00 | 46.35 |
| 51 | 中航信托 | 10 599.79 | 161.34 | 6 469.85 |
| 52 | 甘肃信托 | 10 289.38 | 12 506.19 | -17.73 |
| 53 | 爱建信托 | 9 666.30 | 6 213.11 | 55.58 |
| 54 | 国民信托 | 9 410.31 | 17 114.20 | -45.01 |
| 55 | 华澳信托 | 5 082.23 | 655.48 | 675.35 |
| 56 | 西藏信托 | 848.69 | 297.20 | 185.56 |
| 合计 | | 3 955 064.22 | 3 336 900.07 | 18.53 |
| 平均 | | 70 626.15 | 59 587.50 | 18.53 |

前 10 名信托公司营业收入合计为 232.85 亿元，占 56 家信托公司合计的 58.87%。在 56 家公司中，2010 年营业收入超过 1 亿元以上的有 52 家，较上年增加了 5 家。超过 10 亿元的有 8 家，较上年增加了 1 家。2010 年低于 1 000 万元的只有西藏信托，2009 年为西藏信托、海协信托（本年已不在统计范围），2008 年为海协信托、新时代信托。

### （四）固有资产营业总收入增长排行榜

| 排名 | 简称 | 2010 年(万元) | 2009 年(万元) | 增长额(万元) | 较上年(%) |
|---|---|---|---|---|---|
| 1 | 中融信托 | 175 290.23 | 69 783.28 | 105 506.95 | 151.19 |
| 2 | 中诚信托 | 167 194.64 | 115 791.63 | 51 403.01 | 44.39 |
| 3 | 新华信托 | 68 586.77 | 22 542.24 | 46 044.53 | 204.26 |
| 4 | 华融信托 | 75 377.02 | 31 937.61 | 43 439.41 | 136.01 |
| 5 | 中信信托 | 238 639.78 | 200 467.22 | 38 172.56 | 19.04 |

续表

| 排名 | 简称 | 2010年(万元) | 2009年(万元) | 增长额(万元) | 较上年(%) |
|---|---|---|---|---|---|
| 6 | 昆仑信托 | 74 122.13 | 42 954.86 | 31 167.27 | 72.56 |
| 7 | 外贸信托 | 64 111.49 | 35 112.19 | 28 999.30 | 82.59 |
| 8 | 江苏信托 | 76 613.33 | 51 118.65 | 25 494.68 | 49.87 |
| 9 | 西安信托 | 36 720.36 | 12 662.67 | 24 057.69 | 189.99 |
| 10 | 上海信托 | 181 363.43 | 158 463.53 | 22 899.90 | 14.45 |
| 11 | 百瑞信托 | 41 347.21 | 21 772.09 | 19 575.12 | 89.91 |
| 12 | 吉林信托 | 44 008.41 | 24 812.05 | 19 196.36 | 77.37 |
| 13 | 英大信托 | 43 963.45 | 26 740.32 | 17 223.13 | 64.41 |
| 14 | 中泰信托 | 143 585.18 | 126 562.76 | 17 022.42 | 13.45 |
| 15 | 西部信托 | 25 250.43 | 8 410.53 | 16 839.90 | 200.22 |
| 16 | 中投信托 | 38 921.64 | 22 701.95 | 16 219.69 | 71.45 |
| 17 | 金谷信托 | 17 284.19 | 1 777.01 | 15 507.18 | 872.66 |
| 18 | 中海信托 | 81 311.58 | 65 896.04 | 15 415.54 | 23.39 |
| 19 | 中铁信托 | 55 057.69 | 40 056.12 | 15 001.57 | 37.45 |
| 20 | 建信信托 | 33 083.48 | 18 107.89 | 14 975.59 | 82.70 |
| 21 | 安信信托 | 30 433.45 | 16 594.69 | 13 838.76 | 83.39 |
| 22 | 渤海信托 | 22 226.68 | 9 117.37 | 13 109.31 | 143.78 |
| 23 | 国投信托 | 69 377.78 | 57 413.66 | 11 964.12 | 20.84 |
| 24 | 联华信托 | 20 670.72 | 8 981.85 | 11 688.87 | 130.14 |
| 25 | 杭工商信托 | 32 685.00 | 21 723.00 | 10 962.00 | 50.46 |
| 26 | 中航信托 | 10 599.79 | 161.34 | 10 438.45 | 6 469.85 |
| 27 | 山东信托 | 47 668.80 | 37 750.23 | 9 918.57 | 26.27 |
| 28 | 山西信托 | 24 120.65 | 14 515.31 | 9 605.34 | 66.17 |
| 29 | 华宸信托 | 25 347.38 | 17 966.69 | 7 380.69 | 41.08 |
| 30 | 华能信托 | 25 862.95 | 18 851.76 | 7 011.19 | 37.19 |
| 31 | 广东粤财 | 38 570.75 | 31 575.00 | 6 995.75 | 22.16 |
| 32 | 华信信托 | 65 992.19 | 60 014.05 | 5 978.14 | 9.96 |
| 33 | 中原信托 | 26 156.79 | 20 464.13 | 5 692.66 | 27.82 |
| 34 | 华润信托 | 164 629.98 | 159 081.05 | 5 548.93 | 3.49 |
| 35 | 东莞信托 | 24 483.60 | 19 157.98 | 5 325.62 | 27.80 |
| 36 | 交银国际信托 | 21 166.45 | 16 316.16 | 4 850.29 | 29.73 |
| 37 | 湖南信托 | 14 518.00 | 9 920.00 | 4 598.00 | 46.35 |
| 41 | 华澳信托 | 5 082.23 | 655.48 | 4 426.75 | 675.35 |
| 39 | 国元信托 | 36 462.05 | 32 080.72 | 4 381.33 | 13.66 |
| 40 | 北方信托 | 35 762.84 | 31 471.99 | 4 290.85 | 13.63 |
| 41 | 北京信托 | 63 298.00 | 59 124.00 | 4 174.00 | 7.06 |
| 42 | 爱建信托 | 9 666.30 | 6 213.11 | 3 453.19 | 55.58 |
| 43 | 天津信托 | 33 589.96 | 30 184.08 | 3 405.88 | 11.28 |
| 44 | 苏州信托 | 24 102.47 | 22 762.34 | 1 340.13 | 5.89 |
| 45 | 新时代信托 | 26 303.57 | 25 449.83 | 853.74 | 3.35 |
| 46 | 西藏信托 | 848.69 | 297.20 | 551.49 | 185.56 |
| 47 | 陕国投 | 22 016.91 | 23 790.90 | −1 773.99 | −7.46 |
| 48 | 甘肃信托 | 10 289.38 | 12 506.19 | −2 216.81 | −17.73 |
| 49 | 云南信托 | 18 082.25 | 22 698.16 | −4 615.91 | −20.34 |
| 50 | 国联信托 | 38 154.00 | 43 029.00 | −4 875.00 | −11.33 |
| 51 | 重庆信托 | 84 660.91 | 91 137.67 | −6 476.76 | −7.11 |
| 52 | 国民信托 | 9 410.31 | 17 114.20 | −7 703.89 | −45.01 |
| 53 | 江西信托 | 78 464.17 | 91 138.33 | −12 674.16 | −13.91 |
| 54 | 华宝信托 | 144 135.94 | 158 459.00 | −14 323.06 | −9.04 |
| 55 | 厦门信托 | 20 688.00 | 41 235.00 | −20 547.00 | −49.83 |
| 56 | 平安信托 | 947 702.84 | 1 010 277.96 | −62 575.12 | −6.19 |
| 合计 | | 3 955 064.22 | 3 336 900.07 | 618 164.15 | 18.53 |
| 平均 | | 70 626.15 | 59 587.50 | 11 038.65 | 18.53 |

## （五）固有资产净资产排行榜

单位：万元

| 排名 | 名称 | 2010 年 12 月 31 日 | 本年列报 2009 年 12 月 31 日 | 上年列报 2009 年 12 月 31 日 | 2009 年末与 2010 年初数差异 |
|---|---|---|---|---|---|
| 1 | 平安信托 | 2 050 294. 36 | 2 015 496. 14 | 2 015 496. 14 | 0. 00 |
| 2 | 华润信托 | 830 081. 26 | 667 093. 79 | 667 093. 79 | 0. 00 |
| 3 | 中诚信托 | 804 607. 19 | 386 584. 42 | 388 924. 30 | 2 339. 88 |
| 4 | 重庆信托 | 798 994. 75 | 464 472. 28 | 460 370. 41 | -4 101. 87 |
| 5 | 上海信托 | 584 055. 41 | 533 791. 72 | 533 791. 72 | 0. 00 |
| 6 | 中信信托 | 565 099. 15 | 438 867. 45 | 434 027. 74 | -4 839. 71 |
| 7 | 建信信托 | 438 389. 93 | 443 461. 45 | 443 461. 45 | 0. 00 |
| 8 | 江苏信托 | 433 314. 65 | 368 790. 61 | 366 333. 11 | -2 457. 50 |
| 9 | 昆仑信托 | 431 422. 61 | 396 909. 82 | 396 909. 81 | -0. 01 |
| 10 | 外贸信托 | 358 240. 90 | 199 434. 39 | 168 207. 15 | -31 227. 24 |
| 11 | 华宝信托 | 326 446. 93 | 275 449. 48 | 275 449. 48 | 0. 00 |
| 12 | 江西信托 | 325 442. 72 | 159 565. 67 | 159 565. 67 | 0. 00 |
| 13 | 华信信托 | 320 219. 79 | 182 610. 42 | 182 720. 05 | 109. 63 |
| 14 | 国元信托 | 307 455. 27 | 289 700. 96 | 289 700. 96 | 0. 00 |
| 15 | 中泰信托 | 293 017. 69 | 229 544. 31 | 229 544. 30 | -0. 01 |
| 16 | 北京信托 | 242 139. 00 | 231 296. 00 | 231 296. 00 | 0. 00 |
| 17 | 国投信托 | 234 463. 83 | 209 742. 40 | 209 742. 40 | 0. 00 |
| 18 | 中海信托 | 227 342. 24 | 231 577. 16 | 231 577. 16 | 0. 00 |
| 19 | 国联信托 | 214 148. 00 | 203 253. 00 | 203 254. 00 | 1. 00 |
| 20 | 中投信托 | 210 003. 09 | 121 315. 83 | 121 315. 83 | 0. 00 |
| 21 | 吉林信托 | 208 192. 67 | 194 479. 46 | 194 888. 47 | 409. 01 |
| 22 | 英大信托 | 196 430. 48 | 176 309. 21 | 176 309. 21 | 0. 00 |
| 23 | 山东信托 | 193 908. 92 | 178 148. 17 | 178 148. 16 | -0. 01 |
| 24 | 天津信托 | 191 619. 85 | 188 626. 51 | 188 626. 51 | 0. 00 |
| 25 | 华融信托 | 185 929. 63 | 170 910. 06 | 170 910. 05 | -0. 01 |
| 26 | 广东粤财 | 167 240. 91 | 137 861. 18 | 137 861. 18 | 0. 00 |
| 27 | 中铁信托 | 160 244. 82 | 144 008. 95 | 144 008. 95 | 0. 00 |
| 28 | 华能信托 | 154 542. 31 | 89 855. 49 | 89 855. 49 | 0. 00 |
| 29 | 中融信托 | 153 930. 91 | 69 391. 20 | 67 519. 32 | -1 871. 88 |
| 30 | 北方信托 | 147 499. 09 | 137 557. 93 | 137 557. 96 | 0. 03 |
| 31 | 中原信托 | 145 491. 22 | 142 790. 74 | 142 791. 00 | 0. 26 |
| 32 | 山西信托 | 137 918. 45 | 121 612. 28 | 121 612. 28 | 0. 00 |
| 33 | 交银国际信托 | 137 054. 73 | 128 397. 37 | 128 397. 37 | 0. 00 |
| 34 | 厦门信托 | 130 171. 00 | 143 205. 00 | 143 205. 00 | 0. 00 |
| 35 | 金谷信托 | 126 814. 63 | 116 532. 93 | 本年新增 | |
| 36 | 甘肃信托 | 122 421. 46 | 39 511. 00 | 39 511. 00 | 0. 00 |
| 37 | 新华信托 | 119 425. 83 | 92 159. 94 | 92 159. 94 | 0. 00 |
| 38 | 百瑞信托 | 117 769. 43 | 93 975. 27 | 93 975. 27 | 0. 00 |
| 39 | 国民信托 | 114 130. 93 | 112 618. 56 | 112 618. 56 | 0. 00 |
| 40 | 东莞信托 | 94 319. 45 | 85 819. 42 | 85 819. 42 | 0. 00 |
| 41 | 苏州信托 | 93 884. 18 | 87 205. 01 | 87 205. 01 | 0. 00 |
| 42 | 西部信托 | 92 458. 39 | 77 387. 17 | 81 955. 50 | 4 568. 33 |
| 43 | 华宸信托 | 92 311. 17 | 75 983. 63 | 75 983. 63 | 0. 00 |
| 44 | 云南信托 | 88 525. 17 | 81 924. 54 | 81 924. 54 | 0. 00 |
| 45 | 渤海信托 | 87 401. 27 | 94 735. 42 | 94 735. 42 | 0. 00 |
| 46 | 新时代信托 | 83 594. 30 | 71 017. 49 | 70 918. 51 | -98. 98 |
| 47 | 联华信托 | 80 045. 86 | 73 642. 52 | 73 642. 53 | 0. 01 |
| 48 | 杭工商信托 | 76 762. 00 | 63 246. 00 | 63 246. 00 | 0. 00 |
| 49 | 陕国投 | 74 285. 18 | 59 607. 86 | 59 607. 86 | 0. 00 |

续表

| 排名 | 名称 | 2010 年 12 月 31 日 | 本年列报 2009 年 12 月 31 日 | 上年列报 2009 年 12 月 31 日 | 2009 年末与 2010 年初数差异 |
|---|---|---|---|---|---|
| 50 | 西安信托 | 69 386.91 | 54 741.49 | 54 741.49 | 0.00 |
| 51 | 湖南信托 | 59 792.00 | 57 704.00 | 57 704.00 | 0.00 |
| 52 | 爱建信托 | 43 829.61 | 37 427.46 | 37 427.46 | 0.00 |
| 53 | 西藏信托 | 39 042.74 | 38 687.93 | 38 687.93 | 0.00 |
| 54 | 安信信托 | 36 048.33 | 27 505.67 | 27 505.67 | 0.0 |
| 55 | 中航信托 | 33 257.25 | 30 080.02 | 本年新增 | |
| 56 | 华澳信托 | 31 115.92 | 30 165.98 | 本年新增 | |
| 合计 | | 14 081 975.77 | 11 573 790.16 | 11 359 842.16 | -37 169.07 |
| 平均 | | 251 463.85 | 206 674.82 | 214 336.64 | 7 661.82 |

注:报表披露中绝对值差异小于等于 1 万元的视为尾差,不计入不一致范围。共有 10 家信托公司本年披露的期初净资产与上年披露的年末净资产不一致,本年新增的 3 家公司视同一致。其中 7 家公司披露了变更原因,3 家未说明原因(分别是西部信托、中诚信托、新时代信托)。本次排名以公司本年披露的年初数为准,同时列报上年净资产。

56 家公司平均净资产为 25.15 亿元,净资产超过 10 亿元的有 39 家,净资产金额最高的是平安信托,为 205.03 亿元。净资产 5 亿元以下的有 5 家,这 5 家公司平均净资产为 3.67 亿元。

## (六)固有资产净资产增减排行榜

| 排名 | 名称 | 2010 年 12 月 31 日(万元) | 本年列报 2009 年 12 月 31 日(万元) | 增减额(万元) | 较上年(%) |
|---|---|---|---|---|---|
| 1 | 中诚信托 | 804 607.19 | 386 584.42 | 418 022.77 | 108.13 |
| 2 | 重庆信托 | 798 994.75 | 464 472.28 | 334 522.47 | 72.02 |
| 3 | 江西信托 | 325 442.72 | 159 565.67 | 165 877.05 | 103.96 |
| 4 | 华润信托 | 830 081.26 | 667 093.79 | 162 987.47 | 24.43 |
| 5 | 外贸信托 | 358 240.90 | 199 434.39 | 158 806.51 | 79.63 |
| 6 | 华信信托 | 320 219.79 | 182 610.42 | 137 609.37 | 75.36 |
| 7 | 中信信托 | 565 099.15 | 438 867.45 | 126 231.70 | 28.76 |
| 8 | 中投信托 | 210 003.09 | 121 315.83 | 88 687.26 | 73.10 |
| 9 | 中融信托 | 153 930.91 | 69 391.20 | 84 539.71 | 121.83 |
| 10 | 甘肃信托 | 122 421.46 | 39 511.00 | 82 910.46 | 209.84 |
| 11 | 华能信托 | 154 542.31 | 89 855.49 | 64 686.82 | 71.99 |
| 12 | 江苏信托 | 433 314.65 | 368 790.61 | 64 524.04 | 17.50 |
| 13 | 中泰信托 | 293 017.69 | 229 544.31 | 63 473.38 | 27.65 |
| 14 | 华宝信托 | 326 446.93 | 275 449.48 | 50 997.45 | 18.51 |
| 15 | 上海信托 | 584 055.41 | 533 791.72 | 50 263.69 | 9.42 |
| 16 | 平安信托 | 2 050 294.36 | 2 015 496.14 | 34 798.22 | 1.73 |
| 17 | 昆仑信托 | 431 422.61 | 396 909.82 | 34 512.79 | 8.70 |
| 18 | 广东粤财 | 167 240.91 | 137 861.18 | 29 379.73 | 21.31 |
| 19 | 新华信托 | 119 425.83 | 92 159.94 | 27 265.89 | 29.59 |
| 20 | 国投信托 | 234 463.83 | 209 742.40 | 24 721.43 | 11.79 |
| 21 | 百瑞信托 | 117 769.43 | 93 975.27 | 23 794.16 | 25.32 |
| 22 | 英大信托 | 196 430.48 | 176 309.21 | 20 121.27 | 11.41 |
| 23 | 国元信托 | 307 455.27 | 289 700.96 | 17 754.31 | 6.13 |
| 24 | 华宸信托 | 92 311.17 | 75 983.63 | 16 327.54 | 21.49 |
| 25 | 山西信托 | 137 918.45 | 121 612.28 | 16 306.17 | 13.41 |
| 26 | 中铁信托 | 160 244.82 | 144 008.95 | 16 235.87 | 11.27 |
| 27 | 山东信托 | 193 908.92 | 178 148.17 | 15 760.75 | 8.85 |
| 28 | 西部信托 | 92 458.39 | 77 387.17 | 15 071.22 | 19.48 |
| 29 | 华融信托 | 185 929.63 | 170 910.06 | 15 019.57 | 8.79 |

续表

| 排名 | 名称 | 2010年12月31日(万元) | 本年列报2009年12月31日(万元) | 增减额(万元) | 较上年(%) |
|---|---|---|---|---|---|
| 30 | 陕国投 | 74 285. 18 | 59 607. 86 | 14 677. 32 | 24. 62 |
| 31 | 西安信托 | 69 386. 91 | 54 741. 49 | 14 645. 42 | 26. 75 |
| 32 | 吉林信托 | 208 192. 67 | 194 479. 46 | 13 713. 21 | 7. 05 |
| 33 | 杭工商信托 | 76 762. 00 | 63 246. 00 | 13 516. 00 | 21. 37 |
| 34 | 新时代信托 | 83 594. 30 | 71 017. 49 | 12 576. 81 | 17. 71 |
| 35 | 国联信托 | 214 148. 00 | 203 253. 00 | 10 895. 00 | 5. 36 |
| 36 | 北京信托 | 242 139. 00 | 231 296. 00 | 10 843. 00 | 4. 69 |
| 37 | 金谷信托 | 126 814. 63 | 116 532. 93 | 10 281. 70 | 8. 82 |
| 38 | 北方信托 | 147 499. 09 | 137 557. 93 | 9 941. 16 | 7. 23 |
| 39 | 交银国际信托 | 137 054. 73 | 128 397. 37 | 8 657. 36 | 6. 74 |
| 40 | 安信信托 | 36 048. 33 | 27 505. 67 | 8 542. 66 | 31. 06 |
| 41 | 东莞信托 | 94 319. 45 | 85 819. 42 | 8 500. 03 | 9. 90 |
| 42 | 苏州信托 | 93 884. 18 | 87 205. 01 | 6 679. 17 | 7. 66 |
| 43 | 云南信托 | 88 525. 17 | 81 924. 54 | 6 600. 63 | 8. 06 |
| 44 | 联华信托 | 80 045. 86 | 73 642. 52 | 6 403. 34 | 8. 70 |
| 45 | 爱建信托 | 43 829. 61 | 37 427. 46 | 6 402. 15 | 17. 11 |
| 46 | 中航信托 | 33 257. 25 | 30 080. 02 | 3 177. 23 | 10. 56 |
| 47 | 天津信托 | 191 619. 85 | 188 626. 51 | 2 993. 34 | 1. 59 |
| 48 | 中原信托 | 145 491. 22 | 142 790. 74 | 2 700. 48 | 1. 89 |
| 49 | 湖南信托 | 59 792. 00 | 57 704. 00 | 2 088. 00 | 3. 62 |
| 50 | 国民信托 | 114 130. 93 | 112 618. 56 | 1 512. 37 | 1. 34 |
| 51 | 华澳信托 | 31 115. 92 | 30 165. 98 | 949. 94 | 3. 15 |
| 52 | 西藏信托 | 39 042. 74 | 38 687. 93 | 354. 81 | 0. 92 |
| 53 | 中海信托 | 227 342. 24 | 231 577. 16 | -4 234. 92 | -1. 83 |
| 54 | 建信信托 | 438 389. 93 | 443 461..45 | -5 071. 52 | -1. 14 |
| 55 | 渤海信托 | 87 401. 27 | 94 735. 42 | -7 334. 15 | -7. 74 |
| 56 | 厦门信托 | 130 171. 00 | 143 205. 00 | -13 034. 00 | -9. 10 |
| 合计 | | 14 081 975. 77 | 11 573 790. 16 | 2 508 185. 61 | 21. 67 |
| 平均 | | 251 463. 85 | 206 674. 82 | 44 789. 03 | 21. 67 |

注：有10家信托公司本年披露的年初净资产与上年披露的期末净资产不一致。本次排名比较以公司本年披露的年初数为准。

## （七）固有资产净利润排行榜

单位：万元

| 排名 | 公司简称 | 2010年 | 本年列报的2009年数 | 上年列报的2009年数 | 两年列报差异 |
|---|---|---|---|---|---|
| 1 | 平安信托 | 284 752. 44 | 233 876. 02 | 233 876. 02 | — |
| 2 | 华润信托 | 137 982. 80 | 144 335. 53 | 144 335. 53 | — |
| 3 | 中信信托 | 110 877. 66 | 90 110. 29 | 95 914. 76 | 5 804. 47 |
| 4 | 中诚信托 | 100 987. 75 | 70 447. 08 | 70 448. 98 | 1. 9 |
| 5 | 上海信托 | 99 291. 52 | 70 504. 21 | 70 504. 21 | — |
| 6 | 中融信托 | 69 490. 81 | 32 675. 14 | 32 363. 20 | -311. 94 |
| 7 | 江苏信托 | 62 628. 84 | 43 763. 94 | 44 294. 52 | 530. 58 |
| 8 | 华宝信托 | 59 316. 18 | 74 888. 55 | 74 888. 55 | — |
| 9 | 重庆信托 | 58 633. 74 | 58 864. 55 | 56 026. 98 | -2 837. 57 |
| 10 | 中泰信托 | 54 780. 99 | 45 814. 56 | 45 814. 56 | — |
| 11 | 中海信托 | 52 164. 35 | 43 373. 90 | 43 373. 90 | — |
| 12 | 昆仑信托 | 45 327. 44 | 27 347. 92 | 27 347. 93 | 0. 01 |

续表

| 排名 | 公司简称 | 2010 年 | 本年列报的 2009 年数 | 上年列报的 2009 年数 | 两年列报差异 |
|---|---|---|---|---|---|
| 13 | 外贸信托 | 43 602. 42 | 22 814. 05 | 22 851. 55 | 37. 50 |
| 14 | 华信信托 | 42 782. 49 | 41 688. 47 | 41 798. 11 | 109. 64 |
| 15 | 北京信托 | 36 264. 00 | 34 669. 00 | 34 669. 00 | — |
| 16 | 新华信托 | 34 655. 85 | 10 672. 74 | 10 672. 74 | — |
| 17 | 华融信托 | 31 015. 15 | 18 849. 27 | 18 849. 27 | |
| 18 | 广东粤财 | 30 865. 33 | 26 273. 80 | 26 273. 80 | — |
| 19 | 山东信托 | 29 470. 98 | 19 298. 81 | 19 298. 81 | — |
| 20 | 国联信托 | 29 101. 00 | 34 306. 00 | 34 306. 00 | — |
| 21 | 中铁信托 | 27 256. 26 | 15 923. 82 | 15 923. 82 | -0. 00 |
| 22 | 中投信托 | 26 789. 14 | 16 376. 54 | 16 376. 54 | — |
| 23 | 国投信托 | 26 370. 87 | 22 949. 32 | 22 949. 32 | — |
| 24 | 国元信托 | 25 318. 80 | 24 503. 68 | 24 503. 68 | — |
| 25 | 英大信托 | 24 119. 21 | 13 150. 95 | 13 150. 95 | — |
| 26 | 江西信托 | 21 863. 29 | 42 992. 13 | 42 992. 13 | — |
| 27 | 北方信托 | 20 012. 90 | 19 622. 91 | 19 610. 55 | -12. 36 |
| 28 | 天津信托 | 18 361. 82 | 17 201. 13 | 17 201. 13 | — |
| 29 | 建信信托 | 17 437. 41 | 7 207. 22 | 7 207. 22 | — |
| 30 | 吉林信托 | 17 381. 31 | 12 082. 01 | 12 491. 02 | 409. 01 |
| 31 | 百瑞信托 | 16 685. 13 | 12 056. 36 | 12 056. 36 | — |
| 32 | 西部信托 | 16 199. 96 | 3 990. 75 | 3 990. 74 | -0. 01 |
| 33 | 杭工商信托 | 16 029. 00 | 10 248. 00 | 10 248. 00 | — |
| 34 | 西安信托 | 15 410. 42 | 5 204. 77 | 5 204. 77 | -0. 00 |
| 35 | 华宸信托 | 15 215. 16 | 10 153. 89 | 10 153. 89 | — |
| 36 | 苏州信托 | 15 121. 80 | 14 162. 59 | 14 162. 59 | — |
| 37 | 东莞信托 | 14 041. 06 | 12 115. 34 | 12 115. 34 | -0. 00 |
| 38 | 厦门信托 | 13 800. 00 | 31 760. 00 | 31 760. 00 | — |
| 39 | 中原信托 | 13 131. 32 | 10 917. 13 | 10 917. 00 | -0. 13 |
| 40 | 新时代信托 | 12 714. 57 | 14 295. 28 | 14 196. 30 | -98. 98 |
| 41 | 华能信托 | 11 442. 65 | 7 283. 62 | 7 283. 62 | — |
| 42 | 渤海信托 | 10 935. 65 | 4 640. 21 | 4 640. 21 | — |
| 43 | 金谷信托 | 10 281. 70 | 420. 92 | 本年新增 | |
| 44 | 山西信托 | 10 082. 83 | 4 659. 13 | 4 659. 13 | — |
| 45 | 安信信托 | 9 332. 91 | 4 677. 03 | 4 677. 03 | — |
| 46 | 交银国际信托 | 8 315. 06 | 6 869. 51 | 6 869. 51 | — |
| 47 | 陕国投 | 8 151. 70 | 4 364. 99 | 4 364. 99 | — |
| 48 | 联华信托 | 7 589. 24 | 3 824. 44 | 3 824. 44 | — |
| 49 | 云南信托 | 6 600. 63 | 12 195. 24 | 12 195. 24 | — |
| 50 | 爱建信托 | 6 369. 48 | 4 574. 82 | 4 574. 82 | — |
| 51 | 甘肃信托 | 5 326. 67 | 7 212. 72 | 7 212. 72 | — |
| 52 | 湖南信托 | 4 588. 00 | 2 655. 00 | 2 655. 00 | — |
| 53 | 国民信托 | 4 257. 85 | 9 361. 16 | 9 361. 16 | — |
| 54 | 中航信托 | 3 177. 23 | 79. 52 | 本年新增 | |
| 55 | 华澳信托 | 949. 93 | 165. 98 | 本年新增 | |
| 56 | 西藏信托 | 354. 81 | 301. 21 | 301. 21 | |
| 合计 | | 1 895 007. 51 | 1 534 773. 15 | 1 537 738. 85 | 3 632. 12 |
| 平均 | | 33 839. 42 | 27 406. 66 | 29 013. 94 | 1 607. 28 |

注:报表披露中差异绝对值小于等于 1 万元的视为尾差,不计入不一致范围。共有 10 家信托公司本年披露的上年净利润与上年披露的当年净利润不一致,本年新增的 3 家公司视同一致,本次排名以公司本年披露的上年数为准,同时列示上年披露的净利润数。

2010年，净利润超过1亿元的有44家，其中前10名为平安信托、华润信托、中信信托、中诚信托、上海信托、中融信托、江苏信托、华宝信托、重庆信托、中泰信托，合计净利润为103.87亿元，占56家信托公司净利润合计的54.81%。

## （八）固有资产净利润增减排行榜

单位：万元

| 排名 | 公司简称 | 2010年 | 本年列报2009年 | 增减额 | 排名 | 公司简称 | 2010年 | 本年列报2009年 | 增减额 |
|---|---|---|---|---|---|---|---|---|---|
| 1 | 平安信托 | 284 752.44 | 233 876.02 | 50 876.42 | 30 | 陕国投 | 8 151.70 | 4 364.99 | 3 786.71 |
| 2 | 中融信托 | 69 490.81 | 32 675.14 | 36 815.67 | 31 | 联华信托 | 7 589.24 | 3 824.44 | 3 764.80 |
| 3 | 中诚信托 | 100 987.75 | 70 447.08 | 30 540.67 | 32 | 国投信托 | 26 370.87 | 22 949.32 | 3 421.55 |
| 4 | 上海信托 | 99 291.52 | 70 504.21 | 28 787.31 | 33 | 中航信托 | 3 177.23 | 79.52 | 3 097.71 |
| 5 | 新华信托 | 34 655.85 | 10 672.74 | 23 983.11 | 34 | 中原信托 | 13 131.32 | 10 917.13 | 2 214.19 |
| 6 | 外贸信托 | 43 602.42 | 22 814.05 | 20 788.37 | 35 | 湖南信托 | 4 588.00 | 2 655.00 | 1 933.00 |
| 7 | 中信信托 | 110 877.66 | 90 110.29 | 20 767.37 | 36 | 东莞信托 | 14 041.06 | 12 115.34 | 1 925.72 |
| 8 | 江苏信托 | 62 628.84 | 43 763.94 | 18 864.90 | 37 | 爱建信托 | 6 369.48 | 4 574.82 | 1 794.66 |
| 9 | 昆仑信托 | 45 327.44 | 27 347.92 | 17 979.52 | 38 | 北京信托 | 36 264.00 | 34 669.00 | 1 595.00 |
| 10 | 西部信托 | 16 199.96 | 3 990.75 | 12 209.21 | 39 | 交银国际信托 | 8 315.06 | 6 869.51 | 1 445.55 |
| 11 | 华融信托 | 31 015.15 | 18 849.27 | 12 165.88 | 40 | 天津信托 | 18 361.82 | 17 201.13 | 1 160.69 |
| 12 | 中铁信托 | 27 256.26 | 15 923.82 | 11 332.44 | 41 | 华信信托 | 42 782.49 | 41 688.47 | 1 094.02 |
| 13 | 英大信托 | 24 119.21 | 13 150.95 | 10 968.26 | 42 | 苏州信托 | 15 121.80 | 14 162.59 | 959.21 |
| 14 | 中投信托 | 26 789.14 | 16 376.54 | 10 412.60 | 43 | 国元信托 | 25 318.80 | 24 503.68 | 815.12 |
| 15 | 建信信托 | 17 437.41 | 7 207.22 | 10 230.19 | 44 | 华澳信托 | 949.93 | 165.98 | 783.95 |
| 16 | 西安信托 | 15 410.42 | 5 204.77 | 10 205.65 | 45 | 北方信托 | 20 012.90 | 19 622.91 | 389.99 |
| 17 | 山东信托 | 29 470.98 | 19 298.81 | 10 172.17 | 46 | 西藏信托 | 354.81 | 301.21 | 53.60 |
| 18 | 金谷信托 | 10 281.70 | 420.92 | 9 860.78 | 47 | 重庆信托 | 58 633.74 | 58 864.55 | -230.81 |
| 19 | 中泰信托 | 54 780.99 | 45 814.56 | 8 966.43 | 48 | 新时代信托 | 12 714.57 | 14 295.28 | -1 580.71 |
| 20 | 中海信托 | 52 164.35 | 43 373.90 | 8 790.45 | 49 | 甘肃信托 | 5 326.67 | 7 212.72 | -1 886.05 |
| 21 | 渤海信托 | 10 935.65 | 4 640.21 | 6 295.44 | 50 | 国民信托 | 4 257.85 | 9 361.16 | -5 103.31 |
| 22 | 杭工商信托 | 16 029.00 | 10 248.00 | 5 781.00 | 51 | 国联信托 | 29 101.00 | 34 306.00 | -5 205.00 |
| 23 | 山西信托 | 10 082.83 | 4 659.13 | 5 423.70 | 52 | 云南信托 | 6 600.63 | 12 195.24 | -5 594.61 |
| 24 | 吉林信托 | 17 381.31 | 12 082.01 | 5 299.30 | 53 | 华润信托 | 137 982.80 | 144 335.53 | -6 352.73 |
| 25 | 华宸信托 | 15 215.16 | 10 153.89 | 5 061.27 | 54 | 华宝信托 | 59 316.18 | 74 888.55 | -15 572.37 |
| 26 | 安信信托 | 9 332.91 | 4 677.03 | 4 655.88 | 55 | 厦门信托 | 13 800.00 | 31 760.00 | -17 960.00 |
| 27 | 百瑞信托 | 16 685.13 | 12 056.36 | 4 628.77 | 56 | 江西信托 | 21 863.29 | 42 992.13 | -21 128.84 |
| 28 | 广东粤财 | 30 865.33 | 26 273.80 | 4 591.53 | 合计 | | 1 895 007.51 | 1 534 773.15 | 360 234.36 |
| 29 | 华能信托 | 11 442.65 | 7 283.62 | 4 159.03 | 平均 | | 33 839.42 | 27 406.66 | 6 432.76 |

注：共有10家信托公司本年披露的上年净利润与上年披露的当年净利润不一致。本次比较排名以公司本年披露的上年净利润数为准。

## （九）固有资产净资产收益率排行榜

| 排名 | 公司名称 | 2010年(%) | 2009年(%) |
|---|---|---|---|
| 1 | 中融信托 | 45.14 | 47.09 |
| 2 | 新华信托 | 29.02 | 11.58 |
| 3 | 安信信托 | 25.89 | 17.00 |
| 4 | 中海信托 | 22.95 | 18.73 |
| 5 | 西安信托 | 22.21 | 9.51 |
| 6 | 杭工商信托 | 20.88 | 16.20 |
| 7 | 中信信托 | 19.62 | 20.53 |
| 8 | 中泰信托 | 18.70 | 19.96 |
| 9 | 广东粤财 | 18.46 | 19.06 |
| 10 | 华宝信托 | 18.17 | 27.19 |
| 11 | 西部信托 | 17.52 | 5.16 |
| 12 | 中铁信托 | 17.01 | 11.06 |
| 13 | 上海信托 | 17.00 | 13.21 |

续表

| 排名 | 公司名称 | 2010年(%) | 2009年(%) |
|---|---|---|---|
| 14 | 华融信托 | 16.68 | 11.03 |
| 15 | 华润信托 | 16.62 | 21.64 |
| 16 | 华宸信托 | 16.48 | 13.36 |
| 17 | 苏州信托 | 16.11 | 16.24 |
| 18 | 新时代信托 | 15.21 | 20.13 |
| 19 | 山东信托 | 15.20 | 10.83 |
| 20 | 北京信托 | 14.98 | 14.99 |
| 21 | 东莞信托 | 14.89 | 14.12 |
| 22 | 爱建信托 | 14.53 | 12.22 |
| 23 | 江苏信托 | 14.45 | 11.87 |
| 24 | 百瑞信托 | 14.17 | 12.83 |
| 25 | 平安信托 | 13.89 | 11.60 |
| 26 | 国联信托 | 13.59 | 16.88 |
| 27 | 北方信托 | 13.57 | 14.27 |
| 28 | 华信信托 | 13.36 | 22.83 |
| 29 | 中投信托 | 12.76 | 13.50 |
| 30 | 中诚信托 | 12.55 | 18.22 |
| 31 | 渤海信托 | 12.51 | 4.90 |
| 32 | 英大信托 | 12.28 | 7.46 |
| 33 | 外贸信托 | 12.17 | 11.44 |
| 34 | 国投信托 | 11.25 | 10.94 |
| 35 | 陕国投 | 10.97 | 7.32 |
| 36 | 厦门信托 | 10.60 | 22.18 |
| 37 | 昆仑信托 | 10.51 | 6.89 |
| 38 | 天津信托 | 9.58 | 9.12 |
| 39 | 中航信托 | 9.55 | 0.26 |
| 40 | 联华信托 | 9.48 | 5.19 |
| 41 | 中原信托 | 9.03 | 7.65 |
| 42 | 吉林信托 | 8.35 | 6.21 |
| 43 | 国元信托 | 8.23 | 8.46 |
| 44 | 金谷信托 | 8.11 | 0.36 |
| 45 | 湖南信托 | 7.67 | 4.60 |
| 46 | 云南信托 | 7.46 | 14.89 |
| 47 | 华能信托 | 7.40 | 8.11 |
| 48 | 重庆信托 | 7.34 | 12.67 |
| 49 | 山西信托 | 7.31 | 3.83 |
| 50 | 江西信托 | 6.72 | 26.94 |
| 51 | 交银国际信托 | 6.07 | 5.35 |
| 52 | 甘肃信托 | 4.35 | 18.25 |
| 53 | 建信信托 | 3.98 | 1.63 |
| 54 | 国民信托 | 3.73 | 8.31 |
| 55 | 华澳信托 | 3.05 | 0.55 |
| 56 | 西藏信托 | 0.91 | 0.78 |
| 平均值 | | 13.46 | 13.26 |

固有资产净资产收益率最高的信托公司与2009年一致，仍然是中融信托，为45.14%，净资产收益率超过6%的信托公司有51家。净资产收益率均大于零。

| 指标 | 家数 | 平均净资产收益率(%) |
|---|---|---|
| 大于等于6%的 | 51 | 14.40 |
| 3%~6%(含3%) | 4 | 3.78 |
| 0~3% | 1 | 0.91 |
| 0以下 | 0 | — |

## （十）固有资产总资产收益率排行榜

| 排名 | 公司名称 | 2010年(%) | 2009年(%) | 增减额(%) |
|---|---|---|---|---|
| 1 | 中融信托 | 34.01 | 41.10 | -7.09 |
| 2 | 新华信托 | 22.21 | 10.41 | 11.80 |
| 3 | 中海信托 | 21.44 | 17.81 | 3.63 |
| 4 | 杭工商信托 | 18.98 | 14.96 | 4.02 |
| 5 | 广东粤财 | 18.04 | 18.68 | -0.63 |
| 6 | 西安信托 | 16.09 | 8.79 | 7.31 |
| 7 | 西部信托 | 16.04 | 4.87 | 11.17 |
| 8 | 中泰信托 | 15.75 | 16.56 | -0.81 |
| 9 | 华融信托 | 15.69 | 10.63 | 5.06 |
| 10 | 苏州信托 | 15.48 | 15.77 | -0.29 |
| 11 | 上海信托 | 15.45 | 11.88 | 3.56 |
| 12 | 爱建信托 | 14.49 | 11.96 | 2.52 |
| 13 | 中信信托 | 14.38 | 14.18 | 0.20 |
| 14 | 江苏信托 | 14.21 | 11.54 | 2.67 |
| 15 | 华润信托 | 14.20 | 20.49 | -6.30 |
| 16 | 新时代信托 | 14.12 | 19.16 | -5.04 |
| 17 | 东莞信托 | 13.99 | 13.39 | 0.60 |
| 18 | 华宝信托 | 13.82 | 11.94 | 1.88 |
| 19 | 北京信托 | 13.64 | 13.52 | 0.12 |
| 20 | 安信信托 | 13.55 | 7.90 | 5.65 |
| 21 | 国联信托 | 13.25 | 16.60 | -3.35 |
| 22 | 华信信托 | 12.88 | 21.74 | -8.87 |
| 23 | 中铁信托 | 12.38 | 8.86 | 3.53 |
| 24 | 北方信托 | 12.32 | 13.29 | -0.97 |
| 25 | 中投信托 | 12.13 | 12.85 | -0.72 |
| 26 | 英大信托 | 11.89 | 6.94 | 4.96 |
| 27 | 华宸信托 | 11.79 | 6.60 | 5.19 |
| 28 | 渤海信托 | 11.77 | 4.44 | 7.33 |
| 29 | 百瑞信托 | 11.58 | 11.37 | 0.21 |
| 30 | 外贸信托 | 11.28 | 10.45 | 0.82 |
| 31 | 中诚信托 | 10.83 | 13.83 | -3.00 |
| 32 | 国投信托 | 10.53 | 9.31 | 1.22 |
| 33 | 厦门信托 | 9.99 | 20.55 | -10.56 |
| 34 | 昆仑信托 | 9.60 | 6.70 | 2.90 |
| 35 | 山东信托 | 9.54 | 10.12 | -0.59 |
| 36 | 天津信托 | 9.02 | 8.65 | 0.37 |
| 37 | 中原信托 | 8.76 | 7.44 | 1.32 |
| 38 | 联华信托 | 8.64 | 4.93 | 3.71 |
| 39 | 国元信托 | 7.93 | 8.17 | -0.24 |
| 40 | 金谷信托 | 7.29 | 0.32 | 6.97 |
| 41 | 中航信托 | 7.28 | 0.26 | 7.01 |
| 42 | 华能信托 | 6.95 | 7.40 | -0.45 |
| 43 | 吉林信托 | 6.85 | 5.03 | 1.82 |
| 44 | 陕国投 | 6.77 | 3.98 | 2.79 |
| 45 | 山西信托 | 6.77 | 3.70 | 3.07 |
| 46 | 重庆信托 | 6.75 | 10.48 | -3.74 |
| 47 | 云南信托 | 6.63 | 12.71 | -6.08 |
| 48 | 湖南信托 | 6.33 | 3.92 | 2.41 |
| 49 | 交银国际信托 | 5.74 | 5.20 | 0.54 |
| 50 | 平安信托 | 5.46 | 4.32 | 1.13 |

续表

| 排名 | 公司名称 | 2010年(%) | 2009年(%) | 增减额(%) |
|---|---|---|---|---|
| 51 | 甘肃信托 | 4.17 | 15.62 | -11.45 |
| 52 | 建信信托 | 3.82 | 1.59 | 2.24 |
| 53 | 国民信托 | 3.66 | 7.97 | -4.31 |
| 54 | 江西信托 | 2.87 | 5.81 | -2.94 |
| 55 | 华澳信托 | 2.79 | 0.54 | 2.24 |
| 56 | 西藏信托 | 0.87 | 0.70 | 0.17 |
| 平均值 | | 11.27 | 13.75 | |

注:2010年的总资产收益率系以56家信托公司2010年年报的年初数为基础计算得出的,与上年按照54家公司汇总计算的数据有差异。

经对56家公司的数据分析,高于平均值的有30家公司,占总体的53.57%。在指标值低于平均值的26家中,指标值小于1%的有1家,为西藏信托。有20家公司总资产收益率比上年有所下降。

## (十一)固有资产货币资金排行榜

单位:万元

| 排名 | 简称 | 2010年12月31日 | 2009年12月31日 | 增减 |
|---|---|---|---|---|
| 1 | 平安信托 | 1 682 758.80 | 1 940 253.63 | -257 494.83 |
| 2 | 江西信托 | 463 404.02 | 623 995.75 | -160 591.73 |
| 3 | 重庆信托 | 301 138.35 | 79 542.61 | 221 595.74 |
| 4 | 中诚信托 | 200 214.78 | 79 288.71 | 120 926.07 |
| 5 | 上海信托 | 147 787.15 | 170 969.60 | -23 182.45 |
| 6 | 华宝信托 | 101 030.75 | 363 607.29 | -262 576.54 |
| 7 | 昆仑信托 | 89 066.70 | 164 993.63 | -75 926.93 |
| 8 | 中融信托 | 88 635.01 | 8 219.19 | 80 415.82 |
| 9 | 新华信托 | 85 319.40 | 68 897.73 | 16 421.67 |
| 10 | 北京信托 | 79 854.00 | 61 333.00 | 18 521.00 |
| 11 | 中铁信托 | 78 474.79 | 49 283.54 | 29 191.25 |
| 12 | 云南信托 | 77 687.45 | 74 103.24 | 3 584.21 |
| 13 | 中泰信托 | 74 519.44 | 112 493.86 | -37 974.42 |
| 14 | 中信信托 | 60 944.85 | 144 718.31 | -83 773.46 |
| 15 | 山西信托 | 59 769.90 | 75 944.45 | -16 174.55 |
| 16 | 北方信托 | 57 561.23 | 19 002.97 | 38 558.26 |
| 17 | 广东粤财 | 54 948.98 | 53 578.91 | 1 370.07 |
| 18 | 中投信托 | 48 195.18 | 17 531.65 | 30 663.53 |
| 19 | 天津信托 | 47 801.60 | 51 338.82 | -3 537.22 |
| 20 | 华能信托 | 47 583.28 | 38 990.14 | 8 593.14 |
| 21 | 国投信托 | 45 919.17 | 91 259.87 | -45 340.70 |
| 22 | 山东信托 | 40 448.51 | 68 681.10 | -28 232.59 |
| 23 | 交银国际信托 | 39 923.27 | 71 846.66 | -31 923.39 |
| 24 | 甘肃信托 | 39 744.16 | 8 797.89 | 30 946.27 |
| 25 | 国民信托 | 37 324.34 | 75 936.14 | -38 611.80 |
| 26 | 百瑞信托 | 36 982.80 | 22 985.43 | 13 997.37 |
| 27 | 中原信托 | 36 052.41 | 47 680.33 | -11 627.92 |
| 28 | 江苏信托 | 30 840.35 | 63 950.98 | -33 110.63 |
| 29 | 杭工商信托 | 29 279.00 | 39 058.00 | -9 779.00 |
| 30 | 吉林信托 | 26 942.36 | 21 400.20 | 5 542.16 |
| 31 | 新时代信托 | 26 681.14 | 12 980.56 | 13 700.58 |
| 32 | 金谷信托 | 26 597.12 | 34 832.77 | -8 235.65 |
| 33 | 陕国投 | 26 307.80 | 29 364.23 | -3 056.43 |
| 34 | 安信信托 | 25 858.53 | 19 717.46 | 6 141.07 |
| 35 | 华润信托 | 23 786.55 | 4 532.48 | 19 254.07 |
| 36 | 华澳信托 | 22 069.30 | 24 615.51 | -2 546.21 |

续表

| 排名 | 简称 | 2010 年 12 月 31 日 | 2009 年 12 月 31 日 | 增减 |
|---|---|---|---|---|
| 37 | 联华信托 | 21 115. 20 | 11 018. 91 | 10 096. 29 |
| 38 | 西安信托 | 19 148. 51 | 27 052. 04 | -7 903. 53 |
| 39 | 西部信托 | 17 038. 97 | 10 670. 45 | 6 368. 52 |
| 40 | 外贸信托 | 16 849. 70 | 30 348. 48 | -13 498. 78 |
| 41 | 华宸信托 | 16 599. 15 | 2 631. 09 | 13 968. 06 |
| 42 | 爱建信托 | 16 029. 21 | 18 327. 37 | -2 298. 16 |
| 43 | 英大信托 | 14 504. 63 | 45 241. 40 | -30 736. 77 |
| 44 | 国元信托 | 14 424. 29 | 11 613. 70 | 2 810. 59 |
| 45 | 华信信托 | 13 877. 63 | 44 840. 44 | -30 962. 81 |
| 46 | 建信信托 | 12 340. 57 | 47 003. 50 | -34 662. 93 |
| 47 | 中海信托 | 12 286. 25 | 18 513. 59 | -6 227. 34 |
| 48 | 厦门信托 | 11 681. 00 | 56 312. 00 | -44 631. 00 |
| 49 | 苏州信托 | 11 268. 25 | 35 622. 65 | -24 354. 40 |
| 50 | 华融信托 | 9 979. 79 | 10 328. 27 | -348. 48 |
| 51 | 国联信托 | 8 179. 00 | 31 297. 00 | -23 118. 00 |
| 52 | 西藏信托 | 4 293. 69 | 24 481. 47 | -20 187. 78 |
| 53 | 渤海信托 | 4 151. 16 | 11 816. 71 | -7 665. 55 |
| 54 | 东莞信托 | 4 121. 44 | 992. 33 | 3 129. 11 |
| 55 | 中航信托 | 3 914. 30 | 19 909. 46 | -15 995. 16 |
| 56 | 湖南信托 | 2 397. 00 | 6 567. 00 | -4 170. 00 |
| 合计 | | 4 595 652. 21 | 5 300 314. 50 | -704 662. 29 |
| 平均 | | 82 065. 22 | 94 648. 47 | -12 583. 26 |

货币资金包括货币资金、存放中央银行款项和存放同业款项及其他货币资金，2010 年与 2009 年口径一致。平均货币资金 2010 年比 2009 年略有下降，减少了 1. 26 亿元，降幅为 13. 29%。

## （十二）固有资产每股净资产排行榜

单位：万元

| 排名 | 简称 | 2010 年 12 月 31 日 | 2009 年 12 月 31 日 |
|---|---|---|---|
| 1 | 中泰信托 | 5. 67 | 4. 44 |
| 2 | 中信信托 | 4. 71 | 3. 66 |
| 3 | 重庆信托 | 3. 28 | 2. 84 |
| 4 | 中诚信托 | 3. 28 | 3. 22 |
| 5 | 华宝信托 | 3. 26 | 2. 75 |
| 6 | 华润信托 | 3. 16 | 2. 54 |
| 7 | 江西信托 | 3. 14 | 2. 80 |
| 8 | 广东粤财 | 2. 96 | 2. 44 |
| 9 | 平安信托 | 2. 93 | 2. 88 |
| 10 | 建信信托 | 2. 87 | 2. 90 |
| 11 | 新时代信托 | 2. 79 | 2. 37 |
| 12 | 中融信托 | 2. 65 | 2. 14 |
| 13 | 国元信托 | 2. 56 | 2. 41 |
| 14 | 上海信托 | 2. 34 | 2. 14 |
| 15 | 云南信托 | 2. 21 | 2. 05 |
| 16 | 陕国投 | 2. 07 | 1. 66 |
| 17 | 百瑞信托 | 1. 95 | 1. 55 |
| 18 | 国投信托 | 1. 95 | 1. 74 |
| 19 | 新华信托 | 1. 92 | 1. 48 |
| 20 | 中海信托 | 1. 89 | 1. 93 |
| 21 | 东莞信托 | 1. 89 | 1. 72 |
| 22 | 江苏信托 | 1. 74 | 1. 48 |

续表

| 排名 | 简称 | 2010 年 12 月 31 日 | 2009 年 12 月 31 日 |
|---|---|---|---|
| 23 | 国联信托 | 1.74 | 1.65 |
| 24 | 北京信托 | 1.73 | 1.65 |
| 25 | 外贸信托 | 1.63 | 1.66 |
| 26 | 华宸信托 | 1.61 | 1.33 |
| 27 | 苏州信托 | 1.59 | 1.48 |
| 28 | 联华信托 | 1.57 | 1.44 |
| 29 | 华信信托 | 1.56 | 1.51 |
| 30 | 杭工商信托 | 1.54 | 1.56 |
| 31 | 山东信托 | 1.51 | 1.39 |
| 32 | 西部信托 | 1.49 | 1.55 |
| 33 | 北方信托 | 1.47 | 1.37 |
| 34 | 昆仑信托 | 1.44 | 1.32 |
| 35 | 中投信托 | 1.40 | 2.43 |
| 36 | 山西信托 | 1.38 | 1.22 |
| 37 | 西安信托 | 1.36 | 1.07 |
| 38 | 中铁信托 | 1.34 | 1.20 |
| 39 | 英大信托 | 1.31 | 1.18 |
| 40 | 吉林信托 | 1.30 | 1.22 |
| 41 | 厦门信托 | 1.30 | 1.43 |
| 42 | 西藏信托 | 1.30 | 1.29 |
| 43 | 华能信托 | 1.29 | 1.49 |
| 44 | 天津信托 | 1.28 | 1.26 |
| 45 | 华融信托 | 1.23 | 1.13 |
| 46 | 中原信托 | 1.21 | 1.19 |
| 47 | 甘肃信托 | 1.20 | 1.24 |
| 48 | 湖南信托 | 1.20 | 1.15 |
| 49 | 交银国际信托 | 1.14 | 1.07 |
| 50 | 国民信托 | 1.14 | 1.13 |
| 51 | 中航信托 | 1.11 | 1.00 |
| 52 | 渤海信托 | 1.10 | 1.19 |
| 53 | 金谷信托 | 1.06 | 0.97 |
| 54 | 华澳信托 | 1.04 | 1.01 |
| 55 | 安信信托 | 0.79 | 0.61 |
| 56 | 爱建信托 | 0.44 | 0.37 |
| 平均 | | 1.89 | 1.73 |

56 家信托公司平均每股净资产 1.89 元，较上年有所上升，增长幅度为 9.39%。每股净资产大于 1 元的有 54 家，小于 1 元的 2 家，其中 31 家信托公司每股净资产超过了 1.50 元。

## （十三）信托资产资产总额排行榜

单位：万元

| 排名 | 简称 | 2010 年 12 月 31 日 | 2009 年 12 月 31 日 |
|---|---|---|---|
| 1 | 中信信托 | 33 279 077.37 | 20 678 078.55 |
| 2 | 中融信托 | 17 993 689.12 | 13 153 302.84 |
| 3 | 中海信托 | 16 454 920.28 | 13 709 622.07 |
| 4 | 中诚信托 | 14 882 908.63 | 9 330 673.88 |
| 5 | 英大信托 | 14 582 704.35 | 14 767 907.66 |
| 6 | 平安信托 | 13 959 419.67 | 13 081 465.58 |
| 7 | 广东粤财 | 10 083 568.50 | 6 785 846.78 |
| 8 | 山东信托 | 9 661 297.09 | 5 396 463.21 |
| 9 | 华宝信托 | 8 693 461.65 | 4 672 623.85 |

续表

| 排名 | 简称 | 2010 年 12 月 31 日 | 2009 年 12 月 31 日 |
|---|---|---|---|
| 10 | 外贸信托 | 8 646 300. 32 | 4 104 483. 63 |
| 11 | 北京信托 | 8 045 999. 99 | 5 691 489. 52 |
| 12 | 西安信托 | 8 010 430. 46 | 3 339 591. 07 |
| 13 | 渤海信托 | 8 002 160. 37 | 3 264 684. 09 |
| 14 | 江西信托 | 6 764 145. 94 | 4 114 940. 64 |
| 15 | 建信信托 | 6 601 601. 14 | 2 755 519. 53 |
| 16 | 华润信托 | 6 529 720. 46 | 5 811 722. 69 |
| 17 | 新华信托 | 6 092 865. 81 | 4 040 994. 97 |
| 18 | 上海信托 | 5 466 952. 81 | 4 893 122. 64 |
| 19 | 昆仑信托 | 5 409 765. 56 | 5 980 339. 84 |
| 20 | 华融信托 | 5 374 640. 10 | 3 063 364. 37 |
| 21 | 北方信托 | 5 212 615. 64 | 2 063 264. 76 |
| 22 | 吉林信托 | 4 713 271. 53 | 2 684 196. 86 |
| 23 | 中铁信托 | 4 275 118. 00 | 4 179 263. 00 |
| 24 | 华能信托 | 4 152 843. 58 | 2 271 498. 17 |
| 25 | 华信信托 | 4 063 179. 55 | 5 272 210. 28 |
| 26 | 中航信托 | 3 889 425. 59 | 未披露 |
| 27 | 重庆信托 | 3 783 775. 67 | 3 027 971. 98 |
| 28 | 国元信托 | 3 596 065. 34 | 1 672 416. 57 |
| 29 | 交银国际信托 | 3 566 568. 99 | 3 820 923. 90 |
| 30 | 中原信托 | 3 565 292. 47 | 2 433 126. 49 |
| 31 | 联华信托 | 3 264 056. 55 | 1 071 174. 55 |
| 32 | 天津信托 | 3 090 256. 22 | 2 232 738. 31 |
| 33 | 新时代信托 | 3 001 443. 10 | 1 546 596. 97 |
| 34 | 百瑞信托 | 2 939 436. 79 | 1 854 280. 58 |
| 35 | 江苏信托 | 2 729 725. 04 | 1 603 045. 62 |
| 36 | 山西信托 | 2 520 348. 87 | 2 575 139. 06 |
| 37 | 国投信托 | 2 512 335. 89 | 2 345 782. 92 |
| 38 | 陕国投 | 2 046 780. 43 | 1 241 783. 82 |
| 39 | 中投信托 | 2 008 095. 42 | 1 403 705. 26 |
| 40 | 厦门信托 | 1 970 833. 00 | 926 175. 00 |
| 41 | 湖南信托 | 1 703 897. 00 | 669 433. 00 |
| 42 | 中泰信托 | 1 682 367. 35 | 1 243 908. 13 |
| 43 | 苏州信托 | 1 631 051. 15 | 1 170 041. 72 |
| 44 | 国联信托 | 1 617 038. 00 | 926 048. 00 |
| 45 | 东莞信托 | 1 477 810. 78 | 1 211 764. 23 |
| 46 | 华宸信托 | 1 446 249. 51 | 1 228 129. 54 |
| 47 | 安信信托 | 1 227 032. 87 | 1 298 346. 94 |
| 48 | 金谷信托 | 1 174 311. 68 | 197 624. 16 |
| 49 | 杭工商信托 | 925 321. 00 | 520 002. 00 |
| 50 | 爱建信托 | 720 685. 34 | 580 343. 88 |
| 51 | 西部信托 | 652 821. 31 | 477 830. 21 |
| 52 | 甘肃信托 | 604 734. 09 | 430 078. 27 |
| 53 | 华澳信托 | 539 819. 82 | 93 594. 11 |
| 54 | 云南信托 | 453 965. 24 | 951 881. 89 |
| 55 | 西藏信托 | 337 412. 86 | 7 508. 59 |
| 56 | 国民信托 | 326 089. 22 | 513 649. 41 |
| 合计 | | 297 957 704. 51 | 204 381 715. 59 |
| 平均 | | 5 320 673. 29 | 3 716 031. 19 |

注：中航信托报告中未披露 2009 年金额，故 2009 年平均值分母为 55。

信托公司资产总额前7名合计超过了12 123.63亿元，信托资产规模均超过1万亿元，分别是中信信托、中融信托、中海信托、中诚信托、英大信托、平安信托和广东粤财。56家信托公司信托资产总额平均为532.07亿元。

## （十四）信托资产营业收入排行榜

单位：万元

| 排名 | 简称 | 2010年 | 2009年 |
|---|---|---|---|
| 1 | 中信信托 | 1 631 705.60 | 1 088 806.31 |
| 2 | 平安信托 | 1 254 155.23 | 504 306.40 |
| 3 | 中海信托 | 1 149 873.90 | 549 649.31 |
| 4 | 中融信托 | 1 120 089.04 | 757 777.83 |
| 5 | 英大信托 | 737 236.88 | 726 702.80 |
| 6 | 中诚信托 | 707 333.49 | 564 499.58 |
| 7 | 北京信托 | 607 028.01 | 439 445.22 |
| 8 | 山东信托 | 545 923.02 | 244 149.22 |
| 9 | 华润信托 | 473 844.85 | 625 434.01 |
| 10 | 广东粤财 | 464 107.37 | 218 136.52 |
| 11 | 上海信托 | 415 507.15 | 222 891.95 |
| 12 | 外贸信托 | 411 518.61 | 396 931.76 |
| 13 | 渤海信托 | 388 133.31 | 91 361.88 |
| 14 | 西安信托 | 367 650.13 | 88 952.91 |
| 15 | 华融信托 | 356 517.11 | 120 711.54 |
| 16 | 江西信托 | 324 585.13 | 178 710.85 |
| 17 | 华信信托 | 308 001.86 | 256 140.09 |
| 18 | 昆仑信托 | 304 493.37 | 206 874.80 |
| 19 | 新华信托 | 287 093.68 | 328 004.48 |
| 20 | 华宝信托 | 264 536.78 | 308 914.52 |
| 21 | 吉林信托 | 263 368.17 | 97 994.40 |
| 22 | 中铁信托 | 257 134.00 | 176 048.00 |
| 23 | 国元信托 | 241 816.00 | 112 243.55 |
| 24 | 中原信托 | 233 886.96 | 93 616.90 |
| 25 | 华能信托 | 221 339.49 | 55 856.85 |
| 26 | 重庆信托 | 205 805.88 | 229 696.87 |
| 27 | 天津信托 | 205 440.85 | 138 034.58 |
| 28 | 交银国际信托 | 199 536.48 | 170 334.75 |
| 29 | 建信信托 | 198 903.50 | 30 410.15 |
| 30 | 北方信托 | 197 029.27 | 77 395.13 |
| 31 | 百瑞信托 | 167 060.72 | 97 646.57 |
| 32 | 山西信托 | 156 358.35 | 135 710.26 |
| 33 | 江苏信托 | 145 825.32 | 52 102.65 |
| 34 | 新时代信托 | 144 454.86 | 40 329.53 |
| 35 | 苏州信托 | 141 729.76 | 65 424.56 |
| 36 | 联华信托 | 134 085.98 | 17 751.75 |
| 37 | 国联信托 | 126 208.00 | 96 026.00 |
| 38 | 国投信托 | 121 695.69 | 113 822.45 |
| 39 | 华宸信托 | 116 273.36 | 127 067.55 |
| 40 | 中投信托 | 112 458.69 | 71 856.82 |
| 41 | 中航信托 | 104 981.07 | 未披露 |
| 42 | 中泰信托 | 90 758.20 | 48 209.67 |
| 43 | 杭工商信托 | 87 481.00 | 49 071.00 |
| 44 | 陕国投 | 86 957.20 | 64 158.72 |
| 45 | 东莞信托 | 86 451.43 | 73 609.84 |
| 46 | 湖南信托 | 82 584.00 | 40 523.00 |
| 47 | 爱建信托 | 74 547.19 | 39 429.46 |

续表

| 排名 | 简称 | 2010 年 | 2009 年 |
| --- | --- | --- | --- |
| 48 | 厦门信托 | 72 008. 00 | 107 681. 00 |
| 49 | 安信信托 | 54 716. 90 | 66 170. 39 |
| 50 | 甘肃信托 | 52 644. 51 | 47 607. 42 |
| 51 | 云南信托 | 41 744. 40 | 66 420. 24 |
| 52 | 西部信托 | 36 838. 32 | 23 762. 00 |
| 53 | 金谷信托 | 23 294. 03 | 391. 91 |
| 54 | 华澳信托 | 12 158. 63 | 359. 96 |
| 55 | 国民信托 | 11 526. 00 | 36 789. 47 |
| 56 | 西藏信托 | 3 445. 00 | 0. 39 |
| 合计 | | 16 631 881. 73 | 10 581 955. 77 |
| 平均 | | 296 997. 89 | 192 399. 20 |

注：中航信托报告中未披露 2009 年金额，故 2009 年平均值分母为 55。

## （十五）信托资产信托报酬率排行榜

| 排名 | 公司简称 | 信托手续费收入（万元） | 其他业务信托收入（万元） | 信托收入合计（万元） | 实收信托（万元） | | 2010 年信托报酬率（%） |
| --- | --- | --- | --- | --- | --- | --- | --- |
| | | | | | 2010 年 | 2009 年 | |
| 1 | 杭工商信托 | 16 595. 00 | 8 900. 00 | 25 495. 00 | 907 159. 00 | 511 825. 00 | 3. 59 |
| 2 | 安信信托 | 22 587. 02 | — | 22 587. 02 | 1 209 175. 78 | 1 299 252. 43 | 1. 80 |
| 3 | 云南信托 | 10 634. 11 | 41. 49 | 10 675. 60 | 369 243. 51 | 839 648. 69 | 1. 77 |
| 4 | 国联信托 | 21 882. 00 | — | 21 882. 00 | 1 596 845. 00 | 907 849. 00 | 1. 75 |
| 5 | 华宝信托 | 111 535. 45 | — | 111 535. 45 | 8 441 090. 71 | 4 500 296. 42 | 1. 72 |
| 6 | 新华信托 | 73 397. 03 | — | 73 397. 03 | 6 052 039. 57 | 4 045 860. 75 | 1. 45 |
| 7 | 西部信托 | 7 581. 74 | — | 7 581. 74 | 630 128. 32 | 457 482. 88 | 1. 39 |
| 8 | 苏州信托 | 18 392. 00 | — | 18 392. 00 | 1 572 190. 34 | 1 134 334. 47 | 1. 36 |
| 9 | 百瑞信托 | 14 696. 05 | 16 167. 17 | 30 863. 22 | 2 894 905. 79 | 1 809 714. 75 | 1. 31 |
| 10 | 华融信托 | 53 527. 22 | — | 53 527. 22 | 5 363 429. 15 | 3 058 631. 08 | 1. 27 |
| 11 | 重庆信托 | 41 069. 89 | — | 41 069. 89 | 3 757 075. 68 | 3 006 794. 65 | 1. 21 |
| 12 | 爱建信托 | 8 353. 41 | — | 8 353. 41 | 784 568. 41 | 641 213. 72 | 1. 17 |
| 13 | 湖南信托 | 12 920. 00 | — | 12 920. 00 | 1 689 958. 00 | 665 990. 00 | 1. 10 |
| 14 | 华宸信托 | 14 000. 66 | — | 14 000. 66 | 1 431 679. 30 | 1 217 522. 20 | 1. 06 |
| 15 | 中融信托 | 161 619. 11 | — | 161 619. 11 | 17 730 404. 78 | 13 059 228. 78 | 1. 05 |
| 16 | 江苏信托 | 20 731. 19 | — | 20 731. 19 | 2 538 244. 64 | 1 528 656. 10 | 1. 02 |
| 17 | 东莞信托 | 12 979. 02 | — | 12 979. 02 | 1 439 683. 38 | 1 172 581. 79 | 0. 99 |
| 18 | 华信信托 | 43 063. 63 | — | 43 063. 63 | 4 021 003. 21 | 5 230 457. 27 | 0. 93 |
| 19 | 新时代信托 | 18 994. 98 | 767. 06 | 19 762. 04 | 2 971 544. 20 | 1 539 007. 36 | 0. 88 |
| 20 | 中投信托 | 14 123. 58 | — | 14 123. 58 | 1 984 455. 85 | 1 400 958. 45 | 0. 83 |
| 21 | 天津信托 | 20 111. 11 | — | 20 111. 11 | 3 035 021. 23 | 2 136 460. 63 | 0. 78 |
| 22 | 昆仑信托 | 43 468. 41 | — | 43 468. 41 | 5 351 447. 89 | 5 959 200. 73 | 0. 77 |
| 23 | 国民信托 | 2 762. 09 | — | 2 762. 09 | 272 171. 60 | 455 193. 28 | 0. 76 |
| 24 | 华能信托 | 22 818. 34 | — | 22 818. 34 | 4 118 616. 71 | 2 261 016. 00 | 0. 72 |
| 25 | 北方信托 | 25 815. 72 | — | 25 815. 72 | 5 195 401. 07 | 2 050 399. 22 | 0. 71 |
| 26 | 中诚信托 | 82 151. 55 | — | 82 151. 55 | 14 760 597. 58 | 9 171 053. 64 | 0. 69 |
| 27 | 平安信托 | 90 306. 53 | — | 90 306. 53 | 13 571 977. 46 | 12 907 002. 55 | 0. 68 |
| 28 | 吉林信托 | 23 703. 25 | — | 23 703. 25 | 4 679 959. 00 | 2 676 133. 00 | 0. 64 |
| 29 | 华润信托 | 36 576. 70 | — | 36 576. 70 | 5 956 181. 03 | 5 471 930. 87 | 0. 64 |
| 30 | 外贸信托 | 38 506. 96 | — | 38 506. 96 | 8 332 555. 56 | 3 819 351. 00 | 0. 63 |
| 31 | 上海信托 | 30 035. 24 | — | 30 035. 24 | 5 273 364. 35 | 4 777 941. 06 | 0. 60 |
| 32 | 厦门信托 | 8 466. 00 | — | 8 466. 00 | 1 936 525. 00 | 903 084. 00 | 0. 60 |
| 33 | 山西信托 | 14 938. 39 | — | 14 938. 39 | 2 497 684. 43 | 2 534 846. 94 | 0. 59 |
| 34 | 中泰信托 | 8 423. 16 | — | 8 423. 16 | 1 670 919. 62 | 1 241 029. 72 | 0. 58 |
| 35 | 国元信托 | 14 510. 96 | — | 14 510. 96 | 3 570 801. 29 | 1 661 512. 21 | 0. 55 |

续表

| 排名 | 公司简称 | 信托手续费收入(万元) | 其他业务信托收入(万元) | 信托收入合计(万元) | 实收信托(万元) | | 2010 年信托报酬率(%) |
|---|---|---|---|---|---|---|---|
| | | | | | 2010 年 | 2009 年 | |
| 36 | 北京信托 | 32 257.00 | — | 32 257.00 | 7 427 407.73 | 5 349 383.97 | 0.50 |
| 37 | 中信信托 | 132 253.04 | — | 132 253.04 | 32 527 751.86 | 19 913 734.10 | 0.50 |
| 38 | 联华信托 | 10 303.00 | — | 10 303.00 | 3 183 277.65 | 1 069 378.07 | 0.48 |
| 39 | 中原信托 | 14 399.06 | — | 14 399.06 | 3 532 118.05 | 2 419 154.12 | 0.48 |
| 40 | 西安信托 | 24 832.61 | 1 192.34 | 26 024.95 | 7 881 398.03 | 3 324 979.95 | 0.46 |
| 41 | 陕国投 | 7 306.65 | — | 7 306.65 | 2 028 246.89 | 1 218 034.01 | 0.45 |
| 42 | 江西信托 | 22 613.53 | — | 22 613.53 | 6 552 741.08 | 4 016 460.09 | 0.43 |
| 43 | 金谷信托 | 2 785.37 | — | 2 785.37 | 1 169 831.00 | 197 598.00 | 0.41 |
| 44 | 交银国际信托 | 10 262.76 | 4 532.34 | 14 795.10 | 3 506 972.00 | 3 769 074.43 | 0.41 |
| 45 | 国投信托 | 6 994.81 | — | 6 994.81 | 2 489 182.60 | 2 329 201.34 | 0.29 |
| 46 | 渤海信托 | 15 698.96 | — | 15 698.96 | 7 994 264.04 | 3 263 426.13 | 0.28 |
| 47 | 英大信托 | 37 813.33 | — | 37 813.33 | 14 560 328.08 | 14 725 207.89 | 0.26 |
| 48 | 甘肃信托 | 1 229.67 | — | 1 229.67 | 598 803.65 | 407 551.35 | 0.24 |
| 49 | 广东粤财 | 17 509.21 | — | 17 509.21 | 9 295 110.72 | 6 764 786.62 | 0.22 |
| 50 | 华澳信托 | 671.23 | — | 671.23 | 535 390.00 | 93 390.00 | 0.21 |
| 51 | 中航信托 | 8 133.35 | — | 8 133.35 | 3 871 533.19 | 3 871 533.19 | 0.21 |
| 52 | 山东信托 | 15 049.81 | 414.00 | 15 463.81 | 9 423 437.40 | 5 316 763.14 | 0.21 |
| 53 | 建信信托 | 8 309.58 | — | 8 309.58 | 6 512 722.98 | 2 747 817.37 | 0.18 |
| 54 | 中海信托 | 24 244.01 | — | 24 244.01 | 16 121 391.99 | 13 633 415.19 | 0.16 |
| 55 | 中铁信托 | 33 299.00 | — | 33 299.00 | 4 223 082.00 | 4 137 154.00 | 0.80 |
| 合计 | | 1 587 243.48 | 32 014.40 | 1 619 257.88 | 291 043 039.38 | 204 621 503.60 | 0.65 |

注:信托报酬率 = 信托业务收入 ÷ 实收信托平均余额 ×100%。
信托业务收入 = 信托手续费收入 + 其他业务信托收入。
实收信托平均余额 = (期初实收信托余额 + 期末实收信托余额) ÷2。

西藏信托未披露相关信息,本排行为 55 家信托公司。

2010 年有 28 家信托公司的信托报酬率小于 55 家公司平均值 0.65%。

## (十六)信托资产资产总额增减排行榜

| 排名 | 公司简称 | 2010 年(万元) | 2009 年(万元) | 增长额(万元) | 增长率(%) |
|---|---|---|---|---|---|
| 1 | 中信信托 | 33 279 077.37 | 20 678 078.55 | 12 600 998.82 | 60.94 |
| 2 | 中融信托 | 17 993 689.12 | 13 153 302.84 | 4 840 386.28 | 36.80 |
| 3 | 中海信托 | 16 454 920.28 | 13 709 622.07 | 2 745 298.21 | 20.02 |
| 4 | 中诚信托 | 14 882 908.63 | 9 330 673.88 | 5 552 234.75 | 59.51 |
| 5 | 英大信托 | 14 582 704.35 | 14 767 907.66 | −185 203.31 | −1.25 |
| 6 | 平安信托 | 13 959 419.67 | 13 081 465.58 | 877 954.09 | 6.71 |
| 7 | 广东粤财 | 10 083 568.50 | 6 785 846.78 | 3 297 721.72 | 48.60 |
| 8 | 山东信托 | 9 661 297.09 | 5 396 463.21 | 4 264 833.88 | 79.03 |
| 9 | 华宝信托 | 8 693 461.65 | 4 672 623.85 | 4 020 837.80 | 86.05 |
| 10 | 外贸信托 | 8 646 300.32 | 4 104 483.63 | 4 541 816.69 | 110.66 |
| 11 | 北京信托 | 8 045 999.99 | 5 691 489.52 | 2 354 510.47 | 41.37 |
| 12 | 西安信托 | 8 010 430.46 | 3 339 591.07 | 4 670 839.39 | 139.86 |
| 13 | 渤海信托 | 8 002 160.37 | 3 264 684.09 | 4 737 476.28 | 145.11 |
| 14 | 江西信托 | 6 764 145.94 | 4 114 940.64 | 2 649 205.30 | 64.38 |
| 15 | 建信信托 | 6 601 601.14 | 2 755 519.53 | 3 846 081.61 | 139.58 |
| 16 | 华润信托 | 6 529 720.46 | 5 811 722.69 | 717 997.77 | 12.35 |
| 17 | 新华信托 | 6 092 865.81 | 4 040 994.97 | 2 051 870.84 | 50.78 |
| 18 | 上海信托 | 5 466 952.81 | 4 893 122.64 | 573 830.17 | 11.73 |
| 19 | 昆仑信托 | 5 409 765.56 | 5 980 339.84 | −570 574.28 | −9.54 |
| 20 | 华融信托 | 5 374 640.10 | 3 063 364.37 | 2 311 275.73 | 75.45 |

续表

| 排名 | 公司简称 | 2010年(万元) | 2009年(万元) | 增长额(万元) | 增长率(%) |
|---|---|---|---|---|---|
| 21 | 北方信托 | 5 212 615. 64 | 2 063 264. 76 | 3 149 350. 88 | 152. 64 |
| 22 | 吉林信托 | 4 713 271. 53 | 2 684 196. 86 | 2 029 074. 67 | 75. 59 |
| 23 | 中铁信托 | 4 275 118. 00 | 4 179 263. 00 | 95 855. 00 | 2. 29 |
| 24 | 华能信托 | 4 152 843. 58 | 2 271 498. 17 | 1 881 345. 41 | 82. 82 |
| 25 | 华信信托 | 4 063 179. 55 | 5 272 210. 28 | -1 209 030. 73 | -22. 93 |
| 26 | 中航信托 | 3 889 425. 59 | 未披露 | | |
| 27 | 重庆信托 | 3 783 775. 67 | 3 027 971. 98 | 755 803. 69 | 24. 96 |
| 28 | 国元信托 | 3 596 065. 34 | 1 672 416. 57 | 1 923 648. 77 | 115. 02 |
| 29 | 交银国际信托 | 3 566 568. 99 | 3 820 923. 90 | -254 354. 91 | -6. 66 |
| 30 | 中原信托 | 3 565 292. 47 | 2 433 126. 49 | 1 132 165. 98 | 46. 53 |
| 31 | 联华信托 | 3 264 056. 55 | 1 071 174. 55 | 2 192 882. 00 | 204. 72 |
| 32 | 天津信托 | 3 090 256. 22 | 2 232 738. 31 | 857 517. 91 | 38. 41 |
| 33 | 新时代信托 | 3 001 443. 10 | 1 546 596. 97 | 1 454 846. 13 | 94. 07 |
| 34 | 百瑞信托 | 2 939 436. 79 | 1 854 280. 58 | 1 085 156. 21 | 58. 52 |
| 35 | 江苏信托 | 2 729 725. 04 | 1 603 045. 62 | 1 126 679. 42 | 70. 28 |
| 36 | 山西信托 | 2 520 348. 87 | 2 575 139. 06 | -54 790. 19 | -2. 13 |
| 37 | 国投信托 | 2 512 335. 89 | 2 345 782. 92 | 166 552. 97 | 7. 10 |
| 38 | 陕国投 | 2 046 780. 43 | 1 241 783. 82 | 804 996. 61 | 64. 83 |
| 39 | 中投信托 | 2 008 095. 42 | 1 403 705. 26 | 604 390. 16 | 43. 06 |
| 40 | 厦门信托 | 1 970 833. 00 | 926 175. 00 | 1 044 658. 00 | 112. 79 |
| 41 | 湖南信托 | 1 703 897. 00 | 669 433. 00 | 1 034 464. 00 | 154. 53 |
| 42 | 中泰信托 | 1 682 367. 35 | 1 243 908. 13 | 438 459. 22 | 35. 25 |
| 43 | 苏州信托 | 1 631 051. 15 | 1 170 041. 72 | 461 009. 43 | 39. 40 |
| 44 | 国联信托 | 1 617 038. 00 | 926 048. 00 | 690 990. 00 | 74. 62 |
| 45 | 东莞信托 | 1 477 810. 78 | 1 211 764. 23 | 266 046. 55 | 21. 96 |
| 46 | 华宸信托 | 1 446 249. 51 | 1 228 129. 54 | 218 119. 97 | 17. 76 |
| 47 | 安信信托 | 1 227 032. 87 | 1 298 346. 94 | -71 314. 07 | -5. 49 |
| 48 | 金谷信托 | 1 174 311. 68 | 197 624. 16 | 976 687. 52 | 494. 21 |
| 49 | 杭工商信托 | 925 321. 00 | 520 002. 00 | 405 319. 00 | 77. 95 |
| 50 | 爱建信托 | 720 685. 34 | 580 343. 88 | 140 341. 46 | 24. 18 |
| 51 | 西部信托 | 652 821. 31 | 477 830. 21 | 174 991. 10 | 36. 62 |
| 52 | 甘肃信托 | 604 734. 09 | 430 078. 27 | 174 655. 82 | 40. 61 |
| 53 | 华澳信托 | 539 819. 82 | 93 594. 11 | 446 225. 71 | 476. 77 |
| 54 | 云南信托 | 453 965. 24 | 951 881. 89 | -497 916. 65 | -52. 31 |
| 55 | 西藏信托 | 337 412. 86 | 7 508. 59 | 329 904. 27 | 4393. 69 |
| 56 | 国民信托 | 326 089. 22 | 513 649. 41 | -187 560. 19 | -36. 52 |
| 合计 | | 297 957 704. 51 | 204 381 715. 59 | 88 686 563. 33 | 43. 88 |
| 平均 | | 5 320 673. 29 | 3 716 031. 19 | 1 630 664. 79 | 43. 88 |

注：中航信托报告中未披露2009年金额，故2009年平均值分母为55。

## （十七）信托资产信托权益排行榜

| 排名 | 公司简称 | 2010年(万元) | 2009年(万元) | 增长额(万元) | 增长率(%) |
|---|---|---|---|---|---|
| 1 | 中信信托 | 33 169 132. 68 | 20 448 826. 48 | 12 720 306. 20 | 62. 21 |
| 2 | 中融信托 | 17 928 942. 40 | 13 133 893. 56 | 4 795 048. 84 | 36. 51 |
| 3 | 中海信托 | 16 409 956. 47 | 13 698 751. 31 | 2 711 205. 16 | 19. 79 |
| 4 | 中诚信托 | 14 731 443. 16 | 9 172 148. 84 | 5 559 294. 32 | 60. 61 |
| 5 | 英大信托 | 14 582 697. 70 | 14 759 058. 23 | -176 360. 53 | -1. 19 |
| 6 | 平安信托 | 13 902 172. 76 | 13 055 140. 81 | 847 031. 95 | 6. 49 |
| 7 | 广东粤财 | 10 066 944. 39 | 6 783 630. 06 | 3 283 314. 33 | 48. 40 |
| 8 | 山东信托 | 9 638 041. 53 | 5 372 627. 56 | 4 265 413. 97 | 79. 39 |
| 9 | 外贸信托 | 8 624 272. 75 | 4 101 703. 34 | 4 522 569. 41 | 110. 26 |

续表

| 排名 | 公司简称 | 2010年(万元) | 2009年(万元) | 增长额(万元) | 增长率(%) |
|---|---|---|---|---|---|
| 10 | 华宝信托 | 8 533 564.93 | 4 668 504.51 | 3 865 060.42 | 82.79 |
| 11 | 北京信托 | 8 033 820.15 | 5 686 588.63 | 2 347 231.52 | 41.28 |
| 12 | 西安信托 | 8 002 580.94 | 3 337 376.20 | 4 665 204.74 | 139.79 |
| 13 | 渤海信托 | 8 001 671.54 | 3 264 600.53 | 4 737 071.01 | 145.10 |
| 14 | 江西信托 | 6 641 371.26 | 4 112 200.20 | 2 529 171.06 | 61.50 |
| 15 | 建信信托 | 6 570 764.12 | 2 751 897.09 | 3 818 867.03 | 138.77 |
| 16 | 华润信托 | 6 482 425.65 | 5 789 526.39 | 692 899.26 | 11.97 |
| 17 | 新华信托 | 6 015 628.49 | 4 008 880.47 | 2 006 748.02 | 50.06 |
| 18 | 上海信托 | 5 437 393.60 | 4 822 271.11 | 615 122.49 | 12.76 |
| 19 | 昆仑信托 | 5 401 468.28 | 5 980 240.58 | −578 772.30 | −9.68 |
| 20 | 华融信托 | 5 373 198.32 | 3 063 067.27 | 2 310 131.05 | 75.42 |
| 21 | 北方信托 | 5 209 120.20 | 2 057 889.17 | 3 151 231.03 | 153.13 |
| 22 | 吉林信托 | 4 712 610.79 | 2 683 045.50 | 2 029 565.29 | 75.64 |
| 23 | 中铁信托 | 4 264 578.00 | 4 176 566.00 | 88 012.00 | 2.11 |
| 24 | 华能信托 | 4 143 183.32 | 2 266 386.50 | 1 876 796.82 | 82.81 |
| 25 | 华信信托 | 4 048 999.25 | 5 259 122.09 | −1 210 122.84 | −23.01 |
| 26 | 中航信托 | 3 881 480.98 | 未披露 | | |
| 27 | 重庆信托 | 3 771 965.04 | 3 027 005.04 | 744 960.00 | 24.61 |
| 28 | 国元信托 | 3 595 638.20 | 1 672 409.82 | 1 923 228.38 | 115.00 |
| 29 | 交银国际信托 | 3 560 065.92 | 3 799 273.23 | −239 207.31 | −6.30 |
| 30 | 中原信托 | 3 557 721.46 | 2 429 949.26 | 1 127 772.20 | 46.41 |
| 31 | 联华信托 | 3 212 662.47 | 1 069 470.48 | 2 143 191.99 | 200.40 |
| 32 | 天津信托 | 3 086 058.13 | 2 169 760.50 | 916 297.63 | 42.23 |
| 33 | 新时代信托 | 3 001 367.65 | 1 546 587.06 | 1 454 780.59 | 94.06 |
| 34 | 百瑞信托 | 2 910 971.49 | 1 821 069.76 | 1 089 901.73 | 59.85 |
| 35 | 江苏信托 | 2 549 189.58 | 1 534 237.35 | 1 014 952.23 | 66.15 |
| 36 | 山西信托 | 2 517 588.99 | 2 565 607.76 | −48 018.77 | −1.87 |
| 37 | 国投信托 | 2 508 341.45 | 2 344 911.28 | 163 430.17 | 6.97 |
| 38 | 陕国投 | 2 042 188.17 | 1 239 760.91 | 802 427.26 | 64.72 |
| 39 | 中投信托 | 2 001 730.63 | 1 401 319.40 | 600 411.23 | 42.85 |
| 40 | 厦门信托 | 1 960 681.00 | 922 653.00 | 1 038 028.00 | 112.50 |
| 41 | 湖南信托 | 1 690 840.00 | 664 738.00 | 1 026 102.00 | 154.36 |
| 42 | 中泰信托 | 1 679 857.24 | 1 243 377.28 | 436 479.96 | 35.10 |
| 43 | 国联信托 | 1 615 222.00 | 924 747.00 | 690 475.00 | 74.67 |
| 44 | 苏州信托 | 1 573 942.03 | 1 137 519.15 | 436 422.88 | 38.37 |
| 45 | 东莞信托 | 1 474 616.15 | 1 210 534.75 | 264 081.40 | 21.82 |
| 46 | 华宸信托 | 1 445 831.32 | 1 226 659.51 | 219 171.81 | 17.87 |
| 47 | 安信信托 | 1 217 721.98 | 1 293 771.00 | −76 049.02 | −5.88 |
| 48 | 金谷信托 | 1 169 996.49 | 197 610.85 | 972 385.64 | 492.07 |
| 49 | 杭工商信托 | 917 172.00 | 514 250.00 | 402 922.00 | 78.35 |
| 50 | 爱建信托 | 661 289.31 | 520 699.88 | 140 589.43 | 27.00 |
| 51 | 西部信托 | 650 626.81 | 474 517.27 | 176 109.54 | 37.11 |
| 52 | 甘肃信托 | 603 799.13 | 409 030.06 | 194 769.07 | 47.62 |
| 53 | 华澳信托 | 538 393.81 | 93 592.04 | 444 801.77 | 475.26 |
| 54 | 云南信托 | 452 372.58 | 949 414.07 | −497 041.49 | −52.35 |
| 55 | 西藏信托 | 337 412.63 | 7 301.67 | 330 110.96 | 4 521.03 |
| 56 | 国民信托 | 325 734.56 | 513 532.69 | −187 798.13 | −36.57 |
| 合计 | | 296 438 461.88 | 203 378 252.50 | 89 177 728.40 | 45.76 |

注:中航信托报告中未披露2009年金额,未计入2009年合计数中。

## （十八）信托资产实收信托排行榜

| 排名 | 公司简称 | 2010年（万元） | 2009年（万元） | 增减额（万元） | 增减率（%） |
|---|---|---|---|---|---|
| 1 | 中信信托 | 32 527 751. 86 | 19 913 734. 10 | 12 614 017. 76 | 63. 34 |
| 2 | 中融信托 | 17 730 404. 78 | 13 059 228. 78 | 4 671 176. 00 | 35. 77 |
| 3 | 中海信托 | 16 121 391. 99 | 13 633 415. 19 | 2 487 976. 80 | 18. 25 |
| 4 | 中诚信托 | 14 760 597. 58 | 9 171 053. 64 | 5 589 543. 94 | 60. 95 |
| 5 | 英大信托 | 14 560 328. 08 | 14 725 207. 89 | −164 879. 81 | −1. 12 |
| 6 | 平安信托 | 13 571 977. 46 | 12 907 002. 55 | 664 974. 91 | 5. 15 |
| 7 | 山东信托 | 9 423 437. 40 | 5 316 763. 14 | 4 106 674. 26 | 77. 24 |
| 8 | 广东粤财 | 9 295 110. 72 | 6 764 786. 62 | 2 530 324. 10 | 37. 40 |
| 9 | 华宝信托 | 8 441 090. 71 | 4 500 296. 42 | 3 940 794. 29 | 87. 57 |
| 10 | 外贸信托 | 8 332 555. 56 | 3 819 351. 00 | 4 513 204. 56 | 118. 17 |
| 11 | 渤海信托 | 7 994 264. 04 | 3 263 426. 13 | 4 730 837. 91 | 144. 97 |
| 12 | 西安信托 | 7 881 398. 03 | 3 324 979. 95 | 4 556 418. 08 | 137. 04 |
| 13 | 北京信托 | 7 427 407. 73 | 5 349 383. 97 | 2 078 023. 76 | 38. 85 |
| 14 | 江西信托 | 6 552 741. 08 | 4 016 460. 09 | 2 536 280. 99 | 63. 15 |
| 15 | 建信信托 | 6 512 722. 98 | 2 747 817. 37 | 3 764 905. 61 | 137. 01 |
| 16 | 新华信托 | 6 052 039. 57 | 4 045 860. 75 | 2 006 178. 82 | 49. 59 |
| 17 | 华润信托 | 5 956 181. 03 | 5 471 930. 87 | 484 250. 16 | 8. 85 |
| 18 | 华融信托 | 5 363 429. 15 | 3 058 631. 08 | 2 304 798. 07 | 75. 35 |
| 19 | 昆仑信托 | 5 351 447. 89 | 5 959 200. 73 | −607 752. 84 | −10. 20 |
| 20 | 上海信托 | 5 273 364. 35 | 4 777 941. 06 | 495 423. 29 | 10. 37 |
| 21 | 北方信托 | 5 195 401. 07 | 2 050 399. 22 | 3 145 001. 85 | 153. 38 |
| 22 | 吉林信托 | 4 679 959. 00 | 2 676 133. 00 | 2 003 826. 00 | 74. 88 |
| 23 | 中铁信托 | 4 223 082. 00 | 4 137 154. 00 | 85 928. 00 | 2. 08 |
| 24 | 华能信托 | 4 118 616. 71 | 2 261 016. 00 | 1 857 600. 71 | 82. 16 |
| 25 | 华信信托 | 4 021 003. 21 | 5 230 457. 27 | −1 209 454. 06 | −23. 12 |
| 26 | 中航信托 | 3 871 533. 19 | 未披露 | | |
| 27 | 重庆信托 | 3 757 075. 68 | 3 006 794. 65 | 750 281. 03 | 24. 95 |
| 28 | 国元信托 | 3 570 801. 29 | 1 661 512. 21 | 1 909 289. 08 | 114. 91 |
| 29 | 中原信托 | 3 532 118. 05 | 2 419 154. 12 | 1 112 963. 93 | 46. 01 |
| 30 | 交银国际信托 | 3 506 972. 00 | 3 769 074. 43 | −262 102. 43 | −6. 95 |
| 31 | 联华信托 | 3 183 277. 65 | 1 069 378. 07 | 2 113 899. 58 | 197. 68 |
| 32 | 天津信托 | 3 035 021. 23 | 2 136 460. 63 | 898 560. 60 | 42. 06 |
| 33 | 新时代信托 | 2 971 544. 20 | 1 539 007. 36 | 1 432 536. 84 | 93. 08 |
| 34 | 百瑞信托 | 2 894 905. 79 | 1 809 714. 75 | 1 085 191. 04 | 59. 96 |
| 35 | 江苏信托 | 2 538 244. 64 | 1 528 656. 10 | 1 009 588. 54 | 66. 04 |
| 36 | 山西信托 | 2 497 684. 43 | 2 534 846. 94 | −37 162. 51 | −1. 47 |
| 37 | 国投信托 | 2 489 182. 60 | 2 329 201. 34 | 159 981. 26 | 6. 87 |
| 38 | 陕国投 | 2 028 246. 89 | 1 218 034. 01 | 810 212. 88 | 66. 52 |
| 39 | 中投信托 | 1 984 455. 85 | 1 400 958. 45 | 583 497. 40 | 41. 65 |
| 40 | 厦门信托 | 1 936 525. 00 | 903 084. 00 | 1 033 441. 00 | 114. 43 |
| 41 | 湖南信托 | 1 689 958. 00 | 665 990. 00 | 1 023 968. 00 | 153. 75 |
| 42 | 中泰信托 | 1 670 919. 62 | 1 241 029. 72 | 429 889. 90 | 34. 64 |
| 43 | 国联信托 | 1 596 845. 00 | 907 849. 00 | 688 996. 00 | 75. 89 |
| 44 | 苏州信托 | 1 572 190. 34 | 1 134 334. 47 | 437 855. 87 | 38. 60 |
| 45 | 东莞信托 | 1 439 683. 38 | 1 172 581. 79 | 267 101. 59 | 22. 78 |
| 46 | 华宸信托 | 1 431 679. 30 | 1 217 522. 20 | 214 157. 10 | 17. 59 |
| 47 | 安信信托 | 1 209 175. 78 | 1 299 252. 43 | −90 076. 65 | −6. 93 |
| 48 | 金谷信托 | 1 169 831. 00 | 197 598. 00 | 972 233. 00 | 492. 03 |
| 49 | 杭工商信托 | 907 159. 00 | 511 825. 00 | 395 334. 00 | 77. 24 |
| 50 | 爱建信托 | 784 568. 41 | 641 213. 72 | 143 354. 69 | 22. 36 |
| 51 | 西部信托 | 630 128. 32 | 457 482. 88 | 172 645. 44 | 37. 74 |
| 52 | 甘肃信托 | 598 803. 65 | 407 551. 35 | 191 252. 30 | 46. 93 |
| 53 | 华澳信托 | 535 390. 00 | 93 390. 00 | 442 000. 00 | 473. 28 |
| 54 | 云南信托 | 369 243. 51 | 839 648. 69 | −470 405. 18 | −56. 02 |
| 55 | 西藏信托 | 337 414. 86 | 7 257. 15 | 330 157. 71 | 4 549. 41 |
| 56 | 国民信托 | 272 171. 60 | 455 193. 28 | −183 021. 68 | −40. 21 |
| 合计 | | 291 380 454. 24 | 200 757 227. 56 | 86 751 693. 49 | 42. 39 |

注：中航信托报告中未披露2009年金额，未计入2009年合计数中。

## (十九)期末未分配信托利润排行榜

| 排名 | 公司简称 | 2010年(万元) | 2009年(万元) | 增长额(万元) | 增长率(%) |
| --- | --- | --- | --- | --- | --- |
| 1 | 中信信托 | 529 611.14 | 449 028.30 | 80 582.84 | 17.95 |
| 2 | 华润信托 | 437 774.61 | 300 216.59 | 137 558.02 | 45.82 |
| 3 | 北京信托 | 371 310.06 | 164 532.85 | 206 777.21 | 125.68 |
| 4 | 平安信托 | 306 831.48 | 147 272.04 | 159 559.44 | 108.34 |
| 5 | 中海信托 | 277 556.51 | 18 851.24 | 258 705.27 | 1372.35 |
| 6 | 山东信托 | 182 053.16 | 51 542.44 | 130 510.72 | 253.21 |
| 7 | 中融信托 | 173 607.85 | 60 731.68 | 112 876.17 | 185.86 |
| 8 | 外贸信托 | 159 151.28 | 41 986.96 | 117 164.32 | 279.05 |
| 9 | 西安信托 | 121 182.91 | 12 396.25 | 108 786.66 | 877.58 |
| 10 | 云南信托 | 83 129.07 | 109 765.37 | -26 636.30 | -24.27 |
| 11 | 华宝信托 | 78 477.71 | 168 208.09 | -89 730.38 | -53.34 |
| 12 | 广东粤财 | 69 620.48 | 18 843.44 | 50 777.04 | 269.47 |
| 13 | 交银国际信托 | 53 093.92 | 30 198.80 | 22 895.12 | 75.81 |
| 14 | 天津信托 | 48 178.38 | 32 274.86 | 15 903.52 | 49.28 |
| 15 | 昆仑信托 | 44 416.39 | 21 039.84 | 23 376.55 | 111.11 |
| 16 | 中铁信托 | 40 902.00 | 39 411.00 | 1 491.00 | 3.78 |
| 17 | 东莞信托 | 34 932.77 | 37 952.96 | -3 020.19 | -7.96 |
| 18 | 上海信托 | 34 893.89 | 32 878.14 | 2 015.75 | 6.13 |
| 19 | 吉林信托 | 32 651.79 | 6 912.50 | 25 739.29 | 372.36 |
| 20 | 国民信托 | 29 860.89 | 21 540.54 | 8 320.35 | 38.63 |
| 21 | 新时代信托 | 29 823.45 | 7 579.70 | 22 243.75 | 293.46 |
| 22 | 联华信托 | 29 384.82 | 92.41 | 29 292.41 | 31 698.31 |
| 23 | 华信信托 | 27 996.04 | 28 664.82 | -668.78 | -2.33 |
| 24 | 国元信托 | 24 836.91 | 10 897.61 | 13 939.30 | 127.91 |
| 25 | 华能信托 | 24 566.61 | 5 370.50 | 19 196.11 | 357.44 |
| 26 | 厦门信托 | 24 157.00 | 19 569.00 | 4 588.00 | 23.45 |
| 27 | 中原信托 | 23 401.56 | 10 492.69 | 12 908.87 | 123.03 |
| 28 | 英大信托 | 22 369.61 | 33 424.52 | -11 054.91 | -33.07 |
| 29 | 西部信托 | 20 498.49 | 17 034.39 | 3 464.10 | 20.34 |
| 30 | 山西信托 | 19 904.56 | 30 760.82 | -10 856.26 | -35.29 |
| 31 | 江西信托 | 19 789.31 | 16 970.89 | 2 818.42 | 16.61 |
| 32 | 国联信托 | 18 377.00 | 16 899.00 | 1 478.00 | 8.75 |
| 33 | 中投信托 | 17 274.78 | 360.95 | 16 913.83 | 4 685.92 |
| 34 | 国投信托 | 17 122.93 | 15 709.94 | 1 412.99 | 8.99 |
| 35 | 百瑞信托 | 16 065.70 | 11 355.01 | 4 710.69 | 41.49 |
| 36 | 重庆信托 | 14 889.36 | 20 210.39 | -5 321.03 | -26.33 |
| 37 | 建信信托 | 14 377.23 | 2 852.81 | 11 524.42 | 403.97 |
| 38 | 华宸信托 | 14 152.02 | 9 137.32 | 5 014.70 | 54.88 |
| 39 | 北方信托 | 13 591.13 | 7 489.95 | 6 101.18 | 81.46 |
| 40 | 江苏信托 | 10 944.94 | 5 581.25 | 5 363.69 | 96.10 |
| 41 | 杭工商信托 | 10 013.00 | 2 425.00 | 7 588.00 | 312.91 |
| 42 | 中航信托 | 8 947.79 | 未披露 | | |
| 43 | 华融信托 | 8 769.17 | 4 436.19 | 5 332.98 | 120.22 |
| 44 | 安信信托 | 8 546.20 | -5 481.43 | 14 027.63 | -255.91 |
| 45 | 中泰信托 | 8 469.00 | 2 279.44 | 6 189.56 | 271.54 |
| 46 | 渤海信托 | 7 407.50 | 1 174.40 | 6 233.10 | 530.75 |
| 47 | 陕国投 | 6 341.98 | 19 281.28 | -12 939.30 | -67.11 |
| 48 | 甘肃信托 | 4 995.48 | 1 478.71 | 3 516.77 | 237.83 |
| 49 | 华澳信托 | 3 003.81 | 202.04 | 2 801.77 | 1 386.74 |
| 50 | 苏州信托 | 1 751.70 | 3 184.69 | -1 432.99 | -45.00 |

续表

| 排名 | 公司简称 | 2010 年(万元) | 2009 年(万元) | 增长额(万元) | 增长率(%) |
|---|---|---|---|---|---|
| 51 | 湖南信托 | 882.00 | −1 252.00 | 2 134.00 | −170.45 |
| 52 | 金谷信托 | 165.49 | 12.85 | 152.64 | 1 187.86 |
| 53 | 西藏信托 | −2.23 | 44.52 | −46.75 | −105.01 |
| 54 | 新华信托 | −36 411.08 | −36 980.28 | 569.20 | −1.54 |
| 55 | 中诚信托 | −62 421.81 | −30 524.10 | −31 897.71 | 104.50 |
| 56 | 爱建信托 | −123 279.10 | −120 513.84 | −2 765.26 | 2.29 |
| 合计 | | 3 361 938.64 | 1 875 805.33 | 1 476 185.52 | 79.23 |

注：中航信托报告中未披露 2009 年金额，未计入 2009 年合计数中。

## （二十）信托资产净资产收益率排行榜

| 排名 | 简称 | 2010 年信托资产净资产收益率(%) | 2009 年信托资产净资产收益率(%) |
|---|---|---|---|
| 1 | 爱建信托 | 10.68 | 7.62 |
| 2 | 上海信托 | 8.49 | 4.04 |
| 3 | 平安信托 | 8.40 | 3.52 |
| 4 | 甘肃信托 | 8.25 | 11.04 |
| 5 | 苏州信托 | 7.48 | 4.53 |
| 6 | 杭工商信托 | 7.18 | 7.29 |
| 7 | 北京信托 | 6.93 | 6.79 |
| 8 | 国联信托 | 6.52 | 8.86 |
| 9 | 华润信托 | 6.17 | 9.89 |
| 10 | 国元信托 | 6.16 | 5.72 |
| 11 | 云南信托 | 6.11 | 4.89 |
| 12 | 天津信托 | 6.03 | 5.58 |
| 13 | 华宸信托 | 6.00 | 8.32 |
| 14 | 华信信托 | 5.99 | 3.80 |
| 15 | 中原信托 | 5.94 | 3.35 |
| 16 | 华融信托 | 5.71 | 3.34 |
| 17 | 中铁信托 | 5.35 | 3.74 |
| 18 | 中海信托 | 5.33 | 2.69 |
| 19 | 山东信托 | 5.27 | 4.22 |
| 20 | 山西信托 | 5.21 | 4.74 |
| 21 | 百瑞信托 | 5.17 | 4.76 |
| 22 | 东莞信托 | 4.95 | 5.53 |
| 23 | 重庆信托 | 4.91 | 6.93 |
| 24 | 中融信托 | 4.77 | 4.82 |
| 25 | 吉林信托 | 4.69 | 3.19 |
| 26 | 中投信托 | 4.62 | 4.29 |
| 27 | 英大信托 | 4.56 | 4.56 |
| 28 | 昆仑信托 | 4.55 | 2.87 |
| 29 | 交银国际信托 | 4.50 | 3.74 |
| 30 | 江苏信托 | 4.48 | 2.21 |
| 31 | 江西信托 | 4.46 | 3.82 |
| 32 | 渤海信托 | 4.43 | 2.56 |
| 33 | 中泰信托 | 4.39 | 3.33 |
| 34 | 华能信托 | 4.19 | 1.92 |
| 35 | 西安信托 | 4.17 | 2.32 |
| 36 | 湖南信托 | 4.17 | 5.05 |
| 37 | 中信信托 | 4.11 | 4.08 |
| 38 | 国投信托 | 4.04 | 4.46 |
| 39 | 新华信托 | 4.01 | 7.56 |
| 40 | 中诚信托 | 3.96 | 5.05 |

续表

| 排名 | 简称 | 2010 年信托资产净资产收益率(%) | 2009 年信托资产净资产收益率(%) |
|---|---|---|---|
| 41 | 广东粤财 | 3.92 | 2.63 |
| 42 | 西部信托 | 3.92 | 3.68 |
| 43 | 外贸信托 | 3.80 | 8.58 |
| 44 | 新时代信托 | 3.62 | 1.78 |
| 45 | 安信信托 | 3.59 | 4.57 |
| 46 | 联华信托 | 3.58 | 1.34 |
| 47 | 北方信托 | 3.54 | 3.41 |
| 48 | 陕国投 | 3.43 | 4.64 |
| 49 | 国民信托 | 3.00 | 7.58 |
| 50 | 厦门信托 | 2.93 | 10.44 |
| 51 | 华宝信托 | 2.78 | 5.74 |
| 52 | 建信信托 | 2.62 | 0.91 |
| 53 | 中航信托 | 2.17 | 未披露 |
| 54 | 华澳信托 | 1.71 | 0.22 |
| 55 | 金谷信托 | 1.62 | 0.18 |
| 56 | 西藏信托 | 0.95 | 0.01 |
| 56 家平均 | | 4.80 | 4.43 |

注:信托资产净资产收益率系按照信托报表净利润除以信托报表净资产计算所得。

## (二十一)信托资产净资产增减排行榜

单位:万元

| 排名 | 简称 | 2010 年信托权益增加 |
|---|---|---|
| 1 | 中信信托 | 12 720 306.20 |
| 2 | 中诚信托 | 5 559 294.32 |
| 3 | 中融信托 | 4 795 048.84 |
| 4 | 渤海信托 | 4 737 071.01 |
| 5 | 西安信托 | 4 665 204.74 |
| 6 | 外贸信托 | 4 522 569.41 |
| 7 | 山东信托 | 4 265 413.97 |
| 8 | 华宝信托 | 3 865 060.42 |
| 9 | 建信信托 | 3 818 867.03 |
| 10 | 广东粤财 | 3 283 314.33 |
| 11 | 北方信托 | 3 151 231.03 |
| 12 | 中海信托 | 2 711 205.16 |
| 13 | 江西信托 | 2 529 171.06 |
| 14 | 北京信托 | 2 347 231.52 |
| 15 | 华融信托 | 2 310 131.05 |
| 16 | 联华信托 | 2 143 191.99 |
| 17 | 吉林信托 | 2 029 565.29 |
| 18 | 新华信托 | 2 006 748.02 |
| 19 | 国元信托 | 1 923 228.38 |
| 20 | 华能信托 | 1 876 796.82 |
| 21 | 新时代信托 | 1 454 780.59 |
| 22 | 中原信托 | 1 127 772.20 |
| 23 | 百瑞信托 | 1 089 901.73 |
| 24 | 厦门信托 | 1 038 028.00 |
| 25 | 湖南信托 | 1 026 102.00 |
| 26 | 江苏信托 | 1 014 952.23 |
| 27 | 金谷信托 | 972 385.64 |
| 28 | 天津信托 | 916 297.63 |
| 29 | 平安信托 | 847 031.95 |

续表

| 排名 | 简称 | 2010年信托权益增加 |
|---|---|---|
| 30 | 陕国投 | 802 427.26 |
| 31 | 重庆信托 | 744 960.00 |
| 32 | 华润信托 | 692 899.26 |
| 33 | 国联信托 | 690 475.00 |
| 34 | 上海信托 | 615 122.49 |
| 35 | 中投信托 | 600 411.23 |
| 36 | 华澳信托 | 444 801.77 |
| 37 | 中泰信托 | 436 479.96 |
| 38 | 苏州信托 | 436 422.88 |
| 39 | 杭工商信托 | 402 922.00 |
| 40 | 西藏信托 | 330 110.96 |
| 41 | 东莞信托 | 264 081.40 |
| 42 | 华宸信托 | 219 171.81 |
| 43 | 甘肃信托 | 194 769.07 |
| 44 | 西部信托 | 176 109.54 |
| 45 | 国投信托 | 163 430.17 |
| 46 | 爱建信托 | 140 589.43 |
| 47 | 中铁信托 | 88 012.00 |
| 48 | 山西信托 | -48 018.77 |
| 49 | 安信信托 | -76 049.02 |
| 50 | 英大信托 | -176 360.53 |
| 51 | 国民信托 | -187 798.13 |
| 52 | 交银国际信托 | -239 207.31 |
| 53 | 云南信托 | -497 041.49 |
| 54 | 昆仑信托 | -578 772.30 |
| 55 | 华信信托 | -1 210 122.84 |
| 56 | 中航信托 | 未披露年初数 |
| 合计 | | 89 177 728.40 |
| 平均 | | 1 621 413.24 |

## 三、信托公司一些总体指标排名

### （一）信托公司2010年总资产排行榜

总资产＝固有资产资产总计＋信托资产资产总计

**表3－3－1　信托公司2010年总资产排行榜**

单位：万元

| 排名 | 简称 | 2010年末固有资产资产总计 | 2010年末信托资产资产合计 | 2010年末总资产合计 |
|---|---|---|---|---|
| 1 | 中信信托 | 770 865.92 | 33 279 077.37 | 34 049 943.29 |
| 2 | 平安信托 | 5 218 199.45 | 13 959 419.67 | 19 177 619.12 |
| 3 | 中融信托 | 204 331.40 | 17 993 689.12 | 18 198 020.52 |
| 4 | 中海信托 | 243 306.52 | 16 454 920.28 | 16 698 226.80 |
| 5 | 中诚信托 | 932 876.63 | 14 882 908.63 | 15 815 785.26 |
| 6 | 英大信托 | 202 829.70 | 14 582 704.35 | 14 785 534.05 |
| 7 | 广东粤财 | 171 057.38 | 10 083 568.50 | 10 254 625.88 |
| 8 | 山东信托 | 309 004.45 | 9 661 297.09 | 9 970 301.54 |
| 9 | 华宝信托 | 429 206.89 | 8 693 461.65 | 9 122 668.54 |
| 10 | 外贸信托 | 386 680.00 | 8 646 300.32 | 9 032 980.32 |
| 11 | 北京信托 | 265 854.00 | 8 045 999.99 | 8 311 853.99 |

续表

| 排名 | 简称 | 2010 年末固有资产资产总计 | 2010 年末信托资产资产合计 | 2010 年末总资产合计 |
|---|---|---|---|---|
| 12 | 西安信托 | 95 752. 59 | 8 010 430. 46 | 8 106 183. 05 |
| 13 | 渤海信托 | 92 881. 16 | 8 002 160. 37 | 8 095 041. 53 |
| 14 | 江西信托 | 762 996. 81 | 6 764 145. 94 | 7 527 142. 75 |
| 15 | 华润信托 | 972 017. 62 | 6 529 720. 46 | 7 501 738. 08 |
| 16 | 建信信托 | 456 114. 02 | 6 601 601. 14 | 7 057 715. 16 |
| 17 | 新华信托 | 156 005. 07 | 6 092 865. 81 | 6 248 870. 88 |
| 18 | 上海信托 | 642 785. 96 | 5 466 952. 81 | 6 109 738. 77 |
| 19 | 昆仑信托 | 471 948. 34 | 5 409 765. 56 | 5 881 713. 90 |
| 20 | 华融信托 | 197 663. 49 | 5 374 640. 10 | 5 572 303. 59 |
| 21 | 北方信托 | 162 430. 56 | 5 212 615. 64 | 5 375 046. 20 |
| 22 | 吉林信托 | 253 611. 52 | 4 713 271. 53 | 4 966 883. 05 |
| 23 | 重庆信托 | 868 962. 83 | 3 783 775. 67 | 4 652 738. 50 |
| 24 | 中铁信托 | 220 091. 56 | 4 275 118. 00 | 4 495 209. 56 |
| 25 | 华信信托 | 332 230. 67 | 4 063 179. 55 | 4 395 410. 22 |
| 26 | 华能信托 | 164 581. 35 | 4 152 843. 58 | 4 317 424. 93 |
| 27 | 中航信托 | 43 661. 33 | 3 889 425. 59 | 3 933 086. 92 |
| 28 | 国元信托 | 319 302. 04 | 3 596 065. 34 | 3 915 367. 38 |
| 29 | 中原信托 | 149 972. 19 | 3 565 292. 47 | 3 715 264. 66 |
| 30 | 交银国际信托 | 144 956. 51 | 3 566 568. 99 | 3 711 525. 50 |
| 31 | 联华信托 | 87 864. 91 | 3 264 056. 55 | 3 351 921. 46 |
| 32 | 天津信托 | 203 527. 04 | 3 090 256. 22 | 3 293 783. 26 |
| 33 | 江苏信托 | 440 887. 45 | 2 729 725. 04 | 3 170 612. 49 |
| 34 | 新时代信托 | 90 047. 00 | 3 001 443. 10 | 3 091 490. 10 |
| 35 | 百瑞信托 | 144 131. 23 | 2 939 436. 79 | 3 083 568. 02 |
| 36 | 国投信托 | 250 497. 70 | 2 512 335. 89 | 2 762 833. 59 |
| 37 | 山西信托 | 149 002. 12 | 2 520 348. 87 | 2 669 350. 99 |
| 38 | 中投信托 | 220 875. 52 | 2 008 095. 42 | 2 228 970. 94 |
| 39 | 陕国投 | 120 403. 34 | 2 046 780. 43 | 2 167 183. 77 |
| 40 | 厦门信托 | 138 112. 00 | 1 970 833. 00 | 2 108 945. 00 |
| 41 | 中泰信托 | 347 731. 49 | 1 682 367. 35 | 2 030 098. 84 |
| 42 | 国联信托 | 219 634. 00 | 1 617 038. 00 | 1 836 672. 00 |
| 43 | 湖南信托 | 72 499. 00 | 1 703 897. 00 | 1 776 396. 00 |
| 44 | 苏州信托 | 97 713. 41 | 1 631 051. 15 | 1 728 764. 56 |
| 45 | 东莞信托 | 100 380. 51 | 1 477 810. 78 | 1 578 191. 29 |
| 46 | 华宸信托 | 129 088. 45 | 1 446 249. 51 | 1 575 337. 96 |
| 47 | 金谷信托 | 141 000. 68 | 1 174 311. 68 | 1 315 312. 36 |
| 48 | 安信信托 | 68 860. 06 | 1 227 032. 87 | 1 295 892. 93 |
| 49 | 杭工商信托 | 84 435. 00 | 925 321. 00 | 1 009 756. 00 |
| 50 | 爱建信托 | 43 961. 16 | 720 685. 34 | 764 646. 50 |
| 51 | 西部信托 | 100 976. 47 | 652 821. 31 | 753 797. 78 |
| 52 | 甘肃信托 | 127 607. 41 | 604 734. 09 | 732 341. 50 |
| 53 | 华澳信托 | 34 107. 52 | 539 819. 82 | 573 927. 34 |
| 54 | 云南信托 | 99 557. 98 | 453 965. 24 | 553 523. 22 |
| 55 | 国民信托 | 116 430. 87 | 326 089. 22 | 442 520. 09 |
| 56 | 西藏信托 | 40 615. 83 | 337 412. 86 | 378 028. 69 |
| 56 家合计 | | 19 312 126. 11 | 297 957 704. 51 | 317 269 830. 62 |
| 56 家平均 | | 344 859. 39 | 5 320 673. 29 | 5 665 532. 69 |

## （二）信托公司2010年总收入排行榜

总收入＝固有资产营业收入＋信托资产营业收入

表3－3－2　信托公司2010年总收入排行榜

单位：万元

| 排名 | 简称 | 2010年固有资产营业收入 | 2010年信托资产营业收入 | 2010年末总收入合计 |
|---|---|---|---|---|
| 1 | 平安信托 | 947 702. 84 | 1 254 155. 23 | 2 201 858. 07 |
| 2 | 中信信托 | 238 639. 78 | 1 631 705. 60 | 1 870 345. 38 |
| 3 | 中融信托 | 175 290. 23 | 1 120 089. 04 | 1 295 379. 27 |
| 4 | 中海信托 | 81 311. 58 | 1 149 873. 90 | 1 231 185. 48 |
| 5 | 中诚信托 | 167 194. 64 | 707 333. 49 | 874 528. 13 |
| 6 | 英大信托 | 43 963. 45 | 737 236. 88 | 781 200. 33 |
| 7 | 北京信托 | 63 298. 00 | 607 028. 01 | 670 326. 01 |
| 8 | 华润信托 | 164 629. 98 | 473 844. 85 | 638 474. 83 |
| 9 | 上海信托 | 181 363. 43 | 415 507. 15 | 596 870. 58 |
| 10 | 山东信托 | 47 668. 80 | 545 923. 02 | 593 591. 82 |
| 11 | 广东粤财 | 38 570. 75 | 464 107. 37 | 502 678. 12 |
| 12 | 外贸信托 | 64 111. 49 | 411 518. 61 | 475 630. 10 |
| 13 | 华融信托 | 75 377. 02 | 356 517. 11 | 431 894. 13 |
| 14 | 渤海信托 | 22 226. 68 | 388 133. 31 | 410 359. 99 |
| 15 | 华宝信托 | 144 135. 94 | 264 536. 78 | 408 672. 72 |
| 16 | 西安信托 | 36 720. 36 | 367 650. 13 | 404 370. 49 |
| 17 | 江西信托 | 78 464. 17 | 324 585. 13 | 403 049. 30 |
| 18 | 昆仑信托 | 74 122. 13 | 304 493. 37 | 378 615. 50 |
| 19 | 华信信托 | 65 992. 19 | 308 001. 86 | 373 994. 05 |
| 20 | 新华信托 | 68 586. 77 | 287 093. 68 | 355 680. 45 |
| 21 | 中铁信托 | 55 057. 69 | 257 134. 00 | 312 191. 69 |
| 22 | 吉林信托 | 44 008. 41 | 263 368. 17 | 307 376. 58 |
| 23 | 重庆信托 | 84 660. 91 | 205 805. 88 | 290 466. 79 |
| 24 | 国元信托 | 36 462. 05 | 241 816. 00 | 278 278. 05 |
| 25 | 中原信托 | 26 156. 79 | 233 886. 96 | 260 043. 75 |
| 26 | 华能信托 | 25 862. 95 | 221 339. 49 | 247 202. 44 |
| 27 | 天津信托 | 33 589. 96 | 205 440. 85 | 239 030. 81 |
| 28 | 中泰信托 | 143 585. 18 | 90 758. 20 | 234 343. 38 |
| 29 | 北方信托 | 35 762. 84 | 197 029. 27 | 232 792. 11 |
| 30 | 建信信托 | 33 083. 48 | 198 903. 50 | 231 986. 98 |
| 31 | 江苏信托 | 76 613. 33 | 145 825. 32 | 222 438. 65 |
| 32 | 交银国际信托 | 21 166. 45 | 199 536. 48 | 220 702. 93 |
| 33 | 百瑞信托 | 41 347. 21 | 167 060. 72 | 208 407. 93 |
| 34 | 国投信托 | 69 377. 78 | 121 695. 69 | 191 073. 47 |
| 35 | 山西信托 | 24 120. 65 | 156 358. 35 | 180 479. 00 |
| 36 | 新时代信托 | 26 303. 57 | 144 454. 86 | 170 758. 43 |
| 37 | 苏州信托 | 24 102. 47 | 141 729. 76 | 165 832. 23 |
| 38 | 国联信托 | 38 154. 00 | 126 208. 00 | 164 362. 00 |
| 39 | 联华信托 | 20 670. 72 | 134 085. 98 | 154 756. 70 |
| 40 | 中投信托 | 38 921. 64 | 112 458. 69 | 151 380. 33 |
| 41 | 华宸信托 | 25 347. 38 | 116 273. 36 | 141 620. 74 |
| 42 | 杭工商信托 | 32 685. 00 | 87 481. 00 | 120 166. 00 |
| 43 | 中航信托 | 10 599. 79 | 104 981. 07 | 115 580. 86 |
| 44 | 东莞信托 | 24 483. 60 | 86 451. 43 | 110 935. 03 |
| 45 | 陕国投 | 22 016. 91 | 86 957. 20 | 108 974. 11 |
| 46 | 湖南信托 | 14 518. 00 | 82 584. 00 | 97 102. 00 |

续表

| 排名 | 简称 | 2010年固有资产营业收入 | 2010年信托资产营业收入 | 2010年末总收入合计 |
|---|---|---|---|---|
| 47 | 厦门信托 | 20 688.00 | 72 008.00 | 92 696.00 |
| 48 | 安信信托 | 30 433.45 | 54 716.90 | 85 150.35 |
| 49 | 爱建信托 | 9 666.30 | 74 547.19 | 84 213.49 |
| 50 | 甘肃信托 | 10 289.38 | 52 644.51 | 62 933.89 |
| 51 | 西部信托 | 25 250.43 | 36 838.32 | 62 088.75 |
| 52 | 云南信托 | 18 082.25 | 41 744.40 | 59 826.65 |
| 53 | 金谷信托 | 17 284.19 | 23 294.03 | 40 578.22 |
| 54 | 国民信托 | 9 410.31 | 11 526.00 | 20 936.31 |
| 55 | 华澳信托 | 5 082.23 | 12 158.63 | 17 240.86 |
| 56 | 西藏信托 | 848.69 | 3 445.00 | 4 293.69 |
| | 56家合计 | 3 955 064.22 | 16 631 881.73 | 20 586 945.95 |
| | 56家平均 | 70 626.15 | 296 997.89 | 367 624.03 |

## (三)现金比率排行榜

**表3-3-3　现金比率排行榜**

| 排名 | 简称 | 2010年(%) | 2009年(%) | 较上年增减(%) |
|---|---|---|---|---|
| 1 | 爱建信托 | 121.85 | 22.61 | 99.24 |
| 2 | 国民信托 | 34.25 | 27.44 | 6.81 |
| 3 | 华澳信托 | 26.16 | 287.07 | -260.91 |
| 4 | 广东粤财 | 19.35 | 33.13 | -13.78 |
| 5 | 天津信托 | 14.28 | 44.70 | -30.42 |
| 6 | 山西信托 | 13.79 | 24.09 | -10.30 |
| 7 | 交银国际信托 | 13.48 | 42.34 | -28.86 |
| 8 | 重庆信托 | 12.50 | 2.54 | 9.96 |
| 9 | 中原信托 | 11.14 | 14.53 | -3.39 |
| 10 | 金谷信托 | 10.18 | 108.72 | -98.54 |
| 11 | 甘肃信托 | 8.34 | 1.47 | 6.87 |
| 12 | 云南信托 | 7.24 | 5.60 | 1.64 |
| 13 | 杭工商信托 | 5.25 | 8.37 | -3.12 |
| 14 | 昆仑信托 | 5.10 | 19.37 | -14.27 |
| 15 | 华能信托 | 4.96 | 4.63 | 0.33 |
| 16 | 中投信托 | 4.58 | 3.03 | 1.55 |
| 17 | 江苏信托 | 4.54 | 16.37 | -11.83 |
| 18 | 新时代信托 | 4.26 | 4.00 | 0.26 |
| 19 | 上海信托 | 4.20 | 5.01 | -0.81 |
| 20 | 北方信托 | 4.05 | 2.11 | 1.94 |
| 21 | 英大信托 | 3.82 | 18.17 | -14.35 |
| 22 | 吉林信托 | 3.55 | 0.90 | 2.65 |
| 23 | 联华信托 | 3.54 | 4.62 | -1.08 |
| 24 | 苏州信托 | 3.53 | 19.61 | -16.08 |
| 25 | 北京信托 | 3.37 | 2.45 | 0.92 |
| 26 | 国投信托 | 3.36 | 2.61 | 0.75 |
| 27 | 西藏信托 | 2.73 | 5.58 | -2.85 |
| 28 | 新华信托 | 2.45 | 7.04 | -4.59 |
| 29 | 西部信托 | 2.41 | 2.37 | 0.04 |
| 30 | 中融信托 | 2.05 | 1.29 | 0.76 |
| 31 | 外贸信托 | 2.01 | 2.94 | -0.93 |
| 32 | 中铁信托 | 1.91 | 1.61 | 0.30 |
| 33 | 厦门信托 | 1.79 | 5.94 | -4.15 |

续表

| 排名 | 简称 | 2010 年(%) | 2009 年(%) | 较上年增减(%) |
|---|---|---|---|---|
| 34 | 中诚信托 | 1.75 | 0.73 | 1.02 |
| 35 | 中泰信托 | 1.74 | 2.58 | -0.84 |
| 36 | 国联信托 | 1.73 | 12.68 | -10.95 |
| 37 | 百瑞信托 | 1.47 | 2.01 | -0.54 |
| 38 | 国元信托 | 1.28 | 1.21 | 0.07 |
| 39 | 华信信托 | 1.16 | 4.97 | -3.81 |
| 40 | 东莞信托 | 1.13 | 0.34 | 0.79 |
| 41 | 江西信托 | 1.11 | 1.18 | -0.07 |
| 42 | 华融信托 | 1.06 | 1.70 | -0.64 |
| 43 | 华宝信托 | 1.01 | 1.04 | -0.03 |
| 44 | 建信信托 | 1.01 | 8.35 | -7.34 |
| 45 | 渤海信托 | 0.89 | 5.00 | -4.11 |
| 46 | 中海信托 | 0.79 | 1.90 | -1.11 |
| 47 | 安信信托 | 0.79 | 0.62 | 0.17 |
| 48 | 西安信托 | 0.73 | 6.03 | -5.30 |
| 49 | 平安信托 | 0.61 | 0.74 | -0.13 |
| 50 | 陕国投 | 0.60 | 0.63 | -0.03 |
| 51 | 华宸信托 | 0.53 | 0.04 | 0.49 |
| 52 | 中航信托 | 0.38 | 392.85 | -392.47 |
| 53 | 中信信托 | 0.36 | 1.01 | -0.65 |
| 54 | 山东信托 | 0.35 | 5.62 | -5.27 |
| 55 | 华润信托 | 0.22 | 0.29 | -0.07 |
| 56 | 湖南信托 | 0.19 | 0.65 | -0.46 |
| 平均 | | 1.03 | 1.22 | -0.19 |

注：平均值由 56 家合计数计算得出。

## （四）现金比率增减排行榜

**表 3-3-4　现金比率增减排行榜**

| 排名 | 简称 | 2010 年(%) | 2009 年(%) | 较上年增减(%) |
|---|---|---|---|---|
| 1 | 爱建信托 | 121.85 | 22.61 | 99.24 |
| 2 | 重庆信托 | 12.50 | 2.54 | 9.96 |
| 3 | 甘肃信托 | 8.34 | 1.47 | 6.87 |
| 4 | 国民信托 | 34.25 | 27.44 | 6.81 |
| 5 | 吉林信托 | 3.55 | 0.90 | 2.65 |
| 6 | 北方信托 | 4.05 | 2.11 | 1.94 |
| 7 | 云南信托 | 7.24 | 5.60 | 1.64 |
| 8 | 中投信托 | 4.58 | 3.03 | 1.55 |
| 9 | 中诚信托 | 1.75 | 0.73 | 1.02 |
| 10 | 北京信托 | 3.37 | 2.45 | 0.92 |
| 11 | 东莞信托 | 1.13 | 0.34 | 0.79 |
| 12 | 中融信托 | 2.05 | 1.29 | 0.76 |
| 13 | 国投信托 | 3.36 | 2.61 | 0.75 |
| 14 | 华宸信托 | 0.53 | 0.04 | 0.49 |
| 15 | 华能信托 | 4.96 | 4.63 | 0.33 |
| 16 | 中铁信托 | 1.91 | 1.61 | 0.30 |
| 17 | 新时代信托 | 4.26 | 4.00 | 0.26 |
| 18 | 安信信托 | 0.79 | 0.62 | 0.17 |
| 19 | 国元信托 | 1.28 | 1.21 | 0.07 |
| 20 | 西部信托 | 2.41 | 2.37 | 0.04 |

续表

| 排名 | 简称 | 2010年(%) | 2009年(%) | 较上年增减(%) |
|---|---|---|---|---|
| 21 | 陕国投 | 0.60 | 0.63 | -0.03 |
| 22 | 华宝信托 | 1.01 | 1.04 | -0.03 |
| 23 | 江西信托 | 1.11 | 1.18 | -0.07 |
| 24 | 华润信托 | 0.22 | 0.29 | -0.07 |
| 25 | 平安信托 | 0.61 | 0.74 | -0.13 |
| 26 | 湖南信托 | 0.19 | 0.65 | -0.46 |
| 27 | 百瑞信托 | 1.47 | 2.01 | -0.54 |
| 28 | 华融信托 | 1.06 | 1.70 | -0.64 |
| 29 | 中信信托 | 0.36 | 1.01 | -0.65 |
| 30 | 上海信托 | 4.20 | 5.01 | -0.81 |
| 31 | 中泰信托 | 1.74 | 2.58 | -0.84 |
| 32 | 外贸信托 | 2.01 | 2.94 | -0.93 |
| 33 | 联华信托 | 3.54 | 4.62 | -1.08 |
| 34 | 中海信托 | 0.79 | 1.90 | -1.11 |
| 35 | 西藏信托 | 2.73 | 5.58 | -2.85 |
| 36 | 杭工商信托 | 5.25 | 8.37 | -3.12 |
| 37 | 中原信托 | 11.14 | 14.53 | -3.39 |
| 38 | 华信信托 | 1.16 | 4.97 | -3.81 |
| 39 | 渤海信托 | 0.89 | 5.00 | -4.11 |
| 40 | 厦门信托 | 1.79 | 5.94 | -4.15 |
| 41 | 新华信托 | 2.45 | 7.04 | -4.59 |
| 42 | 山东信托 | 0.35 | 5.62 | -5.27 |
| 43 | 西安信托 | 0.73 | 6.03 | -5.30 |
| 44 | 建信信托 | 1.01 | 8.35 | -7.34 |
| 45 | 山西信托 | 13.79 | 24.09 | -10.30 |
| 46 | 国联信托 | 1.73 | 12.68 | -10.95 |
| 47 | 江苏信托 | 4.54 | 16.37 | -11.83 |
| 48 | 广东粤财 | 19.35 | 33.13 | -13.78 |
| 49 | 昆仑信托 | 5.10 | 19.37 | -14.27 |
| 50 | 英大信托 | 3.82 | 18.17 | -14.35 |
| 51 | 苏州信托 | 3.53 | 19.61 | -16.08 |
| 52 | 交银国际信托 | 13.48 | 42.34 | -28.86 |
| 53 | 天津信托 | 14.28 | 44.70 | -30.42 |
| 54 | 金谷信托 | 10.18 | 108.72 | -98.54 |
| 55 | 华澳信托 | 26.16 | 287.07 | -260.91 |
| 56 | 中航信托 | 0.38 | 392.85 | -392.47 |
| 平均 | | 1.03 | 1.22 | -0.19 |

在56家公司中,2010年现金偿债比率大于1的有44家;低于0.5的有5家,表明仍有小部分信托公司短期偿债能力很弱。

## 四、信托公司一些其他指标排名

### (一)2010年固有资产资产负债率增减变动情况排行榜

| 排名 | 简称 | 2010年12月31日 | | | 2009年12月31日 | | | 资产负债率增减变动(%) |
|---|---|---|---|---|---|---|---|---|
| | | 资产总计(万元) | 负债总计(万元) | 资产负债率(%) | 资产总计(万元) | 负债总计(万元) | 资产负债率(%) | |
| 1 | 山东信托 | 309 004.45 | 115 095.53 | 37.25 | 190 630.03 | 12 481.86 | 6.55 | 30.70 |
| 2 | 中航信托 | 43 661.33 | 10 404.08 | 23.83 | 30 130.70 | 50.68 | 0.17 | 23.66 |
| 3 | 西安信托 | 95 752.59 | 26 365.68 | 27.54 | 59 236.65 | 4 495.15 | 7.59 | 19.95 |
| 4 | 新华信托 | 156 005.07 | 36 579.24 | 23.45 | 102 501.21 | 10 341.27 | 10.09 | 13.36 |
| 5 | 中融信托 | 204 331.40 | 50 400.49 | 24.67 | 79 495.45 | 10 104.25 | 12.71 | 11.96 |

续表

| 排名 | 简称 | 2010年12月31日 | | | 2009年12月31日 | | | 资产负债率增减变动（%） |
|---|---|---|---|---|---|---|---|---|
| | | 资产总计（万元） | 负债总计（万元） | 资产负债率（%） | 资产总计（万元） | 负债总计（万元） | 资产负债率（%） | |
| 6 | 华润信托 | 972 017.62 | 141 936.36 | 14.60 | 704 290.32 | 37 196.53 | 5.28 | 9.32 |
| 7 | 中铁信托 | 220 091.56 | 59 846.74 | 27.19 | 179 801.10 | 35 792.14 | 19.91 | 7.28 |
| 8 | 华澳信托 | 34 107.52 | 2 991.60 | 8.77 | 30 655.75 | 489.77 | 1.60 | 7.17 |
| 9 | 百瑞信托 | 144 131.23 | 26 361.80 | 18.29 | 106 080.23 | 12 104.96 | 11.41 | 6.88 |
| 10 | 昆仑信托 | 471 948.34 | 40 525.73 | 8.59 | 407 994.96 | 11 085.14 | 2.72 | 5.87 |
| 11 | 山西信托 | 149 002.12 | 11 083.67 | 7.44 | 125 924.33 | 4 312.05 | 3.42 | 4.02 |
| 12 | 联华信托 | 87 864.91 | 7 819.05 | 8.90 | 77 558.53 | 3 916.01 | 5.05 | 3.85 |
| 13 | 西部信托 | 100 976.47 | 8 518.08 | 8.44 | 81 887.17 | 4 500.00 | 5.50 | 2.94 |
| 14 | 湖南信托 | 72 499.00 | 12 707.00 | 17.53 | 67 750.00 | 10 046.00 | 14.83 | 2.70 |
| 15 | 交银国际信托 | 144 956.51 | 7 901.78 | 5.45 | 132 193.79 | 3 796.42 | 2.87 | 2.58 |
| 16 | 北方信托 | 162 430.56 | 14 931.47 | 9.19 | 147 615.09 | 10 057.16 | 6.81 | 2.38 |
| 17 | 新时代信托 | 90 047.00 | 6 452.70 | 7.17 | 74 599.15 | 3 581.66 | 4.80 | 2.37 |
| 18 | 华融信托 | 197 663.49 | 11 733.86 | 5.94 | 177 312.97 | 6 402.91 | 3.61 | 2.33 |
| 19 | 中海信托 | 243 306.52 | 15 964.28 | 6.56 | 243 555.54 | 11 978.38 | 4.92 | 1.64 |
| 20 | 建信信托 | 456 114.02 | 17 724.09 | 3.89 | 454 276.43 | 10 814.98 | 2.38 | 1.51 |
| 21 | 杭工商信托 | 84 435.00 | 7 673.00 | 9.09 | 68 498.00 | 5 252.00 | 7.67 | 1.42 |
| 22 | 苏州信托 | 97 713.41 | 3 829.23 | 3.92 | 89 819.12 | 2 614.11 | 2.91 | 1.01 |
| 23 | 东莞信托 | 100 380.51 | 6 061.06 | 6.04 | 90 495.17 | 4 675.75 | 5.17 | 0.87 |
| 24 | 国联信托 | 219 634.00 | 5 486.00 | 2.50 | 206 660.00 | 3 407.00 | 1.65 | 0.85 |
| 25 | 天津信托 | 203 527.04 | 11 907.19 | 5.85 | 198 898.63 | 10 272.12 | 5.16 | 0.69 |
| 26 | 国元信托 | 319 302.04 | 11 846.77 | 3.71 | 299 906.04 | 10 205.08 | 3.40 | 0.31 |
| 27 | 中原信托 | 149 972.19 | 4 480.97 | 2.99 | 146 780.12 | 3 989.38 | 2.72 | 0.27 |
| 28 | 广东粤财 | 171 057.38 | 3 816.47 | 2.23 | 140 685.15 | 2 823.97 | 2.01 | 0.22 |
| 29 | 中投信托 | 220 875.52 | 10 872.43 | 4.92 | 127 450.91 | 6 135.08 | 4.81 | 0.11 |
| 30 | 北京信托 | 265 854.00 | 23 715.00 | 8.92 | 256 372.00 | 25 076.00 | 9.78 | −0.86 |
| 31 | 上海信托 | 642 785.96 | 58 730.55 | 9.14 | 593 299.64 | 59 507.92 | 10.03 | −0.89 |
| 32 | 江苏信托 | 440 887.45 | 7 572.80 | 1.72 | 379 385.72 | 10 595.11 | 2.79 | −1.07 |
| 33 | 吉林信托 | 253 611.52 | 45 418.85 | 17.91 | 240 110.91 | 45 631.45 | 19.00 | −1.09 |
| 34 | 华信信托 | 332 230.67 | 12 010.88 | 3.62 | 191 717.86 | 9 107.44 | 4.75 | −1.13 |
| 35 | 外贸信托 | 386 680.00 | 28 439.10 | 7.35 | 218 275.32 | 18 840.93 | 8.63 | −1.28 |
| 36 | 中泰信托 | 347 731.49 | 54 713.80 | 15.73 | 276 643.84 | 47 099.53 | 17.03 | −1.30 |
| 37 | 金谷信托 | 141 000.68 | 14 186.05 | 10.06 | 131 737.75 | 15 204.82 | 11.54 | −1.48 |
| 38 | 厦门信托 | 138 112.00 | 7 941.00 | 5.75 | 154 517.00 | 11 312.00 | 7.32 | −1.57 |
| 39 | 爱建信托 | 43 961.16 | 131.55 | 0.30 | 38 238.01 | 810.55 | 2.12 | −1.82 |
| 40 | 平安信托 | 5 218 199.45 | 3 167 905.09 | 60.71 | 5 410 338.99 | 3 394 842.85 | 62.75 | −2.04 |
| 41 | 国民信托 | 116 430.87 | 2 299.94 | 1.98 | 117 459.46 | 4 840.90 | 4.12 | −2.14 |
| 42 | 华能信托 | 164 581.35 | 10 039.04 | 6.10 | 98 450.60 | 8 595.11 | 8.73 | −2.63 |
| 43 | 渤海信托 | 92 881.16 | 5 479.89 | 5.90 | 104 431.02 | 9 695.59 | 9.28 | −3.38 |
| 44 | 云南信托 | 99 557.98 | 11 032.81 | 11.08 | 95 920.20 | 13 995.66 | 14.59 | −3.51 |
| 45 | 英大信托 | 202 829.70 | 6 399.22 | 3.15 | 189 596.08 | 13 286.87 | 7.01 | −3.86 |
| 46 | 中信信托 | 770 865.92 | 205 766.77 | 26.69 | 635 354.16 | 196 486.71 | 30.93 | −4.24 |
| 47 | 安信信托 | 68 860.06 | 32 811.73 | 47.65 | 59 170.21 | 31 664.55 | 53.51 | −5.86 |
| 48 | 西藏信托 | 40 615.83 | 1 573.09 | 3.87 | 43 078.28 | 4 390.35 | 10.19 | −6.32 |
| 49 | 陕国投 | 120 403.34 | 46 118.17 | 38.30 | 109 708.57 | 50 100.70 | 45.67 | −7.37 |
| 50 | 国投信托 | 250 497.70 | 16 033.86 | 6.40 | 246 587.81 | 36 845.41 | 14.94 | −8.54 |
| 51 | 重庆信托 | 868 962.83 | 69 968.08 | 8.05 | 561 535.49 | 97 063.21 | 17.29 | −9.24 |
| 52 | 甘肃信托 | 127 607.41 | 5 185.95 | 4.06 | 46 175.61 | 6 664.61 | 14.43 | −10.37 |
| 53 | 中诚信托 | 932 876.63 | 128 269.44 | 13.75 | 509 470.85 | 122 886.43 | 24.12 | −10.37 |
| 54 | 江西信托 | 762 996.81 | 437 554.09 | 57.35 | 740 290.21 | 580 724.54 | 78.45 | −21.10 |
| 55 | 华宸信托 | 129 088.45 | 36 777.28 | 28.49 | 153 878.10 | 77 894.47 | 50.62 | −22.13 |
| 56 | 华宝信托 | 429 206.89 | 102 759.96 | 23.94 | 627 371.74 | 351 922.26 | 56.09 | −32.15 |
| 合计 | | 19 312 126.11 | 5 230 150.34 | 27.08 | 17 071 797.97 | 5 498 007.78 | 32.21 | −5.13 |
| 平均 | | 344 859.39 | 93 395.54 | 27.08 | 304 853.54 | 98 178.71 | 32.21 | −5.13 |

2010 年资产负债率下降最多的 5 个公司是甘肃信托、中诚信托、江西信托、华宸信托、华宝信托，这些公司下降幅度都超过了 10%。下降幅度最大的是华宝信托，下降了 32.15%。

56 家信托公司资产负债率平均下降了 5.13%，其中 27 家有所下降，29 家有所上升。

## (二)2010 年固有资产资产负债率排行榜

| 排名 | 简称 | 资产总计(万元) | 负债总计(万元) | 资产负债率(%) |
|---|---|---|---|---|
| 1 | 平安信托 | 5 218 199.45 | 3 167 905.09 | 60.71 |
| 2 | 江西信托 | 762 996.81 | 437 554.09 | 57.35 |
| 3 | 安信信托 | 68 860.06 | 32 811.73 | 47.65 |
| 4 | 陕国投 | 120 403.34 | 46 118.17 | 38.30 |
| 5 | 山东信托 | 309 004.45 | 115 095.53 | 37.25 |
| 6 | 华宸信托 | 129 088.45 | 36 777.28 | 28.49 |
| 7 | 西安信托 | 95 752.59 | 26 365.68 | 27.54 |
| 8 | 中铁信托 | 220 091.56 | 59 846.74 | 27.19 |
| 9 | 中信信托 | 770 865.92 | 205 766.77 | 26.69 |
| 10 | 中融信托 | 204 331.40 | 50 400.49 | 24.67 |
| 11 | 华宝信托 | 429 206.89 | 102 759.96 | 23.94 |
| 12 | 中航信托 | 43 661.33 | 10 404.08 | 23.83 |
| 13 | 新华信托 | 156 005.07 | 36 579.24 | 23.45 |
| 14 | 百瑞信托 | 144 131.23 | 26 361.80 | 18.29 |
| 15 | 吉林信托 | 253 611.52 | 45 418.85 | 17.91 |
| 16 | 湖南信托 | 72 499.00 | 12 707.00 | 17.53 |
| 17 | 中泰信托 | 347 731.49 | 54 713.80 | 15.73 |
| 18 | 华润信托 | 972 017.62 | 141 936.36 | 14.60 |
| 19 | 中诚信托 | 932 876.63 | 128 269.44 | 13.75 |
| 20 | 云南信托 | 99 557.98 | 11 032.81 | 11.08 |
| 21 | 金谷信托 | 141 000.68 | 14 186.05 | 10.06 |
| 22 | 北方信托 | 162 430.56 | 14 931.47 | 9.19 |
| 23 | 上海信托 | 642 785.96 | 58 730.55 | 9.14 |
| 24 | 杭工商信托 | 84 435.00 | 7 673.00 | 9.09 |
| 25 | 北京信托 | 265 854.00 | 23 715.00 | 8.92 |
| 26 | 联华信托 | 87 864.91 | 7 819.05 | 8.90 |
| 27 | 华澳信托 | 34 107.52 | 2 991.60 | 8.77 |
| 28 | 昆仑信托 | 471 948.34 | 40 525.73 | 8.59 |
| 29 | 西部信托 | 100 976.47 | 8 518.08 | 8.44 |
| 30 | 重庆信托 | 868 962.83 | 69 968.08 | 8.05 |
| 31 | 山西信托 | 149 002.12 | 11 083.67 | 7.44 |
| 32 | 外贸信托 | 386 680.00 | 28 439.10 | 7.35 |
| 33 | 新时代信托 | 90 047.00 | 6 452.70 | 7.17 |
| 34 | 中海信托 | 243 306.52 | 15 964.28 | 6.56 |
| 35 | 国投信托 | 250 497.70 | 16 033.86 | 6.40 |
| 36 | 华能信托 | 164 581.35 | 10 039.04 | 6.10 |
| 37 | 东莞信托 | 100 380.51 | 6 061.06 | 6.04 |
| 38 | 华融信托 | 197 663.49 | 11 733.86 | 5.94 |
| 39 | 渤海信托 | 92 881.16 | 5 479.89 | 5.90 |
| 40 | 天津信托 | 203 527.04 | 11 907.19 | 5.85 |
| 41 | 厦门信托 | 138 112.00 | 7 941.00 | 5.75 |
| 42 | 交银国际信托 | 144 956.51 | 7 901.78 | 5.45 |
| 43 | 中投信托 | 220 875.52 | 10 872.43 | 4.92 |
| 44 | 甘肃信托 | 127 607.41 | 5 185.95 | 4.06 |
| 45 | 苏州信托 | 97 713.41 | 3 829.23 | 3.92 |
| 46 | 建信信托 | 456 114.02 | 17 724.09 | 3.89 |

续表

| 排名 | 简称 | 资产总计（万元） | 负债总计（万元） | 资产负债率（%） |
|---|---|---|---|---|
| 47 | 西藏信托 | 40 615. 83 | 1 573. 09 | 3. 87 |
| 48 | 国元信托 | 319 302. 04 | 11 846. 77 | 3. 71 |
| 49 | 华信信托 | 332 230. 67 | 12 010. 88 | 3. 62 |
| 50 | 英大信托 | 202 829. 70 | 6 399. 22 | 3. 15 |
| 51 | 中原信托 | 149 972. 19 | 4 480. 97 | 2. 99 |
| 52 | 国联信托 | 219 634. 00 | 5 486. 00 | 2. 50 |
| 53 | 广东粤财 | 171 057. 38 | 3 816. 47 | 2. 23 |
| 54 | 国民信托 | 116 430. 87 | 2 299. 94 | 1. 98 |
| 55 | 江苏信托 | 440 887. 45 | 7 572. 80 | 1. 72 |
| 56 | 爱建信托 | 43 961. 16 | 131. 55 | 0. 30 |
| 合计 | | 19 312 126. 11 | 5 230 150. 34 | 27. 08 |
| 平均 | | 344 859. 39 | 93 395. 54 | 27. 08 |

2010 年，56 家公司中，资产负债率最低的是爱建信托，资产负债率只有 0. 30%，最高的是平安信托，达到 60. 71%。整个信托行业的平均资产负债率是 27. 08%。

## （三）2010 年固有资产人均净利润排行榜

| 排名 | 名称 | 2009 年人数 | 2010 年人数 | 净利润（万元） | 人均净利润（万元） |
|---|---|---|---|---|---|
| 1 | 华润信托 | 102 | 123 | 137 982. 80 | 1 226. 51 |
| 2 | 江苏信托 | 57 | 60 | 62 628. 84 | 1 070. 58 |
| 3 | 重庆信托 | 67 | 67 | 58 633. 74 | 875. 13 |
| 4 | 中诚信托 | 121 | 151 | 100 987. 75 | 701. 30 |
| 5 | 中海信托 | 71 | 88 | 52 164. 35 | 656. 16 |
| 6 | 上海信托 | 156 | 155 | 99 291. 52 | 638. 53 |
| 7 | 国联信托 | 44 | 54 | 29 101. 00 | 633. 00 |
| 8 | 中信信托 | 229 | 274 | 110 877. 66 | 506. 29 |
| 9 | 外贸信托 | 96 | 131 | 43 602. 42 | 480. 43 |
| 10 | 广东粤财 | 62 | 68 | 30 865. 33 | 474. 85 |
| 11 | 中泰信托 | 71 | 69 | 54 780. 99 | 401. 61 |
| 12 | 华宝信托 | 152 | 158 | 59 316. 18 | 382. 69 |
| 13 | 昆仑信托 | 108 | 132 | 45 327. 44 | 374. 61 |
| 14 | 华融信托 | 75 | 92 | 31 015. 15 | 371. 44 |
| 15 | 平安信托 | 589 | 973 | 284 752. 44 | 364. 60 |
| 16 | 中投信托 | 67 | 81 | 26 789. 14 | 362. 02 |
| 17 | 华信信托 | 126 | 111 | 42 782. 49 | 359. 52 |
| 18 | 中铁信托 | 106 | 92 | 27 256. 26 | 310. 75 |
| 19 | 北京信托 | 116 | 125 | 36 264. 00 | 300. 00 |
| 20 | 苏州信托 | 61 | 65 | 15 121. 80 | 240. 03 |
| 21 | 英大信托 | 95 | 110 | 24 119. 21 | 233. 04 |
| 22 | 东莞信托 | 60 | 64 | 14 041. 06 | 226. 47 |
| 23 | 北方信托 | 92 | 92 | 20 012. 90 | 217. 53 |
| 24 | 国元信托 | 119 | 121 | 25 318. 80 | 210. 99 |
| 25 | 建信信托 | 75 | 95 | 17 437. 41 | 205. 15 |
| 26 | 安信信托 | 37 | 61 | 9 332. 91 | 190. 47 |
| 27 | 西部信托 | 81 | 91 | 16 199. 96 | 188. 37 |
| 28 | 金谷信托 | 10 年新增 | 未披露 | 10 281. 70 | 186. 94 |
| 29 | 杭工商信托 | 83 | 94 | 16 029. 00 | 171. 00 |
| 30 | 渤海信托 | 54 | 74 | 10 935. 65 | 170. 87 |
| 31 | 百瑞信托 | 82 | 107 | 16 685. 13 | 168. 54 |
| 32 | 新华信托 | 173 | 240 | 34 655. 85 | 167. 82 |
| 33 | 厦门信托 | 88 | 91 | 13 800. 00 | 154. 19 |

续表

| 排名 | 名称 | 2009 年人数 | 2010 年人数 | 净利润(万元) | 人均净利润(万元) |
|---|---|---|---|---|---|
| 34 | 华宸信托 | 104 | 101 | 15 215.16 | 148.44 |
| 35 | 山东信托 | 83 | 92 | 29 470.98 | 139.67 |
| 36 | 国投信托 | 57 | 62 | 26 370.87 | 135.24 |
| 37 | 中融信托 | 247 | 788 | 69 490.81 | 131.86 |
| 38 | 天津信托 | 144 | 136 | 18 361.82 | 131.16 |
| 39 | 华能信托 | 71 | 95 | 11 442.65 | 130.96 |
| 40 | 中原信托 | 107 | 117 | 13 131.32 | 121.59 |
| 41 | 西安信托 | 112 | 156 | 15 410.42 | 115.00 |
| 42 | 新时代信托 | 113 | 120 | 12 714.57 | 105.95 |
| 43 | 爱建信托 | 57 | 65 | 6 369.48 | 99.52 |
| 44 | 交银国际信托 | 87 | 82 | 8 315.06 | 97.82 |
| 45 | 甘肃信托 | 50 | 57 | 5 326.67 | 93.45 |
| 46 | 江西信托 | 79 | 79 | 21 863.29 | 80.42 |
| 47 | 国民信托 | 68 | 53 | 4 257.85 | 70.38 |
| 48 | 云南信托 | 102 | 90 | 6 600.63 | 68.00 |
| 49 | 联华信托 | 82 | 130 | 7 589.24 | 67.76 |
| 50 | 湖南信托 | 69 | 68 | 4 588.00 | 66.00 |
| 51 | 山西信托 | 151 | 163 | 10 082.83 | 64.22 |
| 52 | 吉林信托 | 91 | 124 | 17 381.31 | 59.53 |
| 53 | 陕国投 | 138 | 147 | 8 151.70 | 57.20 |
| 54 | 中航信托 | 10 年新增 | 100 | 3 177.23 | 42.36 |
| 55 | 华澳信托 | 10 年新增 | 40 | 949.93 | 28.79 |
| 56 | 西藏信托 | 19 | 27 | 354.81 | 15.43 |
| 合计 | | 5 546 | 7 201 | 1 895 007.51 | 297.33 |

注:部分公司未披露人均净利润数据,用净利润除以平均人数计算得出。

56 家公司中,人均净利润超过 100 万元的有 42 家,平均人均净利润为 297.33 万元。

# 第四章 固有资产报表总体分析

在本章,我们将2010年56家信托公司固有资产部分的会计报表,包括资产负债表、利润表、所有者权益变动表分别汇总成代表中国信托行业固有资产整体状况的汇总报表,以此来分析中国信托公司固有资产整体的财务状况和经营成果。

## 一、2010年固有资产财务状况总体分析

**表4-1-1 2010年固有资产汇总资产负债表**

单位:万元

| 资产 | 年末数 | 年初数 | 负债和所有者权益(或股东权益) | 年末数 | 年初数 |
|---|---|---|---|---|---|
| 货币资金 | 14 424.29 | 11 613.70 | 向中央银行借款 | 4 000.00 | 4 000.00 |
| 现金及存放中央银行款项 | 3 823 746.82 | 4 372 569.44 | 同业及其他金融机构存放款项 | — | — |
| 存放同业款项 | 724 573.27 | 877 754.35 | 短期借款 | 98 500.00 | 295 059.07 |
| 贵金属 | — | — | 拆入资金 | 202 850.00 | 5 550.00 |
| 其他货币资金 | 32 907.83 | 38 377.01 | 交易性金融负债 | — | — |
| 拆出资金 | 7 999.76 | 947.56 | 衍生金融负债 | — | — |
| 交易性金融资产 | 1 066 619.20 | 1 016 669.25 | 卖出回购金融资产款 | 641 881.41 | 651 430.22 |
| 衍生金融资产 | — | — | 吸收存款 | — | — |
| 买入返售金融资产 | 626 191.81 | 204 578.00 | 应付款项 | 53 213.34 | 188 338.13 |
| 应收利息 | 18 970.83 | 15 839.94 | 应付手续费及佣金 | 5 728.33 | 1 494.75 |
| 应收股利 | 3 525.00 | 4 841.85 | 预收款项 | 217 931.93 | 91 746.11 |
| 分为贷款和应收款类的投资 | 178 499.00 | 15 280.00 | 应付职工薪酬 | 368 513.65 | 273 128.08 |
| 应收手续费及佣金 | 17 768.78 | 13 571.56 | 应交税费 | 399 652.86 | 244 110.84 |
| 应收款项 | 223 668.57 | 506 721.04 | 代理买卖证券款 | 1 784 778.61 | 2 150 185.08 |
| 发放中长期贷款 | — | — | 代理业务负债 | 1 659.70 | 1 688.88 |
| 结算备付金 | 427 541.24 | 264 142.05 | 代理兑付证券款 | 203 123.17 | 70 123.17 |
| 存出保证金 | 41 165.99 | 39 009.85 | 应付利息 | 3 540.89 | 6 800.26 |
| 其他应收款 | 134 056.37 | 126 840.04 | 应付股利 | 73 954.94 | 80 604.95 |
| 预付款项 | 47 118.58 | 17 012.30 | 其他应付款 | 377 844.85 | 269 765.69 |
| 存货 | 35 345.04 | 192 242.49 | 一年内到期的非流动负债 | — | — |
| 其他流动资产 | 101 128.21 | 22 855.44 | 存入保证金 | 685.00 | — |
| 流动资产合计 | 7 525 250.59 | 7 740 865.87 | 其他流动负债 | 10 097.44 | 9 955.84 |
| 发放贷款和垫款 | 1 847 004.86 | 1 506 535.61 | 流动负债合计 | 4 447 956.12 | 4 343 981.07 |
| 可供出售金融资产 | 4 278 445.54 | 2 928 251.83 | 递延收益 | 1 642.37 | — |
| 长期应收款 | 26 871.12 | 5 252.12 | 长期借款 | 160 238.48 | 526 759.64 |
| 长期股权投资 | 3 830 796.97 | 2 828 458.45 | 长期应付款 | 5 750.00 | 6 250.00 |
| 投资性房地产 | 330 236.02 | 320 628.76 | 预计负债 | 5 432.03 | 14 641.78 |
| 持有至到期投资 | 614 561.45 | 382 744.74 | 应付债券 | — | — |
| 固定资产 | 267 570.20 | 374 757.00 | 递延所得税负债 | 215 010.15 | 225 257.79 |
| 固定资产清理 | -178.33 | -201.48 | 其他负债 | 394 118.19 | 381 116.53 |
| 在建工程 | 622.94 | 4 041.51 | 长期负债合计 | 782 191.22 | 1 154 025.74 |
| 无形资产 | 43 268.90 | 311 521.95 | 负债合计 | 5 230 147.34 | 5 498 006.81 |
| 开发支出 | 383.87 | 198.66 | 所有者权益(或股东权益): | | |
| 长期待摊费用 | 5 203.57 | 5 069.09 | 实收资本(或股本) | 6 906 690.22 | 6 192 624.95 |
| 递延所得税资产 | 98 818.14 | 88 603.16 | 资本公积 | 2 204 102.55 | 1 543 320.35 |
| 抵债资产 | 1 163.77 | 802.77 | 减:库存股 | — | — |
| 代理业务资产 | 28.00 | 28.00 | 盈余公积 | 688 004.26 | 514 048.34 |
| 商誉 | 76 527.91 | 106 230.41 | 信托赔偿准备金 | 229 153.75 | 178 682.85 |
| 信托受益权 | 2 060.00 | 2 060.00 | 一般风险准备 | 264 061.45 | 192 879.86 |
| 其他非流动资产 | 363 487.59 | 465 948.52 | 未分配利润 | 3 295 801.57 | 2 282 155.81 |
| 非流动资产合计 | 11 786 872.52 | 9 330 931.10 | 外币折算差额 | -7 900.24 | -6 608.44 |
| | | | 归属于母公司所有者权益合计 | 13 579 913.56 | 10 897 103.72 |
| | | | 少数股东权益 | 502 062.21 | 676 686.44 |
| | | | 所有者权益(或股东权益)合计 | 14 081 975.77 | 11 573 790.16 |
| 资产总计 | 19 312 123.11 | 17 071 796.97 | 负债和所有者权益(或股东权益)总计 | 19 312 123.11 | 17 071 796.97 |

注:将统计过程中报表数字尾差放在其他非流动资产中。

我们对资产负债表按大类进行了分析,其增减变动情况见下表

表 4－1－2　2010 年固有资产汇总简式资产负债表增减变动明细表

| 资产 | 年末数(万元) | 年初数(万元) | 增减额(万元) | 增减率(%) | 平均每户增减(万元) |
|---|---|---|---|---|---|
| 流动资产合计 | 7 525 250. 59 | 7 740 865. 87 | －215 615. 28 | －2. 79 | －3 850. 27 |
| 长期资产及长期投资合计 | 10 927 915. 96 | 7 971 871. 51 | 2 956 044. 45 | 37. 08 | 52 786. 51 |
| 固定资产合计 | 268 014. 81 | 378 597. 03 | －110 582. 22 | －29. 21 | －1 974. 68 |
| 无形资产及其他资产合计 | 492 123. 61 | 891 859. 40 | －399 735. 79 | －44. 82 | －7 138. 14 |
| 递延税款资产 | 98 818. 14 | 88 603. 16 | 10 214. 98 | 11. 53 | 182. 41 |
| 资产总计 | 19 312 123. 11 | 17 071 796. 97 | 2 240 326. 14 | 13. 12 | 40 005. 82 |
| 流动负债合计 | 4 447 956. 12 | 4 343 981. 07 | 103 975. 05 | 2. 39 | 1 856. 70 |
| 长期负债合计 | 782 191. 22 | 1 154 025. 74 | －371 834. 52 | －32. 22 | －6 639. 90 |
| 负债合计 | 5 230 147. 34 | 5 498 006. 81 | －267 859. 47 | －4. 87 | －4 783. 20 |
| 归属于母公司所有者权益合计 | 13 579 913. 56 | 10 897 103. 72 | 2 682 809. 84 | 24. 62 | 47 907. 32 |
| 少数股东权益 | 502 062. 21 | 676 686. 44 | －174 624. 23 | －25. 81 | －3 118. 29 |
| 所有者权益合计 | 14 081 975. 77 | 11 573 790. 16 | 2 508 185. 61 | 21. 67 | 44 789. 03 |

截至 2010 年末，56 家信托公司固有资产总规模为 1 931. 21 亿元，较 2009 年固有资产总额 1 707. 18 亿元增加了 224. 03 亿元，增加了 13. 12%。平均资产规模为 34. 49 亿元，平均资产增加了 4. 00 亿元。

2010 年负债总额有所减少，2010 年末负债总额为 523. 01 亿元，较 2009 年负债总额 549. 80 亿元减少了 26. 79 亿元，下降了 4. 87%，平均负债规模为 9. 34 亿元，平均负债减少了 0. 48 亿元。

表 4－1－3　2010 年固有资产汇总资产负债增减情况表

| 项目 | 2010 年 12 月 31 日(万元) | 2009 年 12 月 31 日(万元) | 增减额(万元) | 增减(%) |
|---|---|---|---|---|
| 资产总计 | 19 312 123. 11 | 17 071 796. 97 | 2 240 326. 14 | 13. 12 |
| 负债合计 | 5 230 147. 34 | 5 498 006. 81 | －267 859. 47 | －4. 87 |
| 所有者权益合计 | 14 081 975. 77 | 11 573 790. 16 | 2 508 185. 621 | 21. 67 |
| 资产负债率(%) | 27. 08 | 32. 21 | －5. 13 | |

从该表可以看出，2010 年与 2009 年相比，资产规模增加而负债规模降低，导致 2010 年的资产负债率下降了 5. 13%。

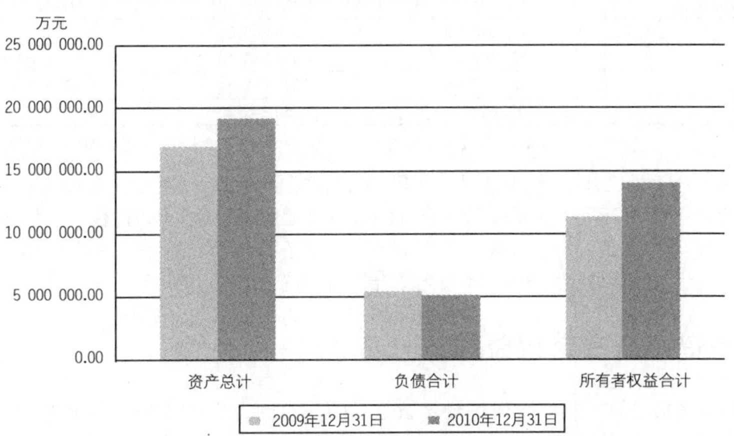


图 4－1－1　固有资产汇总资产负债情况图

## 二、2010 年固有资产经营成果总体分析

表 4－2－1　2010 年汇总利润表

| 项目 | 本年实际数(万元) | 上年实际数(万元) | 增减数 | |
|---|---|---|---|---|
| | | | 金额(万元) | 比例(%) |
| 一、营业收入 | 3 955 064. 22 | 3 336 900. 07 | 618 164. 15 | 18. 53 |
| 1. 利息净收入 | 283 353. 25 | 220 580. 39 | 62 772. 86 | 28. 46 |
| 利息收入 | 338 537. 98 | 298 421. 28 | 40 116. 70 | 13. 44 |
| 利息支出 | 55 184. 73 | 77 840. 89 | －22 656. 16 | －29. 11 |
| 2. 金融企业往来净收入 | 2 071. 17 | 1 449. 64 | 621. 53 | 42. 87 |
| 金融企业往来收入 | 2 136. 80 | 1 507. 10 | 629. 70 | 41. 78 |
| 金融企业往来支出 | 65. 63 | 57. 46 | 8. 17 | 14. 22 |
| 3. 手续费及佣金净收入 | 2 207 595. 78 | 1 414 666. 69 | 792 929. 09 | 56. 05 |

续表

| 项目 | 本年实际数（万元） | 上年实际数（万元） | 增减数 | |
|---|---|---|---|---|
| | | | 金额（万元） | 比例（%） |
| 手续费及佣金收入 | 2 292 561.61 | 1 467 981.22 | 824 580.39 | 56.17 |
| 手续费及佣金支出 | 84 965.83 | 53 314.53 | 31 651.30 | 59.37 |
| 4. 租赁收入 | 4 096.61 | 3 888.18 | 208.43 | 5.36 |
| 5. 投资收益（损失以"－"号填列） | 936 451.29 | 742 280.77 | 194 170.52 | 26.16 |
| 其中：对联营企业和合营企业的投资收益 | 132 041.83 | 133 744.19 | -1 702.36 | -1.27 |
| 6. 公允价值变动收益（损失以"－"号填列） | -29 269.68 | 79 806.04 | -109 075.72 | -136.68 |
| 7. 汇兑收益（损失以"－"号填列） | -2 217.89 | 3 241.32 | -5 459.21 | -168.43 |
| 8. 其他业务收入 | 381 059.65 | 707 522.65 | -326 463.00 | -46.14 |
| 9. 证券销售差价收入（亏损以"－"号填列） | 1 240.72 | 5 647.29 | -4 406.57 | -78.03 |
| 10. 基金管理收入 | 129 871.38 | 120 067.46 | 9 803.92 | 8.17 |
| 11. 补贴收入 | 0.00 | 0.00 | 0.00 | |
| 12. 信托业务收入 | 36 576.70 | 24 358.24 | 12 218.46 | 50.16 |
| 13. 担保业务收入 | 122.46 | 792.54 | -670.08 | -84.55 |
| 14. 房地产销售收入 | 4 112.78 | 12 598.86 | -8 486.08 | -67.36 |
| 二、营业支出 | 1 581 495.35 | 1 516 741.40 | 64 753.95 | 4.27 |
| 1. 营业税金及附加 | 177 587.30 | 124 525.93 | 53 061.37 | 42.61 |
| 2. 业务（销售费用） | 1 077 468.22 | 842 352.48 | 235 115.74 | 27.91 |
| 3. 管理费 | 38 701.54 | 27 123.24 | 11 578.30 | 42.69 |
| 4. 财务费用 | 112.16 | 637.32 | -525.16 | -82.40 |
| 5. 资产减值损失 | 48 489.86 | 50 625.25 | -2 135.39 | -4.22 |
| 6. 其他业务成本 | 237 751.31 | 461 687.34 | -223 936.03 | -48.50 |
| 7. 房地产销售成本 | 1 384.96 | 9 789.84 | -8 404.88 | -85.85 |
| 三、营业利润（亏损以"－"号填列） | 2 373 568.87 | 1 820 158.68 | 553 410.19 | 30.40 |
| 加：营业外收入 | 24 441.67 | 54 061.05 | -29 619.38 | -54.79 |
| 减：营业外支出 | 19 489.40 | 5 241.28 | 14 248.12 | 271.84 |
| 四、利润总额（亏损总额以"－"号填列） | 2 378 521.14 | 1 868 978.45 | 509 542.69 | 27.26 |
| 减：所得税费用 | 483 513.63 | 334 205.30 | 149 308.33 | 44.68 |
| 五、净利润（净亏损以"－"号填列） | 1 895 007.51 | 1 534 773.15 | 360 234.36 | 23.47 |
| 六、其他综合收益 | 23 655.84 | 518 072.24 | -494 416.40 | -95.43 |
| 七、综合收益总额 | 1 918 663.35 | 2 052 845.39 | -134 182.04 | -6.54 |

注：由于部分公司在报表披露中单独列示营业收入、营业费用科目，未详细说明具体构成，故在合并报表时将其全部并入其他业务收入、其他业务支出科目。

2010 年，信托公司经营业绩有所上升，净利润达到 189.50 亿元，较上年的 153.48 亿元增加了 23.47%。其中手续费及佣金收入对净利润贡献最大，2010 年手续费及佣金净收入 220.76 亿元，占营业收入的 55.82%；投资收益为 93.65 亿元，占营业收入的 23.68%。另外，在今年的利润表中其他综合收益减少至 2.37 亿元，使得 2010 年综合收益总额为 191.87 亿元。相比之下，2009 年其他综合收益为 51.81 亿元，综合收益总额为 205.28 亿元，综合收益总额下降了 6.54%。

## 三、2010 年固有资产所有者权益总体分析

2010 年，所有者权益为 1 408.20 亿元，较上年增加了 250.82 亿元，增幅为 21.67%，其中股本占比 49.05%，较上年增加了 11.53%；资本公积占比 15.65%，较上年增加了 42.82%；盈余公积占比 4.89%，较上年增加了 33.84%；未分配利润占比 23.40%，较上年了增加了 44.42%；风险准备金占比 3.50%，较上年增加了 32.74%。从下表看出，所有者权益各项均有所增长。

**表 4－3－1　固有资产所有者权益的组成占比一览表**

| 项目 | 2010 年 | | 2009 年 | | 2010 年增减 | |
|---|---|---|---|---|---|---|
| | 金额（万元） | 比率（%） | 金额（万元） | 比率（%） | 金额（万元） | 比率（%） |
| 股本 | 6 906 690.22 | 49.05 | 6 192 624.95 | 53.51 | 714 065.27 | 11.53 |
| 资本公积 | 2 204 102.55 | 15.65 | 1 543 320.35 | 13.33 | 660 782.21 | 42.82 |
| 盈余公积 | 688 004.26 | 4.89 | 514 048.34 | 4.44 | 173 955.92 | 33.84 |
| 未分配利润 | 3 295 801.57 | 23.40 | 2 282 155.81 | 19.72 | 1 013 645.76 | 44.42 |
| 风险准备金 | 493 215.20 | 3.50 | 371 562.71 | 3.21 | 121 652.49 | 32.74 |
| 外币折算差额 | -7 900.24 | -0.06 | -6 608.44 | -0.06 | -1 291.80 | 19.55 |
| 归属于母公司所有者权益合计 | 13 579 913.56 | 96.43 | 10 897 103.72 | 94.15 | 2 682 809.85 | 24.62 |
| 少数股东权益 | 502 062.21 | 3.57 | 676 686.44 | 5.85 | -174 624.25 | -25.81 |
| 所有者权益合计 | 14 081 975.78 | 100.00 | 11 573 790.16 | 100.00 | 2 508 185.59 | 21.67 |

2010 年，56 家公司股本共增加了 71.41 亿元，通过增资扩股，信托公司实力继续得到进一步加强。2010 年股本发生变动的情况分析见第一章。

**表 4-3-2　2010 年汇总所有者权益变动表**

单位:万元

| 项目 | 本年金额 | | | | | | | | | | | |
|---|---|---|---|---|---|---|---|---|---|---|---|---|
| | 归属于母公司所有者权益 | | | | | | | | 少数股东权益 | 减:资产损失 | 外币报表折算差额 | 所有者权益合计 |
| | 实收资本(或股本) | 资本公积 | 减:库存股 | 盈余公积 | 信托赔偿准备 | 一般风险准备 | 未分配利润 | 其他 | | | | |
| 一、上年末余额 | 6 192 624. 95 | 1 509 912. 31 | — | 513 107. 90 | 171 616. 72 | 198 524. 73 | 2 252 214. 79 | -5 323. 96 | 618 328. 58 | — | 114. 10 | 11 451 120. 11 |
| 加:会计政策变更 | — | — | — | — | — | — | — | — | — | — | — | — |
| 前期差错更正 | — | 34 094. 40 | — | 887. 66 | 179. 16 | 772. 14 | 8 188. 36 | — | 494. 08 | — | — | 44 615. 80 |
| 其他 | — | — | — | — | — | — | — | — | — | — | — | — |
| 二、本年初余额 | 6 192 624. 95 | 1 544 006. 71 | — | 513 995. 55 | 171 795. 88 | 199 296. 87 | 2 260 403. 15 | -5 323. 96 | 618 822. 66 | — | 114. 10 | 11 495 735. 91 |
| 三、本年增减变动金额(减少以"-"号填列) | 714 065. 27 | 668 746. 29 | — | 173 960. 31 | 48 613. 37 | 62 048. 85 | 1 033 049. 24 | -101. 91 | 58 339. 22 | — | -355. 64 | 2 758 365. 00 |
| (一)净利润 | — | — | — | — | — | — | 1 785 547. 20 | — | 93 952. 90 | — | — | 1 879 500. 09 |
| (二)其他综合收益 | — | 68 194. 24 | — | -1. 87 | — | — | — | -936. 16 | -1 793. 61 | — | -225. 39 | 65 237. 22 |
| 1. 可供出售金融资产公允价值变动净额 | — | 7 901. 15 | — | — | — | — | — | — | -700. 22 | — | — | 7 200. 93 |
| 2. 权益法下被投资单位其他所有者权益变动的影响 | — | 23 932. 88 | — | — | — | — | — | — | — | — | — | 23 932. 88 |
| 3. 与计入所有都权益项目相关的所得税影响 | — | -8 726. 10 | — | — | — | — | — | — | 14. 21 | — | — | -8 711. 89 |
| 4. 其他 | — | 5 885. 12 | — | — | — | — | — | — | -7. 87 | — | -11. 80 | 5 865. 45 |
| 5. 未披露 | — | 39 201. 18 | — | -1. 87 | — | — | — | -936. 16 | -1 099. 73 | — | -213. 59 | 36 949. 84 |
| 净利润及其他综合收益小计 | — | 68 194. 24 | — | -1. 87 | — | — | 1 785 547. 20 | -936. 16 | 92 159. 29 | — | -225. 39 | 1 944 737. 31 |
| (三)所有者投入和减少资本 | 667 173. 27 | 600 285. 72 | — | 3. 26 | — | — | — | — | 1 293. 19 | — | -47. 93 | 1 268 707. 51 |
| 1. 所有者投入资本 | 607 512. 85 | 584 458. 71 | — | — | — | — | — | — | 1 313. 92 | — | -47. 93 | 1 193 237. 55 |
| 2. 股份支付计入所有者权益的金额 | — | — | — | — | — | — | — | — | — | — | — | — |
| 3. 分立减资(或其他) | 59 660. 42 | 15 827. 00 | — | 3. 26 | — | — | — | — | -20. 73 | — | — | 75 469. 95 |
| (四)利润分配 | — | 266. 33 | — | 179 617. 33 | 48 613. 37 | 67 841. 74 | -711 235. 25 | 834. 25 | -40 906. 15 | — | -82. 32 | -455 050. 70 |
| 1. 提取盈余公积 | — | — | — | 178 322. 20 | — | — | -178 322. 20 | — | — | — | — | — |
| 2. 提取信托赔偿准备 | — | — | — | — | 48 613. 37 | 656. 57 | -49 269. 94 | — | — | — | — | — |
| 3. 一般风险准备 | — | 266. 33 | — | — | — | 67 185. 66 | -67 451. 99 | — | — | — | — | — |
| 4. 所有者的分配 | — | — | — | — | — | — | -412 925. 82 | — | -40 816. 97 | — | — | -453 742. 79 |
| 5. 其他 | — | — | — | 1 295. 13 | — | -0. 49 | -3 265. 30 | 834. 25 | -89. 18 | — | -82. 32 | -1 307. 91 |
| (五)所有者权益内部结转 | 46 892. 00 | — | — | -5 658. 41 | — | -5 792. 89 | -41 262. 71 | — | 5 792. 89 | — | — | -29. 12 |
| 1. 资本公积转增资本 | — | — | — | — | — | — | — | — | — | — | — | — |
| 2. 盈余公积转增资本 | 5 658. 41 | — | — | -5 658. 41 | — | — | — | — | — | — | — | — |
| 3. 盈余公积弥补亏损 | — | — | — | — | — | — | — | — | — | — | — | — |
| 4. 其他 | 41 233. 59 | — | — | — | — | -5 792. 89 | -41 262. 71 | — | 5 792. 89 | — | — | -29. 12 |
| 未披露变更原因的调整事项 | — | -7 696. 76 | — | — | — | — | — | — | -240 197. 69 | — | — | -247 894. 45 |
| 四、本年末余额 | 6 906 690. 22 | 2 205 056. 23 | — | 687 955. 86 | 220 409. 25 | 261 345. 72 | 3 293 452. 39 | -5 425. 87 | 436 964. 19 | — | -241. 54 | 14 006 206. 46 |

| 项目 | 本年金额 | | | | | | | | | | | |
|---|---|---|---|---|---|---|---|---|---|---|---|---|
| | 归属于母公司所有者权益 | | | | | | | | 少数股东权益 | 减：资产损失 | 外币报表折算差额 | 所有者权益合计 |
| | 实收资本（或股本） | 资本公积 | 减：库存股 | 盈余公积 | 信托赔偿准备 | 一般风险准备 | 未分配利润 | 其他 | | | | |
| 一、上年末余额 | 5 645 886. 76 | 523 204. 43 | — | 372 937. 11 | 121 395. 78 | 144 665. 81 | 1 485 615. 91 | 1 082. 67 | 231 435. 03 | — | -6 690. 65 | 8 519 532. 85 |
| 加：会计政策变更 | — | — | — | -586. 36 | -197. 08 | 202. 45 | -5 032. 55 | — | — | — | — | -5 613. 54 |
| 前期差错更正 | — | 13 187. 03 | — | -1 088. 21 | 15. 00 | -116. 90 | -8 184. 59 | -286. 91 | — | — | — | 3 525. 41 |
| 其他 | — | 562. 72 | — | -179. 67 | -104. 73 | -21. 07 | 1 987. 93 | — | 6 576. 37 | — | — | 8 821. 55 |
| 二、本年初余额 | 5 645 886. 76 | 536 954. 18 | — | 371 082. 87 | 121 108. 97 | 144 730. 29 | 1 474 386. 70 | 795. 76 | 238 011. 40 | — | -6 690. 65 | 8 526 266. 27 |
| 三、本年增减变动金额（减少以"-"号填列 | 546 738. 19 | 971 040. 06 | — | 142 164. 49 | 54 228. 74 | 49 625. 12 | 791 758. 88 | 602. 82 | 60 523. 15 | — | 82. 21 | 2 616 763. 68 |
| （一）净利润 | — | — | — | — | — | — | 1 405 580. 69 | — | 101 071. 14 | — | -4. 72 | 1 506 647. 11 |
| （二）其他综合收益 | — | 622 839. 66 | — | 0. 75 | — | — | 13 962. 41 | — | 8 980. 48 | — | 86. 93 | 645 870. 24 |
| 1. 可供出售金融资产公允价值变动净额 | — | 209 158. 51 | — | — | — | — | — | — | 7 071. 82 | — | — | 216 230. 33 |
| 2. 权益法下被投资单位其他所有者权益变动的影响 | — | 155 330. 32 | — | — | — | — | — | — | — | — | — | 155 330. 32 |
| 3. 与计入所有都权益项目相关的所得税影响 | — | -18 701. 48 | — | — | — | — | — | — | -171. 31 | — | — | -18 872. 79 |
| 4. 其他 | — | 173 886. 80 | — | — | — | — | -200. 18 | — | 219. 38 | — | 86. 93 | 173 992. 93 |
| 5. 未披露 | — | 103 165. 52 | — | 0. 75 | — | — | 14 162. 59 | — | 1 860. 59 | — | — | 119 189. 45 |
| 净利润及其他综合收益小计 | — | 622 839. 66 | — | 0. 75 | — | — | 1 419 543. 10 | — | 110 051. 62 | — | 82. 21 | 2 152 517. 34 |
| （三）所有者投入和减少资本 | 537 236. 19 | 350 977. 78 | — | -8 031. 24 | — | -1 018. 52 | -13 369. 76 | — | 5 236. 05 | — | — | 871 030. 50 |
| 1. 所有者投入资本 | 537 236. 19 | 347 289. 19 | — | — | — | — | — | — | 4 900. 00 | — | — | 889 425. 38 |
| 2. 股份支付计入所有者权益的金额 | — | — | — | — | — | — | — | — | — | — | — | — |
| 3. 分立减资（或其他） | — | 3 688. 59 | — | -8 031. 24 | — | -1 018. 52 | -13 369. 76 | — | 336. 05 | — | — | -18 394. 88 |
| （四）利润分配 | 7 126. 50 | 360. 64 | — | 150 204. 16 | 54 228. 74 | 50 643. 64 | -612 736. 13 | 602. 82 | -54 764. 52 | — | — | -404 334. 15 |
| 1. 提取盈余公积 | — | — | — | 149 305. 00 | — | — | -149 305. 00 | — | — | — | — | — |
| 2. 提取信托赔偿准备 | — | — | — | — | 54 228. 74 | — | -54 228. 74 | — | — | — | — | — |
| 3. 一般风险准备 | — | 360. 64 | — | — | — | 50 658. 88 | -51 992. 93 | — | — | — | — | -973. 41 |
| 4. 所有者的分配 | 7 126. 50 | — | — | — | — | — | -355 711. 19 | — | -54 759. 40 | — | — | -403 344. 09 |
| 5. 其他 | — | — | — | 899. 16 | — | -15. 24 | -1 498. 27 | 602. 82 | -5. 12 | — | — | -16. 65 |
| （五）所有者权益内部结转 | 2 375. 50 | -3 138. 02 | — | -9. 18 | — | — | -1 678. 32 | — | — | — | — | -2 450. 02 |
| 1. 资本公积转增资本 | 2 375. 50 | -2 375. 50 | — | — | — | — | — | — | — | — | — | — |
| 2. 盈余公积转增资本 | — | — | — | — | — | — | — | — | — | — | — | — |
| 3. 盈余公积弥补亏损 | — | — | — | — | — | — | — | — | — | — | — | — |
| 4. 其他 | — | -762. 52 | — | -9. 18 | — | — | -1 678. 32 | — | — | — | — | -2 450. 02 |
| 未披露变更原因的调整事项 | — | 1 918. 04 | — | — | — | — | 540. 64 | — | 319 794. 04 | — | — | 322 252. 72 |
| 四、本年末余额 | 6 192 624. 95 | 1 509 912. 28 | — | 513 247. 36 | 175 337. 71 | 194 355. 42 | 2 266 686. 22 | 1 398. 58 | 618 328. 59 | — | -6 608. 44 | 11 465 282. 67 |

## 四、2009 年固有资产报表结构比率分析

### (一)资产结构分析

**1. 总体资产结构情况**

**表 4-4-1 2010 年固有资产汇总报表资产结构分析表**

| 科目 | 2010 年 12 月 31 日 | | 2009 年 12 月 31 日 | | 增减 | |
|---|---|---|---|---|---|---|
| | 金额(万元) | 占比(%) | 金额(万元) | 占比(%) | 金额(万元) | 占比(%) |
| 流动资产 | 7 525 250.59 | 38.97 | 7 740 865.87 | 45.34 | -215 615.28 | -2.79 |
| 长期投资及长期资产 | 10 927 915.96 | 56.59 | 7 971 871.51 | 46.70 | 2 956 044.45 | 37.08 |
| 固定资产 | 268 014.81 | 1.39 | 378 597.03 | 2.22 | -110 582.22 | -29.21 |
| 无形资产及其他资产 | 492 123.61 | 2.55 | 891 859.40 | 5.22 | -399 735.79 | -44.82 |
| 递延税款资产 | 98 818.14 | 0.51 | 88 603.16 | 0.52 | 10 214.98 | 11.53 |
| 合计 | 19 312 123.11 | 100.00 | 17 071 796.97 | 100.00 | 2 240 326.14 | 13.12 |

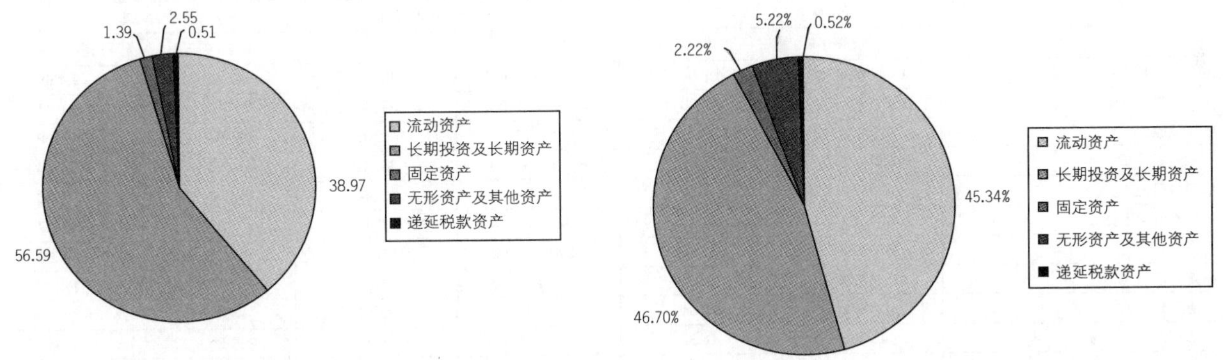


**图 4-4-1 2010 固有资产汇总报表资产结构分析**　　**图 4-4-2 2009 年固有资产汇总报表资产结构分析**

从资产项目结构来看,占资产比例较大的主要为长期投资及长期资产、流动资产。其中,流动资产占比 38.97%,长期投资及长期资产占比 56.59%,两者共占总资产的 95.56%。2010 年流动资产较上年的 774.09 亿元减少了 2.79%;长期投资及长期资产较上年的 797.19 亿元增加了 37.08%。

**2. 流动资产结构情况**

**表 4-4-2 2010 年固有资产汇总报表流动资产结构分析表**

| 科目 | 2010 年 12 月 31 日 | | 2009 年 12 月 31 日 | | 增减 | |
|---|---|---|---|---|---|---|
| | 金额(万元) | 占比(%) | 金额(万元) | 占比(%) | 金额(万元) | 占比(%) |
| 货币资金 | 14 424.29 | 0.19 | 11 613.70 | 0.15 | 2 810.59 | 24.20 |
| 现金及存放中央银行款项 | 3 823 746.82 | 50.81 | 4 372 569.44 | 56.49 | -548 822.61 | -12.55 |
| 存放同业款项 | 724 573.27 | 9.63 | 877 754.35 | 11.34 | -153 181.09 | -17.45 |
| 贵金属 | 0.00 | 0.00 | 0.00 | 0.00 | 0.00 | — |
| 其他货币资金 | 32 907.83 | 0.44 | 38 377.01 | 0.50 | -5 469.18 | -14.25 |
| 拆出资金 | 7 999.76 | 0.11 | 947.56 | 0.01 | 7 052.20 | 744.25 |
| 交易性金融资产 | 1 066 619.20 | 14.17 | 1 016 669.25 | 13.13 | 49 949.95 | 4.91 |
| 衍生金融资产 | 0.00 | 0.00 | 0.00 | 0.00 | 0.00 | — |
| 买入返售金融资产 | 626 191.81 | 8.32 | 204 578.00 | 2.64 | 421 613.81 | 206.09 |

续表

| 科目 | 2010 年 12 月 31 日 | | 2009 年 12 月 31 日 | | 增减 | |
|---|---|---|---|---|---|---|
| | 金额（万元） | 占比（%） | 金额（万元） | 占比（%） | 金额（万元） | 占比（%） |
| 应收利息 | 18 970.83 | 0.25 | 15 839.94 | 0.20 | 3 130.89 | 19.77 |
| 应收股利 | 3 525.00 | 0.05 | 4 841.85 | 0.06 | -1 316.85 | -27.20 |
| 分为贷款和应收款类的投资 | 178 499.00 | 2.37 | 15 280.00 | 0.20 | 163 219.00 | 1068.19 |
| 应收手续费及佣金 | 17 768.78 | 0.24 | 13 571.56 | 0.18 | 4 197.22 | 30.93 |
| 应收款项 | 223 668.57 | 2.97 | 506 721.04 | 6.55 | -283 052.47 | -55.86 |
| 发放中长期贷款 | 0.00 | 0.00 | 0.00 | 0.00 | 0.00 | — |
| 结算备付金 | 427 541.24 | 5.68 | 264 142.05 | 3.41 | 163 399.19 | 61.86 |
| 存出保证金 | 41 165.99 | 0.55 | 39 009.85 | 0.50 | 2 156.14 | 5.53 |
| 其他应收款 | 134 056.37 | 1.78 | 126 840.04 | 1.64 | 7 216.33 | 5.69 |
| 预付款项 | 47 118.58 | 0.63 | 17 012.30 | 0.22 | 30 106.27 | 176.97 |
| 存货 | 35 345.04 | 0.47 | 192 242.49 | 2.48 | -156 897.45 | -81.61 |
| 其他流动资产 | 101 128.21 | 1.34 | 22 855.44 | 0.30 | 78 272.77 | 342.47 |
| 流动资产合计 | 7 525 250.59 | 100.00 | 7 740 865.87 | 100.00 | -215 615.28 | -2.79 |

占流动资产比例最高的是货币资金项目，合计占流动资产的 61.07%，其次是交易性金融资产，占流动资产的 14.17%。2010 年流动资产比 2009 年减少了 21.56 亿元，影响最大的是货币资金，合计减少了 70.47 亿元。

**表 4-4-3　2010 年固有资产汇总报表非流动资产结构分析表**

| 科目 | 2010 年 12 月 31 日 | | 2009 年 12 月 31 日 | | 增减 | |
|---|---|---|---|---|---|---|
| | 金额（万元） | 占比（%） | 金额（万元） | 占比（%） | 金额（万元） | 占比（%） |
| 发放贷款和垫款 | 1 847 004.86 | 15.67 | 1 506 535.61 | 16.15 | 340 469.25 | 22.60 |
| 可供出售金融资产 | 4 278 445.54 | 36.30 | 2 928 251.83 | 31.38 | 1 350 193.71 | 46.11 |
| 长期应收款 | 26 871.12 | 0.23 | 5 252.12 | 0.06 | 21 619.00 | 411.62 |
| 长期股权投资 | 3 830 796.97 | 32.50 | 2 828 458.45 | 30.31 | 1 002 338.52 | 35.44 |
| 投资性房地产 | 330 236.02 | 2.80 | 320 628.76 | 3.44 | 9 607.26 | 3.00 |
| 持有至到期投资 | 614 561.45 | 5.21 | 382 744.74 | 4.10 | 231 816.71 | 60.57 |
| 固定资产 | 267 570.20 | 2.27 | 374 757.00 | 4.02 | -107 186.80 | -28.60 |
| 固定资产清理 | -178.33 | 0.00 | -201.48 | 0.00 | 23.15 | -11.49 |
| 在建工程 | 622.94 | 0.01 | 4 041.51 | 0.04 | -3 418.57 | -84.59 |
| 无形资产 | 43 268.90 | 0.37 | 311 521.95 | 3.34 | -268 253.05 | -86.11 |
| 开发支出 | 383.87 | 0.00 | 198.66 | 0.00 | 185.21 | 93.23 |
| 长期待摊费用 | 5 203.57 | 0.04 | 5 069.09 | 0.05 | 134.48 | 2.65 |
| 递延所得税资产 | 98 818.14 | 0.84 | 88 603.16 | 0.95 | 10 214.98 | 11.53 |
| 抵债资产 | 1 163.77 | 0.01 | 802.77 | 0.01 | 361.00 | 44.97 |
| 代理业务资产 | 28.00 | 0.00 | 28.00 | 0.00 | 0.00 | 0.00 |
| 商誉 | 76 527.91 | 0.65 | 106 230.41 | 1.14 | -29 702.50 | -27.96 |
| 信托受益权 | 2 060.00 | 0.02 | 2 060.00 | 0.02 | 0.00 | 0.00 |
| 其他非流动资产 | 363 487.59 | 3.08 | 465 948.52 | 4.99 | -102 460.93 | -21.99 |
| 非流动资产合计 | 11 786 872.52 | 100.00 | 9 330 931.10 | 100.00 | 2 455 941.42 | 26.32 |

非流动资产的增加主要是可供出售的金融资产和长期股权投资的增加，两项合计较 2009 年增加了 235.25 亿元，占增加总额的 95.79%。

## （二）负债结构分析

**表 4-4-4　2010 年固有资产汇总报表负债结构分析表**

| 科目 | 2010 年 12 月 31 日 | | 2009 年 12 月 31 日 | | 增减 | |
|---|---|---|---|---|---|---|
| | 金额（万元） | 比例（%） | 金额（万元） | 比例（%） | 金额（万元） | 比例（%） |
| 流动负债合计 | 4 447 956.12 | 85.04 | 4 343 981.07 | 79.01 | 103 975.05 | 2.39 |
| 长期负债合计 | 782 191.22 | 14.96 | 1 154 025.74 | 20.99 | -371 834.52 | -32.22 |
| 合计 | 5 230 147.34 | 100.00 | 5 498 006.81 | 100.00 | -267 859.47 | -4.87 |

从固有资产负债结构分析表来看，2010 年流动负债占比 85.04%；长期负债占比 14.96%，长期负债所占比例与上年相比有所降低。流动负债本年增加了 10.40 亿元，长期负债本年减少了 37.18 亿元。

**表4－4－5　2010年固有资产汇总报表流动负债结构分析表**

| 科目 | 2010年12月31日 | | 2009年12月31日 | | 增减 | |
|---|---|---|---|---|---|---|
| | 金额(万元) | 比例(%) | 金额(万元) | 比例(%) | 金额(万元) | 比例(%) |
| 向中央银行借款 | 4 000.00 | 0.09 | 4 000.00 | 0.09 | 0.00 | 0.00 |
| 短期借款 | 98 500.00 | 2.21 | 295 059.07 | 6.79 | -196 559.07 | -66.62 |
| 拆入资金 | 202 850.00 | 4.56 | 5 550.00 | 0.13 | 197 300.00 | 3 554.95 |
| 卖出回购金融资产款 | 641 881.41 | 14.43 | 651 430.22 | 15.00 | -9 548.81 | -1.47 |
| 应付款项 | 53 213.34 | 1.20 | 188 338.13 | 4.34 | -135 124.79 | -71.75 |
| 应付手续费及佣金 | 5 728.33 | 0.13 | 1 494.75 | 0.03 | 4 233.58 | 283.23 |
| 预收款项 | 217 931.93 | 4.90 | 91 746.11 | 2.11 | 126 185.82 | 137.54 |
| 应付职工薪酬 | 368 513.65 | 8.29 | 273 128.08 | 6.29 | 95 385.57 | 34.92 |
| 应交税费 | 399 652.86 | 8.99 | 244 110.84 | 5.62 | 155 542.02 | 63.72 |
| 代理买卖证券款 | 1 784 778.61 | 40.13 | 2 150 185.08 | 49.50 | -365 406.47 | -16.99 |
| 代理业务负债 | 1 659.70 | 0.04 | 1 688.88 | 0.04 | -29.18 | -1.73 |
| 代理兑付证券款 | 203 123.17 | 4.57 | 70 123.17 | 1.61 | 133 000.00 | 189.67 |
| 应付利息 | 3 540.89 | 0.08 | 6 800.26 | 0.16 | -3 259.37 | -47.93 |
| 应付股利 | 73 954.94 | 1.66 | 80 604.95 | 1.86 | -6 650.01 | -8.25 |
| 其他应付款 | 377 844.85 | 8.49 | 269 765.69 | 6.21 | 108 079.16 | 40.06 |
| 存入保证金 | 685.00 | 0.02 | — | 0.00 | 685.00 | — |
| 其他流动负债 | 10 097.44 | 0.23 | 9 955.84 | 0.23 | 141.60 | 1.42 |
| 流动负债合计 | 4 447 956.12 | 100.00 | 4 343 981.07 | 100.00 | 103 975.05 | 2.39 |

注:各项流动负债的比例是按照其占总流动负债的比例计算。

2010年,流动负债比上年增加了10.40亿元,其中增加幅度和金额较大的为应交税费,增加了15.55亿元。代理买卖证券款减少了36.54亿元,减少较多。在上市公司年报披露中要求,凡增减变动超过30%的项目都要进行文字性说明。所以我们建议各信托公司能参照该规定进行信息披露,以便投资者能够了解更多的信息。

## (三)偿债能力分析

### 1. 资产负债率分析

资产负债率＝汇总负债总额/汇总资产总额×100%

**表4－4－6　2010年固有资产汇总报表资产负债率分析**

| 项目 | 2010年 | 2009年 | 增减 |
|---|---|---|---|
| 资产负债率(%) | 27.08 | 32.21 | -5.13 |

2010年,信托公司汇总资产负债率为27.08%,较上年有所下降,主要是由于业务扩张造成,说明2010年度信托行业整体在向上增长的同时资产的债务情况变动增幅较小,资产安全性增强。

### 2. 流动比率分析

流动比率＝汇总流动资产/汇总流动负债

**表4－4－7　2010年固有资产汇总报表流动比率分析**

| 项目 | 2010年 | 2009年 | 增减 |
|---|---|---|---|
| 流动比率(%) | 1.69 | 1.78 | -0.09 |

2010年,固有资产流动比例为1.69,较上年下降了0.09,下降幅度较小,表明企业短期偿债能力略有下降。56家公司中流动比率大于2的有22家,小于1的有14家,与上年基本一致,但仍有部分公司流动比率呈上升趋势。

### 3. 现金比率分析

现金偿债比率＝汇总(货币资金＋存放中央银行款项＋存放同业款项＋其他货币资金)/汇总流动负债

**表4－4－8　2010年固有资产汇总现金偿债比率分析**

| 项目 | 2010年 | 2009年 | 增减 |
|---|---|---|---|
| 现金偿债比率(%) | 1.03 | 1.22 | -0.19 |

现金偿债比率较上年下降了0.19。在2007年、2008年连续两年现金偿债比例增加后,本年和2009年均有所减少,说明信托公司整体上立即偿还到期债务的能力有所下降。

## （四）盈利能力分析

### 1. 营业利润分析

**表 4-4-9　2010 年固有资产汇总报表营业利润率**

| 项目 | 2010 年 | 2009 年 | 增减 |
|---|---|---|---|
| 营业收入（万元） | 3 955 064. 22 | 3 336 900. 07 | 618 164. 15 |
| 营业利润（万元） | 2 373 568. 87 | 1 820 158. 68 | 553 410. 19 |
| 营业利润率（%） | 60. 01 | 54. 55 | 5. 46 |

营业利润率较上年上升了 5. 46%，说明信托公司经营中的获利能力有所提高。

### 2. 收入结构分析

**表 4-4-10　2010 年固有资产汇总报表营业收入组成明细表**

| 项　　目 | 2010 年 | | 2009 年 | | 增减 | |
|---|---|---|---|---|---|---|
| | 金额（万元） | 比例（%） | 金额（万元） | 比例（%） | 金额（万元） | 比例（%） |
| 1. 利息净收入 | 283 353. 25 | 7. 16 | 220 580. 39 | 6. 61 | 62 772. 86 | 28. 46 |
| 2. 金融企业往来净收入 | 2 071. 17 | 0. 05 | 1 449. 64 | 0. 04 | 621. 53 | 42. 87 |
| 3. 手续费及佣金净收入 | 2 207 595. 78 | 55. 82 | 1 414 666. 69 | 42. 39 | 792 929. 09 | 56. 05 |
| 4. 租赁收入 | 4 096. 61 | 0. 10 | 3 888. 18 | 0. 12 | 208. 43 | 5. 36 |
| 5. 投资收益（损失以"-"号填列） | 936 451. 29 | 23. 68 | 742 280. 77 | 22. 24 | 194 170. 52 | 26. 16 |
| 6. 公允价值变动收益（损失以"-"号填列） | -29 269. 68 | -0. 74 | 79 806. 04 | 2. 39 | -109 075. 72 | -136. 68 |
| 7. 汇兑收益（损失以"-"号填列） | -2 217. 89 | -0. 06 | 3 241. 32 | 0. 10 | -5 459. 21 | -168. 43 |
| 8. 其他业务收入 | 381 059. 65 | 9. 63 | 707 522. 65 | 21. 20 | -326 463. 00 | -46. 14 |
| 9. 证券销售差价收入（亏损以"-"号填列） | 1 240. 72 | 0. 03 | 5 647. 29 | 0. 17 | -4 406. 57 | -78. 03 |
| 10. 基金管理收入 | 129 871. 38 | 3. 28 | 120 067. 46 | 3. 60 | 9 803. 92 | 8. 17 |
| 11. 补贴收入 | — | 0. 00 | — | 0. 00 | — | 100. 00 |
| 12. 信托业务收入 | 36 576. 70 | 0. 92 | 24 358. 24 | 0. 73 | 12 218. 46 | 50. 16 |
| 13. 担保业务收入 | 122. 46 | 0. 00 | 792. 54 | 0. 02 | -670. 08 | -84. 55 |
| 14. 房地产销售收入 | 4 112. 78 | 0. 10 | 12 598. 86 | 0. 38 | -8 486. 08 | -67. 36 |
| 营业总收入合计 | 3 955 064. 22 | 100. 00 | 3 336 900. 07 | 100. 00 | 618 164. 15 | 18. 53 |

注：由于部分公司在报表披露中列示营业收入科目时，未详细说明构成，故在合并报表时将其全部并入其他业务收入汇总。

2010 年，营业总收入为 395. 51 亿元，较上年 333. 69 亿元增加了 61. 82 亿元，增长了 18. 53%。其中手续费及佣金净收入较上年增加了 79. 29 亿元，增幅为 56. 05%。在 2010 年营业收入构成中，手续费及佣金净收入占比最重，达到 55. 82%，其次是投资收益，占比 23. 68%。

### 3. 固有业务净利润分析

**表 4-4-11　2010 年固有资产汇总报表净利润情况表**

单位：万元

| 项目名称 | 2010 年（万元） | 2009 年（万元） | 增减（%） |
|---|---|---|---|
| 净利润 | 1 895 007. 51 | 1 534 773. 14 | 23. 47 |

2010 年净利润比 2009 年有所增加，但分布并不均衡。经分析有 46 家公司净利润增长，10 家减少，其中江西信托降幅最大，达 -2. 11 亿元。

### 4. 净资产收益率分析

净资产收益率 = 汇总本年净利润/汇总年末净资产

**表 4-4-12　2010 年固有资产汇总报表净资产收益率情况表**

| 项目名称 | 2010 年 | 2009 年 | 增减 |
|---|---|---|---|
| 净资产收益率（%） | 13. 46 | 13. 26 | 0. 20 |

本年 56 家公司固有资产汇总报表净资产收益率为 13. 46%，较上年提高了 0. 20%。2010 年净资产收益率超过 5% 的公司有 21 家，且各公司净资产收益率均为正数。

5. 总资产收益率分析

总资产收益率 = 汇总本年净利润/汇总年末总资产

表 4-4-13 2010 年固有资产汇总报表总资产收益率情况表

| 项目名称 | 2010 年 | 2009 年 | 增减 |
|---|---|---|---|
| 总资产收益率(%) | 11.65 | 10.86 | 0.79 |

总体来讲,2010 年信托公司的资产利用水平有所提高,在资产增幅较大的情况下,收益率仍增长 0.79%。

6. 固有资产人均利润

表 4-4-14 2010 年固有资产汇总报表人均利润最高最低前五位公司排名表

单位:万元/人

| 最高五位 | | | 最低五位 | | |
|---|---|---|---|---|---|
| 序号 | 公司简称 | 人均利润 | 序号 | 公司简称 | 人均利润 |
| 1 | 华润信托 | 1 226.51 | 1 | 吉林信托 | 59.53 |
| 2 | 江苏信托 | 1 070.58 | 2 | 陕国投 | 57.20 |
| 3 | 重庆信托 | 875.13 | 3 | 中航信托 | 42.36 |
| 4 | 中诚信托 | 701.30 | 4 | 华澳信托 | 28.79 |
| 5 | 中海信托 | 656.16 | 5 | 西藏信托 | 15.43 |

7. 利润总额分析

表 4-4-15 汇总利润总额变动情况表

| 项目 | 2010 年(万元) | 2009 年(万元) | 增减额(万元) | 增减率(%) |
|---|---|---|---|---|
| 营业利润 | 2 373 568.87 | 1 820 158.68 | 553 410.19 | 30.40 |
| 营业外收入 | 24 441.67 | 54 061.05 | -29 619.38 | -54.79 |
| 营业外支出 | 19 489.40 | 5 241.28 | 14 248.12 | 271.84 |
| 利润总额 | 2 378 521.14 | 1 868 978.45 | 509 542.69 | 27.26 |

表 4-4-16 固有资产利润总额的组成占比一览表

| 公司简称 | 营业利润(万元) | 加:营业外收入(万元) | 减:营业外支出(万元) | 利润总额(万元) | 占汇总利润比例(%) |
|---|---|---|---|---|---|
| 国元信托 | 28 994.77 | 9.56 | 351.13 | 28 653.20 | 1.20 |
| 安信信托 | 12 003.56 | 440.48 | 12.11 | 12 431.93 | 0.52 |
| 百瑞信托 | 31 687.51 | 828.37 | 10 078.92 | 22 436.96 | 0.94 |
| 北方信托 | 24 079.73 | 2 027.86 | 113.36 | 25 994.23 | 1.09 |
| 北京信托 | 46 891.00 | 433.00 | 251.00 | 47 073.00 | 1.98 |
| 中铁信托 | 33 105.91 | 3 189.88 | 123.59 | 36 172.20 | 1.52 |
| 东莞信托 | 18 419.43 | 298.73 | 37.72 | 18 680.44 | 0.79 |
| 甘肃信托 | 7 152.39 | — | 181.42 | 6 970.97 | 0.29 |
| 广东粤财 | 32 569.92 | 45.78 | 6.25 | 32 609.45 | 1.37 |
| 国联信托 | 34 280.00 | — | 27.00 | 34 253.00 | 1.44 |
| 国民信托 | 5 847.05 | 4.17 | 75.26 | 5 775.96 | 0.24 |
| 国投信托 | 32 218.15 | 17.55 | 196.54 | 32 039.16 | 1.35 |
| 杭工商信托 | 21 390.00 | — | 54.00 | 21 336.00 | 0.90 |
| 建信信托 | 22 059.74 | 83.41 | 0.91 | 22 142.24 | 0.93 |
| 湖南信托 | 5 973.00 | 3.00 | 5.00 | 5 971.00 | 0.25 |
| 华宝信托 | 81 395.97 | 277.15 | 50.53 | 81 622.59 | 3.43 |
| 吉林信托 | 22 629.52 | 360.21 | 484.11 | 22 505.62 | 0.95 |
| 江苏信托 | 69 784.14 | 0.24 | 119.25 | 69 665.13 | 2.93 |
| 江西信托 | 30 768.09 | 517.48 | 710.83 | 30 574.74 | 1.29 |
| 联华信托 | 10 332.60 | 20.84 | 41.45 | 10 311.99 | 0.43 |
| 华宸信托 | 17 421.31 | 2.00 | 6.95 | 17 416.36 | 0.73 |
| 昆仑信托 | 61 115.83 | 72.93 | 207.46 | 60 981.30 | 2.56 |
| 平安信托 | 372 684.86 | 3 468.27 | 1 587.37 | 374 565.76 | 15.75 |
| 山东信托 | 33 633.62 | 87.96 | 171.42 | 33 550.16 | 1.41 |

续表

| 公司简称 | 营业利润(万元) | 加:营业外收入(万元) | 减:营业外支出(万元) | 利润总额(万元) | 占汇总利润比例(%) |
|---|---|---|---|---|---|
| 山西信托 | 13 187.29 | 84.44 | 87.31 | 13 184.42 | 0.55 |
| 陕国投 | 10 622.35 | 1.53 | 87.88 | 10 536.00 | 0.44 |
| 上海信托 | 114 849.32 | 1 824.48 | 87.07 | 116 586.73 | 4.90 |
| 华融信托 | 41 833.05 | 13.38 | 78.01 | 41 768.42 | 1.76 |
| 苏州信托 | 18 392.58 | 1 877.85 | 118.04 | 20 152.39 | 0.85 |
| 天津信托 | 21 124.18 | 2 051.69 | 13.81 | 23 162.06 | 0.97 |
| 西安信托 | 19 527.47 | 9.79 | 0.81 | 19 536.45 | 0.82 |
| 西部信托 | 19 527.59 | 136.33 | 169.90 | 19 494.02 | 0.82 |
| 西藏信托 | 384.61 | — | — | 384.61 | 0.02 |
| 厦门信托 | 16 661.00 | 11.00 | 859.00 | 15 813.00 | 0.66 |
| 新华信托 | 46 912.32 | 165.73 | 500.57 | 46 577.48 | 1.96 |
| 华润信托 | 151 142.58 | 103.26 | 65.56 | 151 180.28 | 6.36 |
| 华信信托 | 55 540.81 | — | 312.50 | 55 228.31 | 2.32 |
| 英大信托 | 31 846.28 | 7.36 | 103.51 | 31 750.13 | 1.33 |
| 云南信托 | 9 518.51 | 13.05 | 36.43 | 9 495.14 | 0.40 |
| 中诚信托 | 124 428.60 | 113.99 | 152.20 | 124 390.39 | 5.23 |
| 外贸信托 | 53 690.66 | 118.22 | 0.69 | 53 808.19 | 2.26 |
| 中海信托 | 67 489.61 | 10.99 | 78.91 | 67 421.69 | 2.83 |
| 中融信托 | 92 175.34 | 312.89 | 438.07 | 92 050.16 | 3.87 |
| 中泰信托 | 68 785.91 | 57.00 | 362.61 | 68 480.30 | 2.88 |
| 中信信托 | 144 436.04 | 1.05 | 114.00 | 144 323.09 | 6.07 |
| 中原信托 | 16 062.04 | 4.82 | 37.02 | 16 029.84 | 0.67 |
| 重庆信托 | 74 298.75 | 800.73 | 46.87 | 75 052.61 | 3.16 |
| 渤海信托 | 14 836.02 | 19.89 | 520.68 | 14 335.23 | 0.60 |
| 交银国际信托 | 11 200.40 | 11.81 | 0.33 | 11 211.88 | 0.47 |
| 中投信托 | 27 032.02 | 10.00 | 252.88 | 26 789.14 | 1.13 |
| 华能信托 | 12 884.67 | 2 441.40 | 36.00 | 15 290.07 | 0.64 |
| 爱建信托 | 5 518.27 | 804.85 | 5.00 | 6 318.12 | 0.27 |
| 新时代信托 | 16 227.05 | — | 15.02 | 16 212.03 | 0.68 |
| 中航信托 | 4 350.36 | — | — | 4 350.36 | 0.18 |
| 华澳信托 | 1 075.26 | 237.60 | — | 1 312.86 | 0.06 |
| 金谷信托 | 11 569.83 | 1 007.67 | 15.14 | 12 562.36 | 0.53 |
| 合计 | 2 373 568.87 | 24 441.67 | 19 489.40 | 2 378 521.14 | 100.00 |

# 第五章　信托资产报表的总体分析

在本章,我们将2010年56家信托公司披露的信托资产部分的会计报表,包括资产负债表和利润表分别汇总成代表中国信托行业信托资产整体状况的汇总报表,对中国信托公司信托资产的整体财务状况和经营成果进行分析。

## 一、2010年信托资产汇总报表分析

### (一)2010年信托业务报表财务状况基本特点

从2010年信托公司披露的信托业务报表来看,信托总资产、总收入均有大幅增长:资产规模增加了45.78%,营业收入增加了57.17%,且增长幅度超过了自营收入的增长幅度。由此可以看出,信托公司发展趋势是在大力拓展信托主业,利息收入和投资收益成为信托业务的主要利润来源。

### (二)2010年信托业务汇总报表

表5-1-1　2010年信托资产的汇总资产负债表

| 信托资产 | 年末数(万元) | 年初数(万元) | 增减额(万元) | 增减率(%) |
|---|---|---|---|---|
| 信托资产: | | | | |
| 货币资金 | 16 135 845.94 | 10 565 860.28 | 5 569 985.66 | 52.72 |
| 拆出资金 | 3 937.02 | 5 882.49 | -1 945.47 | -33.07 |
| 存出保证金 | 90 654.87 | 4 359.04 | 86 295.83 | 1 979.70 |
| 交易性金融资产 | 22 516 957.65 | 9 695 803.24 | 12 821 154.41 | 132.23 |
| 应收票据 | 20 299.87 | 1 996.80 | 18 303.07 | 916.62 |
| 应收利息 | 25 642.07 | 10 200.64 | 15 441.43 | 151.38 |
| 应收股利 | 14 010.56 | 12 054.19 | 1 956.37 | 16.23 |
| 应收款项 | 5 187 199.49 | 2 263 446.00 | 2 923 753.49 | 129.17 |
| 买入返售资产 | 6 741 754.12 | 6 915 183.47 | -173 429.35 | -2.51 |
| 结算备付金 | 225 870.59 | 139 943.12 | 85 927.47 | 61.40 |
| 短期投资 | 3 872.00 | 987 730.16 | -983 858.16 | -99.61 |
| 其他应收款 | 587 437.31 | 195 606.87 | 391 830.44 | 200.32 |
| 其他流动资产 | 351.76 | — | 351.76 | 100.00 |
| 可供出售金融资产 | 15 522 003.64 | 7 913 099.73 | 7 608 903.91 | 96.16 |
| 持有至到期投资 | 19 786 850.04 | 14 144 785.28 | 5 642 064.76 | 39.89 |
| 长期贷款 | 508.35 | 1 308.35 | -800.00 | -61.15 |
| 客户贷款 | 157 366 885.30 | 118 691 815.51 | 38 675 069.79 | 32.58 |
| 长期债权投资 | 846 125.16 | 580 494.55 | 265 630.61 | 45.76 |
| 长期股权投资 | 46 882 463.52 | 28 061 578.08 | 18 820 885.44 | 67.07 |
| 其他长期投资 | 1 834.91 | 1 868.39 | -33.48 | -1.79 |
| 长期应收款 | 748 060.34 | 252 816.42 | 495 243.92 | 195.89 |
| 减:各项资产减值准备 | 60 000.00 | 60 000.00 | — | 0.00 |
| 固定资产 | 19 429.07 | 11 811.65 | 7 617.42 | 64.49 |
| 投资性房地产 | 664 374.51 | 451 561.33 | 212 813.18 | 47.13 |
| 在建工程 | — | 206 381.32 | -206 381.32 | -100.00 |
| 无形资产 | 137 683.33 | 254 493.33 | -116 810.00 | -45.90 |
| 长期待摊费用 | 30 902.22 | 20 949.63 | 9 952.59 | 47.51 |
| 其他资产 | 4 456 750.38 | 3 050 685.23 | 1 406 065.15 | 46.09 |
| 信托资产合计 | 297 957 704.02 | 204 381 715.10 | 93 575 988.92 | 45.78 |

续表

| 信托负债和信托权益 | 年末数(万元) | 年初数(万元) | 增减额(万元) | 增减率(%) |
|---|---|---|---|---|
| 信托负债: | | | | |
| 应付受托人报酬 | 58 881.09 | 31 773.85 | 27 107.24 | 85.31 |
| 应付托管费 | 13 196.49 | 4 910.02 | 8 286.47 | 168.77 |
| 应付管理人报酬 | — | 7.37 | -7.37 | -100.00 |
| 应付受益人收益 | 89 142.68 | 37 505.19 | 51 637.49 | 137.68 |
| 应付股利 | 86.79 | 73.44 | 13.35 | 18.18 |
| 应付账款 | 28 252.53 | 17 626.96 | 10 625.57 | 60.28 |
| 预收账款 | 245.71 | 106.25 | 139.46 | 131.26 |
| 其他应付款项 | 1 034 407.28 | 753 536.37 | 280 870.91 | 37.27 |
| 应交税金 | 10 710.94 | 17 317.24 | -6 606.30 | -38.15 |
| 卖出回购资产款 | 182 986.87 | 67 250.94 | 115 735.93 | 172.10 |
| 应付销售服务费 | 3 370.72 | 15.86 | 3 354.86 | 21152.96 |
| 长期应付款 | 32 572.97 | 9 459.10 | 23 113.87 | 244.36 |
| 其他负债 | 65 388.07 | 62 880.01 | 2 508.06 | 3.99 |
| 信托负债合计 | 1 519 242.14 | 1 002 462.60 | 516 779.54 | 51.55 |
| 信托权益: | | | | |
| 实收资本 | 291 380 454.24 | 200 757 227.56 | 90 623 226.68 | 45.14 |
| 资本公积 | 1 663 970.53 | 741 921.73 | 922 048.80 | 124.28 |
| 损益平准 | 32 550.98 | 4 321.99 | 28 228.99 | 653.15 |
| 未分配利润 | 3 361 486.13 | 1 842 903.08 | 1 518 583.05 | 82.40 |
| 外币报表折算差额 | — | 32 878.14 | -32 878.14 | — |
| 信托权益合计 | 296 438 461.88 | 203 379 252.50 | 93 059 209.38 | 45.76 |
| 信托负债及信托权益合计 | 297 957 704.02 | 204 381 715.10 | 93 575 988.92 | 45.78 |

注:1. 在统计过程中,由于部分公司报表存在尾差,在汇总报表时将其全部记入"其他资产"科目。
2. 汇总过程中由于部分公司披露的"发放贷款"与"客户贷款"分类不明确,故在汇总报表中将其合并记入"客户贷款"科目。
3. 汇总报表的年初数中未包含中航信托,因其2010年审计报告中未披露上年金额,且为本年新增。

**表5-1-2　2010年信托资产的汇总简式资产负债表**

| 信托资产 | 2010-12-31(万元) | 2009-12-31(万元) | 增减额(万元) | 增减率(%) |
|---|---|---|---|---|
| 信托资产合计 | 297 957 704.02 | 204 381 715.10 | 93 575 988.92 | 45.78 |
| 信托负债合计 | 1 519 242.14 | 1 002 462.60 | 516 779.54 | 51.55 |
| 信托权益合计 | 296 438 461.88 | 203 379 252.50 | 93 059 209.38 | 45.76 |

2010年,信托资产资产总额比2009年增加了9 357.60亿元,主要是因为客户贷款增加了3 867.51亿元,长期股权投资增加了1 882.09亿元以及交易性金融资产增加了1 282.12亿元。相比资产总额的大幅增加,虽然信托资产的负债金额变动较小,只增加了51.68亿元,但变动幅度也较大为51.55%,主要是因为其他应付款项增加了28.09亿元。信托资产的权益增加较多,合计增加了9 305.92亿元,主要是实收资本增加了9 062.32亿元。

信托资产主要是代客理财,体现在信托资产和信托权益上,信托负债相对较小。2010年12月31日的信托负债主要是其他应付款。

**表5-1-3　2010年信托资产的汇总利润表**

| 项目 | 2010年(万元) | 2009年(万元) | 增减额(万元) | 增减率(%) |
|---|---|---|---|---|
| 一、营业收入 | 16 631 881.73 | 10 581 955.77 | 6 049 925.96 | 57.17 |
| 利息收入 | 9 735 953.07 | 5 737 579.59 | 3 998 373.48 | 69.69 |
| 投资收益 | 5 714 859.32 | 3 830 432.52 | 1 884 426.80 | 49.20 |
| 租赁收入 | 50 144.51 | 27 248.50 | 22 896.01 | 84.03 |
| 公允价值变动损益 | 272 768.68 | 472 557.43 | -199 788.75 | -42.28 |
| 汇兑损益(损失以"-"号填列) | -151.87 | -5.27 | -146.60 | 2781.78 |
| 其他收入 | 858 308.02 | 514 143.00 | 344 165.02 | 66.94 |
| 二、营业支出 | 2 459 929.15 | 1 486 452.54 | 973 476.61 | 65.49 |
| 三、营业税金及附加 | 57 865.83 | 98 483.95 | -40 618.12 | -41.24 |

续表

| 项目 | 2010 年(万元) | 2009 年(万元) | 增减额(万元) | 增减率(%) |
|---|---|---|---|---|
| 四、营业外收支 | -272.11 | 6 630.18 | -6 902.29 | -104.10 |
| 五、扣除资产损失前的信托利润 | 14 113 814.64 | 9 003 649.45 | 5 110 165.19 | 56.76 |
| 减:资产减值损失 | 22 765.91 | 2 383.97 | 20 381.94 | 854.96 |
| 加:其他综合收益 | 147 463.19 | 1 025.01 | 146 438.18 | 14 286.51 |
| 六、综合收益 | 14 238 511.92 | 9 002 290.49 | 5 236 221.43 | 58.17 |
| 加:期初未分配信托利润 | 1 875 568.50 | 440 105.61 | 1 435 462.89 | 326.16 |
| 加:申购赎回盈余 | — | — | 0.00 | — |
| 加:未分配信托利润平准金 | -22 604.97 | -9 281.45 | -13 323.52 | 143.55 |
| 加:资本公积补亏 | — | — | 0.00 | — |
| 加:其他转入 | 5 869.92 | 224.12 | 5 645.80 | 2 519.10 |
| 加:执行企业会计准则影响数 | — | -58 297.78 | 58 297.78 | -100.00 |
| 减:年初调整事项 | — | -12.05 | 12.05 | -100.00 |
| 减:其他综合收益 | 147 463.19 | 1 025.01 | 146 438.18 | 14 286.51 |
| 七、可供分配的信托利润 | 15 949 882.18 | 9 374 028.03 | 6 575 854.15 | 70.15 |
| 减:本期已分配信托利润 | 12 585 446.14 | 7 564 317.85 | 5 021 128.29 | 66.38 |
| 加:损益平准金 | -2 497.40 | 66 095.15 | -68 592.55 | -103.78 |
| 加: 未注明原因的事项 | | | | |
| 八、期末未分配信托利润 | 3 361 938.64 | 1 875 805.33 | 1 486 133.31 | 79.23 |

注:1. 汇总报表的上年数中未包含中航信托,因为其审计报告中未披露上年金额,且为本年新增。
2. 对部分未披露上年金额的信托公司,采用2009年报告的数据进行统计。

2010年,信托业务收入为1 663.19亿元,比2009年的1 058.20亿元增加了604.99亿元,上升了57.17%。2010年,扣除资产损失后的信托利润为1 423.85亿元,比2009年增加了523.62亿元。本年未分配信托利润336.19亿元,比2009年增加了148.61亿元。

信托利润的大幅上升主要是由于利息收入和投资收益的增加。

## (三)2010年信托资产财务状况结构分析

**表5-1-4 2010年信托资产资产负债率分析表**

| 信托资产 | 2010-12-31(万元) | 2009-12-31(万元) | 增减额(万元) | 增减率(%) |
|---|---|---|---|---|
| 信托资产合计 | 297 957 704.02 | 204 381 715.10 | 93 575 988.92 | 45.78 |
| 信托负债合计 | 1 519 242.14 | 1 002 462.60 | 516 779.54 | 51.55 |
| 信托权益合计 | 296 438 461.88 | 203 379 252.50 | 93 059 209.38 | 45.76 |
| 资产负债率(%) | 0.51 | 0.49 | | |

**表5-1-5 2010年信托资产结构比率分析表**

| 项目名称 | 2010-12-31 | | 2009-12-31 | | 增减 | |
|---|---|---|---|---|---|---|
| | 金额(万元) | 占比(%) | 金额(万元) | 占比(%) | 金额(万元) | 比率(%) |
| 货币资金 | 16 135 845.94 | 5.42 | 10 565 860.28 | 5.17 | 5 569 985.66 | 52.72 |
| 拆出资金 | 3 937.02 | 0.00 | 5 882.49 | 0.00 | -1 945.47 | -33.07 |
| 存出保证金 | 90 654.87 | 0.03 | 4 359.04 | 0.00 | 86 295.83 | 1 979.70 |
| 交易性金融资产 | 22 516 957.65 | 7.56 | 9 695 803.24 | 4.74 | 12 821 154.41 | 132.23 |
| 应收票据 | 20 299.87 | 0.01 | 1 996.80 | 0.00 | 18 303.07 | 916.62 |
| 应收利息 | 25 642.07 | 0.01 | 10 200.64 | 0.00 | 15 441.43 | 151.38 |
| 应收股利 | 14 010.56 | 0.00 | 12 054.19 | 0.01 | 1 956.37 | 16.23 |
| 应收款项 | 5 187 199.49 | 1.74 | 2 263 446.00 | 1.11 | 2 923 753.49 | 129.17 |
| 买入返售资产 | 6 741 754.12 | 2.26 | 6 915 183.47 | 3.38 | -173 429.35 | -2.51 |
| 结算备付金 | 225 870.59 | 0.08 | 139 943.12 | 0.07 | 85 927.47 | 61.40 |
| 短期投资 | 3 872.00 | 0.00 | 987 730.16 | 0.48 | -983 858.16 | -99.61 |
| 其他应收款 | 587 437.31 | 0.20 | 195 606.87 | 0.10 | 391 830.44 | 200.32 |

续表

| 项目名称 | 2010－12－31 | | 2009－12－31 | | 增减 | |
|---|---|---|---|---|---|---|
| | 金额(万元) | 占比(%) | 金额(万元) | 占比(%) | 金额(万元) | 比率(%) |
| 其他流动资产 | 351.76 | 0.00 | 0.00 | 0.00 | 351.76 | — |
| 可供出售金融资产 | 15 522 003.64 | 5.21 | 7 913 099.73 | 3.87 | 7 608 903.91 | 96.16 |
| 持有至到期投资 | 19 786 850.04 | 6.64 | 14 144 785.28 | 6.92 | 5 642 064.76 | 39.89 |
| 长期贷款 | 508.35 | 0.00 | 1 308.35 | 0.00 | −800.00 | −61.15 |
| 客户贷款 | 157 366 885.30 | 52.82 | 118 691 815.51 | 58.07 | 38 675 069.79 | 32.58 |
| 长期债权投资 | 846 125.16 | 0.28 | 580 494.55 | 0.28 | 265 630.61 | 45.76 |
| 长期股权投资 | 46 882 463.52 | 15.73 | 28 001 578.08 | 13.70 | 18 880 885.44 | 67.43 |
| 其他长期投资 | 1 834.91 | 0.00 | 1 868.39 | 0.00 | −33.48 | −1.79 |
| 长期应收款 | 748 060.34 | 0.25 | 252 816.42 | 0.12 | 495 243.92 | 195.89 |
| 应收融资租赁款 | −60 000.00 | −0.02 | 0.00 | 0.00 | −60 000.00 | — |
| 固定资产 | 19 429.07 | 0.01 | 11 811.65 | 0.01 | 7 617.42 | 64.49 |
| 投资性房地产 | 664 374.51 | 0.22 | 451 561.33 | 0.22 | 212 813.18 | 47.13 |
| 在建工程 | — | 0.00 | 206 381.32 | 0.10 | −206 381.32 | −100.00 |
| 无形资产 | 137 683.33 | 0.05 | 254 493.33 | 0.12 | −116 810.00 | −45.90 |
| 长期待摊费用 | 30 902.22 | 0.01 | 20 949.63 | 0.01 | 9 952.59 | 47.51 |
| 其他资产 | 4 456 750.38 | 1.50 | 3 050 685.23 | 1.49 | 1 406 065.15 | 46.09 |
| 信托资产运用合计 | 297 957 704.02 | 100.00 | 204 381 715.10 | 100.00 | 93 575 988.92 | 45.78 |

注：汇总过程中由于部分公司披露的"发放贷款"与"客户贷款"分类不明确，故在汇总报表中将其合并，列示于"客户贷款"科目。

从资产结构来看，客户贷款总额达 15 736.69 亿元，占总信托资产的 52.82%，长期股权投资总额达 4 688.25 亿元，占总资产的 15.73%。资产结构与上年相比，基本保持不变，说明 2010 年信托业务仍主要集中在传统的贷款和股权投资方面。本年交易性金融资产和可供出售金融资产总额分别较上年增加了 1 282.12 亿元和 760.89 亿元，表明信托公司继续积极开拓新的信托资产运用渠道，进行多元化信托资产运用。

## (四)2010 年信托权益结构分析

**表 5－1－6　2010 年信托资产汇总报表信托权益结构表**

| 项目名称 | 2010－12－31 | | 2009－12－31 | | 增减 | |
|---|---|---|---|---|---|---|
| | 金额(万元) | 占比(%) | 金额(万元) | 占比(%) | 金额(万元) | 比率(%) |
| 实收信托 | 291 380 454.24 | 98.29 | 200 757 227.56 | 98.71 | 90 623 226.68 | 45.14 |
| 资本公积 | 1 663 970.53 | 0.56 | 741 921.73 | 0.36 | 922 048.80 | 124.28 |
| 损益平准 | 32 550.98 | 0.01 | 4 321.99 | 0.00 | 28 228.99 | 653.15 |
| 未分配利润 | 3 361 486.13 | 1.14 | 1 842 903.08 | 0.91 | 1 518 583.05 | 82.40 |
| 外币报表折算差 | 0.00 | 0.00 | 32 878.14 | 0.02 | −32 878.14 | −100.00 |
| 信托权益合计 | 296 438 461.88 | 100.00 | 203 379 252.50 | 100.00 | 93 059 209.38 | 45.76 |

从表 5－1－6 可以看到，实收信托总额达 29 138.05 亿元，较上年增加了 45.14%，占总信托权益的 98.29%。说明信托业务规模继续保持高速增长态势，本年未分配利润大幅增长，比上年增加了 82.40%。

## (五)2010 年信托资产经营成果结构分析

**表 5－1－7　2010 年信托资产汇总报表收入结构分析表**

| 项目名称 | 2010－12－31 | | 2009－12－31 | | 增减 | |
|---|---|---|---|---|---|---|
| | 金额(万元) | 占比(%) | 金额(万元) | 占比(%) | 金额(万元) | 比率(%) |
| 利息收入 | 9 735 953.07 | 58.54 | 5 737 579.59 | 54.22 | 3 998 373.48 | 69.69 |
| 投资收益 | 5 714 859.32 | 34.36 | 3 830 432.52 | 36.20 | 1 884 426.80 | 49.20 |
| 租赁收入 | 50 144.51 | 0.30 | 27 248.50 | 0.26 | 22 896.01 | 84.03 |
| 公允价值变动损益 | 272 768.68 | 1.64 | 472 557.43 | 4.47 | −199 788.75 | −42.28 |
| 汇兑损益 | −151.87 | 0.00 | −5.27 | 0.00 | −146.60 | 2781.78 |
| 其他收入 | 858 308.02 | 5.16 | 514 143.00 | 4.86 | 344 165.02 | 66.94 |
| 营业收入合计 | 16 631 881.73 | 100.00 | 10 581 955.77 | 100.00 | 6 049 925.96 | 57.17 |

表 5－1－7 表明营业收入较上年有大幅增加，其中利息收入增加了 399.84 亿元，投资收益增加了 188.44 亿元，说明在 2010 年度相对紧缩的货币政策控制下，宏观经济环境仍趋向良好，信托行业投资收益仍保持较快增长。

从公司收入结构分析，利息收入与投资收益是收入的主要来源，这与资产分布情况有差异。客户贷款总计占资产总额的 52.82%，利息收入占收入的比例为 58.54%；对外投资（包括短期投资、长期债权投资、长期股权投资及其他长期投资）占资产总额的 16.01%，投资收益占收入总额的比例为 34.36%，说明投资的收益率高于贷款的收益率。

**表 5－1－8　2010 年信托资产汇总报表利润总额结构表**　　单位：万元

| 项目名称 | 营业收入 | 营业支出 | 营业税金及附加 | 营业外收支 | 减：资产减值损失 | 其他综合收益 | 综合收益 |
|---|---|---|---|---|---|---|---|
| 国元信托 | 241 816.00 | 20 255.25 | — | — | — | — | 221 560.75 |
| 安信信托 | 54 716.90 | 11 004.13 | — | — | — | — | 43 712.77 |
| 百瑞信托 | 167 060.72 | 16 603.33 | 1.36 | — | — | — | 150 456.03 |
| 北方信托 | 197 029.27 | 12 753.16 | — | — | — | — | 184 276.11 |
| 北京信托 | 607 028.01 | 48 477.52 | 1 455.89 | — | — | — | 557 094.60 |
| 中铁信托 | 257 134.00 | 28 963.00 | — | — | — | — | 228 171.00 |
| 东莞信托 | 86 451.43 | 13 471.41 | 10.98 | — | — | — | 72 969.04 |
| 甘肃信托 | 52 644.51 | 2 757.37 | 49.35 | — | — | — | 49 837.79 |
| 广东粤财 | 464 107.37 | 56 964.12 | 305.40 | — | 11 935.83 | — | 394 902.02 |
| 国联信托 | 126 208.00 | 20 940.00 | — | — | — | — | 105 268.00 |
| 国民信托 | 11 526.00 | 1 765.71 | 0.17 | — | — | — | 9 760.12 |
| 国投信托 | 121 695.69 | 20 333.07 | 11.14 | — | — | — | 101 351.48 |
| 杭工商信托 | 87 481.00 | 17 534.00 | 4 058.00 | — | — | — | 65 889.00 |
| 建信信托 | 198 903.50 | 22 388.15 | 4 555.78 | — | — | — | 171 959.57 |
| 湖南信托 | 82 584.00 | 12 140.00 | — | — | — | — | 70 444.00 |
| 华宝信托 | 264 536.78 | 36 782.60 | 289.04 | — | — | 10 082.25 | 237 547.39 |
| 吉林信托 | 263 368.17 | 42 414.94 | — | — | — | — | 220 953.23 |
| 江苏信托 | 145 825.32 | 30 999.62 | 558.67 | — | — | — | 114 267.03 |
| 江西信托 | 324 585.13 | 28 489.98 | — | — | — | — | 296 095.15 |
| 联华信托 | 134 085.98 | 18 981.15 | — | — | — | — | 115 104.83 |
| 华宸信托 | 116 273.36 | 29 540.34 | — | — | — | — | 86 733.02 |
| 昆仑信托 | 304 493.37 | 58 533.08 | 67.95 | — | — | — | 245 892.34 |
| 平安信托 | 1 254 155.23 | 83 008.52 | 3 609.42 | -266.51 | — | — | 1 167 270.78 |
| 山东信托 | 545 923.02 | 35 899.10 | 2 039.19 | — | — | — | 507 984.73 |
| 山西信托 | 156 358.35 | 25 299.09 | — | — | — | — | 131 059.26 |
| 陕国投 | 86 957.20 | 16 970.01 | — | — | — | — | 69 987.19 |
| 上海信托 | 415 507.15 | 71 104.75 | — | — | — | 117 077.66 | 461 480.06 |
| 华融信托 | 356 517.11 | 49 952.81 | — | — | — | — | 306 564.30 |
| 苏州信托 | 141 729.76 | 22 284.63 | 1 701.44 | — | — | — | 117 743.69 |
| 天津信托 | 205 440.85 | 21 279.92 | — | — | — | 1 833.51 | 185 994.44 |
| 西安信托 | 367 650.13 | 33 542.60 | — | — | — | — | 334 107.53 |
| 西部信托 | 36 838.32 | 11 323.38 | — | — | — | — | 25 514.94 |
| 西藏信托 | 3 445.00 | 222.77 | — | — | — | — | 3 222.23 |
| 厦门信托 | 72 008.00 | 14 494.00 | — | — | — | — | 57 514.00 |
| 新华信托 | 287 093.68 | 45 961.25 | — | — | — | — | 241 132.43 |
| 华润信托 | 473 844.85 | 73 499.88 | 84.03 | -10.64 | — | — | 400 250.30 |
| 华信信托 | 308 001.86 | 65 534.19 | — | — | — | — | 242 467.67 |
| 英大信托 | 737 236.88 | 47 545.87 | 16 785.90 | — | 7 539.32 | — | 665 365.79 |
| 云南信托 | 41 744.40 | 14 112.98 | — | — | — | — | 27 631.42 |
| 中诚信托 | 707 333.49 | 117 224.16 | 6 654.98 | — | — | — | 583 454.35 |
| 外贸信托 | 411 518.61 | 81 458.73 | 2 060.64 | 0.04 | — | — | 327 999.28 |
| 中海信托 | 1 149 873.90 | 275 111.40 | — | — | — | — | 874 762.50 |
| 中融信托 | 1 120 089.04 | 282 662.56 | — | — | — | 18 469.77 | 855 896.25 |
| 中泰信托 | 90 758.20 | 16 940.54 | 27.79 | — | — | — | 73 789.87 |
| 中信信托 | 1 631 705.60 | 256 397.31 | 9 071.37 | — | 1 763.00 | — | 1 364 473.92 |

续表

| 项目名称 | 营业收入 | 营业支出 | 营业税金及附加 | 营业外收支 | 减:资产减值损失 | 其他综合收益 | 综合收益 |
|---|---|---|---|---|---|---|---|
| 中原信托 | 233 886.96 | 22 522.64 | — | — | — | — | 211 364.32 |
| 重庆信托 | 205 805.88 | 19 513.10 | 964.09 | — | — | — | 185 328.69 |
| 渤海信托 | 388 133.31 | 33 843.56 | — | — | — | — | 354 289.75 |
| 交银国际信托 | 199 536.48 | 39 464.77 | 2.00 | — | — | — | 160 069.71 |
| 中投信托 | 112 458.69 | 16 550.01 | 3 501.25 | — | — | — | 92 407.43 |
| 华能信托 | 221 339.49 | 47 895.48 | — | — | — | — | 173 444.01 |
| 爱建信托 | 74 547.19 | 2 397.66 | — | 5.00 | 1 527.76 | — | 70 626.77 |
| 新时代信托 | 144 454.86 | 35 728.45 | — | — | — | — | 108 726.41 |
| 中航信托 | 104 981.07 | 20 800.34 | — | — | — | — | 84 180.73 |
| 华澳信托 | 12 158.63 | 2 928.68 | — | — | — | — | 9 229.95 |
| 金谷信托 | 23 294.03 | 4 362.08 | — | — | — | — | 18 931.95 |
| 合计 | 16 631 881.73 | 2 459 929.15 | 57 865.83 | -272.11 | 22 765.91 | 147 463.19 | 14 238 511.92 |

## 二、2010 年信托资产管理情况分析

### (一)2010 年信托资产分布情况分析

**表 5-2-1 2010 年信托资产分布及运用情况表**

| 资产运用情况 | | | 资产分布情况 | | |
|---|---|---|---|---|---|
| 项目 | 金额(万元) | 比例(%) | 项目 | 金额(万元) | 比例(%) |
| 货币资产 | 16 414 941.21 | 5.51 | 基础产业 | 102 222 224.53 | 34.29 |
| 客户贷款 | 157 682 001.29 | 52.90 | 房地产业 | 43 815 325.11 | 14.70 |
| 短期投资 | 0.00 | 0.00 | 证券 | 28 561 394.81 | 9.58 |
| 交易性金融资产 | 22 520 829.76 | 7.56 | 实业 | 54 657 291.33 | 18.34 |
| 可供出售金融资产 | 15 237 941.87 | 5.11 | 金融 | 15 618 123.22 | 5.24 |
| 持有至到期投资 | 21 162 734.03 | 7.10 | 教育 | 0.00 | 0.00 |
| 应收账款 | 2 270 776.15 | 0.76 | 其他股权 | 0.00 | 0.00 |
| 买入返售金融资产 | 1 050 590.43 | 0.35 | 工商企业 | 1 397 523.74 | 0.47 |
| 融资租赁 | 0.00 | 0.00 | 其他 | 51 813 006.74 | 17.38 |
| 长期债权投资 | 408 529.24 | 0.14 | | | |
| 长期股权投资 | 45 908 456.92 | 15.40 | | | |
| 买入返售资产 | 0.00 | 0.00 | | | |
| 无形资产 | 27 400.00 | 0.01 | | | |
| 其他 | 15 400 688.58 | 5.17 | | | |
| 信托资产总额 | 298 084 889.48 | 100.00 | 信托资产总额 | 298 084 889.48 | 100.00 |

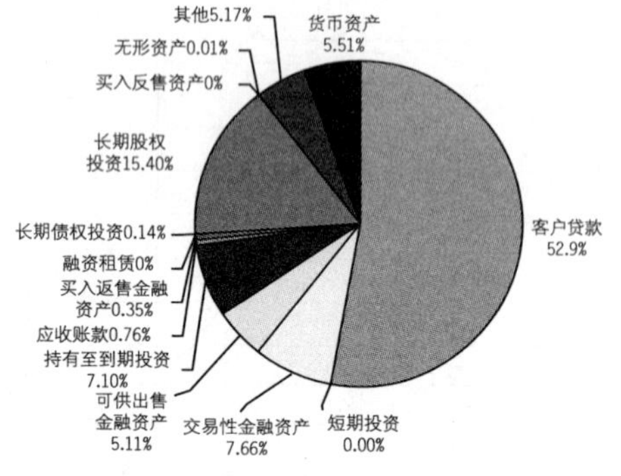


图 5-2-1 信托资产运用分析图

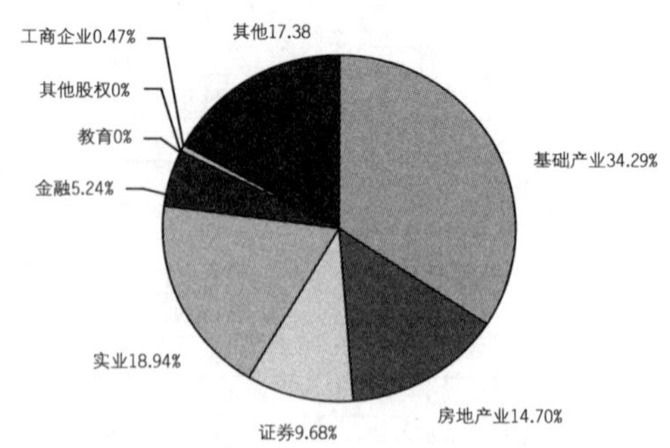


图 5-2-2 信托资产分布分析图

从资产结构情况分析，客户贷款与长期股权投资仍是资产的主要组成部分；从资产投向分布分析，主要还是集中在基础产业，所以信托公司总体的收益率较低；其他产业占比17.38%，但部分公司并未披露“其他”的明细构成。由于宏观经济环境的影响，整个信托行业各项目均有所增长。

## （二）集合类、单一类资金信托项目和财产管理类信托项目2010年变动情况

**表5－2－2　2010年中止的集合类、单一类资金信托项目和财产管理类信托项目数量、金额汇总分析**　单位：万元

| 类别 | 份数 | 合计金额（万元） |
|---|---|---|
| 集合类 | 729.00 | 9 712 348.38 |
| 单一类 | 4 829.00 | 132 875 447.60 |
| 财产管理类 | 1 442.00 | 8 473 188.59 |
| 合计 | 7 000.00 | 151 060 984.57 |

**表5－2－3　2010年中止的集合类加权平均实际收益率前五名分析**

| 公司简称 | 加权平均实际收益率（%） |
|---|---|
| 苏州信托 | 53.95 |
| 昆仑信托 | 25.58 |
| 英大信托 | 19.24 |
| 北京信托 | 16.74 |
| 爱建信托 | 15.22 |
| 前五名平均 | 26.15 |

从披露的中止的集合类加权平均实际收益率看，按56家简单平均计算，实际加权收益率约为8.72%，略高于银行贷款利率，与上年中止的集合类加权平均实际收益率5.86%相比有所增长。

**表5－2－4　2010年中止的单一类加权平均实际收益率前五名分析**

| 公司简称 | 加权平均实际收益率（%） |
|---|---|
| 甘肃信托 | 9.08 |
| 杭工商信托 | 8.73 |
| 新华信托 | 7.27 |
| 华宸信托 | 6.54 |
| 国联信托 | 6.29 |
| 前五名平均 | 7.58 |

从披露的中止的单一类加权平均实际收益率看，按56家简单平均计算，实际加权收益率约为4.55%，较集合类项目收益率低，比上年中止的单一类加权平均实际收益率6.82%有所下降。本年仅有18家信托公司平均收益率超过5%，比上年减少了10家。

**表5－2－5　2010年新增的集合类、单一类资金信托项目和财产管理类信托项目数量、金额汇总分析**

| 类别 | 份数 | 合计金额（万元） |
|---|---|---|
| 集合类 | 2 413 | 47 045 525.64 |
| 单一类 | 5 369 | 210 761 095.88 |
| 财产管理类 | 130 | 5 380 843.84 |
| 新增合计 | 7 912 | 263 187 465.36 |
| 其中：主动管理型 | 5 161 | 156 783 830.08 |
| 被动管理型 | 2 741 | 107 003 953.28 |

注：1. 西部信托未披露主动管理型和被动管理型。

2. 部分公司包含的主动管理型与被动管理型合计金额与新增合计金额不一致。

2010年新增的信托项目中，单一类信托项目占主要比例，集合类信托项目金额只有单一类项目的22.32%，财产管理类信托项目占比仍然很小，尚需大力发展。

**表5－2－6　2010年新增的集合类、单一类资金信托项目和财产管理类信托项目数量前五名分析**

| 公司简称 | 数量 |
|---|---|
| 中融信托 | 748 |
| 广东粤财 | 427 |
| 山东信托 | 359 |
| 西安信托 | 354 |
| 中信信托 | 302 |

**表 5-2-7　2010 年新增的集合类、单一类资金信托项目和财产管理类信托项目金额前五名分析**　　单位：万元

| | |
|---|---|
| 广东粤财 | 20 592 568.00 |
| 中诚信托 | 20 427 867.71 |
| 中融信托 | 18 776 099.00 |
| 中信信托 | 17 462 775.96 |
| 山东信托 | 12 003 016.00 |

**表 5-2-8　2010 年新增的集合类、单一类资金信托项目和财产管理类信托项目平均金额前五名分析**　　单位：万元

| 公司简称 | 项目平均金额 |
|---|---|
| 中诚信托 | 74 554.26 |
| 中海信托 | 74 512.79 |
| 华宝信托 | 63 322.62 |
| 国投信托 | 61 005.79 |
| 华澳信托 | 59 710.00 |

**表 5-2-9　2010 年信托公司主动管理型资产排行榜**　　单位：万元

| 公司简称 | 2010-12-31 | 2009-12-31 | 增减额 |
|---|---|---|---|
| 中信信托 | 14 612 486.38 | 4 814 720.02 | 9 797 766.36 |
| 中诚信托 | 11 539 098.86 | 2 058 555.16 | 9 480 543.70 |
| 中融信托 | 10 586 377.00 | 3 378 479.00 | 7 207 898.00 |
| 西安信托 | 5 650 613.23 | 833 137.17 | 4 817 476.06 |
| 渤海信托 | 7 247 004.00 | 2 653 889.00 | 4 593 115.00 |
| 北京信托 | 6 524 619.25 | 2 378 850.77 | 4 145 768.48 |
| 华润信托 | 5 560 759.29 | 2 487 716.58 | 3 073 042.71 |
| 华能信托 | 3 430 634.00 | 371 148.00 | 3 059 486.00 |
| 广东粤财 | 5 373 244.47 | 2 481 834.61 | 2 891 409.86 |
| 中铁信托 | 3 638 715.00 | 804 217.00 | 2 834 498.00 |
| 北方信托 | 2 962 796.83 | 288 063.65 | 2 674 733.18 |
| 建信信托 | 2 886 071.96 | 283 535.29 | 2 602 536.67 |
| 吉林信托 | 2 759 615.00 | 462 559.00 | 2 297 056.00 |
| 山东信托 | 2 676 999.09 | 696 108.82 | 1 980 890.27 |
| 中海信托 | 7 881 589.00 | 5 952 280.00 | 1 929 309.00 |
| 联华信托 | 1 835 194.00 | 7 000.00 | 1 828 194.00 |
| 外贸信托 | 5 685 320.83 | 3 963 288.25 | 1 722 032.58 |
| 国元信托 | 1 823 985.37 | 117 573.43 | 1 706 411.94 |
| 江苏信托 | 2 625 289.00 | 1 198 875.00 | 1 426 414.00 |
| 新时代信托 | 1 951 766.32 | 557 525.76 | 1 394 240.56 |
| 华信信托 | 2 133 494.80 | 873 624.79 | 1 259 870.01 |
| 中航信托 | 1 257 513.70 | — | 1 257 513.70 |
| 国投信托 | 1 717 728.37 | 467 857.56 | 1 249 870.81 |
| 华融信托 | 2 104 396.85 | 883 575.00 | 1 220 821.85 |
| 江西信托 | 1 954 350.67 | 866 273.84 | 1 088 076.83 |
| 陕国投 | 1 452 502.57 | 470 883.13 | 981 619.44 |
| 金谷信托 | 1 120 072.31 | 144 700.03 | 975 372.28 |
| 百瑞信托 | 2 688 022.27 | 1 729 908.24 | 958 114.03 |
| 中原信托 | 1 650 260.92 | 750 990.47 | 899 270.45 |
| 新华信托 | 4 019 158.02 | 3 285 471.31 | 733 686.71 |
| 安信信托 | 1 064 533.15 | 370 578.01 | 693 955.14 |
| 上海信托 | 2 046 960.76 | 1 381 682.34 | 665 278.42 |
| 重庆信托 | 2 654 886.15 | 2 095 619.26 | 559 266.89 |
| 中泰信托 | 957 612.00 | 413 991.39 | 543 620.61 |
| 天津信托 | 1 643 341.57 | 1 144 708.21 | 498 633.36 |
| 华澳信托 | 482 819.78 | 6 423.26 | 476 396.52 |

续表

| 公司简称 | 2010－12－31 | 2009－12－31 | 增减额 |
|---|---|---|---|
| 苏州信托 | 1 631 051. 14 | 1 170 042. 00 | 461 009. 14 |
| 华宸信托 | 1 086 804. 35 | 642 560. 91 | 444 243. 44 |
| 厦门信托 | 835 373. 00 | 403 301. 00 | 432 072. 00 |
| 中投信托 | 1 073 276. 72 | 664 923. 00 | 408 353. 72 |
| 杭工商信托 | 784 228. 00 | 392 830. 00 | 391 398. 00 |
| 交银国际信托 | 886 257. 15 | 508 332. 05 | 377 925. 10 |
| 西部信托 | 604 335. 01 | 251 610. 19 | 352 724. 82 |
| 湖南信托 | 644 919. 00 | 357 437. 00 | 287 482. 00 |
| 山西信托 | 1 633 007. 67 | 1 351 838. 59 | 281 169. 08 |
| 华宝信托 | 879 027. 81 | 680 192. 52 | 198 835. 29 |
| 东莞信托 | 1 391 183. 73 | 1 207 842. 10 | 183 341. 63 |
| 爱建信托 | 650 391. 51 | 494 454. 68 | 155 936. 83 |
| 甘肃信托 | 461 955. 75 | 328 354. 85 | 133 600. 90 |
| 国联信托 | 769 117. 00 | 674 940. 00 | 94 177. 00 |
| 云南信托 | 393 577. 98 | 392 046. 80 | 1 531. 18 |
| 西藏信托 | — | 1 813. 73 | －1 813. 73 |
| 国民信托 | 11 840. 35 | 58 185. 67 | －46 345. 32 |
| 英大信托 | 1 851 178. 76 | 2 167 680. 85 | －316 502. 09 |
| 昆仑信托 | 498 122. 30 | 1 677 353. 36 | －1 179 231. 06 |
| 平安信托 | 5 903 325. 97 | 7 220 561. 30 | －1 317 235. 33 |
| 合计 | 158 188 805. 97 | 71 321 943. 95 | 86 866 862. 02 |

注：西藏信托报告中未披露该项数据，视为2010年金额为0，年初数采用2009年数据。

# 第六章　财务报表附注及其他项目的分析

在本章,我们对财务报表附注披露的一些重要事项进行了分析,包括或有事项、自营资产风险分类情况、资产损失准备计提情况以及关联方关系及其交易等各项情况。同时,本章还对信托公司在2010年年报中对经营因素的认可情况作了详细的统计,以便于相关部门决策参考。本年披露的2009年末金额按照56家信托公司重新统计,与上年披露金额有一定差异。

## 一、或有事项情况

### (一)对外担保和或有事项情况

#### 1. 对外担保总额分析

**表6-1-1　2010年末信托公司担保事项汇总一览表**

| 币种 | 2010年末担保金额 | 2009年末担保金额 | 增减额 | 增减(%) |
|---|---|---|---|---|
| 人民币(万元) | 145 565.50 | 182 975.11 | 37 409.61 | 20.45 |

在56家公司中,2010年末涉及对外担保的公司共有9家,对外担保金额14.56亿元,较上年的18.30亿元有所减少。2010年9家公司平均对外担保额为1.62亿元,比2009年14家公司平均对外担保额1.31亿元有所增加。2010年末,信托公司对外担保的详细情况见表6-1-2和表6-1-3

**表6-1-2　2010年信托公司涉及对外担保的详细情况**

单位:万元

| 公司简称 | 被担保单位 | 年初担保金额 | 年末担保金额 |
|---|---|---|---|
| 百瑞信托 | 河南省郑起起重设备有限公司 | 1 000.00 | 0.00 |
| | 河南省平顶山市中亚路桥建设工程有限公司 | 1 400.00 | 0.00 |
| | 焦作电力集团股份有限公司 | 2 000.00 | 0.00 |
| | 河南天道汽车贸易服务有限公司 | 1 000.00 | 0.00 |
| | 河南祥龙四五酒业有限公司 | 1 500.00 | 0.00 |
| | 郑州中方园建设发展股份有限公司 | 3 000.00 | 0.00 |
| | 郑州鸽瑞复合材料有限公司 | 3 000.00 | 0.00 |
| | 河南祥龙四五酒业有限公司 | 2 000.00 | 0.00 |
| 北方信托 | 未披露 | 33 085.61 | 15 000.00 |
| 东莞信托 | 东莞市桥光实业集团公司 | 1 800.00 | 0.00 |
| 湖南信托 | 未披露 | 290.00 | 0.00 |
| 华宝信托 | 舟山市海峡汽车轮渡有限责任公司 | 243.00 | 243.00 |
| 吉林信托 | 舒兰市合成药业有限责任公司 | 2 500.00 | 0.00 |
| | 集安市永泰蜂业有限责任公司 | 1 000.00 | 0.00 |
| | 集安市绿江源实业开发有限公司 | 1 000.00 | 0.00 |
| | 吉林守信实业集团股份有限公司 | 12 000.00 | 0.00 |
| | 抚松县松江河云龙木业有限公司 | 4 000.00 | 0.00 |
| | 吉林天泽纳米材料有限公司 | 1 000.00 | 0.00 |
| | 吉林省腾飞新型环保墙体材料有限公司 | 560.00 | 560.00 |
| 山东信托 | 未披露 | 37 688.50 | 37 688.50 |
| 山西信托 | 山西鸿升房地产开发集团有限公司 | 5 300.00 | 5 300.00 |
| 苏州信托 | 江苏九鼎新材料股份有限公司 | 2 000.00 | 0.00 |
| 厦门信托 | 为厦门市市政项目担保 | 6 608.00 | 5 274.00 |
| 华润信托 | 未披露 | 37 500.00 | 0.00 |
| 华信信托 | 大连丰华荣粮油有限公司等四家企业 | 0.00 | 40 000.00 |
| 中诚信托 | 未披露 | 8 000.00 | 8 000.00 |
| 中信信托 | 中泰信托-上海天林房地产开发发展有限公司 | 13 500.00 | 13 500.00 |
| | 吉林信托-北京凤凰联合医院管理股份有限公司 | 0.00 | 20 000.00 |
| 合计 | | 182 975.11 | 145 565.50 |

**表 6－1－3　2010 年末信托公司担保金额明细表**

单位:万元

| 公司简称 | 期末担保金额 |
|---|---|
| 华信信托 | 40 000. 00 |
| 山东信托 | 37 688. 50 |
| 中信信托 | 33 500. 00 |
| 北方信托 | 15 000. 00 |
| 中诚信托 | 8 000. 00 |
| 山西信托 | 5 300. 00 |
| 厦门信托 | 5 274. 00 |
| 吉林信托 | 560. 00 |
| 华宝信托 | 243. 00 |
| 合计 | 145 565. 50 |

担保事项前五名合计为 13. 42 亿元,占全部的 92. 18%。

**2. 对外担保与净资产的比较分析**

2010 年,56 家信托公司披露的担保事项合计为 14. 56 亿元,占 56 家公司自有净资产总额 1 408. 20 亿元的 1. 03%。有担保事项的公司年末担保额均没有超过净资产;担保额占净资产比例的平均值为 5. 14%,超过平均值的有 4 家,情况详见表 6－1－4。由此可见,个别信托公司对外担保的问题还是比较严重,风险较大。

**表 6－1－4　2010 年末信托公司担保金额占自有净资产比例情况表**

| 公司简称 | 期末担保金额(万元) | 期末净资产(万元) | 担保占净资产比例(%) |
|---|---|---|---|
| 山东信托 | 37 688. 50 | 193 908. 92 | 19. 44 |
| 华信信托 | 40 000. 00 | 320 219. 79 | 12. 49 |
| 北方信托 | 15 000. 00 | 147 499. 09 | 10. 17 |
| 中信信托 | 33 500. 00 | 565 099. 15 | 5. 93 |
| 厦门信托 | 5 274. 00 | 130 171. 00 | 4. 05 |
| 山西信托 | 5 300. 00 | 137 918. 45 | 3. 84 |
| 中诚信托 | 8 000. 00 | 804 607. 19 | 0. 99 |
| 吉林信托 | 560. 00 | 208 192. 67 | 0. 27 |
| 华宝信托 | 243. 00 | 326 446. 93 | 0. 07 |
| 合计 | 145 565. 50 | 2 834 063. 19 | 5. 14 |

## (二)公司本年发生或存在的重大诉讼事项

2010 年,56 家信托公司中有 41 家披露没有诉讼事项,15 家披露有诉讼事项,情况详见表 6－1－5。

15 家披露有诉讼事项的信托公司合计存在 48 件诉讼案件,涉及金额为 15. 06 亿元(其中有 1 家未披露涉案金额),平均每个案件约 3 137. 92 万元。

**表 6－1－5　披露信托公司诉讼事件表**

单位:万元

| 公司简称 | 被诉(件数) | 被诉(金额) | 起诉(件数) | 起诉(金额) | 涉诉金额合计 |
|---|---|---|---|---|---|
| 安信信托 | 4 | 12 621. 47 | | | 12 621. 47 |
| 百瑞信托 | | | 1 | 3 000. 00 | 3 000. 00 |
| 中铁信托 | | | 2 | 2 000. 00 | 2 000. 00 |
| 甘肃信托 | | | 2 | 3 529. 70 | 3 529. 70 |
| 国联信托 | | | 1 | 10 000. 00 | 10 000. 00 |
| 国民信托 | 1 | 132. 52 | | | 132. 52 |
| 湖南信托 | 1 | 1 620. 00 | | | 1 620. 00 |
| 昆仑信托 | | | 1 | 7 197. 00 | 7 197. 00 |
| 山东信托 | | | 2 | 30 323. 80 | 30 323. 80 |
| 西部信托 | 3 | 297. 00 | | | 297. 00 |
| 新华信托 | 7 | 5 297. 65 | 4 | 3 855. 46 | 9 153. 11 |
| 中泰信托 | | | 8 | 46 420. 00 | 46 420. 00 |
| 重庆信托 | 2 | 1 475. 33 | 6 | 19 677. 36 | 21 152. 69 |
| 中投信托 | 2 | 3 173. 00 | | | 3 173. 00 |
| 爱建信托 | 1 | 未披露 | | | 未披露 |
| 合计 | 21 | 24 616. 97 | 27 | 126 003. 32 | 150 620. 29 |

## 二、自营资产风险分类情况

根据56家信托公司在其2010年年报中披露的自营资产及其分类情况统计，2009年末，自营资产合计为699.67亿元，正常类自营资产占90.76%、关注类自营资产占6.94%，不良类自营资产占2.30%。2010年纳入分类的自营资产为855.14亿元，比2009年增加了155.47亿元，增加比例为22.22%；2010年末正常类自营资产占92.44%，关注类自营资产占5.67%，不良类自营资产占1.89%。可见，正常类自营资产比例有所增加，关注类和不良类比例有所下降，自营资产的质量趋于良好，详见表6-2-1。

**表6-2-1　2010年末与2009年末信托公司自营资产五级分类汇总比较表**

| 类别 | 2010年末 | | 2009年末 | | 增减率（%） |
|---|---|---|---|---|---|
| | 金额（万元） | 比例（%） | 金额（万元） | 比例（%） | |
| 正常 | 7 904 542.39 | 92.44 | 6 350 076.26 | 90.76 | 24.48 |
| 关注 | 484 843.35 | 5.67 | 485 345.01 | 6.94 | -0.10 |
| 次级 | 14 343.03 | 0.17 | 30 361.07 | 0.43 | -52.76 |
| 可疑 | 31 200.11 | 0.36 | 38 532.88 | 0.55 | -19.03 |
| 损失 | 116 445.08 | 1.36 | 92 320.11 | 1.32 | 26.13 |
| 合计 | 8 551 373.96 | 100.00 | 6 996 635.33 | 100.00 | 22.22 |
| 不良比例 | | 1.89 | | 2.30 | |

2009年末不良资产率情况详见表6-2-2。

**表6-2-2　2009年末自营资产五级分类不良比例由高到低排序表**

| 公司简称 | 不良比例（%） | 公司简称 | 不良比例（%） |
|---|---|---|---|
| 中泰信托 | 72.51 | 中投信托 | 0.81 |
| 华能信托 | 17.43 | 国元信托 | 0.70 |
| 渤海信托 | 15.72 | 新时代信托 | 0.67 |
| 山东信托 | 11.20 | 建信信托 | 0.49 |
| 安信信托 | 10.55 | 江苏信托 | 0.45 |
| 中原信托 | 10.03 | 华融信托 | 0.39 |
| 陕国投 | 8.27 | 华宸信托 | 0.19 |
| 天津信托 | 7.53 | 北方信托 | 0.04 |
| 爱建信托 | 7.17 | 联华信托 | 0.03 |
| 西部信托 | 7.08 | 昆仑信托 | 0.03 |
| 厦门信托 | 6.85 | 北京信托 | — |
| 西安信托 | 6.39 | 东莞信托 | — |
| 湖南信托 | 5.45 | 国联信托 | — |
| 中铁信托 | 4.54 | 国民信托 | — |
| 广东粤财 | 3.81 | 国投信托 | — |
| 山西信托 | 3.05 | 吉林信托 | — |
| 中诚信托 | 2.89 | 上海信托 | — |
| 百瑞信托 | 2.83 | 苏州信托 | — |
| 华宝信托 | 1.75 | 新华信托 | — |
| 中信信托 | 1.72 | 华信信托 | — |
| 甘肃信托 | 1.51 | 云南信托 | — |
| 英大信托 | 1.40 | 外贸信托 | — |
| 江信国际 | 1.28 | 中海信托 | — |
| 华润信托 | 0.91 | 中融信托 | — |
| 杭工商信托 | 0.85 | 重庆信托 | — |
| 平安信托 | 0.82 | 交银信托 | — |
| 西藏信托 | 0.81 | | |

2010年末不良资产率情况详见表6-2-3。

**表6-2-3　2010年末自营资产五级分类不良比例由高到低排序表**

| 公司简称 | 不良比例(%) | 公司简称 | 不良比例(%) |
|---|---|---|---|
| 中泰信托 | 79.51 | 建信信托 | 0.33 |
| 渤海信托 | 19.06 | 国元信托 | 0.31 |
| 湖南信托 | 14.30 | 华宸信托 | 0.25 |
| 陕国投 | 10.76 | 重庆信托 | 0.24 |
| 华能信托 | 10.68 | 北方信托 | — |
| 山东信托 | 5.90 | 北京信托 | — |
| 中信信托 | 5.74 | 东莞信托 | — |
| 西部信托 | 5.09 | 国联信托 | — |
| 西安信托 | 4.05 | 国民信托 | — |
| 中铁信托 | 3.47 | 国投信托 | — |
| 爱建信托 | 3.06 | 吉林信托 | — |
| 华宝信托 | 2.94 | 联华信托 | — |
| 天津信托 | 2.39 | 昆仑信托 | — |
| 广东粤财 | 2.36 | 上海信托 | — |
| 百瑞信托 | 2.08 | 苏州信托 | — |
| 安信信托 | 1.41 | 新华信托 | — |
| 英大信托 | 1.32 | 华信信托 | — |
| 平安信托 | 1.12 | 云南信托 | — |
| 厦门信托 | 1.05 | 中诚信托 | — |
| 江苏信托 | 1.03 | 外贸信托 | — |
| 杭工商信托 | 0.86 | 中海信托 | — |
| 西藏信托 | 0.86 | 中融信托 | — |
| 山西信托 | 0.64 | 中原信托 | — |
| 江西信托 | 0.63 | 交银国际信托 | — |
| 华融信托 | 0.59 | 中投信托 | — |
| 华润信托 | 0.57 | 中航信托 | — |
| 新时代信托 | 0.55 | 华澳信托 | — |
| 甘肃信托 | 0.45 | 金谷信托 | — |

## 三、资产损失准备计提和覆盖情况

### (一)资产损失准备的计提

56家信托公司在2010年年报中披露:2010年初,资产损失准备余额为29.23亿元,2010年计提15.28亿元,转回10.16亿元,核销1.40亿元,2010年末余额为32.96亿元。2010年末资产损失准备余额大于2009年末余额。在资产损失准备余额的构成中,专项准备和一般准备组成的风险资产准备为主要的计提内容。此外,各信托公司的资产损失准备的计提差异较大。汇总的资产损失准备计提详见表6-3-1。

**表6-3-1　信托公司资产损失准备计提情况**　　单位:万元

| 类别 | 2009年末 | 2010年计提 | 2010年转回 | 2010年核销 | 2010年末 |
|---|---|---|---|---|---|
| 贷款损失准备 | 183 412.69 | 129 291.97 | 85 444.90 | 10 394.38 | 216 865.38 |
| 其中:一般准备 | 13 836.40 | 3 104.05 | 1 788.09 | 879.25 | 14273.11 |
| 专项准备 | 169 576.29 | 126 187.92 | 83 656.81 | 9 515.13 | 202 592.27 |
| 其他资产减值准备 | 19 264.27 | 5 900.38 | 1 684.09 | 2 644.55 | 20 836.01 |
| 可供出售金融资产减值准备 | 3 921.33 | 297.00 | 166.00 | — | 4 052.33 |
| 持有至到期投资减值准备 | 14 634.98 | 4 981.25 | 3 574.00 | — | 16 042.23 |
| 长期股权投资减值准备 | 34 743.48 | 1 655.49 | 2 298.48 | 65.02 | 34 035.47 |
| 坏账准备 | 33 580.73 | 10 687.82 | 7 571.55 | 864.96 | 35 832.04 |
| 投资性房地产减值准备 | 2 728.89 | — | 819 | — | 1 909.89 |
| 合计 | 292 286.37 | 152 813.91 | 101 558.02 | 13 968.91 | 329 573.35 |

对56家信托公司披露的资产准备余额、风险资产准备余额、非风险资产准备余额进行排序，由高到低的排序结果详见表6－3－2、表6－3－3和表6－3－4。

**表6－3－2　2010年信托公司资产准备合计余额情况表**

单位：万元

| 公司简称 | 准备合计 | 公司简称 | 准备合计 |
|---|---|---|---|
| 中信信托 | 128 807.24 | 江西信托 | 755.13 |
| 中泰信托 | 33 871.11 | 外贸信托 | 710.97 |
| 平安信托 | 24 042.56 | 北京信托 | 707.00 |
| 山东信托 | 20 122.78 | 杭工商信托 | 678.00 |
| 中铁信托 | 14 225.00 | 新时代信托 | 664.35 |
| 华能信托 | 10 134.57 | 中海信托 | 582.68 |
| 华融信托 | 8 762.94 | 重庆信托 | 510.99 |
| 华宝信托 | 8 505.76 | 上海信托 | 486.77 |
| 中诚信托 | 7 587.74 | 甘肃信托 | 484.85 |
| 湖南信托 | 7 134.00 | 中融信托 | 386.00 |
| 爱建信托 | 5 944.11 | 西藏信托 | 350.99 |
| 西部信托 | 5 454.39 | 东莞信托 | 320.00 |
| 中原信托 | 5 146.11 | 中投信托 | 310.00 |
| 天津信托 | 5 103.78 | 华宸信托 | 306.07 |
| 安信信托 | 4 405.58 | 厦门信托 | 293.00 |
| 华润信托 | 3 959.32 | 江苏信托 | 244.78 |
| 西安信托 | 3 822.30 | 中航信托 | 210.00 |
| 陕国投 | 3 588.82 | 华澳信托 | 113.00 |
| 吉林信托 | 3 090.26 | 广东粤财 | 96.98 |
| 北方信托 | 2 648.32 | 新华信托 | 25.00 |
| 渤海信托 | 2 481.01 | 国投信托 | 20.24 |
| 百瑞信托 | 2 155.53 | 国民信托 | — |
| 英大信托 | 2 122.69 | 联华信托 | — |
| 国联信托 | 2 115.00 | 苏州信托 | — |
| 国元信托 | 1 899.69 | 华信信托 | — |
| 建信信托 | 1 424.00 | 交银国际信托 | — |
| 云南信托 | 995.56 | 金谷信托 | — |
| 山西信托 | 960.80 | 合计 | 329 573.35 |
| 昆仑信托 | 805.58 | | |

2010年，56家披露年报的信托公司中有6家没有计提资产损失准备。

**表6－3－3　2010年末信托公司风险资产准备合计余额情况表**

单位：万元

| 公司简称 | 一般准备 | 专项准备 | 风险资产准备合计 |
|---|---|---|---|
| 中信信托 | — | 128 094.08 | 128 094.08 |
| 中泰信托 | — | 32 600.00 | 32 600.00 |
| 平安信托 | 1 587.82 | 12 528.20 | 14 116.02 |
| 天津信托 | 900.00 | 3 571.00 | 4 471.00 |
| 西部信托 | 160.57 | 3 684.55 | 3 845.12 |
| 湖南信托 | 1 080.00 | 2 079.00 | 3 159.00 |
| 中诚信托 | — | 3 095.08 | 3 095.08 |
| 中原信托 | — | 3 064.70 | 3 064.70 |
| 渤海信托 | 2 228.90 | — | —2 228.90 |
| 国联信托 | 2 115.00 | — | 2 115.00 |
| 北方信托 | 2 023.32 | — | 2 023.32 |
| 陕国投 | — | 1 944.83 | 1 944.83 |
| 百瑞信托 | — | 1 800.00 | 1 800.00 |
| 西安信托 | — | 1 605.98 | 1 605.98 |
| 英大信托 | 760.85 | 536.20 | 1 297.05 |
| 建信信托 | — | 1 199.00 | 1 199.00 |

续表

| 公司简称 | 一般准备 | 专项准备 | 风险资产准备合计 |
|---|---|---|---|
| 中铁信托 | — | 1 063.00 | 1 063.00 |
| 云南信托 | 995.56 | — | 995.56 |
| 山西信托 | — | 918.00 | 918.00 |
| 爱建信托 | — | 897.94 | 897.94 |
| 江西信托 | — | 755.13 | 755.13 |
| 国元信托 | — | 697.73 | 697.73 |
| 华能信托 | 201.00 | 476.84 | 677.84 |
| 华融信托 | — | 570.00 | 570.00 |
| 重庆信托 | — | 500.00 | 500.00 |
| 北京信托 | 393.00 | — | 393.00 |
| 西藏信托 | 350.99 | — | 350.99 |
| 昆仑信托 | 350.00 | — | 350.00 |
| 甘肃信托 | 347.32 | — | 347.32 |
| 东莞信托 | — | 320.00 | 320.00 |
| 中投信托 | 310.00 | — | 310.00 |
| 厦门信托 | — | 293.00 | 293.00 |
| 中航信托 | 210.00 | — | 210.00 |
| 新时代信托 | 2.00 | 198.00 | 200.00 |
| 江苏信托 | 118.78 | 26.00 | 144.78 |
| 华澳信托 | 113.00 | — | 113.00 |
| 吉林信托 | — | 67.94 | 67.94 |
| 新华信托 | 25.00 | — | 25.00 |
| 华宸信托 | — | 6.07 | 6.07 |
| 安信信托 | — | — | — |
| 广东粤财 | — | — | — |
| 国民信托 | — | — | — |
| 国投信托 | — | — | — |
| 杭工商信托 | — | — | — |
| 华宝信托 | — | — | — |
| 联华信托 | — | — | — |
| 山东信托 | — | — | — |
| 上海信托 | — | — | — |
| 苏州信托 | — | — | — |
| 华润信托 | — | — | — |
| 华信信托 | — | — | — |
| 外贸信托 | — | — | — |
| 中海信托 | — | — | — |
| 中融信托 | — | — | — |
| 交银国际信托 | — | — | — |
| 金谷信托 | — | — | — |
| 合计 | 14 273.11 | 202 592.27 | 216 865.38 |

2010 年,56 家披露年报的信托公司中有 17 家没有计提风险资产准备。

**表 6-3-4　2010 年末信托公司非风险资产准备合计情况表**

单位:万元

| 公司简称 | 其他资产减值准备 | 可供出售金融资产减值准备 | 持有至到期投资减值准备 | 长期股权投资减值准备 | 坏账准备 | 投资性房地产减值准备 | 合计 |
|---|---|---|---|---|---|---|---|
| 山东信托 | — | — | 10 751.74 | 4 327.77 | 5 043.27 | — | 20 122.78 |
| 中铁信托 | 3 373.00 | 3 316.00 | — | — | 6 473.00 | — | 13 162.00 |
| 平安信托 | 2 873.86 | — | — | 7 052.68 | — | — | 9 926.54 |
| 华能信托 | 3 632.56 | — | — | — | 5 824.17 | — | 9 456.73 |

续表

| 公司简称 | 其他资产减值准备 | 可供出售金融资产减值准备 | 持有至到期投资减值准备 | 长期股权投资减值准备 | 坏账准备 | 投资性房地产减值准备 | 合计 |
|---|---|---|---|---|---|---|---|
| 华宝信托 | — | — | — | 7 066.23 | 1 439.53 | — | 8 505.76 |
| 华融信托 | — | — | 5 000.00 | 3 069.28 | 123.66 | — | 8 192.94 |
| 爱建信托 | 1 951.49 | — | — | 3 007.33 | 87.35 | — | 5 046.17 |
| 中诚信托 | — | 103.37 | — | 2 591.60 | 1 797.69 | — | 4 492.66 |
| 安信信托 | — | — | — | 2 528.79 | 376.79 | 1 500.00 | 4 405.58 |
| 湖南信托 | — | — | — | — | 3 975.00 | — | 3 975.00 |
| 华润信托 | 1 099.12 | — | — | — | 2 450.31 | 409.89 | 3 959.32 |
| 吉林信托 | 3 022.32 | — | — | — | — | — | 3 022.32 |
| 西安信托 | 737.44 | — | — | — | 1 478.88 | — | 2 216.32 |
| 中原信托 | 1 284.45 | — | — | — | 796.96 | — | 2 081.41 |
| 陕国投 | 972.44 | 499.96 | — | — | 171.59 | — | 1 643.99 |
| 西部信托 | — | — | — | 689.08 | 920.19 | — | 1 609.27 |
| 中泰信托 | — | — | — | — | 1 271.11 | — | 1 271.11 |
| 国元信托 | 668.56 | — | — | — | 533.40 | — | 1 201.96 |
| 英大信托 | — | — | — | 756.20 | 69.44 | — | 825.64 |
| 中信信托 | — | — | — | 713.16 | — | — | 713.16 |
| 外贸信托 | — | — | 290.49 | 401.79 | 18.69 | — | 710.97 |
| 杭工商信托 | 95.00 | 133.00 | — | — | 450.00 | — | 678.00 |
| 天津信托 | 50.85 | — | — | — | 581.93 | — | 632.78 |
| 北方信托 | — | — | — | 625.00 | — | — | 625.00 |
| 中海信托 | — | — | — | — | 582.68 | — | 582.68 |
| 上海信托 | 426.37 | — | — | 53.60 | 6.80 | — | 486.77 |
| 新时代信托 | — | — | — | — | 464.35 | — | 464.35 |
| 昆仑信托 | — | — | — | 417.20 | 38.38 | — | 455.58 |
| 中融信托 | — | — | — | 339.00 | 47.00 | — | 386.00 |
| 百瑞信托 | 311.41 | — | — | 43.79 | 0.33 | — | 355.53 |
| 北京信托 | — | — | — | 293.00 | 21.00 | — | 314.00 |
| 华宸信托 | — | — | — | — | 300.00 | — | 300.00 |
| 渤海信托 | 250.81 | — | — | — | 1.30 | — | 252.11 |
| 建信信托 | — | — | — | — | 225.00 | — | 225.00 |
| 甘肃信托 | 73.53 | — | — | 59.97 | 4.03 | — | 137.53 |
| 江苏信托 | — | — | — | — | 100.00 | — | 100.00 |
| 广东粤财 | — | — | — | — | 96.98 | — | 96.98 |
| 山西信托 | 12.80 | — | — | — | 30.00 | — | 42.80 |
| 国投信托 | — | — | — | — | 20.24 | — | 20.24 |
| 重庆信托 | — | — | — | — | 10.99 | — | 10.99 |
| 东莞信托 | — | — | — | — | — | — | — |
| 国联信托 | — | — | — | — | — | — | — |
| 国民信托 | — | — | — | — | — | — | — |
| 江西信托 | — | — | — | — | — | — | — |
| 联华信托 | — | — | — | — | — | — | — |
| 苏州信托 | — | — | — | — | — | — | — |
| 西藏信托 | — | — | — | — | — | — | — |
| 厦门信托 | — | — | — | — | — | — | — |
| 新华信托 | — | — | — | — | — | — | — |
| 华信信托 | — | — | — | — | — | — | — |
| 云南信托 | — | — | — | — | — | — | — |
| 交银国际信托 | — | — | — | — | — | — | — |
| 中投信托 | — | — | — | — | — | — | — |
| 中航信托 | — | — | — | — | — | — | — |
| 华澳信托 | — | — | — | — | — | — | — |
| 金谷信托 | — | — | — | — | — | — | — |
| 合计 | 20 836.01 | 4 052.33 | 16 042.23 | 34 035.47 | 35 832.04 | 1 909.89 | 112 707.97 |

2010 年，全部 56 家披露年报的信托公司中有 16 家没有计提非风险资产准备。

## (二)资产损失准备覆盖分析

根据56家信托公司在2010年年报中的披露汇总分析，2009年末风险资产余额为699.66亿元,2010年末风险资产余额为855.14亿元;2009年末资产减值准备余额为29.23亿元,2010年末资产减值准备余额为32.96亿元;2009年末风险资产减值准备余额为18.34亿元,2010年末风险资产减值准备余额为21.69亿元。根据上述数据计算2009年末资产准备覆盖率为1.71%，2010年末资产准备覆盖率为1.71%;2009年末风险资产准备覆盖率为2.62%,2010年末风险资产准备覆盖率为2.54%。说明2010年末信托公司的风险资产安全水平低于2009年末的风险资产安全水平,但总体资产的安全水平保持不变。56家信托公司汇总的资产准备覆盖情况见表6-3-5。

**表6-3-5　信托公司资产损失准备覆盖情况分析**

| 项　　目 | 2009年末 | 2010年末 |
|---|---|---|
| 资产总额(万元) | 17 071 797.96 | 19 312 126.11 |
| 风险资产总额(万元) | 6 996 635.33 | 8 551 373.96 |
| 全部准备总额(万元) | 292 286.37 | 329 573.35 |
| 风险资产准备总额(万元) | 183 412.69 | 216 865.38 |
| 资产准备覆盖率(%) | 1.71 | 1.71 |
| 风险资产准备覆盖率(%) | 2.62 | 2.54 |

我们对56家信托公司2010年末的资产准备覆盖率和风险资产准备覆盖率进行排序,详见表6-3-6和表6-3-7。

**表6-3-6　2010年末信托公司资产准备覆盖率**

| 公司简称 | 准备合计(万元) | 自营报表资产总额(万元) | 资产准备覆盖率(%) |
|---|---|---|---|
| 中信信托 | 128 807.24 | 770 865.92 | 16.71 |
| 爱建信托 | 5 944.11 | 43 961.16 | 13.52 |
| 湖南信托 | 7 134.00 | 72 499.00 | 9.84 |
| 中泰信托 | 33 871.11 | 347 731.49 | 9.74 |
| 山东信托 | 20 122.78 | 309 004.45 | 6.51 |
| 中铁信托 | 14 225.00 | 220 091.56 | 6.46 |
| 安信信托 | 4 405.58 | 68 860.06 | 6.40 |
| 华能信托 | 10 134.57 | 164 581.35 | 6.16 |
| 西部信托 | 5 454.39 | 100 976.47 | 5.40 |
| 华融信托 | 8 762.94 | 197 663.49 | 4.43 |
| 西安信托 | 3 822.30 | 95 752.59 | 3.99 |
| 中原信托 | 5 146.11 | 149 972.19 | 3.43 |
| 陕国投 | 3 588.82 | 120 403.34 | 2.98 |
| 渤海信托 | 2 481.01 | 92 881.16 | 2.67 |
| 天津信托 | 5 103.78 | 203 527.04 | 2.51 |
| 华宝信托 | 8 505.76 | 429 206.89 | 1.98 |
| 北方信托 | 2 648.32 | 162 430.56 | 1.63 |
| 百瑞信托 | 2 155.53 | 144 131.23 | 1.50 |
| 吉林信托 | 3 090.26 | 253 611.52 | 1.22 |
| 英大信托 | 2 122.69 | 202 829.70 | 1.05 |
| 云南信托 | 995.56 | 99 557.98 | 1.00 |
| 国联信托 | 2 115.00 | 219 634.00 | 0.96 |
| 西藏信托 | 350.99 | 40 615.83 | 0.86 |
| 中诚信托 | 7 587.74 | 932 876.63 | 0.81 |
| 杭工商信托 | 678.00 | 84 435.00 | 0.80 |
| 新时代信托 | 664.35 | 90 047.00 | 0.74 |
| 山西信托 | 960.80 | 149 002.12 | 0.64 |
| 国元信托 | 1 899.69 | 319 302.04 | 0.59 |
| 中航信托 | 210.00 | 43 661.33 | 0.48 |
| 平安信托 | 24 042.56 | 5 218 199.45 | 0.46 |
| 华润信托 | 3 959.32 | 972 017.62 | 0.41 |

续表

| 公司简称 | 准备合计(万元) | 自营报表资产总额(万元) | 资产准备覆盖率(%) |
|---|---|---|---|
| 甘肃信托 | 484.85 | 127 607.41 | 0.38 |
| 华澳信托 | 113.00 | 34 107.52 | 0.33 |
| 东莞信托 | 320.00 | 100 380.51 | 0.32 |
| 建信信托 | 1 424.00 | 456 114.02 | 0.31 |
| 北京信托 | 707.00 | 265 854.00 | 0.27 |
| 中海信托 | 582.68 | 243 306.52 | 0.24 |
| 华宸信托 | 306.07 | 129 088.45 | 0.24 |
| 厦门信托 | 293.00 | 138 112.00 | 0.21 |
| 中融信托 | 386.00 | 204 331.40 | 0.19 |
| 外贸信托 | 710.97 | 386 680.00 | 0.18 |
| 昆仑信托 | 805.58 | 471 948.34 | 0.17 |
| 中投信托 | 310.00 | 220 875.52 | 0.14 |
| 江西信托 | 755.13 | 762 996.81 | 0.10 |
| 上海信托 | 486.77 | 642 785.96 | 0.08 |
| 重庆信托 | 510.99 | 868 962.83 | 0.06 |
| 广东粤财 | 96.98 | 171 057.38 | 0.06 |
| 江苏信托 | 244.78 | 440 887.45 | 0.06 |
| 新华信托 | 25.00 | 156 005.07 | 0.02 |
| 国投信托 | 20.24 | 250 497.70 | 0.01 |
| 国民信托 | — | 116 430.87 | — |
| 联华信托 | — | 87 864.91 | — |
| 苏州信托 | — | 97 713.41 | — |
| 华信信托 | — | 332 230.67 | — |
| 交银国际信托 | — | 144 956.51 | — |
| 金谷信托 | — | 141 000.68 | — |
| 合计 | 329 573.35 | 19 312 126.11 | 1.71 |

**表6-3-7　2010年末信托公司风险资产准备覆盖率**

| 公司简称 | 风险资产准备合计(万元) | 风险资产总额(万元) | 风险资产准备覆盖率(%) |
|---|---|---|---|
| 中泰信托 | 32 600.00 | 46 910.92 | 69.49 |
| 中原信托 | 3 064.70 | 12 760.00 | 24.02 |
| 西部信托 | 3 845.12 | 16 057.20 | 23.95 |
| 中信信托 | 128 094.08 | 537 558.28 | 23.83 |
| 渤海信托 | 2 228.90 | 11 702.00 | 19.05 |
| 陕国投 | 1 944.83 | 28 335.58 | 6.86 |
| 湖南信托 | 3 159.00 | 50 778.00 | 6.22 |
| 天津信托 | 4 471.00 | 90 146.29 | 4.96 |
| 新时代信托 | 200.00 | 4 194.21 | 4.77 |
| 爱建信托 | 897.94 | 31 769.90 | 2.83 |
| 国元信托 | 697.73 | 35 824.64 | 1.95 |
| 西安信托 | 1 605.98 | 99 574.89 | 1.61 |
| 北方信托 | 2 023.32 | 151 527.63 | 1.34 |
| 云南信托 | 995.56 | 79 014.00 | 1.26 |
| 百瑞信托 | 1 800.00 | 146 286.76 | 1.23 |
| 平安信托 | 14 116.02 | 1 151 435.75 | 1.23 |
| 江苏信托 | 144.78 | 12 181.19 | 1.19 |
| 山西信托 | 918.00 | 89 776.17 | 1.02 |
| 中航信托 | 210.00 | 20 790.00 | 1.01 |
| 华澳信托 | 113.00 | 11 254.00 | 1.00 |
| 国联信托 | 2 115.00 | 219 634.00 | 0.96 |

续表

| 公司简称 | 风险资产准备合计(万元) | 风险资产总额(万元) | 风险资产准备覆盖率(%) |
|---|---|---|---|
| 中诚信托 | 3 095.08 | 346 722.33 | 0.89 |
| 建信信托 | 1 199.00 | 137 405.30 | 0.87 |
| 西藏信托 | 350.99 | 40 966.82 | 0.86 |
| 华能信托 | 677.84 | 82 807.31 | 0.82 |
| 甘肃信托 | 347.32 | 43 452.59 | 0.80 |
| 华融信托 | 570.00 | 76 448.85 | 0.75 |
| 英大信托 | 1 297.05 | 202 387.39 | 0.64 |
| 东莞信托 | 320.00 | 50 448.29 | 0.63 |
| 厦门信托 | 293.00 | 55 801.00 | 0.53 |
| 中铁信托 | 1 063.00 | 206 384.00 | 0.52 |
| 昆仑信托 | 350.00 | 80 557.87 | 0.43 |
| 中投信托 | 310.00 | 80 093.90 | 0.39 |
| 江西信托 | 755.13 | 235 985.97 | 0.32 |
| 北京信托 | 393.00 | 149 049.00 | 0.26 |
| 吉林信托 | 67.94 | 50 623.13 | 0.13 |
| 重庆信托 | 500.00 | 848 552.66 | 0.06 |
| 新华信托 | 25.00 | 103 571.51 | 0.02 |
| 华宸信托 | 6.07 | 61 874.00 | 0.01 |
| 安信信托 | — | 25 234.30 | — |
| 广东粤财 | — | 4 106.05 | — |
| 国民信托 | — | 116 430.87 | — |
| 国投信托 | — | 16 668.39 | — |
| 杭工商信托 | — | 84 435.00 | — |
| 华宝信托 | — | 49 012.20 | — |
| 联华信托 | — | 4 960.00 | — |
| 山东信托 | — | 303 168.38 | — |
| 上海信托 | — | 3 169.24 | — |
| 苏州信托 | — | 47 429.00 | — |
| 华润信托 | — | 952 190.39 | — |
| 华信信托 | — | 196 234.29 | — |
| 外贸信托 | — | 386 680.00 | — |
| 中海信托 | — | 243 306.52 | — |
| 中融信托 | — | 204 331.00 | — |
| 交银国际信托 | — | 101 313.60 | — |
| 金谷信托 | — | 112 061.40 | — |
| 合计 | 216 865.38 | 8 551 373.96 | 2.54 |

## 四、自营股票投资、基金投资、债券投资、长期股权投资和代理业务的分析

根据56家信托公司2010年年报披露,2009年末自营股票投资、基金投资、债券投资、长期股权投资、代理业务和其他投资的总额为680.64亿元,2010年末为866.98亿元,比2009年末增加了186.34亿元,主要是自营股票和其他投资的增加所致。从构成来看,长期股权投资业务占44.67%,为主要业务内容。56家公司整体汇总情况见表6-4-1,各信托公司的具体业务情况见表6-4-2。

**表6-4-1 信托公司自营股票投资、基金投资、债券投资、长期股权投资和代理业务情况分析**

| | 2010年末(万元) | 2010年末比例(%) | 2009年末(万元) | 2009年末比例(%) | 变动比例(%) |
|---|---|---|---|---|---|
| 自营股票 | 1 752 903.54 | 20.22 | 1 317 029.76 | 19.35 | 33.10 |
| 基金 | 337 699.42 | 3.90 | 441 673.65 | 6.49 | -23.54 |
| 债券 | 205 198.30 | 2.37 | 306 021.47 | 4.50 | -32.95 |
| 长期股权投资 | 3 872 517.52 | 44.67 | 3 193 466.59 | 46.92 | 21.26 |
| 其他投资 | 2 053 174.17 | 23.68 | 1 194 369.50 | 17.55 | 71.90 |
| 代理业务 | 448 300.72 | 5.17 | 353 823.92 | 5.20 | 26.70 |
| 合计 | 8 669 793.67 | 100.00 | 6 806 384.89 | 100.00 | 27.38 |

表6-4-2　2010年末信托公司具体业务情况表

单位：万元

| 公司简称 | 自营股票 | 基金 | 债券 | 长期股权投资 | 其他投资 | 代理业务 | 合计 |
|---|---|---|---|---|---|---|---|
| 平安信托 | 229 813.82 | 10 266.20 | 651.91 | 705 268.21 | 117 392.26 | — | 1 063 392.40 |
| 华润信托 | — | — | 991.00 | 530 388.01 | 386 664.88 | — | 918 043.89 |
| 上海信托 | 31 169.14 | 47 071.01 | 15 134.60 | 234 844.49 | 91 637.75 | 175 714.42 | 595 571.41 |
| 重庆信托 | 242 265.78 | 199.50 | — | 130 167.40 | 37 640.00 | — | 410 272.68 |
| 中信信托 | 129 702.62 | — | — | 98 357.01 | 93 950.00 | 72 527.79 | 394 537.42 |
| 江苏信托 | 28 161.27 | 4 210.06 | — | 313 926.21 | 47 328.00 | — | 393 625.54 |
| 中诚信托 | 35 150.87 | 5 261.68 | — | 205 386.35 | 130 969.12 | — | 376 768.02 |
| 外贸信托 | 194 875.77 | 243.36 | — | 48 624.44 | 123 221.69 | 28.00 | 366 993.26 |
| 建信信托 | 3 985.93 | 35 003.66 | — | 33 977.59 | 228 562.00 | — | 301 529.18 |
| 国元信托 | 8 468.75 | 672.19 | — | 269 953.69 | — | 3 678.10 | 282 772.73 |
| 华宝信托 | 122 886.78 | 66 266.14 | — | 74 443.76 | 11 046.12 | — | 274 642.80 |
| 国联信托 | 71 445.00 | — | — | 126 702.00 | 1 870.00 | 36 994.00 | 237 011.00 |
| 山东信托 | 30 674.90 | 46 576.59 | — | 114 956.68 | — | — | 192 208.17 |
| 国投信托 | — | 9 811.15 | — | 58 460.09 | 115 617.03 | — | 183 888.27 |
| 华信信托 | 15 140.67 | — | — | 152 837.10 | — | 1 149.45 | 169 127.22 |
| 吉林信托 | 11 272.08 | 245.09 | 5 000.00 | 104 087.00 | 18 718.00 | — | 139 322.17 |
| 中投信托 | 26 819.10 | — | — | — | 102 880.00 | 4 484.00 | 134 183.10 |
| 华融信托 | 45.80 | 70 639.89 | 5 000.00 | 269.77 | 43 830.00 | — | 119 785.46 |
| 北京信托 | 3 141.00 | 5 018.00 | — | 29 007.00 | 77 158.00 | 2 942.99 | 117 266.99 |
| 中泰信托 | 66 121.41 | 11 308.08 | — | 21 306.14 | 13 022.60 | 3 070.00 | 114 828.23 |
| 广东粤财 | 9 019.68 | 1 314.01 | — | 90 611.21 | 6 190.00 | 1 455.00 | 108 589.90 |
| 华宸信托 | 32 456.00 | 3 000.00 | 55 761.00 | 8 201.00 | — | — | 99 418.00 |
| 英大信托 | 6 625.65 | 2 000.00 | 18 500.00 | 30 777.11 | 40 053.20 | — | 97 955.96 |
| 杭工商信托 | 4 550.00 | — | — | 250.00 | 33 249.00 | 54 483.00 | 92 532.00 |
| 天津信托 | 57 075.28 | 199.50 | 17 207.04 | 5 614.51 | 8 022.76 | — | 88 119.09 |
| 昆仑信托 | 37 500.48 | 1 129.36 | 5 000.00 | 41 302.80 | — | — | 84 932.64 |
| 厦门信托 | 4 754.00 | 612.00 | — | 60 471.00 | 15 324.00 | 3 690.00 | 84 851.00 |
| 中海信托 | 10 410.07 | 8 077.29 | 303.64 | 58 975.73 | — | — | 77 766.73 |
| 爱建信托 | 13.09 | 395.63 | 3 000.00 | 5 426.10 | 7 700.00 | 60 887.18 | 77 422.00 |
| 渤海信托 | 21 837.51 | 590.31 | 16 054.34 | 9 247.80 | 27 000.00 | — | 74 729.96 |
| 百瑞信托 | 29 341.92 | 632.36 | 14 160.70 | 18 929.37 | 11 476.28 | — | 74 540.63 |
| 国民信托 | 25 625.53 | — | 5 868.70 | — | 41 973.55 | — | 73 467.78 |
| 金谷信托 | 1.69 | — | — | — | 69 492.02 | — | 69 493.71 |
| 西部信托 | 6 818.65 | — | — | 36 688.00 | — | 22 383.00 | 65 889.65 |
| 甘肃信托 | 35 433.70 | — | — | 25 217.35 | 3 283.00 | — | 63 934.05 |
| 山西信托 | 24 535.87 | 1 593.20 | — | 11 086.03 | 22 420.40 | — | 59 635.50 |
| 联华信托 | 12 273.00 | — | 8 993.00 | 20 488.00 | 16 580.00 | — | 58 334.00 |
| 新时代信托 | 10 341.89 | — | — | 43 267.87 | — | — | 53 609.76 |
| 新华信托 | 41 730.68 | — | — | 877.34 | 8 712.40 | 1 188.79 | 52 509.21 |
| 陕国投 | 16 816.19 | 1 398.20 | — | 9 900.00 | 21 601.00 | — | 49 715.39 |
| 东莞信托 | 16 298.73 | — | — | 15 941.70 | 17 152.11 | — | 49 392.54 |
| 苏州信托 | 4 980.00 | — | — | 32 063.00 | 11 972.00 | — | 49 015.00 |
| 华能信托 | 29 876.83 | — | 5 788.99 | — | — | — | 35 665.82 |
| 交银国际信托 | 11.15 | — | 12 002.96 | — | 23 340.00 | — | 35 354.11 |
| 中原信托 | 4 244.57 | — | 12 657.42 | 14 044.22 | — | — | 30 946.21 |
| 湖南信托 | — | — | — | 11 715.00 | 13 435.00 | — | 25 150.00 |
| 安信信托 | — | — | — | 22 366.02 | — | 1 452.00 | 23 818.02 |
| 中铁信托 | 1 039.00 | — | — | 20 004.00 | — | 2 173.00 | 23 216.00 |
| 西藏信托 | 22 865.57 | — | — | — | — | — | 22 865.57 |
| 北方信托 | 1 380.76 | 942.10 | — | 18 280.42 | 1 390.00 | — | 21 993.28 |

续表

| 公司简称 | 自营股票 | 基金 | 债券 | 长期股权投资 | 其他投资 | 代理业务 | 合计 |
|---|---|---|---|---|---|---|---|
| 云南信托 | 10 817.17 | — | — | — | 2 060.00 | — | 12 877.17 |
| 江西信托 | 9 660.02 | 3 022.86 | — | — | — | — | 12 682.88 |
| 中融信托 | 5 188.00 | — | 3 123.00 | 2 867.00 | — | — | 11 178.00 |
| 中航信托 | — | — | — | 4 942.00 | 4 900.00 | — | 9 842.00 |
| 西安信托 | 8 240.17 | — | — | — | — | — | 8 240.17 |
| 华澳信托 | — | — | — | — | 4 340.00 | — | 4 340.00 |
| 合计 | 1 752 903.54 | 337 699.42 | 205 198.30 | 3 872 517.52 | 2 053 174.17 | 448 300.72 | 8 669 793.67 |

## 五、自营贷款分析

2010年末，全部56家信托公司中有江西信托、陕国投和西藏信托三家公司没有披露前五名自营贷款的信息，山西信托、西部信托和华信信托只披露了前三名自营贷款的信息，在披露自营贷款信息的53家信托公司中有9家披露无自营贷款，有41家公司披露的前三名自营贷款占自营贷款总额的比例超过50%。大部分信托公司前三名自营贷款的集中度都非常高，相应的自营贷款资产的风险也就很高。有16家信托公司前三名自营贷款占全部自营贷款的比例为100%，风险非常集中。56家信托公司前三名自营贷款占自营贷款总额的比例情况详见表6-5-1。

**表6-5-1　2010年信托公司前三名自营贷款占自营贷款总额的比例情况表**

| 公司简称 | 前三名自营贷款占总自营贷款比例(%) | 公司简称 | 前三名自营贷款占总自营贷款比例(%) |
|---|---|---|---|
| 江西信托 | 未披露 | 吉林信托 | 98.58 |
| 陕国投 | 未披露 | 国元信托 | 98.56 |
| 西藏信托 | 未披露 | 华能信托 | 97.69 |
| 安信信托 | 无贷款 | 国联信托 | 97.59 |
| 国民信托 | 无自营贷款 | 爱建信托 | 96.06 |
| 国投信托 | 无自营贷款 | 建信信托 | 91.74 |
| 华宝信托 | 无自营贷款 | 天津信托 | 91.56 |
| 山东信托 | 无自营贷款 | 东莞信托 | 91.29 |
| 上海信托 | 无自营贷款 | 北京信托 | 87.79 |
| 华润信托 | 无自营贷款 | 西部信托 | 83.80 |
| 云南信托 | 无自营贷款 | 交银国际信托 | 81.13 |
| 外贸信托 | 无自营贷款 | 百瑞信托 | 81.00 |
| 广东粤财 | 100.00 | 华融信托 | 79.57 |
| 杭工商信托 | 100.00 | 湖南信托 | 75.50 |
| 江苏信托 | 100.00 | 重庆信托 | 70.68 |
| 联华信托 | 100.00 | 中铁信托 | 69.99 |
| 华宸信托 | 100.00 | 中原信托 | 69.52 |
| 昆仑信托 | 100.00 | 甘肃信托 | 66.90 |
| 西安信托 | 100.00 | 中泰信托 | 64.41 |
| 新华信托 | 100.00 | 厦门信托 | 64.34 |
| 中海信托 | 100.00 | 苏州信托 | 58.17 |
| 中融信托 | 100.00 | 中诚信托 | 58.15 |
| 渤海信托 | 100.00 | 北方信托 | 57.60 |
| 中投信托 | 100.00 | 华信信托 | 57.14 |
| 新时代信托 | 100.00 | 英大信托 | 52.00 |
| 中航信托 | 100.00 | 中信信托 | 37.43 |
| 华澳信托 | 100.00 | 山西信托 | 30.11 |
| 金谷信托 | 100.00 | 平安信托 | 17.10 |

## 六、关联方关系及其交易的披露

关联交易一直是公司经营的一个瓶颈，在公司业务发展良好和不良两个阶段均会发生大量的关联交易。在业务发展良好时，公司可能会向关联方输送利益；在业务发展不良时，关联方可能会向公司输送利益。即使在公司业务发展一般时，也会由于种种原因与关联方发生关联交易。因此关联交易也就一直成为公众和监管部门关注的重点。

## （一）关联方及其交易汇总

2010 年，56 家信托公司关联方数量为 393 家，关联交易总金额为 2 264.98 亿元。

表 6－6－1　2010 年信托公司关联方交易情况表，关联方交易金额由高到低排序

| 公司简称 | 关联交易方数量 | 关联交易金额（万元） | 公司简称 | 关联交易方数量 | 关联交易金额（万元） |
|---|---|---|---|---|---|
| 英大信托 | 31 | 11 040 493.66 | 中诚信托 | 27 | 18 998.41 |
| 中信信托 | 32 | 2 511 791.25 | 陕国投 | 3 | 18 500.00 |
| 昆仑信托 | 26 | 1 534 592.00 | 广东粤财 | 1 | 17 500.00 |
| 中铁信托 | 10 | 817 585.00 | 安信信托 | 2 | 16 178.20 |
| 渤海信托 | 10 | 797 990.00 | 国元信托 | 4 | 15 917.63 |
| 北方信托 | 17 | 707 415.71 | 中原信托 | 10 | 15 493.00 |
| 平安信托 | 8 | 686 034.83 | 西藏信托 | 1 | 14 650.49 |
| 中海信托 | 6 | 651 644.00 | 联华信托 | 2 | 14 018.00 |
| 上海信托 | 8 | 640 452.99 | 湖南信托 | 1 | 5 000.00 |
| 国投信托 | 15 | 471 923.29 | 爱建信托 | 1 | 3 998.00 |
| 华宝信托 | 5 | 455 100.00 | 西安信托 | 4 | 2 685.01 |
| 江苏信托 | 19 | 331 503.77 | 中投信托 | 3 | 2 567.66 |
| 东莞信托 | 13 | 325 690.00 | 百瑞信托 | 2 | 2 500.00 |
| 中航信托 | 7 | 299 820.00 | 云南信托 | 3 | 2 060.00 |
| 华融信托 | 2 | 280 800.00 | 山西信托 | 4 | 1 358.82 |
| 江西信托 | 3 | 125 000.00 | 杭工商信托 | 3 | 1 338.00 |
| 新华信托 | 3 | 96 679.85 | 国民信托 | 2 | 1 312.50 |
| 山东信托 | 29 | 94 230.00 | 华润信托 | 5 | 739.93 |
| 国联信托 | 5 | 85 927.00 | 华澳信托 | 2 | 394.86 |
| 中泰信托 | 14 | 77 774.38 | 新时代信托 | 1 | 307.23 |
| 厦门信托 | 10 | 77 685.00 | 华能信托 | 2 | 155.50 |
| 交银国际信托 | 3 | 63 936.00 | 北京信托 | 0 | — |
| 金谷信托 | 8 | 57 897.79 | 甘肃信托 | 0 | — |
| 外贸信托 | 6 | 51 527.42 | 吉林信托 | 0 | — |
| 建信信托 | 2 | 49 200.10 | 苏州信托 | 0 | — |
| 重庆信托 | 8 | 48 806.72 | 天津信托 | 0 | — |
| 华宸信托 | 3 | 47 000.00 | 中融信托 | 0 | — |
| 华信信托 | 2 | 33 613.30 | 合计 | 393 | 22 649 750.27 |
| 西部信托 | 5 | 31 962.97 | | | |

## （二）固有资产与关联方关联交易

从表 6－2－2 分析发现，固有资产与关联方的交易主要集中在投资、应收账款和其他三个方面，关于其他的具体内容，信托公司年报中未详细披露。56 家信托公司 2010 年固有资产与关联方交易的汇总表及明细表分别见表 6－6－2 和表 6－6－3。

表 6－6－2　固有资产与关联方关联交易汇总表

| 项目 | 2009 年末余额（万元） | 2009 年末比例（%） | 2010 年末余额（万元） | 2010 年末比例（%） | 增减率（%） |
|---|---|---|---|---|---|
| 贷款 | 108 180.76 | 18.47 | 36 411.75 | 8.65 | -66.34 |
| 投资 | 93 134.64 | 15.90 | 120 305.13 | 28.59 | 29.17 |
| 租赁 | 0.00 | 0.00 | 126.20 | 0.03 | — |
| 担保 | 37 500.00 | 6.40 | 0.00 | 0.00 | -100.00 |
| 应收账款 | 65 699.22 | 11.22 | 73 239.85 | 17.40 | 11.48 |
| 其他 | 281 207.15 | 48.01 | 190 746.50 | 45.33 | -32.17 |
| 合计 | 585 721.77 | 100.00 | 420 829.43 | 100.00 | -28.15 |

**表6-6-3　2010年末固有资产与关联方关联交易余额明细表，由高到低排序**

| 公司简称 | 关联交易余额(万元) | 公司简称 | 关联交易余额(万元) |
|---|---|---|---|
| 中信信托 | 150 577.55 | 百瑞信托 | — |
| 华信信托 | 55 131.00 | 北京信托 | — |
| 华宝信托 | 49 999.00 | 中铁信托 | — |
| 陕国投 | 35 020.00 | 东莞信托 | — |
| 中诚信托 | 18 300.00 | 甘肃信托 | — |
| 新华信托 | 14 231.45 | 广东粤财 | — |
| 中泰信托 | 14 002.71 | 国联信托 | — |
| 北方信托 | 11 332.71 | 杭工商信托 | — |
| 金谷信托 | 10 077.59 | 湖南信托 | — |
| 江苏信托 | 9 920.06 | 吉林信托 | — |
| 昆仑信托 | 8 469.00 | 江西信托 | — |
| 中海信托 | 8 000.00 | 联华信托 | — |
| 交银国际信托 | 8 000.00 | 华宸信托 | — |
| 建信信托 | 6 318.23 | 山东信托 | — |
| 爱建信托 | 5 245.63 | 山西信托 | — |
| 上海信托 | 4 672.29 | 华融信托 | — |
| 重庆信托 | 3 309.16 | 苏州信托 | — |
| 外贸信托 | 1 527.42 | 天津信托 | — |
| 西安信托 | 1 385.01 | 厦门信托 | — |
| 西部信托 | 1 133.97 | 英大信托 | — |
| 国投信托 | 1 063.91 | 云南信托 | — |
| 平安信托 | 992.33 | 中融信托 | — |
| 华润信托 | 739.93 | 渤海信托 | — |
| 中原信托 | 498.00 | 中投信托 | — |
| 西藏信托 | 289.48 | 华能信托 | — |
| 国民信托 | 234.33 | 新时代信托 | — |
| 国元信托 | 232.10 | 中航信托 | — |
| 华澳信托 | 126.57 | 合计 | 420 829.43 |
| 安信信托 | — | | |

## (三)信托资产与关联方关联交易

从表6-6-4分析发现，信托资产与关联方的关联交易主要集中在贷款方面，信托资产与关联方贷款交易约占整个信托资产与关联方关联交易的65.93%。56家信托公司2010年信托资产与关联方交易的汇总表及明细表分别见表6-6-4和表6-6-5。

**表6-6-4　信托资产与关联方关联交易汇总分析**

| 项目 | 2009年末余额(万元) | 2009年末比例(%) | 2010年末余额(万元) | 2010年末比例(%) | 比例变动(%) |
|---|---|---|---|---|---|
| 贷款 | 19 504 369.57 | 80.35 | 19 575 982.80 | 65.93 | 0.37 |
| 投资 | 791 131.21 | 3.26 | 1 354 133.21 | 4.56 | 71.16 |
| 租赁 | 2 632.07 | 0.01 | 101 178.76 | 0.34 | 3 744.08 |
| 担保 | 0.00 | 0.00 | 0.00 | 0.00 | 0.00 |
| 应收账款 | 97 335.98 | 0.40 | 174 080.81 | 0.59 | 78.85 |
| 其他 | 3 879 823.24 | 15.98 | 8 488 398.01 | 28.59 | 118.78 |
| 合计 | 24 275 292.07 | 100.00 | 29 693 773.59 | 100.00 | 22.32 |

**表6-6-5　2010年末信托资产与关联方关联交易余额明细表，由高到低排序**　单位:万元

| 公司简称 | 关联交易余额 | 公司简称 | 关联交易余额 |
|---|---|---|---|
| 英大信托 | 11 040 493.66 | 广东粤财 | 17 500.00 |
| 建信信托 | 6 387 904.58 | 联华信托 | 14 013.00 |
| 中信信托 | 2 109 557.70 | 华润信托 | 12 476.00 |
| 华能信托 | 1 530 000.00 | 国元信托 | 7 500.00 |

续表

| 公司简称 | 关联交易余额 | 公司简称 | 关联交易余额 |
|---|---|---|---|
| 昆仑信托 | 986 749. 00 | 湖南信托 | 5 000. 00 |
| 中铁信托 | 817 585. 00 | 中诚信托 | 1 690. 00 |
| 渤海信托 | 797 990. 00 | 西安信托 | 1 300. 00 |
| 中海信托 | 796 445. 00 | 安信信托 | — |
| 平安信托 | 709 599. 43 | 百瑞信托 | — |
| 江苏信托 | 703 664. 49 | 北京信托 | — |
| 北方信托 | 696 083. 00 | 甘肃信托 | — |
| 华宝信托 | 435 000. 00 | 杭工商信托 | — |
| 国投信托 | 366 852. 25 | 吉林信托 | — |
| 东莞信托 | 323 940. 00 | 山西信托 | — |
| 中航信托 | 299 820. 00 | 苏州信托 | — |
| 华融信托 | 297 450. 00 | 天津信托 | — |
| 交银国际信托 | 200 000. 00 | 西藏信托 | — |
| 国民信托 | 196 280. 81 | 新华信托 | — |
| 陕国投 | 165 799. 00 | 华信信托 | — |
| 中原信托 | 137 548. 00 | 云南信托 | — |
| 山东信托 | 135 320. 00 | 中融信托 | — |
| 江西信托 | 125 000. 00 | 重庆信托 | — |
| 国联信托 | 85 927. 00 | 中投信托 | — |
| 厦门信托 | 77 685. 00 | 爱建信托 | — |
| 中泰信托 | 63 771. 67 | 新时代信托 | — |
| 外贸信托 | 50 000. 00 | 华澳信托 | — |
| 华宸信托 | 47 000. 00 | 金谷信托 | — |
| 西部信托 | 30 829. 00 | 合计 | 29 693 773. 59 |
| 上海信托 | 20 000. 00 | | |

## (四)固有财产与信托财产相互交易

**表 6－6－6　固有财产与信托财产相互交易汇总分析**

单位：万元

| 项目 | 2010 年末 |
|---|---|
| 余额 | 1 619 783. 99 |
| 发生额 | 1 041 517. 49 |

**表 6－6－7　2010 年末固有财产与信托财产关联交易余额情况表**

单位：万元

| 公司简称 | 2010 年末 | 公司简称 | 2010 年末 |
|---|---|---|---|
| 平安信托 | 208 759. 87 | 百瑞信托 | 3 241. 58 |
| 华宝信托 | 187 245. 00 | 云南信托 | 2 060. 00 |
| 中海信托 | 112 690. 31 | 国联信托 | 1 870. 00 |
| 中诚信托 | 106 655. 00 | 国民信托 | 1 600. 00 |
| 国投信托 | 104 007. 13 | 北方信托 | 1 390. 00 |
| 中信信托 | 93 450. 00 | 华信信托 | 826. 44 |
| 昆仑信托 | 92 708. 00 | 国元信托 | — |
| 上海信托 | 90 888. 00 | 安信信托 | — |
| 中投信托 | 82 880. 00 | 东莞信托 | — |
| 山东信托 | 55 000. 00 | 甘肃信托 | — |
| 华融信托 | 48 830. 00 | 广东粤财 | — |
| 建信信托 | 47 970. 00 | 吉林信托 | — |
| 江苏信托 | 47 382. 00 | 江西信托 | — |
| 中铁信托 | 43 500. 00 | 联华信托 | — |
| 重庆信托 | 41 901. 87 | 华宸信托 | — |

续表

| 公司简称 | 2010 年末 | 公司简称 | 2010 年末 |
|---|---|---|---|
| 北京信托 | 36 478.00 | 陕国投 | — |
| 金谷信托 | 35 000.00 | 苏州信托 | — |
| 杭工商信托 | 32 438.00 | 天津信托 | — |
| 华能信托 | 25 000.00 | 西藏信托 | — |
| 交银国际信托 | 23 340.00 | 华润信托 | — |
| 中原信托 | 18 830.00 | 英大信托 | — |
| 西安信托 | 15 934.00 | 外贸信托 | — |
| 山西信托 | 12 883.39 | 中融信托 | — |
| 西部信托 | 12 219.00 | 渤海信托 | — |
| 新华信托 | 8 712.40 | 新时代信托 | — |
| 爱建信托 | 7 700.00 | 中航信托 | — |
| 厦门信托 | 6 621.00 | 华澳信托 | — |
| 中泰信托 | 5 000.00 | 合计 | 1 619 783.99 |
| 湖南信托 | 4 773.00 | | |

## (五)信托资产与信托财产相互交易

**表 6-6-8 信托资产与信托财产相互交易汇总分析**

单位:万元

| 项目 | 2010 年末 |
|---|---|
| 余额 | 3 662 639.32 |
| 发生额 | 2 098 163.50 |

**表 6-6-9 2010 年末信托资产与信托财产关联交易余额情况表**

单位:万元

| 公司简称 | 2010 年末 | 公司简称 | 2010 年末 |
|---|---|---|---|
| 平安信托 | 1 642 889.75 | 联华信托 | — |
| 中海信托 | 657 850.38 | 华宸信托 | — |
| 昆仑信托 | 455 135.00 | 陕国投 | — |
| 山东信托 | 192 360.00 | 华融信托 | — |
| 华宝信托 | 167 423.00 | 苏州信托 | — |
| 中信信托 | 158 206.00 | 天津信托 | — |
| 中投信托 | 154 002.00 | 西安信托 | — |
| 上海信托 | 132 206.19 | 西部信托 | — |
| 新华信托 | 58 500.00 | 西藏信托 | — |
| 国联信托 | 34 286.00 | 厦门信托 | — |
| 爱建信托 | 5 000.00 | 华润信托 | — |
| 山西信托 | 4 781.00 | 华信信托 | — |
| 国元信托 | — | 英大信托 | — |
| 安信信托 | — | 云南信托 | — |
| 百瑞信托 | — | 中诚信托 | — |
| 北方信托 | — | 外贸信托 | — |
| 北京信托 | — | 中融信托 | — |
| 中铁信托 | — | 中泰信托 | — |
| 东莞信托 | — | 中原信托 | — |
| 甘肃信托 | — | 重庆信托 | — |
| 广东粤财 | — | 渤海信托 | — |
| 国民信托 | — | 交银国际信托 | — |
| 国投信托 | — | 华能信托 | — |
| 杭工商信托 | — | 新时代信托 | — |
| 建信信托 | — | 中航信托 | — |
| 湖南信托 | — | 华澳信托 | — |
| 吉林信托 | — | 金谷信托 | — |
| 江苏信托 | — | 合计 | 3 662 639.32 |
| 江西信托 | — | | |

## 七、子公司及其合并情况

2010年，全部56家信托公司中有42家公司不需要编制合并报表，在需要编制合并报表的14家中，有12家披露了合并子公司数量，共计合并了59家子公司；华宝信托、江西信托虽编制了合并报表，但未披露合并子公司的情况。具体情况详见表6-7-1。

**表6-7-1　2010年信托公司对合并范围内的子公司的披露情况**

| 公司简称 | 是否编制合并报表 | 合并子公司数量 | 公司简称 | 是否编制合并报表 | 合并子公司数量 |
|---|---|---|---|---|---|
| 平安信托 | 是 | 36 | 山西信托 | 无须 | 无须 |
| 安信信托 | 是 | 6 | 华融信托 | 无须 | 无须 |
| 吉林信托 | 是 | 3 | 苏州信托 | 无须 | 无须 |
| 上海信托 | 是 | 3 | 天津信托 | 无须 | 无须 |
| 山东信托 | 是 | 2 | 西安信托 | 无须 | 无须 |
| 陕国投 | 是 | 2 | 西部信托 | 无须 | 无须 |
| 中诚信托 | 是 | 2 | 西藏信托 | 无须 | 无须 |
| 中铁信托 | 是 | 1 | 厦门信托 | 无须 | 无须 |
| 国投信托 | 是 | 1 | 新华信托 | 无须 | 无须 |
| 英大信托 | 是 | 1 | 华润信托 | 无须 | 无须 |
| 中泰信托 | 是 | 1 | 华信信托 | 无须 | 无须 |
| 重庆信托 | 是 | 1 | 云南信托 | 无须 | 无须 |
| 国元信托 | 无须 | 无须 | 外贸信托 | 无须 | 无须 |
| 百瑞信托 | 无须 | 无须 | 中海信托 | 无须 | 无须 |
| 北方信托 | 无须 | 无须 | 中融信托 | 无须 | 无须 |
| 北京信托 | 无须 | 无须 | 中信信托 | 无须 | 无须 |
| 东莞信托 | 无须 | 无须 | 中原信托 | 无须 | 无须 |
| 甘肃信托 | 无须 | 无须 | 渤海信托 | 无须 | 无须 |
| 广东粤财 | 无须 | 无须 | 交银国际信托 | 无须 | 无须 |
| 国联信托 | 无须 | 无须 | 中投信托 | 无须 | 无须 |
| 国民信托 | 无须 | 无须 | 华能信托 | 无须 | 无须 |
| 杭工商信托 | 无须 | 无须 | 爱建信托 | 无须 | 无须 |
| 建信信托 | 无须 | 无须 | 新时代信托 | 无须 | 无须 |
| 湖南信托 | 无须 | 无须 | 中航信托 | 无须 | 无须 |
| 江苏信托 | 无须 | 无须 | 华澳信托 | 无须 | 无须 |
| 联华信托 | 无须 | 无须 | 金谷信托 | 无须 | 无须 |
| 华宸信托 | 无须 | 无须 | 华宝信托 | 是 | 未披露 |
| 昆仑信托 | 无须 | 无须 | 江西信托 | 是 | 未披露 |

## 八、信托公司2010年年报中对经营因素的认可情况分析

### （一）关于经营目标

全部56家公司均对经营目标做出了表述。

从56家披露了经营目标的信托公司年报分析，如表6-8-1所示“认同目标前五名”，依次为完善内部管理、提高经营绩效和风控水平；对全国行业排名或地位提出期望，努力成为卓越金融企业；扩大业务范围，加强信托主业；回报股东和信托受益人；为客户提供多样化金融产品并创造价值。上述五项在2009年的统计中也处于前五位。

**表6-8-1　认同前5名的经营目标**

| 经营目标 | 认同公司数 |
|---|---|
| 完善内部管理、提高经营绩效和风控水平 | 20 |
| 对全国行业排名或地位提出期望，努力成为卓越金融企业 | 19 |
| 回报股东和信托受益人 | 19 |
| 扩大业务范围，加强信托主业 | 14 |
| 为客户提供多样化金融产品，并创造价值 | 9 |

### (二)关于经营方针

全部56家公司均披露了经营方针。

从56家披露了经营方针的信托公司年报分析,如表6-8-2所示为"经营方针认同前五名"。

**表6-8-2　认同前5名的经营方针**

| 经营方针 | 认同公司数 |
|---|---|
| 强化诚信、稳健、合规的经营思路 | 33 |
| 股东回报或信托受益人收益最大化 | 21 |
| 创新业务模式和盈利模式,扩大信托产品规模,推动信托业务转型 | 17 |
| 完善法人治理结构和内部管理,加强风险控制 | 10 |
| 加强业务的专业化,有针对性地为客户提供服务 | 8 |

### (三)关于战略规划

全部56家公司均披露了战略规划。

从56家披露了战略规划的信托公司年报分析,如表6-8-3所示,为"战略规划认同前五名"。说明大部分公司认同现有信托业务难以支持自身发展,应该不断创新,实现业务转型,培育核心竞争力。

**表6-8-3　认同前5名的战略规划**

| 战略规划 | 认同公司数 |
|---|---|
| 在创新业务领域内实现突破,实现业务转型、培育核心竞争力 | 38 |
| 对全国行业排名或地位提出期望,努力成为卓越金融企业 | 27 |
| 提升风险管理能力 | 21 |
| 形成专业的员工队伍,完善激励机制 | 17 |
| 完善的法人治理结构、规范的经营管理制度 | 13 |

### (四)关于经济形势认识

全部56家公司中有4家公司披露了对经济形势的认识,未披露的公司在对经营有利、不利因素的分析中谈及了公司对经济形势的认识。

从4家披露了对经济形势认识的信托公司年报分析,如表6-8-4所示。

**表6-8-4　认同前3名的经济形势分析**

| 经济形势 | 认同公司数 |
|---|---|
| 中国经济持续平稳发展,经济结构进行调整,总体运行态势较好。 | 2 |
| 经济和政策面临一定的困难和波动,对信托公司业务拓展和风险管理造成一定影响。 | 1 |
| 国家宏观调控政策的密集出台,为各类金融机构提供了发展机遇。 | 1 |

### (五)关于金融形势认识

全部56家公司中有4家公司披露了对金融形势的认识,未披露的公司在对经营有利、不利因素的分析中谈及了公司对金融形势的认识。

从4家披露了对金融形势认识的信托公司年报分析,如表6-8-5所示。

**表6-8-5　认同前3名的金融形势分析**

| 金融形势 | 认同公司数 |
|---|---|
| 国民财富的增长对信托行业来说,将对其稳健发展起到一定的推动作用。 | 2 |
| 国家通过一系列措施,继续深化金融改革,加快金融市场发展,以及宏观政策的出台促进了对信托行业的发展。 | 1 |
| 随着金融市场不确定性风险增加,监管部门对金融企业公司治理、内部控制、风险管理等方面的监管提出了更高的要求。 | 1 |

### (六)关于经营有利因素的认识

全部56家公司均披露了经营有利因素。

从56家披露了经营有利因素的信托公司年报分析,如表6-8-6所示,为经营有利因素认同前五名。排名前两位的是对宏观经济政策和投资、理才需求的不断增长的认同。

表6－8－6　认同前5名经营有利因素分析

| 经营有利因素 | 认同公司数 |
|---|---|
| 宏观经济政策良好 | 49 |
| 投资、理才需求的不断增长 | 34 |
| 监管部门的支持、信托新规的完善形成巨大机遇 | 33 |
| 公司自身的转型、管理的完善、雄厚的资金实力、资产质量的改善、品牌形象的树立 | 28 |
| 区域环境的优势 | 18 |

## （七）关于经营不利因素的认识

全部56家公司均披露了经营不利因素。

从56家披露了经营不利因素的信托公司年报分析，如表6－8－7所示，为经营不利因素认同前五名。

表6－8－7　认同前5名的经营不利因素分析

| 经营不利因素 | 认同公司数 |
|---|---|
| 理财产品市场竞争激烈，其他金融行业构成竞争 | 38 |
| 信托新规对信托业短期发展，尤其是现有信托业务的限制，信托法规有待完善 | 32 |
| 缺乏宏观决策的关注和存在政策支持力度的问题 | 20 |
| 金融危机波及金融行业，内外宏观经济环境不确定因素较多 | 18 |
| 信托业务的开发缺乏更为广阔的市场基础，地区欠发达 | 16 |

## （八）关于内部控制职能部门的认识

全部56家公司均披露了内部控制职能部门。

从56家披露了内部控制职能部门的信托公司年报分析可以看出，对信托公司内部控制认为有效的、应当建立的职能部门前5名的部门为三会、管理层、稽核审查部、风险及合规管理部、董事会风险控制委员会及审计委员会。详见表6－8－8。

表6－8－8　认同前5名的对内部控制职能部门认同分析

| 内部控制职能部门 | 认同公司数 |
|---|---|
| 股东会、董事会、监事会及管理层 | 47 |
| 合规与风险管理委员会 | 46 |
| 审计委员会 | 35 |
| 风险及合规管理部 | 31 |
| 稽核审查部 | 16 |

## （九）关于风险管理可能遇到的风险的认识

全部56家公司均披露了可能遇到的风险。

从56家披露了"可能遇到的风险"的信托公司年报分析可以看出，信托公司认为风险管理可能遇到的前四名风险分别为信用风险、市场风险、操作风险、其他风险。详见表6－8－9。

表6－8－9　认同前4名的风险管理可能遇到的风险分析

| 可能遇到的风险 | 认同公司数 |
|---|---|
| 信用风险 | 56 |
| 市场风险 | 56 |
| 操作风险 | 56 |
| 其他风险 | 52 |

## （十）关于风险管理基本原则与政策的认识

全部56家公司中有29公司披露了风险管理的基本原则和政策。

从29家披露了风险管理的基本原则和政策的信托公司年报分析，如表6－8－10所示。

**表6－8－10　认同前5名的风险管理基本原则与政策的分析**

| 风险管理基本原则与政策 | 认同公司数 |
|---|---|
| 全面性原则 | 26 |
| 独立性原则 | 20 |
| 有效性原则 | 20 |
| 审慎性原则 | 16 |
| 及时性原则 | 10 |

## (十一)关于风险管理组织机构与职责的认识

全部56家公司中有48家公司披露了风险管理的组织机构与职责。

从48家披露了风险管理的组织机构与职责的信托公司年报分析，如表6－8－11所示。

**表6－8－11　认同前5名的风险管理组织机构与职责的分析**

| 风险管理组织机构与职责 | 认同公司数 |
|---|---|
| 合规及风险控制委员会：拟定公司的风险管理政策和指导原则，风险的评估、识别、防范和认定 | 37 |
| 董事会：承担风险管理的最终责任，对公司进行全面风险管理，掌握公司面临的各项重大风险及其风险管理状况，作出有效控制风险的决策 | 36 |
| 稽核审查部：对各项经营风险控制情况进行全面监督检查和评价 | 32 |
| 合规风险部门：发挥日常监督、控制和预警的职能，对公司经营管理和执业行为的监察监督 | 27 |
| 经营管理层：负责执行公司风险管理的政策，定期审查监督风险管理的程序以及具体的操作规程，对部门和员工具体执行风险管理制度执行监督，定期向董事会、监事会报告风险管理情况。 | 18 |

## (十二)关于信用风险状况的认识

全部56家公司均认同信用风险，信用风险是指交易过程中由于交易对手方或相关交易方产生的交易不确定性。

全部56家公司均披露了具体风险点，如表6－8－12所示，信用风险主要存在于贷款和债券等信贷相关业务中。部分公司同时还关注在证券投资、股权投资、同业往来、担保业务中交易相关方所造成的不确定性。

**表6－8－12　认同前4名的信用风险状况分析**

| 信用风险 | 认同公司数 |
|---|---|
| 公司贷款业务中贷款对象、债券发行人造成的不确定性 | 38 |
| 担保业务中的相关交易方造成的不确定性 | 34 |
| 证券投资中的券商、股权投资中的被投资人造成的不确定性 | 17 |
| 应收、其他应收款项中的信用风险 | 8 |

## (十三)关于信用风险管理措施的认识

全部56家公司均披露了信用风险管理措施。

从56家披露了信用风险管理措施的信托公司年报分析，见表6－8－13。公司基本贯彻了事前、事中、事后风险管理，保持了风险管理的连贯性。针对信贷业务中信用风险较高的情况，大部分信托公司均认真落实了贷款担保和抵押。

**表6－8－13　认同前5名的信用风险管理措施的分析**

| 信用风险管理措施 | 认同公司数 |
|---|---|
| 加强对交易对手尽职调查等事前防范 | 52 |
| 事中对交易对手进行动态管理 | 34 |
| 项目结束后及时进行审计和评价，事后定期监控财务指标，足额计提准备 | 32 |
| 认真落实贷款担保、抵押 | 26 |
| 严格按照业务流程开展业务 | 18 |

## (十四)关于市场风险状况的认识

全部56家公司均披露了市场风险状况，认为股价、汇率、利率、其他价格等金融市场变量波动对盈利的影响是主要的市场风险。另有个别公司提到了同业竞争风险和经济周期风险等。

表 6－8－14　认同前 4 名的市场风险状况的分析

| 市场风险 | 认同公司数 |
|---|---|
| 利率波动的影响 | 48 |
| 股价波动的影响 | 45 |
| 汇率波动的影响 | 37 |
| 其他价格波动的影响 | 22 |

## （十五）关于市场风险管理措施的认识

全部 56 家公司均披露了市场风险管理措施。

如表 6－8－15 所示，大多数公司采取了考验自身投研实力的主动性措施：利用资产组合管理、设置止损、风险对冲、规避限制类行业和项目等方法来控制市场风险。

表 6－8－15　认同前 5 名的市场风险管理措施的分析

| 市场风险管理措施 | 认同公司数 |
|---|---|
| 关注国家宏观政策变化，规避限制类行业和相关项目 | 49 |
| 加强行业风险研究，规避宏观面和行业周期产生的市场风险 | 43 |
| 进行资产组合管理，设置止损，风险对冲，动态调整资产配置方案 | 20 |
| 考虑经济形势制定合理的固定利率或者浮动利率方案 | 12 |
| 加强对经济及金融形势的分析预测 | 11 |

## （十六）关于操作风险状况的认识

全部 56 家公司中有 53 家公司均明确披露了操作风险中可能的风险点。

排名前五位的风险点如表 6－8－16 所示。

表 6－8－16　认同前 5 名的操作风险状况的分析

| 操作风险 | 认同公司数 |
|---|---|
| 内部管理制度或流程失误 | 49 |
| 操作者个人原因 | 43 |
| 信息系统的不完善 | 29 |
| 外部事件影响 | 20 |
| 内部控制缺失 | 8 |

## （十七）关于操作风险管理措施的认识

全部 56 家公司均披露了操作风险管理措施。

排名前五位的操作风险管理措施如表 6－8－17 所示。

表 6－8－17　认同前 5 名的操作风险管理措施的分析

| 操作风险管理措施 | 认同公司数 |
|---|---|
| 加强内控，加强岗位之间的制衡 | 52 |
| 完善业务流程，加强合规管理 | 50 |
| 员工加强风险教育，制定奖惩制度 | 24 |
| 对内控制度的执行情况和制度完备性进行定期的检查，并督促及时整改 | 19 |
| 完善信息系统 | 17 |

## （十八）关于其他风险状况的认识

全部 56 家公司中有 48 家公司披露了其他风险状况。

如表 6－8－18 所示为认同前五名的其他风险状况。

**表6-8-18　认同前5名的其他风险状况的分析**

| 其他风险状况 | 认同公司数 |
|---|---|
| 政策风险:宏观政策以及监管政策的变动对公司经营环境和发展所造成的风险。 | 32 |
| 道德风险:由于内部人员蓄意违法或与利益主体串通所引起的风险。 | 28 |
| 信誉风险:由于公司操作失误,违反有关规定,资产质量下降不能到期偿债和管理不善等原因,对其外部市场造成的不良影响。 | 22 |
| 法律风险:公司在业务经营中由于合同内容等方面在法律上有缺陷或不完善而发生法律纠纷等风险。 | 20 |
| 合规风险:公司因没有遵循法律、规则和准则可能遭受法律制裁、监管处罚、重大财务损失和声誉损失的风险。 | 17 |

### (十九)关于其他风险管理措施的认识

全部56家公司中有51公司披露了其他风险管理措施。

如表6-8-19所示为认同前5名的其他风险管理措施。

**表6-8-19　认同前5名的其他风险管理措施的分析**

| 其他风险管理措施 | 认同公司数 |
|---|---|
| 加强内控建设和道德教育,控制道德风险 | 38 |
| 加强宏观研究,控制政策风险 | 33 |
| 合规性审查 | 28 |
| 设立法务部或聘请律师,加强法律研究 | 20 |
| 通过尽职管理和充分信息披露以塑造公司的专业和诚信形象,对可能影响公司声誉的业务坚决予以回避 | 12 |

## 九、2010年自营资产分布与运用情况分析

**表6-9-1　信托公司自营资产分布与组合状况汇总表**

| 资产运用 | 金额(万元) | 占比(%) | 资产分布 | 金额(万元) | 占比(%) |
|---|---|---|---|---|---|
| 货币资产 | 2 197 992.34 | 15.13 | 基础产业 | 509 523.22 | 3.51 |
| 短期投资 | 10 817.00 | 0.07 | 房地产业 | 962 535.23 | 6.62 |
| 交易性金融资产 | 943 858.46 | 6.50 | 证券 | 2 789 819.69 | 19.20 |
| 贷款及应收款 | 2 455 096.08 | 16.89 | 金融机构 | 5 485 243.69 | 37.75 |
| 发放贷款和垫款 | 238 000.00 | 1.64 | 股权投资 | 0.00 | 0.00 |
| 其他流动资产 | 104 435.11 | 0.72 | 实业 | 1 441 129.73 | 9.92 |
| 可供出售金融资产 | 3 417 512.21 | 23.52 | 其他 | 3 343 371.40 | 23.01 |
| 长期股权投资 | 4 013 988.86 | 27.62 | | | |
| 持有至到期投资 | 548 293.30 | 3.77 | | | |
| 其他 | 601 629.60 | 4.14 | | | |
| 资产总计 | 14 531 622.96 | 100.00 | 资产总计 | 14 531 622.96 | 100.00 |

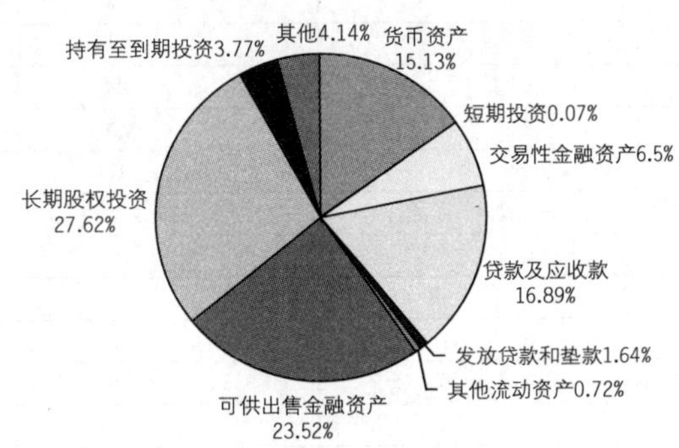


**图6-9-1　自营资产运用分析图**

从自营资产的运用组合来看,主要集中在长期投资上,占比27.62%,说明信托公司目前的经营方式仍以传统业务为主导。

# 第七章　公司治理结构及人员结构

截至2010年末，信托公司构建了以"一法两规"及相关法规为基本依据、以保证国家法律法规的贯彻执行，保证风险管理体系的有效性为目标，以全面性、审慎性、及时性、有效性、独立性等为基本原则，建立了授权体系、监控反馈制度等内部控制制度。实施了组织结构控制，形成了一定的公司治理运行机制和分工合理、职责明确、报告清晰的组织结构，明确了"三会一层"(股东大会、董事会、监事会、经营管理层)的职能和责任。本章就信托公司的公司治理情况进行分析。

## 一、2010年公司股东会、董事会和监事会三会情况分析

### (一)股东会、董事会和监事会三会会议次数

2010年，有50家信托公司在年报中不同程度地披露了三会会议的情况，其余6家未作披露，详见表7－1－1。

**表7－1－1　2010年56家信托公司三会的会议情况表**

| 名称 | 年度股东会会议次数 | 年度董事会会议次数 | 年度监事会会议次数 |
|---|---|---|---|
| 国元信托 | 2 | 2 | 2 |
| 安信信托 | 2 | 5 | 5 |
| 百瑞信托 | 4 | 9 | 2 |
| 北方信托 | 5 | 6 | 4 |
| 北京信托 | 2 | 13 | 2 |
| 渤海信托 | 未披露 | 未披露 | 未披露 |
| 华信信托 | 未披露 | 未披露 | 未披露 |
| 东莞信托 | 7 | 3 | 2 |
| 甘肃信托 | 2 | 3 | 2 |
| 广东粤财 | 3 | 6 | 2 |
| 国联信托 | 6 | 6 | 2 |
| 国民信托 | 3 | 4 | 2 |
| 国投信托 | 5 | 8 | 2 |
| 杭工商信托 | 3 | 5 | 2 |
| 湖南信托 | 4 | 22 | 2 |
| 华澳信托 | 2 | 2 | 1 |
| 华宝信托 | 未披露 | 未披露 | 未披露 |
| 华宸信托 | 1 | 3 | 1 |
| 华能信托 | 4 | 5 | 2 |
| 华融信托 | 4 | 24 | 2 |
| 华润信托 | 5 | 11 | 4 |
| 吉林信托 | 6 | 27 | 3 |
| 建信信托 | 3 | 9 | 4 |
| 江苏信托 | 1 | 12 | 2 |
| 江西信托 | 未披露 | 未披露 | 未披露 |
| 交银国际信托 | 5 | 4 | 4 |
| 昆仑信托 | 2 | 5 | 2 |
| 联华信托 | 3 | 8 | 3 |
| 平安信托 | 4 | 9 | 4 |
| 厦门信托 | 1 | 3 | 3 |
| 山东信托 | 5 | 6 | 2 |
| 山西信托 | 1 | 6 | 1 |
| 陕国投 | 2 | 8 | 4 |
| 爱建信托 | 1 | 3 | 1 |

续表

| 名称 | 年度股东会会议次数 | 年度董事会会议次数 | 年度监事会会议次数 |
|---|---|---|---|
| 上海信托 | 2 | 6 | 2 |
| 苏州信托 | 4 | 16 | 3 |
| 天津信托 | 7 | 9 | 6 |
| 西安信托 | 3 | 7 | 3 |
| 西部信托 | 6 | 7 | 2 |
| 西藏信托 | 未披露 | 未披露 | 未披露 |
| 新华信托 | 5 | 8 | 3 |
| 新时代信托 | 1 | 7 | 1 |
| 英大信托 | 6 | 4 | 2 |
| 云南信托 | 1 | 5 | 2 |
| 中诚信托 | 3 | 3 | 3 |
| 外贸信托 | 4 | 7 | 1 |
| 金谷信托 | 未披露 | 未披露 | 未披露 |
| 中海信托 | 3 | 5 | 3 |
| 中航信托 | 3 | 6 | 2 |
| 中融信托 | 5 | 8 | 3 |
| 中泰信托 | 2 | 4 | 1 |
| 中铁信托 | 2 | 13 | 2 |
| 中投信托 | 7 | 15 | 1 |
| 中信信托 | 1 | 7 | 2 |
| 中原信托 | 4 | 6 | 1 |
| 重庆信托 | 6 | 9 | 7 |
| 合计 | 173 | 389 | 124 |
| 平均 | 3. 46 | 7. 78 | 2. 48 |

2010 年，有 50 家信托公司披露了三会的会议情况，与 2009 年的 49 家相比，披露的公司数量有所增加。从表 7 －1 －1 可见，50 家信托公司披露的股东会召开次数为 173 次，平均股东会召开次数为 3. 46 次；50 家信托公司披露的董事会召开次数为 389 次，平均董事会召开次数为 7. 78 次；50 家信托公司披露的监事会召开次数为 124 次，平均监事会召开次数为 2. 48 次。2009 年的此三项平均数字分别为 3. 96 次、7. 78 次和 2. 23 次，可见，2010 年，股东会的平均召开次数与 2009 年同期相比略有减少，而 2010 年董事会的平均召开次数与 2009 年持平，监事会的平均召开次数与 2009 年同期相比略有增加。

## （二）董事会及其基本情况分析

### 1. 董事的变更分析

在 56 家信托公司中，有 37 家详细披露了 2010 年内发生的董事变更次数和变更人员情况；其余 19 家明确披露了 2010 年内没有发生董事的变更。具体变更情况详见表 7 －1 －2。

**表 7 －1 －2　信托公司 2010 年董事变更情况表**

| 名称 | 是否变更 | 变更次数 | 期内董事变更详情列示 |
|---|---|---|---|
| 国元信托 | 是 | 1 | 2010 年 9 月，经公司第一次临时股东会会议审议和表决通过，宋炳山先生担任公司独立董事。2010 年 12 月，经安徽银监局核准正式任职。 |
| 安信信托 | 否 | | |
| 百瑞信托 | 否 | | |
| 北方信托 | 是 | 1 | 经股东天津投资集团公司推荐，公司 2010 年第一次临时股东会决议，聘任王工布先生担任公司董事，陆铁栋先生不再担任公司董事。 |
| 北京信托 | 是 | 1 | 2010 年 9 月，经北京银监局核准批复原董事童云芳、Tim Davis 正式离任，汤民强、Thomas Adam Shippey 增补为公司董事。 |
| 渤海信托 | 否 | | |
| 华信信托 | 是 | 1 | 报告期内，公司第八届董事会届满，股东大会选举产生了第九届董事会，董永成先生、张凤阁先生、周昱今先生、姜顺杰先生、刘辉先生、王兰山先生、李淑英女士、周树立先生、张丽女士当选为第九届董事会董事。 |
| 东莞信托 | 是 | 2 | 1. 经东莞信托有限公司股东会 2009 年第七次临时会议审议通过并经广东银监局核准，彭志坚同志于 2010 年 3 月 10 日正式履行东莞信托有限公司独立董事职责。<br>2. 经东莞信托有限公司股东会 2009 年第七次临时会议审议通过并经广东银监局核准，王启波同志于 2010 年 3 月 25 日正式履行东莞信托有限公司董事职责。 |

续表

| 名称 | 是否变更 | 变更次数 | 期内董事变更详情列示 |
| --- | --- | --- | --- |
| 甘肃信托 | 是 | 1 | 经2010年8月3日第二届三次董事会决议，公司法人、原董事长赵兰银同志不再担任第二届董事会董事长，拟选举马江河同志担任第二届董事会董事长，经监管机构核准其任职资格后任职，现阶段等待监管部门审核批复，截至目前，尚未收到马江河董事长任职资格的审核批复，工商登记也未进行变更。 |
| 广东粤财 | 否 | | |
| 国联信托 | 否 | | |
| 国民信托 | 是 | 1 | 公司股东会审议通过，并报北京银监局核准，陈世彪先生、李政怀先生、付然女士、吴祝花女士获批为公司董事；同意何伟智先生、罗明耀先生辞任公司董事职务。公司董事会审议通过，并报中国银监会核准，陈世彪先生出任公司董事长。 |
| 国投信托 | 是 | 1 | 依照《公司法》及本公司《章程》相关规定，公司原任独立董事夏斌于2010年3月5日向股东会提交了辞职申请，并经公司2009年股东会同意不再担任本公司独立董事。经离任审计后，报北京银监局备案。2010年7月21日阎维杰经公司2010年第一次临时股东会聘任为公司独立董事，并经北京银监局任职资格核准。 |
| 杭工商信托 | 是 | 1 | 报告期内，公司第五届董事会董事长郑向炜先生因病去世，经公司2010年第二次临时股东大会研究讨论，同意增补公司董事，并选举虞利明先生为新任董事；并经公司第五届董事会第十三次会议研究，选举虞利明先生为公司新任董事长。截至2010年12月31日，虞利明先生的任职资格已上报监管机构，待核准。 |
| 湖南信托 | 是 | 1 | 报告期内，由于工作变动原因，经公司第三届董事会第四次会议、2010年第一次股东会审议通过，同意胡小龙辞去董事职务。根据股东推荐，选举陆小平为第三届董事会股东代表董事。 |
| 华澳信托 | 是 | 1 | 原董事Andrew Low于2010年9月27日股东会批准辞去董事职务，由麦格理推荐Kalpana Desai担任董事职务。 |
| 华宝信托 | 是 | 2 | 1. 原董事长于业明因工作调动，辞去董事长职务。股东会已审议通过郑安国担任新任董事长，监管部门于2010年3月已核准。<br>2. 原独立董事丁远因工作原因，辞去独立董事职务。股东会已审议通过赵欣舸担任新任独立董事，监管部门于2010年3月已核准。 |
| 华宸信托 | 否 | | |
| 华能信托 | 是 | 1 | 因工作变换，江铭强不再担任公司董事，更换为杨思东。 |
| 华融信托 | 是 | 3 | 1. 报告期内，新疆银监局以新银监复〔2010〕35号批复核准何维达华融国际信托有限责任公司独立董事任职资格。<br>2. 以新银监复〔2010〕52号批复核准王小选华融国际信托有限责任公司董事任职资格。<br>3. 以新银监复〔2010〕101号批复核准卢江天华融国际信托有限责任公司董事、副董事长任职资格。 |
| 华润信托 | 是 | 2 | 1. 2010年5月30日召开的公司2010年第三次股东会会议选举宋群先生担任公司董事。同时，因工作岗位变动原因，免去吴丁先生公司董事职务。<br>2. 2010年5月30日召开的公司2010年第三次股东会会议选举桂自强先生担任公司董事。同时，因工作岗位变动原因，免去何建锋先生公司董事职务。 |
| 吉林信托 | 是 | 1 | 经吉林省银监局审核，2010年3月19日，聘任蔡立东为公司独立董事，张巍任职工董事。原职工董事闫译文因工作调动不再担任职工董事。 |
| 建信信托 | 是 | 1 | 2010年12月20日经公司2010年第二次临时股东会审议，决定聘任王巍为公司第一届董事会独立董事，其任职资格尚待中国银监会核准。 |
| 江苏信托 | 否 | | |
| 江西信托 | 是 | 1 | 本报告期内，原股东新余钢铁股份有限公司转让所持有的本公司股份，该公司委派的董事胡显勇辞去本公司的董事职务。 |
| 交银国际信托 | 是 | 2 | 1. 根据公司2010年股东会第四次会议决议及第一届董事会第十五次会议选举，王滨先生任公司第一届董事会董事长，金大建先生不再任公司董事长。<br>2. 根据公司2010年股东会第五次会议决议批准的《公司董事会换届方案》，同意王滨先生（董事长）、赵炯先生（执行董事）、黄建宏先生、林至红女士、王卫东先生、阮红女士、李杨勇先生、李惠珍女士（独立董事）为交银国际信托有限公司第二届董事会董事。 |
| 昆仑信托 | 否 | | |
| 联华信托 | 否 | | |
| 平安信托 | 是 | 1 | 报告期内，公司第三届董事会任期届满，于2010年12月进行了董事换届选举，选举童恺先生、任汇川先生、吴岳翰先生、王利平女士、姚波先生、葛俊杰先生、夏立平先生、鲍友德先生、李罗力先生为公司第四届董事会董事，其中童恺先生、吴岳翰先生、王利平女士、姚波先生、葛俊杰先生、夏立平先生、鲍友德先生、李罗力先生为连选连任，夏立平先生、鲍友德先生、李罗力先生为独立董事；并选举童恺先生继续出任公司董事会董事长。 |
| 厦门信托 | 否 | | |
| 山东信托 | 否 | | |
| 山西信托 | 是 | 1 | 报告期内，经本公司2010年第一次股东会审议，同意刘叔肄、常代有担任公司董事，王四国、王建军不再担任公司董事。刘叔肄、常代有董事的任职资格已经山西银监局核准（晋银监函〔2010〕83号）。 |
| 陕国投 | 否 | | |

续表

| 名称 | 是否变更 | 变更次数 | 期内董事变更详情列示 |
|---|---|---|---|
| 爱建信托 | 是 | 1 | 2010年8月26日，公司召开股东会、董事会、监事会会议，对董事、监事及高级管理层人员调整事项分别作出决议：选举马金为副董事长、徐宜阳因工作调动不再担任副董事长，增补周伟忠为董事。公司随后将新任职人员的任职资格报监管部门审核并获得批准。 |
| 上海信托 | 是 | 1 | 2010年9月，经上海国际信托有限公司第三届第五次职工代表会议审议和表决通过，选举庄维苏女士担任公司第四届董事会职工董事，2010年11月，经上海银监局核准正式任职。宗德奎先生因工作调动不再担任公司职工董事。 |
| 苏州信托 | 是 | 1 | 崔斌先生因个人原因辞去公司董事及总裁职务。 |
| 天津信托 | 是 | 4 | 1. 2010年3月11日，公司以通讯方式召开2010年股东会第1次临时会议，审议通过了《关于王卫东为天津信托有限责任公司副董事长的决议》。<br>2. 2010年4月18日，公司召开2010年第2次股东会会议，审议通过了《关于朱振山、王书申、赵鹏、李绍忠不再担任公司董事的决议》。<br>3. 2010年4月18日，公司召开2010年第3次股东会会议，审议通过了2010年公司董事会组成新一届董事会，即天津信托有限责任公司第六届董事会。同意原董事会成员王海智、王卫东、董建新、李林、张维、李延敬、樊振荣(其中李延敬、樊振荣为独立董事)7人继续留任，新增刘青松、弓劲梅、钟玲玲、黄书平4人为新董事的决议。<br>4. 2010年10月21日，公司以通讯方式召开2010年股东会第3次临时会议，审议通过了《关于马君潞为天津信托有限责任公司独立董事的决议》。 |
| 西安信托 | 是 | 1 | 2010年1月30日，2010年第一次临时股东会批准了蒋锦志辞去独立董事的申请，同时选举周春生为独立董事。2010年8月6日，陕西银监局以陕银监复〔2010〕38号批复关于周春生任职资格的批复，核准周春生西安国际信托有限公司独立董事任职资格。 |
| 西部信托 | 是 | 2 | 1. 经公司2010年第一次临时股东会会议审议同意，由赵辉出任公司董事，李哲不再担任公司董事。<br>2. 2010年6月18日经公司职工代表大会一届一次会议，推选答孝棋为本公司职工董事，任职资格已于2010年8月6日经中国银行业监督管理委员会核准通过。 |
| 西藏信托 | 是 | 1 | 报告期内，选举陈克东、任显成，查松为新一届董事，同时选举央金为独立董事，而妮珍、阿旺、索朗班久不再担任公司董事。 |
| 新华信托 | 是 | 2 | 1. 鉴于孙勇先生辞去独立董事职务，公司于3月10日召开2010年第一次临时股东大会，会议选举李钢先生担任独立董事职务，李钢先生的任期为孙勇先生之剩余任期。其任职资格已于2010年5月11日经《关于李钢金融机构董事任职资格的批复》(渝银监复〔2010〕39号)核准。<br>2. 公司于8月30日召开了2010年第二次临时股东大会，会议同意许勇先生辞去公司董事一职，选举许洛圣先生新任公司董事，原由许勇先生担任的董事等所有职务全部由许洛圣先生承继，许洛圣先生的任期为许勇先生之剩余任期。其任职资格已于10月21日经《关于许洛圣金融机构董事任职资格的批复》(渝银监复〔2010〕100号)核准。 |
| 新时代信托 | 否 | | |
| 英大信托 | 是 | 1 | 本年度董事会成员变动情况说明：经股东会通过，山东省银监局批准，本年度新任董事是陈书堂(2010年1月19日到任履职)、张守合(2010年5月10日到任履职)；离任董事张现成。以上董事到任或离任均属股东单位推荐和工作需要，本人申请辞任董事职务。 |
| 云南信托 | 否 | | |
| 中诚信托 | 是 | 2 | 1. 2010年4月27日，经股东会、董事会选举，一致同意邓红国同志为公司第二届董会董事、董事长；原董事长王忠民同志因退休，不再担任公司董事、董事长，邓红国同志的董事任职资格已于2010年6月3日经中国银监会核准通过(银监复〔2010〕244号)，并在国家工商总局备案。<br>2. 2010年11月30日，公司临时股东会选举邓红国、王少华、俞小平、王会娟、陈长春、张毅、洪小源、赵海龙、尹新全、赵荣哲为公司董事，杨化彭、杨胜刚、张晓森为公司独立董事，组成新一届董事会，其中新任董事俞小平、张毅、王少华董事资格正在中国银监会核准中。 |
| 外贸信托 | 是 | 2 | 1. 2010年8月3日，外贸信托2010年第二次临时股东会议审议通过了关于调整中国对外经济贸易信托有限公司董事的议案，决定委派王引平同志、胡学静同志、刘剑同志任中国对外经济贸易信托有限公司董事，冯志斌同志、杨林同志、孔繁星同志不再担任中国对外经济贸易信托有限公司董事职务。<br>2. 2010年9月13日，外贸信托第四届董事会第一次会议审议通过了关于选举王引平同志担任中国对外经济贸易信托有限公司董事长的议案。<br>2010年11月26日，银监会下发了《关于核准王引平等五人任职资格的批复》，核准王引平任中国对外经济贸易信托有限公司董事长、董事，胡学静、刘剑任中国对外经济贸易信托有限公司董事。 |
| 金谷信托 | 否 | | |
| 中海信托 | 否 | | |
| 中航信托 | 是 | 1 | 公司原董事胡剑先生因工作关系变动无法继续担任本公司董事，2010年4月29日，公司以通信方式召开“2010年第一次股东大会”，审议通过《关于更换董事的决议》，决定胡剑先生不再担任公司董事职务，并选举刘敏先生为公司一届董事会董事。刘敏先生任本公司董事的任职资格已获得中国银行业监督管理委员会江西监管局核准。 |
| 中融信托 | 是 | 2 | 1. 2010年2月，2009年度股东会审议通过，免去姜文辉董事职位。<br>2. 2010年7月，2010年第二次临时股东会审议通过，免去孙永斌、吴言、李华杰董事职位，选举姚育明、赫小铂、李辉为新任董事。 |

续表

| 名称 | 是否变更 | 变更次数 | 期内董事变更详情列示 |
|---|---|---|---|
| 中泰信托 | 是 | 1 | 2010年3月，公司股东会选举产生第五届董事会、监事会组成，新董事会成员任职资格均通过监管核准。 |
| 中铁信托 | 是 | 1 | 公司于2010年12月26日召开的第三届董事会第二十五次会议审议通过了《关于审议李建生女士辞任的议案》，同意李建生女士因工作原因辞去公司董事长职务，李建生女士离任董事长职务自新的董事长选举产生并且其任职资格经监管部门核准后正式生效；审议通过了《关于选举公司董事长的议案》，选举王俊明先生为公司董事长，王俊明先生在其董事长任职资格经监管部门核准后正式履职，截至报告期末，王俊明先生的任职资格在申请核准过程中。 |
| 中投信托 | 是 | 1 | 根据公司章程规定，公司董事会、监事会、高管层三年一换届，属正常变动。第一届董事长为高传捷，董事为叶星，黄建军，经公司换届选举，第二届董事长为郭云钊，董事为叶星、张剑平。 |
| 中信信托 | 否 | | |
| 中原信托 | 否 | | |
| 重庆信托 | 否 | | |

### 2. 董事构成分析

在信托公司披露的董事人数设置上，人数最多的天津信托为15人，最少为安信信托、吉林信托和中投信托，均为5人，平均董事人数为8.80人，与上年基本持平，董事的人数基本合理。但是，在56家信托公司中有17家董事人数设置为偶数，不符合董事人数应当为奇数的常规。在董事的性别构成中男性占88.03%，女性占11.76%。在董事的年龄构成中，董事的平均年龄为49.59岁，其中20～29岁的占0.61%，30～39岁的占6.09%，40岁以上的占93.10%。应当说，不论从董事的人数设置、性别构成或是年龄构成均基本合理。

**表7-1-3　2010年末56家信托公司董事会人员性别构成分析表**

| 名称 | 董事会成员人数 | 其中男性人数 | 男性人数比例(%) | 其中女性人数 | 女性人数比例(%) |
|---|---|---|---|---|---|
| 国元信托 | 9 | 8 | 88.89 | 1 | 11.11 |
| 安信信托 | 5 | 3 | 60.00 | 2 | 40.00 |
| 百瑞信托 | 7 | 7 | 100.00 | 0 | 0.00 |
| 北方信托 | 14 | 11 | 78.57 | 3 | 21.43 |
| 北京信托 | 11 | 10 | 90.91 | 1 | 9.09 |
| 渤海信托 | 6 | 6 | 100.00 | 0 | 0.00 |
| 华信信托 | 9 | 7 | 77.78 | 2 | 22.22 |
| 东莞信托 | 10 | 10 | 100.00 | 0 | 0.00 |
| 甘肃信托 | 9 | 9 | 100.00 | 0 | 0.00 |
| 广东粤财 | 6 | 6 | 100.00 | 0 | 0.00 |
| 国联信托 | 9 | 9 | 100.00 | 0 | 0.00 |
| 国民信托 | 8 | 6 | 75.00 | 2 | 25.00 |
| 国投信托 | 8 | 8 | 100.00 | 0 | 0.00 |
| 杭工商信托 | 8 | 7 | 87.50 | 1 | 12.50 |
| 湖南信托 | 7 | 6 | 85.71 | 1 | 14.29 |
| 华澳信托 | 7 | 6 | 85.71 | 1 | 14.29 |
| 华宝信托 | 10 | 9 | 90.00 | 1 | 10.00 |
| 华宸信托 | 8 | 8 | 100.00 | 0 | 0.00 |
| 华能信托 | 9 | 7 | 77.78 | 2 | 22.22 |
| 华融信托 | 11 | 9 | 81.82 | 2 | 18.18 |
| 华润信托 | 9 | 8 | 88.89 | 1 | 11.11 |
| 吉林信托 | 5 | 5 | 100.00 | 0 | 0.00 |
| 建信信托 | 8 | 8 | 100.00 | 0 | 0.00 |
| 江苏信托 | 8 | 8 | 100.00 | 0 | 0.00 |
| 江西信托 | 9 | 8 | 88.89 | 0 | 0.00 |
| 交银国际信托 | 8 | 5 | 62.50 | 3 | 37.50 |
| 昆仑信托 | 9 | 8 | 88.89 | 1 | 11.11 |
| 联华信托 | 9 | 7 | 77.78 | 2 | 22.22 |
| 平安信托 | 9 | 8 | 88.89 | 1 | 11.11 |
| 厦门信托 | 9 | 6 | 66.67 | 3 | 33.33 |
| 山东信托 | 9 | 9 | 100.00 | 0 | 0.00 |

续表

| 名称 | 董事会成员人数 | 其中男性人数 | 男性人数比例(%) | 其中女性人数 | 女性人数比例(%) |
|---|---|---|---|---|---|
| 山西信托 | 7 | 7 | 100.00 | 0 | 0.00 |
| 陕国投 | 9 | 7 | 77.78 | 2 | 22.22 |
| 爱建信托 | 6 | 6 | 100.00 | 0 | 0.00 |
| 上海信托 | 11 | 9 | 81.82 | 2 | 18.18 |
| 苏州信托 | 8 | 5 | 62.50 | 3 | 37.50 |
| 天津信托 | 15 | 13 | 86.67 | 2 | 13.33 |
| 西安信托 | 9 | 9 | 100.00 | 0 | 0.00 |
| 西部信托 | 10 | 9 | 90.00 | 1 | 10.00 |
| 西藏信托 | 6 | 5 | 83.33 | 1 | 16.67 |
| 新华信托 | 8 | 8 | 100.00 | 0 | 0.00 |
| 新时代信托 | 9 | 6 | 66.67 | 3 | 33.33 |
| 英大信托 | 13 | 12 | 92.31 | 1 | 7.69 |
| 云南信托 | 11 | 11 | 100.00 | 0 | 0.00 |
| 中诚信托 | 13 | 11 | 84.62 | 2 | 15.38 |
| 外贸信托 | 7 | 6 | 85.71 | 1 | 14.29 |
| 金谷信托 | 9 | 8 | 88.89 | 1 | 11.11 |
| 中海信托 | 7 | 7 | 100.00 | 0 | 0.00 |
| 中航信托 | 9 | 9 | 100.00 | 0 | 0.00 |
| 中融信托 | 7 | 6 | 85.71 | 1 | 14.29 |
| 中泰信托 | 9 | 9 | 100.00 | 0 | 0.00 |
| 中铁信托 | 9 | 8 | 88.89 | 1 | 11.11 |
| 中投信托 | 5 | 4 | 80.00 | 1 | 20.00 |
| 中信信托 | 9 | 8 | 88.89 | 1 | 11.11 |
| 中原信托 | 11 | 8 | 72.73 | 3 | 27.27 |
| 重庆信托 | 13 | 11 | 84.62 | 2 | 15.38 |
| 合计 | 493 | 434 | 88.03 | 58 | 11.76 |
| 平均 | 8.80 | 7.75 | 88.03 | 1.04 | 11.76 |

注:江西信托披露了8名董事的信息,另1名独立董事的情况未披露。

**表7-1-4　2010年末披露的信托公司董事会人员年龄构成分析表**

| 名称 | 董事会成员人数 | 其中20岁以下人数 | 20岁以下人数比例(%) | 其中20~29岁人数 | 20~29岁人数比例(%) | 其中30~39岁人数 | 30~39岁人数比例(%) | 其中40岁以上人数 | 40岁以上人数比例(%) | 董事的平均年龄 |
|---|---|---|---|---|---|---|---|---|---|---|
| 国元信托 | 9 | 0 | 0.00 | 0 | 0.00 | 1 | 11.11 | 8 | 88.89 | 46.22 |
| 安信信托 | 5 | 0 | 0.00 | 0 | 0.00 | 0 | 0.00 | 5 | 100.00 | 51.00 |
| 百瑞信托 | 7 | 0 | 0.00 | 0 | 0.00 | 0 | 0.00 | 7 | 100.00 | 50.29 |
| 北方信托 | 14 | 0 | 0.00 | 0 | 0.00 | 2 | 14.29 | 12 | 85.71 | 49.93 |
| 北京信托 | 11 | 0 | 0.00 | 0 | 0.00 | 3 | 27.27 | 8 | 72.73 | 47.91 |
| 渤海信托 | 6 | 0 | 0.00 | 0 | 0.00 | 2 | 33.33 | 4 | 66.67 | 52.33 |
| 华信信托 | 9 | 0 | 0.00 | 0 | 0.00 | 1 | 11.11 | 8 | 88.89 | 53.89 |
| 东莞信托 | 10 | 0 | 0.00 | 0 | 0.00 | 0 | 0.00 | 10 | 100.00 | 51.10 |
| 甘肃信托 | 9 | 0 | 0.00 | 0 | 0.00 | 2 | 22.22 | 7 | 77.78 | 47.44 |
| 广东粤财 | 6 | 0 | 0.00 | 1 | 16.67 | 0 | 0.00 | 5 | 83.33 | 42.17 |
| 国联信托 | 9 | 0 | 0.00 | 0 | 0.00 | 1 | 11.11 | 8 | 88.89 | 44.56 |
| 国民信托 | 8 | 0 | 0.00 | 0 | 0.00 | 2 | 25.00 | 6 | 75.00 | 46.63 |
| 国投信托 | 8 | 0 | 0.00 | 0 | 0.00 | 0 | 0.00 | 8 | 100.00 | 50.00 |
| 杭工商信托 | 8 | 0 | 0.00 | 0 | 0.00 | 0 | 0.00 | 8 | 100.00 | 50.88 |
| 湖南信托 | 7 | 0 | 0.00 | 0 | 0.00 | 0 | 0.00 | 7 | 100.00 | 50.14 |
| 华澳信托 | 7 | 0 | 0.00 | 0 | 0.00 | 0 | 0.00 | 7 | 100.00 | 51.57 |
| 华宝信托 | 10 | 0 | 0.00 | 0 | 0.00 | 1 | 10.00 | 9 | 90.00 | 50.50 |
| 华宸信托 | 8 | 0 | 0.00 | 0 | 0.00 | 0 | 0.00 | 8 | 100.00 | 48.00 |

续表

| 名称 | 董事会成员人数 | 其中20岁以下人数 | 20岁以下人数比例(%) | 其中20~29岁人数 | 20~29岁人数比例(%) | 其中30~39岁人数 | 30~39岁人数比例(%) | 其中40岁以上人数 | 40岁以上人数比例(%) | 董事的平均年龄 |
|---|---|---|---|---|---|---|---|---|---|---|
| 华能信托 | 9 | 0 | 0.00 | 0 | 0.00 | 0 | 0.00 | 9 | 100.00 | 49.44 |
| 华融信托 | 11 | 0 | 0.00 | 0 | 0.00 | 0 | 0.00 | 11 | 100.00 | 52.09 |
| 华润信托 | 9 | 0 | 0.00 | 0 | 0.00 | 0 | 0.00 | 9 | 100.00 | 49.89 |
| 吉林信托 | 5 | 0 | 0.00 | 0 | 0.00 | 1 | 20.00 | 4 | 80.00 | 45.00 |
| 建信信托 | 8 | 0 | 0.00 | 0 | 0.00 | 0 | 0.00 | 8 | 100.00 | 51.50 |
| 江苏信托 | 8 | 0 | 0.00 | 0 | 0.00 | 0 | 0.00 | 8 | 100.00 | 53.38 |
| 江西信托 | 9 | 0 | 0.00 | 0 | 0.00 | 0 | 0.00 | 8 | 88.89 | 51.13 |
| 交银国际信托 | 8 | 0 | 0.00 | 0 | 0.00 | 0 | 0.00 | 8 | 100.00 | 48.13 |
| 昆仑信托 | 9 | 0 | 0.00 | 1 | 11.11 | 0 | 0.00 | 8 | 88.89 | 46.78 |
| 联华信托 | 9 | 0 | 0.00 | 0 | 0.00 | 1 | 11.11 | 8 | 88.89 | 50.11 |
| 平安信托 | 9 | 0 | 0.00 | 0 | 0.00 | 0 | 0.00 | 9 | 100.00 | 53.78 |
| 厦门信托 | 9 | 0 | 0.00 | 0 | 0.00 | 1 | 11.11 | 8 | 88.89 | 50.56 |
| 山东信托 | 9 | 0 | 0.00 | 0 | 0.00 | 0 | 0.00 | 9 | 100.00 | 52.44 |
| 山西信托 | 7 | 0 | 0.00 | 0 | 0.00 | 1 | 14.29 | 6 | 85.71 | 49.71 |
| 陕国投 | 9 | 0 | 0.00 | 0 | 0.00 | 0 | 0.00 | 9 | 100.00 | 49.78 |
| 爱建信托 | 6 | 0 | 0.00 | 0 | 0.00 | 1 | 16.67 | 5 | 83.33 | 50.50 |
| 上海信托 | 11 | 0 | 0.00 | 0 | 0.00 | 0 | 0.00 | 11 | 100.00 | 50.64 |
| 苏州信托 | 8 | 0 | 0.00 | 0 | 0.00 | 0 | 0.00 | 8 | 100.00 | 53.13 |
| 天津信托 | 15 | 0 | 0.00 | 1 | 6.67 | 1 | 6.67 | 13 | 86.67 | 51.07 |
| 西安信托 | 9 | 0 | 0.00 | 0 | 0.00 | 0 | 0.00 | 9 | 100.00 | 45.78 |
| 西部信托 | 10 | 0 | 0.00 | 0 | 0.00 | 1 | 10.00 | 9 | 90.00 | 49.20 |
| 西藏信托 | 6 | 0 | 0.00 | 0 | 0.00 | 1 | 16.67 | 5 | 83.33 | 48.33 |
| 新华信托 | 8 | 0 | 0.00 | 0 | 0.00 | 2 | 25.00 | 6 | 75.00 | 45.88 |
| 新时代信托 | 9 | 0 | 0.00 | 0 | 0.00 | 1 | 11.11 | 8 | 88.89 | 48.11 |
| 英大信托 | 13 | 0 | 0.00 | 0 | 0.00 | 0 | 0.00 | 13 | 100.00 | 50.69 |
| 云南信托 | 11 | 0 | 0.00 | 0 | 0.00 | 0 | 0.00 | 11 | 100.00 | 48.36 |
| 中诚信托 | 13 | 0 | 0.00 | 0 | 0.00 | 1 | 7.69 | 12 | 92.31 | 50.38 |
| 外贸信托 | 7 | 0 | 0.00 | 0 | 0.00 | 0 | 0.00 | 7 | 100.00 | 48.57 |
| 金谷信托 | 9 | 0 | 0.00 | 0 | 0.00 | 0 | 0.00 | 9 | 100.00 | 55.11 |
| 中海信托 | 7 | 0 | 0.00 | 0 | 0.00 | 0 | 0.00 | 7 | 100.00 | 52.29 |
| 中航信托 | 9 | 0 | 0.00 | 0 | 0.00 | 0 | 0.00 | 9 | 100.00 | 49.00 |
| 中融信托 | 7 | 0 | 0.00 | 0 | 0.00 | 1 | 14.29 | 6 | 85.71 | 46.57 |
| 中泰信托 | 9 | 0 | 0.00 | 0 | 0.00 | 1 | 11.11 | 8 | 88.89 | 49.22 |
| 中铁信托 | 9 | 0 | 0.00 | 0 | 0.00 | 0 | 0.00 | 9 | 100.00 | 48.22 |
| 中投信托 | 5 | 0 | 0.00 | 0 | 0.00 | 0 | 0.00 | 5 | 100.00 | 50.00 |
| 中信信托 | 9 | 0 | 0.00 | 0 | 0.00 | 0 | 0.00 | 9 | 100.00 | 46.22 |
| 中原信托 | 11 | 0 | 0.00 | 0 | 0.00 | 1 | 9.09 | 10 | 90.91 | 48.09 |
| 重庆信托 | 13 | 0 | 0.00 | 0 | 0.00 | 0 | 0.00 | 13 | 100.00 | 53.15 |
| 合计 | 493 | 0 | 0.00 | 3 | 0.61 | 30 | 6.09 | 459 | 93.10 | |
| 平均 | 8.80 | 0 | 0.00 | 0.05 | 0.61 | 0.54 | 6.09 | 8.20 | 93.10 | 49.59 |

注：江西信托披露了8名董事的信息，另1名独立董事的情况未披露。

### 3. 董事会下设机构情况分析

**表7-1-5　2010年末56家信托公司董事会下设机构情况分析表**

| 名称 | 董事会下是否设置了审计委员会 | 董事会下是否设置了风险管理委员会 | 董事会下是否设置了人事薪酬委员会 |
|---|---|---|---|
| 国元信托 | 是 | 是 | 是 |
| 安信信托 | 是 | 是 | 是 |
| 百瑞信托 | 是 | 是 | 是 |
| 北方信托 | 是 | 是 | 是 |

续表

| 名称 | 董事会下是否设置了审计委员会 | 董事会下是否设置了风险管理委员会 | 董事会下是否设置了人事薪酬委员会 |
|---|---|---|---|
| 北京信托 | 是 | 是 | 是 |
| 渤海信托 | 是 | 是 | 是 |
| 华信信托 | 是 | 是 | 是 |
| 东莞信托 | 是 | 是 | 是 |
| 甘肃信托 | 是 | 是 | 是 |
| 广东粤财 | 是 | 是 | 否 |
| 国联信托 | 是 | 是 | 是 |
| 国民信托 | 是 | 是 | 是 |
| 国投信托 | 否 | 是 | 否 |
| 杭工商信托 | 是 | 是 | 是 |
| 湖南信托 | 是 | 是 | 是 |
| 华澳信托 | 是 | 是 | 是 |
| 华宝信托 | 是 | 是 | 是 |
| 华宸信托 | 是 | 是 | 是 |
| 华能信托 | 是 | 是 | 是 |
| 华融信托 | 是 | 是 | 是 |
| 华润信托 | 是 | 是 | 是 |
| 吉林信托 | 是 | 是 | 是 |
| 建信信托 | 是 | 是 | 是 |
| 江苏信托 | 是 | 是 | 是 |
| 江西信托 | 是 | 是 | 是 |
| 交银国际信托 | 是 | 是 | 否 |
| 昆仑信托 | 是 | 是 | 是 |
| 联华信托 | 是 | 是 | 是 |
| 平安信托 | 是 | 否 | 是 |
| 厦门信托 | 是 | 否 | 是 |
| 山东信托 | 是 | 是 | 是 |
| 山西信托 | 是 | 是 | 是 |
| 陕国投 | 是 | 是 | 是 |
| 爱建信托 | 是 | 是 | 是 |
| 上海信托 | 是 | 是 | 是 |
| 苏州信托 | 是 | 是 | 是 |
| 天津信托 | 是 | 是 | 是 |
| 西安信托 | 是 | 是 | 是 |
| 西部信托 | 是 | 是 | 是 |
| 西藏信托 | 是 | 是 | 是 |
| 新华信托 | 是 | 是 | 是 |
| 新时代信托 | 是 | 是 | 是 |
| 英大信托 | 是 | 是 | 是 |
| 云南信托 | 是 | 是 | 是 |
| 中诚信托 | 是 | 是 | 是 |
| 外贸信托 | 是 | 是 | 否 |
| 金谷信托 | 是 | 是 | 是 |
| 中海信托 | 是 | 是 | 是 |
| 中航信托 | 是 | 是 | 否 |
| 中融信托 | 是 | 是 | 是 |
| 中泰信托 | 是 | 是 | 是 |
| 中铁信托 | 是 | 是 | 是 |
| 中投信托 | 是 | 是 | 是 |
| 中信信托 | 是 | 是 | 是 |
| 中原信托 | 是 | 是 | 否 |
| 重庆信托 | 是 | 是 | 是 |

从表7－1－5可见，56家信托公司都不同程度地设立了审计委员会、风险管理委员会和人事薪酬委员会等类似机构以及相对独立的稽核检查部门，这在一定程度上逐步向防止权力过于集中的方向过渡，体现相互制约的基本原则。但也可以看出，56家信托公司中只有48家完整地设置了审计委员会、风险管理委员会和人事薪酬委员会。

按照银监会的信息披露要求，信托公司应当披露董事会下设机构的年度会议情况，但是在56家信托公司中，有32家未作任何披露，仅有24家公司作了相关披露，见表7－1－6。因此，建立和健全这些委员会使其职能常规化是一个应该重视的问题。

**表7－1－6　2010年全部56家信托公司董事会下设委员会开会情况表**

| 名称 | 年度董事会下审计委员会会议次数 | 年度董事会下风险管理委员会会议次数 | 年度董事会下人事薪酬委员会会议次数 |
|---|---|---|---|
| 国元信托 | 未披露 | 未披露 | 未披露 |
| 安信信托 | 未披露 | 未披露 | 未披露 |
| 百瑞信托 | 未披露 | 未披露 | 未披露 |
| 北方信托 | 3 | 3 | 2 |
| 北京信托 | 未披露 | 未披露 | 未披露 |
| 渤海信托 | 未披露 | 未披露 | 未披露 |
| 华信信托 | 未披露 | 未披露 | 未披露 |
| 东莞信托 | 0 | 0 | 2 |
| 甘肃信托 | 未披露 | 未披露 | 未披露 |
| 广东粤财 | 1 | 3 | 不涉及 |
| 国联信托 | 6 | 6 | 1 |
| 国民信托 | 未披露 | 未披露 | 未披露 |
| 国投信托 | 不涉及 | 1 | 不涉及 |
| 杭工商信托 | 未披露 | 未披露 | 未披露 |
| 湖南信托 | 1 | 1 | 1 |
| 华澳信托 | 未披露 | 未披露 | 未披露 |
| 华宝信托 | 未披露 | 未披露 | 未披露 |
| 华宸信托 | 未披露 | 未披露 | 未披露 |
| 华能信托 | 2 | 2 | 1 |
| 华融信托 | 1 | 1 | 1 |
| 华润信托 | 未披露 | 未披露 | 未披露 |
| 吉林信托 | 未披露 | 未披露 | 未披露 |
| 建信信托 | 未披露 | 未披露 | 未披露 |
| 江苏信托 | 未披露 | 未披露 | 未披露 |
| 江西信托 | 未披露 | 未披露 | 未披露 |
| 交银国际信托 | 未披露 | 未披露 | 不涉及 |
| 昆仑信托 | 3 | 2 | 1 |
| 联华信托 | 4 | 4 | 2 |
| 平安信托 | 2 | 不涉及 | 4 |
| 厦门信托 | 0 | 不涉及 | 2 |
| 山东信托 | 未披露 | 未披露 | 未披露 |
| 山西信托 | 2 | 2 | 2 |
| 陕国投 | 6 | 6 | 2 |
| 爱建信托 | 0 | 0 | 2 |
| 上海信托 | 2 | 2 | 2 |
| 苏州信托 | 5 | 5 | 3 |
| 天津信托 | 3 | 4 | 2 |
| 西安信托 | 未披露 | 未披露 | 未披露 |
| 西部信托 | 2 | 2 | 2 |
| 西藏信托 | 未披露 | 未披露 | 未披露 |
| 新华信托 | 未披露 | 2 | 3 |
| 新时代信托 | 未披露 | 未披露 | 未披露 |
| 英大信托 | 未披露 | 未披露 | 未披露 |
| 云南信托 | 未披露 | 未披露 | 未披露 |
| 中诚信托 | 1 | 1 | 0 |

续表

| 名称 | 年度董事会下审计委员会会议次数 | 年度董事会下风险管理委员会会议次数 | 年度董事会下人事薪酬委员会会议次数 |
|---|---|---|---|
| 外贸信托 | 未披露 | 未披露 | 不涉及 |
| 金谷信托 | 未披露 | 未披露 | 未披露 |
| 中海信托 | 未披露 | 未披露 | 未披露 |
| 中航信托 | 未披露 | 未披露 | 不涉及 |
| 中融信托 | 3 | 2 | 2 |
| 中泰信托 | 未披露 | 未披露 | 未披露 |
| 中铁信托 | 未披露 | 未披露 | 未披露 |
| 中投信托 | 未披露 | 未披露 | 未披露 |
| 中信信托 | 2 | 2 | 2 |
| 中原信托 | 0 | 2 | 不涉及 |
| 重庆信托 | 未披露 | 未披露 | 未披露 |

在披露的56家信托公司的年报中，55家信托公司在董事会下设了审计委员会，其中50家信托公司对董事会下设审计委员会的委员人数作了披露，50家信托公司对审计委员会的职能作了披露，详见表7－1－7。通过对50家已经披露的审计委员会委员人数情况分析可见，审计委员会的平均设置人数为3.48人。

**表7－1－7　信托公司2010年末董事会下设审计委员会情况分析表**

| 名称 | 是否设置 | 审计委员会人数 | 审计委员会职能 |
|---|---|---|---|
| 国元信托 | 是 | 4 | 负责根据公司风险承受能力制定公司风险管理政策，确定合理的风险管理水平，并督促高级管理层采取必要的措施识别、计量、监测和控制风险；负责公司内、外部审计的沟通和对公司经营的监督、检查工作。 |
| 安信信托 | 是 | 5 | 公司董事会下设风险控制与审计委员会，负责公司内部控制的监督、审查和公司的审计工作，稽核审计部为审计委员会的常设办事机构，并接受公司审计委员会的工作指导和监督。 |
| 百瑞信托 | 是 | 3 | 决定公司外部审计机构的选择和一般关联交易业务；审议公司内审情况报告并督促经营层整改，审议公司内部控制制度的执行情况报告；审核重大关联交易；配合监事会的相关审计活动；监督公司内部审计制度及其实施。 |
| 北方信托 | 是 | 6 | 代表董事会对公司经营活动行使审计评价和监督职能，是对公司内、外部审计和内控活动进行监督、核查的机构。 |
| 北京信托 | 是 | 3 | 1. 提议聘请或更换外部审计机构；<br>2. 监督公司的内部审计制度及其实施；<br>3. 负责内部审计与外部审计之间的沟通；<br>4. 审核公司的财务信息及其披露；<br>5. 审查公司内控制度，对重大关联交易进行审计。 |
| 渤海信托 | 是 | 未披露 | 未披露 |
| 华信信托 | 是 | 未披露 | 未披露 |
| 东莞信托 | 是 | 3 | 主要负责董事会要求的审计事项，监督公司的内部审计制度及其实施，审查公司内控制度。 |
| 甘肃信托 | 是 | 3 | 监督管理公司内部审计工作；对公司各项业务及高管人员的经营行为进行检查监督；提请聘请或解聘外部审计机构。 |
| 广东粤财 | 是 | 3 | 监督公司的内部审计制度及其实施；审核、批准公司年度审计计划、审计报告；向董事会推荐并聘请外部审计机构对公司进行审计；负责内部审计与外部审计之间的沟通等。 |
| 国联信托 | 是 | 3 | 审查和监督公司风险管理政策、制度，并对其执行情况进行评价。 |
| 国民信托 | 是 | 3 | 提议聘请或更换外部审计机构；监督公司内部审计制度的执行；实施公司内部审计；审核公司的财务状况及内控情况；向董事会提供咨询意见和建议。 |
| 国投信托 | 否 | | |
| 杭工商信托 | 是 | 3 | 提议聘用或更换会计师事务所；监督公司的内部审计制度的建立及其实施；审阅经营管理委员会提交的公司年度财务报告、审计报告等，审阅公司的财务信息及披露、内审部门提交的内审报告；审查公司的内控制度；对经营管理委员会编制的预算提出建议等。 |
| 湖南信托 | 是 | 3 | 负责拟定公司风险控制管理战略、风险管理政策和内部控制流程，并对其实施情况进行监督和评价；监督公司内部审计制度及其实施，审核公司财务情况，提议聘用、更换或解聘公司审计机构等。 |
| 华澳信托 | 是 | 3 | 1. 根据国家金融政策、市场情况和公司发展方向，制定重点业务管理及经营风险的防范与控制措施；<br>2. 负责督促公司依法履行董事会赋予的职责，对公司执行经董事会批准的年度经营计划的过程及结果进行监督和审计；<br>3. 对公司合规、合法运营进行审计和监督；<br>4. 对会计报表、会计账目及相关材料进行审计，审查财务收支的真实性、合法性、效益性；<br>5. 审议董事会不时要求的其他事项；<br>6. 评估审计报告中所提出的相关问题以及行动建议；<br>7. 审批审计工作计划；<br>8. 评估审计团队的工作表现；<br>9. 参与评估审计稽核部的工作绩效。 |

续表

| 名称 | 是否设置 | 审计委员会人数 | 审计委员会职能 |
|---|---|---|---|
| 华宝信托 | 是 | 未披露 | 未披露 |
| 华宸信托 | 是 | 4 | 提议聘请或更换外部审计机构；监督公司的制度建设及其执行情况；负责内部审计与外部审计之间的沟通；审核公司的财务信息及其披露；审查公司内控制度，对重大关联交易进行审查；公司董事会授予的其他职权。 |
| 华能信托 | 是 | 3 | 拟定公司风险管理政策和重大风险管理解决方案；审议公司风险管理组织机构设置及其职责；定期审查公司风险管理、合规管理、内部审计工作报告，就完善内部控制向董事会提出建议；董事会授予的其他职责。 |
| 华融信托 | 是 | 3 | 1. 审查公司内部控制制度以及公司建立的用于监控行为准则遵循情况的规划；<br>2. 提议聘请或更换外部审计机构；<br>3. 监督董事会决议的执行情况；<br>4. 审核公司的财务信息及其披露；<br>5. 在公司重大财务问题的处理上提出独立的意见，负责内部审计与外部审计之间的沟通等。 |
| 华润信托 | 是 | 3 | 负责提议聘请或更换外部审计机构，监督公司的内部审计制度及其实施，审核公司的财务信息及其披露，审查公司的内控制度。 |
| 吉林信托 | 是 | 3 | 负责批准公司内部审计制度、中长期审计规划和年度工作计划，监督公司的内部审计基本制度及其实施及内部审计与外部审计之间的沟通。 |
| 建信信托 | 是 | 3 | 1. 向董事会提议聘请或更换外部审计机构；<br>2. 监督公司的内部审计制度的制定及其实施；<br>3. 负责内部审计与外部审计之间的沟通；<br>4. 审核公司的各项相关业务信息及其披露；<br>5. 评价公司的内控制度；<br>6. 监督监管机构及其他外部部门对公司提出意见的整改，并向董事会报告；<br>7. 董事会授予的其他职责。 |
| 江苏信托 | 是 | 5 | 监督公司的内部审计制度及其实施；审核公司的财务信息及其披露；审查公司的内控制度，对内部审计部门的内部审计与稽核的工作程序和工作效果进行评价，并向董事会提出完善内部控制的建议。 |
| 江西信托 | 是 | 未披露 | 未披露 |
| 交银国际信托 | 是 | 3 | 提议聘请或更换外部审计机构；审议并报请董事会批准公司内部审计章程；审议并监督公司内部审计制度及其实施；审议公司经审计的财务信息披露事项；评价公司内部控制和风险管理制度设计的合理性和运行的有效性，并根据需要对重大关联交易、重大投资进行审计；公司董事会授权的其他事宜。 |
| 昆仑信托 | 是 | 3 | 检查内部审计监督部门职责要求、目标及有关的审计监督政策；监督公司内部审计质量与财务信息披露；检查公司风险及合规状况；负责公司年度审计工作。 |
| 联华信托 | 是 | 4 | 主要负责本公司审计与风险的控制、管理、评估和监督，同时负责本公司内、外部审计的沟通、监督和核查工作以及重大关联交易的审核 |
| 平安信托 | 是 | 3 | 提议聘请或更换外部审计机构；审核公司内部审计基本制度；听取并审议外部审计机构报告；监督公司内部审计制度及其实施；监督公司遵守国家法律、法规等合规经营情况；制订公司风险管理策略和原则等。 |
| 厦门信托 | 是 | 3 | 审查公司的会计政策和财务报告信息及该等信息的对外披露；监督公司的内部审计制度的制定及其实施；审核、批准公司年度审计工作计划、审计报告；提议聘请和更换外部审计机构；审查公司内部控制制度的有效性；董事会授权的其他事项。 |
| 山东信托 | 是 | 4 | 审查、监督管理层制订的公司的会计政策、财务状况和财务报告程序；提议聘请或更换外部审计机构；监督公司的内部审计制度及其实施；负责内部审计与外部审计之间的沟通；审核公司的财务信息及其披露；审查公司内部控制制度，对重大关联交易进行核查；董事会授权的其他事项。 |
| 山西信托 | 是 | 4 | 审定公司内部审计计划，监督公司财务运行，提议聘请或更换外部审计机构。 |
| 陕国投 | 是 | 3 | 向董事会提交公司全面风险管理年度报告；确定公司风险管理的总体目标、风险偏好、风险承受度、风险管理策略和重大风险管理解决方案；审议公司风险管理组织机构设置及其职责；对公司信托业务和自营业务的风险控制及管理情况进行监督；对公司自有财产和信托财产的风险状况进行定期评估；对公司关联交易业务风险进行评估，对重大关联交易事项进行审查并提交董事会审议；对公司信息披露的真实、准确、完整和合规性等进行监督；提出完善公司风险管理和内部控制的建议；监督公司内部审计制度及其实施；负责内部审计与外部审计之间的沟通；审核公司的财务信息及其披露；提议聘请或更换外部审计机构；为董事会督导公司风险管理文化建设提供建议；组织、审查年报审计等相关工作。 |
| 爱建信托 | 是 | 3 | 确定公司风险管理的总体目标和政策；提议聘请或更换外部审计机构；监督公司的内部审计制度及其实施；审核公司的财务信息及其披露；审查公司的内控制度。 |
| 上海信托 | 是 | 3 | 监督公司的内部审计制度实施；负责内部审计与外部审计之间的沟通；审核公司的财务信息及其披露；对重大关联交易进行审计；提议聘请或更换外部审计机构；董事会授权的其他事宜。 |
| 苏州信托 | 是 | 4 | 审核公司内部审计基本制度；监督公司的内部审计制度实施；审核公司的财务信息；提议聘请或更换外部审计机构；听取并审议外部审计机构报告。 |
| 天津信托 | 是 | 5 | 负责对公司内、外部审计和信息披露以及重大关联交易进行监督和审查。 |
| 西安信托 | 是 | 3 | 主要职责范围：监督公司重大经营活动的合法、合规性，保证有关法律、法规、监管规章的贯彻执行；提议聘请或更换外部审计机构；负责内部审计与外部审计之间的沟通；检查、监督、评价公司内部审计工作情况和内部审计制度的实施情况；审核公司的财务信息及其披露；审核公司的重大关联交易；董事会授予的其他职责。 |
| 西部信托 | 是 | 3 | 对管理层的经营情况、内控制度的制定和执行情况的监督检查。 |
| 西藏信托 | 是 | 未披露 | 未披露 |

续表

| 名称 | 是否设置 | 审计委员会人数 | 审计委员会职能 |
|---|---|---|---|
| 新华信托 | 是 | 4 | 按公司规定定期或不定期审计需要审计的公司事项；对公司经营管理的合规情况进行年度或定期评估；定期向董事会报告审计工作情况，对重大违规事项及时向董事会提出警示或处理建议；针对股东单位、上级监管部门等提出的审计工作中存在的重大问题拟定整改方案和措施；督导内审稽核部的工作；审议或拟定公司审计机构的设置和职责；审议或拟定与公司审计相关的主要管理制度；在普华永道、德勤、安永及毕马威四家会计师事务所中拟定一家符合公司要求的事务所对公司进行年度审计或其他特殊目的的审计或稽核，该等选定应由董事会报股东大会批准；检查及督促公司对监管部门、内审稽核部和外部审计机构检查审计意见或建议的执行情况，对监管部门、内审稽核部门和外部审计机构检查意见或建议不执行或执行不力的部门及人员，向公司提出警示或处理意见；配合监事会进行监事检查活动；公司董事会授予的其他职权。 |
| 新时代信托 | 是 | 3 | 专门负责对公司财务活动及其有关经济活动的真实、合法、合规、准确和效益的监督审计，依法审议、拟定内部监督活动方案，指导稽核部门实施稽核审计，为维护公司合法权益，防范金融风险，促进增收节支，提高经济效益服务。 |
| 英大信托 | 是 | 3 | 负责监督公司内、外部审计工作。 |
| 云南信托 | 是 | 5 | 监督公司的内部审计制度及其实施。 |
| 中诚信托 | 是 | 3 | 对公司内部审计制度进行评价，对内部审计工作进行核查。 |
| 外贸信托 | 是 | 3 | 负责内部及外部审计工作，对公司内部控制管理工作进行监督，核查财务信息披露等。 |
| 金谷信托 | 是 | 3 | 负责公司的风险控制、管理、监督和评估以及公司内外部审计的沟通、监督和核查等工作。 |
| 中海信托 | 是 | 3 | 提议聘请或更换外部审计机构；监督公司的内部审计制度及其实施；负责内部审计与外部审计之间的沟通；审核公司的财务信息及其披露；审查公司内控制度等。 |
| 中航信托 | 是 | 3 | 责监督公司内、外部审计工作。 |
| 中融信托 | 是 | 3 | 1. 提议聘请或更换外部审计机构；<br>2. 监督公司内部稽核审计制度实施情况；<br>3. 审核公司重大财务信息及其披露情况；<br>4. 监督公司资金信托业务过程的合法、合规性；<br>5. 公司董事会授权的其他事宜。 |
| 中泰信托 | 是 | 5 | 负责公司的风险控制、管理、监督和评估，及公司内外部审计的沟通、监督和核查等工作 |
| 中铁信托 | 是 | 3 | 负责公司风险的控制、管理、监督和评估；公司关联交易的审查；公司内、外部审计的监督和核查工作。 |
| 中投信托 | 是 | 5 | 1. 根据公司发展战略，制订、审核公司风险管理工作规划，评价公司战略目标和经营计划所涉及的风险因素，并向董事会提出建议；<br>2. 定期审核、评议公司风险管理政策，促进风险管理政策的合法合规和及时有效；<br>3. 从风险控制角度，监督公司各项规章制度的执行情况，并对公司重大经营决策进行风险监测和评价；<br>4. 审阅公司风险管理工作报告，对风险管理工作提出改善意见和建议；<br>5. 审核、批准公司的风险控制流程与风险计量模型和方法的监测、调整等相关工作；<br>6. 审核、评议公司年度审计工作规划；<br>7. 负责对公司内部审计制度的有效性及其执行情况进行监督；<br>8. 负责内部审计与外部审计之间的沟通与协调；<br>9. 提议聘请或更换外部审计机构；<br>10. 董事会授权的其他事宜。 |
| 中信信托 | 是 | 3 | 负责拟定风险管理战略、风险管理政策和内部控制流程，对其实施情况及效果进行监督和评价；审核公司的年度财务信息及其披露；提议聘用、更换或解聘外部审计机构等。 |
| 中原信托 | 是 | 5 | 审议公司年度内部审计计划，提议聘请或更换外部审计机构，监督公司内部审计制度的实施，负责内部审计与外部审计之间的沟通，监督和审核公司的财务信息，监督和审核公司的信息披露，审查公司内控制度有效性，审计重大关联交易。 |
| 重庆信托 | 是 | 3 | 负责审定公司内部审计制度；负责提议聘请或更换外部审计机构；负责审定公司内部审计部门的年度审计工作计划；负责公司内部审计部门负责人的任免；负责研究审定公司内部审计部门报送的审计报告；指导公司内部审计工作，检查、监督公司内部审计实施情况；负责对公司内部审计部门工作成效进行评价；监督公司业务经营活动的真实性、合法性等。 |

在披露的信托公司的年报中，54家信托公司在董事会下设了风险管理委员会，其中49家信托公司对董事会下设风险管理委员会的委员人数作了披露，49家信托公司对风险管理委员会的职能作了披露。风险管理委员会的职能详见表7-1-8。通过对49家已经披露的风险管理委员会委员人数情况分析可见，风险管理委员会的平均设置人数为3.98人。

**表7-1-8　信托公司2010年末董事会下设风险管理委员会情况分析表**

| 名称 | 是否设置 | 风险管理委员会人数 | 风险管理委员会职能 |
|---|---|---|---|
| 国元信托 | 是 | 4 | 负责根据公司风险承受能力制定公司风险管理政策，确定合理的风险管理水平，并督促高级管理层采取必要的措施识别、计量、监测和控制风险；负责公司内、外部审计的沟通和对公司经营的监督、检查工作。 |
| 安信信托 | 是 | 5 | 公司董事会下设风险控制与审计委员会，负责公司内部控制的监督、审查和公司的审计工作，稽核审计部为审计委员会的常设办事机构，并接受公司审计委员会的工作指导和监督。 |

续表

| 名称 | 是否设置 | 风险管理委员会人数 | 风险管理委员会职能 |
| --- | --- | --- | --- |
| 百瑞信托 | 是 | 5 | 检查经营层的遵纪守法情况，公司合规及风险控制制度的完善性和执行情况；监督、控制公司在内部管理方面的合法合规性，对公司存在的重大风险隐患或出现的重大风险事故进行内部调查，发现问题及时向董事会汇报；研究拟订公司的合规及风险管理战略和政策，组织制订公司合规及风险控制制度；审议公司信托业务风险评估报告及合规检查报告；对可能发生的风险事项向公司经营层提出整改意见，并督促其加以改进；审查公司信托项目专项检查报告和信托经理履职检查报告。 |
| 北方信托 | 是 | 8 | 代表董事会对公司运作和经营活动中的风险进行监督、控制和管理，是公司风险防范与控制经营风险的机构。 |
| 北京信托 | 是 | 4 | 1. 负责制定公司风险管理的目标和政策；<br>2. 完善和健全公司风险管理的体系建设；<br>3. 制定公司风险管理的流程管控程序。 |
| 渤海信托 | 是 | 未披露 | 未披露 |
| 华信信托 | 是 | 未披露 | 未披露 |
| 东莞信托 | 是 | 3 | 建立风险管理制度，对重大业务风险进行识别、监视和综合管理。 |
| 甘肃信托 | 是 | 5 | 协助董事会建立和完善公司风险控制制度体系并监督实施；对公司重大投资项目或经营业务中面临或存在的经营风险，进行事先评估、事中监控和事后总结；在公司已投资项目和经营业务出现重大风险时，向董事会行使建议终止权，并提交可行性整改方案。 |
| 广东粤财 | 是 | 5 | 审议公司内部管理制度、风险控制制度和监控制度；审议、制定各类操作业务、操作细则和财务控制制度；监控投资项目、信托项目的风险；评估公司经营风险并提出整改意见。 |
| 国联信托 | 是 | 3 | 审查和监督公司风险管理政策、制度，并对其执行情况进行评价。 |
| 国民信托 | 是 | 5 | 对信托项目立项进行决策；对信托项目的潜在风险进行评估并提出防范和化解上述风险的控制措施。 |
| 国投信托 | 是 | 4 | 1. 审议公司全面风险管理年度报告，该报告应当包括如下内容：<br>（1）风险管理基本制度和机构建设；<br>（2）风险管理主要工作和成效；<br>（3）主要风险点分析及业务风险评价；<br>（4）风险管理制度总体执行情况。<br>2. 审议公司风险管理组织机构设置及其职责；<br>3. 有权向董事会提交风险管理方面的议案；<br>4. 董事会授予的其他职责。 |
| 杭工商信托 | 是 | 3 | 审议公司的风险管理构架、风险战略和风险管理基本政策，并提请董事会批准；提出有效执行的实施建议和行业风险管理建议，研究公司风险约束指标体系，对公司管理内控薄弱环节和存在问题提出整改意见；审阅公司有关风险管理报告、合规报告及风险管理计划，完善公司风险管理和内部控制等。 |
| 湖南信托 | 是 | 3 | 负责拟定公司风险控制管理战略、风险管理政策和内部控制流程，并对其实施情况进行监督和评价；监督公司内部审计制度及其实施，审核公司财务情况，提议聘用、更换或解聘公司审计机构等。 |
| 华澳信托 | 是 | 3 | 1. 审议公司的所有对外投资（包括进行和终止投资）。其中500万元以内（含500万元人民币）的，由投资风险控制委员会评审后直接决策；超过500万元的，经投资风险控制委员会审议同意后报董事会审批（业务年度计划内的除外）；<br>2. 审议公司信托业务的风险控制及投资；<br>3. 审议公司基金业务的风险控制及投资；<br>4. 信托产品和服务的定价；<br>5. 聘请外部顾问，如律师、评估师等；<br>6. 年度风险控制评估。 |
| 华宝信托 | 是 | 未披露 | 未披露 |
| 华宸信托 | 是 | 3 | 对公司信托业务、自营业务及其他业务的风险控制及风险管理情况进行监督；对公司固有财产和信托财产的风险状况进行定期评估；提出完善公司风险管理和内部控制的建议；对公司内部稽核部门的工作程序和工作效果进行评估；董事会授权的其他事宜。 |
| 华能信托 | 是 | 3 | 拟定公司风险管理政策和重大风险管理解决方案；审议公司风险管理组织机构设置及其职责；定期审查公司风险管理、合规管理、内部审计工作报告，就完善内部控制向董事会提出建议；董事会授予的其他职责。 |
| 华融信托 | 是 | 3 | 1. 研究拟订公司的风险管理框架，风险战略、风险管理基本政策和内部风险控制制度和流程；<br>2. 检查公司风险管理基本政策、经营决策程序、内部风险控制制度和流程执行情况；<br>3. 审议批准公司的季度、年度风险管理报告，跟踪落实有关执行情况；<br>4. 定期审阅公司风险状况报告，了解公司风险管理的总体情况及有效性，提出完善公司风险管理和内部控制的意见；<br>5. 制订风险奖惩办法、对公司重大风险隐患或出现的重大风险事故进行调查；<br>6. 审核公司资产风险分类标准和风险准备金提取政策，审核呆账核销事项和年度损失准备金提取总额等。 |
| 华润信托 | 是 | 3 | 负责对高级管理层在业务、市场、操作等方面的风险控制情况进行监督，对公司的风险状况进行定期评估，对内部稽核部门的工作程序和工作效果进行评价，提出完善风险管理和内部控制的意见 |

续表

| 名称 | 是否设置 | 风险管理委员会人数 | 风险管理委员会职能 |
|---|---|---|---|
| 吉林信托 | 是 | 3 | 负责制定、审核风险控制制度，监督制度执行。对重大业务事项从风险管理角度向董事会提出意见和建议 |
| 建信信托 | 是 | 3 | 1. 根据公司总体战略，研究拟定公司风险战略和风险管理政策，报董事会审定，并对其实施情况进行监督和评价；<br>2. 监督和评价风险管理部门的设置、组织方式、工作程序，并提出改善意见；<br>3. 指导公司的风险管理工作和内控制度建设；<br>4. 审议公司风险和内控报告，对公司风险和内控状况进行定期评估，提出完善公司风险管理和内部控制的意见；<br>5. 对公司首席风险官的工作进行评价；<br>6. 审批各项业务管理办法中注明需由董事会审议的重大经营项目，具体的审批权限按董事会相关文件执行；<br>7. 董事会授予的其他职责。 |
| 江苏信托 | 是 | 5 | 负责对董事会决策范围内的公司业务进行分析评价，为董事会决策提供建议；负责对经理层在经营与其他公司管理等方面的风险控制情况进行监督，加强董事会对公司经营决策的风险监控，督促公司依法稳健经营；负责对公司风险状况进行定期评估，并向董事会提出完善风险管理的建议；负责对公司重大和特别重大关联交易进行评价，为董事会决策提供建议。 |
| 江西信托 | 是 | 未披露 | 未披露 |
| 交银国际信托 | 是 | 3 | 拟定公司风险管理的总体战略和原则；对公司经营活动中的整体风险和风险管理体系的有效性进行检查和评价；定期向董事会报告公司经营活动中的风险和风险管理状况；确定公司总体的风险容忍度及审批与公司总体风险管理相关的业务指标等。 |
| 昆仑信托 | 是 | 3 | 组建公司风险管理系统；对公司日常经营管理风险进行整体分析和评估；负责公司的危机处理工作；对公司运作过程中的重大事项进行风险管理和控制。 |
| 联华信托 | 是 | 4 | 主要负责本公司审计与风险的控制、管理、评估和监督，同时负责本公司内、外部审计的沟通、监督和核查工作以及重大关联交易的审核 |
| 平安信托 | 否 | | |
| 厦门信托 | 否 | | |
| 山东信托 | 是 | 7 | 分析、评估公司面临各类风险的状况，并对现存或潜在的各种风险是否得到有效的控制和预防发表意见；审查公司风险管理的体制是否健全、政策措施是否有效、风险控制流程是否合理；监督管理层制定、执行识别、评估、监控、缓解公司风险的内部控制体系及相关控制政策，并对上述体系和政策的有效性和合理性发表意见；审查、监督公司遵守、执行法律、法规的情况，及时掌握任何实际发生或潜在的重大违规业务及由此公司应承担的责任或附条件责任并向董事会报告；检查公司风险控制的范围是否全面；检查公司应急计划的充分性和完整性；审查公司固有业务的贷款、融资租赁、投资和担保等业务，并对其风险状况发表意见；审查公司发行信托计划业务，并对其风险状况发表意见；审查公司关联交易并对其风险状况发表意见。 |
| 山西信托 | 是 | 4 | 审定公司风险管理的原则和政策，在授权范围内，对公司重大事项的风险进行评审，检查、指导公司日常风险管理工作。 |
| 陕国投 | 是 | 3 | 向董事会提交公司全面风险管理年度报告；确定公司风险管理的总体目标、风险偏好、风险承受度、风险管理策略和重大风险管理解决方案；审议公司风险管理组织机构设置及其职责；对公司信托业务和自营业务的风险控制及管理情况进行监督；对公司自有财产和信托财产的风险状况进行定期评估；对公司关联交易业务风险进行评估，对重大关联交易事项进行审查并提交董事会审议；对公司信息披露的真实、准确、完整和合规性等进行监督；提出完善公司风险管理和内部控制的建议；监督公司内部审计制度及其实施；负责内部审计与外部审计之间的沟通；审核公司的财务信息及其披露；提议聘请或更换外部审计机构；为董事会督导公司风险管理文化建设提供建议；组织、审查年报审计等相关工作。 |
| 爱建信托 | 是 | 3 | 确定公司风险管理的总体目标和政策；提议聘请或更换外部审计机构；监督公司的内部审计制度及其实施；审核公司的财务信息及其披露；审查公司的内控制度。 |
| 上海信托 | 是 | 3 | 对公司高级管理层在信托业务和自营业务方面的风险控制及管理情况进行监督；对公司固有财产和信托财产的风险状况进行定期评估；提出完善公司风险管理和内部控制的建议；董事会授权的其他事宜。 |
| 苏州信托 | 是 | 4 | 审核和拟定公司的风险管理战略、政策和规程以及内部控制制度，并监督上述战略、政策、规程和内部控制制度的执行。 |
| 天津信托 | 是 | 5 | 负责审核公司风险管理的政策和程序，审定公司风险管理目标，督促公司管理层建立必要的风险识别、衡量、监测和控制制度，监督和评价公司风险管理的全面性、有效性以及高级管理层在风险管理方面的履职情况。 |
| 西安信托 | 是 | 5 | 主要职责范围为：审核、修订公司的风险管理制度，对其实施情况及效果进行监督、检查和评价，并向董事会提出建议；对高级管理层在信托、信贷、市场、操作等方面的风险控制进行监督；对公司的风险状况进行定期评估；董事会授予的其他职责。 |
| 西部信托 | 是 | 5 | 对公司所面临的风险状况进行评估，并提出相应的意见。 |
| 西藏信托 | 是 | 未披露 | 未披露 |
| 新华信托 | 是 | 5 | 组织拟定公司风险管理的发展规划；审议应当由董事会审议涉及风险管理的事项；对公司的风险管理工作情况进行年度或定期评估；针对股东单位、上级监管部门等提出的风险管理工作中存在的重大问题拟定整改方案和措施；审议或拟定公司风险管理机构设置及其职责；审议或拟定与公司风险控制及合规管理相关的主要管理制度（包括警示机制）；审议和评价公司的新产品；为董事会督导公司风险管理文化建设提供建议；董事会授予的其他职责。 |
| 新时代信托 | 是 | 3 | 负责对公司长期发展战略规划、重大战略性投资进行可行性研究，负责全面监督、指导公司风险管理工作，检查公司管理层贯彻和执行董事会确立的风险取向和管理战略的情况，并根据董事会授权进行业务决策的常设机构，对公司董事会负责。 |
| 英大信托 | 是 | 3 | 监督、评估公司的风险管理状况，提出完善风险管理意见，监督、评估公司风险管理部门的工作。 |
| 云南信托 | 是 | 5 | 研究、考核公司的风险控制制度，并提出建议。 |
| 中诚信托 | 是 | 3 | 强化董事会在防范公司经营风险中的作用，对公司长期发展战略、资产结构、投资方向以及重大投资决策进行审议评价并提出建议。 |

续表

| 名称 | 是否设置 | 风险管理委员会人数 | 风险管理委员会职能 |
|---|---|---|---|
| 外贸信托 | 是 | 3 | 以揭示、评估及防范信托公司业务中的信用风险、市场风险、流动性风险、操作风险等全面经营风险为目的，对公司经理层有关管理工作进行指导及监督，为董事会提供决策支持意见和管理改善建议。 |
| 金谷信托 | 是 | 3 | 负责公司的风险控制、管理、监督和评估以及公司内外部审计的沟通、监督和核查等工作。 |
| 中海信托 | 是 | 3 | 研究公司发生重大、突发性事项的对策；研究制定总体风险管理、关联交易控制政策供董事会审议；研究公司风险管理的战略结构和资源，并使之与公司的内部风险管理政策相兼容；研究中药的风险边界；对相关的风险管理、关联交易控制政策进行监督、审查和向董事会提出建议等。 |
| 中航信托 | 是 | 3 | 监督、评估公司的风险管理状况，提出完善风险管理意见，监督、评估公司风险管理部门的工作。 |
| 中融信托 | 是 | 3 | 1. 对公司重大的投资项目、信托资金运用及中介业务进行定期或不定期的风险评估和预测，提出防范风险的措施；<br>2. 对公司重大的投资项目、信托计划运作及中介业务的执行情况进行监控；<br>3. 针对业务过程中的异常情况做出预警并及时报告给董事会；<br>4. 要求各项目负责人上报项目风险调查和跟踪情况报告；<br>5. 对重点项目采取项目负责人制，随时将项目风险调查和跟踪情况上报风险控制委员会。 |
| 中泰信托 | 是 | 5 | 负责公司的风险控制、管理、监督和评估，及公司内外部审计的沟通、监督和核查等工作。 |
| 中铁信托 | 是 | 3 | 负责公司风险的控制、管理、监督和评估；公司关联交易的审查；公司内、外部审计的监督和核查工作。 |
| 中投信托 | 是 | 5 | 1. 根据公司发展战略，制订、审核公司风险管理工作规划，评价公司战略目标和经营计划所涉及的风险因素，并向董事会提出建议；<br>2. 定期审核、评议公司风险管理政策，促进风险管理政策的合法合规和及时有效；<br>3. 从风险控制角度，监督公司各项规章制度的执行情况，并对公司重大经营决策进行风险监测和评价；<br>4. 审阅公司风险管理工作报告，对风险管理工作提出改善意见和建议；<br>5. 审核、批准公司的风险控制流程与风险计量模型和方法的监测、调整等相关工作；<br>6. 审核、评议公司年度审计工作规划；<br>7. 负责对公司内部审计制度的有效性及其执行情况进行监督；<br>8. 负责内部审计与外部审计之间的沟通与协调；<br>9. 提议聘请或更换外部审计机构；<br>10. 董事会授权的其他事宜。 |
| 中信信托 | 是 | 3 | 负责拟定风险管理战略、风险管理政策和内部控制流程，对其实施情况及效果进行监督和评价；审核公司的年度财务信息及其披露；提议聘用、更换或解聘外部审计机构等。 |
| 中原信托 | 是 | 8 | 对公司发展战略和运营模式进行风险与合规性评价；对公司制度体系进行风险与合规性评价；对新业务和重大项目的风险与合规性进行事前评估和事后评价；对公司资产风险状况进行评价；处置重大风险；董事会交办的事项；经营班子提交审议的事项。 |
| 重庆信托 | 是 | 5 | 评价公司风险概貌、公司总体风险暴露以及各风险类别之间的依存度，批准和定期评审各种风险管理策略；负责公司自有业务、集合资金信托业务和特定的单一信托业务的审批和定价政策的制定；负责对公司信托新产品的风险评判；负责公司风险管理突发事项和紧急事项的应急处理；负责定期评价公司风险管理状况和相关政策的执行状况等。 |

在披露的信托公司的年报中，50 家信托公司在董事会下设了人事薪酬委员会，45 家信托公司对董事会下设人事薪酬委员会的委员人数的设置作了披露，45 家信托公司对董事会下设人事薪酬委员会的职能作了披露，详见表 7 -1 -9。通过对 36 家已经披露的人事薪酬委员会的委员人数情况分析可见，人事薪酬委员会的平均设置人数为 3. 67 人。

**表 7 -1 -9　信托公司 2010 年末董事会下设人事薪酬委员会情况分析表**

| 名称 | 是否设置 | 人事薪酬委员会人数 | 人事薪酬委员会职能 |
|---|---|---|---|
| 国元信托 | 是 | 5 | 负责审查公司绩效考核、薪酬管理的政策、实施方案及实施状况。 |
| 安信信托 | 是 | 5 | 公司董事会下设薪酬与考核委员会，负责考评公司董事以及高级管理人员的履职情况，按绩效评价标准和程序，对董事及高级管理人员进行绩效评价并对其进行定期考评，根据考评结果决定聘任或解聘、薪酬和奖惩等事项。 |
| 百瑞信托 | 是 | 5 | 制订董事、监事和高级管理人员的薪酬方案；审批公司年度业绩报酬方案，董事和其他人员的特殊贡献奖励数额，公司薪酬政策的执行情况报告；审查公司其他人员的薪酬方案；对公司薪酬制度执行情况进行监督。 |
| 北方信托 | 是 | 7 | 代表董事会对公司激励机制建设、薪酬分配进行管理。 |
| 北京信托 | 是 | 3 | 1. 根据经营活动情况、资产规模和股权结构对董事会的规模和构成向董事会提出建议；<br>2. 研究董事和经营班子的选择标准和程序，并向董事会提出建议；<br>3. 广泛搜寻合格的董事和经营班子的人选；<br>4. 对董事候选人和经理人选进行审查并提出建议；<br>5. 对须提请董事会聘任的其他高级管理人员进行审查并提出建议；<br>6. 根据董事及高级管理人员管理岗位的主要范围、职责、重要性以及其他相关企业相关岗位的薪酬水平制定薪酬计划或方案；<br>7. 薪酬计划或方案主要包括但不限于绩效评价标准、程序及主要评价体系，奖励和惩罚的主要方案和制度等；<br>8. 审查公司董事（非独立董事）及高级管理人员履行职责情况并对其进行年度绩效考评；<br>9. 负责对公司薪酬制度执行情况进行监督。 |
| 渤海信托 | 是 | 未披露 | 未披露 |

续表

| 名称 | 是否设置 | 人事薪酬委员会人数 | 人事薪酬委员会职能 |
| --- | --- | --- | --- |
| 华信信托 | 是 | 未披露 | 未披露 |
| 东莞信托 | 是 | 3 | 研究和审查高级管理人员的薪酬政策与方案 |
| 甘肃信托 | 是 | 3 | 拟订董事、独立董事的选任程序和标准，并对其任职资格进行初步审核；对由董事长提名并由董事会任免的高级管理人员及相关部门负责人任职资格进行初步审核；拟订董事、独立董事、监事的考核办法和薪酬方案；拟定员工绩效考核制度以及激励方案。 |
| 广东粤财 | 否 | | |
| 国联信托 | 是 | 3 | 负责审核人力资源管理政策，研究薪酬策略，决定薪酬标准。 |
| 国民信托 | 是 | 3 | 向董事会提出制定公司薪酬及福利制度的建议；协助董事会依法制订公开、公正的绩效评价标准和程序；建立薪酬与公司效益和个人业绩相联系的激励与约束机制。 |
| 国投信托 | 否 | | |
| 杭工商信托 | 是 | 2 | 研究董事、高级管理人员的选择标准和程序并提出建议；研究董事与高级管理人员绩效考核的标准并提出建议；就公司董事及高级管理人员的薪酬政策及架构，以及制定该等政策的程序等薪酬政策向董事会提出建议；对公司薪酬制度的执行情况进行监督等。 |
| 湖南信托 | 是 | 4 | 负责拟定公司高级管理人员选择标准、选择程序，对其任职资格和任职条件进行初步审核等；拟定公司薪酬、福利和其他激励计划，并监督实施。 |
| 华澳信托 | 是 | 3 | 研究和审查公司薪酬政策与方案。 |
| 华宝信托 | 是 | 未披露 | 未披露 |
| 华宸信托 | 是 | 3 | 寻找符合要求的董事候选人（候选人也可以由股东、董事或其他人推荐），并根据银监会关于金融机构高级管理人员任职资格的要求对其进行初步审查；寻找符合要求的总裁、副总裁、董事会秘书、财务总监候选人（可以由股东、董事或其他人推荐），并根据银监会关于金融机构高级管理人员任职资格的要求对其进行初步审查；拟订执行董事及高级管理人员的薪酬待遇，并就非执行董事的薪酬向董事会提出建议；董事会授权的其他事项。 |
| 华能信托 | 是 | 3 | 拟订公司高级管理人员的薪酬与奖励政策，并提请董事会审批；对公司高级管理人员进行考核，并出具绩效评价报告，报董事会核准；审议公司职工的薪酬福利及绩效考核方案；董事会授予的其他职责。 |
| 华融信托 | 是 | 4 | 1. 根据董事与经营管理层职责、业务范围，研究拟定绩效方案、薪酬政策和考核标准；<br>2. 组织对董事和经营管理层年度履职和绩效完成情况考核；<br>3. 负责对公司绩效管理办法、薪酬制度执行情况的监督、检查和评价等。 |
| 华润信托 | 是 | 3 | 负责拟定董事、监事和高级管理层成员的薪酬方案，向董事会提出薪酬方案的建议，并监督方案的实施 |
| 吉林信托 | 是 | 3 | 负责董事会任命人员提名及资格审核，负责薪酬制度及具体方案的评估、审定以及落实情况的跟踪、监督。 |
| 建信信托 | 是 | 3 | 1. 组织拟订董事和高级管理人员的选任标准和程序，并对其候选人进行初审，提请董事会决定；<br>2. 审议公司薪酬方案，提请董事会决定，并监督其执行；<br>3. 组织拟订公司董事、监事的业绩考核办法和薪酬方案，提交董事会审议；<br>4. 组织对公司董事、监事及高级管理层的业绩考核，提出对董事、监事及高级管理层薪酬分配的建议，提交董事会审议；<br>5. 检查及批准向执行董事及高级管理人员支付的与丧失或终止职务或委任有关的赔偿，以确保该等赔偿按有关合同条款决定；若未能按有关合约条款决定，有关赔偿亦须合理适当；<br>6. 检查及批准因董事行为失当而解雇或罢免有关董事所涉及的赔偿安排，以确保该等安排按有关合约条款决定；若未能按有关合约条款决定，有关赔偿亦须合理适当；<br>7. 董事会授予的其他职责。 |
| 江苏信托 | 是 | 6 | 向董事会提出薪酬方案和绩效考核的建议；在董事会授权范围内监督方案的实施。 |
| 江西信托 | 是 | 未披露 | 未披露 |
| 交银国际信托 | 否 | | |
| 昆仑信托 | 是 | 5 | 研究拟订公司整体薪酬政策；拟订公司高级管理人员的薪酬制度、考核办法和激励方案；对公司高级管理人员进行绩效考评；对公司整体薪酬制度的执行情况进行指导、监督。 |
| 联华信托 | 是 | 4 | 主要负责拟定董事和高级管理人员的薪酬方案、考核标准，监督方案的实施。 |
| 平安信托 | 是 | 3 | 审议公司提名与薪酬管理的策略和计划；审核公司人员编制、薪酬总额、薪酬制度、年度薪酬方案、考核方案；审议公司考核与奖惩制度等。 |
| 厦门信托 | 是 | 3 | 拟订薪酬改革方案和员工激励方案提交董事会审定；根据年度董事会核定的考核办法及公司薪酬管理制度拟订当年董事及高级管理人员的薪酬和激励方案，并于年末根据当年绩效评价、职责履行情况等因素拟订董事及高管人员薪酬分配办法；根据公司年度预算拟订当年效益工资考核提取办法，提交董事会审定；对公司薪酬制度执行情况进行监督；董事会授权的其他事宜。 |
| 山东信托 | 是 | 5 | 根据高级管理人员管理岗位的主要范围、职责、重要性以及其他相关企业相关岗位的薪酬水平拟定薪酬计划或方案；薪酬计划或方案主要包括绩效评价标准、奖励和惩罚方案等；审查公司高级管理人员履行职责情况并对其进行年度绩效考评；董事会授权的其他事项。 |
| 山西信托 | 是 | 4 | 审定公司的薪酬制度，制定公司高级管理人员的绩效评价标准和薪酬标准。 |
| 陕国投 | 是 | 3 | 研究董事与高级管理人员考核的标准，进行考核并提出建议；研究和审查董事、高级管理人员的薪酬政策与方案等。 |
| 爱建信托 | 是 | 3 | 研究制定高管人员的薪酬计划与考核方案；审查高管人员的职责履行情况并对其进行年度绩效考评；监督公司薪酬制度的制定与执行情况。 |

续表

| 名称 | 是否设置 | 人事薪酬委员会人数 | 人事薪酬委员会职能 |
|---|---|---|---|
| 上海信托 | 是 | 3 | 研究、拟定和执行公司董事、经理及其他高级管理人员的考核标准和办法，并提出意见或建议；研究、拟定和审查公司董事、经理及其他高级管理人员的薪酬政策和方案，并提出意见或建议；审查公司董事及高级管理人员的履行职责情况并对其进行年度绩效考评；负责对公司薪酬制度执行情况进行监督检查；建议聘请外部中介机构提供专业咨询意见；董事会授权的其他事宜。 |
| 苏州信托 | 是 | 4 | 审议公司提交的薪酬管理策略和计划；审核公司人力资源计划与安排、薪酬方案和绩效考核的建议方案；跟踪、监督公司薪酬制度的落实情况。 |
| 天津信托 | 是 | 3 | 根据董事、高级管理人员和公司员工管理岗位的主要范围、职责、重要性以及其他相关公司相关岗位的薪酬水平制定薪酬计划或方案；薪酬计划或方案主要包括但不限于绩效评价标准、程序及主要评价体系，奖励和惩罚的主要方案和制度等；审查公司董事及高级管理人员履行职责的情况并对其进行年度绩效考评；负责对公司薪酬制度执行情况进行监督；董事会授权的其他事宜。 |
| 西安信托 | 是 | 3 | 研究董事、经理人员的选择标准和程序并提出建议；广泛搜寻合格的董事和经理人员的人选；对董事候选人和经理人选进行审查并向董事会提出建议；研究董事与经理人员考核的标准，年终进行考核并提出建议；研究和审查董事、监事、高级管理人员的薪酬政策与方案等；董事会授予的其他职责。 |
| 西部信托 | 是 | 3 | 负责制定公司董事、高管人员的薪酬标准与方案，审查公司董事、高级管理人员履行职责并对其进行年度考核；负责对公司薪酬制度执行情况进行监督。 |
| 西藏信托 | 是 | 未披露 | 未披露 |
| 新华信托 | 是 | 5 | 审议或拟定公司考核、奖惩及薪酬等涉及公司人事管理的主要制度和政策；审议或拟定公司董事、监事和公司相关制度约定的应由董事会管辖的人员的考核、奖惩及薪酬待遇方案，并对其履行职责情况和年度绩效进行考评，拟定具体的奖惩方案；组织拟定公司人才储备的中长期规划；检查督导公司人事制度的执行情况；审议或拟定公司人事机构的设置和职责；董事会授予的其他权限。 |
| 新时代信托 | 是 | 3 | 对公司董事和总裁的人选、选择标准和程序进行选择并提出建议，同时对总裁提名的财务负责人以及总裁提名的其他高级管理人员、董事长提名的董事会秘书人选进行审查并提出建议；负责制定公司董事、高级管理人员以及其他员工的全员考核标准并进行考核，对董事会负责。 |
| 英大信托 | 是 | 3 | 负责审核公司的人事与薪酬管理制度，监督公司人力资源管理工作，对人力资源管理及绩效考核等工作提出建议和意见。 |
| 云南信托 | 是 | 5 | 研究董事、总裁的选择标准和程序及考核标准，并提出建议。 |
| 中诚信托 | 是 | 3 | 评价公司的绩效考核办法和薪酬管理制度并提出建议。 |
| 外贸信托 | 否 | | |
| 金谷信托 | 是 | 3 | 制定、审查公司董事和高级管理人员（以下简称高管人员）的薪酬政策与方案，拟定公司董事和高管人员的考核标准并进行考核，接受董事会授权的其他事项。 |
| 中海信托 | 是 | 3 | 研究董事与总裁人员考核的标准，进行考核并提出建议；研究和审查董事、高级管理人员的薪酬政策与方案等。 |
| 中航信托 | 否 | | |
| 中融信托 | 是 | 3 | 1. 制订公司高管人员的考核标准和薪酬标准；<br>2. 对员工薪酬的管理有监督和提出建议的权力；<br>3. 对公司高管人员的薪酬及奖励执行情况进行监督、检查；<br>4. 每年向董事会报告高管人员薪酬及考核情况。 |
| 中泰信托 | 是 | 5 | 负责制定董事及高级管理人员的薪酬政策、考核标准并进行考核。 |
| 中铁信托 | 是 | 3 | 负责董事及高级管理人员的任职、薪酬与考核管理。 |
| 中投信托 | 是 | 4 | 1. 研究、拟订公司高级经营管理人员业绩考核办法和薪酬管理办法并提交董事会；<br>2. 研究并提出公司高级经营管理人员的年度薪酬方案，依据公司高级经营管理人员的业绩，拟订薪酬及奖惩建议方案并提交董事会；<br>3. 监督公司薪酬制度与奖惩制度的执行情况；<br>4. 董事会授权的其他事宜。 |
| 中信信托 | 是 | 3 | 负责拟定董事、高级管理人员、员工的薪酬、福利和其他激励计划，并监督方案的实施；拟定高级管理人员的选择标准、选择程序；对高级管理人员人选的任职资格和条件进行初步审核等。 |
| 中原信托 | 否 | | |
| 重庆信托 | 是 | 5 | 对董事会的规模和构成向董事会提出建议；制订董事及高级管理人员薪酬计划或方案；研究董事、高级管理人员的选择标准和程序，并向董事会提出建议；搜寻合格的独立董事和高级管理人员的人选；对董事、高级管理人员人选进行审查并提出建议；审查公司董事及高级管理人员的履行职责情况；负责对公司薪酬制度执行情况进行监督；董事会授权的其他事宜。 |

## （三）独立董事分析

全部56家信托公司全部披露了独立董事人数，但江西信托未对独立董事的详细情况进行披露。具体情况见表7－1－10、表7－1－11、表7－1－12。

设立独立董事是加强公司治理的一个重要手段。上市公司一般要求独立董事人数占全部董事人数的三分之一以上，这对公司治理非常重要，共有28家信托公司符合这一标准。除江西信托的1位独立董事未披露性别年龄情况外，其他独立董事男性人数为

125 人，占总人数的 88.65%，女性人数为 15 人，占总人数的 10.64%；其中 30 ~39 岁的人数为 4 人，占总人数的 2.84%，40 岁以上的人数为 136 人，占总人数的 96.45%；独立董事的平均年龄为 52.39 岁，高于董事平均年龄。

**表 7 -1 -10　披露的信托公司 2010 年末独立董事人数构成分析表**

| 名称 | 董事会成员人数 | 独立董事成员人数 | 独立董事占比(%) |
| --- | --- | --- | --- |
| 国元信托 | 9 | 3 | 33.33 |
| 安信信托 | 5 | 2 | 40.00 |
| 百瑞信托 | 7 | 2 | 28.57 |
| 北方信托 | 14 | 3 | 21.43 |
| 北京信托 | 11 | 3 | 27.27 |
| 渤海信托 | 6 | 2 | 33.33 |
| 华信信托 | 9 | 3 | 33.33 |
| 东莞信托 | 10 | 2 | 20.00 |
| 甘肃信托 | 9 | 3 | 33.33 |
| 广东粤财 | 6 | 2 | 33.33 |
| 国联信托 | 9 | 3 | 33.33 |
| 国民信托 | 8 | 2 | 25.00 |
| 国投信托 | 8 | 3 | 37.50 |
| 杭工商信托 | 8 | 3 | 37.50 |
| 湖南信托 | 7 | 1 | 14.29 |
| 华澳信托 | 7 | 2 | 28.57 |
| 华宝信托 | 10 | 4 | 40.00 |
| 华宸信托 | 8 | 2 | 25.00 |
| 华能信托 | 9 | 3 | 33.33 |
| 华融信托 | 11 | 4 | 36.36 |
| 华润信托 | 9 | 2 | 22.22 |
| 吉林信托 | 5 | 1 | 20.00 |
| 建信信托 | 8 | 2 | 25.00 |
| 江苏信托 | 8 | 3 | 37.50 |
| 江西信托 | 9 | 1 | 11.11 |
| 交银国际信托 | 8 | 1 | 12.50 |
| 昆仑信托 | 9 | 3 | 33.33 |
| 联华信托 | 9 | 2 | 22.22 |
| 平安信托 | 9 | 3 | 33.33 |
| 厦门信托 | 9 | 2 | 22.22 |
| 山东信托 | 9 | 3 | 33.33 |
| 山西信托 | 7 | 1 | 14.29 |
| 陕国投 | 9 | 3 | 33.33 |
| 爱建信托 | 6 | 2 | 33.33 |
| 上海信托 | 11 | 3 | 27.27 |
| 苏州信托 | 8 | 3 | 37.50 |
| 天津信托 | 15 | 3 | 20.00 |
| 西安信托 | 9 | 3 | 33.33 |
| 西部信托 | 10 | 3 | 30.00 |
| 西藏信托 | 6 | 1 | 16.67 |
| 新华信托 | 8 | 3 | 37.50 |
| 新时代信托 | 9 | 3 | 33.33 |
| 英大信托 | 13 | 3 | 23.08 |
| 云南信托 | 11 | 2 | 18.18 |
| 中诚信托 | 13 | 3 | 23.08 |
| 外贸信托 | 7 | 2 | 28.57 |
| 金谷信托 | 9 | 2 | 22.22 |

续表

| 名称 | 董事会成员人数 | 独立董事成员人数 | 独立董事占比(%) |
|---|---|---|---|
| 中海信托 | 7 | 3 | 42.86 |
| 中航信托 | 9 | 3 | 33.33 |
| 中融信托 | 7 | 2 | 28.57 |
| 中泰信托 | 9 | 3 | 33.33 |
| 中铁信托 | 9 | 3 | 33.33 |
| 中投信托 | 5 | 2 | 40.00 |
| 中信信托 | 9 | 3 | 33.33 |
| 中原信托 | 11 | 3 | 27.27 |
| 重庆信托 | 13 | 4 | 30.77 |
| 合计 | 493.00 | 141.00 | 28.60 |
| 平均 | 8.80 | 2.52 | 28.60 |

**表 7－1－11　2010 年末披露的信托公司独立董事人员性别构成分析表**

| 名称 | 独立董事人员数 | 其中男性人数 | 男性所占比例(%) | 其中女性人数 | 女性所占比例(%) |
|---|---|---|---|---|---|
| 国元信托 | 3 | 3 | 100.00 | 0 | 0.00 |
| 安信信托 | 2 | 1 | 50.00 | 1 | 50.00 |
| 百瑞信托 | 2 | 2 | 100.00 | 0 | 0.00 |
| 北方信托 | 3 | 1 | 33.33 | 2 | 66.67 |
| 北京信托 | 3 | 3 | 100.00 | 0 | 0.00 |
| 渤海信托 | 2 | 2 | 100.00 | 0 | 0.00 |
| 华信信托 | 3 | 1 | 33.33 | 2 | 66.67 |
| 东莞信托 | 2 | 2 | 100.00 | 0 | 0.00 |
| 甘肃信托 | 3 | 3 | 100.00 | 0 | 0.00 |
| 广东粤财 | 2 | 2 | 100.00 | 0 | 0.00 |
| 国联信托 | 3 | 3 | 100.00 | 0 | 0.00 |
| 国民信托 | 2 | 2 | 100.00 | 0 | 0.00 |
| 国投信托 | 3 | 3 | 100.00 | 0 | 0.00 |
| 杭工商信托 | 3 | 3 | 100.00 | 0 | 0.00 |
| 湖南信托 | 1 | 1 | 100.00 | 0 | 0.00 |
| 华澳信托 | 2 | 2 | 100.00 | 0 | 0.00 |
| 华宝信托 | 4 | 3 | 75.00 | 1 | 25.00 |
| 华宸信托 | 2 | 2 | 100.00 | 0 | 0.00 |
| 华能信托 | 3 | 2 | 66.67 | 1 | 33.33 |
| 华融信托 | 4 | 3 | 75.00 | 1 | 25.00 |
| 华润信托 | 2 | 2 | 100.00 | 0 | 0.00 |
| 吉林信托 | 1 | 1 | 100.00 | 0 | 0.00 |
| 建信信托 | 2 | 2 | 100.00 | 0 | 0.00 |
| 江苏信托 | 3 | 3 | 100.00 | 0 | 0.00 |
| 江西信托 | 1 | 未披露 | — | 未披露 | — |
| 交银国际信托 | 1 | 0 | 0.00 | 1 | 100.00 |
| 昆仑信托 | 3 | 3 | 100.00 | 0 | 0.00 |
| 联华信托 | 2 | 2 | 100.00 | 0 | 0.00 |
| 平安信托 | 3 | 3 | 100.00 | 0 | 0.00 |
| 厦门信托 | 2 | 2 | 100.00 | 0 | 0.00 |
| 山东信托 | 3 | 3 | 100.00 | 0 | 0.00 |
| 山西信托 | 1 | 1 | 100.00 | 0 | 0.00 |
| 陕国投 | 3 | 2 | 66.67 | 1 | 33.33 |
| 爱建信托 | 2 | 2 | 100.00 | 0 | 0.00 |
| 上海信托 | 3 | 3 | 100.00 | 0 | 0.00 |
| 苏州信托 | 3 | 2 | 66.67 | 1 | 33.33 |

续表

| 名称 | 独立董事人员数 | 其中男性人数 | 男性所占比例(%) | 其中女性人数 | 女性所占比例(%) |
|---|---|---|---|---|---|
| 天津信托 | 3 | 3 | 100.00 | 0 | 0.00 |
| 西安信托 | 3 | 3 | 100.00 | 0 | 0.00 |
| 西部信托 | 3 | 3 | 100.00 | 0 | 0.00 |
| 西藏信托 | 1 | 0 | 0.00 | 1 | 100.00 |
| 新华信托 | 3 | 3 | 100.00 | 0 | 0.00 |
| 新时代信托 | 3 | 2 | 66.67 | 1 | 33.33 |
| 英大信托 | 3 | 3 | 100.00 | 0 | 0.00 |
| 云南信托 | 2 | 2 | 100.00 | 0 | 0.00 |
| 中诚信托 | 3 | 3 | 100.00 | 0 | 0.00 |
| 外贸信托 | 2 | 2 | 100.00 | 0 | 0.00 |
| 金谷信托 | 2 | 2 | 100.00 | 0 | 0.00 |
| 中海信托 | 3 | 3 | 100.00 | 0 | 0.00 |
| 中航信托 | 3 | 3 | 100.00 | 0 | 0.00 |
| 中融信托 | 2 | 2 | 100.00 | 0 | 0.00 |
| 中泰信托 | 3 | 3 | 100.00 | 0 | 0.00 |
| 中铁信托 | 3 | 3 | 100.00 | 0 | 0.00 |
| 中投信托 | 2 | 2 | 100.00 | 0 | 0.00 |
| 中信信托 | 3 | 3 | 100.00 | 0 | 0.00 |
| 中原信托 | 3 | 2 | 66.67 | 1 | 33.33 |
| 重庆信托 | 4 | 3 | 75.00 | 1 | 25.00 |
| 合计 | 141 | 125 | 88.65 | 15 | 10.64 |
| 平均 | 2.52 | 2.27 | 88.65 | 0.27 | 10.64 |

**表7-1-12　2010年末披露的信托公司独立董事人员年龄构成分析表**

| 名称 | 独立董事人员数 | 其中20岁以下人数 | 20岁以下比例(%) | 其中20~29岁人数 | 20~29岁比例(%) | 其中30~39岁人数 | 30~39岁比例(%) | 其中40岁以上人数 | 40岁以上比例(%) | 独立董事平均年龄 |
|---|---|---|---|---|---|---|---|---|---|---|
| 国元信托 | 3 | 0 | 0.00 | 0 | 0.00 | 0 | 0.00 | 3 | 100.00 | 45.00 |
| 安信信托 | 2 | 0 | 0.00 | 0 | 0.00 | 0 | 0.00 | 2 | 100.00 | 54.00 |
| 百瑞信托 | 2 | 0 | 0.00 | 0 | 0.00 | 0 | 0.00 | 2 | 100.00 | 54.00 |
| 北方信托 | 3 | 0 | 0.00 | 0 | 0.00 | 0 | 0.00 | 3 | 100.00 | 53.00 |
| 北京信托 | 3 | 0 | 0.00 | 0 | 0.00 | 1 | 33.33 | 2 | 66.67 | 51.00 |
| 渤海信托 | 2 | 0 | 0.00 | 0 | 0.00 | 0 | 0.00 | 2 | 100.00 | 64.50 |
| 华信信托 | 3 | 0 | 0.00 | 0 | 0.00 | 0 | 0.00 | 3 | 100.00 | 56.67 |
| 东莞信托 | 2 | 0 | 0.00 | 0 | 0.00 | 0 | 0.00 | 2 | 100.00 | 51.00 |
| 甘肃信托 | 3 | 0 | 0.00 | 0 | 0.00 | 0 | 0.00 | 3 | 100.00 | 56.00 |
| 广东粤财 | 2 | 0 | 0.00 | 0 | 0.00 | 0 | 0.00 | 2 | 100.00 | 43.50 |
| 国联信托 | 3 | 0 | 0.00 | 0 | 0.00 | 0 | 0.00 | 3 | 100.00 | 47.00 |
| 国民信托 | 2 | 0 | 0.00 | 0 | 0.00 | 0 | 0.00 | 2 | 100.00 | 60.00 |
| 国投信托 | 3 | 0 | 0.00 | 0 | 0.00 | 0 | 0.00 | 3 | 100.00 | 55.00 |
| 杭工商信托 | 3 | 0 | 0.00 | 0 | 0.00 | 0 | 0.00 | 3 | 100.00 | 57.00 |
| 湖南信托 | 1 | 0 | 0.00 | 0 | 0.00 | 0 | 0.00 | 1 | 100.00 | 62.00 |
| 华澳信托 | 2 | 0 | 0.00 | 0 | 0.00 | 0 | 0.00 | 2 | 100.00 | 57.50 |
| 华宝信托 | 4 | 0 | 0.00 | 0 | 0.00 | 0 | 0.00 | 4 | 100.00 | 51.00 |
| 华宸信托 | 2 | 0 | 0.00 | 0 | 0.00 | 0 | 0.00 | 2 | 100.00 | 47.00 |
| 华能信托 | 3 | 0 | 0.00 | 0 | 0.00 | 0 | 0.00 | 3 | 100.00 | 54.00 |
| 华融信托 | 4 | 0 | 0.00 | 0 | 0.00 | 0 | 0.00 | 4 | 100.00 | 54.50 |
| 华润信托 | 2 | 0 | 0.00 | 0 | 0.00 | 0 | 0.00 | 2 | 100.00 | 56.00 |
| 吉林信托 | 1 | 0 | 0.00 | 0 | 0.00 | 0 | 0.00 | 1 | 100.00 | 42.00 |
| 建信信托 | 2 | 0 | 0.00 | 0 | 0.00 | 0 | 0.00 | 2 | 100.00 | 57.00 |
| 江苏信托 | 3 | 0 | 0.00 | 0 | 0.00 | 0 | 0.00 | 3 | 100.00 | 61.67 |

续表

| 名称 | 独立董事人员数 | 其中20岁以下人数 | 20岁以下比例(%) | 其中20~29岁人数 | 20~29岁比例(%) | 其中30~39岁人数 | 30~39岁比例(%) | 其中40岁以上人数 | 40岁以上比例(%) | 独立董事平均年龄 |
|---|---|---|---|---|---|---|---|---|---|---|
| 江西信托 | 1 | 未披露 | | 未披露 | | 未披露 | | 未披露 | | 未披露 |
| 交银国际信托 | 1 | 0 | 0.00 | 0 | 0.00 | 0 | 0.00 | 1 | 100.00 | 63.00 |
| 昆仑信托 | 3 | 0 | 0.00 | 0 | 0.00 | 0 | 0.00 | 3 | 100.00 | 53.33 |
| 联华信托 | 2 | 0 | 0.00 | 0 | 0.00 | 0 | 0.00 | 2 | 100.00 | 57.50 |
| 平安信托 | 3 | 0 | 0.00 | 0 | 0.00 | 0 | 0.00 | 3 | 100.00 | 72.00 |
| 厦门信托 | 2 | 0 | 0.00 | 0 | 0.00 | 1 | 50.00 | 1 | 50.00 | 48.50 |
| 山东信托 | 3 | 0 | 0.00 | 0 | 0.00 | 0 | 0.00 | 3 | 100.00 | 57.33 |
| 山西信托 | 1 | 0 | 0.00 | 0 | 0.00 | 0 | 0.00 | 1 | 100.00 | 52.00 |
| 陕国投 | 3 | 0 | 0.00 | 0 | 0.00 | 0 | 0.00 | 3 | 100.00 | 47.00 |
| 爱建信托 | 2 | 0 | 0.00 | 0 | 0.00 | 1 | 50.00 | 1 | 50.00 | 39.50 |
| 上海信托 | 3 | 0 | 0.00 | 0 | 0.00 | 0 | 0.00 | 3 | 100.00 | 51.67 |
| 苏州信托 | 3 | 0 | 0.00 | 0 | 0.00 | 0 | 0.00 | 3 | 100.00 | 65.00 |
| 天津信托 | 3 | 0 | 0.00 | 0 | 0.00 | 0 | 0.00 | 3 | 100.00 | 61.33 |
| 西安信托 | 3 | 0 | 0.00 | 0 | 0.00 | 0 | 0.00 | 3 | 100.00 | 49.00 |
| 西部信托 | 3 | 0 | 0.00 | 0 | 0.00 | 0 | 0.00 | 3 | 100.00 | 53.00 |
| 西藏信托 | 1 | 0 | 0.00 | 0 | 0.00 | 0 | 0.00 | 1 | 100.00 | 46.00 |
| 新华信托 | 3 | 0 | 0.00 | 0 | 0.00 | 1 | 33.33 | 2 | 66.67 | 45.33 |
| 新时代信托 | 3 | 0 | 0.00 | 0 | 0.00 | 0 | 0.00 | 3 | 100.00 | 47.67 |
| 英大信托 | 3 | 0 | 0.00 | 0 | 0.00 | 0 | 0.00 | 3 | 100.00 | 59.00 |
| 云南信托 | 2 | 0 | 0.00 | 0 | 0.00 | 0 | 0.00 | 2 | 100.00 | 44.00 |
| 中诚信托 | 3 | 0 | 0.00 | 0 | 0.00 | 0 | 0.00 | 3 | 100.00 | 53.00 |
| 外贸信托 | 2 | 0 | 0.00 | 0 | 0.00 | 0 | 0.00 | 2 | 100.00 | 52.00 |
| 金谷信托 | 2 | 0 | 0.00 | 0 | 0.00 | 0 | 0.00 | 2 | 100.00 | 65.00 |
| 中海信托 | 3 | 0 | 0.00 | 0 | 0.00 | 0 | 0.00 | 3 | 100.00 | 54.00 |
| 中航信托 | 3 | 0 | 0.00 | 0 | 0.00 | 0 | 0.00 | 3 | 100.00 | 49.00 |
| 中融信托 | 2 | 0 | 0.00 | 0 | 0.00 | 0 | 0.00 | 2 | 100.00 | 51.00 |
| 中泰信托 | 3 | 0 | 0.00 | 0 | 0.00 | 0 | 0.00 | 3 | 100.00 | 53.33 |
| 中铁信托 | 3 | 0 | 0.00 | 0 | 0.00 | 0 | 0.00 | 3 | 100.00 | 45.67 |
| 中投信托 | 2 | 0 | 0.00 | 0 | 0.00 | 0 | 0.00 | 2 | 100.00 | 55.50 |
| 中信信托 | 3 | 0 | 0.00 | 0 | 0.00 | 0 | 0.00 | 3 | 100.00 | 44.33 |
| 中原信托 | 3 | 0 | 0.00 | 0 | 0.00 | 0 | 0.00 | 3 | 100.00 | 50.00 |
| 重庆信托 | 4 | 0 | 0.00 | 0 | 0.00 | 0 | 0.00 | 4 | 100.00 | 58.50 |
| 合计 | 141 | 0 | 0.00 | 0 | 0.00 | 4 | 2.84 | 136 | 96.45 | |
| 平均 | 2.52 | 0 | 0.00 | 0 | 0.00 | 0.07 | 2.84 | 2.47 | 96.45 | 52.39 |

## （四）监事会及其基本情况分析

全部56家信托公司中，有30家披露没有发生变动、26家披露了监事变更次数和变更的详情，详见表7－1－13。26家披露2010年发生监事变更的公司均发生了1~2次的监事变更。

**表7－1－13　2010年披露的信托公司监事变更情况表**

| 名称 | 是否变更 | 变更次数 | 期内监事变更详情列示 |
|---|---|---|---|
| 国元信托 | 否 | | |
| 安信信托 | 否 | | |
| 百瑞信托 | 否 | | |
| 北方信托 | 是 | 1 | 经股东天津泰达投资控股有限公司推荐，公司2010年第三次临时股东会决议，聘任田以林先生担任公司监事，任葆燕女士不再担任公司监事。经公司第二届监事会2010年第一次临时会议决议，选举田以林先生担任公司监事长。 |
| 北京信托 | 否 | | |
| 渤海信托 | 否 | | |
| 华信信托 | 是 | 1 | 公司第八届监事会届满，股东大会选举产生了第九届监事会，杨家思先生、初文博先生、臧冬青女士当选为第九届监事会监事。 |

续表

| 名称 | 是否变更 | 变更次数 | 期内监事变更详情列示 |
|---|---|---|---|
| 东莞信托 | 是 | 1 | 经2011年4月6日以通讯方式召开的东莞信托有限公司2011年度股东会第六次临时会议审议通过，莫鹏飞同志不再担任本公司第三届监事会监事职务，同意姚慧怡同志担任本公司第三届监事会监事职务。 |
| 甘肃信托 | 否 | | |
| 广东粤财 | 否 | | |
| 国联信托 | 否 | | |
| 国民信托 | 是 | 2 | 1. 公司股东会审议通过，同意聂强先生辞任监事职务，增补罗明耀先生为公司监事。<br>2. 公司监事会审议通过，同意张江泳先生辞任公司监事会主席职务，选举罗明耀先生出任公司监事会主席。 |
| 国投信托 | 否 | | |
| 杭工商信托 | 否 | | |
| 湖南信托 | 是 | 1 | 经公司第三届第三次监事会、2010年第一次股东会审议通过，同意黄志刚辞去监事会主席、监事职务。根据股东推荐，选举石波为第三届监事会股东代表监事、监事会主席。 |
| 华澳信托 | 是 | 1 | 原监事翟普于2010年4月29日股东会批准辞去监事职务，由麦格理推荐郭丹圆担任监事职务。 |
| 华宝信托 | 否 | | |
| 华宸信托 | 否 | | |
| 华能信托 | 是 | 1 | 朱江伟不再担任公司的监事，更换为郭朝晖。 |
| 华融信托 | 是 | 2 | 1. 报告期内，因年龄原因，董东庆请辞监事、监事会主席职务，经2010年第一次临时股东会审议通过，推选王晖为公司监事，经第一届四次监事会审议通过，推选王晖为公司监事会主席；<br>2. 报告期内，因工作原因，曹戈请辞监事职务，经2010年第三次临时股东会审议通过，推选张展为公司监事。 |
| 华润信托 | 是 | 1 | 2010年5月30日召开的公司2010年第三次股东会会议选举俞建先生担任公司监事。同时，因工作岗位变动原因，免去王少平先生公司监事职务。 |
| 吉林信托 | 是 | 1 | 潘振友同志由于工作变动，不再担任公司监事。 |
| 建信信托 | 是 | 2 | 1. 公司第一届监事会第二次会议选举王金生为建信信托有限责任公司第一届监事会监事长。其任职资格于2010年6月29日经安徽银监局核准。<br>2. 2010年9月20日，公司召开全体员工大会，选举了王彦青、周志襄为职工代表监事。 |
| 江苏信托 | 否 | | |
| 江西信托 | 是 | 1 | 原监事会召集人王光辉因退休辞去监事职务，由周志宏担任本公司监事会召集人。上述人员的任职报经监管部门核准资格后办理。 |
| 交银国际信托 | 是 | 2 | 1. 根据公司2010年股东会第二次会议决议及第一届监事会第八次会议选举，方建华女士任公司第一届监事会监事长，周兴文先生不再任公司监事长。<br>2. 根据公司2010年股东会第五次会议决议批准的《公司监事会换届方案》，同意方建华女士（监事长）、傅明章先生、韩泽民先生（职工代表监事）为交银国际信托有限公司第二届监事会监事。 |
| 昆仑信托 | 否 | | |
| 联华信托 | 否 | | |
| 平安信托 | 是 | 1 | 公司第三届监事会任期届满，于2010年12月进行了监事换届选举，选举叶素兰女士、肖建荣先生、方渭清先生为公司四届监事会监事，其中叶素兰女士、肖建荣先生为连选连任；并选举叶素兰女士继续出任公司监事会主席。 |
| 厦门信托 | 否 | | |
| 山东信托 | 是 | 1 | 2010年3月25日以通讯方式召开临时股东会，选举李国红先生为公司第三届监事会监事，周世健先生不再担任公司监事长职务；选举杨公民先生为公司第三届监事会监事，张维平先生不再担任公司监事职务；选举黄群先生为公司第三届监事会监事，刘理勇先生不再担任公司监事职务；2010年3月26日召开三届三次监事会会议，选举李国红先生为公司监事会监事长。 |
| 山西信托 | 是 | 2 | 1. 经本公司2010年第一次股东会审议，同意李明星担任公司监事，任永平不再担任公司监事。<br>2. 经本公司第二届监事会2010年第一次会议选举乔彦林担任公司监事长。乔彦林的监事长任职资格已经山西银监局核准（晋银监函〔2010〕83号）。 |
| 陕国投 | 否 | | |
| 爱建信托 | 是 | 1 | 2010年8月26日，公司召开股东会、董事会、监事会会议，对董事、监事及高级管理层人员调整事项分别作出决议：选举陈柳青为监事会主席，刘利娟因工作原因不再担任监事会主席。公司随后将新任职人员的任职资格报监管部门审核并获得批准。 |
| 上海信托 | 否 | | |
| 苏州信托 | 否 | | |
| 天津信托 | 是 | 2 | 1. 2010年4月18日，公司召开2010年第2次股东会会议，审议通过了《关于王健、宋德培、林永坤不再担任公司监事的决议》。<br>2. 审议通过了2010年公司监事会组成新一届监事会，即天津信托有限责任公司第六届监事会。同意原监事会成员冯金有、康悦2人继续留任，新增朱振山、王丽、丁粤军3人为新监事。 |

续表

| 名称 | 是否变更 | 变更次数 | 期内监事变更详情列示 |
|---|---|---|---|
| 西安信托 | 否 | | |
| 西部信托 | 否 | | |
| 西藏信托 | 是 | 1 | 报告期内，选举索朗班久、次旦、宿城旺、杜雪松、侯小萍为新一届监事，而江春、黄清平、石春波不再担任公司监事。 |
| 新华信托 | 否 | | |
| 新时代信托 | 否 | | |
| 英大信托 | 是 | 1 | 2010 年 8 月 31 日，公司第三次临时股东会（通讯方式）通过决议，同意股东单位济钢集团有限公司推选的监事郭燕春女士因退休提请辞去公司监事职务，并根据济钢集团有限公司的意见，选举万宪刚先生担任公司监事职务。 |
| 云南信托 | 否 | | |
| 中诚信托 | 是 | 1 | 2010 年 11 月 30 日，公司临时股东会选举出公司监事连福忠、刘瑞生、王玉江、寇显强、杨广玉、俞建辉、王言彬，与职工监事王桂华、汤淑梅组成新一届监事会。 |
| 外贸信托 | 否 | | |
| 金谷信托 | 否 | | |
| 中海信托 | 是 | 1 | 2010 年 1 月，因工作需要，经公司 2010 年第一次临时股东会审议通过，免去陆静民先生公司监事会监事、监事会主席职务，选举张兆善先生担任公司监事会监事。2011 年 1 月，公司一届七次监事会选举张兆善担任公司监事会主席职务。 |
| 中航信托 | 否 | | |
| 中融信托 | 是 | 1 | 2010 年第二次临时股东会审议通过，免去鲍秀杰监事职位，选举毛发青为监事职位。 |
| 中泰信托 | 是 | 1 | 2010 年 3 月，公司股东会选举产生第五届董事会、监事会组成。 |
| 中铁信托 | 否 | | |
| 中投信托 | 是 | 1 | 根据公司章程规定，公司董事会、监事会、高管层三年一换届，属正常变动。第一届监事长为王世强，监事为汪阳、马军，经公司换届选举，第二届监事长为徐坤，监事为薛荣革、曹学文。 |
| 中信信托 | 否 | | |
| 中原信托 | 否 | | |
| 重庆信托 | 是 | 1 | 2010 年 4 月 28 日，公司股东决定免去贾眉本公司监事职务。 |

截至 2010 年末，56 家信托公司均设立了监事及监事会，合计监事 228 人，平均每家设置监事 4. 07 人。在监事中有男性 168 人，占 73. 68%；女性 60 人，占 26. 32%。与董事的性别构成比较，监事的女性占比大于董事的女性占比。从监事的年龄结构来看，30 ~39 岁的有 46 人，占 20. 18%；40 岁以上的有 182 人，占 79. 82%；而监事的平均年龄为 45. 79 岁，年龄结构比董事要年轻。总体来说，监事人数及其构成基本合理。

**表 7 -1 -14　2010 年末披露的信托公司监事会人员性别构成分析表**

| 名称 | 监事会成员人数 | 其中男性人数 | 男性比例（%） | 其中女性人数 | 女性比例（%） |
|---|---|---|---|---|---|
| 国元信托 | 3 | 3 | 100. 00 | 0 | 0. 00 |
| 安信信托 | 3 | 1 | 33. 33 | 2 | 66. 67 |
| 百瑞信托 | 10 | 7 | 70. 00 | 3 | 30. 00 |
| 北方信托 | 6 | 5 | 83. 33 | 1 | 16. 67 |
| 北京信托 | 7 | 5 | 71. 43 | 2 | 28. 57 |
| 渤海信托 | 3 | 1 | 33. 33 | 2 | 66. 67 |
| 华信信托 | 3 | 2 | 66. 67 | 1 | 33. 33 |
| 东莞信托 | 9 | 7 | 77. 78 | 2 | 22. 22 |
| 甘肃信托 | 3 | 3 | 100. 00 | 0 | 0. 00 |
| 广东粤财 | 3 | 1 | 33. 33 | 2 | 66. 67 |
| 国联信托 | 3 | 2 | 66. 67 | 1 | 33. 33 |
| 国民信托 | 3 | 2 | 66. 67 | 1 | 33. 33 |
| 国投信托 | 3 | 2 | 66. 67 | 1 | 33. 33 |
| 杭工商信托 | 3 | 3 | 100. 00 | 0 | 0. 00 |
| 湖南信托 | 3 | 1 | 33. 33 | 2 | 66. 67 |
| 华澳信托 | 3 | 1 | 33. 33 | 2 | 66. 67 |
| 华宝信托 | 3 | 2 | 66. 67 | 1 | 33. 33 |
| 华宸信托 | 3 | 3 | 100. 00 | 0 | 0. 00 |
| 华能信托 | 3 | 3 | 100. 00 | 0 | 0. 00 |
| 华融信托 | 8 | 3 | 37. 50 | 5 | 62. 50 |

续表

| 名称 | 监事会成员人数 | 其中男性人数 | 男性比例(%) | 其中女性人数 | 女性比例(%) |
|---|---|---|---|---|---|
| 华润信托 | 3 | 2 | 66.67 | 1 | 33.33 |
| 吉林信托 | 4 | 3 | 75.00 | 1 | 25.00 |
| 建信信托 | 5 | 5 | 100.00 | 0 | 0.00 |
| 江苏信托 | 5 | 3 | 60.00 | 2 | 40.00 |
| 江西信托 | 3 | 3 | 100.00 | 0 | 0.00 |
| 交银国际信托 | 3 | 2 | 66.67 | 1 | 33.33 |
| 昆仑信托 | 4 | 4 | 100.00 | 0 | 0.00 |
| 联华信托 | 3 | 2 | 66.67 | 1 | 33.33 |
| 平安信托 | 3 | 2 | 66.67 | 1 | 33.33 |
| 厦门信托 | 3 | 3 | 100.00 | 0 | 0.00 |
| 山东信托 | 5 | 5 | 100.00 | 0 | 0.00 |
| 山西信托 | 3 | 2 | 66.67 | 1 | 33.33 |
| 陕国投 | 3 | 3 | 100.00 | 0 | 0.00 |
| 爱建信托 | 3 | 3 | 100.00 | 0 | 0.00 |
| 上海信托 | 3 | 3 | 100.00 | 0 | 0.00 |
| 苏州信托 | 5 | 5 | 100.00 | 0 | 0.00 |
| 天津信托 | 5 | 4 | 80.00 | 1 | 20.00 |
| 西安信托 | 6 | 4 | 66.67 | 2 | 33.33 |
| 西部信托 | 3 | 3 | 100.00 | 0 | 0.00 |
| 西藏信托 | 5 | 3 | 60.00 | 2 | 40.00 |
| 新华信托 | 3 | 3 | 100.00 | 0 | 0.00 |
| 新时代信托 | 3 | 3 | 100.00 | 0 | 0.00 |
| 英大信托 | 5 | 4 | 80.00 | 1 | 20.00 |
| 云南信托 | 6 | 4 | 66.67 | 2 | 33.33 |
| 中诚信托 | 9 | 7 | 77.78 | 2 | 22.22 |
| 外贸信托 | 3 | 2 | 66.67 | 1 | 33.33 |
| 金谷信托 | 5 | 2 | 40.00 | 3 | 60.00 |
| 中海信托 | 3 | 2 | 66.67 | 1 | 33.33 |
| 中航信托 | 5 | 4 | 80.00 | 1 | 20.00 |
| 中融信托 | 3 | 3 | 100.00 | 0 | 0.00 |
| 中泰信托 | 3 | 2 | 66.67 | 1 | 33.33 |
| 中铁信托 | 5 | 4 | 80.00 | 1 | 20.00 |
| 中投信托 | 3 | 2 | 66.67 | 1 | 33.33 |
| 中信信托 | 3 | 2 | 66.67 | 1 | 33.33 |
| 中原信托 | 5 | 3 | 60.00 | 2 | 40.00 |
| 重庆信托 | 2 | 0 | 0.00 | 2 | 100.00 |
| 合计 | 228 | 168 | 73.68 | 60 | 26.32 |
| 平均 | 4.07 | 3.00 | 73.68 | 1.07 | 26.32 |

### 表7-1-15 2010年末披露的信托公司监事会人员年龄构成分析表

| 名称 | 监事会成员人数 | 其中20~29岁人数 | 20~29岁比例 | 其中30~39岁人数 | 30~39岁比例(%) | 其中40岁以上人数 | 40岁以上比例(%) | 监事的平均年龄 |
|---|---|---|---|---|---|---|---|---|
| 国元信托 | 3 | 0 | 0.00 | 0 | 0.00 | 3 | 100.00 | 49.00 |
| 安信信托 | 3 | 0 | 0.00 | 1 | 33.33 | 2 | 66.67 | 39.33 |
| 百瑞信托 | 10 | 0 | 0.00 | 1 | 10.00 | 9 | 90.00 | 45.50 |
| 北方信托 | 6 | 0 | 0.00 | 0 | 0.00 | 6 | 100.00 | 52.67 |
| 北京信托 | 7 | 0 | 0.00 | 1 | 14.29 | 6 | 85.71 | 48.14 |
| 渤海信托 | 3 | 0 | 0.00 | 3 | 100.00 | 0 | 0.00 | 36.33 |
| 华信信托 | 3 | 0 | 0.00 | 0 | 0.00 | 3 | 100.00 | 54.67 |
| 东莞信托 | 9 | 0 | 0.00 | 2 | 22.22 | 7 | 77.78 | 43.78 |

续表

| 名称 | 监事会成员人数 | 其中20～29岁人数 | 20～29岁比例 | 其中30～39岁人数 | 30～39岁比例(%) | 其中40岁以上人数 | 40岁以上比例(%) | 监事的平均年龄 |
|---|---|---|---|---|---|---|---|---|
| 甘肃信托 | 3 | 0 | 0.00 | 0 | 0.00 | 3 | 100.00 | 45.00 |
| 广东粤财 | 3 | 0 | 0.00 | 0 | 0.00 | 3 | 100.00 | 49.33 |
| 国联信托 | 3 | 0 | 0.00 | 2 | 66.67 | 1 | 33.33 | 37.67 |
| 国民信托 | 3 | 0 | 0.00 | 2 | 66.67 | 1 | 33.33 | 37.67 |
| 国投信托 | 3 | 0 | 0.00 | 2 | 66.67 | 1 | 33.33 | 0.00 |
| 杭工商信托 | 3 | 0 | 0.00 | 1 | 33.33 | 2 | 66.67 | 46.00 |
| 湖南信托 | 3 | 0 | 0.00 | 1 | 33.33 | 2 | 66.67 | 41.67 |
| 华澳信托 | 3 | 0 | 0.00 | 1 | 33.33 | 2 | 66.67 | 40.67 |
| 华宝信托 | 3 | 0 | 0.00 | 1 | 33.33 | 2 | 66.67 | 40.67 |
| 华宸信托 | 3 | 0 | 0.00 | 0 | 0.00 | 3 | 100.00 | 53.67 |
| 华能信托 | 3 | 0 | 0.00 | 0 | 0.00 | 3 | 100.00 | 49.00 |
| 华融信托 | 8 | 0 | 0.00 | 2 | 25.00 | 6 | 75.00 | 47.38 |
| 华润信托 | 3 | 0 | 0.00 | 1 | 33.33 | 2 | 66.67 | 47.67 |
| 吉林信托 | 4 | 0 | 0.00 | 0 | 0.00 | 4 | 100.00 | 50.25 |
| 建信信托 | 5 | 0 | 0.00 | 1 | 20.00 | 4 | 80.00 | 44.00 |
| 江苏信托 | 5 | 0 | 0.00 | 0 | 0.00 | 5 | 100.00 | 52.40 |
| 江西信托 | 3 | 0 | 0.00 | 0 | 0.00 | 3 | 100.00 | 51.33 |
| 交银国际信托 | 3 | 0 | 0.00 | 0 | 0.00 | 3 | 100.00 | 55.00 |
| 昆仑信托 | 4 | 0 | 0.00 | 1 | 25.00 | 3 | 75.00 | 46.50 |
| 联华信托 | 3 | 0 | 0.00 | 1 | 33.33 | 2 | 66.67 | 44.33 |
| 平安信托 | 3 | 0 | 0.00 | 1 | 33.33 | 2 | 66.67 | 45.67 |
| 厦门信托 | 3 | 0 | 0.00 | 0 | 0.00 | 3 | 100.00 | 51.67 |
| 山东信托 | 5 | 0 | 0.00 | 2 | 40.00 | 3 | 60.00 | 41.80 |
| 山西信托 | 3 | 0 | 0.00 | 0 | 0.00 | 3 | 100.00 | 43.67 |
| 陕国投 | 3 | 0 | 0.00 | 0 | 0.00 | 3 | 100.00 | 50.67 |
| 爱建信托 | 3 | 0 | 0.00 | 0 | 0.00 | 3 | 100.00 | 55.67 |
| 上海信托 | 3 | 0 | 0.00 | 0 | 0.00 | 3 | 100.00 | 56.00 |
| 苏州信托 | 5 | 0 | 0.00 | 2 | 40.00 | 3 | 60.00 | 44.40 |
| 天津信托 | 5 | 0 | 0.00 | 1 | 20.00 | 4 | 80.00 | 50.60 |
| 西安信托 | 6 | 0 | 0.00 | 1 | 16.67 | 5 | 83.33 | 45.50 |
| 西部信托 | 3 | 0 | 0.00 | 0 | 0.00 | 3 | 100.00 | 46.00 |
| 西藏信托 | 5 | 0 | 0.00 | 4 | 80.00 | 1 | 20.00 | 39.40 |
| 新华信托 | 3 | 0 | 0.00 | 0 | 0.00 | 3 | 100.00 | 48.67 |
| 新时代信托 | 3 | 0 | 0.00 | 1 | 33.33 | 2 | 66.67 | 45.33 |
| 英大信托 | 5 | 0 | 0.00 | 1 | 20.00 | 4 | 80.00 | 44.80 |
| 云南信托 | 6 | 0 | 0.00 | 2 | 33.33 | 4 | 66.67 | 41.00 |
| 中诚信托 | 9 | 0 | 0.00 | 0 | 0.00 | 9 | 100.00 | 46.67 |
| 外贸信托 | 3 | 0 | 0.00 | 0 | 0.00 | 3 | 100.00 | 48.33 |
| 金谷信托 | 5 | 0 | 0.00 | 0 | 0.00 | 5 | 100.00 | 51.80 |
| 中海信托 | 3 | 0 | 0.00 | 0 | 0.00 | 3 | 100.00 | 51.33 |
| 中航信托 | 5 | 0 | 0.00 | 1 | 20.00 | 4 | 80.00 | 48.00 |
| 中融信托 | 3 | 0 | 0.00 | 0 | 0.00 | 3 | 100.00 | 43.33 |
| 中泰信托 | 3 | 0 | 0.00 | 0 | 0.00 | 3 | 100.00 | 49.67 |
| 中铁信托 | 5 | 0 | 0.00 | 1 | 20.00 | 4 | 80.00 | 43.60 |
| 中投信托 | 3 | 0 | 0.00 | 1 | 33.33 | 2 | 66.67 | 43.67 |
| 中信信托 | 3 | 0 | 0.00 | 1 | 33.33 | 2 | 66.67 | 46.33 |
| 中原信托 | 5 | 0 | 0.00 | 2 | 40.00 | 3 | 60.00 | 41.20 |
| 重庆信托 | 2 | 0 | 0.00 | 1 | 50.00 | 1 | 50.00 | 50.00 |
| 合计 | 228 | 0 | 0.00 | 46 | 20.18 | 182 | 79.82 | |
| 平均 | 4.07 | 0 | 0.00 | 0.82 | 20.18 | 3.25 | 79.82 | 45.79 |

## （五）信托公司2010年末股东派出董事和监事情况分析

根据56家信托公司所披露的情况，由股东派出的董事为322人，占这些公司董事会总人数493人的65.31%，平均每家公司派出5.75人；由股东派出的监事共158人，占这些公司监事会总人数228人的69.30%。由此可见，目前的信托公司的董事和监事绝大部分是由股东派出的，股东对信托公司日常经营的控制非常明显。

表7-1-16　2010年末56家信托公司股东派出董事和监事情况分析表

| 名称 | 董事 | | | 监事 | | |
|---|---|---|---|---|---|---|
| | 总人数 | 其中股东单位派出人数 | 股东单位派出占比(%) | 总人数 | 其中股东单位派出人数 | 股东单位派出占比(%) |
| 国元信托 | 9 | 6 | 66.67 | 3 | 2 | 66.67 |
| 安信信托 | 5 | 2 | 40.00 | 3 | 2 | 66.67 |
| 百瑞信托 | 7 | 5 | 71.43 | 10 | 9 | 90.00 |
| 北方信托 | 14 | 11 | 78.57 | 6 | 5 | 83.33 |
| 北京信托 | 11 | 7 | 63.64 | 7 | 5 | 71.43 |
| 渤海信托 | 6 | 4 | 66.67 | 3 | 0 | 0.00 |
| 华信信托 | 9 | 6 | 66.67 | 3 | 2 | 66.67 |
| 东莞信托 | 10 | 8 | 80.00 | 9 | 6 | 66.67 |
| 甘肃信托 | 9 | 5 | 55.56 | 3 | 2 | 66.67 |
| 广东粤财 | 6 | 4 | 66.67 | 3 | 2 | 66.67 |
| 国联信托 | 9 | 6 | 66.67 | 3 | 1 | 33.33 |
| 国民信托 | 8 | 3 | 37.50 | 3 | 2 | 66.67 |
| 国投信托 | 8 | 5 | 62.50 | 3 | 3 | 100.00 |
| 杭工商信托 | 8 | 5 | 62.50 | 3 | 2 | 66.67 |
| 湖南信托 | 7 | 4 | 57.14 | 3 | 2 | 66.67 |
| 华澳信托 | 7 | 5 | 71.43 | 3 | 3 | 100.00 |
| 华宝信托 | 10 | 6 | 60.00 | 3 | 2 | 66.67 |
| 华宸信托 | 8 | 6 | 75.00 | 3 | 2 | 66.67 |
| 华能信托 | 9 | 5 | 55.56 | 3 | 2 | 66.67 |
| 华融信托 | 11 | 6 | 54.55 | 8 | 4 | 50.00 |
| 华润信托 | 9 | 5 | 55.56 | 3 | 2 | 66.67 |
| 吉林信托 | 5 | 3 | 60.00 | 4 | 2 | 50.00 |
| 建信信托 | 8 | 6 | 75.00 | 5 | 3 | 60.00 |
| 江苏信托 | 8 | 4 | 50.00 | 5 | 3 | 60.00 |
| 江西信托 | 9 | 8 | 88.89 | 3 | 2 | 66.67 |
| 交银国际信托 | 8 | 7 | 87.50 | 3 | 2 | 66.67 |
| 昆仑信托 | 9 | 5 | 55.56 | 4 | 3 | 75.00 |
| 联华信托 | 9 | 7 | 77.78 | 3 | 2 | 66.67 |
| 平安信托 | 9 | 6 | 66.67 | 3 | 2 | 66.67 |
| 厦门信托 | 9 | 7 | 77.78 | 3 | 2 | 66.67 |
| 山东信托 | 9 | 5 | 55.56 | 5 | 5 | 100.00 |
| 山西信托 | 7 | 5 | 71.43 | 3 | 3 | 100.00 |
| 陕国投 | 9 | 5 | 55.56 | 3 | 2 | 66.67 |
| 爱建信托 | 6 | 4 | 66.67 | 3 | 2 | 66.67 |
| 上海信托 | 11 | 7 | 63.64 | 3 | 2 | 66.67 |
| 苏州信托 | 8 | 4 | 50.00 | 5 | 4 | 80.00 |
| 天津信托 | 15 | 8 | 53.33 | 5 | 4 | 80.00 |
| 西安信托 | 9 | 6 | 66.67 | 6 | 4 | 66.67 |
| 西部信托 | 10 | 7 | 70.00 | 3 | 2 | 66.67 |
| 西藏信托 | 6 | 5 | 83.33 | 5 | 5 | 100.00 |
| 新华信托 | 8 | 5 | 62.50 | 3 | 2 | 66.67 |
| 新时代信托 | 9 | 6 | 66.67 | 3 | 2 | 66.67 |
| 英大信托 | 13 | 9 | 69.23 | 5 | 3 | 60.00 |

续表

| 名称 | 董事 | | | 监事 | | |
|---|---|---|---|---|---|---|
| | 总人数 | 其中股东单位派出人数 | 股东单位派出占比(%) | 总人数 | 其中股东单位派出人数 | 股东单位派出占比(%) |
| 云南信托 | 11 | 9 | 81.82 | 6 | 3 | 50.00 |
| 中诚信托 | 13 | 8 | 61.54 | 9 | 7 | 77.78 |
| 外贸信托 | 7 | 5 | 71.43 | 3 | 2 | 66.67 |
| 金谷信托 | 9 | 7 | 77.78 | 5 | 4 | 80.00 |
| 中海信托 | 7 | 4 | 57.14 | 3 | 2 | 66.67 |
| 中航信托 | 9 | 6 | 66.67 | 5 | 3 | 60.00 |
| 中融信托 | 7 | 5 | 71.43 | 3 | 2 | 66.67 |
| 中泰信托 | 9 | 5 | 55.56 | 3 | 2 | 66.67 |
| 中铁信托 | 9 | 6 | 66.67 | 5 | 3 | 60.00 |
| 中投信托 | 5 | 3 | 60.00 | 3 | 2 | 66.67 |
| 中信信托 | 9 | 6 | 66.67 | 3 | 3 | 100.00 |
| 中原信托 | 11 | 6 | 54.55 | 5 | 3 | 60.00 |
| 重庆信托 | 13 | 9 | 69.23 | 2 | 1 | 50.00 |
| 合计 | 493 | 322 | 65.31 | 228 | 158 | 69.30 |
| 平均 | 8.80 | 5.75 | | 4.07 | 2.82 | |

## 二、公司高管情况分析

### （一）公司高管变动情况分析

如表7－2－1所示，56家信托公司中有38家公司披露有高管的变动，比2009年增加了5家。

**表7－2－1　56家信托公司2010年高管变更情况表**

| 名称 | 是否变更 | 变更次数 | 期内高管变更详情列示 |
|---|---|---|---|
| 国元信托 | 否 | | |
| 安信信托 | 是 | 1 | 报告期后，公司收到原副总裁李廷芳先生的辞职报告，李廷芳先生因个人原因申请辞去公司副总裁的职务，辞职后不再担任公司任何职务。 |
| 百瑞信托 | 是 | 1 | 2010年5月，经公司第三届董事会第二十四次会议审议通过，聘任刘英辉女士担任公司副总裁；2010年7月，河南银监局向公司下发了《关于核准百瑞信托有限责任公司刘英辉副总裁任职资格的批复》（豫银监复〔2010〕296号）。 |
| 北方信托 | 是 | 2 | 1. 根据2010年12月31日《天津银监局关于包立杰同志任职资格的批复》（津银监复〔2010〕640号），包立杰同志担任公司总经理助理职务。<br>2. 根据2010年12月31日《天津银监局关于王燕滨同志任职资格的批复》（津银监复〔2010〕641号），王燕滨同志担任公司总经理助理职务。 |
| 北京信托 | 否 | | |
| 渤海信托 | 是 | 4 | 1. 2010年3月1日，聘任李熙玉为公司副总裁，5月20日任职资格获得河北银监局核准；<br>2. 2010年4月27日，聘任师增轩为公司总裁助理，7月12日任职资格获得河北银监局核准；<br>3. 2010年9月1日，聘任陶钧为公司副总裁，任职资格已报监管部门审核；<br>4. 2010年9月9日，免去汤亮公司副总裁职务。 |
| 华信信托 | 是 | 1 | 公司2010年第四次临时董事会聘任黄铎先生为总裁、崔相斌先生、王瑾女士、付绍波先生为副总裁，郭岩女士为副总裁、董事会秘书，王伟廷先生为副总裁、财务总监。 |
| 东莞信托 | 否 | | |
| 甘肃信托 | 否 | | |
| 广东粤财 | 否 | | |
| 国联信托 | 否 | | |
| 国民信托 | 是 | 1 | 公司董事会审议通过，并报中国银监会核准，陈世彪先生出任公司董事长，李政怀先生出任公司总经理。 |
| 国投信托 | 是 | 2 | 1. 2010年7月16日，经公司三届第十九次董事会决定，聘任陆俊为公司副总经理，9月经北京银监局任职资格核准。<br>2. 公司原任财务总监吴蔚蔚因工作原因调离公司，不再担任国投信托财务总监，经公司第三届董事会第二十三次会议审议决定，免去吴蔚蔚同志财务总监职务。经离任审计后，报北京银监局备案。 |
| 杭工商信托 | 是 | 1 | 公司市场及发展总监钱骏先生因个人原因于2010年9月提请辞职，经公司第五届董事会第十二次会议研究讨论，同意钱骏先生辞去市场及发展总监职务，聘任陈涛先生为公司市场及发展总监。截至2010年12月31日，陈涛先生的任职资格已上报监管机构，待核准。 |

续表

| 名称 | 是否变更 | 变更次数 | 期内高管变更详情列示 |
| --- | --- | --- | --- |
| 湖南信托 | 是 | 1 | 根据公司薪酬绩效改革结果，经公司第三届董事会第十六次临时会议审议通过，并经中国银行业监督管理委员会湖南监管局核准（湘银监复〔2010〕402 号），聘任刘格辉为常务副总裁，聘任周江军、唐慧为业务副总裁，聘任黄飞彪为风控总监，聘任王晓芸为财务总监，聘任刘瑛为行政总监。 |
| 华澳信托 | 否 | | |
| 华宝信托 | 是 | 2 | 1. 原总经理占兴华因工作调动，不再担任总经理职务。2010 年 11 月，董事会已审议通过钱骏担任总经理，任职资格已经报监管部门核准。<br>2. 因工作需要及总经理提名，2010 年 11 月董事会审议通过王波担任公司副总经理、王锦凌担任总经理助理，相关任职资格已经报监管部门核准。 |
| 华宸信托 | 是 | 1 | 聘任范永胜、晋军为华宸信托有限责任公司总经理助理，任职资格已经 2010 年 2 月 10 日内蒙古银监局批准。见《关于核准范永胜、晋军非银行金融机构高级管理人员任职资格的批复》（内银监复〔2010〕26 号）。 |
| 华能信托 | 是 | 2 | 1. 因工作需要，公司聘任金志培为副总经理。<br>2. 公司增设首席合规官，聘任孙磊出任首席合规官。 |
| 华融信托 | 是 | 2 | 1. 报告期内，因工作需要，徐波请辞公司副总经理职务，经 2010 年第二十一次临时董事会审议通过。<br>2. 以新银监复〔2010〕52 号批复核准刘绍华、杨晓丽华融国际信托有限责任公司总经理助理（总裁助理）任职资格。 |
| 华润信托 | 是 | 2 | 1. 2010 年 1 月 15 日召开的公司第四届董事会第十八次临时会议聘任田洁先生担任公司副总经理。<br>2. 2010 年 7 月 19 日召开的公司第五届董事会第二次临时会议聘任李巍巍先生担任公司副总经理。 |
| 吉林信托 | 否 | | |
| 建信信托 | 否 | | |
| 江苏信托 | 否 | | |
| 江西信托 | 是 | 4 | 1. 因人员工作变动，吴伟光辞去本公司总经理职务。<br>2. 钟镰斧拟辞去本公司副总经理职务。<br>3. 王志辉拟任本公司总经理。<br>4. 陈华玲拟任本公司首席风险官。<br>上述人员的任职报经监管部门核准资格后办理。 |
| 交银国际信托 | 否 | | |
| 昆仑信托 | 否 | | |
| 联华信托 | 否 | | |
| 平安信托 | 是 | 1 | 因公司发展和经营管理需要，2010 年 8 月，公司聘请封群先生出任公司副总经理；2011 年 4 月，公司聘请韩晓先生出任公司总经理助理。 |
| 厦门信托 | 是 | 3 | 1. 2010 年 1 月 1 日，王前清总经理正式履职。<br>2. 2010 年 10 月 29 日，王前清总经理因个人原因，经董事会批准后辞去公司总经理职务。王前清总经理的辞职并未对公司正常的经营管理产生重大影响。<br>3. 2010 年 5 月 5 日，经厦门银监局以厦银监复〔2010〕63 号文核准，公司聘任郑华为总经理助理。 |
| 山东信托 | 否 | | |
| 山西信托 | 是 | 1 | 经本公司第二届董事会 2010 年第一次会议审议，同意聘任刘叔肄为公司总经理，聘任雷淑俊为公司财务总监、聘任陈强为董事会秘书。由于工作变动，王四国不再担任公司总经理，李永清、王泽不再担任公司副总经理。刘叔肄的总经理任职资格已经中国银监会核准（银监复〔2010〕372 号），雷淑俊、陈强的高级管理人员任职资格已经山西银监局核准（晋银监函〔2010〕83 号）。 |
| 陕国投 | 是 | 2 | 2010 年 1 月 18 日，经公司第六届董事会第八次会议决议，表决通过了关于赵辉辞去公司副总裁职务的议案和关于温进辞去公司副总裁、总工程师职务的议案。 |
| 爱建信托 | 是 | 1 | 2010 年 8 月 26 日，公司召开股东会、董事会、监事会会议聘任沈富荣、周磊为副总经理，陈柳青因工作调动不再担任副总经理；聘任侯勤为董事会秘书，陈柳青因工作调动不再担任董事会秘书。公司随后将新任职人员的任职资格报监管部门审核并获得批准。 |
| 上海信托 | 是 | 1 | 2009 年 10 月，经上海国际信托有限公司第四届第十次董事会审议通过，聘任傅帆先生为公司总经理。2010 年 3 月，经中国银监会核准正式任职。 |
| 苏州信托 | 是 | 4 | 1. 崔斌先生因个人原因辞去公司董事及总裁职务；<br>2. 张立文先生的公司总裁任职资格已经监管部门批复核准；<br>3. 周也勤先生的公司副总裁任职资格已经监管部门批复核准；<br>4. 姚文德先生的公司总裁助理任职资格已经监管部门批复核准。 |
| 天津信托 | 否 | | |
| 西安信托 | 是 | 2 | 1. 2010 年 1 月 13 日，陕西银监局以陕银监复〔2010〕1 号批复关于马志平任职资格的批复，核准马志平西安国际信托有限公司副总经理任职资格。<br>2. 2010 年 6 月 13 日，陕西银监局以陕银监复〔2010〕31 号批复关于徐立任职资格的批复，核准徐立西安国际信托有限公司副总经理任职资格。 |

续表

| 名称 | 是否变更 | 变更次数 | 期内高管变更详情列示 |
| --- | --- | --- | --- |
| 西部信托 | 是 | 2 | 1. 经公司第三届第四次临时董事会会议审议同意，聘任赵辉为公司总经理，其任职资格已于2010年7月9日经中国银行业监督管理委员会核准通过。<br>2. 公司2009年聘任的公司总经理助理武士伟同志挂职期满，从2010年11月起不再担任公司总经理助理。 |
| 西藏信托 | 是 | 1 | 报告期内，任命查松为总经理、余志平为副总经理；同时王运金不再担任总经理职位，陈克东、索朗班久不再担任副总经理职位。 |
| 新华信托 | 是 | 1 | 公司于2010年1月27日、2010年3月10日分别召开了第四届董事会第三次会议和2010年第一次临时股东大会，会议决议聘任郝雅军先生为公司首席财务官、陈岸强和赵暖先生为公司副总经理。副总经理赵暖和首席财务官郝雅军的任职资格已于2010年4月6日经《关于郝雅军、赵暖金融机构高级管理人员任职资格的批复》(渝银监复〔2010〕15号)核准。 |
| 新时代信托 | 是 | 2 | 1. 任荣庆先生因个人原因辞去公司总裁职务。<br>2. 郝雅军先生因个人原因辞去公司财务总监职务，聘任杨明国先生担任公司财务总监。 |
| 英大信托 | 是 | 1 | 经公司八届七次董事会通过、山东银监局审核批准，孙志国先生自2010年4月28日起担任公司副总经理。 |
| 云南信托 | 是 | 2 | 1. 本报告期内，原公司总裁杨征因身体原因辞去公司总裁职务。2010年10月29日，公司召开第三届董事会第八次会议审议通过了《关于提名田泽望先生担任公司总裁的议案》，推荐田泽望先生担任公司总裁 。<br>2. 原公司副总裁[illegible]APTER庆玉因已达退休年龄申请办理退休手续。2010年10月29日，公司召开第三届董事会第八次会议审议通过了《关于提名舒广先生担任公司副总裁的议案》。推荐舒广先生担任公司副总裁。<br>根据《非银行金融机构行政许可事项实施办法》相关规定，相关高管的任职资格正在审批过程中。 |
| 中诚信托 | 否 | | |
| 外贸信托 | 是 | 1 | 2010年7月28日，第三届董事会第十一次会议审议通过了关于聘任李银熙同志、李京同志任中国对外经济贸易信托有限公司副总经理的议案。2010年11月26日，银监会下发了《关于核准王引平等五人任职资格的批复》，核准李银熙、李京任中国对外经济贸易信托有限公司副总经理的任职资格。 |
| 金谷信托 | 否 | | |
| 中海信托 | 是 | 7 | 1. 2010年1月，经公司第一届董事会第十九次会议审议通过，免去陈军营销总监职务，聘任魏志刚担任公司营销总监。<br>2. 康伟因个人原因辞去公司副总裁职务，2010年5月，经公司一届二十一次董事会审议通过，免去其公司副总裁职务。<br>3. 冯安因个人原因辞去公司投资总监职务，2010年5月，经公司一届二十一次董事会审议通过，免去其公司投资总监职务。<br>4. 因公司推荐陈军担任四川信托有限公司总经理，2010年8月，经公司一届二十二次董事会审议通过，免去其公司副总裁职务。<br>5. 因公司组织结构调整，撤销合规总监岗位，设置首席风险控制官岗位，2010年8月，经公司一届二十二次董事会审议通过，聘任胡旭鹏兼任公司首席风险控制官职务。<br>6. 2010年8月，经公司一届二十二次董事会审议通过，聘任魏志刚兼任公司总裁助理职务，其任职资格于2010年11月16日经上海银监局《关于核准魏志刚任职资格的批复》(沪银监复〔2010〕837号)文件正式核准。<br>7. 2010年8月经公司一届二十二次董事会审议通过，聘任朱恩惠担任运营总监职务。 |
| 中航信托 | 是 | 1 | 为加强公司风险管理，2010年8月6日，公司董事会以通讯方式召开第一届董事会第四次会议，审议通过《关于聘任首席风险官的议案》，拟聘郭若强先生任公司首席风险官。郭若强先生的任职资格已获得中国银行业监督管理委员会江西监管局核准。 |
| 中融信托 | 是 | 3 | 1. 2009年股东会审议通过，免去姜文辉总裁一职。<br>2. 第二届第二十七次董事会审议通过，选举范韬为总裁，选举王宝安、王海、刘伟器、谢丙武、梁越为副总裁。<br>3. 第三届第一次董事会审议通过，选举吴大勇为副总裁，选举连晋华为财务总监。 |
| 中泰信托 | 是 | 1 | 2010年4月，公司第五届董事会聘请新一届经营班子成员，新一届高级管理人员任职资格均已通过监管核准。 |
| 中铁信托 | 是 | 1 | 公司于2010年12月26日召开的第三届董事会第二十五次会议审议通过了《关于聘任解义才先生职务的议案》，聘任解义才先生为公司副总经理，解义才先生在其副总经理任职资格获监管部门核准后正式履职；审议通过了《关于聘任王石先生职务的议案》，聘任王石先生为公司副总经理，王石先生在其副总经理任职资格获监管部门核准后正式履职。 |
| 中投信托 | 是 | 1 | 根据公司章程规定，公司董事会、监事会、高管层三年一换届，属正常变动。第一届高管为叶星、黄建军、刘功胜、屠佑良、周雄、陈上龙、经公司换届选举，第二届高管为叶星、张剑平、屠佑良、周雄、刘伟、瞿纲、秦程宏。 |
| 中信信托 | 是 | 1 | 报告期内，经中信集团党委任命，路京生担任公司党委副书记。其他无变动。 |
| 中原信托 | 是 | 1 | 聘任李信凤女士担任副总裁兼总会计师。 |
| 重庆信托 | 否 | | |

## (二)公司高管处罚情况分析

在56家信托公司中1家披露了受到处罚的情况。受到处罚的详细内容见表7-2-2。

**表7-2-2　2010年信托公司公司及高管人员受到处罚情况表**

| 名称 | 是否处罚 | 处罚次数 | 期内处罚的详情列示 |
| --- | --- | --- | --- |
| 百瑞信托 | 是 | 1 | 公司于2011年1月10日收到郑州自来水投资控股有限公司提交的《情况说明》，被告知郑州自来水投资控股有限公司原党委书记、总经理张湛军因涉嫌受贿罪经河南省人民检察院批准，于2011年1月5日被郑州市公安局执行逮捕。张湛军系公司第三届董事会董事成员，其涉嫌违法行为与公司无关。2011年3月7日，公司第四届董事会成立，其不再担任董事职务。 |

## 三、信托公司聘请律师事务所的情况分析

全部56家信托公司中，有14家没有披露聘请律师事务所的相关情况，1家明确表示没有聘任律师事务所，其余41家披露了聘请的律师事务所的名称及其地址，详见表7-3-1。在41家披露了律师事务所情况的信托公司中，国联信托、国投信托、厦门信托和重庆信托都聘请了两家律师事务所。

**表7-3-1　2010年信托公司披露的年度律师事务所聘请情况表**

| 名称 | 公司中文法定名称 | 年度律师事务所 | 律师事务所地址 |
|---|---|---|---|
| 国元信托 | 安徽国元信托有限责任公司 | 中天恒律师事务所 | 安徽省合肥市淮河路278号商会大厦西7层 |
| 安信信托 | 安信信托投资股份有限公司 | 北京君泽君律师事务所 | 北京市西城区金融大街9号金融街中心南楼6层 |
| 百瑞信托 | 百瑞信托有限责任公司 | 河南豫都律师事务所 | 郑州市郑东新区CBD商务内环路15号世贸大厦13楼 |
| 北方信托 | 北方国际信托股份有限公司 | 未披露 | 未披露 |
| 北京信托 | 北京国际信托有限公司 | 北京市华贸硅谷律师事务所 | 北京市朝阳区慧忠路5号远大中心C座17层 |
| 渤海信托 | 渤海国际信托有限公司 | 未披露 | 未披露 |
| 华信信托 | 大连华信信托股份有限公司 | 辽宁双护律师事务所 | 大连市沙河口区西安路90号广荣大厦1601室 |
| 东莞信托 | 东莞信托有限公司 | 广东赋诚律师事务所 | 东莞市莞城区旗峰路162号中侨大厦B座23楼 |
| 甘肃信托 | 甘肃省信托有限责任公司 | 甘肃正天和律师事务所 | 甘肃省兰州市通渭路1号兰州房地产大厦15层 |
| 广东粤财 | 广东粤财信托有限公司 | 广东君信律师事务所 | 广州市农林下路83号广发银行大厦20楼 |
| 国联信托 | 国联信托股份有限公司 | 江苏无锡徐刚律师事务所 | 无锡市县前东街168号18楼 |
| | | 北京天银律师事务所 | 北京海淀区高梁桥斜街59号 |
| 国民信托 | 国民信托有限公司 | 北京市观韬律师事务所 | 北京市西城区金融大街28号盈泰中心2号楼17层 |
| 国投信托 | 国投信托有限公司 | 北京市共和律师事务所 | 北京市朝阳区麦子店街37号盛福大厦19层~20层 |
| | | 北京市天达律师事务所 | 北京市朝阳区东三环北路8号亮马河大厦2座19层 |
| 杭工商信托 | 杭州工商信托股份有限公司 | 浙江天册律师事务所 | 浙江省杭州市杭大路1号黄龙世纪广场A座8楼 |
| 湖南信托 | 湖南省信托有限责任公司 | 未披露 | 未披露 |
| 华澳信托 | 华澳国际信托有限公司 | 中伦律师事务所(上海办公室) | 上海市浦东新区银城中路200号中银大厦11层 |
| 华宝信托 | 华宝信托有限责任公司 | 中伦律师事务所 | 上海浦东新区银城中路200号中银大厦11楼 |
| 华宸信托 | 华宸信托有限责任公司 | 未披露 | 未披露 |
| 华能信托 | 华能信托信托有限公司 | 北京中盛律师事务所 | 北京朝阳区建外大街永安东里甲3号通用国际中心1号楼A座23层 |
| 华融信托 | 华融国际信托有限责任公司 | 新疆同泽律师事务所 | 乌鲁木齐市人民路183号兴亚大厦12楼 |
| 华润信托 | 华润深国投信托有限公司 | 广东经天律师事务所 | 深圳市滨河大道5022号联合广场A座25楼 |
| 吉林信托 | 吉林省信托有限责任公司 | 吉林义理律师事务所 | 长春市皓月大路739号 |
| 建信信托 | 建信信托有限责任公司 | 未披露 | 未披露 |
| 江苏信托 | 江苏省国际信托有限责任公司 | 江苏世纪同仁律师事务所 | 南京市北京西路26号4-5楼 |
| 江西信托 | 江西国际信托股份有限公司 | 江西求正沃德律师事务所 | 江西南昌 |
| 交银国际信托 | 交银国际信托有限公司 | 上海市锦天城律师事务所 | 上海市浦东新区花园石桥路33号花旗集团大厦14楼 |
| 昆仑信托 | 昆仑信托有限责任公司 | 上海市锦天城律师事务所 | 上海市浦东新区花园石桥路33号花旗集团大厦14楼 |
| 联华信托 | 联华国际信托有限公司 | 未披露 | 未披露 |
| 平安信托 | 平安信托有限责任公司 | 未披露 | 未披露 |
| 厦门信托 | 厦门国际信托有限公司 | 福建厦门理海律师事务所 | 厦门市厦禾路820号帝豪大厦18楼 |
| | | 北京市大成律师事务所 | 北京市东直门南大街3号国华投资大厦12~15层 |
| 山东信托 | 山东省国际信托有限公司 | 上海市锦天城律师事务所 | 上海浦东新区花园石桥路33号 |
| 山西信托 | 山西信托有限责任公司 | 未披露 | 未披露 |
| 陕国投 | 陕西省国际信托股份有限公司 | 未披露 | 未披露 |
| 爱建信托 | 上海爱建信托投资有限责任公司 | 未披露 | 未披露 |
| 上海信托 | 上海国际信托有限公司 | 上海市锦天城律师事务所 | 上海市花园石桥路33号花旗集团大厦14楼 |
| 苏州信托 | 苏州信托有限公司 | 江苏苏州新天伦律师事务所 | 苏州市学士街361号 |
| 天津信托 | 天津信托有限责任公司 | 未聘任律师事务所 | |
| 西安信托 | 西安国际信托有限公司 | 上海锦天诚律师事务所 | 上海市浦东新区花园石桥路33号花旗大厦14楼 |
| 西部信托 | 西部信托有限公司 | 北京市金诚同达律师事务所西安分所 | 西安市丰惠南路华晶广场B座15层 |
| 西藏信托 | 西藏自治区信托投资公司 | 北京市嘉源律师事务所 | 北京复兴门内大街158号远洋大厦F408 |
| 新华信托 | 新华信托股份有限公司 | 未披露 | 未披露 |

续表

| 名称 | 公司中文法定名称 | 年度律师事务所 | 律师事务所地址 |
|---|---|---|---|
| 新时代信托 | 新时代信托股份有限公司 | 内蒙古北琛律师事务所 | 包头市昆区市府东路恩和小区 12 号底店 |
| 英大信托 | 英大国际信托有限责任公司 | 北京重光律师事务所 | 北京市西城区金融大街广宁伯街 2 号金泽大厦东区 7 层 |
| 云南信托 | 云南国际信托有限公司 | 云南千和律师事务所 | 云南省昆明市人民中路 11 号天浩大厦 5 楼 |
| 中诚信托 | 中诚信托有限责任公司 | 未披露 | 未披露 |
| 外贸信托 | 中国对外经济贸易信托有限公司 | 未披露 | 未披露 |
| 金谷信托 | 中国金谷国际信托有限责任公司 | 未披露 | 未披露 |
| 中海信托 | 中海信托股份有限公司 | 上海市锦天城律师事务所 | 上海市浦东新区花园石桥路 33 号花旗大厦 14 层 |
| 中航信托 | 中航信托股份有限公司 | 上海市锦天城律师事务所 | 上海市浦东新区花园石桥路 33 号花旗集团大厦 14 楼 |
| 中融信托 | 中融国际信托有限公司 | 中伦律师事务所上海分所 | 上海市浦东新区银城中路 200 号中银大厦 11 层 |
| 中泰信托 | 中泰信托有限责任公司 | 上海市金茂律师事务所 | 上海市愚园路 168 号 18 层 |
| 中铁信托 | 中铁信托有限责任公司 | 泰和泰律师事务所 | 成都市鼓楼南街 117 号世界贸易中心 A 座 25 楼 |
| 中投信托 | 中投信托有限责任公司 | 上海锦天城律师事务所杭州分所 | 浙江省杭州市天目山路 238 号华鸿大厦 A 座 5 楼 |
| 中信信托 | 中信信托有限责任公司 | 北京嘉源律师事务所 | 北京市西城区复兴门内大街 158 号远洋大厦 F407 室 |
| 中原信托 | 中原信托有限公司 | 北京市大成律师事务所郑州分所 | 郑州市紫荆山路 60 号金成国贸大厦 19 层 |
| 重庆信托 | 重庆国际信托有限公司 | 重庆索通律师事务所 | 重庆市渝中区中山三路 168 号中安国际大厦 12 楼 |
| | | 中豪律师事务所 | 重庆市渝中区邹容路 68 号大都会广场 22 层 |

## 四、人员结构分析

对年报中所披露的信托公司人员构成来看，各信托公司普遍拥有一定比例的博士研究生、硕士研究生以及本科以上学历的人员，行业从业人员的整体素质较好。就从业经历而言，大多数人员基本具备了相应的业务经验和一定的专业理财能力。岗位分布包括前台一线业务部门、中台二线业务管理部门、后台三线综合管理部门三个层次。其中，前台一线业务部门包括了信托公司自营、信托业务中直接为客户提供服务的部门，如自营资产管理、运作部门；信托业务的产品研发、营销部门等；中台二线业务管理部门包括了直接为公司自营及信托业务运作提供支持、进行管理与监督的部门，如研究、风险控制、财务核算、稽核审计、信息技术、法律等部门；后台三线综合管理部门包括了除一线、二线以外的其他部门，如人力资源部门、行政管理部门、工会、党办、机关党委等。总体来说，信托公司目前的人员构成基本合理。

### （一）员工数量分析

2010 年，56 家信托公司均披露了员工人数，员工总人数。

**表 7－4－1　2010 年末员工人数前五名信托公司情况表**

| 序号 | 名称 | 人数 |
|---|---|---|
| 1 | 平安信托 | 973 |
| 2 | 中融信托 | 788 |
| 3 | 中信信托 | 274 |
| 4 | 新华信托 | 240 |
| 5 | 山西信托 | 163 |

**表 7－4－2　2010 年末员工人数后五名信托公司情况表**

| 序号 | 名称 | 人数 |
|---|---|---|
| 1 | 西藏信托 | 27 |
| 2 | 华澳信托 | 40 |
| 3 | 国民信托 | 53 |
| 4 | 国联信托 | 54 |
| 5 | 甘肃信托 | 57 |

### （二）年龄构成分析

**1. 全体员工的年龄构成**

2010 年，56 家公司披露的员工总人数为 7 265 人，其中有 3 家没有披露具体的人员年龄段构成，3 家员工人数合计 272 人。通过对其余 53 家公司人员年龄构成分析可以看出，20 ~29 岁的人数占 36.81%，30 ~39 岁的人数占 37.65%，40 岁以上的人数占

25.54%。人员年龄汇总分析见表7-4-3。

**表7-4-3 2010年末披露的53家信托公司人员年龄汇总分析一览表**

| 年龄段 | 2010年员工人数 | 所占比例(%) |
|---|---|---|
| 20岁以下人数 | 0 | 0.00 |
| 20~29岁人数 | 2 574 | 36.81 |
| 30~39岁人数 | 2 633 | 37.65 |
| 40岁以上人数 | 1 786 | 25.54 |
| 合计 | 6 993 | 100.00 |

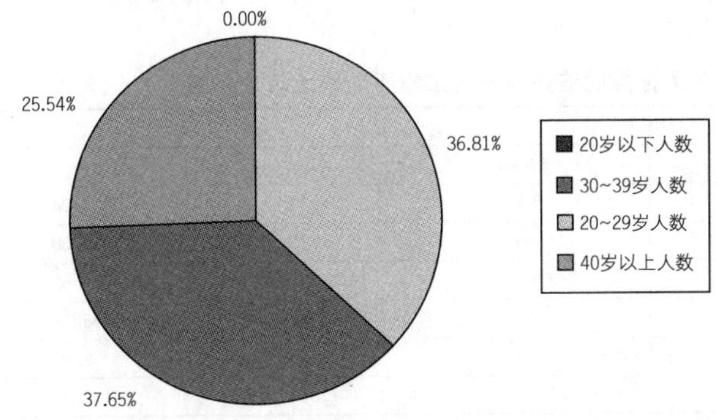


**图7-4-1 2010年员工年龄汇总分析**

**2. 高级管理人员年龄构成分析**

2010年,56家信托公司的高管总人数为305人,平均每家5.45人;2009年,54家高管总人数为267人,平均每家4.94人;2010年各信托公司的平均高管人数略大于2009年的平均高管数。

通过对56家公司高管年龄构成的分析可以看出,主要集中在40岁以上的年龄段,占82.95%。汇总分析见表7-4-4。

**表7-4-4 2010年末披露的56家信托公司高管年龄汇总分析一览表**

| 分类 | 人数 | 所占比例(%) |
|---|---|---|
| 20岁以下人数 | 0 | 0.00 |
| 20~29岁人数 | 1 | 0.33 |
| 30~39岁人数 | 51 | 16.72 |
| 40岁以上人数 | 253 | 82.95 |
| 合计 | 305 | 100.00 |

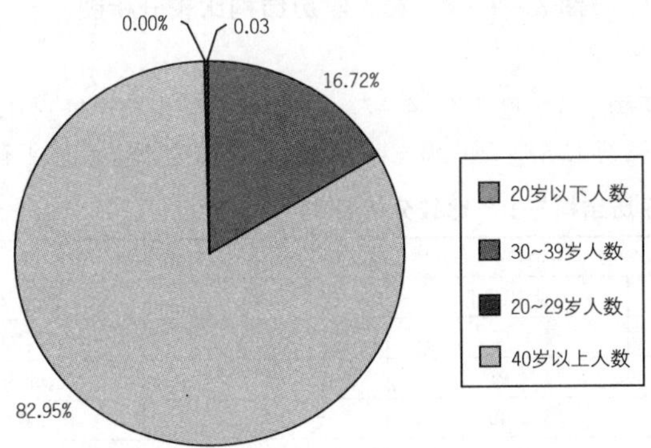


**图7-4-2 2010年高管年龄汇总分析**

## (三)高管性别构成分析

2010年,信托公司56家公司,有1家没有披露高管的性别,剔除该1家数据后,在其余55家信托公司中,男性从业人员占82.27%,明显高于女性。

表 7－4－5　2010 年末 55 家信托公司高管人员性别汇总分析表

| 分类 | 人数 | 所占比例(%) |
|---|---|---|
| 男性(人) | 246 | 82. 27 |
| 女性(人) | 53 | 17. 73 |
| 小计 | 299 | 100. 00 |

## (四)学历构成分析

### 1. 员工的学历构成

与 2009 年相比较，2010 年，其他类人员学历的比例下降了 0. 90%，大专人员的比例下降了 1. 32%，本科减少了 0. 01%、硕士增加 1. 67%、博士增加了 0. 56%，说明员工的整体学历水平有所提高。

表 7－4－6　2010 年末、2009 年末披露的信托公司员工学历结构比较分析表

| 学历 | 2010 年 | | 2009 年 | | 2010 年与 2009 年学历结构比较(%) |
|---|---|---|---|---|---|
| | 人数 | 比例(%) | 人数 | 比例(%) | |
| 其他 | 228 | 3. 14 | 225 | 4. 04 | -0. 90 |
| 大专 | 849 | 11. 69 | 725 | 13. 00 | -1. 32 |
| 本科 | 3 459 | 47. 61 | 2 655 | 47. 62 | -0. 01 |
| 硕士 | 2 527 | 34. 78 | 1 846 | 33. 11 | 1. 67 |
| 博士 | 202 | 2. 78 | 124 | 2. 22 | 0. 56 |
| 总计 | 7 265 | 100. 00 | 5 575 | 100. 00 | |

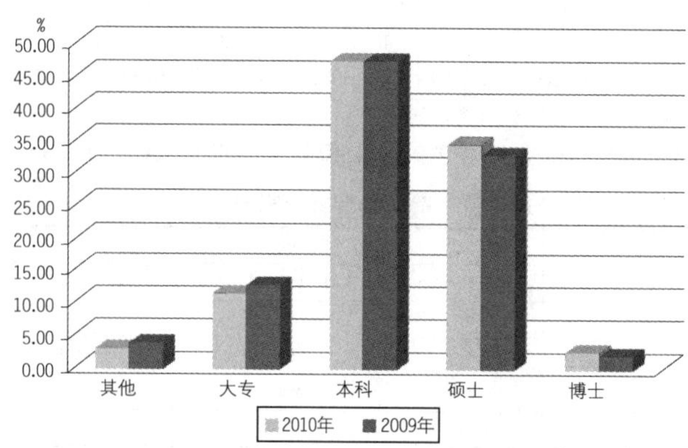


图 7－4－3　员工学历结构比较分析图

### 2. 高管的学历构成

2010 年，56 家信托公司高管的学历构成分析见表 7－4－7。与 2009 年情况相比较，2010 年，大专人员的比例下降了 1. 73%，本科减少了 1. 25%，硕士增加了 2. 60%，博士增加了 0. 38%，说明高管人员的整体学历水平有所提高。

表 7－4－7　2010 年末高管人员学历结构与上年比较分析表

| 学历 | 2010 年 | | 2009 年 | | 2010 年与 2009 年学历结构比较(%) |
|---|---|---|---|---|---|
| | 人数 | 比例(%) | 人数 | 比例(%) | |
| 其他 | 0 | 0. 00 | 0 | 0. 00 | 0. 00 |
| 大专 | 13 | 4. 26 | 16 | 5. 99 | -1. 73 |
| 本科 | 99 | 32. 46 | 90 | 33. 71 | -1. 25 |
| 硕士 | 169 | 55. 41 | 141 | 52. 81 | 2. 60 |
| 博士 | 24 | 7. 87 | 20 | 7. 49 | 0. 38 |
| 总计 | 305 | 100. 00 | 267 | 100. 00 | |

## (五)高管从业年限结构分析

2010 年，56 家信托公司中，其中从业年限 15 年以上的高管人员占比显著增加。

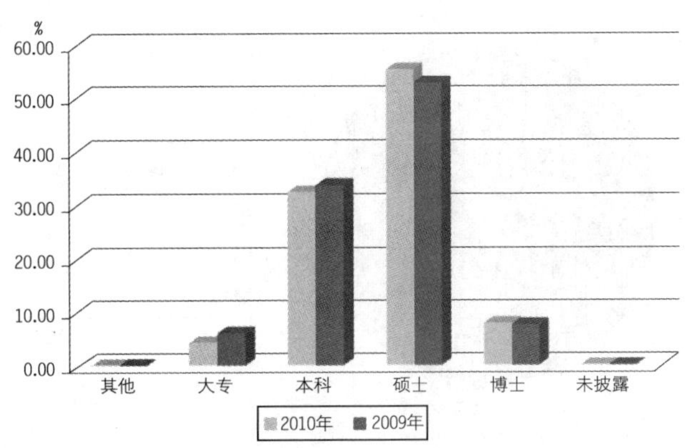


图7－4－4　高等人员学历结构比较分析图

表7－4－8　2010年末信托公司高管从业年数与上年比较分析表

| 学历 | 2010年 | | 2009年 | | 2010年与2009年从业年限比较(%) |
|---|---|---|---|---|---|
| | 人数 | 比例(%) | 人数 | 比例(%) | |
| 3年以下 | 9 | 2.95 | 7 | 2.62 | 0.33 |
| 3～4年 | 2 | 0.66 | 5 | 1.87 | －1.22 |
| 5～8年 | 31 | 10.16 | 40 | 14.98 | －4.82 |
| 9～14年 | 81 | 26.56 | 72 | 26.97 | －0.41 |
| 15年以上 | 182 | 59.67 | 143 | 53.56 | 6.11 |
| 合计 | 305 | 100.00 | 267 | 100.00 | |

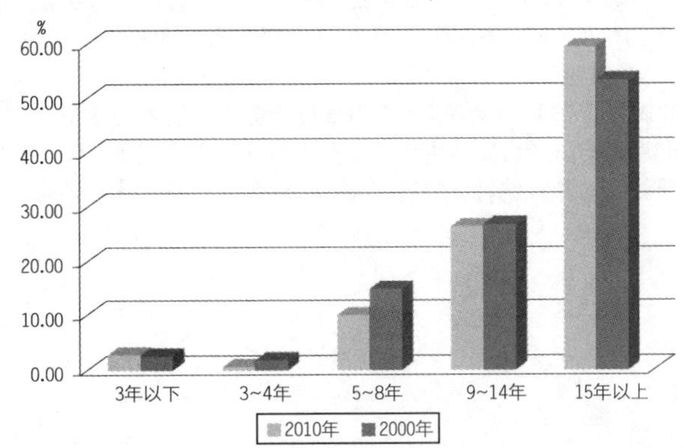


图7－4－5　高管从业年数比例分析图

## (六)员工岗位汇总分析

2010年,56家信托公司中,有1家没有披露员工的岗位构成,剔除该1家数据后,员工岗位结构分析情况见表7－4－9。2010年末,信托公司自营业务人员与信托业务人员占公司人数的62.39%为主要的员工;董事、监事及高管人员占公司人数的7.28%,其他人员占公司人数的30.33%。

表7－4－9　2010年末55家信托公司已披露的员工岗位汇总分析表

| 分类 | 人数 | 结构比例(%) |
|---|---|---|
| 董事、监事及高管人员 | 524 | 7.28 |
| 自营业务人员 | 530 | 7.36 |
| 信托业务人员 | 3 964 | 55.03 |
| 其他 | 2 185 | 30.33 |
| 合计 | 7 203 | 100.00 |

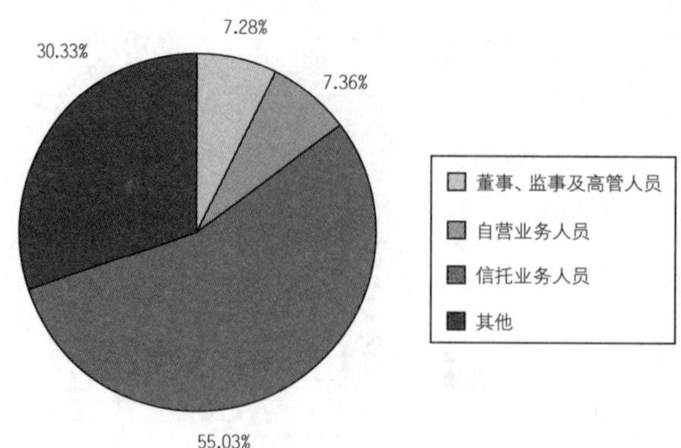


图7－4－6 员工岗位汇总分析图

表7－4－10 2010年末披露的信托公司各岗位与效益分析表

| | 自营业务 | 信托业务 |
|---|---|---|
| 人数 | 530 | 3 964 |
| 营业收入（万元） | 3 889 072.02 | 16 323 879.87 |
| 人均营业收入（万元） | 7 337.87 | 4 118.03 |
| 净利润（万元） | 1 852 225.02 | 13 848 853.17 |
| 人均净利润（万元） | 3 494.76 | 3 493.66 |
| 资产总额（万元） | 18 979 895.44 | 293 894 524.96 |
| 人均资产总额（万元） | 35 811.12 | 74 140.90 |

注：华信信托未披露员工岗位构成。

对55家披露了员工岗位构成的信托公司2010年从事自营业务和信托业务的人员和业务经营效益进行分析后可以得出：

1. 从事自营业务人员的人均营业收入为7 337.87万元，比从事信托业务人员的人均营业收入4 118.03万元多了3 219.84万元。

2. 从事自营业务人员的人均净利润为3 494.76万元，比从事信托业务人员的人均净利润3 493.66万元多了1.10万元。

3. 从事自营业务人员的人均资产为3.58亿元，比从事信托业务人员的人均资产7.41亿元少了3.83亿元。

这里应当指出的是，自营业务数据是经过审计的，而信托业务数据未经审计，该因素可能会给数据的计算带来差异。

# 第八章　信托公司年报信息披露的问题与建议

信托公司的信息披露是根据银监会《信托投资公司信息披露管理暂行办法》的要求进行的。我们对2010年56家信托公司年报的信息披露质量进行分析对比，分析这些财务报告的披露是否符合银监会的要求，同时对年报信息披露中出现的问题提出了相关意见和建议，以便以后年度各公司年报的信息披露能够更真实、完整地反映信托公司的情况。

## 一、关于信托公司执行《企业会计准则》

2007年9月29日，银监会发布了《银行业金融机构全面执行〈企业会计准则〉的通知》，要求"政策性银行、中国农业银行、非上市的股份制银行、中国邮政储蓄银行、城市商业银行、信托公司、财务公司、金融租赁公司、汽车金融公司、货币经纪公司、外资银行等从2008年起按照新会计准则编制财务报告"。

2010年，在56家信托公司固有业务中，只有1家披露同时执行《企业会计准则》和2001年颁布的《金融企业会计制度》，55家披露已执行《企业会计准则》。信托行业固有业务采用统一的会计政策将提高会计信息的可比性和有用性，有利于分析和评价风险状况以及财务成果。

为提高信托业务的会计信息质量，完善信托业务风险管理，银监会决定自2010年1月1日起，要求信托公司信托业务的会计核算执行《企业会计准则》。

2010年，共有49家信托公司的信托业务执行了《企业会计准则》，有1家同时执行《信托业务会计核算办法》和《企业会计准则》，其余6家执行《信托业务会计核算办法》。而2009年只有19家信托公司的信托业务执行了《企业会计准则》。

2010年信托公司财务报表涉及上年金额和本年金额的披露，部分公司对比较报表年初数进行了调整，但在2010年年报中未详细披露数据的调整过程，这导致了数据统计前后口径不一致，连续年度数据缺少可比性。建议各家信托公司保证信息披露的连续性和一致性，有关会计信息口径的变化要有准确的记录和说明。

## 二、建议制定统一的会计报表格式与信息披露的质量要求

在前几年的年报披露信息分析报告中，我们一直提出虽然大部分公司采用的是统一的会计报表格式，但是仍有部分公司披露的会计报表格式和会计科目归类不同。此次在对2010年年报信息进行汇总时，依然存在下述问题。

1. 信托公司披露的年度报告没有统一的格式，使得少数公司会计报表的格式与大部分公司有较大差异。虽然2010年56家信托公司固有业务都披露实行了《企业会计准则》，1家信托公司披露同时执行2001年颁布的《金融企业会计制度》，但是有的公司采用一般企业的财务报表格式，有的公司采用了商业银行的财务报表格式，还有的公司根据自身业务的特点对相关报表格式进行了调整和补充，导致许多报表科目名称有很大的差异，给归类汇总带来了一定困难。为了使会计指标具有可比性，我们在统计这些数据时按照统一的口径作了适当的调整。

2. 一些公司只披露年度报告的摘要部分，未披露全文部分；有的公司披露的报表不完整，未披露固有资产的所有者权益变动表或未披露所有者权益变动表上年金额；有的公司披露的两年比较报表不平，上年末未分配利润不等于本年年初未分配利润；还有部分公司年报中的表格勾稽关系不准确，导致表格不平。

上述提及的披露报表格式的差异以及对所要求披露的各项财务数据各公司计算口径不统一的情况，将影响各信托公司报表的可比性，并影响最终行业汇总金额的准确性。

根据银监会的要求，信托公司的固有业务和信托业务自2010年起均需执行《企业会计准则》，按照"报表需要满足利益相关者"的原则，建议根据新会计科目体系的设置，对信托公司特有报表项目进行创设，制定统一的信息披露要求，统一口径并要求所有信托公司均按照统一标准进行计算和信息披露，以便对整个信托行业的各家信托公司之间可以进行横向比较，在信托行业内统一核算标准，提高披露信息的质量。

## 三、信托公司应当规范信息披露时间和质量要求，完善信息披露制度

2010年，除1家公司外，其余55家信托公司均披露了审计报告出具日，但绝大部分公司都未披露签发日或报告日。由于签发或披露报告日与报告出具日之间的时间段在会计上属于资产负债表日后事项。如果这段期间发生了重大事项，根据有关规定应当在年度报告中披露。

《信托投资公司信息披露管理暂行办法》对签发或披露报告日未做相关规定，我们认为对此问题应进行明确和规范。年度报告签发日期应接近审计报告日，以避免间隔时间过长，产生未披露的期后事项，进而影响报告使用者的判断。

在上市公司的信息披露要求中规定："上市公司应在会计师事务所出具审计报告后两个工作日内完成年度报告的编制工作，并且在董事会审议通过年度报告后两个工作日内向证券交易所报送有关材料。"建议各家公司参照上市公司披露年报的要求，限定在两个工作日内披露。

## 四、建议对信托公司审计的会计师事务所资格有所限定

2010 年，56 家信托公司委托的会计师事务所除 1 家外其余均为具有从事证券期货资格的会计师事务所。

根据《信托投资公司信息披露管理暂行办法》第四十六条规定："信托公司应当按照国家有关规定建立、健全本公司的财务会计制度，真实记录并全面反映其业务活动和财务状况。公司年度财务会计报表应当经具有良好资质的中介机构审计。"第四十七条规定："中国银行业监督管理委员会可以定期或者不定期对信托公司的经营活动进行检查；必要时，可以要求信托公司提供由具有良好资质的中介机构出具的相关审计报告。"

我们建议对审计信托公司的会计师事务所的资质进行认定，确定在一个较小的范围内或者采用与上市公司相似的"具有从事证券期货资格的会计师事务所"；也可以采用某些大型国营企业招标所设定的指标，如委托排名在前三十名的会计师事务所等。

## 五、关于 2010 年期初数调整的事项

在汇总 2010 年各信托公司报表时，我们发现仍有部分公司的年初数与上年公告的年末数不一致，大部分公司披露了调整年初数的原因，但仍有个别公司未披露。

信托公司应当在年报中将调整年初数的原因进行披露，这样可以方便报告使用者的阅读和判断，同时也可以有效控制部分公司企图通过随意调整年初未分配利润来达到调整当期利润的目的。

此外我们认为金额重大的追溯调整事项，公司还应报董事会批准通过。

## 六、信托公司信息披露质量仍需提高

有些公司仍未完全按照《信托投资公司信息披露暂行管理办法》要求进行相关信息的披露。例如，与公司治理相关的信息根据规定要求披露：（1）年度内召开股东大会（股东会）的情况；（2）董事会及其下属委员会履行职责的情况；（3）监事会及其下属委员会履行职责的情况；（4）高级管理层履行职责的情况；（5）内部控制情况。我们发现按规定披露股东会、董事会以及监事会三会情况的有 50 家，披露董事会下设机构年度履行职责的公司数量有 24 家。未见披露股东会等三会情况的 6 家公司和董事会下设机构开会情况的 32 家公司中，有多少是实际存在相应的治理机制和实际履行职责的行为而未进行披露，有多少是不存在相应机构履行职责的不得而知。建议各信托公司严格按照《信托投资公司信息披露暂行管理办法》要求进行相关信息的披露。

## 七、信托公司应当加强"重大事项临时报告"的管理

《信托投资公司信息披露管理暂行办法》第十一条规定："对发生可能影响本公司财务状况、经营成果、客户和相关利益人权益的重大事项，信托公司应当制作重大事项临时报告，并向社会披露。"

表 1-1-6 披露了信托公司 2010 年临时公告情况表，其中，上市公司安信信托披露了 47 次公告，西部信托披露了 9 次公告，中融信托披露了 8 次公告，百瑞信托、新华信托、英大信托、华能信托披露了 4 次公告，21 家公司披露了 1~3 次不等的临时公告，24 家公司期内无临时公告。陕国投、金谷信托、建信信托、中泰信托未披露临时公告的情况，在其提供的年报中没有提及该事项。

## 八、关于信托资产报表的审计问题

《信托投资公司信息披露管理暂行办法》要求对自有资产进行审计，而对信托资产没有作要求。

注册会计师为了确认信托公司是否有"违反信托目的、违背管理职责、管理信托事务不当造成信托资产损失"的情况发生和是否需要"以信托赔偿准备金赔偿"的事项存在，因此认为对信托资产的审计是相当重要的。如仅审计固有资产，而不对信托资产审计，则当发生"违反信托目的、违背管理职责、管理信托事务不当造成信托资产损失的"和"以信托赔偿准备金赔偿"的事宜而影响固有资产情况时，注册会计师会因为无法全面了解而无法对固有资产发表审计意见。

信托公司 2010 年年报披露中虽然包括了信托资产报表，但会计师事务所的审计报告仍然都只是对信托公司固有资产发表审计意见，而未对信托资产发表意见。虽然目前《信托投资公司信息披露管理暂行办法》要求对固有资产进行审计，而没有对信托资产作要求，但我们建议在对固有资产审计时，还应当审计信托资产，因为信托业务是信托公司的主业且信托公司管理的信托资产增长幅度明显大于自营业务资产的增长幅度，这些都表明了信托业务的迅速增长对信托公司利润的影响越来越重要。至于是否对信托资产出具审计报告，可由相关部门来决定。

## 九、信托公司应当改变股权高度集中的现状

2009 年,54 家信托公司的第一大股东的平均持股比例为 65.33%;2010 年,56 家信托公司的第一大股东的平均持股比例为 65.34%,与上年基本持平,股权集中度仍然相当高。股权过于集中,不利于完善公司治理结构,同时也不利于控股股东杠杆效应的发挥。目前,公司的第一大股东往往是一些大的集团公司,这种状况有利于信托公司利用集团的信誉和实力拓展业务,但如果信托公司治理结构不完善,信托公司将会成为集团公司的融资平台,加大信托公司自身的风险。因此信托公司应注重分散股权的集中情况,改变这种"一股独大"的局面,加强公司的独立性。

## 十、信托公司应当严格规范关联交易的披露

信托公司的关联交易是一个比较敏感和重要的问题。过多的关联交易有可能演化成大股东侵占信托公司和委托人利益的行为,导致金融风险。而且在许多信托公司中,其盈利指标的提高更多的是依赖大股东或关联企业的支持,所以规范信托公司的关联交易行为是非常重要的。

在 2010 年年报中,我们关注到 56 家公司披露的关联交易总金额为 2 264.98 亿元,涉及关联方 393 个。与以前年度相比较,关联交易方数量和关联交易金额基本持平。信托公司关联交易普遍的现象说明其市场拓展能力尚待提高。未来信托公司应拿出切实可行的措施来改变目前关联交易金额逐年增长的趋势,使信托公司真正健康的发展起来。

关联交易在经济生活中是一个普遍现象,但是在法制不健全的情况下,关联交易常常成为个别企业转移资产、掩盖风险、挪用信托资金、违规进行投资的工具。因此严格规定关联交易的披露,一定程度上可以揭示问题,防范和减轻风险,对交易事项的内容、时间、性质、定价和交易对象的经济实力等应作出必要的披露,对不按规定进行披露的公司应进行相应的处罚。

## 十一、信托公司应当遵循信托新规的要求披露净资本状况

2010 年 8 月 24 日公布的《信托公司净资本管理办法》及 2011 年 1 月 27 日《信托公司净资本计算标准有关事项的通知》,为确保信托公司固有资产充足并保持必要的流动性,满足抵御各项业务不可预期损失的需要,对信托公司的净资本及风险资本管理进行规范,要求信托公司按照管理办法的规定计算净资本和风险资本,编制净资本计算表、风险资本计算表和风险控制指标监管报表,并在年度报告中披露净资本、风险资本以及风险控制指标等情况。

在 2010 年年报中,我们关注到 56 家公司中只有 11 家披露了净资本、风险资本以及风险控制指标的情况,且有部分公司的风险控制指标未达到要求。另外 45 家公司未披露净资本、风险资本以及风险控制指标的情况。

上述新规要求在 2011 年 12 月 31 日前达到净资本各项指标要求。对在规定时间内未达标的信托公司,规定各银监局应立即暂停其信托业务,并追究该公司董事长和高级管理人员责任。因此我们建议各信托公司应根据自身资产结构和业务开展情况,建立动态的净资本管理机制,确保净资本等各项风险控制指标符合规定标准,并按规定完成相关披露。

# 第九章　其他一些附表(略)

由于本报告篇幅的原因,下述报表不能作为附表列示,如需要这方面的信息,请与作者联系。

| 附表号 | 附表内容 |
| --- | --- |
| 附表 5 -2 -3 | 2010 年中止的集合类、单一类和财产管理类加权平均实际收益率汇总表 |
| 附表 5 -2 -6 | 2010 年新增的集合类、单一类和财产管理类信托项目数量汇总表 |
| 附表 5 -2 -7 | 2010 年新增的集合类、单一类和财产管理类信托项目金额汇总表 |

# 2010年度各公司年度报告

# 安徽国元信托有限责任公司

## 1. 重要提示

1.1 本公司董事会及董事保证本报告所载资料不存在任何虚假记载、误导性陈述或者重大遗漏，并对其内容的真实性、准确性和完整性承担个别及连带责任。

1.2 未有董事对年度报告内容的真实性、准确性和完整性无法保证或存在异议的情况。

1.3 本公司独立董事鲍金桥、孙晓声明：保证年度报告内容的真实、准确、完整。

1.4 华普天健会计师事务所(北京)有限公司根据中国注册会计师审计准则对本公司年度财务报告进行审计，出具了标准无保留意见的审计报告。

1.5 本公司董事长过仕刚、总裁俞仕新、总会计师熊文、计划财务部总经理朱先平声明：保证本年度报告中财务报告的真实、完整。

## 2. 公司概况

### 2.1 公司简介

2.1.1 公司法定中文名称：安徽国元信托有限责任公司
中文名称缩写：国元信托
公司法定英文名称：Anhui Guoyuan Trust Co.，Ltd.
英文名称缩写：GYTC

2.1.2 法定代表人：过仕刚

2.1.3 注册地址：安徽省合肥市宿州路20号
邮政编码：230001
公司国际互联网网址：www.gyxt.com.cn
电子信箱：xtbgs@gyxt.com.cn

2.1.4 公司信息披露事务负责人：朱先平
联系电话：(0551)2659392
传真：(0551)2631500
电子信箱：jhbzxp@gyxt.com.cn

2.1.5 公司选定的信息披露报纸：《上海证券报》

2.1.6 公司年度报告备置地点：安徽省合肥市宿州路20号17层及公司网站

2.1.7 公司聘请的会计师事务所：华普天健会计师事务所(北京)有限公司
住所：北京市西城区西直门大街2号成铭大厦C区21层

2.1.8 公司聘请的律师事务所：中天恒律师事务所
住所：安徽省合肥市淮河路278号商会大厦西7层

### 2.2 组织结构

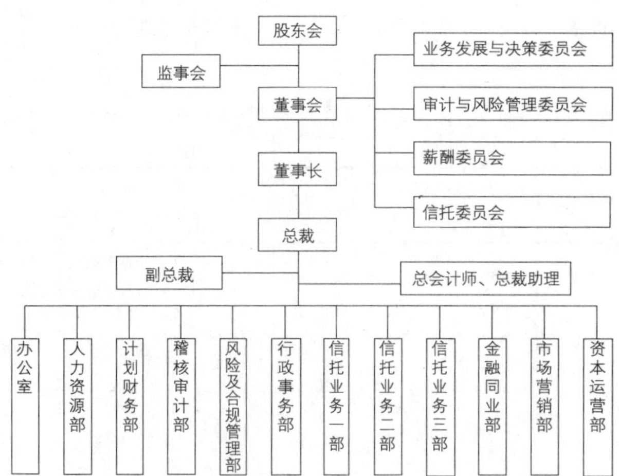


## 3. 公司治理结构

### 3.1 股东

安徽国元信托有限责任公司前三位股东为安徽国元控股(集团)有限责任公司、深圳中海投资管理有限公司、首都机场集团公司，其中安徽国元控股(集团)有限责任公司和首都机场集团公司为国有独资公司。

| 股东名称 | 持股比例(%) | 法人代表 | 注册资本(万元) | 注册地址 | 主要经营业务及主要财务情况 |
|---|---|---|---|---|---|
| 安徽国元控股(集团)有限责任公司* | 49.6875 | 过仕刚 | 300 000 | 安徽省合肥市寿春路179号 | 受权管理国有资产、资本运营、收购兼并等。2010年末，资产总额2 921 367.12万元，负债总额1 132 484.50万元，权益1 788 882.62万元，净利润116 594.19万元。 |
| 深圳中海投资管理有限公司 | 40.375 | 孔庆平 | 195 000 | 深圳市福田区海滨广场 | 股权投资、投资管理、受托资产管理；建筑、投资项目咨询、监理；房地产、国内贸易等。2010年末，资产总额381 889.15万元，负债总额78 068.98万元，权益303 820.18万元，净利润12 303.24万元。 |
| 首都机场集团公司 | 9 | 张志忠 | 500 000 | 北京市顺义区天柱路28号楼 | 航空地面保障、停车场管理、房屋出租、物业管理等<br>报告期财务数据尚未公布。 |

## 3.2 董事

董事长、副董事长、董事

| 姓名 | 职务 | 性别 | 年龄 | 选任日期 | 所推举的股东名称 | 该股东持股比例(%) | 简要履历 |
|---|---|---|---|---|---|---|---|
| 过仕刚 | 董事长 | 男 | 54 | 2009年4月22日 | 国元集团 | 49.6875 | 历任安徽省委办公厅秘书，安徽国投副总经理，国元集团副总经理、党委副书记，国元信托总经理、董事长，现任国元集团总经理、国元信托董事长、第十届省政协委员。 |
| 靳新中 | 副董事长 | 男 | 45 | 2009年4月22日 | 深圳中海投 | 40.375 | 历任国家计委投资研究所副研究员、处长，英国SWANSEA博士后，中国海外集团投资部副总经理、总经理、董事及助理总经理，现任深圳中海投资公司总经理。 |
| 许　斌 | 董事 | 男 | 47 | 2009年4月22日 | 国元集团 | 49.6875 | 历任安徽大学教师、安徽省国际信托法律部主任、国元控股(集团)法律部主任、国元信托投资公司总裁助理、国元控股(集团)总法律顾问、国元信托监事长，现任国元控股(集团)副总经理。 |
| 芦　辉 | 董事 | 女 | 49 | 2009年4月22日 | 国元集团 | 49.6875 | 历任安徽国投计划财务部科长、副经理，国元集团计划财务部经理、副总会计师，现任国元集团总会计师。 |
| 于上游 | 董事 | 男 | 51 | 2009年4月22日 | 深圳中海投 | 40.375 | 历任中海财务公司董事、中海集团财务资金部副总经理、中海财务公司总经理、中海金融投资公司副董事长，现任深圳中海投资公司副总经理。 |
| 高　升 | 董事 | 男 | 35 | 2009年4月22日 | 深圳中海投 | 40.375 | 历任中建总公司财务部、中建会计师事务所助理会计师、项目经理，中海集团财务部、CHINASTATE－LELGHTON联营公司、中海财务公司会计师、会计主任、助理总经理，中海实业公司副财务总监、财务总监，现任深圳中海投资公司财务总监。 |

独立董事

| 姓名 | 所在单位及职务 | 性别 | 年龄 | 选任日期 | 所推举的股东名称 | 该股东持股比例(%) | 简要履历 |
|---|---|---|---|---|---|---|---|
| 鲍金桥 | 安徽承义律师事务所合伙人、律师 | 男 | 45 | 2009年4月22日 | 国元集团 | 49.6875 | 现任安徽承义律师事务所合伙人、律师，第十届安徽省政协常委，安徽省政协社会和法制委员会委员。 |
| 孙　晓 | 红塔创新投资股份有限公司总裁 | 男 | 48 | 2009年4月22日 | 深圳中海投 | 40.375 | 历任山东新华医疗器械厂副厂长，山东淄博市医药局党委委员、副局长，国家化学工业部生产协调司副处长、处长，国家化学工业部办公厅秘书，国家轻工业局党组秘书、办公厅副主任，红塔创新投资公司副总裁，现任红塔创新投资公司总裁。 |
| 宋炳山 | 北京尊嘉资产管理公司首席投资官 | 男 | 42 | 2010年9月20日 | 国元集团 | 49.6875 | 1991年9月至1993年7月任济南通用自动化技术研究所助理工程师；1996年3月至1998年6月任国家科技部高技术司信息处科员；1998年7月月至2003年9月任博时基金管理公司历任研究部研究员，裕阳、裕华基金经理、交易部总经理。2003年至2004年任富国基金公司投资副总监、投资决策委员会委员；2006年至2008年任长盛基金公司副总经理、投资决策委员会主席。2008年至今，北京尊嘉资产管理公司创始合伙人、首席投资官。 |

## 3.3 监事

监事会成员

| 姓名 | 职务 | 性别 | 年龄 | 选任日期 | 所推举的股东名称 | 该股东持股比例(%) | 简要履历 |
|---|---|---|---|---|---|---|---|
| 钱晓军 | 监事长 | 男 | 56 | 2009年4月22日 | 国元集团 | 49.6875 | 历任合肥电子管厂车间副主任、设备科副科长，合肥日化总厂办公室副主任，省财政厅人教处主任科员，安徽省信托办公室副主任、主任、总经济师，国元信托副总裁，现任国元信托监事长。 |
| 刘建平 | 监事 | 男 | 51 | 2009年4月22日 | 深圳中海投 | 40.375 | 历任中国海外地产(深圳)公司行政部助理经理、经理，中海创业投资(深圳)公司副总经理，中国海外实业公司副总经理，现任深圳市中海投资公司副总经理。 |
| 陈　康 | 监事 | 男 | 40 | 2009年4月22日 | 职工监事 |  | 1991年至2001年任职于安徽省国际信托投资公司法律事务部，2001年至2009年3月担任安徽省国元信托有限责任公司法律事务部副主任，2009年3月至今担任风险及合规管理部主任。 |

## 3.4 高级管理人员

| 姓名 | 职务 | 性别 | 年龄 | 选任日期 | 金融从业年限 | 学历 | 专业 | 简要履历 |
|---|---|---|---|---|---|---|---|---|
| 俞仕新 | 总裁 | 男 | 48 | 2009年4月22日 | 18 | 硕士 | 工商管理 | 先后在安徽省铜陵市经济管理中专、安徽省劳动厅、安徽省信托工作，历任安徽国投证券部经理、合肥分公司总经理兼国信顾问公司董事长，国元信托副总裁、常务副总裁，现任国元信托总裁。 |
| 黄庆兵 | 副总裁 | 男 | 44 | 2009年4月22日 | 14 | 硕士 | 工商管理 | 历任南京大学工程师、直属机关团总支副书记，华泰证券投资银行部业务经理、高级经理、投资银行业务内核委员，中海财务公司助理总经理，中国海外金融投资公司助理总经理，现任深圳市中海投资助理总经理、国元信托副总裁。 |
| 张彦 | 副总裁 | 男 | 51 | 2009年4月22日 | 17 | 研究生 | 工商管理 | 历任安徽经济管理干部学院研究室主任，安徽国投证券发行部、投行部副经理、国债部经理、证券总部副总经理兼国债部经理，现任国元信托副总裁。 |
| 徐景明 | 副总裁 | 男 | 47 | 2009年4月22日 | 30 | 研究生 | 金融专业 | 历任肥东县人民银行副股长、股长、副行长、行长，人民银行合肥中心支行合作处副处长，人民银行淮北市中心支行副行长，淮北银监分局局长，安徽银监局政策法规处处长、非银处处长，现任国元信托副总裁。 |
| 魏世春 | 总经济师 | 男 | 40 | 2009年4月24日 | 18 | 硕士 | 政治经济学 | 历任安徽省信托投资公司综合计划部科员、营业部副主任、办公室副主任、资金计划部副经理、经理，安徽国元信托投资有限责任公司董事会秘书兼计划财务部经理、总经济师兼计划财务部总经理、总经济师、董事会秘书 |
| 熊文 | 总会计师 | 男 | 41 | 2009年4月22日 | 2 | 硕士 | 工商管理 | 历任深圳市金众（集团）股份公司会计、企业融资业务主管，深圳市沙河实业（集团）公司财务资金部副总经理兼任旗下中澳合资公司财务总监，中海沈阳皇姑热电公司董事财务总监，现任深圳中海投资公司助理总经理、国元信托总会计师。 |

## 3.5 公司员工

| 项目 | | 2010年 | | 2009年 | |
|---|---|---|---|---|---|
| | | 人数 | 比例（%） | 人数 | 比例（%） |
| 年龄分布 | 25岁以下 | 5 | 4.13 | 6 | 5.04 |
| | 25～29岁 | 22 | 18.18 | 14 | 11.76 |
| | 30～39岁 | 18 | 14.88 | 19 | 15.97 |
| | 40岁以上 | 76 | 62.81 | 80 | 67.23 |
| 学历分布 | 博士 | 1 | 0.83 | — | — |
| | 硕士 | 31 | 25.62 | 32 | 26.89 |
| | 本科 | 60 | 49.59 | 58 | 48.74 |
| | 专科 | 29 | 23.96 | 27 | 22.69 |
| | 其他 | — | — | 2 | 1.68 |
| 岗位分布 | 董事、监事及高管人员 | 9 | 7.44 | 9 | 7.56 |
| | 自营业务人员 | 9 | 7.44 | 8 | 6.72 |
| | 信托业务人员 | 62 | 51.24 | 61 | 51.26 |
| | 其他人员 | 41 | 33.88 | 41 | 34.46 |

# 4. 经营管理

## 4.1 经营目标、方针、战略规划

本报告期公司的经营目标是：全年计划实现营业收入34 747.56万元，实现利润总额27 954.69万元。预计年末固有财产总额320 789.45万元，权益总额310 631.98万元；信托资产规模1 500 000.00万元。

本报告期公司的经营方针是：公司将继续贯彻“依法合规、稳健经营”的经营方针。按照守正务本，做精、做强信托主业的经营思路，实现固有业务保值增值，信托业务创新发展。公司紧紧围绕转变发展方式，提高发展质量，巩固发展成果，调整业务和产品结构，推进业务转型这一工作主线，提高主动管理能力，把提供优质丰富的产品，形成稳定有效的渠道，建立一套完备的整合了产品、客户、渠道、资产管理、风险控制的系统平台，打造一支优秀的信托经理人队伍和经营管理水平上台阶作为全年工作重点。

在公司的战略规划中，中期目标是将公司发展成为在国内具有行业代表性和市场影响力、形象良好、资产优良、资产管理规模高、业务创新能力强、市场占有率高、专业化水平高、服务质量好、管理体制灵活、富有竞争力的现代金融企业，达到完善的公司法人治理结构、规范化的经营管理制度、专业化的公司员工队伍和科学合理的业务定位。长期目标是按照“规模化、专业化、市场化、多元化”的经营方针，使公司跻身国内“一流信誉、一流服务、一流人才、一流管理”的信托机构行列，最终达到“资产管理规模化、经营领域多元化、行业地位领先化”的战略目标。

## 4.2 所经营业务的主要内容

### 4.2.1 经营的主要业务、品种

公司业务主要分为信托业务和固有业务两大类。信托业务主要从事资金信托、财产信托、股权信托、财务顾问等业务，品种主要有集合资金信托、单一资金信托、股权信托、财产信托，按运用方式分为贷款和投资。固有业务主要包括贷款、股权投资和金融产品投资等业务。

### 4.2.2 自营资产运用与分布表

| 资产运用 | 金额（万元） | 占比（%） | 资产分布 | 金额（万元） | 占比（%） |
|---|---|---|---|---|---|
| 货币资产 | 14 424.28 | 4.52 | 基础产业 | 18 000.00 | 5.64 |
| 贷款及应收款 | 20 169.50 | 6.32 | 房地产业 | — | — |
| 交易性金融资产 | 2 422.51 | 0.76 | 证券市场 | 9 140.94 | 2.86 |
| 可供出售金融资产 | 6 718.43 | 2.10 | 实业 | 2 000.00 | 0.63 |
| 持有至到期投资 | — | — | 金融机构 | 284 377.97 | 89.06 |
| 长期股权投资 | 269 953.69 | 84.54 | 其他 | 5 783.13 | 1.81 |
| 其他 | 5 613.63 | 1.76 | | | |
| 资产总计 | 319 302.04 | 100.00 | 资产总计 | 319 302.04 | 100.00 |

4.2.3 信托资产运用与分布表

| 资产运用 | 金额（万元） | 占比（%） | 资产分布 | 金额（万元） | 占比（%） |
|---|---|---|---|---|---|
| 货币资产 | 49 793.39 | 1.38 | 基础产业 | 1 689 783.20 | 46.99 |
| 贷款 | 2 576 969.20 | 71.66 | 房地产业 | 510 706.30 | 14.20 |
| 交易性金融资产 | 16 793.95 | 0.47 | 证券市场 | 16 793.95 | 0.47 |
| 可供出售金融资产 | — | — | 实业 | 1 152 816.08 | 32.06 |
| 持有至到期投资 | 153 068.00 | 4.26 | 金融机构 | 103 000.00 | 2.86 |
| 长期股权投资 | 690 233.80 | 19.19 | 其他 | 122 965.81 | 3.42 |
| 其他 | 109 207.00 | 3.04 | | | |
| 资产总计 | 3 596 065.34 | 100.00 | 资产总计 | 3 596 065.34 | 100.00 |

## 4.3 市场分析

### 4.3.1 影响本公司业务发展的有利因素

首先，监管部门对信托产品的审批环节相对简化。监管部门对大多数信托产品的审批采用备案制。各信托公司推出的信托产品，通过发挥制度优势和资金优势，快速介入房地产投资、证券投资、基础设施投融资等领域。其次，信托公司通过信政合作、信银合作，代理销售、资金托管、信托产品质押贷款等一系列方式，一定程度上解决了信托产品推介、销售和流通环节上的瓶颈制约。最后，信托监管部门和各地方政府对信托业采取了以扶持为主的政策导向。尤其是2005年初中国信托业协会的成立，使信托行业的外部监管与行业自律有机地结合为一体。

信托规模稳步扩大，信托产品成为市场重要的理财品种。自2002年7月起，我国信托业开始进入快速发展期，信托品种及规模迅速扩大，而且信托产品结构也呈多元化发展态势。目前国内信托市场已初步形成了证券投资型、股权投资型、资金贷款型、资产准证券化型、资产转让收益权型、信托资金租赁型等多种类型的信托品种。同时，不同信托公司的信托产品在规模期限和收益等方面也出现了多样化的特点。

就公司内部而言，国元信托坚持稳健经营、规范管理的理念，严格按照行业监管的要求，完善法人治理，各项业务稳步发展，资产结构日趋合理，盈利能力逐步提高，行业地位逐步提升，为公司业务发展提供了良好的内外部环境。

### 4.3.2 影响本公司业务发展的不利因素

客观原因：当前国内信托行业正处于变动重组的活跃期，行业分化加剧，信托主业的盈利模式尚未最终确定，公司在专业理财能力打造方面尚无可直接借鉴的参考，公司在资产管理能力和盈利能力的打造提升方面仍处于“单打独斗”的局面，客观上导致了公司相关能力建设的提升速度不尽如人意。同时，公司处于内陆省份，相对于沿海发达地区，地区发展水平及社会投资者对信托工具的认知能力仍有差距，客观上影响了公司主营业务的发展。

主观原因：公司信托业务起步的时间相对较晚，具有公司特色和品牌效应的主营业务领域、盈利模式还在积极探索形成中；公司员工的年龄结构、知识水平和创新能力有待进一步优化和提高。

## 4.4 内部控制概况

### 4.4.1 内部控制环境和内部控制文化

按照“三会分设、三权分开、有效制约、协调发展”的要求，公司设立了由股东会、董事会、监事会和高级管理层构建的公司治理架构。股东会、董事会、监事会和高级管理层之间既相互独立，又相互制衡和相互协调，形成了权力机构、决策机构、监督机构和管理层之间的制衡机制，在公司经营和发展中发挥着各自的职能和作用。

公司培育积极健康的企业文化，注重向员工传达风险管理、内部控制、合规经营的重要性，引导员工建立诚信道德观念，树立合规意识和风险意识，提高员工职业道德水准，规范员工职业行为。逐步塑造和形成以“全员参与、内控先行”为主旋律的内控文化。

### 4.4.2 内部控制措施

为了维护公司金融资产的完整，规范公司经营行为，确保公司稳健运行，公司确立了“确保公司遵守国家法律法规和监管规章的贯彻执行；确保将经营业务过程中的各种风险控制在适当的范围之内；确保股东会、董事会确定的发展战略和经营目标能够全面实施和充分实现；有利于查错防弊，堵塞漏洞，消除隐患，保证业务稳健进行”的内控目标。

为实现上述内控目标，本着健全、合理、制衡、独立的原则，公司制定、颁发了包括信托业务类、固有业务类和综合管理类三大板块的基本管理制度，通过“固有与信托业务分离、分级授权审批、职工素质教育、业务经营全过程合规及风险控制、绩效考评、重大风险预警和突发事件应急处理”等内控措施，建立了覆盖环境控制、业务控制、资金管理控制、会计系统控制、电子信息系统控制、内部稽核控制等各个环节，并贯穿于决策、执行、监督、反馈整个流程的内控体系。

公司建立以股东会、董事会和总裁办公会为主的内部控制决策机制，建立以计划财务部、稽核审计部、风险及合规管理部为主的内部控制操作机制，加大监事会的监督和检查。计划财务部负责通过财务管理和检查，确保公司严格执行财务制度，杜绝虚假财务；稽核审计部负责内部稽核监督，按照《内部稽核审计制度》，定期、不定期地对各部门进行稽核审计，独立、客观地履行内部控制职能；风险及合规管理部为公司重大经营决策和重要经济活动提供法律服务，制订并执行风险为本的合规管理计划，支持、协助公司管理层识别和管理合规风险，做好合规风险控制，开展合规及法律教育培训活动，提高员工依法合规经营意识。

公司根据业务发展的需要设立了业务部门和综合部门，并按照职责分离的原则设置相应的工作岗位，各个岗位有相应的岗位职责说明书，职责的设定体现了相互分离的原则，信托业务和固有业务部门分设，信托业务和固有业务的分管领导、业务人员分开。

根据信托业务开展特点和经营管理要求，公司部门的设置充分考虑了前台、中台、后台的要求，信托业务部门、市场营销部等前台部门进行业务的拓展和项目、客户的维护；计划财务部、风险及合规管理部提供中台服务；办公室提供保障支持；风险及合规管理部进行事前和事中的风险与合规控制；稽核审计部进行事后监督检查。公司建立了中台、后台对前台的监督制约机制，通过风险控制、内部审计等手段对前台业务进行有效监督和制约。

### 4.4.3 监督评价与纠正

#### 4.4.3.1 内部审计监督机制

稽核审计部是公司的内部审计监督机构，具有独立性，直接由董事长分管，任务由董事长下达。公司内部审计每年至少一次，内部专项审计在项目结束后进行。

内部审计能及时、全面、准确地发现公司内控存在的缺陷与隐患，及时以审计报告、共性问题的专项报告等形式向公司报告，并注重审计后的整改监督和落实，成效明显。

4.4.3.2　外部审计监督机制

公司年报审计会计师事务所为华普天健会计师事务所(北京)有限公司，由董事会选聘，该会计师事务所执业记录良好。公司2010年度审计报告是标准无保留意见的。

4.4.3.3　内部控制的评价机制

公司每年对内部控制的建设和执行情况进行检查评价，评价结果能准确反映公司的内控水平。

4.4.3.4　内部控制的纠正机制

公司内外部审计发现的问题能得到限期整改，公司制定有重大事故责任追究制度，并能有效落实。

## 4.5　风险管理概况

公司一贯坚持依法合规、稳健经营的理念，能够及时识别和度量业务运行中的潜在风险，建立了防范、控制和处置风险机制。

建立了以董事会、审计与风险管理委员会、高级管理层和风险及合规管理部为主体的风险管理组织体系。

董事会承担风险管理的最终责任，审批风险管理的战略、政策和程序，确定公司可以承受的总体风险水平，督促高级管理层采取必要的措施识别、计量、监测和控制各种风险；定期获得关于风险管理报告，监控和评价风险管理的全面性、有效性以及高级管理层在风险管理方面的履职情况。董事会下设审计与风险管理委员会，负责拟定公司风险管理政策和指导原则，全面负责公司的风险管理工作。

高级管理层负责执行公司风险管理的政策，定期审查监督风险管理的程序以及具体的操作规程，定期向董事会、监事会报告风险管理情况。

公司设立风险及合规管理部，发挥日常风险监督、控制和预警的职能，有效识别、计量、监测和控制各项风险，对公司经营和业务活动进行全面风险管理，监督、检查和维护公司风险管理体系的有效性，确保董事会领导下风险管理的日常化和制度化。

公司按照组织架构分成若干风险单位。各部门在各自职责范围内承担相应的风险管理职责，负责部门内部风险管理工作；风险及合规管理部通过加强与公司各部门、高级管理层及董事会的横向信息沟通和纵向风险报告，形成风险管理组织体系。

**4.5.1　风险状况**

公司经营活动中可能遇到的主要风险有信用风险、市场风险、操作风险等。

4.5.1.1　信用风险状况

信用风险主要指交易对手违约造成损失的风险，主要表现为公司贷款业务中借款人的信用风险、同业往来中银行等金融机构的信用风险、其他应收款项中的信用风险等，信用风险是公司融资类业务面临的主要风险。按照资产五级分类标准分类，报告期末公司固有业务信用风险资产35 824.64万元，其中不良资产1 004.30万元，较期初2 106.69万元减少1 102.39万元，下降52.33%，已足额计提各项准备金，报告期末准备金余额1 366.29万元；报告期末公司信托业务信用风险资产均为正常。

4.5.1.2　市场风险状况

市场风险是指公司在业务经营中，所不可避免的因市场参数的波动而产生的风险，主要表现为公司由于股价、利率及其他价格因素变动而造成固有财产或信托财产损失的风险以及对公司盈利能力、财务状况的影响，公司目前证券投资规模严格控制在董事会授权范围，投资规模较小。报告期内，公司资产状况良好，公司对有价证券的投资获得了较好收益，未发生因市场风险所造成的损失。

4.5.1.3　操作风险状况

操作风险主要表现为在相关业务办理过程中，因内部管理失误、内部控制缺失或系统的不完善等带来的损失。目前公司实行规范化、标准化、制度化管理，管理制度健全，并根据信托新规及现场检查要求，完善修订和细化了各项业务操作流程，进一步明确了岗位职责和操作规范。报告期内，公司未发生因操作风险所造成的损失。

4.5.1.4　其他风险状况

其他风险主要包括政策风险、行业风险、关联交易风险、案件风险和法律风险等。政策风险、行业风险主要表现为宏观政策以及监管政策的变动对公司经营环境和发展所造成的风险。报告期内，公司未发生因其他风险所造成的损失。

**4.5.2　风险管理政策及策略**

4.5.2.1　信用风险的管理

一是为防范与控制交易对手风险，公司对贷款业务杜绝信用放款，严格基本条件审核，严格担保及保证措施，严格操作及审批程序，严格关联交易，严格风险业务审核。二是证券投资选择开户券商、交易品种等均经过严格、充分的调研、决策，并能够做到持续关注。三是公司着力加强与实力机构、政府部门以及信誉良好的金融机构的联系与合作，关注银行信贷登记系统信息，作为了解企业信用的渠道加以充分利用。四是公司切实执行资产风险分类管理的各项规定，按照规定标准，对资产五级分类，并进行动态管理，同时严格按财政部和中国银监会的要求，提足包括呆账准备金、信托赔偿准备金在内的各项准备金。

4.5.2.2　市场风险的管理

一是发挥内审、内控部门作用，监管公司业务所面临的市场与企业信用风险，对业务风险进行全方位的监督管理。二是公司对固有资产经营管理中的市场风险保持较高的敏感度，配备了相应的专业人员，着力市场调研和形势分析，准确把握资金进入时机，密切跟踪市场，及时调整投资策略和投资组合，密切关注经济运行状况，严格规避政策导向变化带来的不利影响，谨慎开展业务。三是积极贯彻落实监管部门有关文件精神，及时对公司信托业务中的银信合作、房地产等业务进行限额管理，密切关注市场变化，加强防范业务风险的措施。

4.5.2.3　操作风险的管理

一是严格按照“固有业务与信托业务分别管理、分别核算”的要求，明确各部门职责范围。二是规范公司各项业务流程和操作规程，通过《合规操作手册》及各业务环节的操作流程，实行统一的业务标准和操作要求。三是在业务和资金流转过程中实施三级审批制、双人工作制、信托经理A/B角负责制等风险控制措施。四是对各项业务的开展进行合规风险排查、监督与管理，保证了公司业务风险责任问责制度、合规风险报告管理办法等制度得到有效执行。

4.5.2.4　其他风险的管理

一是加强对存续项目的资金流量管理，同时做好公司资金流量的预测和安排，防范流动性风险。二是制定有完善的关联交易管理制度，高度重视关联交易，严控风险。三是从防范风险和合规的角度对公司重大经营行为审查把关。四是加强员工合规培训，提高员工的风险管理意识和风险管理水平。五是加强职业道德教育，规范职业行为，严格控制道德风险。六是制定《案件管理办法》，加强企业"三防一保"工作，努力规避诸如金融案件等外部风险。

4.5.2.5　净资本管理

2010年末，公司净资本风险控制指标为：净资本288 283.21万元，各项业务风险资本294 846.50万元，净资本与各项业务风险资本之比为97.77%，净资本与净资产之比为93.76%。除净资本与风险资本之比低于监管2.23个百分点外，其他指标符合监管指标。2011年公司将积极调整业务结构，加大创新力度，在大力拓展业务同时，规范操作，确保公司在2011年末达到净资本各项指标要求。

## 5. 报告期末及上年末的比较式会计报表

### 5.1　自营资产

#### 5.1.1　会计师事务所审计结论

**审 计 报 告**

会审字〔2011〕3425号

安徽国元信托有限责任公司全体股东：

我们审计了后附的安徽国元信托有限责任公司（以下简称"国元信托公司"）财务报表，包括2010年12月31日的资产负债表，2010年度的利润表、所有者权益变动表和现金流量表以及财务报表附注。

一、管理层对财务报表的责任

按照企业会计准则的规定编制财务报表是国元信托公司管理层的责任。这种责任包括：（1）设计、实施和维护与财务报表编制相关的内部控制，以使财务报表不存在由于舞弊或错误而导致的重大错报；（2）选择和运用恰当的会计政策；（3）作出合理的会计估计。

二、注册会计师的责任

我们的责任是在实施审计工作的基础上对财务报表发表审计意见。我们按照《中国注册会计师审计准则》的规定执行了审计工作。《中国注册会计师审计准则》要求我们遵守职业道德规范，计划和实施审计工作以对财务报表是否不存在重大错报获取合理保证。

审计工作涉及实施审计程序，以获取有关财务报表金额和披露的审计证据。选择的审计程序取决于注册会计师的判断，包括对由于舞弊或错误导致的财务报表重大错报风险的评估。在进行风险评估时，我们考虑与财务报表编制相关的内部控制，以设计恰当的审计程序，但目的并非对内部控制的有效性发表意见。审计工作还包括评价管理层选用会计政策的恰当性和作出会计估计的合理性，以及评价财务报表的总体列报。

我们相信，我们获取的审计证据是充分、适当的，为发表审计意见提供了基础。

三、审计意见

我们认为，国元信托公司财务报表已经按照企业会计准则的规定编制，在所有重大方面公允反映了国元信托公司2010年12月31日的财务状况以及2010年度的经营成果和现金流量。

华普天健会计师事务所（北京）有限公司

二〇一一年三月二十三日

#### 5.1.2　资产负债表

**资产负债表**

编制单位：安徽国元信托有限责任公司　　2010年12月31日　　单位：万元

| 项　目 | 年末余额 | 年初余额 | 项　目 | 年末余额 | 年初余额 |
|---|---|---|---|---|---|
| 流动资产： | | | 流动负债： | | |
| 货币资金 | 14 424.29 | 11 613.70 | 短期借款 | — | — |
| 贵金属 | — | — | 拆入资金 | — | — |
| 拆出资金 | — | — | 交易性金融负债 | — | — |
| 交易性金融资产 | 2 422.51 | 1 304.78 | 衍生金融负债 | — | — |
| 衍生金融资产 | — | — | 卖出回购金融资产款 | — | — |
| 买入返售金融资产 | — | — | 应付账款 | — | — |
| 应收账款 | — | — | 预收账款 | — | — |
| 预付账款 | — | — | 应付职工薪酬 | 3 773.35 | 4 516.99 |
| 应收利息 | 52.54 | 78.79 | 应交税费 | 3 112.22 | 1 132.85 |
| 应收股利 | — | — | 应付利息 | — | — |
| 其他应收款 | 116.96 | 143.81 | 应付利润 | 1 800.00 | 1 260.00 |
| 存货 | — | — | 其他应付款 | 2 540.78 | 2 646.43 |
| 一年内到期的非流动资产 | — | — | 一年内到期的非流动负债 | — | — |
| 其他流动资产 | — | — | 其他流动负债 | 28.29 | 28.29 |

续表

| 项　目 | 年末余额 | 年初余额 | 项　目 | 年末余额 | 年初余额 |
|---|---|---|---|---|---|
| 流动资产合计 | 17 016.30 | 13 141.08 | 流动负债合计 | 11 254.64 | 9 584.56 |
| 非流动资产: | | | 非流动负债: | | |
| 发放贷款和垫款 | 20 000.00 | 26 127.50 | 长期借款 | — | — |
| 可供出售金融资产 | 6 718.43 | 5 348.23 | 应付债券 | — | — |
| 持有至到期投资 | — | — | 长期应付款 | — | — |
| 长期应收款 | — | — | 预计负债 | — | — |
| 长期股权投资 | 269 953.69 | 249 377.61 | 递延所得税负债 | 592.13 | 620.52 |
| 投资性房地产 | — | — | 其他非流动负债 | — | — |
| 固定资产 | 5 113.40 | 5 028.72 | 非流动负债合计 | 592.13 | 620.52 |
| 在建工程 | 45.05 | 80.00 | 负债合计 | 11 846.77 | 10 205.08 |
| 无形资产 | 33.51 | 39.26 | 所有者权益: | | |
| 递延所得税资产 | 421.66 | 763.64 | 实收资本 | 120 000.00 | 120 000.00 |
| 其他非流动资产 | — | — | 资本公积 | 122 127.13 | 123 691.63 |
| 非流动资产合计 | 302 285.74 | 286 764.96 | 减:库存股 | — | — |
| | | | 盈余公积 | 9 812.46 | 7 280.57 |
| | | | 信托赔偿准备金 | 4 906.23 | 3 640.29 |
| | | | 未分配利润 | 50 609.45 | 35 088.47 |
| | | | 所有者权益合计 | 307 455.27 | 289 700.96 |
| 资产总计 | 319 302.04 | 299 906.04 | 负债和股东权益总计 | 319 302.04 | 299 906.04 |

单位负责人:过仕刚　　　　财务负责人:熊　文　　　　会计机构负责人:朱先平

### 5.1.3 利润表

**利润表**

编制单位:安徽国元信托有限责任公司　　　　2010 年　　　　单位:万元

| 项　目 | 本年金额 | 上年金额 |
|---|---|---|
| 一、营业收入 | 36 462.05 | 32 080.72 |
| 利息净收入 | 1 988.04 | 3 798.21 |
| 利息收入 | 2 065.69 | 3 809.17 |
| 利息支出 | 77.65 | 10.96 |
| 手续费及佣金净收入 | 14 356.77 | 6 048.28 |
| 手续费及佣金收入 | 15 005.98 | 6 046.22 |
| 手续费及佣金支出 | 649.21 | -2.06 |
| 投资收益(损失以"－"号填列) | 19 859.81 | 21 963.43 |
| 其中:对联营企业和合营企业的投资收益 | 14 510.02 | 20 684.10 |
| 公允价值变动收益(损失以"－"号填列) | -20.62 | 13.26 |
| 租赁收益 | — | — |
| 汇兑收益(损失以"－"号填列) | -1.33 | -0.04 |
| 其他业务收入 | 279.38 | 257.58 |
| 二、营业支出 | 7467.28 | 6301.14 |
| 营业税金及附加 | 1 173.80 | 592.06 |
| 业务及管理费 | 6 898.29 | 6 088.65 |
| 资产减值损失 | -604.81 | -379.57 |
| 其他业务成本 | — | — |
| 三、营业利润(亏损以"－"号填列) | 28 994.77 | 25 779.58 |
| 加:营业外收入 | 9.56 | 30.51 |
| 减:营业外支出 | 351.13 | 7.42 |
| 四、利润总额(亏损以"－"号填列) | 28 653.20 | 25 802.67 |
| 减:所得税费用 | 3 334.40 | 1 298.99 |
| 五、净利润(净亏损以"－"号填列) | 25 318.80 | 24 503.68 |
| 六、其他综合收益 | -1 564.49 | 124 499.21 |
| 七、综合收益 | 23 754.31 | 149 002.89 |

单位负责人:过仕刚　　　　财务负责人:熊　文　　　　会计机构负责人:朱先平

## 5.1.4 所有者权益变动表

**所有者权益变动表**

2010 年

编制单位：安徽国元信托有限责任公司　　单位：万元

| 项　目 | 本年金额 | | | | | | 上年金额 | | | | | |
|---|---|---|---|---|---|---|---|---|---|---|---|---|
| | 实收资本 | 资本公积 | 盈余公积 | 信托赔偿准备 | 未分配利润 | 所有者权益合计 | 实收资本 | 资本公积 | 盈余公积 | 信托赔偿准备 | 未分配利润 | 所有者权益合计 |
| 一、上年末余额 | 120 000.00 | 123 691.63 | 7 280.58 | 3 640.29 | 35 088.47 | 289 700.97 | 120 000.00 | -807.59 | 4 830.21 | 2 415.11 | 20 260.34 | 146 698.08 |
| 加：会计政策变更 | | | | | | — | | | | | | — |
| 前期差错更正 | | | | | | — | | | | | | — |
| 其他 | | | | | | — | | | | | | — |
| 二、本年初余额 | 120 000.00 | 123 691.63 | 7 280.58 | 3 640.29 | 35 088.47 | 289 700.97 | 120 000.00 | -807.59 | 4 830.21 | 2 415.11 | 20 260.34 | 146 698.08 |
| 三、本年增减变动金额（减少以“-”号填列 | — | -1 564.49 | 2 531.88 | 1 265.94 | 15 520.98 | 17 754.31 | — | 124 499.21 | 2 450.37 | 1 225.18 | 14 828.13 | 143 002.89 |
| （一）净利润 | — | — | — | — | 25 318.80 | 25 318.80 | — | — | — | — | 24 503.68 | 24 503.68 |
| （二）其他综合收益 | — | -1 564.49 | — | — | — | -1 564.49 | — | 124 499.21 | — | — | — | 124 499.21 |
| 1. 可供出售金融资产公允价值变动净额 | — | -69.73 | — | — | — | -69.73 | — | 1 778.49 | — | — | — | 1 778.49 |
| 2. 权益法下被投资单位其他所有者权益变动的影响 | | | | | | — | | | | | | — |
| 3. 权益法下被投资单位其他所有者权益变动的影响 | — | -1 494.77 | — | — | — | -1 494.77 | — | 122 720.72 | — | — | — | 122 720.72 |
| 4. 与计入所有都权益项目相关的所得税影响 | | | | | | — | | | | | | — |
| 5. 其他 | | | | | | — | | | | | | — |
| 净利润及其他综合收益小计 | — | -1 564.49 | | | 25 318.80 | 23 754.31 | — | 124 499.21 | — | — | 24 503.68 | 149 002.89 |
| （三）所有者投入和减少资本 | | | | | | — | | | | | | — |
| 1. 所有者投入资本 | | | | | | — | | | | | | — |
| 2. 股份支付计入所有者权益的金额 | | | | | | — | | | | | | — |
| 3. 分立减资 | | | | | | — | | | | | | — |
| （四）利润分配 | — | — | 2 531.88 | 1 265.94 | -9 797.82 | -6 000.00 | — | — | 2 450.37 | 1 225.18 | -9 675.55 | -6 000.00 |
| 1. 提取盈余公积 | — | — | 2 531.88 | | -2 531.88 | — | — | — | 2 450.37 | — | -2 450.37 | — |
| 其中：法定盈余公积 | — | — | 2 531.88 | | -2 531.88 | — | — | — | 2 450.37 | — | -2 450.37 | — |
| 任意盈余公积 | | | | | | — | | | | | | — |
| 2. 提取信托赔偿准备 | — | — | — – | 1 265.94 | -1 265.94 | — | — | — | — | 1 225.18 | -1 225.18 | — |
| 3. 所有者的分配 | — | — | — | — | -6 000.00 | -6 000.00 | — | — | — | — | -6 000.00 | -6 000.00 |
| 4. 其他 | | | | | | — | | | | | | — |
| （五）所有者权益内部结转 | | | | | | — | | | | | | — |
| 1. 资本公积转增资本 | | | | | | — | | | | | | — |
| 2. 盈余公积转增资本 | | | | | | — | | | | | | — |
| 3. 盈余公积弥补亏损 | | | | | | — | | | | | | — |
| 4. 其他 | | | | | | — | | | | | | — |
| 四、本年末余额 | 120 000.00 | 122 127.13 | 9 812.46 | 4 906.23 | 50 609.45 | 307 455.27 | 120 000.00 | 123 691.62 | 7 280.58 | 3 640.29 | 35 088.47 | 289 700.96 |

单位负责人：过仕刚　　财务负责人：熊　文　　会计机构负责人：朱先平

## 5.2 信托资产

### 5.2.1 信托项目资产负债汇总表

编制单位：安徽国元信托有限责任公司　　2010 年 12 月 31 日　　单位：万元

| 信托资产 | 期末余额 | 年初余额 | 信托负债和信托权益 | 期末余额 | 年初余额 |
|---|---|---|---|---|---|
| 信托资产： | | | 信托负债： | | |
| 货币资金 | 49 793.39 | 15 107.86 | 交易性金融负债 | — | — |
| 拆出资金 | — | — | 衍生金融负债 | — | — |
| 存出保证金 | — | — | 应付受托人报酬 | — | — |
| 交易性金融资产 | 16 793.95 | — | 应付托管费 | — | — |
| 衍生金融资产 | — | — | 应付受益人收益 | — | — |
| 买入返售金融资产 | 6 207.00 | 6 829.00 | 应交税费 | — | — |
| 其中：买入返售证券 | — | — | 应付销售服务费 | — | — |
| 买入返售信贷资产 | — | — | 其他应付款项 | 427.14 | 6.75 |
| 应收款项 | — | — | 其他负债 | — | — |
| 发放贷款 | 2 576 969.20 | 912 781.40 | 信托负债合计 | 427.14 | 6.75 |
| 其中：基础产业 | 1 191 146.20 | 699 144.40 | 信托权益： | | |
| 房地产 | 442 222.00 | 20 000.00 | 实收信托 | 3 570 801.29 | 1 661 512.21 |
| 其他产业 | 943 601.00 | 193 637.00 | 其中：资金信托 | 3 543 528.18 | 1 545 531.70 |
| 可供出售金融资产 | — | — | 集合 | 348 057.00 | 181 019.00 |
| 持有至到期投资 | 153 068.00 | 127 569.00 | 单一 | 3 195 471.18 | 1 364 512.70 |
| 长期应收款 | — | — | 财产信托 | 27 273.12 | 115 980.51 |
| 长期股权投资 | 690 233.80 | 450 129.31 | 资本公积 | — | — |
| 其中：基础产业 | 351 569.00 | 306 753.00 | 未分配利润 | 24 836.91 | 10 897.61 |
| 房地产 | 66 584.30 | — | 信托权益合计 | 3 595 638.20 | 1 672 409.82 |
| 其他产业 | 272 080.50 | — | | | |
| 投资性房地产 | — | — | | | |
| 固定资产 | — | — | | | |
| 无形资产 | — | — | | | |
| 长期待摊费用 | — | — | | | |
| 其他资产 | 103 000.00 | 160 000.00 | | | |
| 其中：融资租赁资产 | — | — | | | |
| 信托资产总计 | 3 596 065.34 | 1 672 416.57 | 信托负债及信托权益总计 | 3 596 065.34 | 1 672 416.57 |

单位负责人：过仕刚　　财务负责人：熊　文　　会计机构负责人：朱先平

### 5.2.2 信托项目利润及利润分配汇总表

编制单位：安徽国元信托有限责任公司 2010 年　　单位：万元

| 项　目 | 本年金额 | 上年金额 |
|---|---|---|
| 1. 营业收入 | 241 816.00 | 112 243.55 |
| 1.1 利息收入 | 151 189.99 | 68 770.38 |
| 1.2 投资收益 | 72 890.86 | 43 259.73 |
| 1.2.1 其中：对联营企业和合营企业投资收益 | — | — |
| 1.3 公允价值变动收益 | — | — |
| 1.4 租赁收入 | — | — |
| 1.5 汇兑收益 | — | — |
| 1.6 其他收入 | 17 735.15 | 213.44 |
| 2. 支出 | 20 255.25 | 16 649.95 |
| 2.1 营业税金及附加 | - | 323.67 |
| 2.2 受托人报酬 | 14 350.51 | 5 676.95 |

续表

| 项　目 | 本年金额 | 上年金额 |
|---|---|---|
| 2.3 保管费 | 2 205.80 | 1 227.81 |
| 2.4 投资管理费 | 55.00 | — |
| 2.5 销售服务费 | 239.57 | — |
| 2.6 交易费用 | 0.67 | — |
| 2.7 资产减值损失 | — | — |
| 2.8 其他费用 | 3 403.70 | 9 421.52 |
| 3. 信托净利润 | 221 560.75 | 95 593.60 |
| 4. 其他综合收益 | — | — |
| 5. 综合收益 | 221 560.75 | 95 593.60 |
| 6. 加：期初未分配信托利润 | 10 897.61 | 6 721.72 |
| 7. 可供分配的信托利润 | 232 458.36 | 102 315.32 |
| 8. 减：本期已分配信托利润 | 207 621.45 | 91 417.71 |
| 9. 期末未分配信托利润 | 24 836.91 | 10 897.61 |

单位负责人：过仕刚　　财务负责人：熊　文　　会计机构负责人：朱先平

## 6. 会计报表附注

### 6.1 报告年度会计报表编制基准、会计政策、会计估计和核算方法发生的变化

报告年度公司会计报表编制基准、会计政策、会计估计和核算方法未发生变化。

### 6.2 或有事项说明

报告期内，本公司未发生对外担保及其他或有事项。

### 6.3 重要资产转让及其出售的说明

报告期内，本公司未发生重要资产转让及出售情况。

### 6.4 会计报表中重要项目的明细资料

#### 6.4.1 自营资产经营情况

6.4.1.1 按信用风险五级分类结果披露信用风险资产的期初数、期末数

| 信用风险资产五级分类 | 正常类（万元） | 关注类（万元） | 次级类（万元） | 可疑类（万元） | 损失类（万元） | 信用风险资产合计（万元） | 不良合计（万元） | 不良资产率（%） |
|---|---|---|---|---|---|---|---|---|
| 期初数 | 37 828.53 | — | 0.40 | 258.27 | 1 848.02 | 39 935.22 | 2 106.69 | 0.70 |
| 期末数 | 34 554.43 | 265.91 | — | 0.40 | 1 003.90 | 35 824.64 | 1 004.30 | 0.31 |

6.4.1.2 各项资产减值损失准备的期初、本期计提、本期转回、本期核销、期末数

单位：万元

| | 期初数 | 本期计提 | 本期转回 | 本期核销 | 期末数 |
|---|---|---|---|---|---|
| 贷款损失准备 | 1 445.23 | −80.00 | 522.50 | 145.00 | 697.73 |
| 一般准备 | — | — | — | — | — |
| 专项准备 | 1 445.23 | −80.00 | 522.50 | 145.00 | 697.73 |
| 其他资产减值准备 | 667.69 | 1.22 | 3.53 | −3.18 | 668.56 |
| 可供出售金融资产减值准备 | — | — | — | — | — |
| 持有至到期投资减值准备 | — | — | — | — | — |
| 长期股权投资减值准备 | — | — | — | — | — |
| 坏账准备 | 532.53 | 1.22 | 3.53 | −3.18 | 533.40 |
| 投资性房地产减值准备 | — | — | — | — | — |

6.4.1.3 按照投资品种分类，分别披露固有股票投资、基金投资、债券投资、股权投资等投资业务的期初数、期末数

单位：万元

| | 自营股票 | 基金 | 债券 | 长期股权投资 | 其他投资 | 合计 |
|---|---|---|---|---|---|---|
| 期初数 | 5 870.95 | 782.06 | — | 249 377.61 | — | 256 030.62 |
| 期末数 | 8 468.75 | 672.19 | — | 269 953.69 | — | 279 094.63 |

6.4.1.4 按投资入股金额排序，前三名的自营长期股权投资的企业名称、占被投资企业权益的比例及投资收益情况等

| 企业名称 | 占被投资企业权益的比例（%） | 投资收益（万元） |
|---|---|---|
| 1. 国元证券股份有限公司 | 15.69 | 14 510.02 |
| 2. 池州九华农村商业银行 | 20 | — |
| 3. 淮南通商农村合作银行 | 20 | — |

6.4.1.5 前三名的自营贷款的企业名称、占贷款总额的比例和还款情况等

| 企业名称 | 占贷款总额的比例（%） | 还款情况 |
|---|---|---|
| 1. 蚌埠经济开发区投资有限公司 | 49.28 | 正常 |
| 2. 合肥东部新城建设投资有限公司 | 39.42 | 正常 |
| 3. 恒信集成住宅开发有限公司 | 9.86 | 正常 |

6.4.1.6 表外业务的期初数、期末数，按照代理业务、担保业务和其他类型表外业务分别披露

单位：万元

| 表外业务 | 期初数 | 期末数 |
|---|---|---|
| 担保业务 | — | — |
| 代理业务（委托业务） | 3 651.35 | 3 678.10 |
| 其他 | — | — |
| 合 计 | 3 651.35 | 3 678.10 |

6.4.1.7 公司当年的收入结构

| 收入结构 | 金额（万元） | 占比（%） |
|---|---|---|
| 手续费及佣金收入 | 15 005.98 | 40.34 |
| 其中：信托手续费收入 | 14 510.96 | 39.01 |
| 投资银行业务收入 | 494.57 | 1.33 |
| 利息收入 | 2 065.69 | 5.55 |
| 其他业务收入 | 278.06 | 0.75 |
| 其中：计入信托业务收入部分 | — | — |
| 投资收益 | 19 859.81 | 53.39 |
| 其中：股权投资收益 | 15 787.80 | 42.44 |
| 证券投资收益 | 4 072.01 | 10.95 |
| 其他投资收益 | — | — |
| 公允价值变动收益 | −20.62 | −0.06 |
| 营业外收入 | 9.56 | 0.03 |
| 收入合计 | 37 198.48 | 100.00 |

#### 6.4.2 披露信托财产管理情况

6.4.2.1 信托资产的期初数、期末数

单位：万元

| 信托资产 | 期初数 | 期末数 |
|---|---|---|
| 集合 | 183 770.51 | 352 887.05 |
| 单一 | 1 372 662.05 | 3 215 899.55 |
| 财产权 | 115 984.01 | 27 278.74 |
| 合 计 | 1 672 416.57 | 3 596 065.34 |

6.4.2.1.1 主动管理型信托业务的信托资产期初数、期末数

单位:万元

| 主动管理型信托资产 | 期初数 | 期末数 |
|---|---|---|
| 证券投资类 | — | 22 985.70 |
| 股权投资类 | 9 000.41 | 307 851.78 |
| 融资类 | 108 573.02 | 1 493 147.89 |
| 事务管理类 | — | — |
| 合计 | 246 945.89 | 1 979 084.55 |

6.4.2.1.2 被动管理型信托业务的信托资产期初数、期末数

单位:万元

| 被动管理型信托资产 | 期初数 | 期末数 |
|---|---|---|
| 证券投资类 | — | — |
| 股权投资类 | 400 000.2 | 350 001.18 |
| 融资类 | 904 337.10 | 1 234 129.88 |
| 事务管理类 | 121 133.38 | 32 849.73 |
| 合计 | 1 425 470.68 | 1 616 980.79 |

6.4.2.2 本年度已清算结束信托项目

6.4.2.2.1 本年度已清算结束信托项目

| 已清算结束信托项目 | 项目个数 | 实收信托合计金额(万元) | 加权平均实际年化收益率(%) |
|---|---|---|---|
| 集合类 | 8 | 42 312.00 | 6.80 |
| 单一类 | 81 | 1 529 914.90 | 4.74 |
| 财产管理类 | 14 | 92 540.75 | 5.05 |

6.4.2.2.2 本年度已清算结束的主动管理型信托项目

| 已清算结束信托项目 | 项目个数 | 实收信托合计金额(万元) | 加权平均实际年化信托报酬率(%) | 加权平均实际年化收益率(%) |
|---|---|---|---|---|
| 证券投资类 | — | — | — | — |
| 股权投资类 | 1 | 3 000.00 | 3.70 | 7.05 |
| 融资类 | 29 | 274 104.50 | 0.48 | 4.90 |
| 事务管理类 | — | — | — | — |

6.4.2.2.3 本年度已清算结束的被动管理型信托项目

| 已清算结束信托项目 | 项目个数 | 实收信托合计金额(万元) | 加权平均实际年化信托报酬率(%) | 加权平均实际年化收益率(%) |
|---|---|---|---|---|
| 证券投资类 | — | — | — | — |
| 股权投资类 | 1 | 100 000.00 | 0.15 | 7.25 |
| 融资类 | 53 | 1 171 494.40 | 0.10 | 4.52 |
| 事务管理类 | 15 | 93 383.75 | 0.14 | 5.08 |

6.4.2.3 本年度新增信托项目

单位:万元

| 新增信托项目 | 项目个数 | 实收信托合计金额 |
|---|---|---|
| 集合类 | 28 | 209 913.00 |
| 单一类 | 125 | 3 606 805.10 |
| 财产管理类 | 2 | 3 930.61 |
| 新增合计 | 155 | 3 820 648.71 |
| 其中:主动管理型 | 97 | 2 147 113.60 |
| 被动管理型 | 58 | 1 673 535.11 |

6.4.2.4 信托业务创新成果和特色业务有关情况

公司切实加强信托业务研发工作,贴近市场、结合实际,在业务实践中推进研发。积极打造主动型资产管理能力,以基础设施类信托产品为主导,通过股权投资、债权转让、收益权转让、股权受益权转让等多种形式大力发展集合类信托计划,逐步摸索、完善以基础设施类集合计划为主的国元信托特色集合业务;全力推进银信业务合作,抢抓机遇,实现单一类信托计划的跨越式发展。

2010年,在信托业务经营领域和信托业务品种开发上主动创新,不断取得突破,实现了"创新发展",推出了多款具有创新特质的产品。

(1)设计了泗县江上青小学助学金公益信托计划。显示出了国元信托在从事公益事业方面的积极性和主动性,为公司从事公益信托探索出一条新路,确保公益事业的稳固安全。

(2)创新开发了"宣城市振宣中小企业担保公司股权投资集合资金信托计划",该信托计划采用股权+回购、优先/劣后的产品设计,成为行业首个扶持中小企业担保机构的具有高比例结构化安排特点的股权投资信托计划。扶持了当地中小企业信用担保体系建设,为缓解当地中小企业担保难、融资难发挥了重要作用。

(3)成功发行首个定向增发的优先+劣后结构化证券投资集合信托计划,公司证券资产管理能力进一步增强。

(4)发起设立合肥市"滨湖春晓"中小企业贷款项目集合资金信托计划,将多个指定管理的信托资金以信托计划方式聚集起来,形成集合信托资金向经过审核的合肥市21家中小企业提供贷款,支持中小企业快速发展。

(5)公司紧跟政策导向,结合"皖江城市带承接产业转移示范区"建设浪潮,开发设计了"皖江城市带系列产品"。2010年,全年公司累计发行20只"皖江城市带系列集合信托产品",募集资金13亿元,有力地支持了地方经济发展。

(6)公司获得中国银监会核准,取得特定目的信托受托人资格(即资产证券化资格)。取得资产证券化业务资格,将拓展新的业务领域,公司可作为资产证券化业务中特定目的信托受托机构,负责管理特定目的信托财产并发行资产支持证券。这不仅使公司信托的业务领域得到拓展,丰富公司服务于大型企业集团、大型商业银行的金融手段,更对公司未来业务模式的创新起到了积极的推动作用,进一步奠定公司的行业地位。

6.4.2.5 本公司履行受托人义务情况

公司作为受托人,严格按照《信托法》、《信托公司管理办法》、《信托公司集合资金信托计划管理办法》及信托文件对受托人义务的规定,在管理信托财产时,恪尽职守,履行诚实、信用、谨慎、有效管理的义务,为受益人的最大利益处理信托事务。

公司将信托财产与其固有财产分别管理、分别记账,并将不同委托人的信托财产设立信托专户,单独记账,单独核算。

根据信托文件的规定,及时履行定期信托计划的信息披露及报告事项。每个信托计划设立后5个工作日内,就信托资金规模在公司网站公告。并按照信托合同的规定,定期将信托资金运用及收益情况公告。信托合同终止时,根据信托合同的规定,以信托财产为限向受益人支付信托财产及收益。同时,公司严格根据银监会的要求,在信托终止后十个工作日内作出处

理信托事务的清算报告。

根据《信托法》的要求，妥善保管处理信托事务的完整记录、原始凭证及有关资料，保存期自本信托终止之日起十五年。同时对委托人、受益人以及处理信托事务的情况和资料依法保密。

报告期内，公司管理的信托项目运作正常，全年到期清算信托项目166.48亿元，全部安全、按期交付受益人，未出现因本公司自身责任而导致的信托资产损失情况。信托业务稳健发展，无任何信托财产损失。

## 6.5 关联方关系及其交易的披露

### 6.5.1 关联交易方的数量、关联交易的总金额及关联交易的定价政策等

单位：万元

| | 关联交易方数量 | 关联交易金额 | 定价政策 |
|---|---|---|---|
| 合计 | 4 | 15 917.63 | 市场公允价 |

### 6.5.2 关联交易方与本公司的关系性质，关联交易方的名称、法定代表人、注册地址、注册资本及主营业务等

单位：万元

| 关系性质 | 关联方名称 | 法定代表人 | 注册地址 | 注册资本 | 主营业务 |
|---|---|---|---|---|---|
| 母公司 | 安徽国元控股（集团）有限责任公司 | 过仕刚 | 安徽省合肥市寿春路179号 | 300 000.00 | 受权管理国有资产、资本运营、收购兼并等 |
| 同受母公司控制 | 安徽国元投资有限责任公司 | 许明硕 | 安徽省合肥市宿州路20号 | 100 000.00 | 项目投资、管理及咨询等 |
| 同受母公司控制 | 安徽国元创投有限责任公司 | 邵文革 | 安徽省合肥市经开区翠微路6号海恒大厦8楼 | 23 000.00 | 创业投资及咨询、为创业企业提供管理服务业务、参加设立创业投资企业与创业投资管理业务、股权管理咨询 |
| 公司股东 | 安徽皖维高新材料股份有限公司 | 吴福胜 | 安徽省巢湖市皖维路56号 | 36 807.92 | PVA系列产品、设备安装、机械加工等 |

### 6.5.3 本公司与关联方的重大交易事项

6.5.3.1 固有与关联方关联交易情况

单位：万元

| 固有与关联方关联交易 | | | | |
|---|---|---|---|---|
| | 期初数 | 借方发生额 | 贷方发生额 | 期末数 |
| 贷款 | — | — | — | — |
| 投资 | — | — | — | — |
| 租赁 | — | — | — | — |
| 担保 | — | — | — | — |
| 应收账款 | — | — | — | — |
| 其他 | 230.47 | 1.63 | — | 232.10 |
| 合计 | 230.47 | 1.63 | — | 232.10 |

6.5.3.2 信托与关联方关联交易情况

单位：万元

| 信托与关联方关联交易 | | | | |
|---|---|---|---|---|
| | 期初数 | 借方发生额 | 贷方发生额 | 期末数 |
| 贷款 | 8 416.00 | 7 500.00 | 8 416.00 | 7 500.00 |
| 投资 | — | — | — | — |
| 租赁 | — | — | — | — |
| 担保 | — | — | — | — |
| 应收账款 | — | — | — | — |
| 其他 | — | — | — | — |
| 合计 | 8 416.00 | 7 500.00 | 8 416.00 | 7 500.00 |

6.5.3.3 信托公司自有资金运用于自己管理的信托项目（固信交易）、信托公司管理的信托项目之间的相互（信信交易）交易金额，包括余额和本报告年度的发生额

6.5.3.3.1 固有与信托财产之间的交易金额期初汇总数、本期发生额汇总数、期末汇总数

报告期内公司固有财产与信托财产之间未发生任何相互交易。

单位：万元

| 固有财产与信托财产相互交易 | | | |
|---|---|---|---|
| | 期初数 | 本期发生额 | 期末数 |
| 合计 | — | — | — |

6.5.3.3.2 信托项目之间的交易金额期初汇总数、本期发生额汇总数、期末汇总数

报告期内公司信托项目之间未发生任何相互交易。

单位：万元

| 信托资产与信托财产相互交易 | | | |
|---|---|---|---|
| | 期初数 | 本期发生额 | 期末数 |
| 合计 | — | — | — |

### 6.5.4 关联方逾期未偿还本公司资金的详细情况以及本公司为关联方担保发生或即将发生垫款的详细情况

报告期内无关联方逾期未偿还本公司资金以及未发生为关联方担保或垫款事项。

## 6.6 会计制度的披露

公司固有业务2008年1月1日起执行财政部2006年颁布的《企业会计准则》。

公司信托业务2010年1月1日起执行财政部2006年颁布的《企业会计准则》。

# 7. 财务情况说明书

## 7.1 利润实现和分配情况

2010年公司实现净利润25 318.80万元，加年初未分配利润35 088.47万元，可供分配利润60 407.27万元；提取盈余公积2 531.88万元和提取信托赔偿准备1 265.94万元后，可供投资者分配利润56 609.45万元；扣减2009年股东分配利润6 000万元，年末未分配利润50 609.45万元；本年度不进行利润分配。

### 7.2 主要财务指标

| 指标名称 | 指标值 |
|---|---|
| 资本利润率(%) | 8.48 |
| 加权年化信托报酬率(%) | 0.23 |
| 人均净利润(万元/人) | 210.99 |

### 7.3 对本公司财务状况、经营成果有重大影响的其他事项

报告期内,本公司没有发生对财务状况、经营成果有重大影响的其他事项。

## 8. 特别事项揭示

### 8.1 前五名股东报告期内变动情况及原因

报告期内,公司前五名股东未发生变动。

### 8.2 董事、监事及高级管理人员变动情况及原因

2010年9月,经公司第一次临时股东会会议审议和表决通过,宋炳山先生担任公司独立董事。2010年12月,经安徽银监局核准正式任职。

### 8.3 公司的重大未决诉讼事项

报告期内,公司固有业务、信托业务均无重大诉讼事项。

### 8.4 会计师事务所出具无保留意见审计报告

### 8.5 公司及其董事、监事和高级管理人员受到处罚的情况

报告期内,公司及其董事、监事和高级管理人员未发生受到处罚的情况。

### 8.6 银监会及其派出机构对公司检查的整改情况

本报告期内,银监会及其派出机构对公司进行了三次现场检查和若干次专项业务检查。

公司对监管部门的现场检查高度重视,董事长专门作出批示:按银监局要求,尽快研究整改措施,提出整改方案。召开总裁办公会,认真学习、分析研究、统一思想。监管部门的现场检查,对于公司进一步完善内控制度,优化业务操作流程,强化细节管理,控制业务风险,有着重要的指导意义。对照检查意见书中涉及的问题,逐项分析原因,明确整改思路,制订具有较强操作性的整改落实方案,将责任落实到部门,能立即整改的已限期整改,需修订完善的制度和办法列入后续工作计划,力求整改落实到位。同时按照公司的有关规定,对相关责任人员,提出严厉批评,并给予相应的经济处罚。切实做到思想重视、整改及时、强抓细节、落实到位。通过加强制度建设与执行、风险控制能力建设与落实、提高经营管理水平和盈利能力等一系列举措,努力把公司的各项工作推向更高更好的发展水平。

#### 8.6.1 信息系统运行和操作管理现场检查

2010年4月,安徽银监局检查组对公司信息系统运行和操作管理进行现场检查,就公司的信息科技管理组织机构、信息系统应急措施等方面提出监管意见。

对照检查意见书,公司制订了具体的整改方案,将责任落实到部门,已基本整改到位。进一步完善信息科技管理委员会组织架构,明确分工职责;制定了各信息系统的应急措施,并加强应急演练;进一步加强和完善了机房管理。

#### 8.6.2 监管评级及信政业务、银信业务现场检查

2010年5月10日至2010年5月27日,安徽银监局检查组对公司进行了现场监管评级及对公司截至2009年12月31日和2010年3月31日存续的信政和银信业务进行了现场检查。

在现场监管评级中,就公司独立董事缺额、董事会下设四个专门委员会履职、公司信息系统建设、公司高管考核程序、提高非现场监管报表报送的准确性、资产风险分类管理、业务创新等方面提出监管意见。

对照检查意见书,制订具体的整改方案,将责任落实到部门,已基本整改到位。以通信方式召开了2010年临时股东大会,表决批准独立董事人选议案,并报安徽银监局核准;2010年董事会下设四个专门委员会切实按照有关规定认真履职,各专门委员会分别召开会议,就公司发展战略、合规管理、信托业务和薪酬管理等问题进行了研究;建设了信托业务综合信息管理系统,该系统已上线运行,进一步提高非现场监管报表报送的准确性;进一步完善公司高管考核程序;针对信托资产制定了资产风险分类的管理办法;取得了资产证券化业务资格,开发了多款具有创新特质的业务产品,创新工作取得实质性的进展。

在对信政和银信业务进行的现场检查中,就部分项目未真正做到自主管理、未按规定向监管部门报送有关业务相关信息、部分银信合作项目信托报酬率低于行业自律要求、未按规定对买断的信贷资产进行风险分类等方面提出监管意见。

收到检查意见书后,公司按照银监发〔2010〕111号、113号文件规定,组织对存续信政、银信合作类信托项目逐一进行清理、规范,并及时将银信、信政项目和平台公司清理规范情况报告监管部门;针对信托资产制定了资产风险分类的管理办法,明确了信托资产分类的操作、认定、审核等工作程序和工作要求。

#### 8.6.3 业务经营状况现场检查

2010年9月26日至2010年10月20日,安徽银监局检查组对公司2007年1月1日至2010年6月30日的业务经营状况进行了现场检查。就有关呆账核销管理,部分会计核算不合理、不规范,个别财务支出审批手续不全,内控制度不健全,部分业务管理不规范,检查资料提供不及时等方面提出监管意见。

对照检查意见书,对于能立即整改的已经整改落实,制定了呆账核销管理制度,对于部分会计核算不合理、不规范的地方已经进行了调整和修正。梳理修改完善现有财务管理制度已列入年度工作计划,同时要求组织会计核算人员,认真学习财经法规和公司各项管理制度,认真执行会计基础工作规范和公司各项管理制度,努力提高会计核算质量,确保会计核算工

作准确、及时、高效。

### 8.7 本年度重大事项临时报告的简要内容、披露时间、所披露的媒体及其版面

本年度公司无重大事项临时事项披露内容。

### 8.8 银监会及其省级派出机构认定的其他有必要让客户及相关利益人了解的重要信息

报告期内，公司已按有关规定充分披露相关信息，无银监会及其省级派出机构认定的其他有必要让客户及相关利益人了解的重要信息。

## 9. 公司监事会意见

报告期内，公司秉承"依法合规、稳健经营"的经营理念，决策程序符合《公司法》及《公司章程》等有关制度的规定，公司内控制度健全，规范运作。没有发现公司董事、经理和其他高级管理人员在执行公司职务时有违法违纪和有损公司及股东利益的行为。公司财务管理规范，财务报告真实反映了公司的财务状况和经营成果。

# 安信信托投资股份有限公司

## 1. 重要提示

1.1 本公司董事会、监事会及其董事、监事、高级管理人员保证本报告所载资料不存在任何虚假记载、误导性陈述或者重大遗漏,并对其内容的真实性、准确性和完整性承担个别及连带责任。本年度报告摘要摘自年度报告全文,客户及相关利益人欲了解详细内容,应阅读年度报告全文。

1.2 公司全体董事出席董事会会议。

1.3 独立董事施天涛、李英认为本报告内容是真实、准确、完整的。

1.4 立信会计师事务所有限公司为本公司出具了标准无保留意见的审计报告。

1.5 公司法定代表人张春景、主管会计工作负责人张春景以及会计部门负责人(会计主管人员)赵宝英声明:保证年度报告中财务会计报告的真实、完整。

## 2. 公司概况

安信信托投资股份有限公司前身系鞍山市信托投资公司,是由鞍山市人民政府决定、经中国人民银行辽宁省分行以辽银金字〔1987〕13号文批准,于1987年设立的地方非银行金融机构;1992年经辽宁省经济体制改革委员会辽体改发〔1992〕18号文件批准改制为股份有限公司,同时更名为鞍山市信托投资股份有限公司(以下简称"鞍山信托")。

鞍山信托经中国人民银行辽宁省分行辽银金字〔1992〕第148号文件批准,于1992年向社会公众公开发行股票;公司股票经中国证监会证监发审字〔1994〕2号文复审通过、上海证券交易所上证上(94)字第2004号文审核批准,于1994年1月28日在上海证券交易所上市交易。

鞍山信托于2003年3月13日收到《中国人民银行关于鞍山市信托投资股份有限公司重新登记的批复》(银复〔2003〕43号),并于2003年3月28日获得中国人民银行沈阳分行颁发的《中华人民共和国信托机构法人许可证》。公司重新登记后可以经营下列本外币业务:受托经营资金信托业务;受托经营动产、不动产及其他财产的信托业务;受托经营法律、行政法规允许从事的投资基金业务,作为投资基金或者基金管理公司的发起人从事投资基金业务;受托经营公益信托;经营企业资产的重组、购并及项目融资、公司理财、财务顾问等中介业务;受托经营国务院有关部门批准的国债、政策性银行债券、企业债券等债券的承销业务;代理财产的管理、运用和处分;代保管业务;信用见证、资信调查及经济咨询业务;以银行存放、同业拆放、贷款、融资租赁或投资方式运用自有资金;以固有财产为他人提供担保;办理金融同业拆借;中国人民银行批准的其他业务(上述经营范围涉及许可的凭许可证经营)。

鞍山信托于2004年8月经中国银监会银监办发〔2004〕124号文批准、上海市人民政府以沪府办函〔2004〕2号文批准迁址上海,注册地址变更为上海市杨浦区控江路1553～1555号A座3楼301室;经国家工商行政管理总局以(国)名称变核内字〔2004〕第277号文核准更名为安信信托投资股份有限公司。

### 2.1 公司简介

2.1.1 公司法定中文名称:安信信托投资股份有限公司
公司法定中文名称缩写:安信信托
公司英文名称:Anxin Trust & Investment Co.,Ltd.
公司英文名称缩写:AXXT

2.1.2 注册资本:45 411万元

2.1.3 成立日期:1987年

2.1.4 公司法定代表人:张春景

2.1.5 公司董事会秘书:武国建
电话:021-63410710
传真:021-63410712
E-mail:ax600816@126.com
联系地址:上海市广东路689号29层

2.1.6 公司注册地址:上海市控江路1553～1555号
公司办公地址:上海市广东路689号29层
邮政编码:200001
公司国际互联网网址:http://www.anxintrust.com
公司电子信箱:ax600816@126.com

2.1.7 公司信息披露报纸名称:《中国证券报》、《上海证券报》
登载公司年度报告的中国证监会指定国际互联网网址:http://www.sse.com.cn
公司年度报告备置地点:上海市广东路689号29层

2.1.8 公司A股上市交易所:上海证券交易所
公司A股简称:安信信托
公司A股代码:600816

2.1.9 其他有关资料
公司法人营业执照注册号:3100001007240
公司税务登记号码:310110765596096
公司组织结构代码:765596096
公司聘请的境内会计师事务所名称:立信会计师事务所有限公司
公司聘请的境内会计师事务所办公地址:上海南京东路61号新黄浦金融大厦4楼
公司聘请的境内律师事务所名称:北京君泽君律师事务所
公司聘请的境内律师事务所办公地址:北京市西城区金融大街9号金融街中心南楼6层

## 2.2 组织结构

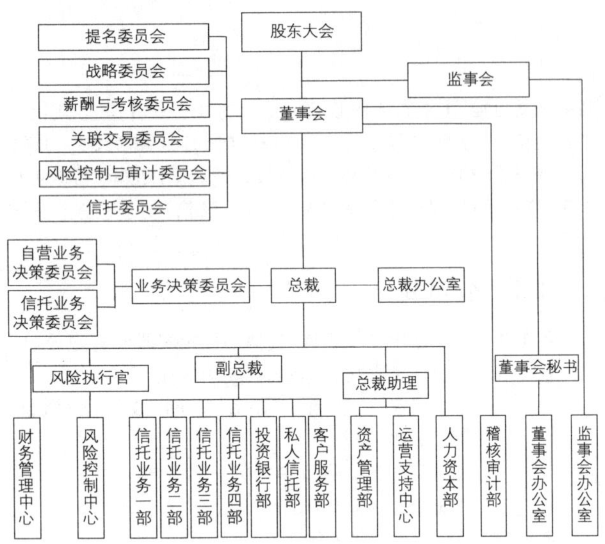


# 3. 公司治理结构

## 3.1 股东

| 报告期末股东总数 | | | | 55 777 户 | | |
|---|---|---|---|---|---|---|
| 前十名股东持股情况 | | | | | | |
| 股东名称 | 股东性质 | 持股比例（%） | 持股总数 | 报告期内增减 | 持有有限售条件股份数量 | 质押或冻结的股份数量 |
| 上海国之杰投资发展有限公司 | 境内非国有法人 | 32.96 | 149 670 672 | | 0 | 质押 143 780 000 |
| 中国工商银行——南方成份精选股票型证券投资基金 | 未知 | 2.01 | 9 148 394 | | | 未知 |
| 中国银行——大成蓝筹稳健证券投资基金 | 未知 | 1.54 | 7 000 000 | | | 未知 |
| 中国农业银行股份有限公司——新华优选成长股票型证券投资基金 | 未知 | 0.92 | 4 156 317 | | | 未知 |
| 中国建设银行——海富通风格优势股票型证券投资基金 | 未知 | 0.60 | 2 727 461 | | | 未知 |
| 蒋水良 | 未知 | 0.60 | 2 725 400 | | | 未知 |
| 北京联辉投资担保有限公司 | 未知 | 0.56 | 2 534 400 | | | 未知 |
| 牛　飞 | 未知 | 0.54 | 2 459 700 | | | 未知 |
| 蒋仕波 | 未知 | 0.49 | 2 213 833 | | | 未知 |
| 深圳市海欣投资担保有限公司 | 未知 | 0.47 | 2 130 100 | | | 未知 |
| 前十名无限售条件股东持股情况 | | | | | | |
| 股东名称 | 持有无限售条件股份的数量 | 股份种类及数量 | | | | |
| 上海国之杰投资发展有限公司 | 149 670 672 | 人民币普通股 | | | | |
| 中国工商银行——南方成份精选股票型证券投资基金 | 9 148 394 | 人民币普通股 | | | | |
| 中国银行——大成蓝筹稳健证券投资基金 | 7 000 000 | 人民币普通股 | | | | |
| 中国农业银行股份有限公司——新华优选成长股票型证券投资基金 | 4 156 317 | 人民币普通股 | | | | |
| 中国建设银行——海富通风格优势股票型证券投资基金 | 2 727 461 | 人民币普通股 | | | | |
| 蒋水良 | 2 725 400 | 人民币普通股 | | | | |
| 北京联辉投资担保有限公司 | 2 534 400 | 人民币普通股 | | | | |
| 牛　飞 | 2 459 700 | 人民币普通股 | | | | |
| 蒋仕波 | 2 213 833 | 人民币普通股 | | | | |
| 深圳市海欣投资担保有限公司 | 2 130 100 | 人民币普通股 | | | | |
| 上述股东关联关系或一致行动的说明 | 公司未知上述股东之间存在关联关系或属于一致行动人的情况 | | | | | |

前十名有限售条件股东持股数量及限售条件

单位：股

| 序号 | 有限售条件股东名称 | 持有的有限售条件股份数量 | 有限售条件股份可上市交易情况 | | 限售条件 |
|---|---|---|---|---|---|
| | | | 可上市交易时间 | 新增可上市交易股份数量 | |
| 1 | 鞍山市新大地轮胎工程有限公司 | 260 000 | | | 由国之杰先行代其对价安排，被代付对价的非流通股股东在办理其持有的非流通股股份上市流通时，应先征得国之杰的同意，并由本公司向证券交易所提出该等股份的上市流通申请 |

## 3.2 董事

董事长、副董事长、董事

| 姓 名 | 职 务 | 性别 | 年龄 | 选任日期 | 所推举的股东名称 | 该股东持股比例(%) | 简 要 履 历 |
|---|---|---|---|---|---|---|---|
| 张春景 | 董事长 | 女 | 54 | 2007年7月11日 | 上海国之杰投资发展有限公司 | 32.96 | 曾任建设银行所属海南建联实业总公司、河南租赁公司总经理，建业集团(中国公司)常务副总裁，湖北金环股份有限公司董事长兼任襄樊机场有限公司董事长，安信信托股份有限公司监事会主席等职务；现任上海国之杰投资发展有限公司董事长。 |
| 宋沈建 | 董事 | 男 | 53 | 2007年7月11日 | 上海国之杰投资发展有限公司 | 32.96 | 上海国之杰投资发展有限公司监事、行政人事部总经理兼总裁办公室主任。 |
| 武国建 | 董事、董秘 | 男 | 40 | 2007年7月11日 | | | 曾任职于本公司证券管理总部、天津证券营业部、研发中心、投资银行部、董事会办公室，曾担任本公司证券事务代表。 |

独立董事

| 姓 名 | 所在单位及职务 | 性别 | 年龄 | 选任日期 | 所推举的股东名称 | 该股东持股比例(%) | 简 要 履 历 |
|---|---|---|---|---|---|---|---|
| 施天涛 | 清华大学法学院副院长、教授、副院长 | 男 | 48 | 2006年5月29日 | | | 历任清华大学法学院讲师、副教授、教授、副院长。 |
| 李 英 | 北京诚和工程造价事务所有限公司董事长 | 女 | 60 | 2007年7月11日 | | | 曾在郑州电器制造厂、管城区工业局、郑州市审计局工作，曾任郑州市审计局金融审计处处长，从事会计、审计工作三十七年；曾任河南诚和联合会计师事务所主任会计师、河南工程造价咨询有限公司董事长，被聘为郑州市商业银行外部监事；现任郑州市人大常委预算审查顾问、北京诚和工程造价事务所有限公司董事长。 |

## 3.3 监事

监事会成员

| 姓 名 | 职 务 | 性别 | 年龄 | 选任日期 | 所推举的股东名称 | 该股东持股比例(%) | 简 要 履 历 |
|---|---|---|---|---|---|---|---|
| 马惠莉 | 监事长 | 女 | 43 | 2010年1月8日 | 上海国之杰投资发展有限公司 | 32.96 | 黄浦区第三届党代表，曾任上海谷元房地产开发有限公司副总经理，现任上海国之杰投资发展有限公司副总裁、上海三至酒店管理有限公司董事长 |
| 周 丽 | 监事 | 女 | 40 | 2009年5月19日 | 上海国之杰投资发展有限公司 | 32.96 | 历任重庆电冰箱总厂会计、重庆电冰箱总厂型材分公司财务经理、重庆中闽企业发展有限公司副总经理兼财务总监、北京东方嘉业房地产开发有限公司财务经理，现任上海国之杰投资发展有限公司财务总监、本公司监事。 |
| 陈 兵 | 监事 | 男 | 35 | 2009年7月29日 | 职工监事 | | 曾任上海爱建信托投资有限责任公司财务主管，现任安信信托投资股份有限公司财务。 |

## 3.4 高级管理人员

| 姓名 | 职务 | 性别 | 年龄 | 选任日期 | 金融从业年限 | 学历 | 专业 |
|---|---|---|---|---|---|---|---|
| 李廷芳 | 副总裁 | 男 | 44 | 2009年5月20日 | 8年 | 博士 | 同济大学技术经济与管理 |

## 3.5 公司员工

| 在职员工总数 | 61 |
|---|---|
| 公司需承担费用的离退休职工人数 | 21 |
| 专业构成 | |
| 专业构成类别 | 专业构成人数 |
| 高级管理人员 | 3 |

续表

| 专业构成类别 | 专业构成人数 |
|---|---|
| 董事会办公室 | 1 |
| 运营支持中心 | 6 |
| 研究发展中心 | 1 |
| 财务管理中心 | 8 |
| 风险控制中心 | 7 |
| 信托业务中心 | 27 |
| 固有业务中心 | 2 |
| 客户服务中心 | 5 |
| 稽核审计部 | 1 |
| 教育程度 | |
| 教育程度类别 | 数量(人) |
| 博士 | 1 |

续表

| 教育程度类别 | 数量(人) |
| --- | --- |
| 研究生 | 14 |
| 本科 | 37 |
| 大专 | 9 |
| 在职员工总数 | 37 |
| 公司需承担费用的离退休职工人数 | 21 |
| 专业构成 | |
| 专业构成类别 | 专业构成人数 |
| 高级管理人员 | 3 |
| 运营支持 | 5 |
| 财务管理 | 5 |
| 风险控制 | 5 |
| 信托业务 | 17 |
| 固有业务 | 1 |
| 稽核审计 | 1 |
| 教育程度 | |
| 教育程度类别 | 数量(人) |
| 博士 | 1 |
| 研究生 | 10 |
| 本科 | 18 |
| 大专 | 5 |
| 大专以下 | 3 |

## 4. 经营管理

### 4.1 经营目标、方针、战略规划

在公司经营过程中，本着在控制风险的前提下，开展多元化的经营。公司依托“信托”平台，通过建立联盟合作伙伴，积极推出低风险、稳定收益的金融产品，为公司积累客户、培养团队，同时确保营业收入的正常稳定增长。在该阶段，重点做好后台服务体系和风险控制体系的建立、健全。

在公司中长期的发展过程中，走出专业化经营的道路。公司逐步确立以特定行业投融资领域为核心的经营方向，集中公司的产品研发、市场营销、核心业务团队等资源，向专业化、品牌化的方向集中发展。在该阶段，应重点培养专业团队；积累紧密的核心客户资源。

### 4.2 所经营业务的主要内容

(1)信托业务方面：完善现有信托业务体系，加大信托产品创新，积极拓展业务，与各金融机构建立更加紧密的合作伙伴关系，力争把公司的信托业务规模做大、实力做强。择机适度开展全流通股票质押融资业务、结构化证券信托业务、基础设施产业投资信托业务，审慎开展房地产投资信托业务、类公益信托业务、私人信托业务，在进一步拓展业务品种的同时，做好风险管理工作。

(2)固有业务方面：公司将在已经完成一部分实业资产剥离的基础上，按照银监会的有关规定进行实业资产的剥离，实现既优化公司的资产结构，也符合监管部门的业态要求。鉴于公司处在重组期间的特殊性，对固有资产的运用和管理本着审慎的原则开展，主要选择流动性强且能为公司带来更高收益的业务。

### 4.3 市场分析

未来公司所处的内外部经营环境依旧复杂多变，中国经济发展的战略机遇并未受到根本的影响。公司认为，由于信托业的制度优势和信托公司在运作中的灵活性，未来的经济环境仍然会有各种挑战，但同时也将给行业带来新的机会，增加很多新的业务领域，公司可以在基金型信托业务、结构化证券投资、类公益信托业务和私人信托业务等方面进行拓展。

须关注的因素。自2006年末启动向特定对象发行股份购买资产暨重大资产重组工作以来，已经于2008年6月16日经中国证券监督管理委员会并购重组委员会审核获得有条件通过，但尚未获得相关核准文件。例如，该工作在2011年能顺利完成，将可能发生经营策略、组织结构、管理制度和管理团队的重大变更，这些都将必然影响到2011年的工作。

### 4.4 内部控制概况

公司根据《公司法》、《企业内部控制基本规范》、《上市公司内控指引》、《中华人民共和国银行业监督管理办法》、《中华人民共和国信托法》、《信托投资公司管理办法》、《银行业金融机构内部审计指引》以及《关于进一步加强信托投资公司内部控制管理有关问题的通知》等法律法规的相关规定制定了一系列行之有效的内部控制规章制度，建立了既符合法律法规和证券监管部门要求，又能满足公司经营管理特点的内部控制体系。公司在经营业务、财务管理、对外担保、关联交易等方面出台了若干重要规章制度，并聘请了专业机构对公司的内部控制建设进行了诊断、梳理和规范，进一步完善了公司治理和内控制度建设，相关控制活动显著加强。公司内部控制制度执行中依据定期检查与分析，内部审计监督结果认为：公司内部控制制度健全，设计完整、合理，执行有效，能够达到有关法律法规和有关部门的要求，总体上保证了公司经营活动的正常开展，降低了管理风险，信息披露、财务报告可靠，资产安全，业务合法合规，未发现本公司存在内部控制设计或执行方面的重大缺陷，能够合理地保证内部控制目标的达成。

内部环境是公司实施内部控制的基础。公司努力开拓，合理创新，秉承“受人之托，代人理财”的宗旨以及忠诚、专业、服务、稳健的企业经营理念，积极创造良好的内部环境，以保证内部控制的有效实施。公司内部环境主要包括公司法人治理、组织机构设置、内部审计监督、人力资源政策、企业文化建设等制度的建立健全。

#### 4.4.1 公司法人治理

公司按照《公司法》、《证券法》和《上市公司治理准则》等规定设立了股东大会、董事会、监事会，建立了以《公司章程》、《股东大会规则》、《董事会议事规则》、《监事会议事规则》为基础，以《公司授权管理办法》、《总裁(经理)工作细则》、《董事会专门委员会实施细则》等为具体规范的一套较为完善的治理制度，明确了股东大会、董事会、监事会和经理层在决策、执行、监督等方面的职责权限、程序以及应履行的义务，形成了权力机构、决策机构、经营机构和监督机构科学分工、各司其责、有效制衡的治理结构。

#### 4.4.2 组织机构设置

公司已按照国家法律、法规的规定以及监管部门的要求，

设置了符合公司业务规模和经营管理需要的组织机构;遵循不相容职务相分离的原则,合理设置部门和岗位,科学划分职责和权限,形成各司其职、各负其责、相互配合、相互制约、环环相扣的内部控制体系。公司根据合法、目标一致性、精干高效、稳定性和适应性,以及集权与分权相结合的原则制定了《公司组织结构设计与调整制度》,结合公司自身发展的实际情况,以保障各管理程序的关键控制点有适当的岗位进行控制。

#### 4.4.3 内部审计监督

公司董事会下设风险控制与审计委员会,其常设机构为稽核审计部,主要负责公司内部控制的监督、审查和公司的审计工作。对公司内部控制制度的有效性进行评价,对公司经营管理和业务运作的合法、合规性进行监督检查,协助董事会建立并有效维持公司内部控制系统,对公司经营中的风险进行研究、分析和评估,并提出风险防范措施和建议,保证公司的规范健康发展,以强化董事会决策功能,做到事前审计、专业审计,对公司的业务经营与财务活动进行审核监督,指导内部稽核工作,对公司管理薄弱环节和弊端及时进行纠正并提出整改意见,确保董事会对经理层的有效监督,完善公司治理结构。

#### 4.4.4 人力资源政策

公司高度重视人力资源建设,为了适应公司业务发展的需要,公司大力优化公司人力资源管理与薪酬管理体系。建立了以业绩为导向的员工绩效管理制度,强化指标考核,制定《公司人事管理办法》,对员工的招聘、培训、考勤、绩效考核、休假、薪酬发放以及离职等相应的管理制度,并根据公司的实际情况及时修订相关制度。公司内所有岗位均已编制了岗位说明书,明确岗位的主要职责、资历与经验要求,重视员工的胜任能力。公司对各类员工进行职业道德、风险控制意识与专业知识培训,并结合任职要求实施考核。公司依据薪酬制度与业绩考核制度对所有员工实施业绩考核并依据考核结果确定其奖惩。通过严格的目标责任书年度考核,明确公司高级管理人员权、责、利,促成公司战略目标的实现。公司目前已形成一个整体素质较高的团队,确保内部控制的有效实施,也为公司的长远发展打下了坚实的基础。

#### 4.4.5 企业文化建设

公司始终坚持以经济效益为中心,以信托为本业,立足市场、务实创新、规范经营、追求卓越,形成有特色的产品和服务,已经建立了全新的经营模式、管理机制和运营方式。秉承"忠诚、专业、服务、稳健"的企业理念及"和谐、诚信、进取、高效"的企业精神。公司首先通过对业务流程和制度的修订明确并树立了"合规人人有责"的观念,要求每位员工对其负责的业务环节承担相应的合规职责,并将其合规职责与年度薪酬奖励考核相挂钩,进一步巩固了人人合规的基本合规观念。在"合规人人有责"观念作为一种合规文化价值观被公司全体员工普遍接受的基础上,公司合规管理部门则通过其日常工作进一步确立了"主动合规"的基调,并影响促进业务部门人员日渐增强合规主动性,引导其主动咨询合规问题,发动新业务合规测试,从而将公司合规文化日益引向健康积极方向。

董事会层面设有风险控制与审——计委员会,经营层面的信托和自营业务决策委员会,信托业务风险控制委员会,设有首席风控官,风控执行官,专门的风险管理部门—风险控制中心。在组织管理方面,公司有专门的信托财务部门,专门负责信托资金的运用,每个资金信托项目有专门的项目经理进行管理;在建章立制方面,公司有《信托业务流程》,同时通过不断完善各种委员会工作制度、业务审批流程和工作底稿保存要求,重点强化对操作和合规风险的控制;在账户管理方面,公司对每一个信托项目分别记账,分别建立会计账户和会计报表;在人员管理方面,公司定期对人员进行业务和合规方面的培训,不断提高信托从业人员素质;在信息披露方面,所以集合类项目在设立前和成立后均向监管部门履行报告程序;按照信托文件要求向委托人、受益人每季度进行信息披露,遇有重大事项及时披露。

### 4.5 风险管理

#### 4.5.1 风险管理概况

公司在经营活动中可能遇到的风险为信用风险、市场风险、操作风险、流动性风险、法律风险、声誉风险和战略风险等。董事会和高级管理层非常重视风险管理,认为风险控制是金融机构立身之本、展业之本,高度重视在展业过程中的各种风险,由董事长亲自担任首席风控官。在风险管理的组织结构方面,董事会下设风险控制与审计委员会,负责审议重大决策、重大风险、重大事件及重要业务流程的判断标准或判断机制。在经营层面,设有信托和自营业务决策委员会、信托业务风险控制委员会,负责公司项目立项和设立评审,对存续项目定期进行风险评估;设有风控执行官和专门的风险管理部门——风险控制中心,负责提出风险管理流程、解决方案及日常监控和指导、监督开展风险管理工作。

#### 4.5.2 风险状况

4.5.2.1 信用风险状况

一是严格按照信托业务流程开展信托业务,确保高级管理层能充分了解项目涉及的信用风险。所有集合类信托业务按照申请立项、尽职调查、风险审查、业务决策委员会审议、总裁审批,必要时报董事会审批、定期进行存续期项目尽职管理的基本作业流程操作。二是加强事前对交易对手(项目)的尽职调查,并在项目正式提交业务决策委员会之前,由业务部门将项目相关资料进行原件核实,确保资料的真实性。三是认真落实贷款担保措施,主要选择银行等信用等级高的机构作为保证人;聘请外部独立机构客观、公正地评估抵押品,严格控制贷款本金与不同抵押品价值之比,一般控制在50%以下。四是事中对交易对手(项目)进行动态管理,在信托成立后,业务部门定期进行后期检查,形成项目检查报告,并由风险管理部每月汇总分析后形成信托项目风险管理报告,向管理层报告。报告期内,公司发放的信托贷款均履行了严格的内部评审程序,合法合规,符合国家产业政策和宏观调控的要求。信托贷款抵押物充足,交易对手信用等级较高,信用风险可控。近年来,公司将全额计提准备的不良资产核销、打包转让等方式加以处置,进一步优化了公司现有的资产结构,使得公司的不良资产额及不良资产率都得以实现双降。

4.5.2.2 市场风险状况

公司在运营过程中可能面临的市场风险为股价、市场汇率、利率及其他价格对公司盈利能力的影响。2010年公司的业务方向主要为房地产,公司在立项、设立、管理等各个阶段严格控制项目风险严格履行受托人的尽职管理职责,严格按照信托文件进行操作和处理信托事务，均符合相关规定。2010年末，本公司对外投资全部为长期股权投资，无其他（股票、债券和基金等）产品的投资余额。根据信托新两规要求，公司将对非金融的实业投资进行剥离，剥离后，公司的资产和净资产均将会有大幅度的增加。

4.5.2.3 操作风险状况

公司在运营过程中可能面临的操作风险为由于内部程序、人员、系统的不完善或失误，或外部事件造成的影响。2010年公司未发生操作风险。

4.5.2.4 其他风险状况

其他风险状况包括流动性风险等。截至2010年12月31日，公司固有业务中无拆入和卖出回购资金业务发生，固有业务资金来源为股本金投入及经营利润的叠加。2010年公司资产、负债总额略有下降，资产流动性进一步加强，同时资产质量有了大幅度提升。主要体现在近两年公司根据国家法律、法规的相关规定，通过核销不良资产、不良资产打包转让等方式共处置了已全额计提准备的不良资产近1.2亿元，进一步优化了公司现有的资产结构；另外，信托业务不断拓展，实收信托规模2010年末已达到120亿元，信托业务报酬逐年大幅度增加使公司货币现金不断增加，流动性储备不断得以提高。

**4.5.3 风险管理**

4.5.3.1 信用风险管理

一是严格按照信托业务流程开展信托业务，确保高级管理层能充分了解项目涉及的信用风险。所有集合类信托业务按照申请立项、尽职调查、风险审查、业务决策委员会审议、总裁审批，必要时报董事会审批、定期进行存续期项目尽职管理的基本作业流程操作。二是加强事前对交易对手（项目）的尽职调查，并在项目正式提交业务决策委员会之前，由业务部门将项目相关资料进行原件核实，确保资料的真实性。三是审贷严格分离，认真落实贷款担保措施，主要选择银行等信用等级高的机构作为保证人；聘请外部独立机构客观、公正地评估抵押品，严格控制贷款本金与不同抵押品价值之比。四是事中对交易对手（项目）进行动态管理，在信托成立后，业务部门定期进行后期检查，形成项目检查报告，并由风险管理部每月汇总分析后形成信托项目风险管理报告，向管理层报告。五是健全了风险管理方面的制度。2009年完成的各类制度级业务流程、规范、指引已在2010年全面实行。

4.5.3.2 市场风险管理

控制市场风险的主要方法是加强对经济及金融形势的分析预测，加强相关行业研究和产品设计。同时在具体项目尽职调查时，也聘请一些专业的机构参与调查，在业务决策时，聘请外部行业专家对项目进行行业与市场的分析，并作为参考。公司业务评审委员在相关领域有着丰富经验，绝大部分信托业务人员为金融投资方面的专业人才。公司在产品设计时，能充分考虑到宏观经济的走向，针对公司房地产业务集中度较高的情况，已开始相关业务的转型，力争在2011年着力开拓非房地产业务，争取取得较好的业务收益和承担相应的社会责任。

4.5.3.3 操作风险管理

一是严格按照信托业务流程，履行立项及设立程序。对于拟开展的业务，先由业务部门对照公司产品策略，进行初步的项目筛选，评估风险，然后填写立项审批表，风控部门进行合规性审查，报总裁审批。总裁同意开展此项目后，业务部门对项目进行详细的尽职调查，评估项目的盈利能力和风险点，制定风险控制措施，然后报风险控制中心进行形式审查，包括资料的齐备性、主体资格的合法性、程序的有效性等，以及风险审查，包括信用、市场、流动性等风险审查，提出设立风险审查意见书。业务决策委员会对上报项目材料进行审查，提出风险控制意见。风险控制中心和业务部门对业委会提出的意见进行落实，需要时风险控制中心到项目现场进行核实。在业委会提出的问题都得到落实后，才能形成同意设立的决议或报董事会审批，然后向银监局履行报告程序。

二是强化操作风险排查工作。根据公司业务发展的特点和金融监管的要求，公司专门组织了对信托项目多次稽核审计工作，并针对检查中发现的问题发出整改意见和提示，督促业务部门及时整改。

三是加强合规培训和合规文化建设。公司在对最新法律、法规及监管政策的持续关注与跟踪基础上，向全体员工提供了相关法律法规的培训工作，并组织了全员性业务和相关法律法规考试考试，为日后公司的合规经营及业务拓展奠定了积极健康的基础。

四是在信托业务的每一个环节都严格按照法律法规操作。在推介环节，实行信托项目推介联席会议制度，不承诺“保本保息”或最低收益，不通过报刊、电视、广播和其他公共媒体进行营销宣传，不存在委托非金融机构推介信托计划的行为；在信托财产运用和管理环节，不存在通过信托项目为自己和他人谋取不当利益的行为，切实履行了受托管理的责任，持续跟踪说明资金使用和项目进展情况，坚持了信托财产之间、信托财产与固有财产之间分别管理、分别记账的原则，对信托财产管理过程中的各项事务、数据和其他有关情况都保留了真实完整的记录，强化工作底稿和信托管理事务记录的保存；在信托终止清算环节，不存在用新信托项目的财产置换或用固有财产垫付到期信托项目的行为，及时出具信托项目清算报告。

4.5.3.4 其他风险管理

流动性风险管理。一是在产品的流动性风险控制方面，公司在开展具体项目时，采取限制抵押率（一般控制在50%以下），优先劣后结构，要求有银行担保或财政资金支持等措施来控制。二是加强信托项目的到期兑付工作。对于集合信托，在兑付前一个月，公司向上海银监局报告兑付资金落实情况和清算方案，由信托经理逐日向公司报告兑付资金落实进展情况，在到期前一天，信托经理到资金方现场督促划拨资金。三是在公司自身流动性方面，拟通过定向增发增加公司资本金；将现有实业投资资产剥离转化成货币资金；通过现有业务良好开展积累资金等方式大大增加公司资产流动性和抵御风险的能力。

## 5. 报告期末及上年末的比较式会计报表

### 5.1 自营资产（会计报表已经审计）

**5.1.1 会计师事务所审计结论**

本年度会计师事务所为我公司出具无保留意见审计报告。

### 5.1.2 资产负债表

**安信信托投资股份有限公司资产负债表**

2010 年 12 月 31 日　　单位:万元

| 资产 | 期末余额 | 年初余额 |
|---|---|---|
| 资产: | | |
| 现金及存放中央银行存款 | 2.36 | 2.19 |
| 存放同业存款 | 3 234.92 | 2 361.13 |
| 贵金属 | | |
| 拆出资金 | | |
| 交易性金融资产 | | |
| 衍生金融资产 | | |
| 买入返售金融资产 | | |
| 应收利息 | | |
| 发放贷款和垫款 | | |
| 可供出售金融资产 | | |
| 持有至到期投资 | | |
| 长期股权投资 | 22 366.02 | 10 478.55 |
| 投资性房地产 | 10 507.98 | 20 873.77 |
| 固定资产 | 219.04 | 253.64 |
| 无形资产 | 30.31 | 9.71 |
| 递延所得税资产 | | |
| 其他资产 | 21 705.05 | 9 157.63 |
| 资产总计 | 58 065.68 | 43 136.62 |

**安信信托投资股份有限公司资产负债表(续)**

2010 年月 12 月 31 日　　单位:万元

| 负债和所有者权益(或股东权益) | 期末余额 | 年初余额 |
|---|---|---|
| 负债: | | |
| 向中央银行借款 | | |
| 同业及其他金融机构存放款项 | | |
| 拆入资金 | | |
| 交易性金融负债 | | |
| 衍生金融负债 | | |
| 卖出回购金融资产款 | | |
| 吸收存款 | | |
| 应付职工薪酬 | 3 375.14 | 1 883.46 |
| 应交税费 | 4 004.68 | 207.29 |
| 应付利息 | | 162.96 |

续表

| 负债和所有者权益(或股东权益) | 期末余额 | 年初余额 |
|---|---|---|
| 预计负债 | | |
| 应付债券 | | |
| 递延所得税负债 | | |
| 其他负债 | 18 102.82 | 18 454.60 |
| 负债合计 | 25 482.64 | 20 708.31 |
| 所有者权益(或股东权益): | | |
| 实收资本(或股本) | 45 410.98 | 45 410.98 |
| 资本公积 | 3 398.04 | 3 398.04 |
| 减:库存股 | | |
| 专项储备 | | |
| 盈余公积 | | |
| 一般风险准备 | 837.72 | 329.99 |
| 未分配利润 | -17 063.70 | -26 710.70 |
| 所有者权益(或股东权益)合计 | 32 583.04 | 22 428.31 |
| 负债和所有者权益(或股东权益)总计 | 58 065.68 | 43 136.62 |

**安信信托投资股份有限公司合并资产负债表**

2010 年月 12 月 31 日　　单位:万元

| 资产 | 期末余额 | 年初余额 |
|---|---|---|
| 流动资产: | | |
| 货币资金 | 25 858.53 | 19 717.46 |
| 结算备付金 | | |
| 拆出资金 | | |
| 交易性金融资产 | | |
| 应收票据 | | 128.25 |
| 应收账款 | 3 935.29 | 3 027.10 |
| 预付款项 | 118.80 | 77.20 |
| 应收保费 | | |
| 应收分保账款 | | |
| 应收分保合同准备金 | | |
| 应收利息 | | |
| 应收股利 | | |
| 其他应收款 | 5 202.78 | 8 782.13 |
| 买入返售金融资产 | | |
| 存货 | 1 173.88 | 4 265.10 |
| 一年内到期的非流动资产 | | |
| 其他流动资产 | | |
| 流动资产合计 | 36 289.28 | 35 997.24 |
| 非流动资产: | | |
| 发放委托贷款及垫款 | 10 000.00 | 300.00 |
| 可供出售金融资产 | | |

续表

| 资产 | 期末余额 | 年初余额 |
|---|---|---|
| 持有至到期投资 | | |
| 长期应收款 | | |
| 长期股权投资 | 901. 22 | 901. 22 |
| 投资性房地产 | 20 282. 64 | 20 873. 77 |
| 固定资产 | 803. 82 | 825. 19 |
| 在建工程 | 49. 23 | 12. 30 |
| 工程物资 | | |
| 固定资产清理 | | |
| 生产性生物资产 | | |
| 油气资产 | | |
| 无形资产 | 116. 78 | 29. 45 |
| 开发支出 | 383. 87 | 198. 66 |
| 商誉 | | |
| 长期待摊费用 | 33. 22 | 32. 38 |
| 递延所得税资产 | | |
| 其他非流动资产 | | |
| 非流动资产合计 | 32 570. 78 | 23 172. 97 |
| 资产总计 | 68 860. 06 | 59 170. 21 |

安信信托投资股份有限公司合并资产负债表（续）

2010 年月 12 月 31 日　　单位：万元

| 负债和所有者权益（或股东权益） | 期末余额 | 年初余额 |
|---|---|---|
| 流动负债： | | |
| 短期借款 | 3 000. 00 | 3 128. 25 |
| 向中央银行借款 | | |
| 吸收存款及同业存放 | | |
| 拆入资金 | | |
| 交易性金融负债 | | |
| 应付票据 | | |
| 应付账款 | 1 229. 59 | 1 293. 92 |
| 预收款项 | 896. 38 | 3 836. 54 |
| 卖出回购金融资产款 | | |
| 应付手续费及佣金 | | |
| 应付职工薪酬 | 3 390. 74 | 1 955. 28 |
| 应交税费 | 4 311. 47 | 392. 10 |
| 应付利息 | | 162. 96 |
| 应付股利 | 1 551. 19 | 2 542. 66 |
| 其他应付款 | 18 432. 36 | 18 352. 83 |
| 应付分保账款 | | |
| 保险合同准备金 | | |
| 代理买卖证券款 | | |
| 代理承销证券款 | | |
| 一年内到期的非流动负债 | | |
| 其他流动负债 | | |
| 流动负债合计 | 32 811. 73 | 31 664. 54 |
| 非流动负债： | | |
| 长期借款 | | |
| 应付债券 | | |
| 长期应付款 | | |

续表

| 负债和所有者权益（或股东权益） | 期末余额 | 年初余额 |
|---|---|---|
| 专项应付款 | | |
| 预计负债 | | |
| 递延所得税负债 | | |
| 其他非流动负债 | | |
| 非流动负债合计 | | |
| 负债合计 | 32 811. 73 | 31 664. 54 |
| 所有者权益（或股东权益）： | | |
| 实收资本（或股本） | 45 410. 98 | 45 410. 98 |
| 资本公积 | 5 295. 55 | 5 295. 55 |
| 减：库存股 | | |
| 专项储备 | | |
| 盈余公积 | | |
| 一般风险准备 | 837. 72 | 329. 99 |
| 未分配利润 | －18 931. 89 | 27 690. 53 |
| 外币报表折算差额 | | |
| 归属于母公司所有者权益合计 | 32 612. 36 | 23 345. 99 |
| 少数股东权益 | 3 435. 97 | 4 159. 68 |
| 所有者权益（或股东权益）合计 | 36 048. 33 | 27 505. 67 |
| 负债和所有者权益（或股东权益）总计 | 68 860. 06 | 59 170. 21 |

### 5. 1. 3　利润表

安信信托投资股份有限公司利润表

2010 年　　单位：万元

| 项　目 | 本期金额 | 上期金额 |
|---|---|---|
| 一、营业收入 | 24 093. 90 | 9 964. 54 |
| 利息净收入 | 3. 17 | 3. 09 |
| 利息收入 | 3. 17 | 3. 09 |
| 利息支出 | | |
| 手续费及佣金净收入 | 23 958. 51 | 10 882. 17 |
| 手续费及佣金收入 | 24 741. 24 | 12 188. 15 |
| 手续费及佣金支出 | 782. 73 | 1 305. 98 |
| 投资收益（损失以"－"号填列） | | －1 260. 72 |
| 其中：对联营企业和合营企业的投资收益 | | |
| 公允价值变动收益（损失以"－"号填列） | | |
| 汇兑收益（损失以"－"号填列） | | |
| 其他业务收入 | 132. 22 | 340. 00 |
| 二、营业支出 | 11 054. 90 | 7 096. 08 |
| 营业税金及附加 | 1 432. 30 | 743. 84 |
| 业务及管理费 | 9 382. 46 | 5 777. 50 |
| 资产减值损失 | 40. 97 | 95. 48 |
| 其他业务成本 | 199. 17 | 479. 26 |
| 三、营业利润（亏损以"－"号填列） | 13 039. 00 | 2 868. 46 |
| 加：营业外收入 | 242. 80 | 160. 20 |
| 减：营业外支出 | 9. 62 | 1. 27 |
| 其中：非流动资产处置损失 | 1. 62 | 1. 27 |
| 四、利润总额（亏损以"－"号填列） | 13 272. 18 | 3 027. 39 |
| 减：所得税费用 | 3 117. 45 | |
| 五、净利润（亏损以"－"号填列） | 10 154. 73 | 3 027. 39 |
| 六、每股收益： | | |
| （一）基本每股收益 | | |
| （二）稀释每股收益 | | |
| 七、其他综合收益 | | |
| 八、综合收益总额 | 10 154. 73 | 3 027. 39 |

**安信信托投资股份有限公司合并利润表**

2010 年 单位:万元

| 项目 | 本期金额 | 上期金额 |
|---|---|---|
| 一、营业总收入 | 30 992.93 | 17 299.06 |
| 其中:营业收入 | 6 230.52 | 5 107.82 |
| 利息收入 | 21.17 | 3.09 |
| 已赚保费 | | |
| 手续费及佣金收入 | 24 741.24 | 12 188.15 |
| 二、营业总成本 | 19 212.63 | 13 639.08 |
| 其中:营业成本 | 5 314.98 | 4 173.65 |
| 利息支出 | | |
| 手续费及佣金支出 | 782.74 | 1 305.98 |
| 退保金 | | |
| 赔付支出净额 | | |
| 提取保险合同准备金净额 | | |
| 保单红利支出 | | |
| 分保费用 | | |
| 营业税金及附加 | 1 774.84 | 806.73 |
| 销售费用 | 10 580.20 | 6 213.03 |
| 管理费用 | 517.76 | 783.48 |
| 财务费用 | 40.89 | 82.75 |
| 资产减值损失 | 201.22 | 273.46 |
| 加:公允价值变动收益(损失以"－"号填列) | | |

续表

| 项目 | 本期金额 | 上期金额 |
|---|---|---|
| 投资收益(损失以"－"号填列) | 223.26 | 601.61 |
| 其中:对联营企业和合营企业的投资收益 | | |
| 汇兑收益(亏损以"－"号填列) | | |
| 三、营业利润(亏损以"－"号填列) | 12 003.56 | 4 261.59 |
| 加:营业外收入 | 440.48 | 471.31 |
| 减:营业外支出 | 12.11 | 53.76 |
| 其中:非流动资产处置损失 | 1.72 | 53.76 |
| 四、利润总额(亏损总额以"－"号填列) | 12 431.93 | 4 679.14 |
| 减:所得税费用 | 3 099.02 | 2.11 |
| 五、净利润(净亏损以"－"号填列) | 9 332.91 | 4 677.03 |
| 其中:被合并方在合并前实现的净利润 | | |
| 归属于母公司所有者的净利润 | 9 266.38 | 4 725.99 |
| 少数股东损益 | 66.53 | −48.96 |
| 六、每股收益: | | |
| (一)基本每股收益 | 0.2041 | 0.1041 |
| (二)稀释每股收益 | 0.2041 | 0.1041 |
| 七、其他综合收益 | | |
| 八、综合收益总额 | 9 332.91 | 4 677.03 |
| 归属于母公司所有者的综合收益总额 | 9 266.38 | 4 725.99 |
| 归属于少数股东的综合收益总额 | 66.53 | −48.96 |

### 5.1.4 所有者权益变动表

**安信信托投资股份有限公司所有者权益变动表**

2010 年 单位:万元

| 项　目 | 本期金额 | | | | | | | |
|---|---|---|---|---|---|---|---|---|
| | 实收资本(或股本) | 资本公积 | 减:库存股 | 专项储备 | 盈余公积 | 一般风险准备 | 未分配利润 | 所有者权益合计 |
| 一、上年末余额 | 45 410.98 | 3 398.04 | | | | 329.99 | −26 710.70 | 22 428.31 |
| 加:会计政策变更 | | | | | | | | |
| 前期差错更正 | | | | | | | | |
| 其他 | | | | | | | | |
| 二、本年初余额 | 45 410.98 | 3 398.04 | | | | 329.99 | −26 710.70 | 22 428.31 |
| 三、本期增减变动金额(减少以"－"号填列) | | | | | | 507.74 | 9 646.99 | 10 154.73 |
| (一)净利润 | | | | | | | 10 154.73 | 10 154.73 |
| (二)其他综合收益 | | | | | | | | |
| 上述(一)和(二)小计 | | | | | | | 10 154.73 | 10 154.73 |
| (三)所有者投入和减少资本 | | | | | | | | |
| 1. 所有者投入资本 | | | | | | | | |
| 2. 股份支付计入所有者权益的金额 | | | | | | | | |
| 3. 其他 | | | | | | | | |
| (四)利润分配 | | | | | | 507.74 | −507.74 | |
| 1. 提取盈余公积 | | | | | | | | |
| 2. 提取一般风险准备 | | | | | | 507.74 | −507.74 | |
| 3. 对所有者(或股东)的分配 | | | | | | | | |
| 4. 其他 | | | | | | | | |
| (五)所有者权益内部结转 | | | | | | | | |
| 1. 资本公积转增资本(或股本) | | | | | | | | |
| 2. 盈余公积转增资本(或股本) | | | | | | | | |
| 3. 盈余公积弥补亏损 | | | | | | | | |
| 4. 其他 | | | | | | | | |
| (六)专项储备 | | | | | | | | |
| 1. 本期提取 | | | | | | | | |
| 2. 本期使用 | | | | | | | | |
| (七)其他 | | | | | | | | |
| 四、本期期末余额 | 45 410.98 | 3 398.04 | | | | 837.72 | −17 063.70 | 32 583.04 |

**安信信托投资股份有限公司所有者权益变动表（续）**

2010 年

单位：万元

| 项　　目 | 上年同期金额 | | | | | | | |
|---|---|---|---|---|---|---|---|---|
| | 实收资本（或股本） | 资本公积 | 减：库存股 | 专项储备 | 盈余公积 | 一般风险准备 | 未分配利润 | 所有者权益合计 |
| 一、上年末余额 | 45 410.98 | 3 398.04 | | | | 178.62 | −29 586.72 | 19 400.92 |
| 加：会计政策变更 | | | | | | | | |
| 前期差错更正 | | | | | | | | |
| 其他 | | | | | | | | |
| 二、本年初余额 | 45 410.98 | 3 398.04 | | | | 178.62 | −29 586.72 | 19 400.92 |
| 三、本期增减变动金额（减少以“−”号填列） | | | | | | 151.37 | 2 876.02 | 3 027.39 |
| （一）净利润 | | | | | | | 3 027.39 | 3 027.39 |
| （二）其他综合收益 | | | | | | | | |
| 上述（一）和（二）小计 | | | | | | | 3 072.39 | 3 027.39 |
| （三）所有者投入和减少资本 | | | | | | | | |
| 1. 所有者投入资本 | | | | | | | | |
| 2. 股份支付计入所有者权益的金额 | | | | | | | | |
| 3. 其他 | | | | | | | | |
| （四）利润分配 | | | | | | 151.37 | −151.37 | |
| 1. 提取盈余公积 | | | | | | | | |
| 2. 提取一般风险准备 | | | | | | 151.37 | −151.37 | |
| 3. 对所有者（或股东）的分配 | | | | | | | | |
| 4. 其他 | | | | | | | | |
| （五）所有者权益内部结转 | | | | | | | | |
| 1. 资本公积转增资本（或股本） | | | | | | | | |
| 2. 盈余公积转增资本（或股本） | | | | | | | | |
| 3. 盈余公积弥补亏损 | | | | | | | | |
| 4. 其他 | | | | | | | | |
| （六）专项储备 | | | | | | | | |
| 1. 本期提取 | | | | | | | | |
| 2. 本期使用 | | | | | | | | |
| （七）其他 | | | | | | | | |
| 四、本期期末余额 | 45 410.98 | 3 398.04 | | | | 329.99 | −26 710.70 | 22 428.31 |

**安信信托投资股份有限公司合并所有者权益变动表**

2010 年

单位：万元

| 项　　目 | 本期金额 | | | | | | | | | |
|---|---|---|---|---|---|---|---|---|---|---|
| | 归属于母公司所有者权益 | | | | | | | | 少数股东权益 | 所有者权益合计 |
| | 实收资本（或股本） | 资本公积 | 减：库存股 | 专项储备 | 盈余公积 | 一般风险准备 | 未分配利润 | 其他 | | |
| 一、上年末余额 | 45 410.98 | 5 295.55 | | | | 329.99 | −27 690.53 | | 4 159.69 | 27 505.67 |
| 加：会计政策变更 | | | | | | | | | | |
| 前期差错更正 | | | | | | | | | | |
| 其他 | | | | | | | | | | |
| 二、本年初余额 | 45 410.98 | 5 295.55 | | | | 329.99 | −27 690.53 | | 4 159.69 | 27 505.67 |
| 三、本期增减变动金额（减少以“−”号填列） | | | | | | 507.74 | 8 758.64 | | −723.72 | 8 542.66 |
| （一）净利润 | | | | | | | 9 266.38 | | 66.53 | 9 332.91 |
| （二）其他综合收益 | | | | | | | | | | |
| 上述（一）和（二）小计 | | | | | | | 9 266.38 | | 66.53 | 9 332.91 |
| （三）所有者投入和减少资本 | | | | | | | | | −390.25 | −390.25 |
| 1. 所有者投入资本 | | | | | | | | | | |
| 2. 股份支付计入所有者权益的金额 | | | | | | | | | | |
| 3. 其他 | | | | | | | | | −390.25 | −390.25 |

续表

| 项　目 | 本期金额 | | | | | | | | | |
|---|---|---|---|---|---|---|---|---|---|---|
| | 归属于母公司所有者权益 | | | | | | | | 少数股东权益 | 所有者权益合计 |
| | 实收资本(或股本) | 资本公积 | 减:库存股 | 专项储备 | 盈余公积 | 一般风险准备 | 未分配利润 | 其他 | | |
| (四)利润分配 | | | | | | 507.74 | -507.74 | | -400.00 | -400.00 |
| 1. 提取盈余公积 | | | | | | | | | | |
| 2. 提取一般风险准备 | | | | | 507.74 | -507.74 | | | | |
| 3. 对所有者(或股东)的分配 | | | | | | | | | -400.00 | -400.00 |
| 4. 其他 | | | | | | | | | | |
| (五)所有者权益内部结转 | | | | | | | | | | |
| 1. 资本公积转增资本(或股本) | | | | | | | | | | |
| 2. 盈余公积转增资本(或股本) | | | | | | | | | | |
| 3. 盈余公积弥补亏损 | | | | | | | | | | |
| 4. 其他 | | | | | | | | | | |
| (六)专项储备 | | | | | | | | | | |
| 1. 本期提取 | | | | | | | | | | |
| 2. 本期使用 | | | | | | | | | | |
| (七)其他 | | | | | | | | | | |
| 四、本期期末余额 | 45 410.98 | 5 295.54 | | | | 837.72 | -18 931.89 | | 3 435.97 | 36 048.33 |

## 安信信托投资股份有限公司合并所有者权益变动表(续)

2010 年

单位:万元

| 项　目 | 上年同期金额 | | | | | | | | | |
|---|---|---|---|---|---|---|---|---|---|---|
| | 归属于母公司所有者权益 | | | | | | | | 少数股东权益 | 所有者权益合计 |
| | 实收资本(或股本) | 资本公积 | 减:库存股 | 专项储备 | 盈余公积 | 一般风险准备 | 未分配利润 | 其他 | | |
| 一、上年末余额 | 45 410.98 | 4 288.15 | | | | 178.62 | -32 265.16 | | 3 872.60 | 21 485.19 |
| 加:会计政策变更 | | | | | | | | | | |
| 前期差错更正 | | | | | | | | | | |
| 其他 | | | | | | | | | | |
| 二、本年初余额 | 45 410.98 | 4 288.15 | | | | 178.62 | -32 265.16 | | 3 872.60 | 21 485.19 |
| 三、本期增减变动金额(减少以"-"号填列) | | 1 007.40 | | | | 151.37 | 4 574.62 | | 287.09 | 6 020.48 |
| (一)净利润 | | | | | | | 4 725.99 | | -48.96 | 4 677.03 |
| (二)其他综合收益 | | | | | | | | | | |
| 上述(一)和(二)小计 | | | | | | | 4 725.99 | | -48.96 | 4 677.03 |
| (三)所有者投入和减少资本 | | 1 007.40 | | | | | | | 366.05 | 1 343.45 |
| 1. 所有者投入资本 | | | | | | | | | | |
| 2. 股份支付计入所有者权益的金额 | | | | | | | | | | |
| 3. 其他 | | 1 007.40 | | | | | | | 336.05 | 1 343.45 |
| (四)利润分配 | | | | | | 151.37 | -151.37 | | | |
| 1. 提取盈余公积 | | | | | | | | | | |
| 2. 提取一般风险准备 | | | | | | 151.37 | -151.37 | | | |
| 3. 对所有者(或股东)的分配 | | | | | | | | | -794.87 | -794.87 |
| 4. 其他 | | | | | | | | | | |
| (五)所有者权益内部结转 | | | | | | | | | | |
| 1. 资本公积转增资本(或股本) | | | | | | | | | | |
| 2. 盈余公积转增资本(或股本) | | | | | | | | | | |
| 3. 盈余公积弥补亏损 | | | | | | | | | | |
| 4. 其他 | | | | | | | | | | |
| (六)专项储备 | | | | | | | | | | |
| 1. 本期提取 | | | | | | | | | | |
| 2. 本期使用 | | | | | | | | | | |
| (七)其他 | | | | | | | | | | |
| 四、本期期末余额 | 45 410.98 | 5 295.55 | | | | 329.99 | -27 690.53 | | 4 159.69 | 27 505.67 |

## 5.2 信托资产（信托业务数据未经审计）

### 5.2.1 信托项目资产负债汇总表

信托项目资产负债汇总表

编制单位：安信信托投资股份有限公司　　2010年12月31日　　单位：万元

| 信托资产 | 期末数 | 期初数 | 信托负债和信托权益 | 期末数 | 期初数 |
|---|---|---|---|---|---|
| 信托资产 | | | 信托负债 | | |
| 货币资金 | 71 896.90 | 156 650.02 | 交易性金融负债 | — | — |
| 拆出资金 | — | — | 衍生金融负债 | — | — |
| 存出保证金 | — | — | 应付受托人报酬 | — | — |
| 交易性金融资产 | 1 804.86 | 9 732.79 | 应付保管费 | 45.00 | — |
| 衍生金融资产 | — | — | 应付受益人收益 | 647.92 | 704.15 |
| 买入返售金融资产 | — | — | 应交税费 | — | — |
| 应收款项 | 711 287.74 | 159 137.51 | 应付销售服务费 | — | — |
| 发放贷款 | 328 920.04 | 898 283.29 | 其他应付款项 | 8 617.97 | 3 871.79 |
| 可供出售金融资产 | — | — | 其他负债 | — | — |
| 持有至到期投资 | 3 000.00 | — | 信托负债合计 | 9 310.89 | 4 575.94 |
| 长期应收款 | — | — | | | |
| 长期股权投资 | 98 340.00 | 62 760.00 | | | |
| 投资性房地产 | — | — | 信托权益 | | |
| 固定资产 | — | — | 实收信托 | 1 209 175.78 | 1 299 252.43 |
| 无形资产 | 11 783.33 | 11 783.33 | 资本公积 | — | — |
| 长期待摊费用 | — | — | 未分配利润 | 8 546.20 | -5 481.43 |
| 其他资产 | — | — | 信托权益合计 | 1 217 721.98 | 1 293 771.00 |
| 信托资产总计 | 1 227 032.87 | 1 298 346.94 | 信托负债和信托权益总计 | 1 227 032.87 | 1 298 346.94 |

注：本期末及期初信托资产减值准备余额均为4 500万元，其中贷款减值准备4 000万元，长期股权投资减值准备500万元。表中"发放贷款"及"长期股权投资"栏目余额均以扣减减值准备后的净额反映。

### 5.2.2 信托项目利润及利润分配汇总表

信托项目利润及利润分配汇总表

编制单位：安信信托投资股份有限公司　　2010年12月31日　　单位：万元

| 项　目 | 本年累计数 | 上年累计数 |
|---|---|---|
| 1. 营业收入 | 54 716.90 | 66 170.39 |
| 1.1 利息收入 | 37 009.86 | 54 654.85 |
| 1.2 投资收益（损失以"－"号填列） | 765.07 | -6 215.48 |
| 1.2.1 其中：对联营企业和合营企业的投资收益 | — | — |
| 1.3 公允价值变动收益（损失以"－"号填列） | 211.81 | 11 032.34 |
| 1.4 租赁收入 | — | — |
| 1.5 汇兑损益（损失以"－"号填列） | — | — |
| 1.6 其他收入 | 16 730.16 | 6 698.68 |
| 2. 支出 | 11 004.13 | 7 035.78 |
| 2.1 营业税金及附加 | — | — |
| 2.2 受托人报酬 | 2 154.70 | 3 634.26 |
| 2.3 保管费 | 813.36 | 240.04 |
| 2.4 投资管理费 | — | — |
| 2.5 销售服务费 | 285.25 | — |
| 2.6 交易费用 | 23.12 | — |
| 2.7 资产减值损失 | — | — |
| 2.8 其他费用 | 7 727.70 | 3 161.48 |
| 3. 信托净利润（净亏损以"－"号填列） | 43 712.77 | 59 134.61 |
| 4. 其他综合收益 | — | — |
| 5. 综合收益 | 43 712.77 | 59 134.61 |
| 6. 加：期初未分配信托利润 | -5 481.43 | -6 423.82 |
| 7. 可供分配的信托利润 | 38 231.34 | 52 710.79 |
| 8. 减：本期已分配信托利润 | 29 685.14 | 58 192.22 |
| 9. 期末未分配信托利润 | 8 546.20 | -5 481.43 |

# 6. 会计报表附注

## 6.1 年度会计报表编制基准及会计估计、会计政策变更

公司以持续经营为基础，根据实际发生的交易和事项，按照《企业会计准则——基本准则》和其他各项会计准则及其他相关规定进行确认和计量，在此基础上编制财务报表。

本报告期主要会计政策未变更。

本报告期主要会计估计未变更。

## 6.2 或有事项说明

未决诉讼或仲裁形成的或有负债及其财务影响。

6.2.1 信托纠纷诉讼

2008年2月4日，上海市第二中级人民法院（以下简称"二中院"）同时立案受理太原市东阁服务有限公司（以下简称"东阁公司"）、太原威廉企业策划设计有限公司（以下简称"威廉公司"）、张玲娟诉安信信托投资股份有限公司（以下简称"安信信托"）信托合同纠纷三个案件，标的合计为：本金人民币9 000万元，暂算利息人民币8 577 900.00元。后二中院将该三个案件移送上海市静安区人民法院（以下简称"静安法院"）审理，静安法院案号分别为（2008）静民二（商）初字第322号、323号、324号；审理期间，安信信托向静安法院提交了国家审计署西安特派办对中国光大银行太原分行（以下简称"太原光大"）"河南新陵公路信托项目"的专项审计报告。鉴此，静安法院在东阁公司、威廉公司诉安信信托的两个案件中又追加了

太原光大为无独立请求权第三人参加诉讼。为查明事实，静安法院此后又追加了河南新陵公路建设投资有限公司及河南省万通路桥建设有限公司为无独立请求权第三人参加诉讼。

2009年6月1日，主审上述三案的静安区人民法院就该案所涉及的信托法律关系效力先行作出了中间判决，并根据事实及法律判定上述三案涉及的信托合同关系无效。判决作出后，各方均不服判决并向上海市第二中级人民法院提起了上诉。此后，上海市第二中级人民法院做出继续对本案进行审理的裁定，此案继续就效力及实体责任方面事实在一审法院主持下开庭审理。

日前，公司已收到一审法院就上述三案最终的结案判决，判决认为该案中第三人光大银行委派东阁、威廉公司与安信信托签订的信托合同未违反法律禁止性规定，应当认定合法有效。但是安信信托在信托合同履行过程中不存在违背管理职责、处理信托事务不当的事实，安信信托已尽到对信托财产的管理义务，其仅应承担以收回的信托财产为限，向委托人支付信托利益的责任。此外，对于张玲娟诉我公司信托合同纠纷一案，一审判决认为由于光大银行未经张玲娟同意签署信托合同属于无权代理行为，信托合同直接约束第三人光大银行与安信，因此张玲娟不享有信托合同项下的权利，无权向安信主张权利。据此，一审法院就上述三案作出驳回原告全部诉讼请求的结案判决。

目前本案处于二审阶段，并于2010年12月15日首次开庭审理本案二审。

6.2.2 信达资产管理公司沈阳办事处与辽宁省轮船总公司、安信信托投资股份有限公司担保纠纷一案(以下简称辽轮案)系因安信信托为辽宁轮船总公司进口客轮向辽宁中行出具反担保函，辽宁中行未经国家主管部门批准违规对外担保，并单方将安信信托提供反担保所开出的信用证内容中购船主体从辽宁轮船公司变更为香港海星航运投资有限公司(以下简称海星公司)。后因海星公司无力偿还香港国华银行信用证付款项下本息，引发本案诉讼。本案经辽宁省高级人民法院终审判决(案号:2007辽民二终字第76号)，已于2007年7月26日终审结案。根据终审判决结果，该案相关支付义务由辽宁省轮船总公司承担，同时驳回信达资产管理公司沈阳办事处对安信信托投资股份有限公司提出的所有诉讼请求。

2010年4月1日，信达资产管理公司沈阳办事处就上述已决诉讼判决向辽宁省高级人民法院递交再审申请，2010年4月29日辽宁省高级人民法院就该案进行再审，听取各方对该案的陈述及意见，庭审期间各方均未就该案事实提供新的证据材料。

本案目前仍处于再审阶段，辽宁省高院尚未就本案再审做出终局裁定。

截至2010年12月31日公司为关联方及其他单位提供债务担保形成的或有负债:无。

## 6.3 重要资产转让及其出售的说明

本期无重要资产转让及出售事项。

## 6.4 会计报表中重要项目的明细资料

### 6.4.1 自营资产经营情况

6.4.1.1 信用风险资产五级分类情况

| 信用风险资产五级分类 | 正常类(万元) | 关注类(万元) | 次级类(万元) | 可疑类(万元) | 损失类(万元) | 信用风险资产合计(万元) | 不良合计(万元) | 不良率(%) |
|---|---|---|---|---|---|---|---|---|
| 期初数 | 11 064.39 | | | | 355.27 | 12 369.66 | 1 305.27 | 10.55 |
| 期末数 | 24 879.03 | | | | 355.27 | 25 234.30 | 355.27 | 1.41 |

注:不良资产合计=次级类+可疑类+损失类。

6.4.1.2 各项资产减值损失准备情况表

单位:万元

| | 期初数 | 本期计提 | 本期转回 | 本期核销 | 期末数 |
|---|---|---|---|---|---|
| 贷款损失准备 | | | | | |
| 一般准备 | | | | | |
| 专项准备 | | | | | |
| 其他资产减值准备 | 4 924.36 | 40.97 | | 559.75 | 4 405.58 |
| 可供出售金融资产减值准备 | | | | | |
| 持有至到期投资减值准备 | | | | | |
| 长期股权投资减值准备 | 2 528.79 | | | | 2 528.79 |
| 坏账准备 | 895.57 | 40.97 | | 559.75 | 376.79 |
| 投资性房地产减值准备 | 1 500.00 | | | | 1 500.00 |

6.4.1.3 对外投资情况

单位:万元

| | 自营股票 | 基金 | 债券 | 长期股权投资 | 其他投资 | 合计 |
|---|---|---|---|---|---|---|
| 期初数 | | | | 10 478.55 | | 10 478.55 |
| 期末数 | | | | 22 366.02 | | 22 366.02 |

6.4.1.4 长期股权投资排名

单位:万元

| 企业名称 | 占被投资企业权益的比例(%) | 主要经营活动 | 投资损益 |
|---|---|---|---|
| 1. 银晨网讯科技有限公司 | 74.0488 | 计算机软、硬件制造、销售 | |
| 2. 鞍山自控仪表(集团)股份有限公司 | 37.01 | 仪表制造 | |
| 3. 鞍山市信安资产经营有限公司 | 100.00 | 高新技术产业投资;新技术项目投资策划与咨询、可行性研究;对外投资、投资项目策划与咨询管理;企业资产的策划咨询等 | |
| 4. 上海凯盟投资发展有限公司 | 100.00 | 实业投资,科技投资,投资管理,科技信息领域内的"四技"服务等 | |

6.4.1.5 自营贷款排名

至期末，本公司无自营贷款。

6.4.1.6 表外业务

单位:万元

| 表外业务 | 期初数 | 期末数 |
|---|---|---|
| 担保业务 | — | — |
| 代理业务(委托业务) | 1 452.00 | 1 452.00 |
| 其他 | — | — |
| 合计 | 1 452.00 | 1 452.00 |

6.4.1.7 公司当年的收入结构

母公司

| 收入结构 | 金额(万元) | 占比(%) |
|---|---|---|
| 手续费及佣金收入 | 24 741.24 | 98.49 |
| 其中:信托手续费收入 | 22 587.02 | |
| 投资银行业务收入 | | |
| 利息收入 | 3.17 | 0.01 |
| 其他业务收入 | 132.22 | 0.53 |
| 其中:计入信托业务收入部分 | | |
| 投资收益 | | |
| 其中:股权投资收益 | | |
| 证券投资收益 | | |
| 其他投资收益 | | |
| 公允价值变动收益 | | |
| 营业外收入 | 242.8 | 0.97 |
| 收入合计 | 25 119.43 | 100.00 |

合并

| 收入结构 | 金额(万元) | 占比(%) |
|---|---|---|
| 手续费及佣金收入 | 24 741.24 | 78.15 |
| 其中:信托手续费收入 | 22 587.02 | |
| 投资银行业务收入 | | |
| 利息收入 | 21.17 | 0.07 |
| 其他业务收入 | 6 230.52 | 19.68 |
| 其中:计入信托业务收入部分 | | |
| 投资收益 | 223.26 | 0.71 |
| 其中:股权投资收益 | | |
| 证券投资收益 | | |
| 其他投资收益 | 223.26 | |
| 公允价值变动收益 | | |
| 营业外收入 | 440.48 | 1.39 |
| 收入合计 | 31 656.67 | 100.00 |

其中"其他业务收入"主要为下属子公司经营产生的业务收入。

"投资收益"中,证券投资收益为下属子公司收到委托贷款收益。

信托手续费收入总额中,以手续费及佣金确认的信托业务收入 3 446 万元,以财务顾问费确认的信托业务收入 19 141 万元,中间业务收入 2 154 万元。

**6.4.2 信托财产管理情况**

6.4.2.1 信托资产

单位:万元

| 信托资产 | 期初数 | 期末数 |
|---|---|---|
| 集合 | 114 388.21 | 355 701.76 |
| 单一 | 1 004 327.57 | 243 872.68 |
| 财产权 | 179 631.16 | 627 458.43 |
| 合计 | 1 298 346.94 | 1 227 032.87 |

6.4.2.1.1 主动管理型信托业务的信托资产

单位:万元

| 主动管理型信托资产 | 期初数 | 期末数 |
|---|---|---|
| 证券投资类 | — | — |
| 股权投资类 | — | 59 908.77 |
| 融资类 | 281 018.14 | 915 464.27 |
| 事务管理类 | 89 559.87 | 89 160.11 |
| 合计 | 370 578.01 | 1 064 533.15 |

6.4.2.1.2 被动管理型信托业务的信托资产

单位:万元

| 被动管理型信托资产 | 期初数 | 期末数 |
|---|---|---|
| 证券投资类 | 11 547.03 | 1 805.02 |
| 股权投资类 | — | — |
| 融资类 | 911 221.90 | 155 694.70 |
| 事务管理类 | 5 000.00 | 5 000.00 |
| 合计 | 927 768.93 | 162 499.72 |

6.4.2.2 本年度已清算结束的信托项目个数、实收信托合计金额、加权平均实际年化收益率

6.4.2.2.1 本年度已清算结束的信托项目

| 已清算结束信托项目 | 项目个数 | 实收信托合计金额(万元) | 加权平均实际年化收益率(%) |
|---|---|---|---|
| 集合类 | 7 | 48 192.25 | 9.01 |
| 单一类 | 30 | 903 631.00 | 4.44 |
| 财产管理类 | 3 | 34 364.40 | 4.71 |

6.4.2.2.2 年度已清算结束的主动管理型信托项目

| 已清算结束信托项目 | 项目个数 | 实收信托合计金额(万元) | 加权平均实际年化信托报酬率(%) | 加权平均实际年化收益率(%) |
|---|---|---|---|---|
| 证券投资类 | — | — | — | — |
| 股权投资类 | — | — | — | — |
| 融资类 | 13 | 100 016.65 | 4.25 | 8.08 |
| 事务管理类 | 1 | 400.00 | — | — |

6.4.2.2.3 本年度已清算结束的被动管理型信托项目

| 已清算结束信托项目 | 项目个数 | 实收信托合计金额(万元) | 加权平均实际年化信托报酬率(%) | 加权平均实际年化收益率(%) |
|---|---|---|---|---|
| 证券投资类 | 4 | 15 950.00 | 0.76 | -11.18 |
| 股权投资类 | — | — | — | — |
| 融资类 | 22 | 869 821.00 | 0.17 | 4.57 |
| 事务管理类 | — | — | — | — |

6.4.2.3 本年度新增信托项目

单位:万元

| 新增信托项目 | 项目个数 | 实收信托合计金额(万元) |
|---|---|---|
| 集合类 | 11 | 286 224.00 |
| 单一类 | 15 | 138 000.00 |
| 财产管理类 | 5 | 471 887.00 |
| 新增合计 | 31 | 896 111.00 |
| 其中:主动管理型 | 18 | 781 111.00 |
| 被动管理型 | 13 | 115 000.00 |

6.4.2.5 本公司履行受托人义务情况及因本公司自身责任而导致的信托资产损失情况

本公司根据《信托法》及《信托公司管理办法》等相关法律法规和信托文件的规定，在管理和处分信托财产时，履行了恪尽职守、诚实、信用、谨慎、有效管理的义务。没有发生任何损害受益人利益的情况，也无自身责任而导致信托财产损失的情况。

## 6.5 关联方关系及其交易的披露

**6.5.1 关联交易方的数量、关联交易的总金额及关联交易的定价政策等**

详见6.5.3。

**6.5.2 本企业的关联方**

单位：万元

| 关系性质 | 关联方名称 | 法定代表人 | 注册地址 | 注册资本 | 主营业务 |
|---|---|---|---|---|---|
| 本公司的母公司 | 上海国之杰投资发展有限公司（以下简称"国之杰"） | 张春景 | 上海市杨浦区鞍山路1号 | 113 279.00 | 房地产开发，物业管理，投资管理；金属材料，普通机械，电器设备，建筑装潢，计算机及配件，通讯器材及设备销售等 |
| 本公司的孙公司 | 鞍山安信房地产经营开发有限公司 | 柳长东 | 鞍山市铁东区五道街55号 | 4 000.00 | 房产开发、商品房出售、出租 |
| 本公司的全资子公司 | 鞍山市信安资产经营有限公司 | 邵明安 | 鞍山市高新区千山中路215号 | 4 000.00 | 高新技术产业投资；新技术项目投资策划与咨询、可行性研究；对外投资、投资项目策划与咨询管理；企业资产的策划咨询等 |
| 本公司的全资子公司 | 上海凯盟投资发展有限公司 | 陈劲 | 上海市静安区南京西路1486号2号243室 | 14 600.00 | 实业投资，科技投资，投资管理，科技信息领域内的"四技"服务等 |
| 本公司的子公司 | 银晨网讯科技有限公司 | 张青 | 上海市张江高科技园区郭守敬路498号浦东软件园6幢9405室 | 5 000.00 | 网络产品及工程、通讯设备及器材（不含无线电发射设备）、电子计算机及配件、软件的开发、技术成果转让；电子系统工程以及相关高新技术产品的研制、开发、生产、销售等 |
| 本公司的孙公司 | 上海银晨智能识别科技有限公司 | 张青 | 张江高科技园区郭守敬路498号8401～8406；9401～9406室 | 4 000.00 | 计算机软、硬件的开发、设计、制作、销售，系统集成等 |
| 本公司的孙公司 | 北京银晨北方科技有限公司 | 张青 | 北京市海淀区苏州街3号大河庄苑2号楼3单元302 | 2 000.00 | 法律、行政法规、国务院决定未规定许可的，自主选择经营项目开展经营活动 |
| 大股东的股东 | 上海谷元房地产开发有限公司 | 何宣宏 | 上海市九江路399号708室 | 3 000万美元 | 石油软件的开发应用和经营，石油计算机网络系统设计、安装、调试、维护等 |
| 同受控制的关联方 | 益阳晶鑫新能源科技实业有限公司 | 高天国 | 益阳市金山南路116号 | 5 000.00 | 开发、生产和销售各类太阳能多晶硅和单晶硅产品，开拓其他上下游产业的新技术、新产品等 |
| 同受控制的关联方 | 上海谷元置业有限公司 | 何宣宏 | 宝山区长江西路2388号 | 3 000.00 | 房地产开发、经营；物业管理及相关配套服务等 |

**6.5.3 本公司与关联方的重大交易事项**

6.5.3.1 固有与关联方交易情况

（1）存在控制关系且已纳入本公司合并会计报表范围的子公司，其相互间交易及母子公司交易已作抵销。

（2）关联租赁情况。本公司上海总部办公所在地为海通证券大厦，该物业属关联方上海谷元房地产开发有限公司所有，根据双方签订的房屋租赁合同，2009年支付租金及相关费用8 063 881.92元，2010年支付租金及相关费用11 781 965.04元。

（3）信托业务。2008年12月，本公司与国之杰签订了融资框架协议，融资方式为国之杰以其合法拥有的假日百货商厦第二层、第三层的财产权作为信托财产，本公司以该信托财产设立安国．上海假日百货商厦（三期）财产权信托，信托期限为2年。信托金额为人民币150 000 000.00元，期限为2008年12月19日到2010年12月18日。2010年确认信托报酬750 000.00元，该信托项目已到期清算完毕。

（4）母公司与子公司之间的关联交易（在合并报表中已抵消）。期末公司与下属全资子公司上海凯盟投资发展有限公司资金往来余额18 157.68万元。

6.5.3.2 信托与关联方交易情况

单位：万元

| | 信托与关联方关联交易 | | | |
|---|---|---|---|---|
| | 期初数 | 借方发生额 | 贷方发生额 | 期末数 |
| 贷款 | — | — | — | — |
| 投资 | — | — | — | — |
| 租赁 | — | — | — | — |
| 担保 | — | — | — | — |
| 应收账款 | — | — | — | — |
| 其他 | 15 000.00 | — | 15 000.00 | — |
| 合计 | 15 000.00 | — | 15 000.00 | — |

注：本表填列数据为信托业务融出资金。

2008年12月，本公司与国之杰签订了融资框架协议，融资方式为国之杰以其合法拥有的假日百货商厦第二层、第三层的财产权作为信托财产，本公司以该信托财产设立安国．上海假日百货商厦（三期）财产权信托，信托期限为2年。信托金额为人民币15 000万元，期限为2008年12月19日到2010年12月18日，该信托项目于2010年12月清算完毕。

6.5.3.3　信托公司自有资金运用于自己管理的信托项目（固信交易）、信托公司管理的信托项目之间关联交易

6.5.3.3.1　固有与信托财产之间的交易

本期无固有与信托财产之间的交易。

6.5.3.3.2　信托项目之间的交易

本期无信托项目之间的交易。

**6.5.4　逐笔披露关联方逾期未偿还本公司资金的详细情况以及本公司为关联方担保发生或即将发生垫款的详细情况**

无关联方逾期未偿还本公司资金的情况及本公司为关联方担保发生或即将发生垫款的情况。

### 6.6　会计制度的披露

固有业务（自营业务）、信托业务均执行财政部制定的《企业会计准则》。

## 7. 财务情况说明书

### 7.1　利润实现和分配情况

2010 年母公司实现净利润 10 154.73 万元；合并范围内归属于母公司所有者的净利润为 9 266.38 万元，累计可供分配利润为 －18 931.89 万元。鉴于以上情况，公司 2010 年度不分配、不转增。

### 7.2　主要财务指标

母公司

| 指标名称 | 指标值 |
|---|---|
| 资本利润率（%） | 36.92 |
| 加权年化信托报酬率（%） | 1.38 |
| 人均净利润（万元/人） | 203.09 |

合并

| 指标名称 | 指标值 |
|---|---|
| 资本利润率（%） | 33.12 |
| 加权年化信托报酬率（%） | 1.38 |
| 人均净利润（万元/人） | 185.33 |

### 7.3　对本公司财务状况、经营成果有重大影响的其他事项

报告期内，公司未发生对财务状况、经营成果有重大影响的其他事项。

## 8. 特别事项简要揭示

### 8.1　前五名股东报告期内变动情况及原因

报告期内公司控股股东未发生变化。

### 8.2　董事、监事及高级管理人员变动情况及原因

报告期内公司无董事、监事、高管人员变动。

### 8.3　公司的重大未决诉讼事项

单位：万元

| 起诉（申请）方 | 应诉（被申请）方 | 承担连带责任方 | 诉讼仲裁类型 | 诉讼（仲裁）基本情况 | 诉讼（仲裁）涉及金额 | 诉讼（仲裁）进展 | 诉讼（仲裁）审理结果及影响 | 诉讼（仲裁）判决执行情况 |
|---|---|---|---|---|---|---|---|---|
| 太原市东阁服务有限公司 | 安信信托投资股份有限公司 | | 诉讼 | 信托纠纷 | 4 000 | 开庭审理中，尚未结案 | 本案开庭审理中，尚未结案，因此无法准确判断对公司的本期的影响程度 | |
| 太原威廉企业策划设计有限公司 | 安信信托投资股份有限公司 | | 诉讼 | 信托纠纷 | 4 000 | 开庭审理中，尚未结案 | 本案开庭审理中，尚未结案，因此无法准确判断对公司的本期利润的影响程度 | |
| 张玲娟 | 安信信托投资股份有限公司 | | 诉讼 | 信托纠纷 | 1 000 | 开庭审理中，尚未结案 | 本案开庭审理中，尚未结案，因此无法准确判断对公司的本期利润的影响程度 | |
| 中国信达资产管理公司沈阳办事处 | 安信信托投资股份有限公司 | | 诉讼 | 担保纠纷 | 本金 3 449 000.95 美元及利息 535 672.96 美元；支付保费人民币 1 247 490.00 元 | 再审判决阶段 | 本案尚未结案，因此无法准确判断对公司的本期利润的影响程度 | |

（1）公司于 2008 年 2 月 16 日在《中国证券报》、《上海证券报》及上海证券交易所网站发布了编号为“临 2008 －006”的《安信信托投资股份有限公司关于诉讼纠纷公告》，公告了关于太原市东阁服务有限公司、太原威廉企业策划设计有限公司、张玲娟诉本公司信托纠纷案。公司分别于 2009 年 6 月 8 日、2009 年 6 月 24 日、2009 年 12 月 24 日发布了编号为“临

2009－012”、“临 2009－013”、“临 2009－021”《关于信托纠纷诉讼进展的公告》，公告了上海市静安区人民法院关于上述三案件的民事判决书以及公司不服该判决依法提起的民事上诉和原告上诉的相关信息以及公司收到了上海市第二中级人民法院对以上案件的民事裁定书。2010 年 7 月 22 日公司收到了上海市静安区人民法院对以上三案件的民事判决书，分别判决如下。

上海市静安区人民法院民事判决书(2008)静安二(商)初字第 322－2 号，判决如下：原告太原市东阁服务有限公司的诉讼请求，不予支持。案件受理费人民币 261 875.50 元，由原告负担。

上海市静安区人民法院民事判决书(2008)静安二(商)初字第 323－2 号，判决如下：原告太原威廉企业策划有限公司的诉讼请求，不予支持。案件受理费人民币 261 875.50 元，由原告负担。

上海市静安区人民法院民事判决书(2008)静安二(商)初字第 324－2 号，判决如下：原告张玲娟的诉讼请求，不予支持；第三人中国光大银行股份有限公司太原分行的诉讼请求不予支持。案件受理费人民币 170 167.60 元，由原告张玲娟负担人民币 85 083.80 元，由第三人中国光大银行股份有限公司太原分行负担人民币 85 083.80 元。

2010 年 8 月 17 日公司在《中国证券报》、《上海证券报》及上海证券交易所网站发布了编号为“临 2010－027”的《安信信托投资股份有限公司关于信托纠纷诉讼进展公告》，公司收到了中国光大银行股份有限公司太原分行(本案第三人)、太原市东阁服务有限公司、太原威廉企业策划有限公司不服一审判决向上海市第二中级人民法院提起的上诉状，同时本公司也对一审判决关于信托合同效力的认定内容提起上诉。

(2)本公司于 2005 年 11 月 19 日在《中国证券报》、《上海证券报》以及上海证券交易所网站发布了编号为“临 2005－029”《安信信托投资股份有限公司诉讼事项公告》，公告了本公司与中国信达资产管理公司沈阳办事处及辽宁省轮船总公司之间的诉讼事项。2007 年 2 月 7 日公司发布了编号为“临 2007－011”《安信信托投资股份有限公司诉讼事项进展公告》，公告了辽宁省大连市中级人民法院(2005)大民合初字第 260 号民事判决书判决如下：

第一，被告辽宁省轮船总公司给付原告中国信达资产管理公司沈阳办事处垫款本金 3 449 000.95 美元及垫款利息 535 672.96美元。

第二，驳回原告中国信达资产管理公司沈阳办事处对被告安信信托投资股份有限公司的诉讼请求。

2007 年 8 月 18 日公司发布了编号为“临 2007－045”《安信信托投资股份有限公司关于诉讼事项进展情况公告》，公告了辽宁省高级人民法院(2007)辽民二终字第 76 号民事判决书判决如下：二审案件受理费 89 809.50 元，由上诉人中国信达资产管理公司沈阳办事处负担；本判决为终审判决。

报告期内公司收到中国信达资产管理公司沈阳办事处就上述案件向辽宁省高级人民法院提交的再审申请书及相关再审材料，对此，公司已积极配合提供材料并根据辽宁省高级人民法院再审安排做好相关准备工作。就送达公司的相关再审材料来看，申请方中国信达资产管理公司沈阳办事处未就该案提供事实认定方面的新证据，故本次诉讼对公司本期利润或期后利润的可能影响暂不能判断。公司将按《中华人民共和国信托法》及相关法律、法规的要求认真应对，依法维护公司权益，并将严格按照有关法律法规的规定和要求，及时做好信息披露工作(详见 2010 年 8 月 17 日发布了编号为“临 2010－027”《安信信托投资股份有限公司诉讼事项进展公告》)。

## 8.4　对会计师事务所出具的有保留意见、否定意见或无法表示意见的审计报告的，公司董事会应就所涉及事项作出说明

立信会计师事务所有限公司为本公司出具了标准无保留意见的审计报告。

## 8.5　公司及其董事、监事和高级管理人员受到处罚的情况

报告期内公司及其董事、监事、高级管理人员、公司股东、实际控制人均未受中国证监会的稽查、行政处罚、通报批评及证券交易所的公开谴责。

## 8.6　银监会及其派出机构对公司检查后提出整改意见的，应简单说明整改情况

报告期内公司没有收到银监会以及派出机构对公司检查后提出整改意见。

## 8.7　本年度重大事项临时报告的简要内容、披露时间、所披露的媒体及其版面

| 事　项 | 刊载的报刊名称及版面 | 刊载日期 | 刊载的互联网网站及检索路径 |
|---|---|---|---|
| 安信信托关于召开 2010 年第一次临时股东大会的二次通知 | 《中国证券报》第 B09 版；<br>《上海证券报》B12 版 | 2010 年 1 月 7 日 | http://www.sse.com.cn |
| 安信信托 2010 年第一次临时股东大会决议公告 | 《中国证券报》第 C009 版；<br>《上海证券报》24 版 | 2010 年 1 月 9 日 | http://www.sse.com.cn |
| 安信信托第六届监事会第五次会议决议公告 | 《中国证券报》第 B13 版；<br>《上海证券报》B25 版 | 2010 年 1 月 13 日 | http://www.sse.com.cn |
| 安信信托 2009 年度业绩预增公告 | 《中国证券报》第 D009 版；<br>《上海证券报》B10 版 | 2010 年 1 月 28 日 | http://www.sse.com.cn |
| 安信信托第六届董事会第七次会议决议的公告 | 《中国证券报》第 D009 版；<br>《上海证券报》B10 版 | 2010 年 1 月 28 日 | http://www.sse.com.cn |

续表

| 事　项 | 刊载的报刊名称及版面 | 刊载日期 | 刊载的互联网网站及检索路径 |
|---|---|---|---|
| 安信信托关于股东股权质押的公告 | 《中国证券报》第 C004 版；《上海证券报》39 版 | 2010 年 2 月 6 日 | http://www.sse.com.cn |
| 安信信托关于关联交易的公告 | 《中国证券报》第 D039 版；《上海证券报》B13 版 | 2010 年 4 月 27 日 | http://www.sse.com.cn |
| 安信信托第六届监事会第六次会议公告 | 《中国证券报》第 D040 版；《上海证券报》B13 版 | 2010 年 4 月 27 日 | http://www.sse.com.cn |
| 安信信托第六届董事会第八次会议决议暨关于召开 2009 年度股东大会通知的公告 | 《中国证券报》第 D040 版；《上海证券报》B13 版 | 2010 年 4 月 27 日 | http://www.sse.com.cn |
| 安信信托关于 2009 年度报告财务数据的说明 | 《中国证券报》第 D101 版；《上海证券报》B143 版 | 2010 年 4 月 28 日 | http://www.sse.com.cn |
| 安信信托诉讼进展公告 | 《中国证券报》第 B013 版；《上海证券报》B35 版 | 2010 年 5 月 14 日 | http://www.sse.com.cn |
| 安信信托 2009 年度股东大会决议公告 | 《中国证券报》第 B004 版；《上海证券报》B34 版 | 2010 年 5 月 18 日 | http://www.sse.com.cn |
| 安信信托停牌公告 | 《中国证券报》第 A28 版；《上海证券报》B14 版 | 2010 年 6 月 3 日 | http://www.sse.com.cn |
| 安信信托停牌进展公告 | 《中国证券报》第 B012 版；《上海证券报》15 版 | 2010 年 6 月 12 日 | http://www.sse.com.cn |
| 安信信托停牌进展公告 | 《中国证券报》第 B013 版；《上海证券报》31 版 | 2010 年 6 月 19 日 | http://www.sse.com.cn |
| 安信信托停牌进展公告 | 《中国证券报》第 B004 版；《上海证券报》15 版 | 2010 年 6 月 26 日 | http://www.sse.com.cn |
| 安信信托停牌进展公告 | 《中国证券报》第 B008 版；《上海证券报》18 版 | 2010 年 7 月 3 日 | http://www.sse.com.cn |
| 安信信托关于股东股权质押的公告 | 《中国证券报》第 B005 版；《上海证券报》B1 版 | 2010 年 7 月 8 日 | http://www.sse.com.cn |
| 安信信托停牌进展公告 | 《中国证券报》第 B008 版；《上海证券报》16 版 | 2010 年 7 月 10 日 | http://www.sse.com.cn |
| 安信信托停牌进展公告 | 《中国证券报》第 B005 版；《上海证券报》25 版 | 2010 年 7 月 17 日 | http://www.sse.com.cn |
| 安信信托 2010 年上半年度业绩预增公告 | 《中国证券报》第 B005 版；《上海证券报》25 版 | 2010 年 7 月 17 日 | http://www.sse.com.cn |
| 安信信托关于信托纠纷诉讼进展公告 | 《中国证券报》第 B008 版；《上海证券报》B26 版 | 2010 年 7 月 23 日 | http://www.sse.com.cn |
| 安信信托停牌进展公告 | 《中国证券报》第 A16 版；《上海证券报》32 版 | 2010 年 7 月 24 日 | http://www.sse.com.cn |
| 安信信托停牌进展公告 | 《中国证券报》第 B005 版；《上海证券报》41 版 | 2010 年 7 月 31 日 | http://www.sse.com.cn |
| 安信信托停牌进展公告 | 《中国证券报》第 A16 版；《上海证券报》30 版 | 2010 年 8 月 7 日 | http://www.sse.com.cn |
| 安信信托停牌进展公告 | 《中国证券报》第 B028 版；《上海证券报》63 版 | 2010 年 8 月 14 日 | http://www.sse.com.cn |
| 安信信托关于信托纠纷诉讼进展公告 | 《中国证券报》第 B005 版；《上海证券报》B17 版 | 2010 年 8 月 17 日 | http://www.sse.com.cn |
| 安信信托第六届董事会第九次会议决议公告 | 《中国证券报》第 B012 版；《上海证券报》B50 版 | 2010 年 8 月 19 日 | http://www.sse.com.cn |
| 安信信托第六届监事会第七次会议公告 | 《中国证券报》第 B012 版；《上海证券报》B50 版 | 2010 年 8 月 19 日 | http://www.sse.com.cn |
| 安信信托停牌进展公告 | 《中国证券报》第 B004 版；《上海证券报》96 版 | 2010 年 8 月 21 日 | http://www.sse.com.cn |

续表

| 事　　项 | 刊载的报刊名称及版面 | 刊载日期 | 刊载的互联网网站及检索路径 |
|---|---|---|---|
| 安信信托停牌进展公告 | 《中国证券报》第 B004 版；<br>《上海证券报》213 版 | 2010 年 8 月 28 日 | http://www.sse.com.cn |
| 安信信托停牌进展公告 | 《中国证券报》第 B004 版；<br>《上海证券报》C7 版 | 2010 年 9 月 4 日 | http://www.sse.com.cn |
| 安信信托停牌进展公告 | 《中国证券报》第 B004 版；<br>《上海证券报》32 版 | 2010 年 9 月 11 日 | http://www.sse.com.cn |
| 安信信托停牌进展公告 | 《中国证券报》第 A17 版；<br>《上海证券报》17 版 | 2010 年 9 月 18 日 | http://www.sse.com.cn |
| 安信信托停牌进展公告 | 《中国证券报》第 B008 版；<br>《上海证券报》B42 版 | 2010 年 9 月 30 日 | http://www.sse.com.cn |
| 安信信托 2010 年第三季度业绩预增公告 | 《中国证券报》第 B008 版；<br>《上海证券报》B14 版 | 2010 年 10 月 12 日 | http://www.sse.com.cn |
| 安信信托停牌进展公告 | 《中国证券报》第 B004 版；<br>《上海证券报》16 版 | 2010 年 10 月 16 日 | http://www.sse.com.cn |
| 安信信托停牌进展公告 | 《中国证券报》第 A21 版；<br>《上海证券报》62 版 | 2010 年 10 月 25 日 | http://www.sse.com.cn |
| 安信信托停牌进展公告 | 《中国证券报》第 B004 版；<br>《上海证券报》50 版 | 2010 年 10 月 30 日 | http://www.sse.com.cn |
| 安信信托停牌进展公告 | 《中国证券报》第 B001 版；<br>《上海证券报》20 版 | 2010 年 11 月 8 日 | http://www.sse.com.cn |
| 安信信托停牌进展公告 | 《中国证券报》第 B004 版；<br>《上海证券报》14 版 | 2010 年 11 月 15 日 | http://www.sse.com.cn |
| 安信信托停牌进展公告 | 《中国证券报》第 A20 版；<br>《上海证券报》11 版 | 2010 年 11 月 22 日 | http://www.sse.com.cn |
| 安信信托停牌进展公告 | 《中国证券报》第 A20 版；<br>《上海证券报》20 版 | 2010 年 11 月 29 日 | http://www.sse.com.cn |
| 安信信托停牌进展公告 | 《中国证券报》第 A21 版；<br>《上海证券报》26 版 | 2010 年 12 月 6 日 | http://www.sse.com.cn |
| 安信信托停牌进展公告 | 《中国证券报》第 A21 版；<br>《上海证券报》16 版 | 2010 年 12 月 13 日 | http://www.sse.com.cn |
| 安信信托停牌进展公告 | 《中国证券报》第 A20 版；<br>《上海证券报》33 版 | 2010 年 12 月 20 日 | http://www.sse.com.cn |
| 安信信托第六届监事会第九次会议决议公告 | 《中国证券报》第 B004 版；<br>《上海证券报》B13 版 | 2010 年 12 月 23 日 | http://www.sse.com.cn |
| 安信信托第六届董事会第十一次会议决议暨召开 2011 年第一次临时股东大会通知的公告 | 《中国证券报》第 B004 版；<br>《上海证券报》B13 版 | 2010 年 12 月 23 日 | http://www.sse.com.cn |
| 安信信托停牌进展公告 | 《中国证券报》第 B004 版；<br>《上海证券报》35 版 | 2010 年 12 月 27 日 | http://www.sse.com.cn |

### 8.8 银监会及其省级派出机构认定的其他有必要让客户及相关利益人了解的重要信息

本报告期内，无银监会及其省级派出机构认定的其他有必要让客户及相关利益人了解的重要信息。

## 9. 公司监事会意见

（1）监事会对公司依法运作情况的独立意见

报告期内，公司在经营管理运作方面，能够依照《公司法》、《证券法》、《公司章程》等法律法规的规定依法运作，决策程序合法，运行程序规范，法人治理结构基本健全，并建立了较为完善的公司内部控制制度；公司董事以及高级管理人员能够认真履行职责，勤勉尽职，认真贯彻股东大会的各项决议；信息披露能够及时准确，日常工作依法办事，能够围绕公司的实际发展不断提出改革创新的思路和办法，切实维护了公司及全体股东的合法权益，在履职过程中未发现有违反法律法规、本公司章程以及侵犯股东利益的行为。

（2）监事会对检查公司财务情况的独立意见

经审查，公司财务制度比较健全，审批程序规范，担保事项严格履行规范程序，未发现有违法违规和违反公司财务制度以及资产被违规占用和资产流失的情况。2010 年财务报告经立信会计师事务所有限公司出具了标准无保留报告，真实地反映了公司的财务状况和经营成果。

（3）监事会对公司收购、出售资产情况的独立意见

报告期内，公司收购、出售资产的交易符合中国法律法规及中国证券监督管理委员会的监管规则。交易方案合理、切实可行，符合公司长远发展的需要，符合全体股东的利益，没有损害中小股东的利益。非公开发行的定价合理，定价程序合法合规；拟购买资产的注入有利于提高公司的资产质量，增强公司的竞争力和盈利能力。

（4）监事会对公司关联交易情况的独立意见

报告期内，公司的关联交易活动依法公平、公正地运行，交易价格按市场公允价格合理确定，未损害公司及非关联股东的利益。

（5）监事会对会计师事务所非标意见的独立意见

报告期内，立信会计师事务所有限公司未出具非标意见。

# 百瑞信托有限责任公司

## 1. 重要提示

本公司董事会及董事保证本报告所载资料不存在任何虚假记载、误导性陈述或者重大遗漏，并对其内容的真实性、准确性和完整性承担个别及连带责任。本年度报告摘要摘自年度报告全文，客户及相关利益人欲了解详细内容，应阅读年度报告全文。

公司全体董事出席了董事会。无董事声明异议。

公司独立董事刘亚先生、张明洪先生声明：保证本年度报告内容的真实性、准确性和完整性。

华寅会计师事务所有限责任公司为本公司出具了标准无保留意见的审计报告。

公司总裁马磊先生、董事会秘书王克槿女士（分管财务工作）和计划财务部总经理刘芳女士声明：保证本年度报告中财务报告的真实、完整。

## 2. 公司概况

### 2.1 公司简介

2.1.1 公司历史沿革

公司由郑州信托投资公司改制而来，始建于1986年4月15日，注册资本为1 000万元人民币，注册地河南省郑州市；1988年7月，公司开始与郑州市财务开发公司合署办公；1990年11月，郑州市财政局将公司的注册资本补充为5 006.7万元人民币；1992年10月，公司与郑州市财务开发公司分设重组，1993年2月18日重组开业；2002年9月，经中国人民银行总行批准，公司完成重新登记后更名为百瑞信托投资有限责任公司，注册资本35 000万元人民币（含1 500万美元）；2007年11月，经中国银行业监督管理委员会批准，公司换领新的金融许可证后更名为百瑞信托有限责任公司；2008年3月，经中国银行业监督管理委员会河南监管局批准，公司注册资本增加至60 500万元人民币；2010年12月，经中国银行业监督管理委员会批准，公司注册资本增加至120 000万元人民币，2011年3月，公司已完成增资的验资及工商变更工作。

2.1.2 公司法定中文名称：百瑞信托有限责任公司
中文简称：百瑞信托
公司法定英文名称：Bridge Trust Co. ,Ltd.
英文缩写：BRTC
公司法定代表人：马宝军
公司注册地址：河南省郑州市郑东新区商务外环路10号中原广发金融大厦
邮政编码：450018
公司网址：www. brxt. net
公司电子信箱：brxt@ brxt. net

2.1.3 公司信息披露事务负责人：董事会秘书王克槿女士
联系电话：0371 –69177587
电子信箱：wkj@ brxt. net

2.1.4 公司信息披露事务联系人：董事会办公室法律主管康磊先生
联系电话：0371 –69177119
电子信箱：kanglei@ brxt. net
传真：0371 –69177300

2.1.5 公司选定的信息披露报纸：《金融时报》

2.1.6 公司年度报告备置地点：公司董事会办公室

2.1.7 公司聘请的会计师事务所：华寅会计师事务所有限责任公司
住所：北京市西城区德外五路通街19号院2号楼

2.1.8 公司聘请的律师事务所：河南豫都律师事务所
住所：郑州市郑东新区CBD商务内环路15号世贸大厦13楼

### 2.2 组织结构

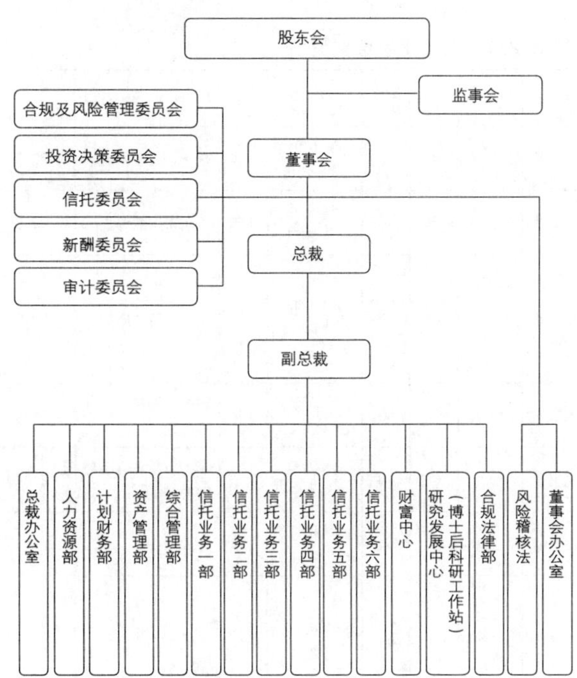


## 3. 公司治理结构

### 3.1 公司股东

**3.1.1 截至2010年12月31日，公司共有10家股东，最终实际控制人为郑州市财政局，各股东之间无关联关系，以下是持有本公司10%以上（含10%）出资比例的股东情况**

| 股东名称 | 持股比例(%) | 法定代表人 | 注册资本(亿元) | 注册地址 | 主要经营业务及2010年末主要财务情况 |
|---|---|---|---|---|---|
| 郑州市财政局 | 22.05 | 王春山 | — | 郑州市兴华南街39号 | 政府职能部门 |
| 深圳市易建科技有限公司 | 21.49 | 刘忠宁 | 3.4 | 深圳市福田区中心区东南部时代财富大厦17A | 主要经营业务：从事计算机软硬件、网络工程、电子商务软件的设计、开发，系统集成及相关的技术信息咨询，销售自主开发的软件等；国内商业、物资供销业（不含专营、专控、专卖商品）；投资兴办实业（具体项目另行申报）。<br>主要财务情况：资产总额12.87亿元，负债总额10亿元，所有者权益2.87亿元。 |
| 北京安瑞汇富投资有限公司 | 19.83 | 杨沁河 | 3.245 | 北京市通州区台湖镇次渠工业区 | 主要经营业务：项目投资、投资管理、投资咨询、销售化工产品（不含一类易制毒化学品及危险化学品）。<br>主要财务情况：资产总额4.4亿元，负债总额2.02亿元，所有者权益2.38亿元。 |

### 3.1.2 公司前三位股东的主要股东情况

3.1.2.1 郑州市财政局为机关法人

3.1.2.2 深圳市易建科技有限公司主要股东情况

| 股东名称 | 出资比例(%) | 法定代表人 | 身份证号 | 注册地址(住址) | 主要经营业务及2010年末主要财务情况 |
|---|---|---|---|---|---|
| 冯 燕 | 82 | — | 440301196405183821 | 深圳市福田区中航苑 | — |
| 郭 胤 | 18 | — | 110105196510262511 | 北京市朝阳区广渠门外大街 | — |

3.1.2.3 北京安瑞汇富投资有限公司主要股东情况

| 股东名称 | 出资比例(%) | 法定代表人 | 身份证号 | 注册地址(住址) | 主要经营业务及2010年末主要财务情况 |
|---|---|---|---|---|---|
| 李 明 | 70 | — | 130105195602161215 | 河北省石家庄市新华区兴凯路223号 | — |
| 于国红 | 30 | — | 110106196808255126 | 北京市崇文区新世界家园 | — |

## 3.2 公司董事

### 3.2.1 公司董事会成员

| 姓 名 | 职 务 | 性别 | 年龄 | 选任日期 | 任期 | 所推举的股东名称 | 该股东持股比例(%) | 简 要 履 历 |
|---|---|---|---|---|---|---|---|---|
| 马宝军 | 董事长 | 男 | 48 | 2008年3月28日 | 3年 | 郑州市财政局 | 22.05 | 2002年6月至2003年7月任公司第一届董事会董事长兼总经理；2003年8月起，任公司董事长。 |
| 刘 睿 | 董事 | 男 | 48 | 2009年7月9日 | 3年 | 郑州市财政局 | 22.05 | 曾任郑州市财政局预算处副处长、党委委员、总会计师、副局长；2007年12月起任郑州市财政局党委副书记、常务副局长。 |
| 张湛军 | 董事 | 男 | 52 | 2008年5月22日 | 3年 | 郑州市财政局 | 22.05 | 曾在长春第一汽车厂、郑州市自来水公司、河南国际公司赴非洲项目组工作；1992年5月起在郑州市自来水总公司工作；2006年5月至2011年1月，任郑州市自来水总公司党委书记、总经理；2011年1月10日，公司收到郑州自来水投资控股有限公司张湛军因涉嫌受贿罪被执行逮捕的通知。张湛军涉嫌违法行为与本公司无关。 |
| 刘忠宁 | 董事 | 男 | 56 | 2008年5月22日 | 3年 | 深圳市易建科技有限公司 | 21.49 | 曾任福建省电子研究所工程师，中华电子有限公司总工程师、总经理助理，沿海绿色家园有限公司执行总裁、董事；2006年起任深圳市易建科技有限公司董事长。 |
| 葛贵生 | 董事 | 男 | 40 | 2009年7月9日 | 3年 | 深圳市易建科技有限公司 | 21.49 | 曾在厦门悦华酒店管理有限公司、深圳长实发展有限公司、新时代证券有限公司、沿海投资集团工作；2008年起在深圳市易建科技有限公司工作。 |
| 田土城 | 独立董事 | 男 | 54 | 2008年5月22日 | 3年 | — | — | 曾任郑州大学法学院法律系副主任、法学院副院长、法学院党总支书记；2003年起任法学院院长。 |
| 黄西华 | 独立董事 | 男 | 54 | 2008年5月22日 | 3年 | — | — | 曾任铁道部第二设计院一分院院长、高级工程师，中铁五局集团公司党委书记、总经理、董事长，中铁二局集团公司董事长、党委书记、高级职业经理，中国铁路工程总公司专职董事；2008年1月至2008年11月，任中信集团海南博鳌投资控股公司执行总裁；2008年11月起任北京棕榈泉控股公司董事兼海南棕榈泉公司董事长。 |

### 3.2.2 公司独立董事

独立董事田土城先生为郑州大学法学院院长，独立董事黄西华先生为北京棕榈泉控股公司董事兼海南棕榈泉公司董事长。

| 姓 名 | 职 务 | 性别 | 年龄 | 选任日期 | 任期 | 所推举的股东名称 | 该股东持股比例 | 简要履历 |
|---|---|---|---|---|---|---|---|---|
| 田土城 | 独立董事 | 男 | 54 | 2008年5月22日 | 3年 | — | — | 同上 |
| 黄西华 | 独立董事 | 男 | 54 | 2008年5月22日 | 3年 | — | — | 同上 |

## 3.3 公司监事

| 姓　名 | 职　务 | 性别 | 年龄 | 选任日期 | 任期 | 所推举的股东名称 | 该股东持股比例(%) | 简　要　履　历 |
|---|---|---|---|---|---|---|---|---|
| 苏宏金 | 监事会主席 | 男 | 48 | 2009年3月21日 | 3年 | 河南瀚海投资有限公司 | 8.92 | 曾在长城证券有限责任公司、三峡证券有限责任公司、中国节能投资公司、深圳市清江投资发展有限公司、深圳市尔泰投资有限公司工作;现任河南瀚海投资有限公司总经理。 |
| 史平周 | 股东监事 | 男 | 44 | 2008年3月28日 | 3年 | 郑州市财政局 | 22.05 | 曾在郑州玻璃厂、郑州市经济体制改革委员会、郑州市经济贸易委员会任职;2004年9月至今,先后任郑州市国资委办公室主任、行业监事会主席。 |
| 张永生 | 股东监事 | 女 | 44 | 2008年6月6日 | 3年 | 北京安瑞汇富投资有限公司 | 19.83 | 曾在HAMILTON/BRIGHTONTECHNOLOGY CO.,LTD、中山证券有限公司、珠海丹田集团有限公司、珠海荣业集团有限公司、澳门新意胜置业有限公司、北京兴港房地产有限公司工作;2007年1月至今,任北京安瑞汇富投资有限公司执行董事。 |
| 李次会 | 股东监事 | 男 | 44 | 2008年6月6日 | 3年 | 北京德得创业科技有限公司 | 7.82 | 曾在清华大学联合化工研究所、深圳海滨制药有限公司、深圳山友和生物科技有限公司、深圳桔生药业公司、北京清源伟业生物组织工程科技有限公司工作;2004年10月至今,任北京德得创业科技有限公司总经理。 |
| 赵春英 | 股东监事 | 女 | 44 | 2008年3月28日 | 3年 | 郑州自来水投资控股有限公司 | 6.76 | 曾在白庙水厂、机电设备修理厂工作;2004年4月至今,任郑州自来水投资控股有限公司财务处处长、副总经理。 |
| 竟新宇 | 股东监事 | 男 | 44 | 2008年3月28日 | 3年 | 郑州市金水区财政局 | 5.41 | 曾在郑州市金水区计统局、计经委、统计局、政府办公室,郑州市花园路街道办事处、街道党工委、郑州市北林路街道党工委工作;2007年2月至今,任郑州市金水区财政局局长。 |
| 赵克明 | 股东监事 | 男 | 55 | 2008年3月28日 | 3年 | 巩义市财政局 | 4.06 | 曾在巩县财政局工作;1997年8月起任巩义市财政局副局长,兼巩义市财务开发公司经理。 |
| 王建永 | 股东监事 | 男 | 45 | 2008年3月28日 | 3年 | 登封市财政局 | 2.31 | 1988年至今,在登封市财政局任职,先后任科长、纪检组长、副局长、局长。 |
| 郭连喜 | 股东监事 | 男 | 48 | 2009年3月21日 | 3年 | 中牟县财政局 | 1.35 | 曾任中牟县姚家乡党委书记、乡长,县乡镇企业局局长、党组书记,县发展和改革委员会主任、党组书记,县政府办公室主任、县政府党组成员;2009年1月至今,任中牟县财政局局长、党组书记。 |
| 曹艳 | 职工代表监事 | 女 | 39 | 2008年3月28日 | 3年 | — | — | 2002年9月至今,先后任公司稽核监察部副总经理、总经理,合规法律部总经理。 |

注:公司监事会没有下属委员会。职工代表监事曹艳女士在公司合规法律部任职,同时行使相关监事职权,履行相关监事义务。

## 3.4 公司高级管理人员

| 姓　名 | 职　务 | 性别 | 年龄 | 选任日期 | 金融从业年限 | 学历 | 专业 | 简　要　履　历 |
|---|---|---|---|---|---|---|---|---|
| 马宝军 | 董事长 | 男 | 48 | 2002年6月17日 | 18年 | 硕士研究生 | 工商管理 | 同上 |
| 马　磊 | 总裁 | 男 | 43 | 2006年3月8日 | 22年 | 硕士研究生 | 工商管理 | 曾任公司副总裁;2005年9月至2006年2月,任公司执行总裁;2006年2月起任公司总裁。 |
| 石笑东 | 副总裁 | 男 | 39 | 2005年11月25日 | 18年 | 硕士研究生 | 工商管理 | 曾任公司董事会秘书兼总裁办公室主任;2005年9月至2010年7月,任公司董事会秘书兼副总裁;2010年7月起任公司副总裁。 |
| 刘英辉 | 副总裁 | 女 | 43 | 2010年7月26日 | 16年 | 硕士研究生 | 工商管理 | 曾任信托业务一部总经理、业务总监兼信托业务一部和信托业务三部总经理;2010年7月起任公司副总裁。 |
| 徐梦寒 | 副总裁 | 女 | 37 | 2009年7月9日 | 6年 | 硕士研究生 | 财政学 | 曾任大连北部资产经营有限公司董事、副总经理,大连君信投资公司董事长兼总经理,上海紫江创业投资公司总经理助理兼投资总监,沿海绿色家园有限公司资金总监,沿海地产投资(中国)有限公司资金部副总经理、副总裁(分管财务、投资);2009年6月起任公司副总裁。 |

注:未在公司就职的董事资料请参阅3.1.2.1中的公司董事会成员简况表。

### 3.5 公司员工

| 项目 | | 报告期年度 | | 上年度 | |
|---|---|---|---|---|---|
| | | 人数 | 比例(%) | 人数 | 比例(%) |
| 年龄分布 | 20岁以下 | 0 | 0 | 0 | 0 |
| | 20～29岁 | 36 | 34 | 25 | 30 |
| | 30～39岁 | 50 | 47 | 40 | 49 |
| | 40岁以上 | 21 | 19 | 17 | 21 |
| 学历分布 | 博士 | 5 | 5 | 4 | 5 |
| | 硕士 | 57 | 53 | 35 | 43 |
| | 本科 | 41 | 38 | 38 | 46 |
| | 专科 | 2 | 2 | 3 | 4 |
| | 其他 | 2 | 2 | 2 | 2 |
| 岗位分布 | 董事、监事及其他高级管理人员 | 6 | 6 | 6 | 7 |
| | 自营业务人员 | 10 | 9 | 10 | 12 |
| | 信托业务人员 | 35 | 33 | 28 | 34 |
| | 其他人员 | 56 | 52 | 38 | 47 |

注："董事、监事及其他高级管理人员"不含未在公司就职的董事和监事。

## 4. 经营管理

### 4.1 经营目标、方针和战略规划

#### 4.1.1 经营目标和方针

公司的经营目标是"追求卓越，与时俱进，做中国信托业的百年老店"。同时，公司遵循"客户至上，品誉第一，稳健高效，精诚服务"的经营方针，借助中国金融市场的持续发展，立足于信托主业，在保持原有业务优势的基础上，积极开拓新业务，在市场中求生存，在竞争中求发展，通过加强管理、注重效益，保证各项业务规范运作，促进公司的长远发展和整体实力的提高，为投资者提供满意的回报。

#### 4.1.2 战略规划

公司历来重视战略规划工作。早在2007年，公司就根据《信托公司管理办法》和《信托公司集合资金信托计划管理办法》的精神，制定了五年发展战略规划，确立了基础设施、房地产和PE（私募股权投资）三大业务方向。同时，为了把战略规划落到实处，公司每年根据经济形势和战略规划年度实施情况，制定三年滚动发展规划。几年来，公司各项业务获得了巨大发展，战略规划起到了重要作用，目前正在着手制定新的五年发展战略规划，着眼于做好重点业务布局，打造和完善新的盈利模式，实现公司的长期稳健发展。

### 4.2 所经营业务的主要内容

**自营资产运用与分布表**

| 资产运用 | 金额（万元） | 占比（%） | 资产分布 | 金额（万元） | 占比（%） |
|---|---|---|---|---|---|
| 货币资产 | 36 982.79 | 25.66 | 基础产业 | 2 500.00 | 1.73 |
| 贷款及应收款 | 20 164.39 | 13.99 | 房地产业 | 10 000.00 | 6.94 |
| 交易性金融资产 | 9 252.49 | 6.42 | 证券市场 | 44 134.99 | 30.62 |
| 可供出售金融资产 | 46 358.77 | 32.16 | 实业 | 7 000.00 | 4.86 |
| 持有至到期 | — | — | 金融机构 | 50 148.37 | 34.79 |
| 长期股权投资 | 18 885.58 | 13.10 | 其他 | 30 347.87 | 21.06 |
| 其他 | 12 487.21 | 8.67 | — | — | — |
| 资产总计 | 144 131.23 | 100 | 资产总计 | 144 131.23 | 100 |

**信托资产运用与分布表**

| 资产运用 | 金额（万元） | 占比（%） | 资产分布 | 金额（万元） | 占比（%） |
|---|---|---|---|---|---|
| 货币资产 | 34 655.94 | 1.18 | 基础产业 | 1 710 491.00 | 58.19 |
| 贷款 | 1 756 150.62 | 59.74 | 房地产业 | 385 026.00 | 13.10 |
| 交易性金融资产 | 12 873.00 | 0.44 | 证券市场 | 12 873.00 | 0.44 |
| 可供出售金融资产 | 9 400.00 | 0.32 | 实业 | 537 660.00 | 18.29 |
| 持有至到期 | 30 000.00 | 1.02 | 金融机构 | 34 655.94 | 1.18 |
| 长期股权投资 | 857 430.80 | 29.17 | 其他 | 258 730.85 | 8.80 |
| 其他 | 238 926.43 | 8.13 | — | — | — |
| 信托资产总计 | 2 939 436.79 | 100.00 | 信托资产总计 | 2 939 436.79 | 100.00 |

### 4.3 市场分析

#### 4.3.1 宏观经济金融形势

自次贷危机发生以来，各国政府陆续出台了多种经济刺激政策，金融市场流动性明显过剩。2010年，国内居民消费物价指数不断攀升，通货膨胀压力加大。管理通货膨胀预期成为货币政策的重点，稳健的货币政策逐步引入。政府着手个人所得税调整、提高最低工资标准、完善社会保障制度等民生措施，有效扩大了内需，经济保持了平稳增长。

从发展路径上看，我国经济将从粗放式增长向集约式增长转型，从投资和出口驱动向消费驱动转型。从国民收入结构上看，我国将逐步提升居民部门收入占比，提高居民财产性收入。国民财富的增长，对于信托公司拓展财富规划和资产管理业务将起到巨大推动作用。

#### 4.3.2 影响公司业务发展的主要因素

4.3.2.1 促进公司业务发展的有利因素

（1）监管部门督促信托公司转变盈利模式

通过信托行业峰会和一系列监管文件的发布，监管部门进一步落实信托"新两规"精神，强调自主管理能力，强调从融资平台向资产管理平台转型，鼓励信托创新业务，督促信托公司转变盈利模式，打造核心竞争力。从长远来看，新理念对于信托行业的健康发展和行业价值的提升有着积极而深远的意义。

2010年，监管部门先后出台了《信托公司净资本管理办法》等文件，利用净资本管理机制控制信托行业风险，同时促使信托公司提高自主管理能力，引导信托公司开发高附加值的产品，在整体业务规模受限的情况下扩大主动管理信托业务规模比例，最终提升信托行业的价值和提升信托公司的盈利能力。

（2） 城镇化进程带来业务机会

在促进经济持续健康发展和扩大内需的背景下，城镇化仍然是一个主旋律。我国正处于城镇化快速进程之中，公司所在的河南省城镇化率远低于全国平均水平，发展潜力更大。城镇化进程将在商业物业、房地产开发、基础设施等方面带来业务机会。经过近几年的发展，公司已在基础设施和房地产领域积

累了丰富的客户资源、业务经验和专业的人员队伍，具有比较优势，城镇化进程将对公司业务开展起到一定的推动作用。

(3)资本市场动荡，稳定收益类信托产品受到投资者青睐

相对于证券市场的频繁波动，具有稳定收益的信托产品日益受到投资者的青睐。信托产品涵盖基础设施、房地产、能源等多个行业领域，产品设计灵活多样，收益较高且相对稳定，可满足不同投资者的多元化需求，从而使得客户群体逐步扩大。

(4)高净值客户群体扩大

伴随着经济持续增长，国民财富持续增加，高净值客户人群日渐扩大。2010年12月28日，福布斯发布《中国私人财富白皮书》，2010年中国内地千万级富豪人数约38.3万人，可投资资产总额达到22.4万亿元。在福布斯富豪榜个人资产超过10亿美元的超高净值客户中，2010年中国已经达到了128人，仅次于美国，位居全球第二。高净值客户群体不断扩大是信托公司业务拓展的坚实基础。

4.3.2.2 影响公司业务发展的不利因素

尽管国内经济成功抵御了世界金融危机的影响，但是经济发展的基础尚不稳定，国民经济面临劳动力成本上升的困境，通货膨胀预期增强也成为经济增长的隐忧。与此同时，金融行业内部的竞争更加激烈，私人银行、财富管理银行成为银行发展的重点和目标，信托业务拓展难度加大；而河南省地处内陆，经济基础相对薄弱，高端客户群体还不够成熟，信托业务的开发缺乏广阔的市场和客户基础，一定程度上制约了公司的发展。

## 4.4 内部控制

### 4.4.1 内部控制环境和内部控制文化

为了保证公司规范运作，有效防范和化解经营风险，确保公司经营、财务和其他信息真实、准确、完整，最大限度地维护信托当事人、债权人、公司股东及其他利益相关者的合法权益，公司按照《公司法》及相关法律法规的要求，建立了包括股东会、董事会、监事会和高级管理层在内的完善的法人治理结构，各自根据《公司章程》确定的职责范围行使职权，在保持相互独立的基础上，做到了有机协调和相互制衡。

公司通过建立和完善法人治理结构，强化决策机制，充分发挥股东会、董事会和监事会的决策与监督作用。公司董事会通过多种方式将良好、诚信的企业文化在公司内传播，包括责任目标的制定、激励考核机制的导向、晋升通道的完善、开展以企业文化为主题的各类活动等增加员工归属感和忠诚度。同时也将“诚信、创新、务实、高效”的理念和“缔造财富价值、责任重于泰山”的精神贯穿于公司的各项制度和日常经营管理中，并最终落实在履行受托人职责上。公司牢固树立内部控制和风险管理优先的审慎经营理念，积极培养员工的风险防范意识和营造浓厚的内控文化氛围。

### 4.4.2 内部控制措施

4.4.2.1 履行内部控制职能的部门

公司根据业务发展的需要设立了业务部门和职能部门，并按照职责分离的原则设立相应的工作岗位，各个岗位有明确的岗位职责说明和清晰的报告关系。在此基础上，公司努力建立健全内部约束机制，实行前台、中台、后台的岗位职责分离。

4.4.2.2 内部控制的主要政策、制度、程序及执行情况

公司遵循有效性、审慎性、全面性、及时性和独立性原则，确定业务受理及初审、业务决策及风险控制、业务核算及业务监督相分离的部门和岗位，建立了对风险进行事前防范、事中控制、事后监督和纠正的动态机制。

公司内部控制制度由公司法人治理制度、基本管理制度、具体规章和部门内部规章等部分组成。其中，公司法人治理制度包括公司章程、董事监事产生办法、股东会议事规则、董事会议事规则、监事会议事规则等。公司基本管理制度包括内部控制大纲、合规及风险管理制度、关联交易管理制度、财务管理制度、人力资源管理制度、信托业务管理制度、自营业务管理制度、稽核监察制度和信息披露管理制度等。公司具体规章是指公司基本管理制度的实施细则及具体业务管理办法。部门内部规章指部门内部行政和业务管理所必备的工作流程及业务表单等。

《公司章程》的制定充分考虑了《公司法》及相关法律法规的要求，股东会、董事会、监事会、高级管理层等相应的议事规则切实可行，董事会下属委员会有明确的委员构成、职权范围、决策程序和议事规则等，公司日常管理和业务经营决策等环节均有章可循。

内部控制执行方面，一是公司各部门负责进行自我评估和分析，对发现内部控制的隐患和缺陷及时报告，并据此对相关规章制度进行调整和补充，使得公司的各项规章制度在实际工作中得到有效执行；二是公司风险稽核部与合规法律部承担独立评价公司业务经营风险和监督落实公司合规及风险管理政策的职责；三是由公司董事会下属的信托委员会和合规及风险管理委员会负责督促公司依法履行受托人职责。通过以上措施，公司以合规及风险管理为中心的内部控制体系已经建立，同时独立于经营层的外部监督，保证了内部控制体系在促进业务稳健经营和持续发展方面能够发挥有效作用。

### 4.4.3 信息交流与反馈

公司内部信息交流方面，通过建立各项规章制度，明确了公司股东会、董事会、监事会、高级管理层、各部门及员工的职责和报告路径，从而使各级管理者和员工能够及时了解和掌握公司的经营管理情况，有效履行各自的职责。

公司与外部的信息交流方面，一是采取书面、媒体发布等形式，向监管部门、受益人报告公司的重大事项和项目管理情况；二是为了树立良好的外部形象，让客户了解、认知公司，建立并充分运用外部网站，及时更新和发布公司概况、公司动态、产品推介、信息披露、客户服务等内容；三是通过短信及电话通知、设立800免费客服电话和在营业场所提供服务等方式，向客户推介产品信息、解答问题，力求最大限度地履行诚实、信用、谨慎、有效管理的义务，切实维护受益人的利益；四是公司不断努力提升公司内刊《百瑞财富》和《百瑞研究》的编辑出版质量，并通过向重点客户和合作伙伴免费寄送，使其成为客户了解公司的重要宣传载体，有力地促进了公司品牌宣传和形象提升。

### 4.4.4 监督评价与纠正

公司的内控监督体系包括三个层面，一是对股东会负责的监事会，主要对董事会、董事及高级管理人员履职情况行使监督职能。二是董事会下属的信托委员会、合规及风险管理委员

会和审计委员会。其中：信托委员会主要负责对信托业务的发展战略和业务模式进行规划和研究；审议公司提交的职责履行情况报告、信托业务风险评估报告和重大风险处置方案，对可能发生的风险事项向经营层提出整改意见，并督促其加以改进；当公司或股东利益与受益人利益发生冲突时，研究提出维护受益人权益的具体措施。合规及风险管理委员会主要负责检查经营层合法合规情况以及公司合规及风险控制制度的完善性和执行情况；对存在的重大风险隐患或出现的重大风险事故进行内部调查和向董事会报告；研究和组织制订公司合规及风险管理战略、政策和相关制度；审议信托业务风险评估报告及合规检查报告和信托项目专项检查报告等，对可能发生的风险事项向经营层提出整改意见，并督促其加以改进。审计委员会主要负责决定公司外部审计机构的选择和一般关联交易业务；审议公司内审情况报告和内部控制制度的执行情况报告及重大关联交易；监督公司内部审计制度及其实施。三是对公司董事会负责的风险稽核部和对经营层负责的合规法律部。风险稽核部主要根据董事会的要求，对公司业务和内部管理事项实施事后监督，并以稽核报告的方式进行报告和督促整改；合规法律部主要根据经营管理层的要求，对公司开展的业务进行全过程的合规及风险控制。

为了保证稳健经营、防范和化解经营风险、明确风险责任，公司对不履行或不正确履行公司管理制度和经营规则的人员进行责任追究。

## 4.5 风险管理

### 4.5.1 风险管理概况

4.5.1.1 公司经营活动中可能遇到的风险

基于金融行业运营环境和信托业特征，公司在经营活动中可能遇到的主要风险包括信用风险、市场风险和操作风险，同时还可能承担流动性风险、法律风险和声誉风险等其他风险。

4.5.1.2 公司风险管理的基本原则和控制政策

为了防范和化解经营风险及保证稳健经营，公司在董事会的领导下，确立了如下风险管理基本原则和政策：

（1）全面性原则

将信用风险、市场风险、操作风险以及包含这些风险的各种金融资产与资产组合、承担这些风险的各个业务单位、形成这些风险的交易环节和流程纳入到统一的风险管理体系中，全面覆盖公司的所有部门和岗位，逐步渗透到各项业务过程和每一个操作环节。

（2）独立性原则

公司合规法律部在经营层的领导下，客观评价公司经营风险，独立履行风险管理职能，保持风险管理决策和业务决策的适度分离。合规法律部在业务调研和决策环节，独立进行风险提示；在业务实施环节，独立进行风险排查和风险研判。

（3）风险与收益匹配原则

公司将风险评价纳入到公司业务决策和产品定价环节，逐步完善风险评价量化指标，在项目收益评价中加入风险调整因素以指导业务产品定价，确保实现产品定价覆盖预期损失，保证公司业务发展与风险控制工作并行不悖。

（4）制衡性原则

坚持内控优先，全面分析公司经营环节和业务流程，合理设置体现制衡原则的前台、中台、后台岗位职责，明确划分相关部门、岗位、上下级机构之间的职责，建立职责分离、横向与纵向相互监督制约的机制。

（5）信托财产单独管理原则

信托业务系统和自营业务系统的部门和人员分离；信托业务和自营业务由不同的高级管理人员分别管理，实现高级管理人员分工分离；信托财务和自营财务的人员、账表、资产分离，对每项信托业务单独开户、单独核算、单独管理，维护信托财产的独立性，形成管理防火墙。

（6）风险信息充分披露原则

强化合格投资人风险意识，规避各种形式的信托产品保底承诺，在信托产品设计和销售中充分识别和揭示风险。

4.5.1.3 公司风险管理的组织结构和职责划分

公司建立了以董事会、合规及风险管理委员会和经营管理层为主体的风险管理组织体系。

董事会承担风险管理的最终责任。负责审批风险管理的战略、政策和程序，确定公司可以承受的总体风险水平，督促经营管理层采取必要的措施识别、计量、监测和控制各种风险；定期获得关于风险性质和水平的报告，监控和评价风险管理的全面性、有效性以及高级管理层在风险管理方面的履职情况。董事会下属合规及风险管理委员会，负责拟定公司自营业务和信托业务的风险管理政策和指导原则。公司建立以合规及风险管理委员会为核心的风险控制体系，全面负责公司的风险控制工作。

高级管理层负责执行公司风险管理的政策，定期审查监督风险管理的程序以及具体的操作规程。定期向董事会、监事会报告风险管理情况。对经营层负责的合规法律部发挥日常监督、控制和预警的职能，有效识别、计量、监测和控制各项风险，对公司经营和业务活动进行全面风险管理，监督、检查和维护公司风险管理体系的有效性，实现风险管理和业务决策的适度分离，确保董事会领导下风险管理的日常化和制度化。

公司按照组织架构分成若干风险单位，各部门负责人在各自职责范围内承担相应的风险管理职责，负责部门内部风险管理工作。公司同时建立不同岗位员工的专业素质培训和考核计划，加强员工的风险自律管理。

### 4.5.2 风险状况

4.5.2.1 信用风险状况

公司面临的信用风险主要来自于交易对手不愿或者不能全部履行其合同义务，或者其信用等级下降时给公司权益造成的不确定性。

公司信用风险主要通过对交易对手的综合信用分析进行事前控制，以及通过交易结构设计、定价、制定借款人限额、定期风险评估等手段规避和监控交易对手信用风险的变化，明确界定各部门的风险管理责任，强调业务管理的前期调研和过程控制，严格授权审批制度、决策限额和投资比例控制。

公司根据河南银监局《转发中国银行业监督管理委员会关于非银行金融机构全面推行资产质量五级分类管理的通知的通知》（豫银监发〔2004〕93 号）要求，定期对公司资产质量进行五级分类。

公司按照《金融企业呆账准备提取管理办法》（财政部〔2005〕49 号）的规定，对承担风险和损失的资产提取呆账准备金,具体包括贷款(含抵押、质押、保证等)、股权和债权投资、存放同业款项、应收账款、其他应收款、应收利息、应收股利等债权和股权。

呆账准备金分为一般准备和专项准备。一般准备按照风险资产余额的1%计提,专项准备按照资产风险分类结果计提,其中关注类2%、次级类30%、可疑类60%、损失类100%。

2010年公司不良资产期初数3 006.12万元,期末数3 000.00万元,已足额计提资产减值准备。

以动产、不动产、财产权等设定抵押、质押担保的,需提供抵押物、质押物的权属证明及有权部门出具的价值评估报告和证明文件,以及第三人同意抵押、质押的担保意向书。原则上,用不动产抵押,抵押率(按净值计算)不高于70%;用可转让动产抵(质)押,抵(质)押率(按净值计算)不高于50%。

具有代为清偿债务能力的法人、其他组织或者公民提供保证的,其对外股本权益性投资、盈利水平、资产负债率等指标需符合公司借款申请人标准。

4.5.2.2　市场风险状况

公司面临的市场风险主要来自于因基础金融变量(如利率、汇率、股价及商品价格)变动而使公司金融资产的市场价值或收益发生变化的可能性。市场风险存在于公司的各项交易和非交易业务中,可进一步分为利率风险、汇率风险、证券交易价格波动风险和其他价格风险。

利率风险是指市场利率变动的不确定性给公司造成损失的可能性。公司在开展贷款类业务时,综合对未来利率走势的预测和交易成本等因素,分别采用了挂钩贷款基准利率变化的浮动利率和较高的固定利率两种方式,有效应对可能发生的利率风险。2010年市场利率的变化对公司经营收益未产生明显影响。

公司2010年末外汇业务存量为零,汇率波动未对公司造成影响。

公司密切关注宏观经济政策变化,加强证券投资研究,通过信托产品结构化设计、组合投资策略以提高公司抵御证券价格波动风险的能力。2010年证券价格波动风险对公司未产生明显影响。

其他价格风险主要是指通货膨胀风险。2010年该类风险对公司未产生明显影响。

4.5.2.3　操作风险状况

公司面临的操作风险主要是制度和操作流程缺失以及现有制度和流程不能得到有效执行而可能引起的经营风险和损失。前者是指公司制度和流程不能覆盖公司经营的每一个环节,存在制度真空或缺陷;后者是指内控失效,在超越授权和缺少制衡的情况下进行经营操作,各种制度和流程的执行效果和效率未达到预期目标。

目前公司的内控制度体系已覆盖了各项业务的全部操作环节,建立了完善的授权体系,各项制度和流程的执行效果达到预期目标。报告期内无该类风险发生。

4.5.2.4　其他风险状况

其他风险主要包括流动性风险、法律风险和声誉风险等。

流动性风险主要有两种形式,一是非现金资产的流动性风险,二是资金的流动性风险。前者是指非现金资产不能按现有市场价值及时变现而导致损失的可能性,后者是指现金流不能满足支出的需求而迫使公司提前进行清算,从而使账面潜在损失变为实际损失。报告期内公司非现金资产可正常变现,有稳定的现金流,无该类风险发生。

法律风险是指公司签订合同的内容在法律上有缺陷或不完善而发生法律纠纷甚至无法履约,以及法律的不完善或修订使收益产生的不确定性。报告期内公司无该类风险发生。

声誉风险是指由于公司操作失误、违反有关规定、资产质量下降不能到期偿债、不能向公众提供高质量的金融服务和管理不善等原因,对外部市场地位产生的消极和不良影响。报告期内公司无该类风险发生。

**4.5.3　风险管理**

4.5.3.1　信用风险管理

公司信用风险管理主要通过对交易对手的综合信用分析进行事前控制,以及通过交易结构设计、定价、制定借款人限额、定期风险评估等手段规避和监控交易对手信用风险的变化,明确界定各部门的风险管理责任,强调业务管理的前期调研和过程控制,严格授权审批制度、决策限额和投资比例控制。具体措施包括:

(1)根据目前公司的业务构成、规模和经营环境,对信用风险的管理主要采用信用分析和交易监督及控制方法。前者主要是按照监管部门要求,通过业务人员现场调研并填表、中后台人员复核的形式定期对公司资产质量进行五级分类;后者主要是采用定期调查、资金用途控制、抵押担保等方式降低交易对手的信用风险。

(2)交易定价方面。公司根据《金融企业呆账准备提取管理办法》(财政部〔2005〕49号)规定,对承担风险和损失的资产提取呆账准备金。

(3)公司认定的抵押财产包括抵押人所有的机器、交通运输工具和其他财产,抵押人依法有处分权的国有土地使用权、房屋和其他地上定着物等。抵(质)押率是借款本息总额与抵(质)押物净值的比率,具体设定时结合抵押物评估值、质押物面值、抵(质)押物净值、潜在的价值损失及处置变现的程度从严掌控。

(4)公司有关保证担保类贷款的管理措施包括严格筛选保证人,调查与审批相分离等。具体实施过程为:双人现场见证法律文件签署,与保证人以书面形式订立保证合同,保证方式的约定采用保证人承担连带责任保证,明确约定承担保证责任的终止时间。担保生效后,公司组织双人定期进行项目检查,对被担保人、反担保人,以及抵(质)押物进行实地检查,定期出具管理报告。

(5)2010年,宏观经济形势发生变化,在房地产业务风险日益加大的情况下,公司运用房地产业务信用风险计量模型辅助决策,并取得一定效果。

(6)2010年,公司大力完善信用风险预警指标体系,加强资产质量分类管理,实行严格的信用风险报告制度。

4.5.3.2 市场风险管理

市场风险管理是指识别、计量、监测和控制市场风险的全过程,其目标是通过将市场风险控制在公司可以承受的合理范围内,以实现风险调整后的收益率的最大化。

(1)公司市场风险管理策略

制定了与公司业务性质、规模、复杂程度和风险特征相适应的，与公司总体业务发展战略、管理能力、资本实力和能够承担的总体风险水平相一致的市场风险管理原则和程序；对每项业务和产品中的市场风险因素进行分解和分析，及时、准确地识别所有交易和非交易业务中市场风险的类别和性质；建立了完善的市场风险管理内部控制体系，并将其作为公司整体内部控制体系的有机组成部分。

（2）市场风险管理措施

关注国家宏观政策变化，规避限制类行业和相关项目；加强行业风险研究，规避宏观面和行业周期产生的市场风险；进行资产组合管理，动态调整资产配置方案；控制总体证券投资规模和股票持仓数量，设定证券投资限制性指标和止损点；控制行业集中度，拓展多元化投资领域和项目；贷款合同及相关文件进行浮动利率变化的事前约定，规避利率风险；建立证券业务的市场风险模型，科学测量证券投资的安全边际；建立房地产业务市场风险计量模型，防范房地产行业系统性风险。

4.5.3.3　操作风险管理

公司操作风险管理的基本策略是加强内控制度建设和落实。

（1）公司操作风险管理坚持内控优先，全面分析公司经营环节和业务流程，合理设置体现制衡原则的前台、中台、后台岗位职责，明确划分相关部门之间、岗位之间的职责，建立职责分离、横向与纵向相互监督制约的机制；优化公司经营决策和管理，密切关注信息系统、风险报告和监控系统可能出现的疏漏，建立和完善授权制度，进行不同岗位制衡安排，防患于未然；按照公司责任追究制度、合规及风险管理制度以及业务管理制度中的罚则部分，对违规人员进行问责。

（2）操作风险管理措施

完善公司各项规章制度和操作流程，切实加强执行力度；强调业务管理的过程控制，设置事前、事中和事后相互支持和制约的职责关系；进行合理的岗位设置和有效的职责分离，建立严格的复核和审批程序；制定项目尽职调研和尽职管理指引，规范业务操作流程；加强业务创新，提高产品设计质量和强化风险保障措施；对内控制度的执行情况和制度完备性进行定期的检查，并督促及时整改；建立房地产业务操作风险计量模型，为公司房地产业务操作风险管理提供量化工具。

4.5.3.4　其他风险管理

公司流动性风险管理策略包括保持足够的可变现资产、合理安排资产的期限组合、针对信托业务设计信托产品的流通平台等。

公司法律风险管理策略包括充分利用法律手段，优化产品结构和法律文本设计；提高公司全员的法律风险意识，强化公司合规法律部的法律风险监督职能；在合规法律部专设法律事务管理岗位，加强公司业务的法律风险管理工作；在公司业务决策和审批流程中加入法律审查环节，引入外部法律顾问参与交易结构设计和法律文本审核等工作。

公司声誉风险管理策略包括将公司声誉构建与公司发展战略和企业文化进行有机结合，通过尽职管理和充分信息披露以塑造公司的专业和诚信形象，对可能影响公司声誉的业务坚决予以回避等。

# 5. 2010 年及上年比较式会计报表

## 5.1　自营资产

### 5.1.1　会计师事务所审计意见全文

**审 计 报 告**

寅会〔2011〕1419 号

百瑞信托有限责任公司全体股东：

我们审计了后附的百瑞信托有限责任公司（以下简称贵公司）财务报表，包括 2010 年 12 月 31 日的资产负债表，2010 年度的利润表、现金流量表和股东权益变动表以及财务报表附注。

一、管理层对财务报表的责任

按照企业会计准则的规定编制财务报表是贵公司管理层的责任。这种责任包括：（1）设计、实施和维护与财务报表编制相关的内部控制，以使财务报表不存在由于舞弊或错误而导致的重大错报；（2）选择和运用恰当的会计政策；（3）作出合理的会计估计。

二、注册会计师的责任

我们的责任是在实施审计工作的基础上对财务报表发表审计意见。我们按照中国注册会计师审计准则的规定执行了审计工作。中国注册会计师审计准则要求我们遵守职业道德规范，计划和实施审计工作以对财务报表是否不存在重大错报获取合理保证。

审计工作涉及实施审计程序，以获取有关财务报表金额和披露的审计证据。选择的审计程序取决于注册会计师的判断，包括对由于舞弊或错误导致的财务报表重大错报风险的评估。在进行风险评估时，我们考虑与财务报表编制相关的内部控制，以设计恰当的审计程序，但目的并非对内部控制的有效性发表意见。审计工作还包括评价管理层选用会计政策的恰当性和作出会计估计的合理性，以及评价财务报表的总体列报。

我们相信，我们获取的审计证据是充分、适当的，为发表审计意见提供了基础。

三、审计意见

我们认为，贵公司财务报表已经按照企业会计准则的规定编制，在所有重大方面公允反映了贵公司 2010 年 12 月 31 日的财务状况以及 2010 年度的经营成果和现金流量。

华寅会计师事务所　　中国注册会计师：

有限责任公司　　中国注册会计师：

中国·北京　　二〇一一年二月一日

### 5.1.2 资产负债表

**资产负债表**

2010 年 12 月 31 日

编制单位:百瑞信托有限责任公司　　单位:万元

| 项　目 | 行次 | 期末余额 | 期初余额 |
|---|---|---|---|
| 现金及银行存款 | 1 | 35 889.35 | 20 986.16 |
| 其他货币资金 | 2 | 1 093.45 | 1 999.27 |
| 存放中央银行款项 | 3 | — | — |
| 贵金属 | 4 | — | — |
| 存放联行款项 | 5 | — | — |
| 存放同业款项 | 6 | — | — |
| 拆出资金 | 7 | 5 000.00 | — |
| 交易性金融资产 | 8 | 9 252.49 | 8 370.80 |
| 衍生金融资产 | 9 | — | — |
| 买入返售金融资产 | 10 | — | 4 251.92 |
| 应收款项类金融资产 | 11 | 52.50 | — |
| 应收利息 | 12 | 11.89 | 123.73 |
| 其他应收款 | 13 | 851.39 | 660.25 |
| 发放贷款和垫款 | 14 | 20 100.00 | 25 295.09 |
| 持有至到期投资 | 15 | — | — |
| 可供出售金融资产 | 16 | 46 358.77 | 29 354.48 |
| 长期股权投资 | 17 | 18 885.58 | 8 165.58 |
| 投资性房地产 | 18 | — | — |
| 长期应收款 | 19 | — | — |
| 未实现融资收益 | 20 | — | — |
| 固定资产 | 21 | 6 059.68 | 6 347.40 |
| 在建工程 | 22 | — | — |
| 固定资产清理 | 23 | -179.00 | -201.48 |
| 无形资产 | 24 | 214.34 | 127.13 |
| 商誉 | 25 | — | — |
| 长期待摊费用 | 26 | — | — |
| 抵债资产 | 27 | — | — |
| 递延所得税资产 | 28 | 540.79 | 599.90 |
| 其他资产 | 29 | — | — |
| 资产总计 | 30 | 144 131.23 | 106 080.23 |

单位负责人:马宝军　财务负责人:王克槿　财务主管:刘　芳　制表人:董鉴锋

**资产负债表(续)**

2010 年 12 月 31 日

编制单位:百瑞信托有限责任公司　　单位:万元

| 项　目 | 行次 | 期末余额 | 期初余额 |
|---|---|---|---|
| 负债: | | — | — |
| 向中央银行借款 | 31 | — | — |
| 联行存放款项 | 32 | — | — |
| 拆入资金 | 33 | 10 000.00 | — |
| 同业及其他金融机构存放款项 | 34 | — | — |
| 交易性金融负债 | 35 | — | — |
| 衍生金融负债 | 36 | — | — |
| 卖出回购金融资产款 | 37 | — | — |
| 代理兑付证券款 | 38 | — | — |
| 吸收存款 | 39 | — | — |
| 应付职工薪酬 | 40 | 982.10 | 978.57 |
| 应交税费 | 41 | 5 867.66 | 466.05 |
| 应付利息 | 42 | — | — |
| 其他应付款 | 43 | 8 333.12 | 9 965.18 |
| 预计负债 | 44 | — | — |
| 应付债券 | 45 | — | — |
| 长期应付款 | 46 | — | — |
| 递延所得税负债 | 47 | 1 178.92 | 695.16 |
| 其他负债 | 48 | — | — |
| 负债合计 | 49 | 26 361.80 | 12 104.96 |
| 所有者权益(或股东权益) | | — | — |
| 实收资本(股本) | 50 | 60 500.00 | 60 500.00 |
| 资本公积 | 51 | 16 769.34 | 9 660.31 |
| 减:库存股 | 52 | — | — |
| 盈余公积 | 53 | 4 528.58 | 2 860.06 |
| 信托赔偿准备金 | 54 | 2 232.83 | 1 398.58 |
| 一般风险准备 | 55 | 1 319.06 | 1 078.84 |
| 未分配利润 | 56 | 32 419.62 | 18 477.48 |
| 外币报表折算差额 | 57 | — | — |
| 归属于母公司所有者权益合计 | 58 | 117 769.43 | 93 975.27 |
| 少数股东权益 | 59 | — | — |
| 所有者权益(或股东权益)合计 | 60 | 117 769.43 | 93 975.27 |
| 负债和所有者权益(或股东权益)总计 | 61 | 144 131.23 | 106 080.23 |

单位负责人:马宝军　财务负责人:王克槿　财务主管:刘　芳　制表人:董鉴锋

### 5.1.3 利润和利润分配表

**利润表**

编制单位:百瑞信托有限责任公司　2010 年　单位:万元

| 项　目 | 本年累计数 | 上年累计数 |
|---|---|---|
| 一、营业收入 | 41 347.21 | 21 772.09 |
| 1. 利息收入净收入(净支出以"-"号填列) | 4 588.56 | 3 749.25 |
| 贷款利息收入 | 4 174.39 | 3 597.25 |
| 金融企业往来收入 | 438.31 | 209.46 |
| 利息支出 | — | — |
| 金融企业往来支出 | 24.14 | 57.46 |
| 2. 手续费及佣金收入(净支出以"-"号填列) | 14 699.05 | 8 609.19 |
| 手续费及佣金收入 | 14 699.05 | 8 609.19 |
| 手续费及佣金支出 | — | — |
| 3. 租赁收入 | 7.39 | 43.00 |
| 4. 其他业务收入 | 16 377.71 | 10 966.81 |
| 5. 汇兑损益(损失以"-"号填列) | — | — |
| 6. 公允价值变动收益(损失以"-"号填列) | 458.16 | 360.00 |
| 7. 投资收益(损失以"-"号填列) | 5 216.34 | -1 956.16 |
| 二、营业支出 | 9 659.70 | 7 127.72 |
| 营业税金及附加 | 2 157.35 | 1 556.19 |
| 营业费用 | 7 738.74 | 4 010.66 |
| 资产减值损失 | -236.39 | 1 560.87 |
| 其他业务支出 | — | — |
| 三、营业利润(亏损以"-"号填列) | 31 687.51 | 14 644.37 |
| 加:营业外收入 | 828.37 | 1 016.41 |
| 减:营业外支出 | 10 078.92 | 0.03 |
| 四、利润总额(亏损总额以"-"号填列) | 22 436.96 | 15 660.75 |
| 减:所得税费用 | 5 751.83 | 3 604.39 |
| 五、净利润(净亏损以"-"号填列) | 16 685.13 | 12 056.36 |

单位负责人:马宝军　财务负责人:王克槿　财务主管:刘　芳　制表人:董鉴锋

**利润分配表**

编制单位：百瑞信托有限责任公司　　2010 年　　单位：万元

| 项　　目 | 本年累计数 | 上年累计数 |
|---|---|---|
| 本年净利润 | 16 685.13 | 12 056.36 |
| 加：（一）年初未分配利润 | 18 477.48 | 8 465.30 |
| （二）盈余公积弥亏 | — | — |
| （三）其他调整因素 | — | — |
| （四）会计政策变更 | — | — |
| 可供分配的利润 | 35 162.61 | 20 521.66 |
| 减：（一）单项留用的利润 | — | — |
| （二）补充流动资本 | — | — |
| （三）提取法定盈余公积 | 1 668.51 | 1 205.64 |
| （四）提取法定公益金 | — | — |
| （五）提取信托赔偿准备金 | 834.25 | 602.82 |

续表

| 项　　目 | 本年累计数 | 上年累计数 |
|---|---|---|
| （六）提取一般准备金 | 240.23 | 235.72 |
| （七）提取企业发展基金 | — | — |
| （八）利润归还投资 | — | — |
| （九）其他 | — | — |
| 可供投资者分配的利润 | 32 419.62 | 18 477.48 |
| 减：（一）应付优先股股利 | — | — |
| （二）提取任意盈余公积 | — | — |
| （三）应付普通股股利 | — | — |
| （四）转作资本（股本）的普通股股利 | — | — |
| （五）其他 | — | — |
| 未分配利润 | 32 419.62 | 18 477.48 |

单位负责人：马宝军　财务负责人：王克槿　财务主管：刘　芳　制表人：董鉴锋

### 5.1.4　所有者权益变动表

**所有者权益变动表**

编制单位：百瑞信托有限责任公司　　2010 年　　单位：万元

| 项　　目 | 行次 | 本年金额 | | | | | | | | |
|---|---|---|---|---|---|---|---|---|---|---|
| | | 归属于母公司所有者权益 | | | | | | | 少数股东权益 | 所有者权益合计 |
| | | 实收资本（或股本） | 资本公积 | 减：库存股 | 盈余公积 | 一般风险准备 | 未分配利润 | 其他 | | |
| 一、上年末余额 | 1 | 60 500.00 | 9 660.31 | — | 2 860.07 | 1 078.83 | 18 477.48 | 1 398.58 | — | 93 975.27 |
| 加：会计政策变更 | 2 | — | — | — | — | — | — | — | — | — |
| 前期差错更正 | 3 | — | — | — | — | — | — | — | — | — |
| 二、本年初余额 | 4 | 60 500.00 | 9 660.31 | — | 2 860.07 | 1 078.83 | 18 477.48 | 1 398.58 | — | 93 975.27 |
| 三、本年增减变动金额（减少以"－"号填列） | 5 | — | 7 109.03 | — | 1 668.51 | 240.23 | 13 942.14 | 834.25 | — | 23 794.16 |
| （一）净利润 | 6 | — | — | — | — | — | 16 685.13 | — | — | 16 685.13 |
| （二）直接计入所有者权益的利得和损失 | 7 | — | 7 109.03 | — | — | — | — | — | — | 7 109.03 |
| 1. 可供出售金融资产公允价值变动净额 | 8 | — | 1 109.03 | — | — | — | — | — | — | 1 109.03 |
| （1）计入所有者权益的金额 | 9 | — | 1 109.03 | — | — | — | — | — | — | 1 109.03 |
| （2）转入当期损益的金额 | 10 | — | — | — | — | — | — | — | — | — |
| 2. 现金流量套期工具公允价值变动净额 | 11 | — | — | — | — | — | — | — | — | — |
| （1）计入所有者权益的金额 | 12 | — | — | — | — | — | — | — | — | — |
| （2）转入当期损益的金额 | 13 | — | — | — | — | — | — | — | — | — |
| （3）计入被套期项目初始确认金额中的金额 | 14 | — | — | — | — | — | — | — | — | — |
| 3. 权益法下被投资单位其他所有者权益变动的影响 | 15 | — | — | — | — | — | — | — | — | — |
| 4. 与计入所有者权益项目相关的所得税影响 | 16 | — | — | — | — | — | — | — | — | — |
| 5. 其他 | 17 | — | 6 000.00 | — | — | — | — | — | — | 6 000.00 |
| 上述（一）和（二）小计 | 18 | — | 7 109.03 | — | — | — | 16 685.13 | — | — | 23 794.16 |
| （三）所有者投入和减少资本 | 19 | — | — | — | — | — | — | — | — | — |
| 1. 所有者投入资本 | 20 | — | — | — | — | — | — | — | — | — |
| 2. 股份支付计入所有者权益的金额 | 21 | — | — | — | — | — | — | — | — | — |
| 3. 其他 | 22 | — | — | — | — | — | — | — | — | — |
| （四）利润分配 | 23 | — | — | — | 1 668.51 | 240.23 | －2 742.99 | 834.25 | — | — |
| 1. 提取盈余公积 | 24 | — | — | — | 1 668.51 | — | －1 668.51 | — | — | — |
| 2. 提取一般风险准备 | 25 | — | — | — | — | 240.23 | －240.23 | — | — | — |
| 3. 对所有者（或股东）的分配 | 26 | — | — | — | — | — | — | — | — | — |
| 4. 其他 | 27 | — | — | — | — | — | －834.25 | 834.25 | — | — |
| （五）所有者权益内部结转 | 28 | — | — | — | — | — | — | — | — | — |
| 1. 资本公积转增资本（或股本） | 29 | — | — | — | — | — | — | — | — | — |
| 2. 盈余公积转增资本（或股本） | 30 | — | — | — | — | — | — | — | — | — |
| 3. 盈余公积弥补亏损 | 31 | — | — | — | — | — | — | — | — | — |
| 4. 一般风险准备弥补亏损 | 32 | — | — | — | — | — | — | — | — | — |
| 5. 其他 | 33 | — | — | — | — | — | — | — | — | — |
| 四、本年末余额 | 34 | 60 500.00 | 16 769.34 | — | 4 528.58 | 1 319.06 | 32 419.62 | 2 232.83 | — | 117 769.43 |

单位负责人：马宝军　　财务负责人：王克槿　　财务主管：刘　芳　　制表：董鉴锋

**所有者权益变动表(续)**

编制单位:百瑞信托有限责任公司　　2010 年　　单位:万元

| 项　目 | 行次 | 上年金额 | | | | | | | | |
|---|---|---|---|---|---|---|---|---|---|---|
| | | 归属于母公司所有者权益 | | | | | | | 少数股东权益 | 所有者权益合计 |
| | | 实收资本(或股本) | 资本公积 | 减:库存股 | 盈余公积 | 一般风险准备 | 未分配利润 | 其他 | | |
| 一、上年末余额 | 1 | 60 500.00 | -3 411.66 | — | 2 228.24 | 843.11 | 13 361.04 | 1 082.67 | — | 74 603.40 |
| 加:会计政策变更 | 2 | — | — | — | — | — | — | — | — | — |
| 前期差错更正 | 3 | — | 11 250.00 | — | -573.81 | — | -4 895.74 | -286.91 | — | 5 493.54 |
| 二、本年初余额 | 4 | 60 500.00 | 7 838.34 | — | 1 654.43 | 843.11 | 8 465.30 | 795.76 | — | 80 096.94 |
| 三、本年增减变动金额(减少以"-"号填列) | 5 | — | 1 821.97 | — | 1 205.64 | 235.72 | 10 012.18 | 602.82 | — | 13 878.33 |
| (一)净利润 | 6 | — | — | — | — | — | 12 056.36 | — | — | 12 056.36 |
| (二)直接计入所有者权益的利得和损失 | 7 | — | 1 821.97 | — | — | — | — | — | — | 1 821.97 |
| 1. 可供出售金融资产公允价值变动净额 | 8 | — | 1 765.27 | — | — | — | — | — | — | 1 765.27 |
| (1)计入所有者权益的金额 | 9 | — | 1 765.27 | — | — | — | — | — | — | 1 765.27 |
| (2)转入当期损益的金额 | 10 | — | — | — | — | — | — | — | — | — |
| 2. 现金流量套期工具公允价值变动净额 | 11 | — | — | — | — | — | — | — | — | — |
| (1)计入所有者权益的金额 | 12 | — | — | — | — | — | — | — | — | — |
| (2)转入当期损益的金额 | 13 | — | — | — | — | — | — | — | — | — |
| (3)计入被套期项目初始确认金额中的金额 | 14 | — | — | — | — | — | — | — | — | — |
| 3. 权益法下被投资单位其他所有者权益变动的影响 | 15 | — | — | — | — | — | — | — | — | — |
| 4. 与计入所有者权益项目相关的所得税影响 | 16 | — | — | — | — | — | — | — | — | — |
| 5. 其他 | 17 | — | 56.7 | — | — | — | — | — | — | 56.7 |
| 上述(一)和(二)小计 | 18 | — | 1 821.97 | — | — | — | 12 056.36 | — | — | 13 878.33 |
| (三)所有者投入和减少资本 | 19 | — | — | — | — | — | — | — | — | — |
| 1. 所有者投入资本 | 20 | — | — | — | — | — | — | — | — | — |
| 2. 股份支付计入所有者权益的金额 | 21 | — | — | — | — | — | — | — | — | — |
| 3. 其他 | 22 | — | — | — | — | — | — | — | — | — |
| (四)利润分配 | 23 | — | — | — | 1 205.64 | 235.72 | -2 044.18 | 602.82 | — | — |
| 1. 提取盈余公积 | 24 | — | — | — | 1 205.64 | — | -1 205.64 | — | — | — |
| 2. 提取一般风险准备 | 25 | — | — | — | — | 235.72 | -235.72 | — | — | — |
| 3. 对所有者(或股东)的分配 | 26 | — | — | — | — | — | — | — | — | — |
| 4. 其他 | 27 | — | — | — | — | — | -602.82 | 602.82 | — | — |
| (五)所有者权益内部结转 | 28 | — | — | — | — | — | — | — | — | — |
| 1. 资本公积转增资本(或股本) | 29 | — | — | — | — | — | — | — | — | — |
| 2. 盈余公积转增资本(或股本) | 30 | — | — | — | — | — | — | — | — | — |
| 3. 盈余公积弥补亏损 | 31 | — | — | — | — | — | — | — | — | — |
| 4. 一般风险准备弥补亏损 | 32 | — | — | — | — | — | — | — | — | — |
| 5. 其他 | 33 | — | — | — | — | — | — | — | — | — |
| 四、本年末余额 | 34 | 60 500.00 | 9 660.31 | — | 2 860.07 | 1 078.83 | 18 477.48 | 1 398.58 | — | 93 975.27 |

单位负责人:马宝军　　财务负责人:王克槿　　财务主管:刘　芳　　制表:董鉴锋

## 5.2 信托资产

### 5.2.1 信托项目资产负债汇总表

**信托项目资产负债表**

编制单位:百瑞信托有限责任公司　　2010 年 12 月 31 日　　单位:万元

| 信托资产 | 期末余额 | 期初余额 | 信托负债和信托权益 | 期末余额 | 期初余额 |
|---|---|---|---|---|---|
| 信托资产 | — | — | 信托负债 | — | — |
| 货币资金 | 34 655.94 | 39 838.58 | 交易性金融负债 | — | — |
| 拆出资金 | — | — | 衍生金融负债 | — | — |
| 存出保证金 | — | — | 应付受托人报酬 | 501.46 | 179.51 |

续表

| 信托资产 | 期末余额 | 期初余额 | 信托负债和信托权益 | 期末余额 | 期初余额 |
|---|---|---|---|---|---|
| 交易性金融资产 | 12 873.00 | 9 804.97 | 应付托管费 | — | — |
| 衍生金融资产 | — | — | 应付受益人收益 | 850.54 | 131.64 |
| 买入返售金融资产 | 216 045.00 | 15 550.00 | 应交税费 | — | — |
| 应收款项 | 12 889.63 | 23 652.23 | 应付销售服务费 | — | — |
| 发放贷款 | 1 756 150.62 | 1 006 354.32 | 其他应付款项 | 27 113.30 | 32 899.67 |
| 可供出售金融资产 | 9 400.00 | 31.25 | 预计负债 | — | — |
| 持有至到期投资 | 30 000.00 | 30 000.00 | 其他负债 | — | — |
| 长期应收款 | — | — | 信托负债合计 | 28 465.30 | 33 210.82 |
| 长期股权投资 | 857 430.80 | 708 692.65 | — | — | — |
| 其他长期投资 | 1 834.91 | 1 868.39 | — | — | — |
| 投资性房地产 | — | — | 信托权益 | — | — |
| 固定资产 | — | — | 实收信托 | 2 894 905.79 | 1 809 714.75 |
| 无形资产 | — | — | 资本公积 | — | — |
| 长期待摊费用 | 8 156.89 | 6 438.19 | 损益平准金 | — | — |
| 其他资产 | — | 12 050.00 | 未分配利润 | 16 065.70 | 11 355.01 |
| 减:各项资产减值准备 | — | — | 信托权益合计 | 2 910 971.49 | 1 821 069.76 |
| 信托资产总计 | 2 939 436.79 | 1 854 280.58 | 信托负债和信托权益总计 | 2 939 436.79 | 1 854 280.58 |

单位负责人:马宝军　　财务负责人:王克槿　　财务主管:刘　芳　　制表:黄　彪

### 5.2.2 信托项目利润及利润分配汇总表

**信托项目利润及利润分配表**

编制单位:百瑞信托有限责任公司　　2010 年　　单位:万元

| 项　　目 | 本年数 | 上年数 |
|---|---|---|
| 1. 营业收入 | 167 060.72 | 97 646.57 |
| 1.1 利息收入 | 111 111.85 | 57 001.08 |
| 1.2 投资收益(损失以"－"号填列) | 44 332.71 | 34 374.62 |
| 1.2.1 其中:对联营企业和合营企业的投资收益 | — | — |
| 1.3 公允价值变动收益(损失以"－"号填列) | －1 690.70 | 380.61 |
| 1.4 租赁收入 | — | 296.27 |
| 1.5 汇兑损益(损失以"－"号填列) | — | — |
| 1.6 其他收入 | 13 306.86 | 5 593.99 |
| 2. 支出 | 16 604.69 | 10 908.44 |
| 2.1 营业税金及附加 | 1.36 | 34.95 |
| 2.2 受托人报酬 | 12 614.82 | 8 386.56 |
| 2.3 保管费 | 638.70 | 536.76 |
| 2.4 投资管理费 | 119.22 | 610.41 |
| 2.5 销售服务费 | 1 072.24 | 813.26 |
| 2.6 交易费用 | 172.80 | — |
| 2.7 资产减值损失 | — | — |
| 2.8 其他费用 | 1 985.55 | 526.50 |
| 3. 信托净利润(净亏损以"－"号填列) | 150 456.03 | 86 738.13 |
| 4. 其他综合收益 | — | — |
| 5. 综合收益 | 150 456.03 | 86 738.13 |
| 6. 加:期初未分配信托利润 | 11 355.01 | 10 590.30 |
| 7. 可供分配的信托利润 | 161 811.04 | 97 328.43 |
| 8. 减:本期已分配信托利润 | 145 745.34 | 85 973.42 |
| 9. 期末未分配信托利润 | 16 065.70 | 11 355.01 |

单位负责人:马宝军　　财务负责人:王克槿　　财务主管:刘　芳　　制表:黄　彪

## 6. 会计报表附注

### 6.1 报告年度会计报表编制基准、会计政策、会计估计和核算方法发生变化情况

2010 年,公司自营业务、信托业务的会计报表编制基准、会计政策、会计估计和核算方法均未发生变化。

### 6.2 或有事项说明

公司对外担保及其他或有事项的期初数、期末数及其对公司存在的影响。

截至资产负债表日,公司无对外担保。

### 6.3 重要资产转让及其出售的说明

2005 年公司以 800 万元价格购买了河南省明辉置业有限公司(以下简称"明辉置业")开发的润华商务花园 D 座二层、三层、四层、七层、九层房产共计 2 435.19 平方米,购房时约定河南润华商务服务有限公司(以下简称润华商务)偿清对公司的全部债务后,公司同意明辉置业以公司取得房产的总成本为价格对上述房产回购,并由明辉置业承担交易税费。截至 2007 年末,润华商务偿清了对公司的全部债务;截至 2010 年 4 月 8 日,明辉置业支付了全额房产回购款,并要求公司将房产过户至润华商务名下;2010 年 12 月公司配合将上述房产证名称变更为润华商务。

### 6.4 会计报表中重要项目的明细资料

#### 6.4.1 披露自营资产经营情况

6.4.1.1 信用风险资产的期初数、期末数

单位:万元

| 信用风险资产五级分类 | 正常类 | 关注类 | 次级类 | 可疑类 | 损失类 | 信用风险资产合计 | 不良合计 | 不良率(%) |
|---|---|---|---|---|---|---|---|---|
| 期初数 | 93 635.71 | 11 836.06 | — | 3 004.84 | 1.28 | 108 477.89 | 3 006.12 | 2.83 |
| 期末数 | 143 270.23 | 16.53 | — | 3 000.00 | — | 146 286.76 | 3 000.00 | 2.08 |

注:不良资产合计=次级类+可疑类+损失类。

6.4.1.2 各项资产减值损失准备的期初、本期计提、本期转回、本期核销、期末数

单位:万元

| | 期初金额 | 本期计提金额 | 本期转回金额 | 本期核销金额 | 期末金额 |
|---|---|---|---|---|---|
| 贷款损失准备 | 1 835.10 | — | 35.10 | — | 1 800.00 |
| 一般准备 | — | — | — | — | — |
| 专项准备 | 1 835.10 | — | 35.10 | — | 1 800.00 |
| 其他资产减值准备 | 315.88 | — | — | 4.47 | 311.41 |
| 可供出售金融资产减值准备 | 166.00 | — | 166.00 | — | — |
| 持有至到期投资减值准备 | — | — | — | — | — |
| 长期股权投资减值准备 | 43.79 | — | — | — | 43.79 |
| 坏账准备 | 36.90 | — | 35.30 | 1.27 | 0.33 |
| 投资性房地产减值准备 | — | — | — | — | — |

6.4.1.3 自营股票投资、基金投资、债券投资、股权投资等投资业务的期初数、期末数

单位:万元

| | 自营股票 | 基金 | 债券 | 长期股权投资 | 其他投资 | 合计 |
|---|---|---|---|---|---|---|
| 期初数 | 7 441.07 | 7 050.00 | — | 8 209.00 | 23 400.58 | 46 100.65 |
| 期末数 | 29 341.92 | 632.36 | 14 160.70 | 18 929.37 | 11 476.28 | 74 540.63 |

6.4.1.4 前三名的自营长期股权投资的企业名称、占被投资企业权益的比例、主要经营活动及投资收益情况等

| 企业名称 | 占被投资企业权益的比例(%) | 主要经营活动 | 投资收益 |
|---|---|---|---|
| 郑州银行股份有限公司 | 5.77 | 吸收公众存款;发放短期、中期和长期贷款;办理国内结算;办理票据贴现;发行金融债券;代理发行、代理兑付、承销政府债券、买卖政府债券;从事同业拆借;代理收付款项业务和经中国银行业监督管理机构批准的其他业务。 | 未分红 |
| 巩义浦发村镇银行股份有限公司 | 5 | 吸收公众存款;发放短期、中期和长期贷款;办理国内结算;办理票据承兑与贴现;从事同业拆借;从事银行卡业务;代理发行、代理兑付、承销政府债券;代理收付款项及代理保险业务;经银行业监督管理机构批准的其他业务。 | 未分红 |
| 百瑞创新资本创业投资有限公司 | 48 | 创业投资;代理其他创业投资企业等机构或个人的创业投资业务;创业投资咨询业务;为创业企业提供创业管理服务;参与设立创业投资企业与创业投资管理顾问机构。 | 未分红 |

6.4.1.5 前三名的自营贷款的企业名称、占贷款总额的比例和还款情况等

| 企业名称 | 占贷款总额的比例(%) | 还款情况 |
|---|---|---|
| 河南西元置业有限公司 | 46% | 正常 |
| 河南能信热力有限责任公司 | 19% | 正常 |
| 河南天鹰股份有限公司 | 16% | 正常 |

6.4.1.6 表外业务的期初数、期末数

单位:万元

| 表外业务 | 期初数 | 期末数 |
|---|---|---|
| 担保业务 | 14 900.00 | — |
| 代理业务(委托业务) | — | — |
| 其他 | — | — |
| 合计 | 14 900.00 | — |

注:代理业务主要反映因客观原因应规范而尚未完成规范的历史遗留委托业务,包括委托贷款和委托投资。

6.4.1.7 公司当年的收入结构

| 收入结构 | 金额(万元) | 占比(%) |
|---|---|---|
| 手续费及佣金收入 | 14 699.05 | 34.85 |
| 其中:信托手续费收入 | 14 696.05 | 34.84 |
| 投资银行业务收入 | — | — |
| 利息收入 | 4 588.56 | 10.88 |
| 其他业务收入 | 16 385.10 | 38.85 |
| 其中:计入信托业务收入部分 | 16 167.17 | 38.33 |
| 投资收益 | 5 674.50 | 13.46 |
| 其中:股权投资收益 | — | — |
| 公允价值变动收益 | 458.16 | 1.09 |
| 其他投资收益 | 5 216.33 | 12.37 |
| 营业外收入 | 828.37 | 1.96 |
| 收入合计 | 42 175.58 | 100.00 |

注:1. 手续费及佣金收入、利息收入、其他业务收入、投资收益、营业外收入均应为损益表中的一级科目,其中手续费及佣金收入、利息收入、营业外收入为未抵减掉相应支出的全年累计实现收入数。

2. 其他业务收入中包含信托业务收入、担保业务收入等,分别来自于自营业务和信托业务。

3. 其他投资收益包括证券投资收益3 164.38万元和其他投资收益2 051.95万元。

#### 6.4.2 信托资产管理情况

6.4.2.1 信托资产的期初数、期末数

单位:万元

| 信托资产 | 期初数 | 期末数 |
|---|---|---|
| 集合 | 378 050.73 | 960 744.34 |
| 单一 | 1 424 754.76 | 1 959 234.04 |
| 财产权 | 51 475.09 | 19 458.41 |
| 合计 | 1 854 280.58 | 2 939 436.79 |

6.4.2.1.1 主动管理型信托业务的信托资产期初数、期末数

单位:万元

| 主动管理型信托资产 | 期初数 | 期末数 |
|---|---|---|
| 证券投资类 | 39 176.19 | 48 001.45 |
| 股权投资类 | 627 330.67 | 151 201.37 |
| 融资类 | 1 044 477.98 | 1 808 216.08 |
| 事务管理类 | 18 923.40 | 601.74 |
| 合计 | 1 729 908.24 | 2 008 020.64 |

6.4.2.1.2 被动管理型信托业务的信托资产期初数、期末数

单位:万元

| 被动管理型信托资产 | 期初数 | 期末数 |
|---|---|---|
| 证券投资类 | 3 101.28 | — |
| 股权投资类 | — | — |
| 融资类 | 101 301.96 | 905 084.98 |
| 事务管理类 | 19 969.10 | 26 331.17 |
| 合计 | 124 372.34 | 931 416.15 |

6.4.2.2 本年度已清算结束的信托项目个数、实收信托合计金额、加权平均实际年化收益率

6.4.2.2.1 本年度已清算结束的集合类、单一类资金信托项目和财产管理类信托项目个数、实收信托金额、加权平均实际年化收益率

| 已清算结束信托项目 | 项目个数 | 实收信托合计金额(万元) | 加权平均实际年化收益率(%) |
|---|---|---|---|
| 集合类 | 23 | 269 083.53 | 6.88 |
| 单一类 | 23 | 347 257.20 | 5.46 |
| 财产管理类 | 4 | 34 890.00 | 9.54 |

注:收益率是指信托项目清算后,给受益人赚取的实际收益水平。加权平均实际年化收益率 =(信托项目1的实际年化收益率 × 信托项目1的实收信托 + 信托项目2的实际年化收益率 × 信托项目2的实收信托 +…信托项目n的实际年化收益率 × 信托项目n的实收信托)/(信托项目1的实收信托 + 信托项目2的实收信托 +…信托项目n的实收信托)×100%。

6.4.2.2.2 本年度已清算结束的主动管理型信托项目个数、实收信托合计金额、加权平均实际年化收益率

| 已清算结束信托项目 | 项目个数 | 实收信托合计金额(万元) | 加权平均实际年化信托报酬率(%) | 加权平均实际年化收益率(%) |
|---|---|---|---|---|
| 证券投资类 | 2 | 4 898.53 | 1.00 | 4.54 |
| 股权投资类 | 4 | 34 280.00 | 3.15 | 6.86 |
| 融资类 | 25 | 284 905.00 | 2.73 | 6.92 |
| 事务管理类 | 2 | 17 000.00 | 0.63 | 15.99 |

注:加权平均实际年化信托报酬率 =(信托项目1的实际年化信托报酬率 × 信托项目1的实收信托 + 信托项目2的实际年化信托报酬率 × 信托项目2的实收信托 +…信托项目n的实际年化信托报酬率 × 信托项目n的实收信托)/(信托项目1的实收信托 + 信托项目2的实收信托 +…信托项目n的实收信托)×100%。

6.4.2.2.3 本年度已清算结束的被动管理型信托项目个数、实收信托合计金额、加权平均实际年化收益率

| 已清算结束信托项目 | 项目个数 | 实收信托合计金额(万元) | 加权平均实际年化信托报酬率(%) | 加权平均实际年化收益率(%) |
|---|---|---|---|---|
| 证券投资类 | 1 | 3 093.20 | 0.16 | 2.46 |
| 股权投资类 | — | — | — | — |
| 融资类 | 12 | 275 706.00 | 0.45 | 4.97 |
| 事务管理类 | 4 | 31 348.00 | 0.26 | 4.61 |

6.4.2.3 本年度新增的集合类、单一类和财产管理类信托项目个数、实收信托合计金额

单位:万元

| 新增信托项目 | 项目个数 | 实收信托合计金额 |
|---|---|---|
| 集合类 | 42 | 741 104.45 |
| 单一类 | 34 | 898 828.00 |
| 财产管理类 | 2 | 3 600.00 |
| 新增合计 | 78 | 1 643 532.45 |
| 其中:主动管理型 | 59 | 1 199 054.45 |
| 被动管理型 | 19 | 444 478.00 |

注:本年新增信托项目指在本报告年度内累计新增的信托项目个数和金额。包含本年度新增并于本年度内结束的项目和本年度新增至报告期末仍在持续管理的信托项目。

6.4.2.4 信托业务创新成果和特色业务有关情况

近年来,信托行业处于快速发展和变革之中,信托资产规模不断上升。公司十分重视信托创新业务,围绕整体战略发展规划,建立了以研究发展中心和博士后科研工作站为平台,渗透公司经营各个环节的产品创新工作体系,逐步形成在业务中创新,以创新推动业务的金融创新与产品开发特点。

6.4.2.4.1 创新业务

截至2010年12月31日,公司开展PE(私募股权投资)信托项目2笔,规模1.48亿元,分别为“郑州创业投资集合资金信托计划”与“百瑞恒益5号集合资金信托计划(力鼎投资)”,其中“郑州创业投资集合资金信托计划”已于2010年进行清算。

6.4.2.4.2 特色业务

在监管部门的倡导下,公司于2008年10月设立了“百瑞信托·郑州慈善(四川灾区及贫困地区教育援助)公益信托计划”。截至2010年12月31日,信托计划规模231.22万元,所有募集资金本金、利息已陆续运用于四川江油新兴学校校舍援建等公益项目。该项目采用开放式设计,向社会公开发行,并引入郑州慈善总会作为信托监察人对资金投向进行监督,最大限度地保证项目运作的透明性,成为截至目前业内最标准的公

益信托之一。

6.4.2.4.3 业务专长

(1)基础设施信托

自2002年重组之后,基础设施信托作为公司信托业务发展的重要方向,取得了快速发展,出色的市场表现使得“百瑞富诚”成为全国基础设施信托产品中的知名品牌。通过不断探索与创新,截至2010年12月31日,公司基础设施信托业务规模达到1 700 500万元。

(2)房地产信托

近几年来,公司较好的把握了房地产市场业务机会,稳步开展房地产信托业务,突出房地产股权投资,积累了丰富的业务管理和运作经验,进行房地产信托基金方案的研究。2010年以“百瑞宝盈58号建业集团房地产信托投资系列基金1号集合资金信托计划”为代表的部分信托计划具有基金化特点,且投资项目多元化,满足了分散风险的要求。

6.4.2.4.4 研究成果

在行业研究方面,公司博士后科研工作站先后撰写了《2009年信托公司年报分析》系列分析报告,《信托行业人才战略研究》、《信托公司客户专业化研究》等专题研究报告,出版了《信托研究与年报分析2010》一书。

6.4.2.5 本公司履行受托人义务情况及因本公司自身责任而导致的信托资产损失情况

6.4.2.5.1 本公司履行受托人义务情况

公司作为受托人,严格按照《信托法》等法律法规以及监管部门的要求,履行以下义务:

公司管理信托财产时恪尽职守,本着诚实、信用、谨慎、有效管理的原则为受益人的最大利益处理信托事务;公司妥善保管处理信托事务的完整记录、原始凭证及有关资料,并且按照信托合同的约定将信托财产的管理运用、处分及收支情况,报告委托人和受益人;公司对委托人、受益人以及处理信托事务的情况和资料依法保密;公司以信托财产为限向受益人支付信托利益;法律法规及信托合同规定的其他义务。

6.4.2.5.2 因本公司自身责任而导致的信托资产损失情况

报告期内无上述事项。

6.4.2.6 信托赔偿准备金的提取、使用和管理情况

公司按净利润的5%计提信托赔偿准备金,当年计提834.26万元,累计计提2 232.83万元。截至2010年12月31日,公司信托项目运行良好,未发生使用信托赔偿准备金情况,信托赔偿准备金余额为2 232.83万元。

## 6.5 关联方关系及其交易的披露

**6.5.1 关联交易方的数量、关联交易的总金额及关联交易的定价政策等**

单位:万元

| | 关联交易方数量 | 关联交易金额 | 定价政策 |
|---|---|---|---|
| 合计 | 2 | 2 500.00 | 市场价 |

注:本年度发生的关联交易,均为公司固有业务与信托财产之间的交易。

**6.5.2 关联交易方与本公司的关系性质、关联交易方的名称、法定代表人、注册地址、注册资本及主营业务等**

无。

**6.5.3 本公司与关联方的重大交易事项**

6.5.3.1 固有与关联方交易情况

报告期内无上述事项。

6.5.3.2 信托与关联方交易情况

报告期内无上述事项。

6.5.3.3 信托公司自有资金运用于自己管理的信托项目(固信交易),信托公司管理的信托项目之间的相互(信信交易)交易金额

6.5.3.3.1 固有与信托财产之间的交易

单位:万元

| | 期初数 | 本期发生额 | 期末数 |
|---|---|---|---|
| 合计 | 14 044.58 | -10 803.00 | 3 241.58 |

6.5.3.3.2 信托项目之间的交易

报告期内无上述事项。

**6.5.4 逐笔披露关联方逾期未偿还本公司资金的详细情况以及本公司为关联方担保发生或即将发生垫款的详细情况**

报告期内无上述事项。

## 6.6 会计制度的披露

公司自营业务、信托业务均执行财政部2006年2月15日颁布的《企业会计准则——基本准则》(财政部令第33号)及《财政部关于印发〈企业会计准则第1号——存货〉等38项具体准则的通知》(财会〔2006〕3号)。

# 7. 财务情况说明书

## 7.1 利润实现和分配情况

2010年公司实现净利润16 685.13万元。根据《金融企业呆账准备提取管理办法》(财政部〔2005〕49号)规定,从净利润中足额提取一般准备金240.23万元;根据《公司章程》规定,以净利润的10%足额提取了法定盈余公积金1 668.51万元,以净利润的5%足额提取了信托赔偿准备金834.26万元;期末未分配利润累计为32 419.62万元。

## 7.2 主要财务指标

| 指标名称 | 指标值 |
|---|---|
| 资本利润率(%) | 15.76 |
| 加权年化信托报酬率(%) | 1.57 |
| 人均净利润(万元/从) | 168.54 |

注:1. 资本利润率=净利润/所有者权益平均余额×100%。

2. 加权年化信托报酬率=(信托项目1的实际年化信托报酬率×信托项目1的实收信托+信托项目2的实际年化信托报酬率×信托项目2的实收信托+……信托项目n的实际年化信托报酬率×信托项目n的实收信托)/(信托项目1的实收信托+信托项目2的实收信托+……信托项目n的实收信托)×100%。

3. 人均净利润=净利润/年平均人数。

4. 平均值采取年初、年末余额简单平均法,公式为:a(平均)=(年初数+年末数)/2。

## 7.3 对本公司财务状况、经营成果有重大影响的其他事项

报告期内无上述事项。

## 8. 特别事项揭示

### 8.1 前五名股东报告期内变动情况及原因

前五名股东报告期内无变动情况。2010 年 12 月 28 日,公司获得《中国银监会关于百瑞信托有限责任公司变更注册资本并调整股权结构的批复》(银监复〔2010〕632 号),同意公司增资至 12 亿元人民币和中电投财务有限公司成为公司新股东,前五名股东调整为:

第一大股东中电投财务有限公司,第二大股东郑州市财政局,第三大股东深圳市易建科技有限公司,第四大股东北京安瑞汇富投资有限公司,第五大股东北京德得创业科技有限公司。

### 8.2 董事、监事及高级管理人员变动情况及原因

2010 年 5 月,经公司第三届董事会第二十四次会议审议通过,聘任刘英辉女士担任公司副总裁;2010 年 7 月,河南银监局向公司下发了《关于核准百瑞信托有限责任公司刘英辉副总裁任职资格的批复》(豫银监复〔2010〕296 号)。

### 8.3 公司的重大未决诉讼事项

公司诉新鑫联合矿业(河南)有限公司(以下简称新鑫矿业)借款纠纷案:郑州市中级人民法院制作了调解书,确认新鑫矿业应偿还公司借款本金 3 000 万元及相应利息。因新鑫矿业未按照调解书履行付款义务,公司已申请法院强制执行。目前该案件涉及的抵押财产已顺利拍卖成交,拍卖成交价款为人民币 5 650 万元,可覆盖新鑫矿业应偿还公司的借款本金3 000 万元及相应利息,后续相关手续正在办理中。

### 8.4 公司及其董事、监事和高级管理人员受到处罚的情况

公司于 2011 年 1 月 10 日收到郑州自来水投资控股有限公司提交的情况说明,被告知郑州自来水投资控股有限公司原党委书记、总经理张湛军因涉嫌受贿罪经河南省人民检察院批准,于 2011 年 1 月 5 日被郑州市公安局执行逮捕。张湛军系公司第三届董事会董事成员,其涉嫌违法行为与公司无关。2011 年 3 月 7 日,公司第四届董事会成立,其不再担任董事职务。

### 8.5 对银监会及其派出机构所提监管意见的整改情况

公司一贯理解、支持和配合各级监管部门的监管工作,对监管部门的监管意见高度重视,及时按照有关要求进行整改,得到了监管部门的肯定。

2010 年,公司针对监管部门提出的监管意见和建议,及时逐项制定切实可行的整改措施,并通过加强领导、责任到人等手段,认真落实到位。

#### 8.5.1 大力推进业务创新,增强信托业务可持续发展能力

公司在业务发展过程中,始终坚持以科学发展观为指导,根据公司战略发展规划,把基础设施、房地产和 PE(私募股权投资)领域作为信托业务的重点发展方向,不断提高客户营销和服务能力,采取多种方式培育合格投资者,加大金融创新的力度和研发投入,推进资源整合,以做大、做强信托主业为目标,依托公司博士后科研工作站的研发力量,不断探索新的信托业务模式和盈利模式,力争在基础设施业务的基金化发展、房地产信托业务向 REITs 转化方面有所作为,以增强信托业务可持续发展能力。

#### 8.5.2 审慎经营,进一步提高合规及风险管理能力

公司深刻认识到建立科学的风险防控机制对稳健发展的重要意义,并一直坚持在审慎经营、市场化运作、风险可控的前提下开展业务,同时适当控制了信托规模的扩张节奏。与此同时,为全面揭示项目风险点,公司加快了项目评判的标准化建设工作,使风险识别和评估体系的完备性和有效性进一步增强,风险等级和可接受程度也进一步明确。

#### 8.5.3 加强项目尽职管理,确保信托项目到期清算

公司要求信托经理对拟到期的信托计划进行实地考察,对资金所投向交易对手的财力进行分析及压力测试,以确保到期信托计划的正常清算。在完善信托业务内控制度的基础上,切实加强在项目调研、立项审批、客户管理、尽职管理、终止清算等环节的工作,并为公司开展的每个信托项目配备了素质高、经验丰富、责任感强的信托经理和托管经理。信托经理和托管经理在日常工作中及时跟踪管理信托财产的运营状况、风险动态,提出并落实防范措施,诚实、信用、谨慎、有效管理理念不断得到强化,公司信托项目的尽职管理工作质量进一步得到了提高。2010 年公司所有到期信托项目均已正常清算。

#### 8.5.4 加强员工的思想教育和职业道德教育,营造良好合规文化氛围

合规经营是公司一直以来贯彻的基本经营理念。因此,在打造特色企业文化体系的同时,公司始终将合规文化建设放在所有工作的首位,从合规制度建设、合规培训、合规信息传递等方面努力营造合规经营、合规决策、合规管理的有效氛围。公司随着政策变化不断制定和修订合规管理制度,多次开展合规知识培训和合规知识竞赛。2010 年 10 月,公司经过认真筹备,正式推出合规风险研究电子专刊——《合规风险工作简报》,在对相关监管政策进行深度解析的基础上为相关业务提供风险预警和合规操作建议。

同时公司深刻意识到员工素质教育对内部控制的重要作用,在日常工作中不断加强员工的思想教育和职业道德教育,积极培养员工的合规风险防范意识,加强自身职业素质培养,营造良好合规文化氛围。

### 8.6 本年度重大事项临时报告的简要内容、披露时间、所披露的媒体及其版面

| 序号 | 披露内容 | 披露时间 | 披露媒体及版面 |
|---|---|---|---|
| 1 | 公司变更会计师事务所——由原来的河南永华联合会计师事务所变更为华寅会计师事务所有限责任公司 | 2010 年 1 月 16 日 | 《金融时报》07 版 |
| 2 | 公司变更营业场所——由郑州市金水区金水路 24 号(润华商务花园 D 座)变更为郑州市郑东新区商务外环路 10 号中原广发金融大厦 | 2010 年 1 月 26 日 | 《金融时报》07 版 |

续表

| 序号 | 披露内容 | 披露时间 | 披露媒体及版面 |
|---|---|---|---|
| 3 | 公司变更律师事务所——由河南世纪通律师事务所变更为河南豫都律师事务所 | 2010年4月2日 | 《金融时报》07版 |
| 4 | 根据发展需要，公司于2010年末对组织架构进行了调整。调整后，部分业务人员岗位发生变动，截至2011年1月31日，存续106个项目中有53个信托项目涉及信托经理变更，变更比例为50% | 公司2010年年报中一并披露 | |

### 8.7 银监会及其省级派出机构认定的其他有必要让客户及相关利益人了解的重要信息

报告期内无上述事项。

## 9. 公司监事会意见

报告期内，公司监事会成员认真履行职责，恪尽职守，通过查阅相关文件资料、列席董事会等方式，对公司依法运作情况进行监督。在此基础上，监事会发表如下独立意见。

### 9.1 公司依法运作情况

2010年公司董事会按照股东会的决议要求，切实履行了各项决议，决策程序符合《中华人民共和国公司法》、《中华人民共和国信托法》和《公司章程》及监管部门的有关规定。公司建立了完善的内部控制制度，董事和高级管理人员在履行职责及行使职权时，履行诚信和勤勉尽责的义务，遵守国家法律法规和《公司章程》，以维护公司股东利益为出发点，认真执行股东会决议。公司目标明确、管理科学、决策民主、运作规范。

### 9.2 检查公司财务情况

公司监事会对本年度财务状况进行了检查，认为公司财务制度健全、内控体系完善，无重大遗漏和虚假记载。华寅会计师事务所有限责任公司对公司本年度财务报告进行了审计，出具了标准无保留意见的审计报告（寅会〔2011〕1419、1420号）。该审计报告真实、客观地反映了公司2010年度的财务状况和经营成果。

# 北方国际信托股份有限公司

## 1. 重要提示

1.1 本公司董事会及董事保证本报告所载资料不存在任何虚假记载、误导性陈述或者重大遗漏,并对其内容的真实性、准确性和完整性承担个别及连带责任。本年度报告摘要摘自年度报告全文,客户及相关利益人欲了解详细内容,应阅读年度报告全文。

1.2 公司董事张军先生因公务未能出席本次会议,公司其他董事均出席了董事会并对公司2010年度报告发表了同意的意见。

1.3 独立董事王爱俭、孔晓艳、苑德军(拟任)对公司2010年度报告基于独立判断立场,发表意见如下:公司2010年度报告属实,内容真实、准确、完整。

1.4 五洲松德联合会计师事务所出具了标准无保留意见的审计报告。

1.5 公司董事长刘惠文、总经理徐立世、主管会计工作负责人王向群、会计部门负责人曾广炜声明:保证年度报告中财务会计报告的真实、完整。

## 2. 公司概况

### 2.1 公司简介

| | | |
|---|---|---|
| 1 | 法定名称(及缩写) | 北方国际信托股份有限公司(北方信托) |
| 2 | 英文名称(及缩写) | Northern International Trust Co., Ltd. (NITIC) |
| 3 | 法定代表人 | 刘惠文 |
| 4 | 注册地址 | 天津经济技术开发区第三大街39号 |
| 5 | 邮政编码 | 300457 |
| 6 | 办公地址 | 天津市河西区友谊路5号北方金融大厦 |
| 7 | 邮政编码 | 300201 |
| 8 | 互联网网址 | http://www.nitic.cn/ |
| 9 | 负责信息披露高级管理人员 | 王向群 |
| 10 | 联系人 | 王辉 |
| 11 | 联系电话 | 022-28370988 |
| 12 | 传真 | 022-28370088 |
| 13 | 电子信箱 | wanghui@nitic.cn |
| 14 | 公司信息披露的报纸名称 | 《中国证券报》 |
| 15 | 公司年度报告备置地点 | 天津市河西区友谊路5号北方金融大厦25层 |
| 16 | 公司聘请的会计师事务所名称及住所 | 五洲松德联合会计师事务所<br>天津市经济技术开发区广场东路20号滨海金融街E6505 |

### 2.2 组织结构

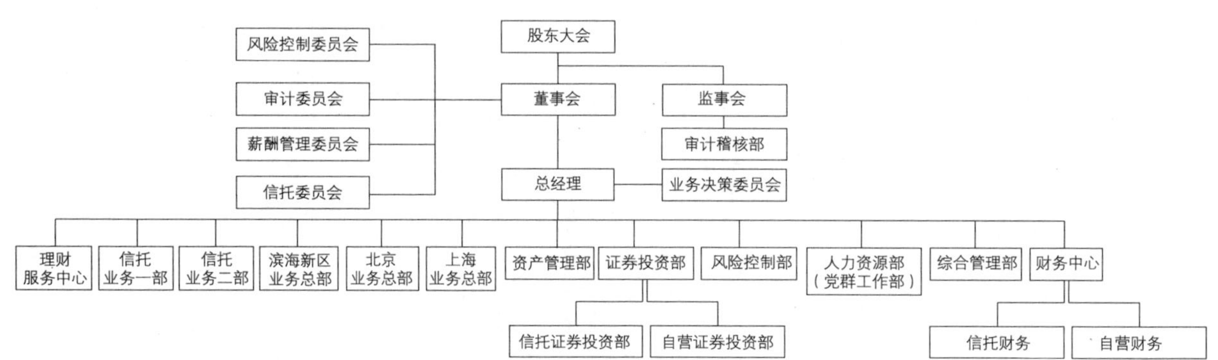


## 3. 公司治理结构

### 3.1 公司股东

报告期末,股东总数27家。

| 股东名称 | 出资比例(%) | 法人代表 | 注册资本 | 注册地址 | 主要经营业务及主要财务情况 |
|---|---|---|---|---|---|
| 天津泰达投资控股有限公司 | 32.33 | 刘惠文 | 60亿元 | 天津经济技术开发区盛达街9号 | 以自有资金对工业、农业基础设施开发建设,金融业、保险业、证券业、房地产业等的投资。 |
| 津联集团有限公司 | 11.21 | | 200万港元 | 香港干诺道中168-200号信德中心招商局大厦3607-13室 | 实业投资、国际贸易、投资咨询服务、各类资产经营服务、国资局授权范围内的国有资产处置等。 |
| 天津市财政局 | 6.23 | | | | |

## 3.2 董事

董事长、副董事长、董事

| 姓名 | 职务 | 性别 | 年龄 | 选任日期 | 所推举的股东名称 | 该股东持股比例(%) | 简要履历 |
|---|---|---|---|---|---|---|---|
| 刘惠文 | 董事长 | 男 | 56 | 2005年12月14日 | 天津泰达投资控股有限公司 | 32.33 | 曾在天津市计划委员会、天津开发区管委会、天津开发区总公司、天津泰达集团公司工作;现任天津泰达投资控股公司党委书记、董事长,并于2005年12月兼任公司党委书记、董事长。 |
| 邢吉海 | 董事 | 男 | 58 | 2008年11月3日 | 天津泰达投资控股有限公司 | 32.33 | 曾任石油部管理局供应处干部,天津第二玻璃厂财务部干部,天津一轻局玻璃工业公司副科长,天津华北轻工业供销联营公司总经理助理、副总经理(党委成员),天津泰达投资控股有限公司财务中心副主任;现任天津泰达投资控股有限公司财务中心主任。 |
| 朱文芳 | 董事 | 女 | 43 | 2008年11月3日 | 天津泰达投资控股有限公司 | 32.33 | 曾任兰州公共交通公司宣传干事,天津开发区工业投资公司企划部干部,天津泰达集团投资部干部、办公室副主任,天津泰达控股投资有限公司证券部副经理;现任天津泰达投资控股有限公司证券部经理。 |
| 王建东 | 董事 | 男 | 47 | 2005年7月8日 | 津联集团有限公司 | 11.21 | 曾在中国银行天津分行工作,津联集团董事会秘书、集团金融市场部总经理,津联集团(天津)资产管理有限公司总经理,天津联津投资有限公司董事、总经理,天津发展控股有限公司董事、副总经理;现任渤海财产保险股份有限公司总经理。 |
| 刘建华 | 董事 | 男 | 66 | 2005年7月8日 | 天津市财政局 | 6.24 | 曾任天津市财税管理三处处长、天津市国有资产经营有限责任公司董事长;2001年11月至今,任公司董事。 |
| 吴树桐 | 董事 | 男 | 39 | 2008年11月3日 | 天津泰达股份有限公司 | 5.43 | 曾任天津市工贸公司期货部经理,天津天达信息港电脑公司副总经理,天津泰达集团有限公司投资发展部部长;现任天津泰达股份有限公司总经理。 |
| 张　军 | 董事 | 男 | 43 | 2005年7月8日 | 天津泰达电力公司 | 4.31 | 曾任塘沽八中团委书记,开发区园林绿化公司办公室主任,开发区管委会办公室副主任,天津泰达投资控股有限公司办公室主任;现任天津泰达集团有限公司总经理。 |
| 王友诚 | 董事 | 男 | 37 | 2009年4月9日 | 天津泰达自来水公司 | 4.31 | 曾任摩托罗拉(中国)电子有限公司供应管理师;现任天津泰达投资控股有限公司资产管理部副经理。 |
| 马贵中 | 董事 | 男 | 55 | 2006年11月22日 | 天津市医药集团有限公司 | 4.27 | 曾任天津市医药集团有限公司财务部部长,天津市医药集团有限公司副总会计师兼财务部部长;现任天津市医药集团有限公司总会计师、总法律顾问。 |
| 王工布(拟任) | 董事 | 男 | 55 | 2010年8月30日 | 天津投资集团公司 | 4.18 | 曾任市计委工业处干部、主任科员,市世行办副处级调研员、正处级调研员,市计委投资处处长,市发改委助理巡视员,天津投资集团公司副总经理、党委委员;现任天津投资集团公司总经理、党委副书记。 |
| 徐玉高 | 董事 | 男 | 41 | 2005年7月8日 | 中国海洋石油渤海公司 | 3.89 | 曾任清华大学21世纪发展研究院讲师,中国海洋石油总公司中海油服战略发展经理,中国海洋石油总公司发展研究室政策研究经理,中海石油基地集团有限责任公司财务总监;现任中海油能源发展股份有限公司董事、副总经理兼首席执行官。 |

独立董事

| 姓名 | 所在单位及职务 | 性别 | 年龄 | 选任日期 | 所推举的股东名称 | 该股东持股比例(%) | 简要履历 |
|---|---|---|---|---|---|---|---|
| 王爱俭 | 天津财经大学,任经济学院副院长 | 女 | 56 | 2008年12月10日 | 天津泰达投资控股有限公司 | 32.33 | 天津财经大学经济学院副院长、博士生导师 |
| 孔晓艳 | 嘉德恒时律师事务所,任专职律师、创始合伙人、高级合伙人,嘉德恒时律师事务所香港简家聪律师行联营律师事务所律师 | 女 | 43 | 2008年12月10日 | 天津泰达投资控股有限公司 | 32.33 | 曾任天津市对外经济律师事务所专职律师,香港Livasari&Co.律师行中国法律顾问,嘉德律师事务所专职律师、创始合伙人、高级合伙人;现任嘉德恒时律师事务所专职律师、创始合伙人、高级合伙人,嘉德恒时律师事务所香港简家聪律师行联营律师事务所律师。 |
| 苑德军(拟任) | 中国银河证券公司,高级经济学家 | 男 | 60 | 2009年12月25日 | 天津泰达股份有限公司 | 5.43 | 曾在中国人民银行所属的哈尔滨金融高等专科学校任教,曾任天津财经大学学术委员会、学位委员会委员、天津市哲学社会科学"九五"规划经济学科组成员;现任中国银河证券股份有限公司高级经济学家,博士生导师。 |

## 3.3 监事

监事会成员

| 姓　名 | 职　务 | 性别 | 年龄 | 选任日期 | 所推举的股东名称 | 该股东持股比例(%) | 简　要　履　历 |
|---|---|---|---|---|---|---|---|
| 田以林 | 监事长 | 男 | 54 | 2010年12月27日 | 天津泰达投资控股有限公司 | 32.33 | 曾任天津市委宣传部科员，天津新闻出版局科员、副主任科员，天津市委组织部副主任科员、主任科员，天津市委办公厅副处级机要秘书、正处级纪要秘书，北方信托公司党总支书记、开发区总公司党委委员；现任北方信托公司党委副书记、纪检书记、工会主席。 |
| 徐建新 | 监事 | 女 | 47 | 2008年11月3日 | 天津泰达投资控股有限公司 | 32.33 | 曾任天津泰达律师事务所律师，天津泰达投资控股有限公司总法律顾问、公司律师、办公室副主任；现任天津泰达投资控股有限公司总法律顾问、公司律师、董事会秘书（兼）、法务内审部部长。 |
| 朱振山 | 监事 | 男 | 59 | 2005年7月8日 | 天津市财政局 | 6.24 | 曾任天津市财税管理一处干部，科长、调研员；现任天津市财政投资管理中心副主任，天津市国有资产经营有限责任公司董事长兼总经理。 |
| 张同生 | 监事 | 男 | 60 | 2008年11月3日 | 天津市宁发集团有限公司 | 4.75 | 现任天津市宁发集团有限公司董事长兼总经理。 |
| 王　喆 | 监事 | 男 | 43 | 2008年1月14日 | 天津天药药业股份有限公司 | 3.37 | 曾任天津大学管理学院副教授，天津天药药业股份有限公司董事会秘书，恒安人寿保险股份有限公司风险控制经理、董事会秘书，天津药业集团有限公司董事会秘书；现任天津天药药业股份有限公司董事、财务总监兼董事会秘书。 |
| 朱建军 | 监事 | 男 | 53 | 2005年7月8日 | 职工代表 | — | 曾任中国农业银行天津市信托投资公司总经理助理、副总经理，天津滨海信托投资有限公司副总经理，北方国际信托投资股份有限公司副总经理兼天津北信资产管理有限公司董事长，北方国际信托投资股份有限公司审计稽核部经理；现任北方信托人力资源部经理。 |

## 3.4 高级管理人员

| 姓　名 | 职务 | 性别 | 年龄 | 选任日期 | 金融从业年限 | 学历 | 专业 |
|---|---|---|---|---|---|---|---|
| 徐立世 | 总经理 | 男 | 54 | 2006年2月 | 30 | 博士 | 金融 |
| 王向群 | 副总经理 | 男 | 53 | 2008年5月 | 28 | 本科 | 财政 |
| 陆　妍 | 副总经理 | 女 | 42 | 2008年8月 | 14 | 硕士 | 工商管理 |
| 包立杰 | 总经理助理 | 男 | 39 | 2010年12月 | 17 | 本科 | 国际金融 |
| 王燕滨 | 总经理助理 | 男 | 49 | 2010年12月 | 20 | 硕士 | 工商管理 |

## 3.5 公司员工

| 项　目 | | 报告期年度 | |
|---|---|---|---|
| | | 人数 | 比例(%) |
| 年龄分布 | 20～29岁 | 16 | 17 |
| | 30～39岁 | 39 | 43 |
| | 40岁以上 | 37 | 40 |
| 学历分布 | 博士 | 2 | 2 |
| | 硕士 | 24 | 26 |
| | 本科 | 56 | 61 |
| | 专科 | 8 | 9 |
| | 其他 | 2 | 2 |
| 岗位分布 | 董事、监事及高管人员 | 7 | 8 |
| | 自营业务人员 | 12 | 13 |
| | 信托业务人员 | 40 | 43 |
| | 其他人员 | 33 | 36 |

# 4. 经营管理

## 4.1 经营目标、方针、战略规划

以科学发展观为指导，以服务客户、成就员工、回报股东、奉献社会为宗旨，将北方信托办成一个管理科学、运转高效、业绩优良、内外和谐，天津一流、全国领先的现代金融企业。

积极落实“转型”、“升级”战略。“转型”就是在回归信托主业的基础上，进一步转变和优化经营模式，使公司从简单的融资平台转变为一个具有高水准的综合理财专业机构。“升级”就是通过提高管理水平和各项评级指标，提升公司的内在价值。

2011年公司的具体行动策略是防风险、保成果、稳中求进、创新发展，发展方式要进一步通过创新转向内涵式发展。进一步借助滨海新区开发开放的区域优势，继续将创新拓展信托业务作为公司总体业务发展战略的重点，集中资源，倾注全力，做强做大。

## 4.2 所经营业务的主要内容

**自营资产运用与分布表**

| 资产运用 | 金额（万元） | 占比（%） | 资产分布 | 金额（万元） | 占比（%） |
|---|---|---|---|---|---|
| 货币资产 | 57 561.23 | 35.44 | 基础产业 | 7.500 | 4.62 |
| 贷款及应收款 | 78 966.40 | 48.62 | 房地产业 | 24.935 | 15.35 |
| 交易性金融资产 | 1 094.98 | 0.67 | 证券市场 | 2.322.86 | 1.43 |
| 可供出售金融资产 | 2 617.88 | 1.61 | 实业 | 28.475 | 17.53 |
| 持有至到期投资 | | | 金融机构 | 91.543.39 | 56.36 |
| 长期股权投资 | 17 655.42 | 10.87 | 其他 | 7.654.32 | 4.71 |
| 其他资产 | 4 534.66 | 2.79 | | | |
| 资产合计 | 162 430.57 | 100 | 资产总计 | 162 430.57 | 100 |

**信托资产运用与分布表**

| 资产运用 | 金额（万元） | 占比（%） | 资产分布 | 金额（万元） | 占比（%） |
|---|---|---|---|---|---|
| 货币资产 | 48 076.12 | 0.92 | 基础产业 | 1 560 813.00 | 29.94 |
| 贷款 | 3 481 378.00 | 66.79 | 房地产 | 605 311.00 | 11.61 |
| 交易性金融资产 | 563 771.76 | 10.82 | 证券市场 | 563 772.00 | 10.82 |
| 可供出售金融资产 | | | 实业 | 302 180.00 | 5.80 |
| 持有至到期投资 | 88 458.00 | 1.70 | 金融机构 | 31 655.00 | 0.61 |
| 长期股权投资 | 797 437.20 | 15.30 | 其他 | 2 148 884.64 | 41.22 |
| 其他 | 233 494.56 | 4.48 | | | |
| 信托资产总计 | 5 212 615.64 | 100.00 | 信托资产总计 | 5 212 615.64 | 100.00 |

## 4.3 市场分析

(1)有利因素:2010 年中央经济工作的重心是稳增长、调结构、转方式、防通胀,货币政策方向由积极转向稳健,信贷资金供给总量趋紧,供给结构调整的力度会进一步加大,资金趋紧,为公司选择信托项目留下了更大的市场空间;随着社会财富积累的扩大,居民金融意识的觉醒,以及中国富二代的出现,进入理财市场的资金会持续高速增长,信托业的委托理财客户会不断扩大;公司经过 2010 年,连续 5 年保持了良好发展状态,资产规模、客户资源迅速扩大,盈利能力和软实力显著增强,为公司的进一步发展奠定了更好的基础。

(2)不利因素:公司传统的业务领域,如基础设施建设、土地整理、房地产开发、地方政府融资平台,将会受到进一步的政策调控,这些领域的存量业务和增量业务面临的风险进一步增大;理财市场竞争会更加激烈。银行、证券、基金、保险以及各类私募投资公司都是信托公司的竞争对手,各类机构在理财产品设计、服务品质、营销渠道和手段上已展开全面竞争,并不断升级;公司还没有形成符合自身特点的业务模式、有自身特色的核心竞争力;规范管理、风险控制和员工队伍的专业素质水平与业务迅速扩张的速度不相适应;公司的资本实力、行业排名及社会影响力距离先进公司还有一定差距。

## 4.4 内部控制概况

公司在继续稳健快速发展的同时,始终将业务的合规性、风险的有效防控作为前提和保证。公司已经建立起一套较完善的内部控制体系,具备明确的内控目标和原则,覆盖公司各项业务、所有部门和人员。公司注重引导员工树立合规意识和风险意识,增强使命感,并通过完善全员合规管理责任制、监督考核与奖惩制对员工的行为进行规范。

公司已建立了三个层级的内部控制机构,形成了分工合理、职责明确、运行顺畅、制衡有效的风险管理机制。各级机构均严格履行职责,保证对各种业务风险进行事前、事中、事后的有效监管和控制。公司已建立一套涵盖公司经营管理的各个方面及所有业务种类的制度体系。公司制度中既有原则规范,又包含操作流程、风险点和防范措施,保证可操作性,并根据监管法规政策变化、公司经营管理需要及时进行修订、新订。公司为各项业务的开发、决策、实施、后期管理设定了标准化的流程,同时将业务全流程纳入系统管理,以保证业务的规范有序开展。

公司审计稽核部对公司内部控制制度的健全性与执行的有效性独立地履行检查、评价、报告、建议职能,促进公司各部门加强内部控制制度的执行,防范和控制相关风险,提高制度的执行力。

## 4.5 风险管理概况

公司经营活动中可能遇到的风险包括信用风险、市场风险、操作风险、其他风险等。

信用风险即违约风险,指交易对手不能全部或部分按时履行合约义务而造成财务上损失的风险。公司涉及客户信用风险的业务包括存放同业款项、贷款、担保和应收款项。对于信用风险的管理,注重事前对交易对手的尽职调查,业务方案设定保证担保、资产抵押、权利质押等多种信用增级方式,项目实施过程中加强跟踪检查,项目结束后及时进行稽核和评价。对于固有资产,按要求进行了五级分类管理。对除存放同业款项之外的表内信用类资产计提一般准备和专项准备,一般准备按照信用风险类资产余额的一定比例差额提取,专项准备按照单项资产未来预计损失情况确认准备金额。

市场风险指公司在信托资产及其固有资产合法经营中,因为利率、汇率、股价、股指、商品价格等市场价格的波动而产生的风险。对于市场风险的管理,公司加强对经济及金融形势的分析预测,注重关注市场变动,并提出相应对策及业务调整方案。对于证券市场风险,侧重于把握整体趋势,通过建立有效的投资组合,设定预警点或止损点,规避股市风险。对于利率风险,在贷款发放过程中,制定合理的固定利率或者浮动利率方案。大力开拓滨海新区建设、市政基础设施建设及非资金推动型业务。对房地产等重点行业、重点类型业务定期进行压力测试,密切关注市场情况,加强风险的防范。

操作风险主要指因内控机制不健全、管理失误、操作系统不完善,或其他一些人为的错误而导致损失的可能性。对于操作风险的管理,公司一方面围绕固有、信托资产运营管理、证券投资、会计核算、资金交易、信息系统及文档管理等日常经营的各个方面,制定管理规定和操作流程,明确操作权限和内容,严格遵循"决策与操作分离"、"业务操作与风险监控分离"等原则;另一方面加强对制度执行的检查、评价,推行责任追究机制,同时加强员工培训,提高员工风险意识。通过建立满足各项信息管理系统,将业务全流程纳入系统管理,设定严格的流程与使用权限,赋予风控、审计部门监督权,减少人为的操作风险。

其他风险主要有合规风险、道德风险。合规风险指公司经营活动、业务开展因未能遵循国家法律法规、监管部门规则和公司内部规章制度,而可能遭受法律制裁、监管处罚、财务或声誉损失的风险。道德风险主要表现为公司内部人员蓄意违法违规或与公司的利益主体串通而给信托受益人或公司自身带来损失的可能。对于其他风险的管理,公司将合规风险管理作为公司风险管理的基础,从完善公司治理、内控制度、加强合规组织机构及配套机制建设、培育良好合规文化等方面,构建有效的合规风险管理机制。通过加强员工思想政治方面教育,强化内控机制,严格业务流程与监督制衡,加大检查监督的频率和力度,防范道德风险的发生。

## 5. 报告期末及上年末的比较式会计报表

### 5.1 自营资产

#### 5.1.1 会计师事务所审计结论

五洲松德联合会计师事务所认为，北方信托公司财务报表已经按照财政部2006年2月15日颁布的企业会计准则的规定编制，在所有重大方面公允反映了公司2010年12月31日的财务状况以及2010年的经营成果和现金流量。

#### 5.1.2 资产负债表

资产负债表

编制单位：北方国际信托股份有限公司　　2010年12月31日　　单位：万元

| 项　目 | 年末余额 | 年初余额 | 项　目 | 年末余额 | 年初余额 |
|---|---|---|---|---|---|
| 资产： | | | 负债： | | |
| 现金 | 0.63 | 0.33 | 交易性金融负债 | | |
| 存放同业款项 | 57 560.60 | 19 002.64 | 应付职工薪酬 | 5 584.62 | 4 010.15 |
| 交易性金融资产 | 1 094.98 | 15 093.17 | 应交税费 | 1 625.42 | 122.01 |
| 应收利息 | | 4.36 | 预计负债 | | |
| 其他应收款 | 19 931.40 | 20 855.60 | 应付利息 | 23.59 | 23.59 |
| 发放贷款和垫款 | 59 035.00 | 67 444.00 | 其他应付款 | 6 990.56 | 4 865.96 |
| 可供出售金融资产 | 2 617.88 | 7 756.80 | 递延所得税负债 | 57.84 | 413.73 |
| 持有至到期投资 | | | 其他负债 | 649.46 | 621.69 |
| 长期股权投资 | 17 655.42 | 12 880.90 | 负债合计 | 14 931.49 | 10 057.13 |
| 投资性房地产 | 2 244.35 | 2 338.66 | 股东权益 | | |
| 固定资产 | 1 854.14 | 1 814.65 | 股本 | 100 099.89 | 100 099.89 |
| 无形资产 | 142.97 | 147.50 | 资本公积 | 173.52 | 1236.27 |
| 长期待摊费用 | 61.85 | 51.24 | 盈余公积 | 6 760.27 | 4 758.98 |
| 抵债资产 | | | 一般风险准备 | 6 382.44 | 5 381.79 |
| 递延所得税资产 | 164.60 | 168.93 | 未分配利润 | 34 082.97 | 26 081.00 |
| 其他资产 | 66.74 | 56.31 | 股东权益合计 | 147 499.08 | 137 557.94 |
| 资产合计 | 162 430.57 | 147 615.07 | 负债股东权益总计 | 162 430.57 | 147 615.07 |

公司负责人：刘惠文　　主管会计工作负责人：王向群　　会计机构负责人：曾广炜

#### 5.1.3 利润表

利润表

编制单位：北方国际信托股份有限公司　　2010年　　单位：万元

| 项　目 | 本年 | 上年 |
|---|---|---|
| 一、营业收入 | 35 762.83 | 31 471.99 |
| （一）利息净收入 | 6 947.32 | 6 141.41 |
| 利息收入 | 6 947.32 | 6 141.41 |
| 利息支出 | | |
| （二）手续费及佣金净收入 | 28 428.39 | 12 799.50 |
| 手续费及佣金收入 | 29 643.59 | 13 088.93 |
| 手续费及佣金支出 | 1 215.20 | 289.43 |
| （三）投资收益（损失以"－"号填列.） | －12.91 | 9 187.61 |
| 其中：对联营企业和合营企业的投资收益 | 3 427.44 | 4 730.73 |
| （四）公允价值变动收益（损失以"－"号填列） | －193.14 | 419.03 |
| （五）汇兑收益（损失以"－"号填列） | －0.48 | －0.02 |
| （六）其他业务收入 | 593.66 | 2 924.46 |
| 二、营业支出 | 11 683.11 | 10 156.45 |
| （一）营业税金及附加 | | |
| （二）业务及管理费用 | 11 733.82 | 10 156.45 |
| （三）资产减值损失 | －50.71 | |

续表

| 项　　目 | 本年 | 上年 |
|---|---|---|
| （四）其他业务成本 | | |
| 三、营业利润（亏损以“－”号填列） | 24 079.72 | 21 315.54 |
| 加：营业外收入 | 2 027.86 | 3 123.21 |
| 减：营业外支出 | 113.36 | 1 667.46 |
| 四、利润总额（亏损总额以“－”号填列） | 25 994.22 | 22 771.30 |
| 减；所得税费用 | 5 981.33 | 3 148.38 |
| 五、净利润（净亏损以“－”号填列 | 20 012.89 | 19 622.92 |
| 六、每股收益： | | |
| （一）基本每股收益（元） | 0.20 | 0.20 |
| （二）稀释每股收益（元） | 0.20 | 0.20 |

公司负责人：刘惠文　　主管会计工作负责人：王向群　　会计机构负责人：曾广炜

### 5.1.4　所有者权益变动表

**股东权益变动表**

编制单位：北方国际信托股份有限公司　　2010 年　　单位：万元

| 项　　目 | 实收资本 | 资本公积 | 盈余公积 | 一般风险准备 | 未分配利润 | 所有者权益合计 |
|---|---|---|---|---|---|---|
| 一、上年末余额 | 100 099.89 | 1 236.27 | 4 758.98 | 5 381.79 | 26 081.00 | 137 557.94 |
| 加：会计政策变更 | | | | | | |
| 前期差错更正 | | | | | | |
| 二、本年初余额 | 100 099.89 | 1 236.27 | 4 758.98 | 5 381.79 | 26 081.00 | 137 557.94 |
| 三、本年增减变动金额 | | －1 062.75 | 2 001.29 | 1 000.64 | 8 001.96 | 9 941.15 |
| （一）净利润 | | | | | 20 012.89 | 20 012.89 |
| （二）直接计入所有者权益的利得和损失 | | －1 062.75 | | | | －1 062.75 |
| 1. 可供出售金融资产公允价值变动净额 | | －1 263.83 | | | | －1 263.83 |
| 2. 权益法下被投资单位其他所有者权益变动的影响 | | | | | | |
| 3. 与计入所有者权益项目相关的所得税影响 | | 315.96 | | | | 315.96 |
| 4. 其他 | | －114.88 | | | | －114.88 |
| 上述（一）和（二）小计 | | －1 062.75 | | | 20 012.89 | 18 950.14 |
| （三）所有者投入和减少资本 | | | | | | |
| （四）利润分配 | | | | | －12 010.92 | －9 008.99 |
| 1. 对所有者（或股东）的分配 | | | | | －9 008.99 | －9 008.99 |
| 2. 提取盈余公积 | | | 2 001.29 | | －2 001.29 | |
| 3. 提取一般风险准备 | | | | 1 000.64 | －1 000.64 | |
| （五）所有者权益内部结转 | | | | | | |
| 四、本年末余额 | 100 099.89 | 173.52 | 6 760.27 | 6 382.44 | 34 082.97 | 147 499.08 |

公司负责人：刘惠文　　主管会计工作负责人：王向群　　会计机构负责人：曾广炜

## 5.2　信托资产

### 5.2.1　信托项目资产负债汇总表

**信托项目资产负债表**

编制单位：北方国际信托股份有限公司　　2010 年 12 月 31 日　　单位：万元

| 信托资产 | 期末数 | 期初数 | 信托负债和信托权益 | 期末数 | 期初数 |
|---|---|---|---|---|---|
| 信托资产： | | | 信托负债： | | |
| 货币资金 | 48 076.12 | 24 191.16 | 交易性金融负债 | | |
| 拆出资金 | | | 衍生金融负债 | | |
| 存出保证金 | | | 卖出回购金融资产 | | |
| 交易性金融资产 | 563 771.76 | 26 736.19 | 应付受托人报酬 | 42.73 | 217.20 |
| 衍生金融资产 | | | 应付托管费 | 92.68 | 3.92 |
| 买入返售资产 | | | 应付受益人收益 | | 147.78 |
| 应收款项 | 35.68 | 2 035.68 | 应交税费 | 0.03 | 0.03 |
| 发放贷款 | 3 481 378.00 | 1 551 201.30 | 应付销售服务费 | | |
| 可供出售金融资产 | | | 其他应付款项 | 3 360.00 | 5 006.66 |

续表

| 信托资产 | 期末数 | 期初数 | 信托负债和信托权益 | 期末数 | 期初数 |
|---|---|---|---|---|---|
| 持有至到期投资 | 88 458.00 | 47 611.00 | 预计负债 | | |
| 长期应收款 | 233 458.88 | 51 444.27 | 其他负债 | | |
| 长期股权投资 | 797 437.20 | 360 045.16 | 信托负债合计 | 3 495.44 | 5 375.59 |
| 投资性房地产 | | | 信托权益: | | |
| 固定资产 | | | 实收信托 | 5 195 401.07 | 2 050 399.22 |
| 无形资产 | | | 资本公积 | 128 | |
| 长期待摊费用 | | | 未分配利润 | 13 591.13 | 7 489.95 |
| 其他资产 | | | | | |
| | | | 信托权益合计 | 5 209 120.20 | 2 057 889.17 |
| 信托资产总计 | 5 212 615.64 | 2 063 264.76 | 信托资产总计 | 5 212 615.64 | 2 063 264.76 |

5.2.2 信托项目利润及利润分配汇总表

信托项目利润及利润分配表

2010 年

编制单位:北方国际信托股份有限公司 单位:万元

| 项　目 | 本年累计数 | 上年累计数 |
|---|---|---|
| 一、营业收入 | 197 029.27 | 77 395.13 |
| 利息收入 | 189 697.52 | 46 795.65 |
| 投资收益(损失以"-"号填列)投资收入 | 12 645.30 | 30 149.87 |
| 其中:对联营企业和合营企业的投资收益 | 5 400.16 | 6 507.80 |
| 公允价值变动收益(损失以"-"号填列 | -5 315.95 | 447.94 |
| 租赁收入 | | |
| 汇兑损益(损失以"-"号填列) | | |
| 其他收入 | 2.40 | 1.67 |
| 二、营业支出 | 12 753.16 | 7 152.11 |
| 营业税金及附加 | | 1 799.97 |
| 业务及管理费 | 12 753.16 | 5 352.14 |
| 资产减值损失 | | |
| 三、信托利润(净亏损以"-"号填列) | 184 276.11 | 70 243.02 |
| 加:其他综合收益 | | |
| 四、综合收益 | 184 276.11 | 70 243.02 |
| 加:期初未分配信托利润 | 7 355.95 | 7 185.05 |
| 五、可供分配的信托利润 | 191 632.06 | 77 428.07 |
| 减:本期已分配信托利润 | 178 040.93 | 69 938.12 |
| 六、期末未分配信托利润 | 13 591.13 | 7 489.95 |

## 6. 会计报表附注

### 6.1 简要说明报告年度会计报表编制基准、会计政策、会计估计和核算方法发生的变化

无变化。

### 6.2 或有事项说明

2010 年初担保余额为 33 085.61 万元,年末担保余额为 15 000 万元。无逾期担保情况发生。在被担保单位未履行偿债义务的情况下,公司将承担相应债务。

### 6.3 重要资产转让及其出售的说明

无。

### 6.4 会计报表中重要项目的明细资料

#### 6.4.1 披露自营资产经营情况

6.4.1.1 按信用风险五级分类结果披露信用风险资产的期初数、期末数

| 风险分类 | 正常类(万元) | 关注类(万元) | 次级类(万元) | 可疑类(万元) | 损失类(万元) | 信用风险资产合计(万元) | 不良合计(万元) | 不良率(%) |
|---|---|---|---|---|---|---|---|---|
| 期初数 | 140 392.53 | | | | 50.71 | 140 443.24 | 50.71 | 0.04 |
| 期末数 | 151 527.63 | | | | | 151 527.63 | 0 | 0 |

注:不良资产合计 = 次级类 + 可疑类 + 损失类。

6.4.1.2 各项资产减值损失准备的期初、本期计提、本期转回、本期核销、期末数

单位:万元

| | 期初数 | 本期计提 | 本期转回 | 本期核销 | 期末数 |
|---|---|---|---|---|---|
| 贷款损失准备 | 2 023.32 | | | 0 | 2 023.32 |
| 一般准备 | 2 023.32 | | | 0 | 2 023.32 |
| 专项准备 | 0 | | | 0 | 0 |
| 其他资产减值准备 | 675.71 | | | 50.71 | 625.00 |
| 可供出售金融资产减值准备 | 0 | | | 0 | 0 |
| 持有至到期投资减值准备 | 0 | | | 0 | 0 |
| 长期股权投资减值准备 | 625.00 | | | 0 | 625.00 |
| 坏账准备 | 50.71 | | | 50.71 | 0 |
| 投资性房地产减值准备 | 0 | 0 | 0 | 0 | 0 |

6.4.1.3 自营股票投资、基金投资、债券投资、股权投资等投资业务的期初数、期末数

单位:万元

| | 自营股票 | 基金 | 债券 | 长期股权投资 | 其他投资 | 合计 |
|---|---|---|---|---|---|---|
| 期初数 | 13 840.67 | 5 798.30 | | 13 505.90 | 3 211.00 | 36 355.87 |
| 期末数 | 1 380.76 | 942.10 | | 18 280.42 | 1 390.00 | 21 993.28 |

6.4.1.4 按投资入股金额排序,前三名的自营长期股权投资的企业名称、占被投资企业权益的比例及投资收益情况等(依大小顺序排列)

| 企业名称 | 占被投资企业权益的比例(%) | 主要经营活动 | 投资收益(万元) |
|---|---|---|---|
| 天津滨海农村商业银行股份有限公司 | 3.049 | 吸收存款、发放贷款、办理结算、同业拆借、办理票据兑现和贴现等 | 603.92 |
| 长城基金管理公司 | 17.647 | 基金募集、基金销售、资产管理等 | 2 823.52 |
| 泰达科技风险投资股份有限公司 | 6.09 | 高新技术产业投资及管理、投资咨询等 | 无 |
| 天津津南村镇银行 | 10 | 吸收公众存款、发放短期、中长期贷款、办理国内结算等 | 无 |

注:投资损益是指按照企业会计准则规定,核算股权投资确认损益并计入披露年度利润表的金额。

6.4.1.5 前三名的自营贷款的企业名称、占贷款总额的比例和还款情况等(从大到小顺序排列)

| 企业名称 | 占贷款总额的比例(%) | 还款情况 |
|---|---|---|
| 俊安(天津)实业有限公司 | 25.41 | 未到期 |
| 天津市大通建设发展集团有限公司 | 16.94 | 未到期 |
| 天津红磊房地产开发有限公司 | 15.25 | 未到期 |
| 国中(天津)水务有限公司 | 8.47 | 未到期 |
| 天津市进口物资供应公司 | 8.47 | 未到期 |

6.4.1.6 表外业务的期初数、期末数,按照代理业务、担保业务和其他类型表外业务分别披露

单位:万元

| 表外业务 | 期初数 | 期末数 |
|---|---|---|
| 担保业务 | 33 085.61 | 15 000.00 |
| 代理业务 | 0 | |
| 其他 | 0 | |
| 合计 | 33 085.61 | 15 000.00 |

6.4.1.7 公司当年的收入结构(母公司口径、并表口径同时披露)

| 收入结构 | 金额(万元) | 占比(%) |
|---|---|---|
| 手续费及佣金收入 | 29 643.59 | 76.00 |
| 其中:信托手续费收入 | 25 815.72 | 66.18 |
| 投资银行业务收入 | | |
| 利息收入 | 6 947.32 | 17.81 |
| 其他业务收入 | 593.18 | 1.52 |
| 其中:计入信托业务收入部分 | 0 | |
| 投资收益 | -12.91 | -0.03 |
| 其中:股权投资收益 | 3 427.44 | 8.79 |
| 证券投资收益 | -3 829.17 | -9.82 |
| 其他投资收益 | 388.82 | 1.00 |
| 公允价值变动收益 | -193.14 | -0.50 |
| 营业外收入 | 2 027.86 | 5.20 |
| 收入合计 | 39 005.90 | 100 |

其他收入万元主要包括房租收入409万元、已核销贷款收入184.66万元。

营业外收入主要是处置不动产收入1 929.88万元。

**6.4.2 披露信托财产管理情况**

6.4.2.1 信托资产的期初数、期末数

单位:万元

| 信托资产 | 期初数 | 期末数 |
|---|---|---|
| 集合 | 307 714.74 | 596 972.55 |
| 单一 | 1 577 599.34 | 4 452 600.72 |
| 财产权 | 177 950.68 | 163 042.37 |
| 合计 | 2 063 264.76 | 5 212 615.64 |

6.4.2.1.1 主动管理型信托业务的信托资产期初数、期末数,分证券投资、股权投资、融资、事务管理类分别披露。

单位:万元

| 主动管理型信托资产 | 期初数 | 期末数 |
|---|---|---|
| 证券投资类 | 18 852.56 | 16 388.43 |
| 股权投资类 | 122 302.15 | 804 222.00 |
| 融资类 | 146 908.94 | 2 142 186.40 |
| 事务管理类 | | |
| 合计 | 288 063.65 | 2 962 796.83 |

6.4.2.1.2 被动管理型信托业务的信托资产期初数、期末数,分证券投资、股权投资、融资、事务管理类分别披露

单位:万元

| 被动管理型信托资产 | 期初数 | 期末数 |
|---|---|---|
| 证券投资类 | 31 340.57 | 130 986.07 |
| 股权投资类 | 231 830.09 | |
| 融资类 | 1 495 520.41 | 2 118 832.73 |
| 事务管理类 | | |
| 合计 | 1 758 691.07 | 2 249 818.80 |

6.4.2.2 本年度已清算结束的信托项目个数、实收信托合计金额、加权平均实际年化收益率

6.4.2.2.1 本年度已清算结束的集合类、单一类资金信托项目和财产管理类信托项目个数、实收信托金额、加权平均实际年化收益率

| 已清算结束信托项目 | 项目个数 | 实收信托合计金额(万元) | 加权平均实际年化收益率(%) |
|---|---|---|---|
| 集合类 | 22 | 278 688.00 | 7.09 |
| 单一类 | 106 | 1 759 884.00 | 5.22 |
| 财产管理类 | 14 | 57 908.00 | 0 |

注:收益率是指信托项目清算后,给受益人赚取的实际收益水平。加权平均实际年化收益率=(信托项目1的实际年化收益率×信托项目1的实收信托+信托项目2的实际年化收益率×信托项目2的实收信托+…信托项目n的实际年化收益率×信托项目n的实收信托)/(信托项目1的实收信托+信托项目2的实收信托+…信托项目n的实收信托)×100%。

6.4.2.2.2 本年度已清算结束的主动管理型信托项目个数、实收信托合计金额、加权平均实际年化收益率,分证券投资、股权投资、融资、事务管理类分别计算并披露

| 已清算结束信托项目 | 项目个数 | 实收信托合计金额(万元) | 加权平均实际年化信托报酬率(%) | 加权平均实际年化收益率(%) |
|---|---|---|---|---|
| 证券投资类 | 7 | 29 455 | 1.4336 | 6.68 |
| 股权投资类 | 3 | 50 000 | 0.168 | 9.85 |

续表

| 已清算结束信托项目 | 项目个数 | 实收信托合计金额（万元） | 加权平均实际年化信托报酬率（%） | 加权平均实际年化收益率（%） |
|---|---|---|---|---|
| 融资类 | 25 | 308 733 | 1.3577 | 6.60 |
| 事务管理类 | | | | |

注：加权平均实际年化信托报酬率 =（信托项目 1 的实际年化信托报酬率 × 信托项目 1 的实收信托 + 信托项目 2 的实际年化信托报酬率 × 信托项目 2 的实收信托 +…信托项目 n 的实际年化信托报酬率 × 信托项目 n 的实收信托）/（信托项目 1 的实收信托 + 信托项目 2 的实收信托 +…信托项目 n 的实收信托）×100%。

6.4.2.2.3　本年度已清算结束的被动管理型信托项目个数、实收信托合计金额、加权平均实际年化收益率，分证券投资、股权投资、融资、事务管理类分别计算并披露

| 已清算结束信托项目 | 项目个数 | 实收信托合计金额（万元） | 加权平均实际年化信托报酬率（%） | 加权平均实际年化收益率（%） |
|---|---|---|---|---|
| 证券投资类 | | | | |
| 股权投资类 | 1 | 1 500 | 0.41 | 0 |
| 融资类 | 92 | 1 648 884 | 0.3299 | 4.968 |
| 事务管理类 | 14 | 57 908 | 0.4911 | 0 |

6.4.2.3　本年度新增的集合类、单一类和财产管理类信托项目个数、实收信托合计金额

单位：万元

| 新增信托项目 | 项目个数 | 实收信托合计金额 |
|---|---|---|
| 集合类 | 43 | 697 288.00 |
| 单一类 | 181 | 5 027 720.00 |
| 财产管理类 | 4 | 44 500.00 |
| 新增合计 | 228 | 5 769 508.00 |
| 其中：主动管理型 | 140 | 3 754 869.00 |
| 被动管理型 | 88 | 2 014 639.00 |

注：本年新增信托项目指在本报告年度内累计新增的信托项目个数和金额。包含本年度新增并于本年度内结束的项目和本年度新增至报告期末仍在持续管理的信托项目。

6.4.2.4　信托业务创新成果和特色业务有关情况（此部分为可选项，即公司可自主决定是否披露、部分披露或全部披露）

6.4.2.5　本公司履行受托人义务情况及因本公司自身责任而导致的信托资产损失情况（合计金额、原因等）

无。

## 6.5　关联方关系及其交易的披露

### 6.5.1　关联交易方的数量、关联交易的总金额及关联交易的定价政策

| | 关联交易方数量 | 关联交易金额（万元） | 定价政策 |
|---|---|---|---|
| 合计 | 17 | 707 415.71 | 市场定价 |

注：关联交易定义应以《公司法》和《企业会计准则第 36 号——关联方披露》有关规定为准。

### 6.5.2　关联交易方与本公司的关系性质、关联交易方的名称、法定代表人、注册地址、注册资本及主营业务等

| 关系性质 | 关联方名称 | 法定代表人 | 注册地址 | 注册资本 | 主营业务 |
|---|---|---|---|---|---|
| 公司股东 | 天津泰达投资控股有限公司 | 刘惠文 | 开发区盛达街 9 号 | 600 000 万元 | 以自有资金对各行业投资，企业资产经营管理，产品加工制造，组织所属企业开展进出口贸易。 |
| 同一控制人 | 天津北信投资有限公司 | 赵彬 | 天津开发区第一大街 219 号 | 12 000 万元 | 投资管理、商业信息咨询。 |
| 同一控制人 | 渤海财产保险股份有限公司 | 刘惠文 | 天津市河西区解放南路 256 号泰达大厦 | 110 000 万元 | 财产损失保险、责任保险、信用保险和保证保险、短期健康保险和意外伤害保险，上述业务的再保险业务。 |
| 同一控制人 | 北京鑫丰物业发展有限公司 | 许立凡 | 北京市朝阳区朝阳门外小庄 | 64 660.4446 万元 | 房地产开发、销售自行开发的商品房、物业管理、出租商业用房、家居装饰、房地产信息咨询（中介除外）、投资管理。 |
| 公司股东的关联企业 | 津联集团（天津）资产管理有限公司 | 王广浩 | 天津经济技术开发区内 | 28 775.037 万港元 | 投资、资产管理咨询，理财服务，经济信息咨询及有关的管理服务。 |
| 同一控制人 | 天津北信资产管理有限公司 | 朱建军 | 天津开发区第一大街 29 号 | 20 000 万元 | 房地产开发、销售、物业管理，室内装潢，国内商业信息服务、技术咨询，对工业商业企业投资、企业管理，房地产代理销售，广告业务，铁合金及相关产品的销售。 |
| 公司股东的关联企业 | 天津第一饭店有限公司 | 郑道全 | 天津市和平区解放北路 198 号 | 900 万美元 | 客房、中西餐厅、日本餐厅、酒吧、咖啡室、面包房、会客室、游泳池、舞厅、美容室、洗衣房、卖品部、停车场；饭店服务车、汽车修理、销售零配件、汽车修补漆、汽车检测及相关设备租赁等。 |
| 公司股东 | 天津泰达建设集团有限公司 | 许立凡 | 天津市开发区洞庭路 76 号 | 60 000 万元 | 基础设施开发建设，地产开发，各类商业、物资的批发、零售，房屋租赁，房地产信息咨询服务等。 |
| 同一控制人 | 天津泰达集团有限公司 | 张　军 | 天津市开发区第三大街 16 号 | 200 000 | 工业、商业、房地产业的投资、房产开发与销售，经营与管理及科技开发咨询业务，化学纤维及其原料、包装物的制造和销售，自营和代理各类商品及技术的进出口业务（国家限定公司经营或禁止进出口的商品及技术除外），对基础设施开发建设进行投资，自有房屋租赁及管理。 |
| 同一控制人 | 扬州泰达发展建设有限公司 | 陈　俊 | 扬州市广陵产业园内 | 10 000 万元 | 市政基础设施建设、投资置业、房地产开发、建筑材料（不含水泥、黄沙、石子）销售，工程管理、物业管理、不动产商业经营、实业投资、咨询策划、国内贸易、国内国际招商服务。 |

续表

| 关系性质 | 关联方名称 | 法定代表人 | 注册地址 | 注册资本 | 主营业务 |
|---|---|---|---|---|---|
| 控股子公司 | 泰达宏利基金管理有限公司 | 章嘉玉 | 上海市普陀区武威路789号东大楼107室 | 10 000万元 | 基金管理业务、发起设立基金、中国证监会批准的其他业务。 |
| 公司股东的关联企业 | 天津泰达蓝盾集团发展有限责任公司 | 吴树桐 | 大港区万象路187号 | 25 196万元 | 对房地产开发投资,汽油、煤油、柴油零售、燃料油、沥青油零售等。 |
| 公司股东的关联企业 | 天津滨海新都市投资有限公司 | 张　军 | 天津开发区第三大街16号22层2205室 | 30 000万元 | 对工业、商业、房地产业、酒店业、建筑业、娱乐及餐饮业的投资,房地产销售,工业厂房和酒店的销售,对基础设施开发建设进行投资,市政工程设计、施工、咨询,自有房屋租赁及管理,房地产开发与经营等。 |
| 公司股东的关联企业 | 天津泰达创业商业地产开发有限公司 | 赵海鹏 | 天津开发区黄海路3号六层605~609室 | 60 000万元 | 招标代理、商业信息咨询、工程咨询服务、工程项目管理,房地产开发,商品房销售,自有房屋租赁,物业管理,房地产中介服务,房屋拆迁服务等。 |
| 公司股东的关联企业 | 天津悦海酒店投资有限公司 | 张军 | 天津开发区第三大街16号29层2912室 | 2 000万元 | 对工业、商业、房地产业、酒店业、建筑业、娱乐及餐饮业的投资,商品房、酒店、工业厂房的销售代理,对基础设施开发建设进行投资,市政工程设计、施工、咨询,自有房屋租赁及管理等。 |
| 同一控制人 | 天津大无缝钢铁开发有限公司 | 胡凌冰 | 天津市东丽区无瑕街经济发展中心9号 | 30 000万元 | 钢坯料、废钢、矿石、铁合金、焦炭等钢铁炉料的开发、销售,废钢加工,钢管制造与加工,仓储。 |
| 同一控制人 | 天津蓝德典当行有限公司 | 刘惠文 | 天津经济技术开发区第三大街16号泰达中心酒店1楼西侧大厅 | 18 000万元 | 质押典当行业务、房地产抵押典当业务、限额内绝当物品的变卖、鉴定评估及咨询服务、房屋租赁代理、自有房屋租赁、国家有专营,专项规定的按专营专项规定办理。 |

### 6.5.3 本公司与关联方的重大交易事项

6.5.3.1 固有财产与关联方交易情况:贷款、投资、租赁、担保、应收账款、担保、其他方式等期初汇总数、本期借方和贷方发生额汇总数、期末汇总数

单位:万元

| 固有与关联方关联交易 | | | | |
|---|---|---|---|---|
| | 期初数 | 借方发生额 | 贷方发生额 | 期末数 |
| 贷款 | 5 000 | | 5 000 | 0 |
| 投资 | 0 | | 0 | 0 |
| 租赁 | 0 | | 0 | 0 |
| 担保 | 0 | | 0 | 0 |
| 应收账款 | 11 350. 71 | | 18 | 11 332. 71 |
| 其他 | | | | |
| 合计 | 16 350. 71 | | 5 018 | 11 332. 71 |

6.5.3.2 信托资产与关联方:贷款、投资、租赁、应收账款、担保、其他方式等期初汇总数、本期发生额汇总数、期末汇总数

单位:万元

| 信托与关联方关联交易 | | | | |
|---|---|---|---|---|
| | 期初数 | 借方发生额 | 贷方发生额 | 期末数 |
| 贷款 | 435 760. 00 | 521 168. 00 | 292 500. 00 | 664 428. 00 |
| 投资 | 20 655. 00 | 11 000. 00 | | 31 655. 00 |
| 租赁 | | | | |
| 担保 | | | | |
| 应收账款 | | | | |
| 其他 | | | | |
| 合计 | 456 415. 00 | 532 168. 00 | 292 500. 00 | 696 083. 00 |

信托资产与关联方重大关联交易具体情况:

单位:万元

| 关联方名称 | 交易类型 | 期末余额 | 发生金额 | 期初金额 |
|---|---|---|---|---|
| 天津泰达投资控股有限公司 | 信托贷款 | 95 000 | −5 000 | 100 000 |
| 天津泰达投资控股有限公司 | 信托贷款 | 52 500 | 0. 00 | 52 500 |
| 天津泰达建设集团有限公司 | 信托贷款 | 10 000. 00 | 10 000. 00 | 0. 00 |
| 津联集团(天津)资产管理有限公司 | 信托贷款 | 0. 00 | 10 000. 00 | 0. 00 |
| 津联集团(天津)资产管理有限公司 | 信托贷款 | 9 000. 00 | 9 000. 00 | 0. 00 |
| 津联集团(天津)资产管理有限公司 | 信托贷款 | 42 000. 00 | 42 000. 00 | 0. 00 |
| 津联集团(天津)资产管理有限公司 | 信托贷款 | 70 000. 00 | 70 000. 00 | 0. 00 |
| 津联集团(天津)资产管理有限公司 | 信托贷款 | 1 500. 00 | 1 500. 00 | 0. 00 |
| 津联集团(天津)资产管理有限公司 | 信托贷款 | 8 000. 00 | 8 000. 00 | 0. 00 |
| 津联集团(天津)资产管理有限公司 | 信托贷款 | 3 000. 00 | 3 000. 00 | 0. 00 |
| 津联集团(天津)资产管理有限公司 | 信托贷款 | 1 000. 00 | 1 000. 00 | 0. 00 |
| 天津泰达蓝盾集团发展有限责任公司 | 信托贷款 | 0. 00 | 33 000. 00 | 0. 00 |
| 天津泰达蓝盾集团发展有限责任公司 | 信托贷款 | 0. 00 | 34 000. 00 | 0. 00 |
| 天津泰达蓝盾集团发展有限责任公司 | 信托贷款 | 0. 00 | 33 000. 00 | 0. 00 |
| 天津泰达蓝盾集团发展有限责任公司 | 信托贷款 | 10 000. 00 | 10 000. 00 | 0. 00 |

续表

| 关联方名称 | 交易类型 | 期末余额 | 发生金额 | 期初金额 |
| --- | --- | --- | --- | --- |
| 天津滨海新都市投资有限公司 | 信托贷款 | 70 000.00 | 70 000.00 | 0.00 |
| 天津滨海新都市投资有限公司 | 信托贷款 | 80 000.00 | 80 000.00 | 0.00 |
| 天津泰达创业商业地产开发有限公司 | 信托贷款 | 30 000.00 | 30 000.00 | 0.00 |
| 天津悦海酒店投资有限公司 | 信托贷款 | 20 000.00 | 20 000.00 | 0.00 |
| 天津大无缝钢铁开发有限公司 | 信托贷款 | 28 968.00 | 28 968.00 | 0.00 |
| 天津蓝德典当行有限公司 | 信托贷款 | 5 000.00 | 5 000.00 | 0.00 |
| 扬州泰达发展建设有限公司 | 信托贷款 | 0.00 | 20 000.00 | 0.00 |
| 泰达宏利基金管理公司 | 信托投资 | 20 655.00 | 0.00 | 20 655.00 |

6.5.3.3　信托公司自有资金运用于自己管理的信托项目（固信交易）、信托公司管理的信托项目之间的相互（信信交易）交易金额，包括余额和本报告年度的发生额

6.5.3.3.1　固有与信托财产之间的交易金额期初汇总数、本期发生额汇总数、期末汇总数

单位：万元

| 固有财产与信托财产相互交易 | | | |
| --- | --- | --- | --- |
| | 期初数 | 本期发生额 | 期末数 |
| 合计 | 3 211 | -1 821 | 1 390 |

6.5.3.3.2　信托资产与信托财产之间的交易金额期初汇总数、本期发生额汇总数、期末汇总数

单位：万元

| 信托资产与信托财产相互交易 | | | |
| --- | --- | --- | --- |
| | 期初数 | 本期发生额 | 期末数 |
| 合计 | 无 | 5 000 | 无 |

注：以公司受托管理的一个信托项目的资金购买自己管理的另一个信托项目的受益权或信托项下资产均应纳入统计披露范围。

6.5.4　**逐笔披露关联方逾期未偿还本公司资金的详细情况以及本公司为关联方担保发生或即将发生垫款的详细情况**

无。

## 6.6　会计制度的披露

固有业务（自营业务）、信托业务执行会计制度的名称及颁布的年份。

本公司自营业务遵循2006年颁布的新《企业会计准则》、《企业会计准则——应用指南》以及财政部颁布的《企业会计准则实施问题专家工作组意见》及财政部颁布的其他规章制度。信托业务执行2006年颁布的新《企业会计准则》。

# 7. 财务情况说明书

## 7.1　利润实现和分配情况（母公司口径和并表口径同时披露）

### 7.1.1　母公司口径

2010年公司实现净利润20 012.88万元，按净利润的10%提取盈余公积金2 001.29万元，按5%提取信托赔偿准备金1 000.64万元，进行上述分配后，留存净利润17 010.95万元，加上年初未分配利润26 081万元，减去分配2009年红利9 008.99万元，2010年末可供分配利润是34 082.96万元。

## 7.2　主要财务指标

### 7.2.1　母公司口径

| 指标名称 | 指标值 |
| --- | --- |
| 资本利润率（%） | 14.04 |
| 加权年化信托报酬率（%） | 0.56 |
| 人均净利润（万元/人） | 217.53 |

注：1. 资本利润率＝净利润/所有者权益平衡×100%。

2. 加权年化信托报酬率＝（信托项目1的实际年化信托报酬率×信托项目1的实收信托＋信托项目2的实际年化信托报酬率×信托项目2的实收信托＋…信托项目n的实际年化信托报酬率×信托项目n的实收信托）/（信托项目1的实收信托＋信托项目2的实收信托＋…信托项目n的实收信托）×100%。

3. 人均净利润＝净利润/年平均人数。

4. 平均值采取年初、年末余额简单平均法，公式为：a（平均）＝（年初数＋年末数）/2。

## 7.3　对本公司财务状况、经营成果有重大影响的其他事项

无。

# 8. 特别事项揭示

## 8.1　前五名股东报告期内变动情况及原因

无。

## 8.2　董事、监事及高级管理人员变动情况及原因

经股东天津投资集团公司推荐，公司2010年第一次临时股东会决议，聘任王工布先生担任公司董事，陆铁栋先生不再担任公司董事。

经股东天津泰达投资控股有限公司推荐，公司2010年第三次临时股东会决议，聘任田以林先生担任公司监事，任葆燕女士不再担任公司监事。经公司第二届监事会2010年第一次临时会议决议，选举田以林先生担任公司监事长。

根据2010年12月31日《天津银监局关于包立杰同志任职资格的批复》（津银监复〔2010〕640号），包立杰同志担任公司总经理助理职务。

根据2010年12月31日《天津银监局关于王燕滨同志任职资格的批复》（津银监复〔2010〕641号），王燕滨同志担任公司总经理助理职务。

## 8.3　公司的重大未决诉讼事项

无。

## 8.4　对会计师事务所出具的有保留意见、否定意见或无法表示意见的审计报告的，公司董事会应就所涉及事项作出说明

五洲松德联合会计师事务所出具了标准无保留意见的审计报告。

### 8.5 公司及其董事、监事和高级管理人员受到处罚的情况

无。

### 8.6 银监会及其派出机构对公司检查后提出整改意见的，应简单说明整改情况

报告期内，天津银监局对公司进行了现场检查，并下发了现场检查意见书。公司领导高度重视，组织相关部门召开专门会议，要求公司上下要认真对待检查出的问题，杜绝类似问题的再次发生，要从思想上树立合规经营、合规无小事，合规创造价值的理念并责成风险控制部制定了整改措施，对于相关部门的负责人和责任人进行了通报批评，要求在公司和部门进行检查，对造成损失的进行了经济处罚。

### 8.7 本年度重大事项临时报告的简要内容、披露时间、所披露的媒体及其版面

2010 年 5 月 7 日，公司在《中国证券报》A24 版上就更换会计师事务所相关事宜作了信息披露。

### 8.8 银监会及其省级派出机构认定的其他有必要让客户及相关利益人了解的重要信息

无。

## 9. 监事会独立意见

监事会认为：公司能够严格按照《公司法》、《公司章程》及有关法律、法规依法运作，各项经营管理活动依法合规，公司董事、高级管理人员执行公司职务时没有违反法律、法规、公司章程或损害公司、股东及受益人利益的行为，高级管理层认真执行股东会、董事会的各项决议，经营业绩良好，超额完成了报告期年初制定的经营计划。公司财务报告真实、客观反映了公司的财务状况和经营成果。

# 北京国际信托有限公司

## 1. 重要提示

1.1 本公司董事会及董事保证本报告所载资料不存在任何虚假记载、误导性陈述或者重大遗漏，并对其内容的真实性、准确性和完整性承担个别及连带责任。本年度报告摘要摘自年度报告全文，客户及相关利益人欲了解详细内容，应阅读年度报告全文。

1.2 个别董事对年度报告内容真实性、准确性、完整性无法保证或存在异议进行的声明：无。

1.3 独立董事沈四宝、陈建、齐东平3人保证本报告所载资料不存在任何虚假记载、误导性陈述或者重大遗漏，并对其内容的真实性、准确性和完整性承担个别及连带责任。

1.4 京都天华会计师事务所有限公司为本公司出具了无保留意见的审计报告。

1.5 公司负责人董事长刘建华、总经理王晓龙、主管会计工作负责人、总会计师吴京林声明：保证年度报告中财务会计报告的真实、完整。

## 2. 公司概况

### 2.1 公司简介

北京国际信托有限公司（简称北京信托）成立于1984年10月，2000年3月增资改制成为多家企业参股的非银行金融机构。2002年3月，经中国人民银行批准重新登记。2007年，经中国银行业监督管理委员会批准，公司实施了引进境外战略投资人的股权重组，同时按照信托新规的要求换发了新的金融许可证。公司注册资本金14亿元人民币。

公司始终恪守"谨慎、诚信、尽职、创新"的理念，坚持防范风险、合规经营、持续创新、稳健发展的方针。公司在现代企业制度基础上建立了日臻完善的法人治理结构；拥有高素质、专业化的业务管理团队；具备较雄厚的产品研发、创新实力并已形成系列品牌；建立了涵盖各类业务操作流程、内控制度在内的较为完备的风险管理体系。基于健全的内部管理架构和有效的激励机制，并依托于良好和谐的外部环境，公司业务取得了快速发展。截至2010年末，公司净资产达到24.21亿元，受托管理的信托财产余额为742.74亿元，分配信托财产收益35.03亿元。公司以自身不断提升的综合实力为投资人创造了安全、稳定的信托财产增值收益，成为广大投资人值得信赖的金融机构。公司为中国信托业协会会员、常务理事单位。

2.1.1 中文名称：北京国际信托有限公司
中文名称缩写：北京信托
英文名称：Beijing International Trust Co., Ltd.
英文名称缩写：BJITIC

2.1.2 法定代表人：刘建华
地址：北京市朝阳区安立路30号院1号、2号楼
邮政编码：100012
网址：www.bjitic.com
电子信箱：webmaster@bjitic.com

2.1.3 信息披露事务负责人：江 方
电话：010-59680888
传真：010-59680999
电子信箱：jiangfang@bjitic.com

2.1.4 信息披露报纸：《上海证券报》

2.1.5 年度报告备置地点：北京市朝阳区安立路30号院1号、2号楼

2.1.6 公司聘请的会计师事务所：京都天华会计师事务所有限公司
住所：北京市朝阳区建国门外大街22号赛特广场5层

2.1.7 公司聘请的律师事务所：北京市华贸硅谷律师事务所
住所：北京市朝阳区慧忠路5号远大中心C座17层

### 2.2 组织结构

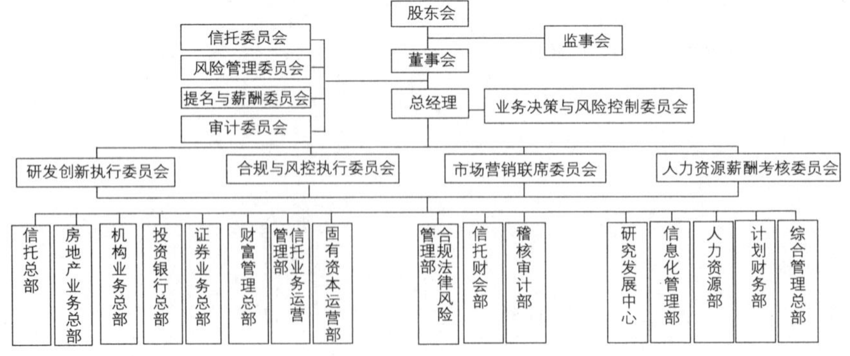

## 3. 公司治理结构

### 3.1 股东

| 股东名称 | 出资比例(%) | 法人代表 | 注册资本(万元) | 注册地址 | 主要经营业务及主要财务情况 |
|---|---|---|---|---|---|
| 北京市国有资产经营有限责任公司 | 34.3 | 李爱庆 | 500 000 | 北京市西城区金融大街19号富凯大厦B座16层 | 授权范围内的国有资产经营管理,包括国有(股)权管理,融资与投资,产(股)权的收购、兼并与转让,资产托管。截至2010年末,总资产467.93亿元,总负债292.21亿元,所有者权益合计175.73亿元。 |
| 威益投资有限公司(Win Eagle Investments Limited) | 19.99 | Tim Davis | — | Unit 1021st Floor, Righteous Centre, 585 Nathan Road, Mongkok, Kowloom, Hong Kong | 持有北京信托股权的特别目的公司。 |
| 中国石油化工股份有限公司北京石油分公司 | 14.29 | 刘雄华 | — | 北京市东城区广渠家园6号楼 | 销售石油化工产品(不含危险化学品及一类易制毒化学品)、汽油、煤油、柴油、润滑油、润滑脂等。截至2010年末,总资产101.26亿元,总负债56.25亿元,所有者权益合计45.01亿元。 |

### 3.2 董事

董事长、副董事长、董事

| 姓名 | 职务 | 性别 | 年龄 | 选任日期 | 所推举的股东名称 | 该股东持股比例(%) | 简要履历 |
|---|---|---|---|---|---|---|---|
| 刘建华 | 董事长 | 男 | 56 | 2008年7月 | 北京市国有资产经营有限责任公司 | 34.3 | 中国政法大学硕士,历任北京市第二商业局局长助理、局党委副书记;北京食品工贸集团公司党委书记;北京市委商贸工委书记;北京国际信托有限公司董事长、党委书记。 |
| 王晓龙 | 副董事长 | 男 | 55 | 2008年7月 | 北京市国有资产经营有限责任公司 | 34.3 | 北京大学博士,历任国家经济体制改革委员会中国经济体制改革研究所部主任;北京市高新技术产业开发区常务副主任;香港京泰实业(集团)有限公司董事、副总经理;京泰财务有限公司董事、总经理;京泰证券有限公司董事、总经理;京泰工业投资有限公司董事长;北京控股有限公司执行董事兼副总裁;北京科技风险投资股份有限公司副董事长兼总裁;北京国际信托有限公司副董事长、总经理。 |
| 李民吉 | 副董事长 | 男 | 45 | 2008年7月 | 北京市国有资产经营有限责任公司 | 34.3 | 中国人民大学硕士,历任中国光大国际信托投资公司资金部高级经理、证券部筹备组负责人、上海证券业务部负责人;华夏证券有限公司交易部副总经理、东四十条营业部总经理兼北京证券登记公司董事;武汉国际信托投资公司副总经理兼证券业务总部总经理,武汉金融学会理事;首创证券有限公司副总经理;北京国际信托投资有限公司总裁助理兼北京科技风险投资股份有限公司执行总裁;北京市国有资产经营有限责任公司副总裁。 |
| Thomas Adam Shippey | 股东董事 | 男 | 36 | 2010年9月 | 威益投资有限公司 | 19.99 | Aston大学本科,历任普华永道审计与商业顾问服务部培训生,瑞银投资银行部副董事,安石集团业务发展部主管。 |
| 李显章 | 董事 | 男 | 53 | 2008年7月 | 中国石油化工股份有限公司北京石油分公司 | 14.29 | 中共中央党校研究生,历任北京市石油产品销售总公司财务部经理,北京石油集团有限责任公司财务部经理,中国石油化工股份有限公司北京石油分公司总会计师。 |
| 刘鸿雁 | 董事 | 男 | 36 | 2008年7月 | 上海爱使股份有限公司 | 8.29 | 东北林业大学学士,任上海爱使股份有限公司董事。 |
| 汤民强 | 股东董事 | 男 | 53 | 2010年8月 | 杭州钢铁集团公司 | 6.14 | 上海交通大学本科,历任杭钢集团计财部预算成本处处长、财务部部长;杭钢集团公司总会计师兼财务部长、副总经理;杭钢集团公司总经理。 |
| 江芳 | 职工董事 | 女 | 39 | 2008年7月 | — | — | 对外经济贸易大学法学博士,历任北京国际信托有限公司研究发展部经理助理、董事会秘书兼总经理办公室副主任;董事会秘书兼董事会办公室主任、综合管理总部总经理。 |

独立董事

| 姓名 | 职务 | 性别 | 年龄 | 选任日期 | 所推举的股东名称 | 该股东持股比例(%) | 简要履历 |
|---|---|---|---|---|---|---|---|
| 沈四宝 | 独立董事 | 男 | 64 | 2008年7月 | — | — | 北京大学硕士,历任北京大学法律系讲师、副教授,对外经济贸易大学法学院院长;对外经济贸易大学法学院教授。 |
| 齐东平 | 独立董事 | 男 | 50 | 2008年7月 | — | — | 中国人民大学经济研究所博士,历任吉林省社会科学院经济研究所研究员;中国国家计划委员会公务员;中国人民大学商学院副教授。 |
| 陈建 | 独立董事 | 男 | 39 | 2008年7月 | — | — | 首都经济贸易大学本科,历任毕马威华振会计师事务所审计经理;北京中兆信会计师事务所有限公司主任会计师;北京中企华君诚会计师事务所有限公司主任会计师。 |

### 3.3 监事

监事会成员

| 姓名 | 职务 | 性别 | 年龄 | 选任日期 | 所推举的股东名称 | 该股东持股比例(%) | 简要履历 |
|---|---|---|---|---|---|---|---|
| 李海东 | 监事会主席 | 男 | 47 | 2008年7月 | 航天科技财务有限责任公司 | 7.14 | 东北财经大学本科，历任航天工业部财务司成本价格处助理员；航天总公司财务司国有资产处处长；国防科工委财务司基建技改财务处处长；国防科工委信息中心副主任；航天科技财务有限责任公司副总经理、党委书记。 |
| 田树勇 | 监事 | 男 | 40 | 2008年7月 | 天津经济技术开发区投资有限公司 | 4.29 | 南开大学硕士，历任建设银行天津分行房地产信贷部信贷主管；深圳发展银行天津分行市场部客户经理；天津经济技术开发区投资有限公司投资部经理。 |
| 孟福增 | 监事 | 男 | 56 | 2008年7月 | 鹏丰投资有限公司 | 2.57 | 中国社会科学院研究生，历任中国人民银行北京朝阳办事处农村金融管理科科员；中共朝阳区委员会农村工作部副部长；中国农业银行北京分行农业信贷处副处长；中国农业银行朝阳支行党委书记、行长；中国农业银行北京分行副行长。 |
| 蒋政军 | 监事 | 男 | 58 | 2008年7月 | 北京宏达信资产经营有限公司 | 2.14 | 中共中央党校研究生，历任北京市东城区技术监督局局长；北京市东城区人民政府朝阳门东四办事处副主任；北京市东城区东四集体经济管理中心主任；北京宏达信资产经营公司董事长兼党委书记。 |
| 韩新梅 | 监事 | 女 | 45 | 2008年7月 | 北京市海淀区欣华农工商公司 | 0.86 | 北京广播电视大学财务会计大专，历任北京市海淀区京海农工商公司红艺铝制品厂主管会计；北京市海淀区京海农工商公司会计兼统计；北京市海淀区欣华农工商公司副总经理。 |
| 陆石 | 职工监事 | 男 | 56 | 2008年7月 | — | — | 亚洲(澳门)国际公开大学硕士，历任北京地质局宣传处副处长；日本北京会馆副馆长；北京国际信托有限公司总经理助理兼办公室主任、副总经理、党委副书记兼纪委书记。 |
| 岳琳娜 | 职工监事 | 女 | 35 | 2008年7月 | — | — | 西南政法大学硕士，历任重庆市高级人民法院经济审判第一庭书记员；中电通信科技有限责任公司法律事务经理；北京国际信托有限公司法律事务部总监、合规法律风险管理部总经理。 |

### 3.4 高级管理人员

| 姓名 | 职务 | 性别 | 年龄 | 选任日期 | 金融从业年限 | 学历 | 专业 |
|---|---|---|---|---|---|---|---|
| 刘建华 | 董事长、党委书记 | 男 | 56 | 2000年3月 | 10年 | 硕士 | 法学 |
| 王晓龙 | 总经理、党委副书记 | 男 | 55 | 1998年9月 | 16年 | 博士 | 经济学 |
| 陆石 | 副总经理、党委副书记(兼纪委书记) | 男 | 56 | 2008年7月 | 22年 | 硕士 | 工商管理 |
| 周瑞明 | 副总经理 | 男 | 47 | 2001年12月 | 18年 | 博士 | 管理学 |
| 时宝东 | 副总经理 | 男 | 45 | 2008年7月 | 9年 | 博士 | 工商管理 |
| 吴剑 | 副总经理 | 女 | 57 | 2008年7月 | 19年 | 学士 | 工业电气自动化 |
| 吴京林 | 总会计师 | 男 | 46 | 2008年7月 | 18年 | 硕士 | 工商管理 |
| 幸宇晖 | 总经理助理 | 女 | 46 | 2008年7月 | 23年 | 硕士 | 经济学 |
| 吴庆斌 | 总经理助理 | 男 | 37 | 2008年7月 | 9年 | 双学士 | 法学及工学 |
| 李铁刚 | 总经理助理 | 男 | 57 | 2008年7月 | 8年 | 硕士 | 经济法 |
| 江芳 | 董事会秘书 | 女 | 40 | 2000年3月 | 17年 | 博士 | 法学 |

### 3.5 公司员工

报告期内，公司职工人数为125人，平均年龄为37.9岁。

| 项目 | | 报告期年度(2010年) | | 基期(2009年) | |
|---|---|---|---|---|---|
| | | 人数 | 比例(%) | 人数 | 比例(%) |
| 学历分布 | 博士 | 9 | 7.2 | 6 | 5.2 |
| | 硕士 | 67 | 53.6 | 58 | 50 |
| | 本科 | 37 | 29.6 | 39 | 33.6 |
| | 专科 | 12 | 9.6 | 12 | 10.3 |
| | 其他 | 0 | 0 | 1 | 0.9 |

## 4. 经营管理

### 4.1 经营目标、方针、战略规划

经营目标：以诚信合规、稳健发展为理念，充分发挥信托功能，建成战略清晰、实力雄厚、管理严谨、风控完备、队伍精良、执行得力的卓越信托公司。

经营方针：继续坚持防范风险、合规经营、持续创新、稳健发展的方针。

战略规划：北京信托将遵循国家和监管部门法规，遵循信托业的发展规律，将安全稳健运作作为公司发展的第一要务，进一步优化公司法人治理结构，在内部组织、决策流程、产品开发和营销、风险控制和管理、信息管理系统、人力资源等方面实施有效管理，进一步加大风险控制的深度管理，强化规范发展，使公司形成具有自身鲜明特色的业务结构和可持续健康发展

盈利模式，形成品种多样、结构合理的新型信托业务结构，扩大信托资产管理规模，确立自身在信托领域的专长优势，为机构投资者和私人投资者提供一流的信托金融服务，并努力使股东获得较好地回报，共享财富稳定增值收益。

## 4.2 所经营业务的主要内容

### 4.2.1 自营资产运用与分布表

| 资产运用 | 金额(万元) | 占比(%) | 资产分布 | 金额(万元) | 占比(%) |
|---|---|---|---|---|---|
| 货币资产 | 79 854 | 30.04 | 基础产业 | | |
| 贷款及应收款 | 68 784 | 25.87 | 房地产业 | | |
| 交易性金融资产 | 3 141 | 1.18 | 证券市场 | 8 159 | 3.07 |
| 可供出售金融资产 | 45 699 | 17.19 | 实业 | 68 784 | 25.87 |
| 持有至到期投资 | 36 478 | 13.72 | 金融机构 | 186 020 | 69.97 |
| 长期股权投资 | 29 007 | 10.91 | 其他 | 2 890 | 1.09 |
| 其他 | 2 890 | 1.09 | | | |
| 资产总计 | 265 853 | 100.00 | 资产总计 | 265 853 | 100.00 |

### 4.2.2 信托资产运用与分布表

| 资产运用 | 金额(万元) | 占比(%) | 资产分布 | 金额(万元) | 占比(%) |
|---|---|---|---|---|---|
| 货币资产 | 139 947.90 | 1.74 | 基础产业 | 4 334 910.92 | 53.87 |
| 贷款 | 3 078 057.43 | 38.26 | 房地产 | 744 391.76 | 9.25 |
| 交易性金融资产 | 518 564.94 | 6.44 | 证券市场 | 756 252.08 | 9.40 |
| 可供出售金融资产 | 583 983.20 | 7.26 | 实业 | 1 737 828.11 | 21.60 |
| 持有至到期投资 | 2 098 289.14 | 26.08 | 金融机构 | 97 090.36 | 1.21 |
| 长期股权投资 | 1 303 683.95 | 16.20 | 其他 | 375 526.77 | 4.67 |
| 其他 | 323 473.44 | 4.02 | | | |
| 信托总资产 | 8 046 000.00 | 100.00 | 信托总资产 | 8 046 000.00 | 100.00 |

## 4.3 市场分析

### 4.3.1 宏观经济形势分析

2010 年，中国经济持续平稳发展。粮食产量实现“七连增”; GDP 连续两个季度超过日本，成为世界第二大经济体；全年 GDP 增速达 10.3%，经济形势继续处于上行周期。国家对经济结构进行了适应性调整：鼓励和引导非公经济发展；加快国有企业兼并重组步伐；房价先升后稳；就业总规模持续扩大；固定资产投资增速回落、内需稳定增长、出现成本推动型结构性物价上涨，全年 CPI 上涨 3.3%，符合市场前期预测。经济在调整中逐渐回归到平稳增长轨道，总体运行态势较好。

### 4.3.2 金融形势分析

2010 年国家通过一系列措施，继续深化金融改革，加快金融市场发展。针对经济运行的新形势新情况，在年终及时调整货币政策；引导金融机构加大对国家重点产业调整振兴、经济社会薄弱环节、就业、消费、节能环保、战略性新兴产业等方面的支持，严格控制对高耗能、高排放和产能过剩行业的贷款；实施更为严格的差别化住房信贷政策；出台金融支持中小企业发展的政策措施；积极改进和完善涉农金融服务；进一步推进人民币汇率形成机制改革，保持了人民币汇率在合理均衡水平上的基本稳定；跨境人民币业务取得突破性进展；加快贷款转让市场建设；发展非金融企业超短期融资券，多渠道满足企业流动资金合理需求；提出将战略性新兴产业培育成为先导产业和支柱产业，并健全财税金融政策支持体系，加大扶持力度，引导和鼓励社会资金投入加快培育和发展战略性新兴产业。

2010 年以来，根据国家宏观调控政策和我国信托业发展的现实情况，中国银监会制定了一系列监管制度和业务规范，对信托公司发展模式产生了深远影响。通过下发《关于加强信托公司结构化信托业务监管有关问题的通知》，规范结构化信托业务，保护投资人的合法权益；下发《关于加强信托公司房地产信托业务监管有关问题的通知》，进一步规范信托公司开展房地产信托业务，防范房地产信托业务风险，提高信托公司风险防范意识和风险控制能力；发布《关于规范银信理财合作业务有关事项的通知》，对银信合作进一步规范，鼓励信托公司提高自主资产管理能力；颁布《信托公司净资产管理办法》，推动分类监管，促进信托公司创新发展、做优做强。

### 4.3.3 影响公司业务发展的主要因素

4.3.3.1 有利因素

(1) 监管层出台一系列政策，鼓励创新，提高信托公司自主管理和风险控制能力，这有利于促使信托公司专注资产管理和财富管理，规范化、专业化运作，实现信托公司业务模式的跨越式发展，优胜劣汰，进一步优化行业环境。

(2) 文化产业及另类投资、战略性新兴企业、矿产能源等领域的政策支持及潜在投资价值，将引导更多信托公司开拓新的投资领域，细分自身业务区域，实现与银行、证券和保险等其他金融机构的差异化竞争；同时，促使信托公司在艺术品投资等领域提早布局研发团队，建立先发优势。

(3) 监管层对于房地产信托业务的风险提示，会促进信托公司强调合规性和市场风险，同时探索基金化运作等创新模式。同时，市场偏紧有利于公司物色到优质房地产项目，进行长期投资。

4.3.3.2 不利因素

2011 年经济形势严峻，主要面临流动性过剩和通胀压力。在中央银行实行稳健货币政策的背景下，信贷规模将收缩，融资需求增大，但同时国家对房地产的宏观调控肯定还会持续，传统融资性业务会面临更大的风险。信托公司业务转型成为当务之急，信托业务的去信贷化和去通道化会在短期内影响信托公司的收益。而信托公司提高投资管理能力则是一个长期过程，是一个长期目标和短期利益的平衡问题。在此过程中会损失一些短期的规模和收益，此外主动管理的产品，需要在人才、系统服务理念、产品设计等各项机制进行改革，这是比较大的挑战。

## 4.4 内部控制概况

### 4.4.1 内部控制环境和内部控制文化

公司法人治理结构完善，内控制度健全且执行良好。公司强化公司治理执行机制，确保董事会及各专业委员会充分发挥职能，提高董事会在公司治理中的作用。公司根据监管要求，进一步明确了股东会、董事会、监事会和经理层的治理架构的权利和职责，形成了较为科学的决策机制、执行机制和监督机制。董事会下设风险管理委员会、信托委员会、审计委员会、提名与薪酬委员会四个专门委员会。公司实施了明晰、完善的业务流程和操作指引，实行员工竞聘上岗及严格的问责制和绩效考核制度，已形成一套流畅的内部信息反馈系统，保证了经营管理高效、有序、规范、可控的运行。

公司高度重视内部控制文化建设，大力培育合规理念、风险意识。通过培训、出版刊物、员工沙龙等形式，提升员工的合规观念和道德水准。

**4.4.2 内部控制措施**

4.4.2.1 原则和政策

公司内部控制遵循以下原则：全面性原则、审慎性原则、独立性原则、有效性原则、适时性原则、相互制约原则。

公司内部控制的主要政策和程序是：授权控制、岗位分离、资产隔离、规范操作。

4.4.2.2 组织保障

通过规范法人治理结构、建立内控组织、制订业务运作基本政策和工作流程、完善授权制度、充实内部审计系统等内容，形成内控制度，主要包括五个层次：董事会、监事会、风险管理委员会、高管层、各职能部门和业务管理部门。

4.4.2.3 制度保证

公司已制定了包括股东会、董事会、监事会、项目评审、人力资源、文秘行政、民主管理、投资与资产管理、法律、综合管理、财务管理、稽核审计、固有业务、信托业务、证券投资等多项制度，以及实施细则和操作流程，形成较完善的制度保障体系。报告期内，公司对原有规章制度进行了修订，共补充并修订17项公司级制度。截至2010年末，公司现有内控制度13类、99项公司级制度。

4.4.2.4 流程约束

公司在既有的五道防范业务风险的“防火墙”的基础上，将每一道防火墙继续细化和对接，使业务流程上下环节协调和相互制衡。

(1)项目前期尽职调查和内部初审。

(2)法律文件的审查。

(3)风险管理委员会决策。

(4)财务和风险管理部门在资金拨付前的把关控制。

(5)稽核审计部门和风险管理部门的追踪监控和评价预警。

**4.4.3 监督评价与纠正机制**

公司建立自控、互控、监控三结合的内控机制，对内部控制活动进行检查、评价、监督和纠正。

业务部门对项目进行跟踪管理，一旦发现存在问题，迅速予以自纠。

风险管理部门按照风险管理的事前严格调查和审查，事中、事后跟踪管理和监控不同阶段的管理特征，通过制度化、流程化监控、管理信托业务流程具体执行。

稽核审计部门对业务运作和风险管理进行动态审计和检查，对业务开展进行合规性检查，并进行有效性评价，对相关人员的行为规范进行监督和检查。

## 4.5 风险管理

**4.5.1 风险管理概况**

报告期内公司加大风险管理力度，面对公司经营中所面临的信用风险、市场风险、流动性风险、操作风险、合规风险、声誉风险、策略风险等，进行有效的识别、计量，通过规范法人治理结构、建立内控、制定业务运作基本政策和操作流程、完善授权制度、充实内部审计系统、加强信息管理系统建设等内容，从各个层面进行严格的风险管理和控制。

**4.5.2 风险状况**

4.5.2.1 信用风险状况

信用风险主要表现为公司交易对手不能履行合约义务带来的风险。报告期末，公司自营信用风险资产合计为149 049万元；其中正常类信用风险资产为149 049万元，无关注类、次级类、可疑类和损失类。不良资产期初数为0，期末数为0，已足额计提资产减值准备。报告期末，公司信托资产为8 046 000万元，无不良资产。

4.5.2.2 市场风险状况

市场风险主要表现为因市场价格——利率、汇率、股票价格和商品价格等的不利变动而使公司的表内和表外业务发生损失的风险。报告期内，公司未发生因市场风险所造成的损失。

4.5.2.3 操作风险状况

操作风险主要是公司内部控制、系统及运营过程中的错误或疏忽或外部事件而可能引起潜在损失的风险。报告期内，公司未发生因操作风险所造成的损失。

4.5.2.4 其他风险状况

其他风险主要是指公司业务开展中的合规风险、政策风险、公司信誉风险、人员道德风险等。报告期内公司未发生因上述风险所造成的损失。

**4.5.3 风险管理**

4.5.3.1 信用风险管理

为有效规避信用风险，公司主要实施以下风险管理手段：

(1)公司通过事前评估、事中控制、事后评价的风险控制体系来防范和规避信用风险。

(2)抵押（质押）品确认的主要原则：抵押（质押）品必须是抵押人所有的或依法有权处分的财产；要求抵押（质押）品所有权人在房产、土地等主管部门办理抵押登记手续；抵押（质押）品价值由公司根据其变现能力参照法定评估机构的评估价值，并在合同中载明；抵押率原则上不超过50%。

(3)公司根据财政部《金融企业呆账准备提取管理办法》（财金〔2005〕49号）的规定，计提呆账准备金，包括一般准备和相关资产减值准备。一般准备按风险资产1%的比例从税后利润中提取，且一般准备余额不低于风险资产期末余额的1%。

(4)公司按不低于净利润5%的比例从税后利润中计提信托赔偿准备。

报告期内公司未发生因信用风险所造成的损失。

4.5.3.2 市场风险管理

市场风险主要表现为因市场价格——利率、汇率、股票价格和商品价格等的不利变动而使公司的表内和表外业务发生损失的风险。对于利率风险，公司密切关注宏观经济变化，特别是消费物价指数以及社会通货膨胀系数的变动，增强预见性，防范利率调整带来的风险。对于汇率风险，公司随时关注国际经济动态，观察国家外汇政策的变化并及时采取相应的措施。对于证券投资风险，公司加大市场调研力度，全面了解证券市场及相关金融市场行情，根据市场供求状况及收益与风险情况，及时调整产品策略，避免市场风险。

报告期内公司未发生因市场风险所造成的损失。

4.5.3.3 操作风险管理

公司重点加强内控制度和风险管理的落实。风险管理部门加强对操作风险的防控和管理，优化流程，充实、深化部门职能；突出抓好重要岗位和薄弱环节管理，明确岗位职责。运用内部审计和外部审计，保证公司内控制度执行及风险评估的客观性和独立性；加强高风险点的监督检查，并通过检查中发现的问题不断完善修订各项内控制度。通过建立健全培训、考核、考试、激励、淘汰机制，不断提高员工的业务技能，并通过不断升级和完善计算机管理系统以及业务操作流程，制定了一系列应对紧急情况的防范措施。

报告期内公司未发生因操作风险所造成的损失。

4.5.3.4　其他风险管理

公司强化合法合规经营的制度保障，持续关注法律、法规的最新发展，并及时对业务程序和操作指引进行梳理和修订；注重员工培训；加强职业道德教育，增强员工的工作责任心，提高公司信誉。

## 5. 报告期末及上年末的比较式会计报表

### 5.1　自营资产（经审计）

#### 5.1.1　会计师事务所审计结论

**审 计 报 告**

京都天华审字（2011）第0718号

北京国际信托有限公司：

我们审计了后附的北京国际信托有限公司（以下简称"北京信托公司"）固有财产项下的2010年12月31日的资产负债表、2010年度的利润表和现金流量表、2010年度所有者权益变动表、2010年度国有资产变动情况表、2010年12月31日的资产减值准备情况表以及财务报表附注。

一、管理层对财务报表的责任

按照企业会计准则的规定编制财务报表是北京信托公司管理层的责任。这种责任包括：（1）设计、实施和维护与财务报表编制相关的内部控制，以使财务报表不存在由于舞弊或错误而导致的重大错报；（2）选择和运用恰当的会计政策；（3）作出合理的会计估计。

二、注册会计师的责任

我们的责任是在实施审计工作的基础上对财务报表发表审计意见。我们按照中国注册会计师审计准则的规定执行了审计工作。中国注册会计师审计准则要求我们遵守职业道德规范，计划和实施审计工作以对财务报表是否不存在重大错报获取合理保证。

审计工作涉及实施审计程序，以获取有关财务报表金额和披露的审计证据。选择的审计程序取决于注册会计师的判断，包括对由于舞弊或错误导致的财务报表重大错报风险的评估。在进行风险评估时，我们考虑与财务报表编制相关的内部控制，以设计恰当的审计程序，但目的并非对内部控制的有效性发表意见。审计工作还包括评价管理层选用会计政策的恰当性和作出会计估计的合理性，以及评价财务报表的总体列报。

我们相信，我们获取的审计证据是充分、适当的，为发表审计意见提供了基础。

三、审计意见

我们认为，北京信托公司固有财产项下财务报表已经按照企业会计准则的规定编制，在所有重大方面公允反映了北京信托公司2010年12月31日固有财产项下的财务状况以及2010年度固有财产的经营成果和现金流量。

京都天华　　　　中国注册会计师　李惠琦
会计师事务所有限公司
中国·北京　　　　中国注册会计师　党小民

2011年2月28日

#### 5.1.2　资产负债表

**资产负债表**

编制单位：北京国际信托有限公司　　　　单位：万元

| 项　　目 | 2010年12月31日 | 2009年12月31日 |
|---|---|---|
| 资产： | | |
| 现金及银行存款 | 589 | 354 |
| 存放中央银行款项 | | |
| 存放同业款项 | 79 265 | 60 979 |
| 贵金属 | | |
| 预付账款 | 27 842 | 15 856 |
| 交易性金融资产 | 3 141 | |
| 衍生金融资产 | | |
| 买入返售金融资产 | | |
| 应收账款 | 2 035 | 679 |
| 应收利息 | | |
| 其他应收款 | | |
| 发放贷款和垫款 | 38 907 | 56 494 |
| 可供出售金融资产 | 45 699 | 45 158 |
| 持有至到期投资 | 36 478 | 46 208 |
| 长期股权投资 | 29 007 | 29 007 |
| 投资性房地产 | | |
| 固定资产原价 | 1 914 | 1 501 |
| 减：累计折旧 | 1 003 | 1 013 |
| 固定资产净值 | 911 | 489 |
| 减：固定资产减值准备 | | |
| 固定资产净额 | 911 | 489 |
| 工程物资 | | |
| 在建工程 | | |
| 固定资产清理 | | |
| 无形资产 | 238 | 148 |
| 其中：土地使用权 | | |
| 长期待摊费用 | | |
| 递延所得税资产 | 742 | |
| 其他资产 | 1 000 | 1 000 |
| | | |
| | | |
| | | |
| 资产总计 | 265 853 | 256 372 |

**资产负债表（续）**

| 项　目 | 2010 年 12 月 31 日 | 2009 年 12 月 31 日 |
|---|---|---|
| 负债： | | |
| 向中央银行借款 | | |
| 同业及其他金融机构存放款项 | | |
| 拆入资金 | | |
| 交易性金融负债 | | |
| 衍生金融负债 | | |
| 卖出回购金融资产款 | | |
| 应付账款 | | |
| 应付职工薪酬 | 927 | 1 518 |
| 其中：应付工资 | | |
| 应付福利费 | | 302 |
| 应交税费 | 4 922 | 5 038 |
| 其中：应交税金 | 4 888 | 5 007 |
| 应付利息 | | 1 |
| 应付股利 | | 594 |
| 预收账款 | 11 | 58 |
| 应付债券 | | |
| 其他应付款 | 17 846 | 17 802 |
| 递延所得税负债 | 6 | 65 |
| 预计负债 | | |
| 其他负债 | | |
| | | |
| 负债合计 | 23 713 | 25 075 |
| 所有者权益（或股东权益）： | | |
| 实收资本（股本） | 140 000 | 140 000 |
| 国家资本 | | |
| 集体资本 | | |
| 法人资本 | 112 020 | 112 020 |
| 其中：国有法人资本 | 92 620 | 92 620 |
| 集体法人资本 | | |
| 个人资本 | | |
| 外商资本 | 27 980 | 27 980 |
| 资本公积 | （2 227） | 196 |
| 减：库存股 | | |
| 盈余公积 | 19 111 | 15 485 |
| 一般风险准备 | 1 978 | 1 978 |
| 信托赔偿准备 | 28 000 | 23 735 |
| 未确认的投资损失（以"－"号填列） | | |
| 未分配利润 | 55 277 | 49 902 |
| 其中：现金股利 | | |
| 外币报表折算差额 | | |
| 归属于母公司所有者权益合计 | 242 140 | 231 296 |

续表

| 项　目 | 2010 年 12 月 31 日 | 2009 年 12 月 31 日 |
|---|---|---|
| 少数股东权益 | | |
| 所有者权益合计 | 242 140 | 231 296 |
| 减：未处理资产损失 | | |
| 所有者权益合计（剔除未处理资产损失后的金额） | 242 140 | 231 296 |
| 负债和所有者权益总计 | 265 853 | 256 372 |

企业负责人：刘建华　　主管会计工作负责人：吴京林　　会计机构负责人：魏东华

### 5.1.3　利润表

**利润表**

编制单位：北京国际信托有限公司　　单位：万元

| 项　目 | 2010 年 | 2009 年 |
|---|---|---|
| 一、营业收入 | 63 299 | 59 124 |
| 利息净收入 | 6 355 | 8 675 |
| 利息收入 | 6 376 | 8 706 |
| 利息支出 | 21 | 31 |
| 手续费及佣金净收入 | 46 372 | 44 964 |
| 手续费及佣金收入 | 48 624 | 47 440 |
| 手续费及佣金支出 | 2 252 | 2 476 |
| 投资收益 | 10 411 | 5 261 |
| 其中：对联营企业和合营企业的投资收益 | | |
| 公允价值变动收益（损失） | 26 | 141 |
| 汇兑收益（损失） | （6） | （2） |
| 其他业务收入 | 140 | 85 |
| 二、营业支出 | 16 406 | 14 032 |
| 营业税金及附加 | 2 883 | 2 662 |
| 业务及管理费 | 13 688 | 11 345 |
| 资产减值损失 | （164） | 25 |
| 其他营业成本 | | |
| 三、营业利润 | 46 892 | 45 092 |
| 加：营业外收入 | 433 | 332 |
| 其中：非流动资产处置利得 | 129 | 101 |
| 非货币性资产交换利得（非货币性交易收益） | | |
| 政府补助（补贴收入） | 21 | 32 |
| 债务重组利得 | | |
| 减：营业外支出 | 251 | 66 |
| 其中：非流动资产处置损失 | 5 | |
| 非货币性资产交换损失（非货币性交易损失） | | |
| 债务重组损失 | | |
| 四、利润总额 | 47 075 | 45 357 |
| 减：所得税费用 | 10 809 | 10 689 |
| 加：未确认的投资损失 | | |
| 五、净利润 | 36 266 | 34 668 |
| 减：少数股东损益 | | |
| 六、归属于母公司所有者的净利润 | 36 266 | 34 668 |

企业负责人：刘建华　　主管会计工作负责人：吴京林　　会计机构负责人：魏东华

### 5.1.4　所有者权益变动表

**所有者权益变动表**

编制单位：北京国际信托有限公司　　2010 年　　单位：万元

| 项　目 | 行次 | 本年金额 | | | | | | | | | | |
|---|---|---|---|---|---|---|---|---|---|---|---|---|
| | | 归属于母公司所有者权益 | | | | | | | | 少数股东权益 | 减：未处理资产损失 | 所有者权益合计 |
| | | 实收资本（或股本） | 资本公积 | 减：库存股 | 盈余公积 | 一般风险准备 | 未分配利润 | 信托赔偿准备 | 小计 | | | |
| 栏次 | | 1 | 2 | 3 | 4 | 5 | 6 | 7 | 8 | 9 | 10 | 11 |
| 一、上年末余额 | 1 | 140 000 | 196 | | 15 485 | 1 978 | 49 902 | 23 735 | 231 296 | | | 231 296 |
| 加：会计政策变更 | 2 | | | | | | | | | | | |

续表

| 项　　目 | 行次 | 本年金额 | | | | | | | | | | |
|---|---|---|---|---|---|---|---|---|---|---|---|---|
| | | 归属于母公司所有者权益 | | | | | | | | 少数股东权益 | 减:未处理资产损失 | 所有者权益合计 |
| | | 实收资本(或股本) | 资本公积 | 减:库存股 | 盈余公积 | 一般风险准备 | 未分配利润 | 信托赔偿准备 | 小计 | | | |
| 栏次 | | 1 | 2 | 3 | 4 | 5 | 6 | 7 | 8 | 9 | 10 | 11 |
| 前期差错更正 | 3 | | | | | | | | | | | |
| 其他 | 4 | | | | | | | | | | | |
| 二、本年初余额 | 5 | 140 000 | 196 | | 15 485 | 1 978 | 49 902 | 23 735 | 231 296 | | | 231 296 |
| 三、本年增减变动金额(减少) | 6 | | (2 423) | | 3 627 | | 5 375 | 4 265 | 10 843 | | | 10 843 |
| (一)净利润 | 7 | | | | | | 36 266 | | 36 266 | | | 36 266 |
| (二)直接计入所有者权益的利得和损失 | 8 | | (2 423) | | | | | | (2 423) | | | (2 423) |
| 1. 可供出售金融资产公允价值变动净额 | 9 | | (3 230) | | | | | | (3 230) | | | (3 230) |
| 2. 权益法下被投资单位其他所有者权益变动的影响 | 10 | | | | | | | | | | | |
| 3. 与计入所有者权益项目相关的所得税影响 | 11 | | 808 | | | | | | 808 | | | 808 |
| 4. 其他 | 12 | | | | | | | | | | | |
| 净利润及直接计入所有者权益的利得和损失小计 | 13 | | (2 423) | | | | 36 266 | | 33 843 | | | 33 843 |
| (三)所有者投入和减少资本(减少) | 14 | | | | | | | | | | | |
| 1. 所有者投入资本 | 15 | | | | | | | | | | | |
| 2. 股份支付计入所有者权益的金额 | 16 | | | | | | | | | | | |
| 3. 其他 | 17 | | | | | | | | | | | |
| (四)利润分配(减少) | 18 | | | | 3 627 | | (30 891) | 4 265 | (23 000) | | | (23 000) |
| 1. 提取盈余公积 | 19 | | | | 3 627 | | (3 627) | | | | | |
| 其中:法定盈余公积 | 20 | | | | 3 627 | | (3 627) | | | | | |
| 任意盈余公积 | 21 | | | | | | | | | | | |
| 2. 提取一般风险准备 | 22 | | | | | | | | | | | |
| 3. 提取信托赔偿准备 | 23 | | | | | | (4 265) | 4 265 | | | | |
| 4. 所有者(或股东)的分配 | 24 | | | | | | (23 000) | | (23 000) | | | (23 000) |
| (五)所有者权益内部结转(减少) | 25 | | | | | | | | | | | |
| 1. 资本公积转增资本(或股本) | 26 | | | | | | | | | | | |
| 2. 盈余公积转增资本(或股本) | 27 | | | | | | | | | | | |
| 3. 盈余公积弥补亏损 | 28 | | | | | | | | | | | |
| 4. 其他 | 29 | | | | | | | | | | | |
| 四、本年末余额 | 30 | 140 000 | (2 227) | | 19 111 | 1 978 | 55 277 | 28 000 | 242 140 | | | 242 140 |

**所有者权益变动表(续)**

| 项　　目 | 行次 | 上年金额 | | | | | | | | | | |
|---|---|---|---|---|---|---|---|---|---|---|---|---|
| | | 归属于母公司所有者权益 | | | | | | | | 少数股东权益 | 减:未处理资产损失 | 所有者权益合计 |
| | | 实收资本(或股本) | 资本公积 | 减:库存股 | 盈余公积 | 一般风险准备 | 未分配利润 | 信托赔偿准备 | 小计 | | | |
| 栏次 | | 1 | 2 | 3 | 4 | 5 | 6 | 7 | 8 | 9 | 10 | 11 |
| 一、上年末余额 | 1 | 140 000 | (1 005) | | 12 018 | 1 978 | 48 731 | 11 705 | 213 427 | | | 213 427 |
| 加:会计政策变更 | 2 | | | | | | | | | | | |
| 前期差错更正 | 3 | | | | | | | | | | | |
| 其他 | 4 | | | | | | | | | | | |
| 二、本年初余额 | 5 | 140 000 | (1 005) | | 12 018 | 1 978 | 48 731 | 11 705 | 213 427 | | | 213 427 |
| 三、本年增减变动金额(减少) | 6 | | 1 200 | | 3 467 | | 1 171 | 12 031 | 17 869 | | | 17 869 |
| (一)净利润 | 7 | | | | | | 34 668 | | 34 668 | | | 34 668 |

续表

| 项　目 | 行次 | 上年金额 | | | | | | | | | | |
|---|---|---|---|---|---|---|---|---|---|---|---|---|
| | | 归属于母公司所有者权益 | | | | | | | | 少数股东权益 | 减:未处理资产损失 | 所有者权益合计 |
| | | 实收资本(或股本) | 资本公积 | 减:库存股 | 盈余公积 | 一般风险准备 | 未分配利润 | 信托赔偿准备 | 小计 | | | |
| 栏次 | | 1 | 2 | 3 | 4 | 5 | 6 | 7 | 8 | 9 | 10 | 11 |
| (二)直接计入所有者权益的利得和损失 | 8 | | 1 200 | | | | | | 1 200 | | | 1 200 |
| 1. 可供出售金融资产公允价值变动净额 | 9 | | 1 601 | | | | | | 1 601 | | | 1 601 |
| 2. 权益法下被投资单位其他所有者权益变动的影响 | 10 | | | | | | | | | | | |
| 3. 与计入所有者权益项目相关的所得税影响 | 11 | | (400) | | | | | | (400) | | | (400) |
| 4. 其他 | 12 | | | | | | | | | | | |
| 净利润及直接计入所有者权益的利得和损失小计 | 13 | | 1 200 | | | | 34 668 | | 35 869 | | | 35 869 |
| (三)所有者投入和减少资本(减少) | 14 | | | | | | | | | | | |
| 1. 所有者投入资本 | 15 | | | | | | | | | | | |
| 2. 股份支付计入所有者权益的金额 | 16 | | | | | | | | | | | |
| 3. 其他 | 17 | | | | | | | | | | | |
| (四)利润分配(减少) | 18 | | | | 3 467 | | (33 497) | 12 031 | (18 000) | | | (18 000) |
| 1. 提取盈余公积 | 19 | | | | 3 467 | | (3 467) | | | | | |
| 其中:法定盈余公积 | 20 | | | | 3 467 | | (3 467) | | | | | |
| 任意盈余公积 | 21 | | | | | | | | | | | |
| 2. 提取一般风险准备 | 22 | | | | | | | | | | | |
| 3. 提取信托赔偿准备 | 23 | | | | | | (12 031) | 12 031 | | | | |
| 4. 所有者(或股东)的分配 | 24 | | | | | | (18 000) | | (18 000) | | | (18 000) |
| (五)所有者权益内部结转(减少) | 25 | | | | | | | | | | | |
| 1. 资本公积转增资本(或股本) | 26 | | | | | | | | | | | |
| 2. 盈余公积转增资本(或股本) | 27 | | | | | | | | | | | |
| 3. 盈余公积弥补亏损 | 28 | | | | | | | | | | | |
| 4. 其他 | 29 | | | | | | | | | | | |
| 四、本年末余额 | 30 | 140 000 | 196 | | 15 485 | 1 978 | 49 902 | 23 735 | 231 296 | | | 231 296 |

企业负责人：刘建华　　主管会计工作负责人：吴京林　　会计机构负责人：魏东华

## 5.2 信托资产

### 5.2.1 信托项目资产负债汇总表

**信托项目资产负债表汇总表**

编制单位:北京国际信托有限公司　　2010 年 12 月 31 日　　单位:人民币万元

| 信托资产 | 年末数 | 信托负债和信托权益 | 年末数 | 期初数 | 期末数 |
|---|---|---|---|---|---|
| 信托资产: | | | 信托负债: | | |
| 货币资金 | 57 876. 19 | 49 932. 88 | 交易性金融负债 | | — |
| 拆出资金 | | | 衍生金融负债 | | — |
| 存出保证金 | 3 878. 10 | 90 015. 02 | 应付受托人报酬 | 63. 78 | 789. 72 |
| 交易性金融资产 | 21 010. 66 | 518 564. 94 | 应付托管费 | 12. 08 | 161. 71 |
| 衍生金融资产 | | | 应付受益人收益 | 61. 29 | 2 194. 98 |
| 买入返售金融资产 | 267 699. 99 | 203 422. 00 | 应交税费 | 235. 40 | — |
| 应收款项 | 65 997. 97 | 113 963. 19 | 应付销售服务费 | | 420. 87 |
| 发放贷款 | 2 965 174. 80 | 3 078 057. 43 | 其他应付款项 | 4 528. 36 | 8 612. 57 |
| 可供出售金融资产 | 285 801. 99 | 583 983. 20 | 预计负债 | | — |

续表

| 信托资产 | 年末数 | 信托负债和信托权益 | 年末数 | 期初数 | 期末数 |
|---|---|---|---|---|---|
| 持有至到期投资 | 1 201 464.94 | 2 098 289.14 | 其他负债 | | — |
| 长期应收款 | 3 547.54 | 6 088.24 | 信托负债合计 | 4 900.90 | 12 179.85 |
| 长期股权投资 | 817 917.34 | 1 303 683.95 | | | — |
| 投资性房地产 | 120.00 | | 信托权益: | | — |
| 固定资产 | | | 实收信托 | 5 349 383.97 | 7 427 407.73 |
| 无形资产 | 1 000.00 | | | 172 671.81 | 235 102.36 |
| 长期待摊费用 | | | 损益平准金 | | — |
| 其他资产 | | | 未分配利润 | 164 532.85 | 371 310.06 |
| 减:各项资产减值准备 | | | 信托权益合计 | 5 686 588.62 | 8 033 820.15 |
| 信托资产总计 | 5 691 489.52 | 8 046 000.00 | 信托负债及信托权益总计 | 5 691 489.52 | 8 046 000.00 |

会计机构负责人:黄明芳　　复核:孟广杰　　制表::马政毅

### 5.2.2 信托项目利润及利润分配汇总表

**信托项目利润及利润分配汇总表**

2010 年 12 月

编制单位:北京国际信托有限公司　　单位:万元

| 项目 | 本年数 | 上年数 |
|---|---|---|
| 1. 营业收入 | 607 028.01 | 439 445.22 |
| 1.1 利息收入 | 170 651.05 | 134 989.39 |
| 1.2 投资收益(损失以"-"号填列) | 173 922.73 | 125 449.88 |
| 1.2.1 其中:对联营企业和合营企业的投资收益 | | |
| 1.3 公允价值变动收益(损失以"-"号填列) | 9 903.45 | 1 943.13 |
| 1.4 租赁收入 | 563.01 | 350.10 |
| 1.5 汇兑损益(损失以"-"号填列) | | |
| 1.6 其他收入 | 251 987.77 | 176 712.72 |
| 2. 支出 | 49 933.40 | 53 338.01 |
| 2.1 营业税金及附加 | 1 455.89 | 2 474.14 |
| 2.2 受托人报酬 | 31 002.97 | 27 099.20 |
| 2.3 托管费 | 6 716.84 | 8 155.88 |
| 2.4 投资管理费 | 1 682.22 | |
| 2.5 销售服务费 | 2 111.20 | 496.03 |
| 2.6 交易费用 | 2 447.70 | |
| 2.7 资产减值损失 | | 10 041.33 |
| 2.8 其他费用 | 4 516.59 | 5 071.43 |
| 3. 信托净利润(净亏损以"-"号填列) | 557 094.60 | 386 107.22 |
| 4. 其他综合收益 | | |
| 5. 综合收益 | 557 094.60 | 386 107.22 |
| 6. 加:期初未分配信托利润 | 164 532.85 | 28 936.95 |
| 7. 可供分配的信托利润 | 721 627.45 | 415 044.16 |
| 8. 减:本期已分配信托利润 | 350 317.39 | 250 511.31 |
| 9. 期末未分配信托利润 | 371 310.06 | 164 532.85 |

会计机构负责人:黄明芳　　复核:孟广杰　　制表:马政毅

## 6. 会计报表附注

### 6.1 简要说明报告年度会计报表编制基准、会计政策、会计估计和核算方法发生的变化

#### 6.1.1 计提资产减值准备的范围和方法

根据财政部《金融企业呆账准备提取管理办法》(财金〔2005〕49 号)的规定,公司计提一般准备和资产减值准备。原则上一般风险准备金余额不低于风险资产期末余额的 1%。

公司按中国银行业监督管理委员会《关于非银行金融机构全面推行资产质量五级分类管理的通知》(银监发〔2004〕4 号)文件规定实行以风险为基础的五级分类,按资产风险特征划分为若干组合,计提资产减值准备,包括贷款损失准备、坏账准备和长期投资减值准备。各项组合计提比例如下:

| 风险程度 | 计提比例(%) |
|---|---|
| 正常类 | 1 |
| 关注类 | 2 |
| 次级类 | 25 |
| 可疑类 | 50 |
| 损失类 | 100 |

#### 6.1.2 金融资产四分类的范围和标准

公司的金融资产于初始确认时分为以下四类:以公允价值计量且其变动计入当期损益的金融资产、持有至到期投资、贷款和应收款项、可供出售金融资产。金融资产在初始确认时以公允价值计量。对于以公允价值计量且其变动计入当期损益的金融资产,相关交易费用直接计入当期损益,其他类别的金融资产相关交易费用计入其初始确认金额。

#### 6.1.3 交易性金融资产核算方法

以公允价值计量且其变动计入当期损益的金融资产,包括交易性金融资产和初始确认时指定为以公允价值计量且其变动计入当期损益的金融资产。交易性金融资产包括为了在短期内出售而取得的金融资产,以及衍生金融工具。对于此类金融资产,公司采用公允价值进行后续计量,所有已实现和未实现的损益均计入当期损益。

#### 6.1.4 可供出售金融资产核算方法

可供出售金融资产,是指初始确认时即指定为可供出售的非衍生金融资产,以及除上述金融资产类别以外的金融资产。对于此类金融资产,公司采用公允价值进行后续计量。其折溢价采用实际利率法进行摊销并确认为利息收入。除减值损失及外币货币性金融资产的汇兑差额确认为当期损益外,可供出售金融资产的公允价值变动作为资本公积的单独部分予以确认,直到该金融资产终止确认或发生减值时,在此之前在资本公积中确认的累计利得或损失转入当期损益。与可供出售金融资产相关的股利或利息收入,计入当期损益。

对于在活跃市场中没有报价且其公允价值不能可靠计量

的权益工具投资,按成本计量。

**6.1.5 持有至到期投资核算方法**

持有至到期投资,是指到期日固定、回收金额固定或可确定,且公司有明确意图和能力持有至到期的非衍生金融资产。对于此类金融资产,公司采用实际利率法,按照摊余成本进行后续计量,其终止确认、发生减值或摊销产生的利得或损失,均计入当期损益。

**6.1.6 股权投资核算方法**

6.1.6.1 长期股权投资的初始计量

公司长期股权投资在取得时按投资成本计量。投资成本一般为取得该项投资而付出的资产、发生或承担的负债以及发行的权益性证券的公允价值,并包括直接相关费用。但同一控制下的企业合并形成的长期股权投资,其初始投资成本为合并日取得的被合并方所有者权益的账面价值份额。

6.1.6.2 长期股权投资的后续计量

公司能够对被投资单位实施控制的长期股权投资,以及对被投资单位不具有共同控制或重大影响,且在活跃市场中没有报价、公允价值不能可靠计量的长期股权投资采用成本法核算;对被投资单位具有共同控制或重大影响的长期股权投资,采用权益法核算。

采用成本法核算的长期股权投资,除取得投资时实际支付的价款或对价中包含的已宣告但尚未发放的现金股利或利润外,被投资单位宣告分派的现金股利或利润,确认为投资收益计入当期损益。

公司长期股权投资采用权益法核算时,对长期股权投资初始投资成本大于投资时应享有被投资单位可辨认净资产公允价值份额的,不调整长期股权投资的初始投资成本;对长期股权投资初始投资成本小于投资时应享有被投资单位可辨认净资产公允价值份额的,其差额计入当期损益,同时调整长期股权投资的成本。

公司在按权益法对长期股权投资进行核算时,先对被投资单位的净利润进行取得投资时被投资单位各项可辨认资产等的公允价值、会计政策和会计期间方面的调整,再按应享有或应分担的被投资单位的净损益份额确认当期投资损益。

公司与联营企业及合营企业之间发生的内部交易损益按照持股比例计算归属于公司的部分,在抵销基础上确认投资损益。

**6.1.7 固定资产计价和折旧方法**

6.1.7.1 固定资产的确认条件

公司固定资产是指为生产商品、提供劳务、出租或经营管理而持有的,使用寿命超过一个会计年度的有形资产。

与该固定资产有关的经济利益很可能流入企业,并且该固定资产的成本能够可靠地计量时,固定资产才能予以确认。

公司固定资产按照取得时的实际成本进行初始计量。

6.1.7.2 固定资产分类及折旧政策

公司采用年限平均法计提折旧。固定资产自达到预定可使用状态时开始计提折旧,终止确认时或划分为持有待售非流动资产时停止计提折旧。在不考虑减值准备的情况下,按固定资产类别、预计使用寿命和预计残值,公司确定各类固定资产的年折旧率如下:

| 固定资产类别 | 使用年限 | 残值率(%) | 年折旧率(%) |
|---|---|---|---|
| 房屋及建筑物 | 30~45年 | 3 | 2.16~3.23 |
| 机器设备 | 10年 | 3 | 9.70 |
| 运输设备 | 6年 | 3 | 16.17 |
| 电子及其他设备 | 3~6年 | 3 | 16.17~32.33 |

其中,已计提减值准备的固定资产,按扣除已计提的固定资产减值准备累计金额计算确定折旧率。

**6.1.8 无形资产计价及摊销政策**

公司无形资产按照成本进行初始计量,并于取得无形资产时分析判断其使用寿命。使用寿命为有限的,自无形资产可供使用时起,采用能反映与该资产有关的经济利益的预期实现方式的摊销方法,在预计使用年限内摊销;无法可靠确定预期实现方式的,采用直线法摊销;使用寿命不确定的无形资产,不作摊销。

公司于每年年度终了,对使用寿命有限的无形资产的使用寿命及摊销方法进行复核,与以前估计不同的,调整原先估计数,并按会计估计变更处理。

公司期末预计某项无形资产已经不能给企业带来未来经济利益的,将该项无形资产的账面价值全部转入当期损益。

**6.1.9 收入确认原则和方法**

营业收入是公司在开展日常业务活动过程中所取得的各项收入,主要包括利息净收入、手续费及佣金净收入、投资收益、公允价值变动收益、汇兑收益及其他业务收入。

在相关的经济利益能够流入及收入的金额能够可靠地计量时,公司确认收入。

6.1.9.1 利息净收入

公司利息净收入是利息收入与利息支出的差额。

公司利息收入主要为贷款利息收入、金融企业往来存款利息收入及拆借利息收入。

利息收入按照实际利率法确认。

实际利率法,是指按照金融资产或金融负债的实际利率计算其摊余成本及各期利息收入或利息支出的方法。实际利率,是指将金融资产或金融负债在预期存续期间或适用的更短期间内的未来现金流量,折现为该金融资产或金融负债当前账面价值所使用的利率。在确定实际利率时,公司在考虑金融资产或金融负债所有合同条款的基础上预计未来现金流量,但不考虑未来信用损失。公司支付或收取的、属于实际利率组成部分的各项收费、交易费用及溢价或折价等,在确定实际利率时予以考虑。

贷款利息按期计提并确认。自结息日起,逾期90天(含90天)以内的应收未收利息,计入当期损益;贷款利息逾期90天(不含90天)以上,无论该贷款本金是否逾期,发生的应收未收利息不再计入当期损益,在表外核算,实际收回时再计入损益。对已经纳入损益的应收未收利息,在其贷款本金或应收利息逾期超过90天(不含90天)以后,相应冲减利息收入。

金融企业往来存款利息收入在收到存款银行结息通知单时确认存款利息收入。

拆借利息收入按让渡资金使用权的时间和适用利率计算确定。

公司利息支出主要为拆借利息支出。拆借利息支出按让渡资金使用权的时间和适用利率计算确定。

6.1.9.2 手续费及佣金净收入

公司手续费及佣金净收入是手续费及佣金收入与手续费及佣金支出的差额。

手续费及佣金收入按权责发生制原则在提供相关服务时确认。

公司手续费及佣金收入主要为信托报酬收入、咨询业务收入等。

公司信托报酬收入主要包括佣金收入和转让手续费收入等。信托报酬收入依据信托文件规定或信托合同约定的计提方法和计提标准计算确认并由信托项目承担，其中：佣金收入按照信托产品集中的信托资金比例计算并在提供相关服务时确认；转让手续费收入在提供转让业务服务时确认。

公司咨询业务收入在提供金融咨询服务的结果能够可靠估计的情况下，按合同或协议约定确认收入。

公司其他服务收入（包括见证业务收入等）在提供服务的结果能够可靠估计的情况下，按合同或协议约定确认收入。

公司手续费及佣金支出主要为银行业务手续费支出、代理业务手续费支出及佣金支出等。

公司按权责发生制原则确认和计量手续费及佣金支出。

6.1.9.3 投资收益

公司投资收益划分为持有金融工具产生的投资收益和持有长期股权投资产生的投资收益。

对于持有金融工具产生的投资收益，公司根据持有金融工具的不同，按对应金融工具的确认和计量标准确认投资收益。

对于长期股权投资，在采用成本法核算时，当被投资单位宣告发放现金股利或分派利润时，公司确认投资收益；在采用权益法核算时，根据被投资单位实现的净利润或经调整后的净利润计算应享有的份额，确认投资收益；出售或处置长期股权投资时，按所获得的收入与投资账面价值之间的差额确认投资收益。

**6.1.10 所得税的会计处理方法**

所得税包括当期所得税和递延所得税。除由于企业合并产生的调整商誉，或与直接计入所有者权益的交易或者事项相关的递延所得税计入所有者权益外，均作为所得税费用计入当期损益。

当期所得税是按照当期应纳税所得额计算的当期应交所得税金额。应纳税所得额系根据有关税法规定对本年度税前会计利润作相应调整后得出。

公司根据资产、负债于资产负债表日的账面价值与计税基础之间的暂时性差异，采用资产负债表债务法确认递延所得税。

于资产负债表日，公司对递延所得税资产和递延所得税负债，按照预期收回该资产或清偿该负债期间的适用税率计量，并反映资产负债表日预期收回资产或清偿负债方式的所得税影响。

于资产负债表日，公司对递延所得税资产的账面价值进行复核。如果未来期间很可能无法获得足够的应纳税所得额用以抵扣递延所得税资产的利益，减记递延所得税资产的账面价值。在很可能获得足够的应纳税所得额时，减记的金额予以转回。

**6.1.11 信托报酬确认原则和方法**

信托报酬确认原则和方法见6.1.9.2。

## 6.2 或有事项说明

公司对外担保及其他或有事项的期初数、期末数及其对公司存在的影响：无。

## 6.3 重要资产转让及其出售的说明

无。

## 6.4 会计报表中重要项目的明细资料

**6.4.1 披露自营资产经营情况**

6.4.1.1 按信用风险五级分类结果披露信用风险资产的期初数、期末数

| 信用风险资产五级分类 | 正常类（万元） | 关注类（万元） | 次级类（万元） | 可疑类（万元） | 损失类（万元） | 信用风险资产合计（万元） | 不良合计（万元） | 不良率（%） |
|---|---|---|---|---|---|---|---|---|
| 期初数 | 134 938 | 0 | 0 | 0 | 0 | 134 938 | 0 | 0 |
| 期末数 | 149 049 | 0 | 0 | 0 | 0 | 149 049 | 0 | 0 |

注：不良资产合计=次级类+可疑类+损失类。

6.4.1.2 各项资产减值损失准备的期初、本期计提、本期转回、本期核销、期末数

单位：万元

| | 期初数 | 本期计提 | 本期转回 | 本期核销 | 期末数 |
|---|---|---|---|---|---|
| 贷款损失准备 | 571 | 0 | 178 | 0 | 393 |
| 一般准备 | 571 | 0 | 178 | 0 | 393 |
| 专项准备 | 0 | 0 | 0 | 0 | 0 |
| 其他资产减值准备 | 300 | 14 | 0 | 0 | 314 |
| 可供出售金融资产减值准备 | 0 | 0 | 0 | 0 | 0 |
| 持有至到期投资减值准备 | 0 | 0 | 0 | 0 | 0 |
| 长期股权投资减值准备 | 293 | 0 | 0 | 0 | 293 |
| 坏账准备 | 7 | 14 | 0 | 0 | 21 |
| 投资性房地产减值准备 | 0 | 0 | 0 | 0 | 0 |

6.4.1.3 自营股票投资、基金投资、债券投资、股权投资等投资业务的期初数、期末数

单位：万元

| | 自营股票 | 基金 | 债券 | 长期股权投资 | 其他投资 | 合计 |
|---|---|---|---|---|---|---|
| 期初数 | 1 316 | 2 174 | 0 | 29 007 | 87 876 | 120 373 |
| 期末数 | 3 141 | 5 018 | 0 | 29 007 | 75 158 | 114 324 |

注：其他投资为可供出售金融资产、持有至到期投资。

6.4.1.4 按投资入股金额排序，前三名的自营长期股权投资的企业名称、占被投资企业权益的比例及投资收益情况等（依大小顺序排列）

| 企业名称 | 占被投资企业权益的比例（%） | 投资收益（万元） |
|---|---|---|
| 1. 国都证券有限责任公司 | 9.9% | 2 597 |
| 2. 江泰保险经纪股份有限公司 | 8% | 0 |

6.4.1.5 前三名的自营贷款的企业名称、占贷款总额的比例和还款情况等（依大小顺序排列）

| 企业名称 | 占贷款总额的比例(%) | 还款情况 |
|---|---|---|
| 1. 中圣嘉信投资(北京)有限公司 | 41.99% | 正常 |
| 2. 鑫塔投资集团有限公司 | 33.08% | 正常 |
| 3. 宝健(中国)日用品有限公司 | 12.72% | 正常 |

6.4.1.6 表外业务的期初数、期末数

单位：万元

| 表外业务 | 期初数 | 期末数 |
|---|---|---|
| 担保业务 | 0 | 0 |
| 代理业务(委托业务) | 2 933.45 | 2 942.99 |
| 其他 | 0 | 0 |
| 合计 | 2 933.45 | 2 942.99 |

6.4.1.7 公司当年的收入结构

| 收入结构 | 金额(万元) | 占比(%) |
|---|---|---|
| 手续费及佣金收入 | 48 624 | 73.67 |
| 其中：信托手续费收入 | 32 257 | 48.87 |
| 投资银行业务收入 | 16 367 | 24.80 |
| 利息收入 | 6 376 | 9.66 |
| 其他业务收入 | 134 | 0.20 |
| 其中：计入信托业务收入部分 | 0 | 0.00 |
| 投资收益 | 10 411 | 15.77 |
| 其中：股权投资收益 | 2 605 | 3.95 |
| 证券投资收益 | 1 111 | 1.68 |
| 其他投资收益 | 6 695 | 10.14 |
| 公允价值变动收益 | 26 | 0.04 |
| 营业外收入 | 433 | 0.66 |
| 收入合计 | 66 004 | 100.00 |

注：手续费及佣金收入、利息收入、其他业务收入、投资收益、营业外收入均应为损益表中的一级科目，其中手续费及佣金收入、利息收入、营业外收入为未抵减掉相应支出的全年累计实现收入数。

**6.4.2 披露信托财产管理情况**

6.4.2.1 信托资产的期初数、期末数

单位：万元

| 信托资产 | 期初数 | 期末数 |
|---|---|---|
| 集合 | 609 647.61 | 1 709 073.56 |
| 单一 | 3 868 235.58 | 4 692 043.47 |
| 财产权 | 1 213 606.33 | 1 644 882.97 |
| 合计 | 5 691 489.52 | 8 046 000.00 |

6.4.2.1.1 主动管理型信托业务的信托资产期初数、期末数

单位：万元

| 主动管理型信托资产 | 期初数 | 期末数 |
|---|---|---|
| 证券投资类 | 117 194.74 | 664 892.22 |
| 股权投资类 | 237 668.99 | 510 180.88 |
| 融资类 | 815 032.11 | 3 590 487.40 |
| 事务管理类 | 1 208 954.93 | 1 759 058.75 |
| 合计 | 2 378 850.77 | 6 524 619.25 |

6.4.2.1.2 被动管理型信托业务的信托资产期初数、期末数

单位：万元

| 被动管理型信托资产 | 期初数 | 期末数 |
|---|---|---|
| 证券投资类 | 75 695.44 | 11 389.56 |
| 股权投资类 | 319 332.72 | 9 227.79 |
| 融资类 | 2 906 925.19 | 1 329 627.60 |
| 事务管理类 | 10 685.40 | 171 135.80 |
| 合计 | 3 312 638.75 | 1 521 380.75 |

6.4.2.2 本年度已清算结束的信托项目个数、实收信托合计金额、加权平均实际年化收益率

6.4.2.2.1 本年度已清算结束的集合类、单一类资金信托项目和财产管理类信托项目个数、实收信托金额、加权平均实际年化收益率

| 已清算结束信托项目 | 项目个数 | 实收信托合计金额(万元) | 加权平均实际年化收益率(%) |
|---|---|---|---|
| 集合 | 14 | 282 511.00 | 16.74 |
| 单一 | 145 | 3 586 837.00 | 5.00 |
| 财产权 | 1 | 1 801.59 | 7.09 |

注：实收信托合计金额是信托本金累计给付额。

6.4.2.2.2 本年度已清算结束的主动管理型信托项目个数、实收信托合计金额、加权平均实际年化收益率

主动管理

| 已清算结束信托项目 | 项目个数 | 实收信托合计金额(万元) | 加权平均实际年化报酬率(%) | 加权平均实际年化收益率(%) |
|---|---|---|---|---|
| 证券投资类 | 1 | 132 565.00 | 0.44 | 11.36 |
| 股权投资类 | 3 | 58 150.00 | 3.08 | 32.82 |
| 融资类 | 35 | 1 106 331.00 | 0.64 | 6.34 |
| 事务管理类 | 0 | 0.00 | 0.00 | 0.00 |

注：实收信托合计金额是信托本金累计给付额。

6.4.2.2.3 本年度已清算结束的被动管理型信托项目个数、实收信托合计金额、加权平均实际年化收益率

被动管理

| 已清算结束信托项目 | 项目个数 | 实收信托合计金额(万元) | 加权平均实际年化报酬率(%) | 加权平均实际年化收益率(%) |
|---|---|---|---|---|
| 证券投资类 | 1 | 82 722.00 | 0.08 | 1.82 |
| 股权投资类 | 0 | 0.00 | 0.00 | 0.00 |
| 融资类 | 113 | 2 429 864.00 | 0.21 | 4.91 |
| 事务管理类 | 7 | 61 517.59 | 0.38 | 2.93 |

6.4.2.3 本年度新增的集合类、单一类和财产管理类信托项目个数、实收信托合计金额

单位：万元

| 新增信托项目 | 项目个数 | 实收信托合计金额 |
|---|---|---|
| 集合 | 70 | 1 372 195.73 |
| 单一 | 60 | 4 161 917.54 |
| 财产权 | 4 | 488 577.50 |
| 合计 | 134 | 6 022 690.77 |
| 其中：主动管理型 | 130 | 5 979 272.14 |
| 被动管理型 | 4 | 43 418.63 |

注：实收信托合计金额是本年新增信托项目累计新增的实收信托金额。

6.4.2.4 信托业务创新成果和特色业务

报告期内，公司根据市场、政策等因素的变化，及时调整业务发展策略和方针，探索和拓展创新型信托业务，部署业务转型和调整信托产品结构，大幅提高主动管理型业务比重，积极进行业务转型。公司主动管理的力度在快速增强，主动管理型业务资产比重大大超出被动管理型业务资产，达到652.46亿元，占比81.1%；被动管理型业务资产下降到152.14亿元，占比18.9%。公司在合规经营前提下积极寻求业务创新，具体体现在如下方面。

房地产信托业务的转型与创新。在房地产信托业务面临国家房地产政策重大调整和金融监管环境趋紧的双重压力下，公司积极化解不利因素，按照专业化发展的需要，从广度、深度来拓展房地产信托业务。主要表现为：(1)在产品上，深化和完善类基金信托产品，提升标准化程度、可流通性和可交易性；(2)积极响应中央和地方政府大力推进保障房建设的号召，加大研发和推进保障房投资信托的力度，树立公司的社会责任形象，提升公司社会影响力；(3)公司抓住商业地产发展带来的巨大投资机会，逐渐加大商业地产投资，使之成为未来业务和收益来源增长点。

在资源类企业并购重组以及节能减排、低碳经济领域，适时抓住市场机遇，推出金融产品，目前在这一领域已经实现信托规模50亿元，在行业中处于领先地位。

将证券投资作为业务发展的重点，积极开展证券投资集合信托业务(阳光私募)，稳步推进投顾模式的发展。通过与大渠道合作的方式发行信托产品，持续扩大产品运作规模，丰富产品线。

通过多种渠道、多种方式来促进中小企业发展，解决中小企业发展中的融资困难。与中关村担保、北京再担保公司合作打造的系列化中小企业融资项目陆续为近70家企业提供8亿元资金支持，投资领域覆盖众多高新技术领域与未来高成长行业，促进了大批自主创新项目的产业化，打造了公司在北京金融市场上中小企业融资服务的品牌。

积极发展私募股权投资基金。公司发起了第一只针对拟上市公司的有限合伙型股权投资基金——富智阳光基金，采用灵活多样的退出方式，增强了其流动性。

## 6.5 关联方关系及其交易的披露

**6.5.1 关联交易方的数量、关联交易的总金额及关联交易的定价政策等**

无。

**6.5.2 关联交易方与本公司的关系性质、关联交易方的名称、法定代表人、注册地址、注册资本及主营业务等**

无。

**6.5.3 本公司与关联方的重大交易事项**

6.5.3.1 固有与关联方：贷款、投资、租赁、应收账款、担保、其他方式等期初汇总数、本期借方和贷方发生额汇总数、期末汇总数

单位：万元

| 固有与关联方关联交易 | | | | |
|---|---|---|---|---|
| | 期初数 | 借方发生额 | 贷方发生额 | 期末数 |
| 贷款 | 0.00 | 0.00 | 0.00 | 0.00 |
| 投资 | 0.00 | 0.00 | 0.00 | 0.00 |
| 租赁 | 0.00 | 0.00 | 0.00 | 0.00 |
| 担保 | 0.00 | 0.00 | 0.00 | 0.00 |
| 应收账款 | 0.00 | 0.00 | 0.00 | 0.00 |
| 其他 | 0.00 | 0.00 | 0.00 | 0.00 |
| 合计 | 0.00 | 0.00 | 0.00 | 0.00 |

6.5.3.2 信托与关联方交易情况：贷款、投资、租赁、应收账款、担保、其他方式等期初汇总数、本期借方和贷方发生额汇总数、期末汇总数

单位：万元

| 信托与关联方关联交易 | | | | |
|---|---|---|---|---|
| | 期初数 | 借方发生额 | 贷方发生额 | 期末数 |
| 贷款 | 0.00 | 0.00 | 0.00 | 0.00 |
| 投资 | 0.00 | 0.00 | 0.00 | 0.00 |
| 租赁 | 0.00 | 0.00 | 0.00 | 0.00 |
| 担保 | 0.00 | 0.00 | 0.00 | 0.00 |
| 应收账款 | 0.00 | 0.00 | 0.00 | 0.00 |
| 其他 | 0.00 | 0.00 | 0.00 | 0.00 |
| 合计 | 0.00 | 0.00 | 0.00 | 0.00 |

6.5.3.3 信托公司自有资金运用于自己管理的信托项目(固信交易)、信托公司管理的信托项目之间的相互(信信交易)交易金额，包括余额和本报告年度的发生额

6.5.3.3.1 固有财产与信托财产之间的交易金额期初汇总数、本期发生额汇总数、期末汇总数

单位：万元

| 固有财产与信托财产相互交易 | | | |
|---|---|---|---|
| | 期初数 | 本期发生额 | 期末数 |
| 合计 | 54 313.63 | -17 835.63 | 36 478.00 |

6.5.3.3.2 信托项目之间的交易金额期初汇总数、本期发生额汇总数、期末汇总数

单位：万元

| 信托资产与信托财产相互交易 | | | |
|---|---|---|---|
| | 期初数 | 本期发生额 | 期末数 |
| 合计 | 0.00 | 0.00 | 0.00 |

**6.5.4 逐笔披露关联方逾期未偿还本公司资金的详细情况以及本公司为关联方担保发生或即将发生垫款的详细情况**

无。

## 6.6 会计制度的披露

公司固有业务(自营业务)自2008年1月1日起执行财政部2006年发布的《企业会计准则》，信托业务自2010年1月1日起执行《企业会计准则》。

# 7. 财务情况说明书

## 7.1 利润实现和分配情况

单位：万元

| 利润总额 | 47 075 |
|---|---|
| 减：所得税费用 | 10 809 |
| 净利润 | 36 266 |

续表

| | |
|---|---|
| 减：提取法定盈余公积 | 3 627 |
| 提取信托赔偿准备 | 4 265 |
| 加：期初未分配利润 | 49 902 |
| 减：本期利润分配 | 23 000 |
| 期末未分配利润 | 55 277 |

### 7.2 主要财务指标

| 指标名称 | 指标值 |
|---|---|
| 资本利润率（%） | 15.32 |
| 人均净利润（万元/人） | 300 |

注：1. 资本利润率＝净利润/所有者权益平均余额×100%。

2. 加权年化信托报酬率＝（信托项目1的实际年化信托报酬率x信托项目1的实收信托＋信托项目2的实际年化信托报酬率x信托项目2的实收信托＋…信托项目n的实际年化信托报酬率x信托项目n的实收信托）/（信托项目1的实收信托＋信托项目2的实收信托＋…信托项目n的实收信托）x100%。

3. 人均净利润＝净利润/年平均人数。

4. 平均值采取年初及各季末余额移动算术平均法，公式为：a（平均）＝（$a_0/2+a_1+a_2+a_3+a_4/2$）/4。

### 7.3 对本公司财务状况、经营成果有重大影响的其他事项

无。

## 8. 特别事项简要揭示

### 8.1 前五名股东报告期内变动情况及原因

无。

### 8.2 董事、监事及高级管理人员变动情况及原因

2010年9月，经北京银监局核准批复原董事童云芳、Tim Davis正式离任，汤民强、Thomas Adam Shippey增补为公司董事。

### 8.3 公司的重大未决诉讼事项

无。

### 8.4 会计师事务所出具了无保留意见的审计报告

### 8.5 公司及其董事、监事和高级管理人员受到处罚的情况

无。

### 8.6 银监会及其派出机构对公司检查后提出的整改意见之整改情况简要说明

2010年中国银监会北京监管局对公司信政合作业务及银信合作业务进行了专项现场检查。公司针对检查中发现的问题和监管部门的整改要求，结合地方政府融资平台贷款清查工作、规范银信合作业务等工作安排，制定措施并进行了整改。

**8.6.1 化解信政合作业务潜藏风险**

按照《现场检查意见书》（京银监发〔2010〕113号）要求和《国务院关于加强地方政府融资平台公司管理有关问题的通知》等文件的有关精神，积极推进做好政府融资平台贷款清理保全工作。

**8.6.2 针对银信合作业务中存在的问题进行了全面整改**

（1）严格按照监管文件要求规范银信合作业务，完善项目的尽职调查工作。

（2）充分发挥信托公司自主管理的职能，加强对银信合作项目的中后期的管理。

（3）对融资类银信理财业务实行余额管理。

**8.6.3 加强信托项目风险及合规管理，防范信用风险、操作风险及法律风险**

### 8.7 本年度重大事项临时报告的简要内容、披露时间、所披露的媒体及其版面

无。

### 8.8 银监会及其省级派出机构认定的其他有必要让客户及其相关利益人了解的重要信息

无。

## 9. 公司监事会对公司依法运作情况、财务报告情况的独立意见

公司监事会认为：公司董事会各项决议符合《公司法》等法律法规和《公司章程》的规定，公司经营管理活动合法合规，高级管理层认真执行股东会、董事会的各项决议，经营业绩良好，圆满完成了报告期年初制订的经营计划。公司经营中未出现违规操作行为，未出现损害公司、股东及受益人利益的行为。公司财务报告真实、客观反映了公司的财务状况和经营成果。

# 渤海国际信托有限公司

## 1. 重要提示

1.1　本公司董事会及董事保证本报告所载资料不存在任何虚假记载、误导性陈述或者重大遗漏，并对其内容的真实性、准确性和完整性承担个别及连带责任。本年度报告摘要摘自年度报告全文，客户与相关利益人欲了解详细内容，应阅读年报全文。

1.2　本公司独立董事陈日进、杜斌国对本报告内容的真实性、准确性和完整性表示认可。

1.3　中勤万信会计师事务所有限公司为本公司出具了标准无保留意见的审计报告。

1.4　公司董事长金平、总裁杨健、财务总监魏元声明：保证年度报告中财务会计报告的真实、完整。

## 2. 公司概况

### 2.1　公司简介

渤海国际信托有限公司前身为河北省国际信托投资有限责任公司，成立于1982年10月，2004年1月获准重新登记，注册资本金32 565万元（含1 500万美元）；2006年12月完成重组；2007年2月增资扩股后，注册资本金增加到72 565万元（含1 500万美元）。2007年11月，中国银监会批准公司名称变更为渤海国际信托有限公司。2009年3月由原股东再次增资7 000万元，注册资本金增加至79 565万元（含1 500万美元）。

| 法定中文名称 | 渤海国际信托有限公司 |
|---|---|
| 法定中文缩写名称 | 渤海信托 |
| 公司法定英文名称 | Bohai International Trust Co.，Ltd. |
| 法定英文缩写名称 | BITC |
| 法定代表人 | 金平 |
| 注册地址 | 石家庄市广安大街10号美东国际12号楼A座第19层 |
| 公司网址 | www.bohaitrust.com |
| 邮政编码 | 050011 |
| 信息披露事务联系人 | 毛海涛，电话：010－57583399；电子信箱：ht_mao@hnair.com |
| 选定的信息披露报纸 | 《金融时报》 |
| 信息披露事务负责人 | 杨健 |
| 公司年报备置地点 | 石家庄市广安大街10号美东国际12号楼A座第19层 |
| 聘请的会计师事务所 | 中勤万信会计师事务所有限公司 |
| 聘请的会计师事务所住所 | 北京市西城区复兴门内大街28号凯晨世贸中心东座F4 |

### 2.2　组织结构

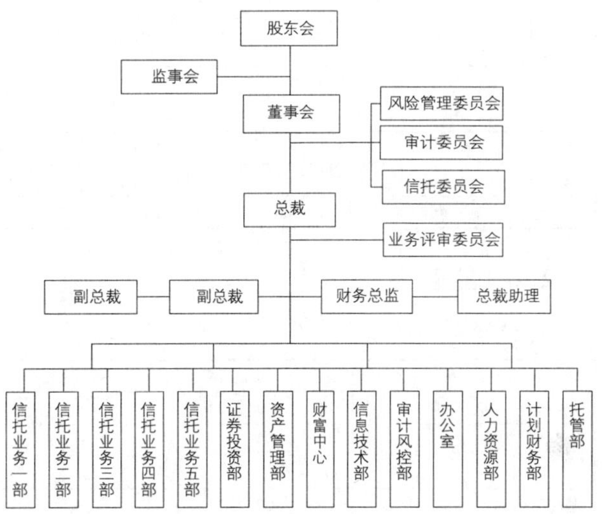


## 3. 公司治理结构

### 3.1　股东

截至2009年末，股东总数5家，持有公司10%以上股权的股东有3家。

| 股东名称 | 持股比例（%） | 法人代表 |
|---|---|---|
| 海口美兰国际机场有限责任公司 | 38.98 | 张汉安 |
| 海航酒店控股集团有限公司 | 35.69 | 张　翼 |
| 扬子江地产集团有限公司 | 19.23 | 李晓明 |
| 北京燕京饭店有限责任公司 | 4.15 | 宋　翔 |
| 海南航空信息系统有限公司 | 1.95 | 张　岭 |

公司前三位股东的主要股东

#### 3.1.1　海口美兰国际机场有限责任公司的主要股东

| 股东名称 | 持股比例（%） | 法人代表 |
|---|---|---|
| 海南省发展控股有限公司 | 25.49 | 刘明贵 |
| 甘肃省国资委 | 24.3 | 马艾武 |
| 海航机场集团有限公司 | 22.7 | 张汉安 |

#### 3.1.2　海航酒店控股集团有限公司的主要股东

| 股东名称 | 持股比例（%） | 法人代表 |
|---|---|---|
| 海航置业控股集团有限公司 | 55 | 朱卫军 |

#### 3.1.3　扬子江地产集团有限公司的主要股东

| 股东名称 | 持股比例（%） | 法人代表 |
|---|---|---|
| 海口美兰国际机场有限责任公司 | 70 | 张汉安 |

### 3.2 董事

董事长、副董事长、董事

| 姓 名 | 职 务 | 性别 | 年龄 | 选任日期 | 所推举股东名称 | 该股东持股比例(%) | 简 要 履 历 |
|---|---|---|---|---|---|---|---|
| 金 平 | 董事长 | 男 | 56 | 2009年12月 | 美兰国际机场有限责任公司 | 38.98 | 曾任国家计委发展战略处处长、神华集团研究室主任、神华集团企业策划部总经理。 |
| 郎国章 | 副董事长 | 男 | 55 | 2009年12月 | 海航酒店控股集团有限公司 | 35.69 | 曾任河北省发改委投资处处长、河北省国际信托投资有限责任公司总经理。 |
| 杨 健 | 总裁 | 男 | 39 | 2009年5月 | 扬子江地产集团有限公司 | 19.23 | 曾任中国对外经贸信托有限公司总裁助理。 |
| 汤 亮 | 董事 | 男 | 35 | 2009年11月 | 北京燕京饭店有限责任公司 | 4.15 | 曾任海航集团项目开发与管理部副总经理、北京集信资产管理公司董事。 |

独立董事

| 姓 名 | 职 务 | 性别 | 年龄 | 选任日期 | 所推举股东名称 | 该股东持股比例(%) | 简 要 履 历 |
|---|---|---|---|---|---|---|---|
| 陈日进 | 独立董事 | 男 | 64 | 2008年2月 | — | — | 曾任海南省财政厅厅长。 |
| 杜斌国 | 独立董事 | 男 | 65 | 2008年2月 | — | — | 曾任海南省政法委副书记。 |

### 3.3 监事

监事会成员

| 姓 名 | 职 务 | 性别 | 年龄 | 选任日期 | 所推举股东名称 | 该股东持股比例(%) | 简 要 履 历 |
|---|---|---|---|---|---|---|---|
| 冯 虎 | 监事会主席 | 男 | 33 | 2009年11月 | — | — | 曾任海航集团有限公司项目开发与管理部投资主管。 |
| 彭铭巧 | 监事 | 女 | 39 | 2009年11月 | — | — | 曾任海航集团有限公司证券业务部研究发展室经理、海航集团财务有限公司投资银行部主管。 |
| 唐晓蕾 | 职工监事 | 女 | 37 | 2009年11月 | — | — | 曾任河北省国际信托投资有限责任公司法律事务主管 |

### 3.4 公司高级管理人员

| 姓 名 | 职 务 | 性别 | 年龄 | 任职日期 | 金融从业年限 | 学历 | 专业 | 简 要 履 历 |
|---|---|---|---|---|---|---|---|---|
| 金 平 | 董事长 | 男 | 56 | 2009年12月 | 27 | 本科 | 财务会计 | 曾任国家计委发展战略处处长、神华集团研究室主任、神华集团企业策划部总经理。 |
| 郎国章 | 副董事长 | 男 | 55 | 2009年12月 | 11 | 硕士 | 工商管理 | 曾任河北省发改委投资处处长、河北省国际信托投资有限责任公司总经理。 |
| 杨 健 | 总裁 | 男 | 39 | 2010年3月 | 16 | 硕士 | 金融 | 曾任中国对外经贸信托公司总裁助理。 |
| 李熙玉 | 副总裁 | 女 | 39 | 2010年5月 | 6 | 硕士 | 金融及投资 | 曾任中国对外经贸信托有限公司信托业务部总经理。 |
| 魏 元 | 财务总监 | 男 | 33 | 2009年1月 | 9 | 硕士 | MBA | 曾任东英集团投资顾问(深圳)有限公司计财部副经理、海航集团有限公司计划财务部融资管理室副经理。 |
| 师增轩 | 总裁助理 | 男 | 54 | 2010年7月 | 22 | 本科 | 现代经济管理 | 曾任河北省国际信托投资有限责任公司办公室主任。 |

### 3.5 公司员工

| 项目 | | 报告期年度 | | 上年度 | |
|---|---|---|---|---|---|
| | | 人数 | 比例(%) | 人数 | 比例(%) |
| 年龄分布 | 20岁以下 | — | — | — | — |
| | 20~29岁 | 31 | 41.89 | 13 | 24.10 |
| | 30~39岁 | 24 | 32.43 | 23 | 42.60 |
| | 40岁以上 | 19 | 25.68 | 18 | 33.30 |
| 学历分布 | 博士 | — | — | — | — |
| | 硕士 | 32 | 43.24 | 23 | 42.60 |
| | 本科 | 34 | 45.95 | 24 | 44.50 |
| | 专科 | 5 | 6.76 | 5 | 9.30 |
| | 其他 | 3 | 4.05 | 2 | 3.70 |
| 岗位分布 | 董事、监事及高管人员 | 10 | 13.51 | 9 | 16.70 |
| | 自营业务人员 | 4 | 5.41 | 4 | 7.40 |
| | 信托业务人员 | 32 | 43.24 | 23 | 42.60 |
| | 其他人员 | 28 | 37.84 | 18 | 33.30 |

## 4. 经营管理

### 4.1 经营目标、方针、战略规划

#### 4.1.1 经营目标

通过树立科学发展观，落实监管要求，积极开拓市场，强化风险控制。通过培育高超的自主产品设计能力，开拓自主营销渠道，形成自身独特的竞争优势，最终把渤海信托打造成为核心竞争优势明显，可持续发展能力强，在投资理财、产品研发、市场营销等方面具有鲜明特色的，行业领先的专业化理财机构，为社会提供值得信赖的高质量、全方位的资产管理服务。

2010年，公司信托资产规模迅速扩大，新增信托资产规模653.82亿元，年末管理信托资产余额达799.43亿元，同比增长145%，且市场化特征突显。公司全年营业收入22 227万元，净利润10 936万元，资本利润率达到12%，同比增长100%；人均净利润达到171万元，同比增长86%。

#### 4.1.2 经营方针

培育"进取、发展、稳健、信用"的企业理念,坚持市场取向,合规经营,严控风险,以诚信树品牌,以创新促发展。

#### 4.1.3 战略规划

深入推进管理架构调整,全面开展管理模式创新。理顺公司治理结构,提高决策效率和市场反应敏锐度。强化激励机制,突出市场化战略,多方面引进优秀人才,加强团队建设。全面加强信息化建设力度,围绕信托主业,大力推进业务和产品创新,提高自主产品研发、市场营销和资产管理能力。在稳健经营,严防风险的前提下,快速扩大公司资产规模,创新盈利模式,提高盈利水平,实现信托资产规模的快速增长、收入结构的科学合理、盈利能力的明显提高、风险控制能力的显著加强、内在价值的大幅提升,早日成为具有核心优势和独具特色,可持续发展的一流信托公司。

### 4.2 所经营业务的主要内容

自营资产运用与分布表

| 资产运用 | 金额(万元) | 占比(%) | 资产分布 | 金额(万元) | 占比(%) |
|---|---|---|---|---|---|
| 货币资产 | 4 151.16 | 4.47 | 基础产业 | — | — |
| 贷款及应收款 | 5 321.57 | 5.73 | 房地产业 | — | — |
| 交易性金融资产 | 1 638.17 | 1.76 | 证券市场 | 65 482.16 | 70.50 |
| 可供出售金融资产 | 63 843.99 | 68.74 | 实业 | — | — |
| 持有至到期投资 | — | — | 金融机构 | 18 482.59 | 19.90 |
| 长期股权投资 | 9 247.80 | 9.96 | 其他 | 8 916.41 | 9.60 |
| 其他 | 8 678.47 | 9.34 | — | — | — |
| 资产总计 | 92 881.16 | 100.00 | 资产总计 | 92 881.16 | 100.00 |

信托资产运用与分布表

| 资产运用 | 金额(万元) | 占比(%) | 资产分布 | 金额(万元) | 占比(%) |
|---|---|---|---|---|---|
| 货币资产 | 434 641.35 | 5.43 | 基础产业 | 1 577 059.00 | 19.71 |
| 贷款 | 5 312 588.31 | 66.39 | 房地产 | 1 599 591.00 | 19.99 |
| 交易性金融资产 | — | — | 证券市场 | 40 547.37 | 0.50 |
| 可供出售金融资产 | 39 962.88 | 0.50 | 实业 | 3 748 949.00 | 46.85 |
| 持有至到期投资 | 846 125.16 | 10.57 | 金融机构 | 599 418.00 | 7.49 |
| 长期股权投资 | 1 343 259.98 | 16.79 | 其他 | 436 596.00 | 5.46 |
| 其他 | 25 582.69 | 0.32 | — | — | — |
| 信托资产总计 | 8 002 160.37 | 100.00 | 信托资产总计 | 8 002 160.37 | 100.00 |

### 4.3 市场分析

#### 4.3.1 有利因素

(1)2010年国家宏观经济形势平稳,消费、投资需求继续保持快速增长态势,随着社会公众对信托理念的逐步认可,信托独特的制度优势和创新优势得以充分发挥,为信托公司的迅速发展带来良好的机遇。多家银行和大型企业入主或参股信托公司,提高了信托业的抗风险能力。

(2)随着国家产业结构调整的持续推进,监管政策对信托公司创新的鼓励和规范,为信托公司创造了良好规范的市场环境。财富的增加和高端客户理财需求的激增,伴随着信托业务的推陈出新和快速发展,有利于信托公司开拓新的业务领域和争取更大发展。

#### 4.3.2 不利因素

(1)金融监管政策持续紧缩,2010年信托行业相关调控和引导政策陆续出台,使银信理财合作类产品迅速刹车,传统银信业务的生存空间大大压缩;2010年国家对房地产市场持续调控,加大保障性住房持续供应,打击投资性需要,房地产市场进入震荡调整期间,资本市场首发、再融资及并购重组的暂停使房地产企业资金需求进一步加剧,使房地产企业风险加剧,房地产信托业务火暴恐难再现;2010年开展的对地方融资平台贷款的逐笔清理和限制,使信政合作业务基本停顿。

(2)信托计划开立证券账户仍未放开,限制了信托业务的投向的开展,影响了结构化信托业务和私募股权业务的开展。

(3)《信托公司净资本管理办法》的出台,对信托公司的业务发展约束刚性、影响长远。从近期影响来看,信托公司开展业务必须考虑资本占用,在产品设计上须尽量少占用净资本,不能像过去一样粗放扩张规模,从长期来看,信托公司面临着业务发展方向的调整和资本补充。

(4)金融行业内部如信托公司之间,信托公司与银行、证券公司和其他相关行业竞争加剧,信托业务开展难度增加,同时分类监管环境下,信托公司不具竞争优势,在一定程度上制约了公司的进一步发展。

### 4.4 内部控制

#### 4.4.1 内部控制环境和内部控制文化

公司具有完善的法人治理结构,公司股东会及董事会严格依照《公司章程》依法履行职责,建立了权责明确、相互独立、合理制衡的公司内部治理结构。股东会、董事会及其下属各专门委员会、监事会和经营管理层,权责分明,各司其职。公司高度重视内部控制文化的建设和培育,不断优化和完善内部控制机制,持续推进内部控制和风险意识,逐步建立科学合理的内部控制体系。

#### 4.4.2 内部控制措施

审计风控部是公司执行内部控制的主要职能部门,内部控制的主要目标是通过全面覆盖的内部控制体系和科学高效的内部控制措施,形成严密完备、规章健全和运作有序的内部控制机制,依据全面、有效、审慎、独立、及时的原则,科学管理各项风险,确保公司合规经营、稳健发展。公司已经建立起比较全面完善的内部控制制度和操作流程,并得到有效的贯彻执行,取得了良好效果。

#### 4.4.3 信息交流与反馈

公司依据信托合同约定,通过网站和书面通知的形式,及时向委托人和受益人披露信托项目相关信息,充分提示风险,忠实履行受托人职责。公司通过报表、专项报告、关联交易事前报告和重大事项报告等形式及时准确向监管部门报送监管资料和相关数据,落实监管意见。公司严格执行信息披露的监管要求,进行公司年度经营情况及重大事项的公开披露。

#### 4.4.4 监督评价与纠正

公司各部门定期对内部控制的执行情况进行自我评价;审计风控部独立履行内部审计监督职能,承担内部控制机制的监督、检查与评价职能,对各项业务、各部门、各岗位全面实施监督、检查，提出内部控制机制存在的缺陷和改进建议，并及时将评价结果反馈给董事会、监事会、经营层和监管部门；公司接受监管部门定期和专项现场检查，聘请会计师事务所进行年度审计；公司经营层高度重视监管意见和审计结果，及时纠正和整改，不断完善和落实内部控制制度，保证了整个内部控制体系的有效运行。

### 4.5 风险管理

#### 4.5.1 风险管理概况

公司董事会和公司管理层高度重视风险管理工作，认为风险管理能力是公司核心竞争力。报告期内，公司持续优化风险管理理念，梳理风险控制体系，提升全员风险意识，科学处理业务发展与风险管理之间的辩证关系。董事会是公司最高风险管理决策机构，承担风险管理的最终责任，确保公司有效识别、计量、监测和控制各项业务所承担的各种风险。董事会下设风险管理委员会，负责审批风险管理的战略、政策和程序，构建风险管理体系，确定公司可以接受的总体风险水平，督促高级管理层采取必要的措施识别、计量、监测和控制各种风险，并定期获得关于风险性质和水平的报告，监控和评价风险管理的全面性、有效性以及高级管理层在风险管理方面的履职情况。审计风控部负责起草各种风险管理政策，制定各类风险管理制度，参与公司重大业务项目的事前审查，进行项目风险评估，督促各业务部门落实各项风控措施和风险应急预案。

#### 4.5.2 风险状况

4.5.2.1 信用风险状况

信用风险主要指交易对手的违约风险。报告期末公司自营业务信用风险资产按资产质量进行五级分类并按规定标准足额提取呆账准备金，公司按规定提取信托赔偿准备金。信托业务信用风险资产按照资产五级分类标准均为“正常”，报告期内，信托业务均按期清算，无违约和逾期现象出现，公司信托业务信用风险处于较低水平。

4.5.2.2 市场风险状况

市场风险是指股价、利率、汇率和商品价格等因素的不利变动对公司盈利能力、财务状况造成影响的可能性。公司固有业务和信托业务中证券投资的比重相对较小，受股价波动的影响有限；公司信贷类业务实行固定利率或浮动利率，存在利率风险，面临由于利率水平不利变动产生的收益相对减少的利率风险；商品价格的不利变动可能给交易对手带来销售下降或成本上升、收益减少，进而给公司财产或者信托财产带来市场风险；报告期内公司未开展外币业务，汇率变动不会对公司的盈利能力和财务状况产生直接影响。

4.5.2.3 操作风险状况

操作风险是因内部程序、人员和业务系统的不完善或者工作失误给公司造成损失的风险。报告期内，公司业务运行正常，未发生操作风险事项。

4.5.2.4 其他风险状况

公司面临的其他风险主要是指合规风险和声誉风险等。报告期内，公司未发生合规风险和声誉风险事件。

#### 4.5.3 风险管理

4.5.3.1 信用风险管理

公司切实履行受托人尽职管理职责，在项目前期、项目实施和后期管理各阶段，对交易对手的信用风险持续、动态、全程管理。业务部门高度重视尽调工作，严格按照相关监管要求查询企业征信情况，收集相关资料进行信用分析，研究交易对手资信情况和履约能力；将抵押、质押登记等风险控制措施作为项目实施的前提条件；在后期管理中，定期收集相关资料，持续评价交易对手的风险状况，并制订相应的风险应急预案。审计风控部在立项审批阶段，独立评估项目风险，审核合同资料；建立风险管理台账，撰写月度风险管理分析报告，加强项目动态管理，完善风险管理体系，大幅提升风险管理水平。

公司选取抵押物以其产权清晰、变现能力强、易于评估、价格稳定和易于保管为原则；聘请具有较高资质的评估机构对抵押物进行评估，增强评估价值的公允性。建筑物和其他土地附着物，依法通过出让、转让方式取得的国有土地使用权或者建设用地使用权，生产设备、产品，正在建造的建筑物、船舶、航空器；交通运输工具均为公司可接受的抵押财产。

公司接受具有代为清偿债务能力的法人、其他组织或者公民，作为保证人。业务部门在尽职调查过程中，对保证人的资信状况和偿债能力进行调查评价，并取得批准其提供保证的内部审批文件。

4.5.3.2 市场风险管理

借助外部专业研究机构，加强公司对重点行业宏观面和行业周期的研究水平，提升对证券市场系统风险的防范能力；通过预警线和止损限额的设计，有效防范股价波动风险；在加息预期显著的情形下，对部分业务通过合同约定实行浮动利率，有效规避利率风险；对于受商品价格影响较大的交易对手，动态关注其产销情况和盈利能力的变动状况，及时制订风险处置预案，有效防范商品价格波动带来的风险。

4.5.3.3 操作风险管理

鉴于操作风险无法给公司带来收益，因此公司高度重视内部控制制度建设，不断根据监管要求和业务实际，优化业务操作流程，完善内部控制制度，提高内部控制水平，明确业务、财务、风控等各个环节的风险职责；加强员工业务和企业文化培训，增强员工对公司的认同感、归属感和责任感，提高员工的业务素质和工作品质。不断修订和完善各类合同文本模板，提升业务操作的规范化和标准化水平，消除操作风险隐患，有效控制和防范各类操作风险。

4.5.3.4 其他风险管理

公司密切关注金融监管政策的最新变化，深入研究相关法律法规和政策，持续推进合规文化建设，倡导合规创造价值的理念，完善公司内部合规体系；强化全面风险管理，加强职业道德教育，维护公司形象，提高公司信誉。

## 5. 报告期末及上年末的比较式会计报表

### 5.1 自营资产

#### 5.1.1 会计师事务所审计意见全文

**审 计 报 告**

勤信审字〔2011〕2008 号

渤海国际信托有限公司：

我们审计了后附的渤海国际信托有限公司财务报表，包括

2010年12月31日的资产负债表、2010年度的利润表、股东权益变动表和现金流量表以及财务报表附注。

一、管理层对财务报表的责任

按照企业会计准则的规定编制财务报表是渤海国际信托有限公司管理层的责任。这种责任包括：(1)设计、实施和维护与财务报表相关的内部控制，以使财务报表不存在由于舞弊或错误而导致的重大错报；(2)选择和运用恰当的会计政策；(3)作出合理的会计估计。

二、注册会计师的责任

我们的责任是在实施审计工作的基础上对财务报表发表审计意见。我们按照中国注册会计师审计准则的规定执行了审计工作。中国注册会计师审计准则要求我们遵守职业道德规范，计划和实施审计工作以对财务报表是否不存在重大错报获取合理保证。

审计工作涉及实施审计程序，以获取有关财务报表金额和披露的审计证据。选择的审计程序取决于注册会计师的判断，包括对由于舞弊或错误导致的财务报表重大错报风险的评估。在进行风险评估时，我们考虑与财务报表编制相关的内部控制，以设计恰当的审计程序，但目的并非对内部控制的有效性发表意见。审计工作还包括评价管理层选用会计政策的恰当性和作出会计估计的合理性，以及评价财务报表的总体列报。

我们相信，我们获取的审计证据是充分、适当的，为发表审计意见提供了基础。

三、审计意见

我们认为，渤海国际信托有限公司财务报表已经按照企业会计准则的规定编制，在所有重大方面公允反映了渤海国际信托有限公司2010年12月31日的财务状况以及2010年度的经营成果和现金流量。

中勤万信会计师事务所有限公司

中国注册会计师：王晓清

中国★北京　　中国注册会计师：李光初

二〇一一年三月三十一日

### 5.1.2 资产负债表

**资产负债表**

单位：元

| 项　目 | 2010年12月31日 | 2009年12月31日 |
|---|---|---|
| 资产： | — | — |
| 现金及存放中央银行款项 | 4 054.42 | 16 263.51 |
| 存放同业款项 | 41 507 583.96 | 118 150 849.32 |
| 贵金属 | — | — |
| 拆出资金 | — | 4 724 116.66 |
| 交易性金融资产 | 16 381 691.88 | 34 092 044.55 |
| 衍生金融资产 | — | — |
| 买入返售金融资产 | — | — |
| 应收利息 | 836 266.67 | 966 016.67 |
| 其他应收款 | 52 379 469.67 | 1 913 711.51 |
| 发放贷款和垫款 | — | — |
| 可供出售金融资产 | 638 439 893.10 | 761 808 716.44 |

续表

| 项　目 | 2010年12月31日 | 2009年12月31日 |
|---|---|---|
| 持有至到期投资 | — | — |
| 长期股权投资 | 92 478 000.00 | — |
| 投资性房地产 | 55 836 130.60 | 57 194 500.00 |
| 固定资产 | 4 363 499.79 | 3 608 331.85 |
| 无形资产 | 7 760 094.27 | 8 151 435.47 |
| 递延所得税资产 | 1 808 543.25 | 37 152 637.41 |
| 其他资产 | 17 016 340.04 | 16 531 542.96 |
| 资产合计 | 928 811 567.65 | 1 044 310 166.35 |

**资产负债表(续表)**

单位：元

| 项　目 | 2010年12月31日 | 2009年12月31日 |
|---|---|---|
| 负债： | | |
| 向中央银行借款 | — | — |
| 同业及其他金融机构存放款项 | — | — |
| 拆入资金 | — | — |
| 交易性金融负债 | — | — |
| 衍生金融负债 | — | — |
| 卖出回购金融资产款 | — | — |
| 吸收存款 | — | — |
| 应付职工薪酬 | 32 324 788.97 | 13 574 872.72 |
| 应交税费 | 5 706 717.24 | 1 785 878.21 |
| 应付利息 | — | — |
| 其他应付款 | 8 661 692.01 | 8 285 468.16 |
| 预计负债 | — | — |
| 长期借款 | — | — |
| 应付债券 | — | — |
| 递延所得税负债 | 7 858 082.54 | 73 062 110.41 |
| 其他负债 | 247 604.74 | 247 604.74 |
| 负债合计 | 54 798 885.50 | 96 955 934.24 |
| 所有者权益 | | — |
| 股本 | 795 650 000.00 | 795 650 000.00 |
| 资本公积 | 193 216 145.74 | 382 276 964.08 |
| 减：库存股 | — | — |
| 盈余公积 | — | — |
| 一般风险准备 | — | — |
| 信托赔偿准备金 | 10 715 309.61 | 5 247 484.50 |
| 外币报表折算差额 | | — |
| 未分配利润 | -125 568 773.20 | -235 820 216.47 |
| 所有者权益合计 | 874 012 682.15 | 947 354 232.11 |
| 负债和所有者权益总计 | 928 811 567.65 | 1 044 310 166.35 |

### 5.1.3 利润表

**利润表**

单位：元

| 项　目 | 2010年 | 2009年 |
|---|---|---|
| 一、营业收入 | 222 266 761.12 | 91 173 722.61 |
| 利息净收入 | 4 530 877.31 | 25 013 459.27 |
| 利息收入 | 4 530 877.31 | 25 013 459.27 |
| 利息支出 | — | — |
| 手续费及佣金净收入 | 148 344 121.71 | 45 072 625.73 |

续表

| 项　　目 | 2010 年 | 2009 年 |
|---|---|---|
| 手续费及佣金收入 | 157 099 638. 84 | 47 227 475. 23 |
| 手续费及佣金支出 | 8 755 517. 13 | 2 154 849. 50 |
| 投资收益(损失以"－"号填列) | 77 481 107. 88 | 10 866 281. 05 |
| 其中:对联营企业的投资收益 | — | — |
| 公允价值变动收益(损失以"－"号填列) | －8 735 020. 34 | 8 043 455. 11 |
| 汇兑收益(损失以"－"号填列) | －118 996. 94 | －23 293. 21 |
| 其他业务收入 | 764 671. 50 | 2 201 194. 66 |
| 二、营业支出 | 73 906 566. 68 | 30 825 868. 45 |
| 营业税金及附加 | 12 757 485. 67 | 3 819 213. 64 |
| 业务及管理费 | 68 211 912. 97 | 27 043 579. 67 |
| 资产减值损失 | －8 421 201. 36 | －36 924. 86 |
| 其他业务成本 | 1 358 369. 40 | — |

续表

| 项　　目 | 2010 年 | 2009 年 |
|---|---|---|
| 三、营业利润 | 148 360 194. 44 | 60 347 854. 16 |
| 加:营业外收入 | 198 921. 76 | 1 834 241. 63 |
| 减:营业外支出 | 5 206 832. 75 | 1 475. 40 |
| 四、利润总额 | 143 352 283. 45 | 62 180 620. 39 |
| 减:所得税费用 | 33 995 781. 19 | 15 778 530. 40 |
| 五、净利润(净亏损以"－"号填列) | 109 356 502. 26 | 46 402 089. 99 |
| 六、每股收益 | — | — |
| 基本每股收益 | — | — |
| 稀释每股收益 | — | — |
| 七、其他综合收益 | －189 060 818. 34 | 213 403 125. 00 |
| 八、综合收益总额 | －79 704 316. 08 | 259 805 214. 99 |

### 5. 1. 4　所有者权益变动表

**所有者权益变动表**

单位:元

| 项　　目 | 本年金额 | | | | | | | |
|---|---|---|---|---|---|---|---|---|
| | 实收资本(股本) | 资本公积 | 库存股 | 专项储备 | 盈余公积 | 信托赔偿准备金 | 未分配利润 | 所有者权益合计 |
| 一、上年末余额 | 795 650 000. 00 | 382 276 964. 08 | | | | 5 247 484. 50 | －235 820 216. 47 | 947 354 232. 11 |
| 加:会计政策变更 | | | | | | | | — |
| 前期差错更正 | | | | | | | 6 362 766. 12 | 6 362 766. 12 |
| 二、本年初余额 | 795 650 000. 00 | 382 276 964. 08 | | | | 5 247 484. 50 | －229 457 450. 35 | 953 716 998. 23 |
| 三、本年增减变动金额 | | －189 060 818. 34 | | | | 5 467 825. 11 | 103 888 677. 15 | －79 704 316. 08 |
| (一)净利润 | | | | | | | 109 356 502. 26 | 109 356 502. 26 |
| (二)其他综合收益 | | －189 060 818. 34 | | | | | | －189 060 818. 34 |
| 上述(一)和(二)小计 | | －189 060 818. 34 | | | | — | 109 356 502. 26 | －79 704 316. 08 |
| (三)所有者投入和减少资本 | | — | | | | — | | |
| 1. 所有者投入资本 | | | | | | | | |
| 2. 股份支付计入所有者权益的金额 | | | | | | | | |
| 3. 其他 | | | | | | | | |
| (四)利润分配 | | — | | | | 5 467 825. 11 | －5 467 825. 11 | |
| 1. 提取盈余公积 | | | | | | | | |
| 2. 对所有者(或股东)的分配 | | | | | | | | |
| 3. 提取信托赔偿金 | | | | | | 5 467 825. 11 | －5 467 825. 11 | |
| (五)所有者权益内部结转 | | — | | | | — | — | |
| 1. 资本公积转增资本(或股本) | | | | | | | | |
| 2. 盈余公积转增资本(或股本) | | | | | | | | |
| 3. 盈余公积弥补亏损 | | | | | | | | |
| 四、本年年末余额 | 795 650 000. 00 | 193 216 145. 74 | | | | 10 715 309. 61 | －125 568 773. 20 | 874 012 682. 15 |

## 5. 2　信托资产

### 5. 2. 1　信托项目资产负债汇总表

**信托项目资产负债汇总表**

单位:万元

| 信托资产 | 2010 年 12 月 31 日 | 2009 年 12 月 31 日 | 信托负债和信托权益 | 2010 年 12 月 31 日 | 2009 年 12 月 31 日 |
|---|---|---|---|---|---|
| 信托资产: | | | 信托负债: | | |
| 货币资金 | 434 641. 35 | 1 257. 97 | 应付受托人报酬 | －23. 80 | －49. 31 |
| 拆出资金 | — | — | 应付托管费 | — | — |
| 应收款项 | 25 582. 69 | 3 400. 00 | 应付受益人收益 | 11. 16 | 70. 09 |
| 买入返售资产 | 0. 00 | 0. 00 | 其他应付款项 | 501. 47 | 62. 78 |

续表

| 信托资产 | 2010 年 12 月 31 日 | 2009 年 12 月 31 日 | 信托负债和信托权益 | 2010 年 12 月 31 日 | 2009 年 12 月 31 日 |
|---|---|---|---|---|---|
| 短期投资 | 0.00 | 0.00 | 应交税金 | — | — |
| 长期债权投资 | 846 125.16 | 576 254.55 | 卖出回购资产款 | — | — |
| 长期股权投资 | 1 343 259.98 | 920 637.61 | 其他负债 | — | — |
| 客户贷款 | 5 312 588.31 | 1 763 133.96 | 信托负债合计 | 488.83 | 83.56 |
| 可供出售金融资产 | 39 962.88 | — | 信托权益: | — | — |
| 固定资产 | — | — | 实收信托 | 7 994 264.04 | 3 263 426.13 |
| 无形资产 | — | — | 资本公积 | 0.00 | 0.00 |
| 长期待摊费用 | — | — | 未分配利润 | 7 407.50 | 1 174.40 |
| 其他资产 | — | — | 信托权益合计 | 8 001 671.54 | 3 264 600.53 |
| 信托资产总计 | 8 002 160.37 | 3 264 684.09 | 信托负债和信托权益总计 | 8 002 160.37 | 3 264 684.09 |

#### 5.2.2 信托项目利润及利润分配汇总表

信托项目利润及利润分配汇总表

单位:万元

| 项　目 | 2010 年 | 2009 年 |
|---|---|---|
| 一、营业收入 | 388 133.31 | 91 361.88 |
| 利息收入 | 320 863.88 | 62 908.64 |
| 投资收入 | 67 269.36 | 28 453.24 |
| 租赁收入 | — | — |
| 其他收入 | 0.07 | — |
| 二、营业费用 | 33 843.56 | 7 636.49 |
| 三、营业税金及附加 | — | — |
| 四、扣除资产损失前的信托利润 | 354 289.75 | 83 725.39 |
| 减:资产减值损失 | — | — |
| 五、扣除资产损失后的信托利润 | 354 289.75 | 83 725.39 |
| 加:期初未分配信托利润 | 1 174.40 | 820.42 |
| 六、可供分配的信托利润 | 355 464.15 | 84 545.81 |
| 减:本期已分配信托利润 | 348 056.65 | 83 371.41 |
| 七、期末未分配信托利润 | 7407.50 | 1 174.40 |

## 6. 会计报表附注

### 6.1 报告年度会计报表编制基准、会计政策、会计估计和核算方法发生的变化

#### 6.1.1 会计报表无不符合会计核算基本前提的事项

#### 6.1.2 计提资产减值准备的范围和方法

根据银监发〔2004〕4 号《中国银行业监督管理委员会关于非银行金融机构全面推行资产质量五级分类管理的通知》计提相应的资产减值准备。

#### 6.1.3 金融资产四分类的范围和标准

按投资目的和经济实质对金融资产分成以下四类:以公允价值计量且其变动计入当期损益的金融资产或金融负债,包括交易性金融资产或交易性金融负债、指定为以公允价值计量且其变动计入当期损益的金融资产或金融负债;持有至到期投资;贷款和应收款项;可供出售金融资产。

#### 6.1.4 交易性金融资产核算方法

以公允价值计量且其变动计入当期损益的金融资产或金融负债:按照取得时的公允价值作为初始确认金额,相关的交易费用在发生时计入当期损益。支付的价款中包含已宣告发放的现金股利或债券利息,单独确认为应收项目。持有期间取得的利息或现金股利,确认为投资收益。资产负债表日,将其公允价值变动计入当期损益。

#### 6.1.5 可供出售金融资产核算方法

可供出售金融资产指那些被指定为可供出售的非衍生金融资产,或未划分为贷款和应收款项类投资、持有至到期投资或以公允价值计量且其变动计入当期损益的金融资产这三类的其他金融资产。在后续计量期间,该类金融资产以公允价值计量。可供出售类金融资产的公允价值变动所带来的未实现收益,在该金融资产被终止确认或发生减值之前,列入资本公积(其他资本公积)。在该金融资产被终止确认或发生减值时,以前计入在资本公积中的累计公允价值变动应转入当期损益。

#### 6.1.6 持有至到期投资核算方法

持有至到期投资是指到期日固定、回收金额固定或可确定,且企业有明确意图和能力持有至到期的非衍生金融资产。持有至到期投资在持有期间应当按照摊余成本和实际利率计算确认利息收入,计入投资收益。实际利率应当在取得持有至到期投资时确定,在该持有至到期投资预期存续期间或适用的更短期间内保持不变。实际利率与票面利率差别较小的,也可按票面利率计算利息收入,计入投资收益。

#### 6.1.7 长期股权投资核算方法

6.1.7.1 长期股权投资的初始计量

(1)企业合并形成的长期股权投资,按照下列规定确定其初始投资成本:

①同一控制下的企业合并,合并方以支付现金、转让非现金资产或承担债务方式作为合并对价的,在合并日按照取得被合并方所有者权益账面价值的份额作为长期股权投资的初始投资成本。

合并方以发行权益性证券作为合并对价的,在合并日按照取得被合并方所有者权益账面价值的份额作为长期股权投资的初始投资成本。

②非同一控制下的企业合并,购买方在购买日按照《企业会计准则第 20 号——企业合并》确定的合并成本作为长期股权投资的初始投资成本。

(2)除企业合并形成的长期股权投资以外,其他方式取得的长期股权投资,按照下列规定确定其初始投资成本:

①以支付现金取得的长期股权投资,按照实际支付的购买价款作为初始投资成本。初始投资成本包括与取得长期股权

投资直接相关的费用、税金及其他必要支出。

②以发行权益性证券取得长期股权投资，按照发行权益性证券的公允价值作为初始投资成本。

③投资者投入的长期股权投资，按照投资合同或协议约定的价值作为初始投资成本。

④通过非货币性资产交换取得的长期股权投资，其初始投资成本按照《企业会计准则第 7 号——非货币性资产交换》确定。

⑤通过债务重组取得的长期股权投资，其初始投资成本按照《企业会计准则第 12 号——债务重组》确定。

6.1.7.2　长期股权投资的核算

对被投资单位具有共同控制或重大影响的长期股权投资，采用权益法核算；能够对被投资单位实施控制的长期股权投资以及对被投资单位不具有共同控制或重大影响，并且在活跃市场中没有报价、公允价值不能可靠计量的长期股权投资采用成本法核算。

**6.1.8　投资性房地产核算方法**

6.1.8.1　初始计量

投资性房地产按照成本进行初始计量。

(1)外购投资性房地产的成本，包括购买价款、相关税费和可直接归属于该资产的其他支出。

(2)自行建造投资性房地产的成本，由建造该项资产达到预定可使用状态前所发生的必要支出构成。

(3)以其他方式取得的投资性房地产的成本，按照相关会计准则的规定确定。

6.1.8.2　后续计量

公司期末采用成本模式对投资性房地产进行后续计量。

6.1.8.3　折旧或摊销

采用成本模式计量投资性房地产，采用与固定资产和无形资产相同方法计提折旧或进行摊销。

6.1.8.4　减值的处理

公司期末对采用成本模式计量的投资性房地产逐项进行检查，如果其可收回金额低于账面价值，则按单项投资性房地产可收回金额低于其账面价值的差额，计提减值准备。减值准备一经计提，不予转回。

**6.1.9　固定资产计价和折旧方法**

6.1.9.1　固定资产的确认标准：固定资产是指同时具有下列特征的有形资产

(1)为生产商品、提供劳务、出租或经营管理而持有的。

(2)使用寿命超过一个会计年度。

6.1.9.2　固定资产按实际成本进行初始计量。

(1)投资者投入固定资产的成本，按照投资合同或协议约定的价值确定。

(2)非货币性资产交换、债务重组、企业合并和融资租赁取得的固定资产的成本，分别按照《企业会计准则第 7 号——非货币性资产交换》、《企业会计准则第 12 号——债务重组》、《企业会计准则第 20 号——企业合并》和《企业会计准则第 21 号——租赁》确定。

6.1.9.3　固定资产的折旧方法

公司固定资产折旧采用平均年限法，并按固定资产原价，估计经济使用年限和估计残值率，分类别确定折旧。

| 固定资产类别 | 估计经济折旧年限 | 预计残值率(%) | 年折旧率(%) |
|---|---|---|---|
| 房屋及建筑物 | 20~36 年 | 5 | 2.64~4.75 |
| 运输设备 | 5 年 | 5 | 19 |
| 电子设备 | 5 年 | 5 | 19 |
| 机器设备 | 5 年 | 5 | 19 |
| 办公家具 | 5 年 | 5 | 19 |

对已计提减值准备的固定资产在计提折旧时，按该项固定资产的账面价值，即固定资产原值减去累计折旧和已计提的减值准备以及尚可使用年限重新计算确定折旧率和折旧额。

6.1.9.4　固定资产减值准备的确认标准和计提方法

年末公司对由于市价持续下跌、技术陈旧、损坏、长期闲置等原因导致固定资产可收回金额低于其账面价值，按单项固定资产可收回金额低于其账面价值的差额，计提固定资产减值准备。

对长期闲置不用，在可预见的未来不会再使用，且已无转让价值的；或由于技术进步原因，已不可使用的固定资产；或虽可使用，但使用后产生大量不合格品的；或已遭毁损，不再具有使用价值和转让价值及其他实质上不能再给企业带来经济利益的固定资产，全额计提减值准备。固定资产减值准备一经计提，不予转回。

**6.1.10　无形资产计价及摊销政策**

6.1.10.1　无形资产的计价

无形资产按其成本作为入账价值。内部研究开发项目研究阶段支出，于发生时计入当期损益。内部研究开发项目开发阶段的支出，同时满足下列条件的，确认为无形资产。

(1)完成该无形资产以使其能够使用或出售在技术上具有可行性。

(2)具有完成该无形资产并使用或出售的意图。

(3)无形资产产生经济利益的方式，包括能够证明运用该无形资产生产的产品存在市场或无形资产自身存在市场，无形资产将在内部使用的，可证明其有用性。

(4)有足够的技术、财务资源和其他资源支持，以完成该无形资产的开发并有能力使用或出售该无形资产。

(5)归属于该无形资产开发阶段的支出能够可靠地计量。

6.1.10.2　无形资产的摊销

使用寿命有限的无形资产采用直线法按预计使用年限、合同规定的受益年限和法律规定的有效年限三者中最短者分期摊销，按其受益对象分别计入相关资产成本和当期损益。使用寿命不确定的无形资产不予摊销，但在每个会计期末进行减值测试。

6.1.10.3　无形资产减值准备的确认标准和计提方法

期末对无形资产逐项进行检查，当存在以下减值迹象时估计其可收回金额，按可收回金额低于账面价值的差额计提无形资产减值准备。

(1)已被其他新技术等所替代，使其为企业创造经济利益的能力受到重大不利影响。

(2)某项无形资产的市价在当期大幅下降，在剩余摊销年限内预期不会恢复。

(3)某项无形资产已超过法律保护期限，但仍然具有部分使用价值。

(4)其他足以证明某项无形资产实质上已经发生了减值的

情形。

无形资产减值准备一经计提,不予转回。

#### 6.1.11 长期应收款的核算方法

无。

#### 6.1.12 长期待摊费用的摊销政策

长期待摊费用主要包括长期预付租金、长期预付租赁费、经营租赁方式租入的固定资产改良支出等。长期待摊费用在受益期限内采用实际利率法摊销。

#### 6.1.13 合并会计报表的编制方法

合并财务报表的合并范围以控制为基础加以确定。公司直接或通过子公司间接拥有被投资单位半数以上的表决权,表明公司能够控制被投资单位,将该被投资单位认定为子公司,纳入合并财务报表的合并范围。但是有证据表明公司不能控制被投资单位的除外。公司拥有被投资单位半数或以下的表决权,满足以下条件之一的,视为公司能够控制被投资单位,将该被投资单位认定为子公司,纳入合并财务报表的合并范围;但是有证据表明公司不能控制被投资单位的除外:通过与被投资单位其他投资者之间的协议,拥有被投资单位半数以上的表决权;根据公司章程或协议,有权决定被投资单位的财务和经营政策;有权任免被投资单位的董事会或类似机构的多数成员;在被投资单位的董事会或类似机构占多数表决权。

合并财务报表以公司和其子公司的财务报表为基础,根据其他有关资料,对子公司的长期股权投资按照权益法调整后由公司编制。

合并资产负债表以公司和子公司的资产负债表为基础,在抵销公司与子公司、子公司相互之间发生的内部交易对合并资产负债表的影响后由公司合并编制。公司对子公司的长期股权投资与公司在子公司所有者权益中所享有的份额相互抵销,同时抵销相应的长期股权投资减值准备。各子公司之间的长期股权投资以及子公司对公司的长期股权投资,比照此规定将长期股权投资的余额与其对应的子公司或公司所有者权益中所享有的份额相互抵销。公司与子公司、子公司相互之间的债权与债务项目相互抵销,同时抵销应收款项的坏账准备和债券投资的减值准备。公司与子公司、子公司相互之间的债券投资与应付债券相互抵销后,产生的差额计入投资收益项目。公司与子公司、子公司相互之间销售商品(或提供劳务,下同)或其他方式形成的存货、固定资产、工程物资、在建工程、无形资产等所包含的未实现内部销售损益抵销。对存贷、固定资产、工程物资、在建工程和无形资产等计提的跌价准备或减值准备与未实现内部销售损益相关的部分抵销。子公司所有者权益中不属于公司的份额,作为少数股东权益。合并利润表以公司和子公司的利润表为基础,在抵销公司与子公司、子公司相互之间发生的内部交易对合并利润表的影响后由公司合并编制。公司与子公司、子公司相互之间销售商品所产生的营业收入和营业成本抵销。公司与子公司、子公司相互之间销售商品,期末全部实现对外销售的,将购买方的营业成本与销售方的营业收入相互抵销。公司与子公司、子公司相互之间销售商品,期末未实现对外销售而形成存货、固定资产、工程物资、在建工程、无形资产等资产的,在抵销销售商品的营业成本和营业收入的同时,将各项资产所包含的未实现内部销售损益予以抵销。公司与子公司、子公司相互之间持有对方债券所产生的投资收益,与其相对应的发行方利息费用相互抵销。公司对子公司、子公司相互之间持有对方长期股权投资的投资收益,与对方当期净利润相互抵销。公司与子公司、子公司相互之间发生的其他内部交易对合并利润表的影响抵销。子公司当期净损益中属于少数股东权益的份额,在合并利润表净利润项目下以“少数股东损益”项目列示。

#### 6.1.14 收入确认原则和方法

销售商品收入同时满足下列条件的,才能予以确认:企业已将商品所有权上的主要风险和报酬转移给购货方;企业既没有保留通常与所有权相联系的继续管理权,也没有对已售出的商品实施有效控制;收入的金额能够可靠计量;相关经济利益很可能流入企业;相关的、已发生的或将发生的成本能够可靠计量。

提供劳务收入,企业在资产负债表日提供劳务交易的结果能够可靠估计的,应当按照完工百分比法确认提供劳务收入。完工百分比法,是指按照提供劳务交易的完工进度确认收入与费用的方法。提供劳务交易的结果能够可靠估计,是指同时具备以下条件:收入的金额能够可靠计量;相关的经济利益很可能流入企业;交易的完工进度能够可靠确定;交易中已发生的和将发生的成本能够可靠计量。企业确定提供劳务交易的完工进度,可以选用下列方法:已完工作的计量;已经提供的劳务占应提供的劳务总量的比例;已发生的成本占估计总成本的比例。

让渡资产使用权收入,让渡资产使用权收入包括利息收入、使用费收入和现金股利收入。让渡资产使用权收入同时满足下列条件,才能予以确认:相关经济利益很可能流入企业;收入金额能够可靠计量。企业应当分别下列情况确定让渡资产使用权收入金额:利息收入金额,按照他人使用本企业货币资金时间和实际利率计算确定;使用费收入金额,按照有关合同或协议约定的收费时间和方法计算确定;现金股利收入金额,按照被投资单位宣告的现金股利分配方案和持股比例计算确定。

利息收入金额,按照他人使用本企业货币资金的时间和实际利率计算确定。使用费收入金额,按照有关合同或协议约定的收费时间和方法计算确定。

#### 6.1.15 所得税的会计处理方法

本公司所得税的会计处理采用资产负债表债务法核算。

#### 6.1.16 信托报酬确认原则和方法

在与信托业务相关的经济利益能够流入、收入的金额能够可靠计量的情况下,按有关合同、协议规定的时间和方法确认收入的实现。

## 6.2 或有事项说明

公司本年无对外担保及其他或有事项。

## 6.3 重要资产转让及其出售的说明

公司本年无重要资产转让及其出售情况。

## 6.4 会计报表中重要项目的明细资料

### 6.4.1 披露自营资产经营情况

6.4.1.1 按信用风险五级分类结果披露信用风险资产的

期初数、期末数

| 信用风险资产五级分类 | 正常类（万元） | 关注类（万元） | 次级类（万元） | 可疑类（万元） | 损失类（万元） | 信用风险资产合计（万元） | 不良合计（万元） | 不良率（%） |
|---|---|---|---|---|---|---|---|---|
| 期初数 | 12 103 | 482 | — | — | 2 348 | 14 933 | 2 348 | 15. 72 |
| 期末数 | 9 472 | — | — | — | 2 230 | 11 702 | 2 230 | 19. 06 |

注：不良资产合计＝次级类＋可疑类＋损失类。

6. 4. 1. 2　各项资产减值损失准备的期初、本期计提、本期转回、本期核销、期末数

单位：万元

| | 期初数 | 本期计提 | 本期转回 | 本期核销 | 期末数 |
|---|---|---|---|---|---|
| 贷款损失准备 | 2 349. 37 | -78. 81 | 837. 59 | 879. 25 | 2 228. 90 |
| 一般准备 | 2 349. 37 | -78. 81 | 837. 59 | 879. 25 | 2 228. 90 |
| 专项准备 | — | — | — | — | — |
| 其他资产减值准备 | 255. 34 | — | — | 4. 53 | 250. 81 |
| 可供出售金融资产减值准备 | — | — | — | — | — |
| 持有至到期投资减值准备 | — | — | — | — | — |
| 长期股权投资减值准备 | — | — | — | — | — |
| 坏账准备 | 8. 37 | — | — | 7. 07 | 1. 30 |
| 投资性房地产减值准备 | — | — | — | — | — |

6. 4. 1. 3　按照投资品种分类，分别披露固有业务股票投资、基金投资、债券投资、股权投资等投资业务的期初数、期末数

单位：万元

| | 自营股票 | 基金 | 债券 | 长期股权投资 | 其他投资 | 合计 |
|---|---|---|---|---|---|---|
| 期初数 | 65 862. 95 | — | 9 027. 12 | — | 4 700. 00 | 79 590. 07 |
| 期末数 | 21 837. 51 | 590. 31 | 16 054. 34 | 9 247. 80 | 27 000. 00 | 74 729. 96 |

6. 4. 1. 4　自营长期股权投资的企业

单位：万元

| 项目 | 期初数 | 本期增加数 | 本期减少数 | 期末数 |
|---|---|---|---|---|
| 其他股权投资 | — | 9 247. 80 | — | 9 247. 80 |
| 合计 | — | 9 247. 80 | — | 9 247. 80 |

渤海信托以308 260 000. 00元价格受让中国太平洋保险（香港）有限公司持有的民安保险（中国）有限公司20%的股权，目前已支付转让款项的30%价款，余款于股权过户后支付。

6. 4. 1. 5　前五名的自营贷款的企业名称、占贷款总额的比例和还款情况等（从贷款金额大到小顺序排列）

| 企业名称 | 占贷款总额的比例（%） | 还款情况 |
|---|---|---|
| 1. 石家庄化肥集团公司 | 100 | 逾期未还 |

6. 4. 1. 6　表外业务的期初数、期末数；按照代理业务、担保业务和其他类型表外业务分别披露

单位：万元

| 表外业务 | 期初数 | 期末数 |
|---|---|---|
| 担保业务 | — | — |
| 代理业务（委托业务） | — | — |
| 其他 | — | — |
| 合计 | — | — |

注：代理业务主要反映因客观原因应规范而尚未完成规范的历史遗留委托业务，包括委托贷款和委托投资。无其他表外业务。

6. 4. 1. 7　公司当年的收入结构（母公司口径、并表口径同时披露）

| 收入结构 | 金额（万元） | 占比（%） |
|---|---|---|
| 手续费及佣金收入 | 15 709. 96 | 67. 91 |
| 其中：信托手续费收入 | 15 698. 96 | — |
| 投资银行业务收入 | 11. 00 | — |
| 利息收入 | 453. 09 | 1. 96 |
| 其他业务收入 | 76. 47 | 0. 33 |
| 其中：计入信托业务收入部分 | — | — |
| 投资收益 | 7 748. 11 | 33. 49 |
| 其中：股权投资收益 | — | — |
| 证券投资收益 | 7 748. 11 | — |
| 其他投资收益 | — | — |
| 公允价值变动收益 | -873. 50 | -3. 78 |
| 营业外收入 | 19. 89 | 0. 09 |
| 收入合计 | 23 134. 02 | 100. 00 |

**6. 4. 2　披露信托财产管理情况**

6. 4. 2. 1　信托资产的期初数、期末数

单位：万元

| 信托资产 | 期初数 | 期末数 |
|---|---|---|
| 集合 | 129 544 | 456 675 |
| 单一 | 2 524 345 | 6 790 329 |
| 财产权 | 609 537 | 747 260 |
| 合计 | 3 263 426 | 7 994 264 |

6. 4. 2. 1. 1　主动管理型信托业务的信托资产期初数、期末数。分证券投资、股权投资、融资、事务管理类分别披露

单位：万元

| 主动管理型信托资产 | 期初数 | 期末数 |
|---|---|---|
| 证券投资类 | — | 40 546 |
| 股权投资类 | — | 1 305 955 |
| 融资类 | 2 653 889 | 5 480 687 |
| 事务管理类 | — | 419 816 |
| 合计 | 2 653 889 | 7 247 004 |

6. 4. 2. 1. 2　被动管理型信托业务的信托资产期初数、期末数。分证券投资、股权投资、融资、事务管理类分别披露

单位：万元

| 被动管理型信托资产 | 期初数 | 期末数 |
|---|---|---|
| 证券投资类 | — | — |
| 股权投资类 | — | 37 305 |
| 融资类 | — | 59 355 |
| 事务管理类 | 609 537 | 650 600 |
| 合计 | 609 537 | 747 260 |

6. 4. 2. 2　本年度已清算结束的信托项目个数、实收信托合计金额、加权平均实际年化收益率

6. 4. 2. 2. 1　本年度已清算结束的集合类、单一类资金信托项目和财产管理类信托项目个数、实收信托金额、加权平均实际年化收益率

| 已清算结束信托项目 | 项目个数 | 实收信托合计金额(万元) | 加权平均实际年化收益率(%) |
|---|---|---|---|
| 集合类 | 3 | 45 000 | 6.08 |
| 单一类 | 84 | 1 624 187 | 4.55 |
| 财产管理类 | 6 | 138 183 | 8.34 |

注:收益率是指信托项目清算后,给受益人赚取的实际收益水平。加权平均实际年化收益率=(信托项目1的实际年化收益率×信托项目1的实收信托+信托项目2的实际年化收益率×信托项目2的实收信托+…信托项目n的实际年化收益率×信托项目n的实收信托)/(信托项目1的实收信托+信托项目2的实收信托+…信托项目n的实收信托)×100%。

6.4.2.2.2 本年度已清算结束的主动管理型信托项目个数、实收信托合计金额、加权平均实际年化收益率,分证券投资、股权投资、融资、事务管理类分别计算并披露

| 已清算结束信托项目 | 项目个数 | 实收信托合计金额(万元) | 加权平均实际年化信托报酬率(%) | 加权平均实际年化收益率(%) |
|---|---|---|---|---|
| 证券投资类 | 2 | 201 035 | 0.10 | 4.00 |
| 股权投资类 | — | — | — | — |
| 融资类 | 85 | 1 468 152 | 0.41 | 5.03 |
| 事务管理类 | — | — | — | — |

注:加权平均实际年化信托报酬率=(信托项目1的实际年化信托报酬率×信托项目1的实收信托+信托项目2的实际年化信托报酬率×信托项目2的实收信托+…信托项目n的实际年化信托报酬率×信托项目n的实收信托)/(信托项目1的实收信托+信托项目2的实收信托+…信托项目n的实收信托)×100%。

6.4.2.2.3 本年度已清算结束的被动管理型信托项目个数、实收信托合计金额、加权平均实际年化收益率,分证券投资、股权投资、融资、事务管理类分别计算并披露

| 已清算结束信托项目 | 项目个数 | 实收信托合计金额(万元) | 加权平均实际年化信托报酬率(%) | 加权平均实际年化收益率(%) |
|---|---|---|---|---|
| 证券投资类 | — | — | — | — |
| 股权投资类 | 3 | 34 183 | 0.31 | — |
| 融资类 | — | — | — | — |
| 事务管理类 | 3 | 104 000 | 0.27 | 8.34 |

6.4.2.3 本年度新增的集合类、单一类和财产管理类信托项目个数、实收信托合计金额

单位:万元

| 新增信托项目 | 项目个数 | 实收信托合计金额 |
|---|---|---|
| 集合类 | 13 | 372 131 |
| 单一类 | 180 | 5 890 172 |
| 财产管理类 | 9 | 275 905 |
| 新增合计 | 202 | 6 538 208 |
| 其中:主动管理型 | 193 | 6 262 303 |
| 被动管理型 | 9 | 275 905 |

注:本年新增信托项目指在本报告年度内累计新增的信托项目个数和金额。包含本年度新增并于本年度内结束的项目和本年度新增至报告期末仍在持续管理的信托项目。

6.4.2.4 信托业务创新成果和特色业务有关情况。

无。

6.4.2.5 本公司履行受托人义务情况及因本公司自身责任而导致的信托资产损失情况(合计金额、原因等)

在本信托年度,我公司作为受托人,严格遵守《信托法》、《信托公司管理办法》等法律法规以及公司规章制度,每一信托项目分别开立了信托财产专用账户,对不同的信托资产单独进行管理和核算,公司管理的信托资产与固有资产由不同的部门和人员分别进行管理,信息隔离;同时,公司始终坚持诚实、信用、谨慎、有效管理的原则,牢固树立风险管理的理念,严格按照《信托合同》中约定的管理方式、权限,忠实地为委托人管理、运用及处分信托财产,保证了信托财产的安全完整和受益人的最大利益。

截至目前,公司无信托财产损失情况的发生。

## 6.5 关联方关系及其交易的披露

**6.5.1 关联交易方的数量、关联交易的总金额及关联交易的定价政策等**

单位:万元

| | 关联交易方数量 | 关联交易金额 | 定价政策 |
|---|---|---|---|
| 合计 | 10 | 797 990 | 公平的协议价格 |

注:关联交易定义应以《公司法》和《企业会计准则第36号——关联方披露》有关规定为准。

**6.5.2 关联交易方与本公司的关系性质、关联交易方的名称、法定代表人、注册地址、注册资本及主营业务等**

| 关系性质 | 关联方名称 | 法定代表人 | 注册地址 | 注册资本(万元) | 主营业务 |
|---|---|---|---|---|---|
| 同一控制 | 长江租赁有限公司 | 刘小勇 | 天津空港物流加工区外环北路1号2-B178室 | 160 000 | 国内外各种先进适用的生产设备、通信设备、医疗设备、交通运输工具等机械设备的直接租赁、转租赁、回租赁、杠杆租赁、委托租赁、联合租赁等不同形式的本外币融资性、经营性租赁业务等。 |
| 同一控制 | 海航实业控股有限公司 | 刘小勇 | 海南省海口市海秀路29号 | 180 435 | 企业资产重组、购并及项目策划,财务顾问中介服务,信息咨询服务,交通能源新技术、新材料的投资开发,航空器材的销售及租赁业务,建筑材料、酒店管理,游艇码头设施投资等。 |
| 同一控制 | 海口海航大厦投资管理有限公司 | 李同双 | 海口市蓝田路168号二楼204 | 10 000 | 投资管理、财务顾问、投资咨询、企业管理咨询、市场营销策划、市场研究策划、房地产投资,开发与营销、物业管理、会议展览服务等。 |
| 同一控制 | 海航旅业控股(集团)有限公司 | 刘嘉旭 | 海口市海秀路海航发展大厦 | 55 000 | 酒店项目开发、经营,旅游项目投资和管理,装饰装修工程,建筑材料,家用电器、电子产品、通信设备的销售等。 |
| 同一控制 | 大新华物流控股(集团)有限公司 | 李清 | 上海市南汇区惠南镇丰海路9771号 | 100 000 | 对外投资经营,普通货物运输,货物仓储,商务咨询,寄递服务,国际海上运输代理服务,国际公路运输代理服务,国际航线或香港、澳门、台湾航线的航空货运销售代理等。 |
| 同一控制 | 海航置业控股集团有限公司 | 朱卫军 | 海南省海口市国贸大道45号银通国际中心28层 | 175 000 | 承担各类型工业与民用建设项目的策划、管理,室内外装饰装修工程,房地产项目投资开发,酒店项目开发、经营和对外投资管理,高尔夫地产开发、赛事组织和策划,高尔夫旅游业服务及咨询服务等。 |

续表

| 关系性质 | 关联方名称 | 法定代表人 | 注册地址 | 注册资本(万元) | 主营业务 |
| --- | --- | --- | --- | --- | --- |
| 股东 | 北京燕京饭店有限公司 | 宋　翔 | 北京市西城区复兴门外大街19号 | 11 268.9009 | 住宿,中西餐,零售烟,销售饮料、酒、食品、工艺美术品、百货、五金交电,照相、彩扩服务,修理照相机。 |
| 同一控制 | 海航易生控股有限公司 | 李达巍 | 海南省海口市海秀路29号海航大厦18层 | 12 000 | 消费信息、经济信息的采集和提供,投资管理,消费卡,权益卡业务及其配套业务,网络销售及配套业务,电子、机电、通信设备、仪器仪表、五金交电、办公用品、建筑装潢材料、日用百货、计算机零配件的批发与零售,广告发布与媒介代理,旅游差旅规划服务,房地产开发与销售业务等。 |
| 同一控制 | 北京天辰展示工程有限公司 | 宋小刚 | 北京市朝阳区农展南路5号(京朝大厦)9012室 | 6 000 | 专业承包,展览的策划、制作,信息咨询,电脑刻字,彩扩服务,制冷空调工程设备的设计、安装、调试,销售装饰材料、五金交电、电气设备、百货、工艺美术品。 |
| 同一控制 | 海南海航高尔夫投资有限公司 | 鲁晓明 | 海南省海口市海秀路29号海航发展大厦东六楼 | 13 268.21 | 高尔夫球会投资、管理的主营业务,高尔夫赛事组织与策划、管理咨询、品牌加盟与输出、球场规划、设计、建造、施工和监理。 |

**6.5.3　逐笔披露本公司与关联方的重大交易事项**

6.5.3.1　固有与关联方交易情况:贷款、投资、租赁、应收账款担保、其他方式等期初汇总数、本期借方和贷方发生额汇总数、期末汇总数

单位:万元

| 固有与关联方关联交易 | | | | |
| --- | --- | --- | --- | --- |
| | 期初数 | 借方发生额 | 贷方发生额 | 期末数 |
| 贷款 | — | — | — | — |
| 投资 | — | — | — | — |
| 租赁 | — | — | — | — |
| 担保 | — | — | — | — |
| 应收账款 | — | — | — | — |
| 其他 | — | — | — | — |
| 合计 | — | — | — | — |

6.5.3.2　信托与关联方交易情况:贷款、投资、租赁、应收账款、担保、其他方式等期初汇总数、本期借方和贷方发生额汇总数、期末汇总数

单位:万元

| 信托与关联方关联交易 | | | | |
| --- | --- | --- | --- | --- |
| | 期初数 | 借方发生额 | 贷方发生额 | 期末数 |
| 贷款 | 538 354 | 439 414 | 387 950 | 589 818 |
| 投资 | 31 000 | — | — | 31 000 |
| 租赁 | — | — | — | — |
| 担保 | — | — | — | — |
| 应收账款 | — | — | — | — |
| 其他 | — | 177 172 | — | 177 172 |
| 合计 | 569 354 | 616,586 | 387,950 | 797,990 |

6.5.3.3　信托公司自有资金运用于自己管理的信托项目(固信交易)、信托公司管理的信托项目之间的相互(信信交易)交易金额,包括余额和本报告年度的发生额

6.5.3.3.1　固有与信托财产之间的交易金额期初汇总数、本期发生额汇总数、期末汇总数

| 固有财产与信托财产相互交易 | | | |
| --- | --- | --- | --- |
| | 期初数 | 本期发生额 | 期末数 |
| 合计 | — | — | — |

注:以固有资金投资公司自己管理的信托项目受益权,或购买自己管理的信托项目的信托资产均应纳入统计披露范围。

6.5.3.3.2　信托项目之间的交易金额期初汇总数、本期发生额汇总数、期末汇总数

| 信托资产与信托财产相互交易 | | | |
| --- | --- | --- | --- |
| | 期初数 | 本期发生额 | 期末数 |
| 合计 | — | — | — |

注:以公司受托管理的一个信托项目的资金购买自己管理的另一个信托项目的受益权或信托项下资产均应纳入统计披露范围。

**6.5.4　逐笔披露关联方逾期未偿还本公司资金的详细情况以及本公司为关联方担保发生或即将发生垫款的详细情况**

无。

## 6.6　会计制度的披露

固有业务及信托业务均执行2006年财政部颁布的《企业会计准则》。

# 7. 财务情况说明书

## 7.1　利润实现和分配情况(母公司口径和并表口径同时披露)

经中勤万信会计师事务所有限公司审计后,公司2010年实现利润总额14 335.23万元,扣除所得税3 399.58万元,净利润10 935.65万元,根据《信托公司管理办法》及公司章程规定,提取5%信托赔偿准备金546.78万元,可供股东分配的利润为-12 556.88万元。

## 7.2　主要财务指标(母公司口径和并表口径同时披露)

| 指标名称 | 指标值 |
| --- | --- |
| 资本利润率(%) | 12 |
| 加权年化信托报酬率(%) | 0.4525 |
| 人均净利润(万元/人) | 170.87 |

注:1. 资本利润率=净利润/所有者权益平均余额×100%。

2. 加权年化信托报酬率=(信托项目1的实际年化信托报酬率×信托项目1的实收信托+信托项目2的实际年化信托报酬率×信托项目2的实收信托+…信托项目n的实际年化信托报酬率×信托项目n的实收信托)/(信托项目1的实收信托+信托项目2的实收信托+…信托项目n的实收信托)×100%。

3. 人均净利润=净利润/平均人数。

4. 平均值采取年初、年末余额简单平均法,公式为:a(平均)=(年初数+年末数)/2。

### 7.3 对本公司财务状况、经营成果有重大影响的其他事项

无。

## 8. 特别事项简要揭示

### 8.1 前五名股东报告期内变动情况及原因

无。

### 8.2 董事、监事及高级管理人员变动情况及原因

3月1日，聘任李熙玉为公司副总裁，5月20日任职资格获得河北银监局核准；4月27日，聘任师增轩为公司总裁助理，7月12日任职资格获得河北银监局核准；9月1日，聘任陶钧为公司副总裁，任职资格已报监管部门审核；9月9日，免去汤亮公司副总裁职务。

### 8.3 公司的重大未决诉讼事项

无。

### 8.4 会计师事务所未出具有保留意见、否定意见或无法表示意见的审计报告

### 8.5 公司及其董事、监事和高级管理人员受到处罚的情况

公司及其董事、监事和高级管理人员年内未受到任何处罚。

### 8.6 银监会及其派出机构对公司检查后提出整改意见的，应简单说明整改情况

报告期内，中国银监会河北监管局对公司法人治理、内部控制、信托业务、固有业务、公司财务和信托财务的情况进行全面的现场检查并下发监管意见。公司对此高度重视，研究制定了相应的整改措施：强化依法、合规、审慎经营的意识和内部控制优先的风险管理理念；加大对中后台的建设和管理，从而为公司的业务发展提供强有力的支持；逐步培育核心竞争力，提高自主管理能力，提升项目收益水平，从而使公司的综合实力不断提升。

### 8.7 本年度重大事项临时报告的简要内容、披露时间、所披露的媒体及其版面

2010年3月22日，公司总裁杨健任职资格获得中国银监会核准，公司于2010年4月1日在指定信息披露媒体《金融时报》第7版对杨健总裁任职资格获得中国银监会核准的情况进行了披露。

### 8.8 银监会及其省级派出机构认定的其他有必要让客户及相关利益人了解的重要信息

无。

## 9. 公司监事会意见

监事会认为，本报告期内，公司决策程序合法，内部控制制度较为完善，没有发现公司高级管理人员在执行公司职务时有违法违纪和损害公司及股东利益的行为。公司财务报告真实地反映了公司的财务状况和经营成果。

# 重庆国际信托有限公司

## 1. 重要提示

1.1 本公司董事会及董事保证本报告所载资料不存在任何虚假记载、误导性陈述或者重大遗漏,并对其内容的真实性、准确性和完整性承担个别及连带责任。

1.2 公司独立董事史锦杰、王友伟、王淑慧认为本报告内容是真实、准确、完整的。

1.3 天健正信会计师事务所有限公司为本公司出具了标准无保留意见的审计报告。

1.4 公司法定代表人董事长何玉柏先生、首席执行官翁振杰先生、财务负责人李坤唯女士及财务部门负责人刘影女士声明:保证年度报告中财务报告的真实、完整。

## 2. 公司概况

### 2.1 公司简介

2.1.1 历史沿革

公司的前身是重庆国际信托投资公司,于1984年10月经中国人民银行批准成立,注册资本金3 500万元人民币,为国有独资的非银行金融机构;2002年1月,公司引入战略投资者,进行增资改制,并经中国人民银行总行《中国人民银行关于重庆国际信托投资有限公司重新登记有关事项的批复》(银复〔2002〕9号)批准,获准重新登记,注册资本金增至10.3373亿元人民币(含1 565万美元);2004年末,公司进一步增资扩股,注册资本金增加到16.3373亿元,取得了中国银行业监督管理委员会重庆监管局颁发的"中华人民共和国金融许可证"(编号为K10226530H002)和重庆市工商行政管理局颁发的"企业法人营业执照"(注册号为5000001800019)。2007年10月19日,经中国银行业监督管理委员会银监复〔2007〕461号文《中国银监会关于重庆国际信托投资有限公司变更公司名称和业务范围的批复》获准变更公司名称、业务范围并已领取新的金融许可证(编号为K0051H250000001)。2010年11月,经中国银行业监督管理委员会银监复〔2010〕552号《关于批准重庆国际信托有限公司增加注册资本及调整股权结构等有关事项的批复》,本公司注册资本由人民币16.3373亿元增加至24.3873亿元,公司股权结构由重庆国信投资控股有限公司100%持股,变更为多家机构投资者共同持股,上述事项已于2010年12月22日完成工商变更登记(注册号500000000005609)。

2.1.2 公司的法定中文名称:重庆国际信托有限公司
中文名称缩写:重庆信托
公司法定英文名称:Chongqing International Trust Co.,Ltd.
英文名称缩写:CQITC

2.1.3 法定代表人:何玉柏

2.1.4 注册地址:重庆市渝中区民权路107号

2.1.5 邮政编码:400010

2.1.6 公司国际互联网网址:

2.1.7 电子信箱:cqitic@cqitic.com

2.1.8 信息披露事务负责人:吕 维
联系电话:023-89035888
传真:023-89035998
电子信箱:cqitic@cqitic.com

2.1.9 年度报告备置地点:重庆市渝中区民权路107号

2.1.10 聘请的会计师事务所:天健正信会计师事务所有限公司
住所:北京市西城区月坛北街26号恒华国际商务中心4层401

2.1.11 聘请的律师事务所:重庆索通律师事务所
住所:重庆市渝中区中山三路168号中安国际大厦12楼中豪律师事务所
住所:重庆市渝中区邹容路68号大都会广场22层

### 2.2 组织结构

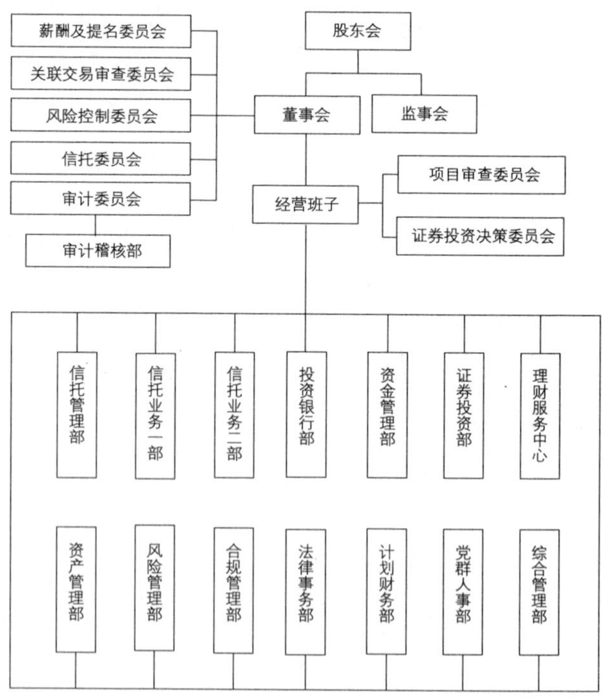

## 3. 公司治理结构

### 3.1 前3位股东

| 股东名称 | 持股比例(%) | 法人代表 | 注册资本(亿元) | 注册地址 | 主要经营业务及主要财务情况 |
|---|---|---|---|---|---|
| 重庆国信投资控股有限公司 | 66.99 | 何玉柏 | 16.3373 | 渝中区<br>上清寺路110号 | 依法进行项目投资与管理、投资咨询业务等。2010年末(未经审计)资产总额6 885 530万元,负债总额5 592 430万元,所有者权益1 293 100万元。2010年实现归属于母公司净利润46 865万元。 |
| 重庆水务集团股份有限公司 | 23.86 | 武秀峰 | 48 | 渝中区<br>龙家湾1号 | 从事城镇给排水项目的投资、经营及建设管理;城镇给排水供应及系统设施的管理,给排水工程设计及技术咨询服务等。2010年末资产总额164.12亿元,所有者权益109.79亿元。2010年度实现归属于上市公司股东的净利润12.91亿元。 |
| 上海淮矿资产管理有限公司 | 4.1 | 刘建祥 | 6 | 上海市浦东新区<br>浦东南路256号 | 资产管理、股权投资、股权投资管理、实业投资、企业资产并购与重组策划、投资咨询。2010年末资产总额61 605万元,负债总额900万元,所有者权益60 705万元。2010年实现归属于母公司净利润-824万元。 |

公司股东重庆市水务资产经营有限公司为公司第二大股东重庆水务集团股份有限公司控股股东。

### 3.2 董事

董事长、副董事长、董事

| 姓　名 | 职　务 | 性别 | 年龄 | 选任日期 | 所推举的股东名称 | 该股东持股比例(%) | 简　要　履　历 |
|---|---|---|---|---|---|---|---|
| 何玉柏 | 董事长 | 男 | 60 | 2005年9月15日 | 重庆国信投资控股有限公司 | 100 | 大学本科学历,高级经济师,曾任大足县县委书记、重庆市委副秘书长兼重庆市人民政府副秘书长、重庆市委研究室主任等职;现任重庆三峡银行董事、重庆信托党委书记、董事长。 |
| 翁振杰 | 董事 | 男 | 48 | 2007年6月17日 | 重庆国信投资控股有限公司 | 100 | 硕士研究生学历,高级经济师,曾任解放军通信学院教官、北京中关村科技发展(控股)股份有限公司副总经理等职;现任重庆市第三届人大常委、重庆信托首席执行官、董事,西南证券董事长。 |
| 华渝生 | 董事 | 男 | 55 | 2008年10月14日 | 重庆国信投资控股有限公司 | 100 | 硕士研究生学历,高级经济师,历任重庆社会主义学院副院长、重庆市城市建设投资公司党委书记、安诚保险董事长、重庆信托董事。 |
| 涂勋淑 | 董事 | 女 | 56 | 2005年6月17日 | 重庆国信投资控股有限公司 | 100 | 大学本科学历,高级经济师,曾任重庆国投人事处副处长、处长,重庆信托党委副书记、副总裁等职;现任重庆三峡银行监事长、重庆信托董事。 |
| 时平生 | 董事 | 男 | 47 | 2006年8月22日 | 重庆国信投资控股有限公司 | 100 | 硕士研究生学历,助理研究员,曾任陕西证券常务副总经理、ITG(香港)风险投资公司北京代表处首席代表等职;现任中国新纪元有限公司董事长、重庆信托董事。 |
| 王晓岩 | 董事 | 男 | 50 | 2007年4月7日 | 重庆国信投资控股有限公司 | 100 | 硕士研究生学历,高级经济师,曾任中国科技财务公司总经济师、信贷部总经理等职;现任中国希格玛有限公司董事长、总裁,重庆信托董事。 |
| 朱晓东 | 董事 | 男 | 44 | 2007年4月7日 | 重庆国信投资控股有限公司 | 100 | 注册会计师、税务师。曾任重庆铂码会计师事务所注册会计师,重庆协信控股(集团)有限公司财务中心副总监;现任重庆信托董事。 |
| 龙小波 | 董事 | 男 | 44 | 2008年10月14日 | 重庆国信投资控股有限公司 | 100 | 硕士研究生学历,获资产管理负责人牌照,曾任大鹏证券有限责任公司副总裁、大成基金管理有限公司副董事长;现任重庆信托董事。 |
| 李志民 | 董事 | 男 | 53 | 2008年10月14日 | 重庆国信投资控股有限公司 | 100 | 大学专科学历,经济师,曾任珠海中科公司董事长、北京科良技术通讯公司董事长;现任重庆同创置业(集团)董事长、重庆信托董事。 |

注:2010年1月20日,中国证监会重庆监管局核准翁振杰证券公司董事长类人员任职资格。2010年2月3日,翁振杰同志辞去重庆三峡银行董事长职务。

独立董事

| 姓　名 | 所在单位及职务 | 性别 | 年龄 | 选任日期 | 所推举的股东名称 | 该股东持股比例(%) | 简　要　履　历 |
|---|---|---|---|---|---|---|---|
| 刘勤勤 | 北京中天航业投资有限公司董事长 | 男 | 54 | 2007年12月6日 | 重庆国信投资控股有限公司 | 100 | 硕士研究生学历,讲师、编辑,曾任军事经济学院教官、财务理论教研室主任、总后勤部财务结算中心副主任等职;现任北京中天航业投资有限公司董事长、重庆信托独立董事。 |
| 史锦杰 | 重庆市三届政协常委 | 男 | 63 | 2007年12月6日 | 重庆国信投资控股有限公司 | 100 | 大学本科学历,高级经济师,曾任重庆市市中区副区长、巴南区区委书记、重庆市劳动保障局局长、重庆市三届政协常委等职;现任重庆信托独立董事。 |

续表

| 姓　名 | 所在单位及职务 | 性别 | 年龄 | 选任日期 | 所推举的股东名称 | 该股东持股比例（%） | 简　要　履　历 |
|---|---|---|---|---|---|---|---|
| 王淑慧 | 北京化工大学经济管理学院财务管理专业负责人 | 女 | 50 | 2007 年 12 月 6 日 | 重庆国信投资控股有限公司 | 100 | 大学本科学历，副教授、注册会计师、税务师、资产评估师，曾任北京化工管理干部学院会计系主任、北京化工大学经济管理学院副院长等职；现任北京化工大学经济管理学院会计系学科带头人、硕士研究生导师，重庆信托独立董事。 |
| 王友伟 | 市国资委退休干部 | 男 | 67 | 2007 年 12 月 6 日 | 重庆国信投资控股有限公司 | 100 | 高级经济师，曾任重庆市团委书记、市总工会常务副主席、市旅游局局长、市企业工委、国资委副书记等职；现任重庆信托独立董事。 |

注：公司增资扩股工作已于 2010 年 12 月 22 日完成。2011 年 3 月 26 日，股东会选举何玉柏、翁振杰、武秀峰、罗明亮、王晓岩、时平生、谢维宪、刘勤勤、李寒晨、雷世文、王友伟、史锦杰、王淑慧为公司第三届董事会董事，其中雷世文、王友伟、史锦杰、王淑慧为独立董事。武秀峰等 6 名新任董事任职资格正在监管部门审批过程中。

### 3.3　监事

监事会成员

| 姓　名 | 职　务 | 性别 | 年龄 | 选任日期 | 所推举股东名称 | 该股东持股比例（%） | 简　要　履　历 |
|---|---|---|---|---|---|---|---|
| 洪　虹 | 监事长 | 女 | 63 | 2008 年 6 月 16 日 | 重庆国信投资控股有限公司 | 100 | 大学本科学历，高级经济师，曾任中国人民银行重庆市分行行长、重庆营管部主任，重庆银监局局长，重庆市第三届人大常委；现任重庆信托监事长。 |
| 胡雪莲 | 职工监事 | 女 | 37 | 2006 年 3 月 27 日 | 重庆信托职代会 |  | 硕士研究生学历，注册会计师；现任重庆信托信托业务二部副总经理、职工监事。 |

注：按照公司章程规定，2011 年 3 月 21 日，公司职工代表大会选举胡雪莲同志为第三届监事会职工监事。2011 年 3 月 26 日，股东会选举洪虹、刘建祥同志为第三届监事会监事。

### 3.4　高级管理人员

| 姓　名 | 职　务 | 性别 | 年龄 | 选任时期 | 金融从业年限 | 学历 | 专业 | 简　要　履　历 |
|---|---|---|---|---|---|---|---|---|
| 翁振杰 | 首席执行官 | 男 | 48 | 2005 年 3 月 | 9 | 硕士 | 通信与电子系统 | 硕士研究生学历，高级经济师，曾任解放军通信学院教官、北京中关村科技发展（控股）股份有限公司副总经理等职；现任重庆市第三届人大常委、重庆信托首席执行官、董事，西南证券董事长。 |
| 陈志勇 | 副总裁 | 男 | 56 | 2002 年 2 月 | 12 | 大专 | 法律 | 大学专科学历，高级会计师，曾任重庆市财政局国资办副主任、市国资局企业处处长；现任重庆信托副总裁。 |
| 林德琼 | 副总裁 | 男 | 47 | 2009 年 6 月 | 10 | 硕士 | 工商管理 | 历任中国金谷国际信托投资公司国际部总经理，中国海外工程总公司资金部、资本运营部总经理，国民信托有限公司副总裁，西安国际信托有限公司副总裁；现任重庆信托副总裁。 |
| 杨　云 | 总经理助理 | 男 | 42 | 2008 年 4 月 | 11 | 大专 | 会计 | 大学专科学历，高级会计师、注册会计师，曾任福建中旅集团公司审计部副主任，明珠集团（福建）有限责任公司副总经理，重庆信托业务一部高级经理、项目管理部总经理、投行二部总经理；现任重庆信托总经理助理。 |
| 李坤唯 | 总经理助理 | 女 | 54 | 2008 年 4 月 | 20 | 本科 | 企业管理 | 大学本科学历，经济师，曾任中国银行重庆分行长江路支行行长，重庆信托计划财务部副总经理、总经理；现任重庆信托总经理助理。 |
| 董尚可 | 总经理助理 | 男 | 41 | 2009 年 3 月 | 12 | 硕士 | MBA | 硕士研究生学历，经济师，历任重庆国际信托投资有限公司投资银行部副总经理、金融租赁部、理财服务中心、信托业务三部总经理；现任重庆国际信托有限公司总经理助理、信托业务二部总经理。 |

### 3.5　公司员工

| 项　目 | | 报告期年度 | |
|---|---|---|---|
| | | 人数 | 比例（%） |
| 学历分布 | 博士 | 0 | 0 |
| | 硕士 | 17 | 25.4 |
| | 本科 | 38 | 56.7 |
| | 专科 | 12 | 17.9 |
| | 其他 | 0 | 0 |
| 平均年龄 | | 38 岁 | |

## 4. 经营管理

### 4.1　经营目标、方针、战略规划

公司的经营目标是：突出信托主业地位，以创新为核心推动信托业务拓展，重点为优质客户特别是机构客户提供综合性金融产品和服务；深化与其他金融机构的合作，积极适应金融业混业经营的趋势，不断提高控制、驾驭风险的能力，建立可持续发展的盈利模式和核心竞争力。在信托服务领域奠定全国性的行业领先地位，将公司建设成为全国一流的信托金融机构，充分实现公司价值、股东权益和社会效益的和谐发展。

公司的经营方针是：坚持科学发展观，以诚信树品牌，以创新促发展；严控风险，稳健经营，发展壮大与风险防控并重，坚持依法合规经营。

公司的战略规划是：立足重庆，紧紧抓住城乡统筹综合改革和建设长江上游地区金融中心的契机，调整资产结构和业务重点，以基础设施建设和金融投资为核心，大力发展信托主业，力争公司信托规模、管理水平、盈利能力不断迈向新的高度；同时，积极探索与国内外金融机构的合作，引进优质战略资本及先进管理技术，不断提升公司的资本实力、管理水平和盈利能力。

## 4.2 经营业务的主要内容

### 4.2.1 公司经营业务

公司经营业务由自营业务、信托业务等构成。自营业务主要开展贷款、金融机构股权投资、证券投资等业务;信托业务主要开展资金信托、财产或财产权信托、信贷(票据)资产转让、投资银行等业务。

### 4.2.2 公司信托业务品种

公司信托业务的主要品种是单一资金信托、集合资金信托、股权信托,按运用方式分为投资类信托、贷款类信托、财产(财产权)管理类信托。

### 4.2.3 资产组合与分布

自营资产运用与分布表

| 资产运用 | 金额(万元) | 占比(%) | 资产分布 | 金额(万元) | 占比(%) |
|---|---|---|---|---|---|
| 货币资产 | 284 267.46 | 33.27 | 基础产业 | | |
| 贷款及应收款 | 138 499.20 | 16.21 | 房地产业 | 45 006.67 | 5.27 |
| 交易性金融资产 | 19 528.56 | 2.29 | 证券市场 | 242 465.28 | 28.38 |
| 可供出售金融资产 | 260 576.72 | 30.50 | 实业 | 87 500.00 | 10.24 |
| 持有至到期投资 | | | 金融机构 | 454 074.86 | 53.15 |
| 长期股权投资 | 130 167.40 | 15.24 | 其他 | 25 313.86 | 2.96 |
| 其他 | 21 321.33 | 2.49 | | | |
| 资产总计 | 854 360.67 | 100.00 | 资产总计 | 854 360.67 | 100.00 |

信托资产运用与分布表

| 资产运用 | 金额(万元) | 占比(%) | 资产分布 | 金额(万元) | 占比(%) |
|---|---|---|---|---|---|
| 货币资产 | 215 343.79 | 5.69 | 基础产业 | 1 538 142.54 | 40.65 |
| 贷款及应收款 | 1 118 565.47 | 29.56 | 房地产业 | 718 444.31 | 18.99 |
| 交易性金融资产 | 226 393.48 | 5.98 | 证券市场 | 226 393.48 | 5.98 |
| 可供出售金融资产 | 461 006.95 | 12.18 | 实业 | 443 502.77 | 11.72 |
| 持有至到期投资 | 3 485.00 | 0.09 | 金融机构 | 691 435.61 | 18.28 |
| 长期股权投资 | 1 758 293.12 | 46.48 | 其他 | 165 856.96 | 4.38 |
| 其他 | 687.86 | 0.02 | | | |
| 信托资产总计 | 3 783 775.67 | 100.00 | 信托资产总计 | 3 783 775.67 | 100.00 |

## 4.3 市场分析

在2010年,面对极为复杂的国内外经济环境和极为严峻的各类自然灾害和各种重大挑战,我国加快转变经济发展方式,加强和改善宏观调控,发挥市场机制作用,有效巩固和扩大了应对国际金融危机冲击成果,国民经济运行态势总体良好。

当前,国民经济正处于由回升向好、向稳定增长转变的关键时期。2011年是"十二五"的开局之年,随着加快转变经济发展方式和实施经济结构战略性调整,以及稳健的财政货币政策,国民经济总体仍将保持稳步发展态势,信托行业也将得益于宏观经济形势的发展,信托公司面临许多机遇。

### 4.3.1 有利因素

4.3.1.1 正处于中国信托业高速发展的新时期

2007年信托"新两规"颁布实施后,信托公司的功能定位更加清晰,各家信托公司逐步构建起了专业化的经营模式,信托行业步入高速发展的新时期,2010年末全国信托公司信托资产规模达30 404.55亿元。公司抓住机遇、苦心经营、负重前行、取得了长足的进步,各项指标跃居全国前列,综合排名全国第五(《中国信托业年鉴(2009年卷)》)。

4.3.1.2 信托行业的行业规划、制度建设、配套政策、风险管理以及市场环境日益成熟,金融创新的外部环境日趋改善

监管部门针对信托业出台一系列政策,促使信托公司在行业规划、制度建设、配套政策、风险管理以及市场协调等方面日臻完善,决策更加科学,抗风险能力不断加强,金融创新的外部环境将日趋改善。而信托业协会发布的一系列行业自律文件,将进一步规范行业竞争,提高信托公司的核心竞争力。

4.3.1.3 社会财富的急剧增加提供了广阔的市场

我国经济高速发展积累了大量的社会财富,正在跨入财富管理时代,理财市场需求将爆发增长。有关统计显示,在未来十年,中国的财富成长率增速每年约12%,预示中国正在进入财富管理时代。以资产管理为核心业务的信托行业面临前所未有的良好局面,发展前景广阔。

4.3.1.4 多重机遇汇集重庆,给公司带来了新的发展机遇

重庆虽然地处西部,314总体部署和国发3号文件政策效应加快释放,西部大开发深入实施,三峡工程后续工作全面启动,国家中心城市和两江新区开发开放又添新动力,大发展的气势已经形成。近年来,通过"五个重庆"建设,地方经济飞速发展。尤其是国家把重庆建设成为长江上游地区金融中心的定位,为公司发展信托主业提供了良好的外部环境。在全方位推进重庆市城乡统筹改革和发展的新的机遇期,公司将迎来新的发展机遇。

4.3.1.5 公司资本实力大幅增强,抗风险能力进一步提高

经过2002年改制重组、2004年增资扩股和2010年增资扩股,公司注册资本金增加到24.3873亿元,抵御风险的能力大大增强,为大力拓展业务奠定了坚实的基础。

### 4.3.2 不利因素

4.3.2.1 宏观经济环境的不确定为信托业带来新的挑战

随着经济的不断复苏,随之而来的通胀压力不断增大,由此导致宏观货币政策和财政政策出现相应的调整,其对经济的支持力度将会随着经济复苏及通胀预期逐渐减弱,并逐渐收紧,政策调整力度不断加大。这可能对实体经济,进而对信托业产生不利影响。

4.3.2.2 理财市场竞争激烈、监管规则不统一,信托公司展业受限较多,面临其他类型金融机构的严峻挑战

在金融业全面开放、综合经营的背景下,理财市场竞争激烈、监管规则不统一,信托公司受到更严格的限制,信托的制度优势被削弱,面临来自商业银行、证券公司、保险公司等其他金融机构的严峻挑战;银信合作中,信托公司仍然处于被动地位,产品附加值较低,利润空间不断被压缩;资本市场对信托公司的准入限制,削弱了信托公司在证券类业务上的创新能力和管理能力。

4.3.2.3 监管政策的调整影响信托公司业务拓展

随着信托业的不断发展壮大,监管部门对信托业的监管力度不断加大,一系列关于信贷业务、银信合作业务、信政合作业务、房地产业务等监管政策的调整及《净资本管理办法》的出台,短期内对信托公司传统业务拓展的冲击较大。这些政策在

规范信托业的同时，一定程度上也对相关业务的发展构成制约。

4.3.2.4 信托业的社会认知度尚需大力提升，合格投资者尚需培育

相对于银行业、证券业、保险业，社会对信托业的了解程度还不够高，信托知识还不够普及，合格投资者尚需培育。公司地处西部，信息和资源都比较匮乏，老百姓和企业对信托业的了解程度更不高，合格投资者数量与东部沿海发达地区相比更少。

## 4.4 内部控制

**4.4.1 内部控制环境和内部控制文化**

公司按照《公司法》、《信托公司管理办法》、《信托公司治理指引》和监管部门的要求完善公司治理的相关制度和实施细则，进一步明确了股东会、董事会和监事会各自的权责和相互制约关系，以及董事会、监事会、经营班子各自的权责和授权制约关系；公司经营班子与下属部门也形成了有效的授权分责关系。

公司坚持“诚信、稳健、创新、求精”的经营理念，讲求团队合作和奉献精神，尊重人才，努力实现员工价值，提高员工对公司的归属感和忠诚度，构筑“以团队精神实现公司价值，以企业发展实现个人价值”的企业文化体系。

**4.4.2 内部控制措施**

公司董事会下设关联交易审查委员会、风险控制委员会、审计委员会、信托委员会、薪酬及提名委员会，各委员会职责清晰、分工明确，协助董事会开展公司各项业务；引入了独立董事制度，并由独立董事出任信托委员会和关联交易审查委员会主任委员，以控制公司重大业务的经营风险，实现公司业务的健康可持续发展；监事会有效履行监督职责。

公司按职责分离的原则设置内部各部门。前台部门（业务部门）对业务进行受理和初审，并负责实施项目的具体操作；中台（信托管理部、风险管理部、合规管理部、法律事务部等）对业务进行决策和事中控制；后台（计划财务部等）对业务进行财务核算和管理。通过内部约束机制达到强化中台、后台对前台的控制反映和监督评价。

为了加强内部控制，防范和化解风险，2010 年陆续制定了《存续项目分类管理试行办法》、《信托业务尽职调查管理暂行办法》、《声誉风险管理实施细则》、《薪酬管理暂行办法》等一批制度和办法，进一步健全和完善了内部管理制度体系。

**4.4.3 信息交流与反馈**

公司内部建立了良好的信息交流与反馈制度，通过公司内网、会议、座谈、报告等方式，公司经营班子和员工之间开展有效的互动和交流，相互传递政策信息；通过公司外部网站及报纸等媒介，根据法律法规规定向公众披露公司资产经营状况，根据信托文件约定向信托委托人（受益人）及时披露信托财产管理运用等相关信息。

**4.4.4 监督评价与纠正**

公司的内控机制通过内部的自我完善和外部的检查督促来实现监督、评价和纠正。内控机制在实际工作中得到检验，一是自我检验纠错，二是经监管部门的检查提示，在出现遗漏或不足时公司会采取相应措施加以完善。

公司从多方面入手，充分发挥内部审计的监督作用。2010 年，内部审计工作得到了加强，审计的范围和深度进一步加强，全年出具各类内审报告 111 份。对审计过程中发现的问题及时与各部门沟通，要求限期完善或整改，并采取后续审计等方式进行跟踪，对防止风险出现或扩大，对促进业务合法、合规、稳健经营发挥了积极作用。

## 4.5 风险管理

**4.5.1 风险管理概况**

公司坚持“宁可错过，不可做错”的风险管理理念，已形成一套比较完善和行之有效的风控机制、规章制度和操作流程，促进公司各项业务可持续发展。公司经营活动中可能遇到的风险主要有：信用风险、市场风险、操作风险、其他风险（如政策风险、法律风险、道德风险、声誉风险）等。

**4.5.2 风险状况**

4.5.2.1 信用风险状况

信用风险主要是交易对手违约带来的风险，信用风险主要来自借款、对外担保、投资等业务。报告期内，公司严格按财政部和中国银监会的要求，提足各项准备金。按照年末风险资产 1% 的比例计提一般准备，在此基础上对关注类资产按 2%、次级类资产按 25%、可疑类资产按 50%、损失类资产按 100% 的比例计提专项准备。其中次级类和可疑类资产，可结合个别认定法上下浮动 20%。2010 年末公司信用风险资产按照资产五级分类标准分类结果为：(1) 正常类资产为 846 003.17 万元；(2) 关注类资产为 549.49 万元；(3) 次级类资产为 2 000.00 万元；(4) 可疑类资产为 0；(5) 损失类资产为 0。公司不良资产期初数为 0、期末数为 2 000.00 万元。

4.5.2.2 市场风险状况

公司面临的市场风险主要是因股价、市场汇率、利率及其他价格因素变动而产生和可能产生的风险。2010 年公司适量加了证券市场的投资业务；对于公司开展的股票质押融资业务，侧重于选择业绩面好的股票，设置较低的质押率，同时引入了保证金追加制度和止损线，以有效防范市场波动风险；公司目前暂未开展外币业务，不受汇率市场变动影响；公司加强与政府、银行的合作，重点开展基础设施建设业务，利率的变动会对投资者收益及公司信托报酬产生一定影响。

4.5.2.3 操作风险状况

操作风险主要表现在由于公司内部程序、人员、系统的不完善或失误，或外部事件而引发的风险。为实现公司标准化、制度化、规范化管理，报告期内，公司进一步清理、修订、拟订了一系列规章制度和操作流程，以提高预防和控制操作风险的能力；同时公司结合业务发展需要，加强员工培训，提高员工技能，加强流程控制；对于外部事件可能给公司经营带来的风险，公司制订专门应急预案，实行突发事件预案管理。报告期内，公司未发生因操作风险带来的损失。

4.5.2.4 其他风险状况

公司面临的其他风险主要有政策风险、法律风险、道德风险、声誉风险等。报告期内，公司适时关注 2010 年宏观经济政策、行业发展政策和信托业监管政策的变化对公司经营和业务运作带来的影响，顺应政策要求合理设计项目方案；加强公司员工诚信经营、恪尽职守职业道德培训，提升风险和合法合规

意识。截至目前，公司信托产品全部实现了按期兑付，公司美誉度和知名度得到社会广泛认可。

4.5.3 **风险管理**

4.5.3.1 信用风险管理

公司对信用风险的管理，一是加强事前对交易对手（项目）或债务人的尽职调查，严格按照业务流程开展业务，强化项目的风险控制措施的有效性和合法合规性；二是事中对交易对手（项目）进行跟踪检查，对资产分类进行评级及动态管理；三是对重点项目制订应急处置预案，及时化解已发生的风险、降低损失程度；四是事后对已结束项目进行审计和后续评价，以获取管理经验。此外，在产品结构设计时，通过结构化配置和多样化组合投资来分散和降低风险。

在自有业务方面，公司严格控制对外担保，2010 年全年未发生对外担保，截至报告日，对外担保余额为零；公司的短期投资主要投资于质地优良、风险低的金融类产品。公司存续的所有自营贷款均根据具体项目采取了抵（质）押或保证担保的风险控制措施，抵押物、质押物的价值能够确保债务的履行；房地产作为抵押物按《重庆国际信托有限公司房地产抵押估价管理暂行办法》相关规定执行，金融类股权作为质押物按《重庆国际信托有限公司金融类股权质押贷款暂行规定》执行，其他抵押物和质押物主要是根据抵押物、质押物的价值以及实现抵押权、质押权的可行性，处置抵押物、质押物的难易程度确定抵（质）押率。保证贷款主要是根据保证人的信用状况、偿还能力而定，确保担保人的担保能力能覆盖贷款金额。

在信托业务方面，公司依法合规履行受托人职责，所有信托项目均是根据委托人指令或信托文件的约定进行管理、运用、处分。

4.5.3.2 市场风险管理

在加强市场风险管理方面，公司采取以下控制措施：发挥现有研发人员作用，积极吸引人才，加强对国家宏观经济政策、货币信贷政策、财政政策等领域的研究，及时掌握市场变化，为调整投资决策提供依据；对产业市场、资本市场等领域实行分散投资，根据公司整体安排，适时调整各领域的投资规模，合理安排期限结构；建立有效的止损防范措施和市场风险预警机制，强化日常风险监控和报告制度，以便及时处置化解风险。

4.5.3.3 操作风险管理

公司完善业务管理制度，结合实际情况制订和修订了一系列业务操作流程，明确各部门、各岗位职责和权限，严禁越权操作业务项目；坚持信托财产与固有财产之间及不同信托财产之间分别管理、分别记账的原则，在部门设置和人员安排上使前台、中台、后台部门分设和人员分离，业务交易、会计记录和后续管理监督分离；加强对员工的业务技能培训，强化员工的责任意识和道德水准；修改完善公司各类法律文本，以便规范化、标准化运行；制订应急预案，适时启动奖惩机制等措施防范和控制操作风险。

4.5.3.4 其他风险管理

公司通过加强对宏观经济政策和行业政策的跟踪、研究，提高预见性；公司设立法律事务部和合规管理部对交易行为或合同进行内部审查，聘请专门的律师事务所和会计师事务所协助公司开展项目法律审查和咨询，以防范和控制业务风险；加强职业道德和思想教育，开展培训和座谈等措施防范和控制道德风险。公司还将根据业务发展规模的不断扩大和市场变化等情况，对公司风险管理措施进一步修改和完善。

## 5. 报告期末及上年末的比较式会计报表

### 5.1 自营资产

#### 5.1.1 会计师事务所审计意见

天健正信会计师事务所有限公司审计了公司财务报表，包括 2010 年 12 月 31 日的资产负债表、合并资产负债表，2010 年度的利润表、合并利润表和现金流量表、合并现金流量表、股东权益变动表、合并股东权益变动表以及财务报表附注。会计师事务所认为，公司财务报表已经按照企业会计准则的规定编制，在所有重大方面公允反映了我公司 2010 年 12 月 31 日的财务状况以及 2010 年度的经营成果和现金流量。

#### 5.1.2 资产负债表

5.1.2.1 母公司资产负债表

**资产负债表**

2010 年 12 月 31 日

单位：万元

| 资　　产 | 期末数 | 期初数 | 负债和所有者权益 | 期末数 | 期初数 |
|---|---|---|---|---|---|
| 资产： | | | 负债： | | |
| 现金及存放银行款项 | 284 267.46 | 65 814.69 | 向中央银行借款 | | |
| 存放中央银行款项 | | | 同业及其他金融机构存放款项 | | |
| 贷款及垫款 | 132 500.00 | 70 980.00 | 拆入资金 | | |
| 拆出资金 | | | 交易性金融负债 | | |
| 交易性金融资产 | 19 528.56 | 2 436.07 | 卖出回购金融资产款 | | |
| 买入返售金融资产 | 2 000.00 | | 应付职工薪酬 | 1 914.10 | 2 274.60 |
| 应收股利 | | | 应交税费 | 19 088.42 | 18 844.83 |
| 应收利息 | 6.67 | | 应付账款 | | |
| 应收账款 | | | 其他应付款 | 2 575.84 | 9 519.09 |
| 其他应收款 | 3 992.53 | 3 974.30 | 预收账款 | | |
| 预付账款 | 15 000.00 | | 应付债券 | | |
| 可供出售金融资产 | 260 576.72 | 276 615.66 | 递延所得税负债 | 39 460.52 | 50 696.98 |

续表

| 资　产 | 期末数 | 期初数 | 负债和所有者权益 | 期末数 | 期初数 |
|---|---|---|---|---|---|
| 持有至到期投资 | | | 预计负债 | 5 432.03 | 14 641.78 |
| 长期股权投资 | 130 167.40 | 124 521.95 | 负债合计 | 68 470.91 | 95 977.28 |
| 投资性房地产 | | | | | |
| 固定资产 | 4 974.47 | 5 166.08 | 所有者权益: | | |
| 无形资产 | 90.07 | 94.75 | 实收资本 | 243 873.00 | 163 373.00 |
| 递延所得税资产 | 1 247.72 | 568.47 | 资本公积 | 347 439.11 | 151 974.30 |
| 抵债资产 | 9.07 | 9.07 | 减:库存股 | | |
| 其他资产 | | | 盈余公积 | 19 434.02 | 13 861.90 |
| | | | 一般风险准备 | 8 485.53 | 4 785.48 |
| | | | 信托赔偿准备 | 11 203.09 | 6 828.03 |
| | | | 未分配利润 | 155 455.01 | 113 381.05 |
| | | | 所有者权益合计 | 785 889.76 | 454 203.76 |
| | | | | | |
| 资产总计 | 854 360.67 | 550 181.04 | 负债和所有者权益总计 | 854 360.67 | 550 181.04 |

5.1.2.2　合并资产负债表

**合并资产负债表**

2010 年 12 月 31 日

单位:万元

| 资　产 | 期末数 | 期初数 | 负债和所有者权益 | 期末数 | 期初数 |
|---|---|---|---|---|---|
| 资产: | | | 负债: | | |
| 现金及存放银行款项 | 301 138.35 | 79 542.61 | 向中央银行借款 | | |
| 存放中央银行款项 | | | 同业及其他金融机构存放款项 | | |
| 贷款及垫款 | 132 500.00 | 70 980.00 | 拆入资金 | | |
| 拆出资金 | | | 交易性金融负债 | | |
| 交易性金融资产 | 19 528.57 | 2 436.07 | 卖出回购金融资产 | | |
| 买入返售金融资产 | 2 000.00 | | 应付职工薪酬 | 2 118.38 | 2 290.82 |
| 应收股利 | | | 应交税费 | 19 394.43 | 19 459.92 |
| 应收利息 | 6.67 | | 应付账款 | | |
| 应收账款 | 828.69 | 968.86 | 其他应付款 | 2 575.84 | 9 519.09 |
| 其他应收款 | 4 083.84 | 4 065.36 | 预收账款 | | |
| 预付账款 | 15 028.00 | | 其他负债 | 868.19 | 297.71 |
| 可供出售金融资产 | 262 367.22 | 278 559.03 | 递延所得税负债 | 39 579.21 | 50 853.89 |
| 持有至到期投资 | | | 预计负债 | 5 432.03 | 14 641.78 |
| 长期股权投资 | 123 848.92 | 118 203.48 | 负债合计 | 69 968.08 | 97 063.21 |
| 投资性房地产 | | | | | |
| 固定资产 | 5 306.54 | 5 617.62 | 所有者权益: | | |
| 无形资产 | 723.01 | 288.86 | 实收资本 | 243 873.00 | 163 373.00 |
| 递延所得税资产 | 1 593.95 | 864.53 | 资本公积 | 347 412.81 | 151 985.28 |
| 抵债资产 | 9.07 | 9.07 | 减:库存股 | | |
| 其他资产 | | | 盈余公积 | 19 505.95 | 13 933.83 |
| | | | 一般风险准备 | 8 485.53 | 4 785.48 |
| | | | 信托赔偿准备 | 11 203.09 | 6 828.03 |
| | | | 未分配利润 | 158 608.41 | 115 107.30 |
| | | | 归属于母公司的权益 | 789 088.79 | 456 012.92 |
| | | | 少数股东权益 | 9 905.96 | 8 459.36 |
| | | | 所有者权益合计 | 798 994.75 | 464 472.28 |
| 资产总计 | 868 962.83 | 561 535.49 | 负债和所有者权益总计 | 868 962.83 | 561 535.49 |

### 5.1.3 利润表

#### 5.1.3.1 母公司利润表

**利润表**

2010年　　单位：万元

| 项　　目 | 本年数 | 上年数 |
|---|---|---|
| 一、营业收入 | 74 579.11 | 80 479.45 |
| 利息净收入 | 8 549.33 | 5 707.72 |
| 利息收入 | 8 676.43 | 5 823.00 |
| 利息支出 | 127.10 | 115.28 |
| 手续费及佣金净收入 | 57 466.79 | 41 696.14 |
| 手续费及佣金收入 | 59 110.02 | 41 977.31 |
| 手续费及佣金支出 | 1 643.23 | 281.17 |
| 投资收益(损失以"－"号填列) | 10 958.83 | 31 722.78 |
| 其中:对联营企业和合营企业的投资收益 | 8 447.86 | 5 130.25 |
| 公允价值变动收益(损失以"－"号填列) | −3 067.92 | 502.13 |
| 汇兑收益(损失以"－"号填列) | 0.55 | −0.04 |
| 其他业务收入 | 671.53 | 850.72 |
| 二、营业支出 | 4 130.48 | 7 323.93 |
| 营业税金及附加 | 3 743.65 | 2 672.45 |
| 业务及管理费 | 5 299.61 | 4 672.51 |
| 资产减值损失 | −4 912.78 | −21.03 |
| 其他业务成本 | | |
| 三、营业利润(亏损以"－"号填列) | 70 448.63 | 73 155.52 |
| 加:营业外收入 | 800.00 | 4.15 |
| 减:营业外支出 | 41.41 | 1 038.38 |
| 四、利润总额(亏损总额以"－"号填列) | 71 207.22 | 72 121.29 |
| 减:所得税费用 | 15 486.04 | 16 518.74 |
| 五、净利润(净亏损以"－"号填列) | 55 721.18 | 55 602.55 |
| 六、其他综合收益 | −33 335.19 | 151 718.13 |
| 七、综合收益总额 | 22 385.99 | 207 320.68 |

#### 5.1.3.2 合并利润表

**合并利润表**

2010年　　单位：万元

| 项　　目 | 本年数 | 上年数 |
|---|---|---|
| 一、营业收入 | 84 660.91 | 91 137.67 |
| 利息净收入 | 8 723.23 | 5 752.77 |
| 利息收入 | 8 850.33 | 5 868.05 |
| 利息支出 | 127.10 | 115.28 |
| 手续费及佣金净收入 | 57 471.94 | 41 732.93 |
| 手续费及佣金收入 | 59 115.16 | 42 014.10 |
| 手续费及佣金支出 | 1 643.22 | 281.17 |
| 投资收益(损失以"－"号填列) | 10 958.83 | 31 898.64 |
| 其中:对联营企业和合营企业的投资收益 | 8 447.86 | 5 130.25 |
| 公允价值变动收益(损失以"－"号填列) | −3 067.92 | 502.13 |
| 基金管理费及销售服务费收入 | 9 902.75 | 10 400.52 |
| 汇兑收益(损失以"－"号填列) | 0.55 | −0.04 |
| 其他业务收入 | 671.53 | 850.72 |
| 二、营业支出 | 10 362.16 | 13 848.46 |
| 营业税金及附加 | 4 288.59 | 3 250.32 |
| 业务及管理费 | 10 986.35 | 10 619.17 |
| 资产减值损失 | −4 912.78 | −21.03 |
| 其他业务成本 | | |
| 三、营业利润(亏损以"－"号填列) | 74 298.75 | 77 289.21 |
| 加:营业外收入 | 800.73 | 8.56 |
| 减:营业外支出 | 46.87 | 1 138.38 |
| 四、利润总额(亏损总额以"－"号填列) | 75 052.61 | 76 159.39 |
| 减:所得税费用 | 16 418.87 | 17 294.84 |
| 五、净利润(净亏损以"－"号填列) | 58 633.74 | 58 864.55 |
| 其中:被合并方在合并前实现的净利润 | | |
| 归属于母公司的净利润 | 57 148.33 | 57 200.93 |
| 少数股东损益 | 1 485.41 | 1 663.62 |
| 六、其他综合收益 | −33 411.28 | 152 148.29 |
| 七、综合收益总额 | 25 222.46 | 211 012.84 |
| 归属于母公司股东的综合收益总额 | 23 775.86 | 209 129.84 |
| 归属于少数股东的综合收益总额 | 1 446.60 | 1 883.00 |

### 5.1.4 所有者权益变动表

#### 5.1.4.1 母公司所有者权益变动表

**所有者权益变动表**

2010年　　单位：万元

| 项　　目 | 本年金额 | | | | | | | |
|---|---|---|---|---|---|---|---|---|
| | 实收资本 | 资本公积 | 减:库存股 | 盈余公积 | 一般风险准备 | 信托赔偿准备 | 未分配利润 | 所有者权益合计 |
| 一、上年末余额 | 163 373.00 | 151 974.30 | | 13 451.71 | 4 785.48 | 6 622.94 | 109 894.46 | 450 101.89 |
| 加:会计政策变更 | | | | | | | | |
| 前期差错更正 | | | | 410.19 | | 205.09 | 3 486.59 | 4 101.87 |
| 其他 | | | | | | | | |
| 二、本年初余额 | 163 373.00 | 151 974.30 | | 13 861.90 | 4 785.48 | 6 828.03 | 113 381.05 | 454 203.76 |
| 三、本年增减变动金额(减少以"－"号填列) | 80 500.00 | 195 464.81 | | 5 572.12 | 3 700.05 | 4 375.06 | 42 073.96 | 331 685.99 |
| (一)净利润 | | | | | | | 55 721.18 | 55 721.18 |
| (二)其他综合收益 | | −33 335.19 | | | | | | −33 335.19 |
| 上述(一)和(二)小计 | | −33 335.19 | | | | | 55 721.18 | 22 385.99 |
| (三)所有者投入和减少资本 | 80 500.00 | 228 800.00 | | | | | | 309 300.00 |
| 1. 所有者投入资本 | 80 500.00 | 228 800.00 | | | | | | 309 300.00 |
| 2. 股份支付计入所有者权益的金额 | | | | | | | | |
| 3. 其他 | | | | | | | | |

续表

| 项目 | 本年金额 | | | | | | | |
|---|---|---|---|---|---|---|---|---|
| | 实收资本 | 资本公积 | 减:库存股 | 盈余公积 | 一般风险准备 | 信托赔偿准备 | 未分配利润 | 所有者权益合计 |
| （四）利润分配 | | | | 5 572. 12 | 3 700. 05 | 4 375. 06 | -13 647. 23 | |
| 1. 提取盈余公积 | | | | 5 572. 12 | | | -5 572. 12 | |
| 2. 提取一般风险准备 | | | | | 3 700. 05 | | -3 700. 05 | |
| 3. 对所有者（或股东）的分配 | | | | | | | | |
| 4. 其他 | | | | | | 4 375. 06 | -4 375. 06 | |
| （五）所有者权益（或股东权益）内部结转 | | | | | | | | |
| 1. 资本公积转增资本（或股本） | | | | | | | | |
| 2. 盈余公积转增资本（或股本） | | | | | | | | |
| 3. 盈余公积弥补亏损 | | | | | | | | |
| 4. 一般风险准备弥补亏损 | | | | | | | | |
| 5. 其他 | | | | | | | | |
| 四、本年末余额 | 243 873. 00 | 347 439. 11 | | 19 434. 02 | 8 485. 53 | 11 203. 09 | 155 455. 01 | 785 889. 76 |

**所有者权益变动表（续）**

2010 年

单位:万元

| 项目 | 上年金额 | | | | | | | |
|---|---|---|---|---|---|---|---|---|
| | 实收资本 | 资本公积 | 减:库存股 | 盈余公积 | 一般风险准备 | 信托赔偿准备 | 未分配利润 | 所有者权益合计 |
| 一、上年末余额 | 163 373. 00 | 3 031. 15 | | 8 175. 21 | 2 510. 02 | 3 984. 69 | 67 319. 68 | 248 393. 75 |
| 加:会计政策变更 | | | | | | | | |
| 前期差错更正 | | | | 126. 44 | | 63. 21 | 1 074. 66 | 1 264. 31 |
| 其他 | | | | | | | | |
| 二、本年初余额 | 163 373. 00 | 3 031. 15 | | 8 301. 65 | 2 510. 02 | 4 047. 90 | 68 394. 34 | 249 658. 06 |
| 三、本年增减变动金额（减少以“-”号填列） | | 148 943. 15 | | 5 560. 25 | 2 275. 46 | 2 780. 13 | 44 986. 71 | 204 545. 70 |
| （一）净利润 | | | | | | | 55 602. 55 | 55 602. 55 |
| （二）其他综合收益 | | 151 718. 13 | | | | | | 151 718. 13 |
| 上述（一）和（二）小计 | | 151 718. 13 | | | | | 55 602. 55 | 207 320. 68 |
| （三）所有者投入和减少资本 | | -2 774. 98 | | | | | | -2 774. 98 |
| 1. 所有者投入资本 | | | | | | | | |
| 2. 股份支付计入所有者权益的金额 | | | | | | | | |
| 3. 其他 | | -2 774. 98 | | | | | | -2 774. 98 |
| （四）利润分配 | | | | 5 560. 25 | 2 275. 46 | 2 780. 13 | -10 615. 84 | |
| 1. 提取盈余公积 | | | | 5 560. 25 | | | -5 560. 25 | |
| 2. 提取一般风险准备 | | | | | 2 275. 46 | | -2 275. 46 | |
| 3. 对所有者（或股东）的分配 | | | | | | | | |
| 4. 其他 | | | | | | 2 780. 13 | -2 780. 13 | |
| （五）所有者权益（或股东权益）内部结转 | | | | | | | | |
| 1. 资本公积转增资本（或股本） | | | | | | | | |
| 2. 盈余公积转增资本（或股本） | | | | | | | | |
| 3. 盈余公积弥补亏损 | | | | | | | | |
| 4. 一般风险准备弥补亏损 | | | | | | | | |
| 5. 其他 | | | | | | | | |
| 四、本年末余额 | 163 373. 00 | 151 974. 30 | | 13 861. 90 | 4 785. 48 | 6 828. 03 | 113 381. 05 | 454 203. 76 |

5.1.4.2 合并所有者权益变动表

**合并所有者权益变动表**

2010 年　　单位:万元

| 项　目 | 本年金额 | | | | | | | | |
|---|---|---|---|---|---|---|---|---|---|
| | 归属于母公司股东的权益 | | | | | | | 少数股东权益 | 所有者权益合计 |
| | 实收资本 | 资本公积 | 减:库存股 | 盈余公积 | 一般风险准备 | 信托赔偿准备 | 未分配利润 | | |
| 一、上年末余额 | 163 373.00 | 151 985.28 | | 13 523.64 | 4 785.48 | 6 622.94 | 111 620.71 | 8 459.36 | 460 370.41 |
| 加:会计政策变更 | | | | | | | | | |
| 前期差错更正 | | | | 410.19 | | 205.09 | 3 486.59 | | 4 101.87 |
| 其他 | | | | | | | | | |
| 二、本年初余额 | 163 373.00 | 151 985.28 | | 13 933.83 | 4 785.48 | 6 828.03 | 115 107.30 | 8 459.36 | 464 472.28 |
| 三、本年增减变动金额(减少以"-"号填列) | 80 500.00 | 195 427.53 | | 5 572.12 | 3 700.05 | 4 375.06 | 43 501.10 | 1 446.60 | 334 522.46 |
| (一)净利润 | | | | | | | 57 148.33 | 1 485.40 | 58 633.73 |
| (二)其他综合收益 | | -33 372.47 | | | | | | -38.80 | -33 411.27 |
| 上述(一)和(二)小计 | | -33 372.47 | | | | | 57 148.33 | 1 446.60 | 25 222.46 |
| (三)所有者投入和减少资本 | 80 500.00 | 228 800.00 | | | | | | | 309 300.00 |
| 1. 所有者投入资本 | 80 500.00 | 228 800.00 | | | | | | | 309 300.00 |
| 2. 股份支付计入所有者权益的金额 | | | | | | | | | |
| 3. 其他 | | | | | | | | | |
| (四)利润分配 | | | | 5 572.12 | 3 700.05 | 4 375.06 | -13 647.23 | | |
| 1. 提取盈余公积 | | | | 5 572.12 | | | -5 572.12 | | |
| 2. 提取一般风险准备 | | | | | 3 700.05 | | -3 700.05 | | |
| 3. 对所有者(或股东)的分配 | | | | | | | | | |
| 4. 其他 | | | | | | 4 375.06 | -4 375.06 | | |
| (五)所有者权益内部结转 | | | | | | | | | |
| 1. 资本公积转增资本 | | | | | | | | | |
| 2. 盈余公积转增资本 | | | | | | | | | |
| 3. 盈余公积弥补亏损 | | | | | | | | | |
| 4. 一般风险准备弥补亏损 | | | | | | | | | |
| 5. 其他 | | | | | | | | | |
| (六)同一控制下合并结转 | | | | | | | | | |
| (七)专项储备 | | | | | | | | | |
| 1. 本期提取 | | | | | | | | | |
| 2. 本期使用 | | | | | | | | | |
| (八)其他 | | | | | | | | | |
| 1. 本期提取 | | | | | | | | | |
| 2. 本期使用 | | | | | | | | | |
| 四、本年末余额 | 243 873.00 | 347 412.81 | | 19 505.95 | 8 485.53 | 11 203.09 | 158 608.41 | 9 905.96 | 798 994.75 |

**合并所有者权益变动表(续)**

2010 年　　单位:万元

| 项　目 | 上年金额 | | | | | | | | |
|---|---|---|---|---|---|---|---|---|---|
| | 归属于母公司股东的权益 | | | | | | | 少数股东权益 | 所有者权益合计 |
| | 实收资本 | 资本公积 | 减:库存股 | 盈余公积 | 一般风险准备 | 信托赔偿准备 | 未分配利润 | | |
| 一、上年末余额 | 163 373.00 | 3 031.15 | | 8 175.21 | 2 510.02 | 3 984.69 | 67 319.68 | | 248 393.75 |
| 加:会计政策变更 | | | | | | | | | |
| 前期差错更正 | | | | 126.43 | | 63.22 | 1 074.66 | | 1 264.31 |
| 其他 | | 562.72 | | 71.93 | | | 1 815.37 | 6 576.37 | 9 026.39 |
| 二、本年初余额 | 163 373.00 | 3 593.87 | | 8 373.57 | 2 510.02 | 4 047.91 | 70 209.71 | 6 576.37 | 258 684.45 |
| 三、本年增减变动金额(减少以"-"号填列) | | 148 391.41 | | 5 560.26 | 2 275.46 | 2 780.12 | 44 897.59 | 1 882.99 | 205 787.83 |
| (一)净利润 | | | | | | | 57 200.93 | 1 663.61 | 58 864.54 |
| (二)其他综合收益 | | 151 928.91 | | | | | | 219.38 | 152 148.29 |
| 上述(一)和(二)小计 | | 151 928.91 | | | | | 57 200.93 | 1 882.99 | 211 012.83 |

续表

| 项　　目 | 上年金额 | | | | | | | | |
|---|---|---|---|---|---|---|---|---|---|
| | 归属于母公司股东的权益 | | | | | | | 少数股东权益 | 所有者权益合计 |
| | 实收资本 | 资本公积 | 减:库存股 | 盈余公积 | 一般风险准备 | 信托赔偿准备 | 未分配利润 | | |
| (三)所有者投入和减少资本 | | -2 774.98 | | | | | | | -2 774.98 |
| 1. 所有者投入资本 | | | | | | | | | |
| 2. 股份支付计入所有者权益的金额 | | | | | | | | | |
| 3. 其他 | | -2 774.98 | | | | | | | -2 774.98 |
| (四)利润分配 | | | | 5 560.26 | 2 275.46 | 2 780.12 | -10 615.84 | | |
| 1. 提取盈余公积 | | | | 5 560.26 | | | -5 560.26 | | |
| 2. 提取一般风险准备 | | | | | 2 275.46 | | -2 275.46 | | |
| 3. 对所有者(或股东)的分配 | | | | | | | | | |
| 4. 其他 | | | | | | 2 780.12 | -2 780.12 | | |
| (五)所有者权益内部结转 | | | | | | | | | |
| 1. 资本公积转增资本 | | | | | | | | | |
| 2. 盈余公积转增资本 | | | | | | | | | |
| 3. 盈余公积弥补亏损 | | | | | | | | | |
| 4. 一般风险准备弥补亏损 | | | | | | | | | |
| 5. 其他 | | | | | | | | | |
| (六)同一控制下合并结转 | | -762.52 | | | | | -1 687.50 | | -2 450.02 |
| (七)专项储备 | | | | | | | | | |
| 1. 本期提取 | | | | | | | | | |
| 2. 本期使用 | | | | | | | | | |
| (八)其他 | | | | | | | | | |
| 1. 本期提取 | | | | | | | | | |
| 2. 本期使用 | | | | | | | | | |
| 四、本年末余额 | 163 373.00 | 151 985.28 | | 13 933.83 | 4 785.48 | 6 828.03 | 115 107.30 | 8 459.36 | 464 472.28 |

## 5.2 信托资产

### 5.2.1 信托项目资产负债汇总表

**信托项目资产负债表**

2010 年 12 月 31 日

单位:万元

| 信托资产 | 期末余额 | 期初余额 | 信托负债和信托权益 | 期末余额 | 期初余额 |
|---|---|---|---|---|---|
| 信托资产: | | | 信托负债: | | |
| 货币资金 | 215 343.79 | 33 904.73 | 交易性金融负债 | | |
| 拆出资金 | | | 衍生金融负债 | | |
| 存出保证金 | | | 应付受托人报酬 | | |
| 交易性金融资产 | 226 393.48 | 35 588.60 | 应付托管费 | 0.15 | |
| 衍生金融资产 | | | 应付受益人收益 | | 326.57 |
| 买入返售金融资产 | | | 应交税费 | 288.12 | 321.79 |
| 应收款项 | 11 715.97 | 37 247.89 | 应付销售服务费 | | |
| 发放贷款 | 1 106 849.50 | 672 667.87 | 其他应付款项 | 11 522.36 | 318.58 |
| 可供出售金融资产 | 461 006.95 | 143 006.39 | 预计负债 | | |
| 持有至到期投资 | 3 485.00 | 50 000.00 | 其他负债 | | |
| 长期应收款 | | | 信托负债合计 | 11 810.63 | 966.94 |
| 长期股权投资 | 1 758 293.12 | 2 054 996.81 | | | |
| 投资性房地产 | | | | | |
| 固定资产 | | | 信托权益 | | |
| 无形资产 | | | 实收信托 | 3 757 075.68 | 3 006 794.65 |
| 长期待摊费用 | 687.86 | 559.69 | 资本公积 | | |
| 其他资产 | | | 未分配利润 | 14 889.36 | 20 210.39 |
| 减:各项资产减值准备 | | | 信托权益合计 | 3 771 965.04 | 3 027 005.04 |
| 信托资产总计: | 3 783 775.67 | 3 027 971.98 | 信托负债和信托权益总计: | 3 783 775.67 | 3 027 971.98 |

#### 5.2.2 信托项目利润及利润分配汇总表

信托项目利润及利润分配表

2010 年　　单位:万元

| 项　目 | 本年数 | 上年数 |
|---|---|---|
| 一、营业收入 | 205 805.88 | 229 696.87 |
| 利息收入 | 58 298.78 | 35 215.66 |
| 投资收益(损失以"-"号填列) | 141 838.30 | 185 733.92 |
| 其中:对联营企业和合营企业的投资收益 | | |
| 公允价值变动收益(损失以"-"号填列) | -1 428.78 | 1 471.00 |
| 租赁收入 | | |
| 汇兑损益(损失以"-"号填列) | | |
| 其他收入 | 7 097.58 | 7 276.29 |
| 二、营业支出 | 20 477.19 | 19 985.37 |
| 营业税金及附加 | 964.09 | 823.12 |
| 受托人报酬 | 7 156.44 | 7 406.39 |
| 保管费 | 1 375.34 | 9 834.34 |
| 投资管理费 | 826.32 | 254.54 |
| 销售服务费 | 961.61 | |
| 交易费用 | | 26.26 |
| 资产减值损失 | | |
| 其他费用 | 9 193.39 | 1 640.72 |
| 三、信托净利润(净亏损以"-"号填列) | 185 328.69 | 209 711.50 |
| 四、其他综合收益 | | |
| 五、综合收益 | 185 328.69 | 209 711.50 |
| 加:期初未分配信托利润 | 20 210.39 | 6 353.61 |
| 六、可供分配的信托利润 | 205 539.08 | 216 065.11 |
| 减:本期已分配信托利润 | 190 649.72 | 195 854.72 |
| 七、期末未分配信托利润 | 14 889.36 | 20 210.39 |

# 6. 会计报表附注

## 6.1 会计报表编制基准、会计政策、会计估计和核算方法的变化

报告年度会计报表编制基准、会计政策、会计估计和核算方法未发生变化。

## 6.2 或有事项说明

### 6.2.1 对外担保

单位:万元

| 项目 | 年末数 | 年初数 |
|---|---|---|
| 对外担保 | 0.00 | 0.00 |
| 合计 | 0.00 | 0.00 |

### 6.2.2 重大承诺事项

2008 年 12 月,公司与北京新富投资有限公司(以下简称北京新富)就北京新富以持有的 6 500 万股西南证券股权作价 22 750 万元抵偿欠公司的借款的事项,签订了《和解协议》。后经重庆市高级人民法院裁定将该 6 500 万股(西南证券折股后为 4 615 万股)西南证券股份裁定给公司,目前上述股份已经过户到公司名下。同时公司与北京新富签订《和解协议》之补充协议,双方对 6 500 万股(折股后为 4 615 万股)西南证券的卖出实现收益分配情况进行约定,具体约定如下:

(1)上述股份全部卖出的时间不迟于可上市流通并公开交易后的 90 个交易日。

(2)收益分配方式如下:基础收益 =22 750 万元 ×17% ÷360 ×实际天数(按 2008 年 12 月 5 日起至标的股份上市流通并公开交易止)如处置标的股份的实现收益低于基础收益的,全部归公司所有。超过的收益按一定的比例分范围,随收益绝对额的增加,公司分成比例从 50% 到 30% 不等。

另外,如果标的股份可以上市流通时,按可流通之日前二十个交易日均价计算(股份数量 ×上市流通前二十交易日均价 -22 750 万元),高于基础收益,经北京新富同意,公司也可以将应分配给北京新富的收益折合为西南证券股份通过合法途径交付给北京新富,该股份数按[北京新富应分配金额/(上市流通前二十交易日均价 ×95%)]计算。交付时间限于上市流通后 60 个交易内,如因客观原因无法实现,双方再另行协商交付时间。

按上述约定分配原则,公司将上述 4 615 万西南证券股份按技术估值列示可供出售金融资产 46 011.55 万元,与之相对应分给北京新富的收益,列示于预计负债 5 432.03 万元。

截至 2010 年 12 月 31 日,本公司无应披露未披露的或有事项。

## 6.3 重要资产转让及其出售的说明

本报告期内公司无重要资产转让及其出售情况。

## 6.4 会计报表中重要项目的明细资料

### 6.4.1 自营资产经营情况

6.4.1.1 资产风险分类结果

| 信用风险资产五级分类 | 正常类(万元) | 关注类(万元) | 次级类(万元) | 可疑类(万元) | 损失类(万元) | 资产合计(万元) | 不良资产合计(万元) | 不良资产率(%) |
|---|---|---|---|---|---|---|---|---|
| 期初数 | 477 998.55 | 549.49 | | | | 478 548.04 | 0.00 | 0.00 |
| 期末数 | 846 003.17 | 549.49 | 2 000.00 | | | 848 552.66 | 2 000.00 | 0.24 |

6.4.1.2 各项资产减值损失准备

单位:万元

| 项　目 | 期初数 | 本期计提 | 本期转回 | 本期核销 | 期末数 |
|---|---|---|---|---|---|
| 贷款损失准备 | | 1 136.33 | 636.33 | | 500.00 |
| 一般准备 | | | | | |
| 专项准备 | | 1 136.33 | 636.33 | | 500.00 |
| 其他资产减值准备 | 10.99 | 4 348.39 | 4 348.39 | | 10.99 |
| 可供出售金融资产减值准备 | | | | | |
| 持有至到期投资减值准备 | | | | | |
| 长期股权投资减值准备 | | | | | |
| 坏账准备 | 10.99 | 4 348.39 | 4 348.39 | | 10.99 |
| 投资性房地产减值准备 | | | | | |

6.4.1.3 股票投资、基金投资、债券投资、股权投资等投资业务

单位:万元

| 项　目 | 自营股票 | 基金 | 债券 | 长期股权投资 | 其他投资 | 合计 |
|---|---|---|---|---|---|---|
| 期初数 | 278 808.83 | 242.90 | | 124 521.95 | | 403 573.68 |
| 期末数 | 242 265.78 | 199.50 | | 130 167.40 | 37 640.00 | 410 272.68 |

6.4.1.4　前三名的自营长期股权投资

| 企业名称 | 占被投资企业权益的比例（%） | 主要经营活动 | 投资损益（万元） |
|---|---|---|---|
| 1. 重庆三峡银行股份有限公司 | 34.79 | 人民币业务、吸收存款、发放贷款、办理国内结算等经中国人民银行批准的业务。 | 8 447.86 |
| 2. 益民基金管理有限公司 | 49.00 | 基金管理业务。 | |
| 3. 重庆银行股份有限公司 | 0.01 | 吸收公众存款、发放短期、中期和长期贷款，办理国内结算，办理票据贴现，发行金融债券等经中国银行业监督管理委员会批准的业务。 | 1.07 |

6.4.1.5　前三名的自营贷款

| 企业名称 | 占贷款总额的比例（%） | 还款情况 |
|---|---|---|
| 重庆庆隆屋业有限公司 | 33.83 | 2011年3月27日展期至2011年5月27日 |
| 重庆润江基础设施投资有限公司 | 18.8 | 2011年2月22日提前全部归还 |
| 重庆润源基础设施投资有限公司 | 18.05 | 2011年2月28日提前归还7 000万元 |

6.4.1.6　表外业务

单位：万元

| 表外业务 | 期初数 | 期末数 |
|---|---|---|
| 担保业务 | 0.00 | 0.00 |
| 代理业务（委托业务） | 0.00 | 0.00 |
| 其他 | 0.00 | 0.00 |
| 合计 | 0.00 | 0.00 |

6.4.1.7　公司当年的收入结构

母公司口径

| 收入结构 | 金额（万元） | 占比（%） |
|---|---|---|
| 手续费及佣金收入 | 59 110.02 | 76.62 |
| 其中：信托手续费收入 | 41 069.89 | 53.23 |
| 投资银行业务收入 | 18 040.13 | 23.38 |
| 利息收入 | 8 676.43 | 11.25 |
| 其他业务收入 | 672.08 | 0.87 |
| 投资收益 | 10 958.83 | 14.20 |
| 其中：股权投资收益 | 8 455.70 | 10.96 |
| 证券投资收益 | 2 233.13 | 2.89 |
| 其他投资收益 | 270.00 | 0.35 |
| 公允价值变动收益 | −3 067.92 | −3.98 |
| 营业外收入 | 800.00 | 1.04 |
| 收入合计 | 77 149.44 | 100.00 |

合并口径

| 收入结构 | 金额（万元） | 占比（%） |
|---|---|---|
| 手续费及佣金收入 | 59 115.16 | 67.77 |
| 其中：信托手续费收入 | 41 069.89 | 47.08 |
| 投资银行业务收入 | 18 045.27 | 20.69 |
| 基金管理费及销售服务费收入 | 9 902.75 | 11.35 |

续表

| 收入结构 | 金额（万元） | 占比（%） |
|---|---|---|
| 利息收入 | 8 850.33 | 10.15 |
| 其他业务收入 | 672.08 | 0.77 |
| 投资收益 | 10 958.83 | 12.56 |
| 其中：股权投资收益 | 8 455.70 | 9.69 |
| 证券投资收益 | 2 233.13 | 2.56 |
| 其他投资收益 | 270.00 | 0.31 |
| 公允价值变动收益 | −3 067.92 | −3.52 |
| 营业外收入 | 800.73 | 0.92 |
| 收入合计 | 87 231.96 | 100.00 |

**6.4.2　信托财产管理情况**

6.4.2.1　信托资产

单位：万元

| 信托资产 | 期初数 | 期末数 |
|---|---|---|
| 集合 | 197 025.16 | 783 277.67 |
| 单一 | 2 595 797.62 | 2 841 239.76 |
| 财产权 | 235 149.20 | 159 258.24 |
| 合计 | 3 027 971.98 | 3 783 775.67 |

6.4.2.1.1　主动管理型信托业务

单位：万元

| 主动管理型信托资产 | 期初数 | 期末数 |
|---|---|---|
| 证券投资类 | 103 692.60 | 696 366.03 |
| 股权投资类 | 468 048.56 | 253 721.28 |
| 融资类 | 1 308 035.92 | 1 546 356.16 |
| 事务管理类 | 215 842.18 | 158 442.68 |
| 合计 | 2 095 619.26 | 2 654 886.15 |

6.4.2.1.2　被动管理型信托业务

单位：万元

| 被动管理型信托资产 | 期初数 | 期末数 |
|---|---|---|
| 证券投资类 | | |
| 股权投资类 | 9 000.00 | 9 000.00 |
| 融资类 | 896 647.19 | 1 118 085.52 |
| 事务管理类 | 26 705.53 | 1 804.00 |
| 合计 | 932 352.72 | 1 128 889.52 |

6.4.2.2　本年度已清算结束的信托项目

6.4.2.2.1　按信托类型分类

| 已清算结束信托项目 | 项目个数 | 实收信托合计金额（万元） | 加权平均实际年化收益率（%） |
|---|---|---|---|
| 集合类 | 4 | 42 306.00 | 5.08 |
| 单一类 | 74 | 2 108 058.41 | 5.89 |
| 财产管理类 | 12 | 69 154.18 | 0.45 |

6.4.2.2.2　主动管理型

| 已清算结束信托项目 | 项目个数 | 实收信托合计金额（万元） | 加权平均实际年化信托报酬率（%） | 加权平均实际年化收益率（%） |
|---|---|---|---|---|
| 证券投资类 | 2 | 15 000.00 | 0.73 | 6.61 |
| 股权投资类 | 15 | 322 933.41 | 2.97 | 7.04 |
| 融资类 | 39 | 1 450 685.00 | 0.53 | 5.49 |
| 事务管理类 | 10 | 49 254.18 | 2.16 | 0.00 |

6.4.2.2.3　被动管理型

| 已清算结束信托项目 | 项目个数 | 实收信托合计金额(万元) | 加权平均实际年化信托报酬率(%) | 加权平均实际年化收益率(%) |
|---|---|---|---|---|
| 证券投资类 | — | — | — | — |
| 股权投资类 | — | — | — | — |
| 融资类 | 22 | 361 746.00 | 0.14 | 6.34 |
| 事务管理类 | 2 | 19 900.00 | 0.05 | 1.58 |

6.4.2.3　本年度新增的信托项目

单位:万元

| 新增信托项目 | 项目个数 | 实收信托合计金额 |
|---|---|---|
| 集合 | 15 | 557 055.00 |
| 单一 | 68 | 1 981 024.50 |
| 财产权 | 1 | 15 000.00 |
| 新增合计 | 84 | 2 553 079.50 |
| 其中:主动管理型 | 84 | 2 553 079.50 |
| 被动管理型 | — | — |

注:6.4.2.3 数据仅按年内新增信托项目统计。年初存续信托项目本年新增信托资金 910 622.54 万元 其中单一信托 775 709.93 万元,集合信托 134 912.61 万元。

6.4.2.4　信托业务创新成果和特色业务有关情况

(1)结构化信托——满足投资者风险偏好

公司积极探索结构化信托模式,在股权投资、证券投资等集合信托中,根据投资者不同的风险偏好对信托受益权进行分层配置,并按照分层配置中的优先与劣后安排进行收益分配。2010 年以来,公司先后推出了“两江新区价值成长 1 号——松芝时代城股权投资集合信托”、“重庆信托·新泉结构化证券投资集合资金信托计划”、“重庆信托·聚益证券投资集合资金信托”等新产品,并对存续的“润丰系列”、“渝信系列”证券投资集合信托计划加以改造,引入信托受益权分层设置机制,使具有不同风险承担能力和意愿的投资者能够通过投资不同层次的受益权获取不同收益。

(2)股权投资信托——助推两江新区开发建设

为助推重庆两江新区的开发建设,公司于 2010 年 7 月推出“两江新区价值成长 1 号——松芝时代城股权投资集合资金信托计划”,将信托资金以收购和增资的方式取得重庆松芝置业有限公司的股权,运用于两江新区核心腹地的项目建设。信托计划设置了配套的风险控制措施,公司通过参与项目公司管理,力保信托资金安全和信托财产增值。“两江新区价值成长 1 号——松芝时代城股权投资集合资金信托计划”的成立,不仅为重庆两江新区的建设作出了积极的贡献,而且使投资者能够分享到两江新区的价值成长。

(3)公益信托——履行企业社会责任

2009 年 9 月 28 日,公司发起设立了全国首只警察英烈救助公益信托基金——“金色盾牌·重庆人民警察英烈救助公益信托基金”,专项用于牺牲、伤病、伤残、特困公安民警及其家属的优抚救助。

该公益信托得到了中国银监会、公安部和中国公安民警英烈基金会的充分肯定,在各级领导的关心、重视和社会各界热心人士的鼎力支持下,不断有新的企业和个人加入信托基金,募集金额已由成立之初的 10 070 万元增加到约 13 500 万元,实现了基金规模快速稳健增长,为切实解决广大干警后顾之忧打下了坚实的物质基础。

该公益基金信托成立一年以来,通过公司专业投资运作,已实现投资收益超过千万元。经基金管理理事会批准,累计拨付 1 780 余万元,用于慰问全市公安英烈、因公牺牲民警家属、英模、因工伤残民警、特困民警、离退休干部 4 000 余人次。

6.4.2.5　本公司履行受托人义务的情况及因本公司自身责任而导致的信托资产损失情况

公司严格按照国家法律、法规和信托合同的约定,作为信托计划的受托人从事信托活动。在信托成立之前,对委托人明示信托投资的风险,不承诺保底收益;在信托计划履行过程中,恪尽诚实、信用、谨慎、有效管理的义务,对所有信托项目均单独开户,单独核算,严格收支管理;从后期管理上,设置专职的信托经理,对信托项目实行及时跟踪管理和书面报告制度,真实记录并全面反映信托项目管理情况和财务状况,并根据法律法规要求及信托文件约定对信托项目的进行情况在公司网站上进行定期披露。

截至报告期末,所有信托项目均按时分配收益,无拖延拒付情况,也未出现因本公司自身责任而导致信托资产出现损失的情况。

## 6.5　关联方关系及其交易

**6.5.1 关联交易方的数量、关联交易的总金额及关联交易的定价政策**

单位:万元

| | 关联交易方数量 | 关联交易金额 | 定价政策 |
|---|---|---|---|
| 合计 | 8 | 48 806.72 | 按市价公平定价 |

**6.5.2　关联交易方与本公司的关系性质、关联交易方的名称、法人代表、注册地址、注册资本及主营业务**

| 序　号 | 关联性质 | 关联方名称 | 法定代表人 | 注册地址 | 注册资本(万元) | 主营业务 |
|---|---|---|---|---|---|---|
| 1 | 母公司 | 重庆国信投资控股有限公司 | 何玉柏 | 重庆 | 163 373.00 | 项目投资与管理。 |
| 2 | 同一母公司 | 重庆路桥股份有限公司 | 江津 | 重庆 | 45 387.10 | 城市道路桥梁等基础设施的投资、建设、管理等。 |
| 3 | 同一母公司 | 重庆饭店有限公司 | 刘全心 | 重庆 | 500.00 美元 | 饮食、食品加工销售、旅游、车队服务、康乐中心、写字楼出租等。 |
| 4 | 同一母公司 | 重庆未来投资有限公司 | 潘峰 | 重庆 | 6 000.00 | 实业、股权及市场开发投资、资产经营管理、国内贸易等。 |
| 5 | 注 | 重庆中华置业有限公司 | 杨晓轩 | 重庆 | 2 100.00 | 房地产综合开发。 |
| 6 | 被投资单位 | 益民基金管理有限公司 | 翁振杰 | 重庆 | 10 000.00 | 基金管理业务、发起设立基金。 |
| 7 | 被投资单位 | 重庆三峡银行股份有限公司 | 童海洋 | 重庆 | 201 179.07 | 人民币业务,吸收公众存款,发放短期、中期和长期贷款,办理国内结算等经中国人民银行批准的业务。 |

注:中华置业原为公司的母公司国信控股的子公司,2009 年因国信控股将其股权转让给云南省城市建设投资有限公司,截至 2010 年 12 月 31 日,国信控股仍持有中华置业 20% 的股权。

6.5.3 重大关联方交易

6.5.3.1 固有与关联方交易

单位:万元

| 固有与关联方关联交易 | | | | |
|---|---|---|---|---|
| | 期初数 | 借方发生额 | 贷方发生额 | 期末数 |
| 贷款 | 8 080.00 | | 8 080.00 | 0.00 |
| 投资 | | | | 0.00 |
| 租赁 | | 667.69 | 667.69 | 0.00 |
| 担保 | | | | 0.00 |
| 应收账款 | | 2 419.03 | 2 419.03 | 0.00 |
| 其他 | 3 309.16 | | | 3 309.16 |
| 合计 | 11 389.16 | 3 086.72 | 11 166.72 | 3 309.16 |

6.5.3.2 信托与关联方交易

单位:万元

| 信托与关联方关联交易 | | | | |
|---|---|---|---|---|
| | 期初数 | 借方发生额 | 贷方发生额 | 期末数 |
| 贷款 | | | | 0.00 |
| 投资 | | | | 0.00 |
| 租赁 | | | | 0.00 |
| 担保 | | | | 0.00 |
| 应收账款 | | | | 0.00 |
| 其他 | | | | 0.00 |
| 合计 | 0.00 | 0.00 | 0.00 | 0.00 |

6.5.3.3 固信交易与信信交易

6.5.3.3.1 固信交易

单位:万元

| 固有财产与信托财产相互交易 | | | |
|---|---|---|---|
| | 期初数 | 本期发生额 | 期末数 |
| 合计 | 4 261.87 | 37 640.00 | 41 901.87 |

6.5.3.3.2 信信交易

单位:万元

| 信托财产与信托财产相互交易 | | | |
|---|---|---|---|
| | 期初数 | 本期发生额 | 期末数 |
| 合计 | 95 000.00 | 0.00 | 0.00 |

**6.5.4 报告期末,无关联方逾期未偿还本公司资金和为关联方担保发生或即将发生垫款的情况**

## 6.6 会计制度的披露

报告年度,公司自营业务、信托业务均执行《企业会计准则(2006)》。

# 7. 财务情况说明书

## 7.1 利润实现和分配情况

**7.1.1 利润实现和分配情况(母公司)**

本公司2010年实现净利润55 721.18万元,提取法定盈余公积5 572.12万元,提取信托赔偿准备4 375.06万元,提取一般风险准备3 700.05万元。

**7.1.2 利润实现和分配情况(并表口径)**

本公司2010年实现的归属于母公司的净利润57 148.33万元,提取法定盈余公积5 572.12万元,提取信托赔偿准备4 375.06万元,提取一般风险准备3 700.05万元。

## 7.2 主要财务指标

**7.2.1 主要财务指标(母公司)**

| 指标名称 | 指标值 |
|---|---|
| 资本利润率(%) | 8.99 |
| 加权年化信托报酬率(%) | 1.28 |
| 人均净利润(万元/人) | 831.66 |

**7.2.2 主要财务指标(并表口径)**

| 指标名称 | 指标值 |
|---|---|
| 资本利润率(%) | 9.28 |
| 加权年化信托报酬率(%) | 1.28 |
| 人均净利润(万元/人) | 875.13 |

## 7.3 对本公司财务状况、经营成果有重大影响的其他事项

**7.3.1 北京新富抵债股权事项**

公司与北京新富签订了《和解协议》的补充协议,双方对该部分西南证券股权出售后的收益分配情况进行了约定,具体情况详见“6.2.2重大承诺事项”。

2010年12月31日,西南证券收盘价为11.63元/股,该部分抵债股权市值为53 672.45万元。公司以2010年该股票的历史收盘价格为参数,经技术估值后确定该抵债股权价值为46 011.55万元(折合9.97元/股),列示于可供出售金融资产,并据以确定应分配给北京新富的收益为5 432.03万元,列示于预计负债。扣除贷款本金后,公司享有该股权溢价为17 829.52万元,扣除递延所得税负债后的净额13 372.14万元计入资本公积。

由于证券市场的价格波动具有不确定性,若西南证券股价的大幅变动将会对公司资产、负债、所有者权益均产生较大影响。

**7.3.2 协助重庆润江基础设施投资有限公司转让信托项目下股权事项**

公司与重庆润江基础设施投资有限公司(以下简称润江公司)于2006年12月31日签订了编号为重庆国投(XT)字第0701003号《资金信托合同》,润江公司以合法拥有资金委托公司收购重庆渝涪高速公路有限公司股权。信托期限3年,2009年12月31日前润江公司已支付全部信托报酬。

2009年12月31日信托到期后,公司与润江公司签订了编号为:重庆国投(XT)字第0701003-3号《资金信托展期合同》,信托展期至2012年12月30日。自2010年4月16日起,该信托项目对应的信托财产为重庆渝涪高速公路有限公司52.5%的股权。

2010年1月20日,本公司与润江公司签订编号为重庆国投(XT)字第0701003-4号《资金信托补充合同》,合同规定:如公司协助润江公司在2010年12月31日前完成标的股权的处置工作,且处置价格高于1.55元/股,则超过部分作为本公

司信托报酬;如处置价格低于前述价格,则本公司不收取报酬。

2010 年 11 月 15 日,重庆国信投资控股有限公司(以下简称国信控股)、润江公司和本公司签订股权转让协议,国信控股受让润江公司通过本公司以信托方式持有的重庆渝涪高速公路有限公司 52.5%的股权,转让总价款 18.669 亿元。

2010 年公司已完成信托项下全部股权的转让事项,标的股权均已过户至国信控股名下。润江公司已于 2010 年 12 月 14 日收讫全部转让价款。此资金信托合同项下的标的股权处置工作已全部完成,公司应得信托报酬为 2.394 亿元,2010 年度已收到 2.3 亿元。

**7.3.3 协助重庆润源基础设施投资有限公司转让股权事项**

2010 年 2 月,公司与重庆润源基础设施投资有限公司(以下简称润源公司)签订财务顾问协议。公司为润源公司拟转让的标的股权,协助协调收购和寻找受让方,并提供对受让方尽职调查、转让条件谈判、合同协议签订、督促受让方履约等相应的顾问服务。对拟转让的股权,双方约定最终认定价值为 59 000万元,润源公司应向公司支付的财务顾问费为标的股权转让价款总额超过 59 000 万元部分。如标的股权转让总价款低于 59 000 万元,差额由本公司补足;如本公司在 18 个月内未能寻找到合适的标的股权受让方,公司需向润源公司支付 5 000万元的补偿金。

截至 2010 年 12 月 31 日,公司已为润源公司拟转让的股权寻找到股权受让方,润源公司收到股权转让款 65 000 万元,故公司本期收取财务顾问费 6 000 万元。

**7.3.4 拟受让中山证券股份有限责任公司 12.55%股权事项**

2010 年 11 月 15 日,公司与中科实业集团(控股)有限公司签订股权转让协议,拟受让中科实业集团(控股)有限公司持有的中山证券有限责任公司 12.55%股权;转让总价款 4.25 亿元。协议约定自协议签订生效之日起 3 个工作日内支付转让款 1.5 亿元;剩余款项在完成本次股权转让的工商变更登记之日起 3 个工作日内支付。截至 2010 年 12 月 31 日,公司已预付股权转让款 1.5 亿元。上述股权转让事项尚未获取相关部门批复。

## 8. 特别事项揭示

### 8.1 前五名股东报告期内变动情况及原因

经公司股东会审议通过,中国银行业监督管理委员会银监复〔2010〕552 号《关于批准重庆国际信托有限公司增加注册资本及调整股权结构等有关事项的批复》,本公司注册资本由 16.3373 亿元人民币增加至 24.3873 亿元人民币,公司股权结构由重庆国信投资控股有限公司 100%持股,变更为重庆国信投资控股有限公司(持股比例 66.99%)、重庆水务集团股份有限公司(持股比例 23.86%)、上海淮矿资产管理有限公司(持股比例 4.10%)、重庆市水务资产经营有限公司(持股比例 2.18%)、建银国际(中国)有限公司(持股比例 2.05%)、安徽省皖投信用担保有限责任公司(持股比例 0.82%)共同持股。上述变更事项已于 2010 年 12 月 22 日完成工商变更登记手续。

### 8.2 董事、监事及高级管理人员变动情况及原因

因公司第三次增资扩股工作已于 2010 年 12 月 22 日完成,公司第二届董事会董事的任期也已届满,2011 年 3 月 26 日,股东会选举何玉柏、翁振杰、武秀峰、罗明亮、王晓岩、时平生、谢维宪、刘勤勤、李寒晨、雷世文、王友伟、史锦杰、王淑慧为公司第三届董事会董事,其中雷世文、王友伟、史锦杰、王淑慧为独立董事。武秀峰等 6 名新任董事任职资格正在监管部门审批过程中。

2010 年 4 月 28 日,公司股东决定免去贾眉本公司监事职务。

2011 年3 月21 日,按照公司章程规定,公司职工代表大会选举胡雪莲同志为第三届监事会职工监事。因公司第三次增资扩股工作已于2010 年 12 月 22 日完成,公司第二届监事会监事的任期也已届满,2011 年 3 月 26 日,股东会选举洪虹、刘建祥同志为公司第三届监事会监事。

### 8.3 公司的重大未决诉讼事项

固有:起诉案件 3 件,应诉案件 1 件

(1)公司诉长春华侨饭店有限公司借款案,涉案标的 506.41 万元。渝中区人民法院已开庭审理,并已作出一审判决,支持了公司部分诉讼请求。现该案双方当事人已提起上诉。

(2)公司诉重庆金瀚实业有限公司、洋浦大南海石化有限公司案,涉案金额 1 714.62 万元,案件事实发生在公司改制前,该案于 2010 年 10 月由重庆市第五中级人民法院受理,该案尚未开庭审理。

(3)公司诉重庆大世界酒店有限公司借款合同纠纷案(涉案金额 2 001.33 万元),法院已判决公司胜诉,该案已进入执行程序。

(4)长江轮船海外旅游总公司诉公司一般股东权纠纷案,案件事实发生在公司改制前。该案已于 2010 年 6 月由重庆市渝中区人民法院受理,原告请求法院依据其认购的“重庆国际信托投资股份有限公司”(该公司已注销)的股权,确认其对公司持有 0.3%的股权,并按该股权比例享有股东权益。该案已开庭审理尚未判决。

信托:起诉案件 2 件,应诉案件 1 件

(1)公司诉重庆国恒投资有限公司、重庆佳宇建设(集团)有限公司借款合同纠纷案(涉案金额约 4 200 万元)法院已判决公司胜诉,该案已进入执行程序。

(2)公司诉山东光彩银星拍卖有限公司、山东鲁华能源集团有限公司拍卖合同纠纷案,涉案标的为 1 100 万股交通银行股份。该案已开庭审理,山东省高级人民法院尚未作出判决。

(3)青岛华能实业公司诉山东光彩银星拍卖有限公司、本公司的拍卖合同纠纷案,涉案标的为 2 692 200 股交通银行股份。该案于 2010 年 10 月由山东省济南市中级人民法院立案受理,尚未开庭审理。

### 8.4 对会计师事务所出具的有保留意见、否定意见或无法表示意见的审计报告的,公司董事会应就所涉及事项做出说明

无。

### 8.5 公司及其董事、监事和高级管理人员受到处罚的情况

无。

### 8.6 银监会及其派出机构对公司检查后提出整改意见的整改情况

报告期内，重庆银监局对公司信政、银信合作业务及固有业务开展情况进行了现场检查，认为公司在业务开拓方面基本能够按照有关法规要求开展业务，项目运行基本正常，风险基本可控；在内控制度建设方面，公司陆续拟订或修订了一系列管理制度及操作流程，继续完善风险管理的制度、程序和方法。

针对监管部门提出的进一步完善业务制度，加强项目尽职调查、后续管理和信息披露，强化信政合作业务、证券投资业务、固有业务关联交易的风险控制和合规管理以及对个别项目进行整改、加强人员管理等监管要求，公司及时制定和完善相应的业务管理办法，妥善解决个别项目存在的合规和风险问题，并采取切实有效措施，进一步加强对业务各环节的尽职管理，确保公司业务规范、健康发展。

### 8.7 本年度重大事项临时报告的简要内容、披露时间、所披露的媒体及其版面

2010年12月27日，公司在《证券时报》A12版刊登了《重庆国际信托有限公司增加注册资本及调整股权结构等有关事项公告》。

### 8.8 银监会及其省级派出机构认定的其他有必要让客户及相关利益人了解的重要信息

无。

## 9. 公司监事会意见

监事会对任期内公司的生产经营活动进行了监督检查，监事会认为：

2010年，公司积极应对政策和市场的巨大变化，不断开拓创新各项业务稳步开展，经营业绩再创新高。全年实现营业净收入8.47亿元，实现净利润5.86亿元，超额完成了年初董事会下达的经营任务和经营指标。

本报告期内，公司财务报告符合相关制度和规定的编制要求，真实地反映了公司的财务状况和经营成果。

# 大连华信信托股份有限公司

## 1. 重要提示

1.1 公司董事会及董事保证本报告所载资料不存在任何虚假记载、误导性陈述或者重大遗漏，并对其内容的真实性、准确性和完整性承担个别及连带责任。本年度报告摘要摘自年度报告全文，客户及相关利益人欲了解详细内容，应阅读年度报告全文。

1.2 刘辉董事、张丽独立董事因工作原因未能参会，分别书面授权给董永成董事长、李淑英独立董事代为行使表决权。独立董事李淑英、周树立、张丽认为公司年度报告内容真实、准确、完整。

1.3 公司年度财务报告经国富浩华会计师事务所有限公司审计，并出具了标准无保留意见的审计报告。

1.4 公司董事长董永成、总裁黄铎、主管会计工作负责人财务总监王伟廷及会计机构负责人李月英声明：保证年度报告中财务报告的真实、完整。

## 2. 公司概况

### 2.1 公司简介

公司设立于1987年，原名中国工商银行大连市信托投资公司；1988年，改制为股份有限公司，更名为中国工商银行大连信托投资股份有限公司；1997年，更名为大连华信信托投资股份有限公司；2001年，成为全国首批、东北地区首家完成重新登记的信托投资公司；2006年，注册资本金增加到10.01亿元；2007年4月，注册资本增加到12.1亿元；2007年9月，更名为大连华信信托股份有限公司。2010年，注册资本增加到20.57亿元。

#### 2.1.1 公司基本情况

| 法定中文名称 | 大连华信信托股份有限公司 |
|---|---|
| 中文名称缩写 | 华信信托 |
| 法定英文名称 | Dalian Huaxin Trust Co. ,Ltd. |
| 英文名称缩写 | HUAXIN TRUST |
| 法定代表人 | 董永成 |

续表

| 注册地址 | 大连市西岗区大公街34号 |
|---|---|
| 邮政编码 | 116011 |
| 国际互联网网址 | www. huaxintrust. com |
| 电子信箱 | huaxin@ hxtic. cn |
| 选定的信息披露报纸 | 《中国证券报》、《上海证券报》、《金融时报》、《证券时报》 |
| 年度报告备置地点 | 华信信托理财中心 |
| 聘请的会计师事务所 | 名称：国富浩华会计师事务所有限公司<br>注册地址：北京市崇文区崇文门外大街9号新世界正仁大厦8层805室 |
| 聘请的律师事务所 | 名称：辽宁双护律师事务所<br>注册地址：大连市沙河口区西安路90号广荣大厦1601室 |

#### 2.1.2 信息披露事务负责人

| 姓名 | 郭岩 |
|---|---|
| 职务 | 副总裁、董事会秘书 |
| 联系电话 | 0411－83634993 |
| 传真 | 0411－83638415 |
| 电子信箱 | huaxin@ hxtic. cn |

### 2.2 组织结构

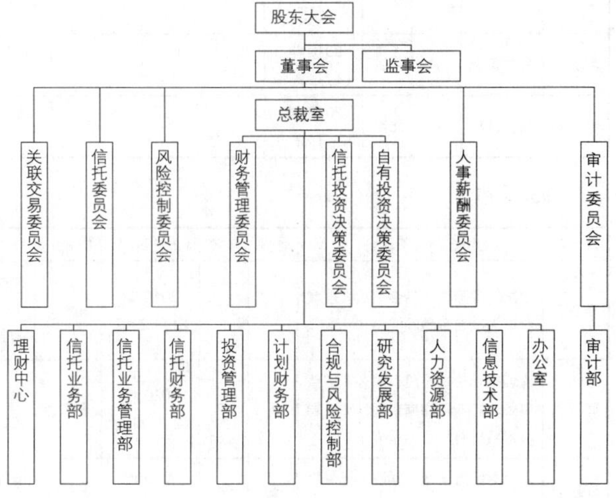


## 3. 公司治理结构

### 3.1 股东

公司前三位股东

| 名称 | 出资比例（%） | 法人代表 | 注册资本（万元） | 注册地址 | 主要经营业务及财务状况 |
|---|---|---|---|---|---|
| 华信汇通集团有限公司 | 52.17 | 董永成 | 220 220 | 北京市西城区金融街28号 | 项目投资及咨询；经济信息咨询；经营广告业务；计算机软硬件的开发、销售；国内一般贸易。2010年末，资产总额340 916.04万元，净资产290 904.13万元，净利润38 663.63万元（未经审计）。 |

续表

| 名称 | 出资比例(%) | 法人代表 | 注册资本(万元) | 注册地址 | 主要经营业务及财务状况 |
|---|---|---|---|---|---|
| 大连港集团有限公司 | 4.96 | 邢良忠 | 400 000 | 大连市中山区港湾街1号 | 法律、法规禁止的，不得经营；应经审批的，未获审批前不得经营；法律、法规未规定审批的，企业自主选择经营项目，开展经营活动。2010年末，资产总额3 157 690.99万元，净资产1 604 571.39万元，净利润55 087.03万元。 |
| 北京越达投资有限公司 | 4.96 | 张桂芝 | 21 000 | 北京市朝阳区东三环南路甲52号楼17层20A | 项目投资；经济信息咨询等。2010年末，资产总额33 345.79万元，净资产25.446.51万元，净利润1 993.01万元。 |

## 3.2 董事

董事会成员

| 姓名 | 职务 | 性别 | 年龄 | 选任日期 | 所推举的股东名称 | 该股东持股比例(%) | 简要履历 |
|---|---|---|---|---|---|---|---|
| 董永成 | 董事长 | 男 | 54 | 2010年12月29日 | 华信汇通集团有限公司 | 52.17 | 曾任中国工商银行大连市分行技改处副处长、中国工商银行大连信托投资股份有限公司总经理；现任大连华信信托股份有限公司董事长。 |
| 张凤阁 | 董事 | 男 | 56 | 2010年12月29日 | 大连港集团有限公司 | 4.96 | 曾任大连港务局总会计师；现任大连港集团有限公司副总经理、总会计师兼委派财务负责人管理中心主任。 |
| 周昱今 | 董事 | 男 | 51 | 2010年12月29日 | 北京越达投资有限公司 | 4.96 | 曾在东北财经大学任教、中国综合开发研究院（深圳）任职；现任大连圣亚旅游控股股份有限公司总经理。 |
| 姜顺杰 | 董事 | 男 | 48 | 2010年12月29日 | 大连顺联达集团有限责任公司 | 4.96 | 曾任大连纺织厂财务科科长，大连碧海山庄旅游集团财务处长、总经理助理，大连凯撒餐饮有限公司总经理；现任大连保税区顺林石化有限公司董事长、总经理，大连顺联达集团有限责任公司总经理。 |
| 刘　辉 | 董事 | 男 | 39 | 2010年12月29日 | 大连保税区海涵发展有限公司 | 4.96 | 曾任海口卉烽粮油有限公司董事长；现任大连保税区海涵发展有限公司董事长。 |
| 王兰山 | 董事 | 男 | 67 | 2010年12月29日 | 沈阳万基实业发展有限公司 | 4.96 | 曾任大连炼铁厂厂长；现任沈阳万基实业发展有限公司总经理。 |
| 李淑英 | 独立董事 | 女 | 67 | 2010年12月29日 | — | — | 曾任中国工商银行大连市分行副行长、中国人民银行大连市分行副行长、行长，中国—国际货币基金组织大连联合培训项目基地主任；现任中国—国际货币基金组织大连联合培训项目基地顾问。 |
| 周树立 | 独立董事 | 男 | 49 | 2010年12月29日 | — | — | 曾任海南京润实业投资公司总经理；现任深圳京润珍珠控股有限公司副董事长、总经理，海南京润珍珠生物技术股份有限公司董事长。 |
| 张　丽 | 独立董事 | 女 | 54 | 2010年12月29日 | — | — | 曾任东北财经大学电子商务学院书记兼副院长，东北财经大学网络教育学院书记；现任东北财经大学经济学院书记兼副院长。 |

独立董事

| 姓名 | 所在单位及职务 | 性别 | 年龄 | 选任日期 | 提名人 | 简要履历 |
|---|---|---|---|---|---|---|
| 李淑英 | 中国—国际货币基金组织大连联合培训项目基地顾问 | 女 | 67 | 2010年12月29日 | 董事会 | 曾任中国工商银行大连市分行副行长，中国人民银行大连市分行副行长、行长，中国—国际货币基金组织大连联合培训项目基地主任；现任中国—国际货币基金组织大连联合培训项目基地顾问。 |
| 周树立 | 深圳京润珍珠控股有限公司副董事长、总经理；海南京润珍珠生物技术股份有限公司董事长 | 男 | 49 | 2010年12月29日 | 董事会 | 曾任海南京润实业投资公司总经理；现任深圳京润珍珠控股有限公司副董事长、总经理，海南京润珍珠生物技术股份有限公司董事长。 |
| 张　丽 | 东北财经大学经济学院书记兼副院长 | 女 | 54 | 2010年12月29日 | 董事会 | 曾任东北财经大学电子商务学院书记兼副院长，东北财经大学网络教育学院书记；现任东北财经大学经济学院书记兼副院长。 |

## 3.3 监事

监事会成员

| 姓名 | 职务 | 性别 | 年龄 | 选任日期 | 所推举的股东名称 | 该股东持股比例(%) | 简要履历 |
|---|---|---|---|---|---|---|---|
| 杨家思 | 监事长 | 男 | 61 | 2010年12月29日 | 华信汇通集团有限公司 | 52.17 | 曾任中国工商银行信托投资公司总经理，中国华融资产管理公司党委副书记、副总裁；现任大连华信信托股份有限公司监事长。 |

续表

| 姓　名 | 职　务 | 性别 | 年龄 | 选任日期 | 所推举的股东名称 | 该股东持股比例(%) | 简　要　履　历 |
|---|---|---|---|---|---|---|---|
| 初文博 | 监事 | 男 | 57 | 2010年12月29日 | 大连坤达铸铁管有限公司、大连翔瑞科技创业投资有限公司 | 5.58 | 曾任大连炼铁厂厂长;现任大连坤达铸铁管有限公司董事长、总经理。 |
| 臧冬青 | 监事 | 女 | 46 | 2010年12月29日 | 职工代表 | — | 曾任铁岭市一中教师、大连甘井子区教师进修学校教师;现为大连华信信托股份有限公司职员。 |

## 3.4　高级管理人员

| 姓名 | 职务 | 性别 | 年龄 | 选任日期 | 金融从业年限 | 学历 | 专业 |
|---|---|---|---|---|---|---|---|
| 黄　铎 | 总裁 | 男 | 58 | 2010年12月29日 | 20 | 大专 | 管理 |
| 崔相斌 | 副总裁 | 男 | 43 | 2010年12月29日 | 19 | 研究生 | 管理 |
| 王　瑾 | 副总裁 | 女 | 44 | 2010年12月29日 | 13 | 本科 | 统计 |
| 付绍波 | 副总裁 | 男 | 34 | 2010年12月29日 | 12 | 本科 | 建筑工程 |
| 郭　岩 | 副总裁、董事会秘书 | 女 | 42 | 2010年12月29日 | 20 | 本科 | 管理 |
| 王伟廷 | 副总裁、财务总监 | 男 | 44 | 2010年12月29日 | 3 | 本科 | 工业分析 |

## 3.5　公司员工

报告期内职工人数111人。

| 项　目 | | 报告期年度 | |
|---|---|---|---|
| | | 人数 | 比例(%) |
| 年龄分布 | 25岁以下 | 2 | 1.80 |
| | 25~29岁 | 59 | 53.15 |
| | 30~39岁 | 32 | 28.83 |
| | 40岁以上 | 18 | 16.22 |
| 学历分布 | 硕士及以上 | 59 | 53.15 |
| | 本科 | 47 | 42.34 |
| | 专科 | 5 | 4.51 |
| | 其他 | 0 | 0 |

# 4. 经营管理

## 4.1　经营目标、方针、战略规划

经营目标:以科学发展观为统领,落实监管要求,积极开拓财富管理市场和更广泛的投资领域,强化风险管理,成为具有较强核心竞争力和可持续发展能力的专业化金融理财机构。

经营方针:恪守诚信、稳健经营、开拓创新、和谐共赢,努力实现公司长期稳定健康发展目标。

战略规划:以业务创新为先导,以资产管理为核心,以风险控制为保障,实施人才战略,加快信息化建设,推动业务规模、经营效益、管理水平的全面提升,将公司建设成核心竞争力突出、业内领先、品牌卓著的上市金融企业。

## 4.2　所经营业务的主要内容

公司业务分为信托业务和固有业务。

信托业务主要包括房地产投资类信托业务、工商企业投资信托业务、证券投资信托业务、基础设施建设项目投资信托业务和其他信托业务等。

固有业务主要包括金融企业股权投资业务、贷款业务、金融产品投资业务、财务顾问业务等。

## 4.3　市场分析

### 4.3.1　公司发展的有利因素

2010年,我国政府继续实施积极的财政政策和适当宽松货币政策,促消费、调结构、保增长,加快转变经济增长方式,实现了经济的又好又快发展。适度宽松的货币政策为经济增长创造了良好的货币环境,有效应对了国际金融危机对中国经济所产生的冲击。落实国家东北老工业基地振兴和辽宁沿海经济带发展战略,大连正在积极推进东北亚国际航运中心、东北亚国际物流中心、区域性金融中心和现代产业聚集区建设,提出全域城市化建设的宏伟蓝图,经济发展的质量和速度在东北地区处于前列。机构、个人可支配财富日益增加,投资理财意识不断增强,区域内信托理财客户数量逐渐增多。作为大连市为数不多的法人金融机构之一,在大连区域性金融中心建设中面临诸多发展机遇。监管部门积极引导信托公司以受人之托、代人理财为本,发展自主管理类信托业务,提高核心资产管理能力,为公司实现内涵式发展提供了良好的政策导向。

### 4.3.2　公司发展的不利因素

2010年国内经济发展的不确定因素增多,通胀压力加大。理财市场竞争日趋激烈,银信合作业务面临转型,证券投资信托业务在信托证券账户受限的情况下发展滞缓。

## 4.4　内部控制

公司始终致力于内控制度的建设及完善,建立了以股东大会、董事会及其下属专业委员会、监事会、管理层等为主体的公司治理组织架构,制定了完备的议事规则和决策程序。各个治理主体能够按照职责规定和规范程序履行相应职责,实现了分工明确、相互制衡、报告路线清晰的治理要求。

内控制度健全、有效,涵盖全部业务和管理活动全过程,从公司治理、业务操作、财务管理、风险控制与合规管理、审计监督、人力资源管理和其他事务管理等多方面进行规范。

公司秉承"规范运作,稳健经营,诚信为本,客户至尊"的经营理念和"团结、敬业、奋进、创新"的企业精神,在开展业务时将风险控制放在首位,切实履行受托人职责,倡导合规经营,努力实现受益人利益最大化。

不断完善法人治理，切实发挥监事会、独立董事的监督职能，加强外部监督作用；管理层建立了合理授权、有效问责、内部举报和奖惩制度，鼓励员工举报违法、违规、违反职业操守和诚信原则的行为；不断完善风险控制和合规管理，通过流程再造和提高风险控制技术手段强化风险管理，定期开展合规检查、合规绩效考核、合规培训，培育合规文化；建立了完备的内部审计规程，根据业务重点和监管政策变化等情况合理安排审计项目，完善后续审计和整改纠错机制，使发现的问题得到及时纠正，有效促进了内控建设和经营管理水平的提高。

建立了固有业务和信托业务相互分离的业务管理体系；各项业务均有健全的决策机构和决策程序，岗位之间职责分明、边界清晰，实现了前台、中台、后台分工协作又相对独立的科学、高效的运营机制；按照“制度先行”原则，在每项业务开展前制订相应的管理办法和操作规定，并不断加以完善；严格执行重要岗位的强制休假和岗位轮调制度，强化“执行力”建设，保证内部控制的充分、有效执行。

建立了部门自查、岗位相互制约、员工内部举报、合规检查及内部审计相结合的监督与纠正机制。

### 4.5 风险管理概况

公司经营中面临的风险可能有：信用风险、市场风险、操作风险和其他风险。

信用风险是指因交易对手违约或信用等级下降，给公司造成的可能损失。主要表现在资金使用人不能及时准确披露信息，未经允许擅自改变资金用途，或不能到期还本付息等对资产安全的影响。公司通过“事前调查评估、事中控制防范、事后监督管理”的方式对信用风险进行有效防范。严格按照监管规定足额计提一般准备和资产减值准备，按比例提取信托赔偿准备金，以提高公司抵御风险的能力。截至2010年末，公司自营项下信用风险资产196 234.29万元，信托项下信用风险资产2 347 640.59万元，全部为正常类资产。

市场风险主要指市场汇率、利率或其他价格因素变动而产生的风险。公司持有的美元资产、自营贷款业务、信托贷款业务、自营证券投资业务以及证券投资类资金信托业务等均可能面临市场风险。公司通过全面、客观地分析经济形势，力争准确判断市场走向；谨慎选择项目，各项投资活动前均经过充分的调查，对可能产生市场风险的各因素进行测算评估，并通过业务部门、投资决策委员会、风险控制委员会等多个审批环节；不断优化业务结构，提早做好防范措施，积极运用金融工具防范市场风险。

操作风险是指由于内部程序、人员、系统不完善或失误，或外部事件造成损失的风险。公司对操作风险的管理主要从制度完善、制度执行、业务操作、人员管理等多方面进行，并通过强制休假和岗位轮岗政策进一步加强。报告期内公司未发生因操作风险所造成的损失。

其他风险主要是指公司业务开展中的法律风险、政策风险、合规风险、关联交易风险、道德风险等。公司加强对国家法律、宏观政策的收集、研究，及时作出前瞻性的预测，适时调整经营策略和业务拓展方向，有效规避因法律、政策变化带来的风险；公司倡导和培育合规文化，并将合规文化融入公司经营管理、内控建设、企业文化建设的全过程，全体员工不断提高合规意识，严格履行合规职责；不断完善关联交易相关制度，坚持关联交易业务逐笔汇报、逐笔审查，并定期检查关联交易业务的执行情况；加强职业道德教育，增强员工的工作责任心，维护公司信誉和品牌。报告期内公司未发生因其他风险所造成的损失。

### 4.6 净资本管理概况

公司依据《信托公司净资本管理办法》实施净资本管理，报告期内公司资本充足，流动性良好，能够抵御各项业务带来的不可预期的风险。截至2010年末，公司净资本251 771.91万元，固有业务风险资本25 534.36万元，信托业务风险资本148 917.70万元，其他业务风险资本0万元，各项业务风险资本之和为174 452.06万元，净资本/各项业务风险资本之和为144.32%，净资本/净资产为78.62%。

## 5. 报告期末及上年末的比较式会计报表

### 5.1 自营资产

#### 5.1.1 会计师事务所审计意见全文

**审计报告**

国浩审字〔2011〕第802号

大连华信信托股份有限公司全体股东：

我们审计了后附的大连华信信托股份有限公司（以下简称“华信信托公司”）财务报表，包括2010年12月31日的资产负债表，2010年度的利润表、股东权益变动表以及财务报表附注。

一、管理层对财务报表的责任

按照企业会计准则和金融企业财务规则的规定编制财务报表是华信信托公司管理层的责任。这种责任包括：（1）设计、实施和维护与财务报表编制相关的内部控制，以使财务报表不存在由于舞弊或错误而导致的重大错报；（2）选择和运用恰当的会计政策；（3）作出合理的会计估计。

二、注册会计师的责任

我们的责任是在实施审计工作的基础上对财务报表发表审计意见。我们按照中国注册会计师审计准则的规定执行了审计工作。中国注册会计师审计准则要求我们遵守职业道德规范，计划和实施审计工作以对财务报表是否不存在重大错报获取合理保证。

审计工作涉及实施审计程序，以获取有关财务报表金额和披露的审计证据。选择的审计程序取决于注册会计师的判断，包括对由于舞弊或错误导致的财务报表重大错报风险的评估。在进行风险评估时，我们考虑与财务报表编制相关的内部控制，以设计恰当的审计程序，但目的并非对内部控制的有效性发表意见。审计工作还包括评价管理层选用会计政策的恰当性和作出会计估计的合理性，以及评价财务报表的总体列报。

我们相信，我们获取的审计证据是充分、适当的，为发表审计意见提供了基础。

三、审计意见

我们认为，华信信托公司的财务报表已经按照企业会计准则的规定编制，在所有重大方面公允反映了华信信托公司2010年12月31日的财务状况以及2010年度的经营成果和现金流量。

国富浩华会计师事务所有限公司

中国·北京

中国注册会计师：关　涛
中国注册会计师：陶　怡
二〇一一年四月六日

### 5.1.2 资产负债表

编制单位：大连华信信托股份有限公司　　2010年12月31日　　单位：万元

| 资　产 | 期末数 | 期初数 | 负债和所有者权益 | 期末数 | 期初数 |
|---|---|---|---|---|---|
| 货币资金 | 13 877.63 | 44 840.44 | 负债： | | |
| 拆出资金 | | | 代理业务 | 1 631.70 | 1 660.88 |
| 交易性金融资产 | 11 394.25 | 860.04 | 拆入资金 | | |
| 贷款 | 140 000.00 | 5 000.00 | 交易性金融负债 | | |
| 应收账款 | 1 948.37 | 401.02 | 应付职工薪酬 | 2 289.68 | 2 158.04 |
| 应收利息 | 41.01 | 235.61 | 应交税费 | 5 730.21 | 2 930.88 |
| 应收股利 | | | 应付股利 | 2 291.05 | 2 280.00 |
| 持有至到期投资 | 826.44 | 8 566.19 | 递延所得税负债 | 51.31 | 75.00 |
| 可供出售金融资产 | 3 746.42 | 1 192.82 | 其他负债 | 16.93 | 2.64 |
| 长期股权投资 | 152 837.10 | 93 414.30 | 负债合计 | 12 010.88 | 9 107.44 |
| 投资性房地产 | | | 所有者权益： | | |
| 固定资产 | 6 051.58 | 6 096.85 | 实收资本（或股本） | 205 700.00 | 121 000.00 |
| 无形资产 | 1 032.20 | 863.67 | 资本公积 | 34 656.34 | 329.46 |
| 递延所得税资产 | 106.70 | 4.95 | 盈余公积 | 18 820.34 | 14 542.09 |
| 其他资产 | 368.97 | 30 241.97 | 信托赔偿准备 | 8 079.97 | 5 940.85 |
| | | | 一般风险准备 | 3 111.21 | 1 396.76 |
| | | | 未分配利润 | 49 851.93 | 39 401.26 |
| | | | 所有者权益合计 | 320 219.79 | 182 610.42 |
| 资产总计 | 332 230.67 | 191 717.86 | 负债和所有者权益总计 | 332 230.67 | 191 717.86 |

法定代表人：董永成　　主管会计工作负责人：王伟廷　　会计机构负责人：李月英

### 5.1.3 利润表

编制单位：大连华信信托股份有限公司　　2010年　　单位：万元

| 项　目 | 当年数 | 上年数 |
|---|---|---|
| 一、营业收入 | 65 992.19 | 60 014.05 |
| 利息净收入 | 14 077.99 | 5 208.26 |
| 利息收入 | 14 077.99 | 5 208.26 |
| 利息支出 | | |
| 手续费及佣金净收入 | 45 729.11 | 37 003.73 |
| 手续费及佣金收入 | 45 729.11 | 37 003.73 |
| 手续费及佣金支出 | | |
| 投资收益 | 6 790.89 | 16 968.37 |
| 其中：对联营企业和合营企业的投资收益 | 4 195.29 | 11 552.81 |
| 公允价值变动收益 | -439.59 | 720.89 |
| 汇兑收益 | -331.02 | -10.01 |
| 其他业务收入 | 164.81 | 122.81 |
| 二、营业支出 | 10 451.38 | 9 713.13 |
| 营业税金及附加 | 3 410.91 | 2 562.88 |
| 业务及管理费 | 7 594.07 | 7 221.59 |
| 资产减值损失 | -553.60 | -71.34 |
| 其他业务成本 | | |
| 三、营业利润 | 55 540.81 | 50 300.92 |
| 营业外收入 | | 1 279.85 |
| 营业外支出 | 312.50 | 14.90 |
| 四、利润总额 | 55 228.31 | 51 565.87 |
| 所得税费用 | 12 445.82 | 9 877.40 |
| 五、净利润 | 42 782.49 | 41 688.47 |
| 六、每股收益： | | |
| （一）基本每股收益 | 0.23 | 0.34 |
| （二）稀释每股收益 | 0.23 | 0.34 |
| 七、其他综合收益 | 2 140.88 | 193.71 |
| 八、综合收益总额 | 44 923.37 | 41 882.18 |

法定代表人：董永成　　主管会计工作负责人：王伟廷　　会计机构负责人：李月英

### 5.1.4 所有者权益(股东权益)变动表

编制单位:大连华信信托股份有限公司　　2010 年　　单位:万元

| 项　目 | 股本 | 资本公积 | 减:库存股 | 盈余公积 | 一般风险准备 | 信托赔偿准备 | 未分配利润 | 所有者权益合计 |
|---|---|---|---|---|---|---|---|---|
| 一、上年末余额 | 121 000. 00 | 329. 46 | | 14 553. 05 | 1 396. 76 | 5 946. 33 | 39 494. 45 | 182 720. 05 |
| 1. 会计政策变更 | | | | | | | | |
| 2. 前期差错更正 | | | | -10. 96 | | -5. 48 | -93. 19 | -109. 63 |
| 二、本年初余额 | 121 000. 00 | 329. 46 | | 14 542. 09 | 1 396. 76 | 5 940. 85 | 39 401. 26 | 182 610. 42 |
| 三、本年增减变动金额(减少以"-"号填列) | 84 700. 00 | 34 326. 88 | | 4 278. 25 | 1 714. 45 | 2 139. 12 | 10 450. 67 | 137 609. 37 |
| (一)本年净利润 | | | | | | | 42 782. 49 | 42 782. 49 |
| (二)其他综合收益 | | 2 140. 88 | | | | | | 2 140. 88 |
| 上述(一)和(二)小计 | | 2 140. 88 | | | | | 42 782. 49 | 44 923. 37 |
| (三)所有者投入资本 | 84 700. 00 | 32 186. 00 | | | | | | 116 886. 00 |
| 1. 所有者投入资本 | 84 700. 00 | 32 186. 00 | | | | | | 116 886. 00 |
| 2. 股份支付计入所有者权益的金额 | | | | | | | | |
| 3. 其他 | | | | | | | | |
| (四)本年利润分配 | | | | 4 278. 25 | 1 714. 45 | 2 139. 12 | -32 331. 82 | -24 200. 00 |
| 1. 提取盈余公积 | | | | 4 278. 25 | | | -4 278. 25 | |
| 2. 对所有者(或股东)的分配 | | | | | | | -24 200. 00 | -24 200. 00 |
| 3. 其他(一般风险准备、信托赔偿准备) | | | | | 1 714. 45 | 2 139. 12 | -3 853. 57 | |
| (五)所有者权益内部结转 | | | | | | | | |
| 1. 资本公积转增资本 | | | | | | | | |
| 2. 盈余公积转增资本 | | | | | | | | |
| 3. 盈余公积弥补亏损 | | | | | | | | |
| 4. 其他 | | | | | | | | |
| 四、本年末余额 | 205 700. 00 | 34 656. 34 | | 18 820. 34 | 3 111. 21 | 8 079. 97 | 49 851. 93 | 320 219. 79 |

法定代表人:董永成　　主管会计工作负责人:王伟廷　　会计机构负责人:李月英

## 5.2 信托资产

### 5.2.1 信托项目资产负债汇总表

编制单位:大连华信信托股份有限公司　　2010 年 12 月 31 日　　单位:万元

| 信托资产 | 期末数 | 期初数 | 信托负债和信托权益 | 期末数 | 期初数 |
|---|---|---|---|---|---|
| 信托资产: | | | 信托负债: | | |
| 货币资金 | 59 897. 51 | 61 108. 94 | 应付受托人报酬 | 1 948. 37 | 401. 02 |
| 拆出资金 | | | 应付托管费 | 72. 23 | 618. 46 |
| 应收款项 | 359. 68 | 420. 36 | 应付受益人收益 | | |
| 买入返售资产 | | | 其他应付款项 | 12 159. 70 | 12 068. 71 |
| 交易性金融资产 | 123 109. 28 | 100 771. 01 | 应交税金 | | |
| 可供出售金融资产 | | | 其他负债 | | |
| 持有至到期投资 | 1 409 994. 00 | 1 105 007. 00 | 信托负债合计 | 14 180. 30 | 13 088. 19 |
| 长期股权投资 | 181 858. 46 | 129 660. 47 | 信托权益: | | |
| 贷款 | 2 287 383. 40 | 3 875 242. 50 | 实收信托 | 4 021 003. 21 | 5 230 457. 27 |
| 应收融资租赁款 | | | 资本公积 | | |
| 固定资产 | | | 未分配利润 | 27 996. 04 | 28 664. 82 |
| 无形资产 | | | | | |
| 长期待摊费用 | 577. 22 | | | | |
| 其他资产 | | | 信托权益合计 | 4 048 999. 25 | 5 259 122. 09 |
| 信托资产总计 | 4 063 179. 55 | 5 272 210. 28 | 信托负债及信托权益总计 | 4 063 179. 55 | 5 272 210. 28 |

法定代表人:董永成　　主管会计工作负责人:崔相斌　　会计机构负责人:张禹林

5.2.2 信托项目利润及利润分配汇总表

2010 年

编制单位：大连华信信托股份有限公司　　单位：万元

| 项　目 | 当年数 | 上年数 |
|---|---|---|
| 一、营业收入 | 308 001.86 | 256 140.09 |
| 利息收入 | 204 187.27 | 181 388.69 |
| 投资收益 | 112 610.79 | 74 539.85 |
| 公允价值变动收益 | −8 813.43 | 191.07 |
| 租赁收入 | | |
| 其他收入 | 17.23 | 20.48 |
| 二、营业费用 | 65 534.19 | 56 244.18 |
| 三、营业税金及附加 | | |
| 四、扣除资产损失前的信托利润 | 242 467.67 | 199 895.91 |
| 减：资产减值损失 | | |
| 五、扣除资产损失后的信托利润 | 242 467.67 | 199 895.91 |
| 加：期初未分配信托利润 | 28 664.82 | 32 336.71 |
| 其他转入 | 5 869.92 | 224.12 |
| 六、可供分配的信托利润 | 277 002.41 | 232 456.74 |
| 减：本期已分配信托利润 | 249 006.37 | 203 791.92 |
| 七、期末未分配信托利润 | 27 996.04 | 28 664.82 |

法定代表人：董永成　　主管会计工作负责人：崔相斌　　会计机构负责人：张禹林

## 6. 会计报表附注

### 6.1 报告年度会计报表编制基准、会计政策、会计估计和核算方法变化情况

报告期内未发生变化。

### 6.2 或有事项说明

报告期末，公司为大连丰华荣粮油有限公司等四家企业提供融资担保，担保金额共计 40 000.00 万元，被担保企业经营情况良好且提供了充足反担保措施，风险可控，对公司正常经营无影响。

### 6.3 重要资产转让及其出售的说明

报告期内无重要资产转让及出售事项。

### 6.4 会计报表中重要项目的明细资料

#### 6.4.1 披露自营资产经营情况

6.4.1.1 按信用风险五级分类结果披露信用风险资产的期初数、期末数

| 信用风险资产五级分类 | 正常类（万元） | 关注类（万元） | 次级类（万元） | 可疑类（万元） | 损失类（万元） | 信用风险资产合计（万元） | 不良合计（万元） | 不良率（%） |
|---|---|---|---|---|---|---|---|---|
| 期初数 | 80 717.26 | 0 | 0 | 0 | 0 | 80 717.26 | 0 | 0 |
| 期末数 | 196 234.29 | 0 | 0 | 0 | 0 | 196 234.29 | 0 | 0 |

6.4.1.2 各项资产减值损失准备的期初、本期计提、本期转回、本期核销、期末数

单位：万元

| | 期初数 | 本期计提 | 本期收回 | 本期核销 | 期末数 |
|---|---|---|---|---|---|
| 贷款损失准备 | 0 | −553.60 | 553.60 | 0 | 0 |
| 一般准备 | 0 | 0 | 0 | 0 | 0 |
| 专项准备 | 0 | −553.60 | 553.60 | 0 | 0 |
| 其他资产减值准备 | 0 | 0 | 0 | 0 | 0 |
| 可供出售金融资产减值准备 | 0 | 0 | 0 | 0 | 0 |
| 持有至到期投资减值准备 | 0 | 0 | 0 | 0 | 0 |
| 长期股权投资减值准备 | 0 | 0 | 0 | 0 | 0 |
| 坏账准备 | 0 | 0 | 0 | 0 | 0 |
| 投资性房地产减值准备 | 0 | 0 | 0 | 0 | 0 |

6.4.1.3 自营股票投资、基金投资、债券投资、股权投资等投资业务的期初数、期末数

单位：万元

| | 自营股票 | 基金 | 债券 | 长期股权投资 |
|---|---|---|---|---|
| 期初数 | 2 052.86 | 0 | 0 | 93 414.30 |
| 期末数 | 15 140.67 | 0 | 0 | 152 837.10 |

6.4.1.4 按投资入股金额排序，前三名的自营长期股权投资的企业名称、占被投资企业权益的比例、主要经营活动及投资收益情况等

| 企业名称 | 占被投资企业权益的比例（%） | 主要经营活动 | 投资损益（万元） |
|---|---|---|---|
| 1. 大通证券股份有限公司 | 28.04 | 证券经纪，证券投资咨询，与证券交易、证券投资活动有关的财务顾问，证券承销，证券自营，证券资产管理，为期货公司提供中间介绍业务，证券投资基金销售业务。 | 4 195.29 |
| 2. 丹东银行股份有限公司 | 19.79 | 吸收公众存款、发放贷款、国内结算、票据贴现、发行金融债券、同业拆借、委托存贷款业务、外汇业务等。 | — |
| 3. 大连银行股份有限公司 | 4.88 | 吸收公众存款、发放贷款、国内结算、票据贴现、发行金融债券、同业拆借、委托存贷款业务、外汇业务等。 | 600.00 |

6.4.1.5 前三名的自营贷款的企业名称、占贷款总额的比例和还款情况等

| 企业名称 | 占贷款总额的比例(%) | 还款情况 |
|---|---|---|
| 1. 大连长兴购物中心有限公司 | 25.00 | 正常付息 |
| 2. 大连北府集团有限公司 | 21.43 | 正常付息 |
| 3. 大连均益投资有限公司 | 10.71 | 正常付息 |

6.4.1.6 表外业务的期初数、期末数；按照代理业务、担保业务和其他类型表外业务分别披露

单位：万元

| 表外业务 | 期初数 | 期末数 |
|---|---|---|
| 担保业务 | 0 | 40 000.00 |
| 代理业务(委托业务) | 1 149.45 | 1 149.45 |
| 合计 | 1 149.45 | 41 149.45 |

6.4.1.7 公司当年的收入结构

| 收入结构 | 金额(万元) | 占比(%) |
|---|---|---|
| 手续费及佣金收入 | 45 729.11 | 69.29 |
| 其中:信托手续费收入 | 43 063.63 | 65.26 |
| 投资银行业务收入 | 1 853.49 | 2.81 |
| 利息收入 | 14 077.99 | 21.33 |
| 其他业务收入 | 164.81 | 0.25 |
| 其中:计入信托业务收入部分 | 0 | 0 |
| 投资收益 | 6 790.89 | 10.29 |
| 其中:股权投资收益 | 4 889.91 | 7.41 |
| 证券投资收益 | 617.88 | 0.94 |
| 其他投资收益 | 1 283.10 | 1.94 |
| 公允价值变动收益 | -439.59 | -0.67 |
| 营业外收入 | 0 | 0 |
| 收入合计 | 65 992.19 | 100.00 |

**6.4.2 披露信托财产管理情况**

6.4.2.1 信托资产的期初数、期末数

单位:万元

| 信托资产 | 期初数 | 期末数 |
|---|---|---|
| 集合 | 584 704.81 | 694 864.91 |
| 单一 | 4 107 010.42 | 3 151 743.13 |
| 财产权 | 568 810.45 | 204 949.14 |
| 合计 | 5 260 525.68 | 4 051 557.18 |

注:不包含推介期和代保管资产。

6.4.2.1.1 主动管理型信托业务的信托资产期初数、期末数

单位:万元

| 主动管理型信托资产 | 期初数 | 期末数 |
|---|---|---|
| 证券投资类 | 124 509.29 | 149 005.13 |
| 股权投资类 | 76 539.90 | 172 080.47 |
| 融资类 | 618 361.55 | 1 801 258.60 |
| 事务管理类 | 54 214.05 | 11 150.60 |
| 合计 | 975 492.25 | 2 260 657.26 |

注:权益投资类项目未包含在本表中,但合计数为全部主动管理类信托资产合计,因此四个分类的合计小于总合计。

6.4.2.1.2 被动管理型信托业务的信托资产期初数、期末数

单位:万元

| 被动管理型信托资产 | 期初数 | 期末数 |
|---|---|---|
| 证券投资类 | 0 | 0 |
| 股权投资类 | 0 | 0 |
| 融资类 | 1 005 900.58 | 995 900.96 |
| 事务管理类 | 3 279 132.85 | 794 998.96 |
| 合计 | 4 285 033.43 | 1 790 899.92 |

注:不包含推介期和代保管资产。

6.4.2.2 本年度已清算结束的信托项目个数、实收信托合计金额、加权平均实际年化收益率

6.4.2.2.1 本年度已清算结束的集合类、单一类资金信托项目和财产管理类信托项目个数、实收信托金额、加权平均实际年化收益率

| 已清算结束信托项目 | 项目个数 | 实收信托合计金额(万元) | 加权平均实际年化收益率(%) |
|---|---|---|---|
| 集合类 | 42 | 434 978.00 | 5.28 |
| 单一类 | 136 | 3 152 562.70 | 4.34 |
| 财产管理类 | 33 | 560 493.00 | 4.57 |

6.4.2.2.2 本年度已清算结束的主动管理型信托项目个数、实收信托合计金额、加权平均实际年化收益率

| 已清算结束信托项目 | 项目个数 | 实收信托合计金额(万元) | 加权平均实际年化信托报酬率(%) | 加权平均实际年化收益率(%) |
|---|---|---|---|---|
| 证券投资类 | 4 | 51 588.00 | 0.91 | -8.35 |
| 股权投资类 | 2 | 13 632.00 | 5.51 | 6.44 |
| 融资类 | 112 | 1 561 446.70 | 1.52 | 4.89 |
| 事务管理类 | 2 | 6 075.00 | 0 | 0 |

6.4.2.2.3 本年度已清算结束的被动管理型信托项目个数、实收信托合计金额、加权平均实际年化收益率

| 已清算结束信托项目 | 项目个数 | 实收信托合计金额(万元) | 加权平均实际年化信托报酬率(%) | 加权平均实际年化收益率(%) |
|---|---|---|---|---|
| 证券投资类 | 0 | 0 | 0 | 0 |
| 股权投资类 | 0 | 0 | 0 | 0 |
| 融资类 | 0 | 0 | 0 | 0 |
| 事务管理类 | 84 | 2 396 360.00 | 0.09 | 4.18 |

6.4.2.3 本年度新增的集合类、单一类和财产管理类信托项目个数、实收信托合计金额

单位:万元

| 新增信托项目 | 项目个数 | 实收信托合计金额 |
|---|---|---|
| 集合类 | 52 | 588 825.00 |
| 单一类 | 160 | 2 357 472.60 |
| 财产管理类 | 5 | 200 000.00 |
| 新增合计 | 217 | 3 146 297.60 |
| 其中:主动管理型 | 214 | 3 116 297.60 |
| 被动管理型 | 3 | 30 000.00 |

6.4.2.4 本公司履行受托人义务情况及因本公司自身责任而导致的信托资产损失情况(合计金额、原因等)

在报告期内公司作为受托人严格按照《信托公司管理办法》等法规及信托合同规定严格履行受托责任,为信托资产安全和受益人利益尽职管理,未出现因本公司自身责任或其他原因导致信托资产损失情况。

## 6.5 关联方关系及其交易的披露

**6.5.1 关联交易方的数量、关联交易的总金额及关联交易的定价政策等**

单位:万元

| | 关联交易方数量 | 关联交易金额 | 定价政策 |
|---|---|---|---|
| 合计 | 2 | 33 613.30 | 有市场公允价格的按市场价格;没有市场价格或规定价格的,双方协商定价。 |

**6.5.2 关联交易方与本公司的关系性质、关联交易方的名称、法定代表人、注册地址、注册资本及主营业务等**

单位:万元

| 关系性质 | 关联方名称 | 法定代表人 | 注册地址 | 注册资本 | 主营业务 |
|---|---|---|---|---|---|
| 股东控股企业 | 大连港股份有限公司 | 孙　宏 | 大连市 | 442 600 | 国际、国内货物装卸、运输、中转、仓储等港口业务和物流服务,国际、国内航线船舶理货、拖轮业务,港口物流及港口信息技术咨询服务。 |
| 参股公司 | 大通证券股份有限公司 | 于宏民 | 大连市 | 220 000 | 证券经纪,证券投资咨询,与证券交易、证券投资活动有关的财务顾问,证券承销,证券自营,证券资产管理,为期货公司提供中间介绍业务,证券投资基金销售业务。 |

**6.5.3　公司与关联方的重大交易事项**

6.5.3.1　固有与关联方交易情况

单位:万元

| 固有与关联方关联交易 | | | | |
|---|---|---|---|---|
| | 期初数 | 借方发生额 | 贷方发生额 | 期末数 |
| 贷款 | 0 | 0 | 0 | 0 |
| 投资 | 25 131.00 | 30 000.00 | 0 | 55 131.00 |
| 租赁 | 0 | 0 | 0 | 0 |
| 担保 | 0 | 0 | 0 | 0 |
| 应收账款 | 0 | 0 | 0 | 0 |
| 其他 | 0 | 0 | 0 | 0 |
| 合计 | 25 131.00 | 30 000.00 | 0 | 55 131.00 |

注:投资方式的关联交易期末数为2007年和2010年分别增资大通证券股份有限公司25 131.00万元及30 000.00万元。

6.5.3.2　信托与关联方交易情况

报告期内无相关情况。

6.5.3.3　信托公司自有资金运用于自己管理的信托项目(固信交易)、信托公司管理的信托项目之间的相互(信信交易)交易金额

6.5.3.3.1　固有与信托财产之间的交易金额期初汇总数、本期发生额汇总数、期末汇总数

单位:万元

| 固有财产与信托财产相互交易 | | | |
|---|---|---|---|
| | 期初数 | 本期发生额 | 期末数 |
| 合计 | 8 566.19 | −7 739.75 | 826.44 |

注:交易内容为2008年本公司作为一般受益人以固有资金加入自己管理的信托计划。

6.5.3.3.2　信托项目之间的交易金额期初汇总数、本期发生额汇总数、期末汇总数

报告期内无相关情况。

**6.5.4　逐笔披露关联方逾期未偿还本公司资金的详细情况以及本公司为关联方担保发生或即将发生垫款的详细情况**

报告期内未发生相关情况。

## 6.6　会计制度的披露

固有业务、信托业务会计制度均执行2006年2月15日颁布的《企业会计准则》。

# 7. 财务情况说明书

## 7.1　利润实现和分配情况

(1)利润总额55 228.31万元;
(2)企业所得税12 445.82万元;
(3)净利润42 782.49万元;
(4)年初未分配利润39 401.26万元;
(5)提取法定盈余公积4 278.25万元;
(6)提取信托赔偿准备金2 139.12万元;
(7)提取一般风险准备1 714.45万元;
(8)分配2009年度股东红利24 200.00万元;
(9)期末未分配利润49 851.93万元。

## 7.2　主要财务指标

| 指标名称 | 指标值 |
|---|---|
| 资本利润率(%) | 15.10 |
| 加权年化信托报酬率(%) | 0.82 |
| 人均净利润(万元/人) | 359.52 |

## 7.3　对公司财务状况、经营成果有重大影响的其他事项

报告期内无上述情况。

# 8. 特别事项揭示

## 8.1　前五名股东报告期内变动情况及原因

报告期内无变动。

## 8.2　董事、监事及高级管理人员变动情况及原因

报告期内,公司第八届董事会届满,股东大会选举产生了第九届董事会,董永成先生、张凤阁先生、周昱今先生、姜顺杰先生、刘辉先生、王兰山先生、李淑英女士、周树立先生、张丽女士当选为第九届董事会董事。

公司第八届监事会届满,股东大会选举产生了第九届监事会,杨家思先生、初文博先生、臧冬青女士当选为第九届监事会监事。

公司2010年第四次临时董事会聘任黄铎先生为总裁,崔相斌先生、王瑾女士、付绍波先生为副总裁,郭岩女士为副总裁、董事会秘书,王伟廷先生为副总裁、财务总监。

## 8.3　公司的重大诉讼事项

报告期内无重大诉讼事项。

## 8.4　公司及其董事、监事和高级管理人员受到处罚的情况

报告期内公司及其董事、监事和高级管理人员未受到

处罚。

### 8.5　银监会及其派出机构对公司检查后提出整改意见的，应简单说明整改情况

2010年6月和12月，大连银监局分别对公司进行了信政及银信合作业务、房地产业务专项检查，并出具了检查意见书，对公司坚持审慎合规经营、强化风险控制、提高自主管理能力建设等方面给予了肯定，同时提出了加强政府平台公司贷款后续监测、完善房地产资产权益投资业务制度建设等指导意见。根据大连银监局检查意见，公司认真研究整改措施，制订了书面整改方案，并组织人员逐项落实了整改。

### 8.6　本年度重大事项临时报告的简要内容、披露时间、所披露的媒体及其版面

2010年3月31日在《中国证券报》B05版刊发关于公司增资扩股的公告。

### 8.7　银监会及其省级派出机构认定的其他有必要让客户及相关利益人了解的重要信息

报告期内无上述事项。

## 9. 公司监事会意见

监事会认为，报告期内，公司在经营活动中能够遵守《中华人民共和国公司法》、《中华人民共和国信托法》、《信托公司管理办法》等国家法律、法规和公司章程的相关规定。公司2010年财务报告真实、客观、准确地反映了公司的财务状况和经营成果。

# 东莞信托有限公司

## 1. 重要提示

1.1 本公司董事会及董事保证本报告所载资料不存在任何虚假记载、误导性陈述或者重大遗漏，并对其内容的真实性、准确性和完整性承担个别及连带责任。本年度报告摘要摘自年度报告全文，客户及相关利益人欲了解详细内容，应阅读年度报告全文。

1.2 本公司独立董事陆磊，因公务未能出席第三届董事会第八次会议，书面委托独立董事彭志坚代为行使表决权。

1.3 本公司独立董事彭志坚声明：保证本年度报告真实、准确和完整。

1.4 本公司2010年度财务报告经中审亚太会计师事务所有限公司审计，并出具了标准无保留意见的审计报告。

1.5 本公司董事长何锦成、总经理丁暖容及财务负责人陈建锋声明：保证年度报告中财务会计报告的真实、完整。

## 2. 公司概况

### 2.1 公司简介

| 法定中文名称及缩写 | 东莞信托有限公司/东莞信托 |
|---|---|
| 英文名称及缩写 | Dongguan Trust Co.,Ltd./DGTC |
| 法定代表人 | 何锦成 |
| 注册地址 | 东莞市城区旗峰路98号福民购物广场12楼 |
| 邮政编码 | 523008 |
| 公司国际互联网网址 | http://www.dgxt.com |
| 电子信箱 | bgs@dgxt.com |
| 信息披露事务负责人 | 刘绮澜 |
| 信息披露事务人 | 姓名：冯杰 |
| | 联系电话：(0769)22312322 |
| | 传真：(0769)22389630 |
| | 电子信箱：fj@dgxt.com |

续表

| 公司年报信息披露报纸 | 《金融时报》 |
|---|---|
| 公司年报备置地点 | 东莞市城区旗峰路98号福民购物广场12楼 |
| 公司聘请的会计师事务所 | 名称：中审亚太会计师事务所有限公司 |
| | 住所：北京市海淀区复兴路47号天行建商务大厦22～23层 |
| 公司聘请的律师事务所 | 名称：广东赋诚律师事务所 |
| | 住所：东莞市莞城区旗峰路162号中侨大厦B座23楼 |

### 2.2 组织结构

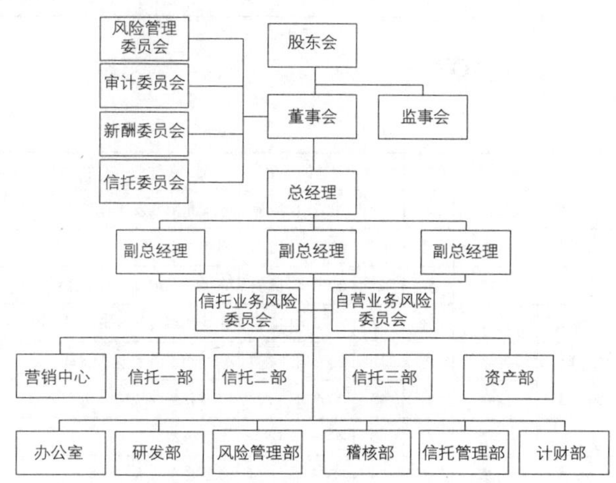


注：经本公司2011年1月30日召开的第三届董事会第六次会议审议通过，同意公司调整部门设置，增设"营销中心"，"理财部"更名为"信托管理部"。

## 3. 公司治理结构

### 3.1 股东

报告期末，公司股东总数7家，主要股东为东莞市财信发展有限公司和东莞市财政局，合共持有本公司70%的股权，其中东莞市财信发展有限公司持股40%、东莞市财政局持股30%，其余5家股东持股比例均为6%。本公司主要股东的情况如下所示。

| 股东名称 | 持股比例(%) | 法定代表人 | 注册资本(万元) | 注册地址 | 主要经营业务 | 主要财务情况 |
|---|---|---|---|---|---|---|
| 东莞市财信发展有限公司 | 40 | 何锦成 | 40 000 | 东莞市莞城旗峰路福民购物广场11楼 | 物业投资、商业投资等 | 总资产260 086万元，总负债175 218万元，所有者权益84 868万元。 |
| 东莞市财政局 | 30 | 詹文光 | — | 东莞市鸿福路99号行政办事中心11楼 | — | — |

本公司第一大股东东莞市财信发展有限公司，是东莞市人民政府国有资产监督管理委员会全资拥有的企业。东莞市财信发展有限公司股东情况如下所示。

| 股东名称 | 出资比例(%) | 法人代表 | 注册资本 | 注册地址 | 主要经营业务及主要财务情况 |
|---|---|---|---|---|---|
| 东莞市人民政府国有资产监督管理委员会 | 100 | 梁建新 | — | 东莞市莞城区万寿路76号 | — |

### 3.2 董事

董事长、董事

| 姓　名 | 职　务 | 性别 | 年龄 | 选任日期 | 所推举的股东名称 | 该股东持股比例（%） | 简　要　履　历 |
|---|---|---|---|---|---|---|---|
| 何锦成 | 董事长 | 男 | 51 | 2009 年 12 月 | 东莞市财信发展有限公司 | 40 | 现任东莞市财信发展有限公司董事长、东莞信托有限公司董事长。 |
| 丁暖容 | 董事 | 男 | 46 | 2009 年 12 月 | 东莞市财信发展有限公司 | 40 | 现任东莞信托有限公司董事、总经理 |
| 陈锐康 | 董事 | 男 | 53 | 2009 年 12 月 | 东莞市财政局 | 30 | 现任东莞市财政局副局长。 |
| 王　标 | 董事 | 男 | 40 | 2009 年 12 月 | 东莞市财政局 | 30 | 现任东莞市会计核算中心主任。 |
| 陈尧燊 | 董事 | 男 | 67 | 2009 年 12 月 | 东莞市东糖集团有限公司 | 6 | 现任东莞市东糖集团有限公司董事长。 |
| 王镜光 | 董事 | 男 | 56 | 2009 年 12 月 | 东莞市经济贸易总公司 | 6 | 现任东莞市经济贸易总公司总经理。 |
| 朱海毅 | 董事 | 男 | 44 | 2009 年 12 月 | 广东福地科技总公司 | 6 | 现任广东福地科技总公司总经理。 |
| 王启波 | 董事 | 男 | 52 | 2010 年 3 月 | 东莞发展控股股份有限公司 | 6 | 现任东莞发展控股股份有限公司副董事长。 |

独立董事

| 姓　名 | 所在单位及职务 | 性别 | 年龄 | 选任日期 | 所推举的股东名称 | 该股东持股比例（%） | 简　要　履　历 |
|---|---|---|---|---|---|---|---|
| 彭志坚 | 广东省政协常委 | 男 | 62 | 2010 年 3 月 | 东莞市财信发展有限公司 | 40 | 现任广东省政协常委、经济委员会副主任。 |
| 陆　磊 | 广东金融学院副院长 | 男 | 40 | 2009 年 12 月 | 东莞市财信发展有限公司 | 40 | 现任广东金融学院副院长。 |

### 3.3 监事

监事会成员

| 姓　名 | 职　务 | 性别 | 年龄 | 选任日期 | 所推举的股东名称 | 该股东持股比例（%） | 简　要　履　历 |
|---|---|---|---|---|---|---|---|
| 王兆鹏 | 监事长 | 男 | 51 | 2009 年 12 月 | 东莞市财信发展有限公司 | 40 | 现任东莞市财信发展有限公司总经理、东莞信托有限公司监事长。 |
| 莫鹏飞 | 监事 | 男 | 47 | 2009 年 12 月 | 东莞市财政局 | 30 | 现任东莞市财政局经济建设科科长。 |
| 李锦生 | 监事 | 男 | 51 | 2009 年 12 月 | 东莞市东糖集团有限公司 | 6 | 现任东莞市东糖集团有限公司总经理。 |
| 张庆文 | 监事 | 男 | 42 | 2009 年 12 月 | 东莞发展控股股份有限公司 | 6 | 现任东莞发展控股股份有限公司总经理。 |
| 胡德新 | 监事 | 男 | 47 | 2009 年 12 月 | 东莞市经济贸易总公司 | 6 | 现任东莞市经济贸易总公司副总经理。 |
| 周杰峰 | 监事 | 男 | 43 | 2009 年 12 月 | 广东福地科技总公司 | 6 | 现任广东福地科技总公司行政办经理。 |
| 谭利玲 | 监事 | 女 | 46 | 2009 年 12 月 | 职工监事代表 | | 现任东莞信托有限公司稽核部经理。 |
| 吴惠仪 | 监事 | 女 | 34 | 2009 年 12 月 | 职工监事代表 | | 现任东莞信托有限公司信托一部经理。 |
| 罗炯亮 | 监事 | 男 | 33 | 2009 年 12 月 | 职工监事代表 | | 现任东莞信托有限公司研发部经理。 |

注：经 2011 年 4 月 6 日以通讯方式召开的东莞信托有限公司 2011 年股东会第六次临时会议审议通过，莫鹏飞同志不再担任本公司第三届监事会监事职务，同意姚慧怡同志担任本公司第三届监事会监事职务。

### 3.4 高级管理人员

| 姓名 | 职务 | 性别 | 年龄 | 选任日期 | 金融从业年限 | 学历 | 专业 |
|---|---|---|---|---|---|---|---|
| 丁暖容 | 总经理 | 男 | 46 | 2009 年 12 月 | 21 | 本科 | 应用数学 |
| 刘绮澜 | 副总经理 | 女 | 42 | 2009 年 12 月 | 18 | 本科 | 经济学 |
| 陈贺健 | 副总经理 | 男 | 48 | 2009 年 12 月 | 32 | 本科 | 金融学 |
| 郑建文 | 副总经理 | 男 | 38 | 2009 年 12 月 | 15 | 本科 | 国际经济法 |

### 3.5 公司员工

报告期内职工人数为 64 人，平均年龄 33 岁，学历分布：研究生学历占 7.81%，本科学历占 75%，专科学历占 15.63%，其他学历占 1.56%。

## 4. 经营管理

### 4.1 经营目标、方针、战略规划

#### 4.1.1 经营目标

以区域经济发展为依托，以促进区域发展、服务区域需要为目标，充分发挥信托行业优势和职能，构筑联结资本市场、货币市场和产业市场的金融理财平台，以效益为中心，建立科学的经营管理体系和风险控制体系，形成一支适应市场需求的专业理财团队，有效提升创新能力、风险控制能力和专业化水平，将公司建设成为管理高效、运作规范、内控严密、激励有效、效益良好的优秀金融企业。

#### 4.1.2 经营方针

秉承诚信、稳健、务实、创新的企业精神，坚持“受人之托、代人理财”、“以诚待人、以信立业”的经营理念，以市场为导向，

创新业务发展模式、创新盈利模式、创新盈利手段，树立公司品牌，实现公司规范、稳健、可持续发展。

4.1.3 战略规划

构建核心竞争力，使公司运作和经营与国际化接轨，树立区域信托品牌，在金融领域得到认可。

## 4.2 所经营业务的主要内容

### 4.2.1 自营资产运用与分布表

| 资产运用 | 金额(万元) | 占比(%) | 资产分布 | 金额(万元) | 占比(%) |
|---|---|---|---|---|---|
| 货币资产 | 4 121.44 | 4.11 | 基础产业 | | |
| 贷款及应收款 | 46 010.31 | 45.84 | 房地产业 | | |
| 交易性金融资产 | | | 证券市场 | 33 450.84 | 33.32 |
| 可供出售金融资产 | 33 450.84 | 33.32 | 实业 | 7 705.56 | 7.68 |
| 持有至到期投资 | | | 金融机构 | 8 236.14 | 8.20 |
| 长期股权投资 | 15 941.7 | 15.88 | 其他 | 50 987.97 | 50.80 |
| 其他 | 856.22 | 0.85 | | | |
| 资产总计 | 100 380.51 | 100.00 | 资产总计 | 100 380.51 | 100.00 |

### 4.2.2 信托资产运用与分布表

| 资产运用 | 金额(万元) | 占比(%) | 资产分布 | 金额(万元) | 占比(%) |
|---|---|---|---|---|---|
| 货币资产 | 22 679.62 | 1.53 | 基础产业 | 369 424.60 | 25.00 |
| 贷款 | 1 120 375.32 | 75.81 | 房地产 | 135 860.00 | 9.19 |
| 交易性金融资产 | 93 443.16 | 6.32 | 证券市场 | 39 036.52 | 2.64 |
| 可供出售金融资产 | 0.00 | 0.00 | 实业 | 223 720.00 | 15.14 |
| 持有至到期投资 | 0.00 | 0.00 | 金融机构 | 0.00 | 0.00 |
| 长期股权投资 | 127 497.00 | 8.63 | 其他 | 709 769.66 | 48.03 |
| 其他 | 113 815.68 | 7.71 | | | |
| 信托资产总计 | 1 477 810.78 | 100.00 | 信托资产总计 | 1 477 810.78 | 100.00 |

## 4.3 市场分析

### 4.3.1 影响公司业务发展的主要因素

4.3.1.1 有利因素

(1)私人财富的快速增长为信托理财提供坚实市场需求基础。伴随着中国经济的持续快速发展，中国私人财富增长迅速，高净值人士数量快速增加，2007年“新两规”实施以来，信托公司规范发展，其功能价值和信托产品的社会认同度不断提升，逐步培育了自己的中高端客户群。根据福布斯和建设银行发布的《2010年中国私人财富报告》，2010年末，1 000万元资产以上的高净值人士有38.3万人，波士顿咨询公司预测，未来十年，中国中产阶级及富裕消费者数量将从1.5亿增长到4亿以上，可以预见，高净值人士对资产配置、分配、传承的需求将不断增长，为信托公司的功能优势发挥提供广阔的市场。

(2)区位优势明显。公司地处享有“金融绿洲”之美誉的东莞，东莞藏富于民，经济活跃，政府财政实力强，为公司的业务发展提供良好的区位环境，公司的市场化转型初见成效。

4.3.1.2 不利因素

(1)资本市场监管政策的不均等化大大削弱了信托公司的功能优势，加大了信托公司业务创新的风险。如信托公司不能开立股指期货账户(包括自营及信托计划)、信托计划被暂停开立证券专项账户(同样具有资金集聚性质的有限合伙企业、证券公司集合资产管理计划、基金公司专户理财均可以)、信托计划资金不能参与股票定向增发、信托计划不能作为拟上市企业的发起人股东(与信托同样具备财产独立性质的公司和有限合伙企业无限制)等，使信托公司开展诸如证券市场业务、私人股权投资业务、金融套利产品等困难重重，逼着信托公司通过一些灰色的设计进行绕道变通，增加了信托公司开展业务的合规性风险，不利于信托产品投资者的利益保护，信托公司所谓联结货币市场、资本市场、产业市场的业务功能优势无从发挥。

(2)包括信托计划的税收(信托计划及投资者)政策、信托财产登记、对独立的信托业法规的缺失(覆盖开展信托业务的全部机构)等信托业的相关配套法规迟迟未能出台，使信托公司不能形成稳定的发展预期，容易导致信托公司短期化的经营行为。

## 4.4 内部控制概况

### 4.4.1 内部控制环境和内部控制文化

内部控制是现代企业管理的基石，是促进公司安全、稳健、高效发展，防范和控制各种风险的基本要求，建立科学、合理、有效的内部控制体系是我们追求的目标。2010年，公司已按照现代企业制度要求建立了符合公司发展需要的组织结构和运行机制。

内部控制环境:公司组织机构包括股东会、董事会、监事会、经营管理层及相关专业委员会。各机构根据《公司法》及公司章程规定行使相关职责，并制定了《风险管理委员会工作细则》、《审计委员会工作细则》、《薪酬委员会工作细则》、《信托委员会工作细则》，明确了各自的议事方式和表决程序。

公司设立了风险管理委员会，对董事会负责;在经营管理层设有信托业务风险控制委员会、自营业务风险控制委员会、风险管理部及稽核部构成的风险管理组织架构。各主体根据其风险管理的职责对公司各项业务的事前、事中和事后风险开展不同层面的管理。

2010年公司修订了《东莞信托有限公司员工薪酬管理办法(修订)》、《信托业务风险控制委员会工作制度》、《自营业务风险控制委员会工作制度》、《费用管理办法》、《实物管理办法》、《反洗钱工作制度》等管理办法;制定了《授权管理办法》、《自营业务审批操作规程》、《自营证券投资风险管理小组工作规定》、《自营期货业务管理办法》、《全国银行间同业拆借系统管理办法》、《个人贷款管理办法》、《流动资金贷款管理办法》、《固定资产贷款管理办法》等管理制度，已建立了较为完善的内部控制制度。

内部控制文化:公司已建立了以风险管理为核心的企业文化。2010年，逐步完善了董事、监事、高级管理层的考核制度及人事管理制度，包括《劳动人事管理办法》、《职工行为规范》、《考核奖励办法》、《部门考核实施细则》等，有利于考核激励机制的进一步完善。2010年，公司极力打造企业文化建设，召开多种形式的培训及座谈会，挖掘企业文化内涵，强调人人合规理念，强调规范经营。通过内部控制这种“法治”和企业文化这种“德治”的有机结合，进一步提高公司的经营效益和效率，提高公司管理水平。

4.4.2 内部控制措施

公司的内部控制制度由组织架构、业务管理制度、授权制度、资金管理制度、会计系统、计算机应用系统及保密、人事管理、稽核内审等方面构成，通过有效建立防火墙，做到事前防范、事中控制、事后监督和纠正，形成操作、决策、稽核与评价相互监督和纠正的内部约束机制。

2010 年，公司通过完善各项内控制度，在全员范围内推广企业文化建设，完善法人治理，加强人力资源管理，明确各部门岗位责任，强化风险管理职能，进一步加强对事中风险的控制和事后监督，加强各项业务的合规性审查，加快业务流程的改造等措施，进一步完善公司的内控制度和提升公司风险管理能力。

4.4.3 监督评价与纠正

公司建立了以风险管理部和稽核部为核心的内部控制监督、评价机制。

稽核部通过常规性稽核和专项稽核，对公司业务活动、财务收支、资金流转、经济效益、执行内控情况等进行全面的现场稽核、评价，对存在的问题提出整改措施，并结合公司业务发展和监管要求，对公司各项制度提出修订和更新意见；风险管理部加强对业务流程设置进行梳理和评价，定期出具风险分析报告，及时修订、更新公司各项业务制度，使内控制度建设不断完善。

## 4.5 风险管理概况

4.5.1 信用风险状况及其管理策略

4.5.1.1 信用风险状况

主要表现为交易对手违约造成的风险，自营业务的信用风险主要来自于自营贷款、表外担保业务，信托业务的信用风险主要来自于信托贷款、财产租赁和带回购及结构化的股权投资、股权收益权投资等。

截至 2010 年 12 月末，公司自营贷款余额为 45 900 万元，比上年增加 14 300 万元，上升 45.25%；信托贷款余额为 1 120 375万元，比上年增加 328 411 万元，增幅 41.47%；信托财产租赁余额为 871 万元，与上年持平；信托投资中，带回购的股权投资余额为 42 000 万元，与上年相比增幅为 100%；结构化的股权投资余额为 35 230 万元，比上年增加 15 000 万元，增幅 74.15%；带回购的股权收益权余额为 90 130 万元，比上年增加 30 450 万元，增幅 51.02%；自营表外担保余额为 0，比年初减少了 1 800 万元。

对信用风险，公司不断完善业务的决策流程及操作流程，并针对不同业务的交易对象进行严格的准入审核，加强对客户的尽职调查，对交易对手进行事前、事中、事后的监测、检查、评价，逐步形成交易对手的信用记录，降低其违约风险。上述业务中，自营贷款除了 16 000 万元贷款为关注类资产外，其余均为正常类资产，关注类资产较上年减少 5 200 万元，下降 24.53%，自营贷款不良率为 0。信托贷款中，关注类资产为 32 501万元，较上年同期减少 1 650 万元；次级类资产为 5 000 万元，与上年同期持平；可疑类和损失类资产均为 0；信托贷款的不良率为 0.45%。上述业务中，除了个别贷款按审慎原则列入关注和次级以外，其他业务运作正常，风险可控，都归入正常类资产。

4.5.1.2 信用风险管理

对于信用风险的控制，公司对不同业务的交易对象制定了相关的审核制度。对交易对象进行深入的信用调查与分析，形成尽职调查报告提交自营或信托业务风险控制委员会审议，按照审贷分离及董事会确定的授权审批原则，逐级对贷款项目进行评审；要求贷款客户提供保证、抵押或质押担保，严格落实贷款担保措施，客观、公正地评估抵（质）押物，合理确定抵（质）押率，并按法律要求办理相应的抵（质）押登记手续；通过风险管理部及自营和信托风险控制委员会对项目的合规性和风险评估进行事前控制；通过项目实施过程中的业务跟踪及定期的资产五级分类进行风险事中控制；通过稽核与评价进行事后控制；公司通过提取信托赔偿准备金和计提损失准备金来提高抵御风险的能力。

4.5.2 市场风险状况及其管理策略

4.5.2.1 市场风险状况

主要表现为受国家宏观政策影响及公司自身对因宏观政策变化的应变能力、投资管理能力不足导致的风险，包括证券市场风险、利率风险、汇率风险等方面。自营、信托业务的市场风险主要来自证券投资业务。

2010 年，公司充分总结 2009 年证券投资的经验，不断完善证券投资的决策体系、风险管理机制，完善股票投资选择标准和风险止损、止盈点设置，严格执行证券投资业务有关比例限制，把握住了证券市场的行情，使证券投资业务实现了较好的投资收益。

（1）自营证券投资业务。自营证券投资主要是证券一级、二级市场股票投资、基金投资及委托基金公司的专户理财。截至 2010 年 12 月末，公司自营证券投资成本 22 015.57 万元，市值 31 700.84 万元，实现投资收益 1 755.15 万元，浮动盈利 2 595.72 万元，全年证券投资增值 4 350.87 万元，累计浮动盈利 9 685.27 万元。其中一级市场股票累计投资 2 804 万元，已全部变现，实现投资收益 1 055.88 万元；二级市场股票投资成本 12 015.57 万元，市值 16 298.73 万元，浮盈 4 283.16 万元，实现投资收益 636.15 万元；专户理财投资成本 10 000 万元，市值 15 402.11 万元，浮盈 5 402.11 万元，实现投资收益 0.12 万元。上证综合指数至 2010 年 12 月 31 日止收报 2 808.08点，比 2009 年末 3 277.14 点下降了 14.31%。自营证券类投资至 2010 年 12 月 31 日止整体跑赢上证综指表现，其中，自营股票投资收益单年收益率 15.75% 则优于上证综合指数 30.06 个百分点。

（2）信托证券投资业务。截至 2010 年 12 月末，信托资金投资证券余额为 39 036.52 万元，其中股票投资为 7 947.71 万元，股票投资成本 8 357.83 万元，公允价值变动 -410.12 万元；债券投资为 31 088.81 万元（包括买入返售债券），债券成本 31 032.58 万元，公允价值变动 56.23 万元。2010 年股票投资实现投资收益 325.68 万元，买入返售债券利息收入 822.23 万元，债券投资收益 1 037.13 万元。2010 年末上证指数比上年同期下跌 14.31%。各证券类信托计划的净值（第四季分配前）变化分别为：金汇信托计划已赎回全部信托份额；赤瓦居信托计划单位净值 1.048 元（至报告日已结束）；日金信托计划单位净值为 1.089 元。

4.5.2.2 市场风险管理

（1）证券风险管理：公司在 2010 年初设立研发部，加大了市场研发力度，引进了证券人才，进一步加强了对证券市场的研发力度和决策水平。公司继续完善证券投资的决策体系、风险管理机制，制定了自营证券投资风险管理小组和投资决策小组的工作规定以及自营证券、证券投资信托业务等管理办法，证券投资部门严格执行投资授权，通过完善股票投资选择标准和风险预警、止损、止盈点设置，严格执行证券投资业务有关比例限制，采用投资组合的方式，在证券类信托计划中采取结构化信用增级方式等手段分散和降低证券投资的市场风险，并通过与证券研究机构和券商合作，加强对市场及上市公司的研究、分析能力，提高决策水平。

(2)利率风险管理：加强对国家宏观经济政策的研究分析，及时调整资产配置，按照贷款客户的资信状况，执行差异化的利率定价，提高对固定收益类金融产品的风险定价分析能力，防范债券投资因利率的频繁波动导致的估值风险。

**4.5.3　操作风险状况及其管理策略**

4.5.3.1　操作风险状况

操作风险是指公司由于内部程序、系统的不完善或操作失误而产生的风险。2010年公司没有因内部程序、系统不完善，人员操作失误而造成损失的情况发生。

4.5.3.2　操作风险管理

公司通过不断完善内控制度和修订业务操作流程，使业务操作规范化、流程化。2010年，公司修订了《信托业务风险控制委员会工作制度》、《自营业务风险控制委员会工作制度》、《费用管理办法》、《实物管理办法》、《资金管理办法》和《反洗钱工作管理办法》，制定了《东莞信托有限公司会计基础工作规范》、《自营业务审批操作规程》、《自营证券投资风险管理小组工作规定》、《自营证券投资决策小组工作规定》、《授权管理办法》等各项规章制度。2010年，公司推进了证券投资管理系统、业务管理系统、档案管理系统建设，进一步优化、细化业务流程，加强对各项业务事前、事中的风险监控和预警，构建事前、事中、事后的风险控制体系。

**4.5.4　流动性风险状况及其管理策略**

截至2010年12月末，公司流动性资产合计为23 449万元，流动性负债为3 640万元，流动性比例高达644.26%，不存在流动性的风险问题。目前公司的其他负债主要是应付税金及应付职工薪酬支出等，不存在对外举债，公司自有资产保持了相当的流动性。

**4.5.5　法律风险、声誉风险状况及其管理策略**

4.5.5.1　法律风险、声誉风险状况

2010年，公司能够遵守相关法律、法规要求，合规经营，未发生诉讼案件及被监管部门行政处罚情况；公司管理的信托资产规模实现较快增长，公司的市场认同度不断增加；提前结束的两个信托计划能够向投资者充分披露提前结束原因并得到投资者的理解，做到及时清算和向投资者分配信托本金和收益，公司没有发生到期无法支付或提前支付所带来的声誉损失。

4.5.5.2　法律风险和声誉风险管理

公司加强与监管部门沟通，了解监管政策动向，及时跟踪法律、法规的最新进展，修订完善各项制度，使公司经营依法合规，忠实履行受托人义务，保障委托人、受益人利益，按信托文件及时向受益人返还信托财产，加强对委托人的风险适应性调查，向合格委托人推介适合的信托产品，防范因受托责任履行而引致的诉讼风险，造成公司的声誉损失。公司聘请广东赋诚律师事务所作为公司的法律顾问，该公司现有执业律师60名，在东莞本地行业排名前列，为公司法律事务提供了专业到位的意见。

## 5. 报告期末及上年末的比较式会计报表

### 5.1　自营资产

**5.1.1　会计师事务所审计意见全文**

**审 计 报 告**

中审亚太审字〔2011〕010307号

东莞信托有限公司全体股东：

我们审计了后附的东莞信托有限公司（以下简称“贵公司”）的财务报表，包括2010年12月31日的资产负债表，2010年度的利润表、股东权益变动表、现金流量表及东莞信托有限公司财务报表附注。

一、管理层对财务报表的责任

按照企业会计准则的规定编制财务报表是贵公司管理层的责任。这种责任包括：(1)设计、实施和维护与财务报表编制相关的内部控制，以使财务报表不存在由于舞弊或错误而导致的重大错报；(2)选择和运用恰当的会计政策；(3)作出合理的会计估计。

二、注册会计师的责任

我们的责任是在实施审计工作的基础上对财务报表发表审计意见。我们按照中国注册会计师审计准则的规定执行了审计工作。中国注册会计师审计准则要求我们遵守职业道德规范，计划和实施审计工作以对财务报表是否不存在重大错报获取合理保证。

审计工作涉及实施审计程序，以获取有关财务报表金额和披露的审计证据。选择的审计程序取决于注册会计师的判断，包括对由于舞弊或错误导致的财务报表重大错报风险的评估。在进行风险评估时，我们考虑与财务报表编制相关的内部控制，以设计恰当的审计程序。审计工作还包括评价管理层选用会计政策的恰当性和作出会计估计的合理性，以及评价财务报表的总体列报。

我们相信，我们获取的审计证据是充分、适当的，为发表审计意见提供了基础。

三、审计意见

我们认为，贵公司财务报表已经按照企业会计准则的规定编制，在所有重大方面公允反映了贵公司2010年12月31日的财务状况以及2010年度的经营成果和现金流量。

中审亚太会计师事务所有限公司

中国注册会计师：曹广娜

中国注册会计师：龚静伟

中国·北京　　　　二〇一一年三月二十五日

### 5.1.2 资产负债表

**资产负债表**

单位：东莞信托有限公司　　2010 年 12 月 31 日　　单位：万元

| 序号 | 资　产 | 注释号 | 期末余额 | 年初余额 | 序号 | 负债及所有者权益 | 注释号 | 期末余额 | 年初余额 |
|---|---|---|---|---|---|---|---|---|---|
| 1 | 资产： | | | | 27 | 负债： | | | |
| 2 | 货币资金 | 8. 1 | 4 121. 44 | 992. 33 | 28 | 拆入资金 | | — | — |
| 3 | 其中：现金 | | 3. 46 | 3. 91 | 29 | 交易性金融负债 | | — | — |
| 4 | 存放同业款项 | | 4 009. 95 | 985. 63 | 30 | 衍生金融负债 | | | — |
| 5 | 其他货币资金 | | 108. 03 | 2. 79 | 31 | 应付账款 | | — | — |
| 6 | 交易性金融资产 | 8. 2 | — | 10 133. 11 | 32 | 应付职工薪酬 | 8. 12 | 2 456. 26 | 1 422. 92 |
| 7 | 衍生金融资产 | | — | — | 33 | 应交税费 | 8. 13 | 1 182. 75 | 1 474. 89 |
| 8 | 买入返售金融资产 | | — | — | 34 | 应付股利 | | — | — |
| 9 | 应收信托手续费 | 8. 3 | 427. 92 | 1 176. 88 | 35 | 其他应付款 | 8. 14 | 0. 73 | 5. 55 |
| 10 | 应收股利 | | — | — | 36 | 预计负债 | | — | — |
| 11 | 应收利息 | | — | — | 37 | 递延所得税负债 | 8. 15 | 2 421. 32 | 1 772. 39 |
| 12 | 其他应收款 | 8. 4 | 2. 39 | 714. 75 | 38 | 负债合计 | | 6 061. 06 | 4 675. 75 |
| 13 | 贴现资产 | | | | 39 | | | | — |
| 14 | 拆出资金 | | — | — | 40 | | | | — |
| 15 | 发放贷款 | 8. 5 | 45 580. 00 | 31 176. 00 | 41 | | | | — |
| 16 | 抵债资产 | | — | — | 42 | 所有者权益： | | | — |
| 17 | 持有至到期投资 | | — | — | 43 | 实收资本 | 8. 16 | 50 000. 00 | 50 000. 00 |
| 18 | 可供出售金融资产 | 8. 6 | 33 450. 84 | 31 192. 54 | 44 | 资本公积 | 8. 17 | 7 263. 95 | 5 304. 98 |
| 19 | 长期股权投资 | 8. 7 | 15 941. 70 | 14 263. 94 | 45 | 盈余公积 | 8. 18 | 8 328. 80 | 6 924. 70 |
| 20 | 固定资产 | 8. 8 | 603. 34 | 642. 58 | 46 | 一般风险准备 | 8. 19 | 965. 79 | 898. 21 |
| 21 | 在建工程 | | | | 47 | 信托赔偿准备 | 8. 20 | 3 710. 64 | 3 008. 58 |
| 22 | 无形资产 | 8. 9 | 163. 55 | 75. 28 | 48 | 未分配利润 | 8. 21 | 24 050. 27 | 19 682. 95 |
| 23 | 长期待摊费用 | 8. 10 | 9. 33 | 21. 76 | 49 | 所有者权益合计 | | 94 319. 45 | 85 819. 42 |
| 24 | 递延所得税资产 | 8. 11 | 80. 00 | 106. 00 | 50 | | | | — |
| 25 | | | | | 51 | | | | — |
| 26 | 资产总计 | | 100 380. 51 | 90 495. 17 | 52 | 负债及所有者权益总计 | | 100 380. 51 | 90 495. 17 |

公司负责人：何锦成　　会计机构负责人：陈建锋

### 5.1.3 利润及利润分配表

**利润表**

制表单位：东莞信托有限公司

开始日期：2010 年 1 月 1 日　　2010 年 12 月 31 日　　单位：万元

| 序号 | 项　目 | 注释号 | 本期数 | 上期数 |
|---|---|---|---|---|
| 1 | 一、营业收入 | 8. 22 | 24 483. 60 | 19 157. 98 |
| 2 | 利息净收入 | | 5 730. 04 | 3 999. 28 |
| 3 | 利息收入 | | 5 730. 04 | 3 999. 28 |
| 4 | 利息支出 | | 0. 00 | 0. 00 |
| 5 | 手续费及佣金净收入 | | 16 687. 84 | 6 385. 77 |
| 6 | 手续费及佣金收入 | | 16 687. 84 | 6 385. 77 |
| 7 | 手续费及佣金支出 | | 0. 00 | 0. 00 |
| 8 | 投资收益（损失以“-”号填列） | 8. 23 | 2 081. 97 | 7 523. 79 |
| 9 | 其中：对联营企业合营企业的投资收益 | | 272. 75 | 162. 75 |
| 10 | 公允价值变动损益（损失以“-”号填列） | | -16. 25 | 120. 20 |
| 11 | 汇兑损益（损失以“-”填列） | | 0. 00 | 0. 00 |
| 12 | 其他业务收入 | | 0. 00 | 1 128. 94 |
| 13 | 二、营业支出 | 8. 24 | 6 064. 17 | 3 908. 52 |
| 14 | 营业税金及附加 | 8. 25 | 1 351. 42 | 640. 41 |
| 15 | 业务及管理费 | 8. 26 | 4 816. 75 | 2 844. 11 |
| 16 | 资产减值损失 | 8. 27 | -104. 00 | 424. 00 |

续表

| 序号 | 项　　目 | 注释号 | 本期数 | 上期数 |
|---|---|---|---|---|
| 17 | 其他业务成本 | | 0.00 | 0.00 |
| 18 | 三、营业利润(亏损以"－"号填列) | | 18 419.43 | 15 249.46 |
| 19 | 加:营业外收入 | 8.28 | 298.73 | 6.10 |
| 20 | 减:营业外支出 | 8.29 | 37.72 | 203.60 |
| 21 | 四、利润总额(亏损总额以"－"号填列) | | 18 680.44 | 15 051.96 |
| 22 | 减:所得税费用 | 8.30 | 4 639.38 | 2 936.62 |
| 23 | 五、净利润(净亏损以"－"号填列) | | 14 041.06 | 12 115.34 |
| 24 | 六、其他综合收益 | 8.31 | 1 958.97 | 8 164.08 |
| 25 | 七、综合收益总额 | | 16 000.03 | 20 279.42 |

公司负责人:何锦成　　　　会计机构负责人:陈建锋

### 5.1.4　所有者权益变动表

**所有者权益变动表**

编制单位:东莞信托有限公司　　　　2010 年　　　　单位:万元

| 项　　目 | 行次 | 本年金额 | | | | | | |
|---|---|---|---|---|---|---|---|---|
| | | 股本 | 资本公积 | 盈余公积 | 赔偿准备 | 一般风险准备 | 未分配利润 | 股东权益合计 |
| 一、上年末余额 | 1 | 50 000.00 | 5 304.98 | 6 924.69 | 3 008.58 | 898.21 | 19 682.96 | 85 819.42 |
| 加:会计政策变更 | 2 | — | | | | | | — |
| 前期差错更正 | 3 | — | | | | | | — |
| 二、本年初余额 | 4 | 50 000.00 | 5 304.98 | 6 924.69 | 3 008.58 | 898.21 | 19 682.96 | 85 819.42 |
| 三、本期增减变动金额(减少以"－"号填列) | 5 | | 1 958.97 | 1 404.11 | 702.05 | 67.58 | 4 367.32 | 8 500.03 |
| (一)净利润 | 6 | | — | | | | 14 041.06 | 14 041.06 |
| (二)直接计入股东权益的利得和损失 | 7 | | 1 958.97 | | | | | 1 958.97 |
| 上述(一)和(二)小计 | 8 | | 1 958.97 | — | — | — | 14 041.06 | 16 000.03 |
| (三)股东投入和减少资本 | 9 | | | | | | | — |
| 1. 股东投入资本 | 10 | | | | | | | — |
| 2. 股份支付计入股东权益的金额 | 11 | | | | | | | — |
| 3. 其他 | 12 | | | | | | | — |
| (四)利润分配 | 13 | | | 1 404.11 | 702.05 | 67.58 | -9 673.74 | -7 500.00 |
| 1. 提取盈余公积 | 14 | | | 1 404.11 | — | — | -1 404.11 | — |
| 2. 提取一般风险准备 | 15 | | | — | 702.05 | 67.58 | -769.63 | — |
| 3. 对股东的分配 | 16 | | | — | — | — | -7 500.00 | -7 500.00 |
| 4. 其他 | 17 | | | | | | | — |
| (五)股东权益内部结转 | 18 | | | | | | | — |
| 1. 资本公积转增股本 | 19 | | | | | | | — |
| 2. 盈余公积转增股本 | 20 | | | | | | | — |
| 3. 盈余公积弥补亏损 | 21 | | | | | | | — |
| 4. 一般风险准备弥补亏损 | 22 | | | | | | | — |
| 5. 其他 | 23 | | | | | | | — |
| 四、期末余额 | 24 | 50 000.00 | 7 263.95 | 8 328.80 | 3 710.63 | 965.79 | 24 050.28 | 94 319.45 |

公司负责人:何锦成　　　　会计机构负责人:陈建锋

**所有者权益变动表**

编制单位:东莞信托有限公司　　　　2010 年　　　　单位:万元

| 项　　目 | 行次 | 上年金额 | | | | | | |
|---|---|---|---|---|---|---|---|---|
| | | 股本 | 资本公积 | 盈余公积 | 赔偿准备 | 一般风险准备 | 未分配利润 | 股东权益合计 |
| 一、上年末余额 | 1 | 50 000.00 | -2 859.10 | 5 922.61 | 2 507.54 | 661.30 | 18 902.20 | 75 134.55 |
| 加:会计政策变更 | 2 | — | | | | | | — |
| 前期差错更正 | 3 | — | | -209.45 | -104.73 | | -1 780.37 | -2 094.55 |
| 二、本年初余额 | 4 | 50 000.00 | -2 859.10 | 5 713.16 | 2 402.81 | 661.30 | 17 121.83 | 73 040.00 |
| 三、本期增减变动金额(减少以"－"号填列) | 5 | | 8 164.08 | 1 211.53 | 605.77 | 236.91 | 2 561.13 | 12 779.42 |
| (一)净利润 | 6 | | — | | | | 12 115.34 | 12 115.34 |
| (二)直接计入股东权益的利得和损失 | 7 | | 8 164.08 | | | | | 8 164.08 |

续表

| 项　　目 | 行次 | 上年金额 | | | | | | |
|---|---|---|---|---|---|---|---|---|
| | | 股本 | 资本公积 | 盈余公积 | 赔偿准备 | 一般风险准备 | 未分配利润 | 股东权益合计 |
| 上述(一)和(二)小计 | 8 | | 8 164.08 | — | — | — | 12 115.34 | 20 279.42 |
| (三)股东投入和减少资本 | 9 | | | | | | | — |
| 1. 股东投入资本 | 10 | | | | | | | — |
| 2. 股份支付计入股东权益的金额 | 11 | | | | | | | — |
| 3. 其他 | 12 | | | | | | | — |
| (四)利润分配 | 13 | | | 1 211.53 | 605.77 | 236.91 | -9 554.21 | -7 500.00 |
| 1. 提取盈余公积 | 14 | | | 1 211.53 | — | — | -1 211.53 | — |
| 2. 提取一般风险准备 | 15 | | | — | 605.77 | 236.91 | -842.68 | — |
| 3. 对股东的分配 | 16 | | | — | — | — | -7 500.00 | -7 500.00 |
| 4. 其他 | 17 | | | | | | | — |
| (五)股东权益内部结转 | 18 | | | | | | | — |
| 1. 资本公积转增股本 | 19 | | | | | | | — |
| 2. 盈余公积转增股本 | 20 | | | | | | | — |
| 3. 盈余公积弥补亏损 | 21 | | | | | | | — |
| 4. 一般风险准备弥补亏损 | 22 | | | | | | | — |
| 5. 其他 | 23 | | | | | | | — |
| 四、期末余额 | 24 | 50 000.00 | 5 304.98 | 6 924.69 | 3 008.58 | 898.21 | 19 682.96 | 85 819.42 |

公司负责人:何锦成　　　　会计机构负责人:陈建锋

## 5.2　信托资产

### 5.2.1　信托项目资产负债表

**信托项目资产负债表**

编制单位:东莞信托有限公司　　　　2010 年 12 月 31 日　　　　单位:万元

| 序号 | 资　　产 | 期末余额 | 期初余额 | 序号 | 负债及所有者权益 | 期末余额 | 期初余额 |
|---|---|---|---|---|---|---|---|
| 1 | 资产: | | | 27 | 负债: | | |
| 2 | 现金 | | | 28 | 拆入资金 | | |
| 3 | 存放同业款项 | 22 087.53 | 191 613.60 | 29 | 交易性金融负债 | | |
| 4 | 其他货币资金 | 592.08 | 9.89 | 30 | 衍生金融负债 | | |
| 5 | 交易性金融资产 | 93 443.16 | 150 955.57 | 31 | 应付账款 | | |
| 6 | 衍生金融资产 | — | — | 32 | 预收账款 | 26.00 | — |
| 7 | 买入返售金融资产 | 22 499.96 | — | 33 | 应付受益人收益 | — | — |
| 8 | 应收账款 | — | — | 34 | 应付受托人报酬 | 427.92 | 1 176.88 |
| 9 | 预付账款 | — | — | 35 | 应付托管费 | — | 10.17 |
| 10 | 应收手续费及佣金 | — | — | 36 | 应付销售及顾问费 | — | — |
| 11 | 应收股利 | — | — | 37 | 应交税费 | — | — |
| 12 | 应收利息 | 314.53 | 819.44 | 38 | 其他应付款 | 2 740.71 | 42.43 |
| 13 | 其他应收款 | — | — | 39 | 预计负债 | — | — |
| 14 | 拆出资金 | — | — | 40 | 递延所得税负债 | — | — |
| 15 | 发放贷款 | 1 120 375.32 | 791 964.53 | 41 | 其他负债: | — | — |
| 16 | 抵债资产 | — | — | 42 | 负债合计 | 3 194.63 | 1 229.48 |
| 17 | 持有至到期投资 | — | 2 520.00 | 43 | | | |
| 18 | 可供出售金融资产 | — | — | 44 | 所有者权益: | | |
| 19 | 长期股权投资 | 127 497.00 | 13 330.00 | 45 | 实收信托 | 1 439 683.38 | 1 172 581.79 |
| 20 | 投资性房地产 | 871.20 | 871.20 | 46 | 资本公积 | — | — |
| 21 | 固定资产 | — | — | 47 | 盈余公积 | — | — |
| 22 | 无形资产 | — | — | 48 | 外币报表折算差数 | — | — |
| 23 | 长期待摊费用 | — | — | 49 | 未分配利润 | 34 932.77 | 37 952.96 |
| 24 | 递延所得税资产 | — | — | 50 | 所有者权益合计 | 1 474 616.15 | 1 210 534.75 |
| 25 | 其他资产 | 90 130.00 | 59 680.00 | 51 | | | |
| 26 | 资产总计 | 1 477 810.78 | 1 211 764.23 | 52 | 负债及所有者权益总计 | 1 477 810.78 | 1 211 764.23 |

会计主管:郑伟文　　　　复核:郑伟文　　　　制表:周晓蕾

#### 5.2.2 信托项目利润及利润分配表

信托项目利润及利润分配表

编制单位:东莞信托有限公司 2010 年 单位:万元

| 序号 | 项 目 | 本年数 | 上年数 |
|---|---|---|---|
| 1 | 一、营业收入 | 86 451.43 | 73 609.84 |
| 2 | 利息收入 | 60 290.14 | 53 369.67 |
| 3 | 租赁收入 | 196.00 | 457.38 |
| 4 | 投资收益(损失以"-"号填列) | 25 940.42 | 18 350.27 |
| 5 | 其中:对联营企业合营企业的投资收益 | 0.00 | 0.00 |
| 6 | 公允价值变动损益(损失以"-"号填列) | -37.63 | 1 315.75 |
| 7 | 汇兑损益(损失以"-"填列) | 0.00 | 0.00 |
| 8 | 其他收入 | 62.50 | 116.77 |
| 9 | 二、营业支出 | 13 482.39 | 6 720.63 |
| 10 | 营业税金及附加 | 10.98 | 25.37 |
| 11 | 管理费用 | 13 471.41 | 6 695.26 |
| 12 | 资产减值损失 | | |
| 13 | 其他费用 | | |
| 14 | 三、信托净利润(亏损以"-"号填列) | 72 969.04 | 66 889.21 |
| 15 | 四、其他综合收益 | | |
| 16 | 五、综合收益(净亏损以"-"号填列) | 72 969.04 | 66 889.21 |
| 17 | 六、加:期初未分配信托利润 | 37 952.97 | 23 849.95 |
| 18 | 七、可供分配的信托利润 | 110 922.01 | 90 739.16 |
| 19 | 八、减:本期已分配信托利润 | 75 989.24 | 52 786.20 |
| 20 | 九、期末未分配信托利润 | 34 932.77 | 37 952.96 |

会计主管:郑伟文 复核:郑伟文 制表:周晓蕾

## 6. 会计报表附注

### 6.1 简要说明报告年度会计报表编制基准、会计政策、会计估计和核算方法发生的变化

无变化。

### 6.2 或有事项说明

本公司对外担保期初余额为 1 800 万元,期末余额为 0。

### 6.3 重要资产转让及其出售的说明

报告期内,本公司没有发生重要资产转让及出售。

### 6.4 会计报表中重要项目的明细资料

#### 6.4.1 披露自营资产经营情况

6.4.1.1 按信用风险五级分类结果披露信用风险资产的期初数、期末数

| 信用风险资产五级分类 | 正常类(万元) | 关注类(万元) | 次级类(万元) | 可疑类(万元) | 损失类(万元) | 信用风险资产合计(万元) | 不良合计(万元) | 不良率(%) |
|---|---|---|---|---|---|---|---|---|
| 期初数 | 15 080.05 | 21 200 | 0 | 0 | 0 | 36 280.05 | 0 | 0 |
| 期末数 | 34 448.29 | 16 000 | 0 | 0 | 0 | 50 448.29 | 0 | 0 |

注:不良资产合计=次级类+可疑类+损失类。

6.4.1.2 各项资产减值损失准备的期初、本期计提、本期转回、本期核销、期末数

单位:万元

| | 期初数 | 本期计提 | 本期转回 | 本期核销 | 期末数 |
|---|---|---|---|---|---|
| 贷款损失准备 | 424 | 0 | 104 | 0 | 320 |
| 一般准备 | 0 | 0 | 0 | 0 | |
| 专项准备 | 424 | 0 | 104 | 0 | 320 |
| 其他资产减值准备 | 0 | 0 | 0 | 0 | 0 |
| 可供出售金融资产减值准备 | 0 | 0 | 0 | 0 | 0 |
| 持有至到期投资减值准备 | 0 | 0 | 0 | 0 | 0 |
| 长期股权投资减值准备 | 0 | 0 | 0 | 0 | 0 |
| 坏账准备 | 0 | 0 | 0 | 0 | 0 |
| 投资性房地产减值准备 | 0 | 0 | 0 | 0 | 0 |

6.4.1.3 自营股票投资、基金投资、债券投资、股权投资等投资业务的期初数、期末数

单位:万元

| | 自营股票 | 基金 | 债券 | 长期股权投资 | 其他投资 | 合计 |
|---|---|---|---|---|---|---|
| 期初数 | 17 424.98 | 10 000 | 0 | 14 263.94 | 13 900.67 | 55 589.59 |
| 期末数 | 16 298.73 | 0 | 0 | 15 941.70 | 17 152.11 | 49 392.54 |

6.4.1.4 按投资入股金额排序,前三名的自营长期股权投资的企业名称、占被投资企业权益的比例及投资收益情况等(依大小顺序排列)

| 企业名称 | 占被投资企业权益的比例(%) | 投资损益(万元) |
|---|---|---|
| 1. 华联期货有限公司 | 44 | 272.75 |
| 2. 国投创新(北京)投资基金有限公司 | 7.69 | 0.00 |
| 3. 广发银行股份有限公司 | 0.0625 | 0.00 |

注:1. 2010 年 6 月 1 日东莞市华联期货有限责任公司更名为华联期货有限公司。
2. 2011 年 4 月 8 日广东发展银行股份有限公司更名为广发银行股份有限公司。

6.4.1.5 前三名的自营贷款的企业名称、占贷款总额的比例和还款情况等(依大小顺序排列)

| 企业名称 | 占贷款总额的比例(%) | 还款情况 |
|---|---|---|
| 1. 东莞市新世纪英才学校 | 34.86 | 未到期 |
| 2. 东莞市鸿高建设工程有限公司 | 32.68 | 未到期 |
| 3. 广东宏远集团有限公司 | 23.75 | 未到期 |

6.4.1.6 表外业务的期初数、期末数,按照代理业务、担保业务和其他类型表外业务分别披露

单位:万元

| 表外业务 | 期初数 | 期末数 |
|---|---|---|
| 担保业务 | 1 800 | 0.00 |
| 代理业务(委托业务) | 0.00 | 0.00 |
| 其他 | 0.00 | 0.00 |
| 合计 | 1 800 | 0.00 |

6.4.1.7　公司当年的收入结构

| 收入结构 | 金额（万元） | 占比（%） |
|---|---|---|
| 手续费及佣金收入 | 16 687.84 | 67.34 |
| 其中：信托手续费收入 | 12 979.02 | 52.37 |
| 投资银行业务收入 | 0.00 | 0.00 |
| 利息收入 | 5 730.04 | 23.12 |
| 其他业务收入 | 0.00 | 0.00 |
| 其中：计入信托业务收入部分 | 0.00 | 0.00 |
| 投资收益 | 2 081.97 | 8.40 |
| 其中：股权投资收益 | 308.75 | 1.25 |
| 证券投资收益 | 1 755.15 | 7.08 |
| 其他投资收益 | 18.07 | 0.07 |
| 公允价值变动收益 | -16.24 | -0.07 |
| 营业外收入 | 298.73 | 1.21 |
| 收入合计 | 24 782.33 | 100.00 |

报告年度实现信托业务收入总额12 979.02万元，其中以手续费及佣金确认的信托业务收入金额12 979.02万元。

**6.4.2　披露信托财产管理情况**

6.4.2.1　信托资产的期初数、期末数

单位：万元

| 信托资产 | 期初数 | 期末数 |
|---|---|---|
| 集合 | 86 542.15 | 269 357.51 |
| 单一 | 1 123 849.95 | 1 207 080.17 |
| 财产权 | 1 372.12 | 1 373.10 |
| 合计 | 1 211 764.22 | 1 477 810.78 |

6.4.2.1.1　主动管理型信托业务的信托资产期初数、期末数，分证券投资、股权投资、融资、事务管理类分别披露

单位：万元

| 主动管理型信托资产 | 期初数 | 期末数 |
|---|---|---|
| 证券投资类 | 20 986.24 | 39 967.76 |
| 股权投资类 | 12 738.75 | 82 191.25 |
| 融资类 | 1 124 116.81 | 1 268 524.10 |
| 事务管理类 | 50 000.30 | 500.62 |
| 合计 | 1 207 842.10 | 1 391 183.73 |

6.4.2.1.2　被动管理型信托业务的信托资产期初数、期末数，分证券投资、股权投资、融资、事务管理类分别披露

单位：万元

| 被动管理型信托资产 | 期初数 | 期末数 |
|---|---|---|
| 证券投资类 | 0.00 | 50 754.55 |
| 股权投资类 | 3 050.00 | 0.00 |
| 融资类 | 0.00 | 35 000.02 |
| 事务管理类 | 872.12 | 872.48 |
| 合计 | 3 922.12 | 86 627.05 |

6.4.2.2　本年度已清算结束的信托项目个数、实收信托合计金额、加权平均实际年化收益率

6.4.2.2.1　本年度已清算结束的集合类、单一类资金信托项目和财产管理类信托项目个数、实收信托金额、加权平均实际年化收益率

| 已清算结束信托项目 | 项目个数 | 实收信托合计金额（万元） | 加权平均实际年化收益率（%） |
|---|---|---|---|
| 集合类 | 2 | 30 000.00 | 7.50 |
| 单一类 | 13 | 1 178 219.67 | 2.94 |
| 财产管理类 | 0 | 0.00 | 0.00 |

6.4.2.2.2　本年度已清算结束的主动管理型信托项目个数、实收信托合计金额、加权平均实际年化收益率，分证券投资、股权投资、融资、事务管理类分别计算并披露

| 已清算结束信托项目 | 项目个数 | 实收信托合计金额（万元） | 加权平均实际年化信托报酬率（%） | 加权平均实际年化收益率（%） |
|---|---|---|---|---|
| 证券投资类 | 0 | 0 | 0.00 | 0.00 |
| 股权投资类 | 0 | 0.00 | 0.00 | 0.00 |
| 融资类 | 11 | 636 500.00 | 0.47 | 4.09 |
| 事务管理类 | 4 | 571 719.67 | 0.08 | 1.90 |

6.4.2.2.3　本年度已清算结束的被动管理型信托项目个数、实收信托合计金额、加权平均实际年化收益率，分证券投资、股权投资、融资、事务管理类分别计算并披露

| 已清算结束信托项目 | 项目个数 | 实收信托合计金额（万元） | 加权平均实际年化信托报酬率（%） | 加权平均实际年化收益率（%） |
|---|---|---|---|---|
| 证券投资类 | 0 | 0.00 | 0.00 | 0.00 |
| 股权投资类 | 0 | 0.00 | 0.00 | 0.00 |
| 融资类 | 0 | 0.00 | 0.00 | 0.00 |
| 事务管理类 | 0 | 0.00 | 0.00 | 0.00 |

6.4.2.3　本年度新增的集合类、单一类、财产管理类信托项目个数、实收信托合计金额

| 新增信托项目 | 项目个数 | 实收信托合计金额 |
|---|---|---|
| 集合类 | 15 | 204 810.00 |
| 单一类 | 25 | 758 688.00 |
| 财产管理类 | 0 | 0.00 |
| 新增合计 | 40 | 963 498.00 |
| 其中：主动管理型 | 36 | 848 498.00 |
| 被动管理型 | 4 | 115 000.00 |

6.4.2.4　本公司履行受托人义务情况及因本公司自身责任而导致的信托资产损失情况

报告期内，本公司没有发生因履行受托人义务情况及因本公司自身责任而导致的信托资产损失情况。

## 6.5　关联方关系及其交易的披露

**6.5.1　关联交易方的数量、关联交易的总金额及关联交易的定价政策等**

| | 关联交易方数量 | 关联交易金额（万元） | 定价政策 |
|---|---|---|---|
| 合计 | 13 | 325 690 | 按市场公允价格定价 |

6.5.2 关联交易方与本公司的关系性质、关联交易方的名称、法定代表人、注册地址、注册资本及主营业务等

| 关系性质 | 关联方名称 | 法定代表人 | 注册地址 | 注册资本 | 主营业务 |
|---|---|---|---|---|---|
| 本公司股东 | 东莞市财政局 | 詹文光 | 东莞市 | — | — |
| 本公司股东 | 东莞市财信发展有限公司 | 何锦成 | 东莞市 | 40 000 万元 | 物业投资、高新技术开发、商业投资等 |
| 本公司股东 | 东莞市经济贸易总公司 | 王镜光 | 东莞市 | 800 万元 | 自营和代理各类商品、技术进出口、仓储业务等 |
| 本公司股东 | 东莞市糖酒集团有限公司 | 叶志坚 | 东莞市 | 5 900 万元 | 自营和代理商业系统的商品出口、经营连锁企业、配送中心、批发商品等 |
| 本公司股东 | 东莞市东糖集团有限公司 | 陈尧燊 | 东莞市 | 51 813 万元 | 原糖加工和食糖生产贸易、热电能源、生物等 |
| 本公司股东 | 广东福地科技总公司 | 朱海毅 | 东莞市 | 39 800 万元 | 视屏、零配件、原材料生产等 |
| 本公司股东 | 东莞发展控股股份有限公司 | 尹锦容 | 东莞市 | 103 951.7 万元 | 东莞高速公路的投资、建设经营 |
| 联营企业 | 华联期货有限公司 | 陈照星 | 东莞市 | 10 000 万元 | 期货经纪 |
| 本公司股东的母公司 | 东莞市公路桥梁开发建设总公司 | 尹锦容 | 东莞市 | 18 500 万元 | 规划建设公路桥梁等 |
| 受同一股东控制 | 东莞市新远高速公路发展有限公司 | 尹锦容 | 东莞市 | 10 000 万元 | 投资、开发、经营、管理东莞市高速公路网 |
| 受同一股东控制 | 东莞市桥泰实业有限公司 | 莫树培 | 东莞市 | 100 万元 | 实业投资开发等 |
| 受同一股东控制 | 东莞市福地电子材料有限公司 | 王约庚 | 东莞市 | 1 000 万元 | 生产和销售电子、电子材料及制品 |
| 董事担任高级管理人员 | 东莞泽龙线缆有限公司 | 叶炽德 | 东莞市 | 365 万美元 | 生产和销售彩色装配用线缆 |

注：2010 年 6 月 1 日东莞市华联期货有限责任公司更名为华联期货有限公司。

6.5.3 本公司与关联方的重大交易事项

6.5.3.1 固有与关联方交易情况：贷款、投资、租赁、应收账款、担保、其他方式等期初汇总数、本期借方和贷方发生额汇总数、期末汇总数

单位：万元

| 固有与关联方关联交易 | | | | |
|---|---|---|---|---|
| | 期初数 | 借方发生额 | 贷方发生额 | 期末数 |
| 贷款 | 0 | 0 | 0 | 0 |
| 投资 | 0 | 0 | 0 | 0 |
| 租赁 | 0 | 0 | 0 | 0 |
| 担保 | 0 | 0 | 0 | 0 |
| 应收账款 | 0 | 0 | 0 | 0 |
| 其他 | 0 | 0 | 0 | 0 |
| 合计 | 0 | 0 | 0 | 0 |

6.5.3.2 信托与关联方交易情况：贷款、投资、租赁、应收账款、担保、其他方式等期初汇总数、本期借方和贷方发生额汇总数、期末汇总数

单位：万元

| 信托与关联方关联交易 | | | | |
|---|---|---|---|---|
| | 期初数 | 借方发生额 | 贷方发生额 | 期末数 |
| 贷款 | 301 340.00 | 38 000.00 | 15 400.00 | 323 940.00 |
| 投资 | 0 | 0 | 0 | 0 |
| 租赁 | 0 | 0 | 0 | 0 |
| 担保 | 0 | 0 | 0 | 0 |
| 应收账款 | 0 | 0 | 0 | 0 |
| 其他 | 0 | 0 | 0 | 0 |
| 合计 | 301 340.00 | 38 000.00 | 15 400.00 | 323 940.00 |

6.5.3.3 信托公司自有资金运用于自己管理的信托项目（固信交易）、信托公司管理的信托项目之间的相互（信信交易）交易金额，包括余额和本报告年度的发生额

6.5.3.3.1 固有与信托财产之间的交易金额期初汇总数、本期发生额汇总数、期末汇总数

单位：万元

| 固有财产与信托财产相互交易 | | | |
|---|---|---|---|
| | 期初数 | 本期发生额 | 期末数 |
| 合计 | 0 | 1 750.00 | 1 750.00 |

6.5.3.3.2 信托项目之间的交易金额期初汇总数、本期发生额汇总数、期末汇总数

单位：万元

| 信托资产与信托财产相互交易 | | | |
|---|---|---|---|
| | 期初数 | 本期发生额 | 期末数 |
| 合计 | 0 | 0 | 0 |

**6.5.4 逐笔披露关联方逾期未偿还本公司资金的详细情况以及本公司为关联方担保发生或即将发生垫款的详细情况**

无。

## 6.6 会计制度的披露

本公司固有业务及信托业务均执行 2006 年 2 月 15 日颁布的《企业会计准则》和《企业会计准则——应用指南》。

# 7. 财务情况说明书

## 7.1 利润实现和分配情况

本年实现利润总额 18 680.44 万元，税后利润 14 041.06 万元。年初未分配利润 19 682.95 万元，本年按 2010 年净利润提取法定盈余公积 1 404.11 万元，信托赔偿准备 702.05 万元，一般风险准备 67.58 万元，向股东分红 7 500 万元，分红比率为 15%。年末未分配利润 24 050.27 万元。

## 7.2 主要财务指标

| 指标名称 | 指标值 |
|---|---|
| 资本利润率（%） | 15.59 |
| 加权年化信托报酬率（%） | 0.28 |
| 人均净利润（万元/人） | 226.47 |

### 7.3 对本公司财务状况、经营成果有重大影响的其他事项

报告期内，公司没有发生对本公司财务状况、经营成果有重大影响的其他事项。

## 8. 特别事项简要揭示

### 8.1 前五名股东报告期内变动情况及原因

报告期内，公司没有发生股东变动情况。

### 8.2 董事、监事及高级管理人员变动情况及原因

（1）经东莞信托有限公司股东会2009年第七次临时会议审议通过并经广东银监局核准，彭志坚同志于2010年3月10日正式履行东莞信托有限公司独立董事职责。

（2）经东莞信托有限公司股东会2009年第七次临时会议审议通过并经广东银监局核准，王启波同志于2010年3月25日正式履行东莞信托有限公司董事职责。

（3）经2011年4月6日以通讯方式召开的东莞信托有限公司2011年股东会第六次临时会议审议通过，莫鹏飞同志不再担任本公司第三届监事会监事职务，同意姚慧怡同志担任本公司第三届监事会监事职务。

### 8.3 公司的重大未决诉讼事项

报告期内，公司没有发生重大未决诉讼事项。

### 8.4 公司及其董事、监事和高级管理人员受到处罚的情况

报告期内，公司及其董事、监事和高级管理人员没有发生受到处罚的情况。

### 8.5 银监会及其派出机构对公司检查后提出整改意见的，应简单说明整改情况

2010年5月，东莞银监分局对公司截至2010年3月31日有余额的信政业务、银信业务进行了现场专项检查，就后续检查发现的问题提出整改意见和要求。对银监分局检查所提出的问题，公司管理层积极配合、高度重视银监部门的监管工作，将银监部门的监管作为完善公司治理、改善内部控制、提升风险管理的重要推动力，对银监部门提出的意见能够及时整改，强化了各类风险的管理。

### 8.6 本年度重大事项临时报告的简要内容、披露时间、所披露的媒体及其版面

报告期内，公司没有发生需要披露的重大事项临时报告。

### 8.7 银监会及其省级派出机构认定的其他有必要让客户及相关利益人了解的重要信息

报告期内，公司没有未披露银监会及其省级派出机构认定的其他有必要让客户及相关利益人了解的重要信息。

## 9. 公司监事会意见

本报告期内，公司监事会列席了2009年度股东会会议，2010年上半年股东会会议，第三届董事会第三次、第四次、第八次会议，2010年股东会会议，监督检查了公司依法运作情况、重大决策和重大经营活动情况及公司的财务状况，并在此基础上发表如下独立意见：

（1）公司依法运作情况。公司能够严格按照《公司法》、《东莞信托有限公司章程》及国家有关法律法规运作，公司决策程序合法，公司内控制度进一步得到完善，没有发现公司董事、高级管理人员在执行公司职务时存在违法违纪、损害公司利益和委托人、受益人利益的行为。

（2）检查公司财务情况。本报告期公司财务状况良好。2010年财务报告经中审亚太会计师事务所有限公司审计，认为公司财务报表已经按照企业会计准则的规定编制，在所有重大方面公允反映了东莞信托有限公司2010年12月31日的财务状况以及2010年的经营成果和现金流量。

（3）报告期内，公司发生的关联交易业务均严格遵循市场公允价值，认真执行《信托公司管理办法》有关规定，未发现损害股东权益及公司利益的情况。

# 甘肃省信托有限责任公司

## 1. 重要提示

1.1　本公司董事会及董事保证本报告所载资料不存在任何虚假记载、误导性陈述或者重大遗漏，并对其内容的真实性、准确性和完整性承担个别及连带责任。

1.2　没有董事声明对年度报告内容的真实性、准确性、完整性无法保证或存在异议。

1.3　独立董事苏志希、张文义、胡凯认为年度报告内容真实、准确、完整。

1.4　甘肃华陇会计师事务有限公司为本公司出具了标准无保留意见的审计报告。

1.5　公司董事长马江河先生和计划财务部总经理陈继辉先生声明：保证年度报告中财务报告真实、完整。

## 2. 公司概况

甘肃省信托有限责任公司的前身为甘肃省投资信托公司，于1980年3月经甘肃省人民政府批准成立，1981年6月经中国人民银行批准续办。1991年、1996年两次经中国人民银行批准进行重新登记，1996年更名为甘肃省信托投资公司。2002年4月28日经中国人民银行批准由原甘肃省信托投资公司、天水市信托投资公司和白银市信托投资公司合并重组，组建成立甘肃省信托投资有限责任公司。2009年2月经中国银行业监督管理委员会核准，公司名称变更为甘肃省信托有限责任公司，注册资本金为31 819.05万元。2010年5月经中国银行业监督管理委员会批准，公司注册资本金变更为101 819.05万元。

### 2.1　公司简介

2.1.1　法定中文名称：甘肃省信托有限责任公司

2.1.2　中文缩写：甘肃信托

2.1.3　法定英文名称：Gansu Trust Co.，Ltd.

2.1.4　英文缩写：GTC

2.1.5　法定代表人：赵兰银

2.1.6　注册地址：甘肃省兰州市静宁路308号信托大厦

2.1.7　邮政编码：730030

2.1.8　公司互联网地址：www.gstrust.com.cn

2.1.9　公司电子信箱：gsxtmail@163.com

2.1.10 负责信息披露事务人：鲁林岐
信息披露联系人：辛玉平
联系电话：(0931)8893025
传真：(0931)8410739
电子信箱：xiao_xin2009@sina.com

2.1.11　公司选定的信息披露报纸名称：《中国证券报》

2.1.12　公司年度报告备置地点：甘肃省兰州市静宁路308号信托大厦17F

2.1.13　公司聘请的会计师事务所（甘肃省人民政府国有资产监督管理委员会指定）：甘肃华陇会计师事务有限公司
地址：甘肃省兰州市城关区东岗西路226号（甘肃广播电影电视厅网络大厦20楼）

2.1.14　公司聘请的律师事务所：甘肃正天和律师事务所
地址：甘肃省兰州市通渭路1号兰州房地产大厦15F

### 2.2　组织结构

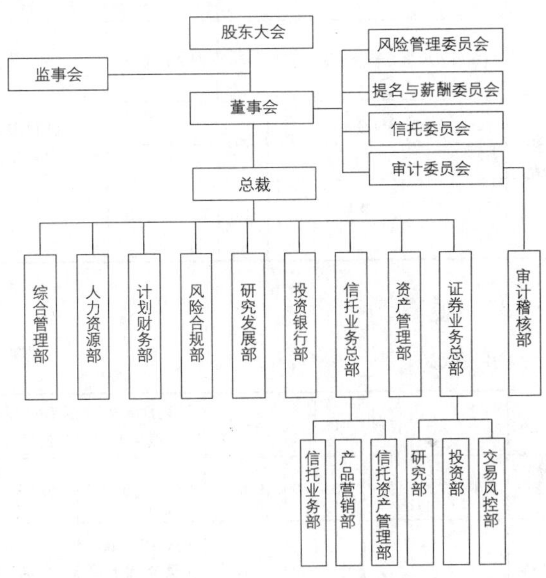


## 3. 公司治理结构

### 3.1　股东

报告期末股东数为3名。

| 股东名称 | 持股比例(%) | 法人代表 | 注册资本 | 注册地址 | 主要经营业务及主要财务状况 |
|---|---|---|---|---|---|
| ★甘肃省国有资产投资集团有限公司 | 92.58 | 臧秋华 | | 兰州市南昌路1718号 | |
| 天水市财政局 | 4 | 刘永年 | | 天水市合作巷1号 | |
| 白银市财政局 | 3.42 | 康星刚 | | 白银市人民路100号 | |

注：★表示最终实际控制人。

### 3.2　董事

董事长、副董事长、董事

| 姓 名 | 职 务 | 性别 | 年龄 | 选任日期 | 所推荐的股东名称 | 该股东持股比例(%) | 简 要 履 历 |
|---|---|---|---|---|---|---|---|
| 马江河 | 董事长 | 男 | 45 | 2010 年 8 | 甘肃省国有资产投资集团有限公司 | 92.58 | 曾任中国投资银行黑龙江分行项目部经理、深圳证券交易所法律部副总监、甘肃省政府金融办副主任、甘肃省国有资产投资集团公司总经理，现任公司董事长。 |
| 邵禹斌 | 副董事长 | 男 | 36 | 2009 年 12 月 | | | 曾任酒泉钢铁(集团)有限责任公司副处长、龙泰集团公司常务副总经理，现任甘肃省国有资产投资集团有限公司总经理助理。 |
| 史光磊 | 董事 | 男 | 30 | 2009 年 12 月 | | | 曾在酒泉钢铁集团财务部工作，现任甘肃省国有资产投资集团有限公司财务部副部长。 |
| 李 炜 | 董事 | 男 | 48 | 2009 年 12 月 | | | 曾任甘肃省财政厅基本建设处主任科员、经济建设处主任科员，现任甘肃省财政厅企业处副处长。 |
| 刘永年 | 董事 | 男 | 52 | 2010 年 4 月 | 天水市财政局 | 4 | 历任天水市财政局副局长，天水市审计局党组书记、局长，现任天水市财政局党组书记、局长。 |
| 杨 文 | 职工董事 | 男 | 48 | 2009 年 12 月 | | | 曾任天水市信托投资公司副经理，现任公司副总裁。 |

注：马江河同志为拟任董事长，邵禹斌同志为拟任副董事长，其任职资格正在审批之中。

独立董事

| 姓 名 | 所在单位及职务 | 性别 | 年龄 | 选任日期 | 所推荐的股东名称 | 该股东持股比例(%) | 简 要 履 历 |
|---|---|---|---|---|---|---|---|
| 苏志希 | 甘肃省人大常委会咨询员 | 男 | 65 | 2009 年 12 月 | 甘肃省国有资产投资集团有限公司 | 92.58 | 历任甘肃省电子公司总经理、省计委副主省政府副秘书长、任、省财政厅厅长、省人大常委会副主任、省委委员、中共十六大代表。 |
| 张文义 | 兰州盛祥有限责任公司总经理 | 男 | 56 | 2009 年 12 月 | | | 曾任甘肃省体改委副处长、省国资委产权处调研员，现任兰州盛祥有限责任公司总经理。 |
| 胡 凯 | 兰州商学院 MBA 教育中心主任 | 男 | 47 | 2009 年 12 月 | | | 曾任兰州商学院助教、副教授、教授，兰州商学院会计学院副院长，现任兰州商学院 MBA 教育中心主任、财务管理专业教授。 |

## 3.3 监事

监事会成员

| 姓 名 | 职 务 | 性别 | 年龄 | 选任日期 | 所推举的股东名称 | 该股东持股比例(%) | 简 要 履 历 |
|---|---|---|---|---|---|---|---|
| 沈建中 | 监事会主席 | 男 | 48 | 2009 年 12 月 | 白银市财政局 | 3.42 | 曾任白银市信托投资公司办公室主任、证券营业部经理、公司董事，现任白银市中小企业投资担保有限责任总经理。 |
| 杨林军 | 监事 | 男 | 41 | 2009 年 12 月 | 甘肃省国有资产投资集团有限公司 | 92.58 | 曾任中国蓝星(集团)总公司处长，甘肃兰星律师事务所、甘肃至行律师事务所律师，甘肃中粮可口可乐饮料有限公司法务经理、工会主席，现任甘肃省国有资产投资集团有限公司风控部副部长。 |
| 刘宝生 | 职工监事 | 男 | 46 | 2009 年 12 月 | | | 曾任公司投资银行部副经理、法律事务部经理，现任公司投资银行部总经理。 |

## 3.4 高级管理人员

| 姓 名 | 职 务 | 性别 | 年龄 | 选任日期 | 金融从业年限 | 学 历 | 专业 | 简 要 履 历 |
|---|---|---|---|---|---|---|---|---|
| 马江河 | 董事长 | 男 | 45 | 2010 年 8 月 | 21 | 博士 | 法学 | 曾任中国投资银行黑龙江分行项目部经理、深圳证券交易所法律部副总监、甘肃省政府金融办副主任、甘肃省国有资产投资集团公司总经理，现任公司董事长。 |
| 杨宏光 | 党委书记 | 男 | 58 | 2002 年 8 月 | 17 | 本科 | 金融 | 曾任甘肃省职工财经学院副院长，甘肃省财政厅人事处副处长、处长、纪检组副组长和甘肃省信托投资公司副总经理，现任公司党委书记、纪委书记。 |
| 邵禹斌 | 副董事长 | 男 | 36 | 2009 年 12 月 | 6 | 研究生 | 经济管理 | 曾任酒泉钢铁(集团)有限责任公司副处长、龙泰集团公司常务副总经理，现任甘肃省国有资产投资集团有限公司总经理助理。 |
| 杨 文 | 副总裁 | 男 | 48 | 2002 年 8 月 | 24 | 研究生 | 财政学 | 曾任天水市信托投公司副经理，现任公司副总裁。 |

注：马江河同志为拟任董事长，邵禹斌同志为拟任副董事长，其任职资格正在审批之中。

## 3.5 公司员工

公司2009年度员工人数为50人,2010年度员工人数为57人。

| 项目 | | 报告期年度 | | 上年度 | |
|---|---|---|---|---|---|
| | | 人数 | 比例(%) | 人数 | 比例(%) |
| 年龄分布 | 25岁以下 | 1 | 2 | 4 | 8 |
| | 25~29岁 | 7 | 12 | 10 | 20 |
| | 30~39岁 | 22 | 39 | 13 | 26 |
| | 40以上 | 27 | 47 | 23 | 46 |
| 学历分布 | 博士 | 1 | 2 | 1 | 2 |
| | 硕士 | 14 | 25 | 12 | 24 |
| | 本科 | 26 | 45 | 23 | 46 |
| | 专科 | 9 | 15 | 8 | 16 |
| | 其他 | 7 | 13 | 6 | 12 |
| 岗位分布 | 董事、监事及其高管人员 | 5 | 8 | 4 | 8 |
| | 自营业务人员 | 17 | 30 | 16 | 32 |
| | 信托业务人员 | 24 | 41 | 20 | 40 |
| | 其他人员 | 11 | 21 | 10 | 20 |

注:自营业务人员是指按照岗位分工,专门或至少从事固有资金使用和固有资产管理有关业务的职工;信托业务人员是指按照岗位分工,专门或至少从事信托资金使用和信托资产管理各项业务的职工;对于人力资源部等类似无法明确区分的综合部门归为其他人员。

# 4. 经营管理

## 4.1 经营目标、方针、战略规划

公司的经营目标是"做大做强甘肃信托,为甘肃经济与社会和谐发展作出更大贡献"。

公司坚持"诚实、信用、谨慎、有效"的经营方针和"受人之托、代人理财"的信托理念,大力拓展信托业务,有效防范和化解经营风险,为客户创造最大价值。

公司的战略规划是通过大力拓展信托业务,努力成为具有核心竞争力的信托公司,更好地支持地方经济发展。

## 4.2 所经营业务的主要内容

**自营资产运用与分布表**

| 资产运用 | 金额(万元) | 占比(%) | 资产分布 | 金额(万元) | 占比(%) |
|---|---|---|---|---|---|
| 货币资产 | 39 744.16 | 31.15 | 基础产业 | | |
| 贷款及应收款 | 17 989.23 | 14.10 | 房地产业 | 4 000.00 | 3.13 |
| 交易性金融资产 | 35 433.70 | 27.77 | 证券市场 | 35 433.70 | 27.77 |
| 可供出售金融资产 | | | 实业 | 24 223.16 | 18.98 |
| 持有至到期投资 | 3 283.00 | 2.57 | 金融机构 | 14 584.80 | 11.43 |
| 长期股权投资 | 25 217.35 | 19.76 | 其他 | 49 365.75 | 38.69 |
| 其他 | 5 939.97 | 4.65 | | | |
| 资产总计 | 127 607.41 | 100 | 资产总计 | 127 607.41 | 100 |

**信托资产运用与分布表**

| 资产运用 | 金额(万元) | 占比(%) | 资产分布 | 金额(万元) | 占比(%) |
|---|---|---|---|---|---|
| 货币资产 | 8 266.72 | 1.37 | 基础产业 | | |
| 贷款 | 250 997.19 | 41.51 | 房地产 | 16 256.00 | 2.69 |
| 交易性金融资产 | 22 301.35 | 3.69 | 证券市场 | 22 301.35 | 3.69 |
| 可供出售金融资产 | | | 实业 | 557 834.66 | 92.24 |
| 持有至到期投资 | | | 金融机构 | 8 266.72 | 1.37 |
| 长期股权投资 | 323 093.47 | 53.42 | 其他 | 75.36 | 0.01 |
| 其他 | 75.36 | 0.01 | | | |
| 信托资产总计 | 604 734.09 | 100 | 信托资产总计 | 604 734.09 | 100 |

## 4.3 市场分析

### 4.3.1 有利因素

(1)2010年国家宏观经济政策整体收紧,银行信贷资金紧张,而国内经济的复苏加大了资金需求。在资金供给收缩和资金需求扩张过程中,必将给信托公司带来业务发展机遇。

(2)在政策和市场的需求下,2010年信托理财规模总量不断扩张,行业资产突破3万亿元,信托行业进入了一个新时代,行业对资本、产业、货币市场的渗透和影响力逐步增大,信托认知度逐渐提高。

(3)我国高端潜在客户储量巨大且增长迅速,未来财富管理需求旺盛,这为信托业进行高端理财提供了广阔的成长空间。

(4)信托业制度建设进一步完善,随着各项信托法规的颁布实施,为信托公司的健康发展提供了契机,促进了信托业的规范化。

(5)《信托公司净资本管理办法》出台,有利于促进信托公司加强主动管理能力建设,培育长期的核心竞争力。

(6)公司制定了新的发展战略规划,确立了公司在新的市场环境下的发展思路和主要目标,有利于公司实现跨越式发展。

(7)公司实施增资扩股后,资本规模大幅提升,管理进一步规范。新的管理团队给公司带来了更深层次的政府合作契机和全国战略拓展的机遇。

(8)公司外部形象良好,在连续多年的发展过程中,已得到了省内投资者的认可与支持,形成了一定的区域影响力和品牌效应。

(9)国家实施西部大开发和促进甘肃区域经济振兴,为公司未来发展带来重大的历史机遇。

### 4.3.2 不利因素

(1)针对房地产信托的政策频频出台,政信业务模式受到限制,信托公司证券账户开户问题还未解决,传统的银信合作模式面临全面转型,信托公司经营发展面临不断调整的压力。

(2)金融混业经营的趋势日趋明朗,信托理财产品与银行、证券、基金等行业同类产品的竞争加剧,信托公司面临巨大挑战。

(3)信托登记、产品流通、信托税收等配套法律制度尚不完善,对信托公司的发展产生了一定程度的制约。

(4)信托公司业务易受经济金融形势和政策环境变化的影响,信托业务热点转换和产品结构调整频繁,信托公司普遍未形成成熟、稳定的业务模式和盈利模式。

(5)公司地处经济欠发达的西部,高端个人投资者和机构投资者相对匮乏，优质项目资源较少，在一定程度上制约了公司发展。

（6）公司尚未形成自有品牌产品，缺乏持续性发展产品，销售渠道也不够通畅，这些成为制约公司业务快速发展的障碍。

（7）公司业务创新水平和能力有待提高，创新业务进展缓慢。

### 4.4 内部控制概况

公司根据《公司法》、《信托法》、《银行业监督管理法》和《信托公司治理指引》建立了较为健全有效的内部控制制度体系。按照“三会分设、三权分开、有效制约、协调发展”的要求建立了股东会、董事会、监事会和经营管理层为核心的法人治理结构结构，形成了权力机构、决策机构、监督机构和管理层之间的制衡机制。

公司完善和健全管理体制，规范了股东会、董事会、监事会和经营管理层的权责关系，明确了四者的议事、决策程序和规则。公司建立了独立董事制度，在董事会下设立了信托、风险管理、审计和提名与薪酬四个专业委员会，明确了各自的工作规则，独立开展工作，在公司经营和发展中切实发挥了各自的职能和作用。

公司根据内部环境、风险评估、控制活动、信息与沟通、内部监督等基本要素设计公司内部控制制度，确保通过规范业务流程、完善管理制度和强化部门职责等制度建设实现有效保障公司经营管理合法合规、资产安全、财务报告及相关信息真实完整，提高经营效率和效果，促进公司实现发展战略的内部控制目标。

### 4.5 风险管理概况

公司风险管理的基本原则是全面性、审慎性、及时性、有效性和独立性。风险管理涵盖公司的各项业务、各个部门和各级人员，渗透到决策、执行、监督、反馈各个环节；风险管理是一项长期持续性工作，贯穿于公司经营过程始终；风险管理的核心是有效防范风险。公司通过制定健全的内部控制制度，建立职责分工合理的组织机构，对可能产生的风险及时作出反应，采取有效措施进行事前、事中、事后的有效控制，以促进公司持续、稳健、规范、健康运行。

公司建立了垂直的三级风险管理体系，对各项经营活动进行持续的风险管理和监督。公司风险管理组织结构由董事会、风险管理委员会和审计委员会组成，公司董事会为最高风险管理、决策机构，其职责为：对风险管理承担实施和监控的最终责任。其常设风险管理机构为风险管理委员会，公司自营、信托资金运用业务，均须通过风险管理委员会的风险审查，其职责为：依照法律、法规和政策的要求制定完善公司的风险管理与控制的制度、操作规程及合规管理办法；对信托委员会提请审批的信托项目和总裁会议提请审批的自营项目进行风险审查；建立公司业务风险管理体系，识别与防范业务风险；审议核准风险资产的五级分类与不良资产处置方案。

审计委员会下设审计稽核部，审计稽核部对公司日常经营以及公司风险管理流程、体系进行审计监督。

公司在经营活动中可能遇到的主要风险有：信用风险、市场风险、操作风险、政策风险、道德风险等。

## 5. 报告期末及上年末的比较式会计报表

### 5.1 自营资产

#### 5.1.1 会计师事务所审计结论

**审 计 报 告**

甘华会审字〔2011〕008 号

甘肃省信托有限责任公司全体股东：

我们审计了后附的甘肃省信托有限责任公司（以下简称“甘肃信托”）财务报表，包括2010年12月31日资产负债表、2010年度利润表、现金流量表、所有者权益变动表以及财务报表附注。

一、管理层对财务报表的责任

按照企业会计准则的规定编制财务报表是甘肃信托管理层的责任。这种责任包括：（1）设计、实施和维护与财务报表编制相关的内部控制，以使财务报表不存在由于舞弊或错误而导致的重大错报；（2）选择和运用恰当的会计政策；（3）作出合理的会计估计。

二、注册会计师的责任

我们的责任是在实施审计工作的基础上对财务报表发表审计意见。我们按照中国注册会计师审计准则的规定执行了审计工作。中国注册会计师审计准则要求我们遵守职业道德规范，计划和实施审计工作以对财务报表是否不存在重大借报获取合理保证。

审计工作涉及实施审计程序，以获取有关财务报表金额和披露审计证据。选择的审计程序取决于注册会计师的判断，包括对由于舞弊或错误导致的财务报表重大错报风险的评估。在进行风险评估时，我们考虑与财务报表编制相关的内部控制以设计恰当的审计程序，但目的并非对内部控制的有效性发表意见。审计工作还包括评价管理层选用会计政策的恰当性和作出会计估计的合理性，以及评价财务报表的总体列报。

我们相信，我们获取的审计证据是充分、适当的，为发表审计意见提供了基础。

三、审计意见

我们认为，甘肃省信托有限责任公司财务报表已经按照企业会计准则的规定编制，在所有重大方面公允反映了甘肃省信托有限责任公司2010年12月31日的财务状况以及2010年度的经营成果和现金流量。

甘肃华陇会计师事务所有限公司　　中国注册会计师：

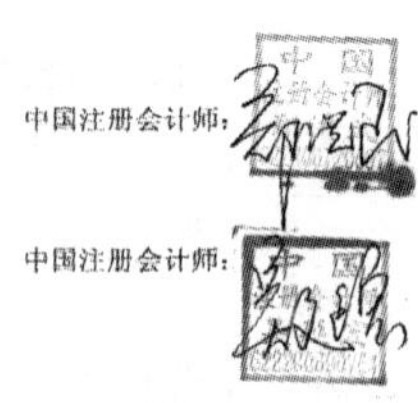

中国注册会计师：

中国 · 兰州　　二〇一一年三月八日

### 5.1.2 资产负债表

2010 年 12 月 31 日

编制单位:甘肃省信托有限责任公司　　单位:万元

| 资　　产 | 期末数 | 期初数 |
|---|---|---|
| 流动资金 | | |
| 库存现金 | 0.02 | 0.03 |
| 银行存款 | 39 742.93 | 7 822.75 |
| 其他货币资金 | 1.21 | 975.11 |
| 应收账款 | 160.59 | 109.08 |
| 其他应收款 | 238.03 | 437.57 |
| 拆出资金 | | |
| 贷款 | 17 590.61 | 6 007.61 |
| 交易性金融资产 | 35 433.70 | 18 681.26 |
| 代理业务银行存款 | | |
| 代理业务资产 | | |
| 其他流动资产 | | |
| 流动资产合计 | 93 167.09 | 34 033.41 |
| 非流动资产: | | |
| 可供出售金融资产 | | |
| 持有至到期投资 | 3 283.00 | 283.00 |
| 投资性房地产 | | |
| 长期股权投资 | 25 217.35 | 5 937.36 |
| 固定资产 | 5 423.19 | 5 498.12 |
| 固定资产清理 | | |
| 在建工程 | | |
| 无形资产 | 138.37 | 33.40 |
| 递延所得税资产 | 378.41 | 390.32 |
| 其他非流动资产 | | |
| 非流动资产合计 | 34 440.32 | 12 142.20 |
| 资产总计 | 127 607.41 | 46 175.61 |
| 负债及所有者权益 | | |
| 流动负债: | | |
| 应付账款 | | |
| 其他应付款 | 1 843.93 | 3 373.61 |
| 交易性金融负债 | | |
| 预收账款 | 36.74 | 5.86 |
| 应付职工薪酬 | 1 034.14 | 1 095.78 |
| 应交税费 | 1 728.60 | 1 373.99 |
| 代理业务负债 | | |
| 代理兑付证券款 | 123.17 | 123.17 |
| 代售证券款 | | |
| 流动负债合计 | 4 766.58 | 5 972.41 |
| 非流动负债: | | |
| 长期借款 | | |
| 递延所得税负债 | 419.37 | 692.20 |
| 其他非流动负债 | | |
| 非流动负债合计 | 419.37 | 692.20 |

续表

| 资　　产 | 期末数 | 期初数 |
|---|---|---|
| 负债合计 | 5 185.95 | 6 664.61 |
| 所有者权益 | | |
| 实收资本 | 101 819.05 | 31 819.05 |
| 资本公积 | 7 730.00 | 100.00 |
| 减:库存股 | | |
| 盈余公积 | 1 253.94 | 721.27 |
| 未分配利润 | 10 665.79 | 6 184.33 |
| 信托赔偿准备 | 952.68 | 686.35 |
| 所有者权益合计 | 122 421.46 | 39 511.00 |
| 负债及所有者权益总计 | 127 607.41 | 46 175.61 |

单位负责人:马江河　　会计主管:陈继辉　　复核:刘　敏　　制表:丁小凡

### 5.1.3 利润表

2010 年 12 月 31 日

编制单位:甘肃省信托有限责任公司　　单位:万元

| 项　　目 | 行次 | 本年数 | 上年数 |
|---|---|---|---|
| 一、营业收入 | 1 | 10 289.38 | 12 506.19 |
| 利息净收入 | 2 | 1 251.92 | 17.99 |
| 利息收入 | | 1 251.92 | 17.99 |
| 利息支出 | | | |
| 金融企业往来净收入 | 3 | 851.17 | 169.11 |
| 金融企业往来收入 | | 851.17 | 169.11 |
| 金融企业往来支出 | | | |
| 手续费及佣金净收入 | 4 | 1 258.99 | 1 192.84 |
| 手续费及佣金收入 | 5 | 1 258.99 | 1 192.84 |
| 手续费及佣金支出 | 6 | | |
| 投资收益 | 7 | 7 674.38 | 5 523.50 |
| 公允价值变动收益 | | −1 091.31 | 5 133.90 |
| 汇兑收益 | 8 | −0.03 | 93.30 |
| 其他业务收入 | 9 | 344.26 | 375.55 |
| 二、营业支出 | 10 | 3 136.99 | 2 876.85 |
| 营业税金及附加 | 11 | 586.25 | 396.17 |
| 业务及管理费 | 12 | 2 431.70 | 2 326.64 |
| 资产减值损失 | 13 | 119.04 | 154.04 |
| 其他业务成本 | 14 | | |
| 三、营业利润 | 18 | 7 152.39 | 9 629.34 |
| 加:营业外收入 | 19 | | |
| 减:营业外支出 | 20 | 181.42 | |
| 四、利润总额 | 22 | 6 970.97 | 9 629.34 |
| 减:所得税费用 | 23 | 1 644.30 | 2 416.62 |
| 五、净利润 | 24 | 5 326.67 | 7 212.72 |
| 六、每股收益: | | | |
| (一)基本每股收益 | | | |
| (二)稀释每股收益 | | | |

单位负责人:马江河　会计主管:陈继辉　复核:刘　敏　制表:丁小凡

### 5. 1. 4　所有者权益变动表

编制单位:甘肃省信托有限责任公司　　　　2010 年 12 月 31 日　　　　单位: 万元

| 项　目 | 行次 | 本年金额 | | | | | | 上年金额 | | | | | |
|---|---|---|---|---|---|---|---|---|---|---|---|---|---|
| | | 归属于母公司所有者权益 | | | | | 所有者权益合计 | 归属于母公司所有者权益 | | | | | 所有者权益合计 |
| | | 实收资本（或股本） | 资本公积 | 减:库存股 | 盈余公积 | 未分配利润 | | 实收资本（或股本） | 资本公积 | 减:库存股 | 盈余公积 | 未分配利润 | |
| 栏次 | | 1 | 13 | 3 | 15 | 17 | 10 | 1 | 2 | 3 | 4 | 6 | 10 |
| 一、上年末余额 | 1 | 31 819. 05 | 786. 35 | | 721. 27 | 6 184. 33 | 39 511. 00 | 45 143. 00 | －19 678. 46 | | 119. 84 | 8 272. 22 | 33 856. 60 |
| 加:会计政策变更 | 2 | | | | | | | | | | | | |
| 前期差错更正 | 3 | | | | | | | | | | | | |
| 其他 | 4 | | | | | | | | | | | | |
| 二、本年初余额 | 5 | 31 819. 05 | 786. 35 | | 721. 27 | 6 184. 33 | 39 511. 00 | 45 143. 00 | －19 678. 46 | | 119. 84 | 8 272. 22 | 33 856. 60 |
| 三、本年增减变动金额（减少以"－"号填列） | 6 | 70 000. 00 | 7 896. 33 | | 532. 67 | 4 481. 46 | 82 910. 46 | －13 323. 95 | 20 464. 81 | | 601. 43 | －2 087. 89 | 5 654. 40 |
| （一）净利润 | 7 | | | | | 5 326. 67 | 5 326. 67 | | | | | 7 212. 72 | 7 212. 72 |
| （二）直接计入所有者权益的利得和损失 | 8 | | | | | | | | －1 500. 00 | | | | －1 500. 00 |
| Δ1. 可供出售金融资产公允价值变动净额 | 9 | | | | | | | | －1 494. 00 | | | | －1 494. 00 |
| 2. 权益法下被投资单位其他所有者权益变动的影响 | 10 | | | | | | | | | | | | |
| Δ3. 与计入所有者权益项目相关的所得税影响 | 11 | | | | | | | | | | | | |
| 4. 其他 | 12 | | | | | | | | －6. 00 | | | | －6. 00 |
| 净利润及直接计入所有者权益的利得和损失小计 | 13 | | | | | | | | －1 500. 00 | | | | －1 500. 00 |
| （三）所有者投入和减少资本 | 14 | 70 000. 00 | 7 630. 00 | | | | 77 630. 00 | －13 323. 95 | 21 604. 17 | | －119. 84 | －8 054. 38 | 106. 00 |
| 1. 所有者投入资本 | 15 | 70 000. 00 | 7 630. 00 | | | | 77 630. 00 | －13 323. 95 | 13 423. 95 | | | | 100. 00 |
| 2. 股份支付计入所有者权益的金额 | 16 | | | | | | | | | | | | |
| 3. 其他 | 17 | | | | | | | | 8 180. 22 | | －119. 84 | －8 054. 38 | 6. 00 |
| （四）利润分配 | 18 | | 266. 33 | | 532. 67 | －845. 21 | －46. 21 | | 360. 64 | | 721. 27 | －1 246. 23 | －164. 32 |
| 1. 提取盈余公积 | 19 | | | | 532. 67 | －532. 67 | | | | | 721. 27 | －721. 27 | |
| 其中:法定盈余公积 | 20 | | | | 532. 67 | －532. 67 | | | | | 721. 27 | －721. 27 | |
| 任意盈余公积 | 21 | | | | | | | | | | | | |
| 2. 提取一般风险准备（金融企业填报） | 22 | | 266. 33 | | | －266. 33 | | | 360. 64 | | | －360. 64 | |
| 3. 对所有者（或股东）的分配 | 23 | | | | | | | | | | | －152. 79 | －152. 79 |
| 其中:国有企业应上交的利润（国有股红利、股息、股利） | 24 | | | | | | | | | | | －116. 52 | －116. 52 |
| 普通股股利 | 25 | | | | | | | | | | | －36. 27 | －36. 27 |
| 转作股本（资本）的普通股股利 | 26 | | | | | | | | | | | | |
| 4. 其他 | 27 | | | | | －46. 21 | －46. 21 | | | | | －11. 53 | －11. 53 |
| （五）所有者权益内部结转 | 28 | | | | | | | | | | | | |
| 1. 资本公积转增资本（或股本） | 29 | | | | | | | | | | | | |
| 2. 盈余公积转增资本（或股本） | 30 | | | | | | | | | | | | |
| 3. 盈余公积弥补亏损 | 31 | | | | | | | | | | | | |
| 4. 其他 | 32 | | | | | | | | | | | | |
| 四、本年末余额 | 33 | 101 819. 05 | 8 682. 68 | | 1 253. 94 | 10 665. 79 | 122 421. 46 | 31 819. 05 | 786. 35 | | 721. 27 | 6 184. 33 | 39 511. 00 |

## 5.2 信托资产

### 5.2.1 信托项目资产负债汇总表

编制单位:甘肃省信托有限责任公司　　2010 年 12 月 31 日　　单位:万元

| 信托资产 | 期末数 | 期初数 | 信托负债和信托权益 | 期末数 | 期初数 |
|---|---|---|---|---|---|
| 信托资产: | | | 信托负债: | | |
| 货币资金 | 8 266.72 | 4 219.04 | 交易性金融负债 | | |
| 拆出资金 | | | 衍生金融负债 | | |
| 存出保证金 | | | 应付受托人报酬 | 65.25 | 110.19 |
| 交易性金融资产 | 22 301.35 | 5 514.55 | 应付托管费 | | |
| 衍生金融资产 | | | 应付受益人收益 | 81.85 | 90.52 |
| 买入返售金融资产 | | | 应交税费 | 43.77 | 28.63 |
| 应收款项 | 75.36 | 20 348.32 | 应付销售服务费 | | |
| 发放贷款 | 250 997.19 | 65 101.29 | 其他应付款项 | 744.09 | 20 818.87 |
| 可供出售金融资产 | | | 其他负债 | | |
| 持有至到期投资 | | | 信托负债合计 | 934.96 | 21 048.21 |
| 长期应收款 | | | 信托权益: | | |
| 长期股权投资 | 323 093.47 | 334 779.07 | 实收信托 | 598 803.65 | 407 551.35 |
| 投资性房地产 | | | 资本公积 | | |
| 固定资产 | | | 损益平准金 | | |
| 无形资产 | | | 未分配利润 | 4 995.48 | 1 478.71 |
| 长期待摊费用 | | | | | |
| 其他资产 | | 116.00 | 信托权益合计 | 603 799.13 | 409 030.06 |
| 信托资产总计 | 604 734.09 | 430 078.27 | 信托负债及权益总计 | 604 734.09 | 430 078.27 |

单位负责人:马江河　　会计主管:陈继辉　　复核:丁小凡　　制表:刘　敏

注:由于2010 年1 月1 日信托业务开始采用新企业会计准则核算,对投资于证券二级市场的股票实行公允价值计量,由此产生2009 年12 月31 日短期投资期末余额与未分配利润期末余额与2010 年1 月1 日交易性金融资产期初余额与未分配利润期初余额产生差异。

### 5.2.2 信托项目利润及利润分配汇总表

2010 年 12 月 31 日

编制单位:甘肃省信托有限责任公司　　单位:万元

| 项　　目 | 本年数 | 上年数 |
|---|---|---|
| 一、营业收入 | 52 644.51 | 47 607.42 |
| 1. 利息收入 | 9 991.04 | 765.56 |
| 2. 投资收益 | 43 081.12 | 46 639.21 |
| 3. 公允价值变动损益 | -427.65 | 202.65 |
| 4. 租赁收入 | | |
| 5. 汇兑损益 | | |
| 6. 其他收入 | | |
| 二、营业费用 | 2 757.37 | 2 405.69 |
| 三、营业税金及附加 | 49.35 | 44.16 |
| 四、信托净利润(净亏损以"-"号填列) | 49 837.79 | 45 157.57 |
| 五、其他综合收益 | | |
| 六、综合收益 | 49 837.79 | 45 157.57 |
| 加:期初未分配信托利润 | 1 478.71 | 210.96 |
| 六、可供分配信托利润 | 51 316.50 | 45 368.53 |
| 减:本期已分配信托利润 | 46 321.02 | 43 889.82 |
| 七、期末未分配信托利润 | 4 995.48 | 1 478.71 |

单位负责人:马江河　　会计主管:陈继辉　　复核:丁小凡　　制表:刘　敏

注:由于2010 年1 月1 日信托业务开始采用新企业会计准则核算,对投资于证券二级市场的股票实行公允价值计量,由此产生2009 年12 月31 日短期投资期末余额与未分配利润期末余额与2010 年1 月1 日交易性金融资产期初余额与未分配利润期初余额产生差异。

## 6. 会计报表附注

### 6.1 简要说明报告年度会计报表编制基准、会计政策、会计估计和核算方法发生的变化

#### 6.1.1 会计年度

公历年度,即每年1 月1 日起至12 月31 日止。

#### 6.1.2 记账本位币

人民币。

#### 6.1.3 计量属性在本期发生变化的报表项目及其本期采用的计量属性

本公司会计核算以权责发生制为基础进行会计确认、计量和报告。

对会计要素进行计量时,一般采用历史成本计量;在保证所确定的会计要素金额能够取得并可靠计量的情况下,采用重置成本、可变现净值、现值或公允价值计量;交易性金融资产和金融负债、可供出售金融资产以公允价值进行计量。

#### 6.1.4 现金等价物确定标准

本公司现金指库存现金以及可以随时用于支付的存款;本公司现金等价物指同时具备期限短(一般为从购买日起3 个月内到期)、流动性强、易于转换为已知现金、价值变动风险很小的投资。公司现金等价物包括:现金、银行存款、其他货币资金。

## 6.2 或有事项说明

无。

## 6.3 重要资产转让及其出售的说明

无。

## 6.4 会计报表中重要项目的明细资料

### 6.4.1 披露自营资产经营情况

6.4.1.1 按信用风险五级分类结果披露信用风险资产的期初数、期末数

6.4.1.2 各项资产减值损失准备的期初、本期计提、本期转回、本期核销、期末数

| 信用风险资产五级分类 | 正常类（万元） | 关注类（万元） | 次级类（万元） | 可疑类（万元） | 损失类（万元） | 信用风险资产合计（万元） | 不良合计（万元） | 不良率（%） |
|---|---|---|---|---|---|---|---|---|
| 期初数 | 9 345.97 | 3 244.36 | | 193.56 | | 12 783.89 | 193.56 | 1.51 |
| 期末数 | 40 014.67 | 3 244.36 | | 193.56 | | 43 452.59 | 193.56 | 0.45 |

注：不良资产合计＝次级类＋可疑类＋损失类。

单位：万元

| | 期初数 | 本期计提 | 本期转回 | 本期核销 | 期末数 |
|---|---|---|---|---|---|
| 贷款损失准备 | 230.32 | 117.00 | | | 347.32 |
| 一般准备 | 230.32 | 117.00 | | | 347.32 |
| 专项准备 | | | | | |
| 其他资产减值准备 | 135.48 | 3.05 | | | 137.53 |
| 可供出售金融资产减值准备 | | | | | |
| 持有至到期投资减值准备 | | | | | |
| 固定资产减值准备 | 73.53 | | | | 73.53 |
| 长期股权投资减值准备 | 59.97 | | | | 59.97 |
| 坏账准备 | 1.98 | 3.05 | 1.00 | | 4.03 |
| 投资性房地产减值准备 | | | | | |
| 合计 | 365.80 | 120.05 | 1.00 | | 484.85 |

6.4.1.3 自营股票投资、基金投资、债券投资、股权投资等投资业务的期初数、期末数

单位：万元

| | 自营股票 | 基金 | 债券 | 长期股权投资 | 其他投资 | 合计 |
|---|---|---|---|---|---|---|
| 期初数 | 18 681.26 | | | 5 937.36 | 283.00 | 24 901.62 |
| 期末数 | 35 433.70 | | | 25 217.35 | 3 283.00 | 63 934.05 |

6.4.1.4 按投资入股金额排序，前三名的自营长期股权投资的企业名称、占被投资企业权益的比例、主要经营活动及投资收益情况等

| 企业名称 | 占被投资企业权益的比例（%） | 主要经营活动 | 投资损益（万元） |
|---|---|---|---|
| 甘肃宏良皮革有限公司 | 19.05 | 皮革深加工等 | 481.33 |
| 金川集团财务有限责任公司 | 5.00 | 成员单位间投融资服务等 | |
| 兰州兰石机械设备有限公司 | 4.00 | 重新压力容器的研发、制造及成套等 | 337.62 |
| 兰州银行 | 3.20 | 存贷款等 | |

注：投资收益是指按照企业会计准则的有关规定，核算股权投资确认损益并计入披露年度利润表的金额。

6.4.1.5 前三名的自营贷款的企业名称、占贷款总额的比例和还款情况等

| 企业名称 | 占贷款总额的比例（%） | 还款情况 |
|---|---|---|
| 平凉崆峒古镇开发有限公司 | 27.87 | 正常 |
| 甘肃艾黎房地产有限公司 | 22.3 | 正常 |
| 甘肃兰亚铝业有限公司 | 16.73 | 正常 |

6.4.1.6 表外业务的期初数、期末数；按照代理业务、担保业务和其他类型表外业务分别披露

无。

6.4.1.7 公司当年的收入结构

| 收入结构 | 金额（万元） | 占比（%） |
|---|---|---|
| 手续费及佣金收入 | 1 258.99 | 12.24 |
| 其中：信托手续费收入 | 1 229.67 | 11.95 |
| 投资银行业务收入 | 29.32 | 0.29 |
| 利息收入 | 1 251.92 | 12.17 |
| 金融企业往来收入 | 851.17 | 8.27 |
| 其他业务收入 | 344.26 | 3.35 |
| 其中：计入信托业务收入部分 | | |
| 汇兑收益 | −0.03 | |
| 投资收益 | 7 674.38 | 74.58 |
| 其中：股权投资收益 | 818.95 | 7.96 |
| 证券投资收益 | 6 783.29 | 65.93 |
| 其他投资收益 | 72.14 | 0.69 |
| 公允价值变动收益 | −1 091.31 | −10.61 |
| 营业外收入 | | |
| 收入合计 | 10 289.38 | 100 |

6.4.1.8 公司净资本、风险资本以及风险控制指标

根据《信托公司净资本管理办法》（中国银监会令 2010 年第 5 号）和《中国银监会关于印发信托公司净资本计算标准有关事项的通知》（银监发〔2011〕11 号）的规定计算，截至 2010 年末，公司净资产 122 421.46 万元，固有业务风险资本9 355.58万元，信托业务风险资本 5 482.71 万元，各项业务风险资本之和 14 838.29 万元；公司净资本为109 336.15万元，符合大于等于 2 亿元的监管标准；净资本/各项业务风险资本之和为 736.85%，符合大于等于 100% 的监管标准；净资本/净资产为 89.31%，符合大于等于 40% 的监管标准。

### 6.4.2 披露信托资产管理情况

6.4.2.1 信托资产的期初数、期末数

单位：万元

| 信托资产 | 期初数 | 期末数 |
|---|---|---|
| 集合 | 10 835.00 | 124 376.00 |
| 单一 | 206 937.40 | 283 866.70 |
| 财产权 | 189 778.95 | 190 560.95 |
| 合计 | 407 551.35 | 598 803.65 |

6.4.2.1.1 主动管理型信托业务的信托资产期初数、期末数

单位：万元

| 主动管理型信托资产 | 期初数 | 期末数 |
|---|---|---|
| 证券投资类 | 4 510.00 | 21 884.00 |
| 股权投资类 | 308 779.07 | 287 462.47 |
| 融资类 | 14 949.78 | 152 609.28 |
| 事务管理类 | 116.00 | |
| 合计 | 328 354.85 | 461 955.75 |

6.4.2.1.2 被动管理型信托业务的信托资产期初数、期末数

单位：万元

| 被动管理型信托资产 | 期初数 | 期末数 |
|---|---|---|
| 证券投资类 | | |
| 股权投资类 | 26 000.00 | 35 000.00 |
| 融资类 | 53 196.50 | 101 847.90 |
| 事务管理类 | | |
| 合计 | 29 196.50 | 136 847.90 |

6.4.2.2 本年度已清算结束的信托项目个数、实收信托合计金额、加权平均实际年化收益率

6.4.2.2.1 本年度已清算结束的集合类、单一类资金信托项目和财产管理类信托项目个数、实收信托金额、加权平均实际年化收益率

| 已清算结束信托项目 | 项目个数 | 实收信托合计金额（万元） | 加权平均实际年化收益率（%） |
|---|---|---|---|
| 集合类 | 2 | 5 009.00 | 15.06 |
| 单一类 | 31 | 504 614.90 | 9.08 |
| 财产管理类 | 1 | 116.00 | — |

6.4.2.2.2 本年度已清算结束的主动管理型信托项目个数、实收信托合计金额、加权平均实际年化收益率

| 已清算结束信托项目 | 项目个数 | 实收信托合计金额（万元） | 加权平均实际年化信托报酬率（%） | 加权平均实际年化收益率（%） |
|---|---|---|---|---|
| 证券投资类 | 1 | 4 510.00 | 0.3 | 15.94 |
| 股权投资类 | 1 | 96 897.90 | 0.26 | 31.45 |
| 融资类 | 7 | 6 353.00 | 0.45 | 5.10 |
| 事务管理类 | 1 | 116.00 | — | — |
| 合计 | 10 | 107 876.90 | | |

6.4.2.2.3 本年度已清算结束的被动管理型信托项目个数、实收信托合计金额、加权平均实际年化收益率

| 已清算结束信托项目 | 项目个数 | 实收信托合计金额（万元） | 加权平均实际年化信托报酬率（%） | 加权平均实际年化收益率（%） |
|---|---|---|---|---|
| 证券投资类 | | | | |
| 股权投资类 | | | | |
| 融资类 | 24 | 401 863.00 | 0.01 | 3.75 |
| 事务管理类 | | | | |
| 合计 | 24 | 401 863.00 | | |

6.4.2.3 本年度新增的集合类、单一类和财产管理类信托项目数量、实收信托合计金额

单位：万元

| 新增信托项目 | 项目个数 | 实收信托合计金额 |
|---|---|---|
| 集合类 | 12 | 118 550.00 |
| 单一类 | 40 | 581 544.20 |
| 财产管理类 | 2 | 898.00 |
| 新增合计 | 54 | 700 992.20 |
| 其中：主动管理型 | 19 | 200 644.30 |
| 被动管理型 | 35 | 500 347.90 |

6.4.2.4 本公司履行受托人义务情况及因本公司自身责任而导致的信托资产损失情况

公司作为受托人，严格按照《中华人民共和国信托法》、《信托公司管理办法》、《信托公司资金信托管理暂行办法》等法律法规的规定及信托合同等文件的约定，恪尽职守，诚信、谨慎、高效地管理信托财产，严格履行受托人的义务，为委托人的最大利益处理信托事务，公司管理的所有信托产品均达到或超过了预期收益。

公司未发生因自身责任而导致的信托资产损失情况。

## 6.5 关联方关系及其交易的披露

**6.5.1 关联交易方的数量、关联交易的总金额及关联交易的定价政策等**

无。

**6.5.2 关联交易方与本公司的关系性质、关联交易方的名称法定代表人、注册地址、注册资本及主营业务等**

无。

**6.5.3 逐笔披露本公司与关联方的重大交易事项**

无。

6.5.3.1 固有与关联方交易情况

无。

6.5.3.2 信托与关联方交易情况

无。

6.5.3.3 信托公司自有资金运用于自己管理的信托项目（固信交易）、信托公司管理的信托项目之间的相互（信信交易）交易金额，包括余额和本报告年度的发生额

无。

6.5.3.3.1 固有与信托财产之间的交易金额期初汇总数、本期发生汇总数、期末汇总数

无。

6.5.3.3.2 信托项目之间的交易金额期初汇总数、本期发生汇总数、期末汇总数

无。

**6.5.4 逐笔披露关联方逾期未偿还本公司资金情况以及本公司为关联方担保发生或即将发生垫款的详细情况**

无。

## 6.6 会计制度的披露

固有业务（自营业务）执行《企业会计准则》（财会〔2006〕3号）。

信托业务执行《信托业务核算办法》（财会〔2005〕1号）。

## 7. 财务情况说明书

### 7.1 利润实现和分配情况

经甘肃华陇会计师事务有限公司审计，2010 年公司实现净利润 5 326. 67 万元，提取法定盈余公积 532. 67 万元，信托赔偿准备 266. 33 万元，可供投资者分配的利润为 4 527. 67 万元，拟按注册资本份额的 3. 5%，即 3 563. 67 万元（占可供投资者分配利润的 78. 71%）进行分配，剩余 964 万元待以后年度进行分配。

### 7.2 主要财务指标

| 指标名称 | 指标值 |
|---|---|
| 资本利润率（%） | 6. 58 |
| 加权年化信托报酬率（%） | 0. 19 |
| 人均净利润（万元/人） | 93. 45 |

### 7.3 对本公司财务状况、经营成果有重大影响的其他事项

无。

## 8. 特别事项揭示

### 8.1 本报告期前五名股东报告期内变动情况

2009 年 11 月 9 日，经公司 2009 年第四次临时股东大会审议批准，由甘肃省国有资产投资集团有限公司向本公司增资 7 亿元人民币，并将甘肃省财政厅持有的本公司 24 265. 21 万元股权无偿划转至国投公司。2010 年 5 月 25 日，得到中国银行业监督管理委员会（银监复〔2010〕218 号）《关于批准甘肃省信托有限责任公司增加注册资本及调整股权结构的批复》，将注册资本由 31 819. 05 万元增加至 101 819. 05 万元，同时将原股东甘肃省财政厅所持公司 24 265. 21 万元无偿划转给甘肃省国有资产投资集团有限公司。2010 年 6 月 7 日，在甘肃省工商行政管理局完成了工商变更法律手续，目前公司注册资金 101 819. 05 万元。其中：甘肃省国有资产投资有限公司 94 265. 21 万元、占 92. 58%，天水市财政局 4 072. 84 万元、占 4%，白银市财政局 3 481 万元、占 3. 42%。

### 8.2 本报告期董事、监事及高级管理人员变动情况

经 2010 年 8 月 3 日第二届三次董事会决议，公司法人、原董事长赵兰银同志不再担任第二届董事会董事长，拟选举马江河同志担任第二届董事会董事长，经监管机构核准其任职资格后任职，现阶段等待监管部门审核批复，截至目前，尚未收到马江河董事长任职资格的审核批复，工商登记也未进行变更。

### 8.3 重大未决诉讼事项

甘肃省飞天工贸总公司欠公司本息 19 143 572. 69 元的诉讼案件，最高人民法院（2006）民二终字第 115 号《民事判决书》判决公司胜诉。2007 年 12 月，法院依法查封飞天大酒店中餐厅 2 562. 48 平方米的房产及银行存款账户。

飞天大酒店欠公司本息 16 153 443. 96 元的诉讼案件，甘肃省高级人民法院（2007）甘民二初字第 7 号《民事判决书》判决公司胜诉。

### 8.4 对会计师事务所出具的有保留有意见、否定意见或无法表示意见的审计报告的，公司董事会应就所涉及事项作出说明

无。

### 8.5 公司及其董事、监事和高级管理人员受到处罚的情况

无。

### 8.6 银监会及其派出机构对公司检查后提出整改意见的，应简单说明整改情况

甘肃银监局 2010 年 5 月 20 日至 6 月 30 日对公司政信、银信等业务开展情况进行现场检查，并于 2010 年 9 月 20 日至 12 月 20 日对公司“新两规”执行情况进行现场检查，就公司法人治理、集合资金信托计划管理及信托业务管理流程等方面提出了整改意见。

公司对两次现场检查中查出的问题高度重视，多次召开会议进行研究，并制定了整改方案，落实责任、时限和目标，各相关部门积极落实整改措施，截至目前全部得到了整改。

### 8.7 本年度重大事项临时报告的简要内容、披露时间、所披露的媒体及其版面

2010 年 6 月 22 日，公司在《中国证券报》A39 版披露如下信息：

根据《中华人民共和国公司法》、《中华人民共和国信托法》、《信托公司管理办法》、《信托投资公司信息披露管理暂行办法》及《公司章程》有关规定，按照《中国银监会关于批准甘肃省信托有限责任公司增加注册资本及调整股权结构的批复》（银监复〔2010〕218 号），我公司注册资本及股权结构发生如下变化：

（1）公司注册资本由 31 819. 05 万元人民币增至 101 819. 05万元人民币。

（2）公司原股东甘肃省财政厅持有的 24 265. 21 万元股权转让给甘肃省国有资产投资集团有限公司。

（3）增资及股权转让后，公司的股东构成、出资额及出资比例如下：

甘肃省国有资产投资集团有限公司，出资 94 265. 21 万元人民币，出资比例 92. 58%；天水市财政局，出资 4 072. 84 万元人民币，出资比例 4. 00%；白银市财政局，出资 3 481 万元人民币，出资比例 3. 42%。

公司已在甘肃省工商行政管理局办理完成工商变更登记。

### 8.8 银监会及其省级派出机构认定的其他有必要让客户及相关利益人了解的重要信息

无。

## 9. 公司监事会意见

报告期内,公司监事会严格遵守《公司法》、《公司章程》的有关规定,按照《监事会议事规则》依法独立履行职责,列席了各次股东会会议及董事会会议,行使了对董事会成员和高管人员的监督职能,监督检查了公司依法经营、重大经营决策、内控制度的执行情况和公司的财务状况,维护了公司和股东的合法权益,促进了公司的规范运作。在此基础上发表以下独立意见:

(1)公司依法运作情况。公司能够严格按照《公司法》、《公司章程》及国家的有关法律法规运作,决策程序合法,内控制度得到进一步完善。董事、高管人员在履行公司职务时,能遵纪守法,尽职守则,勤勉敬业,诚实守信,未发现违反国家法律、法规、公司章程以及损害股东、公司利益的行为。

(2)检查公司财务情况。报告期内公司财务状况良好。2010年财务报告经甘肃华陇会计师事务有限公司审计,出具了标准无保留意见的审计报告,该报告真实、客观、准确地反映了公司财务状况和经营成果。

(3)报告期内无关联交易,无损害股东、公司利益的情况。

# 广东粤财信托有限公司

## 1. 重要提示

1.1 本公司董事会及董事保证本报告所载资料不存在任何虚假记载、误导性陈述或者重大遗漏，并对其内容的真实性、准确性和完整性承担个别及连带责任。

1.2 公司独立董事保证本报告内容的真实性、准确性、完整性。

1.3 广东正中珠江会计师事务所有限公司对本公司年度财务报告进行审计，出具了标准无保留意见的审计报告。

1.4 公司负责人、主管会计工作负责人及会计部门负责人保证年度报告中财务报告的真实、完整。

## 2. 公司概况

### 2.1 公司简介

广东粤财信托有限公司，成立于1984年12月，是广东省人民政府批准成立，经中国人民银行和国家外汇管理局核准的经营金融业务的国有非银行金融机构。目前是广东省唯一保留的省级信托公司。公司注册资本5.655亿元(含外汇资本1 600万美元)，其中：广东粤财投资控股有限公司出资55 497.76万元，出资比例98.14%；广东省科技创业投资公司出资1 052.24万元，出资比例1.86%。

公司始终奉行“诚信为本、稳健经营、专业进取、开拓创新”的方针，充分发挥专家理财优势，不断开拓创新，通过有效运用信托、信贷、租赁、投资等金融工具，研发并推出各类信托产品，构建专业化的、综合性的金融服务平台，为客户提供全方位的金融需求解决方案。公司将立足广东、面向全国，打造粤财信托理财品牌，致力于以诚信专业的经营理念赢得广大投资者的信任，以创新的业务拓展成为具有核心竞争力的现代信托公司。

2.1.1 公司法定中文名称：广东粤财信托有限公司
英文名称：Guangdong Finance Trust Co.,Ltd.

2.1.2 法定代表人：汪　涛

2.1.3 注册地址：广州市东风中路481号粤财大厦14楼

2.1.4 邮政编码：510045

2.1.5 公司国际互联网网址：http://www.gdycxt.com

2.1.6 公司电子信箱：ycxt@gdyctz.com

2.1.7 公司信息披露事务联系人：吴佩华
联系电话：020-83063088
传真：020-83063082
电子信箱：ycxt@gdyctz.com

2.1.8 公司本次信息披露报纸名称：《金融时报》

2.1.9 公司年度报告备置地点：广州市东风中路481号粤财大厦14楼

2.1.10 公司聘请的会计师事务所：广东正中珠江会计师事务所有限公司，办公地点：广州市东风东路555号粤海集团大厦10楼

2.1.11 公司常年法律顾问：广东君信律师事务所，办公地点：广州市农林下路83号广发银行大厦20楼

### 2.2 组织结构

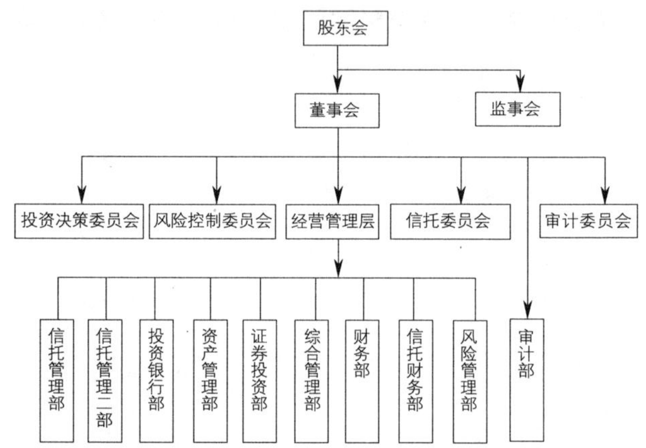


## 3. 公司治理结构

### 3.1 股东

| 股东名称 | ★广东粤财投资控股有限公司 | 广东省科技创业投资公司 |
|---|---|---|
| 出资额(万元) | 55 497.76 | 1 052.24 |
| 出资比例(%) | 98.14 | 1.86 |
| 法人代表 | 梁棠 | 黎柏其 |
| 注册资本(万元) | 60.67 | 5 |
| 注册地址 | 广州市东风中路481号粤财大厦15楼 | 广州市越秀区先烈中路100号高中心大楼14楼 |
| 主要经营业务及主要财务情况 | 主要经营业务：资本运营管理、资产受托管理、投资项目的管理；科技风险投资、实业投资；企业重组、并购咨询服务。主要财务情况：资产总额为2 198 762万元，净资产为763 923万元，当年净利润：52 582万元。 | 主要经营业务：创业投资业务、创业投资咨询业务、为创业企业提供创业管理服务业务、参与设立创业投资企业与创业投资管理顾问机构。主要财务情况：资产总额为109 052.61万元，净资产为81 401.46万元，当年净利润为3 926.77万元。 |

## 3.2 董事

董事长、董事

| 职务 | 姓名 | 性别 | 年龄 | 选任日期 | 所推举的股东名称 | 该股东持股比例(%) | 简要履历 |
|---|---|---|---|---|---|---|---|
| 董事长 | 汪涛 | 男 | 48 | 2008年11月12日 | 广东粤财投资控股有限公司 | 98.14 | 1995—2005年起任公司副总经理;2005年起至今任公司董事长兼控股公司总经理。 |
| 董事 | 黎全辉 | 男 | 49 | 2008年11月12日 | 广东省科技创业投资公司 | 1.86 | 2006年6月至今任广东省粤科风险投资集团公司董事、党委委员。 |
| 董事 | 邓斌 | 男 | 40 | 2008年11月12日 | 广东粤财投资控股有限公司 | 98.14 | 2005年10月起任公司副总经理;2009年8月起至今任公司总经理;2010年2月起至今兼任控股公司副总经理。 |
| 董事 | 林子尧 | 男 | 29 | 2009年1月14日 | 广东粤财投资控股有限公司 | 98.14 | 2008年5月起至今任公司部门总经理。 |

独立董事

| 姓名 | 所在单位及职务 | 性别 | 年龄 | 选任日期 | 所推举的股东名称 | 该股东持股比例(%) | 简要履历 |
|---|---|---|---|---|---|---|---|
| 李善民 | 中山大学管理学院教授 | 男 | 47 | 2008年1月1日 | 广东粤财投资控股有限公司 | 98.14 | 现任中山大学管理学院财务投资系教授,兼中山大学财务与国资管理处处长。 |
| 张天民 | 北京市君泽君律师事务所高级合伙人 | 男 | 40 | 2008年1月1日 | 广东粤财投资控股有限公司 | 98.14 | 2004年至今任职北京市君泽君律师事务所。 |

## 3.3 监事

监事会成员

| 职务 | 姓名 | 性别 | 年龄 | 选任日期 | 所推举的股东名称 | 该股东持股比例(%) | 简要履历 |
|---|---|---|---|---|---|---|---|
| 监事长 | 张如贵 | 男 | 60 | 2008年11月12日 | 广东粤财投资控股有限公司 | 98.14 | 2001年5月至今任广东粤财投资控股有限公司党委副书记。 |
| 监事 | 林绮 | 女 | 40 | 2008年11月12日 | 广东粤财投资控股有限公司 | 98.14 | 2007年8月至今任广东粤财投资控股有限公司计财部副总经理。 |
| 监事 | 李湛 | 女 | 48 | 2008年11月12日 | 职工代表监事 | | 2007年1月至今在信托公司证券投资部工作,任经理。 |

## 3.4 高级管理人员

| 职务 | 姓名 | 性别 | 年龄 | 任职日期 | 金融从业年限 | 学历 | 专业 | 简要履历 |
|---|---|---|---|---|---|---|---|---|
| 总经理 | 邓斌 | 男 | 40 | 2009年8月18日 | 16年 | 硕士研究生 | 数量经济学 | 2005年10月起任公司副总经理;2009年8月起至今任公司总经理;2010年2月起至今兼任控股公司副总经理。 |
| 副总经理 | 陈彦卿 | 女 | 46 | 2009年2月16日 | 23年 | 本科 | 财政 | 2008年6月起任广东润达资产经营有限公司副总经理;2009年2月起至今任公司副总经理。 |
| 副总经理 | 杨中一 | 男 | 34 | 2009年6月1日 | 13年 | 本科 | 国际金融 | 2008年4月任公司总经理助理;2009年6月起至今任公司副总经理。 |
| 总经理助理 | 王波 | 男 | 34 | 2009年6月1日 | 12年 | 本科 | 国际会计 | 2007年8月任部门总经理;2009年6月起至今任公司总经理助理。 |

## 3.5 公司员工

| 项目 | | 报告期年度 | | 上年度 | |
|---|---|---|---|---|---|
| | | 人数 | 比例(%) | 人数 | 比例(%) |
| 年龄分布 | 25岁以下 | 4 | 6 | 4 | 6 |
| | 25~29岁 | 17 | 25 | 19 | 31 |
| | 30~39岁 | 29 | 43 | 23 | 37 |
| | 40岁以上 | 18 | 26 | 16 | 26 |
| 学历分布 | 博士 | 3 | 4 | 3 | 5 |
| | 硕士 | 26 | 38 | 25 | 40 |
| | 本科 | 34 | 50 | 29 | 47 |
| | 专科 | 5 | 8 | 4 | 6 |
| | 其他 | 0 | 0 | 1 | 2 |

续表

| 项目 | | 报告期年度 | | 上年度 | |
|---|---|---|---|---|---|
| | | 人数 | 比例(%) | 人数 | 比例(%) |
| 岗位分布 | 董事、监事及其高管人员 | 7 | 10 | 7 | 11 |
| | 自营业务人员 | 12 | 18 | 16 | 26 |
| | 信托业务人员 | 36 | 53 | 34 | 55 |
| | 其他人员 | 13 | 19 | 5 | 8 |

# 4. 经营管理

## 4.1 经营目标、方针、战略规划

### 4.1.1 公司的经营目标

公司的经营目标是在科学发展观的指引下,坚持可持续发展，以效益为中心，以市场为导向，立足广东、面向全国，打造粤财信托专业理财品牌，构筑核心竞争能力，力争进入国内信托公司领先行列。

#### 4.1.2 公司的经营方针

公司的经营方针是"诚信为本、稳健经营、专业进取、开拓创新"。

#### 4.1.3 战略规划

公司在未来五年里，将在完善风险控制系统基础上，以创新为手段，坚持扩大信托资产规模与提升管理能力两条发展主线，不断提高和优化金融服务水平，创造性地满足不同类型投资者的金融理财需求，构建专业化的资产管理和财富管理平台。

### 4.2 所经营业务的主要内容

中国银监会核准公司承办以下人民币和外币金融业务：资金信托；动产信托；不动产信托；有价证券信托；其他财产或财产权信托；作为投资基金或者基金管理公司的发起人从事投资基金业务；经营企业资产的重组、购并及项目融资、公司理财、财务顾问等业务；受托经营国务院有关部门批准的证券承销业务；办理居间、咨询、资信调查等业务；代保管及保管箱业务；以存放同业、拆放同业、贷款、租赁、投资方式运用固有财产；以固有财产为他人提供担保；从事同业拆借；法律法规规定或中国银行业监督管理委员会批准的其他业务。

本年度，公司自营资产运用与分布和信托财产运用与分布情况如下：

**自营资产运用与分布表**

| 资产运用 | 金额（万元） | 占比（%） | 资产分布 | 金额（万元） | 占比（%） |
|---|---|---|---|---|---|
| 货币资产 | 54 948.98 | 32.12 | 基础产业 | | |
| 贷款及应收款 | 4 009.07 | 2.34 | 房地产业 | | |
| 交易性金融资产 | 3 151.64 | 1.84 | 证券市场 | 16 523.69 | 9.66 |
| 可供出售金融资产 | 13 372.05 | 7.82 | 实业 | 3 800.00 | 2.22 |
| 持有至到期投资 | | | 金融机构 | 145 553.16 | 85.09 |
| 长期股权投资 | 90 611.21 | 52.97 | 其他 | 5 180.53 | 3.03 |
| 其他 | 4 964.43 | 2.90 | | | |
| 资产总计 | 171 057.38 | 100.00 | 资产总计 | 171 057.38 | 100.00 |

**信托资产运用与分布表**

| 资产运用 | 金额（万元） | 占比（%） | 资产分布 | 金额（万元） | 占比（%） |
|---|---|---|---|---|---|
| 货币资产 | 683 219.34 | 6.78 | 基础产业 | 2 664 100.00 | 26.42 |
| 贷款 | 3 486 382.09 | 34.57 | 房地产 | 1 437 235.00 | 14.25 |
| 交易性金融资产 | 148 967.26 | 1.48 | 证券市场 | 544 643.30 | 5.40 |
| 可供出售金融资产 | 737 119.56 | 7.31 | 实业 | 1 510 478.00 | 14.98 |
| 持有至到期投资 | 2 250 122.51 | 22.31 | 金融机构 | 742 265.09 | 7.36 |
| 长期股权投资 | 2 434 448.10 | 24.14 | 其他 | 3 184 847.11 | 31.58 |
| 其他 | 343 309.64 | 3.40 | | | |
| 信托资产总计 | 10 083 568.50 | 100.00 | 信托资产总计 | 10 083 568.50 | 100.00 |

注：其中资产分布里的其他类（总金额3 184 847.11，占比31.58%）包括（1）信贷资产：1 203 658.75 万元，占比：11.94%；（2）应收账款：76 000 万元，占比：0.75%；（3）票据资产：12 039.94 万元，占比：0.12%；（4）财产信托：1 154 642.26 万元，占比：11.45%；（5）其他：738 506.16 万元，占比：7.32%。

### 4.3 市场分析

#### 4.3.1 影响本公司业务发展的有利因素

（1）在国家采取积极财政政策和适度宽松的货币政策影响下，国内经济继续稳步向好，各类投资需求旺盛。

（2）货币政策回归常态，国内信贷在整体规模控制下趋于紧缩，以月、季度均衡等方式严格控制信贷投放节奏，银信合作需求显著增加；此外，由于房地产调控政策的不断出台，房地产信托资金需求也随之增加。

（3）随着居民收入的不断增加，财富管理需求日益增长，有效地促进了信托公司各类信托理财业务的开展。

#### 4.3.2 影响本公司业务发展的不利因素

（1）国内由于流动性充足等原因，资产价格泡沫明显，通货膨胀压力显著增加。为此，监管部门不断出台银信合作限制政策，采取窗口指导等形式严格控制银信合作，尤其是信贷类业务的规模和增长速度；此外，还不断加大对地方政府融资平台的清理整顿和对房地产信托业务的监管力度，信政合作和房地产信托业务门槛不断提高。

（2）监管政策环境复杂多变对信托公司形成稳定的业务模式造成一定的影响。传统银信合作业务受到限制的同时，PE、证券投资信托等鼓励类创新业务的开展也面临政策上的阻碍。

（3）净资本管理办法的出台，短期内对信托公司业务规模的持续增长形成一定的制约。

### 4.4 内部控制

公司通过完善的组织架构、内部规章制度实现公司的内部控制，在运作中形成了研究、决策、操作、审计与评价相互制衡的内部控制机制。

#### 4.4.1 内部控制环境和内部控制文化

公司按照合法、高效、精简、制衡原则设置组织机构，设股东会、董事会和监事会，实行董事会领导下的总经理负责制。公司董事会及其下设投资决策委员会和风险控制委员会为公司的决策系统，在董事会领导下的总经理层及其相关的业务部门为公司的执行系统，董事会直接领导的审计部门以及监事会为公司的监督及信息反馈系统，这三个系统既相互独立又互有联系。为确保内控制度执行力，公司大力推进合规与内控文化建设，通过开展内控制度培训、内部合规性测试与检查、建立风险问责制度等方式，促进全体员工牢固树立合规经营、按程序办事的意识。

#### 4.4.2 内部控制措施

公司建立了多层次的内部控制组织架构，除董事会属下的风险控制委员会、信托委员会、审计委员会外专门设置审计部、风险管理部作为内部控制职能部门。其中审计部作为内审部门，其职责明确，没有混杂其他业务职能。具体职责为：根据有关监管条例和公司章程起草制定公司内部审计、稽核制度，定期、不定期地对公司各部门及有关业务活动进行审计和监督，每半年向董事会提交全面的内部审计报告，并完成董事会安排的其他专项审计任务；衔接、配合监管部门对公司的审计、稽核等检查工作，定期将公司的内部审计报告副本上报监管部门。审计部在公司内部是独立的，由董事会领导，对董事会负责；制定了健全的内部审计制度，审计对象覆盖了全部业务活动，包括信托业务、资产管理业务、证券投资业务、股权投资业务以及公司内部管理、财务收支检查等。审计工作实行经常化、制度化、公开化的稽核方法，对公司的经营管理活动进行稽核和监督，确保公司经营合法、资产安全有效。内部审计分为常规性审计、专项审计、报送审计。在审计工作中公司能够及时发现和控制风险，对审计发现的问题及时进行了纠正和处理，为以后公司开展新业务打下了良好的基础。按《公司法》、《信托公司管理办法》等法律法规的要求，公司建立有《股东会议事规则》、《董事会议事规则》、《监事会议事规则》。在实际工作中严格按照既定的规章制度办事，确保董事、监事、高级管理层成员的权力、义务有效履行。

风险管理部作为向高级管理层负责的内部控制部门，主要承担以下职能：拟订公司风险管理制度框架以及风险管理制度体系的方案；制定风险管理办法及其实施细则、合规管理办法、组织修订业务管理制度及流程；对各业务项目进行事中审查和事后监督检查。

公司业务控制制度明确，建立了前台、中台、后台分离、集中审批的业务管理组织架构，确保各业务环节相互监督的岗位职能分离，并于本年度根据业务发展情况进一步制定并完善了各项业务管理制度、流程及授权监控等手续。

**4.4.3　信息交流与反馈**

公司建立了完善的内部、外部信息交流与反馈机制。通过建立详细的工作报告及审核流程，各项工作信息得以规范地在公司内部快速有序流转；内部控制部门通过办公自动化系统实时传递法规及内部管理等信息，业务部门保持与风险管理部门的全流程业务信息共享，有效避免因信息交流不足导致的业务差错或效率耗损。公司与监管部门建立了良好的沟通机制，各类业务按规定及时报告或报备，有效落实监管部门意见，为公司合规经营提供了有力的支持。

**4.4.4　监督评价与纠正**

公司定期对内部控制执行情况实施审计，并于本年度进一步加强内部控制监督工作，细化完善相关机制，分别由风险管理部、审计部各自独立地对公司内部控制情况进行监督检查。2010年审计部门稽核检查情况及风险管理部内部合规检查情况均显示公司内控执行情况良好，监管部门外部检查及内控检查发现的问题均已得到及时有效纠正。

## 4.5　风险管理

**4.5.1　信用风险管理**

对于信用风险的防范，公司主要是通过业务部门事前对融资对象的调查，风险管理部门的审查，公司投资决策委员会的审核，信托合同抵押、质押、担保等条款的有效性、合法性设置予以防范；通过项目实施过程中的跟踪检查以及稽核与评价进行事中、事后控制加以防范。在防范银行和券商信用风险方面，公司选择那些实力雄厚、信誉卓著、业绩优良的金融机构作为合作伙伴，对风险加以控制。

**4.5.2　市场风险管理**

对于市场风险的防范，公司综合运用敏感性分析、情景分析等方法，充分评估潜在风险，并通过业务部门—风险管理部—投资决策委员会的多层次审核，结合严格的授权、岗位双签、止损制度进行控制。对于市场竞争风险，公司坚持“诚信为本、稳健经营”的原则，对于不熟悉的领域或熟悉但风险较大且不易控制的项目，决不轻易涉足。

**4.5.3　操作风险管理**

对于操作风险的防范，公司主要是通过严格的授权制度和业务操作流程，明确岗位职责，建立公司内部相互制约、相互督促的工作网络；严格实行资产隔离，依法建账，将公司信托财产与固有财产分开管理、分别记账，对信托业务与非信托业务分开核算，并对每项信托业务单独核算；对各项业务经营活动过程及资金运作建立严格的复核和监控程序；通过计算机系统对证券投资操作权限和内容进行严格划分和分工，通过在业务和资金流转过程中设立双岗核定确认等制度进行约束，堵截可能出现的漏洞。风险管理部及审计部分别根据自身职责独立进行定期、不定期的检查，及时发现问题并督促纠正。

**4.5.4　其他风险管理**

4.5.4.1　政策风险

对于政策风险的防范，公司主要通过严格依法经营，建立健全完善的公司内部控制制度以规范与控制公司业务范围和经营行为。公司设立风险控制委员会和投资决策委员会，并由风险管理部负责法律合规事务，对公司的合规风险进行识别、评估、监控，向相关部门进行合规风险提示和提出修改建议；及时梳理、整合、改进公司的规章制度和操作流程；组织员工进行合规培训和教育；与此同时，保持与监管部门的密切沟通，及时掌握政策动向，进而把握公司业务方向以控制风险。

4.5.4.2　经营风险

对于经营风险的防范，公司主要是通过健全的法人治理结构，明确董事会和监事会职责，严格执行内部经营管理水平，对经营管理层进行严格的约束，保证其稳健经营；通过不断吸收高学历、从业经验丰富的人士加盟团队以提高经营管理水平，减少经营风险；通过事中、事后稽核与评价进行奖罚等措施加以控制。

4.5.4.3　声誉风险

对于声誉风险的防范，公司坚持做好日常信息披露，及时准确地向公众发布信息，主动接受舆论监督；明确舆情管理职责，加强舆情信息研判，实时关注舆情信息；维护良好客户关系，从履行告知义务、解决客户问题、确保客户合法权益、提升客户满意度等方面实施监督和评估；加强声誉风险分析，对可能发生的各类声誉事件进行情景分析，制订应急预案；培育公司声誉风险管理文化，树立员工声誉风险意识。

4.5.4.4　客户风险

对于客户风险的防范，公司主要是通过信托合约条款的规范和约束，严格操作程序和风险提示反馈等手段加以控制。

# 5. 报告期末及上年末的比较式会计报表

## 5.1　自营资产

**5.1.1　会计师事务所审计结论（标准无保留审计意见）**

粤财信托公司财务报表已经按照企业会计准则的规定编制，在所有重大方面公允反映了粤财信托公司2010年12月31日的财务状况以及2010年的经营成果和现金流量。

### 5.1.2　资产负债表

2010 年 12 月 31 日　　　　单位：万元

| 资　产 | 年末数 | 年初数 | 负债及所有者权益 | 年末数 | 年初数 |
|---|---|---|---|---|---|
| 流动资产： | | | 流动负债： | | |
| 现金及存放中央银行款项 | 7.03 | 7.75 | 向中央银行借款 | — | — |
| 存放同业款项 | 54 941.95 | 53 571.16 | 同业及其他金融机构存放款项 | — | — |
| 贵金属 | — | — | 拆入资金 | — | — |
| 拆出资金 | — | — | 交易性金融负债 | — | — |
| 交易性金融资产 | 3 151.64 | 3 719.70 | 衍生金融负债 | — | — |
| 衍生金融资产 | — | — | 卖出回购金融资产款 | — | — |
| 买入返售金融资产 | — | — | 应付账款 | — | — |
| 应收账款 | — | — | 预收账款 | — | — |
| 应收利息 | — | — | 应付职工薪酬 | 1 658.29 | 1 245.75 |
| 应收股利 | — | — | 应付股利 | — | — |
| 其他应收款 | 209.07 | 646.39 | 应交税费 | 1 153.83 | 227.29 |
| 预付账款 | — | — | 其他应付款 | 27.35 | 144.16 |
| 一年内到期的非流动资产 | — | — | 应付利息 | — | — |
| 其他流动资产 | — | — | 预计负债 | — | — |
| 流动资产合计 | 58 309.69 | 57 945.00 | 一年内到期的非流动负债 | — | — |
| 非流动资产： | — | — | 其他流动负债 | — | — |
| 发放贷款及垫款 | 3 800.00 | 1 800.00 | 流动负债合计 | 2 839.47 | 1 617.20 |
| 可供出售金融资产 | 13 372.05 | 8 017.31 | | | |
| 持有至到期投资 | — | — | 非流动负债： | | |
| 长期股权投资 | 90 611.21 | 68 010.96 | 应付债券 | — | — |
| 固定资产原值 | 6 005.36 | 5 874.06 | 长期应付款 | — | — |
| 减：累计折旧 | 1 207.47 | 1 054.69 | 递延所得税负债 | 977.00 | 1 206.77 |
| 固定资产净值 | 4 797.89 | 4 819.37 | 其他非流动负债 | — | — |
| 减：固定资产减值准备 | — | — | 非流动负债合计 | 977.00 | 1 206.77 |
| 固定资产净额 | 4 797.89 | 4 819.37 | 负债合计 | 3 816.47 | 2 823.97 |
| 在建工程 | — | — | 所有者权益： | | |
| 固定资产清理 | — | — | 实收资本 | 56 550.00 | 56 550.00 |
| 无形资产 | 122.30 | 92.51 | 资本公积 | 8 061.04 | 9 546.64 |
| 商誉 | — | — | 盈余公积 | 11 062.14 | 7 975.60 |
| 长期待摊费用 | — | — | 一般风险准备 | 6 153.49 | 4 228.41 |
| 递延所得税资产 | 44.24 | — | 未分配利润 | 85 414.24 | 59 560.53 |
| 其他长期资产 | — | — | 所有者权益合计 | 167 240.91 | 137 861.18 |
| 非流动资产合计 | 112 747.69 | 82 740.15 | | | |
| 资产总计 | 171 057.38 | 140 685.15 | 负债及所有者权益合计 | 171 057.38 | 140 685.15 |

法定代表人：汪　涛　　　　自营业务财务负责人：徐茹斌

### 5.1.3　利润表

2010 年　　　　单位：万元

| 项　目 | 本年累计数 | 上年同期数 |
|---|---|---|
| 一、营业收入 | 38 570.75 | 31 575.00 |
| 利息净收入 | 967.94 | 535.28 |
| 其中：利息收入 | 967.94 | 535.28 |
| 利息支出 | — | — |
| 手续费及佣金净收入 | 17 509.21 | 11 142.49 |
| 其中：手续费及佣金收入 | 17 509.21 | 11 142.49 |
| 手续费及佣金支出 | — | — |
| 投资收益（亏损以"－"号填列） | 20 365.21 | 18 506.85 |
| 其中：交易性金融资产投资收益 | 514.06 | 5.11 |

续表

| 项　　目 | 本年累计数 | 上年同期数 |
|---|---|---|
| 对联营企业和合营企业的投资收益 | 19 459.41 | 18 052.65 |
| 公允价值变动收益(损失以"-"号填列) | -260.79 | 1 390.70 |
| 汇兑收益(亏损以"-"号填列) | -10.82 | -0.32 |
| 其他业务收入 | — | — |
| 二、营业支出 | 6 000.83 | 4 945.09 |
| 营业税金及附加 | 943.19 | 691.87 |
| 业务及管理费用 | 4 927.16 | 4 253.22 |
| 资产减值损失 | 130.48 | — |
| 其他业务成本 | — | — |
| 三、营业利润(亏损以"-"号填列) | 32 569.92 | 26 629.91 |
| 加:营业外收入 | 45.78 | 4.79 |
| 减:营业外支出 | 6.25 | 5.70 |
| 四、利润总额(亏损总额以"-"号填列) | 32 609.45 | 26 629.00 |
| 减:所得税费用 | 1 744.12 | 355.20 |
| 五、净利润(净亏损以"-"号填列) | 30 865.33 | 26 273.80 |

法定代表人:汪　涛　　　　自营业务财务负责人:徐茹斌

### 5.1.4　所有者权益变动表

单位:万元

| 项　　目 | 2010年 | | | | | | 2009年 | | | | | |
|---|---|---|---|---|---|---|---|---|---|---|---|---|
| | 实收资本 | 资本公积 | 盈余公积 | 一般风险准备金 | 未分配利润 | 所有者权益合计 | 实收资本 | 资本公积 | 盈余公积 | 一般风险准备金 | 未分配利润 | 所有者权益合计 |
| 一、上期期末余额 | 56 550.00 | 9 546.64 | 7 975.60 | 4 228.41 | 59 560.53 | 137 861.18 | 56 550.00 | 3 834.19 | 5 347.47 | 2 216.61 | 37 385.26 | 105 333.53 |
| 加:会计政策变更 | — | — | — | — | — | — | — | — | — | — | — | — |
| 前期差错更正 | — | — | — | — | — | — | — | — | — | — | — | — |
| 二、本期期初余额 | 56 550.00 | 9 546.64 | 7 975.60 | 4 228.41 | 59 560.53 | 137 861.18 | 56 550.00 | 3 834.19 | 5 347.47 | 2 216.61 | 37 385.26 | 105 333.53 |
| 三、本年增减变动金额(减少以"-"号填列) | — | -1 485.60 | 3 086.53 | 1 925.08 | 25 853.72 | 29 379.73 | — | 5 712.45 | 2 628.13 | 2 011.80 | 22 175.27 | 32 527.65 |
| (一)净利润 | — | — | — | — | 30 865.33 | 30 865.33 | — | — | — | — | 26 273.80 | 26 273.80 |
| (二)直接计入所有者权益的利得和损失 | — | -1 485.60 | — | — | — | -1 485.60 | — | 5 712.45 | 0.75 | — | — | 5 713.21 |
| 1. 可供出售金融资产公允价值变动净额 | — | -835.25 | — | — | - | -835.25 | — | 2 691.28 | — | — | — | 2 691.28 |
| 2. 权益法下被投资单位其他所有者权益变动的影响 | — | -859.16 | — | — | — | -859.16 | — | 3 693.99 | — | — | — | 3 693.99 |
| 3. 与计入所有者权益项目相关的所得税影响 | — | 208.81 | — | — | — | 208.81 | — | -672.82 | — | — | — | -672.82 |
| 4. 其他 | — | — | — | — | — | 0.00 | — | — | 0.75 | — | — | 0.75 |
| 上述(一)和(二)小计 | — | -1 485.60 | — | — | 30 865.33 | 29 379.73 | — | 5 712.45 | 0.75 | — | 26 273.80 | 31 987.01 |
| (三)所有者投入和减少资本 | — | — | — | — | — | — | — | — | — | — | — | — |
| 1. 所有者投入资本 | — | — | — | — | — | — | — | — | — | — | — | — |
| 2. 股份支付计入所有者权益的金额 | — | — | — | — | — | — | — | — | — | — | — | — |
| 3. 其他 | — | — | — | — | — | — | — | — | — | — | — | — |
| (四)利润分配 | — | — | 3 086.53 | 1 925.08 | -5 011.61 | — | — | — | 2 627.38 | 1 471.16 | -4 098.54 | — |
| 1. 提取盈余公积 | — | — | 3 086.53 | — | -3 086.53 | — | — | — | 2 627.38 | — | -2 627.38 | — |
| 2. 提取一般风险准备 | — | — | — | 1 925.08 | -1 925.08 | — | — | — | — | 1 471.16 | -1 471.16 | — |

续表

| 项　目 | 2010 年 | | | | | | 2009 年 | | | | | |
|---|---|---|---|---|---|---|---|---|---|---|---|---|
| | 实收资本 | 资本公积 | 盈余公积 | 一般风险准备金 | 未分配利润 | 所有者权益合计 | 实收资本 | 资本公积 | 盈余公积 | 一般风险准备金 | 未分配利润 | 所有者权益合计 |
| 3. 对所有者（或股东）的分配 | — | — | — | — | — | — | — | — | — | — | — | — |
| 4. 其他 | — | — | — | — | — | — | — | — | — | — | — | — |
| （五）所有者权益内部结转 | — | — | — | — | — | — | — | — | — | — | — | — |
| 1. 资本公积转增资本（或股本） | — | — | — | — | — | — | — | — | — | — | — | — |
| 2. 盈余公积转增资本（或股本） | — | — | — | — | — | — | — | — | — | — | — | — |
| 3. 盈余公积弥补亏损 | — | — | — | — | — | — | — | — | — | — | — | — |
| 4. 其他 | — | — | — | — | — | — | — | — | — | — | — | — |
| （六）其他因素调整 | — | — | — | — | — | — | — | — | — | 540.64 | — | 540.64 |
| 四、本期期末余额 | 56 550.00 | 8 061.04 | 11 062.13 | 6 153.49 | 85 414.24 | 167 240.91 | 56 550.00 | 9 546.64 | 7 975.60 | 4 228.41 | 59 560.53 | 137 861.18 |

法定代表人：汪　涛　　　　自营业务财务负责人：徐茹斌

## 5.2 信托资产

### 5.2.1 信托项目资产负债汇总表

2010 年 12 月 31 日　　　　单位：万元

| 信托资产 | 年末数 | 年初数 | 信托负债和信托权益 | 年末数 | 年初数 |
|---|---|---|---|---|---|
| 信托资产： | | | 信托负债： | | |
| 货币资金 | 683 219.33 | 1 121 411.42 | 交易性金融负债 | — | — |
| 拆出资金 | — | — | 衍生金融负债 | — | — |
| 存出保证金 | — | — | 应付受托人报酬 | 782.87 | 301.10 |
| 交易性金融资产 | 148 967.26 | 47 166.28 | 应付托管费 | 66.60 | 14.61 |
| 衍生金融资产 | — | — | 应付受益人收益 | 11.00 | — |
| 买入返售金融资产 | — | — | 应交税费 | — | — |
| 应收款项 | 21.02 | 0.80 | 应付销售服务费 | — | — |
| 发放贷款 | 3 486 382.09 | 818 398.09 | 其他应付款项 | 15 763.64 | 1 901.01 |
| 可供出售金融资产 | 737 119.56 | — | 预计负债 | — | — |
| 持有至到期投资 | 2 250 122.51 | 2 295 940.12 | 其他负债 | — | — |
| 长期应收款 | — | — | 信托负债合计 | 16 624.11 | 2 216.72 |
| 长期股权投资 | 2 434 448.10 | 2 427 689.24 | | — | |
| 投资性房地产 | 2 788.63 | 3 240.83 | 信托权益： | — | |
| 固定资产 | — | — | 实收信托 | 9 295 110.72 | 6 764 786.62 |
| 无形资产 | — | — | 资本公积 | 702 213.19 | — |
| 长期待摊费用 | — | — | 损益平准金 | — | — |
| 其他资产 | 340 500.00 | 72 000.00 | 未分配利润 | 69 620.48 | 18 843.44 |
| 减：各项资产减值准备 | — | — | 信托权益合计 | 10 066 944.39 | 6 783 630.06 |
| 信托资产总计 | 10 083 568.50 | 6 785 846.78 | 信托负债及信托权益总计 | 10 083 568.50 | 6 785 846.78 |

法定代表人：汪　涛　　　　信托业务财务负责人：陈　能

5.2.2 信托项目利润及利润分配汇总表

2010 年　　单位:万元

| 项　　目 | 本年累计数 | 上年同期数 |
|---|---|---|
| 一、营业收入 | 464 107.37 | 218 136.52 |
| 利息收入 | 162 019.23 | 39 270.99 |
| 投资收益(损失以"-"号填列) | 303 167.31 | 172 853.26 |
| 其中:对联营企业和合营企业的投资收益 | — | — |
| 公允价值变动收益(损失以"-"号填列) | -1 625.63 | 5 606.09 |
| 租赁收入 | 371.19 | 384.84 |
| 汇兑损益(损失以"-"号填列) | — | — |
| 其他收入 | 175.27 | 21.34 |
| 二、支出 | 69 205.35 | 39 708.65 |
| 营业税金及附加 | 305.40 | — |
| 受托人报酬 | 17 485.09 | 11 016.66 |
| 托管费 | 4 828.73 | 16 699.29 |
| 投资管理费 | 26 121.25 | 8 711.30 |
| 销售服务费 | — | — |
| 交易费用 | 2 220.09 | — |
| 资产减值损失 | 11 935.83 | — |
| 其他费用 | 6 308.96 | 3 281.40 |
| 三、信托净利润(净亏损以"-"号填列) | 394 902.02 | 178 427.87 |
| 其他综合收益 | — | — |
| 四、综合收益 | 394 902.02 | 178 427.87 |
| 加:期初未分配信托利润 | 18 843.44 | 9 924.05 |
| 五、可供分配的信托利润 | 413 745.46 | 188 351.92 |
| 减:本期已分配信托利润 | 344 124.98 | 169 508.48 |
| 六、期末未分配信托利润 | 69 620.48 | 18 843.44 |

法定代表人:汪　涛　　信托业务财务负责人:陈　能

## 6. 会计报表附注

### 6.1 报告年度会计报表编制基准、会计政策、会计估计和核算方法发生的变化

2010 年度会计报表编制基准、会计政策、会计估计和核算方法未发生变化。

### 6.2 或有事项说明

公司存于原民安证券东湖路营业部的证券账户资金受原民安证券被托管的影响,2006 年始处可操作交易但限制提取资金状态。广东省广州市中级人民法院于 2007 年 11 月 30 日受理民安证券有限公司破产清算一案,并宣告破产。公司 2007 年已就被冻结的账户资金 26 276 652.50 元向法院申报取回权。2008 年,公司收回原民安证券保证金户冻结款本金 25 306 827.34元及利息 396 816.71 元,至今尚有未收回本金 969 825.16 元,该款项已被确认为普通债权,参与破产财产分配。截至审计日,民安证券仍在清算中,公司尚未收到剩余的款项。公司已对该款项全额提取坏账准备。

### 6.3 重要资产转让及其出售的说明

本报告期内,公司未发生重要资产转让和出售等事项。

### 6.4 会计报表中重要项目的明细资料

#### 6.4.1 自营资产经营情况

6.4.1.1 信用风险资产五级分类

| 信用风险资产五级分类 | 正常类(万元) | 关注类(万元) | 次级类(万元) | 可疑类(万元) | 损失类(万元) | 信用风险资产合计(万元) | 不良资产合计(万元) | 不良率(%) |
|---|---|---|---|---|---|---|---|---|
| 期初数 | 2 446.40 | — | — | — | 96.98 | 2 543.38 | 96.98 | 3.81 |
| 期末数 | 4 009.07 | — | — | — | 96.98 | 4 106.05 | 96.98 | 2.36 |

注:1. 不良资产合计 = 次级类 + 可疑类 + 损失类。
2. 本公司信用风险资产为贷款和其他应收款。

6.4.1.2 各项资产减值损失准备

单位:万元

| | 期初数 | 本期计提 | 本期转回 | 本期核销 | 其他减少 | 期末数 |
|---|---|---|---|---|---|---|
| 贷款损失准备: | | | | | | |
| 一般准备 | — | — | — | — | — | — |
| 专项准备 | — | — | — | — | — | — |
| 其他资产减值准备: | | | | | | |
| 可供出售金融资产减值准备 | — | — | — | — | — | — |
| 持有至到期投资减值准备 | — | — | — | — | — | — |
| 长期股权投资减值准备 | — | — | — | — | — | — |
| 坏账准备 | 96.98 | — | — | — | — | 96.98 |
| 投资性房地产减值准备 | — | — | — | — | — | — |
| 合计 | 96.98 | — | — | — | — | 96.98 |

6.4.1.3 投资品种分类

单位:万元

| | 自营股票 | 基金 | 债券 | 长期股权投资 | 其他投资 | 合计 |
|---|---|---|---|---|---|---|
| 期初数 | 10 366.89 | 1 370.12 | — | 68 010.96 | — | 79 747.97 |
| 期末数 | 9 019.68 | 1 314.01 | — | 90 611.21 | 6 190.00 | 107 134.90 |

6.4.1.4 前五名的自营长期股权投资

| 企业名称 | 占被投资企业权益的比例(%) | 主要经营活动 | 投资损益(万元) |
|---|---|---|---|
| 易方达基金管理有限公司 | 25.00 | 基金管理和发起设立基金 | 19 459.41 |
| 众诚汽车保险股份有限公司 | 20.00 | 各类保险及再保险业务 | — |
| 河南万达期货有限公司 | 10.50 | 商品期货和金融期货经纪 | — |

6.4.1.5 前三名的自营贷款

| 企业名称 | 占贷款总额比例(%) | 还款情况 |
|---|---|---|
| 南海渔村有限公司 | 52.63 | 报告期末未还款 |
| 中国嘉德广州国际拍卖有限公司 | 47.37 | 报告期末未还款 |
| 合计 | 100.00 | |

6.4.1.6 表外业务分类:

单位:万元

| 表外业务 | 期初数 | 期末数 |
|---|---|---|
| 担保业务 | — | — |
| 代理业务(委托贷款) | 2 678.00 | 1 455.00 |
| 其他 | — | — |
| 合计 | 2 678.00 | 1 455.00 |

6.4.1.7 公司当年的收入结构

| 收入结构 | 金额(万元) | 占比(%) |
|---|---|---|
| 手续费及佣金收入 | 17 509.21 | 45.34 |
| 其中:信托手续费收入 | 17 509.21 | 45.34 |
| 投资银行业务收入 | — | — |
| 利息收入 | 967.94 | 2.51 |
| 其他业务收入 | — | — |
| 其中:计入信托业务收入部分 | — | — |
| 投资收益 | 20 365.21 | 52.74 |
| 其中:股权投资收益 | 19 459.41 | 50.39 |
| 证券投资收益 | 514.06 | 1.33 |
| 其他投资收益 | 391.74 | 1.02 |
| 公允价值变动收益 | -260.79 | -0.68 |
| 汇兑收益 | -10.82 | -0.03 |
| 营业外收入 | 45.78 | 0.12 |
| 收入合计 | 38 616.53 | 100.00 |

**6.4.2 信托财产管理情况**

6.4.2.1 信托资产分类

单位:万元

| 信托资产 | 期初数 | 期末数 |
|---|---|---|
| 集合 | 81 245.86 | 1 221 878.27 |
| 单一 | 4 737 151.54 | 7 707 047.97 |
| 财产权 | 1 967 449.38 | 1 154 642.26 |
| 合计 | 6 785 846.78 | 10 083 568.50 |

6.4.2.1.1 主动管理型信托业务的信托资产分类

单位:万元

| 主动管理型信托资产 | 期初数 | 期末数 |
|---|---|---|
| 证券投资类 | 64 749.61 | 1 475 830.69 |
| 股权投资类 | 16 496.25 | 157 018.67 |
| 融资类 | 2 400 588.75 | 3 740 395.11 |
| 事务管理类 | — | — |
| 合计 | 2 481 834.61 | 5 373 244.47 |

6.4.2.1.2 被动管理型信托业务的信托资产分类

单位:万元

| 被动管理型信托资产 | 期初数 | 期末数 |
|---|---|---|
| 证券投资类 | 108 911.35 | 110 300.31 |
| 股权投资类 | — | — |
| 融资类 | 4 158 099.93 | 3 846 632.38 |
| 事务管理类 | 37 000.89 | 753 391.34 |
| 合计 | 4 304 012.17 | 4 710 324.03 |

6.4.2.2 本年度已清算结束的信托项目分类

6.4.2.2.1 本年度已清算结束的信托项目个数为327个,实收信托合计金额5 110 353.43万元,加权平均实际年化收益率3.89%

| 已清算结束信托项目 | 项目个数 | 实收信托合计金额(万元) | 加权平均实际年化收益率(%) |
|---|---|---|---|
| 集合类 | 3 | 53 800.00 | 3.29 |
| 单一类 | 211 | 3 528 005.43 | 3.66 |
| 财产管理类 | 113 | 1 528 548.00 | 4.35 |

注:收益率是指信托项目清算后,给受益人赚取的实际收益水平。

6.4.2.2.2 本年度已清算结束的主动管理型信托项目84个,实收信托合计金额2 096 053.33万元、加权平均实际年化收益率4.31%

| 已清算结束信托项目 | 项目个数 | 实收信托合计金额(万元) | 加权平均实际年化收益率(%) |
|---|---|---|---|
| 证券投资类 | 19 | 298 299.00 | 3.13 |
| 股权投资类 | 1 | 80 000.00 | 6.29 |
| 融资类 | 64 | 1 717 754.33 | 4.45 |
| 事务管理类 | — | — | — |

6.4.2.2.3 本年度已清算结束的被动管理型信托项目243个、实收信托合计金额3 014 300.10万元、加权平均实际年化收益率3.90%

| 已清算结束信托项目 | 项目个数 | 实收信托合计金额(万元) | 加权平均实际年化收益率(%) |
|---|---|---|---|
| 证券投资类 | 14 | 702 478.22 | 2.83 |
| 股权投资类 | — | — | — |
| 融资类 | 228 | 2 311 721.88 | 4.02 |
| 事务管理类 | 1 | 100.00 | 0.55 |

6.4.2.3 本年度新增的信托项目分类

单位:万元

| 新增信托项目 | 项目个数 | 实收信托合计金额(万元) |
|---|---|---|
| 集合类 | 61 | 1 352 550.23 |
| 单一类 | 366 | 19 240 017.77 |
| 财产管理类 | — | — |
| 新增合计 | 427 | 20 592 568.00 |
| 其中:主动管理型 | 177 | 18 519 231.08 |
| 被动管理型 | 250 | 2 073 336.92 |

6.4.2.4 信托业务创新成果和特色业务有关情况

公司本年无创新业务。

6.4.2.5 本公司履行受托人义务情况及因本公司自身责任而导致的信托资产损失情况(合计金额、原因等)

公司已成立信托委员会,并按照信托合同条款的规定,履行诚实、信用、谨慎、有效的管理,为受益人的最大利益处理信托事务,除按规定取得信托报酬外,没有利用信托资产为自己谋取利益。

公司设置独立运作的自营与信托业务、财务部门,对信托资产与固有资产分别管理,并为每个信托项目开设专户,分别记账,分别核算。

公司信托业务部门妥善保存处理信托事务的完整记录,定期将信托财产的管理运用、处分及收支情况报告委托人、收益人,对委托人和收益人的信托资料保密。信托项目结束后,公司以信托财产为限向受益人兑付信托财产及收益,无延期兑付和无法兑付情况发生。

本年度没有发生因公司自身责任而导致的信托资产损失。

## 6.5 关联方关系及其交易的披露

**6.5.1 关联交易方的数量、关联交易的总金额及关联交易的定价政策等**

单位:万元

| | 关联交易方数量 | 关联交易金额 | 定价政策 |
|---|---|---|---|
| 合计 | 1 | 17 500.00 | 委托人指定价格 |

6.5.2 关联交易方与本公司的关系性质、关联交易方的名称、法定代表人、注册地址、注册资本及主营业务等

单位:万元

| 关系性质 | 关联方名称 | 法定代表人 | 注册地址 | 注册资本 | 主营业务 |
|---|---|---|---|---|---|
| 受同一公司最终控制 | 粤财控股(北京)有限公司 | 林波 | 北京市宣武区宣武门外大街6号12层22、23单元 | 10 000 | 项目投资;资产管理;物业管理 |

6.5.3 本公司与关联方的重大交易事项

6.5.3.1 固有与关联方交易情况

单位:万元

| 固有与关联方关联交易 | | | | |
|---|---|---|---|---|
| | 期初数 | 借方发生额 | 贷方发生额 | 期末数 |
| 贷款 | — | — | — | — |
| 投资 | — | — | — | — |
| 租赁 | — | — | — | — |
| 担保 | — | — | — | — |
| 应收账款 | — | — | — | — |
| 其他 | — | — | — | — |
| 合计 | — | — | — | — |

本报告期内,公司自营业务方面未发生关联交易。

6.5.3.2 信托与关联方交易情况

单位:万元

| 信托与关联方关联交易 | | | | |
|---|---|---|---|---|
| | 期初数 | 借方发生额 | 贷方发生额 | 期末数 |
| 贷款 | — | 17 500.00 | — | 17 500.00 |
| 投资 | — | — | — | — |
| 租赁 | — | — | — | — |
| 担保 | — | — | — | — |
| 应收账款 | — | — | — | 7 |
| 其他 | — | — | — | — |
| 合计 | — | 17 500.00 | — | 17 500.00 |

6.5.3.3 公司自有资金运用于自己管理的信托项目(固信交易)、公司管理的信托项目之间的相互(信信交易)交易情况

6.5.3.3.1 固有与信托财产之间的交易情况

单位:万元

| 固有财产与信托财产相互交易 | | | |
|---|---|---|---|
| | 期初数 | 本期发生额 | 期末数 |
| 合计 | — | — | — |

6.5.3.3.2 信托项目之间的交易情况

单位:万元

| 信托财产与信托财产相互交易 | | | |
|---|---|---|---|
| | 期初数 | 本期发生额 | 期末数 |
| 合计 | — | — | — |

6.5.4 关联方逾期未偿还本公司资金的详细情况以及本公司为关联方担保发生或即将发生垫款的详细情况

本年度公司无上述情况。

### 6.6 会计制度的披露

本年度公司自营业务、信托业务均执行财政部2006年2月15日颁布的《企业会计准则》(财会〔2006〕3号)及其后续规定。

## 7. 财务情况说明书

### 7.1 利润实现和分配情况

本年度公司经审计后实现税后净利润30 865.33万元,年初未分配利润为59 560.52万元,经公司董事会批准,按《信托法》规定提取5%的信托赔偿准备金1 543.27万元,根据财政部关于印发《金融企业呆账准备提取管理办法》通知按承担损失和风险的资产额的1%提取其他风险准备金381.81万,按新准则规定提取法定盈余公积3 086.53万元 年末未分配利润为85 414.24万元。

### 7.2 主要财务指标

| 指标名称 | 指标值 |
|---|---|
| 资本利润率(%) | 20.23 |
| 人均净利润(万元/人) | 474.85 |

注:1. 资本利润率=净利润/所有者权益平均余额×100%。

2. 人均净利润=净利润/年平均人数。

3. 平均值采取年初、年末余额简单平均法,公式为:a(平均)=(年初数+年末数)/2。

### 7.3 对本公司财务状况、经营成果有重大影响的其他事项

公司无其他须披露的重大影响事项。

## 8. 特别事项提示

### 8.1 报告期内公司两家股东没有发生变动

### 8.2 本报告期内董事及高级管理人员无变动情况

### 8.3 公司无重大诉讼事项

### 8.4 本报告期内银监会及其派出机构对公司检查后提出的整改意见以及整改情况

本年度广东银监局对公司进行了现场检查,并提出对地方政府融资平台贷款业务进行清理规范、切实提高自主管理能力、进一步加强对土地储备贷款的管理、及时建立健全新业务管理制度、进一步加强对房地产贷款业务的合规性检查等5项要求。据此,公司认真进行了整改,一是大力推进地方政府平台融资业务的清理规范,平台贷款余额持续下降;二是加强对银信合作等各项业务的自主管理,认真履行管理职责;三是强

化对土地储备贷款管理，并已根据银监会《关于加强信托公司房地产信托业务监管有关问题的通知》要求停止新发放土地储备贷款；四是梳理完善业务管理制度，制定并通过《广东粤财信托有限公司并购贷款管理办法》；五是对房地产信托业务坚持实质重于形式的审查原则，加强合规性审查。

### 8.5 本年度无重大事项临时报告情况

### 8.6 本报告期内无银监会及其省级派出机构认定的有必要让客户及相关利益人了解的重要信息

## 9. 公司监事会意见

报告期内公司制定了新的业务管理制度和风险管理办法，通过健全规章制度，严格责任制度，逐步建立起独立的、专业的风险管理体制。各项规章制度和业务操作规程进一步完善，没有发现公司董事及高级管理人员在执行公司职务时有违法违纪和损害公司利益及股东利益的行为。报告期内公司财务报告真实反映了公司财务状况和经营成果，广东正中珠江会计师事务所出具了标准无保留意见的审计报告，审计报告真实、客观、准确地反映了公司财务状况。

# 国联信托股份有限公司

## 1. 重要提示

本公司董事会及董事保证本报告所载资料不存在任何虚假记载、误导性陈述或者重大遗漏，并对其内容的真实性、准确性和完整性承担个别及连带责任。

公司独立董事陈玉鹏、王则斌、朱增进对公司2010年度报告基于独立判断立场，发表意见如下：公司2010年度报告属实，其内容真实、准确、完整。

公司董事长华伟荣、总经理、主管会计工作负责人吕建一、会计机构负责人（会计主管人员）唐晓方声明：保证年度报告中财务报告的真实、完整。

## 2. 公司概况

### 2.1 公司简介

国联信托股份有限公司（以下简称"国联信托"）前身为无锡市信托投资公司，初创于1987年1月。2003年1月，经中国人民银行批准，公司获准重新登记，更名为国联信托投资有限责任公司。2007年6月，经中国银行业监督管理委员会批准，公司获准换领新金融许可证，并更名为国联信托有限责任公司。2007年9月，经增资扩股，公司注册资本由6.15亿元增至12.3亿元人民币。2008年7月，经中国银行业监督管理委员会批准，公司整体变更为股份公司，并更名为国联信托股份有限公司。公司控股股东为无锡市国联发展（集团）有限公司（以下简称"国联集团"）。国联集团是无锡市人民政府出资设立并授予国有资产投资主体资格的国有独资企业集团。

| 法定名称 | 国联信托股份有限公司 |
|---|---|
| 英文名称（及缩写） | Guolian Trust Co., Ltd.（GL-TRUST） |
| 法定代表人 | 华伟荣 |
| 注册地址 | 无锡市县前东街168号 |
| 邮政编码 | 214003 |
| 公司国际互联网网址 | http://www.gltic.com.cn |
| 公司电子信箱 | gltic@gltic.com.cn |

续表

| 公司负责信息披露事务高级管理人员 | 吕建一 |
|---|---|
| 公司负责信息披露事务人 | 唐晓方 |
| 联系电话 | 0510－82833729 |
| 传真电话 | 0510－82833803 |
| 电子信箱 | lvjy@gltic.com.cn |
| 公司信息披露的报纸名称 | 《金融时报》 |
| 公司年度报告备置地点 | 无锡市县前东街168号国联大厦3楼 |
| 公司聘请的会计师事务所名称及住所 | 江苏公证天业会计师事务所有限公司<br>江苏省无锡市梁溪路28号 |
| 公司聘请的律师事务所名称及住所 | 江苏无锡徐刚律师事务所无锡市县前东街168号18楼<br>北京天银律师事务所，北京海淀区高梁桥斜街59号 |

### 2.2 组织结构

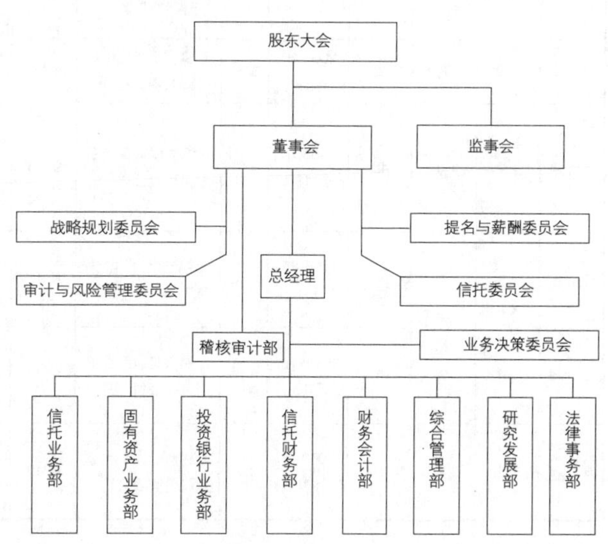


## 3. 公司治理结构

### 3.1 股东

2010年末，公司股东总数5名。

| 股东名称 | 持股比例% | 法定代表人 | 注册资本（万元） | 注册地址 | 主营业务及财务情况 |
|---|---|---|---|---|---|
| ★无锡市国联发展（集团）有限公司 | 65.85 | 王锡林 | 800 000 | 无锡市县前东街8号 | 从事资本、资产经营；代理投资、投资咨询及投资服务。 |
| 无锡国联环保能源集团有限公司 | 9.76 | 蒋志坚 | 16 633 | 无锡市县前东街8号 | 环保行业、能源行业、城市共用基础设施及相关产业的投资等。 |

续表

| 股东名称 | 持股比例% | 法定代表人 | 注册资本（万元） | 注册地址 | 主营业务及财务情况 |
|---|---|---|---|---|---|
| 无锡市地方电力公司 | 8.13 | 毛伟坤 | 31 950 | 无锡市解放东路816号 | 规划全市电力建设和电力销售。 |
| 无锡市交通产业集团有限公司 | 8.13 | 薛军 | 553 771 | 无锡市人民西路109号 | 受托经营、管理市级交通国有资产，进行国有资产的收益管理和经营；从事交通运输及相关产业投资。 |
| 无锡商业大厦大东方股份有限公司 | 8.13 | 潘霄燕 | 32 607 | 无锡市中山路343号 | 国内贸易；金饰品修理改制；二类摩托车维修；家用电器的安装维修；服装、眼镜的加工服务；商品包装；综合货运站普通货运；自有场地出租等。 |

注：★表示公司实际控制人。

关联关系说明：无锡市地方电力公司为无锡市国联发展（集团）有限公司全资子公司；无锡国联环保能源集团有限公司由无锡市国联发展（集团）有限公司出资95%和无锡市地方电力公司出资5%投资组建；其余无关联。

## 3.2 董事

董事会由9名董事组成，由股东无锡市国联发展（集团）有限公司推荐2名，股东无锡国联环保能源集团有限公司推荐1名，股东无锡市地方电力公司推荐1名，股东无锡市交通产业集团有限公司推荐1名，股东无锡商业大厦大东方股份有限公司推荐1名，独立董事3名。

董事会成员

| 姓名 | 职务 | 性别 | 年龄 | 选任日期 | 任期 | 所推举的股东名称 | 持股比例（%） | 简要履历 |
|---|---|---|---|---|---|---|---|---|
| 华伟荣 | 董事长 | 男 | 45 | 2008年6月18日 | 3年 | 无锡市国联发展（集团）有限公司 | 65.85 | 高级会计师，曾任无锡市财政局综合计划科副科长，无锡市信托投资公司部门经理、总经理助理、副总经理、党支部书记，新中亚集团董事、党委委员，国联证券有限责任公司董事、总裁、党委书记，国联集团董事，现任国联集团副总裁、党委委员、国联信托董事长。 |
| 缪强 | 董事 | 男 | 39 | 2008年6月18日 | 3年 | 无锡市国联发展（集团）有限公司 | 65.85 | 曾任江苏兴中会计师事务所张家港分所注册会计师、代所长；现任国联集团资产管理部经理。 |
| 蒋志坚 | 董事 | 男 | 43 | 2008年6月18日 | 3年 | 无锡国联环保能源集团有限公司 | 9.76 | 曾任无锡锅炉厂车间主任、副厂长、党委书记，无锡水星集团党委书记、总经理，无锡机械资产管理经营有限公司副总经理、党委委员，无锡华光锅炉股份有限公司党委书记、总经理，国联集团副总裁；现任国联集团党委委员，无锡国联实业投资集团有限公司总裁，无锡国联环保能源集团有限公司董事长、总经理。 |
| 张伟民 | 董事 | 男 | 40 | 2008年8月4日 | 3年 | 无锡市地方电力公司 | 8.13 | 曾任职于无锡太湖国家旅游度假区发展总公司物资贸易部，国联证券无锡湖滨路营业部，国联证券投资银行部，无锡市国联发展（集团）有限公司电力投资部；现任无锡国联环保能源有限公司投资管理部经理。 |
| 刘建春 | 董事 | 男 | 46 | 2008年6月18日 | 3年 | 无锡市交通产业集团有限公司 | 8.13 | 曾任无锡市交通局财务处科员、副处长，无锡市交通资产经营有限公司副总会计师、财务资产部经理，无锡市交通产业集团有限公司财务负责人、副总会计师、财务审计部经理、融资管理部经理；现任无锡市交通产业集团有限公司党委委员、总会计师兼财务负责人。 |
| 席国良 | 董事 | 男 | 47 | 2008年6月18日 | 3年 | 无锡商业大厦大东方股份有限公司 | 8.13 | 曾任无锡市糖业烟酒公司财务科会计，无锡市商业局财务科会计，无锡市交电采购批发站副总经理；现任江苏无锡商业大厦集团有限公司副总经理、无锡商业大厦大东方股份有限公司总经理。 |

独立董事

| 姓名 | 所在单位及职务 | 性别 | 年龄 | 选任日期 | 任期 | 所推举的股东名称 | 持股比例（%） | 简要履历 |
|---|---|---|---|---|---|---|---|---|
| 陈玉鹏 | 中国信托业协会秘书长 | 男 | 47 | 2008年6月18日 | 3年 | 无锡市国联发展（集团）有限公司 | 65.85 | 曾任宝钢集团华宝信托投资有限责任公司董事会秘书兼总裁助理，富城证券经纪公司总裁，现任中国信托业协会秘书长。 |
| 王则斌 | 苏州大学商学院副院长 | 男 | 48 | 2008年8月4日 | 3年 | 无锡市国联发展（集团）有限公司 | 65.85 | 曾任苏州市大型国有企业的财务顾问和财务总监；现为中国会计学会中青年财务成本研究会理事、江苏省会计学会理事、江苏省总会计师协会理事、江苏省注册会计教授联合会常务理事，苏州大学商学院副院长。 |
| 朱增进 | 江苏世纪同仁律师事务所 | 男 | 46 | 2008年8月4日 | 3年 | 无锡市国联发展（集团）有限公司 | 65.85 | 曾获“江苏省知名律师”称号，曾任中华全国律师协会公司法委员会委员，江苏世纪同仁律师事务所律师；现任创业板发审委委员。 |

## 3.3 监事

监事会由3名监事组成，其中股东无锡市国联发展(集团)有限公司推荐1名，职工监事2名。

| 姓名 | 职务 | 性别 | 年龄 | 选任日期 | 所推举的股东名称 | 持股比例(%) | 简要履历 |
|---|---|---|---|---|---|---|---|
| 汤兴良 | 监事会主席 | 男 | 46 | 2009年5月6日 | 无锡市国联发展(集团)有限公司 | 65.85 | 曾任无锡太湖饭店、无锡黄金海岸大酒店、无锡大饭店以及无锡小天鹅股份有限公司财务总监、总会计师，无锡国联纺织集团财务审计部部长，无锡国联发展(集团)有限公司财务部副经理；现任无锡市国联发展(集团)有限公司审计部经理。 |
| 季羚 | 监事 | 女 | 31 | 2008年6月18日 | 职工代表 | — | 曾任职于无锡市数码通宽带网络有限责任公司、深圳美商化工有限公司；现任国联信托股份有限公司综合管理部经理助理。 |
| 殷宏伟 | 监事 | 男 | 36 | 2008年6月18日 | 职工代表 | — | 曾任国联信托信托业务部信托经理、经理助理；现任国联信托信托业务部副经理。 |

## 3.4 高级管理人员

| 姓名 | 职务 | 性别 | 年龄 | 选任日期 | 金融从业年限 | 学历 | 专业 | 简要履历 |
|---|---|---|---|---|---|---|---|---|
| 吕建一 | 总经理 | 男 | 55 | 2008年6月18日 | 7年 | 大专 | 会计 | 高级会计师，曾任无锡探矿机械厂财务科长，无锡国家高新技术产业开发区管委会总会计师，新区财政税务局副局长，新区管委会投资开发部经理，无锡联合高新技术产业发展公司总经理，新电通信有限公司副总经理，无锡市投资开发公司总经理、法人代表，国联信托副总经理；现任国联信托总经理。 |
| 杨飞 | 副总经理 | 男 | 43 | 2008年8月4日 | 10年 | 博士 | 跨国金融 | 曾任天同证券有限责任公司任投资银行总部总经理助理、战略并购部总经理、国际业务部负责人，国联证券并购融资部副总经理；现任国联信托副总经理。 |
| 丁武斌 | 副总经理 | 男 | 45 | 2008年6月18日 | 9年 | 本科 | 无线电技术 | 注册会计师，国际内审师，曾任无锡梁溪律师事务所律师，国联集团法律顾问，国联信托信托业务部经理、综合管理部经理；现任国联信托副总经理。 |

## 3.5 公司员工

| 项目 | | 报告期年度 | | 上年度 | |
|---|---|---|---|---|---|
| | | 人数 | 比例(%) | 人数 | 比例(%) |
| 年龄分布 | 25岁以下 | 1 | 1.85 | 2 | 4.55 |
| | 25~29岁 | 19 | 35.18 | 17 | 38.64 |
| | 30~39岁 | 21 | 38.9 | 16 | 36.36 |
| | 40岁以上 | 13 | 24.07 | 9 | 20.45 |
| 学历分布 | 博士 | 3 | 5.57 | 3 | 6.82 |
| | 硕士 | 17 | 31.48 | 12 | 27.27 |
| | 本科 | 24 | 44.44 | 20 | 45.45 |
| | 专科 | 8 | 14.81 | 7 | 15.91 |
| | 其他 | 2 | 3.7 | 2 | 4.55 |
| 岗位分布 | 董事、监事及其高管人员 | 5 | 9.26 | 5 | 11.36 |
| | 自营业务人员 | 6 | 11.11 | 4 | 9.1 |
| | 信托业务人员 | 24 | 44.44 | 21 | 47.73 |
| | 其他人员 | 21 | 38.88 | 16 | 36.36 |

# 4. 经营管理

## 4.1 经营目标、经营方针和战略规划

### 4.1.1 经营目标

立足江苏、延伸长三角、适当辐射发达地区，致力于将国联信托打造成一家以信托为基础，以银行、证券等金融机构为一体，能综合运用金融市场资源，提供综合金融服务，运作规范，在行业内具有影响力的专业化金融公司。

### 4.1.2 经营方针

秉承“诚信、稳健、规范、创新”的经营理念，严控风险，审慎经营，以多元化的资产管理手段和金融工具，实现金融、资本和实业的融合，在可容忍风险下，谋求信托受益人的利益最大化。

### 4.1.3 战略规划

立足地方，以无锡周边地区为基础，建立区域性竞争优势。调整传统业务，发展创新业务，逐步提高和培养产品设计能力和账户管理能力，形成以信托管理费、手续费、财务顾问费、收益分成及资产管理收益为主要利润来源的盈利模式。

## 4.2 所经营业务的主要内容

### 4.2.1 自营资产运用与分布表

| 资产运用 | 金额(万元) | 占比(%) | 资产分布 | 金额(万元) | 占比(%) |
|---|---|---|---|---|---|
| 货币资产 | 8 179 | 3.72 | 基础产业 | | |
| 贷款及应收款 | 9 452 | 4.30 | 房地产业 | | |
| 交易性金融资产投资 | 1 905 | 0.87 | 证券市场 | 71 445 | 32.53 |
| 可供出售金融资产投资 | 71 202 | 32.42 | 实业 | 8 500 | 3.87 |
| 持有至到期投资 | 1 870 | 0.85 | 金融机构 | 126 702 | 57.69 |
| 长期股权投资 | 126 702 | 57.69 | 其他 | 12 986 | 5.91 |
| 其他 | 323 | 0.15 | | | |
| 资产总计 | 219 633 | 100.00 | 资产总计 | 219 633 | 100.00 |

4.2.2 信托资产运用与分布

| 资产运用 | 金额(万元) | 占比(%) | 资产分布 | 金额(万元) | 占比(%) |
|---|---|---|---|---|---|
| 货币资产 | 62 610 | 3.87 | 基础产业 | 252 338 | 15.60 |
| 贷款 | 1 195 914 | 73.96 | 房地产 | 197 497 | 12.21 |
| 交易性金融资产 | 15 503 | 0.96 | 证券市场 | 44 723 | 2.77 |
| 可供出售金融资产 | 135 744 | 8.39 | 工商企业 | 864 446 | 53.46 |
| 持有至到期投资 | 87 219 | 5.39 | 金融机构 | 13 300 | 0.82 |
| 长期股权投资 | 117 372 | 7.26 | 其他 | 244 734 | 15.13 |
| 其他 | 2 676 | 0.17 | | | |
| 信托资产总计 | 1 617 038 | 100.00 | 信托资产总计 | 1 617 038 | 100.00 |

## 4.3 市场分析

### 4.3.1 有利因素

2010年中国信托行业整体实力显著增强,行业规模迅速扩张,盈利能力提升显著。信托业务的主业地位得到巩固。在国内保增长、扩内需、转结构的大环境下,信托资产规模持续增长。全行业管理的信托资产总额再创历史新高,全年超过3.04万亿元。银监会作为信托业监管部门,紧紧围绕风险控制和业务创新的主线,准确把握保增长、扩内需、调结构、惠民生的宏观调控要求,适时而果断地推出了各项监管政策与措施,有效发挥信托服务功能,不但拓展了信政合作、银信合作、信保合作等市场空间,而且实现了信托业与实体经济的良性互动,在稳定市场信心和有效防范风险的同时,维护了社会经济和金融稳定,为国民经济企稳回升和经济发展方式转变提供了有力的金融支持。

目前中国信托资产占GDP的比重还较低,未来发展空间广阔。中国未来几十年的发展将是一个逐步"信托化"的过程,主要表现为公众将更多使用信托手段理财,政府和机构将利用更多信托服务,信托资产占GDP的比重将不断增加。随着中国经济的发展和人均收入、财富的增长,信托业将迎来巨大创新空间。

### 4.3.2 不利因素

(1)信托公司虽然经营灵活、业务范围广泛,但还没有形成一个能够支撑起整个行业生存和发展的业务点。信托公司的业务模式如何构建、经营模式怎样运行、核心盈利模式又是什么、主导产品模式应是那些,这些关系公司根本发展目标和方向的原则问题,对信托公司来说,大多还在摸索和尝试之中。

(2)制约行业发展的信托财产登记,信托财产税负等问题依然没有得到解决。

(3)信政合作面临考验。随着政府融资平台风险的逐渐显现,银监会下发了《关于信托公司信政合作业务风险提示的通知》,由于国家宏观政策特别是货币政策调整、地方政府机构调整、人事变动、发展规划变化、地方融资平台或窗口公司经营不善导致的或有负债转嫁给地方政府等产生的风险。在此背景之下,政信合作业务规模和产品数量急剧回落,大起大落特征极为突出。

(4)针对2010年房地产信托业务的增速比较猛的态势,2010年12月8日银监会发布《关于信托公司房地产信托业务风险提示的通知》(以下简称《通知》),要求各信托公司逐笔分析房地产信托业务的合规性和风险状况,合理把握规模扩展。今后房地产信托作为信托公司的重要利润点,也将受到严峻考验。

(5)《信托公司净资本管理办法》以净资本和风险资本为核心,将信托公司管理的信托资产规模与其净资本直接挂钩,这标志着信托公司可以无限做大信托资产规模的时代终结。其业务模式必然与监管部门的指向趋同,由被动管理型向主动管理型业务转变。

## 4.4 内部控制概况

### 4.4.1 内部控制环境和内部控制文化

按照"三会分设、三权分开、有效制约、协调发展"的要求,公司设立了由股东会、董事会、监事会和高级管理层构建的公司治理架构。股东会、董事会、监事会和高级管理层之间既相互独立,又相互制衡和相互协调,形成了权力机构、决策机构、监督机构和管理层之间的制衡机制,在公司经营和发展中持续发挥着各自的职能与作用。董事会引入独立董事制度并下设各专门委员会,能够较好地运行,为公司内部控制制度制定与运行提供了一个良好的内部环境。

公司树立内部控制和风险管理优先的理念,培养全体员工的风险防范意识,营造浓厚的内控文化氛围,加强全体员工道德规范和自身素质建设,使风险防范意识贯穿到公司各部门、各岗位和各环节。

### 4.4.2 内部控制措施

公司在完善内部控制机制中,贯彻健全、合理、制衡、独立的原则,建立起内控授权制度、内控报告制度、内控责任制度、内控审计检查制度及考核评价制度。公司内部控制覆盖了包括环境控制、业务控制、资金管理控制、会计系统控制、电子信息系统控制、内部稽核控制等各个环节和公司的各项业务、各个部门和各级人员,并贯穿于决策、执行、监督、反馈整个流程。各部门和岗位,职权分明,职能独立,并相互牵制,相互制衡,重要岗位实行双人负责制;对担任单岗处理的业务,有相应的后续监督。

报告期内,公司严格执行各项内控制度,操作规范,措施有效。

### 4.4.3 信息交流与反馈

公司加强信息建设,为内控的设计、执行、反馈提供信息保障。一是建立起管理层与内控管理专职部门信息联结和定期联系机制,及时、真实、完整地传导监管意图、交流信息、沟通问题。制定并执行内控报告制度和突发事件应急管理办法。二是严格执行信息披露制度,主动及时向社会公众准确披露有关信息,发挥社会公众对公司内控建设的监督作用。

### 4.4.4 监督评价与纠正

董事会领导下的内审部门,对各部门、岗位、各项业务实施全面监控和评价,内审部门与外部审计相结合,持续对公司内部控制情况进行监督评价,并监督纠正情况,提高内部控制有效性。

## 4.5 风险管理概况

### 4.5.1 风险管理概况

公司经营活动中可能遇到的主要风险:信用风险、市场风险、操作风险、政策风险、法律风险及声誉风险等。

公司风险管理贯彻合法合规性原则、健全性原则、全过程与全方位相结合原则、审慎性原则以及适时性原则。风险控制贯穿于业务活动的各个方面和运行过程的每一环节,对风险着重进行事前防范、实时监控和事后稽查三方面的工作。财务核算方面严格执行信托财产与公司固有财产分别管理、分别记账,不同信托财产分别管理、分别记账。

公司风险管理的基本策略为:(1)预防:侧重于内控和损失准备,适用于市场风险、信用风险和操作风险。(2)多样化分散:指投资或交易对手分散,适用于非系统性风险。(3)转嫁:要求企业进行担保、抵押等,适用于信用和市场风险。

公司风险控制体系包括董事会及专门委员会、监事会、经营层、业务决策委员会、各职能部门,形成了上下联动、多层次的、完整的风险控制结构体系。

(1)公司董事会对风险控制负最终责任。

(2)审计与风险管理委员会为董事会下设的专门委员会,负责对公司业务风险控制进行决策和协调,并对公司内部稽核审计工作结果进行审查和监督。

(3)公司设立独立的稽核审计部,职责为识别和评估业务风险,并对公司风险控制系统实施持续的检查与监督。

(4)公司各职能部门是公司风险控制措施的具体执行部门,部门与岗位的设置充分体现了制约制衡机制,各部门各岗位均对风险控制负有责任。在公司各项管理制度的基础上,各部门根据具体情况制定本部门的业务管理规定、操作流程及风险控制规定,加强对部门风险的控制,将风险控制在最小范围内。

**4.5.2 风险状况**

4.5.2.1 信用风险状况

信用风险主要表现为:一是委托人违约的风险;二是交易对手违约所带来损失的风险,以公司贷款对象的信用风险为主。目前公司不良资产期初、期末数都为零。

4.5.2.2 市场风险状况

市场风险是指公司在业务经营中,所不可避免的因市场参数的波动而产生的风险。就现有业务来看,公司未开展债券、外汇业务,因此,面临的市场风险主要是因利率、股价、通货膨胀等因素变动而产生的风险。具体在信托业务经营中,如果市场利率发生了与预期方向相反的变化,就一定会给业务带来不利影响,会降低公司净收益,减少投资效益;如果证券价格下跌,会导致所投资证券价值降低。

4.5.2.3 操作风险状况

操作风险主要表现在相关业务办理过程中,因尽职管理不到位、内部控制缺失或系统的不完善等带来的损失。

4.5.2.4 其他风险状况

公司还面临着诸如政策风险、法律风险和声誉风险等其他风险。政策风险主要指由于宏观政策以及监管政策的变动对公司经营环境和发展所造成的风险。法律风险主要指业务合同的内容在法律上有缺陷或不完善而发生法律纠纷等的风险。声誉风险主要指由公司在经营、管理及其他行为或外部事件导致利益相关方对公司负面评价的风险。

**4.5.3 风险管理**

4.5.3.1 信用风险管理

对于信用风险的防范,公司主要通过对融资对象的信用调查,业务决策委员对项目的审核,信托合同中抵押、担保条款的科学设计来进行风险事前防范;通过项目实施过程中的跟踪管理以及资产分类评级来进行风险事中控制;通过对项目的稽查与评价进行事后控制。

公司选择实力雄厚、信誉卓著、业绩优良的金融机构为合作伙伴,作为托管银行,以防范来自金融同业的信用风险。

公司按规定对贷款实行五级分类,并足额计提相应资产损失准备。

公司的担保措施为:保证方应为实力雄厚、信誉良好的大型企业(集团)或上市公司;抵押品价值确认主要通过中介机构评估确认,抵押品主要为房屋、土地。

4.5.3.2 市场风险管理

对于市场风险的防范,公司主要通过制定相关制度,配备与业务规模和市场风险管理要求相适应的专业团队,加强项目合同审查和立项论证以及投资决策委员会的运作力度,通过研究、决策、操作、评价相互制衡的机制,结合严格的授权制度,以防范市场风险。对于市场竞争风险,公司坚持不仅关注市场风险的控制,更强调市场风险的规避,不盲目追求业务规模和短期的经营业绩。

4.5.3.3 操作风险管理

公司对于操作风险的防范措施:对各部门、各岗位制定明确的职责和权限,坚持相互分离、相互监督、相互制约的原则,通过授权制度与过程监控对执行人进行约束,并进行事后评估和总结,制订相应的制度来堵截可能的漏洞。

4.5.3.4 其他风险管理

对于政策风险的防范,公司一方面通过合法、合规经营,并根据法规和银监会要求制定各项规章和内控制度,规范与控制各项业务;另一方面通过对国家宏观政策及行业政策的跟踪、研究,提高预见性,及时调整战略思路,防范政策风险。

对于法律风险的防范,充分利用法律手段,优化产品结构和法律文本设计,提高公司全员的法律风险意识,在业务决策和审批流程中加入法律审查环节防范。

对于声誉风险的防范,公司制定严格、规范的信息披露制度。规定信息披露须由专门的人员统一负责,严格按照法律法规、相关合同和公司规定的披露程序,进行披露,通过充分信息披露以塑造公司的专业和诚信形象,对可能影响公司声誉的事项坚决予以回避。

## 5. 报告期末及上年末的比较式会计报表

### 5.1 自营资产(经审计)

#### 5.1.1 会计师事务所审计结论

**审 计 报 告**

苏公 W〔2011〕A235 号

国联信托股份有限公司全体股东:

我们审计了后附的国联信托股份有限公司(以下简称国联信托公司)财务报表,包括 2010 年 12 月 31 日的资产负债表,2010 年度的利润表、所有者权益变动表和现金流量表以及财务报表附注。

一、管理层对财务报表的责任

按照企业会计准则的规定编制财务报表是国联信托公司管理层的责任。这种责任包括：(1)设计、实施和维护与财务报表编制相关的内部控制，以使财务报表不存在由于舞弊或错误而导致的重大错报；(2)选择和运用恰当的会计政策；(3)作出合理的会计估计。

二、注册会计师的责任

我们的责任是在实施审计工作的基础上对财务报表发表审计意见。我们按照中国注册会计师审计准则的规定执行了审计工作。中国注册会计师审计准则要求我们遵守职业道德规范，计划和实施审计工作以对财务报表是否不存在重大错报获取合理保证。

审计工作涉及实施审计程序，以获取有关财务报表金额和披露的审计证据。选择的审计程序取决于注册会计师的判断，包括对由于舞弊或错误导致的财务报表重大错报风险的评估。在进行风险评估时，我们考虑与财务报表编制相关的内部控制，以设计恰当的审计程序，但目的并非对内部控制的有效性发表意见。审计工作还包括评价管理层选用会计政策的恰当性和作出会计估计的合理性，以及评价财务报表的总体列报。

我们相信，我们获取的审计证据是充分、适当的，为发表审计意见提供了基础。

三、审计意见

我们认为，国联信托公司财务报表已经按照企业会计准则的规定编制，在所有重大方面公允反映了国联信托公司2010年12月31日的财务状况以及2010年度的经营成果和现金流量。

江苏公证天业会计师事务所有限公司

中国注册会计师：夏正曙

中国注册会计师：徐高尚

中国·无锡市　　2011年3月26日

**5.1.2　资产负债表**

**资产负债表**

编制单位：国联信托股份有限公司　　2010年12月31日　　单位：万元

| 资产 | 附注 | 期末余额 | 年初余额 | 负债及股东权益 | 附注 | 期末余额 | 年初余额 |
|---|---|---|---|---|---|---|---|
| 流动资产： | | | | 流动负债： | | | |
| 货币资金 | | 8 179 | 31 297 | 短期借款 | | | |
| 交易性金融资产 | | 1 905 | 3 387 | 交易性金融负债 | | | |
| 应收票据 | | | | 卖出回购金融资产款 | | | |
| 应收账款 | | | | 应付票据 | | | |
| 预付账款 | | | | 预收账款 | | | |
| 应收利息 | | | | 应付职工薪酬 | | 224 | 235 |
| 应收股利 | | | | 应交税费 | | 3 694 | 1 587 |
| 其他应收款 | | 1 153 | 1 169 | 应付利息 | | | |
| 发放贷款和垫款 | | 8 300 | 14 600 | 应付股利 | | | |
| 一年内到期的非流动资产 | | | | 其他应付款 | | 797 | 646 |
| 其他流动资产 | | | | 一年内到期的非流动负债 | | | |
| 流动资产合计 | | 19 537 | 50 453 | 其他流动负债 | | | |
| 非流动资产： | | | | 流动负债合计 | | 4 715 | 2 469 |
| 可供出售金融资产 | | 71 202 | 52 806 | 非流动负债： | | | |
| 持有至到期投资 | | 1 870 | 1 870 | 长期借款 | | | |
| 长期应收款 | | | | 应付债券 | | | |
| 长期股权投资 | | 126 702 | 101 369 | 长期应付款 | | | |
| 投资性房产 | | | | 专项应付款 | | | |
| 固定资产 | | 74 | 9 | 预计负债 | | | |
| 在建工程 | | | | 递延所得税负债 | | 771 | 938 |
| 工程物资 | | | | 其他非流动负债 | | | |
| 固定资产清理 | | | | 非流动负债合计 | | 771 | 938 |
| 生产性生物资产 | | | | 负 债 合 计 | | 5 486 | 3 407 |
| 油气资产 | | | | 所有者权益（或股东权益）： | | | |
| 无形资产 | | | | 实收资本 | | 123 000 | 123 000 |
| 开发支出 | | | | 资本公积 | | 44 627 | 45 614 |
| 商誉 | | | | 减：库存股 | | | |
| 长期待摊费用 | | | | 盈余公积 | | 8 812 | 5 902 |
| 递延所得税资产 | | 249 | 153 | 信托赔偿准备 | | 7 948 | 6 493 |
| 其他非流动资产 | | | | 一般风险准备 | | 2 115 | 1 733 |
| | | | | 未分配利润 | | 27 646 | 20 511 |
| | | | | 所有者权益（或股东权益）合计 | | 214 148 | 203 253 |
| 非流动资产合计 | | 200 097 | 156 207 | | | | |
| 资 产 总 计 | | 219 634 | 206 660 | 负债和所有者权益（或股东权益）合计 | | 2 196 34 | 206 660 |

后附财务报表附注为本报表的组成部分

企业负责人：华伟荣　　主管会计工作负责人：吕建一　　会计机构负责人：唐晓方　　制表：陈恒

### 5.1.3 利润表

**利 润 表**

2010年

单位:国联信托股份有限公司　　单位:万元

| 项　目 | 行次 | 本期金额 | 上期金额 |
|---|---|---|---|
| 一、营业收入 | 1 | 38 154 | 43 029 |
| 利息净收入 | 2 | 1 110 | 3 447 |
| 利息收入 | 3 | 1 110 | 3 455 |
| 利息支出 | 4 | | 8 |
| 手续费及佣金净收入 | 5 | 22 440 | 16 512 |
| 手续费及佣金收入 | 6 | 22 440 | 16 512 |
| 手续费及佣金支出 | 7 | | |
| 投资收益(损失以"－"号填列) | 8 | 15 649 | 22 135 |
| 其中:对联营企业和合营企业的投资收益 | 9 | | |
| 公允价值变动收益(损失以"－"号填列) | 10 | －1 052 | 762 |
| 汇兑收益(损失以"－"号填列) | 11 | | |
| 其他业务收入 | 12 | 7 | 173 |
| 二、营业支出 | 13 | 3 874 | 2 991 |

续表

| 项　目 | 行次 | 本期金额 | 上期金额 |
|---|---|---|---|
| 营业税金及附加 | 14 | 1 365 | 1 310 |
| 业务及管理费 | 15 | 2 509 | 1 681 |
| 资产减值损失 | 16 | | |
| 其他业务成本 | 17 | | |
| 三、营业利润(亏损以"－"号填列) | 18 | 34 281 | 40 038 |
| 加:营业外收入 | 19 | | |
| 减:营业外支出 | 20 | 27 | 29 |
| 四、利润总额(亏损总额以"－"号填列) | 21 | 34 253 | 40 009 |
| 减:所得税费用 | 22 | 5 152 | 5 703 |
| 五、净利润(净亏损以"－"号填列) | 23 | 29 101 | 34 306 |
| 六、每股收益: | 24 | | |
| (一)基本每股收益 | 25 | | |
| (二)稀释每股收益 | 26 | | |

后附会计报表附注为本会计报表的组成部分

法定代表人:华伟荣　　主管会计工作负责人:吕建一

会计机构负责人:唐晓方　　制表:陈恒

### 5.1.4 所有者权益变动表

**股东权益变动表**

编制单位:国联信托股份有限公司　　2010年　　单位:万元

| 项　目 | 附注 | 2010年度 | | | | | | | | 2009年度 | | | | | | | |
|---|---|---|---|---|---|---|---|---|---|---|---|---|---|---|---|---|---|
| | | 股本 | 资本公积 | 减:库存股 | 盈余公积 | 信托赔偿准备 | 一般风险准备 | 未分配利润 | 所有者权益合计 | 股本 | 资本公积 | 减:库存股 | 盈余公积 | 信托赔偿准备 | 一般风险准备 | 未分配利润 | 所有者权益合计 |
| 一、上年末余额 | | 123 000 | 45 614 | — | 5 902 | 6 493 | 1 733 | 20 511 | 203 253 | 123 000 | 43 164 | — | 2 472 | 4 777 | 1 221 | 21 383 | 196 017 |
| 1. 会计政策变更 | | | | | | | | | — | | | | | | | | — |
| 2. 前期差错更正 | | | | | | | | | — | | | | | | | | — |
| 二、本年初余额 | | 123 000 | 45 614 | — | 5 902 | 6 493 | 1 733 | 20 511 | 203 253 | 123 000 | 43 164 | — | 2 472 | 4 777 | 1 221 | 21 383 | 196 017 |
| 三、本年增减变动金额(减少以"－"号填列) | | — | －987 | — | 2 910 | 1 455 | 381 | 7 134 | 10 894 | — | 2 450 | — | 3 431 | 1 715 | 512 | －871 | 7 237 |
| (一)净利润 | | | | | | | | 29 101 | 29 101 | | | | | | | 34 306 | 34 306 |
| (二)直接计入所有者权益的利得和损失 | | — | －987 | — | — | | — | — | －987 | — | 2 450 | — | — | — | — | — | 2 450 |
| 1. 可供出售金融资产公允价值变动净额 | | | －44 | | | | | | －44 | | 1 220 | | | | | | 1 220 |
| 2. 权益法下被投资单位其他所有者权益变动的影响 | | | －943 | | | | | | －943 | | 1 230 | | | | | | 1 230 |
| 3. 与计入所有者权益项目相关的所得税影响 | | | | | | | | | — | | | | | | | | — |
| 4. 其他 | | | | | | | | | — | | | | | | | | — |
| 上述(一)和(二)小计 | | — | －987 | — | — | | — | 29 101 | 28 114 | — | 2 450 | — | — | — | — | 34 306 | 36 757 |
| (三)所有者投入资本 | | — | — | — | — | | — | — | — | — | — | — | — | — | — | — | — |
| 1. 所有者本期投入资本 | | | | | | | | | — | | | | | | | | — |
| 2. 股份支付计入所有者权益的金额 | | | | | | | | | — | | | | | | | | — |
| 3. 其他 | | | | | | | | | — | | | | | | | | — |
| (四)利润分配 | | — | — | — | 2 910 | 1 455 | 381 | －21 967 | －17 220 | — | — | — | 3 431 | 1 715 | 512 | －35 178 | －29 520 |
| 1. 提取盈余公积 | | | | | 2 910 | 1 455 | 381 | －4 747 | — | | | | 3 431 | 1 715 | 512 | －5 658 | — |
| 2. 对股东的分配 | | | | | | | | －17 220 | －17 220 | | | | | | | －29 520 | －29 520 |
| 3. 其他 | | | | | | | | | — | | | | | | | | — |

续表

| 项　目 | 附注 | 2010 年度 | | | | | | | | 2009 年度 | | | | | | | |
|---|---|---|---|---|---|---|---|---|---|---|---|---|---|---|---|---|---|
| | | 股本 | 资本公积 | 减:库存股 | 盈余公积 | 信托赔偿准备 | 一般风险准备 | 未分配利润 | 所有者权益合计 | 股本 | 资本公积 | 减:库存股 | 盈余公积 | 信托赔偿准备 | 一般风险准备 | 未分配利润 | 所有者权益合计 |
| (五)所有者权益内部结转 | | — | — | — | — | | | — | — | — | — | — | — | | | — | — |
| 1. 资本公积转增资本(或股本) | | | | | | | | | — | | | | | | | | — |
| 2. 盈余公积转增资本(或股本) | | | | | | | | | — | | | | | | | | — |
| 3. 盈余公积弥补亏损 | | | | | | | | | — | | | | | | | | — |
| 4. 其他 | | | | | | | | | — | | | | | | | | — |
| 四、本年年末余额 | | 123 000 | 44 627 | — | 8 812 | 7 948 | 2 114 | 27 646 | 214 148 | 123 000 | 45 614 | — | 5 902 | 6 493 | 1 733 | 20 511 | 203 253 |

法定代表人:华伟荣　　主管会计工作负责人:吕建一　　会计机构负责人:唐晓方

## 5.2　信托资产

### 5.2.1　信托资产项目资产负债汇总表

**信托项目资产负债汇总表**

编制单位:国联信托股份有限公司　　2010 年 12 月 31 日　　单位:万元

| 信托资产 | 行次 | 年末数 | 年初数 | 信托负债和信托权益 | 行次 | 年末数 | 年初数 |
|---|---|---|---|---|---|---|---|
| 信托资产: | | | | 信托负债: | | | |
| 货币资金 | 1 | 62 610 | 80 172 | 交易性金融负债 | 20 | | |
| 拆出资金 | 2 | | | 衍生金融负债 | 21 | | |
| 存出保证金 | 3 | | | 应付受托人报酬 | 22 | | |
| 交易性金融资产 | 4 | 15 503 | 25 | 应付托管费 | 23 | | |
| 衍生金融资产 | 5 | | | 应付受益人收益 | 24 | | |
| 买入返售金融资产 | 6 | | | 应交税费 | 25 | | |
| 应收款项 | 7 | 2 040 | 1 668 | 应付销售服务费 | 26 | | |
| 发放贷款 | 8 | 1 195 914 | 509 823 | 其他应付款项 | 27 | 1 816 | 1 300 |
| 可供出售金融资产 | 9 | 135 745 | 113 700 | 预计负债 | 28 | | |
| 持有至到期投资 | 10 | 87 219 | 99 668 | 其他负债 | 29 | | |
| 长期应收款 | 11 | | | 信托负债合计 | 30 | 1 816 | 1 300 |
| 长期股权投资 | 12 | 117 372 | 120 357 | 信托权益: | 31 | | |
| 投资性房地产 | 13 | 635 | 635 | 实收信托 | 32 | 1 596 845 | 907 849 |
| 固定资产 | 14 | | | 资本公积 | 33 | | |
| 无形资产 | 15 | | | 损益平准金 | 34 | | |
| 长期待摊费用 | 16 | | | 未分配利润 | 35 | 18 377 | 16 898 |
| 其他资产 | 17 | | | 信托权益合计 | 36 | 1 615 222 | 924 747 |
| 减:各项资产减值准备 | 18 | | | | | | |
| 信托资产总计 | 19 | 1 617 038 | 926 047 | 信托负债及信托权益总计 | 37 | 1 617 038 | 926 047 |

法定代表人:华伟荣　　主管会计工作负责人:吕建一　　复核:唐晓方　　制表人:姜淑英

### 5.2.2　信托项目利润及利润分配汇总表

**信托项目利润及利润分配汇总表**

2010 年

编制单位:国联信托股份有限公司　　单位:万元

| 项　目 | 行次 | 本年数 | 上年数 |
|---|---|---|---|
| 一、营业收入 | 1 | 126 207 | 96 026 |
| 利息收入 | 2 | 70 945 | 32 930 |
| 投资收益 | 3 | 52 402 | 63 096 |
| 其中:对联营企业和合营企业的投资收益 | 4 | | |
| 公允价值变动收益(损失以"－"号填列) | 5 | －139 | |
| 租赁收入 | 6 | | |
| 汇兑损益(损失以"－"号填列) | 7 | | |
| 其他收入 | 8 | 3 000 | |
| 二、支出 | 9 | 20 940 | 14 130 |
| 营业税金及附加 | 10 | | |
| 受托人报酬 | 11 | 18 991 | 11 254 |
| 托管费 | 12 | 1 165 | 370 |
| 投资管理费 | 13 | | |
| 销售服务费 | 14 | 378 | |
| 交易费用 | 15 | 1 | |
| 资产减值损失 | 16 | | |
| 其他费用 | 17 | 405 | 2 506 |
| 三、信托净利润 | 18 | 105 267 | 81 896 |
| 四、其他综合收益 | 19 | | |
| 五、综合收益 | 20 | 105 267 | 81 896 |
| 加:期初未分配利润 | 21 | 16 898 | 16 291 |
| 六、可供分配的信托利润 | 22 | 122 165 | 98 187 |
| 减:本期已分配信托利润 | 23 | 103 789 | 81 288 |
| 七、期末未分配信托利润 | 24 | 183 766 | 16 898 |

法定代表人:华伟荣　　主管会计工作负责人:吕建一

复核:唐晓方　　制表人:姜淑英

## 6. 会计报表附注

### 6.1 简要说明报告年度会计报表编制基础、会计政策、会计估计和核算方法发生的变化

本公司报告期内的财务报告是按照财政部2006年新修订颁布的《企业会计准则》及其应用指南进行编制。

会计期间以公历年月划分,会计年度自公历1月1日起至12月31日止。以权责发生制为基础进行会计确认、计量和报告。在对会计要素进行计量时一般采用历史成本,在保证所确认的会计要素金额能够取得并可靠计量时,采用重置成本、可变现净值、现值、公允价值计量。

根据根据财政部《关于呆账准备提取有关问题的通知》、《金融企业呆账准备提取及呆账核销管理办法》、《非银行金融机构资产风险分类指导原则(试行)》的规定,在净利润中按风险资产最低提取比例1%减值准备即一般风险准备。计提资产减值一般风险准备的范围:交易性金融资产、应收款项、发放贷款和垫款、长期应收款、可供出售金融资产、持有至到期投资、长期股权投资、固定资产、在建工程、无形资产、其他长期资产。

根据《信托公司管理办法》及董事会决议,按净利润的5%计提信托赔偿准备金,该赔偿准备金累计总额达到公司注册资本的20%时,可不再提取。

### 6.2 或有事项

无。

### 6.3 重要资产转让及其出售

无。

### 6.4 会计报表中重要项目的明细资料

#### 6.4.1 披露自营资产经营情况

6.4.1.1 按资产风险分类的结果披露资产的期初数、期末数

| 信用风险资产五级分类 | 正常类(万元) | 关注类(万元) | 次级类(万元) | 可疑类(万元) | 损失类(万元) | 信用风险资产合计(万元) | 不良合计(万元) | 不良率(%) |
|---|---|---|---|---|---|---|---|---|
| 期初数 | 206 660 | — | — | — | — | 206 660 | — | — |
| 期末数 | 219 634 | — | — | — | — | 219 634 | — | — |

注:不良资产合计 = 次级类 + 可疑类 + 损失类。

6.4.1.2 各项资产减值损失准备的期初、本期计提、本期转回、本期核销、期末数,贷款的一般准备和专项准备和其他资产减值准备

单位:万元

| | 期初数 | 本期计提 | 本期转回 | 本期核销 | 期末数 |
|---|---|---|---|---|---|
| 贷款损失准备 | | | | | |
| 一般准备 | 1 733 | 382 | | | 2 115 |
| 专项准备 | | | | | |
| 其他资产减值准备 | | | | | |
| 可供出售金融资产减值准备 | | | | | |
| 持有至到期投资减值准备 | | | | | |
| 长期股权投资准备 | | | | | |
| 坏账准备 | | | | | |
| 投资性房地产减值准备 | | | | | |

6.4.1.3 自营股票投资、基金投资、债券投资、长期股权投资等投资的期初数、期末数

单位:万元

| | 自营股票 | 基金 | 债券 | 长期股权投资 | 其他投资 | 合计 |
|---|---|---|---|---|---|---|
| 期初数 | 55 254 | | | 101 370 | 1 870 | 158 494 |
| 期末数 | 71 445 | | | 126 702 | 1 870 | 200 017 |

6.4.1.4 前三名的自营长期股权投资的企业名称、占被投资企业权益的比例、主要经营活动及投资收益情况

| 企业名称 | 占被投资企业权益的比例(%) | 投资收益(万元) |
|---|---|---|
| 1. 国联证券股份有限公司 | 26.8 | 11 206 |
| 2. 国联财务有限责任公司 | 20 | |
| 3. 无锡农村商业银行股份有限公司 | 10 | 1 125 |

6.4.1.5 前三名的自营贷款的企业名称、占贷款总额的比例和还款情况

单位:万元

| 企业名称 | 占贷款总额的比例(%) | 还款情况 |
|---|---|---|
| 1. 张家口市海龙金矿有限公司 | 48.19 | 贷款未到期、无欠息 |
| 2. 盐城市华业医药化工有限公司 | 25.30 | 贷款未到期、无欠息 |
| 3. 江阴市双达钢业有限公司 | 24.10 | 贷款未到期、无欠息 |

6.4.1.6 表外业务的期初数、期末数,按照代理业务、担保业务和其他类型表外业务分别披露

单位:万元

| 表外业务 | 期初数 | 期末数 |
|---|---|---|
| 担保业务 | | |
| 代理业务(委托业务) | 37 042 | 36 994 |
| 其他 | | |
| 合计 | 37 042 | 36 994 |

注:代理业务主要反映因客观原因应规范而尚未完成规范的历史遗留委托业务,包括委托贷款和委托投资。

6.4.1.7 公司当年的收入结构

单位:万元

| 收入结构 | 金额(万元) | 占比(%) |
|---|---|---|
| 手续费及佣金收入 | 22 440 | 58.81 |
| 其中:信托手续费收入 | 21 882 | 57.35 |
| 投资银行业务收入 | | 0.00 |
| 利息收入 | 1 110 | 2.91 |
| 其他业务收入 | 7 | 0.02 |
| 其中:计入信托业务收入部分 | | 0.00 |
| 投资收益 | 15 649 | 41.02 |
| 其中:股权投资收益 | 14 041 | 36.80 |
| 证券投资收益 | 1 529 | 4.01 |
| 其他投资收益 | 79 | 0.21 |
| 公允价值变动收益 | −1 052 | −2.76 |
| 营业外收入 | | |
| 收入合计 | 38 154 | 100 |

注:手续费及佣金收入、利息收入、其他业务收入、投资收益、营业外收入均应为损益表中的一级科目,其中手续费及佣金收入、利息收入、营业外收入为未抵减掉相应支出的全年累计实现收入数。

6.4.2 披露信托资产管理情况

6.4.2.1 信托资产的期初数、期末数

单位:万元

| 信托资产 | 期初数 | 期末数 |
|---|---|---|
| 集合 | 302 238 | 317 129 |
| 单一 | 623 809 | 1 295 292 |
| 财产权 | 0 | 4 617 |
| 合计 | 926 047 | 1 617 038 |

6.4.2.1.1 主动管理型信托业务期初数、期末数,分证券投资、股权投资、融资、事务管理类分别披露

单位:万元

| 主动管理型信托资产 | 期初数 | 期末数 |
|---|---|---|
| 证券投资类 | 50 131 | 49 352 |
| 股权投资类 | 109 039 | 100 882 |
| 融资类 | 280 891 | 401 684 |
| 事务管理类 | 0 | 0 |
| 其他投资类 | 234 879 | 217 199 |
| 合计 | 674 940 | 769 117 |

6.4.2.1.2 被动管理型信托业务期初数、期末数,分证券投资、股权投资、融资、事务管理类分别披露

单位:万元

| 被动管理型信托资产 | 期初数 | 期末数 |
|---|---|---|
| 证券投资类 | | 15 935 |
| 股权投资类 | 12 000 | 12 000 |
| 融资类 | 239 107 | 804 611 |
| 事务管理类 | | 4 617 |
| 其他投资类 | | 9 978 |
| 合计 | 251 107 | 847 141 |

6.4.2.2 本年度已清算结束的信托项目个数、实收信托合计金额、加权平均实际年化收益率

本年度已清算结束的信托项目个数为46个、实收信托合计金额为644 356万元、加权平均实际年化收益率为7.01%。

6.4.2.2.1 本年度已清算结束的集合类、单一类资金信托项目和财产管理类信托项目个数、金额、加权平均实际年化收益率

| 已清算结束信托项目 | 项目个数 | 合计金额(万元) | 加权平均实际年化收益率(%) |
|---|---|---|---|
| 集合类 | 7 | 83 100 | 13.78 |
| 单一类 | 39 | 561 256 | 6.29 |
| 财产管理类 | | | |

注:收益率是指信托项目清算后,给受益人赚取的实际收益水平。加权平均实际年化收益率=(信托项目1的实际年化收益率×信托项目1的资产总计+信托项目2的实际年化收益率×信托项目2的资产总计+…信托项目n的实际年化收益率×信托项目n的资产总计)/(信托项目1的资产总计+信托项目2的资产总计+…信托项目n的资产总计)×100%。

6.4.2.2.2 本年度已清算结束的主动管理型信托项目个数、合计金额、加权平均实际年化收益率,分证券投资、股权投资、融资、事务管理类分别披露

本年度已清算结束的主动管理型信托项目个数为30个、合计金额为335 532万元、加权平均实际年化收益率为6.59%、加权平均实际年化信托报酬率为1.09%。

| 已清算结束信托项目 | 项目个数 | 合计金额(万元) | (信托报酬率)(%) | 加权平均实际年化收益率(%) |
|---|---|---|---|---|
| 证券投资类 | 1 | 2 997 | 0.31 | 3.05 |
| 股权投资类 | 2 | 7 100 | 19.3 | 174.19 |
| 融资类 | 16 | 131 925 | 1.95 | 6.75 |
| 事务管理类 | | | | |

6.4.2.2.3 本年度已清算结束的被动管理型信托项目个数、合计金额、加权平均实际年化收益率。分证券投资、股权投资、融资、事务管理类分别披露。

本年度已清算结束的被动管理型信托项目个数为16个、合计金额为308 824万元、加权平均实际年化收益率为7.72%、加权平均实际年化信托报酬率为0.25%。

| 已清算结束信托项目 | 项目个数 | 合计金额(万元) | (信托报酬率)(%) | 加权平均实际年化收益率(%) |
|---|---|---|---|---|
| 证券投资类 | 2 | 8 000 | 0.38 | 3.13 |
| 股权投资类 | | | | |
| 融资类 | 14 | 300 824 | 0.25 | 7.84 |
| 事务管理类 | | | | |

6.4.2.3 本年度新增的集合类、单一类和财产管理类信托项目个数、实收信托合计金额。

单位:万元

| 新增信托项目 | 项目个数 | 实收信托合计金额 |
|---|---|---|
| 集合类 | 10 | 143 500 |
| 单一类 | 73 | 1 382 837 |
| 财产管理类 | 1 | 4 615 |
| 新增合计 | 84 | 1 530 952 |
| 其中:主动管理型 | 35 | 397 294 |
| 被动管理型 | 49 | 1 133 658 |

注:本年新增信托项目指在本报告年度内累计新增的信托项目个数和金额。包含本年度新增并于本年度内结束的项目和本年度新增至报告期末仍在持续管理的信托项目。

6.4.2.4 信托业务创新成果和特色业务有关情况。(此部分为可选项,即公司可自主决定是否披露、部分披露或全部披露)

6.4.2.5 本公司履行受托人义务情况及因本公司自身责任而导致的信托资产损失情况

截至2010年12月31日,本公司未出现因自身责任导致信托资产损失的情况。

## 6.5 关联方关系及其交易的披露

### 6.5.1 关联交易方的数量、关联交易的总金额及关联交易的定价政策等

| | 关联交易方数量 | 关联交易金额(万元) | 定价政策 |
|---|---|---|---|
| 合计 | 5 | 85 927 | 详见注 |

注:关联交易的定价政策:(1)本公司对关联方交易价格根据市场价或协议价确定,与对非关联方的交易价格基本一致,无重大高于或低于正常交易价格的情况。(2)固有财产、信托资产与关联方贷款按人民银行规定的利率执行,投资按市场公允价确定。(3)信托财产与信托财产之间的关联交易按交易双方协商价格执行。

6.5.2 关联交易方与本公司的关系性质、关联交易方的名称、法人代表、注册地址、注册资本及主营业务等

| 关系性质 | 关联方名称 | 法定代表人 | 注册地址 | 注册资本 | 主营业务 |
|---|---|---|---|---|---|
| 公司的关联方 | 无锡微研有限公司 | 吕建一 | 无锡市蠡园经济开发区 | 132 000 万日元 | 生产精密模具及其零部件、精密冲压件、车辆灯前罩等。 |
| 股东的关联方 | 江苏无锡商业大厦集团有限公司 | 王均金 | 无锡市中山路343号 | 11 322.53 万元 | 自有资产经营与管理,国内商业及日用工业品的修理等。 |
| 股东的关联方 | 无锡联泰创业投资有限公司 | 万冠清 | 无锡滨湖区滨湖街道山水东路28号 | 10 410 万元 | 对外投资、受托资产管理等。 |
| 股东的关联方 | 无锡市德联投资有限公司 | 万冠清 | 无锡新区太湖国际科技园菱湖大道200号中国微纳国际创新园1号楼 | 2 450 万元 | 对外投资、受托资产管理、投资咨询、财务咨询、经济信息咨询。 |
| 股东的关联方 | 无锡联新科创投资有限公司 | 王锡林 | 江苏省无锡出口加工区J3地块1~3号 | 77 562 万元 | 利用自有资金对外投资,国内贸易,自有房屋租赁,经济信息咨询服务、企业管理咨询服务。自营和代理各类商品和技术的进出口、电子产品及部件的组装。 |

6.5.3 逐笔披露本公司与关联方的重大交易事项

6.5.3.1 固有财产与关联方:贷款、投资、租赁、应收账款担保、其他方式等期初汇总数、本期发生额汇总数、期末汇总数

无。

6.5.3.2 信托资产与关联方:贷款、投资、租赁、应收账款、担保、其他方式等期初汇总数、本期借方和贷方发生额汇总数、期末汇总数

单位:万元

| 信托与关联方关联交易 | | | | |
|---|---|---|---|---|
| | 期初数 | 借方发生额 | 贷方发生额 | 期末数 |
| 贷款 | 1 787 | 82 500 | 500 | 83 787 |
| 投资 | 2 140 | | | 2 140 |
| 租赁 | | | | |
| 担保 | | | | |
| 应收账款 | | | | |
| 其他 | | | | |
| 合计 | 3 927 | 82 500 | 500 | 85 927 |

6.5.3.3 信托公司自有资金运用于自己管理的信托项目(固信交易)、信托公司管理的信托项目之间的相互(信信交易)交易金额,包括余额和本报告年度的发生额

6.5.3.3.1 固有财产与信托财产之间的交易金额期初汇总数、本期发生额汇总数、期末汇总数

单位:万元

| 固有财产与信托财产相互交易 | | | |
|---|---|---|---|
| | 期初数 | 本期发生额 | 期末数 |
| 合计 | 1 870 | | 1 870 |

注:以固有资金投资公司自己管理的信托项目受益权,或购买自己管理的信托项目的信托资产均应纳入统计披露范围。

6.5.3.3.2 信托资产与信托财产之间的交易金额期初汇总数、本期发生额汇总数、期末汇总数

单位:万元

| 信托资产与信托财产相互交易 | | | |
|---|---|---|---|
| | 期初数 | 本期发生额 | 期末数 |
| 合计 | 18 124 | 16 162 | 34 286 |

注:以公司受托管理的一个信托项目的资金购买自己管理的另一个信托项目的受益权或信托项下资产均应纳入统计披露范围。

6.5.4 逐笔披露关联方逾期未偿还本公司资金的详细情况以及本公司为关联方担保发生或即将发生垫款的详细情况

截至2010年12月31日,本公司未发生关联方逾期未偿还本公司资金的情况,也无本公司为关联方担保发生或即将发生垫款的情况。

## 6.6 会计制度的披露

本公司固有业务、信托业务执行的会计制度为财政部2006年新修订颁布的《企业会计准则》及其应用指南。

# 7. 财务情况说明书

## 7.1 利润实现和分配情况

经江苏公证天业会计师事务所有限公司审计,2010年度公司实现利润34 253万元,企业所得税5 152万元,实现净利润29 101万元。

报告期内,根据2010年股东大会审议通过的2010年度中期利润分配方案,对2009—2010年中期可供股东分配利润进行了分配,向全体股东派发现金红利17 220万元。

根据公司章程及财务制度的相关规定:

(1)按净利润的10%计提法定盈余公积金2 910万元。

(2)根据中国银监会令2007年第2号《信托公司管理办法》的规定,按净利润的5%计提信托赔偿准备金1 455万元。

(3)根据财政部《关于呆账准备提取有关问题的通知》的规定,按风险资产1%计提一般准备382万元。

(4)上述各项计提后结余利润24 354万元,加上2010年初未分配利润20 511万元,减去派发2009—2010年中期现金红利17 220万元,2010年末可供股东分配利润为27 646万元。

### 7.2　主要财务指标

| 指标名称 | 指标值 |
|---|---|
| 资本利润率(%) | 13.94 |
| 加权年化信托报酬率(%) | 0.78 |
| 人均净利润(万元/人) | 633 |

注:1. 资本利润率=净利润/所有者权益平均余额×100%。
2. 加权年化信托报酬率=(信托项目1的实际年化信托报酬率×信托项目1的实收信托+信托项目2的实际年化信托报酬率×信托项目2的实收信托+…信托项目n的实际年化信托报酬率×信托项目n的实收信托)/(信托项目1的实收信托+信托项目2的实收信托+…信托项目n的实收信托)×100%,该指标是反映公司实际的信托报酬水平,计算在报告年度真正清算结束了的项目。
3. 人均净利润=净利润/年平均人数。
4. 平均值采取年初、年末余额简单平均法,公式为:a(平均)=(年初数+年末数)/2。

### 7.3　对本公司财务状况、经营成果有重大影响的其他事项

无。

### 7.4　公司净资本监管指标

| 指标名称 | 指标值 | 监管标准 |
|---|---|---|
| 净资本 | 192 805 | ≥2亿元 |
| 各项业务风险资本之和 | 48 054 | |
| 净资本/各项业务风险资本和 | 401.23% | ≥100% |
| 净资本/净资产 | 90.03% | ≥40% |

## 8. 特别事项简要揭示

### 8.1　前五名股东报告期内变动情况及原因

无。

### 8.2　董事、监事及高级管理人员变动情况及原因

无。

### 8.3　公司的重大未决诉讼事项

无。

### 8.4　对会计师事务所出具的有保留意见、否定意见或无法表示意见的审计报告的,公司董事会应就所涉及事项作出说明

无。

### 8.5　公司及其董事、监事和高级管理人员受到处罚的情况

无。

### 8.6　银监会及其派出机构对公司检查后提出整改意见的,应简要说明整改情况

无。

### 8.7　本年度重大事项临时报告的简要内容、披露时间、所披露的媒体及其版面

无。

### 8.8　银监会及其省级派出机构认定的其他有必要让客户及相关利益人了解的重要信息

无。

## 9. 公司监事会意见

### 9.1　公司依法运作情况

经检查,监事会认为:报告期内,依据国家有关法律、法规和公司章程的规定,公司建立了较完善的内部控制制度,决策程序符合相关规定。公司董事及其他高级管理人员在履行职责时,未发现违反法律、法规、规章以及《公司章程》等的规定或损害公司及股东利益的行为。

### 9.2　检查公司财务情况

2010年,监事会对公司的财务制度、内控制度和财务状况等进行了认真细致的检查,认为公司目前财务会计内控制度健全,会计无重大遗漏和虚假记载,公司财务状况、经营成果及现金流量情况良好。

### 9.3　公司关联交易情况

对于公司2010年日常经营相关的关联交易。监事会认为:交易定价公允,符合市场原则,交易公平、公开,无内幕交易行为,也无损害股东利益,特别是中小非关联股东利益的行为。

### 9.4　公司对外担保及股权、资产置换情况

2010年公司无对外担保,无债务重组、非货币性交易事项、资产置换,也无其他损害公司股东利益或造成公司资产流失的情况。

### 9.5　内部控制自我评价报告

公司已建立了适合公司运行的内部控制制度体系并能得到有效的执行。公司内部控制的自我评价报告真实、客观地反映了公司内部控制制度的建设及运行情况。本届监事会将继续严格按照《公司法》、《公司章程》和国家有关法规政策的规定,忠实履行自己的职责,进一步促进公司的规范运作。

# 国民信托有限公司

## 1. 重要提示

1.1 公司董事会及董事保证本报告所载资料不存在任何虚假记载、误导性陈述或者重大遗漏，并对其内容的真实性、准确性和完整性承担个别及连带责任。本年度报告摘要摘自年度报告全文，客户及相关利益人欲了解详细内容，应阅读年度报告全文。

1.2 公司独立董事张利华先生、石聿新先生申明：本报告所载资料真实、准确、完整。

1.3 公司2010年财务会计报告经安永华明会计师事务所审计，并出具了标准无保留意见的审计报告。

1.4 公司负责人陈世彪先生，主管会计工作负责人李政怀先生及会计部门负责人吴祝花女士、安建凤女士申明：保证本年度报告中财务会计报告的真实、完整。

## 2. 公司概况

### 2.1 公司简介

法定中文名称：国民信托有限公司

法定英文名称：The National Trust Ltd.

法定英文名称缩写：Natrust

法定代表人：陈世彪

注册地址：北京市东城区安外西滨河路18号院1号

邮政编码：100011

互联网网址：www.natrust.cn

电子信箱：info@natrust.cn

信息披露报纸：《金融时报》、《上海证券报》

信息披露事务负责人：李静

电话：010-84268088

传真：010-84268000

电子信箱：lijing@natrust.cn

公司年报备置点：北京市东城区安外西滨河路18号院1号

聘请的会计师事务所：安永华明会计师事务所

住所：北京市东城区东长安街1号
　　东方广场安永大楼16层

聘请的律师事务所：北京市观韬律师事务所

住所：北京市西城区金融大街28号
　　盈泰中心2号楼17层

### 2.2 组织结构

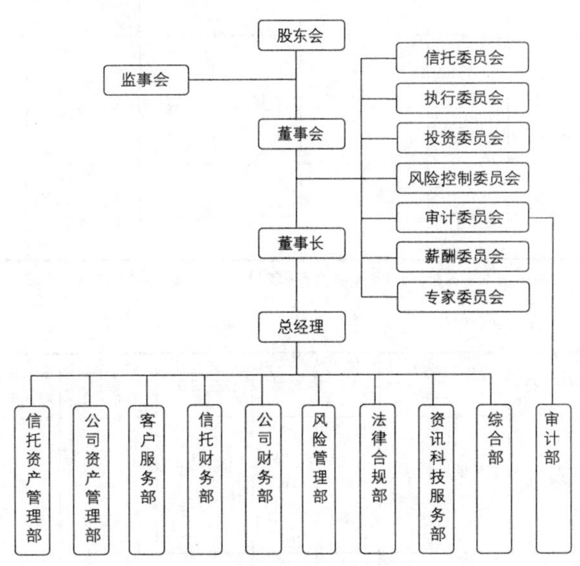


## 3. 公司治理结构

### 3.1 股东

公司前三位股东的情况如下：

| 股东名称 | 持股比例(%) | 法定代表人 | 注册资本(万元) | 注册地址 | 主营业务及财务情况 |
|---|---|---|---|---|---|
| 丰益实业发展有限公司 | 31.73 | 张江泳 | 55 000 | 上海市浦东新区莲林路15号403室 | 主营投资管理，财务状况良好 |
| 璟安实业有限公司 | 27.55 | 刘　盈 | 23 000 | 上海市浦东新区绿科路90号1幢301室H座 | 主营项目投资，财务状况良好 |
| 上海创信资产管理有限公司 | 24.16 | 俞建伟 | 28 000 | 上海市浦东新区浦东南路1952号238室 | 主营项目投资，财务状况良好 |

### 3.2 董事及独立董事

董事

| 姓 名 | 职 务 | 性别 | 年龄 | 选任日期 | 所推举的股东名称 | 代表股东持股比例(%) | 简 要 履 历 |
|---|---|---|---|---|---|---|---|
| 陈世彪 | 董事及董事长 | 男 | 53 | 2010 年 1 月 27 日 | — | — | 毕业于英国伦敦大学政治经济学院经济系，学士学位。曾在英国毕马威会计师事务所、香港明报社长查良镛先生办公室任职，后在美国大通银行私人财富管理部、香港会德丰及九龙仓集团、美国摩根大通银行市场推广部、标准普尔国际信贷评级机构、Strategy Partners 企业财经顾问事务所出任多项亚太区域级高级管理职务，具备三十年的经济管理工作经验。 |
| 李政怀 | 董事及总经理 | 男 | 47 | 2010 年 1 月 27 日 | — | — | 毕业于英国伦敦城市大学精算学专业，硕士学位，高级经济师。曾在中国人民保险总公司、英国保诚金融集团、香港太平人寿保险公司、生命人寿保险股份有限公司任高级管理职务，具备二十多年的金融从业和管理经验。 |
| 曾 进 | 董事 | 男 | 51 | 2007 年 3 月 30 日 | — | — | 留学德国和奥地利，并毕业于奥地利格拉茨大学经济学院，金融博士。曾在中国工商银行股份有限公司深圳市分行离岸金融业务部、风险资产处置中心、国际业务部等多个部门担任高级管理职务，具备十余年的金融从业经验。 |
| 卢培德 | 董事 | 男 | 40 | 2009 年 12 月 14 日 | 上海创信资产管理有限公司 | 24.16 | 毕业于美国加利福尼亚大学伯克利分校，工商管理学士学位，特许金融分析师（CFA）。曾在霸菱资产管理（香港）有限公司、富达投资管理公司担任投资分析师、基金经理，后于美林自有资金投资部、明丰资产管理（亚洲）有限公司担任多项高级管理职务，具备十余年的金融从业经验。 |
| 付 然 | 董事 | 女 | 31 | 2011 年 1 月 12 日 | 璟安实业有限公司 | 27.55 | 毕业于中国政法大学法律专业，获学士学位，后修读于英国纽卡斯尔诺森比亚大学国际商法专业，获硕士学位，拥有中华人民共和国律师资格。曾在北京天驰律师事务所、新世界（中国）科技传媒有限公司担任律师助理、法律顾问等职务，具备八年的经济、法律从业经验。 |
| 吴祝花 | 董事 | 女 | 31 | 2011 年 1 月 12 日 | 丰益实业发展有限公司 | 31.73 | 毕业于香港中文大学工商管理会计专业，学士学位，香港注册会计师。曾服务于香港罗兵咸永道会计师事务所，从事审计及企业并购服务等工作，具备八年的财务及经济管理从业经验。 |

注：付然女士、吴祝花女士董事任职资格已于 2011 年 1 月 12 日获北京银监局批准。

独立董事：

| 姓 名 | 所在单位及职务 | 性别 | 年龄 | 选任日期 | 所推举的股东名称 | 代表股东持股比例(%) | 简 要 履 历 |
|---|---|---|---|---|---|---|---|
| 张利华 | 武汉武新实业有限公司副总经理 | 男 | 64 | 2007 年 12 月 19 日 | — | — | 毕业于加拿大麦玛斯特大学，荣获工商管理学士学位，加拿大特许会计师。曾服务于加拿大雅特杨会计师事务所、香港安达信会计师事务所、香港大福财务有限公司、香港亚洲电视广播有限公司、香港创百利有限公司、生命人寿保险股份有限公司等单位，并担任多项高级职务，具有三十多年的经济管理和金融管理经验。 |
| 石聿新 | 武汉大鹏实业有限公司总经理 | 男 | 56 | 2007 年 12 月 19 日 | — | — | 毕业于武汉大学国际经济法专业，硕士学位，高级经济师。曾就任武汉建设投资公司、武汉大鹏实业有限公司等高级管理职务，具有二十多年的经济管理工作经验。 |

## 3.3 监事

| 姓名 | 职务 | 性别 | 年龄 | 选任日期 | 所推举的股东名称 | 代表股东持股比例(%) | 简 要 履 历 |
|---|---|---|---|---|---|---|---|
| 罗明耀 | 监事会主席 | 男 | 39 | 2011 年 1 月 21 日 | 恒丰裕实业发展有限公司 | 16.56 | 毕业于香港大学工商管理专业，学士学位，后修读于武汉大学及香港大学法律专业，并取得毕业证书。曾在交通银行（香港）信贷发展部、澳纽银行（香港分行）信贷部、香港贸易发展局、钟沛林律师行、恒丰裕实业发展有限公司任信贷管理、律师、法律顾问等高级管理职务，具备十余年之经济、法律从业经验。 |
| 张江泳 | 监事 | 男 | 34 | 2008 年 4 月 9 日 | 丰益实业发展有限公司 | 31.73 | 毕业于山西财专，拥有中国注册会计师资格。曾在任方诚会计师事务所、环球网联网络科技有限公司任职；在国内会计、资产管理、证券投资相关行业从业十余年。 |
| 安建凤 | 监事 | 女 | 40 | 2009 年 3 月 19 日 | — | — | 毕业于中国人民大学，会计专业硕士，中国注册会计师协会会员。曾在西南证券北京北三环中路营业部任财务经理职位；具有丰富的财务管理及金融行业工作经验。 |

### 3.4 高级管理人员

| 姓名 | 职务 | 性别 | 年龄 | 选任日期 | 金融从业年限 | 学历 | 专业 |
|---|---|---|---|---|---|---|---|
| 陈世彪 | 董事及董事长 | 男 | 53 | 2010年5月25日 | 7年 | 本科 | 经济学 |
| 李政怀 | 董事及总经理 | 男 | 47 | 2010年5月25日 | 27年 | 研究生 | 精算学 |

### 3.5 公司员工

公司报告期内员工人数、年龄分布、学历分布，列示如下：

| 项目 | | 报告期年度(%) | |
|---|---|---|---|
| | | 人数 | 比例 |
| 年龄分布 | 25岁以下 | 3 | 5.7 |
| | 26~29岁 | 11 | 20.7 |
| | 30~39岁 | 28 | 52.8 |
| | 40岁以上 | 11 | 20.8 |
| 学历分布 | 博士 | 1 | 1.9 |
| | 硕士 | 11 | 20.7 |
| | 本科 | 33 | 62.3 |
| | 专科 | 5 | 9.4 |
| | 其他 | 3 | 5.7 |

## 4. 经营概况

### 4.1 经营目标、方针、战略规划

#### 4.1.1 经营目标

公司以完善内部控制和风险管理制度为先导，在健全自身产品体系的基础上，不断强化以研发和资产管理为核心的竞争力，通过向高端客户提供高附加值的金融产品在市场竞争中求得生存和发展的空间，逐步创造品牌效应，将国民信托逐步打造成为中国一流的高端财富管理公司。

#### 4.1.2 经营方针

公司的经营方针是“以人为本，诚信敬业，专业稳健，创新共赢”。

#### 4.1.3 战略规划

在2010年基础上，2011年公司尽力提高主营业务收入和信托业务收入规模，实现公司经营业绩的长远可持续发展。通过专业优质的服务，与客户建立长期互信的密切关系，为客户创造良好的投资回报，逐步树立“国民财富管理”的高端金融品牌。

### 4.2 经营业务的主要内容

#### 4.2.1 信托业务

截至2010年12月31日，公司受托管理的信托资产运用与分布如下。

**信托资产运用与分布表**

| 资产运用 | 金额(万元) | 占比(%) | 资产分布 | 金额(万元) | 占比(%) |
|---|---|---|---|---|---|
| 货币资产 | 4 232.85 | 1.30 | 基础产业 | 2 500.00 | 0.77 |
| 贷款 | 118.35 | 0.03 | 房地产 | 25 000.00 | 7.67 |
| 交易性金融资产 | 8 939.06 | 2.74 | 证券市场 | 77 278.47 | 23.70 |
| 可供出售金额资产 | 68 339.41 | 20.96 | 实业 | — | — |
| 持有至到期投资 | — | — | 金融机构 | 12 900.00 | 3.95 |
| 长期股权投资 | 40 400.00 | 12.39 | 其他 | 208 410.75 | 63.91 |
| 其他 | 204 059.55 | 62.58 | | | |
| 信托资产合计 | 326 089.22 | 100.00 | 信托资产合计 | 326 089.22 | 100.00 |

#### 4.2.2 固有业务

截至2010年12月31日，公司固有资产运用与分布如下。

**固有资产运用与分布表**

| 资产运用 | 金额(万元) | 占比(%) | 资产分布 | 金额(万元) | 占比(%) |
|---|---|---|---|---|---|
| 货币资产 | 37 324.34 | 32.06 | 基础产业 | — | — |
| 贷款及应收款 | 291.71 | 0.25 | 房地产 | — | — |
| 以公允价值计量且其变动计入当期损益的金融资产 | 40 324.60 | 34.63 | 证券市场 | 27 274.48 | 23.43 |
| 可供出售金融资产 | 33 143.18 | 28.47 | 实业 | — | — |
| 持有至到期投资 | — | — | 金融机构 | 46 193.30 | 39.67 |
| 长期股权投资 | — | — | 其他 | 42 963.09 | 36.90 |
| 其他 | 5 347.04 | 4.59 | | | |
| 资产合计 | 116 430.87 | 100.00 | 资产合计 | 116 430.87 | 100.00 |

### 4.3 市场分析

#### 4.3.1 影响公司业务发展的有利因素

(1)2011年是“十二五”规划的第一年，在规划中，鼓励扩大民间资本实业投资；鼓励特定行业的发展。规划为未来五年信托的业务发展指明了方向，有利于信托公司尽早业务布局。

(2)经济进入通胀周期，社会保值增值需求增长。

(3)私人财富管理已经被广大高端投资者所认可和接受，信托理财工具也逐渐被银行、证券和保险等其他金融机构所运用，信托产品作为唯一连接货币市场、资产市场和实业市场的理财产品的综合优势将得以充分发挥。

(4)针对信托业面临的新环境，监管机构加强管理和引导。2010年，为了防范信托业风险、提高信托公司核心资产管理能力，监管层适时推出了《信托公司监管评级与分类监管指引》、《中国银监会关于加强信托公司结构化信托业务监管有关问题的通知》、《中国银监会关于规范银信理财合作业务有关事项的通知》、《信托公司房地产信托业务风险提示的通知》、《信托公司净资本管理办法》等，引导信托公司发展自主管理类业务，提高核心资产管理能力。

#### 4.3.2 影响公司业务发展的不利因素

(1)房地产等行业的宏观调控，使行业未来发展前景不确定。以此类行业为基础资产或投资此类行业的信托产品的风险不断累积。

（2）理财市场行业间竞争日趋激烈。与其他金融机构相比，信托公司在人才、网点、客户资源等方面处于明显劣势，银行、证券、基金、保险同类理财产品大量分流信托公司客户资源，竞争形势严峻。

（3）行业内竞争加剧。2010 年多家信托公司在经济发达地区设立业务团队，拓展异地市场，信托公司跨区域的市场竞争进一步加剧。

## 4.4 内部控制

### 4.4.1 内部控制环境和文化

公司建立了股东会、董事会、监事会和高级管理层为核心的法人治理结构，明确了公司的议事规则和决策程序。公司在"三会"之下设立了七个专门委员会，明确了各自的工作规则，确立了分工明确、权责相互制衡的公司治理和内部控制机制，并实现了董事会对高级管理层经营活动的合理授权和有效监督。

公司在董事会及管理层的领导下，通过实施完善的内部控制制度体系，公司形成了诚实守信、稳健经营、恪尽职守的内部控制文化氛围。

### 4.4.2 内部控制措施

内部控制的主要工作由法律合规部、风险管理部和审计部具体执行。公司制定了一整套内部控制制度，在公司制定的全面风险管理体系架构（ERM）下，内部控制是对业务的全过程，即风险目标和政策制定、风险管理的具体实施（包括风险识别、评估和应对）和风险信息披露进行全方位的管理和控制，保证了各项业务正常、有序开展。

为防范风险，公司严格执行业务经办与审批分离法人管理制度，并建立了业务两级审批制度，较好的控制和防范了各类风险。

### 4.4.3 监督评价与纠正

公司的各项内部控制制度执行有效，各内控部门均能充分履行职责开展相应的内部控制工作，董事会和监事会对内控制度的执行情况进行持续的监督和评价，保证了公司的合规经营。2010 年，公司未出现经营风险，亦未发生违法违规事件，各项业务稳健运行。

## 4.5 风险管理

### 4.5.1 风险状况

4.5.1.1 信用风险状况

现代意义的信用风险不仅包括违约风险，还包括由于交易对手和合作方的信用状况和履约能力上的变化而导致公司资产价值发生变动所造成损失的风险。

4.5.1.2 市场风险状况

市场风险是指公司在对信托财产和固有财产的合法经营中，因市场利率、汇率、股指和商品价格等市场参数的波动而产生的风险，包括利率风险、汇率风险、股市风险和通胀风险等。

4.5.1.3 操作风险状况

操作风险是指由于内部控制程序和系统的不完善、人员操作失误或外部突发事件等可能导致公司遭受到损失的风险。

4.5.1.4 其他风险状况

除以上三类风险外，公司还面临法律风险、流动性风险、员工道德风险，以及国家法律法规和政策的不确定性变化对公司经营产生影响的政策风险等风险。

### 4.5.2 风险管理

4.5.2.1 信用风险管理

公司严格执行信用风险的事前防范、事中控制和事后检查制度。从而尽可能地降低了信用风险发生的概率。

公司按照有关规定，按时足额计提各类风险准备。一般风险准备按照风险资产的 1% 计提，信托赔偿准备按照税后利润的 5% 计提。

为防范抵押物贬值风险，我司规定抵押率原则上不得高于 60%；保证贷款保证人应具备相应的担保能力。

报告期末，公司固有业务和信托业务按照资产五级分类标准进行分类，均为正常类，资产不良率为零。

2010 年，公司所有到期信托项目都已顺利兑付，均能按信托合同约定的信托终止事项并进行清算；所存续的信托项目均运行良好，无不可控风险，公司对信用风险的管理措施有效。

4.5.2.2 市场风险管理

公司根据业务性质、规模、复杂程度和风险特征，结合总体业务发展战略、管理能力、资本实力，确定总体风险承担水平，并尽量采取分散投资、分散风险的办法。加强对经济和市场的研究，坚持价值投资理念，采取稳健的投资策略，建立止损机制，有效防范市场风险。

2010 年，公司对市场风险的分析判断准确，采取了合理的风险控制措施和谨慎的投资策略，有效防范市场风险的发生。

4.5.2.3 操作风险管理

公司建立起一整套内部控制制度，部门间实行明确的职责划分，各部门内部又细分各岗位职责和权限，开展不相容岗位梳理，保证岗位的有效分离与制衡，形成了相互配合、相互监督、相互制约的风险控制机制。

公司实行规范化、标准化、制度化管理，各项业务的开展都严格执行内部控制程序及业务操作流程。另外，公司还根据市场环境、监管规则及业务发展变化，不断调整和完善业务操作流程。

公司一向注重信息系统建设，2010 年公司继续推进盈丰信托业务系统的投入研发，从而加强了对业务开展情况的信息化管理；另外，Oracle 财务系统目前已进入试运行阶段，将逐步替代公司旧的财务系统。2010 年，公司对整体信息管理系统的新开发进行全面的准备，准备将公司的业务管理系统、证券交易和风险控制系统及财务系统等连接起来，务求大幅提高公司的信息化管理水平。

2010 年，公司的内部控制程序和系统完善且运行有效，操作风险的管理效果明显。

4.5.2.4 其他风险管理

公司加强对国家政策分析和研究，提高对政策的理解能力，并与监管部门及时沟通，根据要求进行业务调整和制度完善；另外，还不定期与同行进行业务交流，探讨业务经营管理中的问题，以提高对政策的理解度和执行力，从而有效地防范政策风险。

公司高度重视法律风险的防范，强化法律方面的风险管理。运用资产负债管理方法加强对流动性风险进行管理，严格匹配资产和负债的合理比例，并定期对流动性进行压力测试。

积极组织员工参加监管部门开展的与信托业务有关的法律法规学习和考试;鼓励员工参加内部和外部培训交流。

2010年,公司没有出现因其他风险对经营活动产生影响的情况。

## 5. 公司财务报表

### 5.1 会计师事务所审计意见结论

安永华明会计师事务所对公司2010年财务报表出具了标准无保留意见,认为公司财务报表在所有重大方面已经按照企业会计准则的规定编制,公允地反映了国民信托有限公司2010年12月31日的财务状况以及2010年的经营成果和现金流量。

### 5.2 资产负债表

单位:万元

| | 2010年12月31日 | 2009年12月31日 |
|---|---|---|
| 资产 | | |
| 货币资金 | 37 324.34 | 75 936.14 |
| 以公允价值计量且其变动计入当期损益的金融资产 | 40 324.60 | 30 625.00 |
| 应收账款 | 291.71 | 306.16 |
| 可供出售金融资产 | 33 143.18 | 7 641.14 |
| 固定资产 | 293.73 | 434.92 |
| 无形资产 | 84.18 | 167.55 |
| 递延所得税资产 | — | — |
| 其他资产 | 4 969.13 | 2 348.55 |
| 资产合计 | 116 430.87 | 117 459.46 |
| | | |
| 负债及所有者权益 | | |
| 负债 | | |
| 应付职工薪酬 | 177.08 | 389.12 |
| 应交税费 | 912.73 | 2 377.85 |
| 递延所得税负债 | 488.77 | 1 116.54 |
| 其他负债 | 721.36 | 957.39 |
| 负债合计 | 2 299.94 | 4 840.90 |
| 所有者权益 | | |
| 实收资本 | 100 000.00 | 100 000.00 |
| 资本公积 | (2 636.40) | 109.08 |

续表

| | 2010年12月31日 | 2009年12月31日 |
|---|---|---|
| 盈余公积 | 3 664.47 | 3 238.68 |
| 一般风险准备 | 368.34 | 368.34 |
| 信托赔偿准备 | 1 158.36 | 945.47 |
| 未分配利润 | 11 576.16 | 7 956.99 |
| 所有者权益合计 | 114 130.93 | 112 618.56 |
| | | |
| 负债及所有者权益合计 | 116 430.87 | 117 459.46 |

### 5.3 利润表

单位:万元

| | 2010年 | 2009年 |
|---|---|---|
| 营业收入 | | |
| 手续费及佣金收入 | 2 815.79 | 3 294.74 |
| 投资收益 | 2 433.33 | 6 238.51 |
| 公允价值变动收益 | 949.60 | 4 625.00 |
| 利息净收入 | 795.59 | 855.95 |
| 其他业务收入 | 2 416.00 | 2 100.00 |
| 营业收入合计 | 9 410.31 | 17 114.20 |
| | | |
| 营业支出 | | |
| 营业税金及附加 | 405.40 | 629.23 |
| 业务及管理费 | 3 157.86 | 3 970.23 |
| 资产减值损失 | — | — |
| 营业支出合计 | 3 563.26 | 4 599.46 |
| | | |
| 营业利润 | 5 847.05 | 12 514.74 |
| 加:营业外收入 | 4.17 | — |
| 减:营业外支出 | 75.26 | 22.35 |
| | | |
| 利润总额 | 5 775.96 | 12 492.39 |
| 减:所得税费用 | 1 518.11 | 3 131.23 |
| | | |
| 净利润 | 4 257.85 | 9 361.16 |
| | | |
| 其他综合(亏损)/收益 | (2 745.48) | 157.65 |
| | | |
| 综合收益总额 | 1 512.37 | 9 518.81 |

### 5.4 所有者权益变动表

**所有者权益变动表**

单位:万元

| | 2010年 | | | | | | |
|---|---|---|---|---|---|---|---|
| | 实收资本 | 资本公积 | 盈余公积 | 一般准备 | 信托赔偿准备 | 未分配利润 | 所有者权益合计 |
| 本年初余额 | 100 000.00 | 109.08 | 3 238.68 | 368.34 | 945.47 | 7 956.99 | 112 618.56 |
| 本年增减变动金额 | | | | | | | |
| 净利润 | — | — | — | — | — | 4 257.85 | 4 257.85 |
| 其他综合收益 | — | (2 745.48) | — | — | — | — | (2 745.48) |
| 综合收益总额 | — | (2 745.48) | — | — | — | 4 257.85 | 1 512.37 |
| 利润分配 | | | | | | | |
| 提取盈余公积 | — | — | 425.79 | — | — | (425.79) | — |
| 提取信托赔偿准备 | — | — | — | — | 212.89 | (212.89) | — |
| 本年末余额 | 100 000.00 | (2 636.40) | 3 664.47 | 368.34 | 1 158.36 | 11 576.16 | 114 130.93 |

所有者权益变动表（续）

单位：万元

| | 2009 年 | | | | | | |
|---|---|---|---|---|---|---|---|
| | 实收资本 | 资本公积 | 盈余公积 | 一般准备 | 信托赔偿准备 | 未分配利润 | 所有者权益合计 |
| 本年初余额 | 100 000.00 | (48.57) | 2 302.57 | 368.34 | 477.41 | 6 429.09 | 109 528.84 |
| 本年增减变动金额 | | | | | | | |
| 净利润 | — | — | — | — | — | 9 361.16 | 9 361.16 |
| 其他综合收益 | — | 157.65 | — | — | — | — | 157.65 |
| 综合收益总额 | — | 157.65 | — | — | — | 9 361.16 | 9 518.81 |
| 利润分配 | | | | | | | |
| 提取盈余公积 | — | — | 936.11 | — | — | (936.11) | — |
| 提取信托赔偿准备 | — | — | — | — | 468.06 | (468.06) | — |
| 对所有者的分配 | — | — | — | — | — | (6 429.09) | (6 429.09) |
| 本年末余额 | 100 000.00 | 109.08 | 3 238.68 | 368.34 | 945.47 | 7 956.99 | 112 618.56 |

## 6. 公司财务报表附注

### 6.1 报告年度公司财务报表编制基准、会计政策、会计估计和核算方法变化情况

2010 年本公司财务报表编制基准、会计政策、会计估计和核算方法与上年相比，没有发生重大变化。

### 6.2 财务报表主要项目的明细

#### 6.2.1 资产风险分类情况

| 风险分类 | 正常类（万元） | 关注类（万元） | 次级类（万元） | 可疑类（万元） | 损失类（万元） | 资产合计（万元） | 不良资产合计（万元） | 不良资产率（%） |
|---|---|---|---|---|---|---|---|---|
| 期初数 | 117 459.46 | — | — | — | — | 117 459.46 | — | 0 |
| 期末数 | 116 430.87 | — | — | — | — | 116 430.87 | — | 0 |

注：不良资产合计＝次级类＋可疑类＋损失类。

#### 6.2.2 各项资产减值损失准备的期初、本期计提、本期转回、本期核销、期末数

单位：万元

| | 期初数 | 本期计提 | 本期转回 | 本期核销 | 期末数 |
|---|---|---|---|---|---|
| 贷款损失准备 | — | — | — | — | — |
| 一般准备 | — | — | — | — | — |
| 专项准备 | — | — | — | — | — |
| 其他资产减值准备 | — | — | — | — | — |
| 可供出售金融资产减值准备 | — | — | — | — | — |
| 持有至到期投资减值准备 | — | — | — | — | — |
| 长期股权投资减值准备 | — | — | — | — | — |
| 坏账准备 | — | — | — | — | — |
| 投资性房地产减值准备 | — | — | — | — | — |

#### 6.2.3 固有业务股票投资、基金投资、债券投资、股权投资等投资业务的期初数、期末数

单位：万元

| | 自营股票 | 基金 | 债券 | 长期股权投资 | 其他投资 | 合计 |
|---|---|---|---|---|---|---|
| 期初数 | — | — | 5 952.50 | — | 32 313.64 | 38 266.14 |
| 期末数 | 25 625.53 | — | 5 868.70 | — | 41 973.55 | 73 467.78 |

#### 6.2.4 前三名自营贷款的企业名称、占贷款总额的比例和还款情况等

本年度无自营贷款及还款情况。

#### 6.2.5 前三名自营长期股权投资（包括以公允价值计量且其变动计入当期损益的金融资产）的企业名称、占被投资企业权益的比例、主要经营活动及投资收益情况等

| 企业名称 | 占被投资企业权益的比例（%） | 投资收益（万元） |
|---|---|---|
| 汇丰人寿保险有限公司 | 50 | — |
| 北京新世界保险经纪有限公司 | 35 | — |

#### 6.2.6 表外业务的期初数、期末数；按照代理业务、担保业务和其他类型表外业务分别披露

本年度无表外业务

#### 6.2.7 收入结构

| 收入结构 | 金额（万元） | 占比（%） |
|---|---|---|
| 手续费及佣金收入 | 2 815.79 | 29.91 |
| 其中：信托手续费收入 | 2 762.09 | 29.34 |
| 利息收入 | 795.59 | 8.45 |
| 其他业务收入（注） | 2 416.00 | 25.66 |
| 投资收益——证券投资收益 | 2 433.33 | 25.85 |
| 公允价值变动收益 | 949.60 | 10.09 |
| 营业外收入 | 4.17 | 0.04 |
| 收入合计 | 9 414.48 | 100.00 |

注：其他业务收入为合营企业的有关收益。

### 6.3 关联方关系及其交易

#### 6.3.1 关联交易方的数量、关联交易的总金额及关联交易的定价政策

单位：万元

| | 关联交易方数量 | 关联交易金额 | 定价政策 |
|---|---|---|---|
| 合计 | 2 | 1 312.50 | 按市场价格或公允原则交易 |

#### 6.3.2 关联交易方与公司的关系性质、关联交易方的名称、法定代表人、注册地址、注册资本及主营业务

报告期涉及关联交易的关联方情况

| 关系性质 | 关联方名称 | 法定代表人 | 注册地址 | 注册资本（万元） | 主营业务 |
|---|---|---|---|---|---|
| 股东 | 璟安实业有限公司 | 刘盈 | 上海市浦东新区绿科路90号1幢301室H座 | 23 000 | 实业投资、项目投资、投资管理、投资顾问、财务顾问、企业管理咨询等 |
| 股东 | 丰益实业发展有限公司 | 张江泳 | 上海市浦东新区莲林路15号403室 | 55 000 | 实业投资、投资管理、投资咨询、企业并购、企业资产重组策划及企业管理咨询等 |

**6.3.3 公司与关联方的重大交易事项**

固有资产与关联方交易情况

单位:万元

| 固有资产与关联方关联交易 | | | | |
|---|---|---|---|---|
| | 期初数 | 借方发生额 | 贷方发生额 | 期末数 |
| 贷款 | — | — | — | — |
| 投资 | — | — | — | — |
| 租赁 | — | — | — | — |
| 担保 | — | — | — | — |
| 应收账款 | 134.33 | 1 312.50 | 1 212.50 | 234.33 |
| 其他 | — | — | — | — |
| 合计 | 134.33 | 1 312.50 | 1 212.50 | 234.33 |

**6.3.4 关联方逾期未偿还公司资金以及公司为关联方担保发生或即将发生垫款情况**

公司未出现关联方逾期未偿还公司资金以及公司为关联方担保发生或即将发生垫款情况。

### 6.4 或有事项说明

截至2010年12月31日，本公司作为被告的未决诉讼案件标的金额共计人民币1 325 206元(2009年12月31日:无)。该诉讼案件是由于IT供货商服务未达标产生的。管理层认为，根据现有事实及状况，该等诉讼案件的最终裁决结果预计不会对本公司的财务状况及经营结果产生重大影响，无须计提准备。截至本财务报表批准日，对方已撤诉，该诉讼案件已结案。

### 6.5 重要资产转让及其出售的说明

截至2010年12月31日，本公司并无须作披露的重要资产转让及其出售。

### 6.6 会计制度

公司固有业务执行财政部2006年2月颁布的《企业会计准则——基本准则》和38项具体会计准则、其后颁布的应用指南、解释以及其他相关规定(统称企业会计准则)。

## 7. 财务情况说明

### 7.1 利润实现和分配情况

公司2010年总收入为人民币9 414.48万元，总支出为人民币3 638.52万元，实现净利润人民币4 257.85万元。2010年公司未向股东分配利润。

2. 主要财务指标

| 指标名称 | 指标值 |
|---|---|
| 资本利润率(%) | 3.76 |
| 加权年化信托报酬率(注)(%) | 0.07 |
| 人均净利润(万元/人) | 70.38 |

注:该指标仅包括本报告年度内已清算结束了的信托项目。

### 7.3 报告期内，公司没有发生对公司财务状况、经营成果有重大影响的其他事项

## 8. 信托财务报表及附注

### 8.1 信托项目资产负债汇总表

单位:万元

| | 2010年12月31日 | 2009年12月31日 |
|---|---|---|
| 信托资产 | | |
| 货币资金 | 4 232.85 | 13 340.99 |
| 交易性金融资产 | 8 939.06 | 34 175.43 |
| 应收款项 | 176 659.55 | 99 916.06 |
| 发放贷款 | 118.35 | 184 127.27 |
| 可供出售金融资产 | 68 339.41 | 114 289.66 |
| 长期股权投资 | 40 400.00 | 40 400.00 |
| 无形资产 | 27 400.00 | 25 600.00 |
| 其他资产 | — | 1 800.00 |
| 信托资产总计 | 326 089.22 | 513 649.41 |
| 信托负债和信托权益 | | |
| 信托负债 | | |
| 应付受托人报酬 | 350.05 | 108.27 |
| 应付托管费 | 1.95 | 1.42 |
| 应付受益人收益 | — | 5.35 |
| 其他应付款项 | 2.66 | 1.68 |
| 信托负债合计 | 354.66 | 116.72 |
| 信托权益 | | |
| 实收信托 | 272 171.60 | 455 193.28 |
| 资本公积 | 23 702.07 | 36 798.87 |
| 未分配利润 | 29 860.89 | 21 540.54 |
| 信托权益合计 | 325 734.56 | 513 532.69 |
| 信托负债和信托权益总计 | 326 089.22 | 513 649.41 |

### 8.2 信托项目利润及利润分配汇总表

单位:万元

| | 2010年 | 2009年 |
|---|---|---|
| 营业收入 | | |
| 利息收入 | 2 338.17 | 4 437.96 |
| 投资收益 | 9 285.89 | 31 690.58 |
| 公允价值变动收益 | (98.06) | 660.93 |
| 营业收入合计 | 11 526.00 | 36 789.47 |

续表

| | 2010 年 | 2009 年 |
|---|---|---|
| 营业支出 | | |
| 营业税金及附加 | 0.17 | 232.81 |
| 受托人报酬 | 1 272.60 | 1 877.71 |
| 托管费 | 158.07 | 32.39 |
| 投资管理费 | — | 224.21 |
| 交易费用 | 171.24 | 711.39 |
| 资产减值损失/(收益) | — | (5 269.52) |
| 其他费用 | 163.80 | 49.56 |
| 营业支出/(收入)合计 | 1 765.88 | (2 141.45) |
| 信托净利润 | 9 760.12 | 38 930.92 |
| 其他综合收益 | — | — |
| 综合收益 | 9 760.12 | 38 930.92 |
| 加:期初未分配信托利润/(亏损) | 21 540.54 | (15 989.98) |
| 可供分配的信托利润 | 31 300.66 | 22 940.94 |
| 减:本期已分配信托利润 | 1 439.77 | 1 400.40 |
| 期末未分配信托收益 | 29 860.89 | 21 540.54 |

## 8.3 信托资产管理情况

### 8.3.1 信托资产的期初数、期末数

单位:万元

| 信托资产 | 期初数 | 期末数 |
|---|---|---|
| 集合 | 12 869.06 | 11 840.35 |
| 单一 | 500 780.35 | 314 248.87 |
| 财产权 | — | — |
| 合计 | 513 649.41 | 326 089.22 |

### 8.3.2 主动管理型信托业务的信托资产期初数、期末数

单位:万元

| 主动管理型 | 期初数 | 期末数 |
|---|---|---|
| 证券投资类 | 46 654.73 | 11 840.35 |
| 股权投资类 | — | — |
| 融资类 | — | — |
| 事务管理类 | — | — |
| 权益类 | 11 530.94 | — |
| 合计 | 58 185.67 | 11 840.35 |

### 8.3.3 被动管理型信托业务的信托资产期初数、期末数

单位:万元

| 被动管理型 | 期初数 | 期末数 |
|---|---|---|
| 证券投资类 | — | — |
| 股权投资类 | 43 037.62 | 43 040.11 |
| 融资类 | 184 158.27 | 121.28 |
| 事务管理类 | 97 080.81 | 174 080.81 |
| 权益类 | 131 187.04 | 97 006.67 |
| 合计 | 455 463.74 | 314 248.87 |

### 8.3.4 本年度已清算结束的信托项目情况

本年度已清算结束的信托项目为 7 个,实收信托合计人民币 228 515 万元,加权平均年化收益率为 3.92%。

### 8.3.5 本年度已清算结束的集合类、单一类资金信托项目和财产管理类信托项目个数、实收信托金额、加权平均实际年化收益率

| 已清算结束信托项目 | 项目个数 | 实收信托合计金额(万元) | 加权平均实际年化收益率(%) |
|---|---|---|---|
| 集合类 | — | — | — |
| 单一类 | 7 | 228 515.00 | 3.92 |
| 财产管理类 | — | — | — |

### 8.3.6 本年度已清算结束的主动管理型信托项目情况

| 主动管理型已清算信托项目 | 项目个数 | 实收信托合计金额(万元) | 加权平均实际年化信托收益率(%) | 加权平均实际年化报酬率(%) |
|---|---|---|---|---|
| 证券投资类 | 1 | 35 465.00 | 0.00 | 0.05%\ |
| 股权投资类 | — | — | — | — |
| 融资类 | — | — | — | — |
| 事务管理类 | — | — | — | — |
| 权益类 | 1 | 9 050.00 | 4.40 | 0.30 |

### 8.3.7 本年度已清算结束的被动管理型信托项目情况

| 被动管理型已清算信托项目 | 项目个数 | 实收信托合计金额(万元) | 加权平均实际年化信托收益率(%) | 加权平均实际年化报酬率(%) |
|---|---|---|---|---|
| 证券投资类 | — | — | — | — |
| 股权投资类 | — | — | — | — |
| 融资类 | 5 | 184 000.00 | 4.66 | 0.07 |
| 事务管理类 | — | — | — | — |

### 8.3.8 本年度新增的集合类、单一类和财产管理类信托项目个数、实收信托合计金额

本年度无新增的集合类、单一类和财产管理类信托项目。

## 8.4 关联方关系及其交易

### 8.4.1 信托资产与关联方交易情况

单位:万元

| 信托与关联方关联交易 | | | | |
|---|---|---|---|---|
| | 期初数 | 借方发生额 | 贷方发生额 | 期末数 |
| 贷款 | — | — | — | — |
| 投资 | 53 200.00 | — | 31 000.00 | 22 200.00 |
| 租赁 | — | — | — | — |
| 担保 | — | — | — | — |
| 应收账款 | 97 080.81 | 77 000.00 | — | 174 080.81 |
| 其他 | — | — | — | — |
| 合计 | 150 280.81 | 77 000.00 | 31 000.00 | 196 280.81 |

### 8.4.2 固有财产与信托财产之间的交易情况

单位:万元

| 固有财产与信托财产相互交易 | | | |
|---|---|---|---|
| | 期初数 | 本期发生额 | 期末数 |
| 证券投资集合资金信托 | 1 600.00 | — | 1 600.00 |

### 8.4.3 信托财产与信托财产之间的交易情况

本年度无信托财产与信托财产之间的交易情况。

### 8.5 会计制度

信托业务于2010年1月1日起全面执行财政部2006年2月颁布的《企业会计准则——基本准则》和38项具体会计准则、其后颁布的应用指南、解释以及其他相关规定(统称企业会计准则)。

## 9. 特别事项揭示

### 9.1 前五名股东报告期内变动情况及原因

报告期内现有四名股东无变动。

### 9.2 董事、监事及高级管理人员变动情况及原因

公司股东会审议通过,并报北京银监局核准,陈世彪先生、李政怀先生、付然女士、吴祝花女士获批为公司董事;同意何伟智先生、罗明耀先生辞任公司董事职务。

公司董事会审议通过,并报中国银监会核准,陈世彪先生出任公司董事长,李政怀先生出任公司总经理。

公司股东会审议通过,同意聂强先生辞任监事职务,增补罗明耀先生为公司监事。

公司监事会审议通过,同意张江泳先生辞任公司监事会主席职务,选举罗明耀先生出任公司监事会主席。

### 9.3 报告期内公司无重大诉讼事项

### 9.4 公司及其董事、监事和高级管理人员在报告期内无受到处罚的情况

### 9.5 中国银监会及其派出机构对公司检查后提出整改意见及整改情况

2010年12月,北京银监局现场检查组对我司公司治理及关联交易情况进行了现场检查。检查组认为,公司建立了由股东会、董事会、监事会和经营管理层等组成的组织构架,制定了相关业务内控制度和流程,初步构建了风险管理体系。但也发现,公司随着业务的发展,相关制度仍需进一步完善,风险控制及管理工作应进一步加强。公司根据检查组意见,及时针对发现问题制定了具体整改措施并积极落实整改。

### 9.6 本年度重大事项临时报告的简要内容、披露时间、所披露的媒体及其版面

| 序号 | 刊登内容 | 刊登时间 | 报纸名称 | 所属版面 |
|---|---|---|---|---|
| 1 | 国民信托有限公司2009年年度报告摘要 | 2010年4月30日 | 《上海证券报》《金融时报》 | B11版 26版 |
| 2 | 公司董事长、总经理及法定代表人变更公告 | 2010年9月3日 | 《上海证券报》 | B21版 |

### 9.7 其他重大需披露信息

报告期内,公司未发生中国银监会及其省级派出机构认定的其他有必要让客户及相关利益人了解的重要信息。

## 10. 公司监事会意见

监事会认为:公司董事会和管理层能够严格遵守法规及政策,稳健经营,业务风险可控,公司业务不存在违法违规情形;本年度财务报告经安永华明会计师事务所审计并出具无保留审计意见的审计报告,该财务报告真实、客观地反映了公司的财务状况和经营成果;京都天华会计师事务所就公司本年度内部控制情况进行了审核,并出具无保留意见的内部控制鉴证报告,该报告也真实和客观反映了公司合规经营和内控状况。

# 国投信托有限公司

## 1. 重要提示

1.1 本公司董事会及董事保证本报告所载资料不存在任何虚假记载、误导性陈述或者重大遗漏，并对其内容的真实性、准确性和完整性承担个别及连带责任。本年度报告摘要摘自年度报告全文，客户及相关利益人欲了解详细内容，应阅读年度报告全文。

1.2 本报告经公司第三届董事会第二十六次会议审议通过。本公司独立董事曹三明先生、江彪先生、阎维杰先生，认为本报告内容是真实、准确、完整的。

1.3 中证天通会计师事务所为本公司出具了标准无保留意见的审计报告。

1.4 公司法定代表人董事长钱蒙先生、总经理吕益民先生、主管会计工作负责人王彬女士及会计部门负责人计划财务部经理李涛先生声明：保证年度报告中财务报告的真实、完整。

## 2. 公司概况

### 2.1 公司简介

2.1.1 公司法定中文名称：国投信托有限公司

2.1.2 公司法定英文名称：SDIC Turst Co.，Ltd.

2.1.3 法定代表人：钱蒙

2.1.4 公司注册地址：北京市西城区阜外大街7号国投大厦11层
邮政编码：100037

2.1.5 公司办公地址：北京市西城区西直门南小街147号7～8层
邮政编码：100034

2.1.6 国际互联网网址：www.sdictrust.com.cn

2.1.7 电子信箱：sdictrust@sdic.com.cn

2.1.8 信息披露事务负责人：王　彬
联系电话：010－88006616
传真：010－88006622
电子信箱：wangbin@sdic.com.cn

2.1.9 报告期内公司信息披露报纸名称：《上海证券报》

2.1.10 公司年度报告备置地点：北京市西城区西直门南小街147号7层

2.1.11 公司聘请的会计师事务所：中证天通会计师事务所有限公司
地址：北京市海淀区西直门北大街甲43号金运大厦13层

2.1.12 公司聘请的律师事务所：
北京市共和律师事务所
地址：北京市朝阳区麦子店街37号盛福大厦19～20层
北京市天达律师事务所
地址：北京市朝阳区东三环北路8号亮马河大厦2座19层

### 2.2 组织结构

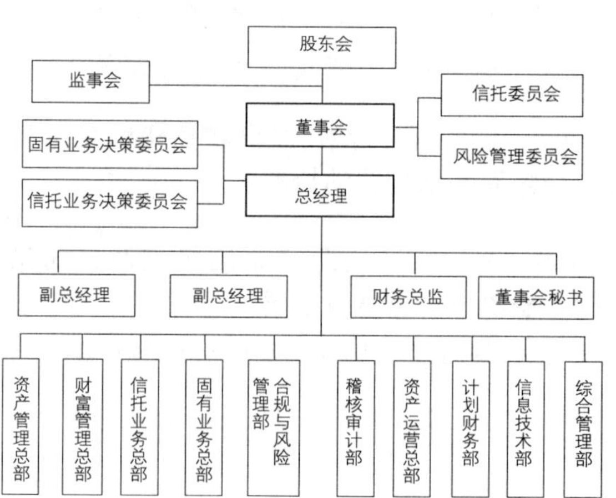


## 3. 公司治理

### 3.1 股东

| 股东名称 | 持股比例（%） | 法人代表 | 注册资本（亿元） | 注册地址 | 主要经营业务及主要财务情况 |
|---|---|---|---|---|---|
| 国投资本控股有限公司☆ | 95.45 | 黄炎勋 | 25亿元 | 北京市西城区阜成门北大街6－6号国际投资大厦A座 | 从事对外投资、资产管理、接受委托对企业进行管理、投资策划及咨询服务。截至2010年末，公司资产总额62.8亿元；2010年实现经营收入6.4亿元，利润3.5亿元。 |
| 国投高科技投资有限公司 | 4.55 | 刘学义 | 6.4亿元 | 北京市西城区阜成门北大街6－6号国际投资大厦 | 从事高科技项目产业化阶段投资业务，主要涉及电子、医药、汽车零部件、新材料等行业。截至2010年末，公司资产总额64.6亿元，2010年实现经营收入25.7亿元，利润8.1亿元。 |

注：最终实际控制人在股东名称一栏中加☆表示。

## 3.2 董事

董事长、副董事长、董事

| 姓　名 | 职　务 | 性别 | 年龄 | 选任日期 | 所推举的股东名称 | 该股东持股比例(%) | 简　要　履　历 |
| --- | --- | --- | --- | --- | --- | --- | --- |
| 钱　蒙 | 董事长 | 男 | 50 | 2008 年 4 月 | 国投资本控股有限公司 | 95.45 | 大学学历,高级工程师,现任国家开发投资公司副总经理兼国投信托有限公司董事长。曾在国家计委、国家机电轻纺投资公司任职,曾任国家开发投资公司机轻有限公司副总经理,国家开发投资公司经营部副主任、主任和金融投资部总经理,国投资产管理公司总经理。安徽省六安市市委副书记(挂职)。 |
| 吕益民 | 董事 | 男 | 48 | 2007 年 8 月 | 国投信托有限公司 | | 博士生学历,高级工程师,现任国投信托有限公司总经理。曾在联想集团有限公司、北京京华信托投资公司任职。曾任国家开发投资公司国融资产管理有限公司总经理,金融资产管理部主任同,金融投资部副总经理,战略发展部副主任兼研究中心主任。 |
| 祝要斌 | 董事 | 男 | 48 | 2009 年 4 月 | 国投资本控股有限公司 | 95.45 | 研究生学历,高级工程师,现任国家开发投资公司资本运营部副总经理。曾在青海西宁特钢公司、国家原材料投资公司、国原实业开发公司、国家开发投资公司国融资产管理有限公司任职,曾任国投信托有限公司党支部书记。 |
| 王文俊 | 董事 | 男 | 43 | 2009 年 4 月 | 国投资本控股有限公司 | 95.45 | 大学本科学历,会计师、经济师,现任国家开发投资公司经营管理部副主任。曾在北京华飞化工总公司、国家原材料投资公司任职。 |
| 李文新 | 董事 | 男 | 46 | 2009 年 4 月 | 国投高科技投资有限公司 | 4.55 | 大学本科学历,高级会计师,中国注册会计师、税务师,现任国投高科技投资有限公司副总经理。曾在交通部、国家交通投资公司、国通天港实业开发公司、国家开发投资公司国投创业投资有限公司任职。 |

独立董事

| 姓　名 | 所在单位及职务 | 性别 | 年龄 | 选任日期 | 所推举的股东名称 | 该股东持股比例(%) | 简　要　履　历 |
| --- | --- | --- | --- | --- | --- | --- | --- |
| 阎维杰 | 中国银监会北京监管局,退休 | 男 | 55 | 2010 年 7 月 | 国投资本控股有限公司 | 95.45 | 博士研究生学历,博士,退休前任中国银监会北京监管局处长。曾任北京广播电视大学教师、教务处处长,中国人民银行营业管理部处长。 |
| 曹三明 | 国家法官学院教授 | 男 | 64 | 2008 年 8 月 | 国投资本控股有限公司 | 95.45 | 研究生学历,教授,律师,现任国家法官学院教授。曾任北京大学法律系副教授、国家新闻出版署副司长、国务院法制办司长、最高人民法院行政审判庭负责人、中国应用法学研究所所长、国家法官学院副院长。 |
| 江　彪 | 北京中关村科学城建设股份有限公司董事 | 男 | 46 | 2008 年 8 月 | 国投资本控股有限公司 | 95.45 | 研究生学历,高级经济师,现任北京中关村科学城建设股份有限公司董事,兼任嘉禾人寿股份有限公司董事。曾任中国工商银行总行资金计划部主任科员、海南科技工业公司总经理、深圳金图实业股份有限公司董事长、中国新纪元物资流通中心总经理、中国新纪元有限公司董事长、北京中关村科学城建设股份有限公司总裁。 |

## 3.3 监事

| 姓名 | 职务 | 性别 | 年龄 | 选任日期 | 所推举的股东名称 | 该股东持股比例(%) | 简　要　履　历 |
| --- | --- | --- | --- | --- | --- | --- | --- |
| 叶柏寿 | 监事会主席 | 男 | 48 | 2007 年 8 月 | 国投资本控股有限公司 | 95.45 | 大学学历,高级会计师,现任国家开发投资公司财务会计部主任。曾任国家计委经济研究所干部、财政金融研究室副主任、国家开发投资公司财务会计部副主任、计划财务部副主任、深圳康泰生物制品股份有限公司董事长。 |
| 艾震华 | 监事 | 女 | 36 | 2007 年 8 月 | 国投资本控股有限公司 | 95.45 | 大学学历,经济师,现任国家开发投资公司审计部副处长(主持工作)。2004 年 5 月担任弘泰信托投资有限责任公司(2007 年 7 月更名为国投信托有限公司)监事。 |
| 张文雄 | 监事 | 男 | 39 | 2009 年 4 月 | 国投高科技投资有限公司 | 4.55 | 大学学历,高级会计师,现任国投高科技投资有限公司财务会计部经理。先后在北内集团总公司进出口公司、国投电子公司、国投创业投资有限公司任职。 |

### 3.4 高级管理人员

| 姓名 | 职务 | 性别 | 年龄 | 选任日期 | 金融从业年限(年) | 学历 | 专业 |
|---|---|---|---|---|---|---|---|
| 吕益民 | 总经理 | 男 | 48 | 2007 年 8 月 | 12 年 | 博士生 | 经济学 |
| 傅　强 | 副总经理 | 男 | 41 | 2008 年 4 月 | 15 年 | 研究生 | 工商管理 |
| 陆　俊 | 副总经理 | 男 | 40 | 2010 年 7 月 | 14 年 | 研究生 | 工商管理 |

### 3.5 公司员工

| 项　目 | | 报告期年度 | |
|---|---|---|---|
| | | 人数 | 比例(%) |
| 年龄分布 | 25 岁以下 | 1 | 2 |
| | 25～29 岁 | 18 | 29 |
| | 30～39 岁 | 28 | 45 |
| | 40 岁以上 | 15 | 24 |
| 学历分布 | 博士 | 5 | 8 |
| | 硕士 | 28 | 45 |
| | 本科 | 28 | 45 |
| | 专科 | 1 | 2 |
| | 其他 | 0 | |
| 岗位分布 | 董事、监事及其高管人员 | 13 | 21 |
| | 自营业务人员 | 4 | 6 |
| | 信托业务人员 | 27 | 44 |
| | 其他人员 | 18 | 29 |

## 4. 经营管理

### 4.1 经营目标、方针、战略规划

#### 4.1.1 经营目标

通过资产管理能力与财富管理能力的全面提升，打造成为投资者"值得托付的理财顾问"，以专业化、多元化、个性化的金融服务做强品牌，以卓越业绩回报客户、回报股东、回报员工、回报社会。

#### 4.1.2 经营方针

诚实守信，稳健运营，立足市场，创新发展。

#### 4.1.3 战略规划

报告期内，公司三年战略规划经 2010 年第三次临时股东会审议批准，正式进入实施阶段。根据规划，公司将努力打造"资产管理与财富管理两大业务板块协同互动、固有业务稳健增值"的业务格局，通过"以主动管理创收益，以另类及创新产品打品牌，以财富管理保客户"的发展模式，分阶段分步骤做大规模、做强产品、做精客户，形成基于高附加值主动管理能力与财富管理能力的盈利模式，最终实现"值得托付的理财顾问"这一发展愿景。

### 4.2 所经营业务的主要内容

**自营资产运用与分布表**

| 资产运用 | 金额（万元） | 占比（%） | 资产分布 | 金额（万元） | 占比（%） |
|---|---|---|---|---|---|
| 货币资产 | 11 579.17 | 5.75 | 基础产业 | 0 | 0 |
| 贷款及应收款 | 5 068.98 | 2.52 | 房地产业 | 0 | 0 |
| 交易性金融资产 | 0 | 0 | 证券市场 | 9 811.15 | 4.87 |
| 可供出售金融资产 | 125 428.18 | 62.30 | 实业 | 0 | 0 |
| 持有至到期投资 | 0 | 0 | 金融机构 | 58 460.09 | 29.04 |
| 长期股权投资 | 58 460.09 | 29.03 | 其他 | 133 075.36 | 66.09 |
| 其他 | 810.18 | 0.40 | | | |
| 资产总计 | 201 346.60 | 100 | 资产总计 | 201 346.60 | 100 |

注：在资产分布中，其他资产包括：货币资金 11 579.17 万元，公司投资购买的信托产品和理财产品等 115 617.03 万元，应收款 5 068.98 万元，其他固定资产、无形资产、递延资产等 810.18 万元。

**信托资产运用与分布表**

| 资产运用 | 金额（万元） | 占比（%） | 资产分布 | 金额（万元） | 占比（%） |
|---|---|---|---|---|---|
| 货币资产 | 72 845.73 | 2.9 | 基础产业 | 1456 852.25 | 57.99 |
| 贷款 | 1 389 852.25 | 55.32 | 房地产 | 95 000.00 | 3.78 |
| 交易性金融资产 | 139 127.14 | 5.54 | 证券市场 | 280 227.13 | 11.15 |
| 可供出售金融资产 | 223 850.00 | 8.91 | 实业 | 69 551.00 | 2.77 |
| 持有至到期投资 | 0 | 0 | 金融机构 | 72 845.73 | 2.90 |
| 长期股权投资 | 675 061.00 | 26.87 | 其他 | 537 859.78 | 21.41 |
| 其他 | 11 599.77 | 0.46 | | | |
| 信托资产总计 | 2 512 335.89 | 100 | 信托资产总计 | 2 512 335.89 | 100 |

### 4.3 影响公司业务发展的主要因素

#### 4.3.1 有利因素

（1）宏观经济政策方面，2011 年货币政策由宽松转为稳健，在市场流动性收紧的情况下，许多从银行获取资金的需求转移到其他金融领域，信托公司业务机会增加。此外，按照政府提出的保障房建设计划，保障房建设面临大额资金缺口，包括信托公司在内的金融机构支持保障房建设将受到政策鼓励，信托公司有望借助保障房信托再辟业务新战场。

（2）监管部门陆续出台一系列政策，鼓励信托公司开展自主管理类信托业务、提高核心资产管理能力，为公司创新业务模式、实现内涵式发展提供了政策导向。

（3）市场环境方面，随着中国经济的发展和居民财富的稳步增长，专业化高端理财服务需求愈加旺盛，同时伴随近年来信托产品的日益推广，越来越多的投资者开始认知和接受信托产品，信托公司开拓财富管理业务的土壤日渐成熟。

#### 4.3.2 不利因素

（1）在通胀压力以及房价上涨过快等背景下出台的一系列

政策，在给信托公司带来业务机会的同时，也加大了信托公司开展业务的系统性风险，信托公司必须更加审慎地开展业务。同时，上述背景下，投资者观望情绪浓厚，中长期限信托产品的预期投资收益率被迫上升，信托公司开展信托业务的资金成本提高，利润空间减少。

（2）因银信合作业务受监管限制，信托公司逐渐丧失了银行理财部门这类最优质的合作客户和产品供应商，信托公司客户群逐渐变化为以优质机构客户和高净值私人客户为主，客户基础薄弱的信托公司的业务发展遭受重大挑战。

（3）私人股权投资业务和证券业务具有市场成熟度高、客户认知度高、主动管理能力要求高、主要客户为高端私募投资者的特征，符合信托业务的发展方向。但目前存在信托公司持有IPO企业股权受限、无法开立新的证券账户等问题，导致信托公司无法在这些业务领域扩大发展。

## 4.4 内部控制

### 4.4.1 内部控制环境和内部控制文化

（1）治理机制建设和执行情况

股东会是公司的最高权力机构。

公司设立董事会，负责公司的重大决策，并向股东会负责。公司董事会设有信托委员会和风险管理委员会两个专项委员会，专项委员会向董事会负责。董事长为公司的法定代表人。

公司设立监事会。监事会是公司的监督机构，对股东会负责。

公司董事会聘任经营层，依法行使经营权。为严格固有财产与信托业务的分类管理及科学决策，公司设立固有业务决策委员会和信托业务决策委员会，这两个委员会分别对固有业务、信托业务进行决策。

公司设立信托业务总部、固有业务总部、财富管理总部、资产管理总部等业务部门和综合管理部、信息技术部、计划财务部、资产运营总部、合规与风险管理部、稽核审计部等职能部门。各业务部门和职能部门按照公司确定的部门职责开展工作。业务部门在业务上独立于公司的其他部门，其人员不与公司其他部门人员相互兼职。公司主要从业人员均符合中国银行业监督管理委员会及公司规定的职业操守和职业技能。

公司不断完善内部控制制度，通过建立风险防范的“三道防线”，构筑完整的内控管理架构。“三道防线”的内控管理架构的构成如下：

“第一道防线”为各部门对本部门的业务流程和操作流程进行日常维护和管理，对本部门所面临的主要风险点进行识别、自我检查和实施关键控制程序。

“第二道防线”为风险管理部门对各部门的主要风险点进行独立的日常监控与管理。

“第三道防线”为稽核审计部门对各部门的业务运行过程和结果进行独立的稽核与检查。

公司治理机制健全，执行情况良好。

（2）内控文化建设和执行情况

公司的经营宗旨是以市场为导向，以效益为中心，依法规范经营，科学管理，维护股东、债权人、信托当事人和公司自身的合法权益。

公司依照诚实、信用、谨慎、有效的原则，遵循监管机构的各项法规政策，为受益人的最大合法利益处理信托事务，努力为社会提供优良的信托服务，并使公司股东获得满意的经济效益。

公司倡导“有道而正、信则人任”的企业文化精神。

公司的内控管理理念反映了公司的核心价值，影响企业文化，并指导业务操作。它融会在公司的管理制度和业务流程中，通过员工的日常操作与管理活动体现出来。

公司加强内控文化建设，组织员工参加公司内部和集团的培训，培育每个员工的内控文化理念，通过建立以风险管理为核心的公司内控文化和内控环境，影响并提高公司所有员工的风险意识。公司要求每个员工都承担内控管理的责任，在各自岗位职责和权限范围内主动识别、管理和防范风险，从而提高公司的整体内控管理能力，促进公司战略的实现。

公司在开展各项工作过程中树立科学的发展观，坚持内部控制优先，稳健审慎经营的理念，正确处理好局部与全局、竞争与规范、效益与风险、传统业务与创新业务、短期效益与长期效益的关系，摒弃片面追求效益、忽视所面临风险的倾向，以获得长期发展的持久动力。

### 4.4.2 内部控制措施

（1）公司履行内部控制职能的部门

公司股东会、董事会、监事会、总经理办公会等各个管理、监督层次，按照公司章程规定的职权，实施内部控制职能。公司各个部门对各个岗位执行内部控制的情况进行监督管理。合规与风险管理部、稽核审计部对内部控制情况进行监督、审查。通过多层次、全方位的监督，使内部控制的政策、制度和程序得到落实。

（2）公司内部控制的主要政策、制度、程序及执行情况

公司通过内控制度的完善、业务流程的修订，加强公司的风险管理。

2010年，公司根据业务开展和风险管理需要，以及最新的监管法规要求，对内控制度进行全面梳理，对现有规章制度做了及时更新和修订，以适应监管政策、业务发展、公司管理、业务管理等各方面的要求。

在健全和完善各项内控制度的基础上，公司采取流程化控制的模式，除严格执行业务流程外，及时根据业务运作的实际情况，不断修订和完善业务流程。通过流程管理明确业务开展程序，控制风险点，并将风险管理责任落实到部门和人员，促使公司业务的风险控制和管理更为科学合理。

公司内控制度和业务流程在运行中逐步完善，执行情况良好。通过内控制度和业务流程的执行，有效控制了公司所面临的各项风险。

### 4.4.3 监督评价与纠正

（1）内部控制的评价和后评价

公司通过对法律、法规、监管机构各项规章和公司各项制度的执行情况、执行效果对内部控制进行评价和后评价。

公司努力探索对内部控制评价的方法，定性与定量相结合，对内部控制进行科学评价和后评价。

（2）内部控制的监督机制

风险管理部门监督检查各部门内控执行情况，并就全公司

风险控制总体情况向总经理作汇报。稽核审计部门对公司内部控制情况进行稽核审计。

(3)内部控制的纠正机制

通过各部门自查和风险管理部门监督检查各部门的内控执行情况，以及稽核审计部门审查各部门的执行结果，对于业务操作过程中发现的内部控制存在的不足提出弥补意见，按照管辖权限层层上报，经有权管辖的相应层次决定后调整。公司各个管理层次在自己的管理权限内对内部控制存在的问题进行纠正。

结合监管政策的变化，分析对公司现有业务的影响，及时更新公司内控制度以适应监管的要求；针对新业务出现时新增的风险点，及时更新现有内控制度，达到覆盖新增风险点的目的。

## 4.5 风险管理

公司在经营活动中严格遵守国家法律、法规、监管规定以及公司的各项规章制度，不断提高风险控制能力，确保股东、受益人的合法权益，通过健全公司风险管理组织结构、制定完善的风险管理制度、明确风险管理职责，识别和控制各类风险，促使公司的经营目标顺利实现。

**4.5.1 风险状况**

4.5.1.1 信用风险状况

(1)2010年期初应收账款102.48万元，期末应收账款0元。

(2)公司固有财产2010年没有发放新贷款。

(3)公司2010年运用信托资金发放的贷款业务，均按照委托人指定的借款人、期限、利率发放。对信托贷款可能存在的风险，公司在信托合同、风险申明书等信托文件中向委托人进行了揭示。目前，这些信托贷款没有发生信用风险，属于正常类贷款。

(4)为公司信托项目提供托管、经纪服务的机构，2010年均持续经营，运作良好，未出现被吊销营业执照、宣告破产、公司解散等对信托项目产生不利影响的情况。

(5)公司按照财政部的规定，在年末对承担风险和损失的固有资产计提了相关准备。

(6)2010年公司没有发生因信用风险带来的损失。

(7)有关信用风险控制策略在信用风险管理章节中详细披露。

4.5.1.2 市场风险状况

截至2010年末，公司股票、基金等证券投资余额9811.15万元，占公司固有财产的4.87%。这些投资受市场价格的影响，因此具有市场价格波动引起的收益波动风险。

4.5.1.3 操作风险状况

2010年，公司没有发生因操作风险带来的损失。公司根据监管政策、市场及其规则的变化，不断调整完善业务操作流程。

4.5.1.4 其他风险状况

2010年，公司没有发生因其他风险带来的损失。

**4.5.2 风险管理**

4.5.2.1 信用风险管理

(1)公司通过事前评估、事中控制、事后评价的风险控制体系防范和规避信用风险。

(2)公司根据对资金安全性的要求和融资方的实际情况设置担保措施。对于抵押担保，公司按照产权清晰、流动性强、管理方便、价值变动较小的原则评审确定，综合考虑未来变现价值等因素后具体确定。对于保证担保，公司综合评审保证人的经济实力、信誉后确定。

(3)公司为信托项目选择经营稳健的托管银行、经纪商和投资管理人并与上述机构签订相关服务协议，规定了由其导致信托财产损失的赔偿责任。

4.5.2.2 市场风险管理

(1)公司根据宏观经济形势、市场情况及时调整投资结构，严控个股投资的比例限制、仓位控制以及行业配置，有效降低投资组合的市场风险。

(2)对于证券和黄金市场的投资，通过压力测试进行定量判断，重点关注有止损点、预警点设置的信托产品，以采取有力措施，应对市场的变化。

(3)公司对抵押/质押物价值进行动态跟踪，实时根据市场状况对抵押/质押物进行合理估值，并根据情况要求合作方增加抵押/质押物或提供其他增信措施，通过上述办法，有效管理融资类项目的市场风险。

4.5.2.3 操作风险管理

(1)公司通过建立和严格执行相关制度和流程来防范操作风险。

(2)对于公司主动管理的信托项目，严格规范操作程序，投资人员和交易人员严格按照信托文件约定以及公司信托业务流程的规定操作，履行受托人职责，防范操作风险。

(3)对于设有投资管理人的信托项目，公司作为受托人，严格按照信托文件规定审查投资建议，履行受托人职责，防范操作风险。

(4)对由于托管银行和经纪商因操作风险导致信托财产损失，公司将根据与其签订的协议向其主张损害赔偿责任。

(5)公司加强人员培训，开展经常性的风险教育。

4.5.2.4 其他风险管理

(1)公司密切关注监管政策变化，认真研究对策，以化解由此而来的政策风险。

(2)公司运作与既定战略方向一致，组织架构合理，管理职责分工明晰，人力资源培训能满足公司发展需要，能有效控制管理风险。

(3)公司聘请专业法律机构作为顾问，协助控制法律风险。

(4)合规与风险管理部对主要风险进行监控。

(5)稽核审计部对主要业务过程的各种风险进行监督。

# 5. 报告期末及上年末的比较式会计报表

## 5.1 自营资产

**5.1.1 会计师事务所审计结论**

北京中证天通会计师事务所有限公司审计结论：国投信托公司财务报表已经按照企业会计准则的规定编制，在所有重大方面公允反映了国投信托公司2010年12月31日的财务状况以及2010年度的经营成果和现金流量。

5.1.2 资产负债表

**资产负债表(母公司)**

编制单位:国投信托有限公司 单位:元

| 项　目 | 年末金额 | 年初金额 |
| --- | --- | --- |
| 流动资产: | | |
| 货币资金 | 115 791 720.27 | 643 033 287.45 |
| 结算备付金 | | |
| 拆出资金 | | |
| 交易性金融资产 | | |
| 应收票据 | | |
| 应收账款 | | 1 024 776.79 |
| 预付款项 | | 296 811.72 |
| 应收利息 | 1 765.96 | 727.53 |
| 其他应收款 | 10 688 004.05 | 1 075 145.95 |
| 买入返售金融资产 | | |
| 代发行证券 | | |
| 代兑付债券 | | |
| 一年内到期的非流动资产 | | |
| 其他流动资产 | | |
| 流动资产合计 | 126 481 490.28 | 645 430 749.44 |
| 非流动资产: | | |
| 发放贷款及垫款 | | |
| 可供出售金融资产 | 1 254 281 853.10 | 948 597 557.29 |
| 持有至到期投资 | | |
| 长期应收款 | 40 000 000.00 | 40 000 000.00 |
| 长期股权投资 | 584 600 895.21 | 395 600 895.21 |
| 投资性房地产 | | |
| 固定资产 | 2 611 937.03 | 3 021 159.86 |
| 在建工程 | 144 000.00 | 904 600.00 |
| 固定资产清理 | | |
| 无形资产 | 2 327 558.60 | 692 188.60 |
| 商誉 | | |
| 长期待摊费用 | | |
| 递延所得税资产 | 3 018 294.64 | 2 060 084.60 |
| 其他非流动资产 | | |
| 非流动资产合计 | 1 886 984 538.58 | 1 390 876 485.56 |
| 资产总计 | 2 013 466 028.86 | 2 036 307 235.00 |
| 流动负债: | | |
| 短期借款 | | |
| 拆入资金 | | |
| 交易性金融负债 | | |
| 应付票据 | | |
| 应付账款 | | |
| 预收款项 | | |
| 卖出回购金融资产款 | | |
| 应付手续费及佣金 | | |
| 应付职工薪酬 | 20 468 661.26 | 16 731 280.84 |
| 应交税费 | 3 500 023.66 | 3 874 476.93 |
| 应付利息 | | |
| 其他应付款 | 275 579.70 | 224 777 894.58 |
| 代理买卖证券款 | | |
| 代理承销证券款 | | |

续表

| 项　目 | 年末金额 | 年初金额 |
| --- | --- | --- |
| 一年内到期的非流动负债 | | |
| 其他流动负债 | | |
| 流动负债合计 | 24 244 264.62 | 245 383 652.35 |
| 非流动负债: | | |
| 长期借款 | | |
| 应付债券 | | |
| 预计负债 | | |
| 递延所得税负债 | 19 802 639.08 | 10 131 348.14 |
| 其他非流动负债 | 2 108 206.68 | 2 108 206.68 |
| 非流动负债合计 | 21 910 845.76 | 12 239 554.82 |
| 负债合计 | 46 155 110.38 | 257 623 207.17 |
| 所有者权益(或股东权益): | | |
| 实收资本(股本) | 1 204 800 000.00 | 1 204 800 000.00 |
| 资本公积 | 325 957 801.77 | 296 943 929.11 |
| 减:库存股 | | |
| 盈余公积 | 102 349 767.10 | 86 388 465.30 |
| 一般风险准备 | 70 971 374.22 | 62 990 723.32 |
| 未分配利润 | 263 231 975.39 | 127 560 910.10 |
| 外币报表折算差额 | | |
| 归属于母公司所有者权益合计 | 1 967 310 918.48 | 1 778 684 027.83 |
| 少数股东权益 | | |
| 所有者权益合计 | 1 967 310 918.48 | 1 778 684 027.83 |
| 负债和所有者权益总计 | 2 013 466 028.86 | 2 036 307 235.00 |

**资产负债表(母子公司合并)**

编制单位:国投信托有限公司 单位:元

| 项　目 | 年末金额 | 年初金额 |
| --- | --- | --- |
| 流动资产: | | |
| 货币资金 | 459 191 656.52 | 912 598 718.15 |
| 结算备付金 | | |
| 拆出资金 | | |
| 交易性金融资产 | | |
| 应收票据 | | |
| 应收账款 | 57 129 048.92 | 47 001 002.17 |
| 预付款项 | | 296 811.72 |
| 应收利息 | 861 495.34 | 576 675.30 |
| 其他应收款 | 13 372 188.75 | 5 927 785.16 |
| 买入返售金融资产 | | |
| 代发行证券 | | |
| 代兑付债券 | | |
| 一年内到期的非流动资产 | | |
| 其他流动资产 | | |
| 流动资产合计 | 530 554 389.53 | 966 400 992.50 |
| 非流动资产: | | |
| 发放贷款及垫款 | | |
| 可供出售金融资产 | 1 330 087 541.62 | 1 050 666 077.20 |
| 持有至到期投资 | | |
| 长期应收款 | 40 000 000.00 | 40 000 000.00 |
| 长期股权投资 | 473 600 895.21 | 284 600 895.21 |
| 投资性房地产 | | |
| 固定资产 | 11 742 564.73 | 12 427 528.88 |

续表

| 项　　目 | 年末金额 | 年初金额 |
|---|---|---|
| 在建工程 | 5 286 560. 00 | 2 695 947. 70 |
| 固定资产清理 | | |
| 无形资产 | 11 896 380. 20 | 8 836 338. 80 |
| 商誉 | 68 578 612. 63 | 68 578 612. 63 |
| 长期待摊费用 | 7 557 015. 98 | 8 967 913. 08 |
| 递延所得税资产 | 24 547 824. 43 | 21 412 625. 12 |
| 其他非流动资产 | 1 125 166. 79 | 1 291 166. 75 |
| 非流动资产合计 | 1 974 422 561. 59 | 1 499 477 105. 37 |
| 资产总计 | 2 504 976 951. 12 | 2 465 878 097. 87 |
| 流动负债: | | |
| 短期借款 | | |
| 拆入资金 | | |
| 交易性金融负债 | | |
| 应付票据 | | |
| 应付账款 | 1 428 326. 31 | 393 411. 16 |
| 预收款项 | | |
| 卖出回购金融资产款 | | |
| 应付手续费及佣金 | | |
| 应付职工薪酬 | 69 845 969. 36 | 66 463 183. 36 |
| 应交税费 | 22 556 537. 85 | 20 226 642. 84 |
| 应付利息 | | |
| 其他应付款 | 10 085 362. 47 | 232 440 974. 44 |
| 代理买卖证券款 | | |
| 代理承销证券款 | | |
| 一年内到期的非流动负债 | | |
| 其他流动负债 | 32 842 783. 85 | 30 188 550. 88 |
| 流动负债合计 | 136 758 979. 84 | 349 712 762. 68 |
| 非流动负债: | | |
| 长期借款 | | |
| 应付债券 | | |
| 预计负债 | | |
| 递延所得税负债 | 21 471 448. 16 | 16 633 090. 57 |
| 其他非流动负债 | 2 108 206. 68 | 2 108 206. 68 |
| 非流动负债合计 | 23 579 654. 84 | 18 741 297. 25 |
| 负债合计 | 160 338 634. 68 | 368 454 059. 93 |
| 所有者权益(或股东权益): | | |
| 实收资本(股本) | 1 204 800 000. 00 | 1 204 800 000. 00 |
| 资本公积 | 328 511 079. 66 | 306 891 595. 02 |
| 减:库存股 | | |
| 盈余公积 | 102 349 767. 10 | 86 388 465. 30 |
| 一般风险准备 | 153 017 475. 00 | 181 212 973. 46 |
| 未分配利润 | 350 283 089. 87 | 199 090 821. 95 |
| 外币报表折算差额 | | |
| 归属于母公司所有者权益合计 | 2 138 961 411. 63 | 1 978 383 855. 73 |
| 少数股东权益 | 205 676 904. 81 | 119 040 182. 21 |
| 所有者权益合计 | 2 344 638 316. 44 | 2 097 424 037. 94 |
| 负债和所有者权益总计 | 2 504 976 951. 12 | 2 465 878 097. 87 |

### 5.1.3　利润表

**利润表(母公司)**

编制单位:国投信托有限公司　　单位:元

| 项　　目 | 本年金额 | 上年金额 |
|---|---|---|
| 一、营业收入 | 218 295 131. 98 | 217 155 803. 44 |
| 利息净收入 | 5 384 861. 17 | 10 574 890. 46 |
| 利息收入 | 5 384 861. 17 | 10 574 890. 46 |
| 利息支出 | | |
| 手续费及佣金净收入 | 69 948 140. 14 | 31 884 013. 95 |
| 手续费及佣金收入 | 72 204 418. 72 | 32 921 949. 06 |
| 手续费及佣金支出 | 2 256 278. 58 | 1 037 935. 11 |
| 投资收益(损失以"－"号填列) | 140 782 962. 67 | 164 457 402. 39 |
| 其中:对联营企业和合营企业的投资收益) | | |
| 公允价值变动收益(损失以"－"号填列) | | |
| 汇兑收益(损失以"－"号列示) | | |
| 其他业务收入 | 2 179 168. 00 | 10 239 496. 64 |
| 二、营业支出 | 40 867 440. 62 | 22 876 788. 47 |
| 营业税金及附加 | 2 562 124. 14 | 3 705 241. 78 |
| 业务及管理费 | 38 115 791. 95 | 31 304 077. 81 |
| 资产减值损失 | 189 524. 53 | －12 132 531. 12 |
| 其他业务成本 | | |
| 三、营业利润(亏损以"－"号填列) | 177 427 691. 36 | 194 279 014. 97 |
| 加:营业外收入 | 100 000. 00 | 100 000. 00 |
| 减:营业外支出 | 201 209. 90 | 77 702. 46 |
| 四、利润总额(亏损总额以"－"号填列) | 177 326 481. 46 | 194 301 312. 51 |
| 减:所得税费用 | 17 713 463. 47 | 18 819 670. 52 |
| 五、净利润(净亏损以"－"号填列) | 159 613 017. 99 | 175 481 641. 99 |
| 归属于母公司所有者权益的净利润 | 159 613 017. 99 | 175 481 641. 99 |
| 少数股东损益 | | |
| 六、每股收益: | | |
| (一)基本每股收益 | | |
| (二)稀释每股收益 | | |
| 七、其他综合收益 | 29 013 872. 66 | 11 781 608. 38 |
| 八、综合收益总额 | 188 626 890. 65 | 187 263 250. 37 |
| 归属于母公司所有者的综合收益总额 | 188 626 890. 65 | 187 263 250. 37 |
| 归属于少数股东的综合收益总额 | | |

**利润表(母子公司合并)**

编制单位:国投信托有限公司　　单位:元

| 项　　目 | 本年金额 | 上年金额 |
|---|---|---|
| 一、营业收入 | 693 777 833. 61 | 574 136 631. 12 |
| 利息净收入 | 10 871 305. 86 | 17 152 434. 68 |
| 利息收入 | 10 871 305. 86 | 17 152 434. 68 |
| 利息支出 | | |
| 手续费及佣金净收入 | 529 917 012. 92 | 423 286 499. 23 |
| 手续费及佣金收入 | 532 173 291. 50 | 424 324 434. 34 |
| 手续费及佣金支出 | 2 256 278. 58 | 1 037 935. 11 |
| 投资收益(损失以"－"号填列) | 130 915 669. 97 | 114 257 490. 39 |

续表

| 项　　目 | 本年金额 | 上年金额 |
|---|---|---|
| 其中:对联营企业和合营企业的投资收益) | | |
| 公允价值变动收益(损失以"－"号填列) | | |
| 汇兑收益(损失以"－"号列示) | -52 226.62 | -8 419.03 |
| 其他业务收入 | 22 126 071.48 | 19 448 625.85 |
| 二、营业支出 | 371 596 329.30 | 296 693 698.51 |
| 营业税金及附加 | 29 015 285.51 | 23 936 128.34 |
| 业务及管理费 | 342 391 519.26 | 284 890 101.29 |
| 资产减值损失 | 189 524.53 | -12 132 531.12 |
| 其他业务成本 | | |
| 三、营业利润(亏损以"－"号填列) | 322 181 504.31 | 277 442 932.61 |
| 加:营业外收入 | 175 506.45 | 474 450.00 |
| 减:营业外支出 | 1 965 397.11 | 258 329.46 |

续表

| 项　　目 | 本年金额 | 上年金额 |
|---|---|---|
| 四、利润总额(亏损总额以"－"号填列) | 320 391 613.65 | 277 659 053.15 |
| 减:所得税费用 | 56 682 955.22 | 48 165 876.77 |
| 五、净利润(净亏损以"－"号填列) | 263 708 658.43 | 229 493 176.38 |
| 归属于母公司所有者权益的净利润 | 196 886 973.83 | 196 465 611.84 |
| 少数股东损益 | 66 821 684.60 | 33 027 564.54 |
| 六、每股收益: | | |
| (一)基本每股收益 | | |
| (二)稀释每股收益 | | |
| 七、其他综合收益 | 14 515 072.62 | 38 897 892.07 |
| 八、综合收益总额 | 278 223 731.05 | 268 391 068.45 |
| 归属于母公司所有者的综合收益总额 | 218 506 458.47 | 222 076 524.90 |
| 归属于少数股东的综合收益总额 | 59 717 272.58 | 46 314 543.55 |

### 5.1.4 所有者权益变动表

**所有者权益变动表(母公司)**

编制单位:国投信托有限公司　　2010 年　　单位:元

| 项　　目 | 实收资本 | 资本公积 | 盈余公积 | 一般风险准备 | 未分配利润 | 所有者权益合计 |
|---|---|---|---|---|---|---|
| 一、上年末余额 | 1 204 800 000.00 | 296 943 929.11 | 86 388 465.30 | 62 990 723.32 | 127 560 910.10 | 1 778 684 027.83 |
| 加:会计政策变更 | | | | | | |
| 前期差错更正 | | | | | | |
| 二、本年初余额 | 1 204 800 000.00 | 296 943 929.11 | 86 388 465.30 | 62 990 723.32 | 127 560 910.10 | 1 778 684 027.83 |
| 三、本年增减变动金额(减少以"－"号填列) | | 29 013 872.66 | 15 961 301.80 | 7 980 650.90 | 135 671 065.29 | 188 626 890.65 |
| (一)净利润 | | | | | 159 613 017.99 | 159 613 017.99 |
| (二)其他综合收益 | | 29 013 872.66 | | | | 29 013 872.66 |
| 综合收益小计 | | 29 013 872.66 | | | 159 613 017.99 | 188 626 890.65 |
| (三)所有者投入和减少资本 | | | | | | |
| 1. 所有者投入资本 | | | | | | |
| 2. 股份支付计入所有者权益金额 | | | | | | |
| 3. 其他 | | | | | | |
| (四)专项储备提取和使用 | | | | | | |
| 1. 提取专项储备 | | | | | | |
| 2. 使用专项储备 | | | | | | |
| (五)利润分配 | | | 15 961 301.80 | 7 980 650.90 | -23 941 952.70 | — |
| 1. 提取盈余公积 | | | 15 961 301.80 | | -15 961 301.80 | |
| 其中:法定盈余公积 | | | 15 961 301.80 | | -15 961 301.80 | |
| 任意盈余公积 | | | | | | |
| 2. 提取一般风险准备 | | | | 7 980 650.90 | -7 980 650.90 | |
| 3. 所有者(或股东)的分配 | | | | | | |
| 4. 其他 | | | | | | |
| (六)所有者权益内部结转 | | | | | | |
| 1. 资本公积转增资本(或股本) | | | | | | |
| 2. 盈余公积转增资本(或股本) | | | | | | |
| 3. 盈余公积弥补亏损 | | | | | | |
| 4. 其他 | | | | | | |
| 四、本年末余额 | 1 204 800 000.00 | 325 957 801.77 | 102 349 767.10 | 70 971 374.22 | 263 231 975.39 | 1 967 310 918.48 |

## 所有者权益变动表（母公司）续

编制单位：国投信托有限公司　　2009 年　　单位：元

| 项　目 | 实收资本 | 资本公积 | 盈余公积 | 一般风险准备 | 未分配利润 | 所有者权益合计 |
|---|---|---|---|---|---|---|
| 一、上年末余额 | 1 204 800 000. 00 | 285 162 320. 73 | 68 840 301. 10 | 54 216 641. 22 | 198 401 514. 41 | 1 811 420 777. 46 |
| 加：会计政策变更 | | | | | | |
| 前期差错更正 | | | | | | |
| 二、本年初余额 | 1 204 800 000. 00 | 285 162 320. 73 | 68 840 301. 10 | 54 216 641. 22 | 198 401 514. 41 | 1 811 420 777. 46 |
| 三、本年增减变动金额（减少以"－"号填列） | | 11 781 608. 38 | 17 548 164. 20 | 8 774 082. 10 | －70 840 604. 31 | －32 736 749. 63 |
| （一）净利润 | | | | | 175 481 641. 99 | 175 481 641. 99 |
| （二）其他综合收益 | | 11 781 608. 38 | | | | 11 781 608. 38 |
| 综合收益小计 | | 11 781 608. 38 | | | 175 481 641. 99 | 187 263 250. 37 |
| （三）所有者投入和减少资本 | | | | | | |
| 1. 所有者投入资本 | | | | | | |
| 2. 股份支付计入所有者权益金额 | | | | | | |
| 3. 其他 | | | | | | |
| （四）专项储备提取和使用 | | | | | | |
| 1. 提取专项储备 | | | | | | |
| 2. 使用专项储备 | | | | | | |
| （五）利润分配 | | | 17 548 164. 20 | 8 774 082. 10 | －246 322 246. 30 | －220 000 000. 00 |
| 1. 提取盈余公积 | | | 17 548 164. 20 | | －17 548 164. 20 | |
| 其中：法定盈余公积 | | | 17 548 164. 20 | | －17 548 164. 20 | |
| 任意盈余公积 | | | | | | |
| 2. 提取一般风险准备 | | | | 8 774 082. 10 | －8 774 082. 10 | |
| 3. 所有者（或股东）的分配 | | | | | －220 000 000. 00 | －220 000 000. 00 |
| 4. 其他 | | | | | | |
| （六）所有者权益内部结转 | | | | | | |
| 1. 资本公积转增资本（或股本） | | | | | | |
| 2. 盈余公积转增资本（或股本） | | | | | | |
| 3. 盈余公积弥补亏损 | | | | | | |
| 4. 其他 | | | | | | |
| 四、本年末余额 | 1 204 800 000. 00 | 296 943 929. 11 | 86 388 465. 30 | 62 990 723. 32 | 127 560 910. 10 | 1 778 684 027. 83 |

## 所有者权益变动表（母子公司合并）

编制单位：国投信托有限公司　　2010 年　　单位：元

| 项　目 | 归属于母公司所有者权益 | | | | | | 少数股东权益 | 所有者权益合计 |
|---|---|---|---|---|---|---|---|---|
| | 实收资本 | 资本公积 | 盈余公积 | 一般风险准备 | 未分配利润 | 小计 | | |
| 一、上年末余额 | 1 204 800 000. 00 | 306 891 595. 02 | 86 388 465. 30 | 181 212 973. 46 | 199 090 821. 95 | 1 978 383 855. 73 | 119 040 182. 21 | 2 097 424 037. 94 |
| 加：会计政策变更 | | | | | | | | |
| 前期差错更正 | | | | | | | | |
| 二、本年初余额 | 1 204 800 000. 00 | 306 891 595. 02 | 86 388 465. 30 | 181 212 973. 46 | 199 090 821. 95 | 1 978 383 855. 73 | 119 040 182. 21 | 2 097 424 037. 94 |
| 三、本年增减变动金额（减少以"－"号填列） | | 21 619 484. 64 | 15 961 301. 80 | －28 195 498. 46 | 151 192 267. 92 | 160 577 555. 90 | 86 636 722. 60 | 247 214 278. 50 |
| （一）净利润 | | | | | 196 886 973. 83 | 196 886 973. 83 | 66 821 684. 60 | 263 708 658. 43 |
| （二）其他综合收益 | | 21 619 484. 64 | | | | 21 619 484. 64 | －7 104 412. 02 | 14 515 072. 62 |
| 综合收益小计 | | 21 619 484. 64 | | | 196 886 973. 83 | 218 506 458. 47 | 59 717 272. 58 | 278 223 731. 05 |
| （三）所有者投入和减少资本 | | | | | | | | |
| 1. 所有者投入资本 | | | | | | | | |
| 2. 股份支付计入所有者权益金额 | | | | | | | | |
| 3. 其他 | | | | | | | | |
| （四）专项储备提取和使用 | | | | | | | | |

续表

| 项　目 | 归属于母公司所有者权益 | | | | | | 少数股东权益 | 所有者权益合计 |
|---|---|---|---|---|---|---|---|---|
| | 实收资本 | 资本公积 | 盈余公积 | 一般风险准备 | 未分配利润 | 小计 | | |
| 1. 提取专项储备 | | | | | | | | |
| 2. 使用专项储备 | | | | | | | | |
| （五）利润分配 | | | 15 961 301. 80 | 29 733 404. 11 | -45 694 705. 91 | — | -31 009 452. 55 | -31 009 452. 55 |
| 1. 提取盈余公积 | | | 15 961 301. 80 | | -15 961 301. 80 | | | |
| 其中：法定盈余公积 | | | 15 961 301. 80 | | -15 961 301. 80 | | | |
| 任意盈余公积 | | | | | | | | |
| 储备基金 | | | | | | | | |
| 企业发展基金 | | | | | | | | |
| 利润归还投资 | | | | | | | | |
| 2. 提取一般风险准备 | | | | 29 733 404. 11 | -29 733 404. 11 | | | |
| 3. 所有者（或股东）的分配 | | | | | | — | -31 009 452. 55 | -31 009 452. 55 |
| 4. 其他 | | | | | | | | |
| （六）所有者权益内部结转 | | | | -57 928 902. 57 | | -57 928 902. 57 | 57 928 902. 57 | |
| 1. 资本公积转增资本（或股本） | | | | | | | | |
| 2. 盈余公积转增资本（或股本） | | | | | | | | |
| 3. 盈余公积弥补亏损 | | | | | | | | |
| 4. 其他 | | | | -57 928 902. 57 | | -57 928 902. 57 | 57 928 902. 57 | |
| 四、本年末余额 | 1 204 800 000. 00 | 328 511 079. 66 | 102 349 767. 10 | 153 017 475. 00 | 350 283 089. 87 | 2 138 961 411. 63 | 205 676 904. 81 | 2 344 638 316. 44 |

## 所有者权益变动表（母子公司合并）续

编制单位：国投信托有限公司　　2009 年　　单位：元

| 项　目 | 归属于母公司所有者权益 | | | | | | 少数股东权益 | 所有者权益合计 |
|---|---|---|---|---|---|---|---|---|
| | 实收资本 | 资本公积 | 盈余公积 | 一般风险准备 | 未分配利润 | 小计 | | |
| 一、上年末余额 | 1 204 800 000. 00 | 281 280 681. 96 | 68 840 301. 10 | 134 830 549. 91 | 286 555 797. 86 | 1 976 307 330. 83 | 121 725 638. 66 | 2 098 032 969. 49 |
| 加：会计政策变更 | | | | | | | | |
| 前期差错更正 | | | | | | | | |
| 二、本年初余额 | 1 204 800 000. 00 | 281 280 681. 96 | 68 840 301. 10 | 134 830 549. 91 | 286 555 797. 86 | 1 976 307 330. 83 | 121 725 638. 66 | 2 098 032 969. 49 |
| 三、本年增减变动金额（减少以“-”号填列） | | 25 610 913. 06 | 17 548 164. 20 | 46 382 423. 55 | -87 464 975. 91 | 2 076 524. 90 | -2 685 456. 45 | -608 931. 55 |
| （一）净利润 | | | | | 196 465 611. 84 | 196 465 611. 84 | 33 027 564. 54 | 229 493 176. 38 |
| （二）其他综合收益 | | 25 610 913. 06 | | | | 25 610 913. 06 | 13 286 979. 01 | 38 897 892. 07 |
| 综合收益小计 | | 25 610 913. 06 | | | 196 465 611. 84 | 222 076 524. 90 | 46 314 543. 55 | 268 391 068. 45 |
| （三）所有者投入和减少资本 | | | | | | | | |
| 1. 所有者投入资本 | | | | | | | | |
| 2. 股份支付计入所有者权益金额 | | | | | | | | |
| 3. 其他 | | | | | | | | |
| （四）专项储备提取和使用 | | | | | | | | |
| 1. 提取专项储备 | | | | | | | | |
| 2. 使用专项储备 | | | | | | | | |
| （五）利润分配 | | | 17 548 164. 20 | 46 382 423. 55 | -283 930 587. 75 | -220 000 000. 00 | -49 000 000. 00 | -269 000 000. 00 |
| 1. 提取盈余公积 | | | 17 548 164. 20 | | -17 548 164. 20 | | | |
| 其中：法定盈余公积 | | | 17 548 164. 20 | | -17 548 164. 20 | | | |

续表

| 项　目 | 归属于母公司所有者权益 | | | | | | 少数股东权益 | 所有者权益合计 |
|---|---|---|---|---|---|---|---|---|
| | 实收资本 | 资本公积 | 盈余公积 | 一般风险准备 | 未分配利润 | 小计 | | |
| 任意盈余公积 | | | | | | | | |
| 储备基金 | | | | | | | | |
| 企业发展基金 | | | | | | | | |
| 利润归还投资 | | | | | | | | |
| 2. 提取一般风险准备 | | | | 46 382 423. 55 | -46 382 423. 55 | | | |
| 3. 所有者（或股东）的分配 | | | | | -220 000 000. 00 | -220 000 000. 00 | -49 000 000. 00 | -269 000 000. 00 |
| 4. 其他 | | | | | | | | |
| （六）所有者权益内部结转 | | | | | | | | |
| 1. 资本公积转增资本（或股本） | | | | | | | | |
| 2. 盈余公积转增资本（或股本） | | | | | | | | |
| 3. 盈余公积弥补亏损 | | | | | | | | |
| 4. 其他 | | | | | | | | |
| 四、本年末余额 | 1 204 800 000. 00 | 306 891 595. 02 | 86 388 465. 30 | 181 212 973. 46 | 199 090 821. 95 | 1 978 383 855. 73 | 119 040 182. 21 | 2 097 424 037. 94 |

## 5. 2　信托资产

### 5. 2. 1　信托项目资产负债汇总表

2010 年 12 月 31 日

编制单位：国投信托有限公司　　　　单位：万元

| 信托资产 | 期末数 | 期初数 | 信托负债和信托权益 | 期末数 | 期初数 |
|---|---|---|---|---|---|
| 信托资产： | | | 信托负债： | | |
| 货币资金 | 72 467. 36 | 39 124. 48 | 交易性金融负债 | | |
| 拆出资金 | | | 衍生金融负债 | | |
| 存出保证金 | 378. 37 | 197. 75 | 应付受托人报酬 | 1 369. 30 | 341. 30 |
| 交易性金融资产 | 139 127. 14 | 268 187. 86 | 应付托管费 | 84. 82 | 117. 88 |
| 衍生金融资产 | | | 应付受益人收益 | 2 062. 73 | 1. 05 |
| 买入返售金融资产 | 800. 04 | | 应交税费 | | 300. 18 |
| 应收款项 | 800. 01 | 6 641. 58 | 应付销售服务费 | 18. 87 | |
| 发放贷款 | 1 389 852. 25 | 1 309 481. 25 | 其他应付款项 | 458. 72 | 111. 23 |
| 可供出售金融资产 | 223 850. 00 | 22 900. 00 | 预计负债 | | |
| 持有至到期投资 | | | 其他负债 | | |
| 长期应收款 | | | 信托负债合计 | 3 994. 44 | 871. 64 |
| 长期股权投资 | 675 061. 00 | 683 200. 00 | | | |
| 投资性房地产 | | | 信托权益： | | |
| 固定资产 | | | 实收信托 | 2 489 182. 60 | 2 329 201. 34 |
| 无形资产 | | | 资本公积 | 2 035. 92 | |
| 长期待摊费用 | | | 损益平准金 | | |
| 其他资产 | 9 999. 72 | 16 050. 00 | 未分配利润 | 17 122. 93 | 15 709. 94 |
| 减：各项资产减值准备 | | | 信托权益合计 | 2 508 341. 45 | 2 344 911. 28 |
| 信托资产总计 | 2 512 335. 89 | 2 345 782. 92 | 信托负债及信托权益总计 | 2 512 335. 89 | 2 345 782. 92 |

5.2.2 信托项目利润及利润分配汇总表

编制单位:国投信托有限公司 2010 年 12 月 单位:万元

| 项 目 | 本年累计数 | 上年累计数 |
|---|---|---|
| 1. 营业收入 | 121 695.69 | 113 822.45 |
| 1.1 利息收入 | 83 002.97 | 25 737.52 |
| 1.2 投资收益(损失以"-"号填列) | 48 169.70 | 74 060.13 |
| 1.2.1. 其中:对联营企业和合营企业的投资收益 | | |
| 1.3 公允价值变动收益(损失以"-"号填列) | -11 915.50 | 13 596.24 |
| 1.4 租赁收入 | | |
| 1.5 汇兑损益(损失以"-"号填列) | | |
| 1.6 其他收入 | 2 438.52 | 428.56 |
| 2. 支出 | 20 344.21 | 9 204.97 |
| 2.1 营业税金及附加 | 11.14 | 3.72 |
| 2.2 受托人报酬 | 7 819.86 | 2 815.74 |
| 2.3 托管费 | 1 417.75 | 446.25 |
| 2.4 投资管理费 | 18.87 | 3 499.17 |
| 2.5 销售服务费 | 1 675.89 | |
| 2.6 交易费用 | 2 972.47 | |
| 2.7 资产减值损失 | | |
| 2.8 其他费用 | 6 428.23 | 2 440.09 |
| 3. 信托净利润(净亏损以"-"号填列) | 101 351.48 | 104 617.48 |
| 4. 其他综合收益 | | |
| 5. 综合收益 | 101 351.48 | 104 617.48 |
| 6. 加:期初未分配信托利润 | 15 709.94 | -54 895.61 |
| 7. 可供分配的信托利润 | 117 061.42 | 49 721.87 |
| 8. 减:本期已分配信托利润 | 99 938.49 | 34 011.93 |
| 9. 期末未分配信托利润 | 17 122.93 | 15 709.94 |

## 6. 会计报表附注

### 6.1 简要说明报告年度会计报表编制基准、会计政策、会计估计和核算方法发生的变化

2010 年,公司固有业务按照财政部于 2006 年 2 月颁布的《企业会计准则》、其后颁布的企业会计准则应用指南、企业会计准则解释以及其他相关规定编制财务报表。年度内会计政策、会计估计和核算办法没有发生变化。

2009 年,公司信托业务采用财政部财会〔2005〕1 号文《信托业务会计核算办法》进行会计核算。2010 年 1 月 1 日起根据银监会相关要求,公司信托业务按照财政部于 2006 年 2 月颁布的《企业会计准则》、其后颁布的企业会计准则应用指南、企业会计准则解释以及其他相关规定进行会计核算。

### 6.2 或有事项说明

截至报告日,公司无对外担保及或有事项。

### 6.3 重要资产转让及其出售的说明

截至报告日,公司无须披露的重要资产转让及其出售事项。

### 6.4 会计报表中重要项目的明细资料

#### 6.4.1 自营资产经营情况

6.4.1.1 信用风险资产分类

| 信用风险资产五级分类 | 正常类(万元) | 关注类(万元) | 次级类(万元) | 可疑类(万元) | 损失类(万元) | 信用风险资产合计(万元) | 不良合计(万元) | 不良率(%) |
|---|---|---|---|---|---|---|---|---|
| 期初数 | 64 431.05 | — | — | — | — | 64 431.05 | — | — |
| 期末数 | 16 668.39 | — | — | — | — | 16 668.39 | — | — |

注:不良资产合计=次级类+可疑类+损失类。

6.4.1.2 各项资产减值损失准备

单位:万元

| | 期初数 | 本期计提 | 本期转回 | 本期核销 | 期末数 |
|---|---|---|---|---|---|
| 贷款损失准备 | — | — | — | — | — |
| 一般准备 | — | — | — | — | — |
| 专项准备 | — | — | — | — | — |
| 其他资产减值准备 | — | — | — | — | — |
| 可供出售金融资产减值准备 | — | — | — | — | — |
| 持有至到期投资减值准备 | — | — | — | — | — |
| 长期股权投资减值准备 | — | — | — | — | — |
| 坏账准备 | 1.29 | 18.95 | — | — | 20.24 |
| 投资性房地产减值准备 | — | — | — | — | — |

6.4.1.3 固有业务投资品种明细

单位:万元

| | 自营股票 | 基金 | 债券 | 长期股权投资 | 其他投资 | 合计 |
|---|---|---|---|---|---|---|
| 期初数 | 3 468.53 | 55 421.42 | — | 39 560.09 | 35 969.80 | 134 419.84 |
| 期末数 | — | 9 811.15 | — | 58 460.09 | 115 617.03 | 183 888.27 |

6.4.1.4 前三名的自营长期股权投资情况

| 企业名称 | 占被投资企业权益的比例(%) | 投资损益(万元) |
|---|---|---|
| 1. 红塔证券股份有限公司 | 18.75 | 5 200.00 |
| 2. 国投财务有限公司 | 16.67 | 895.00 |
| 3. 国投瑞银基金管理有限公司 | 51.00 | 3 228.00 |

6.4.1.5 前五名的自营贷款的企业情况

| 企业名称 | 占贷款总额的比例 | 还款情况 |
|---|---|---|
| 无 | — | — |

6.4.1.6 表外业务情况

| 表外业务 | 期初数 | 期末数 |
|---|---|---|
| 担保业务 | 0 | 0 |
| 代理业务(委托业务) | 0 | 0 |
| 其他 | 0 | 0 |
| 合计 | 0 | 0 |

6.4.1.7 公司当年的收入结构

单位:万元

| 收入结构 | 母公司 | | 母子合并 | |
|---|---|---|---|---|
| | 金额(万元) | 占比(%) | 金额(万元) | 占比(%) |
| 手续费及佣金收入 | 6 994.81 | 32.03 | 52 991.70 | 76.36 |
| 其中:信托手续费收入 | 6 994.81 | 32.03 | 6 994.81 | 10.08 |
| 投资银行业务收入 | — | 0.00 | — | 0.00 |
| 利息收入 | 538.49 | 2.47 | 1 087.13 | 1.57 |
| 其他业务收入 | 217.92 | 1.00 | 2 212.61 | 3.19 |

续表

| 收入结构 | 母公司 | | 母子合并 | |
|---|---|---|---|---|
| | 金额(万元) | 占比(%) | 金额(万元) | 占比(%) |
| 其中:计入信托业务收入部分 | — | 0.00 | — | 0.00 |
| 投资收益 | 14 078.30 | 64.46 | 13 091.57 | 18.86 |
| 其中:股权投资收益 | 9 323.41 | 42.69 | 6 095.89 | 8.78 |
| 证券投资收益 | 2 579.05 | 11.81 | 4 819.84 | 6.94 |
| 其他投资收益 | 2 175.84 | 9.96 | 2 175.84 | 3.14 |
| 公允价值变动收益 | — | 0.00 | — | 0.00 |
| 营业外收入 | 10.00 | 0.05 | 17.55 | 0.03 |
| 收入合计 | 21 839.51 | 100 | 69 400.56 | 100 |

注:报告年度实现信托业务收入为 6 994.81 万元,为以手续费及佣金确认的信托业务收入。

**6.4.2 披露信托财产管理情况**

6.4.2.1 信托资产的期初数、期末数

单位:万元

| 信托资产 | 期初数 | 期末数 |
|---|---|---|
| 集合 | 156 766.07 | 449 928.16 |
| 单一 | 2 171 966.85 | 2 055 856.73 |
| 财产权 | 17 050.00 | 6 551.00 |
| 合计 | 2 345 782.92 | 2 512 335.89 |

6.4.2.1.1 主动管理型信托业务的信托资产

单位:万元

| 主动管理型信托资产 | 期初数 | 期末数 |
|---|---|---|
| 证券投资类 | 22 763.47 | 90 819.10 |
| 股权投资类 | 38 202.31 | 0 |
| 融资类 | 386 708.96 | 1 620 358.27 |
| 事务管理类 | 17 050.00 | 6 551.00 |
| 其他 | 3 132.82 | 0 |
| 合计 | 467 857.56 | 1 717 728.37 |

6.4.2.1.2 被动管理型信托业务的信托资产

单位:万元

| 被动管理型信托资产 | 期初数 | 期末数 |
|---|---|---|
| 证券投资类 | 227 481.36 | 97 644.26 |
| 股权投资类 | 650 302.53 | 650 015.36 |
| 融资类 | 995 640.19 | 0 |
| 事务管理类 | 0 | 0 |
| 其他 | 4 501.28 | 46 947.90 |
| 合计 | 1 877 925.36 | 794 607.52 |

6.4.2.2 本年度已清算结束的信托项目

6.4.2.2.1 本年度已清算结束的集合类、单一类资金信托项目和财产管理类信托项目

| 已清算结束信托项目 | 项目个数 | 实收信托合计金额(万元) | 加权平均实际年化收益率(%) |
|---|---|---|---|
| 集合类 | 6 | 76 438.03 | 10.91 |
| 单一类 | 23 | 1 707 836.91 | 3.25 |
| 财产管理类 | 911 | 17 050.00 | 0 |

6.4.2.2.2 本年度已清算结束的主动管理型信托项目

| 已清算结束信托项目 | 项目个数 | 实收信托合计金额(万元) | 加权平均实际年化信托报酬率(%) | 加权平均实际年化收益率(%) |
|---|---|---|---|---|
| 证券投资类 | 0 | 0 | 0 | 0 |
| 股权投资类 | 2 | 38 266.00 | 0.31 | -13.78 |
| 融资类 | 20 | 1 650 722.00 | 0.12 | 3.68 |
| 事务管理类 | 911 | 17 050.00 | 0.80 | 0 |
| 其他 | 1 | 3 105.00 | 0.19 | 3.62 |

6.4.2.2.3 本年度已清算结束的被动管理型信托项目

| 已清算结束信托项目 | 项目个数 | 实收信托合计金额(万元) | 加权平均实际年化信托报酬率(%) | 加权平均实际年化收益率(%) |
|---|---|---|---|---|
| 证券投资类 | 5 | 87 531.94 | 0.44 | 9.05 |
| 股权投资类 | 0 | 0 | 0 | 0 |
| 融资类 | 0 | 0 | 0 | 0 |
| 事务管理类 | 0 | 0 | 0 | 0 |
| 其他 | 1 | 4 650.00 | 0.85 | 6.97 |

6.4.2.3 本年度新增集合类、单一类和财产管理类信托项目

单位:万元

| 新增信托项目 | 项目个数 | 实收信托合计金额 |
|---|---|---|
| 集合类 | 18 | 375 203.00 |
| 单一类 | 20 | 1 997 472.00 |
| 财产管理类 | 1 | 6 551.00 |
| 新增合计 | 39 | 2 379 226.00 |
| 其中:主动管理型 | 32 | 2 332 476.00 |
| 被动管理型 | 7 | 46 750.00 |

6.4.2.4 信托业务创新成果和特色业务有关情况

2010 年,公司在艺术品信托、黄金信托等领域进行了创新,有关情况如下:

艺术品信托:2010 年,公司相继发行 7 只艺术品信托产品,实现了"飞龙"艺术品信托产品的系列化持续化发展。其中,公司于 2010 年 9 月比照国际标准设立了国内第一只专门以艺术品为投资标的的纯投资型艺术品信托基金——"国投飞龙艺术品基金·保利 4 号集合资金信托计划"。

黄金信托:2010 年 5 月,公司设立了"国投飞天 4 号证券黄金投资集合资金信托计划"。该信托计划是国内首只集证券投资和黄金投资为一体的集合资金信托。

6.4.2.5 本公司履行受托人义务情况及因本公司自身责任而导致的信托资产损失情况(合计金额、原因等)

公司严格按照《中华人民共和国信托法》、《信托公司管理办法》、《信托公司集合资金信托计划管理办法》等法律法规的规定及信托合同等文件的约定,诚实、信用、谨慎、有效地管理信托财产,严格履行受托人的义务。报告期内公司没有发生因自身责任而导致的信托资产损失情况。

## 6.5 关联方关系及其交易的披露

### 6.5.1 关联交易概况

单位:万元

| | 关联交易方数量 | 关联交易金额 | 定价政策 |
|---|---|---|---|
| 合计 | 15 | 471 923.29 | 本公司向关联方提供管理咨询服务等的交易价格由双方协商确定,与非关联方的交易价格并无重大差异;收取的信托项目手续费按照信托合同的约定确定。 |

### 6.5.2 关联交易方情况

| 关系性质 | 关联方名称 | 法定代表人 | 注册地址 | 注册资本(万元) | 主营业务 |
|---|---|---|---|---|---|
| 最终控制方 | 国家开发投资公司 | 王会生 | 北京市西城区阜成门北大街6-6号国际投资大厦A座 | 184 | 能源、交通、农业、科技、金融服务等行业投资及管理 |
| 母公司 | 国投资本控股有限公司 | 黄炎勋 | 北京市西城区阜成门北大街6-6号国际投资大厦A座 | 25 | 对外投资、资产管理 |
| 子公司 | 国投瑞银基金管理有限公司 | 钱　蒙 | 深圳市福田区金田路4028号荣超经贸中心46层 | 1 | 发起设立基金、基金管理业务 |
| 同一母公司控制 | 北京亚华房地产开发有限责任公司 | 余建平 | 北京市西城区北大街6号-6国际投资大厦A栋309室 | 7 | 房地产开发、销售 |
| 同一母公司控制 | 国投物业有限责任公司 | 马居利 | 北京市西城区北大街6号-6国际投资大厦A栋315室 | 1 | 物业管理、房屋租赁、餐饮服务 |
| 同一母公司控制 | 国投煤炭有限公司 | 张长友 | 北京市西城区西直门南小街147号15层 | 20 | 煤炭投资开发和销售 |
| 同一母公司控制 | 国投高科技投资有限公司 | 刘学义 | 北京市西城区阜成门北大街6-6号国际投资大厦 | 6.4 | 高新技术创业投资及咨询 |
| 同一母公司控制 | 国投电力有限公司 | 胡　刚 | 北京市西城区西直门南小街147号11层 | 30 | 电力生产投资、建设、经营管理 |
| 同一母公司控制 | 国投财务有限公司 | 钱　蒙 | 北京市西城区西直门南小街147号9层 | 5 | 集团资金管理 |
| 同一母公司控制 | 天津国投津能发电有限公司 | 金　锋 | 汉沽区新开路政府招待所 | 18.2 | 火电开发和经营管理 |
| 同一母公司控制 | 国投曹妃甸港口有限公司 | 潘　勇 | 曹妃甸工业区 | 17.7 | 港口工程建设、车船租赁 |
| 同一母公司控制 | 郑州裕中能源有限责任公司 | 余建平 | 新密市曲梁乡庙朱村 | 15.64 | 电力、煤化工、灰渣综合利用的开发、投资、建设、经营 |
| 同一母公司控制 | 国投中谷期货有限公司 | 高　杰 | 北京市朝阳门南大街8号 | 2 | 期货经纪业务 |
| 同一母公司控制 | 二滩水电开发有限责任公司 | 王会生 | 四川省成都市成华区双林路288号 | 46 | 电力生产销售 |
| 同一母公司控制 | 国投新疆罗布泊钾盐有限公司 | 徐永洙 | 新疆库尔勒市萨依巴格路 | 5.4 | 钾肥生产、批发、销售 |

### 6.5.3 本公司与关联方的重大交易事项

6.5.3.1 固有与关联方交易情况

单位:万元

| 固有与关联方关联交易 | | | | |
|---|---|---|---|---|
| | 期初数 | 借方发生额 | 贷方发生额 | 期末数 |
| 贷款 | 0 | 0 | 0 | 0 |
| 投资 | 0 | 0 | 0 | 0 |
| 租赁 | 0 | 0 | 0 | 0 |
| 担保 | 0 | 0 | 0 | 0 |
| 应收账款 | 103.51 | 0 | 103.51 | 0 |
| 其他 | 260.73 | 803.18 | 0 | 1 063.91 |
| 合计 | 364.24 | 803.18 | 103.51 | 1 063.91 |

6.5.3.2 信托与关联方交易情况

单位:万元

| 信托与关联方关联交易 | | | | |
|---|---|---|---|---|
| | 期初数 | 借方发生额 | 贷方发生额 | 期末数 |
| 贷款 | 108 552.25 | 431 540.00 | 223 240.00 | 316 852.25 |
| 投资 | 50 000.00 | 0 | 0 | 50 000.00 |
| 租赁 | 0 | 0 | 0 | 0 |
| 担保 | 0 | 0 | 0 | 0 |
| 应收账款 | 0 | 0 | 0 | 0 |
| 其他 | 0 | 0 | 0 | 0 |
| 合计 | 158 552.25 | 431 540.00 | 223 240.00 | 366 852.25 |

6.5.3.3 信托公司自有资金运用于自己管理的信托项目(固信交易)、信托公司管理的信托项目之间的相互(信信交易)交易金额。

6.5.3.3.1 固有与信托财产之间的交易

单位:万元

| 固有财产与信托财产相互交易 | | | |
|---|---|---|---|
| | 期初数 | 本期发生额 | 期末数 |
| 合计 | 13 880.00 | 90 127.13 | 104 007.13 |

6.5.3.3.2 信托项目之间的交易

单位:万元

| 信托资产与信托财产相互交易 | | | |
|---|---|---|---|
| | 期初数 | 本期发生额 | 期末数 |
| 合计 | 0 | 0 | 0 |

**6.5.4 报告期无关联方逾期未偿还本公司资金,无关联方担保发生或即将发生垫款的情况**

## 6.6 会计制度的披露

报告期内,公司固有及信托业务均执行财政部于2006年颁布的《企业会计准则》。

# 7. 财务情况说明书

## 7.1 利润实现和分配情况

母公司口径:公司累计实现利润总额17 732.65万元,较上年同期减少1 697.48万元,减幅为8.74%。实现净利润

15 961.30万元，较上年同期减少 1 586.86 万元，减幅为 9.04%。按相关法规及公司章程提取盈余公积 1 596.13 万元，提取一般准备金 798.07 万元，本年度拟不向股东分配利润。

母子公司合并口径：公司累计实现利润总额 32 039.16 万元，较上年同期增加 4 273.25 万元，增幅为 15.39%。实现净利润26 370.87万元，较上年同期增加 3 421.55 万元，增幅为 14.91%。按相关法规及公司章程提取盈余公积 1 596.13 万元，提取一般准备金 2 973.34 万元，本年度拟不向股东分配利润。

### 7.2 主要财务指标

| 指标名称 | 指标值（母公司） | 指标值（母子公司合并） |
|---|---|---|
| 资本利润率（%） | 8.52 | 11.87 |
| 加权年化信托报酬率（%） | 0.35 | 0.35 |
| 人均净利润（元/人） | 3 011 566.38 | 1 352 352.09 |

### 7.3 对本公司财务状况、经营成果有重大影响的其他事项

报告期内无对本公司财务状况、经营成果有重大影响的其他事项。

## 8. 特别事项揭示

### 8.1 前五名股东报告期内变动情况及原因

报告期内，根据《中国银监会关于国投信托有限公司股权变更的批复》（银监复〔2010〕348 号），批准公司原股东国家开发投资公司将所持公司 115 000 万元股权划转给国投资本控股有限公司。本次股权划转后，公司的股东构成、出资额及出资比例如下：国投资本控股有限公司出资 115 000 万元人民币，出资比例95.45%；国投高科技投资有限公司出资 5 480 万元人民币，出资比例 4.55%。

### 8.2 董事、监事及高级管理人员变动情况及原因

依照《公司法》及本公司章程相关规定，公司原任独立董事夏斌于 2010 年 3 月 5 日向股东会提交了辞职申请，并经公司 2009 年股东会同意不再担任公司独立董事。经离任审计后，报北京银监局备案。2010 年 7 月 21 日阎维杰经公司 2010 年第一次临时股东会聘任为公司独立董事，并经北京银监局任职资格核准。2010 年 7 月 16 日经公司三届第十九次董事会决定，聘任陆俊为公司副总经理，9 月经北京银监局任职资格核准。

公司原任财务总监吴蔚蔚因工作原因调离公司，不再担任国投信托财务总监，经公司第三届董事会第二十三次会议审议决定，免去吴蔚蔚同志财务总监职务。经离任审计后，报北京银监局备案。

### 8.3 公司的重大诉讼事项

报告期内，公司未发生重大诉讼事项。

### 8.4 对会计师事务所出具的有保留意见、否定意见或无法表示意见的审计报告的，公司董事会应就所涉及事项作出说明

会计师事务所出具了无保留意见审计报告。

### 8.5 公司及其董事、监事和高级管理人员受到处罚的情况

报告期内，公司未发生此类事项。

### 8.6 银监会及其派出机构对公司检查后提出整改意见的，应简单说明整改情况

2010 年 6 月，北京银监局检查组对我公司的信政合作业务及银信合作业务进行了专项现场检查，并出具了《现场检查意见书》（京银监发〔2010〕112 号），意见书对公司开展信政业务及银信业务的风险控制、过程管理等提出了加强和改进的意见和建议。针对监管意见，公司组织相关部门和人员，逐项制定切实可行的整改方案并加以实施，年内已基本整改完毕。

### 8.7 本年度重大事项临时报告的简要内容、披露时间、所披露的媒体及其版面

《国投信托有限公司关于股权变更的公告》于 2010 年 9 月 1 日在《上海证券报》B15 版披露。

### 8.8 银监会及其省级派出机构认定的其他有必要让客户及相关利益人了解的重要信息

无。

## 9. 公司监事会意见

监事会认为，公司 2010 年度的经营管理符合法律、法规，公司董事、高级管理人员在执行公司职务时能够恪尽职守，围绕股东会确定的年度目标审慎经营、规范运作，各项决策程序合法有效；公司财务报告客观真实地反映了公司财务状况及经营成果。没有发现违法、违规、违章和损害股东、投资者利益的行为，也没有发现给公司和客户财产造成损失的问题。

# 杭州工商信托股份有限公司

## 1. 重要提示

1.1 本报告根据中国银行业监督管理委员会的有关规定编制。本公司董事会及董事保证本报告所载资料不存在任何虚假记载、误导性陈述或者重大遗漏,并对其内容的真实性、准确性和完整性承担个别及连带责任。本年度报告摘要摘自年度报告全文,客户及相关利益人欲了解详细内容,应阅读年度报告全文。

1.2 独立董事 Andrew Gordon Williamson 先生、秦永忠先生、张家仁先生认为本年度报告内容是真实、准确、完整的。

1.3 公司总裁丁建萍先生、主管会计工作负责人张建芳女士及会计主管人员康波女士声明:保证年度报告中财务报告的真实、完整。

## 2. 公司概况

### 2.1 公司简介

2.1.1 公司法定中文名称:杭州工商信托股份有限公司
公司法定英文名称:Hangzhou Industrial & Commercial Trust Co. ,Ltd.

2.1.2 注册地址:浙江省杭州市庆春路 136 号广利大厦 25 层

2.1.3 邮政编码:310003

2.1.4 公司国际互联网网址:www. hztrust. com

2.1.5 电子信箱:hztrust@ hztrust. com

2.1.6 信息披露事务负责人:张 锐
联系电话/传真:0571 -87213936
电子信箱:zhangrui@ hztrust. com

2.1.7 公司选定的信息披露报纸名称:《金融时报》、《证券时报》

2.1.8 公司年度报告备置地点:浙江省杭州市庆春路 136 号广利大厦 25 层

2.1.9 公司聘请的会计师事务所名称:德勤华永会计师事务所有限公司
住所:上海市延安东路 222 号外滩中心 30 楼

2.1.10 公司聘请的律师事务所名称:浙江天册律师事务所
住所:浙江省杭州市杭大路 1 号黄龙世纪广场 A 座 8 楼

### 2.2 组织结构

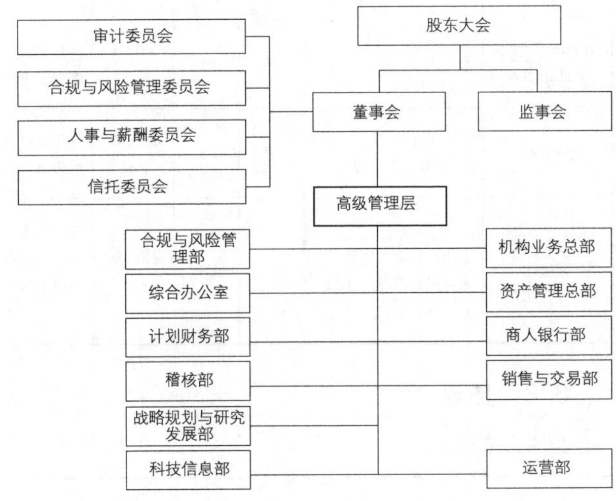


## 3. 公司治理结构

### 3.1 股东

公司前三位股东情况:

| 股东名称 | 出资比例(%) | 法人代表 | 注册资本 | 注册地址 | 主要经营业务及主要财务情况 |
|---|---|---|---|---|---|
| 杭州市投资控股有限公司 | 52.992 | 虞利明 | 7 亿元人民币 | 杭州市上城区庆春路 155 号中财发展大厦 12 楼 | 市政府授权范围内的国有资产经营,市政府及有关部门委托经营的资产。2010 年末净资产 24.3 亿元,净利润 2.47 亿元(未审计)。 |
| 摩根士丹利国际控股公司 | 19.9 | Harvey B. Mogenson | 授权资本:普通股 A 已授权 1 000 股 每股面额 0.01 美元 共 10 美元;普通股 B 已授权 11 000 股 每股面额 0.01 美元 共 110 美元;特别股 已授权 15 000 股 每股面额 0.01 美元 共 150 美元;A 类累积可赎回特别股已授权 10 000 股 每股面额 0.01 美元 共 100 美元 | c/o The Corporation Trust CompanyCorporation Trust Center1209 Orange StreetWilmington, DE 19801 U. S. A. | 摩根士丹利国际控股公司为控股公司,系摩根士丹利美国境外子公司的主要股东;摩根士丹利是摩根士丹利国际控股公司的母公司。摩根士丹利是一家国际性金融服务公司,业务范围涵盖投资银行、证券、投资管理以及财富管理。摩根士丹利国际控股公司财务信息:2010 年 12 月 31 日,总资产 345.2 亿美元;总负债 59.9 亿美元;净利润 23.1 亿美元 |
| 浙江新安化工集团股份有限公司 | 6.2625 | 王 伟 | 679 184 633 元人民币 | 浙江省建德市新安江镇 | 化工原料及产品、化工机械、农药、化肥、包装物的制造和经营。2010 年末净资产 40.08 亿元,净利润 1.68 亿元。 |

## 3.2 董事

董事长、董事

| 姓 名 | 职 务 | 性别 | 年龄 | 选任日期 | 所推举的股东名称 | 该股东持股比例(%) | 简 要 履 历 |
|---|---|---|---|---|---|---|---|
| 徐云鹤 | 董事 | 男 | 47 | 2008年9月 | 杭州市投资控股有限公司 | 52.992 | 曾任杭州市投资控股有限公司投资发展部经理，现任杭州市投资控股有限公司副总经理。 |
| 丁建萍 | 董事 | 男 | 45 | 2008年9月 | 杭州市投资控股有限公司 | 52.992 | 曾任海南万通集团有限公司咨讯事业部总经理、新加坡大洋企业有限公司副总经理、杭州市投资控股有限公司投资发展部经理、公司执行总经理，现任公司总裁。 |
| Carlos Alfonso, Oyarbide Seco | 董事 | 男 | 52 | 2008年9月 | 摩根士丹利国际控股公司 | 19.9 | 曾任摩根士丹利(伦敦)董事总经理，摩根士丹利集团子公司首席执行官、首席运营官，现任摩根士丹利亚洲有限公司董事总经理/中国首席运营官。 |
| 杨 凯 | 董事 | 男 | 44 | 2008年9月 | 摩根士丹利国际控股公司 | 19.9 | 曾先后在瑞银集团、花旗集团和摩根士丹利任职，任摩根士丹利亚洲有限公司董事总经理兼北京代表处首席代表，现任公司首席执行官。 |
| 胡杭莉 | 董事 | 女 | 48 | 2008年9月 | 杭州市财开投资集团公司 | 5.0 | 曾任杭州市财开投资集团公司财务部经理，现任杭州市财开投资集团公司副总经理。 |

独立董事

| 姓 名 | 所在单位及职务 | 性别 | 年龄 | 选任日期 | 所推举的股东名称 | 该股东持股比例(%) | 简 要 履 历 |
|---|---|---|---|---|---|---|---|
| Andrew Gordon Williamson | 无 | 男 | 52 | 2008年9月 | 杭州市投资控股有限公司<br>摩根士丹利国际控股公司 | 52.992<br>19.9 | 曾任Coopers & Lybrand(伦敦)审计主管，汇丰银行集团总部会计师、亚太地区首席会计师、香港会计和银行业的自聘顾问。 |
| 秦永忠 | 中信国安集团公司董事、常务副总经理 | 男 | 53 | 2008年9月 | 杭州市投资控股有限公司<br>摩根士丹利国际控股公司 | 52.992<br>19.9 | 曾任中信国安总公司财务部经理，中信国安信息产业股份公司副总经理、董事总经理，现任中信国安集团公司董事、常务副总经理。 |
| 张家仁 | 中国石油化工集团公司原党组成员、副总经理 | 男 | 66 | 2009年7月 | 杭州市投资控股有限公司<br>摩根士丹利国际控股公司 | 52.992<br>19.9 | 曾任镇海石油化工总厂厂长，镇海炼油化工股份有限公司董事长，中国石油化工集团公司党组成员、副总经理，中国石油化工股份有限公司董事、高级副总裁兼财务总监，中国石化财务有限责任公司董事长，中国石油化工集团公司高级顾问。 |

## 3.3 监事

监事会成员

| 姓 名 | 职 务 | 性别 | 年龄 | 选任日期 | 所推举的股东名称 | 该股东持股比例(%) | 简 要 履 历 |
|---|---|---|---|---|---|---|---|
| 王 伟 | 监事会主席 | 男 | 60 | 2008年9月 | 浙江新安化工集团股份有限公司 | 6.2625 | 曾任建德化工厂厂长、建德市经委副主任、建德市工业局局长，现任新安化工集团股份有限公司董事长。 |
| 刘 翌 | 监事 | 男 | 37 | 2008年9月 | 杭州市投资控股有限公司 | 52.992 | 现任杭州市投资控股有限公司投资银行部经理。 |
| 马晓涛 | 监事 | 男 | 41 | 2008年9月 | 职工监事 | — | 曾任华宝信托投资有限公司证券营业部副总经理、富成证券有限责任公司证券营业部副总经理，现任公司合规与风险管理部负责人。 |

## 3.4 高级管理人员

| 姓 名 | 职 务 | 性别 | 年龄 | 选任日期 | 金融从业年限(年) | 学历 | 专业 |
|---|---|---|---|---|---|---|---|
| 杨 凯 | 首席执行官 | 男 | 44 | 2008年9月 | 16 | 硕士 | 国际关系 |
| 丁建萍 | 总裁 | 男 | 45 | 2008年9月 | 18 | 硕士 | 国际政治 |
| 张建芳 | 财务总监 | 女 | 51 | 2008年9月 | 32 | 本科 | 经济管理 |

续表

| 姓 名 | 职 务 | 性别 | 年龄 | 选任日期 | 金融从业年限(年) | 学历 | 专业 |
|---|---|---|---|---|---|---|---|
| 许东辉 | 运营总监 | 男 | 43 | 2009年4月 | 14 | 硕士 | 工商管理 |
| 张 锐 | 行政总监 | 男 | 49 | 2008年9月 | 30 | 本科 | 经济管理 |
| 汪 勇 | 投资运营总监 | 男 | 38 | 2008年9月 | 15 | 本科 | 会计学 |

## 3.5 公司员工

报告期内,职工人数:94 人;平均年龄:33.5 岁。

学历分布比率:

| 学历 | 人数 | 学历分布比例(%) |
|---|---|---|
| 博士 | 0 | 0 |
| 硕士 | 30 | 31.9 |
| 本科 | 56 | 59.6 |
| 专科 | 7 | 7.4 |
| 其他 | 1 | 1.1 |

# 4. 经营管理

## 4.1 经营目标、方针、战略规划

### 4.1.1 经营目标

充分发挥和利用信托的制度与功能优势,打造优秀的资产管理团队,为客户提供持续的个性化的信托产品和金融服务,打造国内领先的、具有鲜明专业特色的信托资产管理机构。

### 4.1.2 经营方针

坚持逐步实施以组合投资为主的信托基金的业务模式转型,发展中长期产品,扩大客户基础,培育、提高客户忠诚度,以强大的业务创新能力和内控机制为依托,打造以投资和投资管理为主的资产管理业务体系,拓展"基金化、中长期化、投资化"的产品体系,构建核心竞争力,为客户提供综合、灵活、创新的金融服务。

### 4.1.3 战略规划

建立以账户管理为核心的内部管理体系,构建健全的内控体系与资产管理框架,提高公司核心竞争力和风险管理能力,提升公司整体价值,合规经营,稳健发展。

## 4.2 所经营业务的主要内容

### 4.2.1 经营业务、品种

4.2.1.1 公司业务主要分为信托业务和固有财产管理两大类

公司目前的信托业务主要包括:

(1)以组合投资管理为主要特征的资产管理业务,包括房地产投资信托等私募投资管理业务。

(2)以项目或企业融资为主的信托投行业务。

(3)事务管理类信托业务。

4.2.1.2 公司目前信托业务品种

信托业务品种主要有单一资金信托、集合资金信托。按运用方式分有投资类信托、融资类信托、组合投资管理类信托。

### 4.2.2 资产组合与分布

**自营资产运用与分布表**

| 资产运用 | 金额(万元) | 占比(%) | 资产分布 | 金额(万元) | 占比(%) |
|---|---|---|---|---|---|
| 货币资产 | 29 279 | 34.67 | 基础产业 | 0 | 0 |
| 贷款及应收款 | 27 806 | 32.93 | 房地产业 | 9 290 | 11.00 |
| 交易性金融资产投资 | 0 | 0 | 证券市场 | 4 550 | 5.39 |
| 可供出售金融资产投资 | 19 282 | 22.84 | 实业 | 250 | 0.30 |

续表

| 资产运用 | 金额(万元) | 占比(%) | 资产分布 | 金额(万元) | 占比(%) |
|---|---|---|---|---|---|
| 持有至到期投资 | 0 | 0 | 金融机构 | 29 279 | 34.67 |
| 长期股权投资 | 250 | 0.30 | 其他 | 41 066 | 48.64 |
| 其他 | 7 818 | 9.26 | | | |
| 资产总计 | 84 435 | 100.00 | 资产总计 | 84 435 | 100.00 |

**信托资产运用与分布表**

| 资产运用 | 金额(万元) | 占比(%) | 资产分布 | 金额(万元) | 占比(%) |
|---|---|---|---|---|---|
| 货币资产 | 21 696 | 2.34 | 基础产业 | 49 582 | 5.36 |
| 贷款 | 213 124 | 23.03 | 房地产 | 739 884 | 79.96 |
| 交易性金融资产投资 | 0 | 0 | 证券市场 | 0 | 0 |
| 可供出售金融资产投资 | 0 | 0 | 实业 | 112 412 | 12.15 |
| 持有至到期投资 | 0 | 0 | 金融机构 | 1 746 | 0.19 |
| 长期股权投资 | 181 167 | 19.58 | 其他 | 21 697 | 2.34 |
| 其他 | 509 334 | 55.05 | | | |
| 信托资产总计 | 925 321 | 100.00 | 信托资产总计 | 925 321 | 100.00 |

## 4.3 市场分析

### 4.3.1 有利因素

2010 年,一系列监管制度的颁布与实施,信托业的制度环境明显改善,随着《信托公司净资本管理办法》实施,通道类银信合作理财业务、政信合作融资平台业务、融资类房地产信托业务等相继得到进一步规范,有利于信托公司注重主动管理能力,优化业务结构,加速实施向资产管理机构的转型;国内经济运行态势总体良好,为信托业的发展奠定基础;信托投资进一步被公众所认识与接受;民众财富增长,资产管理和信托投资的市场需求巨大。

公司治理结构较为完善,内控机制健全,业务战略规划清晰,具有经验丰富、专业敬业、合规意识强烈的经营管理团队。2010 年,公司"以固有资产投资设立管理公司"的新业务资格获银监会批复,为 PE 业务管理的发展提供契机。公司历年来稳健经营、开拓创新,市场形象良好。

### 4.3.2 不利因素

理财市场竞争激烈;信托公司成为真正的资产管理机构的业务转型、客户结构优化和专业团队建设尚未完成;信托的制度环境有待进一步完善,信托业发展必需的部分配套的相关法规(如《信托财产登记制度》等)尚未出台。

## 4.4 内部控制概况

公司建立了清晰的内部控制目标和原则,高级管理层牢固树立了内控优先的风险管理理念,公司前台、中台、后台操作独立、运行顺畅。公司根据一法两规和相关法律法规的要求,建立了一整套顺应公司业务发展、符合监管政策的内部控制制度体系,并能组织落实公司的合规风险评估,整个控制活动措施到位,内部控制制度涵盖了业务和管理的各个层面,全体员工熟悉公司的业务和管理的内控制度与操作流程,能认真履行岗位职责,正确行使职权。公司制定和实施了有利于企业可持续发展的人力资源政策。公司建立了上传下达、下情上达的充分、合理的信息沟通制度。公司内部监督分为日常监督和专项监督，合规与风险管理部和稽核部职能分离、职责分明、协同合作，成为公司合规风险的前后道防线，帮助公司降低和规避各类风险，通过后续纠正和改进达到合规和降低风险的目的。

### 4.5 风险管理概况

公司在经营活动中所面临的风险主要包括信用风险、市场风险、操作风险及其他各类风险。针对不同类型的风险，公司进一步提高交易对手和项目的选择标准，加强项目管理和风险预警以防范信用风险；加强对宏观经济形势和行业特征的研究，适时调整策略以防范市场风险；严格执行并不断补充和完善各项经营管理制度、问责制度，以防范操作风险；认真研究国家政策，聘请专业法律顾问机构，以防范政策风险、法律风险以及其他风险。

报告期内，公司严格执行国家政策、法规，并不断完善公司风险管理框架，加强合规风险管理体系建设，加强项目后期管理，落实各项风险控制措施。目前公司经营正常，报告期内所有信托计划（项目）均正常存续，到期项目均按时完成信托财产的兑付（分配）工作。

## 5. 报告期末及上年末的比较式会计报表

### 5.1 自营资产

#### 5.1.1 会计师事务所审计结论

德勤华永会计师事务所有限公司出具了标准无保留审计意见。

#### 5.1.2 资产负债表

**资产负债表**

编制单位：杭州工商信托股份有限公司　　2010年12月31日　　单位：万元

| 资　　产 | 期末余额 | 年初余额 | 负债和所有者权益（或股东权益） | 期末余额 | 年初余额 |
|---|---|---|---|---|---|
| 资产： | | | 负债： | | |
| 现金及存放中央银行款项 | 0 | 0 | 向中央银行借款 | 0 | 0 |
| 存放同业款项 | 29 279 | 39 058 | 同业及其他金融机构存放款项 | 0 | 0 |
| 贵金属 | 0 | 0 | 拆入资产 | 0 | 0 |
| 拆出资金 | 0 | 0 | 交易性金融负债 | 0 | 0 |
| 交易性金融资产 | 0 | 0 | 衍生金融负债 | 0 | 0 |
| 衍生金融资产 | 0 | 0 | 卖出回购金融资产款 | 0 | 0 |
| 买入返售金融资产 | 0 | 0 | 吸收存款 | 0 | 0 |
| 应收利息 | 108 | 0 | 应付职工薪酬 | 932 | 1 522 |
| 发放贷款和垫款 | 27 806 | 20 059 | 应交税费 | 4 645 | 3 145 |
| 可供出售金融资产 | 19 282 | 4 208 | 应付利息 | 0 | 0 |
| 持有至到期投资 | 0 | 0 | 预计负债 | 0 | 0 |
| 长期股权投资 | 250 | 250 | 应付债券 | 0 | 0 |
| 投资性房地产 | 1 985 | 2 083 | 递延所得税负债 | 206 | 102 |
| 固定资产 | 932 | 1 035 | 其他负债 | 1 890 | 483 |
| 无形资产 | 218 | 267 | 负债合计 | 7 673 | 5 252 |
| 递延所得税资产 | 0 | 0 | 所有者权益（或股东权益）： | 0 | 0 |
| 其他资产 | 4 575 | 1 538 | 实收资本（或股本） | 50 000 | 40 608 |
| | | | 资本公积 | 1 460 | 1 050 |
| | | | 减：库存股 | 0 | 0 |
| | | | 盈余公积 | 6 283 | 4 680 |
| | | | 一般风险准备 | 3 460 | 2 400 |
| | | | 未分配利润 | 15 559 | 14 508 |
| | | | 所有者权益（或股东权益）合计 | 76 762 | 63 246 |
| 资产总计 | 84 435 | 68 498 | 负债和所有者权益（或股东权益）总计 | 84 435 | 68 498 |

企业负责人：丁建萍　　财务负责人：张建芳　　制表：吴庆元

#### 5.1.3 利润表

**利润表**

编制单位：杭州工商信托股份有限公司　　2010年　　单位：万元

| 项　　目 | 本期累计金额 | 上期累计金额 |
|---|---|---|
| 一、营业收入 | 32 685 | 21 722 |
| 利息净收入 | 992 | 757 |
| 利息收入 | 992 | 808 |
| 利息支出 | 0 | 51 |
| 手续费及佣金净收入 | 16 645 | 10 024 |
| 手续费及佣金收入 | 16 645 | 10 024 |

续表

| 项　　目 | 本期累计金额 | 上期累计金额 |
|---|---|---|
| 手续费及佣金支出 | 0 | 0 |
| 投资收益(损失以"－"号填列) | 5 695 | 3 214 |
| 其中:对联营企业和合营企业的投资收益 | 0 | 0 |
| 公允价值变动收益(损失以"－"号填列) | 0 | 7 |
| 汇兑收益(损失以"－"号填列) | 0 | 0 |
| 其他业务收入 | 9 353 | 7 721 |
| 二、营业支出 | 11 295 | 7 976 |
| 营业税金及附加 | 1 900 | 1 312 |
| 业务及管理费 | 7 822 | 5 770 |
| 资产减值损失 | 134 | -34 |
| 其他业务成本 | 1 439 | 928 |
| 三、营业利润(亏损以"－"号填列) | 21 390 | 13 746 |
| 加:营业外收入 | 0 | 3 |
| 减:营业外支出 | 54 | 60 |
| 四、利润总额(亏损总额以"－"号填列) | 21 337 | 13 690 |
| 减:所得税费用 | 5 307 | 3 442 |
| 五、净利润(净亏损以"－"号填列) | 16 030 | 10 249 |
| 六、每股收益: | | |
| (一)基本每股收益 | 0.32 | 0.25 |
| (二)稀释每股收益 | 0.32 | 0.25 |

企业负责人:丁建萍　　财务负责人:张建芳　　制表:吴庆元

### 5.1.4 所有者权益变动表

**所有者权益变动表**

2010 年 12 月 31 日

单位:万元

| | 实收资本 | 资本公积 | 盈余公积 | 一般风险准备 | 信托赔偿准备 | 未分配利润 | 所有者权益 |
|---|---|---|---|---|---|---|---|
| 一、2009 年 12 月 31 日 | 40 608 | 1 050 | 4 680 | 251 | 2 149 | 14 508 | 63 246 |
| 二、2010 年 1 月 1 日余额 | 40 608 | 1 050 | 4 680 | 251 | 2 149 | 14 508 | 63 246 |
| 三、本年增减变动金额 | 9 392 | 410 | 1 603 | 258 | 802 | 1 051 | 13 516 |
| (一)净利润 | — | | | | | 16 030 | 16 030 |
| (二)其他综合收益 | | 410 | | | | | 410 |
| 可供出售金融资产公允价值变动净额 | | 410 | | | | | 410 |
| 上述(一)和(二)小计 | — | 410 | | | | 16 030 | 16 440 |
| (三)所有者投入和减少资本 | | | | | | | |
| (四)利润分配 | | | | | | | |
| 1. 提取盈余公积 | — | | 1 603 | | | (1 603) | — |
| 2. 提取一般风险准备 | — | | | 258 | | (258) | — |
| 3. 提取信托赔偿准备 | — | | | | 802 | (802) | — |
| 4. 对所有者的分配 | | | | | | (2 924) | (2 924) |
| (五)所有者权益内部结转 | 9 392 | | | | | (9 392) | |
| 四、2009 年 12 月 31 日余额 | 50 000 | 1 460 | 6 283 | 509 | 2 951 | 15 559 | 76 762 |

**所有者权益变动表(续)**

2009 年 12 月 31 日

| | 实收资本 | 资本公积 | 盈余公积 | 一般风险准备 | 信托赔偿准备 | 未分配利润 | 所有者权益 |
|---|---|---|---|---|---|---|---|
| 一、2008 年 12 月 31 日 | 40 608 | 71 | 3 655 | 262 | 1 637 | 5 785 | 52 018 |
| 二、2009 年 1 月 1 日余额 | 40 608 | 71 | 3 655 | 262 | 1 637 | 5 785 | 52 018 |
| 三、本年增减变动金额 | | 979 | 1 025 | (11) | 512 | 8 722 | 11 228 |
| (一)净利润 | — | — | — | — | — | 10 249 | 10 249 |

续表

| | 实收资本 | 资本公积 | 盈余公积 | 一般风险准备 | 信托赔偿准备 | 未分配利润 | 所有者权益 |
|---|---|---|---|---|---|---|---|
| （二）其他综合收益 | | 979 | | | | | 979 |
| 可供出售金融资产公允价值变动净额 | | 979 | — | — | — | — | 979 |
| 上述（一）和（二）小计 | — | 979 | — | — | — | 10 249 | 11 228 |
| （三）所有者投入和减少资本 | | | | | | | |
| （四）利润分配 | | | | | | | |
| 1. 提取盈余公积 | — | — | 1 025 | — | — | （1 025） | — |
| 2. 提取一般风险准备 | — | — | — | （11） | — | 11 | — |
| 3. 提取信托赔偿准备 | — | — | — | — | 512 | （512） | — |
| （五）所有者权益内部结转 | | | | | | | |
| 四、2009 年 12 月 31 日余额 | 40 608 | 1 050 | 4 680 | 251 | 2 149 | 14 508 | 63 246 |

## 5.2 信托资产

### 5.2.1 信托项目资产负债汇总表

**信托项目资产负债表（汇总表）**

编制单位：杭州工商信托股份有限公司 单位：万元

| 信托资产 | 年初数 | 期末数 | 信托负债和信托权益 | 年初数 | 期末数 |
|---|---|---|---|---|---|
| 信托资产： | | | 信托负债： | | |
| 货币资金 | 6 133 | 21 696 | 交易性金融负债 | 0 | 0 |
| 拆出资金 | 0 | 0 | 衍生金融负债 | 0 | 0 |
| 存出保证金 | 0 | 0 | 应付受托人报酬 | 639 | 2 562 |
| 交易性金融资产 | 0 | 0 | 应付托管费 | 0 | 0 |
| 衍生金融资产 | 0 | 0 | 应付受益人收益 | 0 | |
| 买入返售金融资产 | 0 | 0 | 应交税费 | 0 | 357 |
| 应收款项 | 2 | 0 | 应付销售服务费 | 0 | 0 |
| 发放贷款 | 284 364 | 213 124 | 其他应付款项 | 5 113 | 3 055 |
| 可供出售金融资产 | 8 | 0 | 其他负债 | 0 | 2 175 |
| 持有至到期投资 | 0 | 0 | 信托负债合计 | 5 752 | 8 149 |
| 长期应收款 | 0 | 0 | | | |
| 长期股权投资 | 122 362 | 181 167 | 信托权益： | | |
| 投资性房地产 | 0 | 0 | 实收信托 | 511 825 | 907 159 |
| 固定资产 | 0 | 0 | 资本公积 | 0 | 0 |
| 无形资产 | 0 | 0 | 外币报表折算差额 | 0 | 0 |
| 长期待摊费用 | 0 | 0 | 未分配利润 | 2 425 | 10 013 |
| 其他资产 | 107 133 | 509 334 | 信托权益合计 | 514 250 | 917 172 |
| 信托资产总计 | 520 002 | 925 321 | 信托负债和信托权益总计 | 520 002 | 925 321 |

企业负责人：丁建萍 财务负责人：张建芳 制表：陈俏敏

### 5.2.2 信托项目利润及利润分配汇总表

**信托项目利润及利润分配表（汇总表）**

编制单位：杭州工商信托股份有限公司 单位：万元

| 项目 | 本年累计数 | 上年累计数 |
|---|---|---|
| 一、营业收入 | 87 481 | 49 071 |
| 利息收入 | 35 432 | 31 637 |
| 投资收益 | 19 247 | 13 895 |
| 公允价值变动收益 | 0 | 0 |
| 财务顾问收入 | 3 202 | 872 |
| 租赁收入 | 0 | 14 |
| 汇兑损益 | 0 | 0 |
| 其他收入 | 29 600 | 2 653 |
| 二、支出 | 21 592 | 11 558 |
| 营业税金及附加 | 4 058 | 1 478 |
| 受托人报酬 | 15 672 | 9 716 |

续表

| 项目 | 本年累计数 | 上年累计数 |
|---|---|---|
| 保管费 | 0 | 0 |
| 投资管理费 | 0 | 0 |
| 销售服务费 | 914 | 10 |
| 交易费用 | 0 | 0 |
| 资产减值损失 | 0 | 0 |
| 其他费用 | 948 | 354 |
| 三、信托净利润 | 65 889 | 37 513 |
| 四、其他综合收益 | 0 | 0 |
| 五、综合收益 | 65 889 | 37 513 |
| 加：期初未分配信托利润 | 2 425 | 4 564 |
| 六、可供分配的信托利润 | 68 314 | 42 077 |
| 减：本期已分配信托利润 | 58 301 | 39 652 |
| 七、期末未分配信托利润 | 10 013 | 2 425 |

企业负责人：丁建萍 财务负责人：张建芳 制表：陈俏敏

## 6. 会计报表附注

### 6.1 简要说明报告年度会计报表编制基准、会计政策、会计估计和核算方法发生的变化

无。

### 6.2 或有事项说明

截至报告日，本公司不存在需要披露的重大或有事项。

### 6.3 重要资产转让及其出售的说明

无。

### 6.4 会计报表中重要项目的明细资料

#### 6.4.1 披露自营资产经营情况

6.4.1.1 按信用风险五级分类结果披露信用风险资产的期初数、期末数

| 信用风险资产五级分类 | 正常类（万元） | 关注类（万元） | 次级类（万元） | 可疑类（万元） | 损失类（万元） | 信用风险资产合计（万元） | 不良合计（万元） | 不良率（%） |
|---|---|---|---|---|---|---|---|---|
| 期初数 | 67 913 | 0 | 0 | 135 | 450 | 68 498 | 585 | 0.85 |
| 期末数 | 83 711 | 0 | 0 | 274 | 450 | 84 435 | 724 | 0.86 |

注：不良资产合计 = 次级类 + 可疑类 + 损失类。

6.4.1.2 各项资产减值损失准备的期初、本期计提、本期转回、本期核销、期末数，贷款的一般准备、专项准备和其他资产减值准备应分别披露

单位：万元

| | 期初数 | 本期计提 | 本期转回 | 本期核销 | 期末数 |
|---|---|---|---|---|---|
| 贷款损失准备 | 0 | 0 | 0 | 0 | 0 |
| 一般准备 | 0 | 0 | 0 | 0 | 0 |
| 专项准备 | 0 | 0 | 0 | 0 | 0 |
| 其他资产减值准备 | 545 | 133 | 0 | 0 | 678 |
| 可供出售金融资产减值准备 | 0 | 133 | 0 | 0 | 133 |
| 持有至到期投资减值准备 | 0 | 0 | 0 | 0 | 0 |
| 长期股权投资减值准备 | 0 | 0 | 0 | 0 | 0 |
| 坏账准备 | 450 | 0 | 0 | 0 | 450 |
| 投资性房地产减值准备 | 0 | 0 | 0 | 0 | 0 |
| 其他资产减值准备 | 95 | 0 | 0 | 0 | 95 |

6.4.1.3 自营股票投资、基金投资、债券投资、股权投资等投资业务的期初数、期末数

单位：万元

| | 自营股票 | 基金 | 债券 | 长期股权投资 | 其他投资 | 合计 |
|---|---|---|---|---|---|---|
| 期初数 | 4 208 | 0 | 0 | 250 | 15 060 | 19 518 |
| 期末数 | 4 550 | 0 | 0 | 250 | 33 249 | 38 049 |

6.4.1.4 按投资入股金额排序，前五名的自营长期股权投资的企业名称、占被投资企业权益的比例、主要经营活动及投资收益情况等（从大到小顺序排列）

| 企业名称 | 占被投资企业权益的比例（%） | 主要经营活动 | 投资损益（万元） |
|---|---|---|---|
| 1. 杭州迪佛通信股份有限公司 | 4.48 | 通信设备及配件、电子和通信测量仪器、报警器的制造、销售，电话信息服务，交换机设计安装，数据通信服务等 | 0 |

注：投资损益是指按照企业会计准则规定，核算股权投资确认损益并计入披露年报利润表的金额。

6.4.1.5 前五名的自营贷款的企业名称、占贷款总额的比例和还款情况等（从大到小顺序排列）

| 企业名称 | 占贷款总额的比例（%） | 还款情况 |
|---|---|---|
| 1. 上海旭汇置业有限公司 | 53.71 | 正常收息，未到期 |
| 2. 杭州鸿汇置业有限公司 | 46.29 | 正常收息，未到期 |

6.4.1.6 表外业务的期初数、期末数；按照代理业务、担保业务和其他类型表外业务分别披露

单位：万元

| 表外业务 | 期初数 | 期末数 |
|---|---|---|
| 担保业务 | 0 | 0 |
| 代理业务（委托业务） | 57 211 | 54 483 |
| 其他 | 0 | 0 |
| 合计 | 57 211 | 54 483 |

注：代理业务主要反映因客观原因应规范而尚未完成规范的历史遗留委托业务，包括委托贷款和委托投资。

6.4.1.7 公司当年的收入结构（母公司口径、并表口径同时披露）

| 收入结构 | 金额（万元） | 占比（%） |
|---|---|---|
| 手续费及佣金收入 | 16 645 | 50.93 |
| 其中：信托手续费收入 | 16 595 | 50.77 |
| 投资银行业务收入 | 0 | 0 |
| 利息收入 | 992 | 3.03 |
| 其他业务收入 | 9 353 | 28.62 |
| 其中：计入信托业务收入部分 | 8 900 | 27.23 |
| 投资收益 | 5 695 | 17.42 |
| 其中：股权投资收益 | 63 | 0.19 |
| 证券投资收益 | 1 078 | 3.30 |
| 其他投资收益 | 4 554 | 13.93 |
| 公允价值变动收益 | 0 | 0 |
| 营业外收入 | 0 | 0 |
| 收入合计 | 32 685 | 100.00 |

注：1. 手续费及佣金收入、利息收入、其他业务收入、投资收益、营业外收入均应为损益表中的一级科目，其中手续费及佣金收入、利息收入、营业外收入为未抵减掉相应支出的全年累计实现收入数。

2. “其他业务收入”和“营业外收入”如超过总收入的5%，应具体说明来自什么业务。

3. “其他业务收入”主要来自财务顾问业务、房屋出租等。

#### 6.4.2 披露信托资产管理情况

6.4.2.1 信托资产的期初数、期末数

单位：万元

| 信托资产 | 期初数 | 期末数 |
|---|---|---|
| 集合 | 346 374 | 760 300 |
| 单一 | 173 628 | 165 021 |
| 财产权 | 0 | 0 |
| 合计 | 520 002 | 925 321 |

6.4.2.1.1 主动管理型信托业务的信托资产期初数、期末数，分证券投资、股权投资、融资、事务管理类分别披露

单位：万元

| 主动管理型信托资产 | 期初数 | 期末数 |
|---|---|---|
| 证券投资类 | 0 | 0 |
| 股权投资类 | 58 012 | 378 619 |
| 组合投资类 | 117 331 | 181 796 |
| 融资类 | 217 487 | 223 813 |
| 事务管理类 | 0 | 0 |
| 合计 | 392 830 | 784 228 |

6.4.2.1.2 被动管理型信托业务的信托资产期初数、期末数，分证券投资、股权投资、融资、事务管理类分别披露。

单位：万元

| 被动管理型信托资产 | 期初数 | 期末数 |
|---|---|---|
| 证券投资类 | 0 | 0 |
| 股权投资类 | 0 | 0 |
| 融资类 | 0 | 0 |
| 事务管理类 | 127 172 | 141 093 |
| 合计 | 127 172 | 141 093 |

6.4.2.2 本年度已清算结束的信托项目个数、实收信托合计金额、加权平均实际年化收益率

6.4.2.2.1 本年度已清算结束的集合类、单一类资金信托项目和财产管理类信托项目个数、实收信托金额、加权平均实际年化收益率

| 已清算结束信托项目 | 项目个数 | 实收信托合计金额（万元） | 加权平均实际年化收益率（%） |
|---|---|---|---|
| 集合类 | 9 | 138 008 | 11.81 |
| 单一类 | 18 | 176 369 | 8.73 |
| 财产管理类 | 0 | 0 | 0 |

注：收益率是指信托项目清算后，给受益人赚取的实际收益水平。加权平均实际年化收益率 =（信托项目 1 的实际年化收益率 ×信托项目 1 的实收信托 +信托项目 2 的实际年化收益率 ×信托项目 2 的实收信托 +…信托项目 n 的实际年化收益率 ×信托项目 n 的实收信托）/（信托项目 1 的实收信托 +信托项目 2 的实收信托 +…信托项目 n 的实收信托）×100%。

6.4.2.2.2 本年度已清算结束的主动管理型信托项目个数、实收信托合计金额、加权平均实际年化收益率，分证券投资、股权投资、融资、事务管理类分别披露

| 已清算结束信托项目 | 项目个数 | 实收信托合计金额（万元） | 加权平均实际年化信托报酬率（%） | 加权平均实际年化收益率（%） |
|---|---|---|---|---|
| 证券投资类 | 0 | 0 | 0 | 0 |
| 股权投资类 | 2 | 54 008 | 3.69 | 13.84 |
| 组合投资类 | 1 | 15 000 | 2.97 | 8.46 |
| 融资类 | 15 | 142 300 | 1.79 | 10.67 |
| 事务管理类 | 0 | 0 | 0 | 0 |

6.4.2.2.3 本年度已清算结束的被动管理型信托项目个数、实收信托合计金额、加权平均实际年化收益率，分证券投资、股权投资、融资、事务管理类分别披露

| 已清算结束信托项目 | 项目个数 | 合计金额（万元） | 加权平均实际年化信托报酬率（%） | 加权平均实际年化收益率（%） |
|---|---|---|---|---|
| 证券投资类 | 0 | 0 | 0 | 0 |
| 股权投资类 | 0 | 0 | 0 | 0 |
| 融资类 | 0 | 0 | 0 | 0 |
| 事务管理类 | 9 | 103 069 | 0.42 | 7.40 |

6.4.2.3 本年度新增的集合类、单一类和财产管理类信托项目个数、实收信托合计金额

| 新增信托项目 | 项目个数 | 实收信托合计金额（万元） |
|---|---|---|
| 集合类 | 14 | 565 910 |
| 单一类 | 11 | 169 768 |
| 财产管理类 | 0 | 0 |
| 新增合计 | 25 | 735 678 |
| 其中：主动管理型 | 20 | 615 410 |
| 被动管理型 | 5 | 120 268 |

6.4.2.4 信托业务创新成果和特色业务有关情况（此部分为可选项，即公司可自主决定是否披露、部分披露或全部披露）

报告期内，在金融时报社联合中国社会科学院金融研究所共同举办的2009—2010 中国金融机构金牌榜“金龙奖”活动中，公司因主营业务突出，主动管理特色鲜明，成为获评金龙奖“年度最佳主动管理信托公司”的唯一信托公司。2010 年，公司信托业务收入占总业务收入比例为 78%。截至 2010 年末，公司主动管理类信托业务规模占比为 84.7%。

2010 年，公司向中国银监会申请“以固有资产投资设立管理公司”的新业务资格获批，获得公司首个新业务资格，将为公司 PE 业务的发展搭建新的平台。

在多年的经营中，公司不断思考如何以客户为中心，开发满足客户需求的收益与风险相匹配的信托投资产品，探索可持续的核心盈利模式。2010 年，公司实施“基金化、中长期化、投资化”的业务战略，并在组合投资信托基金及投资类信托项目的管理机制、人才配备、业务研究、产品线开发等方面进行了积极实践。

公司自 2005 年发行首个基金化产品“鸿利一号”以来，坚持“基金化、中长期化、投资化”的业务思路，持续开发了“鸿利系列”（公用事业领域）、“飞鹰系列”（房地产领域，2010 年成立飞鹰五号、飞鹰六号）等组合投资信托基金。截至 2010 年末，基金化信托产品在集合信托规模中占比 24%。鸿利系列首只五年期基金已于 2010 年 11 月到期清算，平均年化收益率达到 8.46%。在证券时报社举办的“第三届中国优秀信托公司评选活动”中，公司获得“中国最具成长性信托公司”奖项；“杭信·飞鹰一号房地产投资集合资金信托计划”被评为“最佳房地产信托计划”，“杭信鸿利 1 号·公用事业稳健组合投资集合资金信托计划”被评为“最具影响力品牌（产品）”。

2010 年，公司发行的三年期投资信托产品——“阳光 100 集团无锡项目结构化股权投资集合资金信托计划”已如期完成清算，投资者的加权平均年化收益率达 20.5%，其中，信托计划股权部分的总投资回报达 260%，投资类信托产品的魅力正在逐渐显现。

6.4.2.5 本公司履行受托人义务情况及因本公司自身责任而导致的信托资产损失情况(合计金额、原因等)

无。

## 6.5 关联方关系及其交易的披露

**6.5.1 关联交易方的数量、关联交易的总金额及关联交易的定价政策等。**

| | 关联交易方数量 | 关联交易金额(万元) | 定价政策 |
|---|---|---|---|
| 合计 | 3 | 1 338 | 市场公允价格 |

注:"关联交易"定义应以《公司法》和《企业会计准则第36号——关联方披露》有关规定为准。

**6.5.2 关联交易方与本公司的关系性质、关联交易方的名称、法定代表人、注册地址、注册资本及主营业务等**

| 关系性质 | 关联方名称 | 法定代表人 | 注册地址 | 注册资本(万元) | 主营业务 |
|---|---|---|---|---|---|
| 控股母公司 | 杭州市投资控股有限公司 | 虞利明 | 杭州 | 70 000 | 市政府授权范围内的国有资产经营,市政府及有关部门委托经营的资产 |
| 受同一母公司控制 | 杭州市民卡有限公司 | 虞利明 | 杭州 | 4 000 | 市民卡的制作、发行、结算及相关设备的租赁,市民卡系统的开发、投资,设计、制作、代理、发布国内广告,批发、零售,百货,服务,承办会展,经济信息咨询(除证券、期货、商品中介),代订车、船票,其他无须报经审批的一切合法项目 |
| 受同一母公司控制 | 杭州国际机场大厦开发有限公司 | 徐 晓 | 杭州 | 16 000 | 杭州国际机场大厦开发 |

**6.5.3 本公司与关联方的重大交易事项**

6.5.3.1 固有与关联方交易情况:贷款、投资、租赁、应收账款担保、其他方式等期初汇总数、本期借方和贷方发生额汇总数、期末汇总数

单位:万元

| 固有与关联方关联交易 | | | | |
|---|---|---|---|---|
| | 期初数 | 借方发生额 | 贷方发生额 | 期末数 |
| 贷款 | 0 | 0 | 0 | 0 |
| 投资 | 0 | 0 | 0 | 0 |
| 租赁 | 0 | 0 | 0 | 0 |
| 担保 | 0 | 0 | 0 | 0 |
| 应收账款 | 0 | 0 | 0 | 0 |
| 其他(收取或支付房租、咨询费) | 0 | 1 190 | 148 | 0 |
| 合计 | 0 | 1 190 | 148 | 0 |

6.5.3.2 信托资产与关联方:贷款、投资、租赁、应收账款、担保、其他方式等期初汇总数、本期发生额汇总数、期末汇总数

单位:万元

| 信托与关联方关联交易 | | | | |
|---|---|---|---|---|
| | 期初数 | 借方发生额 | 贷方发生额 | 期末数 |
| 贷款 | 0 | 0 | 0 | 0 |
| 投资 | 0 | 0 | 0 | 0 |
| 租赁 | 0 | 0 | 0 | 0 |
| 担保 | 0 | 0 | 0 | 0 |
| 应收账款 | 0 | 0 | 0 | 0 |
| 其他 | 0 | 0 | 0 | 0 |
| 合计 | 0 | 0 | 0 | 0 |

6.5.3.3 信托公司自有资金运用于自己管理的信托项目(固信交易)、信托公司管理的信托项目之间的相互(信信交易)交易金额,包括余额和本报告年度的发生额

6.5.3.3.1 固有财产与信托财产之间的交易金额期初汇总数、本期发生额汇总数、期末汇总数

单位:万元

| 固有财产与信托财产相互交易 | | | |
|---|---|---|---|
| | 期初数 | 本期发生额 | 期末数 |
| 合计 | 15 060 | 17 378 | 32 438 |

注:以固有资金投资公司自己管理的信托项目受益权,或购买自己管理的信托项目的信托资产均应纳入统计披露范围。

6.5.3.3.2 信托项目之间的交易金额期初汇总数、本期发生额汇总数、期末汇总数

单位:万元

| 信托资产与信托财产相互交易 | | | |
|---|---|---|---|
| | 期初数 | 本期发生额 | 期末数 |
| 合计 | 0 | 0 | 0 |

注:以公司受托管理的一个信托项目的资金购买自己管理的另一个信托项目的受益权或信托项下资产均应纳入统计披露范围。

**6.5.4 逐笔披露关联方逾期未偿还本公司资金的详细情况以及本公司为关联方担保发生或即将发生垫款的详细情况**

无。

## 6.6 会计制度的披露

固有业务(自营业务)、信托业务:本公司执行财政部于2006年2月15日颁布的企业会计准则。

# 7. 财务情况说明书

## 7.1 利润实现和分配情况(母公司口径和并表口径同时披露)

本年度实现利润总额21 337万元,所得税费用5 307万元(其中当期所得税5 340万元、递延所得税 -33万元),净利润16 030万元,年初未分配利润14 508万元,年末未分配利润15 559万元。

按10%提取法定盈余公积1 603万元。

按5%提取信托赔偿准备金802万元。

按风险资产余额的1%计提一般风险准备金258万元。

年末可供分配的利润为15 559万元。

### 7.2　主要财务指标（母公司口径和并表口径同时披露）

| 指标名称 | 指标值 |
|---|---|
| 资本利润率（%） | 22.90 |
| 加权年化信托报酬率（%） | 1.76 |
| 人均净利润（万元/人） | 171 |

注：1. 资本利润率 = 净利润/所有者权益平均余额 ×100%。

2. 加权年化信托报酬率 =（信托项目 1 的实际年化信托报酬率 × 信托项目 1 的实收信托 + 信托项目 2 的实际年化信托报酬率 × 信托项目 2 的实收信托 +…信托项目 n 的实际年化信托报酬率 × 信托项目 n 的实收信托）/（信托项目 1 的实收信托 + 信托项目 2 的实收信托 +…信托项目 n 的实收信托）×100%。

3. 人均净利润 = 净利润/年平均人数。

4. 平均值采取年初、年末余额简单平均法，公式为：a（平均）=（年初数 + 年末数）/2。

### 7.3　对本公司财务状况、经营成果有重大影响的其他事项

2006 年 5 月，本公司向浙江华辰投资发展有限公司（以下简称华辰公司）以人民币 330 万元的价格转让所持浙江英特集团股份有限公司 2 062 500 股的法人股股权（占股本总额 1.79%），但华辰公司未能根据相关股权转让协议的规定办妥前述股权的变更登记手续。

2011 年 1 月 28 日，中国银监会发布了《信托公司净资本计算标准有关事项的通知》（银监发〔2011〕11 号）（以下简称《通知》）。根据《通知》的规定，信托公司净资本计算标准将与监管评级标准直接挂钩，并对固有业务、融资类信托产品、投资类信托产品、TOT 产品、信托受益权投资产品、银信理财产品、关联交易产品等业务的风险资本系数及净资本扣除系数作出了详细的规定。《通知》的颁布将对公司下一年的内部风险管理和控制，以及业务开展带来一定影响。

## 8. 特别事项简要揭示

### 8.1 前五名股东报告期内变动情况及原因

2010 年，公司前五名股东无变动情况。

### 8.2　董事、监事及高级管理人员变动情况及原因

公司市场及发展总监钱骏先生因个人原因于 2010 年 9 月提请辞职，经公司第五届董事会第十二次会议研究讨论，同意钱骏先生辞去市场及发展总监职务，聘任陈涛先生为公司市场及发展总监。

报告期内，公司第五届董事会董事长郑向炜先生因病去世，经公司 2010 年第二次临时股东大会研究讨论，同意增补公司董事，并选举虞利明先生为新任董事；并经公司第五届董事会第十三次会议研究，选举虞利明先生为公司新任董事长。

截至 2010 年 12 月 31 日，上述人员的任职资格已上报监管机构，待核准。

### 8.3　公司的重大诉讼事项

无。

### 8.4　对会计师事务所出具的有保留意见、否定意见或无法表示意见的审计报告的，公司董事会应就所涉及事项作出说明

无。

### 8.5　公司及其董事、监事和高级管理人员受到处罚的情况

无。

### 8.6　银监会及其派出机构对公司检查后提出整改意见的，应简单说明整改情况

报告期内，浙江银监局下发了对公司 2009 年度监管的意见（浙银监发〔2010〕49 号），评价公司在 2009 年，根据引进战略投资者的发展要求，研究确定了定位于高端客户、打造具有鲜明专业特色的信托资产管理机构的中长期战略目标，突出信托主业，积极探索组合资产管理模式，加大主动管理型信托业务的拓展力度。加强对存续信托业务的管理，强化重点产品的风险防控，通过中外方股东的持续互动，加强合规文化建设。各项经营正常有序，取得较好经营业绩。同时，银监局对公司提出了"进一步完善公司治理机制"、"加快发展方式的转变，实现可持续发展"、"进一步加强风险管控，高度重视敏感行业业务风险"、"深化合规建设，严格依法合规开展业务"等四条监管意见，公司已通过"转增股本，壮大资本实力；制定及适时更新《房地产信托业务指引》；修订完善业务流程与相关风险管理制度；推进落实公司中长期发展战略规划，开发满足客户需求的收益与风险相匹配的信托投资产品；申报并获批"以固有资产投资设立管理公司"的新业务资格；加强合规培训；坚持开展"合规午餐"等各项工作安排，认真落实监管意见。

### 8.7　本年度重大事项临时报告的简要内容、披露时间、所披露的媒体及其版面

公司"注册资本变更公告"已刊登在《证券时报》2010 年 7 月 16 日第 D11 版。

### 8.8　本年度净资本管理情况

**表 8.8　净资本管理风险控制指标表**

| 项　　目 | 期末余额 | 监管标准 |
|---|---|---|
| 净资本（万元） | 66 854 | ≥20 000 |
| 净资本/各项业务风险资本之和（%） | 311.20 | ≥100 |
| 净资本/净资产（%） | 87.09 | ≥40 |

### 8.9　银监会及其省级派出机构认定的其他有必要让客户及相关利益人了解的重要信息

无。

## 9. 公司监事会意见

监事会认为，本报告期内，公司决策程序合法，内部控制制度较为完善，没有发现公司董事、总裁和其他高级管理人员在执行公司职务时有违法违纪或有损公司及股东利益的行为。公司财务报告真实地反映了公司的财务状况和经营成果。

# 湖南省信托有限责任公司

## 1. 重要提示

1.1 本公司董事会及其董事保证本报告所载资料不存在任何虚假记载、误导性陈述或者重大遗漏,并对其内容的真实性、准确性和完整性承担个别及连带责任。本年度报告摘要摘自年度报告全文,客户及相关利益人欲了解详细内容,应阅读年度报告全文。

1.2 未有公司董事声明对本年度报告内容的真实性、准确性、完整性存在异议。

1.3 公司独立董事蒋民生声明:保证本年度报告内容真实、准确、完整。

1.4 公司董事长朱德光、财务总监王晓芸声明:保证本年度报告中财务报告的真实、完整。

## 2. 公司概况

### 2.1 公司简介

| | | |
|---|---|---|
| 1 | 法定名称 | 湖南省信托有限责任公司 |
| 2 | 中文缩写 | 湖南信托 |
| 3 | 英文名称(及缩写) | Hunan Trust Co.,Ltd.<br>(Hunan Trust) |
| 4 | 法定代表人 | 朱德光 |
| 5 | 注册地址 | 湖南省长沙市城南西路1号 |
| 6 | 邮政编码 | 410015 |
| 7 | 公司国际互联网网址 | http://www.huntic.com |
| 8 | 公司电子信箱 | huntic@huntic.com |

续表

| | | |
|---|---|---|
| 9 | 公司负责信息披露事务人 | 张仁兴 |
| 10 | 联系电话 | 0731-85196916 |
| 11 | 传真电话 | 0731-85196933 |
| 12 | 电子信箱 | arenzhang@huntic.com |
| 13 | 公司信息披露报纸名称 | 《金融时报》 |
| 14 | 公司年度报告备置地点 | 湖南省长沙市城南西路1号财信大厦9楼902室 |
| 15 | 公司聘请的会计师事务所名称及住所 | 天健会计师事务所有限公司湖南开元分所<br>湖南省长沙市芙蓉中路二段198号新世纪城大厦19~20层 |

### 2.2 组织结构

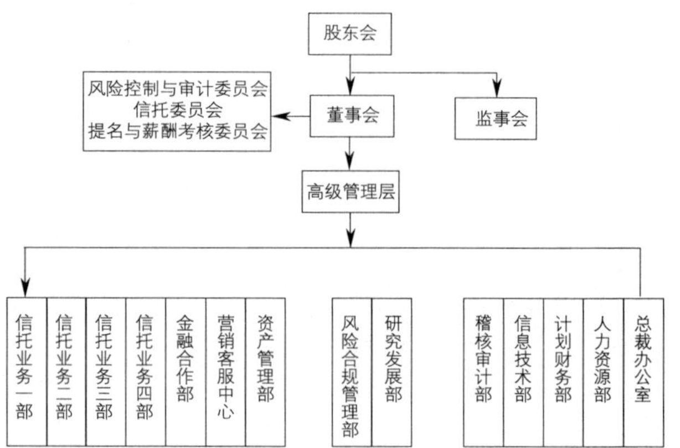


## 3. 公司治理

### 3.1 股东

公司2名股东全部为国有独资公司，其中湖南省国有投资经营有限公司系湖南财信投资控股有限责任公司的全资子公司。

| 股东名称 | 出资比例(%) | 法人代表 | 注册资本(万元) | 注册地址 | 主要经营业务及主要财务情况 |
|---|---|---|---|---|---|
| 湖南财信投资控股有限责任公司 | 96 | 胡军 | 95 777.21 | 长沙市天心区城南西路1号 | 主要经营业务:省政府授权的国有资产投资、经营及管理;投资策划咨询、财务顾问、担保;酒店经营与管理(具体业务由分支机构凭许可证书经营)、房屋出租。<br>主要财务情况:截至2010年12月31日,公司资产总额2 682 367万元,负债总额1 961 201万元,少数股东权益165 523万元,所有者权益555 643万元,利润总额30 134万元。 |
| 湖南省国有投资经营有限公司 | 4 | 陆小平 | 33 282.06 | 长沙市天心区城南西路1号 | 主要经营业务:授权范围内的国有资产投资、经营、管理与处置,企业资产重组、债务重组,企业托管、并购、委托投资,投资咨询、财务顾问;旅游资源投资、开发、经营(限分支机构凭许可证书经营);经营商品和技术的进出口业务(以上国家法律法规禁止、限制的除外)。<br>主要财务情况:截至2010年12月31日,资产总额159 906万元,负债总额121 606万元,少数股东权益0,所有者权益38 300万元,利润总额2 940万元。 |

## 3.2 董事

董事长、董事

| 姓名 | 职务 | 性别 | 年龄 | 选任日期 | 任期(年) | 所推举的股东名称 | 该股东持股比例(%) | 简要履历 |
|---|---|---|---|---|---|---|---|---|
| 朱德光 | 董事长 | 男 | 54 | 2009年4月 | 3年 | 湖南财信投资控股有限责任公司 | 96 | 曾任湖南省财政厅国有资产管理处副处长，湖南省国有资产管理局副局长，湖南省财政厅外经处处长(兼任湖南省利用国外贷款管理办公室主任)；现任湖南财信投资控股有限责任公司党委书记，湖南省信托有限责任公司董事长。 |
| 胡军 | 董事 | 男 | 47 | 2009年4月 | 3年 | 湖南财信投资控股有限责任公司 | 96 | 曾任湖南省信托投资有限责任公司董事长；现任湖南财信投资控股有限责任公司董事长，财富证券有限责任公司董事长。 |
| 陆小平 | 董事 | 男 | 47 | 2010年4月 | 3年 | 湖南省国有投资经营有限公司 | 4 | 曾任湖南省信托投资公司办公室主任，湖南省信托投资有限责任公司总稽核，湖南省信托有限责任公司副总裁；现任湖南省国有投资经营有限公司董事长。 |
| 曾世民 | 董事 | 男 | 46 | 2009年4月 | 3年 | 湖南财信投资控股有限责任公司 | 96 | 曾任湖南省信托投资公司业务三部经理，湖南省信托投资有限责任公司副总经理、代总经理；现任湖南省信托有限责任公司总裁。 |
| 谢新兴 | 董事 | 男 | 46 | 2009年4月 | 3年 | 职工董事 | — | 曾任湖南省信托投资公司业务一部副经理、证券部副经理、投资管理部副经理；现任湖南省信托有限责任公司资产管理部总经理。 |
| 王晓芸 | 董事 | 女 | 49 | 2009年4月 | 3年 | 职工董事 | — | 曾任泰阳证券财务总监，广州万联证券财务总监、稽核总监，湖南省信托投资有限责任公司信托管理总部总经理、市场营销部总经理、信托业务三部总经理；现任湖南省信托有限责任公司财务总监。 |

独立董事

| 姓名 | 所在单位及职务 | 性别 | 年龄 | 选任日期 | 任期(年) | 所推举的股东名称 | 该股东持股比例(%) | 简要履历 |
|---|---|---|---|---|---|---|---|---|
| 蒋民生 | 原中国银监会湖南监管局局长 | 男 | 62 | 2009年4月 | 年 | 湖南财信投资控股有限责任公司 | 96 | 曾任人民银行湖南省分行副行长、党组成员、党组副书记，国家外汇管理局湖南省分局副局长，人民银行长沙监管办党组书记、特派员，武汉分行党委委员，中国银监会湖南监管局党委书记、局长；现任湖南省金融学会荣誉会长。 |

## 3.3 监事

监事会成员

| 姓名 | 职务 | 性别 | 年龄 | 选任日期 | 任期(年) | 所推举的股东名称 | 该股东持股比例(%) | 简要履历 |
|---|---|---|---|---|---|---|---|---|
| 石波 | 监事会主席 | 女 | 46 | 2010年4月 | 3年 | 湖南财信投资控股有限责任公司 | 96 | 曾任湘西自治州木材公司主管会计，湘西自治州信托公司财务部主任、副经理、经理，湖南省信托投资公司国债服务部主任、计划财务部副经理，湖南省信托投资有限责任公司稽核审计部经理、总稽核；现任湖南省信托有限责任公司监事会主席，湖南担保有限责任公司监事会主席。 |
| 杨科宇 | 监事 | 男 | 40 | 2009年4月 | 3年 | 湖南省国有投资经营有限公司 | 4 | 曾任长沙电表厂设备动能科科员，湖南省信托投资公司证券总部系统维护员、证券分析师，湖南省国有资产投资经营总公司投资发展部经理、总经理助理；现任湖南省国有投资经营有限公司风控总监兼工会主席。 |
| 刘畅 | 监事 | 女 | 39 | 2009年4月 | 3年 | 职工监事 | — | 曾任湖南省信托投资公司计划财务部会计，湖南省信托投资有限责任公司稽核审计部稽核专员；现任湖南省信托有限责任公司稽核审计部总经理。 |

### 3.4 高级管理人员

| 姓名 | 职务 | 性别 | 年龄 | 选任日期 | 金融从业年限 | 学历 | 专业 |
|---|---|---|---|---|---|---|---|
| 曾世民 | 总裁 | 男 | 46 | 2009 年 4 月 | 15 | 本科 | 工业经济 |
| 刘格辉 | 常务副总裁 | 男 | 40 | 2010 年 5 月 | 18 | 研究生 | 会计学 |
| 唐 慧 | 业务副总裁 | 男 | 37 | 2010 年 5 月 | 19 | 大专 | 财务会计 |
| 周江军 | 业务副总裁 | 男 | 32 | 2010 年 5 月 | 7 | 本科 | 法学 |
| 黄飞彪 | 风控总监 | 男 | 50 | 2010 年 5 月 | 16 | 研究生 | 会计学 |
| 王晓芸 | 财务总监 | 女 | 49 | 2010 年 5 月 | 17 | 研究生 | 经济管理 |
| 刘 瑛 | 行政总监 | 女 | 48 | 2010 年 5 月 | 31 | 本科 | 经济管理 |

### 3.5 公司员工

报告期内公司职工人数为 68 人，平均年龄 36 岁。

| 项目 | | 报告期年度 | | 上年度 | |
|---|---|---|---|---|---|
| | | 人数 | 比例(%) | 人数 | 比例(%) |
| 年龄分布 | 20 岁以下 | — | — | — | — |
| | 20～29 岁 | 17 | 25.00 | 17 | 24.64 |
| | 30～39 岁 | 28 | 41.18 | 32 | 46.38 |
| | 40 岁以上 | 23 | 33.82 | 20 | 28.98 |
| 学历分布 | 博士 | 1 | 1.47 | — | — |
| | 硕士 | 11 | 16.19 | 11 | 15.94 |
| | 本科 | 41 | 60.29 | 41 | 59.42 |
| | 专科 | 7 | 10.29 | 11 | 15.94 |
| | 其他 | 8 | 11.76 | 6 | 8.70 |

## 4. 经营管理

### 4.1 经营目标、方针、战略规划

#### 4.1.1 经营目标

坚持以科学发展观统领公司发展全局，继续秉承“风控优先、合规经营、专业专注、创新发展”的经营理念，切实加强基础管理体系、人力资源管理体系和企业文化管理体系建设，大力发展信托主业，积极防范风险，夯实公司生存、改革和发展的基础，大胆探索创新业务模式，积极稳妥增资扩股，增强公司实力和市场竞争力，努力把公司打造成专业的理财机构，实现公司可持续和谐发展。

#### 4.1.2 经营方针

审慎经营，专业专注，创新发展，构建和谐。

#### 4.1.3 战略规划

立足湖南、面向全国、放眼世界，发挥信托的功能优势，创新发展业务，为经济建设服务，为客户创造财富，为股东创造价值，切实加强全面风险管理能力，不断提高核心竞争力，将湖南信托打造成为资本充足、信誉良好、经营稳健、勇于创新的专业理财机构。

### 4.2 所经营业务的主要内容

公司业务主要分为信托业务和固有业务两大类。信托业务：公司目前主要从事资金信托、财产信托、财产权信托业务，具体的品种为：单一资金信托、集合资金信托、员工持股信托、银行信贷资产转让类信托、信托受益权转让产品、证券投资信托等业务。固有业务：公司目前主要从事贷款、金融类股权投资、证券投资等业务。

报告期内，公司自营资产运用与分布和信托财产运用与分布情况如下

**自营资产运用与分布表**

| 资产运用 | 金额（万元） | 占比（%） | 资产分布 | 金额（万元） | 占比（%） |
|---|---|---|---|---|---|
| 货币资产 | 2 397 | 3.31 | 基础产业 | 5 204 | 7.18 |
| 贷款及应收款 | 42 333 | 58.39 | 房地产业 | 13 500 | 18.62 |
| 交易性金融资产投资 | 7 662 | 10.57 | 证券市场 | — | — |
| 可供出售金融资产投资 | — | — | 实业 | 24 576 | 33.9 |
| 持有至到期投资 | 5 773 | 7.96 | 金融机构 | 13 059 | 18.01 |
| 长期股权投资 | 11 715 | 16.16 | 其他 | 16 160 | 22.29 |
| 其他 | 2 619 | 3.61 | — | — | — |
| 资产总计 | 72 499 | 100.00 | 资产总计 | 72 499 | 100.00 |

注：“资产分布”中“其他”项明细说明：

（1）贷款及应收款中不能归属于所列类别的资产为 5 460 万元。

（2）长期股权投资中不能归属于所列类别的资产为 8 081 万元。

（3）固定资产为 1 201 万元。

（4）无形资产为 25 万元。

（5）递延所得税资产为 1 393 万元。

**信托资产运用与分布**

| 资产运用 | 金额（万元） | 占比（%） | 资产分布 | 金额（万元） | 占比（%） |
|---|---|---|---|---|---|
| 货币资产 | 130 952 | 7.69 | 基础产业 | 784 696 | 46.05 |
| 贷款 | 1 208 191 | 70.91 | 房地产 | 34 874 | 2.05 |
| 交易性金融资产投资 | 4 656 | 0.27 | 证券市场 | 4 656 | 0.27 |
| 可供出售金融资产投资 | — | — | 实业 | 309 056 | 18.14 |
| 持有至到期投资 | 74 082 | 4.35 | 金融机构 | 180 380 | 10.59 |
| 长期股权投资 | 189 715 | 11.13 | 其他 | 390 235 | 22.90 |
| 其他 | 96 301 | 5.65 | — | — | — |
| 信托资产总计 | 1 703 897 | 100 | 信托资产总计 | 1 703 897 | 100 |

注：资产运用类中的“其他”内容为应收款项96 301 万元；资产分布类中的“其他”包括应收款项 96 301 万元，其他行业运用 293 934 万元。

### 4.3 市场分析

#### 4.3.1 有利因素

（1）国民经济持续快速发展，居民收入水平逐步提高，社会公众投资理财意识增强。

（2）湖南地区“中部崛起”、推进“四化两型”建设以及正在实施启动内需、扩大消费和深化农村改革，使该地区对金融服务需求逐步增大。

（3）信托业监管制度日益完善，业务经营日渐规范，公司信誉度提高。

（4）成熟稳定的管理团队和业务团队，为公司业务的进一步拓展奠定了基础。

#### 4.3.2 不利因素

（1）金融混业趋势明显，理财市场竞争加剧，银行、证券投资理财业务对信托业务带来极大的冲击。

（2）净资本管理办法出台后，公司的资本金规模偏小，面临

业务调整和转型的压力。

(3)营销的瓶颈尚未打破。

(4)自有资金投资运作需大力加强。

(5)以市场为导向、与绩效考核挂钩、适应公司发展要求的激励约束机制需进一步完善。

## 4.4 内部控制概况

**4.4.1 内部控制环境和内部控制文化**

公司具有较为完善的法人治理机制,逐步建立起权责分明、制衡合理、报告关系清晰的组织结构与决策程序,公司不断优化内部控制体系,董事会下设风险控制与审计委员会,负责公司风险控制、管理、监督和评估,以确保公司对风险的识别、防范和反馈纠正等管理活动能够有效的开展。

公司积极培育"自立、感恩、和谐"的公司文化,通过各种形式的讲座、交流和培训活动,将有关内部控制的最新制度和要求及时传达给员工,并就风险管理、内部控制、合规经营的重要性,逐步形成了以"风控优先、合规经营"为核心的风险管理文化,引导员工树立合规意识和风险意识,不断提高员工职业道德水准,规范员工职业行为。

**4.4.2 内部控制措施**

公司通过授权控制、目标控制、组织机构控制、岗位责任控制、会计系统控制等具体的内部控制措施对公司的各项业务以及管理行为实行连续性监督。公司已经形成以文化为主线、以风控为核心的管理理念,并通过程序制约和内部牵制的原则,将各职能部门业务划分为具体的工作岗位,并对各岗位职责进行详细描述,以明确责任和权限。公司各部门和各级人员遵守法律、法规和银监会的各种相关规定,并遵循公司内部控制文化的要求,在各项业务执行和信息传递中起到相互牵制、相互制衡的作用,通过监督评价与纠正确保内部控制制度的健全和有效。

**4.4.3 监督评价与纠正**

公司通过定期或不定期对内部控制制度的审计,对公司内部控制制度的健全性和有效性进行测试和评价;对公司内部控制制度存在的偏差以及缺陷和薄弱的部分进行纠正,确保内部控制制度的健全和有效。

## 4.5 风险管理概况

**4.5.1 风险状况**

4.5.1.1 信用风险状况

信用风险主要是指公司交易对手违约造成损失的风险。2010年公司不良资产的期初数为3 057万元,期末数为7 260万元,其中已计提专项准备金为6 054万元。

4.5.1.2 市场风险状况

市场风险主要是指由于利率、汇率或金融市场价格的变动造成损失的风险或按权益法核算的被投资单位因股市下跌对公司的盈利能力和财务状况有不利影响。公司对市场风险进行有效的监控,紧跟国家经济发展形势,防范利率调整带来的风险。

4.5.1.3 操作风险状况

操作风险主要是指在业务经办过程中由于员工操作不当或由于系统故障而带来损失的风险。公司项目执行尽职调查和报告管理,并对项目的尽职管理进行有效的监控以规避各种操作风险的产生和扩大。报告期内公司尚未发现因公司内部业务流程、计算机系统、工作人员在操作中的不完善造成损失的风险,也尚未发现公司因外部因素如通讯系统故障等给公司造成损失或影响公司的正常运行。

4.5.1.4 其他风险状况

其他风险主要是指公司在开展业务中存在的合规性风险、公司声誉风险、政策风险、道德风险等。报告期内尚未发现该类风险给公司造成损失或影响公司的正常运行。

**4.5.2 风险管理的基本政策、策略**

公司经营理念是以防范风险为核心,风险管理遵循全面性、审慎性、及时性、有效性、独立性等原则,覆盖公司各项业务、各个部门和各级人员,并渗透到决策、执行、监督、反馈等各个环节,对风险进行事前防范、事中控制、事后监督,促进公司持续、稳健、规范、健康运行。

公司风险管理的基本策略为:通过增强自身风险评估能力,并针对不同风险类别明确制定风险偏好和风险承受度方法与工具,并且通过强化合法合规经营的制度来进行保障。

# 5. 报告期末及上年末的比较式会计报表

## 5.1 自营资产(经审计)

**5.1.1 会计师事务所审计结论**

**审 计 报 告**

天健湘审〔2011〕205号

湖南省信托有限责任公司董事会:

我们审计了后附的湖南省信托有限责任公司(以下简称信托公司)财务报表,包括2010年12月31日的资产负债表、2010年度的利润表及现金流量表、所有者权益变动表以及财务报表附注。

一、管理层对财务报表的责任

按照企业会计准则的规定编制财务报表是信托公司管理层的责任。这种责任包括:(1)设计、实施和维护与财务报表编制相关的内部控制,以使财务报表不存在由于舞弊或错误而导致的重大错报;(2)选择和运用恰当的会计政策;(3)作出合理的会计估计。

二、注册会计师的责任

我们的责任是在实施审计工作的基础上对财务报表发表审计意见。我们按照中国注册会计师审计准则的规定执行了审计工作。中国注册会计师审计准则要求我们遵守职业道德规范,计划和实施审计工作以对财务报表是否不存在重大错报获取合理保证。

审计工作涉及实施审计程序,以获取有关财务报表金额和披露的审计证据。选择的审计程序取决于注册会计师的判断,包括对由于舞弊或错误导致的财务报表重大错报风险的评估。在进行风险评估时,我们考虑与财务报表编制相关的内部控制,以设计恰当的审计程序,但目的并非对内部控制的有效性发表意见。审计工作还包括评价管理层选用会计政策的恰当性和作出会计估计的合理性,以及评价财务报表的总体列报。

我们相信，我们获取的审计证据是充分、适当的，为发表审计意见提供了基础。

三、审计意见

我们认为，信托公司财务报表已经按照企业会计准则的规定编制，在所有重大方面公允反映了信托公司2010年12月31日的财务状况以及2010年的经营成果和现金流量。

天健会计师事务所有限公司湖南开元分所

中国注册会计师 余先锋

中国·长沙　　中国注册会计师 刘绍秋

报告日期：2011年3月16日

5.1.2 资产负债表

**资产负债表**

编制单位：湖南省信托有限责任公司　　2010年12月31日　　单位：万元

| 资　产 | 期末余额 | 年初余额 | 负债和所有者权益 | 期末余额 | 年初余额 |
|---|---|---|---|---|---|
| 资产： | | | 负债： | | |
| 现金及银行款项 | 2 393 | 6 562 | 向中央银行借款 | 4 000 | 4 000 |
| 存放同业款项 | 4 | 5 | 拆入资金 | | |
| 贵金属 | | | 交易性金融负债 | | |
| 拆出资金 | | | 衍生金融负债 | | |
| 交易性金融资产 | 7 662 | 4 | 卖出回购金融资产款 | | |
| 衍生金融资产 | | | 其他应付款 | 6 192 | 4 383 |
| 买入返售金融资 | | | 应付职工薪酬 | 1 377 | 968 |
| 其他应收款 | 20 144 | 22 400 | 应交税费 | 1 107 | 678 |
| 应收利息 | | | 应付利息 | | |
| 发放贷款和垫款 | 22 189 | 22 998 | 预计负债 | | |
| 可供出售金融资 | | | 应付债券 | | |
| 持有至到期投资 | 5 773 | 653 | 递延所得税负债 | 15 | |
| 长期股权投资 | 11 715 | 12 923 | 其他负债 | 16 | 17 |
| 投资性房地产 | | | 负债合计 | 12 707 | 10 046 |
| 固定资产 | 1 201 | 1 282 | | | |
| 无形资产 | 25 | 55 | 所有者权益： | | |
| 递延所得税资产 | 1 393 | 868 | 实收资本（或股本） | 50 000 | 50 000 |
| 其他资产 | | | 资本公积 | 1 485 | 1 485 |
| | | | 减：库存股 | | |
| | | | 盈余公积 | 1 856 | 1 397 |
| | | | 一般风险准备 | 1 080 | 1 080 |
| | | | 信托赔偿准备 | 1 012 | 783 |
| | | | 未分配利润 | 4 360 | 2 960 |
| | | | 外币折算差额 | −1 | −1 |
| | | | 所有者权益合计 | 59 792 | 57 704 |
| 资产总计 | 72 499 | 67 750 | 负债和所有者权益合计 | 72 499 | 67 750 |

法定代表人：朱德光　　主管会计工作的负责人：王晓芸　　会计机构负责人：伍质洁

5.1.3 利润和利润分配表

**利润表**

2010年

编制单位：湖南省信托有限责任公司　　单位：万元

| 项　目 | 本期金额 | 上期金额 |
|---|---|---|
| 一、营业收入 | 14 518 | 9 920 |
| 利息净收入 | 491 | 444 |
| 利息收入 | 582 | 535 |
| 其中：金融企业往来利息收入 | 22 | 60 |
| 利息支出 | 91 | 91 |
| 手续费及佣金净收入 | 13 162 | 9 078 |
| 手续费及佣金收入 | 13 162 | 9 078 |
| 其中：信托报酬收入 | 12 920 | 8 145 |
| 手续费及佣金支出 | | |
| 投资收益（损失以“−”号填列） | 803 | 398 |
| 其中：对联营企业和合营企业的投资收益 | | |

续表

| 项　目 | 本期金额 | 上期金额 |
|---|---|---|
| 公允价值变动收益（损失以“−”号填列） | 62 | |
| 汇兑收益（损失以“−”号填列） | | |
| 其他业务收入 | | |
| 二、营业支出 | 8 545 | 6 460 |
| 营业税金及附加 | 766 | 534 |
| 业务及管理费 | 5 283 | 3 621 |
| 资产减值损失 | 2 193 | 2 074 |
| 其他业务成本 | 303 | 231 |
| 三、营业利润（亏损以“−”号填列） | 5 973 | 3 460 |
| 加：营业外收入 | 3 | 18 |
| 减：营业外支出 | 5 | 4 |
| 四、利润总额（亏损总额以“−”号填列） | 5 971 | 3 474 |
| 减：所得税费用 | 1 383 | 819 |
| 五、净利润（净亏损以“−”号填列） | 4 588 | 2 655 |

法定代表人：朱德光　　主管会计工作的负责人：王晓芸　　会计机构负责人：伍质洁

### 5.1.4 所有者权益变动表

**所有者权益变动表**

编制单位:湖南省信托有限责任公司　　2010 年　　单位:万元

| 项　目 | 本期数 | | | | | | | |
|---|---|---|---|---|---|---|---|---|
| | 股本 | 资本公积 | 盈余公积 | 信托赔偿准备 | 一般风险准备 | 未分配利润 | 外币折算差额 | 所有者权益合计 |
| 一、上年末余额 | 50 000 | 1 485 | 1 397 | 783 | 1 080 | 2 960 | −1 | 57 704 |
| 加:会计政策变更 | | | | | | | | |
| 前期差错更正 | | | | | | | | |
| 其他 | | | | | | | | |
| 二、本年初余额 | 50 000 | 1 485 | 1 397 | 783 | 1 080 | 2 960 | −1 | 57 704 |
| 三、本期增减变动金额(减少以"－"号填列) | | | 459 | 229 | | 1 400 | | 2 088 |
| (一)净利润 | | | | | | 4 588 | | 4 588 |
| (二)直接计入所有者权益的利得和损失 | | | | | | | | |
| (三)所有者投入和减少资本 | | | | | | | | |
| 1. 所有者投入资本 | | | | | | | | |
| 2. 股份支付计入所有者权益的金额 | | | | | | | | |
| 3. 其他 | | | | | | | | |
| (四)利润分配 | | | 459 | 229 | | −3 188 | | −2 500 |
| 1. 提取盈余公积 | | | 459 | | | −459 | | |
| 2. 提取一般风险准备 | | | | | | | | |
| 3. 对所有者(或股东)的分配 | | | | | | −2 500 | | −2 500 |
| 4. 提取信托赔偿准备 | | | | 229 | | −229 | | |
| (五)所有者权益内部结转 | | | | | | | | |
| 1. 资本公积转增资本(或股本) | | | | | | | | |
| 2. 盈余公积转增资本(或股本) | | | | | | | | |
| 3. 盈余公积弥补亏损 | | | | | | | | |
| 4. 其他 | | | | | | | | |
| (六)专项储备 | | | | | | | | |
| 1. 本期提取 | | | | | | | | |
| 2. 本期使用 | | | | | | | | |
| 四、本期期末余额 | 50 000 | 1 485 | 1 856 | 1 012 | 1 080 | 4 360 | −1 | 59 792 |

法定代表人:朱德光　　主管会计工作的负责人:王晓芸　　会计机构负责人:伍质洁

**所有者权益变动表(续表)**

2009 年　　单位:万元

| 项　目 | 本期数 | | | | | | | |
|---|---|---|---|---|---|---|---|---|
| | 股本 | 资本公积 | 盈余公积 | 信托赔偿准备 | 一般风险准备 | 未分配利润 | 外币折算差额 | 所有者权益合计 |
| 一、上年末余额 | 50 000 | 1 485 | 1 101 | 635 | 1 080 | 6 446 | −1 | 60 746 |
| 加:会计政策变更 | | | | | | | | |
| 前期差错更正 | | | 30 | 15 | | 258 | | 303 |
| 其他 | | | | | | | | |
| 二、本年初余额 | 50 000 | 1 485 | 1 131 | 650 | 1 080 | 6 704 | −1 | 61 049 |
| 三、本期增减变动金额(减少以"－"号填列) | | | 266 | 133 | | −3 744 | | −3 345 |
| (一)净利润 | | | | | | 2 655 | | 2 655 |
| (二)直接计入所有者权益的利得和损失 | | | | | | | | |
| (三)所有者投入和减少资本 | | | | | | | | |
| 1. 所有者投入资本 | | | | | | | | |
| 2. 股份支付计入所有者权益的金额 | | | | | | | | |
| 3. 其他 | | | | | | | | |
| (四)利润分配 | | | 266 | 133 | | −6 399 | | −6 000 |
| 1. 提取盈余公积 | | | 266 | | | −266 | | |
| 2. 提取一般风险准备 | | | | | | | | |

续表

| 项　目 | 本期数 | | | | | | | |
|---|---|---|---|---|---|---|---|---|
| | 股本 | 资本公积 | 盈余公积 | 信托赔偿准备 | 一般风险准备 | 未分配利润 | 外币折算差额 | 所有者权益合计 |
| 3. 对所有者(或股东)的分配 | | | | | | -6 000 | | -6 000 |
| 4. 提取信托赔偿准备 | | | | 133 | | -133 | | |
| (五)所有者权益内部结转 | | | | | | | | |
| 1. 资本公积转增资本(或股本) | | | | | | | | |
| 2. 盈余公积转增资本(或股本) | | | | | | | | |
| 3. 盈余公积弥补亏损 | | | | | | | | |
| 4. 其他 | | | | | | | | |
| (六)专项储备 | | | | | | | | |
| 1. 本期提取 | | | | | | | | |
| 2. 本期使用 | | | | | | | | |
| 四、本期期末余额 | 50 000 | 1 48 | 1 397 | 783 | 1 080 | 2 960 | -1 | 57 704 |

## 5.2　信托资产

### 5.2.1　信托项目资产负债汇总表

编制单位:湖南省信托有限责任公司　　　　2010 年 12 月 31 日　　　　单位:万元

| 信托资产 | 期末数 | 年初数 | 信托负债和信托权益 | 期末数 | 年初数 |
|---|---|---|---|---|---|
| 信托资产 | | | 一、信托负债 | | |
| 货币资金 | 130 952 | 13 340 | 交易性金融负债 | — | |
| 拆出资金 | — | | 衍生金融负债 | — | |
| 存出保证金 | — | | 应付受托人报酬 | 2 781 | 1 397 |
| 交易性金融资产 | 4 656 | 5 020 | 应付托管费 | 1 | 4 |
| 衍生金融资产 | — | | 应付受益人收益 | 24 | 112 |
| 买入返售金融资产 | — | | 应交税费 | — | |
| 应收款项 | 96 301 | 84 310 | 应付销售服务费 | — | |
| 发放贷款 | 1 208 191 | 413 032 | 其他应付款项 | 10 251 | 3 182 |
| 可供出售金融资产 | — | | 其他负债 | — | |
| 持有至到期投资 | 74 082 | 47 421 | | | |
| 长期应收款 | — | | 信托负债合计 | 13 057 | 4 695 |
| 长期股权投资 | 189 715 | 106 310 | | | |
| 投资性房地产 | — | | 二、信托权益 | | |
| 固定资产 | — | | 实收信托 | 1 689 958 | 665 990 |
| 无形资产 | — | | 资本公积 | — | |
| 长期待摊费用 | 0 | | 外币报表折算差额 | 0 | |
| 其他资产 | 0 | | 未分配利润 | 882 | -1 252 |
| 减:各项资产减值准备 | 0 | | 信托权益合计 | 1 690 840 | 664 738 |
| 信托资产总计 | 1 703 897 | 669 433 | 信托负债和信托权益总计 | 1 703 897 | 669 433 |

公司负责人:朱德光　　　　财务负责人:王晓芸　　　　会计人员:林　莉

### 5.2.2　信托项目利润及利润分配汇总表

编制单位:湖南省信托有限责任公司　2010 年　　　　单位:万元

| 项　目 | 本年数 | 上年数 |
|---|---|---|
| 1. 营业收入 | 82 584 | 40 523 |
| 1.1 利息收入 | 56 630 | 20 726 |
| 1.2 投资收益(损失以"-"号填列) | 25 779 | 19 731 |
| 1.2.1 其中:对联营企业和合营企业的投资收益 | — | — |
| 1.3 公允价值变动收益(损失以"-"号填列) | — | — |
| 1.4 租赁收入 | — | — |
| 1.5 汇兑损益(损失以"-"号填列) | — | — |
| 1.6 其他收入 | 175 | 66 |
| 2. 支出 | 12 140 | 6 968 |
| 2.1 营业税金及附加 | — | — |
| 2.2 受托人报酬 | 8 527 | 4 157 |
| 2.3 托管费 | 691 | 507 |

续表

| 项　目 | 本年数 | 上年数 |
|---|---|---|
| 2.4 投资管理费 | 2 514 | 1 049 |
| 2.5 销售服务费 | 243 | 560 |
| 2.6 交易费用 | — | — |
| 2.7 资产减值损失 | — | — |
| 2.8 其他费用 | 165 | 695 |
| 3. 信托净利润(净亏损以"-"号填列) | 70 444 | 33 555 |
| 4. 其他综合收益 | — | — |
| 5. 综合收益 | 70 444 | 33 555 |
| 6. 加:期初未分配信托利润 | -1 252 | -844 |
| 7. 可供分配的信托利润 | 69 192 | 32 711 |
| 8. 减:本期已分配信托利润 | 68 310 | 33 963 |
| 9. 期末未分配信托利润 | 882 | -1 252 |

公司负责人:朱德光　　　　财务负责人:王晓芸　　　　会计人员:林　莉

## 6. 会计报表附注

### 6.1 简要说明报告年度会计报表编制基准、会计政策、会计估算和核算方法的变化

无。

### 6.2 或有事项说明

无。

### 6.3 重要资产转让及其出售的说明

无。

### 6.4 会计报表中重要项目的明细资料

#### 6.4.1 披露自营资产经营情况

6.4.1.1 按信用风险五级分类的结果披露信用风险资产的期初数、期末数

| 信用风险资产五级分类 | 正常类（万元） | 关注类（万元） | 次级类（万元） | 可疑类（万元） | 损失类（万元） | 信用风险资产合计（万元） | 不良合计（万元） | 不良率（%） |
|---|---|---|---|---|---|---|---|---|
| 期初数 | 12 844 | 40 209 | — | — | 3 057 | 56 110 | 3 057 | 5.45 |
| 期末数 | 10 245 | 33 273 | 495 | 3 784 | 2 981 | 50 778 | 7 260 | 14.3 |

注：不良资产合计＝次级类＋可疑类＋损失类。

6.4.1.2 各项资产减值损失准备的期初、本期计提、本期转回、本期核销、期末数

单位：万元

| | 期初数 | 本期计提 | 本期转回 | 本期核销 | 期末数 |
|---|---|---|---|---|---|
| 贷款损失准备 | 3 100 | 59 | — | — | 3 159 |
| 一般准备 | 1 080 | — | — | — | 1 080 |
| 专项准备 | 2 020 | 59 | — | — | 2 079 |
| 其他资产减值准备 | — | — | — | — | — |
| 可供出售金融资产减值准备 | — | — | — | — | — |
| 持有至到期投资减值准备 | — | — | — | — | — |
| 长期股权投资减值准备 | — | — | — | — | — |
| 坏账准备 | 1 841 | 2 134 | — | — | 3 975 |
| 投资性房地产减值准备 | — | — | — | — | — |

6.4.1.3 自营股票投资、基金投资、债券投资、股权投资等投资业务的期初数、期末数

单位：万元

| | 自营股票 | 基金 | 债券 | 长期股权投资 | 其他投资 | 合计 |
|---|---|---|---|---|---|---|
| 期初数 | 4 | — | — | 12 923 | 653 | 13 580 |
| 期末数 | — | — | — | 11 715 | 13 435 | 25 150 |

6.4.1.4 按投资入股金额排序，前三名的自营长期股权投资的企业名称、占被投资企业权益的比例及投资收益情况等

| 企业名称 | 占被投资企业权益的比例（%） | 投资收益（万元） |
|---|---|---|
| 1. 湖南省中小企业信用担保有限责任公司 | 12.1 | 238 |
| 2. 湖南财信创业投资有限责任公司 | 40 | 493 |
| 3. 三一汽车金融有限公司 | 3.75 | — |

6.4.1.5 前三名的自营贷款的企业名称、占贷款总额的比例和还款情况等

| 企业名称 | 占贷款总额的比例（%） | 还款情况 |
|---|---|---|
| 1. 湖南省德胜房地产开发有限公司 | 55.63 | — |
| 2. 湖南湘渝电力投资有限责任公司 | 13.19 | — |
| 3. 湖南万博港工业品超市有限公司 | 6.68 | 已还 1 530 万元 |

6.4.1.6 表外业务的期初数、期末数；按照代理业务，担保业务和其他类型表外业务分别披露

单位：万元

| 表外业务 | 期初数 | 期末数 |
|---|---|---|
| 担保业务 | 290 | — |
| 代理业务（委托业务） | — | — |
| 其他 | — | — |
| 合计 | 290 | — |

6.4.1.7 公司当年的收入结构

| 收入结构 | 金额（万元） | 占比（%） |
|---|---|---|
| 手续费及佣金收入 | 13 162 | 90.08 |
| 其中：信托手续费收入 | 12 920 | 88.42 |
| 投资银行业务收入 | — | — |
| 利息收入 | 582 | 3.98 |
| 其他业务收入 | — | — |
| 其中：计入信托业务收入部分 | — | — |
| 投资收益 | 803 | 5.50 |
| 其中：股权投资收益 | 746 | 5.11 |
| 证券投资收益 | 8 | 0.05 |
| 其他投资收益 | 49 | 0.34 |
| 公允价值变动收益 | 62 | 0.42 |
| 营业外收入 | 3 | 0.02 |
| 收入合计 | 14 612 | 100 |

#### 6.4.2 披露信托资产管理情况

6.4.2.1 信托资产的期初数、期末数

单位：万元

| 信托资产 | 期初数 | 期末数 |
|---|---|---|
| 集合 | 243 957 | 395 695 |
| 单一 | 402 157 | 1 284 489 |
| 财产权 | 23 319 | 23 713 |
| 合计 | 669 433 | 1 703 897 |

6.4.2.1.1 主动管理型信托业务期初数、期末数，分证券投资、股权投资、融资、事务管理类分别披露

单位：万元

| 主动管理型信托资产 | 期初数 | 期末数 |
|---|---|---|
| 证券投资类 | 5 831 | 5 950 |
| 股权投资类 | 141 853 | 205 572 |
| 融资类 | 156 155 | 315 027 |
| 事务管理类 | 53 598 | 118 370 |
| 合计 | 357 437 | 644 919 |

6.4.2.1.2 被动管理型信托业务的信托资产期初数、期末数，分证券投资、股权投资、融资、事务管理类分别披露

单位:万元

| 被动管理型信托资产 | 期初数 | 期末数 |
| --- | --- | --- |
| 证券投资类 | — | — |
| 股权投资类 | — | — |
| 融资类 | 311 996 | 1 058 978 |
| 事务管理类 | — | — |
| 合计 | 311 996 | 1 058 978 |

6.4.2.2　本年度已清算结束的信托项目个数、实收信托合计金额、加权平均实际年化收益率

6.4.2.2.1　本年度已清算结束的集合类、单一类资金信托项目和财产管理类信托项目个数、金额、加权平均实际年化收益率

| 已清算结束信托项目 | 项目个数 | 实收信托合计金额(万元) | 加权平均实际年化收益率(%) |
| --- | --- | --- | --- |
| 集合类 | 14 | 51 152 | 12.42 |
| 单一类 | 50 | 581 467 | 4.62 |
| 财产管理类 | 1 | 1 619 | 3.88 |

6.4.2.2.2　本年度已清算结束的主动管理型信托项目个数、合计金额、加权平均实际年化收益率,分证券投资、股权投资、融资、事务管理类分别披露

| 已清算结束信托项目 | 项目个数 | 实收信托合计金额(万元) | 加权平均实际年化信托报酬率(%) | 加权平均实际年化收益率(%) |
| --- | --- | --- | --- | --- |
| 证券投资类 | — | 500 | 1.50 | -5.19 |
| 股权投资类 | 1 | 9 078 | 0.86 | 69.39 |
| 融资类 | 25 | 74 346 | 1.80 | 7.71 |
| 事务管理类 | 2 | 6 889 | 0.38 | 0.91 |

6.4.2.2.3　本年度已清算结束的被动管理型信托项目个数、合计金额、加权平均实际年化收益率,分证券投资、股权投资、融资、事务管理类分别披露

| 已清算结束信托项目 | 项目个数 | 实收信托合计金额(万元) | 加权平均实际年化信托报酬率(%) | 加权平均实际年化收益率(%) |
| --- | --- | --- | --- | --- |
| 证券投资类 | — | — | — | — |
| 股权投资类 | — | — | — | — |
| 融资类 | 37 | 543 425 | 0.22 | 2.70 |
| 事务管理类 | — | — | — | — |

6.4.2.3　本年度新增的集合类、单一类、资金信托项目和财产管理类信托项目数量、合计金额

单位:万元

| 新增信托项目 | 项目个数 | 实收信托合计金额 |
| --- | --- | --- |
| 集合类 | 39 | 201 798 |
| 单一类 | 53 | 1 454 395 |
| 财产管理类 | 1 | 2 013 |
| 新增合计 | 93 | 1 658 206 |
| 其中:主动管理型 | 57 | 378 251 |
| 被动管理型 | 36 | 1 279 955 |

6.4.2.4　本公司履行受托人义务情况及因公司自身责任而导致的信托资产损失情况(合计金额、原因等)

公司在管理信托财产的过程中,恪尽职守,履行诚实、信用、谨慎、有效管理的义务,公司没有发生损害受益人利益的情况。

报告期内公司没有发生因公司自身责任而导致的信托资产损失情况。

## 6.5　关联方关系及其交易的披露

**6.5.1　关联交易方的数量、关联交易的总金额及关联交易的定价政策等**

报告期内关联交易方的数量1笔,关联交易的总金额为5 000万元,按市场公允价格定价。

**6.5.2　关联交易方与本公司的关系性质、关联交易方的名称、法人代表、注册地址、注册资本及主营业务等**

| 关系性质 | 关联方名称 | 法定代表人 | 注册地址 | 注册资本(万元) | 主营业务 |
| --- | --- | --- | --- | --- | --- |
| 同一母公司 | 湖南财信工程投资担保有限公司 | 王泽建 | 长沙市芙蓉中路1段593号湖南国际金融大厦20楼 | 10 000 | 工程、住房保证担保、投资,投标、履约、支付、预付款保证等 |

**6.5.3　本公司与关联方的重大交易事项**

6.5.3.1　固有财产与关联方:贷款、投资、应收账款、担保、其他方式等期初数汇总数、本期发生额汇总数、期末汇总数

无。

6.5.3.2　信托资产与关联方交易情况:贷款、投资、租赁、应收账款款、担保、其他方式等期初汇总数、本期发生汇总额、期末汇总数

单位:万元

| 信托与关联方关联交易 | | | | |
| --- | --- | --- | --- | --- |
| | 期初数 | 借方发生额 | 贷方发生额 | 期末数 |
| 贷款 | 0 | 5 000 | 0 | 5 000 |
| 投资 | 0 | 0 | 0 | 0 |
| 租赁 | 0 | 0 | 0 | 0 |
| 担保 | 0 | 0 | 0 | 0 |
| 应收账款 | 0 | 0 | 0 | 0 |
| 其他 | 0 | 0 | 0 | 0 |
| 合计 | 0 | 5 000 | 0 | 5 000 |

6.5.3.3　信托公司自有资金运用于自己管理的信托项目(固信交易)、信托公司管理的信托项目之间的相互(信信交易)交易金额,包括余额和本报告年度的发生额

6.5.3.3.1　固有与信托财产之间的交易金额期初汇总数、本期发生额汇总数、期末汇总数

单位:万元

| 固有财产与信托财产相互交易 | | | |
| --- | --- | --- | --- |
| | 期初数 | 本期发生额 | 期末数 |
| 合计 | 5 028 | -255 | 4 773 |

6.5.3.3.2　信托项目之间的交易金额期初汇总数、本期发生额汇总数、期末汇总数

无。

**6.5.4 逐笔披露关联方逾期偿还本公司资金的详细情况以及本公司为关联方担保发生或即将发生垫款的详细情况**

无。

### 6.6 会计制度的披露

（1）本公司固有业务（自营业务）已于2008年1月1日起执行新的《企业会计准则》，同时所有与会计有关的内容均作出相应修改。

（2）信托业务于2010年1月1日起执行新的《企业会计准则》，同时所有与会计有关的内容均作出相应修改。

## 7. 财务情况说明书

### 7.1 利润实现和分配情况

本公司上年末累计未分配利润为2 960万元，本年度实现净利润4 588万元，累计可供分配利润7 548万元；提取法定盈余公积459万元，提取信托赔偿准备229万元，可供投资者分配利润6 860万元。年内向股东分配现金股利2 500万元，期末未分配利润4 360万元。经公司2011年度第一次股东会议决议，公司可供分配利润不分配。

### 7.2 主要财务指标

| 指标名称 | 指标值 |
|---|---|
| 资本利润率（%） | 7.81 |
| 加权年化信托报酬率（%） | 0.60 |
| 人均净利润（万元/人） | 66 |

### 7.3 对本公司财务情况、经营成果有重大影响的其他事项

无。

## 8. 特别事项揭示

### 8.1 前五名股东报告期内变动情况及原因

无。

### 8.2 董事、监事及高级管理人员变动情况及原因

报告期内，由于工作变动原因，经公司第三届董事会第四次会议、2010年第一次股东会审议通过，同意胡小龙辞去董事职务。根据股东推荐，选举陆小平为第三届董事会股东代表董事。经公司第三届第三次监事会、2010年第一次股东会审议通过，同意黄志刚辞去监事会主席、监事职务。根据股东推荐，选举石波为第三届监事会股东代表监事、监事会主席。根据公司薪酬绩效改革结果，经公司第三届董事会第十六次临时会议审议通过，并经中国银行业监督管理委员会湖南监管局核准（湘银监复〔2010〕402号），聘任刘格辉为常务副总裁，聘任周江军、唐慧为业务副总裁，聘任黄飞彪为风控总监，聘任王晓芸为财务总监，聘任刘瑛为行政总监。

### 8.3 公司的重大未决诉讼事项

无。

### 8.4 对会计师事务所出具的有保留意见、否定意见或无法表示意见的审计报告的，公司董事会应就所涉及事项作出说明

天健会计师事务所有限公司湖南开元分所对公司出具无保留审计意见。

### 8.5 公司及其董事、监事和高级管理人员受到处罚的情况

报告期内未发生公司及其董事、监事和高级管理人员受到处罚的情况。

### 8.6 银监会及其派出机构对公司的检查意见及其整改情况说明

2010年中国银行业监督管理委员会湖南监管局对公司银信业务、地方政府平台贷款等进行了现场检查，公司经营层高度重视，积极组织相关部门落实整改。整改情况如下：

完善公司治理结构，修订相关授权制度；加强银信合作自主管理，积极开拓银信合作新模式；加强地方政府融资平台清理，调整创新业务模式；健全相关制度和工作流程，提升内部管理水平；全面推进信息化建设，提高信息化运用和管理水平。

### 8.7 本年度重大事项临时报告的简要内容、披露时间、所披露的媒体及其版面

无。

### 8.8 银监会及其省级派出机构认定的其他有必要让客户及相关利益人了解的重要信息

无。

## 9. 公司监事会意见

监事会对公司2010年有关事项的独立意见：

（1）报告期内，公司决策程序合法，运作规范。公司依照国家有关法律、法规以及公司章程的规定，进一步健全了法人治理结构，逐步完善了内部管理制度；未发现董事和高级管理人员在履行职责时违反法律、法规、《公司章程》和损害公司利益的行为。

（2）天健会计师事务所有限公司湖南开元分所对公司2010年财务报告出具的审计报告所涉及事项是真实、客观、公正的；公司2010年财务报告能够真实地反映公司的财务状况和经营成果。

（3）报告期内未发现公司有损害受益人、股东权益或造成公司资产流失的行为。

# 华澳国际信托有限公司

## 1. 重要提示

1.1 本公司董事会及其董事保证本报告所载资料不存在任何虚假记载、误导性陈述或者重大遗漏,并对其内容的真实性、准确性和完整性承担个别及连带责任。

1.2 本公司全体董事出席董事会会议。

1.3 本公司设独立董事制度,独立董事沈斌、林家礼在此发表独立声明,确认本报告所载资料及内容的真实性、准确性和完整性并无异议。

1.4 本公司已聘请德勤华永会计师事务所根据中国注册会计师审计准则对本公司年度财务报告进行审计,该审计机构已为本公司出具了标准无保留意见的审计报告和审计结论。

1.5 公司法定代表人及董事长余建平、主管会计工作负责人李凯婷以及会计部门负责人(会计主管人员)李勇在此声明:保证本年度报告所载财务资料和内容的真实性、准确性和完整性。

## 2. 公司概况

### 2.1 公司简介

2.1.1 公司法定中文名称:华澳国际信托有限公司
公司法定中文名称缩写:华澳信托
公司法定英文名称:Sino - Australian International Trust Co. ,Ltd.
公司英文名称缩写:SATC

2.1.2 公司法定代表人:余建平

2.1.3 注册地址:中国上海市浦东新区花园石桥路 33 号花旗集团大厦 1702 室
邮政编码:200120
公司国际互联网网址:www. huaao - trust. com
公司电子信箱:enquiry@ huaao - trust. com

2.1.4 公司信息披露事务负责人姓名:郭佳永
联系电话:+86 21 68883098
传真:+86 21 68885995
E - mail:guojiayong@ huaao - trust. com

2.1.5 公司信息披露报纸名称:《上海证券报》
公司年度报告备置地点:上海市浦东新区花园石桥路 33 号花旗集团大厦 1702 室

2.1.6 公司聘请的境内会计师事务所名称:德勤华永会计师事务所有限公司
公司聘请的境内会计师事务所办公地址:中国上海市延安东路 222 号外滩中心 30 楼
联系电话:021 - 61411830

2.1.7 公司聘请的境内律师事务所名称:中伦律师事务所(上海办公室)
公司聘请的境内律师事务所办公地址:上海市浦东新区银城中路 200 号中银大厦 11 层
联系电话:021 - 5037 2668 转 219

### 2.2 组织结构

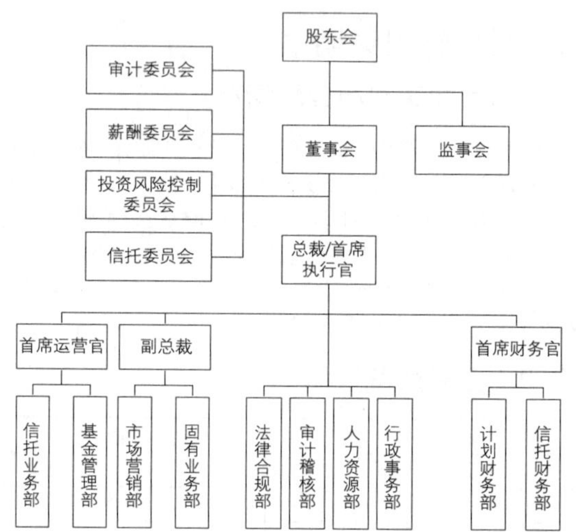


## 3. 公司治理

### 3.1 公司治理结构

#### 3.1.1 股东

报告期末股东总数 3 家。

公司全部股东均持有公司 10% 以上(含 10%)出资比例,股东名称及持股情况如下:

| 股东名称 | 出资比例(%) | 法人代表 | 注册资本 | 注册地址 | 主要经营业务及主要财务情况 |
|---|---|---|---|---|---|
| 北京三吉利能源股份有限公司★ | 60 | 余建平 | 96 000 万元 | 北京市丰台区科学城航丰路 8 号 231 室 | 建设、经营电厂(站),电力及能源配套设备制造、加工、销售。 |
| 北京融达投资有限公司 | 20.01 | 申献斌 | 30 000 万元 | 北京市海淀区首体南路国兴家园 4 号楼 D1 三层 | 主要投资房地产、煤炭、化工、稀土、金融股权等。 |
| 麦格理资本证券股份有限公司 | 19.99 | — | 20 亿港元 | 香港中环港景街 1 号国际金融中心一期 18 楼 | 证券承销、证券经纪、证券研究、证券配售以及全球存托凭证、美国存托凭证交易企业融资等。 |

注:表中股东名称一栏中★为公司最终实际控制人。

### 3.1.2 董事、董事会及其下属委员会

董事长、副董事长、董事

| 姓 名 | 职 务 | 性别 | 年龄 | 选任日期 | 所推举的股东名称 | 该股东持股比例(%) | 简 要 履 历 |
|---|---|---|---|---|---|---|---|
| 余建平 | 董事长 | 男 | 56 | 2009年8月21日 | 北京三吉利能源股份有限公司 | 60 | 北京国利能源投资有限公司 董事长、总经理、党委书记。先后在北京国利能源投资有限公司、北京三吉利能源公司及能源股份公司担任总经理、董事长等要职，现任华澳国际信托有限公司董事长。 |
| Kalpana Desai | 董事 | 女 | 44 | 2010年9月27日 | 麦格理资本证券股份有限公司 | 19.99 | 长期香港及伦敦海外金融从业背景，曾于Coopers & Lybrand Consulting，J. Henry Schroder Wagg，Barclays de Zoete Wedd(BZW)等机构先后担任欧洲兼并收购部副总裁、亚洲区主席、香港兼并收购部副总裁、香港投行部董事总经理、投行部亚太区主席等要职。1998年至2009年期间就职于美林证券投行部，曾并于2009年开始担任麦格理资本亚洲区主席，负责麦格理亚洲区投行业务的整体管理。现就职于香港麦格理资本证券。 |
| 刘汉平 | 董事 | 男 | 51 | 2009年8月21日 | 北京融达投资有限公司 | 20.01 | 先后在北京三吉利能源股份有限公司担任审计室主任、经营计划部经理等职务，曾任北京国利能源投资有限公司总经理助理兼监察审计部经理，现任北京国利能源投资有限公司总经理助理 |
| 翟 隽 | 董事 | 男 | 43 | 2009年8月21日 | 麦格理资本证券股份有限公司 | 19.99 | 麦格理集团中国区总裁，早年曾于德勤会计师行、施罗德国际商人银行以及高盛、雷曼等投行机构任职，2001年至2006年担任德意志银行董事总经理兼中国区主管。现任麦格理资本证券中国区主席。 |
| 张 宏 | 董事 | 男 | 52 | 2009年8月21日 | 北京三吉利能源股份有限公司 | 60 | 曾任北京国利能源投资有限公司副总经理，拥有在财务、金融投资、资产重组及海外业务等方面丰富的管理经验。现任华澳国际信托有限公司总裁/首席执行官。 |

独立董事

| 姓 名 | 所在单位及职务 | 性别 | 年龄 | 选任日期 | 所推举的股东名称 | 该股东持股比例(%) | 简 要 履 历 |
|---|---|---|---|---|---|---|---|
| 沈 斌 | 退休 | 男 | 62 | 2009年8月21日 | 北京三吉利能源股份有限公司 | 60 | 曾任人行上海分行金融行政管理处副处长、处长，银行管理处处长，银行监管二处处长，分行办公室主任，国有银行监管处处长等职，曾担任深圳发展银行上海分行副行长，现任该行高级顾问。 |
| 林家礼 | 麦格理集团 | 男 | 53 | 2009年8月21日 | 麦格理资本证券股份有限公司 | 19.99 | 现任LeeG. Lam Associates Inc国际投资管理公司董事长，曾任正大企业国际有限公司行政总裁兼副董事长，中银国际控股董事总经理兼投资银行部副董事长、中银国际亚洲董事总经理，新加坡科技电信媒体业务执行董事，美国海德思哲国际咨询公司全球华人业务首席合伙人，欧洲MIC移动电话公司亚太区行政总裁，美国科尔尼国际管理顾问公司大中华地区首席合伙人，大东电报局/香港电讯有限公司总经理。 |

董事会下属委员会

| 董事会下属委员会名称 | 职 责 | 组成人员姓名 | 职务 |
|---|---|---|---|
| 信托委员会 | 1. 审议公司的受托业务，审批公司集合资金信托计划报告。<br>2. 督促公司依法履行受托职责。<br>3. 对所有集合资金信托计划相关事务行使诚信原则。<br>4. 为信托资金受益人最大利益服务。<br>5. 确保公司以一般谨慎常人应当采取的审慎态度，尽职程度，技术能力进行资金管理。<br>6. 监督保证信托资金资产相对于其他资金资产的独立性。<br>7. 保证解释交易以及资金财务记录的会计账目的准确性以及可获取性。 | 林家礼 | 独立董事 |
| | | 张 宏 | 首席执行官 |
| | | 杨瑞驰 | 首席运营官 |
| 投资风险控制委员会 | 1. 审议公司的所有对外投资(包括进行和终止投资)。其中500万元以内(含500万元人民币)的，由投资风险控制委员会评审后直接决策；超过500万元的，经投资风险控制委员会审议同意后报董事会审批(业务年度计划内的除外)。<br>2. 审议公司信托业务的风险控制及投资。<br>3. 审议公司基金业务的风险控制及投资。<br>4. 信托产品和服务的定价。<br>5. 聘请外部顾问，如律师、评估师等。<br>6. 年度风险控制评估。 | 张 宏 | 首席执行官 |
| | | 杨瑞驰 | 首席运营官 |
| | | 李凯婷 | 首席财务官 |

续表

| 董事会下属委员会名称 | 职　责 | 组成人员姓名 | 职务 |
|---|---|---|---|
| 薪酬委员会 | 研究和审查公司薪酬政策与方案。 | 余建平 | 董事长 |
| | | Kalpana Desai | 董事 |
| | | 林家礼 | 独立董事 |
| 审计委员会 | 1. 根据国家金融政策、市场情况和公司发展方向，制定重点业务管理及经营风险的防范与控制措施。<br>2. 负责督促公司依法履行董事会赋予的职责，对公司执行经董事会批准的年度经营计划的过程及结果进行监督和审计。<br>3. 对公司合规、合法运营进行审计和监督。<br>4. 对会计报表、会计账目及相关材料进行审计，审查财务收支的真实性、合法性、效益性。<br>5. 审议董事会不时要求的其他事项。<br>6. 评估审计报告中所提出的相关问题以及行动建议。<br>7. 审批审计工作计划。<br>8. 评估审计团队的工作表现。<br>9. 参与评估审计稽核部的工作绩效。 | 刘汉平 | 董事 |
| | | 郭丹圆 | 监事 |
| | | 高　杰 | 审计部经理 |

### 3.1.3 监事、监事会及其下属委员会

监事会成员

| 姓　名 | 职　务 | 性别 | 年龄 | 选任日期 | 所推举的股东名称 | 该股东持股比例(%) | 简　要　履　历 |
|---|---|---|---|---|---|---|---|
| 田　英 | 监事长 | 女 | 46 | 2009年8月21日 | 北京三吉利能源股份有限公司 | 60 | 历任北京三吉利能源股份有限公司总会计师。现任北京三吉利能源公司副总经理。 |
| 郭丹圆 | 监事 | 女 | 36 | 2010年4月29日 | 麦格理资本证券股份有限公司 | 19.99 | 悉尼大学人文与法律学士、税务和结构融资律师，先后服务于Rosenblum & Partners，Blake Dawson Waldron和Brown & Wood等税务和律师事务所，后加入麦格理集团投资银行部纽约办公室并组建了麦格理在美国的首家专业资产管理公司Four Corners Capital Management从事杠杆贷款的管理。开拓产品包括麦格理在美国的第一支上市基金(2004年在纽约证券交易所上市)、一个专业的资产管理人孵化平台、一家全球基础设施证券管理企业以及麦格理在韩国、日本、中国台湾和马来西亚的数只新成立基金。 |
| 王若水 | 监事 | 男 | 40 | 2009年8月21日 | 北京三吉利能源股份有限公司 | 60 | 曾任北京市市政管理委员会对外经贸处副科长、北京市行政执法局筹备组办公室主任、北京中能信科技发展有限责任公司常务副总经理。历任北京国利能源投资有限公司及北京三吉利能源股份有限公司各重要管理职务。 |

本报告期公司监事会暂未下设专业委员会。

### 3.1.4 高级管理人员

| 姓　名 | 职　务 | 性别 | 年龄 | 选任日期 | 金融从业年限 | 学历 | 专业 | 简　要　履　历 |
|---|---|---|---|---|---|---|---|---|
| 张　宏 | 总裁 | 男 | 50 | 2009年5月1日 | 15 | 硕士 | 工商管理 | 曾任北京国利能源投资有限公司副总经理，拥有在财务、金融投资、资产重组及海外业务等方面丰富的管理经验。现任华澳国际信托有限公司总裁/首席执行官。 |
| 杨瑞驰 | 首席运营官 | 男 | 41 | 2009年5月1日 | 15 | 本科 | 会计 | 澳大利亚注册会计师。在电讯、媒体、科技行业的企业融资方面拥有超过12年从业经验，曾就职于普华永道、荷兰银行等著名机构，曾担任麦格理集团董事总经理，现任华澳国际信托有限公司首席运营官。 |
| 李长忠 | 副总裁 | 男 | 48 | 2009年5月1日 | 10 | 硕士 | 会计、人力资源 | 曾担任北京能源房地产开发有限责任公司副总、北京三吉利稀土公司董事长、北京新协房地产开发公司总经理、国家开发投资公司财务部处长、北京三吉利能源公司总会计师、煤炭部中国地方煤矿总公司财务处副处等职务，现任华澳国际信托有限公司副总裁。 |
| 李凯婷 | 首席财务官 | 女 | 34 | 2009年5月1日 | 10 | 硕士 | 工商管理 | 香港证监会证券交易持牌人、机构融资提意见持牌人，香港银监会持牌人，伦敦交易所持牌人，东京交易所持牌人。曾担任麦格理集团高级副总裁，现任华澳国际信托有限公司首席财务官。 |

3.1.5 公司员工

本报告期公司在岗员工40人。

| 项目 | | 报告期年度 | | 上年度 | |
|---|---|---|---|---|---|
| | | 人数 | 比例(%) | 人数 | 比例(%) |
| 年龄分布 | 25岁以下 | 3 | 7.5 | 0 | 0 |
| | 25~29岁 | 13 | 32.5 | 8 | 30.8 |
| | 30~39岁 | 19 | 47.5 | 14 | 53.8 |
| | 40岁以上 | 5 | 12.5 | 4 | 15.4 |
| 学历分布 | 博士 | 1 | 2.5 | 1 | 3.8 |
| | 硕士 | 18 | 45 | 11 | 42.3 |
| | 本科 | 19 | 47.5 | 14 | 53.9 |
| | 专科 | 2 | 5 | 0 | 0 |
| | 其他 | 0 | 0 | 0 | 0 |
| 岗位分布 | 董事、监事及其高管人员 | 4 | 10 | 4 | 15.4 |
| | 自营业务人员 | 4 | 10 | 1 | 3.8 |
| | 信托业务人员 | 14 | 35 | 12 | 46.2 |
| | 其他人员 | 18 | 45 | 9 | 34.6 |

## 4. 经营管理

### 4.1 经营目标、方针、战略规划

#### 4.1.1 经营目标

引领金融服务和金融创新，并借助其为信托产品的投资者及股东创造较高价值与丰厚的回报。

#### 4.1.2 经营方针

打基础、抓管理、要效益。

#### 4.1.3 战略规划

依托中方股东的本土优势及外方股东多年在国际金融市场的成功管理经验，将华澳信托打造成为以发展产业基金及私募股权投资管理为主，以提供多种金融创新服务为辅的有鲜明管理特色的国际化综合金融机构。

为此，公司将致力于努力工作并确保：优异的理财管理能力和业绩表现、内部风险控制及资产管理实力不断提升、市场营销、客户群体的开拓及公司知名度的持续上升、团队及企业文化建设不断进步。

### 4.2 所经营业务的主要内容

#### 4.2.1 公司主营业务

公司目前主要以信托为主营业务，在确保风险可控基础上适当开展自营金融业务。

信托业务方面，公司积极发展与各金融机构之间紧密持久的战略合作关系，开业后的1~2年着重建立并完善信托业务各项风险管理、操作规程、客户维护等制度体系，在确保风险可控、合法合规基础上以传统信托产品为业务本源，稳健开展了银信合作、信托贷款、房地产信托融资、基础设施产业投融资、准资产证券化（流动化基金业务）等信托业务，并逐步加大信托产品创新，择机拓展信托业务领域，丰富信托业务品种，配合公司增资及依托外方股东国际金融方面的优势背景积极申请开展企业年金、QDII、PE等以资产管理为内在核心竞争力驱动的主动管理型信托业务，实现业务战略转型。

固有业务方面主要包括：(1)贷款类业务。贷款类业务是提高固有资金运营效率的重要手段，公司通过对贷款结构、期限、规模的动态调整和优化，积极把握各类行业领域孕育的投资机会，从客户资源、渠道资源、项目资源等方面为信托主业提供有力支持，同时获得风险可控的较高收益。(2)金融产品投资类业务。金融产品投资类业务较为灵活，可根据公司当期资金情况，提高资金使用效率。当配比不同种类的金融产品时，可降低投资组合风险。同时在相对风险较低的情况下可获得可观收益。目前，金融产品投资类业务主要包括购买信托产品和信贷资产转让。(3)固定收益业务。固定收益业务对公司在优化固有资产投资结构、提升固有资产运营效率等方面发挥着重要作用。公司以确保资金的安全性和资产的流动性为原则，通过对固定收益市场和相关投资品种的深入研究；根据市场环境的变化动态调整和优化资产配置结构，构成稳健的投资组合，获取固定收益。

#### 4.2.2 资产组合与分布

4.2.2.1 自营资产运用与分布表

单位：万元

| 资产运用 | 金额 | 占比(%) | 资产分布 | 金额 | 占比(%) |
|---|---|---|---|---|---|
| 货币资产 | 22 069.30 | 64.71 | 基础产业 | — | — |
| 贷款及应收款 | 7 438.13 | 21.81 | 房地产业 | — | — |
| 交易性金融资产 | — | — | 证券市场 | — | — |
| 可供出售金融资产 | 4 340.00 | 12.72 | 实业 | 7 438.13 | 21.81 |
| 持有至到期投资 | — | — | 金融机构 | 26 409.30 | 77.43 |
| 长期股权投资 | — | — | 其他 | 260.09 | 0.76 |
| 其他 | 260.09 | 0.76 | | | |
| 资产总计 | 34 107.52 | 100.00 | 资产总计 | 34 107.52 | 100.00 |

4.2.2.2 信托资产运用与分布表

| 资产运用 | 金额（万元） | 占比(%) | 资产分布 | 金额（万元） | 占比(%) |
|---|---|---|---|---|---|
| 货币资产 | 33 679.39 | 6.24 | 基础产业 | — | — |
| 贷款 | 307 420.43 | 56.95 | 房地产 | 441 555.57 | 81.80 |
| 交易性金融资产 | — | — | 证券市场 | — | — |
| 可供出售金融资产 | — | — | 实业 | 98 264.25 | 18.20 |
| 持有至到期投资 | — | — | 金融机构 | — | — |
| 长期股权投资 | 182 720.00 | 33.85 | 其他 | — | — |
| 其他 | 16 000.00 | 2.96 | | | |
| 信托资产总计 | 539 819.82 | 100.00 | 信托资产总计 | 539 819.82 | 100.00 |

### 4.3 市场分析

2010年，中国宏观经济逐步步入复苏轨道，但同时面临4万亿元投资后所出现的通胀压力。随着通胀预期的加强，国内也进入加息通道。如何成功控制通胀预期并保持经济快速平稳的增长，成为2011年政府重点调控目标。随着“十二五”规划的发布，中国经济结构面临重大转型，信托公司作为金融机构，业务模型也将随之转型。

理财市场方面，国有银行和商业银行均加大了短期理财产品的研发力度，满足大部分投资者在通胀预期和加息预期中保

持流动性；基金、券商也通过专户理财、一对一理财等各种产品加入竞争；同时，信托公司也加大了产品、行业的研究力量，扩大经营区域，京沪两地信托公司扎堆，竞争更显激烈。

## 4.4 内部控制

### 4.4.1 内部控制环境和内部控制文化

公司高级管理层始终坚持内控优先的风险管理理念，并强调公司各部门和岗位对内控和风险管理的重视。

公司建立了明确的内部控制目标和原则，并在各项规章制度予以体现。同时，公司通过定期组织员工学习相关法律法规和公司各项规章制度，加强员工风险防范意识。

在组织架构和岗位分工方面，公司审慎设计前中后台架构和各岗位职责，确保不相容岗位职责和分工明确、合理。

总体来说，公司十分重视内控建设，并通过对现行内控体制的定期评估和修改，不断完善内控体系。

### 4.4.2 内部控制措施

在制度建设方面，公司建立了一系列规章制度，并在公司运营过程中不断修改和完善，确保内部控制和风险识别、评估体系覆盖公司各条业务线和主要风险要素。在报告期内，公司根据“一法两规”及监管部门有关规章，拟定和实施了一批规章制度，涉及业务、财务、风控等各个条线和部门，包括《单一信托业务全流程操作规范》、《集合信托业务流程》、《房地产信托业务管理办法》、《业务项目阶段性稽核工作规程》、《业务档案管理办法》、《信息披露管理办法》、《客户信息管理制度》、《客户联络和投诉受理机制》、《离任审计工作规程》、《合规管理办法》、《信托财务流程暂行规定》、《项目费用支出管理办法》、《资产风险五级分类管理办法》、《人力资源专用章管理办法》、《新员工入职指引》、《绩效管理办法》、《公文管理办法》、《合同章管理办法》等；同时，在报告期内，公司还对现行的各项制度进行了重新评估，并根据实际需要，对部分制度进行了修订和完善，其中包括《信托资金信托管理办法》、《信托财务流程》、《财务管理办法》、《档案管理办法》、《印章管理办法》等。

4.4.2.1 建立授权体系，完善内控制度

公司高级管理人员分工明确，确保各项业务活动有恰当的组织和授权，公司每个业务环节均建立完善的内控制度。

4.4.2.2 建立相互分离、相互制衡的内控机制

公司各项内控制度明确了业务过程中的审办分离，对项目风险进行合规监控，形成不同部门、不同岗位之间的制衡机制，从制度上减少和防范风险。项目风险的合规监控是指公司风险管理、法律合规及审计稽核部门对公司项目的合法、合规性以及该项目的当事人在业务过程中的违法、违规和其他有损公司权益的不当行为，进行预防、监督和处理，包括事前、事中和事后监控。

4.4.2.3 建立、健全岗位责任制

公司建立了较为完善的岗位责任制，明确各个岗位的任务、职责和风险点，并要求每个员工及时将各自工作领域中的风险隐患上报，以防范和减少风险。

4.4.2.4 风险管理培训

制订完整的培训计划，为所有员工提供工作技能和风险防范方面的培训，提高员工工作技能，增强其防范和控制风险的能力。

### 4.4.3 信息交流与反馈

公司建立了较为完善的信息交流与反馈制度。

在信息传达方面，公司建立了定期的信息更新和普及机制，确保将最新的法律法规、监管要求、信托行业及本单位的经营和风险状况及时传递给员工。

在信息报告方面，公司建立了明确的信息报告机制，确保各部门及岗位将经营过程中存在的重大问题及时向高级管理层、董事会、监事会和相关监管部门汇报。

在外部沟通方面，公司严格遵循监管要求，与银监会、人民银行等监管部门建立了完备的沟通和报告制度，及时就公司的经营情况、风险状况、内外部审计情况等向监管部门报告。

### 4.4.4 监督评价与纠正

公司设置了审计稽核部，对公司各职能部门的业务活动、财务收支及经营管理活动的真实性、合法性、效益性和资产安全性、完整性、保值增值性等方面进行监督、检查和评价，并直接向审计委员会报告，具有充分的独立性。

审计稽核部根据需要进行常规审计、专项审计和项目稽核。常规审计每半年至少进行一次，专项审计根据管理不定期进行，项目稽核针对各具体业务项目每半年至少进行一次。内部审计以管理建议书的形式汇总审计发现的问题、提出改进意见、追踪意见落实情况，以及时、全面、准确地发现和更正公司内控体系中可能存在的问题和隐患。项目稽核以稽核报告的形式对项目的合规风险、操作风险、市场风险等提出独立意见和建议，对项目从实施到清算各个阶段的风险进行防范和监督。

## 4.5 风险管理

### 4.5.1 风险管理概况

公司风险管理的基本原则：(1)合规性原则，公司严格按照法律、法规和公司各项规章制度开展管理和业务活动，该原则是风险管理的基础性内容；(2)全面性原则，风险管理全面涵盖公司不同类别的业务和流程及公司经营管理的各个环节和岗位；(3)有效性原则，公司根据行业、公司的特点和具体情况，采取切实可行的风险管理措施，建立有效的风险管理体系，以促进公司的发展，随着国家法律法规、行业的变化及公司不断发展的要求及时完善和调整风险管理的措施和办法。

公司风险管理的控制政策：公司严格按照国家法律法规和公司各项规章制度的要求开展经营管理活动；公司根据行业、公司特点，初步建立和不断完善合理、有效的包括内控制度和风险管理制度在内的公司规章制度体系；在对公司各项业务的赢利模式和流程深入把握的基础上，对业务流程的风险点进行全面全程的监控、预警、分析，作出相应决策，采取相应措施，以实现对风险的有效控制和管理。

公司风险管理的组织结构：董事会管理并监督公司的风险偏好程度，对风险管理负完全和最终责任。投资风险控制委员会负责公司风险控制制度的建设，审查重大业务风险、监督、评估、控制并管理公司的风险；公司投资风险控制委员会主任拥有“一票否决权”，即在业务决策过程中，若投资风险控制委员会主任认为存在风险，可以实行最终否决。审计稽核部负责风险管理制度和流程执行的监督、审计，进行独立风险评估，对所发现的重大事项可直接向审计委员会及投资风险控制委员会

汇报。法律合规部负责业务活动监督及评估程序的设计和实施,以确保公司各项活动符合相关的法律法规。公司各部门以风险管理为首要责任;部门经理对本部门的风险负责,通过开展具体工作,确保各项活动符合运营风险指标及风险管理程序。

资本管理:2010 年中国银行业监督委员会颁布了《信托公司净资本管理办法》(2010 年第 5 号令)(以下简称管理办法),公司正在根据管理办法的规定,建立风险资本与净资本的对应关系,促使公司将有限的资本在不同风险状况的业务之间进行合理配置。公司将根据自身净资本水平、风险偏好和发展战略等特点进行差异化选择,通过建立并完善内部风险预警和控制机制,以及对净资本等风险控制指标的动态监控、定期敏感性分析和压力测试等手段,实现对总体风险的有效控制。

**4.5.2 风险状况**

4.5.2.1 信用风险状况

信用风险是指交易对手违约造成损失的风险,主要表现为公司贷款业务中借款人、担保人的信用风险,资金往来银行的信用风险;在信托财产的管理、运用和处分过程中,借款人、担保人、托管人等交易对手不履行承诺等。报告期末,公司固有业务和信托业务均无不良信用资产。

2010 年末公司已按照净利润的 5% 计提了信托项目赔偿准备金,年末余额 56 万元,较 2009 年增加了 48 万元;已按风险资产的 1% 计提了一般风险准备,年末余额 113 万元,较 2009 年增加了 58 万元。

4.5.2.2 市场风险状况

市场风险是指持有的金融工具的公允价值或未来现金流量因市场价格变动而发生波动的可能性,包括市场利率风险、汇率风险和其他价格风险等。报告期内,公司未发生因市场风险所造成的损失。

利率风险主要源于市场利率变动对利率敏感金融工具的公允价值或未来现金流量的影响。根据公司资金运作的实际情况,公司计息负债主要为其他应付款,资金运作也以一年内到期的短期固定收益投资为主,受市场利率变动的影响可控。

汇率风险指因汇率变动产生损失的风险。公司承受汇率风险主要与美元有关,除了公司资本金户外方股东麦格理资本证券股份有限公司美元出资款中尚有 505 万美元未进行结汇外,公司的其他主要业务活动以人民币计价结算。截至 2010 年 12 月 31 日,公司认为外汇风险对公司的影响有限。公司将密切关注汇率变动对公司美元出资款外汇风险的影响,选择适当的时机逐步结汇,规避外汇风险的影响。

其他价格风险是指金融工具的公允价值受市场利率和外汇汇率以外的市场价格因素变动发生波动的风险。截至 2010 年 12 月 31 日,公司不存在重大的其他价格风险。

4.5.2.3 操作风险状况

操作风险是指由于不完善的内控机制、人员、系统或外部事件导致损失的可能性。

公司所有从业人员均保持良好的道德意识和职业操守,未出现违法、违规、违约现象,未出现较大差错和失误,未发生责任事故。公司严格规范操作流程,严控操作风险。

4.5.2.4 其他风险状况

其他风险主要指公司业务开展中的流动性风险、政策风险、道德风险和信誉风险等。流动性风险是指没有足够资金以满足到期债务支付的风险。根据公司资金运作的实际情况及对流动性的预测,公司的资本金充足,基本能应付日常的业务与投资需求,尚不需要通过外部融资应对流动性风险,因此流动性风险不重大。报告期内,公司未发生因其他风险所造成的损失。

**4.5.3 风险管理**

4.5.3.1 信用风险管理

为管理、防范信用风险,公司注重全方位、全过程地考察和跟踪交易对手的情况,通过制定和实施信托业务规章制度,严密监控交易对手的履约能力;认真落实贷款的担保措施,选择信誉卓著的大企业作保证;客观、公正评估担保物,严格控制贷款本金与不同担保物价值之比,注重采用多种有效担保提高信用风险保障系数;在业务进行过程中,公司对资金使用情况持续跟踪管理。公司在每个资产负债表日采用个别识别减值的方式评估资产的减值情况。

4.5.3.2 市场风险管理

公司通过下述措施控制市场风险:第一,加强对宏观经济及金融形势的分析预测,结合公司实际情况提出资产配置方案,并根据市场的变化及时予以调整;第二,公司配备与投资业务规模和市场风险管理需求相适应的专业团队,配置投资经验丰富、对市场风险的认识充分、投资行为审慎的相关岗位人员;第三,公司高度重视对市场价格风险因素的管理,准确把握资金进场时机,及时调整投资策略和投资组合,密切关注经济运行状况,严控因宏观政策调整带来不利影响的风险。

4.5.3.3 操作风险管理

公司采取措施规范操作流程,降低操作风险:(1)公司建立严格的部门职责和员工岗位职责,梳理各项业务流程和操作规程;(2)建立职责分离、相互监督制约的机制,建立严格的审核、复核程序;(3)建立规范的信息系统管理流程并配置灾备系统;(4)公司不断完善各项规章制度,使之更加完整严密。公司通过合理的部门和岗位设置,业务操作流程优化,规章制度建设,加强员工培训提高员工素质和技能,推进系统化建设,将流程有效地嵌入到系统中,减少人工干预,制订应急预案等措施有效地控制操作风险。

4.5.3.4 其他风险管理

公司在管理流动风险时,保持充分的现金及现金等价物并对其进行监控,以满足公司经营需要,并降低现金流量波动的影响;公司通过对宏观政策和行业政策的跟踪、研究,提高预见性,控制政策风险;通过建立完善的公司治理结构、内控制度、业务流程,加强思想教育,控制道德风险。

## 5. 报告期末及上年末的比较式会计报表

### 5.1 自营资产(会计报表已经审计)

**5.1.1 会计师事务所审计结论**

德勤华永会计师事务所有限公司认为,华澳国际信托有限公司财务报表在所有重大方面按照企业会计准则的规定编制,公允反映了华澳国际信托有限公司 2010 年 12 月 31 日的财务状况以及 2010 年度的经营成果和现金流量。

### 5.1.2 资产负债表

2010 年 12 月 31 日　　单位:元

| | 附注七 | 年末数 | 年初数 |
|---|---|---|---|
| 资产: | | | |
| 货币资金 | 1 | 220 692 984.67 | 246 155 059.82 |
| 应收利息 | 2 | 2 615 457.38 | — |
| 可供出售金融资产 | 3 | 43 400 000.00 | 55 000 000.00 |
| 发放贷款和垫款 | 4 | 60 000 000.00 | — |
| 固定资产 | 5 | 2 600 862.70 | 1 932 974.56 |
| 递延所得税资产 | | — | 1 835 187.27 |
| 其他资产 | 6 | 11 765 879.98 | 1 634 315.75 |
| 资产合计 | | 341 075 184.73 | 306 557 537.40 |
| 负债: | | | |
| 应付职工薪酬 | 7 | 3 780 000.00 | — |
| 应交税费 | 8 | 4 657 378.83 | 857 471.95 |
| 递延所得税负债 | | — | 2 711 541.06 |
| 其他负债 | 9 | 21 478 645.12 | 1 328 700.80 |
| 负债合计 | | 29 916 023.95 | 4 897 713.81 |
| 所有者权益 | | | |
| 实收资本 | 10 | 300 000 000.00 | 300 000 000.00 |
| 盈余公积 | 11 | 1 115 916.08 | 165 982.36 |
| 信托赔偿准备 | 12 | 557 958.04 | 82 991.18 |
| 一般风险准备 | 13 | 1 125 448.16 | 550 000.00 |
| 未分配利润 | 14 | 8 359 838.50 | 860 850.05 |
| 所有者权益合计 | | 311 159 160.78 | 301 659 823.59 |
| 负债和所有者权益合计 | | 341 075 184.73 | 306 557 537.40 |

企业负责人:张　宏　　主管会计工作负责人:李凯婷　　会计机构负责人:李　勇

### 5.1.3 利润表

2010 年 12 月 31 日　　单位:元

| | 附注七 | 本年累计数 | 上年累计数 |
|---|---|---|---|
| 营业收入 | | 50 822 312.68 | 6 554 798.55 |
| 利息净收入 | 15 | 7 227 479.40 | 1 743 823.54 |
| 其中:利息收入 | | 7 227 479.40 | 1 743 823.54 |
| 利息支出 | | — | — |
| 手续费及佣金净收入 | 16 | 41 638 693.06 | 4 780 283.48 |
| 其中:手续费及佣金收入 | | 45 592 251.81 | 5 266 554.17 |
| 手续费及佣金支出 | | 3 953 558.75 | 486 270.69 |
| 投资收益 | 17 | 3 041 953.06 | — |
| 汇兑收益(损失) | | (1 085 812.84) | 30 691.53 |
| 营业支出 | | 40 069 695.61 | 16 894 621.17 |
| 营业税金及附加 | 18 | 2 728 115.86 | 313 572.46 |
| 业务及管理费 | 19 | 37 341 579.75 | 16 581 048.71 |
| 营业利润(亏损) | | 10 752 617.07 | (10 339 822.62) |
| 加:营业外收入 | 20 | 2 376 000.00 | 12 876 000.00 |
| 减:营业外支出 | | — | — |
| 利润总额 | | 13 128 617.07 | 2 536 177.38 |
| 减:所得税费用 | 21 | 3 629 279.88 | 876 353.79 |
| 净利润 | | 9 499 337.19 | 1 659 823.59 |
| 其他综合收益 | | — | — |
| 综合收益总额 | | 9 499 337.19 | 1 659 823.59 |

企业负责人:张　宏　　主管会计工作负责人:李凯婷　　会计机构负责人:李　勇

### 5.1.4 所有者权益变动表

2010 年 12 月 31 日　　单位:元

| | 实收资本 | 盈余公积 | 一般风险准备 | 信托赔偿准备 | 未分配利润 | 所有者权益 |
|---|---|---|---|---|---|---|
| 一、2009 年 12 月 31 日余额 | 300 000 000.00 | 165 982.36 | 550 000.00 | 82 991.18 | 860 850.05 | 301 659 823.59 |
| 二、2010 年 1 月 1 日余额 | 300 000 000.00 | 165 982.36 | 550 000.00 | 82 991.18 | 860 850.05 | 301 659 823.59 |
| 三、本年增减变动金额 | — | — | — | — | — | — |
| (一)净利润 | — | — | — | — | 9 499 337.19 | 9 499 337.19 |
| (二)其他综合收益 | — | — | — | — | — | — |
| (一)和(二)小计 | — | — | — | — | 9 499 337.19 | 9 499 337.19 |
| (三)所有者投入和减少资本 | | | | | | |
| 1. 所有者投入资本 | — | — | — | — | — | — |
| (四)利润分配 | — | — | — | — | — | — |
| 1. 提取盈余公积 | — | 949 933.72 | — | — | (949 933.72) | — |
| 2. 提取一般风险准备 | — | — | 575 448.16 | — | (575 448.16) | — |
| 3. 提取信托赔偿准备 | — | — | — | 474 966.86 | (474 966.86) | — |
| (五)所有者权益内部结转 | — | — | — | — | — | — |
| 四、2010 年 12 月 31 日余额 | 300 000 000.00 | 1 115 916.08 | 1 125 448.16 | 557 958.04 | 8 359 838.50 | 311 159 160.78 |
| | 实收资本 | 盈余公积 | 一般风险准备 | 信托赔偿准备 | 未分配利润 | 所有者权益 |
| 一、2008 年 12 月 31 日 | 139 723 597.63 | — | — | — | — | 139 723 597.63 |
| 二、2009 年 1 月 1 日余额 | 139 723 597.63 | — | — | — | — | 139 723 597.63 |
| 三、本年增减变动金额 | — | — | — | — | — | — |
| (一)净利润 | — | — | — | — | 1 659 823.59 | 1 659 823.59 |
| (二)其他综合收益 | — | — | — | — | — | — |
| (一)和(二)小计 | — | — | — | — | 1 659 823.59 | 1 659 823.59 |

续表

| | 实收资本 | 盈余公积 | 一般风险准备 | 信托赔偿准备 | 未分配利润 | 所有者权益 |
|---|---|---|---|---|---|---|
| (三)所有者投入和减少资本 | | | | | | |
| 1. 所有者投入资本 | 160 276 402.37 | — | — | — | — | 160 276 402.37 |
| (四)利润分配 | | | | | | |
| 1. 提取盈余公积 | — | 165 982.36 | — | — | (165 982.36) | — |
| 2. 提取一般风险准备 | — | — | 550 000.00 | — | (550 000.00) | — |
| 3. 提取信托赔偿准备 | — | — | — | 82 991.18 | (82 991.18) | — |
| (五)所有者权益内部结转 | — | — | — | — | — | — |
| 四、2009 年 12 月 31 日余额 | 300 000 000.00 | 165 982.36 | 550 000.00 | 82 991.18 | 860 850.05 | 301 659 823.59 |

企业负责人:张　宏　　主管会计工作负责人:李凯婷　　会计机构负责人:李　勇

## 5.2 信托资产

### 5.2.1 信托项目资产负债汇总表

信托项目资产负债汇总表

编报单位:华澳国际信托有限公司　　2010 年 12 月 31 日　　单位:元

| 信托资产 | 年末数 | 年初数 | 信托负债和信托权益 | 年末数 | 年初数 |
|---|---|---|---|---|---|
| 信托资产: | | | 信托负债: | | |
| 货币资金 | 336 793 914.74 | 2 041 110.22 | 应付受托人报酬 | — | — |
| 折出资金 | — | — | 应付托管费 | 60 493.15 | 20 493.15 |
| 应收款项 | 1 932 204 295.47 | — | 应付受益人收益 | — | — |
| 买入返售资产 | 283 000 000.00 | — | 其他应付款项 | 14 199 613.89 | 216.00 |
| 短期投资 | — | 170 000 000.00 | 应交税金 | — | — |
| 长期债权投资 | — | — | 卖出回购资产款 | — | — |
| 长期股权投资 | 1 827 200 000.00 | — | 内部往来 | — | — |
| 客户贷款 | 859 000 000.00 | 763 900 000.00 | 其他负债 | — | — |
| 应收融资租赁款 | — | — | 信托负债合计 | 14 260 107.04 | 20 709.15 |
| 固定资产 | — | — | 信托权益 | — | — |
| 无形资产 | — | — | 实收信托 | 5 353 900 000.00 | 933 900 000.00 |
| 长期待摊费用 | — | — | 资金公积 | — | — |
| 其他资产 | 160 000 000.00 | — | 未分配利润 | 30 038 103.17 | 2 020 401.07 |
| 内部往来 | — | — | 信托权益合计 | 5 383 938 103.17 | 935 920 401.07 |
| 信托资产总计 | 5 398 198 210.21 | 935 941 110.22 | 信托负债和信托权益总计 | 5 398 198 210.21 | 935 941 110.22 |

企业负责人:张　宏　　复核:李　勇　　制表:秦　伟

### 5.2.2 信托项目利润及利润分配汇总表

2010 年　　单位:元

| 项　　目 | 本年数 | 上年数 |
|---|---|---|
| 一、营业收入 | 121 586 305.12 | 3 599 610.22 |
| 1. 利息收入 | 89 523 152.62 | 2 751 367.72 |
| 2. 投资收益 | 2 058 952.50 | 248 242.50 |
| 3. 租赁收入 | — | — |
| 4. 其他收入 | 30 004 200.00 | 600 000.00 |
| 二、营业费用 | 29 286 786.68 | 1 579 209.15 |
| 三、营业税金及附加 | — | — |
| 四、扣除资产减值准备前的信托利润 | 92 299 518.44 | 2 020 401.07 |
| 减:资产减值准备 | — | — |
| 五、扣除资产减值准备后的信托利润 | 92 299 518.44 | 2 020 401.07 |
| 加:期初未分配信托利润 | 2 020 401.07 | — |
| 六、可供分配的信托利润 | 94 319 919.51 | 2 020 401.07 |
| 减:本期已分配信托利润 | 64 281 816.34 | — |
| 加:损益平准金 | — | — |
| 七、期末未分配信托利润 | 30 038 103.17 | 2 020 401.07 |

企业负责人:张　宏　　复核:李　勇　　制表:秦　伟

# 6. 会计报表附注

## 6.1 简要说明报告年度会计报表编制基准、会计政策、会计估计和核算方法发生的变化

报告期内未发生变化。

## 6.2 或有事项说明

报告期内,本公司未发生对外担保及其他或有事项。

## 6.3 重要资产转让及其出售的说明

报告期内,本公司未发生重要资产转让及出售情况。

## 6.4 会计报表中重要项目的明细资料

### 6.4.1 自营资产经营情况

6.4.1.1 信用风险资产五级分类情况

单位：万元

| 信用风险资产五级分类 | 正常类（万元） | 关注类 | 次级类（万元） | 可疑类（万元） | 损失类（万元） | 信用风险资产合计（万元） | 不良合计（万元） | 不良率（%） |
|---|---|---|---|---|---|---|---|---|
| 期初数 | 5 500 | — | — | — | — | 5 500 | — | — |
| 期末数 | 11 254 | — | — | — | — | 11 254 | — | — |

注：不良资产合计＝次级类＋可疑类＋损失类。

6.4.1.2　各项资产减值损失准备情况表

单位：万元

| | 期初数 | 本期计提 | 本期转回 | 本期核销 | 期末数 |
|---|---|---|---|---|---|
| 贷款损失准备 | — | — | — | — | — |
| 一般准备 | 55 | 58 | — | — | 113 |
| 专项准备 | — | — | — | — | — |
| 其他资产减值准备 | — | — | — | — | — |
| 可供出售金融资产减值准备 | — | — | — | — | — |
| 持有至到期投资减值准备 | — | — | — | — | — |
| 长期股权投资减值准备 | — | — | — | — | — |
| 坏账准备 | — | — | — | — | — |
| 投资性房地产减值准备 | — | — | — | — | — |

6.4.1.3　按照投资品种分类，分别披露固有业务股票投资、基金投资、债券投资、股权投资等投资业务的期初数、期末数

单位：万元

| | 自营股票 | 基金 | 债券 | 长期股权投资 | 其他投资 | 合计 |
|---|---|---|---|---|---|---|
| 期初数 | — | — | — | — | 5 500 | 5 500 |
| 期末数 | — | — | — | — | 4 340 | 4 340 |

6.4.1.4　按投资入股金额排序，前五名的自营长期股权投资的企业名称、占被投资企业权益的比例、主要经营活动及投资收益情况等

报告期末，本公司无长期股权投资。

6.4.1.5　前五名的自营贷款的企业名称、占贷款总额的比例和还款情况等

| 企业名称 | 占贷款总额的比例（%） | 还款情况（万元） |
|---|---|---|
| 昆明产业开发投资有限责任公司 | 83 | 5 000 |
| 云南晶菱糖业营销有限公司 | 17 | 1 000 |

6.4.1.6　表外业务的期初数、期末数；按照代理业务、担保业务和其他类型表外业务分别披露

单位：万元

| 表外业务 | 期初数 | 期末数 |
|---|---|---|
| 担保业务 | — | — |
| 代理业务（委托业务） | — | — |
| 其他 | — | — |
| 合计 | — | — |

6.4.1.7　公司当年的收入结构

| 收入结构 | 金额（万元） | 占比（%） |
|---|---|---|
| 手续费及佣金收入 | 4 559.23 | 79.77 |
| 其中：信托手续费收入 | 671.23 | 11.74 |
| 投资银行业务收入 | | |
| 利息收入 | 722.75 | 12.65 |
| 其他业务收入 | -108.58 | -1.90 |
| 其中：计入信托业务收入部分 | | |
| 投资收益 | 304.2 | 5.32 |
| 其中：股权投资收益 | | |
| 证券投资收益 | | |
| 其他投资收益 | 304.2 | 5.32 |
| 公允价值变动收益 | | |
| 营业外收入 | 237.6 | 4.16 |
| 收入合计 | 5 715.2 | 100.00 |

**6.4.2　信托财产管理情况**

6.4.2.1　信托资产的期初数、期末数

单位：万元

| 信托资产 | 期初数 | 期末数 |
|---|---|---|
| 集合 | 6 423.26 | 481 835.08 |
| 单一 | 87 170.85 | 57 984.74 |
| 财产权 | — | — |
| 合计 | 93 594.11 | 539 819.82 |

6.4.2.1.1　主动管理型信托业务的信托资产期初数、期末数

单位：万元

| 主动管理型信托资产 | 期初数 | 期末数 |
|---|---|---|
| 证券投资类 | — | — |
| 股权投资类 | — | 382 218.80 |
| 融资类 | 6 423.26 | 100 600.98 |
| 事务管理类 | — | — |
| 合计 | 6 423.26 | 482 819.78 |

6.4.2.1.2　被动管理型信托业务的信托资产期初数、期末数

单位：万元

| 被动管理型信托资产 | 期初数 | 期末数 |
|---|---|---|
| 证券投资类 | — | — |
| 股权投资类 | — | — |
| 融资类 | 87 170.85 | 57 000.04 |
| 事务管理类 | — | — |
| 合计 | 87 170.85 | 57 000.04 |

6.4.2.2　本年度已清算结束的信托项目个数、实收信托合计金额、加权平均实际年化收益率

6.4.2.2.1　本年度已清算结束的信托项目个数、实收信托金额、加权平均实际年化收益率

| 已清算结束信托项目 | 项目个数 | 实收信托合计金额(万元) | 加权平均实际年化收益率(%) |
|---|---|---|---|
| 集合类 | 1 | 6 390.00 | 6.50 |
| 单一类 | 4 | 89 000.00 | 5.19 |
| 财产管理类 | — | — | — |

注:加权平均实际年化收益率=(信托项目1的实际年化收益率×信托项目1的实收信托+…+信托项目n的实际年化收益率×信托项目n的实收信托)/(信托项目1的实收信托+…+信托项目n的实收信托)×100%。

6.4.2.2.2　本年度已清算结束的主动管理型信托项目个数、实收信托合计金额、加权平均实际年化收益率

| 已清算结束信托项目 | 项目个数 | 实收信托合计金额(万元) | 加权平均实际年化信托报酬率(%) | 加权平均实际年化收益率(%) |
|---|---|---|---|---|
| 证券投资类 | — | — | — | — |
| 股权投资类 | — | — | — | — |
| 融资类 | 1 | 6 390.00 | 0.60 | 6.50 |
| 事务管理类 | — | — | — | — |

注:加权平均实际年化收益率=(信托项目1的实际年化收益率×信托项目1的实收信托+…+信托项目n的实际年化收益率×信托项目n的实收信托)/(信托项目1的实收信托+…+信托项目n的实收信托)×100%。

6.4.2.2.3　本年度已清算结束的被动管理型信托项目

| 已清算结束信托项目 | 项目个数 | 实收信托合计金额(万元) | 加权平均实际年化信托报酬率(%) | 加权平均实际年化收益率(%) |
|---|---|---|---|---|
| 证券投资类 | — | — | — | — |
| 股权投资类 | — | — | — | — |
| 融资类 | 4 | 89 000.00 | 0.09 | 5.19 |
| 事务管理类 | — | — | — | — |

注:加权平均实际年化收益率=(信托项目1的实际年化收益率×信托项目1的实收信托+…+信托项目n的实际年化收益率×信托项目n的实收信托)/(信托项目1的实收信托+…+信托项目n的实收信托)×100%。

6.4.2.3　本年度新增信托项目个数、实收信托合计金额

单位:万元

| 新增信托项目 | 项目个数 | 实收信托合计金额 |
|---|---|---|
| 集合类 | 6 | 477 490.00 |
| 单一类 | 3 | 59 900.00 |
| 财产管理类 | — | — |
| 新增合计 | 9 | 537 390.00 |
| 其中:主动管理型 | 7 | 478 390.00 |
| 被动管理型 | 2 | 59 000.00 |

6.4.2.4　本公司履行受托人义务情况及因本公司自身责任而导致的信托资产损失情况

本公司没有发生任何因受托人自身责任或处理信托事务不当而导致所管理信托财产发生损失并致信托受益人利益受损的情况。

## 6.5　关联方关系及其交易的披露

**6.5.1　关联交易方的数量、关联交易的总金额及关联交易的定价政策等**

| | 关联交易方数量 | 关联交易金额(万元) | 定价政策 |
|---|---|---|---|
| 合计 | 2 | 394.86 | 按市场价格交易;若无市场价格,则按公允原则,以不优于对非关联方同类交易的条件定价交易。 |

**6.5.2 关联交易方与本公司的关系性质、关联交易方的名称、法定代表人、注册地址、注册资本及主营业务等**

| 关系性质 | 关联方名称 | 法定代表人 | 注册地址 | 注册资本 | 主营业务 |
|---|---|---|---|---|---|
| 受同一公司的重大影响 | 麦格理租赁(中国)有限公司 | Niall Morrissey | 北京市东城区东长安街1号东方广场东二办公楼1701 | 1 000万美元 | 融资租赁业务、租赁业务、向国内外购买租赁资产、租赁财产的残值处理及维修、租赁交易咨询和担保 |
| 受同一公司的重大影响 | 麦格理投资顾问(北京)有限公司 | 郭丹园 | 北京市东城区东长安街1号东方广场东二办公楼1702 | 3 700万美元 | 提供财务咨询、与资产和股权重组、项目发展和项目评估有关的咨询、风险管理,资产和股权管理、投资咨询 |

**6.5.3　逐笔披露本公司与关联方的重大交易事项**

6.5.3.1　固有与关联方交易情况:贷款、投资、租赁、应收账款、担保、其他方式等期初汇总数、本期借方和贷方发生额汇总数、期末汇总数

单位:万元

| 固有与关联方关联交易 | | | | |
|---|---|---|---|---|
| | 期初数 | 借方发生额 | 贷方发生额 | 期末数 |
| 贷款 | — | — | — | — |
| 投资 | — | — | — | — |
| 租赁 | — | — | — | — |
| 担保 | — | — | — | — |
| 应收账款 | — | 126.57 | — | 126.57 |
| 其他 | — | | — | |
| 合计 | — | 126.57 | — | 126.57 |

6.5.3.2　信托与关联方交易情况:贷款、投资、租赁、应收账款、担保、其他方式等期初汇总数、本期借方和贷方发生额汇总数、期末汇总数

单位:万元

| 信托与关联方关联交易 | | | | |
|---|---|---|---|---|
| | 期初数 | 借方发生额 | 贷方发生额 | 期末数 |
| 贷款 | — | — | — | — |
| 投资 | — | — | — | — |
| 租赁 | — | — | — | — |
| 担保 | — | — | — | — |
| 应收账款 | — | — | — | — |
| 其他 | — | — | — | — |
| 合计 | — | — | — | — |

6.5.3.3 信托公司自有资金运用于自己管理的信托项目（固信交易）、信托公司管理的信托项目之间的相互（信信交易）交易金额，包括余额和本报告年度的发生额

6.5.3.3.1 固有与信托财产之间的交易金额期初汇总数、本期发生额汇总数、期末汇总数

报告期内，本公司固有与信托财产之间未发生交易。

6.5.3.3.2 信托项目之间的交易

报告期内，本公司信托项目之间未发生交易。

**6.5.4 逐笔披露关联方逾期未偿还本公司资金的详细情况以及本公司为关联方担保发生或即将发生垫款的详细情况**

本公司无关联方逾期未偿还本公司资金的情况及为关联方担保发生或即将发生垫款的情况。

### 6.6 会计制度的披露

公司固有业务2009年5月27日起执行财政部2006年颁布的《企业会计准则》。

信托业务2010年1月1日起执行财政部2006年颁布的《企业会计准则》，2009年度财务报告已按《企业会计准则》的规定披露。

## 7. 财务情况说明书

### 7.1 利润实现和分配情况

报告期内本公司实现利润总额1 312.86万元，企业所得税费用362.93万元，实现净利润949.93万元。

按有关法律、法规规定，对净利润作了如下处理：

（1）按当年度实现的净利润提取10%的法定盈余公积金94.99万元。

（2）按当年度实现的净利润提取5%的信托赔偿准备47.50万元。

（3）按风险资产余额提取1%的一般风险准备57.54万元。

上述各项提取之后，剩余部分749.90万元，加年初未分配利润86.08万元，可供分配的利润835.98万元。

（4）本年度无向股东派发股利计划，留存以后年度进行分配

### 7.2 主要财务指标

| 指标名称 | 指标值 |
|---|---|
| 资本利润率（%） | 3.10 |
| 加权年化信托报酬率（%） | 0.44 |
| 人均净利润（万元/人） | 28.79 |

注：1. 资本利润率＝净利润/所有者权益平均余额×100%。

2. 加权年化信托报酬率＝（信托项目1的实际年化信托报酬率×信托项目1的实收信托＋信托项目2的实际年化信托报酬率×信托项目2的实收信托＋…信托项目n的实际年化信托报酬率×信托项目n的实收信托）/（信托项目1的实收信托＋信托项目2的实收信托＋…信托项目n的实收信托）×100%。

3. 人均净利润＝净利润/年平均人数。

4. 平均值采取年初、年末余额简单平均法，公式为：a（平均）＝（年初数＋年末数）/2。

### 7.3 对本公司财务状况、经营成果有重大影响的其他事项

报告期内，本公司没有发生对财务状况、经营成果有重大影响的其他事项。

## 8. 特别事项揭示

### 8.1 前五名股东报告期内变动情况及原因

报告期内公司控股股东未发生变化。

### 8.2 董事、监事及高级管理人员变动情况及原因

原监事翟普于2010年4月29日股东会批准辞去监事职务，由麦格理推荐郭丹圆担任监事职务；原董事Andrew Low于2010年9月27日股东会批准辞去董事职务，由麦格理推荐Kalpana Desai担任董事职务。

### 8.3 变更注册资本、变更注册地或公司名称、公司分立合并事项

报告期内公司无变更注册地以及公司名称、公司分立合并事项。

报告期内，公司无增加注册资本事项。

### 8.4 公司的重大诉讼事项

报告期内，公司无重大诉讼事项。

**8.4.1 重大未决诉讼事项**

报告期内，公司无重大未决诉讼事项。

**8.4.2 以前年度发生，于本报告年度内终结的诉讼事项**

报告期内，公司无终结的诉讼事项。

**8.4.3 本报告年度发生，于本报告年度内终结的诉讼事项**

报告期内，公司无终结的诉讼事项。

### 8.5 公司及其董事、监事和高级管理人员受到处罚的情况

报告期内公司及其董事、监事、高级管理人员、公司股东、实际控制人均未受稽查、行政处罚、通报批评及或公开谴责。

### 8.6 银监会及其派出机构对公司检查后提出整改意见的，应简单说明整改情况

上海银监局于2010年6月17日至18日对公司信政、银信业务进行了专项现场检查，并下发了现场检查事实与评价书。此次现场检查主要有个别信托业务募集行为需要进一步规范、内部审批手续与信托文件签署的规范性以及银信合作业务自身前期尽职调查和后续管理不够重视三个问题，公司对评价书中提出的意见和建议给予了充分重视，对相关问题做了积极的整改，并由审计稽核部门按季进行后续跟进。目前上述问题已全部整改完毕，并从制度层面加强了对类似问题的规范。

### 8.7 本年度重大事项临时报告的简要内容、披露时间、所披露的媒体及其版面

本年度公司无重大事项临时报告等披露事项。

### 8.8 银监会及其省级派出机构认定的其他有必要让客户及相关利益人了解的重要信息

本报告期内，公司除按有关规定已充分披露信息外，根据

上海银监局认定的有必要让客户及相关利益人了解的重要信息要求披露公司薪酬制度有关情况如下。

**8.8.1 薪酬制度建设情况**

8.8.1.1 薪酬结构情况

公司薪酬体系由员工工资、员工绩效奖金和员工福利三大部分组成。该工资结构对前、中后台人员的激励尺度有所不同,起到了差异化的绩效杠杆作用。

除上述基本工资体系外,公司还另设合理的员工激励机制。年终绩效奖金每年根据公司盈利情况和参考市场水平的情况下确定,奖金方案由公司执委会提交薪酬委员会通过后分配。公司绩效奖金所占总薪酬的比重符合银监会相关政策规定。

员工的福利包括公司给员工交缴的各类法定保险,还包括日常员工生日、节假日慰问、婚丧慰问等。

8.8.1.2 薪酬支付情况

员工工资中的基本工资和岗位工资部分每月固定实发,并于每月15日入指定员工账户。为增加薪酬激励的力度,公司已于2011年1月起,将基本绩效工资部分递延至6个月内作集中考核后一并发放。发放时亦按正常程序缴纳相关个人所得税后入工资账户。

8.8.1.3 薪酬管理情况

公司薪酬委员会是研究和审定公司薪酬政策的常设机构,对董事会负责。人力资源部门负责具体制度的拟定、日常薪酬的发放的具体事务。审计部门定期对公司的薪酬机制运行起进行监督,对薪酬制度的执行情况作出审计。

公司的薪酬管理制度,基本涵盖了以下几方面的内容:公司薪酬的基本架构、员工职务等级、公司薪酬调整的要求和晋级要求。与薪酬体系相关的,公司另设绩效考核管理办法,该办法对于考核的层级、考核管理的分工、奖金池的计提、绩效奖金分配原则、各职能部门的责任等内容一一作出相应的规定。董事会每年初明确当年度绩效考核的指标,落实到高级管理层,董事会薪酬委员会对公司绩效的进行跟踪管理,监督公司绩效的完成情况。

**8.8.2 董事会和高级管理层成员薪酬情况**

根据华澳的相关薪酬制度,主要高管和各部门负责人的的绩效薪酬符合银监会相关规定的基本薪酬3倍以内的要求。

## 9. 公司监事会意见

公司监事会认为,报告年度内,公司各项业务的开展均履行了合规审查流程。公司经营管理层严格按照《信托法》、《公司法》、《信托公司治理指引》等法律法规和内部控制规范依法经营,履行内部审批流程,未发生违法违规、损害股东利益、公司利益、信托受益人利益的经营行为。2010年公司聘请的德勤华永会计师事务所依法对公司财务状况进行审计并出具了标准无保留报告,真实地反映了公司的财务状况和经营成果。

# 华宝信托有限责任公司

## 1. 重要提示

1.1 本公司董事会及董事保证本报告所载资料不存在任何虚假记载、误导性陈述或者重大遗漏,并对其内容的真实性、准确性和完整性承担个别及连带责任。

1.2 独立董事王连洲、郭文氢、赵欣舸、余云辉认为本报告内容是真实、准确、完整的。

1.3 公司负责人董事长郑安国,主管会计工作负责人副总裁张晓喆及会计部门负责人计划财务部总经理陆晓霞声明:保证年度报告中财务报告的真实、完整。

## 2. 公司概况

### 2.1 公司简介

2.1.1 公司历史沿革

华宝信托有限责任公司是于1998年6月5日经中国人民银行总行以银复(1998)158号文《关于舟山市信托投资公司股权转让等事项的批复》批准,由宝钢集团有限公司(原上海宝钢集团公司)在购并原舟山市信托投资公司的基础上经过更名、迁址、增资扩股设立的非银行金融机构。2007年3月2日,根据《中华人民共和国银行业监督管理办法》、《信托公司管理办法》、《信托公司集合资金信托计划管理办法》的法律法规规定,华宝信托有限责任公司首家向中国银行业监督管理委员会申请变更公司名称、业务范围并换发新的金融许可证。公司于2007年4月3日经中国银行业监督管理委员会以银监复(2007)144号文《中国银监会关于华宝信托投资有限责任公司变更公司名称和业务范围的批复》首家获准变更公司名称、业务范围并领取新的金融许可证。

2.1.2 公司的法定中文名称:华宝信托有限责任公司
中文名称缩写:华宝信托
公司的法定英文名称:Hwabao Trust Co., Ltd.
英文名称缩写:Hwabao Trust

2.1.3 法定代表人:郑安国

2.1.4 注册地址:上海市浦电路370号宝钢大厦7F

2.1.5 邮政编码:200122

2.1.6 国际互联网网址:www.hwabaotrust.com

2.1.7 电子信箱:hbservice@hwabaotrust.com

2.1.8 负责信息披露的高管人员:张晓喆
联系人:徐修城
联系电话:021-38506778
传真:021-68403999
电子信箱:hbservice@hwabaotrust.com

2.1.9 信息披露报纸:《中国证券报》、《上海证券报》、《证券时报》、《金融时报》、《上海金融报》

2.1.10 年度报告备置地点:上海市浦电路370号宝钢大厦7F

2.1.11 聘请的会计师事务所:中瑞岳华会计师事务所
住所:北京市西城区金融大街35号国际企业大厦A座8层

2.1.12 聘请的律师事务所:中伦律师事务所
住所:上海浦东新区银城中路200号中银大厦11楼

### 2.2 组织结构

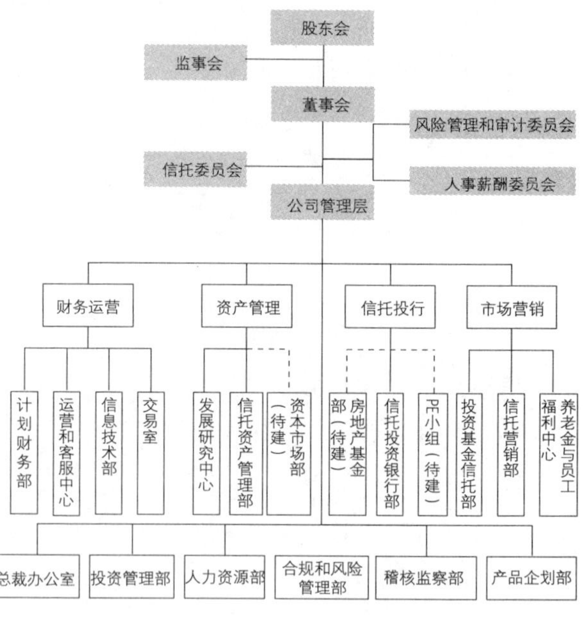


## 3. 公司治理

### 3.1 股东

| 股东名称 | 持股比例(%) | 法人代表 | 注册资本 | 注册地址(万元) | 主要经营业务及主要财务情况 |
|---|---|---|---|---|---|
| 宝钢集团有限公司★ | 98 | 徐乐江 | 5 108 262.10 | 上海市浦东新区浦电路370号宝钢大厦 | 经营国务院授权范围内的国有资产,并开展有关投资业务;钢铁冶炼、冶金矿产、化工(除危险品)、电力、码头、仓储、运输与钢铁相关的业务以及技术开发、技术转让、技术服务和技术管理咨询业务,外经贸部批准进出口业务,国内贸易(除专项规定),商品及技术的进出口服务。 |
| 浙江省舟山市财政局 | 2 | 王 伟 | — | — | 政府机关 |

注:★表示最终实际控制人。

## 3.2 董事

董事长、董事

| 姓名 | 职务 | 性别 | 年龄 | 选任日期 | 所推举的股东名称 | 该股东持股比例(%) | 简要履历 |
|---|---|---|---|---|---|---|---|
| 郑安国 | 董事长 | 男 | 47 | 2010年3月 | 宝钢集团有限公司 | 98 | 曾任南方证券上海分公司副总经理、南方证券公司研究所总经理级副所长、华宝信托投资有限责任公司副总经理、总经理;现任华宝兴业基金管理有限公司董事长、华宝信托有限责任公司董事长、华宝投资有限公司总经理。 |
| 王成然 | 董事 | 男 | 52 | 2008年3月 | 宝钢集团有限公司 | 98 | 曾任上海宝钢集团公司投资处主任科员,上海宝钢集团公司资产经营处副处长、处长,上海宝钢集团公司资产经营部副部长、宝钢集团有限公司资产经营部部长;现任宝钢集团总经理助理,华宝信托有限责任公司董事。 |
| 卞正治 | 董事 | 男 | 56 | 2008年11月 | 宝钢集团有限公司 | 98 | 曾任宝钢法务室、法务部诉讼处主管、宝钢集团法务部诉讼处副处长、宝钢集团法务部副部长、宝钢股份法务部副部长(主持工作)、宝钢集团法务部部长、宝信软件党委书记;现任中国国新控股有限公司董秘兼总法律顾问、华宝信托有限责任公司董事。 |
| 张建群 | 董事 | 男 | 59 | 2008年3月 | 宝钢集团有限公司 | 98 | 曾任上海宝钢集团公司计财部会计处处长,宝钢集团国际经济贸易总公司副总经理,华宝信托投资有限责任公司副董事长、董事长,党委书记、纪委书记、工会主席;现任华宝信托有限责任公司董事。 |
| 占兴华 | 董事 | 男 | 39 | 2008年3月 | 宝钢集团有限公司 | 98 | 曾任上海宝钢集团公司计财部资金处主办、综合主管,上海宝钢集团公司计财部资金处副处长(主持工作),新华人寿保险公司董事,宝钢集团财务有限责任公司董事,福建兴业银行董事,华宝信托有限责任公司副总经理(主持工作)、总经理;现任华宝信托有限责任公司董事、宝钢集团金融系统党委副书记、纪委书记、工会负责人。 |
| 夏小军 | 董事 | 男 | 48 | 2008年3月 | 浙江省舟山市财政局 | 2 | 曾任舟山定海财税局科长、财政部驻浙江省财政监察专员办事处舟山组副组长、浙江金鹰股份上市公司财务负责人;现任舟山市财政局企业处处长、华宝信托有限责任公司董事。 |

独立董事

| 姓名 | 所在单位及职务 | 性别 | 年龄 | 选任日期 | 所推举的股东名称 | 该股东持股比例(%) | 简要履历 |
|---|---|---|---|---|---|---|---|
| 王连洲 | 中国人民大学信托与基金研究所理事长 | 男 | 72 | 2008年3月 | 宝钢集团有限公司 | 98 | 曾在中国人民银行总部印制管理局、全国人大财经委员会工作,曾担任证券法、信托法、证券投资基金法起草工作组组长;现任中国人民大学信托与基金研究所理事长、华夏基金管理公司独立董事、华宝信托有限责任公司独立董事。 |
| 郭文氲 | 民生银行私人银行部首席律师 | 女 | 44 | 2008年3月 | 宝钢集团有限公司 | 98 | 曾任北京市大成律师事务所合伙律师,北京市同维律师事务所合伙律师,北京市康达律师事务所合伙人律师;现任民生银行私人银行部首席律师、华宝信托有限责任公司独立董事。 |
| 赵欣舸 | 中欧国际工商学院会计学教授 | 男 | 40 | 2010年2月 | 宝钢集团有限公司 | 98 | 曾任哈尔滨市对外科技交流中心职员,美国威廉与玛丽学院商学院任金融学助理教授,中欧国际工商学院金融学与会计学副教授;现任中欧国际工商学院会计学教授。 |
| 余云辉 | 中材国际独立董事 | 男 | 48 | 2008年3月 | 宝钢集团有限公司 | 98 | 曾任海通证券投行部副总经理、基金部副总经理、交易总部总经理、并购部总经理,德邦证券有限公司总经理;现任中材国际独立董事、华宝信托有限责任公司独立董事。 |

## 3.3 监事

监事会成员

| 姓名 | 职务 | 性别 | 年龄 | 选任日期 | 所推荐股东名称 | 该股东持股比例(%) | 简要履历 |
|---|---|---|---|---|---|---|---|
| 朱可炳 | 监事长 | 男 | 36 | 2008年11月 | 宝钢集团 | 98 | 曾任宝钢集团公司财务部分项技术协理(统计管理)、宝钢集团公司财务部分项技术协理(会计管理)、宝钢集团公司资产经营部高级管理师(会计分析)、宝钢集团公司资产经营部高级管理师(房地产)、宝钢集团公司资产经营部企业投资业务块负责人、宝钢股份公司财务部副部长、宝钢集团有限公司财务部副部长,现任宝钢集团经营财务部总经理兼资产管理总监。 |
| 甘龙华 | 监事 | 男 | 46 | 2008年3月 | 宝钢集团 | 98 | 曾在宝钢热轧厂精整分厂、质检站工作,宝钢集团战略研究室、规划发展部战略研究处、战略发展部工作;现任职于华宝投资有限公司。 |
| 高卫星 | 职工监事 | 女 | 40 | 2008年11月 | — | — | 曾任职于海南富达磁电有限公司国际销售部、海南省国际信托投资公司法律事务部、海南金元投资控股有限公司法律事务部;现任华宝信托有限责任公司合规和风险管理部总经理。 |

### 3.4 高级管理人员

| 姓 名 | 职 务 | 性别 | 年龄 | 选任日期 | 金融从业年限 | 学历 | 专业 |
|---|---|---|---|---|---|---|---|
| 钱 骏 | 总经理 | 男 | 48 | 2010 年 11 月 | 16 | 博士 | 工程科学 |
| 王晓薇 | 副总经理 | 女 | 43 | 2003 年 10 月 | 7 | 硕士 | 工商管理 |
| 张晓喆 | 副总经理 | 女 | 40 | 2009 年 7 月 | 2 | 硕士 | 工商管理 |
| 王 波 | 副总经理 | 男 | 39 | 2010 年 11 月 | 15 | 硕士 | 金融学 |
| 王锦凌 | 总经理助理 | 女 | 40 | 2010 年 11 月 | 12 | 硕士 | 金融学 |

### 3.5 公司员工

| 项 目 | | 报告期年度 | | 上年度 | |
|---|---|---|---|---|---|
| | | 人数 | 比例(%) | 人数 | 比例(%) |
| 年龄分布 | 25 岁以下 | 18 | 11 | 16 | 11 |
| | 25～29 岁 | 58 | 37 | 60 | 39 |
| | 30～39 岁 | 53 | 34 | 51 | 34 |
| | 40 岁以上 | 29 | 18 | 25 | 16 |
| 学历分布 | 博士 | 5 | 3 | 4 | 3 |
| | 硕士 | 72 | 46 | 69 | 45 |
| | 本科 | 68 | 43 | 66 | 43 |
| | 专科 | 6 | 4 | 6 | 4 |
| | 其他 | 7 | 4 | 7 | 5 |
| 岗位分布 | 董事、监事及其高管人员 | 7 | 4 | 6 | 4 |
| | 自营业务人员 | 17 | 11 | 22 | 14 |
| | 信托业务人员 | 57 | 36 | 50 | 33 |
| | 其他人员 | 77 | 49 | 74 | 49 |

## 4. 经营管理

### 4.1 经营目标、方针、战略规划

公司以具有核心竞争力和一流品牌的资产管理机构为长期战略目标，围绕资本市场，通过覆盖货币、资本、实业三大领域，以资产管理和信托服务为主线，提供较低风险较高收益的信托产品，实现不同投资者的资产管理目的。

2010 年，公司按照既定战略，围绕核心业务并根据监管政策的变化，抓住市场需求，在固有资产投资、银信理财合作、证券信托产品、股票质押融资、养老金和员工福利、项目融资、资产管理、投资银行业务等各大业务领域积极开拓，较好地执行了公司的战略规划。

年内因银监会监管政策变化以及净资本管理规定的出台，公司银信融资类产品领域的业务受限，且短期内难以大规模扩张，公司已及时将相关资源转移到其他业务领域，加大创新产品开发力度，培育发展主动管理能力和销售能力。

### 4.2 所经营业务的主要内容

#### 4.2.1 资本充足率、资产质量和盈利状况

按照合并报表口径，期末公司固有资产 42.92 亿元，固有负债 10.28 亿元，少数股东权益 3.90 亿元，所有者权益（扣除少数股东权益）28.74 亿元。公司资本充足，所有者权益（扣除少数股东权益）比率为 66.97%。

公司对不良资产计提资产损失准备充足，整体资产质量较好。

按照合并口径，报告期内公司实现收入合计 150 505.59 万元，利润总额 81 622.59 万元，净利润 59 316.18 万元。公司 2010 年总资产利润率（税前利润/年均总资产）为 15.45%，资本利润率（净利润/年均所有者权益）为 19.71%，主营业务收益率（净利润/营业总收入）为 39.48%。

#### 4.2.2 经营的主要业务、品种

业务主要分为资产管理和信托服务两个大类：

资产管理：目前主要从事面向资本市场的股票、基金、债券及组合投资以及项目融资等业务。

信托服务：目前主要开展私募基金、年金及福利计划及平台等业务。

#### 4.2.3 资产组合与分布

母公司自营资产中，货币资产占总资产比例为 14.56%，贷款及应收款占 0.04%，交易性金融资产占 21.65%，可供出售金融资产占 39.73%，长期股权投资占 22.82%，其他资产占 1.20%。

**自营资产运用与分布表（母公司）**

| 资产运用 | 金额（万元） | 占比（%） | 资产分布 | 金额（万元） | 占比（%） |
|---|---|---|---|---|---|
| 货币资产 | 47 473.71 | 14.56 | 基础产业 | — | 0.00 |
| 贷款及应收款 | 118.29 | 0.04 | 房地产业 | — | 0.00 |
| 交易性金融资产 | 70 617.99 | 21.65 | 证券市场 | 200 199.03 | 61.39 |
| 可供出售金融资产 | 129 581.05 | 39.73 | 实业 | — | 0.00 |
| 持有至到期投资 | — | 0.00 | 金融机构 | 121 909.43 | 37.38 |
| 长期股权投资 | 74 435.72 | 22.82 | 其他 | 4 018.80 | 1.23 |
| 其他 | 3 900.50 | 1.20 | | | |
| 资产总计 | 326 127.26 | 100.00 | 资产总计 | 326 127.26 | 100.00 |

**信托资产运用与分布表**

| 资产运用 | 金额（万元） | 占比（%） | 资产分布 | 金额（万元） | 占比（%） |
|---|---|---|---|---|---|
| 货币资产 | 340 123.13 | 3.91 | 基础产业 | 4 329 540.00 | 49.80 |
| 贷款及应收款 | 5 883 336.06 | 67.68 | 房地产业 | 638 713.00 | 7.35 |
| 交易性金融资产 | 1 211 085.40 | 13.93 | 证券市场 | 1 211 085.42 | 13.93 |
| 可供出售金融资产 | 858 565.35 | 9.88 | 实业 | 862 673.78 | 9.92 |
| 持有至到期投资 | — | 0.00 | 金融机构 | 362 131.62 | 4.17 |
| 长期股权投资 | 27 751.61 | 0.32 | 其他 | 1 289 317.83 | 14.83 |
| 其他 | 372 600.10 | 4.28 | | | |
| 资产总计 | 8 693 461.65 | 100.00 | 资产总计 | 8 693 461.65 | 100.00 |

### 4.3 市场分析

宏观经济：2010 年，中国宏观经济步入稳定复苏的轨道，同时许多结构性矛盾的相互交织，经济下行力量和上行力量同时存在。下半年通胀压力显著上升，2008—2009 年实施的大规模刺激政策逐步退出。如果说 2009 年是中国经济最困难的一年，2010 年则是最复杂的一年。如何平衡控制通胀预期和促进经济平稳较快增长，是政府调控重点和未来一段时间的政策难点。

证券市场:宏观经济运行的复杂性,带来证券市场宽幅震荡。沪指从年初的3 277点,到年末的2 808点,经过了大跌大涨的洗礼之后,沪指2010年以来下跌14.31%,在全球股票指数涨幅排名中列倒数第三。证券市场分化严重,在整体市场表现较差的情况下,创业板、中小板指数以及大批股票在2010年创出历史新高。从整体市场环境来看,2010年证券市场运行环境逊于2009年。

理财产品环境:信托理念和信托产品日渐普及,高端化趋势加速,富裕机构及高端个人成为主要展业对象,行业竞争和跨行业竞争日趋激烈。一是金融危机后,国内银行开始组建自己的研发团队和管理团队,对产品进行自主研发、自主投资和自主管理,以满足客户需求;二是基金公司开放"一对多"专户理财,券商和银行凭借渠道优势,继续对信托公司形成挤压;三是各家信托公司积极研究市场、产品和同业公司发展模式,产品、营销及管理方法均有很大提升,跨地域展业持续升温,京沪成为兵家必争之地。

法律法规:2010年信托行业监管进一步深入,监管规范政策频频发布。如结构化信托业务监管,房地产信托业务监管,规范银信理财合作业务,净资本管理等。特别是,2010年9月7日银监会正式的颁布《信托公司净资本管理办法》,意味着银信合作业务受到限制,信托公司一味做大规模的粗放式发展方式面临瓶颈。

#### 4.3.1 有利条件

随着中国经济规模的增长和居民收入水平的提高,理财的需求逐步被释放出来。目前中国的财富总额以及富裕家庭的数目正在迅猛地增长,中国2009年的高净值个人达到了47.7万人,全球排名前四,仅次于美国、日本和德国。目前监管机构给定的信托计划投资者的范围基本为可投资资产在300万元以上的高端客户,信托产品作为唯一连接货币市场、资本市场和实业市场的理财产品,随着理财市场的发展,信托的综合优势将得以充分发挥。2011年经济和政策比2010年更加不明朗,市场表现将会更为复杂,为受托理财提供更大的空间,证券投资类信托产品的种类也会更丰富。

信托业具有的制度优势和平台优势,令信托公司在金融创新方面极具潜力与活力,REITs、信托型股权投资基金、QDII、股指期货等将为信托业带来新的发展契机,进一步推动信托业的平稳快速发展。

优良的资产、规范诚信的经营、良好的品牌形象与商誉、专业化的人才队伍,以及控股股东宝钢集团有限公司的大力支持,为公司业务拓展和健康成长奠定了基础。

#### 4.3.2 不利条件

2010年出台的系列规范监管政策限制了信托公司的快速发展,信托公司需要大力提高自身的创新能力和自主管理能力。目前整个社会对信托业的认知度仍然不高,信托市场还不完善,信托公司的盈利模式仍不稳定,信托功能没得到充分发挥,信托服务的覆盖面仍过于狭窄,信托制度的潜力尚待挖掘,信托行业的独立价值仍不显著。

而且,通过资本纽带呈现出的金融混业经营趋势,以及在资产管理、年金等业务上与银行、基金公司、证券公司和保险公司等专业理财机构存在的跨行业竞争格局,加大了公司的外部竞争压力。

### 4.4 内部控制概况

#### 4.4.1 内部控制环境和内部控制文化

公司根据国家有关法律、法规和公司章程,构建了完备的法人治理结构。设立了股东会、董事会和监事会,"三会"分工明确并相互制衡、各司其职、规范运作,分别行使决策权、执行权和监督权。

股东会是公司的权力机构;董事会是公司的常设决策机构,向股东会负责;监事会是公司的监督机构,负责对公司董事、高级管理人员及公司财务进行监督。董事会下设信托委员会、人事薪酬委员会、审计与风险管理委员会三个专门委员会,加强对公司长期发展战略、高管任职与考核、重大投资风险控制、重大关联交易的审议、信息披露等方面的管理和监督,以进一步完善治理结构、促进董事会科学高效决策。其中,审计与风险管理委员会负责审查企业内部控制,监督内部控制的有效实施和内部控制自我评价情况,协调内部控制审计及其他相关事宜。

公司根据自身业务特点和内部控制要求设立了科学、规范的机构及岗位。合规和风险管理部负责组织协调内部控制的建立实施及日常工作。稽核监察部作为内部审计机构对内部控制的有效性进行监督检查。内部审计机构对监督检查中发现的内部控制缺陷,按照企业内部审计工作程序进行报告;对监督检查中发现的内部控制重大缺陷,有权直接向董事会及其审计委员会、监事会报告。

公司明确界定各部门、各岗位的目标、职责和权限,建立相应的授权、检查和逐级问责制度,确保不相容岗位的相互分离及其在授权范围内履行职能;公司控制架构完善,并制定各层级之间的控制程序,保证董事会及高级管理人员下达的指令能够被有效执行。

公司提倡"合规人人有责"和业务部门是内部控制及风险管理的第一道防线的内控文化。

#### 4.4.2 内部控制措施

公司管理层下设投资决策委员会和合规审查委员会,在董事会的授权范围内以明晰的分级授权制度、健全的投资控制体系、及时完整的过程控制和事后评价,使研究、决策、操作、审核、评价体系既相互配合,又相互制衡。

在日常业务中,公司对固有资产和信托资产设立了相互独立的运作部门,分别是负责固有财产运作的投资管理部和负责信托财产运作的信托资产管理部。同时在财务核算等环节,通过核算岗位隔离与财务信息隔离,进一步保证了公司固有财产与信托财产的独立管理。

在信托资产运营环节,分别设立了研究部门、决策部门、交易部门和运营部门,实现了研究和决策分离、投资和交易分离、财产运营和监控保管分离。部门间有效配合且相互制衡,确保投资风险可控。

在证券交易过程中,公司通过完善资产管理系统,实现了所有证券交易的系统化,使所有证券交易行为均处于系统的有效控制之下。在资产管理系统中,通过股票池、投资比例指标和人员授权等方面的管理,保证了证券投向、投资比例和不同岗位的投资权限均处于公司的有效控制之下。

在业务流程上,公司通过事前、事中、事后控制三者结合进行综合风险防范，其中尤其强调即时的过程控制，各部门发生异常情况后即时汇报，在风险出现苗头后能立即作出反应，采取相应措施，确保公司内部控制的有效性。

除上述控制措施外，公司还建立了重大风险预警机制和突发事件应急处理机制，明确风险预警标准，对可能发生的重大风险或突发事件，制订应急预案，明确责任人员、规范处理程序，确保突发事件得到及时妥善处理。

**4.4.3 监督评价与纠正**

公司的稽核监察部门负责对公司内部控制的监督评价与纠正。

公司具有较为完善的内部控制机制，公司稽核监察部是公司独立的监督部门，直接向董事会汇报，是对公司经营活动全过程进行的一种内在经济监督，以防范风险、纠正违规、加强内控为工作目标，对公司内控制度、业务经营、财务活动等实施稽核监督。公司合规和风险管理部负责对公司规章制度和操作流程的健全性、有效性进行不断梳理整合，使公司的内部控制更加有效、趋于完善。

## 4.5 风险管理概况

**4.5.1 风险状况**

4.5.1.1 信用风险状况

信用风险主要是指交易对手违约造成损失的风险，主要表现为公司在开展固有业务和信托业务时，可能会因交易对手违约而给公司或信托财产带来风险。报告期内，公司发生的各类业务均履行了严格的内部评审程序，合法合规，担保措施充足，交易对手信用等级较高，信用风险可控。报告期末公司信用风险暴露数为0。按母公司口径，不良信用风险资产期初数为1 439.53万元，期末数为1 439.53万元。

4.5.1.2 市场风险状况

市场风险是指公司在运营过程中可能因股价、市场汇率、利率及其他价格因素等变动而产生的风险。具体表现为经济运作周期变化、金融市场利率波动、通货膨胀、房地产交易、证券市场变化等造成的风险，这些风险可能影响信托财产的价值及信托收益水平，也可能影响公司固有资产价值或导致损失。如股市波动，对公司的盈利能力和财务状况可能产生不利影响。2010年公司密切关注各类市场风险，及时调整产品战略，勤勉、尽职履行受托人职责。报告期内公司未发生因该类风险所造成的损失。

4.5.1.3 操作风险状况

操作风险是指公司内部业务流程、计算机系统、员工在操作中的不完善或失误，可能给公司造成损失的风险；公司外部因素如通讯系统故障等可能给公司造成损失或影响公司正常运行的风险。

报告期内，公司未发生此类风险给公司及受益人造成损失。

4.5.1.4 其他风险状况

其他风险主要包括法律风险、声誉风险、员工道德风险等。法律风险指公司在业务经营过程中由于不当的法律文书、违约行为或怠于行使自身法律权利等所造成的风险。声誉风险指由于公司内部管理或服务出现问题而引起自身外部社会名声、信誉和公众信任度下降，从而对公司外部市场地位产生消极和不良影响的风险。员工道德风险是指公司员工在执行业务过程中，由于法律意识淡漠、自律性差、责任心不强等因素的影响，可能存在的违法违规、操作失误等行为给公司造成损失损害的风险。报告期内公司未发生此类风险。

**4.5.2 风险管理**

4.5.2.1 信用风险管理

公司通过事前评估、事中控制、事后监督的风险管理体系来防范和规避信用风险，具体措施包括：(1)严格按照业务流程、制度规定和相应程序开展各项业务，确保决策者充分了解业务涉及的信用风险；(2)对交易对手进行全面、深入的信用调查与分析，形成客观、翔实的尽职调查报告；(3)完善投决会议事规则，坚持横向、纵向相结合和集体决策的评审制度，多方面介入排查风险；(4)严格落实贷款担保等措施，注意对抵押物权属有效性、合法性进行审查，客观、公正评估抵押物；(5)强调事中管理和监控，通过项目实施过程中的业务跟踪及定期的资产五级分类进行风险事中控制；公司贷款资产减值准备计提标准为：正常类，计提比例1%；关注类，计提比例10%；次级类，计提比例30%；可疑类，计提比例60%；损失类，计提比例100%；(6)要求业务部门定期进行后期检查，形成项目检查报告，若发现问题及时采取措施有效防范和化解各类信用风险；(7)严格按财政部《金融企业呆账准备提取管理办法》等相关要求，足额计提相关资产减值准备；每年从税后利润中按10%(2009年及以前年度为5%)的比例提取信托赔偿准备金，以提高公司抵御风险的能力。

4.5.2.2 市场风险管理

公司制定并不断完善与总体业务发展战略、管理能力、资本实力和能够承担的总体风险水平相一致的市场风险管理原则和程序，对每项业务和产品中的市场风险因素进行分解和分析，及时准确识别业务中市场风险的类别和性质。具体措施包括：(1)对宏观经济走势、政策变化、投资策略演变及其他影响市场变化的因素进行持续分析研究，为投资决策提供参考；(2)关注国家宏观政策变化，规避限制类行业和相关项目；(3)进行资产组合管理，并动态调整资产配置方案，以规避或降低市场风险；(4)控制行业集中度，控制总体证券投资规模、设定证券投资限制指标和止损点；(5)加强对投资品种的研究和科学论证，按严格的流程进行控制；(6)密切监控已开展业务的运行情况，根据市场风险情况及时作出投资调整、提前结束等风险管理措施，避免或降低市场风险引起的损失。同时公司通过业务模式的创新(如结构化信托、法人股信托、资产证券化)强调业务结构多元化和不同业务之间风险的对冲度，提高公司抵御市场风险的整体能力。

4.5.2.3 操作风险管理

公司通过合理的部门和岗位设置，业务操作流程优化，规章制度建设，加强员工培训提高员工素质和技能，推进系统化建设，将流程有效地嵌入到系统中，减少人工干预、制订应急预案等措施有效地控制操作风险。

2010年公司通过对岗位规程的梳理和发布，有效地提高了岗位操作的可靠性和岗位知识的传承，在防范操作风险上起到了积极作用。

4.5.2.4 其他风险管理

公司通过对宏观政策和行业政策的跟踪、研究，提高预见性，控制政策风险。对于法律风险，公司严格按照相关监管规章，对所有拟开展业务进行合规性审查，确保公司业务开展符合国家相关法律法规规定，并不断优化产品结构和法律文本设计，严格按公司法律文件审批程序进行审批后办理业务；对于声誉风险，公司把声誉构建与公司发展战略和企业文化进行有机结合，对可能影响公司声誉的业务坚决予以回避，尽职管理受托资产，并充分披露，塑造公司专业和诚信的社会形象；对于员工道德风险，公司通过建立完善的公司治理结构、内控制度、业务流程，从制度、教育、监督、纪律处罚等多方面着手，不断优化激励约束机制，对员工及其行为进行约束和规范，控制道德风险。

## 5. 报告期末及上年末的比较式会计报表

### 5.1 自营资产

#### 5.1.1 会计师事务所审计意见全文

**审 计 报 告**

中瑞岳华审字〔2011〕第00421号

华宝信托有限责任公司董事会：

我们审计了后附的华宝信托有限责任公司（以下简称“贵公司”）及其子公司（统称“贵集团”）财务报表，包括2010年12月31日的合并及公司的资产负债表，2010年度的合并及公司的利润表、合并及公司的现金流量表和合并及公司的所有者权益变动表以及财务报表附注。

一、管理层对财务报表的责任

按照企业会计准则的规定编制财务报表是贵公司管理层的责任。这种责任包括：（1）设计、实施和维护与财务报表编制相关的内部控制，以使财务报表不存在由于舞弊或错误而导致的重大错报；（2）选择和运用恰当的会计政策；（3）作出合理的会计估计。

二、注册会计师的责任

我们的责任是在实施审计工作的基础上对财务报表发表审计意见。我们按照中国注册会计师审计准则的规定执行了审计工作。中国注册会计师审计准则要求我们遵守职业道德规范，计划和实施审计工作以对财务报表是否不存在重大错报获取合理保证。

审计工作涉及实施审计程序，以获取有关财务报表金额和披露的审计证据。选择的审计程序取决于注册会计师的判断，包括对由于舞弊或错误导致的财务报表重大错报风险的评估。在进行风险评估时，我们考虑与财务报表编制相关的内部控制，以设计恰当的审计程序，但目的并非对内部控制的有效性发表意见。审计工作还包括评价管理层选用会计政策的恰当性和作出会计估计的合理性，以及评价财务报表的总体列报。

我们相信，我们获取的审计证据是充分、适当的，为发表审计意见提供了基础。

三、审计意见

我们认为，上述财务报表已经按照企业会计准则的规定编制，在所有重大方面公允反映了贵集团和贵公司2010年12月31日的财务状况以及2010年度的经营成果和现金流量。

#### 5.1.2 资产负债表

**合并资产负债表**

编制单位：华宝信托有限责任公司　　2010年12月31日　　单位：万元

| 项　目 | 年末余额 | 年初余额 | 项　目 | 年末余额 | 年初余额 |
|---|---|---|---|---|---|
| 流动资产： | | | 流动负债： | | |
| 货币资金 | 101 030.75 | 363 607.29 | 短期借款 | — | — |
| 结算备付金 | — | 38 594.69 | 向中央银行借款 | — | — |
| 拆出资金 | — | — | 吸收存款及同业存放 | — | — |
| 交易性金融资产 | 106 279.99 | 101 447.00 | 拆入资金 | — | — |
| 应收票据 | — | — | 交易性金融负债 | — | — |
| 应收账款 | 5 696.72 | 6 834.89 | 应付票据 | — | — |
| 预付款项 | — | — | 应付账款 | — | — |
| 应收保费 | — | — | 预收款项 | — | — |
| 应收分保账款 | — | — | 卖出回购金融资产款 | — | — |
| 应收分保合同准备金 | — | — | 应付手续费及佣金 | — | — |
| 应收利息 | 191.95 | 444.46 | 应付职工薪酬 | 10 627.10 | 14 063.75 |
| 应收股利 | — | — | 应交税费 | 13 066.38 | 10 563.08 |
| 其他应收款 | 356.35 | 1 942.48 | 应付利息 | — | 59.40 |
| 买入返售金融资产 | 3 920.00 | — | 应付股利 | 52 923.83 | 54 007.36 |
| 存货 | — | — | 其他应付款 | 23 817.66 | 14 155.25 |
| 一年内到期的非流动资产 | — | — | 应付分保账款 | — | — |
| 其他流动资产 | 360.77 | 8 088.18 | 保险合同准备金 | — | — |
| 流动资产合计 | 217 836.53 | 520 958.99 | 代理买卖证券款 | — | 256 541.52 |
| 非流动资产： | — | — | 代理承销证券款 | — | — |
| 发放贷款及垫款 | — | 22 862.58 | 一年内到期的非流动负债 | — | — |

续表

| 项　目 | 年末余额 | 年初余额 | 项　目 | 年末余额 | 年初余额 |
|---|---|---|---|---|---|
| 可供出售金融资产 | 129 581.05 | 66 791.36 | 其他流动负债 | — | 53.03 |
| 持有至到期投资 | — | — | 流动负债合计 | 100 434.97 | 349 443.39 |
| 长期应收款 | — | — | 非流动负债： | — | — |
| 长期股权投资 | 74 613.95 | — | 长期借款 | — | — |
| 投资性房地产 | — | — | 应付债券 | — | — |
| 固定资产 | 1 297.49 | 4 419.65 | 长期应付款 | — | — |
| 在建工程 | — | 156.87 | 专项应付款 | — | — |
| 工程物资 | — | — | 预计负债 | — | — |
| 固定资产清理 | — | — | 递延所得税负债 | 2 324.99 | 2 478.87 |
| 生产性生物资产 | — | — | 其他非流动负债 | — | — |
| 油气资产 | — | — | 非流动负债合计 | 2 324.99 | 2 478.87 |
| 无形资产 | 497.81 | 1 572.20 | 负债合计 | 102 759.96 | 351 922.26 |
| 开发支出 | — | — | 所有者权益： | — | — |
| 商誉 | — | 312.00 | 实收资本 | 100 000.00 | 100 000.00 |
| 长期待摊费用 | 124.05 | 1 143.45 | 资本公积 | 10 701.15 | 10 734.11 |
| 递延所得税资产 | 5 256.01 | 9 154.64 | 减：库存股 | — | — |
| 其他非流动资产 | — | — | 专项储备 | — | — |
| 非流动资产合计 | 211 370.36 | 106 412.75 | 盈余公积 | 29 691.22 | 24 975.49 |
| 资产总计 | 429 206.89 | 627 371.74 | 一般风险准备 | 17 722.12 | 12 947.98 |
| | | | 未分配利润 | 129 320.11 | 91 658.47 |
| | | | 外币报表折算差额 | — | — |
| | | | 归属于母公司所有者权益合计 | 287 434.60 | 240 316.05 |
| | | | 少数股东权益 | 39 012.33 | 35 133.43 |
| | | | 所有者权益合计 | 326 446.93 | 275 449.48 |
| | | | 负债和所有者权益总计 | 429 206.89 | 627 371.74 |

法定代表人：郑安国　　主管会计工作负责人：张晓喆　　会计机构负责人：陆晓霞

## 母公司资产负债表

编制单位：华宝信托有限责任公司　　2010 年 12 月 31 日　　单位：万元

| 资　产 | 年末数 | 年初数 | 负债和所有者权益 | 年末数 | 年初数 |
|---|---|---|---|---|---|
| 资产： | | | 负债： | | |
| 货币资金 | 47 473.71 | 57 702.95 | 向中央银行借款 | — | — |
| 贵金属 | — | — | 同业及其他金融机构存放款项 | — | — |
| 拆出资金 | — | — | 拆入资金 | — | — |
| 交易性金融资产 | 70 617.99 | 81 010.46 | 交易性金融负债 | — | — |
| 衍生金融资产 | — | — | 卖出回购金融资产款 | — | — |
| 买入返售金融资产 | — | — | 吸收存款 | — | — |
| 应收账款 | — | — | 应付账款 | — | — |
| 应收股利 | — | — | 其他应付款 | 11 910.08 | 2 759.27 |
| 应收利息 | — | — | 应付职工薪酬 | 2 271.28 | 2 345.30 |
| 其他应收款 | 118.29 | 63.16 | 应交税费 | 9 815.84 | 3 482.14 |
| 发放贷款及垫款 | — | 22 862.58 | 应付股利 | 52 923.83 | 54 007.36 |
| 可供出售金融资产 | 129 581.05 | 32 056.51 | 应付利息 | — | — |
| 持有至到期投资 | — | — | 预计负债 | — | — |
| 长期股权投资 | 74 435.72 | 57 214.90 | 应付债券 | — | — |
| 投资性房地产 | — | — | 递延所得税负债 | 2 324.99 | 2 462.37 |
| 固定资产净额 | 903.23 | 1 326.06 | 其他负债 | — | — |
| 在建工程 | — | — | 负债合计 | 79 246.02 | 65 056.44 |
| 固定资产清理 | — | — | 所有者权益： | | |
| 无形资产净额 | 237.20 | 351.66 | 实收资本 | 100 000.00 | 100 000.00 |
| 长期待摊费用 | 42.49 | 74.36 | 资本公积 | 16 570.26 | 7 121.27 |

续表

| 资　　产 | 年末数 | 年初数 | 负债和所有者权益 | 年末数 | 年初数 |
|---|---|---|---|---|---|
| 递延所得税资产 | 2 717.58 | 2 668.82 | 减:库存股 | — | — |
| 其他资产 | — | — | 盈余公积 | 30 418.15 | 25 702.42 |
| 资产总计 | 326 127.26 | 255 331.46 | 一般风险准备 | 18 085.58 | 13 311.44 |
| | | | 未分配利润 | 81 807.25 | 44 139.89 |
| | | | 所有者权益合计 | 246 881.24 | 190 275.02 |
| | | | 负债和所有者权益总计 | 326 127.26 | 255 331.46 |

法定代表人:郑安国　　主管会计工作负责人:张晓喆　　会计机构负责人:陆晓霞

### 5.1.3 利润表

**合并利润表**

编制单位:华宝信托有限责任公司　　2010 年　　单位:万元

| 项　　目 | 本年金额 | 上年金额 |
|---|---|---|
| 一、营业总收入 | 126 007.79 | 139 867.43 |
| 其中:营业收入 | — | 87.52 |
| 利息收入 | 7 441.51 | 9 501.57 |
| 已赚保费 | — | — |
| 手续费及佣金收入 | 118 566.28 | 130 278.34 |
| 二、营业总成本 | 68 832.47 | 70 666.82 |
| 其中:营业成本 | — | — |
| 利息支出 | 2 446.84 | 2 105.51 |
| 手续费及佣金支出 | 3 645.66 | 3 332.39 |
| 退保金 | — | — |
| 赔付支出净额 | — | — |
| 提取保险合同准备金净额 | — | — |
| 保单红利支出 | — | — |
| 分保费用 | — | — |
| 营业税金及附加 | 7 471.73 | 8 008.03 |
| 业务及管理费 | 55 521.68 | 56 722.62 |
| 管理费用 | — | — |
| 财务费用 | — | — |
| 资产减值损失 | -253.44 | 498.27 |
| 加:公允价值变动收益(损失以"-"号填列) | -430.83 | 1 791.17 |
| 投资收益(损失以"-"号填列) | 25 037.25 | 22 531.82 |
| 其中:对联营企业和合营企业的投资收益 | — | — |
| 汇兑收益(损失以"-"号填列) | -385.77 | -293.52 |
| 三、营业利润(亏损以"-"号填列) | 81 395.97 | 93 230.08 |
| 加:营业外收入 | 277.15 | 7.06 |
| 减:营业外支出 | 50.53 | -2 251.32 |
| 其中:非流动资产处置损失 | 5.92 | 106.75 |
| 四、利润总额(亏损总额以"-"号填列) | 81 622.59 | 95 488.46 |
| 减:所得税费用 | 22 306.41 | 20 599.91 |
| 五、净利润(净亏损以"-"号填列) | 59 316.18 | 74 888.55 |
| 归属于母公司所有者的净利润 | 47 151.51 | 61 288.09 |
| 少数股东损益 | 12 164.67 | 13 600.46 |
| 六、每股收益: | — | — |
| (一)基本每股收益 | — | — |

续表

| 项　　目 | 本年金额 | 上年金额 |
|---|---|---|
| (二)稀释每股收益 | — | — |
| 七、其他综合收益 | -33.00 | 4 890.43 |
| 八、综合收益总额 | 59 283.18 | 79 778.98 |
| 归属于母公司所有者的综合收益总额 | 47 118.55 | 66 178.48 |
| 归属于少数股东的综合收益总额 | 12 164.63 | 13 600.50 |

法定代表人:郑安国　　主管会计工作负责人:张晓喆　　会计机构负责人:陆晓霞

**母公司利润表**

编制单位:华宝信托有限责任公司　　2010 年　　单位:万元

| 项　　目 | 本年数 | 上年数 |
|---|---|---|
| 一、营业收入 | 69 515.07 | 73 757.24 |
| 利息净收入 | 1 504.15 | 4 447.47 |
| 利息收入 | 1 504.15 | 4 447.47 |
| 利息支出 | — | — |
| 手续费及佣金净收入 | 31 490.45 | 29 494.47 |
| 手续费及佣金收入 | 31 537.31 | 29 638.99 |
| 手续费及佣金支出 | 46.86 | 144.52 |
| 投资收益(损失以"-"号填列) | 37 644.47 | 38 289.81 |
| 其中:对联营企业和合营企业的投资收益 | 7 788.32 | 5 405.43 |
| 公允价值变动损益(损失以"-"号填列) | -766.53 | 1 818.58 |
| 汇兑收益(损失以"-"号填列) | -357.47 | -293.09 |
| 其他业务收入 | — | — |
| 二、营业支出 | 12 862.33 | 12 188.19 |
| 营业税金及附加 | 2 864.15 | 2 950.48 |
| 业务及管理费 | 10 229.12 | 9 006.77 |
| 资产减值损失 | -230.94 | 230.94 |
| 其他业务成本 | — | — |
| 三、营业利润(亏损以"-"号填列) | 56 652.74 | 61 569.05 |
| 加:营业外收入 | 113.57 | 0.03 |
| 减:营业外支出 | — | 1.56 |
| 四、利润总额(亏损总额以"-"号填列) | 56 766.31 | 61 567.52 |
| 减:所得税费用 | 9 609.09 | 10 644.66 |
| 五、净利润(净亏损以"-"号填列) | 47 157.22 | 50 922.86 |
| 六、每股收益: | — | — |
| (一)基本每股收益 | — | — |
| (二)稀释每股收益 | — | — |
| 七、其他综合收益 | 9 448.99 | 4 861.02 |
| 八、综合收益总额 | 56 606.21 | 55 783.88 |

法定代表人:郑安国　　主管会计工作负责人:张晓喆　　会计机构负责人:陆晓霞

### 5.1.4 所有者权益变动表

## 合并所有者权益变动表

编制单位：华宝信托有限责任公司　　2010 年　　单位：万元

| 项　目 | 本年金额 | | | | | | | | | |
|---|---|---|---|---|---|---|---|---|---|---|
| | 归属于母公司所有者权益 | | | | | | | | 少数股东权益 | 所有者权益合计 |
| | 实收资本 | 资本公积 | 减：库存股 | 专项储备 | 盈余公积 | 一般风险准备 | 未分配利润 | 其他 | | |
| 一、上年末余额 | 100 000. 000 | 10 734. 11 | — | — | 24 975. 49 | 12 947. 98 | 91 658. 47 | — | 35 133. 43 | 275 449. 48 |
| 加：会计政策变更 | — | — | — | — | — | — | — | — | — | — |
| 前期差错更正 | — | — | — | — | — | — | — | — | — | — |
| 其他 | — | — | — | — | — | — | — | — | — | — |
| 二、本年初余额 | 100 000. 000 | 10 734. 11 | — | — | 24 975. 49 | 12 947. 98 | 91 658. 47 | — | 35 133. 43 | 275 449. 48 |
| 三、本年增减变动金额（减少以"－"号填列） | — | -32. 96 | — | — | 4 715. 72 | 4 774. 14 | 37 661. 64 | — | 3 878. 89 | 50 997. 44 |
| （一）净利润 | — | — | — | — | — | — | 47 151. 51 | — | 12 164. 47 | 59 316. 18 |
| （二）其他综合收益 | — | -32. 96 | — | — | — | — | — | — | -0. 04 | -33. 00 |
| 上述（一）和（二）小计 | — | -32. 96 | — | — | — | — | 47 151. 51 | — | 12 164. 63 | 59 283. 18 |
| （三）所有者投入和减少资本 | — | — | — | — | — | — | — | — | -20. 73 | -20. 73 |
| 1. 所有者投入资本 | — | — | — | — | — | — | — | — | — | — |
| 2. 股份支付计入所有者权益的金额 | — | — | — | — | — | — | — | — | — | — |
| 3. 其他 | — | — | — | — | — | — | — | — | -20. 73 | -20. 73 |
| （四）利润分配 | — | — | — | — | 4 751. 72 | 4 774. 14 | -9 489. 86 | — | -8 265. 01 | -8 265. 01 |
| 1. 提取盈余公积 | — | — | — | — | 4 715. 72 | — | -4 715. 72 | — | — | — |
| 2. 提取一般风险准备 | — | — | — | — | — | 4 774. 14 | -4 774. 14 | — | — | — |
| 3. 对所有者的分配 | — | — | — | — | — | — | — | — | -8 265. 01 | -8 265. 01 |
| 4. 其他 | — | — | — | — | — | — | — | — | — | — |
| （五）所有者权益内部结转 | — | — | — | — | — | — | — | — | — | — |
| 1. 资本公积转增资本 | — | — | — | — | — | — | — | — | — | — |
| 2. 盈余公积转增资本 | — | — | — | — | — | — | — | — | — | — |
| 3. 盈余公积弥补亏损 | — | — | — | — | — | — | — | — | — | — |
| 4. 其他 | — | — | — | — | — | — | — | — | — | — |
| （六）专项储备 | — | — | — | — | — | — | — | — | — | — |
| 1. 本年提取 | — | — | — | — | — | — | — | — | — | — |
| 2. 本年使用 | — | — | — | — | — | — | — | — | — | — |
| 四、本年末余额 | 100 000. 000 | 10 701. 15 | — | — | 29 691. 22 | 17 722. 12 | 129 320. 11 | — | 39 012. 33 | 326 446. 92 |

法定代表人：郑安国　　主管会计工作负责人：张晓喆　　会计机构负责人：陆晓霞

## 合并所有者权益变动表（续）

编制单位：华宝信托有限责任公司　　2010 年　　单位：万元

| 项　目 | 上年金额 | | | | | | | | | |
|---|---|---|---|---|---|---|---|---|---|---|
| | 归属于母公司所有者权益 | | | | | | | | 少数股东权益 | 所有者权益合计 |
| | 实收资本（或股本） | 资本公积 | 减：库存股 | 专项储备 | 盈余公积 | 一般风险准备 | 未分配利润 | 其他 | | |
| 一、上年末余额 | 100 000. 000 | 5 843. 71 | — | — | 20 423. 75 | 9 943. 28 | 91 934. 28 | — | 23 204. 45 | 261 349. 48 |
| 加：会计政策变更 | — | — | — | — | — | — | — | — | — | — |
| 前期差错更正 | — | — | — | — | — | — | — | — | — | — |
| 其他 | — | — | — | — | — | — | — | — | — | — |
| 二、本年初余额 | 100 000. 000 | 5 843. 71 | — | — | 20 423. 75 | 9 943. 28 | 91 934. 28 | — | 23 204. 45 | 261 349. 48 |
| 三、本年增减变动金额（减少以"－"号填列） | — | 4 890. 10 | — | — | 4 551. 74 | 3 004. 70 | -275. 82 | — | 1 928. 98 | 14 100. 00 |
| （一）净利润 | — | — | — | — | — | — | 61 288. 09 | — | 13 600. 46 | 74 888. 55 |
| （二）其他综合收益 | — | 4 890. 40 | — | — | — | — | — | — | 0. 04 | 4 890. 44 |
| 上述（一）和（二）小计 | — | 4 890. 40 | — | — | — | — | 61 288. 09 | — | 13 600. 50 | 79 778. 98 |
| （三）所有者投入和减少资本 | — | — | — | — | — | — | — | — | — | — |

续表

| 项目 | 上年金额 | | | | | | | | | |
|---|---|---|---|---|---|---|---|---|---|---|
| | 归属于母公司所有者权益 | | | | | | | | 少数股东权益 | 所有者权益合计 |
| | 实收资本 | 资本公积 | 减:库存股 | 专项储备 | 盈余公积 | 一般风险准备 | 未分配利润 | 其他 | | |
| 1. 所有者投入资本 | — | — | — | — | — | — | — | — | — | — |
| 2. 股份支付计入所有者权益的金额 | — | — | — | — | — | — | — | — | — | — |
| 3. 其他 | — | — | — | — | — | — | — | — | — | — |
| (四)利润分配 | — | — | — | — | 4 551. 74 | 3 004. 70 | -61 593. 91 | — | -11 671. 51 | -65 678. 98 |
| 1. 提取盈余公积 | — | — | — | — | 4 551. 74 | — | -4 551. 74 | — | — | — |
| 2. 提取一般风险准备 | — | — | — | — | — | 3 004. 70 | -3 004. 70 | — | — | — |
| 3. 对所有者的分配 | — | — | — | — | — | — | -54 007. 47 | — | -11 671. 51 | -65 678. 98 |
| 4. 其他 | — | — | — | — | — | — | — | — | — | — |
| (五)所有者权益内部结转 | — | — | — | — | — | — | — | — | — | — |
| 1. 资本公积转增资本 | — | — | — | — | — | — | — | — | — | — |
| 2. 盈余公积转增资本 | — | — | — | — | — | — | — | — | — | — |
| 3. 盈余公积弥补亏损 | — | — | — | — | — | — | — | — | — | — |
| 4. 其他 | — | — | — | — | — | — | — | — | — | — |
| (六)专项储备 | — | — | — | — | — | — | — | — | — | — |
| 1. 本年提取 | — | — | — | — | — | — | — | — | — | — |
| 2. 本年使用 | — | — | — | — | — | — | — | — | — | — |
| 四、本年末余额 | 100 000. 000 | 10 734. 11 | — | — | 24 975. 49 | 12 947. 98 | 91 658. 47 | — | 35 133. 43 | 275 449. 48 |

法定代表人:郑安国　　主管会计工作负责人:张晓喆　　会计机构负责人:陆晓霞

## 母公司所有者权益变动表

编制单位:华宝信托有限责任公司　　2009 年　　单位: 万元

| 项目 | 本年金额 | | | | | | | |
|---|---|---|---|---|---|---|---|---|
| | 实收资本 | 资本公积 | 减:库存股 | 专项储备 | 盈余公积 | 一般风险准备 | 未分配利润 | 所有者权益合计 |
| 一、上年末余额 | 100 000. 00 | 6 958. 48 | — | — | 24 975. 49 | 12 947. 98 | 37 960. 99 | 182 842. 95 |
| 加:会计政策变更 | — | — | — | — | — | — | — | — |
| 前期差错更正 | — | — | — | — | — | — | — | — |
| 其他 | — | 162. 79 | — | — | 726. 93 | 363. 46 | 6 178. 89 | 7 432. 07 |
| 二、本年初余额 | 100 000. 00 | 7 121. 27 | — | — | 25 702. 42 | 13 311. 44 | 44 139. 89 | 190 275. 02 |
| 三、本年增减变动金额(减少以“-”号填列) | — | 9 448. 99 | — | — | 4 715. 72 | 4 774. 14 | 37 667. 36 | 56 606. 22 |
| (一)净利润 | — | — | — | — | — | — | 47 157. 22 | 47 157. 22 |
| (二)其他综合收益 | — | 9 448. 99 | — | — | — | — | — | 9 448. 99 |
| 上述(一)和(二)小计 | — | 9 448. 99 | — | — | — | — | 47 157. 22 | 56 606. 22 |
| (三)所有者投入和减少资本 | — | — | — | — | — | — | — | — |
| 1. 所有者投入资本 | — | — | — | — | — | — | — | — |
| 2. 股份支付计入所有者权益的金额 | — | — | — | — | — | — | — | — |
| 3. 其他 | — | — | — | — | — | — | — | — |
| (四)利润分配 | — | — | — | — | 4 715. 72 | 4 774. 14 | -9 489. 86 | — |
| 1. 提取盈余公积 | — | — | — | — | 4 715. 72 | — | -4 715. 72 | — |
| 2. 提取一般风险准备 | — | — | — | — | — | 4 774. 14 | -4 774. 14 | — |
| 3. 对所有者的分配 | — | — | — | — | — | — | — | — |
| 4. 其他 | — | — | — | — | — | — | — | — |
| (五)所有者权益内部结转 | — | — | — | — | — | — | — | — |
| 1. 资本公积转增资本 | — | — | — | — | — | — | — | — |
| 2. 盈余公积转增资本 | — | — | — | — | — | — | — | — |
| 3. 盈余公积弥补亏损 | — | — | — | — | — | — | — | — |
| 4. 其他 | — | — | — | — | — | — | — | — |
| (六)专项储备 | — | — | — | — | — | — | — | — |
| 1. 本年提取 | — | — | — | — | — | — | — | — |
| 2. 本年使用 | — | — | — | — | — | — | — | — |
| 四、本年末余额 | 100 000. 000 | 16 570. 26 | — | — | 30 418. 15 | 18 085. 58 | 81 807. 25 | 246 881. 24 |

法定代表人:郑安国　　主管会计工作负责人:张晓喆　　会计机构负责人:陆晓霞

**母公司所有者权益变动表(续)**

编制单位:华宝信托有限责任公司　　2010年　　单位:万元

| 项　目 | 上年金额 | | | | | | | |
|---|---|---|---|---|---|---|---|---|
| | 实收资本 | 资本公积 | 减:库存股 | 专项储备 | 盈余公积 | 一般风险准备 | 未分配利润 | 所有者权益合计 |
| 一、上年末余额 | 100 000.00 | 2 117.54 | — | — | 20 423.75 | 9 943.28 | 54 007.47 | 186 492.04 |
| 加:会计政策变更 | — | — | — | — | — | — | — | — |
| 前期差错更正 | — | — | — | — | — | — | — | — |
| 其他 | — | 142.71 | — | — | 186.39 | 93.19 | 1 584.28 | 2 006.57 |
| 二、本年初余额 | 100 000.00 | 2 260.25 | — | — | 20 610.14 | 10 036.47 | 55 591.74 | 188 498.61 |
| 三、本年增减变动金额(减少以"-"号填列) | — | -4 861.01 | — | — | 5 092.29 | 3 274.97 | -11 451.86 | 1 776.41 |
| (一)净利润 | — | — | — | — | — | — | 50 922.86 | 50 822.86 |
| (二)其他综合收益 | — | 4 861.02 | — | — | — | — | — | 4 861.02 |
| 上述(一)和(二)小计 | — | 4 861.02 | — | — | — | — | 50 922.86 | 55 783.88 |
| (三)所有者投入和减少资本 | — | — | — | — | — | — | — | — |
| 1. 所有者投入资本 | — | — | — | — | — | — | — | — |
| 2. 股份支付计入所有者权益的金额 | — | — | — | — | — | — | — | — |
| 3. 其他 | — | — | — | — | — | — | — | — |
| (四)利润分配 | — | — | — | — | 5 092.29 | 3 274.97 | -62 374.72 | -54 007.47 |
| 1. 提取盈余公积 | — | — | — | — | 5 092.29 | — | -5 092.29 | — |
| 2. 提取一般风险准备 | — | — | — | — | — | 3 274.97 | -3 274.97 | — |
| 3. 对所有者的分配 | — | — | — | — | — | — | -54 007.47 | -54 007.47 |
| 4. 其他 | — | — | — | — | — | — | — | — |
| (五)所有者权益内部结转 | — | — | — | — | — | — | — | — |
| 1. 资本公积转增资本 | — | — | — | — | — | — | — | — |
| 2. 盈余公积转增资本 | — | — | — | — | — | — | — | — |
| 3. 盈余公积弥补亏损 | — | — | — | — | — | — | — | — |
| 4. 其他 | — | — | — | — | — | — | — | — |
| (六)专项储备 | — | — | — | — | — | — | — | — |
| 1. 本年提取 | — | — | — | — | — | — | — | — |
| 2. 本年使用 | — | — | — | — | — | — | — | — |
| 四、本年末余额 | 100 000.000 | 7 121.27 | — | — | 25 702.42 | 13 311.44 | 44 139.89 | 190 275.02 |

法定代表人:郑安国　　主管会计工作负责人:张晓喆　　会计机构负责人:陆晓霞

## 5.2 信托资产

### 5.2.1 信托项目资产负债汇总表

**信托项目资产负债汇总表**

编制单位:华宝信托有限责任公司　　2010年12月31日　　单位:万元

| 资　产 | 期末数 | 期初数 | 负债和信托权益 | 期末数 | 期初数 |
|---|---|---|---|---|---|
| 资产: | | | 负债: | | |
| 现金及存放中央银行款项 | 162 718.47 | 328 418.82 | 向中央银行借款 | — | — |
| 其中:现金及银行存款 | 162 718.47 | 328 418.82 | 同业及其他金融机构存放款项 | — | — |
| 其他货币资金 | 177 404.66 | 127 176.79 | 拆入资金 | — | — |
| 拆出资金 | — | — | 交易性金融负债 | — | — |
| 交易性金融资产 | 1 211 085.40 | 503 162.00 | 衍生金融负债 | — | — |
| 衍生金融资产 | — | — | 应付受托人报酬 | 0.02 | 0.02 |
| 买入返售金融资产 | 372 600.09 | 34 000.00 | 应付保管费 | — | — |
| 应收账款 | — | — | 应付受益人收益 | — | 25.00 |
| 应收股利 | — | — | 应付销售服务费 | — | — |
| 应收利息 | — | — | 应交税费 | — | — |
| 其他应收款 | 45 813.07 | 5 576.23 | 其他应付款 | 159 896.70 | 4 094.32 |

续表

| 资　　产 | 期末数 | 期初数 | 负债和信托权益 | 期末数 | 期初数 |
|---|---|---|---|---|---|
| 发放贷款和垫款 | 5 837 523.00 | 1 956 485.04 | 其他负债 | — | — |
| 可供出售金融资产 | 858 565.35 | 1 684 788.96 | 负债合计 | 159 896.72 | 4 119.34 |
| 持有至到期投资 | — | — | | | |
| 长期股权投资 | 27 751.61 | 33 016.01 | 信托权益: | | |
| 投资性房地产 | — | — | 实收信托 | 8 441 090.71 | 4 500 296.42 |
| 固定资产 | — | — | 资本公积 | 13 996.51 | — |
| 无形资产 | — | — | 未分配利润 | 78 477.71 | 168 208.09 |
| 其他资产 | — | — | 信托权益合计 | 8 533 564.93 | 4 668 504.51 |
| 资产总计 | 8 693 461.65 | 4 672 623.85 | 负债和信托权益总计 | 8 693 461.65 | 4 672 623.85 |

法定代表人:郑安国　　主管会计工作负责人:张晓喆　　会计机构负责人:陆晓霞

#### 5.2.2　信托项目利润及利润分配汇总表

**信托项目利润及利润分配汇总表**

编制单位:华宝信托有限责任公司　　2010 年　　单位:万元

| 项　　目 | 本年累计数 | 上年累计数 |
|---|---|---|
| 一、信托营业收入 | 264 536.78 | 308 914.52 |
| 利息收入 | 175 261.37 | 67 776.47 |
| 投资收益(损失以"-"号填列) | 114 488.88 | 257 375.15 |
| 其中:对联营企业和合营企业的投资收益 | — | — |
| 公允价值变动收益(损失以"-"号填列) | -27 059.93 | -16 257.08 |
| 租赁收入 | — | — |
| 汇兑收益(损失以"-"号填列) | — | — |
| 其他业务收入 | 1 846.46 | 19.98 |
| 二、信托营业支出 | 37 071.64 | 41 144.65 |
| 营业税金及附加 | 289.04 | 1 730.23 |
| 业务及管理费 | 36 782.60 | 39 414.42 |
| 资产减值损失 | — | — |
| 其他业务成本 | — | — |
| 三、利润总额(亏损总额以"-"号填列) | 227 465.14 | 267 769.87 |
| 加:期初未分配信托利润 | 168 208.09 | 98 565.68 |
| 损益平准金等其他影响额 | 6 075.60 | 60 657.15 |
| 四、可供分配的信托利润 | 401 748.83 | 426 992.70 |
| 减:本期已分配信托利润 | 323 271.12 | 258 784.61 |
| 五、期末未分配信托利润 | 78 477.71 | 168 208.09 |
| 六、其他综合收益 | 10 082.25 | — |
| 七、综合收益总额 | 243 622.99 | 328 427.02 |

法定代表人:郑安国　　主管会计工作负责人:张晓喆　　会计机构负责人:陆晓霞

## 6. 会计报表附注

### 6.1　年度会计报表编制基准、会计政策、会计估计和核算方法发生的变化

报告年度会计报表编制基准、会计政策、会计估计和核算方法未发生变化。

### 6.2　或有事项说明

截至 2010 年 12 月 31 日,公司为舟山市海运公司提供 243 万元借款担保(舟山市海峡汽车轮渡有限责任公司为此事向本公司提供了反担保)。

注:该担保系宝钢集团有限公司 1998 年并购舟山信托前的历史遗留问题。

### 6.3　重要资产转让及其出售的说明

本公司 2010 年未发生重要资产的转让。

### 6.4　会计报表中重要项目的明细资料(以下为母公司口径)

#### 6.4.1　自营资产经营情况

6.4.1.1　按信用风险五级分类结果披露信用风险资产的期初、期末数

| 信用风险资产五级分类 | 正常类(万元) | 关注类(万元) | 次级类(万元) | 可疑类(万元) | 损失类(万元) | 信用风险资产合计(万元) | 不良信用风险资产合计(万元) | 不良信用风险资产率(%) |
|---|---|---|---|---|---|---|---|---|
| 期末数 | 47 572.67 | — | — | — | 1 439.53 | 49 012.20 | 1 439.53 | 2.94 |
| 期初数 | 80 847.93 | — | — | — | 1 439.53 | 82 287.46 | 1 439.53 | 1.75 |

注:不良资产合计=次级类+可疑类+损失类。

6.4.1.2　各项资产减值损失准备的期初、本期计提、本期转回、本期核销、期末数

单位:万元

| | 期初数 | 本期计提 | 本期转回 | 本期核销 | 期末数 |
|---|---|---|---|---|---|
| 贷款损失准备 | 230.94 | — | 230.94 | — | — |
| 一般准备 | 230.94 | — | 230.94 | — | — |
| 专项准备 | — | — | — | — | — |
| 其他资产减值准备 | 8 505.76 | — | — | — | 8 505.76 |
| 可供出售金融资产减值准备 | — | — | — | — | — |
| 持有至到期投资减值准备 | — | — | — | — | — |
| 长期股权投资减值准备 | 7 066.23 | — | — | — | 7 066.23 |
| 坏账准备 | 1 439.53 | — | — | — | 1 439.53 |
| 投资性房地产减值准备 | — | — | — | — | — |

6.4.1.3　自营股票投资、基金投资、债券投资、股权投资等投资业务的期初数、期末数

单位:万元

| | 股票 | 基金 | 债券 | 长期股权投资 | 其他投资 | 合计 |
|---|---|---|---|---|---|---|
| 期初数 | 44 361.58 | 62 670.62 | 5 002.20 | 49 782.83 | 1 032.56 | 162 849.79 |
| 期末数 | 122 886.78 | 66 266.14 | — | 74 443.76 | 11 046.12 | 274 642.80 |

6.4.1.4　自营长期股权投资的企业名称、占被投资企业权益比例、主要经营活动及投资收益情况等

| 企业名称 | 占被投资企业权益的比例(%) | 主要经营活动 | 投资收益(万元) |
|---|---|---|---|
| 1. 华宝兴业基金管理有限公司 | 51 | 基金管理、发起设立基金以及中国证监会批准的其他业务。 | 8 602.36 |
| 2. 华宝证券有限责任公司 | 40.559 | 证券经纪、证券投资咨询、证券自营。 | 7 788.32 |

6.4.1.5　自营贷款的企业名称、占贷款总额的比例和还款情况等

自营2010年末无贷款。

6.4.1.6　表外业务的期初数、期末数；按照代理业务、担保业务和其他类型表外业务分别披露

单位：万元

| 表外业务 | 期初数 | 期末数 |
|---|---|---|
| 担保业务 | 243.00 | 243.00 |
| 代理业务(委托业务) | — | — |
| 其他 | — | — |
| 合计 | 243.00 | 243.00 |

注：表中担保业务为1998年公司并购重组前为舟山市海运公司提供的243万元借款担保，舟山市海峡汽车轮渡有限责任公司为此事向本公司提供了反担保。

6.4.1.7　公司当年的收入结构

| 收入结构 | 合并口径 | | 母公司口径 | |
|---|---|---|---|---|
| | 金额(万元) | 占比(%) | 金额(万元) | 占比(%) |
| 手续费及佣金收入 | 118 566.28 | 78.58 | 31 537.31 | 45.03 |
| 其中：信托手续费收入 | 111 535.45 | 73.92 | 24 506.48 | 34.99 |
| 投资银行业务收入 | 7 030.83 | 4.66 | 7 030.83 | 10.04 |
| 利息收入 | 7 441.51 | 4.93 | 1 504.15 | 2.15 |
| 其他业务收入 | — | 0.00 | — | 0.00 |
| 其中：计入信托业务收入部分 | — | 0.00 | — | 0.00 |
| 投资收益 | 24 606.42 | 16.31 | 36 877.94 | 52.66 |
| 其中：股权投资收益 | — | 0.00 | 16 373.65 | 23.38 |
| 公允价值变动收益 | −430.83 | −0.29 | −766.53 | −1.09 |
| 其他投资收益 | 25 037.25 | 16.59 | 21 270.82 | 30.37 |
| 营业外收入 | 277.15 | 0.18 | 113.57 | 0.16 |
| 收入合计 | 150 891.36 | 100.00 | 70 032.97 | 100.00 |

注：1. 投资银行业务收入为我司信托业务收取的财务顾问费；
2. 以上收入结构表为规定格式，故此处收入合计未含汇兑损益。

本年度公司(母公司口径)实现信托业务收入总额31 537.31万元，其中以手续费及佣金确认的信托业务收入金额26 362.84万元，以业绩报酬形式确认的信托业务收入金额5 174.47万元，无以其他形式确认的信托业务收入。

**6.4.2　披露信托资产管理情况**

6.4.2.1　信托资产的期初数、期末数

单位：万元

| 信托资产 | 期初数 | 期末数 |
|---|---|---|
| 集合 | 459 771.33 | 886 832.02 |
| 单一 | 3 942 859.16 | 7 774 661.52 |
| 财产权 | 269 993.36 | 31 968.11 |
| 合计 | 4 672 623.85 | 8 693 461.65 |

6.4.2.1.1　主动管理型信托业务的信托资产期初数、期末数

单位：万元

| 主动管理型信托资产 | 期初数 | 期末数 |
|---|---|---|
| 证券投资类 | 367 577.74 | 199 502.77 |
| 股权投资类 | — | — |
| 融资类 | 311 572.78 | 679 398.49 |
| 事务管理类 | 1 042.00 | 126.55 |
| 合计 | 680 192.52 | 879 027.81 |

注：证券投资类中未包含我司作为投资管理人的规模为28 249.11万元信托资产，如包含则主动管理类信托资产期末数合计为907 276.92万元。

6.4.2.1.2　被动管理型信托业务的信托资产期初数、期末数

单位：万元

| 被动管理型信托资产 | 期初数 | 期末数 |
|---|---|---|
| 证券投资类 | 259 799.81 | 453 005.58 |
| 股权投资类 | 102 370.33 | 57 419.90 |
| 融资类 | 2 076 092.01 | 6 739 314.39 |
| 事务管理类 | 1 554 169.18 | 564 693.97 |
| 合计 | 3 992 431.33 | 7 814 433.84 |

6.4.2.2　本年度已清算结束的信托项目个数、实收信托合计金额、加权平均实际年化收益率

本公司本年度终止的信托合同份数为183份，本金合计为2 275 079.82万元，加权平均实际年化收益率为5.89%(注：加权平均年化收益率 = ∑年化收益 ÷ ∑平均本金，其中平均本金按期初、期末本金算术平均计算)。

6.4.2.2.1　本年度已清算结束的集合类、单一类资金信托项目和财产管理类信托项目个数、实收信托金额、加权平均实际年化收益率

| 已清算结束信托项目 | 项目个数 | 实收信托合计金额(万元) | 加权平均实际年化收益率(%) |
|---|---|---|---|
| 集合类 | 11 | 152 450.00 | 11.47 |
| 单一类 | 167 | 1 897 198.35 | 5.16 |
| 财产管理类 | 5 | 225 431.47 | 5.94 |

6.4.2.2.2　本年度已清算结束的主动管理型信托项目个数、实收信托合计金额、加权平均实际年化收益率

| 已清算结束信托项目 | 项目个数 | 实收信托合计金额(万元) | 加权平均实际年化收益率(%) |
|---|---|---|---|
| 证券投资类 | 124 | 200 000.00 | 4.02 |
| 股权投资类 | 0 | — | — |
| 融资类 | 2 | 32 100.00 | 7.73 |
| 事务管理类 | 0 | — | — |

6.4.2.2.3　本年度已清算结束的被动管理型信托项目个数、实收信托合计金额、加权平均实际年化收益率

| 已清算结束信托项目 | 项目个数 | 实收信托合计金额(万元) | 加权平均实际年化收益率(%) |
|---|---|---|---|
| 证券投资类 | 4 | 53 380.00 | 21.13 |
| 股权投资类 | 7 | 23 380.42 | 54.57 |
| 融资类 | 42 | 1 788 856.47 | 4.71 |
| 事务管理类 | 4 | 177 362.93 | 3.43 |

6.4.2.3 本年度新增的集合类、单一类和财产管理类信托项目个数、实收信托合计金额

单位:万元

| 新增信托项目 | 项目个数 | 实收信托合计金额 |
|---|---|---|
| 集合类 | 25 | 443 849.70 |
| 单一类 | 52 | 4 431 992.42 |
| 财产管理类 | — | — |
| 新增合计 | 77 | 4 875 842.12 |
| 其中:主动管理型 | 13 | 189 631.33 |
| 被动管理型 | 64 | 4 686 210.79 |

6.4.2.4 信托业务创新成果和特色业务有关情况

公司领先推动股指期货和公益信托等创新产品的开展,得到了监管部门的认可和支持;同时也与一些机构探讨开发信托业务参与股指期货套保和套利产品。

公司正在稳步推进"爱世界"和"捡回珍珠"等公益信托项目,争取打造国内第一单正式经国家民政部审批通过的公益信托产品。

6.4.2.5 本公司履行受托人义务情况及因本公司自身责任而导致的信托资产损失情况

本公司遵守信托法和信托文件对受托人义务的规定,为受益人的最大利益处理信托事务,管理信托财产时,恪尽职守,履行诚实、信用、谨慎、有效管理的义务,没有损害受益人利益的情况。本公司无因自身责任而导致的信托资产损失情况。

## 6.5 关联方关系及其交易的披露

**6.5.1 关联交易方的数量、关联交易的总金额及关联交易的定价政策等。**

单位:万元

| | 关联交易方数量 | 关联交易金额 | 定价政策 |
|---|---|---|---|
| 合计 | 5 | 455 100.00 | 按市场公允价格定价 |

注:关联交易定义应以《公司法》和《企业会计准则第36号——关联方披露》有关规定为准。

**6.5.2 关联交易方与本公司的关系性质、关联交易方的名称、法定代表人、注册地址、注册资本及主营业务等**

| 关系性质 | 关联方名称 | 法定代表人 | 注册地址 | 注册资本(万元) | 主营业务 |
|---|---|---|---|---|---|
| 子公司 | 华宝兴业基金管理有限公司 | 郑安国 | 上海市 | 15 000.00 | 基金管理、发起设立基金等。 |
| 受同一公司控制 | 宁波钢铁有限公司 | 崔 健 | 宁波市 | 560 000.00 | 一般经营项目,钢铁冶炼及其压延产品、焦炭的生产等。 |
| 受同一公司控制 | 宝钢金属有限公司 | 周竹平 | 上海市 | 307 499.00 | 从事货物进出口及技术进出口业务;金属包装、工业气体、汽车零部件、金属制品等材料及服务延伸类业务等。 |
| 受同一公司控制 | 湛江龙腾物流有限公司 | 赵 昆 | 湛江市 | 125 000.00 | 码头的运营项目及球团等冶金原料的采购、生产、销售项目的筹建;货物运输代理;仓储;冶金原料的收购、销售等。 |
| 受同一公司控制 | 宝钢集团上海浦东钢铁有限公司 | 杨 敏 | 上海市 | 314 473.67 | 金属材料生产加工及原辅材料,科技开发,实业投资,国内贸易等。 |

**6.5.3 逐笔披露本公司与关联方的重大交易事项**

6.5.3.1 固有与关联方交易情况:贷款、投资、租赁、应收账款、担保、其他方式等期初汇总数、本期借方和贷方发生额汇总数、期末汇总数

单位:万元

| 固有与关联方关联交易 | | | | |
|---|---|---|---|---|
| | 期初数 | 借方发生额 | 贷方发生额 | 期末数 |
| 贷款 | | | | |
| 投资 | 49 995 | 49 999 | 49 995 | 49 999 |
| 租赁 | | | | |
| 担保 | | | | |
| 应收账款 | | | | |
| 其他 | | | | |
| 合计 | 49 995 | 49 999 | 49 995 | 49 999 |

6.5.3.2 信托与关联方交易情况:贷款、投资、租赁、应收账款、担保、其他方式等期初汇总数、本期借方和贷方发生额汇总数、期末汇总数

单位:万元

| 信托与关联方关联交易 | | | | |
|---|---|---|---|---|
| | 期初数 | 借方发生额 | 贷方发生额 | 期末数 |
| 贷款 | 450 000 | 400 101 | 420 101 | 430 000 |
| 投资 | 36 000 | 5 000 | 36 000 | 5 000 |
| 租赁 | | | | |
| 担保 | | | | |
| 应收账款 | | | | |
| 其他 | | | | |
| 合计 | 486 000 | 405 101 | 456 101 | 435 000 |

6.5.3.3 信托公司自有资金运用于自己管理的信托项目(固信交易)、信托公司管理的信托项目之间的相互(信信交易)交易金额,包括余额和本报告年度的发生额

6.5.3.3.1 固有与信托财产之间的交易金额期初汇总数、本期发生额汇总数、期末汇总数

单位:万元

| 固有财产与信托财产相互交易 | | | |
|---|---|---|---|
| | 期初数 | 本期发生额 | 期末数 |
| 合计 | — | 203 195 | 187 245 |

注:以固有资金投资公司自己管理的信托项目受益权,或购买自己管理的信托项目的信托资产均应纳入统计披露范围

6.5.3.3.2 信托项目之间的交易金额期初汇总数、本期发生额汇总数、期末汇总数

单位:万元

| 信托资产与信托财产相互交易 | | | |
|---|---|---|---|
| | 期初数 | 本期发生额 | 期末数 |
| 合计 | 69 613 | 198 473 | 167 423 |

注:以公司受托管理的一个信托项目的资金购买自己管理的另一个信托项目的受益权或信托项下资产均应纳入统计披露范围。

**6.5.4 逐笔披露关联方逾期未偿还本公司资金的详细情况以及本公司为关联方担保发生或即将发生垫款的详细情况**

本报告期公司无上述情况。

### 6.6 会计制度的披露

本报告期公司固有业务(自营业务)及信托业务均执行2006版《企业会计准则》。

## 7. 财务情况说明书

### 7.1 利润实现和分配情况

根据公司2010年的经营实绩，对2010年利润进行如下分配：

(1)当年利润总额:56 766.31万元。

(2)所得税费用:9 609.09万元(已考虑纳税调整和递延税款)。

(3)净利润:47 157.22万元。

(4)提取法定盈余公积金:4 715.72万元。

(5)按照《信托公司管理办法》规定，按照税后利润10%提取信托赔偿准备金4 715.72万元V

(6)按照《非银行金融机构外汇业务管理规定》规定，按照税后外汇利润的50%提取外汇资本准备金42.83万元。

(7)按照《金融企业呆账准备提取管理办法》、《银行信贷损失计提指引》规定，按照贷款、长期股权等风险资产期末余额的1%提取一般风险准备15.59万元。

(8)2010年当年公司可分配利润37 667.36万元。

(9)2010年因华宝投资对华宝证券增资，公司对华宝证券持股比例由99.922%降至40.559%，相应核算办法也由成本法转为权益法，并进行追溯调整。该事项导致未分配利润增加12 409.55万元(追溯6 178.89万元+当年6 230.66万元，其中当年数已包含在上述第8条中)。

(10)2010年末公司累计可分配利润43 846.25万元，其中因对华宝证券核算方法转变形成的未分配利润12 409.55万元，并未实际得到分配，考虑到公司如对此部分进行利润分配的话需要实际垫付现金，将直接影响经营活动和净资本总额，故对华宝证券权益法核算影响的利润部分暂不作分配。

(11)综上，2010年分配利润31 436.70万元，其中宝钢集团有限公司30 807.97万元，舟山财政628.73万元。

### 7.2 主要财务指标

| 指标名称 | 母公司 | 合并 |
|---|---|---|
| 资本利润率(%) | 21.95 | 19.71 |
| 人均净利润(万元/人) | 304.24 | 382.69 |

注:1. 资本利润率=净利润/所有者权益平均余额×100%。
2. 人均净利润=净利润/年平均人数。
3. 平均值采取年初、年末余额简单平均法，公式为:a(平均)=(年初数+年末数)/2。

### 7.3 对本公司财务状况、经营成果有重大影响的其他事项

无。

## 8. 特别事项揭示

### 8.1 本报告期内公司无股东变动情况

### 8.2 董事、监事及高级管理人员变动情况及原因

#### 8.2.1 董事变动情况及原因

原董事长于业明因工作调动，辞去董事长职务。股东会已审议通过郑安国担任新任董事长，监管部门2010年3月已核准。

原独立董事丁远因工作原因，辞去独立董事职务。股东会已审议通过赵欣舸担任新任独立董事，监管部门2010年3月已核准。

#### 8.2.2 高级管理人员变动情况及原因

原总经理占兴华因工作调动，不再担任总经理职务。2010年11月董事会已审议通过钱骏担任总经理，任职资格已经报监管部门核准。

因工作需要及总经理提名，董事会2010年11月审议通过王波担任公司副总经理、王锦凌担任总经理助理，相关任职资格已经报监管部门核准。

### 8.3 公司的重大未决诉讼事项

本报告期内公司无重大未决诉讼事项。

### 8.4 对会计师事务所出具的有保留意见、否定意见或无法表示意见的审计报告的，公司董事会应就所涉及事项作出说明

会计师事务所对公司出具了标准无保留意见的审计报告。

### 8.5 本报告期内无公司及其董事、监事和高级管理人员受到处罚的情况

### 8.6 银监会及其派出机构对公司检查后提出整改意见的，应简单说明整改情况

| 检查时间 | 审计(检查)原由及内容 | 审计(检查)结论及处理意见 |
|---|---|---|
| 2010年6月7日至6月13日 | 根据《中国银监会非银部关于对信托公司信政业务和银信业务进行现场检查的通知》对公司相关业务进行现场检查 | 总体评价:总体上能够较审慎地开展信政和银信业务，能够遵循制度先行、集体决策的机制，部门和岗位设置符合内控要求。在该类业务的角色定位、产品设计、风险评估、基础管理方面还有待进一步的改进。整改报告已经上报管理部门。 |

续表

| 检查时间 | 审计(检查)原由及内容 | 审计(检查)结论及处理意见 |
|---|---|---|
| 2010 年 9 月 15 日至 9 月 17 日 | 根据《中国银监会办公厅关于印发〈“银行业内控和案防制度执行年”活动指导方案〉的通知》要求,对公司内控和案防制度执行情况现场检查 | 基本情况和总体评价:华宝信托一贯坚持诚信和谨慎的经营理念,在公司形成了“讲诚信、重诚信、风险管理优先”的工作环境,公司以合规经营为原则,近年来未因重大违法违规事项被监管部门采取过监管措施。公司的规章制度体系基本覆盖业务和风险环节,已建立了业务操作前后台分离、岗位职责边界明确、衔接流畅、有效制约的规范体系,并且各项内控和案防制度基本能够有效执行。但是公司的规章制度体系需进一步细化,在加大对案件防控和风险防范宣传力度方面,在形成长效机制方面仍需改进。<br>相关整改报告已经上报监管部门。 |
| 2010 年 12 月 14 日至 12 月 16 日 | 根据《中国银监会办公厅关于信托公司房地产业务风险提示的通知》要求,对公司房地产业务情况现场检查 | 基本情况和总体评价:尚未反馈。 |

### 8.7 本年度重大事项临时报告的简要内容、披露时间、所披露的媒体及其版面

原董事长于业明同志因工作变动,辞去董事长职务,公司董事会和股东会会议审议通过,同意其辞去本公司董事长职务,并根据股东推荐,选举郑安国同志担任本公司董事长。该内容于 2010 年 4 月 15 日,在《上海证券报》B8 版予以公告。

### 8.8 本报告期内无银监会及其省级派出机构认定的其他有必要让客户及相关利益人了解的重要信息

### 8.9 其他重大事项说明

2011 年 1 月 17 日,公司完成了增资,注册资本由人民币 10 亿元(含 1 500 万美元)增加到人民币 20 亿元(含 1 500 万美元)。

## 9. 公司监事会意见

监事会认为,本报告期内,公司决策程序合法,内部控制制度较为完善,没有发现公司董事、经理和其他高级管理人员在执行公司职务时有违法违纪和有损公司及股东利益的行为。公司财务报告真实地反映了公司的财务状况和经营成果。

# 华宸信托有限责任公司

## 1. 重要提示

1.1 本公司董事会及董事保证本报告所载资料不存在任何虚假记载、误导性陈述或者重大遗漏，并对其内容的真实性、准确性和完整性承担个别及连带责任。

1.2 本公司独立董事邢成、袁爱平对年度报告内容的真实性、准确性和完整性无异议。

1.3 公司董事长刘晓兵、常务副总裁杨新良、计财部经理李丽萍声明：保证年度报告中财务报告的真实、完整。

## 2. 公司概况

### 2.1 公司简介

#### 2.1.1 基本情况简介

| 公司名称(中文) | 华宸信托有限责任公司（简称：华宸信托） |
|---|---|
| 公司名称(英文) | Huachen Trust Co. ,Ltd. （缩写：hcTrust） |
| 法定代表人 | 刘晓兵 |
| 注册地址 | 内蒙古呼和浩特市赛汉区如意西街 23 号 |
| 邮政编码 | 010011 |
| 公司国际互联网网址 | http://www. hctrust. cn |
| 电子信箱 | hctrust@ hctrust. cn |
| 公司信息披露的报纸 | 《金融时报》 |
| 公司年报置放地点 | 公司 |

#### 2.1.2 联系人和联系方式

| | 董事会秘书 | 公司信息披露联系人 |
|---|---|---|
| 姓名 | 赵澍堂 | 陈睿 |
| 联系地址 | 内蒙古呼和浩特市赛汉区如意西街 23 号 | 内蒙古呼和浩特市赛汉区如意西街 23 号 |
| 电话 | 0471 -4193878 | 0471 -4193901 |
| 传真 | 0471 -4193908 | 0471 -4193908 |
| 电子信箱 | zst@ hctrust. cn | chenrui@ hctrust. cn |

#### 2.1.3 公司聘请的会计师事务所：立信大华会计师事务所有限公司

地址：北京东长安街 10 号长安大厦三层

### 2.2 公司组织结构

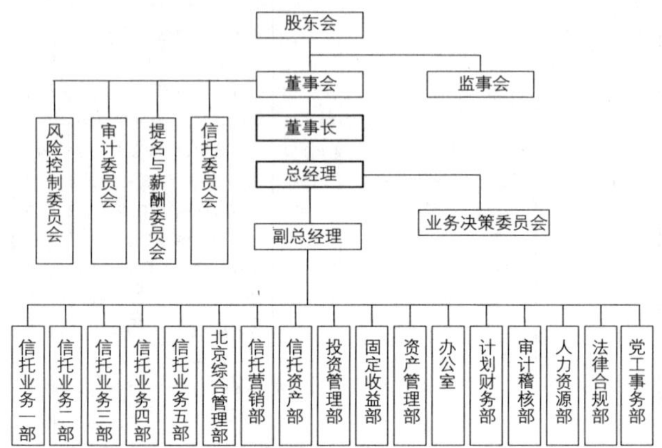


## 3. 公司治理结构

### 3.1 股东

#### 3.1.1 报告期末股东总数

| 股东名称 | 持股比例(%) | 法人代表 | 注册地址 | 主要经营业务及主要财务情况 |
|---|---|---|---|---|
| 湖南华菱钢铁集团有限责任公司 | 48.95 | 李效伟 | 长沙市芙蓉中路二段 111 号华菱大厦 20 楼 | 钢铁；经营正常 |
| 内蒙古国有资产监督管理委员会 | 41.96 | 苏和 | 呼和浩特市新华大街 1 号政府大院 5 号楼 | 行政单位 |
| 呼和浩特市财政局 | 8.74 | 银效 | 呼和浩特市大学东街 18 号 | 行政单位 |
| 巴彦淖尔市财政资金管理局 | 0.175 | 靳成 | 内蒙古自治区巴彦淖尔市临河区新华大街 22 号 | 事业单位 |
| 内蒙古众兴煤炭集团有限责任公司 | 0.175 | 林来嵘 | 内蒙古自治区乌海市乌达区三道坎西 6 号 | 煤炭；经营正常 |

#### 3.1.2 公司第一大股东的主要股东名称、出资比例、法定代表人等

| 股东名称 | 持股比例(%) | 法人代表 |
|---|---|---|
| 湖南省国有资产监督管理委员会 | 100 | 莫德旺 |

### 3.2 董事

董事会成员

| 姓 名 | 职 务 | 性别 | 年龄 | 选任日期 | 所推举的股东名称 | 该股东持股比例(%) | 简 要 履 历 |
|---|---|---|---|---|---|---|---|
| 刘晓兵 | 董事长 | 男 | 50 | 2009 年 1 月 16 日 | 湖南华菱钢铁集团有限责任公司 | 48.95 | 财经学院法律系讲师，湘财证券有限责任公司副总经理、常务副总裁，上海仪电控股（集团）公司董事长助理，华鑫证券有限公司代理总经理，东方信能（集团）公司执行总裁，华菱钢铁集团有限责任公司总经理助理。 |

续表

| 姓　名 | 职　务 | 性别 | 年龄 | 选任日期 | 所推举的股东名称 | 该股东持股比例(%) | 简　要　履　历 |
|---|---|---|---|---|---|---|---|
| 汪　俊 | 董事 | 男 | 40 | 2009年1月16日 | 湖南华菱钢铁集团有限责任公司 | 48.95 | 历任湖南衡阳钢管长改制办副主任，湖南华菱钢铁集团有限责任公司证券部副主任，湖南华菱管线股份有限公司董事会秘书、证券部主任，湖南华菱钢铁集团有限责任公司党组成员，湖南华菱管线股份有限公司副总经理兼董事会秘书。 |
| 杨新良 | 董事 | 男 | 47 | 2009年1月16日 | 湖南华菱钢铁集团有限责任公司 | 48.95 | 历任湖南韶峰水泥集团有限公司财务处会计、副科长、科长、副处长、处长、副总会计师，湖南华菱钢铁集团有限责任公司财务部副主任(主任级)，现任江苏无锡钢铁集团有限公司副总经理、财务总监。 |
| 王　温 | 董事 | 男 | 57 | 2009年1月16日 | 内蒙古国有资产监督管理委员会 | 41.96 | 历任呼和浩特环保局科长，内蒙古经贸委副处长、处长，内蒙古自治区国资委监事会工作处处长。 |
| 甄学军 | 董事 | 男 | 46 | 2009年1月16日 | 内蒙古国有资产监督管理委员会 | 41.96 | 历任内蒙古农业大学农经系教师、团总支书记，华宸信托有限责任公司业务二部副经理、信贷管理部副经理、经理、公司副总裁、总裁、董事。 |
| 赵俊生 | 董事 | 男 | 50 | 2009年1月16日 | 呼和浩特市财政局 | 8.74 | 历任呼和浩特市热力公司科长、副总经理，建设局科长、副局长，呼和浩特市城发投资有限责任公司总经理。 |

独立董事

| 姓名 | 所在单位 | 性别 | 年龄 | 选任日期 | 所推举的股东名称 | 简　要　履　历 |
|---|---|---|---|---|---|---|
| 邢　成 | 中国人民大学信托与基金研究所执行所长 | 男 | 48 | 2009年1月16日 | 公司董事会 | 历任天津市财政局干部，天津财经大学教授、硕士生导师，天津华泰置业发展公司总经理，北方信托投资股份有限公司业务发展部总经理、综合管理总部副总经理、战略发展研究所所长，中国人民大学信托与基金研究所执行所长。 |
| 袁爱平 | 湖南启元律师事务所 | 男 | 46 | 2009年1月16日 | 公司董事会 | 曾在湖南财经学院和中国人民银行湖南省分行工作，现任湖南启元律师事务所主任、首席合伙人。 |

董事会下属委员会

| 董事会下属委员会名称 | 职责 | 组成人员姓名 | 职务 |
|---|---|---|---|
| 风险控制委员会 | 对公司信托业务、自营业务及其他业务的风险控制及风险管理情况进行监督；对公司固有财产和信托财产的风险状况进行定期评估；提出完善公司风险管理和内部控制的建议；对公司内部稽核部门的工作程序和工作效果进行评估；董事会授权的其他事宜。 | 王　温 | 主任委员 |
| | | 刘晓兵 | 委员 |
| | | 邢　成 | 委员 |
| 审计委员会 | 提议聘请或更换外部审计机构；监督公司的制度建设及其执行情况；负责内部审计与外部审计之间的沟通；审核公司的财务信息及其披露；审查公司内控制度，对重大关联交易进行审查；公司董事会授予的其他职权。 | 邢　成 | 主任委员 |
| | | 王　温 | 委员 |
| | | 赵俊生 | 委员 |
| | | 杨新良 | 委员 |

## 3.3　监事

监事会成员

| 姓　名 | 职　务 | 性别 | 年龄 | 选任日期 | 所推举的股东名称 | 该股东持股比例(%) | 简　要　履　历 |
|---|---|---|---|---|---|---|---|
| 王连庄 | 监事会主席 | 男 | 58 | 2009年1月16日 | 内蒙古国有资产监督管理委员会 | 41.96 | 历任中国人民银行呼和浩特分行副科长、副行长，中国人民银行内蒙古分行营业部副主任，内蒙古证券有限责任公司总经理、党总支书记、监事长，华宸信托有限责任公司党委副书记、总裁、董事长。 |
| 罗桂情 | 监事 | 男 | 44 | 2009 1月16日 | 湖南华菱钢铁集团有限责任公司 | 48.95 | 历任涟源钢铁集团有限公司涟钢中学教师，涟钢干部处科员，劳动人事处科员，人事劳资部科长，人力资源部科长、副部长，企业管理部部长，现任湖南华菱钢铁集团有限责任公司投资管理部主任。 |
| 姜金亮 | 监事 | 男 | 59 | 2009 1月16日 | 公司职工代表大会 | 41.96 | 历任内蒙古五金公司财务科副科长、科长、副总经理，内蒙古商贸公司副总经理，华宸信托有限责任公司审计稽核部副经理、经理、公司监事、财务总监、计划财务部经理。 |

公司监事会暂未设下属委员会。

高级管理人员

| 姓名 | 职务 | 性别 | 年龄 | 选任日期 | 金融从业年限 | 学历 | 专业 |
|---|---|---|---|---|---|---|---|
| 甄学军 | 总裁、董事 | 男 | 46 | 2009 1月16日 | 20 | 大学、双学士 | 农经管理、政教 |
| 杨新良 | 常务副总裁、财务总监 | 男 | 47 | 2009 1月16日 | 12 | 大学 | 工业财务会计 |
| 李建国 | 副总裁 | 男 | 57 | 2009 1月16日 | 22 | 大学 | 经济管理 |
| 汪文明 | 副总裁 | 男 | 39 | 2009 1月16日 | 11 | 硕士研究生 | 政治经济学 |

公司员工

| 项目 | | 报告期年度 | | 上年度 | |
|---|---|---|---|---|---|
| | | 人数 | 比例(%) | 人数 | 比例(%) |
| 年龄分布 | 20岁以下 | — | — | — | — |
| | 20~29岁 | 18 | 17.00 | 18 | 17.31 |
| | 30~39岁 | 27 | 26.00 | 34 | 32.69 |
| | 40岁以上 | 56 | 55.00 | 52 | 50.00 |
| 学历分布 | 博士 | 1 | 0.99 | 1 | 0.96 |
| | 硕士 | 20 | 19.80 | 25 | 24.04 |
| | 本科 | 47 | 46.53 | 44 | 42.31 |
| | 专科 | 18 | 17.82 | 19 | 18.27 |
| | 其他 | 15 | 14.85 | 15 | 14.42 |
| 岗位分布 | 董事、监事及其高管人员 | 7 | 6.93 | 7 | 6.73 |
| | 自营业务人员 | 15 | 14.85 | 18 | 17.31 |
| | 信托业务人员 | 38 | 37.63 | 44 | 42.31 |
| | 其他人员 | 41 | 40.59 | 35 | 33.65 |

# 4. 经营管理

## 4.1 经营目标、方针、战略规划

### 4.1.1 经营目标

以创造价值为目标，充分发挥信托功能，搭建联结资本市场、货币市场和产业市场的多元化金融理财平台，为股东和社会创造满意的回报。

### 4.1.2 经营方针

坚持专业化道路，不求“大”，不求“全”，但求“强”、求“实”、求“特色”。

### 4.1.3 战略规划

充分依托内蒙古地区经济快速增长的宏观背景，以研发为先导，以自有资金为种子基金，以信托计划为产品形式，以产业投资基金原理为运作模式，以PE为核心，围绕基础设施、区域性房地产、矿业和钢铁四大产业进行产业投资与产业整合，努力将公司建设成为国内一流的信托机构。

## 4.2 所经营业务的主要内容

### 4.2.1 经营业务主要内容

**自营资产运用与分布表**

| 资产运用 | 金额(万元) | 占比(%) | 资产分布 | 金额(万元) | 占比(%) |
|---|---|---|---|---|---|
| 货币资产 | 16 599 | 12.86 | 基础产业 | 3 000 | 2.32 |
| 贷款及应收款 | 8 827 | 6.84 | 房地产业 | | |
| 可供出售金融资产 | 91 217 | 70.66 | 证券市场 | 91 217 | 70.66 |
| 交易性金融资产 | 0.00 | 0.00 | 实业 | 1 500 | 1.16 |
| 持有至到期投资 | 0.00 | 0.00 | 金融机构 | 6 201 | 4.8 |
| 长期股权投资 | 8 201 | 6.35 | 其他 | 27 170 | 21.05 |
| 其他资产 | 4 244 | 3.29 | | | |
| 资产总计 | 129 088 | 100 | 资产总计 | 129 088 | 100 |

注：资产分布“其他”27 170万元，其中：货币资金16 599万元，占总资产12.865；固定资产2 848万元，占总资产2.21%；抵债资产1 090万元，占总资产0.84%。

**信托资产运用与分布表**

| 资产运用 | 金额(万元) | 占比(%) | 资产分布 | 金额(万元) | 占比(%) |
|---|---|---|---|---|---|
| 货币资产 | 17 716 | 1.22 | 基础产业 | 545 229 | 37.70 |
| 贷款 | 536 526 | 37.10 | 房地产 | 130 500 | 9.02 |
| 交易性金融资产 | 0.00 | 0.00 | 证券市场 | 20 000 | 1.38 |
| 可供出售金融资产 | 0.00 | 0.00 | 实业 | 538 100 | 37.21 |
| 持有至到期投资 | 0.00 | 0.00 | 金融机构 | 12 000 | 0.83 |
| 长期股权投资 | 827 502 | 57.22 | 其他 | 200 421 | 13.86 |
| 其他 | 64 506 | 4.46 | | | |
| 资产总计 | 1 446 250 | 100 | 资产总计 | 1 446 250 | 100 |

注：资产分布“其他”200 421万元，主要投放商务服务行业单一资金信托资产170 505万元，占信托资产总额11.79%；投放教育8 700万元，占信托资产总额0.6%；卫生行业3 500万元，占信托资产总额0.24%，货币资金17 716，占信托资产总额1.23%。

## 4.3 市场分析

### 4.3.1 有利因素

由于国家实施积极的财政政策和稳健的货币政策，并迅速推出一系列组合措施，对宏观经济运行产生了积极影响。在经济结构调整的关键时期，信托公司持续发展的基础依然存在，为信托公司加速业务转型、完善治理结构和构建核心盈利能力提供了机遇。

### 4.3.2 不利因素

宏观经济政策出现重大调整，信托公司业务创新的压力和风险加大，银信合作、政信合作需要开辟新通道。

## 4.4 内部控制

### 4.4.1 内部控制环境和内部控制文化

公司治理是现代企业制度中最重要的组织结构，是一个公司良性发展的基石。根据《公司法》、《信托法》及《信托公司管理办法》等法律法规的要求，公司设立了以股东会、董事会、监事会和高级管理层为载体的权力、决策、监督和执行的现代企业法人治理构架。股权结构设置科学，股东之间相互制衡。董事会成员构成合理，整体决策水准较高。股东会、董事会、经理层、监事会权力职责划分明确，各项议事规则完善。股东会是公司最高权力机构，董事会下设风险控制委员会、审计委员会、信托业务委员会及提名与薪酬委员会，执行层设立业务决策委员会。各层次职责明晰、运转顺畅，初步构建了规范、有序、高效、协调的运行机制。公司股东会、董事会、经理层、监事会在各自的权力职责范围内，严格按照自身的议事规则和议事程序规范运作，既互相配合，又彼此制约，从而保证了公司得以在一个较高的治理水准上正常运转，有效地规避和降低了公司的各项经营风险。

秉承“专业、务实、开放、创新”的宗旨，公司形成以“诚信文化”为核心，以“全程、全员、立体式”为主旋律的全方位的内控文化。公司内控文化建设，有效地防止了内控缺位、内控漏洞，树立了全体员工的风险意识、合规意识、道德观念，提高了员工的职业道德水平和自律意识。

**4.4.2 内部控制措施**

公司高度重视内部控制的改进和完善，大力围绕控制环境、风险评估、控制流程、信息沟通和监督等内控要素进行内部控制系统和内部控制制度的建设，公司的内控措施包括：(1)严格分离。根据公司战略和业务需要，科学合理地设置公司内部组织机构，明确划分各部门的权利职责，信托业务部门与自营业务部门相互独立，业务人员不相互兼职，并由不同的高管人员分工管理。在此基础上认真制定各部门的业务流程和管理制度，公司所有的业务和管理活动都必须严格按制度和流程执行。(2)制度保障。公司以业务流程为主线，建立健全前台、中台、后台并重的内控体系。董事会下设业务决策委员会，对董事会授权范围内的所有信托业务及自有资金运用业务项目进行集体决策，通过构建完善的决策机制、前台业务管理、中后台工作管理制度体系，将风险管理落实到业务开展的各个部门、岗位环节，实现业务操作和内部管理的规范化、科学化。(3)合规管理。公司通过设立专门的机构法律合规部，保证公司及其内部组成机构和人员，对所有“有效规则”的遵守，这个“有效规则”既包括国家颁布的各项法律法规，也包括政府部门尤其是监管部门的部门规章和行政命令，还包括公司内部制订的各项业务和管理制度；强调“合规从高层做起”，大力进行合规文化建设，明确董事会、高级管理层直至每一位员工的合规职责，构建起层层负责、人人合规的合规风险管理体系，以降低法律及合规性风险。(4)风险评估。对与公司经营相关的各种风险进行定期或不定期地评估，并通过风险评估确定内部控制的关键控制点，有针对性地采取各种风险防范与风险控制措施。对与公司经营活动有关的各种信息进行认真的识别、搜索、处理、存储以及向决策层及时传递，以便公司能对影响公司经营活动的各种因素作出迅速而准确的反映。(5)内部审计。公司审计稽核部在董事会审计委员会的具体指导下，对公司的各项业务经营情况和管理工作定期开展专项检查和独立的稽核与审计工作，强化内部监督，以确保公司内部控制的合理性、完整性和有效性。

综上，公司以合规性管理为基础，不断完善规章制度，优化流程管理，构建起包括：业务部门→法律合规部、审计稽核部→经理层→业务决策委员会→董事会风险控制委员会→董事会等层层推进、层层把关的梯次式、立体型内部控制管理体系，进一步完善公司全面风险管理机制，以最大限度地控制和降低公司经营风险。

**4.4.3 信息交流与反馈**

公司根据银监会有关信息披露的相关规定，结合公司实际情况，制定了《信息披露管理办法》，对公司信息披露的基本原则、主要内容、披露程序及披露方式等作了细致而明确的规定，以规范公司的信息披露行为，提高公司的信息披露质量。同时，公司严格执行信息披露制度，及时进行公司年度经营情况及重大事项的公开披露。

公司重视信息系统建设，采用了与业务规模、发展速度、复杂性相适应的业务管理信息系统，业务管理信息系统之间能够实现信息共享、信息交流与信息反馈机制，能及时向公司监管机构、决策层提供有效的管理信息。如公司建立了信托业务信息系统、信托业务会计核算系统、自有资金会计核算系统、非现场监管数据报送系统等信息系统，严格按照授权通过上述各系统在公司各部门之间，公司与监管机构之间实现信息的传递与交流。

公司充分利用公司网站作为信息交流与反馈的重要平台，通过发布新产品信息，信托计划成立公告、信托计划本金兑付与收益分配公告、信托计划资金管理报告、信托计划清算报告，公司年报等信息，加强与投资者的信息沟通与交流。

此外，对于集合资金信托计划，公司均将信托计划说明书等信托文件、法律意见书等文件置备于公司信托资产部，以方便委托人随时查阅。

公司对作为受托人管理、运用和处分信托财产时所需承担的信息披露义务和信息披露行为不断予以规范，以切实保障信托业务当事人的合法权益。

**4.4.4 监督评价与纠正**

(1)强化内审职能。公司设立了独立于业务经营活动之外的审计稽核部，其职责是依据相关法律、法规对公司各项业务及工作流程进行稽核审计。通过对公司各项业务经营情况和管理工作定期开展专项检查和独立的稽核与审计，确保公司内控方面存在的问题得以及时发现并纠正，起到规范管理和风险预警的作用。同时将审计结果及时报告监管部门和公司董事会，增加了项目运作的透明度。

(2)建立法律监督辅助体系。公司设立的法律合规部通过对各项业务的交易结构、合同文本等事前的规范、审查及法律风险分析，有效地规避各种法律和政策风险、确保公司合规性经营。

(3)积极与监管部门沟通与协调，增强主动接受监督的自觉性，对于监管中提出的问题，逐一落实，保证业务合法、规范运行。

## 4.5 风险管理

**4.5.1 风险管理概况**

公司在经营活动中的主要风险有：信用风险、市场风险、操作风险和其他风险等。在进行风险管理时，公司遵循全面、审慎、及时、有效和独立性原则，根据业务类别制定相应的风险控制措施，形成了以董事会风险控制委员会、审计委员会和经营管理层业务决策委员会为主线的风险管理组织体系。2010 年决策实施的业务项目，到目前为止未发生风险。

**4.5.2 风险状况**

4.5.2.1 信用风险状况

信用风险是公司经营过程中面临的主要风险，表现为委托人违约风险和交易对手违约所带来损失的风险。公司按季度对风险资产进行五级分类，实施动态管理；专项准备按季度风险资产五级分类结果和银监会规定标准提取，信托赔偿准备金按《信托公司管理办法》规定的比例，按年从税后利润中提取，并在向内蒙古银监局报送的业务经营和风险状况报告中进行披露。截至报告期末，公司各项准备金充足率达到100%。

4.5.2.2 市场风险状况

市场风险是公司在业务经营中所不可避免的因市场参数变动而产生的风险。从本期业务情况看，公司面临的主要风险是贷款利率风险、同业竞争风险、投资环境变化风险和股价波动风险。如果市场利率和投资环境发生了与预期方向相反的变化，就会给贷款投资类业务带来不利影响，降低公司净收益；银行等代客理财机构近年来发展迅猛，对公司信托业务构成了竞争风险；自治区社会经济发展欠发达和地区经济发展不均衡以及居民购买力有限对较大信托项目的发行构成了风险；资本市场中股票交易价格波动及债券交易行情持续低迷，证券交易时机选择等也直接影响公司自营证券投资业务，从而影响公司投资收益。

4.5.2. 操作风险状况

在公司的经营管理过程中，由于内部业务操作程序不完善或操作系统发生故障，业务人员未能充分获得准确的市场信息，不熟悉市场交易所涉及的法律规定，或者工作效率低下等都会带来操作风险。

4.5.2.4 其他风险状况

除上述风险外，公司还面临着由于宏观政策的变动对公司经营环境和发展所造成的政策风险，由于金融资产流动性的不确定性变动而可能发生的流动性风险，合同的内容在法律上有缺陷或不完善而发生的法律风险，由于公众的负面看法而对公司造成潜在损害的声誉风险以及道德教育不够而造成的道德风险等。

**4.5.3 风险管理**

4.5.3.1 信用风险管理

对于信用风险，公司采取不同的方法和政策来进行管理，以降低信用风险发生的可能性和危害程度。信用风险主要控制手段及相关程序包括：

(1)制定完备的贷款业务流程。所有贷款项目均需经业务决策委员会审议同意后实施。

(2)进行授权限额管理。董事会授权公司业务决策委员会对信托业务及5 000万元(含5 000万元)以下自有资金贷款项目进行决策。

(3)明确自有资金贷款业务定位。根据公司战略，自有资金的贷款业务定位为信托业务的战略补充，以培养战略客户和产业投资管理能力为主要目的，充分注重贷款项目的质量，选择符合公司发展战略且能够将自有资金作为种子资金的项目，寻求风险、收益和战略意义的平衡。

(4)注重决策过程及项目实施条件的落实。项目决策过程中，充分评估交易交易对手的履约能力，通过对项目的分析及未来现金流的预测，确定合理的贷款规模及比例；认真落实贷款担保措施，选择信誉卓著的担保机构，要求提供变现能力强的抵押物，并确定合理的抵押率；引入金融机构信用、政府信用、财产抵押、权力质押等担保方式，将融资主体的信用风险进行分散和转移；有条件通过的业务项目，相关业务部门必须落实全部条件，并将落实情况报告业务决策办审核同意后才能实施。

(5)进行贷款组合管理，确保贷款不过于集中在某个特定的行业或某个特定的地区，保证贷款组合足够分散。

(6)加强贷后监管。通过账户管理，监控项目本身的现金流，作为履约的主要资金来源；进行贷后调查，发现问题，及时采取应对措施；对贷后出现逾期或可能出现逾期情形的项目，公司制定了相应的报告管理程序，一方面及时启动财产保全措施，另一方面通过与项目单位及时沟通，确保资金安全。

(7)公司根据《资产风险五级分类管理办法》的规定，对风险资产进行五级分类，按照风险的暴露程度计提资产减值准备；对不良资产或可能出现的风险资产按季取提专项准备；从税后利润中按年提取信托赔偿准备，各项准备金提取率都达到了100%，增强了抗风险能力。

4.5.3.2 市场风险管理

随着利率市场化的深入，针对可能出现的利率风险形势，公司加强了利率趋势性、敏感性的研究，深入把握利率走势，并结合项目交易对手、融资规模、融资期限及国家产业调控政策等因素，科学合理地设置利率，并在合同中标明，随利率同比浮动或保持不变，从而减轻利率变化对公司盈利能力和财务状况的影响；证券市场价格指数和单一证券品种价格瞬息万变，公司通过宏观、中观、微观三个不同层次的分析研究，对股票池中各品种进行长期跟踪，通过“从上到下”和“从下到上”的证券投资决策，运用分散投资和组合投资的策略，达到降低价格风险的目标；对于委托理财市场竞争，公司主要是在有效控制风险前提下，提高包括项目盈利能力、尽职服务能力等综合理财能力，以降低市场风险。

4.5.3.3 操作风险管理

操作风险主要是指由于内部控制程序、人员、系统方面的不健全以及外部事件所导致损失的风险。公司已制定明确了各部门职责和员工岗位职责，制定了翔实的业务操作流程，将操作风险管理落实到业务开展的各个部门和岗位环节；公司在报告期内，对各类业务规章制度和操作规程进行了较大的修订，进一步完善了前台、中台、后台的风险控制体系，使之更加系统化、规范化；重要数据，用光盘刻录实施异地远程备份，并密封保存，未经授权任何人不得开启；法律合规部、审计稽核部分别对业务人员操作规程的合规性以及操作规程的执行状况进行审核和内部审计；公司倡导并推动风险文化建设，通过对员工的培训，增进全员操作风险意识；按照监管部门要求，开展案件防控和内控制度执行年活动，增强对操作风险、道德风险防范的主动性和自觉性，有效避免了操作风险。

4.5.3.4 其他风险管理

(1)对于流动性风险的管理，公司突出现金流量管理在公司经营活动中的重要性，加强对运作项目的现金流量管理，对存续项目采用较为先进的风险压力测试手段进行压力测试，做好现金流量的测试和安排，保证存续项目正常运行，没有出现影响自有资金或信托财产安全的情况，信托项目兑付风险较小。

(2)对于法律风险的管理，公司建立了完善的法律风险管理制度，高管层十分重视法律风险的监控，树立法律风险意识；

公司法律合规部对所有拟实施的项目进行法律合规性分析；公司建立了完善的合同管理办法，对公司所签署的合同文本由业务操作部门、法律合规部门、业务操作部门分管领导及法定代表人进行层层审核把关，避免因合同内容的法律缺陷而形成法律纠纷；公司制定了《委托人和受益人投诉管理办法》，对于客户提出的投诉行为，公司按照该办法进行受理，妥善处理后出具用户投诉处理通知单；对于公司创新产品，法律合规部全程参与项目的论证、合同的起草和完善，并根据有关法律、法规及政策对新产品进行法律风险分析，为公司决策提供法律意见和法律保障。

(3) 对于声誉风险的管理，公司已制订了《突发公共事件应急预案》等，在公司高管层的统一领导下开展工作。公司推行全面风险管理理念，改善公司治理，并预先做好防范危机的准备；通过风险评估正确识别信用、市场、操作、流动性风险中可能威胁公司声誉的风险因素，确保开展的信托业务按期兑付信托本金、分配信托收益；强化声誉风险管理培训，确保及时处理投诉和批评；及时改正监管过程中发现的问题，维护公司声誉。

(4)对于道德风险的管理，公司一贯秉承“诚信为本”原则，强化人才队伍建设，通过各种形式的业务学习、培训以及职业信托经理人道德教育，逐步提高员工综合素质，规避道德风险的发生。

## 5. 报告期末及上年末的比较式会计报表

### 5.1 自营资产

#### 5.1.1 会计师事务所审计意见全文

**审 计 报 告**

立信大华审字〔2011〕1134 号

华宸信托有限责任公司全体股东：

我们审计了后附的华宸信托有限责任公司(以下简称“贵公司”)财务报表，包括 的资产负债表，2010 年度的利润表、现金流量表、所有者权益变动表以及财务报表附注。

一、管理层对财务报表的责任

按照企业会计准则的规定编制财务报表是贵公司管理层的责任。这种责任包括：(1) 设计、实施和维护与财务报表编制相关的内部控制，以使财务报表不存在由于舞弊或错误而导致的重大错报；(2) 选择和运用恰当的会计政策；(3) 作出合理的会计估计。

二、注册会计师的责任

我们的责任是在实施审计工作的基础上对财务报表发表审计意见。我们按照中国注册会计师审计准则的规定执行了审计工作。中国注册会计师审计准则要求我们遵守职业道德规范，计划和实施审计工作以对财务报表是否不存在重大错报获取合理保证。

审计工作涉及实施审计程序，以获取有关财务报表金额和披露的审计证据。选择的审计程序取决于注册会计师的判断，包括对由于舞弊或错误导致的财务报表重大错报风险的评估。在进行风险评估时，我们考虑与财务报表编制相关的内部控制，以设计恰当的审计程序，但目的并非对内部控制的有效性发表意见。审计工作还包括评价管理层选用会计政策的恰当性和作出会计估计的合理性，以及评价财务报表的总体列报。

我们相信，我们获取的审计证据是充分、适当的，为发表审计意见提供了基础。

三、审计意见

我们认为，贵公司财务报表已经按照企业会计准则的规定编制，在所有重大方面公允反映了贵公司 的财务状况以及2010 年度的经营成果和现金流量。

立信大华会计师事务所 有限公司

中国·北京

中国注册会计师：王静

中国注册会计师：张鹏飞

二〇一一年二月十五日

#### 5.1.2 资产负债表

单位名称：华宸信托有限责任公司　　　　单位：万元

| 资　产 | 期末余额 | 期初余额 | 负债及所有者权益 | 期末余额 | 期初余额 |
|---|---|---|---|---|---|
| 现金及存放中央银行款项 | 16 599.15 | 2 631.09 | 向中央银行借款 | | |
| 拆放同业款项 | | | 同业及其他金融机构存放款项 | | |
| 贵金属 | | | 拆入资金 | | |
| 拆出资金 | | | 交易性金融负债 | | |
| 交易性金融资产 | | | 衍生金融负债 | | |
| 衍生金融资产 | | | 卖出回购金融资产款 | 26 930.00 | 70 580 |
| 买入返售金融资产 | | | 吸收存款 | | |
| 应收账款 | 3 145.17 | 8 645.31 | 应付职工薪酬 | 2 417.77 | 1 619.04 |
| 发放贷款和垫款 | 4 500.00 | 7 800 | 应交税费 | 1 648.74 | 1 667.53 |
| 可供出售金融资产 | 91 217.07 | 121 056.46 | 应付利息 | 70.59 | 279.00 |
| 持有至到期投资 | | | 预计负债 | | |
| 长期股权投资 | 8 200.73 | 8 200.73 | 应付债券 | | |
| 投资性房地产 | | | 递延所得税负债 | 1 714.87 | 9.98 |

续表

| 资　　产 | 期末余额 | 期初余额 | 负债及所有者权益 | 期末余额 | 期初余额 |
|---|---|---|---|---|---|
| 固定资产 | 2 847. 97 | 3 002. 19 | 其他负债 | 3 995. 31 | 3 738. 92 |
| 在建工程 | | | 负债合计 | 36 777. 28 | 77 894. 47 |
| 无形资产 | 36. 63 | 54. 92 | 所有者权益： | | |
| 递延所得税资产 | 249. 52 | 332. 36 | 实收资本（或股本） | 57 200. 00 | 57 200. 00 |
| 其他资产 | 2 292. 21 | 2 155. 04 | 资本公积 | 5 279. 73 | -408. 64 |
| | | | 减：库存股 | | |
| | | | 盈余公积 | 4 629. 40 | 3 107. 88 |
| | | | 一般风险准备 | 2 709. 30 | 1 948. 54 |
| | | | 未分配利润 | 22 492. 74 | 14 135. 85 |
| | | | 所有者权益（或股东权益）合计 | 92 311. 17 | 75 983. 62 |
| 资产总计 | 129 088. 45 | 153 878. 10 | 负债及所有者权益（或股东权益）总计 | 129 088. 45 | 153 878. 10 |

企业负责人：刘晓兵　　主管会计工作负责人：杨新良　　会计机构负责人：李丽萍

### 5.1.3　利润表

编制单位：华宸信托有限责任公司　　单位：万元

| 项　　目 | 本年金额 | 上年金额 |
|---|---|---|
| 一、营业收入 | 25 347. 39 | 17 966. 69 |
| 利息净收入 | -704. 43 | 620. 87 |
| 利息收入 | 1 180. 57 | 1 347. 26 |
| 利息支出 | 1 885. 00 | 726. 39 |
| 手续费及佣金净收入 | 15 270. 49 | 10 739. 89 |
| 手续费及佣金收入 | 15 722. 60 | 12 777. 63 |
| 手续费及佣金支出 | 452. 11 | 2 037. 74 |
| 投资收益（损失以“-”号填列） | 10 639. 88 | 6 522. 17 |
| 其中：对联营企业和合营企业的投资收益 | 1 066. 06 | 200. 89 |
| 公允价值变动收益（损失以“-”号填列） | | — |
| 汇兑收益（损失以“-”号填列） | | — |
| 其他业务收入 | 141. 44 | 83. 76 |
| 二、营业支出 | 7 926. 07 | 5 259. 28 |
| 营业税金及附加 | 1 496. 52 | 1 139. 58 |

续表

| 项　　目 | 本年金额 | 上年金额 |
|---|---|---|
| 业务及管理费 | 6 391. 7 | 4 500. 24 |
| 资产减值损失 | 5. 58 | -380. 54 |
| 其他业务成本 | 32. 27 | 0. 00 |
| 三、营业利润（亏损以“-”号填列） | 17 421. 32 | 12 707. 41 |
| 加：营业外收入 | 2. 00 | 3. 39 |
| 减：营业外支出 | 6. 95 | 7. 55 |
| 四、利润总额（亏损总额以“-”号填列） | 17 416. 38 | 12 703. 25 |
| 减：所得税费用 | 2 201. 2 | 2 549. 36 |
| 五、净利润（净亏损以“-”号填列） | 15 215. 17 | 10 153. 89 |
| 六、每股收益： | | |
| （一）基本每股收益 | | |
| （二）稀释每股收益 | | |
| 七、其他综合收益 | 5 144. 61 | 3 186. 85 |
| 八、综合收益总额 | 20 359. 78 | 13 340. 74 |

法定代表人：刘晓兵　　主管会计工作负责人：杨新良　　会计机构负责人：李丽萍

### 5.1.4　所有者权益变动表

单位：万元

| 项　　目 | 股本 | 资本公积 | 减：库存股 | 盈余公积 | 一般风险准备 | 未分配利润 | 所有者权益合计 |
|---|---|---|---|---|---|---|---|
| 一、上年末余额 | 57 200. 00 | -408. 64 | 0 | 3 107. 88 | 1 948. 54 | 14 135. 85 | 75 836. 62 |
| 加：会计政策变更 | | | | | | | 0 |
| 前期差错更正 | | | | | | | 0 |
| 二、本年初余额 | 57 200. 00 | -408. 64 | 0 | 3 107. 88 | 1 948. 54 | 14 135. 85 | 75 836. 62 |
| 三、本年增减变动金额（减少以“-”号填列） | 0 | | 0 | | | | |
| （一）净利润 | | | | | | 15 215. 17 | 15 215. 17 |
| （二）其他综合收益 | | 5 688. 37 | | | | | 5 688. 37 |
| 上述（一）和（二）小计 | | 5 688. 37 | | | | 15 215. 17 | 20 903. 55 |
| （三）所有者投入和减少资本 | | | | | | | |
| 1. 所有者投入资本 | | | | | | | |
| 2. 股份支付计入所有者权益的金额 | | | | | | | |
| 3. 其他 | | | | | | | |
| （四）利润分配 | | | | 1 521. 52 | 760. 76 | -6 858. 27 | -4 576. 00 |
| 1. 提取盈余公积 | | | | 1 521. 52 | | -1 521. 52 | |
| 2. 提取一般风险准备 | | | | | 760. 76 | -760. 76 | |
| 3. 对所有者的分配 | | | | | | -4 576. 00 | -4 760. 00 |

续表

| 项　目 | 股本 | 资本公积 | 减:库存股 | 盈余公积 | 一般风险准备 | 未分配利润 | 所有者权益合计 |
|---|---|---|---|---|---|---|---|
| 4. 其他 | | | | | | | |
| (五)所有者权益内部结转 | | | | | | | |
| 1. 资本公积转增股本 | | | | | | | |
| 2. 盈余公积转增股本 | | | | | | | |
| 3. 盈余公积弥补亏损 | | | | | | | |
| 4. 一般风险准备弥补亏损 | | | | | | | |
| 5. 其他 | | | | | | | |
| 四、本年末余额 | 57 200.00 | 5 279.73 | | 4 629.40 | 2 709.29 | 22 492.74 | 92 311.17 |

法定代表人:刘晓兵　　会计机构负责人:李丽萍

## 5.2 信托资产

### 5.2.1 信托项目资产负债汇总表

编制单位:华宸信托有限责任公司　　单位:万元

| 信托资产 | 期末余额 | 期初余额 | 信托负债和信托权益 | 期末余额 | 期初余额 |
|---|---|---|---|---|---|
| 信托资产: | | | 信托负债: | | |
| 货币资金 | 17 716.42 | 102 011.07 | 应付受托人报酬 | 124.53 | 4.02 |
| 应收款项 | 62 782.22 | 128 579.61 | 应付托管费 | 83.97 | 1 069.07 |
| 交易性金融资产 | | 0.00 | 其他应付款 | 209.69 | 396.95 |
| 长期股权投资 | 827 502.30 | 368 502.3 | 信托负债合计 | 418.19 | 1 470.03 |
| 客户贷款 | 536 526.00 | 624 259.29 | 信托权益: | | |
| 长期应收款 | 1 651.00 | 4 596.00 | 实收信托 | 1 431 679.3 | 1 217 522.2 |
| 无形资产 | | 0.00 | 未分配利润 | 14 152.02 | 9 137.31 |
| 长期待摊费用 | 71.57 | 181.27 | 信托权益合计 | 1 445 831.32 | 1 226 659.51 |
| 信托资产总计 | 1 446 249.51 | 1 228 129.55 | 信托负债及信托权益总计 | 1 446 249.51 | 1 228 129.55 |

公司负责人:刘晓兵　　会计机构负责人:杨新良　　主管会计:高智慧

### 5.2.2 信托项目利润及利润分配汇总表

编制单位:华宸信托有限责任公司　　单位:万元

| 项　目 | 本年金额 | 上年金额 |
|---|---|---|
| 一、营业收入 | 116 273.36 | 127 067.54 |
| 利息收入 | 52 983.69 | 85 918.07 |
| 投资收入 | 60 801.19 | 34 321.81 |
| 租赁收入 | 372.78 | 609.79 |
| 其他收入 | 2 115.7 | 6 217.88 |
| 二、营业费用 | 29 540.34 | 25 011.93 |
| 三、营业税金及附加 | | |
| 四、扣除资产减值准备前的信托利润 | 86 733.02 | 102 055.62 |
| 减:资产减值损失 | | |
| 五、扣除资产减值准备后的信托利润 | 86 733.02 | 102 055.62 |
| 加:期初未分配信托利润 | 9 137.31 | 4 389.86 |
| 六、可供分配的信托利润 | 95 870.33 | 106 445.47 |
| 减:本期已分配信托利润 | 81 718.31 | 97 308.16 |
| 七、期末未分配信托利润 | 14 152.02 | 9 137.31 |

公司负责人:刘晓兵　　会计机构负责人:杨新良　　主管会计:高智慧

# 6. 会计报表附注

## 6.1 会计报表的编制基准不符合会计核算基本前提的说明

### 6.1.1 会计报表不符合会计核算基本前提的事项

本公司会计报表的编制基准无不符合会计核算基本前提的情况。

## 6.2 重要会计政策和会计估计说明

### 6.2.1 金融资产和金融负债的确认和计量

6.2.1.1 金融资产和金融负债的分类

金融资产包括交易性金融资产、指定为以公允价值计量且其变动计入当期损益的金融资产、持有至到期投资、贷款、应收款项以及可供出售金融资产等。金融负债包括交易性金融负债、指定以公允价值计量且变动计入当期的金融负债。

6.2.1.2 金融工具确认依据

金融资产和金融负债的确认依据为公司已经成为金融工具合同的一方。

6.2.1.3 金融工具的计量

(1)以公允价值计量且其变动计入当期损益的金融资产,包括交易性金融资产和直接指定为以公允价值计量且其变动计入当期损益的金融资产

公司将以公允价值计量且其变动计入当期损益的金融资产,按照取得时的公允价值作为初始确认金额,相关的交易费用在发生时计入当期损益。

支付的价款中包含已宣告但尚未发放的现金股利或债券利息,单独确认为应收项目。

公司在持有该等金融资产期间取得的利息或现金股利,于收到时确认为投资收益。

资产负债表日,公司将该等金融资产的公允价值变动计入当期损益。

处置该等金融资产时,该等金融资产公允价值与初始入账

金额之间的差额确认为投资收益，同时调整公允价值变动损益。

（2）持有至到期投资

持有至到期投资，是指到期日固定、回收金额固定或可确定，且公司有明确意图和能力持有至到期的非衍生金融资产。

公司购入的固定利率国债、浮动利率公司债券等持有至到期投资，按取得时的公允价值和相关交易费用之和作为初始确认金额。支付的价款中包含已宣告发放债券利息的，单独确认为应收项目。

持有至到期投资在持有期间按照摊余成本和实际利率确认利息收入，计入投资收益。实际利率在取得持有至到期投资时确定，在随后期间保持不变。实际利率与票面利率差别很小的，也可按票面利率计算利息收入，计入投资收益。

处置持有至到期投资时，将所取得价款与该投资账面价值之间的差额确认为投资收益。

如公司因持有意图或能力发生改变，使某项投资不再适合作为持有至到期投资，则将其重分类为可供出售金融资产，并以公允价值进行后续计量。重分类日，该投资的账面价值与公允价值之间的差额计入所有者权益，在该可供出售金融资产发生减值或终止确认时转出，计入当期损益。

（3）应收款项

公司应收款项（包括应收账款和其他应收款）按合同或协议价款作为初始入账金额。

（4）可供出售金融资产

可供出售金融资产，是指初始确认时即被指定为可供出售的非衍生金融资产，以及除下列各类资产以外的金融资产：①以公允价值计量且其变动计入当期损益的金融资产；②持有至到期投资；③贷款和应收款项的金融资产。

公司可供出售金融资产按取得时的公允价值和相关交易费用之和作为初始确认金额。

支付的价款中包含已到付息期但尚未领取的债券利息或已宣告但尚未发放的现金股利，单独确认为应收项目。

公司可供出售金融资产持有期间取得的利息或现金股利，于收到时确认为投资收益。

资产负债表日，可供出售金融资产按公允价值计量，其公允价值变动计入资本公积——其他资本公积。

处置可供出售金融资产时，将取得的价款和该金融资产的账面价值之间的差额，计入投资收益，同时，将原直接计入所有者权益的公允价值变动累计额对应处置部分的金额转出，计入投资损益。

（5）以公允价值计量且其变动计入当期损益的金融负债，包括交易性金融负债和直接指定为以公允价值计量且其变动计入当期损益的金融负债

本公司持有该类金融负债按公允价值计价，并不扣除将来结清金融负债时可能发生的交易费用。如不适合按公允价值计量时，公司将该类金融负债改按摊余成本计量。

（6）其他金融负债

公司拥有的其他不属于以公允价值计量且其变动计入当期损益的金融负债的财务担保合同等，按其公允价值和相关交易费用之和作为初始确认金额。在初始计量后按《企业会计准则——或有事项》确定的金额，和按《企业会计准则——收入》的原则确定的累计摊销额后的余额两者中的较高者进行后续计量。

6.2.1.4 金融资产、金融负债的公允价值的确定

存在活跃市场的金融资产或金融负债，以活跃市场的报价确定其公允价值，活跃市场的报价包括易于定期从交易所、经纪商、行业协会、定价服务机构等获得的价格，且代表了在公平交易中实际发生的市场交易额的价格；不存在活跃市场的金融资产或金融负债，采用估值技术确定其公允价值。估值技术包括参考熟悉情况并自愿交易的各方最近进行的市场交易中使用的价格，参照实质上相同的其他金融资产或金融负债的当前公允价值、现金流量折现法和期权定价模型等。

6.2.1.5 金融资产的减值准备

本公司在资产负债表日对交易性金融资产以外的金融资产的账面价值进行检查，以判断是否有证据表明金融资产已由于一项或多项事件的发生而出现减值。减值事项是指在该等资产初始确认后发生的、对预期未来现金流量有影响的，且公司能对该影响作出可靠计量的事项。

（1）以摊余成本计量的金融资产

如果有客观证据表明以摊余成本计量的金融资产（包括贷款和应收款项、持有至到期投资）发生减值，则应当将该金融资产的账面价值减计至可收回金额，减计的金额确认为资产减值损失，计入当期损益。可收回金额应当通过对该金融资产的未来现金流量（不包括尚未发生的信用损失）按原实际利率折现确定，并考虑相关担保物的价值（扣除预计处置费用等）。原实际利率是初始确认该金融资产时计算确定的实际利率。企业的贷款、应收款项、持有至到期投资属浮动利率金融资产的，在计算可收回金额时可采用合同规定的当期实际利率作为折现率。

公司对单项金额重大的金融资产进行单项评价，以确定其是否存在减值的客观证据，并对其他单项金额不重大的资产，以单项或组合评价的方式进行检查，以确定是否存在减值的客观证据。已进行单独评价，但没有客观证据表明已出现减值的单项金融资产，无论重大与否，该资产仍会与其他具有类似信用风险特征的金融资产构成一个组合再进行组合减值评价。已经进行单独评价并确认或继续确认减值损失的金融资产将不被列入组合评价的范围内。如有客观证据表明其发生了减值的，根据其未来现金流量现值低于其账面价值的差额，确认减值损失，计提准备。

以摊余成本计量的贷款，公司采用备抵法核算贷款损失准备。贷款损失准备覆盖公司承担风险和损失的全部贷款。

资产负债表日，公司对是否存在客观证据表明贷款已经发生减值损失进行检查。其中，对单笔重大贷款进行逐笔检查；对单笔非重大贷款按情况进行逐笔检查或进行组合检查。如果没有客观证据表明进行逐笔检查的贷款存在减值情况，无论该贷款是否重大，公司将其与其他信贷风险特征相同的贷款一并进行组合减值检查和计量。如有客观证明表明影响该贷款或影响该类贷款组合的未来现金流量的事件已经发生且该等事件的财务影响可以可靠计量，公司确认该等贷款或贷款组合发生减值损失，并计提贷款损失准备。贷款减值的客观证据包括但不限于借款人逾期支付利息或偿还本金、发生重大财务困

难等。

贷款按五级分类结果作为风险特征划分资产组合，正常类贷款不计提；关注类贷款按期末余额的2%计提；次级类贷款按期末余额的25%计提；可疑类贷款按期末余额的50%计提；损失类贷款按期末余额的100%计提。

如果在以后的财务报表期间，减值损失的金额减少且该等减少减值与发生的某些事件有客观关联（如债务人信用等级提高），本公司通过调整准备金金额在先前确认的减值损失金额内予以转回，转回的金额计入当期损益。发生的贷款损失在完成必须的程序作核销时冲减已计提的贷款损失准备。已核销的贷款损失，以后又收回的应计入当期损益中以冲减当期计提的贷款准备。

（2）可供出售金融资产

期末如果可供出售金融资产的公允价值发生较大幅度下降，或在综合考虑各种相关因素后，预期这种下降趋势属于非暂时性的，本公司就认定其已发生减值，即使该金融资产没有终止确认，原直接计入资本公积的因公允价值下降形成的累计损失，应当予以转出计入当期损益。该转出的累计损失，为该资产的初始取得成本（扣除已收回本金和已摊销金额）与当前公允价值之间的差额，减去所有原已计入损益的减值损失。

（3）以成本计量的金融资产

如有证据表明由于无法可靠地计量其公允价值所以未以公允价值计量的无市价权益性金融工具出现减值，减值损失的金额应按该金融资产的账面金额与以类似金融资产当前市场回报率折现计算所得的预计未来现金流量现值之间的差额进行计量。

**6.2.2　应收款项坏账准备的确认标准、计提方法**

公司应收款项包括应收账款和其他应收款。

6.2.2.1　公司应收款项按下列标准确认坏账损失

（1）因债务人死亡，以其遗产清偿后仍然无法收回；

（2）因债务单位已撤消、破产、资不抵债、现金流量严重不足而形成呆账；

（3）因债务人逾期未履行偿债义务，而且具有明显特征表明无法收回的应收款项。

当债务人无能力履行偿债义务时，经本公司相关会议审核批准，将该等应收款项列为坏账损失。

6.2.2.2　应收款项坏账准备的计提方法

公司按照债务单位的实际财务状况和现金流量情况，年末对应收款项（含应收账款、其他应收款）余额按五级分类计提坏账准备。

**6.2.3　长期投资核算方法**

6.2.3.1　确认及初始计量

（1）对企业合并形成的长期股权投资，区分同一控制下的企业合并和非同一控制下企业合并进行核算

对于同一控制下的企业合并，在以支付现金、转让非现金资产或承担债务方式作为合并对价的，公司在合并日按照取得被合并方所有者权益账面价值的份额作为长期股权投资的始投资成本，公司取得的净资产账面价值与支付的合并对价账面价值（或发行股份面值总额）的差额，调整资本公积；资本公积不足冲减的，调整留存收益。

对于非同一控制下的企业合并，公司以合并成本取得时具体形式，作为长期股权投资的初始投资成本：

一次交换交易实现的企业合并，合并成本为公司在购买日为取得对被购买方的控制权而付出的资产、发生或承担的负债以及发行的权益性证券的公允价值。

通过多次交换交易分步实现的企业合并，合并成本为每一单项交易成本之和。

公司为进行企业合并发生的各项直接相关费用计入合并成本。

对合并成本大于合并中取得的被购买方可辨认净资产公允价值份额的差额，确认为商誉，对取得的被购买方可辨认净资产公允价值份额大于合并成本的差额，经复核后计入当期损益。

（2）其他方式取得的长期股权投资初始投资成本的确定

以支付现金取得的长期股权投资，应当按照实际支付的购买价款作为初始投资成本，包括购买过程中支付的手续费等必要支出，但所支付价款中包含的被投资单位已宣告但尚未发放的现金股利或利润应作为应收项目核算，不构成取得长期股权投资的成本。

以发行权益性证券方式取得的长期股权投资，其成本为所发行权益性证券的公允价值，但不包括应自被投资单位收取的已宣告但尚未发放的现金股利或利润。

为发行权益性证券支付给有关证券承销机构等的手续费、佣金等与权益性证券发行直接相关的费用，不构成取得长期股权投资的成本。该部分费用应自权益性证券的溢价发行收入中扣除，权益性证券的溢价收入不足冲减的，应冲减盈余公积和未分配利润。

投资者投入的长期股权投资，应当按照投资合同或协议约定的价值作为初始投资成本。

以债务重组、非货币性资产交换等方式取得的长期股权投资，其初始投资成本应按照债务重组、非货币性资产交换的原则进行确认。

6.2.3.2　后续计量及收益确认方法

公司对不具有共同控制或重大影响的被投资单位，以及对实施控制的被投资单位的长期股权投资以成本法核算，投资收益于被投资公司宣告分派现金股利时确认，现金股利超出投资日以后累积净利润的分配额，冲减投资成本；对被投资公司具有共同控制或重大影响的长期股权投资按权益法核算，投资收益以取得股权后被投资公司实现的净损益份额计算确定。本公司在确认被投资单位发生的净亏损时，以投资账面价值减记零为限，合同约定负有承担额外损失义务的除外。如果被投资单位以后各年实现净利润，本公司在计算的收益分享额弥补未确认的亏损分担额以后，恢复确认收益分享额。

6.2.3.3　资产减值的确认

资产负债表日，若因市价持续下跌或被投资单位经营状况恶化等原因使长期股权投资存在减值迹象时，根据长期股权投资的公允价值减去处置费用后的净额与长期股权投资预计未来现金流量的现值两者之间较高者确定长期股权投资的可回收金额。长期股权投资的可收回金额低于账面价值时，按其差额计提资产减值准备。所计提的长期股权投资减值准备在以后年度不再转回。

6.2.3.4　确认对被投资单位具有共同控制、重大影响的

依据

共同控制:按合同约定对某项经济活动所共有的控制,仅在与该项经济活动相关的重要财务和经营决策需要分享控制权的投资方一致同意时存在。

重大影响:对一个企业的财务和经营政策有参与决策的权利,但并不能够控制或者与其他方一起共同控制这些政策的制定。

**6.2.4 固定资产计价和折旧方法**

6.2.4.1 固定资产计价

固定资产按取得时的实际成本计价。

6.2.4.2 固定资产折旧方法

采用平均年限法计提折旧,并按固定资产类别、原价、预计使用年限确定折旧率,净残值率为0%。各类固定资产的折旧年限及折旧率如下表:

| 固定资产类别 | 预计净残值率(%) | 预计使用年限(年) | 年折旧率(%) |
|---|---|---|---|
| 房屋、建筑物 | 0 | 30 | 3.33 |
| 机器设备 | 0 | 5 | 20 |
| 运输设备 | 0 | 6 | 16.67 |
| 电子设备及其他 | 0 | 2~5 | 50~20 |

6.2.4.3 固定资产减值准备

固定资产按照账面价值与可收回金额孰低计价。资产负债表日,公司检查固定资产是否存在可能发生减值的迹象。

如果存在减值迹象的,则估计其可收回金额。可收回金额低于其账面价值的,按差额计提资产减值准备。可收回金额根据固定资产的公允价值减去处置费用后的净额与资产预计未来现金流量的现值两者之间较高者确定。资产减值损失一经确认,在以后会计期间不再转回。

**6.2.5 无形资产计量和摊销方法**

6.2.5.1 无形资产的确认

公司将企业拥有或者控制的没有实物形态,并且与该资产相关的预计未来经济利益很可能流入企业、该资产的成本能够可靠计量的可辨认非货币性资产确认为无形资产。

6.2.5.2 初始计量

(1)外购无形资产的成本,包括购买价款、相关税费以及直接归属于使该项资产达到预定用途所发生的其他支出。

(2)投资者投入的无形资产,按照投资合同或协议约定的价值作为成本,但合同或协议预定价值不公允的除外。

6.2.5.3 无形资产的摊销

土地使用权按土地使用权证所列的使用年限平均摊销,外购的专业软件在估计的其能够带来经济利益的期限内平均摊销。

资产负债表日本公司将对使用寿命有限的无形资产的使用寿命及摊销方法进行复核。无形资产的使用寿命及摊销方法与以前估计不同的,可改变其摊销期限和摊销方法。

6.2.5.4 无形资产的减值

资产负债表日,本公司检查无形资产是否存在各种可能发生减值的迹象,如果发现存在减值迹象,则估计可收回金额。本公司对有迹象表明一项资产可能发生减值的,以单项资产为基础估计其可收回金额。如果难以对单项资产的可收回金额进行估计,则按照该资产所属的资产组为基础确定资产组的可收回金额。可收回金额根据资产的公允价值减去处置费用后的净额与资产预计未来现金流量的现值两者之间较高者确定。可收回金额低于账面价值的,按差额计提减值准备。资产减值损失一经确认,在以后会计期间不再转回。

**6.2.6 其他资产的核算方法**

6.2.6.1 其他资产分类

公司其他资产分为抵债资产、长期应收款等。

6.2.6.2 抵债资产的计量

以抵债资产按取得时的公允价值入账,同时冲销被抵部分的资产账面价值,包括贷款本金,已确认的表内利息以及其他应收款项,与贷款或应收款项对应的贷款损失准备、坏账准备等。抵债资产处置时,如果取得的处置收入大于抵债资产账面价值,其差额计入营业外收入;如果取得的处置收入小于抵债资产账面价值,其差额计入营业外支出。

6.2.6.3 抵债资产的减值

资产负债表日,本公司对抵债资产逐项进行检查,根据抵债资产的性质比照类似资产计提减值准备。

**6.2.7 合并会计报表的编制方法**

公司无拥有实际控制权的长期股权投资,故无须合并其财务报表。

**6.2.8 收入确认方法**

6.2.8.1 原则

公司根据收入的性质和收入确认的条件,合理地确认和计量各项收入。

6.2.8.2 方法

公司营业收入包括:利息收入、手续费及佣金收入、投资收益及其他业务收入。

利息收入按他人使用公司货币资金的时间和实际利率计算确定;手续费及佣金收入按有关合同或协议规定的收费时间和方法计算确定;其他业务收入主要是租赁收入,于合同已经履行且收取的金额能够可靠地计量时予以确认。

**6.2.9 所得税的会计处理方法**

公司的所得税采用资产负债表债务法核算。当公司的可抵扣暂时性差异在可预见的未来很可能转回且未来很可能获得用来抵扣可抵扣暂时性差异的应纳税所得额时,确认递延所得税资产;当公司存在应纳税暂时性差异时,确认为递延所得税负债。

在资产负债表日,对于当期和以前期间形成的当期所得税负债(或资产),按照税法规定计算的预期应交纳(或返还)的所得税金额计量;对于递延所得税资产和递延所得税负债,根据税法规定,按照预期收回该资产或清偿该负债期间的适用税率计量。

**6.2.10 信托报酬确认原则和方法**

信托报酬按照确认原则和方法,见6.2.8.1和6.2.8.2。

**6.2.11 会计政策、会计估计变更及重大会计差错更正的说明**

6.2.11.1 本期会计估计变更情况:

公司于2009年末搬入新的办公楼,于2010年开始计提折旧,原公司对房屋的预计使用寿命为40年,预计净残值为0元,按直线法计提折旧,本期按照30年计提折旧,由此本公司于2010年初变更房屋的使用寿命为30年,预计净残值为0

元，此会计估计变更影响本年度净利润减少数为：180 732.81〔(948 786.42 −707 809.34) ×(1 −25%)〕元。

6.2.11.2　本期无其他会计政策及重大会计差错更正

## 6.3　或有事项说明

2010年公司没有或有事项业务发生。

## 6.4　重要资产转让及出售的说明

2010年公司无重要资产转让、出售业务发生。

## 6.5　会计报表中重要事项的明细资料

### 6.5.1　披露自营资产经营情况

6.5.1.1　按资产风险分类的结果披露资产的期初数、期末数。

| 信用风险资产五级分类 | 正常类（万元） | 关注类（万元） | 次级类（万元） | 可疑类（万元） | 损失类（万元） | 资产合计（万元） | 不良资产合计（万元） | 不良资产率(%) |
|---|---|---|---|---|---|---|---|---|
| 期初数 | 117 026 | 24 | 0 | 0 | 300 | 117 350 | 300 | 0.19 |
| 期末数 | 61 550 | 0 | 24 | | 300 | 61 874 | 324 | 0.25 |

注：不良资产合计＝次级类＋可疑类＋损失类。

6.5.1.2　资产减值准备情况

单位：万元

| | 期初数 | 本期计提 | 本期转回 | 本期核销 | 期末数 |
|---|---|---|---|---|---|
| 贷款损失准备 | 0.48 | | | | 6.07 |
| 一般准备 | | | | | |
| 专项准备 | 0.48 | 6.59 | | | 6.07 |
| 其他资产减值准备 | | | | | |
| 可供出售金融资产减值准备 | | | | | |
| 持有至到期投资减值准备 | | | | | |
| 长期股权投资减值准备 | | | | | |
| 坏账准备 | 300.00 | | | | 300.00 |
| 投资性房地产减值准备 | | | | | |

6.5.1.3　自营股票投资、基金投资、债券投资、长期股权投资等投资的期初数、期末数。

单位：万元

| 项目 | 自营股票 | 基金 | 债券 | 长期股权投资 |
|---|---|---|---|---|
| 期初数 | 12 878 | 0 | 108 179 | 8 201 |
| 期末数 | 32 456 | 3 000 | 55 761 | 8 201 |

6.5.1.4　前五名的自营长期股权投资的企业名称、占被投资企业权益的比例、主要经营活动及投资收益情况等（按公司拥有权益比例从大到小顺序排列）

| 企业名称 | 占被投资企业权益的比例(%) | 主要经营活动 | 投资收益（万元） |
|---|---|---|---|
| 1. 恒泰证券有限责任 公司 | 4.89 | 证券业务 | 883.82 |
| 2. 内蒙古银行 | 0.035 | 金融服务 | 2.2 |
| 3. 九州天昱投资管理有限公司 | | 商务服务 | 180 |

注：恒泰证券股份公司2008年审计报告反映每10股送红股6.7股，送股37 597 351.00元；资本公积每10股转增0.8股股，派现1元，转增4 489 236.00元，期末恒泰证券股份公司账面反映本公司对恒泰证券股份公司投资98 202 037.00元，占股本总额的4.89%。本期收到恒泰证券公司分配股利8 838 183.33元。

前五名的自营贷款的企业名称、占贷款总额的比例和还款情况等（从大到小顺序排列）。

| 企业名称 | 占贷款总额的比例(%) | 还款情况 |
|---|---|---|
| 1. 内蒙古龙川城市基础设施建设有限公司 | 66.67 | 本年新发放贷款，按期支付利息，属正常类贷款。 |
| 3. 蒙古王酒业有限责任公司 | 33.33 | 2007年发放贷款，本年对蒙古王酒业有限公司借款展期1年，正常类贷款。 |

6.5.1.5　公司当年的收入结构

| 收入结构 | 金额（万元） | 占比(%) |
|---|---|---|
| 手续费及佣金收入 | 15 722.60 | 56.79 |
| 其中：信托手续费收入 | 14 000.66 | 50.55 |
| 投资银行业务收入 | 1 721.94 | 6.23 |
| 利息收入 | 1 180.57 | 4.26 |
| 其他业务收入 | 141.44 | 0.51 |
| 其中：计入信托业务收入部分 | | |
| 投资收益 | 10 639.88 | 38.43 |
| 其中：股权投资收益 | 1 066.06 | 3.85 |
| 证券投资收益 | 8 725.82 | 31.52 |
| 其他投资收入 | 848 | 3.06 |
| 公允价值变动收益 | | |
| 营业外收入 | 2 | 0.01 |
| 收入合计 | 27 686.49 | 100.00 |

### 6.5.2　披露信托资产管理情况

6.5.2.1　信托资产的期初数、期末数

| 信托资产 | 期初数（万元） | 期末数（万元） |
|---|---|---|
| 集合 | 202 862.71 | 327 253.21 |
| 单一 | 1 025 266.84 | 1 118 996.30 |
| 财产权 | | |
| 合计 | 1 228 129.55 | 1 446 249.51 |

6.5.2.1.1　主动管理型信托业务期初数、期末数，分证券投资、股权投资、融资、事务管理类分别披露

| 主动管理型信托资产 | 期初数（万元） | 期末数（万元） |
|---|---|---|
| 证券投资类 | | |
| 股权投资类 | 372 220.48 | 742 474.30 |
| 融资类 | 261 484.57 | 344 330.05 |
| 事务管理类 | 8 855.86 | |
| 合计 | 642 560.91 | 1 086 804.35 |

6.5.2.1.2　被动管理型信托业务期初数、期末数，分证券投资、股权投资、融资、事务管理类分别披露。

| 被动管理型信托资产 | 期初数（万元） | 期末数（万元） |
|---|---|---|
| 证券投资类 | 20 000.02 | 20 000.02 |
| 股权投资类 | | |
| 融资类 | 475 568.40 | 339 445.08 |
| 事务管理类 | 90 000.22 | |
| 合计 | 585 568.64 | 359 445.10 |

6.5.2.2　本年度已清算结束的信托项目52个、实收信托合计金额972 921.90万元、加权平均实际年化收益率6.70%

6.5.2.2.1　本年度已清算结束的集合类、单一类资金信托项目和财产管理类信托项目个数、金额、加权平均实际年化收益率

| 已清算结束信托项目 | 项目个数 | 合计金额(万元) | 加权平均实际年化收益率(%) |
|---|---|---|---|
| 集合类 | 10 | 55 180.00 | 8.08 |
| 单一类 | 42 | 917 741.90 | 6.54 |
| 财产管理类 | | | |

6.5.2.2.2　本年度已清算结束的主动管理型信托项目个数、合计金额、加权平均实际年化收益率,分证券投资、股权投资、融资、事务管理类分别披露

| 已清算结束信托项目 | 项目个数 | 合计金额(万元) | 信托报酬率(%) | 加权平均实际年化收益率(%) |
|---|---|---|---|---|
| 证券投资类 | | | | |
| 股权投资类 | | | | |
| 融资类 | 41 | 136 909.00 | 1.92 | 9.03 |
| 事务管理类 | | | | |

6.5.2.2.3　本年度已清算结束的被动管理型信托项目个数、合计金额、加权平均实际年化收益率,分证券投资、股权投资、融资、事务管理类分别披露

| 已清算结束信托项目 | 项目个数 | 合计金额(万元) | 信托报酬率(%) | 加权平均实际年化收益率(%) |
|---|---|---|---|---|
| 证券投资类 | | | | |
| 股权投资类 | | | | |
| 融资类 | 14 | 836 012.90 | 0.37 | 7.87 |
| 事务管理类 | | | | |

6.5.2.3　本年度新增的集合类、单一类、财产管理类信托项目个数、合计金额

| 新增信托项目 | 项目个数 | 合计金额(万元) |
|---|---|---|
| 集合类 | 13 | 191 597.00 |
| 单一类 | 47 | 737 300.00 |
| 财产管理类 | | |
| 新增合计 | 60 | 928 897.00 |
| 其中:主动管理型 | 49 | 593 897.00 |
| 被动管理型 | 11 | 335 000.00 |

6.5.2.5　公司履行受托人义务情况及因本公司自身责任而导致的信托资产损失情况(合计金额、原因等)

本公司以诚实、信用、谨慎、有效管理为原则,在有效防范和着力控制风险的前提下,以受益人的利益最大化为宗旨,恪尽职守地处理各项信托事务,管理信托财产。加强信托项目的后期跟踪管理工作,及时向委托人、受益人披露有关信息,到期信托本金均如期或提前兑付,应分配的信托收益均如期支付受益人。截至2010年末,公司未发生因本公司自身责任而导致信托财产损失的情况。

6.5.2.6　信托赔偿准备金的提取、使用和管理情况

2010年末,公司根据《信托公司管理办法》及公司章程的有关规定,按税后利润5%计提信托赔偿金。本年计提信托赔偿金760.76万元,累计提取信托赔偿准备金2 314.70万元,占注册资本4.05%。

## 6.6　关联方关系及其交易披露

**6.6.1　关联交易方的数量、关联交易的总金额及关联交易的定价政策等。**

| | 关联方交易数量 | 关联交易金额(万元) | 定价政策 |
|---|---|---|---|
| 合计 | 3 | 47 000 | 按市场公允原则定价交易 |

**6.6.2　关联交易方与本公司的关系性质、关联交易方的名称、法定代表人、注册地址、注册资本及主营业务等**

| 关系性质 | 关联方名称 | 法定代表人 | 注册地址 | 注册资本 | 主营业务 |
|---|---|---|---|---|---|
| 母公司的子公司 | 湖南华菱钢铁集团财务有限公司 | 李松青 | 湖南省长沙市芙蓉路一段593号湖南国际金融大厦15层 | 3亿元 | 对成员单位办理财务、融资顾问、信用鉴证及相关的咨询、代理业务等 |

6.6.2.1　固有与关联方交易情况:贷款、投资、租赁、应收账款、担保、其他方式等其初汇总数、本期借方和贷方发生额汇总数、期末汇总数

2010年公司固有业务未发生涉及关联交易的业务。

6.6.2.2　信托与关联方交易情况:贷款、投资、租赁、应收账款、担保、其他方式等其初汇总数、本期借方和贷方发生额汇总数、期末汇总数

单位:万元

| 信托与关联方交易 | | | | |
|---|---|---|---|---|
| | 期初数 | 借方发生额 | 贷方发生额 | 期末数 |
| 贷款 | 35 000 | 0 | 15 000 | 20 000 |
| 投资 | 45 000 | 2 000 | 20 000 | 27 000 |

6.6.2.3　固有与信托财产之间的交易金额期初数汇总数、本期发生汇总数、期末汇总数

| 固有财产与信托财产相互交易 | | | |
|---|---|---|---|
| | 期初数 | 本期发生额 | 期末数 |
| 合计 | 0 | 0 | 0 |

## 6.7　会计制度的披露

本公司固有业务和信托业务分别于2008年和2010年开始执行财政部2006年2月15日颁布的《企业会计准则》。

# 7. 财务情况说明书

## 7.1　利润实现情况和分配情况

公司实现净利润15 215.17万元。根据《华宸信托有限责任公司章程》依次进行利润分配,按当年税后利润的10%提取法定盈余公积1 521.52万元;按当年税后利润的5%提取信托赔偿准备760.76万元。本年按注册资本的8%分配2009年度股利4 576万元,年末未分配利润22 492.74万元。

### 7.2 主要财务指标

| 指标名称 | 指标值 |
|---|---|
| 资本利润率(%) | 18.08 |
| 加权年化信托报酬率(%) | 0.69 |
| 人均净利润(万元/人) | 148.44 |

### 7.3 对本公司财务状况、经营成果有重大影响的其他事项

公司原投资企业北京百佳信公司因经营管理原因,已于2002年依法进行清算,公司清算收回证券资产890.35万元(股票),曾被司法冻结。在2009年10月27日由内蒙古自治区检察院下达解冻函(内检反渎〔2009〕2号),目前公司正在办理账户的过户手续。

## 8. 特别事项揭示

### 8.1 前五名股东报告期内变动情况及原因

无。

### 8.2 董事、监事及高级管理人员变动情况及原因

聘任范永胜、晋军为华宸信托有限责任公司总经理助理,任职资格已经2010年2月10日内蒙古银监局批准。见《关于核准范永胜、晋军非银行金融机构高级管理人员任职资格的批复》(内银监复〔2010〕26号)。

### 8.3 变更注册资本、变更注册地或公司名称、公司分立合并事项

无。

### 8.4 公司的重大诉讼事项

无。

### 8.5 公司及其董事、监事和高级管理人员受到处罚的情况

无。

### 8.6 整改情况

报告期内,监管机构在对公司现场检查之后出具了现场检查监管意见(内银监现意〔2010〕41号),公司上下高度重视,主要领导及时组织相关部门进行了认真的学习和讨论,对自身存在的问题进行了深层次的剖析,提出了9条整改措施,逐条落实,并保证今后各项工作规范开展,避免出现类似问题(详见华信办字〔2011〕18号《华宸信托有限责任公司关于对2009年全面检查后续现场检查情况监管意见的落实情况报告》)。

### 8.7 本年度重大事项临时报告的简要内容、披露时间、所披露的媒体及其版面

无。

### 8.8 银监会及其省级派出机构认定的其他有必要让客户及相关利益人了解的重要信息

无。

## 9. 公司监事会意见

监事会认为:公司在报告期内能够依法合规经营,运作规范,公司董事及高级管理人员忠实履行义务,未有违反法律、法规、公司章程或损害公司利益的行为。公司财务报告真实、客观、公允地反映了公司2010年的财务状况和经营成果。

# 华能贵诚信托有限公司

## 1. 重要提示

1.1 公司董事会及董事保证本报告所载资料不存在任何虚假记载、误导性陈述或者重大遗漏,并对其内容的真实性、准确性和完整性承担个别及连带责任。

1.2 公司独立董事对年度报告内容的真实性、准确性、完整性无异议。

1.3 公司总经理田军先生、主管信托会计负责人王卓副总经理、主管会计工作负责人鲍吉胜副总经理声明:保证年度报告中财务报告的真实、完整。

## 2. 公司概况

### 2.1 公司简介

华能贵诚信托有限公司成立于2002年,2008年12月29日由华能资本服务有限公司(以下简称华能资本)增资扩股重组而成。2009年2月4日正式更名为华能贵诚信托有限公司;2009年2月,经银监会批准,公司换发新的金融许可证。目前公司注册资本金为12亿元。

2.1.1 中文名称:华能贵诚信托有限公司
中文名称缩写:华能信托
英文名称:Huaneng Guicheng Trust Corporation Limited
英文名称缩写:HNGCTC

2.1.2 法定代表人:丁 益
注册地址:贵州省贵阳市云岩区北京路27号鑫都财富大厦14层
邮政编码:550001
网址:www.hngtrust.com
电子邮箱:public@hngtrust.com

2.1.3 信息披露事务负责人:王 卓
联系人:万 灵
电话:0851-6825982,0851-6825725
传真:0851-6826139
电子信箱:wangz@hngtrust.com,wanl@hngtrust.com
信息披露报纸:《金融时报》

2.1.4 年度报告备置地点:(公司办公地点)贵州省贵阳市云岩区北京路27号鑫都财富大厦14层

2.1.5 公司聘请的会计师事务所:中瑞岳华会计师事务所有限公司
办公地点:北京市西城区35号国际企业大厦A座八层

2.1.6 公司聘请的律师事务所:北京中盛律师事务所
办公地点:北京朝阳区建外大街永安东里甲3号通用国际中心1号楼A座23层

### 2.2 组织结构

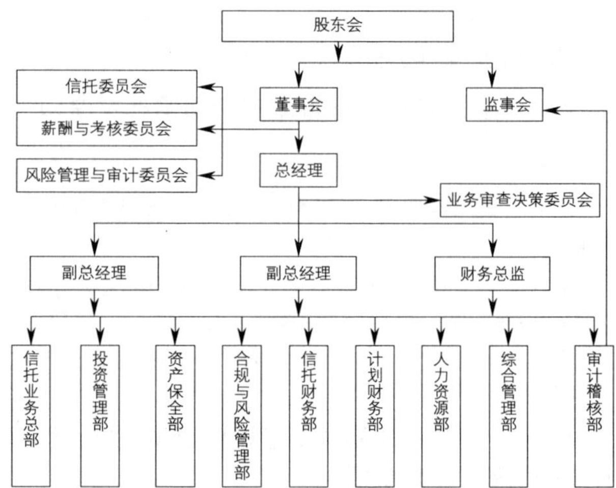


## 3. 公司治理结构

### 3.1 股东

**3.1.1 报告期末公司股东总数:13[占公司15%以上(含15%)出资比例的股东:2个]**

| 股东名称 | 持股比例(%) | 法人代表 |
|---|---|---|
| 华能资本服务有限公司 | 65.38 | 郭珺明 |
| 贵州省开发投资有限责任公司 | 26.90 | 周和生 |

**3.1.2 公司第一大股东**

| 股东名称 | 出资比例(%) | 法人代表 |
|---|---|---|
| 华能资本服务有限公司 | 62.18 | 郭珺明 |

### 3.2 董事

董事会成员

| 姓 名 | 职 务 | 性别 | 年龄 | 选任日期 | 所推举的股东名称 | 该股东持股比例(%) | 简 要 履 历 |
|---|---|---|---|---|---|---|---|
| 丁 益 | 董事长 | 女 | 46 | 2008年12月 | 华能资本服务有限公司 | 65.38 | 中国人民大学博士研究生学历,历任华能国际电力公司证券融资部处长、经理;中国人民保险公司投资管理部副总经理、总裁助理;华能资本服务公司党组副书记、副总经理(主持工作)、总经理;华能贵诚信托公司董事长。 |

续表

| 姓 名 | 职 务 | 性别 | 年龄 | 选任日期 | 所推举的股东名称 | 该股东持股比例(%) | 简 要 履 历 |
| --- | --- | --- | --- | --- | --- | --- | --- |
| 李 进 | 董事 | 男 | 44 | 2008年12月 | 华能资本服务有限公司 | 65.38 | 中国人民银行研究生部硕士,历任华能财务公司计划部经理、副总经理、总经理、党组成员;永诚保险公司总经理;华能资本服务公司党组成员、副总经理。 |
| 杨思东 | 董事 | 男 | 41 | 2010年8月 | 华能资本服务有限公司 | 65.38 | 中国社科院研究生院研究生学历,先后在北京电加工研究所、河南信托投资公司、中国华能财务公司、招商基金公司、景顺长城基金公司工作。2004年2月起在华能资本服务有限公司公司投资管理部工作,历任副处长、副经理。 |
| 李仪华 | 副董事长 | 男 | 53 | 2008年12月 | 贵州省开发投资有限责任公司 | 26.90 | 中南财经大学硕士研究生学历,历任建设银行贵阳市分行主任、建设银行省分行国际业务部经理、计财处副处长、毕节地区分行副行长、行长、省分行业务部总经理、办公室主任;黔隆信托副总经理;华能贵诚信托公司副董事长。 |
| 张景刚 | 董事 | 男 | 52 | 2008年12月 | 贵州省开发投资公司 | 26.90 | 本科学历,历任人民银行贵州省分行副处长、处长;登记公司总经理;黔隆信托公司副总经理;贵州省开发投资公司副总经理。 |
| 田 军 | 职工董事 | 男 | 47 | 2008年12月 | | | 中国社科院研究生部,货币银行专业硕士研究生学历,经济师职称,历任人民银行山西大同分行办公室副主任、主任;大同证券公司副总经理;长城证券公司综合部副主任、董事会秘书兼董事会办公室主任、总裁办公会成员、党委委员、副总裁;华能贵诚信托公司总经理。 |

独立董事

| 姓 名 | 所在单位及职务 | 性别 | 年龄 | 选任日期 | 所推举的股东名称 | 该股东持股比例(%) | 简 要 履 历 |
| --- | --- | --- | --- | --- | --- | --- | --- |
| 吴稼祥 | 中国经济体制改革研究会高级研究员 | 男 | 55 | 2008年12月 | 华能资本服务有限公司 | 65.38 | 北京大学经济学学士,任职于中共中央书记办公室、中央办公厅调研室;历任北京中和经济技术公司总经理、北京瑞德投资顾问公司总经理、中国经济体制改革研究会高级研究员。 |
| 邓瑞林 | 贵州省政协常委、经济委员会副主任 | 男 | 61 | 2008年12月 | 贵州省开发投资公司 | 26.90 | 中国社科院研究生院研究生学历,贵州省政协常委、经济委员会副主任。 |
| 包福荣 | 必浩得律师事务所主任、合伙人 | 女 | 46 | 2008年12月 | 其他股东 | | 北京大学经济法学士,曾任内蒙古六和律师事务所合伙人、北京市金律师事务所合伙人、必浩得律师事务所合伙人、事务所主任。 |

## 3.3 监事

| 姓 名 | 职 务 | 性别 | 年龄 | 选任日期 | 所推举的股东名称 | 该股东持股比例(%) | 简 要 履 历 |
| --- | --- | --- | --- | --- | --- | --- | --- |
| 周英序 | 监事会主席 | 男 | 53 | 2008年12月 | 贵州省贵财投资有限责任公司 | 3.96 | 贵州师范大学本科学历,历任贵州省机械厅直属机关党委副书记、贵州省机电产品质量监测总站党委书记、贵州省旅游投资公司办公室主任、贵州省开发公司人力资源部经理、黔隆信托董事、党委副书记、纪委书记;华能贵诚信托公司监事会主席。 |
| 郭朝晖 | 监事 | 男 | 41 | 2010年4月 | 贵州省开发投资有限责任公司 | 26.90 | 贵州省委党校研究生学历,先后在贵州省长顺县营盘学校、民族中学、贵州省长顺县人事劳动局、贵州省社会科学院东南亚经济研究所工作;历任黔隆国际信托投资有限责任公司党组秘书、董事会秘书、团工委书记、办公室副主任(兼),贵州省国际会议中心有限责任公司党政办公室主任,贵州省开发投资公司党政办公室主任。 |
| 于新仁 | 职工监事 | 男 | 52 | 2008年12月 | | | 贵州省委党校在职研究生学历,历任贵阳耐火材料厂副处长、总会计师兼财务处长;贵州省国际信托投资公司计财部、审计部副经理;黔隆信托审计部经理;华能贵诚信托公司审计部总经理。 |

## 3.4 高级管理人员

| 姓名 | 职务 | 性别 | 年龄 | 任职日期 | 金融从业年限 | 学历 | 专业 |
| --- | --- | --- | --- | --- | --- | --- | --- |
| 田 军 | 总经理 | 男 | 47 | 2008年12月 | 27 | 硕士研究生 | 货币银行 |
| 涂继国 | 副总经理 | 男 | 46 | 2008年12月 | 16 | 学士 | 经济学 |
| 王 卓 | 副总经理兼董事会秘书 | 男 | 39 | 2008年12月 | 5 | 硕士研究生 | 货币银行 |

续表

| 姓名 | 职务 | 性别 | 年龄 | 任职日期 | 金融从业年限 | 学历 | 专业 |
| --- | --- | --- | --- | --- | --- | --- | --- |
| 鲍吉胜 | 副总经理兼财务总监 | 男 | 46 | 2008年12月 | 23 | 研究生 | 财贸经济金融 |
| 金志培 | 副总经理 | 男 | 40 | 2008年12月 | 13 | 硕士研究生 | 货币银行 |
| 孙 磊 | 首席合规官兼合规与风险管理部总经理 | 男 | 37 | 2009年8月 | 15 | 硕士研究生MBA | 金融 |

### 3.5 公司员工

报告期内，员工人数95人，平均年龄38岁，博士生占比1%，硕士生占比36%，本科生占比59%，专科生占比4%。

## 4. 经营管理

### 4.1 经营目标、方针、战略规划

经营目标：围绕提高公司核心资产管理能力和理财能力，以发展自主管理类信托业务为重点，打造专属产品，逐步培育和形成公司核心竞争力，推动公司发展方式从外延式增长向内涵式增长转变；加强公司各项基础管理，重点提升公司合规与风控能力。通过努力，确保完成董事会下达的各项经营指标，力争信托业务规模和实现利润迈上新台阶。

经营方针：诚信、专业、创新、和谐。

战略规划：依托股东的管理与资源优势，打造核心竞争力，重点发展面向能源、基础设施行业的产业投资基金业务和企业资产证券化业务（ABS），把公司建设成为在信托规模、盈利能力和管理水平上具有领先地位的、国内一流的电力、能源行业的信托公司。

### 4.2 所经营业务的主要内容

**自营资产运用与分布表**

| 资产运用 | 金额（万元） | 占比（%） | 资产运用 | 金额（万元） | 占比（%） |
|---|---|---|---|---|---|
| 货币资产 | 47 583.28 | 28.92 | 基础产业 | | |
| 贷款及应收款 | 28 722.04 | 17.46 | 房地产业 | | |
| 交易性金融资产投资 | 35 665.82 | 21.67 | 证券市场 | 35 665.82 | 21.67 |
| 可供出售金融资产投资 | 43 381.75 | 26.36 | 实业 | 20 576.83 | 12.51 |
| 持有至到期投资 | | | 金融机构 | 47 583.28 | 28.92 |
| 长期股权投资 | | | 其他 | 60 755.42 | 36.90 |
| 其他 | 9 228.46 | 5.59 | | | |
| 资产合计 | 164 581.35 | 100.00 | 资产合计 | 164 581.35 | 100.00 |

**信托资产运用与分布表**

| 资产运用 | 金额（万元） | 占比（%） | 资产运用 | 金额（万元） | 占比（%） |
|---|---|---|---|---|---|
| 货币资产 | 44 638 | 1.07 | 基础产业 | 2 484 603 | 59.84 |
| 贷款及应收款 | 3 259 902 | 78.50 | 房地产业 | 554 968 | 13.36 |
| 交易性金融资产投资 | | | 证券市场 | | |
| 可供出售金融资产投资 | | | 实业 | 711 583 | 17.13 |
| 持有至到期投资 | 292 732 | 7.05 | 金融机构 | | |
| 长期股权投资 | | | 其他 | 401 689 | 9.67 |
| 其他 | 555 571 | 13.38 | | | |
| 资产合计 | 4 152 843 | 100 | 资产合计 | 4 152 843 | 100 |

### 4.3 市场分析

#### 4.3.1 影响公司业务发展的有利因素

（1）作为贵州省境内唯一一家信托公司，贵州"十二五"规划、"工业强省"政策的深入施行对公司业务发展具有推动作用。

（2）公司主要股东华能资本服务公司和贵州开发投资公司的持续支持有利于公司平稳发展。

（3）近年来信托行业的快速发展对公司业务的带动作用明显，特别是国内居民理财意识不断觉醒对信托业务拓展具有积极作用，正在推动公司实现跨越式发展。

#### 4.3.2 影响公司业务发展的不利因素

（1）信托行业竞争加剧，在对人才、客户资源的争夺上刚刚完成重组的公司处于不利地位。

（2）目前公司注册资本、净资本都偏低，正在实行的净资本监管政策对公司业务发展制约明显，增资工作十分迫切。

（3）金融危机进入后半程后，国际、国内经济形势复杂多变，宏观调控政策对公司传统业务开展不利，业务转型、提高主动管理能力势在必行。

### 4.4 内部控制概况

公司建立了以股东大会、董事会及其下设专业委员会、监事会、管理层等为主体的法人治理结构，各个管理层面制度健全、运作规范、分权制衡。董事会下设信托、风险管理与审计、薪酬与考核三个专业委员会，制定了董事会各专业委员会议事规则以及独立董事工作规则。董事会信托委员会、风险管理与审计委员会和监事会充分发挥监督职能。在经营层面，公司建立了权责明确、合理制衡、报告关系清晰的组织架构，建立了业务审查决策委员会集体决策机制，建立了合规与风险管理部和审计稽核部定期向董事会提交风险管理报告、内部审计工作的报告机制。2010年公司逐步形成了"分级管理、灵活高效、有效监督"的内部运行机制，并进行持续改善。

董事会、管理层大力倡导和培育"诚信为本、规范运作、稳健经营"的企业文化，在开展业务时将风险控制放在首位，切实履行受托人职责，致力在合规的前提下维护受益人利益最大化。公司高度重视内控文化建设，通过各种形式的讲座、交流和研讨活动，及时将有关内控的最新制度、要求和内控经验传递给广大员工，不断提高广大员工的风险意识、合规理念和责任意识，积极营造"管理讲秩序，发展讲风险"的经营氛围。

本着规范管理、防范风险的原则，管理层及时完善了公司员工行为准则、职业道德规范和诚信记录体系，建立了合理授权、有效问责、内部举报和奖惩制度；各级员工不断提高合法合规经营的理念，进行持续教育，及时充分掌握有关法律法规、内部控制和行为规范的最新文件和资料。

公司内部控制的主要政策和程序是：（1）授权控制：根据业务发展需要，建立相应的权限管理体系，实行法人统一授权和管理；（2）资产隔离：对固有资产和信托资产分别管理、分别核算；（3）岗位分离：固有业务和信托业务部门分设，人员不相互兼职；（4）规范操作：按业务流程和操作指引，实行统一规范化操作。

公司建立了固有业务和信托业务相互分离的业务管理体系；各项业务均有健全的决策机构和决策程序，前台、中台、后台相对独立；各项业务均有相应的管理办法和操作规定，并根据业务实际及监管法规的要求，不断更新；公司不断强化内部管理，保证内部控制的充分、有效执行。

公司建立了自控、互控、监控三结合的内控机制，及时对内

部控制活动进行检查、评价、监督和纠正。公司建立了业务部门(岗位)自查、业务部门(岗位)互相制约、员工内部举报、合规部门检查、内审部门审计相结合的机制。业务部门(岗位)定期开展自查自纠活动,一旦发现内部控制问题,迅速纠正;办理业务时,相关部门、岗位之间互相监督、制衡;全体员工主动参与公司管理,及时监督和举报公司内部运营缺陷或违规行为;公司合规与风险管理部审核评价内控制度和操作流程的合规性;按照风险管理"事前严格调查和审查"、"事中、事后跟踪管理"的要求,相应规范内部审批、操作和风险管理程序,细化和完善内部控制制度。审计稽核部对业务的各项运作和风险管理进行动态审计和检查,对相关人员的规范进行监督和检查,对各项业务、各部门、各岗位实施全面监督、检查,并直接向董事会、管理层报告,管理层根据内部控制的检查情况和审计评价结果,提出整改意见和纠正措施,并督促各部门严格落实。

## 4.5 风险管理概况

### 4.5.1 信用风险状况及管理

信用风险主要是公司交易对手不能履行合约义务带来的风险。

报告期内,公司管理的信托财产全部按期收回,并全部按期向受益人兑付信托收益。

公司固有项下不良资产全部为2008年公司重组以前历史遗留的不良资产,2010年公司没有新增不良资产。公司信用风险的管理措施主要包括建立信用风险监测预警机制,对经营状况、管理状况、财务状况进行动态监测和预警;建立信用风险防范机制,严格执行贷前调查、贷时审查和贷后检查制度;建立信用风险转移机制,通过控制信贷集中度降低信用风险,通过信贷资产卖断转移信用风险;建立信用风险补偿机制,充分提取呆账准备金,加强不良资产管理和处置。信用风险控制手段主要包括担保(保证、抵押、质押)、联合管理、资金提存、审计(专项审计和常规审计)、权益转让、建立中介机构为主的外部智库机制等。公司信托项目中信用风险的控制手段是立体的、组合的、多方位的,公司风险防范的实施以到期清偿为核心,附加过程管理,既维护受益人的利益,也促进信托资金使用方的良性发展。

### 4.5.2 市场风险状况及管理

市场风险主要是外部市场的不利变动使公司遭受损失的风险。报告期内,公司信托项下存续的信托项目没有投向证券市场,而作为项目质押的股票质押率均较低,安全边际较高。贷款类项目全部按照利率对应原则与委托人及借款人签订协议,公司作为受托人本身不承担利率风险。固有项下,公司年末持有的投资类资产,按五级分类口径均为正常类投资,年末无不良投资。公司对市场风险实施限额管理,根据业务性质、资本规模和风险承受能力制定对各类业务和各级限额的内部审批程序和操作规程。合规与风险管理部对业务部门交易账户头寸风险进行动态监控。投资风险较大的交易账户逐日重估价值。合规与风险管理部应根据业务授权对风险限额的遵守情况进行动态监控,经营层根据限额实际控制情况对限额进行动态管理。公司合理设立盈利目标,避免过分追求盈利而承受较大风险。针对金融市场或环境的剧烈变化,评估在极端不利情况下的风险承受能力,以此为依据制定相应的应急处理预案。

### 4.5.3 操作风险状况及管理

操作风险是指公司由于内部治理结构不完善、内控机制或信息系统缺陷以及人为过失而导致损失的风险。报告期内公司没有因操作风险而导致的损失。公司建立规范的内部授权体系,任何个人不得超出授权作出业务决定和风险决策。不相容岗位需适当分离,避免利益冲突。各项业务应按照"职责界定清晰、流程设计合理、信息传导通畅、运营操作规范"的原则,建立相应制度,合规与风险管理部参与重要业务制度的审核。各级领导对制度遵守情况逐级进行监督,合规与风险管理部、审计稽核部对公司制度执行情况进行监督,保证各项制度得到有效执行。建立操作风险事故监测、报告机制,保证及时发现操作风险事故。建立重要岗位轮岗机制。对关键岗位不定期进行审计和检查。开办新业务,事先进行风险评估,并提出相应的风险控制措施,在风险可测、可控、可承受的前提下促进创新业务发展。高度关注信息系统风险,确保信息系统稳定、安全、高效运行。

### 4.5.4 合规风险状况及管理

合规风险是指公司由于没有遵循适用的法律法规、部门规章、行业准则等而遭受法律制裁、监管处罚、重大财务损失的风险。报告期内公司没有因合规风险而导致的损失。公司通过完善合规培训、合规审查、合规监控机制,有效防范合规风险。合规与风险管理部持续关注法律、法规和准则的最新发展,及时分析对企业的影响,向管理层提出合规建议。定期组织开展合规培训和教育。合规与风险管理部持续检查、评估业务的合规性,保证各项业务严格遵守国家各项法律法规。合同协议的制定、涉诉案件的应对均应征求公司法律顾问的意见。

# 5. 报告期末及上年末的比较式会计报表

## 5.1 自营资产

### 5.1.1 会计师事务所审计意见全文

**审 计 报 告**

中瑞岳华审字〔2011〕第01046号

华能贵诚信托有限公司:

我们审计了后附的华能贵诚信托有限公司(以下简称贵公司)财务报表,包括2010年12月31日的资产负债表,2010年度的利润表、现金流量表和所有者权益变动表,2010年12月31日的资产减值准备情况表以及财务报表附注。

一、管理层对财务报表的责任

按照企业会计准则的规定编制财务报表是贵公司管理层的责任。这种责任包括:(1)设计、实施和维护与财务报表编制相关的内部控制,以使财务报表不存在由于舞弊或错误而导致的重大错报;(2)选择和运用恰当的会计政策;(3)作出合理的会计估计。

二、注册会计师的责任

我们的责任是在实施审计工作的基础上对财务报表发表审计意见。我们按照中国注册会计师审计准则的规定执行了审计工作。中国注册会计师审计准则要求我们遵守职业道德规范，计划和实施审计工作以对财务报表是否不存在重大错报获取合理保证。

审计工作涉及实施审计程序，以获取有关财务报表金额和披露的审计证据。选择的审计程序取决于注册会计师的判断，包括对由于舞弊或错误导致的财务报表重大错报风险的评估。在进行风险评估时，我们考虑与财务报表编制相关的内部控制，以设计恰当的审计程序，但目的并非对内部控制的有效性发表意见。审计工作还包括评价管理层选用会计政策的恰当性和作出会计估计的合理性，以及评价财务报表的总体列报。

我们相信，我们获取的审计证据是充分、适当的，为发表审计意见提供了基础。

三、审计意见

我们认为，上述财务报表已经按照企业会计准则的规定编制，在所有重大方面公允反映了贵公司2010年12月31日的财务状况以及2010年的经营成果和现金流量。

中瑞岳华会计师事务所有限公司

中国 · 北京

中国注册会计师：

中国注册会计师：

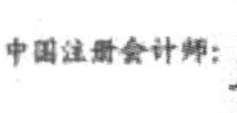

2011年1月23日

### 5.1.2 资产负债表

**资产负债表**

编制单位：华能贵诚信托有限公司　　　　单位：万元

| 项　目 | 2009年12月31日 | 2010年12月31日 |
|---|---|---|
| 流动资产： | — | — |
| 现金及银行存款 | 38 990.14 | 47 583.28 |
| 存出保证金 | — | — |
| 拆出资金 | — | — |
| 交易性金融资产 | 43 606.70 | 35 665.82 |
| 买入返售金融资产 | — | — |
| 贷款（短期贷款） | — | 19 899.00 |
| 应收票据 | — | 270.00 |
| 应收股利 | — | — |
| 应收利息 | — | — |
| 应收账款 | — | 41.65 |
| 预付账款 | — | — |
| 其他应收款 | 6 527.09 | 8 511.39 |
| 待摊费用 | 109.64 | 114.14 |
| 一年内到期的非流动资产 | — | — |
| 其他流动资产 | — | — |
| 流动资产合计 | 89 233.57 | 112 085.28 |
| 非流动资产： | | |
| 贷款（中长期贷款） | — | — |
| 贷款（逾期贷款） | 123.72 | |
| 可供出售金融资产 | — | 43 381.75 |
| 持有至到期投资 | — | — |
| 长期股权投资 | — | — |
| 投资性房地产 | — | — |
| 固定资产原值 | 1 856.53 | 3 440.36 |
| 减：累计折旧 | 612.15 | 861.26 |
| 固定资产净值 | 1 244.38 | 2 579.10 |
| 减：固定资产减值准备 | — | 572.93 |
| 固定资产净额 | 1 244.38 | 2 006.17 |
| 在建工程 | 802.10 | |
| 工程物资 | — | — |
| 固定资产清理 | — | — |
| 无形资产 | 419.77 | 216.59 |
| 长期待摊费用 | 468.37 | 348.07 |
| 递延所得税资产 | 3 328.23 | 3 483.86 |
| 其他非流动资产 | 2 830.46 | 3 059.63 |
| 其中：特准储备物资 | — | — |
| 非流动资产合计 | 9 217.03 | 52 496.07 |
| 资 产 总 计 | 98 450.60 | 164 581.35 |

**资产负债表（续）**

| 项　目 | 2009年12月31日 | 2010年12月31日 |
|---|---|---|
| 流动负债： | — | — |
| 短期借款 | | |
| 存入保证金 | | 685.00 |
| 拆入资金 | | |
| 交易性金融负债 | | |
| 应付票据 | | |
| 应付账款 | | 460.00 |
| 预收账款 | | |
| 卖出回购金融资产款 | | |
| 应付职工薪酬 | 1 845.59 | 4 429.12 |
| 应交税费 | 3 921.88 | 3 871.15 |
| 应付利息 | — | — |
| 应付股利 | 23.07 | 23.07 |
| 其他应付款 | 2 628.89 | 133.92 |
| 代理承销证券款 | — | — |
| 一年内到期的非流动负债 | — | — |
| 其他流动负债 | — | — |
| 流动负债合计 | 8 419.43 | 9 602.26 |
| 非流动负债： | | |
| 长期借款 | — | — |
| 应付债券 | — | — |
| 长期应付款 | — | — |
| 专项应付款 | — | — |
| 预计负债 | — | — |
| 递延所得税负债 | 175.68 | 436.78 |
| 其他非流动负债 | — | — |
| 非流动负债合计 | 175.68 | 436.78 |
| 负 债 合 计 | 8 595.11 | 10 039.04 |
| 所有者权益（或股东权益）： | | |
| 实收资本（股本） | 60 339.58 | 120 000.00 |
| 资本公积 | 30 245.37 | 23 829.13 |

续表

| 项　　目 | 2009 年 12 月 31 日 | 2010 年 12 月 31 日 |
|---|---|---|
| 专项储备 | — | — |
| 盈余公积 | 364. 69 | 1 344. 81 |
| 信托赔偿准备 | 547. 24 | 1 119. 37 |
| 未分配利润 | -1 641. 39 | 8 249. 00 |
| 外币报表折算差额 | — | — |
| 归属于母公司所有者权益合计 | 89 855. 49 | 154 542. 31 |
| 少数股东权益 | | |
| 所有者权益合计 | 89 855. 49 | 154 542. 31 |
| 负债和股东权益总计 | 98 450. 60 | 164 581. 35 |

### 5. 1. 3　利润和利润分配表

**利润和利润分配表**

编制单位：华能贵诚信托有限公司　　单位：万元

| 项　　目 | 2010 年 | 2009 年 |
|---|---|---|
| 一、营业收入 | 27 192. 82 | 18 851. 76 |
| 1. 利息收入 | 1 525. 14 | 831. 12 |
| 2. 手续费及佣金收入 | 24 061. 64 | 11 080. 56 |
| 3. 金融企业往来收入 | 199. 67 | 338. 98 |
| 4. 租赁收益 | — | — |
| 5. 投资收益 | 226. 35 | 5 782. 61 |
| 6. 公允价值变动收益 | 1 043. 29 | 703. 81 |
| 7. 汇兑损益 | -0. 58 | -0. 03 |
| 8. 其他营业收入 | 137. 31 | 114. 71 |

续表

| 项　　目 | 2010 年 | 2009 年 |
|---|---|---|
| 二、营业支出 | 12 255. 49 | 7 654. 19 |
| 1. 利息支出 | — | — |
| 2. 金融企业往来支出 | 41. 49 | — |
| 3. 手续费及佣金支出 | 1 288. 38 | — |
| 4. 业务及管理费 | 10 925. 62 | 7 654. 19 |
| 5. 其他营业支出 | — | — |
| 三、营业税金及附加 | 1 648. 19 | 1 005. 43 |
| 四、营业利润（亏损以“-”号填列） | 13 289. 14 | 10 192. 14 |
| 加：营业外收入 | 2 441. 40 | 2. 35 |
| 减：营业外支出 | 36. 00 | 0. 24 |
| 减：资产损失 | 404. 47 | 154. 13 |
| 五、利润总额（亏损总额以“-”号填列） | 15 290. 07 | 10 040. 12 |
| 减：所得税费用 | 3 847. 42 | 2 756. 50 |
| 六、净利润（净亏损以“-”号填列） | 11 442. 65 | 7 283. 62 |
| 加：年初未分配利润 | -1 641. 39 | -8 560. 83 |
| 七、可供分配的利润 | 9 801. 26 | -1 277. 20 |
| 减：提取法定盈余公积 | 980. 13 | — |
| 提取信托赔偿准备 | 572. 13 | 364. 18 |
| 提取一般风险准备 | | |
| 其他减少 | — | — |
| 八、可供股东分配的利润 | 8 249. 00 | -1 641. 39 |
| 减：分配股东股利 | — | — |
| 九、未分配利润 | 8 249. 00 | -1 641. 39 |

## 5. 2　信托资产

### 5. 2. 1　信托项目资产负债汇总表

**信托项目资产负债表**

编制单位：华能贵诚信托有限公司　　2010 年 12 月 31 日　　单位：万元

| 信托资产 | 期末余额 | 年初余额 | 信托负债和信托权益 | 期末余额 | 年初余额 |
|---|---|---|---|---|---|
| 信托资产： | 0. 00 | 0. 00 | 信托负债： | 0. 00 | 0. 00 |
| 货币资金 | 44 630. 88 | 10 113. 77 | 交易性金融负债 | 0. 00 | 0. 00 |
| 拆出资金 | 0. 00 | 0. 00 | 衍生金融负债 | 0. 00 | 0. 00 |
| 存出保证金 | 0. 00 | 0. 00 | 应付受托人报酬 | 1 994. 80 | 2 061. 90 |
| 交易性金融资产 | 0. 00 | 0. 00 | 应付托管费 | 30. 68 | 47. 44 |
| 衍生金融资产 | 0. 00 | 0. 00 | 应付受益人收益 | 24. 47 | 1 392. 77 |
| 买入返售金融资产 | 25 000 | 25 000 | 应交税费 | 0. 00 | 0. 00 |
| 应收款项 | 0. 00 | 384. 40 | 应付销售服务费 | 2 237. 74 | 0. 00 |
| 发放贷款 | 3 259 902. 20 | 2 194 230 | 其他应付款项 | 5 372. 57 | 1 609. 56 |
| 可供出售金融资产 | 0. 00 | 0. 00 | 预计负债 | 0. 00 | 0. 00 |
| 持有至到期投资 | 0. 00 | 0. 00 | 其他负债 | 0. 00 | 0. 00 |
| 长期应收款 | 0. 00 | 0. 00 | 信托负债合计 | 9 660. 26 | 5 111. 67 |
| 长期股权投资 | 292 732 | 0. 00 | | 0. 00 | 0. 00 |
| 投资性房地产 | 0. 00 | 0. 00 | 信托权益： | 0. 00 | 0. 00 |
| 固定资产 | 0. 00 | 0. 00 | 实收信托 | 4 118 616. 71 | 2 261 016 |
| 无形资产 | 0. 00 | 0. 00 | 资本公积 | 0. 00 | 0. 00 |
| 长期待摊费用 | 0. 00 | 0. 00 | 损益平准金 | 0. 00 | 0. 00 |
| 其他资产 | 530 578. 50 | 41 770 | 未分配利润 | 24 566. 61 | 5 370. 50 |
| 减：各项资产减值准备 | 0. 00 | 0. 00 | 信托权益合计 | 4 143 183. 31 | 2 266 386. 50 |
| 信托资产总计 | 4 152 843. 57 | 2 271 498. 17 | 信托负债及信托权益合计 | 4 152 843. 57 | 2 271 498. 17 |

5.2.2 信托项目利润及利润分配汇总表

编制单位:华能贵诚信托有限公司 2010年 单位:万元

| 项 目 | 本期数 | 本年累计数 |
|---|---|---|
| 1. 营业收入 | 73 119.50 | 221 339.49 |
| 1.1 利息收入 | 61 903.89 | 194 306.66 |
| 1.2 投资收益(损失以"-"号填列) | 11 215.61 | 25 683.67 |
| 1.2.1 其中:对联营企业和合营企业的投资收益 | 0.00 | 0.00 |
| 1.3 公允价值变动收益(损失以"-"号填列) | | |
| 1.4 租赁收入 | | |
| 1.5 汇兑损益(损失以"-"号填列) | | |
| 1.6 其他收入 | | 1 349.16 |
| 2. 支出 | 14 537.64 | 47 895.48 |
| 2.1 营业税金及附加 | | |
| 2.2 受托人报酬 | 4 287.24 | 16 441.72 |
| 2.3 托管费 | 2 579.87 | 12 095.96 |
| 2.4 投资管理费 | | 83.00 |
| 2.5 销售服务费 | 5 495.19 | 8 540.45 |
| 2.6 交易费用 | 14.87 | 122.86 |
| 2.7 资产减值损失 | | |
| 2.8 其他费用 | 2 160.46 | 10 611.49 |
| 3. 信托净利润(净亏损以"-"号填列) | 58 581.87 | 173 444.01 |
| 4. 其他综合收益 | 0.00 | 0.00 |
| 5. 综合收益 | 58 581.87 | 173 444.01 |
| 6. 加:期初未分配信托利润 | 13 221.30 | 5 370.50 |
| 7. 可供分配的信托利润 | 71 803.17 | 178 814.51 |
| 8. 减:本期已分配信托利润 | 47 236.56 | 154 247.90 |
| 9. 期末未分配信托利润 | 24 566.61 | 24 566.61 |

# 6. 会计报表附注

## 6.1 会计报表编制基准、会计政策和会计估计变更、核算方法的说明

编制基础:以持续经营假设为基础,根据实际发生的交易和事项,按照财政部2006年2月颁布的《企业会计准则——基本准则》和38项具体会计准则,其后颁布的应用指南、解释以及其他相关规定(统称企业会计准则)编制。

会计政策和会计估计变更、核算方法在报告期均无变化。

信托报酬确认原则和方法:按权责发生制原则确认收入。按照信托合同约定,在服务已提供、信托报酬能够流入企业且报酬的金额能够可靠地计量时确认收入。

## 6.2 或有事项说明

无。

## 6.3 资产(不含股权转让)转让及其出售的说明

单位:元

| 序号 | 被转让资产名称 | 受让方 | 转让方式 | 账面净值 | 转让价格 | 备注 |
|---|---|---|---|---|---|---|
| 1 | 换地权益证书 | 海南省陵水县政府 | 回购 | 2 371 620.00 | 23 716 200.00 | 注 |

注:本公司持有的土地权益证书系海南省陵水县人民政府核发,当地尚未有换地权益收回的记录且换地权益书市场流转渠道不畅通,价格严重贬值,一度市值仅为面值的1~3成。综合分析后,本公司按10%对其预计可回收金额计提了90%的减值准备。2010年与陵水县政府达成协议,对方同意原价收回该换地权益证书,截至2010年12月转让手续已办理完成,净收益2 134.46万元。

## 6.4 会计报表中重要项目的明细资料

### 6.4.1 披露自营资产经营情况

6.4.1.1 按信用风险五级分类结果披露信用风险资产的期初数、期末数

| 信用风险资产五级分类 | 正常类(万元) | 关注类(万元) | 次级类(万元) | 可疑类(万元) | 损失类(万元) | 信用风险资产合计(万元) | 不良合计(万元) | 不良率(%) |
|---|---|---|---|---|---|---|---|---|
| 期初数 | 42 717.83 | 0 | 0 | 8 791.12 | 229.4 | 51 738.35 | 9 020.52 | 17.43 |
| 期末数 | 73 963.37 | 0 | 145.00 | 8 214.85 | 484.09 | 82 807.31 | 8 843.94 | 10.68 |

注:不良资产合计=次级类+可疑类+损失类。

(1)海南贵州大厦应收款项145万元,为2008年公司履行担保责任代海南贵州大厦支付执行款。该公司产权未理顺,经营不善,收回难度大。公司将此款项划分为次级类。

(2)2003年,公司委托汉唐证券理财,2004年9月3日汉唐证券被行政托管并于2007年宣告破产清算,目前破产清算尚未结束,应收汉唐证券公司的余额为6 158.79万元。公司将此款项划分为可疑类。

(3)2003年,公司信托资金委托华夏证券理财。华夏证券于2008年7月31日经法院裁定受理破产,现已进入清算程序,应收华夏证券股份有限公司的余额为1 274.74万元。公司将此款项划分为可疑类。

(4)盛安房地产开发有限公司款项为781.32万元,其中应付盛安房地产开发有限公司关于台湾大厦9层相关款项201.68万元,应收盛安房地产开发有限公司983万元为代垫台湾大厦后续建设资金。公司将此款项划分为可疑类。

(5)贵州银天贸易公司逾期贷款余额247.44万元,为本公司1993年4月发放人民币贷款。所质押的海南发展银行的535.22万元定期存单由于海南发展银行被人民银行关闭清算,该笔定期存单成为清算债权。经清算组确认领取了"海南发展银行债务确认书",截至目前海南发展银行尚未清算完毕。本公司将此款项划分为损失类,全额计提损失准备。

(6)锦屏竹木公司逾期贷款余额229.4万元,为本公司1995年11月至1996年2月发放贷款,公司以其自有林场充当贷款抵押物。经核实,该贷款抵押物存在瑕疵,难以处置变现,本公司将此款项划分为损失类,全额计提损失准备。

(7)李伟煤款应收款项7.25万元,为2007年子公司信达贸易公司注销转入,法院已判决,但无可执行财产。本公司将此款项划分为损失类,全额计提损失准备。

6.4.1.2 各项资产减值损失准备

单位:万元

| | 期初数 | 本期计提 | 本期转回 | 本期核销 | 期末数 |
|---|---|---|---|---|---|
| 贷款损失准备 | 353.12 | 324.72 | 0 | 0 | 677.84 |
| 一般准备 | | 201 | 0 | 0 | 201 |
| 专项准备 | 353.12 | 123.72 | 0 | 0 | 476.84 |
| 其他资产减值准备 | 5 767.02 | | 0 | 2 134.46 | 3 632.56 |
| 可供出售金融资产减值准备 | 0 | 0 | 0 | 0 | 0 |
| 持有至到期投资减值准备 | 0 | 0 | 0 | 0 | 0 |
| 长期股权投资减值准备 | 0 | 0 | 0 | | 0 |
| 坏账准备 | 5 744.42 | 79.75 | 0 | 0 | 5 824.17 |
| 投资性房地产减值准备 | 0 | 0 | 0 | 0 | 0 |

6.4.1.3　自营股票投资、基金投资、债券投资、股权投资等投资业务

单位：万元

| | 自营股票 | 基金 | 债券 | 长期股权投资 |
|---|---|---|---|---|
| 期初数 | 33 469.94 | 0 | 10 136.76 | 0 |
| 期末数 | 29 876.83 | 0 | 5 788.99 | 0 |

6.4.1.4　前三名的自营长期股权投资的企业名称、占被投资企业权益的比例、主要经营活动及投资收益情况等

无。

6.4.1.5　前三名的自营贷款的企业名称、占贷款总额的比例和还款情况等

| 企业名称 | 占贷款总额的比例（%） | 还款情况 |
|---|---|---|
| 1. 河北省迁安化工有限责任公司 | 48.60 | 尚未到期，正常收息 |
| 2. 广东珠江公路桥梁投资有限公司 | 29.65 | 尚未到期，正常收息 |
| 3. 新疆诺亚方舟酒店管理有限公司 | 19.44 | 尚未到期，正常收息 |

6.4.1.6　表外业务

无。

6.4.1.7　公司当年的收入结构

| 收入结构 | 金额（万元） | 占比（%） |
|---|---|---|
| 手续费及佣金收入 | 24 061.65 | 81.20 |
| 其中：信托手续费收入 | 22 818.34 | 77.00 |
| 投资银行业务收入 | | |
| 利息收入 | 1 724.22 | 5.82 |
| 其他业务收入 | 137.31 | 0.47 |
| 其中：计入信托业务收入部分 | | |
| 投资收益 | 1 269.64 | 4.29 |
| 其中：股权投资收益 | | |
| 公允价值变动收益 | 1 043.29 | 3.52 |
| 其他投资收益 | 226.35 | 0.77 |
| 营业外收入 | 2 441.41 | 8.22 |
| 收入合计 | 29 634.23 | 100.00 |

注：营业外收入2 441.41万元，为处置珠海平沙房产收入264.95万元，转让海南换地权益证书转让收入2 134.46万元，收取违约保证金42万元。

**6.4.2　披露信托资产管理情况**

6.4.2.1　信托资产

单位：万元

| 信托资产 | 期初数 | 期末数 |
|---|---|---|
| 集合 | 371 148 | 920 787.00 |
| 单一 | 1 889 868 | 3 197 829.71 |
| 财产权 | | |
| 合计 | 2 261 016 | 4 118 616.71 |

6.4.2.1.1　主动管理型信托业务

单位：万元

| 主动管理型信托资产 | 期初数 | 期末数 |
|---|---|---|
| 证券投资类 | 0 | |
| 股权投资类 | 0 | 470 630 |
| 融资类 | 371 148 | 2 952 920 |
| 事务管理类 | 0 | 7 084 |
| 合计 | 371 148 | 3 430 634 |

6.4.2.1.2　被动管理型信托业务

单位：万元

| 被动管理型信托资产 | 期初数 | 期末数 |
|---|---|---|
| 证券投资类 | 0 | |
| 股权投资类 | 0 | 0.00 |
| 融资类 | 1 889 868.00 | 687 966 |
| 事务管理类 | 0 | 0.00 |
| 合计 | 1 889 868.00 | 687 966 |

6.4.2.2　本年度有77个项目清算，实收信托合计245.24亿元，加权平均实际年化收益率5.61%

6.4.2.2.1　本年度已清算结束的集合类、单一类资金信托项目和财产管理类信托项目

| 已清算结束信托项目 | 项目个数 | 合计金额（亿元） | 加权平均实际年化收益率（%） |
|---|---|---|---|
| 集合类 | 5 | 26.58 | 10.22 |
| 单一类 | 72 | 218.66 | 4.5 |
| 财产管理类 | 0 | 0 | 0 |

6.4.2.2.2　本年度已清算结束的主动管理型信托项目

| 已清算结束信托项目 | 项目个数 | 合计金额（万元） | 信托报酬率（%） | 加权平均实际年化收益率（%） |
|---|---|---|---|---|
| 证券投资类 | 0 | | | |
| 股权投资类 | 2 | 1.02 | 1.2 | 9 |
| 融资类 | 3 | 25.36 | 2 | 10.4 |
| 事务管理类 | 0 | | | |

6.4.2.2.3　本年度已清算结束的被动管理型信托项目

| 已清算结束信托项目 | 项目个数 | 合计金额（万元） | 信托报酬率（%） | 加权平均实际年化收益率（%） |
|---|---|---|---|---|
| 证券投资类 | 0 | | | |
| 股权投资类 | 0 | | | |
| 融资类 | 72 | 218.66 | 0.28 | 4.5 |
| 事务管理类 | 0 | | | |

6.4.2.3　本年度新增的集合类、单一类和财产管理类信托项目

单位：万元

| 新增信托项目 | 项目个数 | 合计金额 |
|---|---|---|
| 集合类 | 34 | 835 436 |
| 单一类 | 131 | 3 474 518 |
| 财产管理类 | 0 | |
| 新增合计 | 165 | 4 309 954 |
| 其中：主动管理型 | 53 | 3 476 908 |
| 被动管理型 | 112 | 833 046 |

6.4.2.4　本公司履行受托人义务情况及因本公司自身责任而导致的信托资产损失情况

本公司严格遵照行业监管法规和信托合同规定，在信息披露、受托资产管理、信托财务核算、项目到期清算及信托财产分配等方面都能自觉履行受托人义务。2010年不存在任何信托项目因公司自身责任导致信托资产发生损失，与信托当事人之

间未发生任何形式的法律纠纷，也未受到行业监管当局的任何惩戒、警示。

## 6.5 关联方关系及其交易披露

**6.5.1 关联交易方的数量、关联交易的总金额及关联交易的定价政策等**

单位：万元

| | 关联交易方数量 | 关联交易金额 | 定价政策 |
|---|---|---|---|
| 合计 | 2 | 155.5 | 以市场交易价格为定价依据 |

**6.5.2 关联交易方与本公司的关系性质、关联交易方的名称、法定代表人、注册地址、注册资本及主营业务等**

| 关系性质 | 关联方名称 | 法定代表人 | 注册地址 | 注册资本（万元） | 主营业务 |
|---|---|---|---|---|---|
| 公司实际控制人 | 中国华能集团 | 曹培玺 | 北京市海淀区学院南路40号 | 2 000 000 | 实业投资经营及管理；电源的开发、投资、建设和管理 |
| 公司股东 | 贵州开磷公司 | 屈庆麟 | 贵阳市中华南路203号 | 86 047.57 | 磷矿石、磷矿砂等的自产自销等 |

**6.5.3 本公司与关联方的重大交易事项**

6.5.3.1 固有财产与关联方

单位：万元

| 固有资产与关联方关联交易 | | | | | | | | | | | |
|---|---|---|---|---|---|---|---|---|---|---|---|
| 贷款 | | | 投资 | | | 其他 | | | 合计 | | |
| 期初 | 发生额 | 期末 | 期初 | 发生额 | 期末 | 期初 | 发生额 | 期末 | 期初 | 发生额 | 期末 |
| | | | | | | | | | | | |

6.5.3.2 信托资产与关联方

单位：万元

| 信托资产与关联方关联交易 | | | | | | | | | | | |
|---|---|---|---|---|---|---|---|---|---|---|---|
| 贷款 | | | 投资 | | | 其他 | | | 合计 | | |
| 期初 | 发生额 | 期末 | 期初 | 发生额 | 期末 | 期初 | 发生额 | 期末 | 期初 | 发生额 | 期末 |
| 1 390 000 | | 1 530 000 | | | | | | | 1 390 000 | | 1 530 000 |

6.5.3.3 固有财产与信托财产之间的交易

单位：万元

| 固有财产与信托财产相互交易 | | | |
|---|---|---|---|
| | 期初数 | 本期发生额 | 期末数 |
| 合计 | 25 000 | 0 | 25 000 |

6.5.3.4 信托资产与信托财产之间的交易

单位：万元

| 信托资产与信托财产相互交易 | | | |
|---|---|---|---|
| | 期初数 | 本期发生额 | 期末数 |
| 合计 | 0 | 0 | 0 |

**6.5.4 关联方逾期未偿还本公司资金的详细情况以及本公司为关联方担保发生或即将发生垫款的详细情况**

无。

## 6.6 会计制度的披露

固有业务：执行财政部2006年2月颁布的《企业会计准则——基本准则》和38项具体会计准则，其后颁布的应用指南、解释以及其他相关规定（统称企业会计准则）。

信托业务：执行财政部于2005年1月5日正式颁布的《信托业务会计核算办法》。

# 7. 财务情况说明书

## 7.1 利润实现和分配情况

2010年，公司实现净利润11 442.65万元，弥补以前年度亏损的1 641.39万元后，按可供分配利润9 801.26万元的10%比例提取盈余公积980.13万元，按净利润5%比例提取信托赔偿准备572.13万元，年末未分配利润8 249万元。

## 7.2 主要财务指标

| 指标名称 | 指标值 |
|---|---|
| 资本利润率（%） | 11.35 |
| 信托报酬率（%） | 0.81 |
| 人均净利润（万元/人） | 130.96 |

## 7.3 对本公司财务状况、经营成果有重大影响的其他事项

无。

# 8. 特别事项提示

## 8.1 前五名股东报告期内变动情况

华能资本服务有限公司参与公司增资以及收购其他股东转让的股权后为公司第一大股东，占比65.38%；贵州开发投资有限责任公司参与公司增资后为第二大股东，占比26.90%；贵州贵财投资有限责任公司参与公司增资后为第三大股东，占比3.96%。

## 8.2 董事、监事及高级管理人员变动情况及原因

因工作变换，江铭强不再担任公司董事，更换为杨思东；朱江伟不再担任公司的监事，更换为郭朝晖。因工作需要，公司聘任金志培为副总经理；增设首席合规官，聘任孙磊出任首席合规官。

## 8.3 公司重大诉讼事项

无。

## 8.4 公司及其董事、监事和高级管理人员受到处罚的情况

无。

## 8.5 银监会及其派出机构对公司检查后提出整改意见的，应简单说明整改情况

报告期内，贵州银监局对公司信政、银信合作业务及公司

2009 年经营管理情况分别进行了专项和全面现场检查，出具了《关于华能贵诚信托有限公司现场检查的意见》(黔银监发〔2010〕275 号)。贵州银监局经过检查认为，公司重组后，能够按照有关法规要求开展业务，项目运行基本正常，整体风险可控；在内控制度建设方面，公司拟订和修订一系列管理制度及操作流程，完善了风险管理的制度、程序和方法。针对不足，公司经过认真研究，形成整改报告上报贵州银监局，从进一步完善业务制度、加强项目尽职调查、后续管理和信息披露、实施业务转型和强化风险防控意识、完善内部控制等方面提出了具体的整改措施，并在实际工作中认真落实，确保公司业务稳健发展。

### 8.6 本年度重大事项临时报告的简要内容、披露时间、所披露的媒体及其版面

(1)2010 年 1 月 28 日在《金融时报》第 7 版发布了《关于变更财务审计会计师事务所的公告》。

(2)2010 年 6 月 3 日在《金融时报》第 6 版发布了公告，披露了公司股东由 15 家减少至 14 家等相关内容。

(3)2010 年 8 月 25 日在《金融时报》第 7 版发布公告，披露了公司股东由 14 家减少至 13 家等相关内容。

(4)2010 年 12 月 7 日在《金融时报》第 7 版发布公告，披露了公司注册资本为 120 000 万元等相关内容。

### 8.7 银监会及其省级派出机构认定的其他有必要让客户及相关利益人了解的重要信息

无。

## 9. 公司监事会意见

本报告期内，公司监事会召开会议二次，列席了公司 2010 年股东会和董事会全部会议，列席了公司总经理办公会、项目审查委员会，监督检查了公司依法运作情况、重大决策和重大经营活动情况及公司的财务状况，并在此基础上发表如下独立意见。

(1)公司依法运作情况。公司能够严格按照《公司法》、《华能贵诚信托有限公司章程》及国家有关法律法规运作，公司决策程序合法，完善了公司内控制度，运作规范，董事、总经理等高级管理人员在履行职务时，勤勉尽责，恪尽职守，没有发现公司董事、高级管理人员在执行公司职务时存在违法违纪，损害公司利益和委托人、受益人利益的行为。

(2)检查公司财务情况。本报告期公司财务状况良好。年报的内容真实、准确、完整。公司财务核算规范，符合财务管理制度要求，责任人明确，公司 2010 年财务报告真实地反映了公司的财务状况和经营成果。

(3)报告期内，公司发生的关联交易业务均严格遵循市场公允价值，认真按照《信托公司管理办法》的有关规定，及时向监管部门报告，未发现损害股东权益及公司利益的情况。

# 华融国际信托有限责任公司

## 1. 重要提示

1.1 本公司董事会及董事保证本报告所载资料不存在任何虚假记载、误导性陈述或者重大遗漏，并对其内容的真实性、准确性和完整性承担个别及连带责任。

1.2 公司独立董事王晓林、罗群芳、邢成、何维达声明：保证年度报告内容的真实性、准确性、完整性。

1.3 董事长隋运生、总经理陈明理、会计部门负责人杨艳声明：保证本年度财务会计报告的真实、完整。

## 2. 公司概况

### 2.1 公司简介

2.1.1 公司法定中文名称：华融国际信托有限责任公司
公司英文名称：Huarong International Trust Co., Ltd.
公司英文名称缩写：Huarong Trust

2.1.2 公司法定代表人：隋运生

2.1.3 公司注册地址：新疆维吾尔自治区乌鲁木齐市中山路333号
邮政编码：830002
公司国际互联网网址：http//www. huarongtrust. com. cn
公司电子信箱：hrxt@ chamc. com. cn

2.1.4 公司负责信息披露事务人员
联系人：段建生
联系电话：010 -58315029
传真：010 -58315040
电子信箱：duanjiansheng@ chamc. com. cn

2.1.5 公司信息披露报纸名称：《金融时报》
公司年度报告备置地点：新疆维吾尔自治区乌鲁木齐市中山路333号
登载年度报告的互联网网址：http//www. huarongtrust. com. cn

2.1.6 公司聘请的会计师事务所名称：中瑞岳华会计师事务所
公司聘请的会计师事务所住所：北京市西城区金融大街35号国际企业大厦A座八层
公司聘请的律师事务所名称：新疆同泽律师事务所
公司聘请的律师事务所住所：乌鲁木齐市人民路183号兴亚大厦十二楼

### 2.2 组织结构

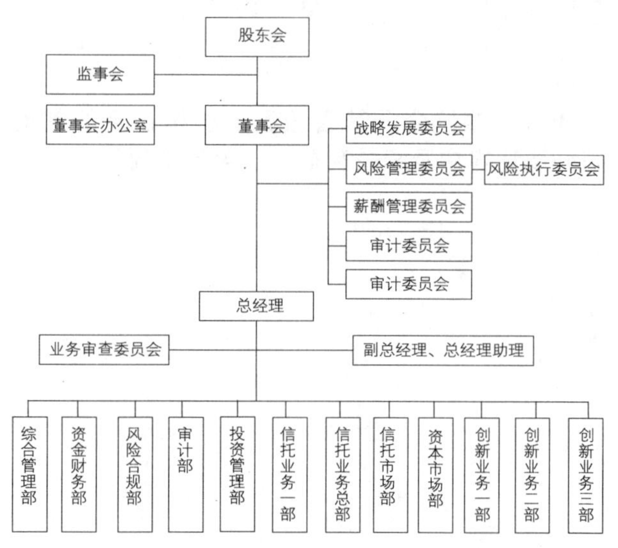


## 3. 公司治理结构

### 3.1 股东

报告期末股东总数为三名，股东持股情况如下：

| 股东名称 | 持股比例（%） | 法人代表 | 注册资本（万元） | 注册地址 | 主要经营业务及主要财务情况 |
|---|---|---|---|---|---|
| 中国华融资产管理公司★ | 97.5 | 赖小民 | 1 000 000 | 北京市西城区金融大街8号 | 收购并经营中国工商银行剥离的不良资产；债务追偿，资产置换、转让与销售；债务重组及企业重组；债权转股权及阶段性持股，资产证券化；资产管理范围内的上市推荐及债券、股票承销；直接投资；发行债券，商业借款；向金融机构借款和向中国人民银行申请再贷款；投资、财务及法律咨询与顾问；资产及项目评估；企业审计与破产清算；经金融监管部门批准的其他业务。财务状况良好。 |
| 新疆凯迪投资有限责任公司 | 1.48 | 黄文媛 | 42 000 | 新疆乌鲁木齐市金银路53号 | 资产管理、证券业投资、房屋、车辆、设备的租赁、项目投资及相关咨询服务。财务状况良好。 |
| 新疆恒合投资股份有限公司 | 1.02 | 盛占银 | 11 000 | 新疆乌鲁木齐市黄河路1号 | 高新技术产业；新兴产业的风险投资；经营及管理；优势传统产业、资本市场的投资管理；对中小企业的融资担保；投资及融资信息咨询。汽车、房屋及机械设备的租赁。财务状况良好。 |

注：最终实际控制人在股东名称一栏中加★表示。

## 3.2 董事

董事长、副董事长、董事

| 姓名 | 职务 | 性别 | 年龄 | 选任日期 | 所推举的股东名称 | 该股东持股比例(%) | 简要履历 |
|---|---|---|---|---|---|---|---|
| 隋运生 | 董事长 | 男 | 55 | 2008年4月18日 | 中国华融资产管理公司 | 97.5 | 中国社会科学院研究生,历任中国工商银行鞍山市分行行长助理、副行长、行长、党委副书记;中国工商银行辽宁省分行副行长、党组成员;中国工商银行山西省分行副行长、党委副书记、行长、党委书记;中国工商银行四川省分行行长、党委书记;中国华融资产管理公司副总裁、党委委员。 |
| 马肯·穆赫莫德拉 | 副董事长 | 男 | 50 | 2008年5月9日 | 中国华融资产管理公司 | 97.5 | 新疆财经学院研究生,历任中国工商银行新疆区分行技改信贷处副处长;中国工商银行新疆区分行工业信贷处副处长(正处级);中国工商银行新疆区分行副总经济师;中国华融资产管理公司乌鲁木齐办事处副总经理、党委委员;中国华融资产管理公司乌鲁木齐办事处总经理、党委书记。 |
| 卢江天 | 副董事长 | 男 | 56 | 2010年4月28日 | 中国华融资产管理公司 | 97.5 | 大专学历,历任中国工商银行深圳分行营业部主任;中国工商银行深圳市分行副行长、党组成员;中国华融资产管理公司深圳办事处党委书记、总经理;中国华融资产管理公司广州办事处党委书记、总经理兼深圳办事处党委书记。现任华融国际信托有限责任公司专职副董事长。 |
| 陈明理 | 职工董事 | 男 | 46 | 2008年5月9日 | 职工代表大会 | — | 中国人民大学博士,历任中国华融资产管理公司股权管理部副处长、高级经理;中国华融资产管理公司沈阳办事处总经理助理、副总经理;中国华融资产管理公司研究发展部副总经理;中国华融资产管理公司第一重组办公室副主任;中国华融资产管理公司委托事业部副总经理(主持工作)、总经理;华融国际信托有限责任公司总经理、党委副书记。 |
| 王文杰 | 董事 | 男 | 49 | 2008年5月9日 | 中国华融资产管理公司 | 97.5 | 西安交通大学硕士,历任中国工商银行技改信贷部项目管理一处副处长、处长;中国工商银行评估咨询部副总经理;中国华融资产管理公司国际业务部副总经理(主持工作)、总经理;中国华融资产管理公司南京办事处党委副书记、副总经理(总经理级)、党委书记、总经理;中国华融资产管理公司投资事业部总经理;中国华融资产管理公司首席风险官(总监级)、风险管理部总经理。 |
| 杨佩 | 董事 | 女 | 47 | 2008年5月9日 | 中国华融资产管理公司 | 97.5 | 武汉大学硕士,历任中国工商银行总行法律事务部法律咨询处副处长、处长;中国工商银行总行法律事务部副总经理;中国华融资产管理公司法律事务部副总经理(主持工作)、总经理。 |
| 王小选 | 董事 | 男 | 52 | 2010年3月12日 | 新疆凯迪投资有限责任公司 | 1.48 | 大专学历,历任新疆生产建设兵团农业银行计划处副处长、新疆华融房地产公司总经理、陕西省建设银行房地产公司副总经理(主持工作)、西安德恒证券营业部总经理、新疆凯迪房地产开发有限公司总经理、新疆蓝天阳光投资有限责任公司总经理;新疆凯迪投资有限责任公司副总经理兼任新疆凯迪创业投资有限责任公司执行董事、总经理。 |

独立董事

| 姓名 | 所在单位及职务 | 性别 | 年龄 | 选任日期 | 所推举的股东名称 | 该股东持股比例(%) | 简要履历 |
|---|---|---|---|---|---|---|---|
| 王晓林 | 退休干部 | 男 | 63 | 2009年3月5日 | 中国华融资产管理公司 | 97.5 | 资源经济学博士,历任车间党支部书记、技术副科长、副厂长、厂长;太原市政府副秘书长、市长助理兼太原高新技术产业开发区管委会主任、党组书记;山西省科委副主任兼太原高新区管委会主任;太原市副市长兼太原高新技术开发区管委会主任;山西省人民政府副秘书长兼山西引黄工程副总指挥、黄河水源太原城市给水工程总指挥;山西省交通厅党组书记、厅长、山西省交通战备办公室主任;2001年,当选中共山西省第八届委员会委员;2003年,当选十届全国人大代表;省人大常委、省人大城市建设环境保护委员会主任。 |
| 罗群芳 | 退休干部 | 女 | 57 | 2009年3月5日 | 中国华融资产管理公司 | 97.5 | 历任新疆银监局非银行监管处处长,长期在新疆人民银行任职。 |
| 邢成 | 中国人民大学信托与基金研究所执行所长 | 男 | 48 | 2009年3月5日 | 中国华融资产管理公司 | 97.5 | 南开大学博士,现任中国人民大学信托与基金研究所执行所长、教授。 |
| 何维达 | 北京科技大学经管学院教授、企业与产业发展研究所所长 | 男 | 50 | 2010年2月26日 | 中国华融资产管理公司 | 97.5 | 中南财经政法大学博士,现任北京科技大学经济管理学院教授、企业与产业发展研究所所长。 |

## 3.3 监事

监事会成员

| 姓 名 | 职 务 | 性别 | 年龄 | 选任日期 | 所推举的股东名称 | 该股东持股比例(%) | 简 要 履 历 |
|---|---|---|---|---|---|---|---|
| 王 晖 | 监事会主席 | 男 | 55 | 2010 年 8 月 8 日 | 中国华融资产管理公司 | 97.5 | 北京经济学院分院本科，历任中国工商银行北京市分行工交信贷处副处长；中国工商银行北京市分行短期信贷处处长；中国工商银行北京市东城支行行长；中国华融资产管理公司北京办事处副总经理、党委委员；中国华融资产管理公司济南办事处副总经理、党委副书记；中国华融资产管理公司济南办事处副总经理、党委副书记（主持工作）、总经理、党委书记；中国华融资产管理公司股权管理部总经理；华融国际信托有限责任公司监事会主席。 |
| 张春如 | 监事 | 女 | 56 | 2008 年 3 月 19 日 | 中国华融资产管理公司 | 97.5 | 中央党校本科，历任中国工商银行北京分行营业部副总经理；中国工商银行北京分行人事处处长；中国工商银行北京分行计划处处长；中国工商银行总行资金营运部副总经理；中国华融资产管理公司总部资金财务部副总经理、总经理；中国华融资产管理公司总部审计部总经理。 |
| 刘庆英 | 监事 | 女 | 48 | 2008 年 3 月 19 日 | — | — | 大学本科，历任自治区人民政府稽察特派员助理（副处级）；自治区国资委第六监事会监事（副处级）；第六监事会办事处副主任；自治区国资委第六监事会办事处副主任、监事（正处级）。 |
| 张 展 | 监事 | 男 | 40 | 2010 年 12 月 31 日 | 新疆凯迪投资有限责任公司 | 1.48 | 大学本科，历任德恒证券有限责任公司上海总部投资部首席交易员、上海博银投资咨询有限公司证券分析师；新疆凯迪投资限责任公司资产管理部副经理。 |
| 盛占银 | 监事 | 男 | 55 | 2008 年 3 月 19 日 | 新疆恒合投资股份有限公司 | 1.02 | 研究生，历任新疆福海县计划委员会副主任、主任；福海县人民政府县长助理，重点项目建设办公室主任；新疆自治区投资公司阿舍勒铜矿筹建组任自治区方代表；新疆自治区投资公司项目部业务主管；新疆哈密新天怡石材有限公司董事、副总经理；新疆自治区投资公司企管部副主任、国电新疆吉林台水电开发有限公司副董事长、天风发电股份有限公司副董事长；新疆投资公司项目开发部主任、第一党支部书记、天彩阿克苏良种公司副董事长；新疆恒合投资股份有限公司董事长。 |
| 李小莉 | 职工监事 | 女 | 53 | 2008 年 3 月 19 日 | 职工代表大会 | — | 自治区党校专科，历任新疆国际信托投资公司营业部主任；新疆国际信托投资公司稽核部经理；华融国际信托有限责任公司审计部副总经理。 |
| 付 巍 | 职工监事 | 女 | 36 | 2008 年 3 月 19 日 | 职工代表大会 | — | 硕士，历任中国华融资产管理公司投资银行部副经理、经理；中国华融资产管理公司人力资源部经理、高级副经理；华融国际信托有限责任公司综合管理部总经理。 |
| 孟 娜 | 职工监事 | 女 | 36 | 2009 年 3 月 11 日 | 职工代表大会 | — | 硕士，历任中国华融资产管理公司股权管理部副经理、经理；中国华融资产管理公司资产管理三部经理；中国华融资产管理公司第一重组办公室经理；华融国际信托有限责任公司信托管理部副总经理。 |

## 3.4 高级管理人员

| 姓 名 | 职 务 | 性别 | 年龄 | 选任日期 | 金融从业年限 | 学历 | 专业 |
|---|---|---|---|---|---|---|---|
| 陈明理 | 总经理、党委副书记 | 男 | 46 | 2008 年 6 月 3 日 | 23 | 博士 | 金融学 |
| 陈鹏君 | 副总经理、党委委员 | 男 | 39 | 2008 年 6 月 3 日 | 16 | 硕士 | 工商管理 |
| 王 鹰 | 副总经理、党委委员 | 男 | 48 | 2008 年 6 月 3 日 | 24 | 研究生 | 金融学 |
| 刘绍华 | 总经理助理、党委委员 | 男 | 46 | 2010 年 4 月 15 日 | 22 | 研究生 | 工商管理 MBA |
| 杨晓丽 | 总经理助理、党委委员 | 女 | 48 | 2010 年 4 月 15 日 | 30 | 研究生 | 工商管理 |

## 3.5 公司员工

| 项 目 | | 报告期年度 | | 上年度 | |
|---|---|---|---|---|---|
| | | 人数 | 比例(%) | 人数 | 比例(%) |
| 年龄分布 | 25 岁以下 | 7 | 7.61 | — | — |
| | 25～29 岁 | 25 | 27.17 | 20 | 26.67 |
| | 30～39 岁 | 37 | 40.22 | 37 | 49.33 |
| | 40 岁以上 | 23 | 25.00 | 18 | 24 |
| 学历分布 | 博士 | 5 | 5.43 | 4 | 5.33 |
| | 硕士 | 47 | 51.09 | 32 | 42.68 |
| | 本科 | 30 | 32.61 | 25 | 33.33 |
| | 专科 | 10 | 10.87 | 10 | 13.33 |
| | 其他 | — | — | 4 | 5.33 |
| 岗位分布 | 高管人员 | 5 | 5.43 | 4 | 5.4 |
| | 自营业务人员 | 5 | 5.43 | 3 | 4 |
| | 信托业务人员 | 41 | 44.57 | 34 | 45.3 |
| | 其他 | 41 | 44.57 | 34 | 45.3 |

## 4. 经营管理

### 4.1 经营目标、方针、战略规划

#### 4.1.1 经营目标

将公司建设成为经营规范、业绩优良、善于创新、特色鲜明、风险管控能力高、核心竞争力强的国内一流现代金融服务企业。

#### 4.1.2 经营方针

遵循“稳健、创新、和谐、发展”的经营方针，根据客户需求、风险偏好，充分发挥信托独特的制度优势，采用信托贷款、股权投资、投资理财、资产管理、财务顾问等多种方式，科学管理，规范经营，诚实守信，开拓创新，为客户提供优质高效的服务，切实维护股东、委托人、受益人等利益相关者的合法权益。

#### 4.1.3 战略规划

以科学发展观为指导，立足当前，着眼长远，面向全国，坚持客户至上的理念，坚持依法合规、稳健经营的理念，专心致力于信托主业，不断提高公司市场竞争能力、风险控制能力、业务创新能力和运营管理能力，将公司发展成为规范经营、特色鲜明、务实创新、业绩优良，具有较强核心竞争力和可持续发展能力的国内一流的专业化金融服务机构。

### 4.2 所经营业务主要内容

公司业务主要分为信托业务、固有业务两大类，信托业务品种主要有单一资金信托、集合资金信托、财产权信托，固有业务主要包括金融企业股权投资、金融产品投资、贷款、财务顾问等业务。

自营资产运用与分布表

| 资产运用 | 金额（万元） | 占比（%） | 资产分布 | 金额（万元） | 占比（%） |
|---|---|---|---|---|---|
| 货币资产 | 9 979.79 | 5.05 | 基础产业 | — | — |
| 贷款及应收款 | 60 775.39 | 30.75 | 房地产业 | 11 760.00 | 5.95 |
| 交易性金融资产 | — | — | 证券市场 | 75 685.69 | 38.29 |
| 可供出售金融资产 | 75 685.69 | 38.29 | 实业 | 33 500.00 | 16.95 |
| 持有至到期投资 | 43 830.00 | 22.17 | 金融机构 | 54 095.50 | 27.37 |
| 长期股权投资 | 269.77 | 0.14 | 其他 | 22 622.30 | 11.44 |
| 其他 | 7 122.85 | 3.60 | — | — | — |
| 资产总计 | 197 663.49 | 100.00 | 资产总计 | 197 663.49 | 100.00 |

信托资产运用与分布表

| 资产运用 | 金额（万元） | 占比（%） | 资产分布 | 金额（万元） | 占比（%） |
|---|---|---|---|---|---|
| 货币资产 | 11 410.95 | 0.21 | 基础产业 | 1 660 684.91 | 30.90 |
| 贷款 | 3 098 558.30 | 57.65 | 房地产 | 1 024 640.06 | 19.06 |
| 交易性金融资产 | — | — | 证券市场 | — | — |
| 可供出售金融资产 | 135 510.00 | 2.52 | 实业 | 1 578 844.93 | 29.38 |
| 持有至到期投资 | 768 699.00 | 14.30 | 金融机构 | 968 735.21 | 18.02 |
| 长期股权投资 | 888 285.85 | 16.53 | 其他 | 141 734.99 | 2.64 |
| 其他 | 472 176.00 | 8.79 | — | — | — |
| 信托资产总计 | 5 374 640.10 | 100.00 | 信托资产总计 | 5 374 640.10 | 100.00 |

### 4.3 市场分析

#### 4.3.1 有利因素

（1）信托行业的监管政策环境总体上将进一步向好，为信托行业规范、健康发展提供重要的制度保障，经营规范、实力较强的公司将获得更多的政策支持。

（2）居民对稳健性理财的需求会持续增长，信托理财逐渐被更多高端投资者所接纳和认同。

（3）依托股东中国华融资产管理公司的资源和品牌优势，在业务开展方面具有很多得天独厚的优势条件。

#### 4.3.2 不利因素

（1）经济增速放缓，通货膨胀压力存在，宏观经济政策调整速度对信托业务开展的影响频繁。

（2）居民理财意识、理念和需求等受到经济环境影响，更趋于理性和谨慎，客户开发难度加大。

（3）银信合作、房地产等传统业务领域受限，市场热点产品及创新产品能否成为长期持久的盈利点尚不确定。

（4）信托公司尚未树立起核心竞争力，与银行等其他金融结构存在同质竞争现象。

### 4.4 内部控制

#### 4.4.1 内部控制环境和内部控制文化

华融信托按照现代金融企业制度要求，建立科学的公司法人治理结构，成立股东会、董事会、监事会并制定相应议事规则，根据有关法律法规及公司章程分别行使职责；董事会层面设立战略发展委员会、风险管理委员会、薪酬管理委员会、审计委员会及信托委员会，对涉及公司战略发展、薪酬考核、风险控制等重大事项进行民主决策、集体审议，并制定了各委员会议事规则，使公司在科学决策和风险管控方面增强了独立性、专业性和科学性；风险管理委员会下常设风险审查执行机构，强化对重点项目风险审查与风险控制。建立了独立董事工作制度，从而进一步完善了公司的法人治理结构，加强公司董事会决策的科学性，强化了对内部董事及经营管理层的约束和监督机制；董事会组建经营管理层，由总经理组织公司日常经营管理工作并对董事会负责；总经理层面设立业务审查委员会和总经理办公会，分别负责对公司重大决策事项、重大风险管理解决方案、各项业务方案等事项进行审查，根据银监会监管要求及实际需要，公司设立综合管理部、风险合规部、资金财务部、投资管理部、信托业务总部等系列职能部室，从而形成一个结构合理、管理科学、内部控制有效的治理结构和机制。

#### 4.4.2 内部控制措施

公司建立了完善的各层级授权制度，明确董事会、经营管理层的权限及职责。

董事会作为公司决策机构，负责决定公司内部管理机构的设置，制定公司的基本管理制度，决定公司对外重大投资、重大资产处置事项，决定公司资本金运用、资产抵押、对外担保、关联交易等事项。为防范风险，董事会对重大资本金项目、重大信托项目负责审查审批。董事会严格按照董事会议事规则召开会议。

经营管理层通过董事会的授权在权限范围内履行职责，建

立健全内控控制体系，保证内部控制的各项职责得到有效履行，负责对内部控制的充分性与有效性进行监测评估；并负责执行董事会批准的各项规划、决策和制度。2010 年，公司在经营管理层面成立风险管理和内部控制委员会，进一步完善公司内部控制体系和制度，同时，公司成立了资金和财务审查委员会，加强对公司资金和财务方面的控制及审查力度。

公司坚持制度先行、规范经营的理念，根据公司发展及监管需要着手梳理原有制度，在公司治理、综合管理、内部控制、业务管理、财务管理、党政监察等方面对各项制度重新进行了全面的清理、完善和补充，建立了一整套较为完善的制度体系。

**4.4.3 监督评价与纠正**

公司自觉接受监事会的监督。公司监事会列席董事会，随时对公司特别是董事和高管人员的合规运作及勤勉尽责情况进行监督。严格按照有关信托法规，进一步完善内部控制制度。做到公司自营业务和信托业务分离，维护委托人和受益人的合法权益。加强内部稽核部门职能，坚持按季对公司业务进行稽核，并报告董事会、监事会和银监局。

## 4.5 风险管理概况

**4.5.1 风险管理概况**

公司始终坚持“集中管理，分层负责，分类实施”的风险管理原则和全面风险管理理念，始终把风险放在第一位，不断提高全员风险管理意识，逐步完善风险预警机制，明确和落实各级风险管理职责，积极适应业务发展和业务创新的需要，切实把风险管理工作做深、做实、做到位。以防范和控制风险为核心，对风险进行事前防范、事中控制、事后监督。在开展业务时，在风险问题上绝不讨价还价。看得准的项目做，看不准的项目不做；风险可管控的项目做，风险不可管控的项目不做；合法合规的做，违法违规的不做。在工作中始终坚持独立制衡、全面控制、风险收益平衡、持续改进和责任追究原则，在自重组成立来的较短时间内迅速完善法人治理机制、健全内部控制制度，实现内部控制的完整性、合理性、有效性。

为加强风险管理，公司在董事会下设风险管理委员会、审计委员会，董事会风险管理委员会下设风险执行委员会，负责向风险管理委员会报告公司的风险合规与内部控制等情况，同时负责对提交董事会审议的重大业务项目向董事会提出审查意见，在经营管理层下设风险合规部、审计部，负责公司的风险控制、合规审核及审计工作。

**4.5.2 风险状况**

4.5.2.1 信用风险状况

公司可能面临的信用风险主要是交易对手无法履约的风险。对于信用风险的控制，一是公司注重交易对手的选择，通过项目前期尽职调查、担保条件的设置、资金投放后的跟踪管理及到期前的及时催收等，从项目的全过程加强对信用风险的防范和控制；二是公司采用资产五级分类、信贷资产评级等信用度量指标进行信用风险评级，并不断改进信用分析方法和技术；三是公司始终坚持抵押品确认原则，抵押品必须足值、足额、合法、有效、容易变现；四是公司严格按照规定对信用风险资产合理计提一般准备和专项准备。

公司按照有关规定足额计提各类风险准备。一般准备金的计提比例由公司综合考虑其所面临的风险状况等因素确定，原则上一般准备金余额不低于贷款期末余额的 1%。信托赔偿准备金按照税后净利润的 5% 计提，累计总额达到公司注册资本的 20% 时不再提取。

公司严格按照《中国银行业监督管理委员会关于非银行金融机构全面推行资产质量五级分类管理的通知》，定期对公司资产质量进行五级分类。截至 2010 年 12 月 31 日，公司资产总额为 197 663.49 万元，不良资产金额为 453.66 万元，较期初不良资产无变动。不良资产全部为公司重组新疆国际信托投资有限责任公司设立时遗留所致。

为防范抵押物、质押物编制风险，公司确定的抵押率、质押率一般不超过 50%。担保方应具备相应的担保能力。

4.5.2.2 市场风险状况

市场风险指公司因股价、市场汇率、利率及其他价格因素变动给公司盈利能力和财务状况带来的风险。目前涉及公司业务的市场风险主要有利率风险、股票价格风险，2010 年公司业务的市场风险较低、可控。

4.5.2.3 操作风险状况

操作风险主要表现在由于公司内部人员在相关业务办理过程中因操作失误而出现的风险；由于内部控制制度不完善引发的缺乏监控监督风险，2010 年公司未出现操作风险事件。

4.5.2.4 其他风险状况

主要是合规风险和政策风险，2010 年，公司的各项业务严格按照国家相关政策，依法合规操作，未出现违反国家相关政策及违规事件。

**4.5.3 风险管理**

4.5.3.1 信用风险管理

在信用风险管理上，一是公司采用资产五级分类、信贷资产评级等信用度量指标进行信用风险评级，并不断改进信用分析方法和技术；二是公司始终坚持抵押品确认原则，抵押品必须足值、足额、合法、有效、容易变现；三是公司严格按照规定对信用风险资产合理计提一般准备和专项准备；四是公司密切关注宏观经济形式及国家产业政策、信贷政策及其他调控政策的变化，及时研究对策和措施，防控政策风险引起的企业信用风险；五是公司对交易对视进行事中动态管理，定期了解交易对手经营情况和财务情况，并及时向管理层和董事会报告。

4.5.3.2 市场风险管理

开展各项业务时，全面客观的分析经济形势，谨慎选择项目，对风险难以把握的项目，不轻易进入；在项目开展前，对金融市场有可能产生市场风险的各个因素进行分析研究，提早做好防范措施；尽量采取分散投资，分散风险的办法；公司加强内部控制，加强对项目的审查、决策；设立相关股票的警戒线、止损位及对相关股票价格变动进行动态监测。

4.5.3.3 操作风险管理

公司指定部门定期对业务规章制度、操作流程等进行修订完善，多种方式举办培训班加强对员工培训；多层次设置防火墙，采取事前、事中、事后多角度控制操作风险：一是项目经理作为第一责任人全面负责项目风险；二是风险合规部定期检查项目执行情况，分析项目风险并向公司提交风险报告；三是审计部门同步跟进；四是公司经营管理层定期向董事会提交公司经营风险报告;五是设计和逐步完善风险控制信息系统,做好系统数据的备份,借助信息技术控制操作风险。

4.5.3.4 合规风险管理

为管理合规风险,公司设立了专门的合规部门和合规管理岗位,自觉参照执行《商业银行合规风险管理指引》,引入具有丰富金融从业经验的法律人才,对所承做业务的交易模式、法律要点、合同主要条款的合法问题进行专门把握,确保每项业务重点法律问题的合法、有效和严密。

# 5. 报告期末及上年末的比较式会计报表

## 5.1 自营资产

### 5.1.1 会计师事务所审计结论

我们认为,贵公司财务报表已经按照企业会计准则的规定编制,在所有重大方面公允反映了贵公司2010年12月31日的财务状况以及2010年度的经营成果和现金流量。

### 5.1.2 资产负债表

单位:万元

| 项　目 | 年末余额 | 年初余额 | 项　目 | 年末余额 | 年初余额 |
|---|---|---|---|---|---|
| 资产: | | | 负债: | | |
| 现金及银行存款 | 9 979.79 | 10 328.27 | 向中央银行借款 | — | — |
| 存放中央银行款项 | — | — | 联行存放款项 | — | — |
| 存放联行款项 | — | — | 拆入资金 | — | — |
| 存放同业款项 | — | — | 交易性金融负债 | — | — |
| 拆出资金 | — | — | 衍生金融负债 | — | — |
| 交易性金融资产 | — | — | 卖出回购金融资产款 | — | — |
| 衍生金融资产 | — | — | 吸收存款 | — | — |
| 买入返售金融资产 | — | — | 应付职工薪酬 | 3 581.76 | 2 202.99 |
| 应收款项类金融资产 | — | — | 应交税费 | 5 718.00 | 3 317.08 |
| 应收利息 | 84.22 | — | 应付利息 | — | — |
| 其他应收款 | 431.18 | 1.03 | 其他应付款 | 97.67 | 556.74 |
| 发放贷款和垫款 | 59 760.00 | 100 500.00 | 预计负债 | — | — |
| 可供出售金融资产 | 75 685.69 | 47 078.96 | 应付债券 | — | — |
| 持有至到期投资 | 43 830.00 | 13 316.00 | 递延所得税负债 | — | 3.82 |
| 长期股权投资 | 269.77 | 269.77 | 其他负债 | 2 336.43 | 322.28 |
| 投资性房地产 | 2 632.59 | 2 724.82 | 负债合计 | 11 733.86 | 6 402.91 |
| 固定资产 | 2 195.57 | 2 160.72 | 所有者权益: | | |
| 在建工程 | — | — | 实收资本 | 151 777.00 | 151 777.00 |
| 固定资产清理 | — | — | 其中:国家资本 | — | — |
| 无形资产 | 228.02 | 134.37 | 集体资本 | — | — |
| 商誉 | — | — | 法人资本 | 151 777.00 | 151 777.00 |
| 长期待摊费用 | — | — | 其中:国有法人资本 | 151 777.00 | 151 777.00 |
| 抵债资产 | — | — | 个人资本 | — | — |
| 递延所得税资产 | 2 061.83 | 798.24 | 外商资本 | — | — |
| 其他资产 | 504.83 | 0.79 | 资本公积 | -40.34 | 11.92 |
| — | — | — | 减:库存股 | — | — |
| — | — | — | 盈余公积 | 5 208.93 | 2 104.16 |
| — | — | — | 一般风险准备 | 3 224.46 | 1 070.41 |
| — | — | — | 未分配利润 | 25 759.58 | 15 946.57 |
| — | — | — | 所有者权益合计 | 185 929.63 | 170 910.06 |
| 资产总计 | 197 663.49 | 177 312.97 | 负债和所有者权益总计 | 197 663.49 | 177 312.97 |

### 5.1.3 利润表

**利润表**

编制单位:华融国际信托有限责任公司　　2010年　　单位:万元

| 项　目 | 本年金额 | 上年金额 |
|---|---|---|
| 一、营业收入 | 75 377.02 | 31 937.61 |
| (一)利息净收入 | 10 583.28 | 8 967.21 |
| 利息收入 | 10 590.42 | 8 967.21 |
| 利息支出 | 7.14 | — |

续表

| 项　　目 | 本年金额 | 上年金额 |
|---|---|---|
| （二）手续费及佣金净收入 | 59 367.22 | 20 455.13 |
| 手续费及佣金收入 | 59 367.22 | 20 455.13 |
| 手续费及佣金支出 | — | — |
| （三）投资收益（损失以"－"号填列） | 5 185.98 | 2 313.03 |
| 其中：对联营企业和合营企业的投资收益 | — | — |
| （四）公允价值变动收益（损失以"－"号填列） | — | — |
| （五）其他收入 | 240.54 | 202.24 |
| 汇兑收益（损失以"－"号填列） | — | — |
| 其他业务收入 | 240.54 | 202.24 |
| 二、营业支出 | 33 543.97 | 7 591.41 |
| （一）营业税金及附加 | 3 902.15 | 1 651.77 |
| （二）业务及管理费 | 24 279.45 | 5 787.89 |
| （三）资产减值损失或呆账损失（转回金额以"－"号填列） | 5 240.00 | 61.83 |
| （四）其他业务成本 | 122.37 | 89.92 |
| 三、营业利润（亏损以"－"号填列） | 41 833.05 | 24 346.20 |
| 加：营业外收入 | 13.38 | 99.68 |
| 减：营业外支出 | 78.01 | 3.95 |
| 四、利润总额（亏损以"－"号填列） | 41 768.42 | 24 441.93 |
| 减：所得税费用 | 10 753.27 | 5 592.66 |
| 五、净利润（亏损以"－"号填列） | 31 015.15 | 18 849.27 |
| 归属于母公司所有者的净利润 | 31 015.15 | 18 849.27 |
| 少数股东损益 | — | — |
| 六、每股收益 | | |
| （一）基本每股收益（元） | — | — |
| （二）稀释每股收益（元） | — | — |
| 七、其他综合收益 | -52.26 | 14.89 |
| 八、综合收益总额 | 30 962.89 | 18 864.16 |
| （一）归属于母公司所有者的综合收益总额 | 30 962.89 | 18 864.16 |
| （二）归属于少数股东的综合收益总额 | — | — |

### 5.1.4　所有者权益变动表

**所有者（股东）权益变动表**

编制单位：华融国际信托有限责任公司　　　　2010 年　　　　单位：万元

| 项　　目 | 本年金额 | | | | | | | |
|---|---|---|---|---|---|---|---|---|
| | 实收资本（或股本） | 资本公积 | 减：库存股 | 专项储备 | 盈余公积 | 一般风险准备 | 未分配利润 | 所有者（股东）权益合计 |
| 一、上年末余额 | 151 777.00 | 11.92 | — | — | 2 104.16 | 1 070.41 | 15 946.57 | 170 910.06 |
| 加：会计政策变更 | — | — | — | — | — | — | — | — |
| 前期差错更正 | — | — | — | — | — | — | — | — |
| 其他 | — | — | — | — | — | — | — | — |
| 二、本年初余额 | 151 777.00 | 11.92 | | | 2 104.16 | 1 070.41 | 15 946.57 | 170 910.06 |
| 三、本期增减变动金额（减少以"－"号填列） | — | -52.26 | — | — | 3 104.77 | 2 154.05 | 9 813.01 | 15 019.57 |
| （一）净利润 | — | | | | | | 31 015.15 | 31 015.15 |
| （二）其他综合收益 | — | -52.26 | — | — | — | — | — | -52.26 |
| 1. 可供出售金融资产产生的利得（损失） | — | -52.26 | — | — | — | — | — | -52.26 |
| 2. 按照权益法核算的在被投资单位其他综合收益中所享有的份额 | — | — | — | — | — | — | — | — |
| 3. 现金流量套期工具产生的利得（或损失） | — | — | — | — | — | — | — | — |
| 4. 外币财务报表折算差额 | — | — | — | — | — | — | — | — |
| 5. 其他 | — | — | — | — | — | — | — | — |

续表

| 项　　目 | 本年金额 | | | | | | | |
|---|---|---|---|---|---|---|---|---|
| | 实收资本（或股本） | 资本公积 | 减：库存股 | 专项储备 | 盈余公积 | 一般风险准备 | 未分配利润 | 所有者（股东）权益合计 |
| 上述（一）和（二）小计 | — | -52. 26 | — | — | — | — | 31 015. 15 | 30 962. 89 |
| （三）所有者投入和减少资本 | — | — | — | — | 3. 26 | — | — | 3. 26 |
| 1. 所有者投入资本 | — | — | — | — | — | — | — | — |
| 2. 股份支付计入所有者权益的金额 | — | — | — | — | — | — | — | — |
| 3. 其他 | — | — | — | — | 3. 26 | | | 3. 26 |
| （四）利润分配 | — | — | — | — | 3 101. 52 | 2 154. 05 | -21 202. 14 | -15 946. 57 |
| 1. 提取盈余公积 | — | — | — | — | 3 101. 52 | — | -3 101. 52 | — |
| 2. 提取一般风险准备 | — | — | — | — | — | 2 154. 05 | -2 154. 05 | — |
| 2. 对所有者（或股东）的分配 | — | — | — | — | — | — | -15 946. 57 | -15 946. 57 |
| 3. 其他 | — | — | — | — | — | — | — | — |
| （五）所有者权益内部结转 | — | — | — | — | — | — | — | — |
| 1. 资本公积转增资本（或股本） | — | — | — | — | — | — | — | — |
| 2. 盈余公积转增资本（或股本） | — | — | — | — | — | — | — | — |
| 3. 盈余公积弥补亏损 | — | — | — | — | — | — | — | — |
| 4. 其他 | — | — | — | — | — | — | — | — |
| 四、本期末余额 | 151 777. 00 | -40. 34 | — | — | 5 208. 93 | 3 224. 46 | 25 759. 58 | 185 929. 63 |

## 所有者（股东）权益变动表（续）

编制单位：华融国际信托有限责任公司　　2010 年　　单位：万元

| 项　　目 | 上年金额 | | | | | | | |
|---|---|---|---|---|---|---|---|---|
| | 实收资本（或股本） | 资本公积 | 减：库存股 | 专项储备 | 盈余公积 | 一般风险准备 | 未分配利润 | 所有者（股东）权益合计 |
| 一、上年末余额 | 151 777. 00 | -2. 97 | — | — | 219. 23 | 52. 64 | 874. 51 | 152 920. 41 |
| 加：会计政策变更 | — | — | — | — | — | — | — | — |
| 前期差错更正 | — | — | — | — | — | — | — | — |
| 其他 | — | — | — | — | — | — | — | — |
| 二、本年初余额 | 151 777. 00 | -2. 97 | — | — | 219. 23 | 52. 64 | 874. 51 | 152 920. 41 |
| 三、本期增减变动金额（减少以“-”号填列） | — | 14. 89 | — | — | 1 884. 93 | 1 017. 77 | 15 072. 06 | 17 989. 65 |
| （一）净利润 | — | | — | — | — | — | 18 849. 27 | 18 849. 27 |
| （二）其他综合收益 | — | 14. 89 | — | — | — | — | — | 14. 89 |
| 1. 可供出售金融资产产生的利得（损失） | — | 14. 89 | — | — | — | — | — | 14. 89 |
| 2. 按照权益法核算的在被投资单位其他综合收益中所享有的份额 | — | — | — | — | — | — | — | — |
| 3. 现金流量套期工具产生的利得（或损失） | — | — | — | — | — | — | — | — |
| 4. 外币财务报表折算差额 | — | — | — | — | — | — | — | — |
| 5. 其他 | — | — | — | — | — | — | — | — |
| 上述（一）和（二）小计 | | 14. 89 | — | — | — | — | 18 849. 27 | 18 864. 16 |
| （三）所有者投入和减少资本 | — | — | — | — | — | — | — | — |
| 1. 所有者投入资本 | — | — | — | — | — | — | — | — |
| 2. 股份支付计入所有者权益的金额 | — | — | — | — | — | — | — | — |
| 3. 其他 | — | — | — | — | — | — | — | — |
| （四）利润分配 | — | — | — | — | 1 884. 93 | 1 017. 77 | -3 777. 21 | -874. 51 |
| 1. 提取盈余公积 | — | — | — | — | 1 884. 93 | — | -1 884. 93 | — |
| 2. 提取一般风险准备 | — | — | — | — | — | 1 017. 77 | -1 017. 77 | — |
| 2. 对所有者（或股东）的分配 | — | — | — | — | — | — | -874. 51 | -874. 51 |
| 3. 其他 | — | — | — | — | — | — | — | — |
| （五）所有者权益内部结转 | — | — | — | — | — | — | — | — |
| 1. 资本公积转增资本（或股本） | — | — | — | — | — | — | — | — |
| 2. 盈余公积转增资本（或股本） | — | — | — | — | — | — | — | — |
| 3. 盈余公积弥补亏损 | — | — | — | — | — | — | — | — |
| 4. 其他 | — | — | — | — | — | — | — | — |
| 四、本期末余额 | 151 777 | 11. 92 | — | — | 2104. 16 | 1070. 41 | 15 946. 57 | 170 910. 06 |

## 5.2 信托资产

### 5.2.1 信托项目资产负债汇总表

2010 年 12 月 31 日　　单位：万元

| 序号 | 项　目 | A 期末余额 | B 年初余额 |
|---|---|---|---|
| 1 | 信托资产： | | |
| 2 | 1. 货币资金 | 11 410. 95 | 26 233. 29 |
| 3 | 2. 拆出资金 | — | — |
| 4 | 3. 存出保证金 | — | — |
| 5 | 4. 交易性金融资产 | — | — |
| 6 | 5. 衍生金融资产 | — | — |
| 7 | 6. 买入返售金融资产 | 419 280. 00 | 115 300. 00 |
| 8 | 其中：6. 1 买入返售证券 | — | — |
| 9 | 6. 2 买入返售信贷资产 | — | — |
| 10 | 7. 应收款项 | 52 896. 00 | — |
| 11 | 8. 发放贷款 | 3 098 558. 30 | 1 040 935. 20 |
| 12 | 其中：8. 1 基础产业 | 1 084 585. 90 | 387 530. 00 |
| 13 | 8. 2 房地产 | 558 222. 50 | 163 000. 00 |
| 14 | 9. 可供出售金融资产 | 135 510. 00 | 140 200. 00 |
| 15 | 10. 持有至到期投资 | 768 699. 00 | 1 205 696. 00 |
| 16 | 11. 长期应收款 | — | — |
| 17 | 12. 长期股权投资 | 888 285. 85 | 534 999. 88 |
| 18 | 其中：12. 1 基础产业 | 452 220. 00 | 444 320. 00 |
| 19 | 12. 2 房地产 | 391 780. 00 | 60 000. 00 |
| 20 | 13. 投资性房地产 | — | — |
| 21 | 14. 固定资产 | — | — |
| 22 | 15. 无形资产 | — | — |
| 23 | 16. 长期待摊费用 | — | — |
| 24 | 17. 其他资产 | — | — |
| 25 | 18. 信托资产总计 | 5 374 640. 10 | 3 063 364. 37 |
| 26 | 19. 各项资产减值准备 | — | — |
| 27 | 信托负债： | | |
| 28 | 20. 交易性金融负债 | — | — |
| 29 | 21. 衍生金融负债 | — | — |
| 30 | 22. 应付受托人报酬 | 92. 39 | 29. 47 |
| 31 | 23. 应付托管费 | 185. 12 | 2. 13 |
| 32 | 24. 应付受益人收益 | — | — |
| 33 | 25. 应交税费 | — | — |
| 34 | 26. 应付销售服务费 | — | — |
| 35 | 27. 其他应付款项 | 1 164. 27 | 265. 50 |
| 36 | 28. 其他负债 | — | — |
| 37 | 29. 信托负债合计 | 1 441. 78 | 297. 10 |
| 38 | 信托权益： | | |
| 39 | 30. 实收信托 | 5 363 429. 15 | 3 058 631. 08 |
| 40 | 30. 1 资金信托 | 5 145 543. 15 | 2 849 431. 08 |
| 41 | 30. 1. 1 集合 | 887 060. 85 | 280 525. 00 |
| 42 | 30. 1. 2 单一 | 4 258 482. 30 | 2 568 906. 08 |
| 43 | 30. 2 财产信托 | 217 886. 00 | 209 200. 00 |
| 44 | 30. 2. 1 信贷资产证券化 | — | — |
| 45 | 30. 2. 2 其他资产（准）证券化 | — | — |
| 46 | 31. 资本公积 | — | — |
| 47 | 32. 损益平准金 | — | — |
| 48 | 33. 未分配利润 | 9 769. 17 | 4 436. 19 |
| 49 | 34. 信托权益合计 | 5 373 198. 32 | 3 063 067. 27 |
| 50 | 35. 信托负债和信托权益总计 | 5 374 640. 10 | 3 063 364. 37 |

### 5.2.2 信托项目利润及利润分配汇总表

2010 年　　单位：万元

| 序号 | 项　目 | A 本年数 | B 上年数 |
|---|---|---|---|
| 1 | 1. 营业收入 | 356 517. 11 | 120 711. 54 |
| 2 | 1. 1 利息收入 | 217 928. 57 | 84 305. 56 |
| 3 | 1. 2 投资收益 | 137 860. 54 | 36 205. 98 |
| 4 | 1. 3 租赁收入 | — | — |
| 5 | 1. 4 其他收入 | 728. 00 | 200. 00 |
| 6 | 2. 营业费用 | 49 952. 81 | 18 442. 05 |
| 7 | 3. 营业税金及附加 | — | — |
| 8 | 4. 扣除资产损失前的信托利润 | 306 564. 30 | 102 269. 49 |
| 9 | 5. 减：资产减值损失 | — | — |
| 10 | 6. 扣除资产损失后的信托利润 | 306 564. 30 | 102 269. 49 |
| 11 | 7. 加：期初未分配信托利润 | 4 436. 19 | 68. 53 |
| 12 | 8. 可供分配的信托利润 | 311 000. 49 | 102 338. 02 |
| 13 | 9. 减：本期已分配信托利润 | 301 231. 32 | 97 901. 83 |
| 14 | 10. 期末未分配信托利润 | 9 769. 17 | 4 436. 19 |

# 6. 会计报表附注

## 6.1 会计报表编制基准不符合会计核算基本前提的说明

（1）报告期内会计报表不存在不符合会计核算基本前提的事项。

（2）报告期公司编制个别会计报表，不存在应纳入合并范围的子公司。

（3）公司执行新企业会计准则，本期未发生会计政策及会计估计变更。公司以人民币为记账本位币，会计年度自公历 1 月 1 日起至 12 月 31 日止。

## 6.2 或有事项说明

报告期公司不存在对外担保及其他或有事项。

## 6.3 重要资产转让及其出售的说明

2010 年公司无重大资产转让及出售事项。

## 6.4 会计报表中重要项目的明细资料

### 6.4.1 自营资产经营情况

6.4.1.1 信用风险资产五级分类结果

| 信用风险资产五级分类 | 正常类（万元） | 关注类（万元） | 次级类（万元） | 可疑类（万元） | 损失类（万元） | 信用风险资产合计（万元） | 不良合计（万元） | 不良率（%） |
|---|---|---|---|---|---|---|---|---|
| 期初数 | 115 911. 34 | — | — | — | 453. 66 | 116 365. 00 | 453. 66 | 0. 39 |
| 期末数 | 63 995. 19 | 12 000. 00 | — | — | 453. 66 | 76 448. 85 | 453. 66 | 0. 59 |

注：不良资产合计 = 次级类 + 可疑类 + 损失类。

6.4.1.2 各项资产减值损失准备情况

单位:万元

| | 期初数 | 本期计提 | 本期转回 | 本期核销 | 期末数 |
|---|---|---|---|---|---|
| 贷款损失准备 | 330.00 | 240.00 | — | — | 570.00 |
| 一般准备 | — | — | — | — | — |
| 专项准备 | 330.00 | 240.00 | — | — | 570.00 |
| 其他资产减值准备 | 3 392.94 | 5 000.00 | 200.00 | — | 8 192.94 |
| 可供出售金融资产减值准备 | — | — | — | — | — |
| 持有至到期投资减值准备 | — | 5 000.00 | — | — | 5 000.00 |
| 长期股权投资减值准备 | 3 269.28 | — | 200.00 | — | 3 069.28 |
| 坏账准备 | 123.66 | — | — | — | 123.66 |
| 投资性房地产减值准备 | — | — | — | — | — |

6.4.1.3 按照投资品种分类的自有资金投资情况

单位:万元

| | 自营股票 | 基金 | 债券 | 长期股权投资 | 其他投资 | 合计 |
|---|---|---|---|---|---|---|
| 期初数 | 51.24 | 41 945.67 | 5 082.04 | 269.77 | 13 316.00 | 60 664.73 |
| 期末数 | 45.80 | 70 639.89 | 5 000.00 | 269.77 | 43 830.00 | 119 785.46 |

6.4.1.4 按投资入股金额排序,前三名的自营长期股权投资的企业名称、占被投资企业权益的比例、主要经营活动及投资收益情况等(从大到小顺序排列)

| 企业名称 | 占被投资企业权益比例(%) | 主要经营活动 | 投资收益(万元) |
|---|---|---|---|
| 1. 新疆证券公司 | 4.65 | 证券经纪业务、证券承销业务(已停业) | 无收益 |
| 2. 新疆金新信托投资股份有限公司 | 0.90 | 信托投资业务(已停业) | 无收益 |
| 3. 国泰君安证券股份有限公司 | 0.04 | 证券经纪业务、证券承销业务 | 15.19 |

6.4.1.5 前三名的自营贷款的企业名称、占贷款总额的比例和还款情况等(从贷款金额大到小顺序排列)

| 企业名称 | 占贷款总额的比例(%) | 还款情况 |
|---|---|---|
| 1. 重庆市合川城市建设投资(集团)有限公司 | 33.16 | 未到期,正常收息 |
| 2. 北京鑫丰物业发展有限公司 | 24.86 | 未到期,正常收息 |
| 3. 内蒙古东达蒙古王集团有限公司 | 21.55 | 未到期,正常收息 |

6.4.1.6 表外业务的期初数、期末数;按照代理业务、担保业务和其他类型表外业务分别披露

| 表外业务 | 期初数 | 期末数 |
|---|---|---|
| 担保业务 | — | — |
| 代理业务(委托业务) | — | — |
| 其他 | — | — |
| 合计 | — | — |

6.4.1.7 公司当年的收入结构

| 收入结构 | 金额(万元) | 占比(%) |
|---|---|---|
| 手续费及佣金收入 | 59 367.22 | 78.75 |
| 其中:信托手续费收入 | 53 527.22 | 71.00 |
| 投资银行业务收入 | — | — |

续表

| 收入结构 | 金额(万元) | 占比(%) |
|---|---|---|
| 利息收入 | 10 583.28 | 14.04 |
| 其他业务收入 | 240.54 | 0.32 |
| 其中:计入信托业务收入部分 | — | — |
| 投资收益 | 5 185.98 | 6.88 |
| 其中:股权投资收益 | 215.19 | 0.29 |
| 证券投资收益 | 1 056.11 | 1.40 |
| 其他投资收益 | 3 914.68 | 5.19 |
| 公允价值变动收益 | — | 0.00 |
| 营业外收入 | 13.38 | 0.02 |
| 收入合计 | 75 390.40 | 100.00 |

报告期公司实现的信托业务收入全部是以手续费及佣金确认的信托业务收入。

**6.4.2 披露信托财产管理情况**

6.4.2.1 信托资产的期初数、期末数

单位:万元

| 信托资产 | 期初数 | 期末数 |
|---|---|---|
| 集合 | 280 525.00 | 887 060.85 |
| 单一 | 2 568 906.08 | 4 258 482.30 |
| 财产权 | 209 200.00 | 217 886.00 |
| 合计 | 3 058 631.08 | 5 363 429.15 |

6.4.2.1.1 主动管理型信托业务的信托资产期初数、期末数,分证券投资、股权投资、融资、事务管理类分别披露

单位:万元

| 主动管理型信托资产 | 期初数 | 期末数 |
|---|---|---|
| 证券投资类 | — | — |
| 股权投资类 | — | 3 000.00 |
| 融资类 | 883 575.00 | 2 101 396.85 |
| 事务管理类 | — | — |
| 合计 | 883 575.00 | 2 104 396.85 |

6.4.2.1.2 被动管理型信托业务的信托资产期初数、期末数,分证券投资、股权投资、融资、事务管理类分别披露

单位:万元

| 被动管理型信托资产 | 期初数 | 期末数 |
|---|---|---|
| 证券投资类 | — | — |
| 股权投资类 | — | — |
| 融资类 | 2 159 626.20 | 3 254 082.30 |
| 事务管理类 | 15 429.88 | 4 950.00 |
| 合计 | 2 175 056.08 | 3 259 032.30 |

6.4.2.2 本年度已清算结束的信托项目个数、实收信托合计金额、加权平均实际年化收益率

2010年1—12月累计到期清算结束信托项目178个,均按期向受益人进行了信托利益兑付,累计分配信托本金6 444 452.54万元(含跨年分配本金),累计分配信托收益109 460.91万元,加权平均实际年化收益率3.82%,无违约情况发生。

6.4.2.2.1 本年度已清算结束的集合类、单一类资金信托项目和财产管理类信托项目个数、实收信托金额、加权平均实际年化收益率

单位：万元

| 已清算结束信托项目 | 项目个数 | 实收信托合计金额（万元） | 加权平均实际年化收益率（%） |
|---|---|---|---|
| 集合类 | 9 | 176 570.00 | 7 |
| 单一类 | 168 | 6 248 882.54 | 3.73 |
| 财产管理类 | 1 | 19 000.00 | 4 |

注：收益率是指信托项目清算后，给受益人赚取的实际收益水平。加权平均实际年化收益率＝（信托项目1的实际年化收益率×信托项目1的实收信托＋信托项目2的实际年化收益率×信托项目2的实收信托＋…信托项目n的实际年化收益率×信托项目n的实收信托）/（信托项目1的实收信托＋信托项目2的实收信托＋…信托项目n的实收信托）×100%。

6.4.2.2.2 本年度已清算结束的主动管理型信托项目个数、实收信托合计金额、加权平均实际年化收益率，分证券投资、股权投资、融资、事务管理类分别计算并披露

| 已清算结束信托项目 | 项目个数 | 实收信托合计金额（万元） | 加权平均实际年化信托报酬率（%） | 加权平均实际年化收益率（%） |
|---|---|---|---|---|
| 证券投资类 | — | — | — | — |
| 股权投资类 | — | — | — | — |
| 融资类 | 16 | 356 500.00 | 1.14 | 6.31 |
| 事务管理类 | — | — | — | — |

注：加权平均实际年化信托报酬率＝（信托项目1的实际年化信托报酬率×信托项目1的实收信托＋信托项目2的实际年化信托报酬率×信托项目2的实收信托＋…信托项目n的实际年化信托报酬率×信托项目n的实收信托）/（信托项目1的实收信托＋信托项目2的实收信托＋…信托项目n的实收信托）×100%。

6.4.2.2.3 本年度已清算结束的被动管理型信托项目个数、实收信托合计金额、加权平均实际年化收益率。分证券投资、股权投资、融资、事务管理类分别计算并披露

| 已清算结束信托项目 | 项目个数 | 实收信托合计金额（万元） | 加权平均实际年化信托报酬率（%） | 加权平均实际年化收益率（%） |
|---|---|---|---|---|
| 证券投资类 | — | — | — | — |
| 股权投资类 | — | — | — | — |
| 融资类 | 160 | 6 087 223.66 | 0.18 | 3.68 |
| 事务管理类 | 2 | 728.88 | 0.01 | — |

6.4.2.3 本年度新增的集合类、单一类、财产管理类信托项目个数、实收信托合计金额

单位：万元

| 新增信托项目 | 项目个数 | 实收信托合计金额 |
|---|---|---|
| 集合类 | 25 | 783 105.85 |
| 单一类 | 241 | 8 468 108.46 |
| 财产管理类 | 3 | 38 164.00 |
| 新增合计 | 269 | 9 289 378.31 |
| 其中：主动管理型 | 58 | 1 578 049.85 |
| 被动管理型 | 211 | 7 711 328.46 |

注：本年新增信托项目指在本报告年度内累计新增的信托项目个数和金额，包含本年度新增并于本年度内结束的项目和本年度新增至报告期末仍在持续管理的信托项目。

6.4.2.4 报告期内本公司严格履行受托人义务，不存在因本公司自身责任而导致的信托资产损失情况

6.4.2.5 信托赔偿准备金的提取、使用和管理情况

报告期公司提取信托赔偿准备金2 154.06万元，期末余额3 224.46万元。报告期内正常管理信托赔偿准备金，未使用该准备金。

## 6.5 关联方关系及其交易的披露

### 6.5.1 关联交易整体情况

单位：万元

| | 关联交易方数量 | 关联交易金额 | 定价政策 |
|---|---|---|---|
| 合计 | 2 | 280 800.00 | 市场交易价格 |

### 6.5.2 关联交易方的情况及与本公司的关系

| 关系性质 | 关联方名称 | 法定代表人 | 注册地址 | 注册资本（万元） | 主营业务 |
|---|---|---|---|---|---|
| 母公司 | 中国华融资产管理公司 | 赖小民 | 北京市金融街8号 | 1 000 000 | 资产管理 |
| 与本公司同受一母公司控制 | 华融致远投资管理有限责任公司 | 章琳 | 北京市金融街8号 | 5 000 | 投资和资产管理、物业管理 |

### 6.5.3 逐笔披露本公司与关联方的重大交易事项

6.5.3.1 固有与关联方交易情况：贷款、投资、租赁、应收账款担保、其他方式等期初汇总数、本期借方和贷方发生额汇总数、期末汇总数

单位：万元

| 固有与关联方关联交易 | | | | |
|---|---|---|---|---|
| | 期初数 | 借方发生额 | 贷方发生额 | 期末数 |
| 贷款 | — | — | — | — |
| 投资 | — | — | — | — |
| 租赁 | — | — | — | — |
| 担保 | — | — | — | — |
| 应收账款 | — | — | — | — |
| 其他 | — | — | — | — |
| 合计 | — | — | — | — |

6.5.3.2 信托与关联方交易情况：贷款、投资、租赁、应收账款、担保、其他方式等期初汇总数、本期借方和贷方发生额汇总数、期末汇总数

单位：万元

| 信托与关联方关联交易 | | | | |
|---|---|---|---|---|
| | 期初数 | 借方发生额 | 贷方发生额 | 期末数 |
| 贷款 | — | 115 000.00 | — | 115 000.00 |
| 投资 | 50 000.00 | 5 000.00 | — | 55 000.00 |
| 租赁 | — | — | — | — |
| 担保 | — | — | — | — |
| 应收账款 | — | — | — | — |
| 其他 | 140 200.00 | — | 12 750.00 | 127 450.00 |
| 合计 | 190 200.00 | 120 000.00 | 12 750.00 | 297 450.00 |

6.5.3.3 信托公司自有资金运用于自己管理的信托项目（固信交易）、信托公司管理的信托项目之间的相互（信信交易）交易金额，包括余额和本报告年度的发生额

6.5.3.3.1 固有与信托财产之间的交易金额期初汇总数、本期发生额汇总数、期末汇总数

单位:万元

| 固有财产与信托财产相互交易 | | | |
|---|---|---|---|
| | 期初数 | 本期发生额 | 期末数 |
| 合计 | 13 316.00 | 35 514.00 | 48 830.00 |

注:以固有资金投资公司自己管理的信托项目受益权,或购买自己管理的信托项目的信托资产均应纳入统计披露范围。

6.5.3.3.2 信托项目之间的交易金额期初汇总数、本期发生额汇总数、期末汇总数

单位:万元

| 信托资产与信托财产相互交易 | | | |
|---|---|---|---|
| | 期初数 | 本期发生额 | 期末数 |
| 合计 | — | — | — |

注:以公司受托管理的一个信托项目的资金购买自己管理的另一个信托项目的受益权或信托项下资产均应纳入统计披露范围。

**6.5.4 报告期内不存在关联方逾期未偿还本公司资金情况以及本公司为关联方担保发生或即将发生垫款情况**

### 6.6 会计制度的披露

公司执行中华人民共和国财政部于2006年2月颁布的《企业会计准则——基本准则》和38项具体会计准则,其后颁布的应用指南、解释以及其他相关规定,以及财政部于2005年1月颁布的《信托业务会计核算办法》。

## 7. 财务情况说明书

### 7.1 利润实现和分配情况

2010年公司实现利润总额为41 768.42万元,应缴纳企业所得税10 753.27万元,实现净利润31 015.15万元。本年提取信托赔偿准备金2 154.05万元,提取法定公积金3 101.52万元,剩余可供分配净利润按照银监会监管要求未向公司股东分配利润。

### 7.2 主要财务指标

| 指标名称 | 指标值 |
|---|---|
| 资本利润率(%) | 17.38 |
| 加权年化信托报酬率(%) | — |
| 人均净利润(万元/人) | 371.44 |

注:1. 资本利润率=净利润/所有者权益平均余额×100%。

2. 加权年化信托报酬率=(信托项目1的实际年化信托报酬率×信托项目1的实收信托+信托项目2的实际年化信托报酬率×信托项目2的实收信托+…信托项目n的实际年化信托报酬率×信托项目n的实收信托)/(信托项目1的实收信托+信托项目2的实收信托+…信托项目n的实收信托)×100%。

3. 人均净利润=净利润/年平均人数

4. 平均值采取年初、年末余额简单平均法,公式为:a(平均)=(年初数+年末数)/2。

### 7.3 对本公司财务状况、经营成果有重大影响的其他事项

本报告期内未发生对本公司财务状况、经营成果有重大影响的其他事项。

## 8. 特别事项揭示

(1)报告期内,新疆银监局以新银监复〔2010〕33号批准公司股东新疆维吾尔自治区国有资产监督管理委员会将其持有的本公司1 050.96万股、占比0.69%的股权全部转让给新疆恒合投资股份有限公司。

(2)报告期内,因年龄原因,董东庆请辞监事、监事会主席职务,经2010年第一次临时股东会审议通过,推选王晖为公司监事,经第一届四次监事会审议通过,推选王晖为公司监事会主席;报告期内,因工作原因,曹戈请辞监事职务,经2010年第三次临时股东会审议通过,推选张展为公司监事;报告期内,因工作需要,徐波请辞公司副总经理职务,经2010年第二十一次临时董事会审议通过;报告期内,新疆银监局以新银监复〔2010〕35号批复核准何维达华融国际信托有限责任公司独立董事任职资格;以新银监复〔2010〕52号批复核准王小选华融国际信托有限责任公司董事任职资格、批复核准刘绍华、杨晓丽华融国际信托有限责任公司总经理助理(总裁助理)任职资格;以新银监复〔2010〕101号批复核准卢江天华融国际信托有限责任公司董事、副董事长任职资格。

(3)报告期内公司无重大诉讼事项。

(4)报告期内会计师事务所没有出具有保留意见、否定意见或无法表示意见的审计报告。

(5)报告期内无公司及其董事、监事和高级管理人员受到处罚的情况。

(6)2010年5月14日至6月25日,新疆银监局对华融信托开展了监管评级和现场检查,检查内容包括公司2009年监管评级现场核实工作,并按照银监会统一部署,开展银信合作业务、政信合作业务现场检查。新疆银监局认为,华融信托在经营管理方面,公司法人治理水平逐步提高,资产规模快速增长,盈利水平大幅提升,风险管理意识较强。在银信合作业务方面,能够认真贯彻落实银监会2009年以来的一系列文件规定和要求,梳理规范业务开展和管理措施,资产风险基本可控。在政信合作业务方面,项目选择较为审慎,风险缓释措施基本到位。新疆银监局同时对公司提升风险管理水平,加强业务管理等方面提出了进一步提高的整改意见及监管建议。华融信托高度重视新疆银监局的整改意见及监管建议,逐项研究制定了整改措施,认真执行整改,并以此次检查及整改为契机,进一步增强风险合规意识,全面提升风险合规管控能力及经营管理水平。

2010年10月22日至11月22日,新疆银监局按照银监会统一部署,对华融信托开展了房地产信托业务的专项检查。新疆银监局认为本公司在总体上对房地产信托业务的风险管理意识较强。一是能够认真贯彻落实国家和银监会的各项法规和制度;二是在房地产信托项目准入方面能够及时跟进国家宏观调控政策;三是对房地产信托项目及项目地域经济发展状况论证、选择较为审慎;四是风险缓释措施基本到位,大部分项目交易对手拥有较为充分的偿债能力。同时,新疆银监局对华融信托提出了进一步强化房地产信托业务风险控制,继续加强前中后期管理工作等监管意见。华融信托高度重视新疆银监局的整改意见及监管建议,通过修订相关制度、加强审查把关、

完善后期管理工作机制等措施落实了银监局检查意见。

(7)报告期内无重大事项临时报告。

## 9. 公司监事会意见

监事会认为,在公司领导班子的带领下,经全体员工努力,华融信托在2010年,全年实现净利润3.1亿元,公司的业务开展呈现良好态势,各项收入利润指标全面超过年初预算安排,各项支出控制在批准预算之内,各项风险控制指标良好,公司主营业务突出,以信托报酬为主要收入来源的盈利模式已经基本确立,符合监管部门大力开展信托主业的监管要求,取得的成绩好于预期。本年度公司董事会运作规范、决策合理,认真执行股东会的各项决议,忠实履行了诚信义务。董事及高级管理人员能够遵守国家有关金融法律法规和《公司法》的有关规定,贯彻落实公司股东大会的决议和执行董事会的各项决定,未发现有违反法律法规的经营行为,也未发现有损害公司利益和股东权益的行为。公司2010年财务报告客观、真实地反映了公司的实际财务状况和经营成果。

# 华润深国投信托有限公司

## 1. 重要提示

1.1 本公司董事会及董事保证本报告所载资料不存在任何虚假记载、误导性陈述或者重大遗漏，并对其内容的真实性、准确性和完整性承担个别及连带责任。

1.2 公司独立董事梁伯韬、靳海涛保证本报告内容真实、准确、完整。

1.3 天职国际会计师事务所有限公司对本公司年度财务报告进行审计，出具了标准无保留意见的审计报告。

1.4 公司法人代表、董事长蒋伟，总经理孟扬，财务总监肖立荣声明：保证本年度报告中财务报告真实、完整。

## 2. 公司概况

### 2.1 公司简介

公司于1982年8月24日成立，原名为深圳市信托投资公司，注册资本人民币5 813万元。1984年经中国人民银行批准更名为深圳国际信托投资总公司，注册资本人民币1亿元，正式成为非银行金融机构，并同时取得经营外汇金融业务的资格。1991年经中国人民银行批准更名为深圳国际信托投资公司，注册资本人民币2.8亿元，其中外汇资本金1 200万美元。2002年2月经中国人民银行批准重新登记，领取了《信托机构法人许可证》，注册资本人民币20亿元，其中外汇资本金5 000万美元，公司同时更名为深圳国际信托投资有限责任公司。2005年3月14日，深圳市人民政府国有资产管理委员会（2009年更名为深圳市国有资产监督管理局，简称深圳市国资局）变更登记为公司的控股股东。2006年10月17日，华润股份有限公司与深圳市国资局等签订了《股权转让及增资协议》，股权变更登记后，华润股份有限公司持有公司51%股权，深圳市国资局持有公司49%股权，公司注册资本增加到人民币26.3亿元。2008年10月，经中国银行业监督管理委员会批准，公司变更名称及业务范围，换领新的金融许可证，公司更名为华润深国投信托有限公司，简称华润信托。

| 公司的法定中文名称 | 华润深国投信托有限公司 |
|---|---|
| 中文名称缩写 | 华润信托 |
| 公司的法定英文名称 | China Resources SZITIC Trust Co. ,Ltd. |
| 英文名称缩写 | CR Trust |
| 法定代表人 | 蒋伟 |
| 注册地址 | 深圳市福田区农林路69号深国投广场2号楼11~12层 |
| 邮政编码 | 518040 |
| 公司国际互联网网址 | http://www. crctrust. com |
| 电子信箱 | crctrust@ crctrust. com |
| 信息披露事务负责人 | 肖立荣 |
| 信息披露事务联系人 | 李星辉 |
| 联系电话 | 0755-33031968 |
| 传真 | 0755-33380599 |
| 电子信箱 | lixh@ crctrust. com |
| 年度报告 备置地点 | 深圳市福田区农林路69号深国投广场2号楼12层1210室 |
| 信息披露报纸名称 | 《证券时报》、《中国证券报》、《上海证券报》 |
| 聘请的会计师事务所 | 天职国际会计师事务所有限公司 |
| 住所 | 深圳市福田区深南中路绿景广场NEO大厦B栋17楼 |
| 聘请的律师事务所 | 广东经天律师事务所 |
| 住所 | 深圳市滨河大道5022号联合广场A座25楼 |

### 2.2 组织结构

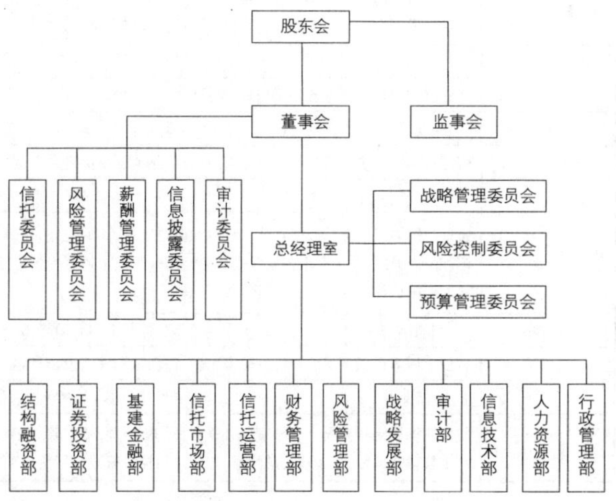


## 3. 公司治理

### 3.1 公司治理结构

#### 3.1.1 股东

报告期末，股东总数为2家。

表3.1.1.1（股东）

| 股东名称 | 持股比例(%) | 法人代表 | 注册资本（亿元） | 注册地址 | 主要经营业务 |
|---|---|---|---|---|---|
| ★华润股份有限公司 | 51 | 宋林 | 164.67 | 北京市东城区建国门北大街8号华润大厦 | 对金融、保险、能源、交通、电力、通信、仓储运输、食品饮料生产企业的投资，对商业零售企业的投资与管理，石油化工、轻纺织品、建筑材料产品的生产等。 |
| 深圳市国有资产监督管理局 | 49 | 张晓莉 |  | 深圳市福田区深南大道4009号投资大厦17楼 | 代表国家履行出资人职责，依法对企业国有资产进行监管。 |

注：★表示实际控制人。

公司第一大股东华润股份有限公司的主要股东为中国华润总公司，持股比例为100%，注册资本96.62亿元，注册地址为北京市东城区建国门北大街8号华润大厦2701－2705，法人代表为宋林，业务范围为经国家批准的二类计划商品、三类计划商品、其他三类商品及橡胶制品的出口，经国家批准的一类、二类、三类商品的进口等。

**3.1.2 董事、董事会及其下属委员会**

3.1.2.1 董事会成员

| 姓 名 | 职 务 | 性别 | 年龄 | 选任日期 | 任期 | 所代表的股东名称 | 股东持股比例 |
|---|---|---|---|---|---|---|---|
| 蒋 伟 | 董事长 | 男 | 47 | 2010年5月 | 3年 | 华润股份有限公司 | 51% |
| 履 历 | 曾任中国华润总公司开发部职员；华润（集团）有限公司财务部资金组主任、副经理、经理、财务部助理总经理、副总经理；华润（集团）有限公司财务部总经理、华润（集团）有限公司CFO。现任华润（集团）有限公司董事、党委委员、副总经理，华润金融控股有限公司CEO，华润深国投信托有限公司董事长。 | | | | | | |
| 魏 斌 | 董事 | 男 | 41 | 2010年5月 | 3年 | 华润股份有限公司 | 51% |
| 履历 | 曾任外经贸部审计局公务员；南光（集团）有限公司审计部经理、财务部综合主管；中国华润总公司管理委员兼财务总监；华润（集团）有限公司财务部副总经理；中国华源集团有限公司副总裁兼财务总监。现任华润（集团）有限公司财务部总经理。 | | | | | | |
| 宋 群 | 董事 | 男 | 45 | 2010年5月 | 3年 | 华润股份有限公司 | 51% |
| 履 历 | 曾任日本东工物产株式会社北京办事处经理；澳大利亚和新西兰银行任驻华代表处助理首席代表；澳大利亚和新西兰银行总行企业金融财务部经理；摩根大通银行信托部香港业务主管及亚太地区市场开发业务主管；汇丰银行信托服务部全球业务总经理。现任华润金融控股有限公司副首席执行官，珠海市商业银行股份有限公司首席执行官。 | | | | | | |
| 伍 斌 | 董事 | 男 | 55 | 2010年5月 | 3年 | 深圳市国有资产监督管理局 | 49% |
| 履 历 | 曾任江西财经大学财政税务系副主任、校学术委员会委员、硕士研究生导师；深圳市投资管理公司产权部干部；深圳市体改办企业体制处处长；深圳市国有资产监督管理局企业改革处处长。现任深圳市国有资产监督管理局副局长、党委委员。 | | | | | | |
| 桂自强 | 董事 | 男 | 45 | 2010年5月 | 3年 | 深圳市国有资产监督管理局 | 49% |
| 履 历 | 曾任职于深圳华达电脑公司、深圳市投资管理公司。现任深圳市国有资产监督管理局企业一处处长。 | | | | | | |
| 梁伯韬 | 独立董事 | 男 | 56 | 2010年5月 | 3年 | | |
| 履 历 | 曾任百富勤投资集团有限公司董事总经理；法国巴黎百富勤有限公司行政总裁、集团副董事长。现任花旗环球金融亚洲有限公司亚洲区主席。 | | | | | | |
| 靳海涛 | 独立董事 | 男 | 56 | 2010年5月 | 3年 | | |
| 履 历 | 曾任中国电子工业总公司系统工程局综合处处长、计划处处长；中国电子工业深圳总公司总经理助理；深圳市赛格集团有限公司副总经理、党委副书记、纪委书记；深圳市赛格集团有限公司常务副总经理兼深圳市赛格股份有限公司副董事长、总经理、党委书记；全球策略投资基金驻中国特别代表。现任深圳市创新投资集团有限公司董事长、党委书记。 | | | | | | |
| 李南峰 | 董事 | 男 | 57 | 2010年5月 | 3年 | | |
| 履 历 | 曾任中国人民银行深圳分行办公室主任、深圳国际信托投资有限责任公司副总经理、党委书记、董事长、总经理。现任华润深国投投资有限公司董事、总经理。 | | | | | | |
| 孟 扬 | 董事 | 女 | 47 | 2010年5月 | 3年 | | |
| 履 历 | 曾任深圳国际信托投资有限责任公司租赁部副经理、资产管理部经理、总经理助理兼资产管理部经理、总经理助理兼信托业务部经理、公司副总经理。现任华润深国投信托有限公司董事、总经理，华润金融控股有限公司副首席执行官。 | | | | | | |

3.1.2.2 独立董事

| 姓名 | 性别 | 年龄 | 选任日期 | 任期 | 职务 |
|---|---|---|---|---|---|
| 梁伯韬 | 男 | 56 | 2010年5月 | 3年 | 花旗环球金融亚洲有限公司亚洲区主席 |
| 履 历 | 曾任百富勤投资集团有限公司董事总经理；法国巴黎百富勤有限公司行政总裁、集团副董事长。现任花旗环球金融亚洲有限公司亚洲区主席。 | | | | |
| 靳海涛 | 男 | 56 | 2010年5月 | 3年 | 深圳市创新投资集团有限公司董事长、党委书记 |
| 履 历 | 曾任中国电子工业总公司系统工程局综合处处长、计划处处长；中国电子工业深圳总公司总经理助理；深圳市赛格集团有限公司副总经理、党委副书记、纪委书记；深圳市赛格集团有限公司常务副总经理兼深圳市赛格股份有限公司副董事长、总经理、党委书记；全球策略投资基金驻中国特别代表。现任深圳市创新投资集团有限公司董事长、党委书记。 | | | | |

## 3.3 监事会

| 姓名 | 职务 | 性别 | 年龄 | 选任日期 | 任期 | 所代表的股东名称 | 股东持股比例 |
|---|---|---|---|---|---|---|---|
| 周日昌 | 监事会主席 | 男 | 57 | 2010年5月 | 3年 | 深圳市国有资产监督管理局 | 49% |
| 履 历 | 曾任深圳市商业局干部；深圳松岗区福永公社党委委员、纪委委员；深圳市上步区纪委副书记；深圳市纪委一处副处级纪检主任科员；深圳市人民政府驻香港办事处纪检组副组长；深圳国际信托投资有限责任公司董事、党委副书记、纪委书记兼工会主席。现任华润深国投信托有限公司监事会主席。 | | | | | | |
| 俞 建 | 监事 | 男 | 39 | 2010年5月 | 3年 | 华润股份有限公司 | 51% |
| 履 历 | 曾任职于中信—中国租赁有限公司北京办事处项目经理；中信—中国租赁（香港）有限公司助理总经理；BP亚洲有限公司财务经理、全球资金管理服务主任、战略分析员；BP集团伦敦办事处集团融资及资本市场部，集团融资主任；BP亚洲有限公司香港办事处亚太地区财资经理。现任华润（集团）有限公司财务部资金总监。 | | | | | | |

续表

| 姓名 | 职务 | 性别 | 年龄 | 选任日期 | 任期 | 所代表的股东名称 | 股东持股比例 |
|---|---|---|---|---|---|---|---|
| 刘娇琳 | 职工监事 | 女 | 47 | 2010 年 5 月 | 3 年 | | |
| 履　历 | 曾任湖南财经学院助教;西南财经大学讲师;深圳国际信托投资有限责任公司资金财务部副科长、信托业务部财务科副科长、科长经理、投资部副总经理、总经理;信托一部副总经理、总经理;华润深国投信托有限公司行政管理部总经理。现任华润深国投信托有限公司财务管理部总经理。 | | | | | | |

本公司监事会未设立下属委员会。

### 3.4 高级管理人员

| 姓　名 | 职务 | 性别 | 年龄 | 任职日期 | 金融从业年限 | 学历 | 专业 |
|---|---|---|---|---|---|---|---|
| 孟　扬 | 总经理 | 女 | 47 | 2008 年 12 月 | 21 | 硕士研究生 | 当代西方经济理论 |
| 履　历 | 曾任深圳国际信托投资有限责任公司租赁部副经理、资产管理部经理、总经理助理兼资产管理部经理、总经理助理兼信托业务部经理、公司副总经理。现任华润深国投信托有限公司董事、总经理,华润金融控股有限公司副首席执行官。 | | | | | | |
| 路　强 | 副总经理 | 男 | 40 | 2007 年 10 月 | 10 | 学士 | 世界经济学 |
| 履　历 | 曾任大连保税区宝利行华润国贸有限公司副总经理;华润投资开发有限公司人事行政部总经理、战略研究部总经理、公司助理总经理、董事、副总经理。现任华润深国投信托有限公司副总经理。 | | | | | | |
| 田　洁 | 副总经理 | 男 | 38 | 2010 年 1 月 | 10 | 硕士研究生 | 货币银行学 |
| 履　历 | 曾任在华润(集团)有限公司财务部高级经理、助理总经理、副总经理;华润保险经纪有限公司总经理;华润投资及资产管理公司董事。现任华润深国投信托有限公司副总经理。 | | | | | | |
| 李巍巍 | 副总经理 | 男 | 43 | 2010 年 7 月 | 12 | 博士研究生 | 系统工程 |
| 履　历 | 曾任广州浪奇实业股份有限公司董事会秘书处主管、主任;国信证券有限责任公司总裁室主任秘书、人力资源部副总经理、人力资源总监;华西证券有限责任公司人力资源总监、副总裁。现任华润深国投信托有限公司副总经理。 | | | | | | |
| 肖立荣 | 财务总监 | 女 | 48 | 2007 年 4 月 | 17 | 硕士研究生 | 会计学 |
| 履　历 | 曾任江西财经学院财会系教师;深圳国际信托投资有限责任公司资金财务部总经理助理、副总经理、总经理、公司财务总监。现任华润深国投信托有限公司财务总监。 | | | | | | |

### 3.5 公司员工

十年报告期内,职工人数为 123 人,平均年龄 32.1 岁,学历分布比率为:博士 3.2%、硕士 41.5%、本科 36.6%、专科 16.3%、其他 2.4%。

## 4. 经营管理

### 4.1 经营目标、方针、战略规划

以客户为导向,通过持续创新,建立专业专长,为投资者提供差异化的投资产品,为融资者提供定制化的融资方案,成为领先的金融服务公司。

### 4.2 经营业务的主要内容

自营资产运用与分布表

| 资产运用 | 金额(万元) | 占比(%) | 资产分布 | 金额(万元) | 占比(%) |
|---|---|---|---|---|---|
| 货币资产 | 23 786.55 | 2.45 | 基础产业 | — | — |
| 贷款及应收款 | 15 017.26 | 1.54 | 房地产业 | — | — |
| 交易性金融资产 | — | — | 证券市场 | 134 619.25 | 13.85 |
| 可供出售金融资产 | 386 664.88 | 39.78 | 实业 | — | — |
| 持有至到期投资 | 991.00 | 0.10 | 金融机构 | 530 388.01 | 54.57 |
| 长期股权投资 | 530 388.01 | 54.57 | 其他 | 307 010.36 | 31.58 |
| 其他 | 15 169.92 | 1.56 | | | |
| 资产总计 | 972 017.62 | 100.00 | 资产总计 | 972 017.62 | 100.00 |

信托资产运用与分布表

| 资产运用 | 金额(万元) | 占比(%) | 资产分布 | 金额(万元) | 占比(%) |
|---|---|---|---|---|---|
| 货币资产 | 498 215.63 | 7.63 | 基础产业 | 136 877.36 | 2.10 |
| 贷款及应收款 | 2 836 727.86 | 43.44 | 房地产 | 554 827.72 | 8.50 |
| 交易性金融资产 | 2 235 289.39 | 34.23 | 证券市场 | 2 781 979.14 | 42.60 |
| 可供出售金融资产 | 152 826.62 | 2.34 | 实业 | 42 996.20 | 0.66 |
| 持有至到期投资 | 431 672.63 | 6.61 | 金融机构 | — | — |
| 长期股权投资 | 50 000.00 | 0.77 | 其他 | 3 013 040.04 | 46.14 |
| 其他 | 324 988.33 | 4.98 | | | |
| 资产总计 | 6 529 720.46 | 100 | 资产总计 | 6 529 720.46 | 100 |

### 4.3 市场分析

#### 4.3.1 影响业务发展的有利因素

随着我国经济的快速发展,国民财富规模迅速增长,投资者理财需求扩大,国家政策和社会各界对信托行业认可度逐渐提升,行业步入快速发展轨道;信托具有独特的制度优势,较银行、保险、证券等金融机构具有更灵活的资金运用能力和更广泛的投资领域,信托产品作为唯一连接货币市场、资本市场和实业市场的理财产品,随着理财市场的发展,信托的综合优势正在得以充分发挥;信托新政框架下监管机构的监管科学化、规范化,对信托公司定位清晰,为信托业的发展创造了良好的制度环境。

资本市场快速发展。十多年来,我国资本市场发展迅速,取得了举世瞩目的成就。从上市公司的数量、融资金额和投资者数量等方面,我国资本市场已经具备了相当的规模,在产品、

法规制度以及多层次资本市场体系建设方面,市场的基本要素和基本框架已经形成,技术系统建设方面成果显著。经过不断的探索和努力,我国资本市场功能和作用日益显现,规范化程度不断提高。这为信托行业的发展提供了广阔的空间。

良好的品牌信誉。公司经营稳健,风险控制好,产品线丰富,能够切实维护和保障投资者的利益。经过近三十年的发展,在社会上形成了良好的市场形象,较高的品牌知名度和认知度。

雄厚的股东背景。公司大股东为华润股份有限公司,隶属华润集团。目前,华润集团有6家香港上市公司,7个战略业务单元,15家一级利润中心。在香港的6家上市公司分别为华润创业(HK291)、华润电力(HK836)、华润置地(HK1109)、华润微电子(HK597)、华润燃气(HK1193)和华润水泥(HK1313)。其中,华润创业、华润电力、华润置地是香港恒生指数成分股,华润燃气是恒生综合指数成分股。公司的第二大股东为深圳市国有资产监督管理局,旗下拥有大量具有投融资需求的优质企业。雄厚的股东背景为公司提供了坚实的资金支持、优质的项目来源和成熟的项目运作经验。

日趋完善的公司治理。公司内部机构设置完备,责权清晰,管理规范,制度完善,有良好的企业文化,塑造和培养了一支高素质的员工队伍,是公司业务开拓和快速发展的坚实基础。良好的外部经济环境、优良的资产、规范诚信的经营、良好的品牌形象与商誉、专业化的人才队伍,以及来自股东的大力支持,为公司的业务拓展和健康成长奠定了基础。

#### 4.3.2 影响业务发展的不利因素

相对于银行、证券、保险业,社会对信托业的了解程度还不够高,信托知识还不够普及,合格投资者尚需培育,私募资金成本显著高于金融同业;信托公司自身投资管理、风险管理能力外界认同度有待提升;信托产品缺乏公开交易市场,整体流动性低;信托计划开立证券账户受到限制,信托公司所谓"金融百货公司"的制度优势在我国目前基于法人实体的分业监管模式下遭遇尴尬。信托业务转型要求重新建立可持续发展的盈利模式,但相关配套法规政策仍不完善。在金融业全面开放、混业经营的背景下,理财市场竞争激烈、监管规则不统一,信托公司受到严格的限制,信托公司的制度优势被削弱,面临其他类型金融机构的严峻挑战。

### 4.4 内部控制

#### 4.4.1 内部控制环境和内部控制文化

公司具有完善的法人治理结构,股东会、董事会(及其专业委员会)、监事会等机构合法运作和科学决策,为公司内部控制制度的制定与运行提供了良好的内部环境。

公司股东会及董事会严格依照公司章程的有关规定,依法履行职责。董事会下设风险管理委员会负责对高级管理层在业务、市场、操作等方面的风险控制情况进行监督,对公司的风险状况进行定期评估,对内部稽核部门的工作程序和工作效果进行评价,提出完善风险管理和内部控制的意见;审计委员会负责提议聘请或更换外部审计机构,监督公司的内部审计制度及其实施,审核公司的财务信息及其披露,审查公司的内控制度;薪酬管理委员会负责拟订董事、监事和高级管理层成员的薪酬方案,向董事会提出薪酬方案的建议,并监督方案的实施;信托委员会负责督促公司依法履行受托职责,保证公司为受益人的最大利益服务;信息披露委员会负责公司的信息披露工作,包括年度报告以及重大事件临时报告的披露。各委员会独立开展工作,运作正常;高级管理层对董事会负责,全面主持公司日常经营管理工作。

公司注重内控文化的建设与执行。通过多年的经营,形成了审慎稳健、勤勉尽责、理性创新、全员参与的内部控制和风险管理文化,引导员工建立诚信道德观念,树立合规意识和风险意识,提高员工职业道德水准,规范员工职业行为,使风险防范意识贯穿公司各个部门、各个岗位和工作的各个环节。

#### 4.4.2 内部控制措施

按照信托公司内部控制的要求,公司建立了清晰的内部控制目标和原则,完善的内部控制体系和制度,确保公司对风险的事前防范、事中控制、事后监督和反馈纠正。公司建立了职责明确、分工合理、相互制衡的组织结构和内部牵制机制,构筑了基本涵盖公司各项业务和管理活动的内部控制制度体系。

公司负责内部控制的主要职能部门为信托运营部、财务管理部、风险管理部和审计部。信托运营部是公司信托业务中后端集中运营服务的管理综合平台,主要承担对信托资产存续期的运营处理、核算估值、运营分析和监督控制的职责。主要职能包括执行信托资产营运各环节的运作处理;对各类信托资产进行财务核算、资产估值、资金清算和划转;对公司受托资产进行信息处理和运营情况分析并进行反馈;对信托业务进行有效监督和控制。通过上述职能的实现,保障公司信托业务的发展和为实现公司战略目标提供支持。财务管理部按国家颁布的会计准则进行会计核算,严格履行会计监督职能,会计不相容岗位严格分离,相互制约;认真执行财务会计制度,对公司自营资产的安全实行有效财务控制;有效防范、化解财务风险。风险管理部制定公司风险策略,进行风险信息收集、风险分析、风险定价,对各类风险实行组合性管理,培育良好的内控文化,促进公司业务可持续发展,保障公司战略目标的实施。审计部强化内部审计功能,根据法律法规、董事会和高级管理层的要求,定期或不定期地组织实施公司内部制度执行情况审计,并根据要求对董事、高管等离职人员实施离任审计。

公司建立了明确的授权制度,制定了审批程序和审批权限并严格执行。公司建立了全面覆盖业务管理、风险管理、财务管理、合规管理、合同管理、内部审计、员工违规追究等方面的完善的内部控制制度体系。

#### 4.4.3 信息交流与反馈

公司董事会及下设的信息披露委员会按照银监会的要求,按时、规范、全面、准确地披露了2009年度报告及重大事项临时公告;通过公司网站向客户公开披露公司经营状况、信托资产管理状况等信息,并根据文件约定向相关利益人提交书面文件披露相关信息。

#### 4.4.4 监督评价与纠正

公司每年组织各部门对规章制度进行系统、全面的修订,不断完善加强内控的基本管理制度。公司各业务部门对各项业务的经营状况和例外情况进行经常性检查,及时发现内部控制存在的问题,并迅速予以纠正。相关部门、相关岗位之间相互制衡、监督。公司具有独立并有效运作的内审部门行使后台监督职能,按照内控要求对公司经营情况定期或不定期进行内部审计稽核,并向董事会和高管层报告,公司董事会和高管层在收到这些记录后能够及时采取措施解决内控制度存在的问题。

报告期内,公司内控制度得到有效的执行,未发生因违反内控制度对公司财务状况、经营成果产生重大影响的事项。

## 4.5 风险管理

### 4.5.1 风险管理概况

公司经营活动中可能遇到信用风险、市场风险、操作风险等。公司重视风险管理,通过制定健全的内部规章制度,建立职责分工合理的组织机构,设置专业的风险管理机构,将现代风险管理技术与传统风险管理方法相结合,对可能产生的风险及时作出反应,采取有效措施进行事前、事中、事后的有效控制与管理,并根据实际需要随时对风险管理体系进行调整。

公司风险管理组织架构按照功能的不同划分为决策层、执行层和监督层。通过分离决策层、执行层、监督层,各层级各自履行不同专业化的职能,起到相互独立、相互制衡的作用。决策层由董事会、高级管理层构成,同时还包括行使辅助职能的风险控制委员会等专业评审机构等。公司董事会下设风险管理委员会负责对高级管理层在业务、市场、操作等方面的风险控制情况进行监督,对公司的风险状况进行定期评估,提出完善风险管理和内部控制的意见。总经理室下设风险控制委员会,负责对业务项目可行性、资产处置等事项提出风险评审意见,为总经理决策提供参考。业务部门下设风险控制小组,负责对拟提交风险控制委员会评审的项目进行初审。执行层由各业务部门、风险管理部和其他职能部门组成,负责执行决策层的决定。公司建立职责明确、分工合理、相互制衡的组织结构和内部牵制机制。前台、中台、后台设置合理、有效分离、操作互相独立。各部门负责执行本部门职能范围内的具体风险管理事务。风险管理部作为专业的职能风险管理部门,在公司层级化、专业化、多纬度的风险管理组织架构下整体统筹公司的风险管理事务。监督层由风险管理部和审计部组成。风险管理部有权对各部门的业务活动以及各个风险环节的岗位进行合规检查和监督,向高级管理层报告。审计部负责对公司内部控制情况进行监督和检查。对于检查中所发现的问题,可直接向董事会下设的审计委员会报告。

### 4.5.2 风险状况

4.5.2.1 信用风险状况

信用风险主要指交易对手因履约意愿或履约能力发生变化的违约而导致的交易资产价值损失。

(1)信托业务

公司认真履行受托人谨慎尽职义务,有效管理信托项目,所有信托计划均能按期兑付。公司对借款人等交易对手制定了严格的筛选标准,截至目前,公司交易对手都具有较好的信用记录,公司可能面临信用风险的债权类信托资产均运作正常。

(2)固有业务

报告期内公司无信用风险敞口。本公司不良资产年初余额6 403.39万元,年末余额为5 451.37万元,公司已实际提取资产减值准备3 959.32万元。

4.5.2.2 市场风险状况

市场风险指公司因股价、市场汇率、利率及其他价格因素变动而产生和可能产生的风险。公司原则上不开展自营股票投资业务、金融衍生品投资业务及外汇交易业务,固有资金主要用于投资中高流动性、低风险的金融产品(含信托产品),具有较高的安全性。

4.5.2.3 操作风险状况

操作风险是指因业务人员在办理业务过程中,由于内部程序、人员和业务系统的不完善或工作失误,或者外部事件给公司造成的风险。操作风险包括合规风险,合规风险是指因没有遵循法律、规则和准则可能遭受法律制裁、监管处罚、重大财务损失和声誉损失的风险。

报告期内公司未发生上述操作风险。

### 4.5.3 风险管理

公司秉承受益人利益最大化的目标,建立了相互独立、相互制衡的内部控制体系和统一、规范、高效的内部流程,对经营活动实施全面、持续的风险监控,以专业手段有效管理各类风险。

4.5.3.1 信用风险管理

公司高度关注交易对手的履约能力。在贷前调查阶段,通过制定尽职调查工作指引等业务规章,强化对交易对手的尽职调查,科学评估交易对手的履约能力和履约意愿;选择有效的、与交易对手信用风险相匹配的信用增级措施;科学、客观、公正评估担保物,严格控制、实时监测不同担保物价值与融资本息的抵质押率,注重采用多种有效担保措施提高信用风险的保障系数。

在贷中审查阶段,建立了以公司风险控制委员会为核心的专业风险评估审查机构,对业务进行集体评审与决策,并提出风险控制方面的具体要求。

在贷后管理阶段,公司全面收集融资方、担保方等相关各方财务、生产经营数据、重大经营情况等资料,定期对企业或者项目进行现场检查,判断项目的风险状况及抵/质押物价值变化情况;建立项目预警指标,根据业务发展遇到的新情况、新问题,及时采取应对措施,确保项目信用风险的可控、可测、可承受。

4.5.3.2 市场风险管理

首先,公司为规避证券市场、汇率波动带来的风险,原则上不开展自营股票业务、金融衍生品投资业务及外汇交易业务。其次,加强对货币信贷政策、财政政策、行业政策等领域的研究,根据市场变化及时调整投资策略和投资组合,坚持低风险多元化配置,并密切关注经济运行状况,严控因宏观政策调整带来不利影响的风险。

在证券投资信托业务方面,公司按照法律法规规定按期进行信息披露,向投资者充分揭示市场风险;指定专职人员负责逐日盯市,进行风险监控,严格执行信托文件约定的投资限制条件。

4.5.3.3 操作风险管理

在操作风险的管理上,公司建立了职责分离、相互监督制约的组织架构;建立和完善了有效的决策机制,明确各项业务的操作流程;实行严格的复核、审核程序;制定严格的信息系统管理制度;加强对员工的经常性教育,包括职业技术培训、职业道德教育等；每年聘请独立审计机构对公司业务进行审计，持续进行内部审计监督；2010 年，公司对规章制度进行了全面梳理与修订，目前公司的各项控制制度和操作规程涵盖了所有业务领域和职能工作，实现了对公司各项业务操作过程的有效控制。

## 5. 报告期末及上年末的比较式会计报表

### 5.1 自营资产

#### 5.1.1 会计师事务所审计意见全文

**审 计 报 告**

天职深 SJ〔2011〕242 号

华润深国投信托有限公司董事会：

我们审计了后附的华润深国投信托有限公司（以下简称贵公司）财务报表，包括 2010 年 12 月 31 日的资产负债表，2010 年度的利润表、所有者权益变动表和现金流量表以及财务报表附注。

一、管理层对财务报表的责任

按照《企业会计准则》（财政部 2006 年 2 月 15 日颁布）的规定编制财务报表是贵公司管理层的责任。这种责任包括：（1）设计、实施和维护与财务报表编制相关的内部控制，以使财务报表不存在由于舞弊或错误而导致的重大错报；（2）选择和运用恰当的会计政策；（3）作出合理的会计估计。

二、注册会计师的责任

我们的责任是在实施审计工作的基础上对财务报表发表审计意见。我们按照中国注册会计师审计准则的规定执行了审计工作。中国注册会计师审计准则要求我们遵守职业道德规范，计划和实施审计工作以对财务报表是否不存在重大错报获取合理保证。

审计工作涉及实施审计程序，以获取有关财务报表金额和披露的审计证据。选择的审计程序取决于注册会计师的判断，包括对由于舞弊或错误导致的财务报表重大错报风险的评估。在进行风险评估时，我们考虑与财务报表编制相关的内部控制，以设计恰当的审计程序，但目的并非对内部控制的有效性发表意见。审计工作还包括评价管理层选用会计政策的恰当性和作出会计估计的合理性，以及评价财务报表的总体列报。

我们相信，我们获取的审计证据是充分、适当的，为发表审计意见提供了基础。

三、审计意见

我们认为，贵公司财务报表已经按照《企业会计准则》（财政部 2006 年 2 月 15 日颁布）的规定编制，在所有重大方面公允反映了贵公司 2010 年 12 月 31 日的财务状况、2010 年度的经营成果和现金流量。

中国注册会计师：黎明

中国・北京

二〇一一年三月一十四日　　中国注册会计师：王冬林

#### 5.1.2 资产负债表

**资产负债表**

单位：华润深国投信托有限公司　　2010 年 12 月 31 日　　单位：万元

| 资　产 | 行次 | 期末数 | 期初数 | 负债和所有者权益 | 行次 | 期末数 | 期初数 |
|---|---|---|---|---|---|---|---|
| 货币资金 | 2 | 23 786.55 | 4 532.48 | 同业存放款项 | 31 | — | — |
| 交易性金融资产 | 3 | — | — | 拆入资金 | 32 | 89 300.00 | — |
| 买入返售金融资产 | 4 | — | — | 交易性金融负债 | 33 | — | — |
| 应收股利 | 5 | — | — | 卖出回购金融资产款 | 34 | — | — |
| 应收利息 | 6 | 1 425.43 | 2 785.17 | 短期借款 | 35 | — | — |
| 预付账款 | 7 | — | — | 预收账款 | 36 | 1 934.25 | 651.75 |
| 应收账款 | 8 | 8 039.09 | 4 820.36 | 应付职工薪酬 | 37 | 10 744.54 | 9 666.84 |
| 其他应收款 | 9 | 5 545.51 | 2 196.20 | 应交税费 | 38 | 6 329.61 | 3 490.41 |
| 长期应收款 | 10 | — | — | 应付利息 | 39 | — | — |
| 贷款及垫付款项 | 11 | 7.23 | 51 534.44 | 应付股利 | 40 | — | — |
| 可供出售金融资产 | 12 | 386 664.88 | 153 002.51 | 其他应付款 | 41 | 1 575.32 | 1 989.78 |
| 持有至到期投资 | 13 | 991.00 | 991.00 | 预计负债 | 42 | — | — |
| 长期股权投资 | 14 | 530 388.01 | 469 436.57 | 长期借款 | 43 | — | — |
| 投资性房地产原值 | 15 | 4 437.50 | 4 437.50 | 长期应付款 | 44 | — | — |
| 减：投资性房地产累计折旧 | 16 | 1 556.72 | 1 484.61 | 递延所得税负债 | 45 | 32 052.64 | 21 397.75 |
| 投资性房地产净值 | 17 | 2 880.77 | 2 952.89 | 其他负债 | 46 | — | — |
| 减：投资性房地产减值准备 | 18 | 409.89 | 409.89 | 负债合计 | 47 | 141 936.36 | 37 196.53 |
| 投资性房地产净额 | 19 | 2 470.88 | 2 543.00 | 所有者权益 | 48 | — | — |
| 固定资产原价 | 20 | 18 154.12 | 17 891.73 | 实收资本 | 49 | 263 000.00 | 263 000.00 |
| 减：累计折旧 | 21 | 7 251.89 | 6 780.98 | 资本公积 | 50 | 129 080.19 | 102 049.15 |
| 固定资产净值 | 22 | 10 902.23 | 11 110.75 | 盈余公积 | 51 | 63 317.86 | 49 519.58 |
| 减：固定资产减值准备 | 23 | 1 099.12 | 1 099.12 | 信托赔偿准备金 | 52 | 35 786.17 | 28 887.03 |
| 固定资产净额 | 24 | 9 803.11 | 10 011.63 | 外币报表折算差额 | 53 | -7 658.70 | -6 722.54 |
| 在建工程 | 25 | — | — | 未分配利润 | 54 | 346 555.74 | 230 360.57 |
| 无形资产 | 26 | — | — | 所有者权益合计 | 55 | 830 081.26 | 667 093.79 |
| 递延所得税资产 | 27 | 967.70 | 1 157.92 |  | 56 | — | — |
| 长期待摊费用 | 28 | 1 928.23 | 1 279.04 |  | 57 | — | — |
| 资产总计 | 29 | 972 017.62 | 704 290.32 | 负债及所有者权益合计 | 58 | 972 017.62 | 704 290.32 |

### 5.1.3 利润表

**利润表**

单位:华润深国投信托有限公司 2010 年 单位:万元

| 项目 | 行次 | 当年数 | 上年数 |
|---|---|---|---|
| 一、营业收入 | 1 | 164 785.14 | 159 102.24 |
| 利息收入 | 2 | 5 288.95 | 161.04 |
| 信托业务收入 | 3 | 36 576.70 | 24 358.24 |
| 担保业务收入 | 4 | 122.46 | 792.54 |
| 投资收益 | 5 | 120 693.11 | 132 621.54 |
| 汇兑收益 | 6 | 934.86 | 47.40 |
| 公允价值变动收益 | 7 | — | — |
| 其他营业收入 | 8 | 1 169.07 | 1 121.47 |
| 二、营业成本 | 9 | 13 642.57 | 11 036.48 |
| 利息支出 | 10 | 155.17 | 21.18 |
| 营业税金及附加 | 11 | 2 454.00 | 1 592.00 |
| 营业费用 | 12 | 5 370.50 | 5 297.91 |
| 管理费用 | 13 | 5 701.37 | 3 563.16 |

续表

| 项目 | 行次 | 当年数 | 上年数 |
|---|---|---|---|
| 资产减值损失 | 14 | -599.29 | — |
| 其他业务支出 | 15 | 560.82 | 562.23 |
| 三、营业利润(亏损以"-"号填列) | 16 | 151 142.57 | 148 065.75 |
| 加:营业外收入 | 17 | 103.26 | 32.41 |
| 减:营业外支出 | 18 | 65.56 | 117.50 |
| 四、利润总额(亏损总额以"-"号填列) | 19 | 151 180.27 | 147 980.66 |
| 减:所得税费用 | 20 | 13 197.48 | 3 645.13 |
| 五、净利润(净亏损以"-"号填列) | 21 | 137 982.79 | 144 335.53 |
| 减:少数股东损益 | 22 | — | — |
| 六、归属于母公司所有者的净利润 | 23 | 137 982.79 | 144 335.53 |
| 七、每股收益 | 24 | — | — |
| (一)基本每股收益 | 25 | — | — |
| (二)稀释每股收益 | 26 | — | — |
| 八、其他综合收益 | 27 | 24 596.92 | 36 716.09 |
| 九、综合收益总额 | 28 | 162 579.71 | 181 051.62 |

### 5.1.4 所有者权益变动表

**所有者权益变动表**

单位:华润深国投信托有限公司 2010 年 单位:万元

| 项目 | 行次 | 本年金额 | | | | | | | | | |
|---|---|---|---|---|---|---|---|---|---|---|---|
| | | 归属于母公司所有者权益 | | | | | | | | 少数股东权益 | 所有者权益合计 |
| | | 实收资本(或股本) | 资本公积 | 减:库存股 | 盈余公积 | 信托赔偿准备金 | 未分配利润 | 其他 | 小计 | | |
| 栏次 | — | 1 | 2 | 3 | 4 | 5 | 6 | 7 | 8 | 9 | 10 |
| 一、上年末余额 | 1 | 263 000.00 | 102 049.15 | — | 49 519.58 | 28 887.03 | 230 360.57 | -6 722.54 | 667 093.79 | — | 667 093.79 |
| 加:会计政策变更 | 2 | — | — | — | — | — | — | — | — | — | — |
| 前期差错更正 | 3 | — | — | — | — | — | — | — | — | — | — |
| 其他 | 4 | — | — | — | — | — | — | — | — | — | — |
| 二、本年初余额 | 5 | 263 000.00 | 102 049.15 | — | 49 519.58 | 28 887.03 | 230 360.57 | -6 722.54 | 667 093.79 | — | 667 093.79 |
| 三、本年增减变动金额(减少以"-"号填列) | 6 | — | 27 031.04 | — | 13 798.28 | 6 899.14 | 116 195.17 | -936.16 | 162 987.47 | — | 162 987.47 |
| (一)净利润 | 7 | — | | — | — | — | 137 982.79 | — | 137 982.79 | — | 137 982.79 |
| (二)其他综合收益 | 8 | — | 25 533.08 | — | — | — | — | -936.16 | 24 596.92 | — | 24 596.92 |
| 综合收益小计 | 13 | — | 25 533.08 | — | — | — | 137 982.79 | -936.16 | 162 579.71 | — | 162 579.71 |
| (三)所有者投入和减少资本 | 14 | — | 1 497.96 | — | — | — | — | — | 1 497.96 | — | 1 497.96 |
| 1. 所有者本期投入资本 | 15 | — | — | — | — | — | — | — | — | — | — |
| 2. 股份支付计入所有者权益的金额 | 16 | — | — | — | — | — | — | — | — | — | — |
| 3. 其他 | 17 | — | 1 497.96 | — | — | — | — | — | 1 497.96 | — | 1 497.96 |
| (四)利润分配 | 18 | — | — | — | 13 798.28 | 6 899.14 | -21 787.62 | — | -1 090.20 | — | -1 090.20 |
| 1. 提取盈余公积 | 19 | — | — | — | 13 798.28 | — | -13 798.28 | — | — | — | — |
| 其中:法定盈余公积 | 20 | — | — | — | 13 798.28 | — | -13 798.28 | — | — | — | — |
| 任意盈余公积 | 21 | — | — | — | — | — | — | — | — | — | — |
| 2. 提取一般风险准备(金融企业填报) | 22 | — | — | — | — | 6 899.14 | -6 899.14 | — | — | — | — |
| 3. 对所有者(或股东)的分配 | 23 | — | — | — | — | — | — | — | — | — | — |
| 4. 其他 | 24 | — | — | — | — | — | -1 090.20 | — | -1 090.20 | — | -1 090.20 |
| (五)所有者权益内部结转 | 25 | — | — | — | — | — | — | — | — | — | — |

续表

| 项　　目 | 行次 | 本年金额 | | | | | | | | | |
|---|---|---|---|---|---|---|---|---|---|---|---|
| | | 归属于母公司所有者权益 | | | | | | | | 少数股东权益 | 所有者权益合计 |
| | | 实收资本（或股本） | 资本公积 | 减:库存股 | 盈余公积 | 信托赔偿准备金 | 未分配利润 | 其他 | 小计 | | |
| 栏次 | — | 1 | 2 | 3 | 4 | 5 | 6 | 7 | 8 | 9 | 10 |
| 1. 资本公积转增资本（或股本） | 26 | — | — | — | — | — | — | — | — | — | — |
| 2. 盈余公积转增资本（或股本） | 27 | — | — | — | — | — | — | — | — | — | — |
| 3. 盈余公积弥补亏损 | 28 | — | — | — | — | — | — | — | — | — | — |
| 4. 其他 | 29 | — | — | — | — | — | — | — | — | — | — |
| 四、本年末余额 | 30 | 263 000. 00 | 129 080. 19 | — | 63 317. 86 | 35 786. 17 | 346 555. 74 | -7 658. 70 | 830 081. 26 | — | 830 081. 26 |

**所有者权益变动表（续）**

| 项　　目 | 行次 | 上年金额 | | | | | | | | | |
|---|---|---|---|---|---|---|---|---|---|---|---|
| | | 归属于母公司所有者权益 | | | | | | | | 少数股东权益 | 所有者权益合计 |
| | | 实收资本（或股本） | 资本公积 | 减:库存股 | 盈余公积 | 信托赔偿准备金 | 未分配利润 | 其他 | 小计 | | |
| 栏次 | — | 1 | 2 | 3 | 4 | 5 | 6 | 7 | 8 | 9 | 10 |
| 一、上年末余额 | 1 | 263 000. 00 | 65 472. 87 | — | 35 086. 03 | 21 670. 25 | 124 241. 33 | -6 689. 65 | 502 780. 83 | — | 502 780. 83 |
| 加:会计政策变更 | 2 | — | — | — | — | — | — | — | — | — | — |
| 前期差错更正 | 3 | — | -172. 70 | — | — | — | 54. 78 | — | -117. 92 | — | -117. 92 |
| 其他 | 4 | — | — | — | — | — | 3 379. 26 | — | 3 379. 26 | — | 3 379. 26 |
| 二、本年初余额 | 5 | 263 000. 00 | 65 300. 17 | — | 35 086. 03 | 21 670. 25 | 127 675. 37 | -6 689. 65 | 506 042. 17 | — | 506 042. 17 |
| 三、本年增减变动金额（减少以“-”号填列） | 6 | — | 36 748. 98 | — | 14 433. 55 | 7 216. 78 | 102 685. 20 | -32. 89 | 161 051. 62 | — | 161 051. 62 |
| （一）净利润 | 7 | — | — | — | — | — | 144 335. 53 | — | 144 335. 53 | — | 144 335. 53 |
| （二）其他综合收益 | 8 | — | 36 748. 98 | — | — | — | — | -32. 89 | 36 716. 09 | — | 36 716. 09 |
| 综合收益小计 | 13 | — | 36 748. 98 | — | — | — | 144 335. 53 | -32. 89 | 181 051. 62 | — | 181 051. 62 |
| （三）所有者投入和减少资本 | 14 | — | — | — | — | — | — | — | — | — | — |
| 1. 所有者本期投入资本 | 15 | — | — | — | — | — | — | — | — | — | — |
| 2. 股份支付计入所有者权益的金额 | 16 | — | — | — | — | — | — | — | — | — | — |
| 3. 其他 | 17 | — | — | — | — | — | — | — | — | — | — |
| （四）利润分配 | 18 | — | — | — | 14 433. 55 | 7 216. 78 | -41 650. 33 | — | -20 000. 00 | — | -20 000. 00 |
| 1. 提取盈余公积 | 19 | — | — | — | 14 433. 55 | — | -14 433. 55 | — | — | — | — |
| 其中:法定盈余公积 | 20 | — | — | — | 14 433. 55 | — | -14 433. 55 | — | — | — | — |
| 任意盈余公积 | 21 | — | — | — | — | — | — | — | — | — | — |
| 2. 提取一般风险准备（金融企业填报） | 22 | — | — | — | — | 7 216. 78 | -7 216. 78 | — | — | — | — |
| 3. 对所有者（或股东）的分配 | 23 | — | — | — | — | — | -20 000. 00 | — | -20 000. 00 | — | -20 000. 00 |
| 4. 其他 | 24 | — | — | — | — | — | — | — | — | — | — |
| （五）所有者权益内部结转 | 25 | — | — | — | — | — | — | — | — | — | — |
| 1. 资本公积转增资本（或股本） | 26 | — | — | — | — | — | — | — | — | — | — |
| 2. 盈余公积转增资本（或股本） | 27 | — | — | — | — | — | — | — | — | — | — |
| 3. 盈余公积弥补亏损 | 28 | — | — | — | — | — | — | — | — | — | — |
| 4. 其他 | 29 | — | — | — | — | — | — | — | — | — | — |
| 四、本年末余额 | 30 | 263 000. 00 | 102 049. 15 | — | 49 519. 58 | 28 887. 03 | 230 360. 57 | -6 722. 54 | 667 093. 79 | — | 667 093. 79 |

## 5.2 信托财产

### 5.2.1 信托项目资产负债汇总表

单位：华润深国投信托有限公司　　2010年12月31日　　单位：万元

| 信托资产 | 期末数 | 期初数 | 信托负债和权益 | 期末数 | 期初数 |
|---|---|---|---|---|---|
| 信托资产： | | | 信托负债： | | |
| 货币资金 | 498 215.63 | 851 068.21 | 应付受托人报酬 | 4 442.25 | 5 762.79 |
| 拆出资金 | — | — | 应付托管费 | 719.57 | 358.70 |
| 应收款项 | 51 387.53 | 256 080.73 | 应付受益人收益 | 2.96 | 753.83 |
| 买入返售金融资产 | 152 826.62 | 136 123.82 | 其他应付款项 | 38 530.06 | 15 320.98 |
| 交易性金融资产 | 2 235 289.38 | 1 189 623.59 | 应交税费 | — | — |
| 可供出售金融资产 | 431 672.63 | — | 卖出回购资产款 | 3 599.97 | — |
| 持有至到期投资 | 50 000.00 | — | 交易性金融负债 | — | — |
| 长期股权投资 | 324 988.33 | 204 859.98 | 其他负债 | — | — |
| 贷款 | 2 785 340.34 | 3 157 971.36 | 信托负债合计 | 47 294.81 | 22 196.30 |
| 应收融资租赁款 | — | — | | | |
| 固定资产 | — | — | 信托权益： | — | — |
| 无形资产 | — | — | 实收信托 | 5 956 181.03 | 5 471 930.87 |
| 长期待摊费用 | — | — | 资本公积 | 88 470.00 | 17 378.93 |
| 其他资产 | — | 15 995.00 | 未分配利润 | 437 774.62 | 300 216.59 |
| | | | 信托权益合计 | 6 482 425.65 | 5 789 526.39 |
| 信托资产总计 | 6 529 720.46 | 5 811 722.69 | 信托负债及权益总计 | 6 529 720.46 | 5 811 722.69 |

### 5.2.2 信托项目利润及利润分配汇总表

单位：华润深国投信托有限公司　　2010年　　单位：万元

| 项　目 | 当年数 | 上年数 |
|---|---|---|
| 一、营业收入 | 473 844.85 | 625 434.01 |
| 利息收入 | 219 545.25 | 190 619.92 |
| 投资收益 | 274 621.36 | 280 573.21 |
| 公允价值变动损益 | −20 836.02 | 154 224.73 |
| 汇兑收益 | — | — |
| 其他业务收入 | 514.26 | 16.15 |
| 二、营业支出 | 73 583.91 | 52 974.44 |
| 利息支出 | — | — |
| 营业税金及附加 | 84.03 | — |
| 业务及管理费 | 73 499.88 | 52 974.44 |
| 资产减值损失 | — | — |
| 其他业务成本 | — | — |
| 三、信托营业利润 | 400 260.94 | 572 459.57 |
| 加：营业外收入 | — | — |
| 减：营业外支出 | 10.64 | — |
| 四、信托利润 | 400 250.30 | 572 459.57 |
| 加：期初未分配信托利润 | 300 216.59 | 14 642.22 |
| 五、可供分配的信托利润 | 700 466.89 | 587 101.79 |
| 减：本期已分配信托利润 | 262 692.28 | 286 885.20 |
| 六、期末未分配信托利润 | 437 774.61 | 300 216.59 |

# 6. 会计报表附注

## 6.1 年度会计报表编制基础及合并报表的并表范围说明

**6.1.1 本公司编制会计报表所采用的主要会计政策是根据财政部2006年2月15日颁布的《企业会计准则》及其补充规定制定的**

**6.1.2 本公司不存在应纳入财务报表合并范围的控股子公司**

## 6.2 重要会计政策和会计估计说明

### 6.2.1 计提资产减值准备的范围和方法

6.2.1.1 计提资产减值准备的范围：贷款及应收款项、金融资产、长期股权投资、投资性房地产、固定资产、在建工程、无形资产（包括资本化的开发支出）、商誉等。

6.2.1.2 计提资产减值准备的方法

（1）贷款及应收款项的减值

本公司贷款及应收款项减值损失准备核算采用备抵法。公司根据债务单位的实际财务状况和现金流量的情况以及其他相关信息，对贷款及应收款项采用个别认定法计提贷款损失准备和坏账准备。

（2）其他金融资产的减值

年末如果可供出售金融资产的公允价值发生较大幅度下降，或在综合考虑各种相关因素后，预期这种下降趋势属于非暂时性的，就认定其已发生减值，将原直接计入所有者权益的公允价值下降形成的累计损失一并转出，确认减值损失。持有至到期投资减值损失的计量比照贷款及应收款项减值损失计量方法处理。

（3）对除金融资产的减值以外的资产减值

①可能发生减值资产的认定

公司在资产负债表日判断资产是否存在可能发生减值的迹象。因企业合并所形成的商誉和使用寿命不确定的无形资产，无论是否存在减值迹象，每年都进行减值测试。存在下列迹象的，表明资产可能发生了减值：

A. 资产的市价当期大幅度下跌，其跌幅明显高于因时间的推移或者正常使用而预计的下跌；

B. 公司经营所处的经济、技术或者法律等环境以及资产所处的市场在当期或者将在近期发生重大变化，从而对公司产生不利影响；

C. 市场利率或者其他市场投资报酬率在当期已经提高，从而影响公司计算资产预计未来现金流量现值的折现率，导致资产可收回金额大幅度降低；

D. 有证据表明资产已经陈旧过时或者其实体已经损坏；

E. 资产已经或者将被闲置、终止使用或者计划提前处置；

F. 公司内部报告的证据表明资产的经济绩效已经低于或者将低于预期，如资产所创造的净现金流量或者实现的营业利润（或者亏损）远远低于（或者高于）预计金额等；

G. 其他表明资产可能已经发生减值的迹象。

②资产可收回金额的计量

资产存在减值迹象的，估计其可收回金额。可收回金额根据资产的公允价值减去处置费用后的净额与资产预计未来现金流量的现值两者之间较高者确定。资产的公允价值根据公平交易中销售协议价格确定；不存在销售协议但存在资产活跃市场的，公允价值按照该资产的买方出价确定；不存在销售协议和资产活跃市场的，则以可获取的最佳信息为基础估计资产的公允价值。处置费用包括与资产处置有关的法律费用、相关税费、搬运费以及为使资产达到可销售状态所发生的直接费用。

③资产减值损失的确定

可收回金额的计量结果表明，资产的可收回金额低于其账面价值的，将资产的账面价值减记至可收回金额，减记的金额确认为资产减值损失，计入当期损益，同时计提相应的资产减值准备。资产减值损失确认后，减值资产的折旧或者摊销费用在未来期间作相应调整，以使该资产在剩余使用寿命内，系统地分摊调整后的资产账面价值（扣除预计净残值）。资产减值损失一经确认，在以后会计期间不能转回。

**6.2.2 金融资产四分类的范围和标准**

金融资产应当在初始确认时划分为下列四类：

（1）以公允价值计量且其变动计入当期损益的金融资产，包括交易性金融资产和指定为以公允价值计量且其变动计入当期损益的金融资产

①取得该金融资产或承担该金融负债的目的，主要是为了近期内出售或回购。

②属于进行集中管理的可辨认金融工具组合的一部分，且有客观证据表明企业近期采用短期获利方式对该组合进行管理。

③属于衍生工具。但是，被指定且为有效套期工具的衍生工具、属于财务担保合同的衍生工具、与在活跃市场中没有报价且其公允价值不能可靠计量的权益工具投资挂钩并须通过交付该权益工具结算的衍生工具除外。

（2）持有至到期投资

持有至到期投资，是指到期日固定、回收金额固定或可确定，且企业有明确意图和能力持有至到期的非衍生金融资产。

（3）贷款和应收款项

贷款和应收款项，是指在活跃市场中没有报价、回收金额固定或可确定的非衍生金融资产。

（4）可供出售金融资产

可供出售金融资产通常是指企业没有划分为以公允价值计量且其变动计入当期损益金融资产、持有至到期投资、贷款和应收款项的金融资产。

**6.2.3 交易性金融资产的核算方法**

交易性金融资产取得时以公允价值作为初始确认金额，相关的交易费用在发生时计入当期损益。支付的价款中包含已宣告但尚未发放的现金股利或已到付息期但尚未领取的债券利息，应当单独确认为应收项目。持有期间将取得的利息或现金股利确认为投资收益，期末将公允价值变动计入当期损益。处置时，其公允价值与账面价值之间的差额确认为投资收益，同时调整公允价值变动损益。

**6.2.4 可供出售金融资产的核算方法**

可供出售金融资产应当按取得该金融资产的公允价值和相关交易费用之和作为初始确认金额。支付的价款中包含的已到付息期但尚未领取的债券利息或已宣告但尚未发放的现金股利，应单独确认为应收项目。可供出售金融资产持有期间取得的利息或现金股利，应当计入投资收益。资产负债表日，可供出售金融资产应当以公允价值计量，且将公允价值变动计入资本公积（其他资本公积）。处置时，将取得的价款与该金融资产账面价值之间的差额，计入投资损益；同时，将原直接计入所有者权益的公允价值变动累计额对应处置部分的金额转出，计入投资损益。

**6.2.5 持有至到期投资的核算方法**

持有至到期投资应当按取得时的公允价值和相关交易费用之和作为初始确认金额。支付的价款中包含的已到付息期但尚未领取的债券利息，应单独确认为应收项目。持有至到期投资在持有期间应当按照摊余成本和实际利率计算确认利息收入，计入投资收益。实际利率应当在取得持有至到期投资时确定，在该持有至到期投资预期存续期间或适用的更短期间内保持不变。实际利率与票面利率差别较小的，也可按票面利率计算利息收入，计入投资收益。处置持有至到期投资时，应将所取得价款与该投资账面价值之间的差额确认为投资收益。

企业将尚未到期的某项持有至到期投资在本会计年度内出售或重分类为可供出售金融资产的金额，相对于该类投资在出售或重分类前的总额较大时，则公司将该类投资的剩余部分重分类为可供出售金融资产，且在本会计期间或以后两个完整会计年度内不再将任何金融资产分类为持有至到期，但下列情况除外：出售日或重分类日距离该项投资到期日或赎回日较近（如到期前3个月内），市场利率变化对该项投资的公允价值没有显著影响；根据合同约定的定期偿付或提前还款方式收回该投资几乎所有初始本金后，将剩余部分予以出售或重分类；出售或重分类是由于企业无法控制、预期不会重复发生且难以合理预计的独立事项所引起的。

**6.2.6 长期股权投资的核算方法**

6.2.6.1 初始计量

（1）企业合并形成的长期股权投资

同一控制下的企业合并：公司以支付现金、转让非现金资产或承担债务方式以及以发行权益性证券作为合并对价的，在合并日按照取得被合并方所有者权益账面价值的份额作为长

期股权投资的初始投资成本。长期股权投资初始投资成本与支付合并对价之间的差额，调整资本公积；资本公积不足冲减的，调整留存收益。合并发生的各项直接相关费用，包括为进行合并而支付的审计费用、评估费用、法律服务费用等，于发生时计入当期损益。

非同一控制下的企业合并：公司在购买日按照《企业会计准则第20号——企业合并》确定的合并成本作为长期股权投资的初始投资成本。

(2)其他方式取得的长期股权投资

以支付现金方式取得的长期股权投资，按照实际支付的购买价款作为初始投资成本。

以发行权益性证券取得的长期股权投资，按照发行权益性证券的公允价值作为初始投资成本。

投资者投入的长期股权投资，按照投资合同或协议约定的价值(扣除已宣告但尚未发放的现金股利或利润)作为初始投资成本，但合同或协议约定价值不公允的除外。

在非货币性资产交换具备商业实质和换入资产或换出资产的公允价值能够可靠计量的前提下，非货币性资产交换换入的长期股权投资以换出资产的公允价值为基础确定其初始投资成本，除非有确凿证据表明换入资产的公允价值更加可靠；不满足上述前提的非货币性资产交换，以换出资产的账面价值和应支付的相关税费作为换入长期股权投资的初始投资成本。

通过债务重组取得的长期股权投资，其初始投资成本按照公允价值为基础确定的。

6.2.6.2 被投资单位具有共同控制、重大影响的依据

按照合同约定对某项经济活动所共有的控制，仅在与该项经济活动相关的重要财务和经营决策需要分享控制权的投资方一致同意时存在，则视为与其他方对被投资单位实施共同控制；对一个企业的财务和经营决策有参与决策的权力，但并不能够控制或者与其他方一起共同控制这些政策的制定，则视为投资企业能够对被投资单位施加重大影响。

6.2.6.3 后续计量及收益确认

公司能够对被投资单位施加重大影响或共同控制的，初始投资成本大于投资时应享有被投资单位可辨认净资产公允价值份额的差额，不调整长期股权投资的初始投资成本；初始投资成本小于投资时应享有被投资单位可辨认净资产公允价值份额的差额，计入当期损益。

公司对子公司的长期股权投资，采用成本法核算，编制合并财务报表时按照权益法进行调整。

对被投资单位不具有共同控制或重大影响，并且在活跃市场中没有报价、公允价值不能可靠计量的长期股权投资，采用成本法核算。

对被投资单位具有共同控制或重大影响的长期股权投资，采用权益法核算。

成本法下公司确认投资收益，仅限于被投资单位接受投资后产生的累积净利润的分配额，所获得的利润或现金股利超过上述数额的部分作为初始投资成本的收回。

权益法下在公司确认应分担被投资单位发生的亏损时，按照以下顺序进行处理：首先，冲减长期股权投资的账面价值。其次，长期股权投资的账面价值不足以冲减的，以其他实质上构成对被投资单位净投资的长期权益账面价值为限继续确认投资损失，冲减长期应收项目等的账面价值。最后，经过上述处理，按照投资合同或协议约定企业仍承担额外义务的，按预计承担的义务确认预计负债，计入当期投资损失。

被投资单位以后期间实现盈利的，公司在扣除未确认的亏损分担额后，按与上述相反的顺序处理，减记已确认预计负债的账面余额、恢复其他实质上构成对被投资单位净投资的长期权益及长期股权投资的账面价值，同时确认投资收益。

被投资单位除净损益以外所有者权益其他变动的处理：对于被投资单位除净损益以外所有者权益的其他变动，在持股比例不变的情况下，公司按照持股比例计算应享有或承担的部分，调整长期股权投资的账面价值，同时增加或减少资本公积(其他资本公积)。采用成本法核算的、在活跃市场中没有报价、公允价值不能可靠计量的长期股权投资，其减值损失是根据其账面价值与按类似金融资产当时市场收益率对未来现金流量折现确定的现值之间的差额进行确定的。

**6.2.7 投资性房地产的核算方法**

公司的投资性房地产是指为赚取租金或资本增值，或两者兼有而持有的房地产。主要包括：

(1)已出租的土地使用权；

(2)持有并准备增值后转让的土地使用权；

(3)已出租的建筑物。

公司的投资性房地产采用成本模式计量。

公司对投资性房地产成本减累计减值及净残值后按直线法，按估计可使用年限计算折旧，计入当期损益。

对使用寿命不确定的已出租的划拨土地使用权不计算折旧。

**6.2.8 固定资产计价和折旧方法**

6.2.8.1 固定资产确认条件

固定资产指为生产商品、提供劳务、出租或经营管理而持有，并且使用年限超过一年的有形资产。固定资产在同时满足下列条件时予以确认：

(1)与该固定资产有关的经济利益很可能流入企业；

(2)该固定资产的成本能够可靠地计量。

6.2.8.2 固定资产的分类

固定资产分类为房屋及建筑物、运输设备、电子设备、其他设备。

6.2.8.3 固定资产的初始计量

固定资产取得时按照实际成本进行初始计量。

外购固定资产的成本，以购买价款、相关税费、使固定资产达到预定可使用状态前所发生的可归属于该项资产的运输费、装卸费、安装费和专业人员服务费等确定。购买固定资产的价款超过正常信用条件延期支付，实质上具有融资性质的，固定资产的成本以购买价款的现值为基础确定。

自行建造固定资产的成本，由建造该项资产达到预定可使用状态前所发生的必要支出构成。

债务重组取得债务人用以抵债的固定资产，以该固定资产的公允价值为基础确定其入账价值，并将重组债权的账面价值与该用以抵债的固定资产公允价值之间的差额，计入当期损益。

在非货币性资产交换具备商业实质和换入资产或换出资产的公允价值能够可靠计量的前提下，换入的固定资产以换出

资产的公允价值为基础确定其入账价值，除非有确凿证据表明换入资产的公允价值更加可靠；不满足上述前提的非货币性资产交换，以换出资产的账面价值和应支付的相关税费作为换入固定资产的成本，不确认损益。

以同一控制下的企业吸收合并方式取得的固定资产按被合并方的账面价值确定其入账价值；以非同一控制下的企业吸收合并方式取得的固定资产按公允价值确定其入账价值。

融资租入的固定资产，按租赁开始日租赁资产公允价值与最低租赁付款额现值两者中较低者作为入账价值。

6.2.8.4 固定资产折旧

固定资产以取得时的实际成本入账，并从其达到预定可使用状态的次月起，采用直线法提取折旧。各类固定资产的估计残值率、折旧年限和年折旧率如下：

| 类别 | 估计残值率（%） | 折旧年限（年） | 年折旧率（%） |
| --- | --- | --- | --- |
| 房屋建筑物 | 5 | 50 | 1.9 |
| 电子设备 | 0~5 | 4~5 | 19~25 |
| 运输工具及其他设备 | 5 | 4~8 | 19~23.75 |

**6.2.9 无形资产计价及摊销政策**

无形资产按照成本进行初始计量，使用寿命有限的无形资产，在其使用寿命内采用直线法摊销，于每年年终，对使用寿命有限的无形资产的使用寿命及摊销方法进行复核，必要时进行调整。对使用寿命不确定的无形资产，无论是否存在减值迹象，每年均进行减值测试。此类无形资产不予摊销，在每个会计期间对其使用寿命进行复核。如果有证据表明使用寿命是有限的，则按上述使用寿命有限的无形资产的政策进行会计处理。出售无形资产，应当将取得的价款与该无形资产账面价值的差额计入当期损益。无形资产预期不能为企业带来经济利益的，应当将无形资产的账面价值予以转销。

**6.2.10 长期应收款的核算方法**

长期应收款核算企业融资租赁产生的应收款项和采用递延方式分期收款、实质上具有融资性质的销售商品和提供劳务等经营活动产生的应收款项。出租人融资租赁产生的应收租赁款，应按租赁开始日最低租赁收款额与初始直接费用之和，确认为长期应收款。企业采用递延方式分期收款、实质上具有融资性质的销售商品或提供劳务等经营活动产生的长期应收款，按应收合同或协议价款确认。根据合同或协议每期收到承租人或购货单位（接受劳务单位）偿还的款项，减少长期应收款。长期应收款的期末借方余额，反映企业尚未收回的长期应收款。

**6.2.11 长期待摊费用的摊销政策**

筹建期间发生的费用，除用于购建固定资产以外，于公司开始生产经营当月起一次计入当期损益。

其他长期待摊费用在相关项目的受益期内平均摊销。

**6.2.12 合并会计报表的编制方法**

本公司暂无须要纳入合并范围的子公司，暂不编制合并报表。

**6.2.13 收入确认原则和方法**

收入是在经济利益能够流入本公司，以及相关的收入和成本能够可靠地计量时，根据下列方法确认。

（1）利息收入

利息收入按让渡资金使用权的时间和适用利率计算确定。在与交易相关的经济利益能够流入、且有关收入可以可靠计量时，按权责发生制确认。

发放贷款本金到期（含展期，下同）90天后尚未收回的，其应计利息停止计入当期利息收入，纳入表外核算；对已计提的贷款应收利息，如在贷款到期90天后仍未收回，或在应收利息逾期90天后仍未收到，则冲减原已计入损益的利息收入，转作表外核算。

贷款自应计贷款转为非应计贷款后，在收到该笔贷款的还款时，首先冲减本金；待本金全部收回后，再收到的还款则确认为当期利息收入。

（2）金融企业往来收入

按权责发生制原则确认。

（3）信托业务收入

详见6.2.15。

（4）担保业务收入

在同时满足以下条件时予以确认：担保合同成立并承担相应担保责任；与担保合同相关的经济利益能够流入企业；与担保合同相关的收入能够可靠地计量。

**6.2.14 所得税的会计处理方法**

公司所得税核算采用资产负债表债务法。

公司确认递延所得税资产以很可能取得用来抵扣可抵扣暂时性差异的应纳税所得额为限，确认由可抵扣时间性差异产生的递延所得税资产。但不包括同时具有下列特征的交易中因资产或负债的初始确认所产生的递延所得税资产。

（1）该项交易不是企业合并；

（2）交易发生时既不影响会计利润也不影响应纳税所得额（或可抵扣亏损）。

**6.2.15 信托报酬确认原则和方法**

信托报酬是指信托公司对信托财产进行管理而收取的管理费或佣金，信托报酬收取的标准一般是与委托人或受益人等有关当事人协商确定的。若信托报酬由信托财产承担，则按照信托合同的约定来计算、提取并按权责发生制确认信托报酬收入；若信托报酬由委托人等有关当事人直接承担，则按协议约定另行向有关当事人收取，并按权责发生制确认信托报酬收入。

## 6.3 或有事项说明

如果本公司须就已发生的事件承担现时义务，且该义务的履行很可能会导致经济利益流出企业，以及有关金额能够可靠地估计，本公司便会对该义务计提预计负债。如果上述义务的履行导致经济利益流出企业的可能性较低，或是无法对有关金额作出可靠地估计，该义务将被披露为或有负债。

截至2010年12月31日，本公司无对外担保余额（2009年：375 000 000.00元人民币）。

## 6.4 重要资产转让及其出售的说明

报告期内，公司无重要资产转让及其出售。

## 6.5 会计报表中重要项目的明细资料

**6.5.1 披露自营资产经营情况**

6.5.1.1 按信用风险五级分类的结果披露信用风险资产的期初数、期末数

| 信用风险资产五级分类 | 正常类(万元) | 关注类(万元) | 次级类(万元) | 可疑类(万元) | 损失类(万元) | 信用风险资产合计(万元) | 不良资产合计(万元) | 不良资产率(%) |
|---|---|---|---|---|---|---|---|---|
| 期初数 | 643 648.73 | 54 416.18 | 3 690.60 | 2 255.10 | 457.69 | 704 468.30 | 6 403.39 | 0.91 |
| 期末数 | 946 739.02 | — | 1 732.57 | 1 926.70 | 1 792.10 | 952 190.39 | 5 451.37 | 0.57 |

注:不良资产合计=次级类+可疑类+损失类。

6.5.1.2 各项资产减值损失准备的期初、本期计提、本期转回、本期核销、期末数

单位:万元

| | 期初数 | 本期计提 | 本期转回 | 本期核销 | 期末数 |
|---|---|---|---|---|---|
| 贷款损失准备 | — | — | — | — | — |
| 一般准备 | — | — | — | — | — |
| 专项准备 | — | — | — | — | — |
| 其他资产减值准备 | 1 099.12 | — | — | — | 1 099.12 |
| 持有至到期投资减值准备 | — | — | — | — | — |
| 长期股权投资减值准备 | — | — | — | — | — |
| 坏账准备 | 3 201.44 | — | — | — | 2 450.31 |
| 投资性房地产减值准备 | 409.89 | — | — | — | 409.89 |

6.5.1.3 按投资品种分类,分别披露固有业务股票投资、基金投资、债权投资、股权投资等投资业务的期初数、期末数

单位:万元

| | 自营股票 | 基金 | 债券 | 长期股权投资 | 其他投资 | 合计 |
|---|---|---|---|---|---|---|
| 期初数 | — | — | 991.00 | 469 436.57 | 153 002.51 | 623 430.08 |
| 期末数 | — | | 991.00 | 530 388.01 | 386 664.88 | 918 043.89 |

6.5.1.4 前五名的自营长期股权投资的企业名称、占被投资企业权益的比例、主要经营活动及投资收益情况

| 企业名称 | 占被投资企业权益的比例(%) | 主要经营活动 | 投资损益(万元) |
|---|---|---|---|
| 国信证券股份有限公司 | 30 | 证券的代理、承销、咨询及自营买卖业务 | 93 925.64 |

6.5.1.5 前五名的自营贷款的企业名称、占贷款总额的比例和还款情况等

无。

6.5.1.6 表外业务的期初数、期末数

单位:万元

| 表外业务 | 期初数 | 期末数 |
|---|---|---|
| 担保业务 | 37 500.00 | — |
| 代理业务(委托业务) | — | — |
| 其他 | — | — |
| 合计 | 37 500.00 | — |

6.5.1.7 公司当年的收入结构

| 收入结构 | 金额(万元) | 占比(%) |
|---|---|---|
| 手续费及佣金收入 | 36 576.70 | 22.18 |
| 其中:信托手续费收入 | 36 576.70 | 22.18 |
| 投资银行业务收入 | — | — |
| 利息收入 | 5 288.95 | 3.21 |
| 其他业务收入 | 2 226.38 | 1.35 |
| 其中:计入信托业务收入部分 | — | — |
| 投资收益 | 120 693.11 | 73.20 |

续表

| 收入结构 | 金额(万元) | 占比(%) |
|---|---|---|
| 其中:股权投资收益 | 116 130.33 | 70.43 |
| 证券投资收益 | — | — |
| 其他投资收益 | 4 562.78 | 2.77 |
| 公允价值变动收益 | — | — |
| 营业外收入 | 103.26 | 0.06 |
| 收入合计 | 164 888.40 | 100.00 |

## 6.5.2 披露信托资产管理情况

6.5.2.1 信托资产的期初数、期末数

单位:万元

| 信托资产 | 期初数 | 期末数 |
|---|---|---|
| 集合类 | 1 459 809.71 | 2 819 371.87 |
| 单一类 | 4 326 079.98 | 3 697 830.59 |
| 财产管理类 | 25 833.00 | 12 518.00 |
| 合计 | 5 811 722.69 | 6 529 720.46 |

注:期初数、期末数均按报告年度信托资产总额填列,非信托规模总额,以下均同。

6.5.2.1.1 主动管理型信托业务的信托资产期初数、期末数,分证券投资、股权投资、融资、事务管理类分别披露

单位:万元

| 主动管理型信托资产 | 期初数 | 期末数 |
|---|---|---|
| 证券投资类 | 1 545 708.00 | 2 642 682.27 |
| 股权投资类 | 46 039.58 | 45 041.78 |
| 融资类 | 773 450.62 | 2 378 745.48 |
| 事务管理类 | 13 157.83 | 174 264.27 |
| 其他类 | 109 360.55 | 320 025.49 |
| 合计 | 2 487 716.58 | 5 560 759.29 |

6.5.2.1.2 被动管理型信托业务的信托资产期初数、期末数,分证券投资、股权投资、融资、事务管理类分别披露

单位:万元

| 被动管理型信托资产 | 期初数 | 期末数 |
|---|---|---|
| 证券投资类 | 2 061.61 | 20 459.85 |
| 股权投资类 | — | — |
| 融资类 | 3 269 944.50 | 948 501.28 |
| 事务管理类 | 52 000.00 | 0.04 |
| 其他类 | — | — |
| 合计 | 3 324 006.11 | 968 961.17 |

6.5.2.2 本年度已清算结束的信托项目个数、实收信托合计金额、加权平均实际年化收益率

6.5.2.2.1 本年度已清算结束的集合类、单一类资金信托项目和财产管理类信托项目个数、实收信托金额、加权平均实际年化收益率

| 已清算结束信托项目 | 项目个数 | 实收信托合计金额（万元） | 加权平均实际年化收益率（%） |
|---|---|---|---|
| 集合类 | 20 | 174 414.00 | 10.17 |
| 单一类 | 108 | 3 487 483.00 | 5.35 |
| 财产管理类 | 2 | 12 476.00 | 0.00 |

注：收益率是指信托项目清算后，给受益人赚取的实际收益水平，加权平均实际年化收益率=（信托项目1的实际年化收益率×信托项目1的实收信托+信托项目2的实际年化收益率×信托项目2的实收信托+…信托项目n的实际年化收益率×信托项目n的实收信托）/（信托项目1的实收信托+信托项目2的实收信托+…信托项目n的实收信托）×100%。

6.5.2.2.2 本年度已清算结束的主动管理型信托项目个数、实收信托合计金额、加权平均实际年化收益率，分证券投资、股权投资、融资、事务管理类分别计算并披露

| 已清算结束信托项目 | 项目个数 | 实收信托合计金额（万元） | 加权平均实际年化收益率（%） |
|---|---|---|---|
| 证券投资类 | 17 | 1 027 439.00 | 8.19 |
| 股权投资类 | — | — | — |
| 融资类 | 24 | 725 245.00 | 10.69 |
| 事务管理类 | 4 | 51 582.00 | 16.57 |

注：加权平均实际年化信托报酬率=（信托项目1的实际年化信托报酬率×信托项目1的实收信托+信托项目2的实际年化信托报酬率×信托项目2的实收信托+…信托项目n的实际年化信托报酬率×信托项目n的实收信托）/（信托项目1的实收信托+信托项目2的实收信托+…信托项目n的实收信托）×100%。

6.5.2.2.3 本年度已清算结束的被动管理型信托项目个数、实收信托合计金额、加权平均实际年化收益率，分证券投资、股权投资、融资、事务管理类分别计算并披露

| 已清算结束信托项目 | 项目个数 | 实收信托合计金额（万元） | 加权平均实际年化收益率（%） |
|---|---|---|---|
| 证券投资类 | — | — | — |
| 股权投资类 | — | — | — |
| 融资类 | 84 | 1 818 107.00 | 3.13 |
| 事务管理类 | 1 | 52 000.00 | 1.61 |

6.5.2.3 本年度新增的集合类、单一类和财产管理类信托项目个数、实收信托合计金额

单位：万元

| 新增信托项目 | 项目个数 | 实收信托合计金额 |
|---|---|---|
| 集合类 | 60 | 1 224 937.00 |
| 单一类 | 50 | 2 694 933.00 |
| 财产管理类 | — | — |
| 新增合计 | 110 | 3 919 870.00 |
| 其中：主动管理型 | 85 | 3 192 455.00 |
| 被动管理型 | 25 | 727 415.00 |

注：本年新增信托项目指在本报告年度内累计新增的信托项目个数和金额，包含本年度新增并于本年度内结束的项目和本年度新增至报告期末仍在持续管理的信托项目。

6.5.2.4 信托业务创新成果和特色业务有关情况

公司自2009年末开始开展自主管理的组合证券投资信托，并发行了托付宝TOF系列产品。其中，托付宝TOF－1号通过主动管理，动态配置，在全年证券市场震荡下跌的情况下，不仅取得了正收益（7.58%），并且大幅超越市场同类产品、对冲基金指数、公募基金指数、股票指数。这不仅为信托公司开展主动管理的FOHF类产品打下了良好的基础，也为华润信托将来开展此类业务提供了优良的历史业绩。同时，华润信托通过TOF投资实践，总结了FOF的投资理念、投资逻辑、投资体系，使本公司在国内FOF投资领域取得了更大的先发优势。

6.5.2.5 本公司履行受托人义务情况及因本公司自身责任而导致的信托资产损失情况

（1）履行受托人义务情况

公司按照《中华人民共和国信托法》、《信托投资公司管理办法》和《信托投资公司资金信托管理暂行办法》等法律法规的规定严格履行受托人的义务。

严格遵守信托文件的规定，恪尽职守，履行诚实、信用、谨慎、有效管理的义务，为受益人的利益处理信托事务。

每个信托计划设立后，按照信托合同的规定，定期将信托资金运用及收益情况告知信托文件规定的人。

将信托财产与公司固有财产分别管理、分别记账；并对不同的信托财产分别管理；根据不同的信托资金分别开设独立的银行账户。

信托合同到期、集合信托计划终止时，根据信托合同的规定，以信托财产为限向受益人支付信托利益。同时，在信托终止后及时作出处理信托事务的清算报告，按合同约定方式报告。

妥善保管处理信托事务的完整记录、原始凭证及资料，保存期自信托计划终止之日起十五年。同时对委托人、受益人以及处理信托事务的情况和资料依法保密。

根据信托合同及信托计划约定履行其他管理义务。

（2）2010年未发生因公司自身责任导致的信托资产损失；集合信托资产管理没有发生重大涉诉及赔付等情况

6.5.2.6 信托赔偿准备金的提取、使用和管理情况

公司根据《信托投资公司管理办法》的规定，每年从税后利润提取5%的信托赔偿金，截至2010年末累计提取了35 786.17万元。到目前为止，公司未发生过对信托产品赔偿的事项。

## 6.6 关联方关系及其交易的披露

### 6.6.1 关联交易方的数量、关联交易的总金额及关联交易的定价政策等

单位：万元

| | 关联交易方数量 | 关联交易金额 | 定价政策 |
|---|---|---|---|
| 合计 | 5 | 739.93 | 详见注 |

注：关联交易的定价政策：本公司董事会认为上述交易根据正常的商业交易条件进行，并以一般交易价格为定价基础。

### 6.6.2 关联交易方与本公司的关系性质、关联交易方的名称、法定代表人、注册地址、注册资本及主营业务等

| 关系性质 | 关联方名称 | 法定代表人 | 注册地址 | 注册资本 | 主营业务 |
|---|---|---|---|---|---|
| 投资者 | 深圳市国有资产监督管理局 | 张晓莉 | 深圳市福田区深南大道4009号投资大厦17楼 | | 代表国家履行出资人职责，依法对企业国有资产进行监管。 |

续表

| 关系性质 | 关联方名称 | 法定代表人 | 注册地址 | 注册资本 | 主营业务 |
|---|---|---|---|---|---|
| 同一母公司控制公司 | 华润(集团)有限公司 | 宋林 | 香港湾仔港湾道26号华润大厦49楼 | 900 001港元 | 涉及电力、地产、消费品、医药、金融、水泥和燃气等多个领域。 |
| 同一最终控制母公司 | 北京华润大厦有限公司 | 陈鹰 | 北京市东城区建国门北大街8号 | 1 200美元 | 在规划范围内进行房屋及附属配套设施开发、建设及物业管理,包括写字楼的出售、商业设施的租售。 |
| 重大影响的其他企业 | 深国投商用置业有限公司 | 蒋伟 | 深圳市福田区农林路69号深国投广场2号楼9层 | 80 000万元 | 在合法取得土地使用权范围内从事房地产开发经营,自有物业出租,商业信息咨询,从事货物、技术进出口业务(不含分销、国家专营专控商品)等。 |
| 联营公司 | 国信证券股份有限公司 | 何如 | 深圳市罗湖区红岭中路1012号国信证券大厦十六层至二十六层 | 700 000万元 | 证券(含境内上市外资股)的代理买卖等。 |

**6.6.3 本公司与关联方的重大交易事项**

6.6.3.1 固有与关联方:贷款、投资、租赁、应收账款、担保、其他方式等期初汇总数、本期借方和贷方发生额汇总数、期末汇总数

单位:万元

| 固有与关联方关联交易 | | | | |
|---|---|---|---|---|
| | 期初数 | 借方发生额 | 贷方发生额 | 期末数 |
| 贷款 | 51 513.72 | — | 51 513.72 | — |
| 投资 | — | — | — | — |
| 租赁 | — | — | — | — |
| 担保 | 37 500.00 | — | 37 500.00 | — |
| 应收账款 | — | — | — | — |
| 其他应收款项 | 3 363.47 | 122.91 | 3 214.62 | 271.76 |
| 其他应付款项 | 507.68 | 683.25 | 643.74 | 468.17 |
| 合计 | 92 884.87 | 806.16 | 92 872.08 | 739.93 |

6.6.3.2 信托与关联方交易情况:贷款、投资、租赁、应收账款、担保、其他方式等期初汇总数、本期借方和贷方发生额汇总数、期末汇总数

单位:万元

| 信托与关联方关联交易 | | | | |
|---|---|---|---|---|
| | 期初数 | 借方发生数 | 贷方发生数 | 期末数 |
| 贷款 | — | — | — | — |
| 投资 | — | — | — | — |
| 租赁 | — | — | — | — |
| 担保 | — | — | — | — |
| 应收账款 | — | — | — | — |
| 其他 | 12 476.00 | — | — | 12 476.00 |
| 合计 | 12 476.00 | — | — | 12 476.00 |

6.6.3.3 信托公司自有资金运用于自己管理的信托项目(固信交易),信托公司管理的信托项目之间的相互(信信交易)交易金额、包括余额和本报告年度的发生额

6.6.3.3.1 固有财产与信托财产之间的交易金额期初汇总数、本期发生额汇总数、期末汇总数

| 固有财产与信托财产相互交易 | | | |
|---|---|---|---|
| | 期初数 | 本期发生数 | 期末数 |
| 合计 | — | — | — |

6.6.3.3.2 信托项目之间的交易金额期初汇总数、本期发生额汇总数、期末汇总数

| 信托资产与信托财产相互交易 | | | |
|---|---|---|---|
| | 期初数 | 本期发生数 | 期末数 |
| 合计 | — | — | — |

**6.6.4 逐笔披露关联方逾期未偿还本公司资金的详细情况以及本公司为关联方担保发生或即将发生垫款的详细情况**

无。

## 6.7 会计制度的披露

本公司固有业务及信托业务均执行财政部2006年2月15日颁布的《企业会计准则》及其补充规定。

# 7. 财务情况说明书

## 7.1 利润实现和分配情况

经天职会计师事务所审计,2010年公司利润总额151 180.27万元,扣除应交所得税13 197.48万元,实现净利润137 982.79万元。根据公司章程及财务制度的相关规定,按以下利润分配方案分配2010年利润:

(1)根据中国人民银行《信托投资公司管理办法》的规定,按净利润137 982.79万元的5%计提信托赔偿准备金6 899.14万元;

(2)根据公司章程,按净利润137 982.79万元的10%提取法定盈余公积13 798.28万元。

## 7.2 主要财务指标

| 指标名称 | 指标值 |
|---|---|
| 资本利润率(%) | 18.43 |
| 加权年化信托报酬率(%) | 0.82 |
| 人均净利润(万元/人) | 1 226.51 |

注:1. 资本利润率=净利润/所有者权益平均余额×100%。

2. 加权年化信托报酬率=(信托项目1的实际年化信托报酬率×信托项目1的实收信托+信托项目2的实际年化信托报酬率×信托项目2的实收信托+…信托项目n的实际年化信托报酬率×信托项目n的实收信托)/(信托项目1的实收信托+信托项目2的实收信托+…信托项目n的实收信托)×100%。

3. 按监管要求,加权年化信托报酬率指标反映的是报告年度清算结束项目的信托报酬率,并不代表公司报告年度全部项目的实际加权年化信托报酬率。

4. 人均净利润=净利润/年平均人数。

5. 平均值采取期初、期末余额简单平均法,公式为:a(平均)=(期初数+期末数)/2。

### 7.3 对本公司财务状况、经营成果有重大影响的其他事项

无。

## 8. 特别事项揭示

### 8.1 前五名股东报告期内变动情况及原因

无。

### 8.2 董事、监事及高级管理人员变动情况及原因

#### 8.2.1 董事变动情况及原因

2010年5月30日召开的公司2010年第三次股东会议选举宋群先生担任公司董事。同时，因工作岗位变动原因，免去吴丁先生公司董事职务。

2010年5月30日召开的公司2010年第三次股东会议选举桂自强先生担任公司董事。同时，因工作岗位变动原因，免去何建锋先生公司董事职务。

#### 8.2.2 监事变动情况及原因

2010年5月30日召开的公司2010年第三次股东会议选举俞建先生担任公司监事。同时，因工作岗位变动原因，免去王少平先生公司监事职务。

#### 8.2.3 高级管理人员变动情况及原因

无离职人员。

2010年1月15日召开的公司第四届董事会第十八次临时会议聘任田洁先生担任公司副总经理。

2010年7月19日召开的公司第五届董事会第二次临时会议聘任李巍巍先生担任公司副总经理。

### 8.3 变更注册资本、变更注册地或公司名称、公司分立合并事项

无。

### 8.4 公司的重大诉讼事项

无。

### 8.5 公司及其董事、监事和高级管理人员受到处罚的情况

无。

### 8.6 银监会及其派出机构对公司检查意见

2010年5月5日至6月6日，深圳银监局依据《中国银监会关于进一步规范银信合作有关事项的通知》等法律法规，对公司进行了专项现场检查，未提出检查意见。

2010年5月11日至13日，深圳银监局依据《中华人民共和国银行业监督管理办法》相关规定，对公司自主管理能力进行了检查，未提出检查意见。

2010年12月14日至17日，深圳银监局依据《中国银监会办公厅关于加强信托公司房地产信托业务监管有关问题的通知》等法律法规，对公司进行了专项现场检查，认为华润信托对房地产信托业务采取了较为审慎的态度。今后公司将继续高度关注系统性风险，并进一步严格进行风险管控。

### 8.7 本年度重大事项临时报告的简要内容、披露时间、所披露的媒体及其版面

无。

### 8.8 银监会及其省级派出机构认定的其他有必要让客户及相关利益人了解的重要信息

无。

## 9. 公司监事会意见

报告期内，公司的决策程序符合国家法律、法规和公司的章程及相关制度，建立健全了比较有效的内控制度，董事会全体成员及董事会聘任的高级管理人员认真履行了职责，未发现有违法、违规、违章的行为，也没有损害公司利益、股东利益和委托人利益的行为。

报告期内，公司财务报告真实反映了公司财务状况和经营成果。

# 吉林省信托有限责任公司

## 1. 重要提示

1.1 公司董事会及董事保证本报告所载资料不存在任何虚假记载、误导性陈述或者重大遗漏，并对其内容的真实性、准确性和完整性承担个别及连带责任。

1.2 公司独立董事声明本年度报告内容真实、准确和完整。

1.3 公司董事长高福波、主管会计工作负责人邱荣生、会计机构负责人马东生声明：保证年度报告中财务会计报告的真实、完整。

## 2. 公司概况

### 2.1 公司简介

2.1.1 公司概况

公司前身为吉林省经济开发公司，成立于1985年，2002年3月1日经中国人民银行总行银复〔2002〕47号《关于吉林省信托投资公司重新登记有关事项的批复》批准获得重新登记，更名为吉林省信托投资有限责任公司。2009年2月18日，经中国银监会银监复〔2009〕53号《关于吉林省信托投资有限责任公司变更公司名称和业务范围的批复》，更名为吉林省信托有限责任公司。《金融许可证》注册号K0016H222010001，《企业法人营业执照》注册号营业执照220000000098284，《组织机构代码证》编号12391664－1。截至报告期末，公司注册资本金15.96亿元（含外汇1 815万美元），吉林省财政厅代表吉林省政府持股97.496%，其余四名股东吉林省能源交通总公司、吉林炭素集团有限责任公司、吉林粮食集团有限公司、吉林化纤集团有限责任公司各持股0.626%。

2.1.2 公司法定名称

公司法定中文名称：吉林省信托有限责任公司

中文名称缩写：吉林信托

公司法定英文名称：Jilin Province Trust Co.，Ltd.

英文名称缩写：JPTC

2.1.3 法定代表人：高福波

2.1.4 注册地址：吉林省长春市长春大街500号

2.1.5 邮政编码：130041

2.1.6 国际互联网网址：www.jptic.com.cn

2.1.7 电子信箱：jptic@jptic.com.cn

2.1.8 负责信息披露事务人：张　巍

联系电话：0431－88993589

传 真：0431－88993573

电子信箱：zhangwei@jptic.com.cn

2.1.9 信息披露报纸：《上海证券报》

2.1.10 年度报告备置地点：吉林省长春市长春大街500号吉信大厦1002室

2.1.11 聘请的会计师事务所：中准会计师事务所有限公司

住所：北京市海淀区首体南路22号国兴大厦4层

2.1.12 聘请的律师事务所：吉林义理律师事务所

住所：长春市皓月大路739号

### 2.2 组织结构

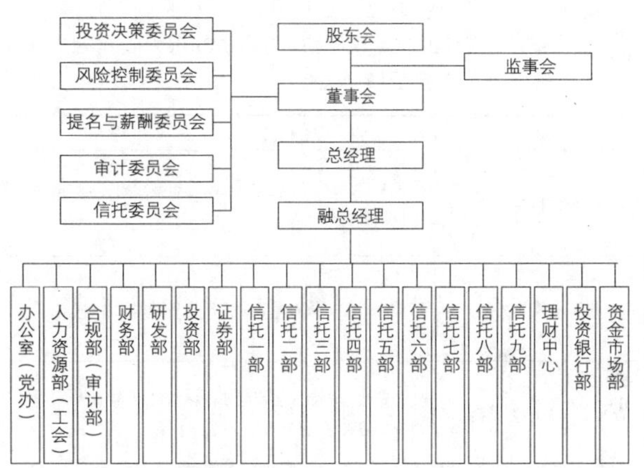


## 3. 公司治理

### 3.1 公司治理结构

**3.1.1 股东**

3.1.1.1 报告期末共有股东五位，最终控制人为吉林省财政厅，持股10%以上股份的股东情况如表3.1.1.1

股东总数：5。

| 股东名称 | 持股比例（%） | 法人代表 |
|---|---|---|
| 吉林省财政厅 | 97.496 | 王化文 |

3.1.1.2 公司前三位股东情况

| 股东名称 | 持股比例（%） | 法人代表 | 注册资本（亿元） | 注册地址 | 主要经营业务及主要财务情况 |
|---|---|---|---|---|---|
| 吉林省财政厅 | 97.496 | 王化文 | | | |
| 吉林粮食集团有限公司 | 0.626 | 孟祥久 | 6.6 | 长春市春城大街1515号 | 粮食、油脂、油料、食品及农副产品收购、加工、销售，粮油机械制造、经济信息咨询服务、商业、物资供销业，批发、零售、代销、代购、自营和代理粮油食品、纺织丝绸、工艺品、轻工业品、化工产品及技术进出口业务。 |
| 吉林化纤集团有限责任公司 | 0.626 | 王进军 | 8.1 | 吉林省吉林市九站街516－1号 | 国有资产经营：承包境外化纤行业工程及境内国际招标工程，上述境外工程所需的设备、材料出口，对外派遣实施上述境外工程所需的劳务人员。 |

### 3.1.2 董事、董事会及其下属委员会

#### 3.1.2.1 董事会成员

| 职务 | 姓名 | 性别 | 年龄 | 选任日期 | 代表股东 | 该股东持股比例(%) | 简要履历 |
|---|---|---|---|---|---|---|---|
| 董事长 | 高福波 | 男 | 47 | 2007年6月28日 | 吉林省财政厅 | 97.496 | 曾任白山市人民银行科技科科长、办公室主任、副行级助理稽察，白山市农村信用联社理事长、党委书记，吉林省农村信用社联合社资金信贷处处长，吉林省农村信用社联合社副主任；现任吉林省信托有限责任公司董事长、党委书记。 |
| 董事 | 邱荣生 | 男 | 56 | 2001年7月20日 | 吉林省财政厅 | 97.496 | 曾任香港振兴投资公司副总经理，吉林省财政厅规划办公室副主任，吉林省信托投资公司办公室主任、技改处处长、财政委托部经理、机关党委副书记、总经理助理、董事、副总经理、党委副书记；现任吉林省信托有限责任公司董事、总经理兼党委副书记。 |
| 董事 | 王劲松 | 男 | 47 | 2007年12月27日 | 吉林省财政厅 | 97.496 | 曾任吉林省社会科学院软科学所副所长、副研究员，吉林省政府办公厅综合处助理调研员，吉林省委组织部经济干部处助理调研员，吉林省企业工委组织部副部长、调研员，吉林省国资委企业领导人员管理处副处长、调研员，吉林森林工业集团公司董事、通化钢铁集团公司国有股股东代表，吉林省国资委董事会监事会工作处处长，吉林省监事会工作办公室主任；现任吉林省信托有限责任公司董事、党委副书记、纪委书记、工会主席。 |
| 董事 | 蔡立东 | 男 | 42 | 2010年3月19日 | 独立董事 | | 曾任吉林省交通厅体改法规处任科员、副主任科员、主任科员，吉林大学法学院工作，历任讲师、副教授、教授、博士生导师、法学院副院长。 |
| 董事 | 张　巍 | 男 | 33 | 2010年3月19日 | 职工董事 | | 曾任天富期货经纪有限公司办公室主任、海口营业部负责人，吉林省信托有限责任公司总经理秘书、办公室副主任；现任吉林省信托有限责任公司董事、董事会秘书、办公室主任、党办主任。 |

#### 3.1.2.2 董事会设立独立董事

报告期内，增设独立董事职位，聘请蔡立东为公司独立董事。

#### 3.1.2.3 董事会下属委员会

| 名称 | 职责 | 组成人员姓名 | 职务 |
|---|---|---|---|
| 风险控制委员会 | 负责制定、审核风险控制制度，监督制度执行，对重大业务事项从风险管理角度向董事会提出意见和建议。 | 高福波 | 主任委员 |
| | | 蔡立东 | 委员 |
| | | 张　巍 | 委员 |
| 投资决策委员会 | 对重大投资决策向董事会提出意见和建议。 | 邱荣生 | 主任委员 |
| | | 王劲松 | 委员 |
| | | 蔡立东 | 委员 |
| 提名与薪酬委员会 | 负责董事会任命人员提名及资格审核，负责薪酬制度及具体方案的评估、审定以及落实情况的跟踪、监督。 | 邱荣生 | 主任委员 |
| | | 王劲松 | 副主任委员 |
| | | 张　巍 | 副主任委员 |
| 信托委员会 | 对信托计划设立、发行、信托计划运营、信托财产管理运用或处分、信托计划变更、终止与清算提出意见或建议；了解信托业务开展情况，督促公司依法履行受托职责；对信托利益计算和支付等提出意见或建议，保证公司为受益人的最大利益服务。 | 蔡立东 | 主任委员 |
| | | 邱荣生 | 委员 |
| | | 王劲松 | 委员 |
| 审计委员会 | 负责批准公司内部审计制度、中长期审计规划和年度工作计划，监督公司的内部审计基本制度及其实施及内部审计与外部审计之间的沟通。 | 蔡立东 | 主任委员 |
| | | 高福波 | 委员 |
| | | 张　巍 | 委员 |

### 3.1.3 监事、监事会及其下属委员会

#### 3.1.3.1 监事会成员

| 职务 | 姓名 | 性别 | 年龄 | 选任日期 | 代表股东 | 该股东持股比例(%) | 简要履历 |
|---|---|---|---|---|---|---|---|
| 监事长 | 钟湘华 | 男 | 53 | 2007年1月22日 | 吉林省国资委委派 | | 曾任吉林省审计局商贸审计处科员、副主任科员、主任科员，吉林省审计局商贸处、金融审计处副处长，吉林省审计局（厅）金融审计处处长，吉林省政府办公厅财务处处长，吉林省政府驻上海办事处副主任、党组成员，吉林省省属国有企业监事会主席（副厅长级）；现任吉林省信托有限责任公司监事会主席。 |
| 监事 | 林有君 | 男 | 53 | 2007年1月22日 | 省国资委委派 | | 曾任吉林省财政厅会计处副主任科员、涉外部副主任、主任，吉林省财政厅会计师事务所副所长、所长，吉林建元会计师事务有限公司主任会计师，吉林中信会计师事务有限公司副所长，省政府派驻省直属国家投资企业监事会专职监事，省属国有企业外派监事会专职监事（正处长级）；现任吉林省信托有限责任公司监事。 |

续表

| 职务 | 姓名 | 性别 | 年龄 | 选任日期 | 代表股东 | 该股东持股比例(%) | 简要履历 |
|---|---|---|---|---|---|---|---|
| 监事 | 项前 | 男 | 47 | 2003年3月12日 | 职工监事 | | 曾任吉林省信托投资有限责任公司审计稽核研发部副经理、自营基金部经理助理、合规监控部副经理;现任吉林省信托有限责任公司监事、合规部副经理。 |
| 监事 | 郭燕 | 女 | 48 | 2005年11月8日 | 职工监事 | | 曾任吉林省信托投资公司党委人事部副经理,吉林省信托投资有限责任公司人力资源部经理、信托业务部经理;现任吉林省信托有限责任公司监事、投资部经理。 |

3.1.3.2 监事会未设立下属委员会

**3.1.4 主要高级管理人员**

| 姓名 | 职务 | 性别 | 年龄 | 选任日期 | 金融从业年限 | 学历 | 专业 | 简要履历 |
|---|---|---|---|---|---|---|---|---|
| 邱荣生 | 总经理 | 男 | 56 | 2005年11月7日 | 17 | 大学 | 财政 | 曾任香港振兴投资公司副总经理,吉林省财政厅规划办公室副主任,吉林省信托投资公司办公室主任、技改处处长、财政委托部经理、机关党委副书记、总经理助理、董事、副总经理、党委副书记;现任吉林省信托有限责任公司董事、总经理兼党委副书记。 |
| 崔学斌 | 副总经理 | 男 | 42 | 2008年3月 | 18 | 硕士 | 会计 | 曾任吉林省国际信托投资公司财务处会计,吉林省国际经济贸易开发公司财务处会计、科长、副处长,吉林省兴业国际有限公司财务部经理,东北证券有限责任公司计划财务部总经理、稽核审计部总经理,吉林省信托投资有限责任公司计划财务部经理;现任吉林省信托投资有限责任公司副总经理。 |
| 吕文龙 | 副总经理 | 男 | 47 | 2008年8月 | 24 | 硕士 | 金融 | 曾任吉林省人民银行金融管理处办事员、科员、副处长,吉林省人民银行银行处副处长,吉林省人民银行外汇管理处副处长,吉林省人民银行非银行处副处长,中国证监会长春特派办机构处处长、稽查处处长,中国证监会吉林监管局期货处处长,吉林省信托投资有限责任公司总经理助理;现任吉林省信托有限责任公司副总经理。 |
| 张如石 | 副总经理 | 男 | 52 | 2008年8月 | 16 | 大学 | 财政金融 | 曾任省财政厅研究所副主任、主任、助研、副研究员,省中青年财金研究会秘书长,吉林省财务会计咨询公司常务副总经理,省创业投资基金管理公司研究中心主任、吉林省信托投资有限责任公司研究员(注册会计师)、市场创新研发部经理、审计总监;现任吉林省信托有限责任公司副总经理。 |

**3.1.5 公司员工**

| 项目 | | 2009年 | | 2010年 | |
|---|---|---|---|---|---|
| | | 人数 | 比例(%) | 人数 | 比例(%) |
| 年龄分布 | 25岁以下 | 7 | 7.6 | 14 | 11.29 |
| | 25~29岁 | 13 | 14.28 | 25 | 20.16 |
| | 30~39岁 | 31 | 34.07 | 34 | 27.42 |
| | 40岁以上 | 40 | 43.96 | 51 | 41.13 |
| 学历分布 | 博士 | 1 | 1.1 | 4 | 3.23 |
| | 硕士 | 18 | 19.78 | 30 | 24.19 |
| | 本科 | 52 | 57.14 | 65 | 52.42 |
| | 专科 | 15 | 16.48 | 18 | 14.52 |
| | 其他 | 5 | 5.5 | 7 | 5.64 |
| 岗位分布 | 董事、监事及高管人员 | 12 | 12.5 | 12 | 9.45 |
| | 自营业务人员 | 11 | 11.04 | 10 | 7.87 |
| | 信托业务人员 | 36 | 37.5 | 61 | 48.03 |
| | 其他人员 | 37 | 38.54 | 44 | 34.65 |

# 4. 经营概况

## 4.1 经营目标、方针、战略规划

**4.1.1 经营目标**

一如既往地支持地方经济建设,以"一流的信誉、一流的水平、一流的技术、一流的管理",珍视所托,专业服务,铸就诚信,努力将自身打造成为极具核心竞争力的金融信托机构。通过各种金融创新,力求在政府层面理财、企业资产管理、个人财富保值增值等各方面达到业内最优,为社会和公众提供值得信赖的高质量的信托理财和财富管理服务。

**4.1.2 经营方针**

遵循"面向市场、规模适度、资本充足、风险最小、效益最大、回报最高"的宗旨和"恪尽职守、诚信为本、客户至尊"的理念,始终以风险防范为主线,不断加强业务创新和产品研发的力度,根据客户对风险和收益的不同偏好,在资本市场、货币市场、实业投资领域为客户提供金融信托、基金管理、证券投资、投资银行、风险投资、融资租赁、期货经纪等多样化、个性化、专业化的金融服务,最大限度地满足客户的需求。

**4.1.3 战略规划**

通过引进战略投资人增资扩股,壮大公司资本实力,提高管理技术,吸引更多优秀人才;明确公司发展的战略目标,在把信托主营业务做精、做细、做专、做好的基础上,逐步向集信托、基金、期货、证券、商行、保险、投行于一体的在境内外上市的现代金融控股集团迈进,打造以客户需求和市场创新为中心的投融资平台,为境内外投资者和金融消费者提供全方位的优质服务,力争综合实力进入全国信托业先进行列,并为涉足国际金融市场奠定基础。

## 4.2 所经营业务的主要内容

按照中国银行业监督管理委员会规定的业务范围,公司开展的业务主要分为信托业务和固有资产管理业务两类。信托业务主要包括资金信托、股权信托等业务。资金信托包括单一资金信托和集合资金信托。按资金运用方式划分,包括投资类信托、贷款类信托等。固有财产管理业务主要为金融企业股权投资、贷款、证券投资、担保等。

## 4.3 市场分析

### 4.3.1 影响本公司业务发展的有利因素

(1)我国经济多年的快速发展和金融改革不断深化为信托业带来了广阔的发展空间。

(2)信托产品创新活跃,制度创新稳步推进。

(3)借助与地方政府良好的合作关系,迎来长图发展战略创造的历史机遇。

(4)紧跟信托业发展趋势,积极谋划业务转型。

(5)加强与金融机构的广泛合作,实现信托业务快速增长。

### 4.3.2 影响本公司业务发展的不利因素

(1)信托业的弱势地位未见明显改善。

(2)地方经济欠发达,信托的社会认知度不高。

(3)国家宏观调控政策陆续出台,对信托业务发展产生一定影响。

(4)公司自身存在的问题,仍然制约公司快速发展。

## 4.4 内部控制

### 4.4.1 内部控制环境和内部控制文化

(1)企业内控环境是内部控制整体框架的基础,是有效实施内部控制的保障。2010年公司不断优化内部控制环境,完善法人治理结构,形成权力机构、决策机构、监督机构和管理层之间的相互制衡机制。通过建立权责明确、报告关系清晰的组织结构和科学的决策系统,制定科学的激励与约束机制,完善规章制度体系,执行固有财产和信托财产分账管理,实施贷审分离、业务事项双审双签等一系列措施,为内部控制的有效性提供必要的前提条件。公司治理机制运行合理、执行有效,切实保障了委托人、受益人和出资人合法利益的顺利实现。

(2)公司始终注重培育良好的内部控制文化,在全体员工中树立合规经营的理念和"内控优先"的经营原则。针对公司不断增加的业务品种,及时梳理和完善相关规章制度,理顺操作流程,保证规章制度能覆盖各项业务控制的关键风险点,促进公司内控管理的规范化、流程化和标准化。

通过制定并实施员工行为规范,加强员工法律、法规培训,组织全员考试等多种形式的内控文化建设,保证全体员工及时了解国家法律法规和监管部门的各项规定及公司规章制度,使各项风险防范措施嵌入各个操作岗位之中。良好的内部控制文化提高了公司员工防范化解风险和合规经营的意识,促进了公司各项业务的健康发展。

### 4.4.2 内部控制措施

公司具有完善的法人治理结构,股东会、董事会、监事会与管理层按照法律法规、公司章程等内部制度各自独立履行职责。公司设立内部审计部门,履行对内部控制的监督检查职能,根据监督检查结果提出内部控制缺陷及改进建议提交董事会、管理层,并监督检查有关部门和岗位对改进建议的落实情况。公司股东会、董事会、监事会、管理层按照《审计法》等法律法规的要求,积极支持内部审计部门开展内部控制的检查监督和评价工作。

公司按照审慎经营原则,制定了明确的内部控制政策,重新修订实施包括业务管理、财务管理、稽核监督等方面规章制度17项,增补管理制度13项,已形成并不断完善包括岗位职责、业务受理、审查、贷审分离和重要业务双审双签、授权和审批、内部稽核监督程序等的内部控制程序,防范了人为因素带来的经营风险。

### 4.4.3 信息交流与反馈

公司已实现管理信息化,建立有效的信息共享、信息交流和信息反馈机制,不断完善信息识别、收集、处理、交流、沟通、反馈、披露的渠道和方式,确保董事会、监事会和高级管理层及时了解本公司的经营和风险状况,确保每一项信息均能传递给相关的员工,各部门和员工的有关信息均能够顺畅反馈。信息交流和反馈机制运行有效。

### 4.4.4 监督评价与纠正

公司已建立一个立体的、全方位的监督制约体系:纵向监督体现为董事会、监事会对管理层的监督制约、管理层对业务部门的监督制约;横向监督主要体现为五个管理委员会(风险控制委员会、投资决策委员会、提名与薪酬委员会、审计委员会和信托委员会)对管理层的监督制约,部门之间、岗位之间的相互监督制约。同时,审计部门对整个公司的风险、内部控制进行独立监督和评价,定期进行检查,并要求相关部门对发现的问题限期整改。

## 4.5 风险管理

### 4.5.1 风险管理概况

4.5.1.1 公司经营活动中可能遇到的风险

遇到的风险主要有信用风险、市场风险、操作风险、政策风险、其他风险。

4.5.1.2 公司风险管理的基本原则与政策

风险管理贯彻全面性、及时性、有效性、制约性、审慎性、独立性等原则,覆盖公司各项业务、所有部门和岗位,渗透决策、执行、监督、反馈各个环节,成为业务流程、管理架构和公司整体体系及员工责任的有机组成部分,对风险进行事前防范、事中控制、事后监督,促进公司规范经营、持续发展。

### 4.5.2 风险状况

4.5.2.1 信用风险状况

公司面临的信用风险主要是在业务开展中交易对手或贷款类资产其贷款对象违约的风险,以及因其他信托公司的信用危机而引发的信托行业的信用风险。公司根据中国银行业监督管理委员会银监发《关于非银行金融机构全面推行资产质量五级分类管理的通知》文件规定实行以风险为基础的五级分类,计提资产减值准备。报告期公司不良资产期初数为0万元,期末数为0万元。

4.5.2.2 市场风险状况

市场风险主要指股价、汇率、利率变动所产生的风险。由于2010年我国实施了积极的财政政策和适度宽松货币政策,公司投资收益增加;人民币汇率、存贷款基准利率整体平稳,有利于公司主营业务收入稳定。

4.5.2.3 操作风险状况

操作风险主要是由于内部业务流程、系统不完善或工作人员操作失误可能给公司造成损失的风险;公司外部因素如网络安全问题、通信系统故障等原因也可能给公司造成损失或影响公司正常运营。

4.5.2.4 其他风险状况

其他风险主要是政策风险和道德风险。政策风险表现为政策变动可能对公司经营和发展产生的影响;道德风险主要是由于公司内部人员主观原因不能诚信、合法、合规经营给公司带来的影响和损失。

**4.5.3 风险管理**

4.5.3.1 信用风险管理

信用风险管理主要是通过事前对交易对手信用状况详尽调查、设定担保、事前审查、资产风险分类、计提风险准备、聘请外部律师等措施防范信用风险。对贷款项目均要求设定担保,以抵押登记手续完备和可变现为抵押品确认原则,根据抵押品价值可能变动情况及可变现值分别确定抵押品与贷款本金的比例;对保证类贷款在《贷款业务管理办法》中不仅规定了借款人、担保人的条件、范围,而且详细规定了对此类业务的审查标准;按中国银行业监督管理委员会银监发〔2004〕4号《关于非银行金融机构全面推行资产质量五级分类管理的通知》要求实行风险资产五级分类管理,按照财政部财金〔2005〕49号的《金融企业呆账准备提取管理办法》要求计提各项准备,原则上一般风险准备金余额不低于风险资产期末余额的1%。

4.5.3.2 市场风险管理

2010年公司密切关注经济发展的变化趋势,通过全面客观分析经济形势,科学选择、组合投资、分散投资,跟踪分析汇率、利率变动走势等方式把股价和利率变动造成的影响控制在合理范围之内,确保资产安全。

4.5.3.3 操作风险管理

公司建立信息化操作管理系统,减少手工操作可能导致的损失,同时采用明确岗位职责、完善业务流程、加大技术手段投入、强化业务过程监控、提高业务技能等一系列措施控制操作风险。

4.5.3.4 其他风险管理

通过对宏观政策和行业政策的及时跟踪研究,把握和调整经营方向,规避政策风险。通过完善公司治理结构、内控制度、激励和约束机制、员工行为规范,加强思想教育,控制道德风险。

## 5. 报告期末及上年末的比较式会计报表

### 5.1 自营资产

**5.1.1 会计师事务所审计意见全文**

中准会计师事务所有限公司

**审计报告**

中准审字〔2011〕第2046号

吉林省信托有限责任公司:

我们审计了后附的吉林省信托有限责任公司(以下吉林信托)合并财务报表,包括2010年12月31日的合并资产负债表,2010年度的合并利润表,合并所有者权益变动表和合并现金流量表以及合并财务报表附注。

一、管理层对财务报表的责任

按照企业会计准则的规定编制财务报表是吉林信托管理层的责任,这种责任包括:(1)设计、实施和维护与财务报表编制相关的内部控制,以使财务报表不丰在由于舞弊或错误而导致的重大错误;(2)选择和运用恰当的会计政策;(3)作出合理的会计估计。

二、注册会计师的责任

我们的责任是在实施审计工作的基础上对财务报表发表审计意见。我们按照中国注册会计师审计准则的规定执行了审计工作,中国注册会计师审计准则要求我们遵守职业道德规范,计划和实施审计工作以对财务报表是否不存在重大错报获取合理保证。

审计工作涉及实施审计程序,以获取有关财务报表金额和披露的审计证据,选择的审计程序取决于注册会计师 的判断,包括对由于舞弊或错误导致的财务报表重大错报风险的评估。在进行风险评估时,我们考虑与财务报表编制相关的内部控制,以设计恰当的审计程序,但目的并非对内部控制的有效性发表意见。审计工作还包括评价管理层选用会计政策的恰当和作出会计估计的合理性,以及评价财务报表的总体列报。

我们相信,我们获取的审计证据是充分、适当的,为发表审计意见提供了基础。

三、审计意见

我们认为,吉林信托财务报表已经按照企业会计准则的规定编制,在所有重大方面公允反映了吉林信托2010年12月31日的财务状况以及2010年度的经营成果和现金流量。

中准会计师事务所

中国·北京

中国注册会计师

中国注册会计师

二〇一一年四月十五日

**5.1.2 资产负债表**

**合并资产负债表**

编制单位:吉林省信托有限责任公司 2010年12月31日 单位:万元

| 资　产 | 期末余额 | 年初余额 | 负债和所有者权益 | 期末余额 | 年初余额 |
|---|---|---|---|---|---|
| 资产: | | | 负债: | | |
| 现金及存放中央银行款项 | 59.16 | 62.31 | 向中央银行借款 | | |
| 存放同业及其他金融机构款项 | 26 883.20 | 21 337.89 | 同业及其他金融机构存放款项 | | |
| 贵金属 | | | 拆入资金 | | |
| 拆出资金 | | | 交易性金融负债 | | |

续表

| 资　　产 | 期末余额 | 年初余额 | 负债和所有者权益 | 期末余额 | 年初余额 |
|---|---|---|---|---|---|
| 交易性金融资产 | 5 975.83 | 16 694.13 | 衍生金融负债 | | |
| 衍生金融资产 | | | 卖出回购金融资产款 | | 20 000.00 |
| 买入返售金融资产 | | | 吸收存款 | | |
| 应收利息 | 3.26 | 54.35 | 应付职工薪酬 | 2 908.51 | 1 674.21 |
| 发放贷款及垫款 | 35 729.06 | 32 380.00 | 应交税费 | 4 678.92 | 2 064.69 |
| 可供出售金融资产 | 10 971.75 | 16 258.55 | 应付利息 | | |
| 持有至到期投资 | 23 718.00 | 24 999.99 | 预计负债 | | |
| 长期股权投资 | 88 225.00 | 66 711.32 | 应付债券 | | |
| 投资性房地产 | | | 递延所得税负债 | | 315.41 |
| 固定资产 | 9 323.33 | 9 546.46 | 其他负债 | 37 831.42 | 21 577.14 |
| 在建工程 | | | 负债合计 | 45 418.85 | 45 631.45 |
| 无形资产 | 658.65 | 445.86 | 所有者权益： | | |
| 递延所得税资产 | 1 714.64 | 166.06 | 实收资本 | 159 659.75 | 159 659.75 |
| 其他资产 | 50 349.64 | 51 453.99 | 资本公积 | −2 721.86 | 946.24 |
| | | | 减：库存股 | | |
| | | | 盈余公积 | 14 531.47 | 11 087.12 |
| | | | 一般风险准备 | 2 204.27 | 2 204.26 |
| | | | 信托赔偿准备 | 3 372.45 | 2 511.37 |
| | | | 未分配利润 | 26 536.73 | 13 515.82 |
| | | | 外币报表折算差额 | | |
| | | | 归属于母公司的所有者权益合计 | 203 582.81 | 189 924.56 |
| | | | 少数股东权益 | 4 609.86 | 4 554.90 |
| | | | 所有者权益合计 | 208 192.67 | 194 479.46 |
| 资产总计 | 253 611.52 | 240 110.91 | 负债和所有者权益总计 | 253 611.52 | 240 110.91 |

法定代表人：高福波　　主管会计工作负责人：邱荣生　　会计机构负责人：马东生

## 母公司资产负债表

编制单位：吉林省信托有限责任公司　　2010 年 12 月 31 日　　单位：万元

| 资　　产 | 期末余额 | 年初余额 | 负债和所有者权益 | 期末余额 | 年初余额 |
|---|---|---|---|---|---|
| 资产： | | | 负债： | | |
| 现金及存放中央银行款项 | 58.02 | 62.00 | 向中央银行借款 | | |
| 存放同业及其他金融机构款项 | 14 210.97 | 12 073.43 | 同业及其他金融机构存放款项 | | |
| 贵金属 | | | 拆入资金 | | |
| 拆出资金 | | | 交易性金融负债 | | |
| 交易性金融资产 | 545.52 | 11 686.14 | 衍生金融负债 | | |
| 衍生金融资产 | | | 卖出回购金融资产款 | | 20 000.00 |
| 买入返售金融资产 | | | 吸收存款 | | |
| 应收利息 | | 54.35 | 应付职工薪酬 | 2 854.13 | 1 650.23 |
| 发放贷款及垫款 | 35 229.06 | 32 180.00 | 应交税费 | 4 563.21 | 1 972.15 |
| 可供出售金融资产 | 10 971.75 | 16 258.55 | 应付利息 | | |
| 持有至到期投资 | 23 718.00 | 24 999.99 | 预计负债 | | |
| 长期股权投资 | 104 087.00 | 82 578.32 | 应付债券 | | |
| 投资性房地产 | | | 递延所得税负债 | | 315.41 |
| 固定资产 | 6 881.09 | 7 073.74 | 其他负债 | 14 633.53 | 13 175.00 |
| 在建工程 | | | 负债合计 | 22 050.87 | 37 112.79 |
| 无形资产 | 384.97 | 130.62 | 所有者权益： | | |
| 递延所得税资产 | 1 705.18 | 166.07 | 实收资本 | 159 659.75 | 159 659.75 |
| 其他资产 | 31 486.41 | 43 523.05 | 资本公积 | −2 721.86 | 946.24 |
| | | | 减：库存股 | | |
| | | | 盈余公积 | 14 531.47 | 11 087.12 |
| | | | 一般风险准备 | 2 204.27 | 2 204.27 |
| | | | 信托赔偿准备 | 3 372.45 | 2 511.37 |
| | | | 未分配利润 | 30 181.02 | 17 264.72 |
| | | | 所有者权益合计 | 207 227.10 | 193 673.47 |
| 资产总计 | 229 277.97 | 230 786.26 | 负债和所有者权益总计 | 229 277.97 | 230 786.26 |

法定代表人：高福波　　主管会计工作负责人：邱荣生　　会计机构负责人：马东生

### 5.1.2 利润表

**合并利润表**

2010 年 12 月 31 日

编制单位：吉林省信托有限责任公司　　单位：万元

| 项　目 | 本期金额 | 上期金额 |
|---|---|---|
| 一、营业收入 | 44 008.41 | 24 812.05 |
| 利息净收入 | 8 852.01 | 2 077.29 |
| 利息收入 | 9 104.03 | 2 088.00 |
| 利息支出 | 252.02 | 10.71 |
| 手续费及佣金净收入 | 30 075.74 | 14 008.96 |
| 手续费及佣金收入 | 30 866.01 | 14 009.06 |
| 手续费及佣金支出 | 790.27 | 0.10 |
| 投资收益(损失以"－"号填列) | 4 253.74 | 5 589.04 |
| 其中：对联营企业和合营企业的投资收益 | — | — |
| 公允价值变动收益(损失以"－"号填列) | 689.00 | 2 892.81 |
| 汇兑收益(损失以"－"号填列) | -59.08 | -4.04 |
| 其他业务收入 | 197.00 | 247.99 |
| 二、营业支出 | 21 378.89 | 10 266.65 |
| 营业税金及附加 | 2 335.55 | 1 138.06 |
| 业务及管理费 | 16 218.66 | 12 319.08 |
| 资产减值损失 | 2 770.26 | -3 190.49 |
| 其他业务成本 | 54.42 | |
| 三、营业利润(亏损以"－"号填列) | 22 629.52 | 14 545.40 |
| 加：营业外收入 | 360.21 | 575.55 |
| 减：营业外支出 | 484.11 | 23.91 |
| 四、利润总额(亏损总额以"－"号填列) | 22 505.61 | 15 097.04 |
| 减：所得税费用 | 5 124.31 | 3 015.03 |
| 五、净利润(净亏损以"－"号填列) | 17 381.30 | 12 082.01 |
| 归属于母公司所有者的净利润 | 17 326.34 | 11 199.86 |
| 少数股东损益 | 549 625.62 | 882.15 |
| 六、每股收益： | | |
| (一)基本每股收益 | | |
| (二)稀释每股收益 | | |

法定代表人：高福波　　主管会计工作负责人：邱荣生　　会计机构负责人：马东生

**母公司利润表**

2010 年 12 月 31 日

编制单位：吉林省信托有限责任公司　　单位：万元

| 项　目 | 本期金额 | 上期金额 |
|---|---|---|
| 一、营业收入 | 36 459.60 | 15 072.68 |
| 利息净收入 | 8 571.75 | 1 824.07 |
| 利息收入 | 8 823.77 | 1 834.78 |
| 利息支出 | 252.02 | 10.71 |
| 手续费及佣金净收入 | 22 924.18 | 5 820.39 |
| 手续费及佣金收入 | 23 714.45 | 5 820.39 |
| 手续费及佣金支出 | 790.27 | |
| 投资收益(损失以"－"号填列) | 4 475.53 | 6 431.68 |
| 其中：对联营企业和合营企业的投资收益 | | |
| 公允价值变动收益(损失以"－"号填列) | 350.22 | 803.58 |
| 汇兑收益(损失以"－"号填列) | -59.08 | -4.04 |
| 其他业务收入 | 197.00 | 197.00 |
| 二、营业支出 | 13 714.20 | 2 583.78 |
| 营业税金及附加 | 1 937.57 | 681.72 |
| 业务及管理费 | 8 951.94 | 5 006.56 |
| 资产减值损失 | 2 770.26 | -3 190.49 |
| 其他业务成本 | 54.42 | 85.99 |
| 三、营业利润(亏损以"－"号填列) | 22 745.40 | 12 488.90 |
| 加：营业外收入 | | 562.28 |
| 减：营业外支出 | 416 | 16.45 |
| 四、利润总额(亏损总额以"－"号填列) | 22 329.40 | 13 034.73 |
| 减：所得税费用 | 5 107.67 | 3 006.27 |
| 五、净利润(净亏损以"－"号填列) | 17 221.73 | 10 028.46 |
| 六、每股收益： | | |
| (一)基本每股收益 | | |
| (二)稀释每股收益 | | |

法定代表人：高福波　　主管会计工作负责人：邱荣生　　会计机构负责人：马东生

### 5.1.3 所有者权益变动表

**合并所有者权益变动表**

编制单位：吉林省信托有限责任公司　　2010 年 12 月 31 日　　单位：万元

| 项　目 | 本期金额 | | | | | | | | | |
|---|---|---|---|---|---|---|---|---|---|---|
| | 归属于母公司所有者权益 | | | | | | | | 少数股东权益 | 所有者权益合计 |
| | 实收资本 | 资本公积 | 减：库存股 | 盈余公积 | 一般风险准备 | 信托赔偿准备 | 未分配利润 | 其他 | | |
| 一、上年末余额 | 159 659.75 | 946.24 | | 11 168.92 | 2 204.27 | 2 531.82 | 14 316.66 | | 4 060.81 | 194 888.47 |
| 加：会计政策变更 | | | | | | | | | | |
| 前期差错更正 | | | | -81.80 | | -20.45 | -800.84 | | 494.08 | -409.01 |
| 其他 | | | | | | | | | | |
| 二、本年初余额 | 159 659.75 | 946.24 | | 11 087.12 | 2 204.27 | 2 511.37 | 13 515.82 | | 4 554.90 | 194 479.47 |
| 三、本年增减变动金额(减少以"－"号填列) | | -3 668.10 | | 3 444.35 | | 861.08 | 13 020.91 | | 54.96 | 13 713.20 |
| (一)净利润 | | | | | | | 17 326.34 | | 54.96 | 17 381.30 |
| (二)直接计入所有者权益的利得和损失 | | -3 668.10 | | | | | | | | -3 668.10 |
| 1. 可供出售金融资产公允价值变动净额 | | -3 668.10 | | | | | | | | -3 668.10 |

续表

| 项　目 | 本期金额 | | | | | | | | | |
|---|---|---|---|---|---|---|---|---|---|---|
| | 归属于母公司所有者权益 | | | | | | | | 少数股东权益 | 所有者权益合计 |
| | 实收资本 | 资本公积 | 减:库存股 | 盈余公积 | 一般风险准备 | 信托赔偿准备 | 未分配利润 | 其他 | | |
| （1）计入所有者权益金额 | | -3 668.10 | | | | | | | | -3 668.10 |
| （2）转入当期损益的金额 | | | | | | | | | | |
| 2. 现金流量套期工具公允价值变动净额 | | | | | | | | | | |
| （1）计入所有者权益金额 | | | | | | | | | | |
| （2）转入当期损益的金额 | | | | | | | | | | |
| （3）计入被套期项目初始确认金额中的金额 | | | | | | | | | | |
| 3. 权益法下被投资单位其他所有者权益变动的影响 | | | | | | | | | | |
| 4. 与计入所有者权益项目相关的所得税影响 | | | | | | | | | | |
| 5. 其他 | | | | | | | | | | |
| 上述（一）和（二）小计 | | -3 668.10 | | | | | 17 326.34 | | 54.96 | 13 713.20 |
| （三）所有者投入和减少资本 | | | | | | | | | | |
| 1. 所有者投入资本 | | | | | | | | | | |
| 2. 股份支付计入所有者权益的金额 | | | | | | | | | | |
| 3. 其他 | | | | | | | | | | |
| （四）利润分配 | | | | 3 444.35 | | 861.08 | -4 305.43 | | | |
| 1. 提取盈余公积 | | | | 3 444.35 | | | -3 444.35 | | | |
| 2. 提取一般风险准备 | | | | | | | | | | |
| 3. 提取信托赔偿准备 | | | | | | 861.08 | -861.08 | | | |
| 4. 对所有者的分配 | | | | | | | | | | |
| 5. 其他 | | | | | | | | | | |
| （五）所有者权益内部结转 | | | | | | | | | | |
| 1. 资本公积转增资本 | | | | | | | | | | |
| 2. 盈余公积转增资本 | | | | | | | | | | |
| 3. 盈余公积弥补亏损 | | | | | | | | | | |
| 4. 一般风险准备弥补亏损 | | | | | | | | | | |
| 5. 其他 | | | | | | | | | | |
| 四、本年末余额 | 159 659.75 | -2 721.86 | | 14 531.47 | 2 204.27 | 3 372.45 | 26 536.73 | | 4 609.86 | 208 192.67 |

**合并所有者权益变动表（续）**

编制单位：吉林省信托有限责任公司　　2010 年 12 月 31 日　　单位：万元

| 项　目 | 上期金额 | | | | | | | | | |
|---|---|---|---|---|---|---|---|---|---|---|
| | 归属于母公司所有者权益 | | | | | | | | 少数股东权益 | 所有者权益合计 |
| | 实收资本 | 资本公积 | 减:库存股 | 盈余公积 | 一般风险准备 | 信托赔偿准备 | 未分配利润 | 其他 | | |
| 一、上年末余额 | 159 659.75 | -7 812.64 | | 8 777.87 | 2 204.27 | 1 934.05 | 4 867.02 | | 3 178.66 | 172 808.98 |
| 加：会计政策变更 | | | | | | | | | | |
| 前期差错更正 | | | | | | | | | | |
| 其他 | | | | | | | | | | |
| 二、本年初余额 | 159 659.75 | -7 812.64 | | 8 777.87 | 2 204.27 | 1 934.05 | 4 867.02 | | 3 178.66 | 172 808.98 |
| 三、本年增减变动金额（减少以“-”号填列） | | 8 758.88 | | 2 391.05 | | 597.77 | 9 449.64 | | 882.15 | 22 079.49 |
| （一）净利润 | | | | | | | 11 608.87 | | 882.15 | 12 491.02 |
| （二）直接计入所有者权益的利得和损失 | | 8 758.88 | | | | | 1 803.00 | | | 10 561.88 |

续表

| 项　目 | 上期金额 | | | | | | | | | |
|---|---|---|---|---|---|---|---|---|---|---|
| | 归属于母公司所有者权益 | | | | | | | | 少数股东权益 | 所有者权益合计 |
| | 实收资本 | 资本公积 | 减:库存股 | 盈余公积 | 一般风险准备 | 信托赔偿准备 | 未分配利润 | 其他 | | |
| 1. 可供出售金融资产公允价值变动净额 | | 8 758. 88 | | | | | | | | 8 758. 88 |
| (1)计入所有者权益金额 | | 8 758. 88 | | | | | | | | 8 758. 88 |
| (2)转入当期损益的金额 | | | | | | | | | | |
| 2. 现金流量套期工具公允价值变动净额 | | | | | | | | | | |
| (1)计入所有者权益金额 | | | | | | | | | | |
| (2)转入当期损益的金额 | | | | | | | | | | |
| (3)计入被套期项目初始确认金额中的金额 | | | | | | | | | | |
| 3. 权益法下被投资单位其他所有者权益变动的影响 | | | | | | | | | | |
| 4. 与计入所有者权益项目相关的所得税影响 | | | | | | | | | | |
| 5. 其他 | | | | | | | 1 803. 00 | | | 1 803. 00 |
| 上述(一)和(二)小计 | | 8 758. 88 | | | | | 13 411. 87 | | 882. 15 | 23 052. 90 |
| (三)所有者投入和减少资本 | | | | | | | | | | |
| 1. 所有者投入资本 | | | | | | | | | | |
| 2. 股份支付计入所有者权益的金额 | | | | | | | | | | |
| 3. 其他 | | | | | | | | | | |
| (四)利润分配 | | | | 2 391. 05 | | 597. 77 | -3 962. 23 | | | -973. 41 |
| 1. 提取盈余公积 | | | | 2 391. 05 | | | -2 391. 05 | | | |
| 2. 提取一般风险准备 | | | | | | | | | | |
| 3. 提取信托赔偿准备 | | | | | | 597. 77 | -597. 77 | | | |
| 4. 对所有者的分配 | | | | | | | -973. 41 | | | -973. 41 |
| 5. 其他 | | | | | | | | | | |
| (五)所有者权益内部结转 | | | | | | | | | | |
| 1. 资本公积转增资本 | | | | | | | | | | |
| 2. 盈余公积转增资本 | | | | | | | | | | |
| 3. 盈余公积弥补亏损 | | | | | | | | | | |
| 4. 一般风险准备弥补亏损 | | | | | | | | | | |
| 5. 其他 | | | | | | | | | | |
| 四、本年末余额 | 159 659. 75 | 946. 24 | | 11 168. 92 | 2 204. 27 | 2 531. 82 | 14 316. 66 | | 4 060. 81 | 194 888. 47 |

法定代表人:高福波　　主管会计工作负责人:邱荣生　　会计机构负责人:马东生

## 母公司所有者权益变动表

编制单位:吉林省信托有限责任公司　　2010 年 12 月 31 日　　单位:万元

| 项　目 | 本期金额 | | | | | | | | |
|---|---|---|---|---|---|---|---|---|---|
| | 实收资本 | 资本公积 | 减:库存股 | 盈余公积 | 一般风险准备 | 信托赔偿准备 | 未分配利润 | 其他 | 所有者权益合计 |
| 一、上年末余额 | 159 659. 75 | 946. 24 | | 11 168. 92 | 2 204. 27 | 2 531. 82 | 17 571. 47 | | 194 082. 47 |
| 加:会计政策变更 | | | | | | | | | |
| 前期差错更正 | | | | -81. 80 | | -20. 45 | -306. 76 | | 409. 00 |
| 其他 | | | | | | | | | |
| 二、本年初余额 | 159 659. 75 | 946. 24 | | 11 087. 12 | 2 204. 27 | 2 511. 37 | 17 264. 72 | | 193 673. 47 |
| 三、本年增减变动金额(减少以"-"号填列) | | -3 668. 10 | | 3 444. 35 | | 861. 08 | 12 916. 30 | | 13 553. 63 |
| (一)净利润 | | | | | | | 17 221. 73 | | 17 221. 73 |

续表

| 项目 | 本期金额 | | | | | | | | |
|---|---|---|---|---|---|---|---|---|---|
| | 实收资本 | 资本公积 | 减:库存股 | 盈余公积 | 一般风险准备 | 信托赔偿准备 | 未分配利润 | 其他 | 所有者权益合计 |
| （二）直接计入所有者权益的利得和损失 | | -3 668.10 | | | | | | | -3 668.10 |
| 1. 可供出售金融资产公允价值变动净额 | | -3 668.10 | | | | | | | -3 668.10 |
| （1）计入所有者权益金额 | | -3 668.10 | | | | | | | -3 668.10 |
| （2）转入当期损益的金额 | | | | | | | | | |
| 2. 现金流量套期工具公允价值变动净额 | | | | | | | | | |
| （1）计入所有者权益金额 | | | | | | | | | |
| （2）转入当期损益的金额 | | | | | | | | | |
| （3）计入被套期项目初始确认金额中的金额 | | | | | | | | | |
| 3. 权益法下被投资单位其他所有者权益变动的影响 | | | | | | | | | |
| 4. 与计入所有者权益项目相关的所得税影响 | | | | | | | | | |
| 5. 其他 | | | | | | | | | |
| 上述（一）和（二）小计 | | -3 668.10 | | | | | 17 221.73 | | 13 553.63 |
| （三）所有者投入和减少资本 | | | | | | | | | |
| 1. 所有者投入资本 | | | | | | | | | |
| 2. 股份支付计入所有者权益的金额 | | | | | | | | | |
| 3. 其他 | | | | | | | | | |
| （四）利润分配 | | | | 3 444.35 | | 861.08 | -4 305.43 | | |
| 1. 提取盈余公积 | | | | 3 444.35 | | | -3 444.35 | | |
| 2. 提取一般风险准备 | | | | | | | | | |
| 3. 提取信托赔偿准备 | | | | | | 861.08 | -861.08 | | |
| 4. 对所有者的分配 | | | | | | | | | |
| 5. 其他 | | | | | | | | | |
| （五）所有者权益内部结转 | | | | | | | | | |
| 1. 资本公积转增资本 | | | | | | | | | |
| 2. 盈余公积转增资本 | | | | | | | | | |
| 3. 盈余公积弥补亏损 | | | | | | | | | |
| 4. 一般风险准备弥补亏损 | | | | | | | | | |
| 5. 其他 | | | | | | | | | |
| 四、本年末余额 | 159 659.75 | -2 721.86 | | 14 531.47 | 2 204.27 | 3 372.45 | 30 181.02 | | 207 227.10 |

## 母公司所有者权益变动表（续）

编制单位:吉林省信托有限责任公司　　2010 年 12 月 31 日　　单位:万元

| 项目 | 上期金额 | | | | | | | | |
|---|---|---|---|---|---|---|---|---|---|
| | 实收资本 | 资本公积 | 减:库存股 | 盈余公积 | 一般风险准备 | 信托赔偿准备 | 未分配利润 | 其他 | 所有者权益合计 |
| 一、上年末余额 | 159 659.75 | -7 812.64 | | 8 777.87 | 2 204.27 | 1 934.05 | 9 293.23 | | 174 056.53 |
| 加:会计政策变更 | | | | | | | | | |
| 前期差错更正 | | | | | | | | | |
| 其他 | | | | | | | | | |
| 二、本年初余额 | 159 659.75 | -7 812.64 | | 8 777.87 | 2 204.27 | 1 934.05 | 9 293.23 | | 174 056.53 |
| 三、本年增减变动金额（减少以“-”号填列） | | 8 758.88 | | 2 391.05 | | 597.77 | 8 278.24 | | 20 025.94 |

续表

| 项　目 | 上期金额 | | | | | | | | |
|---|---|---|---|---|---|---|---|---|---|
| | 实收资本 | 资本公积 | 减:库存股 | 盈余公积 | 一般风险准备 | 信托赔偿准备 | 未分配利润 | 其他 | 所有者权益合计 |
| (一)净利润 | | | | | | | 10 437.47 | | 10 437.47 |
| (二)直接计入所有者权益的利得和损失 | | 8 758.88 | | | | | 1 803.00 | | 10 561.88 |
| 1. 可供出售金融资产公允价值变动净额 | | 8 758.88 | | | | | | | 8 758.88 |
| (1)计入所有者权益金额 | | 8 758.88 | | | | | | | 8 758.88 |
| (2)转入当期损益的金额 | | | | | | | | | |
| 2. 现金流量套期工具公允价值变动净额 | | | | | | | | | |
| (1)计入所有者权益金额 | | | | | | | | | |
| (2)转入当期损益的金额 | | | | | | | | | |
| (3)计入被套期项目初始确认金额中的金额 | | | | | | | | | |
| 3. 权益法下被投资单位其他所有者权益变动的影响 | | | | | | | | | |
| 4. 与计入所有者权益项目相关的所得税影响 | | | | | | | | | |
| 5. 其他 | | | | | | | 1 803.00 | | 1 803.00 |
| 上述(一)和(二)小计 | | 8 758.88 | | | | | 12 240.47 | | 20 999.35 |
| (三)所有者投入和减少资本 | | | | | | | | | |
| 1. 所有者投入资本 | | | | | | | | | |
| 2. 股份支付计入所有者权益的金额 | | | | | | | | | |
| 3. 其他 | | | | | | | | | |
| (四)利润分配 | | | | 2 391.05 | | 597.77 | -3 962.23 | | -973.41 |
| 1. 提取盈余公积 | | | | 2 391.05 | | | -2 391.05 | | |
| 2. 提取一般风险准备 | | | | | | | | | |
| 3. 提取信托赔偿准备 | | | | | | 597.77 | -597.77 | | |
| 4. 对所有者的分配 | | | | | | | -973.41 | | -973.41 |
| 5. 其他 | | | | | | | | | |
| (五)所有者权益内部结转 | | | | | | | | | |
| 1. 资本公积转增资本 | | | | | | | | | |
| 2. 盈余公积转增资本 | | | | | | | | | |
| 3. 盈余公积弥补亏损 | | | | | | | | | |
| 4. 一般风险准备弥补亏损 | | | | | | | | | |
| 5. 其他 | | | | | | | | | |
| 四、本年末余额 | 159 659.75 | 946.24 | | 11 168.92 | 2 204.27 | 2 531.82 | 17 571.47 | | 194 082.47 |

法定代表人:高福波　　主管会计工作负责人:邱荣生　　会计机构负责人:马东生

## 5.2 信托资产

### 5.2.1 信托项目资产负债汇总表

**信托项目资产负债表**

编制单位:吉林省信托有限责任公司　　2010 年 12 月 31 日　　单位:万元

| 信托资产 | 期末数 | 年初数 | 信托负债和信托收益 | 期末数 | 年初数 |
|---|---|---|---|---|---|
| 信托资产: | | | 信托负债: | | |
| 货币资金 | 39 697.59 | 10 560.13 | 应付受托人报酬 | 0 | 0 |
| 拆出资金 | 0 | 0 | 应付托管费 | 0 | 0 |

续表

| 信托资产 | 期末数 | 年初数 | 信托负债和信托收益 | 期末数 | 年初数 |
|---|---|---|---|---|---|
| 应收款项 | 208.44 | 3.73 | 应付受益人收益 | 4.73 | 0 |
| 买入返售资产 | 336 810.00 | 600 560.00 | 其他应付款项 | 656.01 | 1 151.36 |
| 短期投资 | 0 | 0 | 应交税金 | 0 | 0 |
| 持有至到期投资 | 50 000.00 | 193 279.00 | 卖出回购资产款 | 0 | 0 |
| 长期股权投资 | 1 027 748.50 | 60 500.00 | 其他负债 | 0 | 0 |
| 客户贷款 | 3 258 807.00 | 1 819 294.00 | 信托负债合计 | 660.74 | 1 151.36 |
| 应收融资租赁款 | 0 | 0 | 信托权益: | | |
| 固定资产 | 0 | 0 | 实收信托 | 4 679 959.00 | 2 676 133.00 |
| 无形资产 | 0 | 0 | 资本公积 | 0 | 0 |
| 长期待摊费用 | 0 | 0 | 未分配利润 | 32 651.79 | 6 912.50 |
| 其他资产 | 0 | 0 | 信托权益合计 | 4 712 610.79 | 2 683 045.50 |
| 信托资产总计 | 4 713 271.53 | 2 684 196.86 | 信托负债及信托权益总计 | 4 713 271.53 | 2 684 196.86 |

公司负责人:高福波　　主管会计工作负责人:邱荣生　　会计机构负责人:李筱东

### 5.2.2 信托项目利润及利润分配汇总表

信托项目利润及利润分配汇总表

2010 年 12 月 31 日

编制单位:吉林省信托有限责任公司　　单位:万元

| 项 目 | 本年累计数 | 上年累计数 |
|---|---|---|
| 一、营业收入 | 263 368.17 | 97 994.40 |
| 利息收入 | 230 783.07 | 64 451.71 |
| 投资收益 | 27 675.52 | 27 692.80 |
| 租赁收入 | 0.00 | 0.00 |
| 其他收入 | 4 909.58 | 5 849.89 |
| 二、营业费用 | 42 414.94 | 12 293.79 |
| 三、营业税金及附加 | 0.00 | 0.00 |
| 四、扣除资产损失前的信托利润 | 220 953.23 | 85 700.61 |
| 减:资产减值损失 | 0.00 | 0.00 |
| 五、扣除资产损失后的信托利润 | 220 953.23 | 85 700.61 |
| 加:期初未分配信托利润 | 6 878.90 | 5 004.82 |
| 六、可供分配的信托利润 | 227 832.13 | 90 705.43 |
| 减:本期已分配信托利润 | 195 180.34 | 83 792.93 |
| 七、期末未分配信托利润 | 32 651.79 | 6 912.50 |

公司负责人:高福波　　主管会计工作负责人:邱荣生　　会计机构负责人:李筱东

## 6. 会计报表附注

### 6.1 会计报表编制基准不符合会计核算基本前提的说明

6.1.1 本公司无上述情况

6.1.2 纳入合并范围的子公司

| 序号 | 子公司名称 | 业务性质 | 注册地 | 注册资本（万元） | 实际投资额（万元） | 持股比例（%） | 合并期间 |
|---|---|---|---|---|---|---|---|
| 1 | 天富期货有限公司（二级子公司） | 期货业 | 长春市长春大街 500 号 | 10 000 | 10 000 | 100 | 2010 年 1 月 1 日至 2010 年 12 月 31 日 |
| 2 | 天治基金管理有限公司（二级子公司） | 证券业 | 上海市延平路 83 号 501～503 室 | 13 000 | 6 000 | 46.16 | 2010 年 1 月 1 日至 2010 年 12 月 31 日 |

续表

| 序号 | 子公司名称 | 业务性质 | 注册地 | 注册资本（万元） | 实际投资额（万元） | 持股比例（%） | 合并期间 |
|---|---|---|---|---|---|---|---|
| 3 | 吉林省汇通典当有限责任公司（三级子公司） | 典当业 | 长春市长春大街 500 号 | 1 000 | 650 | 65 | 2010 年 1 月 1 日至 2010 年 12 月 31 日 |

### 6.2 或有事项说明

公司对外提供担保期初余额为 22 060 万元，期末余额 560 万元，未到期，暂无风险。

### 6.3 重要资产转让及其出售的说明

公司本期无重要资产转让及其出售。

### 6.4 会计报表中重要项目的明细资料

#### 6.4.1 自营资产经营情况

6.4.1.1 公司信用风险资产五级分类

| 风险分类 | 正常类（万元） | 关注类（万元） | 次级类（万元） | 可疑类（万元） | 损失类（万元） | 信用风险资产合计（万元） | 不良资产合计（万元） | 不良资产率（%） |
|---|---|---|---|---|---|---|---|---|
| 期初数 | 44 314.48 | 16 000.00 | — | — | — | 60 314.48 | — | — |
| 期末数 | 47 226.13 | 3 397.00 | — | — | — | 50 623.13 | — | — |

6.4.1.2 资产损失准备的期初、本期计提、本期转回、本期核销、期末数

单位:万元

| | 期初数 | 本期计提 | 本期转回 | 本期核销 | 期末数 |
|---|---|---|---|---|---|
| 贷款损失准备 | 320.00 | 67.94 | 320.00 | | 67.94 |
| 一般准备 | | | | | |
| 专项准备 | 320.00 | 67.94 | 320.00 | | 67.94 |
| 其他资产减值准备 | | 3 022.32 | | | 3 022.32 |
| 可供出售金融资产减值准备 | | | | | |

续表

| | 期初数 | 本期计提 | 本期转回 | 本期核销 | 期末数 |
|---|---|---|---|---|---|
| 持有至到期投资减值准备 | | | | | |
| 长期股权投资减值准备 | | | | | |
| 坏账准备 | | | | | |
| 投资性房地产减值准备 | | | | | |

6.4.1.3 自营股票投资、基金投资、债券投资、长期股权投资等投资的期初数、期末数

单位:万元

| | 自营股票 | 基金 | 债券 | 长期股权投资 | 其他投资 | 合计 |
|---|---|---|---|---|---|---|
| 期初数 | 21 747.27 | 6 197.42 | 24 999.99 | 82 578.32 | | 135 523.00 |
| 期末数 | 11 272.08 | 245.09 | 5 000.00 | 104 087.00 | 18 718.00 | 139 322.17 |

6.4.1.4 公司前五名的自营长期股权投资的企业名称、占被投资企业权益的比例、主要经营活动及投资收益情况

| 企业名称 | 占被投资企业权益的比例(%) | 主要经营活动 | 投资收益 |
|---|---|---|---|
| 东北证券有限责任公司 | 23.04 | 证券的承销;证券的自营买卖;证券交易的代理;证券抵押融资;证券投资咨询;公司财务顾问、企业重组、收购和兼并;基金与投资管理等业务。 | 本年度分红956万元 |
| 吉林银行股份有限公司 | 1.52 | 吸收公众存款;发放短期、中期和长期贷款;办理国内结算;办理票据承兑与贴现;发行金融债券;代理发行、代理承兑、承销政府债券;买卖政府债券、金融债券;从事同业拆借;从事银行卡业务;提供担保;代理收付款项及代理保险业务;提供保管箱服务;办理地方财政信息周转使用资金的委托存款业务,经中国银行业监督管理委员会批准的其他业务。 | 本年度分红800万元 |
| 九台农村商业银行 | 17.09 | 人民币存款、贷款、票据贴现、国内结算业务;人民币个人储蓄业务;代理其他银行的金融业务;代理收付款项及受托代办保险业务;买卖政府债券、代理发行、代理兑付、承销政府债券;保管箱业务;按规定从事同业拆借;经中国银行业监督管理委员会批准的其他业务。 | 本年度分红90万元 |
| 中融人寿保险股份有限公司 | 20 | 意外伤害保险;健康保险;传统人寿保险;人寿保险新型产品;传统年金保险;年金新型产品;其他人身保险业务;上述保险业务的再保险业务;国家法律、法规允许的保险资金运用业务;经中国保监会批准的其他人身保险业务。 | 本年度未分红 |
| 天富期货经纪有限公司 | 100 | 国内商品期货代理、咨询、培训。 | 本年度未分红 |

6.4.1.5 公司前五名的自营贷款的企业名称、占贷款总额的比例和还款情况:

| 企业名称 | 占贷款总额的比例(%) | 还款情况 |
|---|---|---|
| 吉林省天汇房地产有限责任公司 | 79.33 | 贷款尚未到期,按期支付贷款利息。 |
| 香港亿阳实业有限公司 | 9.63 | 贷款尚未到期,未到计息期。 |
| 抚松县金鼎环保节能新型建材有限责任公司 | 9.62 | 贷款已到期,按期支付贷款利息。 |
| 抚松县松江河双鹏供热有限责任公司 | 1.42 | 贷款尚未到期,未到计息期。 |

6.4.1.6 表外业务的期初数、期末数

单位:万元

| 表外业务 | 期初数 | 期末数 |
|---|---|---|
| 担保业务 | 22 060.00 | 560.00 |
| 代理业务(委托业务) | | |
| 其他 | | |
| 合计 | 22 060.00 | 560.00 |

本公司对外提供担保形成的或有负债情况:

| 担保对象 | 担保方式 | 担保金额 | | 贷款到期日 | 备注 |
|---|---|---|---|---|---|
| | | 万元人民币 | 美元 | | |
| 吉林省腾飞新型环保墙体材料有限公司 | 保证 | 560.00 | | 2011年9月13日 | 抵押反担保 |
| 合计 | | 560.00 | | | |

6.4.1.7 公司当年的收入结构

| 收入结构 | 合并 | | 母公司 | |
|---|---|---|---|---|
| | 金额(万元) | 占比(%) | 金额(万元) | 占比(%) |
| 手续费及佣金收入 | 30 866.02 | 67.97 | 23 714.45 | 63.24 |
| 其中:信托业务手续费收入 | 23 703.25 | 52.20 | 23 703.25 | 63.21 |
| 担保业务手续费收入 | 11.20 | 0.02 | 11.20 | 0.03 |
| 基金管理手续费收入 | 5 334.26 | 11.75 | | |
| 期货业务手续费收入 | 1 600.98 | 3.53 | | |
| 典当业务手续费收入 | 216.33 | 0.48 | | |
| 利息类收入 | 9 104.04 | 20.05 | 8 823.78 | 23.53 |
| 其他业务收入 | 197.00 | 0.43 | 197.00 | 0.53 |
| 其中:计入信托业务收入部分 | | | | |
| 投资收益 | 4 253.74 | 9.37 | 4 475.53 | 11.93 |
| 其中:股权投资收益 | 1 916.06 | 4.22 | 1 916.06 | 5.11 |
| 证券投资收益 | 2 337.68 | 5.15 | 2 559.47 | 6.82 |
| 其他投资收益 | | | | |
| 公允价值变动收益 | 689.00 | 1.52 | 350.22 | 0.93 |
| 汇兑损益 | -59.08 | -0.13 | -59.08 | -0.16 |
| 营业外收入 | 360.21 | 0.79 | 0 | 0 |
| 收入合计 | 45 410.93 | 100.00 | 37 501.90 | 100.00 |

**6.4.2 信托资产管理情况**

6.4.2.1 信托资产的期初、期末数

单位:万元

| 信托资产 | 期初数 | 期末数 |
|---|---|---|
| 集合 | 15 163.00 | 723 052.00 |
| 单一 | 2 660 970.00 | 3 956 907.00 |
| 财产权 | 0.00 | 0.00 |
| 合计 | 2 676 133.00 | 4 679 959.00 |

6.4.2.1.1 主动管理型信托业务的信托资产期初数、期末数，分证券投资、股权投资、融资、事务管理类分别披露

单位：万元

| 主动管理型信托资产 | 期初数 | 期末数 |
|---|---|---|
| 证券投资类 | | |
| 股权投资类 | | 33 370.00 |
| 融资类 | 462 559.00 | 2 726 245.00 |
| 事务管理类 | | |
| 合计 | 462 559.00 | 2 759 615.00 |

6.4.2.1.2 被动管理型信托业务的信托资产期初数、期末数，分证券投资、股权投资、融资、事务管理类分别披露

单位：万元

| 被动管理型信托资产 | 期初数 | 期末数 |
|---|---|---|
| 证券投资类 | | |
| 股权投资类 | | |
| 融资类 | 2 213 574.00 | 1 920 344.00 |
| 事务管理类 | | |
| 合计 | 2 213 574.00 | 1 920 344.00 |

6.4.2.2 本年度已清算结束的信托项目个数、实收信托合计金额、加权平均实际年化收益率

6.4.2.2.1 本年度已清算结束的集合类、单一类资金信托项目和财产管理类信托项目个数、实收信托合计金额、加权平均实际年化收益率

| 已清算结束信托项目 | 项目个数 | 实收信托合计金额（万元） | 加权平均实际年化收益率（%） |
|---|---|---|---|
| 集合类 | 1 | 2 063.00 | 6.89 |
| 单一类 | 119 | 3 612 064.00 | 4.72 |
| 财产管理类 | 0 | 0 | 0 |

6.4.2.2.2 本年度已清算结束的主动管理型信托项目个数、实收信托合计金额、加权平均实际年化收益率

| 已清算结束信托项目 | 项目个数 | 实收信托合计金额（万元） | 加权平均实际年化信托报酬率（%） | 加权平均实际年化收益率（%） |
|---|---|---|---|---|
| 证券投资类 | 0 | 0 | | |
| 股权投资类 | 0 | 0 | 0 | 0 |
| 融资类 | 39 | 897 688.00 | 0.45 | 4.76 |
| 事务管理类 | 0 | 0 | | |

6.4.2.2.3 本年度已清算结束的被动管理型信托项目个数、实收信托合计金额、加权平均实际年化收益率

| 已清算结束信托项目 | 项目个数 | 实收信托合计金额（万元） | 加权平均实际年化信托报酬率（%） | 加权平均实际年化收益率（%） |
|---|---|---|---|---|
| 证券投资类 | | | | |
| 股权投资类 | | | | |
| 融资类 | 81 | 2 716 439.00 | 0.08 | 4.27 |
| 事务管理类 | | | | |

6.4.2.3 本年度新增的集合类、单一类资金信托项目和财产管理类信托项目数量、合计金额

单位：万元

| 新增信托项目 | 项目个数 | 实收信托合计金额 |
|---|---|---|
| 集合类 | 29 | 703 362.00 |
| 单一类 | 191 | 4 808 001.00 |
| 财产管理类 | | |
| 新增合计 | 220 | 5 611 363.00 |
| 其中：主动管理型 | 128 | 3 124 875.00 |
| 被动管理型 | 92 | 2 486 488.00 |

6.4.2.4 信托业务创新成果和特色业务有关情况

在《信托公司管理办法》、《信托公司集合资金信托计划管理办法》、《信托公司净资本管理办法》等政策法规构成的监管体系下，2010年，公司积极调整经营战略，把推进业务转型、提升自主理财能力提到了公司发展的战略高度，加大创新产品开发和研发团队建设力度，不断提升公司信托产品的含金量和附加值，全力打造自主理财营销渠道，培养以理财顾问团为核心的专家理财队伍，为公司走上专业化理财机构的发展道路奠定坚实的基础。

6.4.2.4.1 创新业务

（1）类地产基金信托业务。2010年，公司共发行了两只类地产基金，分别为"吉信·蓝色港湾地产基金集合资金信托计划"和"吉信·收获地产基金集合资金信托计划"，规模共计47 745万元。这开创了吉林信托地产项目基金化管理的新模式，通过基金管理委员会、派驻项目公司董事、财务总监等机构和人员设置实现对项目的控制，利用信托优先分配收益权以及抵（质）押等相关措施，实现了公司对地产项目的真实有效自主管理。

（2）艺术品投资信托业务。2010年9月，公司推出的首款艺术品投资集合资金信托计划——"雅盈堂艺术品收益权集合资金信托计划"成功设立。该款产品是公司为高端客户提供的艺术品投资类信托理财产品，规模45 000万元，期限两年。该信托计划通过聘请专业的艺术品鉴赏机构为广大艺术品投资者提供专业化评估报告，同时由专业机构提供保管服务，确保艺术品价值在保存过程中不会受到影响。本产品为投资者提供了新的投资渠道，一经推出便得到了投资者的热情踊跃认购，不日便告售罄。

（3）股票受益权类信托。公司在原有上市公司股权受益权投资业务的基础上，不断丰富产品设计方案，衍生出多种信托产品。2010年，公司成功发行"吉信·财富精品〔7〕号方大化工股权收益权集合资金信托计划"，规模13 370万元。通过一般/优先级结构性分层设计匹配不同投资者风险、回报等多样性的投资需求，并通过预警线、止损线设计，最大限度地保障了优先受益权的本金及收益安全，为一般受益权提供较高的浮动收益。

6.4.2.4.2 特色业务

（1）上市公司股权类信托。公司面向上市公司大小非股东推出系列融资类信托产品，提供持仓股票质押融资、增持上市公司股票、盘活持仓股票资产、定向增发等提供专业化服务，满足其多样化的金融服务需求。2010年，公司发行以"财富精品"为品牌的信托产品，主要投资上市公司股权受益权，受到投资者的广泛欢迎。

（2）类PE股权投资信托。股权投资是公司对信托资金运

用的主要方式之一，经过多年的经验积累，逐步由被动式管理向主动式管理转变。如2010年发行的"吉信·亿利资源集团有限公司股权投资集合资金信托计划"(已发行两期)，规模共计20亿元，用于参与亿利集团增资扩股，期限两年。吉林信托派驻董事兼财务人员进入亿利集团董事会，参与企业经营管理，在对信托投资实现自主管理的同时，有力保障委托人和受益人的权益。

(3)财产权投资信托。公司积极利用信托制度优势，探索资产衍生出的相关权益类信托产品，如股权受益权、项目收益权、信托受益权、矿产资源收益权、特许经营收费权、应收账款以及其他特定资产未来收益权等业务，灵活运用投资、投资附带回购、投资优先分配收益、投资附带转让、融资租赁等多种资金运用方式，为委托人和企业提供量身定做信托理财产品。

(4)基础设施信托。近几年，基础设施信托作为公司信托业务发展的重要方向和政信合作的主要方面，取得了快速发展。通过不断探索与创新，2010年公司基础设施信托开始从传统的银行单一贷款信托模式逐步向基金化、自主管理型、非银信类产品进行转型，通过向市场化经营主体融通资金，要求对方具有充分的还款来源和担保措施，确保信托到期能够如期兑付。

(5)农牧业信托。吉林省是农业大省，吉林信托在多年服务地方农业发展的基础上形成了较为丰富的农牧业投融资经验。"吉信·吉林白城牧业园区股权投资集合资金信托计划"和"吉信·中兴农牧资金信托计划"是2010年公司支持农牧业发展的典型案例，前者以股权方式投资；后者以债权方式投资。公司的农牧业信托顺应国家产业政策导向，通过灵活多样的资金运用方式为第一产业提供金融支持。

6.4.2.4.3 研究成果

2010年，针对国家宏观经济形式和新的监管政策，公司结合自身情况，对行业和公司发展进行分析、研判。在行业研究方面，公司研发团队先后撰写了《银信合作叫停、净资本管理办法出台的行业影响及公司应对》、《中国信托业未来发展模式》等多篇分析报告。

在专题研究方面，完成了《银信合作模式急需转变》、《〈关于规范银信理财合作业务有关事项的通知〉的影响及应对》、《中小企业集合债券研究》等研发报告的编制。

在具体业务研究方面，完成了《长白山资源开发基金可行性研究》、《内蒙古能源产业链开发基金可行性研究》、《人参产业基金设计方案》、《公司开展股权投资基金可以采用的几种模式》、《保障性住房业务模式研究》、《信托+有限合伙制基金操作实务》等业务研究文本的撰写。

公司《信托理财与各类金融理财产品的综合比较》及《净资本管理促信托业发展模式重构》两篇论文入选《2010年中国信托业峰会征文集》，《新政体系下信托理财市场的变革》一文在《中国金融》2010年第22期发表。

6.4.2.5 本公司履行受托人义务的情况及因本公司自身责任而导致的信托资产损失情况

本公司遵守《信托法》和信托文件对受托人义务的规定，为受益人的最大利益管理信托事务，管理信托财产时，恪尽职守，履行诚实、信用、谨慎、有效管理的义务，没有损害受益人利益的情况。本公司无因自身责任而导致信托财产损失的情况。

## 6.5 关联方关系及其交易

**6.5.1 关联交易方的数量、关联交易的总金额及关联交易的定价政策**

单位：万元

| | 关联交易数量 | 关联交易金额 | 定价政策 |
|---|---|---|---|
| 合计 | — | — | — |

**6.5.2 关联交易方与本公司的关系性质、关联交易方的名称、法人代表、注册地址、注册资本及主营业务**

单位：万元

| 关系性质 | 关联方名称 | 法定代表人 | 注册地址 | 注册资本(万元) | 主营业务 |
|---|---|---|---|---|---|
| 子公司 | 天富期货有限公司 | 高福波 | 长春市 | 10 000 | 国内商品期货代理、咨询、培训 |
| 子公司 | 天治基金管理有限公司 | 赵玉彪 | 上海市 | 13 000 | 发起设立基金、基金管理 |
| 子公司 | 吉林省汇通典当有限责任公司 | 栾铁夫 | 长春市 | 1 000 | 动产、财产权利质押典当业务；房地产抵押典当业务等 |

**6.5.3 逐笔披露本公司与关联方的重大交易事项**

6.5.3.1 固有财产与关联方交易事项

单位：万元

| 固有与关联方关联交易 | | | | |
|---|---|---|---|---|
| | 期初数 | 借方发生额 | 贷方发生额 | 期末数 |
| 贷款 | 0.00 | 0.00 | 0.00 | 0.00 |
| 投资 | 0.00 | 0.00 | 0.00 | 0.00 |
| 租赁 | 0.00 | 0.00 | 0.00 | 0.00 |
| 担保 | 0.00 | 0.00 | 0.00 | 0.00 |
| 应收账款 | 0.00 | 0.00 | 0.00 | 0.00 |
| 其他 | 0.00 | 0.00 | 0.00 | 0.00 |
| 合计 | 0.00 | 0.00 | 0.00 | 0.00 |

6.5.3.2 信托资产与关联方

单位：万元

| 信托与关联方关联交易 | | | | |
|---|---|---|---|---|
| | 期初数 | 借方发生额 | 贷方发生额 | 期末数 |
| 贷款 | 0.00 | 0.00 | 0.00 | 0.00 |
| 投资 | 0.00 | 0.00 | 0.00 | 0.00 |
| 租赁 | 0.00 | 0.00 | 0.00 | 0.00 |
| 担保 | 0.00 | 0.00 | 0.00 | 0.00 |
| 应收账款 | 0.00 | 0.00 | 0.00 | 0.00 |
| 其他 | 0.00 | 0.00 | 0.00 | 0.00 |
| 合计 | 0.00 | 0.00 | 0.00 | 0.00 |

6.5.3.3 信托公司自有资金运用于自己管理的信托项目(固信交易)、信托公司管理的信托项目之间的相互(信信交易)交易金额

6.5.3.3.1 固有财产与信托财产

单位：万元

| 固有财产与信托财产相互交易 | | | |
|---|---|---|---|
| | 期初数 | 本期发生额 | 期末数 |
| 合计 | 0 | 0 | 0 |

6.5.3.3.2 信托资产与信托财产

单位：万元

| 信托资产与信托财产相互交易 | | | |
|---|---|---|---|
| | 期初数 | 本期发生额 | 期末数 |
| 合计 | 0 | 0 | 0 |

**6.5.4 逐笔披露关联方逾期未偿还本公司资金的详细情况以及公司为关联方担保发生或即将发生垫款的详细情况**

报告期公司无上述情况。

### 6.6 会计制度

本公司固有业务执行《企业会计准则》(2006)及《企业会计准则——应用指南》等相关规定。信托业务执行财政部2005年《信托业务会计核算办法》。

## 7. 财务情况说明书

### 7.1 利润实现和分配情况(母公司口径与并表口径)

单位：万元

| | 合并口径 | 母公司 |
|---|---|---|
| 利润总额 | 22 505.61 | 22 329.41 |
| 所得税费用 | 5 124.31 | 5 107.67 |
| 少数股东权益 | 54.96 | |
| 归属于母公司所有者的净利润 | 17 326.34 | 17 221.74 |
| 提取盈余公积 | 3 444.35 | 3 444.35 |
| 信托赔偿准备金 | 861.08 | 861.08 |
| 上缴国有资本收益 | — | — |
| 期末累计未分配利润 | 26 536.73 | 30 181.02 |

### 7.2 主要财务指标(母公司口径与并表口径)

| 指标名称 | 合并指标值(%) | 母公司指标值(%) |
|---|---|---|
| 资本利润率 | 8.63 | 8.59 |
| 加权年化信托报酬率 | | 0.52 |
| 人均净利润 | 59.53 万元 | 140.02 万元 |

### 7.3 对公司财务状况、经营成果有重大影响的其他事项

公司无上述事项。

## 8. 特别事项揭示

### 8.1 前五名股东报告期内变动情况及原因

公司股东无变化。

### 8.2 董事、监事及高级管理人员变动情况及原因

(1)经吉林省银监局审核，2010年3月19日，聘任蔡立东为公司独立董事，张巍为职工董事。原职工董事闫译文因工作调动不再担任职工董事。

(2)潘振友同志由于工作变动，不再担任公司监事。

### 8.3 变更注册资本、变更注册地或公司名称、公司分立合并事项

无。

### 8.4 公司的重大诉讼事项

**8.4.1 重大未决诉讼事项**

无。

**8.4.2 以前年度发生，于本报告年度内终结的诉讼事项**

无。

**8.4.3 本报告年度发生，于本报告年度内终结的诉讼事项**

无。

### 8.5 公司及其董事、监事和高级管理人员受到处罚的情况

公司无上述情况。

### 8.6 银监会派出机构对公司检查结论和公司整改情况

(1)2010年4月15日至5月25日，吉林银监局对公司截至2010年3月31日的固有及信托业务进行了现场检查，检查认为，公司需进一步增强审慎经营意识，注重风险防范，依法合规经营；规范开展固有业务，严格执行相关会计制度；切实加强信托业务设立阶段的管理，严格遵守公司制定的规章制度；强化信托项目的日常能力，切实履行受托人职责；在银信合作业务中认真执行银监会《银行与信托公司业务合作指引》相关要求，加强信托产品的功能创新和制度创新，提高信托产品的技术含量，大力开发以信托公司为主导的信托项目，不断提高盈利能力；要关注地方政府背景的信用贷款凸显的风险；加强信托会计基础工作管理理念；全面加强信托档案管理工作；进一步加强对员工的业务知识培训和工作责任心教育，增强授信人员、财务人员的基本业务素质，确保各项工作规范有序实施。

公司在接到检查意见书后，公司立即组织整改。一是进一步增强了审慎经营意识，从公司领导到员工形成了注重风险防范和依法合规经营的氛围；二是加强信托业务全程管理；三是加强产品研发、创新力度，提高信托产品技术含量，重点拓展主动管理型信托项目；四是强化信托业务财务核算工作；五是进一步完善信托档案管理工作；六是集中培训，提高从业人员业务技能。于2010年31日完成整改并向吉林银监局进行了汇报。

(2)2010年11月3日至11月19日，吉林银监局对公司截至2010年8月31日有余额的地方政府融资平台贷款业务进行了现场检查。检查认为，吉林市城建基础设施项目资金信托计划未纳入平台公司统计名单；龙井市海蓝河龙井－东盛桥

河道综合治理工程项目信合资金信托计划不应纳入平台公司统计名单；长春城开贷款项目资金信托计划未对现金流进行统一测算。

公司在接到检查意见书后，立即组织整改，按照吉林银监局要求逐项落实，于2010年11月29日完成整改并向吉林银监局进行了汇报。

（3）2010年12月6日至2010年12月15日，吉林银监局对公司截至2010年11月30日的房地产信托业务进行了现场检查。检查认为，公司个别房地产项目中存在操作不规范现象。

公司在接到检查意见书后，公司现正在组织整改，按照吉林银监局要求逐项落实，并于2011年6月30日完成整改。

### 8.7 本年度重大事项临时报告的简要内容、披露时间、所披露的媒体及其版面

公司无上述事项。

## 9. 公司监事会意见

本报告期内公司依法运作，决策程序合法，内部控制制度较为完善。2010年财务报告客观、真实地反映了公司2010年12月31日的合并财务状况和2010年的合并经营成果及合并现金流量。

# 建信信托有限责任公司

## 1. 重要提示

1.1 本公司董事会保证本报告所载资料不存在任何虚假记载、误导性陈述或者重大遗漏，并对其内容的真实性、准确性和完整性承担个别及连带责任。

1.2 公司独立董事康立国保证本报告内容真实、准确、完整。

1.3 毕马威华振会计师事务所北京分所对本公司年度财务报告进行审计，出具了审计报告。

1.4 公司法定代表人、董事长曾见泽，总裁程双起，总裁助理许晔，财务部门负责人江涛声明：保证本年度报告中财务报告真实、完整。

## 2. 公司概况

### 2.1 公司简介

建信信托有限责任公司（以下简称建信信托）是经中国银监会批准，由中国建设银行股份有限公司投资控股，在原合肥兴泰信托有限责任公司（以下简称兴泰信托）增资扩股的基础上，重组设立的非银行金融机构。原兴泰信托前身为合肥市信托投资公司，成立于1986年11月，2003年12月经《中国银行业监督管理委员会关于合肥兴泰信托投资有限责任公司重新登记有关事项的批复》（银监复〔2003〕122号）批准，分立重组为独立法人信托机构；2007年6月经中国银监会批准，变更名称为合肥兴泰信托有限责任公司，同时相应变更业务范围；根据《中国银监会关于批准合肥兴泰信托有限责任公司变更注册资本、调整股权结构及变更名称的批复》（银监复〔2009〕57号）；2009年7月末，公司名称变更为建信信托有限责任公司，注册资本增加至152 727万元，股权结构调整为中国建设银行、合肥兴泰控股集团有限公司、合肥市国有资产控股有限公司分别持有67.00%、27.50%、5.50%的股权。

公司法定中文名称：建信信托有限责任公司

中文名称缩写：建信信托

公司法定英文名称：CCB Trust Co.，Ltd.

英文名称缩写：CCBT

法定代表人：曾见泽

注册地址：安徽省合肥市九狮桥街45号兴泰大厦

邮政编码：230001

网 址：www.ccbtrust.com.cn

信息披露分管领导：钟四清

信息披露联系人：高朝晖

联系电话：（0551）5295628 15605603198

传 真：（0551）2679542

电子邮箱：ccbt@ccbtrust.com.cn

信息披露报纸名称：《金融时报》

年度报告备置地点：公司网站和公司办公楼地点

会计师事务所：毕马威华振会计师事务所

住所：中国北京东长安街1号东方广场东2座办公楼8层

### 2.2 组织结构

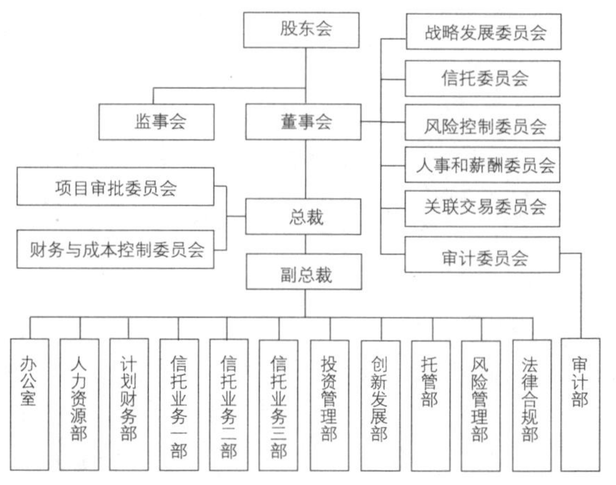


## 3. 公司治理

### 3.1 公司治理结构

#### 3.1.1 股东

报告期末，公司股东总数3名，最终实际控制人为中国建设银行股份有限公司。

股东情况

| 股东名称 | 出资比例（%） | 法人代表 | 注册资本（亿元） | 注册地址 | 主要经营业务及主要财务情况 |
|---|---|---|---|---|---|
| ★中国建设银行股份有限公司 | 67.00 | 郭树清 | 2 336.89 | 北京市西城区金融大街25号 | 公司银行业务、个人银行业务、资金业务、投资银行业务及海外业务。截至2010年末，公司总资产108 103.17亿元，总负债101 094.12亿元，净利润1 350.31亿元。 |

续表

| 股东名称 | 出资比例(%) | 法人代表 | 注册资本(亿元) | 注册地址 | 主要经营业务及主要财务情况 |
|---|---|---|---|---|---|
| 合肥兴泰控股集团有限公司 | 27.50 | 孙立强 | 8.72 | 合肥市九狮桥街45号兴泰大厦 | 对授权范围内的国有资产进行经营以及从事企业策划、管理咨询、财务顾问、公司理财、产业投资以及经批准的其他经营活动。截至2010年末,集团合并报表总资产74.2亿元,净资产43.92亿元,净利润总额2.05亿元 。 |
| 合肥市国有资产控股有限公司 | 5.50 | 俞能宏 | 6.92 | 合肥市花园街安徽科技大厦 | 授权范围内的国有资本运营;权益型投资、债务型投资;信用担保服务;资产管理,理财顾问,企业策划,企业管理咨询;企业重组、兼并、收购。截至2010年末,集团合并报表总资产163.80亿元,总负债100.91亿元,净利润5.92亿元。 |

注:加★号表示最终实际控制人。

### 3.1.2 董事、董事会及其下属委员会

董事会成员(董事长、非独立董事)

| 姓名 | 职务 | 性别 | 年龄 | 选任日期 | 任期 | 所推举的股东名称 | 该股东持股比例(%) | 简要履历 |
|---|---|---|---|---|---|---|---|---|
| 曾见泽 | 董事长 | 男 | 56 | 2009年7月16日 | 3年 | 中国建设银行 | 67.00 | 曾任中国建设银行北京市分行副行长、纪委书记、党委副书记,天津市分行行长、党委书记;现任建信信托董事长。 |
| 程双起 | 董事 | 男 | 53 | 2009年7月16日 | 3年 | | | 曾任中国建设银行张家口分行行长、党组书记,河北省分行副行长、党委副书记;现任建信信托董事、总裁。 |
| 张明合 | 董事 | 男 | 40 | 2009年7月16日 | 3年 | | | 曾任中国建设银行计划财务部总经理助理、投资银行部总经理助理;现任中国建设银行投资银行部业务总监、建信信托董事。 |
| 谢瑞平 | 董事 | 男 | 46 | 2009年7月16日 | 3年 | | | 曾任中国建设银行资产负债管理委员会办公室总经理助理、副总经理;现任中国建设银行股权投资与战略合作部副总经理、建信信托董事。 |
| 孙立强 | 董事 | 男 | 49 | 2009年7月16日 | 3年 | 合肥兴泰控股集团有限公司 | 27.50 | 曾任合肥市财政局副局长、国资局局长、国资办主任、合肥兴泰信托有限责任公司董事长;现任兴泰控股集团有限公司董事长、建信信托董事。 |
| 俞能宏 | 董事 | 男 | 54 | 2009年7月16日 | 3年 | 合肥市国有资产控股有限公司 | 5.50 | 曾任肥西县副县长、县委常委、常务副县长,中共肥西县委副书记、县政府代县长,合肥兴泰信托有限责任公司董事;现任合肥市国有资产控股有限公司董事长、建信信托董事。 |

独立董事

| 姓名 | 所在单位及职务 | 性别 | 年龄 | 选任日期 | 所推举股东名称 | 该股东持股比例(%) | 简要履历 |
|---|---|---|---|---|---|---|---|
| 康立国 | 无 | 男 | 62 | 2009年7月16日 | 中国建设银行 | 67.00 | 曾任中国人民银行南京分行合肥金融监管办事处党组委员、助理特派员,安徽银监局局长助理、党委委员、副巡视员;现任建信信托独立董事。 |
| 王 巍(拟任) | 万盟并购集团有限公司董事长,兼全国工商联并购公会会长 | 男 | 52 | 2010年12月20日 | | | 曾任职于中国建设银行、中国银行,曾担任美国化学银行分析师、美国世界银行顾问、中国南方证券有限公司副总裁、万盟投资管理有限公司董事长,以及中化国际、上海医药、方正证券独立董事;现任万盟并购集团有限公司董事长,同时兼全国工商联并购公会会长,以及中体产业、光大银行、嘉实基金独立董事,拟任建信信托独立董事。 |

注:2010年12月20日,经公司2010年第二次临时股东会审议决定聘任王巍为公司第一届董事会独立董事,其任职资格尚待中国银监会核准。

董事会下属委员会

| 名　称 | 职　责 | 组成人员姓名 | 职务 |
|---|---|---|---|
| 战略发展委员会 | 1. 组织拟订公司中长期战略发展规划,评估实施情况,并向董事会提出建议。2. 审议公司年度经营计划、财务预算及相应年度中间调整方案,提交董事会审定。3. 审议年度自营资产配置方案、管理目标及年度中间调整方案,提交董事会审定。4. 审议公司的利润分配方案和弥补亏损方案,提交董事会审定。5. 评估各类金融业务的协调发展状况,并向董事会提出建议。6. 审议公司内部管理机构的设置、国内分支机构的设置,提交董事会审定。7. 董事会授予的其他职责。 | 曾见泽 | 主任 |
| | | 谢瑞平 | 副主任 |
| | | 程双起 | 委员 |
| | | 孙立强 | 委员 |
| | | 康立国 | 委员 |
| 信托委员会 | 1. 负责督促公司依法履行受托职责。2. 对公司信托业务运行情况进行定期评估,向董事会进行报告。3. 对银监会检查公司信托业务后要求董事会组织整改的问题,研究提出具体措施。4. 以保证公司为受益人的最大利益服务为原则,处理公司或股东利益与受益人利益冲突。5. 董事会授予的其他职责。 | 康立国 | 主任 |
| | | 程双起 | 委员 |
| | | 孙立强 | 委员 |

续表

| 名　称 | 职　责 | 组成人员姓名 | 职务 |
|---|---|---|---|
| 风险控制委员会 | 1. 根据公司总体战略，研究拟定公司风险战略和风险管理政策，报董事会审定，并对其实施情况进行监督和评价。2. 监督和评价风险管理部门的设置、组织方式、工作程序，并提出改善意见。3. 指导公司的风险管理工作和内控制度建设。4. 审议公司风险和内控报告，对公司风险和内控状况进行定期评估，提出完善公司风险管理和内部控制的意见。5. 对公司首席风险官的工作进行评价。6. 审批各项业务管理办法中注明须由董事会审议的重大经营项目，具体的审批权限按董事会相关文件执行。7. 董事会授予的其他职责。 | 曾见泽 | 主任 |
| | | 程双起 | 委员 |
| | | 孙立强 | 委员 |
| 人事和薪酬委员会 | 1. 组织拟订董事和高级管理人员的选任标准和程序，并对其候选人进行初审，提请董事会决定。2. 审议公司薪酬方案，提请董事会决定，并监督其执行。3. 组织拟订公司董事、监事的业绩考核办法和薪酬方案，提交董事会审议。4. 组织对公司董事、监事及高级管理层的业绩考核，提出对董事、监事及高级管理层薪酬分配的建议，提交董事会审议。5. 检查及批准向执行董事及高级管理人员支付的与丧失或终止职务或委任有关的赔偿，以确保该等赔偿按有关合同条款决定；若未能按有关合同条款决定，有关赔偿也须合理适当。6. 检查及批准因董事行为失当而解雇或罢免有关董事所涉及的赔偿安排，以确保该等安排按有关合约条款决定；若未能按有关合约条款决定，有关赔偿亦须合理适当。7. 董事会授予的其他职责。 | 曾见泽 | 主任 |
| | | 俞能宏 | 委员 |
| | | 张明合 | 委员 |
| 关联交易委员会 | 1. 对公司关联交易管理制度的完备性、合理性、有效性进行审查，审议管理关联交易的规章、制度，报董事会审定。2. 审批重大关联交易。3. 对公司进行关联交易的整体情况进行监督。4. 对向银监局事前报告关联交易情况进行监督。5. 对按照有关规定披露关联交易信息情况进行监督。6. 董事会授予的其他职责。 | 康立国 | 主任 |
| | | 俞能宏 | 委员 |
| | | 张明合 | 委员 |
| 审计委员会 | 1. 向董事会提议聘请或更换外部审计机构。2. 监督公司的内部审计制度的制定及其实施。3. 负责内部审计与外部审计之间的沟通。4. 审核公司的各项相关业务信息及其披露。5. 评价公司的内控制度。6. 监督监管机构及其他外部部门对公司提出意见的整改，并向董事会报告。7. 董事会授予的其他职责。 | 俞能宏 | 主任 |
| | | 张明合 | 委员 |
| | | 谢瑞平 | 委员 |

### 3.1.3　监事、监事会及其下属委员会

监事会成员

| 姓名 | 职务 | 性别 | 年龄 | 选任日期 | 任期 | 所代表股东 | 股东持股比例（%） | 简　要　履　历 |
|---|---|---|---|---|---|---|---|---|
| 王金生 | 监事长 | 男 | 46 | 2010 年 4 月 9 日 | 3 年 | 合肥兴泰控股集团有限公司 | 27.50 | 曾任合肥市大米公司经理（法人代表），合肥天谷粮食集团董事长，合肥市产权交易管理办公室副主任，合肥市国有资产管理局局长助理、综合处长，合肥市国有资产控股公司副总经理，丰乐种业股份有限公司外部董事，合肥市国有资产监督管理委员会副主任、党委委员；现任建信信托有限责任公司监事长。 |
| | | | | | | 合肥市国有资产控股有限公司 | 5.50 | |
| 田国林 | 监事 | 男 | 48 | 2009 年 7 月 16 日 | 3 年 | 中国建设银行 | 67.00 | 曾任中国建设银行信贷风险管理部分行监管二处处长、综合处经理；现任中国建设银行风险管理部副总经理、建信信托监事。 |
| 吴胜春 | 监事 | 男 | 40 | 2009 年 7 月 16 日 | 3 年 | | | 曾任中国建设银行法律事务部非诉讼事务处高级经理、法律事务部总经理助理；现任中国建设银行法律合规部副总经理、建信信托监事。 |
| 王彦青 | 职工监事 | 男 | 47 | 2010 年 9 月 20 日 | 3 年 | — | — | 曾任建行河北省分行资产保全部副总经理；建行河北省总审计室现场一处高级副经理（主持工作）；现任建信信托有限责任公司审计部总经理。 |
| 周志賓 | 职工监事 | 男 | 39 | 2010 年 9 月 20 日 | 3 年 | — | — | 曾任建行北京长安支行国际业务部经理，建行北京分行个人银行业务部副总经理，建行北京分行城建、建国支行风险主管；现任建信信托有限责任公司风险管理部总经理。 |

监事会无下属委员会

### 3.1.4　高级管理人员

高级管理人员

| 姓名 | 职务 | 性别 | 年龄 | 选任日期 | 金融从业年限 | 学历 | 专业 | 简　要　履　历 |
|---|---|---|---|---|---|---|---|---|
| 程双起 | 总裁 | 男 | 53 | 2009 年 7 月 16 日 | 28 | 本科 | 基建财务与信用 | 曾任中国建设银行张家口分行行长、党组书记，河北省分行副行长、党委副书记；现任建信信托总裁、董事。 |
| 李凤霞 | 副总裁 | 女 | 58 | 2009 年 7 月 16 日 | 33 | 本科 | 国际金融 | 曾任中国建设银行淮北市支行行长、党组书记，安徽省分行副行长、党委副书记；现任建信信托副总裁。 |
| 王宝魁 | 副总裁 | 男 | 47 | 2009 年 12 月 30 日 | 24 | 本科 | 基本建设经济 | 曾任中国建设银行北京市分行信托投资公司副总经理，北京市分行资产保全部总经理，北京朝阳支行行长、党委书记；现任建信信托副总裁。 |
| 钟四清 | 副总裁 | 男 | 45 | 2009 年 12 月 30 日 | 24 | 研究生 | 系统工程 | 曾任安徽银监局办公室负责人、市场准入处处长兼局系统团委书记，合肥市政府党组成员、市长助理；现任建信信托副总裁。 |
| 黄建峰 | 副总裁 | 男 | 48 | 2009 年 7 月 16 日 | 11 | 硕士研究生 | 工商管理 | 曾任合肥市国资局副局长、合肥兴泰信托有限责任公司总经理；现任建信信托副总裁。 |
| 许　晔 | 总裁助理 | 男 | 35 | 2009 年 12 月 30 日 | 14 | 硕士研究生 | 法律 | 曾任中国建设银行总行机关团委书记、投资银行部高级经理；现任建信信托总裁助理。 |

3.1.5 公司员工

最近两个年度职工人数、年龄分布、学历分布、岗位分布，所有层级加总整体为100%。

| 项 目 | | 报告期年度末 | | 上年度 | |
|---|---|---|---|---|---|
| | | 人数 | 比例(%) | 人数 | 比例(%) |
| 年龄分布 | 25岁以下 | 3 | 3.16 | 2 | 2.67 |
| | 25~29岁 | 12 | 12.63 | 6 | 8.00 |
| | 30~39岁 | 43 | 45.26 | 31 | 41.33 |
| | 40岁以上 | 37 | 38.95 | 36 | 48.00 |
| 学历分布 | 博士 | 4 | 4.21 | 1 | 1.33 |
| | 硕士 | 16 | 16.84 | 15 | 20.00 |
| | 本科 | 63 | 66.32 | 46 | 61.33 |
| | 专科 | 7 | 7.37 | 8 | 10.67 |
| | 其他 | 5 | 5.26 | 5 | 6.67 |
| 岗位分布 | 董事、监事及高管人员 | 8 | 8.42 | 7 | 9.33 |
| | 固有业务人员 | 9 | 9.47 | 6 | 8.00 |
| | 信托业务人员 | 36 | 37.89 | 27 | 36.00 |
| | 其他人员 | 42 | 44.21 | 35 | 46.67 |

## 3.2 公司治理信息

### 3.2.1 年度内召开股东大会(股东会)情况

报告期内，公司股东会议共召开3次，具体如下：

(1)2010年第一次临时股东会

议题：审议《关于更换股东代表监事的议案》。

决议：审议通过《关于更换股东代表监事的议案》，选举王金生为公司股东代表监事，并作为监事长人选；安列不再担任公司股东代表监事、监事长职务；召开公司第一届监事会第二次会议，选举产生监事会监事长。

(2)2009年股东年会

议题：审议《关于提请审议〈2009年工作报告〉的议案》、《关于提请审议〈2009年财务决算〉的议案》、《关于提请审议〈2009年利润分配方案〉的议案》、《关于提请审议〈2009年受益人利益实现情况的报告〉的议案》、《关于2009年年度报告及年报摘要的报告》、《关于提请审议〈关于对公司2009年经营情况的审核意见〉的议案》、《关于提请审议〈2010年经营计划和财务预算〉的议案》。

决议：审议通过了2009年工作报告、2009年财务决算、2009年利润分配方案、2009年受益人利益实现情况的报告、2009年年度报告及年报摘要、关于对公司2009年经营情况的审核意见、2010年经营计划和财务预算。

(3)2010年第二次临时股东会

议题：审议《关于续聘会计师事务所的议案》和《关于提名选举王巍为独立董事的议案》。

决议：审议通过《关于续聘会计师事务所的议案》，同意继续聘用毕马威会计师事务所对公司2010年年报进行审计，具体审计工作由毕马威北京分所负责；审议通过《关于提名选举王巍为独立董事的议案》，同意聘任王巍为建信信托第一届董事会独立董事。

### 3.2.2 董事会及其下属委员会履行职责情况

3.2.2.1 董事会召开情况

报告期内，公司董事会会议共召开9次，具体如下：

(1)第一届董事会第八次会议

议题：审议关于召开建信信托有限责任公司2010年第一次临时股东会议的议案。

决议：审议通过关于召开建信信托有限责任公司2010年第一次临时股东会议的议案，同意召开建信信托有限责任公司2010年第一次临时股东会议，审议关于更换股东代表监事的议案。

(2)第一届董事会第九次会议

议题：审议关于聘任王彦青为审计部总经理的议案。

决议：审议通过关于聘任王彦青为审计部总经理的议案，如果公示结果没有影响任职的情况，同意聘任王彦青为审计部总经理。

(3)第一届董事会第十次会议

议题：审议关于提请审议2009年工作报告的议案、关于提请审议2009年财务决算的议案、关于提请审议2009年利润分配方案的议案、关于提请审议2009年受益人利益实现情况的报告的议案、关于提请审议2009年年度报告及年报摘要的议案、关于提请审议2010年经营计划和财务预算的议案、关于召开公司2009年度股东年会的议案。

决议：审议通过了2009年工作报告、2009年财务决算、2009年利润分配方案、2009年受益人利益实现情况的报告、2009年年度报告及年报摘要、2010年经营计划和财务预算、关于召开公司2009年股东年会的议案。

(4)第一届董事会第十一次会议

议题：审议经营层2010年上半年工作报告、2010年经营计划及财务预算上半年执行情况的报告、董事会2010年上半年工作报告，听取2010年上半年内部审计报告。

决议：审议通过了经营层2010年上半年工作报告、2010年经营计划及财务预算上半年执行情况的报告、董事会2010年上半年工作报告。

(5)第一届董事会第十二次会议

议题：审议关于设立战略发展等专门委员会及选举委员及主任的议案、关于制定战略发展等专门委员会工作规则的议案、关于制定《独立董事管理办法(试行)》的议案。

决议：第一，审议通过关于设立战略发展等专门委员会及选举委员及主任的议案。同意设立战略发展委员会，委任曾见泽、谢瑞平、程双起、孙立强、康立国等5人为委员，曾见泽为主任，谢瑞平为副主任；同意设立人事和薪酬委员会，委任曾见泽、俞能宏、张明合为委员，曾见泽为主任；同意设立审计委员会，委任俞能宏、张明合、谢瑞平为委员，俞能宏为主任；同意设立信托委员会，委任康立国、程双起、孙立强为委员，康立国为主任；同意设立关联交易委员会，委任康立国、俞能宏、张明合为委员，康立国为主任。第二，审议通过关于制定战略发展等专门委员会工作规则的议案。批准《建信信托董事会战略发展委员会工作规则》、《建信信托董事会人事和薪酬委员会工作规则》、《建信信托董事会审计委员会工作规则》、《建信信托董事会信托委员会工作规则》、《建信信托董事会关联交易委员会工作规则》、《建信信托董事会风险控制委员会工作规则》。第三，审议通过关于制定《独立董事管理办法(试行)》的议案，批准《建信信托独立董事管理办法(试行)》。

(6)第一届董事会第十三次会议

议题：审议关于续聘会计师事务所的议案。

决议：审议通过了关于续聘会计师事务所的议案，同意将议案内容提请股东会审议。

（7）第一届董事会第十四次会议

议题：审议关于转让科信期货经纪有限公司股权的议案。

决议：同意以人民币2444万元的价格将持有的科信期货经纪有限公司16%的股权转让给财达证券有限责任公司，并授权公司经营层按照有关规定办理相关手续。

（8）第一届董事会第十五次会议

议题：审议关于召开2010年第二次临时股东会议的议案。

决议：审议通过关于召开2010年第二次临时股东会议的议案，同意于2010年12月8日召开建信信托2010年第二次临时股东会议，并提请会议审议"关于续聘会计师事务所的议案"和"关于提名选举王巍为独立董事的议案"。

（9）第一届董事会第十六次会议

议题：审议关于转让池州九华农村商业银行股权的议案、关于提请审议《建信信托有限责任公司内部控制评价办法》的议案。

决议：审议通过关于转让池州九华农村商业银行股权的议案，同意将公司所持有的4 000万股池州九华农村商业银行股权转让给合肥兴泰控股集团有限公司，并授权公司经营层按照规定办理相关手续。审议通过《关于提请审议〈建信信托有限责任公司内部控制评价办法〉的议案》，批准《建信信托有限责任公司内部控制评价办法》。

3.2.2.2　独立董事履职情况

公司独立董事康立国先生自任职以来，切实履行独立董事职责，对重要业务发表独立意见，认真审议董事会各项议案，对完善公司治理结构、制度体系和业务发展发挥了积极作用。

3.2.2.3　董事会履职情况

本报告期内，公司董事会及其下属委员会认真履行《公司章程》所赋予的各项职权，注重加强自身建设，着力完善公司治理结构，全面落实股东会的决议，严格执行决策程序，审慎审批重大事项，制定公司发展规划、经营计划，完善内设机构设置，积极指导支持公司经营层开展经营管理活动。公司董事会及其下属委员会成员诚信勤勉、尽职尽责，自觉遵守国家法律、法规和《公司章程》的规定，积极维护受益人利益、股东利益和公司利益，无任何违法、违规和违反《公司章程》的行为。

**3.2.3　监事会履行职责情况**

3.2.3.1　监事会召开会议情况

报告期内，公司监事会共召开4次会议，主要内容如下：

（1）第一届监事会第二次会议

议题：审议关于选举王金生为建信信托有限责任公司第一届监事会监事长的议案。

决议：审议通过关于选举王金生为建信信托有限责任公司第一届监事会监事长的议案，选举王金生为建信信托有限责任公司第一届监事会监事长。

（2）第一届监事会第三次会议

议题：审阅公司2009年工作报告、公司2009年财务决算、公司2009年利润分配方案、公司2009年受益人利益实现情况报告、公司2009年年度报告及年报摘要、公司2010年经营计划和财务预算，审议"关于提请审议关于对公司2009年经营情况的审核意见的议案"。

决议：审议通过关于对公司2009年经营情况的审核意见。

（3）第一届监事会第四次会议

议题：审议经营层2010年上半年工作报告、2010年经营计划及财务预算上半年执行情况的报告、2010年上半年内部审计工作报告、建信信托有限责任公司监事会2010年上半年工作报告。

决议：审议通过经营层2010年上半年工作报告、2010年经营计划及财务预算上半年执行情况的报告、2010年上半年内部审计工作报告、建信信托有限责任公司监事会2010年上半年工作报告。

（4）第一届监事会第五次会议

议题：审议《监事会成员履职行为规范》、《监事会检查监督公司财务工作规则（暂行）》、《监事会向股东会提出议案工作规则（暂行）》、《监事会监督董事会、高管层及其成员履职行为工作规则（暂行）》、《监事会对公司董事、高管及其他人员提起诉讼的工作规则（暂行）》、《监事会成员工作分工》。

决议：审议通过《监事会成员履职行为规范》、《监事会检查监督公司财务工作规则（暂行）》、《监事会向股东会提出议案工作规则（暂行）》、《监事会监督董事会、高管层及其成员履职行为工作规则（暂行）》、《监事会对公司董事、高管及其他人员提起诉讼的工作规则（暂行）》、《监事会成员工作分工》。

3.2.3.2　监事会履职情况

报告期内，监事会认真履行《公司章程》所赋予的各项职权，认真了解公司经营情况，对公司财务状况进行监督，对董事会执行股东会决议情况、董事、高级管理人员执行公司职务的情况进行监督，并对公司依法合规运作情况发表独立意见。监事会成员勤勉尽责，无任何违法、违规和违反《公司章程》的行为。

**3.2.4　高级管理层履职情况**

报告期内，公司高级管理层认真履行《公司章程》和董事会所赋予的各项职权，认真贯彻执行董事会决议，坚持依法合规的经营理念，建立健全决策审批机制和规章制度，持续提升公司规范管理、内部控制和风险防范能力；制定切实可行的工作思路和措施，有效调动员工的积极性和创造性，组织推动各项业务运营，取得了良好的经营业绩，体现出了对公司高度负责的精神和较强的经营管理能力、风险控制能力和市场把握能力。公司高级管理人员严格遵守各项法律法规，规范经营、稳健发展，无任何违法、违规和违反《公司章程》的行为。

## 4. 经营管理

### 4.1　经营目标、方针、战略规划

经营目标：成为员工队伍优秀、资产管理能力一流、产品创新能力强、服务营运能力优良、风险控制体系完善、公司的价值增长和股东的财务回报高、市场信誉和社会声誉一流的信托公司。

经营方针：以科学发展观为指引，以打造建设银行综合化经营平台为目标，服从服务于建设银行的改革发展，服从服务于建设银行整体战略目标的实现，提升资产管理能力和风险控制能力，逐步构建银行系信托公司的盈利模式和发展模式，为股东创造最大价值，为经济建设和社会发展服务。

战略规划:依托建设银行丰富的资源,加强产品研发和业务创新,做大资产规模,扩大市场份额,确立行业的领先地位。同时,根据建设银行整体发展战略,利用信托的制度和功能优势,提升"建设银行"品牌效应和整体竞争力,为建设银行的综合化经营、丰富产品线、满足客户多样化的需求作出应有的贡献。

## 4.2 所经营业务的主要内容

公司目前经营的业务品种主要包括信托业务、投资银行业务和固有业务。

信托业务品种主要包括单一资金信托、集合资金信托、财产信托和股权信托等。信托财产的运用方式主要有贷款和投资。

投资银行业务主要包括财务顾问、股权信托、债券承销等。

固有业务主要是自有资金的贷款、股权投资、证券投资等。

固有资产运用与分布表

| 资产运用 | 金额（万元） | 占比（%） | 资产分布 | 金额（万元） | 占比（%） |
|---|---|---|---|---|---|
| 货币资产 | 12 340.57 | 2.71 | 基础产业 | 119 900.00 | 26.29 |
| 贷款及应收款 | 123 644.75 | 27.11 | 房地产业 | | |
| 交易性金融资产 | 38 989.59 | 8.55 | 证券市场 | 38 989.59 | 8.55 |
| 可供出售金融资产 | 228 562.00 | 50.11 | 实业 | | |
| 持有至到期投资 | | | 金融机构 | 259 782.14 | 56.96 |
| 长期股权投资 | 33 977.59 | 7.45 | 其他 | 37 442.29 | 8.20 |
| 其他 | 18 599.52 | 4.07 | | | |
| 资产总计 | 456 114.02 | 100.00 | 资产总计 | 456 114.02 | 100.00 |

信托资产运用与分布表

| 资产运用 | 金额（万元） | 占比（%） | 资产分布 | 金额（万元） | 占比（%） |
|---|---|---|---|---|---|
| 货币资产 | 789 544.19 | 11.96 | 基础产业 | 1 117 814.00 | 16.93 |
| 贷款 | 2 592 530.34 | 39.27 | 房地产 | 279 302.00 | 4.23 |
| 交易性金融资产 | 0.00 | 0.00 | 证券市场 | 1 975 460.83 | 29.92 |
| 可供出售金融资产 | 34 179.70 | 0.52 | 实业 | 692 764.38 | 10.49 |
| 持有至到期投资 | 1 975 460.83 | 29.92 | 金融机构 | 789 544.19 | 11.96 |
| 长期股权投资 | 229 398.13 | 3.48 | 其他 | 1 746 715.74 | 26.47 |
| 其他 | 980 487.95 | 14.85 | | | |
| 信托资产总计 | 6 601 601.14 | 100.00 | 信托资产总计 | 6 601 601.14 | 100.00 |

## 4.3 市场分析

### 4.3.1 影响业务发展的有利因素

2010年我国经济继续保持了平稳较快增长,市场资金需求旺盛,社会财富增长对信托理财的需求不断增大,信托行业制度不断完善,有力地促进了信托业快速发展。公司重组后,资本实力显著增强,治理结构持续完善,规范管理水平明显提升,特别是依托大股东建设银行的资源优势,为公司业务发展奠定了良好基础。

### 4.3.2 影响业务发展的不利因素

2010年国际金融危机的影响尚未安全消除,我国宏观经济诸多矛盾相互交织,调控政策不断出新,对信托行业的发展带来一定影响。同时,公司刚刚完成重组,组织机构、员工队伍、管理制度和企业文化等方面整合与重构的任务非常艰巨,管理基础尚不够扎实,特别是公司业务积累相对不足,业务创新、自主管理和风险管控能力尚在逐步提升过程中,以上因素制约了公司业务快速发展。

## 4.4 内部控制

### 4.4.1 内部控制环境和内部控制文化

按照《公司法》、《信托公司管理办法》、《信托公司治理指引》等法律法规和监管部门的要求,公司设立了三会一层的治理结构,不断优化了决策、监督和执行机构间的制衡机制。公司内部设置了12个职能部门,明确界定了各部门的职责和权限,确保其在授权范围内行使职能。固有业务部门和信托业务部门分别设立,固有业务与信托业务分别建账、分别核算,工作人员互不兼职,并由不同的高级管理人员负责管理。

公司高度重视企业文化建设,秉承"诚信为本、稳健经营"的理念和"受人之托、代人理财"的宗旨,以"诚信、审慎、求新、共赢"为核心价值观,以"致力于成为一流信托公司"为战略愿景,以"为客户提供优质服务、为股东创造最大价值、为员工搭建广阔平台、为社会承担应尽责任"为使命,注重内部控制、风险管理、合规管理,引导全体员工树立诚信观念、风险合规意识,提高职业道德水平和自律意识,营造诚实守信、忠于职守、刻苦钻研、勤勉尽责的企业文化氛围。

### 4.4.2 内部控制措施

公司按照全面性、重要性、制衡性、适应性和遵循性原则逐步健全各项内部规章制度,完善内部控制机制,使内部控制渗透公司决策、执行、监督、反馈等各个环节,覆盖公司的所有业务、部门和岗位,做到事前、事中、事后控制相统一。

公司建立严格的分级授权制度。董事会、经营管理层、各职能部门及员工均须在授权范围内开展活动。

公司设立审计部、风险管理部和法律合规部等部门,分别履行内部审计、风险监控、合规管理等监督检查职能。

公司建立并完善涵盖公司经营管理活动的各个方面、各个环节的制度体系,对不同业务分别制订符合其特点的业务制度、业务流程。2010年,公司根据监管要求和自身发展实际,在原有规章制度基础上,通过修订、新建和废止等方式,大力加强规章制度建设工作,先后制定并施行了一批规章制度,初步形成了比较完备的规章制度体系。

公司建立包括风险识别、评估与控制的风险管理机制,建立涵盖各项业务、各类资产的风险管理体系,采取合理的方法和技术手段,对信用风险、市场风险、操作风险等各类风险进行持续监控。

公司建立了层级清晰、权限明确的审批体制。公司项目审批委员会负责对信托和固有业务项目进行集体审批,对超权限的项目上报董事会风险控制委员会决策。

上述措施、制度和程序得到了有效的贯彻执行,保证了公司对风险能够进行事前防范、事中控制、事后监督和纠正,形成了健全的内部约束机制。

### 4.4.3 信息交流与反馈

公司建立了有效的信息交流和反馈机制,确保信息准确传递,确保董事会、监事会、高级管理层及监督检查部门及时了解公司的经营和风险状况,确保各类投诉、可疑事件和内控缺陷得到妥善处理。

公司及时、准确地向监管部门报送监管部门所需要的各种数据和资料,并将监管部门的意见及时、准确地传达给公司相关人员。

公司建立了完善的信息披露制度和程序,通过公司网站、报纸等平台及时向社会公众准确、及时地披露公司有关信息,充分发挥社会公众对公司内控制度的监督作用。

**4.4.4 监督评价与纠正**

公司建立了有效的内部控制报告和纠正机制,确保业务部门、监督检查部门和其他人员发现的内部控制问题有畅通的报告渠道和有效的纠正措施。

公司审计部对内部控制制度的执行情况进行持续的检查和监督,董事会定期评价内部控制的有效性。公司加强外部审计监督,公司定期召开风险控制委员会会议,听取公司内部控制管理工作的汇报与建议,并根据市场、技术、法律环境的变化适时调整和完善。

公司将内部控制的评价结果作为经营考核的重要依据。对由于部门制度不完备、工作程序不合理,或因管理混乱而造成较大风险或给公司带来损失的,公司按照相关责任追究办法追究有关人员的责任。

## 4.5 风险管理

**4.5.1 风险管理概况**

4.5.1.1 公司经营活动中可能遇到的风险

基于金融行业运营环境和信托业特征,公司在经营活动中可能遇到的主要风险包括信用风险、市场风险和操作风险,同时还可能面临政策风险、法律风险、道德风险、关联交易风险和声誉风险等其他风险。

4.5.1.2 公司风险管理的基本原则与政策

公司坚持依法合规的经营理念,不断健全科学、完善的风险管理体系,营造健康、先进的风险管理文化,防范和化解经营过程中面临的各种风险,促进公司稳健经营、健康发展,公司确定了以下风险管理的基本原则。

(1)审慎性原则:科学、严格、谨慎地实施风险管理,最大限度地控制风险。

(2)全面性原则:风险管理必须针对公司面临的所有风险类别,覆盖公司的所有业务、客户、部门和人员,渗透到决策、执行、监督、反馈等各个环节,确保不存在风险管理的空白或漏洞。

(3)合规性原则:风险管理必须符合国家有关法律法规和公司章程的规定。

(4)真实性原则:理性、客观、真实地对风险进行衡量,并按照规定进行披露。

(5)及时性原则:风险管理必须在风险发生或发现时及时进行,讲究时效。风险管理策略及方法应当根据公司经营战略、经营方针等内部环境的变化和国家法律法规等外部环境的改变及时进行完善。

(6)制衡性原则:公司部门和岗位的设置应当权责分明、相互制约,不相容职务应相对分离。

4.5.1.3 公司风险管理组织结构与职责划分

公司构建了涵盖全面、层次清晰、职责明确的风险管理架构,形成了"四个层级"、"三道防线"的风险控制体系。

"四个层级"具体是指:第一层级为董事会及其专门委员会,负责决定公司的风险偏好、风险管理政策和内部控制政策。第二层级为高级管理层及其项目审批委员会,负责依据董事会审定的风险管理战略和公司风险承受能力进行公司风险管理及业务决策。第三层级为风险管理部,是公司风险管理的专门部门。部门内设风险经理、合规性审查人员,各自在职责范围内开展风险管理工作。第四层级为业务部门,负责其职责范围内的风险管理事项。部门内设风险合规岗,与项目经理分别在各自职责范围内开展风险管理工作。

"三道防线"具体是指:公司构筑了以业务部门、风险管理部门(包括风险管理部和法律合规部)和审计部门为主的事前防范、事中监控和事后审计的"三道防线"。

公司在部分业务领域内实行风险经理平行作业制度,风险管理部的风险经理全面参与到项目的运作过程中,使公司的风险控制关口前移,在提高公司内部运营效率的同时,进一步加强项目的风险控制。

**4.5.2 风险状况**

4.5.2.1 信用风险状况

信用风险主要是指公司在经营过程中因交易对手不能或不愿按期履行义务而使受益人或公司遭受损失的可能性。

公司严格按照《非银行金融机构资产风险分类指导原则》(试行)和《资产风险分类管理办法》对资产风险进行五级分类。固有资产项下贷款类资产参照以下标准计提贷款损失准备金:正常类计提比例为1%;关注类计提比例为2%;次级类计提比例为25%;可疑类计提比例为50%;损失类计提比例为100%。其中,次级类和可疑类资产的损失准备,计提比例可以上下浮动20%。对计提坏账准备的各类应收账款、持有到期投资、长期投资等资产的减值准备,根据资产风险分类结果参照贷款专项准备计提比例确定计提比例。

2010年末,公司信托业务资产总额为660.16亿元,信托资产质量良好,无交易对手违约情况;公司固有业务资产总额为45.61亿元,不良资产余额为450万元,不良资产率为0.10%,不良资产余额较年初减少了825万元,不良资产率较年初下降了0.18%;各项资产减值准备余额为1 424万元,较年初减少了1 284.25万元。

抵押(质押)品确认的主要原则:抵押(质押)品必须是抵押人所有的或依法有处分权的财产;以动产、不动产、财产权等设定抵押(质押)担保的,需提供抵押(质押)物的权属证明、价值评估报告以及第三方同意抵押(质押)的文件;要求到相关主管部门办理抵押(质押)手续。

保证确认的主要原则:具有代为清偿债务能力的法人、其他组织或者公民提供保证的,其担保能力需符合公司的标准,并需出具同意保证的相关文件。

4.5.2.2 市场风险状况

市场风险主要指公司在经营过程中因由于股价、汇率、利率及其他价格因素变动而造成财产损失的风险以及对公司盈利能力、财务状况的影响。市场风险可进一步分为股票价格风险、利率风险、汇率风险以及其他价格风险。

公司一贯审慎开展股票投资业务。整体上看,2010 年公司未因股票价格波动造成较大损失。

2010 年,中国人民银行两次上调了存贷款基准利率。整体上看,2010 年公司未因存贷款基准利率上调造成较大损失。

截至 2010 年末,公司外汇业务存量为零,汇率波动未对公司造成影响。

其他价格因素主要是指通货膨胀。2010 年,物价特别是消费类产品的物价上涨较快,但未对公司未产生明显影响。

报告期内,市场风险未对公司固有资产和信托资产产生明显影响。

4.5.2.3 操作风险状况

操作风险主要是指公司在运营过程中由于内部程序、人员、系统的不完善或外部事件等原因所带来的风险。报告期内,公司未发生因操作风险所造成的损失。

4.5.2.4 其他风险状况

公司面临的其他风险主要包括政策风险、法律风险、道德风险、关联交易风险和声誉风险等。

政策风险主要指因宏观经济政策、行业发展政策、信托业监管政策的变动对公司经营环境和业务发展所造成的影响。2010 年,公司能够及时根据国家宏观政策以及法律法规的变化,调整经营计划和内部的管理制度;公司未发生因政策风险所造成的损失。

法律风险主要是指公司在业务开展过程中对相关法律法规的理解或执行出现偏差导致对公司经营造成影响,公司签订合同在法律上有缺陷或不完善而发生法律纠纷甚至无法履约。2010 年,公司签署合同时都进行了相关的法律性审查,未发生因法律风险所造成的损失。

道德风险主要指公司内部人员蓄意违法违规或与公司的利益主体串通给信托受益人或公司自身带来损失而产生的风险。2010 年,公司加强了全体员工的职业道德和思想教育,未发生因道德风险所造成的损失。

关联交易风险主要指公司在开展业务过程中涉及关联交易时,由于制度缺失、关联方控制、价格不公允等原因产生的风险。2010 年,公司在开展业务过程中涉及关联交易时,决策审慎,价格公允,及时履行了向监管部门事前报告的手续,并及时进行信息披露,未发生因关联交易风险所造成的损失。

声誉风险主要指由于公司操作失误、违反有关规定、信托资产质量下降不能到期兑付、不能向公众提供高质量的金融服务和管理不善等原因,对外部市场地位产生的消极和不良影响。2010 年,公司高度重视自身声誉,坚持依法合规稳健经营,严格按照信托合同,切实履行受托人义务,所有信托计划均按期清算,并及时披露相关信息,公司未发生因声誉风险所造成的损失。

报告期内,公司未发生因其他风险所造成的损失。

**4.5.3 风险管理**

4.5.3.1 信用风险管理

公司对信用风险的管理,一是严格按照业务流程开展各项业务,确保高级管理层能够充分了解项目涉及的信用风险,谨慎选择项目。各类项目均由项目审批委员会进行集体审批,对超权限的项目上报董事会风险控制委员会决策。二是事前注重对交易对手(项目)的尽职调查。三是事中加强对交易对手(项目)进行动态跟踪管理,持续评估交易对手的履约能力和担保状况。四是项目结束后及时进行审计和评价。五是公司建立风险预警机制,规定了详细的预警信号和相应的控制措施,在发现预警信号时,要求业务人员及时向风险管理部门、管理层报告,及时采取防范和化解风险的措施。六是对于应分类资产,进行资产质量风险分类管理,并按规定提取减值准备。

4.5.3.2 市场风险管理

公司对于市场风险的管理,一是关注国家政策和市场环境的变化,加强对经济及金融形势的分析预测,并据此提出相应对策及业务调整方案。二是对于证券市场风险,侧重于把握整体趋势,通过建立有效的投资组合,规避市场风险。三是结合经济、金融形势,采取合理措施规避利率风险。公司在产品设计时,能充分考虑如利率变化对受益人或公司收益的影响。四是加强专业人才队伍建设。项目审批委员会各委员在相关领域有着丰富的经验,绝大部分信托从业人员为金融投资方面的专业人才。

4.5.3.3 操作风险管理

公司对于操作风险的管理,一是逐步健全公司法人治理结构,建立、完善内部各项规章制度。公司对原有规章制度进行了全面梳理,并根据公司实际制定了新的规章制度体系。二是规范各项业务的操作流程,明确操作权限和内容,严格遵循决策与操作分离、业务操作与风险监控分离的原则。三是建立总裁授权制度,对于各类事项实施授权管理。四是严格按照既定的审批流程,履行各类项目或业务的审批程序。五是注重加强员工培训,通过提高员工素质降低操作风险。

4.5.3.4 其他风险管理

公司对于政策风险的管理,主要是加强对国家宏观经济政策、行业发展政策、监管政策以及国家法律法规进行深入的分析、研究,加强与政策制定部门的沟通,提高预见性和应变能力,及时调整发展战略和经营策略,保持公司经营与国家政策的一致。

公司对于法律风险的管理,一是设立法律合规部负责对交易行为或合同进行法律审查,重大事项征询律师意见;二是及时跟踪法律、法规的最新进展,修订完善各项规章制度,使公司依法合规经营,尽职履行受托人职责。

公司对于道德风险的管理,主要是不断加强职业道德和思想教育,强化内部控制机制,严格业务流程与监督制衡。

公司从保护股东、信托各方当事人的利益尤其是受益人(委托人)的利益角度出发,加强关联交易风险管理,一是实行各部门分别负责、法律合规部牵头管理,确保关联交易的识别、统计、报告工作及时准确;二是不断完善关联交易相关制度,加强关联交易业务的审查;三是涉及关联交易的业务,根据《信托公司管理办法》第三十五条的要求,须及时向监管部门事前报告;四是根据《信托投资公司信息披露管理暂行办法》,及时、完整的披露关联交易。

公司对于声誉风险的管理,一是确保及时处理投诉和批评,二是从多种渠道积累早期预警经验,三是增强对客户、公众的透明度,四是加强声誉风险管理教育,五是保持与媒体的良好接触。

公司还将根据业务发展规模的不断扩大和市场变化等情况,对公司风险管理措施进一步完善。

## 5. 报告期末及上年末的比较式会计报表

### 5.1 固有资产

#### 5.1.1 会计师事务所审计意见全文

**审 计 报 告**

KPMG－A(2011)AR No. 0425

建信信托有限责任公司董事会:

我们审计了后附的第1页至第55页的建信信托有限责任公司(以下简称贵公司)财务报表,包括2010年12月31日的资产负债表、2010年度的利润表、所有者权益变动表、现金流量表以及财务报表附注。

一、贵公司管理层对财务报表的责任

按照中华人民共和国财政部颁布的企业会计准则的规定编制财务报表是贵公司管理层的责任。这种责任包括:(1)设计、实施和维护与财务报表编制相关的内部控制,以使财务报表不存在由于舞弊或错误而导致的重大错报;(2)选择和运用恰当的会计政策;(2)作出合理的会计估计。

二、注册会计师的责任

我们的责任是在实施审计工作的基础上对财务报表发表审计意见。我们按照中国注册会计师审计准则的规定执行了审计工作。中国注册会计师审计准则要求我们遵守职业道德规范,计划和实施审计工作以对财务报表是否不存在重大错报获取合理保证。

审计工作涉及实施审计程序,以获取有关财务报表金额和披露的审计证据。选择的审计程序取决于注册会计师的判断,包括对由于舞弊或错误导致的财务报表重大错报风险的评估。在进行风险评估时,我们考虑与财务报表编制相关的内部控制,以设计恰当的审计程序,但目的并非对内部控制的有效性发表意见。审计工作还包括评价管理层选用会计政策的恰当性和作出会计估计的合理性,以及评价财务报表的总体列报。

我们相信,我们获取的审计证据是充分、适当的,为发表审计意见提供了基础。

三、审计意见

我们认为,贵公司财务报表已经按照中华人民共和国财政部颁布的企业会计准则的规定编制,在所有重大方面公允反映了贵公司2010年12月31日的财务状况以及2010年度的经营成果和现金流量。

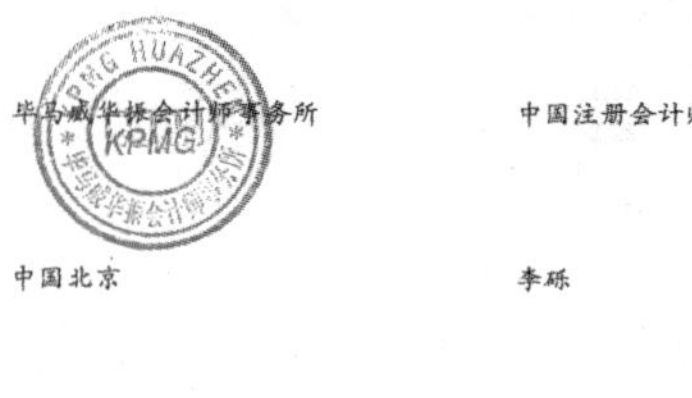

毕马威华振会计师事务所　　中国注册会计师

中国北京

李砾

元晓英
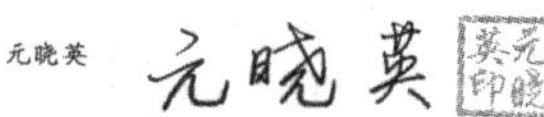

二〇一一年三月二十八日

#### 5.1.2 资产负债表

**资产负债表**

编制单位:建信信托有限责任公司　　2010年12月31日　　单位:万元

| 资 产 | 期末余额 | 年初余额 | 负债和所有者权益 | 期末余额 | 年初余额 |
|---|---|---|---|---|---|
| 资产: | | | 负债: | | |
| 现金 | 4.02 | 7.45 | 应付账款 | 34.01 | 148.38 |
| 存放同业款项 | 12 336.55 | 46 996.05 | 应付职工薪酬 | 4 747.55 | 3 511.24 |
| 交易性金融资产 | 38 989.59 | 1 271.64 | 应交税费 | 7 492.51 | 1 966.65 |
| 买入返售金融资产 | | 90 000.00 | 递延所得税负债 | 0 | 5 052.97 |
| 应收账款 | 813.33 | 485.86 | 递延收益 | 1 642.37 | 0 |
| 应收利息 | 208.93 | 404.41 | 其他负债 | 3 807.65 | 135.74 |
| 发放贷款和垫款 | 118 701.00 | 205 641.75 | 负债合计 | 17 724.09 | 10 814.98 |
| 可供出售金融资产 | 228 562.00 | 63 000.00 | 所有者权益: | | |
| 长期股权投资 | 33 977.59 | 22 883.59 | 实收资本 | 152 727.00 | 152 727.00 |
| 投资性房地产 | 1 608.65 | 1 724.07 | 资本公积 | 247 359.08 | 269 868.01 |
| 固定资产 | 15 637.09 | 15 415.02 | 盈余公积 | 5 068.99 | 3 325.25 |
| 无形资产 | 111.02 | 2.29 | 一般风险准备 | 4 445.35 | 3 729.27 |
| 其他资产 | 5 164.25 | 6 444.30 | 信托赔偿准备 | 2 124.64 | 1 252.77 |
| | | | 未分配利润 | 26 664.87 | 12 559.15 |
| | | | 其中:本年利润 | 17 437.41 | 7 207.22 |
| | | | 所有者权益合计 | 438 389.93 | 443 461.45 |
| 资产总计 | 456 114.02 | 454 276.43 | 负债和所有者权益总计 | 456 114.02 | 454 276.43 |

#### 5.1.3 利润表

**利润表**

编制单位:建信信托有限责任公司　　2010 年　　单位:万元

| 项　目 | 本年数 | 上年数 |
|---|---|---|
| 一、营业收入 | 33 083.48 | 18 107.89 |
| 利息收入 | 10 326.16 | 3 779.44 |
| 手续费及佣金净收入 | 13 831.98 | 1 781.89 |
| 手续费及佣金收入 | 14 230.55 | 1 782.28 |
| 手续费及佣金支出 | 398.57 | 0.39 |
| 投资收益 | 8 076.23 | 8 618.65 |
| 公允价值变动损益 | 378.47 | 3 586.07 |
| 其他业务收入 | 470.64 | 341.84 |
| 二、营业支出 | 11 023.74 | 9 104.85 |

续表

| 项　目 | 本年数 | 上年数 |
|---|---|---|
| 营业税金及附加 | 1 631.77 | 436.99 |
| 业务及管理费 | 10 542.80 | 6 106.44 |
| 资产减值损失 | -1 284.25 | 2 446.00 |
| 其他业务成本 | 133.42 | 115.42 |
| 三、营业利润 | 22 059.74 | 9 003.04 |
| 加:营业外收入 | 83.41 | 1.39 |
| 减:营业外支出 | 0.91 | 12.64 |
| 四、利润总额 | 22 142.24 | 8 991.79 |
| 减:所得税费用 | 4 704.83 | 1 784.57 |
| 五、净利润 | 17 437.41 | 7 207.22 |
| 六、其他综合收益 | -22 508.93 | 1 483.11 |
| 七、综合收益总额 | -5 071.52 | 8 690.33 |

#### 5.1.4 所有者权益变动表

**所有者权益变动表**

2009 年　　单位:万元

| | 实收资本 | 资本公积 | 盈余公积 | 一般风险准备 | 信托赔偿准备 | 未分配利润 | 所有者权益合计 |
|---|---|---|---|---|---|---|---|
| 2009 年 1 月 1 日余额 | 50 400.00 | 29 799.01 | 2 604.53 | 391.92 | 892.41 | 6 746.37 | 90 834.24 |
| 本年增减变动金额 | 102 327.00 | 240 069.00 | 720.72 | 3 337.35 | 360.36 | 5 812.78 | 352 627.21 |
| 1. 净利润 | | | | | | 7 207.21 | 7 207.21 |
| 2. 其他综合收益 | | 1 483.11 | | | | | 1 483.11 |
| 上述 1 和 2 小计 | | 1 483.11 | | | | 7 207.21 | 8 690.32 |
| 3. 所有者投入和减少资本 | | | | | | | |
| 所有者投入资本 | 102 327.00 | 238 585.89 | | | | | 340 912.89 |
| 4. 利润分配 | | | | | | | |
| 提取盈余公积 | | | 720.72 | | | -720.72 | |
| 提取一般风险准备 | | | | 3 337.35 | | -3 337.35 | |
| 提取信托赔偿准备 | | | | | 360.36 | -360.36 | |
| 退回上年度对所有者的分配 | | | | | | 3 024.00 | 3 024.00 |
| 2009 年 12 月 31 日余额 | 152 727.00 | 269 868.01 | 3 325.25 | 3 729.27 | 1 252.77 | 12 559.15 | 443 461.45 |

**所有者权益变动表**

2010 年　　单位:万元

| | 实收资本 | 资本公积 | 盈余公积 | 一般风险准备 | 信托赔偿准备 | 未分配利润 | 所有者权益合计 |
|---|---|---|---|---|---|---|---|
| 2009 年 12 月 31 日余额 | 152 727.00 | 269 868.01 | 3 325.25 | 3 729.27 | 1 252.77 | 12 559.15 | 443 461.45 |
| 本年增减变动金额 | 0.00 | -22 508.93 | 1 743.74 | 716.08 | 871.87 | 14 105.72 | -5 071.52 |
| 1. 净利润 | | | | | | 17 437.41 | 17 437.41 |
| 2. 其他综合收益 | | -22 508.93 | | | | | -22 508.93 |
| 上述 1 和 2 小计 | 0.00 | -22 508.93 | 0.00 | 0.00 | 0.00 | 17 437.41 | -5 071.52 |
| 3. 利润分配 | | | | | | | |
| 提取盈余公积 | | | 1 743.74 | | | -1 743.74 | |
| 提取一般风险准备 | | | | 716.08 | | -716.08 | |

续表

| | 实收资本 | 资本公积 | 盈余公积 | 一般风险准备 | 信托赔偿准备 | 未分配利润 | 所有者权益合计 |
|---|---|---|---|---|---|---|---|
| 提取信托赔偿准备 | | | | | 871.87 | -871.87 | |
| 2010年12月31日余额 | 152 727.00 | 247 359.08 | 5 068.99 | 4 445.35 | 2 124.64 | 26 664.87 | 438 389.93 |

注：1. 事项背景

公司与原控股股东兴泰控股于2007年9月30日签订了《资产置换协议书》，以兴泰控股持有的国元证券800万股股份置换公司持有的9家实业公司的股份。

公司与兴泰控股于2008年5月19日签订《资产置换补充协议》，约定兴泰控股于自2008年10月30日起18个月内将置换后兴泰控股为公司的利益代为持有的国元控股股份出售变现，并将转让所得价款不低于2.6亿元转入公司。

2008年5月20日建设银行、兴泰控股、合肥市国有资产控股有限公司签署《关于合肥兴泰信托有限责任公司之增资协议》（以下简称《增资协议》），根据公司于2007年2月31日经评估净资产总额15.38亿元人民币（包括上述置换股份评估价格2.6亿元）。在此基础上，建设银行向本公司出资共计3 409 128 894元人民币，持有增资后公司67%的股权。

2. 本年变动情况

2010年10月20日，公司与兴泰控股签署《关于国元证券股份资产置换相关问题的备忘录》，对上述置换股份及增资事项达成以下意向。

（1）解除《资产置换协议》、《资产置换补充协议》以及《增资协议》中兴泰控股向本公司交付置换股份以及兴泰控股保证全部置换股份转让所得价款共计不低于2.6亿元人民币并在实际转让所得价款不足2.6亿元人民币时补足差额的义务；兴泰控股仍按照原《资产置换协议》的约定，按照拟转让的9家实业公司股权当时的账面值向本公司支付对价3 491.07万元人民币。

（2）因上述协议解除将导致《增资协议》中公司经评估净资产值发生变化，因此各方同意，在解除兴泰控股支付上述2.6亿元人民币支付义务的同时，本公司各股东的股权比例应作相应调整（调整后股权比例），调整后建设银行的持股比例变更为70.43%，兴泰控股和合肥市国有资产控股有限公司的持股比例合计为29.57%。调整后兴泰控股和合肥市国有资产控股有限公司的具体持股比例由兴泰控股负责协调。兴泰控股同意自2007年12月31日起按解除协议调整后股权比例享有股东分红等权益。

（3）目前各方正就上述股权调整积极取得国有资产管理部门、银行监管部门的审批。上述情况共减少公司资产28 136.16万元，减少所有者权益22 508.93万元，减少负债5 627.23万元。

## 5.2 信托资产

### 5.2.1 信托项目资产负债汇总表

编制单位：建信信托有限责任公司　　2010年12月31日　　单位：万元

| 信托资产 | 期末数 | 期初数 | 信托负债和信托权益 | 期末数 | 期初数 |
|---|---|---|---|---|---|
| 信托资产： | | | 信托负债： | | |
| 货币资金 | 789 544.19 | 321 021.70 | 交易性金融负债 | | |
| 拆出资金 | | | 衍生金融负债 | | |
| 存出保证金 | | | 应付受托人报酬 | 215.41 | 28.94 |
| 交易性金融资产 | | | 应付保管费 | 1 209.46 | 9.87 |
| 衍生金融资产 | | | 应付受益人收益 | 23 096.80 | 1 566.32 |
| 买入返售金融资产 | 790 000.00 | | 应交税费 | 1 200.51 | 9.52 |
| 应收款项 | 87 855.05 | 66 878.58 | 应付销售服务费 | | |
| 贷款 | 2 592 530.34 | 641 394.25 | 其他应付款项 | 5 114.84 | 2 007.79 |
| 可供出售金融资产 | 34 179.70 | | 预计负债 | | |
| 持有至到期投资 | 1 975 460.83 | 986 024.23 | 其他负债 | | |
| 长期应收款 | | | 信托负债合计 | 30 837.02 | 3 622.44 |
| 长期股权投资 | 229 398.13 | 169 584.77 | | | |
| 投资性房地产 | | | 信托权益： | | |
| 固定资产 | | | 实收信托 | 6 512 722.98 | 2 747 817.37 |
| 无形资产 | | | 资本公积 | 43 663.91 | 1 226.91 |
| 长期待摊费用 | | | 损益平准金 | | |
| 其他资产 | 102 632.90 | 570 616.00 | 未分配利润 | 14 377.23 | 2 852.81 |
| 减：各项资产减值准备 | | | 信托权益合计 | 6 570 764.12 | 2 751 897.09 |
| 信托资产总计 | 6 601 601.14 | 2 755 519.53 | 信托负债及信托权益总计 | 6 601 601.14 | 2 755 519.53 |

#### 5.2.2 信托项目利润及利润分配汇总表

2010 年 12 月 31 日

编制单位:建信信托有限责任公司　　单位:万元

| 项　目 | 当年数 | 上年数 |
|---|---|---|
| 1. 营业收入 | 198 903.50 | 30 410.15 |
| 1.1 利息收入 | 160 104.49 | 20 530.28 |
| 1.2 投资收益(损失以"-"号填列) | 37 558.91 | 9 879.87 |
| 1.2.1 其中:对联营企业和合营企业的投资收益 | | |
| 1.3 公允价值变动收益(损失以"-"号填列) | | |
| 1.4 租赁收入 | | |
| 1.5 汇兑损益(损失以"-"号填列) | | |
| 1.6 其他收入 | 1 240.10 | |
| 2. 支出 | 26 943.93 | 5 431.14 |
| 2.1 营业税金及附加 | 4 555.78 | 959.36 |
| 2.2 受托人报酬 | 7 890.85 | 1 124.79 |
| 2.3 托管费 | 5 972.82 | 4 306.06 |
| 2.4 投资管理费 | 253.47 | |
| 2.5 销售服务费 | | |
| 2.6 交易费用 | 22.98 | |
| 2.7 资产减值损失 | | -1 007.64 |
| 2.8 其他费用 | 8 248.03 | 48.57 |
| 3. 信托净利润(净亏损以"-"号填列) | 171 959.57 | 24 979.01 |
| 4. 其他综合收益 | | |
| 5. 综合收益 | 171 959.57 | 24 979.01 |
| 6. 加:期初未分配信托利润 | 2 852.81 | -258.07 |
| 7. 可供分配的信托利润 | 174 812.38 | 24 720.94 |
| 8. 减:本期已分配信托利润 | 160 435.15 | 21 868.13 |
| 9. 期末未分配信托利润 | 14 377.23 | 2 852.81 |

## 6. 会计报表附注

### 6.1 会计报表编制基准不符合会计核算基本前提的说明

公司会计报表编制基准不存在不符合会计核算基本前提的情况。

公司执行财政部 2006 年 2 月 15 日颁布的《企业会计准则》(财会〔2006〕3 号)及其后续规定。公司以持续经营为基础,根据实际发生的交易和事项,按照《企业会计准则——基本准则》和其他各项具体会计准则、应用指南及准则解释的规定进行确认和计量,在此基础上编制财务报表。

### 6.2 重要会计政策和会计估计说明

#### 6.2.1 计提资产减值准备的范围和方法

6.2.1.1 本公司计提减值准备范围

以公允价值计量且其变动计入当期损益的金融资产以外的金融资产、长期股权投资、投资性房地产、固定资产、无形资产等。

6.2.1.2 计提减值准备的方法

(1)金融资产的减值

本公司在资产负债表日对以公允价值计量且其变动计入当期损益的金融资产以外的金融资产的账面价值进行检查,有客观证据表明该金融资产发生减值的,将确认减值损失,计入当期损益。对于预期未来事项可能导致的损失,无论其发生的可能性有多大,均不作为减值损失予以确认。

①贷款及应收款项和持有至到期投资

对于单项金额重大的贷款及应收款项和持有至到期投资,单独进行减值测试。如有客观证据表明其已出现减值,则将该资产的账面价值减记至按该金融资产原实际利率折现确定的预计未来现金流量现值,减记的金额确认为资产减值损失,计入当期损益。

对于单项金额不重大的同类客户贷款及垫款、个别方式评估未发生减值的贷款及应收款项和持有至到期投资,采用组合方式进行减值测试。如有证据表明自初始确认后,某一类金融资产的预计未来现金流量出现大幅下降,将确认减值损失,计入当期损益。

②可供出售金融资产

可供出售金融资产发生减值时,即使该金融资产没有终止确认,原直接计入股东权益的因公允价值下降形成的累计损失将转出,计入当期损益。转出的累计损失金额为该金融资产的初始取得成本扣除已收回本金和已摊销金额、当期公允价值及原已计入损益的减值损失后的余额。以成本计量的可供出售权益工具,按其账面价值与预计未来现金流量现值(以类似金融资产当时市场收益率作为折现率)之间的差额确认为减值损失,计入当期损益。

(2)长期股权投资的减值

长期股权投资运用个别方式评估减值损失。长期股权投资发生减值时,本公司将此长期股权投资的账面价值,与按照类似金融资产当时市场收益率对未来现金流量折现确定的现值之间的差额,确认为减值损失,计入当期损益。

(3)其他非金融长期资产的减值

本公司在资产负债表日根据内部及外部信息以确定下列资产是否存在减值的迹象,包括固定资产、无形资产、采用成本模式计量的投资性房地产。

本公司对存在减值迹象的资产进行减值测试,估计资产的可收回金额。可收回金额的估计结果表明,资产的可收回金额低于其账面价值的,资产的账面价值会减记至可收回金额,减记的金额确认为资产减值损失,计入当期损益,同时计提相应的资产减值准备。

#### 6.2.2 金融资产四分类的范围和标准

本公司在初始确认时按取得资产的目的,把金融资产分为不同类别:以公允价值计量且其变动计入当期损益的金融资产、持有至到期投资、贷款及应收款项、可供出售金融资产。

6.2.2.1 以公允价值计量且其变动计入当期损益的金融资产

以公允价值计量且其变动计入当期损益的金融资产,包括交易性金融资产和指定以公允价值计量且其变动计入当期损益的金融资产。

金融资产满足下列条件之一的,划分为交易性金融资产:(1)取得该金融资产的目的,主要是为了近期内出售或回购;(2)属于进行集中管理的可辨认金融工具组合的一部分,且有客观证据表明本公司近期采用短期获利方式对该组合进行管理;(3)属于衍生金融工具。但是,被指定且为有效套期工具的衍生金融工具或属于财务担保合同的衍生金融工具除外。

金融资产满足下列条件之一的，于初始确认时被指定为以公允价值计量且其变动计入当期损益的金融资产：(1) 该金融资产以公允价值为基础作内部管理、评估及汇报。(2) 该指定可以消除或明显减少由于该金融资产的计量基础不同所导致的相关利得或损失在确认或计量方面不一致的情况。(3) 一个包括一项或多项嵌入衍生金融工具的合同，即混合（组合）工具，但下列情况除外：嵌入衍生金融工具对混合（组合）工具的现金流量没有重大改变；或类似混合（组合）工具所嵌入的衍生金融工具，明显不应当从相关混合（组合）工具中分拆。

6.2.2.2 持有至到期投资

持有至到期投资是指到期日固定、回收金额固定或可确定，且本公司有明确意图和能力持有至到期的非衍生金融资产，但不包括：(1) 于初始确认时被指定为以公允价值计量且其变动计入当期损益或可供出售的非衍生金融资产；(2) 符合贷款及应收款项定义的非衍生金融资产。

6.2.2.3 贷款及应收款项

贷款及应收款项是指在活跃市场中没有报价、回收金额固定或可确定的非衍生金融资产，但不包括：(1) 本公司准备立即出售或在近期内出售，并将其归类为持有做交易用途的非衍生金融资产；(2) 于初始确认时被指定为以公允价值计量且其变动计入当期损益或可供出售的非衍生金融资产；(3) 因债务人信用恶化以外的原因，使本公司可能难以收回几乎所有初始投资的非衍生金融资产，这些资产应当分类为可供出售金融资产。贷款及应收款项主要包括存放同业款项、买入返售金融资产和客户贷款及垫款。

6.2.2.4 可供出售金融资产

可供出售金融资产是指初始确认时即被指定为可供出售的非衍生金融资产，或除下列各类资产以外的金融资产：(1) 以公允价值计量且其变动计入当期损益的金融资产；(2) 持有至到期投资；(3) 贷款及应收款项。

**6.2.3 交易性金融资产核算方法**

本公司将划分为以公允价值计量且其变动计入当期损益的金融资产的股票、债券、基金，以及不作为有效套期工具的衍生工具，按照取得时的公允价值作为初始确认金额，相关的交易费用在发生时计入当期损益。支付的价款中包含已宣告但尚未发放的现金股利或已到付息期但尚未领取的债券利息，应当单独确认为应收项目。

在持有以公允价值计量且其变动计入当期损益的金融资产期间取得的利息或现金股利，应当确认为投资收益。资产负债表日，将以公允价值计量且其变动计入当期损益的金融资产或金融负债的公允价值变动计入当期损益。

处置该金融资产或金融负债时，其公允价值与初始入账金额之间的差额应确认为投资收益，同时调整公允价值变动损益。

**6.2.4 可供出售金融资产核算方法**

本公司对可供出售金融资产按取得该金融资产的公允价值和相关交易费用之和作为初始确认金额。支付的价款中包含的已到付息期但尚未领取的债券利息或已宣告但尚未发放的现金股利，应单独确认为应收项目。

可供出售金融资产持有期间取得的利息或现金股利，应当计入投资收益。资产负债表日，可供出售金融资产应当以公允价值计量，且公允价值变动计入资本公积（其他资本公积）。

处置可供出售金融资产时，将取得的价款与该金融资产账面价值之间的差额，计入投资损益；同时，将原直接计入所有者权益的公允价值变动累计额对应处置部分的金额转出，计入投资损益。

**6.2.5 持有至到期投资核算方法**

本公司对持有至到期投资按取得时的公允价值和相关交易费用之和作为初始确认金额。支付的价款中包含的已到付息期但尚未领取的债券利息，应单独确认为应收项目。

持有至到期投资在持有期间按照摊余成本和实际利率计算确认利息收入，计入投资收益。实际利率在取得持有至到期投资时确定，在该持有至到期投资预期存续期间或适用的更短期间内保持不变。实际利率与票面利率差别较小的，按票面利率计算利息收入，计入投资收益。

处置持有至到期投资时，将所取得价款与该投资账面价值之间的差额计入投资收益。

**6.2.6 长期股权投资核算方法**

本公司对长期股权投资按照将取得时支付的全部价款，或放弃非现金资产的公允价值，或取得长期股权投资的公允价值，包括税金、手续费等相关费用，不包括为取得长期股权投资所发生的评估、审计、咨询等费用确认初始投资成本。

对能够对被投资单位实施控制的，以及对被投资单位不具有共同控制或重大影响，并且在活跃市场中没有报价、公允价值不能可靠计量的长期股权投资采用成本法进行后续计量。

处置时，按该投资的账面价值与实际取得价款的差额，计入当期损益。

**6.2.7 投资性房地产核算方法**

本公司将持有的为赚取租金或资本增值，或两者兼有的房地产划分为投资性房地产。本公司采用成本模式计量投资性房地产，即以成本减累计折旧计入资产负债表内。本公司对投资性房地产在使用寿命内扣除预计净残值后按年限平均法计提折旧，除非投资性房地产符合持有待售的条件。使用寿命和预计净残值分别为：

| 类别 | 使用寿命 | 预计净残值(%) | 折旧率(%) |
|---|---|---|---|
| 房屋建筑物 | 16~30年 | 3.00 | 3.23~6.06 |

**6.2.8 固定资产计价和折旧方法**

固定资产指本公司为提供劳务或经营管理而持有的，使用寿命超过一个会计年度的有形资产。固定资产以成本减累计折旧及减值准备记入资产负债表内。

外购固定资产的初始成本包括购买价款、相关税费以及使该资产达到预定可使用状态前所发生的可归属于该项资产的费用。对于固定资产的后续支出，包括与更换固定资产某组成部分相关的支出，在符合固定资产确认条件时计入固定资产成本，同时将被替换部分的账面价值扣除；与固定资产日常维护相关的支出在发生时计入当期损益。报废或处置固定资产项目所产生的损益为处置所得款项净额与项目账面金额之间的差额，并于报废或处置日在损益中确认。

本公司对固定资产在固定资产使用寿命内按年限平均法计提折旧，除非固定资产符合持有待售的条件。各类固定资产的使用寿命和预计净残值分别为：

| 类别 | 使用寿命 | 预计净残值(%) | 折旧率(%) |
|---|---|---|---|
| 房屋建筑物 | 15~30年 | 3.00 | 3.23~6.47 |
| 运输工具 | 6年 | 3.00 | 16.17 |
| 电子设备及其他 | 3~5年 | 3.00 | 19.40~32.33 |

本公司至少在每年年度终了对固定资产的使用寿命、预计净残值和折旧方法进行复核。

**6.2.9 无形资产计价及摊销政策**

无形资产以成本减累计摊销记入资产负债表内。对于使用寿命有限的无形资产，本公司将无形资产的成本扣除残值和减值准备后按直线法在预计使用寿命期内摊销，除非该无形资产符合持有待售的条件。各项无形资产的摊销年限分别为：

| 类别 | 使用寿命 |
|---|---|
| 软件 | 5年 |

本公司将无法预见未来经济利益期限的无形资产视为使用寿命不确定的无形资产，并对这类无形资产不予摊销。截至资产负债表日，本公司没有使用寿命不确定的无形资产。

**6.2.10 长期待摊费用的摊销政策**

长期待摊费用以成本减累计摊销记入资产负债表内。本公司将长期待摊费用按月在摊销期限内均衡摊销。摊销期限根据合同或协议期限与受益期限孰短原则确定摊销期限；有合同、协议期限而没有受益期的，按合同、协议期限摊销；没有合同、协议期限，但受益期限明确或能合理预测的，按受益期限摊销；没有合同、协议期限或受益期限不能预测的，按5年摊销。

如果某项待摊性质费用已经不能使公司受益，则将其摊余价值一次全部转入当期成本、费用，不再留待以后期间摊销。

**6.2.11 收入确认原则和方法**

收入是本公司在日常活动中形成的、会导致所有者权益增加且与所有者投入资本无关的经济利益的总流入。收入在其金额及相关成本能够可靠计量、相关的经济利益很可能流入本公司、并且同时满足以下不同类型收入的其他确认条件时，予以确认。

6.2.11.1 利息收入

金融资产的利息收入按实际利率法计算并计入当期损益。利息收入包括折价或溢价摊销，或生息资产的初始账面价值与到期日金额之间的其他差异按实际利率法计算进行的摊销。

实际利率法是指按金融资产或金融负债的实际利率计算其摊余成本及利息收入或利息支出的方法。实际利率是将金融工具在预期存续期间或适用的更短期间内的未来现金流量，折现为该金融工具当前账面价值所使用的利率。在计算实际利率时，本公司会在考虑金融工具(如提前还款权等)的所有合同条款(但不会考虑未来信用损失)的基础上预计未来现金流量。计算项目包括属于实际利率组成部分的订约方之间所支付或收取的各项收费、交易费用及溢价或折价。

已减值金融资产的利息收入，按确定减值损失时对未来现金流量进行折现采用的折现率作为利率计算确认。

6.2.11.2 手续费及佣金收入

手续费及佣金收入在提供相关服务时计入当期损益。

6.2.11.3 股利收入

非上市权益工具投资的股利收入于本公司收取股利的权利确立时在利润表内确认。上市权益工具投资的股利收入在投资项目的股价除息时确认。

**6.2.12 所得税的会计处理方法**

本公司除了将与直接计入所有者权益的交易或者事项有关的所得税影响计入所有者权益外，当期所得税和递延所得税费用(或收益)计入当期损益。

当期所得税是按本年度应税所得额，根据税法规定的税率计算的预期应交所得税，加上以往年度应付所得税的调整。资产负债表日，如果纳税主体拥有以净额结算的法定权利并且意图以净额结算或取得资产、清偿负债同时进行时，那么当期所得税资产及当期所得税负债以抵销后的净额列示。

递延所得税资产与递延所得税负债分别根据可抵扣暂时性差异和应纳税暂时性差异确定。暂时性差异是指资产或负债的账面价值与其计税基础之间的差额，包括能够结转以后年度的可抵扣亏损和税款抵减。递延所得税资产的确认以很可能取得用来抵扣可抵扣暂时性差异的应纳税所得额为限。

如果不属于企业合并交易且交易发生时既不影响会计利润也不影响应纳税所得额(或可抵扣亏损)，则该项交易中产生的暂时性差异不会产生递延所得税。

资产负债表日，本公司根据递延所得税资产和负债的预期收回或结算方式，依据已颁布的税法规定，按照预期收回该资产或清偿该负债期间的适用税率计量该递延所得税资产和负债的账面金额。

资产负债表日，本公司对递延所得税资产的账面价值进行复核。如果未来期间很可能无法获得足够的应纳税所得额用以抵扣递延所得税资产的利益，则减记递延所得税资产的账面价值。在很可能获得足够的应纳税所得额时，减记的金额予以转回。

资产负债表日，递延所得税资产及递延所得税负债在同时满足以下条件时以抵销后的净额列示。

(1)纳税主体拥有以净额结算当期所得税资产及当期所得税负债的法定权利。

(2)并且递延所得税资产及递延所得税负债是与同一税收征管部门对同一纳税主体征收的所得税相关或者是对不同的纳税主体相关，但在未来每一具有重要性的递延所得税资产及负债转回的期间内，涉及的纳税主体意图以净额结算当期所得税资产和负债或是同时取得资产、清偿负债。

**6.2.13 信托报酬确认原则和方法**

本公司根据信托合同规定的计提方法、计提标准确认应由信托项目承担的受托人报酬。

## 6.3 或有事项说明

报告期内公司无对外担保及其他或有事项。

## 6.4 重要资产转让及其出售的说明

报告期内公司无重要资产转让及出售事项。

## 6.5 会计报表中重要项目的明细资料

**6.5.1 固有资产经营情况**

6.5.1.1 信用风险五级分类情况

| 信用风险资产五级分类 | 正常类（万元） | 关注类（万元） | 次级类（万元） | 可疑类（万元） | 损失类（万元） | 信用风险资产合计（万元） | 不良合计（万元） | 不良率（%） |
|---|---|---|---|---|---|---|---|---|
| 期初数 | 261 217.87 | 0.00 | 25.00 | 1 250.00 | 0.00 | 262 492.87 | 1 275.00 | 0.49 |
| 期末数 | 136 955.30 | 0.00 | 0.00 | 450.00 | 0.00 | 137 405.30 | 450.00 | 0.33 |

6.5.1.2　各项资产减值损失准备情况

单位：万元

| | 期初数 | 本期计提 | 本期转回 | 本期核销 | 期末数 |
|---|---|---|---|---|---|
| 贷款损失准备 | 2 083.25 | −878 | 6.25 | 0.00 | 1 199.00 |
| 一般准备 | 0.00 | 0.00 | 0.00 | 0.00 | 0.00 |
| 专项准备 | 2 083.25 | −878 | 6.25 | 0.00 | 1 199.00 |
| 其他资产减值准备 | 0.00 | 0.00 | 0.00 | 0.00 | 0.00 |
| 可供出售金融资产减值准备 | 0.00 | 0.00 | 0.00 | 0.00 | 0.00 |
| 持有至到期投资减值准备 | 0.00 | 0.00 | 0.00 | 0.00 | 0.00 |
| 长期股权投资减值准备 | 0.00 | 0.00 | 0.00 | 0.00 | 0.00 |
| 坏账准备 | 625.00 | 0.00 | 400.00 | 0.00 | 225.00 |
| 投资性房地产减值准备 | 0.00 | 0.00 | 0.00 | 0.00 | 0.00 |

6.5.1.3　股票投资、基金投资、债券投资、股权投资等投资业务情况

单位：万元

| | 自营股票 | 基金 | 债券 | 长期股权投资 | 其他投资 | 合计 |
|---|---|---|---|---|---|---|
| 期初数 | 1 271.64 | 0.00 | 0.00 | 22 883.59 | 153 000 | 177 155.23 |
| 期末数 | 3 985.93 | 35 003.66 | 0.00 | 33 977.59 | 228 562 | 301 529.18 |

6.5.1.4　长期股权投资情况

| 企业名称 | 占被投资企业权益的比例（%） | 主要经营活动 | 投资损益（万元） |
|---|---|---|---|
| 1. 徽商银行股份有限公司 | 2.76 | 吸收公众存款，发放短期、中期、长期贷款；办理国内结算，票据贴现；发行金融债券，代理收付款项，代理保险业务，外汇存贷款；外汇兑换、结汇、售汇、国际结算等业务。 | 2 634.51 |
| 2. 北京金石农业投资基金管理中心 | 33.00 | 非证券业务的投资；代理其他投资企业或个人的投资。 | 0.00 |
| 3. 天能合伙企业 | 32.46 | 投资管理。 | 0.00 |

6.5.1.5　自营贷款情况

| 企业名称 | 占贷款总额的比例（%） | 还款情况 |
|---|---|---|
| 1. 淮北矿业（集团）有限责任公司 | 41.70% | 正常付息 |
| 2. 内蒙古锡林郭勒白音华煤电有限责任公司 | 25.02 | 正常付息 |
| 3. 江西中电投新昌发电有限公司 | 25.02 | 正常付息 |
| 4. 元宝山发电有限责任公司 | 8.26 | 正常付息 |

6.5.1.6　表外业务情况

单位：万元

| 表外业务 | 期初数 | 期末数 |
|---|---|---|
| 担保业务 | 0.00 | 0.00 |
| 代理业务（委托业务） | 0.00 | 0.00 |
| 其他 | 0.00 | 0.00 |
| 合计 | 0.00 | 0.00 |

6.5.1.7　公司当年的收入结构

| 收入结构 | 金额（万元） | 占比（%） |
|---|---|---|
| 手续费及佣金收入 | 13 831.97 | 41.87 |
| 其中：信托手续费收入 | 8 309.58 | 25.16 |
| 投资银行业务收入 | 5 522.05 | 16.71 |
| 利息收入 | 10 326.16 | 31.26 |
| 其他业务收入 | 337.23 | 1.02 |
| 其中：计入信托业务收入部分 | 0.00 | 0.00 |
| 投资收益 | 8 076.23 | 24.45 |
| 其中：股权投资收益 | 2 634.51 | 7.97 |
| 证券投资收益 | 725.53 | 2.20 |
| 其他投资收益 | 4 716.19 | 14.28 |
| 公允价值变动收益 | 378.47 | 1.15 |
| 营业外收入 | 82.50 | 0.25 |
| 收入合计 | 33 032.56 | 100.00 |

### 6.5.2　披露信托财产管理情况

6.5.2.1　信托资产

单位：万元

| 信托资产 | 期初数 | 期末数 |
|---|---|---|
| 集合 | 85 538.86 | 160 665.49 |
| 单一 | 2 327 280.75 | 6 418 991.78 |
| 财产权 | 342 699.92 | 21 943.87 |
| 合计 | 2 755 519.53 | 6 601 601.14 |

6.5.2.1.1　主动管理型信托业务的信托资产

单位：万元

| 主动管理型信托资产 | 期初数 | 期末数 |
|---|---|---|
| 证券投资类 | 0.00 | 34 182.96 |
| 股权投资类 | 171 652.96 | 159 271.08 |
| 融资类 | 57 210.51 | 2 684 758.21 |
| 事务管理类 | 54 671.82 | 7 859.71 |
| 合计 | 283 535.29 | 2 886 071.96 |

6.5.2.1.2　被动管理型信托业务的信托资产

单位：万元

| 被动管理型信托资产 | 期初数 | 期末数 |
|---|---|---|
| 证券投资类 | 1 002 372.41 | 2 828 596.08 |
| 股权投资类 | 0.00 | 316 864.23 |
| 融资类 | 785 152.05 | 570 068.87 |
| 事务管理类 | 684 459.78 | 0.00 |
| 合计 | 2 471 984.24 | 3 715 529.18 |

6.5.2.2　本年度已清算结束的信托项目情况

本年度已清算结束的信托项目84个、实收信托合计金额2 418 616.67万元、加权平均实际年化收益率4.0029%。

6.5.2.2.1　本年度已清算结束的信托项目

| 已清算结束信托项目 | 项目个数 | 实收信托合计金额（万元） | 加权平均实际年化收益率（%） |
|---|---|---|---|
| 集合类 | 2 | 54 096.00 | 4.5758 |
| 单一类 | 44 | 2 043 103.90 | 3.9911 |
| 财产管理类 | 38 | 321 416.77 | 3.9818 |

6.5.2.2.2　本年度已清算结束的主动管理型信托项目

本年度已清算结束的主动管理型信托项目79个、实收信托合计金额2 178 618.77万元、加权平均实际年化收益率3.9849%。

| 已清算结束信托项目 | 项目个数 | 实收信托合计金额（万元） | 加权平均实际年化信托报酬率（%） | 加权平均实际年化收益率（%） |
|---|---|---|---|---|
| 证券投资类 | 0 | 0.00 | 0 | 0 |
| 股权投资类 | 45 | 818 564.00 | 0.0845 | 3.5261 |
| 融资类 | 33 | 1 358 024.00 | 0.1653 | 4.2602 |
| 事务管理类 | 1 | 2 030.77 | 1.3685 | 4.8060 |

6.5.2.2.3　本年度已清算结束的被动管理型信托项目

本年度已清算结束的被动管理型信托项目5个、实收信托合计金额239 997.90万元、加权平均实际年化收益率4.1664%。

| 已清算结束信托项目 | 项目个数 | 实收信托合计金额（万元） | 加权平均实际年化信托报酬率（%） | 加权平均实际年化收益率（%） |
|---|---|---|---|---|
| 证券投资类 | 0 | 0.00 | 0 | 0 |
| 股权投资类 | 0 | 0.00 | 0 | 0 |
| 融资类 | 5 | 239 997.90 | 0.1523 | 4.1664 |
| 事务管理类 | 0 | 0.00 | 0 | 0 |

6.5.2.3　本年度新增信托项目

本年度新增的集合类、单一类和财产管理类信托项目80个、实收信托合计金额4 544 872.57万元。

单位：万元

| 新增信托项目 | 项目个数 | 实收信托合计金额 |
|---|---|---|
| 集合类 | 6 | 129 110.00 |
| 单一类 | 74 | 4 415 762.57 |
| 财产管理类 | 0 | 0.00 |
| 新增合计 | 80 | 4 544 872.57 |
| 其中：主动管理型 | 71 | 3 287 952.92 |
| 被动管理型 | 9 | 1 256 919.65 |

6.5.2.4　信托业务创新成果和特色业务有关情况

6.5.2.4.1　建信优质应收账款流动化集合资金信托计划

（1）创新产品规模

建信优质应收账款流动化集合资金信托计划，规模为1亿元；建信优选应收账款流动化集合资金信托计划，信托计划规模为1.83亿元。

（2）信托资金运用方式

建信信托发起设立集合资金信托计划，募集资金用于受让中建一局对债务人合法享有的应收账款。

（3）信托计划创新点

①该信托计划采用平价受让债权人应收账款的方式，实现了债权人的资产流动化，提高了债权人的资金使用效率，同时无追索权的受让还改善了债权人的资产结构。

②在信托计划中引入第三方担保机构，为信托计划提高了安全的增信措施。

6.5.2.4.2　建信海南国际旅游岛投资1号集合信托计划

（1）创新产品规模

建信海南国际旅游岛投资1号集合信托计划，信托计划成立时总计发行受益权份额数量5亿份。其中，优先受益权份额为2.8亿份，中间级受益权份额为0.2亿份，次级受益权份额为2亿份。

（2）信托类型及资金运用方式

该产品为结构型集合信托计划，依照规定以股本权益性投资及/或债权性投资的方式投资于受托人和次级受益人共同选定的海南国际旅游岛文化旅游地产及配套开发项目。

（3）信托计划创新点

该项目首次采用"股权＋债权"的混合信托模式，实现了完全的自主管理，既盘活了房地产企业的资产，又为委托人提供了高收益、中低风险的投资产品，更为公司此后设计与开发类似产品、制定相关业务制度与流程积累了经验，提供了依据。

6.5.2.4.3　建信私募精选集合资金信托计划（1期）

（1）产品名称及规模

建信私募精选集合资金信托计划（1期），信托规模为3.481亿元

（2）信托类型及资金运用方式

该产品为开放式证券投资类集合资金信托计划，本信托计划项下的信托资金由受托人根据信托目的，主要投资于联华国际信托有限公司作为受托人发起设立的两只证券投资资金信托计划，由投资机构担任投资顾问进行投资管理。受托人有权调整所投资的证券投资资金信托计划范围和比例。

（3）信托计划创新点

采用"TOT"的形式，精选优秀证券投资信托计划进行产品组合，推出"建信私募精选集合信托计划（1期）"，既满足了客户的投资理财需求，又为公司开辟了新的产品线，成为国内第一只发行母子信托为不同信托公司的信托产品。

6.5.2.5　本公司履行受托人义务情况及本公司自身责任而导致的信托资产损失情况

公司在信托财产的管理运用和处分过程中，严格按信托合同等信托文件的约定对信托财产进行管理，切实履行了受托人的诚实、信用、谨慎、有效管理的义务，维护受益人的最大利益。

6.5.2.6　信托赔偿准备金的提取、使用和管理情况

根据《公司章程》、《信托公司管理办法》、《金融企业财务规则》的规定，2010年计提信托赔偿准备金871.87万元，累计金额2 124.64万元，未发生损失赔付情况，该赔偿金按规定正常管理。

## 6.6　关联方关系及其交易的披露

**6.6.1　关联交易方的数量、关联交易的总金额及关联交易的定价政策等**

| | 关联交易方数量 | 关联交易金额（万元） | 定价政策 |
|---|---|---|---|
| 合计 | 2 | 49 200.10 | 市场公允价格 |

**6.6.2　关联交易方情况**

| 关系性质 | 关联方名称 | 法定代表人 | 注册地址 | 注册资本（亿元） | 主营业务 |
|---|---|---|---|---|---|
| 股东 | 中国建设银行股份有限公司 | 郭树清 | 北京市西城区金融大街25号 | 2 336.89 | 公司银行业务、个人银行业务、资金业务、投资银行业务及海外业务。 |

续表

| 关系性质 | 关联方名称 | 法定代表人 | 注册地址 | 注册资本（亿元） | 主营业务 |
|---|---|---|---|---|---|
| 股东 | 合肥兴泰控股集团有限公司 | 孙立强 | 合肥市九狮桥街45号兴泰大厦 | 8.7 | 授权范围内的国有资本运营，权益型投资、债务型投资，信用担保服务，资产管理、理财顾问、企业策划、企业管理咨询，企业重组、兼并、收购。 |

6.6.3 **本公司与关联方的重大交易事项**

6.6.3.1 固有与关联方交易情况

单位：万元

| 固有与关联方关联交易 | | | | |
|---|---|---|---|---|
| | 期初数 | 借方发生额 | 贷方发生额 | 期末数 |
| 贷款 | 0.00 | 0.00 | 0.00 | 0.00 |
| 投资 | 0.00 | 0.00 | 0.00 | 0.00 |
| 租赁 | 0.00 | 0.00 | 0.00 | 0.00 |
| 担保 | 0.00 | 0.00 | 0.00 | 0.00 |
| 应收账款 | 0.00 | 3 491.07 | 0.00 | 3 491.07 |
| 其他 | 13 729.46 | 45 709.03 | 56 611.33 | 2 827.16 |
| 合计 | 13 729.46 | 49 200.10 | 56 611.33 | 6 318.23 |

6.6.3.2 信托与关联方交易情况

单位：万元

| 信托与关联方关联交易 | | | | |
|---|---|---|---|---|
| | 期初数 | 借方发生额 | 贷方发生额 | 期末数 |
| 贷款 | 0.00 | 0.00 | 0.00 | 0.00 |
| 投资 | 0.00 | 0.00 | 0.00 | 0.00 |
| 租赁 | 0.00 | 0.00 | 0.00 | 0.00 |
| 担保 | 0.00 | 0.00 | 0.00 | 0.00 |
| 应收账款 | 0.00 | 0.00 | 0.00 | 0.00 |
| 其他 | 2 611 072.23 | 7 253 505.35 | 3 476 673.00 | 6 387 904.58 |
| 合计 | 2 611 072.23 | 7 253 505.35 | 3 476 673.00 | 6 387 904.58 |

注：本表其他项数据主要为公司与控股股东中国建设银行开展的银信合作业务。

6.6.3.3 固信交易、信信交易情况

6.6.3.3.1 固有财产与信托财产之间的交易

单位：万元

| 固有财产与信托财产相互交易 | | | |
|---|---|---|---|
| | 期初数 | 本期发生额 | 期末数 |
| 合计 | 0 | 47 970.00 | 47 970.00 |

6.6.3.3.2 信托项目之间的交易

报告年度，本公司管理的信托项目之间没有相互（信信交易）交易。

**6.6.4 关联方逾期未偿还本公司资金的详细情况以及本公司为关联方担保发生或即将发生垫款的详细情况**

报告年度，公司无上述情况。

## 6.7 会计制度的披露

公司固有业务会计核算执行财政部于2006年2月15日颁布的《企业会计准则——基本准则》和38项具体会计准则，其后颁布的企业会计准则应用指南、企业会计准则解释以及其他相关规定。

公司信托业务会计核算执行财政部2006年2月15日颁布的《企业会计准则——基本准则》（中华人民共和国财政部令第33号）及《财政部关于印发〈企业会计准则第1号——存货〉等38项具体准则的通知》（财会〔2006〕3号）。

# 7. 财务情况说明书

## 7.1 利润实现和分配情况

2010年公司实现净利润174 374 130.46元，根据《公司章程》、《信托公司管理办法》、《金融企业财务规则》的规定，提取法定盈余公积17 437 413.05元，提取信托赔偿准备8 718 706.52元，计提一般准备金7 160 800.02元。2010年末可供股东分配利润266 648 719.79元，不分配不转增。

## 7.2 主要财务指标

| 指标名称 | 指标值 |
|---|---|
| 资本利润率（%） | 3.95 |
| 加权年化信托报酬率（%） | 0.14 |
| 人均净利润（万元/人） | 205.15 |

## 7.3 对本公司财务状况、经营成果有重大影响的其他事项

2010年本公司未发生对财务状况、经营成果有重大影响的其他事项。

# 8. 特别事项揭示

## 8.1 前五名股东变动情况及原因

报告年度，公司股东无变化。

## 8.2 董事、监事、高级管理人员变动情况及原因

**8.2.1 董事变动情况及原因**

2010年12月20日经公司2010年第二次临时股东会审议，决定聘任王巍为公司第一届董事会独立董事，其任职资格尚待中国银监会核准。

**8.2.2 监事变动情况及原因**

公司第一届监事会第二次会议选举王金生为建信信托有限责任公司第一届监事会监事长。其任职资格于2010年6月29日经安徽银监局核准。

2010年9月20日公司召开全体员工大会，选举了王彦青、周志寰为职工代表监事。

**8.2.3 高级管理人员变动情况及原因**

报告年度，公司高管人员无变动。

## 8.3 变更注册资本、变更注册地或公司名称、公司分立合并事项

报告年度，公司无上述事项。

### 8.4 公司的重大诉讼事项

报告年度,公司无重大诉讼事项。

### 8.5 公司及其董事、监事和高级管理人员受到处罚的情况

报告年度,无上述处罚情况。

### 8.6 银监会及其派出机构对公司检查后提出整改意见及整改情况

报告期内,安徽银监局共对公司进行了监管评级等五项检查,提出的监管意见主要包括:要求公司进一步完善治理组织架构;加强制度建设,提高制度有效性和制度执行力,提升内部控制体系的全面性;进一步提升自主管理能力,提高具体业务操作细节的规范性等,提高风险管控水平。对于监管意见,公司高度重视,认真落实整改,采取的措施和成效主要有:一是建立健全了董事会各专门委员会及其工作规则,并特别设立了关联交易委员会;补充完备了职工监事,建立了涵盖监事会各项监督职责的工作规则和工作机制,公司规范治理水平得到明显提升。二是加快规章制度建设进度,形成了包括80余项规章、覆盖各项经营管理活动的比较完备的制度体系,同时,大力倡导树立"合规创造价值,违规招致风险"理念,加强合规文化建设,加大制度执行力度,规范业务操作,内控水平得到有效提升。三是加强高素质人才引进,强化业务培训,积极打造核心业务团队,完善绩效考核机制,加大激励约束力度,积极推进业务转型,有效提升了业务创新和自主管理能力,公司风险管理水平和业务结构明显改善,取得较好经营业绩。

### 8.7 本年度重大事项报告

2010年1月14日,中国银监会核准了曾见泽建信信托有限责任公司董事长的任职资格、程双起建信信托有限责任公司总裁的任职资格。该事项已在《金融时报》2010年2月5日07版公告。

2010年3月30日,安徽银监局核准了孙立强、张明合、俞能宏、程双起、谢瑞平的建信信托有限责任公司董事任职资格;核准了康立国的建信信托有限责任公司独立董事任职资格;核准了李凤霞、王宝魁、钟四清、黄建峰的建信信托有限责任公司副总裁任职资格;核准了许晔的建信信托有限责任公司总裁助理任职资格。该事项已在《金融时报》2010年4月10日07版公告。

2010年6月29日,安徽银监局核准了王金生的建信信托有限责任公司监事长任职资格。该事项已于2010年7月5日在公司网站公告。

### 8.8 银监会及其省级派出机构认定的其他有必要让客户及相关利益人了解的重要信息

无。

### 8.9 净资本、风险资本以及风险控制指标等情况

按照《中国银监会关于印发信托公司净资本计算标准有关事项的通知》(银监发〔2011〕11号),截至2010年12月31日,公司净资本311 359.30万元,净资产438 389.93万元,各项业务风险资本之和347 412.89万元,净资本/净资产为71.02%,净资本/各项业务风险资本为89.62%。

## 9. 公司监事会意见

报告期内,公司依法经营,规范运作,取得健康快速发展。

公司董事会、高管层及其成员能够认真执行国家法律法规、宏观调控政策和监管要求,严格遵守公司章程、相关议事规则及公司其他基本管理制度,认真贯彻落实股东会各项决议,勤勉尽责、忠于职守、廉洁自律,切实维护受益人、股东和公司利益,未出现违法违规行为。

公司建立了比较完善的内控机制,内部控制环境健全,风险识别与评估相对准确,内部控制措施切实有效,信息交流与反馈通畅,监督评价与纠正能够落实到位,风险控制能力与公司发展需要基本适应。

公司建立了比较完善的财务管理体系,财务管理制度比较健全,财务管理和会计核算比较规范,年度财务报告数据真实,信息齐全,真实反映了公司财务管理状况和经营成果。

# 江苏省国际信托有限责任公司

## 1. 重要提示

1.1 本公司董事会及董事保证本报告所载资料不存在任何虚假记载、误导性陈述或者重大遗漏，并对其内容的真实性、准确性和完整性承担个别及连带责任。本年度报告摘要摘自年度报告全文，客户及相关利益人欲了解详细内容，应阅读年度报告全文。

1.2 公司独立董事对本报告内容真实性、完整性和准确性无异议。

1.3 公司编制的2010年财务报告已经中兴华富华会计师事务所有限责任公司审计，并出具了标准无保留意见的审计报告。

1.4 公司法定代表人黄东峰、主管会计部门负责人陆加芳和会计部门负责人王会清声明并保证年度报告中财务报告的真实和完整。

## 2. 公司概况

### 2.1 公司简介

2.1.1 公司历史沿革

公司前身为江苏省国际信托投资公司，于1981年10月经国家外资管理委员会和江苏省人民政府批准正式成立。1984年8月经中国人民银行总行批准成为国有非银行金融机构。1994年7月，江苏省投资公司并入江苏省国际信托投资公司，江苏省国际信托投资公司注册资本金变更为人民币66 000万元。1997年2月，经中国人民银行批复，江苏省国际信托投资公司注册资本金由人民币66 000万元增加至人民币248 389.9万元（其中含外汇6 000万美元）。2001年8月，江苏省人民政府决定对江苏省国际信托投资公司和江苏省投资管理有限责任公司进行集团化重组改制，组建江苏省国信资产管理集团有限公司。2002年8月，经中国人民银行批准，江苏省国际信托投资公司予以重新登记，并更名为江苏省国际信托投资有限责任公司。2007年6月，根据“新两规”要求，经中国银监会批准，江苏省国际信托投资有限责任公司更名为江苏省国际信托有限责任公司，同时变更业务范围。

公司坚持“发展、创新、高效、稳健”的经营理念，积极按照“新两规”要求，发挥“受人之托、代人理财”的特点，立足信托本业，探索业务创新，加强人才开发，完善治理结构，改善经营机制，经济效益稳步增长，切实维护了受益人的最大利益。目前，公司已经发展成为我国信托业中资产质量优良、管理规范、经营合规、信息透明、风控能力较强的信托公司。

2.1.2 公司的法定名称

公司法定中文名称：江苏省国际信托有限责任公司

中文缩写：江苏信托

公司法定英文名称：Jiangsu International Trust Corporation Limited

英文缩写：JSITC

2.1.3 公司法定代表人：黄东峰

2.1.4 公司注册地址：江苏省南京市长江路88号

邮编：210005

公司国际互联网网址：http://www.jsitc.net

公司电子邮箱：jsitc@jsitc.net

2.1.5 公司负责信息披露事务的高级管理人员：陆加芳

公司信息披露事务联系人：贾　宇

联系电话：025－84784639

传真：025－84784610

电子信箱：jiayu@jsitc.net

2.1.6 公司选定的信息披露报纸：《金融时报》

2.1.7 年报备置地点：江苏省南京市长江路88号国信大厦24楼

2.1.8 公司聘请的会计师事务所：中兴华富华会计师事务所有限责任公司

办公地址：北京市西城区阜外大街1号四川大厦15层

2.1.9 公司聘请的律师事务所：江苏世纪同仁律师事务所

办公地址：南京市北京西路26号4～5楼

### 2.2 组织结构

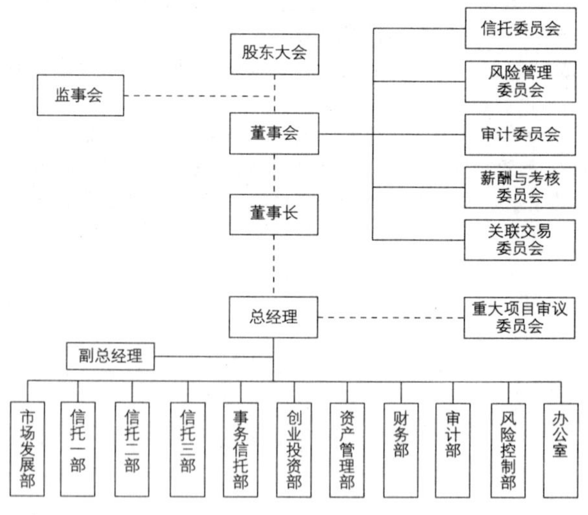


## 3. 公司治理结构

### 3.1 股东

报告期末公司股东总数为3家，持有本公司股份的股东及持股情况。

| 股东名称 | 持股比例(%) | 法人代表 | 注册资本(亿元) | 注册地址 | 主要经营业务及主要财务情况 |
|---|---|---|---|---|---|
| 江苏省国信资产管理集团有限公司(以下简称国信集团)★ | 98 | 董启彬 | 100 | 江苏省南京市长江路88号 | 主要经营范围:江苏省政府授权范围内的国有资产经营管理、转让、投资、企业托管、资产重组以及经批准的其他业务。2010年末公司总资产890.40亿元,净资产449.96亿元,净利润37.53亿元。 |
| 江苏省投资管理有限责任公司(以下简称投管公司) | 1 | 徐祖坚 | 10 | 江苏省南京市长江路88号 | 主要经营范围:实业投资、投资咨询,国内贸易(国家有专项规定的,办理许可证后经营)。2010年末公司总资产38.85亿元,净资产32.21亿元,净利润4 799万元。 |
| 江苏省房地产投资有限责任公司(以下简称省房地产公司) | 1 | 蒋旭升 | 11.81 | 江苏省南京市长江路88号 | 主要经营范围:房地产开发、销售、租赁,房屋维修,房地产信息咨询,室内外装饰,物业管理,国内贸易(国家有专项规定的办理审批手续后经营),教育产业、信息产业等实业投资,酒店经营与管理,人才培训。2010年末公司总资产96.18亿元,净资产19.48亿元,净利润2.97亿元。 |

股东之间的关联关系:国信集团持有投管公司100%股份;国信集团持有省房地产公司94.85%股份;投管公司持有省房地产公司5.15%股份。

## 3.2 董事

### 3.2.1 公司董事会基本情况(不含独立董事)

| 姓 名 | 职 务 | 性别 | 年龄 | 选任日期 | 所推举的股东名称 | 该股东持股比例(%) | 简 要 履 历 |
|---|---|---|---|---|---|---|---|
| 黄东峰 | 董事长 | 男 | 51 | 2009年5月 | 国信集团 | 98 | 大学文化,国信集团党委委员、副总经理。 |
| 王小航 | 董事 | 男 | 48 | 2009年5月 | 国信集团 | 98 | 大学文化,国信集团党委委员、工会委员会主席。 |
| 王树华 | 董事 | 男 | 43 | 2009年5月 | 国信集团 | 98 | 博士学位,国信集团总经理办公室主任。 |
| 王家宝 | 董事 | 男 | 52 | 2009年5月 | 国信集团 | 98 | 大学文化,国信集团财务部总经理,国信财务有限公司董事长。 |
| 姜 凯 | 职工董事 | 男 | 48 | 2009年5月 | 职工大会 | | 双学士,原江苏信托总经理,现任国信集团人力资源部总经理。 |

注:本届董事会任期3年,自2009年5月至2012年5月。

### 3.2.2 公司独立董事基本情况

独立董事

| 姓名 | 所在单位及职务 | 性别 | 年龄 | 选任日期 | 所推举的股东名称 | 该股东持股比例(%) | 简要履历 |
|---|---|---|---|---|---|---|---|
| 吴经起 | 退休干部 | 男 | 68 | 2009年5月 | 国信集团 | 98 | 大学文化,原江苏省政府副秘书长。 |
| 黄正威 | 江苏省人民政府参事 | 男 | 64 | 2009年5月 | 国信集团 | 98 | 大学文化,原中国人民银行南京分行副行长。 |
| 范 健 | 南京大学法学院教授、博士生导师 | 男 | 53 | 2009年5月 | 国信集团 | 98 | 硕士研究生,南京大学法学院教授、博士生导师。 |

## 3.3 监事

监事会成员

| 姓名 | 职务 | 性别 | 年龄 | 选任日期 | 所推举的股东名称 | 该股东持股比例(%) | 简 要 履 历 |
|---|---|---|---|---|---|---|---|
| 徐祖坚 | 监事长 | 男 | 56 | 2009年5月 | 江苏省投资管理有限责任公司 | 1 | 大学文化,国信集团党委委员、副总经理,投管公司董事长。 |
| 浦宝英 | 监事 | 女 | 47 | 2009年5月 | 江苏省国信资产管理集团有限公司 | 98 | 硕士研究生,国信集团审计与法律事务部总经理。 |
| 袁裕法 | 监事 | 男 | 59 | 2009年5月 | 江苏省房地产投资有限公司 | 1 | 大学文化,省房地产公司党委书记。 |
| 吴 宁 | 职工代表监事 | 男 | 47 | 2009年5月 | 职工大会 | | 大学文化,江苏信托风险控制部总经理。 |
| 赵 健 | 职工代表监事 | 女 | 53 | 2009年5月 | 职工大会 | | 大学文化,江苏信托市场发展部高级经理。 |

## 3.4 高级管理人员情况

| 姓 名 | 职 务 | 性别 | 年龄 | 任职日期 | 金融从业年限 | 学历 | 专业 | 简 要 履 历 |
|---|---|---|---|---|---|---|---|---|
| 黄东峰 | 董事长 | 男 | 51 | 2002年7月 | 18 | 本科 | 机械制造 | 国信集团党委委员、副总经理,江苏信托董事长。 |
| 陆加芳 | 总经理 | 女 | 52 | 2009年11月 | 30 | 本科 | 经济管理 | 江苏信托总经理。 |
| 唐 宁 | 副总经理 | 男 | 47 | 2004年3月 | 20 | 硕士研究生 | 财政金融 | 江苏信托副总经理。 |
| 胡 军 | 副总经理 | 男 | 41 | 2007年12月 | 17 | 硕士研究生 | 金融 | 江苏信托副总经理。 |

### 3.5 公司员工

报告期内公司员工人数为60人。

| 项　目 | | 报告期年度 | |
|---|---|---|---|
| | | 人数 | 比例(%) |
| 年龄分布 | 25岁以下 | 1 | 1.6 |
| | 25~29岁 | 7 | 11.7 |
| | 30~39岁 | 28 | 46.7 |
| | 40岁以上 | 24 | 40 |
| 学历分布 | 博士 | 2 | 3.3 |
| | 硕士 | 20 | 33.3 |
| | 本科 | 31 | 51.7 |
| | 专科 | 6 | 10 |
| | 其他 | 1 | 1.7 |
| 岗位分布 | 董事、监事及高管人员 | 7 | 11 |
| | 自营业务人员 | 6 | 10 |
| | 信托业务人员 | 28 | 46.67 |
| | 其他人员 | 19 | 33.33 |

## 4. 经营管理

### 4.1 经营目标、方针、战略规划

#### 4.1.1 公司的战略规划目标

以成为一流的金融企业、财富管理机构和信托服务机构为方向谋求转型和发展，进一步提升行业地位，力争跨入行业第一方阵；积极支持江苏的社会经济发展，服务国家经济发展战略、产业政策和区域规划；力争成为在国内和行业内都具有重要影响力的非银行业金融机构，为江苏建设金融强省作出应有的贡献。

#### 4.1.2 公司的经营目标

以科学发展观为指导，顺应不断变化的内外部环境，抢抓国内发展方式转变和区域经济发展的战略机遇，锐意进取，改革创新；以业务发展为主线，以治理机制为基础，以风险控制为保障，加快推进业务流程再造，着力打造信托融资、受托服务、基金投资和固有业务四大业务平台，全面提升服务品质，深入加强品牌建设，大力推进人才战略，持续增强核心竞争力，积极培育先进的企业文化，促进企业又好又快发展。

#### 4.1.3 公司的经营方针

高效、稳健、务实、创新。

### 4.2 经营业务的主要内容

#### 4.2.1 公司经营业务和品种

公司经营业务主要分为自有业务、信托业务和中间业务。

自有业务主要是积极做好自有资产管理运用，提高资产收益水平。报告期内积极参与江苏省内多家农村商业银行、村镇银行、财务公司、担保公司等金融股权投资；由公司主导发起的第一只创业投资基金成功设立；创投业务进入收获期，已投项目开始取得回报。

信托业务继续扩大信托财产规模，创新信托品种，提高理财水平，各项指标均大幅增长。全年发行集合信托计划16个，累计募集资金45.48亿元。全年开展单一信托业务113个，受托资金达258.98亿元。全年按时完成集合信托计划到期清算和期中分配，所有清算和分配工作做到了零差错。

#### 4.2.2 公司资产组合和分布

**自有资产的组合与分布表**

| 资产运用 | 金额（万元） | 占比（%） | 资产分布 | 金额（万元） | 占比（%） |
|---|---|---|---|---|---|
| 货币资产 | 30 840.35 | 7.00 | 基础产业 | 10 277.78 | 2.33 |
| 贷款 | 11 877.78 | 2.69 | 房地产业 | | 0.00 |
| 可供出售金融资产 | 32 371.33 | 7.34 | 金融机构 | 328 188.41 | 74.44 |
| 持有至到期投资 | 47 382.00 | 10.75 | 工商企业 | 1 600.00 | 0.36 |
| 长期股权投资 | 313 926.21 | 71.20 | 证券 | 79 753.33 | 18.09 |
| 其他 | 4 489.77 | 1.02 | 其他 | 21 067.92 | 4.78 |
| 资产总计 | 440 887.44 | 100.00 | 资产总计 | 440 887.44 | 100.00 |

**信托资产运用与分布表**

| 资产运用 | 金额（万元） | 占比（%） | 资产分布 | 金额（万元） | 占比（%） |
|---|---|---|---|---|---|
| 货币资产 | 54 268.21 | 1.99 | 基础产业 | 794 672.00 | 29.11 |
| 贷款 | 2 056 702.50 | 75.34 | 房地产业 | 693 092.00 | 25.39 |
| 交易性金融资产 | 226 291.34 | 8.29 | 金融机构 | 54 268.21 | 1.99 |
| 持有至到期投资 | — | — | 证券 | 226 291.34 | 8.29 |
| 长期股权投资 | 372 584.22 | 13.65 | 工商企业 | 941 522.72 | 34.49 |
| 其他 | 19 878.77 | 0.73 | 其他 | 19 878.77 | 0.73 |
| 资产总计 | 2 729 725.04 | 100.00 | 资产总计 | 2 729 725.04 | 100.00 |

### 4.3 市场分析

#### 4.3.1 影响公司发展的有利因素

（1）区域经济发展势头强劲

公司地处经济发达的长三角地区，区域经济活跃度高，融资需求旺盛，江苏经济的快速发展以及江苏沿海开发战略的实施为公司业务发展提供了良好机遇。

（2）良好的政策环境

江苏省委省政府正在大力发展包括金融业在内的现代服务业，出台了一系列促进政策。国家信托业的相关配套制度也逐步完善，新政策拓宽了业务的客户面和渠道。这些为公司的发展创造了良好的政策环境。

（3）良好的资产质量和股东背景

公司资本充足率较高，不良资产率低，现金流量好。国信集团作为省属国有投资主体和公司控股股东，为公司业务拓展提供了有力支持，使公司获得稳定的业务来源和利润增长点。

（4）良好的品牌信誉

公司产品丰富，经营稳健，风险控制好，能够切实维护和保障投资者的利益。经过二十多年的发展，在社会上形成了良好的市场形象，具有较高的品牌知名度和认知度。

（5）日趋完善的公司治理

公司内部机构设置完备，责权清晰，管理规范，制度完善，有良好的企业文化，塑造和培养了一支高素质的员工队伍，是

公司业务开拓的坚实基础。

**4.3.2 影响公司发展的不利因素**

(1)经济总体形势极为复杂

此前政策刺激下的经济较快增长将逐步转为结构调整下的稳定增长,信贷投放增速有所回落,物价上涨压力凸显,企业经营成本不断上升。针对政府平台融资和房地产市场调控力度加大,投资机会减少,投资风险加大。

(2)市场竞争日趋激烈

信托业两极分化进程加快,强者愈强;众多信托公司纷纷在全国包括江苏省内布点建立业务网络,争取优质项目和客户资源,业务增长迅猛,公司竞争压力不断加大。

(3)营销渠道有待加强

信托营销渠道已成为信托公司核心竞争力的重要组成。公司在此方面建设相对薄弱,已成为可持续发展的瓶颈之一。

(4)内部管理需要不断完善

随着业务不断发展,公司内部治理结构、管理架构、风险控制体系、激励机制以及信息管理水平有待进一步完善加强。

## 4.4 内部控制

**4.4.1 内部控制环境和内部控制文化**

按照公司治理机制三会分设、三权分开、有效制约、协调发展的要求,公司设立了由股东会、董事会、监事会和高级管理层构建的现代公司治理机制。股东会是公司最高的权力机构;董事会是公司的经营决策机构;监事会对董事会和高级管理层履行职责情况进行独立监督;高级管理层是公司经营管理的机构,对董事会负责。公司分别建立了"三会一层"的议事规则和议事程序,并落实到了实处,做到了权力机构、决策机构、监督机构和高级管理层各司其职,各负其责,相互制约的治理机制。

公司以建立良好的公司治理为目标,以树立合法合规经营的理念和风险控制优先的意识为前提,形成业务不断发展和风险有效控制的运行机制,建立起公司员工职业道德规范和诚信记录,营造良好的合规经营文化环境。

**4.4.2 内部控制措施**

公司按照现代企业制度的要求,遵循有效性、全面性、独立性、审慎性的原则和决策、执行、交流、监督、反馈的内控制度程序,采取四个方面的措施来加强公司的内控制度建设。

(1) 组织结构的内部控制

①公司建立股东会、董事会、监事会、高级管理层的"三会一层"的组织结构,明确其职能和责任,并制定了相应的议事规则。

②公司董事会下设风险管理委员会、审计委员会和薪酬委员会;高级管理层下设重大项目审议委员会,重大项目均须审议委员会审议。

③公司各部门职责分明、目标明确,相互分离、相互制约。

④公司财务部、风控部和审计部,独立开展工作,履行其职责。

⑤公司的岗位设置职责分明,相互制约。各部门的工作人员各司其职。

(2) 业务的内部控制

①公司的自营业务和信托业务相互分离,分别由不同的业务部门管理,并由不同的高级管理人员负责。

②公司制定较为完善的业务管理制度,包括规范有效的业务操作流程。

③公司固有财产和信托财产分开管理、分别核算,并由不同的会计人员负责。

④公司自营业务注重防范高风险领域的风险,合理配置资产,保证自营资产的安全性和流动性。

⑤自营业务和信托业务做到信息隔离,各业务信息相互独立,业务人员做到对工作中知悉的未公开的业务信息保密。

(3)关联交易的内部控制

①公司制定关联交易审批制度,包括但不限于关联交易的范围、关系人的范围、公平市场价格的确定。

②公司加强关联交易决策和监督的控制,重点防范不正当关联交易所导致的风险。

③关联交易按照国家法律法规的规定和银监会的要求,做到比例控制、信息披露。

(4)会计的内部控制

①公司制定了较完整的财务管理制度和会计业务规范,会计业务规范覆盖了会计业务的各个环节。

②公司会计岗位实行责任分离、相互制约的原则,严禁一人兼任非相容的岗位或独自完成会计全过程的业务操作。

③公司制定较完善的会计档案保管和财务交接制度,财务部门妥善保管业务用章、空白支票等重要凭据和会计档案。

**4.4.3 信息交流与反馈**

(1)公司建立有效的信息交流和反馈机制,确保股东会、董事会、监事会、高级管理层及时了解本行业的经营和风险状况,确保信息能够传递给相关的人员,各个部门和人员的有关信息能够顺畅反馈。

(2)公司建立完善内部管理信息系统,为内部控制的设计、执行和反馈提供信息保障,建立与各部门定期沟通机制,及时、真实、完整地传导和交流信息,并做到及时反馈信息。

(3)公司及时、准确地向监管部门报送监管部门所需要的各种数据和资料,并将监管部门的意见及时、准确地传达给公司相关人员。

(4)公司通过公司网站、报纸等平台及时向社会公众准确、及时地披露公司有关信息,充分发挥社会公众对公司内控制度的监督作用。

**4.4.4 监督评价与纠正**

(1)公司设立内审部门,负责内部控制的监督评价,发现内部控制的隐患和缺陷时,及时报告与纠正。

(2)公司建立有效的内部控制报告和纠正机制,业务部门和其他人员发现内部控制问题时,及时报告与纠正。

(3)公司内审部门对内部控制的制度建设和执行情况定期进行检查评价,根据检查结果提出内部控制缺陷及改进建议,并及时报告。

(4)公司根据检查结果和内审部门提出的改进意见,明确提出整改意见,并督促相关部门落实。内审部门监督检查相关部门对整改意见的落实情况。

总结:公司建立了"三会一层"各司其职、各负其责、相互制约的治理机制，并且营造合规经营的内部控制文化；通过采取不同的措施，公司的内部控制得到了进一步的加强，风险也得到了有效的防范和控制；公司信息交流和反馈机制也逐步在完善；公司内审部门加强了公司内部控制的监督和评价，内审工作频度和范围也逐步加大。

## 4.5 风险管理

### 4.5.1 风险管理概况

公司针对经营活动中可能会遇到的信用风险、市场风险、操作风险、道德风险、政策风险、法律风险等，建立了以"事前预防为主、事中控制及事后补救为辅"的风险控制基本原则，切实开展各项工作，及时防范、化解风险，保障公司业务工作的正常开展。

公司风险管理组织结构与职责划分为：董事会主要负责对公司风险管理政策的制定和审批；风险管理委员会主要负责设计或修正公司的风险管理政策和程序，并对公司风险管理执行进行监督，加强董事会对公司的风险监控；风控部主要负责具体项目的合法合规性，以及合同、文本等相关文件的审核，把控项目风险；审计部负责项目的稽核审查、项目后续管理跟踪与监督以及定期的内部审计工作；财务部主要负责建立财务危机预警指标体系，加强筹资、投资、资金回收及收益分配的风险管理。

### 4.5.2 风险状况和风险管理

4.5.2.1 信用风险

信用风险主要是指交易对手不履行义务的可能性。根据公司的实际情况，公司主要面临的信用风险主要表现为公司在运用自有资金和信托财产开展贷款、担保、履约承诺等交易过程中，借款人、担保人、保管人等交易对手不履行承诺，不能或不愿履行合约承诺而使自有资金或信托财产遭受潜在损失的可能性。

公司制定了信用风险管理制度，持续关注交易对手的资信状况、履约能力及其变化，并及时采取相应措施。对于信用风险的防范，公司主要通过对融资客户的资信状况进行认真、谨慎的审查，对融资项目的技术、经济和市场情况进行必要的调查研究进行事前防范；通过项目实施过程中的跟踪管理以及信用风险资产分类评级进行事中控制；通过项目结束后的稽核与评价进行事后控制。在贷款管理中认真做好贷前调查、贷时审查和贷后检查等"三查"工作，对交易对手的资质和诚信度进行尽职调查，严格审查抵（质）押品的充足性，对资金使用情况进行持续跟踪管理，严格执行审批制度，审贷分离，实行贷款五级分类管理。对于存款中的信用风险，公司挑选实力雄厚、信誉卓著、业绩优良的金融机构作为合作伙伴，定期或不定期查看存款情况，以期及时发现问题、控制风险。

公司不良资产年末数为126万元，不良资产率为0.04%。

公司对风险资产同时计提一般准备和专项准备。一般准备根据公司每年年度终了所承担风险和损失的资产余额的1%计提；专项准备按照资产五级分类结果进行计提，正常类不计提，关注类计提比例为2%，次级类计提比例为20%～25%，可疑类计提比例为40%～50%，损失类计提比例为100%。

4.5.2.2 市场风险

市场风险主要是指由于金融市场的波动或行情的变化给公司或其他信托当事人带来损失的可能性。主要表现为股价波动风险、利率风险和汇率风险。

股价波动会影响公司对证券投资的对象、时机和价格的选择；利率变动则会影响公司的存贷款收益的变化，同时公司的盈利能力和信托业务的开展也会随着利率的变动而变化；汇率的涨跌会使公司的外汇资产发生盈亏，包括库存的外汇风险和投资的外汇风险。

公司防范和控制市场风险主要做到开展各项业务时，全面、客观地分析经济形势，谨慎地选择项目，对于不熟悉的领域或风险难以把握的项目，不轻易进入；在项目开展前，对金融市场有可能产生市场风险的各个因素进行分析研究，提早做好防范措施；尽量采取分散投资，分散风险的办法；公司加强内部控制和各部门的运作力度，采取研究、决策、操作、评价相互制衡的机制。

4.5.2.3 操作风险

由于内部程序、人员、系统的不完善或失误，或外部因素造成直接或间接损失的风险，即由公司内部操作流程、人为因素、体制及外部因素引起的风险。

公司不断完善内部控制制度，对各部门、岗位制定了明确的职责和权限，职责的制定体现岗位相互分离的原则，能够实现中台、后台对前台的监督；对公司的各项业务制定了具体的业务操作流程，消除人为因素造成的风险，保障风险控制体系的有序规范运行，并通过事后评价和总结，防止相类似的风险发生。公司定期或不定期地对员工进行培训，对渎职、超越权限或违背操作规定的人员进行问责；公司定期对内部的计算机信息系统进行维护和保养，加强技术系统的管理，保证其正常运行，消除风险隐患。

2010年，公司发行了证券投资类集合资金信托计划。公司严格按照《信托公司证券投资信托业务操作指引》的要求，在信托文件和计算机交易系统中明确信托资金投资方向、投资策略、投资比例限制等内容，设置了预警线和止损线（参数）的具体条件和操作方式；公司证券投资信托资金与固有财产证券投资业务建立了严格的"防火墙"制度，实施人员、操作和信息独立运作，严格禁止各种形式的利益输送；逐日盯市。通过以上安排，避免和最大限度地降低了公司证券投资信托业务的操作风险。

4.5.2.4 其他风险

公司面临的其他风险包括政策风险、法律风险、经营风险和道德风险。

对于政策风险，公司严格依法合规经营，与监管部门保持紧密联系，最快地获得和了解政策动向。公司定期或不定期地组织员工学习相关政策文件，加强对宏观形势的分析研究；对于法律风险，公司风控部配备了法律工作人员，能够很好地处理公司的各项法律事务，帮助公司把好守法合规经营关；对于经营风险，公司通过健全公司法人治理结构，明确了各层次、各部门的职责，公司员工严格按照公司内部规章制度和业务操作流程来开展业务，定期进行业务学习，保证管理团队与员工的专业水准；对于道德风险，公司在建立良好诚信的企业文化基础上，注重维护委托人、受益人的利益，并对违反公司企业文化和损害委托人、受益人利益的行为追究责任。

## 5. 报告期末及上年末的比较式会计报表

### 5.1 自营资产(经审计)

#### 5.1.1 会计师事务所审计意见全文

**审 计 报 告**

中兴富会审(2011)50 号

江苏省国际信托有限责任公司:

我们接受江苏省国际信托有限责任公司的委托,审计了后附的江苏省国际信托有限责任公司(以下简称江苏国际信托公司)财务报表,包括2010 年12 月31 日的资产负债表,2010 年度的利润表、现金流量表和股东权益变动表以及财务报表附注。

一、管理层对财务报表的责任

按照企业会计准则的规定编制财务报表是江苏国际信托公司管理层的责任。这种责任包括:(1)设计、实施和维护与财务报表编制相关的内部控制,以使财务报表不存在由于舞弊或错误而导致的重大错报;(2)选择和运用适当的会计政策;(3)作出合理的会计估计。

二、注册会计师的责任

我们的责任是在实施审计工作的基础上对财务报表发表审计意见。我们按照中国注册会计师审计准则的规定执行了审计工作。中国注册会计师审计准则要求我们遵守职业道德规范,计划和实施审计工作以对财务报表是否不存在重大错报获取合理保证。

审计工作涉及实施审计程序,以获取有关财务报表金额和披露的审计证据。选择的审计程序取决于注册会计师的判断,包括对由于舞弊或错误导致的财务报表重大错报风险的评估。在进行风险评估时,我们考虑与财务报表编制相关的内部控制,以设计恰当的审计程序,但目的并非对内部控制的有效性发表意见。审计工作还包括评价管理层选用会计政策的适当性和作出会计估计的合理性,以及评价财务报表的总体列报。

我们相信,我们获取的审计证据是充分、适当的,为发表审计意见提供了基础。

三、审计意见

我们认为,江苏国际信托公司的财务报表已经按照企业会计准则的规定编制,在所有重大方面公允反映了江苏国际信托公司2010 年12 月31 日的财务状况以及2010 年度的经营成果和现金流量及股东权益变动。

中兴华富华会计师事务所有限责任公司

中国注册会计师:姜亦民

中国注册会计师:孙桂岭

二〇一一年三月三十日

#### 5.1.2 资产负债表

**资产负债表**

2010 年12 月31 日

编制单位:江苏省国际信托有限责任公司　　单位:万元

| 资　　产 | 附注 | 期末余额 | 期初余额 |
|---|---|---|---|
| 资产: | | | |
| 现金 | 附注5.1 | 0.68 | 2.25 |
| 银行存款 | 附注5.1 | 30 500.16 | 63 722.48 |
| 其他货币资金 | 附注5.1 | 339.51 | 226.25 |
| 拆出资金 | | | |
| 交易性金融资产 | | | |
| 衍生金融资产 | | | |
| 买入返售金融资产 | | | |
| 应收账款 | 附注5.2 | | 101.29 |
| 应收利息 | | | |
| 发放贷款 | 附注5.3 | 11 877.78 | 34 637.04 |
| 其他应收款 | 附注5.4 | 177.42 | 137.42 |
| 可供出售金融资产 | 附注5.5 | 32 371.33 | 36 971.11 |
| 持有至到期投资 | 附注5.6 | 47 382.00 | 47 335.00 |
| 长期股权投资 | 附注5.7 | 313 926.21 | 191 731.95 |
| 投资性房地产 | | | |
| 固定资产 | 附注5.8 | 360.34 | 557.26 |
| 无形资产 | 附注5.9 | 69.39 | 73.54 |
| 递延所得税资产 | 附注5.10 | 31.50 | 39.00 |
| 其他资产 | 附注5.11 | 3 851.13 | 3 851.13 |
| 资产总计 | | 440 887.44 | 379 385.71 |

公司法定代表人:黄东峰　主管会计工作负责人:陆加芳　会计机构负责人:王会清

**资产负债表(续)**

2010 年12 月31 日

编制单位:江苏省国际信托有限责任公司　　单位:万元

| 负债和所有者权益(或股东权益) | 附注 | 期末余额 | 期初余额 |
|---|---|---|---|
| 负债: | | | |
| 拆入资金 | | | |
| 交易性金融负债 | | | |
| 衍生金融负债 | | | |
| 卖出回购金融资产款 | | | |
| 应付职工薪酬 | 附注5.12 | 463.49 | 399.37 |
| 应交税费 | 附注5.13 | 5 611.36 | 2 343.87 |
| 应付利息 | | | |
| 其他应付款 | 附注5.14 | 519.21 | 1 163.44 |
| 预计负债 | | | |
| 应付股利 | 附注5.15 | 200.00 | |
| 递延所得税负债 | 附注5.16 | 233.74 | 5 553.43 |
| 其他负债 | 附注5.17 | 545.00 | 1 135.00 |
| 负债合计 | | 7 572.80 | 10 595.10 |
| | | | |
| | | | |
| 所有者权益(或股东权益): | | | |
| 实收资本(或股本) | 附注5.18 | 248 389.90 | 248 389.90 |

续表

| 负债和所有者权益（或股东权益） | 附注 | 期末余额 | 期初余额 |
| --- | --- | --- | --- |
| 资本公积 | 附注 5. 19 | 50 720. 25 | 38 825. 06 |
| 盈余公积 | 附注 5. 20 | 52 629. 98 | 28 649. 29 |
| 一般风险准备 | 附注 5. 21 | 4 404. 26 | 3 759. 34 |
| 信托风险准备 | 附注 5. 22 | 23 155. 86 | 11 165. 51 |
| 未分配利润 | 附注 5. 23 | 54 014. 40 | 38 001. 51 |
| 所有者权益（或股东权益）合计 | | 433 314. 64 | 368 790. 61 |
| 负债和所有者权益（或股东权益）总计 | | 440 887. 44 | 379 385. 71 |

公司法定代表人：黄东峰　主管会计工作负责人：陆加芳　会计机构负责人：王会清

### 5. 1. 3　利润表

**利润表**

2010 年

编制单位：江苏省国际信托有限责任公司　　单位：万元

| 项　目 | 附注 | 本期金额 | 上期金额 |
| --- | --- | --- | --- |
| 一、营业收入 | 附注 5. 24 | 76 613. 34 | 51 118. 64 |
| 利息净收入 | 附注 5. 24 | 2 956. 91 | 4 001. 11 |
| 利息收入 | 附注 5. 24 | 2 956. 91 | 4 001. 11 |
| 利息支出 | | | |
| 手续费及佣金净收入 | 附注 5. 24 | 20 946. 50 | 12 100. 36 |
| 手续费及佣金收入 | 附注 5. 24 | 20 946. 50 | 12 100. 36 |
| 手续费及佣金支出 | | | |
| 投资收益（损失以"－"号填列） | 附注 5. 24 | 53 080. 61 | 35 030. 13 |
| 其中：对联营企业和合营企业的投资收益 | 附注 5. 24 | 41 747. 00 | 30 025. 36 |
| 公允价值变动收益（损失以"－"号填列） | | | |
| 汇兑收益（损失以"－"号填列） | | -370. 69 | -12. 95 |
| 其他业务收入 | | | |
| 二、营业支出 | | 6 829. 19 | 3 909. 26 |
| 营业税金及附加 | 附注 5. 25 | 1 889. 52 | 1 144. 30 |
| 业务及管理费 | 附注 5. 26 | 4 969. 67 | 2 764. 96 |
| 资产减值损失 | | -30. 00 | |
| 其他业务支出 | | | |
| 三、营业利润（损失以"－"号填列） | | 69 784. 15 | 47 209. 38 |
| 加：营业外收入 | 附注 5. 27 | 0. 24 | 106. 28 |
| 减：营业外支出 | 附注 5. 28 | 119. 25 | 29. 56 |
| 四、利润总额（损失以"－"号填列） | | 69 665. 13 | 47 286. 10 |
| 减：所得税费用 | 附注 5. 29 | 7 036. 29 | 3 522. 17 |
| 五、净利润（损失以"－"号填列） | | 62 628. 84 | 43 763. 93 |
| 六、每股收益 | | | |
| （一）基本每股收益（元/股） | | 0. 25 | 0. 18 |
| （二）稀释每股收益（元/股） | | 0. 25 | 0. 18 |
| 七、其他综合收益 | | 11 895. 19 | 33 447. 07 |
| 八、综合收益总额 | | 74 524. 03 | 77 211. 00 |

公司法定代表人：黄东峰　主管会计工作负责人：陆加芳　会计机构负责人：王会清

### 5. 1. 4　所有者权益变动表

**所有者权益变动表**

编制单位：江苏省国际信托有限责任公司　　2010 年　　单位：万元

| 项　目 | 实收资本 | 资本公积 | 盈余公积 | 信托赔偿准备 | 一般风险准备 | 未分配利润 | 所有者权益合计 |
| --- | --- | --- | --- | --- | --- | --- | --- |
| 一、上年末余额 | 248 389. 90 | 35 995. 40 | 28 649. 29 | 11 165. 51 | 3 759. 34 | 38 373. 68 | 366 333. 11 |
| 加：会计政策变更 | | | | | | | |
| 前期差错更正 | | 2 829. 67 | | | | -372. 17 | 2 457. 50 |
| 二、本年初余额 | 248 389. 90 | 38 825. 06 | 28 649. 29 | 11 165. 51 | 3 759. 34 | 38 001. 51 | 368 790. 61 |
| 三、本年增减变动 | | 11 895. 19 | 23 980. 69 | 11 990. 35 | 644. 92 | 16 012. 88 | 64 524. 03 |
| （一）净利润 | | | | | | 62 628. 84 | 62 628. 84 |
| （二）直接计入所有者权益的利得和损失 | | 11 895. 19 | | | | | 11 895. 19 |
| 1. 可供出售金融资产公允价值变动净额 | | -15 959. 08 | | | | | -15 959. 08 |
| （1）计入所有者权益的金额 | | -15 959. 08 | | | | | -15 959. 08 |
| （2）计入当期损益的金额 | | | | | | | |
| 2. 现金流量套期工具公允价值变动净额 | | | | | | | — |
| （1）计入所有者权益的金额 | | | | | | | — |
| （2）计入当期损益的金额 | | | | | | | |
| （3）计入被套期项目初始确认金额中的金额 | | | | | | | — |
| 3. 权益法下被投资单位其他所有者权益变动的影响 | | 27 854. 26 | | | | | 27 854. 26 |
| 4. 与计入所有者权益项目相关的所得税影响 | | | | | | | — |
| 5. 其他 | | | | | | | |
| 上述（一）和（二）小计 | | 11 895. 19 | | | | 62 628. 84 | 74 524. 03 |
| （三）所有者投入和减少资本 | | | | | | | — |
| 1. 所有者投入资本 | | | | | | | |
| 2. 股份支付计入所有者权益的金额 | | | | | | | — |
| 3. 其他 | | | | | | | — |

续表

| 项 目 | 实收资本 | 资本公积 | 盈余公积 | 信托赔偿准备 | 一般风险准备 | 未分配利润 | 所有者权益合计 |
|---|---|---|---|---|---|---|---|
| (四)利润分配 | | | 23 980.69 | 11 990.35 | 644.92 | -46 615.96 | -10 000.00 |
| 1. 提取盈余公积 | | | 6 262.88 | | | -6 262.88 | — |
| 2. 提取信托赔偿准备 | | | | 11 990.35 | | -11 990.35 | — |
| 3. 提取一般风险准备 | | | | | 644.92 | -644.92 | — |
| 4. 对所有者(或股东)的分配 | | | | | | -10 000.00 | -10 000.00 |
| 5. 提取任意盈余公积 | | | 17 717.81 | | | -17 717.81 | — |
| 6. 其他 | | | | | | | — |
| (五)所有者权益内部的结转 | | | | | | | — |
| 1. 资本公积转增资本(或股本) | | | | | | | — |
| 2. 盈余公积转增资本(或股本) | | | | | | | — |
| 3. 盈余公积弥补亏损 | | | | | | | — |
| 4. 一般风险准备弥补亏损 | | | | | | | — |
| 5. 其他 | | | | | | | — |
| 四、本年末余额 | 248 389.90 | 50 720.25 | 52 629.98 | 23 155.86 | 4 404.26 | 54 014.40 | 433 314.64 |

公司法定代表人:黄东峰　　主管会计工作负责人:陆加芳　　会计机构负责人:王会清

## 5.2 信托资产

### 5.2.1 信托项目资产负债汇总表

**信托项目资产负债表**

编制单位:江苏省国际信托有限责任公司　　2010 年 12 月 31 日　　单位:万元

| 资 产 | 行次 | 期末数 | 年初数 |
|---|---|---|---|
| 资产: | 1 | | |
| 现金及存放中央银行款项 | 2 | 54 268.21 | 13 842.71 |
| 存放同业款项 | 3 | | |
| 拆出资金 | 4 | | |
| 交易性金融资产 | 5 | 226 291.34 | 107 156.81 |
| 衍生金融资产 | 6 | | |
| 买入返售金融资产 | 7 | | |
| 应收账款 | 8 | | |
| 应收利息 | 9 | | |
| 应收股利 | 10 | | |
| 其他应收款 | 11 | | |
| 贷款 | 12 | 2 056 702.50 | 1 149 417.00 |
| 可供出售金融资产 | 13 | | |
| 持有至到期投资 | 14 | | |
| 长期应收款 | 15 | | |
| 长期股权投资 | 16 | 372 584.22 | 151 550.33 |
| 投资性房地产 | 17 | | |
| 固定资产 | 18 | | |
| 无形资产 | 19 | | |
| 长期待摊费用 | 20 | | |
| 其他资产 | 21 | 19 878.77 | 181 078.77 |
| | 22 | | |
| | 23 | | |
| | 24 | | |
| | 25 | | |
| 资产合计 | 26 | 2 729 725.04 | 1 603 045.62 |

公司法定代表人:黄东峰　　主管会计工作负责人:陆加芳　　会计机构负责人:王会清

**信托项目资产负债表(续)**

编制单位:江苏省国际信托有限责任公司　　2010 年 12 月 31 日　　单位:万元

| 负债及所有者权益 | 行次 | 期末数 | 年初数 |
|---|---|---|---|
| 负债: | 27 | | |
| 拆入资金 | 28 | | |
| 交易性金融负债 | 29 | | |
| 衍生金融负债 | 30 | | |
| 卖出回购金融资产款 | 31 | 179 386.90 | 67 250.94 |
| 应付受托人报酬 | 32 | 81.98 | 56.02 |
| 应付托管费 | 33 | 17.02 | 0 |
| 应付受益人收益 | 34 | 0 | 0 |
| 应交税费 | 35 | 123.8 | 215.58 |
| 应付利息 | 36 | | |
| 其他应付款 | 37 | 925.76 | 1 285.73 |
| 预计负债 | 38 | | |
| 其他负债 | 39 | | |
| | 40 | | |
| 负债合计 | 43 | 180 535.46 | 68 808.27 |
| 所有者权益 | 44 | | |
| 实收信托 | 45 | 2 538 244.64 | 1 528 656.10 |
| 资本公积 | 46 | | |
| 盈余公积 | 47 | | |
| 一般风险准备 | 48 | | |
| 信托赔偿准备 | 49 | | |
| 未分配利润 | 50 | 10 944.94 | 5 581.25 |
| 所有者权益合计 | 51 | 2 549 189.58 | 1 534 237.36 |
| | 50 | | |
| | 51 | | |
| 负债及所有者权益总计 | 52 | 2 729 725.04 | 1 603 045.62 |

公司法定代表人:黄东峰　　主管会计工作负责人:陆加芳　　会计机构负责人:王会清

5.2.2 信托项目利润及利润分配汇总表

**信托项目利润及利润分配表**

2010 年

编制单位:江苏省国际信托有限责任公司　　单位:万元

| 项　目 | 序号 | 2009 年 | 2008 年 |
|---|---|---|---|
| 一、营业收入 | 1 | 145 825.32 | 52 102.65 |
| 利息收入 | 2 | 125 001.52 | 43 019.45 |
| 投资收益 | 3 | 18 738.51 | -4 587.33 |
| 公允价值变动损益 | 4 | 0 | 0 |
| 其他收入 | 5 | 2 085.29 | 13 670.53 |
| 二、支出 | 6 | 31 558.29 | 18 232.59 |
| 营业税金及附加 | 7 | 558.67 | 1 242.02 |
| 业务及管理费 | 8 | 30 999.62 | 16 990.57 |
| 资产减值损失 | 9 | 0 | 0 |
| 其他费用 | 10 | 0 | 0 |
| 其他业务成本 | 11 | 0 | 0 |
| 三、信托利润 | 12 | 114 267.03 | 33 870.06 |
| 加:期初未分配信托利润 | 13 | 5 581.25 | 4 412.02 |
| 四、可供分配的信托利润 | 14 | 119 848.28 | 38 282.08 |
| 减:本期已分配信托利润 | 15 | 108 903.34 | 32 700.83 |
| 五、期末未分配信托利润 | 16 | 10 944.94 | 5 581.25 |

公司法定代表人:黄东峰　主管会计工作负责人:陆加芳　会计机构负责人:王会清

## 6. 会计报表附注

### 6.1 简要说明报告年度会计报表编制基准、会计政策、会计估计和核算方法的变化

6.1.1 报告年度会计报表编制基准、会计政策、会计估计和核算方法未发生变化

6.1.2 期末公司没有纳入合并会计报表范围的控股子公司

### 6.2 或有事项说明

**6.2.1 报告期内对外担保事项**

截至 2010 年 12 月 31 日,公司对外担保余额为零。

**6.2.2 报告期内诉讼事项**

公司在报告期内未发生诉讼事项。

### 6.3 重要资产转让及其出售的说明

报告期内,公司未发生重要资产转让及出售行为。

### 6.4 会计报表中重要项目的明细资料

**6.4.1 自营资产经营情况**

6.4.1.1 信用风险资产分类

| 信用风险资产五级分类 | 正常类(万元) | 关注类(万元) | 次级类(万元) | 可疑类(万元) | 损失类(万元) | 信用风险资产合计(万元) | 不良合计(万元) | 不良率(%) |
|---|---|---|---|---|---|---|---|---|
| 期初数 | 34 875.75 | | | | 156.00 | 35 031.75 | 156.00 | 0.45% |
| 期末数 | 12 055.19 | | | | 126.00 | 12 181.19 | 126.00 | 1.03% |

注:不良资产合计=次级类+可疑类+损失类。

6.4.1.2 各项资产减值准备的计提及转回

单位:万元

| | 期初数 | 本期计提 | 本期转回 | 本期核销 | 期末数 |
|---|---|---|---|---|---|
| 贷款损失准备 | 372.37 | | 227.59 | | 144.78 |
| 一般准备 | 346.37 | | 227.59 | | 118.78 |
| 专项准备 | 26.00 | | | | 26.00 |
| 其他资产减值准备 | 130.00 | | 30.00 | | 100.00 |
| 可供出售金融资产减值准备 | — | | | | — |
| 持有至到期投资减值准备 | — | | | | — |
| 长期股权投资减值准备 | — | | | — | — |
| 坏账准备 | 130.00 | | 30.00 | | 100.00 |
| 投资性房地产减值准备 | | | | | |

6.4.1.3 固有投资业务按投资品种分类

单位:万元

| | 自营股票 | 基金 | 债券 | 长期股权投资 | 其他投资 | 合计 |
|---|---|---|---|---|---|---|
| 期初数 | 36 971.11 | | 5 000.00 | 191 731.95 | 42 335.00 | 276 038.06 |
| 期末数 | 28 161.27 | 4 210.06 | | 313 926.21 | 47 328.00 | 393 625.54 |

6.4.1.4 前五名的自营长期股权投资企业情况

| 企业名称 | 占被投资单位权益的比例(%) | 主要经营活动 | 投资收益(万元) |
|---|---|---|---|
| 江苏银行股份有限公司 | 10.00 | 存贷款等银行业务 | 41 854.81 |
| 江苏省国信集团财务有限公司 | 20.00 | 成员单位资金业务 | 12.54 |
| 高投名力成长创业投资有限公司 | 19.67 | 创业投资 | -110.25 |
| 江苏海门农村商业银行股份有限公司 | 6.67 | 存贷款等银行业务 | — |
| 江苏国投衡盈创业投资中心(有限合伙) | 32.26 | 创业投资 | — |

注:投资收益是指按照企业会计准则规定,核算股权投资确认损益并计入披露年度利润表的金额。

6.4.1.5 公司前三名的自营贷款情况

| 公司名称 | 金额(万元) | 占贷款总额比例(%) | 还款情况 |
|---|---|---|---|
| 新海发电有限公司 | 9 777.78 | 82.32 | 按时还本付息 |
| 江苏国盾科技实业有限责任公司 | 1 600.00 | 13.47 | 按时还本付息 |
| 荣盛建设工程有限公司 | 500.00 | 4.21 | 按时还本付息 |

6.4.1.6 表外业务

报告期内,公司自营资产无表外业务。

6.4.1.7 公司本年的收入结构情况

| 收入结构 | 金额(万元) | 占比(%) |
|---|---|---|
| 手续费及佣金收入 | 20 946.50 | 27.21 |
| 其中:信托业务收入 | 20 731.19 | 26.93 |
| 投资银行业务收入 | — | — |
| 利息收入 | 2 956.91 | 3.84 |
| 其他业务收入 | — | — |
| 其中:计入信托业务收入部分 | — | — |
| 投资收益 | 53 080.62 | 68.95 |

续表

| 收入结构 | 金额(万元) | 占比(%) |
|---|---|---|
| 其中:股权投资收益 | 41 747.00 | 54.23 |
| 证券投资收益 | 8 493.87 | 11.03 |
| 其他投资收益 | 2 839.75 | 3.69 |
| 公允价值变动损益 | — | — |
| 营业外收入 | 0.23 | 0.00 |
| 收入合计 | 76 984.26 | 100.00 |

注:手续费及佣金收入、利息收入、其他业务收入、投资收益、营业外收入均为损益表中的科目,其中手续费及佣金收入、利息收入、其他业务收入、投资收益、营业外收入为未抵减相应支出的全年累计实现收入数。

### 6.4.2 信托资产管理情况

6.4.2.1 信托资产的期初数、期末数

单位:万元

| 信托资产 | 年初数 | 年末数 |
|---|---|---|
| 集合 | 168 778 | 533 994 |
| 单一 | 1 252 586 | 2 175 836 |
| 财产权 | 181 682 | 19 895 |
| 合计 | 1 603 046 | 2 729 725 |

6.4.2.1.1 主动管理型信托资产

单位:万元

| 主动管理型信托资产 | 期初数 | 期末数 |
|---|---|---|
| 证券投资类 | 108 723 | 253 905 |
| 股权投资类 | 107 575 | 318 332 |
| 融资类 | 982 577 | 2 035 350 |
| 事务管理类 | — | 17 702 |
| 合计 | 1 198 875 | 2 625 289 |

注:"合计"行要求填主动管理型信托项目的总额,它包含所有运用方式的主动型产品,"证券投资类""股权投资类""融资类""事务管理类"是主动管理型信托中的几个重点类别,包含在"合计"中,但是与"合计"行没有勾稽关系,"合计"行应大于或等于这四类之和。

6.4.2.1.2 被动管理型信托资产

单位:万元

| 被动管理型信托资产 | 期初数 | 期末数 |
|---|---|---|
| 证券投资类 | — | — |
| 股权投资类 | 42 845 | 40 085 |
| 融资类 | 361 326 | 64 351 |
| 事务管理类 | | |
| 合计 | 404 171 | 104 436 |

注:"合计"数与主动管理类同理。

6.4.2.2 信托项目清算情况

6.4.2.2.1 本年度已清算信托项目

| 已清算结束信托项目 | 项目个数 | 实收信托合计金额(万元) | 加权平均实际年化收益率(%) |
|---|---|---|---|
| 集合 | 4 | 60 000.00 | 7.41 |
| 单一 | 93 | 1 279 290.00 | 4.15 |
| 财产权 | 10 | 161 200.00 | 3.42 |

6.4.2.2.2 已清算主动管理型信托项目

| 已清算结束信托项目 | 项目个数 | 实收信托合计金额(万元) | 加权平均实际年化收益率(%) |
|---|---|---|---|
| 证券投资类 | 3 | 40 000 | 8.89 |
| 股权投资类 | 1 | 25 000 | 7.2 |
| 融资类 | 61 | 1 127 643 | 4.42 |
| 事务管理类 | | | |

6.4.2.2.3 已清算结束的被动管理型信托项目

| 已清算结束信托项目 | 项目个数 | 实收信托合计金额(万元) | 加权平均实际年化收益率(%) |
|---|---|---|---|
| 证券投资类 | | | |
| 股权投资类 | | | |
| 融资类 | 42 | 307 847 | 3.74 |
| 事务管理类 | | | |

6.4.2.3 新增信托项目情况

单位:万元

| 新增信托项目 | 项目个数 | 实收信托合计金额 |
|---|---|---|
| 集合 | 16 | 454 810 |
| 单一 | 113 | 4 314 247 |
| 财产权 | 0 | |
| 新增合计 | 129 | 4 769 057 |
| 其中:主动管理型 | 129 | 4 769 057 |
| 被动管理型 | | |

6.4.2.4 信托业务创新成果和特色业务有关情况

公司在原有模式上不断探索房地产信托业务创新,降低项目风险,与新城集团合作成立了第一个按基金模式设计运行的信托产品;在事务性信托业务方面,公司作为第三方托管人,在一家公司的收购交易中为卖方保管人民币资产;在固有投资业务方面,由公司主导发起的第一只创业投资基金——"江苏国投衡盈创业投资中心(有限合伙)"成功设立,该基金计划规模为10亿元,采取有限合伙制,严格按照市场规则运行,公司作为有限合伙人直接参与基金管理。

6.4.2.5 本公司履行受托人义务情况及因本公司自身责任而导致的信托资产损失情况

公司严格按照《信托法》、《信托投资公司管理办法》、《信托投资公司资金信托管理暂行办法》开展各项信托业务。公司作为受托人,严格遵守信托文件的规定,为受益人的最大利益处理信托事务,管理信托财产,恪尽职守,履行诚实、信用、谨慎、有效管理的义务。在信托业务的设立、运用、内控、终止等环节和全过程做到合法、合规。

公司信托财产没有因公司自身责任而导致信托资产损失的情况。

6.4.2.6 信托赔偿准备金的提取、使用和管理情况

单位:万元

| 年初数 | 本年计提 | 年末数 |
|---|---|---|
| 11 165.51 | 11 990.35 | 23 155.86 |

报告期内未发生信托财产损失的情况,信托赔偿准备金未使用。

## 6.5 关联方关系及其交易事项

### 6.5.1 关联交易方的数量、关联交易的总金额及关联交易的定价政策等

单位：万元

| | 关联交易方数量 | 2010年关联交易总金额 | | 定价政策 |
|---|---|---|---|---|
| | | 增加额 | 减少额 | |
| 合计 | 19 | 426 557.52 | 95 053.75 | 另见注 |

关联交易的定价政策：(1)本公司对关联方交易价格根据市场价或协议价确定，与对非关联方的交易价格基本一致，无重大高于或低于正常交易价格的情况。(2)固有财产、信托资产与关联方贷款按人民银行规定的利率执行，投资按市场公允价确定。

### 6.5.2 关联交易方与本公司的关系性质、关联交易方的名称、法人代表、注册地址、注册资本及主营业务等

单位：万元

| 关系性质 | 关联方名称 | 法定代表人 | 注册地址 | 注册资本 | 主营业务。 |
|---|---|---|---|---|---|
| 母公司 | 江苏省国信资产管理集团有限公司 | 董启彬 | 江苏省南京市 | 1 000 000.00 | 国有资产经营、管理、转让、投资、企业托管、资产重组等业务。 |
| 同一母公司 | 江苏省投资管理有限责任公司 | 徐祖坚 | 江苏省南京市 | 100 000.00 | 实业投资、投资咨询。 |
| 同一母公司 | 江苏省国信担保有限责任公司 | 陈 亮 | 江苏省南京市 | 50 000.00 | 提供担保、再担保。 |
| 同一母公司 | 南京国信大酒店有限公司 | 陈玉松 | 江苏省南京市 | 2 000.00 | 客房、餐厅、酒吧。 |
| 同一母公司 | 连云港神州宾馆 | 陆连星 | 江苏省连云港 | 2 490.00 | 客房、餐厅、酒吧。 |
| 同一母公司 | 苏州雅都大酒店 | 蒋旭升 | 江苏省苏州市 | 1 500.00美元 | 客房、餐厅、酒吧。 |
| 同一母公司 | 南京状元楼酒店 | 蒋旭升 | 江苏省南京市 | 2 775.21美元 | 客房、餐厅、娱乐。 |
| 同一母公司 | 连云港云台宾馆 | 蒋旭升 | 江苏省连云港 | 12 000.00 | 客房、餐厅、娱乐。 |
| 同一母公司 | 江苏省房地产投资有限公司 | 蒋旭升 | 江苏省南京市 | 110 000.00 | 房地产开发、销售。 |
| 同一母公司 | 江苏国信象山地产有限公司 | 蒋旭升 | 江苏省南京市 | 6 000.00 | 房地产开发、销售。 |
| 同一母公司 | 南京国信地产开发有限公司 | 王屹 | 江苏省南京市 | 241.00美元 | 房地产开发、销售。 |
| 同一母公司 | 新海发电有限公司 | 王惠荣 | 江苏省连云港 | 23 900.00 | 电力生产、销售。 |
| 同一母公司 | 江苏沙河抽水蓄能发电有限公司 | 徐祖坚 | 江苏省溧阳市 | 15 100.00 | 抽水蓄能发电。 |
| 同一母公司 | 扬州第二发电有限责任公司 | 王惠荣 | 江苏省扬州市 | 169 200.00 | 电力生产、销售。 |
| 同一母公司 | 江苏淮阴发电有限责任公司 | 王惠荣 | 江苏省淮安市 | 33 700.00 | 火力电力供应。 |
| 同一母公司 | 盐城发电有限公司 | 王惠荣 | 江苏省盐城市 | 33 700.00 | 电力生产、粉煤灰销售。 |

续表

| 关系性质 | 关联方名称 | 法定代表人 | 注册地址 | 注册资本（万元） | 主营业务 |
|---|---|---|---|---|---|
| 同一母公司 | 江苏射阳港发电有限公司 | 王惠荣 | 江苏省盐城市 | 26 952.00 | 火力电力供应。 |
| 同一母公司 | 江苏省新能源开发有限公司 | 徐祖坚 | 江苏省南京市 | 20 000.00 | 新能源开发投资。 |
| 联营企业 | 江苏银行股份有限公司 | 黄志伟 | 江苏省南京市 | 910 000.00 | 存贷款等银行业务。 |

### 6.5.3 本公司与关联方的重大交易事项

#### 6.5.3.1 固有财产与关联方交易

**固有与关联方关联交易**

单位：万元

| | 期初数 | 借方发生额 | 贷方发生额 | 期末数 |
|---|---|---|---|---|
| 贷款 | 13 037.04 | 0 | 3 259.26 | 9 777.78 |
| 投资 | 0 | 0 | 0 | 0 |
| 租赁 | 0 | 0 | 0 | 0 |
| 担保 | 0 | 0 | 0 | 0 |
| 应收账款 | 4.64 | 1.82 | | 6.46 |
| 其他 | 121 | 1 019.20 | 1 004.38 | 135.82 |
| 合计 | 13 162.68 | 1 021.02 | 4 263.64 | 9 920.06 |

#### 6.5.3.2 信托资产与关联方交易

**信托与关联方关联交易**

单位：万元

| | 期初数 | 借方发生额 | 贷方发生额 | 期末数 |
|---|---|---|---|---|
| 贷款 | 339 828.10 | 425 536.50 | 85 370.11 | 679 994.49 |
| 投资 | 29 090.00 | — | 5 420.00 | 23 670.00 |
| 租赁 | — | — | — | — |
| 担保 | — | — | — | — |
| 应收账款 | — | — | — | — |
| 其他 | — | — | — | — |
| 合计 | 368 918.10 | 425 536.50 | 90 790.11 | 703 664.49 |

#### 6.5.3.3 信托公司自有资金运用于自己管理的信托项目及信托公司管理的信托项目之间的相互交易

##### 6.5.3.3.1 固有与信托财产之间的交易情况

单位：万元

| 项目名称 | 期初数 | 本期发生数 | 期末数 |
|---|---|---|---|
| 苏州新城万博置业股权投资集合资金信托计划 | 9 335.00 | -4 690.00 | 4 645.00 |
| 江苏宏图高科源久房地产公司（上水园二期）项目 | 15 000.00 | -15 000.00 | — |
| 民生银行—南京机场高速信贷资产受让项目 | 2 000.00 | -2 000.00 | — |
| 舜天置业股权投资项目 | 16 000.00 | 3 042.00 | 19 042.00 |
| 南京白下高新技术产业园区建设项目集合资金信托计划 | | 1 156.00 | 1 156.00 |
| 江苏万成置业股权投资集合信托计划 | | 3 067.00 | 3 067.00 |

续表

| 项目名称 | 期初数 | 本期发生数 | 期末数 |
|---|---|---|---|
| 江苏沿海开发(连云港一期)投融资项目集合资金信托计划 | | 1 997.00 | 1 997.00 |
| 江苏中小企业投融资集合资金信托计划(四期) | | 1 638.00 | 1 638.00 |
| 丰盛集团安家利置业股权投资集合信托计划 | | 15 837.00 | 15 837.00 |
| 合计 | 42 335 | 5 047.00 | 47 382.00 |

6.5.3.3.2 信托项目之间的交易情况

报告期内公司无信托资产与信托财产之间的交易事项。

**6.5.4 逐笔披露关联方逾期未偿还本公司资金的详细情况以及本公司为关联方担保发生或即将发生垫款的详细情况**

报告期内,公司未发生以上所述情况。

### 6.6 会计制度

固有业务和信托业务均执行《企业会计准则》(2006 年颁布)。

## 7. 财务情况说明书

### 7.1 利润实现和分配情况

报告期内,根据公司 2010 年股东会审议通过 2009 年利润分配方案:

(1)按净利润的 10% 提取法定盈余公积金 4 429.45 万元;

(2)按净利润的 40% 提取任意盈余公积金 17 717.81 万元;

(3)按净利润的 25% 提取信托赔偿准备 11 073.63 万元;

(4)提取一般风险准备 779.19 万元;

(5)分配股东红利 10 000 万元。

经中兴华富华会计师事务所有限责任公司审计,2010 年公司实现利润总额 69 665.13 万元,扣除所得税费用7 036.29 万元,实现净利润 62 628.84 万元。按规定计提法定盈余公积 6 262.88 万元、计提信托赔偿准备 3 131.44 万元、计提一般风险准备 644.92 万元,加上调整后年初未分配利润 1 424.8 万元,可供股东分配的利润为 54 014.4 万元。

### 7.2 主要财务指标

| 指标名称 | 指标值 |
|---|---|
| 资本利润率(%) | 15.62 |
| 信托报酬率(%) | 1.02 |
| 人均净利润(万元/人) | 1 070.58 |

注:1. 资本利润率 = 净利润/所有者权益平均余额 ×100% =62 628.84/401 052.63 =15.62%。

2. 信托报酬率 = 信托业务收入/实收信托平均余额 ×100% =20 731.19/2 033 450.37 =1.02%。

3. 人均净利润 = 净利润/年平均人数 =62 628.84/[(57 +60)/2] =1 070.58 万元。

4. 平均值采取年初及年末余额简单平均法,公式为:a(平均) =(年初数 + 年末数)/2。

### 7.3 报告期内对公司财务状况、经营成果产生重大影响的其他事项

无。

## 8. 特别事项简要提示

### 8.1 股东报告期内变动情况及原因

2010 年 12 月,公司控股股东江苏省国信资产管理集团有限公司分别与江苏省丝绸集团、江苏省高科技投资集团有限公司和江苏省农垦集团有限公司签署了股权转让协议,拟向后述三家公司转让江苏信托部分股权,相关报批手续正在履行之中。

### 8.2 董事、监事及高级管理人员变动情况及原因

无。

### 8.3 公司的重大未决诉讼事项

无。

### 8.4 执行本年度审计的会计师事务所出具意见情况

无。

### 8.5 公司及其董事、监事和高级管理人员受到处罚的情况

无。

### 8.6 银监会现场检查情况及整改措施

无。

### 8.7 公司重大事项临时报告

无。

### 8.8 其他有必要让客户及相关利益人了解的重要信息

根据有关规定,本公司 2010 年审计机构由江苏苏亚金诚会计师事务所有限公司变更为中兴华富华会计师事务所有限责任公司。

本公司在年度审计报告签发日后,公司年报批准日前,未发生需要让客户及相关利益人了解的重要信息。

## 9. 公司监事会意见

报告期内公司决策程序合法有效,内控制度进一步完善,公司董事及高级管理人员能够按照国家有关法律、法规和公司章程的规定履行职责,未发现有违法违纪和损害公司利益及股东利益的行为。公司财务报告内容完整、真实地反映公司的财务状况和经营成果。

# 江西国际信托股份有限公司

## 1. 重要提示

1.1 本公司董事会及董事保证报告所载资料不存在任何虚假记载、误导性陈述或者重大遗漏，并对其内容的真实性、准确性和完整性承担个别及连带责任。

1.2 中磊会计师事务所为本公司出具了无保留意见的审计报告，本公司董事会对相关事项亦有详细说明，请客户及相关利益人注意阅读。

1.3 本公司负责人董事长裘强、主管会计工作负责人曾海及财务负责人彭缅良声明：保证年度报告中财务报告的真实、完整。

## 2. 公司概况

### 2.1 公司简介

江西国际信托股份有限公司（以下简称江西信托或本公司），系由原江西省国际信托投资公司、江西省发展信托投资股份有限公司、赣州地区信托投资公司以新设合并方式组建。2003年3月，本公司经中国人民银行批准登记成立。2009年3月，经中国银监会核准换发新牌、变更公司名称和业务范围。本公司于2010年11月完成增资扩股，现有注册资本人民币103 658.1817万元。本公司是直属江西省人民政府的股份制金融机构。

| 1 | 法定中文名称（缩写） | 江西国际信托股份有限公司（江西信托） |
|---|---|---|
| 2 | 法定英文名称（缩写） | JiangXi International Trust Co.,Ltd.（JXI） |
| 3 | 法定代表人 | 裘　强 |
| 4 | 注册地址 | 南昌市北京西路88号江信国际金融大厦 |
| 5 | 邮政编码 | 330046 |
| 6 | 国际互联网网址 | http://www.jxi.cn |
| 7 | 电子信箱 | http://www.jxi.cn |
| 8 | 负责信息披露事务的高管人员 | 余森清 |
| 9 | 联系人姓名 | 易勤华 |
| 10 | 联系电话 | 0791-6304512 |
| 11 | 传真电话 | 0791-6304500 |
| 12 | 电子信箱 | yqh-jx@163.com |
| 13 | 公司信息披露的报纸名称 | 《上海证券报》 |
| 14 | 公司年度报告备置地点 | 南昌市北京西路88号江信国际金融大厦25楼 |
| 15 | 公司聘请的会计师事务所名称及住所 | 中磊会计师事务所，北京 |
| 16 | 公司聘请的律师事务所名称及住所 | 江西求正沃德律师事务所，江西南昌 |

### 2.2 组织结构

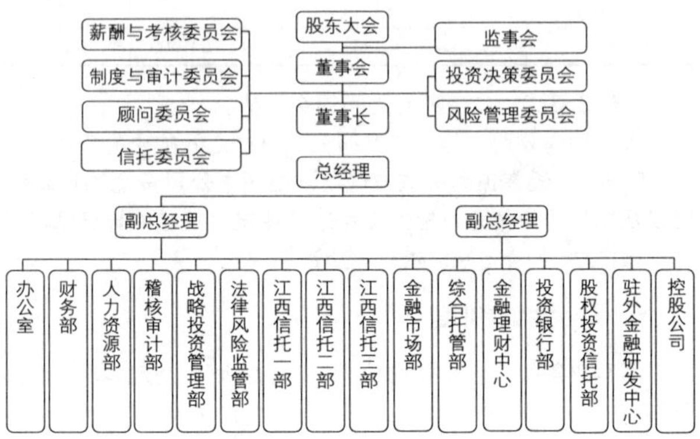


## 3. 公司治理结构

### 3.1 股东

2010年末，本公司股东总数12名，本公司前三位股东的名称、出资比例

| 股东名称 | 法人代表 | 持股比例（%） | 注册资本（万元） | 注册地址 | 主要经营业务及主要财务情况 |
|---|---|---|---|---|---|
| 江西省财政厅 | 胡　强 | 45.80 | | 江西省南昌市 | 制定全省性财政立法规划，拟订全省地方性财政、税收、财务、会计管理、国有资产管理的法规草案及实施办法和规章制度；参与制定全省各项有关宏观经济政策，拟订和执行全省财政分配政策；编制省本级年度预算草案和汇编全省年度预算和决算草案；负责组织实施地方税法和税收条例、决定、规定及有关实施细则；管理和监督各项财政收入、支出；监管全省政府采购工作；管理省级财政社会保障支出；负责地方性金融机构的财务监管工作；管理全省有关政府性基金和行政事业性收费项目的立项及标准等。 |
| 领锐资产管理股份有限公司 | 徐祇祥 | 25.00 | 193 000 | 天津市华苑产业区 | 对工业、基础设施开发建设、金融、房地产业、物流业、酒店进行投资；资产投资；债务重组与企业重组咨询。 |
| 北京供销社投资管理中心 | 符敬群 | 20.00 | 55 801.439925 | 北京市宣武区儒福里40号 | 投资管理；接受委托进行物业管理；接受委托出租房屋；出租自有房屋。 |

## 3.2 董事

董事会由9名董事组成，由股东江西省财政厅推荐6名和股东江西江信国际大厦有限公司、江西省金象置业有限公司等各推荐1名，独立董事1名。

| 姓 名 | 职 务 | 性别 | 年龄 | 所推举的股东名称 | 该股东持股比例(%) | 简 要 履 历 |
|---|---|---|---|---|---|---|
| 裘 强 | 董事长 | 男 | 53 | 江西省财政厅 | 45.80 | 1974年至1978年任江西省清江县昌付公社知青办主任；1978年至1981年任空军十一航校警卫排副排长；1981年至1989年任宜春市委组织部正科级组织员、上高县政府县长助理；1989年至1990年任江西省委农工部副处长；后调江西省展览中心任主任，期间曾兼任南昌佳盛典当行有限公司副董事长主持全面工作；1997年后曾任江西省人民政府办公厅副主任，协助副省长分管商贸、金融工作；2000年至2004年任江西省民政厅党组副书记、副厅长；2004年6月至今任江西国际信托投资股份有限公司党委书记、董事长。先后在南昌大学、中央党校、上海浦东干部管理学院、长江商学院学习，获得哲学硕士、高级管理人员工商管理硕士。 |
| 吴伟光 | 董事 | 男 | 55 | 江西省财政厅 | 45.80 | 1983年至1986年任赣州地区公路局宣传部干部；1986年至2003年历任公司员工、业务部门经理、办公室主任、党委委员、副总经理、董事、总经理。 |
| 余森清 | 副董事长 | 男 | 48 | 江西省财政厅 | 45.80 | 1978年至1982年江西大学计算数学专业学生；1982年至1984年江西省上饶地区统计局干部；1984年至1987年厦门大学计划统计专业研究生；1987年至1989年江西省社科院经济所科研人员；1989年至1999年江西省政府办公厅商金处干部、副处长；1999年至2009年江西省委政策研究室副主任；2009年5月至今任江西国际信托股份有限公司党委副书记，2009年9月任公司副董事长。 |
| 康 毅 | 董事 | 男 | 57 | 江西江信国际大厦有限公司 | 5.90 | 1973年至1976年南昌县东新乡大洲村插队；1976年至1983年福州军区独立防化学营战士、排长、政治指导；1983年至1998年武警江西省总队司令部直政处正连职干事、副营职干事、正营职干事、副处长、处长；萍乡市支队政治委员；1998年至现在任江西省国际信托股份有限公司监察室副主任、办公室副主任，江信置业有限责任公司董事长、经营总监、总经理助理、党委委员、副总经理、常务副总经理；现任天安保险股份有限公司副董事长。 |
| 陈林芳 | 董事 | 男 | 57 | 江西省财政厅 | 45.80 | 1976年至1978年在宜丰县敖桥公社农机厂任会计；1980年至1993年历任江西省财政厅农财处干部、组长、副处长；1993年至1995年在高安市人民政府挂职副市长；1995年至1996年任江西省财政厅条法税政处处长；1996年至今在江西省财政投资管理公司任负责人(主持工作)、董事长，期间曾任江西省发展信托投资股份有限董事长。 |
| 曾福星 | 董事 | 男 | 50 | 江西省财政厅 | 45.80 | 1983年至1990年在江西省财政厅农税处工作任主任科员；1993年至1995年在井冈山财政干部培训基地挂职锻炼，任基地主任兼支部书记；1995年至1996年在江西省财政厅预算处工作；1996年7月至今任江西省财政投资管理中心任副主任；期间曾担任江西省发展信托投资股份有限公司监事召集人。 |
| 陈出新 | 董事 | 男 | 47 | 江西省财政厅 | 45.80 | 1982年至1986年江西财经学院计统系国民经济专业学习；1986年至1989年四川省财政厅预算处工作；1989年至2009年江西省财政厅会计处助调、副处长，2001年获得华中科技大学硕士学位，2006年至2007年派驻天津滨海新区筹建天津锦绣置业公司，2007年12月组织安排到江西博苑房地产公司工作；现任江西省财政厅投资管理中心(公司)主任(总经理)。 |
| 钟镰斧 | 董事 | 男 | 42 | 江西省金象置业有限公司 | 1.00 | 1987年至1991年南昌航空工业学院电子工程系本科毕业；1991年至1993年江西大茅山企业集团开发部工作；1993年至1996年江西省江信房地产公司贸易部经理；1996年至2009年江信置业有限责任公司副总经理、总经理、董事长；2006年至2010年10月任江西国际信托投资股份有限公司总监、总经理助理、副总经理、党委副书记；现任江西省金象置业有限公司董事长。 |

## 3.3 监事

本公司监事会由3名监事组成，其中江西省财政厅和江西江信国际置业有限公司各推荐1名，职工代表监事1名，设立1名监事会召集人。

| 姓 名 | 职 务 | 性别 | 年龄 | 所推举的股东名称 | 该股东持股比例(%) | 简 要 履 历 |
|---|---|---|---|---|---|---|
| 周志宏 | 监事会召集人 | 男 | 53 | 江西江信国际置业有限公司 | 1.00 | 1975年至1976年吉林省东辽县渭津公司福民大队知青；1976年至1981年兰州军区空军高炮14师40团3营8连士兵；1981年至1991年兰州军区空军混成4旅军官；1991年至1993年兰州军区空军政治部秘书处少校；1993年至现在江西国际信托股份有限公司科长、处长、部长。 |
| 贾 俊 | 监事 | 男 | 48 | 江西省财政厅 | 45.80 | 1981年至1988年在南昌铁路局工作；1988年至1997年江西省工商银行信托投资股份有限公司部门副经理；1997年至2003年江西省发展信托投资股份有限公司总经理助理、办公室主任；2003年至2010年历任江西国际信托股份有限公司办公室副主任、董事会秘书、战略中心主任、行政总管、行政总监、总稽核。 |
| 万国钦 | 监事 | 男 | 54 | 职代会 | | 1977年2月至1979年3月江西省上高县镇渡公社知青；1979年4月至1993年5月江西省南昌市市政工程处监察科副科长；1993年6月至现在先后任江西国际信托股份有限公司人事处劳资科长、办公室主任助理、人力资源部部长、行政总部总管。 |

## 3.4 高级管理人员

| 姓名 | 职务 | 性别 | 年龄 | 选任日期 | 金融从业年限 | 学历 | 专业 | 简要履历 |
|---|---|---|---|---|---|---|---|---|
| 王志辉 | 总经理（拟任） | 男 | 44 | 2011年 | 23 | 在职研究生 | EMBA | 1987年至2003年历任江西省国际信托投资公司证券业务部、发行交易科科长、南昌营业部主任、信托部副经理（主持工作）；2004年至2004年任江西国际信托股份有限公司信托一部总经理；2005年至现在江西国际信托股份有限公司首席高级信托经理、金融总监、总总经理助理、副总经理、常务副总经理。 |
| 曾海 | 总会计师 | 男 | 47 | 2008年 | 16 | 在职研究生 | 产业经济学 | 1983年至1989年在江西木材厂工作；1989年至1992年任江西省林化公司（原江西省林业工业公司林产品供应站）财务科科长；1992年至1995年在江西省木材公司财务科副科长、科长；1995年至现在历任江西国际信托股份有限公司计划财务处综合管理科科长、计划处处长助理、副处长、财务部总经理、财务总监、副总会计师、总会计师、总经理助理。 |
| 贾俊 | 总稽核 | 男 | 48 | 2008年 | 22 | 在职研究生 | 产业经济学 | 1981年至1988年在南昌铁路局工作；1988年至1997年江西省工商银行信托投资股份有限公司部门副经理；1997年至2003年江西省发展信托投资股份有限公司总经理助理、办公室主任；2003年至2009年江西国际信托股份有限公司办公室副主任、董事会秘书、战略中心主任、行政总管、行政总监、总稽核。 |
| 陈华玲 | 首席风险官（拟任） | 男 | 46 | 2011年 | 19 | 研究生 | 自然辩证法 | 1984年至1987年在江西龙南师范学校任教；1990年至1993年江西中医学院社科部任教、讲师；1993年至现在先后任江西国际信托股份有限公司办公室秘书、国际金融部信贷员、信贷科副科长、江信律师事务所副主任、法律事务中心主任、法律风险监管部部长、风险控制委员会委员、副主任、总法律顾问、副风险控制官、法务总监。 |

## 3.5 公司员工

| 项目 | | 2010年 | | 2009年 | |
|---|---|---|---|---|---|
| 人数 | | 79 | | 79 | |
| 平均年龄 | | 38 | | 39 | |
| | | 人数 | 比例（%） | 人数 | 比例（%） |
| 年龄分布 | 20岁以下 | 0 | 0.00 | 0 | 0.00 |
| | 20～29岁 | 13 | 16.46 | 11 | 13.92 |
| | 30～39岁 | 36 | 45.57 | 31 | 39.24 |
| | 40岁以上 | 30 | 37.97 | 37 | 46.84 |
| 学历分布 | 博士 | 5 | 6.33 | 5 | 6.33 |
| | 硕士 | 35 | 44.30 | 29 | 36.71 |
| | 本科 | 32 | 40.51 | 37 | 46.84 |
| | 专科 | 7 | 8.86 | 8 | 10.13 |
| | 其他 | 0 | 0.00 | 0 | 0.00 |
| 岗位分布 | 董事、监事及其他高管人员 | 15 | 18.99 | 14 | 17.72 |
| | 自营业务人员 | 3 | 3.80 | 3 | 3.80 |
| | 信托业务人员 | 54 | 68.35 | 51 | 64.56 |
| | 其他人员 | 7 | 8.86 | 11 | 13.92 |

# 4. 经营管理

## 4.1 经营目标、方针、战略规划

### 4.1.1 经营目标

立足信托本业，发挥地方金融机构的职能，在市场中求生存，在竞争中求发展，确保信托财产的安全高效，促进本公司稳健经营和可持续发展，为股东实现稳定的回报，为受益人的利益服务，为地方经济建设提供金融支持。

### 4.1.2 经营方针

坚持"为了共同利益"的核心价值观，坚持"诚信理财、服务社会"的经营宗旨，坚持"风险第一、效益第一"的经营理念，坚持"简单直接"的管理理念，以多元化的资产管理手段，谋求信托、证券、保险等金融工具及货币、资本和产业等多种行业的融合，实现收益的最大化。

### 4.1.3 战略规划

通过不懈的努力，把本公司发展成为地方性金融（控股）集团，进入全国信托业先进行列。

## 4.2 所经营业务的主要内容

本公司所经营业务主要分为固有业务和信托业务两大块，其中固有业务包括自有资金投资、贷款等业务，各种业务所形成的资产组合与分布情况如下所示。

### 4.2.1 自营资产运用与分布

| 资产运用 | 金额（万元） | 占比（%） | 资产分布 | 金额（万元） | 占比（%） |
|---|---|---|---|---|---|
| 货币资产 | 1 951.46 | 0.83 | 基础产业 | | |
| 拆出资金 | | | 房地产业 | 708.78 | 0.30 |
| 贷款 | | | 证券、保险 | 183 006.37 | 77.55 |
| 其他流动资产 | 36 994.18 | 15.68 | 实业 | 1 400.00 | 0.59 |
| 可供出售金融资产 | 12 683.10 | 5.37 | | | |
| 持有至到期投资 | | 0.00 | | | |
| 长期股权投资 | 183 006.37 | 77.55 | 其他 | 50 870.82 | 21.56 |
| 其他 | 1 350.86 | 0.57 | | | |
| 资产合计 | 235 985.97 | 100.00 | 资产合计 | 235 985.97 | 100.00 |

### 4.2.2 信托资产运用与分布

| 资产运用 | 金额（万元） | 占比（%） | 资产分布 | 金额（万元） | 占比（%） |
|---|---|---|---|---|---|
| 货币资产 | 274 286.56 | 4.06 | 基础产业 | 3 471 471.12 | 51.32 |
| 交易性金融资产 | 168 238.09 | 2.49 | 房地产业 | 733 144.10 | 10.84 |
| 贷款 | 4 105 782.48 | 60.70 | 证券 | 332 905.77 | 4.92 |
| 应收账款 | 663 717.74 | 9.81 | 金融机构 | — | 0.00 |
| 可供出售金融资产 | | 0.00 | 工商企业 | 1 311 460.74 | 19.39 |
| 长期股权投资 | 1 368 077.67 | 20.23 | 其他 | 915 164.21 | 13.53 |
| 其他 | 184 043.40 | 2.72 | | | |
| 资产合计 | 6 764 145.94 | 100.00 | 资产合计 | 6 764 145.94 | 100.00 |

## 4.3 市场分析(影响本公司业务发展的主要因素)

### 4.3.1 有利的因素

(1)区域环境优势。江西省委、省政府及江西省国资委、江西银监局的支持和帮助为公司发展提供了较好的区域发展环境。

(2)股东资源优势。通过引进战略投资者,优化了公司的股东背景,实现了公司股权多元化,推动法人治理结构的进一步完善,有利于依托股东资源优势进一步做强做大。

(3)经营管理团队优势。本公司领导班子有很强的凝聚力和战斗力,在江信国际企业文化的熏陶和引领下,打造了一支"忠诚拼搏、艰苦创业"的经营管理团队。

(4)业务拓展和战略扩张优势。本公司具备了对外扩张的基础。一是控股国盛证券有限责任公司,参股了天安保险股份有限公司,实现了金融综合业务的融合;二是本公司经营业绩逐年大幅度攀升,创新能力不断增强,抗风险能力显著提高;三是本公司与中国工商银行、中国建设银行、中国农业银行、光大银行、国家开发银行、民生银行、招商银行、兴业银行等金融机构及新湖中宝、复兴集团等上市公司建立了稳固的战略合作伙伴关系,银信合作、企信合作业务稳步推开;四是政信合作业务稳中求进,风险可控;五是本公司在全国主要城市设立若干金融研发中心,业务渠道辐射全国20多个省市,为公司下一步的业务拓展和战略扩张奠定了基础。

### 4.3.2 不利的因素

(1)经济周期波动性加大。全球经济及中国经济周期波动性将进一步加大,面临较多不确定性。

(2)行业竞争加剧。

(3)地处欠发达地区,客户资源相对有限,尤其是高端客户缺乏,合格投资者的培育拓展难度相对较大。

## 4.4 内部控制概况

### 4.4.1 内部控制环境和内部控制文化

合规性是风险控制的核心,是信托公司健康持续发展的生命线。提高合规意识,树立合规理念,健全合规文化是实现公司长治久安的保障。

本公司建立健全了以股东会、董事会、监事会以及经营管理层为主体的组织架构和公司治理结构,并形成了一整套涵盖本公司所有业务的制度体系。在决策层面上,董事会下设信托委员会、投资决策委员会、风险管理委员会、薪酬与考评委员会、审计与制度委员会,构建了一个相对完整的决策和风险控制体系。在内部管理和经营方面,通过不同机构和岗位的设置,赋予相应的权责,并建立和完善各项业务操作规程与制度,从而形成了各岗位和人员之间相互独立、相互制衡和相互协调的监督管理机制。

此外,重视企业文化建设,营造成熟的内部控制文化是本公司稳健发展的重要手段。本公司通过"忠诚拼搏、艰苦创业"等系列主题教育活动向员工传达风险管理、内部控制、合规经营的重要性,引导员工树立合规意识、风险意识和诚信理念,着力提高员工职业道德水准,规范员工职业行为,逐步塑造和形成以"风险第一、效益第一"经营理念和"内控第一、全员遵守"为主题的内控文化。

### 4.4.2 内部控制措施

本公司董事会下设的各委员会在授权范围内以明晰的分级授权制度,通过体系建设和及时完整的过程控制,使决策、研发、操作、审核及监督评价程序化、体系化。为加强制度执行力度,本公司制度管理部作为审计与制度委员会的办事机构,除监督制度执行外,主要负责本公司内部稽核审计,以相对独立的审计工作程序和规范扮演着内部警察的角色;法律风险监管部代表风险管理委员会负责风险控制及风险评价,建立风险预警和纠错机制,做到警钟长鸣。两大内控机构与财务部、综合托管部、战略投资管理部等相互配合、相互制衡,分别独立、客观地履行各自内部控制职能,从组织结构上完善了公司内部控制体系。

在业务运作方面,明确前台、中台、后台业务的工作职责,规范程序,形成有监督、有制衡的业务运作体系。通过具体、明确、合理的分工与授权,建立业务操作规程,在内部界定各责任主体的目标、职责和权限,分别在授权范围内各行其职,相互独立。本公司主要职能部门之间建立健全了防火墙制度,不同部门人员不得相互兼职,保证了自营、信托业务各成体系,独立运行。

在文化意识形态方面,本公司设立了金融大学,每周进行员工学习培训和教育,宣传合法合规经营的理念,使员工树立起合规经营优先、风险控制优先的意识。制定了"十八支持、十八反对"的员工行为准则、职业道德规范,严格诚信记录,营造本公司合规经营的制度、文化环境。

### 4.4.3 信息交流与反馈

通过强有力的制度执行,向风险管理委员会、高级管理层和董事会报告,及时披露业务开展和内控过程中的实质性缺陷或失控,以完善的信息系统确保了报告程序的有效性和保密性。同时,定期披露或通报各责任主体或责任人履行职责情况、制度执行情况。各有关部门对项目运作、公司决议的执行实行跟踪,按照公司制度规定的流程及时将跟踪信息反馈,保证了本公司对项目和合同履行等的控制。

### 4.4.4 监督评价与纠正

本公司董事会和高级管理层定期和不定期召开内控工作会议和风险例会,听取制度管理部、法律风险监管部、综合托管部、财务部在稽核审计、内控检查、财务执行和风险监督过程中有关情况的汇报,对内控工作定期评价,对有关问题及时处理,切实防范各类风险。公司管理层和内控部门对存在的问题进行现场检查和督促,及时有效地纠正运行中的偏差。

## 4.5 风险管理

### 4.5.1 风险管理概况

本公司风险管理坚持全面性、全员性、独立性、相互制衡、防火墙、适时有效、风险控制与业务发展同等重要、定性与定量相结合等原则。在组织架构上,风险管理委员会是本公司的最高风险管理机构,直接隶属于董事会,主要负责制定和实施投资风险管理政策和措施。法律风险监管部作为风险控制委员会的办事机构,下设了合规管理处、风险管理处、项目后期管理处,是具体的风险管理专职部门,负责制定和实施识别、计量、监测和管理风险的制度、程序和方法,并按照这些制度、程序和方法对本公司经营业务进行风险管理、检查，监测风险，全面揭示风险、分析风险和化解风险，以提高风险管理水平，切实加强了本公司的风险管理工作。各业务部门也有相关的风险管理的对口岗位，从第一线配合职能部门的风险管理。

**4.5.2 风险状况**

本公司经营活动中主要面临信用风险、市场风险、操作风险、政策风险、道德风险和其他风险等。

4.5.2.1 信用风险状况

本公司2010年没有发生一起因信用问题而导致的风险。

4.5.2.2 市场风险状况

本公司所管理的资产主要集中在证券投资、股权投资、信贷资产、财产管理等，尚未涉足外汇市场，其中，集合资金信托计划的信贷资产规模比例控制在30%以下，固有业务无新增贷款；对于较复杂的特定市场且公司不能有效了解和把握其风险的，一般采取谨慎原则，保守操作，受市场波动风险较小。

4.5.2.3 操作风险状况

本公司可能面临的操作风险主要来自于内部管理风险或决策风险。报告期内各项投资运行正常，无一例因管理人的失职而引发赔付的风险事项发生。

4.5.2.4 政策风险状况

本公司坚持以宏观调控为导向，依法合规实施各项投融资业务，未有一例因违反政策或法规的违规事件。

4.5.2.5 道德风险状况

本公司尚未发生一起因内部人员蓄意违规违法或与公司的利益主体串通而给信托受益人或本公司自身带来损失的案件。

4.5.2.6 其他风险状况

本公司报告期内未发生法律和道德风险事项，但相关政策的变化对本公司的发展预期产生了一定的影响。

**4.5.3 风险管理**

本公司风险管理坚持“事前防范为主、事中控制及事后补救为辅”的基本原则，涉及信用风险、市场风险及操作风险等风险管理的各个领域。

4.5.3.1 信用风险管理

公司针对这一风险，在项目的前期运作中，组织专人进行了尽职调查，范围不仅限于对手的运营情况、负债情况及企业的资信状况。在进行尽职调查的基础上，另外派出独立调查小组对项目进行排他性的独立核实调查。对出现的创新类信托项目，公司聘请律师事务所拟订或审核合同，并在合同中设立了违约金制度及担保制度，强化了交易对手履约的保障措施。

(1)对于贷款或投资中的信用风险，公司对客户的资信状况进行认真、谨慎的审查，对项目的技术、经济和市场情况进行必要的调查研究；进行跟踪管理，发现问题及时采取措施补救。对于存款中的信用风险，公司挑选实力雄厚、信誉卓著、业绩优良的银行作为合作伙伴，定期或不定期地查看存款情况。

(2)根据贷款对象和投资对象的不同，按优良、一般和差等三个档次进行风险评级，对不同档级的交易对手有不同的要求并采取各异的保证措施，防范风险。

(3)对风险资产进行五级分类，即正常、关注、次级、可疑和损失，后三类构成不良资产。对不同类别资产采取不同的管理方式，并严格按有关规定足额计提资产减值准备。

(4)采取信用增级，坚持抵押品确认原则：一是明确抵押品的权属；二是抵押品的价值要真实可靠，且抵押品的抵押率不得超过50%。

(5)对于信用担保的管理原则为：具有代为清偿债务能力的法人、其他组织或者自然人；在办理贷款保证担保时，优先选择代为清偿债务能力强、信誉状况好的法人为保证人等。对保证人的资信状况和偿债能力及保证合同的履行情况定期进行检查，督促保证人按照保证合同的约定按期提交有关材料并履行各项义务。

(6)规范贷款和投资操作程序。本公司制定了《信托投资项目监管规定》、《资金信托项目贷前管理规定》、《资金信托项目放贷管理规定》、《信托受益权质押贷款操作规定》、《信托项目后期管理规定》等规范贷款和投资标准流程的管理规定，由制度管理部定期督促检查制度的执行情况。

4.5.3.2 市场风险管理

本公司所管理的资产主要集中在证券投资、股权投资、信贷资产、财产管理等，尚未涉足外汇市场，其中，信贷资产规模比例控制在30%以下，固有业务无新增贷款；证券资产市值在持续上升的同时不断压缩规模，有效控制了市场波动带来的影响。同时，通过加强市场调查、市场研究、市场分析，尽量对股价、利率、汇率等市场要素有较全面、较准确的了解，尽量规避市场风险；而对于较复杂的特定市场且本公司不能有效了解和把握其风险的，一般采取谨慎原则，保守操作；在业务拓展或产品推介时，业务人员须向投资者明确说明市场因素变化对收益的影响。

4.5.3.3 操作风险管理

(1)针对内部管理风险：在财务管理、内部稽核、资金运作、账户管控、客户档案管理等方面，严格按信托法规及信托文件设定相应的管理岗位，明确管理职责及审批权限，并通过内部邮件系统、审批流程等标准化、系统化的管理方式，做到责任落实、跟踪有效，最大程度地控制内部管理方面的风险。法律风险监管部定期要求各业务部门就本部门所管理的项目进行风险评估，并在项目的日常管理中对照合同逐一梳理，准确及时地做好项目的信息披露。加强对业务人员的培训，提高业务素质，增强其对交易的认定、执行的准确性和合法合规性。

(2)针对决策风险：决策风险主要来源于决策失误、决策程序不规范，本公司通过严格决策控制程序来规避决策风险，本公司制定了项目审查“五个两、十环节”的程序，逐一落实责任人员，并制定了责任终身追究制度。

4.5.3.5 政策风险管理

本公司通过加强对宏观政策和监管政策的调查研究，通过加强与监管部门和行业的沟通联系，尽可能更准确地了解现有宏观政策和监管政策，尽可能准确地分析宏观政策和监管政策的未来趋势；同时，坚持遵纪守法的经营方针和经营宗旨，切实规范各项经营管理，保证各项业务在合法合规的前提下进行。

4.5.3.6 道德风险管理

本公司主要通过制度设计和加强员工的忠诚教育来防范道德风险。本公司在作为受托人进行产品推介时，严格按照规定向委托人申明项目可能存在的风险及防范措施，严格履行不承诺或不变相承诺信托收益的规定；严格按信托法规及信托合同规定，将信托财产与固有财产分设账户，实行单独管理；严格按照规定将信托资金运用于信托文件所列示的用途；严格履行受托人的监管义务，妥善管理信托投资项目，把风险控制在最低限度；严格按照公开、公正的原则，真实地进行会计核算、财务处理及信息披露。同时，本公司制定了《员工职业操守指引》、《员工行为排查规定》，建立合同、付款复核专员，加强监督和约束，防止道德风险。

4.5.3.7 其他风险管理

针对可能面临的各类其他风险，本公司通过定期组织法律法规知识学习，宣传宏观政策，并推出系列主题文化教育和员工忠诚教育，防患于未然，及时掌握政策动向，降低各种不利因素的影响。

## 5. 报告期末及上年末的比较式会计报表

### 5.1 自营资产（经审计）

#### 5.1.1 会计师事务所审计结论

**审 计 报 告**

江西省国际信托股份有限公司全体股东：

我们审计了后附的江西国际信托股份有限公司（以下简称贵公司）财务报表，包括2010年12月31日的资产负债表和合并资产负债表，2010年度利润表和合并利润表，2010年度股东权益变动表和合并股东权益变动表，2010年度现金流量表和合并现金流量表以及财务报表附注。

一、管理层对财务报表的责任

按照《企业会计准则》的规定编制财务报表是贵公司管理层的责任。这种责任包括：（1）设计、实施和维护与财务报表编制相关的内部控制，以使财务报表不存在由于舞弊或错误而导致的重大错报；（2）选择和运用恰当的会计政策；（3）作出合理的会计估计。

二、注册会计师的责任

我们的责任是在实施审计工作的基础上对财务报表发表审计意见。我们按照中国注册会计师审计准则的规定执行了审计工作。中国注册会计师审计准则要求我们遵守职业道德规范，计划和实施审计工作以对财务报表是否不存在重大错报获取合理保证。

审计工作涉及实施审计程序，以获取有关财务报表金额和披露的审计证据。选择的审计程序取决于注册会计师的判断，包括对由于舞弊或错误导致的财务报表重大错报风险的评估。在进行风险评估时，我们考虑与财务报表编制相关的内部控制，以设计恰当的审计程序，但目的并非对内部控制的有效性发表意见。审计工作还包括评价管理层选用会计政策的恰当性和作出会计估计的合理性，以及评价财务报表的总体列报。

我们相信，我们获取的审计证据是充分、适当的，为发表审计意见提供了基础。

三、审计意见

我们认为，贵公司财务报表已经按照《企业会计准则》的规定编制，在所有重大方面公允反映了贵公司2010年12月31日财务状况以及2010年的经营成果和现金流量。

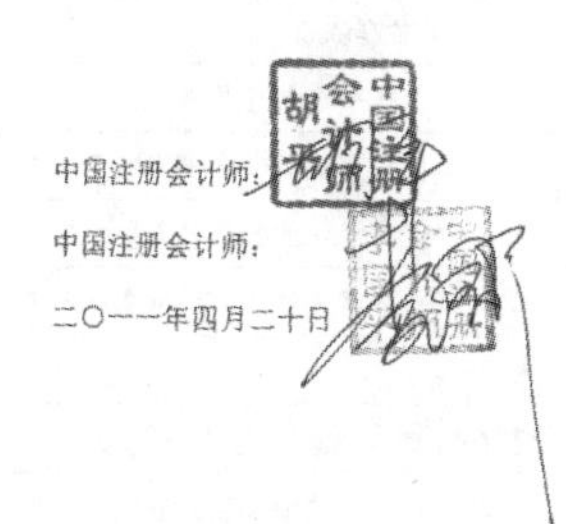

中国注册会计师：

中国注册会计师：

二〇一一年四月二十日

#### 5.1.2 资产负债表

单位：江西国际信托股份有限公司　　2010年12月31日　　单位：万元

| 资产 | 行次 | 期初数 | 期末数 | 负债及所有者权益 | 行次 | 期初数 | 期末数 |
|---|---|---|---|---|---|---|---|
| 资产： | | | | 负债： | | | |
| 货币资金 | 1 | 35 934.30 | 1 951.46 | 短期借款 | 1 | | |
| 其中：客户资金存款 | 2 | | | 其中：质押借款 | 2 | | |
| 结算备付金 | 3 | | | 拆入资金 | 3 | | |
| 其中：客户备付金 | 4 | | | 交易性金融负债 | 4 | | |
| 拆出资金 | 5 | | | 衍生金融负债 | 5 | | |
| 交易性金融资产 | 6 | | | 卖出回购金融资产款 | 6 | | |
| 衍生金融资产 | 7 | | | 代理买卖证券款 | 7 | | |
| 买入返售金融资产 | 8 | | | 代理承销证券款 | 8 | | |
| 应收利息 | 9 | | | 应付职工薪酬 | 9 | 1 938.89 | 3 495.23 |
| 存出保证金 | 10 | | | 应交税费 | 10 | 1 534.42 | 1 668.08 |
| 其他流动资产 | 11 | 2 156.47 | 36 994.18 | 应付利息 | 11 | | |
| 其中：1. 应收账款 | 12 | | | 预计负债 | 12 | | |
| 2. 其他应收款 | 13 | 2 915.25 | 37 759.31 | 长期借款 | 13 | | |
| 3. 坏账准备 | 14 | 758.78 | 765.13 | 应付债券 | 14 | | |
| 4. 待摊费用 | 15 | | | 递延所得税负债 | 15 | 3 630.61 | 2 312.90 |
| 流动资产合计 | 16 | 38 090.77 | 38 945.64 | 其他负债 | 16 | 31 563.25 | 1 836.18 |
| 可供出售金融资产 | 17 | 19 151.08 | 12 683.10 | 负债合计 | 17 | 38 667.17 | 9 312.39 |

续表

| 资产 | 行次 | 期初数 | 期末数 | 负债及所有者权益 | 行次 | 期初数 | 期末数 |
|---|---|---|---|---|---|---|---|
| 持有至到期投资 | 18 | | | 所有者权益: | 18 | | |
| 长期股权投资 | 19 | 56 409.89 | 183 006.37 | 实收资本 | 19 | 57 012.00 | 103 658.18 |
| 投资性房地产 | 20 | | | 资本公积 | 20 | 13 324.20 | 110 691.78 |
| 固定资产 | 21 | 944.22 | 978.23 | 减:库存股 | 21 | | |
| 无形资产 | 22 | 188.35 | 181.35 | 盈余公积 | 22 | 2 149.71 | 2 785.01 |
| 其中:交易席位费 | 23 | | | 一般风险准备 | 23 | | |
| 商誉 | 24 | | | 交易风险准备 | 24 | | |
| 递延所得税资产 | 25 | 189.70 | 191.28 | 信托赔偿准备金 | 25 | 1 074.85 | 1 392.51 |
| 其他资产 | 26 | | | 未分配利润 | 26 | 2 746.07 | 8 146.10 |
| 其中:长期待摊费用 | 27 | | | 归属于母公司所有者权益合计 | 27 | 76 306.84 | 226 673.58 |
| | | | | 少数股东权益 | 28 | | |
| | | | | 所有者权益合计 | 29 | 76 306.84 | 226 673.58 |
| 资产总计 | 28 | 114 974.01 | 235 985.97 | 负债和股东权益总计 | 30 | 114 974.01 | 235 985.97 |

公司负责人:裘　强　　主管会计工作负责人:曾　海　　财务负责人:彭缅良

### 5.1.3　利润表

**利润表**

编制单位:江西国际信托股份有限公司　　2010年12月31日　　单位:万元

| 项　　目 | 行次 | 本年数 | 上年数 |
|---|---|---|---|
| 一、营业收入 | 1 | 23 531.54 | 21 516.85 |
| 手续费及佣金净收入 | 2 | 22 613.53 | 18 575.34 |
| 其中:信托手续费净收入 | 3 | 22 613.53 | 18 575.34 |
| 代理买卖证券业务净收入 | 4 | | |
| 证券承销业务净收入 | 5 | | |
| 受托客户资金管理业务净收入 | 6 | | |
| 利息净收入 | 7 | 145.13 | 1 001.51 |
| 投资收益(损失以"-"号填列) | 8 | 736.94 | 1 809.95 |
| 其中:对联营企业和合营企业的投资收益 | 9 | | |
| 公允价值变动收益(损失以"-"号填列) | 10 | | |
| 汇兑收益(损失以"-"号填列) | 11 | | |
| 其他业务收入 | 12 | 35.94 | 130.05 |
| 二、营业支出 | 13 | 14 527.40 | 6 769.25 |
| 营业税金及附加 | 14 | 1 276.86 | 1 147.97 |
| 业务及管理费 | 15 | 9 944.54 | 7 310.21 |
| 资产减值损失 | 16 | -3.65 | -1 693.06 |
| 其他业务成本 | 17 | 3 309.65 | 4.13 |
| 三、营业利润(亏损以"-"号填列) | 18 | 9 004.14 | 14 747.60 |
| 加:营业外收入 | 19 | 76.11 | 652.72 |
| 减:营业外支出 | 20 | 472.10 | 32.54 |
| 四、利润总额(亏损总额以"-"号填列) | 21 | 8 608.15 | 15 367.78 |
| 减:所得税费用 | 22 | 2 255.17 | 4 226.23 |
| 五、净利润(净亏损以"-"号填列) | 23 | 6 352.98 | 11 141.55 |
| 归属于母公司所有者的净利润 | 24 | | |
| 少数股东损益 | 25 | | — |
| 六、其他综合收益 | 26 | -3 585.12 | 6 609.74 |
| 七、综合收益总额 | 27 | 2 767.86 | 17 751.29 |
| 归属于母公司所有者的综合收益总额 | 28 | | |
| 归属于少数股东的综合收益总额 | 29 | | — |

公司负责人:裘　强　　主管会计工作负责人:曾　海　　财务部负责人:彭缅良

### 5.1.4 合并资产负债表

合并资产负债表

单位:江西国际信托股份有限公司　　2010年12月31日　　单位:万元

| 资产 | 行次 | 期初数 | 期末数 | 负债及所有者权益 | 行次 | 期初数 | 期末数 |
|---|---|---|---|---|---|---|---|
| 资产: | | | | 负债: | | | |
| 货币资金 | 1 | 623 995.75 | 463 404.02 | 短期借款 | 1 | | |
| 其中:客户资金存款 | 2 | 466 622.74 | 346 037.00 | 其中:质押借款 | 2 | | |
| 结算备付金 | 3 | 40 388.08 | 30 415.61 | 拆入资金 | 3 | | |
| 其中:客户备付金 | 4 | 39 329.06 | 29 708.10 | 交易性金融负债 | 4 | | |
| 拆出资金 | 5 | | | 衍生金融负债 | 5 | | |
| 交易性金融资产 | 6 | 13 746.84 | 44 650.01 | 卖出回购金融资产款 | 6 | | |
| 衍生金融资产 | 7 | | | 代理买卖证券款 | 7 | 513 496.53 | 383 956.88 |
| 买入返售金融资产 | 8 | | | 代理承销证券款 | 8 | | |
| 应收利息 | 9 | | | 应付职工薪酬 | 9 | 9 295.89 | 11 156.11 |
| 存出保证金 | 10 | 7 946.30 | 8 341.32 | 应交税费 | 10 | 6 898.57 | 21 171.70 |
| 其他流动资产 | 11 | 3 481.25 | 43 814.14 | 应付利息 | 11 | | 1 814.58 |
| 其中:1. 应收账款 | 12 | 1 344.79 | 6 789.64 | 预计负债 | 12 | | |
| 2. 其他应收款 | 13 | 2 915.25 | 37 759.31 | 长期借款 | 13 | 8 500.00 | 8 500.00 |
| 3. 坏账准备 | 14 | 785.57 | 826.16 | 应付债券 | 14 | | |
| 4. 待摊费用 | 15 | 6.78 | 91.36 | 递延所得税负债 | 15 | 3 802.66 | 2 312.90 |
| 流动资产合计 | 16 | 689 558.22 | 590 625.10 | 其他负债 | 16 | 38 730.89 | 8 641.92 |
| 可供出售金融资产 | 17 | 19 151.08 | 12 683.10 | 负债合计 | 17 | 580 724.54 | 437 554.09 |
| 持有至到期投资 | 18 | | | 所有者权益: | 18 | | |
| 长期股权投资 | 19 | | 126 596.48 | 实收资本 | 19 | 57 012.00 | 103 658.18 |
| 投资性房地产 | 20 | | | 资本公积 | 20 | 13 324.20 | 110 691.78 |
| 固定资产 | 21 | 5 717.48 | 7 222.99 | 减:库存股 | 21 | | |
| 无形资产 | 22 | 9 248.05 | 8 489.44 | 盈余公积 | 22 | 2 149.71 | 2 785.01 |
| 其中:交易席位费 | 23 | 427.00 | 251.33 | 一般风险准备 | 23 | | |
| 商誉 | 24 | 15 607.45 | 15 607.44 | 交易风险准备 | 24 | | |
| 递延所得税资产 | 25 | 196.39 | 234.81 | 信托赔偿准备金 | 25 | 1 074.86 | 1 392.51 |
| 其他资产 | 26 | 811.54 | 1 537.45 | 未分配利润 | 26 | 28 141.11 | 41 817.24 |
| 其中:长期待摊费用 | 27 | 811.53 | 1 537.45 | 归属于母公司所有者权益合计 | 27 | 101 701.88 | 260 344.71 |
| | | | | 少数股东权益 | 28 | 57 863.79 | 65 098.00 |
| | | | | 所有者权益合计 | 29 | 159 565.67 | 325 442.72 |
| 资产总计 | 28 | 740 290.21 | 762 996.81 | 负债和股东权益总计 | 30 | 740 290.21 | 762 996.81 |

公司负责人:裘　强　　主管会计工作负责人:曾　海　　财务负责人:彭缅良

### 5.1.5 合并利润表

合并利润表

编制单位:江西国际信托股份有限公司　　2010年　　单位:万元

| 项　目 | 行次 | 本年数 | 上年数 |
|---|---|---|---|
| 一、营业收入 | 1 | 78 464.17 | 91 138.33 |
| 手续费及佣金净收入 | 2 | 69 777.83 | 79 689.92 |
| 其中:信托手续费净收入 | 3 | 22 613.53 | 18 575.34 |
| 代理买卖证券业务净收入 | 4 | 41 685.22 | 60 484.28 |
| 证券承销业务净收入 | 5 | 4 157.48 | 74.07 |
| 受托客户资金管理业务净收入 | 6 | | |
| 利息净收入 | 7 | 6 368.95 | 6 407.63 |
| 投资收益(损失以"－"号填列) | 8 | 2 955.83 | 4 185.87 |
| 其中:对联营企业和合营企业的投资收益 | 9 | | |
| 公允价值变动收益(损失以"－"号填列) | 10 | -801.27 | 688.18 |

续表

| 项 目 | 行次 | 本年数 | 上年数 |
|---|---|---|---|
| 汇兑收益(损失以"－"号填列) | 11 | -41.11 | -1.43 |
| 其他业务收入 | 12 | 203.94 | 168.16 |
| 二、营业支出 | 13 | 47 696.08 | 33 418.00 |
| 营业税金及附加 | 14 | 4 143.43 | 4 753.52 |
| 业务及管理费 | 15 | 40 212.41 | 30 354.72 |
| 资产减值损失 | 16 | 30.59 | -1 694.37 |
| 其他业务成本 | 17 | 3 309.65 | 4.13 |
| 三、营业利润(亏损以"－"号填列) | 18 | 30 768.09 | 57 720.33 |
| 加:营业外收入 | 19 | 517.48 | 766.75 |
| 减:营业外支出 | 20 | 710.83 | 264.41 |
| 四、利润总额(亏损总额以"－"号填列) | 21 | 30 574.74 | 58 222.67 |
| 减:所得税费用 | 22 | 8 711.45 | 15 230.54 |
| 五、净利润(净亏损以"－"号填列) | 23 | 21 863.29 | 42 992.13 |
| 归属于母公司所有者的净利润 | 24 | 14 629.08 | 28 136.60 |
| 少数股东损益 | 25 | 7 234.21 | 14 855.53 |
| 六、其他综合收益 | 26 | -3 585.12 | 6 609.74 |
| 七、综合收益总额 | 27 | 18 278.16 | 49 601.87 |
| 归属于母公司所有者的综合收益总额 | 28 | 11 043.95 | 34 746.35 |
| 归属于少数股东的综合收益总额 | 29 | | — |

公司负责人:裘 强　　主管会计工作负责人:曾 海　　财务部负责人:彭缅良

## 5.2 信托资产

### 5.2.1 信托项目资产负债汇总表

编制单位:江西国际信托股份有限公司　　2010年12月31日　　单位:万元

| 信托资产 | 行次 | 期初数 | 期末数 | 信托负债和信托权益 | 行次 | 期初数 | 期末数 |
|---|---|---|---|---|---|---|---|
| 信托资产: | | | | 信托负债: | | | |
| 货币资金 | 1 | 154 519.58 | 274 286.56 | 应付受托人报酬 | 1 | | |
| 拆出资金 | 2 | | | 应付托管费 | 2 | | |
| 交易性金融资产 | 3 | 2 926.24 | 168 238.09 | 衍生金融负债 | 3 | | |
| 应收款项 | 4 | 764 009.02 | 663 717.74 | 应付受益人收益 | 4 | | |
| 买入返售资产 | 5 | | 183 375.00 | 其他应付款 | 5 | 2 737.45 | 122 774.68 |
| 短期投资 | 6 | | | 应交税金 | 6 | | |
| 长期债权投资 | 7 | | | 卖出回购资产款 | 7 | | |
| 长期股权投资 | 8 | 544 722.46 | 1 368 077.67 | 应付账款 | 8 | 2.99 | |
| 客户贷款 | 9 | 2 542 375.74 | 4 105 782.48 | 其他负债 | 9 | | |
| 可供出售金融资产 | 10 | 106 387.60 | | 信托负债合计 | 10 | 2 740.44 | 122 774.68 |
| 应收融资租赁款 | 11 | | | 信托权益: | 11 | | |
| 固定资产 | 12 | | | 实收信托 | 12 | 4 016 460.09 | 6 552 741.08 |
| 无形资产 | 13 | | | 资本公积 | 13 | 78 769.21 | 68 840.87 |
| 长期待摊费用 | 14 | | | 未分配利润 | 14 | 16 970.90 | 19 789.31 |
| 其他资产 | 15 | | 668.40 | 信托权益合计 | 15 | 4 112 200.20 | 6 641 371.26 |
| 信托资产总计 | 16 | 4 114 940.64 | 6 764 145.94 | 信托负债和信托权益总计 | 16 | 4 114 940.64 | 6 764 145.94 |

公司负责人:裘 强　　主管会计工作负责人:曾 海　　托管部负责人:殷素芳

#### 5.2.2 信托项目利润及利润分配汇总表

编制单位:江西国际信托股份有限公司　　2010 年　　单位:万元

| 项　目 | 行次 | 本年数 | 上年数 |
|---|---|---|---|
| 一、营业收入 | 1 | 324 585.13 | 178 710.85 |
| 利息收入 | 2 | 142 153.44 | 107 777.61 |
| 投资收益 | 3 | 170 636.50 | 54 629.83 |
| 公允价值变动损益 | 4 | −0.70 | −18.83 |
| 其他收入 | 5 | 11 795.89 | 16 322.24 |
| 二、营业费用 | 6 | 28 489.98 | 21 768.32 |
| 三、营业税金及附加 | 7 | 0.00 | 0.00 |
| 四、扣除资产损失前的信托利润 | 8 | 296 095.15 | 156 942.53 |
| 减:资产减值损失 | 9 | 0.00 | 0.00 |
| 五、扣除资产损失后的信托利润 | 10 | 296 095.15 | 156 942.53 |
| 加:期初未分配信托利润 | 11 | 16 970.89 | 8 193.05 |
| 六、可供分配的信托利润 | 12 | 313 066.04 | 165 135.58 |
| 减:本期已分配信托利润 | 13 | 293 276.73 | 148 164.69 |
| 七、期末未分配信托利润 | 14 | 19 789.31 | 16 970.89 |

公司负责人:裘　强　　主管会计工作负责人:曾　海　　综合托管部负责人:殷素芳

## 6. 会计报表附注

### 6.1 会计报表编制基准、会计政策、会计估计和核算方法发生的变化情况

本公司以持续经营为基础,根据实际发生的交易和事项,按照《企业会计准则——基本准则》和其他各项会计准则的规定进行确认和计量,在此基础上编制财务报表。本公司 2007 年以前执行《企业会计制度》,2008 年 1 月 1 日起执行新《企业会计准则》,比较报表中首次执行日前的报表系按照《企业会计准则第 38 号——首次执行企业会计准则》第五条至第十九条规定及相关解释对需要追溯调整的事项,按照追溯调整的原则进行调整后而编制的。

### 6.2 或有事项的说明

报告期内,本公司无须披露的或有事项。

### 6.3 重要资产转让及其出售的说明

2010 年新余钢铁股份有限公司与江西金麒麟信用担保有限公司签订股权转让协议,新余钢铁股份有限公司将其所持有的本公司 0.764% 的股份(792 万股)转让给江西金麒麟信用担保有限公司,股权对价为 1 000 万元。

### 6.4 会计报表中重要项目的明细资料(以下为母公司口径)

#### 6.4.1 自营资产情况

6.4.1.1 按信用风险五级分类结果披露信用风险资产的期初数、期末数

| 风险分类 | 正常类(万元) | 关注类(万元) | 次级类(万元) | 可疑类(万元) | 损失类(万元) | 资产合计(万元) | 不良资产合计(万元) | 不良资产率(%) |
|---|---|---|---|---|---|---|---|---|
| 年初数 | 113 506.45 | | 1 417.56 | | 50.00 | 114 974.01 | 1 467.56 | 1.28% |
| 年末数 | 234 493.03 | | 25.38 | 1 417.56 | 50.00 | 235 985.97 | 1 492.94 | 0.63% |

注:不良资产合计 = 次级类 + 可疑类 + 损失类。

6.4.1.2 资产损失准备

单位:万元

| 项　目 | 期初数 | 本年计提 | 本年转回 | 本期核销 | 期末数 |
|---|---|---|---|---|---|
| 专项准备 | 758.78 | 6.35 | −10.00 | — | 755.13 |
| 合计 | 758.78 | 6.35 | −10.00 | — | 755.13 |

6.4.1.3 自营股票投资、基金投资、债券投资、股权投资等投资业务的期初数、期末数

单位:万元

| 项　目 | 期末数 | 期初数 |
|---|---|---|
| 权益工具 | 12 682.88 | 19 151.08 |
| 其中:基金 | 3 022.86 | 2 425.29 |
| 债券 | | |
| 股票 | 9 660.02 | 16 725.79 |
| 合　计 | 12 682.88 | 19 151.08 |

6.4.1.4 前三名自营长期股权投资情况

| 被投资单位 | 投资余额(万元) | 投资比例(%) | 经营范围 | 备注 |
|---|---|---|---|---|
| 国盛证券有限责任公司 | 56 409.89 | 53.36 | 证券经纪、自营、承销、财务顾问、资产管理等业务 | 成本法 |
| 天安保险股份有限公司 | 126 596.48 | 20.00 | 各种财产保险、责任保险、信用保险、水险、意外伤害保险及金融服务保险等业务 | 权益法 |

6.4.1.5 本年的收入结构

| 收入结构 | 金额(万元) | 占比(%) |
|---|---|---|
| 手续费及佣金收入 | 22 613.53 | 96.10 |
| 其中:信托手续费 | 22 613.53 | 96.10 |
| 投资银行业务收入 | | |
| 利息收入 | 145.13 | 0.62 |
| 其他业务收入 | 35.94 | 0.15 |
| 其中:计入信托业务收入部分 | | |
| 投资收益 | 736.94 | 3.13 |
| 其中:股权投资收益 | 100.80 | |
| 证券投资收益 | 398.18 | |
| 其他投资收益 | 237.96 | |

6.4.1.6 表外业务

| 表外业务 | 期初数 | 期末数 |
|---|---|---|
| 担保业务 | 无 | 无 |
| 代理业务(委托业务) | 无 | 无 |
| 其他 | 无 | 无 |
| 合计 | 无 | 无 |

6.4.2 **信托资产管理情况**

6.4.2.1 信托资产的期初数、期末数

单位:万元

| 信托资产 | 期初数 | 期末数 |
|---|---|---|
| 集合 | 636 497.02 | 972 435.56 |
| 单一 | 3 277 174.51 | 5 780 448.64 |
| 财产权 | 201 269.11 | 11 261.74 |
| 合计 | 4 114 940.64 | 6 764 145.94 |

6.4.2.1.1 主动管理型信托业务的信托资产期初数、期末数

单位:万元

| 主动管理型信托资产 | 期初数 | 期末数 |
|---|---|---|
| 证券投资类 | 129 114.02 | 259 460.08 |
| 股权投资类 | 98 961.57 | 115 644.93 |
| 融资类 | 638 198.25 | 1 579 245.66 |
| 事务管理类 | 0 | 0 |
| 合计 | 866 273.84 | 1 954 350.67 |

6.4.2.1.2 被动管理型信托业务的信托资产期初数、期末数

单位:万元

| 被动管理型信托资产 | 期初数 | 期末数 |
|---|---|---|
| 证券投资类 | 35 430.78 | 0 |
| 股权投资类 | 100 000 | 269 108.24 |
| 融资类 | 2 912 224.98 | 4 454 534.29 |
| 事务管理类 | 201 011.04 | 86 152.74 |
| 合计 | 3 248 666.8 | 4 809 795.27 |

6.4.2.2 本年度已清算结束的信托项目个数、实收信托合计金额、加权平均年化收益率

6.4.2.2.1 本年度已清算结束的集合类、单一类资金信托项目和财产管理类信托项目个数、实收信托金额、加权平均年化收益率

| 已清算结束信托项目 | 项目个数 | 实收信托合计金额(万元) | 加权平均实际收益率(%) |
|---|---|---|---|
| 集合类 | 19 | 334 246.00 | 8.47 |
| 单一类 | 115 | 3 486 750.48 | 4.30 |
| 财产管理类 | 22 | 212 028.58 | 3.51 |

6.4.2.2.2 本年度已清算结束的主动管理型信托项目个数、实收信托合计金额、加权平均实际年化收益率

| 已清算结束信托项目 | 项目个数 | 实收信托合计金额(万元) | 加权平均实际年化信托报酬率(%) | 加权平均实际年化收益率(%) |
|---|---|---|---|---|
| 证券投资类 | 12 | 133 446 | 0.64 | 9.71 |
| 股权投资类 | 0 | 0 | 0 | 0 |
| 融资类 | 25 | 516 828.03 | 1.16 | 6.38 |
| 事务管理类 | 0 | 0 | 0 | 0 |

6.4.2.2.3 本年度已清算结束的被动管理型信托项目个数、实收信托合计金额、加权平均实际年化收益率

| 已清算结束信托项目 | 项目个数 | 实收信托合计金额(万元) | 加权平均实际年化信托报酬率(%) | 加权平均实际年化收益率(%) |
|---|---|---|---|---|
| 证券投资类 | 0 | 0 | 0 | 0 |
| 股权投资类 | 1 | 9 600 | 1 | 2.51 |
| 融资类 | 95 | 3 161 119.6 | 0.2 | 4.29 |
| 事务管理类 | 23 | 212 031.43 | 0.32 | 3.51 |

6.4.2.3 新增信托项目情况

| 新增信托项目 | 项目个数 | 实收信托合计金额(万元) |
|---|---|---|
| 集合类 | 32 | 541 305 |
| 单一类 | 144 | 7 111 727.52 |
| 财产管理类 | 2 | 23 403.88 |
| 新增合计 | 178 | 7 676 436.40 |
| 其中:主动管理型 | 90 | 2 846 587.43 |
| 被动管理型 | 88 | 4 829 848.97 |

6.4.2.4 信托业务创新情况

公司非常重视创新业务,2010 年继续与建设银行合作,设立准 PE 类的信托项目。由建行推介高端客户,本公司发行集合资金信托计划,改变原建设银行发行理财产品作为委托人的模式,委托人大部分为 300 万元以上的合格投资者。本报告期内成功设立了×××优质企业股权投资集合资金信托,×××产业投资基金集合资金信托。

6.4.2.5 本公司履行受托人义务情况及因本公司自身责任而导致的信托资产损失情况

本公司按照《中华人民共和国信托法》、《信托公司管理办法》和《信托公司集合资金信托计划管理办法》的规定,严格履行受托人的义务:严格遵守信托文件的规定,恪尽职守,履行诚实、信用、谨慎、有效管理的义务,为受益人的最大利益处理信托事务。

每个信托计划设立后,按照信托合同的规定,定期将信托资金运用及收益情况告知信托文件规定应当告知的人。

将信托财产与本公司固有财产分别管理、分别记账;并对不同的信托财产分别管理、分别记账;根据不同的信托资金分别开设独立的银行账户,以及在证券交易机构分别开设独立的证券账户与资金账户。

信托合同到期、集合信托计划终止时,根据信托合同的规定,以信托财产为限向受益人支付信托利益。同时,本公司严格根据银监会的要求,在信托终止后 10 个工作日内作出处理信托事务的清算报告,并送达信托财产归属人。

根据《信托公司集合资金信托计划管理办法》要求,妥善保管处理信托事务的完整记录、原始凭证及资料,保存期自信托计划终止之日起十五年。同时对委托人、受益人以及处理信托事务的情况和资料依法保密。

根据信托合同及信托计划约定履行其他管理义务。

2010 年未发生因本公司自身责任导致的信托资产损失;信托资产管理没有发生涉诉及赔付等情况。

## 6.5 关联方关系及其交易

**6.5.1 关联交易方的数量、关联交易的总金额及关联交易的定价政策等**

| | 关联交易方数量 | 关联交易金额(万元) | 定价政策 |
|---|---|---|---|
| 合计 | 3 | 125 000 | 公允价格 |

6.5.2　本公司与关联方的重大交易事项

6.5.2.1　固有财产与关联方：贷款、投资、租赁、应收账款、担保、其他方式等期初汇总数、本期发生额汇总数、期末汇总数

单位：万元

| 投资 | | | 担保 | | | 其他应收款 | | | 合计 | | |
|---|---|---|---|---|---|---|---|---|---|---|---|
| 期初 | 发生额 | 期末 | 期初 | 发生额 | 期末 | 期初 | 发生额 | 期末 | 期初 | 发生额 | 期末 |
| 0 | | 0 | 0 | 0 | 0 | 0 | 0 | 0 | 0 | 0 | 0 |

6.5.2.2　信托资产与关联方：贷款、投资、租赁、应收账款、担保、其他方式等期初汇总数、本期发生额汇总数、期末汇总数

单位：万元

| 贷款 | | | 投资及附加回购 | | | 其他 | | | 合计 | | |
|---|---|---|---|---|---|---|---|---|---|---|---|
| 期初 | 发生额 | 期末 | 期初 | 发生额 | 期末 | 期初 | 发生额 | 期末 | 期初 | 发生额 | 期末 |
| 20 000 | 10 000 | 30 000 | 0 | 95 000 | 95 000 | 0 | 0 | 0 | 20 000 | 105 000 | 125 000 |

6.5.2.3　固有财产与信托财产之间的交易金额期初汇总数、本期发生额汇总数、期末汇总数

固有财产与信托财产之间未发生关联交易。

6.5.3.4　信托财产与信托财产之间的交易金额期初汇总数、本期发生额汇总数、期末汇总数

信托财产与信托财产之间未发生交易。

**6.5.4　关联方逾期未偿还本公司资金的详细情况以及本公司为关联方担保发生或即将发生垫款的详细情况**

报告期内，公司无上述情况发生。

### 6.6　会计制度

**6.6.1　自营业务（固有业务）**

本公司自营业务（固有业务）执行2006年颁布的《企业会计准则》及相关解释。

**6.6.2　信托业务**

本公司信托业务执行2005年颁布并实施的《信托业务会计核算办法》及相关规定。

## 7. 财务情况说明书

### 7.1　利润实现和分配情况

经中磊会计师事务所审计，本公司2010年实现利润总额8 608.15万元，净利润6 352.98万元，按规定提取信托赔偿准备金317.65万元，提取盈余公积635.30万元，加上年初未分配2 746.07万元，年末未分配利润为8 146.10万元。

### 7.2　主要财务指标

| 指标名称 | 指标值 |
|---|---|
| 资本利润率（%） | 3.88 |
| 信托报酬率（%） | 0.38 |
| 人均净利润（万元/人） | 80.42 |

### 7.3　对本公司财务状况、经营成果有重大影响的其他事项

无。

## 8. 特别事项简要揭示

### 8.1　前五名股东报告期内变动情况及原因

为进一步优化股权结构，壮大公司资本实力，经中国银监会核准，本公司引进领锐资产管理股份有限公司、北京供销社投资管理中心2家战略投资者，分别持有本公司25%和20%的股份，本公司注册资本从5.7012亿元增加至10.36581817亿元。

### 8.2　董事、监事及高管人员变动情况及原因

本报告期内，原股东新余钢铁股份有限公司转让所持有的本公司股份，该公司委派的董事胡显勇辞去本公司的董事职务。

因人员工作变动，吴伟光辞去本公司总经理职务，钟镰斧拟辞去本公司副总经理职务，王志辉拟任本公司总经理，陈华玲拟任本公司首席风险官，原监事会召集人王光辉因退休辞去监事职务，由周志宏担任本公司监事会召集人。上述人员的任职报经监管部门核准资格后办理。

### 8.3　公司的重大诉讼事项

无。

### 8.4　会计师事务所审计意见及公司董事会关于审计意见的说明

中磊会计师事务所注册会计师胡平、李国平对本公司出具了无保留意见的审计报告。

### 8.5　公司及其董事、监事和高级管理人员受到处罚的情况

无。

### 8.6　银监会及其派出机构对公司的检查意见及公司整改情况

根据江西银监局的工作安排，江西银监局检查组一行7人于2010年5月4日至5月28日对本公司进行了现场检查，检查内容包括公司信托业务的合规性、风险以及内控机制情况等，检查范围是截至2010年3月31日前本公司办理的各类信托业务。公司存续的信托计划均运作正常，未发现影响信托财产安全性的因素，到期信托项目均按合同约定向受益人交付信托财产。

本次检查发现了本公司存在的一些问题和不足，如信托业务合规性、业务转型及合规文化建设、信息系统建设等问题。根据江西银监局的检查结果和监管意见，本公司按要求全面部署和进行了整改工作，并已向监管部门进行了汇报。

### 8.7 本年度重大事项临时报告的简要内容、披露时间、所披露的媒体及版面

无。

### 8.8 银监会及其省级派出机构认定的其他有必要让客户及相关利益人了解的重要信息

无。

## 9. 公司监事会意见

报告期内本公司董事会决策程序合法，业务经营符合《信托法》等有关法律和银监会“新办法”等有关规定的要求，内部控制制度完善，未发现本公司董事及高级管理人员在执行职务时发生违反法律法规、本公司章程、损害本公司利益和股东、受益人权益的行为。

本公司经中磊会计师事务所审计后的2010年财务报告真实反映了本公司的财务状况和经营成果。

# 交银国际信托有限公司

## 1. 重要提示

1.1 本公司董事会及董事保证本年度报告所载资料不存在任何虚假记载、误导性陈述或者重大遗漏，并对其内容的真实性、准确性和完整性承担个别及连带责任。本年度报告摘要摘自年度报告全文，客户及相关利益人欲了解详细内容，应阅读年度报告全文。

1.2 本公司独立董事李惠珍女士声明：保证本年度报告内容的真实、准确和完整。

1.3 德勤华永会计师事务所有限公司根据中国注册会计师审计准则对本公司2010年财务报告进行审计，出具了标准无保留意见的审计报告。

1.4 公司法定代表人、董事长王滨先生，执行董事、总裁赵炯先生，会计机构负责人李原先生声明：保证本年度报告中财务报告真实、完整。

## 2. 公司概况

### 2.1 公司简介

| 法定中文名称 | 交银国际信托有限公司 |
|---|---|
| 法定中文缩写名称 | 交银国际信托 |
| 公司法定英文名称 | Bank Of Communications International Trust Co., Ltd. |
| 法定英文缩写名称 | BOCOMMTRUST |
| 法定代表人 | 王　滨 |
| 注册地址 | 湖北省武汉市江汉区建设大道847号瑞通广场B座16~17层 |
| 邮政编码 | 430015 |
| 国际互联网网址 | www. bocommtrust. com |
| 电子信箱 | zhaodg@ bocommtrust. com |

续表

| 信息披露事务联系人 | 赵德刚 |
|---|---|
| 信息披露事务联系人联系方式 | 电话：027 -85487351；传真：027 -85487825 |
| 选定的信息披露报纸 | 《金融时报》、《上海证券报》 |
| 公司年报备置地点 | 湖北省武汉市江汉区建设大道847号瑞通广场B座16层 |
| 聘请的会计师事务所 | 德勤华永会计师事务所有限公司 |
| 聘请的会计师事务所住所 | 上海市延安东路222号外滩中心30楼 |
| 聘请的律师事务所 | 上海市锦天城律师事务所 |
| 聘请的律师事务所住所 | 上海市浦东新区花园石桥路33号花旗集团大厦14楼 |

### 2.2 组织结构

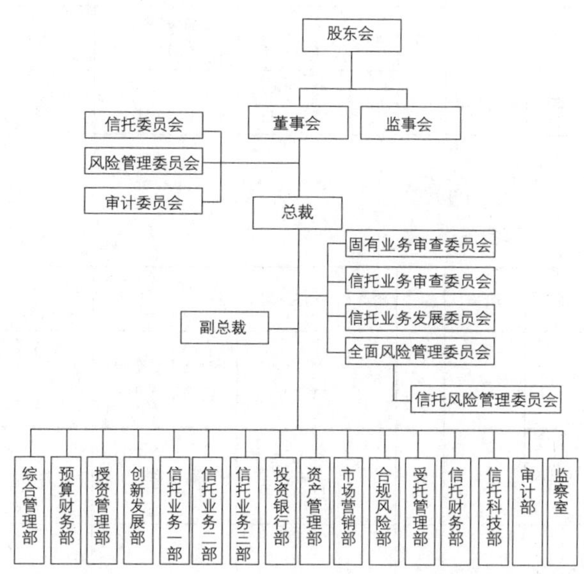


## 3. 公司治理结构

### 3.1 股东

报告期末公司股东总数2家。

| 序号 | 股东名称 | 持股比例(%) | 法定代表人(负责人) | 注册资本(亿元) | 注册地址 | 主要经营业务 | 主要财务状况 |
|---|---|---|---|---|---|---|---|
| 1 | ★交通银行股份有限公司 | 85 | 胡怀邦 | 562.60 | 上海市浦东新区银城中路188号 | 银行业务 | 2010年年末，总资产人民币39 515.93亿元，总负债人民币37 279.36亿元，净资产人民币2 236.57亿元，每股净资产人民币3.96元。2010年净利润人民币390.42亿元。 |
| 2 | 湖北省财政厅 | 15 | 王文童 | —— | 湖北省武汉市武昌区中北路8号 | 行政机关 | —— |

注：★表示实际控制人。湖北省财政厅为国家行政机关。

### 3.2 董事

董事长、董事、独立董事

| 姓 名 | 职 务 | 性别 | 年龄 | 选任日期 | 所推举的股东名称 | 该股东持股比例(%) | 简 要 履 历 |
|---|---|---|---|---|---|---|---|
| 王 滨 | 董事长 | 男 | 52 | 2010年11月5日 | 交通银行股份有限公司 | 85 | 博士，研究员，曾任中国农业发展银行筹备组办公室负责人、办公室副主任及主任，以及江西省分行副行长及行长，交通银行北京分行副行长、天津分行行长、北京分行行长；现任交通银行执行董事、副行长、北京管理部总裁。 |
| 赵炯 | 执行董事 | 男 | 49 | 2010年11月5日 | 交通银行股份有限公司 | 85 | 硕士，高级经济师，曾任交通银行乌鲁木齐分行人事教育处处长、纪委书记兼营业部总经理、行长；现任交银国际信托有限公司执行董事、总裁。 |
| 黄建宏 | 董事 | 男 | 50 | 2010年11月5日 | 湖北省财政厅 | 15 | 硕士，高级政工师、经济师，曾任共青团荆州地委副书记、书记，共青团荆州(沙)市委书记、党组书记，公安县委书记，荆州市政府副市长，荆州市委常委、常务副市长、市政府党组副书记；现任湖北省国资委副主任、党委委员。 |
| 林至红 | 董事 | 女 | 41 | 2010年11月5日 | 交通银行股份有限公司 | 85 | 硕士，会计师，曾任交通银行财务会计部副处长、处长，预算财务部预算管理高级经理(处长)；现任预算财务部副总经理。 |
| 王卫东 | 董事 | 男 | 40 | 2010年11月5日 | 交通银行股份有限公司 | 85 | 博士，工程师，曾任交通银行深圳分行电脑部副总经理(主持工作)、办公室主任、党委委员、副行长；现任交通银行个人金融业务部总经理。 |
| 阮 红 | 董事 | 女 | 46 | 2010年11月5日 | 交通银行股份有限公司 | 85 | 博士，高级经济师，曾任交通银行办公室综合处处长，海外机构管理部副总经理、总经理，上海分行副行长，交通银行资产托管部总经理；现任交通银行投资管理部总经理。 |
| 李杨勇 | 董事 | 男 | 44 | 2010年11月5日 | 交通银行股份有限公司 | 85 | 硕士，高级经济师，曾任交通银行武汉分行营业部总经理、武汉分行副行长，南昌分行行长；现任交通银行湖北省分行行长。 |
| 李惠珍 | 独立董事 | 女 | 63 | 2010年11月5日 | 交通银行股份有限公司 | 85 | 大专学历，高级经济师，曾任中国工商银行上海分行组织处副处长，交通银行上海分行副行长，海通证券董事长、总经理，上海国际集团副总经理，上海国际信托投资公司总经理。 |

### 3.3 监事

监事会成员

| 姓名 | 职务 | 性别 | 年龄 | 选任日期 | 所推举的股东名称 | 该股东持股比例(%) | 简 要 履 历 |
|---|---|---|---|---|---|---|---|
| 方建华 | 监事长 | 女 | 57 | 2010年11月5日 | 交通银行股份有限公司 | 85 | 研究生学历，高级经济师，曾任工商银行江西省分行信贷处科长，交通银行上海分行综合计划处副处长、信贷处处长、风险资产管理处处长、副行长，交通银行授信管理部总经理，公司业务部总经理兼任北京管理部集团客户部总经理；现任交银国际信托有限公司监事长。 |
| 傅明章 | 监事 | 男 | 60 | 2010年11月5日 | 湖北省财政厅 | 15 | 曾任湖北省化学研究所助理工程师，湖北省纪委检查三室、省委办公厅副处级纪检员，湖北省财政厅驻厂员处副处长，湖北省财政厅监督检查处处长，湖北省国有企业第三监事会主席；现任湖北省国资委巡视员。 |
| 韩泽民 | 职工监事 | 男 | 48 | 2010年11月5日 | — | — | 大学学历，会计师，曾任湖北省国际信托投资公司金融部、国际金融部经理，湖北国信集团公司纪检监察党务办公室副主任，湖北省国际信托投资有限公司办公室副主任；现任交银国际信托有限公司综合管理部副总经理。 |

### 3.4 高级管理人员

高级管理层

| 姓 名 | 职务 | 性别 | 年龄 | 任职日期 | 金融从业年限 | 学历 | 专业 |
|---|---|---|---|---|---|---|---|
| 赵 炯 | 总裁 | 男 | 49 | 2008年9月1日 | 17 | 硕士研究生 | 工商管理 |
| 李依贫 | 副总裁 | 男 | 46 | 2007年9月29日 | 14 | 硕士研究生 | 财务金融 |
| 王达轩 | 副总裁 | 男 | 58 | 2007年9月29日 | 9 | 硕士研究生 | 法学 |
| 徐思新 | 副总裁 | 男 | 48 | 2008年2月22日 | 30 | 博士研究生 | 资源管理 |

### 3.5 公司员工

报告期员工总数为82人，平均年龄34岁，学历分布比率为：博士3.66%；硕士36.59%；本科53.66%；专科3.66%；其他2.43%。

## 4. 经营管理

### 4.1 经营目标、方针、战略规划

深入贯彻落实交通银行集团“争先进位，跑赢大市”和“做大做强，做专业，做特色”总体发展要求，坚持“稳健、开拓、规范、实效”经营方针，充分依托股东资源优势，积极推进业务模式转型和业务结构优化调整，不断提升资产管理能力、风险管理能力、市场拓展能力和创新发展能力，努力打造具有信托公司特色、以资产管理为核心的专业化信托理财机构。“十二五”期间，全面推进资产管理规模和盈利水平“倍增计划”目标的实

现，力争早日步入全国信托公司先进行列。

## 4.2 经营业务的主要内容

### 4.2.1 信托业务

（1）资产管理信托业务。包括私人股权投资信托、证券投资信托、固定收益类信托等；（2）信托融资业务。包括权益融资业务、基础产业信托业务、房地产信托业务、综合性信托融资业务等；（3）事务管理型业务。为委托人（受益人）提供信托事务处理、会计核算、估值、收益分配等服务。

### 4.2.2 自营业务

2010年，公司坚持多元发展、合理配置，在贷款、债券、信托、专户理财、新股申购等方面均创造了良好收益；对外股权投资取得新进展，投资入股某财务公司项目已获监管部门批准筹建。

**信托资产运用与分布表**

| 资产运用 | 金额（万元） | 占比（%） | 资产分布 | 金额（万元） | 占比（%） |
|---|---|---|---|---|---|
| 货币资产 | 80 976.14 | 2.27 | 基础产业 | 1 661 620.00 | 46.59 |
| 贷款 | 2 790 736.66 | 78.25 | 房地产 | 364 036.00 | 10.21 |
| 交易性金融资产 | 40 513.24 | 1.14 | 证券市场 | 30 383.24 | 0.85 |
| 可供出售金融资产 | — | 0.00 | 实业 | 616 640.00 | 17.29 |
| 持有至到期投资 | — | 0.00 | 金融机构 | 5 018.00 | 0.14 |
| 长期股权投资 | 174 917.08 | 4.90 | 其他 | 888 871.75 | 24.92 |
| 其他 | 479 425.87 | 13.44 | | | |
| 信托资产总计 | 3 566 568.99 | 100.00 | 信托资产总计 | 3 566 568.99 | 100.00 |

**自营资产运用与分布表**

| 资产运用 | 金额（万元） | 占比（%） | 资产分布 | 金额（万元） | 占比（%） |
|---|---|---|---|---|---|
| 货币资产 | 39 923.27 | 27.54 | 基础产业 | | |
| 贷款及应收款 | 77 375.12 | 53.38 | 房地产业 | 53 000.00 | 36.56 |
| 交易性金融资产 | 11.15 | 0.01 | 证券市场 | 21 026.83 | 14.51 |
| 可供出售金融资产 | 9 012.72 | 6.22 | 实业 | | |
| 持有至到期投资 | 12 002.96 | 8.28 | 金融机构 | | |
| 长期股权投资 | 0 | 0 | 其他 | 70 929.68 | 48.93 |
| 其他 | 6 631.29 | 4.57 | | | |
| 资产总计 | 144 956.51 | 100 | 资产总计 | 144 956.51 | 100 |

## 4.3 市场分析

### 4.3.1 有利因素

宏观经济形势总体向好，金融市场快速发展，为信托行业2010年快速发展创造了良好的宏观经济环境。控股股东交通银行集团加快推进“两化一行”和“倍增计划”，加大对子公司资源投入与支持力度，为公司融入股东战略的同时加快自身发展提供了有力支撑。2010年，关于规范银信合作业务以及《信托公司净资本管理办法》等监管政策的出台，进一步引导信托公司真正回归信托本源，为公司调整业务结构、创新银信合作新模式、提升资产管理能力带来新的发展契机。公司建立了较为规范的公司治理架构、经营决策体系和风险管控体系，以及与公司发展要求相适应的且覆盖较为全面的制度管理和业务操作系统，进一步夯实发展基础。

### 4.3.2 不利因素

宏观经济增速放缓，货币政策偏紧，经济运行呈现一定程度的不确定性，给公司准确把握行业趋势、调整决策带来一定难度，给公司存量信托项目风险管控带来一定压力。行业监管政策对银信合作、政信合作、房地产信托融资等业务的逐步规范，对银信产品转型创新、房地产增量项目开发等带来较大考验。银信合作、净资本管理办法等监管政策出台，对银行系信托公司如何转变银信合作模式，改善风险资本约束和资本瓶颈，合理管控房地产、政府融资平台业务带来挑战。同业竞争日趋激烈，两极分化态势日趋明显，拥有良好的发展基础或强大的股东背景的信托公司不断涌现，信托公司整体实力明显增强。同时，信托异地展业布局加快，公司市场地位的进一步提升面临挑战。

## 4.4 内部控制概况

### 4.4.1 内部控制环境和内部控制文化

公司着力营造氛围和谐、运转高效的内部控制环境。其一，公司建立健全公司治理架构，理顺股东会、董事会、监事会和经营管理层之间的权责关系。其二，聘请了独立董事，并为保证独立董事独立发表意见创造良好的环境；着重强化内部审计的作用，在董事会下设立了审计委员会。其三，动态更新内控制度，强化制度的覆盖面、可操作性和精细化程度。其四，公司部门和岗位的设置权责分明、相互制约，前台业务运作与中后台支持相分离，形成分工合理、职责明确、报告关系清晰的组织结构。

公司积极弘扬全员合规与内控优先的内部控制文化。其一，公司董事会、监事会、高级管理层均牢固树立合法合规经营的理念，深入开展合规风险文化教育。其二，公司上下建立起内控优先的意识，充分重视内部控制的作用，定期开展内控制度的培训，让员工及时了解公司重要内控制度，并重视内控制度的落实与执行。

### 4.4.2 内部控制措施

公司坚持“内控优先、规范运行”管理理念，持续加强内控制度体系建设，制定出台多项业务管理和基础管理制度，全面覆盖信托业务、固有业务和基础管理工作。公司建立健全各项业务决策机构和决策程序，主要职能部门之间建立健全严格的防火墙制度，实现四个分离：信托业务与自营业务及其他业务相分离；不同的信托财产之间相分离；同一信托财产运用与保管（托管）相分离；业务操作与风险监控相分离。

对于信托业务，针对信托项目尽职调查、评审、销售、后续管理、核算、信息披露、风险监控等各业务环节分别制定了管理办法和操作细则，业务运行规范化程度明显提高。在设立环节，制定项目尽职调查标准、确保基础资产质量等措施，实现内部控制；在运用环节，公司信托财产运用严格遵守法律法规规定，实现信托财产的审批、运用和保管（托管）分离等措施；在管理环节，公司建立各类信托业务风险识别、评估、监测、报告控制体系，公司信托业务的前台、中台、后台信息交流保持渠道畅通和信息对称，建立信托项目及时分析、跟踪检查的管理制度，并设立业务管理台账，做好记录，实现内部控制；在清算终止环节，公司严格依据法律法规、信托文件制作处理信托事务的清算报告，及时向委托人、受益人进行披露，必要时由中介机构审核，同时规范信托业务档案管理机制，以实现内部控制。截至目前，公司信托赔付率为零。

对于固有业务，公司全面加强资金投放的事前、事中和事后管理，业务运行继续保持良好，到期项目资金全部收回。公司遵循谨慎原则，建立健全固有业务决策机构和决策程序，制订年度自有资金配置计划与风险容忍度，严格按照董事会的有关规定及公司相关制度规定的程序与决策权限进行报审与审批，加强对固有业务的经营策略、规模、品种、结构、期限等的决策管理；公司坚持自有资金“低风险、多渠道”的配置要求，根据经济形势、市场情况的变化，适时进行固有业务运营策略的调整；公司通过合理的预警机制、严密的账户管理、严格的资金审批调度、规范的交易操作及完善的业务档案管理制度等，控制固有业务的运作风险；公司投资决策有充分的投资依据，重要投资要有详细的研究报告和风险分析支持，并有决策记录。截至目前，公司不良资产率为零。

**4.4.3 监督评价与纠正**

公司董事会按照监管规定要求组建了审计委员会，及时指出公司经营管理过程中存在的薄弱环节，在公司经营管理层与各业务部门评价、纠正的基础上进行再监督、再评价，并提出相应的改正措施。

2010年公司经营管理层更加注重内部审计监督评价的功能作用，从内审业务项目立项、到业务稽核检查报告批示、到检查意见整改落实部署等环节加大内部审计“发现问题、促进发展”的积极作用。信托业务和固有投资业务部门能够正确对待内部审计检查所提出的意见和建议，并按照检查结论意见认真开展整改落实或改进。

## 4.5 风险管理

公司经营活动中面临的风险主要有信用风险、市场风险、操作风险及其他风险等。在进行风险管理时，遵循全面、审慎、及时、有效和独立性原则，根据业务类别制定相应的风险控制措施，形成了“事前防范、事中控制、事后评价”的风险管理机制，建立了以董事会及其下设的风险管理委员会等专业委员会和经营管理层及其下设的信托业务审查委员会、固有业务审查委员会、全面风险管理委员会、信托风险管理委员会和合规风险部等机构为主线的风险管理组织体系。

**4.5.1 风险管理概况**

4.5.1.1 信用风险状况

信用风险是指因交易对手不能履行合同义务，或者信用状况的不利变动而造成损失的可能性。

（1）信托业务信用风险状况。截至2010年12月31日，公司存续信托项目96个，存续受托规模350.7亿元；截至2010年末，公司信托业务信用风险资产均为正常类，不良资产的期初数与期末数均为零，公司按照相关部门规定的要求计提一般准备与专项准备；交易对手履约情况正常，公司可能面临信用风险的债权类信托资产均正常。2010年，公司信托业务信用风险处于较低水平。

（2）固有业务信用风险状况。截至2010年12月31日，公司自有资金贷款存续规模为53 000万元；截至2010年末，公司固有业务信用风险资产均为正常类，不良资产的期初数与期末数均为零，公司按照相关部门规定的要求计提一般准备与专项准备；交易对手履约情况正常，公司可能面临信用风险的债权类固有资产均正常，公司固有业务信用风险处于较低水平。

4.5.1.2 市场风险状况

市场风险是指因市场价格（利率、汇率、股票价格和商品价格等价格因素）的不利变动而造成损失的可能性。公司审慎开展涉及市场风险的各项投资。截至2010年12月31日，信托资产投资、固有资产投资市场风险情况正常；自有资金证券投资未突破公司确定风险容忍度限额。

4.5.1.3 操作风险状况

操作风险是指由于不完善或有问题的内部程序、员工、信息科技系统或外部事件所造成损失的可能性。公司建立完善的操作风险控制体系与信息系统，制定相应的规章制度，严控可能面临的各类操作风险，公司操作风险的控制系统及风险管理策略较为完整、合法、有效。截至2010年12月31日，公司未发生因操作风险所造成的损失。

4.5.1.4 其他风险状况

其他风险主要有合规风险、政策风险等。合规风险是指因没有遵循法律、规则和准则可能遭受法律制裁、监管处罚、重大财务损失和声誉损失的可能性。政策风险主要是国家政策变化对公司业务发展造成损失的可能性。报告期内，公司未发生因上述风险造成的损失。

**4.5.2 风险管理**

4.5.2.1 信用风险管理

为管理、防范信用风险，公司高度重视交易对手的信用情况，通过制定和实施业务规章制度，强化对交易对手的尽职调查，科学评估交易对手的履约能力和履约意愿，筛选有现金流并且有牢固第二还款来源保障的项目；选择有效的、与交易对手信用风险相匹配的信用增级措施，要求提供确有保障能力的主体提供信用增级；科学、客观、公正评估担保物，根据项目的具体情况聘请专业的评估机构对抵押品进行评估，严格控制不同担保物价值与融资本息的抵（质）押率，注重采用多种有效担保措施提高信用风险的保障系数。

在项目运行过程中，公司加强动态维护，持续跟踪管理，全方位、多角度、全过程关注交易对手履约能力的变化情况；加强项目后续管理，根据业务发展遇到的新情况、新问题，及时采取应对措施，确保项目信用风险的可控、可测、可承受。

4.5.2.2 市场风险管理

公司通过下述措施严格控制市场风险：其一，在业务评审环节，公司详细评估项目的市场风险，筛选与市场风险相匹配的投资者；在资金运用环节，公司密切关注涉及市场风险的各种风险因子、情景的变化情况，并根据市场风险的变化及时采取有针对性的举措。其二，加强对宏观经济及金融形势的分析预测，结合公司实际情况制定年度自有资金配置计划与风险容忍度，严格按照董事会的有关规定及公司相关制度规定的程序与决策权限进行报审与审批。其三，高度重视对市场价格风险因素的管理，严格按照自有资金风险容忍度基本为零的要求，坚持自有资金低风险、多渠道配置的原则，不断强化对自有资金投资项目的科学决策与管理，并密切关注经济运行状况，严控因宏观政策调整带来不利影响的风险。

4.5.2.3 操作风险管理

公司通过下述措施规范操作流程，降低操作风险：其一，建立严格的部门职责和员工岗位职责，梳理各项业务流程和操作规程；其二，建立职责分离、相互监督制约的机制，建立严格的审核、复核程序；其三，建立全面的、规范的、现代化的信息系统管理流程；其四，不断完善公司的各项规章制度，使之更加完整、严密，同时不断加强制度执行力度。公司通过上述措施，公司严格规范操作流程严控操作风险。公司未出现较大差错和失误，未发生重大责任事故。

4.5.2.4　其他风险管理

公司严格按照国家法律法规和监管部门的有关要求开展业务；努力保持公司经营与国家政策的一致性；按照《突发事件应急处理暂行管理办法》不断健全完善突发事件应急处理机制，以应对可能发生的影响公司正常经营管理的突发事件。

**4.5.3　净资本管理**

2010年末，公司净资本风险控制指标为：净资本为116 692.75万元，各项业务风险资本为261 467.69万元，净资本与各项业务风险资本之比为44.60%，净资本与净资产之比为85.10%。2011年，公司将积极推动增资扩股，进一步优化调整业务结构，确保公司在2011年末达到净资本各项指标要求。

## 5. 报告期末及上年末的比较式会计报表

### 5.1　自营资产

#### 5.1.1　会计师事务所审计意见全文

**审 计 报 告**

德师报（审）字（11）第P0938号

交银国际信托有限公司全体股东：

我们审计了后附的交银国际信托有限公司（以下简称贵公司）的财务报表，包括2010年12月31日的资产负债表，2010年度的利润表、所有者权益变动表和现金流量表以及财务报表附注。

一、管理层对财务报表的责任

编制和公允列报财务报表是贵公司管理层的责任，这种责任包括：（1）按照企业会计准则的规定编制财务报表，并使其实现公允反映；（2）设计、执行和维护必要的内部控制，以使财务报表不存在由于舞弊或错误而导致的重大错报。

二、注册会计师的责任

我们的责任是在执行审计工作的基础上对财务报表发表审计意见。我们按照中国注册会计师审计准则的规定执行了审计工作。中国注册会计师审计准则要求我们遵守中国注册会计师职业道德守则，计划和执行审计工作以对财务报表是否不存在重大错报获取合理保证。

审计工作涉及实施审计程序，以获取有关财务报表金额和披露的审计证据。选择的审计程序取决于注册会计师的判断，包括对由于舞弊或错误导致的财务报表重大错报风险的评估。在进行风险评估时，注册会计师考虑与财务报表编制和公允列报相关的内部控制，以设计恰当的审计程序，但目的并非对内部控制的有效性发表意见。审计工作还包括评价管理层选用会计政策的恰当性和作出会计估计的合理性，以及评价财务报表的总体列报。

我们相信，我们获取的审计证据是充分、适当的，为发表审计意见提供了基础。

三、审计意见

我们认为，贵公司财务报表在所有重大方面按照企业会计准则的规定编制，公允反映了贵公司2010年12月31日的财务状况以及2010年度的经营成果和现金流量。

德勤华永会计师事务所有限公司

中国注册会计师　陶坚

中国·上海　　王鲁宁

2011年4月19日

#### 5.1.2　资产负债表

2010年12月31日

| | 附注 | 年末数（万元） | 年初数（万元） |
|---|---|---|---|
| 资产： | | | |
| 货币资金 | | 39 923.27 | 71 846.66 |
| 交易性金融资产 | | 11.15 | 20 013.80 |
| 可供出售金融资产 | | 9 012.73 | 5 556.32 |
| 持有至到期投资 | | 12 002.96 | 4 000.41 |
| 应收款项类投资 | | 24 375.12 | 17 682.87 |
| 发放贷款和垫款 | | 53 000.00 | 8 000.00 |
| 固定资产 | | 3 063.15 | 3 386.10 |
| 无形资产 | | 645.32 | 568.41 |
| 其他资产 | | 2 922.81 | 1 139.22 |
| 资产合计 | | 144 956.51 | 132 193.79 |
| 负债： | | | |
| 应付职工薪酬 | | 1 931.49 | 900.29 |
| 应交税费 | | 1 029.72 | 796.51 |
| 递延所得税负债 | | 253.18 | 139.08 |
| 其他负债 | | 4 687.39 | 1 960.54 |
| 负债合计 | | 7 901.78 | 3 796.42 |
| 所有者权益 | | | |
| 实收资本 | | 120 000.00 | 120 000.00 |
| 资本公积 | | 759.54 | 417.24 |
| 盈余公积 | | 1 629.52 | 798.01 |
| 信托赔偿准备 | | 814.76 | 399.01 |
| 一般风险准备 | | 801.26 | 267.96 |
| 未分配利润 | | 13 049.65 | 6 515.15 |
| 所有者权益合计 | | 137 054.73 | 128 397.37 |
| 负债和所有者权益合计 | | 144 956.51 | 132 193.79 |

附注为财务报表的组成部分。

公司负责人：王　滨　　主管会计工作负责人：赵　炯　　会计机构负责人：李　原

#### 5.1.3　利润表

2010年12月31日　　单位：万元

| | 附注 | 本年累计数 | 上年累计数 |
|---|---|---|---|
| 营业收入 | | 21 166.45 | 16 316.16 |
| 利息净收入 | | 2 425.74 | 3 182.77 |
| 其中：利息收入 | | 2 425.74 | 3 182.77 |
| 利息支出 | | — | — |

续表

| | 附注 | 本年累计数 | 上年累计数 |
|---|---|---|---|
| 手续费及佣金收入 | | 10 262.76 | 6 060.24 |
| 投资收益 | | 2 364.08 | 935.52 |
| 公允价值变动损益 | | — | 975.41 |
| 汇兑损益 | | — | — |
| 其他业务收入 | | 6 113.87 | 5 162.22 |
| 营业支出 | | 9 966.05 | 7 052.46 |
| 营业税金及附加 | | 1 152.85 | 866.66 |
| 业务及管理费 | | 8 813.20 | 6 334.02 |
| 资产减值损失 | | — | (156.72) |
| 其他业务成本 | | — | 8.50 |

续表

| | 附注 | 本年累计数 | 上年累计数 |
|---|---|---|---|
| 营业利润 | | 11 200.40 | 9 263.70 |
| 加：营业外收入 | | 11.81 | 4.21 |
| 减：营业外支出 | | 0.33 | 1.36 |
| 利润总额 | | 11 211.88 | 9 266.55 |
| 减：所得税费用 | | 2 896.82 | 2 397.04 |
| 净利润 | | 8 315.06 | 6 869.51 |
| 其他综合收益 | | 342.30 | 417.24 |
| 综合收益总额 | | 8 657.36 | 7 286.75 |

附注为财务报表的组成部分。

公司负责人：王　滨　　主管会计工作负责人：赵　炯　　会计机构负责人：李　原

### 5.1.4　所有者权益变动表

2010 年 12 月 31 日　　单位：万元

| | 实收资本 | 资本公积 | 盈余公积 | 一般风险准备 | 信托赔偿准备 | 未分配利润 | 所有者权益 |
|---|---|---|---|---|---|---|---|
| 一、2009 年 12 月 31 日 | 120 000.00 | 417.24 | 798.01 | 267.96 | 399.01 | 6 515.15 | 128 397.37 |
| 二、2010 年 1 月 1 日余额 | 120 000.00 | 417.24 | 798.01 | 267.96 | 399.01 | 6 515.15 | 128 397.37 |
| 三、本年增减变动金额 | | 342.31 | 831.51 | 533.30 | 415.75 | 6 534.50 | 8 657.36 |
| （一）净利润 | — | — | — | — | — | 8 315.05 | 8 315.05 |
| （二）其他综合收益 | | | | | | | |
| 1. 可供出售金融资产公允 | | | | | | | |
| 价值变动净额 | — | 456.40 | — | — | — | — | 456.40 |
| 2. 与计入所有者权益项目 | | | | | | | |
| 相关的所得税影响 | — | (114.10) | — | — | — | — | (114.10) |
| （一）和（二）小计 | — | 342.30 | — | — | — | 8315.05 | 8 657.36 |
| （三）所有者投入和减少资本 | — | — | — | — | — | — | — |
| （四）利润分配 | | | | | | | |
| 1. 提取盈余公积 | — | — | 831.51 | — | — | (831.51) | — |
| 2. 提取一般风险准备 | — | — | — | 533.30 | — | (533.30) | — |
| 3. 提取信托赔偿准备 | — | — | — | — | 415.75 | (415.75) | — |
| 4. 对所有者的分配 | — | — | — | — | — | — | — |
| （五）所有者权益内部结转 | — | — | — | — | — | — | — |
| 四、2010 年 12 月 31 日余额 | 120 000.00 | 759.54 | 1 629.52 | 801.26 | 814.76 | 13 049.65 | 137 054.73 |

**所有者权益变动表**

2009 年 12 月 31 日　　单位：万元

| | 实收资本 | 资本公积 | 盈余公积 | 一般风险准备 | 信托赔偿准备 | 未分配利润 | 所有者权益 |
|---|---|---|---|---|---|---|---|
| 一、2008 年 12 月 31 日 | 120 000.00 | — | 111.06 | 100.00 | 55.53 | 844.03 | 121 110.62 |
| 二、2009 年 1 月 1 日余额 | 120 000.00 | — | 111.06 | 100.00 | 55.53 | 844.03 | 121 110.62 |
| 三、本年增减变动金额 | | 417.24 | 686.95 | 167.96 | 343.48 | 5 671.12 | 7 286.75 |
| （一）净利润 | — | — | — | — | — | 6 869.51 | 6 869.51 |
| （二）其他综合收益 | | | | | | | |
| 1. 可供出售金融资产公允 | | | | | | | |
| 价值变动净额 | — | 556.32 | — | — | — | — | 556.32 |
| 2. 与计入所有者权益项目 | | | | | | | |
| 相关的所得税影响 | — | (139.08) | — | — | — | — | (139.08) |
| （一）和（二）小计 | — | 417.24 | — | — | — | 6 869.51 | 7 286.75 |
| （三）所有者投入和减少资本 | | | | | | | |

续表

| | 实收资本 | 资本公积 | 盈余公积 | 一般风险准备 | 信托赔偿准备 | 未分配利润 | 所有者权益 |
|---|---|---|---|---|---|---|---|
| (四)利润分配 | | | | | | | |
| 1. 提取盈余公积 | — | — | 686.95 | — | — | (686.95) | — |
| 2. 提取一般风险准备 | — | — | — | 167.96 | — | (167.96) | — |
| 3. 提取信托赔偿准备 | — | — | — | — | 343.48 | (343.48) | — |
| 4. 对所有者的分配 | — | — | — | — | — | — | — |
| (五)所有者权益内部结转 | — | — | — | — | — | — | — |
| 四、2009 年 12 月 31 日余额 | 120 000.00 | 417.24 | 798.01 | 267.96 | 399.01 | 6 515.15 | 128 397.37 |

附注为财务报表的组成部分。

公司负责人:王　滨　　主管会计工作负责人:赵　炯　　会计机构负责人:李　原

## 5.2 信托资产

### 5.2.1 信托项目资产负债汇总表

**信托项目资产负债汇总表(未经审计)**

2010 年 12 月 31 日

编制单位:交银国际信托有限公司　　单位:万元

| 序号 | 项　目 | 期末余额 | 年初余额 |
|---|---|---|---|
| 1 | 信托资产: | | |
| 2 | 货币资金 | 80 976.14 | 198 370.98 |
| 3 | 拆出资金 | — | — |
| 4 | 存出保证金 | — | — |
| 5 | 交易性金融资产 | 40 513.24 | 302 176.87 |
| 6 | 衍生金融资产 | — | — |
| 7 | 买入返售金融资产 | — | 490.51 |
| 8 | 应收款项 | 25 853.87 | 1 934.05 |
| 9 | 发放贷款 | 2 790 736.66 | 3 023 162.66 |
| 10 | 可供出售金融资产 | — | — |
| 11 | 持有至到期投资 | — | — |
| 12 | 长期应收款 | — | — |
| 13 | 长期股权投资 | 174 917.08 | 70 228.83 |
| 14 | 投资性房地产 | — | — |
| 15 | 固定资产 | — | — |
| 16 | 无形资产 | 56 000.00 | 97 910.00 |
| 17 | 长期待摊费用 | — | — |
| 18 | 其他资产 | 397 572.00 | 126 650.00 |
| 19 | 信托资产总计 | 3 566 568.99 | 3 820 923.90 |
| 20 | 各项资产减值准备 | — | — |
| 21 | 信托负债: | | |
| 22 | 交易性金融负债 | — | — |
| 23 | 衍生金融负债 | — | — |
| 24 | 应付受托人报酬 | 199.22 | 238.81 |
| 25 | 应付托管费 | 1 099.34 | 134.70 |
| 26 | 应付受益人收益 | 38.81 | — |
| 27 | 应交税费 | 36.78 | 0.35 |
| 28 | 应付销售服务费 | — | — |
| 29 | 其他应付款项 | 5 128.92 | 21 276.81 |
| 30 | 其他负债 | — | — |
| 31 | 信托负债合计 | 6 503.07 | 21 650.67 |
| 32 | 信托权益: | | |
| 33 | 实收信托 | 3 506 972.00 | 3 769 074.43 |
| 34 | 资本公积 | — | — |
| 35 | 外币报表折算差额 | — | — |
| 36 | 未分配利润 | 53 093.92 | 30 198.80 |
| 37 | 信托权益合计 | 3 560 065.92 | 3 799 273.23 |
| 38 | 信托负债和信托权益总计 | 3 566 568.99 | 3 820 923.90 |

公司负责人:王　滨　主管会计工作负责人:李依贫　　信托会计机构负责人:张悦迎

### 5.2.2 信托项目利润及利润分配汇总表

**信托项目利润及利润分配汇总表(未经审计)**

编制单位:交银国际信托有限公司　　2010 年　　单位:万元

| 序号 | 项　目 | 本期数 | 上期数 |
|---|---|---|---|
| 1 | 1. 营业收入 | 199 536.48 | 170 334.75 |
| 2 | 1.1 利息收入 | 164 842.49 | 133 509.93 |
| 3 | 1.2 投资收益(损失以"-"号填列) | 14 799.82 | 13 227.24 |
| 4 | 1.2.1 其中:对联营企业和合营企业的投资收益 | — | — |
| 5 | 1.3 公允价值变动收益(损失以"-"号填列) | -1 053.58 | 2 492.08 |
| 6 | 1.4 租赁收入 | — | 3 932.81 |
| 7 | 1.5 汇兑损益(损失以"-"号填列) | — | — |
| 8 | 1.6 其他收入 | 20 947.75 | 17 172.69 |
| 9 | 2. 支出 | 39 466.77 | 28 149.61 |
| 10 | 2.1 营业税金及附加 | 2.00 | 139.73 |
| 11 | 2.2 受托人报酬 | 8 461.36 | 5 694.95 |
| 12 | 2.3 托管费 | 1 979.45 | 822.30 |
| 13 | 2.4 投资管理费 | 344.37 | 1 071.63 |
| 14 | 2.5 销售服务费 | 874.66 | — |
| 15 | 2.6 交易费用 | 604.31 | — |
| 16 | 2.7 资产减值损失 | — | — |
| 17 | 2.8 其他费用 | 27 200.62 | 20 421.00 |
| 18 | 3. 信托净利润(净亏损以"-"号填列) | 160 069.71 | 142 185.14 |
| 19 | 4. 其他综合收益 | — | — |
| 20 | 5. 综合收益 | 160 069.71 | 142 185.14 |
| 21 | 6. 加:期初未分配信托利润 | 30 198.80 | 17 632.50 |
| 22 | 7. 可供分配的信托利润 | 190 268.51 | 159 817.64 |
| 23 | 8. 减:本期已分配信托利润 | 137 174.59 | 129 618.84 |
| 24 | 9. 期末未分配信托利润 | 53 093.92 | 30 198.80 |

公司负责人:王　滨　主管会计工作负责人:李依贫　　信托会计机构负责人:张悦迎

## 6. 会计报表附注

### 6.1 会计报表编制基准不符合会计核算基本前提的说明

本公司执行财政部于 2006 年 2 月 15 日颁布的《企业会计准则》(下称新会计准则),会计报表编制无不符合会计核算基本前提事项。

## 6.2　或有事项说明

截至报告期公司未发生对外担保及其他或有事项。

## 6.3　重要资产转让及其出售的说明

报告期无重要资产转让或出售。

## 6.4　会计报表中重要项目的明细资料

### 6.4.1　披露自营资产经营情况

6.4.1.1　按信用风险五级分类结果披露信用风险资产的期初数、期末数

| 信用风险资产五级分类 | 正常类（万元） | 关注类（万元） | 次级类（万元） | 可疑类（万元） | 损失类（万元） | 资产合计（万元） | 不良资产合计（万元） | 不良资产率（%） |
|---|---|---|---|---|---|---|---|---|
| 期初数 | 56 378.80 | 0 | 0 | 0 | 0 | 56 378.80 | 0 | 0 |
| 期末数 | 101 313.60 | 0 | 0 | 0 | 0 | 101 313.60 | 0 | 0 |

注：不良资产合计 = 次级类 + 可疑类 + 损失类。

6.4.1.2　各项资产减值损失准备的期初、本期计提、本期转回、本期核销、期末数

单位：万元

| 项目 | 期初数 | 本期计提 | 本期转回 | 本期核销 | 期末数 |
|---|---|---|---|---|---|
| 贷款损失准备 | 0 | 0 | 0 | 0 | 0 |
| 一般准备 | 0 | 0 | 0 | 0 | 0 |
| 专项准备 | 0 | 0 | 0 | 0 | 0 |
| 其他资产减值准备 | 0 | 0 | 0 | 0 | 0 |
| 可供出售金融资产减值准备 | 0 | 0 | 0 | 0 | 0 |
| 持有至到期投资减值准备 | 0 | 0 | 0 | 0 | 0 |
| 长期股权投资减值准备 | 0 | 0 | 0 | 0 | 0 |
| 坏账准备 | 0 | 0 | 0 | 0 | 0 |
| 投资性房地产减值准备 | 0 | 0 | 0 | 0 | 0 |

6.4.1.3　自营股票投资、基金投资、债券投资、长期股权投资等投资的期初数、期末数

单位：万元

| 项目 | 自营股票 | 基金 | 债券 | 长期股权投资 | 其他投资 |
|---|---|---|---|---|---|
| 期初数 | 13.80 | 20 000.00 | 4 000.40 | 0 | 17 682.87 |
| 期末数 | 11.15 | 0 | 12 002.96 | 0 | 23 340.00 |

6.4.1.4　按照投资入股金额排序，前五名的自营长期股权投资的企业名称、占被投资企业权益的比例、主要经营活动及投资收益情况等

截至报告期本公司尚无长期股权投资项目。

6.4.1.5　前五名的自营贷款的企业名称、占贷款总额的比例和还款情况

| 企业名称 | 占贷款总额的比例（%） | 还款情况 |
|---|---|---|
| 上海双鸥置业有限公司 | 15.09 | 正常 |
| 上海中星（集团）有限公司 | 37.74 | 正常 |
| 上海中房景阳房产有限公司 | 28.30 | 正常 |
| 经纬置地有限公司 | 18.87 | 正常 |

6.4.1.6　表外业务的期初数、期末数；按照代理业务、担保业务和其他类型表外业务分别披露

截至报告期本公司无代理业务、担保业务和其他类型表外业务。

6.4.1.7　公司2010年的收入结构

| 收入结构 | 金额（万元） | 占比（%） |
|---|---|---|
| 手续费及佣金收入 | 10 262.76 | 48.46 |
| 其中：信托手续费收入 | 10 262.76 | |
| 投资银行业务收入 | | |
| 利息收入 | 2 425.74 | 11.46 |
| 其他业务收入 | 6 113.87 | 28.87 |
| 其中：计入信托业务收入部分 | 4 532.34 | |
| 投资收益 | 2 364.08 | 11.16 |
| 其中：股权投资收益 | 0 | |
| 证券投资收益 | 762.88 | |
| 其他投资收益 | 1 601.20 | |
| 公允价值变动收益 | 0 | |
| 营业外收入 | 11.50 | 0.05 |
| 收入合计 | 21 177.95 | 100 |

其他业务收入主要指公司为融资企业提供财务顾问、咨询及融资方案设计等服务，获得的财务顾问费收入。

本报告年度共实现信托业务收入总额为14 795.21万元，其中手续费及佣金收入为10 262.76万元、财务顾问费收入为4 532.34万元。

### 6.4.2　披露信托财产管理情况

6.4.2.1　信托资产的期初数、期末数

单位：万元

| 信托资产 | 期初数 | 期末数 |
|---|---|---|
| 集合 | 311 187.44 | 693 981.60 |
| 单一 | 3 453 516.32 | 2 827 428.86 |
| 财产权 | 56 220.14 | 45 158.53 |
| 合计 | 3 820 923.90 | 3 566 568.99 |

6.4.2.1.1　主动管理型信托业务的信托资产期初数、期末数。分证券投资、股权投资、融资、事务管理类分别披露

单位：万元

| 主动管理型信托资产 | 期初数 | 期末数 |
|---|---|---|
| 证券投资类 | 71 230.24 | 38 631.08 |
| 股权投资类 | 127 541.11 | 113 815.47 |
| 融资类 | 309 560.70 | 733 810.60 |
| 事务管理类 | 0 | 0 |
| 合计 | 508 332.05 | 886 257.15 |

6.4.2.1.2　被动管理型信托业务的信托资产期初数、期末数。分证券投资、股权投资、融资、事务管理类分别披露

单位：万元

| 被动管理型信托资产 | 期初数 | 期末数 |
|---|---|---|
| 证券投资类 | 496 009.16 | 1 062.70 |
| 股权投资类 | 0 | 0 |
| 融资类 | 2 816 582.69 | 2 679 249.14 |
| 事务管理类 | 0 | 0 |
| 合计 | 3 312 591.85 | 2 680 311.84 |

6.4.2.2 本年度已清算结束的信托项目个数、实收信托合计金额、加权平均实际年化收益率

6.4.2.2.1 本年度已清算结束的集合类，单一类资金信托项目和财产管理类信托项目个数、实收信托金额、加权平均实际年化收益率

| 已清算结束信托项目 | 项目个数 | 实收信托合计金额(万元) | 加权平均实际年化收益率(%) |
|---|---|---|---|
| 集合类 | 5 | 63 610.00 | 11.77 |
| 单一类 | 133 | 3 258 318.00 | 3.62 |
| 财产管理类 | 0 | 0 | 0 |

注:收益率是指信托项目清算后，给受益人赚取的实际收益水平。加权平均实际年化收益率 =(信托项目 1 的实际年化收益率 × 信托项目 1 的实收信托 + 信托项目 2 的实际年化收益率 × 信托项目 2 的实收信托 + … 信托项目 n 的实际年化收益率 × 信托项目 n 的实收信托)/(信托项目 1 的实收信托 + 信托项目 2 的实收信托 + … 信托项目 n 的实收信托)×100%。

6.4.2.2.2 本年度已清算结束的主动管理型信托项目个数、实收信托合计金额、加权平均实际年化收益率。分证券投资、股权投资、融资、事务管理类分别计算并披露

| 已清算结束信托项目 | 项目个数 | 实收信托合计金额(万元) | 加权平均实际年化信托报酬率(%) | 加权平均实际年化收益率(%) |
|---|---|---|---|---|
| 证券投资类 | 0 | 0 | 0 | 0 |
| 股权投资类 | 0 | 0 | 0 | 0 |
| 融资类 | 7 | 87 040.00 | 2.76 | 7.08 |
| 事务管理类 | 0 | 0 | 0 | 0 |

注:加权平均实际年化信托报酬率 =(信托项目 1 的实际年化信托报酬率 × 信托项目 1 的实收信托 + 信托项目 2 的实际年化信托报酬率 × 信托项目 2 的实收信托 + … 信托项目 n 的实际年化信托报酬率 × 信托项目 n 的实收信托)/(信托项目 1 的实收信托 + 信托项目 2 的实收信托 + … 信托项目 n 的实收信托)×100%。

6.4.2.2.3 本年度已清算结束的被动管理型信托项目个数、实收信托合计金额、加权平均实际年化收益率。分证券投资、股权投资、融资、事务管理类分别计算并披露

| 已清算结束信托项目 | 项目个数 | 实收信托合计金额(万元) | 加权平均实际年化信托报酬率(%) | 加权平均实际年化收益率(%) |
|---|---|---|---|---|
| 证券投资类 | 1 | 54 882.00 | 0.25 | 8.52 |
| 股权投资类 | 0 | 0 | 0 | 0 |
| 融资类 | 125 | 3 180 006.00 | 0.13 | 3.60 |
| 事务管理类 | 0 | 0 | 0 | 0 |

6.4.2.3 本年度新增的集合类、单一类和财产管理类信托项目个数、实收信托合计金额

单位：万元

| 新增信托项目 | 项目个数 | 合计金额 |
|---|---|---|
| 集合类 | 14 | 458 173.00 |
| 单一类 | 65 | 2 683 500.00 |
| 财产管理类 | 0 | 0 |
| 新增合计 | 79 | 3 141 673.00 |
| 其中:主动管理型 | 18 | 531 173.00 |
| 被动管理型 | 61 | 2 610 500.00 |

注:本年新增信托项目指在本报告年度内累计新增的信托项目个数和金额，包含本年度新增并于本年度内结束的项目和本年度新增至报告期末仍在持续管理的信托项目。

6.4.2.4 信托业务创新成果和特色业务有关情况

2010 年，公司推出以电费应收账款为基础资产的资产支持信托产品，该项目规模为 3 亿元，期限为 1 年，其创新点在于将融资方资产负债表中的部分应收账款转换为货币资金，不仅实现了业务模式的创新、丰富了公司的产品线，还在不提高资产负债率的前提下有效满足了客户资金需求，实现了资产的流动化。

6.4.2.5 本公司未发生未履行受托人义务情况及因本公司自身责任而导致的信托资产损失情况

本年度无因本公司自身责任而导致的信托资产损失情况。

## 6.5 关联方关系及其交易的披露

### 6.5.1 关联交易方的情况

| | 关联交易方数量 | 关联交易金额(万元) | 定价政策 |
|---|---|---|---|
| 合计 | 3 家 | 63 936.00 | 按市场价格交易；若无市场价格，则按公允原则，以不优于对非关联方同类交易的条件定价交易。 |

### 6.5.2 关联交易方的情况

| 关系性质 | 关联方名称 | 法定代表人 | 注册地址 | 注册资本 | 主营业务 |
|---|---|---|---|---|---|
| 控股股东 | 交通银行股份有限公司 | 胡怀邦 | 上海市浦东新区银城中路 188 号 | 人民币 562.60 亿元 | 银行业务。 |
| 受同一母公司控制 | 交银施罗德基金管理有限公司 | 钱文挥 | 上海市浦东新区银城中路 188 号 | 人民币 2 亿元 | 基金募集、基金销售、资产管理和中国证监会许可的其他业务。 |
| 受同一母公司控制 | 上海交银企业服务管理有限公司 | 周笑雷 | 上海市长宁区仙霞路 18 号 | 人民币 300 万元 | 企业管理，提供信息，中介服务，大楼物业管理，住宿，计算机租赁、修理，大楼清洗等(企业经营涉及行政许可的，凭许可证件经营)。 |

### 6.5.3 公司与关联方的重大交易事项

6.5.3.1 固有财产与关联方交易情况

单位：万元

| 固有与关联方关联交易 | | | | |
|---|---|---|---|---|
| 贷款 | 期初 | 借方发生额 | 贷方发生额 | 期末数 |
| 投资 | | | | |
| 租赁 | | | | |
| 担保 | | | | |
| 应收账款 | | | | |
| 其他 | 25 000.00 | 43 936.00 | 60 936.00 | 8 000.00 |
| 合计 | 25 000.00 | 43 936.00 | 60 936.00 | 8 000.00 |

6.5.3.2 信托与关联方交易情况：贷款、投资、租赁、应收账款、担保、其他方式等期初汇总数、本期借方和贷方发生额汇总数、期末汇总数

单位:万元

| 信托与关联方关联交易 | | | | |
|---|---|---|---|---|
| | 期初数 | 借方发生额 | 贷方发生额 | 期末数 |
| 贷款 | 0 | 0 | 0 | 0 |
| 投资 | 0 | 0 | 0 | 0 |
| 租赁 | 0 | 0 | 0 | 0 |
| 担保 | 0 | 0 | 0 | 0 |
| 应收账款 | 0 | 0 | 0 | 0 |
| 其他 | 636 117.00 | 0 | 436 117.00 | 200 000.00 |
| 合计 | 636 117.00 | 0 | 436 117.00 | 200 000.00 |

6.5.3.3 信托公司自有资金运用于自己管理的信托项目(固信交易)、信托公司管理的信托项目之间的相互(信信交易)金额,包括余额和本报告年度的发生额

6.5.3.3.1 固有与信托财产之间的交易

单位:万元

| 固有财产与信托财产相互交易 | | | | |
|---|---|---|---|---|
| | 年初数 | 本年借方发生额 | 本年贷方发生额 | 年末数 |
| 合计 | 16 800.00 | 22 340.00 | 15 800.00 | 23 340.00 |

6.5.3.3.2 信托项目之间的交易金额期初汇总数、本期发生额汇总数、期末汇总数

单位:万元

| 信托资产与信托财产相互交易 | | | |
|---|---|---|---|
| | 期初数 | 本期发生额 | 期末数 |
| 合计 | 0 | 0 | 0 |

注:以公司受托管理的一个信托项目的资金购买自己管理的另一个信托项目的受益权或信托项下资产均应纳入统计披露范围。

#### 6.5.4 关联方逾期未偿还公司资金的情况

无。

### 6.6 会计制度的披露

公司固有业务和信托业务的会计核算执行中华人民共和国财政部2006年颁布的《企业会计准则》及其相关规定。

## 7. 财务情况说明书

### 7.1 利润实现和分配情况

公司2010年度实现净利润为8 315.05万元,有关利润分配情况如下:

(1)根据《公司法》、《公司章程》规定,按照净利润的10%计提法定公积金为831.51万元;

(2)根据《信托公司管理办法》规定,按照净利润的5%计提信托赔偿准备金为415.71万元;

(3)根据财政部《金融企业呆账准备提取管理办法》规定,按照风险资产期末余额的1%计提一般准备金为533.3万元;

(4)扣除上述1~3项利润分配项目后,公司2010年剩余净利润6 534.5万元,加上期初未分配利润6 515.15万元,累计未分配利润13 049.65万元,经公司股东会审议,同意不予分配。

### 7.2 主要财务指标

| 指标名称 | 指标值 |
|---|---|
| 资本利润率(%) | 6.26 |
| 加权年化信托报酬率(%) | 0.38 |
| 人均净利润(万元/人) | 97.82 |

注:1. 资本收益率=净利润/所有者权益平均余额×100%。

2. 加权年化信托报酬率=(信托项目1的实际年化信托报酬率×信托项目1的实收信托+信托项目2的实际年化信托报酬率×信托项目2的实收信托+…信托项目n的实际年化信托报酬率×信托项目n的实收信托)/(信托项目1的实收信托+信托项目2的实收信托+…信托项目n的实收信托)×100%。

3. 人均净利润=净利润/年平均人数。

4. 平均值采取年初、年末余额简单平均法,公式为:a(平均)=(年初数+年末数)/2。

### 7.3 对公司财务状况、经营成果有重大影响的其他事项

无。

## 8. 特别事项揭示

### 8.1 前五名股东报告期内变动情况及原因

报告期内,股东无变动情况。

### 8.2 董事、监事及高级管理人员变动情况及原因

根据公司2010年股东会第二次会议决议及第一届监事会第八次会议选举,方建华女士任公司第一届监事会监事长,周兴文先生不再任公司监事长。

根据公司2010年股东会第四次会议决议及第一届董事会第十五次会议选举,王滨先生任公司第一届董事会董事长,金大建先生不再任公司董事长。

根据公司2010年股东会第五次会议决议批准的《公司董事会换届方案》,同意王滨先生(董事长)、赵炯先生(执行董事)、黄建宏先生、林至红女士、王卫东先生、阮红女士、李杨勇先生、李惠珍女士(独立董事)为交银国际信托有限公司第二届董事会董事。

根据公司2010年股东会第五次会议决议批准的《公司监事会换届方案》,同意方建华女士(监事长)、傅明章先生、韩泽民先生(职工代表监事)为交银国际信托有限公司第二届监事会监事。

### 8.3 公司的重大未决诉讼事项

无。

### 8.4 公司及其高级管理人员受到处罚的情况

报告期内,无公司及其董事、监事和高级管理人员受处罚情况。

### 8.5 银监会及其派出机构对公司检查后提出的整改意见

报告期内,中国银行业监督管理委员会湖北监管局按照监

管规定要求对公司相关业务进行了专项现场检查，未发现公司有重大实质性风险与问题，并就相关业务还款来源的风险评估等情况提出监管要求。公司已向监管机构就贯彻、落实相关监管意见进行书面报告，并得到了监管机构的理解与支持；同时，公司在具体工作中严格、逐项落实监管机构的各项监管要求，确保公司业务运行合法合规、风险可控。

### 8.6 本年度重大事项临时报告的简要内容、披露时间、所披露的媒体及其版面

无。

### 8.7 银监会及其省级派出机构认定的其他有必要让客户及相关利益人了解的重要信息

无。

## 9. 监事会意见

监事会认为，报告期内，公司的决策程序符合国家法律、法规和公司章程及相关制度，建立健全了比较有效的内控制度，建立了相对完善的独立董事和董事会下属专业委员会，董事会全体成员及高级管理层全体成员认真履行了职责，未发现有违法、违规、违章的行为，也没有损害公司利益、股东利益和委托人利益的行为。报告期内，公司财务报告真实、客观地反映了公司的财务状况和经营成果。

# 昆仑信托有限责任公司

## 1. 重要提示

1.1 本公司董事会及董事保证本报告所载资料不存在任何虚假记载、误导性陈述或者重大遗漏，并对其内容的真实性、准确性和完整性承担个别及连带责任。

1.2 独立董事尹中立先生、王毓信先生、王利平先生认为本报告内容真实、准确、完整。

1.3 本公司法定代表人董事长温青山先生、财务总监卢晓萍女士及公司财务部经理张建慧女士声明：保证年度报告中财务报告的真实、完整。

## 2. 公司概况

### 2.1 公司简介

昆仑信托有限责任公司的前身是中国工商银行宁波市信托投资公司，成立于1986年11月，1994年改组为有限责任公司。1997年6月，公司与工商银行脱钩，更名为宁波市金港信托投资有限责任公司。2002年5月，公司增资扩股，获准重新登记。2005年5月，天津经济技术开发区国有资产经营公司收购部分原股东股权后成为控股股东。2008年10月，公司换发金融许可证，变更经营范围，公司名称变更为金港信托有限责任公司。2009年5月，公司增资扩股，中油资产管理有限公司成为控股股东，公司名称变更为昆仑信托有限责任公司，注册资本为30亿元人民币。

| 公司法定中文名称 | 昆仑信托有限责任公司 |
|---|---|
| 中文缩写 | 昆仑信托 |
| 公司法定英文名称 | Kunlun Trust Co., Ltd. |
| 英文缩写 | Kunlun Trust |
| 法定代表人 | 温青山 |
| 注册地址 | 浙江省宁波市江东北路138号金融大厦19楼 |
| 邮政编码 | 315040 |
| 国际互联网网址 | www.kunluntrust.com |
| 电子信箱 | info@cnpc.com.cn |
| 信息披露负责人员 | 吴讴 |
| 信息披露联系人员 | 卫荣华 霍天翔 |
| 联系电话 | 0574-87031701 |
| 传真 | 0574-87031700 |
| 电子信箱 | weirenghua@cnpc.com.cn huotianxiang@cnpc.com.cn |
| 公司信息披露的报纸名称 | 《金融时报》 |
| 公司年度报告备置地 | 公司本部 |
| 公司聘请的会计师事务所及其住所 | 立信会计师事务所有限公司<br>上海市南京东路61号4楼 |
| 公司聘请的律师事务所及其住所 | 上海市锦天城律师事务所<br>上海市浦东新区花园石桥路33号花旗集团大厦14楼 |

### 2.2 组织结构

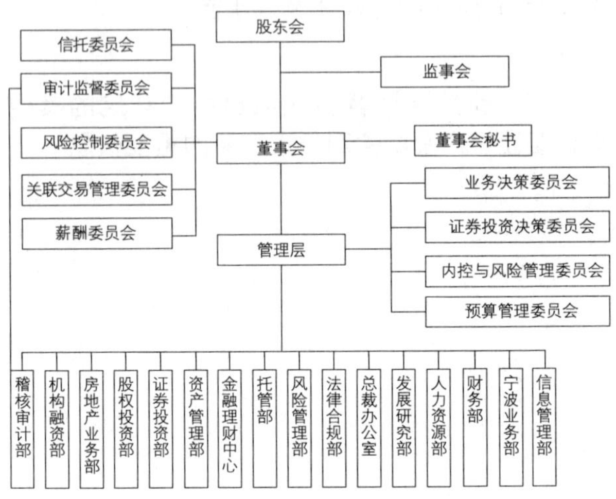


## 3. 公司治理结构

### 3.1 股东

本报告期末，公司共有4家法人股东，股东之间无关联关系。

| 股东名称 | 持股比例（%） | 法人代表 | 注册资本（万元） | 注册地址 |
|---|---|---|---|---|
| 中油资产管理有限公司 | 82.18 | 王亮 | 502 000 | 北京市东城区东直门北大街9号 |
| 主要经营业务 | 资产经营管理、投资、资本运营策划与咨询。<br>2010年末，中油资产公司资产总额87.1亿元，负债总额20.7亿元，净资产66.4亿元。全年实现收入8.14亿元，利润6.7亿元，净利润4.95亿元。 | | | |
| 天津经济技术开发区国有资产经营公司 | 12.82 | 叶旺 | 950 000 | 天津经济技术开发区宏达路19号 |
| 主要经营业务 | 投资、参股及国有资产的股权管理；国有资产评估、验资；房地产开发、服务及咨询。 | | | |
| 宁波市南部新城置业有限公司 | 2.51 | 严朝阳 | 10 000 | 宁波市鄞州区宁横路1688号沧海实业大厦 |
| 主要经营业务 | 一般经营项目：基础设施、公共建筑、园林绿化的开发建设；房地产开发、销售；自有房屋租赁；物业管理服务；建筑材料的批发、零售。 | | | |
| 广博投资控股有限公司 | 2.49 | 胡志明 | 41 000 | 宁波市鄞州区石矸镇街道雅渡村 |
| 主要经营业务 | 一般经营项目：项目投资。 | | | |

## 3.2 董事

### 3.2.1 董事会成员

| 姓　名 | 职务 | 性别 | 年龄 | 选任日期 | 所推举的股东名称 | 该股东持股比例(%) |
|---|---|---|---|---|---|---|
| 温青山 | 董事长 | 男 | 52 | 2010年3月22日 | 中油资产管理有限公司 | 82.18 |
| 简要履历 | 教授级高级会计师,曾任中国石油天然气集团公司财务资产部副总会计师、副主任、主任;现任中国石油天然气集团公司副总会计师兼财务资产部主任。 | | | | | |
| 王　亮 | 董事 | 男 | 48 | 2010年4月21日 | 中油资产管理有限公司 | 82.18 |
| 简要履历 | 高级会计师,曾任中国石油天然气集团公司财务资产部副总会计师、辽宁省财政厅副厅长、中意财产保险有限公司董事长、中国石油天然气集团公司川庆钻探工程有限公司总会计师;现任昆仑信托有限责任公司总裁。 | | | | | |
| 杨冬艳 | 董事 | 女 | 46 | 2009年7月21日 | 中油资产管理有限公司 | 82.18 |
| 简要履历 | 高级会计师,曾任中国石油天然气集团公司抚顺石化分公司财务处副总会计师、总会计师,中国石油天然气股份有限公司财务部副总经理;现任中国石油天然气集团公司炼油与化工分公司总会计师。 | | | | | |
| 周远鸿 | 董事 | 男 | 42 | 2010年11月15日 | 中油资产管理有限公司 | 82.18 |
| 简要履历 | 高级会计师,曾任中国石油天然气股份有限公司天然气与管道分公司财务处副处长、中国石油天然气集团公司资本运营部股权处置处处长;现任中国石油天然气集团公司专职监事、中石油山东天然气管道有限公司监事会主席。 | | | | | |
| 叶　旺 | 董事 | 男 | 45 | 2009年6月11日 | 天津经济技术开发区国有资产经营公司 | 12.82 |
| 简要履历 | 曾任天津开发区管委会政策研究室办公室主任、天津开发区财政局副局长;现任天津经济技术开发区国有资产经营公司总经理。 | | | | | |
| 李效熙 | 董事 | 男 | 28 | 2009年6月9日 | 职工推选 | |
| 简要履历 | 曾任北京国际信托投资有限公司投资银行部经理,金港信托有限责任公司信托一部副总经理、总裁助理、战略发展及执行委员会副主席、主席、副董事长;现任昆仑信托有限责任公司副总裁。 | | | | | |

### 3.2.2 独立董事

| 姓名 | 职务 | 性别 | 年龄 | 选任日期 | 所推举的股东名称 | 该股东持股比例(%) |
|---|---|---|---|---|---|---|
| 王毓信 | 独立董事 | 男 | 67 | 2009年7月21日 | 中油资产管理有限公司 | 82.18 |
| 简要履历 | 教授级高级会计师,曾任河南省濮阳市财政金融贸易委员会任党组书记、主任,中原石油勘探局财务处长,中国石油天然气总公司财务局副总会计师、总会计师、副局长,中国石油天然气集团公司中油财务公司总裁、副董事长。 | | | | | |
| 尹中立 | 独立董事 | 男 | 43 | 2009年7月21日 | 中油资产管理有限公司 | 82.18 |
| 简要履历 | 副研究员,曾任招商证券公司研究发展中心高级分析师;现任中国社会科学院金融研究所金融市场研究室副主任、房地产金融研究中心常务副主任。 | | | | | |
| 王利平 | 独立董事 | 男 | 50 | 2009年7月21日 | 宁波市南部新城置业有限公司 | 2.51 |
| 简要履历 | 高级经济师,曾任鄞县电子门窗厂经营厂长、鄞县彩印包装用品公司总经理、宁波东方印业有限公司总经理、浙江广博集团股份有限公司董事长;现任宁波广博纳米新材料股份有限公司董事长,广博集团股份有限公司董事。 | | | | | |

## 3.3 监事

| 姓名 | 职务 | 性别 | 年龄 | 选任日期 | 所推举的股东名称 | 该股东持股比例(%) |
|---|---|---|---|---|---|---|
| 谢戈果 | 监事会主席 | 男 | 58 | 2009年6月11日 | 中油资产管理有限公司 | 82.18 |
| 简要履历 | 高级会计师,曾任中国石油天然气集团公司东北输油管理局、中国石油管道局总会计师,中国石油西气东输管道公司副总经理兼总会计师,中国石油天然气股份有限公司内部控制部总经理;现任中国石油天然气集团公司、股份公司内控与风险管理部主任(总经理)。 | | | | | |
| 盖文国 | 监事 | 男 | 44 | 2009年6月11日 | 中油资产管理有限公司 | 82.18 |
| 简要履历 | 高级会计师,曾任中国石油天然气集团公司锦州石油化工公司股改办公室副主任,锦州石化股份有限公司董事会秘书、证券部主任,中国石油天然气集团公司资本运营部股权管理与综合处副处长;现任中国石油天然气集团公司股权投资处负责人、正处级专职监事。 | | | | | |
| 胡志明 | 监事 | 男 | 47 | 2009年6月11日 | 广博投资控股有限公司 | 2.49 |
| 简要履历 | 会计师,曾任宁波市第二建筑工程公司财务科长、宁波建设集团股份有限公司财务处副处长;现任广博集团股份有限公司董事,广博投资控股有限公司董事长。 | | | | | |
| 马荣伟 | 职工监事 | 男 | 37 | 2009年12月30日 | 职工推选 | |
| 简要履历 | 高级经济师,曾任中国石油天然气集团公司、股份公司法律事务部高级主管;现任昆仑信托有限责任公司法律合规部副经理。 | | | | | |

## 3.4 高级管理人员

| 姓名 | 职务 | 性别 | 年龄 | 选任日期 | 金融从业年限 | 学历 | 专业 |
|---|---|---|---|---|---|---|---|
| 王　亮 | 总裁 | 男 | 48 | 2010年3月22日 | 2年 | 学士 | 经济管理 |
| 简要履历 | 参见表3.2.1 | | | | | | |

续表

| 姚 飞 | 副总裁 | 男 | 43 | 2010年4月20日 | 5年 | 硕士 | 技术经济 |
|---|---|---|---|---|---|---|---|
| 简要履历 | 高级经济师，曾任中国石油天然气集团公司大庆石油管理局资本运营部副经理、财务资产部副经理、内控办主任，中油资产管理有限公司综合部经理兼财务部负责人、副总经理，大庆市商业银行独立董事。 | | | | | | |
| 卢晓萍 | 财务总监 | 女 | 52 | 2010年8月10日 | 32年 | 本科 | 工商管理 |
| 简要履历 | 曾任工商银行北京新街口支行地安门分理处总会计；工商银行北京新街口支行德外分理处会计主任；中油财务有限责任公司营业部副经理、经理、管理稽核部经理；中油资产管理有限公司总会计师。 | | | | | | |
| 李效熙 | 副总裁 | 男 | 28 | 2010年4月20日 | 6年 | 硕士 | 经济学 |
| 简要履历 | 参见表3.2.1 | | | | | | |
| 董 巍 | 副总裁 | 男 | 30 | 2010年4月20日 | 5年 | 学士 | 化学 |
| 简要履历 | 曾任金港信托有限责任公司办公室副主任、人力资源部总经理、总裁助理、战略发展及执行委员会副主席。 | | | | | | |
| 朱佳平 | 副总裁 | 男 | 47 | 2009年6月11日 | 29年 | 硕士 | 工商管理 |
| 简要履历 | 高级经济师，曾任中国工商银行宁波市信托投资公司上海证券交易营业部经理、公司副总经理，金港信托有限责任公司总经理、总裁、副董事长、副总裁、代总裁。 | | | | | | |
| 刘 刚 | 副总裁 | 男 | 39 | 2010年8月10日 | 1年 | 硕士 | 工商管理 |
| 简要履历 | 会计师，曾任中国石油天然气股份有限公司华东销售分公司财务处高级主管、中国石油天然气股份有限公司江西销售分公司总会计师兼财务资产处处长。 | | | | | | |
| 黄志斌 | 副总裁 | 男 | 44 | 2010年12月24日 | 28年 | 硕士 | 工商管理 |
| 简要履历 | 经济师，曾任中国工商银行宁波市信托投资公司信托业务部经理、总经理助理、副总经理，宁波市信托投资公司信托业务部经理、总经理助理、副总经理，金港信托有限责任公司副总经理、副总裁、常务副总裁。 | | | | | | |
| 贾南征 | 总裁助理 | 男 | 32 | 2010年5月31日 | 8年 | 学士 | 经济学 |
| 简要履历 | 先后任职于加拿大PROVEST管理公司、瑞泰人寿，曾任金港信托有限责任公司信托业务部副总经理、总裁助理。 | | | | | | |
| 吴 讴 | 董事会秘书 | 男 | 36 | 2009年6月11日 | 2年 | 硕士 | 金融学 |
| 简要履历 | 曾任中国农业银行辽宁省分行国际结算经理、总经理助理，中央电视台经济频道记者、栏目主编，中油资产管理有限公司资产二部高级主管、企划研究部负责人。 | | | | | | |

## 3.5 公司员工

| 项目 | | 报告期年 | | 上年 | |
|---|---|---|---|---|---|
| | | 人数 | 比例(%) | 人数 | 比例(%) |
| 年龄分布 | 20岁以下 | 0 | 0 | 0 | 0 |
| | 20~29岁 | 61 | 46 | 42 | 39 |
| | 30~39岁 | 37 | 28 | 42 | 39 |
| | 40岁以上 | 34 | 26 | 24 | 22 |
| 学历分布 | 博士 | 3 | 2 | 2 | 2 |
| | 硕士 | 68 | 52 | 52 | 48 |
| | 本科 | 51 | 38 | 37 | 34 |
| | 专科 | 9 | 7 | 11 | 10 |
| | 其他 | 1 | 1 | 6 | 6 |
| 岗位分布 | 高管人员 | 10 | 8 | 11 | 10 |
| | 自营业务人员 | 8 | 6 | 7 | 6 |
| | 信托业务人员 | 61 | 46 | 48 | 45 |
| | 其他人员 | 53 | 40 | 42 | 39 |

# 4. 经营管理

## 4.1 经营目标、方针、战略规划

### 4.1.1 经营目标

公司致力于成为在能源领域具有核心竞争力的一流信托公司，业务规模和盈利水平达到信托行业领先，在管理机制、内控机制、激励机制、人才机制等方面达到国内金融机构的一流水平，昆仑信托成为金融业一流品牌。

### 4.1.2 经营方针

以培养资产管理能力为核心，以提高盈利水平为导向，以持续的产品创新为突破，建立可持续增长的盈利模式，牢固树立内控优先的理念，加强风险控制，实现受益人回报、股东回报和员工回报的最大化。

### 4.1.3 战略规划

“十二五”期间，公司将以科学发展观为统领，坚持高起点、快发展、可持续的原则，依法合规经营，以市场化为导向，全面推进体制机制改革和营销体系建设，努力提高自主管理、财富管理、产品创新和风险管理能力，不断加强人才队伍建设和企业文化建设，打造一流的信托公司。

## 4.2 所经营业务的主要内容

公司业务分为信托业务和自营业务两个大类。信托业务主要品种包括单一资金信托、集合资金信托、财产信托等，自营业务主要开展金融股权投资、金融产品投资及贷款等业务。

### 4.2.1 自营资产运用与分布表

| 资产运用 | 金额（万元） | 占比（%） | 资产分布 | 金额（万元） | 占比（%） |
|---|---|---|---|---|---|
| 货币资产 | 89 066 | 18.87 | 基础产业 | | |
| 贷款及应收款 | 38 450 | 8.15 | 房地产业 | | |
| 交易性金融资产投资 | 38 498 | 8.16 | 证券市场 | 43 630 | 9.24 |
| 可供出售金融资产投资 | 263 226 | 55.77 | 实业 | 39 600 | 8.40 |
| 持有至到期投资 | | | 金融机构 | 248 | 0.05 |
| 长期股权投资 | 41 303 | 8.75 | 其他 | 388 470 | 82.31 |
| 其他 | 1 405 | 0.30 | | | |
| 资产总计 | 471 948 | 100 | 资产总计 | 471 948 | 100 |

#### 4.2.2 信托资产运用与分布表

| 资产运用 | 金额（万元） | 占比（%） | 资产分布 | 金额（万元） | 占比（%） |
|---|---|---|---|---|---|
| 货币资产 | 144 231 | 2.67 | 基础产业 | 1 111 444 | 20.55 |
| 贷款 | 2 523 138 | 46.64 | 房地产 | 1 243 045 | 22.98 |
| 交易性金融资产投资 | 105 702 | 1.96 | 证券市场 | 498 122 | 9.20 |
| 可供出售金融资产投资 | | | 实业 | 1 331 530 | 24.61 |
| 持有至到期投资 | 2 173 389 | 40.18 | 金融机构 | 1 138 139 | 21.04 |
| 长期股权投资 | 392 421 | 7.25 | 其他 | 87 487 | 1.62 |
| 其他 | 70 886 | 1.30 | | | |
| 信托资产总计 | 5 409 767 | 100 | 信托资产总计 | 5 409 767 | 100 |

### 4.3 市场分析

#### 4.3.1 有利因素

（1）宏观形势的不断改善，为公司发展创造良好环境。2010年，国家提出“十二五”计划，期间国民经济发展将从强调增长速度转向注重经济发展方式，从追求国富转向注重追求民富。这为信托行业的发展指明了方向。一是各类机构和高净值人士的投资意愿不断增强，信托理财投资多元化、财产独立、收益较高的优势将显现。二是节能环保、新能源、新材料等新兴产业将蓬勃发展，信托行业应积极配合国家产业政策开展投资，提升行业的话语权。三是城镇化进程将强力带动基础设施和保障性住房体系的建设，长期驱动信托融资需求。四是“十二五”规划鼓励扩大民间投资，信托公司可发挥在实业投资领域的优势，积极引导民间资本进入基础产业、基础设施、公用事业等领域。

（2）监管政策的不断完善，明确了公司发展的健康导向。“十二五”期间，信托业将在激烈竞争中进入新一轮高速增长期，监管政策的引导成为行业发展的重要推动力。2010年，银监会针对银信合作、政信合作、房地产信托等业务陆续出台新规，同期《信托公司净资本管理办法》也正式出台，这些举措意在强化信托公司的资本意识和风险意识，引导信托公司加强资本管理，提升专业能力。信托公司自主管理和创新能力将不断增强。

（3）股东的支持将有力推动公司发展。昆仑信托的发展将得到大股东的支持，借助中国石油集团公司的资源、项目等优势，打造公司在能源资源领域的领先地位，为集团公司以及其他大机构、大客户提供优质金融服务。同时，借助股东支持，与其他金融机构建立良好的合作关系，在资金和项目等方面保障公司的持续快速发展。

（4）财富管理需求的增加促进公司开拓新的市场空间。随着经济的快速发展和高收入人群的迅速增加，当前及今后一段时期，以民间市场化的资金为代表的财富管理需求将为公司提供新的业务拓展空间。由于信托公司在产品创新自主定价、定量等方面具有相对充分的自主权，因此，可以在私募性民间资金市场发挥巨大的作用。同时，随着我国金融业服务的不断细分化、财富管理进入了黄金时代，而其他金融业机构业务的相对严格，难以满足这方面需求，这为信托公司提供了进一步发展的机遇。

#### 4.3.2 不利因素

（1）市场竞争日趋激烈，信托行业格局正在加速变革，竞争态势持续加剧。信托公司新一轮的增资扩股潮仍将持续，商业银行、保险公司、外资金融机构等金融机构收购信托公司的步伐明显加快，利用其渠道、网点、人员、产品开发能力等优势，大量推出各种各样的金融理财产品，对信托公司开展理财业务造成更大的竞争压力。越来越多的信托公司将布局全国，北京、长三角、珠三角等地区成为信托业主战场。

（2）信托行业的政策法规有待完善。国内信托行业的政策环境虽有改善，但还不够成熟，信托法律法规和相关配套法规尚未完全建立，给信托业务拓展和创新带来了法律上的障碍和不确定性。同时，在金融业全面开放、综合经营的背景下，理财市场竞争激烈、监管规则不统一，造成信托公司受到更严格的限制，信托的制度优势被削弱，面临其他类型金融机构的严峻挑战。

（3）社会对信托行业的认知普遍较低。相对于银行业、证券业、保险业，社会对信托业的了解程度还不够高，信托知识还不够普及，合格投资者尚需培育。

（4）信托公司管理尚待进一步提高。信托公司自身投资管理、风险管理能力尚不被认同，资产证券化、企业年金等领域的门槛还只有极少数信托公司能够进入。信托业务转型要求重新建立可持续发展的盈利模式，但相关配套法规政策仍不完善，多项创新业务在短时间内难以进入实质性操作阶段。

### 4.4 内部控制

#### 4.4.1 内部控制环境和内部控制文化

报告期内，公司内部控制环境持续优化，股东会、董事会、监事会和高级管理层之间既相互独立，又相互制衡、相互协调，形成了权力机构、决策机构、监督机构和经营管理层之间的制衡机制，在公司经营和发展中发挥各自的职能与作用，组成了公司内部控制的有机整体，确保各类风险的事前防范、事中控制、事后监督有效执行。公司坚持“积极开拓、稳健运营”的思路，开展了全面内控与风险管理体系的建设，发布实施了《内部控制与风险管理手册》，取得良好效果。

公司重视企业文化建设，全力打造成熟的内部控制文化，层层分解监管评级指标，落实到每个部门；向员工贯彻风险管理、内部控制、合规经营理念，引导员工建立诚信道德观念，树立合规意识和风险意识，提高员工职业道德水准，规范员工职业行为。公司塑造和形成了以“全员参与、内控先行”为核心的内控文化。

#### 4.4.2 内部控制措施

公司建立健全有效的内部控制机制，在公司管理层设立内控与风险管理委员会，并设有内部控制职能部门——稽核审计部、法律合规部和风险管理部，逐步建立全面内控与风险管理体系；完善了公司治理、内控合规、综合管理三大类的各项制度和流程，形成了较为完备的制度体系，全面提升公司经营和管理水平。

公司主要职能部门之间建立了防火墙制度，实行岗位分离，保证了自营、信托业务各成体系、独立运行；严格区分信托业务前台、中台、后台的工作职责，形成有监督、有制衡的业务运作体系；通过具体、明确、合理的分工与授权，严格执行操作规程,确定各部门的目标、职责和权限,使其在授权范围内行使职能、操作相互独立;定期或不定期检查和评价有关内控制度建设与执行情况,及时改进内控制度,确保公司稳健发展。

**4.4.3 监督评价与纠正**

公司建立了内部控制评价、监督、纠正机制。各部门定期或不定期开展各项规章制度执行情况和业务操作风险的自查、自评、自纠,稽核审计部门对公司的内部控制、操作风险、合规管理进行独立监督和评价,不定期实施检查,审计结果向董事会报告,并根据检查情况,提出内控缺陷及改进建议,及时完善内控制度,规避各类风险,促进公司高效发展。

## 4.5 风险管理

**4.5.1 风险状况**

4.5.1.1 公司经营活动中可能遇到的风险

风险主要包括信用风险、市场风险、操作风险、政策风险、道德风险。

4.5.1.2 公司风险管理的基本原则与政策

遵循合规性、全面性、审慎性、适时性原则,坚持以制度为基础、以流程为依托,充分识别和评估各类风险,将风险管理覆盖到公司经营管理的各个环节和岗位中。依据风险管理决策流程,根据业务分类实施相应控制措施,形成"事前防范、事中控制、事后评价"的风险管理机制。

公司坚持低风险的总体偏好,秉承合规、稳健的经营思路,追求风险可控的经济效益。针对各业务类型,分别确定相应的风险容忍度,并确保总体的风险敞口在公司的风险容忍度范围内。针对不同业务领域的风险性质、风险类型和风险评估结果,恰当选择风险承担、风险规避、风险转移、风险转换、风险对冲、风险补偿、风险控制等风险对策。

4.5.1.3 公司风险管理组织结构与职责划分

董事会风险控制委员会:负责审核、批准公司的风险管理和控制政策及制度,对风险进行整体分析和评估,以及对公司运作过程中的重大事项进行风险管理和控制。

董事会关联交易管理委员会:负责公司关联交易的管理及监督,防范不正当关联交易导致的风险。

董事会审计监督委员会:负责审核公司内控制度,监督内部审计制度的实施状况及效果。

业务决策委员会:负责公司业务的控制、管理、监督和评估,在授权范围内对各项业务进行最终的风险审核。

证券投资决策委员会:负责公司自营、信托证券投资控制、监督和评估,在授权范围内进行运营风险决策。

风险管理部:负责公司自营、信托业务风险管理,不断完善公司经营风险管理体系和内部风险控制制度。

法律合规部:负责法律事务管理和合规管理,制定并执行合规管理职责和计划,实施合规风险管理流程,确保公司依法经营。

托管部:核算和监督信托财产运用部门按照信托文件约定运用信托财产。

财务部:核算和监督自营业务运用部门按照合同文件约定运用管理自有资金。通过会计核算和财务管理对公司财务状况及经营情况进行分析管理和监督。

稽核审计部:对公司日常经营以及公司风险管理流程的执行进行审计监督。

公司各部门负责人是非业务操作风险、道德风险、商誉风险等风险的第一责任人。

公司自营业务与信托业务分离,在资金、账户、部门、人员、信息以及财务核算等方面严格分开;信托财产运用部门独立于其他部门,并分别设立五个信托业务部门。

**4.5.2 风险管理政策、策略**

4.5.2.1 信用风险管理

一般准备、专项准备的计提方法和统计方法:公司每年一次按自有风险资产的五级分类结果计提资产损失准备。公司按信托法律法规规定,每年按当年净利润的5%计提信托赔偿准备金,当该信托赔偿准备金累计总额达到公司注册资本的20%时,不再提取。

抵押品确认的主要原则:抵押品属依法可办理抵押的物品,抵押品权属清晰,确属债务人所有,不存在限制转移的情形,变现能力强。抵押品评估价值由中介评估部门确认,贷款本金原则上不高于抵押品确认价值的70%。

保证贷款管理原则:严格控制谨慎从事保证方式贷款,贷款方必须具备经公司认定的良好的信用记录,保证方必须是具有很强保证能力的企业。公司对保证能力进行充分审查,谨慎签署保证合同,明确借款人与保证人的权利与义务,防止公司信用风险。

公司制定严格的项目立项及集体决策制度,择优筛选项目,实现控制信用风险关口前移。

4.5.2.2 市场风险管理

针对证券市场风险,公司以稳健、谨慎的投资理念投资证券产品。制定了证券业务的规章制度,规范操作程序,设定风险防范措施。建立日常的业务决策审批制度。引进、配备高素质的专业人才,组织专门人员研究金融市场形势,分析证券市场行情,为业务决策审批提供方案,在市场风险可控的状况下,实施证券投资运营。

4.5.2.3 操作风险管理

公司制定了操作风险管理制度,操作风险管理覆盖公司各个部门。

公司通过完善业务操作流程,严格划分业务前台、中台、后台,加强员工培训,提高员工技能等措施控制操作风险。

业务前台负责受理和初审业务,并负责业务的具体操作,完成项目审批前的尽职调查、方案设计和提交,以及项目审批后的合同签署、产品发售、投资交易、客户服务等工作,并在持续监控项目的过程中适时启动提前收款、贷款利率调整、要求履约担保、审计、诉讼、召开受益人会议等管理措施。前台由各业务部门组成。

中台贯穿业务的决策程序和管理环节。负责项目的合法合规性审核、风险评估、议事决策以及业务综合管理、过程控制,和前台部门共同完成事前防范和事中控制,对系统性风险提出指导意见和改进措施,并对风险发出预警信号。中台由业务决策委员会、风险管理部、法律合规部组成。

后台负责对业务进行财务管理、会计核算、审计监督,为前台、中台提供服务支持、信息服务和监督评价,后台由公司财务部、稽核审计部、托管部组成。

公司不断加强证券操作风险的控制,配置了铭创证券管理信息系统，固有业务、信托证券业务严格纳入该系统操作，按照设定的证券池以及预警线和止损线设置指标，每日实时监控交易状况，控制了人为的违规操作，对预警和止损给予风险信号，提高了总体风险控制的效果。

4.5.2.4　其他风险管理

公司通过对宏观政策、行业政策、法律法规的跟踪和研究，提高经营预见性，控制政策风险。通过不断完善公司治理结构、内控制度、业务流程，加强思想教育，严格控制道德风险。

## 5. 报告期末及上年末的比较式会计报表

### 5.1　自营资产

#### 5.1.1　会计师事务所审计意见全文

**审 计 报 告**

信会师报字(2011)第20288号

昆仑信托有限责任公司全体股东：

我们审计了后附的昆仑信托有限责任公司(以下简称贵公司)财务报表，包括2010年12月31日的资产负债表和2010年度的利润表、现金流量表、所有者权益变动表及财务报表附注。

一、管理层对财务报表的责任

按照《企业会计准则——基本准则》和其他各项会计准则(2006年)的规定编制财务报表是贵公司管理层的责任。这种责任包括：(1)设计、实施和维护与财务报表编制相关的内部控制，以使财务报表不存在由于舞弊或错误而导致的重大错报；(2)选择和运用恰当的会计政策；(3)作出合理的会计估计。

二、注册会计师的责任

我们的责任是在实施审计工作的基础上对财务报表发表审计意见。我们按照中国注册会计师审计准则的规定执行了审计工作。中国注册会计师审计准则要求我们遵守职业道德规范，计划和实施审计工作以对财务报表是否不存在重大错报获取合理保证。

审计工作涉及实施审计程序，以获取有关财务报表金额和披露的审计证据。选择的审计程序取决于注册会计师的判断，包括对由于舞弊或错误导致的财务报表重大错报风险的评估。在进行风险评估时，我们考虑与财务报表编制相关的内部控制，以设计恰当的审计程序，但目的并非对内部控制的有效性发表意见。审计工作还包括评价管理层选用会计政策的恰当性和作出会计估计的合理性，以及评价财务报表的总体列报。

我们相信，我们获取的审计证据是充分、适当的，为发表审计意见提供了基础。

三、审计意见

我们认为，贵公司财务报表已经按照《企业会计准则——基本准则》和其他各项会计准则(2006年)的规定编制，在所有重大方面公允反映了贵公司2010年12月31日的财务状况以及2010年度的经营成果和现金流量。

立信会计师事务所有限公司

中国注册会计师：潘莉华

中国注册会计师：江　强

中国·上海　　二〇一一年三月三日

#### 5.1.2　资产负债表

单位：万元

| 资　　产 | 年末余额 | 年初余额 | 负债和所有者权益 | 年末余额 | 年初余额 |
|---|---|---|---|---|---|
| 资产： | — | — | 负债： | — | — |
| 现金及存放中央银行存款 | | | 向中央银行借款 | | |
| 存放同业存款 | 89 066.70 | 164 993.63 | 同业及其他金融机构存放款项 | | |
| 贵金属 | | | 拆入资金 | | |
| 拆出资金 | | | 交易性金融负债 | | |
| 交易性金融资产 | 38 497.48 | 34 139.30 | 衍生金融负债 | | |
| 衍生金融资产 | | | 卖出回购金融资产款 | | |
| 买入返售金融资产 | | | 吸收存款 | | |
| 应收利息 | 1 828.39 | 874.47 | 应付职工薪酬 | 106.59 | 49.18 |
| 发放贷款和垫款 | 34 650.00 | 64 742.00 | 应交税费 | 17 351.46 | 8 470.75 |
| 可供出售金融资产 | 263 226.74 | 131 937.94 | 应付利息 | | |
| 持有至到期投资 | | | 预计负债 | | |
| 长期股权投资 | 41 302.80 | 6 358.72 | 应付债券 | | |
| 投资性房地产 | | | 递延所得税负债 | 1 275.25 | 1 529.97 |
| 固定资产 | 1 033.03 | 1 230.20 | 其他负债 | 21 792.43 | 1 035.25 |
| 无形资产 | 116.16 | 72.12 | | | |
| 递延所得税资产 | 216.63 | | 负债合计 | 40 525.73 | 11 085.15 |
| 其他资产 | 2 010.41 | 3 646.58 | | | |
| | | | 所有者权益： | — | — |
| | | | 实收资本 | 300 000.00 | 300 000.00 |
| | | | 资本公积 | 63 210.95 | 62 422.21 |

续表

| 资　产 | 年末余额 | 年初余额 | 负债和所有者权益 | 年末余额 | 年初余额 |
|---|---|---|---|---|---|
| | | | 减:库存股 | | |
| | | | 盈余公积 | 10 188. 12 | 5 655. 38 |
| | | | 一般风险准备 | 4 869. 24 | 2 602. 87 |
| | | | 未分配利润 | 53 154. 30 | 26 229. 36 |
| | | | 所有者权益合计 | 431 422. 61 | 396 909. 81 |
| 资产总计 | 471 948. 34 | 407 994. 96 | 负债及所有者权益总计 | 471 948. 34 | 407 994. 96 |

法定代表人:温青山　　财务总监:卢晓萍　　财务部经理:张建慧　　填表人:张淑华

### 5. 1. 3　利润表

单位:万元

| 项　目 | 本年金额 | 上年金额 |
|---|---|---|
| 一、营业收入 | 74 122. 13 | 42 954. 86 |
| (一)利息净收入 | 4 605. 87 | 4 578. 93 |
| 利息收入 | 4 605. 87 | 4 578. 93 |
| 利息支出 | | |
| (二)手续费及佣金净收入 | 44 311. 25 | 22 563. 27 |
| 手续费及佣金收入 | 44 425. 41 | 22 605. 35 |
| 手续费及佣金支出 | 114. 16 | 42. 09 |
| (三)投资收益 | 28 120. 72 | 8 456. 21 |
| 其中:对联营企业和合营企业的投资收益 | | |
| (四)公允价值变动收益 | -2 985. 65 | 7 357. 04 |
| (五)其他收入 | 69. 94 | -0. 58 |
| 汇兑收益 | -0. 02 | -0. 58 |
| 其他业务收入 | 69. 96 | |
| 二、营业支出 | 13 006. 30 | 9 672. 64 |
| (一)营业税金及附加 | 3 754. 84 | 1 880. 71 |
| (二)业务及管理费 | 9 159. 71 | 7 147. 50 |
| (三)资产减值损失或呆账损失 | 91. 75 | 644. 43 |
| (四)其他业务成本 | | |
| 三、营业利润 | 61 115. 83 | 33 282. 22 |
| 加:营业外收入 | 72. 93 | 3 290. 77 |
| 减:营业外支出 | 207. 46 | 106. 15 |
| 四、利润总额 | 60 981. 30 | 36 466. 84 |
| 减:所得税费用 | 15 653. 86 | 9 118. 92 |
| 五、净利润 | 45 327. 44 | 27 347. 92 |
| 归属于母公司所有者的净利润 | 45 327. 44 | 27 347. 92 |
| 少数股东损益 | | |
| 六、其他综合收益 | 788. 74 | -236. 31 |
| 七、综合收益总额 | 46 116. 18 | 27 111. 61 |

法定代表人:温青山　　财务总监:卢晓萍　　财务部经理:张建慧　　填表人:张淑华

### 5. 1. 4　所有者权益变动表

单位:万元

| 项　目 | 本年金额 | | | | | | |
|---|---|---|---|---|---|---|---|
| | 实收资本(或股本) | 资本公积 | 盈余公积 | 一般风险准备 | 未分配利润 | 其他 | 所有者权益合计 |
| 一、上年末余额 | 300 000. 00 | 62 422. 21 | 5 655. 38 | 2 602. 87 | 26 229. 36 | | 396 909. 82 |
| 加:会计政策变更 | — | — | — | — | — | — | — |
| 前期差错更正 | — | — | — | — | — | — | — |
| 二、本年初余额 | 300 000. 00 | 62 422. 21 | 5 655. 38 | 2 602. 87 | 26 229. 36 | | 396 909. 82 |
| 三、本年增减变动金额(减少以"-"号填列) | | 788. 74 | 4 532. 74 | 2 266. 37 | 33 723. 38 | | 41 311. 23 |
| (一)净利润 | — | — | — | — | 45 327. 44 | | 45 327. 44 |

续表

| 项　目 | 本年金额 | | | | | | |
|---|---|---|---|---|---|---|---|
| | 实收资本(或股本) | 资本公积 | 盈余公积 | 一般风险准备 | 未分配利润 | 其他 | 所有者权益合计 |
| (二)其他综合收益 | | 788.74 | | | | | 788.74 |
| 综合收益小计 | | 788.74 | | | 45 327.44 | | 46 116.18 |
| (三)所有者投入和减少资本 | | | | | | | — |
| 1. 所有者投入资本 | | | — | — | — | | — |
| 2. 股份支付计入所有者权益的金额 | | | — | — | — | | — |
| 3. 其他 | | | | | | | — |
| (四)专项储备提取和使用 | | | | | | | — |
| 1. 提取专项储备 | — | — | — | — | — | | — |
| 2. 使用专项储备 | — | — | — | — | — | | — |
| (五)利润分配 | | | 4 532.74 | 2 266.37 | -18 402.49 | | -11 603.38 |
| 1. 提取盈余公积 | | | 4 532.74 | | -4 532.74 | | — |
| 其中:法定盈余公积 | — | — | 4 532.74 | — | -4 532.74 | | — |
| 任意盈余公积 | — | — | | — | | | — |
| 储备基金 | — | — | | — | | | — |
| 企业发展基金 | — | — | | — | | | — |
| 利润归还投资 | — | — | | — | | | — |
| 2. 提取一般风险准备 | — | — | — | 2 266.37 | -2 266.37 | | — |
| 3. 所有者(或股东)的分配 | — | — | — | — | -11 603.38 | | -11 603.38 |
| 4. 其他 | | | | | | | — |
| (六)所有者权益内部结转 | | | | | | | — |
| 1. 资本公积转增资本(或股本) | | | — | — | — | | — |
| 2. 盈余公积转增资本(或股本) | | — | | — | — | | — |
| 3. 盈余公积弥补亏损 | — | — | | — | | | — |
| 4. 其他 | | | | | | | — |
| 四、本年末余额 | 300 000.00 | 63 210.95 | 10 188.12 | 4 869.24 | 53 154.30 | | 431 422.61 |

法定代表人:温青山　　财务总监:卢晓萍　　财务部经理:张建慧　　填表人:张淑华

## 5.2 信托资产

### 5.2.1 信托项目资产负债汇总表

单位:万元

| | 期末数 | 年初数 |
|---|---|---|
| 信托资产 | — | — |
| 货币资金 | 144 230.80 | 174 659.31 |
| 拆出资金 | | |
| 应收款项 | 1 545.74 | 45 382.04 |
| 买入返售资产 | 69 340.10 | |
| 持有至到期投资 | 2 173 388.44 | 2 914 719.00 |
| 长期债权投资 | | |
| 长期股权投资 | 392 420.72 | 165 581.86 |
| 客户贷款 | 2 523 138.17 | 2 322 143.17 |
| 应收融资租赁款 | | |
| 交易性金融资产 | 105 701.59 | 357 854.46 |
| 固定资产 | | |
| 无形资产 | | |
| 长期待摊费用 | | |
| 其他资产 | | |
| 信托资产合计 | 5 409 765.56 | 5 980 339.84 |
| 信托负债和信托权益 | — | — |
| 信托负债 | — | — |
| 应付受托人报酬 | 0.73 | 0.35 |
| 应付托管费 | | 9.84 |

续表

| | 期末数 | 年初数 |
|---|---|---|
| 应付收益人收益 | 10.84 | |
| 其他应付款 | 8 265.93 | 58.99 |
| 应缴税金 | 19.78 | 30.08 |
| 卖出回购资产款 | | |
| 其他负债 | | |
| 信托负债合计 | 8 297.28 | 99.26 |
| 信托权益 | — | — |
| 实收信托 | 5 351 447.89 | 5 959 200.73 |
| 资本公积 | 5 604.00 | |
| 未分配利润 | 44 416.39 | 21 039.85 |
| 信托权益合计 | 5 401 468.28 | 5 980 240.58 |
| 信托负债及信托权益合计 | 5 409 765.56 | 5 980 339.84 |

法定代表人:温青山　财务总监:卢晓萍　托管部经理:武义双　填表人:邵国忠

### 5.2.2 信托项目利润及利润分配汇总表

单位:万元

| | 本年度累计 | 上年度累计 |
|---|---|---|
| 一、营业收入 | 304 493.37 | 206 874.80 |
| 利息收入 | 164 987.07 | 87 398.84 |
| 投资收入 | 139 465.66 | 119 469.86 |
| 租赁收入 | | |
| 其他收入 | 40.64 | 6.10 |
| 二、营业费用 | 58 533.08 | 29 769.27 |

续表

| | 本年度累计 | 上年度累计 |
|---|---|---|
| 三、营业税金及附加 | 67.95 | 5 434.77 |
| 四、扣除资产减值准备前的信托利润 | 245 892.34 | 171 670.76 |
| 减：资产减值损失 | | |
| 五、扣除资产减值准备后的信托利润 | 245 892.34 | 171 670.76 |
| 加：期初未分配信托利润 | 21 039.84 | 11 062.49 |
| 六、可供分配的信托利润 | 266 932.18 | 182 733.25 |
| 减：本期已分配信托利润 | 222 515.79 | 161 693.41 |
| 其中：损益平准金 | | |
| 七、期末未分配信托利润 | 44 416.39 | 21 039.84 |

法定代表人：温青山　财务总监：卢晓萍　托管部经理：武义双　填表人：邵国忠

## 6. 会计报表附注

### 6.1　会计报表编制基准、会计政策、会计估计和核算方法说明

**6.1.1　会计报表编制基准不符合会计核算基本前提说明**

无。

**6.1.2　重要会计政策、会计估计和核算方法说明**

6.1.2.1　计提资产减值准备的范围和方法

6.1.2.1.1　金融资产减值

除以公允价值计量且其变动计入当期损益的金融资产外，本公司期末对金融资产的账面价值进行检查，如果有客观证据表明某项金融资产发生减值的，计提减值准备。如果可供出售金融资产的公允价值发生较大幅度或非暂时性下降，原直接计入所有者权益的因公允价值下降形成的累计损失计入减值损失。对已确认减值损失的可供出售债务工具投资，在期后公允价值上升且客观上与确认原减值损失确认后发生的事项有关的，原确认的减值损失予以转回，计入当期损益。对已确认减值损失的可供出售权益工具投资，在期后公允价值上升且客观上与确认原减值损失确认后发生的事项有关的，原确认的减值损失予以转回，计入所有者权益。在活跃市场中没有报价且其公允价值不能可靠计量的权益工具投资发生的减值损失，不予转回。

6.1.2.1.2　部分固有信用风险类资产的各种准备金

部分自有信用风险类资产（包括应收利息、发放贷款及垫款、长期股权投资和其他资产—其他应收款、抵债资产、其他资产等）质量分为正常、关注、次级、可疑和损失五类，其主要分类的标准和计提损失准备的比例为：

正常：能够按账面价值随时变现；有足够理由证明现值大于或等于账面价值（以成本与市价孰低原则衡量）；交易对手能够履行合同或协议，没有足够理由怀疑债务本金和收益不能按时足额偿还。计提损失准备1%。

关注：已经按成本与市价孰低原则提足准备，相当于市场价值部分的权益类资产；有足够理由证明资产价值的减值程度控制在2% 以内；尽管交易对手目前有能力偿还，但存在一些可能对偿还产生不利影响的因素的债权类资产；交易对手的现金偿还能力出现明显问题，但交易对手抵押或质押的可变现资产大于等于其债务的本金及收益。计提损失准备2%。

次级：有足够理由证明资产价值的减值程度可以控制在2% ~25%；交易对手的偿还能力出现明显问题，完全依靠其正常经营收入无法足额偿还债务本金及收益，即使执行担保，也可能会造成一定损失。计提损失准备25%。

可疑：有足够能力证明资产价值的减值程度可以控制在25% ~50%；交易对手无法足额偿还债务本金及收益，即使执行担保，也肯定要造成较大损失。计提损失准备50%。

损失：按成本与市价孰低原则计提准备的权益类资产，其中计提的准备金部分；有足够理由证明资产价值的减值程度在50%以上；在采取所有可能的措施或一切必要的法律程序后，资产及收益仍然无法收回，或只能收回极少部分。计提损失准备100%。

6.1.2.1.3　固定资产减值准备的确认标准和计提方法

本公司于期末对固定资产进行检查，如发现存在下列情况，则评价固定资产的可收回金额，以确定资产是否已经发生减值。对于可收回金额低于其账面价值的固定资产，分别按该单项固定资产可收回金额低于其账面价值的差额计提减值准备。

（1）资产的市价当期大幅度下跌，其跌幅明显高于因时间推移或者正常使用而预计的下跌；

（2）本公司经营所处的经济、技术或法律环境以及资产所处的市场在当期或将在近期发生重大变化，从而对本公司产生不利影响；

（3）市场利率或其他市场投资回报率当期已经提高，从而影响本公司计算资产预计未来现金流量现值的折现率，导致资产可收回金额大幅度降低；

（4）有证据表明该资产已经陈旧过时或其实体已经损坏；

（5）该资产已经或将被闲置、终止使用或者计划提前处置；

（6）内部报告的证据表明该资产的经济绩效已经低于或者将低于预期，资产所创造的净现金流量或者实现的营业利润（或者亏损）远远低于（或者高于）预计金额；

（7）其他表明该资产可能已经发生减值的迹象。

6.1.2.1.4　无形资产减值准备的确认标准和计提方法

本公司期末对使用寿命不确定的无形资产及使用寿命确定、存在下列一项或若干项情况的无形资产，按其预计可收回金额低于账面价值的差额计提无形资产减值准备。

（1）已被其他新技术所代替，使其为本公司创造经济利益的能力受到重大不利影响；

（2）市价在当期大幅下跌，在剩余摊销年限内预期不会恢复；

（3）某项无形资产已超过法律保护期限，但仍然具有部分使用价值；

（4）其他足以证明实质上已经发生减值的情形。

6.1.2.2　金融资产四分类的范围和标准

本公司按投资目的和经济实质对拥有的金融资产分为以公允价值计量且其变动计入当期损益的金融资产、持有至到期投资、贷款和应收款项和可供出售金融资产四大类。

以公允价值计量且其变动计入当期损益的金融资产是指持有的主要目的是短期内出售的并以公允价值计量且其变动计入当期损益的金融资产，在资产负债表中以交易性金融资产列示。

持有至到期投资是指到期日固定、回收金额固定或可确

定,且管理层有明确意图和能力持有至到期的非衍生金融资产。

贷款和应收款项是指在活跃市场中没有报价,回收金额固定或可确定的非衍生金融资产,包括应收票据、应收账款、应收利息及其他应收款等。

可供出售金融资产包括初始确认时即被指定为可供出售的非衍生金融资产及未被划分为其他类的金融资产。

6.1.2.3 交易性金融资产核算方法

交易性金融资产以公允价值进行初始确认,取得时发生的相关交易费用直接计入当期损益。当某项金融资产收取现金流量的合同权利已终止或与该金融资产所有权上几乎所有的风险和报酬已转移至转入方的,终止确认该金融资产。

以公允价值计量且其变动计入当期损益的金融资产按照公允价值进行后续计量,公允价值变动计入公允价值变动损益;在资产持有期间所取得的利息或现金股利,确认为投资收益;处置时,其公允价值与初始入账金额之间的差额确认为投资损益,同时调整公允价值变动损益。

6.1.2.4 可供出售金融资产核算方法

可供出售金融资产以公允价值进行初始确认。取得时发生的相关交易费用计入初始确认金额。当某项金融资产收取现金流量的合同权利已终止或与该金融资产所有权上几乎所有的风险和报酬已转移至转入方的,终止确认该金融资产。

可供出售金融资产按照公允价值进行后续计量,但在活跃市场中没有报价且其公允价值不能可靠计量的权益工具投资,按照成本计量。可供出售金融资产的公允价值变动计入所有者权益;持有期间按实际利率法计算的利息,计入投资收益;可供出售权益工具投资的现金股利,于被投资单位宣告发放股利时计入投资收益;处置时,取得的价款与账面价值扣除原直接计入所有者权益的公允价值变动累计额之后的差额,计入投资损益。

6.1.2.5 持有至到期投资核算方法

持有至到期投资以公允价值进行初始确认。取得时发生的相关交易费用计入初始确认金额。当某项金融资产收取现金流量的合同权利已终止或与该金融资产所有权上几乎所有的风险和报酬已转移至转入方的,终止确认该金融资产。

持有至到期投资采用实际利率法,以摊余成本列示。持有期间应当按照实际利率法确认利息收入,计入投资收益。实际利率应当在取得持有至到期投资时确定,在随后期间保持不变。处置时,应将所取得价款与该投资账面价值之间的差额确认为投资收益。

6.1.2.6 长期股权投资核算方法

6.1.2.6.1 长期股权投资的初始计量

通过同一控制下的企业合并取得的长期股权投资,在合并日按照取得被合并方所有者权益账面价值的份额作为长期股权投资的初始投资成本。通过非同一控制下的企业合并取得的长期股权投资,以在合并(购买)日为取得对被合并(购买)方的控制权而付出的资产、发生或承担的负债以及发行的权益性证券的公允价值作为合并成本。在合并(购买)日按照合并成本作为长期股权投资的初始投资成本。

除上述通过企业合并取得的长期股权投资外,长期股权投资通过支付的现金、付出的非货币性资产或发行的权益性证券的方式取得的,以其公允价值作为长期股权投资的初始投资成本;长期股权投资通过债务重组方式取得的,以债权转为股权所享有股份的公允价值确认为对债务人的初始投资成本;长期股权投资是投资者投入的,以投资合同或协议约定的价值作为初始投资成本,但合同或协议约定价值不公允时,则以投入股权的公允价值作为初始投资成本。

6.1.2.6.2 长期股权投资的后续计量

本公司对子公司的投资,是指本公司对其拥有实际控制权的股权投资。本公司对子公司投资采用成本法核算,编制合并财务报表时按权益法进行调整。

本公司对合营公司的投资,是指按照合同约定对某项经济活动所共有的控制,仅在与该项经济活动相关的重要财务和生产经营决策需要分享控制权的投资方一致同意时存在的股权投资。对合营投资本公司采用权益法核算。

本公司对联营公司的投资,是指本公司对其具有重大影响的股权投资。对联营投资本公司采用权益法核算。

本公司对不具重大影响,并且在活跃市场中没有报价、公允价值不能可靠计量的长期股权投资,采用成本法核算。本公司对不具重大影响,但在活跃市场中有报价或公允价值能够可靠计量的长期股权投资,在可供出售金融资产项目列报,采用公允价值计量,其公允价值变动计入所有者权益。

采用成本法核算的长期股权投资,按被投资单位宣告分派的现金股利或利润,确认为当期投资收益。

采用权益法核算的长期股权投资,本公司按应享有或应分担的被投资单位的净损益份额确认当期投资损益。确认被投资单位发生的净亏损,以长期股权投资的账面价值以及其他实质上构成对被投资单位净投资的长期权益减记至零为限,但本公司负有承担额外损失义务且符合或有事项准则所规定的预计负债确认条件的,继续确认投资损失和预计负债。被投资单位除净损益以外股东权益的其他变动,在持股比例不变的情况下,本公司按照持股比例计算应享有或承担的部分直接计入资本公积。被投资单位分派的利润或现金股利于宣告分派时按照本公司应分得的部分,相应减少长期股权投资的账面价值。

6.1.2.6.3 长期股权投资核算方法的转换

(1)权益法改按成本法

本公司因减少投资等原因对被投资单位不再具有共同控制或重大影响的,并且在活跃市场中没有报价、公允价值不能可靠计量的长期股权投资,应当改按成本法核算。

本公司因追加投资等原因能够对被投资单位实施控制的,应当改按成本法核算。

(2)成本法改按权益法

本公司因追加投资等原因能够对被投资单位实施共同控制或重大影响但不构成控制的,或因处置投资等原因对被投资单位不再具有控制但能够对被投资单位实施共同控制或重大影响的,应当改按权益法核算。

6.1.2.6.4 长期股权投资的处置

处置长期股权投资,其账面价值与实际取得价款的差额,应当计入当期投资收益。采用权益法核算的长期股权投资,因被投资单位除净损益以外所有者权益的其他变动而计入所有者权益的,处置该项投资时应当将原计入所有者权益的部分按相应比例转入当期投资收益。

处置长期股权投资时，应同时结转已计提的减值准备。处置部分某项长期股权投资时，应按相应比例结转已计提的减值准备。

6.1.2.7　投资性房地产核算方法

报告期内，本公司无投资性房地产。

6.1.2.8　固定资产计价和折旧方法

固定资产是指为生产商品、提供劳务、出租或经营管理而持有的，使用寿命超过一个会计年度的有形资产。

（1）固定资产的计价方法

固定资产按其成本作为入账价值。其中，外购的固定资产的成本包括买价、增值税（可抵扣的增值税进项税额除外）、进口关税等相关税费，以及为使固定资产达到预定可使用状态前所发生的可直接归属于该资产的其他支出；自行建造固定资产的成本，由建造该项资产达到预定可使用状态前所发生的必要支出构成；投资者投入的固定资产，按投资合同或协议约定的价值作为入账价值，但合同或协议约定价值不公允的按公允价值入账；融资租赁租入的固定资产，按租赁开始日租赁资产公允价值与最低租赁付款额现值两者中较低者，作为入账价值。

（2）固定资产的分类和折旧方法

除已提足折旧仍继续使用的固定资产，及按照规定单独估价作为固定资产入账的土地等情况外，本公司对所有固定资产计提折旧。折旧方法为平均年限法，固定资产预计残值为资产原值的0～5%。固定资产分类、折旧年限和折旧率如下表：

| 资产类别 | 折旧年限 | 年折旧率（%） |
|---|---|---|
| 运输设备 | 7～15 | 14.29～6.33 |
| 其他设备 | 5～14 | 20～6.79 |
| 房屋 | 8～40 | 12.5～2.38 |

6.1.2.9　无形资产计价及摊销政策

无形资产是指本公司拥有或控制的没有实物形态的可辨认非货币性资产，包括专利权、非专利技术、商标权、著作权、土地使用权、特许权等。本公司的主要无形资产是电脑软件等。

（1）无形资产的计价方法

无形资产在取得时，按实际成本计量。购入的无形资产，按实际支付的价款和相关的其他支出作为实际成本；投资者投入的无形资产，按投资合同或协议约定的价值确定实际成本，但合同或协议约定价值不公允的，按公允价值确定实际成本。

（2）无形资产摊销方法和期限

使用寿命有限的无形资产，应当自无形资产可供使用时起，至不再作为无形资产确认时止，在使用寿命期采用直线法摊销，使用寿命不确定的无形资产不应摊销。本公司于每年年度终了，对使用寿命有限的无形资产的预计使用寿命及摊销方法进行复核。并于每个会计期间，对使用寿命不确定的无形资产的预计使用寿命进行复核，对于有证据表明无形资产的使用寿命是有限的，则估计其使用寿命并在预计使用寿命内摊销。

6.1.2.10　长期应收款的核算方法

长期应收款是指期限超过1年的应收款项，按照合同或协议价款作为初始入账金额。

6.1.2.11　长期待摊费用的摊销政策

本公司长期待摊费用是指已经支出，但摊销期限在1年以上的各项费用。长期待摊费用在受益期内平均摊销。

6.1.2.12　合并会计报表的编制方法

本公司无纳入合并范围的子公司。

6.1.2.13　收入确认原则和方法

本公司的营业收入主要包括利息收入、手续费及佣金收入等，其收入确认原则如下。

（1）利息收入，按让渡资金使用权的时间和适用利率计算确定；

（2）手续费及佣金收入可分为信托报酬和中间业务收入（如财务顾问费等），信托报酬按照信托合同约定的计提方法、时间和比例确认，合理的中间业务收入在收到时一次性确认收入。

6.1.2.14　所得税的会计处理方法

本公司所得税采用资产负债表债务法核算。

递延所得税资产和递延所得税负债根据资产和负债的计税基础与其账面价值的差额（暂时性差异）计算确认。对于按照税法规定能够于以后年度抵减应纳税所得额的可抵扣亏损和税款抵减，视同暂时性差异确认相应的递延所得税资产。于资产负债表日，递延所得税资产和递延所得税负债，按照预期收回该资产或清偿该负债期间的适用税率计量。

递延所得税资产的确认以本公司很可能取得用来抵扣可抵扣暂时性差异、可抵扣亏损和税款抵减的应纳税所得额为限。对已确认的递延所得税资产，当预计到未来期间很可能无法获得足够的应纳税所得额用以抵扣递延所得税资产时，应当减记递延所得税资产的账面价值。在很可能获得足够的应纳税所得额时，减记的金额予以转回。

6.1.2.15　信托报酬确认原则和方法

本公司按照信托合同约定的计提方法、时间和比例确认受托人报酬。

## 6.2　或有事项说明

无。

## 6.3　重要资产转让及其出售的说明

报告期内，本公司无重要资产转让及出售。

## 6.4　会计报表中重要项目的明细资料

### 6.4.1　自营资产经营情况

6.4.1.1　信用风险资产的期初数、期末数

| 信用风险资产五级分类 | 正常类（万元） | 关注类（万元） | 次级类（万元） | 可疑类（万元） | 损失类（万元） | 信用风险资产合计（万元） | 不良合计（万元） | 不良率（%） |
|---|---|---|---|---|---|---|---|---|
| 期初数 | 74 262.50 | 1 646.55 | 135.51 |  | 3.33 | 76 047.89 | 138.84 | 0.03 |
| 期末数 | 80 557.87 | 0 | 0 | 0 | 0 | 80 557.87 | 0 | 0 |

注：不良资产合计＝次级类＋可疑类＋损失类。

6.4.1.2 各项资产减值损失准备的期初、本期计提、本期转回、本期核销、期末数

单位:万元

| | 期初数 | 本期计提 | 本期转回 | 本期核销 | 期末数 |
|---|---|---|---|---|---|
| 贷款损失准备 | 658.00 | | 308.00 | | 350.00 |
| 一般准备 | 658.00 | | 308.00 | | 350.00 |
| 专项准备 | | | | | |
| 其他资产减值准备 | 33.88 | | 33.88 | | |
| 可供出售金融资产减值准备 | | | | | |
| 持有至到期投资减值准备 | | | | | |
| 长期股权投资减值准备 | 64.23 | 352.97 | | | 417.20 |
| 坏账准备 | 56.66 | | 18.28 | | 38.38 |
| 投资性房地产减值准 | | | | | |

6.4.1.3 自营股票投资、基金投资、债券投资、股权投资等投资业务的期初数、期末数

单位:万元

| | 自营股票 | 基金 | 债券 | 长期股权投资 |
|---|---|---|---|---|
| 期初数 | 34 139.30 | | 40 236.94 | 6 358.72 |
| 期末数 | 37 500.48 | 1 129.36 | 5 000.00 | 41 302.80 |

6.4.1.4 前五名的自营长期股权投资的企业名称、占被投资企业权益的比例、主要经营活动及投资收益情况等

| 企业名称 | 占被投资企业权益的比例(%) | 投资收益(万元) |
|---|---|---|
| 1. 华电福新能源有限公司 | 3.49 | — |
| 2. 融源广达(天津)股权投资管理合伙企业(有限合伙) | 49 | 426.89 |
| 3. 上海大众保险股份有限公司 | 0.24 | — |

6.4.1.5 前五名的自营贷款的企业名称、占贷款总额的比例和还款情况

| 企业名称 | 占贷款总额的比例(%) | 还款情况 |
|---|---|---|
| 1. 天津中冠网球中心投资有限公司 | 100 | 未到还款期 |

6.4.1.6 表外业务的期初数、期末数

无表外业务。

6.4.1.7 公司当年收入结构

| 收入结构 | 金额(万元) | 占比(%) |
|---|---|---|
| 手续费及佣金收入 | 44 425.41 | 59.79 |
| 其中:信托手续费收入 | 43 468.41 | 58.50 |
| 投资银行业务收入 | | |
| 利息收入 | 4 605.87 | 6.20 |
| 其他业务收入 | 69.96 | 0.09 |
| 其中:计入信托业务收入部分 | | |
| 投资收益 | 25 135.06 | 33.82 |
| 其中:股权投资收益 | 1 056.60 | 1.42 |
| 公允价值变动收益 | -2 985.65 | -4.02 |
| 其他投资收益 | 27 064.11 | 36.42 |
| 营业外收入 | 72.93 | 0.10 |
| 收入合计 | 74 309.23 | 100 |

**6.4.2 信托资产管理情况**

6.4.2.1 信托资产的期初数、期末数

单位:万元

| 信托资产 | 期初数 | 期末数 |
|---|---|---|
| 集合 | 154 711.36 | 881 435.79 |
| 单一 | 5 724 139.14 | 4 465 012.10 |
| 财产权 | 101 489.34 | 5 000.00 |
| 合计 | 5 980 339.84 | 5 351 447.89 |

6.4.2.1.1 主动管理型信托业务期初数、期末数

单位:万元

| 主动管理型信托资产 | 期初数 | 期末数 |
|---|---|---|
| 证券投资类 | 183 816.36 | 105 701.58 |
| 股权投资类 | 85 671.00 | 392 420.72 |
| 融资类 | 1 407 866.00 | 4 163 697.59 |
| 事务管理类 | 0 | 0 |
| 合计 | 1 677 353.36 | 4 661 801.89 |

6.4.2.1.2 被动管理型信托业务期初数、期末数

单位:万元

| 被动管理型信托资产 | 期初数 | 期末数 |
|---|---|---|
| 证券投资类 | 20 003.00 | 0 |
| 股权投资类 | 80 000.00 | 0 |
| 融资类 | 4 202 983.48 | 689 646.00 |
| 事务管理类 | 0 | 0 |
| 合计 | 4 302 986.48 | 689 646.00 |

6.4.2.2 本年度已清算结束的信托项目个数、实收信托合计金额、加权平均实际年化收益率

6.4.2.2.1 本年度已清算结束的集合类、单一类资金信托项目和财产管理类信托项目个数、实收信托金额、加权平均实际年化收益率

| 已清算结束信托项目 | 项目个数 | 合计金额(万元) | 加权平均实际年化收益率(%) |
|---|---|---|---|
| 集合类 | 3 | 18 400.00 | 25.58 |
| 单一类 | 122 | 3 102 496.60 | 3.89 |
| 财产管理类 | 32 | 95 750 | 4.67 |

注:收益率是指信托项目清算后,给受益人赚取的实际收益水平。加权平均实际年化收益率=(信托项目1的实际年化收益率×信托项目1的实收信托+信托项目2的实际年化收益率×信托项目2的实收信托+…信托项目n的实际年化收益率×信托项目n的实收信托)/(信托项目1的实收信托+信托项目2的实收信托+…信托项目n的实收信托)×100%。

6.4.2.2.2 本年度已清算结束的主动管理型信托项目个数、实收信托合计金额、加权平均实际年化收益率、加权平均实际年化收益率

| 已清算结束信托项目 | 项目个数 | 合计金额(万元) | 信托报酬率(%) | 加权平均实际年化收益率(%) |
|---|---|---|---|---|
| 证券投资类 | 1 | 5 000.00 | 0.38 | 75.33 |
| 股权投资类 | 2 | 40 000.00 | 1.25 | 3.37 |
| 融资类 | 78 | 1 948 655.30 | 0.68 | 3.8 |
| 事务管理类 | | | — | — |

注:加权平均实际年化信托报酬率=(信托项目1的实际年化信托报酬率×信托项目1的实收信托+信托项目2的实际年化信托报酬率×信托项目2的实收信托+…信托项目n的实际年化信托报酬率×信托项目n的实收信托)/(信托项目1的实收信托+信托项目2的实收信托+…信托项目n的实收信托)×100%。

6.4.2.2.3 本年度已清算结束的被动管理型信托项目个数、实收信托合计金额、加权平均实际年化收益率

| 已清算结束信托项目 | 项目个数 | 合计金额（万元） | 信托报酬率（%） | 加权平均实际年化收益率（%） |
|---|---|---|---|---|
| 证券投资类 | | | — | — |
| 股权投资类 | | | — | — |
| 融资类 | 76 | 1 222 991.30 | 0.07 | 4.15 |
| 事务管理类 | | | — | — |

6.4.2.3 本年度新增的集合类、单一类和财产管理类信托项目个数、实收信托合计金额

| 新增信托项目 | 项目个数 | 合计金额（万元） |
|---|---|---|
| 集合类 | 20 | 761 859.00 |
| 单一类 | 36 | 2 264 002.00 |
| 财产管理类 | | |
| 新增合计 | 56 | 3 025 861.00 |
| 其中：主动管理型 | 56 | 3 025 861.00 |
| 被动管理型 | | |

6.4.2.4 本公司履行受托人义务情况及因本公司自身责任而导致的信托资产损失情况

本公司根据《信托法》、《信托投资公司管理办法》等相关法律法规的规定，在管理或处分信托财产时，履行了恪尽职守，诚实、信用、谨慎、有效管理的义务。具体为：

（1）遵守信托文件的规定，为受益人的最大利益处理信托事务；

（2）将受托人的固有财产与信托财产进行分别管理、分别记账，并将不同委托人的信托财产分别管理、分别记账。

截至2010年12月31日，本公司未发生因自身责任导致信托资产损失的情况。

## 6.5 关联方关系及其交易的披露

### 6.5.1 关联交易方的数量、关联交易的总金额及关联交易的定价政策

| | 关联交易数量 | 关联交易金额（万元） | 定价政策 |
|---|---|---|---|
| 合计 | 26 | 1 534 592.00 | 按照公允价格协议作价 |

注：关联交易以《公司法》和《企业会计准则第36号—关联方披露》有关规定为准。

### 6.5.2 关联交易方与本公司的关系性质、关联交易方基本信息

| 关系性质 | 关联方名称 | 法定代表人 | 注册地址 | 注册资本（万元） | 主营业务 |
|---|---|---|---|---|---|
| 受控于同一实际控制人 | 重庆市佳朋地产开发有限公司 | 陈宏国 | 重庆市渝北区龙溪红石路 | 800 | 房地产开发等 |
| | 大庆久隆房地产开发股份有限公司 | 孙洪海 | 黑龙江省大庆市龙凤区龙凤大街北1号楼 | 5 000 | 房地产开发与经营 |
| | 中油管道房地产开发有限公司 | 王　勇 | 廊坊市广阳区金光道46号 | 4 000 | 房地产经营等 |
| | 兰州高阳房地产开发公司 | 朱继刚 | 兰州市西固区庄浪路808号 | 2 000 | 房地产开发 |

续表

| 关系性质 | 关联方名称 | 法定代表人 | 注册地址 | 注册资本（万元） | 主营业务 |
|---|---|---|---|---|---|
| 受控于同一实际控制人 | 辽阳市宏伟区龙泽房地产开发有限公司 | 王　路 | 辽宁省辽阳市荣华大街东段2号 | 1 100 | 房地产开发 |
| | 松原市吉油房地产开发有限责任公司 | 彭　钊 | 松原经济技术开发区镜湖区（新大公司二楼） | 2 000 | 房屋建设开发 |
| | 抚顺石化房地产综合开发股份有限公司 | 卜　凡 | 抚顺市顺城区河堤北路7号 | 826 | 房地产开发等 |
| | 成都市陈杨房地产开发有限公司 | 张　平 | 成都市武侯区新光路7号2幢10号 | 800 | 房地产开发等 |
| | 乌鲁木齐塔里木石油酒店 | 盛　强 | 乌鲁木齐市北京中路666号 | 2 020 | 住宿、餐饮 |
| | 大庆油田房屋建设开发有限责任公司 | 袁　宇 | 黑龙江省大庆市让胡路区西柳街13号 | 8 327 | 房地产开发 |
| | 大庆恒新房地产开发有限公司 | 陈志华 | 黑龙江省大庆开发区 | 2 000 | 房地产开发 |
| | 华北石油大陆房地产开发有限公司 | 崔培业 | 河北省任丘市渤海东路 | 1 172.8 | 房地产开发 |
| | 辽阳石油钢管厂 | 叶苏锦 | 辽宁省辽阳市文圣区鹅房街7号 | 64 371 | 机械、加工 |
| | 中国石油天然气股份有限公司煤层气有限责任公司 | 接铭训 | 北京市西城区六铺炕街6号1号楼417室 | 820 000 | 勘探、钻井、采油等 |
| | 中国石油集团济柴动力总厂 | 姜小兴 | 山东济南市经十西路11966号 | 60 895 | 机械、加工 |
| | 宝鸡石油机械有限责任公司 | 张永泽 | 宝鸡市金台区东风路2号 | 251 214 | 机械、加工 |
| | 宝鸡石油钢管有限责任公司 | 钟裕敏 | 宝鸡市高新区滨河路1号 | 64 371 | 机械、加工 |
| | 辽河石油勘探局 | 谢文彦 | 辽宁省盘锦市兴隆台区振兴街 | 560 000 | 勘探、钻井、采油等 |
| | 长庆石油勘探局 | 冉新权 | 西安市未央区长庆兴隆小区 | 262 264 | 勘探、钻井、采油等 |
| | 新疆石油管理局 | 陈新发 | 克拉玛依市友谊路98号 | 680 000 | 勘探、钻井、采油等 |
| | 四川石油管理局 | 李鹭光 | 成都市府青路一段三号 | 240 064 | 勘探、钻井、采油等 |
| | 大港油田集团有限责任公司 | 李建青 | 天津市大港区三号院 | 358 591 | 勘探、钻井、采油等 |
| | 华北石油管理局 | 苏俊 | 河北省任丘市会战大道 | 385 098 | 勘探、钻井、采油等 |
| | 中国石油天然气股份有限公司山西煤层气勘探开发分公司 | 赵贤正 | 山西省沁水县梅杏北路59号 | 820 000 | 勘探、钻井、采油等 |

#### 6.5.3 本公司与关联方的重大交易事项

6.5.3.1 固有财产与关联方交易情况

单位：万元

| | 期初数 | 借方发生额 | 贷方发生额 | 期末数 |
|---|---|---|---|---|
| 贷款 | — | — | — | — |
| 投资 | — | 7 527.50 | 0 | 7 527.50 |
| 租赁 | — | 126.20 | 0 | 126.20 |
| 其他 | — | 815.30 | 0 | 815.30 |
| 合计 | — | 8 469.00 | 0 | 8 469.00 |

6.5.3.2 信托与关联方交易情况

单位：万元

| | 期初数 | 借方发生额 | 贷方发生额 | 期末数 |
|---|---|---|---|---|
| 贷款 | 165 000.00 | 75 300.00 | 71 653.00 | 168 647.00 |
| 投资 | 316 000.00 | 621 702.00 | 119 600.00 | 818 102.00 |
| 合计 | 481 000.00 | 697 002.00 | 191 253.00 | 986 749.00 |

6.5.3.3 固信交易与信信交易情况

6.5.3.3.1 固信交易情况

单位：万元

| | 固有财产与信托财产相互交易 | | |
|---|---|---|---|
| | 期初数 | 本期发生额 | 期末数 |
| 合计 | 51 788.00 | 40 920.00 | 92 708.00 |

6.5.3.3.2 信信交易情况

单位：万元

| | 期初数 | 借方发生额 | 贷方发生额 | 期末数 |
|---|---|---|---|---|
| 贷款 | | 10 000.00 | 10 000.00 | |
| 投资 | | 455 135.00 | | 455 135.00 |
| 合计 | | 465 135.00 | 10 000.00 | 455 135.00 |

#### 6.5.4 关联方逾期未偿还本公司资金情况及本公司为关联方担保垫款情况

报告期内，无上述情况发生。

### 6.6 会计制度的披露

固有业务（自营业务）本公司执行2006版《企业会计准则》和《金融企业会计制度》及相关规定。

信托业务本公司执行2005年版《信托业务会计核算办法》及相关规定。

## 7. 财务情况说明书

### 7.1 利润实现和分配情况

2010年，利润总额为60 981万元，同比增加了24 515万元，增长67.22%。净利润为45 327万元，同比增加了17 979万元，增长65.74%。

报告期末分配利润变动情况：

单位：万元

| 项　目 | 金额 |
|---|---|
| 本年初余额 | 26 229.36 |
| 本年增加额 | 45 327.43 |
| 其中：本年净利润转入 | 45 327.43 |
| 其他调整因素 | 0 |
| 本年减少额 | 18 402.49 |
| 其中：本年提取盈余公积 | 4 532.74 |
| 本年提取一般风险准备 | 2 266.37 |
| 本年分配现金股利数 | 11 603.38 |
| 转增资本 | 0 |
| 其他减少 | 0 |
| 本年年末余额 | 53 154.30 |

### 7.2 主要财务指标

| 指标名称 | 指标值 |
|---|---|
| 资本利润率（%） | 11.38 |
| 加权年化信托报酬率（%） | 1.53 |
| 人均净利润（万元/人） | 374.61 |

注：1. 资本利润率＝净利润/所有者权益平均余额×100%。

2. 加权年化信托报酬率＝（信托项目1的实际年化信托报酬率×信托项目1的实收信托＋信托项目2的实际年化信托报酬率×信托项目2的实收信托＋…信托项目n的实际年化信托报酬率×信托项目n的实收信托）/（信托项目1的实收信托＋信托项目2的实收信托＋…信托项目n的实收信托）×100%。

3. 人均净利润＝净利润/年平均人数。

4. 平均值采取年初、年末余额简单平均法，公式为：a（平均）＝（年初数＋年末数）/2。

### 7.3 对本公司财务状况、经营成果有重大影响的其他事项

无。

## 8. 特别事项揭示

### 8.1 前五名股东报告期内变动情况及原因

报告期内，公司股东情况无变动。

### 8.2 董事、监事及高级管理人员变动情况及原因

### 8.3 公司的重大诉讼事项

| 职务 | 前任 | 现任 | 变动原因 |
|---|---|---|---|
| 董事 | 温青山、王亮、杨冬艳、向泽、叶旺、李效熙、王毓信、尹中立、王利平 | 温青山、王亮、杨冬艳、周远鸿、叶旺、李效熙、王毓信、尹中立、王利平 | 向泽因退休辞去董事职务，股东会选举周远鸿为董事。 |
| 监事 | 谢戈果、盖文国、胡志明、黄志斌、马荣伟 | 谢戈果、盖文国、胡志明、马荣伟 | 因工作变动，黄志斌辞去职工监事职务。 |
| 高级管理人员 | 总裁：王亮；副总裁：姚飞、李效熙、董巍、朱佳平；财务总监：刘刚 | 总裁：王亮；副总裁：姚飞、李效熙、董巍、朱佳平、刘刚、黄志斌；财务总监：卢晓萍 | 因公司管理需要，对高管进行调整。 |

#### 8.3.1 未决诉讼事项

无。

#### 8.3.2 以前年度发生，本报告年度内终结诉讼事项

2010年，调解结案的案件1个，即江西都昌金鼎钨钼矿业有限公司股权回购逾期案件，涉及金额为7 197万元（股权转让价款5 197万元，违约金2 000万元），发生时间为2008年11月，诉讼对象为中国瑞联实业集团有限公司、浙江金财控股集团有限公司、杭州瑞协科技有限公司，该案件已于2010年9月调解结案，信托财产无损失。

#### 8.3.3 本报告年度发生并终结诉讼事项

无。

### 8.4 公司及其董事、监事和高级管理人员受到处罚的情况

无。

### 8.5 本年度重大事项临时报告情况

（1）《昆仑信托有限责任公司2009年度报告摘要》，披露于2010年4月28日《金融时报》加版第21版。

（2）《关于公司章程变更的公告》，披露于2010年6月10日《金融时报》07版。在《公司章程》中新增关于薪酬委员会的规定。

### 8.6 其他重要信息

无。

## 9. 公司监事会独立意见

### 9.1 关于公司依法运作情况的意见

2010年，公司坚持依法合规经营，不断完善内部控制制度，决策程序符合法律、法规及公司章程的有关规定。董事会、高级管理层成员认真履行职责，未发现有违反法律、法规或损害公司利益的行为。

### 9.2 关于公司财务报告的意见

公司2010年度财务报告按照中国企业会计准则编制。经立信会计师事务所审计过的公司财务报表，真实、公允地反映了公司的财务状况和经营成果，会计师事务所出具的无保留意见书是客观公正的。

### 9.3 关于关联交易的意见

公司20010年关联交易业务，符合商业原则和银监会监管要求，未发现有损害股东利益、公司利益和信托受益人利益的情形。

# 平安信托有限责任公司

## 1. 重要提示

1.1 本公司董事会及董事保证本报告所载资料不存在任何虚假记载、误导性陈述或者重大遗漏，并对其内容的真实性、准确性和完整性承担个别及连带责任。

1.2 独立董事夏立平、鲍友德、李罗力认为，本报告真实、准确、完整地披露了公司2010年的经营管理情况。

1.3 安永华明会计师事务所为本公司出具了标准无保留意见的年度审计报告。

1.4 公司董事长童恺、主管会计工作负责人封群、财务部负责人李佩锋保证年度报告中财务报告的真实、完整。

## 2. 公司概况

### 2.1 公司简介

2.1.1 公司法定中文名称：平安信托有限责任公司
公司法定英文名称：Ping An Trust Co., Ltd.（缩写为PATC）

2.1.2 公司法定代表人：童恺

2.1.3 公司注册地址：广东省深圳市福田中心区福华三路星河发展中心办公第12、第13层
邮政编码：518048
公司国际互联网网址：http://www.pingan.com
电子邮箱：pub_paxt@pingan.com.cn

2.1.4 信息披露事务负责人：宋成立
信息披露事务联系人：陶瑞珏
电话：(0755)4008819888
传真：(0755)82415828
电子邮箱：pub_paxt@pingan.com.cn

2.1.5 公司选定的信息披露报纸：《证券时报》、《中国证券报》、《上海证券报》、《证券日报》
公司年度报告备置地点：公司董事会秘书处

2.1.6 公司聘请的会计师事务所名称：安永华明会计师事务所
会计师事务所办公地址：北京市东城区东长安街1号东方广场安永大楼16层

### 2.2 组织结构

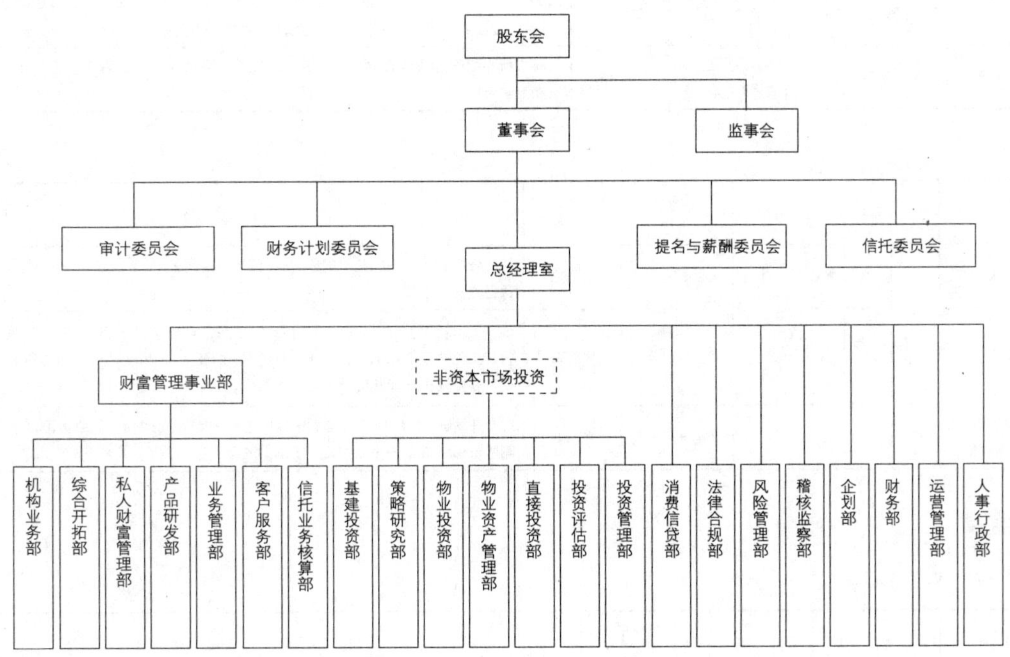

## 3. 公司治理结构

### 3.1 股东

报告期末公司股东总数为2个。

| 股东名称 | 持股比例(%) | 法定代表人 | 注册资本(亿元) | 注册地址 | 主要经营业务及主要财务情况 |
|---|---|---|---|---|---|
| ★中国平安保险(集团)股份有限公司(以下简称平安集团公司) | 99.88 | 马明哲 | 76.44 | 深圳市 | 投资保险企业、开展保险资金运用业务等;2010年末,公司资产总额为11 716亿元。 |
| 上海市糖业烟酒(集团)有限公司 | 0.12 | 葛俊杰 | 3.21 | 上海市 | 食品贸易、产业投资与管理、现代服务业等;2010年末,公司资产总额为205亿元。 |

注:★为公司最终实际控制人。

### 3.2 董事

董事长、副董事长、董事

| 姓名 | 职务 | 性别 | 年龄 | 选任日期 | 所推举的股东名称 | 该股东持股比例(%) | 简要履历 |
|---|---|---|---|---|---|---|---|
| 童 恺 | 董事长 | 男 | 40 | 2004年9月 | 平安集团公司 | 99.88 | 2004年7月,加入平安信托公司,现任平安信托有限责任公司董事长兼CEO。曾任高盛(亚洲)有限责任公司执行董事、亚太区保险投行业务主管(除日本外)。获得牛津大学ORIEL学院工程学硕士学位和欧洲商学院(INSEAD)工商管理硕士学位。 |
| 任汇川 | 董事 | 男 | 41 | 2011年4月 | 平安集团公司 | 99.88 | 1992年10月,加入平安集团公司;2011年3月,任中国平安保险(集团)股份有限公司总经理。获北京大学工商管理硕士学位。 |
| 王利平 | 董事 | 女 | 54 | 2007年10月 | 平安集团公司 | 99.88 | 1989年6月,加入平安集团公司;现任中国平安保险(集团)股份有限公司副总经理。获南开大学货币银行学硕士学位。 |
| 姚 波 | 董事 | 男 | 40 | 2007年10月 | 平安集团公司 | 99.88 | 2001年5月,加入平安集团公司;现任中国平安保险(集团)股份有限公司副总经理;曾任职德勤会计师事务所精算咨询高级经理。获美国纽约大学工商管理硕士学位。 |
| 吴岳翰 | 董事 | 男 | 41 | 2008年10月 | 平安集团公司 | 99.88 | 2000年2月,加入平安集团公司;现任中国平安保险(集团)股份有限公司副总经理兼首席市场执行官;曾任麦肯锡公司项目经理。获美国Hamilton学院经济学学士学位。 |
| 葛俊杰 | 董事 | 男 | 52 | 2004年9月 | 上海市糖业烟酒(集团)有限公司 | 0.12 | 上海市糖业烟酒(集团)有限公司董事长兼总裁、光明食品集团副总裁。获上海财经大学商业经济专业学位。 |

独立董事

| 姓名 | 所在单位及职务 | 性别 | 年龄 | 选任日期 | 所推举的股东名称 | 该股东持股比例(%) | 简要履历 |
|---|---|---|---|---|---|---|---|
| 夏立平 | 退休 | 男 | 73 | 2007年10月 | 平安集团公司 | 99.88 | 曾历任中国人民银行金管司副司长、稽核司副司长、货币金银司司长等。获安徽财贸学院银行专业学士学位。 |
| 鲍友德 | 退休 | 男 | 79 | 2008年8月 | 平安集团公司 | 99.88 | 现任上海市总会计师研究会名誉会长、上海市会计学会顾问、上海市财政税务学会顾问;曾任上海市税务局第二分局副局长、副处长,上海市财政局及上海市税务局局长、党委书记。获上海财经学院会计专业学士学位。 |
| 李罗力 | 综合开发研究院(深圳)副理事长 | 男 | 64 | 2007年10月 | 平安集团公司 | 99.88 | 综合开发研究院(深圳)副理事长;曾历任南开大学经济研究所副所长、国家物价局物价研究所副所长、深圳市政府办公室副主任、深圳市委副秘书长等。获南开大学经济学硕士学位。 |

### 3.3 监事

监事会成员

| 姓名 | 职务 | 性别 | 年龄 | 选任日期 | 所推举的股东名称 | 股东持股比例(%) | 简要履历 |
|---|---|---|---|---|---|---|---|
| 叶素兰 | 监事会主席 | 女 | 54 | 2006年3月 | 平安集团公司 | 99.88 | 2011年1月,任中国平安保险(集团)股份有限公司副总经理兼首席稽核执行官兼合规负责人兼审计责任人。 |
| 肖建荣 | 监事 | 男 | 50 | 2004年9月 | 平安集团公司 | 99.88 | 中国平安保险(集团)股份有限公司党群工作部总经理。 |
| 方渭清 | 监事 | 男 | 33 | 2010年12月 | 职工代表 | — | 平安信托有限责任公司稽核监察部副总经理。 |

### 3.4 高级管理人员

报告期末,公司在职高级管理人员情况

| 姓 名 | 职 务 | 性 别 | 年 龄 | 选任日期 | 金融从业年限(年) | 学 历 | 专 业 | 简 要 履 历 |
|---|---|---|---|---|---|---|---|---|
| 宋成立 | 总经理 | 男 | 50 | 2003年7月 | 20 | 硕士 | 管理学 | 2003年7月,加入平安信托公司;原任中国平安财产保险股份有限公司副总经理。 |
| 张礼庆 | 副总经理 | 男 | 45 | 2006年8月 | 19 | 博士 | 金融 | 2003年1月,加入平安信托公司;历任平安信托有限责任公司总经理助理、副总经理。 |
| 何 勇 | 副总经理 | 男 | 41 | 2008年8月 | 17 | 本科 | 物理学 | 2005年6月,加入平安信托公司;历任平安信托有限责任公司总经理助理、副总经理。 |
| 封 群 | 副总经理 | 男 | 41 | 2010年8月 | 17 | 硕士 | 工商管理 | 2010年8月,加入平安信托公司;原任深圳平安财富通咨询有限公司总经理。 |
| 韩 晓 | 总经理助理 | 男 | 40 | 2011年4月 | 16 | 本科 | 历史学 | 2011年4月,加入平安信托公司;原任中国平安人寿保险股份有限公司宁波分公司总经理。 |

### 3.5 公司员工

报告期末,公司职工人数为973人,平均年龄30岁,其中博士学历占1%、硕士学历占33%、本科学历占53%、其他学历占13%。

## 4. 经营管理

### 4.1 经营目标、方针、战略规划

公司的经营目标:铸就中国私人财富管理第一品牌,打造非资本市场投资竞争优势,实现公司资产规模和盈利快速增长。财富管理,实现客户最多、规模最大;非资本市场投资,建立卓越的投资能力、投资体系和拥有最好的投资人才。

公司的经营方针:品质优先,利润导向;遵纪守法,挑战新高。

公司的战略规划:切入最具成长性的中国高净值人士理财市场,重点发展私人财富管理业务,兼顾发展机构法人业务;建立一流的投资队伍,最有效的投融资平台,最丰富的产品组合,形成亚洲最具影响力的非资本市场投资能力;合理配置资源,高效运用资金,力争ROE水平位居行业前列,保持中国一流的、最具创新力的信托公司的行业领先地位。

### 4.2 经营业务的主要内容

本公司(本报告中所称的"本公司"或"公司",均指母公司;本报告中所称的"本集团"或"集团",则为本公司及其子公司)的主要经营业务。

**自营资产运用与分布表**

| 资产运用 | 金额(万元) | 占比(%) | 资产分布 | 金额(万元) | 占比(%) |
|---|---|---|---|---|---|
| 货币资产 | 68 819.73 | 4.35 | 基础产业 | 0.00 | 0.00 |
| 贷款及应收款 | 146 253.46 | 9.25 | 房地产业 | 69 150.49 | 4.37 |
| 交易性金融资产 | 52 231.08 | 3.30 | 证券市场 | 52 231.08 | 3.30 |
| 买入返售金融资产 | 238 000.00 | 15.05 | 实业 | 720 276.51 | 45.55 |
| 可供出售金融资产 | 305 893.11 | 19.35 | 金融机构 | 582 791.95 | 36.86 |
| 长期股权投资 | 705 268.21 | 44.61 | 其他 | 156 719.55 | 9.92 |
| 其他 | 64 703.99 | 4.09 | | | |
| 资产总计 | 1 581 169.58 | 100.00 | 资产总计 | 1 581 169.58 | 100.00 |

注:除特别说明外,本报告中的数据均以人民币计量。

**信托资产运用与分布表**

| 资产运用 | 金额(万元) | 占比(%) | 资产分布 | 金额(万元) | 占比(%) |
|---|---|---|---|---|---|
| 货币资产 | 587 818.58 | 4.21 | 基础产业 | 6 875 038.03 | 49.25 |
| 贷款 | 7 840 744.00 | 56.17 | 房地产 | 2 074 946.69 | 14.86 |
| 交易性金融资产 | 1 183 866.91 | 8.48 | 证券市场 | 1 296 867.72 | 9.29 |
| 可供出售金融资产 | 550 982.20 | 3.95 | 实业 | 1 928 238.16 | 13.81 |
| 长期股权投资 | 2 718 261.87 | 19.47 | 金融机构 | 1 432 557.13 | 10.26 |
| 其他 | 1 077 746.11 | 7.72 | 其他 | 351 771.94 | 2.53 |
| 资产总计 | 13 959 419.67 | 100.00 | 资产总计 | 13 959 419.67 | 100.00 |

### 4.3 市场分析

#### 4.3.1 影响公司业务发展的有利因素

(1)宏观经济持续向好。2010年,我国经济保持了平稳较快增长势头,工业生产强力反弹,国内需求强劲,出口快速增长,三大动力协调性增强。2010年,我国经济延续了2009年以来的回升向好态势。全年GDP增长10.3%,增速比上年加快了1.1个百分点。不论是资本、产业还是货币市场,都带来了旺盛的信托投融资需求,为信托业迎来了难得的发展机遇。

(2)政策环境渐趋优化。2010年9月,《信托公司净资本管理办法》正式公布实施,建立了以净资本为核心的风险管理体制,加强了信托公司风险监控,提高了信托公司外部监管和内部控制的有效性。此外,银信合作进一步规范,房地产信托业务监管进一步加强,政策环境渐趋优化,推动信托公司业务转型及信托产品的不断创新,由内延式发展向外延式发展转变。

(3)居民理财需求高涨。2010年,中国经济发展继续保持良好增长态势,民间财富持续积累,居民的理财意识逐渐增强,理财观念得以更新,理财需求日益高涨,使个人财富从储蓄不断流向金融机构的各类理财产品,为信托公司开展私人理财业务提供了适宜的社会环境。

#### 4.3.2 影响公司业务发展的不利因素

(1)政策的不确定性。2010年,政策重心摇摆于刺激增长和管理通胀预期之间。意料之外的加息、房地产市场的频繁调控等政策的不确定性也为市场带来了诸多不确定性。目前,从最有可能成为信托行业的主营业务来看,(信贷)资产证券化、阳光私募基金、PE、房地产信托投资基金以及公益信托等无

一不是受到部门和行业利益的影响，而信托业的整体实力和话语权又使得上述业务难以成为信托行业的主营业务，从而给信托业未来形成稳定的业务模式和盈利模式带来了极大的不确定性。

（2）监管体系、制度有待完善。国内信托业政策环境已有大幅度改善，但与发达国家比还不成熟，信托法律法规体系还在逐步完善过程中。随着行业的业务创新和快速发展，一些信托相关配套法律法规制度的相对滞后，一定程度上影响了信托公司的快速发展和创新空间，特别是制约了期限长、规模大、具备较好风险对冲机制信托产品的开发与实施。

（3）市场竞争日趋激烈。金融混业经营趋势日趋明朗，信托业兼并重组的步伐明显加快；行业监管力度逐渐加强，信托公司两极分化局面加剧；各类金融机构的理财产品层出不穷，商业银行转型大力发展中间业务和私人银行，信托公司财富管理业务面临挑战；外资金融机构加速在中国布局，不断抢占理财产品市场份额。

## 4.4 内部控制

### 4.4.1 内部控制环境和内部控制文化

公司一向致力于构建全面完善的内部控制管理体系。公司内部控制旨在实现合理保证企业经营管理合法合规、保证企业资产安全、确保财务报告及相关信息真实完整、提高经营效率和效果、促进企业实现发展战略等目标，建立了覆盖全面、针对性强、执行到位、监督有力的内部控制体系。公司率先采用国际会计师审计、聘请独立的国际咨询公司，并在同行中率先引入海外高级管理人才和国际先进的管理体系，为公司持续稳健发展提供了保障。

公司建立了由股东大会、董事会、监事会和高级管理层组成的治理结构，形成了权力机构、决策机构、监督机构和管理层之间分工配合、相互协调、相互制衡的运行机制。公司的股东大会、董事会、监事会均按照相关法律、法规、规范性文件及公司章程的规定，规范有效地运作。

公司积极营造合规文化，为合规管理工作的开展和内部控制建设创造出优越的内部环境。多年来，公司贯彻“品质优先，利润导向；遵纪守法，挑战新高”的方针，用遵纪守法、诚实经营要求各级干部和员工，用《“红、黄、蓝”牌处罚制度》来惩戒公司经营管理中存在的不合规行为，营造了一个良好的内控环境。

### 4.4.2 内部控制措施

公司董事会负责内部控制的建立健全和有效实施，董事会下设审计委员会负责审查企业内部控制，监督内部控制的有效实施和内部控制自我评价情况。2010年，公司继续深入完善内控架构体系，法律合规部、风险管理部和稽核监察部专职从事内部控制工作，形成了事前、事中、事后“三位一体”的风险管理和监督检查体系，搭建信息共享、工作衔接的统一系统平台，实现内部控制“促管理、促效益、促发展”的目标。

2010年，公司进一步完善并实施了覆盖业务管理、风险管理、信息管理、后台管理等一系列内部控制制度和流程，业务运作基本实现了前台、中台、后台严格分离及各部门之间高效衔接、密切合作。公司已对信托业务的决策审批流程、合同设计、投资业务的尽职调查等关键问题分别采取了理顺流程、项目管理职能前置、合同拟定层层把关等内控措施，并通过手工控制与自动控制、预防性控制与发现性控制相结合的方法，运用不相容职务分离控制、授权审批控制、会计系统控制、财产保护控制、预算控制、运营分析控制和绩效考评控制等控制措施，保证了业务、财务、人员、信息技术等控制活动风险控制在可承受度之内。

2010年，公司开展《企业内部控制基本规范》遵循项目，成立了领导小组，并由专项工作小组积极落实。目前，公司已如期完成公司层面控制、信托管理、资金管理、财务报告与信息披露等流程的检视梳理和整改，满足《企业内部控制基本规范》要求。通过内控项目的实施，公司内控管理和风险防范水平得到了进一步提升。

### 4.4.3 监督评价与纠正

公司着力推行事前、事中与事后“三位一体”的风险管理和监督评价体系，对业务环节和经营管理进行持续性的全方位、全过程的监督、评价、后评价与纠正。2010年全面完成了内部控制检查评价计划，符合监管规定和公司完善治理结构、强化内部控制体系建设的总体要求。

事前监督主要从制度建设、制度与流程检视与完善，风险信息收集、识别与监测整合等方面展开，对公司的内部控制进行事前管理；事中监控包括法律合规部的业务评审、风险管理部的业务监控、业务部门的持续监控及审计平台的过程监督；事后监督通过常规稽核、专项稽核、离任稽核、远程/日常稽核等模式发现、评价、后评价公司经营中存在的制度和流程缺陷，并建立规范的后续整改跟踪程序确保合理建议得到落实和改进，有效提升公司的内控水平。

## 4.5 风险管理

### 4.5.1 风险管理概况

公司管理层认为有效的风险管理是公司得以生存、发展的关键。因此，公司建立了一套完整的风险管理体系来识别、计量、监控以及管理公司的各类风险，包括信用风险、市场风险、操作风险等。

公司的风险管理架构由信托决策层、风险管理部及投资评估部组成，各层级协同管理公司风险。信托决策层负责公司所有投资项目及重大事项的决策，从公司整体层面考虑项目投资是否符合公司利益；风险管理部负责制定公司整体以及各产品风控政策，负责识别、量化、监控公司整体及各产品的各项风险指标，向管理层汇报，并提供风险缓释建议；投资评估部负责公司财富、PE、物业、基建各个业务条线业务的审批，分析业务的风险及收益，并根据分析向公司决策层提供是否开展业务的建议。

公司建立了一套基于新资本协议精神的风险管理体系，公司的风险管理体系以风险权重资产（Risk Weighted Asset，RWA）计量风险、以核心资本限制公司风险承受能力、以资本充足率控制公司总体风险偏好，确保公司所承担的风险在公司的承受能力与意愿范围之内。资产风险权重越大，需要的风险费用就越多，这就鼓励业务线不得不真正考虑风险调整后每项投资的回报。

### 4.5.2 风险状况

#### 4.5.2.1 信用风险状况

信用风险是指交易对手未能履行合同所带来的经济损失风险。公司的信用风险主要表现为在信托贷款、资产回购、后续资金安排、担保、履约承诺等交易过程中，借款人、担保人、保管人(托管人)等交易对手不履行承诺，不能或不愿履行合约承诺而使信托财产和固有财产遭受潜在损失的可能性。

4.5.2.2 市场风险状况

市场风险是指由于市场价格或利率波动而导致的对金融工具的资产价值产生负面波动的风险，可以区分为系统性风险和非系统性风险两大类。公司所面临的市场风险主要是指由于市场价格包括利率、股票价格、债券价格等波动而造成的信托财产、所投资资产损失的风险。

4.5.2.3 操作风险状况

操作风险是指由于不完善或有问题的内部操作过程、人员、系统或外部事件而导致的直接或间接损失的风险，包含了法律风险，但不包含策略性风险和声誉风险。

4.5.2.4 其他风险状况

2010年，公司面临的其他风险主要有政策风险和道德风险。政策风险是指因与公司相关的宏观政策和监管政策变化给公司经营带来的风险。道德风险主要是指由于公司内部人员蓄意违规、违法或与公司的利益主体串通而给信托受益人或公司自身带来损失的可能性。

**4.5.3 风险管理**

4.5.3.1 信用风险管理

公司信用风险管理主要通过对交易对手的信用评级和尽职调查进行事前控制；通过设定抵(质)押担保措施、引入风险转移措施、风险定价等手段规避或减少信用风险；通过贷后交易对手持续跟踪信用评价进行事后控制。公司强调风险管理关口前移，注重业务管理的调研和过程控制，通过设置信用级别底限、单一信用风险限额控制信用风险。公司资产分类和准备金计提严格执行中国银行业监督管理委员会制定的贷款质量五级分类管理的规定。

2010年，公司将信用评级作为控制信用风险的重要措施之一，通常情况下对信用类业务均要求提供交易对手的信用级别。在已发生的信托业务后续运营期间，为做好事后信用风险管理，对交易对手的信用状况做持续跟踪评价，根据交易对手公布的财务数据和经营状况，评价信用变化状况，并向管理层报送相关报告。

为尽量减少由于资料失真对信用风险评估所带来的重大负面影响，公司注重对于信托项目或交易对手的尽职调查工作。一方面由投资评估团队开展现场尽职调查；另一方面聘请外部专业机构开展交易对手财务尽职调查和法律尽职调查，评估项目是否存在法律风险。

为减少信用风险可能带来的损失，公司在固有业务和信托业务中均大力推进抵(质)押担保措施，缓冲交易对手违约可能带来的损失风险，在违约风险(PD)不变的情况下，降低违约损失率(LGD)。

信托的本质是代客理财，公司通过各种措施降低客户投资风险，保障客户利益以及公司的长远发展。首先，规范、全面的披露信托产品风险，使投资者购买信托产品时就对投资风险有较为全面的认识，促使投资者购买符合自身承受能力的信托产品。其次，平安信托在募资过程中，对投资者的成熟度和损失承受能力进行评估，明确具有一定资本实力、对投资公司风险有一定认识，并可以接受损失风险的投资者才能认购信托产品。

4.5.3.2 市场风险管理

公司通过使用对各种有市场风险敞口的资产进行组合化管理，设置各种资产的头寸限额和指标，来达到控制市场风险的目的。例如，公司设置单一交易对手限额，防止某一单一交易对手的市场风险过大；又如，公司通过对每个资产组合的单日风险价值(Value at Risk，VaR)进行限额管控，以达到对组合的市场风险敞口进行限制。公司严格履行受托人的尽职管理职责，严格按照信托文件进行操作和处理信托事务，均符合相关规定。公司投资涉足各个行业和领域，使得整个公司较好地将风险分散在不同的层面。

根据公司目前所面临的市场风险，主要采用的市场风险监控指标是风险价值(Value at Risk，VaR)。VaR是一种应用广泛的市场定量工具，是用来评价包括利率风险在内的各种市场风险的概念。其具体度量值定义为在足够长的一个计划期内，在一种可能的市场条件变化之下市场价值变动的最大可能性。它是在市场正常波动情形下对资产组合可能损失的一种统计测度。VaR分析方法的优点是在于其分析方法可以测量不同市场、不同金融工具构成的复杂的证券组合和不同业务部门的总体市场风险。而且VaR提供了统一的方法来测量风险，因此公司管理层可以比较不同业务部门或者产品之间的风险大小，进行绩效评估，设定风险限额。

4.5.3.3 操作风险管理

2010年，公司设计关键风险指标(KRI)并汇总建立风险数据库以及操作风险评估模型。同时，公司对已有流程进行剖析分析，整合和优化投资审批流程，提高投资效率。

公司通过设计分层级关键风险指标(KRI)监测公司操作风险。如操作风险指标KRI考核级、操作风险指标KRI监测级等。并对比KRI的运行趋势和实际发生的操作风险，验证KRI，并对其进行完善。同时定期执行KRI的运行趋势报告，对监控期间公司发生的操作风险向管理层报告。在风险数据库的基础上，公司根据新资本协议的模型验证方法，选择合适的评估模型。

在以上定量分析操作风险的同时，公司也加强公司操作风险的流程管理，规范各部门的操作风险管理责任，降低操作风险。

4.5.3.4 其他风险管理

2010年，公司通过加强对宏观政策和监管规定的调查研究，加强与监管部门和行业间的沟通、联系，以尽可能准确地判断分析宏观政策和监管政策的未来趋势，来管理政策风险。同时坚持“遵纪守法”、“守法+1”的经营方针和经营宗旨，保证公司的各项业务在完全合法合规的前提下进行。公司主要通过制度规范和加强员工职业道德培训来防范道德风险。严格履行受托人的监管义务，妥善管理信托投资项目，把道德风险控制在最低限度。

# 5. 会计报表

## 5.1 自营资产

### 5.1.1 会计师事务所审计结论

**审计报告**

安永华明(2011)审字第60799520_B01号

平安信托有限责任公司董事会：

我们审计了后附的平安信托有限责任公司的财务报表，包括2010年12月31日的合并及公司的资产负债表，2010年度的合并及公司的利润表、所有者权益变动表和现金流量表以及财务报表附注。

一、管理层对财务报表的责任

编制和公允列报财务报表是平安信托有限责任公司管理层的责任。这种责任包括：(1)按照企业会计准则的规定编制财务报表，并使其实现公允反映；(2)设计、执行和维护必要的内部控制，以使财务报表不存在由于舞弊或错误而导致的重大错报。

二、注册会计师的责任

我们的责任是在执行审计工作的基础上对财务报表发表审计意见。我们按照中国注册会计师审计准则的规定执行了审计工作。中国注册会计师审计准则要求我们遵守中国注册会计师职业道德守则，计划和执行审计工作以对财务报表是否不存在重大错报获取合理保证。

审计工作涉及实施审计程序，以获取有关财务报表金额和披露的审计证据。选择的审计程序取决于注册会计师的判断，包括对由于舞弊或错误导致的财务报表重大错报风险的评估。在进行风险评估时，注册会计师考虑与财务报表编制和公允列报相关的内部控制，以设计恰当的审计程序，但目的并非对内部控制的有效性发表意见。审计工作还包括评价管理层选用会计政策的恰当性和作出会计估计的合理性，以及评价财务报表的总体列报。

我们相信，我们获取的审计证据是充分、适当的，为发表审计意见提供了基础。

三、审计意见

我们认为，上述财务报表在所有重大方面按照企业会计准则的规定编制，公允地反映了平安信托有限责任公司2010年12月31日的合并及公司的财务状况以及2010年度的合并及公司的经营成果和现金流量。

安永华明会计师事务所　　中国注册会计师　严盛炜

中国·北京　　中国注册会计师　吴翠蓉

2011年3月25日

### 5.1.2　资产负债表

单位：万元

| 资产 | 本集团 | | 本公司 | |
|---|---|---|---|---|
| | 期末数 | 期初数 | 期末数 | 期初数 |
| 货币资金 | 1 682 758.80 | 1 940 253.63 | 68 819.73 | 146 771.41 |
| 结算备付金 | 396 666.05 | 185 159.05 | — | — |
| 交易性金融资产 | 384 877.06 | 518 273.38 | 52 231.08 | 165 171.89 |
| 买入返售金融资产 | 525 609.98 | 100 000.00 | 238 000.00 | 100 000.00 |
| 应收利息 | 6 433.20 | 4 259.56 | 6 097.88 | 4 189.26 |
| 应收账款 | 9 191.33 | 328 435.50 | — | — |
| 发放贷款及垫款 | 146 859.96 | 127 533.18 | 146 253.46 | 117 533.18 |
| 存出保证金 | 32 219.91 | 30 518.58 | — | — |
| 存货 | 9 696.44 | 156 190.35 | — | — |
| 可供出售金融资产 | 830 916.09 | 562 739.57 | 305 893.11 | 150 987.30 |
| 长期股权投资 | 690 604.50 | 457 395.16 | 705 268.21 | 665 636.42 |
| 商誉 | 39 610.76 | 69 001.25 | — | — |
| 投资性房地产 | 243 699.38 | 228 646.02 | — | — |
| 固定资产 | 27 596.14 | 153 917.08 | 2 387.82 | 2 845.13 |
| 无形资产 | 12 406.75 | 281 035.32 | 5 324.20 | 4 142.74 |
| 递延所得税资产 | 305.54 | 4 780.16 | — | — |
| 其他资产 | 178 747.56 | 262 201.20 | 50 894.09 | 18 739.34 |
| | | | | |
| 资产总计 | 5 218 199.45 | 5 410 338.99 | 1 581 169.58 | 1 376 016.67 |

**资产负债表（续）**

单位：万元

| 负债及所有者权益 | 本集团 | | 本公司 | |
|---|---|---|---|---|
| | 期末数 | 期初数 | 期末数 | 期初数 |
| 短期借款 | 93 000.00 | 275 930.82 | — | — |
| 拆入资金 | 100 000.00 | — | 100 000.00 | — |
| 卖出回购金融资产款 | 614 951.41 | 560 850.22 | — | 100 000.00 |
| 代理买卖证券款 | 1 400 821.73 | 1 380 147.03 | — | — |
| 代理承销证券款 | 203 000.00 | 70 000.00 | — | — |
| 应付账款 | 27 900.11 | 161 436.44 | — | — |
| 预收账款 | 190 739.18 | 69 255.18 | — | — |
| 应付职工工资薪酬 | 71 746.64 | 50 596.62 | 10 878.68 | 9 177.40 |
| 应交税费 | 53 520.24 | 33 296.21 | 29 595.44 | 7 554.30 |
| 应付利息 | 1 078.54 | 4 983.63 | 50.93 | 850.78 |
| 长期借款 | 151 738.48 | 518 259.64 | — | — |
| 递延所得税负债 | 52 321.31 | 70 100.54 | 27 240.97 | 8 276.02 |

续表

| 负债及所有者权益 | 本集团 | | 本公司 | |
|---|---|---|---|---|
| | 期末数 | 期初数 | 期末数 | 期初数 |
| 其他负债 | 207 087.45 | 199 986.52 | 79 021.95 | 6 112.49 |
| | | | | |
| 负债合计 | 3 167 905.09 | 3 394 842.85 | 246 787.97 | 131 970.99 |
| | | | | |
| 实收资本 | 698 800.00 | 698 800.00 | 698 800.00 | 698 800.00 |
| 资本公积 | 315 183.73 | 274 656.66 | 304 256.12 | 267 489.24 |
| 盈余公积 | 37 211.95 | 26 823.68 | 37 211.95 | 26 823.68 |
| 一般风险准备 | 30 110.15 | 22 483.51 | 30 110.15 | 22 483.51 |
| 未分配利润 | 760 780.32 | 571 741.26 | 264 003.39 | 228 449.25 |
| 外币报表折算差额 | -213.59 | | | |
| | | | | |
| 归属于母公司所有者权益合计 | 1 841 872.56 | 1 594 505.11 | 1 334 381.61 | 1 244 045.68 |
| 少数股东权益 | 208 421.80 | 420 991.03 | — | — |
| | | | | |
| 所有者权益合计 | 2 050 294.36 | 2 015 496.14 | 1 334 381.61 | 1 244 045.68 |
| | | | | |
| 负债和所有者权益总计 | 5 218 199.45 | 5 410 338.99 | 1 581 169.58 | 1 376 016.67 |

### 5.1.3 利润表

单位:万元

| 项 目 | 本集团 | | 本公司 | |
|---|---|---|---|---|
| | 本期数 | 上期数 | 本期数 | 上期数 |
| 一、营业总收入 | 1 044 618.11 | 1 115 404.45 | 235 720.71 | 142 743.76 |
| 利息收入 | 65 802.59 | 70 920.21 | 36 721.95 | 40 433.89 |
| 手续费及佣金收入 | 463 699.74 | 274 488.25 | 90 306.53 | 57 128.39 |
| 营业收入 | 236 682.03 | 549 824.03 | — | — |
| 投资收益 | 219 923.55 | 131 793.48 | 111 929.23 | 45 099.01 |
| 公允价值变动损失 | -8 592.75 | -8 051.34 | -3 243.78 | -61.77 |
| 汇兑损益 | -138.59 | 3 493.75 | -53.69 | -1.73 |
| 其他业务收入 | 67 241.54 | 92 936.07 | 60.47 | 145.97 |
| | | | | |
| 二、营业总支出 | -671 933.25 | -858 669.69 | -99 228.48 | -68 993.35 |
| 利息支出 | -47 411.62 | -71 354.78 | -304.41 | -2 115.69 |
| 手续费及佣金支出 | -49 503.65 | -33 771.71 | -20 131.36 | -21 255.32 |
| 营业成本 | -175 625.40 | -390 003.22 | — | — |
| 营业税金及附加 | -39 027.11 | -27 833.19 | -10 476.63 | -5 900.12 |
| 业务及管理费 | -312 913.88 | -272 975.77 | -62 988.95 | -36 239.43 |
| 资产减值损失 | -10 539.32 | -6 858.81 | -5 302.40 | -3 446.79 |
| 其他业务成本 | -36 912.27 | -55 872.21 | -24.73 | -36.00 |
| | | | | |
| 三、营业利润 | 372 684.86 | 256 734.76 | 136 492.23 | 73 750.41 |
| 加:营业外收入 | 3 468.27 | 26 797.69 | 168.37 | 0.64 |
| 减:营业外支出 | -1 587.37 | -1 957.08 | -564.31 | -208.68 |
| | | | | |
| 四、利润总额 | 374 565.76 | 281 575.37 | 136 096.29 | 73 542.37 |
| 减:所得税费用 | -89 813.32 | -47 699.35 | -32 213.64 | -12 913.06 |
| | | | | |
| 五、净利润 | 284 752.44 | 233 876.02 | 103 882.65 | 60 629.31 |
| | | | | |
| 归属于母公司所有者的净利润 | 257 367.57 | 196 365.51 | — | — |
| 少数股东损益 | 27 384.87 | 37 510.51 | — | — |
| | 284 752.44 | 233 876.02 | — | — |
| | | | | |
| 六、其他综合收益/(亏损) | 48 253.83 | 44 285.85 | 36 766.88 | 38 788.16 |
| | | | | |
| 七、综合收益/(亏损)总额 | 333 006.27 | 278 161.87 | 140 649.53 | 99 417.47 |
| | | | | |
| 归属母公司所有者的综合收益/(亏损)总额 | 305 377.81 | 240 398.83 | — | — |
| 归属少数股东的综合收益/(亏损)总额 | 27 628.46 | 37 763.04 | — | — |

### 5.1.4 所有者权益变动表

2010 年

单位：万元

| 项　目 | 本集团 | | | | | | | | 本公司 | | | | | |
|---|---|---|---|---|---|---|---|---|---|---|---|---|---|---|
| | 归属于母公司所有者权益 | | | | | | 少数股东权益 | 所有者权益合计 | 股本 | 资本公积 | 盈余公积 | 一般风险准备 | 未分配利润 | 所有者权益合计 |
| | 股本 | 资本公积 | 盈余公积 | 一般风险准备 | 未分配利润 | 外币报表折算差额 | | | | | | | | |
| 一、年初余额 | 698 800.00 | 274 656.66 | 26 823.68 | 22 483.51 | 571 741.26 | | 420 991.03 | 2 015 496.14 | 698 800.00 | 267 489.24 | 26 823.68 | 22 483.51 | 228 449.25 | 1 244 045.68 |
| | | | | | | | | | | | | | | |
| 二、本年增减变动金额 | | | | | | | | | | | | | | |
| （一）净利润 | — | — | — | — | 257 367.57 | | 27 384.87 | 284 752.44 | — | — | — | — | 103 882.65 | 103 882.65 |
| （二）其他综合收益 | — | 48 223.83 | — | — | — | -213.59 | 243.59 | 48 253.83 | — | 36 766.88 | — | — | — | 36 766.88 |
| 综合收益总额 | — | 48 223.83 | — | — | 257 367.57 | -213.59 | 27 628.46 | 333 006.27 | — | 36 766.88 | — | — | 103 882.65 | 140 649.53 |
| （三）利润分配 | | | | | | | | | | | | | | |
| 1. 提取盈余公积 | — | — | 10 388.27 | — | -10 388.27 | | — | — | — | — | 10 388.27 | — | -10 388.27 | — |
| 2. 提取一般风险准备 | — | — | — | 7 626.64 | -7 626.64 | | — | — | — | — | — | 7 626.64 | -7 626.64 | — |
| 3. 对股东的分配 | — | — | — | — | -50 313.60 | | — | -50 313.60 | — | — | — | — | -50 313.60 | -50 313.60 |
| （四）其他 | — | -7 696.76 | — | — | — | | -240 197.69 | -247 894.45 | — | — | — | — | — | — |
| | | | | | | | | | | | | | | |
| 三、年末余额 | 698 800.00 | 315 183.73 | 37 211.95 | 30 110.15 | 760 780.32 | —213.59 | 208 421.80 | 2 050 294.36 | 698 800.00 | 304 256.12 | 37 211.95 | 30 110.15 | 264 003.39 | 1 334 381.61 |

**所有者权益变动表（续）**

2009 年

单位：万元

| 项　目 | 本集团 | | | | | | | 本公司 | | | | | |
|---|---|---|---|---|---|---|---|---|---|---|---|---|---|
| | 归属于母公司所有者权益 | | | | | 少数股东权益 | 所有者权益合计 | 股本 | 资本公积 | 盈余公积 | 一般风险准备 | 未分配利润 | 所有者权益合计 |
| | 股本 | 资本公积 | 盈余公积 | 一般风险准备 | 未分配利润 | | | | | | | | |
| 一、年初余额 | 698 800.00 | 228 705.30 | 20 760.75 | 18 681.01 | 385 241.18 | 65 216.98 | 1 417 405.22 | 698 800.00 | 228 701.08 | 20 760.75 | 18 681.01 | 177 685.37 | 1 144 628.21 |
| | | | | | | | | | | | | | |
| 二、本年增减变动金额 | | | | | | | | | | | | | |
| （一）净利润 | — | — | — | — | 196 365.51 | 37 510.51 | 233 876.02 | — | — | — | — | 60 629.31 | 60 629.31 |
| （二）其他综合收益 | — | 44 033.32 | — | — | — | 252.53 | 44 285.85 | — | 38 788.16 | — | — | — | 38 788.16 |
| 综合收益总额 | — | 44 033.32 | — | — | 196 365.51 | 37 763.04 | 278 161.87 | — | 38 788.16 | — | — | 60 629.31 | 99 417.47 |
| （三）利润分配 | | | | | | | | | | | | | |
| 1. 提取盈余公积 | — | — | 6 062.93 | — | -6 062.93 | — | — | — | — | 6 062.93 | — | -6 062.93 | — |
| 2. 提取一般风险准备 | — | — | — | 3 802.50 | -3 802.50 | — | — | — | — | — | 3 802.50 | -3 802.50 | — |
| 3. 向少数股东分红 | — | — | — | — | — | -1 783.03 | -1 783.03 | — | — | — | — | — | — |
| （四）其他 | — | 1 918.04 | — | — | — | 319 794.04 | 321 712.08 | — | — | — | — | — | — |
| | | | | | | | | | | | | | |
| 三、年末余额 | 698 800.00 | 274 656.66 | 26 823.68 | 22 483.51 | 571 741.26 | 420 991.03 | 2 015 496.14 | 698 800.00 | 267 489.24 | 26 823.68 | 22 483.51 | 228 449.25 | 1 244 045.68 |

## 5.2 信托资产

### 5.2.1. 信托项目资产负债汇总表

单位:万元

| 信托资产: | 期末数 | 期初数 | 信托负债: | 期末数 | 期初数 |
|---|---|---|---|---|---|
| 货币资金 | 587 818.58 | 372 536.03 | 应付受托人报酬 | 15 380.43 | 5 511.75 |
| 拆出资金 | — | — | 应付托管费 | 1 383.40 | 772.20 |
| 交易性金融资产 | 1 183 866.91 | 493 720.82 | 应付受益人收益 | 30.69 | 48.59 |
| 买入返售金融资产 | 453 167.81 | — | 应交税费 | 2 700.68 | 1422.63 |
| 应收款项 | 358 092.92 | 151 430.97 | 其他应付款项 | 37 751.71 | 18 569.60 |
| 贷款 | 7 840 744.00 | 9 751 834.00 | 其他负债 | — | — |
| 可供出售金融资产 | 550 982.20 | 310 529.97 | 信托负债合计 | 57 246.91 | 26 324.77 |
| 持有至到期投资 | — | — | 信托权益: | | |
| 长期股权投资 | 2 718 261.87 | 1 741 932.47 | 实收信托 | 13 571 977.46 | 12 907 002.55 |
| 投资性房地产 | 266 485.38 | 53 100.00 | 资本公积 | 23 363.82 | 866.22 |
| 在建工程 | — | 206 381.32 | 未分配利润 | 306 831.48 | 147 272.04 |
| 无形资产 | — | — | 信托权益合计 | 13 902 172.76 | 13 055 140.81 |
| 其他资产 | — | — | | | |
| 资产总计 | 13 959 419.67 | 13 081 465.58 | 负债和权益总计 | 13 959 419.67 | 13 081 465.58 |

### 5.2.2 信托项目利润及利润分配汇总表

单位:万元

| 项目 | 本期数 | 上期数 |
|---|---|---|
| 一、营业收入 | 1 254 155.23 | 504 306.40 |
| 利息收入 | 430 478.68 | 282 211.17 |
| 投资收入 | 782 563.85 | 182 591.10 |
| 租赁收入 | 15 689.45 | 11 087.14 |
| 公允价值变动损益 | 2 594.70 | 18 774.82 |
| 其他收入 | 22 828.55 | 9 642.17 |
| 二、营业费用 | 83 008.52 | 47 800.96 |
| 三、营业税金及附加 | 3 609.42 | 3 686.05 |
| 加:营业外收入 | 6.90 | 6 629.64 |
| 减:营业外支出 | 273.41 | — |
| 四、扣除资产减值损失前的信托利润 | 1 167 270.78 | 459 449.03 |
| 减:资产减值损失 | — | — |
| 五、净利润 | 1 167 270.78 | 459 449.03 |
| 加:期初未分配信托利润 | 147 272.04 | -36 016.66 |
| 六、可供分配的信托利润 | 1 314 542.82 | 423 432.37 |
| 减:本期已分配信托利润 | 1 007 711.34 | 276 160.33 |
| 七、期末未分配信托利润 | 306 831.48 | 147 272.04 |

# 6. 会计报表附注

## 6.1 会计报表编制基准不符合会计核算基本前提的说明

**6.1.1 公司会计报表编制基准不存在不符合会计核算基本前提的情况**

**6.1.2 公司财务报表是根据财政部于2006年颁布的《企业会计准则——基本准则》和38项具体会计准则、其后颁布的应用指南、解释以及其他相关规定(统称企业会计准则)编制**

**6.1.3 计提资产减值准备的范围和方法**

金融资产,本集团于资产负债表日对金融资产的账面价值进行检查,有客观证据表明该金融资产发生减值的,计提减值准备。

递延所得税资产,本集团于资产负债表日对递延所得税资产的账面价值进行复核,如果未来期间很可能无法获得足够的应纳税所得额用以抵扣递延所得税资产的利益,减记递延所得税资产的账面价值。

存货,于资产负债表日,存货按照成本与可变现净值孰低计量,对成本高于可变现净值的,计提存货跌价准备,计入当期损益。

其他资产,本集团于资产负债表日判断资产是否存在可能发生减值的迹象,存在减值迹象的,本集团将估计其可收回金额,进行减值测试。

**6.1.4 金融资产四分类的范围和标准**

本集团的金融资产于初始确认时分类为以公允价值计量且其变动计入当期损益的金融资产、持有至到期投资、贷款和应收款项及可供出售金融资产。本集团在初始确认时确定金融资产的分类。金融资产在初始确认时以公允价值计量。对于以公允价值计量且其变动计入当期损益的金融资产或金融负债,相关交易费用直接计入当期损益,其他类别的金融资产或金融负债相关交易费用计入其初始确认金额。

**6.1.5 交易性金融资产核算方法**

交易性金融资产采用公允价值进行后续计量,所有已实现和未实现的损益均计入当期损益;与以公允价值计量且其变动计入当期损益的金融资产相关的股利或利息收入,计入当期损益。

**6.1.6 可供出售金融资产核算方法**

可供出售金融资产采用公允价值进行后续计量。其折价或溢价采用实际利率法进行摊销并确认为利息收入或费用。除减值损失及外币货币性金融资产的汇兑差额确认为当期损益外,可供出售金融资产的公允价值变动作为其他综合收益于资本公积中确认,直到该金融资产终止确认或发生减值时的累计利得或损失转入当期损益。与可供出售金融资产相关的股利或利息收入，计入当期损益；对于在活跃市场中没有报价且其公允价值不能可靠计量的权益工具投资，按成本计量。

**6.1.7 长期股权投资核算方法**

本集团对被投资单位不具有共同控制或重大影响，且在活跃市场中没有报价、公允价值不能可靠计量的长期股权投资，采用成本法核算；本集团对被投资单位具有共同控制或重大影响的，采用权益法核算；本公司能够对被投资单位实施控制的长期股权投资，在本公司个别财务报表中采用成本法核算。

**6.1.8 投资性房地产核算方法**

投资性房地产按照成本进行初始计量。与投资性房地产有关的后续支出，如果与该资产有关的经济利益很可能流入且其成本能够可靠计量，则计入投资性房地产成本。否则，于发生时计入当期损益。

**6.1.9 固定资产计价和折旧方法**

固定资产仅在与其有关的经济利益很可能流入本集团，且其成本能够可靠计量时才予以确认。与固定资产有关的后续支出，符合该确认条件的，计入固定资产成本，并终止确认被替换部分的账面价值；否则，在发生时计入当期损益。固定资产按照成本进行初始计量，并考虑预计弃置费用因素的影响。

固定资产的折旧采用年限平均法计提，各类固定资产的预计使用寿命、预计净残值率及年折旧率。

| | 预计使用寿命 | 预计净残值率(%) | 年折旧率(%) |
|---|---|---|---|
| 房屋及建筑物 | 30~50年 | 5 | 1.90~3.16 |
| 办公及通信设备 | 5年 | 5 | 19 |
| 运输设备 | 5~8年 | 5 | 11.88~19 |

本集团至少于每年年度终了，对固定资产的使用寿命、预计净残值和折旧方法进行复核，必要时进行调整。

**6.1.10 无形资产计价及摊销政策**

本集团的无形资产按照成本进行初始计量。无形资产按照其能为本集团带来经济利益的期限确定使用寿命，无法预见其为本集团带来经济利益期限的作为使用寿命不确定的无形资产。

各项无形资产的预计使用寿命情况：

| | 预计使用寿命 |
|---|---|
| 土地使用权 | 40~50年 |
| 计算机软件系统 | 3~5年 |
| 专利权和非专利技术 | 10~15年 |
| 商标权 | 无确定年限 |

本集团取得的土地使用权，通常作为无形资产核算。

**6.1.11 长期待摊费用的摊销政策**

公司长期待摊费用按实际发生额核算，在项目的受益期限内分期平均摊销。

**6.1.12 合并会计报表的编制方法**

合并财务报表的合并范围以控制为基础确定，包括本公司及全部子公司2010年的财务报表。子公司，是指被本公司控制的企业或主体。编制合并财务报表时，子公司采用与本公司一致的会计年度和会计政策。本集团内部各公司之间的所有交易产生的余额、交易和未实现损益及股利于合并时全额抵销。

**6.1.13 收入确认原则和方法**

本集团各项业务的收入在经济利益很可能流入本集团、且金额能够可靠计量，并分别同时满足下列条件时予以确认。

6.1.13.1 手续费收入

手续费收入包括信托管理费，该收入是根据信托合同规定的计提方法、计提标准确认应由信托项目承担的受托人报酬。证券、期货代理买卖佣金收入，于所提供的服务完成时予以确认。证券承销收入，于证券承销完成时确认收入。

6.1.13.2 利息净收入

利息收入和利息支出都按存出资金或让渡资金的使用权的时间及实际利率计算确定。

6.1.13.3 销售商品收入

本集团已将商品所有权上的主要风险和报酬转移给购货方，并不再对该商品保留通常与所有权相联系的继续管理权和实施有效控制，且相关的已发生或将发生的成本能够可靠地计量，确认为收入的实现。

6.1.13.4 提供劳务收入

于资产负债表日，在提供劳务交易的结果能够可靠估计的情况下，按完工百分比法确认提供劳务收入；否则按已经发生并预计能够得到补偿的劳务成本金额确认收入。

6.1.13.5 其他业务收入

其他业务收入包括租赁收入、积分管理收入、物业管理费收入等。

**6.1.14 所得税的会计处理方法**

所得税包括当期所得税和递延所得税。除由于企业合并产生的调整商誉，或与直接计入所有者权益的交易或者事项相关的计入所有者权益外，均作为所得税费用或收益计入当期损益。

**6.1.15 信托报酬确认原则和方法**

根据信托合同规定的计提方法、计提标准确认应由信托项目承担的受托人报酬。

**6.1.16 会计政策变更**

对为进行非同一控制下的企业合并发生的直接相关费用（除作为合并对价发行的权益性证券或债务性证券的交易费用外），本集团原将其计入合并成本。根据2010年7月颁布的《企业会计准则解释第4号》变更会计政策，自2010年1月1日起，将其于发生时计入当期损益。根据该解释，本集团对此会计政策变更采用未来适用法。

对通过多次交易分步实现的非同一控制下企业合并，本公司和本集团原在个别财务报表和合并财务报表中均以每一单项交换交易的成本之和作为合并成本。根据2010年7月颁布的《企业会计准则解释第4号》，自2010年1月1日起，在个别财务报表中，以购买日之前所持被购买方的股权投资的账面价值与购买日新增投资成本之和，作为该项投资的初始投资成本，购买日之前持有的被购买方的股权涉及其他综合收益的，在处置该项投资时将与其相关的其他综合收益转入当期投资收益；在合并财务报表中，对购买日之前持有的被购买方的股权，按照该股权在购买日的公允价值进行重新计量，公允价值与其账面价值的差额计入当期投资收益，购买日之前持有的被购买方的股权涉及其他综合收益的，与其相关的其他综合收益应当转为购买日所属当期投资收益。根据该解释，本集团对此会计政策变更采用未来适用法。

对因处置部分股权投资或其他原因丧失了对原有子公司控制权，本集团原在合并财务报表中，按照在丧失控制权日的账面价值对剩余股权进行计量；处置股权取得的对价与剩余股权账面价值之和，减去按原持股比例计算应享有原有子公司自购买日开始持续计算的净资产的份额及对原有子公司的商誉之和之间的差额，计入丧失控制权当期的投资收益。根据2010年7月颁布的《企业会计准则解释第4号》及2010年12月颁布的《财政部关于执行企业会计准则的上市公司和非上市企业做好2010年年报工作的通知》（财会〔2010〕25号），自2010年1月1日起，在合并财务报表中，按照在丧失控制权日的公允价值对剩余股权进行重新计量；处置股权取得的对价与剩余股权公允价值之和，减去按原持股比例计算应享有原有子公司自购买日开始持续计算的净资产的份额及对原有子公司的商誉之和之间的差额，计入丧失控制权当期的投资收益；与原有子公司股权投资相关的其他综合收益，应当在丧失控制权时转为当期投资收益。根据该文件，本集团对此会计政策变更采用未来适用法。

## 6.2 或有事项说明

报告期末，公司无对外担保及其他或有事项。

## 6.3 重要资产转让及其出售的说明

报告期内，公司无重要资产转让及其出售。

## 6.4 会计报表中重要项目的明细资料

### 6.4.1 自营资产经营情况

6.4.1.1 信用资产风险分类情况

本公司报告期的信用风险资产分类情况

| 信用风险资产五级分类 | 正常类（万元） | 关注类（万元） | 次级类（万元） | 可疑类（万元） | 损失类（万元） | 信用风险资产合计（万元） | 不良合计（万元） | 不良率（%） |
|---|---|---|---|---|---|---|---|---|
| 期初数 | 864 324.00 | 36 408.33 | 1 968.17 | 2 032.54 | 3 451.99 | 908 185.03 | 7 452.70 | 0.82 |
| 期末数 | 1 089 027.33 | 49 461.19 | 2 951.76 | 2 665.61 | 7 329.86 | 1 151 435.75 | 12 947.23 | 1.12 |

注：以上资产数据未包括货币资金等非风险资产。

6.4.1.2 资产损失准备情况

本公司报告期的资产减值损失准备情况

单位：万元

| 项目 | 期初数 | 本期计提 | 本期转回 | 本期核销 | 期末数 |
|---|---|---|---|---|---|
| 贷款损失准备 | 8 473.39 | 5 841.17 | −198.54 | — | 14 116.02 |
| 一般准备 | 1 247.59 | 340.23 | — | — | 1 587.82 |
| 专项准备 | 7 225.80 | 5 500.94 | −198.54 | — | 12 528.20 |
| 其他资产减值准备 | 1 177.90 | 1 695.96 | — | — | 2 873.86 |
| 可供出售金融资产减值准备 | — | — | — | — | — |
| 持有至到期投资减值准备 | — | — | — | — | — |
| 长期股权投资减值准备 | 6 656.36 | 396.32 | — | — | 7 052.68 |
| 坏账准备 | — | — | — | — | — |
| 投资性房地产减值准备 | — | — | — | — | — |

6.4.1.3 投资情况

本公司报告期自营股票投资、基金投资、债券投资、长期股权投资等投资的期初数、期末数

单位：万元

| 项目 | 自营股票 | 基金 | 债券 | 长期股权投资 | 其他投资 | 合计 |
|---|---|---|---|---|---|---|
| 期初数 | 127 098.26 | 125 305.67 | 11 773.71 | 665 636.42 | 51 981.56 | 981 795.62 |
| 期末数 | 229 813.82 | 10 266.20 | 651.91 | 705 268.21 | 117 392.26 | 1 063 392.40 |

6.4.1.4 前三名自营长期股权投资情况

本公司报告期的前三名长期股权投资企业情况

| 企业名称 | 占被投资企业权益的比例（%） | 主要经营活动 | 2010年投资损益（万元） |
|---|---|---|---|
| 深圳市平安创新资本投资有限公司 | 100.00 | 投资兴办各类实业 | — |
| 平安证券有限责任公司 | 86.77 | 证券投资经纪 | — |
| 许昌中原证投有限公司 | 50.01 | 投资控股 | — |

6.4.1.5 前三名自营贷款情况

本公司报告期的前三名自营贷款情况

| 企业名称 | 占贷款总额比例（%） | 还款情况 |
|---|---|---|
| 北京明达房地产开发有限公司 | 8.30 | 正常还款未逾期 |
| 德昌士达碳素有限公司 | 6.30 | 正常还款未逾期 |
| 启东市天楹环保有限责任公司 | 2.50 | 正常还款未逾期 |

6.4.1.6 表外业务情况

本公司报告期的表外业务情况

| 表外业务 | 期初数 | 期末数 |
|---|---|---|
| 担保业务 | — | — |
| 代理业务（委托业务） | — | — |
| 其他 | — | — |
| 合计 | — | — |

6.4.1.7 公司当年的收入结构

| 收入结构 | 本集团 | | 本公司 | |
|---|---|---|---|---|
| | 金额（万元） | 占比（%） | 金额（万元） | 占比（%） |
| 手续费及佣金收入 | 463 699.74 | 44.24 | 90 306.53 | 38.28 |
| 其中：信托手续费收入 | 90 306.53 | 8.62 | 90 306.53 | 38.28 |
| 投资银行业务收入 | 242 750.06 | 23.16 | — | — |
| 利息收入 | 65 802.59 | 6.28 | 36 721.95 | 15.57 |
| 营业收入 | 236 682.03 | 22.58 | — | — |
| 租赁收入 | 22 803.67 | 2.18 | — | — |

续表

| 收入结构 | 本集团 | | 本公司 | |
|---|---|---|---|---|
| | 金额(万元) | 占比(%) | 金额(万元) | 占比(%) |
| 物业管理费收入 | 5 520. 91 | 0. 53 | — | — |
| 其他业务收入 | 38 916. 96 | 3. 71 | 60. 47 | 0. 03 |
| 其中:计入信托业务收入部分 | — | — | — | — |
| 投资收益 | 219 923. 55 | 20. 98 | 111 929. 23 | 47. 45 |
| 其中:股权投资收益 | 88 173. 95 | 8. 41 | 31 583. 07 | 13. 39 |
| 证券投资收益 | 131 749. 60 | 12. 57 | 80 346. 16 | 34. 06 |
| 其他投资收益 | — | — | — | — |
| 公允价值变动收益 | -8 592. 75 | -0. 82 | -3 243. 78 | -1. 38 |
| 汇兑损益 | -138. 58 | -0. 01 | -53. 69 | -0. 02 |
| 营业外收入 | 3 468. 27 | 0. 33 | 168. 37 | 0. 07 |
| 收入合计 | 1 048 086. 39 | 100. 00 | 235 889. 08 | 100. 00 |

**6. 4. 2 信托财产管理情况**

6. 4. 2. 1 信托资产的期初数、期末数

单位:万元

| 信托资产 | 期初数(万元) | 期末数(万元) |
|---|---|---|
| 集合 | 1 180 234. 30 | 3 905 788. 60 |
| 单一 | 11 630 139. 59 | 9 149 298. 73 |
| 财产权 | 271 091. 69 | 904 332. 34 |
| 合计 | 13 081 465. 58 | 13 959 419. 67 |

6. 4. 2. 1. 1 主动管理型信托业务的信托资产期初数、期末数

单位:万元

| 主动管理型信托资产 | 期初数 | 期末数 |
|---|---|---|
| 证券投资类 | 238 704. 00 | 862 417. 64 |
| 股权投资类 | 447 942. 97 | 1 193 249. 89 |
| 融资类 | 5 122 450. 49 | 761 117. 28 |
| 事务管理类 | — | — |
| 其他 | 1 411 463. 84 | 3 086 541. 16 |
| 合计 | 7 220 561. 30 | 5 903 325. 97 |

6. 4. 2. 1. 2 被动管理型信托业务的信托资产期初数、期末数

单位:万元

| 被动管理型信托资产 | 期初数 | 期末数 |
|---|---|---|
| 证券投资类 | 76 999. 07 | 211 165. 77 |
| 股权投资类 | 748 168. 89 | 356 558. 45 |
| 融资类 | 4 675 082. 09 | 6 570 051. 48 |
| 事务管理类 | 324 149. 39 | 101 093. 47 |
| 其他 | 36 504. 84 | 817 224. 53 |
| 合计 | 5 860 904. 28 | 8 056 093. 70 |

6. 4. 2. 2 本年度信托项目清算情况

6. 4. 2. 2. 1 本年度已清算结束的信托项目

| 已清算结束信托项目 | 项目个数 | 实收信托合计金额(万元) | 加权平均实际年化收益率(%) |
|---|---|---|---|
| 集合类 | 10 | 87 071. 98 | 6. 73 |
| 单一类 | 89 | 6 199 531. 25 | 4. 93 |

6. 4. 2. 2. 2 本年度已清算结束的主动管理型信托项目

| 已清算结束信托项目 | 项目个数 | 实收信托合计金额(万元) | 加权平均实际年化收益率(%) |
|---|---|---|---|
| 证券投资类 | 3 | 32 055. 00 | 1. 65 |
| 股权投资类 | 1 | 9 800. 00 | 17. 91 |
| 融资类 | 11 | 96 550. 00 | 6. 07 |
| 其他 | 1 | 719. 10 | 1. 84 |

6. 4. 2. 2. 3 本年度已清算结束的被动管理型信托项目

| 已清算结束信托项目 | 项目个数 | 实收信托合计金额(万元) | 加权平均实际年化收益率(%) |
|---|---|---|---|
| 证券投资类 | 1 | 6 080. 00 | 3. 90 |
| 股权投资类 | 1 | 1 348. 80 | 38. 01 |
| 融资类 | 78 | 6 117 767. 00 | 4. 84 |
| 事务管理类 | 2 | 2 283. 33 | 229. 24 |
| 其他 | 1 | 20 000. 00 | 7. 22 |

6. 4. 2. 3 本年度新增信托项目情况

单位:万元

| 新增信托项目 | 项目个数 | 实收信托合计金额 |
|---|---|---|
| 集合类 | 141 | 3 531 309. 25 |
| 单一类 | 61 | 2 917 288. 95 |
| 新增合计 | 202 | 6 448 598. 20 |
| 其中:主动管理型 | 159 | 3 173 739. 20 |
| 被动管理型 | 43 | 3 274 859. 00 |

6. 4. 2. 4 信托业务创新成果和特色业务情况

秉承专业、诚信和"在创新中求发展"的管理理念,公司积极进行业务创新,大力增强主动性管理能力,为客户提供专业、全方位的理财服务,努力打造财富管理的第一品牌,树立行业标杆。

2010 年,公司相继研发了 TOT 证券信托、房地产信托基金、多元基金经理 PE 投资基金、定向增发投资基金、跨市场货币基金等产品。其中,TOT 证券产品采用定量、定性的分析方法,根据投资顾问的投资风格、投资理念和业绩表现等进行组合配置,设计不同风险和收益特征的产品,满足了不同风险偏好客户的投资需求;房地产信托则通过创新的交易结构设计和良好的风险控制机制,与金地、保利等国内著名房地产企业进行了良好的合作,使高端客户分享了房地产投资的收益,公司研发的"安鑫一号信托计划"获得了深圳市金融创新奖。此外,为满足客户的融资需要,公司还率先行业推出了质押融资产品,通过流通股票质押、信托受益权质押等方式为高净值客户提供融资服务。

6. 4. 2. 5 履行受托人义务情况

本公司作为信托项目的受托人,严格按照《中华人民共和国信托法》、《信托公司管理办法》、《信托公司集合资金信托计划管理办法》等法律法规的规定及信托合同等文件的约定,恪尽职守,诚实、信用、谨慎、有效地管理信托财产,严格履行受托人的义务,为受益人的最大利益处理信托事务,公平、公正地处置信托财产。本年度无因本公司自身责任而导致的信托财产损失情况。

## 6.5 关联方关系及其交易

### 6.5.1 关联方交易

本公司报告期关联交易方的数量、关联交易的总金额及关联交易的定价政策

| | 关联交易方的数量 | 关联交易总金额（万元） | 定价政策 |
|---|---|---|---|
| 合计 | 8 | 686 034.83 | 本公司2010年发生的关联方交易均根据一般正常的交易条件进行，并以市场价格作为定价依据。 |

### 6.5.2 关联交易方

报告期涉及关联交易的关联方情况

| 关系性质 | 关联方名称 | 法定代表人 | 注册地址 | 注册资本 | 主营业务 |
|---|---|---|---|---|---|
| 母公司控制的公司 | 中国平安人寿保险股份有限公司 | 李源祥 | 深圳 | 2 380 000万元 | 人身保险 |
| 母公司控制的公司 | 平安数据科技（深圳）有限公司 | 顾敏 | 深圳 | 3000万美元 | 信息技术和业务流程外包服务 |
| 母公司控制的公司 | 宁波北仑港高速公路有限公司 | 李宇航 | 宁波 | 7 780万美元 | 高速公路经营 |
| 合并子公司 | 深圳市平安创新资本投资有限公司 | 童恺 | 深圳 | 400 000万元 | 投资控股 |
| 合并子公司 | 深圳市平安置业投资有限公司 | 宋成立 | 深圳 | 180 000万元 | 房地产投资 |
| 合并子公司 | 玉溪平安置业有限公司 | 元磊 | 玉溪 | 3 850万元 | 物业出租 |
| 合并子公司 | 深圳市信安投资咨询有限公司 | 何实 | 深圳 | 10 000万元 | 投资咨询 |
| 合并子公司 | 深圳市平安德成投资有限公司 | 封群 | 深圳 | 30 000万元 | 投资咨询 |

### 6.5.3 本公司与关联方的重大交易事项

6.5.3.1 固有与关联方交易情况

单位：万元

| 固有与关联方关联交易 | | | | |
|---|---|---|---|---|
| | 期初数 | 借方发生额 | 贷方发生额 | 期末数 |
| 贷款 | — | — | — | — |
| 投资 | — | — | — | — |
| 租赁 | — | — | — | — |
| 担保 | — | — | — | — |
| 应收账款 | — | — | — | — |
| 其他 | 4 205.27 | 2 131.50 | 5 344.44 | 992.33 |
| 合计 | 4 205.27 | 2 131.50 | 5 344.44 | 992.33 |

6.5.3.2 信托与关联方交易情况

单位：万元

| 信托与关联方关联交易 | | | | |
|---|---|---|---|---|
| | 期初数 | 借方发生额 | 贷方发生额 | 期末数 |
| 贷款 | 101 900.00 | 15 000.00 | 86 400.00 | 30 500.00 |
| 投资 | — | | | |
| 租赁 | — | | | |
| 担保 | — | | | |
| 应收账款 | — | | | |
| 其他 | 59 402.01 | 668 903.33 | 49 205.91 | 679 099.43 |
| 合计 | 161 302.01 | 683 903.33 | 135 605.91 | 709 599.43 |

6.5.3.3 固有与信托财产之间交易情况

单位：万元

| 固有财产与信托财产相互交易 | | | |
|---|---|---|---|
| | 期初数 | 本期发生额 | 期末数 |
| 合计 | 120 778.53 | 87 981.34 | 208 759.87 |

6.5.3.4 信托项目之间交易情况

单位：万元

| 信托财产与信托财产相互交易 | | | |
|---|---|---|---|
| | 期初数 | 本期发生额 | 期末数 |
| 合计 | 731 927.86 | 910 961.89 | 1 642 889.75 |

### 6.5.4 报告期，无关联方逾期未偿还本公司资金的事项以及无本公司为关联方担保发生或即将发生垫款的事项

## 6.6 会计制度的披露

公司固有业务自2007年起执行新《企业会计准则》（财政部2006年颁布）。公司信托业务自2009年起执行新《企业会计准则》（财政部2006年颁布）。

# 7. 财务情况说明书

## 7.1 利润实现和分配情况

报告期本公司实现净利润103 882.65万元，期初未分配利润228 449.25万元，提取盈余公积10 388.27万元，提取一般风险准备7 626.64万元，对股东分配股利50 313.60万元，期末累计未分配利润264 003.39万元。为了更好地支持业务发展，公司决定2010年不对股东派发股利。

报告期本集团实现净利润284 752.44万元，期末累计未分配利润760 780.32万元。

## 7.2 主要财务指标

本公司报告期的主要财务指标

| 指标名称 | 指标值 | | 计算公式 |
|---|---|---|---|
| | 本公司 | 本集团 | |
| 资本利润率（%） | 8.06 | 14.01 | 净利润/所有者权益平均余额×100% |
| 人均净利润（万元/人） | 133.01 | 364.60 | 净利润/年平均人数 |

### 7.3 对本公司财务状况、经营成果有重大影响的其他事项

报告期内，没有对本公司财务状况、经营成果有重大影响的其他事项。

## 8. 特别事项揭示

### 8.1 前五名股东报告期内变动情况及原因

报告期内，本公司股东没有发生变动。

### 8.2 董事、监事及高级管理人员变动情况及原因

报告期内，公司第三届董事会任期届满，于2010年12月进行了董事换届选举，选举童恺先生、任汇川先生、吴岳翰先生、王利平女士、姚波先生、葛俊杰先生、夏立平先生、鲍友德先生、李罗力先生为公司第四届董事会董事，其中童恺先生、吴岳翰先生、王利平女士、姚波先生、葛俊杰先生、夏立平先生、鲍友德先生、李罗力先生为连选连任，夏立平先生、鲍友德先生、李罗力先生为独立董事；并选举童恺先生继续出任公司董事会董事长。

公司第三届监事会任期届满，于2010年12月进行了监事换届选举，选举叶素兰女士、肖建荣先生、方渭清先生为公司第四届监事会监事，其中叶素兰女士、肖建荣先生为连选连任；并选举叶素兰女士继续出任公司监事会主席。

因公司发展和经营管理需要，2010年8月，公司聘请封群先生出任公司副总经理；2011年4月，公司聘请韩晓先生出任公司总经理助理。

### 8.3 公司的重大诉讼事项

报告期内，公司没有重大诉讼事项发生。

### 8.4 公司及其董事、监事和高级管理人员受到处罚的情况

报告期内，公司及其董事、监事和高级管理人员依法经营，没有违法、违规及受到监管部门处罚的事项发生。

### 8.5 银监会及其派出机构对公司检查的情况

在2010年5月和12月，银监局先后对公司银信与信政业务、房地产信托业务进行了现场检查，对业务总体发展情况、合规性及风控水平给予充分肯定，也对日常经营中存在的问题提出意见和建议，分别出具了《平安信托银信业务和信政业务专项现场检查意见书》(深银监发〔2010〕158号)和《现场检查意见书》(深银监发〔2011〕28号)。公司收到现场检查意见书后，积极组织相关部门召开专题会议，认真分析现状和存在问题，结合战略规划与年度重点工作计划，制订了全面的整改和行动计划，并采取有效措施，全力推进落实，主要整改情况如下：

(1)完善贷前尽职调查和贷后管理制度，逐步提高信贷业务主动管理能力。

(2)加强风险评价与授信审批，完善内部控制审批机制，实行贷款全流程管理。

(3)完善档案管理制度，设立专职档案管理岗位，加大档案管理的执行力度。

### 8.6 本年度重大事项临时报告的简要内容、披露时间、所披露的媒体及其版面

报告期内，因公司经营发展需要，公司注册地变更为广东省深圳市福田中心区福华三路星河发展中心办公12层、13层；公司名称变更为平安信托有限责任公司，公司章程也做相应修改。就以上重大事项，公司已于2010年5月31日《上海证券报》第二十八版上进行了披露。

### 8.7 银监会及其省级派出机构认定的其他有必要让客户及相关利益人了解的重要信息

报告期内，没有发生银监会及其省级派出机构认定的其他有必要让客户及相关利益人了解的重要事项。

## 9. 公司监事会意见

监事会认为，报告期内公司能够按照合法决策程序对重大事项进行决策，所开展的业务经营活动符合《信托法》、《公司法》、《信托公司管理办法》及《信托公司治理指引》等有关法律法规的规定。监事会认为，安永华明会计师事务所出具的2010年无保留意见的审计报告，真实、客观地反映了公司的财务状况和经营结果。

# 山东省国际信托有限公司

## 1. 重要提示

1.1 本公司董事会及董事保证本报告所载资料不存在任何虚假记载、误导性陈述或者重大遗漏，并对其内容的真实性、准确性和完整性承担个别及连带责任。

1.2 公司独立董事黄可华、郝书辰、张中秋声明：保证本年度报告内容的真实性、准确性、完整性。

1.3 公司董事长孟凡利，主管会计工作负责人总经理相开进及会计部门负责人岳增光声明：保证年度报告中财务会计报告的真实、完整。

## 2. 公司概况

### 2.1 公司简介

2.1.1 公司基本情况

山东省国际信托有限公司（以下简称山东信托）初创于1987年3月，是经中国人民银行和山东省人民政府批准设立的非银行金融机构。2002年8月，完成了增资改制和重新登记工作，由国有独资公司转变为有限责任公司。2007年6月，获得中国银监会批复同意换发新的金融许可证，名称变更为目前的山东省国际信托有限公司。目前，山东信托注册资本为12.8亿元（其中含1 500万美元）。山东信托自成立以来，充分发挥信托职能，在诸多业务领域进行了卓有成效的探索，目前主要业务为山东省基本建设基金管理、资金信托、财产信托、投资银行、融资租赁、资产管理和证券投资基金等。

2.1.2 公司的法定中文名称：山东省国际信托有限公司
中文名称缩写：山东信托
公司的法定英文名称：Shandong International Trust Corporation
英文名称缩写：SITIC

2.1.3 法定代表人：孟凡利

2.1.4 注册地址：济南市解放路166号

2.1.5 邮政编码：250013

2.1.6 国际互联网网址：www. sitic. com. cn

2.1.7 电子信箱：zhb@ sitic. com. cn

2.1.8 负责信息披露事务的高级管理人员：相开进
信息披露事务联系人：王　刚
联系电话：0531－86566831
传真：0531－86968708
电子信箱：zonghe@ sitic. com. cn

2.1.9 公司选定的信息披露报纸：《金融时报》

2.1.10 年度报告备置地点：济南市解放路166号鲁信大厦10F

2.1.11 聘请的会计师事务所：天健会计师事务所有限公司
住所：山东省济南市历下区经十路114号鲁商广场B座7层

2.1.12 聘请的律师事务所：上海市锦天城律师事务所
住所：上海浦东新区花园石桥路33号

### 2.2 组织结构

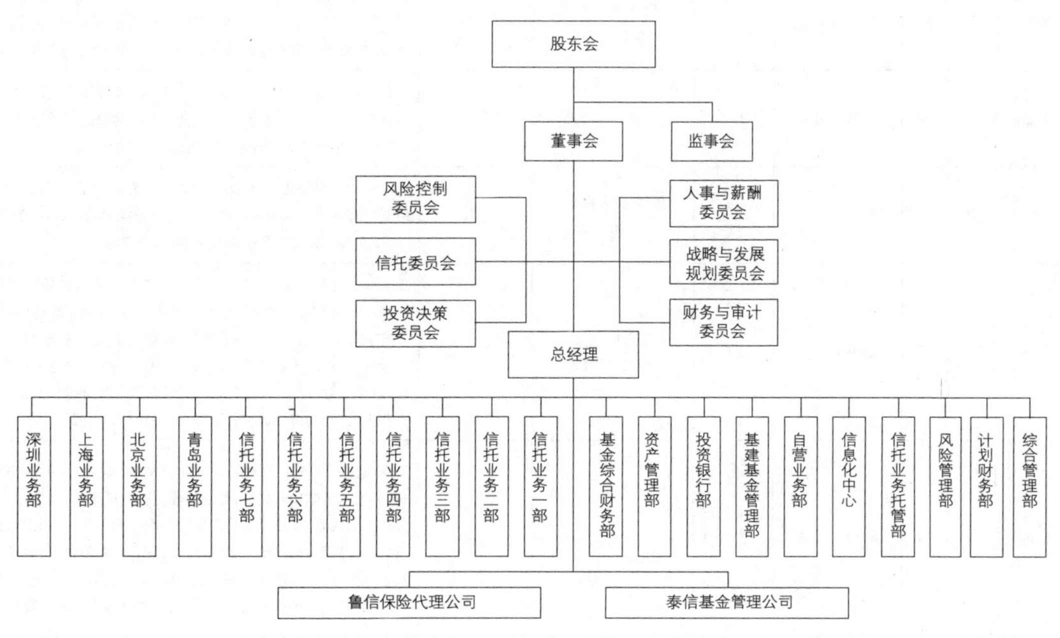

## 3. 公司治理结构

### 3.1 股东

公司前三位股东的主要股东的名称、出资比例、法定代表人、注册资本、注册地址、主要经营业务和主要财务情况（本年度）等。若股东之间存在关联关系，应予以说明。

| 股东名称 | 股东的股东名称 | 出资比例(%) | 法人代表 | 注册资本(万元) | 注册地址 | 主要经营业务及主要财务情况 |
|---|---|---|---|---|---|---|
| 山东省鲁信投资控股集团有限公司 | 山东省人民政府国有资产监督管理委员会 | 100 | | | | |
| 山东省高新技术投资有限公司 | 山东鲁信高新技术产业股份有限公司 | 100 | 陈道江 | 37 217.9647 | 淄博市高新技术产业开发区中路 | 对外投资、投资管理及咨询；磨料磨具、涂附模具、卫生洁具、工业用纸、硅碳棒、耐火材料及制品的生产销售，建筑材料、钢材、五金交电、百货、机电产品的销售，机电产品的安装维修（因山东鲁信高新技术产业股份有限公司系上市公司，年报数据尚未披露）。截至9月末，总资产为31.45亿元，净资产为21.59亿元，实现利润总额2.05亿元。 |
| 山东黄金集团有限公司 | 山东省人民政府国有资产监督管理委员会 | 100 | | | | |

公司第一大股东山东省鲁信投资控股集团有限公司系公司第二大股东山东省高新技术投资有限公司的实际控制人。

### 3.2 董事

董事会成员（董事长、副董事长、董事、独立董事）姓名、职务、性别、年龄、选任日期、任期、所推举的股东名称及该股东持股比例、简要履历等；独立董事还应披露其所在单位及职务。

董事长、副董事长、董事

| 姓 名 | 职 务 | 性别 | 年龄 | 选任日期 | 任期 | 所推举的股东名称 | 该股东持股比例(%) | 简要履历 |
|---|---|---|---|---|---|---|---|---|
| 孟凡利 | 董事长 | 男 | 45 | 2008年4月 | 3年 | 山东省鲁信投资控股集团有限公司 | 85.94 | 山东经济学院毕业，南开大学会计系硕士研究生，天津财经学院会计学专业博士研究生；历任山东经济学院财务会计系副主任、主任，山东省财政厅副厅长、党组成员，山东省鲁信投资控股集团有限公司党委副书记、副董事长、总经理，山东省鲁信投资控股集团有限公司党委书记、董事长、总经理。 |
| 陈殿禄 | 董事 | 男 | 56 | 2008年4月 | 3年 | 山东省鲁信投资控股集团有限公司 | 85.94 | 山东化工学院毕业，南开大学EMBA；历任山东省计委科员、副处长、处长，山东省国际信托投资公司部经理、总经理助理、党组成员、副总经理，山东省鲁信投资控股集团有限公司党委委员、董事、副总经理。 |
| 相开进 | 职工董事 | 男 | 46 | 2008年4月 | 3年 | 职工推选 | | 山东大学毕业，南开大学EMBA；历任山东省计委培训中心教师，山东省计委主任科员，山东省国际信托投资公司部经理助理、副经理、经理，山东省国际信托有限公司副总经理、总经理。 |
| 杨青山 | 董事 | 男 | 51 | 2008年4月 | 3年 | 山东黄金集团有限公司 | 3.13 | 北京钢铁学院毕业；历任焦家金矿企业管理办公室主任、财务处处长、矿长助理兼实业公司总经理，山东黄金集团有限公司财务部副部长、部长，山东黄金集团有限公司党委委员、副总经理。 |
| 张守合 | 董事 | 男 | 47 | 2009年6月 | 3年 | 济南市能源投资有限责任公司 | 2.34 | 山东省委党校大学本科毕业；历任济南市郊区物资局燃料公司财务负责人、团支部书记，济南齐鲁经济贸易开发总公司助理会计师，济南市政府驻外机构服务站助理会计师，深圳济南实业有限公司主管会计、助理会计师，济南市经济发展总公司财务部主任、副总会计师、总经理助理，济南市能源投资有限责任公司计财部副经理、经理、高级会计师、党支部委员，济南市能源投资有限责任公司副总经理。 |
| 陈学俭 | 董事 | 男 | 55 | 2008年4月 | 3年 | 潍坊市投资公司 | 2.34 | 潍坊职工大学毕业；历任潍坊市会计师事务所所长，潍坊市地税局副局长，潍坊市财政局副局长，潍坊市投资公司总经理、党委书记，潍坊市十五届人大代表，潍坊滨海投资发展有限公司董事长，山东福田重工股份有限公司副董事长，华电潍坊发电有限公司副董事长，潍柴动力股份有限公司董事，山东海龙股份有限公司董事，潍坊银行股份有限公司董事，潍柴重机股份有限公司董事，山东潍焦集有限公司董事。 |

独立董事

| 姓名 | 所在单位及职务 | 性别 | 年龄 | 选任日期 | 任期 | 所推举的股东名称 | 该股东持股比例(%) | 简要履历 |
|---|---|---|---|---|---|---|---|---|
| 黄可华 | | 男 | 67 | 2008年4月 | 3年 | | | 解放军通信兵学院第四系学员,中国科技大学获工学硕士学位;济南市财税局党委副书记、副局长,山东省财政厅厅长、党组书记,省社科联副主席、省政府党组成员,省政府副省长、省政府党组成员,省人大常委会副主任、党组成员,省人大财政经济委员会主任委员。 |
| 郝书辰 | 山东经济学院院长 | 男 | 46 | 2008年4月 | 3年 | | | 中央财经大学教师;先后任山东财政学院教师、财政系副主任、教务处长,山东经济学院副院长、院长。 |
| 张中秋 | 华建国际澳门有限公司董事长 | 男 | 59 | 2009年6月 | 3年 | | | 吉林大学本科毕业;历任国务院港澳办公室处长,华建国际澳门有限公司董事长。 |

## 3.3 监事

监事会成员(监事会主席、副主席、监事等)职务、姓名、性别、年龄、选任日期、任期、所推举的股东名称、该股东持股比例、简要履历等。

监事会成员

| 姓名 | 职务 | 性别 | 年龄 | 选任日期 | 任期 | 所推举的股东名称 | 该股东持股比例(%) | 简要履历 |
|---|---|---|---|---|---|---|---|---|
| 李国红 | 监事长 | 男 | 40 | 2010年3月 | 3年 | 山东黄金集团有限公司 | 3.13 | 历任安徽英路工业集团生产科副科长,蚌埠卷烟厂部长助理(多经办副主任),物流负责人兼凯贝总经理,安徽中烟审计部主任科员,合肥卷烟厂财务总监,山东黄金集团有限公司副总经理。 |
| 杨公民 | 监事 | 男 | 53 | 2010年3月 | 3年 | 山东省鲁信投资控股集团有限公司 | 85.94 | 山东大学毕业;历任山东轻工业学院马列主义教研室助教,山东省计委综合处主任科员、副处长,山东省国际信托投资公司研究发展部经理,山东省鲁信投资控股集团有限公司投资管理部经理、所属公司监事会主席。 |
| 黄　群 | 监事 | 男 | 35 | 2010年3月 | 3年 | 山东省高新技术投资有限公司 | 6.25 | 山东财政学院毕业;历任山东省国际信托投资公司项目经理,泰信基金管理有限公司北京办事处总监、监察稽核部经理,山东鲁信投资集团股份有限公司综合部经理,山东省鲁信投资控股集团有限公司风险管理部高级业务经理。 |
| 丁　健 | 监事 | 男 | 36 | 2009年6月 | 3年 | 济南市能源投资有限责任公司 | 2.34 | 济南市能源投资有限责任公司出纳、会计、计划财务部副经理(主持工作)。 |
| 陈宝庆 | 监事 | 男 | 45 | 2009年6月 | 3年 | 潍坊市投资公司 | 2.34 | 南开大学毕业,工程师;历任原潍坊第三制药厂技术员,潍坊市投资公司办公室科员、副主任、主任、总经理助理兼办公室主任、总经理助理;现任潍坊市投资公司总会计师。 |

## 3.4 高级管理人员

职务、姓名、性别、年龄、任职日期、金融从业年限、学历、专业等。

| 姓　名 | 职　务 | 性别 | 年龄 | 选任日期 | 金融从业年限 | 学历 | 专业 |
|---|---|---|---|---|---|---|---|
| 相开进 | 总经理 | 男 | 46 | 2008年4月 | 18 | 硕士 | 工商管理 |
| 王映黎 | 副总经理 | 女 | 49 | 2008年4月 | 17 | 硕士 | 工商管理 |
| 孙绍杰 | 副总经理 | 男 | 41 | 2008年4月 | 10 | 大学本科 | 计算机科学及应用 |

## 3.5 公司员工

报告期内职工人数、平均年龄、学历分布比率。

2010年,公司职工92人,平均年龄38.91岁,学历分布比率如下所示。

| 学历 | 人员分布比例(%) |
|---|---|
| 博士 | 3.26 |
| 硕士 | 27.17 |
| 本科 | 56.52 |
| 专科及以下 | 13.05 |

## 4. 经营管理

### 4.1 经营目标、方针、战略规划

公司的经营目标和方针是，不断规范公司治理，加强公司内部管理，加强客户营销、服务和维护，围绕信托和自营两方面，加强业务研发和市场开拓，增强公司盈利能力。在信托业务方面，根据国家宏观调控政策的调整动向以及银监会倡导的方向，以产业投资信托、证券投资信托和基础设施投资信托为重点，稳健规范开展房地产信托业务，加强与银行等金融同业的合作，探索开展不良资产类信托业务，不断提升业务运作水平和项目管理水平，增强主动管理能力，努力增加业务收入。在自营业务方面，进一步做好自有资金投资项目的管理，做好长期金融股权投资和中短期金融产品投资。

公司的战略规划将紧紧围绕国家对金融业改革和发展的总体要求，以"受人之托、代人理财"为宗旨，做好信托业务，巩固发展自营业务。在信托业务中，减少通道型业务，增加自主开发的主动管理型业务，提高主动管理能力，实现由融资型业务向资产管理型业务的转变。继续抓好省基建基金管理业务，不断增加新的业务品种，扩大业务范围，使公司在全国信托业的影响力进一步扩大，为中国信托业的发展作出更大的贡献。

### 4.2 所经营业务的主要内容

**自营资产运用与分布表**

| 资产运用 | 金额（万元） | 占比（%） | 资产分布 | 金额（万元） | 占比（%） |
|---|---|---|---|---|---|
| 货币资产 | 30 189.12 | 10.67 | 基础产业 | 67 083.42 | 23.70 |
| 贷款及应收款 | 965.03 | 0.34 | 房地产业 | 0 | |
| 交易性金融资产投资 | 53 331.66 | 18.84 | 证券市场 | 134 360.95 | 47.47 |
| 可供出售金融资产投资 | 25 216.29 | 8.91 | 实业 | | |
| 持有至到期投资 | 55 000.00 | 19.43 | 金融机构 | 49 318.98 | 17.42 |
| 长期股权投资 | 114 956.68 | 40.61 | 其他 | 32 282.25 | 11.44 |
| 其他 | 3 386.82 | 1.20 | | | |
| 资产总计 | 283 045.60 | 100 | 资产总计 | 283 045.60 | 100 |

**信托资产运用与分布表**

| 资产运用 | 金额（万元） | 占比（%） | 资产分布 | 金额（万元） | 占比（%） |
|---|---|---|---|---|---|
| 货币资产 | 489 000.95 | 5.06 | 基础产业 | 2 468 989.70 | 25.56 |
| 贷款 | 6 212 036.61 | 64.30 | 房地产 | 749 219.00 | 7.75 |
| 交易性金融资产投资 | 959 807.13 | 9.93 | 证券市场 | 840 301.00 | 8.70 |
| 可供出售金融资产投资 | 706.00 | 0.01 | 实业 | 4 466 336.30 | 46.23 |
| 持有至到期投资 | 528 491.49 | 5.47 | 金融机构 | 185 308.00 | 1.92 |
| 长期股权投资 | 1 180 282.81 | 12.22 | 其他 | 951 143.09 | 9.84 |
| 其他 | 290 972.10 | 3.01 | | | |
| 信托资产总计 | 9 661 297.09 | 100 | 信托资产总计 | 9 661 297.09 | 100 |

### 4.3 市场分析

影响本公司业务发展的主要因素

(1)有利因素

随着我国信托业整体规模的不断扩大和信托产品的不断推出，信托所独有的制度优势、业务优势、经营优势日益显现，逐渐被熟悉金融以及理财意识较强的社会公众和企业机构所认同，信托业将在我国经济建设和社会发展中发挥更加积极的作用。"新两规"及《信托公司治理指引》推出以来，银监会又针对信托公司合规发展出台了一系列监管规章和文件，有利于信托公司业务模式和业务结构的优化改革，提高公司保护信托当事人合法权益、防范风险的能力，促进公司更加规范、科学地发展。公司资产质量优良，运作规范，2007 年，换发金融许可证后，不断探索和积累，在合规业务、创新业务方面形成了成熟的思路和模式，业务团队得到了有效锻炼和加强，及时完成了业务转型，为下一步的快速健康发展打下了一个较好的基础。山东信托股东均为大型国有企业或地方政府投资主体，具备较强的综合实力，运作规范，入股意图良好，能够支持公司长期稳定发展。山东信托在长期发展过程中，锻炼造就了一支精通金融知识、业务经验丰富的人才队伍，这支队伍积极进取，事业心、责任感强，对公司未来的发展起着重要的推动作用。

(2)不利因素

目前，我国信托业仍处于发展的初级阶段，信托知识的普及不够全面，信托业务推广受到许多限制，还有许多潜在客户对信托公司的经营范围和产品特点缺乏了解；信托法规的配套建设和具体业务规则仍需建立和完善；与其他金融行业相比，信托业得到的政策扶持相对较弱，政策调整变化速度较快，受到的监管规则不统一，多种信托业务受限，在监管环境中处于劣势；金融业竞争日趋激烈，其他金融机构不断抢占原本属于信托公司的专营业务，对信托公司的主要业务造成了冲击。

### 4.4 内部控制概况

#### 4.4.1 内部控制环境和内部控制文化

按照《公司法》的要求，公司建立了股东会、董事会、监事会以及董事会领导下的经营班子的法人治理结构，依据相互独立、相互制衡、权责明确的原则，制定了《股东会议事规则》、《董事会议事规则》、《监事会议事规则》等规则，界定了各机构之间的职权责任范围。董事会下设投资决策委员会、风险控制委员会、信托委员会、战略与发展规划委员会、人事与薪酬委员会和财务与审计委员会，各主体职责分明、相互制衡、相互促进，使公司治理机制得到优化。

公司按照固有业务和信托业务分离原则设置机构和流程，明确了部门、岗位职责，制定了明晰、完善的业务流程和操作规范，保障了各项工作的顺利开展。公司加强事前总体风险控制、事中过程控制和事后风险评估与处置，保证了公司的正常运营和健康发展。

公司高度重视"以人为本"的企业文化建设，将员工自身价值的体现和企业发展目标的实现有机结合，形成了诚实守信、忠于职守、刻苦钻研、勤勉尽责的企业文化氛围和人文环境。公司企业文化与内部控制制度相辅相成、相得益彰，保障了内部控制程序全面、彻底地执行，增强了公司的凝聚力和竞争力。

#### 4.4.2 内部控制措施

公司加强公司治理基本制度建设，健全"三会一层"与各专业委员会的定期沟通和决策制衡机制；完善授权管理机制，严格实行分级授权及监督机制；加强内部控制制度的执行力度，并与绩效考核挂钩，有效贯彻激励的同时严格实行问责制度；

按照风险性、重要性和实效性原则，及时识别、定期评估经营活动风险和对内部控制状况进行评审，将各项内控措施落实到决策、执行、监督、反馈等各个环节，确保经营管理合法合规和资产安全，形成了决策科学、运行稳健、监督有效、治理完善，覆盖所有机构、部门和岗位的内部控制管理机制。

公司设立风险管理部作为公司履行内部控制职能的部门，对业务风险进行客观评估，对公司业务实施内部审计，独立发表意见，保证公司依法、合规经营。对内部职能部门和人员进行控制、协调和考核，部门及人员职责清晰、目标明确，保证了公司经营活动高效、有序进行，达到内部控制的目的。

#### 4.4.3 监督评价与纠正

公司董事会下设风险控制委员会，负责制定公司风险管理的原则和目标、审议和审定公司风险管理的重大事项；投资决策委员会按照审批权限，负责重大项目的评审；公司监事会对董事、总经理和其他高级管理人员执行公司职务时违反法律、法规或者章程的行为进行监督；公司高级管理层负责实施经董事会批准的风险管理政策，并对各项业务的经营状况和例外情况进行经常性检查，及时发现内部控制存在的问题，并迅速予以纠正。公司设立风险管理部，作为对公司内控体系的健全性、合理性和有效性进行检查和评价的专门机构，具有相对独立性和权威性，赋予了该部门行使对内控进行再监督和再评价的重要职能。风险管理人员在严密的计划、组织下，按照公司要求独立地、有选择地对内控的各方面行使检查职能，将检查、评价结果直接向董事会和高管层报告。公司董事会和高管层在收到这些记录后及时采取措施解决内控制度存在的问题。公司每年组织有关部门对规章制度进行系统、全面的修订，不断完善、加强公司的基本管理制度。

### 4.5 风险管理概况

公司风险管理体系主要由内部章程、组织架构、授权制度、技术手段、稽查与事后评价等部分组成，形成研究、决策、操作、稽查与评价相互制衡的风险控制机制。

公司董事会和高级管理层高度重视经营过程中可能出现的各种风险，遵循全面性、有效性和独立性原则，制定了相应的风险控制措施，形成了“事前防范、事中控制、事后监督”的风险管理规程。在坚持前台、中台、后台严格分离的前提下，着力完善各项风险管理和内控制度，梳理业务管理办法，优化业务操作流程，完善管理信息平台，推动系统建设与人员培训，不断提升业务管理与风险控制水平。公司先后完成了《风险控制指引》、《工作职责汇编》手册和《公司集合信托融资类业务合作企业综合考核评价实施细则》、《证券从业人员九条规范》的编印，为公司风险管理提供了系统性、基础性的指导文件，提高了公司全体员工的风险控制意识。

公司在经营活动中可能遇到的风险为信用风险、市场风险、操作风险、法律风险、道德风险等。

公司制定了信用风险管理制度，持续关注交易对手的资信状况、履约能力及其变化，并及时采取相应措施，对信用风险进行有效的监控。公司对交易对手进行资信调查和项目审查，根据实际情况采用保证、抵押或质押等信用增级手段控制风险，持续关注并对其实施动态监控。一旦出现风险，将及时采取追索借款人、保证人，处置抵押物、质押物等措施，以至采用法律手段，使损失降至最低。公司按照《金融企业呆账准备金提取及呆账核销管理办法》的有关规定计提呆账准备。

对于市场风险，公司紧跟国家经济发展形势，密切关注宏观经济变化，特别是消费物价指数以及社会通货膨胀系数的变动，增强预见性，防范利率调整带来的风险。对于汇率风险，公司随时关注国际经济动态，敏锐观察国家外汇政策的变化并及时采取相应的措施；对于证券投资风险，公司加大市场调研力度，全面了解证券市场及相关金融市场行情，根据市场供求状况及收益与风险情况，及时调整产品策略，避免市场风险。公司市场风险的控制措施为在正确识别资本市场、货币市场风险成分的基础上，为确保市场风险度量的准确性提供依据；研究市场的风险度量方法，利用风险量化技术来计算风险值，以风险限额进行控制。

对于操作风险，公司管理层明确业务授权制度，建立业务复核制度，严格执行部门风险控制制度和操作流程。强化风险管理部门对业务涉及法律文本的审查以及在新产品开发中涉及法律合规事项的审查。公司坚持前台、中台、后台分离和部门、岗位之间相互制衡原则，明确工作职责，严格执行操作规程和权限设置，定期对业务规章和操作流程进行修订和完善，建立健全培训、考核、激励、淘汰机制，不断增强员工的业务技能，不断升级和完善计算机管理系统以及业务操作流程，制定一系列应对紧急情况的防范措施，完备相应管理记录，防范操作风险。

除上述风险外，信托公司在经营过程中可能会受到政策风险、法律风险、道德风险等风险因素的影响。公司通过对国家宏观经济政策和行业政策的分析、研究，提高预见性和应变能力，控制政策风险。通过建立健全法人治理结构、内部控制制度、业务操作流程，保证工作程序的完整、科学。不断加强员工思想教育，树立恪尽职守的观念和先进的风险管理理念，避免道德风险。通过加强法制意识教育，有效控制法律风险。加强廉洁从业教育，要求员工加强自律，警钟长鸣。

## 5. 报告期末及上年末的比较式会计报表

### 5.1 自营资产（须经审计）

#### 5.1.1 会计师事务所审计结论

**审 计 报 告**

天健审〔2011〕4－18 号

山东省国际信托有限公司（自营）：

我们审计了后附的山东省国际信托有限公司（自营）财务报表，包括 2010 年 12 月 31 日的资产负债表，2010 年度的利润表、所有者权益变动表和现金流量表以及财务报表附注。

一、管理层对财务报表的责任

按照企业会计准则的规定编制财务报表是山东省国际信托有限公司（自营）管理层的责任。这种责任包括：(1) 设计、实施和维护与财务报表编制相关的内部控制，以使财务报表不存在由于舞弊或错误而导致的重大错报；(2) 选择和运用恰当的会计政策；(3) 作出合理的会计估计。

二、注册会计师的责任

我们的责任是在实施审计工作的基础上对财务报表发表审计意见。我们按照中国注册会计师审计准则的规定执行了审计工作。中国注册会计师审计准则要求我们遵守职业道德规范，计划和实施审计工作以对财务报表是否不存在重大错报获取合理保证。

审计工作涉及实施审计程序，以获取有关财务报表金额和披露的审计证据。选择的审计程序取决于注册会计师的判断，包括对由于舞弊或错误导致的财务报表重大错报风险的评估。在进行风险评估时，我们考虑与财务报表编制相关的内部控制，以设计恰当的审计程序，但目的并非对内部控制的有效性发表意见。审计工作还包括评价管理层选用会计政策的恰当性和作出会计估计的合理性，以及评价财务报表的总体列报。

我们相信，我们获取的审计证据是充分、适当的，为发表审计意见提供了基础。

三、审计意见

我们认为，山东省国际信托有限公司（自营）财务报表已经按照企业会计准则的规定编制，在所有重大方面公允反映了山东省国际信托有限公司（自营）2010 年 12 月 31 日的财务状况以及 2010 年度的经营成果和现金流量。

天健会计师事务所有限公司

中国注册会计师　于秀兰

中国·杭州　　中国注册会计师　庞道振

报告日期：2011 年 3 月 15 日

5.1.2　资产负债表

**资产负债表**

编制单位：山东省国际信托有限公司（母公司）　　2010 年 12 月 31 日　　单位：万元

| 项　目 | 年初余额 | 年末余额 | 项　目 | 年初余额 | 年末余额 |
|---|---|---|---|---|---|
| 流动资产： | | | | | |
| 现金及银行存款 | 55 371.03 | 30 189.12 | 向中央银行借款 | — | — |
| 存放中央银行款项 | — | — | 联行存放款项 | — | — |
| 贵金属 | — | — | 同业及其他金融机构存放款项 | — | — |
| 拆出资金 | — | — | 拆入资金 | — | — |
| 交易性金融资产 | 16.02 | 53 331.66 | 交易性金融负债 | — | — |
| 衍生金融资产 | — | — | 衍生金融负债 | — | — |
| 买入返售金融资产 | — | — | 卖出回购金融资产款 | — | — |
| 应收款项类金融资产 | — | — | 应付职工薪酬 | 1 067.45 | 1 155.28 |
| 应收利息 | — | — | 应交税费 | 6 049.89 | 7 681.78 |
| 其他应收款 | 5 696.24 | 965.03 | 应付利息 | 717.01 | |
| 发放短期贷款和垫款 | — | — | 其他应付款 | 837.56 | 102 577.78 |
| 信托资产 | — | — | 信托负债 | — | — |
| 其他流动资产 | — | — | 其他流动负债 | — | — |
| 流动资产合计 | 61 083.30 | 84 485.80 | 流动负债合计 | 8 671.91 | 111 414.84 |
| 非流动资产： | — | — | 非流动负债： | — | — |
| 发放中长期贷款 | — | — | 应付债券 | — | — |
| 可供出售金融资产 | 1 992.77 | 25 216.29 | 预计负债 | — | — |
| 持有至到期投资 | 5 000.00 | 55 000.00 | 递延所得税负债 | — | — |
| 长期股权投资 | 94 300.23 | 114 956.68 | 其他非流动负债 | 30.00 | 30.00 |
| 投资性房地产 | — | — | 非流动负债合计 | 30.00 | 30.00 |
| 固定资产 | 2 926.12 | 2 881.95 | 负债合计 | 8 701.91 | 111 444.84 |
| 在建工程 | — | — | 所有者权益： | — | — |
| 固定资产清理 | — | — | 实收资本 | 128 000.00 | 128 000.00 |
| 无形资产 | 93.08 | 68.32 | 资本公积 | 88.38 | 1 621.38 |
| 商誉 | — | — | 盈余公积 | 10 844.01 | 14 729.41 |
| 长期待摊费用 | — | — | 一般风险准备 | 1 673.08 | 2 737.12 |
| 抵债资产 | — | — | 未分配利润 | 16 359.62 | 24 512.85 |
| 递延所得税资产 | 271.50 | 436.56 | 外币报表折算差额 | — | — |
| 其他非流动资产 | — | — | 归属于母公司所有者权益合计 | 156 965.09 | 171 600.76 |
| 非流动资产合计 | 104 583.70 | 198 559.80 | 少数股东权益 | — | — |
| | — | — | 所有者权益合计 | 156 965.09 | 171 600.76 |
| 资产总计 | 165 667.00 | 283 045.60 | 负债和所有者权益总计 | 165 667.00 | 283 045.60 |

**资产负债表**

编制单位：山东省国际信托有限公司（合并）　　2010 年 12 月 31 日　　单位：万元

| 项　目 | 年初余额 | 年末余额 | 项　目 | 年初余额 | 年末余额 |
|---|---|---|---|---|---|
| 流动资产： | | | | | |
| 现金及银行存款 | 68 681. 10 | 40 448. 51 | 向中央银行借款 | — | — |
| 存放中央银行款项 | — | — | 联行存放款项 | — | — |
| 贵金属 | — | — | 同业及其他金融机构存放款项 | — | — |
| 拆出资金 | — | — | 拆入资金 | — | — |
| 交易性金融资产 | 16. 02 | 53 331. 66 | 交易性金融负债 | — | — |
| 衍生金融资产 | — | — | 衍生金融负债 | — | — |
| 买入返售金融资产 | — | — | 卖出回购金融资产款 | — | — |
| 应收款项类金融资产 | 1 945. 17 | 1 339. 08 | 应付职工薪酬 | 3 162. 31 | 3 237. 33 |
| 应收利息 | — | — | 应交税费 | 6 899. 14 | 8 515. 66 |
| 其他应收款 | 5 732. 08 | 1 078. 99 | 应付利息 | 717. 01 | — |
| 发放短期贷款和垫款 | 401. 25 | — | 其他应付款 | 1 443. 11 | 103 192. 15 |
| 信托资产 | — | — | 信托负债 | — | — |
| 其他流动资产 | — | — | 其他流动负债 | — | — |
| 流动资产合计 | 76 775. 62 | 96 198. 23 | 流动负债合计 | 12 221. 57 | 114 945. 13 |
| 非流动资产： | — | — | 非流动负债： | — | — |
| 发放中长期贷款 | — | — | 应付债券 | — | — |
| 可供出售金融资产 | 18 645. 79 | 34 423. 76 | 预计负债 | — | — |
| 持有至到期投资 | 5 000. 00 | 55 000. 00 | 递延所得税负债 | 230. 30 | 120. 38 |
| 长期股权投资 | 85 150. 23 | 105 956. 68 | 其他非流动负债 | 30. 00 | 30. 00 |
| 投资性房地产 | — | — | 非流动负债合计 | 260. 30 | 150. 38 |
| 固定资产 | 3 664. 36 | 15 878. 88 | 负债合计 | 12 481. 87 | 115 095. 52 |
| 在建工程 | — | — | 所有者权益： | — | — |
| 固定资产清理 | — | — | 实收资本 | 128 000. 00 | 128 000. 00 |
| 无形资产 | 587. 72 | 480. 75 | 资本公积 | 648. 56 | 1 775. 11 |
| 商誉 | — | — | 盈余公积 | 10 844. 01 | 14 729. 41 |
| 长期待摊费用 | — | — | 一般风险准备 | 1 673. 08 | 2 737. 12 |
| 抵债资产 | — | — | 未分配利润 | 20 292. 61 | 29 464. 76 |
| 递延所得税资产 | 806. 31 | 1 066. 13 | 外币报表折算差额 | — | — |
| 其他非流动资产 | — | — | 归属于母公司所有者权益合计 | 161 458. 26 | 176 706. 40 |
| 非流动资产合计 | 113 854. 41 | 212 806. 20 | 少数股东权益 | 16 689. 91 | 17 202. 52 |
| | — | — | 所有者权益合计 | 178 148. 16 | 193 908. 92 |
| 资产总计 | 190 630. 03 | 309 004. 43 | 负债和所有者权益总计 | 190 630. 03 | 309 004. 43 |

## 5. 1. 3　利润表

**利润表**

2010 年

编制单位：山东省国际信托有限公司（母公司）　　单位：万元

| 项　目 | 本年累计数 | 上年同期数 |
|---|---|---|
| 一、营业收入 | 31 556. 22 | 19 934. 88 |
| （一）利息净收入 | 128. 00 | 53. 48 |
| 利息收入 | 128. 00 | 53. 48 |
| 利息支出 | — | — |
| （二）手续费及佣金净收入 | 15 045. 30 | 7 465. 51 |
| 手续费及佣金收入 | 15 049. 81 | 7 467. 32 |
| 手续费及佣金支出 | 4. 51 | 1. 80 |
| （三）投资收益（损失以"－"号填列） | 12 846. 84 | 8 115. 30 |
| 其中：对联营企业和合营企业的投资收益 | — | — |
| （四）公允价值变动收益（损失以"－"号填列） | －223. 96 | — |
| （五）其他收入 | 3 760. 04 | 4 300. 59 |
| 金融机构往来收入 | 283. 58 | 429. 66 |
| 证券销售差价收入 | 1 070. 28 | 3 200. 34 |
| 汇兑收益（损失以"－"号填列） | 121. 42 | 3. 96 |
| 其他业务收入 | 2 284. 76 | 666. 62 |

续表

| 项　目 | 本年累计数 | 上年同期数 |
|---|---|---|
| 二、营业支出 | 2 656. 01 | 2 623. 51 |
| （一）营业税金及附加 | 1 038. 98 | 647. 74 |
| （二）业务及管理费 | 5 020. 66 | 5 147. 42 |
| （三）资产减值损失或呆账损失（转回金额以"－"号填列） | －4 476. 04 | －3 378. 18 |
| （四）其他业务成本 | 1 072. 41 | 206. 53 |
| 三、营业利润（亏损以"－"号填列） | 28 900. 21 | 17 311. 36 |
| 加：营业外收入 | 5. 94 | 9. 04 |
| 减：营业外支出 | 157. 65 | 206. 61 |
| 四、利润总额（亏损以"－"号填列） | 28 748. 50 | 17 113. 80 |
| 减：所得税费用 | 2 845. 82 | 1 673. 94 |
| 五、净利润（亏损以"－"号填列） | 25 902. 67 | 15 439. 86 |
| 归属于母公司所有者的净利润 | 25 902. 67 | 15 439. 86 |
| 少数股东损益 | — | — |
| 六、每股收益： | — | — |
| （一）基本每股收益（元） | — | — |
| （二）稀释每股收益（元） | — | — |

**利润表**

2010 年

编制单位：山东省国际信托有限公司（合并）　　单位：万元

| 项　　目 | 本年累计数 | 上年同期数 |
|---|---|---|
| 一、营业收入 | 47 668. 80 | 37 750. 23 |
| （一）利息净收入 | 128. 00 | 53. 48 |
| 利息收入 | 128. 00 | 53. 48 |
| 利息支出 | — | — |
| （二）手续费及佣金净收入 | 29 324. 08 | 23 459. 40 |
| 手续费及佣金收入 | 29 328. 65 | 23 461. 21 |
| 手续费及佣金支出 | 4. 57 | 1. 81 |
| （三）投资收益（损失以“－”号填列） | 13 937. 38 | 8 636. 19 |
| 其中：对联营企业和合营企业的投资收益 | — | 6 791. 00 |
| （四）公允价值变动收益（损失以“－”号填列） | －223. 96 | — |
| （五）其他收入 | 4 503. 30 | 5 601. 16 |
| 金融机构往来收入 | 421. 45 | 614. 10 |
| 证券销售差价收入 | 1 070. 28 | 3 200. 34 |
| 汇兑收益（损失以“－”号填列） | 121. 42 | 3. 96 |
| 其他业务收入 | 2 890. 15 | 1 782. 76 |

续表

| 项　　目 | 本年累计数 | 上年同期数 |
|---|---|---|
| 二、营业支出 | 14 035. 18 | 15 106. 92 |
| （一）营业税金及附加 | 1 893. 04 | 1 618. 67 |
| （二）业务及管理费 | 15 314. 52 | 16 631. 15 |
| （三）资产减值损失或呆账损失（转回金额以“－”号填列） | －4 224. 79 | －3 279. 43 |
| （四）其他业务成本 | 1 052. 41 | 136. 53 |
| 三、营业利润（亏损以“－”号填列） | 33 633. 62 | 22 643. 30 |
| 加：营业外收入 | 87. 96 | 59. 04 |
| 减：营业外支出 | 171. 42 | 206. 61 |
| 四、利润总额（亏损以“－”号填列） | 33 550. 16 | 22 495. 74 |
| 减：所得税费用 | 4 079. 18 | 3 196. 93 |
| 五、净利润（亏损以“－”号填列） | 29 470. 98 | 19 298. 81 |
| 归属于母公司所有者的净利润 | 26 921. 59 | 16 663. 21 |
| 少数股东损益 | 2 549. 39 | 2 635. 60 |
| 六、每股收益： | — | — |
| （一）基本每股收益（元） | — | — |
| （二）稀释每股收益（元） | — | — |

### 5. 1. 4　所有者权益变动表

**所有者权益变动表**

2010 年

编制单位：山东省国际信托有限公司（母公司）　　单位：万元

| 项　　目 | 归属于母公司所有者权益 | | | | | | | | | | |
|---|---|---|---|---|---|---|---|---|---|---|---|
| | 实收资本（或股本） | 资本公积 | 减：库存股 | 专项储备 | 盈余公积 | 一般风险准备 | 未分配利润 | 其他 | 小计 | 少数股东权益 | 所有者权益合计 |
| 一、上年末余额 | 128 000. 00 | 88. 38 | 0 | 0 | 10 844. 01 | 1 673. 08 | 16 359. 62 | 0 | 156 965. 09 | 0. 00 | 156 965. 09 |
| 加：会计政策变更 | — | — | — | — | — | — | | — | | — | |
| 前期差错更正 | — | — | — | — | — | — | | — | | — | |
| 二、本年初余额 | 128 000. 00 | 88. 38 | 0 | 0 | 10 844. 01 | 1 673. 08 | 16 359. 62 | 0 | 156 965. 09 | 0. 00 | 156 965. 09 |
| 三、本年增减变动金额（减少以“－”号填列） | 0 | 1 533. 00 | 0 | 0 | 3 885. 40 | 1 064. 04 | 8 153. 23 | 0 | 14 635. 67 | 0. 00 | 14 635. 67 |
| （一）净利润 | — | — | — | — | — | — | 25 902. 67 | — | 25 902. 67 | 0. 00 | 25 902. 67 |
| （二）其他综合收益 | 0 | －418. 80 | 0 | 0 | 0 | 0 | 0 | 0 | －418. 80 | 0. 00 | －418. 80 |
| （三）所有者投入和减少资本 | 0 | 1 951. 79 | 0 | 0 | 0 | 0 | 0 | 0 | 1 951. 79 | 0 | 1 951. 79 |
| 1. 所有者投入资本 | 0 | 0 | — | — | — | — | | — | 0 | 0 | 0 |
| 2. 股份支付计入所有者权益的金额 | 0 | 0 | — | — | — | — | | — | 0 | 0 | 0 |
| 3. 其他 | 0 | 1 951. 79 | 0 | 0 | 0 | 0 | 0 | 0 | 1 951. 79 | 0 | 1 951. 79 |
| （四）专项储备提取和使用 | 0 | 0 | 0 | 0 | 0 | 0 | 0 | 0 | 0 | 0 | 0 |
| 1. 提取专项储备 | — | — | — | 0 | — | — | | — | 0 | 0 | 0 |
| 2. 使用专项储备 | — | — | — | 0 | — | — | | — | 0 | 0 | 0 |
| （五）利润分配 | 0 | 0 | 0 | 0 | 3 885. 40 | 1 064. 04 | －17 749. 44 | 0 | －12 800. 00 | 0. 00 | －12 800. 00 |
| 1. 提取盈余公积 | 0 | 0 | 0 | 0 | 2 590. 27 | 0 | －2 590. 27 | 0 | 0 | 0 | 0 |
| 其中：法定公积金 | — | — | — | — | 2 590. 27 | — | －2 590. 27 | — | 0 | — | 0 |
| 任意公积金 | — | — | — | — | 0 | — | 0 | — | 0 | — | 0 |
| #储备基金 | — | — | — | — | 0 | — | 0 | — | 0 | — | 0 |
| #企业发展基金 | — | — | — | — | 0 | — | 0 | — | 0 | — | 0 |
| #利润归还投资 | — | — | — | — | 0 | — | 0 | — | 0 | — | 0 |
| 2. 提取一般风险准备 | — | — | — | — | — | 1 064. 04 | －1 064. 04 | — | 0 | — | 0 |
| 3. 对所有者（或股东）的分配 | — | — | — | — | — | — | －12 800. 00 | — | －12 800. 00 | 0. 00 | －12 800. 00 |
| 4. 其他 | 0 | 0 | 0 | 0 | 1 295. 13 | 0 | －1 295. 13 | 0 | 0 | 0 | 0 |
| （六）所有者权益内部结转 | 0 | 0 | 0 | 0 | 0 | 0 | 0 | 0 | 0 | 0 | 0 |
| 1. 资本公积转增资本（或股本） | 0 | 0 | — | — | — | — | | — | 0 | — | 0 |
| 2. 盈余公积转增资本（或股本） | 0 | — | — | — | 0 | — | | — | 0 | — | 0 |
| 3. 盈余公积弥补亏损 | — | — | — | — | 0 | — | 0 | — | 0 | — | 0 |
| 4. 其他 | 0 | 0 | 0 | 0 | 0 | 0 | 0 | 0 | 0 | 0 | 0 |
| 四、本年末余额 | 128 000. 00 | 1 621. 38 | 0 | 0 | 14 729. 41 | 2 737. 12 | 24 512. 85 | 0 | 171 600. 76 | 0. 00 | 171 600. 76 |

**所有者权益变动表**

编制单位：山东省国际信托有限公司（合并）　　2009 年　　单位：万元

| 项　　目 | 归属于母公司所有者权益 | | | | | | | | | 少数股东权益 | 所有者权益合计 |
|---|---|---|---|---|---|---|---|---|---|---|---|
| | 实收资本（或股本） | 资本公积 | 减:库存股 | 专项储备 | 盈余公积 | 一般风险准备 | 未分配利润 | 其他 | 小计 | | |
| 一、上年末余额 | 128 000. 00 | 648. 56 | 0 | 0 | 10 844. 01 | 1 673. 08 | 20 292. 61 | 0 | 161 458. 26 | 16 689. 91 | 178 148. 16 |
| 加：会计政策变更 | — | — | — | — | — | — | | — | | — | |
| 前期差错更正 | — | — | — | — | — | — | | — | | — | |
| 二、本年初余额 | 128 000. 00 | 648. 56 | 0 | 0 | 10 844. 01 | 1 673. 08 | 20 292. 61 | 0 | 161 458. 26 | 16 689. 91 | 178 148. 16 |
| 三、本年增减变动金额（减少以“－”号填列） | 0 | 1 126. 55 | 0 | 0 | 3 885. 40 | 1 064. 04 | 9 172. 15 | 0 | 15 248. 14 | 512. 61 | 15 760. 75 |
| （一）净利润 | — | — | — | — | — | — | 26 921. 59 | — | 26 921. 59 | 2 549. 39 | 29 470. 98 |
| （二）其他综合收益 | 0 | －825. 25 | 0 | 0 | 0 | 0 | 0 | 0 | －825. 25 | －496. 77 | －1 322. 02 |
| （三）所有者投入和减少资本 | 0 | 1 951. 79 | 0 | 0 | 0 | 0 | 0 | 0 | 1 951. 79 | 0 | 1 951. 79 |
| 1. 所有者投入资本 | 0 | 0 | — | — | — | — | | — | 0 | 0 | 0 |
| 2. 股份支付计入所有者权益的金额 | 0 | 0 | — | — | — | — | | — | 0 | 0 | 0 |
| 3. 其他 | 0 | 1 951. 79 | 0 | 0 | 0 | 0 | 0 | 0 | 1 951. 79 | | 1 951. 79 |
| （四）专项储备提取和使用 | 0 | 0 | 0 | 0 | 0 | 0 | 0 | 0 | 0 | 0 | 0 |
| 1. 提取专项储备 | — | — | — | 0 | — | — | | — | 0 | 0 | 0 |
| 2. 使用专项储备 | — | — | — | 0 | — | — | | — | 0 | 0 | 0 |
| （五）利润分配 | 0 | 0 | 0 | 0 | 3 885. 40 | 1 064. 04 | －17 749. 44 | 0 | －12 800. 00 | －1 540. 00 | －14 340. 00 |
| 1. 提取盈余公积 | 0 | 0 | 0 | 0 | 2 590. 27 | 0 | －2 590. 27 | 0 | 0 | 0 | 0 |
| 其中：法定公积金 | — | — | — | — | 2 590. 27 | — | －2 590. 27 | — | 0 | — | 0 |
| 任意公积金 | — | — | — | — | 0 | — | 0 | — | 0 | — | 0 |
| #储备基金 | — | — | — | — | 0 | — | 0 | — | 0 | — | 0 |
| #企业发展基金 | — | — | — | — | 0 | — | 0 | — | 0 | — | 0 |
| #利润归还投资 | — | — | — | — | 0 | — | 0 | — | 0 | — | 0 |
| 2. 提取一般风险准备 | — | — | — | — | — | 1 064. 04 | －1 064. 04 | — | 0 | — | 0 |
| 3. 对所有者（或股东）的分配 | — | — | — | — | — | — | －12 800. 00 | — | －12 800. 00 | －1 540. 00 | －14 340. 00 |
| 4. 其他 | 0 | 0 | 0 | 0 | 1 295. 13 | 0 | －1 295. 13 | 0 | 0 | 0 | 0 |
| （六）所有者权益内部结转 | 0 | 0 | 0 | 0 | 0 | 0 | 0 | 0 | 0 | 0 | 0 |
| 1. 资本公积转增资本（或股本） | 0 | 0 | — | — | — | — | | — | 0 | — | 0 |
| 2. 盈余公积转增资本（或股本） | 0 | — | — | — | 0 | — | | — | 0 | — | 0 |
| 3. 盈余公积弥补亏损 | — | — | — | — | 0 | — | 0 | — | 0 | — | 0 |
| 4. 其他 | 0 | 0 | 0 | 0 | 0 | 0 | 0 | 0 | 0 | 0 | 0 |
| 四、本年末余额 | 128 000. 00 | 1 775. 11 | 0 | 0 | 14 729. 41 | 2 737. 12 | 29 464. 76 | 0 | 176 706. 40 | 17 202. 52 | 193 908. 92 |

## 5. 2　信托资产

### 5. 2. 1　信托项目资产负债汇总表

**信托项目资产负债汇总表**

编制单位：山东省国际信托有限公司　　2010 年 12 月 31 日　　单位：万元

| 资产 | 年初余额 | 期末余额 | 负债和权益 | 年初余额 | 期末余额 |
|---|---|---|---|---|---|
| 资产： | | | 负债： | | |
| 货币资金 | 232 638. 95 | 297 527. 22 | 交易性金融负债 | | |
| 拆出资金 | | | 衍生金融负债 | | |
| 结算备付金 | 91 115. 52 | 191 473. 73 | 应付账款 | | |
| 交易性金融资产 | 265 474. 66 | 959 807. 13 | 应付受托人报酬 | 202. 65 | 655. 49 |
| 衍生金融资产 | | | 应付受益人收益 | 13 035. 36 | 9 981. 77 |
| 买入返售金融资产 | 620 088. 60 | 275 600. 00 | 应付托管费 | 77. 62 | 152. 62 |
| 应收账款 | | | 应付销售服务费 | | |

续表

| 资产 | 年初余额 | 期末余额 | 负债和权益 | 年初余额 | 期末余额 |
|---|---|---|---|---|---|
| 应收利息 | 533.75 | | 应交税费 | 335.62 | 471.83 |
| 应收股利 | | | 应付利息 | | |
| 应收票据 | 1 996.80 | | 其他应付款 | 10 184.40 | 11 993.85 |
| 其他应收款 | 11 897.63 | 15 372.10 | 其他负债 | | |
| 存出保证金 | | | | | |
| 发放贷款 | 3 092 303.73 | 6 212 036.61 | 负债合计 | 23 835.65 | 23 255.56 |
| 长期应收款 | | | | | |
| 可供出售金融资产 | | 706.00 | | | |
| 持有至到期投资 | 63 102.43 | 528 491.49 | | | |
| 长期股权投资 | 1 017 311.14 | 1 180 282.81 | 权益: | | |
| 投资性房地产 | | | 实收信托 | 5 316 763.14 | 9 423 437.40 |
| 融资租赁资产 | | | 资本公积 | | |
| 固定资产 | | | 损益平准 | 4 321.99 | 32 550.98 |
| 固定资产清理 | | | 未分配利润 | 51 542.43 | 182 053.15 |
| 无形资产 | | | 权益合计 | 5 372 627.56 | 9 638 041.53 |
| 长期待摊费用 | | | | | |
| 其他资产 | | | | | |
| 信托资产总计 | 5 396 463.21 | 9 661 297.09 | | | |
| 减:各项资产减值准备 | | | | | |
| 资产总计 | 5 396 463.21 | 9 661 297.09 | 负债和权益总计 | 5 396 463.21 | 9 661 297.09 |

### 5.2.2 信托项目利润及利润分配汇总表

**信托业务利润及利润分配汇总表**

编制单位:山东省国际信托有限公司　　2010 年　　单位: 万元

| 项　目 | 本年累计数 | 上年累计数 |
|---|---|---|
| 一、收入 | 545 923.02 | 244 149.22 |
| 利息收入 | 300 271.82 | 161 544.53 |
| 投资收益(损失以"-"号填列) | 230 066.74 | 60 549.71 |
| 其中:对联营企业和合营企业的投资收益 | — | — |
| 公允价值变动收益(损失以"-"号填列) | 12 320.74 | 18 659.78 |
| 租赁收入 | — | — |
| 汇兑损益(损失以"-"号填列) | -71.61 | -5.27 |
| 其他收入 | 3 335.33 | 3 400.47 |
| 二、支出 | 37 938.29 | 17 157.97 |
| 营业税金及附加 | 2 039.19 | 2 067.37 |
| 受托人报酬 | 11 356.29 | 4 052.43 |
| 托管费 | 5 479.63 | 4 616.33 |
| 销售服务费 | 1 467.88 | 72.08 |
| 交易费用 | 11 015.91 | 1 715.81 |
| 利息支出 | | |
| 资产减值损失 | | |
| 其他费用 | 6 579.39 | 4 633.95 |
| 三、净利润(净亏损以"-"号填列) | 507 984.73 | 226 991.25 |
| 四、其他综合收益 | | |

续表

| 项　目 | 本年累计数 | 上年累计数 |
|---|---|---|
| 五、综合收益 | 507 984.73 | 226 991.25 |
| 六、期初未分配利润 | 51 542.44 | 4 268.06 |
| 六、本期已分配信托利润 | 377 474.01 | 179 716.87 |
| 七、期末未分配利润 | 182 053.15 | 51 542.44 |

## 6. 会计报表附注

### 6.1 简要说明报告年度会计报表编制基准、会计政策、会计估计和核算方法发生的变化

无变化。

### 6.2 或有事项说明

公司对外担保的期初数为 37 688.50 万元、期末数为 37 688.50万元,反担保措施齐全,对公司不存在影响。

### 6.3 重要资产转让及其出售的说明

无。

### 6.4 会计报表中重要项目的明细资料

#### 6.4.1 披露自营资产经营情况

6.4.1.1 按信用风险五级分类结果披露信用风险资产的期初数、期末数

| 信用风险资产五级分类 | 正常类(万元) | 关注类(万元) | 次级类(万元) | 可疑类(万元) | 损失类(万元) | 信用风险资产合计(万元) | 不良合计(万元) | 不良率(%) |
|---|---|---|---|---|---|---|---|---|
| 期初数 | 160 284.52 | 8 666.28 | 200 | 203.63 | 20 911.38 | 190 265.81 | 21 315.01 | 11.20 |
| 期末数 | 285 293.37 | | | | 17 875.01 | 303 168.38 | 17 875.01 | 5.90 |

注:不良资产合计=次级类+可疑类+损失类。

6.4.1.2 各项资产减值损失准备的期初、本期计提、本期转回、本期核销、期末数

单位：万元

| | 期初数 | 本期计提 | 本期转回 | 本期核销 | 期末数 |
|---|---|---|---|---|---|
| 贷款损失准备 | 0 | | | | 0 |
| 一般准备 | | | | | |
| 专项准备 | 0 | | | | 0 |
| 其他资产减值准备 | | | | | |
| 可供出售金融资产减值准备 | | | | | |
| 持有至到期投资减值准备 | 14 191.74 | | 3 440.00 | | 10 751.74 |
| 长期股权投资减值准备 | 5 465.62 | 150.00 | 1 287.85 | | 4 327.77 |
| 坏账准备 | 4 941.46 | 101.81 | | | 5 043.27 |
| 投资性房地产减值准备 | | | | | |
| 合 计 | 24 598.81 | 251.81 | 4 727.85 | | 20 122.78 |

6.4.1.3 自营股票投资、基金投资、债券投资、股权投资等投资业务的期初数、期末数

单位：万元

| | 自营股票 | 基金 | 债券 | 长期股权投资 |
|---|---|---|---|---|
| 期初数 | 16.02 | 0 | | 94 300.23 |
| 期末数 | 30 674.90 | 46 576.59 | | 114 956.68 |

6.4.1.4 按投资入股金额排序，前三名的自营长期股权投资的企业名称、占被投资企业权益的比例及投资收益情况等（依大小顺序排列）

| 企业名称 | 占被投资企业权益的比例（%） | 投资收益 |
|---|---|---|
| 1. 山东中华发电有限公司 | 14.40 | 2010年实现分红7 459万元 |
| 2. 泰山财产保险有限公司 | 9.85 | 2010年无分红 |
| 3. 泰信基金管理有限公司 | 45.00 | 2010年实现分红1 260万元 |

6.4.1.5 前三名的自营贷款的企业名称、占贷款总额的比例和还款情况等（依大小顺序排列）

| 企业名称 | 占贷款总额的比例（%） | 还款情况（万元） |
|---|---|---|
| 1. 无 | | |
| 2. | | |
| 3. | | |

6.4.1.6 表外业务的期初数、期末数；按照代理业务、担保业务和其他类型表外业务分别披露

单位：万元

| 表外业务 | 期初数 | 期末数 |
|---|---|---|
| 担保业务 | 37 688.50 | 37 688.50 |
| 代理业务（委托业务） | | |
| 其他 | | |
| 合计 | 37 688.50 | 37 688.50 |

注：代理业务主要反映因客观原因应规范而尚未完成规范的历史遗留委托业务，包括委托贷款和委托投资。

6.4.1.7 公司当年的收入结构

母公司

| 收入结构 | 金额（万元） | 占比（%） |
|---|---|---|
| 手续费及佣金收入 | 15 049.81 | 47.68 |
| 其中：信托手续费收入 | 15 049.81 | |
| 投资银行业务收入 | | |
| 利息收入 | 128.00 | 0.41 |
| 其他业务收入 | 3 760.04 | 11.91 |
| 其中：计入信托业务收入部分 | 414.00 | |
| 投资收益 | 12 622.88 | 39.99 |
| 其中：股权投资收益 | 12 846.84 | |
| 公允价值变动收益 | −223.96 | |
| 其他投资收益 | | |
| 营业外收入 | 5.94 | 0.01 |
| 收入合计 | 31 566.67 | 100.00 |

其他业务收入占比11.91%，主要是证券销售差价收入实现1070.28万元，占收入合计的16.04%。

合并

| 收入结构 | 金额（万元） | 占比（%） |
|---|---|---|
| 手续费及佣金收入 | 29 328.65 | 61.41 |
| 其中：信托手续费收入 | 15 049.81 | |
| 投资银行业务收入 | | |
| 利息收入 | 128.00 | 0.27 |
| 其他业务收入 | 4 503.30 | 9.43 |
| 其中：计入信托业务收入部分 | 414.00 | |
| 投资收益 | 13 713.43 | 28.71 |
| 其中：股权投资收益 | 11 586.84 | |
| 公允价值变动收益 | −223.96 | |
| 其他投资收益 | 2 350.55 | |
| 营业外收入 | 87.96 | 0.18 |
| 收入合计 | 47 761.34 | 100.00 |

其他业务收入占比9.43%，主要是证券销售差价收入实现1070.28万元，占收入合计的2.24%；基金手续费过户费收入实现625.39万元，占收入合计的1.31%。

**6.4.2 披露信托资产管理情况**

6.4.2.1 信托资产的期初数、期末数

单位：万元

| 信托资产 | 期初数 | 期末数 |
|---|---|---|
| 集合 | 460 728.53 | 1 221 642.72 |
| 单一 | 3 237 265.56 | 6 898 292.50 |
| 财产权 | 1 698 469.12 | 1 541 361.87 |
| 合计 | 5 396 463.21 | 9 661 297.09 |

6.4.2.1.1 主动管理型信托业务的信托资产期初数、期末数，分证券投资、股权投资、融资、事务管理类分别披露

单位：万元

| 主动管理型信托资产 | 期初数 | 期末数 |
|---|---|---|
| 证券投资类 | 289 021.94 | 849 153.00 |
| 股权投资类 | 57 354.57 | 90 776.00 |
| 融资类 | 349 732.31 | 1 737 070.09 |
| 事务管理类 | | |
| 合计 | 696 108.82 | 2 676 999.09 |

6.4.2.1.2 被动管理型信托业务期初数、期末数，分证券投资、股权投资、融资、事务管理类分别披露

单位：万元

| 被动管理型信托资产 | 期初数 | 期末数 |
|---|---|---|
| 证券投资类 | 100.00 | |
| 股权投资类 | 379 377.50 | 382 851.00 |
| 融资类 | 2 880 634.26 | 5 097 764.00 |
| 事务管理类 | 1 440 242.63 | 1 503 683.00 |
| 合计 | 4 700 354.39 | 6 984 298.00 |

6.4.2.2 本年度已清算结束的信托项目个数、实收信托合计金额、加权平均实际年化收益率

6.4.2.2.1 本年度已清算结束的集合类、单一类资金信托项目和财产管理类信托项目个数、实收信托金额、加权平均实际年化收益率

| 已清算结束信托项目 | 项目个数 | 实收信托合计金额（万元） | 加权平均实际年化收益率（%） |
|---|---|---|---|
| 集合类 | 34 | 231 122 | 5.39 |
| 单一类 | 216 | 2 940 208 | 4.01 |
| 财产管理类 | 5 | 23 786 | 4.58 |

注：加权平均实际年化收益率＝（信托项目1的实际年化收益率×信托项目1的资产总计＋信托项目2的实际年化收益率×信托项目2的资产总计＋…信托项目n的实际年化收益率×信托项目n的资产总计）/（信托项目1的资产总计＋信托项目2的资产总计＋…信托项目n的资产总计）×100%。

6.4.2.2.2 本年度已清算结束的主动管理型信托项目个数、实收信托合计金额、加权平均实际年化收益率，分证券投资、股权投资、融资、事务管理类分别披露

| 已清算结束信托项目 | 项目个数 | 合计金额（万元） | 加权平均实际年化信托报酬率（%） | 加权平均实际年化收益率（%） |
|---|---|---|---|---|
| 证券投资类 | 19 | 68 590 | 0.83 | 2.88 |
| 股权投资类 | 2 | 1 070 | 0.12 | 1.09 |
| 融资类 | 99 | 542 221 | 0.31 | 5.76 |
| 事务管理类 | | | | |

6.4.2.2.3 本年度已清算结束的被动管理型信托项目个数、实收信托合计金额、加权平均实际年化收益率，分证券投资、股权投资、融资、事务管理类分别披露

| 已清算结束信托项目 | 项目个数 | 合计金额（万元） | 加权平均实际年化信托报酬率（%） | 加权平均实际年化收益率（%） |
|---|---|---|---|---|
| 证券投资类 | | | | |
| 股权投资类 | | | | |
| 融资类 | 135 | 2 583 235 | 0.13 | 3.80 |
| 事务管理类 | | | | |

6.4.2.3 本年度新增的集合类、单一类、财产管理类信托项目个数、实收信托合计金额

| 新增信托项目 | 项目个数 | 实收信托合计金额（万元） |
|---|---|---|
| 集合类 | 68 | 1 057 334 |
| 单一类 | 290 | 10 854 047 |
| 财产管理类 | 1 | 91 635 |
| 新增合计 | 359 | 12 003 016 |
| 其中：主动管理型 | 219 | 3 078 786 |
| 被动管理型 | 140 | 8 924 230 |

6.4.2.4 信托业务创新成果和特色业务有关情况

2010年，公司进一步加快信托产品结构转变进程，在产业信托、证券信托、房地产信托方面均有所突破。

（1）产业信托

公司充分发挥信托工具在转方式调结构中发挥积极推动作用，积极做好金融支持黄河三角洲高效生态经济区、山东半岛蓝色经济区建设，不断加大对国有重点支柱骨干企业产业改造升级、战略新兴产业、绿色低碳经济和民营经济的信贷支持。相继发行了绿色投资系列、恒富系列等信托产品；与建设银行山东省分行合作发行了山东信托——建设银行助力黄三角贷款项目单一信托，支持了黄三角地区的区域经济发展。公司坚持不懈地开展业务创新，设计推出了上市公司股权质押融资信托业务模式，并形成了“鲁信尊享”品牌；开拓了新的业务领域，推出山东信托·船舶航运投资基金系列，将产业资本、金融资本和社会资本融合在一起，用于支持船舶产业投资基金旗下公司扩展运载能力，实现了利益共享。

（2）证券信托

2010年，公司积极利用现有证券账户资源，通过TOT形式支持公司平台上业绩较为优秀的投资管理人继续发行产品，或将原有即将结束的产品转开放并扩大规模，提升证券信托业务质量和收益水平。

（3）房地产信托

2010年，公司加强了与国内一线房地产企业的合作，与银行合作实现了济南市房地产互助信托收益权质押融资业务，提高了资金的使用效率。

6.4.2.5 本公司履行受托人义务情况及因公司自身责任而导致的信托资产损失情况（合计金额、原因等）

本公司本年无上述情况。

## 6.5 关联方关系及其交易的披露

### 6.5.1 关联交易方的数量、关联交易的总金额及关联交易的定价政策等

| | 关联交易数量 | 关联交易金额（万元） | 定价政策 |
|---|---|---|---|
| 合计 | 29 | 94 230 | 按市场公允价格定价 |

注：关联交易是指信托公司以自有资产、信托资产为关联方提供投融资等服务，或以担保等方式为关联方融资提供便利的业务。关联交易的统计范围应基本与银监会非现场监管信息系统中关于关联交易的范围和口径一致，也可增加为关联方提供咨询等其他非投融资类业务服务的信息。

### 6.5.2 关联交易方与本公司的关系性质、关联交易方的名称、法人代表、注册地址、注册资本及主营业务等

| 关系性质 | 关联方名称 | 法定代表人 | 注册地址 | 注册资本（万元） | 主营业务 |
|---|---|---|---|---|---|
| 母公司 | 山东省鲁信投资控股集团有限公司 | 孟凡利 | 济南市解放路166号 | 300 000.00 | 对外投资及管理，资本运营 |
| 同一母公司 | 临沂鲁信置业有限公司 | 单保成 | 临沂市经济开发区 | 3 000.00 | 房地产开发 |
| 同一母公司 | 山东鲁信房地产投资开发有限公司 | 李世杰 | 济南市解放路166号 | 5 000.00 | 房地产开发及销售，建筑材料销售 |

续表

| 关系性质 | 关联方名称 | 法定代表人 | 注册地址 | 注册资本（万元） | 主营业务 |
|---|---|---|---|---|---|
| 同一母公司 | 山东鲁信国际物流城有限公司 | 杜吉良 | 临沂市经济开发区芝麻墩村 | 5 000.00 | 国际物流城开发管理、房地产开发、房屋场地租赁、商品信息咨询服务 |
| 同一母公司 | 山东鲁信华艺置地有限公司 | 单保成 | 淄博市张店区人民西路25－3 | 1 000.00 | 房地产开发及销售，建筑材料销售 |
| 同一母公司 | 山东鲁信传媒投资有限公司 | 孟凡利 | 济南市历下区明湖路42号 | 6 000.00 | 文化传媒及教育、体育行业投资与管理等 |
| 同一母公司 | 山东鲁信天地置业有限公司 | 单保成 | 烟台市莱山区观海路滨海办事处办公楼 | 5 000.00 | 房地产开发、物业管理、建筑材料、装饰材料、普通机械销售 |
| 同一母公司 | 山东鲁信明珠房地产有限公司 | 林乐友 | 章丘市白云路115号 | 1 000.00 | 房地产开发、物业管理、建筑材料销售 |
| 同一母公司 | 山东鲁信恒基有限公司 | 孟凡利 | 济南市解放路166号 | 6 000.00 | 对外投资及管理，资本运营 |
| 同一母公司 | 山东鲁信影城有限公司 | 穆彤 | 济南市经十路124号 | 300.00 | 电影放映 |

**6.5.3 本公司与关联方的重大交易事项**

6.5.3.1 固有与关联方交易情况：贷款、投资、租赁、应收账款、担保、其他方式等期初汇总数、本期借方和贷方发生额汇总数、期末汇总数

单位：万元

| 固有与关联方关联交易 | | | | | | | | | | | | | | | | | | | | |
|---|---|---|---|---|---|---|---|---|---|---|---|---|---|---|---|---|---|---|---|---|
| 贷款 | | | 投资 | | | 租赁 | | | 担保 | | | 应收账款 | | | 其他 | | | 合计 | | |
| 期初 | 发生额 | 期末 | 期初 | 发生额 | 期末 | 期初 | 发生额 | 期末 | 期初 | 发生额 | 期末 | 期初 | 发生额 | 期末 | 期初 | 发生额 | 期末 | 期初 | 发生额 | 期末 |
| 0 | 0 | 0 | 0 | 0 | 0 | 0 | 0 | 0 | 0 | 0 | 0 | 0 | 0 | 0 | 0 | 0 | 0 | 0 | 0 | 0 |

6.5.3.2 信托资产与关联方交易情况：贷款、投资、租赁、应收账款、担保、其他方式等期初汇总数、本期借方和贷方发生汇总额、期末汇总数

单位：万元

| 信托与关联方关联交易 | | | | |
|---|---|---|---|---|
| | 期初数 | 借方发生额 | 贷方发生额 | 期末数 |
| 贷款 | 116 750 | 139 200 | 120 630 | 135 320 |
| 投资 | | | | |
| 租赁 | | | | |
| 担保 | | | | |
| 应收账款 | | | | |
| 其他 | | | | |
| 合计 | 116 750 | 139 200 | 120 630 | 135 320 |

6.5.3.3 信托公司自有资金运用于自己管理的信托项目（固信交易）、信托公司管理的信托项目之间的相互交易（信信交易）交易金额，包括余额和本报告年度的发生额

6.5.3.3.1 固有财产与信托财产之间的交易金额期初汇总数、本期发生额汇总数、期末汇总数

单位：万元

| 固有财产与信托财产相互交易 | | | |
|---|---|---|---|
| | 期初数 | 本期发生额 | 期末数 |
| 合计 | 5 000.00 | 50 000.00 | 55 000.00 |

6.5.3.3.2 信托项目之间的交易金额期初汇总数、本期发生额汇总数、期末汇总数

单位：万元

| 信托资产与信托财产相互交易 | | | |
|---|---|---|---|
| | 期初数 | 本期发生额 | 期末数 |
| 合计 | 368.00 | 191 992 | 192 360.00 |

**6.5.4 逐笔披露关联方逾期未偿还本公司资金的详细情况以及本公司为关联方担保发生或即将发生垫款的详细情况**

无。

## 6.6 会计制度的披露

固有业务（自营业务）、信托业务执行会计制度的名称及颁布的年份。

固有业务（自营业务）自2008年1月1日开始执行新《企业会计准则》，信托业务自2009年7月1日起执行新《企业会计准则》。

# 7. 财务情况说明书

## 7.1 利润实现和分配情况（母公司和并表口径同时披露）

**7.1.1 母公司利润实现和分配情况**

（1）利润总额：28 748.50万元；

（2）所得税费用：2 845.82万元；

（3）净利润：25 902.67万元；

（4）加年初未分配利润余额（调整后净额）：16 359.62万元；

（5）可供分配利润：42 262.29万元；

（6）提取法定公积金（净利润的10%）：2 590.27万元；

（7）依据《公司章程》，按照本年实现净利润的5%提取信托赔偿准备金：1 295.13万元；

（8）提取一般准备：1 064.04万元；

（9）向公司股东分配2009年现金股利：12 800.00万元；

（10）期末未分配利润：24 512.85万元。

**7.1.2 合并利润实现和分配情况**

（1）利润总额：33 550.16万元；

（2）所得税费用：4 079.18万元；

（3）归属于母公司的净利润：26 921.59万元；

（4）加年初未分配利润余额（调整后净额）：20 292.61万元；

(5)可供分配利润:47 214.20 万元;

(6)提取法定公积金(净利润的10%):2 590.27 万元;

(7)依据《公司章程》,按照本年实现净利润的5%提取信托赔偿准备金:1 295.13 万元;

(8)提取一般准备:1 064.04 万元;

(9)向公司股东分配2009年现金股利:12 800.00 万元;

(10)期末未分配利润:29 464.76 万元。

### 7.2 主要财务指标(母公司和并表口径同时披露)

母公司

| 指标名称 | 指标值 |
|---|---|
| 资本利润率(%) | 16.68 |
| 加权年化信托报酬率(%) | 0.19 |
| 人均净利润(万元/人) | 281.55 |

合并

| 指标名称 | 指标值 |
|---|---|
| 资本利润率(%) | 16.58 |
| 加权年化信托报酬率(%) | 0.19 |
| 人均净利润(万元/人) | 139.67 |

注:1. 资本利润率=净利润/所有者权益平均余额×100%。

信托报酬率=信托业务收入/实收信托年平均余额×100%。

人均净利润=净利润/平均人数。

平均值采取年初及各季末余额移动算术平均法,公式为:a(平均)=($a_0$/2+$a_1$+$a_2$+$a_3$+$a_4$/2)/4。

### 7.3 对本公司财务状况、经营成果有重大影响的其他事项

无。

## 8. 特别事项简要揭示

### 8.1 前五名股东报告期内变动情况及原因

无。

### 8.2 董事、监事及高级管理人员变动情况及原因

2010年3月25日以通讯方式召开临时股东会,选举李国红先生为公司第三届监事会监事,周世健先生不再担任公司监事长职务;选举杨公民先生为公司第三届监事会监事,张维平先生不再担任公司监事职务;选举黄群先生为公司第三届监事会监事,刘理勇先生不再担任公司监事职务;2010年3月26日召开三届三次监事会会议,选举李国红先生为公司监事会监事长。

### 8.3 公司的重大未决诉讼事项

本公司诉山东泗水北方大地牧业集团有限公司、山东鲁西黄牛原种场有限公司、泗水北方大地肉牛育肥有限公司、山东九福饲料有限公司及山东九九有限公司、北京赛克赛思科技投资有限公司借款、担保合同纠纷案,业经济南市中级人民法院审理并执行,现已取得较大有利进展。已收回7 883万元欠款,被执行人持有的上市公司股份也已扣划至公司证券账户中。广东证券破产管理人已确认公司对广东证券享有债权,本息合计262 068 045.75元。

### 8.4 对会计师事务所出具的有保留意见、否定意见或无法表示意见的审计报告的,公司董事会应就所涉及事项作出说明

无。

### 8.5 公司及其董事、监事和高级管理人员受到处罚的情况

无。

### 8.6 银监会及其派出机构对公司检查后提出整改意见的,应简单说明整改情况

2010年3月山东银监局召开公司年度审慎监管会议,对公司进行了监管评价,肯定了公司取得的成绩,指出了公司存在的问题,提出了监管意见。5月山东银监局对公司集合资金信托、信政合作和银信合作业务进行了现场检查,就公司在经营管理中存在的问题和薄弱环节提出进一步加强制度建设、牢固树立合规经营意识、审慎开展信政合作业务等监管要求。

公司高度重视山东银监局提出的检查和监管意见,组织相关部门和人员,逐一安排落实,在加强内控机制建设、严格履行尽职调查职责、进一步提高管理水平等方面制定相应改进措施,并已逐步落实到位。公司就有关落实情况上报了监管部门。公司将切实贯彻落实山东银监局的监管意见,强化风险意识,加强内部管理,积极创新业务,不断提升核心竞争力,努力实现公司的持续、快速和健康发展。

### 8.7 本年度重大事项临时报告的简要内容、披露时间、所披露的媒体及其版面

2010年4月22日在《金融时报》披露"山东省国际信托有限公司年报"。

### 8.8 银监会及其省级派出机构认定的其他有必要让客户及相关利益人了解的重要信息

无。

## 9. 公司监事会意见

监事会认为,本报告期内,公司决策程序符合国家相关法律、法规和《公司章程》的规定,内部控制制度较为完善,没有发现公司董事和高级管理人员在履行公司职务时有违反法律法规、公司章程和侵害股东利益的行为。公司财务报告真实反映了公司的财务状况和经营成果。

# 山西信托有限责任公司

## 1. 重要提示

1.1 本公司董事会及董事保证本报告所载资料不存在任何虚假记载、误导性陈述或者重大遗漏，并对其内容的真实性、准确性和完整性承担个别及连带责任。本年度报告摘要摘自年度报告全文，报告全文刊载于本公司网站（http://www.sxxt.net），客户及相关利益人欲了解详细内容，应阅读年度报告全文。

1.2 未有公司董事声明对本年度报告内容的真实性、准确性、完整性存在异议。

1.3 公司独立董事杨有振保证本年度报告内容真实、准确、完整。

1.4 普华永道中天会计师事务所有限公司对本公司年度财务报告进行审计，出具了标准无保留意见的审计报告。

1.5 公司董事长袁东生、主管会计工作负责人总经理刘叔肄、财务总监雷淑俊、计划财务部经理刘拓旺声明：保证年度报告中财务会计报告的真实、完整。

## 2. 公司概况

### 2.1 公司简介

| | | |
|---|---|---|
| 1 | 法定中文名称 | 山西信托有限责任公司（中文缩写：山西信托） |
| 2 | 法定英文名称 | Shanxi Trust Corporation Ltd.（英文缩写：STC） |
| 3 | 法定代表人 | 袁东生 |
| 4 | 注册地址 | 山西省太原市府西街69号 |
| 5 | 邮政编码 | 030002 |
| 6 | 国际互联网网址 | http://www.sxxt.net |
| 7 | 公司电子信箱 | websxxt@sxgt.net |
| 8 | 信息披露事务负责人 | 陈　强 |
| 9 | 信息披露事务联系人 | 吴　晶 |
| 10 | 联系电话 | 0351-8686777 |
| 11 | 传真 | 0351-8686111 |
| 12 | 电子信箱 | websxxt@sxgt.net |
| 13 | 本次信息披露报纸 | 《金融时报》 |
| 14 | 年度报告备置地点 | 山西省太原市府西街69号山西国际贸易中心A座37层 |
| 15 | 公司聘请的会计师事务所及其住所 | 普华永道中天会计师事务所有限公司<br>地址：上海湖滨路202号普华永道中心 |

### 2.2 组织结构

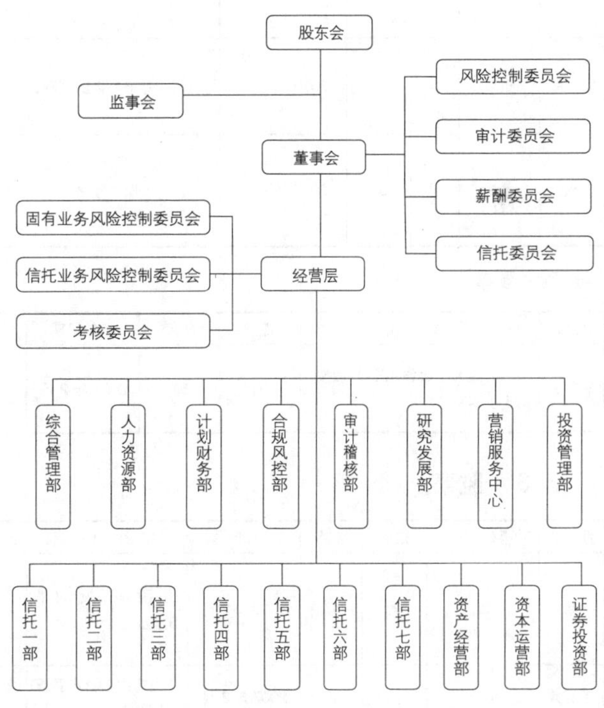


## 3. 公司治理结构

### 3.1 股东

| 股东名称 | 出资比例(%) | 法人代表 | 注册资本(亿元) | 注册地址 | 主要经营业务及主要财务情况 |
|---|---|---|---|---|---|
| 山西省国信投资(集团)公司★ | 90.7 | 张广慧 | 26 | 太原市府西街69号 | 投资业务，资产委托管理，资产重组并购，公司理财，财务顾问及咨询，房地产投资，代理财产管理等。<br>自有资产总额：466 706万元，管理资产总额：19 300 000万元，营业收入：202 100万元，利润总额：74 109万元。 |
| 太原市海信资产管理有限公司 | 8.3 | 张健健 | 1.0073 | 太原市府西街141号 | 投资及资产委托管理，投资咨询及企业财务法律咨询。<br>资产总额：108 796万元，投资收益：558万元，营业收入：165万元，利润总额：586万元。 |
| 山西国际电力集团有限公司 | 1 | 常小刚 | 60 | 太原市东缉虎营37号 | 电、热的生产和销售；发电、输变电工程的技术咨询；电力调度、生产管理及电力营销服务等。<br>资产总额：1 887 400万元，营业收入：503 800万元，利润总额：47 400万元。 |

注：1. 本公司三个股东之间不存在关联关系。
2. 股东财务状况数字截至2010年12月31日。
3. ★号表示公司最终实际控制人。

## 3.2 董事

| 姓 名 | 职 务 | 性别 | 年龄 | 选任日期 | 所推举的股东名称 | 该股东持股比例(%) | 简 要 履 历 |
|---|---|---|---|---|---|---|---|
| 袁东生 | 董事长 | 男 | 59 | 2007年2月 | 山西省国信投资(集团)公司 | 90.7 | 曾任教师、理论教员，山西省委组织部处长；1994年任山西省信托投资公司副总经理；2002年任山西省国信投资(集团)公司副总经理，山西信托投资有限责任公司副董事长、总经理；2007年2月任山西信托有限责任公司党委书记、董事长。 |
| 杨小勇 | 副董事长 | 男 | 47 | 2007年2月 | 山西省国信投资(集团)公司 | 90.7 | 曾任山西省委组织部处长，2001年11月任山西省信托投资公司副总经理；2002年2月任山西省国信投资(集团)公司副总经理；2002年4月任山西信托投资有限责任公司副董事长；2008年8月任山西省国信投资(集团)公司党委书记、山西信托有限责任公司副董事长。 |
| 刘叔肄 | 董事 | 男 | 45 | 2010年2月 | 山西省国信投资(集团)公司 | 90.7 | 历任山西省信托投资公司运城证券营业部经理、运城办事处副主任、党组书记；2002年4月任山西信托投资有限责任公司地市信托部经理、太原资产管理公司经理；2005年1月任汇丰晋信基金公司副督察长；2010年2月任山西信托有限责任公司党委副书记、总经理。 |
| 张健健 | 董事 | 男 | 55 | 2007年2月 | 太原市海信资产管理有限公司 | 8.3 | 曾任山西机器厂工程师、车间主任；1993年到太原市信托投资公司工作，历任公司证券业务部副主任、实业公司经理、办公室主任、副总经理；2001年，任太原市海信资产管理有限公司总经理。 |
| 常代有 | 董事 | 男 | 38 | 2010年2月 | 山西国际电力集团有限公司 | 1.00 | 曾任山西能源产业集团董事会秘书、综合办公室主任、产业管理部部长，山西国际电力集团公司产业部经理；现任山西新兴能源产业集团有限公司总经理。 |
| 张福生 | 董事 | 男 | 52 | 2007年2月 | 职工董事 |  | 曾任山西省统计局副处长，1992年任山西省信托投资公司技改处处长、办公室主任、党总支专职副书记；2007年5月任山西信托有限责任公司党委工作部主任；2010年2月任山西信托有限责任公司纪委书记。 |

独立董事

| 姓名 | 所在单位及职务 | 性别 | 年龄 | 选任日期 | 所推举的股东名称 | 该股东持股比例(%) | 简要履历 |
|---|---|---|---|---|---|---|---|
| 杨有振 | 山西财经大学教务处处长、教授、博士生导师 | 男 | 52 | 2007年2月 | 独立董事 |  | 曾任山西财经大学财政金融系金融教研室主任、系主任，山西财经大学财政金融学院院长；现任山西财经大学教务处处长、教授、博士生导师。 |

## 3.3 监事

| 姓 名 | 职 务 | 性别 | 年龄 | 选任日期 | 所推举的股东名称 | 该股东持股比例(%) | 简 要 履 历 |
|---|---|---|---|---|---|---|---|
| 乔彦林 | 监事长 | 男 | 47 | 2010年2月 | 山西省国信投资(集团)公司 | 90.7 | 历任山西省信托投资公司委托处副处长、信托部经理；2002年4月任山西信托投资有限责任公司机构信托部、信托一部经理；2007年2月任山西信托有限责任公司监事会召集人；2010年2月任山西信托有限责任公司监事长。 |
| 牛海芳 | 监事 | 女 | 40 | 2007年2月 | 太原市海信资产管理有限公司 | 8.3 | 曾任太原市交家电公司干部，太原市信托投资公司会计；现任太原市海信资产管理有限公司财务科科长。 |
| 李明星 | 监事 | 男 | 44 | 2010年2月 | 山西国际电力集团有限公司 | 1 | 曾任山西国际电力集团公司人力资源部副经理、经理；现任山西通宝能源股份有限责任公司总经理。 |

## 3.4 高级管理人员

| 姓名 | 职务 | 性别 | 年龄 | 选任日期 | 金融从业年限 | 学历 | 专业 |
|---|---|---|---|---|---|---|---|
| 刘叔肄 | 总经理 | 男 | 45 | 2010年2月 | 18 | 硕士研究生 | 经济 |
| 焦 杨 | 常务副总经理 | 男 | 44 | 2010年2月 | 14 | 硕士研究生 | 金融 |
| 史庆瑞 | 副总经理 | 男 | 54 | 2007年2月 | 22 | 本科 | 农业 |
| 张福生 | 纪委书记 | 男 | 52 | 2010年2月 | 18 | 研究生 | 金融 |
| 雷淑俊 | 财务总监 | 女 | 41 | 2010年2月 | 18 | 本科 | 金融 |
| 陈强 | 董事会秘书 | 男 | 42 | 2010年2月 | 17 | 研究生 | 经济 |

## 3.5 公司员工

|  | |  |
|---|---|---|
| 职工人数(人) | | 163 |
| 平均年龄(岁) | | 41 |
| 学历分布比例(%) | 硕士 | 19.63 |
| | 本科 | 55.83 |
| | 专科 | 11.04 |
| | 其他 | 13.50 |

## 4. 经营管理

### 4.1 经营目标、方针、战略规划

经营目标：服务客户、奉献社会、回报股东、成就员工。

经营方针：规范经营、稳健发展、执着追求、勇于创新。

战略规划：以市场为导向，以服务地方经济发展为宗旨，以转型跨越发展为主线，通过不断完善法人治理结构，健全风险防控机制，积极改善经营环境，创造业务保障机制等措施，大力发展信托业务、创新业务、特色业务，努力构建合理业务结构，创立稳定盈利模式，使公司发展成为具有较强竞争力的质量效益型的专业化资产管理机构。

### 4.2 经营业务的主要内容

公司业务分为信托业务和固有业务两大部分。其中，信托业务主要包括投资类信托、融资类信托和事务管理类信托；固有业务主要包括融资服务、证券市场投资、其他金融产品投资、金融性股权投资、保管箱租赁业务以及金银币业务等。资产运用方式与行业分布情况如下。

**自营资产运用与分布表**

| 资产运用 | 金额（万元） | 占比（%） | 资产分布 | 金额（万元） | 占比（%） |
|---|---|---|---|---|---|
| 货币资产 | 59 769.90 | 40.11 | 基础产业 | | |
| 贷款及应收款 | 18 600.00 | 13.30 | 房地产业 | | |
| 交易性金融资产投资 | 2 549.54 | 1.71 | 证券市场 | 42 769.88 | 28.70 |
| 可供出售金融资产投资 | 45 999.93 | 30.87 | 实业 | 5 000.00 | 3.36 |
| 持有至到期投资 | | | 金融机构 | 29 865.61 | 20.04 |
| 长期股权投资 | 11 086.03 | 7.44 | 其他 * | 71 366.62 | 47.90 |
| 其他 | 10 996.71 | 6.57 | | | |
| 资产总计 | 149 002.11 | 100.00 | 资产总计 | 149 002.11 | 100.00 |

注：* 表示资产分布中，“其他类”资产主要包括货币资金。

**信托资产运用与分布表**

| 资产运用 | 金额（万元） | 占比（%） | 资产分布 | 金额（万元） | 占比（%） |
|---|---|---|---|---|---|
| 货币资产 | 167 633.48 | 6.65 | 基础产业 | 1 532 057.88 | 60.79 |
| 贷款 | 1 578 613.30 | 62.63 | 房地产 | 54 043.23 | 2.14 |
| 交易性金融资产投资 | 178 874.59 | 7.10 | 证券市场 | 227 912.24 | 9.04 |
| 可供出售金融资产投资 | | | 实业 | 150 868.03 | 5.99 |
| 持有至到期投资 | 434 598.58 | 17.24 | 金融机构 | 4 900.01 | 0.19 |
| 长期股权投资 | 159 560.41 | 6.33 | 其他 * | 550 567.48 | 21.85 |
| 其他 | 1 068.51 | 0.05 | | | |
| 信托资产总计 | 2 520 348.87 | 100.00 | 信托资产总计 | 2 520 348.87 | 100.00 |

注：* 表示资产分布中，“其他类”资产主要包括权益类资产。

### 4.3 市场分析

#### 4.3.1 影响本公司业务发展的有利因素

4.3.1.1 随着国家经济的发展和社会财富的不断积累，信托公司业务开展面临较多的机遇，信托理财产品的社会认知度进一步提升

4.3.1.2 2010 年，山西省正式被国务院确定为国家资源型经济转型综合配套改革试验区，产业的优化升级，战略性新兴产业的发展，省域产业结构的调整和资源型经济转型为公司提供广阔的发展空间

4.3.1.3 山西省经济社会转型跨越发展战略的提出，为公司积极拓展信托业务创造了良好的地域和资源条件

4.3.1.4 《信托公司净资本管理办法》的颁布，有利于推进公司业务结构的调整，提升公司主动管理能力，扩大利润空间。

#### 4.3.2 影响本公司业务发展的不利因素

4.3.2.1 监管层规范银信合作业务，提示房地产信托业务风险，调整信政合作业务监管政策，短期内对公司盈利造成影响

4.3.2.2 信托专用证券账户开户依然受限，投资于证券市场的信托产品和证投方向的创新产品无法推出

4.3.2.3 信托产品流动性较差，产品的公开交易市场缺失，产品转让、流通困难，信托产品发行与流通市场尚待建立

4.3.2.4 信托行业在金融同业竞争中仍然处于相对弱势地位，专属于信托公司的展业领域较小，展业受限较多，处于相对不利的竞争地位

### 4.4 内部控制概况

公司按照现代企业制度的要求，建立了产权明晰、责任明确、管理科学的企业制度；根据法人治理机制的需要，建立了权责分明、有效制衡、协调运作的治理结构；依照金融企业运行的要求，加快内控文化的建设，制定了相对完善的内控制度；牢固树立内控优先的风险理念，不断加强全体员工的内控意识，加强员工依法经营意识；建立了责任追究制度，真正把内控文化的建设和执行落到实处，营造良好的内控环境。

### 4.5 风险管理概况

公司风险管理遵循“事前预防、事中监控、事后补救”的原则，有效防范和控制经营活动中可能遇到的风险有信用风险、市场风险、操作风险等。

#### 4.5.1 信用风险

公司严格依据相关规定，对资产进行风险分类评级，并计提呆账准备；严格限制保证贷款，对于抵押贷款按照抵押品抵押手续合法完备、易变现等原则确认，并根据抵押品价值可能变动情况及可变现值确定抵押品与贷款本金之比。

#### 4.5.2 市场风险

公司关注国家宏观政策，加强行业风险研究，规避行业周期产生的市场风险；遵循组合投资、分散风险的原则，制定投资比例和投资策略，确立风险止损点；根据市场变化积极调整证券投资规模，优化证券投资结构，防范证券跌价风险；控制投资于同一行业的项目规模和数量，避免风险过于集中，积极拓展多元化投资领域和项目。

#### 4.5.3 操作风险

公司坚持前台、中台、后台分离和部门、岗位之间相互制衡原则；明确工作职责，严格执行操作规程和权限设置，定期对业务规章和操作流程进行修订和完善；加大信息化建设硬件投入，加强对员工技能培训，完备相应管理记录，防范操作风险。

## 5. 报告期末及上年末的比较式会计报表

### 5.1 自营资产

#### 5.1.1 会计师事务所审计结论

普华永道中天会计师事务所有限公司对本公司年度财务报告进行审计，并出具了标准无保留意见的审计报告。

### 5.1.2 资产负债表

**资产负债表**

编报单位：山西信托有限责任公司　　单位：万元

| 资产： | 2010.12.31 | 2009.12.31 | 负债： | 2010.12.31 | 2009.12.31 |
|---|---|---|---|---|---|
| 存放同业款项 | 59 769.90 | 75 944.45 | 应付职工薪酬 | 2 155.47 | 1 462.13 |
| 交易性金融资产 | 2 549.54 | — | 递延所得税负债 | 3 894.45 | — |
| 应收利息 | 258.39 | 370.02 | 应交/(预缴)税费 | 2 180.16 | 1 690.08 |
| 贷款和应收款项 | 18 600.00 | 10 280.00 | 其他负债 | 2853.58 | 1 159.85 |
| 可供出售金融资产 | 45 999.92 | 20 269.18 | 负债合计 | 11 083.66 | 4 312.06 |
| 投资性房地产 | 950.93 | 1 016.70 | 所有者权益： | | |
| 长期股权投资 | 11 086.03 | 11 458.63 | 实收资本 | 100 000.00 | 100 000.00 |
| 固定资产 | 4 772.19 | 4 898.78 | 资本公积 | 14 070.10 | 2 220.02 |
| 无形资产 | 104.70 | 110.70 | 盈余公积 | 4 380.91 | 3 372.63 |
| 递延所得税资产 | — | 502.40 | 风险准备 | 10 534.53 | 9 022.60 |
| 其他资产 | 4 910.51 | 1 073.47 | 未分配利润 | 8 932.91 | 6 997.02 |
| | | | 所有者权益合计 | 137 918.45 | 121 612.27 |
| 资产总计 | 149 002.11 | 125 924.33 | 负债和所有者权益总计 | 149 002.11 | 125 924.33 |

董事长：袁东生　　总经理：刘叔肄　　计划财务部经理：刘拓旺　　制表：刘　强

### 5.1.3 利润表

**利润表**

编报单位：山西信托有限责任公司　　单位：万元

| 项　目 | 2010年 | 2009年 |
|---|---|---|
| 一、营业收入 | 24 120.65 | 14 515.31 |
| 利息净收入 | 1 872.53 | 1 478.88 |
| 利息收入 | 1 872.53 | 1 478.88 |
| 利息支出 | | |
| 手续费及佣金净收入 | 16 495.10 | 9 485.30 |
| 手续费及佣金收入 | 16 497.30 | 9 553.35 |
| 手续费及佣金支出 | 2.20 | 68.05 |
| 投资收益(损失以"-"号填列) | 5 874.59 | 3 308.62 |
| 公允价值变动损益(损失以"-"号填列) | -11.94 | |
| 汇兑收益(损失以"-"号填列) | -337.55 | -36.69 |
| 其他业务收入 | 227.92 | 279.20 |
| 二、营业支出 | 10 933.36 | 8 051.85 |
| 营业税金及附加 | 1 245.60 | 809.39 |
| 业务及管理费 | 9 707.24 | 7 020.26 |
| 资产减值损失(转回以"-"号填列) | -98.86 | 54.13 |
| 其他业务支出 | 79.38 | 168.07 |
| 三、营业利润(损失以"-"号填列) | 13 187.29 | 6 463.46 |
| 加：营业外收入 | 84.44 | |
| 减：营业外支出 | 87.31 | 7.52 |
| 四、利润总额(损失以"-"号填列) | 13 184.42 | 6 455.94 |
| 减：所得税费用 | 3 101.59 | 1 796.81 |
| 五、净利润(损失以"-"号填列) | 10 082.83 | 4 659.13 |
| 其他综合收益 | 11 850.07 | 5 244.87 |
| 综合收益总额 | 21 932.90 | 9 904.00 |

董事长：袁东生　　总经理：刘叔肄　　计划财务部经理：刘拓旺　　制表：刘　强

## 5.1.4 所有者权益变动表

### 所有者权益变动表

编报单位:山西信托有限责任公司　　　　单位:万元

| 项目 | 2010年 | | | | | | 2009年 | | | | | |
|---|---|---|---|---|---|---|---|---|---|---|---|---|
| | 实收资本(股本) | 资本公积 | 盈余公积 | 一般风险准备 | 未分配利润 | 所有者权益合计 | 实收资本(股本) | 资本公积 | 盈余公积 | 一般风险准备 | 未分配利润 | 所有者权益合计 |
| 1. 上年末余额 | 100 000.00 | 2 220.02 | 3 372.63 | 9 022.60 | 6 997.03 | 121 612.28 | 100 000.00 | -3 024.85 | 2 906.72 | 8 338.97 | 3 487.44 | 111 708.28 |
| 2. 会计政策变更及差错更正 | | | | | | | | | | | | |
| 3. 本年初余额 | 100 000.00 | 2 220.02 | 3 372.63 | 9 022.60 | 6 997.03 | 121 612.28 | 100 000.00 | -3 024.85 | 2 906.72 | 8 338.97 | 3 487.44 | 111 708.28 |
| 4. 本年增减变动金额合计(减少以"-"号填列) | | 11 850.08 | 1 008.28 | 1 511.93 | 1 935.88 | 16 306.17 | | 5 244.87 | 465.91 | 683.63 | 3 509.59 | 9 904.00 |
| 4.1 净利润 | | | | | 10 082.83 | 10 082.83 | | | | | 4 659.13 | 4 659.13 |
| 4.2 直接计入所有者权益的利得和损失 | | 11 850.08 | | | | 11 850.08 | | 5 244.87 | | | | 5 244.87 |
| 4.2.1 可供出售金融资产公允价值变动净额 | | 15 800.10 | | | | 15 800.10 | | 6 993.16 | | | | 6 993.16 |
| 4.2.2 权益法下被投资单位其他所有者权益变动的影响 | | | | | | | | | | | | |
| 4.2.3 与计入所有者权益项目相关的所得税影响 | | -3 950.02 | | | | -3 950.02 | | -1 748.29 | | | | -1 748.29 |
| 4.2.4 其他 | | | | | | | | | | | | |
| 4.3 所有者投入和减少资本 | | | | | | | | | | | | |
| 4.3.1 所有者投入资本 | | | | | | | | | | | | |
| 4.3.2 股份支付计入所有者权益的金额 | | | | | | | | | | | | |
| 4.3.3 其他 | | | | | | | | | | | | |
| 4.4 利润分配 | | | 1 008.28 | 1 511.93 | -8 117.83 | -5 597.62 | | | 465.91 | 683.63 | -1 149.54 | |
| 4.4.1 提取盈余公积 | | | 1 008.28 | | -1 008.28 | | | | 465.91 | | -465.91 | |
| 4.4.2 提取一般风险准备 | | | | 1 512.42 | -1 512.42 | | | | | 698.87 | -698.87 | |
| 4.4.3 对股东的分配 | | | | | -5 597.62 | -5 597.62 | | | | | | |
| 4.4.4 其他 | | | | -0.49 | 0.49 | | | | | -15.24 | 15.24 | |
| 4.5 所有者权益内部结转 | | | | | | | | | | | | |
| 4.5.1 资本公积转增资本(或股本) | | | | | | | | | | | | |
| 4.5.2 盈余公积转增资本(或股本) | | | | | | | | | | | | |
| 4.5.3 盈余公积弥补亏损 | | | | | | | | | | | | |
| 4.5.4 一般风险准备弥补亏损 | | | | | | | | | | | | |
| 4.5.5 其他 | | | | | -29.12 | -29.12 | | | | | | |
| 4.6 外币报表折算差额 | | | | | | | | | | | | |
| 5. 本年末余额 | 100 000.00 | 14 070.10 | 4 380.91 | 10 534.53 | 8 932.91 | 137 918.45 | 100 000.00 | 2 220.02 | 3 372.63 | 9 022.60 | 6 997.03 | 121 612.28 |

董事长:袁东生　　总经理:刘叔肄　　计划财务部经理:刘拓旺　　制表:刘　强

## 5.2 信托资产

### 5.2.1 信托项目资产负债汇总表

**信托项目资产负债汇总表**

编报单位：山西信托有限责任公司　　单位：万元

| 资产： | 2010年12月31日 | 2009年12月31日 | 负债： | 2010年12月31日 | 2009年12月31日 |
|---|---|---|---|---|---|
| 银行存款 | 137 193.94 | 141 126.37 | 交易性金融负债 | | |
| 结算备付金 | 30 439.54 | 38 189.58 | 衍生金融负债 | | |
| 证券清算款 | | | 应付受托人报酬 | 1 042.00 | 536.51 |
| 拆出资金 | | | 应付受益人款项 | 239.14 | 5 911.49 |
| 交易性金融资产 | 178 874.59 | 98 808.14 | 应付管理人报酬 | | 7.37 |
| 衍生金融资产 | | | 应付托管费 | 63.28 | 56.06 |
| 买入返售金融资产 | | | 应付利息 | | |
| 贷款 | 1 578 613.30 | 1 671 827.69 | 应交税金 | | |
| 可供出售金融资产 | | | 其他应付款 | 1 415.46 | 3 019.87 |
| 持有至到期投资 | 434 598.58 | 482 716.50 | 递延所得税负债 | | |
| 长期股权投资 | 159 560.41 | 142 470.41 | 其他负债 | | |
| 投资性房地产 | | | 负债合计 | 2 759.88 | 9 531.30 |
| 固定资产 | | | 所有者权益： | | |
| 应收账款 | | | 实收信托 | 2 497 684.43 | 2 534 846.94 |
| 减：坏账准备 | | | 资本公积 | | |
| 应收股利 | | | 盈余公积 | | |
| 应收利息 | 1 068.51 | 0.37 | 未分配利润 | 19 904.56 | 30 760.82 |
| 其他应收款 | | | | | |
| 无形资产 | | | | | |
| 递延所得税资产 | | | | | |
| 其他资产 | | | 所有者权益合计 | 2 517 588.99 | 2 565 607.76 |
| 资产总计 | 2 520 348.87 | 2 575 139.06 | 负债和所有者权益总计 | 2 520 348.87 | 2 575 139.06 |

董事长：袁东生　　总经理：刘叔肄　　计划财务部经理：刘拓旺　　制表：贺小兵

### 5.2.2 信托项目利润及利润分配汇总表

**信托项目利润及利润分配汇总表**

编报单位：山西信托有限责任公司　　单位：万元

| 项　目 | 2010年 | 2009年 |
|---|---|---|
| 一、营业收入 | 156 358.35 | 135 710.26 |
| 利息收入 | 111 070.70 | 55 502.10 |
| 投资收益（损失以"－"号填列） | 53 503.60 | 73 568.29 |
| 租赁收入 | | |
| 公允价值变动收益（损失以"－"号填列） | -8 215.95 | 6 460.13 |
| 汇兑收益（损失以"－"号填列） | | |
| 其他业务收入 | | 179.74 |
| 二、营业支出 | 25 299.09 | 14 094.82 |
| 业务及管理费 | 25 299.09 | 14 094.82 |
| 营业税金及附加 | | |
| 资产减值损失 | | |
| 其他业务支出 | | |
| 三、营业利润（亏损以"－"号填列） | 131 059.26 | 121 615.44 |
| 加：营业外收入 | | 0.54 |
| 减：营业外支出 | | |
| 四、本期利润总额（亏损总额以"－"号填列） | 131 059.26 | 121 615.98 |
| 加：期初未分配利润 | 30 760.82 | 146.73 |
| 减：本期已分配利润 | 141 915.52 | 91 001.89 |
| 五、期末未分配信托利润 | 19 904.56 | 30 760.82 |

董事长：袁东生　总经理：刘叔肄　计划财务部经理：刘拓旺　制表：贺小兵

# 6. 会计报表附注

## 6.1 与上期年度报告相比，会计政策、会计估计和核算方法发生变化的情况说明

### 6.1.1 重要会计政策变更内容

2010年与上年相比，无重要会计政策的变更。

### 6.1.2 重要会计核算方法变更内容

2010年与上年相比，无重要会计核算方法的变更。

## 6.2 或有事项说明

根据本公司与中国工商银行股份有限公司太原五一路支行签订的《最高额质押合同》以及本公司与山西鸿升房地产开发集团有限公司签订的《担保协议书》，截至2010年12月31日，本公司将余额为7 500 000美元（折合49 670 250元人民币）的美元定期存款及余额为20 000 000元的人民币定期存款质押给银行，作为委托贷款类信托产品委托贷款的借款人山西鸿升房地产开发集团有限公司53 000 000元借款的还款担保。

## 6.3 重要资产转让及其出售的说明

本公司报告期没有发生重要资产转让及其出售的情况。

## 6.4 会计报表中重要项目的明细资料

### 6.4.1 披露自营资产经营情况

6.4.1.1 按信用风险五级分类结果披露的信用风险资产

| 信用风险资产五级分类 | 正常类(万元) | 关注类(万元) | 次级类(万元) | 可疑类(万元) | 损失类(万元) | 信用风险资产合计(万元) | 不良资产合计(万元) | 不良率(%) |
|---|---|---|---|---|---|---|---|---|
| 期初数 | 92 606. 41 | | 188. 23 | 35. 00 | 3 617. 08 | 96 446. 72 | 3 840. 31 | 3. 05 |
| 期末数 | 88 828. 17 | | | | 948. 00 | 89 776. 17 | 948. 00 | 0. 64 |

注:不良资产合计=次级类+可疑类+损失类。

6. 4. 1. 2　各项资产减值损失准备情况

单位:万元

| | 期初数 | 本期计提 | 本期转回 | 本期核销 | 期末数 |
|---|---|---|---|---|---|
| 贷款损失准备 | 3 587. 08 | | 62. 54 | 2 606. 54 | 918. 00 |
| 一般准备 | | | | | |
| 专项准备 | 3 587. 08 | | 62. 54 | 2 606. 54 | 918. 00 |
| 其他资产减值准备 | 79. 12 | | | | 42. 80 |
| 可供出售金融资产减值准备 | | | | | |
| 持有至到期投资减值准备 | | | | | |
| 长期股权投资减值准备 | | | | | |
| 固定资产减值准备 | 12. 80 | | | | 12. 80 |
| 坏账准备 | 66. 32 | | 36. 32 | | 30. 00 |
| 投资性房地产减值准备 | | | | | |

6. 4. 1. 3　自营股票投资、基金投资、债券投资、股权投资等投资业务的情况

单位:万元

| | 自营股票 | 基金 | 债券 | 长期股权投资 | 其他投资 | 合计 |
|---|---|---|---|---|---|---|
| 期初数 | 7 987. 53 | | | 11 458. 63 | 22 281. 65 | 41 727. 81 |
| 期末数 | 24 535. 87 | 1 593. 20 | | 11 086. 03 | 22 420. 40 | 59 635. 50 |

6. 4. 1. 4　前五名的自营长期股权投资的企业名称、占被投资企业权益的比例、主要经营活动及投资收益情况(从大到小顺序排列)

| 企业名称 | 占被投资企业权益的比例(%) | 主要经营活动 | 投资收益(万元) |
|---|---|---|---|
| 汇丰晋信基金管理有限公司 | 51. 00 | 证券投资基金管理 | 1 027. 40 |
| 晋商银行股份有限公司 | 0. 02 | 商业银行业务 | 0. 38 |

6. 4. 1. 5　前三名的自营贷款的企业名称、占贷款总额的比例和还款情况(从大到小顺序排列)

| 企业名称 | 贷款余额(万元) | 占贷款总额的比例(%) | 还款情况 |
|---|---|---|---|
| 高远控股有限责任公司 | 5 000. 00 | 26. 88 | 正常 |
| 个人 | 400. 00 | 2. 15 | 正常 |
| 个人 | 200. 00 | 1. 08 | 正常 |

6. 4. 1. 6　表外业务的情况

单位:万元

| 表外业务 | 期初数 | 期末数 |
|---|---|---|
| 担保业务 | 5 300. 00 | 5 300. 00 |
| 代理业务(委托业务) | | |
| 其他 | | |
| 合计 | 5 300. 00 | 5 300. 00 |

注:代理业务主要反映因客观原因应规范而尚未完成规范的历史遗留委托业务,包括委托贷款和委托投资。

6. 4. 1. 7　公司当年的收入结构

| 收入结构 | 金额(万元) | 占比(%) |
|---|---|---|
| 手续费及佣金收入 | 16 497. 30 | 68 |
| 其中:信托手续费收入 | 14 938. 39 | 62 |
| 投资银行业务收入 | | |
| 利息收入 | 1 872. 53 | 8 |
| 其他业务收入 | 227. 92 | 1 |
| 其中:计入信托业务收入部分 | | |
| 投资收益 | 5 874. 59 | 24 |
| 其中:股权投资收益 | 1 349. 92 | 6 |
| 证券投资收益 | 4 524. 67 | 18 |
| 汇兑损益 | -337. 55 | -1 |
| 公允价值变动收益 | -11. 94 | |
| 营业外收入 | 84. 44 | |
| 收入合计 | 24 207. 29 | 100 |

注:手续费及佣金收入、利息收入、其他业务收入、投资收益、营业外收入均应为损益表中的一级科目,其中手续费及佣金收入、利息收入、营业外收入为未抵减掉相应支出的全年累计实现收入数。

**6. 4. 2　信托资产管理情况**

6. 4. 2. 1　信托资产的情况

单位:万元

| 信托资产 | 期初数 | 期末数 |
|---|---|---|
| 集合 | 268 800. 94 | 327 883. 87 |
| 单一 | 1 902 699. 16 | 1 848 051. 92 |
| 财产权 | 403 638. 96 | 344 413. 08 |
| 合计 | 2 575 139. 06 | 2 520 348. 87 |

注:截至2010年末,本公司代保管资产余额为55 305. 15万元。

6. 4. 2. 1. 1　主动管理型信托业务的情况

单位:万元

| 主动管理型信托资产 | 期初数 | 期末数 |
|---|---|---|
| 证券投资类 | 136 329. 19 | 207 829. 70 |
| 股权投资类 | 7 107. 72 | 20 002. 75 |
| 融资类 | 1 073 590. 48 | 1 272 043. 20 |
| 事务管理类 | 131 818. 52 | 133 132. 02 |
| 其他类 | 2 992. 68 | |
| 合计 | 1 351 838. 59 | 1 633 007. 67 |

6. 4. 2. 1. 2　被动管理型信托业务的情况

单位:万元

| 被动管理型信托资产 | 期初数 | 期末数 |
|---|---|---|
| 证券投资类 | 78 762. 87 | 20 082. 54 |
| 股权投资类 | 35 530. 55 | |
| 融资类 | 705 343. 40 | 481 957. 65 |
| 事务管理类 | 403 663. 65 | 385 301. 01 |
| 其他类 | | |
| 合计 | 1 223 300. 47 | 887 341. 20 |

6.4.2.2 本年度已清算结束的信托项目的情况

6.4.2.2.1 本年度已清算结束的集合类、单一类资金信托项目和财产管理类信托项目的情况

| 已清算结束信托项目 | 项目个数 | 实收信托合计金额(万元) | 加权平均实际年化收益率(%) |
|---|---|---|---|
| 集合类 | 22 | 159 225.62 | 8.37 |
| 单一类 | 26 | 1 261 160.77 | 4.19 |
| 财产管理类 | 5 | 60 000.00 | 3.74 |

注:收益率是指信托项目清算后,给受益人赚取的实际收益水平。加权平均实际年化收益率=(信托项目1的实际年化收益率×信托项目1的实收信托+信托项目2的实际年化收益率×信托项目2的实收信托+…信托项目n的实际年化收益率×信托项目n的实收信托)/(信托项目1的实收信托+信托项目2的实收信托+…信托项目n的实收信托)×100%。

6.4.2.2.2 本年度已清算结束的主动管理型信托项目的情况

| 已清算结束信托项目 | 项目个数 | 实收信托合计金额(万元) | 加权平均实际年化收益率(%) |
|---|---|---|---|
| 证券投资类 | 11 | 49 038.91 | 17.26 |
| 股权投资类 | | | |
| 融资类 | 16 | 554 760.00 | 4.74 |
| 事务管理类 | | | |

注:加权平均实际年化信托报酬率=(信托项目1的实际年化信托报酬率×信托项目1的实收信托+信托项目2的实际年化信托报酬率×信托项目2的实收信托+…信托项目n的实际年化信托报酬率×信托项目n的实收信托)/(信托项目1的实收信托+信托项目2的实收信托+…信托项目n的实收信托)×100%。

6.4.2.2.3 本年度已清算结束的被动管理型信托项目的情况

| 已清算结束信托项目 | 项目个数 | 实收信托合计金额(万元) | 加权平均实际年化收益率(%) |
|---|---|---|---|
| 证券投资类 | 1 | 13 364.00 | 6.35 |
| 股权投资类 | | | |
| 融资类 | 17 | 797 730.10 | 3.38 |
| 事务管理类 | 8 | 65 493.38 | 8.98 |

6.4.2.3 本年度新增的集合类、单一类和财产管理类信托项目的情况

| 新增信托项目 | 项目个数 | 合计金额(万元) |
|---|---|---|
| 集合类 | 37 | 242 662.75 |
| 单一类 | 31 | 1 371 273.59 |
| 财产管理类 | 1 | 840.00 |
| 新增合计 | 69 | 1 614 776.34 |
| 其中:主动管理型 | 43 | 805 142.75 |
| 被动管理型 | 26 | 809 633.59 |

注:本年新增信托项目指在本报告年度累计新增的信托项目个数和金额,包含本年度新增并于本年度内结束的项目和本年度新增至报告期末仍在持续管理的信托项目。

6.4.2.4 信托业务创新成果和特色业务有关情况

公司积极关注涉农金融服务,开展与小额贷款公司的业务合作,通过设立3个集合资金信托计划,为吕梁、晋中、太原等地区运营较好的小额贷款公司搭建融资平台,提供资金规模总计7 300万元,有效缓解了小贷公司后续资金不足的问题,不仅促进了省内小额贷款公司的发展,也有利于提高省内小(微)型企业的发展,加快省内"三农"经济发展水平。

6.4.2.5 本公司履行受托人义务情况及因本公司自身责任而导致的信托资产损失情况

本公司作为受托人,已经建立了完整的信托事务管理制度,严格遵守相关法律、行政法规以及信托合同的约定,恪尽职守,履行诚实、信用、谨慎、有效管理的义务。本着忠实于委托人、争取受益人最大利益的原则处理信托事务。

截至本报告期末,本公司未发生信托财产损失情况。

## 6.5 关联方关系及其交易的披露

**6.5.1 关联交易方的数量、关联交易的总金额及关联交易的定价政策**

| | 关联交易方数量 | 关联交易总金额(万元) | 定价政策 |
|---|---|---|---|
| 合计 | 4 | 1 358.82 | 本公司在正常业务过程中发生的关联交易遵守一般商业条款。关联交易的价格主要参考市场价格经双方协商后确定。 |

**6.5.2 关联交易方与本公司的关系性质、关联交易方的名称、法定代表人、注册地址、注册资本及主营业务**

| 关系性质 | 关联方名称 | 法定代表人 | 注册地址 | 注册资本(万元) | 主营业务 |
|---|---|---|---|---|---|
| 母公司 | 山西省国信投资(集团)有限公司 | 张广慧 | 山西省太原市府西街69号 | 260 000 | 投资管理等 |
| 受同一母公司控制 | 山西证券有限责任公司 | 侯巍 | 山西省太原市府西街69号 | 239 980 | 证券自营,证券代理,投资咨询等 |
| 受同一母公司控制 | 山西国际贸易中心有限公司 | 郭晋普 | 山西省太原市府西街69号 | 45 000 | 酒店经营管理等 |
| 受同一母公司控制 | 山西国贸物业管理有限公司 | 郭晋普 | 山西省太原市府西街69号 | 100 | 物业管理等 |

**6.5.3 本公司与关联方的重大交易事项**

6.5.3.1 固有财产与关联方关联交易情况

报告期内固有财产与关联方无重大关联交易发生。

6.5.3.2 信托资产与关联方关联交易情况

报告期内信托资产与关联方无重大关联交易发生。

6.5.3.3 信托公司自有资金运用于自己管理的信托项目(固信交易)、信托公司管理的信托项目之间的相互(信信交易)交易情况

6.5.3.3.1 固有财产与信托财产之间的交易情况

**固有财产与信托财产相互交易** 单位:万元

| | 期初数 | 本期发生额 | 期末数 |
|---|---|---|---|
| 合计 | 11 983.39 | 900.00 | 12 883.39 |

6.5.3.3.2 信托资产与信托财产之间的交易情况

**信托资产与信托财产相互交易** 单位:万元

| | 期初数 | 本期发生额 | 期末数 |
|---|---|---|---|
| 合计 | 1 211.00 | 3 570.00 | 4 781.00 |

**6.5.4 关联方逾期未偿还本公司资金的详细情况以及本公司为关联方担保发生或即将发生垫款的详细情况**

报告期本公司无上述情况发生。

### 6.6 会计制度的披露

公司固有业务和信托业务，同时执行财政部 2006 年 2 月 15 日颁布的《企业会计准则——基本准则》和 38 项具体会计准则、其后颁布的企业会计准则应用指南、企业会计准则解释以及其他相关规定。

## 7. 财务情况说明书

### 7.1 利润实现和分配情况

2010 年，公司实现净利润为 10 082.83 万元。提取法定盈余公积为 1 008.28 万元，提取一般风险准备为 1 008.28 万元，提取信托赔偿准备为 504.14 万元。2010 年 2 月，向股东分配 2009 年的利润为 5 597.62 万元。年末可供分配的利润为 8 932.91 万元。

### 7.2 主要财务指标

| 指标名称 | 指标值 |
|---|---|
| 资本利润率(%) | 7.77 |
| 加权年化信托报酬率(%) | 0.44 |
| 人均净利润(万元/人) | 64.22 |

注:1. 资本利润率 = 净利润/所有者权益平均余额 ×100%。

2. 加权平均实际年化信托报酬率 = (信托项目 1 的实际年化信托报酬率 × 信托项目 1 的实收信托 + 信托项目 2 的实际年化信托报酬率 × 信托项目 2 的实收信托 + …信托项目 n 的实际年化信托报酬率 × 信托项目 n 的实收信托)/(信托项目 1 的实收信托 + 信托项目 2 的实收信托 + …信托项目 n 的实收信托) ×100%。

3. 人均净利润 = 净利润/年平均人数。

4. 平均值采取年初、年末余额简单平均法，公式为:a(平均) = (年初数 + 年末数)/2。

### 7.3 公司净资本监管指标

| 指标名称 | 指标值 | 监管标准 |
|---|---|---|
| 净资本(万元) | 10.75 | ≥2 |
| 净资本/各项业务风险资本之和(%) | 297.14 | ≥100 |
| 净资本/净资产(%) | 77.92 | ≥40 |

注:按照银监发(2011)11 号文件《中国银监会关于印发信托公司净资本计算标准有关事项的通知》的要求，银信理财业务信托贷款类项目需计提附加风险资本，计提后净资本/各项业务风险资本之和 =77.44%。

本公司无对财务状况、经营成果有重大影响的其他事项。

## 8. 特别事项揭示

### 8.1 报告期内无股东变动情况

### 8.2 董事、监事及高级管理人员变动情况及原因

报告期内，经本公司 2010 年第一次股东会审议，同意刘叔肄、常代有担任公司董事，王四国、王建军不再担任公司董事。刘叔肄、常代有董事的任职资格已经山西银监局核准(晋银监函〔2010〕83 号)。

经本公司 2010 年第一次股东会审议，同意李明星担任公司监事，任永平不再担任公司监事。

经本公司第二届董事会 2010 年第一次会议审议，同意聘任刘叔肄为公司总经理，聘任雷淑俊为公司财务总监，聘任陈强为董事会秘书。由于工作变动，王四国不再担任公司总经理，李永清、王泽不再担任公司副总经理。刘叔肄的总经理任职资格已经中国银监会核准(银监复〔2010〕372 号)，雷淑俊、陈强的高级管理人员任职资格已经山西银监局核准(晋银监函〔2010〕83 号)。

经本公司第二届监事会 2010 年第一次会议选举乔彦林担任公司监事长。乔彦林的监事长任职资格已经山西银监局核准(晋银监函〔2010〕83 号)。

### 8.3 报告期内，公司无变更注册资本、变更注册地或公司名称、公司分立合并事项

### 8.4 报告期内公司无重大诉讼事项

### 8.5 报告期内未发生公司及其董事、监事和高级管理人员受到处罚的情况

### 8.6 银监会及其派出机构对公司的检查意见及整改情况说明

按照中国银监会非银部文件的要求，山西银监局于 2010 年 6 月 10 日至 6 月 30 日，对公司信政业务、银信业务进行了现场检查，并于 2010 年 10 月 8 日至 10 月 18 日对公司地方政府融资平台贷款情况进行了现场检查；临汾银监分局于 2010 年 10 月 11 日至 2010 年 10 月 20 日对公司地方政府融资平台贷款情况进行了现场检查。山西银监局、临汾银监分局认为，山西信托在业务发展中，始终将规范运作、风险防控放在首位，在项目选择上，符合国家宏观经济的要求，未向国家限制的行业和项目提供融资或投资服务。但仍然存在着不足，还应不断规范完善流程，切实防范风险。公司根据检查意见，认真整改落实，针对银信合作业务，严格按照监管政策要求，压缩规模，排查风险。针对信政合作业务和地方政府融资平台贷款，逐笔进行核对，重新进行项目评估，确保项目风险可控。

### 8.7 报告期内，经本公司 2010 年第一次股东会审议，同意将公司章程中涉及监事长、财务总监、董事会秘书等三项内容的章节相应进行变更：监事会召集人变更为监事长，公司高级管理层增加了财务总监，董事会秘书为公司的高级管理人员。公司章程变更的相关内容已经山西银监局核准(晋银监函〔2010〕82 号)

### 8.8 报告期内无银监会及其省级派出机构认定的其他有必要让客户及相关利益人了解的重要信息

## 9. 公司监事会意见

### 9.1 监事会对公司依法运作情况的独立意见

监事会认为，公司董事会、经营层能够按照国家有关法

律、法规和《公司章程》的规定履行职责，决策程序合规有效；本报告期内未发现董事、高级管理人员履行职务时有违法违规、违反《公司章程》或损害公司及投资人利益的行为。

## 9.2 监事会对公司财务状况的独立意见

监事会认为，公司能够认真贯彻执行国家有关政策和法律法规，公司财务报告内容完整，客观真实地反映了公司的财务状况和经营成果。

# 陕西省国际信托股份有限公司

## 1. 重要提示

1.1 本公司董事会、监事会及董事、监事、高级管理人员保证本报告所载资料不存在任何虚假记载、误导性陈述或者重大遗漏，并对其内容的真实性、准确性和完整性承担个别及连带责任。本年度报告摘要摘自年度报告全文，投资者欲了解详细内容，请阅读年度报告全文。

1.2 没有董事、监事、高级管理人员声明对年度报告内容的真实性、准确性和完整性无法保证或存在异议。

1.3 独立董事陈宇、杨丽荣、赵守国声明：保证本年度报告真实、准确、完整。

1.4 本报告经公司第六届董事会第十六次会议审议通过。

1.5 除董事侯文忠因公出差特委托董事薛季民代为出席会议并行使表决权外，其他董事均亲自出席审议本次年报的董事会议。

1.6 上海东华会计师事务所有限公司为本公司2010年度财务报告出具了标准无保留意见的审计报告。

1.7 公司董事长薛季民、总会计师李玲、会计机构负责人李掌安声明：保证年度报告中财务报告的真实、完整。

## 2. 公司基本情况简介

### 2.1 基本情况简介

| 股票简称 | 陕国投A |
|---|---|
| 股票代码 | 000563 |
| 上市交易所 | 深圳证券交易所 |
| 注册地址 | 陕西省西安市高新区科技路50号 |
| 注册地址的邮政编码 | 710075 |
| 办公地址 | 陕西省西安市高新区科技路50号 |
| 办公地址的邮政编码 | 710075 |
| 公司国际互联网网址 | http://www.siti.com.cn |
| 电子信箱 | office@siti.com.cn |

### 2.2 联系人和联系方式

| | 董事会秘书 | 证券事务代表 |
|---|---|---|
| 姓　名 | 姚卫东 | 孙一娟 |
| 联系地址 | 陕西省西安市高新区科技路50号 | 陕西省西安市高新区科技路50号 |
| 电　话 | (029)88897633 | (029)81870266 |
| 传　真 | (029)88851989－0 | (029)88851989－0 |
| 电子信箱 | sgtdm@siti.com.cn | sgtdm@siti.com.cn |

## 3. 会计数据和业务数据摘要

### 3.1 主要会计数据

| | 2010年 | 2009年 | 本年比上年增减(%) | 2008年 |
|---|---|---|---|---|
| 营业收入(万元) | 220 169 096.67 | 237 908 965.85 | −7.46 | 222 197 938.42 |
| 利润总额(万元) | 105 359 977.31 | 56 435 114.85 | 86.69 | 69 842 077.77 |
| 归属于上市公司股东的净利润(万元) | 81 517 003.66 | 43 649 854.80 | 86.75 | 68 424 530.18 |
| 归属于上市公司股东的扣除非经常性损益的净利润(万元) | 43 355 197.99 | 26 280 661.70 | 64.97 | 47 880 012.75 |
| 经营活动产生的现金流量净额(万元) | 159 796 891.84 | 4 554 141.00 | 3 408.83 | 84 073 163.35 |
| | 2010年末 | 2009年末 | 本年末比上年末增减(%) | 2008年末 |
| 总资产(万元) | 1 204 033 432.99 | 1 097 085 658.34 | 9.75 | 1 546 535 100.33 |
| 所有者权益(或股东权益)(万元) | 742 851 757.06 | 596 078 630.48 | 24.62 | 492 455 870.06 |

### 3.2 主要财务指标

| | 2010年 | 2009年 | 本年比上年增减(%) | 2008年 |
|---|---|---|---|---|
| 基本每股收益(万元) | 0.2274 | 0.1218 | 86.70 | 0.1909 |
| 稀释每股收益(万元) | 0.2274 | 0.1218 | 86.70 | 0.1909 |
| 扣除非经常性损益后的基本每股收益(万元) | 0.1210 | 0.0733 | 65.08 | 0.1336 |
| 加权平均净资产收益率(%) | 12.18 | 8.02 | 增加4.16个百分点 | 13.31 |
| 扣除非经常性损益后的加权平均净资产收益率(%) | 6.48 | 4.83 | 增加1.65个百分点 | 9.31 |
| 每股经营活动产生的现金流量净额(万元) | 0.4458 | 0.0127 | 3 410.24 | 0.2346 |

### 3.3 非经常性损益项目

单位:元

| 非经常性损益项目 | 2009 年 | 2008 年 |
|---|---|---|
| 非流动资产处置损益 | 2 490 012.58 | -3 434 927.87 |
| 企业重组费用,如安置职工的支出、整合费用等 | | -8 842 420.04 |
| 除同公司正常经营业务相关的有效套期保值业务外,持有交易性金融资产、交易性金融负债产生的公允价值变动损益,以及处置交易性金融资产、交易性金融负债和可供出售金融资产取得的投资收益 | 49 255 670.08 | 32 689 211.01 |
| 除上述各项之外的其他营业外收入和支出 | -863 275.10 | 2 747 061.03 |
| 所得税影响额 | -12 720 601.89 | -5 789 731.03 |
| 合　计 | 38 161 805.67 | 17 369 193.10 |

### 3.4 境内外会计准则差异

□适用　√不适用

## 4. 股本变动及股东情况

### 4.1 股份变动情况表

报告期内,未发生股份变动情况,股本结构情况

| 股份类别 | 股份数量(股) | 比例(%) |
|---|---|---|
| 一、有限售条件股份 | 0 | 0 |
| 国家持股 | 0 | 0 |
| 二、无限售条件股份 | 358 413 026 | 100 |
| 人民币普通股 | 358 413 026 | 100 |
| 三、股份总数 | 358 413 026 | 100 |

公司目前无限售股份。

### 4.2 报告期末股东总人数及前十名无限售条件股东持股情况

| 股东总数 | 44 113 户 | | | |
|---|---|---|---|---|
| 股东名称 | 股东性质 | 持股比例(%) | 持股总数(股) | 股份种类 |
| 陕西省高速公路建设集团公司 | 国家股 | 44.34 | 158 935 937 | 人民币普通股(A股) |
| 人保投资控股有限公司 | 其他 | 1.51 | 5 400 000 | 人民币普通股(A股) |
| 中信信托有限责任公司 | 其他 | 1.07 | 3 846 418 | 人民币普通股(A股) |
| 国信证券股份有限公司客户信用交易担保证券账户 | 其他 | 0.35 | 1 260 400 | 人民币普通股(A股) |
| 庆安集团有限公司 | 其他 | 0.30 | 1 080 000 | 人民币普通股(A股) |
| 西安航空装备有限公司 | 其他 | 0.30 | 1 080 000 | 人民币普通股(A股) |
| 吴彤 | 其他 | 0.30 | 1 073 400 | 人民币普通股(A股) |
| 中融国际信托有限公司——中融博时稳健投资一号 | 其他 | 0.28 | 1 000 000 | 人民币普通股(A股) |

续表

| 股东总数 | 44 113 户 | | | |
|---|---|---|---|---|
| 股东名称 | 股东性质 | 持股比例(%) | 持股总数(股) | 股份种类 |
| 张海甫 | 其他 | 0.28 | 989 200 | 人民币普通股(A股) |
| 深圳市信玉投资顾问有限公司 | 其他 | 0.27 | 976 000 | 人民币普通股(A股) |
| 上述股东关联关系或一致行动人的说明 | 控股股东陕西省高速公路建设集团公司与前 10 名股东之间不存在关联关系,也不属于《上市公司收购管理办法》中规定的一致行动人;未知除控股股东外前 10 名股东之间是否存在关联关系、是否属于《上市公司收购管理办法》中规定的一致行动人。 | | | |

### 4.3 控股股东及实际控制人情况介绍

#### 4.3.1 控股股东及实际控制人变更情况

□ 适用　√ 不适用

#### 4.3.2 控股股东及实际控制人具体情况介绍

1. 报告期内,公司的控股股东和实际控制人未发生变化,控股股东仍为陕西省高速公路建设集团公司,实际控制人为陕西省人民政府国有资产监督管理委员会。

2. 公司控股股东情况

(1)名称:陕西省高速公路建设集团公司

(2)法定代表人:靳宏利

(3)成立日期:2001 年 6 月 16 日

(4)注册资本:贰拾亿元人民币

(5)注册地址:陕西省西安市友谊东路 428 号

(6)主要经营业务:高等级公路建设、管理、开发、经营;公路工程咨询(范围中有国家专项规定的以许可证为准);设计、制作、代理、发布国内外各类广告(国家禁止的广告除外);日用百货销售;高速公路清障及紧急救援服务。

#### 4.3.3 公司与实际控制人之间的产权及控制关系

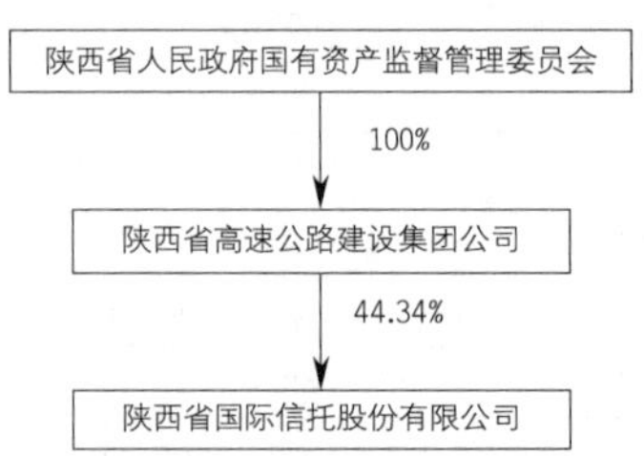


## 5. 董事、监事和高级管理人员

### 5.1 董事、监事和高级管理人员持股变动及报酬情况

| 职务 | 姓名 | 性别 | 年龄 | 任期起止日期 | 报告期内在公司获得的税前报酬总额(万元) | 是否在股东单位领取报酬 |
|---|---|---|---|---|---|---|
| 董事长 | 薛季民 | 男 | 49 | 2006 年 5 月 29 日至今 | 49.66 | 否 |
| 董事<br>常务副总裁 | 杜　磊 | 男 | 53 | 2006 年 5 月 29 日至今<br>2006 年 2 月 6 日至今 | 38.30 | 否 |

续表

| 职务 | 姓名 | 性别 | 年龄 | 任期起止日期 | 报告期内在公司获得的税前报酬总额（万元） | 是否在股东单位领取报酬 |
|---|---|---|---|---|---|---|
| 董事<br>副总裁 | 何熙平 | 女 | 46 | 2006年5月29日至今<br>2006年2月6日至今 | 32.30 | 否 |
| 董事 | 侯文忠 | 男 | 57 | 2006年5月29日至今 | | 是 |
| 董事 | 张健康 | 男 | 59 | 2009年7月27日至今 | | 是 |
| 职工董事 | 王晓雁 | 男 | 43 | 2009年7月27日至今 | 20.28 | 否 |
| 独立董事 | 陈　宇 | 男 | 47 | 2006年5月29日至今 | 4.5 | 否 |
| 独立董事 | 杨丽荣 | 女 | 47 | 2006年5月29日至今 | 4.5 | 否 |
| 独立董事 | 赵守国 | 男 | 47 | 2007年9月6日至今 | 4.5 | 否 |
| 监事会主席 | 段小昌 | 男 | 51 | 2006年5月29日至今 | | 否 |
| 监事 | 杨　彬 | 男 | 43 | 2006年5月29日至今 | | 是 |
| 职工监事 | 薛志刚 | 男 | 59 | 2006年4月30日至今 | 30.00 | 否 |
| 副总裁 | 赵　东 | 男 | 55 | 1994年10月至今 | 38.20 | 否 |
| 董秘<br>副总裁 | 姚卫东 | 男 | 39 | 2006年9月21日至今<br>2009年7月27日至今 | 38.30 | 否 |
| 总经济师 | 胡梦琪 | 女 | 57 | 2006年9月21日至今 | 30.00 | 否 |
| 总会计师 | 李　玲 | 女 | 44 | 2006年2月6日至今 | 32.30 | 否 |
| 合计 | | | | | 322.84 | |

董事、监事、高级管理人员报告期内被授予的股权激励情况

□ 适用　√ 不适用

## 5.2 董事出席董事会会议情况

| 董事姓名 | 具体职务 | 应出席次数 | 现场出席次数 | 以通信方式参加会议次数 | 委托出席次数 | 缺席次数 | 是否连续两次未亲自出席会议 |
|---|---|---|---|---|---|---|---|
| 薛季民 | 董事长 | 8 | 3 | 4 | 1 | 0 | 否 |
| 杜　磊 | 董事、常务副总裁 | 8 | 4 | 4 | 0 | 0 | 否 |
| 何熙平 | 董事、副总裁 | 8 | 4 | 4 | 0 | 0 | 否 |
| 侯文忠 | 董　事 | 8 | 4 | 3 | 1 | 0 | 否 |
| 张健康 | 董　事 | 8 | 4 | 4 | 0 | 0 | 否 |
| 王晓雁 | 职工董事 | 8 | 3 | 3 | 2 | 0 | 否 |
| 陈　宇 | 独立董事 | 8 | 3 | 4 | 1 | 0 | 否 |
| 杨丽荣 | 独立董事 | 8 | 3 | 4 | 1 | 0 | 否 |
| 赵守国 | 独立董事 | 8 | 4 | 4 | 0 | 0 | 否 |

连续两次未亲自出席董事会会议的说明

| 年内召开董事会会议次数 | 8 |
|---|---|
| 其中：现场会议次数 | 4 |
| 通信方式召开会议次数 | 4 |
| 现场结合通信方式召开会议次数 | 0 |

报告期内，公司董事没有连续两次未亲自出席董事会会议的情况。

# 6. 董事会报告

## 6.1 管理层讨论与分析

### 6.1.1 报告期内公司经营情况的回顾

本报告期内，公司深入把握市场变化形势和行业政策调整趋向，按照《公司法》、《信托法》等法律法规的规定和《公司章程》等，继续积极推进战略性工作，督导经营层狠抓经营管理，深化内部改革，加强风险防控，确保安全运营，取得了较好的业绩，为持续健康发展奠定了较好的基础。总体上看，公司主要做了以下几方面的工作。

（1）积极拓展信托业务，稳步提升信托的主业地位。公司将主动转型做强信托主业作为经营重点，不断加大市场运作力度，开发了一系列单一资金信托、集合资金信托、证券投资信托、股权信托等产品，与20多家金融机构建立了良好的合作关系，业务触角延伸至北京、上海、深圳、河北、江苏等10多个省市，信托资产规模创历史新高，超过了200亿元。证券投资信托年内新增项目37个，资产规模接近90亿元，多款产品的投资收益率排在了行业前列，陕国投证券投资信托品牌的影响力不断扩大；房地产信托摆脱了单纯的融资模式，开展了权益投资的积极尝试，取得了理想收益；榆林神华陶氏前期基础设施私人股权信托计划，在省内开创了以股权形式支持陕北能源化工基地建设的先河；陕国投中小企业成长信托基金也陆续推出。信托主业发展呈现良好的态势，公司共实现信托业务营业收入86 957.20万元；实现信托利润69 960.19万元。与此同时，2010年共计清算交付34个信托项目，加上中期分配收益的信托项目，共向受益人分配信托收益82 926.49万元，受益人平均收益率为5.08%。

（2）自有资产质量得到提高。通过加强原有投资项目管理运作、贷款、购买信托计划、证券投资、清收资产等，进一步提升了固有资产质量，公司净资产有较大幅度增加，目前现金充裕，为固有业务后续运作奠定了基础。

（3）战略规划取得重大进展。公司着眼"十二五"发展，提早着手研究编制中长期发展规划，现已完成初稿，公司未来发展的基本思路、路径已经明确，将有效指引公司未来发展。

（4）企业基础管理不断加强。一是公司以建立现代企业管理体系为切入点，切实加强和改善内部管理薄弱环节，2010年新制定、修订了20余项规章制度，强化了合同管理、风险管理、贷款管理、尽职调查及项目管理、私人股权投资信托业务管理、固有业务决策管理、外派兼职人员管理、信息披露管理等；二是结合2009年末第二轮机构改革和全员竞争上岗工作，进一步优化了薪酬绩效管理机制，积极引进高端业务人才，加强员工教育培训，提升人力资源质量；三是继续落实党风建设责任制，印发《员工职业操守》，开展"内控和案防制度执行年活动"、"小金库"治理、"反腐倡廉宣传教育月活动"等，培育廉洁从业文化；四是深入开展了创先争优活动，发动全员立足本职创先争优，共谋发展；五是通过组织一系列文体活动、竞赛活动等，丰富企业文化，构建和谐企业；六是积极履行社会责任。员工自发为陕南灾区捐款，公司也为灾区捐款50万元。积极参加"2010年中国银行业公众教育服务日活动"，向公众普及金融信托知识，为公众提高优质服务。

2010 年，公司取得了较快的发展，但目前经营中还存在一些需要进一步强化和改进之处，比如，公司仍需要大力推进业务转型、创新；资本金严重不足，仍是制约公司业务发展的瓶颈；内部管理机制需要进一步优化；人才队伍建设需要持续强化；信托主业和固有业务的运作能力还需进一步提升等。公司将在今后的工作中不断进取，持续提升经营管理水平。

**6.1.2 对公司未来的展望**

6.1.2.1 公司未编制新年度的盈利预测

6.1.2.2 经营形势分析

“十二五”开局之年，随着加快转变经济发展方式和实施经济结构战略性调整，以及积极稳健的财政货币政策，国民经济总体仍将保持高速发展态势，信托行业也将得益于宏观经济形势的发展，信托公司面临许多机遇。同时，金融理财市场竞争也日益激烈，公司经营压力依然沉重。为此，公司积极顺应监管政策导向，主动应变，大力创新，推动业务质量和结构升级，以取得更好的业绩。

6.1.2.3 2011 年工作重点

为确保公司平稳健康发展，公司研究确定了一系列措施，正在积极落实。经过对 2011 年经营发展形势进行综合分析，结合公司实业投资清理即将完成的实际情况，2011 年，计划实现营业收入 20 000 万元，营业支出控制在 7 000 万元之内，新增信托规模 80 亿元。

(1) 以提高自主管理能力为总抓手，推动公司信托业务质量、结构、速度和效益的协调发展。结合信托本质和公司实际，积极转变经济发展方式，进一步调整优化信托业务结构，适度发展融资业务，重点拓展符合信托本质和规律的业务。一是进一步大力开发股权投资类信托产品；二是以 TOT、有限合伙制等运作方式进一步强化证券投资信托业务，塑造更闪亮的品牌；三是积极介入低碳经济相关产业，支持战略性新兴产业发展；四是积极参与省、市、县(区)政府的经济适用房和廉租房建设；五是着力开发“中小企业投资基金信托计划”、“房地产信托基金”、产业投资基金信托等基金类信托产品。

(2) 大力强化固有业务运作，构建较稳定的盈利模式。一是优化金融股权投资结构，适时投资金融机构；二是积极参与上市公司定向增发和新股申购等，运用固有资金，积极参与省内外企业的定向增发，借助资本市场提高固有资产投资的收益水平。同时，积极参与新股申购，丰富固有资本的投资渠道；三是运作好证券投资，搏取理想收益。

(3) 大力拓展信托营销渠道，确保信托业务顺利运作。构建大营销体系，以求使信托营销实现大的突破。一是打造高效能的营销团队；二是深入细分市场，培育公司忠实的客户群；三是进一步创新营销方式和手段；四是进一步探索建立客户经纪人制度等。

(4) 不断强化内部管理，确保公司健康发展。一是积极优化内部激励约束机制，促进公司快速发展；二是加强全面风险管理，以风险管理促业务创新；三是实施人才强企战略，大力引进高素质理财专业人士，带动业务的突破性发展；四是丰富和扩展企业文化内涵，推动企业文化建设深入开展；五是继续以创争优活动为契机强化党建等工作，确保公司健康发展。

## 6.2 主营业务分行业、产品情况表

| 分业务 | 营业收入（元） | 营业成本（元） | 营业利润率(%) | 营业收入同比增减(%) | 营业成本同比增减(%) | 营业利润率同比增减(%) |
|---|---|---|---|---|---|---|
| 贷款业务 | 7 552 063.55 | 756 112.61 | 89.99 | -51.39 | 176.86 | 减少 8.25 个百分点 |
| 信托业务 | 78 095 561.62 | 9 095 432.01 | 88.35 | 37.38 | 17.49 | 减少 1.97 个百分点 |
| 房地产业务 | 41 127 796.29 | 13 849 602.20 | 66.33 | -67.36 | -85.85 | 增加 44.03 个百分点 |
| 其他业务 | 40 964 757.25 | 27 453 192.88 | 32.98 | 247.93 | 325.60 | 减少 12.23 个百分点 |
| 合 计 | 167 740 178.71 | 51 154 339.70 | 69.50 | -20.18 | -54.47 | 增加 22.97 个百分点 |

注：1. 本期营业收入 220 169 096.67 元，除以上四项外，尚有投资收益 66 696 680.25元、公允价值变动收益 -4 416 217.67 元未列入上表。

2. 金融类业务收入增加，主要是本期信托手续费、佣金及贷款利息增加。

3. 房地产业务收入减少，主要是因为政策性清理中的房地产公司销售收入减少。

4. 其他业务收入增长，主要是物业费收入、房租收入、其他资产出售等增加。

## 6.3 主营业务分地区情况

(1) 公司异地实业类子公司已经按要求清理，营业收入全部来自陕西地区。

(2) 本报告期，公司无来源于单个公司的投资收益超过 10% 的情况。

## 6.4 采用公允价值计量的项目

√ 适用 □ 不适用

单位：元

| 项目名称 | 期初余额 | 期末余额 | 当期变动 | 对当期利润的影响金额 |
|---|---|---|---|---|
| 可供出售金融资产 | 175 883 767.25 | 142 736 839.21 | -33 146 928.04 | 51 850 670.08 |
| 交易性金融资产 | 3 529 304.00 | 39 407 134.22 | 35 877 830.22 | 689 149.43 |
| 合计 | 179 413 071.25 | 182 143 973.43 | 2 730 902.18 | 52 539 819.51 |

## 6.5 募集资金使用情况

□ 适用 √ 不适用

变更项目情况

□ 适用 √ 不适用

## 6.6 非募集资金项目情况

√适用 □不适用

公司自有资金主要用于证券投资、其他上市公司和金融公司股权投资等。详见报告 7.8。

## 6.7 董事会对公司会计政策、会计估计变更或重大会计差错更正的原因及影响的说明

□ 适用 √ 不适用

### 6.8 董事会对会计师事务所"非标准审计报告"的说明

□ 适用 √ 不适用

### 6.9 董事会本次利润分配或资本公积金转增股本预案

根据经上海东华会计师事务所有限公司审计的财务报告，公司2010年净利润为65 834 063.12元(以母公司报表口径)。

为了谋求公司的长远发展，给广大股东创造持续稳定的收益，根据《公司章程》，董事会拟对上述利润作如下分配：提取5%的信托赔偿准备金；提取10%的法定公积金；在留有充足资金满足公司经营需要的基础上，以2010年12月31日公司总股本35 841.30万股为基数，按每10股派发现金红利0.5元(含税)。

上述预案尚需股东大会批准，最终以股东大会批准的利润分配方案为准。

公司前三年分红情况

单位：元

| 年　份 | 现金分红数额(税前)(元) | 分红年度母公司报表中归属于上市公司股东的净利润(元) | 占母公司报表中归于上市公司股东的净利润的比率(%) |
|---|---|---|---|
| 2007 | 0 | 69 168 640.36 | 0 |
| 2008 | 10 752 390.78 | 75 182 348.67 | 14.3 |
| 2009 | 17 920 651.30 | 54 845 614.33 | 32.7 |
| 最近三年累计现金分红金额占最近年均净利润的比例(%) | 43.18 | | |

## 7. 重要事项

### 7.1 收购资产

□ 适用 √ 不适用

### 7.2 出售资产

√ 适用 □ 不适用

2009年9月29日，公司和陕西高速集团签订了股权转让合同，将公司持有的陕西省鸿业房地产开发公司(以下简称鸿业地产)100%股权转让给陕西高速集团。在中国证监会审核过程中，因原审计报告、评估报告有效期届满，公司第六届董事会第十四次会议决定以2010年8月31日为基准日，对鸿业地产进行审计、评估。审计、评估工作完成后，因该项股权转让与上市公司房地产重组有关，故审议股权转让议案的董事会、股东大会延缓召开。根据公司2010年审计报告，鸿业地产转让已不再构成重大资产重组，公司将向中国证监会申请撤回申报材料，待中国证监会同意公司撤回重大资产出售暨关联交易申报材料后，公司将以2010年8月31日为基准日的鸿业地产全部股权评估价值为定价依据，按非重大资产重组程序转让鸿业地产100%股权，争取在2月底前后完成清理任务。

### 7.3 重大担保

□ 适用 √ 不适用

### 7.4 重大关联交易

#### 7.4.1 与日常经营相关的关联交易

√适用 □不适用

(1)2010年4月12日，公司2010年第一次临时股东大会通过了关于清理中的下属子公司鸿业地产向控股股东陕西高速集团融资展期的议案。公司待清理的鸿业地产从陕西高速集团获得委托贷款1.6亿元人民币，年利率为4.86%，期限为6个月。为此，鸿业地产用所拥有的位于西安市长安区127 954.2平方米土地使用权〔西长国用(2007)第114号〕作为此次借款抵押物。2010年3月27日，贷款到期。经鸿业地产与陕西高速集团协商，陕西高速集团同意将此笔贷款展期，利率、抵押物等不变。目前，鸿业地产仍欠省高速集团1.6亿元，抵押物不变。上述事项的相关公告详细披露于2010年3月27日、4月13日《证券时报》、《中国证券报》和巨潮资讯网(www.cninfo.com.cn)。

(2)公司政策性清理中的子公司鸿业地产经与宁夏银行西安分行、陕西高速集团协商，向宁夏银行西安分行借款2 500万元人民币，月利率为0.48675%，期限为12个月；陕西高速集团为该项贷款提供连带责任保证。该事项的相关公告详细披露于2010年6月18日《证券时报》、《中国证券报》和巨潮资讯网(www.cninfo.com.cn)。

(3)截至2010年12月31日，公司与陕西高速集团签订贷款协议，以单一资金信托方式分三笔共为其提供15亿元1年期贷款，公司从中收取手续费。

(4)报告期内，与关联方不存在非经营性债权、债务往来或担保事项。

(5)报告期内，未发生其他重大关联交易。

#### 7.4.2 关联债权债务往来

□ 适用 √ 不适用

#### 7.4.3 2010年资金被占用情况及清欠进展情况

□ 适用 √ 不适用

### 7.5 委托理财

□ 适用 √ 不适用

### 7.6 承诺事项履行情况

√ 适用 □ 不适用

2009年7月28日，控股股东陕西高速集团承诺：将严格遵守《证券法》、《上市公司收购管理办法》、《上市公司解除限售存量股份转让指导意见》和深交所有关业务规则的规定；在限售股份解除限售后6个月以内暂无通过深交所竞价交易系统出售5%及以上解除限售流通股计划；如果计划未来通过深交所竞价交易系统出售所持陕国投解除限售流通股，并于第一笔减持起6个月内减持数量达到5%及以上的，其将于第一次减持前两个交易日内通过陕国投对外披露出售股份的提示性公告。

公司或持股5%以上股东在报告期内或持续到报告期内的承诺事项。

□ 适用　√ 不适用

## 7.7　重大诉讼仲裁事项

√ 适用　□ 不适用

报告期内，公司无重大诉讼及仲裁事项。

## 7.8　其他重大事项及其影响和解决方案的分析说明

### 7.8.1　证券投资情况

√ 适用　□ 不适用

| 序号 | 证券品种 | 证券代码 | 证券简称 | 初始投资金额（元） | 持有数量 | 期末账面值（元） | 占期末证券总投资比例（%） | 报告期损益（元） |
|---|---|---|---|---|---|---|---|---|
| 1 | 基金 | 500038 | 基金通乾 | 5 050 000. 00 | 500 万股 | 7 910 000. 00 | 14. 82 | 1 650 000. 00 |
| 2 | 基金 | 184688 | 基金开元 | 7 073 560. 00 | 600 万股 | 6 072 000. 00 | 11. 37 | 300 000. 00 |
| 3 | 股票 | 000973 | 佛塑股份 | 7 281 062. 35 | 420 400 股 | 6 394 284. 00 | 11. 98 | -886 778. 35 |
| 4 | 股票 | 002183 | 怡亚通 | 6 030 450. 25 | 420 000 股 | 4 981 200. 00 | 9. 33 | -1 049 250. 25 |
| 5 | 股票 | 601268 | 二重重装 | 5 196 319. 58 | 373 591 股 | 4 673 623. 41 | 8. 75 | -522 696. 17 |
| 6 | 股票 | 600410 | 华胜天成 | 5 431 184. 28 | 250 000 股 | 4 457 500. 00 | 8. 35 | -973 684. 28 |
| 7 | 股票 | 000158 | 常山股份 | 5 361 763. 63 | 632 043 股 | 4 215 726. 81 | 7. 90 | -1 146 036. 82 |
| 8 | 股票 | 600210 | 紫江企业 | 4 306 000. 00 | 700 000 股 | 4 046 000. 00 | 7. 58 | -260 000. 00 |
| 9 | 股票 | 002161 | 远望谷 | 2 851 792. 32 | 100 000 股 | 3 491 000. 00 | 6. 54 | 639 207. 68 |
| 10 | 股票 | 300058 | 蓝色光标 | 3 124 765. 86 | 95 000 股 | 3 353 500. 00 | 6. 28 | 228 734. 14 |
| 期末持有的其他证券投资 | | | | 4 245 702. 18 | — | 3 794 300. 00 | 7. 11 | -451 402. 18 |
| 报告期已出售证券投资损益 | | | | — | — | — | — | 1 594 019. 51 |
| 合 计 | | | | 55 952 600. 45 | — | 53 389 134. 22 | 100 | -877 886. 72 |

### 7.8.2　持有其他上市公司股权情况

√ 适用　□ 不适用

单位：元

| 证券代码 | 证券简称 | 初始投资金额（万元） | 占股权比例（%） | 数量（股） | 期末单价 | 期末账面值（元） | 报告期损益（元） | 报告期所有者权益变动（元） |
|---|---|---|---|---|---|---|---|---|
| 600198 | 大唐电信 | 6 941 653. 68 | 1. 04 | 4 567 479 | 19. 63 | 89 659 612. 77 | 0. 00 | 4 110 731. 10 |
| 601398 | 工商银行 | 11 865 280. 00 | 0. 003 | 2 926 000 | 4. 24 | 12 406 240. 00 | 0. 00 | 405 720. 00 |
| 601328 | 交通银行 | 32 662 032. 70 | 0. 01 | 4 870 253 | 5. 48 | 26 688 986. 44 | 645 000. 00 | -4 479 784. 70 |
| 合 计 | | 51 468 966. 38 | | | | 128 754 839. 21 | 645 000. 00 | 36 666. 40 |

### 7.8.3　持有非上市金融企业股权情况

√ 适用　□ 不适用

| 所持对象名称 | 初始投资金额（元） | 持有数量（股） | 股权占比（%） | 期末账面值（元） | 报告期损益（元） |
|---|---|---|---|---|---|
| 西部证券股份有限公司 | 5 000 000. 00 | 7 368 400 | 0. 74 | 5 000 000. 00 | 2 578 940. 00 |
| 永安财产保险有限公司 | 93 000 000. 00 | 61 000 000 | 2. 29 | 93 000 000. 00 | 0. 00 |
| 长安银行 | 1 000 000. 00 | | | 1 000 000. 00 | 0. 00 |
| 合 计 | 99 000 000. 00 | | | 99 000 000. 00 | 2 578 940. 00 |

注：本公司受让长安银行股权1 000 000. 00元，待股权确认工作完成以后以股东名册登记为准，确定公司所持有的股份数额。

### 7.8.4　买卖其他上市公司股份的情况

□ 适用　√ 不适用

# 8　监事会报告

√ 适用　□ 不适用

## 8.1　监事会日常工作情况

报告期内，公司监事会共召开了四次会议，各次会议情况及决议内容如下。

### 8.1.1　第六届监事会第七次会议

2010年3月26日，在公司2705会议室以现场表决方式召开，会议同意董事会审议通过的《关于公司下属子公司陕西省鸿业房地产开发公司向控股股东陕西省高速公路建设集团公司融资展期的议案》。

### 8.1.2　第六届监事会第八次会议

2010年4月22日，在公司2705会议室以现场表决方式召开，会议审议通过了2009年度监事会工作报告；同意董事会审议通过的2009年度财务决算报告的决议、2009年度利润分配预案的决议、2009年度报告正文及摘要的决议、200年度经营班子工作报告的决议、2009年度内部控制自我评价报告的决议、2009年度内部监事绩效考核有关事宜的议案、2010年度经营计划的决议、2010年度证券投资计划的决议、关于续聘上海东华会计师事务所有限公司的议案的决议、2010年第一季度报告的决议。并通报了公司2009年度风险管理报告、2009年度内部审计工作报告及2009年度信托项目受益人利益的实现情况。

**8.1.3 第六届监事会第九次会议**

2010年8月27日,在公司2705会议室以现场表决方式召开,会议同意董事会审议通过的《2010年半年度报告正文及摘要》的决议。

**8.1.4 第六届监事会第十次会议**

2010年10月20日,以通讯表决方式召开,会议同意董事会审议通过的《2010年第三季度报告》的议案、《关于将股权分置改革时作为对价的2.4亿元资产包处置收益转入资本公积金的议案》的议案。

除召开监事会会议外,监事会成员还出(列)席了公司2010年所召开的2次股东大会、8次董事会会议、25次董事长办公会议、1次年度工作会议、4次经营形势分析会以及其他重要会议和活动等,听取了公司各项重要提案和决议,了解了公司各项重要决策的形成过程,掌握了公司经营业绩情况,并对会议决议事项提出质询或者建议。同时履行了监事会的知情监督检查职能。

监事会建立了定期获取监管部门意见、内部审计报告、合规检查报告、财务会计报告及其他重大报告的机制,积极履行相应职责,并提出有效意见及建议。

## 8.2 监事会监督检查工作情况及对有关事项的独立意见

**8.2.1 对公司2010年度经营管理行为和业绩的基本评价**

2010年监事会严格按照《公司法》、《公司章程》、《监事会议事规则》和有关法律法规的要求,从切实维护公司利益和广大中小股东权益出发,认真履行监督职责,督促董事会合规决策和管理层合规经营。

监事会成员通过列席历次董事会会议,认为董事会严格执行了股东大会的决议,忠实履行了职责,未发生损害公司利益和股东利益的行为。

报告期内,公司通过强化经营取得了较好的经营业绩。监事会对报告期内公司的经营活动进行了有效的监督,认为公司高级管理层组织实施了股东大会决议,认真执行了董事会的各项决议,经营中未发生违规行为。

**8.2.2 监事会对2010年度有关事项的监督检查**

(1)公司依法运作情况。2010年,公司依法经营,决策程序符合《公司法》、《公司章程》等有关制度的规定,公司内部控制制度健全,未发现公司有违法违规的经营行为。股东大会、董事会会议的召集、召开均按照有关法律、法规及公司《章程》规定的程序进行,有关决议的内容合法有效。

监事会认为:公司董事会成员及高级管理人员能按照国家有关法律、行政法规和本公司《章程》的有关规定,忠实勤勉地履行其职责。董事会全面落实了股东大会的各项决议,高级管理人员认真贯彻执行董事会决议,报告期内未发现公司董事及高级管理人员在执行职务、行使职权时有违反法律、法规、公司《章程》及损害公司和股东利益的行为。

(2)公司募集资金使用情况。报告期内公司未募集资金。

(3)检查公司财务会计核算工作。2010年,监事会对报告期内的财务制度和财务状况进行了检查,认为公司财务状况、经营成果良好,财务会计内控制度健全,会计无重大遗漏和虚假记载,严格执行《会计法》和《企业会计准则》等法律法规,未发现有违规违纪问题。上海东华会计师事务所有限公司出具了无保留意见的2010年度审计报告,该审计报告真实、客观地反映了公司的财务状况、经营成果和现金流量。

(4)对公司关联交易进行检查。对报告期内,公司发行单一资金信托计划筹集资金向同受一方控制的公司发放贷款业务进行了监督和检查,认为交易价格公允,程序合法合规,无内幕交易行为,也无损害股东利益,特别是广大中小股东利益的行为。

(5)公司对外担保、股权投资、资产置换、非货币性交易情况。报告期内,公司未发生对外担保业务,未开展股权投资、资产置换、非货币交易事项等业务。

**8.2.3 对公司经营活动的监督检查**

(1)2010年3月9日,监事会对公司合并计划财务部与信托财务部,设立综合财务部后的工作情况进行了较全面的检查,认为固有业务与信托业务的会计核算及财务管理符合《信托公司管理办法》的有关规定。检查结果表明,公司财务会计内控制度健全,会计核算无重大遗漏和虚假记载,公司财务状况、经营成果及现金流量情况良好。

(2)2010年3月23日,对公司下属子公司陕西省鸿业房地产开发公司向控股股东陕西省高速公路建设集团公司融资情况进行了监督检查。

(3)2010年6月28日,对公司理财中心的信托计划到期交付情况进行了现场检查,强调要发挥窗口作用,不断做好客户服务和安全兑付工作,维护客户利益和公司形象。

(4)2010年8月20日,对天朗置业公司股权收益权集合资金信托项目进行了现场检查,要求信托经理尽职管理信托财产,确保信托财产安全,保证委托人利益顺利实现。

(5)2010年10月18日,对中贸地产股权信托项目进行现场检查,查看了信托资金使用情况和工程进度。要求中贸地产股权信托项目工作小组严格按照《陕国投派往被投资或融资单位任(兼)职人员管理暂行办法》要求,认真履职,全力维护公司权益及信托财产安全。

(6)2010年12月31日,对公司综合财务部年终决算工作进行慰问、检查和指导,要求财务人员认真负责地做好年终清算工作,为年报披露工作奠定基础。

**8.2.4 对公司《2010年年度报告正文及摘要》发表的意见**

公司2010年年度报告及其摘要的编制和审议程序符合相关法律、法规、公司章程及公司内控制度的有关规定;年报的内容真实、准确、完整。

**8.2.5 对公司《2010年公司内部控制自我评价报告》发表的意见**

报告期内,公司根据中国证监会、中国银监会、深圳证券交易所的有关规定,遵循内部控制的基本原则,按照公司实际情况,建立健全了较为完善、合理的内部控制制度,并在经营活动中得到了较好的执行,总体上符合中国证监会、中国银监会和深交所的相关要求;公司2010年内部控制的自我评价报告真实、完整地反映了公司内部控制的现状及有待完善的主要方面;

改进计划切实可行，符合公司内部控制长期发展的需要。后金融危机时代，金融信托业面临着更为复杂的发展形势，随着公司信托主业和固有业务的进一步发展，必须持续不断地加强和完善各项内部控制制度，切实为公司持续健康发展提供有力保障。

### 8.3 本公司监事会未设立下属委员会

## 9. 财务报告

### 9.1 审计意见

**审 计 报 告**

东会陕审〔2011〕001 号

陕西省国际信托股份有限公司全体股东：

我们审计了后附的陕西省国际信托股份有限公司财务报表，包括 2010 年 12 月 31 日的资产负债表及合并资产负债表、2010 年度的利润表及合并利润表、2010 年度股东权益变动表及合并股东权益变动表、2010 年度现金流量表及合并现金流量表和财务报表附注。

一、管理层对财务报表的责任

按照企业会计准则的规定编制财务报表是贵公司管理层的责任。这种责任包括：(1) 设计、实施和维护与财务报表编制相关的内部控制，以使财务报表不存在由于舞弊或错误而导致的重大错报；(2) 选择和运用恰当的会计政策；(3) 作出合理的会计估计。

二、注册会计师的责任

我们的责任是在实施审计工作的基础上对财务报表发表审计意见。我们按照中国注册会计师审计准则的规定执行了审计工作。中国注册会计师审计准则要求我们遵守职业道德规范，计划和实施审计工作以对财务报表是否不存在重大错报获取合理保证。

审计工作涉及实施审计程序，以获取有关财务报表金额和披露的审计证据。选择的审计程序取决于注册会计师的判断，包括对由于舞弊或错误导致的财务报表重大错报风险的评估。在进行风险评估时，我们考虑与财务报表编制相关的内部控制，以设计恰当的审计程序，但目的并非对内部控制的有效性发表意见。审计工作还包括评价管理层选用会计政策的恰当性和作出会计估计的合理性，以及评价财务报表的总体列报。

我们相信，我们获取的审计证据是充分、适当的，为发表审计意见提供了基础。

三、审计意见

我们认为，贵公司财务报表已经按照企业会计准则的规定编制，在所有重大方面公允反映了贵公司 2010 年 12 月 31 日的财务状况以及 2010 年度的经营成果和现金流量。

上海东华会计师事务所有限公司 中国注册会计师：杨晓敏

中国·上海 中国注册会计师：王少植

二〇一一年一月十七日

### 9.2 财务报表

**合并资产负债表**

编制单位：陕西省国际信托股份有限公司　　2010 年 12 月 31 日　　单位：元

| 资产 | 期末余额 | 年初余额 | 负债和股东权益 | 期末余额 | 年初余额 |
|---|---|---|---|---|---|
| 流动资产： | | 流动负债： | | | |
| 货币资金 | 263 077 986.79 | 293 642 274.84 | 短期借款 | 25 000 000.00 | 160 000 000.00 |
| 拆出资金 | — | — | 拆入资金 | — | — |
| 交易性金融资产 | 39 407 134.22 | 3 529 304.00 | 交易性金融负债 | — | — |
| 衍生金融资产 | — | — | 衍生金融负债 | — | — |
| 买入返售金融资产 | — | — | 卖出回购金融资产款 | — | — |
| 应收账款 | 212 867.67 | 283 297.22 | 应付账款 | 31 936 006.31 | 35 802 156.08 |
| 预付账款 | 1 115 517.34 | 121 410.61 | 预付账款 | 7 652 732.11 | 30 857 745.18 |
| 应收利息 | — | — | 应付职工薪酬 | 30 122 743.47 | 18 007 315.20 |
| 应收股利 | — | 2 358 493.54 | 应交税费 | 39 041 805.21 | 13 553 019.36 |
| 其他应收款 | 2 517 717.60 | 28 290 771.55 | 应付利息 | 5 535 874.48 | 5 736 742.14 |
| 存货 | 244 362 255.38 | 317 494 465.28 | 应付股利 | 1 065 906.32 | 1 065 906.32 |
| 一年内到期的非流动资产 | | | 其他应付款 | 232 714 569.66 | 134 659 954.17 |
| 其他流动资产 | | | 一年内到期的非流动负债 | — | — |
| | | | 其他流动负债 | 67 076 070.16 | 67 846 769.80 |
| | | | 流动负债合计 | 440 145 707.72 | 467 509 608.25 |
| 流动资产合计 | 550 693 479.00 | 645 720 017.04 | 非流动负债： | | |
| 非流动资产： | | | 长期借款 | — | — |
| 发放贷款和垫款 | 15 000 000.00 | 50 000 000.00 | 应付债券 | | |
| 可供出售金融资产 | 142 736 839.21 | 175 883 767.25 | 预计负债 | — | — |
| 持有至到期投资 | 216 010 000.00 | — | 递延所得税负债 | 21 035 968.21 | 33 477 419.61 |

续表

| 资产 | 期末余额 | 年初余额 | 负债和股东权益 | 期末余额 | 年初余额 |
|---|---|---|---|---|---|
| 长期应收款 | — | — | 其他非流动负债 | | |
| 长期股权投资 | 99 000 000. 00 | 99 000 000. 00 | 非流动负债合计 | 21 035 948. 21 | 33 477 419. 61 |
| 投资性房地产 | 48 224 970. 53 | 7 297 510. 91 | 负债合计 | 461 181 675. 93 | 501 007 027. 86 |
| 固定资产 | 44 724 245. 35 | 44 335 844. 47 | 股东权益: | | |
| 无形资产 | 1 443 826. 34 | 1 620 106. 34 | 股本 | 358 413 026. 00 | 358 413 026. 00 |
| 递延所得税资产 | 11 424 217. 14 | 11 501 709. 21 | 资本公积 | 198 291 904. 02 | 115 115 129. 80 |
| 商誉 | | | 减:库存股 | — | — |
| 其他非流动资产 | 74 775 855. 42 | 61 726 703. 12 | 盈余公积 | 51 202 953. 01 | 43 730 280. 03 |
| | | | 信托赔偿准备金 | 15 114 158. 24 | 11 822 455. 08 |
| | | | 未分配利润 | 119 829 715. 79 | 66 997 739. 57 |
| | | | 外币报表折算差额 | — | — |
| 非流动资产合计 | 653 339 953. 99 | 451 365 641. 30 | 归属于母公司的股东权益合计 | 742 851 757. 06 | 596 078 630. 48 |
| | | | 少数股东权益 | — | — |
| | | | 股东权益合计 | 742 851 757. 06 | 596 078 630. 48 |
| 资产总计 | 1 204 033 432. 99 | 1 097 085 658. 34 | 负债及股东权益总计 | 1 204 033 432. 99 | 1 097 085 658. 34 |

公司负责人:薛季民　　主管会计工作负责人:李　玲　　会计机构负责人:李掌安

## 资产负债表

编制单位:陕西省国际信托股份有限公司　　2010 年 12 月 31 日　　单位:元

| 资产 | 期末余额 | 年初余额 | 负债和股东权益 | 期末余额 | 年初余额 |
|---|---|---|---|---|---|
| 流动资产: | | | 流动负债: | | |
| 货币资金 | 236 310 245. 35 | 267 512 353. 25 | 短期借款 | — | — |
| 拆出资金 | — | — | 拆入资金 | — | — |
| 交易性金融资产 | 39 407 134. 22 | 3 529 304. 00 | 交易性金融负债 | — | — |
| 衍生金融资产 | — | — | 衍生金融负债 | — | — |
| 买入返售金融资产 | — | — | 卖出回购金融资产款 | — | — |
| 应收账款 | — | — | 应付账款 | 2 922 825. 94 | — |
| 预付账款 | 11 280. 00 | — | 预收账款 | — | — |
| 应收利息 | — | — | 应付职工薪酬 | 27 622 483. 15 | 17 683 089. 53 |
| 应收股利 | — | 2 358 493. 54 | 应交税费 | 21 579 764. 91 | 3 392 998. 74 |
| 其他应收款 | 1 588 522. 30 | 32 457 881. 68 | 应付利息 | 5 495 311. 98 | 5 499 142. 14 |
| 存货 | — | — | 应付股利 | 1 065 906. 32 | 1 065 906. 32 |
| 一年内到期的非流动资产 | | | 其他应付款 | 23 594 029. 32 | 33 395 077. 13 |
| 其他流动资产 | | | 一年内到期的非流动负债 | — | |
| | | | 其他流动负债 | 67 076 070. 16 | 67 846 769. 80 |
| | | | 流动负债合计 | 146 433 565. 54 | 131 805 809. 60 |
| 流动资产合计 | 277 317 181. 87 | 305 858 032. 47 | 非流动负债: | | |
| 非流动资产: | | | 长期借贷 | — | — |
| 发放贷款和垫款 | 15 000 000. 00 | 50 000 000. 00 | 应付债券 | — | — |
| 可供出售金融资产 | 142 736 839. 21 | 175 883 767. 25 | 预计负债 | — | — |
| 持有至到期投资 | 216 010 000. 00 | — | 递延所得税负债 | 21 035 948. 21 | 33 477 419. 61 |
| 长期应收款 | — | — | 其他非流动负债 | — | — |
| 长期股权投资 | 121 000 000. 00 | 121 000 000. 00 | 非流动负债合计 | 21 035 948. 21 | 33 477 419. 61 |
| 投资性房地产 | — | — | 负债合计 | 167 469 534. 05 | 165 283 229. 21 |
| 固定资产 | 44 634 740. 05 | 44 125 570. 16 | 股东权益: | | |
| 无形资产 | 1 443 826. 34 | 1 620 106. 34 | 股本 | 358 413 026. 00 | 358 413 026. 00 |
| 递延所得税资产 | 7 925 681. 31 | 6 917 106. 35 | 资本公积 | 198 291 904. 02 | 115 115 129. 80 |
| 其他非流动资产 | 76 212 291. 62 | 63 599 486. 95 | 减:库存股 | — | — |
| | | | 盈余公积 | 42 206 408. 83 | 35 623 002. 52 |
| | | | 信托赔偿准备金 | 15 114 158. 24 | 11 822 455. 08 |
| 非流动资产合计 | 624 963 378. 53 | 463 146 037. 05 | 未分配利润 | 120 785 529. 26 | 82 747 226. 91 |
| | | | 外币报表折算差额 | — | |
| | | | 股东权益合计 | 734 811 026. 35 | 603 720 840. 31 |
| | | | | — | |
| 资产总计 | 902 280 560. 40 | 769 004 069. 52 | 负债及股东权益总计 | 902 280 560. 40 | 769 004 069. 52 |

公司负责人:薛季民　　主管会计工作负责人:李　玲　　会计机构负责人:李掌安

## 合并利润表

2010 年

编制单位:陕西省国际信托股份有限公司　　单位:元

| 项　目 | 本期金额 | 上期金额 |
|---|---|---|
| 一、营业收入 | 220 169 096. 67 | 237 908 965. 85 |
| 利息净收入 | 6 795 950. 94 | 15 264 080. 16 |
| 利息收入 | 7 552 063. 55 | 15 537 178. 18 |
| 利息支出 | 756 112. 61 | 273 098. 02 |
| 手续费及佣金净收入 | 69 000 129. 61 | 49 104 555. 29 |
| 手续费及佣金收入 | 78 095 561. 62 | 56 845 688. 73 |
| 手续费及佣金支出 | 9 095 432. 01 | 7 741 133. 44 |
| 投资收益(损失以"-"填列) | 66 696 680. 25 | 35 376 358. 32 |
| 其中:对联营企业和合营企业的投资收益 | — | |
| 公允价值变支收益(损失以"-"填列) | -4 416 217. 67 | 401 694. 70 |
| 汇总收益(损失以"-"填列) | — | -206. 29 |
| 房地产销售收入 | 41 127 796. 29 | 125 988 636. 81 |
| 其他业务收入 | 40 964 757. 25 | 11 773 846. 86 |
| 二、营业支出 | 113 945 610. 95 | 184 221 288. 24 |
| 房地产销售成本 | 13 849 602. 20 | 97 898 380. 91 |
| 营业税金及附加 | 11 965 332. 28 | 24 409 550. 17 |
| 业务及管理费 | 60 257 257. 53 | 52 934 878. 23 |
| 财务费用 | 1 062 021. 37 | 5 685 935. 37 |
| 资产减值损失 | -641 795. 31 | -3 157 854. 62 |
| 其他业务成本 | 27 453 192. 88 | 6 450 386. 18 |
| 三、营业利润(亏损"-"填列) | 106 223 485. 72 | 53 687 677. 61 |
| 加:营业外收入 | 15 330. 24 | 3 033 341. 44 |
| 减:营业外支出 | 878 838. 65 | 285 904. 20 |
| 四、利润总额(亏损总额以"-"填列) | 105 359 977. 31 | 56 435 114. 85 |
| 减:所得税费用 | 23 842 973. 65 | 12 785 260. 05 |
| 五、净利润(净亏损以"-"填列) | 81 517 003. 66 | 43 649 854. 80 |
| 归属于母公司所有者的净利润 | 81 517 003. 66 | 43 649 854. 80 |
| 少数股东损益 | — | — |
| 六、每股收益 | | |
| (一)基本每股收益 | 0. 2274 | 0. 1218 |
| (二)稀释每股收益 | 0. 2274 | 0. 1218 |
| 七、其他综合收益 | -37 324 355. 16 | 70 725 296. 40 |
| 八、综合收益总额 | 44 192 648. 50 | 114 375 151. 20 |
| 归属于母公司所有者的综合收益总额 | 44 192 648. 50 | 114 375 151. 20 |
| 归属于少数股东的综合收益总额 | | |

公司负责人:薛季民　　主管会计工作负责人:李　玲　　会计机构负责人:李掌安

## 利润表

2010 年

编制单位:陕西省国际信托股份有限公司　　单位:元

| 项　目 | 本期金额 | 上期金额 |
|---|---|---|
| 一、营业收入 | 161 123 413. 73 | 112 642 683. 65 |
| 利息净收入 | 6 795 950. 94 | 10 499 197. 78 |
| 利息收入 | 7 552 063. 55 | 10 772 295. 80 |
| 利息支出 | 756 112. 61 | 273 098. 02 |
| 手续费及佣金净收入 | 69 000 129. 61 | 43 255 366. 95 |
| 手续费及佣金收入 | 78 095 561. 62 | 50 996 500. 39 |
| 手续费及佣金支出 | 9 095 432. 01 | 7 741 133. 44 |
| 投资收益(损失以"-"号填列) | 66 696 680. 25 | 57 079 742. 51 |
| 其中:对联营企业和合营企业的投资收益 | — | — |
| 公允价值变动收益(损失以"-"号填列) | -4 416 217. 67 | 401 694. 70 |
| 汇总收益(损失以"-"号填列) | — | -206. 29 |
| 其他业务收入 | 23 046 870. 60 | 1 406 888. 00 |
| 二、营业支出 | 75 820 463. 89 | 53 210 151. 58 |
| 营业税金及附加 | 8 506 144. 83 | 5 459 726. 08 |
| 业务及管理费 | 52 114 929. 15 | 45 916 593. 45 |
| 资产减值损失 | -965 168. 46 | 1 459 582. 10 |
| 其他业务成本 | 16 164 558. 37 | 374 249. 95 |
| 三、营业利润(亏损以"-"号填列) | 85 302 949. 84 | 59 432 532. 07 |
| 加:营业外收入 | 15 330. 24 | 3 032 517. 44 |
| 减:营业外支出 | 876 058. 65 | -25 682. 70 |
| 四、利润总额(亏损总额以"-"号填列) | 84 442 221. 43 | 62 439 366. 81 |
| 减:所得税费用 | 18 608 158. 31 | 7 593 752. 48 |
| 五、净利润(净亏损以"-"号填列) | 65 834 063. 12 | 54 845 614. 33 |
| 六、每股收益 | | |
| (一)基本每股收益 | 0. 1837 | 0. 1530 |
| (二)稀释每股收益 | 0. 1837 | 0. 1530 |
| 七、其他综合收益 | -37 324 355. 16 | 70 725 296. 40 |
| 八、综合收益总额 | 28 509 707. 96 | 125 570 910. 73 |

公司负责人:薛季民　　主管会计工作负责人:李　玲　　会计机构负责人:李掌安

## 合并现金流量表

2010 年

编制单位:陕西省国际信托股份有限公司　　单位:元

| 项　目 | 本期金额 | 上期金额 |
|---|---|---|
| 一、经营活动产生的现金流量: | | |
| 同业拆入、拆出资金净额 | | |
| 客户贷款净减少额 | 35 226 922. 00 | |
| 处置交易性金融资产净增加额 | -32 861 039. 35 | 10 336 944. 50 |
| 收取利息,手续费及佣金的现金 | 85 647 625. 17 | 49 084 627. 18 |
| 回购业务资金净增加额 | | |
| 销售商品、提供劳务收到的现金 | 29 009 097. 17 | 98 063 348. 33 |
| 收到的重组资产对价款 | | |
| 收到的税费返还 | | |
| 经营租赁收入 | 5 538 053. 20 | 38 108. 00 |
| 融资租赁收到的现金 | | |
| 收到的其他与经营活动有关的现金 | 216 469 775. 05 | 70 373 882. 67 |
| 经营活动现金流入小计 | 339 030 433. 24 | 227 896 910. 68 |
| 同业拆入、拆出资金净额 | | |
| 客户贷款净增加额 | | |
| 信托存款收支净额 | | |
| 回购业务资金净减少额 | | |
| 支付利息、手续费及佣金的现金 | 9 095 432. 01 | |
| 支付给职工以及为职工支付的现金 | 31 681 720. 83 | 28 285 959. 96 |

续表

| 项　目 | 本期金额 | 上期金额 |
|---|---|---|
| 购买商品、接受劳务支付的现金 | 45 508 730. 51 | 73 218 442. 40 |
| 支付的租金 | — | 1 614 551. 23 |
| 支付的各项税费 | 17 747 493. 38 | 32 863 138. 03 |
| 支付的其他与经营活动有关的现金 | 75 200 164. 67 | 87 360 678. 06 |
| 经营活动现金流出小计 | 179 223 541. 40 | 223 342 769. 68 |
| 经营活动产生的现金流量净额 | 159 796 891. 84 | 4 554 141. 00 |
| 二、投资活动产生的现金流量 | | |
| 收回投资所收到的现金 | 77 748 189. 76 | 50 000 000. 00 |
| 取得投资收益所收到的现金 | 16 574 835. 71 | 17 844 977. 99 |
| 处置固定资产、无形资产和其他长期资产收到的现金净额 | 9 804 656. 00 | 25 653 120. 19 |
| 处置子公司及其他营业单位收到的现金净额 | — | -46 966 554. 91 |
| 收到的其他与投资活动有关的现金 | — | -289 550. 67 |
| 投资活动现金流入小计 | 104 127 681. 47 | 46 241 992. 60 |
| 投资所支付的现金 | 237 267 632. 26 | 1 000 000. 00 |
| 购建固定资产、无形资产和其他长期资产所支付的现金 | 4 881 548. 09 | 1 263 946. 98 |
| 取得子公司及其他营业单位所支付的现金净额 | — | — |
| 支付的其他与投资活动有关的现金 | — | — |
| 投资活动现金流出小计 | 242 149 180. 35 | 2 263 946. 98 |
| 投资活动产生的现金流量净额 | -138 021 498. 88 | 43 978 045. 62 |
| 三、筹资活动产生的现金流量: | | |
| 借款所收到的现金 | 25 000 000. 00 | 160 000 000. 00 |
| 吸收投资所收到的现金 | | |
| 其中:子公司吸收少数股东投资收到的现金 | | |
| 发行债券收到的现金 | | |
| 收到的其他与筹资活动有关的现金 | 107 764 720. 29 | |
| 筹资活动现金流入小计 | 132 764 720. 29 | 160 000 000. 00 |
| 偿还债务所支付的现金 | 160 000 000. 00 | 160 000 000. 00 |
| 分配股利、利润或偿付利息所支付的现金 | 25 104 401. 30 | 18 473 986. 21 |
| 其中:子公司支付给少数股东的股利、利润 | | |
| 支付的其他与筹资活动有关的现金 | | |
| 筹资活动现金流出小计 | 185 104 401. 30 | 178 473 986. 21 |
| 筹资活动产生的现金流量净额 | -52 339 681. 01 | -18 473 986. 21 |
| 四、汇率变动对现金的影响 | — | -206. 29 |
| 五、现金及现金等价物净增加额 | -30 564 288. 05 | 30 057 994. 12 |
| 加:期初现金及现金等价物余额 | 263 642 274. 84 | 263 584 280. 72 |
| 六、期末现金及现金等价物净余额 | 263 077 986. 79 | 293 643 274. 84 |

公司负责人:薛季民　　主管会计工作负责人:李　玲　　会计机构负责人:李掌安

## 现金流量表

2010 年

编制单位:陕西省国际信托股份有限公司　　单位:元

| 项　目 | 本期金额 | 上期金额 |
|---|---|---|
| 一、经营活动产生的现金流量: | | |
| 同业拆入、拆出资金净额 | — | |
| 客户贷款净减少额 | 35 226 922. 00 | |
| 处置交易性金融资产净增加额 | -32 861 039. 35 | 10 336 944. 50 |
| 收取利息、手续费及佣金的现金 | 85 647 625. 17 | 54 506 987. 75 |
| 销售商品、提供劳务收到的现金 | — | |
| 收到的重组资产对价款 | — | |
| 收到的税费返还 | — | |

续表

| 项　目 | 本期金额 | 上期金额 |
|---|---|---|
| 经营租赁收入 | 5 538 053. 20 | 38 108. 00 |
| 融资租赁收到的现金 | | |
| 收到的其他与经营活动有关的现金 | 26 180 465. 68 | 9 265 000. 00 |
| 经营活动现金流入小计 | 119 732 026. 70 | 74 147 040. 25 |
| 同业拆入、拆出资金净额 | — | |
| 客户贷款净增加额 | — | |
| 客户存放款项净额 | — | |
| 信托存款收支净额 | — | |
| 回购业务资金净减少额 | — | |
| 支付利息、手续费及佣金的现金 | 9 095 432. 01 | |
| 支付给职工以及为职工支付的现金 | 25 131 214. 16 | 20 840 982. 44 |
| 购买商品、接受劳务支付的现金 | — | |
| 支付的重组资产对价款 | — | |
| 支付的租金 | — | 1 614 551. 23 |
| 支付的各项税费 | 14 073 020. 81 | 5 540 130. 28 |
| 支付的其他与经营活动有关的现金 | 34 542 415. 73 | 48 174 580. 35 |
| 经营活动现金流出小计 | 82 842 082. 71 | 76 170 244. 30 |
| 经营活动产生的现金流量净额 | 36 889 943. 99 | -2 023 204. 05 |
| 二、投资活动产生的现金流量: | | |
| 收回投资所收到的现金 | 77 748 189. 73 | 50 000 000. 00 |
| 取得投资收益所收到的现金 | 16 574 835. 71 | 55 574 523. 90 |
| 处置固定资产、无形资产和其他长期资产收到的现金净额 | 9 804 656. 00 | 25 653 120. 19 |
| 处置子公司及其他营业单位收到的现金净额 | — | -289 550. 67 |
| 收到的其他与投资活动有关的现金 | | |
| 投资活动现金流入小计 | 104 127 681. 47 | 130 938 093. 42 |
| 购建固定资产、无形资产和其他长期资产所支付的现金 | 24 796 170. 09 | 1 064 869. 18 |
| 投资所支付的现金 | 237 267 632. 26 | 1 000 000. 00 |
| 取得子公司及其他营业单位所支付的现金净额 | | |
| 支付的其他与投资活动有关的现金 | | |
| 投资活动现金流出小计 | 262 063 802. 35 | 2 064 869. 18 |
| 投资活动产生的现金流量净额 | -157 936 120. 88 | 128 873 224. 24 |
| 三、筹资活动产生的现金流量: | | |
| 吸收投资所收到的现金 | | |
| 其中:子公司吸收少数股东投资收到的现金 | | |
| 发行债券收到的现金 | | |
| 收到的其他与筹资活动有关的现金 | 107 764 720. 29 | |
| 筹资活动现金流入小计 | 107 764 720. 29 | — |
| 偿还债务所支付的现金 | | |
| 分配股利、利润或偿付利息所支付的现金 | 17 920 651. 30 | 10 750 390. 78 |
| 其中:子公司支付给少数股东的股利、利润 | | |
| 支付的其他与筹资活动有关的现金 | | |
| 筹资活动现金流出小计 | 17 920 651. 30 | 10 752 390. 78 |
| 筹资活动产生的现金流量净额 | 89 844 068. 99 | -10 752 390. 78 |
| 四、汇率变动对现金的影响 | | -206. 29 |
| 五、现金及现金等价物净增加额 | -31 202 107. 90 | 116 097 423. 12 |
| 加:期初现金及现金等价物余额 | 267 512 353. 25 | 151 414 930. 13 |
| 六、期末现金及现金等价物净余额 | 236 310 245. 35 | 267 512 353. 25 |

公司负责人:薛季民　　主管会计工作负责人:李　玲　　会计机构负责人:李掌安

## 合并所有者权益变动表

编制单位：陕西省国际信托股份有限公司　　2010 年　　单位：元

| 项　目 | 本年金额 | | | | | | | | |
|---|---|---|---|---|---|---|---|---|---|
| | 归属于母公司所有者权益 | | | | | | | 少数股东权益 | 所有者权益合计 |
| | 股本 | 资本公积 | 减:库存股 | 盈余公积 | 信托赔偿准备金 | 未分配利润 | 其他 | | |
| 一、上年末余额 | 358 413 026.00 | 115 115 129.80 | — | 43 730 280.03 | 11 822 455.08 | 66 997 739.57 | — | — | 596 078 630.48 |
| 加：会计政策变更 | | | | | | | | | — |
| 前期差错更正 | | | | | | | | | — |
| 二、本年初余额 | 358 413 026.00 | 115 115 129.80 | — | 43 730 280.03 | 11 822 455.08 | 66 997 739.57 | — | — | 596 078 630.48 |
| 三、本年增减变动金额（减少以“-”填列） | — | 83 176 774.22 | — | 7 472 672.98 | 3 291 703.16 | 52 831 976.22 | — | — | 146 773 126.58 |
| （一）净利润 | | | | | | 81 517 003.66 | | — | 81 517 003.66 |
| （二）其他综合收益 | | -37 324 355.16 | | | | | | | -37 324 355.16 |
| 上述（一）、（二）小计 | — | -37 324 355.16 | — | — | — | 81 517 003.66 | — | — | 44 182 648.50 |
| （三）所有者投入和减少资本 | — | 120 501 129.38 | — | — | — | — | — | — | 120 501 129.38 |
| 1. 所有者投入资本 | | | | | | | | | — |
| 2. 股份支付计入所有者权益的金额 | | | | | | | | | — |
| 3. 其他 | | 120 501 129.38 | | | | | | | 120 501 129.38 |
| （四）利润分配 | — | — | — | 7 472 672.98 | — | -25 393 324.28 | — | — | -17 920 651.30 |
| 1. 提取盈余公积 | | | | 7 472 672.98 | | -7 472 672.98 | | | — |
| 2. 提取一般风险准备 | | | | | | | | | |
| 3. 对股东的分配 | | | | | | -17 920 651.30 | | | -17 920 651.30 |
| 4. 其他 | | | | | | | | | — |
| （五）所有者权益内部结转 | | | | — | — | — | | | — |
| 1. 资本公积转增资本（股本） | | | | | | | | | — |
| 2. 盈余公积转增资本（股本） | | | | | | | | | — |
| 3. 盈余公积弥补亏损 | | | | | | | | | — |
| 4. 其他 | | | | | | | | | — |
| （六）专项储备 | — | — | — | — | 3 291 703.16 | -3 291 703.16 | — | — | — |
| 1. 本期提取 | | | | | 3 291 703.16 | -3 291 703.16 | | | |
| 2. 本期使用 | | | | | | | | | |
| 四、本年末余额 | 358 413 026.00 | 198 291 904.02 | — | 51 202 953.01 | 15 114 158.24 | 119 829 715.79 | — | — | 742 851 757.06 |

公司负责人：薛季民　　主管会计工作负责人：李　玲　　会计机构负责人：李掌安

## 合并所有者权益变动表（续）

编制单位：陕西省国际信托股份有限公司　　2010 年　　单位：元

| 项　目 | 上年金额 | | | | | | | | |
|---|---|---|---|---|---|---|---|---|---|
| | 归属于母公司所有者权益 | | | | | | | 少数股东权益 | 所有者权益合计 |
| | 股本 | 资本公积 | 减:库存股 | 盈余公积 | 信托赔偿准备金 | 未分配利润 | 其他 | | |
| 一、上年末余额 | 358 413 026.00 | 44 389 833.40 | — | 38 337 481.20 | 9 080 174.36 | 42 235 355.10 | — | | 492 455 870.06 |
| 加：会计政策变更 | | | | | | | | | — |
| 前期差错更正 | | | | | | | | | — |
| 二、本年初余额 | 358 413 026.00 | 44 389 833.40 | — | 38 337 481.20 | 9 080 174.36 | 42 235 355.10 | — | — | 492 455 870.06 |
| 三、本年增减变动金额（减少以“-”填列） | — | 70 725 296.40 | — | 5 392 798.83 | 2 742 280.72 | 24 762 384.47 | — | — | 103 622 760.42 |
| （一）净利润 | | | | | | 43 649 854.80 | | — | 43 649 854.80 |
| （二）其他综合收益 | | 70 725 296.40 | | | | | | | 70 725 296.40 |
| 上述（一）、（二）小计 | — | 70 725 296.40 | — | — | — | 43 649 854.80 | — | — | 114 375 151.20 |
| （三）所有者投入和减少资本 | — | — | — | — | — | — | — | — | — |
| 1. 所有者投入资本 | | | | | | | | | — |

续表

| 项目 | 上年金额 | | | | | | | | |
|---|---|---|---|---|---|---|---|---|---|
| | 归属于母公司所有者权益 | | | | | | | 少数股东权益 | 所有者权益合计 |
| | 股本 | 资本公积 | 减:库存股 | 盈余公积 | 信托赔偿准备金 | 未分配利润 | 其他 | | |
| 2. 股份支付计入所有者权益的金额 | | | | | | | | | — |
| 3. 其他 | | | | | | | | | — |
| (四)利润分配 | — | — | — | 5 484 561.43 | — | -16 236 952.21 | — | — | -10 752 390.78 |
| 1. 提取盈余公积 | | | | 5 484 561.43 | | -5 484 561.43 | | | — |
| 2. 提取一般风险准备 | | | | | | | | | — |
| 3. 对股东的分配 | | | | | | -10 752 390.78 | | | -10 752 390.78 |
| 4. 其他 | | | | | | | | | — |
| (五)所有者权益内部结转 | — | — | — | -91 762.60 | — | 91 762 .60 | — | — | — |
| 1. 资本公积转增资本(股本) | | | | | | | | | — |
| 2. 盈余公积转增资本(股本) | | | | | | | | | — |
| 3. 盈余公积弥补亏损 | | | | | | | | | — |
| 4. 其他 | | | | -91 762.60 | | 91 762.60 | | | — |
| (六)专项储备 | — | — | — | — | 2 742 280.72 | -2 742 280.72 | — | — | — |
| 1. 本期提取 | | | | | 2 742 280.72 | -2 742 280.72 | | | — |
| 2. 本期使用 | | | | | | | | | — |
| 四、本年末余额 | 358 413 026.00 | 115 115 129.80 | — | 43 730 280.03 | 11 822 455.08 | 66 997 739.57 | — | — | 596 078 630.48 |

公司负责人:薛季民　　主管会计工作负责人:李　玲　　会计机构负责人:李掌安

## 所有者权益变动表

编制单位:陕西省国际信托股份有限公司　　2010 年　　单位:元

| 项　目 | 本年金额 | | | | | | |
|---|---|---|---|---|---|---|---|
| | 股本 | 资本公积 | 减:库存股 | 盈余公积 | 信托赔偿准备金 | 未分配利润 | 所有者权益合计 |
| 一、上年末余额 | 358 413 026.00 | 115 115 129.80 | — | 35 623 002.52 | 11 822 455.08 | 82 747 226.91 | 603 720 840.31 |
| 加:会计政策变更 | | | | | | | — |
| 前期差错更正 | | | | | | | — |
| 二、本年初余额 | 358 413 026.00 | 115 1115 129.80 | — | 35 623 002.52 | 11 822 455.08 | 82 747 226.91 | 603 720 840.31 |
| 三、本年增减变动金额(减少以"-"填列) | — | 83 176 774.22 | — | 6 583 406.31 | 3 291 703.16 | 38 038 302.35 | 131 090 186.04 |
| (一)净利润 | | | | | | 65 834 063.12 | 65 834 063.12 |
| (二)其他综合收益 | | -37 324 355.16 | | | | | -37 324 355.16 |
| 上述(一)、(二)小计 | — | -37 324 355.16 | — | — | — | 65 834 063.12 | 28 509 707.96 |
| (三)所有者投入和减少资本 | — | 120 501 129.38 | — | — | — | — | 120 501 129.38 |
| 1. 所有者投入资本 | | | | | | | — |
| 2. 股份支付计入所有者权益的金额 | | | | | | | — |
| 3. 其他 | | 120 501 129.38 | | | | | 120 501 129.38 |
| (四)利润分配 | | — | — | 6 583 406.31 | — | -24 504 057.61 | -17 920 651.30 |
| 1. 提取盈余公积 | | | | 6 583 406.31 | — | -6 583 406.31 | — |
| 2. 提取一般风险准备 | | | | | — | | |
| 3. 对股东的分配 | | | | | | -17 920 651.30 | -17 920 651.30 |
| 4. 其他 | | | | | | | — |
| (五)所有者权益内部结转 | | | | | | | — |
| 1. 资本公积转增资本(股本) | | | | | | | — |
| 2. 盈余公积转增资本(股本) | | | | | | | — |
| 3. 盈余公积弥补亏损 | | | | | | | — |
| 4. 其他 | | | | | | | — |
| (六)专项储备 | — | — | — | — | 3 291 703.16 | -3 291 703.16 | — |
| 1. 本期提取 | | | | | 3 291 703.16 | -3 291 703.16 | |
| 2. 本期使用 | | | | | | | |
| 四、本年末余额 | 358 413 026.00 | 198 291 904.02 | — | 42 206 408.83 | 15 114 158.24 | 120 785 529.23 | 734 811 206.35 |

公司负责人:薛季民　　主管会计工作负责人:李　玲　　会计机构负责人:李掌安

所有者权益变动表（续）

编制单位：陕西省国际信托股份有限公司　　2010 年　　单位：元

| 项目 | 上年金额 | | | | | | |
|---|---|---|---|---|---|---|---|
| | 股本 | 资本公积 | 减：库存股 | 盈余公积 | 信托赔偿准备金 | 未分配利润 | 所有者权益合计 |
| 一、上年末余额 | 358 413 026. 00 | 44 389 833. 40 | — | 30 138 441. 09 | 9 080 174. 36 | 46 880 845. 51 | 488 902 320. 36 |
| 加：会计政策变更 | | | | | | | — |
| 前期差错更正 | | | | | | | — |
| 二、本年初余额 | 358 413 026. 00 | 44 389 833. 40 | — | 30 138 441. 09 | 9 080 174. 36 | 46 880 845. 51 | 488 902 320. 36 |
| 三、本年增减变动金额（减少以"－"填列） | — | 70 725 296. 40 | — | 5 484 561. 43 | 2 742 280. 72 | 35 866 381. 40 | 114 818 519. 95 |
| （一）净利润 | | | | | | 54 845 614. 33 | 54 845 614. 33 |
| （二）其他综合收益 | | 70 725 296. 40 | | | | | 70 725 296. 40 |
| 上述（一）、（二）小计 | — | 70 725 296. 40 | — | — | — | 54 845 614. 33 | 125 570 910. 73 |
| （三）所有者投入和减少资本 | | | | | | | — |
| 1. 所有者投入资本 | | | | | | | — |
| 2. 股份支付计入所有者权益的金额 | | | | | | | — |
| 3. 其他 | | | | | | | — |
| （四）利润分配 | — | — | — | 5 484 561. 43 | — | -16 236 952. 21 | -10 752 390. 78 |
| 1. 提取盈余公积 | | | | 5 484 561. 43 | | -5 484 561. 43 | — |
| 2. 提取一般风险准备 | | | | | | | — |
| 3. 对股东的分配 | | | | | | -10 752 390. 78 | -10 752 390. 78 |
| 4. 其他 | | | | | | | — |
| （五）所有者权益内部结转 | — | — | — | — | — | — | — |
| 1. 资本公积转增资本（股本） | | | | | | | — |
| 2. 盈余公积转增资本（股本） | | | | | | | — |
| 3. 盈余公积弥补亏损 | | | | | | | — |
| 4. 其他 | | | | | | | — |
| （六）专项储备 | — | — | — | — | 2 742 280. 72 | -2 742 280. 72 | — |
| 1. 本期提取 | | | | | 2 742 280. 72 | -2 742 280. 72 | — |
| 2. 本期使用 | | | | | | | — |
| 四、本年末余额 | 358 413 026. 00 | 115 115 129. 80 | — | 35 623 002. 52 | 11 822 455. 08 | 82 747 226. 91 | 603 720 840. 31 |

公司负责人：薛季民　　主管会计工作负责人：李　玲　　会计机构负责人：李掌安

### 9.3　与最近一期年度报告相比，会计政策、会计估计和核算方法发生变化的具体说明

□适用　√不适用

### 9.4　重大会计差错的内容、更正金额、原因及其影响

□适用　√不适用

### 9.5　与最近一期年度报告相比，合并范围发生变化的具体说明

□适用　√不适用

## 10. 2010 年度信托业务报告

### 10.1　信托财务报告

#### 10.1.1　信托项目资产负债汇总表

信托项目资产负债表

编报单位：陕西省国际信托股份有限公司　　2010 年 12 月 31 日　　单位：元

| 信托资产 | 期末余额 | 年初余额 | 信托负债和信托权益 | 期末余额 | 年初余额 |
|---|---|---|---|---|---|
| 货币资金 | 1 373 362 949. 17 | 828 214 546. 14 | 交易性金融负债 | — | — |
| 拆出资金 | — | — | 衍生金融负债 | — | — |
| 交易性金融资产 | 4 597 472 693. 05 | 2 558 163 703. 43 | 卖出回购金融资产款 | — | — |
| 衍生金融资产 | — | — | 应付利息 | 2 197 102. 53 | 1 062 456. 10 |
| 买入返售金融资产 | 632 705 556. 60 | 20 000 000. 00 | 应付受托人报酬 | — | 405 675. 44 |
| 应收票据 | — | — | 应付受益人收益 | 835 509. 00 | 174 828. 25 |
| 应收账款 | — | — | 应付保管费 | 609 347. 75 | 375 177. 30 |
| 应收利息 | — | — | 其他应付款 | 42 280 598. 67 | 18 210 908. 30 |

续表

| 信托资产 | 期末余额 | 年初余额 | 信托负债和信托权益 | 期末余额 | 年初余额 |
|---|---|---|---|---|---|
| 应收股利 | — | — | 应交税费 | — | — |
| 其他应收款 | 23 042 020. 11 | 83 350 713. 20 | 其他负债 | — | — |
| 贷款 | 3 671 430 000. 00 | 2 958 179 000. 00 | | | |
| 可供出售金融资产 | — | — | | | |
| 持有至到期投资 | 1 526 800 000. 00 | 1 478 440 000. 00 | | | |
| 长期股权投资 | 3 593 960 000. 00 | 3 092 337 700. 00 | 信托负债合计 | 45 922 557. 95 | 20 229 045. 39 |
| 长期应收款 | — | — | 信托权益: | | |
| 投资性房地产 | — | — | 实收信托 | 20 282 468 906. 82 | 12 180 340 067. 89 |
| 固定资产 | — | — | 资本公积 | 76 263 036. 70 | 24 456 257. 52 |
| 无形资产 | — | — | 未分配利润 | 63 149 795. 01 | 192 812 802. 24 |
| 长期待摊费用 | 1 148 566. 28 | 50 000. 00 | | | |
| 其他资产 | 5 047 882 511. 27 | 1 399 102 511. 27 | 信托权益合计 | 20 421 881 738. 53 | 12 397 609 128. 65 |
| 信托资产总计 | 20 476 804 296. 48 | 12 417 838 174. 04 | 负债和权益总计 | 20 467 804 296. 48 | 12 417 838 174. 04 |

公司负责人:薛季民　　主管会计工作负责人:李　玲　　信托会计主管:骆文凯

### 10. 1. 2　信托项目利润及利润分配汇总表

**信托项目利润及利润分配表**

2010 年 12 月

编报单位:陕西省国际信托股份有限公司　　单位:元

| 项 目 | 本期金额 | 上期金额 |
|---|---|---|
| 一、营业收入 | 869 572 018. 39 | 641 587 183. 21 |
| 利息收入 | 203 977 105. 17 | 163 457 509. 57 |
| 投资收益(损失以"－"填列) | 442 509 595. 72 | 450 827 903. 89 |
| 公允价值变动收益(损失以"－"填列) | -69 412 340. 52 | 20 654 544. 30 |
| 汇兑收益(损失以"－"填列) | — | — |
| 其他业务收入 | 292 497 658. 02 | 6 647 225. 45 |
| 二、营业支出 | 169 970 143. 62 | 66 424 043. 36 |
| 利息支出 | — | — |
| 手续费及佣金支出 | 3 412 705. 36 | 609 160. 67 |
| 营业税金及附加 | — | 428 505. 04 |
| 业务及管理费 | 165 184 617. 26 | 65 386 377. 65 |
| 资产减值损失 | — | — |
| 其他业务成本 | 1 372 821. 00 | — |
| 三、信托营业利润(损失以"－"填列) | 699 601 874. 77 | 575 163 139. 85 |
| 加:营业外收入 | — | — |
| 减:营业外支出 | — | — |
| 四、信托利润(损失以"－"填列) | 699 601 874. 77 | 575 163 139. 85 |
| 加:期初未分配信托利润 | 192 812 802. 24 | 10 949 172. 68 |
| 五、可供分配的信托利润 | 892 414 677. 01 | 586 132 312. 53 |
| 减:本期已分配信托利润 | 829 264 882. 00 | 393 319 510. 29 |
| 六、期末未分配信托利润 | 63 149 795. 01 | 192 812 802. 24 |

公司负责人:薛季民　　主管会计工作负责人:李　玲　　信托会计主管:骆文凯

## 10. 2　信托报酬确认原则和方法

本公司信托报酬按照信托文件的规定,以权责发生制原则为基础进行确认和计量。

## 10. 3　信托资产运用与分布表

| 资产运用 | 金额(万元) | 占比(%) | 资产分布 | 金额(万元) | 占比(%) |
|---|---|---|---|---|---|
| 货币资金 | 137 336. 29 | 6. 71 | 基础产业 | 607 060. 19 | 29. 66 |
| 交易性金融资产 | 459 747. 27 | 22. 46 | 房地产业 | 69 000. 00 | 3. 37 |
| 买入返售金融资产 | 63 270. 56 | 3. 09 | 证券市场 | 626 273. 85 | 30. 61 |
| 贷款 | 367 143. 00 | 17. 94 | 实 业 | 110 607. 00 | 5. 40 |
| 持有至到期投资 | 152 680. 00 | 7. 46 | 金融机构 | 625 372. 05 | 30. 55 |
| 长期股权投资 | 359 396. 00 | 17. 56 | 其 他 | 8 467. 34 | 0. 41 |
| 其他资产 | 504 903. 11 | 24. 67 | | | |
| 应收款项 | 2 304. 20 | 0. 11 | | | |
| 合 计 | 2 046 780. 43 | 100 | 合 计 | 2 046 780. 43 | 100 |

注:其他资产包括受让银行信贷资产 427 878. 00 万元;购买银行特定资产 63 322. 06 万元;享有 13 588. 19 万元股权的收益权;长期待摊费用 114. 86 万元。

## 10. 4　信托资产的期初数、期末数

单位:万元

| 类别 | 期初数 | 期末数 |
|---|---|---|
| 集合 | 195 930. 46 | 643 726. 94 |
| 单一 | 959 631. 98 | 1 371 016. 52 |
| 财产权 | 86 221. 38 | 32 036. 97 |
| 合计 | 1 241 783. 82 | 2 046 780. 43 |

### 10. 4. 1　主动管理型信托业务的信托资产

单位:万元

| 类别 | 期初数 | 期末数 |
|---|---|---|
| 证券投资类 | 133 287. 18 | 539 847. 80 |
| 股权投资类 | 0 | 49 050. 73 |
| 融资类 | 273 129. 27 | 799 358. 89 |
| 事务管理类 | 64 466. 68 | 64 245. 15 |
| 合计 | 470 883. 13 | 1 452 502. 57 |

10.4.2 被动管理型信托业务的信托资产

单位：万元

| 类别 | 期初数 | 期末数 |
|---|---|---|
| 证券投资类 | 285 316.10 | 212 650.10 |
| 股权投资类 | 309 234.84 | 308 972.46 |
| 融资类 | 99 078.05 | 54 538.82 |
| 事务管理类 | 77 271.70 | 18 116.48 |
| 合计 | 770 900.69 | 594 277.86 |

## 10.5 本期已清算结束的信托项目的有关情况

### 10.5.1 本期已清算结束的集合类、单一类资金信托项目和财产管理类信托项目

| 类别 | 项目个数 | 实收信托合计金额（万元） | 加权平均实际收益率（%） |
|---|---|---|---|
| 集合类 | 11 | 53 108.00 | 0.56 |
| 单一类 | 19 | 418 570.17 | 2.70 |
| 资产管理类 | 4 | 64 029.37 | 5.25 |
| 合计 | 34 | 535 707.54 | 2.80 |

### 10.5.2 本期已清算结束的主动管理型信托项目

| 类别 | 项目个数 | 实收信托合计（万元） | 加权平均实际年化信托报酬率（%） | 加权平均实际收益率（%） |
|---|---|---|---|---|
| 证券投资类 | 7 | 35 080.00 | 0.93 | -2.51 |
| 股权投资类 | 0 | 0 | 0 | 0 |
| 融 资 类 | 18 | 307 553.80 | 0.75 | 4.61 |
| 事务管理类 | 0 | 0 | 0 | 0 |

### 10.5.3 本期已清算结束的被动管理型信托项目

| 类别 | 项目个数 | 实收信托合计（万元） | 加权平均实际年化信托报酬率（%） | 加权平均实际收益率（%） |
|---|---|---|---|---|
| 证券投资类 | 1 | 9 966.37 | 0.11 | -33.44 |
| 股权投资类 | 1 | 1 029.37 | 0 | 83.47 |
| 融 资 类 | 4 | 119 078.00 | 0.40 | 4.36 |
| 事务管理类 | 3 | 63 000.00 | 0.30 | 3.97 |

## 10.6 本期新增的集合类、单一类和财产管理类信托项目的有关情况

| 类别 | 项目个数 | 实收信托合计金额（万元） |
|---|---|---|
| 集合类 | 52 | 508 029.00 |
| 单一类 | 23 | 1 003 370.60 |
| 财产管理类 | 2 | 10 528.00 |
| 合计 | 77 | 1 521 927.60 |
| 其中：主动管理型 | 76 | 1 513 999.60 |
| 被动管理型 | 1 | 4 528.00 |

## 10.7 本公司履行受托人义务情况及因自身责任而导致的信托资产损失情况

本公司根据《信托法》及《信托公司管理办法》等相关法律法规和信托文件的规定，在管理和处分信托财产时，履行了恪尽职守、诚实、信用、谨慎、有效管理的义务，没有发生过任何损害受益人利益的情况，也无因自身责任而导致信托资产损失的情况。

## 10.8 关联交易情况

### 10.8.1 信托与关联方交易情况

单位：万元

| 项目 | 年初数 | 本期增加额 | 本期减少额 | 期末数 |
|---|---|---|---|---|
| 贷款 | 165 799.00 | 150 000.00 | 150 000.00 | 165 799.00 |
| 投资 | | | | |
| 租赁 | | | | |
| 担保 | | | | |
| 应收账款 | | | | |
| 其他 | | | | |
| 合计 | 165 799.00 | 150 000.00 | 150 000.00 | 165 799.00 |

### 10.8.2 固有资产与信托资产之间的交易

单位：万元

| 期初数 | 本期发生额 | 期末数 |
|---|---|---|
| 0 | 0 | 0 |

### 10.8.3 信托项目之间的交易

单位：万元

| 期初数 | 本期发生额 | 期末数 |
|---|---|---|
| 0 | 0 | 0 |

## 10.9 会计制度的披露

信托业务执行财政部于2006年2月15日颁布的《企业会计准则——基本准则》、《企业会计准则第1号——存货》等38项具体准则和《企业会计准则——应用指南》及各项企业会计准则解释。

## 10.10 主要财务指标

| 指标名称 | 指标值 |
|---|---|
| 加权年化信托报酬率（%） | 0.49 |

# 上海爱建信托投资有限责任公司

## 1. 重要提示及目录

1.1 本公司董事会及董事保证本报告所载资料不存在任何虚假记载、误导性陈述或重大遗漏，并对其内容的真实性、准确性和完整性承担个别及连带责任。本年度报告摘要摘自年度报告全文，客户及相关利益人欲了解详细内容，应阅读年度报告全文。

1.2 独立董事何海涛、许敬东认为：公司年报所记载的资料没有存在任何的虚假记载，也没有任何误导性陈述和重大遗漏，本报告的内容真实、准确、完整。

1.3 公司董事长陈振鸿（拟任）、总经理周伟忠（拟任）、分管自营财务和信托财务负责人侯勤、周磊及自营财务和信托财务部门负责人黄晓、陈幸华声明：保证年度报告中财务报告的真实、完整。

## 2. 公司概况

### 2.1 公司简介

公司法定中文名称：上海爱建信托投资有限责任公司缩写爱建信托

公司法定英文名称：Shanghai Aj Trust & Investment Co.，Ltd. 缩写 AJT

法定代表人：顾青

注册地址：中国上海市外高桥保税区泰谷路168号综合楼5楼 邮政编码：200131

办公地址：上海市零陵路599号 邮政编码：200030

国际互联网网址：http://www.ajxt.com.cn

电子信箱：ajmail-1@ajfc.com.cn

信息披露事务负责人：侯 勤

联系电话：021-64397377 传真：021-64395082 电子信箱：hq@ajfc.com.cn

信息披露报纸名称：《上海证券报》

年度报告备置地点：上海市零陵路599号一楼营业大厅

聘请的会计师事务所：立信会计师事务所有限公司

住所：上海市南京东路61号4楼

### 2.2 组织结构

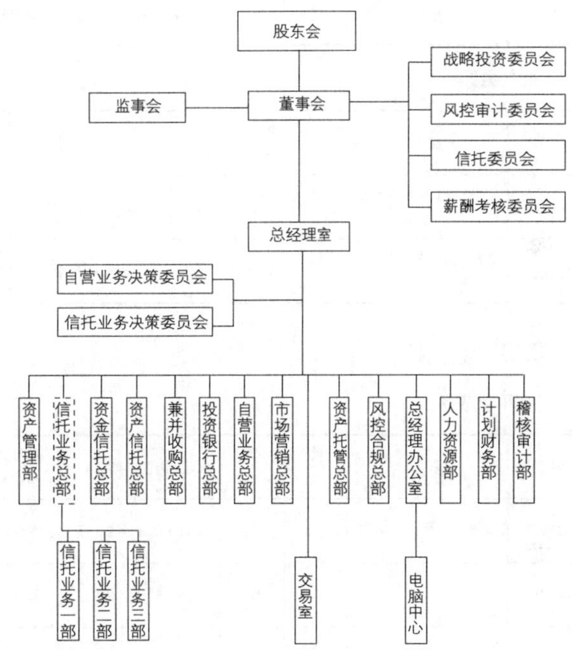


## 3. 公司治理结构

### 3.1 股东

| 股东名称 | 持股比例（%） | 法定代表人 | 注册资本 | 注册地址 | 主要经营业务及主要财务情况 |
|---|---|---|---|---|---|
| ★上海爱建股份有限公司 | 98 | 徐风 | 人民币捌亿贰仟零肆拾万肆仟肆佰捌拾捌元 | 上海浦东新区泰谷路168号 | 实业投资，投资管理，房地产开发、经营及咨询，外经贸部批准的进出口业务（按批文），商务咨询（涉及行政许可的凭许可证经营）。2010年，营业收入38 859.45万元，净利润10 491.68万元。 |
| 上海爱建纺织品公司 | 1 | 姚福利 | 人民币壹仟肆佰万元 | 上海香港路59号 | 针纺织品、建筑装饰材料，纺织原料（除棉花），服装（含加工），服饰及辅料，百货，从事货物及技术进出口业务，附设分支（涉及行政许可的凭许可证经营）。2010年，营业收入384.67万元，净利润5.08万元。 |
| 上海爱建进出口有限公司 | 1 | 王勇 | 人民币叁仟万元 | 上海浦东新区乳山路227号3楼D-46室 | 经营和代理除国家统一组织经营的进出口商品外的商品及技术的进出口业务、经营进料加工和"三来一补"业务、经营对销贸易和转口贸易业务、从事对外贸易咨询服务、从事出口基地实业投资业务，预包装食品（不含熟食卤味、冷冻冷藏凭许可证经营）的销售（涉及行政许可的凭许可证经营）。2010年，营业收入20 082.38万元，净利润20.48万元。 |

注：★说明股东之间存在关联关系，上海爱建股份有限公司为上海爱建纺织品公司和上海爱建进出口有限公司的唯一股东。

## 3.2 董事

董事长、副董事长、董事

| 姓名 | 职务 | 性别 | 年龄 | 选任日期 | 所推举的股东名称 | 该股东持股比例(%) | 简要履历 |
|---|---|---|---|---|---|---|---|
| 陈振鸿 | 董事长（拟任） | 男 | 60 | 2008年6月20日 | 爱建股份 | 98 | 曾任中共上海市委委员，上海市静安区区委书记、人大常委会主任；现任上海爱建股份有限公司党委书记、副董事长，上海海外联合投资股份有限公司副董事长，上海市政协委员，兼任上海市管理科学学会副会长、上海国际商会副会长、世界贸易中心协会副会长。 |
| 马　金 | 副董事长 | 男 | 40 | 2010年8月26日 | 爱建股份 | 98 | 曾任上海国际信托投资公司投行部副总经理，上海国际集团资产经营公司副总经理，上海国际集团投资管理有限公司总经理，上海爱建股份有限公司监事；现任职于上海国际集团，另任上海爱建股份有限公司党委委员、经营班子成员。 |
| 周伟忠 | 董事 | 男 | 47 | 2010年8月26日 | 爱建股份 | 98% | 曾任人民银行舟山中心支行行长助理、副行长、行长；人民银行上海分行金融稳定部处长、副主任。 |
| 汪宗熙 | 董事 | 男 | 77 | 2008年6月20日 | 爱建股份 | 98 | 曾任上海市政府财贸办副主任，上海市审计局局长，上海爱建信托投资公司副总经理；现任上海工商界爱国建设特种基金会副理事长。 |

独立董事

| 姓名 | 所在单位及职务 | 性别 | 年龄 | 选任日期 | 所推举的股东名称 | 该股东持股比例(%) | 简要履历 |
|---|---|---|---|---|---|---|---|
| 何海涛 | 上海银行风险管理部、资产保全部总经理 | 男 | 41 | 2008年6月20日 | 爱建股份 | 98 | 曾任上海浦东发展银行授信审批部、中小企业风险管理部总经理；2007年至今，任上海银行风险管理部、资产保全部总经理。 |
| 许敬东 | 上海汇衡律师事务所合伙人、律师 | 男 | 38 | 2008年6月20日 | 爱建股份 | 98 | 上海汇衡律师事务所合伙人、律师。 |

## 3.3 监事

监事会成员

| 姓名 | 职务 | 性别 | 年龄 | 选任日期 | 所推举的股东名称 | 该股东持股比例(%) | 简要履历 |
|---|---|---|---|---|---|---|---|
| 陈柳青 | 监事会主席 | 男 | 52 | 2010年8月26日 | 爱建股份 | 98 | 曾任上海爱建股份有限公司研发部副经理；上海爱建信托投资有限责任公司总经理助理、副总经理、董事会秘书。 |
| 吴树楠 | 监事 | 男 | 57 | 2008年6月20日 | 爱建股份 | 98 | 曾任上海爱建股份有限公司计财部副经理；现任上海爱建股份有限公司监事、审计部经理。 |
| 蔡传升 | 监事 | 男 | 58 | 2008年6月20日 | 职工代表 | — | 曾任上海爱建信托投资有限责任公司办公室副主任、主任；现任上海爱建信托投资有限责任公司总经理行政助理、工会主席。 |

## 3.4 高级管理人员

| 姓名 | 职务 | 性别 | 年龄 | 选任日期 | 金融从业年限 | 学历/学位 | 专业 | 简要履历 |
|---|---|---|---|---|---|---|---|---|
| 周伟忠 | 总经理（拟任） | 男 | 47 | 2008年6月20日 | 30 | 硕士 | 经营管理 | 曾任人民银行舟山中心支行行长助理、副行长、行长；人民银行上海分行金融稳定部处长、副主任。 |
| 姚福利 | 副总经理 | 男 | 36 | 2008年6月20日 | 6.5 | 研究生 | 工商管理 | 曾任上海爱建股份有限公司研发部经理助理、副经理，资产管理部经理；现兼任上海爱建纺织品公司执行董事、法定代表人。 |
| 沈富荣 | 副总经理 | 男 | 45 | 2010年8月26日 | 11 | 研究生 | 工商管理 | 曾任德邦证券有限责任公司副总裁；上海国际信托投资有限责任公司副总经理；上海国盛典当有限公司副总经理。 |
| 周　磊 | 副总经理 | 男 | 32 | 2010年8月26日 | 10 | 硕士 | EMBA | 曾任上海国际集团资产经营有限公司融资安排部项目经理、经理；上海国际集团资产管理有限公司融资安排总部总经理；上海国际集团资产管理有限公司项目开发副总监。 |
| 侯　勤 | 首席运营官兼董事会秘书 | 女 | 53 | 2008年6月20日 | 9 | 硕士 | MSBA | 曾任上海爱建信托投资有限责任公司人力资源部副经理、经理；安信信托投资股份有限公司总助兼运营支持中心总监、首席运营官、监事长。 |

## 3.5　公司员工

报告期内职工人数65人，平均年龄37岁，学历分布比率为：博士3.08%；硕士35.38%；本科47.69%；专科4.62%；其他9.23%。

# 4. 经营管理

## 4.1　经营目标、方针、战略规划

公司以“爱国建设”为宗旨，坚持“诚信务实、安全高效、便利周到、稳健发展”的质量方针，发扬“稳健、诚信、创新、发展”的企业精神，培育公司的核心竞争力，为股东创造价值，同时承担相应的社会责任。

## 4.2　所经营业务的主要内容

自营资产运用与分布表

| 资产运用 | 金额（万元） | 占比（%） | 资产分布 | 金额（万元） | 占比（%） |
|---|---|---|---|---|---|
| 货币资产 | 16 029.22 | 32.12 | 基础产业 | 5 000.00 | 10.02 |
| 贷款及应收款 | 12 378.25 | 24.80 | 房地产业 | 14 607.73 | 29.27 |
| 交易性金融资产 | 10.79 | 0.02 | 证券市场 | 3 408.72 | 6.83 |
| 可供出售金融资产 | 397.93 | 0.80 | 实业 | 6 519.83 | 13.06 |
| 持有至到期投资 | 3 000.00 | 6.01 | 金融机构 | 18 209.15 | 36.49 |
| 长期股权投资 | 5 426.10 | 10.87 | 其他 | 2 159.84 | 4.33 |
| 其他 | 12 662.98 | 25.38 | | | |
| 资产总计 | 49 905.27 | 100.00 | 资产总计 | 49 905.27 | 100.00 |

注：该表与资产负债表资产总额的差额（5 944.11万元）系计提的资产减值准备

信托资产运用与分布表

| 资产运用 | 金额（万元） | 占比（%） | 资产分布 | 金额（万元） | 占比（%） |
|---|---|---|---|---|---|
| 货币资产 | 1 437.02 | 0.17 | 基础产业 | — | — |
| 贷款 | 97 111.21 | 11.45 | 房地产 | 606 570.00 | 71.54 |
| 交易性金融资产 | — | 0.00 | 证券市场 | 833.25 | 0.10 |
| 可供出售金融资产 | — | 0.00 | 工商企业 | 160 417.23 | 18.92 |
| 持有至到期投资 | — | 0.00 | 金融机构 | 1 437.02 | 0.17 |
| 长期股权投资 | 160 508.28 | 18.93 | 其他 | 78 610.41 | 9.27 |
| 长期应收款 | 190 791.40 | 22.50 | | | |
| 投资性房地产 | 397 570.00 | 46.90 | | | |
| 应收账款 | 450.00 | 0.05 | | | |
| 信托资产总计 | 847 867.91 | 100.00 | 信托资产总计 | 847 867.91 | 100.00 |

## 4.3　市场分析

### 4.3.1　影响公司发展的有利因素

（1）国内经济、金融的宏观运行溢出效应为信托业发展提供了业务空间。（2）上海市委、市政府及相关部门十分重视公司的重组和发展，关心、支持公司现阶段的各项工作。（3）公司的风险化解工作取得了实质性进展。（4）大股东发展金融产业的经营方略为公司经营发展创造了良好的环境。

### 4.3.2　影响公司发展的不利因素

（1）从大的宏观经济背景看，国际国内的经济形势变化，引发金融市场剧烈波动，增加了公司经营的难度。（2）从信托公司在整个金融行业的竞争地位来看，业务模式仍未完全确立，与其他金融机构直接竞争处于弱势。（3）从公司的自身情况来看，由于前几年业务受到限制，错失了发展良机，目前在证券投资、私人股权投资、银信合作及渠道建设等诸多领域均远远落后于其他信托公司，同时公司客户基础薄弱，在竞争中处于不利的地位。

## 4.4　内部控制概况

### 4.4.1　内部控制环境和内部控制文化

公司按照现代企业制度的要求，建立了以股东会、董事会、监事会以及经营管理层为核心的内部法人治理结构。不断完善和健全管理体制，规范股东会、董事会、监事会和经营管理班子的权责关系，明确了四者的议事、决策程序和规则。设置权责明确、分工合理的决策系统、执行系统和监督系统，建立了以岗位职责、授权体系、风险管理和监督评价为基础的内控体系。

强化风险管理意识，完善风险管控体系，提高风险控制能力。公司始终将提高风险防范与管控能力作为一项重点工作，并贯穿全年的工作中。一是公司经营层大力倡导在各项经营活动中合规经营理念的凸显，以及对董事会负责意识的高度提升。二是为公司稳健发展建立并不断完善制衡机制，2010年，在双重审批机制的业务决策模式上，关注业务决策评审中所揭示的风险控制薄弱环节的预防措施的制定和信息反馈，强化风控与托管事中的检查监督职责，以期达到风险可防、可控及剩余风险在公司可接受的范围内。三是加强制度建设，完善制度体系，构建覆盖全过程、全岗位的风险管理与控制体系。年内，公司对各项制度再次梳理甄别，对其有效性和适当性进行系统评估；对一些具有阶段性要求现已失效的制度，已包含在其他相关制度中且有更加明确规定的制度和一些与现有业务不相适应的制度，予以废止，使现行的制度更加具有指导性、针对性和可操作性。对一些制度提出修订和制定要求，使相关制度的有效性进一步得到提高；对照银监局2009年信托公司监管评级操作细则，提出了一些需增订的制度，使公司制度体系进一步得到完善，使其在适当性方面更加符合监管和公司稳健发展要求。2010年，公司制定了《房地产信托业务尽职工作指引》、《稽核审计档案管理实施细则》、《债券投资业务管理暂行办法》、《信托管理费操作指引》、《财务印章管理实施细则》及《突发事件人员疏散离和应急防护预案》，修订了《信息披露管理暂行办法》、《稽核审计管理办法》、《稽核审计操作规程》、《稽核审计人员职业道德规范》、《采购工作实施办法》、《自营业务评审委员会项目评审工作规则》、《信托业务评审委员会项目评审工作规则》等一系列风险管理与控制制度及流程。通过不断完善风险管理与控制制度，有效减少了经营活动全过程的风险控制薄弱环节。四是将树立全员风险意识、提高员工的职业操守和诚信意识作为公司的一项长期工作，营造全体员工充分了解并履行职责的文化氛围。通过建立有效的激励约束机制，不断强化风险防范和合规经营理念，培育良好的内部控制文化，提高了全员参与风险控制的意识和效果，使风险管控贯穿经营活动的全过程，营造了风险控制为先的企业文化。

4.4.2 内部控制措施

自营业务部门和信托业务部门相互独立，明确界定各部门的目标、职责和权限，确保自营业务和信托业务各部门及员工在授权范围内行使相应的职责。

设置专门的资产托管部来管理、记录信托财产，并与固有资产分离，对每项信托业务设立独立的信托财产账户，分别进行会计核算和会计控制。强化信托资产托管功能，完善信托项目托管流程是公司2010年重要工作事项之一。通过合同管理，严格对信托项目成立、存续及清算过程中各环节可能存在的操作风险进行控制和监督，以保障项目运行中相关合同条款能够切实有效地执行。

公司以业务流程为主线，致力于建立健全前台、中台、后台并重的内控体系。在业务流程的每个环节，不断完善相应的风险管理制度和控制措施。

报告期间，通过明确的风控、合规、稽核审计在风险管理工作中的职能定位，并按照职能定位，合规、风险管理和稽核审计部门，各司其职开展经营活动，加强对各领域的风险识别、评估、管理和控制，对其管理控制效果进行监督和评价，合理保证公司对风险能够进行事前识别和防范、事中控制和化解、事后检查和纠正，形成有效的风险控制和反馈机制。强化业务决策机制，自营、信托业务决策委员会按照《项目评审工作规则》进行业务评审与决策，为业务拓展树立起坚实的防范风险的屏障。通过ISO9001:2008质量管理体系，实现全员、全过程、全方位实施对业务操作流程进行控制，提升公司各领域的工作质量，保障公司质量目标的实现。报告期间，公司不断推进ISO质量体系文件的完善与修订，不但对以往质量管理工作中的不足和薄弱环节进行了改进，还将2010年新出台制度的相关流程纳入体系文件，使ISO体系文件与公司制度紧密衔接，顺利通过了香港品质保证局的年度审核。

在内部控制的执行中，按照程序制约和内部牵制原则，公司业务条线清楚，员工岗位职责分明，且固有资产和信托资产分别建账，分别核算；对每项信托业务分别设专用账户，独立核算，公司严格执行了信托财产单独管理的规定。业务决策实行双重审批，使风险管控从业务流程的准入开始。强化项目的事中、事后管理，风险控制渗透业务开展各环节，风险评估与检查、业务运作、资产管理、会计监督控制和稽核审计再监督评价相互独立，构建了全过程风险管理控制体系，保障项目安全稳健运行。公司内部控制效果明显得以提升。

4.4.3 监督评价与纠正

公司建立了自控、互控与监控三结合的监督机制，对内部控制活动进行检查、监督和纠正。通过风控合规部门事前评估、事中检查以及资产托管部门事中的监督，实现对业务活动事前、事中管理和控制的检测，揭示风险，制定风险防范和控制措施。通过ISO9001:2008质量控制程序来保证业务质量，并对业务操作流程进行控制，出现问题，迅速予以纠正。相关部门之间相互制衡、监督，发现问题，要求限时纠正。稽核审计部门进行再监督，在获得公司经营信息和管理信息的基础上，对公司各项业务实施全面监督、评价，直接向董事会和总经理报告，并督促审计建议的落实。

报告期内，对提出的35项稽核审计意见和建议，实施了改进或制定改进措施。已按稽核审计意见实施改进的事项包括：拟订了《关联交易管理暂行办法》、《信托业务会计核算暂行规则》、《自营业务会计核算暂行规则》、《信托产品营销管理流程》；制定了《财务印章管理实施细则》、《信托管理费操作指引》；修订了《采购工作实施办法》、《反洗钱管理暂行办法》、《客户身份识别、风险等级划分和可疑交易报告实施细则（试行）》、《反洗钱客户风险等级划分操作指引及附表》，上述制度的拟制定突出了同一事项管理中各环节的控制重点、控制衔接及重要信息在相关部门间的及时传递，减少了重要环节上制度性的控制缺陷和控制盲点，使公司制度在有效性和适当性方面得到进一步的改进；开展公司管控制度的学习培训工作，针对因对制度规定不熟悉而出现的业务开展过程中个别岗位人员对相关制度执行不到位的情况，年内公司人力资源部门开展公司相关制度的培训，在提高岗位人员对管控制度的理解和熟知程度方面起到了促进作用；完善了《集合资金信托计划文件流转单》内容，明确了信托执行经理作为信托事务清算报告的出具人事项；完成了集合资金信托计划项下委托人身份证复印件留存不完整的改进事宜等。

## 4.5 风险管理概况

2008—2009年，公司初步建立了风险管理基本制度框架及覆盖业务主要流程的管理文件。2010年，在进一步完善风险管理制度的基础上，公司着重强化风险管理制度的执行力，提高业务的尽职调查、项目实施、事中管理等各个环节的风险管理水平。

2010年，公司建立了分级授权体系，并出台了《房地产信托业务尽职工作指引》、《托管管理暂行办法》、《债券投资业务管理暂行办法》，修订了《业务评审委员会评审工作细则》，草拟了《外派董事、监事、高级管理人员管理制度》、《关联交易管理暂行办法》等风险管理制度。

2010年，公司将资产托管总部与市场营销总部分离，进一步强化了托管职责，风控合规总部与资产托管总部密切合作，全面控制信托业务从项目成立、存续期至清算结束整个流程的各个风险节点，形成了更为有效的风险管控体系。

2010年，风控合规总部对主要的存续项目进行了现场检查，并对各项业务进行了四次全面风险排查和压力测试，及时把握各项业务的风险状况。

近两年，上海银监局先后对公司进行了房地产业务现场检查和内部控制现场检查，对公司在风险管理方面取得的进步予以了肯定。2009—2010年，公司成功发行了12只集合资金信托计划，并顺利或提前兑付了9只信托计划，取得投资者信任的同时，也向社会显示了公司在新增业务方面的风险管控能力。

4.5.1 信用风险状况

公司的信用资产总量较小，风险资产足额提取减值准备，同时加大清收力度，风险在逐年下降；委托贷款的资产质量差，逾期时间较长，清理难度较大。由于哈尔滨集合资金信托计划到期需要兑付，因此总体评估信用风险水平高。

4.5.1.1 内在风险水平描述

4.5.1.1.1 自营信贷组合

（1）2010年，公司不良信用资产余额972.34万元，比上年末2 140万元下降了1 167.66万元，降幅54.56%；不良资产率为3.06%，比上年末7.17%下降了4.11个百分点，降幅57.32%；不良贷款余额805.94万元，比上年末2 129万元下降了1 323.06万元，降幅62.14%；不良贷款率为8.05%，比上年末29.86%下降了21.81个百分点，降幅73.04%。今年公司发放4笔人民币贷款共计13 200万元，收回贷款9 318.63万元，其中收回不良贷款318.63万元（收回已核销贷款196.73万元），实际核销呆账贷款1 003.25万元（董事会批准核销呆账贷款1 199.98万元）。

（2）产品类型有信用贷款、抵押贷款。信贷余额和增长：信用贷款余额487.94万元，比上年末1 687.92万元减少了1 199.98万元，减幅94.12%。减少的主要原因系收回1笔呆账贷款共计196.73万元；核销呆账1 003.25万元。抵押贷款余额9 518万元，比上年末5 439.90万元增加了4 078.10万元，增幅74.97%。增加的主要原因系本年度新增贷款3笔，共计9 200万元，收回贷款5 121.90万元，其中收回呆滞贷款121.90万元。

（3）信贷评级分布：其中9 200万元为正常类贷款，占贷款总额的91.95%，其余均为损失类贷款，占贷款总额的8.05%。

（4）产品和行业多样性：其中房地产业8 000万元，占贷款总额的79.95%；咨询服务业贷款1 308.72万元，占贷款总额的13.08%；其他行业贷款697.22万元，占贷款总额6.97%。

（5）借款人组成：其中企业占贷款总额99.71%；个人占贷款总额的0.29%。

（6）贷款期限分布：其中1 200万元为1年以内到期贷款，占贷款总额的11.99%，8 000万元为2年内到期贷款，占贷款总额的79.96%，其余均为5年以上贷款，占贷款总额的8.05%。

（7）不良贷款的水平和发展趋势：2010年，公司新增贷款13 200万元，收回贷款9 318.63万元，核销呆账贷款1 003.25万元，贷款总额有所上升，同时近年来公司加大贷款清收工作，因此不良贷款率有所下降，其中2006年收回逾期贷款1 841.42万元；2007年收回逾期贷款14 566.53万元；2008年收回逾期贷款129.56万元，核销呆账贷款1 366.41万元；2009年收回逾期贷款3 257万元；2010年收回逾期贷款318.63万元，核销呆账贷款1 003.25万元。

拨备充足率为100%。

4.5.1.1.2　信托业务

（1）2010年末，公司信托贷款的规模为97 111.21万元，占信托业务总规模的比重为11.45%。

（2）贷款期限分布：无1年内到期贷款；2年内到期贷款42 000万元，占贷款总额的43.25%；3年内到期贷款14 000万元，占贷款总额的14.42%。逾期贷款41 111.21万元，占贷款总额的42.33%。

（3）贷款行业分布：房地产贷款34 000万元，占贷款总额的35.01%；其他行业贷款63 111.21万元，占贷款总额的64.99%。

（4）信贷评级分布：其中56 000万元为正常类贷款，占贷款总额的57.67%，其余均为损失类贷款，占贷款总额的42.33%。

（5）2010年末，计提贷款坏账准备41 111.21万元，较上年无变化。

公司在委贷业务方面主要是做好清理工作，因目前现存的委托贷款的资产质量较差，基本上都为逾期贷款，且逾期时间较长，清理工作有一定的难度。

4.5.1.2　信用风险管理政策

重视对交易对手的尽职调查，评估交易对手的信用，关注现金流的覆盖率。

确认抵押品的原则是完成抵押登记。

对交易对手的信用风险有限额管理。

4.5.1.2.1　市场风险状况

公司的市场风险主要表现在证券市场、房地产市场价格波动、汇率波动及股权投资价值波动的风险。

自营业务中公司股权投资5 426万元；证券基金投资409万元，可能随公允价格（市值）产生波动；2010年，全年汇差净损失113.74万元，在人民币升值预期下，汇差损失可能加大；公司持有债券数量3 000万元，市场利率变化可能对公允价格（市值）产生影响，在通货膨胀率上升的情况下，名义利率处于上升通道，债券的公允价值可能下跌。

因市场风险暴露余额不大，自营业务市场风险水平较低。

信托业务中股权投资160 508.28万元（其中融资性股权投资72 000万元，事务类代持股87 675.03万元，事务类证券投资833.25万元）；投资性房地产397 570万元。

投资性房地产主要是“哈尔滨爱建新城地下商铺集合管理信托计划”。

4.5.1.2.2　操作风险状况

公司的业务操作流程清晰，有较完善的管理制度，操作风险的内在水平低。主要风险在于公司信息系统建设较为落后。

公司信息系统主要包括办公网、金蝶财务系统和资产管理系统。公司目前所有硬件和软件的实施，都经过了程序测试，并在试运行一段时间之后才正式投入使用，这些措施和制度保障了公司能够控制操作风险，管理操作风险的能力较强。

目前网络结构比较简单，公司有相关的信息系统管理制度，对人员、机房、设备、网络、专用系统、数据保存等都有相应的管理规定；对相关人员的操作权限、操作程序及责任有明确的规定；所有系统用户的权限均须经过审批程序；根据信息系统的现状（包括功能及要求）建立了基本的紧急状况处理程序和一定的灾备安排。针对新引进的资产管理系统建立了较高标准的灾备措施，确保系统一旦发生故障，能迅速解决或替换。

2008年，公司引进了恒生资产管理系统；2009年，公司组织专门力量针对恒生资产管理系统实施了实战演练，对各种可能发生的情况进行了模拟操作。组建了专用的交易网络，聘请外部专业网络公司对系统进行了安全评估，并与其签署了故障应急支援协议。同时，针对结构化证券投资业务的实际需要，公司考虑近期引进相应的估值核算系统，以减少手工计算的环节，降低操作上的风险。

2010年，公司业务和会计操作遵循公司的各项规章制度，审批程序清晰，没有出现特例情况，也没有发生内部和外部的欺诈情况。

4.5.1.2.3　信用风险管理

在过去两年，公司对信用风险的管理能力有明显的进步，目前有比较完善的信用风险管理和业务审批制度，严格的内部控制和监控措施。针对房地产业务比例较高的特点，2010年，专门颁布了《房地产业务尽职工作指引》，进一步强化了房地产业务的事前和事中信用风险的监控、预警、处置能力。

根据公司 2008 年 7 月颁布的《合规风险评估、监控和检查操作规程》、《风险评估、监控和检查操作规程》的相关规定，要求在业务项目前期对每个客户进行身份识别以及信息采集和核查。对于机构客户，要了解客户的名称、住所、经营范围、组织机构代码、税务登记证号码、控股股东或者实际控制人、法定代表人等信息，并核查相关的营业执照、证件或者文件、留存复印件或者影印件；对自然人客户登记身份基本信息，了解信托财产的来源，核对有效身份证件或者其他身份证明文件，并留存复印件或者影印件。

在上述工作基础上，对于业务中的交易对手方进行进一步的尽职调查工作，尽职调查的内容包括但不限于基本情况（股东构成、注册资本、管理团队等）、财务状况、经营状况、内控制度、风险管理状况等方面。对融资业务的保证人（物）实行严格的资格审查，确保保证人的履约能力及抵（质）押品的充足性。

通过业务决策委员会、总经理、董事会的多重决策机制，强化了决策期间对交易对手信用风险的评估与控制。

根据 2008 年颁布的《信托授信项目管理指引》，进一步加强了存续期项目的风险管理。为增强管理层对公司存续项目的掌控，了解公司既存项目的风险状况，风控合规部门定期对信用风险进行压力测试，从而使管理层及时了解公司信用风险的整体状况，适时调整风险政策并对信用风险采取有效的处置应对措施。

4.5.1.2.4　市场风险管理

除了在前期的产品策划和选择方面须考虑市场风险因素之外，在产品营销环节，公司十分重视向客户充分揭示信托产品可能面临的市场风险，请客户在充分了解包含市场风险在内的各种风险的基础上，确认自己具备承受风险的能力，并签署风险申明书等相关文件。公司非常重视客户的风险提示和教育工作，重视培育具有风险承受能力的理解信托的客户。

在具体的业务操作中，公司不断加强规范化管理，颁布实施了一系列实施细则或操作规程文件，同时公司正在抓紧建设 IT 系统，为业务开展提供系统支持，作为管理市场风险的有效技术保证。

4.5.1.2.5　操作风险管理

在推介环节，不承诺保本保息或最低收益，不通过报刊、电视、广播和其他公共媒体进行营销宣传，不存在未取得异地集合资金信托业务资格而开办异地业务的情况。在信托财产运用和管理环节，切实履行了受托管理的责任，持续跟踪了解资金使用和项目进展情况，坚持信托财产之间、信托财产与固有财产之间分别管理、分别记账的原则，对信托财产管理过程中的各项事务、数据和其他有关情况保留记录。在信托终止清算环节，不存在新信托项目的财产置换或用固有财产垫付到期信托项目的行为，及时出具信托项目清算报告。

## 5. 报告期末及上年末的比较式会计报表

### 5.1　自营资产

#### 5.1.1　立信会计师事务所有限公司审计结论

上海爱建信托投资有限责任公司财务报表已经按照企业会计准则的规定编制，在所有重大方面公允反映了公司 2010 年 12 月 31 日的财务状况以及 2010 年度的经营成果以及现金流量。

#### 5.1.2　资产负债表

2010 年 12 月 31 日　　单位：万元

| 资产类 | 期末余额 | 年初余额 | 负债及所有者权益类 | 期末余额 | 年初余额 |
|---|---|---|---|---|---|
| 资产： | | | 负债： | | |
| 现金及存放中央银行款项 | 11.02 | 10.53 | 向中央银行借款 | — | — |
| 存放同业款项 | 16 018.19 | 18 316.84 | 同业及其他金融机构存放款项 | — | — |
| 贵金属 | — | — | 拆入资金 | — | — |
| 拆出资金 | — | — | 交易性金融负债 | — | — |
| 交易性金融资产 | 10.79 | 10.61 | 衍生金融负债 | — | — |
| 衍生金融资产 | — | — | 卖出回购金融资产款 | — | — |
| 买入返售金融资产 | — | — | 吸收存款 | — | — |
| 应收利息 | 126.28 | 128.62 | 应付职工薪酬 | 119.54 | 100.52 |
| 发放贷款和垫款 | 9 108.00 | 4 950.00 | 应交税费 | -50.37 | 653.92 |
| 可供出售金融资产 | 397.93 | 365.25 | 应付利息 | — | — |
| 持有至到期投资 | 3 000.00 | 3 000.00 | 预计负债 | — | — |
| 长期股权投资 | 2 418.77 | 2 418.77 | 应付债券 | — | — |
| 投资性房地产 | — | — | 递延所得税负债 | — | — |
| 固定资产 | 93.86 | 85.58 | 其他负债 | 62.38 | 56.11 |
| 无形资产 | 53.82 | 56.98 | | | |
| 递延所得税资产 | — | — | 负债合计 | 131.55 | 810.55 |
| 其他资产 | 12 722.50 | 8 894.83 | | | |
| | | | 所有者权益： | | |
| | | | 实收资本 | 100 000.00 | 100 000.00 |

续表

| 资产类 | 期末余额 | 年初余额 | 负债及所有者权益类 | 期末余额 | 年初余额 |
|---|---|---|---|---|---|
| | | | 资本公积 | 9 307.75 | 9 275.08 |
| | | | 减:库存股 | — | — |
| | | | 盈余公积 | 6 864.19 | 6 864.19 |
| | | | 一般风险准备 | 842.04 | 842.04 |
| | | | 未分配利润 | -73 184.37 | -79 553.85 |
| | | | | | |
| | | | 所有者权益合计 | 43 829.61 | 37 427.46 |
| 资产总计: | 43 961.16 | 38 238.01 | 负债及所有者权益总计: | 43 961.16 | 38 238.01 |

总经理:周伟忠　　会计主管:侯勤　　复核:黄晓　　制表:汪燕

### 5.1.3 利润表

2010 年　　单位:万元

| 项　目 | 行号 | 本期金额 | 上期金额 |
|---|---|---|---|
| 一、营业收入 | 1 | 9 666.30 | 6 213.11 |
| 利息净收入 | 2 | 997.26 | 929.34 |
| 利息收入 | 3 | 997.26 | 792.01 |
| 利息支出 | 4 | — | -137.33 |
| 手续费及佣金净收入 | 5 | 8 471.65 | 5 208.35 |
| 手续费及佣金收入 | 6 | 9 000.51 | 5 262.66 |
| 手续费及佣金支出 | 7 | 528.86 | 54.31 |
| 投资收益(损失以"-"号填列) | 8 | 304.89 | 46.69 |
| 其中:对联营企业和合营企业的投资收益 | 9 | — | — |
| 公允价值变动收益(损失以"-"号填列) | 10 | — | — |
| 汇兑收益(损失以"-"号填列) | 11 | -113.74 | -3.57 |
| 其他业务收入 | 12 | 6.24 | 32.30 |

续表

| 项　目 | 行号 | 本期金额 | 上期金额 |
|---|---|---|---|
| 二、营业支出 | 13 | 4 148.03 | 1 109.18 |
| 营业税金及附加 | 14 | 554.92 | 352.51 |
| 业务及管理费 | 15 | 3 732.13 | 3 283.46 |
| 资产减值损失 | 16 | -154.10 | -2 526.79 |
| 其他业务成本 | 17 | 15.08 | — |
| 三、营业利润(亏损以"-"号填列) | 18 | 5 518.27 | 5 103.93 |
| 加:营业外收入 | 19 | 804.85 | 83.00 |
| 减:营业外支出 | 20 | 5.00 | 69.68 |
| 四、利润总额 | 21 | 6 318.12 | 5 117.25 |
| 减:所得税费用 | 22 | -51.36 | 542.43 |
| 五、净利润(净亏损以"-"号填列) | 23 | 6 369.48 | 4 574.82 |
| 六、每股收益: | 24 | — | — |
| (一)基本每股收益 | 25 | — | — |
| (二)稀释每股收益 | 26 | — | — |

总经理:周伟忠　　会计主管:侯勤　　复核:黄晓　　制表:汪燕

### 5.1.4 所有者权益变动表

2010 年 12 月 31 日　　单位:万元

| 项　目 | 上年金额 | | | | | | |
|---|---|---|---|---|---|---|---|
| | 实收资本 | 资本公积 | 减:库存股 | 盈余公积 | 一般风险准备 | 未分配利润 | 所有者权益合计 |
| 一、上年末余额 | 100 000.00 | 9 097.03 | | 6 864.19 | 842.04 | -84 128.67 | 32 674.59 |
| 加:会计政策变更 | — | — | | — | — | — | — |
| 前期差错更正 | — | — | | — | — | — | — |
| 二、本年初余额 | 100 000.00 | 9 097.03 | | 6 864.19 | 842.04 | -84 128.67 | 32 674.59 |
| 三、本年增减变动金额 | | 178.05 | | | | 4 574.82 | 4 752.87 |
| (一)净利润 | | | | | | 4 574.82 | 4 574.82 |
| (二)直接计入所有者权益的利得和损失 | | 178.05 | | | | | 178.05 |
| 1. 可供出售金融资产公允价值变动净额 | | 178.05 | | | | | 178.05 |
| (1)计入所有者权益的金额 | | 178.05 | | | | | 178.05 |
| (2)转入当期损益的金额 | | | | | | | |
| 2. 现金流量套期工具公允价值变动净额 | | | | | | | |
| (1)计入所有者权益的金额 | | | | | | | |
| (2)转入当期损益的金额 | | | | | | | |
| (3)计入被套期项目初始确认金额中的金额 | | | | | | | |
| 3. 权益法下被投资单位其他所有者权益变动的影响 | | | | | | | |
| 4. 与计入所有者权益项目相关的所得税影响 | | | | | | | |

续表

| 项　目 | 上年金额 | | | | | | |
|---|---|---|---|---|---|---|---|
| | 实收资本 | 资本公积 | 减：库存股 | 盈余公积 | 一般风险准备 | 未分配利润 | 所有者权益合计 |
| 5. 其他 | | | | | | | |
| 上述(一)和(二)小计 | — | 178. 05 | | — | — | 4 574. 82 | 4 752. 87 |
| (三)所有者投入和减少资本 | | | | | | | |
| 1. 所有者投入资本 | — | — | | | | | — |
| 2. 股份支付计入所有者权益的金额 | | | | | | | |
| 3. 其他 | | | | | | | |
| (四)利润分配 | | | | — | — | — | — |
| 1. 提取盈余公积 | | | | — | | — | — |
| 2. 提取一般风险准备 | | | | | — | — | — |
| 3. 对所有者(或股东)的分配 | | | | | | — | — |
| 4. 其他 | | | | | | | |
| (五)所有者权益内部结转 | — | — | | — | — | — | — |
| 1. 资本公积转增资本(或股本) | — | — | | | | | — |
| 2. 盈余公积转增资本(或股本) | — | | | — | | | — |
| 3. 盈余公积弥补亏损 | | | | — | | — | — |
| 4. 一般风险准备弥补亏损 | | | | | — | — | — |
| 5. 其他 | | | | | | | |
| 四、本年末余额 | 100 000. 00 | 9 275. 08 | | 6 864. 19 | 842. 04 | -79 553. 85 | 37 427. 46 |

| 项　目 | 本年金额 | | | | | | |
|---|---|---|---|---|---|---|---|
| | 实收资本 | 资本公积 | 减：库存股 | 盈余公积 | 一般风险准备 | 未分配利润 | 所有者权益合计 |
| 一、上年末余额 | 100 000. 00 | 9 275. 08 | | 6 864. 19 | 842. 04 | -79 553. 85 | 37 427. 46 |
| 加:会计政策变更 | — | — | | — | — | — | — |
| 前期差错更正 | — | — | | — | — | — | — |
| 二、本年初余额 | 100 000. 00 | 9 275. 08 | | 6 864. 19 | 842. 04 | -79 553. 85 | 37 427. 46 |
| 三、本年增减变动金额(减少以"-"号填列) | | 32. 67 | | | | 6 369. 48 | 6 402. 15 |
| (一)净利润 | | | | | | 6 369. 48 | 6 369. 48 |
| (二)直接计入所有者权益的利得和损失 | | 32. 67 | | | | | 32. 67 |
| 1. 可供出售金融资产公允价值变动净额 | | 32. 67 | | | | | 32. 67 |
| (1)计入所有者权益的金额 | | 32. 67 | | | | | 32. 67 |
| (2)转入当期损益的金额 | | | | | | | |
| 2. 现金流量套期工具公允价值变动净额 | | | | | | | |
| (1)计入所有者权益的金额 | | | | | | | |
| (2)转入当期损益的金额 | | | | | | | |
| (3)计入被套期项目初始确认金额中的金额 | | | | | | | |
| 3. 权益法下被投资单位其他所有者权益变动的影响 | | | | | | | |
| 4. 与计入所有者权益项目相关的所得税影响 | | | | | | | |
| 5. 其他 | | | | | | | |
| 上述(一)和(二)小计 | — | 32. 67 | | — | — | 6 369. 48 | 6 402. 15 |
| (三)所有者投入和减少资本 | | | | | | | |
| 1. 所有者投入资本 | — | — | | | | | — |
| 2. 股份支付计入所有者权益的金额 | | | | | | | |
| 3. 其他 | | | | | | | |
| (四)利润分配 | | | | — | — | — | — |
| 1. 提取盈余公积 | | | | — | | — | — |
| 2. 提取一般风险准备 | | | | | — | — | — |

续表

| 项　目 | 本年金额 | | | | | | |
|---|---|---|---|---|---|---|---|
| | 实收资本 | 资本公积 | 减：库存股 | 盈余公积 | 一般风险准备 | 未分配利润 | 所有者权益合计 |
| 3. 对所有者(或股东)的分配 | | | | | | — | — |
| 4. 其他 | | | | | | | |
| (五)所有者权益内部结转 | — | — | | — | — | — | — |
| 1. 资本公积转增资本(或股本) | — | — | | | | | — |
| 2. 盈余公积转增资本(或股本) | — | | | — | | | — |
| 3. 盈余公积弥补亏损 | | | | — | | — | — |
| 4. 一般风险准备弥补亏损 | | | | | — | — | — |
| 5. 其他 | | | | | | | |
| 四、本年末余额 | 100 000.00 | 9 307.75 | | 6 864.19 | 842.04 | -73 184.37 | 43 829.61 |

总经理：周伟忠　　会计主管：侯　勤　　复核：黄　晓　　制表：汪　燕

## 5.2 信托资产

### 5.2.1 信托项目资产负债汇总表

2010年12月31日　　单位：万元

| 资产类 | 期末余额 | 年初余额 | 负债及所有者权益类 | 期末余额 | 年初余额 |
|---|---|---|---|---|---|
| 资产： | | | 负债： | | |
| 现金及存放中央银行款项 | | | 向中央银行借款 | | |
| 存放同业款项 | 1 437.02 | 3 382.49 | 同业及其他金融机构存放款项 | | |
| 贵金属 | | | 拆入资金 | | |
| 拆出资金 | | | 交易性金融负债 | | |
| 交易性金融资产 | | | 衍生金融负债 | | |
| 衍生金融资产 | | | 卖出回购金融资产款 | | |
| 买入返售金融资产 | | | 吸收存款 | | |
| 应收利息 | | | 应付职工薪酬 | | |
| 发放贷款和垫款 | 55 440.00 | 53 046.61 | 应交税费 | | |
| 可供出售金融资产 | | | 应付利息 | | |
| 持有至到期投资 | | | 预计负债 | | |
| 长期股权投资 | 158 263.83 | 125 824.39 | 应付债券 | | |
| 投资性房地产 | 393 594.30 | 393 594.30 | 递延所得税负债 | | |
| 固定资产 | | | 其他负债 | 59 396.03 | 59 644.00 |
| 无形资产 | | | | | |
| 递延所得税资产 | | | 负债合计 | 59 396.03 | 59 644.00 |
| 其他资产 | 111 950.19 | 4 496.09 | | | |
| | | | 所有者权益： | | |
| | | | 实收信托 | 784 568.41 | 641 213.72 |
| | | | 资本公积 | | |
| | | | 减：库存股 | | |
| | | | 盈余公积 | | |
| | | | 一般风险准备 | | |
| | | | 未分配利润 | -123 279.10 | -120 513.84 |
| | | | 所有者权益合计 | 661 289.31 | 520 699.88 |
| 资产总计： | 720 685.34 | 580 343.88 | 负债及所有者权益总计： | 720 685.34 | 580 343.88 |

总经理：周伟忠　　会计主管：周　磊　　复核：陈幸华　　制表：孔一鸣

注：其他资产反映的是信托资金投资运用于各类受益权业务所产生的应收款项。

5.2.2 信托项目利润及利润分配汇总表

2010 年　　单位：万元

| 项目 | 行号 | 本期金额 | 上期金额 |
|---|---|---|---|
| 一、营业收入 | 1 | 74 547.19 | 39 429.46 |
| 利息净收入 | 2 | 4 922.15 | 9 069.91 |
| 利息收入 | 3 | 4 922.15 | 9 069.91 |
| 利息支出 | 4 | — | — |
| 手续费及佣金净收入 | 5 | — | — |
| 手续费及佣金收入 | 6 | — | — |
| 手续费及佣金支出 | 7 | — | — |
| 投资收益（损失以“－”号填列） | 8 | 69 625.04 | 30 359.55 |
| 其中：对联营企业和合营企业的投资收益 | 9 | — | — |
| 公允价值变动收益（损失以“－”号填列） | 10 | — | — |
| 汇兑收益（损失以“－”号填列） | 11 | — | — |
| 其他业务收入 | 12 | — | — |
| 二、营业支出 | 13 | 3 925.42 | -241.21 |
| 营业税金及附加 | 14 | — | — |
| 信托管理费用 | 15 | 2 397.66 | 1 100.84 |
| 资产减值损失 | 16 | 1 527.76 | -1 342.05 |
| 其他业务成本 | 17 | — | — |
| 三、营业利润（亏损以“－”号填列） | 18 | 70 621.77 | 39 670.67 |
| 加：营业外收入 | 19 | 5 | — |
| 减：营业外支出 | 20 | — | — |
| 四、利润总额 | 21 | 70 626.77 | 39 670.67 |
| 减：所得税费用 | 22 | — | — |
| 五、净利润（净亏损以“－”号填列） | 23 | 70 626.77 | 39 670.67 |
| 六、每股收益： | 24 | | |
| （一）基本每股收益 | 25 | | |
| （二）稀释每股收益 | 26 | | |
| 七、期初未分配信托利润 | 27 | -120 513.84 | -121 806.48 |
| 八、本期已分配信托利润 | 28 | 73 392.03 | 38 378.03 |
| 九、期末未分配信托利润 | 29 | -123 279.10 | -120 513.84 |

总经理：周伟忠　　会计主管：周磊　　复核：陈幸华　　制表：孔一鸣

# 6. 会计报表附注

## 6.1 报告年度会计报表编制基准、会计政策、会计估计和核算方法发生的变化

### 6.1.1 会计报表编制基准

公司以持续经营为基础，根据实际发生的交易和事项，按照《企业会计准则——基本准则》和其他各项会计准则的规定进行确认和计量，在此基础上编制财务报表。

### 6.1.2 会计政策和会计估计

6.1.2.1 计提资产减值准备的范围和方法

6.1.2.1.1 公司按照谨慎性原则，定期对各项资产进行减值测试，对可能发生损失的资产计提减值准备

6.1.2.1.2 计提方法，每季末进行减值测试

1. 信用资产、长期股权投资、抵债资产按照《中国银行业监督管理委员会关于非银行金融机构全面推进资产质量五级分类管理的通知》（银监发〔2004〕4 号）有关规定进行五级（正常、关注、次级、可疑、损失）分类，并计提各项减值准备。

正常：能够按账面价值随时变现；有足够理由证明现值大于或等于账面价值（以成本与市价孰低原则衡量）；交易对手能够履行合同或协议，没有足够理由怀疑债务本金和收益不能按时足额偿还。计提损失准备 1%。

关注：有足够理由证明资产价值的减值程度控制在 2% 以内；尽管交易对手目前有能力偿还，但存在一些可能对偿还产生不利影响的因素的债权类资产；交易对手的现金偿还能力出现明显问题，但交易对手抵押或质押的可变现资产大于等于其债务的本金及收益。计提损失准备 2%。

次级：有足够理由证明资产价值的减值程度可以控制在 2% ~25%；交易对手的偿还能力出现明显问题，完全依靠其正常经营收入无法足额偿还债务本金及收益，即使执行担保，也可能会造成一定损失。计提损失准备 25%。

可疑：有足够能力证明资产价值的减值程度可以控制在 25% ~50%；交易对手无法足额偿还债务本金及收益，即使执行担保，也肯定要造成较大损失。计提损失准备 50%。

损失：有足够理由证明资产价值的减值程度在 50% 以上；在采取所有可能的措施或一切必要的法律程序后，资产及收益仍然无法收回，或只能收回极少部分；由于技术更新的原因造成固定资产、无形资产的贬值损失。计提损失准备 100%。

2. 证券类资产，主要对按公允价值计量且其变动计入当期损益以外的金融资产账面价值进行检查，对有客观证据表明该资产发生减值的，计提减值准备。

（1）金融资产四分类的范围和标准

本公司按照《企业会计准则第 22 号——金融工具确认和计量》规定范围和标准，将其划分为以公允价值计量且其变动计入当期损益的金融资产（交易性金融资产、持有至到期投资、可供出售金融资产、贷款及应收款）。

（2）交易性金融资产核算方法

取得时以公允价值作为初始确认金额，相关的交易费用计入当期损益。

持有期间将取得的利息或现金股利确认为投资收益，期末将公允价值变动计入当期损益。

处置时，其公允价值与初始入账金额之间的差额确认为投资收益，同时调整公允价值变动损益。

（3）可供出售金融资产核算方法

取得时按公允价值（扣除已宣告但尚未发放的现金股利或已到付息期但尚未领取的债券利息）和相关交易费用之和作为初始确认金额。

持有期间将取得的利息或现金股利确认为投资收益。期末以公允价值计量且将公允价值变动计入资本公积（其他资本公积）。

处置时，将取得的价款与该金融资产账面价值之间的差额，计入投资损益；同时，将原直接计入所有者权益的公允价值变动累计额对应处置部分的金额转出，计入投资损益。

（4）持有至到期投资核算方法

取得时按公允价值（扣除已到付息期但尚未领取的债券利息）和相关交易费用之和作为初始确认金额。

持有期间按照摊余成本和实际利率（如实际利率与票面利

率差别较小的，按票面利率）计算确认利息收入，计入投资收益。实际利率在取得时确定，在该预期存续期间或适用的更短期间内保持不变。

处置时，将所取得价款与该投资账面价值之间的差额计入投资收益。

（5）长期股权投资核算方法

①初始计量

一是企业合并形成的长期股权投资。同一控制下的企业合并：公司以支付现金、转让非现金资产或承担债务方式以及以发行权益性证券作为合并对价的，在合并日按照取得被合并方所有者权益账面价值的份额作为长期股权投资的初始投资成本。长期股权投资初始投资成本与支付合并对价之间的差额，调整资本公积；资本公积不足冲减的，调整留存收益。合并发生的各项直接相关费用，包括为进行合并而支付的审计费用、评估费用、法律服务费用等，于发生时计入当期损益。

非同一控制下的企业合并：公司在购买日按照《企业会计准则第20号——企业合并》确定的合并成本作为长期股权投资的初始投资成本。

二是其他方式取得的长期股权投资。以支付现金方式取得的长期股权投资，按照实际支付的购买价款作为初始投资成本。

以发行权益性证券取得的长期股权投资，按照发行权益性证券的公允价值作为初始投资成本。

投资者投入的长期股权投资，按照投资合同或协议约定的价值（扣除已宣告但尚未发放的现金股利或利润）作为初始投资成本，但合同或协议约定价值不公允的除外。

在非货币性资产交换具备商业实质和换入资产或换出资产的公允价值能够可靠计量的前提下，非货币性资产交换换入的长期股权投资以换出资产的公允价值为基础确定其初始投资成本，除非有确凿证据表明换入资产的公允价值更加可靠；不满足上述前提的非货币性资产交换，以换出资产的账面价值和应支付的相关税费作为换入长期股权投资的初始投资成本。

通过债务重组取得的长期股权投资，其初始投资成本按照公允价值为基础确定。

②被投资单位具有共同控制、重大影响的依据

按照合同约定对某项经济活动所共有的控制，仅在与该项经济活动相关的重要财务和经营决策需要分享控制权的投资方一致同意时存在，则视为与其他方对被投资单位实施共同控制；对一个企业的财务和经营决策有参与决策的权力，但并不能够控制或者与其他方一起共同控制这些政策的制定，则视为投资企业能够对被投资单位施加重大影响。

③后续计量及收益确认

公司能够对被投资单位施加重大影响或共同控制的，初始投资成本大于投资时应享有被投资单位可辨认净资产公允价值份额的差额，不调整长期股权投资的初始投资成本；初始投资成本小于投资时应享有被投资单位可辨认净资产公允价值份额的差额，计入当期损益。

公司对子公司的长期股权投资，采用成本法核算，编制合并财务报表时按照权益法进行调整。

对被投资单位不具有共同控制或重大影响，并且在活跃市场中没有报价、公允价值不能可靠计量的长期股权投资，采用成本法核算。

对被投资单位具有共同控制或重大影响的长期股权投资，采用权益法核算。

成本法下，公司确认投资收益，仅限于被投资单位接受投资后产生的累积净利润的分配额，所获得的利润或现金股利超过上述数额的部分作为初始投资成本的收回。

权益法下，在公司确认应分担被投资单位发生的亏损时，按照以下顺序进行处理。首先，冲减长期股权投资的账面价值。其次，长期股权投资的账面价值不足以冲减的，以其他实质上构成对被投资单位净投资的长期权益账面价值为限继续确认投资损失，冲减长期应收项目等的账面价值。最后，经过上述处理，按照投资合同或协议约定企业仍承担额外义务的，按预计承担的义务确认预计负债，计入当期投资损失。

被投资单位以后期间实现盈利的，公司在扣除未确认的亏损分担额后，按与上述相反的顺序处理，减记已确认预计负债的账面余额、恢复其他实质上构成对被投资单位净投资的长期权益及长期股权投资的账面价值，同时确认投资收益。

被投资单位除净损益以外所有者权益其他变动的处理：对于被投资单位除净损益以外所有者权益的其他变动，在持股比例不变的情况下，公司按照持股比例计算应享有或承担的部分，调整长期股权投资的账面价值，同时增加或减少资本公积（其他资本公积）。

（6）固定资产计价和折旧方法

公司将使用期限在1年以上的电子设备、运输工具、机具设备、业务设备、家具设备和其他与经营有关的设备、器具、工具等以及虽不属于主要经营设备的物品，但单位价值在2 000元以上，并且使用期限超过2年的，都作为固定资产。各类固定资产预计使用寿命和年折旧率如下。

| 类　别 | 折旧年限 | 净残值率（%） | 年折旧率（%） |
|---|---|---|---|
| 电子设备 | 3~5年 | 5 | 19~31.67 |
| 运输工具 | 4~5年 | 5 | 19~23.75 |
| 机具设备 | 5年 | 5 | 19 |
| 业务设备 | 5年 | 5 | 19 |
| 家具设备 | 5年 | 5 | 19 |
| 其　他 | 5年 | 5 | 19 |

折旧方法：年限平均法。

（7）无形资产计价及摊销政策

本公司无形资产按照成本法进行初始计量，摊销政策原则上按受益期摊销，其中计算机软件按5年摊销。

（8）收入确认原则和方法

①利息收入，按让渡资金使用权的时间和适用利率计算确定。

②手续费及佣金收入，在向客户提供相关服务并收到款项时确认收入。

（9）所得税的会计处理方法

公司采用资产负债表债务法核算所得税。公司确认递延所得税资产的依据以很可能取得用来抵扣可抵扣暂时性差异的应纳税所得额为限，确认由可抵扣暂时性差异产生的递延所

得税资产。所得税税率为25%。

(10)信托报酬确认原则和方法

按信托合同约定，并向委托人提供相关服务，且收到款项时确认信托收入。

**6.1.3 核算方法发生的变化**

本公司会计报表编制基准无不符合会计核算基本前提。

## 6.2 或有事项说明

本公司无上述情况。

## 6.3 重要资产转让及出售说明

本公司无上述情况。

## 6.4 会计报表中重要项目的明细资料

**6.4.1 自营资产经营情况**

6.4.1.1 信用风险资产情况

| 信用风险资产五级分类 | 正常类（万元） | 关注类（万元） | 次级类（万元） | 可疑类（万元） | 损失类（万元） | 信用风险资产合计（万元） | 不良合计（万元） | 不良率（%） |
|---|---|---|---|---|---|---|---|---|
| 期初数 | 27 363.72 | 350.00 | 3.00 | — | 2 136.90 | 29 853.62 | 2 139.90 | 7.17 |
| 期末数 | 28 795.06 | 2 002.50 | 161.52 | — | 810.82 | 31 769.90 | 972.34 | 3.06 |

注：不良资产合计＝次级类＋可疑类＋损失类。

6.4.1.2 各项资产减值损失准备情况

单位：万元

| | 期初数 | 本期计提 | 本期转回 | 本期核销 | 期末数 |
|---|---|---|---|---|---|
| 贷款损失准备 | 2 178.71 | 132.00 | 409.52 | 1 003.25 | 897.94 |
| 一般准备 | — | — | — | — | — |
| 专项准备 | 2 178.71 | 132.00 | 409.52 | 1 003.25 | 897.94 |
| 其他资产减值准备 | 1 964.17 | 52.00 | 64.68 | — | 1 951.49 |
| 可供出售金融资产减值准备 | — | — | — | — | — |
| 持有至到期投资减值准备 | — | — | — | — | — |
| 长期股权投资减值准备 | 3 007.33 | — | — | — | 3 007.33 |
| 坏账准备 | 16.87 | 200.60 | -130.12 | — | 87.35 |
| 投资性房地产减值准备 | — | — | — | — | — |

6.4.1.3 固有业务股票投资、基金投资、债券投资、股权投资等投资业务情况

单位：万元

| | 自营股票 | 基金 | 债券 | 长期股权投资 | 其他投资 | 合计 |
|---|---|---|---|---|---|---|
| 期初数 | 12.49 | 363.37 | 3 000.00 | 5 426.10 | 2 500 | 11 301.96 |
| 期末数 | 13.09 | 395.63 | 3 000.00 | 5 426.10 | 7 700 | 16 534.82 |

6.4.1.4 前三名的自营长期股权投资情况

| 企业名称 | 占被投资企业权益的比例（%） | 投资损益（万元） |
|---|---|---|
| 1. 上海正浩资产管理有限公司 | 12.75 | — |
| 2. 天安保险股份有限公司 | 0.67 | — |
| 3. 申银万国证券股份有限公司 | 0.05241 | 70.40 |

注：投资损益是指按照企业会计准则规定，核算股权投资确认损益并计入披露年利润表的金额。另，2010年收到已转让实业投资中原百货2008—2009年红利款1.91万元。

6.4.1.5 前三名的自营贷款情况

| 企业名称 | 占贷款总额的比例（%） | 还款情况 |
|---|---|---|
| 1. 无锡市银仁房屋开发有限责任公司 | 79.95 | 贷款尚未到期 |
| 2. 昆山硕越商贸有限公司 | 11.99 | 贷款尚未到期 |
| 3. 上海工投国际经贸有限公司 | 4.12 | 逾期，企业已被注销 |

6.4.1.6 表外业务情况

单位：万元

| 表外业务 | 期初数 | 期末数 |
|---|---|---|
| 担保业务 | — | — |
| 代理业务（委托业务） | 62 367.67 | 60 887.18 |
| 其他 | — | — |
| 合计 | 62 367.67 | 60 887.18 |

注：代理业务主要反映因客观原因应规范而尚未完成规范的历史遗留委托业务。

6.4.1.7 公司当年的收入结构

| 收入结构 | 金额（万元） | 占比（%） |
|---|---|---|
| 手续费及佣金收入 | 9 000.51 | 80.99 |
| 其中：信托手续费收入 | 8 353.41 | 75.16 |
| 投资银行业务收入 | — | — |
| 利息收入 | 997.26 | 8.97 |
| 其他业务收入 | 6.24 | 0.06 |
| 其中：计入信托业务收入部分 | — | — |
| 投资收益 | 304.89 | 2.74 |
| 其中：股权投资收益 | 72.31 | 0.65 |
| 证券投资收益 | 232.58 | 2.09 |
| 其他投资收益 | — | — |
| 公允价值变动收益 | — | — |
| 营业外收入 | 804.86 | 7.24 |
| 收入合计 | 11 113.76 | 100.00 |

注：手续费及佣金收入、利息收入、其他业务收入、投资收益、营业外收入均应为损益表中的科目，其中手续费及佣金收入、利息收入、营业外收入为未抵减掉相应支出的全年累计实现收入数。

**6.4.2 信托财产管理情况**

6.4.2.1 信托资产情况

单位：万元

| 信托资产 | 期初数 | 期末数 |
|---|---|---|
| 集合 | 282 542.43 | 411 553.78 |
| 单一 | 301 214.29 | 291 487.57 |
| 财产权 | 122 241.96 | 144 826.56 |
| 合计 | 705 998.68 | 847 867.91 |

注：本表期末数以信托资产总规模为统计口径。2009年年报以实收信托为统计口径，本年对期初数进行了追溯调整。

6.4.2.1.1 主动管理型信托业务的信托资产情况

单位：万元

| 主动管理型信托资产 | 期初数 | 期末数 |
|---|---|---|
| 证券投资类 | — | — |
| 股权投资类 | — | — |
| 融资类 | 96 884.68 | 252 487.87 |
| 事务管理类 | — | — |
| 其他类 | 397 570.00 | 397 903.64 |
| 合计 | 494 454.68 | 650 391.51 |

注：本表期末数以信托资产总规模为统计口径，并细化了信托资产分类。2009年年报以实收信托为统计口径，本年对期初数进行了追溯调整。

6.4.2.1.2 被动管理型信托业务的信托资产情况

单位:万元

| 被动管理型信托资产 | 期初数 | 期末数 |
|---|---|---|
| 证券投资类 | — | — |
| 股权投资类 | — | — |
| 融资类 | 1 297.39 | 602.20 |
| 事务管理类 | 210 246.61 | 196 874.20 |
| 合计 | 211 544.00 | 197 476.40 |

6.4.2.2 本年度已清算的信托项目情况

6.4.2.2.1 本年度已清算的信托项目情况

| 已清算结束信托项目 | 项目个数 | 实收信托合计金额(万元) | 加权平均实际年化收益率(%) |
|---|---|---|---|
| 集合类 | 5 | 72 797.18 | 15.22 |
| 单一类 | 5 | 51 721.47 | 5.06 |
| 财产管理类 | 2 | 7 415.00 | 141.52 |

6.4.2.2.2 本年度已清算结束的主动管理型信托项目情况

| 已清算结束信托项目 | 项目个数 | 实收信托合计金额(万元) | 加权平均实际年化信托报酬率(%) | 加权平均实际年化收益率(%) |
|---|---|---|---|---|
| 证券投资类 | — | — | — | — |
| 股权投资类 | — | — | — | — |
| 融资类 | 3 | 40 800.00 | 0.91 | 9.67 |
| 事务管理类 | — | — | — | — |

6.4.2.2.3 本年度已清算结束的被动管理型信托项目情况

| 已清算结束信托项目 | 项目个数 | 实收信托合计金额(万元) | 加权平均实际年化信托报酬率(%) | 加权平均实际年化收益率(%) |
|---|---|---|---|---|
| 证券投资类 | — | — | — | — |
| 股权投资类 | — | — | — | — |
| 融资类 | 2 | 39 671.47 | 0.18 | 3.90 |
| 事务管理类 | 7 | 51 462.18 | 0.48 | 36.35 |

6.4.2.3 本年度新增的信托项目情况

| 新增信托项目 | 项目个数 | 实收信托合计金额(万元) |
|---|---|---|
| 集合类 | 7 | 176 631.00 |
| 单一类 | | |
| 财产管理类 | 2 | 30 005.40 |
| 新增合计 | 9 | 206 636.40 |
| 其中:主动管理型 | 7 | 176 631.00 |
| 被动管理型 | 2 | 30 005.40 |

6.4.2.4 信托业务创新成果和特色业务有关情况

无。

6.4.2.5 公司履行受托人义务情况及因本公司自身责任而导致的信托资产损失情况

无。

## 6.5 关联方关系及其交易

### 6.5.1 关联交易

| | 关联交易数量 | 关联交易金额(万元) | 定价政策 |
|---|---|---|---|
| 合计 | 1 | 3 998.00 | 按协议价 |

### 6.5.2 关联方关系

| 关系性质 | 关联方名称 | 法定代表人 | 注册地址 | 注册资本(万元) | 主营业务 |
|---|---|---|---|---|---|
| 母公司 | 上海爱建股份有限公司 | 徐风 | 上海市浦东外高桥保税区泰谷路168号 | 82 040 | 实业投资;投资管理;房地产开发、经营及咨询;外经贸部批准的进出口业务(按批文);商务咨询(涉及行政许可的凭许可证经营)。 |
| 持股12.75% | 上海正浩资产管理公司 | 屠旋旋 | 青浦 | 25 500 | 资产经营管理。 |
| 关键管理人 | 上海利成投资咨询有限公司 | 陈柳青 | 上海市崇明县城桥镇西门路588号 | 250 | 企业投资经营咨询、信息咨询。 |

### 6.5.3 本公司与关联方的重大交易事项

6.5.3.1 固有与关联方之间交易情况

**固有与关联方关联交易**

单位:万元

| | 期初数 | 借方发生额 | 贷方发生额 | 期末数 |
|---|---|---|---|---|
| 贷款 | — | — | — | — |
| 投资 | 3 247.63 | — | — | 3 247.63 |
| 租赁 | — | — | — | — |
| 担保 | — | — | — | — |
| 应收账款 | — | — | — | — |
| 其他 | — | 3 998.00 | 2 000.00 | 1 998.00 |
| 合计 | 3 247.63 | 3 998.00 | 2 000.00 | 5 245.63 |

6.5.3.2 信托与关联方交易情况

**信托与关联方关联交易**

单位:万元

| | 期初数 | 借方发生额 | 贷方发生额 | 期末数 |
|---|---|---|---|---|
| 贷款 | — | — | — | — |
| 投资 | — | — | — | — |
| 租赁 | — | — | — | — |
| 担保 | — | — | — | — |
| 应收账款 | — | — | — | — |
| 其他 | — | — | — | — |
| 合计 | — | — | — | — |

6.5.3.3 信托公司自有资金运用于自己管理的信托项目(固信交易)、信托公司管理的信托项目之间的相互(信信交易)交易情况

6.5.3.3.1 固有财产与信托财产之间的交易情况

固有财产与信托财产相互交易

单位:万元

| | 期初数 | 本期发生额 | 期末数 |
|---|---|---|---|
| 合计 | 2 500.00 | 5 200.00 | 7 700.00 |

6.5.3.3.2 信托项目之间的交易情况

信托资产与信托财产相互交易

单位:万元

| | 期初数 | 本期发生额 | 期末数 |
|---|---|---|---|
| 合计 | 5 000.00 | 0.00 | 5 000.00 |

**6.5.4 关联方逾期未偿还本公司资金的详细情况以及本公司为关联方担保发生或即将发生垫款的详细情况**

无。

### 6.6 会计制度的披露

6.6.1 本公司固有业务自2007年起执行财政部2006年颁布的《企业会计准则》进行会计核算;并根据《企业会计准则第30号——财务报表列表》有关规定及应用指南中商业银行会计报表格式进行编制

6.6.2 本公司信托业务自2010年起执行财政部2006年颁布的《企业会计准则》进行会计核算;并参照《企业会计准则第30号——财务报表列表》有关规定及应用指南中商业银行会计报表格式进行编制

## 7. 财务情况说明书

### 7.1 利润实现和分配情况

2010年,公司实现净利润6 369.48万元,因公司未分配利润为负值(-73 184.37万元),根据金融企业财务规则第四十四条"金融企业本年实现净利润(减弥补亏损),应当按照提取法定盈余公积金、提取一般(风险)准备金、向投资者分配利润的顺序进行分配。法律、行政法规另有规定的从其规定"的规定,不进行利润分配。

### 7.2 主要财务指标

| 指标名称 | 指标值 |
|---|---|
| 资本利润率(%) | 15.68 |
| 加权年化信托报酬率(%) | 0.53 |
| 人均净利润(万元/人) | 99.52 |

注:1. 资本利润率=净利润/所有者权益平均余额×100%。

2. 加权年化信托报酬率=(信托项目1的实际年化信托报酬率×信托项目1的实收信托+信托项目2的实际年化信托报酬率×信托项目2的实收信托+…信托项目n的实际年化信托报酬率×信托项目n的实收信托)/(信托项目1的实收信托+信托项目2的实收信托+…信托项目n的实收信托)×100%。

3. 人均净利润=净利润/年平均人数。

4. 平均值采取年初、年末余额简单平均法,公式为:a(平均)=(年初数+年末数)/2。

### 7.3 对本公司财务状况、经营成果有重大影响的其他事项

无。

## 8. 特别事项揭示

### 8.1 前五名股东报告期内变动情况及原因

无。

### 8.2 董事、监事及高级管理人员变动情况及原因

2010年8月26日,公司召开股东会、董事会、监事会会议,对董事、监事及高级管理层人员调整事项分别作出决议:选举马金为副董事长、徐宜阳因工作调动不再担任副董事长,增补周伟忠为董事;选举陈柳青为监事会主席,刘利娟因工作原因不再担任监事会主席;聘任沈富荣、周磊为副总经理,陈柳青因工作调动不再担任副总经理;聘任侯勤为董事会秘书,陈柳青因工作调动不再担任董事会秘书。公司随后将新任职人员的任职资格报监管部门审核并获得批准。

### 8.3 公司的重大未决诉讼事项

福建闽东电力股份有限公司诉公司、上海爱建证券有限责任公司上海复兴东路证券营业部、上海爱建证券有限责任公司合同纠纷案件目前正在审理中。

### 8.4 对会计师事务所出具的有保留意见、否定意见或无法表示意见的审计报告的说明

无。

### 8.5 公司及其董事、监事和高级管理人员受到处罚的情况

无。

### 8.6 监管意见及整改情况

2010年10月25日,上海银监局下发了《监管会谈备忘录》(第18号),对公司完善法人治理结构、加强信息系统建设、强化风险管理等方面提出了监管意见。

针对此监管意见,公司及时制订了整改计划并于11月24日上报上海银监局。

### 8.7 本年度重大事项临时报告

无。

### 8.8 银监会及其省级派出机构认定的其他有必要让客户及相关利益人了解的重要信息

公司自2008年7月推行薪酬结构调整方案后,进一步完善了公司薪酬体系,专门设计了业务、管理、专业三个不同序列的岗位工资标准。为进一步提高市场竞争力,公司强化了激励约束机制,将员工薪酬分为固定部分和绩效部分,在加大对前台业务人员激励力度的同时增加了中台、后台人员的薪酬稳定性。在此基础上,公司近两年还陆续出台了"员工执业风险基金管理办法"、"员工补充公积金缴存管理办法""企业年金管理办法"等制度,充分体现了风险与收益相匹配的原则,并使薪酬结构更趋完整。

## 9. 公司监事会意见

### 9.1 监事会对公司依法运作情况的独立意见

报告期内,法人治理结构基本健全,公司内部控制制度得到了进一步的加强;公司在经营管理运作方面,决策程序合法,运行程序规范;信息披露能够及时准确;公司董事以及高级管理人员能够认真履行职责,勤勉尽职,认真贯彻股东会的各项决议,尚未发现有违反法律法规、公司章程及损害股东利益的行为。

### 9.2 监事会对检查公司财务情况的独立意见

报告期内,监事会通过审阅公司财务报表及其他会计资料,对公司的财务制度执行情况和财务状况进行了检查,认为公司的财务核算体制健全,会计事项的处理、报表的编制及公司执行的会计制度符合法律法规的要求。公司2010年度财务报表真实,在所有重大方面客观公允地反映了公司的财务状况和经营成果。立信会计师事务所有限公司对公司本年度财务报表(固有)出具的标准无保留意见的审计报告是独立、公正的。

### 9.3 监事会对公司出售资产情况的独立意见

报告期内,公司出售资产履行了法定的决策程序,不存在利用出售资产损害公司及股东利益或造成公司资产流失的情形。

### 9.4 监事会对公司关联交易的独立意见

报告期内,公司关联交易的程序合法,未发现损害公司、股东、委托人利益的行为。

# 上海国际信托有限公司

## 1. 重要提示

1.1 本公司董事会及董事保证本报告所载资料不存在任何虚假记载、误导性陈述或者重大遗漏,并对其内容的真实性、准确性和完整性承担个别及连带责任。

1.2 董事张广生因公务在身,未能出席董事会会议,书面委托董事长潘卫东代行表决权。3名监事列席了本次会议。

1.3 本公司独立董事万晓枫、孙铮、李宪明声明:保证年度报告内容的真实、准确、完整。

1.4 上海上会会计师事务所有限公司根据中国注册会计师审计准则对本公司年度财务报告进行审计,出具了标准无保留意见的审计报告。

1.5 本公司董事长潘卫东、总经理傅帆、主管会计工作副总经理陈兵、会计部门负责人朱红声明:保证年度报告中财务报告的真实、完整。

## 2. 公司概况

### 2.1 公司简介

上海国际信托有限公司(以下简称公司)成立于1981年,注册资本为25亿元。自成立以来,公司始终坚持稳健经营、规范管理,不断推进科学发展、自主创新,在市场上树立了品牌形象,赢得了良好信誉,综合实力居全国信托公司前列。

公司曾被国务院指定为全国对外融资十大窗口之一;获地方金融机构最高信用评级(穆迪Baa2、标准普尔BBB-);被指定为非银行业金融机构中首家合规试点单位;被推举为中国会计学会信托分会会长单位;发起设立中国第一家信托登记机构——上海信托登记中心,并被推选为理事长单位;被一致推选为第二届信托业协会会员理事单位和副会长单位。近年来,公司先后荣获《上海证券报》、《证券时报》、《21世纪经济报道》等权威媒体评选出的"最佳信托公司"、"最优秀信托公司"、"最值得尊敬的信托公司"、"最佳创新信托公司"、"最佳知名品牌"、"最佳风控奖"、"最佳信托经理奖"、"最佳设计与创新团队"等多项行业大奖。公司的"红宝石"安心进取伞形配置信托计划作为唯一一家入围信托公司创新产品,荣获上海市政府首次颁发的"2010年上海金融创新奖二等奖"。

公司长期致力于推进产品创新,现已获得资产证券化业务、代客境外理财(QDII)、企业年金业务受托人资格,并在全国率先推出"优先劣后"受益权的结构性信托产品,在证券投资、不动产和股权投资领域,逐渐形成产品特色,打造了"蓝宝石"、"红宝石"、"紫晶石"、"白金"、"明珠"、"现金丰利"等系列品牌,为不同风险偏好和理财需求的投资者提供产品选择和服务。近年来,公司相继推出业内首只QDII产品、首只以大类资产配置为导向的伞形配置自主管理信托产品和首只受托人自主管理的PIPE基金,信托主业和创新业务得到快速健康发展。2010年,公司重新打造视觉品牌形象,提出"信利正·睿见远"的公司口号,全面提升了公司品牌效应,为公司业务发展提供了有力支持。

2.1.1 基本信息

2.1.1.1 公司法定中文名称:上海国际信托有限公司
中文名称缩写:上海信托
公司法定英文名称:Shanghai International Trust Co. ,Ltd.
英文缩写:SHANGHAI TRUST

2.1.1.2 法定代表人:潘卫东

2.1.1.3 注册地址:中国上海市九江路111号
邮政编码:200002
公司国际互联网网址:www. shanghaitrust. com
电子信箱:info@ shanghaitrust. com

2.1.1.4 公司信息披露联系人:吴海波
联系电话:021-63231111转
传真:021-63235348
电子信箱:info@ shanghaitrust. com

2.1.1.5 公司选定的信息披露报纸:《上海证券报》
公司年度报告备置地点:上海市九江路111号上投大厦营业大厅

2.1.1.6 公司聘请的会计师事务所:上海上会会计师事务所有限公司
住所:上海市威海路755号文新报业大厦20楼
联系电话:021-52920000

2.1.1.7 公司聘请的律师事务所:上海市锦天城律师事务所
住所:上海市花园石桥路33号花旗集团大厦14楼
联系电话:021-61059000

### 2.2 组织结构

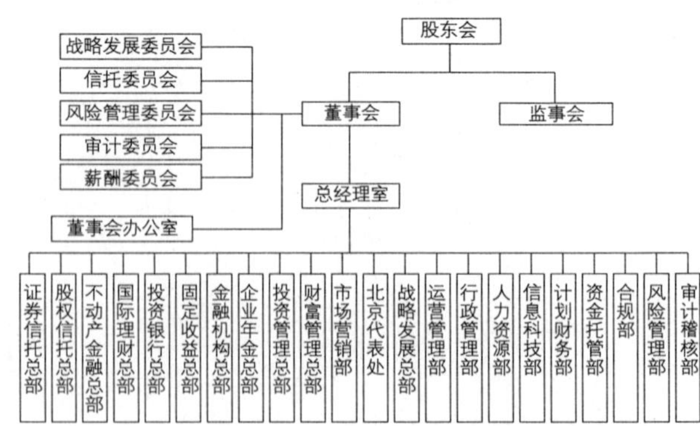

# 3. 公司治理

## 3.1 股东

公司前三位股东的主要情况

| 股东名称 | 出资比例(%) | 法人代表 | 注册资本(万元) | 注册地址 | 主要经营业务 | 主要财务情况(万元) | |
|---|---|---|---|---|---|---|---|
| 上海国际集团有限公司★ | 66.33 | 吉晓辉 | 1 055 884 | 上海市威海路511号 | 开展以金融为主、非金融为辅的投资、资本运作与资产管理业务,金融研究,社会经济咨询(上述经营范围涉及许可经营的凭许可证经营)。 | 资产总额 | 7 223 596.00 |
| | | | | | | 负债总额 | 4 362 437.00 |
| | | | | | | 利润总额 | 270 993.00 |
| | | | | | | 净利润 | 206 558.00 |
| | | | | | | 所有者权益 | 2 861 159.00 |
| 上海久事公司 | 20.00 | 张惠民 | 2 527 000 | 上海市中山南路28号 | 利用国内外资金,投资及综合开发经营。 | 资产总额 | 29 967 366.01 |
| | | | | | | 负债总额 | 19 752 646.18 |
| | | | | | | 利润总额 | −563 842.65 |
| | | | | | | 净利润 | 60 373.59 |
| | | | | | | 所有者权益 | 10 214 719.83 |
| 申能股份有限公司 | 5.00 | 仇伟国 | 315 251.604 | 上海市浦东新区银城中路168号905~909室 | 电力建设、能源、节能、资源综合利用及相关项目;与能源建设相关的原材料、高新技术和出口创汇项目的开发,投资和经营。 | 资产总额 | 3 588 893.58 |
| | | | | | | 负债总额 | 1 231 738.89 |
| | | | | | | 利润总额 | 217 867.65 |
| | | | | | | 净利润*1 | 192 762.56 |
| | | | | | | 所有者权益*2 | 2 357 154.68 |
| | *1 含少数股东损益55 602.17万元,归属上市公司股东的净利润137 160.39万元。 | | | | | | |
| | *2 含少数股东权益586 653.57万元,归属上市公司股东的所有者权益1 770 501.12万元。 | | | | | | |

注:表3.1.1.1股东名称一栏中★为公司最终实际控制人。

## 3.2 董事

董事长、副董事长、董事

| 姓 名 | 职 务 | 性别 | 年龄 | 选任日期 | 所推举的股东名称 | 该股东持股比例(%) | 简 要 履 历 |
|---|---|---|---|---|---|---|---|
| 潘卫东 | 董事长 | 男 | 44 | 2008年6月 | 上海国际集团有限公司 | 66.33 | 经济学硕士研究生,中共党员,高级经济师,在中国人民银行杭州市分行计划资金处参加工作;曾任宁波证券公司业务部副经理,上海浦东发展银行宁波分行资财部总经理、北仑支行行长、宁波分行副行长,上海浦东发展银行产品开发部总经理,上海浦东发展银行昆明分行行长、党组书记,上海市金融服务办公室机构处处长(挂职),上海国际集团有限公司总经理助理;现任上海国际集团有限公司副总经理,上海国际信托有限公司党委书记、董事长、法人代表。 |
| 傅 帆 | 副董事长 | 男 | 46 | 2009年10月 | 上海国际集团有限公司 | 66.33 | 工学硕士研究生,中共党员,经济师,在上投实业公司参加工作;曾任上海联合财务有限公司高级经理,上投实业公司项目一部经理、总经理助理、副总经理,上海国际集团有限公司董事会办公室主任,上海国际信托有限公司副总经理兼投资银行总部总经理,上投摩根基金管理有限公司副总经理;现任上海国际信托有限公司党委副书记、副董事长、总经理。 |
| 陆 敏 | 董事 | 男 | 57 | 2008年6月 | 上海国际集团有限公司 | 66.33 | 工业会计专业大专毕业,会计师;曾任上海手套一厂财务科会计,上海国际信托投资公司计划财务部会计、科长、副经理等职,上海国际集团有限公司计划财务总部副总经理(主持工作);现任上海盛龙投资管理有限公司执行董事,大众保险股份有限公司监事长,上海国际信托有限公司董事。 |
| 张建伟 | 董事 | 男 | 56 | 2008年6月 | 上海久事公司 | 20 | 工商管理硕士,中共党员,高级经济师;曾任上海新沪玻璃厂副厂长,上海光通信器材公司副总经理,上海久事公司实业管理总部总经理、发展策划部经理、公司总经理助理等职;现任上海久事公司副总经理,上海国际信托有限公司董事。 |
| 周燕飞 | 董事 | 女 | 48 | 2008年6月 | 申能股份有限公司 | 5 | 中文专业本科毕业,中共党员,高级经济师;曾任上海市农委党校讲师,申能股份有限公司策划部副经理、经理;现任申能股份有限公司董事会秘书兼证券部经理,上海国际信托有限公司董事。 |

续表

| 姓　名 | 职　务 | 性别 | 年龄 | 选任日期 | 所推举的股东名称 | 该股东持股比例(%) | 简　要　履　历 |
|---|---|---|---|---|---|---|---|
| 张广生 | 董事 | 男 | 58 | 2008年6月 | 上海汽车工业有限公司 | 2 | 经济学硕士，中共党员，研究员；曾任上海市体改办处长、市体改研究所副所长，市政府研究室主任、市委研究室主任，市委副秘书长等职；现任上海汽车工业（集团）总公司副董事长，上海国际信托有限公司董事。 |
| 周卫中 | 董事 | 男 | 40 | 2008年6月 | 上海石化城市建设综合开发公司 | 1.33 | 经济学专业本科毕业，中共党员，经济师；曾任上海石化财贸办宣传干部、团委副书记，上海石化烟草糖酒公司副经理，上海石化地区商业贸易公司办公室副主任、总经理助理，百货公司经理、副总经理，上海金山实业投资发展有限公司副总经理；现任上海石化城市建设综合开发公司董事总经理，上海国际信托有限公司董事。 |
| 庄维苏 | 职工董事 | 女 | 53 | 2010年9月 | — | — | 行政管理专业本科毕业，中共党员，高级经济师；曾任上海国际信托有限公司人事处副科长，上海国际集团有限公司干部人事处副科长、科长，上海国际信托有限公司人力资源部总经理助理、副总经理；现任上海国际信托有限公司工会常务副主席，党委办公室主任，人力资源部总经理，职工董事。 |

独立董事

| 姓　名 | 所在单位及职务 | 性别 | 年龄 | 选任日期 | 所推举的股东名称 | 该股东持股比例(%) | 简　要　履　历 |
|---|---|---|---|---|---|---|---|
| 万晓枫 | 上海银行党委副书记兼纪委书记（已退休） | 男 | 61 | 2009年6月 | — | — | 哲学硕士，中共党员；曾任上海市委办公厅干部、副处长、处长，上海市委办公厅副主任，浦发银行党委副书记、监事，上海银行党委副书记兼纪委书记；现任上海国际信托有限公司独立董事。 |
| 孙铮 | 上海财经大学副校长 | 男 | 53 | 2009年6月 | — | — | 会计学博士研究生，中共党员，教授，注册会计师；曾任上海财经大学助教、讲师、副教授、教授，系主任、校长助理；现任上海财经大学副校长，上海国际信托有限公司独立董事。 |
| 李宪明 | 上海市锦天城律师事务所合伙人 | 男 | 41 | 2009年6月 | — | — | 法学博士研究生，中共党员，执业律师；曾在吉林大学法学院工作；现任上海市锦天城律师事务所合伙人，上海国际信托有限公司独立董事。 |

## 3.3　监事

监事会成员

| 姓　名 | 职　务 | 性别 | 年龄 | 选任日期 | 所推举的股东名称 | 该股东持股比例(%) | 简　要　履　历 |
|---|---|---|---|---|---|---|---|
| 谈　逸 | 监事长 | 男 | 60 | 2000年6月 | 上海国际集团有限公司 | 66.33 | 国际金融专业硕士研究生班结业，中共党员，经济师；曾任人民银行上海市虹口区办事处副主任，工商银行上海分行国际业务部总经理，上海巴黎国际银行常务副总经理，上海浦东发展银行副行长，上海国际信托投资公司总经理，上海国际集团有限公司总经理、董事等职；现任上海国际信托有限公司监事长。 |
| 张宝华 | 监事 | 男 | 59 | 2000年6月 | 锦江国际（集团）有限公司 | 1.34 | 工商管理硕士，中共党员，经济师；曾任上海新亚（集团）股份有限公司副总经理、副董事长等职；现任锦江国际（集团）有限公司总裁助理，上海锦江国际酒店发展股份有限公司副董事长，上海锦江国际旅游股份有限公司副董事长，上海国际信托有限公司监事。 |
| 张　汉 | 监事 | 男 | 49 | 2000年6月 | 职工代表 | — | 经济管理专业本科毕业，中共党员，会计师；曾任上海警备区司务长，武警上海总队财务处副处长、二支队处长，上海国际信托投资有限公司风险管理部科长、人力资源部科长、审计稽核部科长等职；现任上海国际信托有限公司监事、审计稽核部总经理助理。 |

## 3.4　高级管理人员

| 姓　名 | 职　务 | 性别 | 年龄 | 选任日期 | 金融从业年限 | 学历（位） | 专　业 |
|---|---|---|---|---|---|---|---|
| 傅　帆 | 总经理 | 男 | 46 | 2009年10月 | 10 | 研究生工学硕士 | 工业工程管理 |
| 林　彬 | 副总经理 | 男 | 55 | 2008年8月 | 18 | 大专EMBA | 工商管理 |

续表

| 姓　名 | 职　务 | 性别 | 年龄 | 选任日期 | 金融从业年限 | 学历（位） | 专　业 |
|---|---|---|---|---|---|---|---|
| 刘响东 | 副总经理 | 男 | 40 | 2008年8月 | 11 | 研究生经济学硕士 | 国际金融 |
| 陈　兵 | 副总经理董事会秘书 | 男 | 42 | 2008年9月 | 15 | 研究生管理学博士 | 企业管理 |

### 3.5 公司员工

本报告期公司在岗员工 155 人，上年度公司在岗员工 156 人。

| 项 目 | | 报告期年度 | | 上年度 | |
|---|---|---|---|---|---|
| | | 人数 | 比例（%） | 人数 | 比例（%） |
| 年龄分布 | 25 岁以下 | 5 | 3.23 | 2 | 1.28 |
| | 25～29 岁 | 32 | 20.65 | 26 | 16.67 |
| | 30～39 岁 | 56 | 36.13 | 61 | 39.10 |
| | 40 岁以上 | 62 | 40.00 | 67 | 42.95 |
| 学历（位）分布 | 博士 | 9 | 5.81 | 7 | 4.49 |
| | 硕士 | 52 | 33.55 | 60 | 38.46 |
| | 本科 | 67 | 43.23 | 56 | 35.90 |
| | 专科 | 20 | 12.90 | 25 | 16.03 |
| | 其他 | 7 | 4.52 | 8 | 5.13 |

## 4. 经营管理

### 4.1 经营目标、方针、战略规划

#### 4.1.1 经营目标

本报告期公司的经营目标是坚持科学发展观，以改革促转型，以创新谋发展，做好“五个着力”：着力落实信托业务战略，提升自主管理能力；着力提高自营业务收益，优化资产配置；着力改善市场营销模式，加强营销渠道建设；着力构建长效保障机制，完善运营流程控制；着力推动管理机制改革，优化人力资源管理，全力迈向上海信托跨越式发展的新起点。公司全年争取实现受托资产规模 500 亿元，实现利润总额 6.6 亿元，实现信托业务收入 2.5 亿元。

#### 4.1.2 经营方针

本报告期公司的经营方针是：诚信、专业、稳健、创新。

#### 4.1.3 战略规划

公司的战略规划是：切实转变经营理念，探索信托发展有效路径；以自主创新为动力，勇于开拓市场，做优做强信托业务；以优化配置为核心，提高运作效率，增强自有资金效益；以深化理财理念为重点，积极拓展客户，全力为合格投资者服务；以加强内控为保障，审慎规范运营，提升经营管理水平；以监管指引为导向，完善法人治理结构，理顺经营机制，突破发展瓶颈制约，努力把公司打造成为业内一流的资产管理和财富管理金融机构。

### 4.2 所经营业务的主要内容

#### 4.2.1 经营的主要业务及品种

公司经营的主要业务为信托业务和自营业务。

4.2.1.1 信托业务

信托业务主要品种包括：（1）金融产品配置组合类信托。以高端客户的财富管理需求为出发点，凭借强大的投资管理能力和专业的资产配置能力，将投资者的资金在多种金融工具间进行组合投资，为投资者获取稳定安全的投资收益。（2）不动产金融类信托。选择房地产行业的优秀企业和优质项目，采用灵活多样的业务手段设计“风险适度、期限灵活、回报丰厚”的信托产品，让投资者分享房地产行业的成长收益。（3）证券投资类信托。汇聚全新产品设计理念和技术，投资股票、基金及债券等金融产品，综合采用结构化设计、聘请投资顾问、应用 CPPI 投资策略与数量投资工具等多种方式，开创投资者在风险市场上获取稳定收益的业务新模式。（4）股权信托及并购信托。对于优质的成长性企业，通过股权受益权融资、股权投资、并购融资、受托股权管理、财务顾问等形式提供全面金融服务。（5）国际理财类信托。以大类资产配置投资为基础理念，与境外金融机构深度合作，捕捉海外市场投资机遇，采用结构性票据、指数投资、各类现货和期货投资、外币贷款等灵活运用方式，实现投资者财富增值。（6）固定收益类信托。发挥类货币市场基金的投资功能，将信托资金投资于各种定息型、低风险、高流动性的短期金融产品，并采用封闭式、开放式分期和 T+0 申购赎回等多种模式。（7）公司及项目金融类信托。通过信托贷款、债权融资、股权投资或者以资产池现金流为支持的方式，协助优秀企业获取融资，推动基础设施类项目顺利开展。（8）养老保障、福利计划等信托服务。利用公司在信托服务领域积累的宝贵经验，根据企业员工在养老保障、福利提升、激励促进等方面的具体要求，为企业员工量身定制持续优质的资产管理服务，实现企业改革发展及员工福利改善的有机结合。

4.2.1.2 自营业务

自营业务主要包括：（1）股权投资业务。通过对股权投资结构、期限、规模的动态调整和优化，把握各类行业领域孕育的投资机会，开展具有战略意义的金融股权投资或与信托主业联动的直接股权投资，从客户资源、渠道资源、项目资源等方面为信托主业提供有力支持，同时获得长期稳定的投资收益。（2）证券投资业务。追求适度风险条件下的绝对收益最大化，坚持稳健投资的原则，注重对宏观经济动向、重点行业发展趋势和相关个股的深入分析。公司已建立了专业化的证券投资管理团队，锤炼了与公司经营风格相适应的投资理念，形成了科学严谨的投资决策体系，提升了证券投资的主动管理能力和投资收益水平。（3）固定收益业务。以确保资金的安全性和资产的流动性为原则，通过对固定收益市场和相关投资品种的深入研究，根据市场环境的变化动态调整和优化资产配置结构，构建稳健的投资组合，获取固定收益。目前，固定收益业务主要包括货币市场投资和债券市场投资。

#### 4.2.2 资产组合与分布

4.2.2.1 自营资产运用与分布表

| 资产运用 | 金额（万元） | 占比（%） | 资产分布 | 金额（万元） | 占比（%） |
|---|---|---|---|---|---|
| 货币资产 | 28 033.10 | 5.38 | 基础产业 | — | — |
| 贷款及应收款 | 22.29 | 0.01 | 房地产业 | — | — |
| 交易性金融资产 | 78 608.27 | 15.09 | 证券市场 | 133 385.48 | 25.60 |
| 可供出售金融资产 | 106 404.23 | 20.42 | 实业 | — | — |
| 持有至到期投资 | — | — | 金融机构 | 355 381.19 | 68.05 |
| 长期股权投资 | 234 844.49 | 45.08 | 其他 | 32 204.94 | 6.35 |
| 其他 | 73 059.23 | 14.02 | | | |
| 资产总计 | 520 971.61 | 100.00 | 资产总计 | 520 971.61 | 100.00 |

注：其他资产中主要项目包括买入返售金融资产、固定资产、投资性房地产、无形资产和抵债资产。

4.2.2.2　信托资产运用与分布表

| 资产运用 | 金额（万元） | 占比（%） | 资产分布 | 金额（万元） | 占比（%） |
|---|---|---|---|---|---|
| 货币资金 | 294 059.27 | 5.38 | 基础产业 | 930 919.70 | 17.03 |
| 贷款 | 2 345 578.95 | 42.90 | 房地产业 | 458 980.00 | 8.40 |
| 交易性金融资产 | 1 094 451.84 | 20.02 | 证券 | 1 049 967.64 | 19.20 |
| 长期股权投资 | 179 575.00 | 3.28 | 工商企业 | 755 909.25 | 13.83 |
| 可供出售金融资产 | 1 295 584.07 | 23.70 | 金融机构 | 35 793.00 | 0.65 |
| 持有至到期投资 | 177 000.00 | 3.24 | 其他 | 2 235 383.22 | 40.89 |
| 买入返售金融资产 | 41 400.84 | 0.76 | | | |
| 其他 | 39 302.84 | 0.72 | | | |
| 合计 | 5 466 952.81 | 100.00 | 合计 | 5 466 952.81 | 100.00 |

## 4.3　市场分析

在宏观经济方面，2010年，尽管全球经济在运行中还存在着不稳定性，但仍然保持了恢复性的增长态势，国际金融市场渐趋稳定，国内经济稳步发展，进出口逐渐恢复，民间投资日益增加，内需稳定攀升。但与此同时，金融危机后的经验表明，刺激性财政政策在增加政府负债的同时，还会造成产能过剩、投资效率降低，贸易出口顺差受国际环境影响也不会持续扩张，内需拉动还有待收入分配结构改革和社会保障体系完善。因此，改革经济发展的体制性障碍势在必行，增长模式必须从“工业化早期的粗放型”向“现代的集约型”转变。我国资本市场的改革发展去年也取得了长足进步，创业板市场的上市公司规模和融资规模迅速扩大。“十二五”期间，经济发展的中心话题是“深化改革、调整结构、保障民生”，同时，资本市场的效率和规模仍会迅速提高，市场边界和市场内容仍会扩张，这也是信托业未来发展的大背景、大环境。因此，信托机制及信托公司在财富管理与分配改革、城镇化与房地产业、资本市场与新金融服务业、能源产业与环境保护、战略性新兴产业等领域仍将有广阔的发展空间。

在理财市场环境方面，随着宏观经济进一步回暖，CPI指数上涨迅速，中国投资者的投资意识进一步被唤醒，理财市场总体规模保持稳定增长，理财市场对个性化、精细化与专业化产品的需求日益凸显。2010年，理财市场产品供给无论在供应种类和发行数量上，还是在产品创新程度和投资收益率上，都较上年度有了较大提升，越来越多的更具个性化和灵活性的理财产品涌入市场。尽管信托产品面临的竞争环境日趋激烈，但信托公司在监管机构倡导的可持续经营发展模式的前提下，紧跟国家宏观经济政策，依托理财市场需求，通过渗透资本、产业和货币市场，加大业务创新和拓展力度，自主管理能力得到进一步提高，推出了大量个性化、专业化的理财产品，整体市场呈现更加规范、更加健康的发展态势。

在信托行业政策方面，2010年，监管机构颁布了一系列政策规定，一是增加了关于结构化房地产集合资金信托计划的资金配比要求以及对土地储备贷款的限制，要求对房地产信托的合规性和风险状况进行自查，积极防范房地产市场调整风险；二是加强了地方政府融资平台业务的监管，要求按照分类管理、区别对待的原则，抓紧清理核实并妥善处理融资平台公司债务，妥善处理债务偿还和在建项目后续融资问题；三是加强了银信理财合作业务的监管，规定不得开展通道类业务，细化了四类信贷转让禁区，要求信托公司坚持自主管理原则，严格履行项目选择、尽职调查、投资决策、后续管理等主要职责，要求银行将所有表外资产在今明两年全部转入表内，并按150%的覆盖率计提拨备；四是颁布了《信托公司净资本管理办法》，要求通过净资本和风险资本两项重要指标对信托公司进行动态监管，促进了信托公司规范、安全、稳健发展。

## 4.4　内部控制

### 4.4.1　内部控制环境和内部控制文化

公司的内部控制环境是内控建设的基础，包括完善公司治理结构，建立内控组织架构，明确设置机构与权限，制定合规政策和人力资源政策，建设内控文化等。报告期内，公司致力于完善内控机制的建设工作，在董事会的决策和推动下，公司高级管理层对内部控制的现状进行评估，并制定出内控机制的建设规划，组织公司各部门认真落实全年内控建设措施，为加强公司风险管理奠定扎实基础。

公司建立了分工合理、职责明确、报告关系清晰的组织机构。报告期内，公司完成了部门岗位设置和人员编制安排，形成了部门设置和薪酬改革方案，同时，突出绩效导向原则，组织实施2010年绩效考核工作。公司从未来总体发展布局上培养和引进人才，一方面，完善人力资源管理制度，制定员工手册等内部规章；另一方面，采取措施培养人才、用好人才，营造优秀员工脱颖而出的良好环境。

公司高度重视银监会下发的《银行业金融机构从业人员职业操守指引》，积极开展从业人员行为准则自查工作，加强全员学习与宣传教育，要求各部门认真研究领会，抓紧制订整改方案，扎实推进案件防控工作，修订完善《上海信托员工职业操守准则》和相关内控管理制度，强化监督检查机制。

公司高度重视合规经营，通过培训测评等多种渠道和形式开展合规文化建设，推行合规经营管理，培养全体员工的合规风险防范意识，营造合规文化氛围。

### 4.4.2　内部控制措施

公司内部控制职能部门为合规部、风险管理部和审计稽核部。

公司内部控制遵循全面、审慎、有效、独立的原则。公司内部控制活动包括不相容职务分离控制、授权审批控制、业务流程控制、会计系统控制、财产保护控制、运营分析控制、信息系统控制和绩效考评控制，并建立业务预警、应急机制等。

报告期内，公司加强对固有业务和信托业务的授权管理，努力提高运作效率，着力控制业务风险，遵循分级管理、责权对应、精简高效、有效制衡的原则，拟定修正相关授权制度，不断完善现有的授权体系，主要包括信托项目审批授权、信托资金划拨审批授权、固有业务投资审批授权、财务用印审批授权和信托运营用印审批授权等。公司还不断优化再造业务流程，持续提高运作效率和服务质量，努力满足项目开拓的时效性，修订前台、中台、后台协同制度，理顺并健全信托产品的运营管理体系，探讨项目类文件及签报的内部流转系统，包括项目评审、合同审批、用印申请、预算申请、财务报销、行政采购等事务的流程管理，推动审批事项的全面电子化，提高公司内部运转的效率。

报告期内,公司全面梳理现有业务操作和管理规章,对照国家新颁布的相关法律法规以及公司业务开展情况,及时更新制度,以保证公司业务开展的合规性和可操作性。同时,根据外部政策、市场变化和公司业务发展的需要,不断研究、探讨各项业务风险管理措施,制定新的业务规章,以保障公司业务发展在风险可控的前提下进行。

公司遵循监管政策,提升主动管理能力。报告期内,公司颁布了一整套《主动管理型金融产品投资类信托业务投资管理暂行办法》制度,以及《银信合作类信托贷款贷前尽职调查指引(试行)》、《信托贷款贷后运营管理操作指引(试行)》、《公司银行业金融机构人民币授信管理暂行办法》等制度,大力开拓主动管理类业务,制定风险管理措施,为实现业务真正转型奠定基础。

公司完成了多项信息系统的开发,业务支撑能力进一步提高。一是打造统一的业务驱动型 OA 门户系统,配合未来管理模式和操作流程,实现对核心要素的全面有效管理,集成各种办公应用,提升内部业务运作和管理效率;二是改造综合业务管理系统,完成新会计准则系统的升级及数据移植,并在定期信息披露前,完成了系统报表的开发工作,确保了公司业务的顺利运行;三是配合公司业务创新需求,开发了伞形配置信托产品功能模块、开放式信托产品功能模块,完成了新投资管理系统、企业年金业务系统二期的开发工作,有力支持了创新业务的规模化发展。

公司信托业务系统和自营业务系统的部门和人员分离;高管人员管理分工分离;信托财务和自营财务的部门、人员、账表、资产和办公场所分离;每个信托财产分离,即对每项信托业务单独开户、单独核算、单独管理。

公司建立了有效的业务决策系统:各业务部门负责自营项目、信托项目的初审;公司风险管理部和合规部负责项目的预审;公司项目评审委员会是非常设决策机构,对项目进行业务可行性评估,得出结论;公司总经理或董事长对评审会通过的方案结论持一票否决权;公司信托投资决策委员会和自营证券投资决策小组讨论和决定业务运营过程中的重大问题。

#### 4.4.3 监督评价与纠正

公司通过建立自控、互控、监控三位一体的机制,对内部控制活动进行检查、评价、监督和纠正。业务部门对各项业务跟踪管理,经常检查其经营状况,一旦发现存在问题,迅速予以自纠;财务管理部门和风险管理部门分别行使后台监督职能和风险管理职能,相关部门、岗位之间互相制衡、监督,一旦发现问题,均要求限时纠正;审计稽核部门对公司内部控制进行再监督,可获得公司所有的经营信息和管理信息,对公司业务通过常规和专项审计,实施最后的监督和评价,督促内部审计建议的落实,并可直接向董事会和高级管理层报告。

### 4.5 风险管理

#### 4.5.1 信用风险状况及其管理

信用风险主要指交易对手不履行义务的可能性,主要表现为:在贷款、资产回购、后续资金安排、担保、履约承诺、资金往来、证券投资等交易过程中,借款人、担保人、保管人(托管人)、证券投资开户券商、银行等交易对手不履行承诺,不能或不愿履行合约承诺而使信托财产或固有财产遭受潜在损失的可能性。本公司信用风险资产按五级分为正常类、关注类、次级类、可疑类和损失类。2010 年,本公司期初及期末不良资产余额都为零;本公司对信用风险资产根据《金融企业呆账准备提取管理办法》(财金〔2005〕49 号文)及《中国银监会办公厅关于修订信托公司年报披露格式规范信息披露有关问题的通知》(银监办发〔2009〕407 号文)规定,参照上海银监局《银行贷款损失计提指引》(银发〔2002〕98 号文)规定,对年末信用风险资产按照关注类资产 2%、次级类资产 25%、可疑类资产 50%、损失类资产 100%的比例计提贷款损失准备、坏账准备。

信用风险的管理:一是公司严格实行“贷前调查、贷中审查、贷后检查”。在贷前调查(项目立项)阶段,公司规范项目尽职调查的程序、重点和方法;在贷中审查(项目审批)阶段,公司合规部、风险管理部进行预审,公司项目评审委员会对业务进行项目可行性风险评估;在贷后检查(项目运营)阶段,公司要求业务部门持续监控交易对手的履约能力。二是注重信用风险的分散和补偿。在产品交易结构设计上,公司综合运用规避、预防、分散、转移、补偿等手段管理风险,尽力降低信用风险敞口。比如,公司通过引入金融机构信用、财产抵押、权利质押等担保方式,将融资主体的信用风险进行分散、转移。为防止因抵(质)押价值变化扩大信用风险敞口,公司对拟抵(质)押资产设置了抵(质)押率上限,作为价值变化的缓冲;通过账户管理归集和监控项目本身的现金流,作为履约的主要资金来源;在可能的情况下监管交易对手账户,监督资金使用,防止挪用;通过信托受益权的优先劣后安排,将具有不同风险偏好和风险承受能力的客户分开;加大交易对手违约成本,使交易对手不敢轻易违约;通过现场过程监控和非现场信息监控,及时了解项目进展、交易对手经营和资金使用状况;安排信托受益权的流通转让,分散信用风险。三是按照银监会要求,定期对公司资产进行风险分类。四是严格按财政部和中国银监会的要求,提足包括呆账准备金、信托赔偿准备金在内的各项准备金。

#### 4.5.2 市场风险状况及其管理

市场风险主要指在金融市场等投资业务过程中,投资有公开市场价值的金融产品或者其他产品时,金融产品或者其他产品的价格发生波动导致公司信托财产或固有财产遭受损失的可能性。同时,市场风险还具有很强的传导效应,某些信用风险的根源可能也来自交易对手的市场风险。报告期内,上证指数总体呈现震荡下跌的态势,指数跌幅超过 10%,而振幅却超过了 40%。上证综指下跌 14.31%,深成指下跌 9.06%,沪深指数下跌 12.51%,中小板指数上涨 21.26%,创业板指数上涨 13.77%,中证股票型基金指数下跌 0.28%。公司始终坚持价值性和成长性并重的原则,一方面增加短线交易的频度和力度,在严格控制仓位的基础上加强波段操作,以 T +0 操作摊低持股成本;另一方面加强投资制度体系建设,规范投资行为,严格执行公司止盈止损规定,做好极端情况下的压力测试。由于严格控制股票整体仓位,并且加强了差价运作,2010 年公司有效规避了沪深大盘下跌的风险,资产净值跌幅小于沪深大盘,体现了一定的主动管理能力。报告期内,公司未发生因市场风险所造成的损失。

市场风险的管理:一是加强对经济及金融形势的分析预测,并据此提出资产配置及其调整方案。密切跟踪市场,及时调整投资策略和投资组合，密切关注经济运行状况，严格规避政策导向变化带来的不利影响。二是坚持稳健原则，在投资组合中配置足够的固定收益类、新股类、基金类等低风险投资品种。三是对证券投资组合的净值、仓位和投资集中度等指标事先设定预警点或止损点。四是通过投资分散化（组合对冲）降低非系统性风险。五是在业务决策和管理过程中，分别通过压力测试进行分析和评估，进行动态跟踪管理。六是积极贯彻落实监管部门有关文件精神，及时对公司信托业务中的房地产业务、证券投资业务和银信合作等业务提出"风险提示"，密切专注市场变化，加强防范业务风险的措施。

#### 4.5.3 操作风险状况及其管理

操作风险表现为由于公司治理机制、内部控制失效或者有关责任人出现失误、欺诈等问题，公司没有充分及时地做好尽职调查、持续监控、信息披露等工作，未能及时作出应有的反应，或作出的反应明显有失专业和常理，甚至违规违约；公司没有履行勤勉尽职管理的义务，或者无法出具充分有效的证据和记录，证明自己已履行勤勉尽职管理的义务。操作风险包含合规风险，合规风险是指公司因没有遵循法律、规则和准则可能遭受法律制裁、监管处罚、重大财务损失和声誉损失的风险。报告期内，公司未发生因操作风险及合规风险所造成的损失。

操作风险的管理：一是制定和完善公司内部控制制度，在业务操作、会计系统、信息披露、信息系统、人力资源管理、关联交易、档案管理、紧急事故应变等方面，建立行之有效的内控制度和内控流程。二是明确岗位职责，即在合理的组织机构基础上，将各部门的业务活动和管理活动细化为各个具体的工作岗位，然后再按照岗位确定职责和权限，做到定岗、定责、定职、定编、定人，从而建立起公司内部相互制约、相互督促的工作网络。三是在建立岗位职责的基础上，制定公司的业务授权制度和问责制度。通过授权机制，明确投资范围和比例，将从业人员的灵活性和责任制结合起来。四是不断整合公司各项业务流程和管理流程，逐步实现前台、中台、后台分离的业务操作流程化管理。五是建立管理防火墙，以信托财产和固有财产为隔离基础，实现信托业务系统和自营业务系统的部门和人员分离，高管人员管理分工分离，信托财务和自营财务的部门、人员、账表、资产和办公场所分离，每个信托财产的分离，即对每项信托业务单独开户、单独核算、单独管理。六是强调信息系统支持。公司业务应用系统包括账户管理系统、证券投资交易与估值系统、财务系统、渠道服务系统等，目前已初步形成支持公司业务运营的网络结构，系统运行基本正常。七是制定公司员工行为规范，加强对员工守法意识、职业道德的教育。八是重视合规文化建设，宣传合规政策，使员工牢固树立"风险管理是公司经营的基础、效益的前提和核心竞争力的保证"这一风险管理核心价值观念。

#### 4.5.4 其他风险状况及其管理

其他风险主要是指公司业务开展中的流动性风险、政策风险、信誉风险、道德风险等。报告期内，公司未发生因其他风险所造成的损失。

其他风险的管理：一是加强员工合规培训，要求员工认真学习并执行有关的法律法规，增强合规意识，提高员工的风险管理意识和风险管理水平。二是加强对运作项目的现金流量管理，同时做好公司现金流量的预测和安排。三是加强职业道德教育，规范职业行为，把职业道德、职业操守作为员工教育的一个重要内容，不断增强员工的工作责任心，严格控制道德风险。

## 5. 报告期末及上年末的比较式会计报表

### 5.1 自营资产

#### 5.1.1 会计师事务所审计意见

上海上会会计师事务所有限公司对公司所作的审计结论如下：

上海国际信托有限公司财务报表已经按照《企业会计准则》的规定编制，在所有重大方面公允反映了上海国际信托有限公司 2010 年 12 月 31 日的合并及母公司财务状况以及 2010 年度的合并及母公司经营成果和合并及母公司现金流量。

#### 5.1.2 资产负债表

**资产负债表**

编制单位：上海国际信托有限公司　　2010 年 12 月 31 日　　单位：万元

| 资产 | 期末数 | | 期初数 | | 负债及所有者权益 | 期末数 | | 期初数 | |
|---|---|---|---|---|---|---|---|---|---|
| | 合并 | 母公司 | 合并 | 母公司 | | 合并 | 母公司 | 合并 | 母公司 |
| 资产： | | | | | 负债： | | | | |
| 现金及存放中央银行款项 | 6.23 | 0.05 | 6.38 | 0.01 | 向中央银行借款 | | | | |
| 存放同业款项 | 147 780.92 | 28 033.04 | 170 963.22 | 60 809.81 | 同业及其他金融机构存放款项 | | | | |
| 贵金属 | | | | | 拆入资金 | | | | |
| 拆出资金 | | | | | 交易性金融负债 | | | | |
| 交易性金融资产 | 78 608.27 | 78 608.27 | 43 766.17 | 42 369.09 | 衍生金融负债 | | | | |
| 衍生金融资产 | | | | | 卖出回购金融资产款 | | | | |
| 买入返售金融资产 | 40 000.50 | 40 000.50 | | | 吸收存款 | | | | |
| 应收利息 | 430.94 | 22.29 | 535.63 | | 应付职工薪酬 | 18 966.36 | 5 553.71 | 22 369.47 | 7 287.89 |
| 发放贷款和垫款 | | | | | 应交税费 | 16 208.67 | 8 260.51 | 11 722.48 | 4 119.06 |
| 可供出售金融资产 | 106 404.23 | 106 404.23 | 108 318.33 | 108 318.33 | 应付利息 | | | | |

续表

| 资产 | 期末数 | | 期初数 | | 负债及所有者权益 | 期末数 | | 期初数 | |
|---|---|---|---|---|---|---|---|---|---|
| 持有至到期投资 | | | | | 预计负债 | | | | |
| 长期股权投资 | 218 939.01 | 234 844.49 | 219 874.56 | 235 960.26 | 应付债券 | | | | |
| 投资性房地产 | 4 035.27 | 4 035.27 | 4 361.18 | 4 361.18 | 递延所得税负债 | 579.54 | 579.54 | 1 197.52 | 1 197.52 |
| 固定资产 | 5 640.00 | 4 236.96 | 5 812.75 | 4 277.57 | 其他负债 | 22 975.98 | 15 714.21 | 24 218.45 | 16 891.86 |
| 无形资产 | 941.70 | 352.65 | 951.73 | 359.46 | 负债合计 | 58 730.55 | 30 107.97 | 59 507.92 | 29 496.33 |
| 递延所得税资产 | 3 653.38 | 264.20 | 3 666.77 | | | | | | |
| 其他资产 | 35 909.06 | 24 169.66 | 34 606.47 | 24 743.87 | 所有者权益: | | | | |
| 商誉 | 436.45 | | 436.45 | | 实收资本 | 250 000.00 | 250 000.00 | 250 000.00 | 250 000.00 |
| | | | | | 资本公积 | 10 297.71 | 10 073.92 | 10 297.11 | 10 297.11 |
| | | | | | 减:库存股 | | | | |
| | | | | | 盈余公积 | 52 229.26 | 52 229.26 | 44 540.90 | 44 540.90 |
| | | | | | 一般风险准备 | 21 754.75 | 2 783.70 | 17 357.90 | 2 783.70 |
| | | | | | 信托赔偿准备 | 50 000.00 | 50 000.00 | 49 333.86 | 49 333.86 |
| | | | | | 未分配利润 | 147 313.40 | 125 776.76 | 114 886.07 | 94 747.68 |
| | | | | | 外币折算差额 | 60.09 | | 119.82 | |
| | | | | | 归属于母公司所有者权益合计 | 531 655.21 | 490 863.64 | 486 535.66 | 451 703.25 |
| | | | | | 少数股东权益 | 52 400.20 | | 47 256.06 | |
| | | | | | 所有者权益合计 | 584 055.41 | 490 863.64 | 533 791.72 | 451 703.25 |
| 资产总计 | 642 785.96 | 520 971.61 | 593 299.64 | 481 199.58 | 负债及所有者权益总计: | 642 785.96 | 520 971.61 | 593 299.64 | 481 199.58 |

法定代表人:潘卫东　　主管会计工作负责人:陈　兵　　会计机构负责人:朱　红

### 5.1.3 利润表

**利润表**

编制单位:上海国际信托有限公司　　2010 年　　单位:万元

| 项　目 | 本年累计数 | | 上年累计数 | |
|---|---|---|---|---|
| | 合并 | 母公司 | 合并 | 母公司 |
| 一、营业收入 | 181 363.43 | 93 698.16 | 158 463.53 | 78 457.86 |
| 利息净收入 | 3 881.82 | 1 451.65 | 6 742.54 | 4 025.73 |
| 利息收入 | 3 881.82 | 1 451.65 | 6 742.54 | 4 025.73 |
| 利息支出 | | | | |
| 手续费及佣金净收入 | 125 560.48 | 30 211.23 | 113 882.85 | 20 303.91 |
| 手续费及佣金收入 | 125 697.26 | 30 217.85 | 113 918.61 | 20 339.67 |
| 手续费及佣金支出 | 136.78 | 6.62 | 35.76 | 35.76 |
| 投资收益(损失以“-”号填列) | 46 650.02 | 59 095.06 | 25 105.07 | 44 108.84 |
| 其中:对联营企业和合营企业的投资收益 | | | | |
| 公允价值变动收益(损失以“-”号填列) | -2 876.02 | -3 225.95 | 9 940.50 | 9 346.12 |
| 汇兑收益(损失以“-”号填列) | -108.01 | -149.87 | -26.73 | -22.48 |
| 其他业务收入 | 8 255.14 | 6 316.04 | 2 819.30 | 695.74 |
| 二、营业支出 | 66 514.11 | 9 315.08 | 73 407.82 | 18 068.72 |
| 营业税金及附加 | 7 204.31 | 2 308.14 | 6 221.57 | 1 367.35 |
| 业务及管理费 | 58 846.39 | 6 543.54 | 66 716.71 | 16 231.83 |
| 资产减值损失 | -17.91 | -17.91 | -8.58 | -8.58 |
| 其他业务成本 | 481.31 | 481.31 | 478.12 | 478.12 |
| 三、营业利润(亏损以“-”号填列) | 114 849.32 | 84 383.08 | 85 055.71 | 60 389.14 |
| 加:营业外收入 | 1 824.48 | 928.51 | 5 476.24 | 2 122.11 |
| 减:营业外支出 | 87.07 | 31.40 | 6.37 | 5.00 |
| 四、利润总额 | 116 586.73 | 85 280.19 | 90 525.58 | 62 506.25 |
| 减:所得税费用 | 17 295.21 | 8 396.61 | 20 021.37 | 7 916.03 |
| 五、净利润(净亏损以“-”号填列) | 99 291.52 | 76 883.58 | 70 504.21 | 54 590.22 |
| 少数股东损益 | 16 612.84 | | 17 435.61 | |
| 六、归属于母公司所有者的净利润 | 82 678.68 | 76 883.58 | 53 068.60 | 54 590.22 |
| 七、每股收益: | | | | |
| 基本每股收益 | | | | |
| 稀释每股收益 | | | | |

法定代表人:潘卫东　　主管会计工作负责人:陈　兵　　会计机构负责人:朱　红

## 5.1.4 所有者权益变动表

### 所有者权益变动表

编制单位：上海国际信托有限公司（合并）　　2010 年　　单位：万元

| 项目 | 本期金额 | | | | | | | | | | 上期金额 | | | | | | | | | |
|---|---|---|---|---|---|---|---|---|---|---|---|---|---|---|---|---|---|---|---|---|
| | 归属于母公司所有者权益 | | | | | | | 小计 | 少数股东权益 | 所有者权益合计 | 归属于母公司所有者权益 | | | | | | | 小计 | 少数股东权益 | 所有者权益合计 |
| | 实收资本 | 资本公积 | 盈余公积 | 一般风险准备金 | 信托赔偿准备金 | 未分配利润 | 外币报表折算差额 | | | | 实收资本 | 资本公积 | 盈余公积 | 一般风险准备金 | 信托赔偿准备金 | 未分配利润 | 外币报表折算差额 | | | |
| 一、上年末余额 | 250 000.00 | 10 297.11 | 44 540.90 | 17 357.90 | 49 333.86 | 114 886.07 | 119.82 | 486 535.66 | 47 256.06 | 533 791.72 | 250 000.00 | 7 807.83 | 33 622.86 | 12 991.98 | 43 874.84 | 97 560.46 | | 445 857.96 | 38 836.45 | 484 694.41 |
| 加：会计政策变更 | | | | | | | | | | | | | | | | | | | | |
| 前期差错更正 | | | | | | | | | | | | | | | | | | | | |
| 二、本年初余额 | 250 000.00 | 10 297.11 | 44 540.90 | 17 357.90 | 49 333.86 | 114 886.07 | 119.82 | 486 535.66 | 47 256.06 | 533 791.72 | 250 000.00 | 7 807.83 | 33 622.86 | 12 991.98 | 43 874.84 | 97 560.46 | | 445 857.96 | 38 836.45 | 484 694.41 |
| 三、本年增减变动金额（减少以"－"号填列） | | 0.60 | 7 688.36 | 4 396.85 | 666.14 | 32 427.33 | -59.73 | 45 119.55 | 5 144.14 | 50 263.69 | | 2 489.28 | 10 918.04 | 4 365.92 | 5 459.02 | 17 325.62 | 119.82 | 40 677.70 | 8 419.61 | 49 097.31 |
| （一）净利润 | | | | | | 82 678.68 | | 82 678.68 | 16 612.84 | 99 291.52 | | | | | | 53 068.60 | | 53 068.60 | 17 435.61 | 70 504.21 |
| （二）直接计入所有者权益的利得和损失 | | -223.19 | | | | | -11.80 | -234.99 | -7.87 | -242.86 | | 2 489.28 | | | | | 119.82 | 2 609.10 | | 2 609.10 |
| 1. 可供出售金融资产公允价值变动净额 | | -297.58 | | | | | | -297.58 | | -297.58 | | 3 319.04 | | | | | | 3 319.04 | | 3 319.04 |
| 2. 权益法下被投资单位其他所有者权益变动的影响 | | | | | | | | | | | | | | | | | | | | |
| 3. 与计入所有者权益项目相关的所得税影响 | | 74.39 | | | | | | 74.39 | | 74.39 | | -829.76 | | | | | | -829.76 | | -829.76 |
| 4. 其他 | | | | | | | -11.80 | -11.80 | -7.87 | -19.67 | | | | | | | 119.82 | 119.82 | | 119.82 |
| 上述（一）和（二）小计 | | -223.19 | | | | 82 678.68 | -11.80 | 82 443.69 | 16 604.97 | 99 048.66 | | 2 489.28 | | | | 53 068.60 | 119.82 | 55 677.70 | 17 435.61 | 73 113.31 |
| （三）所有者投入和减少资本 | | 223.79 | | | | | -47.93 | 175.86 | 54.17 | 230.03 | | | | | | | | | 4 900.00 | 4 900.00 |
| 1. 所有者投入资本 | | | | | | | -47.93 | -47.93 | 54.17 | 6.24 | | | | | | | | | 4 900.00 | 4 900.00 |
| 2. 股份支付计入所有者权益的金额 | | | | | | | | | | | | | | | | | | | | |
| 3. 其他 | | 223.79 | | | | | | 223.79 | | 223.79 | | | | | | | | | | |
| （四）利润分配 | | | 7 688.36 | 4 396.85 | 666.14 | -50 251.35 | | -37 500.00 | -11 515.00 | -49 015.00 | | | 10 918.04 | 4 365.92 | 5 459.02 | -35 742.98 | | -15 000.00 | -13 916.00 | -28 916.00 |
| 1. 提取盈余公积\交易风险准备\一般风险准备 | | | 7 688.36 | 4 396.85 | 666.14 | -12 751.35 | | | | | | | 10 918.04 | 4 365.92 | 5 459.02 | -20 742.98 | | | | 0.00 |
| 2. 对所有者（或股东）的分配 | | | | | | -37 500.00 | | -37 500.00 | -11 515.00 | -49 015.00 | | | | | | -15 000.00 | | -15 000.00 | -13 916.00 | -28 916.00 |
| 3. 其他 | | | | | | | | | | | | | | | | | | | | |
| （五）所有者权益内部结转 | | | | | | | | | | | | | | | | | | | | |
| 1. 资本公积转增资本（或股本） | | | | | | | | | | | | | | | | | | | | |
| 2. 盈余公积转增资本（或股本） | | | | | | | | | | | | | | | | | | | | |
| 3. 盈余公积弥补亏损 | | | | | | | | | | | | | | | | | | | | |
| 4. 其他 | | | | | | | | | | | | | | | | | | | | |
| 四、本年末余额 | 250 000.00 | 10 297.71 | 52 229.26 | 21 754.75 | 50 000.00 | 147 313.40 | 60.09 | 531 655.21 | 52 400.20 | 584 055.41 | 250 000.00 | 10 297.11 | 44 540.90 | 17 357.90 | 49 333.86 | 114 886.07 | 119.82 | 486 535.66 | 47 256.06 | 533 791.72 |

法定代表人：潘卫东　　主管会计工作负责人：陈　兵　　会计机构负责人：朱　红

# 所有者权益变动表

编制单位：上海国际信托有限公司（母公司）　　2010 年　　单位：万元

| 项目 | 本年金额 | | | | | | | | 上年金额 | | | | | | | |
|---|---|---|---|---|---|---|---|---|---|---|---|---|---|---|---|---|
| | 实收资本 | 资本公积 | 盈余公积 | 一般风险准备金 | 信托赔偿准备金 | 未分配利润 | 外币报表折算差额 | 所有者权益合计 | 实收资本 | 资本公积 | 盈余公积 | 一般风险准备金 | 信托赔偿准备金 | 未分配利润 | 外币报表折算差额 | 所有者权益合计 |
| 一、上年末余额 | 250 000.00 | 10 297.11 | 44 540.90 | 2 783.70 | 49 333.86 | 94 747.68 | | 451 703.25 | 250 000.00 | 7 807.83 | 33 622.86 | 2 783.70 | 43 874.84 | 71 534.52 | | 409 623.75 |
| 加：会计政策变更 | | | | | | | | | | | | | | | | |
| 前期差错更正 | | | | | | | | | | | | | | | | |
| 二、本年初余额 | 250 000.00 | 10 297.11 | 44 540.90 | 2 783.70 | 49 333.86 | 94 747.68 | | 451 703.25 | 250 000.00 | 7 807.83 | 33 622.86 | 2 783.70 | 43 874.84 | 71 534.52 | | 409 623.75 |
| 三、本年增减变动金额（减少以"－"号填列） | | −223.19 | 7 688.36 | | 666.14 | 31 029.08 | | 39 160.39 | | 2 489.28 | 10 918.04 | | 5 459.02 | 23 213.16 | | 42 079.50 |
| （一）净利润 | | | | | | 76 883.58 | | 76 883.58 | | | | | | 54 590.22 | | 54 590.22 |
| （二）直接计入所有者权益的利得和损失 | | −223.19 | | | | | | −223.19 | | 2 489.28 | | | | | | 2 489.28 |
| 1. 可供出售金融资产公允价值变动净额 | | −297.58 | | | | | | −297.58 | | 3 319.04 | | | | | | 3 319.04 |
| 2. 权益法下被投资单位其他所有者权益变动的影响 | | | | | | | | | | | | | | | | |
| 3. 与计入所有者权益项目相关的所得税影响 | | 74.39 | | | | | | 74.39 | | −829.76 | | | | | | −829.76 |
| 4. 其他 | | | | | | | | | | | | | | | | |
| 上述（一）和（二）小计 | | −223.19 | | | | 76 883.58 | | 76 660.38 | | 2 489.28 | | | | 54 590.22 | | 57 079.50 |
| （三）所有者投入和减少资本 | | | | | | | | | | | | | | | | |
| 1. 所有者投入资本 | | | | | | | | | | | | | | | | |
| 2. 股份支付计入所有者权益的金额 | | | | | | | | | | | | | | | | |
| 3. 其他 | | | | | | | | | | | | | | | | |
| （四）利润分配 | | | 7 688.36 | | 666.14 | −45 854.50 | | −37 500.00 | | | 10 918.04 | | 5 459.02 | −31 377.07 | | −15 000.00 |
| 1. 提取盈余公积\交易风险准备\一般风险准备 | | | 7 688.36 | | 666.14 | −8 354.50 | | | | | 10 918.04 | | 5 459.02 | −16 377.07 | | |
| 2. 对所有者（或股东）的分配 | | | | | | −37 500.00 | | −37 500.00 | | | | | | −15 000.00 | | −15 000.00 |
| 3. 其他 | | | | | | | | | | | | | | | | |
| （五）所有者权益内部结转 | | | | | | | | | | | | | | | | |
| 1. 资本公积转增资本（或股本） | | | | | | | | | | | | | | | | |
| 2. 盈余公积转增资本（或股本） | | | | | | | | | | | | | | | | |
| 3. 盈余公积弥补亏损 | | | | | | | | | | | | | | | | |
| 4. 其他 | | | | | | | | | | | | | | | | |
| 四、本年末余额 | 250 000.00 | 10 073.92 | 52 229.26 | 2 783.70 | 50 000.00 | 125 776.76 | | 490 863.64 | 250 000.00 | 10 297.11 | 44 540.90 | 2 783.70 | 49 333.86 | 94 747.68 | | 451 703.25 |

法定代表人：潘卫东　　主管会计工作负责人：陈　兵　　会计机构负责人：朱　红

## 5.2 信托资产

### 5.2.1 信托项目资产负债汇总表

**信托项目资产负债汇总表**

编制单位:上海国际信托有限公司　　2010年12月31日　　单位:万元

| 信托资产 | 期末余额 | 年初余额 | 信托负债和信托权益 | 期末余额 | 年初余额 |
|---|---|---|---|---|---|
| 信托资产: | | | 信托负债: | | |
| 货币资金 | 293 797.79 | 696 577.25 | 交易性金融负债 | 0.00 | 0.00 |
| 拆出资金 | 0.00 | 0.00 | 衍生金融负债 | 0.00 | 0.00 |
| 存出保证金 | 261.48 | 283.19 | 应付受托人报酬 | 1 275.27 | 1 652.39 |
| 交易性金融资产 | 1 094 451.84 | 594 374.00 | 应付托管费 | 1 520.80 | 175.73 |
| 衍生金融资产 | 351.76 | 0.00 | 应付受益人收益 | 7 199.87 | 404.10 |
| 买入返售金融资产 | 41 400.84 | 0.00 | 应交税费 | 0.00 | |
| 应收款项 | 38 951.08 | 11 099.83 | 应付销售服务费 | 15.06 | |
| 发放贷款 | 2 345 578.95 | 2 571 700.37 | 其他应付款 | 19 548.21 | 68 617.42 |
| 可供出售金融资产 | 1 295 584.07 | 288 367.48 | 预计负债 | 0.00 | |
| 持有至到期投资 | 177 000.00 | 503 342.47 | 其他负债 | 0.00 | 1.89 |
| 长期应收款 | 0.00 | 0.00 | 信托负债合计 | 29 559.21 | 70 851.53 |
| 长期股权投资 | 179 575.00 | 227 377.83 | 信托权益: | | |
| 投资性房地产 | 0.00 | 0.00 | 实收信托 | 5 273 364.35 | 4 777 941.06 |
| 固定资产 | 0.00 | 0.00 | 资本公积 | 129 559.87 | 11 451.91 |
| 无形资产 | 0.00 | 0.00 | 未分配利润 | 34 469.38 | |
| 长期待摊费用 | 0.00 | 0.22 | 外币报表折算差额 | 0.00 | 32 878.14 |
| 其他资产 | 0.00 | 0.00 | 信托权益合计 | 5 437 393.60 | 4 822 271.11 |
| 信托资产总计 | 5 466 952.81 | 4 893 122.64 | 信托负债及信托权益总计 | 5 466 952.81 | 4 893 122.64 |

企业负责人:潘卫东　　复核:姚海岚　　制表:李　敏

### 5.2.2 信托项目利润和利润分配汇总表

**信托项目利润和利润分配汇总表**

2010年

编制单位:上海国际信托有限公司　　单位:万元

| 项　目 | 本年金额 | 上年金额 |
|---|---|---|
| 1. 营业收入 | 415 507.16 | 222 891.95 |
| 1.1 利息收入 | 201 548.30 | 73 005.08 |
| 1.2 投资收益 | 206 814.12 | 106 026.35 |
| 1.2.1 其中:对联营企业和合营企业的投资收益 | 0.00 | 0.00 |
| 1.3 公允价值变动收益 | 7 226.16 | 11 384.64 |
| 1.4 租赁收入 | 0.00 | 0.00 |
| 1.5 汇兑损益 | -63.72 | 0.00 |
| 1.6 其他收入 | -17.71 | 32 475.88 |
| 2. 支出 | 71 104.74 | 28 249.07 |
| 2.1 营业税金及附加 | 0.00 | 0.00 |
| 2.2 受托人报酬 | 28 714.11 | 16 429.01 |
| 2.3 托管费 | 6 805.82 | 2 884.22 |
| 2.4 投资管理费 | 7 493.24 | 2 885.01 |
| 2.5 销售服务费 | 1 476.58 | 236.80 |
| 2.6 交易费用 | 6 226.24 | 0.00 |
| 2.7 资产减值损失 | 0.00 | 0.00 |
| 2.8 其他费用 | 20 388.76 | 5 814.03 |
| 3. 信托净利润 | 344 402.42 | 194 642.88 |
| 4. 其他综合收益 | 117 077.66 | 0.00 |
| 5. 综合收益 | 461 480.07 | 194 642.88 |
| 6. 加:期初未分配信托利润 | 32 878.14 | 6 770.88 |
| 7. 可供分配的信托利润 | 376 856.04 | 201 413.76 |
| 8. 减:本期已分配信托利润 | 342 386.65 | 168 535.62 |
| 9. 期末未分配信托利润 | 34 469.38 | 32 878.14 |

企业负责人:潘卫东　　复核:姚海岚　　制表:李　敏

# 6. 会计报表附注

## 6.1 报告年度会计报表编制基准、会计政策、会计估计和核算方法发生的变化

本公司2010年会计报表编制基准、会计政策、会计估计和核算方法与上年保持一致,未发生变化。

## 6.2 或有事项说明

报告期内,本公司未发生对外担保及其他或有事项。

## 6.3 重要资产转让及其出售的说明

报告期内,本公司未发生重要资产转让及出售情况。

## 6.4 会计报表中重要项目的明细资料

### 6.4.1 披露自营资产经营情况

6.4.1.1 按信用风险五级分类结果披露信用风险资产的期初数、期末数

| 信用风险资产五级分类 | 正常类(万元) | 关注类(万元) | 次级类(万元) | 可疑类(万元) | 损失类(万元) | 信用风险资产合计(万元) | 不良合计(万元) | 不良率(%) |
|---|---|---|---|---|---|---|---|---|
| 期初数 | 1 714.79 | 1 235.52 | — | — | — | 2 950.31 | — | — |
| 期末数 | 2 829.38 | 339.86 | — | — | — | 3 169.24 | — | — |

注:不良资产合计=次级类+可疑类+损失类。

6.4.1.2 各项资产减值损失准备的期初、本期计提、本期转回、本期核销、期末数

单位：万元

| | 期初数 | 本期计提 | 本期转回 | 本期核销 | 期末数 |
|---|---|---|---|---|---|
| 贷款损失准备 | — | — | — | — | — |
| 一般准备 | — | — | — | — | — |
| 专项准备 | — | — | — | — | — |
| 其他资产减值准备 | 876.60 | 6.80 | 396.63 | — | 486.77 |
| 可供出售金融资产减值准备 | — | — | — | — | — |
| 持有至到期投资减值准备 | — | — | — | — | — |
| 长期股权投资减值准备 | 425.52 | — | 371.92 | — | 53.60 |
| 坏账准备 | 24.71 | 6.80 | 24.71 | — | 6.80 |
| 投资性房地产减值准备 | — | — | — | — | — |
| 抵债资产减值准备 | 426.37 | — | — | — | 426.37 |

6.4.1.3 按照投资品种分类，分别披露固有业务股票投资、基金投资、债券投资、股权投资等投资业务的期初数、期末数

单位：万元

| | 自营股票 | 基金 | 债券 | 长期股权投资 | 其他投资 | 合计 |
|---|---|---|---|---|---|---|
| 期初数 | 23 076.42 | 33 453.60 | 7 326.40 | 235 960.26 | 86 830.99 | 386 647.67 |
| 期末数 | 31 169.14 | 47 071.01 | 15 134.60 | 234 844.49 | 91 637.75 | 419 856.99 |

6.4.1.4 按投资入股金额排序，前三名的自营长期股权投资的企业名称、占被投资企业权益的比例及投资收益情况等

| 企业名称 | 占被投资企业权益的比例(%) | 投资损益(万元) |
|---|---|---|
| 1. 上海证券有限责任公司 | 33.33 | 17 400.00 |
| 2. 上海浦东发展银行股份有限公司 | 5.23 | 8 662.05 |
| 3. 香港申联投资发展有限公司 | 16.50 | — |

6.4.1.5 前三名的自营贷款的企业名称、占贷款总额的比例和还款情况等

报告期末，本公司无自营贷款。

6.4.1.6 表外业务的期初数、期末数；按照代理业务、担保业务和其他类型表外业务分别披露

单位：万元

| 表外业务 | 期初数 | 期末数 |
|---|---|---|
| 担保业务 | — | — |
| 代理业务(委托业务) | 74 954.42 | 175 714.42 |
| 其他 | 1 330.00 | 1 330.00 |
| 合计 | 76 284.42 | 177 044.42 |

6.4.1.7 公司当年的收入结构

合并口径

| 收入结构 | 金额(万元) | 占比(%) |
|---|---|---|
| 手续费及佣金收入 | 125 697.26 | 68.53 |
| 其中：信托手续费收入 | 30 035.24 | 16.37 |
| 投资银行业务收入 | 57.25 | 0.03 |
| 利息收入 | 3 881.82 | 2.12 |
| 其他业务收入 | 8 255.14 | 4.50 |
| 其中：计入信托业务收入部分 | — | — |
| 投资收益 | 46 650.02 | 25.43 |
| 其中：股权投资收益 | 34 153.06 | 18.62 |
| 证券投资收益 | 12 496.96 | 6.81 |
| 其他投资收益 | — | — |
| 公允价值变动收益 | -2 876.02 | -1.57 |
| 营业外收入 | 1 824.48 | 0.99 |
| 收入合计 | 183 432.70 | 100.00 |

母公司口径

| 收入结构 | 金额(万元) | 占比(%) |
|---|---|---|
| 手续费及佣金收入 | 30 217.85 | 31.88 |
| 其中：信托手续费收入 | 30 035.24 | 31.69 |
| 投资银行业务收入 | 57.25 | 0.06 |
| 利息收入 | 1 451.65 | 1.53 |
| 其他业务收入 | 6 316.04 | 6.66 |
| 其中：计入信托业务收入部分 | — | — |
| 投资收益 | 59 095.06 | 62.35 |
| 其中：股权投资收益 | 46 238.90 | 48.78 |
| 证券投资收益 | 12 856.16 | 13.56 |
| 其他投资收益 | — | — |
| 公允价值变动收益 | -3 225.95 | -3.40 |
| 营业外收入 | 928.52 | 0.98 |
| 收入合计 | 94 783.17 | 100.00 |

其他业务收入主要包括已收回核销资产本金。

2010年，以手续费及佣金确认的信托业务收入金额为280 720 454.64元；以业绩报酬形式确认的信托业务收入金额为16 115 812.54元；以其他形式确认的信托业务收入金额为3 516 165.00元。

**6.4.2 披露信托财产管理情况**

6.4.2.1 信托资产的期初数、期末数

单位：万元

| 信托资产 | 期初数 | 期末数 |
|---|---|---|
| 集合 | 1 194 169.28 | 1 531 649.28 |
| 单一 | 3 618 676.11 | 3 935 303.53 |
| 财产权 | 80 277.25 | — |
| 合计 | 4 893 122.64 | 5 466 952.81 |

6.4.2.1.1 主动管理型信托业务的信托资产期初数、期末数

单位：万元

| 主动管理型信托资产 | 期初数 | 期末数 |
|---|---|---|
| 证券投资类 | 279 453.41 | 533 578.98 |
| 股权投资类 | 217 037.93 | 193 750.92 |
| 融资类 | 875 194.76 | 1 319 630.86 |
| 事务管理类 | 9 996.24 | — |
| 合计 | 1 580 577.50 | 2 194 681.95 |

6.4.2.1.2 被动管理型信托业务的信托资产期初数、期末数

单位：万元

| 被动管理型信托资产 | 期初数 | 期末数 |
|---|---|---|
| 证券投资类 | 324 239.00 | 2 078 002.90 |
| 股权投资类 | 10 339.90 | — |
| 融资类 | 2 393 226.92 | 1 194 267.95 |
| 事务管理类 | — | — |
| 合计 | 3 312 545.14 | 3 272 270.86 |

6.4.2.2 本年度已清算结束的信托项目

6.4.2.2.1 本年度已清算结束的信托项目

| 已清算结束信托项目 | 项目个数 | 实收信托合计金额(万元) | 加权平均实际年化收益率(%) |
|---|---|---|---|
| 集合资金类 | 44 | 865 745.22 | 11.24 |
| 单一资金类 | 124 | 5 776 450.89 | 5.11 |
| 财产管理类 | 4 | 73 599.71 | 17.02 |

注:加权平均实际年化收益率=(信托项目1的实际年化收益率×信托项目1的实收信托+……+信托项目n的实际年化收益率×信托项目n的实收信托)/(信托项目1的实收信托+……+信托项目n的实收信托)×100%。

6.4.2.2.2 本年度已清算结束的主动管理型信托项目

| 已清算结束信托项目 | 项目个数 | 实收信托合计金额(万元) | 加权平均实际年化信托报酬率(%) | 加权平均实际年化收益率(%) |
|---|---|---|---|---|
| 证券投资类 | 18 | 235 021.59 | 1.23 | 3.66 |
| 股权投资类 | 10 | 462 577.93 | 0.97 | 16.88 |
| 融资类 | 24 | 392 979.70 | 1.16 | 9.40 |
| 事务管理类 | 2 | 9 903.51 | 0.12 | 0.97 |

注:加权平均实际年化收益率=(信托项目1的实际年化收益率×信托项目1的实收信托+……+信托项目n的实际年化收益率×信托项目n的实收信托)/(信托项目1的实收信托+……+信托项目n的实收信托)×100%。

6.4.2.2.3 本年度已清算结束的被动管理型信托项目

| 已清算结束信托项目 | 项目个数 | 实收信托合计金额(万元) | 加权平均实际年化信托报酬率(%) | 加权平均实际年化收益率(%) |
|---|---|---|---|---|
| 证券投资类 | 5 | 1 793 080.40 | 0.12 | 6.62 |
| 股权投资类 | 2 | 60 339.90 | 0.23 | 6.55 |
| 融资类 | 111 | 3 761 892.78 | 0.15 | 4.33 |
| 事务管理类 | — | — | — | — |

注:加权平均实际年化收益率=(信托项目1的实际年化收益率×信托项目1的实收信托+……+信托项目n的实际年化收益率×信托项目n的实收信托)/(信托项目1的实收信托+……+信托项目n的实收信托)×100%。

6.4.2.3 本年度新增的信托项目

| 新增信托项目 | 项目个数 | 实收信托合计金额(万元) |
|---|---|---|
| 集合类 | 59 | 1 135 096.23 |
| 单一类 | 92 | 5 453 598.97 |
| 财产管理类 | — | — |
| 新增合计 | 151 | 6 588 695.20 |
| 其中:主动管理型 | 76 | 1 790 160.87 |
| 被动管理型 | 75 | 4 798 534.33 |

注:本年新增信托项目指在本报告年度内累计新增的信托项目个数和金额,包含本年度新增并于本年度内结束的项目和本年度新增至报告期末仍在持续管理的信托项目。

6.4.2.4 信托业务创新成果和特色业务有关情况

上海信托不断开辟信托创新领域,培育主动管理能力,优化升级产品系列,努力发展特色业务:在证券投资领域,"红宝石"系列信托计划实现跨资产、跨策略、跨管理人的多元资产配置,借鉴了国际基金经营最新标准 UCITS Ⅳ 搭建产品架构,安心进取伞形配置信托计划成为业内首只以大类资产配置为导向的自主管理型信托产品,在上海市政府举办的"2010 年上海金融创新奖"评选中作为唯一信托产品入围并荣获二等奖,在《证券时报》举办的第三届中国优秀信托公司评选中荣获"最佳信托计划奖";在股权投资领域,针对 PIPE 细分市场推出了投融资结合型的"璞玉"系列以及引进外部投资顾问的"碧玺"系列,"钻石"系列股权信托是公司发行的首只股权投资基金,也是业内首只受托人自主管理的 PIPE 基金,充分体现细分市场和股权价值的研判能力;在货币市场投资领域,"现金丰利"产品的投研力度得到加强,产品投资结构更加优化,全年实现年化收益率达 2.45%,不但保持了良好的流动性,也取得了远超市场其他货币类产品的投资业绩,为开放式资金池业务的发展打下良好基础;在国际理财领域,继去年设立国内首只 QDII 信托产品后,今年"铂金"系列受托规模获得持续增长,产品运营更加完善,规模已超过 3.16 亿元。目前,这些主动管理类信托产品的运行和实际收益率情况良好,深获投资者好评。

6.4.2.5 本公司履行受托人义务情况

公司严格按照《信托法》、《信托公司管理办法》、《信托公司集合资金信托计划管理办法》及信托文件等规定,履行诚实、信用、谨慎、有效管理的义务,为受益人的最大利益处理信托事务。

报告期内,公司管理的信托项目运作正常,到期信托产品合同金额为 671.58 亿元,全部安全交付受益人,未出现因本公司自身责任而导致的信托资产损失情况。

## 6.5 关联方关系及其交易的披露

**6.5.1 关联交易方的数量、关联交易的总金额及关联交易的定价政策等**

| | 关联交易方数量 | 关联交易金额(万元) | 定价政策 |
|---|---|---|---|
| 合计 | 8 | 640 452.99 | 按市场价格交易;若无市场价格,则按公允原则,以不优于对非关联方同类交易的条件定价交易。 |

**6.5.2 关联交易方与本公司的关系性质、关联交易方的名称、法定代表人、注册地址、注册资本及主营业务等**

| 关系性质 | 关联方名称 | 法定代表人 | 注册地址 | 注册资本(万元) | 主营业务 |
|---|---|---|---|---|---|
| 母公司 | 上海国际集团有限公司 | 吉晓辉 | 威海路 511 号 | 1 055 884.00 | 开展以金融为主、非金融为辅的投资、资本运作与资产管理业务,金融研究,社会经济咨询(上述经营范围涉及许可经营的凭许可证经营)。 |
| 联营企业 | 上海浦东发展银行股份有限公司 | 吉晓辉 | 中山东一路 12 号 | 883 004.56 | 吸收公众存款、发放贷款、办理结算等。 |
| 受同一母公司控制 | 上海证券有限责任公司 | 郁忠民 | 西藏中路 336 号 | 261 000.00 | 证券经纪,证券投资咨询,证券自营等。 |

续表

| 关系性质 | 关联方名称 | 法定代表人 | 注册地址 | 注册资本（万元） | 主营业务 |
|---|---|---|---|---|---|
| 受同一母公司控制 | 上海国际集团金融服务有限公司 | 赵峻波 | 九江路111号 | 10 900.00 | 经营国际国内招标、经营和代理国家规定统一联合经营以外的商品及技术进出口业务，开展"三来一补"、技术服务，承办中外合资、合作等业务（以上涉及许可经营的凭许可证经营）。 |
| 受同一母公司控制 | 上海市上投招标公司 | 赵峻波 | 九江路111号 | 2 300.00 | 受理利用内外资的市政房产，交通运输，港口通信和工业项目的招标业务，接受客户委托受理投标业务。 |
| 受同一母公司控制 | 上海国际集团资产管理有限公司 | 张行 | 浦东南路360号 | 150 000.00 | 投资管理。 |
| 受同一母公司控制 | 上海国际集团（香港）有限公司 | 邵亚良 | 香港湾仔港湾道1号会展中心办公楼1807室 | HKD669.00 | 进出口贸易、服务贸易、招商引资、投资咨询服务等。 |
| 联营企业 | 华安基金管理有限公司 | 俞妙根 | 浦东南路360号新上海国际大厦37楼 | 15 000.00 | 基金管理。 |

**6.5.3 逐笔披露本公司与关联方的重大交易事项**

6.5.3.1 固有与关联方交易情况：贷款、投资、租赁、应收账款担保、其他方式等期初汇总数、本期借方和贷方发生额汇总数、期末汇总数

单位：万元

| 固有与关联方关联交易 | | | | |
|---|---|---|---|---|
| | 期初数 | 借方发生额 | 贷方发生额 | 期末数 |
| 贷款 | — | — | — | — |
| 投资 | 400.00 | 4 000.00 | 272.29 | 4 400.00 |
| 租赁 | — | — | — | — |
| 担保 | — | — | — | — |
| 应收账款 | — | — | — | — |
| 其他 | — | 272.29 | 205.60 | 272.29 |
| 合计 | 400.00 | 4 272.29 | 477.89 | 4 672.29 |

6.5.3.2 信托与关联方交易情况：贷款、投资、租赁、应收账款、担保、其他方式等期初汇总数、本期借方和贷方发生额汇总数、期末汇总数

单位：万元

| 信托与关联方关联交易 | | | | |
|---|---|---|---|---|
| | 期初数 | 借方发生额 | 贷方发生额 | 期末数 |
| 贷款 | 324 000.00 | — | 304 000.00 | 20 000.00 |
| 投资 | — | — | — | — |
| 租赁 | — | — | — | — |
| 担保 | — | — | — | — |
| 应收账款 | — | — | — | — |
| 其他 | — | — | — | — |
| 合计 | 324 000.00 | — | 304 000.00 | 20 000.00 |

6.5.3.3 本公司自有资金运用于自己管理的信托项目（固信交易）、本公司管理的信托项目之间的相互（信信交易）交易金额，包括余额和本报告年度的发生额

6.5.3.3.1 固有与信托财产之间的交易金额期初汇总数、本期发生额汇总数、期末汇总数

单位：万元

| 固有财产与信托财产相互交易 | | | |
|---|---|---|---|
| | 期初数 | 本期发生额 | 期末数 |
| 合计 | 79 575.00 | 126 299.58 | 90 888.00 |

6.5.3.3.2 信托项目之间的交易金额期初汇总数、本期发生额汇总数、期末汇总数

单位：万元

| 信托资产与信托财产相互交易 | | | |
|---|---|---|---|
| | 期初数 | 本期发生额 | 期末数 |
| 合计 | 32 700.00 | 185 403.23 | 132 206.19 |

6.5.3.4 信托计划持有的重要股权及相关交易

单位：万元

| 信托计划持有的重要股权的相互交易 | | | |
|---|---|---|---|
| | 期初数 | 本期发生额 | 期末数 |
| 合计 | 25 000.00 | 20 000.00 | 5 000.00 |

**6.5.4 逐笔披露关联方逾期未偿还本公司资金的详细情况以及本公司为关联方担保发生或即将发生垫款的详细情况**

本公司无关联方逾期未偿还本公司资金的情况及为关联方担保发生或即将发生垫款的情况。

## 6.6 会计制度的披露

公司固有业务2008年1月1日起执行财政部2006年颁布的《企业会计准则》。

信托业务2010年1月1日起执行财政部2006年颁布的《企业会计准则》。

# 7. 财务情况说明书

## 7.1 利润实现和分配情况

### 7.1.1 母公司利润实现和分配情况

本报告期母公司实现利润总额85 280.19万元，企业所得税费用8 396.61万元，实现净利润76 883.58万元。

报告期内，根据2010年第一次股东会审议通过的2009年

利润分配方案，对2009年可供分配利润进行了分配，向股东派发现金股利37 500万元。

依据《公司法》和《信托公司管理办法》的规定，2010年利润分配如下：

（1）提取10%的法定盈余公积金7 688.36万元；

（2）提取信托赔偿基金666.14万元；

根据公司第四届董事会第十四次会议审议通过的2010年利润分配预案，拟提取20%任意盈余公积金15 376.72万元。

上述各项提取之后，剩余部分53 152.36万元，加年初未分配利润57 247.68元，可供分配的利润110 400.04万元。

根据公司第四届董事会第十四次会议审议通过的2010年利润分配预案，拟向全体股东派发现金股利37 500万元，未分配利润72 900.04万元留存以后年度进行分配。

#### 7.1.2 合并报表利润实现和分配情况

本报告期，合并报表实现利润总额116 586.73万元，企业所得税费用17 295.21万元，实现净利润99 291.52万元，其中归属于母公司所有者的净利润82 678.68万元，少数股东损益16 612.84万元。

依据《公司法》和《信托公司管理办法》的规定，母公司及上投摩根基金管理有限公司的2010年合并报表利润分配如下：

（1）根据母公司净利润提取10%的法定盈余公积7 688.36万元。

（2）提取信托赔偿金666.14万元；

（3）根据上投摩根基金管理有限公司证券投资基金管理费收入提取10%的一般风险准备按母公司投资比例确认的一般风险准备4 396.85万元。

根据母公司第四届董事会第十四次会议审议通过的2010年利润分配预案，拟提取20%任意盈余公积金15 376.72万元。

上述各项提取之后，剩余部分54 550.61万元，加年初未分配利润77 386.07万元，可供分配的利润131 936.68万元。

### 7.2 主要财务指标

合并口径

| 指标名称 | 指标值 |
|---|---|
| 资本利润率（%） | 16.24 |
| 加权年化信托报酬率（%） | 0.52 |
| 人均净利润（万元/人） | 538.62 |

母公司口径

| 指标名称 | 指标值 |
|---|---|
| 资本利润率（%） | 16.31 |
| 加权年化信托报酬率（%） | 0.52 |
| 人均净利润（万元/人） | 500.87 |

注：1. 资本利润率＝净利润/所有者权益平均余额×100%。

2. 加权年化信托报酬率＝（信托项目1的实际年化信托报酬率×信托项目1的实收信托＋信托项目2的实际年化信托报酬率×信托项目2的实收信托＋…信托项目n的实际年化信托报酬率×信托项目n的实收信托）/（信托项目1的实收信托＋信托项目2的实收信托＋…信托项目n的实收信托）×100%。

3. 人均净利润＝净利润/年平均人数。

4. 平均值采取年初、年末余额简单平均法，公式为：a（平均）＝（年初数＋年末数）/2。

### 7.3 对本公司财务状况、经营成果有重大影响的其他事项

报告期内，本公司没有发生对财务状况、经营成果有重大影响的其他事项。

## 8. 特别事项揭示

### 8.1 前五名股东报告期内变动情况及原因

报告期内，公司前五名股东未发生变动。

### 8.2 董事、监事及高级管理人员变动情况及原因

2009年10月，经上海国际信托有限公司第四届第十次董事会审议通过，聘任傅帆先生为公司总经理。2010年3月，经中国银监会核准正式任职。

2010年9月，经上海国际信托有限公司第三届第五次职工代表会议审议和表决通过，选举庄维苏女士担任公司第四届董事会职工董事，2010年11月，经上海银监局核准正式任职。宗德奎先生因工作调动不再担任公司职工董事。

### 8.3 变更注册资本、变更注册地或公司名称、公司分立合并事项

报告期内，公司注册资本、注册地和公司名称未发生变更，未发生分立合并事项。

### 8.4 公司重大诉讼事项

报告期内，上海聚名园贸易有限公司诉本公司之案已撤诉；本公司诉上海物资（集团）总公司、百联集团有限公司案已达成调解。报告期内，公司没有诉讼案件发生。

### 8.5 公司及其董事、监事和高级管理人员受到处罚的情况

报告期内，公司及其董事、监事和高级管理人员未发生受到处罚的情况。

### 8.6 银监会检查意见的整改情况

2010年6月，上海银监局根据银监会的统一安排对本公司银信、信政合作业务进行了现场检查，并出具了《关于上海国际信托有限公司信政合作和银信合作业务现场检查的意见》。公司根据监管部门的意见，从以下几方面进行了整改：一是完善公司银信合作业务尽职调查制度，制定了《银信合作类信托贷款贷前尽职调查指引》，明确尽职调查的职责分工，对尽职调查的方式和内容进行了严格和详细的规定，要求业务部门通过资料收集、实地考察和管理人员访谈等方式，全面评估交易对手的信用风险以及产品结构的合法合规性，从而进一步提高自主管理能力，有效识别并充分揭示银信合作类信托贷款的潜在风险。二是进一步完善银信合作类信托贷款业务的风控制度，颁布了《信托贷款贷后运营管理操作指引（试行）》等相关制度，要求各业务部门督促银行及借款人及时提供贷后管理所需的资料，并按时形成贷后管理报告，以规范公司的贷后管理工

作。另外公司通过定期和不定期的风险排查,及时发现和防范风险。三是重视项目第一还款来源的可靠性和稳定性,根据市场和监管政策变化,注重项目不同阶段可能出现的各类问题,并严格按监管部门对银信合作业务的监管比例要求进行管理。

## 8.7 本年度公司无重大事项临时事项披露内容

2010 年 4 月 15 日,本公司在《上海证券报》B8 版(信息披露)专版上刊登"上海国际信托有限公司关于公司副董事长和总经理变更的公告",简要内容如下:

公司第四届董事会第十次会议选举傅帆先生担任公司副董事长。黄兴海先生不再担任公司副董事长。

公司第四届董事会第十次会议根据董事长提名,经审议同意聘任傅帆先生为公司总经理。黄兴海先生不再担任公司总经理。

傅帆先生的副董事长任职资格已经中国银监会上海监管局核准(沪银监复〔2009〕931 号文)、其总经理任职资格已经中国银监会核准(银监复〔2010〕125 号文)。

## 9. 公司监事会意见

关于公司依法运作情况的意见。报告期内,公司的决策程序符合国家法律、法规和公司的章程及相关制度,建立健全了比较有效的内控制度,董事会全体成员及董事会聘任的高级管理人员认真履行了职责,未发现有违法、违规、违章的行为,也没有损害公司利益、股东利益和委托人利益的行为。

关于公司财务报告真实性的意见。报告期内,公司财务报告真实反映了公司财务状况和经营成果。

本年度报告的编制和审议程序符合国家法律、法规和公司章程,报告的内容和格式符合中国银监会的规定。

# 苏州信托有限公司

## 1. 重要提示

1.1 本公司董事会及董事保证本报告所载资料不存在任何虚假记载、误导性陈述或者重大遗漏，并对本报告所载资料内容的真实性、准确性和完整性承担个别及连带责任。本年度报告摘要摘自年度报告全文，客户及相关利益人欲了解详细内容，应阅读年度报告全文。

1.2 公司独立董事刘福春先生、陈伟恕先生、姚海星女士声明：本年度报告内容真实、准确、完整。

1.3 公司董事长朱立教女士、主管会计工作的负责人周也勤先生、会计机构负责人陶娟女士声明：本报告中财务会计报告内容真实、完整。

## 2. 公司概况

### 2.1 公司简介

苏州信托有限公司（以下简称苏州信托）原名苏州信托投资有限公司，于1991年3月18日经中国人民银行批准设立；2002年9月18日获准重新工商登记；2007年7月12日经银监会银监复〔2007〕282号文批准同意，公司变更为现名称，并调整业务范围，同年9月4日换领新的金融许可证。2008年5月20日，公司获中国银行业监督管理委员会（银监复〔2008〕182号）文件的批复，同意引进新股东，实行增资扩股。截至2010年末，公司注册资本为5.9亿元，共有三家股东单位，苏州国际发展集团有限公司占股比例70.01%；苏格兰皇家银行公众有限公司占股比例19.99%；联想控股有限公司占股比例10%。

| 公司中文名称 | 苏州信托有限公司 |
|---|---|
| 中文简称 | 苏州信托 |
| 公司英文名称 | Suzhou Trust Co., Ltd.. |
| 英文缩写 | Suzhou Trust |
| 法定代表人 | 朱立教 |
| 注册地址 | 江苏省苏州市竹辉路383号 |
| 邮政编码 | 215007 |
| 国际互联网网址 | www.trustsz.com |
| 电子信箱 | sztic@trustsz.com |
| 公司负责信息披露事务的高级管理人员 | 张立文 |
| 公司负责信息披露事务的联系人 | 联系人：张言 |
| | 联系电话：0512-65290390 |
| | 传真：0512-65726976 |
| | 电子信箱：zhangy@trustsz.com. |
| 公司选定信息披露的报纸 | 《金融时报》 |
| 登载公司年度报告的国际互联网网址 | www.trustsz.com |
| 公司年度报告备置地点 | 苏州市竹辉路383号 |
| 公司聘请的会计师事务所 | 德勤华永会计师事务所有限公司 |
| 会计师事务所办公住所 | 上海市延安东路222号外滩中心30楼 |
| 公司聘请的律师事务所 | 江苏苏州新天伦律师事务所 |
| 律师事务所办公场所 | 苏州市学士街361号 |

### 2.2 组织结构

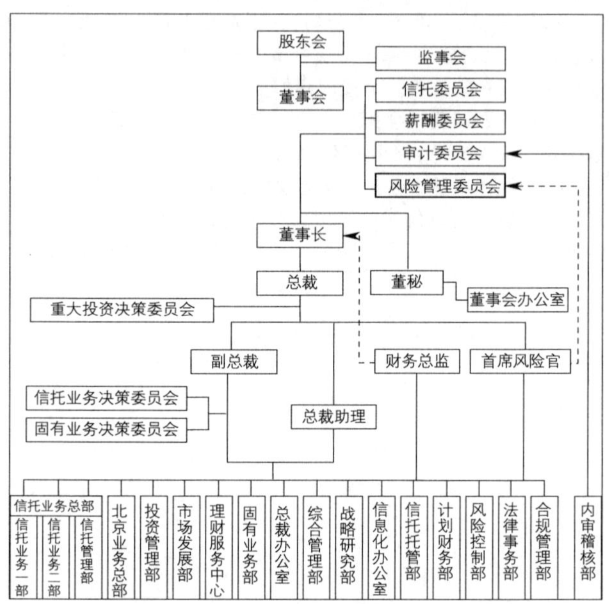


## 3. 公司治理结构

### 3.1 股东

3.1.1 截至报告期末公司股东有三名，相关情况如下

| 股东名称 | 持股比例(%) | 法定代表人 | 注册资本 | 注册地址 | 主要经营业务及主要财务情况 |
|---|---|---|---|---|---|
| 苏州国际发展集团有限公司 | 70.01 | 陶纪利 | 10亿元 | 苏州市东大街101号 | 授权范围内的国有资产经营管理，国内商业、物资供销业（国家规定的专营、专项审批商品除外），及各类咨询服务。2010年末，公司总资产252.32亿元，净资产66.30亿元，净利润3.61亿元（以上数据未经审计）。 |
| 苏格兰皇家银行公众有限公司 | 19.99 | Stephen Hester | 66.09亿英镑 | 36 St Andrew Square Edinburgh EH22YB UK | 公司和金融市场业务：贷款、资金清算与结算、债务管理、债券融资、股本融资；零售业务；资产管理业务：货币市场基金、股票投资、债务投资、票据投资、委托贷款等业务。2010年末，总资产为14 536亿英镑，净资产为769亿英镑，归属普通股与B股股东的净利润为-11.25亿英镑。 |
| 联想控股有限公司 | 10 | 柳传志 | 6.61亿元 | 北京市海淀区科学院南路2号融科资讯中心A座10层 | 业务涉及：IT、风险投资、房地产开发、并购投资等非相关多元化领域。2010年末，公司总资产1 146.00亿元，净资产（不包含少数股东权益）120.46亿元，净利润32.35亿元（以上数据为未经审计的合并报表数据）。 |

### 3.1.2 公司第一大股东的主要股东情况

| 股东名称 | 出资比例(%) | 负责人 |
| --- | --- | --- |
| 苏州市国有资产监督管理委员会 | 100 | 卢国柱(主任) |

## 3.2 董事

### 3.2.1 董事会成员

| 姓 名 | 职 务 | 性别 | 年龄 | 任期 | 选任日期 | 所推举的股东名称 | 该股东持股比例(%) | 简 要 履 历 |
| --- | --- | --- | --- | --- | --- | --- | --- | --- |
| 朱立教 | 董事长 | 女 | 51 | 3年 | 2008年6月 | 苏州国际发展集团有限公司 | 70.01 | 曾先后任职于苏州市资产评估中心、苏州市财政局、苏州市国资局副科长，苏州市投资公司副总经理，苏州信托有限公司总经理，苏州国发集团财务经理、总会计师、副总经理等职；现任苏州国发集团副董事长、苏州信托有限公司董事长。 |
| 袁维静 | 董事 | 女 | 48 | 3年 | 2008年6月 | 苏州国际发展集团有限公司 | 70.01 | 曾先后任职于市财政局、江苏省高新技术风险投资公司苏州分公司副总经理，市工业发展有限公司副总经理，市营财发展集团公司党支部书记；现任国发集团公司总会计师。 |
| 李 权 | 董事 | 男 | 48 | 3年 | 2008年10月 | 苏格兰皇家银行公众有限公司 | 19.99 | 曾先后担任英国阿斯顿大学商学院工商管理硕士课程导师，英国广播公司(BBC)金融及经济专题评论员，英国国民西敏斯银行亚太区经济师、地区经济研究部主管，北京代表处首席代表兼中国业务董事，苏格兰皇家银行北京代表处首席代表兼中国业务董事，苏格兰皇家银行公众有限公司中国区总经理兼上海分行行长；现任苏格兰皇家银行(中国)有限公司执行总裁兼行长。 |
| 李 蓬 | 董事 | 男 | 40 | 3年 | 2008年6月 | 联想控股有限公司 | 10 | 曾先后任职于中国对外贸易运输公司、Solectria Corporation、Teradyne Connection Systems，后担任联想控股有限公司投资管理部总经理、企划办副主任、财务资产部总经理；现担任联想控股投资管理部总经理。 |
| 戈 海 | 董事 | 男 | 43 | 3年 | 2008年2月 | 职工董事 | — | 曾任职于苏州物资信息研究中心，后担任苏州新区电力建设发展公司财务经理，苏高新风险投资股份公司副总经理，苏州信托有限公司信托部经理、总经理助理、苏州信托有限公司常务副总经理等职；现任公司副总裁。 |

### 3.2.2 独立董事

| 姓名 | 职务 | 性别 | 年龄 | 任期 | 选任日期 | 所推举的股东名称 | 该股东持股比例(%) | 简 要 履 历 |
| --- | --- | --- | --- | --- | --- | --- | --- | --- |
| 姚海星 | 独立董事 | 女 | 65 | 3年 | 2008年6月 | 苏州国际发展集团有限公司 | 70.01 | 曾任中信兴业信托投资公司金融处长、兼任公司证券营业部总经理、中信兴业信托投资公司副总经理，中信信托公司总经理、中信信托公司副董事长；现已退休。 |
| 陈伟恕 | 独立董事 | 男 | 65 | 3年 | 2008年6月 | 苏格兰皇家银行公众有限公司 | 19.99 | 曾任职于中共人民银行新疆自治区分行奎屯市支行、金融研究所，后担任复旦大学经济学院世界经济系副主任，国际金融系系主任，上海浦东发展银行总行副行长，上海实业集团公司党委书记；现兼任上海国际港务集团独立董事，荷兰银行中国有限公司独立董事。 |
| 刘福春 | 独立董事 | 男 | 65 | 3年 | 2008年6月 | 联想控股有限公司 | 10 | 曾先后任职于中粮公司财务处、计划处、综合处、驻美国代表处，后担任中国驻温哥华总领馆副领事、中粮驻英国鹏利(伦敦)有限公司总经理、中粮公司执行董事、副总裁，任中粮集团有限公司执行董事、总裁；现退休。 |

### 3.2.3 董事会下属委员会情况

| 董事会下属委员会名称 | 职责 | 组成人员姓名 | 职务 |
| --- | --- | --- | --- |
| 审计委员会 | 审核公司内部审计基本制度；监督公司的内部审计制度实施；审核公司的财务信息；提议聘请或更换外部审计机构；听取并审议外部审计机构报告。 | 陈伟恕 | 独立董事 |
| | | 李 蓬 | 董事 |
| | | 张 统 | 监事 |
| | | 支昀晔 | 苏格兰皇家银行代表 |
| 薪酬委员会 | 审议公司提交的薪酬管理策略和计划；审核公司人力资源计划与安排、薪酬方案和绩效考核的建议方案；跟踪、监督公司薪酬制度的落实情况。 | 刘福春 | 独立董事 |
| | | 袁维静 | 董事 |
| | | 李 蓬 | 董事 |
| | | 李 权 | 董事 |

续表

| 董事会下属委员会名称 | 职责 | 组成人员姓名 | 职务 |
|---|---|---|---|
| 风险管理委员会 | 审核和拟订公司的风险管理战略、政策和规程以及内部控制制度，并监督上述战略、政策、规程和内部控制制度的执行。 | 朱立教 | 董事 |
| | | 陈伟恕 | 独立董事 |
| | | 张　林 | 监事 |
| | | 梁炜衡 | 监事 |
| 信托委员会 | 审议公司信托业务战略发展方向；监督公司依法履行受托职责，保证公司受益人的最大利益；监督公司信托业务与固有业务之间建立有效隔离机制，保障信托财产的独立性。 | 姚海星 | 独立董事 |
| | | 袁维静 | 董事 |
| | | 张　林 | 监事 |
| | | 梁炜衡 | 监事 |

## 3.3 监事

| 姓　名 | 职　务 | 性别 | 年龄 | 任期 | 选任日期 | 所推举的股东名称 | 该股东持股比例（%） | 简　要　履　历 |
|---|---|---|---|---|---|---|---|---|
| 冯鹤春 | 监事长 | 男 | 58 | 3年 | 2008年6月 | 苏州国际发展集团有限公司 | 70.01 | 曾担任常州市公交公司安运科会计，苏州市农业药械厂财务科会计、副科长，苏州信托有限公司资产管理部及投资管理部经理、总经理助理；现任公司监事长。 |
| 张　统 | 监事 | 男 | 40 | 3年 | 2008年6月 | 苏州国际发展集团有限公司 | 70.01 | 曾在苏州丝绸印花厂工作，后任江苏公证会计师事务所部门副经理；现任苏州国际发展集团有限公司部门经理。 |
| 张　林 | 监事 | 男 | 37 | 3年 | 2008年6月 | 联想控股有限公司 | 10 | 曾任上海水仙能率（中日合资）有限公司技术支持工程师，飞利浦光磁电子（上海）有限公司资深工艺工程师，宝丽来影像（上海）有限公司资深产品工程师，北京百事达投资管理有限公司兼北京李先生加州牛肉面大王有限公司副总经理；现任联想控股有限公司投资管理部高级投资经理。 |
| 梁炜衡 | 监事 | 男 | 51 | 3年 | 2008年6月 | 苏格兰皇家银行公众有限公司 | 19.99 | 曾任英国伦敦 Nabarro Nathanson 事务所律师，英国伦敦 Clifford Chance 事务所律师，香港 Baker & Mckenzie 事务所助理律师，大通曼哈顿银行法律顾问，荷兰国际霸菱结构性资产部、副总裁，第一劝业银行金融产品有限公司（香港）副总裁，苏格兰皇家银行亚太区法律事务部主管；现任苏格兰皇家银行大中华区业务拓展部主管及董事总经理。 |
| 蒋一雷 | 监事 | 男 | 36 | 3年 | 2008年6月 | 职工监事 | | 曾先后任职于苏州信托投资有限公司证券营业部、计划财务部、信托业务部、理财服务中心，后担任苏州信托投资有限公司项目管理部副经理、合规管理部经理、法律事务部经理；现任苏州信托有限公司信托业务三部经理。 |

公司监事会未设立下属委员会。

## 3.4 高级管理人员

| 姓　名 | 职　务 | 性别 | 年龄 | 任期 | 选任日期 | 金融从业年限 | 学历 | 专业 | 简　要　履　历 |
|---|---|---|---|---|---|---|---|---|---|
| 张立文 | 总裁 | 男 | 43 | 1年 | 2010年11月 | 13 | 博士 | 经济学 | 曾任重庆市证券监督管理办公室主任助理，大鹏证券有限公司资产管理部任首席评估师，重庆国际信托有限公司副总裁，苏州信托有限公司常务副总裁等职；现任公司总裁。 |
| 戈　海 | 副总裁 | 男 | 43 | 1年 | 2010年1月 | 9 | 本科 | 法律 | 曾任职于苏州物资信息研究中心，后担任苏州新区电力建设发展公司财务经理，苏高新风险投资股份公司副总经理，苏州信托有限公司信托部经理、总经理助理、苏州信托有限公司常务副总经理等职；现任公司副总裁。 |
| 沈光俊 | 副总裁 | 男 | 41 | 1年 | 2010年1月 | 7 | 本科 | 财政 | 曾任苏州资产评估事务所评估部项目经理、工程造价审计部经理，苏州仁合资产评估有限公司董事及南京分公司总经理，苏州信托有限公司理财服务中心副主任、主任；现任本公司副总裁。 |
| 周也勤 | 副总裁<br>财务总监 | 男 | 48 | 1年 | 2010年1月 | 21 | 中专 | 会计 | 曾任职于苏州前进化工厂财务科，后担任苏州信托有限公司财务部经理、总经理助理；现任公司副总裁兼财务总监。 |
| 华　彪 | 首席<br>风控官 | 女 | 44 | 1年 | 2010年1月 | 17 | 硕士 | 商务管理 | 曾任职于英国毕马威会计事务所伦敦分所、美林证券欧洲部、中国毕马威会计师事务所，后担任德勤会计师事务所企业风险管理部上海地区总监；现任苏州信托有限公司首席风险官。 |

续表

| 姓名 | 职务 | 性别 | 年龄 | 任期 | 选任日期 | 金融从业年限 | 学历 | 专业 | 简要履历 |
|---|---|---|---|---|---|---|---|---|---|
| 汪瑜 | 总裁助理 | 女 | 32 | 1年 | 2010年1月 | 10 | 硕士 | 行政管理 | 曾任职于恒远证券苏州干将路营业部,后担任苏州信托有限公司综合管理部副经理、经理等职;现任苏州信托有限公司总裁助理。 |
| 姚文德 | 总裁助理 | 男 | 43 | 1年 | 2010年7月 | 7 | 本科 | 财政 | 曾任职苏州市财政局国有资产评估中心,苏州资产评估事务所评估部副经理,江苏仁合资产评估有限公司资产评估部经理,苏州信托有限公司业务一部经理;现任公司总裁助理兼战略研究部经理。 |

### 3.5 公司员工

| 人数 | | 65 | |
|---|---|---|---|
| 平均年龄 | | 35 | |
| | | 人数 | 比例(%) |
| 年龄分布 | 30岁以下 | 22 | 34 |
| | 31~40岁 | 28 | 43 |
| | 41~50岁 | 13 | 20 |
| | 51岁以上 | 2 | 3 |
| 学历分布 | 博士 | 1 | 1.5 |
| | 硕士 | 23 | 35 |
| | 本科 | 35 | 54 |
| | 专科 | 5 | 8 |
| | 其他 | 1 | 1.5 |
| 岗位分布 | 高级管理人员 | 10 | 15 |
| | 自营业务人员 | 2 | 3 |
| | 信托业务人员 | 27 | 42 |
| | 研发人员 | 2 | 3 |
| | 财务人员 | 6 | 9 |
| | 稽核审计人员 | 1 | 2 |
| | 其他人员 | 17 | 26 |

## 4. 经营管理

### 4.1 经营目标、方针、战略规划

公司经营目标:继续理顺治理机制;完善以规划为导向、以人才为基础、以制度为标准的科学发展模式;积极探索利用股东资源和开发战略联盟资源进行合作的方式,拓宽和加深核心业务的开发培育;逐步建立更加有效的绩效考核和激励机制,吸引更多更优秀的人才为公司发展服务;进一步提升市场营销与项目拓展能力,加大客户开发、产品供给的力度,为客户提供更丰富的产品和更优质的服务;努力实现由地方性中小机构向全国性信托公司转变,最终成为独具特色的信托理财专业机构。

公司经营方针:坚持依法合规和稳健经营,坚持以健康可持续发展为导向,以"诚信、创新、协作、敬业、自律"核心理念的发展路径,通过规范的公司治理和不断完善的经营管理机制,以及依靠外部引进的高层次人才,推进信托主业的转型和全面发展。

公司战略规划:以"独具特色的财富受托人"为愿景,打造特色化的信托产品、综合的理财服务,以及全国性的影响力。

### 4.2 公司所经营业务的主要内容

自营资产运用及分布表

| 资产运用 | 金额(万元) | 占比(%) | 资产分布 | 金额(万元) | 占比(%) |
|---|---|---|---|---|---|
| 货币资产 | 11 268 | 11.53 | 基础产业 | | |
| 贷款及应收款 | 36 161 | 37.01 | 房地产业 | 8 500 | 8.70 |
| 交易性金融资产 | 4 980 | 5.10 | 证券市场 | 4 980 | 5.10 |
| 可供出售金融资产 | 11 972 | 12.25 | 实业 | 14 842 | 15.19 |
| 持有至到期投资 | 0 | 0.00 | 金融机构 | 29 021 | 29.70 |
| 长期股权投资 | 32 063 | 32.81 | 其他 | 40 370 | 41.31 |
| 其他 | 1 269 | 1.30 | | | |
| 资产总计 | 97 713 | 100.00 | 资产总计 | 97 713 | 100.00 |

信托资产运用与分布表

| 资产运用 | 金额(万元) | 占比(%) | 资产分布 | 金额(万元) | 占比(%) |
|---|---|---|---|---|---|
| 货币资金 | 31 621 | 2 | 基础产业 | 768 815 | 47 |
| 贷款 | 338 444 | 21 | 房地产 | 434 372 | 27 |
| 交易性金融资产 | 24 871 | 2 | 证券市场 | 24 871 | 2 |
| 持有至到期投资 | 402 544 | 25 | 实业 | 313 358 | 19 |
| 长期股权投资 | 774 617 | 47 | 金融机构 | 8 788 | 1 |
| 长期应收款 | 58 950 | 4 | 其他 | 80 847 | 5 |
| 应收款项 | 4 | 0 | | | 0 |
| 信托资产总计 | 1 631 051 | 100 | 信托资产总计 | 1 631 051 | 100 |

### 4.3 市场分析

#### 4.3.1 宏观经济分析

2010年,在全球经济温和复苏的背景下,中国经济运行开始回归正常增长轨迹。但是由于2009年国家为应对全球金融危机,实行过度宽松的货币政策和财政政策,信贷增幅过快,货币投放量过大,造成资产价格大幅上涨,通货膨胀压力逐渐显现;地方政府债务激增,证券市场宽幅震荡,楼市价格急升以后在相关政策作用下反复调整;外部需求持续变化,相关领域改革、经济结构调整及发展方式转变都在继续加快推进。

#### 4.3.2 影响本公司业务发展的主要因素

报告期内,本公司业务发展的有利因素主要有:中国的财富总额以及富裕家庭的总数迅猛增长;市场环境的紧缩,信贷资金的收紧,为公司业务的开展提供了契机;优良的资产、规范诚信的经营、良好的品牌形象与商誉、专业化的人才队伍,以及三方股东支持,为公司健康发展奠定了基础。

报告期内,本公司业务面临的不利因素有:2010年,信托行业监管进一步深入,针对银信合作、信政合作、房地产信托、

结构化信托产品及净资本管理等监管规范政策频频发布，限制了信托公司的快速发展，信托公司需要大力提高自身的创新能力和自主管理能力；目前，整个社会对信托业的认知度仍然不高，信托公司的盈利模式仍不稳定，信托功能没得到充分发挥，服务的覆盖面仍过于狭窄；行业内的同质化竞争加剧，借助银行渠道营销费用显著上升，信托公司信托报酬率呈不断下降趋势。

## 4.4 公司内部控制概况

### 4.4.1 内部控制环境和内部控制文化

公司始终重视内部控制制度的建设和完善，根据《公司章程》的有关规定，股东大会、董事会与监事会为公司权力机构、执行机构与监督机构，董事会下设信托委员会、审计委员会、薪酬委员会、风险管理委员会，各委员会分工明确，协助董事会做好和开展公司的各项工作。监事会对公司的各项经营活动进行监督。

公司不断优化内部控制体系，通过合理、有效的合规制度来实现积极主动的内部控制。2010 年，公司拟定了《关于信托业务相关工作流程的补充通知（试行）》，完成了对《业务审批授权额度》、《重大投资决策管理委员会工作细则》、《信托业务尽职调查报告指引》、《信托业务事中管理指引》、《信托业务总部管理细则》等重要制度的制定和修订工作，并颁布实施。

公司积极营造合规文化，引导公司员工自觉主动合规工作，并在业务部设立合规员岗位，将合规管理贯穿日常经营的每个环节。此外，公司通过讲座等方式组织员工学习法律法规和内部制度，培育公司合规管理文化，提高员工的素养，进一步推进以诚信、创新、协作、敬业、自律为核心理念的企业文化建设。

### 4.4.2 内部控制措施

公司董事会是公司执行机构，领导公司内部控制的建设、完善和有效实施。董事会下属的风险管理委员会、审计委员会根据董事会的决策，负责内部控制的具体操作实施和监督。公司内部控制制度由内部控制大纲、基本管理制度和部门业务规章等组成。根据内部控制制度，对不同业务与管理事项制定不同的控制措施，保证了业务管理活动的正常运行。

公司通过事前、事中、事后的监督，达到全面内部控制。公司建立了明确的授权制度，执行严格的审批程序与审批权限。根据业务需要，建立了有效的业务决策系统：各业务部门对项目进行初步筛选，风险控制部、合规管理部与法律事务部对项目进行风险审查，客观出具审查报告并提交决策委员会决策。

公司设立了信托业务部、固有业务部以及信托托管部和计划财务部等部门，信托业务与自营业务相互独立运作，将信托财产与固有财产分别管理、分别记账，并在各部门实行有效的岗位分工制度，起到不相容职务分离，互相监督、相互牵制的作用，进一步保证公司内部控制制度的有效执行。

在业务存续期内，由风险控制部与合规管理部组织季度事中风险检查工作，按季对存续的信托项目、固有项目进行全面检查与重点抽查，并根据检查结果出具风险管理报告，并向业务部门出具风险检查反馈意见，督促业务部门根据检查出的问题及时进行整改。

针对公司业务开展和管理制度的执行情况，公司内审稽核部进行内部审计。内审稽核部根据公司业务开展的情况制订内部审计稽核工作计划，有针对性地对相关项目进行内部审计。此外，公司还聘请资质优良的会计师事务所对公司的财务状况等进行外部审计。

### 4.4.3 信息交流与反馈

公司内部建立了良好的信息交流与反馈系统，2010 年，公司加强了办公自动化系统的建设，通过公司内网及网上业务系统、书面和电话等方式，公司管理层可将各项制度、政策、方针等告知全体员工，公司员工也可及时了解业务运作的有关情况并将操作中的有关信息反馈给管理层。同时，公司依法将资产经营状况等信息通过公司网站及其他媒介向社会公开披露，并根据合同约定向相关利益人定期披露约定信息。

### 4.4.4 监督评价与纠正

公司严格按照《公司法》、《信托公司管理办法》等相关法律法规的规定开展各项经营活动，公司各项内部控制制度执行有效。2010 年，针对内审稽核部内部检查及银监会（局）现场检查中发现的问题和提出的意见，公司均组织相关部门制订整改方案，并要求相关部门落实整改，并在今后工作中加以防范，整改落实情况良好。此外，由于公司在内部控制方面各项工作做得比较扎实，因而在近几年的经营活动中无发生任何违规经营情况。同时，公司在项目的开发过程中也严格执行银监会等部门的规定和公司的业务管理制度，风险控制意识较强，公司存续项目运行正常，未发现有风险隐患。

## 4.5 公司风险管理

### 4.5.1 风险管理概况

公司风险管理的主要目的是通过积极、主动地风险管理活动，提升风险管理能力，实现风险和收益的平衡，构建覆盖全部业务、产品和活动的风险管理体系，保证各项业务可持续发展。2010 年，公司继续深化风险管理体制的建设，加强风险管理工具的设计和使用，细化信用风险管理政策、制度，完善市场风险管理机制，强化操作风险管理，风险管理整体水平显著提高。

公司在风险管理和内部控制方面已建立起符合监管要求的框架体系。公司董事会下设风险管理委员会，负责审核风险管理政策和内部控制制度，并对其实施情况及效果进行监督和评价，风险管理工作具有独立性。风险控制部门独立按照风险管理政策和制度主导工作，在风险管理体系内独立地对每一具体项目进行风险分析、判断与评估，并及时将风险评估意见反馈，供决策委员会参考。

### 4.5.2 风险状况

#### 4.5.2.1 信用风险状况

信用风险是由于交易对手不履行与公司的合约而给公司带来损失的风险，信用风险的主要表现为：融资主体在偿付期内，不能按约及时足额支付款项，或担保人在融资主体违约时不能按约履行担保义务等情形，进而给信托公司项目的正常分配、清算造成压力，并有可能损害到信托公司的声誉。

公司信用风险主要存在于融资类项目。按照贷款五级分类标准，公司目前存续信托资金项目及固有资金项目均为正常类，不良贷款率为零，无预期损失及贷款风险迁徙。同时，贷款项目均在贷前落实各项抵（质）押、担保等保障措施，风险可控。

4.5.2.2 市场风险状况

市场风险主要指市场利率、汇率或金融产品价格变动等造成损失的风险。主要表现为贷款、债券、短期票据、存款等资产损失的风险;长期投资和短期投资损失的风险;外汇资产损失的风险等。

目前,证券市场风险、房地产市场风险和利率风险是公司面临的重要市场风险之一。在报告期内,上述风险对公司影响有限,风险可控。

4.5.2.3 操作风险状况

操作风险是指由于员工的个人因素导致操作不当所引发的风险;因制度不完善引发的风险;或者是由于信息系统出现故障导致业务无法正常运行而引发的风险。在报告期内,公司各项业务都严格执行内部控制程序及业务操作流程。目前,内部程序、系统完善且执行有效,公司未发生因操作风险所造成的损失。

4.5.2.4 其他风险状况

公司所面临的政策风险、流动性风险及道德风险等其他风险。报告期内,经多次风险排查,未发现上述风险隐患,风险可控。

**4.5.3 风险管理**

4.5.3.1 信用风险管理

对于信用风险的防范,首先,从交易对手的选择上进行甄别,通过对融资对象的信用调查,尽量选择财务状况良好、具有一定行业优势以及信用状况较好的企业作为交易对手,通过尽职调查对企业的情况进行分析和深入了解,对于个别特殊项目,由风险控制部召集论证会,对项目的可行性和风险的可控性进行论证。其次,由风险控制部、合规管理部和法律事务部审查,独立出具相关报告供决策委员会参考。此外,公司还从项目的保障措施方面着手,尽量选取资质较好的企业作为担保人,或选取易于评估和变现的、具有良好价值的核心资产作为抵(质)押物,并控制抵(质)押率,为项目提供进一步的保障。公司在业务开展过程中,根据业务需要,借鉴外部信用评级机构的信用评估信息,结合业务人员的专业判断,对交易对手的信用状况进行考察和分析。

公司在项目实施过程中,通过对项目运行的有效管理,跟踪交易对手的信用情况、对风险管理情况进行定期检查及资产分类评级等工作,对信用风险进行动态监控。公司通过对项目结束后的内部稽核和评价进行业务的事后控制和综合评价。

公司除了对交易对手的履约能力和信用状况进行全过程的跟踪和监控外,还在信托产品交易结构设计上,注重信用风险的分散与补偿。通过组合和多样化的投资,避免集中度风险,通过增加担保、保险等形式来转移和减少风险。

4.5.3.2 市场风险管理

公司通过客观地分析经济形势,审慎判断市场走向,谨慎选择项目,并在项目推进前进行充分的尽职调查,对市场风险可能对项目产生的影响进行分析,从而进行决策。公司不仅关注市场风险的控制,更注重通过策略来合理规避市场风险。

公司对于证券投资业务,严格按照公司相关业务管理制度的规定执行,加强了对经济及金融形势的分析、判断,并据此提出资产配置及其调整方案;对证券投资组合的净值、仓位和投资集中度等指标事先设定预警点或止损点,并严格操作;另外密切跟踪市场变化,及时调整投资策略和投资组合。

对于房地产业务,2010年,公司对存续的房地产项目进行多次压力测试。测试结果显示,上述业务风险可控。

在报告期内,各项业务未出现任何风险损失,市场风险管理状况良好。

4.5.3.3 操作风险管理

对于操作风险的防范,公司主要通过对各部门、各岗位制定明确的职责和权限,坚持信托财产之间、信托财产与固有财产之间分别管理、分别记账等相互分离,相互监督、相互制约的原则,并通过严格的授权制度与过程监控来实施,其中采用大量的技术手段,如在电脑系统对操作权限和内容进行程序设定,以及在业务和资金流转过程中实施双岗核定确认等。

在证券投资过程中,通过成立证券投资小组,指定专人负责投资决策、交易执行、风险控制、会计核算等环节,做到相对独立、相互制衡、权限明确。公司内控部门对上述业务进行事中监控、事后评估和总结,并制定相应的制度来堵截可能出现的漏洞,对业务执行人定期进行考评,通过奖惩激励对其行为进行约束。

公司加强对存续信托项目的管理,2010年,重点检查了所有存续的集合、单一信托项目及固有业务项下的相关项目,以及业务运作各环节的操作风险管理情况。目前内部程序系统运行有效,各项业务顺利开展。

4.5.3.4 其他风险管理

公司通过对宏观政策和行业政策的跟踪、研究,提高预见性,防范政策风险;通过建立完善的公司治理结构、内控制度、业务流程等,加强对道德风险与流动性风险等其他风险的管理和控制,且专门聘请律师事务所、会计师事务所等专业人员和机构,协助公司对所有业务进行合规审查和法律咨询。

## 5. 报告期末及上年末的比较式会计报表

### 5.1 自营资产

**5.1.1 会计师事务所审计结论**

德勤华永会计师事务所有限公司中国注册会计师陶坚、王鲁宁对苏州信托有限公司出具了无保留意见的审计报告。

**审 计 报 告**

德师报(审)字(11)第P0194号

苏州信托有限公司全体股东:

我们审计了后附的苏州信托有限公司(以下简称贵公司)的财务报表,包括2010年12月31日的资产负债表,2010年度的利润表、所有者权益变动表和现金流量表以及财务报表附注。

一、管理层对财务报表的责任

编制和公允列报财务报表是贵公司管理层的责任,这种责任包括:(1)按照企业会计准则的规定编制财务报表,并使其实现公允反映;(2)设计、执行和维护必要的内部控制,以使财务报表不存在由于舞弊或错误而导致的重大错报。

二、注册会计师的责任

我们的责任是在执行审计工作的基础上对财务报表发表

审计意见。我们按照中国注册会计师审计准则的规定执行了审计工作。中国注册会计师审计准则要求我们遵守中国注册会计师职业道德守则，计划和执行审计工作以对财务报表是否不存在重大错报获取合理保证。

审计工作涉及实施审计程序，以获取有关财务报表金额和披露的审计证据。选择的审计程序取决于注册会计师的判断，包括对由于舞弊或错误导致的财务报表重大错报风险的评估。在进行风险评估时，注册会计师考虑与财务报表编制和公允列报相关的内部控制，以设计恰当的审计程序，但目的并非对内部控制的有效性发表意见。审计工作还包括评价管理层选用会计政策的恰当性和作出会计估计的合理性，以及评价财务报表的总体列表。

我们相信，我们获取的审计证据是充分、适当的，为发表审计意见提供了基础。

三、审计意见

我们认为，贵公司财务报表在所有重大方面按照企业会计准则的规定编制，公允反映了贵公司2010年12月31日的财务状况以及2010年度的经营成果和现金流量。

德勤华永会计师事务所有限公司

德勤华永会计师事务所有限公司

中国注册会计师

2011年3月15日

### 5.1.2 资产负债表

**资产负债表**

2010年12月31日　　　　单位：元

| | 附注七 | 年末数 | 年初数 |
|---|---|---|---|
| 资产： | | | |
| 货币资金 | 1 | 112 682 524.17 | 356 226 467.65 |
| 交易性金融资产 | 2 | 49 803 175.74 | 84 237 298.89 |
| 可供出售金融资产 | 3 | 119 714 850.00 | 138 378 000.00 |
| 长期股权投资 | 4 | 320 633 750.00 | 133 133 750.00 |
| 发放贷款和垫款 | 5 | 318 000 000.00 | 135 000 000.00 |
| 应收利息 | 6 | 1 122 811.11 | 487 400.00 |
| 投资性房地产 | 7 | 1 488 776.19 | 23 634 679.31 |
| 固定资产 | 8 | 10 432 689.93 | 12 046 721.73 |
| 无形资产 | 9 | 710 952.38 | 1 337 011.72 |
| 其他资产 | 11 | 42 544 607.21 | 13 709 881.04 |
| 资产合计 | | 977 134 136.73 | 898 191 210.34 |
| 负债： | | | |
| 应付职工薪酬 | 12 | 10 798 817.77 | 6 564 565.69 |
| 应交税费 | 13 | 21 091 703.43 | 11 599 727.97 |
| 递延所得税负债 | 10 | 868 642.35 | 4 313 149.69 |
| 其他负债 | 14 | 5 533 180.92 | 3 663 658.50 |
| 负债合计 | | 38 292 344.47 | 26 141 101.85 |
| 所有者权益 | | | |
| 实收资本 | 15 | 590 000 000.00 | 590 000 000.00 |
| 资本公积 | 16 | 66 249 100.00 | 66 249 100.00 |
| 盈余公积 | 17 | 68 511 778.53 | 53 389 979.82 |
| 信托赔偿准备 | 18 | 29 082 221.87 | 21 521 322.52 |
| 一般风险准备 | 19 | 4 226 142.00 | 3 177 503.00 |
| 未分配利润 | 20 | 180 772 549.86 | 137 712 203.15 |
| 所有者权益合计 | | 938 841 792.26 | 872 050 108.49 |
| 负债和所有者权益合计 | | 977 134 136.73 | 898 191 210.34 |

附注为财务报表的组成部分。

财务报表经公司管理层于2011年3月15日批准，并由下列负责人签署：

企业负责人　朱立教　　管会计工作负责人　周也勤　　会计机构负责人　陶娟

### 5.1.3 利润表

**利润表**

2010年12月31日　　　　单位：元

| | 附注七 | 本年累计数 | 上年累计数 |
|---|---|---|---|
| 营业收入 | | 241 024 659.26 | 227 623 354.38 |
| 利息净收入 | 21 | 39 401 316.87 | 22 886 394.30 |
| 其中：利息收入 | | 39 401 316.87 | 22 886 394.30 |
| 利息支出 | | | — |
| 手续费及佣金收入 | 22 | 184 501 738.39 | 139 973 428.80 |
| 投资收益 | 23 | 31 297 496.21 | 26 596 183.07 |
| 公允价值变动损益 | 24 | (14 900 840.45) | 34 327 959.87 |
| 其他业务收入 | 25 | 724 948.24 | 3 839 388.34 |
| 营业支出 | | 57 098 842.10 | 48 474 746.98 |
| 营业税金及附加 | 26 | 13 163 355.27 | 8 997 556.72 |
| 业务及管理费 | 27 | 43 812 688.75 | 38 823 606.90 |
| 其他业务成本 | 28 | 122 798.08 | 653 583.36 |
| 营业利润 | | 183 925 817.16 | 179 148 607.40 |
| 加：营业外收入 | 29 | 18 778 460.60 | 3 834 335.34 |
| 减：营业外支出 | 30 | 1 180 427.21 | 292 588.21 |
| 利润总额 | | 201 523 850.55 | 182 690 354.53 |
| 减：所得税费用 | 31 | 50 305 863.49 | 41 064 436.72 |
| 净利润 | | 151 217 987.06 | 141 625 917.81 |
| 其他综合收益/(损失) | | — | — |
| 综合收益总额 | | 151 217 987.06 | 141 625 917.81 |

附注为财务报表的组成部分。

### 5.1.4 所有者权益变动表

所有者权益变动表

2010 年 12 月 31 日

单位：元

| | 实收资本 | 资本公积 | 盈余公积 | 一般风险准备 | 信托赔偿准备 | 未分配利润 | 所有者权益 |
|---|---|---|---|---|---|---|---|
| 一、2009 年 12 月 31 日 | 590 000 000.00 | 66 249 100.00 | 53 389 979.82 | 3 177 503.00 | 21 521 322.52 | 137 712 203.15 | 872 050 108.49 |
| 二、2010 年 1 月 1 日余额 | 590 000 000.00 | 66 249 100.00 | 53 389 979.82 | 3 177 503.00 | 21 521 322.52 | 137 712 203.15 | 872 050 108.49 |
| 三、本年增减变动金额 | | | | | | | |
| （一）净利润 | — | — | — | — | — | 151 217 987.06 | 151 217 987.06 |
| （二）其他综合收益 | | | | | | | |
| 1. 可供出售金融资产公允价值变动净额 | — | — | — | — | — | — | — |
| （一）和（二）小计 | — | — | — | — | — | 151 217 987.06 | 151 217 987.06 |
| （三）所有者投入和减少资本 | — | — | — | — | — | — | 93 920 000.00 |
| （四）利润分配 | | | | | | | |
| 1. 提取盈余公积 | — | — | 15 121 798.71 | — | — | （15 121 798.71） | — |
| 2. 提取一般风险准备 | — | — | — | 1 048 639.00 | — | （1 048 639.00） | — |
| 3. 提取信托赔偿准备 | — | — | — | — | 7 560 899.35 | （7 560 899.35） | — |
| 4. 对所有者的分配 | — | — | — | — | — | （84 426 303.29） | （84 426 303.29） |
| （五）所有者权益内部结转 | | | | | | | |
| 四、2010 年 12 月 31 日余额 | 590 000 000.00 | 66 249 100.00 | 68 511 778.53 | 4 226 142.00 | 29 082 221.87 | 180 772 549.86 | 938 841 792.26 |

所有者权益变动表

2009 年 12 月 31 日

单位：元

| | 实收资本 | 资本公积 | 盈余公积 | 一般风险准备 | 信托赔偿准备 | 未分配利润 | 所有者权益 |
|---|---|---|---|---|---|---|---|
| 一、2008 年 12 月 31 日 | 590 000 000.00 | 66 249 100.00 | 39 227 388.04 | 5 432 866.00 | 14 440 026.62 | 38 901 577.97 | 754 250 958.63 |
| 二、2009 年 1 月 1 日余额 | 590 000 000.00 | 66 249 100.00 | 39 227 388.04 | 5 432 866.00 | 14 440 026.62 | 38 901 577.97 | 754 250 958.63 |
| 三、本年增减变动金额 | | | | | | | |
| （一）净利润 | — | — | — | — | — | 141 625 917.81 | 141 625 917.81 |
| （二）其他综合收益 | | | | | | | |
| 1. 可供出售金融资产公允价值变动净额 | — | — | — | — | — | — | — |
| （一）和（二）小计 | — | — | — | — | — | 141 625 917.81 | 141 625 917.81 |
| （三）所有者投入和减少资本 | | | | | | | |
| 1. 所有者投入和减少资本 | — | — | — | — | — | — | — |
| 2. 其他 | — | — | — | — | — | — | — |
| （四）利润分配 | | | | | | | |
| 1. 提取盈余公积 | — | — | 14 162 591.78 | — | — | （14 162 591.78） | — |
| 2. 提取一般风险准备 | — | — | — | （2 255 363.00） | — | 2 255 363.00 | — |
| 3. 提取信托赔偿准备 | — | — | — | — | 7 081 295.90 | （7 081 295.90） | — |
| 4. 对所有者的分配 | — | — | — | — | — | （23 826 767.95） | （23 826 767.95） |
| （五）所有者权益内部结转 | — | — | — | — | — | — | — |
| 四、2009 年 12 月 31 日余额 | 590 000 000.00 | 66 249 100.00 | 53 389 979.82 | 3 177 503.00 | 21 521 322.52 | 137 712 203.15 | 872 050 108.49 |

附注为财务报表的组成部分。

## 5.2 信托资产（未经审计）

### 5.2.1 信托项目资产负债汇总表

信托项目资产负债汇总表

编报单位：苏州信托有限公司　　2010 年 12 月 31 日　　单位：万元

| 信托资产 | 期末余额 | 年初余额 | 信托负债和信托权益 | 期末余额 | 年初余额 |
|---|---|---|---|---|---|
| 信托资产 | | | 信托负债 | | |
| 货币资金 | 31 620.98 | 18 976.42 | 交易性金融负债 | 0.00 | 0.00 |
| 拆出资金 | 0.00 | 0.00 | 衍生金融负债 | 0.00 | 0.00 |
| 存出保证金 | 0.00 | 0.00 | 应付受托人报酬 | 3 811.22 | 751.18 |

续表

| 信托资产 | 期末余额 | 年初余额 | 信托负债和信托权益 | 期末余额 | 年初余额 |
|---|---|---|---|---|---|
| 交易性金融资产 | 24 871.01 | 21 767.84 | 应付托管费 | 1.32 | 1.26 |
| 衍生金融资产 | 0.00 | 0.00 | 应付受益人收益 | 340.55 | 144.60 |
| 买入返售金融资产 | 0.00 | 0.00 | 应交税费 | 496.84 | 404.56 |
| 应收款项 | 4.38 | 47.64 | 应付销售服务费 | 0.00 | 0.00 |
| 发放贷款 | 338 443.70 | 257 458.01 | 其他应付款项 | 52 459.18 | 31 220.96 |
| 可供出售金融资产 | 0.00 | 0.00 | 预计负债 | 0.00 | 0.00 |
| 持有至到期投资 | 402 543.68 | 113 879.76 | 其他负债 | 0.00 | 0.00 |
| 长期应收款 | 58 950.00 | 67 205.19 | 信托负债合计 | 57 109.10 | 32 522.56 |
| 长期股权投资 | 774 617.40 | 690 706.86 | 信托权益 | | |
| 投资性房地产 | 0.00 | 0.00 | 实收信托 | 1 572 190.34 | 1 134 334.47 |
| 固定资产 | 0.00 | 0.00 | 资本公积 | 0.00 | 0.00 |
| 无形资产 | 0.00 | 0.00 | 损益平准金 | 0.00 | 0.00 |
| 长期待摊费用 | 0.00 | 0.00 | 未分配利润 | 1 751.69 | 3 184.68 |
| 其他资产 | 0.00 | 0.00 | 信托权益合计 | 1 573 942.04 | 1 137 519.15 |
| 信托资产总计 | 1 631 051.14 | 1 170 041.71 | 信托负债和信托权益总计 | 1 631 051.14 | 1 170 041.71 |

公司负责人：朱立教　　主管会计工作负责人：周也勤　　信托会计机构负责人：刘瑞英

### 5.2.2 信托项目利润及利润分配汇总表

信托项目利润及利润分配汇总表

编报单位：苏州信托有限公司　　2010 年　　单位：万元

| 项　目 | 本年金额 | 上年金额 |
|---|---|---|
| 1. 营业收入 | 141 729.76 | 65 424.56 |
| 1.1 利息收入 | 24 030.48 | 22 147.49 |
| 1.2 投资收益（损失以“－”号填列） | 110 687.35 | 41 851.00 |
| 1.2.1 其中：对联营企业和合营企业的投资收益 | 0.00 | 0.00 |
| 1.3 公允价值变动收益（损失以“－”号填列） | −112.97 | 0.00 |
| 1.4 租赁收入 | 5 409.32 | 1 301.19 |
| 1.5 汇兑损益（损失以“－”号填列） | 0.00 | 0.00 |
| 1.6 其他收入 | 1 715.58 | 124.88 |
| 2. 支出 | 23 986.07 | 13 864.22 |
| 2.1 营业税金及附加 | 1 701.44 | 1 212.50 |
| 2.2 受托人报酬 | 18 058.29 | 9 985.83 |
| 2.3 托管费 | 1 021.47 | 826.85 |
| 2.4 投资管理费 | 0.00 | 0.00 |
| 2.5 销售服务费 | 0.00 | 0.00 |
| 2.6 交易费用 | 75.55 | 0.00 |
| 2.7 资产减值损失 | 0.00 | 0.00 |
| 2.8 其他费用 | 3 129.32 | 1 839.04 |
| 3. 信托净利润（净亏损以“－”号填列） | 117 743.69 | 51 560.33 |
| 4. 其他综合收益 | 0.00 | 0.00 |
| 5. 综合收益 | 117 743.69 | 51 560.33 |
| 6. 加：期初未分配信托利润 | 3 184.68 | 7 883.09 |
| 7. 可供分配的信托利润 | 120 928.36 | 59 443.42 |
| 8. 减：本期已分配信托利润 | 119 176.67 | 56 258.74 |
| 9. 期末未分配信托利润 | 1 751.69 | 3 184.68 |

公司负责人：朱立教　　主管会计工作负责人：周也勤

信托会计机构负责人：刘瑞英

## 6. 会计报表附注

### 6.1 重要会计政策和会计估计说明

#### 6.1.1 计提资产减值准备的范围和方法

6.1.1.1 金融资产减值

除了以公允价值计量且其变动计入当期损益的金融资产外，本公司在每个资产负债表日对其他金融资产的账面价值进行检查，有客观证据表明金融资产发生减值的，计提减值准备。表明金融资产发生减值的客观证据是指金融资产初始确认后实际发生的、对该金融资产的预计未来现金流量有影响，且企业能够对该影响进行可靠计量的事项。

金融资产发生减值的客观证据，包括下列可观察到的各项事项。

（1）发行方或债务人发生严重财务困难；

（2）债务人违反了合同条款，如偿付利息或本金发生违约或逾期等；

（3）本公司出于经济或法律等方面因素的考虑，对发生财务困难的债务人作出让步；

（4）债务人很可能倒闭或者进行其他财务重组；

（5）因发行方发生重大财务困难，导致金融资产无法在活跃市场继续交易；

（6）无法辨认一组金融资产中的某项资产的现金流量是否已经减少，但根据公开的数据对其进行总体评价后发现，该组金融资产自初始确认以来的预计未来现金流量确已减少且可计量，包括：

—该组金融资产的债务人支付能力逐步恶化；

—债务人所在国家或地区经济出现了可能导致该组金融资产无法支付的状况。

（7）债务人经营所处的技术、市场、经济或法律环境等发生重大不利变化，使权益工具投资人可能无法收回投资成本；

（8）权益工具投资的公允价值发生严重或非暂时性下跌；

（9）其他表明金融资产发生减值的客观证据。

6.1.1.2 以摊余成本计量的金融资产减值

以摊余成本计量的金融资产发生减值时,将其账面价值减记至按照该金融资产的原实际利率折现确定的预计未来现金流量(不包括尚未发生的未来信用损失)现值,减记金额确认为减值损失,计入当期损益。金融资产确认减值损失后,如有客观证据表明该金融资产价值已恢复,且客观上与确认该损失后发生的事项有关,原确认的减值损失予以转回,但金融资产转回减值损失后的账面价值不超过假定不计提减值准备情况下该金融资产在转回日的摊余成本。

本公司对单项金额重大的金融资产单独进行减值测试;对单项金额不重大的金融资产,单独进行减值测试或包括在具有类似信用风险特征的金融资产组合中进行减值测试。单独测试未发生减值的金融资产(包括单项金额重大和不重大的金融资产),包括在具有类似信用风险特征的金融资产组合中再进行减值测试。已单项确认减值损失的金融资产,不再包括在具有类似信用风险特征的金融资产组合中进行减值测试。

6.1.1.3 可供出售金融资产减值

可供出售金融资产发生减值时,将原直接计入资本公积的因公允价值下降形成的累计损失予以转出并计入当期损益,该转出的累计损失为该资产初始取得成本扣除已收回本金和已摊销金额、当前公允价值和原已计入损益的减值损失后的余额。

在确认减值损失后,期后如有客观证据表明该金融资产价值已恢复,且客观上与确认该损失后发生的事项有关,原确认的减值损失予以转回,可供出售权益工具投资的减值损失转回确认为其他综合收益并计入资本公积,可供出售债务工具的减值损失转回计入当期损益。

**6.1.2 金融资产四分类的范围和标准**

金融资产在初始确认时划分为以公允价值计量且其变动计入当期损益的金融资产、持有至到期投资、贷款和应收款项以及可供出售金融资产。以常规方式买卖金融资产,按交易日会计进行确认和终止确认。

6.1.2.1 以公允价值计量且其变动计入当期损益的金融资产

以公允价值计量且其变动计入当期损益的金融资产包括交易性金融资产和指定为以公允价值计量且其变动计入当期损益的金融资产。本公司以公允价值计量且其变动计入当期损益的金融资产均为交易性金融资产。

交易性金融资产是指满足下列条件之一的金融资产:(1)取得该金融资产的目的,主要是为了近期内出售;(2)初始确认时属于进行集中管理的可辨认金融工具组合的一部分,且有客观证据表明本公司近期采用短期获利方式对该组合进行管理;(3)属于衍生工具,但是被指定且为有效套期工具的衍生工具、属于财务担保合同的衍生工具、与在活跃市场中没有报价且其公允价值不能可靠计量的权益工具投资挂钩并需通过交付该权益工具结算的衍生工具除外。

6.1.2.2 持有至到期投资

是指到期日固定、回收金额固定或可确定,且本公司有明确意图和能力持有至到期的非衍生金融资产。

6.1.2.3 贷款和应收款项

是指在活跃市场中没有报价、回收金额固定或可确定的非衍生金融资产。本公司划分为贷款和应收款的金融资产包括发放贷款和垫款、应收利息、拆出资金等。

6.1.2.4 可供出售金融资产

包括初始确认时即被指定为可供出售的非衍生金融资产,以及除了以公允价值计量且其变动计入当期损益的金融资产、贷款和应收款项、持有至到期投资以外的金融资产。初始确认时即被指定为可供出售的非衍生金融资产包括但不限于出于流动性管理目的或根据市场环境变化而可能提前出售的金融资产。直接投资业务形成的长期股权投资,在被投资公司股票上市后,如对被投资公司不具有控制、共同控制或重大影响,应当于被投资公司股票上市之日将该项投资转作可供出售金融资产。

**6.1.3 交易性金融资产核算方法**

6.1.3.1 金融工具的公允价值确定方法

公允价值,指在公平交易中,熟悉情况的交易双方自愿进行资产交换或债务清偿的金额。金融工具存在活跃市场的,本公司采用活跃市场中的报价确定其公允价值。金融工具不存在活跃市场的,本公司采用估值技术确定其公允价值。估值技术包括参考熟悉情况并自愿交易的各方最近进行的市场交易中使用的价格、参照实质上相同的其他金融工具当前的公允价值、现金流量折现法和期权定价模型等。

6.1.3.2 金融资产的确认及计量

金融资产在初始确认时划分为以公允价值计量且其变动计入当期损益的金融资产、持有至到期投资、贷款和应收款项以及可供出售金融资产。以常规方式买卖金融资产,按交易日会计进行确认和终止确认。

6.1.3.3 以公允价值计量且其变动计入当期损益的金融资产

交易性金融资产采用公允价值进行后续计量,公允价值变动形成的利得或损失以及与该金融资产相关的股利和利息收入计入当期损益。

**6.1.4 可供出售金融资产核算方法**

可供出售金融资产采用公允价值进行后续计量,公允价值变动形成的利得或损失,除减值损失和外币货币性金融资产与摊余成本相关的汇兑差额计入当期损益外,确认为其他综合收益并计入资本公积,在该金融资产终止确认时转出,计入当期损益。

可供出售金融资产持有期间取得的利息及被投资单位宣告发放的现金股利,计入投资收益。

在活跃市场中没有报价且其公允价值不能可靠计量的权益工具投资,以及与该权益工具挂钩并需通过交付该权益工具结算的衍生金融资产,按照成本计量。

金融资产的转移

满足下列条件之一的金融资产,予以终止确认:(1)收取该金融资产现金流量的合同权力终止;(2)该金融资产已转移,且将金融资产所有权上几乎所有的风险和报酬转移给转入方;(3)该金融资产已转移,虽然本公司既没有转移也没有保留金融资产所有权上几乎所有的风险和报酬,但是放弃了对该金融资产控制。

若本公司既没有转移也没有保留金融资产所有权上几乎所有的风险和报酬,且未放弃对该金融资产的控制的,则按照继续涉入所转移金融资产的程度确认有关金融资产，并相应确认有关负债。继续涉入所转移金融资产的程度，是指该金融资产价值变动使企业面临的风险水平。

金融资产整体转移满足终止确认条件的，将所转移金融资产的账面价值及因转移而收到的对价与原计入其他综合收益的公允价值变动累计额之和的差额计入当期损益。

金融资产部分转移满足终止确认条件的，将所转移金融资产的账面价值在终止确认及未终止确认部分之间按其相对的公允价值进行分摊，并将因转移而收到的对价与应分摊至终止确认部分的原计入其他综合收益的公允价值变动累计额之和与分摊的前述账面金额之差额计入当期损益。

**6.1.5 持有至到期投资核算方法**

持有至到期投资采用实际利率法，按摊余成本进行后续计量，在终止确认、发生减值或摊销时产生的利得或损失，计入当期损益。

**6.1.6 长期股权投资**

6.1.6.1 对子公司的投资

在公司财务报表中对子公司的长期股权投资按成本法核算。

采用成本法核算时，长期股权投资按初始投资成本计价，除取得投资时实际支付的价款或者对价中包含的已宣告但尚未发放的现金股利或者利润外，当期投资收益按照享有被投资单位宣告发放的现金股利或利润确认。

6.1.6.2 对合营公司和联营公司的投资

联营公司是指本公司能够对其施加重大影响的被投资单位。重大影响是指对一个企业的财务和经营政策有参与决策的权力，但并不能够控制或者与其他方一起共同控制这些政策的制定。

合营公司是指本公司与其他投资方对其实施共同控制的被投资单位。共同控制是指按照合同约定对某项经济活动所共有的控制，仅在与该项经济活动相关的重要财务和经营决策需要分享控制权的投资方一致同意时存在。

本公司对联营公司的投资和对合营公司的投资采用权益法核算。

采用权益法核算时，长期股权投资初始投资成本大于投资时应享有被投资单位可辨认净资产公允价值份额的，不调整长期股权投资的初始投资成本；初始投资成本小于投资时应享有被投资单位可辨认净资产公允价值份额的，其差额计入当期损益，同时调整长期股权投资成本。

采用权益法核算时，当期投资损益为应享有或应分担的被投资单位当年实现的净损益的份额。在确认应享有被投资单位净损益的份额时，以取得投资时被投资单位各项可辨认资产等的公允价值为基础，并按照本公司的会计政策及会计期间，对被投资单位的净利润进行调整后确认。对于本公司与联营公司及合营公司之间发生的未实现内部交易损益按照持股比例计算属于本公司的部分予以抵销，在此基础上确认投资损益。但本公司与被投资单位发生的未实现内部交易损失属于所转让资产减值损失的，不予以抵销。对被投资单位除净损益以外的其他所有者权益变动，相应调整长期股权投资的账面价值并确认为其他综合收益计入资本公积。

在确认应分担被投资单位发生的净亏损时，以长期股权投资的账面价值和其他实质上构成对被投资单位净投资的长期权益减记至零为限。此外，如本公司对被投资单位负有承担额外损失的义务则按预计承担的义务确认预计负债，计入当期投资损失。被投资单位以后期间实现净利润的，本公司在收益分享额弥补未确认的亏损分担额后，恢复确认收益分享额。

6.1.6.3 其他长期股权投资

其他长期股权投资指本公司对被投资单位不具有控制、共同控制或重大影响，并且在活跃市场中没有报价、公允价值不能可靠计量的长期股权投资。对于其他长期股权投资，本公司采用成本法核算，按成本进行初始计量。

6.1.6.4 长期股权投资处置

处置长期股权投资时，其账面价值与实际取得价款的差额，计入当期损益。采用权益法核算的长期股权投资，在处置时将原计入所有者权益的部分按相应的比例转入当期损益。

根据《关于证券公司执行〈企业会计准则〉有关核算问题的通知》（证监会计字〔2007〕34 号），直接投资业务形成的投资，在被投资公司股票上市后，如对被投资公司存在控制、共同控制或重大影响，应当继续作为长期股权投资，并视对被投资公司的影响程度分别采用成本法或权益法核算；如对被投资公司不具有控制、共同控制或重大影响，应当于被投资公司股票上市之日将该项投资转作可供出售金融资产，并按《企业会计准则第 22 号——金融工具确认和计量》进行初始及后续计量。

**6.1.7 投资性房地产核算办法**

投资性房地产是指为赚取租金或资本增值，或两者兼有而持有的房地产。包括已出租的土地使用权、已出租的建筑物等。

投资性房地产按成本进行初始计量。与投资性房地产有关的后续支出，如果与该资产有关的经济利益很可能流入且其成本能可靠计量，则计入投资性房地产成本。其他后续支出，在发生时计入当期损益。

本公司采用成本模式对投资性房地产进行后续计量，并按照与房屋建筑物或土地使用权一致的政策进行折旧或摊销。

投资性房地产出售、转让、报废或毁损的处置收入扣除其账面价值和相关税费后的差额计入当期损益。

**6.1.8 固定资产计价和折旧办法**

固定资产是指为生产商品、提供劳务或经营管理而持有的，使用寿命超过一个会计年度的有形资产。

固定资产按成本进行初始计量，并考虑预计弃置费用因素的影响。固定资产从达到预定可使用状态的次月起，采用年限平均法在使用寿命内计提折旧。各类固定资产的使用寿命、预计净残值和年折旧率如下。

| 类别 | 使用寿命 | 预计净残值率(%) | 年折旧率(%) |
|---|---|---|---|
| 房屋及建筑物 | 30~35 年 | 5 | 2.71-3.17 |
| 电子及机器设备 | 5~10 年 | 5 | 9.50-19.00 |
| 运输设备 | 5 年 | 5 | 19.00 |
| 其他 | 5 年 | 5 | 19.00 |

预计净残值是指假定固定资产预计使用寿命已满并处于使用寿命终了时的预期状态，本公司目前从该项资产处置中获得的扣除预计处置费用后的金额。

与固定资产有关的后续支出，如果与该固定资产有关的经济利益很可能流入且其成本能可靠地计量，则计入固定资产成本，并终止确认被替换部分的账面价值，除此以外的其他后续支出，在发生时计入当期损益。

本公司至少于年度终了对固定资产的使用寿命、预计净残值和折旧方法进行复核，如发生改变则作为会计估计变更处理。

固定资产出售、转让、报废或毁损的处置收入扣除其账面价值和相关税费后的差额计入当期损益。

在建工程

在建工程成本按实际工程支出确定，包括在建期间发生的各项工程支出，以及其他相关费用等。在建工程不计提折旧。在建工程在达到预定可使用状态后结转为固定资产。

**6.1.9 无形资产计价及摊销政策**

无形资产是指本公司拥有或者控制的没有实物形态的可辨认非货币性资产。

无形资产按成本进行初始计量。使用寿命有限的无形资产自可供使用时起，对其原值在其预计使用寿命内采用直线法分期平均摊销。使用寿命不确定的无形资产不予摊销。

每期期末，对使用寿命有限的无形资产的使用寿命和摊销方法进行复核，必要时进行调整。

**6.1.10 贷款和应收款项的核算方法**

贷款和应收款项采用实际利率法，按摊余成本进行后续计量，在终止确认、发生减值或摊销时产生的利得或损失，计入当期损益。

**6.1.11 长期待摊费用的摊销政策**

公司已发生但应由本期和以后各期负担的分摊期限在1年以上的各项费用，按受益期限内平均摊销。

**6.1.12 合并会计报表的编制方法**

报告期内公司无合并报表情况发生。

**6.1.13 收入确定原则和方法**

6.1.13.1 利息收入

利息收入按照相关金融资产的摊余成本采用实际利率法确认。实际利率与合同利率差异较小的，也可按合同利率计算。

6.1.13.2 手续费及佣金收入

信托报酬收入于服务已经提供且收取的金额能够可靠地计量时，按权责发生制确认收入。

6.1.13.3 其他业务收入

房租收入于合同已经履行且收取的金额能够可靠地计量时，按权责发生制确认收入。

**6.1.14 所得税的会计处理方法**

6.1.14.1 当期所得税

资产负债表日，对于当期和以前期间形成的当期所得税负债（或资产），按照税法规定计算的预期应交纳（或返还）的所得税金额计量。

6.1.14.2 递延所得税资产及递延所得税负债

某些资产、负债项目的账面价值与其计税基础之间的差额，以及未作为资产和负债确认但按照税法规定可以确定其计税基础的项目的账面价值与计税基础之间的差额产生的暂时性差异，采用资产负债表债务法确认递延所得税资产及递延所得税负债。

一般情况下所有暂时性差异均确认相关的递延所得税。但对于可抵扣暂时性差异，本公司以很可能取得用来抵扣可抵扣暂时性差异的应纳税所得额为限，确认相关的递延所得税资产。

对于能够结转以后年度的可抵扣亏损和税款抵减，以很可能获得用来抵扣可抵扣亏损和税款抵减的未来应纳税所得额为限，确认相应的递延所得税资产。

资产负债表日，对于递延所得税资产和递延所得税负债，根据税法规定，按照预期收回相关资产或清偿相关负债期间的适用税率计量。

除与直接计入其他综合收益或所有者权益的交易和事项相关的当期所得税和递延所得税计入其他综合收益或所有者权益，以及企业合并产生的递延所得税调整商誉的账面价值外，其余当期所得税和递延所得税费用或收益计入当期损益。

于资产负债表日，对递延所得税资产的账面价值进行复核，如果未来很可能无法获得足够的应纳税所得额用以抵扣递延所得税资产的利益，则减记递延所得税资产的账面价值。在很可能获得足够的应纳税所得额时，减记的金额予以转回。

6.1.14.3 所得税的抵销

当拥有以净额结算的法定权利，且意图以净额结算或取得资产、清偿负债同时进行时，本公司当期所得税资产及当期所得税负债以抵销后的净额列报。

当拥有以净额结算当期所得税资产及当期所得税负债的法定权利，且递延所得税资产及递延所得税负债是与同一税收征管部门对同一纳税主体征收的所得税相关，本公司递延所得税资产及递延所得税负债以抵销后的净额列报。

**6.1.15 信托报酬确认原则和方法**

信托报酬的确认主要以权责发生制为原则。对于信托文件明确规定有收取标准的，以信托文件规定计提信托报酬；对于信托文件没有明确规定的，待信托项目运作结束时一次性计算收取。

## 6.2 或有事项说明

公司对外提供借款担保的期初余额为2 000万元，期末无余额。

## 6.3 重要资产转让及其出售的说明

根据中国银监会《关于实施<信托公司管理办法>和<信托公司集合资金信托计划管理办法>有关具体事项的通知》，信托投资公司正在合同执行期的业务可履行至合同结束。本公司将对截至资产负债表日持有的租约尚未到期的投资性房地产正在积极拟订计划，逐步按照通知的有关精神进行清理。2010年，处置投资性房地产而减少其原值2 711万元，获得收益1 801万元。

## 6.4 会计报表中重要项目的明细资料

**6.4.1 披露自营资产经营情况**

6.4.1.1 按信用风险五级分类结果披露信用风险资产的期初、期末数

| 风险分类 | 正常类(万元) | 关注类(万元) | 次级类(万元) | 可疑类(万元) | 损失类(万元) | 信用风险资产合计(万元) | 不良资产合计(万元) | 不良率(%) |
|---|---|---|---|---|---|---|---|---|
| 期初数 | 52 529 | 0 | 0 | 0 | 0 | 52 529 | 0 | 0 |
| 期末数 | 47 429 | | | | | 47 429 | 0 | 0 |

注:不良资产合计=次级类+可疑类+损失类。

6.4.1.2 资产减值损失准备的期初、本期计提、本期转回、本期核销、期末数

单位:万元

| | 期初数 | 本期计提 | 本期转回 | 本期核销 | 期末数 |
|---|---|---|---|---|---|
| 贷款损失 | | | | | |
| 一般准备 | | | | | |
| 专项准备 | | | | | |
| 其他资产减值准备 | | | | | |
| 可供出售金融资产减值准备 | | | | | |
| 持有至到期投资减值准备 | | | | | |
| 长期股权投资减值准备 | | | | | |
| 坏账准备 | 3 | | 3 | | 0 |
| 投资性房地产减值准备 | | | | | |

6.4.1.3 按照投资品种分类,分别披露固有业务股票投资、基金投资、债券投资、股权投资等投资业务的期初数、期末数

单位:万元

| | 自营股票 | 基金 | 债券 | 长期股权投资 | 其他投资 | 合计 |
|---|---|---|---|---|---|---|
| 期初数 | 8 035 | 0 | 389 | 13 313 | 13 838 | 35 575 |
| 期末数 | 4 980 | 0 | 0 | 32 063 | 11 972 | 49 015 |

6.4.1.4 按投资入股金额排序,前五名的自营长期股权投资的企业名称、占被投资企业权益的比例、主要经营活动及投资收益情况等(从大到小顺序排列)

| 企业名称 | 占被投资企业权益的比例(%) | 主要经营活动 | 投资损益(万元) |
|---|---|---|---|
| 江苏射阳农村商业银行股份有限公司 | 10.00 | 银行业务 | 0 |
| 东吴证券有限责任公司 | 3.54 | 证券交易等 | 0 |
| 江苏姜堰农村商业银行股份有限公司 | 4.80 | 银行业务 | 0 |
| 江苏银行股份有限公司 | 0.50 | 银行业务 | 0 |
| 苏州德威材料股份有限公司 | 17.14 | 新材料生产经营和销售 | 103 |

注:1. 投资损益是指按照企业会计准则规定,核算股权投资确认损益并计入披露年度利润表的金额。

2. 本公司于2005年7月向江苏德威新材料股份有限公司进行投资,持有1 028.25万股股份。根据2010年10月12日中国证券监督管理委员会创业板发行审核委员会2010年第62次会议公告,江苏德威新材料股份有限公司首次公开发行获通过(尚未发行)。

6.4.1.5 前五名的自营贷款的企业名称、占贷款总额的比例和还款情况等(从贷款金额大到小顺序排列)

| 企业名称 | 占贷款总额比例(%) | 还款情况 |
|---|---|---|
| 1. 江苏恒神纤维材料有限公司 | 23.58 | 正常 |
| 2. 苏州市开元化工有限公司 | 18.87 | 正常 |
| 3. 厦门三安电子有限公司 | 15.72 | 正常 |
| 4. 江苏佳和置业有限公司 | 14.15 | 正常 |
| 5. 苏州太湖国际高尔夫俱乐部有限公司 | 12.58 | 正常 |

6.4.1.6 表外业务的期初数、期末数;按照代理业务、担保业务和其他类型表外业务分别披露

单位:万元

| 表外业务 | 期初数 | 期末数 |
|---|---|---|
| 担保业务 | 2 000 | 0 |
| 代理业务(委托业务) | — | — |
| 其他 | — | — |
| 合计 | 2 000 | 0 |

报告期内,公司未发生代理业务(委托业务)。

6.4.1.7 公司当年的收入结构

| 收入结构 | 金额(万元) | 占比(%) |
|---|---|---|
| 手续费及佣金收入 | 18 450 | 71.02 |
| 其中:信托手续费收入 | 18 392 | 70.79 |
| 投资银行业务收入 | | |
| 利息收入 | 3 940 | 15.16 |
| 其他业务收入 | 72 | 0.28 |
| 其中:计入信托业务收入部分 | | |
| 投资收益 | 3 130 | 12.05 |
| 其中:股权投资收益 | 103 | 0.40 |
| 证券投资收益 | 2 487 | 9.57 |
| 其他投资收益 | 540 | 2.08 |
| 公允价值变动收益 | -1 490 | -5.74 |
| 营业外收入 | 1 878 | 7.23 |
| 收入合计 | 25 980 | 100 |

注:手续费及佣金收入、利息收入、其他业务收入、投资收益、营业外收入均为损益表中的科目,其中手续费及佣金收入、利息收入、营业外收入为未抵减掉相应支出的全年累计数实现收入数。

报告年度实现信托业务收入总额为18 392万元,全部以手续费及佣金收入形式确定。

**6.4.2 披露信托财产管理情况**

6.4.2.1 信托资产的期初数、期末数

单位:万元

| 信托资产 | 期初数 | 期末数 |
|---|---|---|
| 集合 | 726 515.00 | 1 206 683.43 |
| 单一 | 412 009.00 | 392 872.25 |
| 财产权 | 31 518.00 | 31 495.46 |
| 合计 | 1 170 042.00 | 1 631 051.14 |

6.4.2.1.1 主动管理型信托业务的信托资产期初数、期末数、分证券投资、股权投资、融资、事务管理类分别披露

单位:万元

| 主动管理型信托资产 | 期初数 | 期末数 |
|---|---|---|
| 证券投资类 | 5 947.00 | 5 790.00 |
| 股权投资类 | 122 920.00 | 147 563.92 |
| 融资类 | 1 041 175.00 | 1 477 697.22 |
| 事务管理类 | 0 | 0 |
| 合计 | 1 170 042.00 | 1 631 051.14 |

6.4.2.1.2 被动管理型信托业务的信托资产期初数、期末数。分证券投资、股权投资、融资、事务管理类分别披露

单位:万元

| 被动管理型信托资产 | 期初数 | 期末数 |
|---|---|---|
| 证券投资类 | 0 | 0 |
| 股权投资类 | 0 | 0 |
| 融资类 | 0 | 0 |
| 事务管理类 | 0 | 0 |
| 合计 | 0 | 0 |

6.4.2.2 本年度已清算结束的信托项目27个数、实收信托合计金额31.78亿元、加权平均实际年化收益率25.7%

6.4.2.2.1 本年度已清算结束的集合类、单一类资金信托项目和财产管理类信托项目个数、实收信托金额、加权平均实际年化收益率

| 已清算结束信托项目 | 项目个数 | 实收信托合计金额(万元) | 加权平均实际年化收益率(%) |
|---|---|---|---|
| 集合类 | 12 | 137 772.00 | 53.95 |
| 单一类 | 13 | 158 588.78 | 4.08 |
| 财产管理类 | 2 | 21 500.00 | 4.18 |

注:收益率是指信托项目清算后、给受益人赚取的实际收益水平。加权平均实际年化收益率=(信托项目1的实际年化收益率×信托项目1的实收信托+信托项目2的实际年化收益率×信托项目2的实收信托+…信托项目n的实际年化收益率×信托项目n的实收信托)/(信托项目1的实收信托+信托项目2的实收信托+…信托项目n的实收信托)×100%。

6.4.2.2.2 本年度已清算结束的主动管理型信托项目个数、实收信托合计金额、加权平均实际年华收益率,分证券投资、股权投资、融资、事务管理类分别计算并披露

| 已清算结束信托项目 | 项目个数 | 实收信托合计金额(万元) | 加权平均实际年化信托报酬率(%) | 加权平均实际年化收益率(%) |
|---|---|---|---|---|
| 证券投资类 | 0 | 0 | 0 | 0 |
| 股权投资类 | 4 | 87 740.78 | 2.71 | 75.53 |
| 融资类 | 23 | 230 120.00 | 1.50 | 6.70 |
| 事务管理类 | 0 | 0 | 0 | 0 |

注:加权平均实际年化信托报酬率=(信托项目1的实际年化信托报酬率×信托项目1的实收信托+信托项目2的实际年化信托报酬率×信托项目2的实收信托+…信托项目n的实际年化信托报酬率×信托项目n的实收信托)/(信托项目1的实收信托+信托项目2的实收信托+…信托项目n的实收信托)×100%。

6.4.2.2.3 本年度已清算结束的被动管理型信托项目个数、实收信托合计金额、加权平均实际化收益率,分证券投资、股权投资、融资、事务管理类分别计算并披露

| 已清算结束信托项目 | 项目个数 | 实收信托合计金额(万元) | 加权平均实际年化信托报酬率(%) | 加权平均实际年化收益率(%) |
|---|---|---|---|---|
| 证券投资类 | 0 | 0 | 0 | 0 |
| 股权投资类 | 0 | 0 | 0 | 0 |
| 融资类 | 0 | 0 | 0 | 0 |
| 事务管理类 | 0 | 0 | 0 | 0 |

6.4.2.3 本年度新增的集合类、单一类和财产管理类信托项目个数、实收信托合计金额

| 新增信托项目 | 项目个数 | 实收信托合计金额(万元) |
|---|---|---|
| 集合类 | 37 | 631 360.15 |
| 单一类 | 14 | 175 032.00 |
| 财产管理类 | 0 | 0.00 |
| 新增合计 | 51 | 806 392.15 |
| 其中:主动管理型 | 51 | 806 392.15 |
| 被动管理型 | 0 | 0.00 |

注:本年新增信托项目指在本报告年度内累计新增的信托项目个数和金额,包括含本年新增并于本年内结束的项目和本年新增至报告期末仍在持续管理的信托项目。

6.4.2.4 信托业务创新成果和特色业务有关情况

6.4.2.4.1 自主管理的房地产基金信托

"苏信理财·瑞城1006集合资金信托计划"信托计划期限5年,信托计划规模为1.4亿元,首轮募集:2010年6月12日为1亿元;第二轮募集:2010年11月22日为4 000万元。预期收益率:基础收益率为7%;浮动收益:超额收益的80%。信托资金运用方式:信托资金由受托人管理运用,以股权、债权、信托计划受益权等方式投资国内优质房地产项目。

本信托计划为非指定用途的基金型资金信托,信托资金由本公司集合管理、组合运用,以股权、债权、信托计划受益权等方式投资国内多个优质房地产项目,分散单一房地产项目的投资风险,为投资者获得较高的回报。公司在项目的投资选择上,充分发挥了自身在房地产投融资领域的优势,主动挑选优质房地产项目,进行组合投资,严格把控项目风险,体现了自主管理的精神。

6.4.2.4.2 自主管理的财富管理信托

"苏信财富·华实1001集合资金信托计划"期限5年,主要通过组合运用的方式投资于房地产领域。该项目在产品设计、收益分配、资金运用等方面与传统的房地产项目有明显区别,具备一定的财富管理信托的特征。该业务的流程是要充分了解客户,在此基础进行资产配置,筛选合适的金融产品,跟踪资产配置方案并要有所调整,实现客户财富保值增值的目的。

6.4.2.4.3 自主管理的股票收益权投资信托

"苏信理财·三安光电股票收益权投资2号集合资金信托计划",信托计划规模为19 240万元,信托计划投资标的为740万股三安光电限售流通股。信托资金的运用方式:信托资金以受托人的名义用于受让某自然人因参与三安光电2009年定向增发而持有的三安光电股份有限公司(股票代码:600703)740万股限售流通股的股票收益权,并在目标股票限售期满后以股票抛售收益来实现信托利益。信托计划实际存续时间是2010年3月19日至2010年11月8日。本信托计划共存续235天,在短期内为信托受益人获取了较高的超额回报:信托计划资金绝对回报率为213%。

本信托计划的主要特点是:

(1)自主管理型的信托计划。苏州信托立足于对LED行业及对目标股票深入研究的基础上,挖掘出具有重大投资价值的目标股票——三安光电,并针对该目标股票推出本款具有投资型的信托计划。

(2)信托计划分层设计。本信托计划分为A类优先级、B类优先级与劣后级三层,信托利益按上述层级逐级依次分配。

(3)劣后受益人的选择权安排。本信托计划设立劣后受益人(即目标股票收益权出让人)的选择权安排,约定若目标股票

股价跌破一定价位,劣后受益人可选择补仓或不补仓,如不补仓,劣后受益人放弃部分乃至全部超额收益等。

(4)信托计划主要风险控制措施。股票质押:目标股票质押给受托人;操作协议安排:《操作协议》保障受托人对目标股票的控制权;担保公司担保:中国投资担保有限公司为劣后受益人按合同约定抛售股票及划转资金等履约行为提供担保。

6.4.2.5 本公司履行受托人义务情况及因本公司自身责任而导致的信托资产损失情况(合计金额、原因等)

无。

## 6.5 关联方关系及其交易的披露

**6.5.1 关联交易方的数量、关联交易的总金额及关联交易的定价政策**

报告期内未发生关联交易。

**6.5.2 关联交易方与本公司的关系性质、关联交易方的名称、法定代表人、注册地址、注册资本及主营业务等**

报告期内未发生关联交易。

**6.5.3 本公司与关联方的重大交易事项**

6.5.3.1 固有与关联方交易情况:贷款、投资、租赁、应收账款、担保、其他方式等期初汇总数、本期借方和贷方发生额汇总数、期末汇总数

本期固有与关联方无交易情况发生。

6.5.3.2 信托与关联方交易情况:贷款、投资、租赁、应收账款、担保、其他方式等期初汇总数、本期借方和贷方发生额汇总数、期末汇总数

本期信托与关联方无交易情况发生。

6.5.3.3 信托公司自有资金运用于自己管理的信托项目(固信交易)、信托公司管理的信托项目之间的相互(信信交易)交易金额,包括余额和本报告年度的发生额

6.5.3.3.1 固有与信托财产之间的交易金额期初汇总数、本期发生额汇总数、期末汇总数

固有与信托财产之间无交易发生。

6.5.3.3.2 信托财产与信托财产之间的交易情况

信托财产与信托财产之间的无交易发生

**6.5.4 关联方逾期未偿还本公司资金的详细情况及本公司为关联方担保发生或即将发生垫款的详细情况**

至2010年12月31日,本公司未发生关联方逾期未偿还本公司资金情况;本公司无为关联方担保发生或即将发生垫款情况。

## 6.6 会计制度的披露

**6.6.1 固有业务(自营业务)执行会计制度的名称、颁布年份**

报告年度公司执行新《企业会计准则》(财政部2006年2月颁布)。

**6.6.2 信托业务执行会计制度的名称、颁布年份**

公司信托业务执行新《企业会计准则》(财政部2006年2月颁布)。

# 7. 财务情况说明书

## 7.1 利润实现和分配情况

2010年,公司实现利润总额20 152万元,比上年增长了10.31%;实现净利润15 122万元,比上年增长了6.77%。期初未分配利润13 771万元,2010年末可供分配利润28 893万元。报告期内提取法定盈余公积金1 512万元、信托赔偿准备金756万元、一般风险准备105万元、分配股东利润8 443万元。2009年末未分配利润余额18 077万元。

## 7.2 主要财务指标

| 指标名称 | 指标值 |
|---|---|
| 资本利润率(%) | 16.70 |
| 加权年化信托报酬率(%) | 1.84 |
| 人均净利润(万元/人) | 240.03 |

注:1. 资本利润率=净利润/所有者权益平均余额×100%。
2. 加权年化信托报酬率=(信托项目1的实际年化信托报酬率×信托项目1的实收信托+信托项目2的实际年化信托报酬率×信托项目2的实收信托+…信托项目n的实际年化信托报酬率×信托项目n的实收信托)/(信托项目1的实收信托+信托项目2的实收信托+…信托项目n的实收信托)×100%。
3. 人均净利润=净利润/年平均人数。
4. 平均值采取年初、年末余额简单平均法=(年初数+年末数)/2。

## 7.3 对公司财务状况、经营成果有重大影响的其他事项

报告期内未发生任何对公司财务状况、经营成果有重大影响的事项。

# 8. 特别事项简要揭示

## 8.1 前五名股东报告期内变动情况及原因

报告期内公司股东及持股比例无变动。

## 8.2 公司董事、监事及高级管理人员变动情况及原因

报告期内公司监事无变动。崔斌先生因个人原因辞去公司董事及总裁职务。张立文先生的公司总裁任职资格已经监管部门批复核准,周也勤先生的公司副总裁任职资格已经监管部门批复核准,姚文德先生的公司总裁助理任职资格已经监管部门批复核准。

## 8.3 公司的重大诉讼事项

报告期内本公司无重大诉讼事项。

## 8.4 对会计师事务所出具的有保留意见、否定意见或无法表示意见的审计报告,公司董事会就所涉及事项作出的说明

无。

## 8.5 公司及其董事、监事和高级管理人员受到处罚的情况

报告期内公司董事、监事和高级管理人员未受到任何

处罚。

### 8.6 对银监会及其派出机构提出的检查整改意见处理情况

报告期内银监会及其派出机构未对本公司提出的检查整改意见。

### 8.7 本年度重大事项临时报告的简要内容、披露时间、所披露的媒体及其版面

简要内容:苏州信托有限公司关于总裁变动的公告

披露时间:2010 年 5 月 12 日

披露媒体:《金融时报》05 版

简要内容:苏州信托有限公司关于总裁变动的公告

披露时间:2010 年 11 月 16 日

披露媒体:《金融时报》07 版

### 8.8 银监会及省级派出机构认定的其他有必要让客户及相关利益人了解的重要信息

无。

### 8.9 自财务审计报告签发之日至本报告披露之日,公司未发生重大会计日后事项

## 9. 公司监事会意见

### 9.1 关于内部控制

监事会认为,公司高度重视合规风险,在经营管理运作方面能够依照相关法律法规和公司内控制度的规定依法运作。公司现行制度基本适应目前公司的管理与发展需要,能够为各项业务的正常运行和经营风险的控制提供有效保障。公司未发生由于业务行为不合规而被监管部门查处或出现法律纠纷事件。

公司在项目开发设计和后续管理过程中,严格把握和执行监管机构的规定以及公司业务管理制度,风险控制意识较强。公司固有业务及信托业务整体运转正常,均能按照相关文件约定执行。

公司内审部门在内部审计工作开展过程中,依据有关法律法规和内部工作规范,按照客观、公正的原则进行审查监督,认真履行了内审职责,较好地起到了规范经营行为、加强风险防范的作用。

### 9.2 关于财务报告

监事会认为,2010 年,面对全年宏观经济出现的复杂形势,在董事会的正确领导下,公司高管带领全体员工发奋努力、开拓创新,公司业务步入良性发展轨道、盈利能力和综合竞争实力显著提升。公司 2010 年的财务报告的编制和审核程序符合法律、行政法规和监管规定,公司资产、财务收支、资金运作情况真实、公允地反映了财务状况和现金流量,报告内容真实反映了报告期内公司的财务状况和经营成果。监事会同意公司 2010 年财务会计报告。

### 9.3 关于高管履职

监事会认为,报告期内公司高管人员在行使各自职权时遵纪守法,履行诚信、勤勉之义务,自觉维护公司利益和股东权益,能按董事会的决议认真执行,未发现上述人员违反法律法规、公司章程或损害公司利益的行为。

# 天津信托有限责任公司

## 1. 重要提示

1.1 本公司董事会及董事保证本报告所载资料不存在任何虚假记载、误导性陈述或者重大遗漏，并对其内容的真实性、准确性和完整性承担个别及连带责任。本年度报告摘要摘自年度报告全文，客户及相关利益人欲了解详细内容，应阅读年度报告全文。

1.2 公司董事黄书平因公务未能出席董事会，委托其他董事出席董事会并行使表决权。

1.3 公司独立董事对本年度报告所披露的内容进行了认真审查，认为本年度报告的内容是真实、准确、完整的。

1.4 五洲松德联合会计师事务所为本公司出具了标准无保留意见的审计报告。

1.5 公司总经理张维、总会计师尹梅、财会部负责人李瑞聪声明：保证本年度报告中财务报告真实、完整。

## 2. 公司概况

### 2.1 公司简介

2.1.1 公司的法定中文名称：天津信托有限责任公司

2.1.2 公司的法定英文名称：Tianjin Trust Co. ,Ltd.

2.1.3 法定代表人：王海智

2.1.4 注册地址：天津市河西区围堤道125－127号天信大厦，邮政编码：300074

2.1.5 国际互联网网址：www. tjtrust. com，电子信箱：bg@tjtrust. com

2.1.6 信息披露事务负责人：贾丽娜

信息披露事务联系人：冉启文

联系电话：022－28408259，传真：022－28408279，电子信箱：bg@tjtrust. com

2.1.7 公司指定信息披露报纸：《金融时报》

2.1.8 公司年度报告备置地点：天津信托有限责任公司董事会（天信大厦）

2.1.9 公司聘请的会计师事务所：五洲松德联合会计师事务所

地址：天津开发区广场东路20号滨海金融街—E6505

2.1.10 公司聘请的律师事务所：无

### 2.2 组织结构

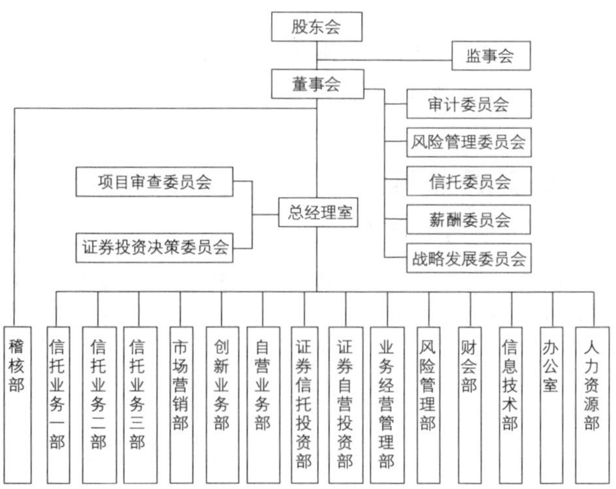


## 3. 公司治理

### 3.1 股东

截至2010年末，公司股东5家，前3位股东情况如下：

| 股东名称 | 持股比例（%） | 法定代表人 | 注册资本（亿元） | 注册地址 | 主要经营业务及主要财务情况 |
|---|---|---|---|---|---|
| 天津海泰控股集团有限公司 | 51.05 | 宗国英 | 21.1 | 天津华苑产业区梅苑路6号海泰大厦11～12层 | 主营业务：天津滨海高新技术产业开发区基础设施建设、土地开发与转让、高科技投资和配套服务业。2010年末总资产为241.8亿元，总负债为160.9亿元，所有者权益为80.9亿元。 |
| 天津市泰达国际控股（集团）有限公司 | 42.11 | 刘惠文 | 106.1 | 天津经济技术开发区盛达街9号泰达金融广场11层 | 主营业务：承担天津市市属国有金融资产出资人的职责，对控股金融机构的经营情况和绩效水平进行考核管理，对授权范围内的国有金融资产依法实施监督，负责国有金融资产的保值增值。2010年末总资产为122亿元，总负债为14亿元，所有者权益为108亿元。 |
| 天津盈鑫信恒投资咨询有限公司 | 5.26 | 李绍忠 | 3.14 | 天津西青经济技术开发区七支路8号西青经济开发投资服务中心7楼A区714、715室 | 主营业务：企业投资管理咨询、企业营销策划设计、商品信息咨询、建筑材料、装饰装修材料、机械、电子设备、工艺美术品、化工产品（危险化学品及易制毒品除外）、家具装饰品、服装、纺织品销售。2010年末总资产为6.48亿元，总负债为4.48亿元，所有者权益为2亿元。 |

本公司股东之间不存在关联关系。

## 3.2 董事

截至2010年末，公司董事会人员构成情况：

| 姓　名 | 职　务 | 性别 | 年龄 | 选任日期 | 所推举的股东名称 | 该股东持股比例(%) | 简　要　履　历 |
|---|---|---|---|---|---|---|---|
| 王海智 | 董事长 | 男 | 56 | 2007年6月 | 天津海泰控股集团有限公司 | 51.05 | 1974—1988年，历任河北省围场县公社、镇区秘书、劳动人事局干事、副局长；1988—2000年，历任中国银行河北省分行围场支行、中国银行承德市分行、中国银行秦皇岛市分行副行长、代行长、行长、党委书记；2000年至2005年末，历任中国东方资产管理公司石家庄办事处副总经理、总经理、党委副书记、党委书记，天津办事处党委书记、总经理；2007年6月至2009年6月，任天津信托投资有限责任公司党委书记、董事长；2009年7月至今，任天津信托有限责任公司党委书记、董事长。 |
| 王卫东 | 副董事长 | 男 | 41 | 2007年1月 | 天津海泰控股集团有限公司 | 51.05 | 1995—2006年，先后在天津新技术产业园区开发总公司工作，历任项目经理、助理经理、总经理助理、副总经理；在天津海泰科技发展股份有限公司工作，任副董事长、董事长、总经理；2006年至今，任天津海泰控股集团有限公司党委委员、副总经理。 |
| 刘青松 | 董事 | 男 | 43 | 2010年4月 | 天津市泰达国际控股(集团)有限公司 | 42.11 | 1993年2月至1993年5月，国家发展计划委员会政策研究室干部；1993年5月至1997年11月，中国租赁公司计划财务部经理助理，深圳实业发展公司党总支书记、总经理；1997年11月至2003年2月，中国证监会发行部、国际部副处长；2003年2月至2006年4月，香港交易所上市科副总监；2006年4月至2008年10月，天津市政府研究室副主任；2008年10月至2010年12月，天津市泰达国际控股(集团)有限公司党委副书记、总经理。 |
| 董建新 | 董事 | 男 | 43 | 2009年8月 | 天津海泰控股集团有限公司 | 51.05 | 1989年7月至1991年1月，在天津市科委科干处工作；1991年1至1995年7月，在天津技术物理所任团总支书记、工程师；1995年7月至1999年4月，在天津新技术产业园区开发总公司任项目经理；1999年4月至2001年4月，天津新技术产业园区管理咨询有限公司任副总经理；2001年4月至2001年12月，天津新技术产业园区海泰科技投资管理有限公司任总经理助理；2010年12月至2006年6月，任天津海泰科技发展股份有限公司资产运营部、企划部部长；2006年6月至2010年5月，任天津海泰控股集团有限公司金融部副部长；2010年5月至今，任天津海泰控股集团有限公司企业运营部副部长。 |
| 李　林 | 董事 | 男 | 47 | 2009年8月 | 天津海泰控股集团有限公司 | 51.05 | 1985年7月至1994年3月，在天津师范大学教育系任教师；1994年3月至1996年6月，在天津新技术产业园区开发总公司工作；1996年6月至1997年5月，任园区总公司工业投资分公司助理经理；1997年5月至1997年12月，任园区报关行副经理；1997年12月至2003年5月，任园区报关行经理；2003年5月至2006年6月，任天津海泰控股集团有限公司资产部部长；2006年6月至2006年12月，任天津海泰控股集团有限公司投资发展部副部长；2006年12月至今，任天津海泰控股集团有限公司企业运营部副部长、部长。 |
| 钟玲玲 | 董事 | 女 | 46 | 2010年4月 | 天津市泰达国际控股(集团)有限公司 | 42.11 | 1986年7月至1991年8月，在天津市照相机公司；1991年8月至2009年1月，天津市经济委员会引进处、投资与技术改造处调查员；2009年1月至今，任天津市泰达国际控股(集团)有限公司融资与风险管理部部长。 |
| 弓劲梅 | 董事 | 女 | 38 | 2010年4月 | 天津市泰达国际控股(集团)有限公司 | 42.11 | 2002年1月至2006年10月，天弘基金管理有限公司筹备组成员、高级研究员、职工监事；2006年11月至2008年7月，天津泰达投资控股有限公司资产管理部高级项目经理，兼任恒安标准人寿保险有限公司投资决策委员会委员和渤海保险股份有限公司监事、投资决策委员会委员；2008年8月至2009年4月，天津市泰达国际控股(集团)有限公司融资与风险管理部部长助理；2009年5月至2009年12月，天津市泰达国际控股(集团)有限公司融资与风险管理部副部长；2010年1月至今，天津市泰达国际控股(集团)有限公司资产管理与合规部副部长。 |
| 黄书平 | 董事 | 男 | 29 | 2010年4月 | 天津盈鑫信恒投资咨询有限公司 | 5.26 | 2004年11月至2005年4月，首创证券有限公司资产管理部项目经理；2005年4月至2007年2月，顺驰中国控股有限公司总裁助理；2007年2月至2007年12月，融创集团资本管理部总监；2007年12月至2009年2月，融创集团资本运作中心总经理；2009年2月至今，融创集团董事会秘书兼财务管理部副总经理。 |
| 张　维 | 董事 | 男 | 55 | 2006年4月 | 管理层及职工代表 | | 1972—1999年，在天津市综合计划局生产组、天津市物资局工作，历任财务处干部、副处长、处长、总会计师；1999年至2006年4月，在天津市审计局工作，任总审计师、副局长、党组成员；2006年4月至2009年6月，任天津信托投资有限责任公司董事、总经理；2009年7月至今，任天津信托有限责任公司董事、总经理。 |
| 李延敬 | 独立董事 | 男 | 65 | 2004年12月 | | | 1968—1987年，先后在西藏昌都军分区学生连、西藏昌都电厂、天津市电子仪表局工作；1987—2006年，在天津市审计局工作，先后任副处长、处长、副总审计师、总审计师、副局长、党组成员；现已退休。 |

续表

| 姓 名 | 职 务 | 性别 | 年龄 | 选任日期 | 所推举的股东名称 | 该股东持股比例(%) | 简 要 履 历 |
|---|---|---|---|---|---|---|---|
| 樊振荣 | 独立董事 | 男 | 63 | 2008 年 4 月 | | | 1967 年 8 月至 1982 年 6 月，在人民银行天津分行塘沽支行工作，任会计员、信贷员；1982 年 6 月至 1993 年 8 月，在天津工商银行红桥支行工作，任信贷员、信贷科长、办公室主任、副行长等；1993 年 8 月至 2007 年 11 月，在天津信托投资有限责任公司工作，任副总经理、常务副总经理；2007 年 11 月退休。 |
| 马君潞 | 独立董事 | 男 | 56 | 2010 年 10 月 | | | 现任南开大学经济学院院长；1993 年晋升教授职称；1994 年始享受国务院特殊津贴；1996 年取得博士研究生指导教师资格；1998 年被评为天津市教育系统优秀回国人员，入选国家教育部首批"跨世纪人才"，并担任高等学校经济学学科教学指导委员会委员；1999 年 9 月至 2000 年 8 月，作为富布赖特高级访问学者在美国哥伦比亚大学进行学术交流、研究和讲学，讲授微观经济学、宏观经济学、货币银行学、国际金融学等课程，从事金融学领域的科学研究。 |

以上董事任期期限为 3 年，即 2010 年 4 月至 2013 年 4 月。

截至 2010 年末，公司独立董事

| 姓 名 | 所在单位及职务 | 性别 | 年龄 | 选任日期 | 所推举的股东名称 | 该股东持股比例(%) | 简 要 履 历 |
|---|---|---|---|---|---|---|---|
| 李延敬 | 天津市审计局副局长 | 男 | 65 | 2004 年 12 月 | 天津市泰达国际控股（集团）有限公司 | 42.11 | 1968—1987 年，先后在西藏昌都军分区学生连、西藏昌都电厂、天津市电子仪表局工作；1987—2006 年，在天津市审计局工作，先后任副处长、处长、副总审计师、总审计师、副局长、党组成员；现已退休。 |
| 樊振荣 | 天津信托有限责任公司常务副总经理 | 男 | 63 | 2008 年 4 月 | 天津海泰控股集团有限公司 | 51.05 | 1967 年 8 月至 1982 年 6 月，在人民银行天津分行塘沽支行工作，任会计员、信贷员；1982 年 6 月至 1993 年 8 月，在天津工商银行红桥支行工作，任信贷员、信贷科长、办公室主任、副行长等；1993 年 8 月至 2007 年 11 月，在天津信托投资有限责任公司工作，任副总经理、常务副总经理；2007 年 11 月退休。 |
| 马君潞 | 南开大学经济学院院长 | 男 | 56 | 2010 年 10 月 | 天津海泰控股集团有限公司 | 51.05 | 现任南开大学经济学院院长；1993 年晋升教授职称；1994 年始享受国务院特殊津贴；1996 年取得博士研究生指导教师资格；1998 年被评为天津市教育系统优秀回国人员，入选国家教育部首批"跨世纪人才"，并担任高等学校经济学学科教学指导委员会委员；1999 年 9 月至 2000 年 8 月，作为富布赖特高级访问学者在美国哥伦比亚大学进行学术交流、研究和讲学，讲授微观经济学、宏观经济学、货币银行学、国际金融学等课程，从事金融学领域的科学研究。 |

## 3.3 监事会

截至 2010 年末，公司监事会人员

| 姓 名 | 职 务 | 性别 | 年龄 | 任职日期 | 所推举的股东名称 | 该股东持股比例(%) | 简 要 履 历 |
|---|---|---|---|---|---|---|---|
| 朱振山 | 监事长 | 男 | 58 | 2010 年 4 月 | 天津市泰达国际控股（集团）有限公司 | 42.11 | 1972 年 12 月至 1987 年 10 月，解放军兰州军区司令部管理局财务处助理员；1987 年 10 月至 1999 年 5 月，天津市财政局财税管理一处科员、副科长、科长、副处长、调研员；1999 年 5 月至今，任天津市财政投资管理中心副主任（正处级）、主任；2001 年 11 月至 2004 年 11 月，天津市国有资产经营有限责任公司总经理；2004 年 11 月至今，天津市国有资产经营有限责任公司董事长、总经理。 |
| 冯金有 | 监事 | 男 | 56 | 2007 年 1 月 | 天津海泰控股集团有限公司 | 51.05 | 1970—2001 年，先后在天津大沽化工厂、天津市砂轮厂、天津新技术产业园区开发总公司工作；2001—2007 年，在天津海泰控股集团有限公司工作，先后任财务部长、副总会计师、总会计师；2007 年至今，先后任天津市海泰担保有限公司董事长兼总经理、天津海泰控股集团有限公司副总会计师。 |
| 王 丽 | 监事 | 女 | 48 | 2010 年 4 月 | 天津海泰控股集团有限公司 | 51.05 | 1983 年 9 月至 1986 年 7 月，天津市广播电视大学学生；1986 年 7 月至 1993 年 3 月，天津市异型刃具厂财务部会计；1993 年 3 月至 1993 年 10 月，天津市新技术产业园区开发总公司财务部会计；1993 年 10 月至 2000 年 8 月，天津新技术产业园区进出口有限公司干部、助理经理、副经理；2000 年 8 月至 2006 年 12 月，天津海泰控股集团有限公司财务管理部副部长；2006 年 12 月至今，天津海泰控股集团有限公司财务管理部副部长（享受正职待遇）、部长。 |

续表

| 姓 名 | 职 务 | 性别 | 年龄 | 任职日期 | 所推举的股东名称 | 该股东持股比例(%) | 简 要 履 历 |
|---|---|---|---|---|---|---|---|
| 康 悦 | 监事 | 男 | 52 | 2004年2月 | 天津市大港区财政局 | 1.05 | 1980—2003年,在天津市大港区财政局工作,先后任会计、副科长、科长;2003年至今,任大港区财政局副局长。 |
| 丁粤军 | 监事 | 男 | 39 | 2010年4月 | 职工监事 | | 1988年9月至1990年6月,西安交通大学审计专业专科学生;1990年12月至2000年12月,天津市审计局直属分局干部;2000年12月至2004年3月,天津市审计局主任科员;2004年3月至2009年6月,天津信托投资有限责任公司稽核部干部;2009年7月至2010年2月,天津信托有限责任公司稽核部干部;2010年2月至今,天津信托有限责任公司稽核部副经理。 |

注:以上监事任期期限为3年,即2010年4月至2013年4月。

## 3.4 高级管理人员

截至2010年末,公司高级管理人员

| 姓 名 | 职 务 | 性别 | 年龄 | 选任日期 | 金融从业年限 | 学历 | 专业 | 简 要 履 历 |
|---|---|---|---|---|---|---|---|---|
| 王海智 | 董事长 | 男 | 56 | 2007年6月 | 23 | 研究生 | 经济管理 | 1974—1988年,历任河北省围场县公社、镇区秘书、劳动人事局干事、副局长;1988—2000年,历任中国银行河北省分行围场支行、中国银行承德市分行、中国银行秦皇岛市分行副行长、代行长、行长、党委书记;2000—2005年,历任中国东方资产管理公司石家庄办事处副总经理、总经理、党委副书记、党委书记,天津办事处党委书记、总经理;2007年6月至2009年6月,任天津信托投资有限责任公司党委书记、董事长;2009年7月至今,任天津信托有限责任公司党委书记、董事长。 |
| 张 维 | 总经理 | 男 | 55 | 2006年4月 | 5 | 大学本科 | 工业财务会计 | 1972—1999年,在天津市综合计划局生产组、天津市物资局工作,历任财务处干部、副处长、处长、总会计师;1999年至2006年4月,在天津市审计局工作,任总审计师、副局长、党组成员;2006年4月至2009年6月,任天津信托投资有限责任公司董事、总经理;2009年7月至今,任天津信托有限责任公司董事、总经理。 |
| 韩立新 | 副总经理 | 男 | 42 | 2004年9月 | 21 | 研究生 | 经济学 | 1990年至2009年6月,历任天津信托投资有限责任公司干部、部门经理、副总经理;2009年7月至今,任天津信托有限责任公司副总经理。 |
| 李 琦 | 副总经理 | 男 | 48 | 2004年9月 | 16 | 研究生 | 法学 | 1984—1995年,在天津市民政局、天津市政府法制办公室、天津市外经贸委办公室工作;1995年至2009年6月,历任天津信托投资有限责任公司部门经理、副总经理;2009年7月至今,任天津信托有限责任公司副总经理。 |
| 贾丽娜 | 副总经理 | 女 | 54 | 2006年4月 | 30 | 大专 | 会计 | 1980年至2009年6月,历任天津信托投资有限责任公司干部、财务会计部经理、证券部经理、总经理助理、总稽核师、总经济师、副总经理;2009年7月至今,任天津信托有限责任公司副总经理。 |
| 杨 湧 | 副总经理 | 男 | 42 | 2007年11月 | 16 | 研究生 | 管理 | 1991—1994年,在天津油墨股份公司工作,任秘书;1994年至2009年6月,历任天津信托投资公司证券业务部干部、投资银行二部副总经理、证券投资部副经理、经理、总经理助理兼证券投资部经理、副总经理;2009年7月至今,任天津信托有限责任公司副总经理。 |
| 尹 梅 | 财务负责人 | 女 | 47 | 2007年11月 | 6 | 大学本科 | 会计 | 1985—2005年,在天津化工局、天津津泰股份有限公司、天津市经委、天津华泽集团工作;2005年至2009年6月,先后任天津信托投资有限责任公司副总会计师兼财会部经理、总会计师(财务负责人);2009年7月至今,任天津信托有限责任公司总会计师。 |

## 3.5 公司员工

截至2010年末,公司人员基本情况

| 项 目 | | 报告期年度 | | 上年度 | |
|---|---|---|---|---|---|
| | | 人数 | 比例(%) | 人数 | 比例(%) |
| 年龄分布 | 25岁以下 | 3 | 2 | 2 | 1 |
| | 25~29岁 | 13 | 10 | 14 | 10 |
| | 30~39岁 | 53 | 39 | 51 | 36 |
| | 40岁以上 | 67 | 49 | 77 | 53 |

续表

| 项 目 | | 报告期年度 | | 上年度 | |
|---|---|---|---|---|---|
| | | 人数 | 比例(%) | 人数 | 比例(%) |
| 学历分布 | 博士 | 3 | 2 | 1 | 1 |
| | 硕士 | 49 | 36 | 45 | 31 |
| | 本科 | 58 | 43 | 59 | 41 |
| | 专科 | 25 | 18 | 37 | 26 |
| | 其他 | 1 | 1 | 2 | 1 |
| 岗位分布 | 董事、监事及其高管人员 | 8 | 6 | 8 | 6 |
| | 自营业务人员 | 26 | 19 | 41 | 28 |
| | 信托业务人员 | 71 | 52 | 61 | 42 |
| | 其他人员 | 31 | 23 | 34 | 24 |

## 4. 经营管理

### 4.1 经营目标、方针、战略规划

公司经营目标是本着"诚实、信用、谨慎、有效"的经营理念,坚持"对社会负责,对客户负责,对股东负责,对员工负责"的服务宗旨,立足金融信托本业,抓住2010—2012年的战略机遇期,加快业务转型和盈利模式创新的步伐,做优做强信托业务,做好做精固有业务,相得益彰,共同发展,形成公司可具持续发展的盈利模式和核心竞争力,提高公司的知名度和美誉度,将公司塑造成为中国信托业的优秀品牌。

公司经营方针是以遵循国家和监管部门法规为依托,以诚信合规、稳健发展高效运营为理念,进一步健全和强化法人治理、内控严密、管理合规的内部控制体系;以业务开拓创新为动力,以风险防控为前提,进一步提升和增强公司的核心竞争力;以受益人利益最大化和股东稳定回报为原则,努力创建公司、股东、客户共赢平台。注重加强人才队伍、企业文化和长效机制建设,不断提高公司的盈利能力、风险控制能力、创新能力、营销能力,正确把握宏观经济形势和政策环境,推进公司又好又快地发展。

公司2010—2012年总体战略规划是:认真贯彻落实科学发展观,积极应对复杂的经济形势,充分发挥信托功能,从持续性、盈利性和增长性等方面使公司不断提升,为股东和受益人提供较高回报。坚持稳健经营理念,增强风险管控能力,大力培育主营业务模式,促进业务科学转型,继续推进业务创新,提高理财服务能力,把公司打造成核心竞争力强、综合理财水平高、信誉度高的信托理财机构。

### 4.2 所经营业务的主要内容

#### 4.2.1 经营范围

经中国银监会批准,公司的经营范围为:

(1)资金信托;

(2)动产信托;

(3)不动产信托;

(4)有价证券信托;

(5)其他财产或财产权信托;

(6)作为投资基金或者基金管理公司的发起人从事投资基金业务;

(7)经营企业资产的重组、购并及项目融资、公司理财、财务顾问等业务;

(8)受托经营国务院有关部门批准的证券承销业务;

(9)办理居间、咨询、资信调查等业务;

(10)代保管及保管箱业务;

(11)以存放同业、拆放同业、贷款、租赁、投资方式运用固有财产;

(12)以固有财产为他人提供担保;

(13)从事同业拆借;法律法规规定或中国银行业监督管理委员会批准的其他业务(以上业务范围包括本外币业务)。

#### 4.2.2 公司经营的业务品种

4.2.2.1 固有资产业务

公司运用固有资产经营的主要业务品种包括自营贷款、融资租赁、自营证券投资、自营金融股权投资、财务顾问业务等。

4.2.2.2 信托业务

公司信托业务主要品种包括集合资金信托、单一资金信托、财产权信托等。

#### 4.2.3 资产分布

2010年末,公司管理的资产总规模为329.38亿元,其中固有资产为20.35亿元,占资产总规模的6.2%;信托资产为309.03亿元,占管理资产总规模的93.8%。资产分布比例如下。

**自营资产运用与分布表**

| 资产运用 | 金额(万元) | 占比(%) | 资产分布 | 金额(万元) | 占比(%) |
|---|---|---|---|---|---|
| 货币资产 | 47 801 | 23.49 | 基础产业 | 200 | 0.10 |
| 贷款及应收款 | 37 238 | 18.30 | 房地产业 | 19 000 | 9.34 |
| 交易性金融资产 | 1 29 | 0.60 | 证券市场 | 76 882 | 37.77 |
| 可供应出售金融资产 | 73 253 | 35.99 | 实业 | 10 528 | 5.17 |
| 持有至到期投资 | 8 023 | 3.94 | 金融机构 | 59 039 | 29.01 |
| 长期股权投资 | 5 615 | 2.76 | 其他注2 | 37 878 | 18.61 |
| 其他注1 | 30 368 | 14.92 | | | |
| 资产总计 | 203 527 | 100.00 | 资产总计 | 203 527 | 100.00 |

注:1. 资产运用中其他包括投资性房地产及固定资产为21 899万元、无形资产为3 261万元、抵债资产净值为1 398万元、长期待摊费用为53万元、预付账款为54万元、递延所得税资产为3 703万元。

2. 资产分布中其他包括投向建筑业贷款为10 000万元、投资性房地产及固定资产为21 899万元、无形资产等其他资产为5 979万元。

**信托资产运用与分布表**

| 资产运用 | 金额(万元) | 占比(%) | 资产分布 | 金额(万元) | 占比(%) |
|---|---|---|---|---|---|
| 货币资产 | 87 168 | 2.82 | 基础产业 | 421 454 | 13.64 |
| 贷款 | 1 934 594 | 62.60 | 房地产业 | 464 716 | 15.04 |
| 交易性金融资产 | 72 447 | 2.34 | 证券市场 | 50 540 | 1.64 |
| 可供应出售金融资产 | 0 | 0.00 | 实业 | 504 947 | 16.34 |
| 持有至到期投资 | 35 000 | 1.13 | 金融机构 | 184 209 | 5.96 |
| 长期股权投资 | 707 112 | 22.88 | 其他注1 | 1 464 391 | 47.39 |
| 其他 | 253 935 | 8.22 | | | |
| 信托资产总计 | 3 090 256 | 100.00 | 信托资产总计 | 3 090 256 | 100 |

注:资分布中其他项主要包括信托资金投向其他行业1 352 820.7万元(其中主要投向租赁和商贸服务业314 499万元,水利、环境和公共设施管理业245 200万元,建筑业242 409万元,公共管理和社会组织214 000万元,居民服务与其他服务业113 970万元,交通运输、仓储及邮电通信业106 160万元,制造业54 516万元)以及未运用、发行募集中及已清算代保管等其他信托资金111 570万元。

### 4.3 市场分析

#### 4.3.1 影响业务发展的有利因素

(1)宏观经济形势逐渐企稳,国内金融环境不断改善,国民经济保持平稳快速发展,全年国内生产总值比上年增长10.3%。,连续六年增速达到或超过10%,融资需求保持旺盛,为公司业务发展提供了良好的外部环境。

(2)信托业正步入加速发展期,信托产品创新的社会需求加大,RETIs 和 PE 等多种信托产品创新具有良好的发展前景。

(3)公司近年来经过人力资源、信息系统等多项内部改革,公司的业务管理初步覆盖了业务各个环节。公司业务的开展在体制、机制、业务创新能力、市场信誉等方面形成了较为明显的比较优势,资产管理能力得到显著提高。

(4)按照"新两规"的要求,规范开展的信托业务金融逐步走向成熟和丰富,信托业务盈利能力进一步提高,为未来发展奠定了坚实的基础。

#### 4.3.2 影响业务发展的不利因素

综观 2010 年,影响业务的发展的不利因素主要有:

(1)国内外宏观经济环境仍存在一定的不确定因素,公司应对较为复杂局面的整体识别能力、应变能力、执行能力面临新的考验。

(2)《信托公司净资本管理办法》的出台,把信托资产规模与信托公司的净资本挂钩,对公司业务未来的发展是一个新的考验。

(3)随着国内通胀压力的加大,中央银行运用了一系列适度紧缩性的货币政策,包括连续八次提高存款准备金率,连续三次调高金融机构存贷款利率,以调控国内较高的通货膨胀率,这对公司的投资管理能力、风险控制能力和盈利能力提出了更高的要求。

(4)国内出台了多项房地产调控政策,意在房地产市场实现"软着陆",这对公司房地产信托业务的发展和控制房地产信托业务的风险带来了新的挑战。

### 4.4 内部控制

#### 4.4.1 内部控制环境和内部控制文化

为防范风险,保障公司稳健运行,公司多年来一直秉承"诚信、稳健、高效"的经营理念,把对股东负责、对委托人负责作为内控文化建设的重要内容,全体员工均树立了内控优先的风险防范理念;公司按照现代企业制度要求,设立股东会、董事会、监事会并发挥其决策监督职能,董事会下设战略发展委员会、薪酬与考核委员会、风险管理委员会、审计委员会、信托委员会,对公司各方面经营和管理进行监督和审查。公司实行股东会暨董事会业务授权规则。公司各层级按照授权规则的规定范围履行职权。公司形成了较为完善的内部控制组织架构和岗位职责,各部门分工、职责明确。公司设立了风险管理部和稽核部,形成了较为完善的内部控制体系;同时公司还通过后续教育培训,不断提高内控人员的职业操守和专业能力。

#### 4.4.2 内部控制措施

公司董事会下设战略发展委员会、风险管理委员会,薪酬委员会、信托委员会、审计委员会,主要负责审定公司中长期发展战略规划,审核和监督公司风险管理的政策、目标和程序,制定和考评公司薪酬计划或方案,监督公司依法合规管理信托财产,对公司内外部审计进行监督和审查。

公司设立项目审查委员会、证券投资决策委员会,负责审议公司的投融资项目、证券投资等业务,严格控制业务经营决策风险。

公司业务经营管理部负责公司业务制度、程序的拟定和调整,业务经营的合规管理和案件防控,并对业务经营状况进行动态风险分析;公司风险管理部,负责拟订和完善公司风险管理制度,通过对内外部风险的识别、评估、分析,提出应对措施和化解建议,防范公司经营活动中可能出现的风险。

公司建立了分级授权审批体系,明确各部门和岗位的工作职责,实施了业务前台、中台、后台操作的隔离制度,在新业务开发上采取制度优先的管理策略,充分利用财务管理工具,通过发挥一系列监督管理职能保证内部运营体系的健康有效,同时建立应急机制以应对突发事件造成的经营风险。

公司加强了信息化建设,充分利用信托综合业务信息系统、证券信托下单、估值系统、人力资源管理系统进行业务统计和管理,开发建设了公司项目管理信息系统,使公司的业务数据管理和财会核算更加全面、有效。

#### 4.4.3 信息交流与反馈

公司多项措施保障了与监管部门、董事会、高管层和员工之间的信息传递和交流。

公司定期和不定期召开股东会、董事会,通报公司经营成果、存在的风险问题、拟采取的管理手段等,股东会、董事会成员评议并通过各项内控政策和重大事项决策。

公司高管层在各层级会议上传达公司经营政策和风险管理理念,通过内部网及时向员工发布各项监管政策、内控制度和行业信息,并每年将政策、制度装订成册后下发给各部门。公司员工可以通过直接交流、书面报告或通过内部网及总经理信箱反馈经营过程中发现的问题,使高管层、董事会能够及时了解内部控制环节中的隐患和缺陷。

公司与监管部门做到充分沟通,就新业务拓展、老业务规范等工作进行经常性交流,按监管部门要求及时对集合信托、账户开立、关联交易等事项进行备案。监管部门参加公司董事会,能充分了解公司合规情况和经营风险状况。

#### 4.4.4 监督评价与纠正

公司设立了稽核部,稽核工作向董事会负责,接受董事会审计委员会的指导和监督,完成年度稽核工作计划,履行了监督、评价职能。公司经营活动规范,内部控制程序完整、有效。能够执行有关法律法规、监管制度和公司内部制度规定。年内实施了现场专项稽核和非现场稽核、经济责任审计、反洗钱工作的稽核检查和责任追究调查等。按制度规定进行了两次后续稽核。对稽核发现问题及时整改,稽核结果定期向公司主要领导、审计委员会、董事会和监管机关报告。

### 4.5 风险管理

#### 4.5.1 风险管理概况

公司在经营活动中可能面临诸多风险。其中主要包括信用风险、市场风险、操作风险和其他风险。为加强风险管理,提高竞争能力,公司把风险的识别、风险测量和评估、风险处理和控制、风险管理的评估和调整及风险准备等方面作为风险管理的核心内容,通过制定健全的内部规章制度,建立职责分工合理的组织机构,对可能产生的风险及时作出反应,采取有效措施进行事前、事中、事后的有效控制,根据实际需要,保持对风险管理体系运行情况的持续调整。

公司风险管理坚持全面性、持续性、审慎性、独立性和有效性的原则。风险管理涵盖公司的各项业务、各个部门和各级人员,渗透决策、执行、监督、反馈各环节;风险管理是一项长期持续性的工作，贯穿公司经营过程始终；风险管理的核心是有效防范风险；公司各专业管理委员会、风险管理部门具有相对独立性，对各部门业务风险评估、风险检查不受非正常因素干扰；公司风险管理制度是按照国家有关法律、法规要求，结合公司实际制定的，具有权威性、有效性，是所有员工严格遵守的行动指南，执行风险控制制度不存在例外情况，任何人不得拥有超越制度或违反规章的权力。

2010年，风险管理工作围绕公司"突出主营、促进转变、增强实力、提高水平"的主要任务，以继续构建全面风险管理体系为目标，以不断加强风险识别评估水平和公司全体员工的风险管理意识为中心，逐步推进风险管理信息系统建设，不断增强风险管控能力。以各相关部门及风险管理岗、合规管理岗为第一道防线，风险管理部和合规管理团队为第二道防线，稽核部为第三道防线的风险管理三道防线体系已经建立，风险的逐级报告制度运行通畅，为提升公司风险管理水平提供了机制和制度的保证。

项目审查委员会实行项目审批集体决策机制，负责公司全部投融资项目的审查；证券投资决策委员会是证券投资的集体决策机构，负责对证券投资规模、投资时机、投资方向等重大事项作出决策。风险管理部列席两个专业委员会，提前介入，为风险资产的全程管理提供信息保证。

业务经营管理部负责对项目的初步审查，对相关资金划拨进行审查，对公司业务合同进行统一管理，加强对现有业务制度规定的修订和完善，充分利用监管部门的非现场监管报表体系，对公司业务数据进行全面深入地分析为经营决策提供有效的决策依据。

风险管理部负责对公司主要业务和业务管理活动中存在的风险进行及时的识别、分析、预警、报告、跟踪等，对公司风险资产进行全面、动态、持续监测，采取现场和非现场等多种方式对存续融资项目进行风险检查和不良资产清收管理，并出具相应的风险分析报告，为管理层决策提供参考依据。

通过董事会风险管理委员会、审计委员会和公司风险管理的三道防线等风险控制环节，构成了公司全面风险管理体系。

**4.5.2 风险状况及风险管理**

4.5.2.1 信用风险状况及信用风险管理

信用风险是公司的交易对手不履行义务给公司带来的风险，包括借款人不能按期归还贷款，其他交易对手不按期交付资产或资金等。

公司对信用风险采取如下防范控制措施：交易发生前，通过缜密调查，谨慎选择交易对手，在严格执行公司相关制度的前提下，采取借款企业提供担保、办理抵押或质押等必要的防范手段进行风险控制；建立量化指标，对公司资产整体的信用风险程度进行评估，按期向公司决策层通报。

目前，公司采取如下方法对信用风险进行管理。一是采用资产风险分类、信贷资产评级等信用度量指标进行信用风险评级并不断改进信用分析方法和技术；二是严格按照规定对固有财产进行减值测试，并按测试结果计提专项准备和一般准备；三是对所有信托资产和自营资产进行全面压力测试，对发现的问题要制定风险处置预案；四是始终坚持抵押品确认原则，公司对外发放贷款，必须采取抵押担保或质押担保等方式，对不同性质的抵押品采取不同的抵押物折扣率，财产抵押物折扣率最高不超过70%；五是坚持保证贷款的管理原则，贷款发放过程中，经审查企业资信良好，确有能力归还贷款本息的可采取保证担保形式；六是严格控制集团客户的融资规模，借款单位除满足贷款审查的一般条件外，担保单位为集团内企业，具有资金独立使用权，不得与借款人相互担保；七是密切关注融资企业的信贷征信系统变化情况，对有风险迹象的客户及时采取控制措施。

4.5.2.2 市场风险状况及市场风险管理

市场风险指公司因股价、市场汇率、利率及其他价格因素变动而产生和可能产生的风险。公司主要业务领域包括证券市场、货币市场等，在股价、汇率、利率等因素发生变动时，造成这些市场价格产生较大波动，可能给公司经营和财务状况带来重大影响。

在加强市场风险管理方面，公司采取以下控制措施。建立与公司的业务性质、规模和复杂程度相适应的、完善的、可靠的市场风险管理体系；加强对国家宏观经济政策、货币信贷政策、财政政策的研究，及时掌握市场变化，为调整投资决策提供依据；积极引进人才，开展市场调研，购置权威部门的研究成果，作为决策参考；提高资产配置的有效性，根据公司整体安排，适时调整各领域的投资规模，合理安排期限结构；建立有效的市场风险预警机制等。

2010年，全球经济持续复苏，但各经济体复苏不均衡；我国经济成功摆脱国际金融危机的负面冲击，总体运行态势良好。消费平稳较快增长，物价涨幅趋稳，资产价格泡沫化风险降低。全年货币市场利率波动上行，债券市场指数有所上升，股票市场指数震荡下跌，两个市场筹资规模均稳步扩大。

报告期内，公司着重加大投资研究力度，努力提高研究水平，不断完善投研体系，以及时应对市场变化。通过加强对宏观经济、行业和公司基本面的跟踪研究尽可能地减小市场波动带来的风险。继续以价值投资为导向，坚持理性投资，做好大类资产的配置及再平衡。在债券市场，较好地把握了利率产品和信用产品的分化走势，并在转债市场有所收益；二级市场上，总体回避了大市值股票的下跌风险，积极布局参与了反弹行情，全年整体配置效果较好。

4.5.2.3 操作风险状况及操作风险管理

操作风险是指由于内部系统失控、人为因素或外部事件而造成的直接或间接损失。

目前，公司的各项控制制度和操作规程涵盖了所有业务领域，基本实现了对公司各项业务操作过程的有效控制。

公司在操作风险管理方面，采取一系列措施加以控制，主要包括：

（1）制度保证。建立了适当的职责分工和监控制度；建立和完善了授权制度和业务操作规程；坚持实行岗位轮换制度和强制休假制度。

（2）制度层面。建立了适当的职责分工和监控制度；建立和完善了授权制度和业务操作规程；坚持实行重要岗位轮换和强制休假制度。

（3）控制层面。加强风险管理三道防线的作用，采取对各类资产的风险评估、对内控制度执行情况和经办人员尽职情况检查等方法，约束从业人员的职业行为。

4.5.2.4 其他风险状况及其管理

主要是政策风险、合规风险、经营风险、声誉风险和道德风险。

(1)政策风险状况及其管理。由于国家宏观经济政策的调整,可能对公司业务经营造成一定影响。政策风险管理:严格按照国家法律法规要求办理业务;根据监管部门的有关要求积极调整公司经营思路和发展方向;加强与政策制定部门的沟通,保持公司经营与国家政策的一致性。

2010年,鉴于国家对房地产市场的持续调控,公司对于房地产项目在准入环节更加谨慎,加大了对存续房地产项目的风险排查,最大限度控制房地产项目风险。对于地方政府融资平台业务,按照"逐包打开,逐笔核对,重新评估,整改保全"的监管要求,扎实做好清查清理工作,积极防控平台融资系统风险。

(2)合规风险状况及其管理。合规风险是指金融机构因没有遵循法律、法规和准则可能遭受法律制裁、监管处罚、重大财务损失和声誉损失的风险。合规风险管理:遵照《天津信托有限责任公司合规管理办法》,对合规风险的管理进行了制度和组织上的保证,确保公司经营管理与法律、规则、监管规定和自律性行业准则相一致,公司内部形成了由业务经营管理部、法律事务部、风险管理部、稽核部四位一体的合规风险管理架构,并通过多种形式的宣传形成了全员合规的良好氛围。

(3)声誉风险是指在商业活动中或者在业务进行时,公司未能达到利益相关者需要或期望的行为标准或业绩标准而产生的风险。声誉风险管理:公司不进行任何能够实质性地影响公司声誉的交易;各业务部门对经营活动中不可避免的声誉风险进行识别、评估,并提出缓释方法;高级管理层负责审查;风险管理委员会审议及批准;声誉风险归口风险管理部、风险管理部负责管理。

(4)经营风险状况及其风险管理。经营风险是指因业务人员对市场未能及时作出必要判断,使公司经营出现偏差而形成的风险。经营风险管理:努力提高从业人员业务素质;严格执行各项决策制度;引进专业分析手段,提高决策的科学性;加强同业间的沟通与交流。

(5)道德风险状况及其风险管理。道德风险是指员工因违法、违规操作给公司带来的风险。道德风险管理:加强对员工经常性教育和培训;建立相互制衡的操作体系;加强内部稽核;每年聘请审计机构对公司业务进行审计等。

## 5. 报告期末及上年末的比较式会计报表

### 5.1 自营资产

#### 5.1.1 会计师事务所审计意见全文

**审 计 报 告**

五洲松德审字〔2011〕1-0715号

天津信托有限责任公司全体股东:

我们审计了后附的天津信托有限责任公司(以下简称贵公司)自营业务母公司单独财务报表,包括2010年12月31日的资产负债表,2010年度的利润表、所有者权益变动表和现金流量表以及财务报表附注。

一、管理层对财务报表的责任

按照财政部2006年2月15日颁布的企业会计准则的规定编制财务报表是贵公司管理层的责任。这种责任包括:(1)设计、实施和维护与财务报表编制相关的内部控制,以使财务报表不存在由于舞弊或错误而导致的重大错报;(2)选择和运用恰当的会计政策;(3)作出合理的会计估计。

二、注册会计师的责任

我们的责任是在实施审计工作的基础上对财务报表发表审计意见,我们按照中国注册会计师审计准则的规定执行了审计工作。中国注册会计师审计准则要求我们遵守职业道德规范,计划和实施审计工作以对财务报表是否不存在重大错报获取合理保证。

审计工作涉及实施审计程序,以获取有关财务报表金额和披露的审计证据。选择的审计程序取决于注册会计师的判断,包括对由于舞弊或错误导致的财务报表重大错报风险的评估。在进行风险评估时,我们考虑与财务报表编制相关的内部控制,以设计恰当的审计程序,但目的并非对内部控制的有效性发表意见。审计工作还包括评价管理层选用会计政策的恰当性和作出会计估计的合理性,以及评价财务报表的总体列报。

我们相信,我们获取的审计证据是充分、适当的,为发表审计意见提供了基础。

三、审计意见

我们认为,贵公司自营业务母公司单独财务报表已经按照财政部2006年2月15日颁布的企业会计准则的规定编制,在所有重大方面公允反映了贵公司2010年12月31日的财务状况以及2010年度的经营成果和现金流量。

五洲松德联合会计师事务所

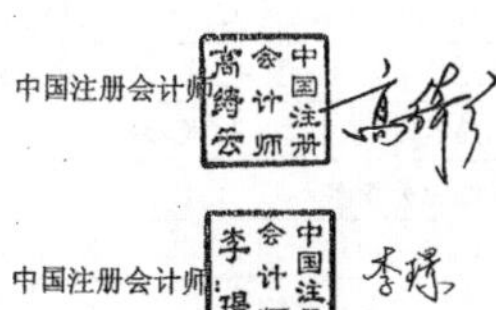


中国注册会计师:

中国注册会计师:李璟

中国 天津

2011年04月01日

#### 5.1.2 资产负债表

**天津信托有限责任公司资产负债表**

2010年12月31日

单位:万元

| 资 产 | 期末数 | 期初数 | 负债和股东权益 | 期末数 | 期初数 |
|---|---|---|---|---|---|
| 资产: | | | 负债: | | |
| 现金及存放中央银行款项 | | | 向中央银行借款 | | |
| 存放同业款项 | 47 801.60 | 51 338.82 | 同业及其他金融机构存放款项 | | |
| 贵金属 | — | — | 拆入资金 | | |

续表

| 资 产 | 期末数 | 期初数 | 负债和股东权益 | 期末数 | 期初数 |
|---|---|---|---|---|---|
| 拆出资金 | — | — | 交易性金融负债 | | |
| 交易性金融资产 | 1 228.83 | 759.45 | 衍生金融负债 | | |
| 衍生金融资产 | — | — | 卖出回购金融资产款 | | |
| 买入返售金融资产 | — | — | 吸收存款 | | |
| 应收利息 | 611.22 | 14.59 | 应付职工薪酬 | 2 350.55 | 1 888.49 |
| 发放贷款和垫款 | 27 200.00 | 43 078.85 | 应交税费 | 996.80 | -740.09 |
| 可供出售金融资产 | 73 253.00 | 45 444.81 | 应付利息 | — | — |
| 持有至到期投资 | 8 022.76 | 8 404.00 | 预计负债 | — | — |
| 长期股权投资 | 5 614.51 | 6 470.92 | 应付债券 | — | — |
| 投资性房地产 | 16 303.88 | 17 990.44 | 递延所得税负债 | 2 540.10 | 2 935.31 |
| 固定资产 | 5 595.17 | 6 325.14 | 其他负债 | 6 019.74 | 6 188.41 |
| 无形资产 | 3 260.51 | 3 393.35 | 负债合计 | 11 907.19 | 10 272.12 |
| 递延所得税资产 | 3 703.57 | 3 000.36 | 所有者权益: | — | — |
| 其他资产 | 10 931.99 | 12 677.90 | 实收资本(或股本) | 150 000.00 | 150 000.00 |
| | | | 资本公积 | 6 547.03 | 8 757.84 |
| | | | 减:库存股 | — | — |
| | | | 盈余公积 | 7 195.85 | 5 359.67 |
| | | | 一般风险准备 | 1 800.00 | 1 500.00 |
| | | | 信托赔偿准备 | 4 365.24 | 3 447.15 |
| | | | 未分配利润 | 21 711.73 | 19 561.85 |
| | | | 所有者权益合计 | 191 619.85 | 188 626.51 |
| 资产总计 | 203 527.04 | 198 898.63 | 负债及所有者权益总计 | 203 527.04 | 198 898.63 |

企业法定代表人:王海智　　主管会计工作负责人:尹　梅　　会计部门负责人:李瑞聪

### 5.1.3 利润表

**天津信托有限责任公司利润表**

2010 年　　单位:万元

| 项　　目 | 本期数 | 上期数 |
|---|---|---|
| 一、营业收入 | 33 589.96 | 30 184.08 |
| 利息净收入 | 4 632.33 | 2 619.72 |
| 利息收入 | 4 632.35 | 2 620.41 |
| 利息支出 | 0.02 | 0.69 |
| 手续费及佣金净收入 | 20 324.86 | 14 265.74 |
| 手续费及佣金收入 | 20 324.86 | 14 265.74 |
| 手续费及佣金支出 | 0.00 | 0.00 |
| 投资收益(损失以"-"号填列) | 6 692.87 | 10 730.27 |
| 其中:对联营企业和合营企业的投资收益 | -1 168.09 | 557.35 |
| 公允价值变动收益(损失以"-"号填列) | -265.06 | -97.16 |
| 汇兑收益(损失以"-"号填列) | -1.70 | 0.58 |
| 其他业务收入 | 2 206.66 | 2 664.93 |
| 二、营业支出 | 12 465.78 | 9 844.01 |
| 营业税金及附加 | 1 881.57 | 1 359.52 |
| 业务及管理费 | 11 368.24 | 9 762.95 |
| 资产减值损失 | -2 187.89 | -2 891.47 |
| 其他业务成本 | 1 403.86 | 1 613.01 |
| 三、营业利润(亏损以"-"号填列) | 21 124.18 | 20 340.07 |
| 加:营业外收入 | 2 051.69 | 434.49 |
| 减:营业外支出 | 13.81 | 136.60 |
| 四、利润总额(亏损总额以"-"号填列) | 23 162.06 | 20 637.96 |
| 减:所得税费用 | 4 800.24 | 3 436.83 |
| 其中:当期所得税 | 5 161.72 | -462.39 |
| 递延所得税 | -361.48 | 3 899.22 |
| 五、净利润(净亏损以"-"号填列) | 18 361.82 | 17 201.13 |

企业法定代表人:王海智　　主管会计工作负责人:尹　梅　　会计部门负责人:李瑞聪

### 5.1.4 所有者权益变动表

**天津托有限责任公司所有者权益变动表**

2010 年

单位：万元

| 项 目 | 本期数 | | | | | | |
|---|---|---|---|---|---|---|---|
| | 实收资本 | 资本公积 | 盈余公积 | 一般风险准备 | 信托赔偿准备 | 未分配利润 | 所有者权益合计 |
| 一、上期期末数 | 150 000.00 | 8 757.84 | 5 359.67 | 1 500.00 | 3 447.15 | 19 561.85 | 188 626.51 |
| 加：会计政策变更 | | | | | | | |
| 前期差错更正 | | | | | | | |
| 二、本期期初数 | 150 000.00 | 8 757.84 | 5 359.67 | 1 500.00 | 3 447.15 | 19 561.85 | 188 626.51 |
| 三、本期增减变动金额（减少以"－"填列） | | −2 210.81 | 1 836.18 | 300.00 | 918.09 | 2 149.88 | 2 993.34 |
| （一）净利润 | | | | | | 18 361.82 | 18 361.82 |
| （二）直接计入所有者权益的利得和损失 | | −2 210.81 | | | | | −2 210.81 |
| 1. 可供出售金融资产公允价值变动净额 | | −3 126.70 | | | | | −3 126.70 |
| （1）计入所有者权益的金额 | | −2 728.53 | | | | | −2 728.53 |
| （2）转入当期损益的金额 | | −398.17 | | | | | −398.17 |
| 2. 权益法下被投资单位其他所有者权益变动的影响 | | 311.68 | | | | | 311.68 |
| 3. 与计入所有者权益项目相关的所得税影响 | | 604.21 | | | | | 604.21 |
| 4. 其他 | | | | | | | |
| 上述（一）和（二）小计 | | −2 210.81 | | | | 18 361.82 | 16 151.01 |
| （三）所有者投入资本 | | | | | | | |
| 1. 所有者投入资本 | | | | | | | |
| 2. 股份支付计入所有者权益的金额 | | | | | | | |
| 3. 其他 | | | | | | | |
| （四）利润分配 | | | 1 836.18 | 300.00 | 918.09 | −16 211.94 | −13 157.67 |
| 1. 提取盈余公积 | | | 1 836.18 | | | −1 836.18 | |
| 2. 提取一般风险准备 | | | | 300.00 | | −300.00 | |
| 3. 提取信托赔偿准备 | | | | | 918.09 | −918.09 | |
| 4. 对所有者（股东）的分配 | | | | | | −13 157.67 | −13 157.67 |
| 5. 其他 | | | | | | | |
| （五）所有者权益内部结转 | | | | | | | |
| 1. 资本公积转增资本（或股本） | | | | | | | |
| 2. 盈余公积转增资本（或股本） | | | | | | | |
| 3. 盈余公积弥补亏损 | | | | | | | |
| 4. 其他 | | | | | | | |
| 四、本期期末数 | 150 000.00 | 6 547.03 | 7 195.85 | 1 800.00 | 4 365.24 | 21 711.73 | 191 619.85 |

企业法定代表人：王海智　　主管会计工作负责人：尹　梅　　会计部门负责人：李瑞聪

**天津信托有限责任公司股东权益变动表（续）**

2010 年

单位：万元

| 项 目 | 上期数 | | | | | | |
|---|---|---|---|---|---|---|---|
| | 实收资本 | 资本公积 | 盈余公积 | 一般风险准备 | 信托赔偿准备 | 未分配利润 | 所有者权益合计 |
| 一、上期期末数 | 150 000.00 | 2 334.87 | 3 814.45 | 1 200.00 | 2 674.54 | 6 727.50 | 166 751.36 |
| 加：会计政策变更 | | | | | | | |
| 前期差错更正 | | | | | | | |
| 二、本期期初数 | 150 000.00 | 2 334.87 | 3 814.45 | 1 200.00 | 2 674.54 | 6 727.50 | 166 751.36 |
| 三、本期增减变动金额（减少以"－"填列） | | 6 422.97 | 1 545.22 | 300.00 | 772.61 | 12 834.35 | 21 875.15 |
| （一）净利润 | | | | | | 17 201.13 | 17 201.13 |
| （二）直接计入所有者权益的利得和损失 | | 6 422.97 | | | | −1 748.95 | 4 674.02 |
| 1. 可供出售金融资产公允价值变动净额 | | 8 962.91 | | | | | 8 962.91 |
| （1）计入所有者权益的金额 | | 11 171.53 | | | | | 11 171.53 |
| （2）转入当期损益的金额 | | −2 208.62 | | | | | −2 208.62 |
| 2. 权益法下被投资单位其他所有者权益变动的影响 | | 292.01 | | | | | 292.01 |

续表

| 项　目 | 上期数 | | | | | | |
|---|---|---|---|---|---|---|---|
| | 实收资本 | 资本公积 | 盈余公积 | 一般风险准备 | 信托赔偿准备 | 未分配利润 | 所有者权益合计 |
| 3. 与计入所有者权益项目相关的所得税影响 | | -2 865.89 | | | | | -2 865.89 |
| 4. 其他 | | 33.94 | | | | -1 748.95 | -1 715.01 |
| 上述(一)和(二)小计 | | 6 422.97 | | | | 15 452.18 | 21 875.15 |
| (三)所有者投入资本 | | | | | | | |
| 1. 所有者投入资本 | | | | | | | |
| 2. 股份支付计入所有者权益的金额 | | | | | | | |
| 3. 其他 | | | | | | | |
| (四)利润分配 | | | 1 545.22 | 300.00 | 772.61 | -2 617.83 | |
| 1. 提取盈余公积 | | | 1 720.11 | | | -1 720.11 | |
| 2. 提取一般风险准备 | | | | 300.00 | | -300.00 | |
| 3. 提取信托赔偿准备 | | | | | 860.06 | -860.06 | |
| 4. 对所有者(股东)的分配 | | | | | | | |
| 5. 其他 | | | -174.89 | | -87.45 | 262.34 | |
| (五)所有者权益内部结转 | | | | | | | |
| 1. 资本公积转增资本(或股本) | | | | | | | |
| 2. 盈余公积转增资本(或股本) | | | | | | | |
| 3. 盈余公积弥补亏损 | | | | | | | |
| 4. 其他 | | | | | | | |
| 四、本期期末数 | 150 000.00 | 8 757.84 | 5 359.67 | 1 500.00 | 3 447.15 | 19 561.85 | 188 626.51 |

企业法定代表人：王海智　　主管会计工作负责人：尹　梅　　会计部门负责人：李瑞聪

## 5.2 信托资产

### 5.2.1 信托项目资产负债汇总表

**天津信托有限责任公司信托项目资产负债表**

2010 年 12 月 31 日　　单位：万元

| 信托资产 | 期末余额 | 年初余额 | 信托负债和信托权益 | 期末余额 | 年初余额 |
|---|---|---|---|---|---|
| 信托资产： | | | 信托负债： | | |
| 货币资金 | 87 168.32 | 153 856.67 | 交易性金融负债 | 0.00 | 0.00 |
| 拆出资金 | 0.00 | 0.00 | 衍生金融负债 | 0.00 | 0.00 |
| 存出保证金 | 0.00 | 0.00 | 应付受托人报酬 | 579.49 | 2 508.17 |
| 交易性金融资产 | 72 447.00 | 50 631.92 | 应付托管费 | 2.99 | 4.22 |
| 衍生金融资产 | 0.00 | 0.00 | 应付受益人收益 | 644.30 | 78.47 |
| 买入返售金融资产 | 216 440.00 | 60 424.79 | 应付销售服务费 | 0.00 | 0.00 |
| 应收款项 | 494.65 | 49 039.98 | 应付投资管理费 | 0.00 | 6.06 |
| 发放贷款 | 1 934 593.90 | 1 485 279.60 | 应交税费 | 0.00 | 0.00 |
| 可供出售金融资产 | 0.00 | 0.00 | 其他应付款项 | 2 971.31 | 60 380.89 |
| 持有至到期投资 | 35 000.00 | 0.00 | 其他负债 | 0.00 | 0.00 |
| 长期应收款 | 37 000.00 | 50 312.00 | 信托负债合计 | 4 198.09 | 62 977.81 |
| 长期股权投资 | 707 112.35 | 383 193.35 | 信托权益： | | |
| 投资性房地产 | 0.00 | 0.00 | 实收信托 | 3 035 021.23 | 2 136 460.63 |
| 固定资产 | 0.00 | 0.00 | 资本公积 | 2 858.53 | 1 025.01 |
| 无形资产 | 0.00 | 0.00 | 外币报表折算差额 | 0.00 | 0.00 |
| 长期待摊费用 | 0.00 | 0.00 | 未分配利润 | 48 178.37 | 32 274.86 |
| 其他资产 | 0.00 | 0.00 | 信托权益合计 | 3 086 058.13 | 2 169 760.50 |
| 信托资产总计 | 3 090 256.22 | 2 232 738.31 | 信托负债和信托权益总计 | 3 090 256.22 | 2 232 738.31 |

企业法定代表人：王海智　　主管会计工作负责人：尹　梅　　会计部门负责人：李瑞聪

5.2.2 信托项目利润及利润分配汇总表

天津信托有限责任公司

信托项目利润及利润分配表

2010年 单位:万元

| 项目 | 本期累计金额 | 上期累计金额 |
|---|---|---|
| 一、营业收入 | 205 440.85 | 138 034.58 |
| 利息收入 | 154 462.45 | 94 467.36 |
| 投资收益(损失以"-"号填列) | 46 242.02 | 37 232.77 |
| 其中:对联营企业和合营企业的投资收益 | — | — |
| 公允价值变动收益(损失以"-"号填列) | -1 685.77 | 1 636.85 |
| 租赁收入 | 3 912.24 | 4 601.92 |
| 汇兑损益(损失以"-"号填列) | — | — |
| 其他收入 | 2 509.91 | 95.68 |
| 二、营业支出 | 21 279.92 | 17 931.08 |
| 营业税金及附加 | — | 2 129.02 |
| 受托人报酬 | 15 776.68 | 11 902.39 |
| 托管费 | 691.74 | 636.92 |
| 投资管理费 | — | 12.32 |
| 销售服务费 | 472.55 | 398.07 |
| 交易费用 | 873.46 | — |
| 资产减值损失 | — | — |
| 其他费用 | 3 465.49 | 2 852.36 |
| 三、信托净利润(净亏损以"-"号填列) | 184 160.93 | 120 103.50 |
| 四、其他综合收益 | 1 833.51 | 1025.01 |
| 五、综合收益 | 185 994.44 | 121 128.51 |
| 加:期初未分配信托利润 | 32 274.86 | 8 136.30 |
| 六、可供分配的信托利润 | 216 435.79 | 128 239.81 |
| 减:本期已分配信托利润 | 168 257.41 | 95 964.94 |
| 七、期末未分配信托利润 | 48 178.38 | 32 274.86 |

企业法定代表人:王海智　主管会计工作负责人:尹梅　会计部门负责人:李瑞聪

## 6. 会计报表附注

### 6.1 会计报表编制基准的说明

公司以持续经营为基础,根据实际发生的交易和事项,按照财政部2006年颁布的《企业会计准则——基本准则》和其他各项会计准则的规定进行确认和计量,在此基础上编制财务报表。

### 6.2 重要会计政策和会计估计说明

**6.2.1 计提资产减值准备的主要范围和方法**

6.2.1.1 贷款减值准备核算方法

本公司于资产负债表日对单项金额重大的贷款单独进行减值测试。如有客观证据表明其发生了减值的,按其未来现金流量现值低于其账面价值的差额,计提减值准备。

6.2.1.2 坏账准备核算方法

资产负债表日,本公司对应收款项单独进行减值测试,经测试发生了减值的,按其未来现金流量现值低于其账面价值的差额确定减值损失,计提坏账准备。

6.2.1.3 长期股权投资减值准备核算方法

本公司于半年和年末对长期股权投资估计其可收回金额,可收回金额低于账面价值的,确认减值损失。减值损失计入当期损益,同时计提长期股权投资减值准备。长期股权投资减值准备一经确认,不再转回。

6.2.1.4 抵债资产减值准备核算方法

本公司于半年和年末对抵债资产估计其可收回金额,可收回金额低于账面价值的,确认减值损失。减值损失计入当期损益,同时计提抵债资产减值准备。抵债资产减值准备一经确认,不再转回。

**6.2.2 金融资产四分类的范围和标准**

6.2.2.1 以公允价值计量且其变动计入当期损益的金融资产指本公司为了近期内出售而持有的股票、债券、基金,包括交易性金融资产和指定以公允价值计量且其变动计入当期损益的金融资产。

6.2.2.2 持有至到期投资指本公司购入的到期日固定、回收金额固定或可确定且本公司明确意图和能力持有至到期的固定利率国债、浮动利率公司债券、理财产品等。

6.2.2.3 应收款项和贷款应收款项(本公司指应收利息、其他应收款和长期应收款)按合同或协议价款作为初始入账金额。贷款的后续计量以摊余成本计量。

6.2.2.4 可供出售金融资产指本公司没有划分为以公允价值计量且其变动计入当期损益的金融资产、持有至到期投资、贷款和应收款项的其他金融资产。

**6.2.3 交易性金融资产核算方法**

取得时以公允价值(扣除已宣告但尚未发放的现金股利或已到付息期但尚未领取的债券利息)作为初始确认金额。

持有期间将取得的利息或现金股利确认为投资收益,资产负债表日将公允价值变动计入当期损益。

处置时,公允价值与初始入账金额之间的差额确认为投资收益,同时调整公允价值变动损益。

**6.2.4 可供出售金融资产核算方法**

取得时按公允价值(扣除已宣告但尚未发放的现金股利或已到付息期但尚未领取的债券利息)和相关交易费用之和作为初始确认金额。

持有期间将取得的利息或现金股利确认为投资收益。资产负债表日将公允价值变动计入资本公积(其他资本公积)。

处置时,将取得的价款与该金融资产账面价值之间的差额,计入投资损益;同时,将原直接计入所有者权益的公允价值变动累计额对应处置部分的金额转出,计入投资损益。

**6.2.5 持有至到期投资核算方法**

取得时按公允价值(扣除已到付息期但尚未领取的债券利息)和相关交易费用之和作为初始确认金额。

持有期间按照摊余成本和实际利率(如实际利率与票面利率差别较小的,按票面利率)计算确认利息收入,计入投资收益。实际利率在取得时确定,在该预期存续期间或适用的更短期间内保持不变。

处置时,将所取得价款与该投资账面价值之间的差额计入投资收益。

**6.2.6 长期股权投资核算方法**

6.2.6.1 权益法

公司对被投资单位具有共同控制或重大影响的长期股权投资,采用权益法核算。

6.2.6.2 成本法

(1)公司能够对被投资企业实施控制,即有权决定一个企业的财务和经营政策，并能从被投资企业的经营活动中获取利益。

(2)对被投资企业不具有共同控制或重大影响，且没有活跃市场报价及无法取得可靠的公允价值，应采用成本法核算。

**6.2.7 投资性房地产核算方法**

投资性房地产是指为赚取租金或资本增值，或两者兼有而持有的房地产。本公司的投资性房地产为公司办公大楼出租部分的房产。

本公司的投资性房产采用成本模式计量。对按照成本模式计量的投资性房地产采用与本公司固定资产、无形资产相同的折旧或摊销政策。在资产负债表日按投资性房产的成本与可收回金额孰低计价，可收回金额低于成本的，按两者的差额计提减值准备。

**6.2.8 固定资产计价和折旧方法**

6.2.8.1 固定资产的标准

同时具备以下三个条件的，确认为固定资产：

(1)本公司实际拥有所有权的实物资产；

(2)预计使用期限在1年以上(不含1年)；

(3)单项实物资产的购置或建造价值在2 000元以上。

6.2.8.2 固定资产发生的修理费用，符合规定的固定资产确认条件的计入固定资产成本；不符合规定的固定资产确认条件的在发生时直接计入当期成本、费用

6.2.8.3 固定资产折旧计提方法

固定资产从其投入使用的次月起采用直线法计提折旧，预计净残值为原价的3%，估计经济使用年限和年折旧率如下。

| 资产类别 | 预计使用年限(年) | 年折旧率(%) |
|---|---|---|
| 房屋建筑物 | 30~43 | 3.23~2.26 |
| 机器设备 | 5~10 | 19.40~9.70 |
| 运输设备 | 6 | 16.17 |
| 电子设备 | 3~5 | 32.33~19.40 |
| 其他 | 5 | 19.40 |

**6.2.9 无形资产计价及摊销政策**

6.2.9.1 无形资产的计价

无形资产在取得时，按实际成本计价。取得时的实际成本按以下方法确定：

(1)购入的无形资产，按实际支付的价款作为实际成本；

(2)自行开发并按法律程序申请取得的无形资产按依法取得时发生的注册费、聘请律师费等入账，开发过程中发生的费用直接计入当期损益。

6.2.9.2 无形资产的摊销

无形资产自取得当月起在预计使用年限内分期平均摊销，预计使用年限按受益年限和法律规定的有效年限两者孰短的原则确定，对无受益年限和法律规定的有效年限的则按不超过10年的摊销年限内分期平均摊销，计入当期损益。

**6.2.10 长期应收款的核算方法**

本公司长期应收款核算应收融资租赁本金和应收融资租赁收益，融资租赁资产出租时，将该项融资租赁资产的初始账面价值由记入"长期应收款——应收融资租赁本金"，将应向承租人收取的各期租金与终止转让价款之和，扣除购入租赁物时实际支付价款及相关税费后的差额，记入"长期应收款——应收融资租赁收益"。

收到融资租赁租金时，根据该项融资租赁业务的《租金表》或《未确认融资收益分配表》，按实际收到金额中的本金部分，冲减"长期应收款——应收融资租赁本金"；按实际收到金额中的收益部分，冲减"长期应收款——应收融资租赁收益"。同时，按实际收到金额中的收益部分，计入"未实现融资收益"和"租赁收入"。

**6.2.11 长期待摊费用的摊销政策**

本公司长期待摊费用在费用项目的受益期限内分期平均摊销。

**6.2.12 合并会计报表的编制方法**

对本公司拥有实际控制权的被投资企业合并财务报表，公司能够控制的特殊目的主体(如非法人单位的合作项目)也列入合并报表范围。按照《企业会计准则》(2006)第33号"合并财务报表"准则的相关规定，编制合并财务报表。

**6.2.13 收入确认原则和方法**

6.2.13.1 利息收入

本公司的利息收入，是指本公司存放于银行和其他金融机构的款项、对外放款、拆出资金、买入返售金融资产等业务所形成的利息收入。

(1)贷款利息收入

按季在贷款结息日，按照贷款合同(借据)金额和合同利率计算确定的应收未收利息，计入"应收利息"科目；按贷款的摊余成本和实际利率计算确定的利息收入。

(2)拆出资金和买入返售金融资产的利息收入比照贷款利息收入的规定确认。

(3)存放银行和其他金融机构款项的利息收入：按结息日实际收到的金额计入利息收入。

6.2.13.2 融资租赁收益

本公司采用实际利率法计算当期应确认的融资租赁收入，并将未实现融资租赁收益在租赁期内的各个期间进行分配。

6.2.13.3 手续费及佣金净收入

本公司的手续费收入是指本公司自营业务的手续费收入以及从本公司所管理的信托业务中按信托合同规定从信托收益中提取或向委托人及第三方收取的受托人报酬。自营业务手续费收入：按合同收取时确认收入；信托业务手续费参见"6.2.15 信托报酬确认原则和方法"。

6.2.13.4 其他营业收入

本公司以合同已签订并执行，款项已收到或取得收取款项凭据时确认为收入实现。

**6.2.14 所得税的会计处理方法**

本公司所得税费用采用资产负债表债务法核算。资产、负债的账面价值与其计税基础存在差异的，按照规定确认所产生的递延所得税资产或递延所得税负债。

本公司在计算确定当期所得税(即当期应交所得税)以及递延税项(递延所得税费用或收益)的基础上，将两者之和确认为利润表中的所得税费用(或收益)，但不包括直接计入所有者权益的交易或事项的所得税影响。

资产负债表日，本公司按照暂时性差异与适用所得税税率计算的结果，确认递延所得税负债、递延所得税资产以及相应的递延所得税费用(或收益)。一般情况下，所有应税暂时性差异产生的

递延所得税负债均予以确认，而递延所得税资产则只能在未来应纳税利润足以用作抵销暂时性差异的限度内，才予以确认。

**6.2.15 信托报酬确认原则和方法**

信托业务手续费收入（受托人报酬）：依据信托合同的约定，按季度、合同中期分配、合同到期分配收取时，计算及确认收入。

## 6.3 或有事项说明

无。

## 6.4 重要资产转让及其出售的说明

无。

## 6.5 会计报表中重要项目的明细资料

**6.5.1 自营资产经营情况**

6.5.1.1 信用风险资产的期初数、期末数（按信用风险五级分类）

| 信用风险资产五级分类 | 正常类（万元） | 关注类（万元） | 次级类（万元） | 可疑类（万元） | 损失类（万元） | 信用风险资产合计（万元） | 不良合计（万元） | 不良率（%） |
|---|---|---|---|---|---|---|---|---|
| 期初数 | 93 725.93 | 14 600.00 | 0.00 | 3 676.00 | 5 144.34 | 117 146.27 | 8 820.34 | 7.53 |
| 期末数 | 73 278.53 | 14 714.83 | 0.00 | 2 091.00 | 61.93 | 90 146.29 | 2 152.93 | 2.39 |

注：根据中国银监会印发的2011年非现场监管报表G11《资产质量五级分类情况表》的填报说明，信用风险资产范围应包括：存放同业款项、各项贷款（含"长期应收款——应收融资租赁本金"）、应收利息、其他应收款（含"预付账款"）、拆放同业和买入返售资产、银行账户债券投资、不可撤销的承诺及或有负债。在2009年度信息披露工作中，公司披露的信用风险资产仅为各项贷款（含"长期应收款——应收融资租赁本金"）。此次，公司按照2010年信息披露同比口径，对2009年末信用风险资产情况进行了更正。

6.5.1.2 各项资产减值损失准备的期初、本期计提、本期转回、本期核销、期末数

单位：万元

| | 期初数 | 本期计提 | 本期转回 | 本期核销 | 期末数 |
|---|---|---|---|---|---|
| 贷款损失准备 | 10 959.56 | 2 800.00 | 4 937.88 | 4 350.68 | 4 471.00 |
| 其中：一般准备 | 1 621.15 | 900.00 | 1 621.15 | 0.00 | 900.00 |
| 专项准备 | 9 338.41 | 1 900.00 | 3 316.73 | 4 350.68 | 3 571.00 |
| 其他资产减值准备 | 532.78 | 100.00 | 0.00 | 0.00 | 632.78 |
| 其中：可供出售金融资产减值准备 | 0.00 | 0.00 | 0.00 | 0.00 | 0.00 |
| 持有至到期投资减值准备 | 0.00 | 0.00 | 0.00 | 0.00 | 0.00 |
| 长期股权投资减值准备 | 0.00 | 0.00 | 0.00 | 0.00 | 0.00 |
| 坏账准备 | 481.93 | 100.00 | 0.00 | 0.00 | 581.93 |
| 投资性房地产减值准备 | 0.00 | 0.00 | 0.00 | 0.00 | 0.00 |
| 抵债资产减值准备 | 50.85 | 0.00 | 0.00 | 0.00 | 50.85 |

6.5.1.3 固有业务股票投资、基金投资、债券投资、股权投资等投资业务的期初数、期末数（按照投资品种分类）

单位：万元

| | 自营股票 | 基金 | 债券 | 长期股权投资 | 其他投资 | 合计 |
|---|---|---|---|---|---|---|
| 期初数 | 37 412.86 | 190.20 | 8 601.20 | 6 470.91 | 8 404.00 | 61 079.17 |
| 期末数 | 57 075.28 | 199.50 | 17 207.04 | 5 614.51 | 8 022.76 | 88 119.09 |

6.5.1.4 按投资入股金额排序，前三名的自营长期股权投资的企业名称、占被投资企业权益的比例、主要经营活动及投资收益情况等

| 企业名称 | 占被投资企业权益的比例（%） | 主要经营活动 | 投资收益 |
|---|---|---|---|
| 天弘基金管理有限公司 | 48.00 | 基金募集、基金销售、资产管理和中国证监会许可的其他业务 | −1 168.09 |
| 渤海证券公司 | 1.10 | 证券代理买卖、证券自营买卖、证券承销、证券投资咨询 | 245.02 |
| 中国重型汽车财务有限公司 | 0.46 | 在集团内部开展商业票据贴现、银行承兑汇票贴现、内部资金结算、汽车产品消费信贷，以及企业债券、股票上市等投资银行业务和信贷业务等 | 36.84 |

6.5.1.5 前三名的自营贷款的企业名称、占贷款总额的比例和还款情况等

| 企业名称 | 占贷款总额的比例（%） | 还款情况 |
|---|---|---|
| 天津市万豪大厦有限公司 | 44.20 | 合同未到期 |
| 天津天房建设工程有限公司 | 31.57 | 合同未到期 |
| 天津新天投资有限公司 | 15.79 | 合同未到期 |

6.5.1.6 担保业务、代理业务（委托业务）

单位：万元

| 表外业务 | 期初数 | 期末数 |
|---|---|---|
| 担保业务 | 0 | 0 |
| 代理业务（委托业务） | 0 | 0 |
| 其他 | 0 | 0 |
| 合计 | 0 | 0 |

6.5.1.7 公司当年的收入结构

| 收入结构 | 金额（万元） | 占比（%） |
|---|---|---|
| 手续费及佣金收入 | 20 324.86 | 57.02 |
| 其中：信托手续费收入 | 20 111.11 | 56.43 |
| 投资银行业务收入 | 0 | 0.00 |
| 利息收入 | 4 632.35 | 13.00 |
| 其他业务收入 | 2 204.96 | 6.19 |
| 其中：计入信托业务收入部分 | | |
| 投资收益 | 6 692.87 | 18.78 |
| 其中：股权投资收益 | −823.37 | −2.31 |
| 证券投资收益 | 7 516.24 | 21.09 |
| 其他投资收益 | 0.00 | 0.00 |
| 公允价值变动收益 | −265.06 | −0.74 |
| 营业外收入 | 2 051.69 | 5.75 |
| 收入合计 | 35 641.67 | 100.00 |

其中，2010年，公司其他业务收入为2 204.96万元，主要来源是融资租赁业务收入、办公大楼出租部分的房租收入等；营业外收入为2 051.69万元，主要是转让一处自用房产取得的净收入；信托业务收入总额为20 111.11万元，全部为手续费收入。

**6.5.2 披露信托财产管理情况**

6.5.2.1 信托资产的期初数、期末数

单位：万元

| 信托财产 | 期初数 | 期末数 |
|---|---|---|
| 集合 | 823 813. 72 | 1 245 961. 94 |
| 单一 | 1 408 924. 59 | 1 840 844. 28 |
| 财产权 | | 3 450. 00 |
| 合计 | 2 232 738. 31 | 3 090 256. 22 |

6. 5. 2. 1. 1　主动管理型信托业务的信托资产期初数、期末数

单位：万元

| 主动管理型信托资产 | 期初数 | 期末数 |
|---|---|---|
| 证券投资类 | 90 218. 21 | 81 517. 40 |
| 股权投资类 | 162 396. 65 | 449 413. 09 |
| 融资类 | 864 293. 35 | 1 112 411. 08 |
| 事务管理类 | 27 800. 00 | 0 |
| 合计 | 1 144 708. 21 | 1 643 341. 57 |

6. 5. 2. 1. 2　被动管理型信托业务的信托资产期初数、期末数

单位：万元

| 被动管理型信托资产 | 期初数 | 期末数 |
|---|---|---|
| 证券投资类 | 13 720. 60 | 9 150. 27 |
| 股权投资类 | | |
| 融资类 | 927 965. 51 | 1 425 660. 78 |
| 事务管理类 | 146 343. 99 | 12 103. 60 |
| 合计 | 1 088 030. 10 | 1 446 914. 65 |

6. 5. 2. 2　本年度已清算结束的信托项目个数、实收信托合计金额、加权平均实际年化收益率

6. 5. 2. 2. 1　本年度已清算结束的集合类、单一类资金信托项目和财产管理类信托项目个数、实收信托合计金额、加权平均实际年化收益率

| 已清算结束信托项目 | 项目个数 | 实收信托合计金额(万元) | 加权平均实际年化收益率(%) |
|---|---|---|---|
| 集合类 | 30 | 292 593. 00 | 6. 87 |
| 单一类 | 178 | 1 737 065. 19 | 5. 23 |
| 财产管理类 | | | |

6. 5. 2. 2. 2　本年度已清算结束的主动管理型信托项目个数、实收信托合计金额、加权平均实际年化收益率

| 已清算结束信托项目 | 项目个数 | 实收信托合计金额(万元) | 加权平均实际年化信托报酬率(%) | 加权平均实际年化收益率(%) |
|---|---|---|---|---|
| 证券投资类 | 11 | 57 821. 00 | 1. 68 | 5. 16 |
| 股权投资类 | 5 | 64 000. 00 | 1. 11 | 5. 28 |
| 融资类 | 67 | 580 439. 40 | 1. 26 | 7. 30 |
| 事务管理类 | 0 | 0 | 0 | 0 |

6. 5. 2. 2. 3　本年度已清算结束的被动管理型信托项目个数、实收信托合计金额、加权平均实际年化收益率

| 已清算结束信托项目 | 项目个数 | 实收信托合计金额(万元) | 加权平均实际年化信托报酬率(%) | 加权平均实际年化收益率(%) |
|---|---|---|---|---|
| 证券投资类 | | | | |
| 股权投资类 | | | | |
| 融资类 | 119 | 1 111 989. 00 | 0. 19 | 5. 18 |
| 事务管理类 | 6 | 215 408. 79 | 0. 30 | 2. 17 |

6. 5. 2. 3　本年度新增的集合类、单一类和财产管理类信托项目个数、实收信托合计金额

| 新增信托项目 | 项目个数 | 实收信托合计金额(万元) |
|---|---|---|
| 集合类 | 53 | 740 966. 00 |
| 单一类 | 143 | 2 266 512. 70 |
| 财产管理类 | 1 | 3 450. 00 |
| 新增合计 | 197 | 3 010 928. 70 |
| 其中：主动管理型 | 104 | 1 233 766. 00 |
| 被动管理型 | 93 | 1 777 162. 70 |

6. 5. 2. 4　信托业务创新成果和特色业务有关情况

2010 年，公司在推进业务创新方面，不断丰富研究方向，努力建立可持续增长的盈利模式。对私人股权投资 PE 业务和中小企业科技发展基金加大研发力量，私人股权信托基金规模继续扩大。在成功首发天津市首只 3 亿元保障房股权信托基金的基础上，2010 年，公司成功发行了滨海新城镇发展股权信托基金 12. 9 亿元和保障房股权信托基金 3 亿元。此外，在房地产信托投资基金(REITs)业务方面，公司也进行了研发准备，获批天津市首只(REITs)业务受托人资格。

6. 5. 2. 5　本公司履行受托人义务情况

本公司作为受托人，严格遵守信托法规的规定和信托协议(合同)的约定，尽职尽责履行受托人职责和义务，为委托人管理好各项信托财产，精心组织信托财产的运作；依照信托法规和信托协议(合同)约定，定期出具信托财产的管理报告；信托协议(合同)终止时，及时办理信托事务清算事宜；按信托协议(合同)的约定，按期及时向受益人支付信托受益并在信托协议(合同)终止时及时按约定向委托人(受益人)支付信托财产(本金)；按信托法规和信托协议(合同)的约定收取受托人报酬(手续费)，本年度没有发生违反受托人职责和义务的情况，没有出现信托协议(合同)到期由于受托人的责任不支付信托财产和受益人收益的情况。受托人按信托法规和信托协议(合同)管理、运用信托财产，管理和分配信托收益以及收取手续费(受托人报酬)时，没有出现侵占委托人和受益人合法权益的情况。

6. 5. 2. 6　信托赔偿准备金的提取、使用和管理情况

**信托赔偿准备金的提取情况表**

单位：万元

| 按税后利润 5% 计提 | 期初数 | 本年增加 | 本年减少 | 期末数 |
|---|---|---|---|---|
| 信托赔偿准备金 | 3 447. 15 | 918. 09 | 0 | 4 365. 24 |

2010 年，公司未使用信托赔偿准备金，该信托赔偿准备金存放于经营稳健、具有一定实力的国内商业银行，或者用于购买低风险高流动性证券。

## 6. 6　关联方关系及其交易情况

**6. 6. 1　关联交易方的数量、关联交易的总金额及关联交易的定价政策**

单位：万元

| | 关联交易方数量 | 关联交易金额 | 定价政策 |
|---|---|---|---|
| 合计 | 0 | 0 | |

6.6.2 关联方交易与本公司的关系性质、关联交易方名称、法定代表人、注册地址、注册资本及主营业务等

单位:万元

| 关系性质 | 关联方名称 | 法定代表人 | 注册地址 | 注册资本 | 主营业务 |
|---|---|---|---|---|---|
| | | | | 0 | |

6.6.3 逐笔披露本公司与关联方的重大交易事项

6.6.3.1 固有财产与关联方:贷款、投资、租赁、应收账款、担保、其他方式等期初汇总数、本期发生额汇总数、期末汇总数

单位:万元

| 固有与关联方关联交易 | | | | |
|---|---|---|---|---|
| | 期初数 | 借方发生额 | 贷方发生额 | 期末数 |
| 贷款 | 0 | 0 | 0 | 0 |
| 投资 | 0 | 0 | 0 | 0 |
| 租赁 | 0 | 0 | 0 | 0 |
| 担保 | 0 | 0 | 0 | 0 |
| 应收账款 | 0 | 0 | 0 | 0 |
| 其他 | 0 | 0 | 0 | 0 |
| 合计 | 0 | 0 | 0 | 0 |

6.6.3.2 信托资产与关联方:贷款、投资、租赁、应收账款、担保、其他方式等期初汇总数、本期发生额汇总数、期末汇总数

单位:万元

| 信托与关联方关联交易 | | | | |
|---|---|---|---|---|
| | 期初数 | 借方发生额 | 贷方发生额 | 期末数 |
| 贷款 | 0 | 0 | 0 | 0 |
| 投资 | 0 | 0 | 0 | 0 |
| 租赁 | 0 | 0 | 0 | 0 |
| 担保 | 0 | 0 | 0 | 0 |
| 应收账款 | 0 | 0 | 0 | 0 |
| 其他 | 0 | 0 | 0 | 0 |
| 合计 | 0 | 0 | 0 | 0 |

6.6.3.3 信托公司自有资金运用于自己管理的信托项目(固信交易)、信托公司管理的信托项目之间的相互(信信交易)交易金额,包括余额和本报告年度的发生额

6.6.3.3.1 固有与信托财产之间的交易金额期初汇总数、本期发生额汇总数、期末汇总数

单位:万元

| 固有财产与信托财产相互交易 | | | |
|---|---|---|---|
| | 期初数 | 本期发生额 | 期末数 |
| 合计 | 0 | 0 | 0 |

6.6.3.3.2 信托项目之间的交易金额期初汇总数、本期发生额汇总数、期末汇总数

单位:万元

| 信托财产与信托财产相互交易 | | | |
|---|---|---|---|
| | 期初数 | 本期发生额 | 期末数 |
| 合计 | 0 | 0 | 0 |

6.6.4 逐笔披露关联方逾期未偿还本公司资金的详细情况以及本公司为关联方担保发生或即将发生垫款的详细情况

公司本年末出现关联方逾期未偿还本公司资金的情况,未出现本公司为关联方担保的情况。

### 6.7 会计制度的披露

本公司固有业务从2008年1月1日起、信托业务从2010年1月1日起按照财政部2006年颁布的《企业会计准则——基本准则》和其他各项会计准则的规定对固有业务及信托业务进行确认和计量,在此基础上编制财务报表。

### 6.8 净资本管理情况

根据《信托公司净资本管理办法》和2011年2月下发的净资本具体计算标准,2010年末本公司的净资产为19.2亿元,净资本为15.5亿元(监管标准≥2亿元),各项风险资本之和为12.8亿元,净资本/各项业务风险资本为117.8%(监管标准≥100%),净资本/净资产为78.6%(监管标准≥40%),净资本各项指标达到规定标准。

## 7. 财务情况说明书

### 7.1 利润实现和分配情况

2010年,公司实现税前利润23 162.06万元,比上年增加了2 524.1万元,增幅达12.23%;净利润为18 361.82万元,比上年增加了1 160.69万元,增幅达6.75%。按照相关法规、公司章程,本年净提取法定盈余公积金为1 836.18万元、一般准备为300万元和信托赔偿准备金为918.09万元。

### 7.2 主要财务指标

2010年主要财务指标情况表

| 指标名称 | 指标值 |
|---|---|
| 资本利润率(%) | 9.66 |
| 加权年化信托报酬率(%) | |
| 人均净利润(万元/人) | 131.16 |

注:全年在岗职工平均人数140人。

### 7.3 对本公司财务状况、经营成果有重大影响的其他事项

无。

## 8. 特别事项揭示

8.1 2010年2月,中国银监会下发了《关于批准天津信托有限责任公司股权变更及调整股权结构的批复》(银监复〔2010〕85号),公司原并列第一大股东天津市财政局将所持有的公司23.16%的股权,原第六股东天津市津能投资公司将所持有的公司8.42%的股权,原第四股东天津经济技术开发区财政局将所持有的公司10.53%的股权转让给天津市泰达国际控股(集团)有限公司(公司新加入股东)。转让后天津市泰达国际控股(集团)有限公司持有公司42.11%的股权,成为公司

的第二大股东。公司股东由7家变更为5家。工商登记变更已办理完毕。

公司其他股东股权无变动情况。

8.2 董事、监事及高级管理人员变动情况及原因

2010年3月11日，公司以通信方式召开2010年股东会第一次临时会议，审议通过了《关于王卫东为天津信托有限责任公司副董事长的决议》。

2010年4月18日，公司召开2010年第二次股东会会议，审议通过了《关于朱振山、王书申、赵鹏、李绍忠不再担任公司董事的决议》、《关于王健、宋德培、林永坤不再担任公司监事的决议》。

2010年4月18日，公司召开2010年第三次股东会会议，审议通过了2010年公司董事会组成新一届董事会，即天津信托有限责任公司第六届董事会。同意原董事会成员王海智、王卫东、董建新、李林、张维、李延敬、樊振荣（其中李延敬、樊振荣为独立董事）7人继续留任，新增刘青松、弓劲梅、钟玲玲、黄书平4人为新董事的决议。

审议通过了2010年公司监事会组成新一届监事会，即天津信托有限责任公司第六届监事会。同意原监事会成员冯金有、康悦2人继续留任，新增朱振山、王丽、丁粤军3人为新监事。

2010年10月21日，公司以通信方式召开2010年股东会第三次临时会议，审议通过了《关于马君潞为天津信托有限责任公司独立董事的决议》。

除此之外，公司董事、监事及高级管理人员未有变动。

8.3 本年度，公司注册资本、注册地、公司名称、公司分立合并事项

公司注册资本、注册地、公司分立合并事项无变更。

8.4 公司的重大诉讼事项

无。

8.5 本年度，公司及高级管理人员无受到处罚的情况

8.6 银监会派出机构风险检查情况

2010年3月，天津银监局与公司开展了审慎监管会谈。对本公司2009年的经营情况给予了充分肯定，指出公司在合规稳健经营、积极创新展业等方面取得了长足进步，在具体经营中按照天津市经济发展“保增长，渡难关，上水平”的总体要求，推动区域经济建设的同时，带动公司自身业务的快速发展。同时对公司当前存在的主要问题和今后工作的开展提出了宝贵的意见：建议公司继续加快健全公司治理架构工作进度，确保各项决策机制有效运行；强化内部控制力度，整体流程全面管理与关键环节重点管理相结合；进一步增强合规意识，合规管理与风险管理并举并重；根据公司业务实际，加强重点管理；进一步加大业务结构调整，注意人力资源的合理分配股权结构变更，防范不当关联交易。

2010年6月和2010年12月，天津银监局对本公司分别进行了信贷资金流入股市、政府融资平台业务和房地产业务的现场检查。公司高度重视监管部门检查意见，制定了相关整改措施并加以实施，同时向董事会进行了汇报，并将整改情况向监管部门作了专题报告。

8.7 重大事项临时报告

无。

## 9. 公司监事会意见

### 9.1 公司依法运作情况

通过检查监督，监事会认为，公司建立了较为完善的公司法人治理结构，进一步加强了内部控制制度建设和风险管理，强化了内部管理和审计制度。公司决策事项程序合法，公司董事、经理和其他高级管理人员，能够按照《公司法》、信托“新两规”、《公司章程》等有关法律、法规及监管部门的要求，认真履行相关职责，勤勉工作，积极维护股东利益、公司利益和客户利益。

### 9.2 关于公司财务报告

依据五洲松德联合会计师事务所出具的审计报告和公司的财务报表，监事会认真检查和审核了公司财务状况和经营成果，认为公司本年度财务报告是客观、公允的。

# 西安国际信托有限公司

## 1. 重要提示

1.1 本公司董事会及董事保证本报告所载资料不存在任何虚假记载、误导性陈述或者重大遗漏,并对其内容的真实性、准确性和完整性承担个别及连带责任。

1.2 公司独立董事李成、强力、周春生声明:保证本年度报告内容真实、准确、完整。

1.3 本公司2010年度财务报告经希格玛会计师事务所有限公司审计,并出具了标准无保留的审计报告。

1.4 公司法定代表人高成程、总经理崔进才及会计机构负责人马华声明:保证年度报告中财务会计报告的真实、完整。

## 2. 公司概况

### 2.1 公司简介

西安国际信托有限公司前身为西安市信托投资公司,1986年,经中国人民银行批准成立,系国有独资的非银行金融机构。1999年12月,公司增资改制为有限责任公司。2002年4月,经中国人民银行总行批准,在信托业清理整顿中予以单独保留。2003年12月10日,经中国银行业监督管理委员会陕西监管局批准,换发了新的《中华人民共和国金融许可证》。2008年1月,按照中国银行业监督管理委员会《关于西安国际信托有限公司变更公司名称业务范围及增加资本金的批复》(银监复〔2008〕53号)文件,公司名称变更为西安国际信托有限公司,注册资本为3.6亿元人民币。2009年12月8日,经中国银行业监督管理委员会陕西监管局批准,公司注册资本变更为5.1亿元。

2.1.1 公司法定中文名称:西安国际信托有限公司(简称:西安信托)

公司法定英文名称:Xi'an International Trust Co., Ltd.(缩写:XITC)

2.1.2 公司法定代表人:高成程

2.1.3 公司注册地址:西安市高新区科技路33号高新国际商务中心23~24层

公司邮政编码:710075

公司国际互联网网址:http://www.xitic.cn

2.1.4 负责信息披露事务人:董事会秘书 刘辉

联系电话:029-87990855

传 真:029-87990856

电子信箱:liuhui@xitic.cn

2.1.5 公司选定的信息披露报纸:《上海证券报》、《金融时报》

2.1.6 公司年度报告备置地点:公司董事会办公室

2.1.7 公司聘请的会计师事务所名称:希格玛会计师事务所有限公司

住 所:西安市高新路25号

2.1.8 公司聘请的律师事务所名称:上海锦天诚律师事务所

住 所:上海市浦东新区花园石桥路33号花旗大厦14楼

### 2.2 组织结构

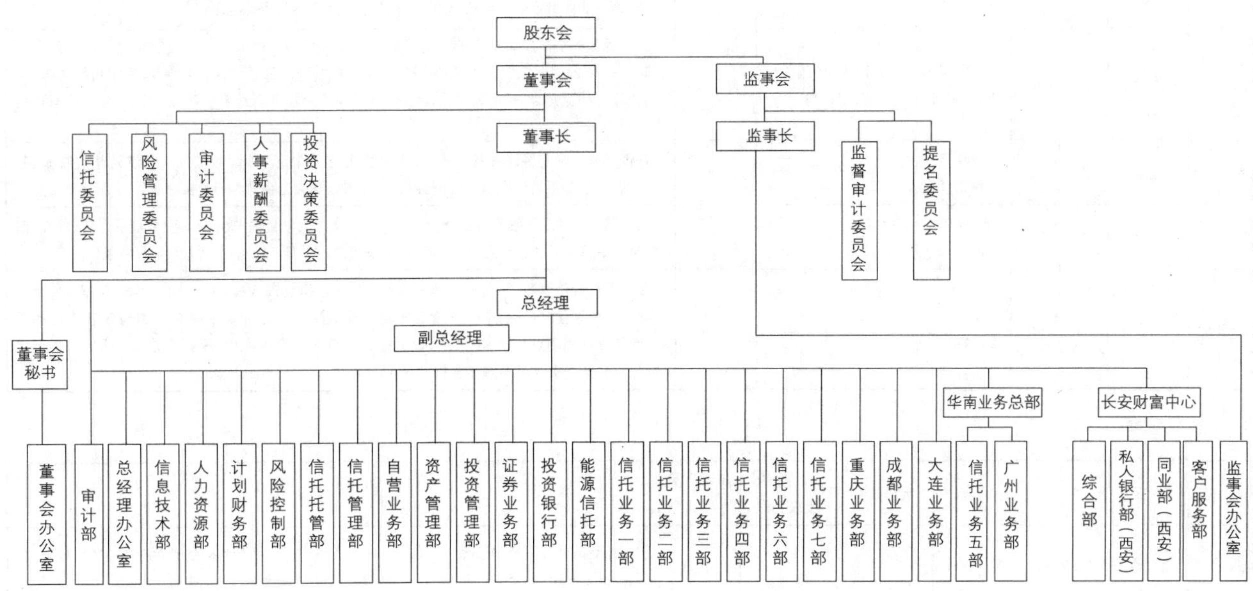

# 3. 公司治理

## 3.1 公司治理结构

### 3.1 股东

| 报告期末股东总数 | 6 | | | | | |
|---|---|---|---|---|---|---|
| 持有本公司10%以上(含)出资比例的股东(万元) | | | | | | |
| 股东名称 | 年末出资余额(万元) | 出资比例(%) | 法人代表 | 注册资本(万元) | 注册地址 | 主要经营业务 |
| 西安市财政局 | 20 230 | 39.67 | 肖西平 | / | 西安市南大街23号 | / |
| 上海证大投资管理有限公司 | 20 060 | 39.33 | 朱南松 | 30 000 | 上海市浦东新区民生路1199弄1号16层1908室 | 投资管理，企业资产委托管理，资产重组等。 |
| 深圳市淳大投资有限公司 | 5 950 | 11.67 | 唐乾山 | 12 000 | 深圳市罗湖区人民南路发展中心1807 | 投资兴办实业，投资管理咨询等。 |

## 3.2 董事

董事长、副董事长、董事

| 姓 名 | 职 务 | 性别 | 年龄 | 选任日期 | 所代表的股东名称 | 持股比例(%) | 简 要 履 历 |
|---|---|---|---|---|---|---|---|
| 高成程 | 董事长 | 男 | 42 | 2008年4月27日 | 西安市财政局 | 39.67 | 曾任西安市国际信托投资公司投资租赁部副主任、主任，西安市生产资金管理分局副局长，西安市经济技术投资担保有限公司副总经理、总经理；现任西安国际信托有限公司董事长。 |
| 柳志伟 | 副董事长 | 男 | 43 | 2008年4月27日 | 深圳市淳大投资有限公司 | 11.67 | 曾任海南汇通国际信托投资公司董事长助理，长城证券有限责任公司投资银行部总经理，国信证券有限责任公司收购兼并部总经理，新疆汇通(集团)股份有限公司董事长、监事长等；现任深圳市淳大投资有限公司董事长。 |
| 师胜友 | 董 事 | 男 | 49 | 2008年4月27日 | 西安市财政局 | 39.67 | 曾任陕西省建材机械厂出纳、会计、财务科副科长，西安市财政局工交处综合科副科长、科长、会计处副处长、预算处副处长，企业处处长；现任西安市财政局副局长。 |
| 朱南松 | 董 事 | 男 | 44 | 2008年4月27日 | 上海证大投资管理有限公司 | 39.33 | 1992年，开始从事证券投资工作，曾负责筹建长城证券(原汇通信托)上海证券业务部；1994年至今，参与创建上海证大投资管理有限公司；现任上海证大投资管理有限公司董事长、总裁。 |
| 崔进才 | 董 事 | 男 | 42 | 2008年4月27日 | 上海证大投资管理有限公司 | 39.33 | 曾任中信银行(原中信实业银行)总行信贷管理部，公司业务管理部，零售银行业务总部总经理助理、副总经理、总经理等职，在中信资产管理有限公司任董事、副总经理、业务审查委员会主任、资产收购处置定价小组长；现任西安国际信托有限公司总经理。 |
| 李宏安 | 董 事 | 男 | 45 | 2008年4月27日 | 陕西鼓风机(集团)有限公司 | 7 | 历任陕西鼓风机厂产品试验研究室副主任、主任兼任骊山风机厂厂长及支部书记，陕西鼓风机(集团)有限公司副总工程师、副总经理兼子公司管理部部长；2005年至今，任陕西鼓风机(集团)有限公司总经理、党委副书记，其中，2007年9月起兼任西安陕鼓动力股份有限公司副董事长。 |
| 强 力 | 独立董事 | 男 | 49 | 2008年4月27日 | / | / | 曾任西北政法学院经济法系、法学二系副主任、主任；现为西北政法大学经济法学院院长、教授，中国法学会银行法学研究会副会长、陕西省法学会金融法学研究会会长。 |
| 李 成 | 独立董事 | 男 | 54 | 2008年4月27日 | / | / | 曾任陕西财经学院金融系主任，教授；现任西安交通大学经济与金融学院金融系主任、教授、博导，全国金融专业学位研究生教指委员，西安市政府参事，陕西省金融学会副秘书长。 |
| 周春生 | 独立董事 | 男 | 44 | 2010年1月30日 | / | / | 曾任美联储经济学家，加州大学riverside分校金融学助理教授，香港大学金融学副教授，北京大学光华管理学院教授，中国证监会规划发展委员会委员，北京大学光华管理学院金融系主任、高层管理者培训与发展中心(EDP)主任，香港大学荣誉教授，深圳证券交易所上市委员会委员；现任长江商学院金融学教授、EMBA/ExecEd学术主任。 |

独立董事

| 姓 名 | 所在单位及职务 | 性别 | 年龄 | 选任日期 | 所代表的股东名称 | 持股比例(%) | 简 要 履 历 |
|---|---|---|---|---|---|---|---|
| 强 力 | 西北政法大学、教授 | 男 | 49 | 2008年4月27日 | / | / | 曾任西北政法学院经济法系、法学二系副主任、主任；现为西北政法大学经济法学院院长、教授，中国法学会银行法学研究会副会长，陕西省法学会金融法学研究会会长。 |

续表

| 姓 名 | 所在单位及职务 | 性别 | 年龄 | 选任日期 | 所代表的股东名称 | 持股比例（%） | 简 要 履 历 |
|---|---|---|---|---|---|---|---|
| 李 成 | 西安交通大学、教授 | 男 | 54 | 2008年4月27日 | / | / | 曾任陕西财经学院金融系主任，教授；现任西安交通大学经济与金融学院金融系主任、教授、博导，全国金融专业学位研究生教指委员，西安市政府参事，陕西省金融学会副秘书长。 |
| 周春生 | 长江商学院、教授 | 男 | 44 | 2010年1月30日 | / | / | 曾任美联储经济学家，加州大学riverside分校金融学助理教授，香港大学金融学副教授，北京大学光华管理学院教授，中国证监会规划发展委员会委员，北京大学光华管理学院金融系主任、高层管理者培训与发展中心（EDP）主任，香港大学荣誉教授，深圳证券交易所上市委员会委员；现任长江商学院金融学教授、EMBA/ExecEd学术主任。 |

## 3.3 监事

监事会成员

| 姓名 | 职务 | 性别 | 年龄 | 选任日期 | 所代表的股东名称 | 持股比例（%） | 简 要 履 历 |
|---|---|---|---|---|---|---|---|
| 白 良 | 监事长 | 男 | 61 | 2008年4月27日 | 西安市财政局 | 39.67 | 曾任周至财政局所长、副局长，西安市财政局商贸处副处长、处长，局助理巡视员，西安市国际信托投资有限公司董事长；现任西安国际信托有限公司监事长。 |
| 王 萍 | 监事 | 女 | 36 | 2008年4月27日 | 上海证大投资管理有限公司 | 39.33 | 曾任上海证大投资管理有限公司研究部研究员，战略投资部项目经理、部门副经理、总裁助理、战略投资部总经理；现任上海证大投资管理有限公司副总裁。 |
| 申屠建中 | 监事 | 男 | 43 | 2008年4月27日 | 深圳市淳大投资有限公司 | 11.67 | 曾任深圳丰富实业股份有限公司业务管理部经理、深圳建州投资实业有限公司总经理、深圳淳大集团总裁、新疆汇通（集团）股份有限公司董事长、深圳市淳大投资有限公司常务副总经理；现任上海淳大企业发展有限公司董事长。 |
| 刘明学 | 监事 | 男 | 49 | 2008年4月27日 | 西安高新技术产业开发区科技投资服务中心 | 1.67 | 曾任陕西外文书店会计、财务科长，陕西机械进出口公司会计；现任西安高新区管委会会计核算服务中心综合管理部部长。 |
| 李 杰 | 职工代表监事 | 男 | 43 | 2008年4月27日 | 西安国际信托有限公司 | / | 曾任西安国际信托有限公司项目经理、北京国信高诚燃烧设备公司财务总监、西安高新国信典当公司副总经理、西安国际信托有限公司计划财务部副经理、审计部总经理；现任信托托管部总经理。 |
| 刘 洁 | 职工代表监事 | 女 | 41 | 2008年4月27日 | 西安国际信托有限公司 | / | 曾任陕西岳华会计师事务所项目经理，西部证券公司高级经理，西安国际信托有限公司审计部总经理、风险控制部总经理；现任合规风险副总监。 |

## 3.4 高级管理人员

| 姓名 | 职务 | 性别 | 年龄 | 选任日期 | 金融从业年限 | 学历 | 专业 | 简 要 履 历 |
|---|---|---|---|---|---|---|---|---|
| 崔进才 | 总经理 | 男 | 42 | 2008年4月 | 21 | 硕士 | 货币银行学 | 曾任中信银行（原中信实业银行）总行信贷管理部，公司业务管理部，零售银行业务总部总经理助理、副总经理、总经理等职，在中信资产管理有限公司任董事、副总经理、业务审查委员会主任、资产收购处置定价小组长；现任西安国际信托有限公司董事、总经理。 |
| 刘峥嵘 | 副总经理 | 男 | 51 | 2008年9月 | 16 | 大学 | 财政 | 曾任陕西财政专科学校教师，西安国际信托投资有限公司部门副主任、主任；现任西安国际信托有限公司副总经理。 |
| 徐 谦 | 副总经理 | 男 | 39 | 2008年9月 | 10 | 博士 | 政治经济学 | 曾任陕西财经学院金融财政学院和西安交通大学经济与金融学院教师，曾在西部证券股份有限公司从事证券市场研究分析和企业财务顾问工作等，2005年3月起任职于本公司投资银行部总经理；现任西安国际信托有限公司副总经理。 |
| 马志平 | 副总经理 | 男 | 40 | 2009年9月 | 5 | 硕士 | 世界政治经济与国际关系 | 曾任中国国际广播电台记者，中国银行业协会宣传信息部副主任，曾在国民信托有限公司任投资银行部副总监，2008年8月起担任信托业务三部总经理；现任西安国际信托有限公司副总经理。 |
| 徐 立 | 副总经理 | 男 | 51 | 2010年4月 | 31 | 大学 | 中文 | 曾任广东发展银行广州开发区办事处（分行级）主任，国内业务部副总经理，总行营业部负责人，个人业务部总经理，中信银行广州分行担任行长助理兼公司部副总经理；现任西安国际信托有限公司副总经理。 |

### 3.5 公司员工

| 项目 | | 报告期年度 | | 上年度 | |
|---|---|---|---|---|---|
| | | 人数 | 比例(%) | 人数 | 比例(%) |
| 年龄分布 | 25岁以下 | 12 | 8 | 5 | 4 |
| | 25~29岁 | 45 | 29 | 32 | 29 |
| | 30~39岁 | 54 | 34 | 42 | 38 |
| | 40以上 | 45 | 29 | 33 | 29 |
| 学历分布 | 博士 | 3 | 2 | 1 | 1 |
| | 硕士 | 60 | 38 | 37 | 33 |
| | 本科 | 67 | 43 | 51 | 46 |
| | 专科 | 22 | 14 | 20 | 18 |
| | 其他 | 4 | 3 | 3 | 2 |
| 岗位分布 | 董事、监事及其高管人员 | 8 | 5 | 7 | 6 |
| | 自营业务人员 | 6 | 4 | 5 | 4 |
| | 信托业务人员 | 92 | 59 | 59 | 53 |
| | 其他人员 | 50 | 32 | 41 | 37 |

## 4. 经营管理

### 4.1 经营目标、方针、战略规划

#### 4.1.1 经营目标

积极拓展业务新领域、提升业务层次、全面提升综合金融服务能力和企业的核心竞争力，做大做强信托业务，力争使公司成为业务优势明显、规模经济显著的专业资产管理和投资理财机构，为客户提供更优质、更个性化的金融理财服务，为委托人和受益人的财富管理和财富增值作出贡献。

#### 4.1.2 经营方针

坚持诚信、稳健、专业、创新的经营管理原则，以提升自主管理能力为着力点，以增强风险控制能力和专业人才队伍建设为保障，通过持续推进业务和产品创新，不断完善理财产品线和客户服务体系，树立公司信托理财品牌，逐步实现以产品为导向的业务模式向以客户需求为导向业务模式的转变。

#### 4.1.3 战略规划

公司将紧盯国内经济金融形势的变化，正确把握和利用国家金融业发展政策，按照"立足陕西，面向西部，拓展全国市场"的发展战略，加快由规模扩张型向内涵增长型、项目融资型向投资管理型、区域性向全国性的转型步伐，逐步成为在投资管理领域具有领先优势，在国内具有较大影响力的信托公司。

### 4.2 所经营业务的主要内容

**自营资产运用与分布表**

| 资产运用 | 金额（万元） | 占比（%） | 资产分布 | 金额（万元） | 占比（%） |
|---|---|---|---|---|---|
| 货币资产 | 19 148.51 | 20.00 | 基础产业 | 0.00 | 0.00 |
| 贷款及应收款 | 7 545.70 | 7.88 | 房地产业 | 0.00 | 0.00 |
| 交易性金融资产 | 8 240.17 | 8.61 | 证券市场 | 48 742.99 | 50.91 |
| 可供出售金融资产 | 48 833.29 | 51.00 | 实业 | 0.00 | 0.00 |
| 持有至到期投资 | 6 713.22 | 7.01 | 金融机构 | 15 043.69 | 15.71 |
| 长期股权投资 | 0 | 0 | 其他 | 31 965.91 | 33.38 |
| 其他 | 5 271.70 | 5.50 | | | |
| 资产总计 | 95 752.59 | 100.00 | 资产总计 | 95 752.59 | 100 |

**信托资产运用与分布表**

| 资产运用 | 金额（万元） | 占比（%） | 资产分布 | 金额（万元） | 占比（%） |
|---|---|---|---|---|---|
| 货币资产 | 297 447.33 | 3.71 | 基础产业 | 1 147 989.76 | 14.33 |
| 贷款 | 4 253 986.46 | 53.10 | 房地产 | 698 548.13 | 8.71 |
| 交易性金融资产 | 243 700.73 | 3.05 | 证券市场 | 343 954.04 | 4.30 |
| 买入返售金融资产 | 459 142.26 | 5.73 | 实业 | 2 446 585.38 | 30.55 |
| 持有至到期投资 | 2 322 448.63 | 29.00 | 金融机构 | 2 029 580.00 | 25.34 |
| 长期股权投资 | 408 529.24 | 5.10 | 其他 | 1 343 773.16 | 16.77 |
| 其他 | 25 175.82 | 0.31 | | | |
| 信托资产总计 | 8 010 430.47 | 100.00 | 信托资产总计 | 8 010 430.47 | 100.00 |

### 4.3 市场分析

#### 4.3.1 影响本公司业务发展的有利因素

随着GDP的增长和居民收入水平的提高，机构和个人的投资理财需求旺盛，提供专业理财服务成为各类金融机构增长最为迅速的业务领域；2007年，"新两规"实行后，信托业务逐步回归其本源功能，信托公司正在转型成为主要面向高净值个人客户和高端机构客户提供专业资产管理和投资管理服务的信托理财机构；信托公司、信托行业和信托功能在金融体系中的作用显著增强，信托业务发展的方向和趋势逐渐清晰，在市场需求和制度革新的共同驱动下信托行业近年来保持了高速发展的势头。

#### 4.3.2 影响本公司业务发展的不利因素

信托产品和信托理财属于新生的金融产品和服务类型，加之信托业务所涉领域的广泛性和复杂性，信托公司业务易受经济金融形势和政策环境变化的影响，信托业务热点转换和产品结构调整频繁；以"一法两规"为主体的信托法律法规体系以及信托登记、信托税制等配套制度亟待完善；各类金融机构在资产管理和投资理财业务领域的竞争加剧，而社会对信托行业的认知度尚需进一步提升。由于监管政策的变动，银信合作业务受到较大影响，增加了公司拓展业务的难度。

### 4.4 内部控制

#### 4.4.1 内部控制环境和内部控制文化

4.4.1.1 公司治理机制的建设和执行情况

在内部控制机制建设方面，公司通过不断完善业务流程，积极建设现代、科学的内控管理机制，鼓励竞争，提倡创新，努力营造有序、高效的内部控制环境，形成和谐、统一的内部控制文化。

公司的股东会、董事会、监事会和高级管理层各项机制运转正常，各层面按照《公司法》等法律法规的有关规定和"三会

分设、三权分开、有效制约、协调发展”的原则，独立决策、执行和监督。董事会制定公司整体经营目标、政策并监督执行，了解和关注公司的主要风险。董事会设置信托委员会、风险管理委员会、审计委员会、人事薪酬委员会、投资决策委员会等五个专门委员会，负责对公司各类专门问题进行审议并向公司董事会提出专业意见和建议。监事会履行其监督职责，高级管理层执行董事会的决策并及时反馈执行情况。公司已建立分工合理、职责明确、报告关系清晰的组织结构。

4.4.1.2　内部控制文化的建设

公司内部控制建设的总体目标：遵循法律法规及监管规定，保证公司经营合法合规；有效整合资源，确保经济、高效地实现公司目标；建立健全内部控制制度，做到有规可循；保障各项业务有序进行、信息传递畅通无误；保障公司资产安全及财务报告质量。

在内控文化建设方面，公司强调内控的“约束”与“激励”的双重作用，重视从内控组织文化、制度文化、行为文化和精神文化等多方面加强内控文化建设。着眼于公司作为金融机构的特性，本着为客户高度负责的原则，公司始终牢牢把握风险管理的领导权和主动权，坚持风险教育经常化、制度化，风险内控措施具体化，巩固和发扬历年来在风险管理方面业已形成的成熟经验，进一步强调业务发展要以质量为前提，遵守操作规范，按流程办事的工作准则，形成和谐、统一的内部控制文化。

**4.4.2　内部控制措施**

为实现整体经营目标，公司在发展业务的同时，致力于内部控制制度的建立和完善。公司从完善法人治理机制、调整组织机构设置和职能定位、建立健全各项内控制度、完善流程、优化人员结构、加强监督检查等方面着手，加强内部控制。

法人治理机制方面，公司建立了规范的授权经营体系，按照“三会分设、三权分立”的原则设置了股东会、董事会和监事会，并在董事会下设了信托委员会、风险管理委员会、审计委员会、人事薪酬委员会、投资决策委员会等五个专门委员会。完善公司法人治理制度，包括公司章程、股东会议事规则、董事会议事规则、监事会议事规则、独立董事制度、各专门委员会议事规则等，规范公司的组织和行为，保护公司、股东、受益人和员工的合法权益，保证公司法人治理的高效运转。

建立健全各项内控制度方面，除完善法人治理制度外，公司目前已建立健全了一系列内部控制制度，涵盖了业务管理、财务管理、人事管理、行政管理等整个管理过程，以确保公司各部门及各项经营活动均能在公司内部控制制度框架内健康运行，有效保证公司经营效益水平的不断提升和战略目标的实现。

业务流程的不断优化和完善是公司平滑运行的关键因素之一。公司组织各部门编写了《信托业务流程图》，内容涉及从信托立项到终止清算的各个环节，该流程有效地规范了公司业务操作。公司将不断在实践中总结，继续对流程进行优化和完善。

报告期内，公司内部控制体系运行良好。

**4.4.3　信息交流与反馈**

公司建立了清晰、有效的信息交流机制：(1)在公司内部，建立了规范的汇报及反馈机制，并通过会议、工作周报、工作简讯等形式加强经营层及各部门之间的沟通，并快速解决业务、管理中出现的问题。(2)对客户及公众通过报纸、公司网站、短信、电话以及书面报告等形式披露公司管理、业务运作、客户服务等各方面信息。(3)对监管机构，根据相关要求及时报备业务方案，汇报公司管理、经营情况及监管政策执行情况。

信息系统建设方面，公司在基础硬件上已建成专业数据中心机房，三层架构的网络平台；对公司业务的支持上，建成了信托业务综合信息系统、固有财务系统、信托财务核算系统，证券交易系统、证券估值系统；在办公支持上，建设完成公司办公IP电话系统，视频会议系统，公司对外网站及公司短信机、电子邮箱等，较大程度地提高了公司整体的办公运营效率。

**4.4.4　监督评价与纠正**

4.4.4.1　岗位分离和监督制度

公司信托业务部门独立于公司的其他部门，从事信托业务的人员不与公司其他部门的人员相互兼职，业务信息也不与公司的其他部门共享。在核算信托财产时，公司将信托财产与固有财产分别管理、分别记账，并将不同信托项目的财产分别管理、分别记账，公司的信托业务与固有业务分别核算，并对每个信托项目单独核算。

公司按照职责分离的原则设立相应的工作岗位，保证对公司业务风险能够进行事前防范、事中控制、事后监督和纠正，目前，已形成了一套较为完备的内部约束机制和监督机制。

4.4.4.2　绩效监测与考核机制

根据公司董事会制定的《绩效考核试行办法(修订稿)》对公司整体经营状况进行考核，并核算公司全年绩效奖金。在考核办法中明确了各类业务的奖励方式，并确定了公司高层管理人员的绩效奖励方法。

根据公司的《绩效奖励实施办法》，公司经营层对员工进行考核及奖励。业务部门根据工作任务完成情况进行考核；综合管理部门根据部门考核结果、员工岗位系数及考核情况综合评定，合理分配奖金。奖金当年兑现一部分，其余部分在项目结束的后续两年陆续发放完毕。

绩效奖金分配坚持按劳分配、适度竞争的分配原则，总体上以向业务部门倾斜、向重要岗位倾斜、向利润中心倾斜并兼顾成本控制中心为原则。

4.4.4.3　违规操作的处理制度

公司结合金融系统开展的案件治理工作、监管部门现场检查的意见、内控制度检查工作，不断修订和完善公司制度。所增加和修订的制度，重点是围绕防范业务风险来设定的，内容不仅涉及信托项目前期尽职管理、后期跟踪管理，还包括风险问责、信托财务核算管理、员工离岗离任和保守商业机密的管理等方面，使公司逐渐形成全方位风险防范制度体系。

## 4.5　风险管理

**4.5.1　风险管理概况**

在风险管理方面，公司坚持“风险控制，人人有责”的全员风险管理理念，推行“事前防范、事中控制、事后监督”的全方位、全过程、不间断的全面风险管理体系。公司董事会及高级管理层高度重视经营过程中出现的各种风险，董事会设立了风险管理委员会作为其专门工作机构，负责公司的风险控制、管理、监督和评估等工作；设立了投资决策委员会按照业务权限，负责公司固有业务重大项目的评审。

报告期内，公司修订或制定了《上市公司股票收益权转让信托业务指引》、《证券投资类集合资金信托业务指引》、《房地产融资集合资金信托业务指引（试行）》等业务指引。目前，制定的业务指引已基本覆盖了公司的主要业务类型，从制度上明确了各类项目的准入及风控标准，以便业务部门把好项目筛选第一关。公司在报告期积极筹划合规岗制度。风险合规岗的设立，将公司的风险合规把控前移至业务部门。此外，报告期内公司对风险控制小组进行改革，以使项目决策更加合理、高效。上述机构改革、岗位设置及指引的制定，均是为了更好地对业务风险进行事前防范。

"事中控制"与"事后监督"同样得到公司的高度重视。公司设立信托业务管理部，行使监督信托业务部门尽职履行期间管理的职能，建立信托项目动态风险监控体系，并制定了《信托项目期间管理办法》、《信托业务信息披露管理办法》等系列期间管理制度。董事会专门下设审计委员会，负责公司的内外部审计的沟通、监督和核查等工作。公司审计部为审计委员会日常办事机构，负责对公司的经营活动、财务收支、经济效益等进行内部审计监督，对内部控制制度的建立和执行情况进行检查和评价，并适时对公司开展的业务进行专项审计，及时发现问题，监督纠正。

对于公司管理的信托项目，公司各级员工都时刻关注风险，严格遵守操作程序。报告期内应终止清算项目均实现了正常、足额清算，未发生影响受益人和公司利益的风险事件。

**4.5.2 风险状况**

4.5.2.1 信用风险

信用风险主要表现为公司交易对手不能履行合约义务从而导致公司资产价值发生变动遭受损失带来的风险，其中包括业务合作伙伴、贷款对象的信用风险，资金往来银行的信用风险。

4.5.2.2 市场风险

市场风险主要表现为因市场价格——利率、汇率、股票价格和商品价格等的不利变动而使公司的表内和表外业务发生损失的风险。具体表现为经济运行周期变化风险、金融市场利率波动风险、通货膨胀风险、房地产交易风险、证券市场、货币市场交易风险等。这些风险的存在不但影响信托财产的价值以及信托收益水平，也将影响公司由于资产负债结构不匹配等而导致公司整体的、当前和未来收入的损失。

4.5.2.3 操作风险

操作风险主要是公司内部控制、系统及运营过程中的错误或疏忽或外部事件而可能引起潜在损失的风险，表现在信息系统还不够全面及时，风险评估、风险管理的程序和结构还不够完善，以及人员操作不规范和责任心不强等方面。

4.5.2.4 其他风险

其他风险主要是指公司业务开展中的合规性风险、政策风险、公司信誉风险、人员道德风险等。

**4.5.3 风险管理**

4.5.3.1 信用风险管理

公司通过事前评估、事中控制、事后评价的风险控制体系来防范和规避信用风险。密切关注国家宏观调控政策、产业导向政策和地区经济发展战略，对经济发展趋势和行业趋势做到提前预判，争取从未来有潜在风险的行业和公司及时退出；加强对融资对象的运营状况和信用分析；完善业务各环节的责任评议，做到责任到岗、责任考评、责任追究三个环节紧密相扣，环环问责。

4.5.3.2 市场风险管理

公司通过对宏观经济、货币政策、行业政策和利率走势等的深入分析研究，进行持续的专项监控；建立完备可靠的管理信息系统识别；制订可能有重大情况发生时的应急处置方案。

4.5.3.3 操作风险管理

公司重点加强内控制度和风险管理制度的落实，严格业务流程的管理，加强专业部室对操作风险的防控和管理，充实、深化内控合规部门的职能；突出抓好重要岗位和薄弱环节的管理，界定业务权限，明确岗位职责。运用内部审计和外部审计，评估公司内控制度设计、执行的有效性；集中检查资源，加强高风险点的监督检查。加强员工培训，提高员工的业务技能和风险管理意识。

4.5.3.4 其他风险管理

公司强化全员的合法合规经营意识，持续关注有关法律、法规的最新变化，正确理解和准确把握其内涵，并及时对业务程序和操作指引进行梳理和修订；加强职业道德教育，增强员工的工作责任心。

## 5. 报告期末及上年末的比较式会计报表

### 5.1 自营资产

**5.1.1 会计师事务所审计意见全文**

**希格玛会计师事务所有限公司**

Xigema Certified Public Accountant Co. ,Ltd.

希会审字（2011）0431号

**审 计 报 告**

西安国际信托有限公司全体股东：

我们审计了后附的西安国际信托有限公司（以下简称贵公司）固有业务财务报表，包括2010年12月31日资产负债表、2010年度利润表、现金流量表、股东权益变动表以及财务报表附注。

一、管理层对财务报表的责任

按照《企业会计准则》的规定编制固有业务财务报表是贵公司管理层的责任。这种责任包括：（1）设计、实施和维护与财务报表编制相关的内部控制，以使财务报表不存在由于舞弊或错误而导致的重大错报；（2）选择和运用恰当的会计政策；（3）作出合理的会计估计。

二、注册会计师的责任

我们的责任是在实施审计工作的基础上对固有业务财务报表发表审计意见。我们按照中国注册会计师审计准则的规定执行了审计工作。中国注册会计师审计准则要求我们遵守职业道德规范，计划和实施审计工作以对固有业务财务报表是否不存在重大错报获取合理保证。

审计工作涉及实施审计程序，以获取有关固有业务财务报表金额和披露的审计证据。选择的审计程序取决于注册会计师的判断，包括对由于舞弊或错误导致的固有业务财务报表重大错报风险的评估。在进行风险评估时，我们考虑与固有业务财务报表编制相关的内部控制，以设计恰当的审计程序，但目的并非对内部控制的有效性发表意见。审计工作还包括评价管理层选用会计政策的恰当性和作出会计估计的合理性,以及评价固有业务财务报表的总体列报。

我们相信,我们获取的审计证据是充分、适当的,为发表审计意见提供了基础。

三、审计意见

我们认为,贵公司固有业务财务报表已经按照《企业会计准则》的规定编制,在所有重大方面公允反映了贵公司固有业务2010年12月31日的财务状况以及2010年度的经营成果和现金流量。

希格玛会计师事务所有限公司　　中国注册会计师:张新河

中国　西安市　　中国注册会计师:曹爱民

二〇一一年四月二十一日

### 5.1.2 资产负债表

**资产负债表**

2010年12月31日

单位名称:西安国际信托有限公司　　单位:万元

| 资　产 | 行次 | 年末数 | 年初数 |
|---|---|---|---|
| 资产: | | | |
| 现金及存放银行款项 | 1 | 191 485 096.29 | 270 520 394.34 |
| 存放同业款项 | 2 | | |
| 拆出资金 | 3 | | |
| 交易性金融资产 | 4 | 82 401 700.00 | 43 556 795.00 |
| 应收利息 | 5 | | |
| 应收账款 | 6 | | |
| 预付款项 | 7 | 222 813.14 | |
| 其他应收款 | 8 | 75 457 018.70 | 15 611 024.05 |
| 发放贷款及垫款 | 9 | | |
| 可供出售金融资产 | 10 | 488 332 856.80 | 221 476 856.80 |
| 持有至到期投资 | 11 | 67 132 200.00 | 7 507 600.00 |
| 长期应收款 | 12 | | |
| 长期股权投资 | 13 | | |
| 投资性房地产 | 14 | | |
| 固定资产 | 15 | 38 077 287.00 | 3 137 297.20 |
| 在建工程 | 16 | | 26 527 128.00 |
| 无形资产 | 17 | 2 951 219.26 | 1 778 178.54 |
| 递延所得税资产 | 18 | 11 465 661.75 | 2 251 209.94 |
| 其他资产 | 19 | | |
| | 20 | | |
| 资产总计 | 21 | 957 525 852.94 | 592 366 483.87 |

法定代表人:高成程　　主管会计工作负责人:崔进才

会计机构负责人:马　华　　制表人:赵晓敏

**资产负债表(续)**

2010年12月31日

单位名称:西安国际信托有限公司　　单位:元

| 负债和所有者权益(或股东权益) | 行次 | 年末数 | 年初数 |
|---|---|---|---|
| 负债: | | | |
| 向中央银行借款 | 32 | | |
| 同业及其他金融机构存放款项 | 33 | | |
| 拆入资金 | 34 | | |
| 交易性金融负债 | 35 | | |
| 应付账款 | 36 | | |
| 预收账款 | 37 | | |
| 卖出回购金融资产款 | 38 | | |
| 吸收存款 | 39 | | |
| 应付职工薪酬 | 40 | 62 189 416.11 | 23 233 812.43 |
| 应交税费 | 41 | 45 770 272.18 | 10 743 681.26 |
| 应付利息 | 42 | | |
| 应付股利 | 43 | 9 316 053.02 | 6 281 553.02 |
| 预计负债 | 44 | | |
| 其他应付款 | 45 | 143 314 897.85 | 4 602 947.53 |
| 长期应付款 | 46 | | |
| 递延所得税负债 | 47 | 3 066 122.81 | 89 553.13 |
| 其他负债 | 48 | | |
| 负债合计 | 49 | 263 656 761.97 | 44 951 547.37 |
| 所有者权益(或股东权益): | 50 | | |
| 实收资本(或股本) | 51 | 510 000 000.00 | 510 000 000.00 |
| 资本公积 | 52 | 13 084 189.00 | 13 084 189.00 |
| 减:库存股 | 53 | | |
| 盈余公积 | 54 | 31 704 720.12 | 12 272 382.05 |
| 其中:一般风险准备 | 55 | 7 660 407.57 | 3 638 484.95 |
| 信托赔偿金 | 56 | 9 244 389.37 | 1 539 181.65 |
| 未分配利润 | 57 | 129 835 792.48 | 10 519 183.80 |
| 外币报表折算差额 | 58 | | |
| 归属于母公司所有者权益合计 | 59 | 693 869 090.97 | 547 414 936.50 |
| 少数股东权益 | 60 | | |
| 所有者权益(或股东权益)合计 | 61 | 693 869 090.97 | 547 414 936.50 |
| 负债和所有者权益(或股东权益)总计 | 62 | 957 525 852.94 | 592 366 483.87 |

法定代表人:高成程　　主管会计工作负责人:崔进才

会计机构负责人:马　华　　制表人:赵晓敏

### 5.1.3 利润表

**利润表**

2010年

单位名称:西安国际信托有限公司　　单位:元

| 项　目 | 行次 | 本年金额 | 上年金额 |
|---|---|---|---|
| 一、营业总收入 | 1 | 367 203 649.57 | 126 626 692.20 |
| 其中:贷款利息净收入 | 2 | 3 113 132.56 | 3 378 681.62 |
| 手续费及佣金收入 | 3 | 248 326 109.13 | 73 840 043.48 |
| 投资收益(损失以"-"号填列) | 4 | 90 445 598.19 | 20 088 588.36 |
| 其中:对联营企业和合营企业的投资收益 | 5 | | |
| 公允价值变动收益(损失以"-"号填列) | 6 | 13 398 678.73 | 358 212.52 |
| 汇兑收益(损失以"-"号填列) | 7 | -3 294.30 | -17 373.78 |
| 其他业务收入 | 8 | 11 923 425.26 | 28 978 540.00 |
| 二、营业支出 | 9 | 171 928 907.00 | 63 796 721.83 |
| 营业税金及附加 | 10 | 19 186 384.84 | 6 837 108.07 |
| 营业费用 | 11 | 156 382 972.19 | 60 528 830.45 |
| 资产减值损失 | 12 | -3 640 450.03 | -3 569 216.69 |
| 其他业务成本 | 13 | | |
| 三、营业利润(亏损以"-"号填列) | 14 | 195 274 742.57 | 62 829 970.37 |
| 加:营业外收入 | 15 | 97 851.18 | 1 735 971.34 |

续表

| 项　目 | 行次 | 本年金额 | 上年金额 |
|---|---|---|---|
| 减:营业外支出 | 16 | 8 076.73 | 2 000 000.00 |
| 四、利润总额(亏损总额以"-"号填列) | 17 | 195 364 517.02 | 62 565 941.71 |
| 减:所得税费用 | 18 | 41 260 362.55 | 10 518 233.72 |
| 五、净利润(净亏损以"-"号填列) | 19 | 154 104 154.47 | 52 047 707.99 |
| 其中:归属于母公司所有者的净利润 | 20 | 154 104 154.47 | 52 047 707.99 |
| 少数股东损益 | 21 | | |
| 六、每股收益: | 22 | | |
| (一)基本每股收益 | 23 | 0.30 | 0.14 |
| (二)稀释每股收益 | 24 | 0.30 | 0.14 |
| 七、其他综合收益 | 25 | | |
| 八、综合收益总额 | 26 | 154 104 154.47 | 52 047 707.99 |

法定代表人:高成程　　主管会计工作负责人:崔进才
会计机构负责人:马　华　　制表人:赵晓敏

## 5.2 信托资产

### 5.2.1 信托项目资产负债汇总

**信托项目资产负债表**

编制单位:西安国际信托有限公司
信托项目名称:汇总　　2010 年 12 月 31 日　　单位:万元

| 信托资产 | 期末数 | 信托负债和信托权益 | 期末数 |
|---|---|---|---|
| 信托资产: | | 信托负债 | |
| 货币资金 | 297 447.33 | 交易性金融负债 | — |
| 拆出资金 | — | 应付受托人报酬 | 108.24 |
| 应收款项 | 25 175.81 | 应付托管费 | — |
| 买入返售金融资产 | 459 142.26 | 应付受益人收益 | 771.32 |
| 交易性金融资产 | 243 700.73 | 其他应付款项 | 6 969.97 |
| 发放贷款 | 4 253 986.46 | 应交税金 | — |
| 可供出售金融资产 | — | 其他负债 | — |
| 持有至到期投资 | 2 322 448.63 | 信托负债合计 | 7 849.53 |
| 长期股权投资 | 408 529.24 | 信托权益: | |
| 固定资产 | — | 实收信托 | 7 881 398.03 |
| 无形资产 | — | 资本公积 | — |
| 长期待摊费用 | — | 未分配利润 | 121 182.91 |
| 其他资产 | — | 信托权益合计 | 8 002 580.94 |
| 信托资产总计 | 8 010 430.47 | 信托负债及信托权益总计 | 8 010 430.47 |

法定代表人:高成程　　会计主管:李杰　　审核:艾全红　　制表:史柯男

### 5.2.2 信托项目利润及利润分配汇总表

编制单位:西安国际信托有限公司
信托项目名称:汇总　　2010 年 12 月　　单位:万元

| 项　目 | 本年累计数 |
|---|---|
| 一、营业收入 | 367 650.13 |
| 利息收入 | 325 770.75 |
| 投资收益 | 35 447.71 |
| 公允价值变动损益 | 2 364.65 |
| 租赁收入 | — |
| 其他收入 | 4 067.02 |
| 二、营业支出 | 33 542.60 |
| 三、信托净利润 | 334 107.53 |
| 四、其他综合收益 | — |
| 五、综合收益 | — |
| 加:期初未分配信托利润 | 12 396.25 |
| 六、可供分配的信托利润 | 346 503.78 |
| 减:本期已分配信托利润 | 225 320.87 |
| 七、期末未分配信托利润 | 121 182.91 |

法定代表人:高成程　　会计主管:李杰　　审核:艾全红　　制表:史柯男

## 6. 会计报表附注

### 6.1 简要说明报告年度会计报表编制基准、会计政策、会计估计和核算方法发生的变化

本公司根据《企业会计准则》、应用指南及准则解释的规定进行确认和计量,在此基础上编制固有业务财务报表。

本期无会计政策及会计估计变更。

### 6.2 或有事项说明

无。

### 6.3 重要资产转让及其出售的说明

无。

### 6.4 会计报表中重要项目的明细资料

#### 6.4.1 披露自营资产经营情况

6.4.1.1 按信用风险五级分类结果披露信用风险资产的期初数、期末数

| 信用风险资产五级分类 | 正常类(万元) | 关注类(万元) | 次级类(万元) | 可疑类(万元) | 损失类(万元) | 信用风险资产合计(万元) | 不良合计(万元) | 不良率(%) |
|---|---|---|---|---|---|---|---|---|
| 期初数 | 58 985.89 | 400.00 | 0 | 0 | 4 051.00 | 63 436.89 | 4 051.00 | 6.39 |
| 期末数 | 95 143.95 | 400.00 | 278.18 | 0 | 3 752.76 | 99 574.89 | 4 030.94 | 4.05 |

注:不良资产合计=次级类+可疑类+损失类。

逐笔说明不良信用资产的形成时间、债务人、收回可能性。

| 账面金额(万元) | 资产种类 | 形成时间(年月) | 债务人名称 | 收回可能性 |
|---|---|---|---|---|
| 1 000.00 | 贷款 | 2004.12 | 陕西东隆投资有限责任公司 | 清收难度较大 |
| 340.00 | | 2003.12 | 陕西东隆投资有限责任公司 | 清收难度较大 |
| 265.98 | | 2006.7 | 陕西九州生物科技股份有限公司 | 形成损失 |
| 379.24 | 租赁资产 | 2005.12 | 陕西长安企业有限公司 | 形成损失 |
| 1 380.74 | 其他应收款 | 2006.12 | 西安经济技术开发区资产投资有限公司 | 清收难度较大 |
| 28.60 | | 2006.12 | 北京国信融诚投资咨询有限公司 | 形成损失 |
| 278.18 | | 2010.6 | 西安高新国信典当有限公司 | 清收难度大 |
| 358.20 | 固定资产清理 | / | 政策性房改房职工交纳款与房款差额 | 形成损失 |
| 4 030.94(合计) | / | | | |

6.4.1.2　各项资产减值损失准备的期初、本期计提、本期转回、本期核销、期末数；贷款的一般准备、专项准备和其他资产减值准备应分别披露

单位：万元

| | 期初数 | 本期计提 | 本期转回 | 本期核销 | 期末数 |
|---|---|---|---|---|---|
| 贷款损失准备 | 1 765.98 | -295.35 | / | -135.35 | 1 605.98 |
| 一般准备 | / | / | / | / | / |
| 专项准备 | 1 765.98 | -295.35 | / | -135.35 | 1 605.98 |
| 其他资产减值准备 | 379.24 | / | / | / | 379.24 |
| 可供出售金融资产减值准备 | / | / | / | / | / |
| 持有至到期投资减值准备 | 149.24 | -149.24 | / | / | / |
| 长期股权投资减值准备 | / | / | / | / | / |
| 坏账准备 | 1 547.58 | -68.70 | / | / | 1 478.88 |
| 固定资产减值准备 | 358.20 | / | / | / | 358.20 |

6.4.1.3　自营股票投资、基金投资、债券投资、股权投资等投资业务的期初数、期末数

单位：万元

| | 自营股票 | 基金 | 债券 | 长期股权投资 |
|---|---|---|---|---|
| 期初数 | 4 355.68 | 0 | 0 | 0 |
| 期末数 | 8 240.17 | 0 | 0 | 0 |

6.4.1.4　前五名的自营长期股权投资的企业名称、占被投资企业权益的比例、主要经营活动及投资收益情况等

无。

6.4.1.5　前五名的自营贷款的企业名称、占贷款总额的比例和还款情况等（从大到小顺序排列）

| 企业名称 | 占贷款总额的比例（%） | 还款情况 |
|---|---|---|
| 1. 陕西东隆投资有限责任公司 | 83.44 | 损失类资产，清收难度较大。 |
| 2. 陕西九州生物科技股份有限公司 | 16.56 | 损失类资产，清收难度较大。 |

6.4.1.6　表外业务的期初数、期末数；按照代理业务、担保业务和其他类型表外业务分别披露

无。

6.4.1.7　公司当年的收入结构

| 收入结构 | 金额（万元） | 占比（%） |
|---|---|---|
| 手续费及佣金收入 | 24 832.61 | 67.61 |
| 其中：信托手续费收入 | 24 832.61 | 67.61 |
| 投资银行业务收入 | / | / |
| 利息收入 | 311.31 | 0.85 |
| 其他业务收入 | 1 192.34 | 3.25 |
| 其中：计入信托业务收入部分 | 1 159.44 | 3.25 |
| 投资收益 | 10 384.10 | 28.27 |
| 其中：股票债券基金投资收益 | 8 504.48 | 23.15 |
| 公允价值变动收益 | 1 339.54 | 3.65 |
| 信托投资收益 | 160.08 | 0.44 |
| 现金分红 | 380.00 | 1.03 |
| 营业外收入 | 9.79 | 0.02 |
| 收入合计 | 36 730.15 | 100 |

注：手续费及佣金收入、利息收入、其他业务收入、投资收益、营业外收入均应为损益表中的一级科目，其中手续费及佣金收入、利息收入、营业外收入为未抵减掉相应支出的全年累计实现收入数。

公允价值变动收益 1 339.54 万元由公允价值变动收益 1 339.87万元与汇兑收益 -0.33 万元构成。

**6.4.2　信托资产管理情况**

6.4.2.1　信托资产的期初数、期末数

单位：万元

| 信托资产 | 期初数 | 期末数 |
|---|---|---|
| 集合 | 266 469.49 | 823 137.67 |
| 单一 | 2 893 771.22 | 7 182 816.37 |
| 财产权 | 179 350.36 | 4 476.43 |
| 合计 | 3 339 591.0 | 8 010 430.47 |

6.4.2.1.1　主动管理型信托业务的信托资产期初数、期末数

单位：万元

| 主动管理型信托资产 | 期初数 | 期末数 |
|---|---|---|
| 证券投资类 | 48 520.05 | 374 508.08 |
| 股权投资类 | 5 818.47 | 414 114.12 |
| 融资类 | 747 783.65 | 4 861 991.03 |
| 事务管理类 | 31 015 | 0 |
| 合计 | 833 137.17 | 5 650 613.23 |

6.4.2.1.2　被动管理型信托业务的信托资产期初数、期末数

单位：万元

| 被动管理型信托资产 | 期初数 | 期末数 |
|---|---|---|
| 证券投资类 | / | / |
| 股权投资类 | / | 178 000.11 |
| 融资类 | 1 423 764.67 | 2 181 817.13 |
| 事务管理类 | 1 082 689.23 | 0 |
| 合计 | 2 506 453.90 | 2 359 817.24 |

6.4.2.2　本年度已清算结束的集合类、单一类资金信托项目和财产管理类信托项目数量、实收信托合计金额、加权平均实际年化收益率

6.4.2.2.1　本年度已清算结束的集合类、单一类资金信托项目和财产管理类信托项目个数、实收信托金额、加权平均实际年化收益率

| 已清算结束信托项目 | 项目个数 | 实收信托合计金额（万元） | 加权平均实际年化收益率（%） |
|---|---|---|---|
| 集合类 | 19 | 102 151 | 8.50 |
| 单一类 | 241 | 4 108 401 | 3.38 |
| 财产管理类 | 18 | 115 263 | 3.79 |

6.4.2.2.2　本年度已清算结束的主动管理型信托项目个数、实收信托合计金额、加权平均实际年化信托报酬率、加权平均实际年化收益率

| 已清算结束信托项目 | 项目个数 | 实收信托合计金额（万元） | 加权平均实际年化信托报酬率（%） | 加权平均实际年化收益率（%） |
|---|---|---|---|---|
| 证券投资类 | 2 | 6 968 | 1.28 | 16.50 |
| 股权投资类 | / | / | / | / |
| 融资类 | 97 | 1 856 171 | 0.3415 | 4.3357 |
| 事物管理类 | 11 | 540 200 | 0.1034 | 2.5810 |

6.4.2.2.3　本年度已清算结束的被动管理型信托项目个数、实收信托合计金额、加权平均实际年化信托报酬率、加权平均实际年化收益率

| 已清算结束信托项目 | 项目个数 | 实收信托合计金额(万元) | 加权平均实际年化信托报酬率(%) | 加权平均实际年化收益率(%) |
|---|---|---|---|---|
| 证券投资类 | / | / | / | / |
| 股权投资类 | / | / | / | / |
| 融资类 | 168 | 1 922 476 | 0.1037 | 3.3187 |
| 事物管理类 | / | / | / | / |

6.4.2.3　本年度新增的集合类、单一类资金信托项目和财产管理类信托项目个数、实收信托合计金额

| 新增信托项目 | 项目个数 | 合计金额(万元) |
|---|---|---|
| 集合类 | 57 | 626 654 |
| 单一类 | 297 | 6 836 256 |
| 财产管理类 | 0 | 0 |
| 新增合计 | 354 | 7 462 910 |
| 其中:主动管理型 | 354 | 7 462 910 |
| 被动管理型 | / | / |

6.4.2.4　信托业务创新成果和特色业务有关情况

无。

6.4.2.5　本公司履行受托人义务情况及因公司自身责任而导致信托资产的损失情况(合计金额、原因等)

无。

## 6.5　关联方关系及其交易的披露

**6.5.1　关联交易方的数量、关联交易的总金额及关联交易的定价政策**

| | 关联交易数量 | 关联交易金额(万元) | 定价政策 |
|---|---|---|---|
| 合计 | 4 | 2 685.01 | 公允价格 |

注:关联交易是指信托公司以自有资产、信托资产为关联方提供投融资等服务,或以担保等方式为关联方融资提供便利的业务。关联交易的统计范围应基本与银监会非现场监管信息系统中关于关联交易的范围和口径一致,也可增加为关联方提供咨询等其他非投融资类业务服务的信息。

**6.5.2　关联交易方与本公司的关系性质、关联交易方的名称、法定代表人、注册地址、注册资本及主营业务等**

| 关系性质 | 关联方名称 | 法定代表人 | 注册地址 | 注册资本(万元) | 主营业务 |
|---|---|---|---|---|---|
| 股东 | 西安市财政局 | 肖西平 | 西安市南大街 | / | / |
| 原控股子公司 | 西安经济技术开发区资产投资有限公司 | 范小健 | 西安市未央路132号经发大厦27层 | 1 500 | 投资咨询、接受委托、管理资产。 |
| 股东关联方 | 深圳市证大速贷小额贷款股份有限公司 | 戴志康 | 深圳市福田区中心区福中三路诺德金融中心主楼31B | 10 000 | 小额贷款。 |
| 股东关联方 | 上海证大投资发展有限公司 | 戴志康 | 浦东新区陆家嘴东路161号1110室 | 15 000万元 | 股权投资,实业投资,房地产投资。 |

**6.5.3　逐笔披露本公司与关联方的重大交易事项**

关联方往来余额如下。

单位:万元

| 科目 | 期末数 | 年初数 |
|---|---|---|
| 其他应收款 | | |
| ——西安经济技术开发区资产投资有限公司 | 1 380.74 | 1 519.00 |
| 其他应付款 | | |
| ——财政局农财处 | 4.27 | 4.27 |
| 实收信托 | | |
| ——资金信托 | 1 300.00 | 1 300.00 |

6.5.3.1　固有财产与关联方:贷款、投资、租赁、应收账款担保、其他方式等期初汇总数、本期发生额汇总数、期末汇总数

单位:万元

| 固有财产与关联方关联交易 | | | | | | | | | | | | | | | | | | | | | |
|---|---|---|---|---|---|---|---|---|---|---|---|---|---|---|---|---|---|---|---|---|
| 贷款 | | | 投资 | | | 租赁 | | | 担保 | | | 应收账款 | | | 其他 | | | 合计 | | |
| 期初 | 发生额 | 期末 | 期初 | 发生额 | 期末 | 期初 | 发生额 | 期末 | 期初 | 发生额 | 期末 | 期初 | 发生额 | 期末 | 期初 | 发生额 | 期末 | 期初 | 发生额 | 期末 |
| / | / | / | / | / | / | / | / | / | / | / | / | / | / | / | 1 523.27 | −138.26 | 1 385.01 | 1 523.27 | −138.26 | 1 385.01 |

6.5.3.2　信托资产与关联方:贷款、投资、租赁、应收账款、担保、其他方式等期初汇总数、本期发生额汇总数、期末汇总数

单位:万元

| 信托财产与关联方关联交易 | | | | | | | | | | | | | | | | | | | | | |
|---|---|---|---|---|---|---|---|---|---|---|---|---|---|---|---|---|---|---|---|---|
| 贷款 | | | 投资 | | | 租赁 | | | 担保 | | | 应收账款 | | | 其他 | | | 合计 | | |
| 期初 | 发生额 | 期末 | 期初 | 发生额 | 期末 | 期初 | 发生额 | 期末 | 期初 | 发生额 | 期末 | 期初 | 发生额 | 期末 | 期初 | 发生额 | 期末 | 期初 | 发生额 | 期末 |
| / | / | / | 0 | 1 300 | 1 300 | / | / | / | / | / | / | / | / | / | / | / | / | 0 | 1 300 | 1 300 |

本期信托财产用于关联方发生笔数为2笔。

(1)委托人为上海证大投资发展有限公司,委托资金为600万元设立信托,信托资金用于向深圳市证大速贷小额贷款股份有限公司(上海证大关联方)进行股权投资,成立日期2010年4月8日,期限为5年。

(2)委托人为刘京湘,委托资金为700万元设立信托,信托资金用于向深圳市证大速贷小额贷款股份有限公司(上海证大关联方)进行股权投资,成立日期2010年4月8日,期限为5年。

6.5.3.3　信托公司自有资金运用于自己管理的信托项目(固信交易)、信托公司管理的信托项目之间的相互(信信交易)交易金额,包括余额和本报告年度的发生额

6.5.3.3.1　固有财产与信托财产之间的交易金额期初汇总数、本期发生额汇总数、期末汇总数

单位:万元

| 固有财产与信托财产相互交易 | | | |
|---|---|---|---|
| | 期初数 | 本期发生额 | 期末数 |
| 合计 | 900 | 15 034 | 15 934 |

| | 信托项目(计划)名称 | 交易金额 | 交易合同起止日期 | 备注 |
|---|---|---|---|---|
| 1 | 信集嘉贝投股 0802002 | 400.00 | 2008 年 2 月 18 日至 2011 年 8 月 18 日 | 以固有资金购买信托项目 |
| 2 | 信集稳一投券 0908078 | 500.00 | 2009 年 8 月 4 日至 2014 年 8 月 4 日 | |
| 3 | 信集金源投券 1013169 | 2 500.00 | 2010 年 5 月 5 日 | |
| 4 | 信集盛泽买房 1007317 | 1 000.00 | 2010 年 7 月 14 日至 2012 年 7 月 14 日 | |
| 5 | 信集盛泽买房 1007317 | 1 000.00 | 2010 年 7 月 14 日至 2013 年 7 月 14 日 | |
| 6 | 信集复地贷房 1006281 | 1 000.00 | 2010 年 7 月 26 日至 2011 年 7 月 26 日 | |
| 7 | 信集长思持商 1012515 | 9 534.00 | 2010 年 12 月 23 日至 2011 年 12 月 23 日 | |
| | 合计 | 15 934.00 | | |

6.5.3.3.2　信托项目之间的交易金额期初汇总数、本期发生额汇总数、期末汇总数

无。

6.5.4　逐笔披露关联方逾期未偿还本公司资金的详细情况以及本公司为关联方担保发生或即将发生垫款的详细情况

截至本期末公司关联方往来余额如下。

单位:万元

| 科目 | 期末数 | 年初数 |
|---|---|---|
| 其他应收款 | | |
| ——西安经济技术开发区资产投资有限公司 | 1 380.74 | 1 519.00 |
| 其他应付款 | | |
| ——财政局农财处 | 4.27 | 4.27 |
| 实收信托 | | |
| ——资金信托 | 1 300.00 | 1 300.00 |

其中未偿还的关联方款项是西安经济技术开发区资产投资有限公司欠款 1 380.74 万元,是本公司原控股子公司,注册资本 1 500 万元,该欠款主要用于补充其营运资金不足,逾期时间在 4 年以上。

#### 6.5.5　其他须披露的关联交易事项

公司以信托计划募集资金出资与关联方西安经济技术开发区资产投资有限公司出资共同设立有限合伙企业,通过合伙企业进行证券投资。截至 2010 年 12 月 31 日,以此种模式运行的信托项目共计 11 个。

### 6.6　会计制度的披露

固有业务(自营业务)、信托业务执行会计制度的名称及颁布的年份。

本公司固有业务和信托业务财务报表均执行 2006 年 2 月 15 日财政部颁布的《企业会计准则》(财政部令第 33 号)及《企业会计准则应用指南》(财会〔2006〕18 号),根据应用指南及准则解释的规定进行确认和计量。

本公司编制的固有业务财务报表反映了本公司 2010 年 12 月 31 日的财务状况、2010 年度的经营成果和现金流量等信息。

## 7. 财务情况说明书

### 7.1　利润实现和分配情况

单位:万元

| 项目 | 金额 |
|---|---|
| 利润总额(亏损总额以“-”号填列) | 19 536.45 |
| 减:所得税费用 | 4 126.04 |
| 净利润(净亏损以“-”号填列) | 15 410.42 |
| 其中:归属于母公司所有者的净利润 | 15 410.42 |
| 少数股东损益 | / |
| 每股收益: | |
| (一)基本每股收益 | 0.30 |
| (二)稀释每股收益 | 0.30 |
| 其他综合收益 | / |
| 综合收益总额 | 15 410.42 |

按照公司章程的规定,税后利润按以下顺序进行分配。

(1)弥补公司以前年度亏损;

(2)按税后利润(补亏后)的 10% 提取法定盈余公积金 1 541.04万元;

(3)按期末风险资产的 1% 补提一般准备 402.19 万元;

(4)按税后利润的 5% 提取信托赔偿准备金 770.52 万元;

(5)向投资者分配利润,具体分配方案由董事会提出预案,股东会决定。

期末未分配利润金额 12 983.58 万元。

### 7.2　主要财务指标

| 指标名称 | 指标值 |
|---|---|
| 资本利润率(%) | 25.24 |
| 信托报酬率(%) | 0.37 |
| 人均净利润(万元/人) | 113.10 |

注:1. 资本利润率 = 净利润/所有者权益平均余额 ×100%。

2. 信托报酬率 = 信托业务收入/实收信托平均余额 ×100%。

3. 人均净利润 = 净利润/年平均人数。

4. 平均值采取年初及各季末余额移动算术平均法,公式为:$a(平均) = (a_0/2 + a_1 + a_2 + a_3 + a_4/2)/4$。

### 7.3　对本公司财务状况、经营成果有重大影响的其他事项

无。

## 8. 特别事项揭示

### 8.1　前五名股东报告期内变动情况及原因

无。

### 8.2　董事、监事及高级管理人员变动情况及原因

#### 8.2.1　董事变动情况及原因

2010 年 1 月 30 日,2010 年第一次临时股东会批准了蒋锦

志辞去独立董事的申请，同时选举周春生为独立董事。2010年8月6日，陕西银监局以陕银监复〔2010〕38号批复关于周春生任职资格的批复，核准周春生西安国际信托有限公司独立董事任职资格。

#### 8.2.2 监事变动情况及原因

无。

#### 8.2.3 高级管理人员变动情况

2010年1月13日，陕西银监局以陕银监复〔2010〕1号批复关于马志平任职资格的批复，核准马志平西安国际信托有限公司副总经理任职资格。

2010年6月13日，陕西银监局以陕银监复〔2010〕31号批复关于徐立任职资格的批复，核准徐立西安国际信托有限公司副总经理任职资格。

### 8.3 变更注册资本、变更注册地或公司名称、公司分立合并事项

无。

### 8.4 公司的重大诉讼事项

报告期内，公司固有业务、信托业务均未发生本报告年度起诉或被诉、于本报告年度内终结的诉讼事项。

截至报告期末，公司未发生对经营活动产生重大影响的诉讼、仲裁事项。现有以前年度已取得生效判决但报告年度尚未执行完结的案件总计10件，涉案标的额为5 269万元人民币。其中，自营业务4笔，金额共计1 985万元；委托转信托业务4笔，金额共计2 384万元；单一信托业务2笔，金额共计900万元。以上案件均为主诉案件，无被诉案件。

截至报告期末，公司诉讼案件执行取得一定成效，不良资产率有所下降。但由于诉讼案件的执行取决于多种因素，如被执行人的偿债能力与偿债意愿、债权担保措施、执行机关的执行力度等，使得上述执行案件久拖未结。在具体执行中，公司加强与人民法院联系，将已查封冻结财产尽快处置，同时还密切关注被执行人的资产状况及与之有债权债务关系的相关信息，以实现公司债权的回收。

### 8.5 公司及其董事、监事和高级管理人员受到处罚的情况

无。

### 8.6 银监会检查意见的整改情况

中国银行业监督委员会陕西银监局于2010年5月28日至6月21日对公司信政业务、银信业务进行了专项现场检查，并于2010年8月6日向公司出具了《现场检查事实与评价》，公司在收到《现场检查事实与评价》后立即组织学习，逐条对照分析，针对检查中发现的问题公司已逐步进行整改，并向陕西银监局汇报了《现场检查事实与评价》的反馈意见。

2010年9月26日中国银行业监督委员会陕西银监局向公司出具了《现场检查意见书》（陕银监查意见字〔2010〕35号），针对检查中发现的问题，提出了监管意见。

为落实银监局现场检查意见，促进我公司信托业务的健康可持续发展，公司决定从10月起用两个月的时间着力对银监局现场检查发现的公司信托业务存在的问题进行整改。整改以防范风险、提高合规意识为着眼点，制订详细的整改计划，全面动员、全员参与，有目标、有步骤地予以推进。公司成立以总经理为组长的整改工作小组，整改工作小组按照银监局的检查意见，围绕公司目前在合规性发展中存在的不足，针对检查中发现的问题，认真组织推动整改工作深入进行，领导并监督公司合规化管理工作的持续推进，促进建立符合公司健康发展方向的合规文化。

公司要求各信托业务部门高度重视整改工作，要按照公司的整体部署，针对本部门业务合规和业务管理中存在的问题，扎扎实实地采取措施进行整改。各部门负责人要对本部门整改计划的落实承担主要责任，切实推进本部门信托业务合规建设工作。

### 8.7 本年度重大事项临时报告的简要内容、披露时间、所披露的媒体及其版面

无。

### 8.8 银监会及其省级派出机构认定的其他有必要让客户及相关利益人了解的重要信息

无。

## 9. 公司监事会意见

监事会认为，公司在经营中，能够遵守国家法律和法规，能够遵守中国银行业监督管理委员会的监管规定。

公司董事会编制的2010年度报告及其摘要程序符合法律、法规的规定，报告内容真实、完整、准确地反映了公司的实际情况，不存在虚假记载、误导性陈述或重大遗漏。

# 西部信托有限公司

## 1. 重要提示

1.1 本公司董事会及董事保证本报告所载资料不存在任何虚假记载、误导性陈述或重大遗漏，并对其内容的真实性、准确性和完整性承担个别及连带责任。

1.2 公司独立董事声明本年度报告内容真实、准确和完整。

1.3 希格玛会计师事务所为本公司出具了无保留意见的年度审计报告。

1.4 公司董事长隋舵、主管会计工作的副总经理王珂及计划财务部经理崔莉声明：保证本年度报告中财务报告的真实、完整。

## 2. 公司概况

### 2.1 公司简介

2.1.1 中文名称：西部信托有限公司

2.1.2 中文名称简写：西部信托

2.1.3 英文名称：Western Trust Co. ,Ltd.

2.1.4 英文名称缩写：WT

2.1.5 法定代表人：隋舵

2.1.6 注册地址：陕西省西安市东新街232号

2.1.7 邮政编码：710004

2.1.8 公司国际互联网网址：www. wti－xa. com

2.1.9 电子信箱：wti－xa@ wti－xa. com

2.1.10 公司信息披露负责人：蔡长生
联系电话：029—87396506
传真电话：029—87396585
电子信箱：xbxtdb@ 163. com

2.1.11 选定的信息披露报纸：《证券时报》

2.1.12 年度报告备置地点：陕西省西安市东新街232号信托大厦15楼

2.1.13 聘请的会计师事务所：西安希格玛有限责任会计师事务所
地址：西安市高新路25号希格玛大厦3～4层

2.1.14 聘请的律师事务所：北京市金诚同达律师事务所西安分所
地址：西安市丰惠南路华晶广场B座15层

### 2.2 组织结构

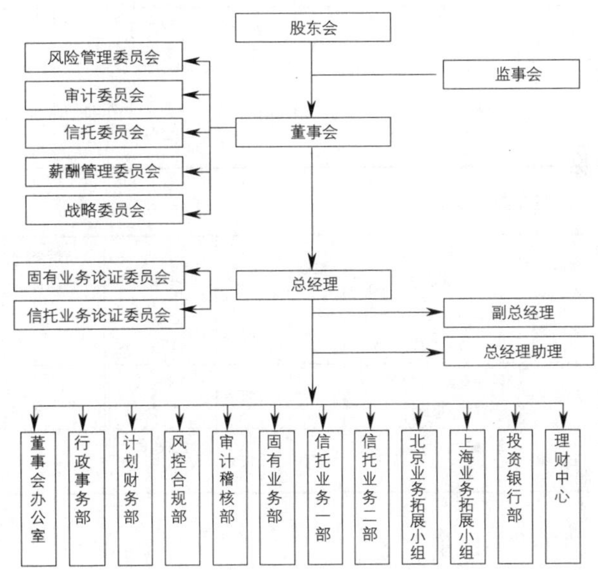


## 3. 公司治理

### 3.1 公司治理结构

| 股东名称 | 持股比例(%) | 法人代表 | 注册资本 | 注册地址 | 主要经营业务及主要财务情况 |
|---|---|---|---|---|---|
| 陕西省电力建设投资开发公司 | 57.78 | 梁平 | 贰拾亿圆整 | 西安市东新街232号 | 省电力建设资金的筹集、省电力建设项目的开发和管理。2010年末总资产为1 782 097万元。 |
| 陕西省产业投资有限公司 | 8.66 | 郭庆国 | 捌亿圆整 | 西安市莲湖区青年路92号 | 装备制造、能源交通、电子信息、房地产等产业项目的投资建设和运营。2010年末总资产为420 599万元。 |
| 重庆中侨置业有限公司 | 6.36 | 孙飚 | 壹仟万圆整 | 重庆市渝北区加州花园 | 五金、交电、装饰材料、建筑材料，化工产品及原料。 |

## 3.2 董事

董事长、董事

| 姓名 | 职务 | 性别 | 年龄 | 选任日期 | 所推荐的股东名称 | 该股东持股比例(%) | 简要履历 |
|---|---|---|---|---|---|---|---|
| 隋 舵 | 董事长 | 男 | 48 | 2008年10月 | 陕西省电力建设投资开发公司 | 57.78 | 1993年5月参加工作，管理学博士，应用经济学博士后，研究员职称，现任陕西省投资集团公司副总经理兼西部信托有限公司董事长。 |
| 赵 辉 | 董事 | 男 | 52 | 2010年1月 | 陕西省电力建设投资开发公司 | 57.78 | 1979年3月参加工作，大学文化程度，高级经济师，曾任陕西国际信托股份有限公司副总经济师、副总经理、副总裁，现任西部信托有限公司总经理。 |
| 王宗发 | 董事 | 男 | 57 | 2008年10月 | 陕西省电力建设投资开发公司 | 57.78 | 1975年10月参加工作，大学文化程度，高级会计师，中共党员，现任集团公司总会计师兼财务管理部经理。 |
| 王军营 | 董事 | 男 | 43 | 2008年10月 | 陕西省电力建设投资开发公司 | 57.78 | 1991年7月参加工作，中共党员，大学文化程度，研究生学历，国家注册质量体系审核师，国家注册安全工程师，现任省投资集团公司董事、董事会秘书、办公室主任。 |
| 徐朝晖 | 董事 | 女 | 38 | 2008年10月 | 陕西省电力建设投资开发公司 | 57.78 | 1994年9月参加工作，香港理工大学工商管理硕士，中共党员，现任陕西省投资集团公司金融证券部经理。 |
| 郭庆国 | 董事 | 男 | 55 | 2008年10月 | 陕西省产业投资有限公司 | 8.66 | 大学本科学历，高级经济师，1973年1月参加工作，曾任陕西省计划委员会处长，陕西省投资公司总经理，现任陕西省产业投资公司董事长。 |
| 答孝棋 | 职工董事 | 男 | 40 | 2010年8月 | 西部信托有限公司 | — | 研究生学历，经济师，1992年7月参加工作，曾任新天期货经纪有限公司结算部副部长，西部信托有限公司信托业务部副经理、经理。现任公司信托业务一部经理，职工董事。 |

独立董事

| 姓名 | 所在单位及职务 | 性别 | 年龄 | 选任日期 | 所推举的股东名称 | 该股东持股比例(%) | 简要履历 |
|---|---|---|---|---|---|---|---|
| 余 力 | 西安交通大学经济学院金融学教授 | 男 | 63 | 2008年10月 | — | — | 1980年7月至2000年3月在陕西财经学院金融系任教；2000年3月至今在西安交通大学经济学院金融系任教。 |
| 王鲁平 | 西安交通大学管理学院会计学副教授 | 男 | 48 | 2008年10月 | — | — | 1992年6月至2004年9月西安交通大学管理学院会计系任教；2004年9月至今在西安交通大学管理学院会计及财务系任教。 |
| 王 瀚 | 西北政法大学副校长 | 男 | 48 | 2008年10月 | — | — | 曾任西北政法学院国际法系主任、教授，国际法专业硕士研究生导师，院职称评定委员会、学位委员会委员。 |

## 3.3 监事

监事会成员

| 姓名 | 职务 | 性别 | 年龄 | 选任日期 | 所推荐的股东名称 | 该股东持股比例(%) | 简要履历 |
|---|---|---|---|---|---|---|---|
| 姜阿合 | 监事会主席 | 男 | 53 | 2008年10月 | 彩虹显示器件股份有限公司 | 5.01 | 大专学历，会计师，现任彩虹显示器件股份有限公司财务总监。 |
| 孙 飚 | 监事 | 男 | 43 | 2008年10月 | 重庆中侨置业有限公司 | 6.36 | 2000年至今担任重庆康信置业有限公司董事长、重庆中侨置业有限公司董事长、重庆金岛房地产有限公司董事长。 |
| 贾 旭 | 监事 | 男 | 42 | 2008年10月 | 西部信托有限公司 | 职工代表 | 中共党员，经济师，硕士，现任西部信托有限公司信托二部经理。 |

## 3.4 高级管理人员

| 姓名 | 职务 | 性别 | 年龄 | 任职日期 | 金融从业年限 | 学历 | 专业 | 简要履历 |
|---|---|---|---|---|---|---|---|---|
| 赵 辉 | 总经理 | 男 | 52 | 2010年1月 | 19 | 本科 | 金融 | 1979年3月参加工作，大学文化程度，高级经济师，曾任陕西国际信托股份有限公司副总经济师、副总经理、副总裁，现任西部信托有限公司总经理。 |
| 严国锋 | 副总经理 | 男 | 55 | 2002年7月 | 30 | 大专 | 干部管理 | 曾任工银行西安市分行科长，陕西信托投资有限公司部门经理、总经济师，现任西部信托有限公司副总经理。 |

续表

| 姓名 | 职务 | 性别 | 年龄 | 任职日期 | 金融从业年限 | 学历 | 专业 | 简要履历 |
|---|---|---|---|---|---|---|---|---|
| 张荣超 | 副总经理 | 男 | 53 | 2008年10月 | 13 | 本科 | 棉纺工程 | 曾任西部信托有限公司自有资产部经理、行政事务部主任、总经理助理，现任西部信托有限公司副总经理、工会副主席。 |
| 王　珂 | 副总经理 | 男 | 51 | 2009年9月 | 30 | 本科 | 经济管理 | 曾任工商银行总行信贷管理部授信处处长、工商银行陕西省分行管理部副总经理，现任西部信托有限公司副总经理。 |
| 高彩玲 | 总经理助理 | 女 | 51 | 2006年1月 | 30 | 本科 | 经济管理 | 曾任西部信托有限公司信托二部经理、总经理助理兼房地产信托部经理，现任西部信托有限公司总经理助理兼理财中心经理。 |
| 蔡长生 | 董事会秘书 | 男 | 51 | 2008年10月 | 13 | 研究生 | 经济管理 | 曾在国有大中型企业担任财务处长、副总会计师，西部信托有限公司任财务部经理、总经理助理兼审计法规部经理，现任董事会秘书。 |
| 武士伟 | 总经理助理 | 男 | 36 | 2009年11月 | 10 | 博士研究生 | 产业经济学 | 曾任中国工商银行投资银行部综合管理处副处长、中国工商银行投资银行部市场资信业务处任副处长，2010年挂职于西部信托有限公司，任总经理助理。 |

注：武士伟于2010年11月挂职结束。

## 3.5 公司员工

| 项目 | | 报告期年度 | |
|---|---|---|---|
| | | 人数(91人) | 比率(%) |
| 年龄分布 | 25岁以下 | 1 | 1.1 |
| | 25～29岁 | 9 | 9.9 |
| | 30～39岁 | 33 | 36.3 |
| | 40岁以上 | 48 | 52.7 |
| 学历分布 | 博士 | 2 | 2.2 |
| | 硕士 | 23 | 25.3 |
| | 本科 | 33 | 36.2 |
| | 专科 | 28 | 30.8 |
| | 其他 | 5 | 5.5 |
| 岗位分布 | 董事、监事及其高管人员 | 11 | 12.1 |
| | 自营业务人员 | 6 | 6.6 |
| | 信托业务人员 | 43 | 47.2 |
| | 其他人员 | 31 | 34.1 |

# 4. 经营管理

## 4.1 经营目标、方针、战略规划

### 4.1.1 经营目标

综合运用各类市场资源，在公司内部逐步建立健全现代企业制度，建造科学合理的经营管理体制、激励机制和风险内控系统，为客户提供专业化的综合金融服务，为信托受益人谋求利益最大化，为股东创造价值最大化，为员工提供良好的成长机会，使公司成为具有高度诚信、主营突出、持续高效发展、知识密集型的专业理财金融机构。

### 4.1.2 经营方针

以人为本，科学发展，打造信托行业的一流企业。以市场为导向，坚持诚信、稳健、合规经营。以信托业务为核心，以电力、天然气、能源重化工、基础设施和金融产品投资为重点，最大限度地满足市场需求。不断加强业务创新力度，努力提升自有业务和信托业务的管理水平，严格控制风险，构建具备持续发展能力的盈利模式，创造理想的经济效益和社会效益。

### 4.1.3 战略规划

坚持“受人之托、代人理财”的服务宗旨，以深入推进西部大开发和促进区域金融中心建设为依托，以立足陕西、逐步拓展全国性业务为路径，全面发展各类信托业务，大力提升资产管理水平，在基础设施、能源、装备制造业、证券、房地产等领域，通过若干年的努力，在西部地区形成具有自身特色和较强影响力的专业化金融资产管理公司。

## 4.2 所经营业务的主要内容

公司所经营业务包括自有资产管理业务和信托业务。信托业务主要是资金信托、股权信托和财务顾问等业务，自有资产管理业务主要是证券投资、股权投资和贷款。

### 4.2.1 自营资产运用与分布表

| 资产运用 | 金额(万元) | 占比(%) | 资产分布 | 金额(万元) | 占比(%) |
|---|---|---|---|---|---|
| 货币资产 | 17 499 | 17.33 | 基础产业 | 11 133 | 11.03 |
| 贷款 | 12 212 | 12.09 | 房地产业 | 3 485 | 3.45 |
| 金融资产 | 29 037 | 28.76 | 投资金融机构 | 32 754 | 32.44 |
| 长期投资 | 35 999 | 35.65 | 实业 | 322 | 0.32 |
| 其他 | 6 230 | 6.17 | 其他 | 53 283 | 52.77 |
| 资产总计 | 100 977 | 100 | 资产总计 | 100 977 | 100 |

### 4.2.2 信托资产运用与分布表

| 资产运用 | 金额(万元) | 占比(%) | 资产分布 | 金额(万元) | 占比(%) |
|---|---|---|---|---|---|
| 货币资产 | 38 510 | 5.90 | 基础产业 | 129 731 | 19.87 |
| 贷款 | 307 777 | 47.15 | 房地产业 | 105 898 | 16.22 |
| 交易性金融资产 | 45 627 | 6.99 | 证券 | 45 627 | 6.99 |
| 长期投资 | 86 763 | 13.29 | 实业 | 148 233 | 22.71 |
| 买入返售资产 | 0 | 0.00 | 其他 | 223 333 | 34.21 |
| 其他 | 174 144 | 26.68 | | | 0.00 |
| 资产总计 | 652 822 | 100.00 | 资产总计 | 652 822 | 100.00 |

## 4.3 市场分析

2010年，面对极为复杂的国内外经济环境和极为严峻的各类自然灾害和各种重大挑战，党中央、国务院审时度势，科学决策，团结带领全国各族人民，深入贯彻落实科学发展观，加快转变经济发展方式，加强和改善宏观调控，发挥市场机制作用，有效巩固和扩大了应对国际金融危机冲击成果，国民经济运行态势总体良好。

初步测算，全年国内生产总值397 983亿元，按可比价格计算，比上年增长10.3%，增速比上年加快1.1个百分点。分季度看，第一季度同比增长11.9%，第二季度增长10.3%，第三季度增长9.6%，第四季度增长9.8%。分产业看，第一产业增加值40 497亿元，增长4.3%；第二产业增加值186 481亿元，增长12.2%；第三产业增加值171 005亿元，增长9.5%。

当前，国民经济正处于由回升向好向稳定增长转变的关键时期。要按照中央经济工作会议的总体部署，坚持以科学发展为主题，以加快转变经济发展方式为主线，实施积极的财政政策和稳健的货币政策，增强宏观调控的针对性、灵活性、有效性，加快推进经济结构调整，大力加强自主创新，切实抓好节能减排，不断深化改革开放，着力保障和改善民生，巩固和扩大应对国际金融危机冲击成果，保持经济平稳较快发展，促进社会和谐稳定。

2010年，50余家信托公司已经完成重新登记、换发新的金融许可证工作，开始在“新两规”的指导下开展信托理财业务。与此同时，信托公司分类监管的实施标志着监管机构的监管更加科学化，也使整个信托业面临着业务调整和战略转型，步入规范运营的轨道，也加剧了信托公司业务发展的分化，理财业务竞争将更加激烈，市场和客户细分将使信托业发展机遇与挑战共存。

#### 4.3.1 有利因素

(1)信托公司经过重新登记、换发新牌照，遵照信托“新两规”，真正回归主业，专注于做合规经营的财产管理者和机构投资者，有助于降低经营性风险，促进信托行业的健康规范发展。监管部门已经或即将出台政策支持信托公司发展，制度环境在逐步改善。

(2)国家与地方扩大内需保增长的战略措施将促使国民经济保持平稳较快增长，陕西经济继续保持良好的发展态势，省委、省政府提出国民经济增长目标和发展“三大支柱产业”和“四大基地”的宏伟规划，大批基础设施重点项目建设保证了投资需求的稳步增长，资金需求量很大，为公司开展信托业务提供了良好的外部机遇。

(3)经济较快增长带动了居民财富的增加，城镇和农村居民人均纯收入稳步增长，流动性充裕，理财观念逐渐转变，投资意识不断增强，居民对稳健理财的需求会更加旺盛，为公司培育市场奠定了一定基础。

(4)金融业综合经营成为市场共识和发展趋势，信托业特有的制度与工具优势被不断发掘，在融合过程中信托公司的价值正在被重新认识，社会逐步在了解信托理财的优势，有助于公司建立可持续的市场竞争能力。

(5)公司外部形象良好，在连续多年的发展过程中，已得到了省内投资者的认可与支持。

(6)公司固有资产质量较好，长期投资收益稳定，已成为公司利润的有力支撑点。

#### 4.3.2 不利因素

(1)受监管政策因素影响，公司银信合作业务、信政合作业务、房地产集合资金信托等业务预计将受到较大影响。

(2)信托公司仍处在正本清源过程中，相对于其他类型的金融机构，得到的政策扶植力度相对较弱，业务空间狭窄，限制了公司向更深层次的发展。

(3)理财市场不公平竞争加剧，信托公司缺乏专属性的业务领域，市场门槛过高，难以与银行、证券基金等理财机构展开正面竞争。

(4)配套政策有待完善，产品创新受到制度制约。信托公司私募股权投资信托业务不被证券监管部门认可就是最典型的例证。

(5)西部地区经济发展相对落后，社会整体收入水平较低，合格投资者的培育尚待时日，在转型初期公司的信托业务将面临较大萎缩，公司的盈利模式构建尚处在探索过程中。

(6)信托产品难以真正满足多层次的市场需要，信托功能尚有待发掘。

(7)公司资本金偏小，创新业务资格受到限制，业务空间仍显狭窄。

### 4.4 内部控制概况

#### 4.4.1 内部控制环境和内部控制文化

本报告期内，公司内部控制环境进一步得到优化，公司股东会、董事会、监事会、高级管理层之间既相互独立，又相互制衡、相互协调，形成了权力机构、决策机构、监督机构和经营管理层之间的制衡机制，在公司的经营发展中发挥着各自的职能与作用，组成了公司内部控制的有机整体。决策层、执行层、监督机构各司其职，确保公司各类风险都有完备的事前防范、事中监督以及事后评价体系。

公司重视合规经营，持续推进合规文化建设。通过培训学习、印发制度汇编等多种途径使全体员工熟悉公司的各项规章制度及业务操作流程。公司不断强化员工的风险控制意识和加强风险管理职业道德教育，并通过建立实施经营管理问责制，对经营管理过程中违规、不尽职以及过失等行为进行责任追究。使“风险控制、人人有责”风险观在全体员工的脑海中根深蒂固，“全员参与、内控先行”为主旋律的内控文化在企业内部渐已形成。

#### 4.4.2 内部控制措施

公司董事会下设风险管理委员会、信托委员会、薪酬管理委员会、战略委员会、审计委员会。各委员会职责清晰、分工明确，协助董事会开展公司各项业务。公司引入独立董事制度，并由独立董事出任信托委员会、薪酬管理委员会和审计委员会主任委员，以控制公司重大业务的经营风险，实现公司的稳健持续发展。

本报告期内，公司审计稽核部按照《企业内部控制基本规范》的有关规定，结合银监会信托公司监管评级工作中对内部控制的有关要求，参照《商业银行内部控制指引》和《商业银行内部控制评价试行办法》，对公司目前的内部控制制度及其执行情况进行了全面深入的自我评价，针对评价结果出具了审计管理建议书并提交至公司管理层。这是公司首次进行内控自我评价，通过评价，及时发现了公司内部控制的缺陷并实施改进。

同时，本报告期内，公司通过不断地完善制度体系，将内部综合管理、业务管理、财务管理三大类制度进行了梳理与汇编，修订成册并印发。此举起到了促进公司稳健、有序经营的目的。

#### 4.4.3 信息交流与反馈

完整、准确地信息交流与反馈是公司实施内部控制的有效措施，公司建立了完善的信息传递、报送、披露与反馈的制度体系。

公司依照规定的程序，及时、完整、准确地向监管部门和社会公众报备、披露相关信息，并积极整合反馈信息，将其有效地运用于公司的经营管理中。

#### 4.4.4 监督评价与纠正

公司建立了内部控制评价、监督、纠正机制。公司审计稽核部作为公司独立的专职监督部门，以防范风险、纠正违规、加强内控为工作目标，在董事长的直接领导下，对公司的内部控制、操作风险及合规管理进行独立监督和评价，及时发现内部控制缺陷或项目操作风险，提出改进建议并敦促改进，促进公司的稳健发展。此外，风控合规部负责对公司的法律工作进行统一的规划、指导、监督、评价及检查，确保业务合法合规。

### 4.5 风险管理

#### 4.5.1 风险管理概况

4.5.1.1 公司经营活动中可能遇到的风险

风险主要有信用风险、市场风险、操作风险、政策风险、道德风险、合规风险、流动性风险。

4.5.1.2 公司风险管理的基本原则

风险管理贯彻全面性、审慎性、及时性、有效性、独立性等原则，覆盖公司各项业务、各个部门和各级人员，并渗透决策、执行、监督、反馈等各个环节，对风险进行事前防范、事中控制、事后监督，促进公司持续、稳健、规范、健康运行。

4.5.1.3 公司风险管理组织结构与职责划分

风险管理委员会：公司董事会下设专门的风险管理委员会，负责对公司风险控制、管理的监督和评估。

总经理办公会：公司总经理办公会为日常经营决策机构，负责对贷款、投资、担保等业务进行审查和决策。总经理办公会下设信托业务和固有业务两个专业委员会。专业委员会是非常设的分析论证咨询机构，按照职责分别审议各自业务事项，向公司提供决策意见和建议。

风控合规部：负责公司风险管理制度和程序的制定和修订，以及对公司日常经营活动的风险控制和合规审查，同时负责法律事务管理。

审计稽核部：负责对公司的内控制度和各项业务活动进行审计、监督和评价。

计划财务部：负责会计核算和财务管理，对公司财务状况及经营情况进行分析。

公司固有业务与信托业务分离，在资金、账户、人员以及财务核算等方面严格分开，由公司不同的高管人员分管。部门与岗位设置相互独立、职责明确，建立横向与纵向相互监督的制约机制。固有业务部门与信托业务部门分别设置，投资决策机构与投资操作部门分离。信托业务中，信托营销部门、信托财产投资运用部门与信托财产托管部门分别设置。

#### 4.5.2 风险状况

4.5.2.1 信用风险状况

信用风险，又称违约风险，是指交易对手不能履行合约义务而带来的风险。对公司而言，它指的是信托当事人各自承担的对他方的责任全部或部分不能按时履行的风险。信用风险是公司面临的主要风险，主要表现为公司贷款业务中借款人、担保人的信用风险；资金往来银行的信用风险；证券投资开户券商的信用风险等。

公司制定了具体的《信托贷款管理办法》，所有贷款业务严格按照管理办法规定的原则进行事前、事中、事后管理。公司抵押（质物）品确认的主要原则是：要求有抵押（质物）品的所有权人办理保险手续，其保险期限不得短于贷款期限；抵押（质物）品价值由公司根据其变现能力参照法定评估机构的评估价值，与抵押人共同商定并在合同中载明。原则上抵押（质物）品与贷款本金之比不高于50%。

公司采用“备抵法”计提一般准备，据实计提专项准备。公司贷款资产减值准备计提标准为：正常类，计提比例0%；关注类，计提比例2%；次级类，计提比例25%；可疑类，计提比例50%；损失类，计提比例100%。报告期内，公司不良资产期初数为14 924万元，期末数为7 251万元，已足额计提资产减值准备。

4.5.2.2 市场风险状况

市场风险是指公司在业务经营中所不可避免的因市场参数的波动而产生的风险。公司面临的市场风险主要是市场供求风险、股价波动风险、利率风险、汇率风险及同业竞争形成的风险和购买力风险。具体在信托业务中，如果股价波动、市场利率发生了与预期方向相反的变化，就会给相关业务带来不利影响，从而使公司净收益减少，降低投资效益。

4.5.2.3 操作风险状况

操作风险是指公司内部业务流程、计算机系统、工作人员在操作中的不完善或失误，可能给公司造成损失的风险，也指公司外部因素例如通讯系统故障等可能给公司造成损失或影响公司正常运行的风险。报告期内，公司未发生因操作风险造成的损失。

4.5.2.4 其他风险状况

其他风险主要是指公司业务开展中的政策风险、合规风险、流动性风险、道德风险、声誉风险等。政策风险主要表现为宏观政策以及行业政策的变动对公司经营环境和发展所造成的影响。合规风险是指公司因没有遵循法律、法规和规章可能遭受法律制裁、监管处罚、重大财务损失和声誉损失的风险。流动性风险是指信托业务在运行中，企业因种种原因造成了现金流量不足，从而有可能影响项目正常兑付的风险。道德风险指公司内部人员不诚信经营、不恪尽职守的风险。报告期内，公司未发生因其他风险所造成的损失。

#### 4.5.3 风险管理

4.5.3.1 信用风险管理

为有效防控信用风险，公司一是严格按照业务流程、制度规定和相应程序开展各项业务，确保决策者充分了解业务涉及的信用风险；二是建立信用评级制度，对交易对手进行全面、深入的信用调查与分析，形成客观、翔实的尽职调查报告，并向决策机构充分揭示业务涉及的信用风险；三是严格落实担保等措施，客观、公正地评估抵押物；四是通过项目实施过程中的业务跟踪及定期的资产五级分类进行风险事中控制；五是要求业务部门定期进行尽职管理，形成项目尽职管理报告，定期向公司经营管理层等报告；六是公司通过提取信托赔偿准备金和计提一般准备、据实计提专项准备来提高抵御风险的能力。

4.5.3.2 市场风险管理

公司针对不同的业务品种如基础设施类资金信托、房地产资金信托、证券投资信托等的市场风险状况和特点，采取了积极的应对措施。一是加强对国内外经济金融形势的分析和把握，注意跟踪宏观经济变化，特别是消费物价指数的变动，预测相关行业发展趋势，加强对市场风险的分析、识别，增强预见性，并防范利率风险；二是通过业务种类、产品结构的多元化提高公司抵御市场风险的整体能力，自主地或会同交易对手共同把握和规避市场风险；三是通过时机选择、个股选择来寻找投资机会，妥善管理和控制股市波动带来的风险；四是控制行业集中度，关注政策导向研究，回避限制行业；五是定期不定期地对项目进展情况进行检查评估，以灵活多样的方式确保资金按期回笼；六是聘请一些专业的机构参与项目的调查与评估，吸收专家意见防控风险。

4.5.3.3 操作风险管理

为防止操作风险的发生，公司一是设定合理的决策权限、审批流程；建立严格的决策信息采集、传递程序，使决策人能够充分掌握基础决策信息；二是完善各项业务流程和操作规程，实行统一的业务标准和操作要求；三是不断完善公司的内控制度，建立职责分离、横向与纵向相互监督制约的机制；四是更新和完善信息化系统；五是加强员工培训，提高员工技能，通过技术手段对操作权限和内容进行程序设定、实行操作失误处罚、制订应急预案等措施减少人为操作失误。

4.5.3.4 其他风险管理

为防范其他风险，公司一是通过对宏观政策和行业政策的跟踪、研究，提高预见性和前瞻性，控制政策风险；二是通过建立完善的公司治理结构、内控制度、业务流程，加强思想教育，调查交易对手的诚信记录，控制道德风险；三是加强项目风险排查，及时发现风险隐患，并予以及时纠正，突出项目现金流量管理，加强对流动性风险的防范；四是加强合规风险管理制度和体系的建设，制定合规政策，重视合规文化建设，提倡全员合规、合规从高层做起的管理理念树立“风险管理是公司经营的立足之本”这一风险管理的核心价值观念。

## 5. 报告期末及上年末的比较式会计报表

### 5.1 自营资产

#### 5.1.1 会计师事务所审计结论

**审计报告**

希会审字(2011)0163号

西部信托有限公司董事会：

我们审计了后附的西部信托有限公司(以下简称贵公司)财务报表，包括2010年12月31日的资产负债表，2010年度的利润表，现金流量表和所有者权益变动表以及财务报表附注。

一、管理层对财务报表的责任

按照企业会计准则的规定编制财务报表是贵公司管理层的责任。这种责任包括：(1)设计、实施和维护与财务报表编制相关的内部控制，以使财务报表不存在由于舞弊或错误而导致的重大错报；(2)选择和运用恰当的会计政策；(3)作出合理的会计估计。

二、注册会计师的责任

我们的责任是在实施审计工作的基础上对财务报表发表审计意见。我们按照中国注册会计师审计准则的规定执行了审计工作。中国注册会计师审计准则要求我们遵守职业道德规范，计划和实施审计工作以对财务报表是否不存在重大错报获取合理保证。

审计工作涉及实施审计程序，以获取有关财务报表金额和披露的审计证据。选择的审计程序取决于注册会计师的判断，包括对由于舞弊或错误导致的财务报表重大错报风险的评估。在进行风险评估时，我们考虑与财务报表编制相关的内部控制，以设计恰当的审计程序，但目的并非对内部控制的有效性发表意见。审计工作还包括评价管理层选用会计政策的恰当性和作出会计估计的合理性，以及评价财务报表的总体列报。

我们相信，我们获取的审计证据是充分、适当的，为发表审计意见提供了基础。

三、审计意见

我们认为，贵公司财务报表已经按照企业会计准则的规定编制，在所有重大方面公允反映了贵公司2010年12月31日的财务状况以及2010年度的经营成果和现金流量。

希格玛会计师事务所有限公司

中国　　西安市

中国注册会计师：

中国注册会计师：

二〇一一年一月十七日

#### 5.1.2 资产负债表

**资产负债表(自有业务)**

编制单位：西部信托有限公司　　2010年12月31日　　单位：万元

| 资　产 | 期末余额 | 年初余额 | 负债和所有者权益 | 期末余额 | 年初余额 |
|---|---|---|---|---|---|
| 资产： | | | 负债： | | |
| 现金 | 10.33 | 18.66 | 短期借款 | | |
| 银行存款 | 17 028.64 | 10 651.79 | 拆入资金 | | |
| 结算备付金 | 459.58 | 0.23 | 交易性金融负债 | | |
| 拆出资金 | | | 衍生金融负债 | | |
| 交易性金融资产 | | | 卖出回购金融资产款 | | |
| 衍生金融资产 | | | 应付职工薪酬 | 1 881.26 | 1 271.24 |
| 买入返售金融资产 | | | 应交税费 | 2 092.04 | 1 221.80 |
| 应收利息 | | | 应付利息 | | |
| 应收款项 | 2 699.35 | 3 907.68 | 应付账款 | 174.19 | 328.00 |

续表

| 资　产 | 期末余额 | 年初余额 | 负债和所有者权益 | 期末余额 | 年初余额 |
|---|---|---|---|---|---|
| 发放贷款和垫款 | 12 212.08 | 4 230.17 | 其他应付款 | 2 630.28 | 934.40 |
| 其他流动资产 | | | 应付股利 | 287.95 | 731.93 |
| 流动资产合计 | 32 409.99 | 18 808.53 | 其他流动负债 | 12.63 | 12.63 |
| 可供出售金融资产 | 6 818.65 | 7 641.65 | 流动负债合计 | 7 078.35 | 4 500.00 |
| 持有至到期投资 | 22 219.00 | | 长期借款 | | |
| 长期股权投资 | 35 998.97 | 52 393.71 | 应付债券 | | |
| 投资性房地产 | | | 预计负债 | | |
| 固定资产 | 2 773.22 | 2 710.06 | 递延所得税负债 | 1 439.73 | |
| 无形资产 | | | 其他非流动负债 | | |
| 商誉 | | | 非流动负债合计 | 1 439.73 | |
| 递延所得税资产 | 756.65 | 333.22 | 负债合计: | 8 518.08 | 4 500.00 |
| 长期待摊费用 | | | 所有者权益: | | |
| 其他非流动资产 | | | 实收资本 | 62 000.00 | 50 000.00 |
| 非流动资产合计 | 68 566.49 | 63 078.64 | 资本公积 | 4 319.20 | 6 298.66 |
| | | | 盈余公积 | 5 177.58 | 3 561.04 |
| | | | 信托赔偿准备 | 2 588.79 | 1 780.52 |
| | | | 未分配利润 | 18 372.82 | 15 746.95 |
| | | | 所有者权益合计: | 92 458.39 | 77 387.17 |
| 资产总计: | 100 976.48 | 81 887.16 | 负债及所有者权益总计 | 100 976.48 | 81 887.16 |

公司负责人:隋　舵　　主管财务总经理:王　珂　　财务经理:崔　莉　　制表:余继高

### 5.1.3　利润表

**利润表(自有业务)**

编制单位:西部信托有限公司　　2010年　　单位:万元

| 项目 | 本年累计数 | 上年累计数 |
|---|---|---|
| 一、营业收入 | 25 250.43 | 8 410.53 |
| 利息收入 | 367.89 | 376.54 |
| 其中:贷款利息收入 | 79.51 | 31.20 |
| 同业存放利息收入 | 288.38 | 345.34 |
| 手续费及佣金收入 | 7 581.74 | 4 320.10 |
| 投资收益 | 16 820.56 | 3 655.39 |
| 其中:股权投资收入 | 16 650.12 | 1 208.44 |
| 证券销售差价收入 | 170.44 | 2 446.95 |
| 公允价值变动收益 | | |
| 汇兑收益 | | |
| 其他业务收入 | 480.24 | 58.50 |
| 二、营业支出 | 5 722.84 | 3 605.87 |
| 利息支出 | | |
| 手续费及佣金支出 | 1.97 | 1.65 |
| 营业税金及附加 | 457.16 | 377.12 |
| 业务及管理费 | 3 616.02 | 2 817.09 |
| 资产减值损失 | 1 647.69 | 410.00 |
| 其他业务成本 | | |
| 三、营业利润 | 19 527.59 | 4 804.66 |
| 加:营业外收入 | 136.33 | 1.93 |
| 减:营业外支出 | 169.90 | 0.01 |
| 四、利润总额 | 19 494.02 | 4 806.58 |
| 减:所得税费用 | 3 249.06 | 815.84 |
| 五、净利润 | 16 199.97 | 3 990.74 |
| 六、每股收益 | | |
| (一)基本每股收益 | 0.00 | 0.00 |
| (二)稀释每股收益 | 0.00 | 0.00 |
| 七、其他综合收益 | -404.80 | 4 932.82 |
| 八、综合收益总额 | 15 795.17 | 8 923.56 |

公司负责人:隋　舵　　主管财务总经理:王　珂　　财务经理:崔　莉　　制表:余继高

## 5.1.4 所有者权益变动表

### 所有者权益变动表

2010 年

编制单位：西部信托有限公司　　　　单位：万元

| 项目 | 行次 | 上年金额 | | | | | | | | | | |
|---|---|---|---|---|---|---|---|---|---|---|---|---|
| | | 归属于母公司所有者权益 | | | | | | | | 少数股东权益 | 所有者权益合计 |
| | | 实收资本 | 资本公积 | 减：库存股 | 专项储备 | 盈余公积 | 一般风险准备 | 未分配利润 | 其他 | 小计 | | |
| 栏次 | — | 12 | 13 | 14 | 15 | 16 | 17 | 18 | 19 | 20 | 21 | 22 |
| 一、上年末余额 | 1 | 50 000. 00 | 278. 43 | | | 3 158. 51 | 1 579. 25 | 16 928. 33 | — | 71 387. 67 | — | 71 387. 67 |
| 加：会计政策变更 | 2 | — | — | | | — | | | — | — | — | — |
| 前期差错更正 | 3 | — | — | — | — | — | | | — | — | — | — |
| 二、本年初余额 | 4 | 50 000. 00 | −278. 43 | — | — | 3 158. 51 | 1 579. 25 | 16 928. 33 | — | 71 387. 67 | — | 71 387. 67 |
| 三、本年增减变动金额（减少以"－"号填） | 5 | — | 6 577. 09 | — | — | 399. 07 | 199. 54 | 3 392. 13 | — | 10 567. 83 | — | 10 567. 83 |
| （一）净利润 | 6 | — | — | — | — | — | — | 3 990. 74 | — | 3 990. 74 | — | 3 990. 74 |
| （二）其他综合收益 | 38 | — | 6 577. 09 | — | — | — | — | — | — | 6 577. 09 | — | 6 577. 09 |
| 综合收益小计 | 39 | — | 6 577. 09 | — | — | — | — | 3 990. 74 | — | 10 567. 83 | — | 10 567. 83 |
| （三）所有者投入和减少资本 | 13 | — | — | — | — | — | — | — | — | — | — | — |
| 1. 所有者投入资本 | 14 | — | — | — | — | — | — | — | — | — | — | — |
| 2. 股份支付计入所有者权益的金额 | 15 | — | — | — | — | — | — | — | — | — | — | — |
| 3. 其他 | 16 | — | — | — | — | — | — | — | — | — | — | — |
| （四）专项储备提取和使用 | 17 | — | — | — | — | — | — | — | — | — | — | — |
| 1. 提取专项储备 | 18 | — | — | — | — | — | — | — | — | — | — | — |
| 2. 使用专项储备 | 19 | — | — | — | — | — | — | — | — | — | — | — |
| （五）利润分配 | 20 | — | — | — | — | 399. 07 | 199. 54 | -598. 61 | — | — | — | — |
| 1. 提取盈余公积 | 21 | — | — | — | — | 399. 07 | — | -399. 07 | — | — | — | — |
| 其中：法定公积金 | 22 | — | — | — | — | 399. 07 | — | -399. 07 | — | — | — | — |
| 任意公积金 | 23 | — | — | — | — | — | — | — | — | — | — | — |
| #储备基金 | 24 | — | — | — | — | — | — | — | — | — | — | — |
| #企业发展基金 | 25 | — | — | — | — | — | — | — | — | — | — | — |
| #利润归还投资 | 26 | — | — | — | — | — | — | — | — | — | — | — |
| 2. 提取一般风险准备 | 27 | — | — | — | — | — | 199. 54 | -199. 54 | — | — | — | — |
| 3. 对所有者（或股东）的分配 | 28 | — | — | — | — | — | — | — | — | — | — | — |
| 4. 其他 | 29 | — | — | — | — | — | — | — | — | — | — | — |
| （六）所有者权益内部结转 | 30 | — | — | — | — | — | — | — | — | — | — | — |
| 1. 资本公积转增资本（或股本） | 31 | — | — | — | — | — | — | — | — | — | — | — |
| 2. 盈余公积转增资本（或股本） | 32 | — | — | — | — | — | — | — | — | — | — | — |
| 3. 盈余公积弥补亏损 | 33 | — | — | — | — | — | — | — | — | — | — | — |
| 4. 其他 | 34 | — | — | — | — | — | — | — | — | — | — | — |
| 四、本年末余额 | 35 | 50 000. 00 | 6 298. 66 | | — | 3 557. 68 | 1 778. 79 | 20 320. 46 | | 81 955. 50 | — | 81 955. 50 |

单位负责人：隋　舵　　　　主管财务总经理：王　珂　　　　财务经理：崔　莉　　　　制表：余继高

## 5.2 信托资产

### 5.2.1 信托项目资产负债汇总表

信托项目资产负债表

编制单位:西部信托有限公司　　2010年12月31日　　单位:万元

| 资产 | 期末余额 | 期初余额 | 负债和权益 | 期末余额 | 期初余额 |
|---|---|---|---|---|---|
| 资产: | | | 负债: | | |
| 货币资金 | 34 552.57 | 13 956.25 | 交易性金融负债 | | |
| 拆出资金 | | | 衍生金融负债 | | |
| 结算备付金 | 3 957.32 | 10 638.02 | 应付账款 | 2 080.65 | 2 344.67 |
| 交易性金融资产 | | 12 827.19 | 卖出回购金融资产 | | |
| 衍生金融资产 | | | 应付赎回款 | | |
| 买入返售金融资产 | | | 应付受托人报酬 | | |
| 应收账款 | | | 应付受益人收益 | 114.35 | 968.77 |
| 应收利息 | | | 应付托管费 | | |
| 应收股利 | | | 应付销售服务费 | | |
| 应收票据 | | | 应交税费 | | |
| 应收申购款 | | | 应付利息 | | |
| 其他应收款 | | | 其他应付款 | | |
| 存出保证金 | | | 其他负债 | | |
| 发放贷款 | 307 777.45 | 318 932.45 | 负债合计 | 2 195.00 | 3 313.45 |
| 长期应收款 | | | | | |
| 可供出售金融资产 | | | | | |
| 持有至到期投资 | 169 643.68 | 109 723.67 | | | |
| 长期股权投资 | 86 762.98 | 7 252.63 | 权益: | | |
| 投资性房地产 | | | 实收信托 | 630 128.32 | 457 482.88 |
| 融资租赁资产 | | | 资本公积 | | |
| 固定资产 | | | 未分配利润 | 20 498.49 | 17 034.39 |
| 固定资产清理 | | | 权益合计 | 650 626.80 | 474 517.26 |
| 无形资产 | | | | | |
| 长期待摊费用 | | | | | |
| 其他资产 | 4 500.00 | 4 500.00 | | | |
| 资产总计 | 652 821.80 | 477 830.71 | 负债和权益总计 | 652 821.80 | 477 830.71 |

公司负责人:隋　舵　　主管财务总经理:王　珂　　财务经理:崔　莉　　制表:余继高

### 5.2.2 信托项目利润及利润分配汇总表

信托项目利润表

编制单位:西部信托有限公司　　2010年　　单位:万元

| 项　　目 | 本年累计数 | 上年累计数 |
|---|---|---|
| 一、收入 | 36 838.32 | 23 762.00 |
| 利息收入 | 16 633.34 | 16 004.85 |
| 投资收益(损失以"-"号填列) | 14 931.25 | 7 757.09 |
| 其中:对联营企业和合营企业的投资收益 | | |
| 公允价值变动收益(损失以"-"号填列) | 4 915.80 | |
| 租赁收入 | | |
| 汇兑损益(损失以"-"号填列) | | |
| 其他收入 | 357.93 | 0.06 |
| 二、支出 | 11 323.38 | 6 307.12 |
| 营业税金及附加 | | |
| 受托人报酬 | 6 983.07 | 5 160.22 |
| 托管费 | 521.19 | 680.50 |

续表

| 项　　目 | 本年累计数 | 上年累计数 |
|---|---|---|
| 投资管理费 | 1 633.34 | 117.58 |
| 销售服务费 | 207.61 | 133.88 |
| 交易费用 | 81.68 | |
| 利息支出 | | |
| 资产减值损失 | | |
| 其他费用 | 1 896.49 | 214.94 |
| 三、信托净利润(净亏损以"-"号填列) | 25 514.94 | 17 454.88 |
| 四、其他综合收益 | | |
| 五、综合收益 | 25 514.94 | 17 454.88 |
| 加:期初未分配信托利润 | 17 034.39 | 19 838.81 |
| 六、可供分配的信托利润 | 42 549.33 | 37 293.69 |
| 减:本期已分配信托利润 | 22 050.84 | 20 259.30 |
| 七、期末未分配信托利润 | 20 498.49 | 17 034.39 |

公司负责人:隋　舵　　主管财务总经理:王　珂

财务经理:崔　莉　　制表:余继高

## 6. 会计报表附注

### 6.1 简要说明报告年度会计报表编制基准、会计政策、会计估计和核算方法发生的变化

2010年本公司会计报表编制基准、会计政策、会计估计和核算方法与上年一致，无变化。

### 6.2 或有事项说明

本公司无对外担保事项。截至2010年12月31日，未发生其他影响本年度会计报表阅读和理解的重大或有事项。

### 6.3 重要资产转让及其出售的说明

本年度共完成重要资产转让五项，其中实业清理四项，重大资产转让一项。

(1)陕西秦龙电力股份有限公司

公司于2002年投资该公司6 900万元，持股3 500万股份，占该公司总股份的7%。2010年2月26日转让其全部股份3 500万股，转让金额55 495 440.00元，受让人陕西省投资集团有限公司。转让是以挂牌方式进行，挂牌地点为西部产权交易中心。转让款已全部到账。

(2)陕西神木化学工业有限公司

公司于2003年投资该公司4 253万元，占该公司总股份的5.85%。2010年2月26日转让其全部股份4 253万股，转让金额30 310 280.00元，受让人陕西省投资集团有限公司。转让是以挂牌方式进行，挂牌地点为西部产权交易中心。转让款已全部到账。

(3)陕西金泰氯碱化学工业有限公司

公司于2003年投资该公司3 239万元，占该公司总股份的10%。2010年2月26日转让其全部股份3 239万股，转让金额26 215 070.61元，受让人陕西省投资集团有限公司。转让是以挂牌方式进行，挂牌地点为西部产权交易中心。转让款已全部到账。

(4)陕西锌业有限公司

公司于1998年投资该公司1 600万元，占该公司总股份的7.61%。2010年2月26日转让其全部股份1 600万股，转让金额19 170 751.60元，受让人陕西省投资集团有限公司。转让是以挂牌方式进行，挂牌地点为西部产权交易中心。转让款已全部到账。

(5)西部证券股份有限公司

公司于2001年投资西部证券股份有限公司20 000万元，占该公司总股份的20%。2010年6月3日公司转让持有的西部证券股份有限公司5 000万股，由陕西省电力建设投资开发公司受让，转让价格3.68元/股，转让金额18 400万元，转让后公司持有西部证券股份有限公司15 000万股，占该公司总股份的15%。

### 6.4 会计报表中重要项目的明细资料

#### 6.4.1 披露自营资产经营情况

6.4.1.1 按信用风险五级分类结果披露信用风险资产的期初数、期末数

单位：万元

| 信用风险资产五级分类 | 正常类 | 关注类 | 次级类 | 可疑类 | 损失类 | 信用风险资产合计 | 不良合计 | 不良率(%) |
|---|---|---|---|---|---|---|---|---|
| 期初数 | 0.00 | 919.82 | 2 465.00 | 3 094.47 | 243.94 | 6 723.23 | 5 803.41 | 7.08 |
| 期末数 | 10 000.00 | 919.82 | 1 798 | 244.00 | 3 094.41 | 16 057.20 | 5 137.38 | 5.09 |

注：不良资产合计=次级类+可疑类+损失类。

6.4.1.2 各项资产减值损失准备的期初、本期计提、本期转回、本期核销、期末数

单位：万元

| | 期初数 | 本期计提 | 本期转回 | 本期核销 | 期末数 |
|---|---|---|---|---|---|
| 贷款损失准备 | 2 493.06 | 1 352.06 | | | 3 845.12 |
| 一般准备 | 67.23 | 93.34 | | | 160.57 |
| 专项准备 | 2 425.83 | 1 258.72 | | | 3 684.55 |
| 其他资产减值准备 | 1 313.65 | 507.25 | 211.63 | | 1 609.27 |
| 可供出售金融资产减值准备 | | | | | |
| 持有至到期投资减值准备 | | | | | |
| 长期股权投资减值准备 | 900.71 | | 211.63 | | 689.08 |
| 坏账准备 | 412.94 | 507.25 | | | 920.19 |
| 投资性房地产减值准备 | | | | | |

6.4.1.3 自营股票投资、基金投资、债券投资、股权投资等投资业务的期初数、期末数

单位：万元

| | 自营股票 | 基金 | 债券 | 长期股权投资 | 其他投资 | 合计 |
|---|---|---|---|---|---|---|
| 期初数 | 7 641.65 | | | 57 851.24 | | 65 492.89 |
| 期末数 | 6 818.65 | | | 36 688.00 | | 43 506.65 |

6.4.1.4 按投资入股金额排序，前三名的自营长期股权投资的企业名称、占被投资企业权益的比例及投资收益情况等(依大小顺序排列)

| 企业名称 | 占被投资企业权益的比例(%) | 投资收益(万元) |
|---|---|---|
| 1. 西部证券股份有限公司 | 15.00 | 5 250.00 |
| 2. 长安银行股份有限公司 | 4.38 | 0 |
| 3. 陕西省天然气股份有限公司 | 6.05 | 922.62 |

注：投资损益是指按照企业会计准则有关规定，核算股权投资确认损益并计入披露年度利润表的金额。

6.4.1.5 前三名的自营贷款的企业名称、占贷款总额的比例和还款情况等(依大小顺序排列)

| 企业名称 | 占贷款总额的比例(%) | 还款情况 |
|---|---|---|
| 1. 陕西省高速公路建设集团公司 | 62.28 | 正常还款 |
| 2. 广州天龙酒店 | 14.46 | 不能正常还款 |
| 3. 重庆康信置业 | 7.06 | 不能正常还款 |

6.4.1.6 表外业务的期初数、期末数；按照代理业务、担保业务和其他类型表外业务分别披露

单位：万元

| 表外业务 | 期初数 | 期末数 |
|---|---|---|
| 担保业务 | 0 | 0 |
| 代理业务(委托业务) | 22 383.00 | 22 383.00 |
| 其他 | 0 | 0 |
| 合计 | 22 383.00 | 22 383.00 |

注：代理业务主要反映因客观原因应规范而尚未完成规范的历史遗留委托业务，包括委托贷款和委托投资。

6.4.1.7 公司当年的收入结构(母公司口径和并表口径同时披露)

| 收入结构 | 金额(万元) | 占比(%) |
|---|---|---|
| 手续费及佣金收入 | 7 581.74 | 29.86 |
| 其中:信托手续费收入 | 7 581.74 | 29.86 |
| 投资银行业务收入 | 0 | 0 |
| 利息收入 | 367.89 | 1.45 |
| 其他业务收入 | 480.24 | 1.89 |
| 其中:计入信托业务收入部分 | 0 | 0 |
| 投资收益 | 16 820.56 | 66.26 |
| 其中:股权投资收益 | 16 650.12 | 65.59 |
| 证券投资收益 | 170.44 | 0.67 |
| 其他投资收益 | 0 | 0 |
| 公允价值变动收益 | 0 | 0 |
| 营业外收入 | 136.33 | 0.54 |
| 收入合计 | 25 386.76 | 100.00 |

注:手续费及佣金收入、利息收入、其他业务收入、投资收益、营业外收入均应为损益表中的科目,其中手续费及佣金收入、利息收入、营业外收入为未抵减掉相应支出的全年累计实现收入数。

**6.4.2 披露信托财产管理情况**

6.4.2.1 信托资产的期初数、期末数

单位:万元

| 信托资产 | 期初数 | 期末数 |
|---|---|---|
| 集合 | 147 743.19 | 335 300.89 |
| 单一 | 330 087.52 | 317 520.91 |
| 财产权 | | |
| 合计 | 477 830.71 | 652 821.80 |

6.4.2.1.1 主动管理型信托业务的信托资产期初数、期末数,分证券投资、股权投资、融资、事务管理类分别披露

单位:万元

| 主动管理型信托资产 | 期初数 | 期末数 |
|---|---|---|
| 证券投资类 | 23 664.01 | 48 369.09 |
| 股权投资类 | 52 910.97 | 221 164.59 |
| 融资类 | 154 528.54 | 293 530.80 |
| 事务管理类 | 20 506.67 | 41 270.53 |
| 合计 | 251 610.19 | 604 335.01 |

6.4.2.1.2 被动管理型信托业务的信托资产期初数、期末数,分证券投资、股权投资、融资、事务管理类分别披露

单位:万元

| 被动管理型信托资产 | 期初数 | 期末数 |
|---|---|---|
| 证券投资类 | 0 | 0 |
| 股权投资类 | 0 | 0 |
| 融资类 | 156 186.01 | 40 065.56 |
| 事务管理类 | 50 000.00 | 8 421.23 |
| 合计 | 206 186.01 | 48 486.79 |

6.4.2.2 本年度已清算结束的信托项目个数、实收信托合计金额、加权平均实际年化收益率

6.4.2.2.1 本年度已清算结束的集合类、单一类资金信托项目和财产管理类信托项目个数、实收信托金额、加权平均实际年化收益率

| 已清算结束信托项目 | 项目个数 | 实收信托合计金额(万元) | 加权平均实际年化收益率(%) |
|---|---|---|---|
| 集合类 | 8 | 54 842.50 | 7.23 |
| 单一类 | 12 | 274 879.00 | 4.52 |
| 财产管理类 | 0 | 0 | 0 |

注:收益率是指信托项目清算后,给受益人赚取的实际收益水平。加权平均实际年化收益率=(信托项目1的实际年化收益率×信托项目1的实收信托+信托项目2的实际年化收益率×信托项目2的实收信托+…信托项目n的实际年化收益率×信托项目n的实收信托)/(信托项目1的实收信托+信托项目2的实收信托+…信托项目n的实收信托)×100%。

6.4.2.2.2 本年度已清算结束的主动管理型信托项目个数、实收信托合计金额、加权平均实际年化收益率,分证券投资、股权投资、融资、事务管理类分别计算并披露

| 已清算结束信托项目 | 项目个数 | 实收信托合计金额(万元) | 加权平均实际年化信托报酬率(%) | 加权平均实际年化收益率(%) |
|---|---|---|---|---|
| 证券投资类 | 2 | 8 424.5 | 1.04 | 8.58 |
| 股权投资类 | 3 | 16 194 | 3.06 | 8.19 |
| 融资类 | 10 | 97 118 | 1.14 | 6.07 |
| 事务管理类 | 0 | 0 | 0 | 0 |

注:加权平均实际年化信托报酬率=(信托项目1的实际年化信托报酬率×信托项目1的实收信托+信托项目2的实际年化信托报酬率×信托项目2的实收信托+…信托项目n的实际年化信托报酬率×信托项目n的实收信托)/(信托项目1的实收信托+信托项目2的实收信托+…信托项目n的实收信托)×100%。

6.4.2.2.3 本年度已清算结束的被动管理型信托项目个数、实收信托合计金额、加权平均实际年化收益率,分证券投资、股权投资、融资、事务管理类分别计算并披露

| 已清算结束信托项目 | 项目个数 | 实收信托合计金额(万元) | 加权平均实际年化信托报酬率(%) | 加权平均实际年化收益率(%) |
|---|---|---|---|---|
| 证券投资类 | 0 | 0 | 0 | 0 |
| 股权投资类 | 0 | 0 | 0 | 0 |
| 融资类 | 3 | 154 985 | 0.29 | 4.00 |
| 事务管理类 | 2 | 53 000 | 0.08 | 3.81 |

6.4.2.3 本年度新增集合类、单一类、财产管理类信托项目个数、实收信托合计金额

单位:万元

| 新增信托项目 | 项目个数 | 实收信托合计金额 |
|---|---|---|
| 集合类 | 22 | 216 500.35 |
| 单一类 | 25 | 264 829.00 |
| 财产管理类 | 0 | 0 |
| 新增合计 | 47 | 481 329.35 |
| 其中:主动管理型 | 42 | 432 929.35 |
| 被动管理型 | 5 | 48 400 |

注:本年新增信托项目指在本报告年度内累计新增的信托项目个数和金额,包含本年度新增并于本年度内结束的项目和本年度新增至报告期末仍在持续管理的信托项目。

6.4.2.4 信托业务创新成果和特色业务有关情况

无。

6.4.2.5 本公司履行受托人义务情况及因公司自身责任而导致的信托资产损失情况(合计金额、原因等)

本年度,公司尽职履行受托人职责,没有发生因公司自身

责任而导致的信托资产损失的情况。

## 6.5 关联方关系及其交易的披露

**6.5.1 关联交易方的数量、关联交易的总金额及关联交易的定价政策等**

单位:万元

| | 关联交易方数量 | 关联交易金额 | 定价政策 |
|---|---|---|---|
| 合计 | 5 | 31 962.97 | 按市场公允价格定价 |

注:"关联交易"定义应以《公司法》和《企业会计准则第36号——关联方披露》有关规定为准。

**6.5.2 关联交易方与本公司的关系性质、关联交易方的名称、法人代表、注册地址、注册资本及主营业务等**

| 关系性质 | 关联方名称 | 法定代表人 | 注册地址 | 注册资本（万元） | 主营业务 |
|---|---|---|---|---|---|
| 母公司 | 陕西省电力建设投资开发公司 | 梁平 | 东新街232号 | 200 000 | 省电力资金筹集、项目建设开发及管理。 |
| 同一母公司 | 陕西金泰氯碱化工有限责任公司 | 袁小宁 | 米脂县银南路 | 30 000 | 化工原料及产品、热力电力的生产、销售。 |
| 同一母公司 | 陕西神木化工有限责任公司 | 赵军 | 神木县神府经济开发区 | 65 000 | 甲醇、乙酸化工原料及产品生产、销售、开发。 |
| 同一母公司 | 陕西汇森煤业有限公司 | 袁知中 | 西一路138号 | 11 000 | 煤炭矿业投资、煤炭销售。 |
| 同一母公司 | 陕西金泰恒业房地产有限公司 | 王生坤 | 高新三路6号 | 26 824 | 房地产开发、销售。 |
| 股东 | 重庆中侨置业有限公司 | 孙飚 | 重庆渝北区加州花园 | 1 000 | 金属材料、矿产品、汽车配件、仪器仪表的经销。 |

**6.5.3 本公司与关联方的重大交易事项**

6.5.3.1 固有与关联方交易情况:贷款、投资、租赁、应收账款担保、其他方式等期初汇总数、本期借方和贷方发生额汇总数、期末汇总数。

单位:万元

| 固有与关联方关联交易 | | | | |
|---|---|---|---|---|
| | 期初数 | 借方发生额 | 贷方发生额 | 期末数 |
| 贷款 | 1 800.00 | 0 | 666.03 | 1 133.97 |
| 投资 | 0 | 0 | 0 | 0 |
| 租赁 | 0 | 0 | 0 | 0 |
| 担保 | 0 | 0 | 0 | 0 |
| 应收账款 | 0 | 0 | 0 | 0 |
| 其他 | 0 | 0 | 0 | 0 |
| 合计 | 1 800.00 | 0 | 666.03 | 1 133.97 |

6.5.3.2 信托与关联方交易情况:贷款、投资、租赁、应收账款、担保、其他方式等期初汇总数、本期借方和贷方发生额汇总数、期末汇总数

单位:万元

| 信托与关联方关联交易 | | | | |
|---|---|---|---|---|
| | 期初数 | 借方发生额 | 贷方发生额 | 期末数 |
| 贷款 | 63 600.00 | 1 229.00 | 40 000.00 | 24 829.00 |
| 投资 | 6 000.00 | 0 | 0 | 6 000.00 |
| 租赁 | 0 | 0 | 0 | 0 |
| 担保 | 0 | 0 | 0 | 0 |
| 应收账款 | 0 | 0 | 0 | 0 |
| 其他 | 0 | 0 | 0 | 0 |
| 合计 | 69 600.00 | 1 229.00 | 40 000.00 | 30 829.00 |

6.5.3.3 信托公司自有资金运用于自己管理的信托项目(固信交易)、信托公司管理的信托项目之间的相互(信信交易)交易金额,包括余额和本报告年度的发生额

6.5.3.3.1 固有与信托财产之间的交易金额期初汇总数、本期发生额汇总数、期末汇总数

单位:万元

| 固有财产与信托财产相互交易 | | | |
|---|---|---|---|
| | 期初数 | 本期发生额 | 期末数 |
| 合计 | 0.00 | 12 219.00 | 12 219.00 |

注:以固有资金投资公司自己管理的信托项目受益权,或购买自己管理的信托项目的信托资产均应纳入统计披露范围。

6.5.3.3.2 信托项目之间的交易金额期初汇总数、本期发生额汇总数、期末汇总数

单位:万元

| 信托资产与信托财产相互交易 | | | |
|---|---|---|---|
| | 期初数 | 本期发生额 | 期末数 |
| 合计 | 0 | 0 | 0 |

注:以公司受托管理的一个信托项目的资金购买自己管理的另一个信托项目的受益权或信托项下资产均应纳入统计披露范围。

**6.5.4 逐笔披露关联方逾期未偿还本公司资金的详细情况以及本公司为关联方担保发生或即将发生垫款的详细情况**

无。

## 6.6 会计制度的披露

6.6.1 固有业务自2008年1月1日起执行财政部2006年2月15日颁布的《企业会计准则》及其后续规定

6.6.2 信托业务2009年执行财政部(〔2005〕1号)《信托业务会计核算办法》及相关规定;自2010年1月1日起执行《企业会计准则》及其后续规定

# 7. 财务情况说明书

## 7.1 利润实现和分配情况

**7.1.1 分配利润**

本年净利润在提取法定公积金和信托赔偿准备金后,留存金额137 699 738.40元。公司以前年度留存的未分配利润46 028 500元。

2010年可供分配利润包括以上两部分,合计183 728 238.40元。

7.1.2 分配方案

本年拟分配现金股利93 000 000元。其中,因西部证券拟于年内上市,国有股东须向社保履行转持义务,公司国有股东应分配的41 773 095.81元(国有股份522 163 697.62股,每股0.08元)暂不划付,如西部证券年内未上市,该部分股利再分给各位国有股东。本次分配后剩余可供分配利润90 728 238.40元结转以后年度分配。

## 7.2 主要财务指标

| 指标名称 | 指标值 |
|---|---|
| 资本利润率(%) | 18.58 |
| 加权年化信托报酬率(%) | 1.14 |
| 人均净利润(万元/人) | 180 |

注:1. 资本利润率=净利润/所有者权益平均余额×100%。

2. 加权年化信托报酬率=(信托项目1的实际年化信托报酬率×信托项目1的实收信托+信托项目2的实际年化信托报酬率×信托项目2的实收信托+…信托项目n的实际年化信托报酬率×信托项目n的实收信托)/(信托项目1的实收信托+信托项目2的实收信托+…信托项目n的实收信托)×100%。

3. 人均净利润=净利润/平均人数。

4. 平均值采取年初、年末余额简单平均法,公式为:a(平均)=(年初数+年末数)/2。

## 7.3 对本公司财务状况、经营成果有重大影响的其他事项

无。

# 8. 特别事项揭示

## 8.1 前五名股东报告期内变动情况及原因

公司第二大股东"陕西省产业投资公司"受让原股东"国营西北第一棉纺织厂"0.18%的股权,比例由8.48%变为8.66%。

前五名股东中其他无变化。

## 8.2 董事、监事及高级管理人员变动情况及原因

经公司2010年第一次临时股东会会议审议同意,由赵辉出任公司董事,李哲不再担任公司董事。经公司第三届第四次临时董事会会议审议同意,聘任赵辉为公司总经理,其任职资格已于2010年7月9日经中国银行业监督管理委员会核准通过。2010年6月18日经公司职工代表大会第一届第一次会议,推选答孝棋为公司职工董事,任职资格已于2010年8月6日经中国银行业监督管理委员会核准通过。公司2009年聘任的公司总经理助理武士伟同志挂职期满,从2010年11月起不再担任公司总经理助理。

## 8.3 变更注册资本、变更注册地或公司名称、公司分立合并事项

2010年5月,公司的注册资本由5亿元人民币变更为6.2亿元人民币。

其他无变化。

## 8.4 公司的重大诉讼事项

8.4.1 重大未决诉讼事项

信托:被诉案件1件,陕西五羊集团诉陕西智圣科技贸易有限公司、刘治安、刘治军、陕西瑞德实业发展有限公司、西部信托有限公司、陕西康华有限责任会计师事务所房屋租赁纠纷,金额297余万元,起诉时间:2008年9月。

8.4.2 以前年度发生,于本报告年度内终结的诉讼事项

固有:被诉案件2件,分别是:(1)上海天迪科技投资发展有限公司诉公司股东变更纠纷,起诉时间:2008年12月,判决结果:①确认上海天迪科技投资发展有限公司于2008年10月10日具有西部信托有限公司股东资格;②驳回上海天迪科技投资发展有限公司其余诉讼请求。(2)上海天迪科技投资发展有限公司诉公司盈余分配纠纷,起诉时间:2008年12月,判决结果:驳回原告上海天迪科技投资发展有限公司的诉讼请求。

8.4.3 本报告年度发生,与本报告年度内终结的诉讼事项

无。

## 8.5 公司及其董事、监事和高级管理人员受到处罚的情况

无。

## 8.6 银监会及其派出机构对公司提出的整改意见及整改情况说明

2010年中国银行业监督管理委员会陕西监管局(以下简称陕西银监局)对公司共进行现场检查4次,分别是:

(1)陕西银监局于2010年5月6日起开始对公司进行了历时15天的信政业务、银信业务专项检查。

(2)陕西银监局于2010年5月31日起开始对公司就2009年经营情况进行监管现场评级,历时5天。

(3)陕西银监局于12月1日起对公司房地产信托业务(包括政府融资平台清查)进行现场检查,历时7天。

上述3次专项检查后均未出具意见书。

(4)陕西银监局于10月9日起对公司进行全面现场检查,历时30天,并于12月9日下发现场检查意见书,对公司提出了引进战略投资者、加强董事会成员培训、信托项目销售及期间管理、加强不良贷款的资产分类及专项计提、加强历史遗留问题资产的清理工作等六条监管意见。

对于上述监管意见,公司召开了专门会议进行了研究,指定高管人员及相关部门认真落实监管意见,积极整改,除引进战略投资者及加强历史遗留问题资产的清理工作这两项长期工作外,其余事项已基本整改落实。

## 8.7 本年度重大事项临时报告的简要内容、披露时间、所披露媒体及其版面

2010年3月12日在《证券时报》D35版面,对《关于一棉、中烟工业公司股权转让的批复》进行了公告。

2010年4月20日在《证券时报》B6版面,对公司2009年报告进行了公告。

2010年5月14日在《证券时报》A5版面,对"公司股东长岭(集团)股份有限公司名称变更"进行了公告。

2010 年 5 月 14 日在《证券时报》A5 版面，对《关于西部信托有限公司变更注册资本的批复》进行了公告。

2010 年 7 月 16 日在《证券时报》D11 版面，对《关于赵辉任职资格的批复》进行了公告。

2010 年 7 月 17 日在《证券时报》B23 版面，对"聘任北京市金诚同达律师事务所西安分所担任公司法律顾问"进行了公告。

2010 年 8 月 24 日在《证券时报》D6 版面，对"停止聘任陕西大唐律师事务所担任公司法律顾问"进行了公告。

2010 年 8 月 24 日在《证券时报》D6 版面，对"答孝棋当选为公司的职工董事"进行了公告。

2010 年 12 月 16 日在《证券时报》D3 版面，对《关于西部信托有限公司修改公司章程的批复》进行了公告。

### 8.8 银监会及其省级派出机构认定的其他有必要让客户及相关利益人了解的重要信息

无。

## 9. 监事会意见

监事会认为 2010 年公司运作规范，决策程序合法。董事会能够认真执行股东会决议、履行董事会职责。董事、总经理及高级管理人员在履行职务时，勤勉尽责，恪尽职守，没有越权行为，没有违反法律、法规、公司章程和损害公司及股东利益的行为。

股东会、董事会会议召开的程序、审议事项及表决等均符合法律和公司章程的规定；股东代表在行使表决权决策时能按规定办理授权，并能按规定行使股东权利。

公司 2010 年财务报告真实地反映了公司的财务状况和经营成果。公司财务核算合规，符合财务管理制度要求。会计凭证、会计账簿的记录及时、清晰、准确、完整；记账方法符合规范，责任人明确，会计报表的编制反映了真实经营成果。

公司 2010 年度报告的编制和审议程序符合相关法律、法规、公司章程及公司内控制度的有关规定；年报的内容真实、准确、完整。

# 西藏信托有限公司

## 1. 重要提示

1.1 本公司董事会及董事保证本报告所载资料不存在任何虚假记载、误导性陈述或者重大遗漏，并对其内容的真实性、准确性和完整性承担个别及连带责任。

1.2 公司负责人董事长王运金、财务经理万景文声明：保证年度报告中财务报告的真实、完整。

## 2. 公司概况

### 2.1 公司简介

2.1.1 公司基本情况

西藏信托有限公司(以下简称本公司)成立于1991年10月，原名为西藏自治区信托投资公司，是经西藏自治区人民政府和中国人民银行批复成立，由西藏自治区财政厅全资控股的非银行金融机构。2002年3月，根据中国人民银行成都分行批复(银复〔2002〕63号)，公司进行了重新登记。2007年起，公司根据《信托法》、《信托公司管理办法》的规定，进行了业务调整，并根据西藏自治区财政厅下发的"藏财企字〔2009〕9号"文《关于西藏自治区信托投资公司资产剥离方案的批复》以及公司与西藏自治区投资有限公司签订的资产负债划转协议，进行了资产剥离。2010年9月完成了资产剥离、重新登记、换发金融许可证工作。根据中国银监会的批复(《中国银监会关于西藏自治区信托投资公司变更公司名称和业务范围的批复》银监复〔2010〕436号)，于2010年12月公司更名为西藏信托有限公司。

2.1.2 公司的法定中文名称：西藏信托有限公司
公司的法定英文名称 Tibet Trust Corporation Limited

2.1.3 法定代表人：王运金

2.1.4 注册地址：
西藏拉萨市经济开发区博达路1号阳光新城别墅区A7栋

2.1.5 邮政编码：850000

2.1.6 电子信箱：wanjingwen@ttco.cn

2.1.7 信息披露事务负责人：王运金
联系人：万景文
联系电话：010－85906969
传真：010－85906796
电子信箱：wanjingwen@ttco.cn

2.1.8 公司选定的信息披露报纸名称：中国证券报

2.1.9 公司年度报告备置地点：公司计划财务部

2.1.10 公司聘请审计事务所：中磊会计师事务所有限责任公司
地址：北京丰台区星火路1号昌宁大厦8层
邮政编码：100070

2.1.11 公司聘请的律师事务所：北京市嘉源律师事务所
地址：北京复兴门内大街158号远洋大厦F408
邮政编码：100031

### 2.2 组织结构

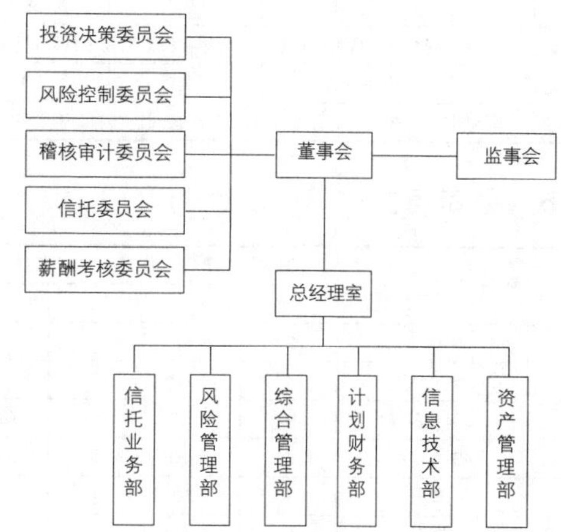


## 3. 公司治理结构

### 3.1 股东

| 股东名称 | 持股比例(%) | 法人代表 | 注册地址 | 主要职能 |
|---|---|---|---|---|
| 西藏自治区财政厅 | 100 | 艾俊涛 | 拉萨市北京西路23号 | 贯彻执行国家财政税收有关方针政策和法律法规等；承担自治区各项财政收支管理相关工作、并指导全区级财政做好相关工作；负责政府非税收入管理，负责政府性基金管理，按规定管理行政事业性收费。 |

### 3.2 董事

3.2.1 董事

| 姓名 | 职务 | 性别 | 年龄 | 选任日期 | 简要履历 |
|---|---|---|---|---|---|
| 王运金 | 董事长 | 男 | 62 | 2010年5月 | 曾任西藏自治区信托投资公司常务副总经理、总经理；现任公司董事长。 |

续表

| 姓　名 | 职　务 | 性别 | 年龄 | 选任日期 | 简　要　履　历 |
|---|---|---|---|---|---|
| 陈克东 | 董事 | 男 | 42 | 2010 年 5 月 | 曾任西藏国有资产经营公司产权管理部负责人、副总经理，西藏自治区信托投资公司副总经理；现任西藏自治区投资有限公司副总经理。 |
| 任显成 | 董事 | 男 | 47 | 2010 年 5 月 | 曾任西藏财贸公司总经理、西藏国有资产经营公司投资部经理、西藏自治区信托投资公司投资二部经理；现任西藏自治区投资有限公司副总经理。 |
| 汪建中 | 董事 | 男 | 55 | 2010 年 5 月 | 曾任西藏自治区信托投资公司副总经理；现任西藏大厦股份公司董事长。 |
| 查　松 | 董事 | 男 | 38 | 2010 年 5 月 | 曾任国泰君安证券股份有限公司董事会办公室副主任、收购兼并部常务副总经理、投资银行部董事总经理，西藏同信证券有限责任公司总经理；现任公司总经理。 |

#### 3.2.2 独立董事

| 姓　名 | 职　务 | 性别 | 年龄 | 选任日期 | 简　要　履　历 |
|---|---|---|---|---|---|
| 央　金 | 独立董事 | 女 | 46 | 2010 年 5 月 | 中国法学会理事，西藏律协副会长，高级律师；现任西藏央金法律援助中心主任、西藏恒丰律师事务所主任。 |

### 3.3 监事

| 姓　名 | 职　务 | 性别 | 年龄 | 选任日期 | 简　要　履　历 |
|---|---|---|---|---|---|
| 索朗班久 | 监事会主席 | 男 | 61 | 2010 年 5 月 | 曾任西藏自治区信托投资公司信贷投资部经理，副总经理；现任公司监事会主席。 |
| 次　旦 | 监事 | 女 | 38 | 2010 年 5 月 | 曾任西藏自治区信托投资公司人事部经理、办公室主任；现任西藏自治区投资有限公司人力资源部经理。 |
| 宿城旺 | 监事 | 男 | 33 | 2010 年 5 月 | 现任西藏自治区投资有限公司金融投资部经理。 |
| 杜雪松 | 监事 | 男 | 31 | 2010 年 5 月 | 现任西藏自治区投资有限公司产业投资部经理。 |
| 侯小萍 | 监事 | 女 | 34 | 2010 年 5 月 | 现任西藏自治区投资有限公司财务部经理。 |

### 3.4 公司高级管理人员

| 姓　名 | 职　务 | 性别 | 年龄 | 选任日期 | 金融从业年限 | 学历 | 专业 |
|---|---|---|---|---|---|---|---|
| 查　松 | 总经理 | 男 | 38 | 2010 年 5 月 | 12 | 博士 | 法学 |
| 简要履历 | 曾任国泰君安证券股份有限公司董事会办公室副主任、收购兼并部常务副总经理、投资银行部董事总经理，西藏同信证券有限责任公司总经理；现任公司总经理。 | | | | | | |
| 余志平 | 副总经理 | 男 | 39 | 2010 年 5 月 | 10 | 大专 | 企业管理 |
| 简要履历 | 曾任职东风药业股份有限公司，历任西藏同信证券有限责任公司北京营业部办公室主任、副总经理；现任公司副总经理。 | | | | | | |

### 3.5 公司员工

| 项　目 | | 报告期年度 | | 上年度 | |
|---|---|---|---|---|---|
| | | 人数 | 比例(%) | 人数 | 比例(%) |
| 年龄分布 | 25 岁以下 | 2 | 7.41 | | |
| | 25～29 岁 | 4 | 14.81 | | |
| | 30～39 岁 | 14 | 51.85 | 14 | 73.68 |
| | 40 岁以上 | 7 | 25.93 | 5 | 26.32 |
| 学历分布 | 博士 | 1 | 3.70 | | |
| | 硕士 | 2 | 7.41 | | |
| | 本科 | 15 | 55.56 | 5 | 26.32 |
| | 专科 | 7 | 25.93 | 9 | 47.36 |
| | 其他 | 2 | 7.41 | 5 | 26.32 |
| 岗位分布 | 董事、监事及高管人员 | 12 | 44.44 | 5 | 26.32 |
| | 自营业务人员 | 8 | 29.63 | 11 | 57.89 |
| | 信托业务人员 | 3 | 11.11 | 3 | 15.79 |
| | 其他 | 4 | 14.81 | | |

## 4. 经营管理

### 4.1 经营目标、方针、战略规划

公司经营目标：从西藏的实际情况出发，通过专业化的运作，不断提高业务和风险管理能力，保持良好的投资能力，取得较好的回报，大力拓展信托业务，在受益人风险承受能力的范围内为受益人获取尽可能多的收益。

公司经营方针：以资产管理为主线，以资本市场为纽带，与时俱进，转变观念，认真分析市场形式，积极把握市场机会，继续探索一条适合西藏信托生存与发展的路子，坚持从西藏实际情况出发，量力而行，稳健经营，保证效益。

公司的战略规划：进一步完善法人治理结构，完善内部管理和风险控制制度。构建有信托特色的金融服务平台，有效整合资源，树立品牌优势，实现股东、委托人利益最大化。加强队伍建设，积聚力量，着眼长远。

### 4.2 经营业务的主要内容

#### 4.2.1 自营资产运用与分布表

| 资产运用 | 金额（万元） | 占比（%） | 资产分布 | 金额（万元） | 占比（%） |
|---|---|---|---|---|---|
| 货币资产 | 4 293.69 | 10.57 | 基础资产 | — | — |
| 贷款及应收款 | 1 166.83 | 2.87 | 房地产业 | — | — |
| 交易性金融资产 | 22 865.57 | 56.30 | 证券市场 | 22 865.57 | 56.30 |
| 可供出售金融资产 | — | — | 实业 | — | — |
| 持有至到期金融资产 | 8 621.28 | 21.23 | 金融机构 | 4 293.69 | 10.57 |
| 长期股权投资 | — | — | 其他 | 13 456.57 | 33.13 |
| 其他 | 3 668.46 | 9.03 | | | |
| 资产总计 | 40 615.83 | 100.00 | 资产总计 | 40 615.83 | 100.00 |

4.2.2 信托资产运用与分布表

| 资产运用 | 金额（万元） | 占比（%） | 资产分布 | 金额（万元） | 占比（%） |
|---|---|---|---|---|---|
| 货币资产 | 41.00 | 0.01 | 基础资产 | 315 311.35 | 93.45 |
| 贷款及应收款 | 315 311.35 | 93.45 | 房地产业 | — | — |
| 交易性金融资产 | 3 872.00 | 1.15 | 证券市场 | 3 872.00 | 1.15 |
| 可供出售金融资产 | — | — | 实业 | — | — |
| 持有至到期金融资产 | — | — | 金融机构 | 41.00 | 0.01 |
| 长期股权投资 | 18 188.51 | 5.39 | 其他 | 18 188.51 | 5.39 |
| 其他 | — | — | | | |
| 资产总计 | 337 412.86 | 100.00 | 资产总计 | 337 412.86 | 100.00 |

## 4.3 市场分析

4.3.1 影响本公司业务发展的有利因素

我国信托制度在不断完善，公司经营与发展的制度环境得到改善；信托独特的制度优势正在被社会认识和接受；西藏自治区人民政府和西藏自治区财政厅支持公司发展；公司背景良好；公司内控体系健全；稳健经营、诚信经营的经营作风，保证了公司合规合法经营。

4.3.2 影响本公司业务发展的不利因素

西藏信托市场环境较差，市场较小，发育不成熟，居民收入仍处于较低水平，加上中央对西藏实行的一系列特殊政策，西藏区内社会和经济发展对信托市场的需求非常有限。

## 4.4 内部控制

4.4.1 内部控制环境与内部控制文化

公司建立了完善的法人治理结构，董事会及其下属委员会、监事会和经营管理层形成了权力机构、决策机构、监督机构和管理层之间分工配合、相互协调、相互制衡的运行机制，为公司内控制度的制定与运行提供了良好的内部环境。

公司的董事会、监事会均按照相关法律、法规、规范性文件及公司章程的规定，规范有效地运作。董事会下设的风险控制委员会、稽核审计委员会、投资决策委员会、信托委员会和薪酬考核委员会，根据各自的主要职责和议事规则，独立开展工作，运作正常；公司经营管理层在董事会授权下主持公司的日常经营管理。

公司非常重视内控文化的建设与落实，致力于创造积极向上的合规氛围。面对日益复杂的金融市场，公司确立了审慎稳健的总体原则，形成了全员参与的内部控制和风险管理文化。通过多样化的内部交流、学习和讨论机制，引导员工树立良好的道德观念，强化金融风险和合规意识，将风控合规的理念与实践贯穿各个岗位和各个环节。

4.4.2 内控控制措施

公司董事会负责内部控制的建立健全和有效实施。董事会下设的风险控制委员会，主要负责对公司在业务、市场、操作等方面的风险控制情况进行监督，对公司的风险状况进行定期评估，并提出完善风险管理和内部控制的意见；董事会下设的稽核审计委员会负责审查企业内部控制，监督内部控制的有效实施和内部控制自我评价情况；董事会下设的信托委员会主要监督公司信托业务与公司其他业务之间建立有效隔离机制、监督公司信托业务的风险管理制度和机制的实际运行。内部控制的具体执行部门为风险管理部、信托业务部和计划财务部。

公司制定并实施了固有业务、信托业务、财务管理、信息技术管理及后台管理的一系列内控制度和流程，实现了固有业务与信托业务严格分离，前台、中台、后台严格分离的机制。通过上述制度和机制的实施，完善了各项业务的审批流程，清晰了各条线的风控权限与职责，确保了各项风险的可控性。

## 4.5 风险管理概况

风险管理贯彻全面性、审慎性、及时性、有效性等原则，覆盖公司各项业务、各个部门、各个环节和各级人员，对风险进行事前防范、事中控制、事后监督，促进公司持续、稳健、规范、健康运行。

风险管理的组织架构和分工如下。董事会公司风险管理的最高决策机构，负责确定公司的风险管理政策、程序和人员，行使重大经营决策权。董事会下设的各专业委员会根据各自的职责对公司整体进行风险管理。投资决策委员会和信托委员会分别对应固有业务和信托业务的风险管理，风险控制委员会和稽核审计委员会面向公司各项业务及公司内部管理进行总体的风险控制与管理。公司的风险管理部、信托业务部、资产管理部和计划财务部在日常业务处理中也负有对应的部门风控职责，同时公司还聘请了外部法律顾问，在业务处理的一定范围内给出专业的法律意见。

4.5.1 信用风险管理

此类风险主要存在于贷款类业务当中，公司从贷前和贷后加强管理来规避此类风险。

贷前，严格按照申请立项、尽职调查、信用评估、内部审批、签约放款等步骤操作。业务审批中，重点审核贷款质押担保措施，公正地评估质押品，将质押率控制在40%以下。根据贷款人的具体情况和市场情况在一定程度上适度增加或降低担保标准。

贷后，严格按照合同约定，保持对融资方的动态风险管理。对借款人的资信状况和偿债能力及保证合同的履行情况定期进行监控，并由风险管理部汇总分析后形成风险管理报告，使得每一单业务都真实做到事前评估、事中控制、事后检查，确保风险在第一时间被发现并适当处理。

4.5.2 市场风险管理

公司在运营过程中面临的市场风险主要为股价、汇率、利率及其他价格对公司经营和盈利能力的影响。针对上述投资标的的市场风险，公司固有业务和证券类信托业务都制定了严格的风控流程，根据市场目前的具体状况，动态调整风控指标。一方面通过信息系统实现各项投资限制；另一方面通过风控人员逐日盯市，研究人员对市场各类政策的研究，动态调整可投资标的范围、额度及止损标准来控制此类风险。

4.5.3 操作风险管理

操作风险是指由于内部程序、系统不完善、人员操作失误或外部事件所导致的意想不到的损失。公司主要通过不断完善各部门和各岗位的职责、清晰化各业务操作流程；加强内部员工专业知识和流程培训；制定严格的信息管理制度、加强内部审计监督等方式有效管理此类风险。

## 5. 报告期末及上年末的比较式会计报表

### 5.1 自营资产

#### 5.1.1 会计师事务所审计意见全文

**审 计 报 告**

中磊审字〔2011〕第0504号

西藏信托有限公司：

我们审计了后附的西藏信托有限公司（以下简称西藏信托）财务报表，包括2010年12月31日的资产负债表，2010年度的利润表、现金流量表和所有者权益变动表以及财务报表附注。

一、管理层对财务报表的责任

按照企业会计准则的规定编制财务报表是西藏信托管理层的责任。这种责任包括：（1）设计、实施和维护与财务报表编制相关的内部控制，以使财务报表不存在由于舞弊或错误而导致的重大错报；（2）选择和运用恰当的会计政策；（3）作出合理的会计估计。

二、注册会计师的责任

我们的责任是在实施审计工作的基础上对财务报表发表审计意见。我们按照中国注册会计师审计准则的规定执行了审计工作。中国注册会计师审计准则要求我们遵守职业道德规范，计划和实施审计工作以对财务报表是否不存在重大错报获取合理保证。

审计工作涉及实施审计程序，以获取有关财务报表金额和披露的审计证据。选择的审计程序取决于注册会计师的判断，包括对由于舞弊或错误导致的财务报表重大错报风险的评估。在进行风险评估时，我们考虑与财务报表编制相关的内部控制，以设计恰当的审计程序，但目的并非对内部控制的有效性发表意见。审计工作还包括评价管理层选用会计政策的恰当性和作出会计估计的合理性，以及评价财务报表的总体列报。

我们相信，我们获取的审计证据是充分、适当的，为发表审计意见提供了基础。

三、审计意见

我们认为，西藏信托财务报表已经按照企业会计准则的规定编制，在所有重大方面公允反映了西藏信托2010年12月31日的财务状况以及2010年度的经营成果和现金流量。

中磊会计师事务所有限责任公司　　中国注册会计师：郭增强

中国 · 北京　　中国注册会计师：吴朝晖

二〇一一年四月二十一日

#### 5.1.2 资产负债表

**资产负债表**

编制单位：西藏信托有限公司　　2010年12月31日　　单位：万元

| 项　目 | 年末余额 | 年初余额 | 项目 | 年末余额 | 年初余额 |
|---|---|---|---|---|---|
| 资产： | — | — | 负债： | — | — |
| 现金及存放中央银行存款 | — | 1.51 | 短期借款 | — | — |
| 存放同业存款 | 4 293.69 | 24 479.96 | 拆入资金 | — | — |
| 结算备付金 | — | — | 交易性金融负债 | — | — |
| 其中：客户备付金 | — | — | 衍生金融负债 | — | — |
| 拆出资金 | — | — | 卖出回购金融资产款 | — | — |
| 交易性金融资产 | 22 865.57 | — | 应付账款 | — | — |
| 应收账款 | 1 166.83 | 49.09 | 代理买卖证券款 | — | — |
| 预付账款 | 89.03 | — | 代理承销证券款 | — | — |
| 其他应收款 | 2 342.63 | 186.31 | 应付职工薪酬 | — | — |
| 买入返售金融资产 | — | — | 应交税费 | 16.94 | — |
| 应收利息 | 695.89 | — | 其他应付款 | 1 556.15 | 4 390.35 |
| 存出保证金 | — | — | 流动负债合计 | 1 573.09 | 4 390.35 |
| 流动资产合计 | 31 453.64 | 24 716.87 | 预计负债 | — | — |
| 可供出售金融资产 | — | — | 长期借款 | — | — |
| 发放贷款及垫款 | — | 2 940.00 | 应付债券 | — | — |
| 持有至到期投资 | 8 621.28 | 621.28 | 递延所得税负债 | — | — |
| 长期股权投资 | — | 14 361.01 | 其他负债 | — | — |
| 投资性房地产 | — | — | 非流动负债合计 | — | — |
| 固定资产 | 85.33 | — | 负债合计 | 1 573.09 | 4 390.35 |

续表

| 项　目 | 年末余额 | 年初余额 | 项目 | 年末余额 | 年初余额 |
|---|---|---|---|---|---|
| 在建工程 | — | — | 所有者权益: | — | — |
| 无形资产 | 25.46 | — | 实收资本 | 30 000.00 | 30 000.00 |
| 长期应收款 | 430.12 | 430.12 | 资本公积 | — | — |
| 递延所得税资产 | — | 9.00 | 盈余公积 | 7 500.00 | 7 500.00 |
| 其他非流动资产 | — | — | 一般风险准备 | 88.77 | 88.77 |
| 非流动资产合计 | 9 162.19 | 18 361.41 | 信托赔偿准备 | 1 037.92 | 1 020.18 |
| | — | — | 未分配利润 | 416.05 | 78.98 |
| | — | — | 所有者权益合计 | 39 042.74 | 38 687.93 |
| 资产总计 | 40 615.83 | 43 078.28 | 负债和所有者权益总计 | 40 615.83 | 43 078.28 |

### 5.1.3　利润表

利润表

编制单位:西藏信托有限公司　　2010 年　　单位:万元

| 项　　目 | 本年金额 | 上年金额 |
|---|---|---|
| 一、营业收入 | 848.69 | 297.20 |
| 利息净收入 | 1 258.05 | 263.09 |
| 利息收入 | 1 260.29 | 263.09 |
| 利息支出 | 2.24 | — |
| 手续费及佣金净收入 | 95.21 | -0.11 |
| 手续费及佣金收入 | 100.00 | — |
| 手续费及佣金支出 | 4.79 | 0.11 |
| 投资收益 | -1 840.62 | 34.22 |
| 其中:对联营企业和合营企业的投资收益 | — | — |
| 公允价值变动收益(损失以"-"号填列) | 1 336.05 | — |
| 汇兑收益(损失以"-"号填列) | — | 0.00 |
| 其他业务收入 | — | — |
| 二、营业支出 | 464.08 | -57.15 |
| 营业税金及附加 | 13.43 | 13.20 |
| 业务及管理费 | 510.65 | 39.05 |
| 资产减值损失 | -60.00 | -109.40 |
| 其他业务成本 | — | — |
| 三、营业利润(亏损以"-"号填列) | 384.61 | 354.35 |
| 加:营业外收入 | — | — |
| 减:营业外支出 | — | — |
| 四、利润总额(亏损总额以"-"号填列) | 384.61 | 354.35 |
| 减:所得税费用 | 29.80 | 53.14 |
| 五、净利润(净亏损以"-"号填列) | 354.81 | 301.21 |
| 六、每股收益: | — | — |
| (一)基本每股收益 | — | — |
| (二)稀释每股收益 | — | — |
| 七、其他综合收益 | — | — |
| 八、综合收益总额 | 354.81 | 301.21 |

## 5.1.4 所有者权益变动表

**所有者权益变动表**

编制单位：西藏信托有限公司　　2010 年　　单位：万元

| 项　目 | 本年金额 | | | | | | | | 上年金额 | | | | | | | |
|---|---|---|---|---|---|---|---|---|---|---|---|---|---|---|---|---|
| | 实收资本 | 资本公积 | 减：库存股 | 盈余公积 | 一般风险准备 | 信托赔偿准备 | 未分配利润 | 所有者权益合计 | 实收资本 | 资本公积 | 减：库存股 | 盈余公积 | 一般风险准备 | 信托赔偿准备 | 未分配利润 | 所有者权益合计 |
| 一、上年末余额 | 30 000.00 | — | — | 7 500.00 | 88.77 | 1 020.18 | 78.98 | 38 687.93 | 30 000.00 | 2 734.89 | — | 15 411.40 | 1 107.29 | 1 020.18 | 4 519.82 | 54 793.58 |
| 加：会计政策变更 | — | — | — | — | — | — | — | — | — | — | — | — | — | — | — | — |
| 前期差错更正 | — | — | — | — | — | — | — | — | — | — | — | — | — | — | — | — |
| 其他 | — | — | — | — | — | — | — | — | — | — | — | — | — | — | — | — |
| 二、本年初余额 | 30 000.00 | — | — | 7 500.00 | 88.77 | 1 020.18 | 78.98 | 38 687.93 | 30 000.00 | 2 734.89 | — | 15 411.40 | 1 107.29 | 1 020.18 | 4 519.82 | 54 793.58 |
| 三、本期增减变动金额（减少以"－"号填列） | — | — | — | — | — | 17.74 | 337.07 | 354.81 | — | -2 734.89 | — | -7 911.40 | -1 018.52 | — | -4 440.84 | -16 105.65 |
| （一）净利润 | — | — | — | — | — | — | 354.81 | 354.81 | — | — | — | — | — | — | 301.21 | 301.21 |
| （二）其他综合收益 | — | — | — | — | — | — | — | — | — | — | — | — | — | — | — | — |
| 上述（一）和（二）小计 | — | — | — | — | — | — | 354.81 | 354.81 | — | — | — | — | — | — | 301.21 | 301.21 |
| （三）所有者投入和减少资本 | — | — | — | — | — | — | — | — | — | -2 734.89 | — | -7 911.40 | -1 018.52 | — | -4 742.05 | -16 406.86 |
| 1. 所有者投入资本 | — | — | — | — | — | — | — | — | — | — | — | — | — | — | — | — |
| 2. 股份支付计入所有者权益的金额 | — | — | — | — | — | — | — | — | — | — | — | — | — | — | — | — |
| 3. 其他 | — | — | — | — | — | — | — | — | — | -2 734.89 | — | -7 911.40 | -1 018.52 | — | -4 742.05 | -16 406.86 |
| （四）利润分配 | — | — | — | — | — | 17.74 | -17.74 | — | — | — | — | — | — | — | — | — |
| 1. 提取盈余公积 | — | — | — | — | — | — | — | — | — | — | — | — | — | — | — | — |
| 2. 提取一般风险准备 | — | — | — | — | — | — | — | — | — | — | — | — | — | — | — | — |
| 3. 提取信托赔偿准备 | — | — | — | — | — | 17.74 | -17.74 | — | — | — | — | — | — | — | — | — |
| 4. 对所有者（或股东）的分配 | — | — | — | — | — | — | — | — | — | — | — | — | — | — | — | — |
| 5. 其他 | — | — | — | — | — | — | — | — | — | — | — | — | — | — | — | — |
| （五）所有者权益内部结转 | — | — | — | — | — | — | — | — | — | — | — | — | — | — | — | — |
| 1. 资本公积转增资本（或股本） | — | — | — | — | — | — | — | — | — | — | — | — | — | — | — | — |
| 2. 盈余公积转增资本（或股本） | — | — | — | — | — | — | — | — | — | — | — | — | — | — | — | — |
| 3. 盈余公积弥补亏损 | — | — | — | — | — | — | — | — | — | — | — | — | — | — | — | — |
| 4. 其他 | — | — | — | — | — | — | — | — | — | — | — | — | — | — | — | — |
| 四、本期末余额 | 30 000.00 | — | — | 7 500.00 | 88.77 | 1 037.92 | 416.05 | 39 042.74 | 30 000.00 | — | — | 7 500.00 | 88.77 | 1 020.18 | 78.98 | 38 687.93 |

## 5.2 信托资产

### 5.2.1 信托项目资产负债汇总表

编制单位：西藏信托有限公司　　2010年12月31日　　单位：万元

| 信托资产 | 期末数 | 期初数 | 信托负债和信托权益 | 期末数 | 期初数 |
|---|---|---|---|---|---|
| 一、流动资产 | 318 716.00 | 1 013.73 | 一、信托负债 | 0.23 | 206.92 |
| 货币资金 | 41.00 | 66.73 | 应付利息 | — | — |
| 拆出资金 | — | — | 应付受托人报酬 | — | 49.09 |
| 应收利息 | — | — | 应付托管费 | — | — |
| 应收账款 | — | 277.00 | 应付受益人收益 | — | 80.83 |
| 短期投资 | 3 872.00 | — | 其他应付款 | 0.23 | 77.00 |
| 客户贷款 | 314 803.00 | 670.00 | 应交税金 | — | — |
|  | — | — | 卖出回购资产款 | — | — |
| 二、长期资产 | 18 696.86 | 6 494.86 | 其他负债 | — | — |
| 长期贷款 | 508.35 | 1 308.35 |  |  |  |
| 非应计贷款 | — | — | 二、信托权益 | 337 412.63 | 7 301.67 |
| 长期债权投资 | — | — | 资本公积 | — | — |
| 长期股权投资 | 18 188.51 | 5 186.51 | 实收信托 | 337 414.86 | 7 257.15 |
| 应收融资租赁款 | — | — | 未分配利润 | −2.23 | 44.52 |
| 固定资产 | — | — |  |  |  |
| 三、无形资产 | — | — |  |  |  |
| 四、其他资产 | — | — |  |  |  |
| 信托资产总计 | 337 412.86 | 7 508.59 | 信托负债及信托权益总计 | 337 412.86 | 7 508.59 |

### 5.2.2 信托项目利润及利润分配汇总表

编制单位：西藏信托有限公司　　2010年度　　单位：万元

| 项　目 | 本年数 | 上年数 |
|---|---|---|
| 一、营业收入 | 3 445.00 | 0.39 |
| 利息收入 | 3 445.00 | 0.39 |
| 投资收入 | — | — |
| 租赁收入 | — | — |
| 其他收入 | — | — |
| 二、营业费用 | 222.77 | — |
| 三、营业税金及附加 | — | — |
| 四、扣除资产减值准备前的信托利润 | 3 222.23 | 0.39 |
| 减：资产减值损失 | — | — |
| 五、扣除资产减值准备后的信托利润 | 3 222.23 | 0.39 |
| 加：期初未分配信托利润 | — | 44.13 |
| 六、可供分配的信托利润 | 3 222.23 | 44.52 |
| 减：本期已分配信托利润 | 3 224.46 | — |
| 七、期末未分配信托利润 | −2.23 | 44.52 |

# 6. 会计报表附注

## 6.1 简要说明会计报表年度会计报表编制基准、会计政策、会计估计和核算方法发生的变化

本公司以持续经营为基础，根据实际发生的交易和事项，按照《企业会计准则——基本准则》和其他各项具体会计准则、应用指南及准则解释的规定进行确认和计量，在此基础上编制财务报表。编制符合企业会计准则要求的财务报表需要使用估计和假设，这些估计和假设会影响财务报告日的资产、负债和或有负债的披露以及报告期间的收入和费用

公司固有业务和信托业务执行的是2006年颁布的《新企业会计准则》

## 6.2 或有事项说明

截至2010年12月31日，本公司无或有事项。

## 6.3 重要资产转让及出售的说明

截至2010年12月31日，本公司无重要资产转让及出售。

## 6.4 会计报表中重要项目的明细资料

### 6.4.1 自营资产经营情况

6.4.1.1 资产风险分类的结果披露资产的期初、期末数

| 风险分类 | 正常类（万元） | 关注类（万元） | 次级类（万元） | 可疑类（万元） | 损失类（万元） | 信用风险资产合计（万元） | 不良资产合计（万元） | 不良资产率(%) |
|---|---|---|---|---|---|---|---|---|
| 期初数 | 43 138.27 |  | 100.00 |  | 250.99 | 43 489.26 | 350.99 | 0.81 |
| 期末数 | 40 615.83 |  |  |  | 350.99 | 40 966.82 | 350.99 | 0.86 |

注：不良资产合计＝次级类＋可疑类＋损失类。

6.4.1.2 资产损失准备的期初、本期计提、本期转回、本期核销、期末数

单位:万元

| 项　目 | 期初数 | 本期计提 | 本期转回 | 本期核销 | 期末数 |
|---|---|---|---|---|---|
| 贷款损失准备 | 410.99 | | 60.00 | | 350.99 |

6.4.1.3　自营股票投资、基金投资、债券投资、长期股权投资等投资的期初数、期末数

单位:万元

| | 自营股票 | 基金 | 债券 | 长期股权投资 | 合 计 |
|---|---|---|---|---|---|
| 期初数 | | | | 14 361.01 | 14 361.01 |
| 期末数 | 22 865.57 | | | | 22 865.57 |

6.4.1.4　表外业务的期初数、期末数,按照代理业务、担保业务和其他类型表外业务分别披露

本公司未开展上述业务。

**6.4.2　信托资产管理情况**

6.4.2.1　信托资产的期初数、期末数

单位:万元

| 信托资产 | 期初数 | 期末数 |
|---|---|---|
| 集合 | 6 706.88 | 13 042.78 |
| 单一 | 801.72 | 324 370.08 |
| 合 计 | 7 508.60 | 337 412.86 |

6.4.2.2　本年度已经清算结束的集合类、单一类资金信托项目和财产管理类信托项目数量、合计金额

单位:万元

| 信托资产 | 项目个数 | 合计金额 |
|---|---|---|
| 集合 | 1 | 1 012.01 |
| 单一 | 1 | 801.72 |
| 合计 | 2 | 1 813.73 |

6.4.2.3　本年度新增的集合类、单一类资金信托项目和财产管理类信托项目数量、合计金额

单位:万元

| 信托资产 | 项目个数 | 合计金额 |
|---|---|---|
| 集合 | 2 | 13 042.78 |
| 单一 | 8 | 318 675.22 |
| 合计 | 10 | 331 718.00 |

6.4.2.4　本公司履行受托人义务的情况及因本公司自身责任导致的信托资产损失情况

本公司无上述情况。

## 6.5　关联方关系及其交易的披露

**6.5.1　关联交易方的数量、关联交易的总额及关联交易的定价政策**

单位:万元

| | 关联交易方数量 | 关联交易金额 | 定价政策 |
|---|---|---|---|
| 合计 | 1 | 14 650.49 | 按市场公允价格定价 |

**6.5.2　关联交易方与本公司的关系性质、关联交易方的名称、法人代表、注册地址、注册资本及主营业务**

| 关联方企业名称 | 与本公司的关系 | 注册地址 | 法人代表 | 注册资本(万元) | 主营业务 |
|---|---|---|---|---|---|
| 西藏自治区投资有限公司 | 相同控制股东 | 拉萨市 | 王运金 | 60 000 | 对金融企业股权投资;对能源、交通、旅游、酒店、矿业、藏医药、食品、高新技术产业、农牧业、民族手工业投资和城市公用项目投资。 |

**6.5.3　公司与关联方的重大交易事项**

6.5.3.1　固有财产与关联方

单位:万元

| 固有与关联方关联交易 | | | | |
|---|---|---|---|---|
| | 期初数 | 借方发生额 | 贷方发生额 | 期末数 |
| 长期股权投资 | 14 361.01 | | 14 361.01 | |
| 其他应收款 | | 289.48 | | 289.48 |
| 合计 | 14 361.01 | 289.48 | 14 361.01 | 289.48 |

6.5.3.2　信托财产与关联方交易情况

本公司无上述交易。

6.5.3.3　信托公司自有资金运用于自己管理的信托项目、信托公司管理的信托项目之间的相互(信信交易)交易金额,包括余额和本报告年度的发生额

本公司无上述交易。

**6.5.4　会计制度的披露**

固有业务和信托业务执行的是2006年颁布的《新企业会计准则》。

# 7. 财务情况说明

## 7.1　实现利润和分配情况

(1)利润总额384.61万元。

(2)所得税费用29.80万元。

(3)净利润354.81万元。

(4)年初未分配利润78.98万元。

(5)可供分配利润433.79万元。

(6)提取盈余公积金0万元。

(7)提取信托赔偿准备金17.74万元。

(8)提取经理基金0万元。

(9)提取一般风险准备0万元。

(10)年末未分配利润416.05万元。

## 7.2　主要财务指标

| 指标名称 | 指标值 |
|---|---|
| 资本利润率(%) | 0.91 |
| 信托报酬率(%) | 0.12 |
| 人均净利润(万元/人) | 18.67 |

注:1. 资本利润率=净利润/所有者权益平均余额×100%。

2. 信托报酬率=当年信托报酬收入/实收信托平均余额×100%。

3. 人均净利润=净利润/公司年平均人数。

4. 平均值采取年初及各季末余额移动算术平均法,公式为:a(平均)=(a0/2+a1+a2+a3+a4/2)/4。

### 7.3 对本公司财务状况、经营成果有重大影响的其他事项

无。

## 8. 特别事项

### 8.1 前五名股东报告期内变动情况及原因

本公司无上述情况。

### 8.2 董事、监事及高级管理人员变动情况

(1)董事变动情况
请详见:公司治理结构之董事。
(2)监事变动情况
请详见:公司治理结构之监事。
(3)高级管理人员变动情况
请详见:公司治理结构之公司高级管理人员。

### 8.3 公司的重大诉讼事项

本公司无上述情况。

### 8.4 对会计师事务所出具的有保留意见、否定意见或无法表示意见的审计报告的,公司董事会应就所涉及事项作出说明

本公司无上述情况。

### 8.5 公司及其董事、监事和高级管理人员受到处罚的情况

本公司无上述情况,

### 8.6 银监会及其派出机构对公司检查后提出的整改意见及整改情况

本公司无上述情况。

### 8.7 本年度重大事项临时报告的简要内容、披露时间、披露的媒体及其版面

本公司无上述情况。

### 8.8 银监会及其省级派出机构认定的其他有必要让客户及相关利益人了解的重要信息

本公司无上述情况。

## 9. 公司监事会意见

监事会认为,报告期内,公司经营活动依法运作,操作规范,财务报告真实地反映了公司的财务状况和经营成果。

# 厦门国际信托有限公司

## 1. 重要提示

1.1 本公司董事会及董事保证本报告所载资料不存在任何虚假记载、误导性陈述或者重大遗漏,并对其内容的真实性、准确性和完整性承担个别及连带责任。本年度报告摘要摘自年度报告全文,客户及相关利益人欲了解详细内容,应阅读年度报告全文。

1.2 没有董事声明对年度报告内容的真实性、准确性、完整性无法保证或存在异议。

1.3 独立董事保证本报告所载资料不存在任何虚假记载、误导性陈述或者重大遗漏,并对其内容的真实性、准确性和完整性承担个别及连带责任。

1.4 天健正信会计师事务所有限公司为本公司出具了标准无保留意见的审计报告。

1.5 公司负责人董事长洪文瑾、主管会计工作负责人苏荣坚和会计机构负责人苏荣坚保证年度报告中财务报告的真实、完整。

## 2. 公司概况

### 2.1 公司简介

2.1.1 公司的法定中文名称:厦门国际信托有限公司

公司的法定英文名称:Xiamen Internationai Trust Co., Ltd.

2.1.2 法定代表人:洪文瑾

2.1.3 注册地址:厦门市思明区湖滨北路莲滨里8号

2.1.4 邮政编码:361012

2.1.5 国际互联网网址:www. xmitic. com

2.1.6 电子信箱:master@xmitic. com

2.1.7 信息披露事务负责人:洪文瑾

联系人:郑 华

联系电话:0592-5311983

传真:0592-5311906

电子信箱:master@xmitic. com

2.1.8 公司本次信息披露报纸名称:《金融时报》

2.1.9 公司年度报告备置地点:厦门市思明区湖滨北路莲滨里8号

2.1.10 公司聘请的会计师事务所:天健正信会计师事务所有限公司

住所:北京市西城区月坛北街26号恒华国际商务中心4层401

2.1.11 公司信托事务聘请的律师事务所:

福建厦门理海律师事务所

住所:厦门市厦禾路820号帝豪大厦18楼

北京市大成律师事务所

住所:北京市东直门南大街3号国华投资大厦12~15层

### 2.2 组织结构

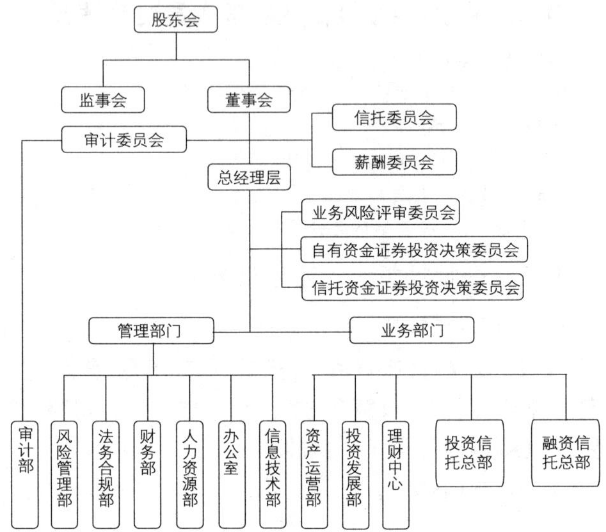


## 3. 公司治理结构

### 3.1 股东

公司现有两个股东,分别是:

| 股东名称 | 出资比例 | 法人代表 | 注册资本 | 注册地址 | 主要经营业务及主要财务情况 |
|---|---|---|---|---|---|
| 厦门建发集团有限公司 | 51% | 王宪榕 | 32亿元人民币 | 厦门市鹭江道52号海滨大厦5~7楼 | 主营涉及进出口贸易和物流,房地产开发与物业管理,旅游酒店等。2010年末资产总额530.56亿元,净资产111.91亿元;2010年实现营业收入677.05亿元,利润总额33.46亿元。 |
| 厦门港务控股集团有限公司 | 49% | 郑永恩 | 31亿元人民币 | 厦门市东渡路127号六楼 | 以控股、参股方式从事资产投资、监管、经营;港口工程开发与建设;与港口建设经营有关的业务。2010年末资产总额193.93亿元,净资产83.84亿元;2010年实现营业收入41.11亿元,利润总额7.79亿元。 |

注:厦门建发集团有限公司和厦门港务控股集团有限公司均是厦门市属并授权经营的国有独资公司。

## 3.2 董事

董事长、副董事长、董事

| 姓 名 | 职 务 | 性别 | 年龄 | 选任日期 | 所推举的股东名称 | 该股东持股比例(%) | 简 要 履 历 |
|---|---|---|---|---|---|---|---|
| 洪文瑾 | 董事长 | 女 | 47 | 2009年1月 | 厦门建发集团有限公司 | 51 | 1985年起历任厦门建发集团有限公司财务部副经理,厦门建发信托公司副总经理、总经理,厦门国际信托有限公司董事、总经理、董事长。 |
| 王宪榕 | 董事 | 女 | 58 | 2009年1月 | 厦门建发集团有限公司 | 51 | 1987年起历任厦门建发集团有限公司副总经理、总经理、董事长。 |
| 吴小敏 | 董事 | 女 | 55 | 2009年1月 | 厦门建发集团有限公司 | 51 | 1982年起历任厦门建发集团有限公司综合部副经理,贸管部副经理、经理、副总经理,厦门建发股份有限公司总经理,厦门建发集团有限公司总经理。 |
| 黄文洲 | 董事 | 男 | 45 | 2009年1月 | 厦门建发集团有限公司 | 51 | 1985年起历任厦门建发集团有限公司财务部经理,厦门建发股份有限公司副总经理、总经理、董事长。 |
| 郑永恩 | 董事 | 男 | 52 | 2009年1月 | 厦门港务控股集团有限公司 | 49 | 1998年起历任厦门港务集团董事、副总经理、总经理、党委副书记,2007年起任厦门港务控股集团有限公司董事长、党委书记。 |
| 陈鼎瑜 | 董事 | 男 | 53 | 2009年1月 | 厦门港务控股集团有限公司 | 49 | 1998年起历任厦门港务集团董事、副总经理、党委委员,2007年起任厦门港务控股集团有限公司董事、总经理、党委副书记。 |
| 傅承景 | 董事 | 男 | 48 | 2009年1月 | 厦门港务控股集团有限公司 | 49 | 1983年参加工作,历任厦门市财政局干部、科员、副处长、处长,2004年起任厦门港务集团有限公司董事、副总经理,2007年起任厦门港务控股集团有限公司董事、副总经理、总会计师。 |
| 屈文洲 | 独立董事 | 男 | 39 | 2009年7月 | | | 2005年至2007年任厦门大学管理学院副教授,现任厦门大学管理学院教授、博士生导师,厦门大学中国资本市场研究中心主任,厦门大学管理学院财务学系副主任。 |
| 黄衍电 | 独立董事 | 男 | 58 | 2009年7月 | | | 1991年起历任集美大学财经学院财税系副主任、主任、副院长,现任财经学院院长。 |

独立董事

| 姓 名 | 所在单位职务 | 性别 | 年龄 | 选任日期 | 所推举的股东名称 | 该股东持股比例(%) | 简 要 履 历 |
|---|---|---|---|---|---|---|---|
| 屈文洲 | 厦门大学管理学院财务学系副主任 | 男 | 39 | 2009年7月 | | | 2005年至2007年任厦门大学管理学院副教授,现任厦门大学管理学院教授、博士生导师,厦门大学中国资本市场研究中心主任,厦门大学管理学院财务学系副主任。 |
| 黄衍电 | 集美大学财经学院院长 | 男 | 58 | 2009年7月 | | | 1991年起历任集美大学财经学院财税系副主任、主任、副院长,现任财经学院院长。 |

## 3.3 监事

监事会成员

| 姓 名 | 职 务 | 性别 | 年龄 | 选任 日期 | 所推举的股东名称 | 该股东持股比例(%) | 简 要 履 历 |
|---|---|---|---|---|---|---|---|
| 余明凤 | 监事会召集人 | 男 | 47 | 2009年1月 | 厦门港务控股集团有限公司 | 49 | 2005年3月起历任厦门港务控股集团有限公司财务部副经理、审计部副经理(主持工作)、审计部经理、纪检监察室主任。2008年3月起任厦门港务控股集团有限公司监事。 |
| 叶志良 | 监事 | 男 | 53 | 2009年1月 | 厦门建发集团有限公司 | 51 | 1975年参加工作,历任厦门国际贸易信托公司引进部副主任、厦门建发公司工贸部副经理,华益公司总经理,厦门建发集团有限公司办公室主任、总经理助理、党委副书记、纪检委书记、工会主席等职。 |
| 宋国材 | 监事 | 男 | 55 | 2009年1月 | 公司职工 | 0 | 1970年12月参加工作,历任厦门国际信托有限公司办公室主任、委托资产管理部总经理、党委办公室兼纪检监察室主任。 |

### 3.4 高级管理人员

| 姓名 | 职务 | 性别 | 年龄 | 选任日期 | 金融从业年限 | 学历 | 专业 |
|---|---|---|---|---|---|---|---|
| 洪文瑾 | 董事长 | 女 | 47 | 2008 年 11 月 | 16 | 硕研 | 工商管理 |
| 林将 | 副总经理 | 男 | 53 | 2009 年 4 年 | 29 | 大专 | 金融 |
| 李自成 | 副总经理 | 男 | 49 | 2009 年 4 月 | 21 | 硕研 | 历史 |
| 蔡炎坤 | 总经理助理 | 男 | 46 | 2009 年 7 月 | 23 | 硕研 | 货币银行 |
| 郭韶红 | 总经理助理 | 女 | 42 | 2009 年 7 月 | 22 | 硕研 | 金融 |
| 苏荣坚 | 财务总监 | 男 | 48 | 2009 年 7 月 | 16 | 本科 | 经济管理 |
| 郑 华 | 总经理助理 | 女 | 37 | 2010 年 5 月 | 16 | 本科 | 行政管理 |

### 3.5 公司员工

报告期末公司职工人数 91 人，平均年龄 40 岁，学历分布比率为博士 1%、硕士 15%、本科 51%、专科 22%、其他 11%。

## 4. 经营管理

### 4.1 经营目标、方针、战略规划

经营目标：在健全内部法人治理结构、完善和规范内控管理制度和业务流程基础上，建立并形成一批高素质、专业化的投资管理与营销团队，实现公司信托资产规模和盈利水平的双增长，为信托受益人和公司股东谋求最大利益。

经营方针：稳健经营、诚实守信、开拓创新、有效回报，即以稳健经营为前提，以诚实信用为根本，以开拓创新为动力，以有效回报为目标。

发展规划：根据国家“十二五”规划的发展重点，依托国务院关于支持福建省加快建设海峡西岸经济区的发展契机，以开拓创新为先导，以专注主业为核心，以风险控制为保障，加强与银行、政府、其他非银行金融机构和中介机构之间开展各种形式的合作，逐步实现信托业务从平台型为主到自主管理型为主的转变；建立健全有效的激励和约束机制，实施有效的人才战略，为公司可持续发展创造条件；着力提升公司的投融资能力、项目开发能力、资产管理能力和市场营销能力；在确保安全性的前提下适当调整自有资产结构，提高自有资产的运作效益，从而推动公司业务规模、经营效益、管理水平的全面提升；规划期内确保各项主要经营指标实现复合增长，在信托业务主要指标行业排名上均能够逐年提升，初步形成自身的核心盈利模式并成为国内具有一定竞争力的信托机构。

### 4.2 所经营业务的主要内容

目前公司经营的业务均围绕“一法两规”及银监会的有关规定开展，在固有资产方面，开展贷款（流动资金贷款和固定资产贷款）、融资租赁、投资（金融股权投资和证券投资）等业务。在信托业务方面，有单一信托和集合信托业务，资金信托和财产信托业务。目前信托业务主要开展了贷款信托、证券投资信托、股权投资信托和股权管理信托、财产信托（土地收益权、股权收益权、信贷资产）等，信托业务资金投向涵盖了基础设施建设、房地产、证券、优质工商企业等方面。

#### 4.2.1 自营资产运用与分布表

| 资产运用 | 金额（万元） | 占比（%） | 资产分布 | 金额（万元） | 占比（%） |
|---|---|---|---|---|---|
| 货币资产 | 11 681 | 8.46 | 基础产业 | 61 981 | 44.88 |
| 贷款及应收款 | 38 015 | 27.52 | 房地产业 | 0 | 0 |
| 交易性金融资产 | 7 757 | 5.62 | 证券市场 | 5 366 | 3.89 |
| 可供出售金融资产 | 2 295 | 1.66 | 实业 | 515 | 0.37 |
| 持有至到期投资 | 10 638 | 7.70 | 金融机构 | 26 090 | 18.89 |
| 长期股权投资 | 60 471 | 43.79 | 其他 | 44 160 | 31.97 |
| 其他 | 7 255 | 5.25 | | | |
| 资产总计 | 138 112 | 100 | 资产总计 | 138 112 | 100 |

#### 4.2.2 信托资产运用与分布表

| 资产运用 | 金额（万元） | 占比（%） | 资产分布 | 金额（万元） | 占比（%） |
|---|---|---|---|---|---|
| 货币资产 | 121 088 | 6.14 | 基础产业 | 84 095 | 4.27 |
| 贷款 | 996 932 | 50.58 | 房地产 | 449 988 | 22.83 |
| 交易性金融资产 | 209 970 | 10.66 | 证券市场 | 310 417 | 15.75 |
| 可供出售金融资产 | 0 | 0.00 | 实业 | 683 144 | 34.66 |
| 持有至到期投资 | 0 | 0.00 | 金融机构 | 299 924 | 15.22 |
| 长期股权投资 | 289 031 | 14.67 | 其他 | 143 265 | 7.27 |
| 其他 | 353 812 | 17.95 | | | |
| 信托资产总计 | 1 970 833 | 100 | 信托资产总计 | 1 970 833 | 100 |

### 4.3 市场分析

#### 4.3.1 有利因素

高端客户理财市场蓬勃发展。国内经济持续快速发展，随着社会财富不断增加，社会财富的管理需求愈来愈大，如何使资产保值增值，成为投资者最为关心的话题，资产管理和财富管理的市场潜力巨大，这为信托业发展提供了广阔的市场空间。

信托监管环境日臻完善。2010 年以来，中国银监会制定了一系列信托行业监管制度和业务规范，明确引导信托公司转变经营模式，有利于促进信托业务规范化运作，促进信托公司自主管理资产能力的提升。

公司明确中长期发展规划，稳健经营，资产优良，风控体系日趋完善，树立了合规经营的品牌优势，拥有专业化的人才队伍，为公司稳步发展奠定了基础。

#### 4.3.2 不利因素

目前社会公众对信托行业的了解程度较低，市场和合格投资者尚需培育。信托业务相关配套法规如信托登记等制度尚未建立，较大影响了信托创新业务开展。当前宏观经济形势下，行业面临的外部环境日趋复杂，金融机构竞争加剧，信托公司缺乏竞争优势。

### 4.4 内部控制概况

#### 4.4.1 内部控制环境和内部控制文化

公司的内部控制制度，是为实现经营目标和防范各种风险而采取的一系列方法、措施、程序的总和。公司内部控制的总体目标是要建立一个决策科学、运营规范、管理高效、监督到位、反馈及时和持续、稳定、健康发展的信托业经营机构。具体

包括四项内部控制目标:一是确保国家法律法规、外部监管机构的监管要求和公司内部规章制度得到有效的贯彻执行;二是确保公司发展战略和经营目标的全面实施和充分实现;三是确保公司风险管理体系的有效性;四是确保业务记录、财务信息和其他管理信息的及时性、真实性、完整性。

公司建立了较为完善的法人治理结构,包括股东会、董事会、监事会和经营班子,各自职责明确并得到切实履行。董事会对公司建立内部控制系统和维持其有效性承担最终责任,经营班子对内部控制制度的有效执行承担责任,监事会对内部控制行使监督职责。公司董事会、监事会和经营管理层能充分认识自身对内部控制所承担的责任,并培育公司良好的内部控制文化和风险管理理念。董事会对总经理制定了明确的授权权限,总经理办公会具有明确的议事规则和决策程序。公司按照信托资产与固有资产隔离原则,分别设立不同的业务部门由不同的高管人员负责管理,各个信托项目均建立独立账户和账套分别管理、分别记账。公司按照职责明确、相互制约的原则设置组织结构,各部门有明确的授权分工,严格遵守公司部门工作职责的规定,在各自职权范围内从事活动。这些设置为公司提供了一个良好的内控环境和氛围。

**4.4.2 内部控制措施**

公司根据全面性、审慎性、及时性、有效性等原则,主要以业务处理流程为基础,运用目标控制、组织控制、授权控制、程序控制、检查控制等多种控制方法,致力于形成一套包括前台、中台、后台三道防线的内部监督控制体系。

公司持续不断地完善制度建设,包括信贷业务、投资业务、资金业务、会计内部控制、信息系统内部控制等各个方面在内的规章制度,排除内控盲点,建立分类科学、内容全面的制度和流程体系。2003 年 9 月颁布公司内部控制制度,2004 年以来又对内部控制制度进行了修订,各项管理规章制度也围绕内控制度的要求进一步予以修订和完善,并于 2004 年 5 月发布实施《公司规章制度汇编》(修订版,包括具体制度 52 项)。2005 年公司根据业务发展情况进一步制定和修订管理制度 12 项。2006 年公司制定和修订管理制度 20 项。2007 年制定和修订了 16 项。2008 年制定和修订了 14 项,并发布了《合规管理手册》(业务制度)1 册。2009 年制定和修订了 11 项。2010 年制定和修订了 20 项。一系列规章制度保证了公司各项业务规范、有序开展。各项制度得到良好执行。

公司内部控制职能主要通过法务合规部、风险管理部和审计部来履行。法务合规部、风险管理部主要履行事前、事中的控制职能。审计部主要履行事后检查监督职能。

**4.4.3 监督评价与纠正**

公司设立审计部门负责内部审计工作,审计工作按照审计署关于内部审计的规定和银监会的有关规定进行,包括采取定期和不定期方式,范围涉及财务和业务的各个方面,对公司内部控制制度的执行情况进行持续的监督,评价内部控制的有效性,提出意见。各个信托项目结束以及关键岗位人员离职均必须经过审计部门的审计。2010 年完成 23 个项目的常规和专项审计,出具 26 份内审报告。内部审计工作始终得到公司董事会和高级管理层的重视,内部审计结果向董事会和经营层报告,对于内部审计中发现的问题,能得到及时有效的整改,并将整改落实情况向监管部门报告。

## 4.5 风险管理概况

**4.5.1 风险状况**

4.5.1.1 信用风险状况

信用风险是指合同的一方不履行义务的可能性,包括贷款、同业拆放、回购等及在结算过程中的交易对手违约带来损失的风险。违约方包括融资对象的企业、资金往来的银行、证券开户券商等。

报告期末公司信用风险暴露期末数为 38 846 万元。不良信用资产的期初数为 7 232 万元,期末数为 585 万元。

4.5.1.2 市场风险状况

市场风险是指因市场波动而使得投资者不能获得预期收益的风险,包括股价、市场汇率、利率及其他价格因素产生的不利波动。

证券市场是一个重要投资领域,公司的自有资金和信托资金均有一定规模的投资。

近年来人民币存贷款基准利率的频繁调整和浮动贷款利率制度的实施,预示我国进一步实施利率市场化。这将有利增强资金用于贷款的盈利能力;同时对一些固定利率的贷款和固定收益型产品将存在较大的利率风险。

由于公司无外汇业务,因此市场汇率的变动对公司暂时还没有影响。

4.5.1.3 操作风险状况

操作风险是指公司由于内部程序、人员、系统的不完善或失误,或外部事件造成的潜在损失。

公司目前已逐步建立和完善了一系列基本制度、管理规定和业务操作流程,公司高管和员工风险意识和责任心较强。自重新登记以来未发生过较大因员工不尽职或违规而给公司和信托财产造成损失的事件。公司基本能有效地防范各个环节的操作风险。

4.5.1.4 其他风险状况

其他风险如政策风险、宏观政策以及监管政策的变动对公司经营环境和发展会造成的一定影响。

**4.5.2 风险管理**

4.5.2.1 信用风险管理

公司根据企业会计准则关于资产减值准备确认、计量的规定,并参考《财政部关于印发金融企业呆账准备提取管理办法的通知》(财金〔2005〕49 号文)对本公司资产提取资产减值准备及一般风险准备。截至报告期末公司应提的资产减值准备为 293 万元、一般准备 1 220 万元,已提资产减值准备 293 万元、一般准备 1 220 万元。

针对融资对象企业的信用风险,公司主要通过严格贷款“三查”制度、审贷分离制度和逐级审批制度来加以防范,制定了统一的企业信用标准和详细的操作规程。

针对资金往来银行和开户券商风险,主要通过选择实力雄厚、信誉卓著、业绩优良的金融机构作为合作伙伴,并对合作伙伴定期地进行与不定期地进行压力测试来及时发现问题,对风险加以防范。

办理抵押贷款,注重对抵押物的权属、有效性和变现能力以及所设定抵押的合法性进行审查,完善登记手续;对抵押物确认的主要原则为根据抵押物评估值的不同情况合理确定贷款抵押比例。

办理保证贷款,主要对保证人的保证资格、资信状况及其还款记录进行审查，并签订保证合同；原则上提供保证的企业应属于经营良好的企业，有足够的偿债能力，在贷款期间没有可预见的经营风险存在，没有不良记录，历史上信用良好等。

4.5.2.2　市场风险管理

针对证券市场风险，公司注重对证券投资的策略研究，遵循组合投资、分散风险的原则，建立对各种市场风险暴露进行实时计量和评估机制，并根据所确认和计量的风险暴露，分别制定风险限额、设立止损措施等以有效防范证券市场风险。公司根据市场需求开发信托产品，一方面满足一般受益人的风险收益偏好，另一方面有效降低优先受益人的风险。公司严格选择投资顾问，确定合理的证券投资资产配置比例和止损线。公司运用投资管理信息系统实时控制投资比例限制和产品净值变动，严格执行有关止损点措施。

对贷款产品定价时，主要考虑客户信用、资金成本、盈利目标、市场竞争、期限、额度、担保等因素，确定适宜的价格。

4.5.2.3　操作风险管理

操作风险可以通过正确的管理程序得到控制。公司主要通过严格的授权制度与过程监控来防范操作风险。在制定和完善具体的风险管理制度时，以"一法两规"为依据，落实信托业务和自营业务分账管理、防止挪用或私自改变资金用途、规范关联交易、加强信息披露等业务操作守则和制度要求。特别是对信托经理人的道德水准和职业操守有明确的职责要求，要求其定期完成对信托业务执行风险控制点的监控报告，恪尽职守，履行诚实、信用、谨慎、有效管理的义务。

4.5.2.4　其他风险管理

其他风险如政策风险，公司通过严格依法经营，根据法规和监管政策要求及时制定完善公司规章、内控制度和业务规程，加强业务合规性审查以规范和控制公司业务的政策风险。同时公司保持与监管当局紧密沟通、了解政策动向，把握业务方向。

## 5. 报告期末及上年末的比较式会计报表

### 5.1　自营资产

#### 5.1.1　会计师事务所审计结论

**审 计 报 告**

天健正信审（2011）JR 字第 020003 号

厦门国际信托有限公司全体股东：

我们审计了后附的厦门国际信托有限公司（以下简称厦门信托公司）自营资产财务报表，包括自营资产 2010 年 12 月 31 日的资产负债表，2010 年度的利润表、现金流量表、所有者权益变动表以及财务报表附注。

一、管理层对财务报表的责任

按照企业会计准则的规定编制财务报表是厦门信托公司管理层的责任。这种责任包括：（1）设计、实施和维护与财务报表编制相关的内部控制，以使财务报表不存在由于舞弊或错误而导致的重大错报；（2）选择和运用恰当的会计政策；（3）作出合理的会计估计。

二、注册会计师的责任

我们的责任是在实施审计工作的基础上对财务报表发表审计意见。我们按照中国注册会计师审计准则的规定执行了审计工作。中国注册会计师审计准则要求我们遵守职业道德规范，计划和实施审计工作以对财务报表是否不存在重大错报获取合理保证。

审计工作涉及实施审计程序，以获取有关财务报表金额和披露的审计证据。选择的审计程序取决于注册会计师的判断，包括对由于舞弊或错误导致的财务报表重大错报风险的评估。在进行风险评估时，我们考虑与财务报表编制相关的内部控制，以设计恰当的审计程序，但目的并非对内部控制的有效性发表意见。审计工作还包括评价管理层选用会计政策的恰当性和作出会计估计的合理性，以及评价财务报表的总体列报。

我们相信，我们获取的审计证据是充分、适当的，为发表审计意见提供了基础。

三、审计意见

我们认为，厦门信托公司自营资产财务报表已经按照企业会计准则的规定编制，在所有重大方面公允反映了厦门信托公司自营资产 2010 年 12 月 31 日的财务状况以及 2010 年度的经营成果和现金流量。

天健正信会计师事务所有限公司厦门分公司

中国注册会计师

中国・厦门　　中国注册会计师

报告日期：2011 年 1 月 20 日

#### 5.1.2　资产负债表

单位：厦门国际信托有限公司（自营资产）　　2010 年 12 月 31 日　　单位：万元

| 资　产 | 期末数 | 期初数 | 负债和所有者权益 | 期末数 | 期初数 |
|---|---|---|---|---|---|
| 资产： | | | 负债： | | |
| 货币资金 | 11 681 | 56 312 | 拆入资金 | | |
| 拆出资金 | | | 衍生金融负债 | | |
| 交易性金融资产 | 7 757 | 9 839 | 应付职工薪酬 | 4 744 | 5 933 |
| 衍生金融资产 | | | 应交税费 | 1 770 | 3 554 |
| 买入返售金融资产 | | | 应付利息 | | |
| 应收利息 | 69 | 57 | 应付股利 | | |
| 发放贷款 | 37 793 | 38 177 | 预计负债 | | |
| 可供出售金融资产 | 2 295 | 612 | 递延所得税负债 | 102 | 707 |

续表

| 资　　产 | 期末数 | 期初数 | 负债和所有者权益 | 期末数 | 期初数 |
|---|---|---|---|---|---|
| 长期应收款 | 222 | 822 | 其他负债 | 1 325 | 1 118 |
| 持有至到期投资 | 10 638 | | 负债合计 | 7 941 | 11 312 |
| 长期股权投资 | 60 471 | 40 333 | 所有者权益： | | |
| 固定资产 | 5 737 | 1 628 | 实收资本 | 100 000 | 100 000 |
| 递延所得税资产 | 961 | 1 191 | 资本公积 | 1 541 | 1 535 |
| 其他资产 | 488 | 5 546 | 盈余公积 | 10 471 | 9 091 |
| | | | 一般风险准备 | 1 220 | 1 502 |
| | | | 信托赔偿准备 | 4 927 | 4 237 |
| | | | 未分配利润 | 12 012 | 26 840 |
| | | | 所有者权益合计 | 130,171 | 143,205 |
| 资产总计 | 138 112 | 154 517 | 负债和所有者权益总计 | 138 112 | 154 517 |

法定代表人：洪文瑾　　主管财务负责人：苏荣坚　　财务主管：苏荣坚

### 5.1.3　利润表

单位：厦门国际信托有限公司（自营资产）　　2010 年　　单位：万元

| 项　　目 | 当年数 | 上年数 |
|---|---|---|
| 一、营业收入 | 20 688 | 41 235 |
| 利息净收入 | 2 654 | 4 842 |
| 利息收入 | 2 654 | 4 842 |
| 利息支出 | — | — |
| 手续费及佣金净收入 | 8 466 | 7 320 |
| 手续费及佣金收入 | 8 466 | 7 519 |
| 手续费及佣金支出 | — | 199 |
| 投资收益（损失以"－"号填列） | 12 308 | 26 623 |
| 公允价值变动收益 | -2 847 | 2 428 |
| 汇兑收益（损失以"－"号填列） | — | — |
| 其他业务收入 | 107 | 22 |
| 二、营业支出 | 4 027 | 3 368 |
| 营业税金及附加 | 828 | 1 329 |
| 业务及管理费 | 4 581 | 5 932 |
| 资产减值损失 | -3 312 | -4 080 |
| 其他业务成本 | 1 930 | 187 |
| 三、营业利润（亏损以"－"号填列） | 16 661 | 37 867 |
| 加：营业外收入 | 11 | 34 |
| 减：营业外支出 | 859 | 103 |
| 四、利润总额（损失以"－"号填列） | 15 813 | 37 798 |
| 减：所得税费用 | 2 013 | 6 038 |
| 五、净利润（损失以"－"号填列） | 13 800 | 31 760 |
| 六、每股收益： | | |
| （一）基本每股收益 | 0. 14 | 0. 34 |
| （二）稀释每股收益 | 0. 14 | 0. 34 |
| 七、其他综合收益 | 6 | -423 |
| 八、综合收益总额 | 13 806 | 31 337 |

法定代表人：洪文瑾　　主管财务负责人：苏荣坚　　财务主管：苏荣坚

## 5.1.4 所有者权益变动表

编制单位:厦门国际信托有限公司(自营资产)　　2010 年　　单位:万元

| 项目 | 本年金额 | | | | | | | | 上年金额 | | | | | | | |
|---|---|---|---|---|---|---|---|---|---|---|---|---|---|---|---|---|
| | 归属于母公司所有者权益 | | | | | | | 所有者权益合计 | 归属于母公司所有者权益 | | | | | | | 所有者权益合计 |
| | 实收资本(或股本) | 资本公积(或股本) | 减:库存股(或股本) | 盈余公积(或股本) | 一般风险准备(或股本) | 信托赔偿准备(或股本) | 未分配利润(或股本) | | 实收资本(或股本) | 资本公积(或股本) | 减:库存股(或股本) | 盈余公积(或股本) | 一般风险准备(或股本) | 信托赔偿准备(或股本) | 未分配利润(或股本) | |
| 一、上年末余额 | 100 000 | 1 535 | — | 9 091 | 1 502 | 4 237 | 26 840 | 143 205 | 87 968 | 1 959 | | 5 915 | 1 271 | 2 649 | 23 075 | 122 837 |
| 加:会计政策变更 | | | | | | | | — | | | | | | | | |
| 前期差错更正 | | | | | | | | — | | | | | | | | — |
| 二、本年初余额 | 100 000 | 1 535 | — | 9 091 | 1 502 | 4 237 | 26 840 | 143 205 | 87 968 | 1 959 | — | 5 915 | 1 271 | 2 649 | 23 075 | 122 837 |
| 三、本年增减变动金额(减少以"－"号填列) | — | 6 | — | 1 380 | -282 | 690 | -14 828 | -13 034 | 12 032 | -424 | — | 3 176 | 231 | 1 588 | 3 765 | 20 368 |
| (一)净利润 | | | | | | | 13 800 | 13 800 | | | | | | | 31 760 | 31 760 |
| (二)其他综合收益 | — | 6 | — | — | — | — | — | 6 | — | -424 | — | — | — | — | — | -424 |
| 1. 可供出售金融资产公允价值变动净额 | — | 8 | — | — | — | — | — | 8 | — | -565 | — | — | — | — | — | -565 |
| (1)计入所有者权益的金额 | | 8 | | | | | | 8 | | -565 | | | | | | -565 |
| (2)转入当期损益的金额 | | | | | | | | — | | — | | | | | | |
| 2. 现金流量套期工具公允价值变动净额 | | | | | | | | — | | | | | | | | |
| (1)计入所有者权益的金额 | | | | | | | | — | | | | | | | | |
| (2)转入当期损益的金额 | | | | | | | | — | | | | | | | | |
| (3)计入被套期项目初始确认金额中的金额 | | | | | | | | — | | | | | | | | |
| 3. 权益法下被投资单位其他所有者权益变动的影响 | | | | | | | | — | | | | | | | | |
| 4. 与计入所有者权益项目相关的所得税影响 | | -2 | | | | | | -1 | | 141 | | | | | | 141 |
| 5. 其他 | | | | | | | | — | | | | | | | | |
| 上述(一)和(二)小计 | — | 6 | — | — | — | — | 13 800 | 13 806 | — | -424 | — | — | | — | 31 760 | 31 336 |
| (三)所有者投入和减少资本 | — | — | — | — | — | — | — | — | 12 032 | — | — | — | | — | — | 12 032 |
| 1. 所有者投入资本 | — | | | | | | | — | 12 032 | | | | | | | 12 032 |
| 2. 股份支付计入所有者权益的金额 | | | | | | | | — | | | | | | | | - |
| 3. 其他 | | | | | | | | — | | | | | | | | — |
| (四)利润分配 | — | — | — | 1 380 | -282 | 690 | -28 628 | -26 840 | — | — | — | 3 176 | 231 | 1 588 | -27 995 | -23 000 |
| 1. 提取盈余公积 | | | | 1 380 | | | -1 380 | — | | | | 3 176 | | | -3 176 | - |
| 2. 提取一般风险准备 | | | | | -282 | | 282 | — | | | | | 231 | | -231 | - |
| 3. 提取信托赔偿准备 | | | | | | 690 | -690 | — | | | | | | 1 588 | -1 588 | - |
| 4. 对所有者(或股东)的分配 | | | | | | | -26 840 | -26 840 | | | | | | | -23 000 | -23 000 |
| (五)所有者权益内部结转 | — | — | — | — | — | — | — | — | — | — | — | — | | — | — | - |
| 1. 资本公积转增资本 | | | | | | | | — | | | | | | | | - |
| 2. 盈余公积转增资本 | | | | | | | | — | | | | | | | | - |
| 3. 盈余公积弥补亏损 | | | | | | | | — | | | | | | | | - |
| 4. 其他 | | | | | | | | — | | | | | | | | - |
| 四、本年末余额 | 100 000 | 1 541 | — | 10 471 | 1 220 | 4 927 | 12 012 | 130 171 | 100 000 | 1 535 | — | 9 091 | 1 502 | 4 237 | 26 840 | 143 205 |

法定代表人:洪文瑾　　主管财务负责人:苏荣坚　　财务主管:苏荣坚

## 5.2 信托资产

### 5.2.1 信托项目资产负债汇总表

单位:厦门国际信托有限公司　　2010年12月31日　　单位:万元

| 资　　产 | 期末数 | 期初数 | 负债与所有者权益 | 期末数 | 期初数 |
|---|---|---|---|---|---|
| 资产: | | | 负债: | | |
| 货币资金 | 121 088 | 149 824 | 应付受托人报酬 | 102 | 88 |
| 拆出资金 | 0 | 0 | 应付受益人收益 | 6 381 | 274 |
| 交易性金融资产 | 209 970 | 165 884 | 应交税金 | 0 | 0 |
| 衍生金融资产 | 0 | 0 | 衍生金融负债 | 0 | 0 |
| 买入返售金融资产 | 60 000 | 0 | 其他负债 | 3 668 | 3 160 |
| 发放贷款 | 996 932 | 534 370 | 负债合计 | 10 151 | 3 522 |
| 可供出售金融资产 | 0 | 0 | 所有者权益: | | |
| 持有至到期投资 | 0 | 11 073 | 实收信托 | 1 936 525 | 903 084 |
| 应收款项 | 812 | 645 | 其中:集合资金信托 | 647 583 | 270 425 |
| 长期股权投资 | 289 031 | 45 579 | 单一资金信托 | 1 252 241 | 583 549 |
| 其他资产 | 293 000 | 18 800 | 财产信托 | 36 701 | 49 110 |
| | | | 资本公积 | 0 | 0 |
| | | | 未分配利润 | 24 156 | 19 569 |
| | | | 所有者权益合计 | 1 960 682 | 922 653 |
| 资产总计 | 1 970 833 | 926 175 | 负债和所有者权益总计 | 1 970 833 | 926 175 |

法定代表人:洪文瑾　　主管财务负责人:苏荣坚　　财务主管:苏荣坚

### 5.2.2 信托项目利润及利润分配汇总表

2010年

单位:厦门国际信托有限公司(信托业务汇总)　　单位:万元

| 项　目 | 当年数 | 上年数 |
|---|---|---|
| 一、营业收入 | 72 008 | 107 681 |
| 利息净收入 | 43 837 | 31 824 |
| 利息收入 | 43 837 | 31 824 |
| 利息支出 | 0 | 0 |
| 投资收益(损失以"-"号填列) | 31 548 | 55 241 |
| 公允价值变动收益 | -4 971 | 14 332 |
| 其他业务收入 | 1 594 | 6 284 |
| 二、营业支出 | 14 494 | 11 375 |
| 营业税金及附加 | 0 | 0 |
| 信托费用 | 14 494 | 11 375 |
| 资产减值损失 | 0 | 0 |
| 三、利润总额(损失以"-"号填列) | 57 514 | 96 306 |
| 加:期初未分配信托利润 | 19 569 | -24 902 |
| 损益平准金 | -1 083 | 5 438 |
| 四、可供分配的信托利润 | 76 000 | 76 842 |
| 减:本期已分配信托利润 | 51 843 | 57 273 |
| 五、期末未分配信托利润 | 24 157 | 19 569 |

法定代表人:洪文瑾　　主管财务负责人:苏荣坚　　财务主管:苏荣坚

## 6. 会计报表附注

### 6.1 会计报表编制基准、会计政策、会计估计和核算方法发生变化的说明

对比上一报告年度,本报告年度公司会计报表编制基准、会计政策、会计估计和核算方法没有发生变化。

### 6.2 或有事项的说明

公司的对外担保均为在重新登记前为厦门市一些市政项目提供的担保,2010年期初数为6 008万元、期末数为5 274万元。由于以上担保均由厦门市财政局提供反担保,因此,上述或有事项对公司不构成重大影响。

### 6.3 重要资产转让及其出售的说明

本期公司没有发生重要资产转让或出售。

### 6.4 会计报表中重要项目的明细资料

#### 6.4.1 自营资产经营情况

6.4.1.1 信用风险资产分类情况表

| 信用风险资产五级分类 | 正常类(万元) | 关注类(万元) | 次级类(万元) | 可疑类(万元) | 损失类(万元) | 信用风险资产合计(万元) | 不良合计(万元) | 不良率(%) |
|---|---|---|---|---|---|---|---|---|
| 期初数 | 98 421 | 0 | 43 | 7 189 | 0 | 105 653 | 7 232 | 6.85 |
| 期末数 | 55 216 | 0 | 0 | 585 | 0 | 55 801 | 585 | 1.05 |

注:1. 资产数按照计提减值准备前的数字反映。

2. 不良资产合计=次级类+可疑类+损失类。

6.4.1.2 资产减值损失准备

单位:万元

| | 期初数 | 本期计提 | 本期转回 | 本期核销 | 期末数 |
|---|---|---|---|---|---|
| 贷款损失准备 | 3 557 | 0 | 3 264 | 0 | 293 |
| 一般准备 | 0 | 0 | 0 | 0 | 0 |
| 专项准备 | 3 557 | 0 | 3 264 | 0 | 293 |
| 其他资产减值准备 | 0 | 0 | 0 | 0 | 0 |
| 可供出售金融资产减值准备 | 0 | 0 | 0 | 0 | 0 |

续表

| | 期初数 | 本期计提 | 本期转回 | 本期核销 | 期末数 |
|---|---|---|---|---|---|
| 持有至到期投资减值准备 | 0 | 0 | 0 | 0 | 0 |
| 长期股权投资减值准备 | 0 | 0 | 0 | 0 | 0 |
| 坏账准备 | 48 | 6 | 17 | 37 | 0 |
| 投资性房地产减值准备 | 0 | 0 | 0 | 0 | 0 |

6.4.1.3 自营投资情况

单价：万元

| | 自营股票 | 基金 | 债券 | 长期股权投资 | 其他投资 | 合计 |
|---|---|---|---|---|---|---|
| 期初数 | 9 839 | 612 | 0 | 40 333 | 0 | 50 784 |
| 期末数 | 4 754 | 612 | 0 | 60 471 | 15 324 | 81 161 |

6.4.1.4 前四名长期股权投资企业情况

| 企业名称 | 占被投资企业权益的比例(%) | 主要经营活动 | 投资损益（万元） |
|---|---|---|---|
| 1. 厦门华夏国际电力有限公司 | 20 | 火力发电、电力销售及其他与火电厂经营相关项目的开发利用。 | 1 525 |
| 2. 申银万国证券股份有限公司 | 0.2887 | 证券代理买卖；代理证券的还本付息、分红派息；证券代保管、鉴证；代理登记开户；证券的自营买卖；证券的承销；证券投资咨询；受托投资管理。 | 0 |
| 3. 象屿期货有限责任公司 | 46.47 | 商品期货经纪；金融期货经纪。 | 64 |
| 4. 南方基金管理有限公司 | 15 | 从事证券投资基金管理、发起设立证券投资基金。 | 6 750 |

注：投资损益是指按照企业会计准则规定，核算股权投资确认损益并计入披露年度利润表的金额。

6.4.1.5 前四名自营贷款企业情况

| 企业名称 | 占贷款总额的比例(%) | 还款情况 |
|---|---|---|
| 1. 厦门市杏林建设开发公司 | 22.32 | 贷款未到期、无欠息 |
| 2. 安溪县城市建设投资有限公司 | 21.01 | 贷款未到期、无欠息 |
| 3. 厦门同安国有资产投资管理有限公司 | 21.01 | 贷款未到期、无欠息 |
| 4. 厦门集美建设发展公司 | 13.13 | 贷款未到期、无欠息 |

6.4.1.6 表外业务

单位：万元

| 表外业务 | 期初数 | 期末数 |
|---|---|---|
| 担保业务 | 6 008 | 5 274 |
| 代理业务（委托业务） | 3 702 | 3 690 |
| 其他 | 0 | 0 |
| 合计 | 9 710 | 8 964 |

注：代理业务主要反映因客观原因应规范而尚未完成规范的历史遗留委托业务，包括委托贷款和委托投资。

6.4.1.7 公司当年的收入结构

| 收入结构 | 金额（万元） | 占比(%) |
|---|---|---|
| 手续费及佣金收入 | 8 466 | 40.90 |
| 其中：信托手续费收入 | 8 466 | 40.90 |
| 投资银行业务收入 | 0 | 0 |
| 利息收入 | 2 654 | 12.82 |
| 其他业务收入 | 107 | 0.52 |
| 其中：计入信托业务收入部分 | 0 | 0 |
| 投资收益 | 12 308 | 59.46 |
| 其中：股权投资收益 | 8 339 | 40.28 |
| 证券投资收益 | 3 837 | 18.54 |
| 其他投资收益 | 132 | 0.64 |
| 公允价值变动收益 | −2 847 | −13.75 |
| 营业外收入 | 11 | 0.05 |
| 收入合计 | 20 699 | 100 |

注：手续费及佣金收入、利息收入、其他业务收入、投资收益、营业外收入均为损益表中的一级科目，其中手续费及佣金收入、利息收入、营业外收入为未抵减掉相应支出的全年累计实现收入数。

**6.4.2 信托资产管理情况**

6.4.2.1 信托资产的期初数、期末数

单位：万元

| 信托资产 | 期初数 | 期末数 |
|---|---|---|
| 集合 | 293 938 | 670 232 |
| 单一 | 583 087 | 1 263 896 |
| 财产权 | 49 150 | 36 705 |
| 合计 | 926 175 | 1 970 833 |

6.4.2.1.1 主动管理型信托业务情况

单位：万元

| 主动管理型信托资产 | 期初数 | 期末数 |
|---|---|---|
| 证券投资类 | 214 119 | 291 585 |
| 股权投资类 | 5 001 | 234 978 |
| 融资类 | 184 181 | 308 810 |
| 事务管理类 | 0 | 0 |
| 合计 | 403 301 | 835 373 |

6.4.2.1.2 被动管理型信托业务情况

单位：万元

| 被动管理型信托资产 | 期初数 | 期末数 |
|---|---|---|
| 证券投资类 | 93 820 | 18 832 |
| 股权投资类 | 11 208 | 26 |
| 融资类 | 382 777 | 775 089 |
| 其他投资类 | 0 | 286 639 |
| 事务管理类 | 35 069 | 54 874 |
| 合计 | 522 874 | 1 135 460 |

6.4.2.2 本年度已清算结束的信托项目情况

6.4.2.2.1 本年度已清算结束的集合类、单一类、财产管理类信托项目情况

| 已清算结束信托项目 | 项目个数 | 实收信托合计金额(万元) | 加权平均实际年化收益率(%) |
|---|---|---|---|
| 集合类 | 10 | 32 680 | 3.78 |
| 单一类 | 53 | 937 664 | 4.84 |
| 财产管理类 | 3 | 21 000 | 5.60 |

注:收益率是指信托项目清算后,给受益人赚取的实际收益水平。加权平均实际年化收益率=(信托项目1的实际年化收益率×信托项目1的实收信托+信托项目2的实际年化收益率×信托项目2的实收信托+…信托项目n的实际年化收益率×信托项目n的实收信托)/(信托项目1的实收信托+信托项目2的实收信托+…信托项目n的实收信托)×100%。

6.4.2.2.2　本年度已清算结束的主动管理型信托项目情况

| 已清算结束信托项目 | 项目个数 | 实收信托合计金额(万元) | 加权平均实际年化信托报酬率(%) | 加权平均实际年化收益率(%) |
|---|---|---|---|---|
| 证券投资类 | 2 | 6 716 | 0.60 | -7.51 |
| 股权投资类 | 0 | 0 | 0 | 0 |
| 融资类 | 23 | 103 083 | 0.77 | 5.93 |
| 事务管理类 | 0 | 0 | 0 | 0 |

注:加权平均实际年化信托报酬率=(信托项目1的实际年化信托报酬率×信托项目1的实收信托+信托项目2的实际年化信托报酬率×信托项目2的实收信托+…信托项目n的实际年化信托报酬率×信托项目n的实收信托)/(信托项目1的实收信托+信托项目2的实收信托+…信托项目n的实收信托)×100%。

6.4.2.2.3　本年度已清算结束的被动管理型信托项目情况

| 已清算结束信托项目 | 项目个数 | 实收信托合计金额(万元) | 加权平均实际年化信托报酬率(%) | 加权平均实际年化收益率(%) |
|---|---|---|---|---|
| 证券投资类 | 20 | 447 411 | 0.10 | 5.13 |
| 股权投资类 | 0 | 0 | 0 | 0 |
| 融资类 | 21 | 434 134 | 0.13 | 4.42 |
| 事务管理类 | 0 | 0 | 0 | 0 |

6.4.2.3　本年度新增的信托项目情况

单位:万元

| 新增信托项目 | 项目个数 | 实收信托合计金额 |
|---|---|---|
| 集合类 | 28 | 390 045 |
| 单一类 | 59 | 1 242 375 |
| 财产管理类 | 0 | 0 |
| 新增合计 | 87 | 1 632 420 |
| 其中:主动管理型 | 39 | 521 836 |
| 被动管理型 | 48 | 1 110 584 |

6.4.2.4　信托业务创新成果和特色业务情况

(1)创新业务案例一

"厦门信托·世欧王庄城安置房项目股权投资集合资金信托计划",信托总规模24亿元,其中优先级8亿元。采取股权投资的方式介入国家政策支持的安置房建设,政府保证回拨款、市政配套拆迁安置费以及相关配套商业设施销售收入,足以覆盖信托计划资金的退出。该项目的交易安排、风险管控的落实,将为公司自主管理型业务留下宝贵的经验。

(2)创新业务案例二

"荷塘月色扬州中小企业流动资金贷款集合资金信托计划",是江苏省第一笔科技创新中小企业集合信托,特色在于由财政、银行、信托、创投、担保等"五金合一"和社会投资者共同搭建参与支持中小企业发展的融资平台,为虽优质但融资难、担保物少的中小企业发展提供了新的融资模式和服务模式,符合了银监会对中小企业贷款的扶持政策,为公司带来良好的经济效益和社会效应。

6.4.2.5　本公司履行受托人义务情况及因本公司自身责任而导致的信托资产损失

公司严格按照信托法规要求,忠实履行信托合同的义务,至本年度止,没有因本公司自身责任而导致的信托资产损失。

## 6.5　关联方关系及其交易

### 6.5.1　关联交易的数量、交易总金额及交易的定价政策

单位:万元

| | 关联交易方数量 | 关联交易金额 | 定价政策 |
|---|---|---|---|
| 合计 | 10 | 77 685 | 市场公允价格。对关联方的贷款利率定价依据参照其他商业银行对其同类贷款利率水平,及与公司发放给其他具有同等资信条件非关联方的贷款利率;其他交易方式均按公允交易价格执行。 |

### 6.5.2　关联交易方的基本情况

| 关系性质 | 关联方名称 | 法定代表人 | 注册地址 | 注册资本(万元) | 主营业务 |
|---|---|---|---|---|---|
| 控股母公司 | 厦门建发集团有限公司 | 王宪榕 | 厦门市鹭江道52号 | 320 000 | 贸易、房地产、旅游、酒店。 |
| 对本公司有重大影响的股东 | 厦门港务控股集团有限公司 | 郑永恩 | 湖里区东渡路127号6楼 | 310 000 | 港口、仓储、交通运输。 |
| 间接受本公司的母公司控制 | 厦门嘉润房地产有限公司 | 张云霞 | 厦门湖里区文化中心大楼 | 9 500 | 房地产开发与经营及管理、房地产咨询等。 |
| 联营企业 | 厦门华夏国际电力发展有限公司 | 张元领 | 厦门厦禾路935号华商大厦九楼 | 102 200 | 火力发电、电力销售等。 |
| 间接受本公司的母公司控制 | 联发集团有限公司 | 陈龙 | 厦门市湖里区湖里大道31号 | 180 000 | 投资兴办独资、合资、合作及内联企业;房地产开发、经营等。 |
| 间接受本公司的母公司控制 | 福建兆丰房地产有限公司 | 李卫东 | 龙海市角美镇龙池开发区龙池山庄 | 2 000 | 房地产开发与经营;房地产经纪与代理、管理等。 |
| 间接受本公司的母公司控制 | 长沙兆发房地产有限公司 | 施震 | 长沙市天心区芙蓉南路新时空1号1001房 | 5 000 | 房地产开发、经营;建筑材料、金属材料、化工产品的销售;室内外装饰工程的设计等。 |
| 间接受本公司的母公司重大影响的企业 | 厦门船舶重工股份有限公司 | 赵金杰 | 海沧排头 | 25 000 | 各类船舶、海洋石油工业装备、金属结构及其构件的制造、安装;船舶修理等。 |

续表

| 关系性质 | 关联方名称 | 法定代表人 | 注册地址 | 注册资本（万元） | 主营业务 |
|---|---|---|---|---|---|
| 间接受本公司的母公司控制 | 厦门建发房地产集团有限公司 | 庄跃凯 | 厦门市鹭江道52号海滨大厦八楼 | 100 000 | 房地产开发与经营及管理、房地产咨询等。 |
| 间接受本公司的母公司控制 | 上海山溪地房地产开发有限公司 | 庄跃凯 | 上海市杨浦区国和路36号14幢290室 | 12 000 | 房地产开发经营、物业管理；商务咨询；建材、化工原料销售；建筑装饰及装修等。 |

#### 6.5.3 与关联方的重大交易事项

6.5.3.1 固有与关联方交易情况

单位：万元

| 固有与关联方关联交易 | | | | |
|---|---|---|---|---|
| | 期初数 | 借方发生额 | 贷方发生额 | 期末数 |
| 贷款 | 0 | 0 | 0 | 0 |
| 投资 | 0 | 0 | 0 | 0 |
| 租赁 | 0 | 0 | 0 | 0 |
| 担保 | 0 | 0 | 0 | 0 |
| 应收账款 | 0 | 0 | 0 | 0 |
| 其他 | 0 | 0 | 0 | 0 |
| 合计 | 0 | 0 | 0 | 0 |

6.5.3.2 信托与关联方交易

单位：万元

| 信托与关联方关联交易 | | | | |
|---|---|---|---|---|
| | 期初数 | 借方发生额 | 贷方发生额 | 期末数 |
| 贷款 | 143 999 | 83 476 | 149 790 | 77 685 |
| 投资 | 0 | 0 | 0 | 0 |
| 租赁 | 0 | 0 | 0 | 0 |
| 担保 | 0 | 0 | 0 | 0 |
| 应收账款 | 0 | 0 | 0 | 0 |
| 其他 | 0 | 0 | 0 | 0 |
| 合计 | 0 | 0 | 0 | 0 |

6.5.3.3 固信交易、信信交易

6.5.3.3.1 固有与信托财产交易情况

单位：万元

| 固有财产与信托财产相互交易 | | | |
|---|---|---|---|
| | 期初数 | 本期发生数 | 期末数 |
| 合计 | 0 | 6 621 | 6 621 |

6.5.3.3.2 信托项目之间交易情况

单位：万元

| 信托资产与信托财产相互交易 | | | |
|---|---|---|---|
| | 期初数 | 本期发生额 | 期末数 |
| 合计 | 11 073 | –11 073 | 0 |

#### 6.5.4 关联方逾期未偿还本公司资金的情况以及本公司为关联方担保发生或即将发生垫款的情况

报告期内无此情况。

### 6.6 会计制度的披露

本公司固有业务及信托业务均执行国家财政部2006年2月15日颁布的《企业会计准则》及其相关补充规定。

## 7. 财务情况说明书

### 7.1 利润实现和分配情况

| 项目 | 金额（万元） |
|---|---|
| 上年末未分配利润 | 26 840 |
| 加：会计政策变更 | 0 |
| 前期差错更正 | 0 |
| 本年初未分配利润 | 26 840 |
| 加：本年净利润 | 13 800 |
| 可供分配利润 | 40 640 |
| 减：提取一般准备金 | –282 |
| 提取盈余公积 | 1 380 |
| 提取信托赔偿准备金 | 690 |
| 对所有者（或股东）的分配 | 26 840 |
| 可供股东分配的利润 | 12 012 |
| 减：应付股利 | 0 |
| 年末未分配利润 | 12 012 |

### 7.2 主要财务指标

| 指标名称 | 指标值 |
|---|---|
| 资本利润率（%） | 10.10 |
| 加权年化信托报酬率（%） | 0.19 |
| 人均净利润（万元/人） | 153 |

注：1. 资本利润率＝净利润/所有者权益平均余额×100%。

2. 加权年化信托报酬率＝（信托项目1的实际年化信托报酬率×信托项目1的实收信托＋信托项目2的实际年化信托报酬率×信托项目2的实收信托＋…信托项目n的实际年化信托报酬率×信托项目n的实收信托）/（信托项目1的实收信托＋信托项目2的实收信托＋…信托项目n的实收信托）×100%。

3. 人均净利润＝净利润/年平均人数。

4. 平均值采取年初、年末余额简单平均法，公式为：a（平均）＝（年初数＋年末数）/2。

### 7.3 对本公司财务状况、经营成果有重大影响的其他事项

本报告期内无其他重大影响事项。

## 8. 特别事项揭示

### 8.1 前五名股东报告期内变动情况及原因

无。

### 8.2 董事、监事及高级管理人员变动情况及原因

报告期内董事、监事人员无变动。2010年1月1日，王前清总经理正式履职。2010年10月29日，王前清总经理因个

人原因，经董事会批准后辞去公司总经理职务。王前清总经理的辞职并未对公司正常的经营管理产生重大影响。

2010年5月5日，经厦门银监局以厦银监复〔2010〕63号文核准，公司聘任郑华为总经理助理。

### 8.3 变更营业场所事项

公司股东会决议，同意公司将住所由厦门市湖滨北路68号税保大厦附楼变更至厦门市思明区湖滨北路莲滨里8号，同意对公司章程中关于公司住所的表述进行相应修订。2010年2月1日，经厦门银监局批准，公司正式迁至新址办公。

### 8.4 公司的重大未决诉讼事项

无。

### 8.5 公司及其董事、监事和高级管理人员受到处罚的情况

报告期内未有受到处罚的情况。

### 8.6 银监会及其派出机构对公司检查后提出整改意见及其整改情况

本年厦门银监局向公司下发监管意见主要有厦银监发〔2010〕183号、〔2010〕291号文件。公司逐一对照检查，认真落实和整改，并将有关整改计划和进展情况书面报告厦门银监局。主要整改措施包括：(1)认真组织学习刘明康主席、蔡鄂生副主席、柯卡生主任讲话的精神。(2)健全风险控制体系，加强重点风险的监控和合规管控，加强内部审计工作。(3)完善公司内控制度建设，制定发布了《异地融资类业务管理暂行规定》、《单一资金信托业务管理办法》、《房地产信托业务管理暂行办法》、《关于项目资本金认定有关事项的通知》等几项规定，加强贷款"三查"管理，加强公司自主管理能力。(4)做好地方政府融资平台贷款清查工作，有效落实项目和规模"双下降"；进一步加强房地产信托项目管理，严格按照法律法规和监管政策的规定开展业务。(5)固有业务方面，积极寻找金融股权投资业务，参股象屿期货、申银万国等金融企业。(6)信托业务方面，按照审慎可控原则积极拓展信托业务；加强项目的后续管理，按照有关规定进行信息披露；密切关注高风险业务，做好证券投资信托业务风险监测和风险处置预案；贯彻银监会的业务指引，规范开展信托业务。在厦门银监局的检查、指导和帮助下，公司的资产质量、治理结构、内控制度和经营风险管理等方面都得到了进一步的改进和完善。

### 8.7 本年度重大事项临时报告简要内容、披露时间、所披露的媒体及版面

2010年3月5日《金融时报》第7版上刊登了《迁址公告》，简要内容：经厦门银监局批准，厦门国际信托2010年2月1日正式迁址至福建省厦门市思明区湖滨北路莲滨里8号办公。

2010年12月25日《金融时报》第8版上刊登了公告，简要内容：公司总经理王前清先生因个人原因于2010年10月29日向公司董事会申请辞去公司总经理一职。2010年11月29日，公司董事会同意其辞职申请，王前清先生自2010年12月1日不再履行厦门国际信托总经理职责，在新任总经理正式到任前暂由洪文瑾董事长代行公司总经理职权。

### 8.8 银监会及其省级派出机构认定的其他有必要让客户及相关利益人了解的重要信息

无。

## 9. 公司监事会意见

监事会认为，报告期内公司依法运作，没有发现公司董事及高级管理人员在执行公司职务时有违法违纪和损害公司利益及股东利益的行为。

2010年财务报告经聘请的天健正信会计师事务所有限公司审计，能真实地反映本公司的财务状况和经营成果。

# 新华信托股份有限公司

## 1. 重要提示

新华信托股份有限公司董事会及董事保证:本年度报告所载资料不存在任何虚假记载、误导性陈述或者重大遗漏,并对其内容的真实性、准确性和完整性承担个别及连带责任。

新华信托股份有限公司(以下简称公司)独立董事李钢、白重恩及戴波先生声明:保证本年度报告的内容真实、准确和完整。

公司2010年财务报告已经毕马威华振会计师事务所上海分所根据中国注册会计师独立审计准则审计,并出具了标准无保留意见的审计报告。

公司董事长、法定代表人翁先定先生,董事总经理卢广开先生,主管会计工作负责人首席财务官郝雅军先生,会计机构负责人计划财务部总经理王邦彬先生,信托财务部总经理张琴女士声明:保证本年度报告中的财务报告真实、准确和完整。

公司2010年年度报告全文同时在公司网站上公布(网址:http://www.nct-china.com)。欲了解公司更为详细的情况,谨请登陆公司网站阅鉴。

## 2. 公司概况

### 2.1 公司简介

2.1.1 公司基本情况

公司始创于1979年。1986年5月,经中国人民银行《关于成立中国工商银行重庆信托投资公司的批复》批准,成立中国工商银行重庆信托投资公司(见银复〔1986〕113号)。1992年3月,经中国人民银行重庆市分行和重庆市经济体制改革委员会联合以《关于完善中国工商银行重庆信托投资公司股份制体制有关问题的批复》同意改制为股份有限公司(见重人行发〔92〕字第66号)。1998年1月,经中国人民银行《关于中国工商银行重庆信托投资股份有限公司变更受让单位及更名等有关事宜的批复》批准,中国工商银行转让其所持公司股份给深圳新产业投资股份有限公司(以下简称新产业),之后公司更名为重庆新华信托投资股份有限公司(见银办函〔1998〕5号)。2001年10月,公司按照中国银行业监督管理委员会(以下简称中国银监会)、中国人民银行的要求首批完成重新登记,同时报经中国人民银行批准,公司增资扩股为5亿元(见银复〔2001〕174号);同年12月,经中国人民银行重庆营业管理部批准,更名为新华信托投资股份有限公司(见渝银复〔2001〕220号)。2007年9月,经中国银监会批准,公司更名为新华信托股份有限公司(见银监复〔2007〕390号)。2008年8月,经中国银监会《中国银监会关于新华信托股份有限公司吸收巴克莱银行有限公司入股及股权结构调整有关事项的批复》批准,公司于2009年1月,增资扩股至6.2112亿元(见银监复〔2008〕327号)。

2.1.2 公司法定中、英文名称及缩写

公司法定中文名称:新华信托股份有限公司

中文名简称:新华信托

公司法定英文名称:New China Trust Co., Ltd.

英文名缩写:NCT

2.1.3 公司法定代表人:翁先定

2.1.4 公司注册地址、邮政编码、国际互联网网址、电子信箱

公司注册地址:重庆市渝中区临江路69号

邮政编码:400010

国际互联网网址:http://www.nct-china.com

电子信箱:nct@nct-china.com

2.1.5 公司信息披露事务人员

公司信息披露事务负责人:吕曙光

公司信息披露事务联系人:刘莉薇

联系电话:023-6379 9075

传　　真:023-6379 2460

电子信箱:board@nct-china.com

2.1.6 公司选定的信息披露报纸、公司年度报告备置地点

公司选定的信息披露报纸:中国《金融时报》

公司年度报告备置地点:重庆市渝中区临江路69号

2.1.7 公司其他资料

公司聘请的会计师事务所:毕马威华振会计师事务所上海分所

住所:中国上海南京西路1266号恒隆广场50楼

邮政编码:200040

## 2.2 组织结构

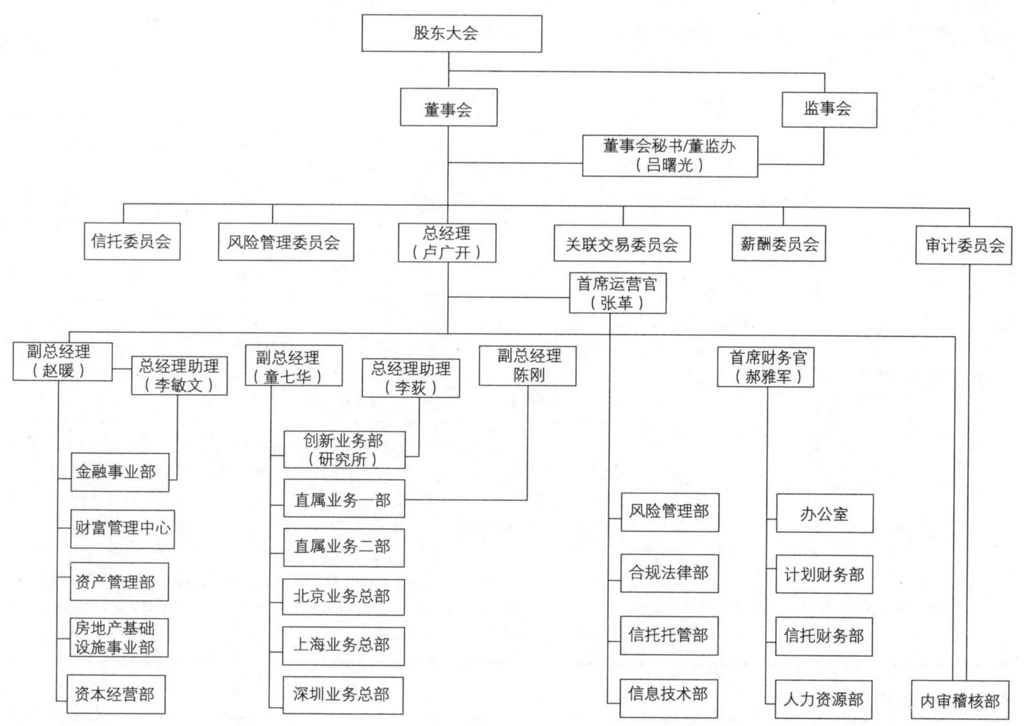


# 3. 公司治理结构

## 3.1 股东

报告期末股东总数为 4 名，实际共同控制人为新产业和巴克莱银行有限公司（Barclays Bank PLC）（以下简称巴克莱）。公司前 3 名股东为新产业、巴克莱和中国诚信信用管理有限公司（以下简称中诚信），基本情况如下：

股东间关联关系情况：无。

| 股东名称 | 出资比例（%） | 法人代表 | 注册资本 | 注册地址 | 主要经营业务及主要财务情况 |
|---|---|---|---|---|---|
| 新产业★ | 71.92 | 翁先定 | 80 650.00 万元 | 深圳市福田区振兴路 3 号建艺大厦 17 楼 | 投资兴办实业（具体项目另行申报）；投资咨询；国内商业、物资供销业（不含专营、专卖、专控商品）。工程咨询（凭工程咨询资质证书开展咨询业务）。<br>主要财务情况：总资产为 244 718.13 万元，总负债为 114 233.31 万元，所有者权益为 130 484.82 万元。 |
| 巴克莱★ | 19.50 | 不适用 | 2 402 000 000.00 英镑 | 1 Churchill Place, London, E14 5HP, UK | 商业银行、投资银行、基金管理、信用卡。<br>主要财务情况：总资产为 1 490 038 000 000.00 英镑；总负债为 1 427 397 000 000.00 英镑；所有者权益为 62 641 000 000.00 英镑。 |
| 中国诚信信用管理有限公司（以下简称中诚信） | 8.25 | 关敬如 | 8 000.00 万元 | 北京市海淀区白石桥 28 号银海大厦二层 | 发债企业资信评估；各种有价证券信用等级评定；证券商信用等级评定；对股票发行与上市公司的可行性研究报告、资产评估报告及有关材料的验查和评估；信用管理以及与金融业务相关的硬、软件开发、推广、销售；与上述业务相关的人员培训、信息服务、组织交流。<br>主要财务情况：总资产为 35 000.00 万元，总负债为 9 000.00 万元，所有者权益为 26 000.00 万元（未经审计）。 |

注：带★的股东为最终实际控制人。

## 3.2 董事

根据《公司章程》的规定，公司董事会由8人组成，其中独立董事3人。公司董事任期为3年，连选可连任。

### 3.2.1 董事会成员基本情况如下（独立董事基本情况另列表格）

| 姓名 | 职务 | 性别 | 年龄 | 选任日期 | 所推举的股东名称 | 该股东持股比例（%） | 简要履历 |
|---|---|---|---|---|---|---|---|
| 翁先定 | 董事长 | 男 | 49 | 2009年3月 | 新产业 | 71.92 | 1993年起，先后任新产业总裁、董事长，新华人寿保险股份有限公司董事等职；2005年12月至今，先后任公司董事、董事长等职。 |
| 卢广开 | 董事 | 男 | 47 | 2009年3月 | 新产业 | 71.92 | 1981年起，先后任华北油田测井公司会计科科员、大港油田炼油厂会计科科长、上海爱使股份有限公司财务总监、上海新谷实业发展有限公司和融达信实业发展有限公司总经理、包头市绿远控股有限公司副总经理；2003年5月起，先后任新时代证券有限责任公司筹备组副组长、副董事长兼总裁及新产业执行董事；2009年3月至今，任公司董事兼总经理。 |
| 秦刚 | 董事 | 男 | 37 | 2009年3月 | 新产业 | 71.92 | 1996年起，先后任北京燕山石油化工公司财务部财务主管，北京网通网络科技有限公司财务经理，包头市双环化工（集团）股份有限公司财务总监，新产业董事、财务总监、董事会秘书，新世纪基金管理有限公司监事长；2009年3月至今，任公司董事。 |
| 郭全杰 | 董事 | 男 | 57 | 2009年3月 | 巴克莱 | 19.50 | 1978年起，先后任普华永道会计师事务所（新加坡）助理审计经理、野村证券（新加坡）营运部高级副总裁、荷兰NMB银行营运部高级经理、瑞士信贷第一波士顿首席营运官、ING霸菱证券新加坡有限公司首席营运官、RHB证券公司首席交易员、巴克莱银行新加坡分行国家经理暨首席运营官、巴克莱银行亚洲小型分支机构区域首席运营官等职；2009年3月至今，任公司董事。 |
| 许洛圣 | 董事 | 男 | 41 | 2010年10月 | 巴克莱 | 19.50 | 1991年起，先后任美国大通曼哈顿银行助理副总裁、花旗集团副总裁/高级副总裁、德意志银行中国信用风险管理主管/董事、花旗银行（中国）有限公司董事、巴克莱亚洲有限公司财务风险管理主管，董事等职；2010年10月至今，任公司董事。 |

### 3.2.2 公司独立董事基本情况

| 姓名 | 所在单位及职务 | 性别 | 年龄 | 选任日期 | 所推举的股东名称 | 该股东持股比例（%） | 简要履历 |
|---|---|---|---|---|---|---|---|
| 李钢 | 正大控股集团有限公司总裁 | 男 | 51 | 2010年5月 | 新产业 | 71.92 | 1982年起，先后任吉林省长春市税务局税务专员、吉林省人民保险公司涉外保险干部、中国平安保险股份有限公司副总经理、生命人寿保险公司董事长、生命人寿保险股份有限公司总经理、正大控股集团有限公司总裁等职；2010年5月至今，任公司独立董事。 |
| 白重恩 | 清华大学经济管理学院经济系系主任 | 男 | 47 | 2009年3月 | 巴克莱 | 19.50 | 1992年起，先后任教于美国波士顿学院经济系、香港大学经济金融学院、清华大学经管学院；2009年3月至今，任公司独立董事。 |
| 戴波 | 北京市智舟律师事务所律师、合伙人、主任 | 男 | 38 | 2009年11月 | 新产业、巴克莱共同推举 | | 1995年起，先后任机械工业部政策法规司、法律服务中心科员；中国文化艺术总公司企管部副经理；北京中洋律师事务所律师、合伙人；北京衡石律师事务所律师；北京市智舟律师事务所律师、合伙人、主任等职；2009年11月至今，任公司独立董事。 |

## 3.3 监事

根据《公司章程》的规定，公司监事会由3人组成，其中员工监事1人。公司监事任期为3年，连选可连任。

监事会成员的基本情况如下：

| 姓名 | 职务 | 性别 | 年龄 | 选任日期 | 所推举的股东名称 | 该股东持股比例（%） | 简要履历 |
|---|---|---|---|---|---|---|---|
| 黄晓东 | 监事会主席 | 男 | 50 | 2009年4月 | 新产业 | 71.92 | 1995年，入深圳市新产业国贸公司任总经理；2001年至今，先后任公司行政总监、副总经理、常务副总经理、决策委员会委员、董事长、代总经理；2009年4月起，任公司监事会主席。 |
| 毛振华 | 监事 | 男 | 46 | 2009年3月 | 中诚信 | 8.25 | 1990年起，先后任国务院研究室研究员，新华社香港分社《经济导报》海南办事处主任，中诚信总经理、董事长等职；2005年12月至今，先后任公司董事、监事。 |
| 安东 | 员工监事 | 男 | 50 | 2009年3月 | 选举 | | 1978年起，先后任北京手表厂车间主任、广东银海集团总裁助理和办公室主任、商友商务有限责任公司副总经理、新产业北京办事处主任；2001年10月至今，先后任公司总经理助理、工会主席等职；2009年3月起，任公司员工监事。 |

## 3.4 高级管理人员

| 姓 名 | 职 务 | 性别 | 年龄 | 选任日期 | 金融从业年限 | 学历 | 专业 |
|---|---|---|---|---|---|---|---|
| 卢广开 | 总经理 | 男 | 47 | 2009 年 2 月 | 7 | 研究生 | 企业管理 |
| 张 革 | 首席运营官 | 男 | 43 | 2009 年 6 月 | 21 | 本科 | 商学 |
| 童七华 | 副总经理 | 男 | 45 | 2006 年 7 月 | 13 | 研究生 | 工商管理 |
| 赵 暖 | 副总经理 | 男 | 37 | 2010 年 4 月 | 8 | EMBA | 金融财务 |
| 郝雅军 | 首席财务官 | 男 | 34 | 2010 年 4 月 | 10 | 本科 | 经济学 |
| 陈 刚 | 副总经理 | 男 | 46 | 2005 年 11 月 | 11 | 研究生 | 世界经济 |
| 李 荻 | 总经理助理 | 男 | 34 | 2009 年 6 月 | 9 | 研究生 | 工商管理 |
| 李敏文 | 总经理助理 | 男 | 45 | 2009 年 6 月 | 6 | 研究生 | 经济学 |

## 3.5 公司员工

| 指标 / 年度 | 职工人数（人） | 平均年龄（岁） | 学历分布比率 | | | | | | | | | |
|---|---|---|---|---|---|---|---|---|---|---|---|---|
| | | | 博士 | | 研究生（硕士） | | 本科 | | 专科 | | 其他 | |
| | | | （人） | （%） | （人） | （%） | （人） | （%） | （人） | （%） | （人） | （%） |
| 2010 | 240 | 34 | 6 | 2.50 | 71 | 29.58 | 130 | 54.17 | 21 | 8.75 | 12 | 5.00 |

# 4. 经营管理

## 4.1 经营目标、方针、战略规划

### 4.1.1 经营目标

通过加强资产管理业务的拓展，完善功能信托，加大产品创新力度，力争将公司发展成为从事战略型投资和提供全面而高端金融服务的优质综合金融服务机构，创建中国管理和回报俱佳的信托公司。

到 2012 年，公司在管理信托资产规模、信托业务收入以及股本回报率等综合财务指标等方面达到行业先进水平。

### 4.1.2 经营方针

公司秉承“珍视所托、专业理财”的经营理念，贯彻“信托为本、面向市场、勇于创新”的经营方针，以国家“十二五”规划制定的经济增长方式为指导，以《信托公司净资本管理办法》作为业务拓展方向的重要指引，以客户为中心、市场为导向，努力优化部门职能，推行“承揽、承做、承销、承管”的专业化分工模式，根据政策的变化及经营管理的需要适时调整业务流程，不断提高经营管理水平；大力推进“以人为本”的企业文化建设、合规文化建设，坚持合规、稳健经营，完善对业务风险的分析和定价系统，提高风险管理水平，切实防范经营风险；加强人才队伍建设，锐意进取、开拓创新，提升直销能力和客户服务工作；继续完善激励约束机制，推进薪酬改革，保持公司激励政策的领先性、持续性、约束性；努力实现全面信息化，全方位培育公司核心竞争能力，树立公司一流的品牌形象，确保公司能够实现长期、可持续发展目标。

### 4.1.3 战略规划

公司战略规划为“保持优势、巩固基础；突破重点、锐意创新；积极投入、专业规范；协同联动、差异竞争”。经过三年努力，使公司能够在优势领域中实现关键产品的突破，积累相当的品牌效应、竞争优势、管理经验、专业能力和客户资源，并以此为基础谋求业务优化布局，推动业务覆盖和模式的新发展；再用五年时间，将公司建设成为综合优势明显、具有核心竞争力和国内领先的优质综合金融解决方案的提供商和资产管理者。

公司业务方向主要定位于房地产、基础设施、私人股权投资（PE）、证券投资、资源类投资等五个方面，保持房地产、基础设施项目在原有优势基础上的稳固提高，PE、证券、资源类投资类项目做到重点突破、锐意创新。公司将由以投行业务为主转向为以资产管理业务为主，并使资产管理业务成为公司走向高端金融服务的突破口。以《信托公司净资本管理办法》为契机积极准备启动上市工作，以提升公司核心竞争力。

2010 年，公司圆满完成了三年规划中第一年的各项指标，成功地实现了公司业务的转型和业务发展中质的飞跃。

## 4.2 所经营业务的主要内容

公司的经营范围为：（1）资金信托；（2）动产信托；（3）不动产信托；（4）有价证券信托；（5）其他财产或财产权信托；（6）作为投资基金或基金管理公司的发起人从事投资基金业务；（7）经营企业资产的重组、购并及项目融资、公司理财、财务顾问等业务；（8）受托经营国务院有关部门批准的证券承销业务；（9）办理居间、咨询、资信调查等业务；（10）代保管及保管箱业务；（11）以存放同业、拆放同业、贷款、租赁、投资方式运用固有资产；（12）以固有财产为他人提供担保；（13）从事同业拆借；（14）法律法规规定或中国银行业监督管理委员会批准的其他业务。

以上经营范围包括本外币业务。

### 4.2.1 自营资产运用与分布表

| 资产运用 | 金额（万元） | 占比（%） | 资产分布 | 金额（万元） | 占比（%） |
|---|---|---|---|---|---|
| 货币资产 | 85 319.40 | 54.69 | 基础产业 | | |
| 贷款及应收款 | 18 241.99 | 11.69 | 房地产业 | 2 475.00 | 1.59 |
| 交易性金融资产 | | | 证券市场 | 41 730.68 | 26.75 |
| 可供出售金融资产 | 41 730.68 | 26.75 | 实业 | | |
| 持有至到期投资 | 8 712.40 | 5.58 | 金融机构 | 85 319.40 | 54.69 |
| 长期股权投资 | 877.34 | 0.56 | 其他 | 26 479.99 | 16.97 |
| 其他 | 1 123.26 | 0.72 | | | |
| 资产总计 | 156 005.07 | 100.00 | 资产总计 | 156 005.07 | 100.00 |

4.2.2 信托资产运用与分布表

| 资产运用 | 金额（万元） | 占比（%） | 资产分布 | 金额（万元） | 占比（%） |
|---|---|---|---|---|---|
| 货币资产 | 106 572.54 | 1.75 | 基础产业 | 2 298 300.04 | 37.72 |
| 贷款 | 2 720 235.29 | 44.65 | 房地产 | 2 066 964.32 | 33.92 |
| 交易性金融资产 | 36 047.51 | 0.59 | 证券市场 | 49 225.97 | 0.81 |
| 可供出售金融资产 | 16 500.00 | 0.27 | 实业 | 1 437 973.81 | 23.60 |
| 持有至到期投资 | 149 100.00 | 2.45 | 金融机构 | 131 125.02 | 2.15 |
| 长期股权投资 | 2 035 335.24 | 33.40 | 其他 | 109 276.65 | 1.80 |
| 其他 | 1 029 075.23 | 16.89 | | | |
| 信托资产总计 | 6 092 865.81 | 100.00 | 信托资产总计 | 6 092 865.81 | 100.00 |

## 4.3 市场分析

### 4.3.1 有利因素

随着社会财富的逐步积累，社会经济主体对财富增值管理需求日益增加，多元化资本市场的日臻成熟，为信托业的发展奠定了坚实的经济基础。信托业制度建设的日趋完善、《信托公司净资本管理办法》等行业新政策的实施，为信托公司的健康发展提供了契机，也促进了信托业的规范化。信托公司运用信托财产范围的广阔性、方式的多样性，是其他金融机构无法比拟的。信托产品凭借其灵活的制度安排和广泛的投资领域，相较其他金融产品具有收益与风险更加契合的特征。

信托业具有的混业经营、投资领域多元化特点，有利于增加投资组合的投资标的、发展产品多元化的金融市场、更好地满足社会大众不同的风险和收益偏好。同时，混业经营也是我国金融行业发展的大趋势，信托公司为此提供了一个很好的平台。

2010 年，在国内防通胀、扩内需、调结构，国际调整经济发展模式和治理结构的大环境之下，信托业表现出了顽强的生存能力与适应能力。2011 年，随着中央各项宏观调控政策的逐步实施，信托业在满足宏观调控政策要求、合规经营情况下仍将得到快速而健康的发展。

### 4.3.2 不利因素

尽管信托产品投资广泛、信托资金运作灵活，但其在金融市场中还未起到举足轻重的作用，这主要在于社会对信托的认知度有待进一步提高。在社会经济快速发展而竞争激烈的环境下，信托业务的拓展仍然比较困难；金融混业经营的趋势日趋明朗，使信托业面临国内外金融机构及同业机构多重市场竞争的挤压；信托行业的历史及现存问题仍然影响着信托业的社会声誉，导致信托行业发展受到不公平的市场及相关限制；与信托行业相关的一些配套法规、政策仍然不够明确，一定程度上也制约了信托优势的进一步发挥。

信托公司自身的品牌效应、制度体系、市场体系、行业文化等建设相对于银行、保险、证券等明显滞后，在和银行、保险、证券等行业的竞争中，弱势局面暂时还不能得到根本改观。2010 年，信托与地方政府合作的业务因地方政府融资平台的清理而停滞；银行与信托合作的业务因主流业务衍生成银行为腾挪信贷额度而不当使用信托平台被叫停；房地产信托业务随着国家房地产调控政策力度的不断加大而趋向萎缩，信托公司正面临着业务更新、转轨变型的关键时期。因此，信托公司的开拓创新成为行业发展不二路径。

## 4.4 内部控制概况

### 4.4.1 内部控制环境和内部控制文化

公司建立了完善的“三会一层”的法人治理结构。“三会一层”分工负责，互相配合、互相制约；权责明确、制衡合理、报告路线清晰、风险控制理念恰当；尽职管理、问责机制健全。这些政策的实施营造了良好的内部控制文化环境，确保了公司能够对风险做到事前防范、事中控制和事后反馈与纠正。

公司坚持“风险控制优先”的原则，坚信“发展才是硬道理”，立足“在发展中求规范，以规范促发展”，不断加强内部控制制度建设。公司根据宏观经济发展状况、监管部门监管要求以及目前经营管理状况，在公司治理结构、财务、行政、合规法律、信息技术、人事和内部审计等方面，逐步建立健全了涵盖各管理环节的内部控制体系。目前，公司信托业务与固有业务已严格实行隔离制度，在业务流程上公司实行承揽、承做、承销和承管的前台、中台、后台制度，上述措施的施行有效地促进了公司内部控制文化建设，大大改善了公司内部控制环境。

### 4.4.2 内部控制措施

按照《公司法》、《信托法》、《信托公司管理办法》、《信托公司治理指引》的有关规定，公司制定了《公司章程》及配套的管理制度，并建立了“三会一层”的法人治理结构。公司按照“三会一层”的架构，完整地建立了符合经营管理需要的运营体系，确立了在董事会领导下的总经理负责制，并接受监事会监督的公司治理结构，清晰划分治理主体的职责边界，明确决策规则和程序，实现了有效监督和权力制衡。

2010 年，“三会一层”认真履行了《公司章程》等制度赋予的各项职权，严格按照公司的决策程序审议各项议案，董事会及下属各委员会多次召开会议对公司重大经营管理问题进行决策，在公司合规经营、风险控制等方面发挥了积极的作用。

公司加强了对董事、监事和高级管理人员的履职管理，制定了《董事、监事、高级管理人员考核办法》和《高管人员问责暂行办法》，并按照上述办法的规定，对董事、监事和高级管理人员进行了评估和考核，形成了有效的问责机制。

公司内部控制措施的核心是实现以防范风险传递为目标的“三个分离”，即对信托业务系统和固有业务系统实施分离；信托业务的前台、中台、后台进行分离；信托财务和固有财务的部门、人员、账表、资产分离，对每项信托业务单独开户、单独核算、单独管理。

公司内部管理有明确的授权制度和报告路线，各个部门和人员有明确的工作目标、职责和权限。公司通过功能化、程序化的管理方式，在内部控制的环境、程序和措施上有效地防范了各项经营管理风险事件的发生。

### 4.4.3 监督评价与纠正

公司建立了制度后评价办法等内部制度，内审稽核部为公司审计监督检查和评价的执行部门，负责监督各项内部控制制度的执行情况，收集与评价内部控制的反馈意见，对发现的内部控制缺陷，按照规定程序建议公司或要求相关部门或责任人予以纠正。

公司建立健全了涵盖各个环节的内部控制体系，形成了较为规范的事前防范、事中控制和事后纠正的监督检查机制。

2010 年，内审稽核部对公司的经营管理等各方面进行了审计，并根据审计中发现的问题有针对性地提出了整改建议，有效地促进了公司监督评价与纠正工作。

## 4.5 风险管理概况

公司经营活动中可能遇到合规风险、信用风险、管理责任风险、市场和金融产品流动性风险、经营风险、战略风险、品牌风险等。公司实行“分类管理、分级防范和控制”的风险管理政策，遵循独立性原则、全面控制原则、责任追究原则等风险管理基本原则。

公司对风险管理制度和流程不断进行优化，逐步建立了以董事会为主贯穿全部公司业务工作流程的风险管理体系。

**4.5.1 风险状况**

4.5.1.1 信用风险状况

信用风险主要是交易对手（项目公司）或债务人不能或不愿按时履约的风险，信用风险主要来自借款、对外担保、投资等业务。

关注交易对手的履约能力。为了持续监控交易对手的履约能力，公司按照约定和既定方案执行投资计划，注重“期前调查、期中审查、期后检查”。

报告期内，公司采用以风险为基础的分类方法评估信用风险资产质量，将其分为正常、关注、次级、可疑和损失五类，其中后三类称为不良资产。

截至 2010 年 12 月 31 日，公司信用风险资产共计 103 571.51万元。

报告期初和期末，公司均无不良信用风险资产。

公司合理估计信用风险资产可能发生的损失，并由财务部门按照财政部规定的呆账准备金提取范围对信用风险资产计提资产损失准备，计提比例为 1% ~100%，其中资产分类后损失类资产应按100%计提准备。报告期内，公司计提了 25 万元的贷款一般准备。

公司规定：抵押物必须足值、足额；抵押物必须合法、有效；抵押物必须容易变现，并根据不同的抵押资产类型，分别制定了详细、具有可操作性的抵押品与贷款本金的比例标准。

公司要求保证担保必须符合国家法律法规；保证人必须具备提供保证担保的资格与资质、具有很强的保证能力；保证的方式必须是连带责任保证；不接受存在连环保证的企业提供的保证担保。

4.5.1.2 市场风险状况

市场风险是指经营过程中由于股票价格波动、商品价格波动、利率变化、汇率变动等金融市场波动而产生损失的风险。

报告期内，公司自有资金参与了股票一级市场配售业务，截至 2010 年 12 月 31 日，公司参与股票一级市场配售业务共计占用自有资金 34 956.59 万元。

报告期内，公司已成立三只证券投资集合资金信托计划，规模共 14 740.80 万元。

股票市值波动引发的市场风险，对公司盈利能力和财务状况的影响较小。

公司目前有外币存款 1 861.50 万美元（按 2010 年 12 月 31 日人民币对美元汇率中间价 6.6227 计算折合人民币 12 328.16万元），暂未开展其他外币业务。

汇率变动引发的市场风险对公司盈利能力和财务状况有一定影响，截至 2010 年末，公司汇兑损失为 429 万美元，折合人民币 2 841.14 万元。

市场利率的波动对公司盈利能力与财务状况可能产生不利影响，如利率在目前水平小幅波动，对公司没有显著影响。如利率大幅波动，对公司的盈利能力和财务状况的影响也会加大，但风险可控。

公司的主营业务之一是金融服务，主要业务收入来源于金融服务费收入，因而，费率的变动对公司的盈利能力和财务状况的有一定影响但可控。

4.5.1.3 操作风险状况

操作风险是指公司由于内部程序、人员、系统的不完善或失误，或外部事件造成的影响。报告期内，公司未发生因内部原因或外部事件造成的直接或间接损失，也未发现滥用操作权，追求私利的情况。存在的沟通不畅、协调不够等问题影响有限、风险可控。

4.5.1.4 其他风险状况

其他政治、经济、自然灾害等不可抗力因素在报告期内未给公司的经营管理带来潜在的系统性风险。

**4.5.2 风险管理策略**

4.5.2.1 信用风险管理策略

报告期内，公司通过详尽的尽职调查、事前评估分析审慎选择交易对手；通过事中控制、事后检查，持续关注交易对手的资信状况、履约能力及其变化，防范信用风险；通过实行重点客户、区域倾斜、保持一定程度的客户集中度，在依托各种信用增级手段的基础上，切实降低了信用风险。在尽职调查中，选聘外部中介机构对交易对手和交易结构出具专业意见，并且在交易合同中通过法律条款的设定，借助外部律师的专业意见，提高抵御信用风险的能力。

4.5.2.2 市场风险管理策略

报告期内，公司加强了对风险量化分析，通过对风险措施的跟踪测量，了解投资组合市值的变动趋势，并采取相应的控制措施将市场风险控制在合理的范围内。

对于公司目前进行的固有资金新股申购业务，公司制定了包括控制固有资金投入比例、个股投资比例及控制新股申购节奏等严格的市场风险管理措施，能有效地控制各业务面临的市场风险。

为严格控制证券投资信托业务的市场风险，公司引进了铭创证券投资及客户资产管理系统、交易控制及风险控制系统、资产核算系统等证券交易系统软件。同时，在相关信托文本中对市场风险控制指标进行约定，在软件系统中提前将各种风险控制指标予以锁定，违反此类指标的交易系统会自动拒绝申报。

4.5.2.3 操作风险管理策略

公司从健全组织架构、加强内部控制、优化业务流程等方面加强对操作风险的防范与控制，并及时、充分、完整、准确地向信托当事人披露信息，勤勉尽职地履行受托人的管理义务，尽可能避免因操作不当导致风险事件的发生。

4.5.2.4 其他风险管理策略

公司其他风险主要是指不可抗力因素引起的风险。尽管不可抗力因素非人力可以避免与化解，但公司不断加强对不可抗力因素的研究与判断，并根据公司及市场情况，在广泛调查研究的基础上，制定了符合实际情况的相应应急预案，以应对可能出现的风险，尽可能减少因不可抗力因素导致的各种风险事件。

## 5. 报告期末及上年末的比较式会计报表

### 5.1 自营资产

#### 5.1.1 会计师事务所审计结论

**审 计 报 告**

KPMG－B（2011）AR No. 0105

新华信托股份有限公司董事会：

我们审计了后附的新华信托股份有限公司（以下简称贵公司）财务报表，包括2010年12月31日的资产负债表、2010年度的利润表、股东权益变动表、现金流量表以及财务报表附注。

一、贵公司管理层对财务报表的责任

按照中华人民共和国财政部颁布的企业会计准则的规定编制财务报表是贵公司管理层的责任。这种责任包括：（1）设计、实施和维护与财务报表编制相关的内部控制，以使财务报表不存在由于舞弊或错误而导致的重大错报；（2）选择和运用恰当的会计政策；（3）作出合理的会计估计。

二、注册会计师的责任

我们的责任是在实施审计工作的基础上对财务报表发表审计意见。我们按照中国注册会计师审计准则的规定执行了审计工作。中国注册会计师审计准则要求我们遵守职业道德规范，计划和实施审计工作以对财务报表是否不存在重大错报获取合理保证。

审计工作涉及实施审计程序，以获取有关财务报表金额和披露的审计证据。选择的审计程序取决于注册会计师的判断，包括对由于舞弊或错误导致的财务报表重大错报风险的评估。在进行风险评估时，我们考虑与财务报表编制相关的内部控制，以设计恰当的审计程序，但目的并非对内部控制的有效性发表意见。审计工作还包括评价管理层选用会计政策的恰当性和作出会计估计的合理性，以及评价财务报表的总体列报。

我们相信，我们获取的审计证据是充分、适当的，为发表审计意见提供了基础。

三、审计意见

我们认为，贵公司财务报表已经按照中华人民共和国财政部颁布的企业会计准则的规定编制，在所有重大方面公允反映了贵公司2010年12月31日的财务状况以及2010年度的经营成果以及现金流量。

毕马威华振会计师事务所上海分所

中国注册会计师　何　琪

中国·上海　　侯　宇

二〇一一年三月八日

#### 5.1.2 资产负债表

单位：万元

| 资　产 | 期初数 | 期末数 | 负债和股东权益 | 期初数 | 期末数 |
|---|---|---|---|---|---|
| 资　产： | | | 负　债： | | |
| 现金及存放中央银行款项 | 12.27 | 14.88 | 应付手续费及佣金 | 1 494.75 | 5 627.33 |
| 存放同业款项 | 68 885.46 | 85 304.52 | 预收款项 | 386.81 | 2 075.62 |
| 交易性金融资产 | 7 742.74 | | 应付职工薪酬 | 3 068.12 | 10 009.27 |
| 应收手续费及佣金 | 196.44 | 1 431.20 | 应交税费 | 4 015.72 | 13 197.82 |
| 预付款项 | 197.03 | | 其他应付款 | 814.51 | 3 975.68 |
| 其他应收款 | 23 606.43 | 14 335.79 | 递延所得税负债 | 561.36 | 1 693.52 |
| 发放贷款及垫款 | | 2 475.00 | 负债合计 | 10 341.27 | 36 579.24 |
| 持有至到期投资 | | 8 712.40 | | | |
| 可供出售金融资产 | 877.34 | 41 730.68 | | | |
| 长期股权投资 | | 877.34 | 股东权益： | | |
| 固定资产 | 181.40 | 736.97 | 股本 | 62 112.00 | 62 112.00 |
| 无形资产 | 45.60 | 138.59 | 资本公积 | 12 639.56 | 17 720.12 |
| 长期待摊费用 | | 247.70 | 盈余公积 | 1 976.02 | 5 441.61 |
| 递延所得税资产 | 756.50 | | 一般风险准备 | 825.77 | 1 131.46 |
| 资产总计 | 102 501.21 | 156 005.07 | 信托赔偿准备 | 870.42 | 2 603.21 |
| | | | 未分配利润 | 13 736.17 | 30 417.43 |
| | | | 股东权益合计 | 92 159.94 | 119 425.83 |
| | | | | | |
| 资产总计 | 102 501.21 | 156 005.07 | 负债及股东权益总计 | 102 501.21 | 156 005.07 |

### 5.1.3 润表和利润分配表

单位：万元

| 项　目 | 本年数 | 上年数 |
|---|---|---|
| 营业收入 | 68 586.77 | 22 542.24 |
| 手续费及佣金净收入 | 60 884.97 | 19 872.52 |
| 手续费及佣金收入 | 73 500.91 | 24 578.61 |
| 手续费及佣金支出 | 12 615.94 | 4 706.09 |
| 利息净收入 | 1 122.71 | 224.00 |
| 利息收入 | 1 145.15 | 238.87 |
| 利息支出 | 22.44 | 14.87 |
| 投资收益 | 9 253.77 | 243.97 |
| 公允价值变动收益/(损失) | −2 245.46 | 2 245.46 |
| 汇兑损失 | −429.22 | −43.71 |
| 营业支出 | 21 674.45 | 11 687.03 |

续表

| 项　目 | 本年数 | 上年数 |
|---|---|---|
| 营业税金及附加 | 4 244.38 | 1 291.92 |
| 业务及管理费 | 17 405.07 | 10 395.11 |
| 资产减值损失 | 25 | 0.00 |
| 营业利润 | 46 912.32 | 10 855.21 |
| 加:营业外收入 | 165.73 | 3 614.83 |
| 减:营业外支出 | 500.57 | 9.63 |
| 利润总额 | 46 577.48 | 14 460.41 |
| 减:所得税费用 | 11 921.63 | 3 787.67 |
| 净利润 | 34 655.85 | 10 672.74 |
| 其他综合收益 | 5 080.56 | 0.00 |
| 综合收益总额 | 39 736.41 | 10 672.74 |

### 5.1.4 股东权益增减变动表

单位：万元

| 项　目 | 股本 | 资本公积 | 一般风险准备 | 信托赔偿准备 | 盈余公积 | 未分配利润 | 股东权益合计 |
|---|---|---|---|---|---|---|---|
| 2010 年 1 月 1 日余额 | 62 112.00 | 12 639.56 | 825.77 | 870.42 | 1 976.02 | 13 736.17 | 92 159.94 |
| 本年增减变动金额 | | | | | | | |
| 1. 净利润 | | — | | — | — | 34 655.85 | 34 655.85 |
| 2. 其他综合收益 | | 5 080.56 | | — | — | — | 5 080.56 |
| 上述 1 和 2 小计 | | 5 080.56 | | | | 34 655.85 | 39 736.41 |
| 3. 利润分配 | | | | | | | |
| 提取盈余公积 | | | — | | 3 465.59 | −3 465.59 | |
| 提取一般风险准备 | | | 305.69 | | | −305.69 | |
| 提取信托赔偿准备 | | | — | 1 732.79 | | −1 732.79 | |
| 股利分配 | | | | | | −12 470.52 | −12 470.52 |
| 2010 年 12 月 31 日余额 | 62 112.00 | 17 720.12 | 1 131.46 | 2 603.21 | 5 441.61 | 30 417.43 | 119 425.83 |
| 2009 年 1 月 1 日余额 | 50 000.00 | 527.56 | 825.77 | 336.78 | 908.75 | 4 664.34 | 57 263.20 |
| 本年增减变动金额 | | | | | | | |
| 1. 净利润 | | — | | — | — | 10 672.74 | 10 672.74 |
| 2. 股东投入资本 | 12 112.00 | 12 112.00 | | - | - | - | 24 224.00 |
| 3. 利润分配 | | | | | | | |
| 提取盈余公积 | | | — | | 1 067.27 | −1 067.27 | |
| 提取信托赔偿准备 | | | — | 533.64 | | −533.64 | |
| 2009 年 12 月 31 日余额 | 62 112.00 | 12 639.56 | 825.77 | 870.42 | 1 976.02 | 13 736.17 | 92 159.94 |

## 5.2 信托资产

### 5.2.1 信托项目资产负债汇总表

单位：万元

| 信托资产 | 年初余额 | 期末余额 | 信托负债和信托权益 | 年初余额 | 期末余额 |
|---|---|---|---|---|---|
| 信托资产： | | | 信托负债： | | |
| 货币资金 | 91 649.41 | 106 572.54 | 交易性金融负债 | | |
| 拆出资金 | 2 500.00 | 2 500.00 | 衍生金融负债 | | |
| 存出保证金 | | | 应付受托人报酬 | 24.63 | 890.21 |
| 交易性金融资产 | 39 959.38 | 36 047.51 | 应付托管费 | | |
| 衍生金融资产 | | | 应付受益人收益 | 129.35 | 616.05 |
| 买入返售金融资产 | 631 585.98 | 959 008.00 | 应交税费 | | |
| 应收款项 | 15 758.87 | 54 206.01 | 应付销售服务费 | | |

续表

| 信托资产 | 年初余额 | 期末余额 | 信托负债和信托权益 | 年初余额 | 期末余额 |
|---|---|---|---|---|---|
| 发放贷款 | 2 566 065.85 | 2 777 735.29 | 其他应付款项 | 31 946.23 | 75 612,90 |
| 可供出售金融资产 | | 16 500.00 | 预计负债 | | |
| 持有至到期投资 | 302 398.75 | 149 100.00 | 其他负债 | 14.29 | 118.16 |
| 长期应收款 | | | 信托负债合计 | 32 114.50 | 77 237.32 |
| 长期股权投资 | 441 603.99 | 2 035 335.24 | | | |
| 投资性房地产 | | | 信托权益: | | |
| 固定资产 | | | 实收信托 | 4 045 860.75 | 6 052 039.57 |
| 无形资产 | | | 资本公积 | | |
| 长期待摊费用 | 9 472.74 | 15 861.22 | 损益平准金 | | |
| 其他资产 | | | 未分配利润 | -36 980.28 | -36 411.08 |
| 减:各项资产减值准备 | 60 000.00 | 60 000.00 | 信托权益合计 | 4 008 880.47 | 6 015 628.49 |
| 信托资产总计 | 4 040 994.97 | 6 092 865.81 | 信托负债及信托权益总计 | 4 040 994.97 | 6 092 865.81 |

表外项目：1. 原有委贷业务　年初余额　1 188.79　期末余额　1 188.79
2. 应收未收利息　年初余额　87 097.39　期末余额　94 377.66
3. 代保管信托财产　年初余额　2 494.76　期末余额　2 095.91
4. 卖出信贷资产　年初余额　120 000.00　期末余额　100 000.00

### 5.2.2 信托项目利润及利润分配汇总表

单位：万元

| 项　目 | 本年数 | 上年数 |
|---|---|---|
| 1. 营业收入 | 287 093.68 | 328 004.48 |
| 1.1 利息收入 | 245 183.66 | 171 866.79 |
| 1.2 投资收益(损失以"-"号填列) | 36 865.10 | 156 116.94 |
| 1.2.1 其中:对联营企业和合营企业的投资收益 | 3 920.41 | |
| 1.3 公允价值变动收益(损失以"-"号填列) | -5 091.67 | |
| 1.4 租赁收入 | | |
| 1.5 汇总损益(损失以"-"号填列) | | |
| 1.6 其他收入 | 10 136.59 | 20.75 |
| 2. 支出 | 45 961.25 | 24 998.31 |
| 2.1 营业税金及附加 | | 371.48 |
| 2.2 受托人报酬 | 28 964.30 | 12 389.94 |
| 2.3 托管费 | 4 922.44 | 4 283.74 |
| 2.4 投资管理费 | 649.68 | 395.64 |
| 2.5 销售服务费 | 6 457.53 | 197.69 |
| 2.6 交易费用 | 58.55 | |
| 2.7 资产减值损失 | | |
| 2.8 其他费用 | 4 908.75 | 7 359.82 |
| 3. 信托净利润(净亏损以"-"号填列) | 241 132.43 | 303 006.17 |
| 4. 其他综合收益 | | |
| 5. 综合收益 | 241 132.43 | 303 006.17 |
| 6. 加:期初未分配利润 | -36 980.28 | -5 951.28 |
| 7. 可供分配的信托利润 | 204 152.15 | 297 054.89 |
| 8. 减:本期已分配信托利润 | 240 563.23 | 275 737.39 |
| 加:执行企业会计准则影响数 | - | -58 297.78 |
| 9. 期末未分配信托利润 | -36 411.08 | -36 980.28 |

## 6. 会计报表附注

### 6.1 简要说明报告期会计报表编制基准、会计政策、会计估计和核算方法发生的变化

根据会计准则，经股东大会审议通过，本年，公司将处于限售期的新股由"交易性金融资产"重分类至"可供出售金融资产"科目下核算。

### 6.2 或有事项说明

公司本年度无或有事项。

### 6.3 重要资产转让及其出售的说明

公司本年度无重要资产及其出售事项。

### 6.4 会计报表中重要项目的明细资料

#### 6.4.1 自营资产经营情况

6.4.1.1 信用风险资产分类情况

| 信用风险资产五级分类 | 正常类(万元) | 关注类(万元) | 次级类(万元) | 可疑类(万元) | 损失类(万元) | 信用风险资产合计(万元) | 不良合计(万元) | 不良率(%) |
|---|---|---|---|---|---|---|---|---|
| 期初数 | 92 885.34 | — | — | — | — | 92 885.34 | — | — |
| 期末数 | 103 571.51 | — | — | — | — | 103 571.51 | — | — |

注:1. 不良资产合计=次级类+可疑类+损失类。
2. 期初数根据本年度口径作了相应调整。

6.4.1.2 资产减值损失准备情况

单位:万元

| | 期初数 | 本期计提 | 本年转回 | 本期核销 | 期末数 |
|---|---|---|---|---|---|
| 贷款损失准备 | — | — | — | — | — |
| 一般准备 | — | 25 | — | — | 25 |
| 专项准备 | — | — | — | — | — |
| 其他资产减值准备 | — | — | — | — | — |
| 可供出售金融资产减值准备 | — | — | — | — | — |

续表

| | 期初数 | 本期计提 | 本年转回 | 本期核销 | 期末数 |
|---|---|---|---|---|---|
| 持有至到期投资减值准备 | — | — | — | — | — |
| 长期股权投资减值准备 | — | — | — | — | — |
| 坏账准备 | — | — | — | — | — |
| 投资性房地产减值准备 | — | — | — | — | — |

6.4.1.3 自营股票投资、基金投资、债券投资、股权投资等情况

单位:万元

| | 自营股票 | 基金 | 债券 | 长期股权投资 | 其他投资 | 合计 |
|---|---|---|---|---|---|---|
| 期初数 | 7 742.74 | — | — | — | 877.34 | 8 620.08 |
| 期末数 | 41 730.68 | — | — | 877.34 | 8 712.40 | 51 320.42 |

6.4.1.4 按投资入股金额排序,前三名的自营长期股权投资企业情况

报告期内,公司以自营资产对深圳市美洁尔实业有限公司进行长期股权投资,情况如下:

| 企业名称 | 占被投资企业权益的比例(%) | 主要经营活动 | 投资收益(万元) |
|---|---|---|---|
| 深圳市美洁尔实业有限公司 | 13.98 | 经营油污清洗剂等 | — |

注:投资损益是指按照企业会计准则规定,核算股权投资确认损益并计入披露年度利润表的金额。

6.4.1.5 前三名自营贷款企业情况

报告期内,公司以自营资产对重庆龙宇房地产开发有限公司发放贷款,情况如下:

| 企业名称 | 占贷款总额的比例(%) | 还款情况 |
|---|---|---|
| 重庆龙宇房地产开发有限公司 | 100 | 已归还一半本金 |

6.4.1.6 表外业务情况

单位:万元

| 表外业务 | 期初数 | 期末数 |
|---|---|---|
| 担保业务 | — | — |
| 代理业务(委托业务) | 1 188.79 | 1 188.79 |
| 其他 | — | — |
| 合计 | 1 188.79 | 1 188.79 |

注:代理业务主要反映因客观原因应规范而尚未完成规范的历史遗留委托业务,包括委托贷款和委托投资。

6.4.1.7 公司当年的收入结构

| 收入结构 | 金额(万元) | 占比(%) |
|---|---|---|
| 手续费及佣金收入 | 73 500.91 | 90.31 |
| 其中:信托手续费收入 | 73 397.03 | 90.18 |
| 投资银行业务收入 | 103.88 | 0.13 |
| 利息收入 | 1 145.15 | 1.41 |
| 其他业务收入 | — | — |
| 其中:计入信托业务收入部分 | — | — |
| 投资收益 | 9 253.77 | 11.37 |
| 其中:股权投资收益 | — | — |
| 证券投资收益 | 8 763.68 | 10.77 |
| 其他投资收益 | 490.09 | 0.60 |
| 公允价值变动收益 | -2,245.46 | -2.76 |
| 汇兑损失 | -429.22 | -0.53 |
| 营业外收入 | 165.73 | 0.20 |
| 收入合计 | 81 390.88 | 100.00 |

**6.4.2 信托资产管理情况**

6.4.2.1 信托资产的期初数、期末数

单位:万元

| 信托资产 | 期初数 | 期末数 |
|---|---|---|
| 集合 | 569 350.11 | 2 306 056.51 |
| 单一 | 3 124 940.48 | 3 487 689.26 |
| 财产权 | 346 704.38 | 299 120.04 |
| 合计 | 4 040 994.97 | 6 092 865.81 |

6.4.2.1.1 主动管理型信托业务情况

单位:万元

| 主动管理型信托资产 | 期初数 | 期末数 |
|---|---|---|
| 证券投资类 | 0.36 | 46 205.25 |
| 股权投资类 | 79 210.14 | 1 249 932.85 |
| 融资类 | 3 206 260.81 | 2 723 019.92 |
| 事务管理类 | — | 284 120.03 |
| 合计 | 3 285 471.31 | 4 303 278.05 |

6.4.2.1.2 被动管理型信托业务情况

单位:万元

| 被动管理型信托资产 | 期初数 | 期末数 |
|---|---|---|
| 证券投资类 | — | — |
| 股权投资类 | 353 995.61 | 91 756.54 |
| 融资类 | 401 528.05 | 1 652 184.60 |
| 事务管理类 | — | 45 646.62 |
| 合计 | 755 523.66 | 1 789 587.76 |

6.4.2.2 本年度已清算结束的信托项目情况

6.4.2.2.1 本年度已清算结束的集合类、单一类资金信托项目和财产管理类信托项目情况

| 已清算结束信托项目 | 项目个数 | 实收信托合计金额(万元) | 加权平均实际收益率(%) |
|---|---|---|---|
| 集合类 | 10 | 144 430.34 | 12.44 |
| 单一类 | 52 | 924,170.92 | 7.27 |
| 财产管理类 | — | — | — |

注:收益率是指信托项目清算后,给受益人赚取的实际收益水平。加权平均实际年化收益率=(信托项目1的实际年化收益率×信托项目1的实收信托+信托项目2的实际年化收益率×信托项目2的实收信托+…信托项目n的实际年化收益率×信托项目n的实收信托)/(信托项目1的实收信托+信托项目2的实收信托+…信托项目n的实收信托)×100%。

6.4.2.2.2 本年度已清算结束的主动管理型信托项目情况

| 已清算结束信托项目 | 项目个数 | 实收信托合计金额(万元) | 加权平均实际年化信托报酬率(%) | 加权平均实际年化收益率(%) |
|---|---|---|---|---|
| 证券投资类 | — | — | — | — |
| 股权投资类 | — | — | — | — |
| 融资类 | 41 | 764 621.34 | 0.45 | 6.34 |
| 事务管理类 | — | — | — | — |

注:加权平均实际年化信托报酬率=(信托项目1的实际年化信托报酬率×信托项目1的实收信托+信托项目2的实际年化信托报酬率×信托项目2的实收信托+…信托项目n的实际年化信托报酬率×信托项目n的实收信托)/(信托项目1的实收信托+信托项目2的实收信托+…信托项目n的实收信托)×100%。

6.4.2.2.3　本年度已清算结束的被动管理型信托项目情况

| 已清算结束信托项目 | 项目个数 | 实收信托合计金额（万元） | 加权平均实际年化信托报酬率（%） | 加权平均实际年化收益率（%） |
|---|---|---|---|---|
| 证券投资类 | 1 | 1 000.00 | 5.00 | 811.20 |
| 股权投资类 | 5 | 8 325.92 | 0.51 | 10.42 |
| 融资类 | 15 | 294 654.00 | 0.34 | 9.39 |
| 事务管理类 | — | — | — | — |

注：证券投资类项目加权平均实际年化收益率811.20%，系富邦1期债券投资单一资金信托项目的实际年化收益率。该项目信托本金1 000.00万元，实际存续150天，存续期间累计分配信托收益约3 380.00万元。

6.4.2.3　本年度新增信托项目情况

单位：万元

| 新增信托项目 | 项目个数 | 实收信托合计金额 |
|---|---|---|
| 集合类 | 79 | 1 854 007.80 |
| 单一类 | 44 | 1 266 054.26 |
| 财产管理类 | 7 | 29 498.00 |
| 新增合计 | 130 | 3 149 560.06 |
| 其中：主动管理型 | 86 | 1 883 505.80 |
| 被动管理型 | 44 | 1 266 054.26 |

注：本年新增信托项目指在本报告年度内累计新增的信托项目个数和金额，包含本年度新增并于本年度内结束的项目和本年度新增至报告期末仍在持续管理的信托项目。

6.4.2.4　信托业务创新成果和特色业务有关情况

2010年，公司加大了对创新业务和资产管理业务的政策扶持和资源投入，将资产管理业务板块的筹建方案研究、私募股权投资基金产品规划、高端理财类信托产品规划等列为公司管理层年度工作计划的重点。通过一年的努力，公司在创新业务和资产管理业务的机构设置、产品研发以及制度创新等方面均取得了可喜的成果，相关举措初见成效，为公司创新业务和资产管理业务的进一步发展奠定了坚实的基础。

在机构设置方面，公司成立了创新业务委员会，对公司在信托产品的开发创新、新产品的推广等方面的重大问题提供指导意见，切实建立起了在公司层面协调各职能部门进行系统性的新业务和资产管理业务的支持及审批评估机制。

公司设立了承担公司信托业务的专业化转型和创新类产品的开发工作的专业部门——创新业务部。通过半年的摸索，创新业务部将一系列创新理念落实为具体的产品方案，并在实际业务中操作检验，获得监管机构、金融同业以及投资者的广泛认可。

公司已原则同意资产管理业务板块筹建方案。根据筹建方案，资产管理业务板块将以构建资金池与投资管理能力为目的，培育公司在重点资产类型（Asset Types）方面的主动管理能力，重塑公司产品线，在房地产投资、直接投资、证券投资等领域，形成具有竞争力的产品线，同时积极培育公开交易型信托产品，如REITs、ABS、ETF、金融衍生品以及对冲基金等，并通过产品线以点带面塑造品牌，加强公司在机构投资者和高净值人士的影响力和号召力，从而形成新的利润增长点及具有更高内涵价值的业务板块。资产管理业务板块的相关筹建工作目前正在有序推进之中。

公司计划于2011年完成资产管理业务委员会的设立工作，以实现对资产管理业务的统一管理、监督和指导。

在产品研发方面，公司创新业务部设计并成功发行了以可转股债权（Convertible Bond）为核心理念的PE类信托产品，并在本年度内完成了该产品的资金投出。此外，公司创新业务部已完成新华·普天系列股权投资基金以及新华·普天高端理财系列产品的产品方案设计工作，资产管理业务板块（筹）下设的普天基金管理团队已正式成立，拟投资项目池的构建与相关产品的发行募集准备工作进展顺利。根据规划，资产管理业务板块（筹）管理资产规模在3年内预计达到人民币200亿元以上，为公司创造8亿元的信托业务收入。

公司在积极进行产品创新，大力开拓新兴业务领域的同时，也根据创新业务和资产管理业务的需要，积极进行有关制度的制定或修订。目前，公司已颁布了创新业务委员会相关制度、《证券投资信托业务管理制度》、《房地产信托业务管理办法》、《私人股权投资信托业务管理办法》等制度或办法。公司将进一步梳理、完善与创新业务、资产管理业务有关的管理制度，及时制定有关的业务流程和操作规程，并严格督促执行，为公司全面开展业务创新和资产管理业务打下坚实基础。公司目前正在制定和讨论的创新业务制度包括资产管理业务委员会相关制度、《资产管理类信托项目管理办法》、《普天股权投资基金管理办法》等。

6.4.2.5　公司履行受托人义务情况及因公司自身责任而导致的信托资产损失情况

公司严格按照信托相关法律法规规章及公司制度的要求管理、运用及处分信托财产，恪尽职守，履行诚实、信用、谨慎、有效管理的义务，维护受益人的最大利益。

公司对信托业务实施自主管理，亲自处理信托事务，在处理信托事务时避免利益冲突，并对委托人、受益人以及所处理信托事务的情况和资料依法严格保密。

公司将信托财产与其固有财产分别管理、分别记账，并将不同委托人的信托财产分别管理、分别记账，并对信托业务与非信托业务分别进行核算、对每项信托业务单独进行核算。

公司的信托业务部门独立于公司的其他部门，其人员未与公司其他部门的人员相互兼职，业务信息未与公司的其他部门共享。

公司开展的固有业务、信托业务，均未发生相关监管规章规定的禁止性行为。公司开展关联交易，均通过严格的内外部审批程序，以公平的市场价格进行，逐笔向中国银监会事前报告，并按照有关规定进行信息披露。

报告期内，公司无因自身责任而导致的信托资产损失情况。

## 6.5　关联方关系及其交易的披露

### 6.5.1　关联交易方的数量、关联交易的总金额及关联交易的定价政策等

单位：万元

| 项目 | 关联交易方的数量 | 关联交易的金额 | 定价政策 |
|---|---|---|---|
| 合计 | 3 | 96 679.85 | 按市场定价 |

注："关联交易"定义应以《公司法》和《企业会计准则第36号——关联方披露》有关规定为准。

6.5.2 关联交易方情况

| 关联性质 | 关联方名称 | 法定代表人 | 注册地址 | 注册资本 | 主营业务 |
| --- | --- | --- | --- | --- | --- |
| 母公司 | 新产业投资股份有限公司 | 翁先定 | 深圳市福田区振兴路3号建艺大厦17楼 | 80 650.00万元 | 投资兴办实业(具体项目另行申报),投资咨询,国内商业、物资供销业(不含专营、专卖、专控商品),工程咨询(凭工程咨询资质证书开展咨询业务)。 |
| 股东 | 巴克莱银行有限公司(Barclays Bank PLC) | 不适用 | 1 Churchill Place,London,E14 5HP,UK | 240 200.00万英镑 | 商业银行、投资银行、基金管理、信用卡。 |
| 受同一母公司控制的子公司 | 深圳新华财富资产管理有限公司 | 秦刚 | 深圳市福田区燕南路建艺大厦17楼1711室 | 200.00万元 | 从事企业资产重组,购并方面资产重组;经济信息咨询(不含专营专卖产品)。 |

6.5.3 本公司与关联方的重大交易事项

6.5.3.1 固有与关联方关联交易

单位:万元

| 固有与关联方关联交易 | | | | |
| --- | --- | --- | --- | --- |
| | 期初数 | 借方发生额 | 贷方发生额 | 期末数 |
| 贷款 | — | — | — | — |
| 投资 | — | — | — | — |
| 租赁 | — | 137.30 | 137.30 | – |
| 担保 | — | — | — | — |
| 应收账款 | 23 404.90 | 1 734.59 | 10 943.31 | 14 196.18 |
| 其他 | — | 901.17 | 936.44 | 35.27 |
| 合计 | 23 404.90 | 2 773.06 | 12 017.05 | 14 231.45 |

6.5.3.2 信托与关联方关联交易

无。

6.5.3.3 信托公司自有资金运用于自己管理的信托项目(固信交易)、信托公司管理的信托项目之间的相互(信信交易)交易金额,包括余额和本报告年度的发生额

6.5.3.3.1 固有与信托财产相互交易情况

单位:万元

| 固有财产与信托财产相互交易 | | | |
| --- | --- | --- | --- |
| | 期初数 | 本期发生额 | 期末数 |
| 合 计 | 877.34 | 7 835.06 | 8 712.40 |

注:1. 本期到期终止关联交易金额877.34万元。

2. 本期新增关联交易金额8 712.40万元。

6.5.3.3.2 信托资产与信托财产相互交易情况

单位:万元

| 信托资产与信托财产相互交易 | | | |
| --- | --- | --- | --- |
| | 期初数 | 本期发生额 | 期末数 |
| 合 计 | 130 800.00 | –72 300.00 | 58 500.00 |

注:本期发生额系信托资金到期终止金额72 300.00万元。

6.5.4 逐笔披露关联方逾期未偿还本公司资金的详细情况以及本公司为关联方担保发生或即将发生垫款的详细情况

无关联方逾期未偿还本公司资金的情况以及公司为关联方担保发生或即将发生垫款的情况。

## 6.6 会计制度的披露

公司固有和信托业务执行的是2006年颁布的《企业会计准则》。

# 7. 财务情况说明书

## 7.1 利润实现和分配情况

单位:万元

| 项 目 | 本年数 | 上年数 |
| --- | --- | --- |
| 本年净利润 | 34 655.85 | 10 672.74 |
| 加:年初未分配利润 | 13 736.17 | 4 664.34 |
| 其他转入 | | |
| 可供分配的利润 | 48 392.02 | 15 337.08 |
| 减:提取法定盈余公积 | 3 465.59 | 1 067.27 |
| 提取法定公益金 | | |
| 提取信托赔偿准备金 | 1 732.79 | 533.64 |
| 提取一般准备金 | 305.69 | |
| 提取职工奖励及福利基金 | | |
| 提取储备基金 | | |
| 提取企业发展基金 | | |
| 利润归还投资 | | |
| 可供投资者分配的利润 | | 13 736.17 |
| 减:应付优先股股利 | | |
| 提取任意盈余公积 | | |
| 股利分配 | 12 470.52 | |
| 转作股本的普通股股利 | | |
| 年末未分配利润 | 30 417.43 | 13 736.17 |

## 7.2 主要财务指标

| 指标名称 | 指标值 |
| --- | --- |
| 资本利润率(%) | 32.76 |
| 加权年化信托报酬率(%) | 0.42 |
| 人均净利润(万元/人) | 168.23 |

注:1. 资本利润率=净利润/所有者权益平均余额×100%。

2. 加权年化信托报酬率=(信托项目1的实际年化信托报酬率×信托项目1的实收信托+信托项目2的实际年化信托报酬率×信托项目2的实收信托+…信托项目n的实际年化信托报酬率×信托项目n的实收信托)/(信托项目1的实收信托+信托项目2的实收信托+…信托项目n的实收信托)×100%。

3. 人均净利润=净利润/年平均人数。

4. 平均值采取年初、年末余额简单平均法,公式为:a(平均)=(年初数+年末数)/2。

## 7.3 对本公司财务状况、经营成果有重大影响的其他事项

无。

## 8. 特别事项简要揭示

### 8.1 前五名股东报告期内变动情况及原因

无。

### 8.2 董事、监事及高级管理人员变动情况及原因

鉴于孙勇先生辞去独立董事职务，公司于3月10日召开2010年第一次临时股东大会，会议选举李钢先生担任独立董事职务，李钢先生的任期为孙勇先生之剩余任期。其任职资格已于2010年5月11日经《关于李钢金融机构董事任职资格的批复》（渝银监复〔2010〕39号）核准。

公司于8月30日召开了2010年第二次临时股东大会，会议同意许勇先生辞去公司董事一职，选举许洛圣先生新任公司董事，原由许勇先生担任的董事等所有职务全部由许洛圣先生承继，许洛圣先生的任期为许勇先生之剩余任期。其任职资格已于10月21日经《关于许洛圣金融机构董事任职资格的批复》（渝银监复〔2010〕100号）核准。

公司于1月27日、3月10日分别召开了第四届董事会第三次会议和2010年第一次临时股东大会，会议决议聘任郝雅军先生为公司首席财务官、陈岸强和赵暖先生为公司副总经理。副总经理赵暖和首席财务官郝雅军的任职资格已于2010年4月6日经《关于郝雅军、赵暖金融机构高级管理人员任职资格的批复》（渝银监复〔2010〕15号）核准。

### 8.3 公司的重大诉讼事项

| 序号 | 诉讼案件 | 诉讼类别 | 金额（万元） | 发生时间 | 案件事由 | 审理情况 |
|---|---|---|---|---|---|---|
| 1 | 新华信托诉林华房地产开发有限公司 | 固有业务 | 2 500 | 2002年12月 | 购房37套林华未交付 | 胜诉，执行中（中止执行，提出执行申请） |
| 2 | 新华信托诉长寿望江运输队 | 信托业务 | 100 | 1999年12月 | 委托贷款 | 胜诉、执行中 |
| 3 | 忠县信用社诉新华信托 | 固有业务 | 1 000 | 2002年6月 | 委托国债理财 | 提出再审申请，最高法裁定中止执行 |
| 4 | 惠州腊梅信息咨询诉新华信托债权纠纷 | 固有业务 | 220 | 2010年6月 | 债权纠纷 | 一审中 |
| 5 | 北京威腾企业管理有限公司诉新华信托 | 信托业务 | 1 500 | 2010年6月 | 股东出资纠纷 | 二审中 |

注：1. 上述金额仅为本金，未包含利息。
2. 公司作为原告案件共计2件，涉及金额2 600万元，占公司总资产的1.67％；作为被告案件共计3件，涉及金额2 720万元，占公司总负债的7.44％。
3. 按照公司等与新产业的协议，上诉所有案件的相关权利义务由其承担。由于历史原因，各诉讼主体仍以新华信托名义进行，新华信托不会因为上述诉讼事项的胜诉、败诉而产生实际权利和义务。

### 8.4 对会计师事务所出具的有保留意见、否定意见或无法表示意见的审计报告的，公司董事会应就所涉及事项作出说明

无。

### 8.5 公司及其董事、监事和高级管理人员受到处罚的情况

报告期内，公司董、监事及高级管理人员勤勉合规履职，未发生公司及董事、监事和高级管理人员受到中国银监会或相关部门处罚的情况。

### 8.6 公司对中国银监会及其派出机构整改意见的整改情况

2010年，中国银监会重庆银监局对公司信政合作业务、银信合作业务及引进战略投资者相关情况进行了现场检查，并出具了现场检查意见书，公司按照检查意见书上的要求基本完成了整改。

### 8.7 公司重大事项临时报告的简要内容、披露时间、所披露的媒体及其版面

8.7.1 2010年4月28日，按照信息披露制度的规定，在公司网站等处披露了以下事项：

8.7.1.1 公司于2010年1月27日召开了第四届董事会第三次会议，会议审议通过如下议案

（1）审议通过《关于提请聘任赵暖先生为公司副总经理的议案》；

（2）审议通过《关于提请聘任郝雅军先生为公司首席财务官的议案》；

（3）审议通过《关于提请聘任陈岸强先生为公司副总经理的议案》；

（4）审议通过《关于追认公司深圳业务部办公室租赁合同等相关事宜的议案》；

（5）审议通过《关于提请批准公司与英国巴克莱银行有限公司香港分行签订〈顾问框架协议〉的议案》；

（6）审议通过《关于提请审议〈公司高级管理人员问责办法〉等修订及新增制度的议案》。

8.7.1.2 公司于2010年3月10日，召开了2010年第一次临时股东大会，会议审议通过如下议案

（1）审议通过《关于同意孙勇先生辞去公司独立董事职务、选举李钢先生担任公司独立董事职务的议案》；

（2）审议通过《关于提请聘任赵暖先生为公司副总经理的议案》；

（3）审议通过《关于提请聘任郝雅军先生为公司首席财务官的议案》；

（4）审议通过《关于提请聘任陈岸强先生为公司副总经理的议案》；

（5）审议通过《关于追认公司深圳业务部办公室租赁合同等相关事宜的议案》；

（6）审议通过《关于提请批准公司与英国巴克莱银行有限公司香港分行签订〈顾问框架协议〉的议案》。

赵暖和郝雅军先生的任职资格已于2010年4月6日经

《关于郝雅军、赵暖金融机构高级管理人员任职资格的批复》(渝银监复〔2010〕15号)核准。

8.7.1.3 公司于2010年3月25日召开了第四届董事会第四次会议,会议审议通过如下议案

(1)审议通过《关于〈公司2009年工作总结暨2010年工作计划〉的议案》;

(2)审议通过《关于〈公司2009年度财务决算报告〉的议案》;

(3)审议通过《关于〈公司2010年度财务预算报告〉的议案》;

(4)审议通过《关于〈公司2009年度利润分配方案〉的议案》;

(5)审议通过《关于〈关于重庆银监局现场检查意见书的整改报告〉的议案》;

(6)审议通过《关于〈公司2009年度报告〉的议案》;

(7)审议通过《关于提请调整公司机构设置的议案》;

(8)审议通过《关于落实公司2009年度激励机制的议案》;

(9)审议通过《关于公司与新华基金管理有限公司合作设立信托项目的议案》;

(10)审议通过《关于提请批准使用公司固有资金用于房地产项目贷款的议案》。

8.7.1.4 公司于2010年4月20日召开了股东大会2010年第一次会议,会议审议通过如下议案

(1)审议通过《公司董事会2009年度工作报告》;

(2)审议通过《公司监事会2009年度工作报告》;

(3)审议通过《关于〈公司2009年工作总结暨2010年工作计划〉的议案》;

(4)审议通过《关于〈公司2009年度财务决算报告〉的议案》;

(5)审议通过《关于〈公司2010年度财务预算报告〉的议案》;

(6)审议通过《关于〈公司2009年度利润分配方案〉的议案》;

(7)审议通过《关于〈关于重庆银监局现场检查意见书的整改报告〉的议案》;

(8)审议通过《关于〈公司2009年度报告〉的议案》;

(9)审议通过《关于提请调整公司机构设置的议案》;

(10)审议通过《关于落实公司董、监事2009年度效益奖的议案》;

(11)审议通过《关于公司与新华基金管理有限公司合作设立信托项目的议案》。

8.7.2 2010年4月30日,在公司网站上披露了《公司2009年度报告》

8.7.3 2010年6月30日,在公司网站上披露了以下事项

8.7.3.1 新任独立董事李钢先生的任职资格已于2010年5月11日经《关于李钢金融机构董事任职资格的批复》(渝银监复〔2010〕39号)核准

8.7.3.2 公司于2010年5月13日以通信方式召开了2010年第一次临时董事会会议,会议审议通过了如下议案

(1)审议通过《公司2010年度前台业务人员考核奖励办法》;

(2)审议通过《公司2010年度中后台人员考核奖励办法》进行了审议。

8.7.3.3 公司于2010年6月23日以通信方式召开了2010年第二次临时董事会会议,会议审议通过了如下议案

(1)审议通过《关于对董事会各专门委员会成员进行相应调整的议案》;

(2)审议通过《关于提请批准公司与英国巴克莱银行有限公司香港分行合作签署〈协议书〉的议案》。

8.7.4 2010年10月27日,在公司网站上披露了公司董事变更情况

鉴于许勇先生请求辞去公司董事职务,经巴克莱银行有限公司(Barclays Bank PLC)提名,报公司股东大会同意,由许洛圣先生继任公司董事,其任职资格已于2010年10月21日经重庆银监局《关于许洛圣金融机构董事任职资格的批复》(渝银监复〔2010〕100号)核准。按照相关规定,许洛圣先生于2010年10月21日起正式履职,任期为许勇先生的余任期限。

此次调整后,公司董事会成员如下:

董事长:翁先定

董事:翁先定、卢广开、郭全杰、许洛圣、秦刚

独立董事:李钢、白重恩、戴波

董事会秘书:吕曙光

### 8.8 中国银监会及其派出机构认定的其他有必要让客户及相关利益人了解的重要信息

无。

## 9. 监事会独立意见

### 9.1 公司依法运作情况

公司依法运作,决策程序基本符合《公司法》、《信托法》、《信托公司管理办法》和《公司章程》等有关制度的规定;内控制度基本健全、有效;公司董事、总经理等高级管理人员履行职责时,未发现有违法和故意损害公司利益的行为。

### 9.2 财务报告真实情况

公司本年度财务报告真实反映了公司的财务状况及经营管理成果;本年度财务报告已经毕马威华振会计师事务所上海分所根据中国注册会计师独立审计准则审计,并出具了标准无保留意见的审计报告。

# 新时代信托股份有限公司

## 1. 重要提示

1.1 本公司董事会及董事保证本报告所载资料不存在任何虚假记载、误导性陈述或者重大遗漏,对其内容的真实性、准确性和完整性承担个别及连带责任。本年度报告摘要摘自年度报告全文,客户及相关利益人欲了解详细内容,应阅读年度报告全文。

1.2 本公司独立董事张平先生认为:本年度报告真实、准确、完整。

本公司独立董事何海峰先生认为:本年度报告真实、准确、完整。

本公司独立董事杜惠芬女士认为:本年度报告真实、准确、完整。

1.3 公司董事长赵利民先生、主管会计工作负责人杨明国先生及会计机构(自营)负责人张美荣女士、会计机构(信托)负责人许伊萍女士声明:保证年度报告中财务报告的真实、完整。

## 2. 公司概况

### 2.1 公司简介

2.1.1 公司法定中文名称:新时代信托股份有限公司
公司法定中文名称缩写:新时代信托
公司法定英文名称:New Times Trust Co. ,Ltd.
公司法定英文名称缩写: NTTC

2.1.2 公司法定代表人:赵利民

2.1.3 公司注册地址:内蒙古包头市钢铁大街甲5号信托金融大楼
公司邮政编码:014030
公司国际互联网网址:www. xsdxt. com
公司电子邮箱: xsdxt@ xsdxt. com

2.1.4 公司负责信息披露事务人:陈祥盛
联系电话:0472 -6969996
传真电话:0472 -6969996
电子邮箱:chenxiangsheng@ xsdxt. com

2.1.5 公司选定的信息披露报刊:《证券日报》
公司年报报告备置地点:内蒙古包头市钢铁大街甲5号信托金融大楼

2.1.6 公司聘请的会计师事务所名称:中准会计师事务所
办公地址:北京市海淀区首体南路22号国兴大厦四层
公司聘请的律师事务所名称:内蒙古北琛律师事务所
办公地址:包头市昆区市府东路恩和小区12号底店

### 2.2 组织结构

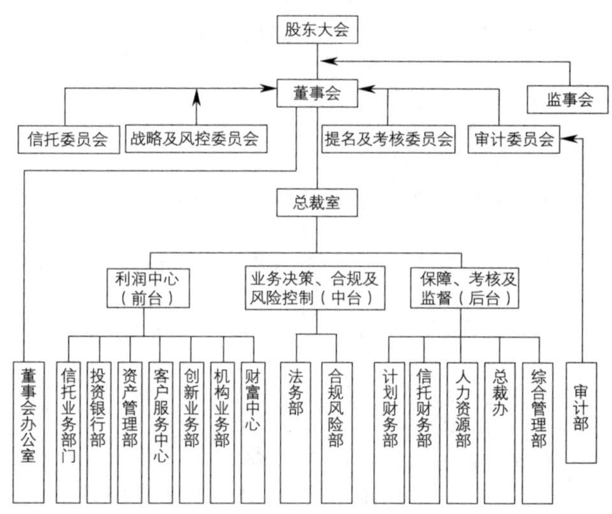


## 3. 公司治理

### 3.1 公司治理结构

#### 3.1.1 股东情况

报告期末新时代信托股份有限公司股份总数共计300 000 000股(3亿股),共有五个股东。

股东总数:5个,持股比例超过10%的股东

| 股东名称 | 持股比例(%) | 法人代表 | 注册资本(万元) | 注册地址 | 主要经营业务及主要财务情况 |
|---|---|---|---|---|---|
| 新时代远景(北京)投资有限公司 | 58.54 | 李泽雄 | 14 000 | 北京市朝阳区东三环北路38号3号楼2309室 | 项目投资、投资管理、投资咨询。 |
| 重庆四维控股(集团)股份有限公司 | 14.63 | 雷刚 | 37 768.5 | 重庆江津区德感工业园区 | 建筑卫生陶瓷、复合材料浴缸、塑料制品、五金配件、厨房设备等。 |
| 深圳市金瑞丰实业发展有限公司 | 14.63 | 敬宗泽 | | | |

### 3.1.2 董事、董事会及其下属委员会

#### 3.1.2.1 董事

| 姓 名 | 职 务 | 性别 | 年龄 | 选任日期 | 所推举的股东名称 | 该股东持股比例(%) | 简 要 履 历 |
|---|---|---|---|---|---|---|---|
| 赵利民 | 董事长 | 男 | 47 | 2009年3月 | 新时代远景(北京)投资有限公司 | 58.54 | 曾在天津大港石化公司、新时代证券有限责任公司等机构任职。 |
| 李树新 | 副董事长 | 女 | 43 | 2009年3月 | 新时代远景(北京)投资有限公司 | 58.54 | 曾在人民银行包头市中心支行等机构任职。 |
| 王清强 | 董事 | 男 | 71 | 2009年3月 | 重庆四维控股(集团)股份有限公司 | 14.63 | 曾在北京华讯集团公司,潍坊科微投资公司任职。 |
| 孟辉 | 董事 | 女 | 49 | 2009年3月 | 建设银行甘肃分行 | 24.38 | 曾在建行甘肃省分行投资处、资产保全部等任职。 |
| 王晓光 | 董事 | 男 | 39 | 2009年3月 | 新时代远景(北京)投资有限公司 | 58.54 | 曾在北京二期机车厂,中国农业生产资料集团任职。 |
| 张垠茂 | 董事 | 男 | 41 | 2009年3月 | 新时代远景(北京)投资有限公司 | 58.54 | 曾在北京嘉利法科技发展公司,北京荣昌伊尔萨洗染连锁集团公司任职 |

#### 3.1.2.2 董事会成员

| 姓 名 | 所在单位及职务 | 性别 | 年龄 | 选任日期 | 所推举的股东名称 | 该股东持股比例(%) | 简 要 履 历 |
|---|---|---|---|---|---|---|---|
| 王自力 | 中国人民银行研究生部部务委员会副主席 | 男 | 54 | 2009年3月 | 无 | | 曾任复旦大学金融系教授,人民银行培训学院党委书记、院长等。 |
| 杜惠芬 | 中央财经大学独立学院副院长 | 女 | 48 | 2009年3月 | 无 | | 曾在山西财经学院,中央财经大学任教。 |
| 何海峰 | 中国社会科学院金融研究所副教授 | 男 | 41 | 2009年3月 | 无 | | 曾在华北电力大学任教,中国社科院金融研究所任职。 |

#### 3.1.2.3 董事会下属委员会

| 董事会下属委员会名称 | 职责 | 组成人员姓名 | 职务 |
|---|---|---|---|
| 战略及风控委员会 | 负责对公司长期发展战略规划、重大战略性投资进行可行性研究,负责全面监督、指导公司风险管理工作,检查公司管理层贯彻和执行董事会确立的风险取向和管理战略的情况,并根据董事会授权进行业务决策的常设机构,对公司董事会负责。 | 赵利民 | 主任委员 |
| | | 王自立 | 委员 |
| | | 王清强 | 委员 |
| 信托委员会 | 负责督促公司依法履行受托职责。当公司或股东利益与受益人利益发生冲突时,信托委员会应保证公司为受益人的最大利益服务。 | 何海峰 | 主任委员 |
| | | 杜惠纷 | 委员 |
| | | 李树新 | 委员 |
| 审计委员会 | 专门负责对公司财务活动及其有关经济活动的真实、合法、合规、准确和效益的监督审计,依法审议、拟订内部监督活动方案,指导稽核部门实施稽核审计,为维护公司合法权益,防范金融风险,促进增收节支,提高经济效益服务。 | 杜惠芬 | 主任委员 |
| | | 孟辉 | 委员 |
| | | 王晓光 | 委员 |
| 提名及考核委员会 | 对公司董事和总裁的人选、选择标准和程序进行选择并提出建议,同时对总裁提名的财务负责人,以及总裁提名的其他高级管理人员、董事长提名的董事会秘书人选进行审查并提出建议;负责制定公司董事、高级管理人员以及其他员工的全员考核标准并进行考核,对董事会负责。 | 何海峰 | 主任委员 |
| | | 赵利民 | 委员 |
| | | 张垠茂 | 委员 |

### 3.1.3 监事、监事会及其下属委员会

| 姓 名 | 职 务 | 性别 | 年龄 | 选任日期 | 所推举的股东名称 | 该股东持股比例(%) | 简 要 履 历 |
|---|---|---|---|---|---|---|---|
| 刘树忠 | 监事长 | 男 | 41 | 2009年3月 | 新时代远景(北京)投资有限公司 | 58.54 | 曾在中国人民银行白云矿区支行、包头市信托投资公司、新时代证券公司等机构任职。 |
| 马建国 | 监事 | 男 | 59 | 2009年3月 | 建设银行甘肃分行 | 24.38 | 曾在建行甘肃省分行等机构任职。 |
| 闫锋 | 监事 | 男 | 36 | 2009年3月 | 职工代表 | | 曾在包头市容衡机械制造总公司等机构任职。 |

注:监事会无下设委员会。

### 3.1.4 高级管理人员

| 姓 名 | 职 务 | 性别 | 年龄 | 选任日期 | 从业年限 | 学历 | 专业 | 简 要 履 历 |
|---|---|---|---|---|---|---|---|---|
| 杨明国 | 财务总监 | 男 | 37 | 2010年3月 | 14 | 硕士 | 工商管理学 | 曾任北方创业、中能发展电力集团公司任财务总监。 |
| 边风杰 | 副总裁 | 男 | 45 | 2009年3月 | 21 | 硕士研究生 | 商业经济 | 曾在工商银行包头分行任职。 |
| 陈祥盛 | 副总裁 | 男 | 34 | 2009年3月 | 7 | 硕士研究生 | 经济管理 | 曾任北京林业大学外语学院团支部书记,新时代信托人力资源部经理、董事会秘书兼总裁助理等职。 |
| 鲁健 | 总裁助理 | 男 | 48 | 2009年3月 | 13 | 大专 | 行政管理 | 曾在辽宁本溪87325部队,包头钢铁设计研究院,包头网围栏联合体办公室,包头万方实业公司任职。 |
| 王晓滨 | 总裁助理 | 男 | 41 | 2009年3月 | 19 | 大学 | 机械动力 | 曾任职于人民银行哈尔滨分行,哈尔滨证券,联合证券,大通证券等机构。 |
| 李永丰 | 总裁助理 | 男 | 39 | 2009年3月 | 16 | 大学 | 数学 | 曾在海口市建设银行,海南港澳国际信托投资有限公司,中银国际证券有限责任公司,新时代证券有限责任公司等机构任职。 |

3.1.5 公司员工

| 项目 | | 2010年 | | 2009年 | |
|---|---|---|---|---|---|
| | | 人数 | 比例(%) | 人数 | 比例(%) |
| 年龄分布 | 20岁以下 | 0 | 0 | 0 | 0 |
| | 20~29岁 | 31 | 25.83 | 38 | 33.63 |
| | 30~39岁 | 59 | 48.17 | 53 | 46.90 |
| | 40岁以上 | 30 | 25.00 | 22 | 19.47 |
| 学历分布 | 博士 | 2 | 1.67 | 3 | 3.65 |
| | 硕士 | 31 | 25.83 | 29 | 25.66 |
| | 本科 | 51 | 42.50 | 49 | 43.36 |
| | 专科 | 29 | 24.17 | 32 | 28.32 |
| | 其他 | 7 | 5.83 | 0 | 0 |
| 岗位分布 | 董事、监事及其高管人员 | 12 | 10.00 | 19 | 16.81 |
| | 自营业务人员 | 4 | 3.33 | 4 | 3.54 |
| | 信托业务人员 | 58 | 48.34 | 50 | 44.25 |
| | 其他人员 | 46 | 38.33 | 40 | 35.40 |

## 4. 经营管理

### 4.1 公司新年度的经营目标、方针、战略规划

#### 4.1.1 核心理念

抱诚守拙。信托公司是经营信用的机构，诚信当为经营的第一要义。坚守受益人利益最大化的原则，并追求股东稳定的回报，是信托业不可逾越、不可取巧的拙朴之道。

谨行致远。唯有审慎稳健，持续加强基础管理、质量管理、合规管理和风险管理；唯有前瞻性的决策和判断，才能更远更久，历经风雨而基业长青。

#### 4.1.2 经营方针

合规经营，管控风险。依法合规是公司经营活动的前提和宗旨，管控风险贯穿经营活动的全过程。

有效激励，稳健发展。以卓有成效的绩效考核和薪酬体系激励员工和团队的积极性、创造性。公司更加追求的是快速增长和可持续发展之间的均衡状态。

#### 4.1.3 战略规划

公司按照2009年确定的三年战略规划，将有效地把金融服务和内蒙古自治区的资源优势结合起来，发挥强强效应，推动内蒙古资源型产业链的延伸，逐步形成“金融服务＋资源”、独具特色的业务模式和盈利模式；树立科学的发展观，苦练内功，加强风险管理，全面提升人员素质，提高市场反应能力，打造强势品牌，实现整体竞争能力的提升，保持稳健发展，把公司建设成为优秀的、有活力的信托公司。

### 4.2 所经营业务的主要内容

自营资产运用与分布表

| 资产运用 | 金额（万元） | 占比（%） | 资产分布 | 金额（万元） | 占比（%） |
|---|---|---|---|---|---|
| 货币资金 | 26 681.14 | 29.63 | 基础产业 | — | — |
| 贷 款 | — | — | 房 地 产 | — | — |
| 交易性金融资产 | 10 341.89 | 11.49 | 证 券 | 10 341.89 | 11.49 |
| 长期股权投资 | 43 267.87 | 48.05 | 实 业 | — | — |
| 其 它 | 9 756.10 | 10.83 | 其 它 | 79 705.11 | 88.51 |
| 资产总计 | 90 047.00 | 100.00 | 资产总计 | 90 047.00 | 100.00 |

信托资产运用与分布表

| 资产运用 | 金额（万元） | 占比（%） | 资产分布 | 金额（万元） | 占比（%） |
|---|---|---|---|---|---|
| 货币资产 | 63 975.66 | 2.13 | 基础产业 | 717 317.00 | 23.90 |
| 贷款 | 885 787.00 | 29.51 | 房地产 | 182 809.75 | 6.09 |
| 交易性金融资产投资 | 4 165.13 | 0.14 | 证券市场 | 4 165.13 | 0.14 |
| 可供出售金融资产投资 | — | — | 实业 | 1 808 117.00 | 60.24 |
| 持有至到期投资 | 1 751 806.75 | 58.37 | 金融机构 | 137 130.00 | 4.57 |
| 长期股权投资 | 294 550.00 | 9.81 | 其他 | 151 904.22 | 5.06 |
| 其他 | 1 158.56 | 0.04 | | — | — |
| 信托资产总计 | 3 001 443.10 | 100 | 信托资产总计 | 3 001 443.10 | 100 |

### 4.3 市场分析

#### 4.3.1 影响公司发展的有利因素

内蒙古自治区资源主导型的地区经济发展规划，为公司发挥信托连接货币、资本、产业起到桥梁作用，并为抢先一步进入地区资源开发与可持续发展经济领域提供强有力支持；公司地处地区经济发展中心，市场潜力较大。公司历史包袱轻，人力资源结构符合地域需求，在产品创新、业务拓展等方面有着较强的优势。

#### 4.3.2 影响公司发展的不利因素

投资者对信托制度的优势和作用，对信托公司及信托产品的认知程度有待加强，公司尚未完全形成自有品牌形象，存在信托产品销售渠道还不够通畅等方面的不利因素，这些成为制约本公司业务发展的障碍。

### 4.4 风险管理

#### 4.4.1 风险管理概况

公司在经营活动中可能遇到下列风险：信用风险、市场风险、操作风险、政策风险、经营风险和道德风险。无论是自营业务活动还是信托业务活动，都有产生上述风险的可能性。

#### 4.4.2 风险状况

4.4.2.1 信用风险状况

主要表现为公司贷款类信托业务中贷款对象的信用调查，资金往来的信用风险等。信用风险是交易对手或债务人违约的风险。当所有交易对手集中在单一行业或地区时，信用风险则较大。这是由于不同的交易对手会因处于同一地区或行业而受到同样的经济发展影响，最终影响其还款能力。

4.4.2.2 市场风险状况

主要表现为：一是信托业所涉及的货币、资本、实业三大领域，其各自受政策、市场规律等因素影响所形成的波动风险；二是受其他金融机构激烈竞争与挤压，导致公司市场环境与客户

资源恶化的风险。

4.4.2.3　操作风险状况

主要表现在公司内部人员在处理信托业务过程中因操作失误而出现的风险。

4.4.2.4　其他风险状况

4.4.2.4.1　政策风险状况

主要表现为宏观政策以及监管政策的变动对公司经营环境和发展所造成的风险。

4.4.2.4.2　经营风险状况

主要表现为在经营过程中因管理与经营能力造成的风险。

4.4.2.4.3　道德风险状况

主要表现为公司内部人员是否诚信经营、恪尽职守的道德风险。

**4.4.3　风险管理**

4.4.3.1　信用风险管理

对于信用风险的防范，公司主要是通过对融资对象的信用调查，风控及投资决策委员会对项目的审核、信托合同抵押条款的科学设计等来进行风险事前防范；通过项目实施过程中的业务跟踪以及资产分类评级来进行风险事中控制；通过项目结束后的稽查与评价进行事后控制。在防范银行和券商信用风险方面，公司制定系列选择标准，选择实力雄厚、信誉卓著、业绩优良的金融机构作为合作伙伴，同时以对合作伙伴进行定期与不定期的压力测试来及时发现问题，对风险加以控制。抵押品确认原则为：合法性原则，即要求抵押物和质押物必须符合国家法律规定，抵押人、出质人对抵押物和质押物享有所有权或依法处分权；充足性原则，即公司根据抵押物、质押物的保值能力和变现难易程度对不同抵押、质押物设置不同的抵押率，对于需要估价的抵（质）押财产，必须经过公司认可的资产评估部门进行估价；可操作性原则，即要求抵（质）押财产标的明确、易于保管、转让和变现。贷款本金与内部确定的抵押品之比不高于60%。

公司保证贷款管理原则：保证人应具有独立的法人资格，并对其拥有的财产享有所有权或依法处分权；担保人应具备良好的资信状况，近三年经营业绩稳定，财务状况良好，具备足够的担保能力。

4.4.3.2　市场风险管理

对于市场风险的防范，公司主要是通过加强业务决策及风控委员会的运作力度，通过研究、决策、操纵、评价相互制衡的机制，结合严格的授权制度，以防范市场风险。加强对多种信息资料的收集、整理、研究，正确把握市场的整体走势；建立健全市场风险的预警系统，对风险及其程度进行量化预测，包括主要业务的风险评估和监测办法、重要部门风险考核指标体系等，定期对公司的市场风险进行检查和监控。公司坚持不以风险换业务，而以诚信换市场的原则。

4.4.3.3　操作风险管理

对于操作风险的防范，主要通过严格的授权制度与过程控制来实施。一是指导、协助各部门建立健全内部风险控制制度，检查各项业务的作业流程和部门衔接可能存在的风险；二是明确界定部门的目标、职责和权限，确保其在授权范围内行使经营管理职能；三是在各主要业务部门之间建立健全防火墙制度，确保信托业务与自有业务相对独立。

4.4.3.4　其他风险管理

（1）政策风险管理

对于政策风险的防范，公司通过严格依法经营，并根据国家法律法规和银监会要求制定公司章程和内控制度，以规范与控制公司业务范围和行为。加强对各种政策及其变动趋势的研究，并按照研究结果来决定或调整信托项目及自有业务的投融资计划；实行信托项目的分散化和期限结构的均衡化，以降低系统性政策风险；对突如其来的政策变化可能产生的较大风险建立一整套应急措施；加强与银监会（局）、政府有关部门的联络和沟通。

（2）经营风险管理

对于经营风险的防范，公司有健全的法人治理结构，股东会、董事会和监事会职责明确，对经营层有严格的约束，保证其合法合规经营。公司依据自身经营特点设立顺序递进、权责统一、严密有效的三道监控防线：建立一线岗位双人、双职、双责，业务内容至少双人知道为基础的第一道监控防线；建立相关部门、相关岗位之间相互监督制衡的第二道监控防线；建立对风险现场全面实施监督、检查和反馈的第三道监控防线。严格按照内部规章与流程开展各项业务，同时通过事后稽核与评价来对其进行正负激励，以防范经营风险。

（3）道德风险管理

对于道德风险的防范，公司主要通过完善的法人治理结构对高管进行约束，使其经营行为符合委托人利益和股东利益，并通过严格的规章制度与内控体系对公司员工行为进行规范。在组织架构方面，公司严格按照信托法规的要求对自营资产与信托资产分别管理，并由不同高管分管，以保护委托人的利益。与此同时，接受银监部门定期不定期的检查，构成了外部监督体系。

## 5. 报告期末及上年末的比较式会计报表

### 5.1　自营资产

**5.1.1　会计师事务所审计意见全文**

**审 计 报 告**

中准审字〔2011〕1314号

新时代信托股份有限公司董事会：

我们审计了后附的新时代信托股份公司（以下简称贵公司）财务报表，包括2010年12月31日的资产负债表，2010年度的利润表、所有者权益权益变动表和现金量表以及财务报表附注。

一、管理层对财务报表的责任

按照企业会计准则的规定编制财务报表是贵公司管理层的责任。这种责任包括：（1）设计、实施和维护与财务报表编制相关的内部控制，以使财务报表不存在由于舞弊或错误而导致的重大错报；（2）选择和运用恰当的会计政策；（3）作出合理的会计估计。

二、注册会计师的责任

我们的责任是在实施审计工作的基础上对财务报表发表

审计意见。我们按照中国注册会计师审计准则的规定执行了审计工作。中国注册会计师审计准则要求我们遵守职业道德规范，计划和实施审计工作以对财务报表是否不存在重大错误报获取合理保证。

审计工作涉及实施审计程序，以获取有关财务报表金额和披露的审计证据。选择的审计程序取决于注册会计师的判断，包括对由于舞弊或错误导致的财务报表重大错误风险的评估。在进行风险评估时，我们考虑与财务报表编制相关的内部控制，以设计恰当的审计程序，但目的并非对内部控制的有效性发表意见。审计工作还包括评价管理层选用会计政策的恰当性和作出会计估计的合理性，以及评价财务报表的总体列报。

我们相信，我们获取的审计证据是充分、适当的，为发表审计意见提供了基础。

三、审计意见

我们认为，贵公司财务报表已经按照企业会计准则的规定编制，在所有重大方面公允反映了贵公司2010年12月31日的财务状况以及2010年度的经营成果和现金流量。

中准会计师事务所有限公司　　中国注册会计师：

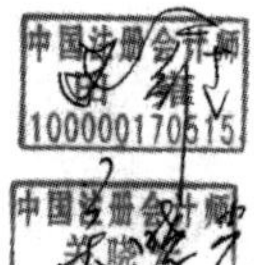
中国注册会计师：

中国·北京　　二〇一一年四月二十七日

## 5.1.2 资产负债表

**资产负债表**

2010年12月31日

编制单位：新时代信托股份有限公司　　单位：万元

| 资　　产 | 2010年12月31日 | 2009年12月31日 |
|---|---|---|
| 资产： | | |
| 货币资金 | 266 811 415.14 | 129 805 638.21 |
| 其中：其他货币资金 | 54 267 008.92 | 27 358 594.82 |
| 买入返售金融资产 | — | — |
| 应收款项 | 37 298 553.09 | 28 517 390.41 |
| 应收股利 | — | — |
| 交易性金融资产 | 103 418 909.06 | 111 555 801.55 |
| 发放贷款和垫款 | — | — |
| 持有至到期投资 | — | — |
| 可供出售金融资产 | 10 000 000.00 | 10 000 000.00 |
| 长期股权投资 | 432 678 695.76 | 409 673 734.06 |
| 投资性房地产 | 23 808 547.97 | 25 433 568.89 |
| 固定资产 | 20 634 000.20 | 21 833 111.16 |
| 无形资产 | 1 715 371.80 | 2 048 358.70 |
| 递延所得税资产 | 1 655 879.27 | 5 730 800.82 |
| 其他资产 | 2 448 663.79 | 1 393 050.92 |
| 资产总计 | 900 470 036.08 | 745 991 454.72 |

法定代表人：赵利民　　主管会计工作负责人：杨明国　　会计机构负责人：张美荣

**资产负债表（续）**

2010年12月31日

编制单位：新时代信托股份有限公司　　单位：万元

| 负债及所有者权益 | 2010年12月31日 | 2009年12月31日 |
|---|---|---|
| 负债： | | |
| 拆入资金 | — | — |
| 交易性金融负债 | — | — |
| 应付款项 | 16 311 784.78 | 9 425 538.52 |
| 卖出回购金融资产 | — | — |
| 应付职工薪酬 | 14 472 219.33 | 18 549 028.69 |
| 应付股利 | — | — |
| 应交税费 | 31 853 474.87 | 4 482 499.40 |
| 其他负债 | 22 503.26 | 22 503.26 |
| 递延所得税负债 | 1 867 008.39 | 3 336 999.16 |
| 负债合计 | 64 526 990.63 | 35 816 569.03 |
| 实收资本（股本） | 300 000 000.00 | 300 000 000.00 |
| 资本公积 | 227 319 111.21 | 228 696 680.92 |
| 一般风险准备 | 4 258 324.38 | 4 248 212.05 |
| 盈余公积 | 49 347 070.38 | 36 632 497.43 |
| 信托赔偿准备金 | 23 080 906.15 | 16 723 619.68 |
| 未分配利润 | 231 937 633.33 | 123 873 875.61 |
| 股东权益合计 | 835 943 045.45 | 710 174 885.69 |
| 负债及所有者权益总计 | 900 470 036.08 | 745 991 454.72 |

法定代表人：赵利民　　主管会计工作负责人：杨明国　　会计机构负责人：张美荣

## 5.1.3 利润表

**利润表**

2010年

编制单位：新时代信托股份有限公司　　单位：万元

| 项　　目 | 2010年 | 2009年 |
|---|---|---|
| 一、营业收入 | 263 035 741.01 | 254 498 332.00 |
| 利息收入 | — | 936 842.33 |
| 金融企业往来收入 | 2 041 954.07 | 1 154 537.25 |
| 手续费收入 | 189 949 842.76 | 58 854 859.62 |
| 投资收益 | 49 540 154.07 | 9 959 865.16 |
| 其中：对联营企业和合营企业的投资收益 | 24 382 531.41 | 72 873 808.48 |
| 其他营业收入 | 27 383 753.10 | 46 565 097.45 |
| 公允价值变动损益 | −5 879 962.99 | 137 027 130.19 |
| 二、营业支出 | 100 765 245.61 | 80 484 233.15 |
| 业务及管理费 | 85 288 596.05 | 72 546 891.15 |
| 其他业务成本 | 1 625 020.92 | 1 622 626.68 |
| 资产减值损失 | 150 214.13 | 311 536.23 |
| 营业税金及附加 | 13 701 414.51 | 6 003 179.09 |
| 三、营业利润 | 162 270 495.40 | 174 014 098.85 |
| 加：营业外收入 | — | — |
| 减：营业外支出 | 150 168.44 | 60 885.50 |
| 四、利润总额 | 162 120 326.96 | 173 953 213.35 |
| 减：所得税 | 34 974 597.49 | 31 000 448.19 |
| 五、净利润 | 127 145 729.47 | 142 952 765.16 |
| 六、每股收益 | — | — |
| 1. 基本每股收益 | 0.42 | 0.48 |
| 2. 稀释每股收益 | — | — |
| 七、其他综合收益 | −1 377 569.71 | 935 661.79 |
| 八、综合收益总额 | 125 768 159.76 | 143 888 426.95 |

法定代表人：赵利民　　主管会计工作负责人：杨明国　　会计机构负责人：张美荣

## 5.2 信托资产

### 5.2.1 信托项目资产负债汇总表

信托项目资产负债表

2010 年 12 月 31 日

编制单位:新时代信托股份有限公司　　单位:万元

| 信托资产 | 期末数 | 年初数 |
|---|---|---|
| 信托资产: | | |
| 货币资金 | 63 975.66 | 81 470.04 |
| 拆出资金 | — | — |
| 存出保证金 | — | — |
| 交易性金融资产 | 4 165.13 | 10 826.41 |
| 衍生金融资产 | — | — |
| 买入返售金融资产 | 24 997.00 | 24 997.00 |
| 应收款项 | 1 158.56 | 142.53 |
| 发放贷款 | 885 787.00 | 655 957.50 |
| 可供出售金融资产 | — | — |
| 持有至到期投资 | 1 726 809.75 | 354 943.00 |
| 长期应收款 | — | — |
| 长期股权投资 | 294 550.00 | 418 042.26 |
| 投资性房地产 | — | — |
| 固定资产 | — | — |
| 无形资产 | — | — |
| 长期待摊费用 | — | 218.23 |
| 其他资产 | — | — |
| 信托资产总计 | 3 001 443.10 | 1 546 596.97 |

信托项目资产负债表

2010 年 12 月 31 日

编制单位:新时代信托股份有限公司　　单位:万元

| 信托负债和信托权益 | 期末数 | 年初数 |
|---|---|---|
| 信托负债: | | |
| 交易性金融负债 | — | — |
| 衍生金融负债 | — | — |
| 应付受托人报酬 | — | — |
| 应付托管费 | — | — |
| 应付受益人收益 | — | — |
| 应缴税费 | — | — |
| 应付销售服务费 | — | — |
| 其他应付款项 | 75.45 | 9.91 |
| 预计负债 | — | — |
| 其他负债 | — | — |
| 信托负债合计 | 75.45 | 9.91 |
| 信托权益: | — | — |
| 实收信托 | 2 971 544.20 | 1 539 007.36 |
| 资本公积 | — | — |
| 其中:损益平准金 | — | — |
| 未分配利润 | 29 823.45 | 7 579.70 |
| 信托权益合计 | 3 001 367.65 | 1 546 587.06 |
| 信托负债及信托权益总计 | 3 001 443.10 | 1 546 596.97 |

### 5.2.2 信托项目利润及利润分配汇总表

信托项目利润及利润分配表

2010 年 12 月

编制单位:新时代信托股份有限公司　　单位:万元

| 项　目 | 本年累计数 | 上年累计数 |
|---|---|---|
| 一、营业收入 | 144 454.86 | 40 329.53 |
| 利息收入 | 87 337.36 | 15 078.80 |
| 投资收益 | 2 732.20 | 17 190.82 |
| 公允价值变动收益 | -410.15 | 51.98 |
| 租赁收入 | — | — |
| 其他收入 | 54 795.45 | 8 007.93 |
| 二、营业支出 | 35 728.45 | 12 834.82 |
| 三、信托净利润 | 108 726.41 | 27 494.71 |
| 四、扣除资产损失前的信托利润 | | — |
| 五、其他综合收益 | — | — |
| 六、扣除资产损失后的信托利润 | 108 726.41 | 27 494.71 |
| 七、综合收益 | | |
| 八、加:期初未分配信托利润 | 7 580.09 | -5 534.05 |
| 六、可供分配的信托利润 | 116 306.50 | 21 960.66 |
| 减:本期已分配信托利润 | 86 483.05 | 14 380.96 |
| 七、期末未分配信托利润 | 29 823.45 | 7 579.70 |

# 6. 会计报表附注

## 6.1 会计报表编制基准不符合会计核算基本前提的说明

无。

## 6.2 重要会计政策和会计估计说明

公司从 2008 年 1 月 1 日起执行新的《企业会计准则》。

本公司无涉及需要追溯调整的经济事项。

### 6.2.1 计提资产减值准备的范围和方法

6.2.1.1 资产减值的范围

(1)对子公司、联营企业和合营企业的长期股权投资;(2)采用成本模式进行后续计量的投资性房地产;(3)固定资产;(4)无形资产;(5)商誉等。

6.2.1.2 可能发生减值资产的认定

本公司在资产负债表日判断资产是否存在可能发生减值的迹象,存在下列迹象的,表明资产可能发生了减值。

(1)资产的市价当期大幅度下跌,其跌幅明显高于因时间的推移或者正常使用而预计的下跌。

(2)本公司经营所处的经济、技术或者法律等环境以及资产所处的市场在当期或者将在近期发生重大变化,从而对本公司产生不利影响。

(3)市场利率或者其他市场投资报酬率在当期已经提高,从而影响本公司计算资产预计未来现金流量现值的折现率,导致资产可收回金额大幅度降低。

(4)有证据表明资产已经陈旧过时或者其实体已经损坏。

(5)资产已经或者将被闲置、终止使用或者计划提前处置。

(6)本公司内部报告的证据表明资产的经济绩效已经低于

或者将低于预期,如资产所创造的净现金流量或者实现的营业利润(或者亏损)远远低于(或者高于)预计金额等。

(7)其他表明资产可能已经发生减值的迹象。

因企业合并所形成的商誉和使用寿命不确定的无形资产,无论是否存在减值迹象,每年都进行减值测试。

6.2.1.3 资产可收回金额的计量

资产存在减值迹象的,估计其可收回金额。可收回金额根据资产的公允价值减去处置费用后的净额与资产预计未来现金流量的现值两者之间较高者确定。资产的公允价值减去处置费用后的净额与资产预计未来现金流量的现值,只要有一项超过了资产的账面价值,就表明资产没有发生减值,不需再估计另一项金额。

6.2.1.4 资产减值损失的确定

可收回金额的计量结果表明,资产的可收回金额低于其账面价值的,将资产的账面价值减记至可收回金额,减记的金额确认为资产减值损失,计入当期损益,同时计提相应的资产减值准备。资产减值损失确认后,减值资产的折旧或者摊销费用在未来期间作相应调整,以使该资产在剩余使用寿命内,系统地分摊调整后的资产账面价值(扣除预计净残值)。

除非本公司对减值资产进行处置,长期资产减值损失一经确认,在以后会计期间不予转回。

6.2.1.5 资产组的认定及减值处理

有迹象表明一项资产可能发生减值的,本公司以单项资产为基础估计其可收回金额。本公司难以对单项资产的可收回金额进行估计的,以该资产所属的资产组为基础确定资产组的可收回金额。资产组的认定,以资产组产生的主要现金流入是否独立于其他资产或者资产组的现金流入为依据。同时,在认定资产组时,考虑本公司管理层管理生产经营活动的方式和对资产的持续使用或者处置的决策方式等。

资产组或者资产组组合的可收回金额低于其账面价值的,确认相应的减值损失。减值损失金额先抵减分摊至资产组或者资产组组合中商誉的账面价值,再根据资产组或者资产组组合中除商誉之外的其他各项资产的账面价值所占比重,按比例抵减其他各项资产的账面价值。

以上资产账面价值的抵减,作为各单项资产的减值损失处理,计入当期损益。抵减后的各资产的账面价值不得低于以下三者之中最高者:该资产的公允价值减去处置费用后的净额、该资产预计未来现金流量的现值和零。因此而导致的未能分摊的减值损失金额,按照相关资产组或者资产组组合中其他各项资产的账面价值所占比重进行分摊。

**6.2.2 短期投资核算方法**

报告期,无短期投资发生。

**6.2.3 长期股权投资核算方法**

6.2.3.1 确认及初始计量

(1)对企业合并形成的长期股权投资,区分同一控制下的企业合并和非同一控制下企业合并进行核算

对于同一控制下的企业合并,在以支付现金、转让非现金资产或承担债务方式作为合并对价的,本公司在合并日按照取得被合并方所有者权益账面价值的份额作为长期股权投资的初始投资成本,本公司取得的净资产账面价值与支付的合并对价账面价值(或发行股份面值总额)的差额,调整资本公积;资本公积不足冲减的,调整留存收益。

对于非同一控制下的企业合并,本公司以合并成本作为长期股权投资的初始投资成本。

①一次交换交易实现的企业合并,合并成本为本公司在购买日为取得对被购买方的控制权而付出的资产、发生或承担的负债以及发行的权益性证券的公允价值。

②通过多次交换交易分步实现的企业合并,合并成本为每一单项交易成本之和。

③本公司为进行企业合并发生的各项直接相关费用计入合并成本。

对合并成本大于合并中取得的被购买方可辨认净资产公允价值份额的差额,确认为商誉,对取得的被购买方可辨认净资产公允价值份额大于合并成本的差额,经复核后记入当期损益。

(2)其他方式取得的长期股权投资初始投资成本的确定

①以支付现金取得的长期股权投资,应当按照实际支付的购买价款作为初始投资成本,包括购买过程中支付的手续费等必要支出,但所支付价款中包含的被投资单位已宣告但尚未发放的现金股利或利润应作为应收项目核算,不构成取得长期股权投资的成本。

②以发行权益性证券方式取得的长期股权投资,其成本为所发行权益性证券的公允价值,但不包括应自被投资单位收取的已宣告但尚未发放的现金股利或利润。

为发行权益性证券支付给有关证券承销机构等的手续费、佣金等与权益性证券发行直接相关的费用,不构成取得长期股权投资的成本。该部分费用应自权益性证券的溢价发行收入中扣除,权益性证券的溢价收入不足冲减的,应冲减盈余公积和未分配利润。

③投资者投入的长期股权投资,应当按照投资合同或协议约定的价值作为初始投资成本。

④以债务重组、非货币性资产交换等方式取得的长期股权投资,其初始投资成本应按照债务重组、非货币性资产交换的原则进行确认。

6.2.3.2 后续计量及收益确认方法

本公司对不具有共同控制或重大影响的被投资单位,以及对实施控制的被投资单位的长期股权投资以成本法核算,投资收益于被投资公司宣告分派现金股利时确认,现金股利超出投资日以后累积净利润的分配额,冲减投资成本;对被投资公司具有共同控制或重大影响的长期股权投资按权益法核算,投资收益以取得股权后被投资公司实现的净损益份额计算确定。本公司在确认被投资单位发生的净亏损时,以投资账面价值减记零为限,合同约定负有承担额外损失义务的除外。如果被投资单位以后各年实现净利润,本公司在计算的收益分享额弥补未确认的亏损分担额以后,恢复确认收益分享额。

6.2.3.3 资产减值的确认

资产负债表日,若因市价持续下跌或被投资单位经营状况恶化等原因使长期股权投资存在减值迹象时,根据长期股权投资的公允价值减去处置费用后的净额与长期股权投资预计未来现金流量的现值两者之间较高者确定长期股权投资的可回收金额。长期股权投资的可收回金额低于账面价值时,按其差额计提资产减值准备。所计提的长期股权投资减值准备在以

后年度不再转回。

**6.2.4 固定资产计价和折旧方法**

6.3.4.1 固定资产的标准

固定资产是指使用寿命超过一个会计年度的为生产商品、提供劳务、出租或经营管理而持有的有形资产。

6.3.4.2 固定资产的确认条件

(1)该固定资产包含的经济利益很可能流入企业。

(2)该固定资产的成本能够可靠计量。

6.3.4.3 固定资产的计价方法

固定资产按照成本进行初始计量。

(1)外购固定资产的成本,包括购买价款、相关税费、使固定资产达到预定可使用状态前所发生的可归属于该项资产的运输费、装卸费、安装费和专业人员服务费等,作为初始入账价值。

(2)自行建造固定资产的成本,由建造该项资产达到预定可使用状态前所发生的全部必要支出,作为初始入账价值。

(3)投资者投入固定资产的成本,按照投资合同或协议约定的价值确定,但合同或协议约定价值不公允的除外。

(4)非货币性资产交换取得的固定资产的成本,支付补价的,其初始投资成本以换出资产的公允价值加支付的补价(或换入资产的公允价值)和应支付的相关税费确定;收到补价的,其初始投资成本以换出资产的公允价值减去补价(或换入资产的公允价值)和应支付的相关税费确定。

(5)债务重组取得的固定资产的成本,按照公允价值确定。

(6)固定资产的弃置费用按照现值计算确定入账金额。

6.3.4.4 固定资产分类及折旧方法

本公司固定资产折旧采用平均年限法计提折旧。在不考虑减值准备的情况下,按固定资产的类别、估计的经济使用年限和预计净残值率分别确定的折旧年限和年折旧率如下。

| 固定资产类别 | 使用年限 | 残值率(%) | 年折旧率(%) |
|---|---|---|---|
| 房屋及建筑物 | 20 | 5 | 4.75 |
| 办公设备 | 5 | 5 | 19.00 |
| 电子设备 | 3 | 5 | 31.67 |
| 运输工具 | 4 | 5 | 23.75 |
| 其他 | 5 | 5 | 19.00 |

**6.2.5 合并会计报表的编制方式**

报告期内无合并报表事项。

**6.2.6 收入确认原则及方法**

6.2.6.1 金融企业往来收入

金融企业往来收入为公司存放中国人民银行和同业的款项所产生的利息收入,按照实际收到的利息确认收入的实现。

6.2.6.2 手续费收入

本公司在各项业务合同签订后在规定的计算期内按应计收入的数额确认该收入的实现。

6.2.6.3 利息收入

按照让渡资金使用权的时间和适用利率计算确定。

6.2.6.4 其他业务收入

本公司在各项业务合同签订后,在规定的计算期内按应计收入的数额确认该收入的实现,出租收入在实际收到后确认为其他营业收入。

**6.2.7 信托报酬确认原则和方法**

信托报酬按照信托合同约定和权责发生制的原则确认。

## 6.3 或有事项说明

无。

## 6.4 会计报表中重要项目的明细资料

**6.4.1 披露自营资产经营情况**

6.4.1.1 按信用风险五级分类结果披露信用风险资产的期初数、期末数

| 风险类 | 正常类(万元) | 关注类(万元) | 次级类(万元) | 可疑类(万元) | 损失类(万元) | 信用风险资产合计(万元) | 不良资产合计(万元) | 不良资产率(%) |
|---|---|---|---|---|---|---|---|---|
| 期初数 | 800.55 | 2 002.85 | 0 | 177.00 | 320.67 | 3 301.07 | 497.67 | 0.67 |
| 期末数 | 1 612.64 | 2 083.90 | 0 | 150.00 | 347.67 | 4 194.21 | 497.67 | 0.55 |

6.4.1.2 资产减值损失

单位:万元

| | 期初数 | 本期计提 | 本期转回 | 本期核销 | 期末数 |
|---|---|---|---|---|---|
| 坏账准备 | 449.33 | 15.02 | — | — | 464.35 |
| 贷款损失准备 | 200.00 | — | — | — | 200.00 |
| 一般准备 | 2.00 | — | — | — | 2.00 |
| 专项准备 | 198.00 | — | — | — | 198.00 |
| 固定资产减值准备 | 6.68 | -6.68 | — | — | — |
| 合计 | 656.01 | 8.34 | — | — | 664.35 |

6.4.1.3 自营股票投资、基金投资、债券投资、股权投资等投资业务的期初数、期末数

单位:万元

| | 自营股票 | 基金 | 债券 | 长期股权投资 |
|---|---|---|---|---|
| 期初数 | 11 155.58 | — | — | 40 967.37 |
| 期末数 | 10 341.89 | — | — | 43 267.87 |

6.4.1.4 前三名自营长期股权投资

| 被投资单位名称 | 投资比例(%) | 主要经营活动 | 投资收益(万元) |
|---|---|---|---|
| 新时代证券有限责任公司 | 12.971 | 证券经纪、自营、承销业务 | 2 438.25 |

6.4.1.5 前三名自营贷款

| 企业名称 | 金额(万元) | 占贷款总额的比例(%) | 还款情况 |
|---|---|---|---|
| 包头市凌云轻工有限责任公司 | 200.00 | 100 | 法院正在执行中 |

**6.4.2 信托资产管理情况**

6.4.2.1 信托资产的期初数、期末数

单位:万元

| 信托资产 | 期初数 | 期末数 |
|---|---|---|
| 集合 | 213 487.05 | 357 608.78 |
| 单一 | 1 255 582.95 | 2 593 834.02 |
| 财产权 | 77 526.97 | 50 000.30 |
| 合计 | 1 546 596.97 | 3 001 443.10 |

6.4.2.2　本年度已清算结束信托项目个数、合计金额、加权平均实际年化收益率

| 已清算结束信托项目 | 项目个数 | 合计金额（万元） | 加权平均实际年化收益率（%） |
|---|---|---|---|
| 集合类 | 7 | 79 136.00 | 6.00 |
| 单一类 | 76 | 2 182 259.16 | 4.23 |

6.4.2.3　信托财产的损失情况

无。

6.4.2.4　本公司履行受托人义务情况及因本公司自身责任而导致的信托资产损失情况

无。

### 6.5　关联方关系及其交易的披露

#### 6.5.1　关联交易的数量、总金额及关联交易的定价政策等

| | 本年度关联交易数量 | 关联交易总金额（万元） | 定价原则 |
|---|---|---|---|
| 合计 | 1 | 307.23 | 市场公允价格 |

#### 6.5.2　关联交易方与本公司的关系

| 关系性质 | 关联方名称 | 法定代表人 | 注册地址 | 注册资本（万元） | 主营业务 |
|---|---|---|---|---|---|
| 参股公司 | 新时代证券有限责任公司 | 马金声 | 北京市 | 146 327.20 | 证券业务 |

#### 6.5.3　本公司与关联方的重大交易事项

6.5.3.1　固有财产与关联方：贷款、投资、租赁、应收账款、担保、其他方式等

| 关联交易方 | 重大关联交易金额（万元） | 说明 |
|---|---|---|
| 新时代证券有限责任公司 | 307.23 | 租赁公司房产的租金 |

6.5.3.2　信托资产与关联方：贷款、投资、租赁、应收账款担保、其他方式等

无。

6.5.3.3　固有财产与信托财产关联交易

无。

6.5.3.4　信托资产与信托财产之间的交易金额期初汇总数、本期发生额汇总数、期末汇总数

无。

**6.5.4　逐笔披露关联方逾期未偿还本公司资金的详细情况以及本公司为关联方担保发生或即将发生垫款的详细情况**

无。

## 7. 财务情况说明书

### 7.1　利润实现和分配情况

经中准会计师事务所有限公司审计，公司2010年实现净利润127 145 729.47元，根据企业会计准则及本公司章程规定，提取10%的法定公积金12 714 572.95元，提取5%的信托赔偿准备6 357 286.47元，截至2010年公司可供股东分配利润231 937 633.33元。

按照《中国银监会关于进一步规范银信理财合作业务的通知》（银监发〔2011〕7号）之规定，“信托公司信托赔偿准备金低于银信合作不良信托贷款余额150%或低于银信合作信托贷款余额2.5%的，信托公司不得分红，直至上述指标达到标准。”截至2011年3月末，公司信托赔偿准备金余额2 308.09万元，银信合作信托贷款余额40.37亿元。信托赔偿准备金余额低于信托合作信托贷款余额2.5%（40.37亿元×2.5% = 1.01亿元），按照上述文件规定暂不分配。

### 7.2　主要财务指标

| 指标名称 | 指标值 | 指标计算说明 |
|---|---|---|
| 资本利润率（%） | 15.20 | 资本利润率 = 净利润/所有者权益 |
| 信托报酬率（%） | 0.78 | 信托报酬率 = 信托业务收入/实际信托平均余额 |
| 人均净利润率（万元/人） | 105.95 | 人均净利润率 = 净利润/职工人数 |

### 7.3　对本公司财务状况、经营成果有重大影响的其他事项

无。

## 8. 特别事项揭示

### 8.1　前五名股东报告期内变动情况及原因

无。

### 8.2　董事、监事及高级管理人员变动情况及原因

任荣庆先生因个人原因辞去公司总裁职务，郝雅军先生因个人原因辞去公司财务总监职务，聘任杨明国先生担任公司财务总监。

### 8.3　变更注册资本、变更注册地或公司名称、公司分立合并事项

无。

### 8.4　公司的重大诉讼事项

无。

### 8.5　公司及其董、监事和高级管理人员受到处罚的情况

无。

### 8.6　银监会及其派出机构对公司检查后提出整改意见的，应简单说明整改情况

包头银监分局于2010年8月16日至2010年9月10日对新时代信托股份有限公司进行了信托业务和关联交易的合规性情况进行了专项检查，就完善信托计划操作流程、信托计划项目尽职调查和后期管理工作等下达了监管意见，新时代信托依据监管意见成立整改小组，制定并落实了整改措施，于2010年11月26日向包头银监分局报送了整改情况报告。

### 8.7 本年度重大事项临时报告的简要内容、披露时间、所披露的媒体及其版面

无。

### 8.5 银监会及其省级派出机构认定的其他有必要让客户及相关利益人了解的重要信息

无。

## 9. 公司监事会意见

公司监事会认为,2010 年度财务报表按照中国会计准则编制,会计处理方法遵循了一贯性原则;本报告年度,报表数据真实、公允地反映了新时代信托的财务状况和经营业绩。

# 英大国际信托有限责任公司

## 1. 重要提示

1.1 本公司董事会及董事保证本报告所载资料不存在任何虚假记载、误导性陈述或者重大遗漏,并对其内容的真实性、准确性和完整性承担个别及连带责任。

1.2 本公司董事长盖永光、总经理陈书堂及财务负责人周丰收声明:保证年度报告中财务报告的真实、完整。

1.3 独立董事陈玉鹏、陈成富、李福兴声明:保证年度报告中财务报告的真实、准确、完整。

## 2. 公司概况

### 2.1 公司简介

英大国际信托有限责任公司的前身为济南市国际信托投资公司,成立于1987年5月。2001年12月31日,经中国人民银行银复〔2001〕264号文批复,获得《中华人民共和国信托机构法人许可证》,注册资本扩充到5亿元人民币,名称变更为英大国际信托投资有限责任公司。2006年,公司实施增资扩股,国家电网公司成为公司第一大股东,公司注册资本由5亿元增至15亿元。2009年9月,国家电网公司将持有的公司股权划转至国网资产管理公司,国网资产管理公司成为公司的控股股东。2010年7月,经监管及政府部门批准,公司全面完成了注册地迁址工作,公司迁址北京,成为受银监会直接监管的信托公司。2010年12月20日,国网资产管理公司更名为英大国际控股集团有限公司,公司控股股东由国网资产管理有限公司变更为英大国际控股集团有限公司。

2.2 公司中文名称:英大国际信托有限责任公司
英文:Yingda International Trust Co. ,Ltd.
缩写:英大信托

2.3 法定代表人:盖永光

2.4 注册地址:北京市东城区建国门内大街乙18号院1号楼
邮编:100005
国际互联网网址:www. yditc. sgcc. com. cn
电子信箱:yditc@ yditc. sgcc. com. cn

2.5 信息披露负责人:王迎新
联系电话:010 -51960211
传　　真:010 -51960274
电子信箱:wyxin5543@ 163. com

2.6 信息披露报纸:《金融时报》

2.7 公司年报备置地点:北京市东城区建国门内大街乙18号院1号楼

2.8 聘请的会计师事务所:北京中证天通会计师事务所有限公司
住所:北京市海淀区西直门北大街甲43号金运大厦B座13层

2.9 聘请的律师事务所:北京重光律师事务所
住所:北京市西城区金融大街广宁伯街2号金泽大厦东区7层

## 3. 公司治理

### 3.1 公司治理信息

#### 3.1.1 年度内召开股东会情况

本年度公司共召开了六次股东会会议,其中股东年会1次,其余5次为临时股东会议。具体详见下表。

| 会议序号 | 时间 | 召开方式 | 会议议题 | |
|---|---|---|---|---|
| 2010年第一次临时股东会议 | 2010年1月20日 | 通讯方式 | 1 | 关于调整公司董事会成员的议案 |
| | | | 2 | 关于变更提供年度审计服务的会计师事务所的议案 |
| 2010年第二次临时股东会议 | 2010年3月22日 | 通讯方式 | 1 | 关于变更公司住所等事项的议案 |
| 2010年股东年会 | 2010年4月16日 | 现场方式 | 1 | 通报监管部门对公司的监管意见及公司执行整改情况 |
| | | | 2 | 2009年度董事会工作报告 |
| | | | 3 | 2009年度监事会工作报告 |
| | | | 4 | 2009年公司财务预算执行情况和2010年财务草案报告 |
| | | | 5 | 2009年度公司利润安排方案 |
| | | | 6 | 2010年度固有资产投资计划 |
| | | | 7 | 2009年度拟处置不良资产的议案 |
| | | | 8 | 2009年度公司独立董事履职情况报告 |
| | | | 9 | 2009年度公司信托财产尽职管理报告 |
| 2010年第三次临时股东会议 | 2010年8月31日 | 通讯方式 | 1 | 关于调整公司监事会成员的议案 |

续表

| 会议序号 | 时间 | 召开方式 | 会议议题 | |
|---|---|---|---|---|
| 2010 年第四次临时股东会议 | 2010 年 11 月 15 日 | 通讯方式 | 1 | 关于固有资产投资计划执行情况的汇报及申请年度投资计划调整的议案 |
| | | | 2 | 关于拟发起设立基金管理公司的议案 |
| | | | 3 | 关于公司注册地址变更及修改《公司章程》的议案 |
| 2010 年第五次临时股东会议 | 2010 年 12 月 27 日 | 通讯方式 | 1 | 关于变更提供年度审计服务的会计师事务所的议案 |

**3.1.2 董事会及其下属委员会履行职责情况**

本年度公司共召开了四次董事会会议，即八届七次董事会、八届八次董事会、八届九次董事会、八届十次董事会。

**董事会议情况一览表**

| 会议序号 | 时间 | 召开方式 | 会 议 议 题 | |
|---|---|---|---|---|
| 八届七次董事会 | 2010 年 1 月 20 日 | 通讯方式 | 1 | 关于聘任孙志国先生担任公司副总经理职务的议案 |
| | | | 2 | 关于公司固有业务申请股权投资资格的议案 |
| 八届八次董事会 | 2010 年 4 月 16 日 | 现场方式 | 1 | 2009 年度公司工作报告 |
| | | | 2 | 2009 年度董事会工作报告 |
| | | | 3 | 2009 年公司财务预算执行情况和 2010 年财务草案报告 |
| | | | 4 | 2009 年公司利润安排预案 |
| | | | 5 | 2010 年固有资产投资计划 |
| | | | 6 | 2009 年度拟处置不良资产的议案 |
| | | | 7 | 2009 年度公司风险管理报告 |
| | | | 8 | 2009 年度公司内部审计报告 |
| | | | 9 | 董事会风险管理委员会 2009 年度工作报告 |
| | | | 10 | 董事会审计委员会 2009 年度工作报告 |
| | | | 11 | 董事会信托委员会 2009 年度工作报告 |
| | | | 12 | 董事会提名与薪酬委员会 2009 年度工作报告 |
| 八届九次董事会 | 2010 年 8 月 30 日 | 通讯方式 | 1 | 审议《关于调整董事会审计委员会成员的议案》 |
| | | | 2 | 审议《关于制订 <信息披露管理办法> 和 <新闻维护和声誉风险管理办法> 的议案》 |
| | | | 3 | 审议《关于修订 <董事会风险管理委员会工作规则> 等规则的议案》 |
| | | | 4 | 关于公司落实山东银监局 2010 年现场检查意见有关情况的通报 |
| 八届十次董事会 | 2010 年 10 月 25 日 | 现场方式 | 1 | 审议《关于固有资产投资计划执行情况的汇报及申请年度投资计划调整的议案》 |
| | | | 2 | 审议《关于公司发起设立英大基金管理有限公司的议案》 |
| | | | 3 | 听取《公司上半年经营情况报告》 |
| | | | 4 | 听取《关于 2009 年度信托公司监管评级结果的报告》 |

报告期内，公司独立董事陈成富先生、李福兴先生严格按照《公司法》、《信托法》、《英大国际信托有限责任公司章程》、《独立董事工作制度》等国家有关法律、法规及公司内控制度行使独立董事职责，按时参加了六次股东会和四次董事会，认真履行相关职责，对公司战略发展、高管调整、迁址北京、投资参股、风险管理等重大决策、重大经营活动提出意见和建议，促进了公司法人治理工作水平的提高和完善。

**3.1.3 监事会及其下属委员会履行职责情况**

本年度公司共召开了二次监事会会议，即八届四次监事会、八届五次监事会。

**董事会议情况一览表**

| 会议序号 | 时间 | 召开方式 | 会议议题 | |
|---|---|---|---|---|
| 八届四次监事会会议 | 2010 年 4 月 16 日 | 现场方式 | 1 | 2009 年度监事会工作报告 |
| | | | 2 | 2009 年公司内部审计报告 |
| | | | 3 | 2009 年度财务分析报告 |
| 八届五次监事会会议 | 2010 年 10 月 20 日 | 通讯方式 | 1 | 审议《英大国际信托有限责任公司 2010 上半年风险管理报告》 |

报告期内，监事会认真履行其职责，对公司董事会和高级管理人员依法运作情况、重大决策、重大经营活动以及公司财务状况进行有效监督，督促公司合法、合规经营，为公司快速、健康和可持续发展发挥了重要作用。

**3.1.4 高级管理人员履职情况**

报告期内，公司高级管理层在监管部门的指导下，在公司股东的关心和支持下，分工协作，认真落实董事会工作要求，组织实施管理创新，狠抓队伍建设，提升资产管理水平，强化高端客户拓展，公司市场竞争力明显提升。通过优化资产配置，成功化解市场风险，全面超额完成了董事会年初确定的各项经营目标。2010 年，公司再次荣获“年度最具成长性信托公司”荣誉称号，金融服务品牌和社会影响力进一步提升。

## 3.2 内部控制

**3.2.1 内部控制措施**

内部控制主要措施：一是授权控制，即根据业务发展需要，建立相应的权限管理体系；二是岗位分离，即公司自营业务部门和信托业务部门分别设立，业务人员不相互兼职，并分别由不同副总经理负责管理；三是资产隔离，即对自营资产和信托资产分别管理、分别建账、分别核算；四是公司严格执行信托财产单独管理的规定，对每笔信托业务分别开设专户，独立核算。

报告期内，公司全面开展制度建设工作，将原规章制度内容整合分解为法人治理、基本业务制度、信托业务、固有业务、证券投资等13个板块，其中新增制度55项，修订制度44项。公司进行流程梳理并编制财务内部控制手册、财务内部控制评价手册。

#### 3.2.2 信息交流与监督评价

公司建立有效的信息交流与反馈机制，适时跟踪报告公司内控情况。报告期内，公司制定和修订了《信托业务应急预案管理规定》、《重大事项报告制度》、《大额交易和可疑交易报告管理办法》、《信息披露管理办法》等制度。公司通过业务管理综合信息系统、办公自动化系统、公司门户网站等信息化平台，收集、处理、存储、利用和反馈大量业务信息和管理信息，保证董事会、监事会、高级管理层能够掌握公司发展战略和业务发展方向，及时了解公司的经营和风险状况；及时、真实、准确地向中国银监会及其派出机构报送监管报表和对外披露信息；根据文件约定，向相关利益人提交书面文件披露信托资产管理、运用信息。

公司的内控机制通过内部的自我完善和外部的检查督促来实现监督、评价和纠正。业务部门对各项业务跟踪管理，一旦发现存在问题，迅速予以纠正。财务管理部门和法律与合规管理部分别行使后台监督和风险管理职能。审计部对内部控制进行再监督，可获得所有的经营信息和管理信息，通过常规和专项审计，对业务实施最后的监督和评价，督促内部审计建议整改落实。公司的各项内部控制制度均执行有效，各相关部门能充分履行职责，开展相应的内部控制工作。2010年，公司未发生违法违规事件，各项业务运行稳健，未发现风险隐患存在，公司的内部控制机制运行有效。

## 4. 经营管理

### 4.1 所经营业务的主要内容

**自营资产运用与分布表**

2010年12月31日

| 资产运用 | 金额（万元） | 占比（%） | 资产分布 | 金额（万元） | 占比（%） |
|---|---|---|---|---|---|
| 货币资产 | 13 433.56 | 6.64 | 基础产业 | 128 500.00 | 63.49 |
| 贷款及应收款 | 75 641.01 | 37.37 | 房地产业 | — | 0.00 |
| 交易性金融资产 | — | 0.00 | 证券市场 | 13 678.85 | 6.76 |
| 可供出售金融资产 | 13 678.85 | 6.76 | 实业 | 1 304.80 | 0.64 |
| 持有至到期投资 | 53 500.00 | 26.43 | 金融机构 | 42 720.66 | 21.11 |
| 长期股权投资 | 30 777.11 | 15.21 | 其他 | 16 183.08 | 8.00 |
| 其他 | 15 356.86 | 7.59 | | | |
| 资产总计 | 202 387.39 | 100.00 | 资产总计 | 202 387.39 | 100.00 |

注：资产分布中的"其他"栏目主要为货币资产。

**信托资产运用与分布表**

2010年12月31日

| 资产运用 | 金额（万元） | 占比（%） | 资产分布 | 金额（万元） | 占比（%） |
|---|---|---|---|---|---|
| 货币资产 | 24 476.27 | 0.17 | 基础产业 | 11 549 893.66 | 79.20 |
| 贷款 | 12 683 846.37 | 86.98 | 房地产 | 190 400.00 | 1.31 |
| 交易性金融资产 | 0 | 0.00 | 证券市场 | 0 | 0.00 |
| 可供出售金融资产 | 0 | 0.00 | 实业 | 1 737 286.96 | 11.91 |
| 持有至到期投资 | 1 303 912.2 | 8.94 | 金融机构 | 2500.00 | 0.02 |
| 长期股权投资 | 410 731.19 | 2.82 | 其他 | 1 102 623.73 | 7.56 |
| 其他 | 159 738.32 | 1.10 | | 0 | 0.00 |
| 信托资产总计 | 14 582 704.35 | 100.00 | 信托资产总计 | 14 582 704.35 | 100.00 |

注：资产分布中的"其他"栏目主要为公司受托管理的财产权信托和货币资产。

### 4.2 市场分析

2010年，是"十一五"收官之年，随着加快转变经济发展方式和实施经济结构战略性调整，国民经济总体仍然保持高速发展态势，信托行业也得益于宏观经济形势的发展，信托公司面临许多机遇。同时，金融理财市场竞争也日益激烈，公司经营压力依然巨大。

#### 4.2.1 有利因素

（1）行业政策的逐渐明晰，以及国家对信托行业的重视程度的提升，为信托行业的快速发展提供了良好的政策环境。

（2）2010年，紧缩的货币环境下，利率的上调相应带动信托产品收益率的提升，银行信贷的收紧，导致企业融资渠道收窄，大部分中小企业出现融资难的境况，为信托行业的业务扩展提供了机遇。

（3）中国经济发展继续呈现多样性和不对称性的特点，为公司业务多样化带来众多确定性的发展机会。

#### 4.2.2 不利因素

（1）行业发展环境方面，信托公司跨区域、跨行业的市场竞争进一步加剧。

（2）监管政策的密集出台，对信托公司的业务空间提出新的挑战，信托公司面临新的考验。

为此，公司积极顺应监管政策导向，主动应变，大力创新，推动业务质量和结构升级，以取得更好的业绩。

### 4.3 风险管理

#### 4.3.1 风险管理概况

公司在经营活动中可能遇到的风险为政策风险、信用风险、市场风险、操作风险、流动性风险、法律风险、声誉风险和战略风险等。

在风险管理的组织机构方面，公司风险管理组织结构由决策层、执行层和监督层构成。董事会承担对公司风险管理实施监控的最终责任。董事会下属的风险管理委员会负责审议重大决策、重大风险、重大事件及重要业务流程的判断标准或判断机制；经营层负责董事会决策的风险管理战略、政策和程序的具体组织实施；公司设立法律与合规管理部，具体负责风险管理措施的执行，就信托财产和固有财产运作、内部管理、制度执行及遵规守法情况独立地履行检查、评价、报告及建议职能，向公司经营层报告工作。监事会负责监督管理层是否按照董事会确定的风险管理政策组织实施及实施的效果评价;董事会下属审计委员会作为公司风险管理监督机构,负责对公司内部控制和各项业务的风险管理状况进行监督和总体评价,直接向董事会报告。公司审计部负责对公司经营及各项业务风险管理具体事项进行事后监督评价。

**4.3.2 风险状况及管理**

4.3.2.1 信用风险状况及管理

报告期内,公司自营业务与信托业务的风险敞口均保持在可接受的范围内,信托和固有业务信用风险基本可控。

按照母公司口径,2010 年,不良资产的期初数为 2 644.99 万元,期末数为 2 666.64 万元,不良资产比率下降了 0.08 个百分点。

根据《非银行金融机构资产风险分类指导原则(试行)》及有关规定,公司对风险资产进行了五级分类,已经按照期末风险资产余额的 1% 足额计提一般准备,并按资产五级风险分类的损失程度足额计提用于弥补专项损失的准备金。报告期内,公司注重加强对信托项目设立、资金运用管理、清算环节的控制,按照规范的操作流程进行操作,加强资金划拨管理,及时进行信息披露,强化贷后管理工作,信托业务保持了健康、稳定发展势头,信托贷款收息率为 100%,到期信托项目全部按时兑付,极大地维护了受益人的利益。

信用风险管理:一是加强事前对交易对手(项目)的尽职调查,实行对交易对手(项目)风险评审制度。二是严格落实贷款担保措施,选择信誉好的大企业作保证,客观公正地评估抵(质)押物。三是事中对交易对手(项目)进行跟踪检查,并对其经营中的异常行为进行干预。四是遵照中国银监会的标准,对资产进行五级分类管理。五是严格按财政部和中国银监会要求,提足包括呆账准备金、信托赔偿准备金在内的各项准备金。六是加强关键业务流程或环节控制。积极做好《合规管理手册》的应用推广工作,严格按照该手册关键控制点和规范化流程设计开展工作,尤其是对信用风险的控制贯穿贷款发放前中后的各个环节,如项目审批、贷后管理等。

贷款抵押品的确认以市场价格为参照,同时审查其是否具有流通性、易于变现及变现过程中可能出现的法律及政策风险,贷款抵押品与贷款本金的比例控制在 70% 以内。对于保证贷款,在保证合同签订以前,严格审查担保人的资质,审查范围包括信用状况、净资产、资产负债率、资产流动比率、速动比率及企业的现金流量,以确定在主债务人不能偿还贷款时,保证人是否具有全额代为清偿的能力。保证方式的约定采用保证人连带保证责任。保证期间明确约定承担保证责任的终止时间,且与主债务的诉讼时效一致。

4.3.2.2 市场风险状况及管理

报告期内,公司资产状况良好。投资业绩远远领先于大盘指数。

市场风险管理:一是加强对经济及金融形势的分析预测,并据此提出资产配置及其调整方案。二是对证券投资组合的净值、仓位和投资集中度等指标实现设定预警或止损点。三是在业务决策和管理过程中,分别通过压力测试进行分析和评估,进行动态跟踪管理。四是积极贯彻落实监管部门有关文件精神,及时对公司信托业务中房地产业务、证券投资业务和银信合作等业务提出"风险提示",密切专注市场变化,加强防范业务风险的措施。五是加强营销管理,创新服务模式。

4.3.2.3 操作风险状况及管理

报告期内,公司未发生因操作风险所造成的损失。

操作风险管理:一是重点加强流程管理和合规管理。二是不断完善公司的内部控制,使之更加系统、严密。三是建立职责分离、横向与纵向相互监督制约的机制。四是加强风险排查,及时发现隐患,并予以及时纠正。五是完善信息化系统。核心业务系统、经济法律系统的上线,进一步加强公司系统化管理。

4.3.2.3 其他风险状况及管理

法律风险主要表现为违反有关法律法规及合同等原因可能造成经济损失或公司信誉损失的风险。公司对法律事务实行专项管理,严把合同审核关,保证合同合法合规,保护公司合法权益。

道德风险主要表现为公司内部人员是否诚信经营、恪尽职守。公司建立诚信的企业文化,通过职能分工的制衡机制,防范道德风险发生的可能;通过不断完善的法人治理结构对高管人员的行为进行约束,使其经营行为符合股东利益和受益人的利益;通过严格的规章制度与内控体系约束员工行为。

# 5. 报告期末及上年末的比较式会计报表

## 5.1 自营资产

**5.1.1 会计师事务所审计意见全文**

**审 计 报 告**

中证天通〔2011〕审字第 21085 号

英大国际信托有限责任公司:

我们审计了后附的英大国际信托有限责任公司(以下简称英大信托公司)财务报表,包括 2010 年 12 月 31 日的资产负债表,2010 年度的利润表、现金流量表和所有者权益变动表,2010 年 12 月 31 日资产减值准备表以及财务报表附注。

一、管理层对财务报表的责任

按照企业会计准则的规定编制财务报表是英大信托公司管理层的责任。这种责任包括:(1)设计、实施和维护与财务报表编制相关的内部控制,以使财务报表不存在由于舞弊或错误而导致的重大错报;(2)选择和运用恰当的会计政策;(3)作出合理的会计估计。

二、注册会计师的责任

我们的责任是在实施审计工作的基础上对财务报表发表审计意见。我们按照中国注册会计师审计准则的规定执行了审计工作。中国注册会计师审计准则要求我们遵守职业道德规范,计划和实施审计工作以对财务报表是否不存在重大错报获取合理保证。

审计工作涉及实施审计程序,以获取有关财务报表金额和披露的审计证据。选择的审计程序取决于注册会计师的判断,包括对由于舞弊或错误导致的财务报表重大错报风险的评估。在进行风险评估时,我们考虑与财务报表编制相关的内部控制，以设计恰当的审计程序，但目的并非对内部控制的有效性发表意见。审计工作还包括评价管理层选用会计政策的恰当性和作出会计估计的合理性，以及评价财务报表的总体列报。

我们相信，我们获取的审计证据是充分、适当的，为发表审计意见提供了基础。

三、审计意见

我们认为，英大信托公司财务报表已经按照企业会计准则的规定编制，在所有重大方面公允反映了英大信托公司2010年12月31日的财务状况以及2010年度的经营成果和现金流量。

报告日期：2011年3月5日

### 5.1.2 资产负债表

**合并资产负债表**

编制单位：英大国际信托有限责任公司　　2010年12月31日　　单位：万元

| 资产 | 2010年初 | 2010年末 | 负债及所有者权益 | 2010年初 | 2010年末 |
|---|---|---|---|---|---|
| 资产： | | | 负债： | | |
| 现金及存放中央银行 | 0.09 | 0.11 | 拆入资金 | | 3 000.00 |
| 存放同业款项 | 45 241.31 | 14 504.52 | 应付职工薪酬 | 7.53 | 20.84 |
| 拆出资金 | | 2 999.76 | 应交税费 | 2 482.55 | 781.12 |
| 买入返售金融资产 | 926.08 | 9 700.00 | 递延所得税负债 | 312.22 | 157.36 |
| 应收利息 | | | 其他负债 | 10 484.57 | 2 439.90 |
| 发放贷款和垫款 | 20 549.35 | 75 548.60 | 负债合计 | 13 286.87 | 6 399.22 |
| 可供出售金融资产 | 12 686.23 | 13 678.85 | 所有者权益： | | |
| 持有至到期投资 | 90 500.00 | 53 500.00 | 实收资本（或股本） | 150 000.00 | 150 000.00 |
| 长期股权投资 | 17 514.92 | 30 130.61 | 资本公积 | 159.84 | -461.23 |
| 固定资产 | 928.92 | 1 624.07 | 盈余公积 | 5 951.29 | 8 335.73 |
| 无形资产 | 91.48 | 268.30 | 一般风险准备 | 3 020.36 | 4 643.82 |
| 递延所得税资产 | 233.23 | 315.66 | 未分配利润 | 17 177.72 | 33 912.16 |
| 其他资产 | 924.47 | 559.22 | 所有者权益合计 | 176 309.21 | 196 430.48 |
| 资产总计 | 189 596.08 | 202 829.70 | 负债和所有者权益总计 | 189 596.08 | 202 829.70 |

单位负责人：陈书堂　　财务负责人：周丰收　　会计人员：丁洪峰

**资产负债表**

编制单位：英大国际信托有限责任公司　　2010年12月31日　　单位：万元

| 资产 | 2010年初 | 2010年末 | 负债及所有者权益 | 2010年初 | 2010年末 |
|---|---|---|---|---|---|
| 资产： | | | 负债： | | |
| 现金及存放中央银行 | 0.09 | 0.11 | 拆入资金 | | 3 000.00 |
| 存放同业款项 | 44 340.79 | 13 433.45 | 应付职工薪酬 | 3.01 | 17.54 |
| 拆出资金 | | 2 999.76 | 应交税费 | 2 456.53 | 850.61 |
| 买入返售金融资产 | 926.08 | 9 700.00 | 递延所得税负债 | 312.22 | 157.36 |
| 应收利息 | | | 其他负债 | 10 484.28 | 2 437.26 |
| 发放贷款和垫款 | 20 549.35 | 75 548.60 | 负债合计 | 13 256.04 | 6 462.77 |
| 可供出售金融资产 | 12 686.23 | 13 678.85 | 所有者权益： | | |
| 持有至到期投资 | 90 500.00 | 53 500.00 | 实收资本（或股本） | 150 000.00 | 150 000.00 |
| 长期股权投资 | 18 161.42 | 30 777.11 | 资本公积 | 155.15 | -465.92 |
| 固定资产 | 902.27 | 1 606.32 | 盈余公积 | 5 951.29 | 8 335.73 |
| 无形资产 | 91.48 | 268.30 | 一般风险准备 | 3 020.36 | 4 643.82 |
| 递延所得税资产 | 233.23 | 315.67 | 未分配利润 | 16 932.57 | 33 410.99 |
| 其他资产 | 924.47 | 559.22 | 所有者权益合计 | 176 059.37 | 195 924.62 |
| 资产总计 | 189 315.41 | 202 387.39 | 负债和所有者权益总计 | 189 315.41 | 202 387.39 |

单位负责人：陈书堂　　财务负责人：周丰收　　会计人员：丁洪峰

### 5.1.3 利润和利润分配表

**合并利润表**

2010 年

编制单位:英大国际信托有限责任公司　　单位:万元

| 项　目 | 2010 年 | 2009 年 |
|---|---|---|
| 一、营业收入 | 43 963.45 | 26 740.32 |
| 利息净收入 | 3 308.77 | 1 831.01 |
| 利息收入 | 3 308.77 | 1 831.01 |
| 利息支出 | | |
| 手续费及佣金净收入 | 37 710.85 | 23 940.88 |
| 手续费及佣金收入 | 38 199.00 | 24 068.40 |
| 手续费及佣金支出 | 488.15 | 127.52 |
| 投资收益 | 2 732.72 | 891.43 |
| 公允价值变动收益 | | |
| 汇兑收益 | -114.61 | -3.50 |
| 其他业务收入 | 325.72 | 80.50 |
| 二、营业支出 | 12 117.17 | 9 377.67 |
| 营业税金及附加 | 2 385.30 | 1 345.81 |
| 业务及管理费 | 10 719.77 | 9 585.02 |
| 资产减值损失 | -987.90 | -1 553.16 |
| 其他业务成本 | | |
| 三、营业利润 | 31 846.28 | 17 362.65 |
| 加:营业外收入 | 7.36 | 134.99 |
| 减:营业外支出 | 103.51 | 3.65 |
| 四、利润总额 | 31 750.13 | 17 493.99 |
| 减:所得税费用 | 7 630.92 | 4 343.04 |
| 五、净利润 | 24 119.21 | 13 150.95 |

单位负责人:陈书堂　　财务负责人:周丰收　　会计人员:丁洪峰

**合并利润分配表**

2010 年

编制单位:英大国际信托有限责任公司　　单位:万元

| 项目 | 2010 年 | 2009 年 |
|---|---|---|
| 一、净利润(亏损以"-"表示) | 24 119.21 | 13 150.95 |
| 加:年初未分配利润 | 17 177.72 | 8 905.17 |
| 其他调整因素 | | 6.34 |
| 二、当年可供分配利润 | 41 296.93 | 22 062.46 |
| 减:提取法定盈余公积 | 2 386.31 | 1 293.91 |
| 提取信托赔偿准备金 | 430.30 | 646.95 |
| 提取一般风险准备 | 1 193.16 | 1 443.88 |
| 三、可供投资者分配利润 | 37 287.16 | 18 677.72 |
| 应付投资者利润 | 3 375.00 | 1 500.00 |
| 四、未分配利润 | 33 912.16 | 17 177.72 |

单位负责人: 陈书堂　　财务负责人:周丰收　　会计人员:丁洪峰

**利润表**

2010 年

编制单位:英大国际信托有限责任公司　　单位:万元

| 项目 | 2010 年 | 2009 年 |
|---|---|---|
| 一、营业收入 | 43 606.46 | 26 365.53 |
| 利息净收入 | 3 294.81 | 1 823.45 |
| 利息收入 | 3 294.81 | 1 823.45 |
| 利息支出 | | |
| 手续费及佣金净收入 | 37 675.08 | 23 635.74 |
| 手续费及佣金收入 | 38 163.22 | 23 763.25 |
| 手续费及佣金支出 | 488.14 | 127.51 |
| 投资收益 | 2 425.46 | 829.35 |
| 公允价值变动收益 | | |
| 汇兑收益 | -114.61 | -3.51 |
| 其他业务收入 | 325.72 | 80.50 |
| 二、营业支出 | 12 013.86 | 9 285.62 |
| 营业税金及附加 | 2 383.31 | 1 328.85 |
| 业务及管理费 | 10 618.45 | 9 509.93 |
| 资产减值损失 | -987.90 | -1 553.16 |
| 其他业务成本 | | |
| 三、营业利润 | 31 592.60 | 17 079.91 |
| 加:营业外收入 | 4.92 | 134.99 |
| 减:营业外支出 | 103.41 | 3.65 |
| 四、利润总额 | 31 494.11 | 17 211.25 |
| 减:所得税费用 | 7 630.92 | 4 272.18 |
| 五、净利润 | 23 863.19 | 12 939.07 |

单位负责人:陈书堂　　财务负责人:周丰收　　会计人员:丁洪峰

**利润分配表**

2010 年

编制单位:英大国际信托有限责任公司　　单位:万元

| 项　目 | 2010 年 | 2009 年 |
|---|---|---|
| 一、净利润(亏损以"-"号表示) | 23 863.19 | 12 939.07 |
| 加:年初未分配利润 | 16 932.57 | 8 878.25 |
| 其他调整因素 | | |
| 二、当年可供分配利润 | 40 795.76 | 21 817.31 |
| 减:提取法定盈余公积 | 2 386.31 | 1 293.91 |
| 提取信托赔偿准备金 | 1 193.16 | 646.95 |
| 提取一般风险准备 | 430.30 | 1 443.88 |
| 三、可供投资者分配利润 | 36 785.99 | 18 432.57 |
| 应付投资者利润 | 3 375.00 | 1 500.00 |
| 四、未分配利润 | 33 410.99 | 16 932.57 |

单位负责人: 陈书堂　　财务负责人:周丰收　　会计人员:丁洪峰

### 5.1.4 所有者权益变动表

**合并所有者权益变动表**

编制单位:英大国际信托有限责任公司　　2010 年　　单位:万元

| 项　目 | 本年金额 | | | | | | |
|---|---|---|---|---|---|---|---|
| | 实收资本(或股本) | 资本公积 | 盈余公积 | 一般风险准备 | 未分配利润 | 少数股东权益 | 所有者权益(或股东权益)合计 |
| 一、上年末余额 | 150 000.00 | 159.84 | 5 951.29 | 3 020.36 | 17 177.71 | | 176 309.21 |
| 加:会计政策变更 | | | | | | | |
| 前期差错更正 | | | | | | | |
| 二、本年初余额 | 150 000.00 | 159.84 | 5 951.29 | 3 020.36 | 17 177.71 | | 176 309.21 |

续表

| 项　　目 | 本年金额 | | | | | | |
|---|---|---|---|---|---|---|---|
| | 实收资本（或股本） | 资本公积 | 盈余公积 | 一般风险准备 | 未分配利润 | 少数股东权益 | 所有者权益（或股东权益）合计 |
| 三、本年增减变动金额（减少以"－"号填列） | | -621.07 | 2 384.44 | 1 629.46 | 16 734.44 | | 20 121.27 |
| （一）净利润 | | | | | 24 119.21 | | 24 119.21 |
| （二）其他综合收益 | | -724.42 | -1.87 | | | | -726.29 |
| 综合收益小计 | | -724.42 | -1.87 | | 24 119.21 | | 23 392.92 |
| （三）所有者投入和减少资本 | | 103.35 | | | | 103.35 | |
| 1. 所有者投入资本 | | | | | | | |
| 2. 股份支付计入所有者权益的金额 | | | | | | | |
| 3. 其他 | | 103.35 | | | | 103.35 | |
| （四）专项储备提取和使用 | | | | | | | |
| 1. 提取专项储备 | | | | | | | |
| 2. 使用专项储备 | | | | | | | |
| （五）利润分配 | | | 2 386.31 | 1 623.46 | -7 384.77 | | -3 375.00 |
| 1. 提取盈余公积 | | | 2 386.31 | | -2 386.31 | | — |
| 其中：法定公积金 | | | 2 386.31 | | -2 386.31 | | — |
| 任意公积金 | | | | | | | |
| #储备基金 | | | | | | | |
| #企业发展基金 | | | | | | | |
| #利润归还投资 | | | | | | | |
| 2. 提取一般风险准备 | | | | 1 623.46 | -1 623.46 | | |
| 3. 对所有者（或股东）的分配 | | | | | -3 375.00 | | -3 375.00 |
| 4. 其他 | | | | | | | |
| （六）所有者权益内部结转 | | | | | | | |
| 1. 资本公积金转增资本（或股本） | | | | | | | |
| 2. 盈余公积金转增资本（或股本） | | | | | | | |
| 3. 盈余公积金弥补亏损 | | | | | | | |
| 4. 其他 | | | | | | | |
| 四、本年末余额 | 150 000.00 | -461.23 | 8 335.73 | 4 643.82 | 33 912.16 | | 196 430.48 |

单位负责人：陈书堂　　　　财务负责人：周丰收　　　　会计人员：丁洪峰

| 项　　目 | 上年金额 | | | | | | |
|---|---|---|---|---|---|---|---|
| | 实收资本（或股本） | 资本公积 | 盈余公积 | 一般风险准备 | 未分配利润 | 少数股东权益 | 所有者权益（或股东权益）合计 |
| 一、上年末余额 | 150 000.00 | -4 692.09 | 4 699.54 | 950.60 | 9 263.46 | | 160 221.51 |
| 加：会计政策变更 | | | | | | | |
| 前期差错更正 | | | -42.15 | -21.08 | -358.30 | | -421.53 |
| 二、本年初余额 | 150 000.00 | -4 629.09 | 4 657.39 | 929.53 | 8 905.17 | | 159 799.98 |
| 三、本年增减变动金额（减少以"－"号填列） | | 4 851.93 | 1 293.91 | 2 090.84 | 8 272.55 | | 16 509.22 |
| （一）净利润 | | | | | 13 150.95 | | 13 150.95 |
| （二）其他综合收益 | | 4 851.93 | | | 6.34 | | 4 858.28 |
| 综合收益小计 | | 4 851.93 | | | 13 157.29 | | 18 009.22 |
| （三）所有者投入和减少资本 | | | | | | | |
| 1. 所有者投入资本 | | | | | | | |
| 2. 股份支付计入所有者权益的金额 | | | | | | | |
| 3. 其他 | | | | | | | |
| （四）专项储备提取和使用 | | | | | | | |
| 1. 提取专项储备 | | | | | | | |
| 2. 使用专项储备 | | | | | | | |
| （五）利润分配 | | | 1 293.91 | 2 090.84 | -4 884.74 | | -1 500.00 |

续表

| 项　目 | 上年金额 | | | | | | |
|---|---|---|---|---|---|---|---|
| | 实收资本（或股本） | 资本公积 | 盈余公积 | 一般风险准备 | 未分配利润 | 少数股东权益 | 所有者权益（或股东权益）合计 |
| 1. 提取盈余公积 | | | 1 293. 91 | | –1 293. 91 | | |
| 其中：法定公积金 | | | 1 293. 91 | | 1 293. 91 | | |
| 任意公积金 | | | | | | | |
| #储备基金 | | | | | | | |
| #企业发展基金 | | | | | | | |
| #利润归还投资 | | | | | | | |
| 2. 提取一般风险准备 | | | | 2 090. 84 | –2 090. 84 | | |
| 3. 对所有者（或股东）的分配 | | | | | –1 500. 00 | | –1 500. 00 |
| 4. 其他 | | | | | | | |
| （六）所有者权益内部结转 | | | | | | | |
| 1. 资本公积金转增资本（或股本） | | | | | | | |
| 2. 盈余公积金转增资本（或股本） | | | | | | | |
| 3. 盈余公积金弥补亏损 | | | | | | | |
| 4. 其他 | | | | | | | |
| 四、本年末余额 | 150 000. 00 | 159. 84 | 5 951. 29 | 3 020. 36 | 17 177. 71 | — | 1766 309. 21 |

单位负责人：陈书堂　　财务负责人：周丰收　　会计人员：丁洪峰

## 所有者权益变动表

编制单位：英大国际信托有限责任公司　　2010 年　　单位：万元

| 项　目 | 本年金额 | | | | | | |
|---|---|---|---|---|---|---|---|
| | 实收资本（或股本） | 资本公积 | 盈余公积 | 一般风险准备 | 未分配利润 | 少数股东权益 | 所有者权益（或股东权益）合计 |
| 一、上年末余额 | 150 000. 00 | 155. 15 | 5 951. 29 | 3 020. 36 | 16 932. 57 | | 176 069. 37 |
| 加：会计政策变更 | | | | | | | |
| 前期差错更正 | | | | | | | |
| 二、本年初余额 | 150 000. 00 | 155. 15 | 5 951. 29 | 3 020. 36 | 16 932. 57 | | 176 059. 37 |
| 三、本年增减变动金额（减少以“–”号填列） | | –621. 07 | 2 384. 44 | 1 623. 49 | 16 478. 42 | | 19 865. 25 |
| （一）净利润 | | | | | 23 863. 19 | | 23 863. 19 |
| （二）其他综合收益 | | –724. 42 | –1. 87 | | | | –726. 29 |
| 综合收益小计 | | –724. 42 | –1. 87 | | 23 863. 19 | | 23 136. 90 |
| （三）所有者投入和减少资本 | | 103. 35 | | | | | 103. 35 |
| 1. 所有者投入资本 | | | | | | | — |
| 2. 股份支付计入所有者权益的金额 | | | | | | | — |
| 3. 其他 | | 103. 35 | | | | | 103. 35 |
| （四）专项储备提取和使用 | | | | | | | |
| 1. 提取专项储备 | | | | | | | |
| 2. 使用专项储备 | | | | | | | |
| （五）利润分配 | | | 2 386. 31 | 1 623. 46 | –7 384. 77 | | –3 375. 00 |
| 1. 提取盈余公积 | | | 2 386. 31 | | –2 386. 31 | | |
| 其中：法定公积金 | | | 2 386. 31 | | –2 386. 31 | | |
| 任意公积金 | | | | | | | |
| #储备基金 | | | | | | | |
| #企业发展基金 | | | | | | | |
| #利润归还投资 | | | | | | | |
| 2. 提取一般风险准备 | | | | 1 623. 46 | –1 623. 46 | | |
| 3. 对所有者（或股东）的分配 | | | | | –3 375. 00 | | –3 375. 00 |
| 4. 其他 | | | | | | | |
| （六）所有者权益内部结转 | | | | | | | |
| 1. 资本公积金转增资本（或股本） | | | | | | | |
| 2. 盈余公积金转增资本（或股本） | | | | | | | |
| 3. 盈余公积金弥补亏损 | | | | | | | |
| 4. 其他 | | | | | | | |
| 四、本年末余额 | 150 000. 00 | –465. 92 | 8 335. 73 | 4 643. 82 | 33 410. 99 | | 195 924. 62 |

单位负责人：陈书堂　　财务负责人：周丰收　　会计人员：丁洪峰

| 项　　目 | 上年金额 | | | | | | |
|---|---|---|---|---|---|---|---|
| | 实收资本(或股本) | 资本公积 | 盈余公积 | 一般风险准备 | 未分配利润 | 少数股东权益 | 所有者权益(或股东权益)合计 |
| 一、上年末余额 | 150 000. 00 | -4 703. 12 | 4 699. 54 | 950. 60 | 9 236. 54 | | 160 183. 56 |
| 加:会计政策变更 | | | | | | | |
| 前期差错更正 | | | -42. 15 | -21. 08 | -358. 30 | | -421. 53 |
| 二、本年初余额 | 150 000. 00 | -4 703. 12 | 4 657. 39 | 929. 53 | 8 878. 24 | | 159 762. 04 |
| 三、本年增减变动金额(减少以"-"号填列) | | 4 858. 28 | 1 293. 91 | 2 090. 84 | 8 054. 33 | | 16 297. 35 |
| (一)净利润 | | | | | 12 939. 07 | | 12 939. 07 |
| (二)其他综合收益 | | 4 858. 28 | | | — | | 4 858. 28 |
| 综合收益小计 | | 4 858. 28 | | | 12 939. 07 | | 17 797. 35 |
| (三)所有者投入和减少资本 | | | | | | | |
| 1. 所有者投入资本 | | | | | | | |
| 2. 股份支付计入所有者权益的金额 | | | | | | | |
| 3. 其他 | | | | | | | |
| (四)专项储备提取和使用 | | | | | | | |
| 1. 提取专项储备 | | | | | | | |
| 2. 使用专项储备 | | | | | | | |
| (五)利润分配 | | | 1 293. 91 | 2 090. 84 | -4 884. 74 | | -1 500. 00 |
| 1. 提取盈余公积 | | | 1 293. 91 | | -1 293. 91 | | |
| 其中:法定公积金 | | | 1 293. 91 | | -1 293. 91 | | |
| 任意公积金 | | | | | | | |
| #储备基金 | | | | | | | |
| #企业发展基金 | | | | | | | |
| #利润归还投资 | | | | | | | |
| 2. 提取一般风险准备 | | | | 2 090. 84 | -2 090. 84 | | |
| 3. 对所有者(或股东)的分配 | | | | | -1 500. 00 | | -1 500. 00 |
| 4. 其他 | | | | | | | |
| (六)所有者权益内部结转 | | | | | | | |
| 1. 资本公积金转增资本(或股本) | | | | | | | |
| 2. 盈余公积金转增资本(或股本) | | | | | | | |
| 3. 盈余公积金弥补亏损 | | | | | | | |
| 4. 其他 | | | | | | | |
| 四、本年末余额 | 150 000. 00 | 155. 15 | 5 951. 29 | 3 020. 36 | 16 932. 57 | | 176 059. 38 |

单位负责人:陈书堂　　财务负责人:周丰收　　会计人员:丁洪峰

## 5.2 信托资产

### 5.2.1 信托项目资产负债汇总表

**信托项目资产负债表**

编制单位:英大国际信托有限责任公司　　2010 年 12 月 31 日　　单位:万元

| 信托资产 | 行次 | 期初数 | 期末数 | 信托负债和信托权益 | 行次 | 期初数 | 期末数 |
|---|---|---|---|---|---|---|---|
| 信托资产: | 1 | | | 信托负债: | 20 | | |
| 货币资金 | 2 | 30 243. 52 | 24 476. 27 | 交易性金融负债 | 21 | | |
| 其他货币资金 | 3 | | | 衍生金融负债 | 22 | | |
| 存出保证金 | 4 | | | 应付受托人报酬 | 23 | 410. 06 | |
| 交易性金融资产 | 5 | | | 应付托管费 | 24 | | |
| 衍生金融资产 | 6 | | | 应付受益人收益 | 25 | | |
| 买入返售金融资产 | 7 | | | 应交税费 | 26 | 8 435. 48 | |
| 应收款项 | 8 | 79. 34 | | 应付销售服务费 | 27 | | |
| 发放贷款 | 9 | 13 033 283. 05 | 12 683 846. 37 | 其他应付款项 | 28 | 3. 88 | 6. 65 |
| 可供出售金融资产 | 10 | 1 016. 13 | | 其他负债 | 29 | | |

续表

| 信托资产 | 行次 | 期初数 | 期末数 | 信托负债和信托权益 | 行次 | 期初数 | 期末数 |
|---|---|---|---|---|---|---|---|
| 持有至到期投资 | 11 | 1 239 614.41 | 1 303 912.20 | 信托负债合计 | 30 | 8 849.42 | 6.65 |
| 长期应收款 | 12 | 2 632.07 | 159 738.32 | | | | |
| 长期股权投资 | 13 | 461 039.14 | 410 731.19 | 信托权益: | 32 | | |
| 投资性房地产 | 14 | | | 实收信托 | 33 | 14 725 207.89 | 14 560 328.08 |
| 固定资产 | 15 | | | 资本公积 | 34 | 425.82 | |
| 无形资产 | 16 | | | 外币报表折算差额 | 35 | | |
| 长期待摊费用 | 17 | | | 未分配利润 | 36 | 33 424.52 | 22 369.62 |
| 其他资产 | 18 | | | 信托权益合计 | 37 | 14 759 058.24 | 14 582 697.70 |
| 信托资产总计 | 19 | 14 767 907.65 | 14 582 704.35 | 信托负债及信托权益总计 | 38 | 14 767 907.65 | 14 582 704.35 |

会计主管:周丰收　　复核:潘嘉玲　　制表:李　欣

5.2.2　信托项目利润及利润分配汇总表

**信托项目利润及利润分配汇总表**

2010 年

编制单位:英大国际信托有限责任公司　　单位:万元

| 项 目 | 行次 | 2010 年 | 2009 年 |
|---|---|---|---|
| 一、营业收入 | 1 | 737 236.89 | 726 702.80 |
| 利息收入 | 2 | 641 351.46 | 694 178.09 |
| 投资收益 | 3 | 95 081.03 | 27 353.96 |
| 公允价值变动损益 | 4 | | |
| 租赁收入 | 5 | 180.03 | 261.50 |
| 汇兑损益 | 6 | | |
| 其他收入 | 7 | 624.36 | 4 909.25 |
| 二、支出 | 8 | 71 871.09 | 53 059.11 |
| 营业税金及附加 | 9 | 16 785.90 | 27 341.30 |
| 受托人报酬 | 10 | 39 052.16 | 21 921.48 |
| 保管费 | 11 | | |
| 投资管理费 | 12 | | |
| 销售服务费 | 13 | | |
| 交易费用 | 14 | | |
| 资产减值损失 | 15 | 7 539.32 | |
| 其他费用 | 16 | 8 493.71 | 3 796.33 |
| 三、信托净利润 | 17 | 665 365.80 | 673 643.69 |
| 四、其他综合收益 | 18 | | |
| 五、综合收益 | 19 | 665 365.80 | 673 643.69 |
| 加:期初未分配信托利润 | 20 | 33 424.52 | 10 810.12 |
| 六、可供分配的信托利润 | 21 | 698 790.32 | 684 453.81 |
| 减:本期已分配信托利润 | 22 | 676 420.70 | 651 029.29 |
| 七、期末未分配信托利润 | 23 | 22 369.62 | 33 424.52 |

# 6. 会计报表附注

## 6.1　会计报表编制基准不符合会计核算基本前提的说明

6.1.1　公司无会计报表编制基准不符合会计核算基本前提的情况

6.1.2　合并会计报表情况

6.1.2.1　2010 年,合并财务报表的编制范围为公司及所属子公司山东英大投资顾问有限责任公司,共 2 户,合并范围未发生变化

本年纳入合并报表范围的子企业基本情况。

| 企业名称 | 持股比例(%) | 享有表决权比例(%) | 注册资本(万元) | 实际投资额(万元) | 业务性质 | 注册地 |
|---|---|---|---|---|---|---|
| 山东英大投资顾问有限责任公司 | 100.00 | 100.00 | 5 600 000.00 | 5 600 000.00 | 证券投资咨询 | 山东省济南市馆驿街 318 号 |

6.1.2.2　拥有表决权超过半数但未纳入合并范围的被投资单位

| 企业名称 | 持股比例(%) | 享有表决权比例(%) | 注册资本(万元) | 实际投资额(万元) | 业务性质 | 注册地 | 未纳入合并范围原因 |
|---|---|---|---|---|---|---|---|
| 英大期货有限公司 | 57.50 | 57.50 | 20 000 | 20 000 | 期货经济 | 北京 | 由母公司直接控制并纳入其合并范围 |

## 6.2　或有事项

无。

## 6.3　重要资产转让及其出售的说明

无。

## 6.4　会计报表中重要项目的明细资料

### 6.4.1　自营资产经营情况

6.4.1.1　资产风险分类

| 信用风险资产五级分类 | 正常类(万元) | 关注类(万元) | 次级类(万元) | 可疑类(万元) | 损失类(万元) | 信用风险资产合计(万元) | 不良合计(万元) | 不良率(%) |
|---|---|---|---|---|---|---|---|---|
| 期初数 | 18 6670.42 | 0 | 1 260.57 | 1 060 | 324.42 | 189 315.41 | 2 644.99 | 1.40 |
| 期末数 | 199 720.75 | 0 | 24.81 | 2 572.39 | 69.44 | 202 387.39 | 2 666.64 | 1.32 |

6.4.1.2　资产损失准备

单位：万元

| 项目 | 期初数 | 本期计提 | 本期转回 | 本期核销 | 期末数 |
|---|---|---|---|---|---|
| 贷款损失准备 | 747.31 | 974.07 | 424.33 | | 1 297.05 |
| 一般准备 | 210.86 | 549.99 | | | 760.85 |
| 专项准备 | 536.45 | 424.08 | 424.33 | | 536.2 |
| 其他资产减值准备 | | | | | |
| 可供出售金融资产减值准备 | | | | | |
| 持有至到期投资减值准备 | | | | | |
| 长期股权投资减值准备 | | 756.20 | | | 756.20 |
| 坏账准备 | 633.12 | | 563.68 | | 69.44 |
| 投资性房地产减值准备 | | | | | |

6.4.1.3 投资

单位：万元

| 项目 | 自营股票 | 基金 | 债券 | 长期股权投资 | 其他投资 | 合计 |
|---|---|---|---|---|---|---|
| 期初数 | 12 686.23 | 0 | 18 500 | 18 161.42 | 72 000.00 | 121 347.65 |
| 期末数 | 6 625.65 | 2 000 | 18 500 | 30 777.11 | 40 053.20 | 97 955.96 |

6.4.1.4 前五名自营长期股权投资情况

| 企业名称 | 占被投资企业权益的比例（%） | 主要经营活动 | 投资收益（万元） |
|---|---|---|---|
| 1. 英大期货有限公司 | 57.5 | 期货经纪 | |
| 2. 英大证券有限责任公司 | 3.33 | 证券经纪 | |
| 3. 山东阳谷电缆股份有限公司 | 0.11 | 制造业 | |
| 4. 山东英大保险经纪有限公司 | 12 | 保险经纪 | 36 |
| 5. 山东玉泉集团股份有限公司 | 1.53 | 制造业 | |

注：投资损益是指按照企业会计准则规定，核算股权投资确认损益并计入披露年度利润表的金额。

6.4.1.5 前五名自营贷款情况

| 企业名称 | 占贷款总额的比例（%） | 还款情况 |
|---|---|---|
| 1. 华电内蒙古风电有限公司 | 26.67 | 正常 |
| 2. 华电章丘发电有限公司 | 13.33 | 正常 |
| 3. 中国国电集团公司 | 12.00 | 正常 |
| 4. 中国国电集团公司 | 10.67 | 正常 |
| 5. 中国国电集团公司 | 10.67 | 正常 |

6.4.1.6 表外业务的期初数、期末数；按照代理业务、担保业务和其他类型表外业务分别披露

单位：万元

| 表外业务 | 期初数 | 期末数 |
|---|---|---|
| 担保业务 | 0 | 0 |
| 代理业务（委托业务） | 0 | 0 |
| 其他 | 0 | 0 |
| 合计 | 0 | 0 |

注：代理业务主要反映因客观原因应规范而尚未完成规范的历史遗留委托业务，包括委托贷款和委托投资。公司2010年无其他余额超过5 000万元的表外业务。

6.4.1.7 公司当年的收入结构

续表

| 项　目 | 母公司 | | 并表 | |
|---|---|---|---|---|
| 收入结构 | 金额（万元） | 占比（%） | 金额（万元） | 占比（%） |
| 手续费及佣金收入 | 38 163.22 | 86.31 | 38 199.00 | 85.70 |
| 其中：信托手续费收入 | 37 813.33 | 85.52 | 37 813.33 | 84.83 |
| 投资银行业务收入 | 349.89 | 0.79 | 385.67 | 0.87 |
| 利息收入 | 3 294.81 | 7.45 | 3 308.77 | 7.42 |
| 其他业务收入 | 325.72 | 0.74 | 325.72 | 0.73 |
| 其中：计入信托业务收入部分 | — | | — | |
| 投资收益 | 2 425.46 | 5.49 | 2 732.72 | 6.13 |
| 其中：股权投资收益 | 36 | 0.08 | 343.26 | 0.77 |
| 证券投资收益 | -448.25 | -1.01 | -448.25 | -1.01 |
| 其他投资收益 | 2 837.71 | 6.42 | 2 837.71 | 6.37 |
| 公允价值变动收益 | — | | — | |
| 营业外收入 | 4.92 | 0.01 | 7.36 | 0.02 |
| 收入合计 | 44 214.13 | 100.00 | 44 573.57 | 100.00 |

注：手续费及佣金收入、利息收入、其他业务收入、投资收益、营业外收入均应为损益表中的科目，其中手续费及佣金收入、利息收入、营业外收入为未抵减掉相应支出的全年累计实现收入数。报告期内公司无超过总收入的5%的"其他业务收入"和"营业外收入"。

**6.4.2 信托资产管理情况**

6.4.2.1 信托资产的期初数、期末数

单位：万元

| 信托资产 | 期初数 | 期末数 |
|---|---|---|
| 集合 | 107 212.10 | 105 019.45 |
| 单一 | 13 535 770.23 | 13 397 148.65 |
| 财产权 | 1 124 925.32 | 1 080 536.25 |
| 合计 | 14 767 907.65 | 14 582 704.35 |

6.4.2.1.1 主动管理型信托业务的信托资产期初数、期末数，分证券投资、股权投资、融资、事务管理类分别披露

单位：万元

| 主动管理型信托资产 | 期初数 | 期末数 |
|---|---|---|
| 证券投资类 | 0 | 0 |
| 股权投资类 | 32 550.00 | 0 |
| 融资类 | 2 135 130.85 | 1 851 178.76 |
| 事务管理类 | 0 | 0 |
| 合计 | 2 167 680.85 | 1 955 871.76 |

注：1. "合计行"要求填主动管理型信托项目的总额，它包含所有运用方式的主动型产品，"证券投资类""股权投资类""融资类""事务管理类"是主动管理型中重点的几个类别，包含在"合计"中，但是与"合计"行没有勾稽关系，合计应大于或等于这四类之和。

2. 按照实收信托分类。

6.4.2.1.2 被动管理型信托业务期初数、期末数，分证券投资、股权投资、融资、事务管理类分别披露

单位：万元

| 被动管理型信托资产 | 期初数 | 期末数 |
|---|---|---|
| 证券投资类 | 0 | 0 |
| 股权投资类 | 27 437.14 | 409 462.49 |
| 融资类 | 11 421 699.20 | 11 317 046.37 |
| 事务管理类 | 1 108 390.70 | 1 178 747.45 |
| 合计 | 12 557 527.04 | 12 604 456.32 |

注：1. 合计数与主动管理型部分同理。

2. 按照实收信托分类。

6.4.2.2 本年度已清算结束的信托项目个数、实收信托合计金额、加权平均实际年化收益率

6.4.2.2.1 本年度已清算结束的集合类、单一类资金信托项目和财产管理类信托项目个数、实收信托金额、加权平均实际年化收益率

| 已清算结束信托项目 | 项目个数 | 实收信托合计金额(万元) | 加权平均实际年化收益率(%) |
|---|---|---|---|
| 集合类 | 5 | 106 851.35 | 19.24 |
| 单一类 | 159 | 4 602 644.51 | 5.36 |
| 财产管理类 | 6 | 44 443.92 | 16.00 |

注:收益率是指信托项目清算后,给受益人赚取的实际收益水平。加权平均实际年化收益率=(信托项目1的实际年化收益率×信托项目1的资产总计+信托项目2的实际年化收益率×信托项目2的资产总计+…信托项目n的实际年化收益率×信托项目n的资产总计)/(信托项目1的资产总计+信托项目2的资产总计+…信托项目n的资产总计)×100%。

6.4.2.2.2 本年度已清算结束的主动管理型信托项目个数、实收信托合计金额、加权平均实际年化收益率

| 已清算结束信托项目 | 项目个数 | 实收信托合计金额(万元) | 加权平均实际年化信托报酬率(%) | 加权平均实际年化收益率(%) |
|---|---|---|---|---|
| 证券投资类 | 0 | 0 | 0 | 0 |
| 股权投资类 | 3 | 167 086.90 | 0.25 | 4.04 |
| 融资类 | 9 | 845 130.85 | 0.28 | 4.37 |
| 事务管理类 | 0 | 0 | 0 | 0 |

注:加权平均实际年化信托报酬率=(信托项目1的实际年化信托报酬率×信托项目1的资产总计+信托项目2的实际年化信托报酬率×信托项目2的资产总计+…信托项目n的实际年化信托报酬率×信托项目n的资产总计)/(信托项目1的资产总计+信托项目2的资产总计+…信托项目n的资产总计)×100%。

6.4.2.2.3 本年度已清算结束的被动管理型信托项目个数、实收信托合计金额、加权平均实际年化收益率。

| 已清算结束信托项目 | 项目个数 | 实收信托合计金额(万元) | 加权平均实际年化信托报酬率(%) | 加权平均实际年化收益率(%) |
|---|---|---|---|---|
| 证券投资类 | 0 | 0 | 0 | 0 |
| 股权投资类 | 7 | 20 574.99 | 0.34 | 11.21 |
| 融资类 | 149 | 3 761 240.35 | 0.20 | 5.40 |
| 事务管理类 | 8 | 53 831.58 | 0.15 | 16.58 |

6.4.2.3 本年度新增的集合类、单一类和财产管理类信托项目个数、实收信托合计金额。

| 新增信托项目 | 项目个数 | 实收信托合计金额(万元) |
|---|---|---|
| 集合类 | 2 | 104 693.00 |
| 单一类 | 204 | 5 858 243.76 |
| 财产管理类 | 12 | 227 900.00 |
| 新增合计 | 218 | 6 190 836.76 |
| 其中:主动管理型 | 19 | 1 852 871.76 |
| 被动管理型 | 199 | 4 337 965.00 |

注:本年新增信托项目指在本报告年度内累计新增信托项目个数和金额,包含本年度新增并于本年度内结束的项目和本年度新增至报告期末仍在持续管理的信托项目。

6.4.2.4 本公司履行受托人义务情况及因本公司自身责任而导致的信托资产损失情况(合计金额、原因等)

公司受托人对受托管理的全部信托财产均履行了尽职管理义务:对信托财产履行"诚实、信用、谨慎、有效"的管理,始终以受益人利益最大化原则处理信托相关事务;对信托财产与固有财产实行了分账管理,对每个信托项目实现了专户核算,不存在受托人侵占信托财产或利用信托财产谋取利益的情况;对信托项目的经营状况及存续期间发生的重大事项均进行了及时披露。

报告期内,未发生因本公司自身责任而导致信托资产损失的情况。

## 6.5 关联方关系及其交易

**6.5.1 关联交易方的数量、关联交易的总金额及关联交易的定价政策**

| | 关联交易数量 | 关联交易金额(万元) | 定价政策 |
|---|---|---|---|
| 合计 | 31 | 11 040 493.66 | 市场公允 |

注:"关联交易"定义以《公司法》和《企业会计准则第36号——关联方披露》有关规定为准。

**6.5.2 关联交易方与本公司的关系性质、关联交易方的名称、法定代表人、注册地址、注册资本及主营业务**

| 关联性质 | 关联方名称 | 法人代表 | 注册地址 | 注册资本(亿元) | 主营业务 |
|---|---|---|---|---|---|
| 股东单位及受同一单位控制 | 国家电网公司及下属企业 | 刘振亚 | 北京 | 2 000 | 电力 |

6.5.3 逐笔披露本公司与关联方的重大交易事项

6.5.3.1 固有财产与关联方:贷款、投资、租赁、应收账款担保、其他方式等期初汇总数、本期借方和贷方发生额汇总数、期末汇总数。

**固有与关联方关联交易**

单位:万元

| | 期初数 | 借方发生额 | 贷方发生额 | 期末数 |
|---|---|---|---|---|
| 贷款 | 0 | 0 | 0 | 0 |
| 投资 | 0 | 0 | 0 | 0 |
| 租赁 | 0 | 0 | 0 | 0 |
| 担保 | 0 | 0 | 0 | 0 |
| 应收账款 | 0 | 0 | 0 | 0 |
| 其他 | 0 | 0 | 0 | 0 |
| 合计 | 0 | 0 | 0 | 0 |

6.5.3.2 信托与关联方:贷款、投资、租赁、应收账款、担保、其他方式等期初汇总数、本期发生额汇总数、期末汇总数

**信托与关联方关联交易**

单位:万元

| | 期初数 | 借方发生额 | 贷方发生额 | 期末数 |
|---|---|---|---|---|
| 贷款 | 12 006 345.00 | 3 330 969.90 | 4 398 000.00 | 10 939 314.90 |
| 投资 | | | | |
| 租赁 | 2 632.07 | 101 178.76 | 2 632.07 | 101 178.76 |
| 担保 | | | | |
| 应收账款 | | | | |
| 其他 | | | | |
| 合计 | 12 008 977.07 | 3 432 148.66 | 4 400 632.07 | 11 040 493.66 |

6.5.3.3 信托公司自有资金运用于自己管理的信托项目（固信交易）、信托公司管理的信托项目之间的相互（信信交易）交易金额，包括余额和本报告年度的发生额

6.5.3.3.1 固有财产与信托财产之间的交易金额期初汇总数、本期发生额汇总数、期末汇总数

**固有财产与信托财产相互交易**

单位：万元

| | 期初数 | 借方发生额 | 贷方发生额 | 期末数 |
|---|---|---|---|---|
| 合计 | 0 | 0 | 0 | |

6.5.3.3.2 信托资产与信托财产之间的交易金额期初汇总数、本期发生额汇总数、期末汇总数

**信托资产与信托财产相互交易**

单位：万元

| | 期初数 | 借方发生额 | 贷方发生额 | 期末数 |
|---|---|---|---|---|
| 合计 | 0 | 0 | 0 | |

注：以公司受托管理的一个信托项目的资金购买自己管理的另一个信托项目的受益权或信托项下资产均应纳入统计披露范围。

**6.5.4 逐笔披露关联方逾期未偿还本公司资金的详细情况以及本公司为关联方担保发生或即将发生垫款的详细情况**

报告期内公司无关联方逾期未偿还本公司资金的情况及本公司为关联方担保发生或即将发生垫款的情况。

### 6.6 会计制度的披露

公司固有业务、信托业务均执行财政部2006年颁布的《企业会计准则》。

## 7. 财务情况说明书

### 7.1 利润实现和分配情况

2010年，公司实现利润总额31 494.11万元，净利润23 863.19万元，提取盈余公积2 386.31万元，提取一般风险准备1 623.46万元，分配股利3 375万元，未分配利润余额为33 410.99万元。

2010年，公司合并实现利润31 750.13万元，净利润24 119.21万元，提取盈余公积2 386.31万元，提取一般风险准备1 623.46万元，分配股利3 375万元，未分配利润33 912.16万元。

### 7.2 主要财务指标

| 指标名称 | 母公司指标值 | 并表指标值 |
|---|---|---|
| 资本利润率（%） | 12.83 | 12.94 |
| 加权年化信托报酬率（%） | 0.28 | 0.28 |
| 人均净利润率（万元/人） | 242.27 | 233.04 |

注：1. 资本利润率＝净利润/所有者权益平均余额×100%。

2. 加权年化信托报酬率＝（信托项目1的实际年化信托报酬率×信托项目1的资产总计＋信托项目2的实际年化信托报酬率×信托项目2的资产总计＋…信托项目n的实际年化信托报酬率×信托项目n的资产总计）/（信托项目1的资产总计＋信托项目2的资产总计＋…信托项目n的资产总计）×100%。

该指标是要反映公司实际的信托报酬水平，因此只能计算在报告年度真正清算结束了的项目。

3. 人均净利润＝净利润/年平均人数。

4. 平均值采取年初、年末余额简单平均法，公式为：a（平均）＝（年初数＋年末数）/2。

### 7.3 本报告期内未发生对本公司财务状况、经营成果有重大影响的其他事项

## 8. 特别事项揭示

### 8.1 前五名股东变动情况及原因

（1）2009年11月12日，公司第五次临时股东会（通信方式召开）通过决议，公司股东中国石化财务有限责任公司拟将所持有公司0.5%的股权转让给国网资产管理有限公司。

2009年12月11日，公司第六次临时股东会（现场方式在北京广安贵都大酒店召开）通过决议，公司股东山东鑫源控股有限公司（持股14.94%）、山东鲁能集团有限公司（4.12%）、山东鲁能发展集团有限公司（2.84%）及山东鲁能信谊有限公司（2.43%）四家公司拟将所持的公司股权无偿划转给国网资产管理有限公司。

上述股权变更手续于2010年10月正式获银监会批复。至此，公司控股股东国家电网资产管理有限公司持有的公司股权占比上升至75.83%。公司股东数量减少至8家。

（2）2010年12月20日，国网资产管理有限公司更名为英大国际控股集团有限公司，公司控股股东由“国网资产管理有限公司”变更为“英大国际控股集团有限公司”。2011年1月10日，英大国际信托有限责任公司以通信方式召开了2011年第一次临时股东会，公司全体股东参加了此次会议。会议审议通过了《关于公司控股股东名称变更修改公司章程的议案》。2010年1月31日，银监会已正式批准公司修改章程的申请。

### 8.2 董事、监事及高级管理人员变动情况及原因

（1）本年度董事会成员变动情况说明：经股东会通过，山东省银监局批准，本年度新任董事是陈书堂（2010年1月19日到任履职）、张守合（2010年5月10日到任履职）；离任董事张现成。以上董事到任或离任均属股东单位推荐和工作需要，本人申请辞任董事职务。

（2）2010年8月31日，公司第三次临时股东会（通信方式）通过决议，同意股东单位济钢集团有限公司推选的监事郭燕春女士因退休提请辞去公司监事职务，并根据济钢集团有限公司的意见，选举万宪刚先生担任公司监事职务。

（3）经公司第八届第七次董事会通过、山东银监局审核批准，孙志国先生自2010年4月28日起担任公司副总经理。

### 8.3 变更注册资本、变更注册地或公司名称、公司分立合并事项

（1）2010年3月22日，公司第二次临时股东会（通信方式）通过《关于变更公司住所等事项的议案》，同意公司住所由山东省济南市馆驿街318号变更为北京市东城区建国门内大街乙18号院1号楼英大国际大厦2层，并据此办理修改公司章程、变更工商登记等有关法定事项。

（2）2010年11月15日，公司第四次临时股东会（通信方式）通过《关于公司注册地址变更及修改〈公司章程〉的议案》，同意公司注册地址变更为“北京市东城区建国门内大街乙18

号院1号楼英大国际大厦4层”,并申请修改《公司章程》。

(2)2011年1月10日,英大国际信托有限责任公司以通信方式召开了2011年第一次临时股东会,公司全体股东参加了此次会议。会议审议通过了《关于公司控股股东名称变更修改公司章程的议案》。2011年1月31日银监会已正式批准公司修改章程的申请,修改内容包括公司控股股东名称变更和公司注册地址变更。

### 8.4 公司的重大诉讼事项

本报告年度公司无重大诉讼事项。

### 8.5 公司及其董事、监事和高级管理人员受到处罚的情况

本年度公司及其董事、监事和高级管理人员未存在受到处罚的情况。

### 8.6 银监会及其派出机构对公司检查后提出整改意见的,应简单说明整改情况

2010年3月,中国银行业监督管理委员会山东监管局对公司实施现场检查并召开审慎会议,会议对公司2009年经营管理工作进行了全面、公正、客观评价,并要求公司需进一步完善法人治理、提升固有资产投资管理能力、调整信托业务经营模式、提高准备金提取水平等意见。

公司高度重视上述问题随即加紧落实改进工作。会后,公司加紧研究引进战略投资者工作,设立了独立审计部提升内审效率,申请获批银行间市场同业拆解资格以提升固有资金运作效率,不断加大业务创新力度以改善信托业务结构,加大一般准备金提取力度并在2010年末满足监管要求。

### 8.7 本年度重大事项临时报告的简要内容、披露时间、所披露的媒体及其版面

(1)由于公司第一大股东由“国家电网公司”变更为“国网资产管理有限公司”涉及《公司章程》修订、为公司提供年度审计服务的会计师事务所由“中瑞岳华会计师事务所有限责任公司”变更为“信永中和会计师事务所”,按照监管要求,公司将相关信息公告于2010年3月13日《金融时报》第6版。

2010年12月27日,公司2010年第五次临时股东会通过决议,为公司提供年度审计服务的会计师事务所由“信永中和会计师事务所”变更为“北京中证天通会计师事务所有限公司”,相关信息披露在2011年1月7日《金融时报》第7版。

(2)根据有关要求,公司2009年度报告摘要刊发在2010年4月17日《金融时报》第3版、第7版。

(3)公司住所由山东省济南市馆驿街318号变更为北京市东城区建国门内大街乙18号院1号楼英大国际大厦2层,相关信息刊发在2010年4月29日《金融时报》第4版。

(4)因工作变动,公司第八届第六次董事会会议选举盖永光先生担任公司董事长、聘任陈书堂先生担任公司总经理,中国银监会已予以核准。相关信息公告于2010年8月19日《金融时报》第7版。

### 8.8 银监会及其省级派出机构认定的其他有必要让客户及相关利益人了解的重要信息

本年度公司无银监会及其省级派出机构认定的其他有必要让客户及相关利益人了解的重要信息。

## 9. 公司监事会独立意见

本报告期内,公司认真贯彻执行国家经济金融政策,按照监管要求加强法人治理和内部控制建设。董事会下增设了战略发展规划委员会,加强对公司长远发展的统筹和规划;制定修改多项内部控制管理制度,并着力提高执行力;加快推进公司网站信息化建设;加强合规建设,建立全员培训体系;有效保障了公司依法合规经营、规范管理,切实维护了公司、公司股东和信托受益人的合法权益。公司财务报告真实准确地反映了公司的财务管理状况和经营成果。

# 云南国际信托有限公司

## 1. 重要提示

1.1 本公司董事会及董事保证本报告所载资料不存在任何虚假记载、误导性陈述或者重大遗漏,并对其内容的真实性、准确性和完整性承担个别及连带责任。本年度报告摘要摘自年度报告全文,客户及相关利益人欲了解详细内容,应阅读年度报告全文。

1.2 本公司独立董事梁旻松、曹红辉对本报告内容的真实性、准确性和完整性表示认可。

1.3 本公司负责人董事长刘刚、总裁、主管会计工作负责人田泽望、主管信托会计工作负责人舒广及会计机构负责人杨春和、李峥保证:本年度报告中的财务报告真实、完整。

## 2. 公司概况

### 2.1 公司简介

2.1.1 公司历史沿革

云南国际信托有限公司(下称云南信托),是2003年经中国人民银行"银复〔2003〕33号"文批准,由原云南省国际信托投资公司增资改制后重新登记的非银行金融机构。公司注册资本为4亿元人民币。2007年,根据《信托公司管理办法》的有关规定,公司经中国银行业监督管理委员会"银监复〔2007〕315号"文批准同意,换领《中华人民共和国金融许可证》。

2.1.2 公司法定名称

中文名称:云南国际信托有限公司

中文缩写:云南信托

英文名称:Yunnan International Trust Co. ,Ltd.

英文缩写:YNTRUST

2.1.3 公司法定代表人:刘刚

2.1.4 公司注册地址:云南省昆明市南屏街4号云南国托大厦

邮政编码:650021

公司国际互联网网址:http://www. yntrust. com

电子信箱:ynxt@ yntrust. com

2.1.5 公司信息披露事务负责人:舒广

联系人:秦少敏

联系电话:0871 -3173981

传真:0871 -3155739

电子信箱:ynxt@ yntrust. com

2.1.6 公司选定的信息披露报纸名称:《金融时报》

2.1.7 公司年度报告备置地点:云南省昆明市南屏街4号A座33层

2.1.8 公司聘请的会计师事务所:中审亚太会计师事务所有限公司

住所:昆明市白塔路131号汇都国际C座6层

2.1.9 公司聘请的律师事务所:云南千和律师事务所

住所:云南省昆明市人民中路11号天浩大厦5楼

### 2.2 组织结构

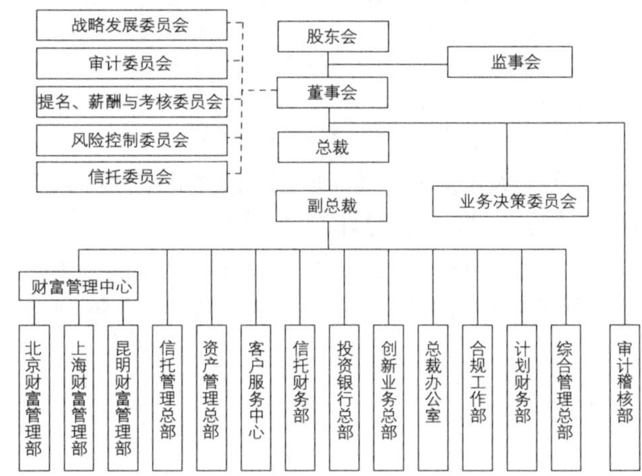


## 3. 公司治理结构

### 3.1 股东

公司前三位股东情况

| 股东名称 | 持股比例(%) | 法人代表 | 注册资本(亿元) | 注册地址 | 主要经营业务及主要财务情况 |
|---|---|---|---|---|---|
| 云南省财政厅 | 25 | 陈秋生 | | 昆明市五华山云南省政府内 | |
| ★涌金实业(集团)有限公司 | 24.5 | 赵隽 | 2 | 上海浦东新区陆家嘴环路958号1711室 | 主营业务:房地产开发经营、物业管理、国内贸易、实业投资咨询等。<br>主要财务情况:截至2010年末,总资产79 860.1万元,所有者权益30 918.5万元。 |
| 上海纳米创业投资有限公司 | 23 | 刘 明 | 3 | 上海浦东陆家嘴环路958号华能联合大厦17楼01室 | 主营业务:实业投资、资产管理(非金融业务)、科技项目开发及以上相关业务的咨询服务,国内贸易(专项、专控商品除外)。<br>主要财务情况:截至2010年末,总资产49 795..8万元,所有者权益42 522.4万元。 |

本公司股东之中，涌金实业（集团）有限公司、上海纳米创业投资有限公司及北京知金科技投资有限公司之间存在关联关系。

公司前三位股东的主要股东情况：

（1）涌金实业（集团）有限公司主要股东：陈金霞持股比例为50%。

（2）上海纳米创业投资有限公司主要股东：陈金霞持股比例为75%。

## 3.2 董事

董事长、董事

| 姓名 | 职务 | 性别 | 年龄 | 选任日期 | 所推举的股东名称 | 该股东持股比例（%） | 简要履历 |
|---|---|---|---|---|---|---|---|
| 刘刚 | 董事长 | 男 | 46 | 2006年3月 | 涌金实业（集团）有限公司 | | 研究生；曾任云南国际信托投资有限公司副董事长兼常务副总经理。 |
| 魏锋 | 董事 | 男 | 49 | 2006年9月 | 涌金实业（集团）有限公司 | | 研究生学历；现任涌金实业（集团）有限公司总裁。 |
| 杨征 | 董事 | 男 | 41 | 2006年12月 | 涌金实业（集团）有限公司 | 24.5 | 研究生学历；曾任涌金实业（集团）有限公司副总裁；2006年6月至2010年10月，担任云南国际信托有限公司总裁。 |
| 谢超 | 董事 | 男 | 45 | 2009年12月 | 涌金实业（集团）有限公司 | | 研究生；现任涌金实业（集团）有限公司执行总裁。 |
| 孙国棋 | 董事 | 男 | 55 | 2009年12月 | 云南省财政厅 | 25 | 研究生学历，高级经济师职称；曾任云南省财政厅党组秘书，云南省财政厅办公室副主任，云南省财政厅政策法规处副处长，云南省财政厅《云南财政与会计》编辑部主任，云南省财政厅法制处（税政处）处长；现任云南省财政厅总会计师。 |
| 邓耘波 | 董事 | 男 | 54 | 2009年12月 | 云南省财政厅 | | 研究生学历，注册会计师职称；曾任云南省曲靖市财政局党组书记、局长，云南省财政厅派驻红塔证券股份有限公司任党委书记、监事长；现任云南省财政厅金融处长。 |
| 克明 | 董事 | 男 | 56 | 2009年12月 | 云南省财政厅 | | 研究生学历，注册会计师；高级会计师职称，曾任云南省国资局资产评估管理处处长；现任注册会计师协会副会长兼秘书长。 |
| 刘明 | 董事 | 男 | 44 | 2006年3月 | 上海纳米创业投资有限公司 | 23 | 硕士研究生；现任上海纳米创业投资有限公司执行董事及法定代表人。 |
| 徐迅 | 董事 | 男 | 54 | 2008年3月 | 北京知金科技投资有限公司 | 7.5 | 研究生，曾任涌金集团副总裁；现任北京知金科技投资有限公司总经理。 |

独立董事

| 姓名 | 所在单位及职务 | 性别 | 年龄 | 选任时间 | 所推举的股东名称 | 该股东持股比例（%） | 简要履历 |
|---|---|---|---|---|---|---|---|
| 梁昊松 | 北京博雅新港投资管理有限公司首席执行官 | 男 | 43 | 2007年6月 | 上海纳米创业投资有限公司 | 23 | 经济学、法学博士；曾任美国纽约Kelly Drye & Warren LIP公司/项目融资部律师及美国贝克·麦肯斯国际律师事务所香港办公室中国业务部律师；现任北京博雅新港投资管理有限公司首席执行官。 |
| 曹红辉 | 中国社会科学院金融所金融市场研究室主任，支付清算研究中心秘书长。 | 男 | 45 | 2009年12月 | 涌金实业（集团）有限公司 | 24.5 | 博士、研究生；现任中国社会科学院金融所金融市场研究室主任，支付清算研究中心秘书长。 |

## 3.3 监事

监事会成员

| 姓名 | 职务 | 性别 | 年龄 | 选任时间 | 所推举的股东名称 | 该股东持股比例（%） | 简要履历 |
|---|---|---|---|---|---|---|---|
| 曹芹 | 监事长 | 女 | 54 | 2006年12月 | 云南省财政厅 | 25 | 硕士研究生，高级经济师，历任云南省财政厅综合处副处长、人事教育处处长、党组秘书，云南省国际信投资公司副总经理、党委副书记、总经理；现任云南国际信托有限公司监事长、党委书记。 |
| 杨利华 | 监事 | 男 | 30 | 2009年6月 | 涌金实业（集团）有限公司 | 24.5 | 硕士；现任涌金实业（集团）有限公司法律部总经理。 |
| 李双友 | 监事 | 男 | 42 | 2005年12月 | 云南红塔集团有限公司 | 2.5 | 本科学历，高级会计师；现任云南红塔集团有限公司副总经理、计划财务科科长。 |
| 杨永忠 | 职工监事 | 男 | 43 | 2009年12月 | | | 大专学历；现任云南国际信托有限公司综合管理总部副总经理。 |
| 邓国山 | 职工监事 | 男 | 34 | 2008年4月 | | | 硕士学历；现任云南国际信托有限公司创新业务总部总经理。 |
| 孙澄 | 职工监事 | 女 | 43 | 2008年4月 | | | 大专学历；现任云南国际信托有限公司上海联络处财务经理。 |

### 3.4 高级管理人员

高级管理人员

| 姓 名 | 职 务 | 性别 | 年龄 | 选任日期 | 金融从业年限 | 学历 | 专业 | 简 要 履 历 |
|---|---|---|---|---|---|---|---|---|
| 刘 刚 | 董事长 | 男 | 46 | 2004 年 3 月 | 12 年 | 硕士研究生 | 生物 | 参见 3.2 |
| 曹 芹 | 监事长 | 女 | 54 | 2006 年 12 月 | 13 年 | 硕士研究生 | 财政学 | 参见 3.3 |
| 田泽望 | 总裁(拟任) | 男 | 40 | 资格审批过程中 | 15 年 | 双学士 | 管理工程 | 双学士学历；曾任云南国际信托有限公司总裁助理。 |
| 周福民 | 副总裁 | 男 | 40 | 2006 年 3 月 | 7 年 | 硕士研究生 | 法律 | 硕士研究生学历；曾任云南国际信托有限公司信托业务总部副总经理、董事总经理兼法律事务部总经理。 |
| 刘 峥 | 副总裁 | 女 | 40 | 2008 年 4 月 | 11 年 | 硕士研究生 | 经济学 | 硕士研究生学历；曾任云南国际信托有限公司总裁助理。 |
| 赵 凯 | 副总裁 | 男 | 42 | 2010 年 2 月 | 11 年 | 硕士研究生 | 工商管理 | 硕士研究生学历；曾任云南国际信托有限公司资产管理总部总经理、投资总监。 |
| 舒 广 | 副总裁(拟任) | 男 | 33 | 资格审批过程中 | 7 年 | 硕士研究生 | 法律 | 硕士研究生学历；曾任云南国际信托有限公司总裁办公室主任、合规部总经理。 |

### 3.5 公司员工

本报告期内，云南信托实有员工 90 人，平均年龄 33.6 岁。具有大专以上学历的员工 82 人(其中博士研究生 1 人，研究生 20 人，本科 52 人，大专 9 人)，占总人数的 91.11%；其他学历的员工 8 人，占总人数的 8.89%。

## 4. 经营管理

### 4.1 经营目标、方针、战略规划

#### 4.1.1 经营目标

本公司要成为一家以专业化和诚信为理念，提供国内顶级金融理财服务，并朝着国内一流目标迈进的卓越的理财机构。我们将致力于最大化的实现客户价值、员工价值、股东价值和社会价值。

#### 4.1.2 经营方针

在金融投资和理财领域不断创新和进取，追求可控风险下的投资回报最大化。

#### 4.1.3 战略规划

融合货币、资本、实业三大领域，充分发挥信托投融资平台优势。树立在投资理财领域的核心竞争力，打造一流金融服务品牌，为客户提供专业化的金融与资产管理服务。

### 4.2 公司经营业务的主要内容

报告期内，公司经营的业务主要包括：

(1)固有财产运营业务包括证券一级市场投资、股权投资、债券投资、经营性租赁业务等方面。

(2)信托业务包括证券投资类信托业务、新股申购类信托业务、股权投资类信托业务、信贷资产转让类信托业务、房地产及基础设施类信托业务等。

**自营资产运用与分布表**

| 资产运用 | 金额(万元) | 占比(%) | 资产分布 | 金额(万元) | 占比(%) |
|---|---|---|---|---|---|
| 货币资产 | 77 687 | 78.03 | 基础产业 | 0 | 0.00 |
| 贷款 | 0 | 0.00 | 房地产业 | 0 | 0.00 |
| 短期投资 | 10 817 | 10.87 | 证券 | 10 817 | 10.87 |
| 长期投资 | 0 | 0.00 | 实业 | 0 | 0.00 |
| 其他 | 11 053 | 11.10 | 其他 | 88 741 | 89.13 |
| 资产总计 | 99 558 | 100.00 | 资产总计 | 99 558 | 100.00 |

**信托资产运用与分布表**

| 资产运用 | 金额(万元) | 占比(%) | 资产分布 | 金额(万元) | 占比(%) |
|---|---|---|---|---|---|
| 货币资产 | 119 692.89 | 26.36 | 基础产业 | 0.00 | 0.00 |
| 贷款 | 86 063.00 | 18.96 | 房地产业 | 0.00 | 0.00 |
| 交易性金融资产 | 197 152.40 | 43.43 | 证券 | 197 152.40 | 43.43 |
| 长期投资 | 29 681.00 | 6.54 | 金融机构 | 0.00 | 0.00 |
| 买入返售资产 | 0.00 | 0.00 | 工商企业 | 86 063.00 | 18.96 |
| 其他 | 21 375.95 | 4.71 | 其他 | 170 749.84 | 37.61 |
| 资产总计 | 453 965.24 | 100.00 | 资产总计 | 453 965.24 | 100.00 |

#### 4.3 市场分析

影响本公司业务发展的主要因素。

#### 4.3.1 有利因素

(1)宏观经济平稳向好。2010 年，我国经济保持良好的增长势头，经济发展方式转变也在稳步推进中，但复合式通胀压力已经成为宏观经济运行的最主要影响因素。面对后危机时期复杂的经济环境，我国宏观调控已开始转向积极财政政策与稳健货币政策搭配的新框架，为信托公司的发展提供了良好的机会。

(2)私人理财需求高涨，随着民间私人财富的不断积累，私人财富管理已经被广大高端投资者所认可和接受，信托理财工具也逐渐被银行、证券和保险等其他金融机构所运用。

(3)新出台的一系列政策，引导信托公司将选择报酬率较

高的业务，减少报酬率较低的银信合作等业务，由被动管理向主动管理转型，真正地实现信托公司的“受人之托、代人理财”的职能。

(4)在现有法律框架下，信托机构既可以涉足资本市场、货币市场，受托进行证券投资，又可以涉足实体经济，进行股权投资，是联系虚拟经济和实体经济的重要纽带，在中国经济建设中起着重要的金融中介和桥梁作用。

(5)信托产品盈利能力、营销能力和创新能力不断增强。

(6)云南信托企业品牌的逐步树立，有利于我们开展全国业务。

4.3.2 不利因素

(1)信托登记、产品流通、信托税收等配套法律制度的不完善，对信托公司的发展产生了一定程度的制约。

(2)由于目前的市场竞争机制尚不健全，对信托公司与其他金融机构的监管标准不统一，给信托公司的业务开展带来一些制约。

(3)信托领域竞争日趋激烈、银行、保险、证券同类理财产品大量分流信托公司客户。

(4)高端合格投资者的市场培育工作需要长期的努力。

## 4.4 内部控制

### 4.4.1 内部控制环境和内部控制文化

公司遵循“诚信、谨慎、勤勉、高效”的原则，依法经营、科学管理，维护信托财产及股东权益为经营宗旨；秉承“诚信引领未来、专业创造价值”的企业经营理念，以“资产管理、功能信托、投资银行”为核心竞争力，致力于最大化地实现客户价值、社会价值、员工价值和股东价值，营造良好的公司治理文化和股东信用文化。

公司董事会负责督促、检查、评价公司风险管理工作，并对公司风险管理负最终责任。公司监事会负责监督检查，并督促落实公司风险管理体系的建立和实施及相关事项的整改，就涉及公司风险的重大事项向股东会汇报，充分发挥了监事会独立监督职能。

公司倡导合规经营和风险管理的理念，努力培养全体员工遵纪守法和风险防范意识，通过定期内部培训学习保证全体员工及时了解国家法律法规和公司规章制度，使合规和风险防范意识贯穿公司各个部门、岗位和环节。

### 4.4.2 内部控制措施

4.4.2.1 健全有效议事决策机制

公司建立了以总裁为主任委员的公司业务决策委员会并制定具体的《业务决策委员会工作细则》。对于公司拟实施的每个项目，都必须经由公司业务决策委员会讨论通过后才能组织实施，并且主任委员对所决定的所有事项具有一票否决权。业务决策委员会通过的业务项目，若存在反对票，则应提请董事会风险控制委员会行使对该项目的最终风险审查权。从而加强对公司项目的事前风险控制。

4.4.2.2 建立内部分工明确相互监督制衡的职责构架

公司的合规工作部独立行使职能，对公司业务开展事前、事中、事后的风险防范、控制、监督并出具独立意见。公司设立相对独立的内部审计稽核部门，直接对董事会负责，由其负责对公司所有业务每半年至少进行一次稽核，对公司自营业务和信托业务分离情况按季进行稽核，对终止或结束的业务在一个月内进行审计稽核，对业务开展过程中发现的问题随时进行稽核，并将稽核情况及时向董事会报告。合规工作部及审计稽核部对重要业务及资金管理实施全程监控并保持各自独立监督、预警的报告机制。

4.4.2.3 强化行业政策贯彻与业务同步

公司严格执行信托业务与自营业务分岗、分账独立运行，分别对自营业务和信托业务制定业务流程、操作规程和风险控制制度，保证各项业务的前台、中台、后台相对独立，建立、健全、完善内外部防火墙。

2010年，公司根据业务开展情况，对原有制度及流程进行更新，进一步完善了内控制度体系。制度覆盖所有部门、所有业务，贯彻落实每个具体岗位，进一步提升了公司内控能力。

### 4.4.3 信息交流与反馈

公司已建立有效的信息交流、反馈机制和平台。计算机财务系统、交易系统、办公自动化系统等稳定、高效运转，公司股东会、董事会、监事会、经营管理层可及时了解公司的经营状况和风险情况，相关信息能够及时传递给相关的员工，部门和员工的反馈信息能顺畅到达经营管理层。

同时也建立了有效的投资人沟通渠道。目前，公司各类业务办理、客户产品查询、营销渠道管理等逐步纳入IT化管理，公司全系列产品的客户数据均做到了“上网可查”。

### 4.4.4 监督评价与纠正

在保持好业务决策委员会事前控制机制的基础上，公司进一步加强对各运行项目的事中和事后管理，定期不定期地开展各业务操作流程和风险控制措施进行自我检查和评价，做到自查、自省、自纠和自律。进一步加强了信托业务开展及资本市场投资的风险管理，明确投资决策委员会和风险控制委员会的定位和职责。

## 4.5 风险管理

### 4.5.1 风险管理概况

(1)公司经营活动中可能遇到的风险

风险主要有信用风险、市场风险、操作风险、道德风险等。

(2)公司风险管理的基本原则与政策

公司风险管理遵循全面性、独立性、相互制约性、定性和定量相结合的原则，风险控制措施和内控制度覆盖了公司所有部门和岗位，渗透决策、执行、监督、反馈业务过程中，通过制定风险管理制度和业务操作流程对风险进行事前防范、事中控制、事后监督，促进公司持续、稳健、合规经营。

(3)公司风险管理组织结构及职责划分

董事会风险控制委员会：负责公司风险控制制度建设、审查重大业务风险、监督、评估、控制并管理公司的风险，并负责认定并监督规范公司的关联交易。

董事会审计委员会：负责公司内部审计以及内外部审计的沟通、监督和核查工作。

业务决策委员会：负责审定业务管理制度、业务流程、重大投资、信托产品、业务项目决策委员会成员以及信托经理名单、其他重大经营事项。

合规工作部：统一处理各类法律事务，制定和审查法律文件，对创新业务进行法律论证，提出专业意见，防范法律风险，维护公司及投资人的合法权益。并负责公司合规风险的控制，进行独立风险评估，对异常情况作出预警。

审计稽核部：负责风险管理制度和流程执行的监督、审计，进行独立风险评估。

产品研发、市场营销、资产管理、财务管理、后勤服务支持等部门按照权责分明、有效制衡的原则分别设立。

**4.5.2 风险状况**

4.5.2.1 信用风险状况

信用风险指公司在业务经营过程中因交易对手违约而产生的风险。针对信用风险，公司开展业务时，在审慎选择交易对手的同时，认真进行尽职调查和管理，落实交易的抵押、担保等法律保证措施来防范信用风险。本报告期内公司的信托风险暴露数、不良资产期末数均为零。

4.5.2.2 市场风险状况

市场风险因素主要包括证券市场波动、汇率及利率的变化。公司的市场风险主要来源于证券市场下跌，而汇率变动对公司影响较小，利率变动对公司有一定的影响。针对证券市场下跌，公司通过严格限定固有业务证券投资规模（含一级市场网下新股申购）、控制持仓比例、对信托证券投资项目实施逐日盯市、每日报告提示、实时监控预警、强化行业研究和公司研究等措施来规避证券投资市场风险。措施上公司通过证券类信托计划投资决策委员会、风险控制委员会制定和调整投资策略、优化证券资产配置结构比例、控制时机、设立止损机制等规避证券市场风险。对于汇率风险，密切关注国家政策变化。对于利率风险，密切跟踪宏观经济变化，特别是消费物价指数的变化，增强预见性，及时采取相应对策。

4.5.2.3 操作风险状况

公司的操作风险取决于决策程序、内部业务流程、计算机系统、员工的尽职情况。针对任一环节的不完善和失误都可能给公司造成损失或影响，公司通过完善规章制度、细化业务操作流程，加强员工专业培训及奖惩激励，设定计算机业务系统操作权限、制定应急预案等措施控制操作风险。

4.5.2.4 其他风险状况

（1）政策风险状况

关于政策风险，国家宏观政策及行业政策的变动对公司经营环境和发展会造成影响。目前，公司业务定位于高端理财、投行等特色金融服务 机遇与挑战并存。为此，公司一方面通过对国家宏观政策及行业政策的跟踪、研究，提高预见性；另一方面及时调整战略思路，防范政策风险。

（2）道德风险状况

关于道德风险，公司内部个别员工的不诚信、不尽职可能会给公司或投资人造成损失和影响。公司通过完善公司治理结构、健全内控制度、规范合理分工有效制衡的操作流程、加强思想教育，控制道德风险。强化审计监督，完善风险预警机制。

**4.5.3 风险管理**

4.5.3.1 信用风险管理

（1）足额计提资产减值准备。

（2）落实抵押保全措施。抵押品确认的主要原则：完备的所有权证、公允的市场价值、未涉及诉讼案件、办理他项权利证书。

（3）审慎选择交易对手。

4.5.3.2 市场风险管理

公司设立证券类信托计划投资决策委员会、风险控制委员会，通过制定和调整投资策略、优化证券资产配置结构比例、控制时机、设立止损机制等措施规避证券市场风险。对于汇率风险，密切关注国家政策变化。对于利率风险，密切跟踪宏观经济变化，特别是消费物价指数的变化，增强预见性，及时采取相应对策。

4.5.3.3 操作风险管理

公司通过完善规章制度及业务操作流程、加强员工培训、设定计算机业务系统操作权限及制定应急预案等措施控制操作风险。

4.5.3.4 其他风险管理

（1）政策风险管理

公司通过对国家宏观政策及行业政策的跟踪、研究，提高预见性，防范政策风险。

（2）其他风险管理

通过完善公司治理结构、健全内控制度、规范操作流程、加强思想教育，控制道德风险。强化审计监督，完善风险预警机制。

## 5. 财务会计报表

### 5.1 自营资产

**5.1.1 会计师事务所审计意见全文**

**中审亚太会计师事务所有限公司云南分所**

中审亚太审〔2011〕云－0426号

**审 计 报 告**

云南国际信托有限公司全体股东：

我们审计了后附的云南国际信托有限公司（以下简称云南信托）财务报表，包括2010年12月31日的资产负债表，2010年度的利润表、现金流量表、所有者权益变动表、财务报表附注。

一、管理层对财务报表的责任

按照企业会计准则的规定编制财务报表是云南信托管理层的责任。这种责任包括：（1）设计、实施和维护与财务报表编制相关的内部控制，以使财务报表不存在由于舞弊或错误而导致的重大错报；（2）选择和运用恰当的会计政策；（3）作出合理的会计估计。

二、注册会计师的责任

我们的责任是在实施审计工作的基础上对财务报表发表审计意见。我们按照中国注册会计师审计准则的规定执行了审计工作。中国注册会计师审计准则要求我们遵守职业道德规范，计划和实施审计工作以对财务报表是否不存在重大错报获取合理保证。

审计工作涉及实施审计程序，以获取有关财务报表金额和披露的审计证据。选择的审计程序取决于注册会计师的判断，包括对由于舞弊或错误导致的财务报表重大错报风险的评估。在进行风险评估时，我们考虑与财务报表编制相关的内部控制，以设计恰当的审计程序，但目的并非对内部控制的有效性发表意见。审计工作还包括评价管理层选用会计政策的恰当性和作出会计估计的合理性，以及评价财务报表的总体列报。

我们相信，我们获取的审计证据是充分、适当的，为发表审计意见提供了基础。

三、审计意见

我们认为，云南信托财务报表已经按照企业会计准则的规定编制，在所有重大方面公允反映了云南信托2010年12月31日的财务状况以及2010年度的经营成果和现金流量。

中审亚太会计师事务所有限公司

云南分所　　中国注册会计师：杨漫辉

　　　　　　中国注册会计师：张华苹

中国·昆明　　二〇一一年四月二日

## 资产负债表

编制单位：云南国际信托有限公司　　2010年12月31日　　单位：元

| 资产 | 注释号 | 行次 | 期末数 | 期初数 | 负债和所有者权益 | 注释号 | 行次 | 期末数 | 期初数 |
|---|---|---|---|---|---|---|---|---|---|
| 货币资金 | 十三.1 | 1 | 776 874 512.60 | 741 032 440.16 | 拆入资金 | | 24 | | — |
| 拆出资金 | | 2 | | — | 交易性金融负债 | | 25 | | — |
| 交易性金融资产 | 十三.2 | 3 | 108 171 715.25 | 97 508 452.02 | 衍生金融负债 | | 26 | | — |
| 衍生金融资产 | | 4 | | — | 代理承销证券款 | | 27 | | — |
| 买入返售金融资产 | | 5 | | — | 应收账款 | 十三.12 | 28 | 39 270 412.00 | 39 270 412.00 |
| 应收账款 | 十三.3 | 6 | 12 704 957.10 | 19 095 094.77 | 其他应付款 | 十三.13 | 29 | 16 873 142.95 | 18 808 506.63 |
| 其他应收款 | 十三.4 | 7 | 160 398.75 | 24 416.86 | 预计账款 | | 30 | | — |
| 预付款项 | 十三.5 | 8 | 413 480.51 | 516 833.51 | 应付职工薪酬 | 十三.14 | 31 | 22 936 681.38 | 2 391 192.91 |
| 应收股利 | | 9 | | — | 应交税费 | 十三.15 | 32 | 28 177 332.62 | 67 342 396.51 |
| 应收利息 | | 10 | | — | 应付股利 | 十三.16 | 33 | | 4 500 000.00 |
| 长期应收款 | | 11 | | — | 预计负债 | | 34 | | — |
| 贷款 | | 12 | | — | 长期应付款 | | 35 | | — |
| 可供出售金融资产 | | 13 | | — | 递延所得税负债 | 十三.16 | 36 | 3 070 494.39 | 7 644 046.55 |
| 持有至到期投资 | | 14 | | — | 其他负债 | | 37 | | — |
| 长期股权投资 | | 15 | | — | 负债合计 | | 38 | 110 328 063.34 | 139 956 554.60 |
| 投资性房地产 | 十三.6 | 16 | 55 528 983.95 | 58 360 936.79 | 所有者权益 | | 39 | | — |
| 固定资产 | 十三.7 | 17 | 19 470 042.51 | 20 752 171.22 | 实收资本 | 十三.17 | 40 | 400 000 000.00 | 400 000 000.00 |
| 无形资产 | 十三.8 | 18 | 1 447 960.07 | 1 311 625.35 | 资本公积 | 十三.18 | 41 | 174 345.00 | 174 345.00 |
| 信托受益权 | 十三.9 | 19 | 20 600 000.00 | 20 600 000.00 | 盈余公积 | 十三.19 | 42 | 66 507 737.86 | 47 711 869.41 |
| 递延所得税资产 | 十三.10 | 20 | | — | 信托赔偿准备 | 八.5 | 43 | 33 253 868.93 | 23 855 934.70 |
| 长期待摊费用 | 十三.11 | 21 | 207 736.20 | — | 一般风险准备 | 八.6 | 44 | 9 955 641.88 | 8 172 768.91 |
| 其他资产 | | 22 | | — | 未分配利润 | 十二 | 45 | 375 360 129.93 | 339 330 498.06 |
| | | | | — | 其中：本年利润 | | 46 | | |
| | | | | — | 所有者权益合计 | | 47 | 885 251 723.60 | 819 245 416.08 |
| 资产总计 | | 23 | 995 579 786.94 | 959 201 970.68 | 负债及股东权益总计 | | 48 | 995 579 786.94 | 959 201 970.68 |

法定代表人：刘　刚　　主管会计工作负责人：田泽望　　会计机构负责人：杨春和　　编制日期：2011年2月17日

## 利润表

编制单位：云南国际信托有限公司　　2010年　　单位：元

| 报表项目名称 | 注释号 | 行次 | 本年累计数 | 上年累计数 |
|---|---|---|---|---|
| 营业收入 | 十三.21 | 1 | 180 822 452.48 | 226 981 642.05 |
| 利息净收入 | | 2 | 10 139 376.29 | 9 701 467.10 |
| 利息收入 | | 3 | 10 139 376.29 | 9 701 467.10 |
| 利息支出 | | 4 | | — |
| 手续费及佣金净收入 | | 5 | 106 341 147.79 | 162 328 027.82 |
| 手续费及佣金收入 | | 6 | 113 084 530.88 | 169 237 435.96 |
| 手续费及佣金支出 | | 7 | 6 743 383.09 | 6 909 408.14 |
| 投资收益 | | 8 | 78 324 065.65 | 16 083 305.88 |
| 汇兑损益 | | 9 | | — |
| 公允价值变动损益 | | 10 | −18 294 208.64 | 34 560 167.05 |
| 其他业务净收入 | | 11 | 4 312 071.39 | 4 308 674.20 |
| 其他业务收入 | | 12 | 4 312 071.39 | 4 308 674.20 |
| 其他业务支出 | | 13 | | — |

续表

| 报表项目名称 | 注释号 | 行次 | 本年累计数 | 上年累计数 |
|---|---|---|---|---|
| 营业支出 | 十三.22 | 14 | 85 637 326.71 | 66 602 941.02 |
| 营业税金及附加 | | 15 | 10 770 087.53 | 10 430 552.15 |
| 业务及管理费 | | 16 | 74 867 239.18 | 56 172 388.87 |
| 资产减值损失 | | 17 | | — |
| 营业利润 | | 18 | 95 185 125.77 | 160 378 701.03 |
| 加:营业外收入 | 十三.23 | 19 | 130 529.64 | 4 107 404.75 |
| 减:营业外支出 | 十三.24 | 20 | 364 291.46 | 91 513.09 |
| 利润总额 | | 21 | 94 951 363.95 | 164 394 592.69 |
| 减:所得税费用 | 十三.25 | 22 | 28 945 056.43 | 42 442 215.68 |
| 净利润 | | 23 | 66 006 307.52 | 121 952 377.01 |
| 归属于母公司所有者的净利润 | | 24 | 66 006 307.52 | 121 952 377.01 |
| *少数股东损益 | | 25 | | |
| 每股收益: | | 26 | | |
| 基本每股收益 | | 27 | | |
| 稀释每股收益 | | 28 | | |
| 其他综合收益 | | 29 | | |
| 综合收益总额 | | 30 | 66 006 307.52 | 121 952 377.01 |
| 归属于母公司所有者的综合收益总额 | | 31 | 66 006 307.52 | 121 952 377.01 |
| *归属于少数股东的综合收益总额 | | 32 | | |

法定代表人:刘　刚　　主管会计工作负责人:田泽望　　会计机构负责人:杨春和　　编制日期:2011 年 2 月 17 日

## 所有者权益变动表

编制单位:云南国际信托有限公司　　2010 年　　单位:元

| 项　目 | 本年金额 | | | | | | | |
|---|---|---|---|---|---|---|---|---|
| | 实收资本(或股本) | 资本公积 | 减:库存股 | 盈余公积 | 一般风险准备 | 信托赔偿准备 | 未分配利润 | 所有者权益合计 |
| 一、上年末余额 | 400 000 000.00 | 174 345.00 | | 47 711 869.41 | 8 172 768.91 | 23 855 934.70 | 339 330 498.06 | 819 245 416.08 |
| 加:会计政策变更 | | | | | | | | |
| 前期差错变更 | | | | | | | | |
| 二、本年初余额 | 400 000 000.00 | 174 345.00 | | 47 711 869.41 | 8 172 768.91 | 23 855 934.70 | 339 330 498.06 | 819 245 416.08 |
| 三、本年增减变动金额(减少以"－"号填列) | | | | 18 795 868.45 | 1 782 872.97 | 9 397 934.23 | 36 029 631.87 | 66 006 307.52 |
| (一)净利润 | | | | | | | 66 006 307.52 | 66 006 307.52 |
| (二)直接计入所有者权益的利得和损失 | | | | | | | | |
| 1. 可供出售金融资产公允价值变动净额 | | | | | | | | |
| (1)计入所有者权益的金额 | | | | | | | | |
| (2)转入当期损益的金额 | | | | | | | | |
| 2. 现金流量套期工具公允价值变动净额 | | | | | | | | |
| (1)计入所有者权益的金额 | | | | | | | | |
| (2)转入当期损益的金额 | | | | | | | | |
| (3)计入被套期项目初始确认金额中的金额 | | | | | | | | |
| 3. 权益法下被投资单位其他所有者权益变动的影响 | | | | | | | | |
| 4. 与计入所有者权益项目相关的所得税影响 | | | | | | | | |
| 5. 其他 | | | | | | | | |
| 上述(一)和(二)小计 | | | | | | | | |
| (三)所有者投入和减少资本 | | | | | | | | |
| 1. 所有者投入资本 | | | | | | | | |
| 2. 股份支付计入所有者权益的金额 | | | | | | | | |

续表

| 项　目 | 本年金额 | | | | | | | |
|---|---|---|---|---|---|---|---|---|
| | 实收资本(或股本) | 资本公积 | 减:库存股 | 盈余公积 | 一般风险准备 | 信托赔偿准备 | 未分配利润 | 所有者权益合计 |
| 3. 其他 | | | | | | | | |
| (四)利润分配 | | | | 18 795 868. 45 | 1 782 872. 97 | 9 397 934. 23 | -29 976 675. 65 | |
| 1. 提取盈余公积 | | | | 18 795 868. 45 | | | -18 795 868. 45 | |
| 2. 提取一般风险准备 | | | | | 1 782 872. 97 | | -1 782 872. 97 | |
| 3. 提取信托赔偿准备 | | | | | | 9 397 934. 23 | -9 397 934. 23 | |
| 4. 对所有者(或股本)的分配 | | | | | | | | |
| 5. 其他 | | | | | | | | |
| (五)信托赔偿准备弥补信托项目亏损 | | | | | | | | |
| (六)所有者权益内部结转 | | | | | | | | |
| 1. 资本公积转增资本(或股本) | | | | | | | | |
| 2. 盈余公积转增资本(或股本) | | | | | | | | |
| 3. 盈余公积弥补亏损 | | | | | | | | |
| 4. 一般风险准备弥补亏损 | | | | | | | | |
| 5. 其他 | | | | | | | | |
| 四、本年末余额 | 400 000 000. 00 | 174 345. 00 | — | 66 507 737. 86 | 9 955 641. 88 | 33 253 868. 93 | 375 360 129. 93 | 885 251 723. 60 |

## 所有者权益变动表(续)

单位:元

| 项　目 | 上年金额 | | | | | | | |
|---|---|---|---|---|---|---|---|---|
| | 实收资本(或股本) | 资本公积 | 减:库存股 | 盈余公积 | 一般风险准备 | 信托赔偿准备 | 未分配利润 | 所有者权益合计 |
| 一、上年末余额 | 400 000 000. 00 | 174 345. 00 | — | 22 415 785. 55 | 7 277 593. 82 | 11 207 892. 77 | 256 217 421. 93 | 697 293 039. 07 |
| 加:会计政策变更 | | | | | | | | |
| 前期差错变更 | | | | | | | | |
| 二、本年初余额 | 400 000 000. 00 | 174 345. 00 | — | 22 415 785. 55 | 7 277 593. 82 | 11 207 892. 77 | 256 217 421. 93 | 697 293 039. 07 |
| 三、本年增减变动金额(减少以"-"号填列) | — | — | — | 25 296 083. 86 | 895 175. 09 | 12 648 041. 93 | 83 113 076. 13 | 121 952 377. 01 |
| (一)净利润 | | | | | | | 121 952 377. 01 | 121 952 377. 01 |
| (二)直接计入所有者权益的利得和损失 | | | | | | | | |
| 1. 可供出售金融资产公允价值变动净额 | | | | | | | | |
| (1)计入所有者权益的金额 | | | | | | | | |
| (2)转入当期损益的金额 | | | | | | | | |
| 2. 现金流量套期工具公允价值变动净额 | | | | | | | | |
| (1)计入所有者权益的金额 | | | | | | | | |
| (2)转入当期损益的金额 | | | | | | | | |
| (3)计入被套期项目初始确认金额中的金额 | | | | | | | | |
| 3. 权益法下被投资单位其他所有者权益变动的影响 | | | | | | | | |
| 4. 与计入所有者权益项目相关的所得税影响 | | | | | | | | |
| 5. 其他 | | | | | | | | |
| 上述(一)和(二)小计 | | | | | | | | |
| (三)所有者投入和减少资本 | | | | | | | | |
| 1. 所有者投入资本 | | | | | | | | |
| 2. 股份支付计入所有者权益的金额 | | | | | | | | |
| 3. 其他 | | | | | | | | |
| (四)利润分配 | | | | 25 296 083. 86 | 895 175. 09 | 12 648 041. 93 | -38 839 300. 88 | — |
| 1. 提取盈余公积 | | | | 25 296 083. 86 | | | -25 296 083. 86 | |
| 2. 提取一般风险准备 | | | | | 895 175. 09 | | -895 175. 09 | |

续表

| 项　目 | 上年金额 | | | | | | | |
|---|---|---|---|---|---|---|---|---|
| | 实收资本(或股本) | 资本公积 | 减:库存股 | 盈余公积 | 一般风险准备 | 信托赔偿准备 | 未分配利润 | 所有者权益合计 |
| 3. 提取信托赔偿准备 | | | | | | 12 648 041. 93 | －12 648 041. 93 | |
| 4. 对所有者(或股本)的分配 | | | | | | | | |
| 5. 其他 | | | | | | | | |
| (五)信托赔偿准备弥补信托项目亏损 | | | | | | | | |
| (六)所有者权益内部结转 | | | | | | | | |
| 1. 资本公积转增资本(或股本) | | | | | | | | |
| 2. 盈余公积转增资本(或股本) | | | | | | | | |
| 3. 盈余公积弥补亏损 | | | | | | | | |
| 4. 一般风险准备弥补亏损 | | | | | | | | |
| 5. 其他 | | | | | | | | |
| 四、本年末余额 | 400 000 000. 00 | 174 345. 00 | | 47 711 869. 41 | 8 172 768. 91 | 23 855 934. 70 | 339 330 498. 06 | 819 245 416. 08 |

## 5.2 信托业务

### 5.2.1 信托项目资产负债汇总表

编制单位:云南国际信托有限公司　　　　单位: 万元

| 项　目 | 2010 年末数 | 2010 年初数 |
|---|---|---|
| 信托资产: | | |
| 货币资金 | 119 692. 89 | 219 113. 69 |
| 拆出资金 | 0. 00 | 0. 00 |
| 存出保证金 | 0. 00 | 0. 00 |
| 交易性金融资产 | 197 152. 40 | 180 201. 66 |
| 衍生金融资产 | 0. 00 | 0. 00 |
| 买入返售金融资产 | 0. 00 | 0. 00 |
| 其中:买入返售证券 | 0. 00 | 0. 00 |
| 买入返售信贷资产 | 0. 00 | 0. 00 |
| 应收款项 | 21 375. 95 | 56. 68 |
| 贷款 | 86 063. 00 | 400 000. 00 |
| 可供出售金融资产 | 0. 00 | 0. 00 |
| 持有至到期投资 | 0. 00 | 0. 00 |
| 长期应收款 | 0. 00 | 0. 00 |
| 长期股权投资 | 29 681. 00 | 69 681. 00 |
| 投资性房地产 | 0. 00 | 0. 00 |
| 固定资产 | 0. 00 | 0. 00 |
| 无形资产 | 0. 00 | 0. 00 |
| 长期待摊费用 | 0. 00 | 0. 00 |
| 其他资产 | 0. 00 | 82 828. 86 |
| 信托资产总计 | 453 965. 24 | 951 881. 89 |
| 信托负债: | | 0. 00 |
| 交易性金融负债 | 0. 00 | 0. 00 |
| 衍生金融负债 | 0. 00 | 0. 00 |
| 应付受托人报酬 | 1 270. 50 | 1 182. 24 |
| 应付托管费 | 214. 64 | 143. 71 |
| 应付受益人收益 | 100. 33 | 1 115. 18 |
| 应交税费 | 0. 00 | 0. 00 |
| 应付销售服务费 | 0. 00 | 15. 86 |
| 其他应付款项 | 7. 19 | 0. 00 |
| 其他负债 | 0. 00 | 10. 83 |
| 信托负债合计 | 1 592. 66 | 2 467. 82 |
| 信托权益: | 0. 00 | 0. 00 |

续表

| 项　目 | 2010 年末数 | 2010 年初数 |
|---|---|---|
| 实收信托 | 369 243. 51 | 839 648. 69 |
| 其中:资金信托 | 339 562. 51 | 809 967. 69 |
| 财产信托 | 29 681. 00 | 29 681. 00 |
| 资本公积 | 0. 00 | 0. 00 |
| 外币报表折算差额 | 0. 00 | 0. 00 |
| 未分配利润 | 83 129. 07 | 109 765. 38 |
| 信托权益合计 | 452 372. 58 | 949 414. 07 |
| 信托负债及信托权益总计 | 453 965. 24 | 951 881. 89 |

法定代表人:刘　刚　　　　主管会计工作负责人:舒　广
财务经理:李　峥　　　　会计:马凌宇　雷　瑗

### 5.2.2 信托项目利润及利润分配汇总表

单位: 万元

| 项目 | 2010 年 | 2009 年 |
|---|---|---|
| 一、营业收入 | 41 744. 40 | 66 420. 24 |
| 利息收入 | 7 852. 19 | 11 004. 99 |
| 投资收益 | 53 159. 25 | 23 479. 02 |
| 公允价值变动损益 | －19 360. 60 | 31 696. 34 |
| 租赁收入 | 0. 00 | 0. 00 |
| 汇兑损益 | 0. 00 | 0. 00 |
| 其他收入 | 93. 56 | 239. 89 |
| 二、营业支出 | 14 112. 98 | 19 955. 93 |
| 营业税金及附加 | 0. 00 | 0. 00 |
| 受托人报酬 | 10 758. 14 | 16 315. 87 |
| 托管费 | 1 032. 46 | 729. 18 |
| 投资管理费 | 0. 00 | 2 723. 33 |
| 销售服务费 | 0. 00 | 0. 00 |
| 交易费用 | 1 527. 41 | 0. 00 |
| 资产减值损失 | 0. 00 | 0. 00 |
| 其他费用 | 794. 97 | 187. 55 |
| 三、信托净利润 | 27 631. 42 | 46 464. 32 |
| 四、其他综合收益 | 0. 00 | 0. 00 |
| 五、综合收益 | 27 631. 42 | 37 182. 87 |
| 加:期初未分配信托利润 | 109 765. 38 | 81 451. 82 |
| 加:未分配信托利润平准金 | －22 604. 97 | －9 281. 45 |
| 六、可供分配的信托利润 | 114 791. 83 | 118 634. 69 |
| 减:本期已分配信托利润 | 31 662. 76 | 8 869. 31 |
| 七、期末未分配信托利润 | 83 129. 07 | 109 765. 38 |

法定代表人:刘　刚　　　　主管会计工作负责人:舒　广
财务经理:李　峥　　　　会计:马凌宇　雷　瑗

## 6. 财务报表附注

### 6.1 财务报表的编制基础及会计政策和会计估计变更以及差错更正的说明

**6.1.1 本公司的财务报表编制以持续经营假设作为基础，根据实际发生的交易和事项，按照财政部颁布的企业会计准则及其他相关法规的有关规定，并基于以下第三项“主要会计政策和会计估计”进行编制**

本财务报告编制不存在不符合会计核算基本前提的事项。

**6.1.2 会计政策变更**

本公司本期无重大的会计政策变更事项。

**6.1.3 会计估计变更**

本公司本期无重大的会计估计变更事项。

**6.1.4 前期差错更正**

公司本期无重大的前期差错更正事项。

### 6.2 或有事项说明

本公司本期无重大的或有事项。

### 6.3 重要资产转让及其出售的说明

本公司本期无重大的资产转让及出售事项。

### 6.4 会计报表中重要项目的说明

**6.4.1 自营资产经营情况**

6.4.1.1 以下注释期末余额是指2010年12月31日的余额，期初余额是指2010年1月1日的余额；本期数是指2010年1月1日至2010年12月31日的发生额，上期数是指2009年1月1日至2009年12月31日的发生额

**信用风险资产余额表**

| 信用风险资产五级分类 | 正常类（万元） | 关注类（万元） | 次级类（万元） | 可疑类（万元） | 损失类（万元） | 信用风险资产合计（万元） | 不良合计（万元） | 不良率（%） |
|---|---|---|---|---|---|---|---|---|
| 期初数 | 76 067 | 0 | 0 | 0 | 0 | 76 067 | 0 | 0 |
| 期末数 | 79 014 | 0 | 0 | 0 | 0 | 79 014 | 0 | 0 |

6.4.1.2 本公司2010年未开展贷款业务

单位：万元

| | 期初数 | 本期计提 | 本期转回 | 本期核销 | 期末数 |
|---|---|---|---|---|---|
| 贷款损失准备 | 0 | 0 | 0 | 0 | 0 |
| 一般准备 | 0 | 0 | 0 | 0 | 0 |
| 专项准备 | 0 | 0 | 0 | 0 | 0 |
| 其他资产减值准备 | 0 | 0 | 0 | 0 | 0 |
| 可供出售金融资产减值准备 | 0 | 0 | 0 | 0 | 0 |
| 持有至到期投资减值准备 | 0 | 0 | 0 | 0 | 0 |
| 长期股权投资减值准备 | 0 | 0 | 0 | 0 | 0 |
| 坏账准备 | 0 | 0 | 0 | 0 | 0 |
| 投资性房地产减值准备 | 0 | 0 | 0 | 0 | 0 |

本公司2010年未开展贷款业务。

本公司按照风险资产年末余额1%提取一般风险准备，期初一般风险准备余额8 172 768.91元，期末一般风险准备余额9 955 641.88元。

6.4.1.3 各类投资业务

单位：万元

| | 股票 | 基金 | 债券 | 长期股权投资 | 信托受益权 | 合计 |
|---|---|---|---|---|---|---|
| 期初数 | 9 750.85 | | | | 2 060 | 11 810.85 |
| 期末数 | 10 817.17 | | | | 2 060 | 12 877.17 |

本公司持有信托受益权期末未发生减值损失。

6.4.1.4 本公司2010年无自营长期股权投资

6.4.1.5 本公司2010年无自营贷款业务

6.4.1.6 本公司2010年无表外业务

6.4.1.7 本公司当年的收入结构

| 项目 | 本期发生额（元） | 占比（%） |
|---|---|---|
| 手续费及佣金收入 | 113 084 530.88 | 60.25 |
| 其中：手续费及佣金净收入 | 106 341 147.79 | 56.66 |
| 投资银行业务收入 | | — |
| 利息收入 | 10 139 376.29 | 5.40 |
| 其他业务收入 | 4 312 071.39 | 2.30 |
| 其中：记入信托业务收入部分 | 414 948.37 | |
| 投资收益 | 78 324 065.65 | 41.73 |
| 其中：股权投资收益 | | — |
| 证券投资收益 | 78 324 065.65 | 41.73 |
| 其他投资收益 | | — |
| 公允价值变动收益 | （18 294 208.64） | （9.75） |
| 营业外收入 | 130 529.64 | 0.07 |
| 合计 | 187 696 365.21 | 100.00 |

注：手续费及佣金收入、利息收入、其他业务收入、投资收益、营业外收入均应为损益表中的科目，其中手续费及佣金收入、利息收入、营业外收入为未抵减掉相应支出的全年累计实现收入数。

说明：其他业务收入中374 945.48元为取得本公司的中国龙二资本市场集合资金信托计划的信托受益权收益，40 002.89元为取得爱心信托收益。

**6.4.2 信托财产管理情况**

报告期内，本公司严格遵守《信托法》、《信托公司管理办法》、《信托公司集合资金信托计划管理办法》等法律法规和信托文件对受托人义务的规定，勤勉、尽职地管理信托财产。在信托事务管理过程中，将信托财产与固有财产分别管理、分别记账，不同信托项目单独核算；独立处理信托事务；保存处理信托事务的完整记录；按照信托文件约定向受益人支付信托利益；按照信托文件约定定期向委托人、受益人披露信托财产管理情况。切实履行诚实、信用、谨慎、有效管理的受托人义务，以受益人利益最大化原则处理信托事务。

6.4.2.1 信托资产的期初数、期末数

单位：万元

| 信托资产 | 期初数 | 期末数 |
|---|---|---|
| 集合 | 480 017.19 | 314 450.77 |
| 单一 | 442 183.71 | 109 833.47 |
| 财产权 | 29 681.00 | 29 681.00 |
| 合计 | 951 881.89 | 453 965.24 |

6.4.2.1.1　主动管理型信托业务的信托资产期初数、期末数

单位：万元

| 主动管理型信托资产 | 期初数 | 期末数 |
|---|---|---|
| 证券投资类 | 392 046.80 | 307 514.85 |
| 股权投资类 | | |
| 融资类 | | 86 063.13 |
| 事务管理类 | | |
| 合计 | 392 046.80 | 393 577.98 |

6.4.2.1.2　被动管理型信托业务的信托资产期初数、期末数

单位：万元

| 被动管理型信托资产 | 期初数 | 期末数 |
|---|---|---|
| 证券投资类 | 6 391.47 | 9 404.60 |
| 股权投资类 | | |
| 融资类 | 400 000.00 | 0.00 |
| 事务管理类 | 153 443.63 | 50 982.66 |
| 合计 | 559 835.10 | 60 387.26 |

6.4.2.2　本年度已清算结束的信托项目个数、实收信托合计金额、加权平均实际年化收益率

6.4.2.2.1　本年度已清算结束的集合类、单一类资金信托项目和财产管理类信托项目个数、实收信托金额、加权平均实际年化收益率

| 已清算结束信托项目 | 项目个数 | 实收信托合计金额（万元） | 加权平均实际年化收益率（%） |
|---|---|---|---|
| 集合类 | 1 | 83 720.00 | −0.47 |
| 单一类 | 2 | 400 000.00 | 3.85 |
| 财产管理类 | 0 | 0.00 | 0.00 |

注：收益率是指信托项目清算后，给受益人赚取的实际收益水平。加权平均实际年化收益率＝（信托项目1的实际年化收益率×信托项目1的实收信托＋信托项目2的实际年化收益率×信托项目2的实收信托＋…信托项目n的实际年化收益率×信托项目n的实收信托）/（信托项目1的实收信托＋信托项目2的实收信托＋…信托项目n的实收信托）×100。

6.4.2.2.2　本年度已清算结束的主动管理型信托项目个数、实收信托合计金额、加权平均实际年化收益率

| 已清算结束信托项目 | 项目个数 | 实收信托合计金额（万元） | 加权平均实际年化信托报酬率（%） | 加权平均实际年化收益率（%） |
|---|---|---|---|---|
| 证券投资类 | 0 | 0 | | |
| 股权投资类 | 0 | 0 | | |
| 融资类 | 0 | 0 | | |
| 事务管理类 | 0 | 0 | | |

注：加权平均实际年化信托报酬率＝（信托项目1的实际年化信托报酬率×信托项目1的实收信托＋信托项目2的实际年化信托报酬率×信托项目2的实收信托＋…信托项目n的实际年化信托报酬率×信托项目n的实收信托）/（信托项目1的实收信托＋信托项目2的实收信托＋…信托项目n的实收信托）×100%。

6.4.2.2.3　本年度已清算结束的被动管理型信托项目个数、实收信托合计金额、加权平均实际年化收益率

| 已清算结束信托项目 | 项目个数 | 实收信托合计金额（万元） | 加权平均实际年化信托报酬率（%） | 加权平均实际年化收益率（%） |
|---|---|---|---|---|
| 证券投资类 | | | | |
| 股权投资类 | | | | |
| 融资类 | 2 | 400 000.00 | 0.06 | 3.85 |
| 事务管理类 | 1 | 83 720.00 | 0.50 | −0.47 |

6.4.2.3　本年度新增的集合类、单一类和财产管理类信托项目个数、实收信托合计金额

| 新增信托项目 | 项目个数 | 实收信托合计金额（万元） |
|---|---|---|
| 集合类 | | |
| 单一类 | 6 | 91 063.00 |
| 财产管理类 | | |
| 新增合计 | 6 | 91 063.00 |
| 其中：主动管理型 | 6 | 91 063.00 |
| 被动管理型 | | |

注：本年新增信托项目指在本报告年度内累计新增的信托项目个数和金额，包含本年度新增并于本年度内结束的项目和本年度新增至报告期末仍在持续管理的信托项目。

6.4.2.4　信托业务创新成果和特色业务有关情况

公司信托业务发展战略重点为证券市场业务，所管理的证券类信托资产规模位居全国信托公司前列，覆盖阳光私募、网下新股以及套利类产品等，并着力打造和培育了自有的证券投资管理团队，已经在业内形成独树一帜的“云南模式”，中国龙投资管理团队始终坚持“宏观驱动”的价值投资理念，将“自上而下”的宏观行业研究与“自下而上”的公司深度研究紧密结合，创造了良好的管理业绩，已连续三年为21世纪金贝奖·年度金融理财评选系列活动“金贝奖”得主，2010年，还荣获阳光私募金牛奖2010年“十佳金牛阳光私募管理公司”称号。

6.4.2.5　本公司履行受托人义务情况及因公司自身责任而导致的信托资产损失情况

本公司根据《信托法》、《信托公司管理办法》、《信托公司集合资金信托计划管理办法》等相关法律法规的规定，在管理或处分信托财产时，履行了恪尽职守，诚实、信用、谨慎、有效管理的义务。具体为：

（1）遵守信托文件的规定，为受益人的最大利益处理信托事务的义务；

（2）将受托人的固有财产与信托财产进行分别管理、分别记账，并将不同委托人的信托财产分别管理、分别记账的义务。

截至2010年12月31日，未发生因本公司自身责任而导致的信托资产损失。

## 6.5　关联方关系及其交易

### 6.5.1 关联交易的数量、关联交易的总金额及定价政策

| | 关联交易数量（笔） | 关联交易金额（万元） | 定价政策 |
|---|---|---|---|
| 合计 | 3 | 2 060 | 市价 |

6.5.2　存在控制关系的关联方

| 关系性质 | 关联方名称 | 法定代表人 | 注册地址 | 注册资本（万元） | 主营业务 |
|---|---|---|---|---|---|
| 本公司股东 | 涌金实业（集团）有限公司 | 赵　隽 | 中国上海 | 20 000 | 房地产开发经营、物业管理、国内贸易、室内装潢、实业投资咨询、农产品的购销。 |
| 本公司股东 | 上海纳米创业投资有限公司 | 刘　明 | 中国上海 | 30 000 | 实业投资、资产管理、科技项目开发以及相关业务的咨询，国内贸易。 |

6.5.3　本年度关联方重大交易事项

6.5.3.1　固有财产与关联方关联交易

固有财产与关联方关联交易

单位：万元

| 贷款 | | | 投资 | | | 租赁 | | | 担保 | | | 应收账款 | | | 其他 | | | 合计 | | |
|---|---|---|---|---|---|---|---|---|---|---|---|---|---|---|---|---|---|---|---|---|
| 期初 | 发生数 | 期末 | 期初 | 发生数 | 期末 | 期初 | 发生数 | 期末 | 期初 | 发生数 | 期末 | 期初 | 发生数 | 期末 | 期初 | 发生数 | 期末 | 期初 | 发生数 | 期末 |
| 0 | 0 | 0 | 0 | 0 | 0 | 0 | 0 | 0 | 0 | 0 | 0 | 0 | 0 | 0 | 0 | 0 | 0 | 0 | 0 | 0 |

6.5.3.2　信托与关联方交易情况

信托与关联方关联交易

单位：万元

| | 期初数 | 借方发生额 | 贷方发生额 | 期末数 |
|---|---|---|---|---|
| 贷款 | 0 | 0 | 0 | 0 |
| 投资 | 0 | 0 | 0 | 0 |
| 租赁 | 0 | 0 | 0 | 0 |
| 担保 | 0 | 0 | 0 | 0 |
| 应收账款 | 0 | 0 | 0 | 0 |
| 其他 | 0 | 0 | 0 | 0 |
| 合计 | 0 | 0 | 0 | 0 |

6.5.3.3　信托公司自有资金运用于自己管理的信托项目（固信交易）、信托公司管理的信托项目之间的相互（信信交易）交易情况

6.5.3.3.1　固有资产与信托财产之间的交易情况

固有财产与信托财产相互交易

单位：万元

| | 期初数 | 本期发生额 | 期末数 |
|---|---|---|---|
| 合计 | 2 060 | 0 | 2 060 |

注：本期未新增固有财产与信托财产之间的关联交易。期末余额为以前年度固有财产持有本公司管理的信托项目受益权年末存续余额。

6.5.3.3.2　信托项目之间的交易情况

信托资产与信托财产相互交易

单位：万元

| | 期初数 | 本期发生额 | 期末数 |
|---|---|---|---|
| 合计 | 0 | 0 | 0 |

6.5.4　关联方逾期未偿还本公司资金的详细情况以及本公司为关联方担保发生或即将发生垫款的详细情况

本公司无上述情况。

### 6.6　会计制度的披露

公司固有业务执行2006年财政部颁布的《企业会计准则》。2009年，信托业务执行2005年财政部颁布的《信托业务会计核算办法》，自2010年1月1日起，信托业务执行2006年财政部颁布的《企业会计准则》。

## 7. 财务情况说明

### 7.1　利润实现和分配情况

单位：万元

| 项目 | 期末余额 |
|---|---|
| 本年净利润 | 66 006 307.52 |
| 加：年初未分配利润 | 339 330 498.06 |
| 减：提取法定盈余公积 | 18 795 868.45 |
| 减：提取任意盈余公积金 | |
| 减：信托赔偿准备金 | 9 397 934.23 |
| 减：一般风险准备 | 1 782 872.97 |
| 减：应付普通股股利 | |
| 年末未分配利润 | 375 360 129.93 |

### 7.2　主要财务指标

| 指标名称 | 指标值 |
|---|---|
| 资本利润率（净利润/所有者权益平均余额×100%）（%） | 7.74 |
| 加权年化信托报酬率（%） | 2.03 |
| 人均净利润（净利润/平均人数）（万元/人） | 68 |

注：1. 资本利润率=净利润/所有者权益平均余额×100%。

2. 加权年化信托报酬率=（信托项目1的实际年化信托报酬率×信托项目1的实收信托+信托项目2的实际年化信托报酬率×信托项目2的实收信托+…信托项目n的实际年化信托报酬率×信托项目n的实收信托）/（信托项目1的实收信托+信托项目2的实收信托+…信托项目n的实收信托）×100%。

3. 人均净利润=净利润/年平均人数。

4. 平均值采取年初、年末余额简单平均法，公式为：a（平均）=（年初数+年末数）/2。

### 7.3　对本公司财务状况、经营成果有重大影响的其他事项

无。

## 8. 特别事项揭示

### 8.1　前五名股东报告期内变动情况及原因

无。

### 8.2　董事、监事及高级管理人员变动情况及原因

本报告期内，原公司总裁杨征因身体原因辞去公司总裁职务，原公司副总裁岴庆玉因已达退休年龄申请办理退休手续。

2010年10月29日，公司召开第三届董事会第八次会议

审议通过了《关于提名田泽望先生担任公司总裁的议案》及《关于提名舒广先生担任公司副总裁的议案》，推荐田泽望先生担任公司总裁及舒广先生担任公司副总裁。根据《非银行金融机构行政许可事项实施办法》相关规定，相关高官的任职资格正在审批过程中。

### 8.3 公司重大未决诉讼事项

无。

### 8.4 对会计师事务所出具的有保留意见、否定意见或无法表示意见的审计报告的，公司董事会应就所涉及事项作出说明

会计师事务所对本公司出具了标准无保留意见的审计报告。

### 8.5 公司及其董事、监事和高级管理人员受到处罚的情况

无。

### 8.6 银监会及其派出机构对公司检查后的整改情况

通过历次现场检查及非现场监管工作极大地促进了公司各项业务的规范化管理，对推进本公司稳健发展、更好履行受托人职责有着积极的推动作用。

### 8.7 本年度重大事项临时报告的简要内容、披露时间、所披露的媒体及其版面

2010 年 10 月 30 日，在《金融时报》上第七版上发布《关于变更公司总裁》的公告。

### 8.8 银监会及其省级派出机构认定的其他有必要让客户及相关利益人了解的重要信息

无。

## 9. 监事会对公司运作及财务报告的独立意见

### 9.1 公司依法运作情况

监事会认为，本报告期内公司运作合法规范，经营管理决策程序不存在越权违规行为，公司董事及经理等高级管理人员在执行公司职务时没有违反法律、法规、公司章程或损害公司利益的行为。

### 9.2 财务报告的真实性

监事会认为，公司年度财务报告客观公允，真实反映了公司报告期内的财务状况和经营成果。公司年度财务报告经中审亚太会计师事务所云南分所审计，出具标准无保留意见。

# 中诚信托有限责任公司

## 1. 重要提示

1.1 本公司董事会及董事保证本报告所载资料不存在任何虚假记载、误导性陈述或者重大遗漏，并对其内容的真实性、准确性和完整性承担个别及连带责任。

1.2 未出席董事会董事情况：陈长春、洪小源、陈雪枫未出席第二届董事会第五次会议，已授权其他董事行使表决权；陈长春、洪小源、陈雪枫未出席第二届董事会第六次会议、第三届董事会第一次会议，已授权其他董事行使表决权。

1.3 本公司独立董事对年度报告的真实性、准确性、完整性无异议。

1.4 公司董事长邓红国、总经理王少华、财务总监丛雪萍声明：保证年度报告中财务报告的真实、完整。

## 2. 公司概况

### 2.1 公司简介

| 法定中文名称 | 中诚信托有限责任公司 |
|---|---|
| 法定中文缩写名称 | 中诚信托 |
| 公司法定英文名称 | China Credit Trust Co.,Ltd. |
| 法定英文缩写名称 | CCT |
| 法定代表人 | 邓红国 |
| 注册地址 | 北京市东城区安定门外大街2号 |
| 邮政编码 | 100013 |
| 国际互联网网址 | http://www.cctic.com.cn/ |

续表

| 电子信箱 | contactus@cctic.com.cn |
|---|---|
| 信息披露事务负责人 | 魏青，电话：84267098；传真：84267118 电子信箱：wciqing@cctic.com.cn |
| 选定的信息披露报纸 | 《金融时报》 |
| 公司年报备置地点 | 北京市东城区安定门外大街2号 |
| 聘请的会计师事务所 | 中准会计师事务所有限公司 |
| 聘请的会计师事务所住所 | 北京海淀区首体南路22号国兴大厦四层 |

### 2.2 组织结构

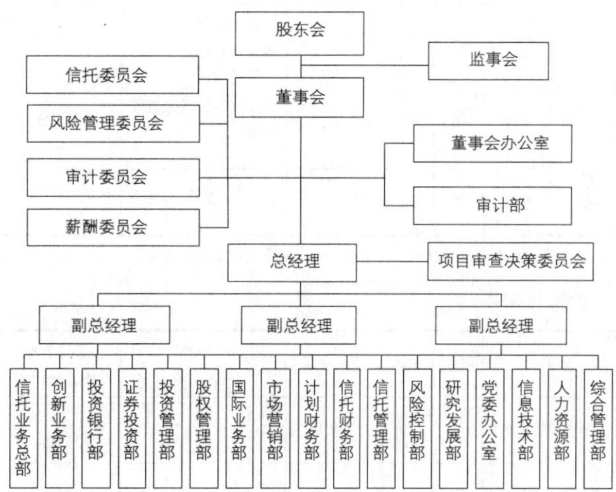


## 3. 公司治理结构

### 3.1 股东

股东总数：15

| 股东名称 | 持股比例（%） | 法人代表 | 注册资本（万元） | 注册地址 | 主要经营业务及主要财务状况 |
|---|---|---|---|---|---|
| 中国人民保险集团股份有限公司 | 32.9206 | 吴焰 | 3 060 000.00 | 北京市宣武区东河沿路69号 | 机构和其他金融机构股份；监督管理控股投资企业的各种国内、国际业务；国家授权或委托的政策性保险业务；经保监会和国家有关部门批准的其他业务。 |
| 国华能源投资有限公司 | 20.3528 | 解建宁 | 310 044.08 | 北京市东城区东直门南大街3号楼 | 管理和经营煤代油资金形成的所有资产：对能源、交通、金融、卫生行业投资等。 |
| 兖矿集团有限公司 | 10.1764 | 耿加怀 | 335 338.80 | 邹城市凫山南路298号 | 煤炭采选、热电、建筑材料、水泥、高岭土、煤炭产品的生产销售，矿用设备、机电设备及成套设备的制造、安装、维修、销售。 |

### 3.2 董事

董事长、董事

| 姓　名 | 职　务 | 性别 | 年龄 | 选任日期 | 所推举的股东名称 | 该股东持股比例（%） | 简　要　履　历 |
|---|---|---|---|---|---|---|---|
| 邓红国 | 董事长 | 男 | 55 | 2010年11月 | | | 曾任物资部政策法规司副处长，中国人民银行国际司、外资司、一司、监管司副司长，中国银监会三部、四部主任；现任中诚信托有限责任公司董事长、党委书记。 |

续表

| 姓 名 | 职 务 | 性别 | 年龄 | 选任日期 | 所推举的股东名称 | 该股东持股比例（%） | 简 要 履 历 |
|---|---|---|---|---|---|---|---|
| 俞小平 | 董事 | 女 | 53 | 2010 年 11 月 | 中国人民保险集团股份有限公司 | 32.9206 | 曾任中国人民建设银行建经处干部、建经部房贷处处长、房地产信贷部干部副主任，国家开发银行国际金融局副局长、武汉分行行长、深圳分行党委书记、行长；现任中国人民保险集团股份有限公司党委委员、首席投资执行官。 |
| 王会娟 | 董事 | 女 | 48 | 2010 年 11 月 | 国华能源投资有限公司 | 20.3528 | 曾任国家计委主任科员、副处长，国家开发银行技改司副处长、处长，中国爱地集团总经理助理，中远集团资产经营中心副主任，国华能源投资有限公司总经理助理、副总经理；现任该公司总经理。 |
| 陈长春 | 董事 | 男 | 57 | 2010 年 11 月 | 兖矿集团有限公司 | 10.1764 | 曾任枣庄矿务局魏庄矿财务科科长，兖州矿务局鲍店矿副矿长、总会计师；现任兖矿集团有限公司董事局董事、总会计师。 |
| 张毅 | 董事 | 男 | 38 | 2010 年 11 月 | 永城煤电控股集团有限公司 | 5.0882 | 曾任永城煤电集团有限责任公司财务部副部长、部长，公司副总会计师、财务总监；现任永城煤电控股集团有限公司总会计师兼任河南煤业化工集团财务有限公司董事长。 |
| 赵荣哲 | 董事 | 男 | 45 | 2010 年 11 月 | 中国中煤能源集团公司 | 3.3921 | 曾任中国统配煤矿总公司、煤炭工业部财劳司干部，中煤装备集团财务审计处副处长；现任中国中煤能源集团公司副总会计师、财务总部总经理。 |
| 尹新全 | 董事 | 男 | 53 | 2010 年 11 月 | 盘江煤电（集团）有限责任公司 | 3.3921 | 曾任盘江矿务局火铺矿财务科干部，盘江矿务局财务处干部，盘江煤电公司财务部主任；现任盘江煤电（集团）有限责任公司财务部经理、总会计师。 |
| 赵海龙 | 董事 | 男 | 46 | 2010 年 11 月 | 中国平煤神马能源化工集团有限责任公司 | 3.3921 | 曾任平顶山煤业（集团）有限责任公司会计、科长、内部银行行长、结算中心主任、处长；现任平顶山煤业（集团）有限责任公司总会计师。 |
| 洪小源 | 董事 | 男 | 47 | 2010 年 11 月 | 招商局中国基金有限公司 | 3.3297 | 曾任国家经济体制改革委员会综合规划司干部，深圳龙蕃实业股份有限公司总经理，招商局科技集团公司总经理，招商局蛇口工业区有限公司副总经理；现任招商局金融集团公司董事、总经理。 |
| 王少华 | 董事 | 男 | 54 | 2010 年 11 月 | | | 曾任煤炭管理干部学院干部，南方证券海口分公司总经理，中煤信托投资有限责任公司副总经理；现任中诚信托有限责任公司总经理。 |

注：新任董事俞小平、张毅、王少华董事资格正在中国银监会核准中。

独立董事

| 姓 名 | 职 务 | 性别 | 年龄 | 选任日期 | 所推举的股东名称 | 该股东持股比例（%） | 简 要 履 历 |
|---|---|---|---|---|---|---|---|
| 杨化彭 | 独立董事 | 男 | 62 | 2010 年 11 月 | | | 曾任大同矿务局财务处会计、副处长，中国统配矿总公司审计局副处长，中国煤矿工程机械装备集团公司副总经理；现任中国煤炭协会副会长、高级会计师。 |
| 杨胜刚 | 独立董事 | 男 | 45 | 2010 年 11 月 | | | 曾任湖南理工学院讲师，湖南财经学院副教授、系主任；现任湖南大学金融学院院长、教授、博士生导师。 |
| 张晓森 | 独立董事 | 男 | 52 | 2010 年 11 月 | 国华能源投资有限公司 | 20.3528 | 曾任中国政法大学副教授、系副主任，香港胡关李罗律师事务所中国法顾问，天达律师事务所合伙人；现任中咨律师事务所合伙人。 |

## 3.3 监事

监事会成员

| 姓 名 | 职 务 | 性别 | 年龄 | 选任日期 | 所推举的股东名称 | 该股东持股比例（%） | 简 要 履 历 |
|---|---|---|---|---|---|---|---|
| 连福忠 | 监事长 | 男 | 50 | 2010 年 11 月 | 山西焦煤集团有限责任公司 | 2.5441 | 曾任西山矿务局科长，西山煤电（集团）公司副处长；现任山西焦煤集团有限责任公司财务处副处长。 |
| 刘瑞生 | 监事 | 男 | 43 | 2010 年 11 月 | 国华能源投资有限公司 | 20.3528 | 曾任国家审计署科员、主任科员，国华能源投资有限公司风险控制部副经理；现任该公司风险控制部经理。 |
| 王玉江 | 监事 | 男 | 47 | 2010 年 11 月 | 冀中能源邢台矿业集团有限责任公司 | 3.3921 | 曾任邯郸矿务局王凤矿财务科科长，邯郸矿业集团有限公司结算中心主任，金牛能源有限责任公司产权资本运营部部长；现任冀中能源邢台矿业集团有限责任公司总会计师。 |
| 杨广玉 | 监事 | 男 | 42 | 2010 年 11 月 | 山西潞安矿业（集团）有限责任公司 | 2.5441 | 曾任潞安矿业集团财务处科长，潞安环能股份公司财务部副部长、部长；现任山西潞安矿业（集团）有限责任公司财务处处长。 |
| 俞建辉 | 监事 | 男 | 52 | 2010 年 11 月 | 福建省能源集团有限责任公司 | 2.5441 | 曾任福建永定矿务局会计、科长，福建省煤炭工业总公司副处长、处长；现任福建省煤炭工业（集团）有限责任公司审计处处长。 |
| 王言彬 | 监事 | 男 | 54 | 2010 年 11 月 | 淮北矿业（集团）有限责任公司 | 1.6961 | 曾任淮北矿业（集团）科长、副处长、处长；现任淮北矿业（集团）有限责任公司总会计师。 |

续表

| 姓　名 | 职　务 | 性别 | 年龄 | 选任日期 | 所推举的股东名称 | 该股东持股比例(%) | 简　要　履　历 |
|---|---|---|---|---|---|---|---|
| 寇显强 | 监事 | 男 | 41 | 2010年11月 | 赤峰富龙热电股份有限公司 | 1.6283 | 曾任赤峰印刷集团公司科长,赤峰经济广播电台编辑,赤峰富龙公用(集团)有限责任公司副总经理,赤峰大地基础产业股份有限公司副董事长;现任赤峰富龙热电股份有限公司副董事长。 |
| 汤淑梅 | 监事 | 女 | 45 | 2010年11月 | 中诚信托有限责任公司职工代表 | | 曾任中国人民大学教师,中煤信托有限责任公司法律事务部副总经理、总经理;现任中诚信托有限责任公司首席风险控制官、风险控制部总经理。 |
| 王桂华 | 监事 | 女 | 46 | 2010年11月 | 中诚信托有限责任公司职工代表 | | 曾任煤炭科学研究总院财务处会计,中煤信托计财部会计、负责人、副总经理;现任中诚信托有限责任公司审计部总经理。 |

### 3.4　高级管理人员

| 姓　名 | 职　务 | 性别 | 年龄 | 选任日期 | 金融从业年限 | 学历 | 专业 | 简　要　履　历 |
|---|---|---|---|---|---|---|---|---|
| 王少华 | 总经理 | 男 | 54 | 2002年3月13日 | 18 | 大本 | 财务与信 用 | 曾任北京煤炭管理干部学院教员,南方证券海口分公司副总经理、总经理;现任中诚信托有限责任公司总经理,党委委员。 |
| 安　奎 | 副总经理 | 男 | 56 | 2004年1月5日 | 22 | 大本 | 农 机设 计 | 曾任吉林农业研究所主任,吉林信托投资公司外经处处长、驻香港吉信公司总经理,吉林省证券公司总经理,吉林天信投资公司总经理;现任中诚信托有限责任公司副总经理、党委委员。 |
| 吴大永 | 副总经理 | 男 | 56 | 2002年3月13日 | 18 | 大本 | 金融 | 曾任中央财金学院教员,交通部中国公路桥梁工程公司资金部经理、驻国外办事处代表,海南国际信托公司部门副经理,海南汇通国际信托公司总经理助理;现任中诚信托有限责任公司副总经理。 |
| 高　方 | 副总经理 | 男 | 53 | 2006年4月7日 | 28 | 大本 | 财务与信用 | 曾任建设银行总行干部、副处长,外企服务总公司宏银实业公司副总经理;现任中诚信托有限责任公司副总经理、党委委员。 |
| 赵建平 | 纪委书记 | 男 | 47 | 2006年3月3日 | 9 | 研究生 | 经济 | 曾任内蒙古自治区党委研究室主任,中央金融工委组织处副处长,中国银监会组织处处长;现任中诚信托有限责任公司党委委员、纪检书记。 |

### 3.5　公司员工

报告期内员工151人,平均年龄35岁。从学历分布看,博士4.64%,硕士56.29%,本科34.43%,专科3.98%,其他占0.66%。

## 4. 经营管理

### 4.1　经营目标、方针、战略规划

#### 4.1.1　经营目标

公司审时度势,强化管理,锐意创新,以个人高端客户和机构投资者需求为核心,加大业务和产品开发力度,着力提升公司资产管理能力和营销能力,进一步完善业务组织模式和风险控制体系,推动公司由融资服务机构向真正的财富管理服务机构转型。

#### 4.1.2　经营方针

规范经营、专业理财、诚信服务、稳健发展。

#### 4.1.3　战略规划

公司坚持“稳健、审慎”的经营原则,以培养资产管理能力为核心,以提高盈利水平为导向,以持续的产品创新为突破,做大做强信托主业;稳健发展固有业务,优化综合经营战略布局,加强与信托业务的协同运作,逐步建立稳定可持续的盈利模式。

在内部管理上,坚持内控优先的理念,建立规范、高效的公司治理结构和内控体系,加强风险的识别、防范和控制能力;大力推动信息管理系统的建设,提高管理效率,优化管理流程;加强专业化人才的引进和培养,建立有竞争力的薪酬激励机制,打造一支在行业内具有较高素养和精干高效的专业团队;坚持“以人为本、至诚至信”的企业精神和价值体系,塑造诚信经营、合规经营的企业文化。

### 4.2　所经营业务的主要内容

**自营资产运用与分布表**

| 资产运用 | 金额(万元) | 占比(%) | 资产分布 | 金额(万元) | 占比(%) |
|---|---|---|---|---|---|
| 货币资产 | 191 441.65 | 20.75 | 基础产业 | 16 943.01 | 1.84 |
| 贷款及应收款 | 474 325.44 | 51.41 | 房地产业 | 298 907.78 | 32.39 |
| 交易性金融资产 | 15 300.91 | 1.66 | 证券市场 | 50 412.54 | 5.46 |
| 可供出售金融资产 | 25 111.64 | 2.72 | 实业 | 169 735.06 | 18.40 |
| 持有至到期投资 | | — | 金融机构 | 359 297.37 | 38.94 |
| 长期股权投资 | 205 386.35 | 22.26 | 其他 | 27 388.32 | 2.97 |
| 其他 | 11 118.09 | 1.20 | | | |
| 资产总计 | 922 684.08 | 100.00 | 资产总计 | 922 684.08 | 100.00 |

信托资产运用与分布表

| 资产运用 | 金额（万元） | 占比（%） | 资产分布 | 金额（万元） | 占比（%） |
|---|---|---|---|---|---|
| 货币资产 | 418 818.15 | 2.81 | 基础产业 | 2 623 436.00 | 17.63 |
| 贷款 | 6 419 601.74 | 43.13 | 房地产 | 4 277 427.00 | 28.74 |
| 交易性金融资产 | 2 044 089.26 | 13.73 | 证券市场 | 2 401 496.70 | 16.14 |
| 可供出售金融资产 | 759 915.25 | 5.11 | 实业 | 3 815 927.10 | 25.64 |
| 持有至到期投资 | - | | 金融机构 | 10 467.00 | 0.06 |
| 长期股权投资 | 3 645 932.23 | 24.50 | 其他 | 1 754 154.83 | 11.79 |
| 买入返售金融资产 | 149 758.33 | 1.01 | | | |
| 应收账款 | 1 427 640.66 | 9.59 | | | |
| 其他 | 17 153.01 | 0.12 | | | |
| 信托资产总计 | 14 882 908.63 | 100 | 信托资产总计 | 14 882 908.63 | 100 |

注：资产分布的其他项中包含资产证券化项目 337 910 万元，占信托资产总计2.27%。

## 4.3 市场分析

### 4.3.1 有利因素

（1）我国经济继续保持较快增长，宏观环境总体良好。当前我国还处于工业化、城市化发展中期，尽管受全球金融危机和流动性泛滥的冲击，但经济持续增长仍具较大潜力。基础设施、旧城改造和各种城市配套行业投资维持在较高水平，城市化进程的深化对地产的需求还在扩大。据世界银行预测，未来十年我国经济平均增幅可维持在年均7.6%以上。良好的经济环境为信托行业和公司的发展创造了良好的条件。

（2）资本市场深化发展和经济结构转型中孕育新业务机遇。随着创业板市场和股指期货等金融衍生品市场的推出，资本市场层次更加丰富，金融投资产品种类逐渐丰富，市场投资机会增加。同时，在推动经济增长方式转型和结构调整过程中，消费主导型产业、新能源、节能环保、文化创意、医疗卫生和社会服务等新兴产业也迎来新的发展机会，为信托公司带来更大的业务空间。

（3）金融脱媒趋势不断加快，信托市场潜力巨大。随着居民投资理财意识增强，个人高端客户更倾向高回报、多样化的资产配置形式，企业也寻求更加便捷的融资渠道和低廉资金，通过债券、票据、股票等工具直接筹措资金。证券、基金、保险、信托等金融机构通过多种形式的理财产品和金融方式，对银行业务形成了竞争与替代，金融资产从银行体系中流出转向其他金融机构，信托资产将成为金融资产的重要形式。

（4）高端客户理财市场蓬勃发展。根据《2009 年中国私人财富报告》估计，至 2009 年末，中国个人持有可投资资产达1 000万元人民币以上的高净值人群达到32 万人，持有的可投资资产规模将超过 9 万亿人民币。私人财富市场的巨大潜力是推动信托业发展的基石，将带动信托产品数量和结构上不断变化。

### 4.3.2 不利因素

（1）全球复苏分化，我国经济发展形势复杂。在全球经济复苏中发达国家和新兴市场国家呈现不同趋势。欧盟主权债务危机风险仍未消除，日本经济仍很脆弱。受宽松流动性的冲击，新兴市场国家继续面临较大升值、通胀压力，经济增速有所放缓。我国国内投资继续保持高位运行，出口形势不容乐观，收入增长缓慢，分配体制改革滞后，消费贡献有限，经济增长内生动力不足，结构失衡进一步加剧，以及不断升温的通胀压力对经济稳定增长带来较大冲击。

（2）房地产调控压力较大，证券市场缺乏持续上涨动力。从2010 年4 月国务院出台《关于坚决遏制部分城市房价快速上涨的通知》开始新一轮的地产调控，政策不断收紧，市场风险逐渐暴露，影响房地产业短期走势。证券市场受通胀、流动性收紧、市场高速扩容等因素制约难以出现较大行情。

（3）信托公司融资功能弱化，理财服务优势尚不明显。随着短期融资券、公司债券、中期票据等融资工具的推出，企业融资渠道越来越宽，信托公司赖以生存的融资服务功能正在削弱。近两年快速发展银信合作和政信合作业务实质都是传统的信托融资业务，并未完全体现信托的原理和特点。在体现资产管理和产品创新的业务方面，信托公司能力尚有不足。从国内金融业整体格局看，信托公司客户群体较小，远没有达到银行、证券、保险三大业态的规模或市场影响。

（4）信托监管政策收紧，配套制度建设滞后。目前信托证券账户设立、信托 PE 上市、参与保险资金的受托管理等都受有关金融监管部门的限制，业务开展不畅。为了防范风险，落实国家宏观调控政策，银监会也收紧了银信合作、信政合作、房地产信托、结构化信托等重要业务的监管。而信托财产登记、税收等配套制度建设的滞后，也直接制约了信托行业的发展空间。

## 4.4 内部控制

### 4.4.1 内部控制环境和内部控制文化

公司已建立了以股东会、董事会、监事会以及经营管理层为核心的分工明确、权责利清晰的治理结构，同时，董事会下设了信托、风险、审计、薪酬四个专业委员会，实现了董事会对管理层经营活动的合理授权和有效监督。公司制定了业绩考核、人力资源管理等相关制度，形成了报酬与贡献挂钩、人员能上能下的激励约束机制。

公司加强内部控制文化的建设，高度重视合规经营，在全公司范围内营造合规文化氛围。公司通过创办内部刊物、法律法规的宣传培训、典型案例的剖析与研讨，使员工掌握适用的法律法规、监管规则，对违规行为高度敏感，提高员工遵纪守法的意识。

### 4.4.2 内部控制措施

（1）公司建立以项目审查决策委员会为核心的内控体系，对公司业务进行全方位的管理，形成设计评估、执行监督、规范评价三道内控防线，建立动态的内控机制。公司风险控制部和审计部作为公司内部控制管理工作的主要职能部门，根据各自的职责要求，修改和完善公司的内部控制相关制度，对公司内部控制工作的执行情况进行监督检查，对公司的内控体系进行评价，并对存在的问题提出完善建议与意见。

（2）公司建立岗位分离和资产隔离制度。公司自营业务部门和信托业务部门单独设立，业务人员不相互兼任，并分别由公司不同的分管领导负责管理。公司对自营业务资产和信托业务资产分别管理，分别核算，同时，严格遵守相关规定，对每个信托项目分别设立信托专户，单独核算。

(3)公司建立了有效的业务运行与管理内部控制体系。公司要求业务人员对项目深入调查,撰写详细的调查和可行性报告,充分识别、评估风险,合理设计产品交易结构,采取规避、对冲等多种手段来缓释风险,降低风险敞口,使产品的风险与收益相匹配。任何项目都需要经过部门初审、风控部评审、项目审查决策委员会决策后方能实施。公司加强对项目运行管理的监督检查,公司业务管理部和风险控制部、审计部和股权管理部等公司职能部门密切跟踪项目的进展情况,对各方的履约情况和项目的管理情况进行监督检查,对项目运行与管理中存在的风险进行提示,并要求及时进行整改。

#### 4.4.3 监督评价与纠正

公司在配合好外部审计工作的同时,注重内部的经济监督及评价,健全内部审计制度,在董事会下设立审计委员会,对公司财务收支及其经济效益进行内部审计监督。同时,审计部对公司内部控制情况进行定期评价,对存在的问题及时指正,并提出相关整改意见和建议。

### 4.5 风险管理概况

#### 4.5.1 风险状况

公司经营活动中面临的风险主要有信用风险、市场风险、操作风险、合规风险及其他风险等。

(1)信用风险状况

信用风险是公司面临的主要风险之一,产生的原因主要有:一是交易对手因经营困难,或资金周转不灵而无法按期履行合约义务,从而使信托财产或公司财产带来损失的风险。二是交易对手故意违约甚至恶意欺诈等原因导致信托目的无法实现,导致信托财产或公司财产发生损失的风险。

(2)市场风险状况

市场风险是指由于市场的波动而给信托计划带来损失的可能性,常见的风险表现形式包括利率风险、汇率风险、证券价格波动风险和通货膨胀风险等。如果利率变化与公司预期相反,将对公司的贷款以及收益产生不利影响。在证券市场中交易时机、交易对象的选择也存在市场风险。此外,汇率变化也可能使公司外汇资本金发生贬值的风险。

(3)操作风险状况

在经营管理过程中,由于内控机制不健全、内部业务操作程序不完善或操作系统发生故障,业务人员未能充分获得准确的市场信息,不熟悉市场交易所涉及的法律规定,或者工作效率低下都会带来操作风险。

(4)合规风险状况

合规风险是指公司因没有遵守法律、法规和准则而可能遭受法律制裁、监管处罚,从而给公司发展带来重大损失的风险。

(5)其他风险状况

其他风险主要还有法律风险、政策风险和声誉风险等。法律风险是由于公司经营过程中违反法律法规或法律措施采取不当而造成的经营风险。而政策风险主要是国家政策变化对公司业务发展产生的不利影响。声誉风险主要是由公司经营、管理行为导致利益相关方对公司负面评价的风险。

#### 4.5.2 风险管理策略

(1)信用风险管理

公司根据国家产业政策、地区和行业发展情况,以及交易对手的经营状况、资信状况,在充分尽职调查的基础上,进行信用评估分级,分别实施相应的信贷政策。公司加强了对员工业务能力的培训,提高项目甄别和筛选,以及项目交易结构设计的能力。公司要求交易对手提供包括但不限于保证担保、资产抵押等信用增级方式。公司完善项目评审相关制度,优化项目评审流程,加强对项目前期风险评估和后期资金运用的监督,建立有效的风险预警制度,有效防范信用风险。

(2)市场风险管理

公司通过市场调研、分析评价,加强利率走势分析研究,根据利率的变化情况评估项目的利率期限结构,在信托资金放贷中引入浮动利率机制,通过资产或投资的合理组合实现风险的有效对冲和补偿,以规避市场风险。同时,加强对证券市场的研究,通过设定投资范围,规定投资限制,确定产品警戒线、止损线,对投资产品单位净值动态监控等方式来防范市场风险。公司也通过情景分析、压力测试等方式来对项目进行分析,监测各种风控指标的变化,如发现相关问题,及时进行汇报,并采取有效的防范措施。

(3)操作风险管理

公司对业务管理系统和交易系统定期进行升级,更新相关的系统数据,有效地维护了系统安全。公司定期对业务规章制度和操作规程进行修订和完善,加强员工培训教育,并以业务流程为主线,不断完善前台、中台、后台的内部控制体系,使公司业务趋向于规范化、标准化,避免人为操作失误。

(4)合规风险管理

良好的合规文化氛围是保障公司合规经营的基础,公司通过加强对员工的法律法规的培训,增强员工守法合规的意识。公司通过多种方式和途径大力宣传、解读法律法规和监管政策,帮助员工树立主动合规意识。同时,公司根据监管政策的调整和市场环境的变化,及时完善相关制度,并坚持公司业务的日常合规性检查。

(5)其他风险管理

在法律风险管理方面,公司高度重视法律风险的防范,要求法律专业人员全程参与业务的谈判、方案设计及合同的签署,重大项目聘请外部律师提供法律意见,从业务源头和操作环节防范和化解法律风险。

在政策风险管理方面,公司通过加强对国家宏观调控政策和监管政策的研究,并及时与政策制定部门和监管部门沟通交流,调整公司经营发展战略和业务开展的方向,与国家政策保持一致。

在声誉风险管理方面,通过对项目进行尽职管理,向投资者充分披露风险等方式来对声誉风险进行管理。

## 5. 报告期末及上年末的比较式会计报表

### 5.1 自营资产

#### 5.1.1 会计师事务所审计意见全文

**审 计 报 告**

中准审字〔2011〕第1229号

中诚信托有限责任公司董事会:

我们审计了后附的中诚信托有限责任公司(以下简称贵公司)财务报表,包括2010年12月31日的资产负债表,2010年度的利润表、股东权益变动表和现金流量表以及财务报表附注。

一、管理层对财务报表的责任

按照企业会计准则的规定编制财务报表是贵公司管理层的责任。这种责任包括：(1)设计、实施和维护与财务报表编制相关的内部控制，以使财务报表不存在由于舞弊或错误而导致的重大错报；(2)选择和运用恰当的会计政策；(3)作出合理的会计估计。

二、注册会计师的责任

我们的责任是在实施审计工作的基础上对财务报表发表审计意见。我们按照中国注册会计师审计准则的规定执行了审计工作。中国注册会计师审计准则要求我们遵守职业道德规范，计划和实施审计工作以对财务报表是否不存在重大错报获取合理保证。

审计工作涉及实施审计程序，以获取有关财务报表金额和披露的审计证据。选择的审计程序取决于注册会计师的判断，包括对由于舞弊或错误导致的财务报表重大错报风险的评估。在进行风险评估时，我们考虑与财务报表编制相关的内部控制，以设计恰当的审计程序，但目的并非对内部控制的有效性发表意见。审计工作还包括评价管理层选用会计政策的恰当性和作出会计估计的合理性，以及评价财务报表的总体列报。

我们相信，我们获取的审计证据是充分、适当的，为发表审计意见提供了基础。

三、审计意见

我们认为，贵公司财务报表已经按照企业会计准则的规定编制，在所有重大方面公允反映了贵公司 2010 年 12 月 31 日的财务状况以及 2010 年度的经营成果和现金流量。

中准会计师事务所有限公司　　中国注册会计师：田　雍

中国・北京　　中国注册会计师：张　霞

二〇一一年四月二十六日

### 5.1.2　资产负债表

**资产负债表**

编制单位：中诚信托有限责任公司　　2010 年 12 月 31 日　　单位：万元

| 项　目 | 期末数 | 年初数 | 项目 | 期末数 | 年初数 |
|---|---|---|---|---|---|
| 资产： | | | 负债： | | |
| 现金及银行存款 | 191 441.65 | 74 907.34 | 应付职工薪酬 | 36 492.26 | 29 655.56 |
| 交易性金融资产 | 15 300.91 | 7 329.87 | 应交税费 | 20 514.48 | 10 246.93 |
| 买入返售金融资产 | 15 445.00 | 5 500.00 | 预收及应付手续费及佣金 | 544.91 | 515.59 |
| 应收款项类金融资产 | 130 969.11 | 103 520.52 | 其他应付款 | 54 997.99 | 66 123.51 |
| 应收利息 | 1 579.88 | 241.72 | 递延所得税负债 | 8 113.01 | 8 169.23 |
| 其他应收款 | 19 853.85 | 23 721.27 | 负债合计 | 120 662.65 | 114 710.82 |
| 发放贷款和垫款 | 306 413.10 | 88 550.00 | 所有者权益（或股东权益）： | | |
| 可供出售金融资产 | 25 111.64 | 15 849.08 | 实收资本（或股本） | 245 666.67 | 120 000.00 |
| 长期股权投资 | 205 386.35 | 169 413.33 | 其中：国有资本 | – | – |
| 固定资产 | 3 254.89 | 3 253.96 | 国有法人资本 | 224 624.99 | 107 820.00 |
| 无形资产 | 14.44 | 19.63 | 外商资本 | 8 180.00 | 8 180.00 |
| 长期待摊费用 | 65.18 | 178 | 资本公积 | 265 736.93 | 52 018.58 |
| 递延所得税资产 | 7 783.59 | 6 393.00 | 盈余公积 | 51 599.98 | 41 502.00 |
| 其他资产 | 64.49 | 1 489.64 | 一般风险准备 | 18 768.28 | 13 719.29 |
| | | | 未分配利润 | 220 249.57 | 158 416.67 |
| | | | 外币报表折算差额 | | |
| | | | 所有者权益（或股东权益）合计 | 802 021.43 | 385 656.54 |
| 资产总计 | 922 684.08 | 500 367.36 | 负债和所有者权益（或股东权益）总计 | 922 684.08 | 500 367.36 |

法定代表人：邓红国　　主管会计工作负责人：丛雪萍　　制表人：吴静玲

### 5.1.3　利润表

**利润表**

编制单位：中诚信托有限责任公司　　2010 年　　单位：万元

| 项　目 | 本期金额 | 上期金额 |
|---|---|---|
| 一、营业收入 | 162 946.23 | 111 853.69 |
| （一）利息净收入 | 33 151.84 | 23 881.51 |
| 利息收入 | 33 151.84 | 23 900.67 |
| 利息支出 | — | 19.16 |
| （二）手续费及佣金净收入 | 77 815.96 | 48 914.10 |

续表

| 项　　目 | 本期金额 | 上期金额 |
|---|---|---|
| 手续费及佣金收入 | 82 231.55 | 51 659.84 |
| 手续费及佣金支出 | 4 415.59 | 2 745.74 |
| (三)投资收益(损失以"-"号填列) | 51 665.53 | 31 980.78 |
| 其中:对联营企业和合营企业的投资收益 | 31 085.53 | 24 563.39 |
| (四)公允价值变动收益(损失以"-"号填列) | 362.87 | 6 778.56 |
| (五)其他收入 | -49.97 | 298.74 |
| 汇兑收益(损失以"-"号填列) | -225.62 | 56.81 |
| 其他业务收入 | 175.65 | 241.93 |
| 二、营业支出 | 38 570.30 | 26 595.22 |
| (一)营业税金及附加 | 7 276.65 | 4 524.64 |
| (二)业务及管理费 | 30 866.21 | 21 492.30 |
| (三)资产减值损失或呆账损失(转回金额以"-"号填列) | 427.44 | 492.78 |
| (四)其他业务成本 | — | 85.50 |
| 三、营业利润(亏损以"-"号填列) | 124 375.93 | 85 258.47 |
| 加:营业外收入 | 16.15 | 0.11 |
| 减:营业外支出 | 150.4 | 5.00 |
| 四、利润总额(亏损以"-"号填列) | 124 241.68 | 85 253.58 |
| 减:所得税费用 | 23 261.80 | 15 133.67 |
| 五、净利润(亏损以"-"号填列) | 100 979.88 | 70 119.91 |
| 六、每股收益: | | |
| (一)基本每股收益(元) | 0.41 | 0.58 |
| (二)稀释每股收益(元) | 0.41 | 0.58 |
| 七、其他综合收益 | -1 171.66 | 2 703.75 |
| 八、综合收益总额 | 99 808.22 | 72 823.66 |

法定代表人:邓红国　　主管会计工作负责人:丛雪萍　　制表人:吴静玲

### 5.1.4 所有者权益变动表

**所有者权益变动表**

编制单位:中诚信托有限责任公司　　2010 年　　单位:万元

| 项　目 | 本年金额 | | | | | | 上年金额 | | | | | |
|---|---|---|---|---|---|---|---|---|---|---|---|---|
| | 实收资本(或股本) | 资本公积 | 盈余公积 | 一般风险准备 | 未分配利润 | 所有者权益合计 | 实收资本(或股本) | 资本公积 | 盈余公积 | 一般风险准备 | 未分配利润 | 所有者权益合计 |
| 一、上年末余额 | 120 000.00 | 52 018.58 | 41 502.00 | 13 719.29 | 158 416.67 | 385 656.53 | 120 000.00 | 49 314.83 | 34 840.70 | 10 330.19 | 118 685.14 | 333 170.86 |
| 加:会计政策变更 | | | | | | | | | | | | |
| 前期差错变更 | | | | | | | | | -350.70 | -116.90 | -1 870.39 | -2 337.99 |
| 二、本年初余额 | 120 000.00 | 52 018.58 | 41 502.00 | 13 719.29 | 158 416.67 | 385 656.53 | 120 000.00 | 49 314.83 | 34 490.00 | 10 213.29 | 116 814.75 | 330 832.87 |
| 三、本年增减变动金额(减少以"-"号填列) | 125 666.67 | 213 718.35 | 10 097.99 | 5 048.99 | 61 832.89 | 416 364.90 | | 2 703.75 | 7 011.99 | 3 506.00 | 41 601.93 | 54 823.66 |
| (一)净利润 | | | | | 100 979.88 | 100 979.88 | | | | | 70 119.91 | 70 119.91 |
| (二)其他综合收益 | | -1 171.66 | | | | -1 171.66 | | 2 703.75 | | | | 2 703.75 |
| 1. 可供出售金融资产公允价值变动净额 | | -587.77 | | | | -587.77 | | 3 214.26 | | | | 3 214.26 |
| (1)计入所有者权益的金额 | | -4 255.64 | | | | -4 255.64 | | 4 230.26 | | | | 4 230.26 |
| (2)转入当期损益的金额 | | 3 667.87 | | | | 3 667.87 | | -1 016.00 | | | | -1 016.00 |
| 2. 现金流量套期工具公允价值变动净额 | | | | | | | | | | | | |

续表

| 项　目 | 本年金额 | | | | | | 上年金额 | | | | | |
|---|---|---|---|---|---|---|---|---|---|---|---|---|
| | 实收资本（或股本） | 资本公积 | 盈余公积 | 一般风险准备 | 未分配利润 | 所有者权益合计 | 实收资本（或股本） | 资本公积 | 盈余公积 | 一般风险准备 | 未分配利润 | 所有者权益合计 |
| 3. 权益法下被投资单位其他所有者权益变动的影响 | | -730. 83 | | | | -730. 83 | | 293. 05 | | | | 293. 05 |
| 4. 与计入所有者权益项目相关的所得税影响 | | 146. 94 | | | | 146. 94 | | -803. 57 | | | | -803. 57 |
| 5. 其他 | | | | | | | | | | | | |
| 上述（一）和（二）小计 | | -1 171. 66 | | | 100 979. 88 | 99 808. 22 | | 2 703. 75 | | | 70 119. 91 | 72 823. 66 |
| （三）所有者投入和减少资本 | 125 666. 67 | 214 890. 01 | | | | 340 556. 68 | | | | | | |
| （四）利润分配 | | | 10 097. 99 | 5 048. 99 | -39 146. 98 | -24 000. 00 | | | 7 011. 99 | 3 506. 00 | -28 517. 99 | -18 000. 00 |
| 1. 提取盈余公积 | | | 10 097. 99 | | -10 097. 99 | | | | 7 011. 99 | | -7 011. 99 | |
| 2. 提取一般风险准备 | | | | 5 048. 99 | -5 048. 99 | | | | | 3 506. 00 | -3 506. 00 | |
| 3. 对所有者（或股本）的分配 | | | | | -24 000. 00 | -24 000. 00 | | | | | -18 000. 00 | -18 000. 00 |
| 4. 其他 | | | | | | | | | | | | |
| （五）信托赔偿准备弥补信托项目亏损 | | | | | | | | | | | | |
| （六）所有者权益内部结转 | | | | | | | | | | | | |
| 四、本年末余额 | 245 666. 67 | 265 736. 93 | 51 599. 98 | 18 768. 28 | 220 249. 57 | 802 021. 43 | 120 000. 00 | 52 018. 58 | 41 502. 00 | 13 719. 29 | 158 416. 67 | 385 656. 53 |

法定代表人：邓红国　　主管会计工作负责人：丛雪萍　　制表人：吴静玲

## 5. 2　合并报告

### 5. 2. 1　会计师事务所审计意见全文

**审 计 报 告**

中准审字〔2011〕1228 号

中诚信托有限责任公司董事会：

我们审计了后附的中诚信托有限责任公司（以下简称贵公司）合并财务报表，包括 2010 年 12 月 31 日的资产负债表及合并资产负债表，2010 年的利润表及合并利润表、所有者权益变动表及合并所有者权益变动表和现金流量表及合并现金流量表以及合并财务报表附注。

一、管理层对财务报表的责任

按照企业会计准则的规定编制财务报表是贵公司管理层的责任。这种责任包括：（1）设计、实施和维护与财务报表编制相关的内部控制，以使财务报表不存在由于舞弊或错误而导致的重大错报；（2）选择和运用恰当的会计政策；（3）作出合理的会计估计。

二、注册会计师的责任

我们的责任是在实施审计工作的基础上对财务报表发表审计意见。我们按照中国注册会计师审计准则的规定执行了审计工作。中国注册会计师审计准则要求我们遵守职业道德规范，计划和实施审计工作以对财务报表是否不存在重大错报获取合理保证。

审计工作涉及实施审计程序，以获取有关财务报表金额和披露的审计证据。选择的审计程序取决于注册会计师的判断，包括对由于舞弊或错误导致的财务报表重大错报风险的评估。在进行风险评估时，我们考虑与财务报表编制相关的内部控制，以设计恰当的审计程序，但目的并非对内部控制的有效性发表意见。审计工作还包括评价管理层选用会计政策的恰当性和作出会计估计的合理性，以及评价财务报表的总体列报。

我们相信，我们获取的审计证据是充分、适当的，为发表审计意见提供了基础。

三、审计意见

我们认为，贵公司合并财务报表已经按照企业会计准则的规定编制，在所有重大方面公允反映了贵公司 2010 年 12 月 31 日的合并财务状况以及 2010 年的合并经营成果和合并现金流量。

中准会计师事务所有限公司　　中国注册会计师：田　雍

中国・北京　　中国注册会计师：张　霞

二〇一一年四月二十六日

### 5.2.2 合并资产负债表

**合并资产负债表**

编制单位：中诚信托有限责任公司　　2010年12月31日　　单位：万元

| 资　产 | 期末余额 | 年初余额 | 负债和所有者权益（或股东权益） | 期末余额 | 年初余额 |
|---|---|---|---|---|---|
| 流动资产： | | | 流动负债： | | |
| 货币资金 | 200 214.78 | 79 288.71 | 应付账款 | 20.14 | 20.78 |
| 交易性金融资产 | 15 300.91 | 7 329.86 | 预收款项 | 753.43 | 834.40 |
| 应收账款 | 93.36 | 1 572.00 | 应付手续费及佣金 | 101.00 | |
| 预付款项 | 24.08 | | 应付职工薪酬 | 36 560.03 | 29 760.06 |
| 应收利息 | 1 579.87 | 241.72 | 应交税费 | 20 647.88 | 10 555.37 |
| 其他应收款 | 2 039.45 | 4 334.70 | 其他应付款 | 56 323.95 | 67 296.59 |
| 买入返售金融资产 | 15 445.00 | 5 500.00 | 其他流动负债 | | |
| 存货 | 38.50 | 37.59 | 流动负债合计 | 114 406.43 | 108 467.20 |
| 其他流动资产 | | | 非流动负债： | | |
| 流动资产合计 | 234 735.95 | 98 304.58 | 长期应付款 | 5 750.00 | 6 250.00 |
| 非流动资产： | | | 递延所得税负债 | 8 113.01 | 8 169.23 |
| 发放贷款及垫款 | 306 413.10 | 88 550.00 | 其他非流动负债 | | |
| 可供出售金融资产 | 25 111.64 | 15 849.08 | 非流动负债合计 | 13 863.01 | 14 419.23 |
| 应收款项类金融资产 | 130 969.11 | 103 520.52 | 负债合计 | 128 269.44 | 122 886.43 |
| 长期股权投资 | 177 534.59 | 144 911.57 | 所有者权益（或股东权益）： | | |
| 固定资产 | 50 200.42 | 51 908.43 | 实收资本（或股本） | 245 666.67 | 120 000.00 |
| 无形资产 | 17.12 | 23.76 | 资本公积 | 265 736.93 | 52 018.58 |
| 长期待摊费用 | 281.42 | 184.07 | 盈余公积 | 51 599.98 | 41 501.99 |
| 递延所得税资产 | 7 613.28 | 6 218.84 | 一般风险准备 | 18 768.28 | 13 719.29 |
| 其他非流动资产 | | | 未分配利润 | 221 333.31 | 159 344.56 |
| 非流动资产合计 | 698 140.68 | 411 166.27 | 归属于母公司所有者权益合计 | 803 105.17 | 386 584.42 |
| | | | 少数股东权益 | 1 502.02 | |
| | | | 所有者权益合计 | 804 607.19 | 386 584.42 |
| 资产总计 | 932 876.63 | 509 470.85 | 负债和所有者权益总计 | 932 876.63 | 509 470.85 |

法定代表人：邓红国　　主管会计工作负责人：丛雪萍　　制表人：吴静玲

### 5.2.3 合并利润表

**合并利润表**

2010年

编制单位：中诚信托有限责任公司　　单位：万元

| 项　目 | 本年金额 | 上年金额 |
|---|---|---|
| 一、营业收入 | 119 818.92 | 79 694.20 |
| 其中：出租收入 | 4 089.22 | 3 761.37 |
| 利息收入 | 33 188.96 | 23 900.67 |
| 其他业务收入 | 309.19 | 372.32 |
| 手续费及佣金收入 | 82 231.55 | 51 659.84 |
| 二、营业总成本 | 47 181.63 | 33 193.41 |
| 其中：营业成本 | 2 216.08 | 2 196.72 |
| 利息支出 | | 19.16 |
| 手续费及佣金支出 | 4 415.59 | 2 745.74 |
| 退保金 | | |
| 赔付支出净额 | | |
| 提取保险责任准备金净额 | | |
| 保单红利支出 | | |
| 其他业务成本 | | 85.50 |
| 营业税金及附加 | 7 556.55 | 4 783.45 |
| 销售费用 | 103.10 | 112.08 |
| 管理费用 | 32 482.41 | 22 776.60 |
| 财务费用 | -34.94 | -28.61 |
| 资产减值损失 | 442.84 | 502.77 |
| 加：公允价值变动收益（损失以“-”号填列） | 362.87 | 6 778.56 |

续表

| 项　目 | 本年金额 | 上年金额 |
|---|---|---|
| 投资收益（损失以“-”号填列） | 51 660.92 | 32 026.95 |
| 其中：对联营企业和合营企业的投资收益 | 31 085.53 | 24 563.39 |
| 汇兑收益（损失以“-”号填列） | -232.48 | 56.82 |
| 三、营业利润（亏损以“-”号填列） | 124 428.60 | 85 363.12 |
| 加：营业外收入 | 113.99 | 348.98 |
| 减：营业外支出 | 152.20 | 7.94 |
| 其中：非流动资产处置损失 | 2.18 | |
| 四、利润总额（亏损总额以“-”号填列） | 124 390.39 | 85 704.16 |
| 减：所得税费用 | 23 402.64 | 15 257.08 |
| 五、净利润（净亏损以“-”号填列） | 100 987.75 | 70 447.08 |
| 归属于母公司所有者的净利润 | 101 135.73 | 70 447.09 |
| 少数股东损益 | -147.98 | |
| 六、每股收益： | | |
| （一）基本每股收益 | 0.41 | 0.59 |
| （二）稀释每股收益 | 0.41 | 0.59 |
| 七、其他综合收益 | -1 171.65 | 2 703.75 |
| 八、综合收益总额 | 99 816.10 | 73 150.83 |
| 归属于母公司所有者的净利润 | 99 964.08 | 73 150.83 |
| 少数股东损益 | -147.98 | |

法定代表人：邓红国　　主管会计工作负责人：丛雪萍　　制表人：吴静玲

### 5.2.4 合并所有者权益变动表

**合并所有者权益变动表**

编制单位：中诚信托有限责任公司　　2010年　　单位：万元

| 项目 | 本年金额 | | | | | | | 上年金额 | | | | | | |
|---|---|---|---|---|---|---|---|---|---|---|---|---|---|---|
| | 归属于母公司所有者权益 | | | | | 少数股东权益 | 所有者权益合计 | 归属于母公司所有者权益 | | | | | 少数股东权益 | 所有者权益合计 |
| | 实收资本（或股本） | 资本公积 | 盈余公积 | 一般风险准备 | 未分配利润 | | | 实收资本（或股本） | 资本公积 | 盈余公积 | 一般风险准备 | 未分配利润 | | |
| 一、上年末余额 | 120 000.00 | 52 018.58 | 41 501.99 | 13 719.29 | 159 344.56 | | 386 584.42 | 120 000.00 | 49 314.83 | 34 840.70 | 10 330.19 | 119 285.85 | | 333 771.57 |
| 加：会计政策变更 | | | | | | | | | | | | | | |
| 前期差错变更 | | | | | | | | | | -350.70 | -116.90 | -1 870.39 | | -2 337.99 |
| 二、本年初余额 | 120 000.00 | 52 018.58 | 41 501.99 | 13 719.29 | 159 344.56 | | 386 584.42 | 120 000.00 | 49 314.83 | 34 490.00 | 10 213.29 | 117 415.46 | | 331 433.58 |
| 三、本年增减变动金额（减少以"-"号填列） | 125 666.67 | 213 718.35 | 10 097.99 | 5 048.99 | 61 988.75 | 1 502.02 | 418 022.77 | | 2 703.75 | 7 011.99 | 3 506.00 | 41 929.10 | | 55 150.84 |
| （一）净利润 | | | | | 101 135.73 | -147.98 | 100 987.75 | | | | | 70 447.09 | | 70 447.09 |
| （二）其他综合收益 | | -1 171.66 | | | | | -1 171.66 | | 2 703.75 | | | | | 2 703.75 |
| 1. 可供出售金融资产公允价值变动净额 | | -587.77 | | | | | -587.77 | | 3 214.26 | | | | | 3 214.26 |
| （1）计入所有者权益的金额 | | -4 255.64 | | | | | -4 255.64 | | 4 230.26 | | | | | 4 230.26 |
| （2）转入当期损益的金额 | | 3 667.87 | | | | | 3 667.87 | | -1 016.00 | | | | | -1 016.00 |
| 2. 现金流量套期工具公允价值变动净额 | | | | | | | | | | | | | | |
| 3. 权益法下被投资单位其他所有者权益变动的影响 | | -730.83 | | | | | -730.83 | | 293.05 | | | | | 293.05 |
| 4. 与计入所有者权益项目相关的所得税影响 | | 146.94 | | | | | 146.94 | | -803.56 | | | | | -803.56 |
| 5. 其他 | | | | | | | | | | | | | | |
| 上述（一）和（二）小计 | | -1 171.66 | | | 101 135.73 | -147.98 | 99 816.09 | | 2 703.75 | | | 70 447.09 | | 73 150.84 |
| （三）所有者投入和减少资本 | 125 666.67 | 214 890.01 | | | | 1 650.00 | 342 206.68 | | | | | | | |
| （四）利润分配 | | | 10 097.99 | 5 048.99 | -39 146.98 | | -24 000.00 | | | 7 011.99 | 3 506.00 | -28 517.99 | | -18 000.00 |
| 1. 提取盈余公积 | | | 10 097.99 | | -10 097.99 | | | | | 7 011.99 | | -7 011.99 | | |
| 2. 提取一般风险准备 | | | | 5 048.99 | -5 048.99 | | | | | | 3 506.00 | -3 506.00 | | |
| 3. 对所有者（或股本）的分配 | | | | | -24 000.00 | | -24 000.00 | | | | | -18 000.00 | | -18 000.00 |
| 4. 其他 | | | | | | | | | | | | | | |
| （五）信托赔偿准备弥补信托项目亏损 | | | | | | | | | | | | | | |
| （六）所有者权益内部结转 | | | | | | | | | | | | | | |
| 四、本年末余额 | 245 666.67 | 265 736.93 | 51 599.98 | 18 768.28 | 221 333.31 | 1 502.02 | 804 607.19 | 120 000.00 | 52 018.58 | 41 501.99 | 13 719.29 | 159 344.56 | | 386 584.42 |

法定代表人：邓红国　　主管会计工作负责人：丛雪萍　　制表人：吴静玲

## 5.3 信托资产

### 5.3.1 信托项目资产负债汇总表

**信托项目资产负债汇总表**

单位名称：中诚信托有限责任公司　　2010 年 12 月 31 日　　单位：万元

| 资　产 | 行次 | 期末余额 | 期初余额 | 负债和所有者权益 | 行次 | 期末余额 | 期初余额 |
|---|---|---|---|---|---|---|---|
| 信托资产： | | | | 信托负债： | | | |
| 银行存款 | 1 | 418 818.15 | 299 962.36 | 应付受托人报酬 | 18 | 94.58 | 427.93 |
| 交易性金融资产 | 2 | 2 044 089.26 | 796 090.10 | 应付受益人收益 | 19 | -439.81 | 220.10 |
| 买入返售金融资产 | 3 | 149 758.33 | 130 000.00 | 应付托管费 | 20 | 3 762.57 | 297.55 |
| 应收账款 | 4 | 1 427 640.66 | 111 720.00 | 应交税费 | 21 | 2 689.22 | 3 700.51 |
| 应收利息 | 5 | 13 579.02 | 46.61 | 其他应付款 | 22 | 145 358.91 | 153 878.95 |
| 拆出资金 | 6 | | | | | | |
| 其他应收款 | 7 | 3 573.99 | 18 077.23 | 信托负债合计 | 23 | 151 465.47 | 158 525.04 |
| 贷款 | 8 | 6 419 601.74 | 5 910 278.68 | | | | |
| 持有至到期投资 | 9 | | | | | | |
| 可供出售金融资产 | 10 | 759 915.25 | 330 577.46 | 信托权益： | | | |
| 长期股权投资 | 11 | 3 645 932.23 | 1 733 921.44 | 实收信托 | 24 | 14 760 597.58 | 9 171 053.64 |
| 固定资产 | 12 | | | 资本公积 | 25 | 33 267.38 | 31 643.39 |
| 在建工程 | 13 | | | 未分配利润 | 26 | -62 421.80 | -30 548.19 |
| 无形资产 | 14 | | | 信托权益合计 | 27 | 14 731 443.16 | 9 172 148.84 |
| 长期待摊费用 | 15 | | | | | | |
| 其他资产 | 16 | | | | | | |
| 资产总计 | 17 | 14 882 908.63 | 9 330 673.88 | 负债和所有者权益合计 | 28 | 14 882 908.63 | 9 330 673.88 |

### 5.3.2 信托项目利润及利润分配汇总表

**信托项目利润及利润分配表**

2010 年

单位名称：中诚信托有限责任公司　　单位：万元

| 项　目 | 行次 | 本年金额 | 上年金额 |
|---|---|---|---|
| 一、营业收入 | 1 | 707 333.49 | 564 499.58 |
| 利息收入 | 2 | 408 405.43 | 414 735.36 |
| 投资收益 | 3 | 182 246.74 | 109 497.20 |
| 公允价值变动损益 | 4 | 7 430.16 | -628.13 |
| 租赁收入 | 5 | | |
| 其他业务收入 | 6 | 109 267.70 | 40 895.15 |
| 汇兑损益 | 7 | -16.54 | |
| 二、手续费及佣金支出 | | | |
| 三、业务及管理费 | 8 | 117 224.16 | 83 880.81 |
| 四、营业税金及附加 | 9 | 6 654.98 | 17 049.53 |
| 五、扣除财产损失前的信托利润 | 10 | 583 454.35 | 463 569.24 |
| 加：以前年度损益调整 | | | -12.05 |
| 六、扣除资产损失后的信托利润 | 11 | 583 454.35 | 463 557.19 |
| 加：期初未分配信托利润 | 12 | -30 548.19 | -56 436.46 |
| 七、可供分配的信托利润 | 13 | 552 906.16 | 407 120.73 |
| 减：本期已分配的信托利润 | 14 | 615 327.97 | 437 668.93 |
| 八、期末未分配利润 | 15 | -62 421.81 | -30 548.20 |

# 6. 会计报表附注

## 6.1 简要说明报告年度会计报表编制基准、会计政策、会计估计和核算方法发生的变化

### 6.1.1 会计报表编制基准

公司以持续经营为基础，根据实际发生的交易和事项，按照《企业会计准则——基本准则》和其他各项具体会计准则、应用指南及准则解释的规定进行确认和计量，在此基础上编制财务报表。

公司所编制的会计报表符合企业会计准则的要求，真实、完整地反映了公司的财务状况、经营成果、股东权益变动和现金流量等有关信息。

### 6.1.2 编制合并会计报表的说明

本期本公司将所有控股子公司纳入合并会计报表范围。本公司纳入合并报表范围的子公司如下。

| 子公司名称 | 业务性质 | 注册地 | 注册资本（万元） | 实际投资额（万元） | 单位持有的权益性资本的比例（%） |
|---|---|---|---|---|---|
| 北京三侨物业管理有限责任公司 | 物业管理 | 北京市东城区安外大街 2 号 | 25 000.00 | 25 000.00 | 100.00 |
| 中诚宝捷思货币经纪有限公司 | 境内外外汇、货币、债券、衍生品市场交易 | 北京市西城区太平桥大街 18 号 1008～1009 室 | 5 000.00 | 5 000.00 | 67.00 |

本年合并报表范围发生变化，增加子公司中诚宝捷思货币经纪有限公司。

### 6.1.3 重要会计政策和会计估计说明

公司自 2008 年 1 月 1 日起执行财政部 2006 年 2 月 15 日颁布的《企业会计准则》（财会〔2006〕3 号）及其后续规定。

### 6.2 或有事项说明

单位：万元

| 或有事项 | 期初数 | 期末数 |
|---|---|---|
| 对外担保 | 8 000 | 8 000 |

除上述担保事项外，本公司无其他或有事项。公司所有的担保业务均采取了相应的反担保措施，公司不存在代偿风险。

### 6.3 重要资产转让及其出售的说明

本年公司无重要资产转让及出售事项。

### 6.4 会计报表中重要事项的明细资料

**6.4.1 披露自营资产经营情况**

6.4.1.1 按信用风险五级分类的结果披露资产的期初数、期末数

| 信用风险资产五级分类 | 正常类（万元） | 关注类（万元） | 次级类（万元） | 可疑类（万元） | 损失类（万元） | 信用风险资产合计（万元） | 不良资产合计（万元） | 不良资产率（%） |
|---|---|---|---|---|---|---|---|---|
| 期初数 | 342 728.54 | 62 443.73 | 11 973.61 | 0 | 103.37 | 417 249.25 | 12 076.98 | 2.89 |
| 期末数 | 346 722.33 | 0 | 0 | 0 | 0 | 346 722.33 | 0 | 0 |

注：不良资产合计 = 次级类 + 可疑类 + 损失类。

6.4.1.2 各项资产减值损失准备的期初、本期计提、本期转回、本期核销、期末数

单位：万元

| | 期初数 | 本期计提 | 本期转回 | 本期核销 | 期末数 |
|---|---|---|---|---|---|
| 贷款损失准备 | 2 450.00 | 645.08 | | | 3 095.08 |
| 一般准备 | | | | | |
| 专项准备 | 2 450.00 | 645.08 | | | 3 095.08 |
| 其他资产减值准备 | | | | | |
| 可供出售金融资产减值准备 | 103.37 | | | | 103.37 |
| 持有至到期投资减值准备 | | | | | |
| 长期股权投资减值准备 | 2 591.60 | | | | 2 591.60 |
| 坏账准备 | 1 988.86 | 70.95 | 262.12 | | 1 797.69 |
| 投资性房地产减值准备 | | | | | |

6.4.1.3 按照投资品种分类，分别披露固有业务股票投资、基金投资、债券投资、股权投资等投资业务的期初数、期末数

单位：万元

| | 自营股票 | 基金 | 债券 | 长期股权投资 | 其他投资 | 合计 |
|---|---|---|---|---|---|---|
| 期初数 | 19 451.13 | 3 727.81 | | 169 413.33 | 103 520.52 | 296 112.79 |
| 期末数 | 35 150.87 | 5 261.68 | | 205 386.35 | 130 969.12 | 376 768.02 |

6.4.1.4 按投资入股金额排序，前三名的自营长期股权投资的企业名称，占被投资企业权益的比例，主要经营活动及投资收益情况

| 企业名称 | 占被投资企业权益的比例（%） | 主要经营活动 | 投资收益（万元） |
|---|---|---|---|
| 1. 国都证券有限责任公司 | 15.35 | 证券服务 | 5,400.64 |
| 2. 嘉实基金管理有限公司 | 40.00 | 基金管理 | 25,703.22 |
| 3. 北京三侨物业管理有限责任公司 | 100.00 | 物业管理 | — |

注：投资损益是指按照企业会计准则规定，核算股权投资确认损益并计入披露年度利润表的金额。

6.4.1.5 前三名的自营贷款的企业名称，占贷款总额的比例和还款情况

| 企业名称 | 占贷款总额的比例（%） | 还款情况 |
|---|---|---|
| 1. 北京市海淀区国有资产投资经营公司 | 32.31 | 正常 |
| 2. 北京和裕房地产开发有限公司 | 16.15 | 正常 |
| 3. 山西当代红华置业有限公司 | 9.69 | 正常 |

6.4.1.6 表外业务的期初数、期末数；按照代理业务担保业务和其他类型表外业务分别披露

单位：万元

| 表外业务 | 期初数 | 期末数 |
|---|---|---|
| 担保业务 | 8 000.00 | 8 000.00 |
| 代理业务（委托业务） | | |
| 其他 | | |
| 合 计 | 8 000.00 | 8 000.00 |

注：本公司无因客观原因应规范而尚未完成规范的历史遗留委托业务。

6.4.1.7 公司当年的收入结构

| 收入结构 | 母公司 | | 合并 | |
|---|---|---|---|---|
| | 金额（万元） | 占比（%） | 金额（万元） | 占比（%） |
| 手续费及佣金收入 | 82 231.55 | 49.13 | 82 231.55 | 47.88 |
| 其中：信托手续费收入 | 82 151.55 | 49.08 | 82 151.55 | 47.84 |
| 投资银行业务收入 | | | | |
| 利息收入 | 33 151.84 | 19.80 | 33 188.96 | 19.33 |
| 其他业务收入 | -49.97 | -0.03 | 4 165.93 | 2.43 |
| 其中：计入信托业务收入部分 | | | | |
| 投资收益 | 51 665.53 | 30.87 | 51 660.92 | 30.08 |
| 其中：股权投资收益 | 31 085.53 | 18.57 | 31 085.53 | 18.10 |
| 证券投资收益 | 4 614.92 | 2.76 | 4 610.31 | 2.68 |
| 其他投资收益 | 15 965.08 | 9.54 | 15 965.08 | 9.30 |
| 公允价值变动收益 | 362.87 | 0.22 | 362.87 | 0.21 |
| 营业外收入 | 16.15 | 0.01 | 113.99 | 0.07 |
| 收入合计 | 167 377.97 | 100.00 | 171 724.22 | 100.00 |

**6.4.2 披露信托资产管理情况**

6.4.2.1 信托资产的期初数、期末数

单位：万元

| 信托资产 | 期初数 | 期末数 |
|---|---|---|
| 集合 | 1 090 049.00 | 3 432 598.42 |
| 单一 | 6 570 195.29 | 10 532 147.45 |
| 财产权 | 1 670 429.60 | 918 162.76 |
| 合 计 | 9 330 673.89 | 14 882 908.63 |

6.4.2.1.1 主动管理型信托业务的信托资产期初数、期末数

单位：万元

| 主动管理型信托资产 | 期初数 | 期末数 |
|---|---|---|
| 证券投资类 | 202 836.74 | 2 412 115.82 |
| 股权投资类 | 689 267.20 | 4 325 311.35 |
| 融资类 | 1 166 451.22 | 4 051 769.22 |
| 事务管理类 | — | 749 902.47 |
| 合计 | 2 058 555.16 | 11 539 098.86 |

6.4.2.1.2 被动管理型信托业务的信托资产期初数、期末数

单位：万元

| 被动管理型信托资产 | 期初数 | 期末数 |
|---|---|---|
| 证券投资类 | 334 228.58 | 16 562.20 |
| 股权投资类 | 1 657 311.61 | 501 103.46 |
| 融资类 | 4 040 570.98 | 2 825 897.53 |
| 事务管理类 | 1 240 007.56 | 246.58 |
| 合计 | 7 272 118.73 | 3 343 809.77 |

6.4.2.2 本年度已清算结束的信托项目个数、实收信托合计金额、加权平均实际年化收益率

6.4.2.2.1 本年度已清算结束的集合类，单一类资金信托项目和财产管理类信托项目数量、合计金额、加权平均实际年化收益率

| 已清算结束信托项目 | 项目个数 | 合计金额（万元） | 加权平均实际收益率（%） |
|---|---|---|---|
| 集合类 | 31 | 396 692.00 | 8.31 |
| 单一类 | 175 | 6 629 152.00 | 4.03 |
| 财产管理类 | 6 | 486 674.98 | 2.72 |

6.4.2.2.2 本年度已清算结束的主动管理型信托项目个数、实收信托合计金额、加权平均实际年化收益率

| 已清算结束信托项目 | 项目个数 | 实收信托合计金额（万元） | 加权平均实际收益率（%） |
|---|---|---|---|
| 证券投资类 | 16 | 134 857.00 | 10.37 |
| 股权投资类 | 7 | 52 839.33 | 2.62 |
| 融资类 | 94 | 3 246 563.69 | 4.22 |
| 事务管理类 | 2 | 14 289.06 | 1.11 |

6.4.2.2.3 本年度已清算结束的被动管理型信托项目个数、实收信托合计金额、加权平均实际年化收益率

| 已清算结束信托项目 | 项目个数 | 实收信托合计金额（万元） | 加权平均实际收益率（%） |
|---|---|---|---|
| 证券投资类 | 5 | 177 221.88 | -0.40 |
| 股权投资类 | 6 | 380 971.34 | 5.74 |
| 融资类 | 78 | 2 949 168.55 | 4.18 |
| 事务管理类 | 4 | 556 608.13 | 7.74 |

6.4.2.3 本年度新增的集合类、单一类资金信托项目和财产管理类信托项目数量、实收信托合计金额

续表

| 新增信托项目 | 项目个数 | 实收信托合计金额（万元） |
|---|---|---|
| 集合类 | 52 | 2 789 309.00 |
| 单一类 | 213 | 17 261 042.85 |
| 财产管理类 | 9 | 377 515.86 |
| 新增合计 | 274 | 20 427 867.71 |
| 其中：主动管理型 | 194 | 16 076 419.89 |
| 被动管理型 | 80 | 4 351 447.82 |

6.4.2.4 信托业务创新成果和特色业务有关情况

（1）公司针对具有丰富投资经验和较高风险承受能力的海外市场投资者，推出了PIPE投资信托和股权激励信托等产品，在信托公司QDII业务差异化发展方面做了积极尝试。

（2）公司参与中国银监会组织的信托凭证发行与交易研究课题，历时四个多月时间完成了课题研究报告及相关管理办法，11月正式上报银监会，积极推动我国信托产品发行与交易平台建设。

6.4.2.5 本公司未发生履行受托人义务情况及因本公司自身责任而导致的信托财产损失情况

## 6.5 关联方关系及其交易的披露

**6.5.1 关联交易方的数量、关联交易的总金额及关联交易的定价政策等**

| | 关联交易数量 | 关联交易金额（万元） | 定价政策 |
|---|---|---|---|
| 合计 | 27 | 18 998.41 | 双方协议确定 |

定价政策：关联交易定价政策以不损伤第三方利益为首要原则，主要定价政策如下：（1）根据中国人民银行颁布的指导利率及上下浮动范围确定贷款利率；（2）双方协议确定交易价格；（3）双方参照证券市场成交价格，协商确定交易价格；（4）根据资产账面价值进行交易；（5）根据信托委托人指定价格进行交易；（6）根据原始投资额及持有期间的应获取的收益确定交易价格；（7）依据中介机构评估报告，确定交易价格。

**6.5.2 关联交易方与本公司的关系性质、关联交易方的名称、法定代表人、注册地址、注册资本及主营业务等**

| 关系性质 | 关联方名称 | 法定代表人 | 注册地址 | 注册资本（万元） | 主营业务 |
|---|---|---|---|---|---|
| 第一大股东 | 中国人民保险集团股份有限公司 | 吴 焰 | 北京市宣武区东河沿路69号 | 3 060 000 | 投资并持有上市公司和保险机构和其他金融机构的股份等 |
| 全资子公司 | 北京三侨物业管理有限责任公司 | 高 方 | 北京市东城区安外大街2号 | 25 000 | 物业管理 |
| 控股子公司 | 中诚宝捷思货币经纪有限公司 | 吴大永 | 北京市西城区太平桥大街18号1008～1009室 | 5 000.00 | 境内外外汇、货币、债券、衍生品市场交易 |
| 联营企业 | 国都证券有限责任公司 | 常 喆 | 北京市东城区东直门南大街3号国华投资大厦9层10层 | 262 298 | 证券服务 |

续表

| 关系性质 | 关联方名称 | 法定代表人 | 注册地址 | 注册资本(万元) | 主营业务 |
|---|---|---|---|---|---|
| 联营企业 | 嘉实基金管理有限公司 | 王忠民 | 上海市浦东新区富城路99号震旦国际大楼1702室 | 15 000 | 基金管理 |
| 联营企业 | 国都期货有限公司 | 叶　晓 | 北京市东城区东直门南大街3号国华投资大厦10层 | 20 000 | 期货服务 |

**6.5.3　逐笔披露本公司与关联方的重大交易事项**

6.5.3.1　固有财产与关联方：贷款、投资、租赁、应收账款、担保、其他方式等期初汇总数、本期发生额汇总数、期末汇总数

**固有与关联方关联交易**

单位：万元

| | 期初数 | 借方发生额 | 贷方发生额 | 期末数 |
|---|---|---|---|---|
| 贷款 | | | | |
| 投资 | | | | |
| 租赁 | | 1 015. 10 | 1 015. 10 | |
| 担保 | | | | |
| 应收账款 | 19 851. 15 | | 1 551. 15 | 18 300. 00 |
| 其他 | | 964. 98 | 964. 98 | |
| 合计 | 19 851. 15 | 1 980. 08 | 3 531. 23 | 18 300. 00 |

6.5.3.2　信托与关联方交易情况：贷款、投资、租赁、应收账款、担保、其他方式等期初汇总数、本期借方和贷方发生额汇总数、期末汇总数

**信托与关联方关联交易**

单位：万元

| | 期初数 | 借方发生额 | 贷方发生额 | 期末数 |
|---|---|---|---|---|
| 贷款 | 990. 00 | 4 200. 00 | 5 190. 00 | |
| 投资 | 7 200. 00 | 6 200. 00 | 13 100. 00 | 300. 00 |
| 租赁 | | | | |
| 担保 | | | | |
| 应收账款 | | | | |
| 其他 | 2 292. 00 | 1 390. 00 | 2 292. 00 | 1 390. 00 |
| 合计 | 10 482. 00 | 11 790. 00 | 20 582. 00 | 1 690. 00 |

6.5.3.3　信托公司自有资金运用于自己管理的信托项目（固信交易）、信托公司管理的信托项目之间的相互（信信交易）交易金额，包括余额和本报告年度的发生额

6.5.3.3.1　固有与信托财产之间的交易金额期初汇总数、本期发生额汇总数、期末汇总数

**固有财产与信托财产相互交易**

单位：万元

| | 期初数 | 本期发生额 | 期末数 |
|---|---|---|---|
| 合 计 | 77 313. 44 | 29 341. 56 | 106 655. 00 |

6.5.3.3.2　信托财产与信托财产之间的交易金额期初汇总数、本期发生额汇总数、期末汇总数

**信托财产与信托财产相互交易**

单位：万元

| | 期初数 | 本期发生额 | 期末数 |
|---|---|---|---|
| 合计 | 0 | 0 | 0 |

**6.5.4　本年度未发生关联方逾期未偿还本公司资金的情况以及本公司为关联方担保发生或即将发生垫款的情况**

## 6.6　会计制度的披露

公司固有业务自2008年1月1日起执行财政部2006年2月15日颁布的《企业会计准则》（财会〔2006〕3号）及其后续规定。以持续经营为基础，根据实际发生的交易和事项，按照《企业会计准则——基本准则》和其他各项具体会计准则、应用指南及准则解释的规定进行确认和计量，在此基础上编制财务报表。

公司信托业务执行《企业会计准则——基本准则》和其他各项具体会计准则、应用指南及准则解释以及《信托业务会计核算办法》。

# 7. 财务情况说明书

## 7.1　利润实现和分配情况

| 项　　目 | 母公司（万元） | 合并（万元） |
|---|---|---|
| 税前利润 | 124 241. 68 | 124 390. 39 |
| 减：所得税 | 23,261. 80 | 23 402. 64 |
| 其中：当期所得税 | 24 561. 67 | 24 706. 36 |
| 其中：递延所得税 | －1 299. 87 | －1 303. 72 |
| 净利润 | 100 979. 88 | 100 987. 75 |
| 加：年初未分配利润 | 158 416. 67 | 159 344. 56 |
| 其中：归属于母公司所有者的净利润 | 158 416. 67 | 159 344. 56 |
| 少数股东损益 | | |
| 减：提取法定盈余公积 | 10 097. 99 | 10 097. 99 |
| 减：提取一般准备 | 5 048. 99 | 5 048. 99 |
| 减：股利分配 | 24 000. 00 | 24 000. 00 |
| 年末未分配利润 | 220 249. 57 | 221 185. 33 |
| 其中：归属于母公司所有者的净利润 | 220 249. 57 | 221 333. 31 |
| 少数股东损益 | | －147. 98 |

## 7.2　主要财务指标

| 指标名称 | 母公司 | 合并 |
|---|---|---|
| 资本利润率（%） | 17. 00 | 17. 00 |
| 人均净利润（万元/人） | 701. 25 | 701. 30 |

## 7.3　本年度无对本公司财务状况、经营成果有重大影响的其他事项

# 8. 特别事项简要揭示

## 8.1　报告期内前五名股东发生变动情况

8.1.1　公司股东“中国人民保险集团公司”因企业改制，

公司名称更名为中国人民保险集团股份有限公司，并修改公司《章程》，已在国家工商总局办理完变更登记手续。

8.1.2　因增资扩股，公司股东由14家增加到15家，增加一名股东是深圳市天正投资有限公司，出资88 616 800.00元，出资比例3.6072%。

### 8.2　董事、监事及高级管理人员变动情况及原因

8.2.1　2010年4月27日，经股东会、董事会选举，一致同意邓红国同志为公司第二届董会董事、董事长；原董事长王忠民同志因退休，不再担任公司董事、董事长，邓红国同志的董事任职资格已于2010年6月3日经中国银监会核准通过（银监复〔2010〕244号），并在国家工商总局备案。

8.2.2　2010年11月30日，公司临时股东会选举邓红国、王少华、俞小平、王会娟、陈长春、张毅、洪小源、赵海龙、尹新全、赵荣哲为公司董事，杨化彭、杨胜刚、张晓森为公司独立董事，组成新一届董事会，其中新任董事俞小平、张毅、王少华董事资格正在中国银监会核准中；选举出公司监事连福忠、刘瑞生、王玉江、寇显强、杨广玉、俞建辉、王言彬，与职工监事王桂华、汤淑梅组成新一届监事会。

### 8.3　公司变更注册资本、变更注册地或公司名称、公司分立合并事项

公司在2010年9月经银监会批准同意，注册资本由12亿元增加至24.57亿元，11月在国家工商总局办理完成变更登记手续。

### 8.4　报告期内公司未发生重大诉讼事项

### 8.5　报告期内公司及其董事、监事和高级管理人员未受到处罚

### 8.6　报告期内中国银监会未对公司提出整改意见

### 8.7　报告期内公司披露的重大事项临时报告

8.7.1　2010年7月1日，在《金融时报》刊登《中诚信托有限责任公司关于董事长变更的公告》。

8.7.2　2010年11月13日，在《金融时报》刊登《中诚信托有限责任公司关于变更注册资本的公告》。

## 9. 公司监事会意见

公司监事会认为，本报告期内，公司决策程序合法，内部控制制度较为完善，没有发现公司董事、经理和其他高级管理人员在执行公司职务时有违法违纪和有损公司及股东利益的行为。公司财务报告真实地反映了公司的财务状况和经营成果。

# 中国对外经济贸易信托有限公司

## 1. 重要提示

1.1 中国对外经济贸易信托有限公司(以下简称本公司、外贸信托)董事会及董事保证本报告所载资料不存在任何虚假记载、误导性陈述或者重大遗漏,并对其内容的真实性、准确性和完整性承担个别及连带责任。本年度报告摘要摘自年度报告全文,客户及相关利益人欲了解详细内容,应阅读年度报告全文。

1.2 个别董事声明

无。

1.3 独立董事意见

本人作为中国对外经济贸易信托有限公司的独立董事,保证本报告内容的真实性、准确性、完整性。

独立董事:李保民

独立董事:王军生

1.4 本公司董事长王引平、总经理杨自理、主管会计工作负责人帅立新声明:保证年度报告中财务报告的真实、完整。

## 2. 公司概况

### 2.1 公司简介

2.1.1 公司的法定中文名称:中国对外经济贸易信托有限公司

中文名称缩写:外贸信托

公司的法定英文名称:China Foreign Economy And Trade Trust Co., Ltd.

英文名称缩写:FOTIC

2.1.2 法定代表人:王引平

2.1.3 注册地址:北京市西城区复兴门内大街28号凯晨世贸中心中座6层

邮政编码:100031

2.1.4 国际互联网网址:www. fotic. com. cn

电子信箱:fotic@ sinochem. com

2.1.5 信息披露事务负责人:张一冰

联系电话:010 -59568832

传真:010 -59569888

电子信箱:zhangyibing@ sinochem. com

2.1.6 信息披露报纸:《上海证券报》

2.1.7 年度报告备置地点:外贸信托综合管理部

2.1.8 聘请的会计师事务所:利安达会计师事务所有限责任公司

住所:中国北京朝阳区八里庄西里100号住邦2000一号楼东区2008室

### 2.2 组织结构

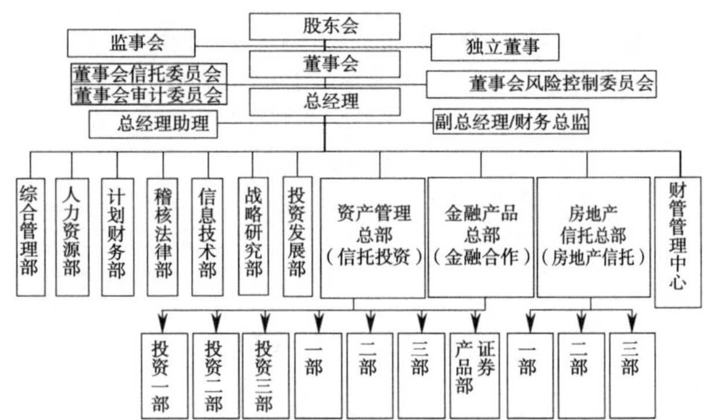


## 3. 公司治理结构

### 3.1 股东

股东总数为2家

| 股东名称 | 持股比例(%) | 法人代表 | 注册资本(万元) | 注册地址 | 主要经营业务及主要财务情况 |
|---|---|---|---|---|---|
| ★中国中化股份有限公司 | 96.22 | 刘德树 | 人民币3 980 000 | 北京市西城区复兴门内大街28号凯晨世贸中心中座 | 公司主营业务范围包括石油、化肥、化工品、金融服务、酒店和房地产业务等。截至2010年12月31日,公司资产总额为1 794.92亿元人民币(未经审计),资产负债率为64.47%(未经审计)。2010年,公司实现营业收入为3 181.95亿元人民币(未经审计),利润总额为79.79亿元人民币(未经审计)。 |
| 中化集团财务有限责任公司 | 3.78 | 杨林 | 人民币100 000.00 | 北京市西城区复兴门内大街28号凯晨世贸中心中座 | 公司主要经营业务为集团内结算业务、融资业务、金融中介业务、资产保值增值业务、金融股权管理业务和风险管理业务。截至2010年12月31日,公司资产总额为236.16亿元人民币。2010年,公司实现营业收入为3.79亿元人民币,税前利润为2.04亿元人民币。 |

注:★为最终实际控制人。

股东关联关系说明:中国中化股份有限公司是中化集团财务有限责任公司的股东。

## 3.2 董事

### 3.2.1 董事会成员

| 姓名 | 职务 | 性别 | 年龄 | 选任日期 | 所推举的股东名称 | 该股东持股比例(%) | 简要履历 |
|---|---|---|---|---|---|---|---|
| 王引平 | 董事长 | 男 | 50 | 2010年11月 | 中国中化股份有限公司 | 96.22 | 曾任中国化工进出口总公司海南公司副总经理,中国化工进出口总公司出口三处科长、中国化工进出口总公司浦东公司总经理,中国对外经济贸易信托投资有限公司副总经理,中国化工进出口总公司人事部总经理,中国化工进出口总公司副总经理兼人事部总经理、中国化工进出口总公司副总经理、党委委员、中国化工进出口总公司党组成员兼中化国际贸易股份有限公司总经理,中国中化集团公司副总经理、党组成员;现任中国中化集团公司副总经理、党组成员兼中国中化股份有限公司副总经理。 |
| 杨自理 | 董事总经理 | 男 | 46 | 2009年7月 | 中国中化股份有限公司 | 96.22 | 曾任中国对外经济贸易信托投资有限公司国际部信贷部副经理、信贷一部业务一部经理,中国化工进出口总公司资产管理部金融一部副总经理、总经理、资产管理部总经理助理,中国对外经济贸易信托投资有限公司投资银行部高级业务经理,中国化工进出口总公司资产管理部总经理助理,中国对外经济贸易信托投资有限公司总经理助理、副总经理;现任中国对外经济贸易信托有限公司董事、总经理、党总支书记。 |
| 胡学静 | 董事 | 女 | 49 | 2010年11月 | 中国中化股份有限公司 | 96.22 | 曾任中国化工进出口总公司财会部结算科副科长、中国化工进出口总公司财会处财务科科长、中化美集团公司财务部经理、中国化工进出口总公司财会本部五处副处长、中国化工进出口总公司审计部副总经理,中化国际股份有限公司财务部总经理、中化国际股份有限公司风险管理部总经理,中国中化集团公司资金管理部副总经理,沈阳化工研究院财务总监;现任中国中化股份有限公司资金管理部总经理,中国对外经济贸易信托有限公司董事。 |
| 王红军 | 董事 | 男 | 46 | 2008年7月 | 中国中化股份有限公司 | 96.22 | 曾任中国化工进出口总公司战略室副科长、企发部股改办科长、企发部股改办经理,中国化工进出口总公司战略规划部副总经理、副总经理(主持);现任中国中化集团、中化股份战略规划部总经理,中国对外经济贸易信托有限公司董事。 |
| 刘剑 | 董事 | 男 | 45 | 2010年11月 | 中化集团财务有限责任公司 | 3.78 | 曾任中国机械进出口总公司工业机械进出口公司财会部、中国机械进出口总公司工业机械进出口公司财会科副科长,中化化肥公司财务部、中国中化集团公司化肥中心财务部副总经理、中国中化集团公司保险部副总经理、中国中化集团公司保险部总经理;现任中化集团财务有限责任公司总经理,中国对外经济贸易信托有限公司董事。 |

### 3.2.2 独立董事

| 姓名 | 所在单位及职务 | 性别 | 年龄 | 选任日期 | 所推举的股东名称 | 该股东持股比例(%) | 简要履历 |
|---|---|---|---|---|---|---|---|
| 李保民 | 国务院国资委研究中心党委书记、副主任(正局级) | 男 | 54 | 2009年6月 | 中国中化股份有限公司 | 96.22 | 曾任甘肃省职工财院教务处副处长,甘肃省职工财院教务处长、院党委委员(常委),国家体改委生产司处长、副司长、党支部委员,中国建设银行会计部、大客户办公室副总经理、党支部副书记,国务院体改办产业司副司长、党支部委员,国家发改委体改研究所党委书记、副所长(正司级);现任国务院国资委研究中心党委书记、副主任(正局级),中国对外经济贸易信托有限公司独立董事。 |
| 王军生 | 中国民主同盟中央经济委员会副主任、中国社会科学院教授 | 男 | 50 | 2009年6月 | 中国中化股份有限公司 | 96.22 | 曾任友谊宾馆工程物资部主管,第十一届亚运会组委会处长助理,北京国际电力开发投资公司部门总经理,中工信托投资公司副总经理;现任中国民主同盟中央经济委员会副主任、中国社会科学院教授、中国对外经济贸易信托有限公司独立董事。 |

## 3.3 监事

监事会成员

| 姓名 | 职务 | 性别 | 年龄 | 选任日期 | 所推举的股东名称 | 该股东持股比例(%) | 简要履历 |
|---|---|---|---|---|---|---|---|
| 姜爱萍 | 监事长 | 男 | 58 | 2008年7月 | 中国中化股份有限公司 | 96.22 | 曾任中国化工进出口总公司财会处科长、副处长、审计稽核部处长;现任中国中化集团公司、中化股份审计稽核部总经理,中国对外经济贸易信托有限公司监事长。 |
| 石力 | 监事 | 女 | 40 | 2008年7月 | 中国中化股份有限公司 | 96.22 | 曾任职于中化海南公司财务部,中化金桥公司财务部,中国化工进出口总公司财务资金部、财务投资部、分析评价部,远东国际租赁有限公司财务部;现任中化集团财务公司财务部总经理,中国对外经济贸易信托有限公司监事。 |
| 梁虹 | 监事 | 男 | 47 | 2008年6月 | 职工代表 | — | 现任职于中国对外经济贸易信托有限公司稽核法律部,中国对外经济贸易信托有限公司监事。 |

## 3.4 高级管理人员

| 姓名 | 职务 | 性别 | 年龄 | 选任日期 | 金融从业年限 | 学历 | 专业 |
|---|---|---|---|---|---|---|---|
| 杨自理 | 总经理 | 男 | 46 | 2009 年 7 月 | 16 | 研究生 | 金融 |
| 冯司光 | 副总经理 | 男 | 35 | 2005 年 1 月 | 14 | 本科 | 会计学 |
| 窦虔 | 副总经理 | 男 | 41 | 2007 年 5 月 | 10 | 研究生 | 企业管理 |
| 帅立新 | 财务总监 | 女 | 44 | 2009 年 7 月 | 3 | 本科 | 国际企业管理 |
| 李银熙 | 副总经理 | 女 | 46 | 2010 年 11 月 | 25 | 本科 | 国民经济管理 |
| 李京 | 副总经理 | 男 | 40 | 2010 年 11 月 | 5 | 研究生 | 企业管理 |

## 3.5 公司员工

| 项目 | | 报告期年 | | 上年 | |
|---|---|---|---|---|---|
| | | 人数 | 比例(%) | 人数 | 比例(%) |
| 年龄分布 | 25 岁以下 | 16 | 12.22 | 6 | 6.25 |
| | 25～29 岁 | 61 | 46.56 | 37 | 38.54 |
| | 30～39 岁 | 31 | 23.66 | 29 | 30.21 |
| | 40 岁以上 | 23 | 17.56 | 24 | 25.00 |
| 学历分布 | 博士 | 3 | 2.29 | 4 | 4.17 |
| | 硕士 | 78 | 59.54 | 46 | 47.92 |
| | 本科 | 41 | 31.30 | 36 | 37.50 |
| | 专科 | 9 | 6.87 | 10 | 10.41 |
| | 其他 | — | 0.00 | — | 0.00 |
| 岗位分布 | 董事、监事及其高管人员 | 7 | 5.34 | 5 | 5.21 |
| | 自营业务人员 | 2 | 1.53 | 3 | 3.13 |
| | 信托业务人员 | 82 | 62.60 | 56 | 58.33 |
| | 其他人员 | 40 | 30.53 | 32 | 33.33 |

# 4. 经营管理

## 4.1 公司战略规划和经营方针

### 4.1.1 战略愿景

国内理财市场的金字招牌，国际金融市场的百年老店。

### 4.1.2 战略使命

为客户提供优质、专业的产品和服务；为股东创造合理、可持续的投资回报；为员工搭建坚实、和谐的事业发展平台。

### 4.1.3 战略目标

经营业绩进入行业第一阵营，综合实力进入行业前五名。

### 4.1.4 战略整体思路

确立"一、二、三、四"发展战略，全力培育核心竞争力，打造持续盈利能力。树立一个核心：以人力资源建设为核心；围绕两项策略：专业化策略、差异化策略；打造三种能力：资产管理能力、产品开发能力、市场营销能力；构建四大板块：资产管理、金融合作、房地产信托、营销服务。

### 4.1.5 2010 年发展思路

执行"内涵提升，外延扩张"的经营策略。

"内涵提升"是指员工素质进一步提升，产品创新进一步加强，市场耕耘进一步加深，信托费率进一步提高。"外延扩张"是指员工数量进一步增加，产品系列进一步完善，市场份额进一步扩大，信托规模进一步增长。

### 4.1.6 2010 年经营措施

优化资产配置，控制投资风险。根据监管部门关于净资本管理要求，兼顾流动性、安全性和收益性，制定合理的长期、中期、短期资金使用计划。跟踪市场变化，采用灵活的动态资产配置策略，控制投资风险。

加强项目管理，提高投资收益。加强对项目公司及其相关行业的调研，提高对长期投资项目的管理水平；加强与其他股东和公司管理层的沟通和交流，提高对项目公司管理的参与度；加强对投资项目的日常监督和管理，履行股东权利，防范和控制经营风险，提高投资收益。

促进信托发展，发展营销服务，建立产品品牌，积累客户资源，在保证客户质量和项目风险控制的前提下，促进信托发展。

## 4.2 所经营业务的主要内容

### 4.2.1 公司业务

公司自营业务主要包括金融股权投资、证券投资、融资业务等，涉及金融、房地产、基础产业、证券市场等行业和领域。公司信托业务主要包括资金信托、财产信托、财产权信托、股权投资信托等，涉及基础产业、房地产、证券市场、矿产资源、金融等行业和领域。

**自营资产运用与分布表**

| 资产运用 | 金额（万元） | 占比（%） | 资产分布 | 金额（万元） | 占比（%） |
|---|---|---|---|---|---|
| 货币资产 | 16 849.70 | 4.36 | 基础产业 | 31 198.40 | 8.07 |
| 贷款 | — | 0.00 | 房地产业 | 37 405.12 | 9.67 |
| 金融资产 | 318 340.81 | 82.33 | 证券 | 283 704.64 | 73.37 |
| 长期投资 | 48 624.44 | 12.57 | 实业 | — | 0.00 |
| 其他 | 2 865.05 | 0.74 | 其他 | 34 371.84 | 8.89 |
| 资产总计 | 386 680.00 | 100.00 | 资产总计 | 386 680.00 | 100.00 |

**信托资产运用与分布表**

| 资产运用 | 金额（万元） | 占比（%） | 资产分布 | 金额（万元） | 占比（%） |
|---|---|---|---|---|---|
| 货币资产 | 629 583.22 | 7.28 | 基础产业 | 1 735 500.00 | 20.07 |
| 贷款 | 3 688 057.17 | 42.65 | 房地产 | 1 487 880.00 | 17.21 |
| 交易性金融资产 | 1 417 039.28 | 16.39 | 证券市场 | 2 481 080.31 | 28.70 |
| 可供出售金融资产 | 1 671 198.89 | 19.33 | 实业 | 732 713.20 | 8.47 |
| 持有至到期投资 | 347 330.00 | 4.02 | 金融机构 | 951 682.02 | 11.01 |
| 长期股权投资 | 572 838.65 | 6.63 | 其他 | 1 257 444.79 | 14.54 |
| 其他 | 320 253.11 | 3.70 | | | |
| 信托资产总计 | 8 646 300.32 | 100.00 | 信托资产总计 | 8 646 300.32 | 100.00 |

## 4.3 市场分析

### 4.3.1 宏观环境

（1）2010 年国内经济形势良好，经济开始回暖。国家为控制 CPI 增速，抑制通货膨胀，开始了新一轮的货币紧缩政策，严控信贷规模的增长。中国 GDP 总量已经位居世界第二，城镇居民家庭人均可支配收入以及城乡居民人民币储蓄存款进一步大幅提高。经济发展总量与人均收入的提高为信托业务发展提供了重要的经济基础。

（2）全国个人可投资资产总体规模以平均每年6% ~7%的速度持续增长。高端理财市场容量达1.8万亿元。富裕人群比例不断增加是信托业务发展的直接需求。但是国内市场的投资品相对缺乏，理财渠道较少；银信合作业务规模锐减，信托理财的需求进一步增强。理财渠道不足以及信托财产比重不高构成信托的未来发展空间。

**4.3.2 政策环境**

信托产品证券账户的开设仍未解冻，影响了证券投资信托业务的进一步发展。银监会2010年72号文对银信合作业务重新规范，降低了信托公司对平台类业务的依赖，大大缩减了银信合作业务规模，改变了信托业务模式。银监会2010年54号文和343号文进一步规范房地产信托业务，加强对该类业务的合规监管和风险控制。《信托公司净资本管理办法》出台，使信托公司的业务规模受到制约。2010年，各种政策的陆续出台，旨在引导信托公司必须建立以自主资产管理能力为核心的业务模式。

## 4.4 内部控制概况

公司建立了科学完善的公司治理机制，股东会、董事会、独立董事、监事会及高管层之间权责分明、各司其职。股东会是公司的最高权力机构，代表股东对公司拥有最终的控制权和决策权。董事会是公司经营决策的最高权力机构，对股东会负责。董事会下设有各专业委员会，其中，风险控制委员会负责揭示、评估及防范公司的业务经营风险，为董事会提供决策支持意见和管理改善建议；信托委员会负责对信托业务运行情况进行定期评估，督促公司依法履行信托职责；审计委员会负责内部及外部审计工作，对公司内部控制管理工作进行监督，核查财务信息披露等。监事会作为独立的监督机构对股东会负责，对董事长和公司总经理任职行为和公司的经营管理情况进行有效监督。公司高管层是公司的决策执行机构，对董事会负责，在公司章程和董事会授权范围内行使职权。公司所构建的股东会、董事会、监事会和高管层之间的权力制衡结构，能有效抑制内部人控制和道德风险的发生，为公司内部控制建设提供良好的控制环境。

公司始终秉承“以信为本，以诚治业”的经营理念，树立“国内理财市场的金字招牌、国际金融市场的百年老店”的愿景，强化合规经营和尽职管理，重视内控文化的建设和培育，通过培训和学习等多种途径，使全体员工熟悉监管法律法规和公司规章制度以及业务操作流程。公司不断强化员工的风险控制意识和加强风险管理职业道德教育，并通过建立实施风险管理问责制，对风险管理过程中违规、不尽职以及过失等行为进行责任追究，同时，公司将风险管理的执行情况与绩效评价相结合，使“风险先行”的风险观在全体员工的脑海中根深蒂固。公司各级领导和员工对公司的内控制度和机制已形成共同的理解和一致的观念。

稽核法律部和计划财务部是公司执行内部控制的主要职能部门。公司内部控制的主要政策为合规经营、严控风险，在提升业务开拓能力，实现公司经营战略目标的同时不断提高公司的业务风险管控能力。公司已建立起一套以业务管理、财务管理为核心的，较为完善的内控制度和操作流程体系。公司在内控制度和业务操作流程建设的同时，注重制度和流程的培训，同时，通过对内控执行情况的检查和考核，保障内控制度及操作流程的有效执行。

公司建立和设置适时跟踪报告公司内控情况的信息反馈机制，内容包括项目审批决策报告体系、项目履约监督报告体系，以及证券自营业务报表体系等报告机制，并通过包括NOTES平台、财务软件、电子业务台账等在内的电子化信息交流渠道的建立，实现信息在各部门之间的共享与交流，确保公司董事会和高管层能够及时了解公司的经营和内控情况。此外，通过公开信息披露机制的建立以及信托销售管理软件、公司网站等的建设，增进公司与监管部门、委托人、受益人的信息沟通与交流。

公司设置专门的内部审计人员，独立行使对公司内部控制情况的监督、评价和纠正职责。在审计过程中发现的内部控制缺陷，可向被审部门提出改进建议并敦促被审部门及时改进。内部审计人员有权直接向审计委员会、董事会、监事会和公司高管层报告内部控制的审计情况。

此外，公司对所有实施项目在终止后进行项目后评价。通过对项目操作的前期准备、项目审批、执行过程管理等全过程进行分析和复核，评价项目是否达到预期效果，分析项目执行的实际情况与预测的差别及原因，找出存在的问题，总结经验教训，提出改进措施与建议。

## 4.5 风险管理概况

公司实施全面风险管理原则。风险管理覆盖公司所有的部门、岗位和人员，实现全员参与；风险管理渗透公司的各项业务及各个操作环节，实行全过程风险控制；重视公司经营过程中面临的市场、信用、操作、法律、声誉等各类风险，对各类风险因素实行全方位管理。公司自2009年推行全面风险管理，定期进行重新评估。全面风险管理由稽核法律部牵头，公司各部门参加全面风险管理沟通会，查找识别公司在日常经营中面临的重大风险。公司已形成就经营管理中存在的包括市场风险、流动性风险在内的重大风险的管理状况以及开展的风险管理工作定期报告制度。公司实施集中管理原则，由稽核法律部负责全面风险管理。公司实施独立性原则，稽核法律部与各业务部门及支持保障部门保持相互独立，可直接向董事会和高管层报告，保证风险管理得到切实公正的执行。公司实施程序性原则，公司在风险管理过程中设立事前审批、事中执行和事后监督三道程序，为风险管理提供三道防火墙。

公司董事会是风险管理的最高决策机构，负责确定公司的风险管理战略、政策和程序，行使重大经营决策权，对公司风险管理负有最终责任。董事会下设风险控制委员会、信托委员会和审计委员会等专业委员会，其中，风险控制委员会负责制定公司业务决策授权范围，审批超出公司管理层权限的业务事项，审议公司主要风险管理制度，并监督、检查公司风险管理制度、业务流程规范的执行情况。信托委员会负责督促公司依法履行受托职责，对公司信托业务运行情况进行定期评估，以及针对中国银监会及其派出机构检查公司信托业务后提出的整改意见，研究提出具体措施。当公司或股东利益与受益人利益发生冲突时，信托委员会应保证公司为受益人利益服务，研究提出维护受益人利益的具体措施。审计委员会负责公司内部及外部审计工作，对公司内部控制管理工作进行监督，核查财务信息披露，并协同董事会风险控制委员会工作，指导内部审计部门开展风险管理评价审计等。公司管理层负责拟订公司的风险管理战略、政策和程序，确定公司风险管理制度，定期审查和监督其执行情况，获取公司风险管理状况的报告。稽核法律部作为风险管理的专职部门，其主要职责为：在公司范围内推行全面风险管理；起草公司风险管理政策、制度及业务操作流程；负责各项目的风险审核和评估；监督各业务部门风险管理工作的执行情况；设计和实施事后检查；识别和评估新产品、新业务中包含的风险因素，制定相应的操作和风险管理程序；向董事会及公司管理层及时提交风险管理报告。公司各业务部门根据业务流程标准对项目进行初审与评价，开展尽职调查，充分调查了解所开展业务中所包含的各类风险因素，落实各项风险控制措施，监督业务运行情况，直接负责业务的过程管理。

公司在经营活动中所面临的主要风险包括信用风险、市场风险和操作风险。公司面临的信用风险主要体现为信贷业务中交易对手不能按合同约定履约所带来的损失。截至2010年12月31日，公司自营业务信贷资产余额为人民币零万元。2010年初及年末公司不良资产金额均为零。公司的资产损失准备分为一般准备和专项准备。公司以《非银行金融机构资产风险分类指导原则（试行）》确定的资产风险分类标准为基本依据，采用资产风险分类法，将资产分为正常、关注、次级、可疑和损失五类，后三类合称为不良资产。

公司面临的市场风险主要体现为在开展信贷业务中由于利率水平的不利变动以及证券投资业务中由于股价的不利变动给公司经营业绩带来的风险。

在信贷类信托业务方面。公司开展的信托类信贷业务，主要为中短期信贷，公司严格执行人民银行的利率政策，能较好的抵御利率上调可能产生的风险。

在自营证券方面。公司于2010年成立中长线投资业务投资决策委员会，负责自有资金证券市场中长线投资、PIPE投资、PE股权投资和金融股权投资等对外投资的决策，由投资发展部负责对外投资管理，有效地控制投资风险。截至2010年12月31日，公司自有资金中受股价波动风险影响的证券投资业务的持仓市值共计人民币16.98亿元，累计取得浮动盈利人民币4.59亿元。

在证券类信托业务方面。公司成立证券投资信托业务投资决策委员会和风险控制委员会并制定了相关工作细则，负责自主管理类证券信托业务投资决策和风险控制，通过认真听取投资管理和研究人员意见，研判宏观政策及对资本市场的影响，确定自主管理证券信托业务风险管理方案，确保相关业务正常运行。对于投资顾问和委托人作为投资管理人的非自主管理类证券信托业务，公司采取业务开发和执行管理的分设部门管理方式，实现过程管理的专业化，提高工作效率。

2010年，公司继续对所开展的业务进行操作流程优化，并建立健全相关制度。截至2010年末，公司已建立起一套涵盖业务管理、财务管理、业务操作、内部审计等多方面的业务操作流程规范及各项管理制度体系。

针对证券投资信托业务规模的大幅增长，公司通过加强对交易人员的专业培训，开发应用专业的证券交易系统，并详细梳理业务风险管控及操作要点、流程的方式，强化证券投资业务的操作风险管理。

证券产品部负责证券投资信托产品的设计、交易执行管理和信息披露，对证券投资信托业务进行实时监控，每日对证券投资信托产品进行估值，确保相关的风险管控及操作要点落实到位，并定期向投资者和风险管理职能部门报送证券投资信托业务相关报表。

稽核法律部负责相关决议的落实、执行情况跟踪并及时向风险控制委员会进行反馈协调，并对证券投资信托业务估值、投资结构和投资规模等进行监控，及时将违反合同或监管制度的情况向业务部门和信托经理提交风险提示，有力地保障证券信托业务合法、合规运行。

定期开展业务操作流程执行状况检查，跟踪检查公司的各项操作流程的执行情况，保障业务操作流程的有效执行。业务部门通过严格规范的尽职调查和开展现场检查、及时进行信息查询以及实地拜访企业等方式，强化尽职管理职责。稽核法律部作为风险管理职能部门，通过定期报送风险管理报告以及不定期对相关项目进行自查或现场检查等方式，督促并强化业务部门尽职管理。稽核法律部于2010年，对房地产和重点融资项目开展现场检查20余次，及时出具现场检查报告6份，有力地提升项目监控力度和深度。

公司设置专门的内部审计人员，每半年对公司的各项内控制度执行状况、财务核算等内容进行检查，根据检查结果提出调整及改进意见，并向审计委员会、董事会和管理层提交内部审计报告，有效督促各项制度的贯彻执行。

## 5. 报告期末及上年末的比较式会计报表

### 5.1 自营资产

#### 5.1.1 会计师事务所审计结论

本公司已经由利安达会计师事务所有限责任公司出具标准的无保留意见的审计报告（利安达审字〔2011〕第A1023—5号）。

利安达会计师事务所有限责任公司
中国注册会计师 姜 波
中国注册会计师 王继宏
二〇一一年三月十四日

#### 5.1.2 资产负债表

2010年12月31日

编制单位：中国对外经济贸易信托有限公司 单位：万元

| 项目 | 行次 | 年末数 | 年初数 |
|---|---|---|---|
| 一、流动资产 | 1 | | |
| 货币资金 | 2 | 16 849.70 | 30 348.48 |
| 拆出资金 | 3 | — | — |
| 交易性金融资产 | 4 | — | 7 238.48 |
| 衍生金融产品 | 5 | — | — |
| 买入返售金融资产 | 6 | — | — |
| 应收票据 | 7 | — | — |
| 应收账款 | 8 | 1 501.22 | 4.80 |
| 预付款项 | 9 | 121.83 | 8.59 |
| 应收利息 | 10 | — | — |
| 应收股利 | 11 | — | — |

续表

| | 项　目 | 行次 | 年末数 | 年初数 |
|---|---|---|---|---|
| | 其他应收款 | 12 | 506. 95 | 418. 47 |
| | 发放贷款及垫款 | 13 | — | — |
| | 一年内到期的非流动资产 | 14 | 56 953. 29 | 11 286. 00 |
| | 代理业务资产 | 15 | 28. 00 | 28. 00 |
| | 其他流动资产 | 16 | — | — |
| | 流动资产合计 | 17 | 75 960. 99 | 49 332. 82 |
| 二、 | 非流动资产: | 18 | | |
| | 可供出售金融资产 | 19 | 195 119. 13 | 88 077. 54 |
| | 持有至到期投资 | 20 | 66 268. 39 | 17 820. 00 |
| | 长期应收款 | 21 | — | — |
| | 长期股权投资 | 22 | 48 624. 44 | 62 258. 88 |
| | 投资性房地产 | 23 | — | — |
| | 固定资产 | 24 | 293. 95 | 377. 19 |
| | 在建工程 | 25 | — | — |
| | 工程物资 | 26 | — | — |
| | 固定资产清理 | 27 | — | — |
| | 生产性生物资产 | 28 | — | — |
| | 油气资产 | 29 | — | — |
| | 无形资产 | 30 | 413. 10 | 408. 89 |
| | 开发支出 | 32 | — | — |
| | 商誉 | 33 | — | — |
| | 长期待摊费用 | 34 | — | — |
| | 递延所得税资产 | 35 | — | — |
| | 其他非流动资产 | 36 | — | — |
| | 非流动资产合计 | 37 | 310 719. 01 | 168 942. 50 |
| | 资产总计 | 38 | 386 680. 00 | 218 275. 32 |
| | 项　目 | 行次 | 年末数 | 年初数 |
| 三、 | 流动负债: | 39 | | — |
| | 拆入资金 | 40 | — | 5 000. 00 |
| | 交易性金融负债 | 41 | — | — |
| | 衍生金融负债 | 42 | — | — |
| | 卖出回购金融资产款 | 43 | — | — |
| | 应付票据 | 44 | — | — |
| | 应付账款 | 45 | — | — |
| | 预收款项 | 46 | — | — |
| | 应付职工薪酬 | 47 | 2 211. 19 | 1 781. 58 |
| | 应交税费 | 48 | 4 807. 04 | —147. 45 |
| | 应付利息 | 49 | — | — |
| | 应付股利 | 50 | — | 2 250. 51 |
| | 其他应付款 | 51 | 1 320. 68 | 1 417. 00 |
| | 一年内到期的非流动负债 | 52 | — | — |
| | 代理业务负债 | 53 | 28. 00 | 28. 00 |
| | 其他流动负债 | 54 | — | — |
| | 流动负债合计 | 55 | 8 366. 91 | 10 329. 64 |
| 四、 | 非流动负债: | 56 | — | — |
| | 长期借款 | 57 | — | — |
| | 应付债券 | 58 | — | — |

续表

| | 项　目 | 行次 | 年末数 | 年初数 |
|---|---|---|---|---|
| | 长期应付款 | 59 | — | — |
| | 专项应付款 | 60 | — | — |
| | 预计负债 | 61 | — | — |
| | 递延所得税负债 | 62 | 20 072. 19 | 8 511. 30 |
| | 其他非流动负债 | 63 | — | — |
| | 非流动负债合计 | 64 | — | — |
| | 负债合计 | 65 | 28 439. 10 | 18 840. 94 |
| 五、 | 所有者权益(或股东权益): | 66 | | |
| | 实收资本(或股本) | 67 | 220 000. 00 | 120 000. 00 |
| | 资本公积 | 68 | 65 813. 70 | 31 185. 80 |
| | 减:库存股 | 69 | — | — |
| | 盈余公积 | 70 | 22 136. 11 | 17 775. 87 |
| | 信托赔偿准备金 | 71 | 8 945. 85 | 6 765. 73 |
| | 未分配利润 | 72 | 41 345. 24 | 23 706. 99 |
| | 所有者权益合计 | 73 | 358 240. 90 | 199 434. 38 |
| | 负债和所有者权益总计 | 74 | 386 680. 00 | 218 275. 32 |

### 5. 1. 3　利润表

2010 年 12 月 31 日

编制单位:中国对外经济贸易信托有限公司　　　　单位:万元

| 项目 | 本年数 | 上年数 |
|---|---|---|
| 一、营业收入 | 64 111. 50 | 35 112. 19 |
| 利息净收入 | 1 130. 74 | 908. 69 |
| 利息收入 | 1 132. 45 | 908. 69 |
| 利息支出 | 1. 71 | — |
| 手续费及佣金收入 | 42 831. 75 | 16 677. 92 |
| 手续费及佣金收入 | 42 831. 75 | 16 677. 92 |
| 手续费及佣金支出 | — | — |
| 租赁收益 | — | 83. 81 |
| 投资收益 | 20 615. 24 | 16 925. 68 |
| 公允价值变动收益(损失以"－"号填列) | −438. 09 | 516. 95 |
| 汇兑损益(损失以"－"号填列) | −28. 15 | −0. 86 |
| 其他业务收入 | — | — |
| 二、营业支出 | 10 420. 83 | 8 336. 11 |
| 营业税金及附加 | 2 588. 83 | 1 332. 91 |
| 业务及管理费 | 7 687. 09 | 6 089. 60 |
| 资产减值损失 | 144. 91 | 290. 24 |
| 其他业务成本 | — | 623. 36 |
| 三、营业利润(亏损以"－"号填列) | 53 690. 67 | 26 776. 08 |
| 加:营业外收入 | 118. 22 | 267. 33 |
| 减:营业外支出 | 0. 69 | 0. 01 |
| 其中:非流动资产处置损失 | — | — |
| 四、利润总额(亏损总额以"－"号填列) | 53 808. 20 | 27 043. 40 |
| 减:所得税费用 | 10 205. 77 | 4 229. 35 |
| 五、净利润(净亏损以"－"号填列) | 43 602. 44 | 22 814. 05 |
| 六、每股收益: | — | — |
| (一)基本每股收益 | — | — |
| (二)稀释每股收益 | — | — |

### 5. 1. 4 所有者权益变动表

单位：万元

| 项目 | 本年金额 | | | | | | | |
|---|---|---|---|---|---|---|---|---|
| | 实收资本 | 资本公积 | 减：库存股 | 专项储备 | 盈余公积 | 一般风险准备 | 未分配利润 | 所有者权益合计 |
| 一、上年末余额 | 120 000. 00 | -78. 93 | — | — | 17 779. 62 | 6 767. 61 | 23 738. 86 | 168 207. 16 |
| 加：1. 会计政策变更 | — | — | — | — | — | — | — | — |
| 2. 前期差错更正 | — | 31 264. 73 | — | — | -3. 75 | -1. 88 | -31. 88 | 31 227. 22 |
| 3. 其他 | — | — | — | — | — | — | — | - |
| 二、本年初余额 | 120 000. 00 | 31 185. 80 | — | — | 17 775. 87 | 6 765. 73 | 23 706. 98 | 199 434. 38 |
| 三、本年增减变动金额（减少以"－"号填列） | 100 000. 00 | 34 627. 90 | — | — | 4 360. 24 | 2 180. 12 | 17 638. 26 | 158 806. 52 |
| （一）净利润 | — | — | — | — | — | — | 43 602. 44 | 43 602. 44 |
| （二）其他综合收益 | | 34 627. 90 | — | — | — | — | — | 34 627. 90 |
| 上述（一）和（二）小计 | — | 34 627. 90 | — | — | — | — | 43 602. 44 | 78 230. 34 |
| （三）所有者投入和减少资本 | 100 000. 00 | — | — | — | — | — | — | 100 000. 00 |
| 1. 所有者投入资本 | 100 000. 00 | — | — | — | — | — | — | 100 000. 00 |
| 2. 股份支付计入所有者权益的金额 | — | — | — | — | — | — | — | — |
| 3. 其他 | — | — | — | — | — | — | — | — |
| （四）利润分配 | — | — | — | — | 4 360. 24 | 2 180. 12 | -25 964. 18 | -19 423. 82 |
| 1. 提取盈余公积 | — | — | — | — | 4 360. 24 | | -4 360. 24 | — |
| 2. 提取一般风险准备 | — | — | — | — | — | 2 180. 12 | -2 180. 12 | — |
| 3. 对所有者（或股东）的分配 | — | — | — | — | — | — | -19 423. 82 | -19 423. 82 |
| 4. 其他 | — | — | — | — | — | — | — | — |
| （五）所有者权益内部结转 | — | — | — | — | — | — | — | — |
| 1. 资本公积转增资本（或股本） | — | — | — | — | — | — | — | — |
| 2. 盈余公积转增资本（或股本） | — | — | — | — | — | — | — | — |
| 3. 盈余公积弥补亏损 | — | — | — | — | — | — | — | — |
| 4. 其他 | — | — | — | — | — | — | — | — |
| （六）专项储备 | — | — | — | — | — | — | — | — |
| 1. 本期提取 | — | — | — | — | — | — | — | — |
| 2. 本期使用 | — | — | — | — | — | — | — | — |
| 四、本年末余额 | 220 000. 00 | 65 813. 70 | — | — | 22 136. 11 | 8 945. 85 | 41 345. 24 | 358 240. 90 |

## 5. 2 信托资产

### 5. 2. 1 信托项目资产负债汇总表

编制单位：中国对外经济贸易信托有限公司

单位：万元

| 资产 | 年末数 | 年初数 | 负债和所有者权益 | 年末数 | 年初数 |
|---|---|---|---|---|---|
| 流动资产： | | | 流动负债： | | |
| 货币资金 | 629 583. 22 | 293 662. 67 | 拆入资金 | | |
| 拆出资金 | — | — | 交易性金融负债 | — | — |
| 交易性金融资产 | 1 417 039. 28 | 605 624. 51 | 衍生金融负债 | — | — |
| 衍生金融资产 | — | — | 卖出回购金融资产款 | — | — |
| 买入返售金融资产 | 30 000. 03 | 12 000. 00 | 应付职工薪酬 | — | — |
| 应收票据 | — | — | 应交税费 | 94. 96 | 107. 03 |
| 应收账款 | 240 006. 55 | — | 应付利息 | — | — |
| 预付账款 | — | — | 应付股利 | 86. 79 | 73. 44 |
| 应收利息 | 366. 28 | 906. 72 | 应付账款 | 4 751. 24 | 522. 05 |
| 应收股利 | — | — | 其他应付款 | 17 094. 58 | 2 077. 77 |
| 其他应收款 | 42 681. 40 | 62 679. 79 | 代理业务负债 | — | — |
| 发放贷款及垫款 | 3 688 057. 17 | 1 807 759. 22 | 流动负债合计 | 22 027. 57 | 2 780. 29 |
| 代理业务资产 | — | — | | | |
| 其他流动资产 | — | — | | | |

续表

| 资产 | 年末数 | 年初数 | 负债和所有者权益 | 年末数 | 年初数 |
|---|---|---|---|---|---|
| 流动资产合计 | 6 047 733.93 | 2 782 632.91 | 非流动负债: | | |
| | | | 长期应付款 | — | — |
| 非流动资产: | | | 预计负债 | — | — |
| 可供出售金融资产 | 1 671 198.89 | 853 822.87 | 递延所得税负债 | — | — |
| 长期应收款 | — | — | 其他非流动负债 | — | — |
| 持有至到期投资 | 347 330.00 | 50 000.00 | 非流动负债合计 | — | — |
| 长期股权投资 | 572 838.65 | 410 829.00 | 负债合计 | 22 027.57 | 2 780.29 |
| 固定资产 | 7 198.85 | 7 198.85 | | | |
| 固定资产清理 | — | — | | | |
| 无形资产 | — | — | | | |
| 商誉 | — | — | 所有者权益: | | |
| 长期待摊费用 | — | — | 实收信托 | 8 332 555.56 | 3 819 351.00 |
| 递延所得税资产 | — | — | 资本公积 | 132 565.91 | 240 365.39 |
| 其他非流动资产 | — | — | 盈余公积 | — | — |
| 非流动资产合计 | 2 598 566.39 | 1 321 850.72 | 信托赔偿准备金 | — | — |
| | | | 未分配利润 | 159 151.28 | 41 986.95 |
| | | | 所有者权益合计 | 8 624 272.75 | 4 101 703.34 |
| 资产总计 | 8 646 300.32 | 4 104 483.63 | 负债和所有者权益总计 | 8 646 300.32 | 4 104 483.63 |

#### 5.2.2 信托项目利润及利润分配表

编制单位:中国对外经济贸易信托有限公司　　单位:万元

| 项　目 | 本年实际数 | 上年实际数 |
|---|---|---|
| 一、营业收入 | 411 518.61 | 396 931.75 |
| 利息净收入 | 184 280.82 | 149 254.88 |
| 利息收入 | 184 280.82 | 149 254.88 |
| 利息支出 | — | — |
| 手续费及佣金净收入 | 3.79 | 3.25 |
| 手续费及佣金收入 | 3.79 | 3.25 |
| 手续费及佣金支出 | — | — |
| 租赁收益 | — | — |
| 投资收益(损失以"-"号填列) | 214 443.34 | 190 675.99 |
| 其中:对联营企业合营企业的投资收益 | — | — |
| 公允价值变动损益(损失以"-"号填列) | 10 830.66 | 53 121.89 |
| 汇兑损益(损失以"-"填列) | — | — |
| 其他业务收入 | 1 960.00 | 3 875.75 |
| 二、营业支出 | 83 519.37 | 44 887.33 |
| 营业税金及附加 | 2 060.64 | 5 599.37 |
| 业务及管理费 | 81 458.73 | 39 287.96 |
| 资产减值损失 | — | — |
| 其他业务成本 | — | — |
| 三、营业利润(亏损以"-"号填列) | 327 999.24 | 352 044.42 |
| 加:营业外收入 | 0.04 | — |
| 减:营业外支出 | — | — |
| 四、利润总额(亏损总额以"-"号填列) | 327 999.28 | 352 044.42 |
| 减:所得税费用 | — | — |
| 五、净利润(净亏损以"-"号填列) | 327 999.28 | 352 044.42 |
| 加:期初未分配信托利润 | 41 986.95 | -23 898.50 |
| 六、可供分配的信托利润 | 369 986.23 | 328 145.92 |
| 减:本期已分配的信托利润 | 210 834.95 | 286 158.97 |
| 七、期末未分配信托利润 | 159 151.28 | 41 986.95 |

## 6. 会计报表附注

### 6.1 会计报表编制基准

本报表按照中华人民共和国财政部2006年2月15日颁布的《企业会计准则》编制。本公司报告期内会计报表编制基准无不符合会计核算基本前提的事项。本公司无合并会计报表。

### 6.2 或有事项说明

本公司报告期内无或有事项。

### 6.3 重要资产转让及其出售的说明

本公司报告期内无重要资产转让及其出售的事项。

### 6.4 会计报表中重要项目的明细资料

#### 6.4.1 自营资产经营情况

6.4.1.1 资产风险分类结果(以净值列示)

| 信用风险资产五级分类 | 正常类(万元) | 关注类(万元) | 次级类(万元) | 可疑类(万元) | 损失类(万元) | 信用风险资产合计(万元) | 不良资产合计(万元) | 不良资产率(%) |
|---|---|---|---|---|---|---|---|---|
| 期初数 | 218 275.32 | — | — | — | — | 218 275.32 | — | 0.00 |
| 期末数 | 386 680.00 | — | — | — | — | 386 680.00 | — | 0.00 |

6.4.1.2 资产损失准备计提转回情况

单位:万元

| | 期初数 | 本期计提 | 本期转回 | 本期核销 | 期末数 |
|---|---|---|---|---|---|
| 贷款损失准备 | | | | | |
| 一般准备 | — | — | — | — | — |
| 专项准备 | — | — | — | — | — |

续表

| | 期初数 | 本期计提 | 本期转回 | 本期核销 | 期末数 |
|---|---|---|---|---|---|
| 其他资产减值准备 | — | — | — | — | — |
| 可供出售金融资产减值准备 | — | — | — | — | — |
| 持有至到期投资减值准备 | 294.00 | 130.49 | 134.00 | — | 290.49 |
| 长期股权投资减值准备 | 628.87 | — | 227.09 | — | 401.79 |
| 坏账准备 | 4.28 | 14.41 | — | — | 18.69 |
| 投资性房地产减值准备 | — | — | — | — | — |

6.4.1.3 金融资产和长期股权投资

单位：万元

| | 自营股票 | 基金 | 债券 | 持有至到期投资 | 长期股权投资 |
|---|---|---|---|---|---|
| 期初数 | 87 834.64 | 242.90 | — | 29 106.00 | 62 258.88 |
| 期末数 | 194 875.77 | 243.36 | — | 123 221.69 | 48 624.44 |

6.4.1.4 前三名的自营长期股权投资的企业名称、占被投资企业权益的比例、主要经营活动及投资收益情况（按持股比例排列）

| 企业名称 | 占被投资企业权益的比例（%） | 主要经营活动 | 投资收益（万元） |
|---|---|---|---|
| 1. 冠通期货经纪有限公司 | 48.72 | 期货 | 595.84 |
| 2. 诺安基金管理公司 | 40.00 | 基金管理 | 12 778.10 |
| 3. 宝盈基金管理公司 | 25.00 | 基金管理 | 431.83 |

6.4.1.5 前三名的自营贷款的企业名称、占贷款总额的比例和还款情况

| 企业名称 | 占贷款总额的比例 | 还款情况 |
|---|---|---|
| — | — | — |

6.4.1.6 代理业务的期初数、期末数

单位：万元

| | 期初数 | 期末数 |
|---|---|---|
| 代理业务（委托业务） | 28.00 | 28.00 |
| 其他 | — | — |
| 合计 | 28.00 | 28.00 |

6.4.1.7 公司当年的收入结构

单位：万元

| 收入结构 | 金额 |
|---|---|
| 手续费及佣金收入 | 42 831.75 |
| 其中：信托手续费收入 | 38 506.96 |
| 投资银行业务收入 | 4 324.79 |
| 利息收入 | 1 132.45 |
| 其他业务收入 | — |
| 其中：计入信托业务收入部分 | — |
| 投资收益 | 20 615.24 |
| 其中：股权投资收益 | 13 805.77 |
| 证券投资收益 | 2 072.37 |
| 其他投资收益 | 4 737.10 |
| 公允价值变动收益 | −438.09 |
| 营业外收入 | 118.22 |
| 收入合计 | 64 259.57 |

**6.4.2 信托资产管理情况**

6.4.2.1 信托资产情况

单位：万元

| 信托资产 | 期初数 | 期末数 |
|---|---|---|
| 集合 | 915 796.69 | 3 694 120.98 |
| 单一 | 2 994 243.35 | 4 465 718.88 |
| 财产权 | 194 443.58 | 486 460.46 |
| 合计 | 4 104 483.63 | 8 646 300.32 |

6.4.2.1.1 主动管理型信托业务情况

单位：万元

| 主动管理型信托资产 | 期初数 | 期末数 |
|---|---|---|
| 证券投资类 | 1 415 271.54 | 2 432 892.65 |
| 股权投资类 | 625 852.89 | 546 293.42 |
| 融资类 | 1 922 163.82 | 2 706 134.76 |
| 事务管理类 | — | — |
| 合计 | 3 963 288.25 | 5 685 320.83 |

6.4.2.1.2 被动管理型信托业务情况

单位：万元

| 被动管理型信托资产 | 期初数 | 期末数 |
|---|---|---|
| 证券投资类 | — | 887 652.06 |
| 股权投资类 | 51 455.58 | 404 825.71 |
| 融资类 | 31 572.04 | 1 661 302.87 |
| 事务管理类 | 7 198.85 | 7 198.85 |
| 合计 | 90 226.47 | 2 960 979.49 |

6.4.2.2 本年度已清算结束的信托项目情况

6.4.2.2.1 本年度已经清算结束信托项目情况

| 已清算结束信托项目 | 项目个数 | 实收信托合计金额（万元） | 加权平均实际年化收益率（%） |
|---|---|---|---|
| 集合类 | 42 | 827 618.00 | 7.4600 |
| 单一类 | 33 | 1 575 152.15 | 4.1037 |
| 财产管理类 | 3 | 16 380.00 | 3.6653 |

6.4.2.2.2 本年度已经清算结束的主动管理型信托项目情况

| 已清算结束信托项目 | 项目个数 | 实收信托合计金额（万元） | 加权平均实际年化信托报酬率（%） | 加权平均实际年化收益率（%） |
|---|---|---|---|---|
| 证券投资类 | 15 | 248 972.00 | 2.8759 | 8.1341 |
| 股权投资类 | 5 | 162 296.00 | 0.6378 | 8.2160 |
| 融资类 | 58 | 2 007 882.15 | 0.3599 | 4.6507 |
| 事务管理类 | — | — | — | — |

6.4.2.2.3 本年度已经清算结束的被动管理型信托项目情况

| 已清算结束信托项目 | 项目个数 | 实收信托合计金额（万元） | 加权平均实际年化信托报酬率（%） | 加权平均实际年化收益率（%） |
|---|---|---|---|---|
| 证券投资类 | — | — | — | 0.0000 |
| 股权投资类 | — | — | — | 0.0000 |
| 融资类 | — | — | — | 0.0000 |
| 事务管理类 | — | — | — | 0.0000 |

6.4.2.3 本年度新增信托项目情况

| 新增信托项目 | 项目个数 | 实收信托合计金额(万元) |
|---|---|---|
| 集合类 | 218 | 3 554 345.81 |
| 单一类 | 55 | 4 540 554.64 |
| 财产管理类 | 3 | 400 000.00 |
| 新增合计 | 276 | 8 494 900.45 |
| 其中:主动管理型 | 263 | 7 470 482.17 |
| 被动管理型 | 13 | 1 024 418.28 |

6.4.2.4 本公司履行受托人义务情况及因公司自身责任而导致的信托资产损失情况

公司管理信托财产恪尽职守,履行诚实、信用、谨慎、有效管理的义务。没有因公司自身责任而导致信托资产损失的情况。

## 6.5 关联方关系及其交易的披露

**6.5.1 关联交易方的数量、关联交易的总金额及关联交易的定价政策**

固有业务关联方情况

| | 关联交易数量 | 关联交易金额(万元) | 定价政策 |
|---|---|---|---|
| 合计 | 5 | 1 527.42 | 按照市场公允价格确定 |

信托业务关联方情况

| | 关联交易方数量 | 关联交易金额(万元) | 定价政策 |
|---|---|---|---|
| 合计 | 1 | 50 000.00 | 公允价值定价 |

**6.5.2 关联交易方与本公司的关系性质、关联交易方的名称、法定代表人、注册地址、注册资本及主营业务**

固有业务关联方情况

| 关系性质 | 关联方名称 | 法定代表人 | 注册地 | 注册资本 | 主营业务 |
|---|---|---|---|---|---|
| 股东 | 中国中化股份有限公司 | 刘德树 | 北京 | 3 980 000.00万元 | 石油、化肥、化工、金融等行业投资 |
| 股东 | 中化集团财务有限责任公司 | 杨林 | 北京 | 100 000.00万元 | 财务和融资顾问 |
| 同受母公司控制 | 中化方兴置业(北京)有限公司 | 何操 | 北京 | 4.15万美元 | 房地产开发 |
| 同受母公司控制 | 北京凯晨置业有限公司 | 何操 | 北京 | 10 240.00万美元 | 房地产开发 |
| 同受母公司控制 | 北京世纪凯晨物业管理有限公司 | 李雪花 | 北京 | 500.00万元 | 物业管理 |
| 同受母公司控制 | 中化国际物业酒店管理有限公司 | 蓝海青 | 北京 | 38 760.00万元 | 房地产开发 |

信托业务关联方情况

| 关系性质 | 关联方名称 | 法定代表人 | 注册地 | 注册资本 | 主营业务 |
|---|---|---|---|---|---|
| 受同一母公司控制 | 中化方兴投资管理(北京)有限公司 | 李雪花 | 北京 | 2 900万美元 | 房地产 |

**6.5.3 本公司与关联方的重大交易事项**

6.5.3.1 固有财产与关联方:贷款、投资、租赁、应收账款、担保、其他方式等期初汇总数、本期发生额汇总数、期末汇总数

固有财产与关联方关联交易

单位:万元

| | 期初数 | 借方发生额 | 贷方发生额 | 期末数 |
|---|---|---|---|---|
| 贷款 | — | — | — | — |
| 投资 | — | — | — | — |
| 租赁 | — | — | — | — |
| 担保 | — | — | — | — |
| 应收账款 | — | — | — | — |
| 其他 | 1 305.54 | 261.88 | 40.00 | 1 527.42 |
| 合计 | 1 305.54 | 261.88 | 40.00 | 1 527.42 |

注:固有财产与关联方关联交易主要是房屋租赁费用等。

6.5.3.2 信托资产与关联方:贷款、投资、租赁、应收账款、担保、其他方式等期初汇总数、本期发生额汇总数、期末汇总数

信托资产与关联方关联交易

单位:万元

| | 期初数 | 借方发生额 | 贷方发生额 | 期末数 |
|---|---|---|---|---|
| 贷款 | 50 000.00 | — | — | 50 000.00 |
| 投资 | — | — | — | — |
| 租赁 | — | — | — | — |
| 担保 | — | — | — | — |
| 应收账款 | — | — | — | — |
| 其他 | — | — | — | — |
| 合计 | 50 000.00 | — | — | 50 000.00 |

6.5.3.3 信托公司自有资金运用于自己管理的信托项目(固信交易)、信托公司管理的信托项目之间的相互交易金额

6.5.3.3.1 固有财产与信托财产之间的交易金额期初汇总数、本期发生额汇总数、期末汇总数

公司无固有财产与信托财产之间的交易。

6.5.3.3.2 信托资产与信托财产之间的交易金额期初汇总数、本期发生额汇总数、期末汇总数

公司无信托资产与信托财产之间的交易。

**6.5.4 关联方逾期未偿还本公司资金的详细情况以及本公司为关联方担保发生或即将发生垫款的详细情况**

固有财产无关联方逾期未偿还本公司资金及本公司为关联方担保发生或即将发生垫款的事项。

信托业务无关联方逾期未偿还本公司资金及本公司为关联方担保发生或即将发生垫款的事项。

## 6.6 会计制度的披露

本公司固有业务和信托业务自2008年1月1日起均执行中华人民共和国财政部于2006年2月15日颁布的《企业会计准则》。

## 7. 财务情况说明书

### 7.1 利润实现和分配情况

本公司2010年度利润分配方案如下：

（1）按当年度税后利润提取法定公积金4 360.24万元人民币；

（2）按当年度税后利润提取信托赔偿准备金2 180.12万元人民币；

根据《中国银监会关于进一步规范银信理财合作业务的通知》（银监发〔2011〕7号）规定："信托公司赔偿金低于银信合作不良信托贷款余额150%或低于银信合作信托贷款余额2.5%的，信托公司不得分红，直至上述指标达到标准。"截至2010年末，信托赔偿准备金余额8 945.85万元，不能达到以上分红条件，2010年不对股东进行利润分配。

### 7.2 主要财务指标

| 指标名称 | 指标值 |
|---|---|
| 资本利润率（%） | 15.64 |
| 信托报酬率（%） | 0.64 |
| 人均利润（万元/人） | 480.43 |

### 7.3 对本公司财务状况、经营成果有重大影响的其他事项

本公司无对财务状况、经营成果有重大影响的其他事项。

## 8. 特别事项简要揭示

### 8.1 前五名股东报告期内变动情况及原因

2010年3月23日，根据中国银行业监督管理委员会（银监复〔2010〕127号文）批复，中化集团财务有限责任公司获准受让远东国际租赁有限公司所持有的外贸信托6.93%的股权。此次变更后，公司股权结构变更为中国中化股份有限公司持股93.07%、中化集团财务有限责任公司持股6.93%。

### 8.2 董事、监事及高级管理人员变动情况及原因

2010年，新任董事三名，新任高级管理人员两名。

2010年7月28日，第三届董事会第十一次会议审议通过了关于聘任李银熙同志、李京同志任中国对外经济贸易信托有限公司副总经理的议案。

2010年8月3日，外贸信托2010年第二次临时股东会议审议通过了关于调整中国对外经济贸易信托有限公司董事的议案，决定委派王引平同志、胡学静同志、刘剑同志任中国对外经济贸易信托有限公司董事，冯志斌同志、杨林同志、孔繁星同志不再担任中国对外经济贸易信托有限公司董事职务。

2010年9月13日，外贸信托第四届董事会第一次会议审议通过了关于选举王引平同志担任中国对外经济贸易信托有限公司董事长的议案。

2010年11月26日，银监会下发了《关于核准王引平等五人任职资格的批复》，核准王引平任中国对外经济贸易信托有限公司董事长、董事，胡学静、刘剑任中国对外经济贸易信托有限公司董事，李银熙、李京任中国对外经济贸易信托有限公司副总经理的任职资格。

### 8.3 公司的重大诉讼事项

本报告期内公司无重大未决诉讼事项。

### 8.4 本报告期内，利安达会计师事务所出具标准的无保留意见的审计报告，公司董事会没有需要作出说明的事项

### 8.5 本报告期内无公司及其董事、监事和高级管理人员受到处罚的情况

### 8.6 银监会及其派出机构对公司检查情况

2010年12月，外贸信托通过银监会"小金库"专项治理的检查工作。

### 8.7 本报告期内公司无重大事项临时报告

### 8.8 本报告期内公司无银监会及其省级派出机构认定的其他有必要让客户及相关利益人了解的重要信息

## 9. 公司监事会意见

### 9.1 公司依法运作情况

监事会认为，报告期内公司依法经营、规范管理、经营业绩客观真实，内控管理工作的深度和广度有了较大的发展和提高；公司经营决策程序符合法律、法规和公司章程的规定，董事及其他高级管理人员在业务经营及管理过程中谨慎、认真、勤勉，未发现任何违反国家法律法规、公司章程或损害信托受益人、股东和公司利益的行为。

### 9.2 财务报告的真实性

监事会经认真审查公司2010年财务状况、经营成果及利安达会计师事务所有限责任公司所出具的审计报告后认为，报告期内本公司财务报告真实反映了公司财务状况及经营成果，利安达会计师事务所有限责任公司出具的审计报告无任何保留或拒绝表示意见。审计报告真实、客观、准确地反映了公司财务状况。

# 中国金谷国际信托有限责任公司

## 1. 重要提示

1.1 本公司董事会及董事保证本报告所载资料不存在任何虚假记载、误导性陈述或者重大遗漏,并对内容的真实性、准确性和完整性承担个别及连带责任。

1.2 本公司独立董事对年度报告的真实性、准确性、完整性无异议。

1.3 公司董事长张勇、现任总经理刘学敏、主管会计工作负责人副总经理张秀娟声明:保证年度报告中财务报告的真实、完整。

## 2. 公司概况

### 2.1 公司简介

中国金谷国际信托有限责任公司(以下简称本公司或金谷信托,原名中国金谷国际信托投资有限责任公司)系经中国人民银行批准成立的非银行金融机构。2008 年 7 月 31 日,经国务院同意、中国银监会批准了中国信达资产管理股份有限公司(以下简称中国信达)对其实施重组;2009 年 9 月 1 日,重组方案得到财政部、中国银监会的批准后,更名为中国金谷国际信托有限责任公司,并取得金融许可证;2009 年 9 月 15 日,在国家工商行政管理局完成变更登记手续,注册资本为 12 亿元人民币,其中,中国信达持有 92.29% 股权;妇女活动中心持有 6.25%股权;中国海外工程有限责任公司(以下简称中国海外)持有 1.46%的股权。注册地址:北京市西城区金融大街 33 号通泰大厦 C 座 10 层。

2.1.1 公司名称

公司法定中文名称:中国金谷国际信托有限责任公司

公司法定中文缩写:金谷信托

公司英文名称:China Jingu International Trust Co. Ltd.

公司英文缩写名称:JINGU TRUST

2.1.2 注册资本:12 亿元

2.1.3 开业时间:成立于 1993 年,2009 年 9 月重新开业

2.1.4 公司法定代表人:张勇

2.1.5 公司董事会秘书:王崇

电　　话:010 -88086819

传　　真:010 -88086546

E -mail:wangchong@cindamc.com.cn

2.1.6 公司注册地址(办公地址):北京市西城区金融大街 33 号通泰大厦 C 座 10 层

邮政编码:100140

公司官方网站:www.jingutrust.com

公司电子邮箱:wangchong@cindamc.com.cn

2.1.7 公司信息披露报纸名称:《金融时报》

2.1.8 其他有关资料:

公司法人营业执照注册号:100000000013649

公司金融许可证:K0075H111000001

2.1.9 公司聘请的国内会计师事务所:德勤华永会计师事务所有限公司北京分所(北京市东长安街 1 号东方广场东方经贸城德勤大厦 8 层)

### 2.2 组织结构

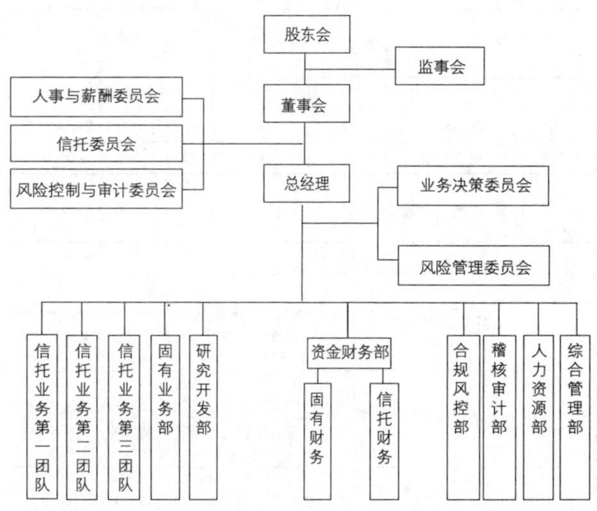


## 3. 公司治理结构

### 3.1 股东

| 股东名称 | 持股比例(%) | 法人代表 | 注册资本(亿元) | 注册地址 | 主要经营业务 |
|---|---|---|---|---|---|
| 中国信达 | 92.29 | 田国立 | 251 | 北京市西城区闹市口大街 9 号院 1 号楼 | 收购、受托经营金融机构和非金融机构不良资产;债权转股权,对股权资产进行管理、投资和处置;破产管理;对外投资;发行金融债券、同业拆借和向其他金融机构进行商业融资;经批准的资产证券化业务、金融机构托管和关闭清算业务;国务院银行业监督管理机构批准的其他业务。 |

续表

| 股东名称 | 持股比例（%） | 法人代表 | 注册资本（亿元） | 注册地址 | 主要经营业务 |
|---|---|---|---|---|---|
| 中国妇女活动中心 | 6.25 | 郭象 | 0.3 | 北京市东城区建国门内大街19号 | 餐饮管理、酒店管理、会议管理、商品零售；饭店投资管理；文化艺术、科技人员培训。 |
| 中国海外 | 1.46 | 方远明 | 6.79 | 北京市海淀区紫竹院路1号7号楼 | 工程总承包、建筑工程的勘察、咨询和设计、房地产开发、施工安装、科研开发、工程监理、对外经济援助、海外劳务、工业制造、国际矿产资源开发、资本经营等。 |

### 3.1.2 董事、董事会及其下属委员会

#### 3.1.2.1 董事长、董事

| 姓名 | 职务 | 性别 | 年龄 | 选任日期 | 所推举的股东名称 | 该股东持股比例（%） | 简要履历 |
|---|---|---|---|---|---|---|---|
| 张勇 | 董事长 | 男 | 55 | 2008年10月 | 中国信达 | 92.29 | 1982年至今，担任中国建设银行、中国信达部门总经理，信达投资有限公司党委副书记、副董事长等职务。 |
| 张卫东 | 董事 | 男 | 43 | 2009年3月 | 中国信达 | 92.29 | 1999年至今，担任中国信达资产评估部、市场开发部、投融资管理部、改制办公室等部门总经理等职务；现任中国信达董事会秘书。 |
| 余伟 | 董事 | 男 | 47 | 2009年5月 | 中国信达 | 92.29 | 1999年至今，担中国信达股权管理部、重组业务部高级经理、副总经理、金谷信托总经理等职务。 |
| 罗振宏 | 董事 | 男 | 45 | 2008年10月 | 中国信达 | 92.29 | 1988年至今，担任中国建设银行内蒙古分行、总行法律事务部副处长、中国信达法律事务部、法律合规部高级经理、总经理等职务。 |
| 冯大勇 | 董事 | 男 | 61 | 2008年10月 | 中国信达 | 92.29 | 1981年至今，建设银行陕西分行、建行总行担任副处长、中国信达高级经理等职务。 |
| 郭象 | 董事 | 女 | 56 | 2008年10月 | 中国妇女活动中心 | 6.25 | 1995年至今，担任全国妇联中国儿童中心副主任、党委副书记、党委书记、中国妇女儿童事业发展中心主任等职务。 |
| 魏振国 | 董事 | 男 | 59 | 2008年10月 | 中国海外 | 1.46 | 1991年至今，担任中国海外工程有限责任公司处长、总经理助理、副总经理等职务。 |

#### 3.1.2.2 独立董事

| 姓名 | 职务 | 性别 | 年龄 | 选任日期 | 简要履历 |
|---|---|---|---|---|---|
| 王为强 | 独立董事 | 男 | 64 | 2009年5月 | 2003年至今，担任中国工商银行监事会主席、党委副书记、工银国际控股有限公司监事长等职务。 |
| 郭朝田 | 独立董事 | 男 | 66 | 2009年5月 | 1998年至今，中国建设银行总行第二营业部任职；现任深圳市建领投资发展有限公司董事长兼总经理。 |

#### 3.1.2.3 下属委员会

| 委员会名称 | 职责 | 组成人员 |
|---|---|---|
| 人事与薪酬委员会 | 制定、审查公司董事和高级管理人员（以下简称高管人员）的薪酬政策与方案，拟定公司董事和高管人员的考核标准并进行考核，接受董事会授权的其他事项。 | 张勇（主任）<br>王为强<br>郭朝田 |
| 信托委员会 | 督促公司依法履行受托职责。当公司或股东利益与受益人利益发生冲突时，信托委员会应保证公司为受益人的最大利益服务。 | 王为强（主任）<br>张卫东<br>郭象 |
| 风险控制与审计委员会 | 负责公司的风险控制、管理、监督和评估以及公司内外部审计的沟通、监督和核查等工作。 | 郭朝田（主任）<br>罗振宏<br>魏振国 |

### 3.1.3 监事、监事会

| 姓名 | 职务 | 性别 | 年龄 | 选任日期 | 所推举的股东名称 | 该股东持股比例（%） | 简要履历 |
|---|---|---|---|---|---|---|---|
| 刘学敬 | 监事会主席 | 男 | 53 | 2009年5月 | 中国信达 | 92.29 | 1980年至今，国家审计署金融审计司历任副处长、处长、沈阳特派办特派员助理，金谷信托副总裁、总裁、监事会主席等职务。 |
| 叶礼艳 | 监事 | 女 | 70 | 2008年10月 | 中国妇女活动中心 | 6.25 | 1986—2007年，中国妇女旅行社总经理、法人代表，1999—2008年，中国妇女活动中心主任、法人代表。 |
| 邵颖 | 监事 | 女 | 40 | 2009年10月 | 中国信达 | 92.29 | 1999年至今 担任中国信达资产管理公司资金财务部、人力资源部经理、高级副经理、高级经理等职。 |

续表

| 姓名 | 职务 | 性别 | 年龄 | 选任日期 | 所推举的股东名称 | 该股东持股比例(%) | 简要履历 |
|---|---|---|---|---|---|---|---|
| 王军民 | 监事 | 男 | 55 | 2008年10月 | 中国海外 | 1.46 | 1988年至今,担任中国海外工程有限责任公司企管部、进出口部、成套设备部、法务合约部、企业风险管理办公室等部门副经理、部长、公司总法律顾问等职务。 |
| 谷晓梅 | 职工监事 | 女 | 41 | 2009年5月 | 中国信达 | 92.29 | 1998年至今,担任金谷信托证券研发部、古城营业部、人力资源部副总经理、总经理等职。 |

#### 3.1.4 高级管理人员

| 姓名 | 职务 | 性别 | 年龄 | 选任日期 | 金融从业年限 | 学历/学位 | 专业 |
|---|---|---|---|---|---|---|---|
| 张勇 | 董事长 | 男 | 55 | 2008年10月 | 29 | 本科 | 基建财务与信用 |
| 刘学敬 | 监事会主席 | 男 | 53 | 2009年5月 | 30 | 硕士 | 货币银行学 |
| 余伟 | 总经理 | 男 | 47 | 2009年5月 | 15 | 硕士 | 政治经济学 |
| 刘元生 | 纪委书记 | 男 | 55 | 2009年5月 | 29 | 本科 | 基建财务与信用 |
| 张秀娟 | 副总经理 | 女 | 47 | 2009年5月 | 20 | 硕士 | 工商管理 |
| 刘志明 | 副总经理 | 男 | 55 | 2009年10月 | 13 | 硕士 | 工商管理 |
| 陈玮 | 总经理助理 | 男 | 48 | 2009年5月 | 19 | 本科 | 企业管理 |
| 冯彦明 | 总经理助理 | 女 | 51 | 2009年5月 | 28 | 硕士 | 货币银行学 |
| 樊京陆 | 总稽核 | 男 | 58 | 2009年7月 | 18 | 硕士 | 金融学 |

#### 3.1.5 公司员工

报告期内员工64人,平均年龄39.05岁。其中博士占6%,硕士45%,本科33%,专科11%,其他占5%。

| 项目 | | 报告期内 | |
|---|---|---|---|
| | | 人数 | 比例(%) |
| 岗位分布 | 董事、监事及高管 | 9 | 14 |
| | 自营业务人员 | 5 | 8 |
| | 信托业务人员 | 31 | 48 |
| | 其他人员 | 20 | 30 |

## 4. 经营管理

### 4.1 经营目标、方针、战略规划

#### 4.1.1 经营目标

努力成为在资产管理、资金融通、投资理财等领域具有竞争力的专业理财服务机构和具有创新能力及持续盈利能力的信托公司。

#### 4.1.2 经营方针

坚持"胸怀服务社会理想,坚守诚信为本理念",恪守谨慎、稳健的经营方针,以受益人的利益最大化为宗旨,专注于信托产品的创新与推广。

#### 4.1.3 战略规划

为客户创造价值,为股东增加收益,为员工搭建舞台,为社会贡献力量。以维护客户最大利益为基础,为股东谋求高额股权收益,为员工搭建发展平台;正确处理公司生存与发展的关系,坚持"稳健、审慎"的经营理念,提高研究创新能力,不断提高经营管理和风险控制水平,形成公司可持续发展的业务模式和盈利模式。

### 4.2 所经营业务的主要内容

#### 4.2.1 自营资产运用与分布

| 资产运用 | 金额(万元) | 占比(%) | 资产分布 | 金额(万元) | 占比(%) |
|---|---|---|---|---|---|
| 货币资产 | 26 597.12 | 18.86 | 基础产业 | | |
| 贷款及应收款 | 42 569.42 | 30.19 | 房地产业 | 31 500 | 22.34 |
| 交易性金融资产 | 1.69 | 0.00 | 证券市场 | 1.69 | 0.00 |
| 可供出售金融资产 | 69 492.02 | 49.29 | 实业 | 11 000 | 7.80 |
| 持有至到期投资 | | | 金融机构 | 96 089.14 | 68.15 |
| 长期股权投资 | | | 其他 | 2 409.85 | 1.71 |
| 其他 | 2 340.43 | 1.66 | | | |
| 资产总计 | 141 000.68 | 100 | 资产总计 | 141 000.68 | 100 |

#### 4.2.2 信托资产运用与分布

| 资产运用 | 金额(万元) | 占比(%) | 资产分布 | 金额(万元) | 占比(%) |
|---|---|---|---|---|---|
| 货币资产 | 27 480.68 | 2.34 | 基础产业 | 617 832.24 | 52.61 |
| 贷款 | 922 042.00 | 78.52 | 房地产 | 251 378.82 | 21.41 |
| 交易性金融资产 | | | 证券市场 | | |
| 可供出售金融资产 | 116 089.00 | 9.88 | 实业 | 121 008.51 | 10.31 |
| 持有至到期投资 | | | 金融机构 | 142 242.11 | 12.11 |
| 长期股权投资 | 10 100.00 | 0.86 | 其他 | 41 850.00 | 3.56 |
| 其他 | 98 600.00 | 8.4 | | | |
| 信托资产总计 | 1 174 311.68 | 100 | 信托资产总计 | 1 174 311.68 | 100 |

### 4.3 市场分析

#### 4.3.1 影响业务发展的有利因素

(1)我国宏观经济发展态势平稳。2011年是国家"十二五"规划的开局之年,各级政府积极谋划发展,项目储备与准备情况良好。中西部地区发展已步入快车道,大规模基础建设和产业发展项目正在展开。产业转移趋势进一步加强,有利于现有优势产业继续保持竞争优势。战略性新兴产业规划的出台和实施,将加快创造出新优势产业。消费的环境和支撑条件有望进一步得到改善。

(2)宏观调控政策将促进融资渠道多元化。年抑制通胀、

房地产调控以及结构调整仍将是2011年宏观调控的主旋律，流动性管理、利率杠杆等调控措施将导致社会融资总规模转入证券、保险、信托、租赁以及私募股权融资等领域，并给上述行业带来一定的发展机遇。

(3)信托行业监管政策日臻成熟。2010年信托公司净资本管理办法出台以及信托公司评级指引的修订，将加快促进信托公司规范发展，引导信托公司朝主动管理型方向发展，着重开拓高端个人信托业务和理财管理服务业务市场，提升信托公司的盈利能力，促使信托行业从粗放型发展模式向专业化、价值内涵型模式转变。

(4)中国高净值群体增长迅速将为专注于理财的信托行业带来发展机会。据诺亚财富管理中心2010年11月在纽约交易所上市时的公开数据显示，我国的高净值人数在未来几年内将会迅速增长，高端理财市场前景十分广阔。

(5)控股股东中国信达在业务网络和渠道资源、资产管理和配置、风险管理和内控制度等方面的协同优势将给予本公司强大的支持，有利于本公司业务的开展、风险管理文化的形成和主动管理能力明显提升。

#### 4.3.2 影响业务发展的不利因素

(1)我国经济依然面临复杂的国际国内形势。世界经济复苏的基础不牢，发达经济体经济增长乏力，一些国家主权债务危机隐患仍未消除，主要发达经济体推行宽松货币政策，全球流动性的增加等因素造成国际大宗商品价格和主要货币汇率波动加剧。我国经济运行中的体制性矛盾和结构性问题给宏观调控造成一定难度。

(2)信托行业主动管理能力有待进一步提高。净资本管理办法、新的评级指标体系以及规范银信合作等监管制度和规定客观要求信托公司在一段时间内进行消化，符合主动型管理方向发展的制度、业务、人力资源和经营理念等方面的过渡尚需时日。

(3)信托业务领域亟待拓展。近年全国各主要城市房地产市场价格上涨幅度较大，市场风险持续累积，有必要向国家产业政策支持的新材料、新能源、节能环保等领域拓展，并通过持续产品创新形成核心盈利能力。

### 4.4 内部控制概况

#### 4.4.1 内部控制环境和内部控制文化

(1)有效的内部控制环境。公司按照现代企业制度的要求，建立了以股东会、董事会、监事会以及经营管理层的法人治理结构，实现了所有权、决策权、监督权和经营权的分开。通过《公司章程》和授权体系的完善，明确了股东会、董事会、监事会和经营管理班子的权责关系。董事会下设信托委员会、人事与薪酬委员会和审计与风险控制委员会并建立了独立董事制度。公司设立前台、中台、后台相互制衡的业务职能部门，信托业务与固有业务在账务核算上完全分开。

(2)有效的内控培训和学习文化。公司积极建设和培育自身的内控文化，通过业务研讨、讲座、交流和培训，不断将最新的制度、经验和理念传递给公司员工，强化全员的合规和风险防范意识，将内控工作切实贯彻各业务岗位和操作环节。同时，公司制定并下发了“员工职业道德准则”，从爱岗敬业、诚实守信、遵纪守法、利益处理等方面提高员工从业行为的道德诚信意识。

#### 4.4.2 内部控制措施

为确保实现企业经营目标，防范内控风险，金谷信托制定了一整套内部控制政策、制度和程序，并通过切实贯彻和规范制度及流程控制经营活动的操作风险。

(1)内控制度完善

公司基本制度当中对治理结构、机构设置及权责分配、内部审计等方面作出了规定，满足内部控制各个方面的要求；公司制定并实施了涵盖前台、中台、后台的内部控制制度和操作流程，包括了业务经营、业务授权、风险管理、业务决策全过程，后台涵盖稽核审计、财务管理、人力资源、信息技术以及综合管理等各方面，并随着业务的开展进行持续的修订、补充和完善。

(2)业务流程管理

金谷信托实施全方位的业务流程内控管理，对于尽职调查、立项审批、合规审查、风险审查、法律审查、项目中后期管理、清算等关键环节实行多人或多部门的交叉审核制度，保障公司业务内部控制的有效性。

#### 4.4.3 监督评价与纠正

公司合规风控部定期对业务运行总体情况进行风险识别与分析，向管理层提出合规风险提示报告；稽核审计部负责对于结项项目以及各部门的工作进行内部审计，评价内部控制的有效性，发现内部控制缺陷并及时加以改进，并将相关报告定期提交公司董事会。

### 4.5 风险管理概况

风险管理是关系公司生存发展的重要战略，公司风险管理工作遵从全面性、审慎性和有效性的原则，积极构建公司风险文化的核心理念，完善风险管理指标体系，明确风险管理绩效考核，从而实现有效防范和化解经营风险，保证公司业务的稳健经营和发展。

公司风险管理构建了前台业务人员、中后台风险控制管理部门和董事会审计与风险控制委员会三道风险管理防线。

#### 4.5.1 信用风险管理

第一，通过关注交易对手的履约能力，审慎选择交易对手，注重项目前期尽职调查及加强中后期的检查等方式控制项目信用风险；第二，注重通过组合、多样化、限制集中度等方式分散信用风险；第三，通过在交易结构中设定抵(质)押担保等方式转移风险；第四，公司以自有的信用风险评分系统数据作为控制项目信用风险的重要参考依据。

#### 4.5.2 市场风险管理

第一，注重定期对国家宏观经济的研判，把握国家重点调控政策，防范可能发生的市场风险；第二，加强对不同行业和区域的市场风险分析，注意建立与公司规模和管理能力相适应的风险管理制度；第三，开展与公司发展阶段相适应的业务品种，积极探索组合投资方案，分散市场风险。

#### 4.5.3 操作风险管理

针对操作风险的不同类别，公司采取了不同的管理策略和解决方案。公司通过构建内部控制环境和体系加强尽职风险管理。以严谨的制度流程和清晰的授权体系明确责任，形成不同部门、不同岗位之间的监督控制关系，从而做到人尽其职。

#### 4.5.4 其他风险管理

其他风险主要有政策风险、声誉风险等。公司通过密切研究和关注国家经济形势和政策变化，尽早作出经营思路和业务方向调整方案来减少政策风险；通过审慎选择交易对手，尽职尽责履行受托人责任，切实维护委托人利益减少企业声誉风险。

# 5. 报告期末及上年末的比较式会计报表

## 5.1 自营资产

### 5.1.1 会计师事务所审计意见全文

**审 计 报 告**

德师京报(审)字11第P0176号

中国金谷国际信托有限责任公司全体股东：

我们审计了后附的中国金谷国际信托有限责任公司(以下简称贵公司)的财务报表，包括2010年12月31日的资产负债表、2010年度的利润表、所有者权益变动表和现金流量表以及财务报表附注。

一、管理层对财务报表的责任

编制和公允列报财务报表是贵公司管理层的责任。这种责任包括：(1)按照企业会计准则的规定编制财务报表，并使其实现公允反映；(2)设计、执行和维护必要的内部控制，以使财务报表不存在由于舞弊或错误而导致的重大错报。

二、注册会计师的责任

我们的责任是在执行审计工作的基础上对财务报表发表审计意见。我们按照中国注册会计师审计准则的规定执行了审计工作。中国注册会计师审计准则要求我们遵守中国注册会计师职业道德守则，计划和执行审计工作以对财务报表是否不存在重大错报获取合理保证。

审计工作涉及实施审计程序，以获取有关财务报表金额和披露的审计证据。选择的审计程序取决于注册会计师的判断，包括对由于舞弊或错误导致的财务报表重大错报风险的评估。在进行风险评估时，注册会计师考虑与财务报表编制和公允列报相关的内部控制，以设计恰当的审计程序，但目的并非对内部控制的有效性发表意见。审计工作还包括评价管理层选用会计政策的恰当性和作出会计估计的合理性，以及评价财务报表的总体列报。

我们相信，我们获取的审计证据是充分、适当的，为发表审计意见提供了基础。

三、审计意见

我们认为，贵公司财务报表在所有重大方面按照企业会计准则的规定编制，公允反映了贵公司2010年12月31日的财务状况以及2010年度的经营成果和现金流量。

德勤华永会计师事务所有限公司北京分所

中国注册会计师

王鹏程

吴立霞

二〇一一年四月六日

### 5.1.2 资产负债表

2010年12月31日　　单位：万元

| 项　目 | 期末数 | 年初数 | 项目 | 期末数 | 年初数 |
|---|---|---|---|---|---|
| 资产： | | | 负债： | | |
| 货币资金 | 26 597.12 | 34 832.77 | 应付职工薪酬 | 1 280.55 | 208.05 |
| 交易性金融资产 | 1.69 | 12.89 | 应交税费 | 1 333.41 | 112.33 |
| 发放贷款和垫款 | 42 500.00 | 63 000.00 | 其他负债 | 11 572.09 | 14 884.44 |
| 可供出售金融资产 | 69 492.02 | 31 313.09 | 负债合计 | 14 186.05 | 15 204.82 |
| 长期股权投资 | | | 所有者权益： | | |
| 固定资产 | 2 289.23 | 2 397.94 | 实收资本 | 120 000.00 | 120 000.00 |
| 无形资产 | 51.20 | 16.00 | 资本公积 | 23 064.78 | 23 064.78 |
| 其他资产 | 69.42 | 165.06 | 信托赔偿准备金 | 535.13 | 21.04 |
| | | | 未分配利润 | -16 785.28 | -26 552.89 |
| | | | 所有者权益合计 | 126 814.63 | 116 532.93 |
| 资产总计 | 141 000.68 | 131 737.75 | 负债和所有者权益总计 | 141 000.68 | 131 737.75 |

法定代表人：张勇　　主管会计工作负责人：张秀娟　　制表人：史坚

### 5.1.3 利润表

2010年　　单位：万元

| 项　目 | 本期金额 | 上期金额 |
|---|---|---|
| 一、营业收入 | 17 284.19 | 1 777.01 |
| (一)利息净收入 | 6 883.12 | 1 154.36 |
| 利息收入 | 6 883.12 | 1 154.36 |
| 利息支出 | | |
| (二)手续费及佣金净收入 | 4 498.85 | 467.62 |
| 手续费及佣金收入 | 4 964.21 | 467.62 |
| 手续费及佣金支出 | 465.36 | 0.00 |
| (三)投资收益(损失以"-"号填列) | 5 902.22 | 155.03 |
| (四)公允价值变动收益(损失以"-"号填列) | | |
| (五)汇兑收益(损失以"-"号填列) | | |
| (六)其他业务收入 | | |

续表

| 项　目 | 本期金额 | 上期金额 |
|---|---|---|
| 二、营业支出 | 5 714.36 | 1 800.39 |
| (一)营业税金及附加 | 685.01 | 72.69 |
| (二)业务及管理费 | 5 029.35 | 1 727.70 |
| (三)资产减值损失 | | |
| (四)其他业务成本 | | |
| 三、营业利润(亏损以"-"号填列) | 11 569.83 | -23.38 |
| 加：营业外收入 | 1 007.67 | 467.12 |
| 减：营业外支出 | 15.14 | 22.82 |
| 四、利润总额(亏损以"-"号填列) | 12 562.36 | 420.92 |
| 减：所得税费用 | 2 280.66 | |
| 五、净利润(亏损以"-"号填列) | 10 281.70 | 420.92 |
| 六、其他综合收益 | | |
| 七、综合收益总额 | 10 281.70 | 420.92 |

法定代表人：张勇　　主管会计工作负责人：张秀娟　　制表人：史坚

### 5.1.4 所有者权益变动表

2010 年　　单位：万元

| 项　目 | 本年金额 | | | | | 上年金额 | | | | |
|---|---|---|---|---|---|---|---|---|---|---|
| | 实收资本 | 资本公积 | 信托赔偿准备金 | 未分配利润 | 所有权益合计 | 实收资本 | 资本公积 | 信托赔偿准备金 | 未分配利润 | 所有者权益合计 |
| 一、上年末余额 | 120 000.00 | 23 064.78 | 21.04 | −26 552.89 | 116 532.93 | 20 739.00 | 2 147.43 | | −26 952.77 | −4 066.34 |
| 加：会计政策变更 | | | | | | | | | | |
| 前期差错变更 | | | | | | | | | | |
| 二、本年初余额 | 120 000.00 | 23 064.78 | 21.04 | −26 552.89 | 116 532.93 | 20 739.00 | 2 147.43 | | −26 952.77 | −4 066.34 |
| 三、本年增减变动金额（减少以“－”号填列） | | | 514.09 | 9 767.61 | 10 281.70 | 99 261.00 | 20 917.35 | 21.04 | 399.88 | 120 599.27 |
| （一）净利润 | | | | 10 281.70 | 10 281.70 | | | | 420.92 | 420.92 |
| （二）其他综合收益 | | | | | | | | | | |
| 上述（一）和（二）小计 | | | | 10 281.70 | 10 281.70 | | | | 420.92 | 420.92 |
| （三）所有者投入和减少资本 | | | | | | 99 261.00 | 20 917.35 | | | 120 178.35 |
| （四）利润分配 | | | | | | | | | | |
| 1. 提取盈余公积 | | | | | | | | | | |
| 2. 提取信托赔偿准备金 | | | 514.09 | −514.09 | | | | 21.04 | −21.04 | |
| 3. 对所有者（或股本）的分配 | | | | | | | | | | |
| 四、本年末余额 | 120 000.00 | 23 064.78 | 535.13 | −16 785.28 | 126 814.63 | 120 000.00 | 23 064.78 | 21.04 | −26 552.89 | 116 532.93 |

法定代表人：张勇　　主管会计工作负责人：张秀娟　　制表人：史坚

## 5.2 信托资产

### 5.2.1 信托项目资产负债汇总表

2010 年 12 月 31 日　　单位：万元

| 资产 | 期末余额 | 期初余额 | 负债和所有者权益 | 期末余额 | 期初余额 |
|---|---|---|---|---|---|
| 信托资产： | | | 信托负债： | | |
| 银行存款 | 27 480.68 | 26.16 | 应付受托人报酬 | | |
| 交易性金融资产 | | | 应付受益人收益 | 8.06 | |
| 买入返售金融资产 | 49 000.00 | 52 898.00 | 应付托管费 | | |
| 应收账款 | 49 600.00 | | 应交税费 | | |
| 应收利息 | | | 其他应付款 | 4 307.13 | 13.31 |
| 拆出资金 | | | | | |
| 其他应收款 | | | 信托负债合计 | 4 315.19 | 13.31 |
| 贷款 | 922 042.00 | 120 000.00 | | | |
| 持有至到期投资 | | | | | |
| 可供出售金融资产 | 116 089.00 | | 信托权益： | | |
| 长期股权投资 | 10 100.00 | | 实收信托 | 1 169 831.00 | 197 598.00 |
| 固定资产 | | | 资本公积 | | |
| 在建工程 | | | 未分配利润 | 165.49 | 12.85 |
| 无形资产 | | | 信托权益合计 | 1 169 996.49 | 197 610.85 |
| 长期待摊费用 | | | | | |
| 其他资产 | | 24 700.00 | | | |
| 资产总计 | 1 174 311.68 | 197 624.16 | 负债和所有者权益合计 | 1 174 311.68 | 197 624.16 |

### 5.2.2 信托项目利润及利润分配汇总表

2010 年　　单位：万元

| 项　目 | 本年金额 | 上年金额 |
|---|---|---|
| 一、营业收入 | 23 294.03 | 391.91 |
| 利息收入 | 14 865.99 | 391.91 |
| 投资收益 | 8 428.04 | |
| 公允价值变动损益 | | |
| 租赁收入 | | |

续表

| 项　目 | 本年金额 | 上年金额 |
|---|---|---|
| 其他业务收入 | | |
| 二、支出 | 4 362.08 | 28.78 |
| （一）营业税金及附加 | | |
| （二）受托人报酬 | 3 031.22 | 7.62 |
| （三）保管费 | 376.55 | 7.48 |
| （四）资产减值损失 | | |
| （五）其他费用 | 954.31 | 13.68 |

续表

| 项　　目 | 本年金额 | 上年金额 |
|---|---|---|
| 三、信托净利润(净亏损以"-"号填列) | 18 931.95 | 363.13 |
| 四、其他综合收益 | | |
| 五、综合收益 | 18 931.95 | 363.13 |
| 六、加:期初未分配信托利润 | 12.85 | |
| 七、可供分配的信托利润 | 18 944.80 | 363.13 |
| 八、减:本期已分配信托利润 | 18 779.31 | 350.28 |
| 九、期末未分配信托利润 | 165.49 | 12.85 |

## 6. 会计报表附注

### 6.1　会计报表编制基准不符合会计核算基本前提的说明

无。

### 6.2　重要会计政策和会计估计说明

**6.2.1　计提资产减值准备的范围和方法**

计提资产减值准备的范围包括金融资产、长期股权投资、固定资产、无形资产。

计提资产减值准备的方法:金融资产,公司在资产负债表日对除了以公允价值计量且其变动计入当期损益的金融资产外的其他金融资产的账面价值进行检查,有客观证据表明金融资产发生减值的,计提减值准备。非金融资产,公司在资产负债表日检查长期股权投资、固定资产、使用寿命确定的无形资产是否存在可能发生减值的迹象。使用寿命不确定的无形资产和尚未达到可使用状态的无形资产,无论是否存在减值迹象,每年均进行减值测试。如果该等资产存在减值迹象,则估计其可收回金额。估计资产的可收回金额以单项资产为基础,如果难以对单项资产的可收回金额进行估计的,则以该资产所属的资产组为基础确定资产组的可收回金额。可收回金额为资产或者资产组的公允价值减去处置费用后的净额与其预计未来现金流量的现值两者之中的较高者。如果资产的可收回金额低于其账面价值,按其差额计提资产减值准备,并计入当期损益。非金融资产减值损失一经确认,在以后会计期间不予以转回。

**6.2.2　金融资产四分类的范围和标准**

金融资产于初始确认时分为以下四类:以公允价值计量且其变动计入当期损益的金融资产、持有至到期投资、贷款和应收款项、可供出售金融资产。金融资产在初始确认时以公允价值计量。对于以公允价值计量且其变动计入当期损益的金融资产,相关交易费用直接计入当期损益,其他类别的金融资产相关交易费用计入其初始确认金额。

**6.2.3　交易性金融资产核算方法**

以公允价值计量且其变动计入当期损益的金融资产,包括交易性金融资产和初始确认时指定为以公允价值计量且其变动计入当期损益的金融资产。交易性金融资产采用公允价值进行后续计量,公允价值变动形成的利得或损失以及与该金融资产相关的股利和利息收入计入当期损益。

**6.2.4　可供出售金融资产核算方法**

可供出售金融资产包括初始确认时即被指定为可供出售的非衍生金融资产,以及除了以公允价值计量且其变动计入当期损益的金融资产、贷款和应收款项、持有至到期投资以外的金融资产。

可供出售金融资产采用公允价值进行后续计量,公允价值变动形成的利得或损失,除减值损失和外币货币性金融资产与摊余成本相关的汇兑差额计入当期损益外,确认为其他综合收益并计入资本公积,在该金融资产终止确认时转出,计入当期损益。可供出售金融资产持有期间取得的利息及被投资单位宣告发放的现金股利,计入投资收益。

6.2.5　持有至到期投资核算方法

持有至到期投资是指到期日固定、回收金额固定或可确定,且本公司有明确意图和能力持有至到期的非衍生金融资产,采用实际利率法,按照摊余成本进行后续计量,其终止确认、发生减值或摊销产生的利得或损失,均计入当期损益。

**6.2.6　长期股权投资核算方法**

(1)长期股权投资的初始计量,长期股权投资在取得时按初始投资成本计量。初始投资成本一般为取得该项投资而付出的资产、发生或承担的负债以及发行的权益性证券的公允价值,并包括直接相关费用。但同一控制下的企业合并形成的长期股权投资,其初始投资成本为合并日取得的被合并方所有者权益的账面价值份额。

(2)长期股权投资的后续计量,能够对被投资单位实施控制的长期股权投资,以及对被投资单位不具有共同控制或重大影响,且在活跃市场中没有报价、公允价值不能可靠计量的长期股权投资采用成本法核算;对被投资单位具有共同控制或重大影响的长期股权投资,采用权益法核算。长期股权投资采用权益法核算时,对长期股权投资初始投资成本大于投资时应享有被投资单位可辨认净资产公允价值份额的,不调整长期股权投资的初始投资成本;对长期股权投资初始投资成本小于投资时应享有被投资单位可辨认净资产公允价值份额的,其差额计入当期损益,同时调整长期股权投资的成本。按权益法对长期股权投资进行核算时,先对被投资单位的净利润进行取得投资时被投资单位各项可辨认资产等的公允价值、会计政策和会计期间方面的调整,再按应享有或应分担的被投资单位的净损益份额确认当期投资损益。

**6.2.7　固定资产计价和折旧方法**

固定资产是指为生产商品、提供劳务、出租或经营管理而持有的,使用寿命超过一个会计年度的有形资产。固定资产仅在与其有关的经济利益很可能流入本公司,且其成本能够可靠地计量时才予以确认。固定资产按成本进行初始计量。固定资产从达到预定可使用状态的次月起,采用年限平均法在使用寿命内计提折旧。各类固定资产的使用寿命、预计净残值和年折旧率如下。

| 资产类别 | 使用年限(年) | 残值率(%) | 年折旧率(%) |
|---|---|---|---|
| 一、房屋建筑物 | 20 | | 5 |
| 二、运输设备 | 6 | 3 | 16.17 |
| 三、电子设备 | 3 | 3 | 32.33 |
| 四、其他设备 | 5 | 3 | 19.40 |

预计净残值是指假定固定资产预计使用寿命已满并处于使用寿命终了时的预期状态,本公司目前从该项资产处置中获得的扣除预计处置费用后的金额。与固定资产有关的

后续支出,如果与该固定资产有关的经济利益很可能流入且其成本能可靠地计量,则计入固定资产成本,并终止确认被替换部分的账面价值,除此以外的其他后续支出,在发生时计入当期损益。

本公司至少于年度终了对固定资产的使用寿命、预计净残值和折旧方法进行复核,如发生改变则作为会计估计变更处理。当固定资产处于处置状态或预期通过使用或处置不能产生经济利益时,终止确认该固定资产。固定资产出售、转让、报废或毁损的处置收入扣除其账面价值和相关税费后的差额计入当期损益。

**6.2.8 无形资产计价及摊销政策**

无形资产按成本进行初始计量。使用寿命有限的无形资产自可供使用时起,对其原值减去预计净残值和已计提的减值准备累计金额在其预计使用寿命内采用直线法分期平均摊销。使用寿命不确定的无形资产不予以摊销。

期末,对使用寿命有限的无形资产的使用寿命和摊销方法进行复核,必要时进行调整。

**6.2.9 收入确认原则和方法**

手续费收入,主要是本公司发行信托产品以及提供的财务顾问服务取得的收入,根据相关合同约定按权责发生制确认。

利息收入和支出按照相关金融资产和金融负债的摊余成本采用实际利率法计算,并计入当期损益。实际利率与合同利率差异较小的,也可按合同利率计算。

金融资产确认减值损失后,确认利息收入所使用的利率为计量减值损失时对未来现金流进行贴现时使用的利率。

**6.2.10 信托报酬的确认原则和方法**

在收入确认原则基础上,信托业务手续费收入按照信托合同约定的方法确认。

## 6.3 或有事项说明

无。

## 6.4 重要资产转让及其出售的说明

无。

## 6.5 会计报表中重要事项的明细资料

**6.5.1 披露自营资产经营情况**

6.5.1.1 按信用风险五级分类分类的结果披露信用风险资产的期初数、期末数

| 信用风险资产五级分类 | 正常类(万元) | 关注类(万元) | 次级类(万元) | 可疑类(万元) | 损失类(万元) | 信用风险资产合计(万元) | 不良资产合计(万元) | 不良资产率(%) |
|---|---|---|---|---|---|---|---|---|
| 期初数 | 94 478.15 | | | | | 94 478.15 | 0 | 0 |
| 期末数 | 112 061.4 | | | | | 112 061.44 | 0 | 0 |

注:不良资产合计=次级类+可疑类+损失类。

6.5.1.2 各项资产减值损失准备的期初、本期计提、本期转回、本期核销、期末数

无。

6.5.1.3 固有业务股票投资、基金投资、债券投资、股权投资等投资业务的期初数、期末数

单位:万元

| | 自营股票 | 基金 | 债券 | 长期股权投资 | 其他投资 | 合计 |
|---|---|---|---|---|---|---|
| 期初数 | 12.89 | | | | 31 313.09 | 31 325.98 |
| 期末数 | 1.69 | | | | 69 492.02 | 69 493.71 |

6.5.1.4 按投资入股金额排序,前五名的自营长期股权投资的企业名称,占被投资企业权益的比例,主要经营活动及投资收益情况

无。

6.5.1.5 前五名的自营贷款的企业名称,占贷款总额的比例和还款情况

| 企业名称 | 占贷款总额比重(%) | 还款情况 |
|---|---|---|
| 1. 欧美亚企业集团房地产开发有限公司 | 58.82 | 正常 |
| 2. 鸿博集团有限公司 | 25.88 | 正常 |
| 3. 中住佳展地产(徐州)有限公司 | 15.30 | 正常 |

6.5.1.6 表外业务的期初数、期末数;按照代理业务担保业务和其他类型表外业务分别披露

无。

6.5.1.7 公司当年的收入结构

| 收入结构 | 金额(万元) | 占比(%) |
|---|---|---|
| 手续费及佣金收入 | 4 964.21 | 26.46 |
| 其中:信托手续费收入 | 2 785.37 | 14.85 |
| 投资银行业务收入 | | |
| 利息收入 | 6 883.12 | 36.70 |
| 其他业务收入 | | |
| 其中:计入信托业务收入部分 | | |
| 投资收益 | 5 902.22 | 31.47 |
| 其中:股权投资收益 | | |
| 证券投资收益 | 66.76 | 0.36 |
| 其他投资收益 | 5 835.46 | 31.11 |
| 公允价值变动收益 | | |
| 营业外收入 | 1 007.67 | 5.37 |
| 收入合计 | 18 757.22 | 100 |

**6.5.2 披露信托资产管理情况**

6.5.2.1 信托资产

单位:万元

| 信托资产 | 期初数 | 期末数 |
|---|---|---|
| 集合 | 20 000.00 | 209 436.28 |
| 单一 | 177 624.16 | 910 175.40 |
| 财产权 | | 54 700.00 |
| 合 计 | 197 624.16 | 1 174 311.68 |

6.5.2.1.1 主动管理型信托业务的信托资产

单位:万元

| 主动管理型信托资产 | 期初数 | 期末数 |
|---|---|---|
| 证券投资类 | | |
| 股权投资类 | | 0.5 |
| 融资类 | 144 700.03 | 1 065 371.81 |
| 事务管理类 | | 54 700.00 |
| 合 计 | 144 700.03 | 1 120 072.31 |

6.5.2.1.2　被动管理型信托业务的信托资产

单位:万元

| 被动管理型信托资产 | 期初数 | 期末数 |
|---|---|---|
| 证券投资类 | | |
| 股权投资类 | | |
| 融资类 | 52 924.13 | 54 239.37 |
| 事务管理类 | | |
| 合计 | 52 924.13 | 54 239.37 |

6.5.2.2　本年度已清算结束的信托项目情况

6.5.2.2.1　本年度已清算结束的集合类,单一类资金信托项目和财产管理类信托项目数量、合计金额、加权平均实际年化收益率

| 已清算结束信托项目 | 项目个数 | 合计金额(万元) | 加权平均实际收益率(%) |
|---|---|---|---|
| 集合类 | 2 | 30 021.00 | 5.73 |
| 单一类 | 7 | 256 998.00 | 4.32 |
| 财产管理类 | | | |

6.5.2.2.2　本年度已清算结束的主动管理型信托项目个数、实收信托合计金额、加权平均实际年化收益率

| 已清算结束信托项目 | 项目个数 | 实收信托合计金额(万元) | 加权平均实际收益率(%) |
|---|---|---|---|
| 证券投资类 | | | |
| 股权投资类 | | | |
| 融资类 | 8 | 194 121.00 | 4.93 |
| 事务管理类 | | | |

6.5.2.2.3　本年度已清算结束的被动管理型信托项目个数、实收信托合计金额、加权平均实际年化收益率

| 已清算结束信托项目 | 项目个数 | 实收信托合计金额(万元) | 加权平均实际收益率(%) |
|---|---|---|---|
| 证券投资类 | | | |
| 股权投资类 | | | |
| 融资类 | 1 | 92 898.00 | 3.50 |
| 事务管理类 | | | |

6.5.2.3　本年度新增的集合类、单一类资金信托项目和财产管理类信托项目数量、实收信托合计金额

| 新增信托项目 | 项目个数 | 实收信托合计金额(万元) |
|---|---|---|
| 集合类 | 10 | 215 140.00 |
| 单一类 | 19 | 989 412.00 |
| 财产管理类 | 2 | 54 700.00 |
| 新增合计 | 31 | 1 259 252.00 |
| 其中:主动管理型 | 27 | 1 172 252.00 |
| 被动管理型 | 4 | 87 000.00 |

6.5.2.4　本公司履行受托人义务情况及因公司自身责任而导致的信托资产损失情况

无。

## 6.6　关联方关系及其交易的披露

### 6.6.1　关联交易情况

| | 关联交易方数量 | 关联交易金额(万元) | 定价政策 |
|---|---|---|---|
| 合 计 | 8 | 57 897.79 | 按照市场公允价格定价 |

### 6.6.2　关联交易方与本公司的关系性质、关联交易方的名称、法定代表人、注册地址、注册资本及主营业务等

| 关系性质 | 关联方名称 | 法定代表人 | 注册地址 | 注册资本(万元) | 主营业务 |
|---|---|---|---|---|---|
| 母公司 | 中国信达 | 田国立 | 北京市西城区闹市口大街9号院1号楼 | 2 515 509.69 | 不良资产管理、对外投资 |
| 同一母公司 | 信达投资有限公司 | 刘亚晶 | 北京市西城区闹市口大街9号院1号楼 | 200 000 | 实业投资 |

### 6.6.3　公司与关联方的重大交易事项

6.6.3.1　固有财产与关联方交易情况:贷款、投资、租赁、应收账款、担保、其他方式等期初汇总数、本期发生额汇总数、期末汇总数

固有与关联方关联交易

单位:万元

| | 期初数 | 借方发生额 | 贷方发生额 | 期末数 |
|---|---|---|---|---|
| 贷　款 | | | | |
| 投　资 | | | | |
| 租　赁 | | | | |
| 担　保 | | | | |
| 应收账款 | | | | |
| 其　他 | 14 100.90 | 5 055.31 | 1 032.00 | 10 077.59 |
| 合　计 | 14 100.90 | 5 055.31 | 1 032.00 | 10 077.59 |

6.6.3.2　信托与关联方交易情况:贷款、投资、租赁、应收账款、担保、其他方式等期初汇总数、本期借方和贷方发生额汇总数、期末汇总数

信托与关联方关联交易

单位:万元

| | 期初数 | 借方发生额 | 贷方发生额 | 期末数 |
|---|---|---|---|---|
| 贷　款 | | | | |
| 投　资 | | | | |
| 租　赁 | | | | |
| 担　保 | | | | |
| 应收账款 | | | | |
| 其　他 | 4 700.00 | | 4 700.00 | 0 |
| 合　计 | 4 700.00 | | 4 700.00 | 0 |

6.6.3.3　信托公司自有资金运用于自己管理的信托项目(固信交易)、信托公司管理的信托项目之间的相互(信信交易)交易金额,包括余额和本报告年度的发生额

6.6.3.3.1 固有与信托财产之间的交易金额期初汇总数、本期发生额汇总数、期末汇总数

固有财产与信托财产相互交易

单位：万元

| | 期初数 | 借方发生额 | 贷方发生额 | 期末数 |
|---|---|---|---|---|
| 合计 | 13 141.00 | 48 141.00 | 35 000.00 | |

6.6.3.3.2 信托财产与信托财产之间的交易金额期初汇总数、本期发生额汇总数、期末汇总数

无。

6.6.4 关联方逾期未偿还本公司资金的详细情况以及本公司为关联方担保发生或即将发生垫款的情况

无。

## 7. 财务情况说明书

### 7.1 利润实现

2010年，公司实现净利润10 281.70万元，根据《信托公司管理办法》规定，按照净利润5%的比例计提信托赔偿准备金5 140 849.61元，累计可供分配利润－16 785.28万元。

### 7.2 主要财务指标

| 指标名称 | 指标值 |
|---|---|
| 资本利润率（%） | 8.45 |
| 人均净利润（万元/人） | 186.94 |

### 7.3 本年度对本公司财务状况、经营成果有重大影响的其他事项

无。

## 8. 特别事项简要揭示

### 8.1 前五名股东发生变动情况及原因

无。

### 8.2 董事、监事及高级管理人员变动情况及原因

无。

### 8.3 公司的重大诉讼事项

无。

## 9. 监事会意见

监事会认为，公司董事、高级管理人员能够严格按照《公司法》、《公司章程》及有关法律法规依法运作，业务决策程序合法，内部控制制度完善，公司董事、高级管理人员执行公司职务时没有违反法律、法规、公司章程或损害公司及受益人利益的行为。

报告期内，公司财务报告真实地反映了公司财务状况和经营成果。

# 中海信托股份有限公司

## 1. 重要提示

1.1 本公司董事会及董事保证本报告所载资料不存在任何虚假记载、误导性陈述或者重大遗漏，并对其内容的真实性、准确性和完整性承担个别及连带责任。

1.2 公司独立董事王国刚、张德荣、邝志强先生声明：保证本报告的内容真实、准确、完整。

1.3 中瑞岳华会计师事务所有限公司对本公司出具了标准无保留意见的审计报告。

1.4 公司董事长傅成玉先生、总裁储晓明先生、财务总监周炯先生、会计机构负责人张萍女士声明：保证年度报告中财务报告的真实、完整。

## 2. 公司概况

### 2.1 公司简介

中海信托股份有限公司（以下简称中海信托）系由中国海洋石油总公司（以下简称中国海油）和中国中信集团公司（以下简称中信集团）共同投资设立的国有非银行金融机构。

中海信托秉承“诚信稳健、忠人所托”的经营理念，专注于能源、交通、基础设施等行业，坚持差异化、风控优先策略，将创新视为发展的动力，致力于打造一流的信托资产管理公司。2010年，中海信托管理信托资产规模达到1 645亿元，全年累计管理信托资产规模3 224亿元，公司在风险可控前提下，资产管理能力不断提升。2010年，公司不良资产继续保持为零，连续7年没有新增不良资产、没有发生任何信托计划不能按时兑付的情况。

#### 2.1.1 公司情况简表

| | |
|---|---|
| 公司名称（简称） | 中海信托股份有限公司（中海信托） |
| 公司英文名称（缩写） | Zhonghai Trust Co. Ltd.（ZHTRUST） |
| 公司法定代表人 | 储晓明 |
| 主要营业场所 | 上海市中山东二路15号7楼 |
| 公司网站 | http://www.zhtrust.com |

#### 2.1.2 主要联系人及联系方式

| | |
|---|---|
| 信息披露负责人 | 胡旭鹏 |
| 联系电话 | 021-63555000 |
| 传真 | 021-63551955 |
| 电子信箱 | service@zhtrust.com |
| 联系地址 | 上海市中山东二路15号7楼 |
| 邮政编码 | 200002 |

#### 2.1.3 其他事项

2.1.3.1 公司选定《中国证券报》、《证券时报》、《上海证券报》作为本次信息披露的报纸。公司年报全文将备置在公司营业场所及网站供查询。

2.1.3.2 公司年报审计会计师事务所：中瑞岳华会计师事务所有限公司
联系地址：北京市西城区金融大街35号国企大厦A座8层
邮政编码：100032

2.1.3.3 公司常年法律顾问：上海市锦天城律师事务所
联系地址：上海市浦东新区花园石桥路33号花旗大厦14层
邮政编码：200120

### 2.2 组织结构

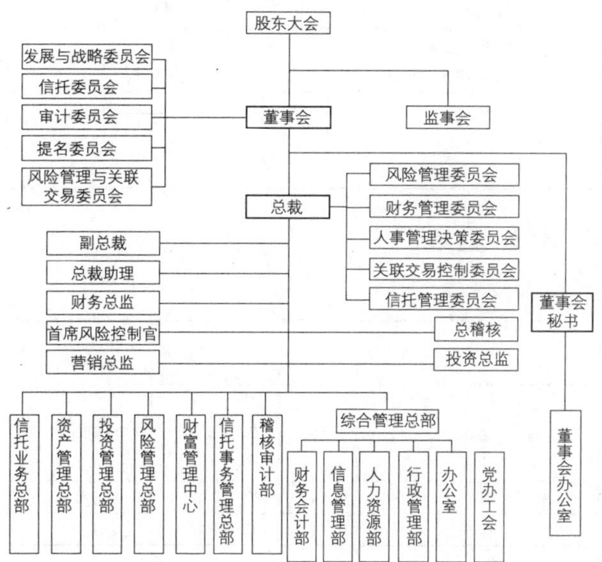


## 3. 公司治理结构

### 3.1 股东

股东总数：2个。

| 股东名称 | 持股比例（%） | 法人代表 | 注册资本（万元） | 注册地址 | 主要经营业务及主要财务情况 |
|---|---|---|---|---|---|
| 中国海洋石油总公司★ | 95 | 傅成玉 | 9 493 161.40 | 北京市东城区朝阳门北大街25号 | 海上石油、天然气勘探、开发、生产及炼油等。2009年，中国海油全年实现营业收入2 096亿元，利润总额524亿元，总资产4 095亿元，净资产2 059亿元。全年油气当量达4 766万吨油当量。 |
| 中国中信集团公司 | 5 | 孔　丹 | 3 000 000.00 | 北京市朝阳区新源南路6号 | 国内外投资业务、国际国内金融业务等。截至2009年末，中信集团的总资产为21 538亿元；当年净利润为282亿元。 |

注：最终实际控制人在股东名称一栏中加★表示。

## 3.2 董事

董事长、副董事长、董事

| 姓　名 | 职　务 | 性别 | 年龄 | 选任日期 | 所推举的股东名称 | 该股东持股比例(%) | 简　要　履　历 |
|---|---|---|---|---|---|---|---|
| 傅成玉 | 董事长 | 男 | 59 | 2009 年 4 月 | 中国海油 | 95 | 2003 年 10 月至今，出任中国海洋石油总公司总经理，兼中国海洋石油有限公司董事长、首席执行官。 |
| 徐永昌 | 董事 | 男 | 42 | 2007 年 12 月 | 中国海油 | 95 | 2004 年 3 月至今，担任中国海油资产管理部总经理。 |
| 储晓明 | 董事 | 男 | 48 | 2007 年 12 月 | 中国海油 | 95 | 2003 年 7 月至 2011 年 1 月，历任中海信托常务副总经理、总裁、党委书记。 |
| 张极井 | 董事 | 男 | 55 | 2007 年 12 月 | 中信集团 | 5 | 2010 年 4 月任中国中信集团公司常务董事、副总经理；历任中国中信集团公司董事、总经理助理兼战略与计划部主任，中信泰富有限公司行政总裁。 |

独立董事

| 姓　名 | 所在单位及职务 | 性别 | 年龄 | 选任日期 | 所推举的股东名称 | 该股东持股比例(%) | 简　要　履　历 |
|---|---|---|---|---|---|---|---|
| 王国刚 | 中国社会科学院金融研究所副所长 | 男 | 55 | 2007 年 12 月 | — | — | 1994 年至今，就职于中国社科院；现任中国社会科学院金融研究所副所长。 |
| 张德荣 | 中伦文德律师事务所律师、创始合伙人、执行主任 | 男 | 46 | 2007 年 12 月 | — | — | 2004 年至今，担任中伦文德律师事务所律师、创始合伙人、执行主任。 |
| 邝志强 | — | 男 | 61 | 2009 年 10 月 | 中国海油 | 95 | 曾是香港证券交易委员会的独立理事，并在三年内担任监查委员会和上市委员会召集人；目前还担任天津发展控股有限公司、北京首都国际机场股份有限公司等公司独立非执行董事。 |

## 3.3 监事

监事会成员

| 姓　名 | 职务 | 性别 | 年龄 | 选任日期 | 所推举的股东名称 | 该股东持股比例(%) | 简要履历 |
|---|---|---|---|---|---|---|---|
| 张兆善 | 主席 | 男 | 54 | 2010 年 1 月 | 中国海油 | 95 | 1998 年至 2008 年，历任中国化工供销(集团)财务部主任、副总会计师、总会计师职务，2008 年至 2009 年，任中国海洋石油总公司销售分公司 财务总监，2009 年 12 月起担任中国海油监事会主席。 |
| 罗　衡 | 监事 | 男 | 59 | 2007 年 12 月 | 中信集团 | 5 | 1998 年至今，担任中信华东集团公司副总经理。 |
| 张　悦 | 监事 | 女 | 41 | 2007 年 12 月 | 职工代表 | — | 2007 年 9 月至今，担任中海信托稽核审计部经理。 |

## 3.4 高级管理人员

| 姓　名 | 职　务 | 性别 | 年龄 | 选任日期 | 金融从业年限 | 学历 | 专业 | 简要履历 |
|---|---|---|---|---|---|---|---|---|
| 储晓明 | 总裁 | 男 | 48 | 2007 年 12 月 | 27 | 硕士 | 工商管理 | 2003 年 7 月至 2011 年 1 月，历任中海信托常务副总经理、总裁、党委书记，中海基金管理有限公司董事长。 |
| 扈学爱 | 总稽核 | 女 | 53 | 2007 年 12 月 | 16 | 专科 | 会计 | 2007 年 12 月至今，担任公司总稽核。2010 年 5 月起担任中海信托党委副书记、纪委书记，2010 年 12 月起担任中海信托党委书记、纪委书记。 |
| 周　炯 | 副总裁、财务总监 | 男 | 50 | 2008 年 7 月 | 10 | 硕士 | 会计学 | 2002 年至 2008 年 7 月，历任中海石油财务有限责任公司资金部经理、总会计师；2008 年 7 月至今担任中海信托股份有限公司副总裁兼财务总监。 |
| 胡旭鹏 | 副总裁、首席风险控制官、董事会秘书 | 男 | 35 | 2007 年 12 月 | 9 | 硕士 | 经济法 | 2007 年 12 月起，任中海信托董事会秘书、合规总监；2008 年 7 月起同时担任公司副总裁，2010 年 8 月起兼任公司首席风险控制官(同时免去合规总监一职)。 |
| 魏志刚 | 总裁助理、营销总监 | 男 | 37 | 2010 年 11 月 | 10 | 硕士 | 金融、工商管理 | 2005 年起，历任北京管理总部副总经理、总经理、信托业务二部负责人、信托业务总部总经理兼信托业务一部(北京)经理。2010 年 2 月起担任公司营销总监，2010 年 11 月起兼任公司总裁助理。 |
| 朱恩惠 | 运营总监 | 女 | 53 | 2010 年 8 月 | 23 | 本科 | 会计 | 1997 年 10 月担任计划财务部经理；随后先后资产托管部经理、信托事务管理总部总经理等；2010 年 9 月至今，担任公司运营总监，兼任信托事务管理总部总经理。 |
| 蒋良书 | — | 男 | 59 | 2009 年 2 月 | 18 | 大专 | 会计 | 1999 年至今，先后任中海信托工会主席、党委委员职务，主要负责公司党建政治思想工作。 |

## 3.5 公司员工

| 项目 | | 报告期年度 | | 上年度 | |
|---|---|---|---|---|---|
| | | 人数 | 比例(%) | 人数 | 比例(%) |
| 年龄分布 | 20岁以下 | — | — | — | — |
| | 20~29岁 | 33 | 37.50 | 22 | 30.99 |
| | 30~39岁 | 38 | 43.18 | 32 | 45.07 |
| | 40岁以上 | 17 | 19.32 | 17 | 23.94 |
| 学历分布 | 博士 | 3 | 3.41 | 3 | 4.23 |
| | 硕士 | 55 | 62.50 | 43 | 60.56 |
| | 本科 | 22 | 25.00 | 18 | 25.35 |
| | 专科 | 8 | 9.09 | 7 | 9.86 |
| | 其他 | — | — | — | — |
| 岗位分布 | 董事、监事及其高管人员 | 8 | 9.09 | 9 | 12.68 |
| | 自营业务人员 | 9 | 10.23 | 5 | 7.04 |
| | 信托业务人员 | 49 | 55.68 | 38 | 53.52 |
| | 其他人员 | 22 | 25.00 | 19 | 26.76 |

注:自营业务人员是指按照岗位分工,专门或至少主要从事固有资金使用和固有资产管理有关业务的职工;信托业务人员是指按照岗位分工,专门或主要从事信托资金使用和信托资产管理各项业务的职工;对于人力资源部等类似无法明确区分的综合部门归为其他人员。

# 4. 经营管理

## 4.1 经营目标、方针、战略规划

### 4.1.1 经营目标

依托金融创新,探索产融结合,注重合规经营,成为以现代资产管理业务为核心、综合金融服务为手段,专注于能源、交通、基础设施等行业的国内一流、国际知名的信托公司。

### 4.1.2 经营方针

以保障委托人合法利益为最高准则,秉承合规、稳健的经营思路,实施大机构、大项目的"双大"策略,走低风险、差异化的发展道路,追求风险可控的经济效益。

### 4.1.3 战略规划

公司确定了创新引领、人才为本、风控优先、结盟发展、文化保障、差异化和专业化七大发展策略,结合行业特点和自身优势,分别制定了信托业务、风险控制、信息技术、人力资源发展规划,稳步推进战略目标的实现。

## 4.2 所经营业务的主要内容

公司经营中国银行业监督管理委员会核准的信托及自有业务,主要业务包括信托投行业务、资产管理业务以及事务性信托业务。

(1)信托投行业务。包括基于实业领域的信托投行业务、基于银行信贷资产的信托投行业务两大类。基于实业领域的信托投行业务,是以产融结合为核心,为交通、能源、基础设施等企业提供以规模化、标准化的结构化私募融资业务为主的金融服务,包括信托贷款、资产支持信托计划、并购基金、私募股权基金、房地产基金、股权信托、财务顾问等。基于银行信贷资产的信托投行业务,包括信贷资产证券化、不良资产处理等业务。

(2)资产管理业务。以固定收益类和资产配置类的资产管理产品为主,以商业银行理财部门、私人银行部门和国内的超高净值私人客户为重点对象的财富管理业务,包括结构化证券投资业务、QDII业务、主动管理的固定收益类产品业务等。

(3)事务性信托业务。主要包括事务性受托业务。

### 4.2.1 自营资产运用与分布表

| 资产运用 | 金额(万元) | 占比(%) | 资产分布 | 金额(万元) | 占比(%) |
|---|---|---|---|---|---|
| 货币资产 | 12 286.25 | 5.05 | 基础产业 | | |
| 贷款及应收款 | 10 000.00 | 4.11 | 房地产业 | | |
| 买入返售金融资产投资 | 27 116.33 | 11.14 | 证券市场 | 18 791.01 | 7.72 |
| 可供出售金融资产投资 | 131 479.61 | 54.04 | 实业 | 10 000.00 | 4.11 |
| 长期股权投资 | 58 975.73 | 24.24 | 金融机构 | 86 092.06 | 35.38 |
| 其他 | 3 448.60 | 1.42 | 其他 | 128 423.45 | 52.79 |
| 资产总计 | 243 306.52 | 100.00 | 资产总计 | 243 306.52 | 100.00 |

注:资产分布"其他"项主要包括信托产品投资等。

### 4.2.2 信托资产运用与分布表

| 资产运用 | 金额(万元) | 占比(%) | 资产分布 | 金额(万元) | 占比(%) |
|---|---|---|---|---|---|
| 货币资产 | 347 145.00 | 2.11 | 基础产业 | 8 380 879.00 | 50.93 |
| 贷款 | 9 344 155.00 | 56.79 | 房地产 | 1 416 300.00 | 8.61 |
| 交易性金融资产投资 | 2 435 273.00 | 14.80 | 其他实业 | 1 832 519.00 | 11.14 |
| 可供出售金融资产投资 | 3 248 125.00 | 19.74 | 证券市场 | 2 003 759.00 | 12.18 |
| 持有至到期投资 | 0.00 | 0.00 | 金融机构 | 1 177 587.00 | 7.16 |
| 长期股权投资 | 1 001 802.00 | 6.09 | 其他 | 1 643 876.00 | 9.98 |
| 其他 | 78 420.00 | 0.47 | | | |
| 信托资产总计 | 16 454 920.00 | 100.00 | 信托资产总计 | 16 454 920.00 | 100.00 |

## 4.3 市场分析

### 4.3.1 有利因素

(1)能源、交通、基础设施行业未来几年仍将呈现快速发展的势头,为公司提供了更广阔的业务拓展空间。

(2)公司加速战略布局,确立业务定位和中长期发展规划;秉承合规、稳健的经营理念,风控体系日趋完善;树立起稳健经营的品牌优势;专业化的资产管理团队成为公司可持续发展的基础。

(3)积累了一批优质的机构客户和高端个人客户资源,具有较高的客户忠诚度。

### 4.3.2 不利因素

(1)监管政策频繁出台,对信托公司也已形成的较为成熟的业务模式有所冲击,对公司的资本金也提出了更高要求。

(2)理财市场竞争加剧,与银行、证券、基金、保险等金融机构相比,信托公司在细分领域的市场竞争中不占优势。

## 4.4 内部控制

### 4.4.1 内部控制环境和内部控制文化

公司法人治理结构完善,股东不干涉公司经营,董事会、监事会、各专业委员会以提高业务的安全性和维护委托人的利益为根本出发点,不以利润作为对经营层的主要考核指标,追求风险可控前提下效益的稳步增长,为公司营造了健康的内部控制环境。

目前公司已建立起比较完善的内部控制体系，合规稳健和风控优先的内部控制文化深入人心，在数次监管机构组织的现场检查和外部审计中得到较好评价。

4.4.2　内部控制措施

公司层面设立了风险管理委员会、人事管理委员会、财务管理委员会和关联交易控制委员会，对涉及项目投资及资产处置、人事任免、费用支出、关联交易等重大事项进行民主决策、集体审议。公司建立了从股东（大）会到普通员工的分级授权体系，形成了由股东（大）会等“三会”、管理层、专职风控部门和一线员工组成的全过程内部控制体系。在重要岗位上，均做到双人双岗，强化了岗位间的相互制约和监督。公司还根据各业务板块特点，确立了比较科学合理的操作流程。

本公司建立起动态的制度管理体系，提高制度的适用性与可持续性。公司设立首席风险控制官，负责公司风险文化的普及，风险政策和制度的完善以及全面风险管理相关牵头工作。公司设立风险管理总部，对项目风险进行事前防范和事中控制，发挥风险防火墙的作用，较好隔离业务前台与后台。公司设立专职的总稽核，并积极开展内部审计，对公司的内控制度执行情况进行独立稽核检查，审计部门定期向董事会就公司管理层执行内控制度的情况提交独立报告。

公司近几年加强了信息化建设，ERP 系统（SAP）、安硕信托业务管理系统、金手指清算估值系统、恒生资产管理系统、账户管理系统、综合管理平台系统等逐步完善，从而极大地提高了公司管理运作效率和风险控制能力。

面对金融危机冲击带来的外部环境不确定性，公司注重系统风险的防范，提高了项目的准入门槛和审查标准，加大了项目后期管理力度，完善相应的风险防范措施，重点开展了以基础流程、基础制度、基础档案为主要内容的基础整顿工作，进一步提升了公司内控制度的完备性、可操作性和时效性，增强了公司抵御危机的能力。

4.4.3　信息交流与反馈

公司已根据银监会要求和公司经营需要建立了比较完备的信息披露、信息交流和信息反馈机制，并得到了切实有效的执行。

2010 年 4 月，公司按照相关规定在指定报纸上刊登了公司 2009 年年报，受到较好反响。

根据有关监管要求，对于集合资金信托业务、关联交易、高管更替等重大事项，公司均履行了完备的报备或报批手续。对于监管机构提出的问题或建议，公司均给予及时、详细的信息反馈或制定整改措施。公司还邀请监管机构代表列席董事会会议，现场就有关问题进行交流、探讨。

公司能够严格执行向委托人、受益人披露信托事务处理信息的有关制度，确保相关当事人的知情权。

4.4.4　监督评价与纠正

公司已初步建立起一个立体的、全方位的监督制约体系：纵向监督体现为董事会、监事会对经营班子的监督制约、经营班子对业务部门的监督制约；横向监督主要体现为四个管理委员会（风险、人事、财务和关联交易）对经营班子的监督制约，部门之间、岗位之间的相互监督制约。根据金融企业特点，已建立双岗、双签和双账制度。同时，风险管理部门和审计部门对整个公司的风险、内部控制进行独立监督和评价，定期进行检查，并要求相关部门对发现的问题限期整改。

公司设有总稽核一职和独立的稽核审计部，在董事会和总裁的双重领导下开展工作，他们独立于所有的业务和管理部门，其职责是对公司各项业务的合法合规性和经济责任进行稽核审计。凡涉及日常工作及操作层面的稽核审计，对总裁负责；凡涉及对公司经营层面的监督，对董事会负责，稽核审计部门每季度独立向董事会报告工作。

## 4.5　风险管理概况

风险控制体系和风险管理能力是金融企业最核心的技术和最重要的能力之一，公司的理念是只有风险可控的发展才是真正的可持续发展。公司建立了较健全的风险控制组织结构和机制，基本形成了前台、中台、后台相分离、信托资金运作与自有资金运作相分离的风险管理框架。

风险管理组织结构：

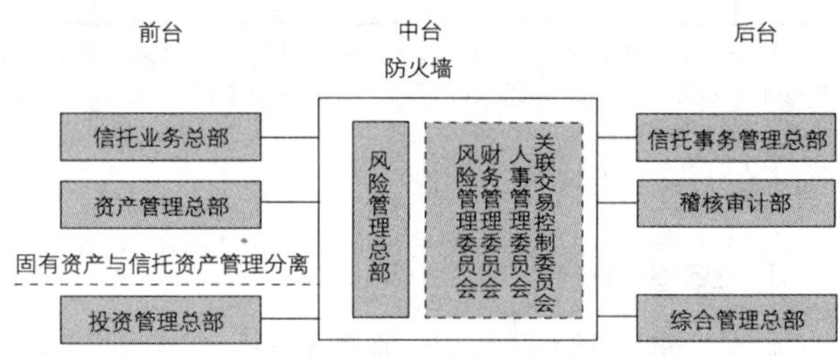


公司的前台由信托业务总部、资产管理总部、投资管理总部构成，分别负责信托业务开拓和固有资产管理。

公司的中台由风险管理总部和公司四个非常设的委员会组成，主要作用是集体决策和事中控制。风险管理总部的职责是建立健全内部风险管理体系，防范和控制风险。四个委员会的主要职责是对公司业务、财务工作、机构人事安排和关联交易事项进行审议，并在相关授权范围内进行决策。公司制定了上述四个委员会的议事规则，明确职责和议事程序。

公司的后台由信托事务管理总部、稽核审计部和综合管理总部形成，其职责是完成信托资金托管清算、财务核算、审计监督、行政人事等后台支持。

4.5.1　信用风险管理

信用风险指交易对手不能履约而带来的风险。公司面临的信用风险表现为：在开展信托业务时，交易对手或融资方违约造成的风险；其他信托公司的信用危机而引发全行业信用风险的可能性。公司面临的信用风险小。公司无不良资产。

公司设立了信托业务总部、投资管理总部、信托事务管理总部、风险管理总部、稽核审计部等部门，按照职能划分，进行机构分离，强化制约机制；通过流程再造，标准化程序设计，完善了事前评估、事中控制、事后检查的风险控制流程；通过建立客户关系管理系统，持续关注交易对手的资信状况、履约能力及其变化，防范信用风险；通过设定客户准入门槛及业务准入标准，筛选出高质量客户；通过实行重点客户、区域倾斜、保持一定程度的客户集中度，在依托各种信用增级手段的基础上，切实降低了信用风险；通过法律条款的设定，借助外部律师的专业意见，提高抵御信用风险的能力。

#### 4.5.2 市场风险管理

市场风险是指经营过程中由于股票价格波动、商品价格波动、利率变化、汇率变动等金融市场波动而产生损失的风险。市场风险主要存在于公司证券投资业务，以及其他与股票价格、利率、汇率、商品价格等挂钩的特定金融产品投资业务中。2010年，面临的市场风险主要是证券市场价格波动频繁，公司证券投资信托的净值随之波动，委托人/受益人的获利难度增大；同时，证券市场价格的波动也对公司投资的金融股权的价值造成了一定影响。

公司成立证券投资风险控制机构。证券投资风险控制机构对证券交易部门提交的资产配置方案、投资策略进行审议，决定资产配置比例、行业分配比例等。对市场风险的控制主要通过定期对宏观经济运行和政策趋势、证券市场发展政策和思路等方面因素进行跟踪研究，及时作出相关的研究报告，为投资决策提供依据等方式实现。公司对证券投资业务应当采用限额管理，确保市场风险控制在可以承受的合理范围内。市场风险限额包括交易限额、止损限额等，风险限额设定后不得随意突破。公司通过压力测试评估市场风险亏损承受能力。证券交易部门在制定主动管理的投资方案中明确各证券品种止损线、警示线、止赢线等量化指标，经风管会批准后由风险管理总部和证券交易部门负责对止损止赢执行情况进行系统和人工监控，对发生大幅波动及达到止损点的投资品种及时采取措施。

#### 4.5.3 操作风险状况

操作风险是指公司由于内部程序、人员、系统的不完善或失误，或外部事件造成的影响。2010年，公司未发生因内部原因或外部冲击造成的直接或间接损失，也未发现滥用操作权，追求私利的情况。

本公司已经建立了以SAP系统为核心的业务系统平台，所有业务实施和后台管理均通过系统完成，减少了手工操作失误可能导致的损失；逐步完善公司的内控制度，制定了各种业务管理办法和岗位职责制度，对本公司每一项业务内容，均制定了操作细则和操作流程，明确流程中每一环节的责任及权限；对各个环节规定了严格的岗位标准，在强化目标管理的同时坚持过程控制，防范人为因素带来的经营风险。同时，本公司依据行业监管要求从每年的税后利润中充分计提信托赔偿准备金，用以弥补由于公司的可能过失而导致的信托业务损失，充分保障受益人利益。

#### 4.5.4 其他风险状况

公司面临的其他风险主要表现为法律风险与合规风险。法律风险是由于违反有关法律法规、监管规定及合同等原因可能造成经济损失或企业信誉损失的风险。合规风险是指因未能遵循法律、监管规定、规则、自律性组织制定的有关准则以及适用于自身业务活动的行为准则而可能遭受法律制裁或监管处罚、重大财务损失或声誉损失的风险。公司未发生从业人员违反法律法规和职业操守的行为。公司本年未发生合规和法律风险。

公司所有重大合同均通过法律事务岗审核同意，并出具独立意见；重大、创新和复杂项目均聘请专业外部律师事务所进行审查，并出具无保留意见的法律意见书后方可实施。公司设有首席风险控制官监控公司整体运营风险，并设立专门的合规岗，负责业务的合规审查和制度完善。

## 5. 报告期末及上年末的比较式会计报表

### 5.1 自营资产

#### 5.1.1 会计师事务所审计结论

**审 计 报 告**

中瑞岳华审字〔2011〕第03082号

中海信托股份有限公司董事会：

我们审计了后附的中海信托股份有限公司（以下简称贵公司）财务报表，包括2010年12月31日的资产负债表，2010年度的利润表、现金流量表和所有者权益变动表，2010年12月31日的资产减值准备情况表以及财务报表附注。

一、管理层对财务报表的责任

按照企业会计准则的规定编制财务报表是贵公司管理层的责任。这种责任包括：(1)设计、实施和维护与财务报表编制相关的内部控制，以使财务报表不存在由于舞弊或错误而导致的重大错报；(2)选择和运用恰当的会计政策；(3)作出合理的会计估计。

二、注册会计师的责任

我们的责任是在实施审计工作的基础上对财务报表发表审计意见。我们按照中国注册会计师审计准则的规定执行了审计工作。中国注册会计师审计准则要求我们遵守职业道德规范，计划和实施审计工作以对财务报表是否不存在重大错报获取合理保证。

审计工作涉及实施审计程序，以获取有关财务报表金额和披露的审计证据。选择的审计程序取决于注册会计师的判断，包括对由于舞弊或错误导致的财务报表重大错报风险的评估。在进行风险评估时，我们考虑与财务报表编制相关的内部控制，以设计恰当的审计程序，但目的并非对内部控制的有效性发表意见。审计工作还包括评价管理层选用会计政策的恰当性和作出会计估计的合理性，以及评价财务报表的总体列报。

我们相信，我们获取的审计证据是充分、适当的，为发表审计意见提供了基础。

三、审计意见

我们认为，上述财务报表已经按照企业会计准则的规定编制，在所有重大方面公允反映了贵公司2010年12月31日的财务状况以及2010年度的经营成果和现金流量。

中瑞岳华会计师事务所有限公司　　　中国注册会计师：

中国·北京　　　中国注册会计师：

2011年2月28日

### 5.1.2 资产负债表

**资产负债表**

2010年12月31日

编制单位：中海信托股份有限公司　　　　单位：万元

| 项　目 | 期末数 | 期初数 |
|---|---|---|
| 资产： | | |
| 现金及存放中央银行款项 | 0.08 | 0.27 |
| 存放同业款项 | 12 286.17 | 18 513.32 |
| 贵金属 | — | — |
| 拆出资金 | — | — |
| 交易性金融资产 | 1.71 | 30 009.83 |
| 衍生金融资产 | — | — |
| 买入返售金融资产 | 27 116.33 | — |
| 应收利息 | 80.87 | 254.39 |
| 发放贷款和垫款 | 10 000.00 | 10 000.00 |
| 可供出售金融资产 | 131 479.61 | 166 262.61 |
| 持有至到期投资 | — | — |
| 长期股权投资 | 58 975.73 | 16 132.51 |
| 投资性房地产 | — | — |
| 固定资产 | 501.97 | 431.02 |
| 无形资产 | 107.24 | 160.36 |
| 递延所得税资产 | 2 205.81 | 793.09 |
| 其他资产 | 551.00 | 998.14 |
| 资 产 总 计 | 243 306.52 | 243 555.54 |
| 负债： | | |
| 向中央银行借款 | | — |
| 同业及其他金融机构存放款项 | | — |
| 拆入资金 | | — |
| 交易性金融负债 | | — |
| 衍生金融负债 | | — |
| 卖出回购金融资产款 | | — |
| 吸收存款 | | — |
| 应付职工薪酬 | 6 107.39 | 2 919.21 |
| 应交税费 | 9 406.61 | 6 829.47 |
| 应付利息 | | — |
| 预计负债 | | — |
| 应付债券 | | — |
| 递延所得税负债 | | 1 381.25 |
| 其他负债 | 450.28 | 848.45 |
| 负债合计 | 15 964.28 | 11 978.38 |
| 所有者权益： | | |
| 实收资本 | 120 000.00 | 120 000.00 |
| 资本公积 | -3 280.92 | 3 118.34 |
| 减：库存股 | — | — |
| 专项储备 | — | — |
| 盈余公积 | 17 336.83 | 12 120.39 |
| 一般风险准备 | 11 246.76 | 8 638.55 |
| 未分配利润 | 82 039.57 | 87 699.88 |
| 所有者权益合计 | 227 342.24 | 231 577.16 |
| 负债及所有者权益总计 | 243 306.52 | 243 555.54 |

### 5.1.3 利润表

**利润表**

2010年

编制单位：中海信托股份有限公司　　　　单位：万元

| 项　目 | 本年数 | 上年数 |
|---|---|---|
| 一、营业收入 | 81 311.58 | 65 896.04 |
| 利息净收入 | 5 267.97 | 7 722.52 |
| 利息收入 | 5 269.86 | 7 722.52 |
| 利息支出 | 1.89 | — |
| 手续费及佣金净收入 | 62 175.70 | 47 961.21 |
| 手续费及佣金收入 | 62 229.60 | 47 961.21 |
| 手续费及佣金支出 | 53.90 | — |
| 投资收益（损失以"-"号填列） | 13 293.79 | 9 070.48 |
| 其中：对联营企业和合营企业的投资收益 | 6 560.31 | 4 005.53 |
| 公允价值变动收益（损失以"-"号填列） | — | — |
| 汇兑收益（损失以"-"号填列） | -359.23 | -10.99 |
| 其他业务收入 | 933.35 | 1 152.82 |
| 二、营业支出 | 13 821.97 | 9 965.57 |
| 营业税金及附加 | 4 126.71 | 3 330.86 |
| 业务及管理费 | 9 838.07 | 6 727.22 |
| 资产减值损失 | -155.66 | -119.77 |
| 其他业务成本 | 12.85 | 27.26 |
| 三、营业利润（亏损以"-"号填列） | 67 489.61 | 55 930.47 |
| 加：营业外收入 | 10.99 | 194.02 |
| 减：营业外支出 | 78.91 | 14.43 |
| 四、利润总额（亏损以"-"号填列） | 67 421.69 | 56 110.06 |
| 减：所得税费用 | 15 257.34 | 12 736.16 |
| 五、净利润（净亏损以"-"号填列） | 52 164.35 | 43 373.90 |

## 5.1.4 所有者权益变动表

**所有者权益变动表**

编制单位:中海信托股份有限公司　　2010年　　单位:万元

| 项目 | 本年金额 | | | | | | | | | | | 上年金额 | | | | | | | | | | |
|---|---|---|---|---|---|---|---|---|---|---|---|---|---|---|---|---|---|---|---|---|---|---|
| | 归属于母公司所有者权益 | | | | | | | | | 少数股东权益 | 所有者权益合计 | 归属于母公司所有者权益 | | | | | | | | | 少数股东权益 | 所有者权益合计 |
| | 实收资本(或股本) | 资本公积 | 减:库存股 | 专项储备 | 盈余公积 | 一般风险准备 | 未分配利润 | 其他 | 小计 | | | 实收资本(或股本) | 资本公积 | 减:库存股 | 专项储备 | 盈余公积 | 一般风险准备 | 未分配利润 | 其他 | 小计 | | |
| 一、上年末余额 | 120 000.00 | 3 118.34 | | | 12 120.39 | 8 638.54 | 87 699.88 | | 231 577.16 | — | 231 577.16 | 120 000.00 | -11 352.10 | — | — | 7 783.00 | 6 469.85 | 50 832.07 | — | 173 732.82 | — | 173 732.82 |
| 加:会计政策变更 | — | — | — | — | — | — | — | — | — | — | — | — | — | — | — | — | — | — | — | — | — | — |
| 前期差错更正 | — | — | — | — | — | — | — | — | — | — | — | — | — | — | — | — | — | — | — | — | — | — |
| 二、本年初余额 | 120 000.00 | 3 118.34 | — | — | 12 120.39 | 8 638.54 | 87 699.88 | — | 231 577.16 | — | 231 577.16 | 120 000.00 | -11 352.10 | — | — | 7 783.00 | 6 469.85 | 50 832.07 | — | 173 732.82 | — | 173 732.82 |
| 三、本年增减变动金额 | | -6 399.27 | — | — | 5 216.43 | 2 608.22 | -5 660.31 | — | -4 234.92 | — | -4 234.92 | — | 14 470.45 | — | — | 4 337.39 | 2 168.69 | 36 867.81 | — | 57 844.35 | — | 57 844.35 |
| (一)净利润 | — | — | — | — | — | — | 52 164.35 | — | 52 164.35 | — | 52 164.35 | — | — | — | — | — | — | 43 373.90 | — | 43 373.90 | — | 43 373.90 |
| (二)直接计入所有者权益的利得和损失 | | -6 399.27 | | | — | — | — | — | -6 399.27 | — | -6 399.27 | — | 14 470.45 | — | — | — | — | — | — | 14 470.45 | — | 14 470.45 |
| 1. 可供出售金融资产公允价值变动净额 | — | -8 258.62 | — | — | — | — | — | — | -8 258.62 | — | -8 258.62 | — | 17 303.87 | — | — | — | — | — | — | 17 303.87 | — | 17 303.87 |
| 2. 权益法下被投资单位其他所有者权益变动的影响 | — | -205.30 | — | — | — | — | — | — | -205.30 | — | -205.30 | — | 1 492.54 | — | — | — | — | — | — | 1 492.54 | — | 1 492.54 |
| 3. 与计入所有者权益项目相关的所得税影响 | — | 2 064.66 | — | — | — | — | — | — | 2 064.66 | — | 2 064.66 | — | -4 325.97 | — | — | — | — | — | — | -4 325.97 | — | -4 325.97 |
| 4. 其他 | | — | | | — | — | — | — | — | — | — | — | — | — | — | — | — | — | — | — | — | — |
| 净利润及直接计入所有者权益的利得和损失小计 | | -6 399.27 | | | — | — | 52 164.35 | — | 45 765.08 | — | 45 765.08 | — | 14 470.45 | — | — | — | — | 43 373.90 | — | 57 844.35 | — | 57 844.35 |
| (三)所有者投入和减少资本 | | — | | | — | — | — | — | — | — | — | — | — | — | — | — | — | — | — | — | — | — |
| 1. 所有者投入资本 | | — | — | — | — | — | — | — | — | — | — | — | — | — | — | — | — | — | — | — | — | — |
| 2. 股份支付计入所有者权益的金额 | | — | — | — | — | — | — | — | — | — | — | — | — | — | — | — | — | — | — | — | — | — |
| 3. 其他 | | — | | | — | — | — | — | — | — | — | — | — | — | — | — | — | — | — | — | — | — |

续表

| 项目 | 本年金额 | | | | | | | | | | | 上年金额 | | | | | | | | | | |
|---|---|---|---|---|---|---|---|---|---|---|---|---|---|---|---|---|---|---|---|---|---|---|
| | 归属于母公司所有者权益 | | | | | | | | | 少数股东权益 | 所有者权益合计 | 归属于母公司所有者权益 | | | | | | | | | 少数股东权益 | 所有者权益合计 |
| | 实收资本（或股本） | 资本公积 | 减：库存股 | 专项储备 | 盈余公积 | 一般风险准备 | 未分配利润 | 其他 | 小计 | | | 实收资本（或股本） | 资本公积 | 减：库存股 | 专项储备 | 盈余公积 | 一般风险准备 | 未分配利润 | 其他 | 小计 | | |
| （四）专项储备提取和使用 | | — | | | — | — | — | — | — | — | — | — | — | — | — | — | — | — | — | — | — | — |
| 1. 提取专项储备 | — | — | — | | — | — | — | — | — | — | — | — | — | — | — | — | — | — | — | — | — | — |
| 2. 使用专项储备 | — | — | — | | — | — | — | — | — | — | — | — | — | — | — | — | — | — | — | — | — | — |
| （五）利润分配 | | | | | 5 216.43 | 2 608.22 | -57 824.65 | — | — | — | — | — | — | — | — | 4 337.39 | 2 168.69 | -6 506.08 | — | — | — | — |
| 1. 提取盈余公积 | | | | | 5 216.43 | — | -5 216.43 | — | — | — | — | — | — | — | — | 4 337.39 | — | -4 337.39 | — | — | — | — |
| 其中：法定盈余公积 | — | — | — | — | 5 216.43 | — | -5 216.43 | — | - | — | — | — | — | — | — | 4 337.39 | — | -4 337.39 | — | — | — | — |
| 任意盈余公积 | — | — | — | — | — | — | — | — | — | — | — | — | — | — | — | — | — | — | — | — | — | — |
| 储备基金 | — | — | — | — | — | — | — | — | — | — | — | — | — | — | — | — | — | — | — | — | — | — |
| 企业发展基金 | — | — | — | — | — | — | — | — | — | — | — | — | — | — | — | — | — | — | — | — | — | — |
| 利润归还投资 | — | — | — | — | — | — | — | — | — | — | — | — | — | — | — | — | — | — | — | — | — | — |
| 2. 提取一般风险准备 | — | — | — | — | — | 2 608.22 | -2 608.22 | — | — | — | — | — | — | — | — | — | 2 168.69 | -2 168.69 | — | — | — | — |
| 3. 所有者（或股东）的分配 | — | — | — | — | — | — | -50 000.00 | — | — | — | — | — | — | — | — | — | — | — | — | — | — | — |
| 4. 其他 | | | | | — | — | — | — | — | — | — | — | — | — | — | — | — | — | — | — | — | — |
| （六）所有者权益内部结转 | | | | | — | — | — | — | — | — | — | — | — | — | — | — | — | — | — | — | — | — |
| 1. 资本公积转增资本（或股本） | | | — | — | — | — | — | — | — | — | — | — | — | — | — | — | — | — | — | — | — | — |
| 2. 盈余公积转增资本（或股本） | | — | — | — | — | — | — | — | — | — | — | — | — | — | — | — | — | — | — | — | — | — |
| 3. 盈余公积弥补亏损 | — | — | — | — | — | — | — | — | — | — | — | — | — | — | — | — | — | — | — | — | — | — |
| 4. 其他 | — | — | — | | — | — | — | — | — | — | — | — | — | — | — | — | — | — | — | — | — | — |
| 四、本年末余额 | 120 000.00 | -3 280.92 | — | — | 17 336.83 | 11 246.76 | 82 039.58 | — | 227 342.24 | — | 227 342.24 | 120 000.00 | 3 118.34 | — | — | 12 120.39 | 8 638.54 | 87 699.88 | — | 231 577.16 | — | 231 577.16 |

## 5.2 信托资产

### 5.2.1 信托项目资产负债汇总表

信托项目资产负债表

编制单位:中海信托股份有限公司　　2010 年 12 月 31 日　　单位:万元

| 信托资产 | 期末数 | 期初数 | 信托负债和信托权益 | 期末数 | 期初数 |
|---|---|---|---|---|---|
| 信托资产 | — | — | 一、信托负债 | | |
| 货币资金 | 347 144.54 | 392 951.79 | 交易性金融负债 | — | — |
| 拆出资金 | — | — | 应付利息 | — | — |
| 交易性金融资产 | 2 435 272.96 | 761 956.89 | 应付受托人报酬 | 1 874.29 | 1 153.95 |
| 买入返售金融资产 | 59 102.85 | 2 940 286.56 | 应付托管费 | 1 034.32 | 339.59 |
| 应收款项 | 19 006.84 | 4 293.08 | 应付受益人收益 | 9 008.49 | 6 802.47 |
| 发放贷款和垫款 | 9 344 155.10 | 8 036 918.00 | 其他应付款 | 33 046.71 | 2 574.75 |
| 可供出售金融资产 | 3 248 125.16 | 1 088 041.80 | 应交税费 | — | — |
| 持有至到期投资 | — | — | 卖出回购金融资产款 | — | — |
| 长期股权投资 | 1 001 802.00 | 485 168.63 | 信托负债合计 | 44 963.81 | 10 870.76 |
| 固定资产 | — | — | 二、信托权益 | | |
| 无形资产 | — | — | 实收信托 | 16 121 391.99 | 13 633 415.19 |
| 长期应收款 | — | — | 资本公积 | 11 007.97 | 46 484.89 |
| 其他资产 | 310.83 | 5.32 | 未分配利润 | 277 556.51 | 18 851.23 |
| | | | 信托权益合计 | 16 409 956.47 | 13 698 751.31 |
| 信托资产总计 | 16 454 920.28 | 13 709 622.07 | 信托负债及信托权益总计 | 16 454 920.28 | 13 709 622.07 |

### 5.2.2 信托项目利润及利润分配汇总表

信托项目利润及利润分配表

2010 年

编制单位:中海信托股份有限公司　　单位:万元

| 项　目 | 本年数 | 上年数 |
|---|---|---|
| 一、营业收入 | 1 149 873.90 | 549 649.31 |
| 利息收入 | 787 238.55 | 498 502.21 |
| 投资收益 | 162 007.14 | 85 995.57 |
| 公允价值变动损益 | 192 151.38 | -52 651.07 |
| 租赁收入 | — | — |
| 其他收入 | 8 476.83 | 17 802.60 |
| 二、营业费用 | 275 111.40 | 180 737.60 |
| 三、营业税金及附加 | 0.00 | 94.56 |
| 四、扣除资产损失前的信托利润 | 874 762.50 | 368 817.15 |
| 减:资产减值损失 | — | — |
| 五、扣除资产损失后的信托利润 | 874 762.50 | 368 817.15 |
| 加:期初未分配信托利润 | 18 851.24 | 9 979.18 |
| 六、可供分配的信托利润 | 893 613.74 | 378 796.33 |
| 减:本期已分配信托利润 | 616 057.23 | 359 945.09 |
| 七、期末未分配信托利润 | 277 556.51 | 18 851.24 |

## 6. 会计报表附注

### 6.1 简要说明报告年度会计报表编制基准、会计政策、会计估计和核算方法发生的变化

本公司自 2008 年 1 月 1 日开始固有业务(自营业务)、信托业务执行的会计制度均为 2006 年颁布的《企业会计准则》。本报告期与上期年度报告相比,会计政策、会计估计和核算方法均未发生变化。

### 6.2 或有事项说明

公司报告期内无对外担保及其他或有事项。

### 6.3 重要资产转让及其出售的说明

本公司本年度无须披露的重要资产转让及其出售。

### 6.4 会计报表中重要项目的明细资料

以下明细表格除特别注明外,金额单位为万元人民币,期初指 2010 年 1 月 1 日,期末指 2010 年 12 月 31 日。

#### 6.4.1 披露自营资产经营情况

6.4.1.1 按信用风险五级分类结果披露信用风险资产的期初数、期末数

| 信用风险资产五级分类 | 正常类(万元) | 关注类(万元) | 次级类(万元) | 可疑类(万元) | 损失类(万元) | 信用风险资产合计(万元) | 不良合计(万元) | 不良率(%) |
|---|---|---|---|---|---|---|---|---|
| 期初数 | 242 609.70 | 945.84 | — | — | — | 243 555.54 | 0 | 0 |
| 期末数 | 232 898.16 | 10 408.36 | — | — | — | 243 306.52 | 0 | 0 |

注:不良资产合计 = 次级类 + 可疑类 + 损失类。

6.4.1.2 各项资产减值损失准备的期初、本期计提、本期转回、本期核销、期末数

单位：万元

| | 期初数 | 本期计提 | 本期转回 | 本期核销 | 期末数 |
|---|---|---|---|---|---|
| 贷款损失准备 | — | — | — | — | — |
| 一般准备 | — | — | — | — | — |
| 专项准备 | — | — | — | — | — |
| 其他资产减值准备 | — | — | — | — | — |
| 可供出售金融资产减值准备 | — | — | — | — | — |
| 持有至到期投资减值准备 | — | — | — | — | — |
| 长期股权投资减值准备 | — | — | — | — | — |
| 坏账准备 | 738.35 | -155.67 | — | — | 582.68 |
| 投资性房地产减值准 | — | — | — | — | — |

6.4.1.3　自营股票投资、基金投资、债券投资、股权投资等投资业务的期初数、期末数

单位：万元

| | 自营股票 | 基金 | 债券 | 长期股权投资 |
|---|---|---|---|---|
| 期初数 | 15 758.94 | 40 463.50 | — | 16 132.51 |
| 期末数 | 10 410.07 | 8 077.29 | 303.64 | 58 975.73 |

6.4.1.4　前五名的自营长期股权投资的企业名称、占被投资企业权益的比例、主要经营活动及投资收益情况等

| 企业名称 | 占被投资企业权益的比例（%） | 投资收益（万元） |
|---|---|---|
| 1. 中海基金管理有限公司 | 46.923 | 4 194.51 |
| 2. 四川信托有限公司 | 30.00 | 2 365.80 |
| 3. 信达证券股份有限公司 | 0.60 | — |

6.5.1.5　前五名的自营贷款的企业名称、占贷款总额的比例和还款情况等

| 企业名称 | 占贷款总额的比例（%） | 还款情况 |
|---|---|---|
| 1. 重庆钢铁集团公司 | 100 | 尚未到期 |

6.4.1.6　表外业务的期初数、期末数；按照代理业务、担保业务和其他类型表外业务分别披露

单位：万元

| 表外业务 | 期初数 | 期末数 |
|---|---|---|
| 担保业务 | — | — |
| 代理业务（委托业务） | — | — |
| 其他 | — | — |
| 合计 | — | — |

注：代理业务主要反映因客观原因应规范而尚未完成规范的历史遗留委托业务，包括委托贷款和委托投资。

6.4.1.7　公司当年的收入结构

| 收入结构 | 金额（万元） | 占比（%） |
|---|---|---|
| 手续费及佣金收入 | 62 229.60 | 76.13 |
| 其中：信托手续费收入 | 24 244.01 | 29.66 |
| 投资银行业务收入 | 37 985.59 | 46.47 |
| 利息收入 | 5 269.86 | 6.45 |
| 其他业务收入 | 933.35 | 1.14 |
| 其中：计入信托业务收入部分 | — | — |
| 投资收益 | 13 293.79 | 16.27 |
| 其中：股权投资收益 | 6 560.31 | 8.03 |

续表

| 收入结构 | 金额（万元） | 占比（%） |
|---|---|---|
| 公允价值变动收益 | — | — |
| 其他投资收益 | 6 733.48 | 8.24 |
| 营业外收入 | 10.99 | 0.01 |
| 收入合计 | 81 737.59 | 100.00 |

注：手续费及佣金收入、利息收入、其他业务收入、投资收益、营业外收入均应为损益表中的一级科目，其中手续费及佣金收入、利息收入、营业外收入为未抵减掉相应支出的全年累计实现收入数。投资银行业务收入是指由公司自主开发并主动管理的融资类信托项目产生的收入。

### 6.4.2　披露信托资产管理情况

6.4.2.1　信托资产的期初数、期末数

单位：万元

| 信托资产 | 期初数 | 期末数 |
|---|---|---|
| 集合 | 482 152.94 | 1 996 126.00 |
| 单一 | 13 171 419.06 | 14 458 794.00 |
| 财产权 | 56 050.00 | 0.00 |
| 合计 | 13 709 622.00 | 16 454 920.00 |

6.4.2.1.1　主动管理型信托业务期初数、期末数，分证券投资、股权投资、融资、事务管理类分别披露

单位：万元

| 主动管理型信托资产 | 期初数 | 期末数 |
|---|---|---|
| 证券投资类 | 362 524.00 | 944 925.00 |
| 股权投资类 | — | — |
| 融资类 | 5 589 756.00 | 6 936 664.00 |
| 事务管理类 | — | — |
| 合计 | 5 952 280.00 | 7 881 589.00 |

6.4.2.1.2　被动管理型信托业务期初数、期末数，分证券投资、股权投资、融资、事务管理类分别披露

单位：万元

| 被动管理型信托资产 | 期初数 | 期末数 |
|---|---|---|
| 证券投资类 | — | — |
| 股权投资类 | — | — |
| 融资类 | — | — |
| 事务管理类 | 7 757 342.00 | 8 570 331.00 |
| 合计 | 7 757 342.00 | 8 570 331.00 |

6.4.2.2　本年度已清算结束的信托项目个数、实收信托合计金额

6.4.2.2.1　本年度已清算结束的集合类、单一类资金信托项目和财产管理类信托项目个数、金额

| 已清算结束信托项目 | 项目个数 | 实收信托金额合计（万元） |
|---|---|---|
| 集合类 | 7 | 77 465.00 |
| 单一类 | 163 | 8 034 637.66 |
| 财产管理类 | 8 | 55 250.00 |

6.4.2.2.2　本年度已清算结束的主动管理型信托项目个数、合计金额，分证券投资、股权投资、融资、事务管理类分别披露

| 已清算结束信托项目 | 项目个数 | 实收信托合计金额(万元) |
|---|---|---|
| 证券投资类 | 4 | 13 029.01 |
| 股权投资类 | — | — |
| 融资类 | 110 | 6 420 422.00 |
| 事务管理类 | — | — |

6.4.2.2.3 本年度已清算结束的被动管理型信托项目个数、合计金额,分证券投资、股权投资、融资、事务管理类分别披露

| 已清算结束信托项目 | 项目个数 | 实收信托合计金额(万元) |
|---|---|---|
| 证券投资类 | — | — |
| 股权投资类 | — | — |
| 融资类 | — | — |
| 事务管理类 | 64 | 1 733 901.65 |

6.4.2.3 本年度新增的集合类、单一类和财产管理类信托项目个数、实收信托合计金额

| 新增信托项目 | 项目个数 | 实收信托金额(万元) |
|---|---|---|
| 集合类 | 39 | 1 469 448.00 |
| 单一类 | 104 | 9 185 881.66 |
| 财产管理类 | 0 | 0.00 |
| 新增合计 | 143 | 10 655 329.66 |
| 其中:主动管理型 | 132 | 8 237 406.90 |
| 被动管理型 | 11 | 2 417 922.76 |

注:本年新增信托项目指在报告年度内累计新增的信托项目个数和金额,包含本年新增并于本年内结束的项目和本年新增至报告期末仍在持续管理的信托项目。

6.4.2.4 信托业务创新成果和特色业务有关情况

本公司视创新为发展的动力,坚持以市场为导向,以客户为中心,充分利用跨市场配置的信托制度优势进行产品和业务创新。

2010 年,公司在严格控制风险的前提下,加大创新力度,不断提升公司主动管理能力,不断拓展公司资产管理产品线。公司发挥在结构化证券、贷款转让和资金流动性管理的综合优势,推出了国内首家信托公司主动管理的"理财宝/融通宝"开放式组合管理的增强型固定收益信托产品,创立了中海信托在外资银行业内的资产管理品牌。推出首款世博概念理财产品"泸州老窖特曲绝版老酒信托理财产品",通过创新将实物消费与投资理财结合,丰富了客户的投资渠道。继 2009 年获得中国银监会 QDII 业务资格批复之后,2010 年 1 月获得外汇管理局批准的 2 亿美元 QDII 额度。

6.4.2.5 本公司履行受托人义务情况及因本公司自身责任而导致的信托资产损失情况

本公司无因自身责任而导致信托资产损失的情况。

## 6.5 关联方关系及其交易的披露

### 6.5.1 关联交易方的数量、关联交易的总金额及关联交易的定价政策等

| | 关联交易方数量 | 关联交易金额(万元) | 定价政策 |
|---|---|---|---|
| 合计 | 6 | 651 644.00 | 本公司的关联交易以公平的市场价格定价。 |

注:"关联交易"定义应以《公司法》和《企业会计准则第 36 号——关联方披露》有关规定为准。上述关联交易金额系本年度固有、信托与关联方的发生额。

### 6.5.2 关联交易方与本公司的关系性质、关联交易方的名称、法定代表人、注册地址、注册资本及主营业务等

| 关系性质 | 关联方名称 | 法定代表人 | 注册地址 | 注册资本(万元) | 主营业务 |
|---|---|---|---|---|---|
| 母公司 | 中国海洋石油总公司 | 傅成玉 | 中国北京 | 9 493 161.40 | 组织海上石油、天然气勘探、开发、生产及炼油等。 |
| 股东 | 中国中信集团公司 | 孔　丹 | 中国北京 | 3 000 000.00 | 国内外投资业务、国际国内金融业务等。 |
| 本公司持有其 46.923% 股权 | 中海基金管理有限公司 | 陈浩鸣 | 中国上海 | 13 000.00 | 基金募集、基金销售、资产管理、中国证监会许可的其他业务(涉及行政许可的凭许可证经营)。 |
| 同受一方控制 | 中海石油财务有限责任公司 | 傅成玉 | 中国北京 | 141 500.00 | 对成员单位办理财务和融资顾问、信用鉴证及相关的咨询、代理业务;协助成员单位实现交易款项的收付;对成员单位提供担保;办理成员单位之间的委托贷款及委托投资;吸收成员单位的存款等。 |
| 同受一方控制 | 中海石油投资控股有限公司 | 吴孟飞 | 中国北京 | 5 000.00 | 实业投资;资产受托管理。 |
| 同受一方控制 | 中海投资管理有限公司 | 周　炯 | 中国上海 | 25 000.00 | 企业投资与资产管理,企业管理信息咨询,社会经济信息咨询(除中介)。 |

### 6.5.3 逐笔披露本公司与关联方的重大交易事项

6.5.3.1 固有与关联方交易情况

**固有与关联方关联交易**

单位:万元

| | 期初数 | 借方发生额 | 贷方发生额 | 期末数 |
|---|---|---|---|---|
| 贷款 | — | — | — | — |
| 投资 | — | — | — | — |
| 租赁 | — | — | — | — |
| 担保 | — | — | — | — |
| 应收账款 | — | — | — | — |
| 其他 | 5 000.00 | 3 000.00 | 0.00 | 8 000.00 |
| 合计 | 5 000.00 | 3 000.00 | 0.00 | 8 000.00 |

6.5.3.2 信托与关联方交易情况

**信托与关联方关联交易**

单位:万元

| | 期初数 | 借方发生额 | 贷方发生额 | 期末数 |
|---|---|---|---|---|
| 贷款 | — | — | — | — |
| 投资 | — | — | — | — |
| 租赁 | — | — | — | — |
| 担保 | — | — | — | — |
| 应收账款 | — | — | — | — |
| 其他 | 250 091.00 | 648 644.00 | 102 290.00 | 796 445.00 |
| 合计 | 250 091.00 | 648 644.00 | 102 290.00 | 796 445.00 |

6.5.3.3 信托公司自有资金运用于自己管理的信托项目（固信交易）、信托公司管理的信托项目之间的相互（信信交易）交易金额

6.5.3.3.1 固有与信托财产之间的交易金额期初汇总数、本期发生额汇总数、期末汇总数

固有财产与信托财产相互交易

单位：万元

| | 期初数 | 本期发生额 | 期末数 |
|---|---|---|---|
| 合计 | 0.00 | 112 690.31 | 112 690.31 |

注：以固有资金投资公司自己管理的信托项目受益权，或购买自己管理的信托项目的信托资产均应纳入统计披露范围。

6.5.3.3.2 信托项目之间的交易金额期初汇总数、本期发生额汇总数、期末汇总数

信托财产与信托财产相互交易

单位：万元

| | 期初数 | 本期发生额 | 期末数 |
|---|---|---|---|
| 合计 | 706 139.00 | -48 288.62 | 657 850.38 |

注：以公司受托管理的一个信托项目的资金购买自己管理的另一个信托项目的受益权或信托项下资产均应纳入统计披露范围。本期清算结束 903 606.00 万元。

**6.5.4 逐笔披露关联方逾期未偿还本公司资金的详细情况以及本公司为关联方担保发生或即将发生垫款的详细情况**

报告期内，公司关联方无逾期未偿还本公司资金的情况，无本公司为关联方担保发生或即将发生垫款的情况。

### 6.6 会计制度的披露

本公司自 2008 年 1 月 1 日起固有业务（自营业务）、信托业务执行的会计制度均为 2006 年颁布的《企业会计准则》。

## 7. 财务情况说明书

### 7.1 利润实现和分配情况

本公司 2010 年共实现利润总额 67 421.69 万元，税后净利润 52 164.35 万元。本公司根据《公司章程》的规定，分别按当年实现净利润的 10%、5% 提取法定盈余公积 5 216.43 万元、一般风险准备（即信托赔偿准备金）2 608.22 万元，本年向股东分配利润 50 000 万元，加上年初未分配利润 87 699.88 万元，年末可供分配的利润 82 039.58 万元。

### 7.2 主要财务指标

| 指标名称 | 指标值 |
|---|---|
| 信托资产规模（亿元） | 1 645.49 |
| 人均信托资产规模（亿元） | 20.70 |
| 信托业务收入占营业收入比重（%） | 76.13 |
| 资本利润率（%） | 22.73 |
| 人均净利润（万元） | 656.16 |
| 不良资产率（%） | 0 |

注：1. 信托业务收入占营业收入比重 = 手续费及佣金净收入/营业收入 ×100%。
2. 资本利润率 = 净利润/所有者权益平均余额 ×100%。
3. 人均净利润 = 净利润/年平均人数。
4. 平均值采取年初、年末简单平均法，公式为：a（平均） =（年初数 + 年末数）/2。

### 7.3 对本公司财务状况、经营成果有重大影响的其他事项

本年无对本公司财务状况、经营成果有重大影响的其他事项。

## 8. 特别事项揭示

### 8.1 前五名股东报告期内变动情况及原因

本报告期内，本公司无股东变动情况。

### 8.2 董事、监事及高级管理人员变动情况及原因

（1）2010 年 1 月，因工作需要，经公司 2010 年第一次临时股东会审议通过，免去陆静民先生公司监事会监事、监事会主席职务，选举张兆善先生担任公司监事会监事。2011 年 1 月，公司第一届第七次监事会选举张兆善担任公司监事会主席职务。

（2）2010 年 1 月，经公司第一届董事会第十九次会议审议通过，免去陈军营销总监职务，聘任魏志刚担任公司营销总监。

（3）康伟因个人原因辞去公司副总裁职务，2010 年 5 月，经公司第一届第二十一次董事会审议通过，免去其公司副总裁职务。

（4）冯安因个人原因辞去公司投资总监职务，2010 年 5 月，经公司第一届第二十一次董事会审议通过，免去其公司投资总监职务。

（5）因公司推荐陈军担任四川信托有限公司总经理，2010 年 8 月，经公司第一届第二十二次董事会审议通过，免去其公司副总裁职务。

（6）因公司组织结构调整，撤销合规总监岗位，设置首席风险控制官岗位，2010 年 8 月，经公司第一届第二十二次董事会审议通过，聘任胡旭鹏兼任公司首席风险控制官职务。

（7）2010 年 8 月，经公司第一届第二十二次董事会审议通过，聘任魏志刚兼任公司总裁助理职务，其任职资格于 2010 年 11 月 16 日经上海银监局《关于核准魏志刚任职资格的批复》（沪银监复〔2010〕837 号）文件正式核准。

（8）2010 年 8 月，经公司第一届第二十二次董事会审议通过，聘任朱恩惠担任运营总监职务。

### 8.3 公司的重大未决诉讼事项

本公司无重大未决诉讼事项。

### 8.4 公司及其董事、监事和高级管理人员受到处罚的情况

本公司无公司及其董事、监事和高级管理人员受到处罚的情况。

### 8.5 银监会及其派出机构对公司检查后提出整改意见的，应简单说明整改情况

上海银监局于 2010 年 6 月 7 日至 6 月 13 日对公司截至 2009 年 12 月 31 日和 2010 年 3 月 31 日开展的信政合作和银

信合作业务的有关情况进行了专项现场检查，并出具了《关于中海信托股份有限公司现场检查的意见》（沪银监发〔2010〕383号）。上海银监局经过检查认为，此次被检查的信托项目能够依据法律法规、国家宏观调控政策以及信托文件要求开展，信政合作业务运作正常、整体风险可控，资金投向符合国家宏观政策，要求公司进一步加强和完善政府融资平台企业风险管理工作；银信合作业务合规，但在提升自主管理、完善项目前期调查等方面有待进一步改进。针对不足，公司经过认真研究，形成整改报告上报上海银监局，从进一步强化风险防控意识、实施业务转型强化主动管理、完善内部控制等方面提出了具体的整改措施，并在实际工作中认真落实。

### 8.6 本年度重大事项临时报告的简要内容、披露时间、所披露的媒体及其版面

本报告年度，公司无重大事项临时报告。

### 8.7 其他重要信息

（1）2010年6月3日，在上海举行的第四届“诚信托”奖评选颁奖典礼上，中海信托荣获2009年度“诚信托——卓越公司奖”。

（2）2010年7月30日，公司在证券时报社举办的“信托行业发展高峰论坛暨第三届中国优秀信托公司颁奖典礼”上获“中国优秀信托公司”大奖。

## 9. 公司监事会意见

监事会认为本公司决策程序符合法律、法规和公司章程的规定，并建立了较为完善的内部控制制度，公司董事、管理层认真履行职责，未发生执行职务时有违反法律、法规、公司章程或损害公司利益的行为。公司财务报告经中瑞岳华会计师事务所审计，真实反映了公司财务状况和经营成果。

# 中航信托股份有限公司

## 1. 重要提示

1.1　本公司董事会及董事保证本报告所载资料不存在任何虚假记载、误导性陈述或者重大遗漏,并对其内容的真实性、准确性和完整性承担个别及连带责任。

1.2　本公司独立董事对年度报告内容的真实性、准确性、完整性无异议。

1.3　本公司董事长朱幼林先生、总经理姚江涛先生、财务总监王守军先生保证年度报告中财务报告的真实和完整。

## 2. 公司概况

### 2.1　公司简介

2.1.1　公司沿革

中航信托股份有限公司(以下简称中航信托或公司)的前身是江西江南信托股份有限公司。公司前身于2009年经中国银监会批准,在原江西江南信托投资股份有限公司股权重组的基础上,由中国航空工业集团公司、中国航空技术深圳有限公司、(新加坡)华侨银行有限公司等5家机构共同发起设立,2009年12月28日,完成重新登记并正式开业;经江西银监局批准,2010年12月末,公司更名为中航信托股份有限公司,并乔迁新址。

2.1.2　公司法定名称

中文全称:中航信托股份有限公司

中文简称:中航信托

英文全称:AVIC Trust Co. ,Ltd.

英文简称:AVIC Trust

2.1.3　公司法定代表人:朱幼林

2.1.4　公司注册地址:南昌市红谷滩新区赣江北大道1号中航广场24~25层

邮编:330038

公司互联网网址:www. avictc. com

公司电子邮箱:zhxt@ avictc. com

2.1.5　公司负责信息披露事务的高级管理人员:罗国华

公司信息披露事务联系人:刘祝君、刘婧云

办公电话:0791 -6776133、6769907

办公传真:0791 -6772268

电子邮箱:zhxt@ avictc. com

2.1.6　公司选定本次信息披露报纸:《金融时报》

2.1.7　年报备置地点:南昌市红谷滩新区赣江北大道1号中航国际广场24~25层

2.1.8　公司聘请的会计师事务所:立信大华会计师事务所有限公司

办公地址:北京市海淀区西四环中路十六号院7号楼12层

2.1.9　公司聘请的律师事务所:上海锦天城律师事务所

办公地址:上海市浦东新区花园石桥路33号花旗集团大厦14楼

### 2.2　组织结构

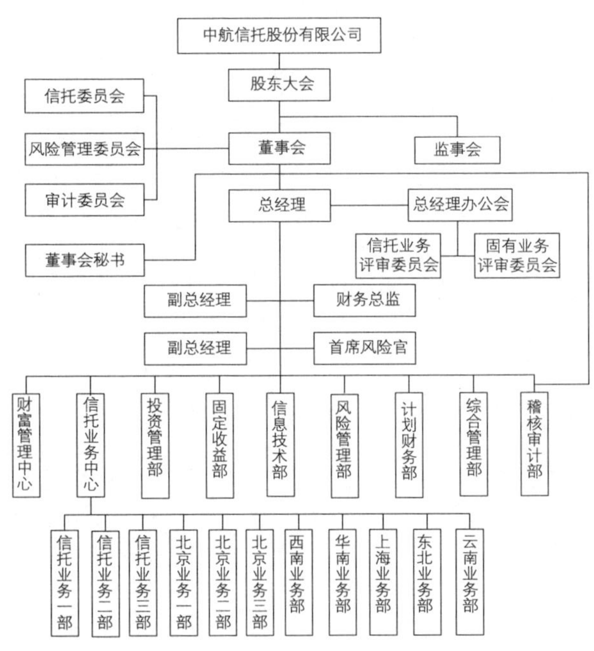


## 3. 公司治理结构

### 3.1　股东

| 股东名称 | 持股数(万股) | 比例(%) | 法人代表 | 注册资本 | 注册地址 | 主要经营业务及主要财务情况 |
|---|---|---|---|---|---|---|
| ★中国航空工业集团公司 | 15 300 | 51 | 林左鸣 | 640亿元 | 北京市朝阳区建国路128号 | 设有防务、飞机、发动机、直升机、机载设备与系统、通用飞机、航空研究、飞行试验、贸易物流、资产管理、工程规划建设、汽车等产业板块,下辖近200家子公司(分公司)、有20多家上市公司,员工约40万人。2010年,世界500强企业排名第330位。 |
| 中国航空技术深圳有限公司 | 6 440 | 21.47 | 由镭 | 10亿元 | 深圳市福田区深南中路中航苑航都大厦24层 | 集高科技制造、地产开发、物业管理、酒店经营、百货零售、进出口贸易、资源开发等核心业务为一体的多元化企业,总资产规模逾360亿元。 |

续表

| 股东名称 | 持股数(万股) | 比例(%) | 法人代表 | 注册资本 | 注册地址 | 主要经营业务及主要财务情况 |
|---|---|---|---|---|---|---|
| 华侨银行有限公司 | 6 000 | 19.99 | Cheong Choong Kong | 82.1亿新加坡元 | 65 Chulia Street, -#0900 OCBC Centre, Singapore 049513 | 华侨银行是亚洲领先的金融服务集团,网络遍及全球15个国家和地区,在全球拥有超过340家的分行和办事处,在中国境内北京、上海、天津、成都、重庆等地设立了分行和代表处,总资产约为6 500亿元人民币。 |
| 共青城羽绒服装创业基地公共服务有限公司 | 1 400 | 4.67 | 邹秀峰 | 500万元 | 共青大道经济发展局内 | 主营劳动就业培训、羽绒服装产品研发、检测技术服务、公共信讯服务、为区内小企业提供贷款担保。 |
| 江西省财政投资管理公司 | 860.5 | 2.87 | 陈林芳 | 12亿元 | 南昌市孺子路47号鑫源大厦 | 从事财政信用投资业务、办理财政管理的有偿使用的专项资金、财政拨款设立并由财政管理的各项基金。 |
| 合计 | 30 000.50 | 100 | | | | |

注:1. 中国航空技术深圳有限公司为中国航空工业集团公司成员单位。

2. ★代表本公司最终实际控制人。

3. 2011年3月公司完成第一期增资,已将注册资本金增加到50 000.50亿元人民币。

## 3.2 董事、董事会及其下属委员

董事长、非独立董事

| 姓名 | 职务 | 性别 | 年龄 | 所推举的股东名称 | 出资比例(%) | 现工作单位 | 简要履历 |
|---|---|---|---|---|---|---|---|
| 朱幼林 | 董事长 | 男 | 48 | 中国航空工业集团公司 | 51 | 中航投资控股有限公司 | 管理工程博士研究生,研究员级高级工程师;现任中航投资控股有限公司分党组书记、副总经理。 |
| 周宝义 | 董事 | 男 | 42 | 中国航空工业集团公司 | 51 | 中航投资控股有限公司 | 经济学博士研究生,高级经济师;现任中航投资控股有限公司投资运营部部长。 |
| 刘敏 | 董事 | 男 | 50 | 中国航空工业集团公司 | 51 | 中航工业财务公司 | 企业管理研究生学历,一级会计师;现任中航工业财务公司副总经理。 |
| 孙泽群 | 董事 | 男 | 59 | 华侨银行有限公司 | 19.99 | 华侨银行有限公司 | 芝加哥大学工商管理硕士,2002年加入华侨银行;现任集团投资部总裁,兼任集团财务总监。 |
| 黎庆光 | 董事 | 男 | 53 | 华侨银行有限公司 | 19.99 | 华侨银行有限公司 | 加拿大多伦多大学工商管理硕士;现任华侨银行大中华地区投资银行业务主管。 |
| 曾军 | 董事 | 男 | 42 | 中国航空技术深圳有限公司 | 21.47 | 中国航空技术深圳有限公司 | 研究生学历;现任中国航空技术深圳有限公司副总经理。 |

注:公司股东大会于2009年10月10日通过《江西江南信托股份有限公司发起人会议决议》,确定一届董事会成员;2009年12月,公司一届董事会成员的任职资格经中国银监会审核批准。本届董事会董事任期为三年。

独立董事

| 姓名 | 性别 | 年龄 | 现工作单位 | 简要履历 |
|---|---|---|---|---|
| 吴晓球 | 男 | 51 | 中国人民大学 | 经济学博士研究生,教授职称,博士生导师;现任中国人民大学校长助理兼金融与证券研究所所长,1996年获得国务院特殊津贴。 |
| 巴曙松 | 男 | 41 | 中国社会科学院 | 经济学博士研究生(及博士后)学历,博士生导师,教授职称;现任国务院发展研究中心金融研究所副所长。 |
| 孟焰 | 男 | 55 | 中央财经大学 | 博士学历,注册会计师;现任中央财经大学会计学院院长、教授、博士生导师。 |

董事会下设专门委员会成员

| 委员会名称 | 职责 | 组成人员姓名 | 职务 |
|---|---|---|---|
| 信托委员会 | 督促公司依法履行受托职责,当公司或股东利益与受益人利益发生冲突时,保证公司为受益人的最大利益服务。 | 巴曙松 | 主任委员 |
| | | 朱幼林 | 委员 |
| | | 黎庆光 | 委员 |
| 风险管理委员会 | 监督、评估公司的风险管理状况,提出完善风险管理意见,监督、评估公司风险管理部门的工作。 | 朱幼林 | 主任委员 |
| | | 孙泽群 | 委员 |
| | | 曾军 | 委员 |
| 审计委员会 | 负责监督公司内外部审计工作。 | 孟焰 | 主任委员 |
| | | 吴晓球 | 委员 |
| | | 黎庆光 | 委员 |

### 3.3 监事、监事会

| 姓名 | 职务 | 性别 | 年龄 | 所推举的股东名称 | 出资比例（%） | 现工作单位 | 简要履历 |
|---|---|---|---|---|---|---|---|
| 孙继光 | 监事会主席 | 男 | 51 | 中国航空工业集团公司 | 51 | 中航工业资产事业部 | 经济学硕士学历，高级会计师职称，中航工业资产管理事业部分党组书记、副总经理。 |
| 孔令芬 | 监事 | 女 | 48 | 中国航空工业集团公司 | 51 | 中航投资控股有限公司 | 硕士研究生，一级高级会计师职称；现任中航投资计划与财务管理部部长。 |
| 陈林芳 | 监事 | 男 | 55 | 江西省财政投资管理公司 | 2.87 | 江西财政投资管理公司 | 大学本科学历，高级会计师职称；现任江西省财政投资管理公司董事长。 |
| 魏颖晖 | 监事 | 男 | 39 | 职工监事 | | 中航信托股份有限公司 | 经济师职称，本科学历，本公司信托业务一部总经理。 |
| 叶少波 | 监事 | 男 | 47 | 职工监事 | | 中航信托股份有限公司 | 民法专业法学硕士，本公司风险管理部总经理。 |

注：公司股东会于2009年10月10日通过《江西江南信托股份有限公司发起人会议决议》，成立公司一届监事会。本届监事会监事任期为三年。本公司监事会未下设立专业委员会。

### 3.4 高级管理人员

| 姓名 | 职务 | 任该职务时间 | 金融从业年限 | 主要经历（近十年从业机构及任职） | 学历 | 专业 | 年龄 |
|---|---|---|---|---|---|---|---|
| 姚江涛 | 总经理 | 2009年12月 | 29 | 1997年4月至2009年11月，江西江南信托投资股份有限公司，历任常务副总经理、总经理、党委书记；期间：2002年9月至2009年11月，曾任江南证券总经理、董事长；2009年12月至今，任本公司总经理 | 硕士研究生 | 国民经济 | 47 |
| 余　萌 | 副总经理 | 2009年12月 | 30 | 2000年2月至2003年11月，中国长城资产管理公司处长；2003年12月至2009年11月江西江南信托投资股份有限公司副总裁、常务副总裁；2009年12月至今，任本公司副总经理。 | 硕士研究生 | 西方经济学 | 47 |
| 曹　华 | 副总经理 | 2009年12月 | 18 | 2002年4月至2004年6月，中国人民大学信托与基金研究所；2004年7月至2005年6月，百瑞信托北京总部负责人；2005年7月至2009年5月，安信信托总裁助理、副总裁；2009年6月至2009年11月，江西江南信托投资股份有限公司副总经理；2009年12月至今，任本公司副总经理。 | 本科 | 价格学 | 40 |
| 王守军 | 财务总监 | 2009年12月 | 28 | 2001—2005年，中国航空工业供销深广公司总经理兼任党委书记，期间2004—2006年兼任深圳航达实业公司总经理；2006年至2009年12月，中国航空工业集团财务公司总经理助理兼任计划财务部经理、工会主席以及兼任贵阳分公司总经理；2009年12月至今，任本公司财务总监。 | 本科 | 经济管理 | 49 |
| 罗国华 | 董事会秘书 | 2009年12月 | 23 | 1997年10月至2009年11月，江西江南信托投资股份有限公司工作，历任办公室副主任、主任、董事会秘书、党委副书记；期间2002年12月，至2003年12月任江南证券办公室主任、董事会秘书；2009年12月至今，任本公司董事会秘书。 | 硕士研究生 | 工商管理 | 46 |
| 郭若强 | 首席风险官 | 2010年10月 | 19 | 1991年9月至2005年9月，新加坡星展银行任计算机部门任助理副总裁；2005年9月至2007年5月，新加坡渣打银行任高级业务分析师；2007年5月至2010年9月，新加坡华侨银行任金融机构信用风险管理处副总裁；2010年10月至今，任本公司首席风险控制官。 | 硕士研究生 | 应用金融 | 45 |

### 3.5 公司员工

报告期末公司员工总数100人，平均年龄34岁；学历分布比例为：博士3%，硕士33%，本科40%，专科18%，其他6%。

## 4. 经营管理

### 4.1 经营目标、方针、战略规划

#### 4.1.1 经营目标

打造细分市场资产管理核心能力，成为专业化的一流金融服务商。

#### 4.1.2 经营方针

高起点、高境界、可持续、快发展。

#### 4.1.3 战略规划

成为专业化的一流金融服务商。一流的基本内涵包括一流的经营能力、强大的品牌影响力和牢固的行业地位。力争通过8～10年的运营，在信托资产规模、信托报酬率、信托资产收益率、净资产回报率等关键经营指标位居行业前列。

### 4.2 所经营业务的主要内容

报告期内，公司主要开展信托业务和固有业务。其中，信托业务主要包括融资类信托、投资类信托和事务管理类业务，包括单一资金信托、集合资金信托、财产信托和股权信托等；固有业务主要包括资金融通、证券投资和股权投资业务。主要业务资产组合与分布如下。

#### 4.2.1 固有资产运用与分布表

| 资产运用 | 金额（万元） | 占比（%） | 资产分布 | 金额（万元） | 占比（%） |
|---|---|---|---|---|---|
| 货币资产 | 3 914.30 | 8.97 | 基础产业 | 20 790.00 | 47.62 |
| 贷款及应收款 | 24 585.64 | 56.31 | 房地产业 | 2 000.00 | 4.58 |
| 交易性金融资产 | — | — | 证券市场 | 2 900.00 | 6.64 |
| 可供出售金融资产 | 4 900.00 | 11.22 | 实业 | — | — |
| 持有至到期投资 | — | — | 金融机构 | 4 942.00 | 11.32 |
| 长期股权投资 | 4 942.00 | 11.32 | 其他* | 13 029.33 | 29.84 |
| 其他 | 5 319.39 | 12.18 | | | |
| 资产总计 | 43 661.33 | 100 | 资产总计 | 43 661.33 | 100 |

4.2.2　信托资产运用与分布表

| 资产运用 | 金额（万元） | 占比（%） | 资产分布 | 金额（万元） | 占比（%） |
|---|---|---|---|---|---|
| 货币资产 | 138 520.99 | 3.56 | 基础产业 | 1 719 965.54 | 44.22 |
| 贷款 | 2 734 545.27 | 70.31 | 房地产 | 559 062.65 | 14.37 |
| 交易性金融资产 | — | — | 证券市场 | 82 230.69 | 2.11 |
| 可供出售金融资产 | 69 803.15 | 1.79 | 实业 | 880 532.17 | 22.64 |
| 持有至到期投资 | 43 173.11 | 1.11 | 金融机构 | — | — |
| 长期股权投资 | 267 395.00 | 6.87 | 其他 | 647 634.55 | 16.66 |
| 其他 | 635 988.08 | 16.36 | | | |
| 信托资产总计 | 3 889 425.60 | 100.00 | 信托资产总计 | 3 889 425.60 | 100.00 |

## 4.3　市场分析

4.3.1　有利因素

在外部环境改善、政策刺激等因素的影响下，2010 年，我国经济延续了 2009 年以来的回升向好态势，宏观经济形势良好。国内消费、投资、出口三大需求趋于协调，内生性增长动力明显增强。信托业监管环境逐渐向好，制度体系不断完善，监管方法科学有效，行业自律进一步加强，2010 年中国信托业峰会的召开，总结了经验教训，统一了业内思想，坚定了发展信心。国内理财需求快速增长，信托市场逐步成熟，管理信托资产规模迅速攀升，信托公司信誉和品牌形象已经确立，公司治理规范有序，信托业已步入良性发展轨道。

4.3.2　不利因素

国内外金融形势相对复杂，国家宏观调控政策频繁出台，宏观环境的不确定性依然存在。紧缩的货币政策、2010 年以来国家先后出台两次房地产“新政”、规范地方融资平台和加大节能减排等政策对经济增长起到了明显的抑制作用。理财市场监管标准不统一，信托公司在竞争中处于劣势地位。公司属于业内后进入者，2009 年 12 月 28 日方获准成立实现重新登记，与第一批重新登记信托公司（2002 年）有近 8 年的时间差距，在经营管理、人才结构、投资能力、客户资源、业务经验方面存在差距。

## 4.4　内部控制概况

根据国家有关法律法规和公司章程，公司构建了完备的法人治理结构，设立了“三会一层”的治理结构，分工明确并相互制衡、各司其职、规范运作，分别行使决策权、执行权和监督权。

根据自身业务特点和内部控制要求，内部设置 9 个业务及职能部门。明确界定各部门、各岗位的职责和权限，建立了相应的授权、检查和问责制度，确保不相容岗位的相互分离及其在授权范围内履行职能。

公司设立初期按照《公司法》以及《信托公司治理指引》的有关要求建立了比较完整的内控制度体系，该体系包括了 4 类 38 项各项规章制度，涵盖了业务拓展、风险管理、财务管理、行政管理、信息披露等各方面，有效地保证了经营管理水平的不断提升和战略规划的实施。报告期内，公司定期、不定期地对原有的制度进行修订与完善，结合公司实际情况和业务发展需要，新增了 17 项规章制度。

报告期内，加强信息系统建设，利用 IT 技术支持，促进公司经营管理流程化，实现“政策制度化、制度流程化、流程 IT 化、运营电子化、管理标准化”。结合公司情况持续进行流程优化改进。

## 4.5　风险管理概况

公司按照独立性、有效性、及时性、持续性的原则进行全面风险管理、集中风险管理，建立了以董事会、风险管理委员会及审计委员会、高级管理层和风险管理职能部门为主体的风险管理组织体系。公司经营管理层设首席风险官职位，充分应用外方股东在加强金融机构风险管理方面的先进经验，通过将外方股东先进的风险管理技术进行有针对的吸取与移植，促进公司风险管理体系建设与风险管理水平的提升。

4.5.1　信用风险状况及其管理

信用风险指因交易对手违约而造成的财务损失的风险，主要表现为交易对手违约或借款人信用等级下降等所造成的风险。信用风险主要来自放贷、投资等业务。2010 年末，公司涉及信用风险的资产总额 21 000 万元，其中正常类资产21 000 万元，不良类资产 0 万元。

公司对信用风险的管理，一是按风险类资产总额的 1% 提取一般准备 210 万元；二是严格按照业务流程、制度规定和相应程序开展各项业务；三是对交易对手进行全面、深入的信用调查与分析；四是严格落实贷款担保等措施，注意对抵（质）押物权属有效性、合法性进行审查，客观、公正评估抵押物；五是强调事中管理和监控，通过项目实施过程中的业务跟踪及定期的资产五级分类进行风险事中控制。

4.5.2　市场风险状况及其管理

市场风险是指公司在业务经营中因市场参数的波动而产生的风险，主要表现为由于股价、利率、汇率及其他价格因素变动而造成固有财产或信托财产损失的风险以及对公司盈利能力、财务状况的影响。

公司对市场风险的管理，一是对宏观经济走势、政策变化、投资策略演变及其他影响市场变化的因素进行持续分析研究；二是进行资产组合管理，动态调整资产配置方案，密切监控已开展业务的运行情况，根据市场风险情况及时作出投资调整、提前结束等风险管理措施，避免或降低市场风险引起的损失；三是对贷款类信托项目信托文件中约定贷款利率不低于初始贷款利率的事前安排。

4.5.3　操作风险状况及其管理

操作风险主要是指由于员工个人因素导致操作不当、或由于制度不完善导致员工缺少监控、或由于信息系统出现故障导致业务无法正常运行而引发的风险。报告期内公司未发生因操作风险所造成的损失。

公司对操作风险的管理，一是强化尽职调查，对前台部门开展尽职调查作出规范要求，实行双人、多人实地调查制；二是重视签约环节；三是实行流程化管理，建立职责分离、横向与纵向相互监督制约的机制实行严格的复核、审核程序。

4.5.4　合规风险状况及其管理

合规风险指公司因未遵循法律、法规、规则和准则造成可能遭受法律制裁、监管处罚、重大财务损失和声誉损失的风险，以及公司在业务经营过程中由于不当的法律文书、违约行为或怠于行使自身法律权利等所造成的风险。报告期内公司未发生因合规风险所造成的损失。

公司对合规风险的管理，一是对业务开展进行合规性审查，确保公司业务开展符合国家相关法律法规规定；二是优化产品结构和法律文本设计，所有对外法律文书及合同须经风险管理部或外聘的法律顾问审核确认；三是合规与风险管理人员、审计人员及部门内部风险管理人员及时检查信托业务及其他业务执行情况，发现疑问应及时反映和汇报，对可能存在风险及时制定处理方案。

#### 4.5.5 其他风险状况及其管理

其他风险主要是指公司业务开展中的流动性风险、政策风险、声誉风险等。报告期内公司未发生因其他风险所造成的损失。

公司在其他风险如流动性风险管理方面，一是保持足够的可变现资产、合理安排资产的期限组合；二是设计信托产品的流通平台；三是加强对项目的现金流管理。

政策风险管理方面，公司主要是通过及时跟踪研究国家宏观政策和行业政策的调整与变化，尽可能准确地分析宏观政策和监管政策的未来趋势，加强与政策制定部门的沟通，及时调整发展战略和经营理念，保持公司经营与国家政策的一致性。

声誉风险管理方面，一是将公司声誉构建与公司发展战略和企业文化进行有机结合；二是对影响公司声誉的业务予以回避；三是尽职管理，并充分披露，塑造公司专业和诚信的社会形象。

### 4.6 企业社会责任

公司成立1年以来，积极拓展信托业务，稳固发展固有业务，为经济建设和社会发展提供金融服务支持。在大力发展业务的同时，依法履行纳税义务。积极参与各种类型的公益活动，深入社区开展送温暖活动，连续做好对弱势群体的帮扶，为社区群众实实在在做好事。

## 5. 报告期末及上年末的比较式会计报表

### 5.1 固有资产

#### 5.1.1 会计师事务所审计结论：（标准无保留审计意见）

“立信大华审字〔2011〕第1414号”审计报告审计意见：中航信托公司财务报表已经按照企业会计准则的规定编制，在所有重大方面公允反映了公司2010年12月31日的财务状况以及2010年度的经营成果和现金流量。

#### 5.1.2 资产负债表

单位：万元

| 项　目 | 2010年12月31日 | 2009年12月31日 |
|---|---|---|
| 流动资产： | | |
| 货币资金 | 3 914.30 | 19 909.46 |
| 结算备付金 | | |
| 拆出资金 | | |
| 交易性金融资产 | | |
| 应收票据 | | |
| 应收账款 | | |
| 预付款项 | 886.39 | |
| 应收利息 | | |
| 其他应收款 | 3 795.64 | 133.89 |
| 其他流动资产 | | |
| 流动资产合计 | 8 596.33 | 20 043.35 |
| 非流动资产： | | |
| 发放贷款及垫款 | 20 790.00 | |
| 可供出售金融资产 | 4 900.00 | |
| 持有至到期投资 | | 10 000.00 |
| 长期应收款 | | |
| 长期股权投资 | 4 942.00 | |
| 投资性房地产 | | |
| 固定资产 | 3 902.06 | 87.35 |
| 无形资产 | 41.06 | |
| 长期待摊费用 | 489.88 | |
| 递延所得税资产 | | |
| 其他非流动资产 | | |
| 非流动资产合计 | 35 065.00 | 10 087.35 |
| 资产总计 | 43 661.33 | 30 130.70 |

公司法定代表人：朱幼林　主管会计工作公司负责人：王守军　会计机构负责人：刘　燕

**资产负债表（续）**

单位：万元

| 项　目 | 2009年12月31日 | 2009年12月31日 |
|---|---|---|
| 流动负债： | | |
| 向中央银行借款 | | |
| 吸收存款及同业存放 | | |
| 拆入资金 | | |
| 交易性金融负债 | | |
| 应付票据 | | |
| 应付账款 | | |
| 预收款项 | | |
| 卖出回购金融资产款 | | |
| 应付职工薪酬 | 1 260.89 | |
| 应交税费 | 346.05 | 32.23 |
| 应付利息 | | |
| 其他应付款 | 8 797.14 | 18.45 |
| 其他流动负债 | | |
| 流动负债合计 | 10 404.08 | 50.68 |
| 非流动负债： | | |
| 预计负债 | | |
| 应付债券 | | |
| 递延所得税负债 | | |
| 其他非流动负债 | | |
| 非流动负债合计 | | |
| 负债合计 | 10 404.08 | 50.68 |
| 所有者权益（或股东权益）： | | |
| 实收资本 | 30 000.50 | 30 000.50 |
| 资本公积 | | |
| 盈余公积 | 325.67 | |
| 一般风险准备金 | 162.84 | 3.98 |
| 未分配利润 | 2 768.24 | 75.54 |
| 归属于母公司所有者权益合计 | 33 257.25 | 30 080.02 |
| 所有者权益合计 | 33 257.25 | 30 080.02 |
| 负债和股东权益总计 | 43 661.33 | 30 130.70 |

公司法定代表人：朱幼林　主管会计工作公司负责人：王守军　会计机构负责人：刘　燕

### 5.1.3 利润表

单位:万元

| 项　　目 | 2010 年<br>12 月 31 日 | 2009 年<br>12 月 31 日 |
|---|---|---|
| 一、营业总收入 | 10 618.70 | 161.51 |
| 利息收入 | 1 739.61 | 61.51 |
| 手续费及佣金收入 | 8 199.35 | 100.00 |
| 投资收益(损失以"-"号填列) | 679.74 | |
| 公允价值变动收益(损失以"-"号填列) | | |
| 其他业务收入 | | |
| 二、营业总成本 | 6 254.75 | 55.31 |
| 利息支出 | | |
| 手续费及佣金支出 | 5.32 | |
| 营业税金及附加 | 582.66 | 5.50 |
| 业务及管理费 | 5 456.77 | 49.81 |

续表

| 项　　目 | 2010 年<br>12 月 31 日 | 2009 年<br>12 月 31 日 |
|---|---|---|
| 资产减值损失 | 210.00 | |
| 其他业务支出 | | |
| 加:汇兑收益(损失以"-"号填列) | -13.59 | -0.17 |
| 三、营业利润(亏损以"-"号填列) | 4 350.36 | 106.03 |
| 加:营业外收入 | | |
| 减:营业外支出 | | |
| 四、利润总额(亏损总额以"-"号填列) | 4 350.36 | 106.03 |
| 减:所得税费用 | 1 173.13 | 26.51 |
| 五、净利润(净亏损以"-"号填列) | 3 177.23 | 79.52 |
| 归属于母公司所有者的净利润 | 3 177.23 | 79.52 |
| 少数股东损益 | | |

公司法定代表人:朱幼林　主管会计工作公司负责人:王守军　会计机构负责人:刘　燕

### 5.1.4 所有者权益变动表

单位:万元

| 项目 | 2010 年 12 月 31 日 | | | | | | |
|---|---|---|---|---|---|---|---|
| | 归属于母公司所有者权益 | | | | | | 所有者权益合计 |
| | 实收资本 | 资本公积 | 盈余公积 | 一般风险准备 | 未分配利润 | 小计 | |
| 一、上年末余额 | 30 000.50 | — | — | 3.98 | 75.54 | 30 080.02 | 30 080.02 |
| 加:会计政策变更 | — | — | — | — | — | — | — |
| 前期差错更 | — | — | — | — | — | — | — |
| 二、本年初余额 | 30 000.50 | — | — | 3.98 | 75.54 | 30 080.02 | 30 080.02 |
| 三、本年增减变动金额(减少以"-"号填列) | — | — | 325.67 | 158.86 | 2 692.70 | 3 177.23 | 3 177.23 |
| (一)净利润 | — | — | — | — | 3 177.23 | 3 177.23 | 3 177.23 |
| (二)其他综合收益 | | | | | | — | — |
| 综合收益小计 | | | | | 3 177.23 | 3 177.23 | 3 177.23 |
| (三)所有者投入和减少资本 | | | | | | — | — |
| 1. 所有者投入资本 | | | — | — | — | — | — |
| 2. 股份支付计入所有者权益的金额 | | | — | — | — | — | — |
| 3. 其他 | | | | | | — | — |
| (四)专项储备提取和使用 | | | | | | — | — |
| 1. 提取专项储备 | — | — | — | — | — | — | — |
| 2. 使用专项储备 | — | — | — | — | — | — | — |
| (五)利润分配 | | | 325.67 | 158.86 | -484.53 | — | — |
| 1. 提取盈余公积 | | | 325.67 | | -325.67 | — | — |
| 其中:法定盈余公积 | — | — | 325.67 | — | -325.67 | — | |
| 任意盈余公积 | — | — | | — | | — | |
| 储备基金 | — | — | | — | | — | |
| 企业发展基金 | — | — | | — | | — | |
| 利润归还投资 | — | — | | — | | — | |
| 2. 提取信托风险准备 | — | — | — | 158.86 | -158.86 | — | |
| 3. 所有者(或股东)的分配 | — | — | — | — | | — | — |
| 4. 其他 | | | | | | — | — |
| (六)所有者权益内部结转 | | | | | | — | — |
| 1. 资本公积转增资本(或股本) | | | — | — | — | — | |
| 2. 盈余公积转增资本(或股本) | | — | | — | — | — | |
| 3. 盈余公积弥补亏损 | — | — | | — | | — | |
| 4. 其他 | | | | | | — | — |
| 四、本年末余额 | 30 000.50 | — | 325.67 | 162.84 | 2 768.24 | 33 257.25 | 33 257.25 |

公司法定代表人:朱幼林　　主管会计工作公司负责人:王守军　　会计机构负责人:刘　燕

**所有者权益变动表（续）**

单位:万元

| 项目 | 2009 年 12 月 31 日 | | | | | | |
|---|---|---|---|---|---|---|---|
| | 归属于母公司所有者权益 | | | | | | 所有者权益合计 |
| | 实收资本 | 资本公积 | 盈余公积 | 一般风险准备 | 未分配利润 | 小计 | |
| 一、上年末余额 | | | | | | | |
| 加:会计政策变更 | | | | | | | |
| 前期差错更正 | | | | | | | |
| 二、本年初余额 | | | | | | | |
| 三、本年增减变动金额(减少以“-”号填列) | 30 000.50 | — | | 3.98 | 75.54 | 30 080.02 | 30 080.02 |
| (一)净利润 | — | — | — | — | 79.52 | 79.52 | 79.52 |
| (二)其他综合收益 | | | | | | | |
| 综合收益小计 | | | | | 79.52 | 79.52 | 79.52 |
| (三)所有者投入和减少资本 | 30 000.50 | — | — | — | — | 30 000.50 | 30 000.50 |
| 1. 所有者投入资本 | 30 000.50 | | — | — | — | 30 000.50 | 30 000.50 |
| 2. 股份支付计入所有者权益的金额 | | | — | — | — | — | — |
| 3. 其他 | | | | | | — | — |
| (四)专项储备提取和使用 | | | | | | — | — |
| 1. 提取专项储备 | — | — | — | — | — | — | — |
| 2. 使用专项储备 | — | — | — | — | — | — | — |
| (五)利润分配 | | | | 3.98 | -3.98 | — | — |
| 1. 提取盈余公积 | | | | | | — | — |
| 其中:法定盈余公积 | — | — | | — | | — | — |
| 任意盈余公积 | — | — | | — | | — | — |
| 储备基金 | — | — | | — | | — | — |
| 企业发展基金 | — | — | | — | | — | — |
| 利润归还投资 | — | — | | — | | — | — |
| 2. 提取信托风险准备 | — | — | — | 3.98 | -3.98 | — | — |
| 3. 所有者(或股东)的分配 | — | — | — | — | | — | — |
| 4. 其他 | | | | | | — | — |
| (六)所有者权益内部结转 | | | | | | — | — |
| 1. 资本公积转增资本(或股本) | | | — | — | — | — | — |
| 2. 盈余公积转增资本(或股本) | | — | | — | — | — | — |
| 3. 盈余公积弥补亏损 | — | — | | — | | — | — |
| 4. 其他 | | | | | | — | — |
| 四、本年末余额 | 30 000.50 | — | — | 3.98 | 75.54 | 30 080.02 | 30 080.02 |

公司法定代表人:朱幼林　　主管会计工作公司负责人:王守军　　会计机构负责人:刘　燕

## 5.2 信托资产

### 5.2.1 信托项目资产负债汇总表

单位:万元

| 序　号 | 项　目 | 2010 年 12 月 31 日 |
|---|---|---|
| 1 | 信托资产 | |
| 2 | 货币资金 | 138 520.99 |
| 3 | 拆出资金 | — |
| 4 | 存出保证金 | — |
| 5 | 交易性金融资产 | — |
| 6 | 衍生金融资产 | — |
| 7 | 买入返售金融资产 | 477 370.00 |
| 10 | 应收款项 | 158 618.07 |
| 11 | 发放贷款 | 2 734 545.27 |

续表

| 序　号 | 项　目 | 2010 年 12 月 31 日 |
|---|---|---|
| 14 | 可供出售金融资产 | 69 803.15 |
| 15 | 持有至到期投资 | 43 173.11 |
| 16 | 长期应收款 | — |
| 17 | 长期股权投资 | 267 395.00 |
| 20 | 投资性房地产 | — |
| 21 | 固定资产 | — |
| 22 | 无形资产 | — |
| 23 | 长期待摊费用 | — |
| 24 | 其他资产 | — |
| 25 | 信托资产总计 | 3 889 425.59 |
| 27 | 信托负债 | — |
| 28 | 交易性金融负债 | — |

续表

| 序　号 | 项　目 | 2010年12月31日 |
|---|---|---|
| 29 | 衍生金融负债 | — |
| 30 | 应付受托人报酬 | — |
| 31 | 应付托管费 | — |
| 32 | 应付受益人收益 | — |
| 33 | 应交税金 | — |
| 34 | 应交销售服务费 | — |
| 35 | 其他应付款项 | 7 944.61 |
| 36 | 其他负债 | — |
| 37 | 信托负债合计 | 7 944.61 |
| 38 | 信托权益 | — |
| 39 | 实收信托 | 3 871 533.19 |
| 46 | 资本公积 | — |
| 47 | 外币报表折算差额 | — |
| 48 | 未分配利润 | 9 947.79 |
| 49 | 信托权益合计 | 3 881 480.98 |
| 50 | 信托负债和信托权益总计 | 3 889 425.59 |

公司法定代表人:朱幼林　主管会计工作公司负责人:王守军　会计机构负责人:刘　燕

### 5.2.2　信托项目利润及利润分配汇总表

| 序　号 | 项　目 | 2010年 |
|---|---|---|
| 1 | 1. 营业收入 | 104 981.08 |
| 2 | 1.1 利息收入 | 87 632.73 |
| 3 | 1.2 投资收益(损失以"-"填列) | 1 962.00 |
| 5 | 1.3 公允价值变动收益(损失以"-"号填列) | — |
| 6 | 1.4 租赁收入 | — |
| 7 | 1.5 汇况损益 | — |
| 8 | 1.6 其他收入 | 15 386.34 |
| 9 | 2. 支出 | 20 800.35 |
| 10 | 2.1 营业税金及附加 | — |
| 11 | 2.2 受托人报酬 | 12 599.99 |
| 12 | 2.3 保管费 | 1 465.09 |
| 13 | 2.4 投资管理费 | |
| 14 | 2.5 销售服务费 | 2 189.03 |
| 15 | 2.6 交易费用 | — |
| 16 | 2.7 资产减值损失 | — |
| 17 | 2.8 其他费用 | 4 546.23 |
| 18 | 3. 信托净利润(净亏损以"-"号填列) | 84 180.73 |
| 19 | 4. 其他综合收益 | — |
| 20 | 5. 综合收益 | 84 180.73 |
| 21 | 6. 加期初未分配信托利润 | — |
| 22 | 7. 可供分配的信托利润 | 84 180.73 |
| 23 | 8. 减:本期已分配信托利润 | 74 232.94 |
| 24 | 9. 期末未分配信托利润 | 9 947.79 |

公司法定代表人:朱幼林　主管会计工作公司负责人:王守军　会计机构负责人:刘　燕

## 6. 会计报表附注

### 6.1　会计报表编制基准不符合会计核算基本前提的说明

本公司无上述情况。

### 6.2　重要会计政策和会计估计说明

公司执行财政部2006年2月15日颁布的《企业会计准则》(财会〔2006〕3号)及后续规定。报告期内公司会计政策、会计估计和核算方法未发生变化。

### 6.3　或有事项说明

截至报告期末,本公司无须要披露的重大或有事项。

### 6.4　重要资产转让及其出售的说明

本公司报告期内未发生重要资产转让及出售事项。

### 6.5　会计报表中重要项目的明细资料

#### 6.5.1　自营资产经营情况

6.5.1.1　信用风险资产五级分类情况

| 信用风险资产五级分类 | 正常类(万元) | 关注类(万元) | 次级类(万元) | 可疑类(万元) | 损失类(万元) | 信用风险资产合计(万元) | 不良合计(万元) | 不良率(%) |
|---|---|---|---|---|---|---|---|---|
| 期初数 | — | — | — | — | — | — | — | — |
| 期末数 | 20 790.00 | — | — | — | — | 20 790.00 | — | — |

注:不良资产合计=次级类+可疑类+损失类。

6.5.1.2　资产减值准备情况

单位:万元

| 项目 | 期初数 | 本期计提 | 本期转回 | 本期核销 | 期末数 |
|---|---|---|---|---|---|
| 贷款损失准备 | — | 210.00 | — | — | 210.00 |
| 一般准备 | — | 210.00 | — | — | 210.00 |
| 专项准备 | — | — | — | — | — |
| 其他资产减值准备 | — | — | — | — | — |
| 可供出售金融资产减值准备 | — | — | — | — | — |
| 持有至到期投资减值准备 | — | — | — | — | — |
| 长期股权投资减值准备 | — | — | — | — | — |
| 坏账准备 | — | — | — | — | — |
| 投资性房地产减值准备 | — | — | — | — | — |

6.5.1.3　固有股票投资、基金投资、债券投资、长期股权投资等投资情况

单位:万元

| | 自营股票 | 基金 | 债券 | 长期股权投资 | 其他投资 | 合计 |
|---|---|---|---|---|---|---|
| 期初数 | — | — | — | — | 1 000.00 | 1 000.00 |
| 期末数 | — | — | — | 4 942.00 | 4 900.00 | 9 842.00 |

6.5.1.4　固有长期股权投资的前五名

单位:万元

| 企业名称 | 占被投资企业权益的比例(%) | 主要经营活动 | 投资收益 |
|---|---|---|---|
| 景德市商业银行 | 9.95 | 银行服务 | — |

6.5.1.5　固有贷款前五名

| 企业名称 | 占贷款总额的比例(%) | 还款情况 |
|---|---|---|
| 河北纵横钢铁集团有限公司 | 47.62 | 正常 |
| 唐山长城钢铁集团鑫达钢铁有限公司 | 23.81 | 正常 |
| 弋阳县姚家铁矿有限公司 | 28.57 | 正常 |

6.5.1.6　表外业务的期初数、期末数

单位:万元

| 表外业务 | 期初数 | 期末数 |
|---|---|---|
| 担保业务 | — | — |
| 代理业务(委托业务) | — | — |
| 其他 | — | — |
| 合计 | — | — |

6.5.1.7　公司当年的收入结构

| 收入结构 | 金额(万元) | 占比(%) |
|---|---|---|
| 手续费及佣金收入 | 8 199.35 | 77.22 |
| 其中:信托手续费收入 | 8 133.35 | 76.59 |
| 投资银行业务收入 | — | — |
| 利息收入 | 1 739.61 | 16.38 |
| 其他业务收入 | — | — |
| 其中:计入信托业务收入部分 | — | — |
| 投资收益 | 679.74 | 6.40 |
| 其中:股权投资收益 | | |
| 证券投资收益 | 294.77 | 2.78 |
| 其他投资收益 | 384.97 | 3.63 |
| 公允价值变动收益 | — | — |
| 营业外收入 | — | — |
| 收入合计 | 10 618.70 | 100.00 |

**6.5.2　披露信托资产管理情况**

6.5.2.1　信托资产的期初数、期末数

单位:万元

| 信托资产 | 期初数 | 期末数 |
|---|---|---|
| 集合 | | 475 965.00 |
| 单一 | | 3 344 163.19 |
| 财产权 | | 51 405.00 |
| 合计 | | 3 871 533.19 |

6.5.2.1.1　主动管理型信托业务期初数、期末数

单位:万元

| 主动管理型信托资产 | 期初数 | 期末数 |
|---|---|---|
| 证券投资类 | | 72 400.00 |
| 股权投资类 | | 238 080.00 |
| 融资类 | | 767 605.00 |
| 事务管理类 | | 179 428.70 |
| 合计 | | 1 257 513.70 |

6.5.2.1.2　被动管理型信托业务期初数、期末数

单位:万元

| 被动管理型信托资产 | 期初数 | 期末数 |
|---|---|---|
| 证券投资类 | | 10 283.11 |
| 股权投资类 | | |
| 融资类 | | 6 200.00 |
| 事务管理类 | | 2 597 536.38 |
| 合计 | | 2 614 019.49 |

6.5.2.2　本年度已清算结束的信托项目情况

本年度已清算结束的信托项目 17 个，实收信托金额 433 328.50万元，加权平均实际年化收益率 5.04%。

6.5.2.2.1 本年度已清算结束的集合类、单一类资金信托项目和财产管理类信托项目个数、金额、加权平均实际年化收益率

| 已清算结束信托项目 | 项目个数 | 合计金额(万元) | 加权平均实际年化收益率(%) |
|---|---|---|---|
| 集合类 | | | |
| 单一类 | 16 | 416 578.00 | 5.08 |
| 财产管理类 | 1 | 250.50 | -0.2 |
| 合计 | 17 | 433 328.50 | |

6.5.2.2.2　本年度已清算结束的主动管理型信托项目个数、合计金额、加权平均实际年化收益率

| 已清算结束信托项目 | 项目个数 | 合计金额(万元) | 信托报酬率(%) | 加权平均实际年化收益率(%) |
|---|---|---|---|---|
| 证券投资类 | | | | |
| 股权投资类 | | | | |
| 融资类 | | | | |
| 事务管理类 | 2 | 10 250.50 | 4.68 | 5.07 |
| 合计 | 2 | 10 250.50 | | |

6.5.2.2.3　本年度已清算结束的被动管理型信托项目个数、合计金额、加权平均实际年化收益率

单位:万元

| 已清算结束信托项目 | 项目个数 | 合计金额(万元) | 信托报酬率(%) | 加权平均实际年化收益率(%) |
|---|---|---|---|---|
| 证券投资类 | | | | |
| 股权投资类 | | | | |
| 融资类 | | | | |
| 事务管理类 | 15 | 423 078.00 | 0.57 | 5.04 |
| 合计 | 15 | 423 078.00 | | |

6.5.2.2.4　本年度新增的集合类、单一类和财产管理类信托项目个数、合计金额

单位:万元

| 新增信托项目 | 项目个数 | 合计金额 |
|---|---|---|
| 集合类 | 25 | 475 965.00 |
| 单一类 | 97 | 3 760 741.19 |
| 财产管理类 | 3 | 51 654.50 |
| 新增合计 | 125 | 4 288 360.69 |
| 其中:主动管理型 | 58 | 1 267 764.20 |
| 被动管理型 | 67 | 3 020 596.49 |

6.5.2.2.5　信托业务创新成果和特色业务有关情况

业务开展遵循国家宏观政策导向，推出棚户区综合改造、循环经济等项目；积极拓展业务领域，在业务模式上体现创新，利用信托功能为交易对手提供供应链增值服务，与吉林鑫达钢铁、河北纵横钢铁等多家钢铁企业合作设立了仓单质押系列信托产品。其中，天启 2 号循环经济项目集合资金信托计划采用优先、次级受益权的分层结构设计，突破传统的风险管理思路，在关注交易对手抵(质)押资产价值的同时，着重企业的发展前景，响应国家支援新疆建设的号召，投资新疆自治区循环经济

产业项目。

6.5.2.2.6 本公司履行受托人义务情况及因公司自身责任而导致的信托资产损失情况

报告期内，未发生因公司自身责任导致信托资产损失，集合信托资产管理没有发生重大涉诉及赔付等情况。

6.5.2.2.7 信托赔偿准备的提取、使用和管理情况

公司从2010年税后利润中提取5%的信托赔偿准备金158.86万元，累计提取162.84万元。报告期内公司未使用信托赔偿准备金。

## 6.6 信托业务关联方关系及其交易的披露

**6.6.1 关联交易方的数量、关联交易的总金额及关联交易的定价原则等**

报告期内，公司信托业务发生关联交易共7个，关联交易金额共计299 820万元。所有关联交易按市场价格交易，或按公允原则以不优于对非关联方同类交易的条件定价交易。

**6.6.2 关联交易方与本公司的关系性质、关联交易方的名称、法定代表人、注册地址、注册资本及主营业务等**

| 关系性质 | 关联方名称 | 法定代表人 | 注册地址（万元） | 注册资本 | 主营业务 |
|---|---|---|---|---|---|
| 同一母公司控制公司之子公司 | 北京瑞赛科技有限公司 | 文涛 | 北京市朝阳区东环南路2号 | 110 176 | 航空测控产业等。 |
| 同一母公司控制公司之子公司 | 中国航空技术深圳有限公司 | 由镭 | 深圳市福田区深南中路中航苑航都大厦24层 | 100 000 | 高科技制造、商业地产、物业管理、酒店管理、零售、高档消费品、贸易、矿产资源等。 |
| 同一母公司控制公司之项目公司 | 佛山市万科置业有限公司 | 唐激杨 | 佛山市南海区桂平路南侧金色家园二栋一楼 | 2 000 | 房地产开发等。 |
| 同一母公司控制公司 | 中航万科有限公司 | 顾惠忠 | 北京市朝阳区东三环中路乙10号艾维克大厦23层05～06A号 | 100 000 | 房地产开发、建筑业、酒店及物业管理等。 |
| 同一母公司控制公司之子公司 | 中航地产股份有限公司 | 仇慎谦 | 深圳市福田区振华路163号飞亚达大厦6楼 | 22 232.0472 | 地产、酒店及物业管理等。 |
| 同一母公司控制公司 | 中国贵州航空工业（集团）有限责任公司 | 楚海涛 | 贵阳市小河区锦江路110号 | 167 087 | 航空发动机、航空机载设备及零件、航空飞行器等。 |

**6.6.3 公司与关联方的重大交易事项**

6.6.3.1 固有财产与关联方情况

本报告期内无上述情况。

6.6.3.2 信托与关联方交易情况

单位：万元

| | 期初数 | 借方发生额 | 贷方发生额 | 期末数 |
|---|---|---|---|---|
| 贷款 | | 449 900.00 | 150 000.00 | 249 900.00 |
| 投资 | | 49 920.00 | | 49 920.00 |
| 租赁 | | | | |
| 担保 | | | | |
| 应收账款 | | | | |
| 其他 | | | | |
| 合计 | | 499 820.00 | 150 000.00 | 299 820.00 |

6.6.3.3 固有财产和信托财产之间的交易金额期初汇总数、本期发生额汇总数、期末汇总数

本期无固有与信托财产之间的交易。

6.6.3.4 信托资产与信托财产之间的交易金额期初汇总数、本期发生额汇总数、期末汇总数

本期无信托项目之间的交易。

**6.6.4 关联方逾期未偿还本公司资金的详细情况以及本公司为关联方担保发生或即将发生垫款的情况**

报告期内本公司无关联方逾期未偿还本公司资金的情况，没有为关联方提供担保。

## 6.7 会计制度的披露

公司固有业务、信托业务均执行财政部2006年2月颁布的《企业会计准则》。

# 7. 财务情况说明书

## 7.1 利润实现和分配情况

公司2010年初未分配利润75.54万元，2010年实现净利润3 177.23万元。按净利润的10%提取法定盈余公积金317.72万元，补提2009年法定盈余公积金7.95万元，按净利润的5%提取信托赔偿准备金158.86万元。截至2010年12月31日，公司未分配利润2 768.24万元。

## 7.2 主要财务指标

| 指标名称 | 指标值 | 计算公式 |
|---|---|---|
| 资本利润率（%） | 10.03 | 净利润/所有者权益平均余额×100% |
| 人均净利润（万元/人） | 42.36 | 净利润/年平均人数 |

## 7.3 对本公司财务状况、经营成果有重大影响的其他事项

报告期内无对本公司财务状况、经营成果有重大影响的其他事项。

# 8. 特别事项揭示

## 8.1 股东报告期内变动情况及原因

本报告期内，本公司股东及持股比例未发生变动。

### 8.2　董事、监事及高级管理人员变动情况及原因

（1）本年度董事会新任成员情况。公司原董事胡剑先生因工作关系变动无法继续担任本公司董事，2010 年 4 月 29 日，公司以通讯方式召开“2010 年第一次股东大会”，审议通过《关于更换董事的决议》，决定胡剑先生不再担任公司董事职务，并选举刘敏先生为公司一届董事会董事。刘敏先生任本公司董事的任职资格已获得江西银监局核准。

（2）本年度监事会成员未发生变动。

（3）本年度经理层新任成员变动情况。2010 年 8 月 6 日，公司董事会以通讯方式召开“第一届董事会第四次会议”，审议通过《关于聘任首席风险官的议案》，拟聘郭若强先生任公司首席风险官。郭若强先生的任职资格已获得江西银监局核准。

### 8.3　变更注册资本、注册地或公司名称、公司分立合并事项

公司名称变更、注册地址变更于 2010 年 12 月 15 日获监管部门审核批准，于 12 月末完成实施。公司中文名称由“江西江南信托股份有限公司”变更为“中航信托股份有限公司”；英文名称由“SouthChina Trust Co.，Ltd.”变更为“AVIC Trust Co.，Ltd.”；公司注册地址由“南昌市抚河北路 291 号”变更为“南昌市红谷滩新区赣江北大道 1 号中航广场 24～25 层”；公司邮政编码由“330008”变更为“330038”。

### 8.4　公司的重大诉讼事项

本报告期内公司无重大诉讼事项。

### 8.5　公司及其董事、监事和高级管理人员受到处罚的情况

本报告期内无公司及其董事、监事和高级管理人员受到处罚的情况。

### 8.6　对银监会提出的整改意见简要说明整改情况

本报告期内无上述情况。

### 8.7　重大事项临时报告情况

公司董事变更事宜，已报江西银监局；公司名称、注册地变更事宜，已上报江西银监局，并在《金融时报》、《江西日报》刊登公告；公司注册本金、股东变更事宜，已报中国银监会。

### 8.8　报告期内无银监会及其省级派出机构认定的其他有必要让客户及相关利益人了解的重要信息

## 9. 公司监事会独立意见

公司监事会认为，2010 年，公司依法运作，决策程序合法有效，没有发现公司董事、高级管理层履行职务时有违法违规、违反公司章程或损害公司及股东利益的行为。公司 2010 年财务报告中披露的财务信息，真实反映公司的财务状况和经营成果。

## 10. 备查文件

10.1　载有公司印章的年度报告正本

10.2　载有董事会决议的报告正本

10.3　载有监事会独立意见的报告正本

10.4　载有会计师事务所盖章的审计报告正本

以上文件均完整地备置于本公司所在地。

# 中融国际信托有限公司

## 1. 重要提示

1.1 本公司董事会及全体董事保证本报告所载资料不存在任何虚假记载、误导性陈述或者重大遗漏,并对其内容的真实性、准确性和完整性承担个别及连带责任。

1.2 本年度报告摘要摘自年度报告全文,客户及相关利益人欲了解详细内容,应阅读年度报告全文。

1.3 本公司独立董事保证本报告内容的真实性、准确性和完整性。

1.4 天职国际会计师事务所有限公司为本公司出具了无保留意见的审计报告。

1.5 公司董事长刘洋先生、财务总监连晋华先生声明:保证年度报告中财务会计报告的真实、完整。

## 2. 公司概况

### 2.1 公司简介

中融国际信托有限公司是经中国银监会批准设立的金融机构,前身为哈尔滨国际信托投资公司,成立于1987年。2002年4月,根据国务院办公厅及中国人民银行的要求完成整顿任务并提出重新登记申请;2002年5月,中国人民银行作出准予公司重新登记,并批准更名为中融国际信托投资有限公司的批复;2007年7月,中国银行业监督管理委员会作出准予公司名称变更为中融国际信托有限公司的批复。

2002年6月,公司取得哈尔滨市工商行政管理局颁发的《企业法人营业执照》,注册资本为32 500万元。2010年11月,公司将2009年留存收益中的总计25 500万元按股东持股比例进行同比例转增注册资本,转增后,公司注册资本为58 000万元。

截至2010年末,公司股东结构为:经纬纺织机械股份有限公司出资20 880万元,占公司注册资本的36%;哈尔滨投资集团有限责任公司出资14 276.7万元,占公司注册资本的24.615%;中植企业集团有限公司出资18 381.94万元,占公司注册资本的31.693%;大连新星房地产开发集团有限公司出资4 461.36万元,占公司注册资本的7.692%。

2011年3月3日,公司增加注册资本至14亿元的申请获得黑龙江银监局的批复,其中各股东现金增资3亿元;2011年3月18日,公司完成增资及修改公司章程的工商变更登记。至此,公司完成本次增加注册资本,注册资本已达14亿元。2011年3月15日,公司大股东经纬纺织机械股份有限公司发布公告,拟通过非公开发行A股股票的方式募资总额不超过12.31亿元资金,其中7.64亿元用于向本公司增资。本轮增资若成功完成,届时公司注册资本将达到16亿元,净资产34亿元以上。

公司主要经营业务包括:资金信托;动产信托;不动产信托;有价证券信托;其他财产或财产权信托;作为投资基金或者基金管理公司的发起人从事投资基金业务;经营企业资产的重组、购并及项目融资、公司理财、财务顾问等业务;受托经营国务院有关部门批准的证券承销业务;办理居间、咨询、资信调查等业务;代保管及保管箱业务;以存放同业、拆放同业、贷款、租赁、投资方式运用固有资产;以固有财产为他人提供担保;从事同业拆借;法律法规规定或中国银行业监督管理委员会批准的其他业务。

#### 2.1.1 公司基本情况

| | |
|---|---|
| 法定中文名称 | 中融国际信托有限公司 |
| 法定英文名称 | Zhongrong Iinternational Trust Co. Ltd. |
| 法定代表人 | 刘洋 |
| 注册地址 | 黑龙江省哈尔滨市南岗区嵩山路33号 |
| 办公地址 | 黑龙江省哈尔滨市南岗区嵩山路33号 |
| 邮政编码 | 150090 |
| 公司国际互联网网址 | www.zritc.com |
| 电子邮箱 | Zritc@zritc.com |

#### 2.1.2 公司信息披露事务负责人

| | |
|---|---|
| 职务 | 董事会秘书 |
| 姓名 | 黄威 |
| 联系地址 | 黑龙江省哈尔滨市南岗区嵩山路33号 |
| 电子邮箱 | huangwei@zritc.com |

#### 2.1.3 公司选定的信息披露报纸、年度报告备置地点、公司聘请的会计师事务所、律师事务所

| | |
|---|---|
| 信息披露报纸 | 《金融时报》 |
| 住所 | 北京市海淀区中关村南大街甲18号D座18~22层 |
| 年度报告备置地点 | 黑龙江省哈尔滨市南岗区嵩山路33号 |
| 聘请的会计师事务所 | 天职国际会计师事务所有限公司 |
| 住所 | 北京市海淀区车公庄西路乙19号华通大厦B座二层 |
| 聘请的律师事务所 | 中伦律师事务所上海分所 |
| 住所 | 上海市浦东新区银城中路200号中银大厦11层 |

## 2.2 组织结构

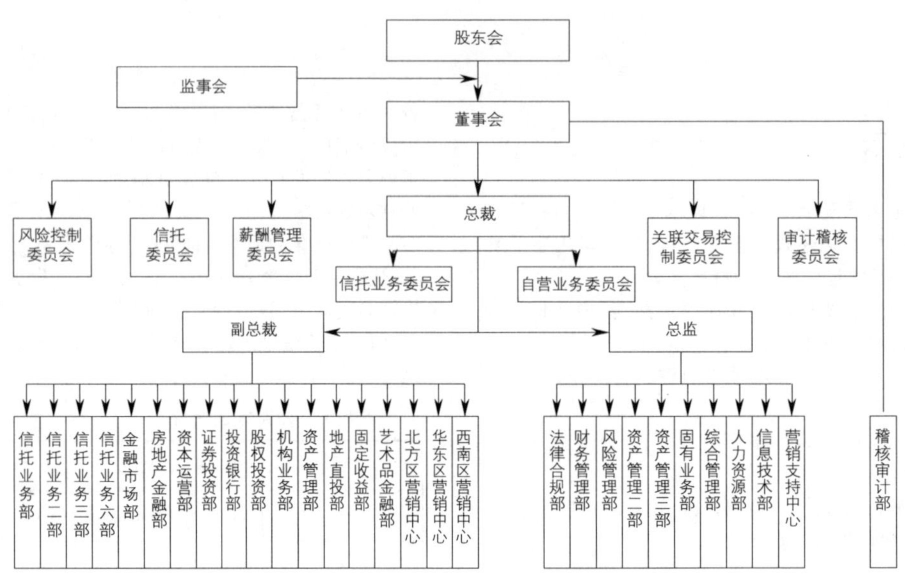


## 3. 公司治理结构

### 3.1 股东

#### 3.1.1 持股15%以上(含15%)股份(或出资比例)的股东情况

截至2010年12月31日,公司由四家股东共同出资构成,包括经纬纺织机械股份有限公司、哈尔滨投资集团有限责任公司、中植企业集团有限公司及大连新星房地产开发集团有限公司。其中持有公司15%以上(含15%)股份的股东总计三家,详细信息如下。

| 股东名称 | 持股比例(%) | 法人代表 |
|---|---|---|
| 经纬纺织机械股份有限公司 | 36 | 叶茂新 |
| 哈尔滨投资集团有限责任公司 | 24.615 | 冯晓江 |
| 中植企业集团有限公司 | 31.693 | 吕庆玉 |

#### 3.1.2 公司第一大股东的主要股东情况

公司第一大股东为经纬纺织机械股份有限公司,其主要股东情况如下:

董事长、副董事长、董事

| 股东名称 | 持股比例(%) | 法人代表 |
|---|---|---|
| 中国纺织机械(集团)有限公司 | 33.830 | 李培忠 |

### 3.2 董事

董事长、副董事长、董事

| 姓名 | 职务 | 性别 | 年龄 | 选任日期 | 所推举的股东名称 | 所推举的股东持股比例(%) |
|---|---|---|---|---|---|---|
| 刘洋 | 董事长 | 男 | 36 | 2009年5月 | 经纬纺织机械股份有限公司 | 36 |
| 姚育明 | 副董事长 | 男 | 50 | 2010年7月 | 经纬纺织机械股份有限公司 | 36 |
| 赫小铂 | 董事 | 女 | 47 | 2010年4月 | 哈尔滨投资集团有限责任公司 | 24.615 |
| 范韬 | 董事 | 男 | 43 | 2005年3月 | 经纬纺织机械股份有限公司 | 36 |
| 王宝安 | 董事 | 男 | 48 | 2010年2月 | 经纬纺织机械股份有限公司 | 36 |

| 姓名 | 简要履历 |
|---|---|
| 刘　洋 | 历任中国工商银行黑龙江支行国际业务部职员,中植高科技投资有限公司负责人,上海中植金智科技投资有限公司财务总监,中植企业集团副总裁、财务总监、首席执行官,中融国际信托有限公司董事、董事长。 |
| 姚育明 | 历任山西榆次青年农场及经纬纺织机械厂职员,经纬纺机厂财务处副处长、厂长助理兼金融办公室主任,中国纺机集团财务有限公司董事、董事长,内蒙古日信证券有限责任公司董事长,经纬股份公司董事、财务总监、常务副总经理、总经理、党委书记,中国恒天集团有限公司党委委员,中融国际信托有限公司副董事长。 |
| 赫小铂 | 历任哈尔滨轴承厂职教处教师,哈尔滨轴承厂团委委员、职教处分团委书记,哈尔滨轴承厂总会计师秘书,哈尔滨市投资公司总经理办公室秘书、副科长、科长、综合业务处处长助理,哈尔滨投资集团有限责任公司资本运营部部长助理、副部长、综合计划部副部长、部长,中融国际信托有限公司董事。 |
| 范　韬 | 历任黑龙江省机械进出口公司储运科、业务四部职员,黑龙江省证券监督管理办公室上市处、发行处科员,中国证监会哈尔滨特派员办事处发行处、机构处科员,中植企业集团有限公司总裁助理,中融国际信托有限公司董事、副总裁、总裁。 |
| 王宝安 | 历任阿城继电器厂厂长办公室秘书、主任,阿城继电器股份有限公司董事会秘书兼证券办主任,天元证券经纪有限公司中山路营业部、经营管理部、研发部高级经理,中融国际信托有限公司综合管理部经理、总裁办主任、总裁助理、副总裁、监事长、执行总裁、董事。 |

独立董事

| 姓名 | 所在单位及职务 | 性别 | 年龄 | 选任日期 | 所推举的股东名称 | 所推举的股东持股比例(%) |
|---|---|---|---|---|---|---|
| 赵林政 | 已退休 | 男 | 62 | 2009年12月 | — | — |
| 李　辉 | 安信证券股份有限公司投资银行部执行总监 | 男 | 40 | 2010年7月 | — | — |

独立董事

| 姓名 | 简要履历 |
|---|---|
| 赵林政 | 历任双鸭山市人民银行党组成员、副行长、外汇局局长、党组书记、行长，人民银行七台河市中心支行党委书记、行长，哈尔滨金融监管办事处助理特派员、监管专员(副厅级)，黑龙江银监局筹备组成员、党委委员、纪委书记，中融国际信托有限公司独立董事。 |
| 李　辉 | 历任中国建设银行财会部科员，联合证券投资银行部高级经理，汉唐证券投资银行部副总经理，银河证券投资银行部业务总监，安信证券投资银行部业务总监、执行总监，中融国际信托有限公司独立董事。 |

## 3.3 监事

监事

| 姓名 | 职　务 | 性别 | 年龄 | 选任日期 | 所推举的股东名称 | 该股东持股比例(%) |
|---|---|---|---|---|---|---|
| 高兴山 | 监事会主席 | 男 | 47 | 2009年4月 | 中植企业集团有限公司 | 31.693 |
| 毛发青 | 监事 | 男 | 42 | 2010年7月 | 经纬纺织机械股份有限公司 | 36 |
| 刘立刚 | 监事 | 男 | 41 | 2010年1月 | 职工监事 | — |

监事

| 姓名 | 简要履历 |
|---|---|
| 高兴山 | 历任伊春市五营区计划委员会科员、主任，五营林业联合企业公司计划财务科科长，丰林信用社主任，伊春银达典当行经理，中植企业集团有限公司总裁助理、副总裁，中融国际信托有限公司董事长、监事长。 |
| 毛发青 | 历任经纬纺织机械厂一分厂、铸造厂会计，经纬纺织机械股份有限公司财务部会计、财务室副主任、会计室主任、财务部部长、财务总监，中融国际信托有限公司监事。 |
| 刘立刚 | 历任黑龙江会计师事务所部门副经理，黑龙江龙源会计师事务所部门副经理，利安达信隆会计师事务所部门经理，黑龙江省宇华担保投资股份有限公司财务总监，北亚实业(集团)股份有限公司财务部副部长，内蒙古立丰房地产开发有限公司财务总监，中融国际信托有限公司稽核审计部副总经理、监事。 |

## 3.4 高级管理人员

高级管理人员

| 姓名 | 职务 | 性别 | 年龄 | 选任日期 | 金融从业年限 | 学历 | 专业 |
|---|---|---|---|---|---|---|---|
| 范韬 | 总裁 | 男 | 43 | 2010年2月 | 14 | 本科 | 矿业机械 |
| 王宝安 | 副总裁 | 男 | 48 | 2010年2月 | 10 | 硕士 | 管理工程 |
| 王海 | 副总裁 | 男 | 48 | 2010年2月 | 28 | 硕士 | EMBA |
| 吴大勇 | 副总裁 | 男 | 35 | 2010年2月 | 12 | 本科 | 金融学 |
| 梁越 | 副总裁 | 女 | 50 | 2010年2月 | 16 | 硕士 | 货币银行学 |
| 刘伟器 | 副总裁 | 男 | 37 | 2010年2月 | 8 | 本科 | 俄语 |
| 谢丙武 | 副总裁 | 男 | 41 | 2010年2月 | 10 | 硕士 | 国际发展 |
| 连晋华 | 财务总监 | 男 | 52 | 2010年6月 | 2 | 本科 | 会计学专业 |

高级管理人员

| 姓名 | 简要履历 |
|---|---|
| 范　韬 | 历任黑龙江省机械进出口公司储运科、业务四部职员，黑龙江省证券监督管理办公室上市处、发行处科员，中国证监会哈尔滨特派员办事处发行处、机构处科员，中植企业集团有限公司总裁助理，中融国际信托有限公司董事、副总裁、总裁。 |
| 王宝安 | 历任阿城继电器厂厂长办公室秘书、主任，阿城继电器股份有限公司董事会秘书兼证券办主任，天元证券经纪有限公司中山路营业部、经营管理部、研发部高级经理，中融国际信托有限公司综合管理部经理、总裁办主任、总裁助理、副总裁、监事长、执行总裁、董事。 |
| 王　海 | 历任人民银行哈尔滨市分行、工商银行哈尔滨市分行信贷员，哈尔滨国际信托投资公司金融租赁部经理，哈尔滨国际实业发展公司总经理，哈尔滨国际信托投资公司重组、重新登记工作组成员，中融国际信托有限公司执行总裁、副总裁。 |
| 吴大勇 | 历任海南华银信托公司哈尔滨证券营业部、信息技术部职员，中融国际信托有限公司市场营销部职员、信息技术部副总经理、信托业务部副总经理、金融市场部总经理、总裁助理、执行总裁、副总裁。 |

续表

| 姓名 | 简要履历 |
|---|---|
| 梁越 | 历任黑龙江省纺织厅亚麻公司纺织科科长，哈尔滨证券公司副总经理，联合证券东北总部总经理、北京中心营业部总经理，中融国际信托有限公司执行总裁、副总裁。 |
| 刘伟器 | 历任黑龙江中植企业集团机械厂厂长助理，黑龙江中植企业集团总裁秘书、总裁办主任，上海中植投资有限公司执行董事，黑龙江中植旅游集团总经理，潍坊中植投资经营有限公司董事长兼总经理，济南发祥置业有限公司董事长，中植企业集团副总裁，哈尔滨市融兴典当行主管会计，上海中融汇投资担保公司财务总监，中融国际信托有限公司副总裁。 |
| 谢丙武 | 历任哈尔滨工业大学人文及社会科学学院助教，MSCI 株式会社管理顾问，美国雷曼兄弟证券公司亚太财务总部经理、亚太债券部副总裁、全球房地产私募基金部副总裁、全球房地产私募基金部资深副总裁、中国区负责人，中融国际信托有限公司副总裁。 |
| 连晋华 | 历任经纬纺机厂设备动力科职员，经纬纺机厂审计室审计员、监察审计处副处长、处长、审计室主任，经纬机械集团山西纺织机械有限公司总会计师，经纬纺机股份公司产业发展部部长、监事、战略管理部部长，中融国际信托有限公司财务总监。 |

## 3.5 公司员工

| 项目 | | 2010年 | | 2009年 | |
|---|---|---|---|---|---|
| | | 人数 | 比例(%) | 人数 | 比例(%) |
| 年龄分布 | 20岁以下 | 0 | 0 | 0 | 0 |
| | 20~29岁 | 460 | 58.4 | 118 | 47.8 |
| | 30~39岁 | 264 | 33.5 | 93 | 37.6 |
| | 40岁以上 | 64 | 8.1 | 36 | 14.6 |
| 学历分布 | 博士 | 2 | 0.3 | 1 | 0.4 |
| | 硕士 | 238 | 30.2 | 90 | 36.5 |
| | 本科 | 426 | 54.1 | 129 | 52.2 |
| | 专科 | 110 | 14.0 | 20 | 8.1 |
| | 其他 | 12 | 1.4 | 7 | 2.8 |
| 岗位分布 | 董事、监事及其高管人员 | 15(外部6人) | 1.9 | 10(外部4人) | 4.0 |
| | 自营业务人员 | 6 | 0.8 | 3 | 1.2 |
| | 信托业务人员 | 523 | 65.8 | 163 | 66.0 |
| | 其他人员 | 250 | 32.5 | 71 | 28.8 |

注：董事、监事及其高管人员的15人中有6人不包含在正式编制788人中，岗位分布总人数应为正式编制+编制外董事/监事共计794人。

# 4. 经营管理

## 4.1 经营目标、方针、战略规划

### 4.1.1 公司的经营目标

公司恪守“受人之托、代人理财”的经营理念，认真履行受托职责，遵循诚实、信用、谨慎、有效管理的原则，恪尽职守，为受益人的最大利益处理信托事务。努力成为具有较强核心竞争力的一流的专业资产管理类金融机构，在投资能力、产品开发能力、营销能力、理财能力等方面达到业内一流水平，为社会提供值得信赖的高质量、全方位的资产管理服务。

### 4.1.2 公司的经营方针

公司坚持“诚实、信用、创新、务实”的经营理念，秉承“创新发展、和谐共享”的企业文化，坚持依法合规、稳健经营，加强严控风险、促进科学决策，确保公司健康、稳健发展。

### 4.1.3 公司的战略规划

公司坚持贯彻落实科学发展观，以主动管理为发展方向，以自主创新为基本动力，构建高端私募资产管理的主营业务模式，提升公司在行业内的核心竞争力，为信托行业的发展和构建社会主义和谐社会作出应有贡献。在未来五年内，实现三个转变，抓好四项业务，加强五个方面建设，把中融信托建设成为实力雄厚、管理能力较强，国内一流的信托公司。三个转变：一要实现增长方式的转变，在总体规模稳定的基础上，要调整资产结构，优化资产的配置，实现多业务领域、多业务模式、多业务种类和多种产品结构，保持科学合理的增长方式；二要实现盈利方式的转变，增加高效资产，压缩低效资产，积极探索新的盈利模式，开辟新的收入渠道，增强创利能力；三要实现管理方式的转变，由被动管理逐步向主动管理转变，增强业务的创新和项目的资源占有率，夯实基础、搭好队伍、提高素质。要提高主动管理的能力，在被动管理中寻找主动管理的机会，增加主动管理的成分。四项业务即保持优质银信合作业务，继续推进证券业务，大力发展房地产信托业务及私募业务。五个方面的建设即基础建设、内控建设、风控体系的建设、团队建设、人力资源的建设。

## 4.2 所经营业务的主要内容

### 4.2.1 自营业务

公司积极稳健的以贷款、投资等形式开展自营业务。

**自营资产运用与分布表**

| 资产运用 | 金额(万元) | 占比(%) | 资产分布 | 金额(万元) | 占比(%) |
|---|---|---|---|---|---|
| 货币资产 | 88 635 | 43 | 基础产业 | | |
| 贷款及应收款 | | | 房地产业 | | |
| 交易性金融资产投资 | 8 311 | 4 | 证券市场 | 5 188 | 3 |
| 可供出售金融资产投资 | 95 421 | 47 | 实业 | | |
| 持有至到期投资 | | | 金融机构 | 2 867 | 1 |
| 长期股权投资 | 2 867 | 1 | 其他 | 196 276 | 96 |
| 其他 | 9 097 | 5 | | | |
| 资产总计 | 204 331 | 100 | 资产总计 | 204 331 | 100 |

### 4.2.2 信托业务

公司自2007年换发金融许可证后，积极运用信托工具，开展管理业务，为投资者开拓投资渠道。主要信托业务种类包括资金信托、财产信托、股权信托等。截至报告期末，公司在各个信托业务方面取得了较快发展，同时获得了良好的信托收益，信托业务核心地位已逐渐确立。

**信托资产运用与分布表**

| 资产运用 | 金额(万元) | 占比(%) | 资产分布 | 金额(万元) | 占比(%) |
|---|---|---|---|---|---|
| 货币资产 | 1 207 577 | 6.71 | 基础产业 | 3 802 935 | 21.13 |
| 贷款 | 7 289 691 | 40.51 | 房地产 | 3 861 066 | 21.46 |

续表

| 资产运用 | 金额（万元） | 占比（%） | 资产分布 | 金额（万元） | 占比（%） |
|---|---|---|---|---|---|
| 交易性金融资产投资 | 2 254 344 | 12.53 | 证券市场 | 2 254 344 | 12.53 |
| 可供出售金融资产投资 | 168 926 | 0.94 | 实业 | 4 512 484 | 25.08 |
| 持有至到期投资 | — | 0.00 | 金融机构 | 403 066 | 2.24 |
| 长期股权投资 | 6 525 079 | 36.26 | 其他 | 3 159 794 | 17.56 |
| 其他 | 548 072 | 3.05 | | | |
| 信托资产总计 | 17 993 689 | 100.00 | 信托资产总计 | 17 993 689 | 100.00 |

#### 4.2.3 公司经营概况

截至2010年12月末，公司管理的资产总额1 819.80亿元。其中，自有资产总额20.43亿元，占1.12%；受托管理资产1 799.37亿元，占98.88%。2010年，公司实现业务收入17.52亿元，实现税后利润6.95亿元。公司业务规模和收入较上年同期大幅增长，经营质量稳健提升。

在由《证券时报》主办的“第三届中国优秀信托公司评选”中，公司被评为“中国最具成长性信托公司”，公司两只信托计划分别获得“最佳证券投资类信托计划”奖和“最佳基础设施信托计划”奖。

## 4.3 市场分析

### 4.3.1 有利因素

4.3.1.1 经济环境

2011年是“十二五”开局之年，各地发展热情较高，投资动力较强，前期出台的振兴战略性新兴产业、加快保障房建设和棚户区改造、鼓励和引导民间投资等政策措施和各项区域发展战略正在发挥作用；消费升级和城镇化在发展过程中，收入分配改革力度加大，转变发展方式和调整经济结构步伐加快，总体看经济持续增长的动能较为充足。

我国“十二五”规划提出“鼓励扩大民间投资，放宽市场准入，支持民间资本进入基础产业、基础设施、市政公用事业、社会事业、金融服务等领域”。国家鼓励扩大民间资本投资领域，包括实业和金融业投资。信托产品较其他类别的金融产品投资范围更为宽泛，其既可以覆盖股票、债券和货币市场等金融领域，也可以覆盖基础设施、房地产等实业投资领域，信托业更加符合国家“十二五”规划的要求，为投资者跨行业投资提供了一个更为便捷的途径，未来发展空间巨大。

4.3.1.2 法规政策环境

2007年，我国信托行业经过新一次的整顿以及“信托两新规”（《信托公司管理办法》和《信托公司集合资金信托计划管理办法》）的正式实施，信托行业的法律和制度环境进一步完善；《关于加强信托公司房地产信托业务监管有关问题的通知》、《关于信托公司房地产信托业务风险提示的通知》及《关于规范银信理财合作业务有关事项的通知》等规章政策的颁布，使得传统信托产品和特色信托产品的风险控制更加严格，为信托行业的长远发展奠定了法律基础，信托行业将逐渐走上良性发展轨道，未来随着国家宏观经济的发展，信托产品实业投资和金融领域投资将更加稳定的发展。监管机构在多次会议提出了对信托行业发展的支持；银监会非银发〔2011〕1号通知进一步阐明监管方向，将逐步引导信托行业实现功能转变，为信托行业实现健康、快速和持续发展奠定基础。

4.3.1.3 信托行业与信托制度的优势

与其他金融行业相比，信托行业具有投资范围广泛的优势。银行业无法介入股票、股权等投资领域；证券投资基金只能从事股票、债券等金融工具投资；证券公司、保险公司投资股权也受到限制。而信托投资公司的投资方式除了投资股票、债券等金融工具之外，还可以采用出租、出售、贷款、实业投资、同业拆放等方式，即投资范围横跨货币市场、资本市场和实业投资市场。

与其他委托代理制度相比，信托作为一种财产管理制度，不仅具备一般意义上的资金融通功能，其特殊的交易结构赋予了信托财产独立性，从而形成了破产隔离功能；信托财产所有权、处置权和受益权的分离特性，造就了信托在满足社会需求方面的广泛适应性与灵活性，赋予了信托业务极大的竞争优势。

4.3.1.4 公司自身发展的优势

公司占居较高的市场规模，具有一定的规模效应，并在信托市场中拥有良好的声誉。通过近三年的发展，公司已稳步跻身信托公司资产规模前列，并在同业中树立了“中融信托”的信誉品牌；在投资者中，具有较高的信誉。

公司具有安全高效商业运行模式。目前，公司在全国各主要地区均设有产品营销业务，建立了覆盖面较广的销售网络。公司在团队建设方面取得了四个方面的可喜成绩：一是各支团队基本成型，并各具特色，逐步向专业化团队发展；二是各支团队基本成熟，在当地已经站稳了脚跟，并开始区域辐射；三是各支团队基本成势，在当地有较好的影响力和业务开拓力，并培育了一大批客户群；四是各支团队基本成才，管理能力、凝聚力、战斗力不断增强。

### 4.3.2 不利因素

4.3.2.1 信托市场的竞争

一方面高端客户理财历来是各类金融机构必争之地，信托公司在与银行、证券公司、基金公司、保险公司等各类金融机构竞争中并不具有优势；另一方面随着创业板面世，融资融券、公司债券、中期票据等融资工具的推出，企业融资渠道不断拓宽，信托公司一直以来赖以生存的融资服务功能正在削弱，业务发展亟需重新定位。

4.3.2.2 信托业务与信托制度的不足

一是现有信托业务多以项目融资服务为主，创新业务尚未成为信托公司的利润支撑点，业务转型依然艰巨；二是销售渠道狭窄，尽管依托银信理财合作实现了信托财产规模的快速扩张，但信托报酬低、客户基础薄仍是制约信托公司发展的突出问题；三是尽管信托监管法规初成体系，但信托登记、信托流通、信托税收等根本性制度问题仍未解决。

4.3.2.3 公司自身发展的不利因素

净资本不足在一定程度上限制了公司业务的发展。为完成净资本管理达标工作，公司制度《净资本达标规划》拟主要通过分阶段增加注册资本的方式提高公司的净资本 同时努力调整资产结构，合理配置风险资本。

2011年3月3日，公司增加注册资本至14亿元的申请获得黑龙江银监局的批复，其中各股东现金增资3亿元；2011年

3 月 18 日，公司完成增资及修改公司章程的工商变更登记，完成本次增加注册资本，注册资本已达 14 亿元。2011 年 3 月 15 日，公司大股东经纬纺机发布公告，拟通过非公开发行 A 股股票的方式募资总额不超过 12.31 亿元资金，其中 7.64 亿元用于向本公司增资。本轮增资若成功完成，届时公司注册资本将达到 16 亿元，净资产达 34 亿元以上。

## 4.4 内部控制概况

### 4.4.1 内部控制环境和内部控制文化

公司严格依照《公司法》、《信托公司管理办法》、《信托公司治理指引》等法律法规及《公司章程》的规定，建立科学的法人治理结构，完善公司治理机制，不断提升公司治理水平。

公司建立股东会、董事会、监事会及高级管理层等为主体的组织架构，明确各自的职责划分，保证相互之间独立运行、有效制衡，形成科学高效的决策、激励与约束机制。公司按照职责分离的原则设立相应的工作岗位，保证公司对风险能够进行事前防范、事中控制、事后监督与纠正，形成健全的内部约束机制和监督机制。

公司十分重视内部控制文化的建设和培育，制定了完善的信托业务规则，主要包括证券投资业务、银信合作业务、房地产信托业务、股权受益权业务等业务管理制度及操作规程，覆盖公司开展的各类信托业务，保证每项业务的开展有规可依。公司在 2010 年 9 月制定了《信托经理考核管理办法》，在行业内率先对信托经理实行资格准入和不间断持续考核。在制度建设的同时，公司不断加强员工的风险识别意识和职业道德教育，定期组织相关部门进行流程制度的梳理和修订，保证制度的可执行性及完整性。

### 4.4.2 内部控制措施

公司董事会下设薪酬管理委员会、风险控制委员会、关联交易控制委员会、审计稽核委员会和信托委员会，负责规范公司的薪酬管理制度，建立科学合理的薪酬激励机制，防范公司面临的各类风险，保证公司各项业务运作符合有关法律法规，保证公司的经营目标和经营战略的顺利实现，对公司关联交易进行决策和监督，督促公司依法履行受托人职责，维护公司信誉，保持公司良好的形象，维护股东和受益人的最大利益。

公司建立了完备的中后台管理体系，共设立十个中后台管理部门，包括法律合规部、风险管理部、资产管理二部、资产管理三部、稽核审计部、财务管理部、信息技术部、人力资源部、固有业务部及综合管理部，各中后台部门根据各自职责对项目从立项、尽职调查、成立、后续监管、到清算的全过程进行层层把关，从项目流程和项目类型两个维度，形成矩阵式监管体系，不留风险空白点。

信息系统经过几年的建设，逐步建成了资产管理系统、TA 审批系统、财务系统和 CRM 客户关系管理系统。本系统在业内处于领先水平，可以满足大规模多种类资产管理、证券交易管理、财务管理和客户管理工作需求。目前，正在进行信息系统第二阶段的开发，新系统的设计全面考虑了未来自主管理型业务的流程和管理需求，并加强了系统安全建设，预防信息工作事故的产生。

### 4.4.3 监督评价与纠正

公司设立稽核审计部，独立行使公司内部控制的监督、评价与纠正职责。在审计过程中发现的内部控制缺陷，可向被审部门提出改进建议并敦促被审部门及时改进完善。稽核审计部有权直接向董事会、监事会和公司高管层报告内部控制审计情况。

公司实行事前、事中与事后“三位一体”的风险管理和监督评价体系，对业务环节和经营管理进行持续性的全方位、全过程的监督、评价、后评价与纠正。2010 年，稽核审计部全面完成了内部控制检查评价工作，出具了《内控流程与制度梳理审计报告》，符合监管规定、完善公司治理结构和强化内部控制体系建设的总体要求。

事前监督主要从制度建设、流程设计与完善，风险信息收集、识别、评估与监测等方面开展，对公司的内部控制进行事前管理；事中监控，包括风险管理部门定期适时的业务监控、业务部门持续性监控以及稽核审计平台的过程监控；事后监督通过常规稽核、专项稽核、离任稽核等形式发现、评价公司经营中存在的制度和流程缺陷，并建立规范的后续整改跟踪程序，确保合理建议得到落实和改进，有效提升公司的内控水平。

## 4.5 风险管理概况

### 4.5.1 风险状况

#### 4.5.1.1 信用风险状况

信用风险是公司存续信托项目面临的主要风险，是指交易对手不能或不愿按时履约的可能性对公司业务经营所造成的风险。主要表现为贷款、资产回购、后续资金安排、担保、履约承诺等交易过程中，借款人、担保人、保管人等交易对手不履行承诺，不能或不愿履行合约承诺而使信托财产和固有财产遭受潜在损失的可能性。

2010 年，公司不良资产的期初数、期末数均为零；公司依据《信托公司管理办法》第 49 条规定，按净利润的 5% 提取信托赔偿准备金，公司信托赔偿准备金累计额为公司注册资本 20% 以上时，不再提取。本年公司提取信托赔偿准备金3 501 万元，累计提取金额 6 086 万元。同时，公司根据财政部〔2005〕49 号文《金融企业呆账准备提取管理办法》规定按照风险资产的 1% 计提一般风险准备金。

#### 4.5.1.2 市场风险状况

市场风险是公开市场金融产品或其他产品价格波动导致公司财产或信托财产遭到损失的可能性。主要体现为信贷业务中由于利率水平的不利变动或证券投资业务中由于股价的不利变动等带来的风险。

公司以市场风险为主要风险的信托业务主要包括证券投资信托、股权收益权信托（含上市公司股票质押信托贷款）、投资定向增发的股权投资信托等，规模总计 511.5 亿元人民币，占存续项目总规模的 28.4%。

#### 4.5.1.3 操作风险状况

操作风险是指由不完善或有问题的内部程序、人员、系统或外部事件所造成损失的风险。公司面临的操作风险主要表现为公司治理机制、内部流程制度不完善或失效，有关责任人出现失误、欺诈等问题，公司信息系统出现故障导致业务无法进行，公司没有充分及时做好尽职调查、持续监控、信息披露等工作，未能及时作出应有反应或作出的反应明显有失专业和常理，公司未能履行勤勉尽责义务或无法出具有效证据证明自己已履行勤勉尽责义务等。操作风险广泛存在于公司所有业务活动中,公司通过规范各项业务流程、加强内控等手段管理操作风险,近几年,未发生因操作风险所造成的损失。

4.5.1.4 其他风险状况

其他风险主要包括流动性风险、声誉风险等。

公司流动性风险主要是指当同一时间清算项目大规模发生重大风险事件时,公司由于无法履行受托人义务而造成的声誉损失、财务损失甚至破产的风险。2010 年,公司终止并清算的信托项目 495 个,资产规模总计 1 333.48 亿元人民币,全部按照交易文件要求按时清算,向投资者分配收益,报告期内未发生因该类风险造成的损失。

声誉风险是指由于公司经营、管理及其他行为或外部事件导致利益相关方对公司负面评价,对公司产生消极和不良影响产生的风险。报告期内公司无该类风险发生。

**4.5.2 风险管理**

4.5.2.1 信用风险管理

公司对信用风险采取了以下控制措施:

加强事前对交易对手(项目)的尽职调查。

实行对交易对手(项目)三级风险评审制度,设立事前审批、事中执行和事后监督三道程序;在项目评审过程中,在公司的前台、中台、后台以及管理层、决策层之间建立分层次的风险预防线。

严格落实贷款担保措施,选择实力雄厚的金融机构或信誉卓越的大企业作保证;客观、公正地评估抵(质)押品,严格控制贷款本金与不同抵(质)押品的价值之比,增加有效风险对冲,保证信托资金安全。

加强事中对交易对手(项目)的动态维护,持续跟踪、主动管理,实施风险分级、实时监控、定期报告、风险预警等机制,及时将有关情况向公司高管层和董事会报告,并根据业务发展遇到的新情况和问题,及时采取应对措施,确保项目信用风险的可控、可测和可承受。

遵照中国银行业监督管理委员会标准,进行资产五级分类,提足包括信托赔偿准备金在内的各项准备金。

明确抵押品确认的主要原则:一是抵押物符合设定的抵押权的范围,并能够流通转让和变现;二是抵押物为抵押人所有或者依法享有处分权,共同财产已征得其他共有人书面同意;三是抵押物未出租、出售、转让、赠与、托管或者先行全额抵押,如抵押物已全额抵押,则抵押物价值大于原担保的贷款余额部分足够清偿本次担保的贷款本息,且原抵押权人已书面同意;四是抵押物价值必须足以清偿担保的贷款本息;五是建筑物、房地产和土地使用权等,根据地点、类型、市场价格、实用性及流动性确定抵押率,一般不超过 40%。

明确保证贷款管理的主要原则是:担保人财务状况、经营效益良好;按银行信用等级评定标准核定,原则上信用等级必须为 A 级(含)以上。

4.5.2.2 市场风险管理

公司对市场风险采取了以下控制措施:

加强对宏观经济及金融形势的分析预测,结合公司实际情况制订年度自有资金配置及调整方案,确定公司风险容忍度,严格按照董事会的有关规定及公司相关制度规定的程序与决策权限进行报审与审批。

根据市场行情,加强对交易对手在其所处行业的市场竞争能力的分析,准确把握资金进入时机,密切跟踪市场,及时调整投资策略和投资组合。

公司开展的贷款信托业务多为短期贷款项目,公司在项目的相关合同中一般都规定利率随央行基准利率调整而调整,以此抵御利率上调可能产生的风险。

选择质地优良的质押物或投资标的,降低价格不利变动的可能性;设置合理的质押率或投资安全边际高的标的证券,降低价格不利变动的影响。

设置科学的、可操作性强的警戒与止损机制并严格执行,确保风险始终处于可控状态。

成立专门部门对市场风险进行管理,采取逐日盯市制度,掌握实时风险状况。

积极贯彻落实监管部门有关文件精神,及时对公司信托业务中的房地产、证券投资和银信合作等业务提出"风险提示",密切专注市场变化,加强防范业务风险的措施。

4.5.2.3 操作风险管理

公司对操作风险采取了以下控制措施:

建立健全公司制度流程体系。公司已建立起一套以业务管理、风险管理、财务管理为核心的较为完善的规章制度和操作流程体系,同时建立了对该制度流程体系运行情况的监督、评价和纠正机制。公司每年根据行业最新法律法规、业务实践对现行公司制度以及业务操作流程进行调整、优化和补充,保障了公司制度流程体系的有效运行和持续改进,确保了各项业务工作的有章可循和有规可依。

强化尽职调查。制定《项目尽职调查工作指引》、《尽职调查报告模板》等,对尽职调查的流程、范围、成员组成等方面进行了明确规范和严格要求,如尽职调查需采取多人制,风险级别较高项目的尽职调查必须有专业律师及注册会计师参与并出具专业意见等。

进一步明确部门职责和员工岗位职责,统一公司的业务标准和操作要求。同时建立职责分离、横向与纵向相互监督制约的机制。定期对业务操作流程的执行状况进行检查和跟踪,从而保障业务操作流程执行的有效性。

建立严格的复核、审核程序。公司设置专门的内部审计人员,每半年对公司的各项内控制度执行状况、财务核算等内容进行检查,根据检查结果提出调整及改进意见,并向董事会和管理层提交内部审计报告,有效督促各项制度的贯彻执行。

持续监控。通过现场和非现场的方式,实现对项目的持续监控。由业务部门、风险管理部、稽核审计部定期或不定期对项目进行检查,并形成报告,及时向公司高管层报告。

通过实施项目后评价,分析总结已完成项目在执行过程中存在的各种问题,并提出改进措施与建议,从而进一步完善业务操作流程,提高对操作风险的防范管理。

合同档案管理。由公司中后台部门对信托项目重要档案、权证进行统一集中保管,制定《档案管理办法》,明确重要档案的交接、借阅和结束归档流程,统筹公司各类档案的管理工作,加强防范操作风险。

4.5.2.4 其他风险管理

公司对其他风险的管理工作:

(1)流动性风险。编制《到期项目风险报告》模板,要求信托经理在项目到期前2个月开始提交，从而对清算前的信托项目进行风险监控，预防因清算项目集中发生违约而可能给公司造成的流动性风险。

（2）政策风险。加强对国家宏观政策和监管政策调整与变化的跟踪研究，增进与监管部门和行业间的沟通、联系，尽可能准确地分析和判断宏观及监管政策的未来趋势，及时调整发展战略和经营理念，保持公司经营与国家政策制度的一致性。

（3）合规风险。完善合规政策，加强合规管理机制；通过定期培训和学习等多种途径使全体员工熟悉公司的各项规章制度及业务操作流程，增强员工的合规意识，重视培养合规文化。

（4）道德风险。加强对员工进行职业道德教育，规范职业行为，把职业道德、职业操守作为员工培训和考核的一个重要内容，不断增强员工的工作责任心，严格控制道德风险。

# 5. 报告期末及上年末的比较式会计报表

## 5.1 自营资产

### 5.1.1 会计师事务所审计意见全文

审计报告

天职京SJ〔2011〕455号

中融国际信托有限公司全体股东：

我们审计了后附的中融国际信托有限公司（以下简称中融信托）财务报表，包括2010年12月31日的资产负债表，2010年度利润表、所有者权益变动表和现金流量表以及财务报表附注。

一、管理层对财务报表的责任

按照《企业会计准则》（财政部2006年2月15日颁布）的规定编制财务报表是中融信托管理层的责任。这种责任包括：（1）设计、实施和维护与财务报表编制相关的内部控制，以使财务报表不存在由于舞弊或错误而导致的重大错报；（2）选择和运用恰当的会计政策；（3）作出合理的会计估计。

二、注册会计师的责任

我们的责任是在实施审计工作的基础上对财务报表发表审计意见。我们按照中国注册会计师审计准则的规定执行了审计工作。中国注册会计师审计准则要求我们遵守职业道德规范，计划和实施审计工作以对财务报表是否不存在重大错报获取合理保证。

审计工作涉及实施审计程序，以获取有关财务报表金额和披露的审计证据。选择的审计程序取决于注册会计师的判断，包括对由于舞弊或错误导致的财务报表重大错报风险的评估。在进行风险评估时，我们考虑与财务报表编制相关的内部控制，以设计恰当的审计程序，但目的并非对内部控制的有效性发表意见。审计工作还包括评价管理层选用会计政策的恰当性和作出会计估计的合理性，以及评价财务报表的总体列报。

我们相信，我们获取的审计证据是充分、适当的，为发表审计意见提供了基础。

三、审计意见

我们认为，中融信托财务报表已经按照《企业会计准则》（财政部2006年2月15日颁布）的规定编制，在所有重大方面公允反映了中融信托2010年12月31日的财务状况、2010年度经营成果和现金流量。

中国注册会计师

王清峰

于　雷

中国北京

二〇一一年三月十四日

### 5.1.2 资产负债表

资产负债表

单位：元

| 项　目 | 2010年12月31日 | 2009年12月31日 |
|---|---|---|
| 资产： | | |
| 现金及存放同业款项 | 886 350 107.59 | 82 191 914.96 |
| 存放中央银行款项 | — | — |
| 贵金属 | — | — |
| 拆出资金 | — | — |
| 交易性金融资产 | 83 112 703.39 | 35 836 874.74 |
| 衍生金融资产 | — | — |
| 买入返售金融资产 | 24 000 000.00 | 39 000 000.00 |
| 应收利息 | 3 637 500.00 | — |
| 发放贷款及垫款 | — | — |
| 可供出售金融资产 | 954 209 347.83 | 510 707 317.84 |
| 持有至到期投资 | — | — |
| 长期股权投资 | 28 673 400.00 | 28 673 400.00 |
| 投资性房地产 | — | 30 546 349.81 |
| 固定资产 | 22 303 903.40 | 40 858 556.19 |
| 无形资产 | 4 994 273.00 | 1 560 051.64 |
| 递延所得税资产 | 14 113 037.45 | 14 791 052.38 |
| 其他资产 | 21 919 725.16 | 10 788 973.96 |
| 资产总计 | 2 043 313 997.82 | 794 954 491.52 |

法定代表人：刘　洋　　主管会计工作负责人：连晋华　　会计机构负责人：代宝香

资产负债表（续）

单位：元

| 项　目 | 2010年12月31日 | 2009年12月31日 |
|---|---|---|
| 负债： | | |
| 向中央银行借款 | — | — |
| 同业及其他金融机构存放款项 | — | — |
| 拆入资金 | — | — |
| 交易性金融负债 | — | — |
| 衍生金融负债 | — | — |
| 卖出回购金融资产款 | — | — |
| 吸收存款 | — | — |
| 应付职工薪酬 | 259 543 721.39 | 35 660 604.21 |
| 应交税费 | 173 768 127.11 | 28 280 920.86 |
| 应付利息 | — | — |
| 预计负债 | — | — |
| 应付债券 | — | — |
| 递延所得税负债 | — | — |
| 其他负债 | 70 693 019.84 | 37 100 970.26 |
| 负债合计 | 504 004 868.34 | 101 042 495.33 |
| 所有者权益（或股东权益）： | | |

续表

| 项　目 | 2010年12月31日 | 2009年12月31日 |
|---|---|---|
| 实收资本(股本) | 580 000 000.00 | 325 000 000.00 |
| 资本公积 | 159 604 259.04 | 9 115 236.55 |
| 减:库存股 | — | — |
| 盈余公积 | 119 552 473.22 | 106 114 741.88 |
| 风险准备金 | 70 927 094.80 | 33 723 122.49 |
| 未分配利润 | 609 225 302.42 | 219 958 895.27 |
| 所有者权益(或股东权益)合计 | 1 539 309 129.48 | 693 911 996.19 |
| 负债和所有者权益(或股东权益)总计 | 2 043 313 997.82 | 794 954 491.52 |

法定代表人:刘　洋　　主管会计工作负责人:连晋华　　会计机构负责人:代宝香

### 5.1.3　利润和利润分配表

单位:元

| 项　目 | 2010年 | 2009年 |
|---|---|---|
| 一、营业收入 | 1 752 902 284.07 | 697 832 775.67 |
| 利息净收入 | 21 903 381.87 | 2 256 566.17 |
| 利息收入 | 22 425 244.38 | 2 256 566.17 |
| 利息支出 | 521 862.51 | — |
| 手续费及佣金净收入 | 1 616 191 108.11 | 500 650 551.88 |
| 手续费及佣金收入 | 1 616 191 108.11 | 500 650 551.88 |
| 手续费及佣金支出 | — | — |
| 投资收益(损失以"-"号填列) | 81 668 641.10 | 99 277 440.43 |
| 其中:对联营企业和合营企业的投资收益 | — | — |
| 公允价值变动收益(损失以"-"号填列) | 860 595.90 | 66 134 407.62 |
| 汇兑收益(损失以"-"号填列) | -454 250.91 | -5 006.79 |
| 其他业务收入 | 32 732 808.00 | 29 518 816.36 |
| 二、营业支出 | 831 148 894.88 | 272 334 385.72 |
| 营业税金及附加 | 97 201 971.29 | 30 783 865.19 |
| 业务及管理费 | 703 400 573.78 | 216 224 342.01 |
| 资产减值损失 | — | — |
| 其他业务成本 | 30 546 349.81 | 25 326 178.52 |
| 三、营业利润(亏损以"-"号填列) | 921 753 389.19 | 425 498 389.95 |
| 加:营业外收入 | 3 128 887.74 | 59 415.11 |
| 减:营业外支出 | 4 380 721.17 | 2 055 201.18 |
| 四、利润总额(亏损总额以"-"号填列) | 920 501 555.76 | 423 502 603.88 |
| 减:所得税费用 | 225 593 444.96 | 96 751 211.12 |
| 五、净利润(净亏损以"-"号填列) | 694 908 110.80 | 326 751 392.76 |
| 六、每股收益: | | |
| 基本每股收益 | | |
| 稀释每股收益 | | |
| 七、其他综合收益 | 150 489 022.49 | 2 877 988.39 |
| 八、综合收益总额 | 845 397 133.29 | 329 629 381.15 |

法定代表人:刘　洋　　主管会计工作负责人:连晋华　　会计机构负责人:代宝香

## 5.2　信托资产

### 5.2.1　信托项目资产负债汇总表

单位:万元

| 项　目 | 2009年12月31日 | 2010年12月31日 |
|---|---|---|
| 信托资产: | | |
| 货币资金 | 579 170.00 | 1 246 451.79 |
| 交易性金融资产 | 1 031 667.84 | 2 254 343.64 |
| 买入返售金融资产 | 0.00 | 60 092.21 |
| 应收款项 | 2 197.02 | 12 601.28 |
| 发放贷款 | 8 197 907.44 | 7 289 690.67 |
| 可供出售金融资产 | 0.00 | 174 140.73 |
| 长期股权投资 | 2 547 390.47 | 6 525 079.51 |
| 长期待摊费用 | 51.14 | 3 779.59 |
| 其他资产 | 794 918.93 | 427 509.70 |
| 信托资产总计 | 13 153 302.84 | 17 993 689.12 |
| 信托负债: | | |
| 应付受托人报酬 | 1 973.86 | 9 533.04 |
| 应付托管费 | 486.33 | 824.53 |
| 应付受益人收益 | 697.35 | 14 491.45 |
| 应付销售服务费 | 0.00 | 678.18 |
| 其他应付款项 | 16 204.74 | 39 209.04 |
| 其他负债 | 47.00 | 10.48 |
| 信托负债合计 | 19 409.28 | 64 746.72 |
| 信托权益: | | |
| 实收信托 | 13 059 228.78 | 17 730 404.78 |
| 资本公积 | 13 933.10 | 24 929.77 |
| 未分配利润 | 60 731.68 | 173 607.85 |
| 信托权益合计 | 13 133 893.56 | 17 928 942.40 |
| 信托负债和信托权益总计 | 13 153 302.84 | 17 993 689.12 |

### 5.2.2　信托项目利润及利润分配汇总表

单位:万元

| 项　目 | 2010年 | 2009年 |
|---|---|---|
| 营业收入 | 1 120 089.04 | 757 777.83 |
| 利息收入 | 598 928.22 | 301 810.12 |
| 投资收益 | 521 547.57 | 361 165.40 |
| 公允价值变动收益 | -2 893.86 | 67 496.78 |
| 其他收入 | 2 507.11 | 27 305.53 |
| 支出 | 282 662.56 | 125 057.89 |
| 受托人报酬 | 101 536.11 | 38 461.56 |
| 托管费 | 29 187.05 | 21 348.42 |
| 投资管理费 | 32 587.47 | 22 366.74 |
| 销售服务费 | 14 806.38 | 2 660.15 |
| 交易费用 | 25 520.24 | 16 154.32 |
| 其他费用 | 79 025.31 | 24 066.70 |
| 信托净利润 | 837 426.48 | 632 719.94 |
| 其他综合收益 | 18 469.77 | 0.00 |
| 综合收益 | 855 896.25 | 632 719.94 |
| 加:期初未分配信托利润 | 60 731.68 | -222 621.71 |
| 可供分配的信托利润 | 898 158.16 | 410 098.23 |
| 减:本期已分配信托利润 | 724 550.31 | 349 366.55 |
| 期末未分配信托利润 | 173 607.85 | 60 731.68 |

## 6. 会计报表附注

### 6.1 本公司报告期内会计报表编制基准无不符合会计核算基本前提的事项

报告期内，本公司无合并会计报表。

### 6.2 重要会计政策和会计估计说明

**6.2.1 下列重要会计政策和会计估计系根据新会计准则厘定**

6.2.1.1 会计年度

本公司的会计年度为公历年度，即每年1月1日起至12月31日止。

6.2.1.2 记账本位币

本公司以人民币为记账本位币。

6.2.1.3 记账基础和计价原则

本公司会计核算以权责发生制为记账基础；除某些金融工具以公允价值计量外，本财务报表以历史成本作为计量基础。资产如果发生减值，则按照相关规定计提相应的减值准备。

**6.2.2 遵循企业会计准则的声明**

本公司编制的财务报表符合新会计准则的要求，真实、完整地反映了本公司于2010年12月31日的财务状况以及2010年的经营成果和现金流量。

### 6.3 计提资产减值准备的范围和方法

本公司在每一个资产负债表日检查长期股权投资、固定资产、在建工程、投资性房地产、使用寿命确定的无形资产等长期资产是否存在可能发生减值的迹象。

如果该等资产存在减值迹象，则估计其可收回金额。估计资产的可收回金额以单项资产为基础，如果难以对单项资产的可收回金额进行估计的，则以该资产所属的资产组为基础确定资产组的可收回金额。如果资产的可收回金额低于其账面价值，按其差额计提资产减值准备，并计入当期损益。

可收回金额为资产的公允价值减去处置费用后的净额与资产预计未来现金流量的现值两者之中的较高者。资产的公允价值根据公平交易中销售协议价格确定；不存在销售协议但存在资产活跃市场的，公允价值按照该资产的买方出价确定；不存在销售协议和资产活跃市场的，则以可获取的最佳信息为基础估计资产的公允价值。处置费用包括与资产处置有关的法律费用、相关税费、搬运费以及为使资产达到可销售状态所发生的直接费用。

上述资产减值损失一经确认，在以后会计期间不予以转回。

### 6.4 金融资产四分类的范围和标准

以常规方式买卖金融资产，按交易日会计进行确认和终止确认。金融资产在初始确认时划分为以公允价值计量且其变动计入当期损益的金融资产、持有至到期投资、贷款和应收款项以及可供出售金融资产。初始确认金融资产，以公允价值计量。对于以公允价值计量且其变动计入当期损益的金融资产，相关的交易费用直接计入当期损益，对于其他类别的金融资产，相关交易费用计入初始确认金额。

**6.4.1 以公允价值计量且其变动计入当期损益的金融资产**

包括交易性金融资产和指定为以公允价值计量且其变动计入当期损益的金融资产。

交易性金融资产是指满足下列条件之一的金融资产：(1)取得该金融资产的目的，主要是为了近期内出售或回购；(2)属于进行集中管理的可辨认金融工具组合的一部分，且有客观证据表明本公司近期采用短期获利方式对该组合进行管理；(3)属于衍生工具，但是，被指定且为有效套期工具的衍生工具、属于财务担保合同的衍生工具、与在活跃市场中没有报价且其公允价值不能可靠计量的权益工具投资挂钩并须通过交付该权益工具结算的衍生工具除外。

符合下述条件之一的金融资产，在初始确认时可指定为以公允价值计量且其变动计入当期损益的金融资产：(1)该指定可以消除或明显减少由于该金融资产的计量基础不同所导致的相关利得或损失在确认或计量方面不一致的情况；(2)本公司风险管理或投资策略的正式书面文件已载明，对该金融资产所在的金融资产组合或金融资产和金融负债组合以公允价值为基础进行管理、评价并向关键管理人员报告。

以公允价值计量且其变动计入当期损益的金融资产采用公允价值进行后续计量，公允价值变动形成的利得或损失以及与该等金融资产相关的股利和利息收入计入当期损益。

**6.4.2 持有至到期投资**

持有至到期投资是指到期日固定、回收金额固定或可确定，且本公司有明确意图和能力持有至到期的非衍生金融资产。

持有至到期投资采用实际利率法，按摊余成本进行后续计量，在终止确认、发生减值或摊销时产生的利得或损失，计入当期损益。

实际利率法是指按照金融资产或金融负债（含一组金融资产或金融负债）的实际利率计算其摊余成本及各期利息收入或支出的方法。实际利率是指将金融资产或金融负债在预期存续期间或适用的更短期间内的未来现金流量，折现为该金融资产或金融负债当前账面价值所使用的利率。

在计算实际利率时，本公司将在考虑金融资产或金融负债所有合同条款的基础上预计未来现金流量（不考虑未来的信用损失），同时还将考虑金融资产或金融负债合同各方之间支付或收取的、属于实际利率组成部分的各项收费、交易费用及折价或溢价等。

**6.4.3 贷款和应收款项**

贷款和应收款项是指在活跃市场中没有报价、回收金额固定或可确定的非衍生金融资产。本公司划分为贷款和应收款的金融资产包括发放贷款和垫款、应收账款、应收利息、应收股利及其他应收款等。

贷款和应收款项采用实际利率法，按摊余成本进行后续计量，在终止确认、发生减值或摊销时产生的利得或损失，计入当期损益。

**6.4.4 可供出售金融资产**

可供出售金融资产包括初始确认时即被指定为可供出售的非衍生金融资产，以及除了以公允价值计量且其变动计入当期损益的金融资产、贷款和应收款项、持有至到期投资以外的金融资产。

可供出售金融资产采用公允价值进行后续计量，公允价值变动形成的利得或损失，除减值损失和外币货币性金融资产与摊余成本相关的汇兑差额计入当期损益外，直接计入所有者权益，在该金融资产终止确认时转出，计入当期损益。

可供出售金融资产持有期间取得的利息及被投资单位宣告发放的现金股利，计入投资收益。

## 6.5 交易性金融资产核算方法

以公允价值计量且其变动计入当期损益的金融资产包括交易性金融资产和指定为以公允价值计量且其变动计入当期损益的金融资产。

交易性金融资产是指满足下列条件之一的金融资产：(1)取得该金融资产的目的，主要是为了近期内出售或回购；(2)属于进行集中管理的可辨认金融工具组合的一部分，且有客观证据表明本公司近期采用短期获利方式对该组合进行管理；(3)属于衍生工具，但是，被指定且为有效套期工具的衍生工具、属于财务担保合同的衍生工具、与在活跃市场中没有报价且其公允价值不能可靠计量的权益工具投资挂钩并须通过交付该权益工具结算的衍生工具除外。

符合下述条件之一的金融资产，在初始确认时可指定为以公允价值计量且其变动计入当期损益的金融资产：(1)该指定可以消除或明显减少由于该金融资产的计量基础不同所导致的相关利得或损失在确认或计量方面不一致的情况；(2)本公司风险管理或投资策略的正式书面文件已载明，对该金融资产所在的金融资产组合或金融资产和金融负债组合以公允价值为基础进行管理、评价并向关键管理人员报告。

以公允价值计量且其变动计入当期损益的金融资产采用公允价值进行后续计量，公允价值变动形成的利得或损失以及与该等金融资产相关的股利和利息收入计入当期损益。

### 6.5.1 可供出售金融资产核算方法

可供出售金融资产包括初始确认时即被指定为可供出售的非衍生金融资产，以及除了以公允价值计量且其变动计入当期损益的金融资产、贷款和应收款项、持有至到期投资以外的金融资产。

可供出售金融资产采用公允价值进行后续计量，公允价值变动形成的利得或损失，除减值损失和外币货币性金融资产与摊余成本相关的汇兑差额计入当期损益外，直接计入所有者权益，在该金融资产终止确认时转出，计入当期损益。

可供出售金融资产持有期间取得的利息及被投资单位宣告发放的现金股利，计入投资收益。

### 6.5.2 持有至到期投资核算方法

持有至到期投资是指到期日固定、回收金额固定或可确定，且本公司有明确意图和能力持有至到期的非衍生金融资产。

持有至到期投资采用实际利率法，按摊余成本进行后续计量，在终止确认、发生减值或摊销时产生的利得或损失，计入当期损益。

实际利率法是指按照金融资产或金融负债(含一组金融资产或金融负债)的实际利率计算其摊余成本及各期利息收入或支出的方法。实际利率是指将金融资产或金融负债在预期存续期间或适用的更短期间内的未来现金流量，折现为该金融资产或金融负债当前账面价值所使用的利率。

在计算实际利率时，本公司将在考虑金融资产或金融负债所有合同条款的基础上预计未来现金流量(不考虑未来的信用损失)，同时还将考虑金融资产或金融负债合同各方之间支付或收取的、属于实际利率组成部分的各项收费、交易费用及折价或溢价等。

### 6.5.3 股权投资核算方法

以支付现金取得的长期股权投资，按照实际支付的购买价款作为初始投资成本。

对被投资单位不具有共同控制或重大影响并且在活跃市场中没有报价、公允价值不能可靠计量的长期股权投资，采用成本法核算；对被投资单位具有共同控制或重大影响的长期股权投资，采用权益法核算；对被投资单位不具有控制、共同控制或重大影响并且公允价值能够可靠计量的长期股权投资，作为可供出售金融资产核算。

6.5.3.1 成本法核算的长期股权投资

采用成本法核算时，长期股权投资按初始投资成本计价。自2009年1月1日起，除取得投资时实际支付的价款或者对价中包含的已宣告但尚未发放的现金股利或者利润外，当期投资收益按照享有被投资单位宣告发放的现金股利或利润确认。2009年1月1日以前，当期投资收益仅限于所获得的被投资单位在接受投资后产生的累计净利润的分配额，所获得的被投资单位宣告分派的利润或现金股利超过上述数额的部分，作为初始投资成本的收回，冲减投资的账面价值。

6.5.3.2 权益法核算的长期股权投资

采用权益法核算时，长期股权投资的初始投资成本大于投资时应享有被投资单位可辨认净资产公允价值份额的，不调整长期股权投资的初始投资成本；初始投资成本小于投资时应享有被投资单位可辨认净资产公允价值份额的，其差额计入当期损益，并同时调整长期股权投资的成本。

采用权益法核算时，当期投资损益为应享有或应分担的被投资单位当期实现的净损益的份额。在确认应享有被投资单位净损益的份额时，以取得投资时被投资单位各项可辨认资产等的公允价值为基础，并按照本公司的会计政策及会计期间，对被投资单位的净利润进行调整后确认。对于本公司与联营企业及合营企业之间发生的未实现内部交易损益，按照持股比例计算属于本公司的部分予以抵消，在此基础上确认投资损益。但本公司与被投资单位发生的未实现内部交易损失，按照《企业会计准则第8号——资产减值》等规定属于所转让资产减值损失的，不予以抵销。对被投资单位除净损益以外的其他所有者权益变动，相应调整长期股权投资的账面价值并计入所有者权益。

在确认应分担被投资单位发生的净亏损时，以长期股权投资的账面价值和其他实质上构成对被投资单位净投资的长期权益减记至零为限。此外，如本公司对被投资单位负有承担额外损失的义务，则按预计承担的义务确认预计负债，计入当期投资损失。被投资单位以后期间实现净利润的，本公司在收益分享额弥补未确认的亏损分担额后，恢复确认收益分享额。

6.5.3.3 处置长期股权投资

处置长期股权投资时，其账面价值与实际取得价款的差额，计入当期损益。采用权益法核算的长期股权投资，在处置时将原计入所有者权益的部分按相应的比例转入当期损益。

**6.5.4 投资性房地产核算方法**

本公司将持有的为赚取租金或资本增值，或两者兼有的房地产划分为投资性房地产。

投资性房地产按成本进行初始计量。与投资性房地产有关的后续支出，如果与该资产有关的经济利益很可能流入且其成本能可靠地计量，则计入投资性房地产成本。其他后续支出，在发生时计入当期损益。

本公司采用成本模式对投资性房地产进行后续计量，并按照与房屋建筑物或土地使用权一致的政策进行折旧或摊销。

自用房地产或存货转换为投资性房地产或投资性房地产转换为自用房地产时，按转换前的账面价值作为转换后的入账价值。

投资性房地产出售、转让、报废或毁损的处置收入扣除其账面价值和相关税费后的差额计入当期损益。

**6.5.5 固定资产计价和折旧方法**

6.5.5.1 固定资产及折旧

固定资产是指为提供劳务、出租或经营管理而持有的，使用年限超过1年的有形资产。

固定资产按成本并考虑预计弃置费用因素的影响进行初始计量。固定资产从达到预定可使用状态的次月起，采用年限平均法在使用寿命内计提折旧。

各类固定资产的使用寿命、预计净残值率和年折旧率如下。

| | 预计使用年限 | 预计净残值率(%) | 年折旧率(%) |
|---|---|---|---|
| 房屋及建筑物 | 20 | 3 | 4.85 |
| 办公和电子设备 | 3~5 | 3 | 19.4~32.3 |
| 电器设备 | 3~5 | 3 | 19.4~32.3 |
| 运输设备 | 5 | 3 | 19.4 |

预计净残值是指假定固定资产预计使用寿命已满并处于使用寿命终了时的预期状态，本公司目前从该项资产处置中获得的扣除预计处置费用后的金额。

与固定资产有关的后续支出，如果与该固定资产有关的经济利益很可能流入本公司且其成本能可靠地计量，则计入固定资产成本，并终止确认被替换部分的账面价值，除此以外的其他后续支出，在发生时计入当期损益。固定资产装修费用符合资本化条件的，本公司予以资本化。

以融资租赁方式租入的固定资产采用与自有固定资产一致的政策计提租赁资产折旧。能够合理确定租赁期届满时取得租赁资产所有权的在租赁资产使用寿命内计提折旧，无法合理确定租赁期届满能够取得租赁资产所有权的，在租赁期与租赁资产使用寿命两者中较短的期间内计提折旧。

本公司定期对固定资产的使用寿命、预计净残值和折旧方法进行复核，如发生改变则作为会计估计变更处理。

固定资产出售、转让、报废或毁损的处置收入扣除其账面价值和相关税费后的差额计入当期损益。

在建工程

在建工程成本按实际工程支出确定，包括在建期间发生的各项工程支出以及其他相关费用等。在建工程在达到预定可使用状态后结转为固定资产。

6.5.5.2 无形资产计价及摊销政策

无形资产是指本公司拥有或控制的没有实物形态的可辨认非货币性资产。

无形资产按成本进行初始计量。与无形资产有关的支出，如果相关的经济利益很可能流入本公司且其成本能可靠地计量，则计入无形资产成本。除此以外的其他无形项目的支出，在发生时计入当期损益。

取得的土地使用权通常作为无形资产核算。自行开发建造厂房等建筑物，相关的土地使用权支出和建筑物建造成本则分别作为无形资产和固定资产核算。如为外购的房屋及建筑物，则将有关价款在土地使用权和建筑物之间进行分配，难以合理分配的，全部作为固定资产处理。

使用寿命有限的无形资产自可供使用时起，对其原值在其预计的使用寿命内采用直线法分期平均摊销。

本公司定期对无形资产的使用寿命及摊销方法进行复核，如发生变更则作为会计估计变更处理。

**6.5.6 长期应收款的核算方法**

6.5.6.1 本科目核算企业融资租赁产生的应收款项和采用递延方式分期收款、实质上具有融资性质的销售商品和提供劳务等经营活动产生的应收款项。

6.5.6.1 本科目按照承租人或购货单位（接受劳务单位）等进行明细核算。

**6.5.7 长期待摊费用的摊销政策**

长期待摊费用账户用于核算企业已经支出，但摊销期限在1年以上（不含1年）的各项费用，包括固定资产修理支出、租入固定资产的改良支出以及摊销期限在1年以上的其他待摊费用。在长期待摊费用账户下，企业按费用的种类设置明细账，进行明细核算。

长期待摊费用核算的基本原则：

（1）企业在筹建期间发生的费用，除购置和建造固定资产以外，应先在长期待摊费用中归集，待企业开始生产经营起一次计入开始生产经营当期的损益。

（2）租入固定资产改良支出应当在租赁期限与预计可使用年限两者孰短的期限内平均摊销。

（3）固定资产大修理支出采取待摊方法的，实际发生的大修理支出应当在大修理间隔期内平均摊销。

（4）股份有限公司委托其他单位发行股票支付的手续费或佣金减去发行股票冻结期间的利息收入后的相关费用，从发行股票的溢价中不够抵销的，或者无溢价的，作为长期待摊费用，在不超过2年的期限内平均摊销，计入管理费用。

（5）其他长期待摊费用应当在受益期内平均摊销。

**6.5.8 合并会计报表的编制方法**

报告期内，本公司无合并报表。

**6.5.9 收入确认原则和方法**

6.5.9.1 提供劳务收入

在提供劳务交易的结果能够可靠估计的情况下，于资产负债表日按照完工百分比法确认提供的劳务收入。劳务交易的完工进度按已经提供的劳务占应提供劳务总量的比例确定。

提供劳务交易的结果能够可靠估计是指同时满足：（1）收入的金额能够可靠地计量；（2）相关的经济利益很可能流入企

业;(3)交易的完工程度能够可靠地确定;(4)交易中已发生和将发生的成本能够可靠地计量。

如果提供劳务交易的结果不能够可靠估计,则按已经发生并预计能够得到补偿的劳务成本金额确认提供的劳务收入,并将已发生的劳务成本作为当期费用。已经发生的劳务成本如预计不能得到补偿的,则不确认收入。

6.5.9.2 利息收入

按照他人使用本公司货币资金的时间和实际利率计算确定。

**6.5.10 所得税的会计处理方法**

6.5.10.1 当期所得税

资产负债表日,对于当期和以前期间形成的当期所得税负债(或资产),按照税法规定计算的预期应交纳(或返还)的所得税金额计量。计算当期所得税费用所依据的应纳税所得额系根据有关税法规定对本年税前会计利润作相应调整后计算得出。

6.5.10.2 递延所得税资产及递延所得税负债

某些资产、负债项目的账面价值与其计税基础之间的差额,以及未作为资产和负债确认但按照税法规定可以确定其计税基础的项目的账面价值与计税基础之间的差额产生的暂时性差异,采用资产负债表债务法确认递延所得税资产及递延所得税负债。

与商誉的初始确认有关,以及与既不是企业合并、发生时也不影响会计利润和应纳税所得额(或可抵扣亏损)的交易中产生的资产或负债的初始确认有关的应纳税暂时性差异,不予确认有关的递延所得税负债。此外,对与子公司及联营企业投资相关的应纳税暂时性差异,如果本公司能够控制暂时性差异转回的时间,而且该暂时性差异在可预见的未来很可能不会转回,也不予确认有关的递延所得税负债。除上述例外情况,本公司确认其他所有应纳税暂时性差异产生的递延所得税负债。

与既不是企业合并,发生时也不影响会计利润和应纳税所得额(或可抵扣亏损)的交易中产生的资产或负债的初始确认有关的可抵扣暂时性差异,不予确认有关的递延所得税资产。此外,对与子公司及联营企业投资相关的可抵扣暂时性差异,如果暂时性差异在可预见的未来不是很可能转回,或者未来不是很可能获得用来抵扣可抵扣暂时性差异的应纳税所得额,不予确认有关的递延所得税资产。除上述例外情况,本公司以很可能取得用来抵扣可抵扣暂时性差异的应纳税所得额为限,确认其他可抵扣暂时性差异产生的递延所得税资产。

对于能够结转以后年度的可抵扣亏损和税款抵减,以很可能获得用来抵扣可抵扣亏损和税款抵减的未来应纳税所得额为限,确认相应的递延所得税资产。

资产负债表日,对于递延所得税资产和递延所得税负债,根据税法规定,按照预期收回相关资产或清偿相关负债期间的适用税率计量。

于资产负债表日,对递延所得税资产的账面价值进行复核,如果未来很可能无法获得足够的应纳税所得额用以抵扣递延所得税资产的利益,则减记递延所得税资产的账面价值。在很可能获得足够的应纳税所得额时,减记的金额予以转回。

递延所得税资产及负债只有相关的所得税是由同一个税务机关征收,且本公司打算以净额结算当期所得税资产及负债时才相互抵销。

6.5.10.3 所得税费用

所得税费用包括当期所得税和递延所得税。

(1)当期所得税

除与直接计入所有者权益的交易和事项相关的当期所得税和递延所得税计入所有者权益,以及企业合并产生的递延所得税调整商誉的账面价值外,其余当期所得税和递延所得税费用或收益计入当期损益。

(2)所得税的抵销

当拥有以净额结算的法定权利,且意图以净额结算或取得资产、清偿负债同时进行时,本公司当期所得税资产及当期所得税负债以抵销后的净额列报。

当拥有以净额结算当期所得税资产及当期所得税负债的法定权利,且递延所得税资产及递延所得税负债是与同一税收征管部门对同一纳税主体征收的所得税相关或者是对不同的纳税主体相关,但在未来每一具有重要性的递延所得税资产及负债转回的期间内,涉及的纳税主体意图以净额结算当期所得税资产和负债或是同时取得资产、清偿负债时,本公司递延所得税资产及递延所得税负债以抵销后的净额列报。

**6.5.11 信托报酬确认原则和方法**

本公司的受托业务主要为信托财产管理。

信托财产管理系本公司(作为受托人)按照信托合同的约定管理委托人交付的信托财产。根据《中华人民共和国信托法》、《信托业务会计核算办法》等规定,公司将固有财产与信托财产分开管理、分别核算。公司管理的信托项目是指受托人根据信托文件的约定,单独或者集合管理、运用、处分信托财产的基本单位,以每个信托项目作为独立的会计核算主体,独立核算信托财产的管理、运用和处分情况。各信托项目独立核算和编制财务报表。其资产、负债及损益不纳入本公司财务报表。

## 6.6 或有事项说明

报告期内,本公司无重大或有事项。

## 6.7 重要资产转让及其出售的说明

报告期内,本公司无重要资产转让及其出售。

## 6.8 会计报表中重要项目的明细资料

**6.8.1 自营资产经营情况**

6.8.1.1 按信用风险五级分类结果披露信用风险资产的期初数、期末数

| 信用风险资产五级分类 | 正常类(万元) | 关注类(万元) | 次级类(万元) | 可疑类(万元) | 损失类(万元) | 信用风险资产合计(万元) | 不良合计(万元) | 不良率(%) |
|---|---|---|---|---|---|---|---|---|
| 期初数 | 79 495 | | | | | 79 495 | | |
| 期末数 | 204 331 | | | | | 204 331 | | |

注:不良资产合计=次级类+可疑类+损失类。

6.8.1.2 各项资产减值损失准备的期初数、本期计提、本期转回、本期核销、期末数。

单位：万元

| | 期初数 | 本期计提 | 本期转回 | 本期核销 | 期末数 |
|---|---|---|---|---|---|
| 贷款损失准备 | | | | | |
| 一般准备 | | | | | |
| 专项准备 | | | | | |
| 其他资产减值准备 | | | | | |
| 可供出售金融资产减值准备 | | | | | |
| 持有至到期投资减值准备 | | | | | |
| 长期股权投资减值准备 | 339 | | | | 339 |
| 坏账准备 | 47 | | | | 47 |
| 投资性房地产减值准 | 819 | | 819 | | 0 |
| 固定资产减值准备 | 1 056 | | 1 056 | | 0 |

6.8.1.3　自营股票投资、基金投资、债券投资、股权投资等投资业务的期初数、期末数

单位：万元

| | 自营股票 | 基金 | 债券 | 长期股权投资 |
|---|---|---|---|---|
| 期初数 | 3 584 | 20 000 | | 2 867 |
| 期末数 | 5 188 | | 3 123 | 2 867 |

6.8.1.4　前五名的自营长期股权投资的企业名称、占被投资企业权益的比例、主要经营活动及投资收益情况

| 企业名称 | 占被投资企业权益的比例（%） | 主要经营活动 | 投资收益（万元） |
|---|---|---|---|
| 江海证券经纪有限公司 | 2.103 | 证券 | 0 |

6.8.1.5　前五名的自营贷款的企业名称、占贷款总额的比例和还款情况

| 企业名称 | 占贷款总额的比例（%） | 还款情况 |
|---|---|---|
| 深圳瑞华信投资有限责任公司 | 100 | 2011 年 1 月 7 日已还款 |

6.8.1.6　表外业务的期初数、期末数；按照代理业务、担保业务和其他类型表外业务分别披露

单位：万元

| 表外业务 | 期初数 | 期末数 |
|---|---|---|
| 担保业务 | 0 | 0 |
| 代理业务（委托业务） | 0 | 0 |
| 其他 | 0 | 0 |
| 合计 | 0 | 0 |

注：代理业务主要反映因客观原因应规范而尚未完成规范的历史遗留委托业务，包括委托贷款和委托投资。

6.8.1.7　公司当年的收入结构

| 收入结构 | 金额（万元） | 占比（%） |
|---|---|---|
| 手续费及佣金收入 | 161 619.11 | 92.03 |
| 其中：信托手续费收入 | 161 619.11 | 92.03 |
| 投资银行业务收入 | 0 | |
| 利息收入 | 2 242.52 | 1.28 |
| 其他业务收入 | 3 273.28 | 1.86 |
| 其中：计入信托业务收入部分 | 0 | |
| 投资收益 | 8 166.86 | 4.65 |
| 其中：股权投资收益 | 0 | 0 |
| 公允价值变动收益 | 0 | 0 |
| 其他投资收益 | 0 | 0 |
| 营业外收入 | 312.89 | 0.18 |
| 收入合计 | 175 614.66 | 100 |

注：手续费及佣金收入、利息收入、其他业务收入、投资收益、营业外收入均应为损益表中的一级科目，其中手续费及佣金收入、利息收入、营业外收入为未抵减掉相应支出的全年累计实现收入数。报告年度实现信托业务收入的总额，其中以手续费及佣金确认的信托业务收入金额，以业绩报酬形式确认的信托业务收入金额和以其他形式确认的信托业务收入金额。

**6.8.2　披露信托资产管理情况**

6.8.2.1　信托资产的期初数、期末数

单位：万元

| 信托资产 | 期初数 | 期末数 |
|---|---|---|
| 集合 | 1 394 367 | 6 590 316 |
| 单一 | 11 398 462 | 11 160 376 |
| 财产权 | 360 474 | 242 997 |
| 合计 | 13 153 303 | 17 993 689 |

6.8.2.1.1 主动管理型信托业务期初数、期末数

单位：万元

| 主动管理型信托资产 | 期初数 | 期末数 |
|---|---|---|
| 证券投资类 | 657 755 | 2 381 327 |
| 股权投资类 | 1 596 950 | 4 139 183 |
| 其他投资类 | 31 931 | 155 236 |
| 融资类 | 1 083 763 | 3 902 964 |
| 事务管理类 | 8 080 | 7 667 |
| 合计 | 3 378 479 | 10 586 377 |

6.8.2.1.2 被动管理型信托业务期初数、期末数

单位：万元

| 被动管理型信托资产 | 期初数 | 期末数 |
|---|---|---|
| 证券投资类 | 876 713 | 916 732 |
| 股权投资类 | 876 857 | 808 295 |
| 其他投资类 | 49 999 | 26 427 |
| 融资类 | 7 618 860 | 5 420 529 |
| 事务管理类 | 352 395 | 235 329 |
| 合计 | 9 774 824 | 7 407 312 |

6.8.2.2　本年度已清算结束的信托项目个数、实收信托合计金额、加权平均实际年化收益率

6.8.2.2.1　本年度已清算结束的集合类、单一类资金信托项目和财产管理类信托项目个数、金额、加权平均实际年化收益率

| 已清算结束信托项目 | 项目个数 | 合计金额（万元） | 加权平均实际年化收益率（%） |
|---|---|---|---|
| 集合类 | 70 | 771 832 | 2.58 |
| 单一类 | 405 | 11 275 774 | 3.77 |
| 财产管理类 | 20 | 1 115 035 | 2.78 |

注：加权平均实际年化收益率 =（信托项目 1 的实际年化收益率 × 信托项目 1 的资产总计 + 信托项目 2 的实际年化收益率 × 信托项目 2 的资产总计 +…信托项目 n 的实际年化收益率 × 信托项目 n 的资产总计）/（信托项目 1 的资产总计 + 信托项目 2 的资产总计 +…信托项目 n 的资产总计）×100%。

6.8.2.2.2 本年度已清算结束的主动管理型信托项目个数、合计金额、加权平均实际年化收益率

| 已清算结束信托项目 | 项目个数 | 合计金额（万元） | 信托报酬率（%） | 加权平均实际年化收益率（%） |
|---|---|---|---|---|
| 证券投资类 | 23 | 158 444 | 1.43 | -8.62 |
| 股权投资类 | 31 | 597 167 | 1.02 | 6.54 |
| 其他投资类 | 5 | 57 884 | 0.52 | 58.16 |
| 融资类 | 58 | 1 258 589 | 0.81 | 5.57 |
| 事务管理类 | 1 | 424 | 0.00 | 0.00 |

6.8.2.2.3 本年度已清算结束的被动管理型信托项目个数、合计金额、加权平均实际年化收益率

| 已清算结束信托项目 | 项目个数 | 合计金额（万元） | 信托报酬率（%） | 加权平均实际年化收益率（%） |
|---|---|---|---|---|
| 证券投资类 | 6 | 177 563 | 0.11 | 1.40 |
| 股权投资类 | 6 | 69 979 | 0.59 | 4.58 |
| 其他投资类 | 3 | 50 000 | 0.10 | 2.74 |
| 融资类 | 343 | 9 677 980 | 0.16 | 3.28 |
| 事务管理类 | 19 | 1 114 611 | 0.10 | 2.78 |

6.8.2.3 本年度新增的集合类、单一类和财产管理类信托项目个数、合计金额

| 新增信托项目 | 项目个数 | 合计金额 |
|---|---|---|
| 集合类 | 330 | 5 699 033 |
| 单一类 | 407 | 12 170 382 |
| 财产管理类 | 11 | 906 684 |
| 新增合计 | 748 | 18 776 099 |
| 其中：主动管理型 | 473 | 9 248 274 |
| 被动管理型 | 275 | 9 527 825 |

6.8.2.4 信托业务创新成果和特色业务有关情况

公司在银信合作和房地产投资信托方面，具有明显的行业影响力和市场竞争优势，并积极开展私募基金合作业务和产业基金业务，以及艺术品、红白酒投资等其他特色业务。除上述业务外，公司还积极探索有限合伙平台业务、矿产能源业务、保障性住房业务、奢侈品投资以及融资租赁等业务类型。

报告期内，公司开展的特色业务情况如下。

| 项目名称 | 项目类型 | 信托规模 | 创新点 |
|---|---|---|---|
| 中融·北京华清"华清一号"创业股权投资集合资金信托计划 | 投资类 | 2.281亿元 | PE投资 |
| 中融·北京华清"华清二号"创业股权投资集合资金信托计划 | 投资类 | 1亿元 | PE投资 |
| 艺术品投资计划3号单一资金信托 | 投资类 | 6亿元 | 艺术品投资 |
| 艺术品投资 | 投资类 | 1.5亿元 | 对接民生银行非凡理财资金的艺术品投资信托计划 |

续表

| 项目名称 | 项目类型 | 信托规模 | 创新点 |
|---|---|---|---|
| 张裕爱斐堡酒庄葡萄酒收益权投资集合资金信托 | 投资类 | 8 208万元 | 葡萄酒期权收益权投资 |
| 中融－歌德茅台酒投资集合资金信托 | 投资类 | 3 000万元 | 白酒投资 |
| 中融·善居集合资金信托计划 | 投资类 | 3.45亿元 | 房地产投资基金 |

6.8.2.5 本公司履行受托人义务情况及因本公司自身责任而导致的信托资产损失情况

报告期内，本公司严格履行受托人义务，不存在因本公司自身责任而导致的信托资产损失情况。

### 6.9 关联方关系及其交易的披露

**6.9.1 关联交易方的数量、关联交易的总金额及关联交易的定价政策**

报告期内，本公司未发生关联交易。

**6.9.2 关联交易方基本情况**

报告期内，本公司未发生关联交易。

**6.9.3 本公司与关联方的重大交易事项**

报告期内，本公司未与关联方发生重大交易。

6.9.3.1 固有财产与关联方关联交易

报告期内，本公司固有财产未与关联方发生交易。

6.9.3.2 信托资产与关联方关联交易

报告期内，本公司信托资产未与关联方发生交易。

6.9.3.3 固有财产与信托财产相互交易

报告期内，本公司固有财产与信托财产未发生相互交易。

6.9.3.4 信托资产与信托财产相互交易

报告期内，本公司信托资产与信托财产未发生相互交易。

**6.9.4 关联方逾期未偿还本公司资金的详细情况以及本公司为关联方担保发生或即将发生垫款的详细情况**

报告期内，本公司关联交易方没有逾期未偿还本公司资金的情况以及本公司为关联方担保发生或即将发生垫款的情况发生。

### 6.10 会计制度的披露

本公司执行中华人民共和国财政部2006年2月15日颁布的《企业会计准则》及有关的补充规定。

## 7. 财务情况说明书

### 7.1 利润实现和分配情况

2010年，共实现利润总额92 050万元，净利润69 491万元，计提盈余公积7 002万元，计提一般风险准备219万元。2010年11月留存收益转增资本25 500万元，其中盈余公积转增5 658万元，未分配利润转增19 842万元。

### 7.2 主要财务指标

| 指标名称 | 指标值 |
|---|---|
| 资本利润率(%) | 67.48 |
| 信托报酬率(%) | 0.85 |
| 人均净利润(万元/人) | 131.86 |

注:1. 资本利润率=净利润/所有者权益平均余额×100%。
2. 信托报酬率=信托业务收入/实收信托平均余额×100%。
3. 人均净利润=净利润/年平均人数。
4. 平均值采取年初及各季度末余额移动算术平均法,公式为:$a$(平均)=($a_0$/2+$a_1$+$a_2$+$a_3$+$a_4$/2)/4。

### 7.3 对本公司财务状况、经营成果有重大影响的其他事项

根据公司2010年第二次临时股东会决议,同意将2009年公司留存收益中的总计255 000 000.00元全部按股东持股比例进行同比例转增注册资本,转增后,公司注册资本为5 8 000万元;2010年10月29日,公司获得中国银行业监督管理委员会黑龙江监管局关于同意中融国际信托有限公司变更注册资本及修改公司章程的批复。2010年11月8日,公司完成此次增加注册资本及修改公司章程工商变更登记。

## 8. 特别事项揭示

### 8.1 前五名股东报告期内变动情况及原因

公司2009年第三次临时股东会审议通过《关于哈尔滨经济开发投资公司将持有的中融信托8 000万股股权(占公司总股本24.61%)转让给哈尔滨投资集团有限公司的议案》,同意将哈尔滨经济开发投资公司持有的中融国际信托有限公司8 000万股股权(占公司总股本的24.61%)转让给哈尔滨投资集团有限责任公司。2010年3月11日,公司获得中国银行业监督管理委员会关于本次股权变更及修改公司章程的批复;2010年3月22日,公司完成本次股权转让工商变更登记。

公司2010年第一次临时股东会审议通过《关于经纬纺织机械股份有限公司受让中植企业集团持有的11 700万股中融国际信托有限公司股权的议案》,同意中植企业集团有限公司将持有的中融国际信托有限公司11 700万股股权(占公司总股本的36%)转让给经纬纺织机械股份有限公司。2010年6月24日,公司获得中国银行业监督管理委员会关于本次股权变更及修改公司章程的批复;2010年7月8日,公司完成本次股权转让的工商变更登记。

### 8.2 董事、监事及高级管理人员变动情况及原因

#### 8.2.1 董事变动情况及原因

本年度董事离任四人,新任三人,具体情况如下:

离任董事

| 离任董事统计表 | | | | |
|---|---|---|---|---|
| 姓名 | 离任原因 | 前任职位 | 离任时间 | 公司内部决议 |
| 姜文辉 | 工作调动 | 董事 | 2010年2月 | 2009年股东会审议通过 |
| 孙永斌 | 换届选举 | 董事 | 2010年7月 | 2010年第二次临时股东会审议通过 |
| 吴　言 | 换届选举 | 独立董事 | 2010年7月 | 2010年第二次临时股东会审议通过 |
| 李华杰 | 换届选举 | 独立董事 | 2010年7月 | 2010年第二次临时股东会审议通过 |

新任董事

| 新任董事统计表 | | | | |
|---|---|---|---|---|
| 姓名 | 新任原因 | 职位 | 新任时间 | 公司内部决议 |
| 姚育明 | 换届选举 | 董事 | 2010年2月 | 2010年第二次临时股东会审议通过 |
| 赫小铂 | 换届选举 | 董事 | 2010年4月 | 2010年第一次临时股东会审议通过 |
| 李　辉 | 换届选举 | 独立董事 | 2010年7月 | 2010年第二次临时股东会审议通过 |

#### 8.2.2 监事变动情况及原因

本年度监事离任一人,新任一人,具体情况如下:

8.2.2.1 离任监事

| 离任监事统计表 | | | | |
|---|---|---|---|---|
| 姓名 | 新任原因 | 职位 | 新任时间 | 公司内部决议 |
| 鲍秀杰 | 换届选举 | 监事 | 2010年7月 | 2010年第二次临时股东会审议通过 |

8.2.2.2 新任董事

| 新任董事统计表 | | | | |
|---|---|---|---|---|
| 姓名 | 新任原因 | 职位 | 新任时间 | 公司内部决议 |
| 毛发青 | 换届选举 | 监事 | 2010年7月 | 2010年第二次临时股东会审议通过 |

#### 8.2.3 高级管理人员变动情况及原因

本年度高级管理人员离任一人,新任八人,具体情况如下:

8.2.3.1 离任高管

| 离任高级管理人员统计表 | | | |
|---|---|---|---|
| 姓名 | 前任职位 | 离任时间 | 公司内部决议 |
| 姜文辉 | 总裁 | 2010年2月 | 2009年股东会审议通过 |

8.2.3.2 新任高管

| 新任高级管理人员统计表 | | | |
|---|---|---|---|
| 姓名 | 前任职位 | 离任时间 | 公司内部决议 |
| 范　韬 | 总裁 | 2010年2月7日 | 第二届第二十七次董事会审议通过 |
| 王宝安 | 副总裁 | 2010年2月7日 | 第二届第二十七次董事会审议通过 |
| 王　海 | 副总裁 | 2010年2日7日 | 第二届第二十七次董事会审议通过 |
| 刘伟器 | 副总裁 | 2010年2月7日 | 第二届第二十七次董事会审议通过 |
| 谢丙武 | 副总裁 | 2010年2月7日 | 第二届第二十七次董事会审议通过 |
| 梁　越 | 副总裁 | 2010年2月7日 | 第二届第二十七次董事会审议通过 |
| 吴大勇 | 副总裁 | 2010年2月22日 | 第三届第一次董事会审议通过 |
| 连晋华 | 财务总监 | 2010年6月27日 | 第三届第二次董事会审议通过 |

### 8.3 公司的重大诉讼事项

报告期内,本公司无重大诉讼事项。

### 8.4 公司及其董事、监事和高级管理人员受到处罚的情况

报告期内,本公司及公司董事、监事和高级管理人员无受到处罚的情况。

## 8.5 银监会及其派出机构对公司检查后提出的整改意见及公司整改情况

报告期内,中国银行业监督管理委员会及其派出机构提出如下整改意见。

(1)《现场检查意见书》(黑银监意字〔2010〕31 号)

2010 年5 月17 日至6 月15 日,中国银行业监督管理委员会黑龙江监管局对本公司截至 2010 年 3 月 31 日存续的银信和政信合作业务进行了专项现场检查,根据现场检查情况,监管局下发了《现场检查意见书》(黑银监意字〔2010〕31 号),要求公司对本次检查出的问题立即进行整改。

公司严格按照监管意见进行整改、完善。由法律合规部牵头,与风险管理部等组成专项排查整改小组,共同制订专项排查整改方案,明确专项排查的目的、内容和方法,分阶段完成排查及整改工作。第一,对现场检查提出的七个问题逐一排查并明确落实了整改方案。第二,对截至 2010 年 8 月 31 日存续的银信合作业务进行了专项排查,并根据排查及整改情况,制定《银信合作业务风险处置预案》,要求各信托经理严密监控项目运行和资金周转情况严格执行信托计划偿还资金提前定期入账管理制度,消除风险隐患。第三,依据中国银行业监督管理委员会关于地方政府融资平台贷款清查工作会议精神,配合黑龙江银监局关于地方政府融资平台贷款清查工作进程,公司按照银监会新颁布的认定标准逐一予以重新认定,对于"借款人自身现金流占借款本息的比例"按照"全覆盖、部分覆盖、基本覆盖、无覆盖"的标准对平台贷款划分风险类别进行了重新分类;对于融资平台的性质按照"公益性、准公益性、非公益性"标准进行了重新认定。第四,针对本次银信和信政合作业务现场检查中发现问题,公司对相关部门及项目进行了公示,并作出了通报批评处理。同时,公司组织各部门对本次检查及整改工作过程中取得的经验教训进行交流和学习,为下一步公司完善内部控制、风险管理指明了新的方向。

(2)《现场检查意见书》(黑银监意字〔2010〕48 号)

2010 年 11 月 7 日至 11 月 14 日,中国银行业监督管理委员会黑龙江监管局对本公司截至 2010 年 9 月 30 日存续和已清算的信托业务资金账户管理情况进行了专项现场检查,根据现场检查情况,监管局向公司下发现场检查意见书(黑银监意字〔2010〕48 号),指出本公司在信托账户管理机制、账户管理制度执行、会计核算等方面存在的问题,要求本公司完善和修订公司财务和账户管理规章制度,加快公司电子账务平台和综合管理审核软件系统的建设,严格执行会计核算和账户管理规章制度、规范融资类信托业务会计核算,对侵占信托账户资金的信托计划和信托账户开展清查,排查集合资金信托计划期限短于一年的情形,调查信托资金用途真实性等。

根据监管局信托业务资金账户管理情况现场检查意见书,公司严格按照监管意见进行整改、完善。由法律合规部、财务管理部、风险管理部等组成专项排查整改小组,共同制订专项排查整改方案,明确专项排查的目的、内容和方法,分阶段完成排查及整改工作,并具体从制度层面、操作层面和业务层面三方面组织实施开展整改。第一,按监管局的要求,梳理相关的规章制度,修订了《信托财务核算办法》和《费用管理制度》;第二,完善恒生综合管理系统和电子账务管理系统;第三,加强会计核算的准确性,对期限短于一年的集合信托计划严密关注并做好信息披露,完善尽职调查和业务审批,确保业务合规性。

## 8.6 本年度重大事项临时报告的简要内容、披露时间、所披露的媒体及其版面

报告期内,公司重大事项临时报告的披露媒体为《上海证券报》和《金融时报》,年度合计刊登各类公告八则,具体如下。

临时披露重大事项

| 披露时间 | 披露公告名称 | 披露内容 | 披露媒体 |
|---|---|---|---|
| 2010 年 1 月 4 日 | 《中融国际信托有限公司关于更换审计机构、修改〈公司章程〉等事项的公告》 | 根据公司第二届第二十六次董事会决议,2009 年第四次临时股东会决议,公司决定更换 2009 年审计机构,聘请德勤会计师事务所为公司审计机构,决定对公司章程进行部分修改。 | 《上海证券报》 |
| 2010 年 1 月 5 日 | 《中融国际信托有限公司更正公告》 | 2010 年 1 月 4 日,公布的《中融国际信托有限公司关于更换审计机构、修改〈公司章程〉等事项的公告》中最后一行日期的更正。 | 《上海证券报》 |
| 2010 年 3 月 26 日 | 《中融国际信托有限公司关于修改〈公司章程〉事项的公告》 | 根据公司 2009 年第三次临时股东会决议,公司决定对《公司章程》进行部分修改。 | 《金融时报》 |
| 2010 年 4 月 30 日 | 《2009 年中融国际信托有限公司年度报告摘要》 | 2009 年中融国际信托有限公司年度报告摘要。 | 《金融时报》 |
| 2010 年 7 月 9 日 | 《中融国际信托有限公司总裁变更公告》 | 根据 2010 年第二届第二十七次董事会审议通过,同意姜文辉同志辞去公司总裁职务,同意聘任范韬同志出任公司总裁。 | 《金融时报》 |
| 2010 年 7 月 15 日 | 《中融国际信托有限公司股权变更公告》 | 根据 2010 年第一次临时股东会决议,同意中植企业集团有限公司将持有的中融国际信托有限公司 11 700 万元股股权(占公司总股本的 36%)转让给经纬纺织机械股份有限公司。 | 《金融时报》 |
| 2010 年 11 月 11 日 | 《中融国际信托有限公司增资注册资本公告》 | 根据 2010 年第二次临时股东会决议,注册资本由 32 500 万元增加至 58 000 万元,及相关修改公司章程事宜的完成。 | 《金融时报》 |
| 2010 年 12 月 24 日 | 《中融国际信托有限公司更换审计机构公告》 | 根据股东单位经纬纺织机械股份有限公司提名,中融国际信托有限公司于 2010 年第四次临时股东会通过决议,聘请天职国际会计师事务所担任 2010 年度审计机构。 | 《金融时报》 |

### 8.7 银监会及其省级派出机构认定的其他有必要让客户及相关利益人了解的重要信息

无。

## 9. 监事会意见

监事会认为，公司2010年的经营运作情况良好，董事会全体成员、公司高级管理人员做到了勤勉、尽职、诚信，忠实履行了公司章程规定的职责，经营决策合理，基本符合国家有关法律、法规及公司章程的规定，认真贯彻股东会的各项决议，以公司价值最大化和股东利益最大化为出发点行事，为本公司的发展作出了不懈努力，无违反法律、法规、公司章程的行为；公司的财务数据资料真实、客观和准确地反映了公司的财务状况和经营成果。

# 中泰信托有限责任公司

## 1. 重要提示

1.1 本公司董事会及董事保证本报告所载资料不存在任何虚假记载、误导性陈述或者重大遗漏，并对其内容的真实性、准确性和完整性承担个别及连带责任。

1.2 独立董事刘廷焕、王克力、陈朝阳认为本年度报告真实、准确、完整。

1.3 公司负责人董事长刘虹、总裁周雄，主管会计工作负责人总会计师何德见及财务会计部负责人赵东声明：保证年度报告中财务会计报告的真实、完整。

## 2. 公司概况

### 2.1 公司简介

2.1.1 公司的法定中文名称：中泰信托有限责任公司

公司的法定英文名称：Zhongtai Trust Co. ,Ltd.

2.1.2 法定代表人：刘 虹

2.1.3 注册地址：上海市中华路1600号黄浦中心大厦17、18楼

邮政编码：200020

2.1.4 国际互联网网址：www. Zhong Taitrust. com

2.1.5 电子信箱：Zhong Tai@ Zhong Tai－Trust. com

2.1.6 信息披露事务负责人：沈 烁

信息披露事务联系人：董 云

联系电话：021－63871888－2718

传真：021－63872700

电子信箱：dongyun@ zhong tai－trust. com

2.1.7 公司选定的信息披露报纸名称：《证券时报》

2.1.8 公司年度报告备置地点：上海市中华路1600号黄浦中心大厦18层办公室

2.1.9 公司聘请的会计师事务所：中审亚太会计师事务所有限公司

地址：北京市海淀区复兴路47号天行建商务大厦22～23层

2.1.10 公司聘请的律师事务所：上海市金茂律师事务所

地址：上海市愚园路168号18层

### 2.2 组织结构

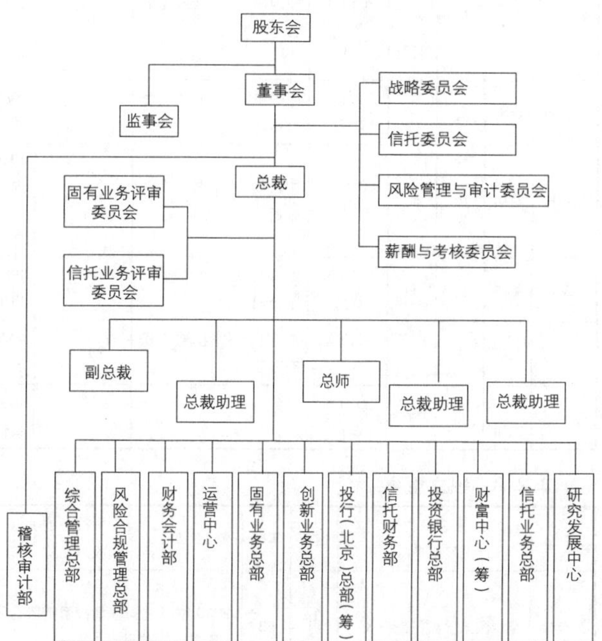


## 3. 公司治理

### 3.1 股东

**3.1.1 报告期末，股东总数六家；持有公司10%以上股份的股东情况**

| 股东名称 | 持股比例（%） | 法人代表 |
|---|---|---|
| 中国华闻投资控股有限公司 | 31.57 | 周立群 |
| 上海新黄浦置业股份有限公司 | 29.97 | 王伟旭 |
| 广联（南宁）投资股份有限公司 | 20 | 刘虹 |

**3.1.2 公司第一大股东的主要股东情况**

| 主要股东 | 出资比例（%） | 法人代表 |
|---|---|---|
| 人保投资控股有限公司 | 55 | 周立群 |

**3.1.3 股东关联关系说明**

股东中国华闻投资控股有限公司、广联（南宁）投资股份有限公司与上海新黄浦置业股份有限公司存在关联关系：上海新华闻持有上海新黄浦置业股份有限公司13.48%股权，为其第一大股东，中国华控和广联（南宁）分别持有上海新华闻50%的股权。

## 3.2 董事

### 3.2.1 董事会成员

| 姓名 | 职务 | 性别 | 年龄 | 选任日期 | 所推举的股东名称 | 该股东持股比例(%) | 简要履历 |
|---|---|---|---|---|---|---|---|
| 刘虹 | 董事长 | 男 | 47 | 2010年3月 | 中国华闻投资控股有限公司 | 31.57 | 1985年参加工作，先后在国家计委国土局、中国农业发展银行资金计划部、中国人寿保险（集团）公司战略规划部、发展改革部、中国人民保险集团公司工作；现任人保投资控股有限公司董事、总裁、党委书记，中国华闻投资控股有限公司董事、党委书记，广联（南宁）投资股份有限公司董事长、党委书记，中泰信托有限责任公司董事长。 |
| 周雄 | 董事 | 男 | 44 | 2010年3月 | 中国华闻投资控股有限公司 | 31.57 | 1987年参加工作，先后在厦门大学、华夏证券有限公司、人民日报社、厦门联合信托投资有限责任公司等单位工作；现任中泰信托有限责任公司董事、总裁。 |
| 韩铭珊 | 董事 | 男 | 46 | 2010年3月 | 中国华闻投资控股有限公司 | 31.57 | 1988年参加工作，先后在中国人民银行办公厅、兰州商业银行、北京现代创新科技有限公司、中国人民保险集团公司（中国人保控股公司）发展改革部/政策研究室、人保投资控股有限公司、广联投资股份有限公司工作；现任中国华闻投资控股有限公司党委委员、副总裁，上海新华闻有限公司党委委员、副总裁，中泰信托有限责任公司董事。 |
| 陆却非 | 董事 | 男 | 54 | 2010年3月 | 上海新黄浦置业股份有限公司 | 29.97 | 1981年参加工作，先后在上海第一印染厂、中科院上海生理研究所、上海新黄浦置业股份有限公司工作；现任上海新黄浦置业股份有限公司副董事长、总经理，中泰信托有限责任公司董事。 |
| 刘继东 | 董事 | 男 | 54 | 2010年3月 | 广联（南宁）投资股份有限公司 | 20 | 1970年至1978年于部队服役，1979年参加工作，先后在湖北省天门市检察院、广联（南宁）投资股份有限公司工作；现任广联（南宁）投资股份有限公司总裁，中泰信托有限责任公司董事。 |
| 沈烁 | 职工董事 | 男 | 38 | 2010年3月 | | | 1993年参加工作，先后在九州股份公司法律事务部、厦门联合信托投资有限责任公司法律部、中泰信托（投资）有限责任公司工作；现任中泰信托有限责任公司总裁助理，职工董事。 |

### 3.2.2 独立董事

| 姓名 | 所在单位及职务 | 性别 | 年龄 | 选任日期 | 所推举的股东名称 | 该股东持股比例(%) | 简要履历 |
|---|---|---|---|---|---|---|---|
| 刘廷焕 | 原中国人民银行副行长 | 男 | 68 | 2010年3月 | 中国华闻投资控股有限公司 | 31.57 | 1966年参加工作，先后在中国人民银行辽宁省桓仁县支行、中国人民银行辽宁省复县支行、中国人民银行大连分行、中国工商银行、中国人民银行总行、中国银联股份有限公司工作，2010年7月退休；现任中泰信托有限责任公司独立董事。 |
| 王克力 | 广东惠丰拍卖有限公司董事长 | 男 | 52 | 2010年3月 | 中国华闻投资控股有限公司 | 31.57 | 1987年参加工作，先后在美国柯达化工中国区、天津宝利城市信用社工作；现任广东惠丰拍卖有限公司董事长，中泰信托有限责任公司独立董事。 |
| 陈朝阳 | 天津汇融股权投资基金管理合伙企业合伙人 | 男 | 40 | 2010年3月 | 中国华闻投资控股有限公司 | 31.57 | 1997年参加工作，先后在华夏证券、天相投资顾问有限公司工作；现任天津汇融股权投资基金管理合伙企业合伙人，中泰信托有限责任公司独立董事。 |

## 3.3 监事

### 3.3.1 监事会成员

| 姓名 | 职务 | 性别 | 年龄 | 选任日期 | 所推举的股东名称 | 该股东持股比例(%) | 简要履历 |
|---|---|---|---|---|---|---|---|
| 王少钦 | 监事会召集人 | 男 | 52 | 2010年3月 | 中国华闻投资控股有限责任公司 | 31.57 | 先后在河南金融管理学院、河南金育实业银行、厦门联合信托投资有限公司、中泰信托投资有限责任公司、安徽国元信托投资公司工作；现任中国华闻投资控股有限公司总经济师，中泰信托有限责任公司监事。 |
| 陈小平 | 监事 | 男 | 55 | 2010年3月 | 广联（南宁）投资股份有限公司 | 20 | 先后在广西环保科研所、广西区环保局政策法规处、广联公司、上海巨豹集团公司、广西新长江高速公路公司工作；现任广联（南宁）投资股份有限公司副总裁，中泰信托有限责任公司监事。 |
| 刘莹 | 职工监事 | 女 | 42 | 2010年3月 | 职工监事 | | 先后在厦门建发集团公司下属公司、厦门象屿集团、厦门联合信托公司、中泰信托有限责任公司工作；现任中泰信托有限责任公司财富中心（筹）负责人兼信托业务部总监，职工监事。 |

## 3.4 高级管理人员

| 姓名 | 职务 | 性别 | 年龄 | 任职日期 | 金融从业年限 | 学历 | 专业 | 简要履历 |
|---|---|---|---|---|---|---|---|---|
| 周雄 | 总裁 | 男 | 45 | 2010年4月 | 16 | 博士 | 金融 | 1987年参加工作，先后在厦门大学、华夏证券有限公司、人民日报社、厦门联合信托投资有限责任公司等单位工作；现任中泰信托有限责任公司董事、总裁。 |

续表

| 姓名 | 职务 | 性别 | 年龄 | 任职日期 | 金融从业年限 | 学历 | 专业 | 简要履历 |
|---|---|---|---|---|---|---|---|---|
| 陈乃道 | 副总裁 | 男 | 50 | 2010年4月 | 18 | 博士 | 经济学 | 1984年参加工作，先后在安徽财经大学，东南大学，华泰证券有限责任公司研究部、投资银行部，中泰信托投资有限责任公司、安徽国元信托投资有限责任公司等单位工作；现任中泰信托有限责任公司副总裁。 |
| 何德见 | 总会计师 | 男 | 42 | 2010年4月 | 10 | 硕士 | 会计学 | 1992年参加工作，毕业于财政部科研所，注册会计师、注册税务师、注册资产评估师律师，先后在利安达会计师事务所、中慧会计师事务所等单位工作；现任中泰信托有限责任公司总会计师。 |
| 叶晓军 | 总裁助理 | 男 | 41 | 2010年4月 | 10 | 硕士 | 经济学 | 1991年参加工作，先后在新疆哈密地区行署教育处、海南民生燃气(集团)股份有限公司；现任中泰信托有限责任公司总裁助理。 |
| 余　钧 | 总裁助理 | 男 | 43 | 2010年4月 | 22 | 本科 | 经济学 | 1989年参加工作，先后在厦门农业银行国际部、厦门联合信托投资有限责任公司、中泰信托有限责任公司工作；现任中泰信托有限责任公司总裁助理。 |
| 沈　烁 | 总裁助理 | 男 | 38 | 2010年4月 | 14 | 本科 | 经济法 | 1993年参加工作，先后在九州股份公司、厦门联合信托投资有限责任公司、中泰信托有限责任公司工作；现任中泰信托有限责任公司总裁助理。 |
| 周　旭 | 总裁助理 | 男 | 46 | 2010年4月 | 24 | 本科 | 经济学 | 1987年参加工作，先后在人行宜昌市分行、三峡证券公司、湖北正奇投资公司、西安大唐圣境置业公司、大业传媒公司、中泰信托有限责任公司工作；现任中泰信托有限责任公司总裁助理。 |

### 3.5　公司员工

报告期末，公司共有员工69人(不含外部董事、监事)，平均年龄37岁，大部分员工具有大学本科以上学历。

| 项　目 | | 报告期末 | | 2009年末 | |
|---|---|---|---|---|---|
| | | 人数 | 比例(%) | 人数 | 比例(%) |
| 年龄分布 | 20岁以下 | 0 | | 0 | |
| | 20~29岁 | 16 | 23.2 | 15 | 21.12 |
| | 30~39岁 | 32 | 46.4 | 35 | 49.30 |
| | 40岁以上 | 23 | 30.4 | 21 | 29.58 |
| 学历分布 | 博士 | 4 | 5.8 | 4 | 5.64 |
| | 硕士 | 24 | 34.8 | 25 | 35.21 |
| | 本科 | 21 | 30.4 | 23 | 32.39 |
| | 专科 | 12 | 17.4 | 12 | 16.90 |
| | 其他 | 8 | 11.6 | 7 | 9.86 |
| 岗位分布 | 董事、监事、高管人员 | 16 | 20.51 | 15 | 18.99 |
| | 自营业务人员 | 6 | 7.69 | 8 | 10.13 |
| | 信托业务人员 | 31 | 39.75 | 31 | 39.23 |
| | 其他人员 | 25 | 32.05 | 25 | 31.65 |

## 4. 经营管理

### 4.1　经营目标、方针、战略规划

公司秉承诚信服务、专业理财、创新思维、理性投资的精神，坚持与新老客户、核心产业、区域经济一起成长的理念，注重提高创新能力，正确处理发展与规范管理、规模与效益之间的辩证关系，在充分发展信托业务、资产管理业务、投资业务的基础上，努力实现向理财产品供应商、特定领域资产管理者的转变，将公司建设成为制度健全、内控到位、机制灵活、管理科学、经营规范，具有较强核心竞争力的现代信托企业。

公司重视吸收先进金融理念和治理经验，进一步完善法人治理结构和内控机制，为下一步发展奠定良好基础。

在3~5年内，培植并形成公司的核心业务模式和核心盈利模式，发展公司的核心竞争力；健全和完善公司制度，防范和控制经营风险；建立激励和约束相统一的经营机制，在公司形成合规文化氛围。

### 4.2　所经营业务的主要内容

4.2.1　报告期内，固有业务除长期金融股权投资外，主要运用是活期存款、固定收益类产品投资、新股申购等。利息收入724.15万元，实现投资收益16 574.61万元

**自营资产运用与分布表**

| 资产运用 | 金额(万元) | 占比(%) | 资产分布 | 金额(万元) | 占比(%) |
|---|---|---|---|---|---|
| 货币资产 | 37 627.81 | 21.63 | 基础产业 | | |
| 贷款及应收款 | 13 029.81 | 7.49 | 房地产业 | | |
| 交易性金融资产投资 | 19 568.04 | 11.25 | 证券市场 | 90 452.09 | 52.00 |
| 可供出售金融资产投资 | 70 884.05 | 40.75 | 实业 | | |
| 持有至到期投资 | | | 金融机构 | 21 306.14 | 12.25 |
| 长期股权投资 | 21 306.14 | 12.25 | 其他 | 62 179.46 | 35.75 |
| 其他 | 11 521.84 | 6.63 | | | |
| 资产总计 | 173 937.69 | 100 | 资产总计 | 173 937.69 | 100 |

4.2.2　信托业务方面，报告期内新增信托项目72个，新增资产规模1 974 341万元；清算项目48个，累计清算本金1 535 882万元，给付信托收益25 754万元

**信托资产运用与分布表**

| 资产运用 | 金额(万元) | 占比(%) | 资产分布 | 金额(万元) | 占比(%) |
|---|---|---|---|---|---|
| 货币资产 | 15 768 | 0.94 | 基础产业 | 276 297 | 16.42 |
| 贷款 | 1 142 578 | 67.91 | 房地产 | 932 695 | 55.44 |
| 交易性金融资产投资 | 8 089 | 0.48 | 证券市场 | 8 089 | 0.48 |
| 可供出售金融资产投资 | | | 实业 | 406 946 | 24.19 |
| 持有至到期投资 | | | 金融机构 | 0 | 0 |
| 长期股权投资 | 471 228 | 28.01 | | | |
| 其他 | 44 704 | 2.66 | 其他 | 58 340 | 3.47 |
| 信托资产总计 | 1 682 367 | 100 | 信托资产总计 | 1 682 367 | 100 |

## 4.3 市场分析

### 4.3.1 有利因素

(1)银监会一系列行政法规的出台明确了信托业务的发展方向,引导信托公司发展主动型管理业务,改变信托公司的盈利模式,利于信托业的长期发展。

(2)货币政策将趋于收紧,信托公司可以利用信托制度优势,在业务竞争中取得机会。

(3)居民投资信托理财的意愿不断加强,信托产品需求旺盛。

(4)新的"十二五"布局给信托带来的创新性业务的机会。

### 4.3.2 不利因素

(1)《净资本管理办法》的出台短期内一定程度制约了信托公司业务的规模。

(2)随着楼市调控的深入,2011 年,房地产行业的发展趋势决定信托公司今后一段时间的业务发展方向。

(3)金融机构间竞争加剧,机构监管政策不统一,证券信托业务发展停滞,阳光私募业务濒临绝境,信托市场份额面临流失。

(4)市场营销渠道有待拓展。现有的信托法规促使信托公司将机构渠道向高端个人渠道转移,但信托公司因缺乏网点资源和有效的营销模式,难以短时期内聚集有效高端客户。

(5)制约行业发展的信托财产登记,信托财产税收等问题依然没有得到解决,限制了信托产品创新和业务拓展的能力。

## 4.4 内部控制

### 4.4.1 内部控制环境和内部控制文化

公司建立了完备的法人治理结构和内部组织机构,股东会、董事会和监事会依照法律和《公司章程》履行职责,总裁负责公司的经营管理,对董事会负责。制定了明确的部门职责和岗位职责,建立并实施绩效考评和激励制度,重视员工的合规经营意识的培养,通过培训和学习加强合规经营能力的提高。通过上述措施营造规范发展的内部控制环境和文化。

### 4.4.2 内部控制措施

公司通过颁布和持续修订完善《内部控制管理办法》对不同业务和管理事项制订有针对性的控制措施,构筑监督、执行和评价三道内控防线,保证了业务管理活动的正常运行。风险管理部、法律合规部和稽核审计部作为公司内控管理的主要职能部门,拟定和修订内控制度,监督检查和评价内控的科学性、规范性和可操作性。

公司建立了基本完备的业务管理制度和操作流程,为各项业务开展提供了比较清晰详细的业务流程和工作规范。公司固有业务和信托业务相互分离,部门设置和业务人员相互分离,业务信息相互独立,分别建账,分别核算。

### 4.4.3 信息交流与反馈

日常经营管理方面,建立了完整的会计、统计和业务档案,各项原始记录、合同、报表资料得到完整妥善的保管,信息和资料的交流和查询都有成文的规定和程序。公司通过定期工作报告制度,确保经营管理层及时了解经营和风险状况。通过OA 系统和业务管理系统,建立了贯穿各部门的共享信息平台,及时准确的传递管理信息和数据,保证部门和员工的有关信息能够顺畅交流和反馈。

### 4.4.4 监督评价与纠正

公司稽核审计部门定期进行对重大业务事项进展进行跟踪检查,对日常的经营管理提交月度书面检查报告,对结束的业务及时进行事后稽核,每半年对公司进行一次全面内部审计,稽核情况按季向董事会报告。通过内部审计,找出公司在管理、业务操作、内部控制、财务及资金管理方面的薄弱之处,并提出了针对性的建议及意见,从而及时发现和纠正经营管理中存在的偏差和风险。

## 4.5 风险管理概况

公司经营活动面临的主要风险包括信用风险、市场风险、操作风险和其他风险等几大类风险。

公司的风险管理组织结构由公司董事会、管理层、风险管理部门、各业务部门及主要业务人员组成。

### 4.5.1 信用风险状况

信用风险是公司融资类业务面临的主要风险。

公司 2010 年不良资产期初数、期末数分别为 32 600 万元、37 300 万元,其中 32 600 为损失类资产,4 700 万元为次级类资产,期末不良风险资产比例为 17.95%。根据《资产五级分类管理办法》的规定,计提风险资产专项准备 1 100.53 万元,期末风险资产专项准备余额为 33 871.11 万元。

以财产提供担保的,抵押物和质押物必须符合国家法律法规规定,抵押人、出质人对抵押物和质押物享有所有权和依法处分权;公司根据抵押物和质押物的保值能力和变现难易程度对不同抵押、质押物设置不同的抵押率;对于需要估价的抵(质)押物,必须经过公司认可的资产评估机构进行估价;对抵(质)押财产标的要求权属明确、易于保管、转让和变现。保证人提供担保的,严格筛选保证人,明确保证人的连带保证责任,约定承担保证责任的终止时间,跟踪保证人的信用状况和担保能力变化。

### 4.5.2 市场风险状况

市场风险主要来自于因基础金融变量,如利率、汇率、股价及商品价格等变动而使公司金融资产或负债的市场价值发生变化的可能性。

市场风险是公司投资类业务面临的主要风险。

固有业务中证券投资主要是新股申购和以往年度持有的上市公司发起人股份,资本市场证券交易价格波动带来的市场风险较小;信托业务方面,通过信托产品的结构化设计和组合投资,严格执行权限设定和止损操作,最大限度地降低市场风险对投资人权益的影响。

公司固有业务及信托业务尚未涉及外汇业务,受市场汇率变动的直接影响不明显。

其他风险,如利率风险、通货膨胀等因素,对公司经营无明显影响。

### 4.5.3 操作风险状况

操作风险主要是公司制度和操作流程缺失以及现有制度和流程不能得到有效执行而可能引起的经营风险和损失。

公司操作风险管理主要是加强内控制度建设,坚持内控优先,全面分析公司经营环节和业务流程,合理设置体现制衡原则的前台、中台、后台岗位职责,明确划分上下级之间、相关部门之间和岗位之间的职责，建立职责分离、横向与纵向相互监督制约的机制。

目前，公司的内控制度体系基本覆盖公司经营的每一个过程和环节，各项制度和流程能够得到有效的执行。报告期内无该类风险的发生。

#### 4.5.4 其他风险状况

除上述风险类型外，公司还可能面临法律风险、合规风险、声誉风险等。

法律风险是由于违反有关法律法规、监管规定及合同等原因可能造成经济损失或企业信誉损失的风险。

合规风险是指因未能遵循法律、监管规定、规则、自律性组织制定的有关准则，以及适用于自身业务活动的行为准则而可能遭受法律制裁或监管处罚、重大财务损失或声誉损失的风险。

声誉风险是指公司由于经营或其他问题引发的对公司外部市场地位、公众形象产生的消极或不利影响。

公司报告期内无该类风险的发生。

## 5. 报告期末及上年末的比较式会计报表

### 5.1 自营资产(经审计)

#### 5.1.1 会计师事务所审计全文

**审 计 报 告**

中审亚太审字(2011)第010078号

中泰信托有限责任公司：

我们审计了后附的中泰信托有限责任公司(以下简称中泰信托)固有业务的财务报表，包括2010年12月31日的资产负债表(固有业务)、2010年度的利润表(固有业务)、现金流量表(固有业务)和所有者权益变动表以及财务报表附注。

一、管理层对财务报表的责任

按照企业会计准则的规定编制财务报表是中泰信托管理层的责任。这种责任包括：(1)设计、实施和维护与财务报表编制相关的内部控制，以使财务报表不存在由于舞弊或错误而导致的重大错报；(2)选择和运用恰当的会计政策；(3)作出合理的会计估计。

二、注册会计师的责任

我们的责任是在实施审计工作的基础上对财务报表发表审计意见。我们按照中国注册会计师审计准则的规定执行了审计工作。中国注册会计师审计准则要求我们遵守职业道德规范，计划和实施审计工作以对财务报表是否不存在重大错报获取合理保证。

审计工作涉及实施审计程序，以获取有关财务报表金额和披露的审计证据。选择的审计程序取决于注册会计师的判断，包括对由于舞弊或错误导致的财务报表重大错报风险的评估。在进行风险评估时，我们考虑与财务报表编制相关的内部控制，以设计恰当的审计程序，但目的并非对内部控制的有效性发表意见。审计工作还包括评价管理层选用会计政策的恰当性和作出会计估计的合理性，以及评价财务报表的总体列报。

我们相信，我们获取的审计证据是充分、适当的，为发表审计意见提供了基础。

三、审计意见

我们认为，中泰信托财务报表已经按照企业会计准则的规定编制，在所有重大方面公允了中泰信托2010年12月31日的财务状况以及2010年度的经营成果和现金流量。

中审亚太会计师事务所有限公司

中国·北京

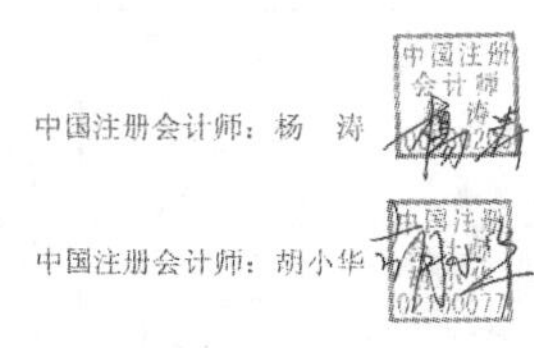

中国注册会计师：杨 涛

中国注册会计师：胡小华

二〇一一年二月十八日

#### 5.1.2 资产负债表

**资产负债表(资产部分)**

2010年12月31日

编制单位：中泰信托有限责任公司　　　　单位：万元

| 资　产 | 合并 | | 母公司 | |
|---|---|---|---|---|
| | 期末余额 | 期初余额 | 期末余额 | 期初余额 |
| 现金 | 3.11 | 5.95 | 2.53 | 3.35 |
| 银行存款 | 48 577.40 | 80 050.18 | 20 546.82 | 44 491.47 |
| 其他货币资金 | 25 938.93 | 32 437.73 | 17 078.47 | 2 753.50 |
| 存出保证金 | 604.76 | 544.97 | | |
| 拆出资金 | | | | |
| 交易性金融资产 | 20 174.74 | | 19 568.04 | |
| 衍生金融资产 | | | | |
| 买入返售金融资产 | | | | |
| 应收账款 | 12 260.30 | 11 793.40 | | |
| 应收利息 | 931.97 | 471.25 | 56.62 | |
| 应收股利 | 3 525.00 | 4 606.00 | 3 525.00 | 4 606.00 |
| 预付账款 | 2 315.96 | 524.74 | | |
| 其他应收款 | 9 885.52 | 7 997.44 | 9 458.19 | 7 580.91 |
| 存货 | | | | |
| 其他流动资产 | | | | |
| 发放贷款和垫款 | | | | |
| 可供出售金融资产 | 185 278.66 | 93 555.42 | 70 884.05 | 23 613.82 |
| 持有至到期投资 | | | | |
| 长期股权投资 | | 9 417.60 | 21 306.14 | 30 723.74 |
| 投资性房地产 | | | | |
| 固定资产 | 12 624.89 | 11 120.27 | 2 166.48 | 1 823.97 |
| 无形资产 | 791.26 | 571.46 | 39.61 | 30.51 |
| 商誉 | 14 015.40 | 14 015.40 | | |
| 长期待摊费用 | 430.49 | 393.42 | 316.14 | 261.23 |
| 递延所得税资产 | 10 373.10 | 9 138.61 | 8 989.59 | 8 394.73 |
| 其他资产 | | | | |
| 资 产 总 计 | 347 731.50 | 276 643.84 | 173 937.69 | 124 283.22 |

法定代表人：刘 虹　　主管会计工作的负责人：何德见　　会计机构负责人：赵 东

资产负债表续(负债及所有者权益部分)

2010 年 12 月 31 日

编制单位:中泰信托有限责任公司　　单位:万元

| 负债和所有者权益 | 合并 | | 母公司 | |
|---|---|---|---|---|
| | 期末余额 | 期初余额 | 期末余额 | 期初余额 |
| 拆入资金 | | | | |
| 交易性金融负债 | | | | |
| 衍生金融负债 | | | | |
| 卖出回购金融资产款 | | | | |
| 应付账款 | 14 326. 60 | 16 447. 41 | | |
| 应付职工薪酬 | 13 934. 45 | 14 512. 98 | 2 132. 44 | 1 505. 16 |
| 应交税费 | 7 650. 13 | 4 052. 78 | 1 826. 69 | 1 043. 28 |
| 应付利息 | | | | |
| 应付股利 | 3 357. 17 | 2 781. 17 | 470. 63 | 470. 63 |
| 其他应付款 | 3 517. 28 | 5 763. 39 | 677. 68 | 3 299. 36 |
| 其他流动负债 | | | | |
| 长期借款 | | | | |
| 专项应付款 | | | | |
| 预计负债 | | | | |
| 递延所得税负债 | 11 928. 17 | 3 541. 80 | 11 928. 17 | 3 541. 80 |
| 其他负债流动负债 | | | | |
| 负债合计 | 54 713. 81 | 47 099. 54 | 17 035. 60 | 9 860. 23 |
| 所有者权益 | | | | |
| 实收资本 | 51 660. 00 | 51 660. 00 | 51 660. 00 | 51 660. 00 |
| 资本公积 | 44 695. 99 | 20 170. 12 | 39 151. 91 | 13 992. 81 |
| 减:库存股 | | | | |
| 盈余公积 | 8 065. 63 | 6 333. 63 | 8 065. 63 | 6 333. 63 |
| 一般风险准备 | 1 586. 69 | 992. 95 | 1 586. 69 | 992. 95 |
| 信托赔偿准备金 | 3 499. 83 | 2 633. 83 | 3 499. 83 | 2 633. 83 |
| 未分配利润 | 109 025. 30 | 84 104. 24 | 52 938. 03 | 38 809. 78 |
| 外币报表折算差额 | -87. 04 | -4. 72 | | |
| 归属于母公司的权益小计 | 218 446. 39 | 165 890. 04 | 156 902. 09 | 114 422. 99 |
| 少数股东权益 | 74 571. 29 | 63 654. 26 | | |
| 所有者权益合计 | 293 017. 68 | 229 544. 30 | 156 902. 09 | 114 422. 99 |
| 负债和所有者权益总计 | 347 731. 50 | 276 643. 84 | 173 937. 69 | 124 283. 22 |

法定代表人:刘　虹　　主管会计工作的负责人:何德见　　会计机构负责人:赵　东

### 5. 1. 3　利润表

编制单位:中泰信托有限责任公司　　2010 年　　单位:万元

| 项　目 | 合并 | | 母公司 | |
|---|---|---|---|---|
| | 本年数 | 上年数 | 本年数 | 上年数 |
| 一、营业收入 | 143 585. 19 | 126 562. 77 | 25 182. 73 | 25 796. 99 |
| 利息净收入 | 1 213. 87 | 1 581. 38 | 724. 15 | 518. 67 |
| 利息收入 | 1 216. 23 | 1 581. 38 | 726. 51 | 518. 67 |
| 利息支出 | 2. 36 | 0. 00 | 2. 36 | 0. 00 |
| 手续费及佣金净收入 | 13 082. 35 | 8 853. 03 | 8 268. 66 | 3 952. 95 |
| 手续费及佣金收入 | 13 236. 84 | 8 857. 44 | 8 423. 16 | 3 957. 36 |
| 手续费及佣金支出 | 154. 50 | 4. 41 | 154. 50 | 4. 41 |
| 管理费收入 | 119 968. 63 | 109 666. 94 | 0. 00 | 0. 00 |
| 投资收益 | 9 123. 39 | 5 996. 21 | 16 574. 61 | 21 292. 35 |
| 公允价值变动收益 | -704. 79 | 0. 00 | -729. 70 | 0. 00 |
| 汇兑收益 | 0. 00 | 0. 00 | 0. 00 | 0. 00 |
| 其他业务收入 | 901. 74 | 465. 20 | 345. 01 | 33. 01 |
| 二、营业支出 | 74 799. 27 | 69 430. 07 | 6 606. 75 | 5 490. 25 |
| 营业成本 | 0. 00 | 0. 00 | 0. 00 | 0. 00 |
| 财务费用 | 0. 00 | 14. 59 | 0. 00 | 0. 00 |
| 营业税金及附加 | 7 386. 92 | 6 329. 53 | 630. 97 | 325. 98 |
| 业务及管理费 | 65 585. 56 | 63 038. 76 | 4 781. 76 | 5 331. 15 |
| 资产减值损失 | 1 733. 30 | -260. 56 | 1 100. 53 | -473. 62 |
| 其他业务成本 | 93. 49 | 307. 74 | 93. 49 | 306. 74 |
| 三、营业利润 | 68 785. 93 | 57 132. 70 | 18 575. 97 | 20 306. 74 |
| 加:营业外收入 | 57. 00 | 301. 49 | 19. 15 | 238. 83 |
| 减:营业外支出 | 362. 61 | 370. 72 | 2. 51 | 0. 00 |
| 四、利润总额 | 68 480. 32 | 57 063. 47 | 18 592. 62 | 20 545. 57 |
| 减:所得税费用 | 13 699. 31 | 11 248. 91 | 1 272. 62 | 673. 43 |
| 五、净利润 | 54 781. 01 | 45 814. 56 | 17 320. 00 | 19 872. 14 |
| 归属于母公司所有者的净利润 | 28 112. 80 | 22 624. 08 | 17 320. 00 | 19 872. 14 |
| 少数股东损益 | 26 668. 21 | 23 190. 48 | 0. 00 | 0. 00 |
| 六、每股收益: | 0. 00 | 0. 00 | 0. 00 | 0. 00 |
| (一)基本每股收益 | 0. 00 | 0. 00 | 0. 00 | 0. 00 |
| (二)稀释每股收益 | 0. 00 | 0. 00 | 0. 00 | 0. 00 |
| 七、其他综合收益 | 23 668. 37 | 19 623. 47 | 25 159. 11 | 7 351. 41 |
| 八、综合收益总额 | 78 449. 38 | 65 438. 03 | 42 479. 10 | 27 223. 55 |
| 归属于母公司所有者的综合收益总额 | 52 556. 36 | 35 866. 08 | 0. 00 | 0. 00 |
| 归属于少数股东的综合收益总额 | 25 893. 03 | 29 571. 95 | 0. 00 | 0. 00 |

法定代表人:刘　虹　　会计工作负责人:何德见　　会计机构负责人:赵　东

## 5. 2　信托资产

### 5. 2. 1　信托项目资产负债汇总表

编制单位:中泰信托有限责任公司　　单位:万元

| 信托资产 | 期末数 | 期初数 | 信托负债和信托权益 | 期末数 | 期初数 |
|---|---|---|---|---|---|
| 信托资产: | | | 信托负债: | | |
| 货币资金 | 15 767. 86 | 33 311. 42 | 交易性金融负债 | | |
| 拆出资金 | | | 衍生金融负债 | | |

续表

| 信托资产 | 期末数 | 期初数 | 信托负债和信托权益 | 期末数 | 期初数 |
|---|---|---|---|---|---|
| 存出保证金 | | | 应付受托人报酬 | | |
| 交易性金融资产 | 8 089. 57 | 9 771. 92 | 应付托管费 | | |
| 衍生金融资产 | | | 应付受益人收益 | | |
| 买入返售资产 | | | 应交税费 | | |
| 应收款项 | 71. 58 | 83. 39 | 应付销售服务费 | | |
| 发放贷款 | 1 142 578. 17 | 914 867. 19 | 其他应付款项 | 2 510. 11 | 530. 85 |
| 可供出售金融资产 | | | 其他负债 | | |
| 持有至到期投资 | | | 信托负债合计 | 2 510. 11 | 530. 85 |
| 长期应收款 | | | | | |
| 长期股权投资 | 471 228. 22 | 165 542. 26 | 信托权益: | | |
| 投资性房地产 | | | 实收信托 | 1 670 919. 62 | 1 241 029. 72 |
| 固定资产 | 2 131. 95 | 2 131. 95 | 资本公积 | 468. 62 | 68. 12 |
| 无形资产 | 42 500. 00 | 118 200. 00 | 外币报表折算差额 | | |
| 长期待摊费用 | | | 未分配利润 | 8 469. 00 | 2 279. 44 |
| 其他资产 | | | 信托权益合计 | 1 67 985. 72 | 1 243 377. 28 |
| 信托资产总计 | 1 682 367. 35 | 1 243 908. 13 | 信托负债及信托权益总计 | 1 682 367. 35 | 1 243 908. 13 |

法定代表人:刘　虹　　　　财务负责人:何德见　　　　会计人员:龚小云

### 5. 2. 2　信托项目利润及利润分配汇总表

编制单位:中泰信托有限责任公司　　　　单位:万元

| 信托资产 | 本年数 | 上年数 |
|---|---|---|
| 一、营业收入 | 90 758. 20 | 48 209. 67 |
| 利息收入 | 68 962. 49 | 27 757. 96 |
| 投资收益 | 21 005. 19 | 18 908. 53 |
| 其中:对联营企业和合营企业的投资收益 | | |
| 公允价值变动收益(损失以"-"号填列) | 439. 91 | |
| 租赁收入 | 239. 80 | 228. 39 |
| 汇兑损益(损失以"-"号填列) | | |
| 其他收入 | 110. 81 | 1 314. 79 |
| 二、营业支出 | 16 968. 33 | 6 767. 67 |
| 营业税金及附加 | 27. 79 | 12. 52 |
| 受托人报酬 | 8 423. 16 | 3 940. 47 |
| 托管费 | 3 358. 11 | 252. 42 |
| 投资管理费 | | |
| 销售服务费 | 1 657. 72 | |
| 交易费用 | | |
| 资产减值损失 | | |
| 其他费用 | 3 501. 55 | 2 562. 26 |
| 三、信托净利润(净亏损以"-"号填列) | 73 789. 87 | 41 442. 00 |
| 四、其他综合收益 | | |
| 五、综合收益 | 73 789. 87 | 41 442. 00 |
| 加:期初未分配信托利润 | 2 279. 44 | 2 389. 08 |
| 六、可供分配的信托利润 | 76 069. 31 | 43 831. 08 |
| 减:本期已分配信托利润 | 67 600. 31 | 41 551. 64 |
| 七、期末未分配信托利润 | 8 469. 00 | 2 279. 44 |

法定代表人:刘　虹　　　　财务负责人:何德见　　　　会计人员:龚小云

## 6. 会计报表附注

### 6. 1　会计报表编制基准不符合会计核算基本前提的说明

#### 6. 1. 1　会计报表不符合会计核算基本前提的事项

本公司于2008年1月1日起开始执行财政部于2006年2月15日颁布的《企业会计准则》。以2008年1月1日为执行企业会计准则体系的首次执行日,确认2008年1月1日的资产负债表期初数,并以此为基础,根据实际发生的交易和事项,分析《企业会计准则第38号——首次执行企业会计准则》第五条至第十九条对比较期间利润表和报告期期初资产负债表的影响,按照追溯调整的原则,将调整后的比较期间利润表和资产负债表,作为比较期间的财务报表。

本公司财务报表已按《企业会计准则第30号——财务报表列报》的规定进行列报。

#### 6. 1. 2　合并范围的子公司

本公司将投资额占被投资单位有表决权资本总额50%以上或虽不足50%但具有实际控制权的子公司纳入合并会计报表编制范围。本次纳入合并范围的公司:2010年12月31日,纳入合并范围的公司为大成基金管理有限公司及其全资子公司大成国际资产管理有限公司,因厦门联信投资管理有限公司、上海久峰投资咨询有限公司于2009年转让,故2009年合并了厦门联信投资管理有限公司和上海久峰投资咨询有限公司2009年1月1日至股权转让日的损益及现金流量,2009年12月31日未合并其资产和负债。

| 子公司名称 | 业务性质 | 注册地 | 注册资本(万元) | 实际投资 | | | |
|---|---|---|---|---|---|---|---|
| | | | | 期初投资额(万元) | 期初权益占比(%) | 期末投资额(万元) | 期末权益占比(%) |
| 大成基金管理有限公司 | 基金管理 | 深圳 | 20 000 | 21 306. 14 | 48 | 21 306. 14 | 48 |

## 6.2 或有事项说明

本公司对发放的已逾期的贷款提起诉讼，其中一笔未判决，涉及本金3 070万元；已判决并胜诉六笔，涉及金额41 600万元，公司正积极对相关债权进行追讨；和解一笔，涉及金额1 750万元。

单位：万元

| 或有事项项目 | 期初金额 | 期末金额 |
|---|---|---|
| 固有贷款 | 25 600.00 | 25 600.00 |
| 委托贷款 | 4 820.00 | 3 070.00 |
| 信托贷款 | | 16 000.00 |
| 合计 | 30 420.00 | 30 420.00 |

## 6.3 重要资产转让及其出售的有关说明

2009年7月6日，本公司与华泰证券股份有限公司签署协议，以本公司所持有的联合证券有限责任公司3 924万元股权，作为支付方式认购华泰证券股份有限公司定向发行的股份，购买股份3382.7587万股，占其总股本的0.7025%，上述股份已于2010年2月26日上市，本公司作为原始股东，上述股份的限售期为三年。

## 6.4 会计报表中重要项目的明细资料

### 6.4.1 自营资产经营情况

6.4.1.1 信用风险资产情况（按信用风险五级分类结果）

| 信用风险资产五级分类 | 正常类（万元） | 关注类（万元） | 次级类（万元） | 可疑类（万元） | 损失类（万元） | 信用风险资产合计（万元） | 不良资产合计（万元） | 不良率（%） |
|---|---|---|---|---|---|---|---|---|
| 期初数 | 7 657.48 | 4 700 | | | 32 600 | 44 957.48 | 32 600.00 | 72.51 |
| 期末数 | 9 610.92 | | 4 700 | | 32 600 | 46 910.92 | 37 300.00 | 79.51 |

注：不良资产合计＝次级类＋可疑类＋损失类。

6.4.1.2 资产减值损失准备情况

单位：万元

| | 期初数 | 本期计提 | 本期转回 | 本期核销 | 期末数 |
|---|---|---|---|---|---|
| 贷款损失准备 | 32 600.00 | 0 | 0 | 0 | 32 600.00 |
| 一般准备 | | | | | 0 |
| 专项准备 | 32 600.00 | 0 | 0 | 0 | 32 600.00 |
| 其他资产减值准备 | | | | | |
| 可供出售金融资产减值准备 | 0 | | | | 0 |
| 持有至到期投资减值准备 | 0 | | | | 0 |
| 长期股权投资减值准备 | 0 | | | | 0 |
| 坏账准备 | 170.57 | 1 100.54 | | | 1 271.11 |
| 投资性房地产减值准备 | | | | | |

6.4.1.3 投资业务情况

单位：万元

| | 自营股票 | 基金 | 债券 | 长期股权投资 | 其他投资 | 合计 |
|---|---|---|---|---|---|---|
| 期初数 | 20 591.22 | 0 | 0 | 30 723.74 | 3 022.60 | 54 337.56 |
| 期末数 | 66 121.41 | 11 308.08 | 0 | 21 306.14 | 13 022.60 | 111 758.23 |

6.4.1.4 自营长期股权投资情况

| 企业名称 | 占被投资企业权益的比例（%） | 主要经营活动 | 投资损益（万元） |
|---|---|---|---|
| 大成基金管理有限公司 | 48.00 | 公募基金的募集和管理 | 13 824.00 |

6.4.1.5 前三名的自营贷款的企业名称、占贷款总额的比例和还款情况等

| 企业名称 | 占贷款总额的比例（%） | 还款情况 |
|---|---|---|
| 1. 深圳市凯泰隆实业发展有限公司 | 21.47 | 逾期 |
| 2. 海南金盟发实业有限公司 | 21.47 | 逾期 |
| 3. 黄山长江徽杭高速公路有限公司 | 21.47 | 逾期 |

6.4.1.6 表外业务情况

单位：万元

| 表外业务 | 期初数 | 期末数 |
|---|---|---|
| 担保业务 | 0 | 0 |
| 代理业务（委托业务） | 4 820.00 | 3 070.00 |
| 其他 | | |
| 合计 | 4 820.00 | 3 070.00 |

6.4.1.7 本公司当年的收入结构

| 收入结构 | 母公司 | |
|---|---|---|
| | 金额（万元） | 占比（%） |
| 手续费及佣金收入 | 8 423.16 | 33.22 |
| 其中：信托手续费收入 | 8 423.16 | 33.22 |
| 投资银行业务收入 | | |
| 利息收入 | 726.51 | 2.86 |
| 其他业务收入 | 345.01 | 1.36 |
| 投资收益 | 16 574.61 | 65.36 |
| 其中：股权投资收益 | 14 045.99 | 55.39 |
| 证券投资收益 | 2 031.80 | 8.01 |
| 其他投资收益 | 496.82 | 1.96 |
| 公允价值变动收益 | −729.70 | −2.88 |
| 管理费收入 | | |
| 营业外收入 | 19.15 | 0.08 |
| 收入合计 | 25 358.74 | 100.00 |

2010年，本公司信托业务收入为8 423.16万元，均为以手续费及佣金确认的信托业务收入。

### 6.4.2 披露信托财产管理情况

6.4.2.1 信托资产的期初数、期末数

单位：万元

| 信托资产 | 期初数 | 期末数 |
|---|---|---|
| 集合 | 125 632.76 | 477 633.51 |
| 单一 | 997 562.16 | 1 132 627.29 |
| 财产权 | 120 713.21 | 72 106.55 |
| 合计 | 1 243 908.13 | 1 682 367.35 |

6.4.2.1.1 主动管理型信托业务

单位：万元

| 主动管理型信托资产 | 期初数 | 期末数 |
|---|---|---|
| 证券投资类 | 13 029.34 | 11 867.00 |
| 股权投资类 | 116 793.89 | 110 390.00 |
| 融资类 | 229 394.02 | 754 371.00 |
| 事务管理类 | 54 774.14 | 80 984.00 |
| 合计 | 413 991.39 | 957 612.00 |

6.4.2.1.2 被动管理型信托业务

单位：万元

| 被动管理型信托资产 | 期初数 | 期末数 |
|---|---|---|
| 证券投资类 | | |
| 股权投资类 | | |
| 融资类 | 829 916.74 | 724 755.00 |
| 事务管理类 | | |
| 合计 | 829 916.74 | 724 755.00 |

6.4.2.2 本年度已清算结束的信托项目个数、实收信托合计金额、加权平均实际年化收益率

6.4.2.2.1 本年度已清算结束的集合类、单一类资金信托项目和财产管理类信托项目个数、实收信托金额、加权平均实际年化收益率

| 已清算结束信托项目 | 项目个数 | 实收信托合计金额(万元) | 加权平均实际年化收益率(%) |
|---|---|---|---|
| 集合类 | 2 | 6 790.00 | 11.12 |
| 单一类 | 45 | 1 486 391.50 | 3.97 |
| 财产管理类 | 1 | 42 700.00 | 0.00 |

6.4.2.2.2 本年度已清算结束的主动管理型信托项目个数、实收信托合计金额、加权平均实际年化收益率，分证券投资、股权投资、融资、事务管理类分别计算并披露

| 已清算结束信托项目 | 项目个数 | 实收信托合计金额(万元) | 加权平均实际年化信托报酬率(%) | 加权平均实际年化收益率(%) |
|---|---|---|---|---|
| 证券投资类 | | | | |
| 股权投资类 | | | | |
| 融资类 | 8 | 80 442.50 | 0.47 | 4.41 |
| 事务管理类 | 1 | 160.00 | 5.40 | 202.40 |

6.4.2.2.3 本年度已清算结束的被动管理型信托项目个数、实收信托合计金额、加权平均实际年化收益率，分证券投资、股权投资、融资、事务管理类分别计算并披露

| 已清算结束信托项目 | 项目个数 | 实收信托合计金额(万元) | 加权平均实际年化信托报酬率(%) | 加权平均实际年化收益率(%) |
|---|---|---|---|---|
| 证券投资类 | | | | |
| 股权投资类 | | | | |
| 融资类 | 39 | 1 455 279.00 | 0.13 | 3.98 |
| 事务管理类 | | | | |

6.4.2.3 本年度新增的集合类、单一类和财产管理类信托项目个数、实收信托合计金额

| 新增信托项目 | 项目个数 | 实收信托合计金额(万元) |
|---|---|---|
| 集合类 | 9 | 359 530.00 |
| 单一类 | 64 | 1 628 089.00 |
| 财产管理类 | 0 | 0.00 |
| 新增合计 | 73 | 1 987 619.00 |
| 其中：主动管理型 | 22 | 642 830.00 |
| 被动管理型 | 51 | 1 344 789.00 |

6.4.2.4 信托赔偿准备金的提取、使用和管理情况

本年提取信托赔偿准备金 993.61 万元，因未发生管理失职的情况，本年未使用信托赔偿准备金。公司按照银监会的有关规定管理信托赔偿准备金。

## 6.5 关联方关系及其交易的披露

**6.5.1 关联交易方的数量、关联交易的总金额及关联交易的定价政策等**

| | 关联交易方数量 | 关联交易金额(万元) | 定价政策 |
|---|---|---|---|
| 合计 | 14 | 77 774.38 | 按照市场公允价格确定 |

**6.5.2 关联交易方与本公司的关系性质、关联交易方的名称、法定代表人、注册地址、注册资本及主营业务等**

| 关联方名称 | 关系性质 | 注册资本 | 法人代表 | 注册地址 | 主营业务 |
|---|---|---|---|---|---|
| 中国华闻投资控股有限公司 | 股东 | 120 000 万元 | 周立群 | 北京朝阳区慧忠里A区220号 | 实业投资、机械电子建材销售等 |
| 广联(南宁)投资股份有限公司 | 股东 | 13 900 万元 | 刘 虹 | 南宁市民族大道38－2号18层 | 对高新技术产业、金融业、证券、期货业的投资等 |
| 上海新黄浦置业股份有限公司 | 股东 | 56 116.30 万元 | 王伟旭 | 上海市北京东路668号西楼32层 | 房地产经营、旧危房改造，室内外建筑装潢，物业管理，房产咨询，机械设备安装，餐饮业等 |
| 上海新华闻投资有限公司 | 受同一股东控制 | 50 000 万元 | 周立群 | 上海浦东大道720号22FA室 | 实业投资、资产经营及管理等 |
| 上海嘉庆投资管理有限公司 | 受同一股东控制 | 16 000 万元 | 王 磊 | 上海市浦东新区牡丹路60号A2001室 | 实业投资、企业管理咨询等 |
| 深圳证券时报社有限公司 | 受同一股东控制 | 30 000 万元 | 谷嘉旺 | 深圳市福田区彩田路5015号中银大厦17A、18AB座 | 编辑、出版、发行《证券时报》，发布各类广告等 |
| 杭州华溥实业有限公司 | 受同一股东控制 | 4 240 万美元 | 程齐鸣 | 杭州市上城区湖滨路30号 | 经营住宿、餐饮、娱乐、商场等 |
| 厦门联信投资管理有限公司 | 受同一股东控制 | 500 万元 | 余 钧 | 厦门思明区湖滨南路299～309号裙楼201室 | 投资咨询 |

续表

| 关联方名称 | 关系性质 | 注册资本 | 法人代表 | 注册地址 | 主营业务 |
|---|---|---|---|---|---|
| 上海久峰投资咨询有限公司 | 受同一股东控制 | 1 000 万元 | 彭传发 | 上海市松江区松汇西路 1558 号 A－287 | 企业投资咨询、商务咨询、财务管理咨询、企业管理咨询服务 |
| 黄山长江徽杭高速公路有限责任公司 | 受同一股东控制 | 35 000 万元 | 汪方怀 | 黄山市屯溪区西海路 28 号 | 建设、经营徽杭高速公路安徽段及配套设施（法律、法规规定必须前置审批而未获批准的除外）等 |
| 大成基金管理有限公司 | 控股子公司 | 20 000 万元 | 张树忠 | 深圳市福田区深南大道 7088 号招商银行大厦 32 层 | 发起设立基立、基金管理业务 |
| 大成国际资产管理有限公司 | 子公司之子公司 | 6 000 万港元 |  | 香港中环金融街 8 号国际金融中心二期 58 楼 5811 室 | 证券交易、就证券提供意见、资产管理业务 |
| 光大证券股份有限公司 | 子公司大成基金的股东 | 341 800 万元 | 徐浩明 | 上海市静安区新闸路 1508 号 | 证券经纪，证券投资咨询，与证券交易、证券投资活动有关的财务顾问，证券承销与保荐，证券自营，证券资产管理，为期货公司提供中间介绍业务，证券投资基金代销，融资融券业务等 |
| 中国银河投资管理有限公司 | 子公司大成基金的股东 | 450 000 万元 | 许国平 | 北京市西城区金融大街 35 号国际企业大厦 C 座 16 层 | 投资业务及资产管理 |

**6.5.3 本公司与关联方的重大交易事项**

6.5.3.1 固有与关联方交易情况

**固有与关联方关联交易**

单位：万元

|  | 期初数 | 借方发生额 | 贷方发生额 | 期末数 |
|---|---|---|---|---|
| 贷款 | 7 000.00 |  |  | 7 000.00 |
| 投资 |  |  |  |  |
| 租赁 |  |  |  |  |
| 担保 |  |  |  |  |
| 应收账款 | 6 926.71 |  |  | 6 926.71 |
| 其他 |  |  | 76.00 | 76.00 |
| 合计 | 13 926.71 |  | 76.00 | 14 002.71 |

6.5.3.2 信托与关联方交易情况：贷款、投资、租赁、应收账款、担保、其他方式等期初汇总数、本期借方和贷方发生额汇总数、期末汇总数

**信托与关联方关联交易**

单位：万元

|  | 期初数 | 借方发生额 | 贷方发生额 | 期末数 |
|---|---|---|---|---|
| 贷款 | 70 984.25 |  | 7 212.58 | 63 771.67 |
| 投资 |  |  |  |  |
| 租赁 |  |  |  |  |
| 担保 |  |  |  |  |
| 应收账款 |  |  |  |  |
| 其他 | 11 000.00 |  | 11 000.00 | 0 |
| 合计 | 81 984.25 |  | 18 212.58 | 63 771.67 |

6.5.3.3 固信交易及信信交易情况

6.5.3.3.1 固信交易情况

**固有财产与信托财产相互交易**

单位：万元

|  | 期初数 | 本期发生额 | 期末数 |
|---|---|---|---|
| 合计 | 3 000.00 | 2 000.00 | 5 000.00 |

6.5.3.3.2 信托项目之间的交易金额期初汇总数、本期发生额汇总数、期末汇总数

**信托资产与信托财产相互交易**

单位：万元

|  | 期初数 | 本期发生额 | 期末数 |
|---|---|---|---|
| 合计 | 0.00 | 0.00 | 0.00 |

6.5.3.4 关联方逾期未偿还本公司资金的情况

本期只有一笔关联方逾期未偿还本公司的资金，是对黄山长江徽杭高速公路有限责任公司的贷款，本金为 7 000 万元。

本公司本期没有为关联方担保发生垫款的事项。

## 6.6 执行的会计制度

### 6.6.1 固有业务执行的会计制度

本公司固有业务从 2008 年 1 月 1 日起执行新的《企业会计准则》。

### 6.6.2 信托业务执行会计制度

本公司信托业务 2009 年执行《信托业务会计核算办法》，从 2010 年 1 月 1 日起执行新的《企业会计准则》。

# 7. 财务情况说明书

## 7.1 利润实现和分配情况

### 7.1.1 利润实现情况

单位：万元

| 项　目 | 合并 | 母公司 |
|---|---|---|
| 投资收益 | 9 123.39 | 16 574.61 |
| 营业利润 | 68 785.93 | 18 575.97 |
| 利润总额 | 68 480.32 | 18 592.62 |
| 所得税 | 13 699.31 | 1 272.62 |
| 净利润 | 54 781.01 | 17 320.00 |

#### 7.1.2 利润分配情况

单位:万元

| 项 目 | 合并(归属于母公司) | 母公司 |
|---|---|---|
| 本年净利润 | 28 112.80 | 17 320.00 |
| 上年未分配利润 | 84 104.24 | 38 809.77 |
| 本年其他转入 | 0.00 | 0.00 |
| 可供分配的利润 | 112 217.04 | 56 129.77 |
| 提取法定盈余公积 | 1 732.00 | 1 732.00 |
| 提取法定公益金 | | |
| 提取信托赔偿准备金 | 866.00 | 866.00 |
| 提取一般准备金 | 593.74 | 593.74 |
| 可供投资者分配利润 | 109 025.30 | 52 938.03 |
| 未分配利润 | 109 025.30 | 52 938.03 |

### 7.2 主要财务指标(母公司口径和并表口径同时披露)

| 指标名称 | 合并(归属于母公司) | 母公司 |
|---|---|---|
| 资本利润率(%) | 14.63 | 12.77 |
| 加权年化信托报酬率(%) | | |
| 人均净利润(万元/人) | 401.61 | 247.43 |

### 7.3 对本公司财务状况、经营成果有重大影响的其他事项

无。

## 8. 特别事项揭示

### 8.1 高级管理人员变动情况及原因

报告期内:

2010年3月,公司股东会选举产生第五届董事会、监事会组成,新董事会、监事会成员见本报告第三部分“公司治理”,新董事会成员任职资格均通过监管核准。

2010年4月,公司第五届董事会聘请新一届经营班子成员,新一届经营班子组成见第三部分“公司治理”,新一届高级管理人员任职资格均已通过监管核准。

### 8.2 公司的重大诉讼事项

#### 8.2.1 固有项下诉讼①

(1)报告期内,公司向上海市第一中级人民法院起诉深圳市凯泰隆实业发展有限公司、海南金盟发实业有限公司,请求判令两被告连带归还贷款本金人民币7 000万元及利息、复利和罚息。上海市第一中级人民法院于2010年6月12日判决本公司胜诉。

(2)报告期内,公司向上海市第一中级人民法院起诉海南金盟发实业有限公司、深圳市凯泰隆实业发展有限公司,请求判令两被告连带归还贷款本金人民币7 000万元及利息、复利和罚息。上海市第一中级人民法院于2010年2月5日判决本公司胜诉。

(3)报告期内,公司向上海市第一中级人民法院起诉华星建设工程有限公司、黄山金汇经济开发有限公司,请求判令两被告连带归还贷款本金人民币4 000万元及利息、复利和罚息。上海市第一中级人民法院于2010年1月18日判决本公司胜诉。

(4)报告期内,公司向上海市第一中级人民法院起诉华星建设工程有限公司、海南宁达远实业有限公司,请求判令两被告连带归还贷款本金人民币3 000万元及利息、复利和罚息。上海市第一中级人民法院于2010年1月18日判决本公司胜诉。

(5)报告期内,公司向上海市第一中级人民法院起诉海南海金宁实业有限公司,请求判令被告归还贷款本金人民币4 600万元及利息、复利和罚息。上海市第一中级人民法院于2010年2月5日判决本公司胜诉。

#### 8.2.2 信托项下诉讼

(1)根据信托受益人要求,业经上海高级人民法院终审,公司起诉杭州华溥实业有限公司归还8亿元借款合同纠纷一案的诉讼请求得到支持。目前该案件处于强制执行阶段。

(2)2010年8月5日,本公司就与北京中润博达国际能源开发有限公司金融借款16 000万元合同纠纷向上海市高级人民法院提起民事诉讼,上海市高级人民法院于2010年12月2日判决公司胜诉。本公司业已申请强制执行。

## 9. 监事会意见

### 9.1 公司依法运作情况

公司监事会认为,报告期内,业务发展方面,公司积极处置风险业务,成功换牌,信托业务规模得以较快增长,经营保持稳定;年度财务决算报告反映了公司年度经营成果和年末财务状况;内部管理方面,公司进一步完善法人治理结构,建立健全内控制度和流程,加强风险合规和稽核检查的力度,保持了公司平稳运转和员工队伍的稳定;公司董事会、管理层能够认真履职,较有效的执行了股东会、董事会有关决议。

### 9.2 财务报告的真实性

中审亚太会计师事务所为公司2010年财务报告出具了无保留意见的审计报告。监事会认为该财务报告真实反映公司的财务状况和经营成果。

① 公司固有项下逾期贷款已全额计提坏账损失,对当年盈利不构成影响,为最大限度保障公司权益,决定以诉讼方式清收欠款。

# 中铁信托有限责任公司

## 1. 重要提示

1.1 本公司董事会及董事保证本报告所载资料不存在任何虚假记载、误导性陈述或者重大遗漏，并对其内容的真实性、准确性和完整性承担个别及连带责任。本年度报告摘要摘自年度报告全文，客户及相关利益人欲了解详细内容，应阅读年度报告全文。

1.2 公司全体董事出席了审议本次年报的董事会会议。全体监事列席了会议。

1.3 本公司独立董事曾勇先生、傅代国先生、周国华先生声明：保证年度报告内容的真实性、准确性和完整性。

1.4 德勤华永会计师事务所有限公司北京分所根据中国注册会计师独立审计准则对本公司年度财务报告进行审计，出具了无保留意见的审计报告。

1.5 本公司董事长李建生女士、总经理景开强先生、财务负责人解义才先生和会计机构负责人公司财务中心总经理向道丽女士声明：保证年度报告中财务报告的真实、完整。

## 2. 公司概况

### 2.1 公司简介

2.1.1 公司法定中文名称：中铁信托有限责任公司
中文名称缩写：中铁信托
公司法定英文名称：Ching Railway Trust Co.，Ltd.
英文名称缩写：CRTC

2.1.2 法定代表人：李建生

2.1.3 注册地址：成都市航空路1号国航世纪中心B座

2.1.4 邮政编码：610041

2.1.5 公司国际互联网网址：www. crtrust. com

2.1.6 电子信箱：crtc@ crtrust. com

2.1.7 公司负责信息披露事务的高级管理人员：陈赤
联系人：邹纯余
电话/传真：028－86029131
电子信箱：zcy1002@ 163. com

2.1.8 公司选定的信息披露报纸：《证券时报》

2.1.9 公司年度报告备置地点：成都市航空路1号国航世纪中心B座26楼

2.1.10 公司聘请的会计师事务所名称：德勤华永会计师事务所有限公司北京分所
住所：北京市东城区长安街1号东方经贸城西二办公楼

2.1.11 公司聘请的律师事务所名称：泰和泰律师事务所
住所：成都市鼓楼南街117号世界贸易中心A座25楼

### 2.2 组织结构

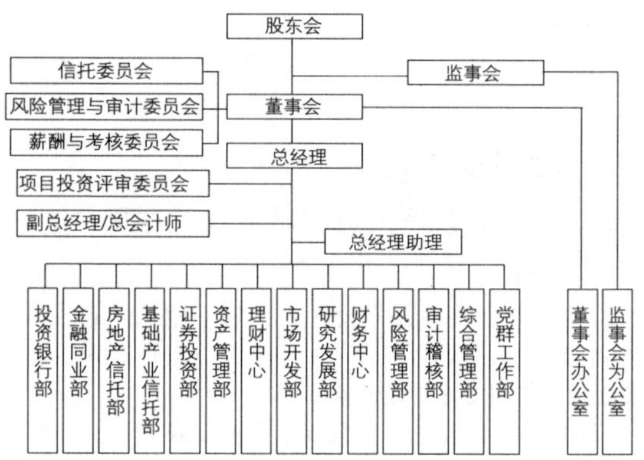


## 3. 公司治理结构

### 3.1 公司前三位股东的主要股东

| 公司前三位股东名称 | 股东的主要股东 | 出资比例(%) | 法定代表人 | 注册资本(亿元) | 注册地址 | 主要经营业务 |
|---|---|---|---|---|---|---|
| 中国中铁股份有限公司 | 中国铁路工程总公司 | 56.10 | 李长进 | 108 | 北京市丰台区星火路1号 | 建筑工程，相关工程技术研究、勘察、设计、服务与专用设备制造，房地产开发经营 |
| 中铁二局集团有限公司 | 中国中铁股份有限公司 | 100.00 | 李长进 | 213 | 北京市丰台区星火路1号 | 基建建设、勘察设计与咨询服务、工程设备和零部件制造和房地产开发业务，另外还从事多项其他业务，如物资贸易、矿产资源开发和物业管理业务等 |
| 成都工投资产经营有限公司 | 成都工业投资集团有限公司 | 66.70 | 戴晓明 | 50 | 成都市顺城街221号 | 企业托管、资产托管、债务托管、企业产权转让、租赁、承包、出售、投资咨询、融资担保、资本运营 |

## 3.2 董事

### 3.2.1 董事会成员

| 姓　名 | 职务 | 性别 | 年龄 | 选任日期 | 所推举的股东名称 | 该股东持股比例(%) | 简 要 履 历 |
|---|---|---|---|---|---|---|---|
| 李建生 | 董事长 | 女 | 56 | 2009年1月 | 中国中铁股份有限公司 | 78.911 | 历任铁道部基本建设总局财务处助理会计师、会计师、副处长、处长，中国铁路工程总公司副总会计师、总会计师；现任中国中铁股份有限公司副总裁、财务总监、总法律顾问，本公司董事长、宝盈基金管理有限公司董事长。 |
| 王俊明 | 副董事长 | 男 | 54 | 2009年1月 | 中国中铁股份有限公司 | 78.911 | 历任铁二局二滩指挥部财务科副科长、铁二局财务处副科长、科长、处长助理、副处长、处长，中铁二局集团有限公司总会计师，中铁二局股份有限公司财务负责人，中铁二局集团有限公司副总经理、总法律顾问，衡平信托有限责任公司副董事长、监事长；现任本公司党委书记、副董事长、纪委书记。 |
| 景开强 | 总经理 | 男 | 52 | 2009年1月 | 中国中铁股份有限公司 | 78.911 | 历任中铁二局机筑公司广州、深圳、珠海项目部会计师、财务主管，中铁二局机筑公司财务科科长、总会计师，中铁二局股份有限公司财务会计部部长，中铁八局集团有限公司总会计师、总法律顾问，衡平信托有限责任公司副董事长；现任本公司总经理、党委副书记，宝盈基金管理有限公司董事。 |
| 解义才 | 董事 | 男 | 41 | 2009年1月 | 中国中铁股份有限公司 | 78.911 | 历任铁二局二滩指挥部助理会计师、财务处科长，中铁二局集团有限公司财务会计部副部长，中铁二局股份有限公司财务会计部副部长、证券部部长，中铁二局集团有限公司财务会计部部长、副总会计师；现任本公司总会计师(财务负责人)、工会主席。 |
| 王大奇 | 董事 | 男 | 40 | 2009年1月 | 中铁二局集团有限公司 | 7.232 | 历任铁二局财会处助理会计师，铁二局厦门工程公司财务会计部副科长，铁二局财务会计处科长，中铁二局股份有限公司财务会计部科长、副总会计师、副部长，中铁二局第五工程有限公司总会计师，中铁八局财务会计部部长，中铁二局集团有限公司财务会计部部长；现任中铁二局集团有限公司副总会计师兼财务会计部部长。 |
| 喻培忠 | 董事 | 男 | 54 | 2009年3月 | 成都工投资产经营有限公司 | 3.429 | 从1981年起在四川省送变电工程公司、成都市热电公司、成都工业投资集团有限公司、成都工投资产经营有限公司等公司工作，历任科长、办公室主任、总经理助理、总经理等职务；现任成都工业投资集团有限公司总经理助理，成都工投资产经营有限公司总经理。 |

### 3.2.2 独立董事

| 姓　名 | 所在单位及职务 | 性别 | 年龄 | 选任日期 | 所推举的股东名称 | 该股东持股比例(%) | 简 要 履 历 |
|---|---|---|---|---|---|---|---|
| 曾　勇 | 电子科技大学经济与管理学院院长 | 男 | 47 | 2009年3月 | 中国中铁股份有限公司 | 78.911 | 历任电子科技大学经济与管理学院助教、讲师、副教授；现任电子科技大学经济与管理学院院长、教授、博士生导师；兼任中国管理现代化研究会常务理事、中国金融学年会理事会理事和《金融学季刊》副主编、中国金融学会金融工程专业委员会常务委员、中国系统工程学会理事和金融系统工程专业委员会委员、中国运筹学会理事和企业运筹学分会副理事长、四川省经济学会副理事长、四川省技术经济和管理现代化研究会副理事长等职。 |
| 傅代国 | 西南财经大学会计学院副院长 | 男 | 46 | 2009年3月 | 中国中铁股份有限公司 | 78.911 | 历任西南财经大学会计学院助教、讲师、副教授；现任西南财经大学会计学院副院长、教授、博士生导师；兼任成都市政协常委，中国会计学会会员、中国中青年财务成本研究会理事、成都市会计学会副会长、成都市高级会计师评审委员会副主任委员、成都市会计电算化专家组成员、四川省会计人才培养基地负责人。 |
| 周国华 | 西南交通大学经济管理学院副院长 | 男 | 44 | 2009年3月 | 中国中铁股份有限公司 | 78.911 | 历任西南交通大学经济管理学院企业管理教研室主任、院教学秘书、院长助理；现任西南交通大学经济管理学院副院长、教授、博士生导师；兼任中国项目管理研究委员会常务委员、国际项目管理专业(IPMP)评估师、四川省现代物流协会常务理事等职。 |

## 3.3 监事

| 姓　名 | 职务 | 性别 | 年龄 | 选任日期 | 所推举的股东名称 | 该股东持股比例(%) | 简 要 履 历 |
|---|---|---|---|---|---|---|---|
| 董　賨 | 监事长 | 男 | 55 | 2009年1月 | 中国中铁股份有限公司 | 78.911 | 历任中国人民银行成都市分行南大街办事处信贷员，中国工商银行成都市分行滨江支行信贷科信贷员、副科长、科长，中国工商银行成都科力风险投资公司副总经理，中国工商银行成都市分行信托投资公司副总经理，成都工商信托投资公司副总经理，衡平信托投资有限责任公司副总裁、常务副总裁、总裁，衡平信托有限责任公司副总经理、首席风险官；现任本公司监事长。 |
| 杨　良 | 监事 | 男 | 41 | 2009年1月 | 中国中铁股份有限公司 | 78.911 | 历任中国铁路工程总公司助理会计师、财务部副部长、高级会计师；现任中国中铁股份有限公司财务部部长。 |

续表

| 姓 名 | 职务 | 性别 | 年龄 | 选任日期 | 所推举的股东名称 | 该股东持股比例(%) | 简 要 履 历 |
|---|---|---|---|---|---|---|---|
| 陈家均 | 监事 | 男 | 47 | 2009 年 1 月 | 成都高新发展股份有限公司 | 0.692 | 历任贵州省计划管理干部学院会计、省计委财贸处科员、罗甸县委农工部科员，四川省审计局商贸部副主任科员，倍特集团公司财务部职员、财务部副部长、部长、总会计师；现任成都高新发展股份有限公司董事、副总经理。 |
| 彭玖雯 | 职工监事 | 女 | 41 | 2009 年 1 月 | 职工代表 | — | 历任成都市金通信托投资公司财务部助理会计师、会计师，衡平信托投资有限责任公司董事会审计部职员；现任本公司审计稽核部总经理。 |
| 严 震 | 职工监事 | 男 | 34 | 2009 年 1 月 | 职工代表 | — | 历任衡平信托有限责任公司董事会办公室副主任、主任，资产管理部副经理，风险管理部副总经理；现任本公司风险管理部总经理。 |

### 3.4 高级管理人员

| 姓名 | 职务 | 性别 | 年龄 | 选任日期 | 金融从业年限 | 学历 | 专业 |
|---|---|---|---|---|---|---|---|
| 景开强 | 总经理 | 男 | 52 | 2008 年 6 月 | 5 | 研究生 | 财会 |
| 李文众 | 副总经理 | 男 | 50 | 2002 年 11 月 | 31 | 本科 | 财会 |
| 陈 赤 | 副总经理 | 男 | 44 | 2007 年 5 月 | 12 | 博士研究生 | 金融学 |
| 孙 毅 | 副总经理 | 男 | 55 | 2008 年 4 月 | 18 | 本科 | 经济管理 |
| 解义才 | 总会计师 | 男 | 41 | 2005 年 6 月 | 6 | 研究生 | 财会 |
| 王 石 | 总经理助理 | 男 | 50 | 2007 年 3 月 | 29 | 本科 | 经济管理 |

### 3.5 公司员工

报告期内在岗员工人数:92 人。

平均年龄:38 岁。

学历分布比例

| 学历 | 人数 | 比例(%) |
|---|---|---|
| 博士 | 2 | 2.17 |
| 硕士 | 31 | 33.70 |
| 本科 | 46 | 50.00 |
| 专科 | 12 | 13.04 |
| 其他 | 1 | 1.09 |

## 4. 经营管理

### 4.1 经营目标、方针、战略规划

#### 4.1.1 经营目标

站在全面把握整体金融市场的立场和角度，预测并确认经济周期转换、大类资产市场轮动以及宏观经济金融政策调控的方向与力度，把握不同时期的重大业务机会，防范各种类型的风险，确定公司在各个不同时期对应的主要业务内容和重点投资品种。积极拓展信托业务，加快发展私人股权投资、资产证券化、房地产投资信托和产业投资信托等主动管理型资产管理与投资银行业务，着力加强与优秀企业、商业银行、证券公司、保险公司、基金公司等的战略及业务合作关系。夯实管理基础，增强经营效能，拓宽业务领域，提高运营水平，强化自主管理能力，构建可持续健康发展的业务模式和盈利模式，使公司发展成为风险可控、守法合规、不断创新、具有核心竞争力的专业资产管理机构。

#### 4.1.2 经营方针

公司所秉承的经营方针:稳健、进取、合作共赢。

#### 4.1.3 战略规划

近期(1～2 年)目标:按照中国银监会的监管导向，逐步建立和完善《信托公司净资本管理办法》框架下的业务管理模式和盈利模式，加强主动管理能力建设，强化精细化管理，提高单位收益率，进一步提升营销拓展能力和风险管控能力。

中期(3～5 年)目标:依托已建立起的专业优势和经营基础，巩固在行业内的品牌和信誉，发展成为立足四川、辐射全国、业绩一流、信誉卓著的以提供具有鲜明信托特色的资产管理机构。

长期(6～8 年)目标:成为适应金融现代化、全球化、综合化竞争要求的卓越金融机构。

### 4.2 所经营业务主要内容

公司业务分为自营业务和信托业务。

#### 4.2.1 自营业务

主要包括基金管理、自营贷款、自营证券、金融产品投资等。

**自营资产运用与分布表表**

| 资产运用 | 金额(万元) | 占比(%) | 资产分布 | 金额(万元) | 占比(%) |
|---|---|---|---|---|---|
| 货币资产 | 78 475 | 35.65 | 基础产业 | — | — |
| 贷款及应收款 | 21 937 | 9.97 | 房地产业 | 11 798 | 5.36 |
| 交易性金融资产 | 10 841 | 4.93 | 证券市场 | 2 283 | 1.04 |
| 可供出售金融资产 | 74 464 | 33.83 | 实业 | — | — |
| 持有至到期投资 | — | — | 金融机构 | — | — |
| 长期股权投资 | — | — | 其他 | 206 011 | 93.60 |
| 其他 | 34 375 | 15.62 | | | |
| 资产总计 | 220 092 | 100 | 资产总计 | 220 092 | 100 |

#### 4.2.2 信托业务

信托业务是本公司的主营业务和主要收入来源，主要包括

集合资金信托、单一资金信托、财产信托等。

信托资产运用与分布表

| 资产运用 | 金额（万元） | 占比（%） | 资产分布 | 金额（万元） | 占比（%） |
|---|---|---|---|---|---|
| 货币资产 | 84 091 | 1.97 | 基础产业 | 2 084 085 | 48.75 |
| 贷款 | 2 615 402 | 61.18 | 房地产 | 518 832 | 12.14 |
| 交易性金融资产 | 6 199 | 0.15 | 证券市场 | 6 199 | 0.15 |
| 可供出售金融资产 | 39 907 | 0.93 | 实业 | 360 801 | 8.44 |
| 持有至到期投资 | 330 698 | 7.73 | 金融机构 | 26 359 | 0.62 |
| 长期股权投资 | 753 741 | 17.63 | 其他 | 1 278 842 | 29.91 |
| 其他 | 445 080 | 10.41 | | | |
| 信托资产总计 | 4 275 118 | 100.00 | 信托资产总计 | 4 275 118 | 100.00 |

## 4.3 市场分析

### 4.3.1 有利因素

(1)2011 年，宏观经济政策的整体收紧带来了银行信贷资金的紧张，国内经济的复苏带来了资金需求的加大。在资金供给收缩和资金需求扩张的过程中，必然给信托公司带来业务机会。

(2)经过多年的经营，在“创新、服务、可持续”的经营理念下，公司的营销拓展能力、风险管理能力有较大提升，异地业务的开发管理能力正在加强，公司未来业务发展的空间将更加广阔。

(3)公司致力于为客户提供高质量的金融综合服务，积累了一批行业领先的优质企业客户，同时积累了一大批稳定的投资者，将有利于业务的更大发展。

(4)2010 年，《信托公司净资本管理办法》的出台，有利于促进信托公司加强主动管理能力建设，培育长期的核心竞争力。

### 4.3.2 不利因素

(1)长期以来，信托公司的主要业务领域为房地产、基础设施、证券市场和金融同业合作。但进入 2010 年以来，房地产市场受到中央日益严厉的政策调控，各种针对房地产信托的政策频频出台，房地产信托业务整体风险有所加大；在以政信合作为代表的基础设施领域，国务院《关于加强地方融资平台公司管理有关问题的通知》以及财政部、发改委、人民银行和银监会联合发文对地方政府融资平台进行清理，使原有的政信业务模式受到限制；信托公司证券账户开户问题迟迟不能解决，证券信托业务严重萎缩；传统的银信合作模式面临全面转型的挑战。2011 年，信托业务的发展主线面临不断调整的压力。

(2)公司地处经济欠发达的西部，高端个人投资者和机构投资者相对匮乏，开发难度较大，在一定程度上制约了公司的发展。

(3)本地法人信托公司和异地信托公司四川省内分支机构的增加将加剧本地市场的竞争。

## 4.4 内部控制概况

### 4.4.1 内部控制环境和内部控制文化

公司具有完善的法人治理结构，股东会、董事会、监事会与经营层按照法律法规、公司章程和其他管理制度的要求各自独立履行职责。

公司内部控制机制为三个层级的风险防范体系：董事会是第一级层次，下设信托委员会、风险管理与审计委员会、薪酬与考核委员会等三个专业委员会，在重大事项的风险控制、内部审计等方面发挥内控主导作用；经营层是第二级层次，在董事会授权范围内对公司整体业务经营进行风险管理和内部控制；部门岗位风险控制是第三级层次，通过明确岗位职责，界定工作权限，制定作业流程，来执行岗位风险控制和风险防范。

公司内控文化的建设主要是通过不断加强对业务流程、内部规章、组织架构、授权制度、技术手段等方面的建设和改进，形成研究、决策、操作、稽核与评价相互制衡的内控机制，不断提高全员风险意识，使核心风险因素为全员所共知，并从业务流程上体现对关键点的控制。

### 4.4.2 内部控制措施

在三个层级的风险防范体系下，公司按照职责分离的原则对风险进行事前识别和评估、事中防范和控制、事后监督和纠正：前台对业务进行受理和初审，以及实施各项业务的具体操作；中台对业务进行决策和事中控制；后台对业务进行财务核算和稽核。公司通过健全的内部约束机制强化了中、后台对前台的控制反映和监督评价。

### 4.4.3 监督评价与纠正

公司的监督评价与纠正工作由风险管理部和审计稽核部履行：风险管理部负责对项目后期的管理进行监控，配合业务部门对项目运行过程中的突发事件制定风险应急措施；风险管理部定期出具动态风险监控报告，要求业务部门及时改进或完善管理措施。审计稽核部侧重进行内部控制和合规性审计稽核，针对信托项目的设立、运行和结束进行常规稽核和专项稽核工作，独立向公司提交《信托业务稽核报告》和《自营业务稽核报告》，对业务部门提出整改意见，对公司就业务操作流程和内部控制制度等方面提出进一步完善的意见。

## 4.5 风险管理概况

### 4.5.1 风险状况

#### 4.5.1.1 信用风险状况

信用风险是指公司在经营活动中面临的交易对手不能按合同约定履约给信托当事人和公司带来的损失。报告期内，自营资产采用以风险等级为基础的分类方法评估资产质量，将其分为正常、关注、次级、可疑和损失五类，其中后三类称为不良资产。截至 2010 年 12 月 31 日，自营资产为 206 384 万元，其中正常类资产 193 052 万元；关注类资产 6 176 万元；次级类资产 0 万元；可疑类资产 3 621 万元；损失类资产 3 535 万元。公司自营不良资产的期初数和期末数分别为 8 146 万元和 7 156 万元，已足额计提资产损失准备金。报告期内，公司信托资产无不良资产。

#### 4.5.1.2 市场风险状况

市场风险是指公司在信托和自营业务中，因股价、市场汇率、利率及其他价格因素变动对公司盈利能力和财务状况的影响，可以分为金融资产价格风险、汇率风险、利率风险等。2010 年，公司在面临多种不确定因素的市场环境下继续谨慎开展了新股申购业务，未在证券二级市场开展股票买入业务，因此证券市场的股价变动对公司的盈利和财务状况的影响有限；同时，公司大多数证券信托业务的市场风险由受益人承担，公司依靠收取受托人固定报酬作为盈利主要渠道，故股价变动的影响有限；公司目前暂未开展外币业务，市场汇率变动不会给公司的盈利和财务状况造成影响；公司集合资金信托业务中贷款类业务占比不高，且信贷业务的执行利率多数为固定利率，因此利率变动对公司盈利能力和财务状况的直接影响较小；公司主要业务为融资业务，2010 年，中央银行不断提高基准贷款利率有利于提高信托融资业务收益，但同时理财客户也相应提高了信托产品实现收益的预期；公司的主营业务之一是投行业务，主要业务收入来源于财务顾问费、咨询费等收入，因而其行业费率的变动（特别是银信合作业务受监管政策影响）对公司的盈利能力和财务状况具有一定影响。

4.5.1.3　操作风险状况

操作风险是指公司由于内部程序缺失、人员信息系统的不完善、运营环节的工作错误，或外部事件造成的影响或损失。2010 年，公司在做好本地业务风险控制的同时，根据业务发展的实际，对原《项目管理办法》进行了修订，增加了异地业务拓展及管理内容，进一步加强了对异地业务的风险控制。

4.5.1.4　其他风险状况

其他风险主要是政策法律风险和道德风险。政策法律风险指因国家政策，如财政政策、货币政策、产业政策、地区发展政策等发生变化，或法律及其配套制度的不完善或修订，给信托业务带来的风险。道德风险是指公司员工在获取信息不对称的情况下，采取以自身效用最大化的自私行为，侵占公司和客户的利益，给公司财产和信托财产带来的损失。报告期内，公司未发生因其他风险所造成的损失。

**4.5.2　风险管理**

4.5.2.1　信用风险管理

公司的信用风险控制策略是重点做好前台的尽职调查工作，论证项目可行性，在项目立项阶段从产品设计上设定风险控制关键点；同时加强中台、后台的监控，建立严密的事中决策和控制机制。

公司加强对交易对手的评估和识别工作，实事求是地对融资方、关联方、控制方、担保方的资信状况进行分析；落实合法、有效的信用增级措施（保证、抵押、质押），对同一债权设置保证、抵押、质押等多重担保，确保第二还款来源充足，风险可控；办理抵押贷款注意对抵押物权属有效性、变现能力以及合法性进行审查；办理保证贷款对保证人资格、资信状况进行审查；严格执行审贷分离和集体审议制度。

公司强化了项目后期管理和风险监控的职能，项目组人员通过贷后管理跟踪项目进度，建立风险预警机制，及时掌握交易对手情况变化；对自营资产按风险等级进行五级分类，加强风险监控，防止信用风险的发生。

4.5.2.2　市场风险管理

通过多领域的业务组合来分散风险。业务开展中，在公司较为精通的业务领域内，逐渐建立有固定业务关系的目标客户群，减少因不熟悉行业情况而造成的风险和损失。加强对交易对手在其所处行业的市场竞争能力的分析，准确把握资金进入时机，密切跟踪市场，及时调整投资策略和投资组合，密切关注经济运行状况，严格规避宏观政策调控带来的不良影响。根据项目的期限长短以及交易对手的财务状况和资金调剂能力，合理约定信托资金的还款方式、价格、期限及有效的内控措施，避免市场风险带来的信托财产收益的不确定性。

4.5.2.3　操作风险管理

建立科学的风险内控体系，明确各项业务的操作规程；继续完善法人治理结构，从体制上严防操作风险的产生；积极培育全员风险管理文化，在公司树立强化风险防范的理念；优化内部风险管控模式。

4.5.2.4　其他风险管理

公司根据法律法规和银监会要求制定公司规章和内控制度，公司法律顾问和风险管理部负责对业务的合法合规性进行审查，以规范业务行为，控制业务范围，确保业务部门严格按照现有法规进行信托业务创新；强化合法合规经营的理念，建立健全各项规章制度，通过严格的内控体系对员工的行为进行规范；完善人事管理制度，建立合理的奖惩制度并严格执行，落实责任追究制度；加强思想政治工作和职业道德教育，增强员工的工作责任心，树立勤勉尽责的思想；加强内部稽核。

## 5. 报告期末及上年末的比较式会计报表

### 5.1　自营资产

**5.1.1　会计师事务所审计结论**

德勤华永会计师事务所有限公司北京分所认为，中铁信托的财务报表已经按照企业会计准则的规定编制，在所有重大方面公允反映了中铁信托 2010 年 12 月 31 日的公司及合并财务状况以及 2010 年度的公司及合并经营成果和公司及合并现金流量。

**5.1.2　资产负债表**

**公司及合并资产负债表**

编制单位：中铁信托有限责任公司　　2010 年 12 月 31 日　　单位：元

| | 合并 | | | 公司 | |
|---|---|---|---|---|---|
| | 附注 | 年末数 | 年初数 | 年末数 | 年初数 |
| 资产： | | | | | |
| 货币资金 | 1 | 784 747 904.02 | 492 835 372.23 | 633 530 748.81 | 321 202 075.98 |
| 以公允价值计量且其变动 | | | | | |
| 计入当期损益的金融资产 | 2 | 108 410 279.50 | 20 090.00 | 108 410 279.50 | 20 090.00 |
| 发放贷款和垫款 | 3 | 177 979 302.98 | 211 365 952.38 | 177 979 302.98 | 211 365 952.38 |
| 可供出售金融资产 | 4 | 744 636 000.41 | 672 404 035.24 | 714 820 736.18 | 637 401 259.68 |
| 长期股权投资 | 5 | — | — | 200 043 541.50 | 200 043 541.50 |

续表

| | 合并 | | | 公司 | |
|---|---|---|---|---|---|
| | 附注 | 年末数 | 年初数 | 年末数 | 年初数 |
| 投资性房地产 | 6 | 51 730 514.37 | 53 494 467.93 | 51 730 514.37 | 53 494 467.93 |
| 固定资产 | 7 | 76 758 311.92 | 82 748 311.65 | 44 539 034.70 | 47 009 018.25 |
| 在建工程 | | — | 679 360.00 | — | 679 360.00 |
| 无形资产 | 8 | 48 142 656.05 | 48 328 133.22 | 45 324 616.16 | 44 811 887.28 |
| 递延所得税资产 | 9 | 42 207 712.14 | 36 760 546.12 | 36 754 444.19 | 28 879 901.32 |
| 其他资产 | 10 | 166 302 959.00 | 199 374 697.26 | 50 710 129.20 | 81 279 569.27 |
| 资产总计 | | 2 200 915 640.39 | 1 798 010 966.03 | 2 063 843 347.59 | 1 626 187 123.59 |
| 负债: | | | | | |
| 预收账款 | 12 | 145 174 756.47 | 83 529 949.11 | 145 174 756.47 | 83 529 949.11 |
| 应付职工薪酬 | 13 | 43 918 013.89 | 33 637 075.10 | 30 483 238.36 | 18 610 311.50 |
| 应交税费 | 14 | 121 621 831.25 | 64 211 577.98 | 118 089 371.90 | 59 487 419.70 |
| 应付股利 | 15 | 99 998 887.35 | 125 470 791.29 | 99 998 887.35 | 125 470 791.29 |
| 递延所得税负债 | 9 | 1 156 011.51 | 3 724 254.68 | 1 156 011.51 | — |
| 其他负债 | 16 | 186 597 914.07 | 47 347 780.33 | 179 756 663.06 | 39 680 792.27 |
| 负债合计 | | 598 467 414.54 | 357 921 428.49 | 574 658 928.65 | 326 779 263.87 |
| 所有者权益: | | | | | |
| 实收资本 | 17 | 1 200 000 000.00 | 1 200 000 000.00 | 1 200 000 000.00 | 1 200 000 000.00 |
| 资本公积 | 18 | 24 492 832.39 | 23 524 984.59 | 19 031 234.50 | 15 145 411.57 |
| 盈余公积 | 19 | 87 367 150.40 | 57 815 203.04 | 71 817 831.65 | 43 228 869.29 |
| 风险准备金 | 20 | 123 733 630.63 | 95 638 521.82 | 48 288 215.44 | 32 938 551.63 |
| 未分配利润 | 21 | 113 508 905.98 | 2 910 653.88 | 150 047 137.35 | 8 095 027.23 |
| 归属于母公司所有者权益合计 | | 1 549 102 519.40 | 1 379 889 363.33 | 1 489 184 418.94 | 1 299 407 859.72 |
| 少数股东权益 | 22 | 53 345 706.45 | 60 200 174.21 | — | — |
| 所有者权益合计 | | 1 602 448 225.85 | 1 440 089 537.54 | 1 489 184 418.94 | 1 299 407 859.72 |
| 负债和所有者权益总计 | | 2 200 915 640.39 | 1 798 010 966.03 | 2 063 843 347.59 | 1 626 187 123.59 |

附注为财务报表的组成部分。

法定代表人:李建生　　主管会计工作负责人:解义才　　会计机构负责人:向道丽

### 5.1.3　利润表

**公司及合并利润表**

编制单位:中铁信托有限责任公司　　2010 年 12 月 31 日　　单位:元

| | 合并 | | | 公司 | |
|---|---|---|---|---|---|
| | 附注 | 本年累计数 | 上年累计数 | 本年累计数 | 上年累计数 |
| 营业收入 | | 550 576 886.45 | 400 561 211.23 | 444 733 736.60 | 286 301 382.06 |
| 利息净收入 | 23 | 75 303 203.65 | 63 283 968.20 | 72 644 728.81 | 60 017 372.62 |
| 利息收入 | | 78 147 722.61 | 63 340 624.31 | 75 489 247.77 | 60 074 028.73 |
| 利息支出 | | 2 844 518.96 | 56 656.11 | 2 844 518.96 | 56 656.11 |
| 手续费及佣金净收入 | 24 | 462 283 179.55 | 330 998 286.51 | 332 989 030.30 | 175 659 415.88 |
| 手续费及佣金收入 | | 462 283 179.55 | 330 998 286.51 | 332 989 030.30 | 175 659 415.88 |
| 手续费及佣金支出 | | — | — | — | — |
| 投资收益 | 25 | 14 778 102.00 | 3 940 964.91 | 40 981 560.15 | 48 937 960.44 |
| 公允价值变动损益 | 26 | (5 806 684.46) | (46 362.88) | (5 806 684.46) | (46 362.88) |
| 其他业务收入 | | 4 019 085.71 | 2 384 354.49 | 3 925 101.80 | 1 732 996.00 |
| 营业支出 | | 219 517 810.79 | 216 851 925.32 | 105 122 174.76 | 105 160 456.76 |
| 营业税金及附加 | 27 | 30 487 467.68 | 21 202 716.31 | 23 727 240.46 | 13 125 095.04 |
| 业务及管理费 | 28 | 167 627 982.87 | 149 095 737.14 | 59 992 574.06 | 45 481 889.85 |
| 资产减值损失 | 29 | 19 638 406.68 | 45 492 675.06 | 19 638 406.68 | 45 492 675.06 |
| 其他业务成本 | | 1 763 953.56 | 1 060 796.81 | 1 763 953.56 | 1 060 796.81 |
| 营业利润 | | 331 059 075.66 | 183 709 285.91 | 339 611 561.84 | 181 140 925.30 |

续表

| | | 合并 | | 公司 | |
|---|---|---|---|---|---|
| | 附注 | 本年累计数 | 上年累计数 | 本年累计数 | 上年累计数 |
| 加:营业外收入 | 30 | 31 898 838.69 | 17 699 274.39 | 31 654 023.31 | 17 498 343.79 |
| 减:营业外支出 | | 1 235 909.41 | 1 568 320.91 | 21 098.00 | 328 528.72 |
| 利润总额 | | 361 722 004.94 | 199 840 239.39 | 371 244 487.15 | 198 310 740.37 |
| 减:所得税费用 | 31 | 89 159 444.66 | 40 602 060.24 | 85 354 863.51 | 38 286 985.49 |
| 净利润 | | 272 562 560.28 | 159 238 179.15 | 285 889 623.64 | 160 023 754.88 |
| 归属于母公司所有者的净利润 | | 268 244 195.62 | 150 248 886.30 | 285 889 623.64 | 160 023 754.88 |
| 少数股东损益 | | 4 318 364.66 | 8 989 292.85 | — | — |
| 其他综合收益 | 32 | (4 810.58) | 10 754 975.59 | 3 885 822.93 | (417 788.43) |
| 综合收益总额 | | 272 557 749.70 | 169 993 154.74 | 289 775 446.57 | 159 605 966.45 |
| 归属于母公司所有者的 | | | | | |
| 综合收益总额 | | 269 212 043.42 | 158 210 670.89 | 289 775 446.57 | 159 605 966.45 |
| 归属于少数股东的综合收益总额 | | 3 345 706.28 | 11 782 483.85 | | |

附注为财务报表的组成部分。

法定代表人:李建生　　　　主管会计工作负责人:解义才　　　　会计机构负责人:向道丽

### 5.1.4 所有者权益变动表

**公司及合并所有者权益变动表**

编制单位:中铁信托有限责任公司　　　　2010 年 12 月 31 日　　　　单位:元

| 合　并 | 2010 年 | | | | | | | | |
|---|---|---|---|---|---|---|---|---|---|
| | 归属于母公司所有者权益 | | | | | | | | |
| | 附注 | 实收资本 | 资本公积 | 盈余公积 | 信托赔偿准备金 | 风险准备金 | 未分配利润 | 少数股东权益 | 所有者权益合计 |
| 一、2010 年 1 月 1 日余额 | | 1 200 000 000.00 | 23 524 984.59 | 57 815 203.04 | 21 474 094.37 | 74 164 427.45 | 2 910 653.88 | 60 200 174.21 | 1 440 089 537.54 |
| 二、本年增减变动金额 | | — | 967 847.80 | 29 551 947.36 | 14 294 481.18 | 13 800 627.63 | 110 598 252.10 | (6 854 467.76) | 162 358 688.31 |
| (一)净利润 | | — | — | — | — | — | 268 244 195.62 | 4 318 364.66 | 272 562 560.28 |
| (二)其他综合收益 | 32 | — | 967 847.80 | — | — | — | — | (972 658.38) | (4 810.58) |
| (一)和(二)小计 | | — | 967 847.80 | — | — | — | 268 244 195.62 | 3 345 706.28 | 272 557 749.70 |
| (三)利润分配 | | — | — | 29 551 947.36 | 14 294 481.18 | 13 800 627.63 | (157 645 943.52) | (10 200 174.04) | (110 199 061.39) |
| 1. 提取法定盈余公积 | | — | — | 29 551 947.36 | — | — | (29 551 947.36) | — | — |
| 2. 提取风险准备金 | | — | — | | 14 294 481.18 | 13 800 627.63 | (28 095 108.81) | — | — |
| 3. 对股东分配 | | — | — | — | — | — | (99 998 887.35) | (10 200 174.04) | (110 199 061.39) |
| 三、2010 年 12 月 31 日余额 | | 1 200 000 000.00 | 24 492 832.39 | 87 367 150.40 | 35 768 575.55 | 87 965 055.08 | 113 508 905.98 | 53 345 706.45 | 1 602 448 225.85 |

## 5.2 信托资产

### 5.2.1 信托项目资产负债汇总表

**信托项目资产负债汇总表**

编制单位:中铁信托有限责任公司　　　　2010 年 12 月 31 日　　　　单位:万元

| 信托资产 | 期初数 | 期末数 | 信托负债和信托权益 | 期初数 | 期末数 |
|---|---|---|---|---|---|
| 信托资产 | | | 信托负债 | | |
| 货币资金 | 93 580 | 84 091 | 应付受托人报酬 | 62 | 90 |
| 拆出资金 | | | 应付托管费 | 37 | 31 |
| 交易性金融资产 | 18 217 | 6 199 | 应付受益人收益 | 1 | 15 |
| 买入返售金融资产 | 695 816 | | 其他应付款项 | 2 596 | 10 394 |
| 应收款项 | 115 994 | 344 210 | 应交税费 | | |
| 发放贷款 | 2 740 154 | 2 615 402 | 应付销售服务费 | | |
| 可供出售金融资产 | 1 137 | 39 907 | 其他负债 | 1 | 10 |

续表

| 信托资产 | 期初数 | 期末数 | 信托负债和信托权益 | 期初数 | 期末数 |
|---|---|---|---|---|---|
| 持有至到期投资 | 80 800 | 330 698 | 信托负债合计 | 2 697 | 10 540 |
| 长期应收款 | 2 000 | 100 869 | | | |
| 长期股权投资 | 431 564 | 753 741 | 信托权益 | | |
| 固定资产 | | | 实收信托 | 4 137 154 | 4 223 082 |
| 无形资产 | | | 资本公积 | | 594 |
| 长期待摊费用 | 1 | 1 | 未分配利润 | 39 412 | 40 902 |
| 其他资产 | | | 信托权益合计 | 4 176 566 | 4 264 578 |
| 信托资产总计 | 4 179 263 | 4 275 118 | 信托负债及信托权益总计 | 4 179 263 | 4 275 118 |

法人代表:李建生　　信托财务分部负责人:邓文英　　制表:姜　锦

#### 5.2.2　信托项目利润及利润分配汇总表

**信托项目利润及利润分配表**

2010 年 12 月 31 日

编制单位:中铁信托有限责任公司　　单位:万元

| 项　　目 | 本期数 | 上期数 |
|---|---|---|
| 一、营业收入 | 257 134 | 176 048 |
| 利息收入 | 186 503 | 134 969 |
| 投资收益 | 57 625 | 32 812 |
| 公允价值变动收益 | −3 838 | 2 226 |
| 租赁收入 | 115 | 187 |
| 其他收入 | 16 729 | 5 854 |
| 二、营业支出 | 28 963 | 19 987 |
| 三、扣除资产减值准备前的信托利润 | 228 171 | 156 061 |
| 减:资产减值损失 | | |
| 四、扣除资产减值准备后的信托利润 | 228 171 | 156 061 |
| 五、损益平准金 | −7 490 | |
| 六、综合收益 | 220 681 | |
| 加:期初未分配利润 | 39 411 | 9 878 |
| 七、可供分配的信托利润 | 260 092 | 165 939 |
| 减:本期已分配信托利润 | 219 190 | 126 528 |
| 七、期末未分配信托利润 | 40 902 | 39 411 |

法人代表:李建生　　信托财务分部负责人:邓文英　　制表:姜　锦

## 6. 会计报表附注

### 6.1　简要说明报告年度会计报表编制基准、会计政策、会计估计和核算方法发生的变化

无。

### 6.2　或有事项说明

截至 2010 年 12 月 31 日,本公司不存在作为被告或者无独立请求权第三方的未决诉讼。对于本公司作为原告方的未决诉讼,本公司已根据实际情况对相关贷款计提贷款减值准备,未决诉讼不会对公司产生进一步的重大财务影响。

截至 2010 年 12 月 31 日,本公司并无其他重大的担保事项及其他需要说明的或有事项。

### 6.3　重要资产转让及其出售的说明

2010 年,公司完成一处抵偿资产的转让:成都市青石桥成物大厦第七层 892.18 平方米、第九层 695.55 平方米、第十层 695.55 平方米房产。该资产在聘请了有资质的华信会计师事务所进行价值评估,并上报经营层和董事会批准后,于 2010 年 4 月以 920 万元的净收价格公开拍卖成交。

### 6.4　会计报表中重要项目的明细资料

#### 6.4.1　自营资产经营情况

6.4.1.1　按信用风险五级分类结果披露信用风险资产的期初数、期末数

| 信用风险资产五级分类 | 正常类(万元) | 关注类(万元) | 次级类(万元) | 可疑类(万元) | 损失类(万元) | 信用风险资产合计(万元) | 不良合计(万元) | 不良率(%) |
|---|---|---|---|---|---|---|---|---|
| 期初数 | 164 740 | 6 543 | — | 4 611 | 3 535 | 179 429 | 8 146 | 4.54 |
| 期末数 | 193 052 | 6 176 | — | 3 621 | 3 535 | 206 384 | 7 156 | 3.47 |

注:不良资产合计 = 次级类 + 可疑类 + 损失类。

6.4.1.2　各项资产减值损失准备的期初、本期计提、本期转回、本期核销、期末数

| | 期初数 | 本期计提 | 本期转回 | 本期核销 | 期末数 |
|---|---|---|---|---|---|
| 贷款损失准备 | 1 063 | — | — | — | 1 063 |
| 一般准备 | — | — | — | — | — |
| 专项准备 | — | — | — | — | — |
| 其他资产减值准备 | 3 342 | 557 | 526 | — | 3 373 |
| 可供出售金融资产减值准备 | 3 152 | 164 | — | — | 3 317 |
| 持有至到期投资减值准备 | — | — | — | — | — |
| 长期股权投资减值准备 | — | — | — | — | — |
| 坏账准备 | 5 230 | 2 116 | 873 | — | 6 473 |
| 投资性房地产减值准备 | — | — | — | — | — |

6.4.1.3　自营股票投资、基金投资、债券投资、股权投资等投资业务的期初数、期末数

单位:万元

| | 自营股票 | 基金 | 债券 | 长期股权投资 |
|---|---|---|---|---|
| 期初数 | 2.00 | — | — | 20 004 |
| 期末数 | 1 039 | — | — | 20 004 |

6.4.1.4　按投资入股金额排序,前三名的自营长期股权投资的企业名称、占被投资企业权益的比例、主要经营活动及投资收益情况等(从大到小顺序排列)

| 企业名称 | 占被投资企业权益的比例(%) | 投资收益(万元) |
|---|---|---|
| 1. 宝盈基金管理有限公司 | 75 | 3 060 |
| 2. | — | — |
| 3. | | |

6.4.1.5 前三名的自营贷款的企业名称、占贷款总额的比例和还款情况等(从大到小顺序排列)

| 企业名称 | 占贷款总额的比例(%) | 还款情况 |
|---|---|---|
| 1. 成都铸信企业(集团)有限公司 | 29.16 | 正常 |
| 2. 四川国坤投资有限公司 | 24.92 | 正常 |
| 3. 成都泰逸置业有限公司 | 15.91 | 正常 |

6.4.1.6 表外业务的期初数、期末数,按照代理业务、担保业务和其他类型表外业务分别披露

单位:万元

| 表外业务 | 期初数 | 期末数 |
|---|---|---|
| 担保业务 | — | — |
| 代理业务(委托业务) | 1 195 | 2 173 |
| 其他 | 51 | 51 |
| 合计 | 1 246 | 2 224 |

6.4.1.7 公司当年的收入结构

| 收入结构 | 金额(万元) | 占比(%) |
|---|---|---|
| 手续费及佣金收入 | 46 228 | 78.20 |
| 利息收入 | 7 815 | 13.22 |
| 其他业务收入 | 402 | 0.68 |
| 投资收益 | 1 478 | 2.50 |
| 其中:股权投资收益 | 163 | 0.28 |
| 公允价值变动收益 | -501 | -0.85 |
| 其他投资收益 | 1 315 | 2.22 |
| 营业外收入 | 3 190 | 5.40 |
| 收入合计 | 59 113 | 100 |

**6.4.2 信托资产管理情况**

6.4.2.1 信托资产的期初数、期末数

单位:万元

| 信托资产 | 期初数 | 期末数 |
|---|---|---|
| 集合 | 547 367 | 1 153 935 |
| 单一 | 3 593 747 | 3 063 966 |
| 财产权 | 38 149 | 57 217 |
| 合计 | 4 179 263 | 4 275 118 |

6.4.2.1.1 主动管理型信托业务期初数、期末数,分证券投资、股权投资、融资、事务管理类分别披露

单位:万元

| 主动管理型信托资产 | 期初数 | 期末数 |
|---|---|---|
| 证券投资类 | 71 512 | 52 650 |
| 股权投资类 | 127 417 | 435 743 |
| 其他投资类 | | 39 907 |
| 融资类 | 605 288 | 3 110 415 |
| 事务管理类 | — | |
| 合计 | 818 725 | 3 638 715 |

6.4.2.1.2 被动管理型信托业务期初数、期末数,分证券投资、股权投资、融资、事务管理类分别披露

单位:万元

| 被动管理型信托资产 | 期初数 | 期末数 |
|---|---|---|
| 证券投资类 | 926 | 890 |
| 股权投资类 | 209 750 | 209 887 |
| 其他投资类 | | 1 589 |
| 融资类 | 2 744 132 | 366 820 |
| 事务管理类 | 362 023 | 57 217 |
| 合计 | 3 360 538 | 636 403 |

6.4.2.2 本年度已清算结束的信托项目个数、实收信托合计金额、加权平均实际年化收益率

6.4.2.2.1 本年度已清算结束的集合类、单一类资金信托项目和财产管理类信托项目个数、实收信托金额、加权平均实际年化收益率

| 已清算结束信托项目 | 项目个数 | 合计金额(万元) | 加权平均实际年化收益率(%) |
|---|---|---|---|
| 集合类 | 29 | 217 967 | 6.38 |
| 单一类 | 31 | 1 230 367 | 5.46 |
| 财产管理类 | 30 | 323 227 | 4.01 |

6.4.2.2.2 本年度已清算结束的主动管理型信托项目个数、实收信托合计金额、加权平均实际年化收益率,分证券投资、股权投资、融资、事务管理类分别披露

| 已清算结束信托项目 | 项目个数 | 合计金额(万元) | 信托报酬率(%) | 加权平均实际年化收益率(%) |
|---|---|---|---|---|
| 证券投资类 | 1 | 7 695 | 0.44 | 3.97 |
| 股权投资类 | 5 | 28 600 | 1.18 | 8.06 |
| 融资类 | 39 | 1 024 178 | 0.57 | 5.14 |
| 事务管理类 | — | — | — | — |

6.4.2.2.3 本年度已清算结束的被动管理型信托项目个数、实收信托合计金额、加权平均实际年化收益率,分证券投资、股权投资、融资、事务管理类分别披露

| 已清算结束信托项目 | 项目个数 | 合计金额(万元) | 信托报酬率(%) | 加权平均实际年化收益率(%) |
|---|---|---|---|---|
| 证券投资类 | 1 | 50 | 1.27 | 20.14 |
| 股权投资类 | 1 | 3 000 | 0.43 | 9.92 |
| 融资类 | 11 | 384 707 | 0.20 | 6.59 |
| 事务管理类 | 32 | 323 331 | 0.16 | 4.01 |

6.4.2.3 本年度新增的集合类、单一类和财产管理类信托项目个数、实收信托合计金额

| 新增信托项目 | 项目个数 | 合计金额(万元) |
|---|---|---|
| 集合类 | 92 | 820 715 |
| 单一类 | 44 | 1 426 034 |
| 财产管理类 | 2 | 19 685 |
| 新增合计 | 138 | 2 266 434 |
| 其中:主动管理型 | 137 | 1 966 434 |
| 被动管理型 | 1 | 300 000 |

6.4.2.4 本公司履行受托人义务情况及因本公司自身责任而导致的信托资产损失情况(合计金额、原因等)

本公司遵守信托法和信托文件对受托人义务的规定,为受益人的最大利益处理信托事务。管理信托财产时,恪尽职守,履行诚实、信用、谨慎、有效管理的义务,没有因本公司自身责任而导致的信托资产损失情况。

## 6.5 关联方关系及其交易的披露

**6.5.1 关联交易方的数量、关联交易的总金额及关联交易的定价政策**

| | 关联交易方数量 | 关联交易金额(万元) | 定价政策 |
|---|---|---|---|
| 合计 | 10 | 817 585 | 按市场公允价格定价 |

**6.5.2 关联交易方与本公司的关系性质、关联交易方的名称、法定代表人、注册地址、注册资本及主营业务等**

| 关系性质 | 关联方名称 | 法定代表人 | 注册地址 | 注册资本(万元) | 主营业务 |
|---|---|---|---|---|---|
| 控股股东的子公司 | 中国海外工程有限责任公司 | 方远明 | 北京市海淀区紫竹院路1号7号楼中海外大厦 | 67 800.00 | 国际承包工程。 |
| 控股股东的子公司 | 中铁一局集团有限公司 | 孙永刚 | 陕西省西安市雁塔北路1号 | 76 500.00 | 铁路工程及公路工程总承包特级资质,市政、房建、铁路铺架、公路路面建设等。 |
| 第二大股东 | 中铁二局集团有限公司 | 唐志成 | 成都市马家花园路10号 | 164 382.26 | 项目投融资、项目建设管理、城市化产业、房地产、装饰装修、国外工程、环保产业。 |
| 股东 | 成都工业投资集团有限公司 | 戴晓明 | 成都市顺城街221号 | 500 000.00 | 企业托管、资产托管、债务托管、企业产权转让、租赁、承包、出售、投资咨询、融资担保、资本运营。 |
| 股东的关联企业 | 陕西榆神高速公路有限公司 | 黄俊文 | 陕西榆林市榆林林校办公楼五楼 | 20 000.00 | 高速公路及其附属设施建设和管理等。 |
| 控股股东的子公司 | 中铁五局集团有限公司 | 张敏 | 贵州省贵阳市枣山路23号 | 173 158.90 | 铁路工程施工总承包特级、公路工程施工、市政公路工程施工、水利水电工程施工、房屋建筑工程施工总承包一级、桥梁工程、隧道工程、公路路基工程、公路路面工程专业承包一级、城市轨道交通工程专业承包。 |
| 控股股东的子公司 | 中铁七局集团有限公司 | 姜满金 | 河南省郑州市航海东路1225号 | 144 254.20 | 铁路工程施工承包特级;房屋建筑工程、市政公用工程、公路工程施工总承包壹级;公路路基、路面、桥梁、隧道、铺轨架梁、铁路电气化、铁路电务、水工隧洞、钢结构、装饰装修等专业承包壹级和城市轨道交通专业。 |
| 控股股东的子公司 | 中铁资源有限公司 | 易政青 | 北京市西客站南广场中铁咨询大厦10F | 150 000.00 | 资源开采、销售;仓储服务;国内外自然资源开发的技术研究、技术咨询、勘探及设计等。 |
| 股东 | 中铁大桥局集团有限公司 | 梅权 | 武汉市汉阳区汉阳大道38号 | 166 890.57 | 铁路工程施工总承包特级、公路工程、市政公用工程施工总承包一级、桥梁工程、隧道工程、钢结构工程、公路路基工程、城市轨道交通工程、港口与海岸工程专业承包一级。 |
| 控股股东子公司 | 中铁隧道局集团有限公司 | 郭大焕 | 河南省洛阳市西工区状元红路 | 164 800.00 | 铁路工程施工总承包、公路工程施工总承包、市政公用工程施工、房屋建筑工程施工、机电设备安装工程施工隧道工程、桥梁工程、水工隧洞工程、公路路基工程、机电设备安装工程、地基与基础工程等。 |

**6.5.3 本公司与关联方的重大交易事项**

6.5.3.1 固有财产与关联方交易情况:贷款、投资、租赁、应收账款、担保、其他方式等期初汇总数、本期借方和贷方发生额汇总数、期末汇总数

**固有与关联方关联交易**

单位:万元

| | 期初数 | 借方发生额 | 贷方发生额 | 期末数 |
|---|---|---|---|---|
| 贷款 | 0 | 0 | 0 | 0 |
| 投资 | 0 | 0 | 0 | 0 |
| 租赁 | 0 | 0 | 0 | 0 |
| 担保 | 0 | 0 | 0 | 0 |
| 应收款项 | 0 | 0 | 0 | 0 |
| 其他 | 0 | 0 | 0 | 0 |
| 合计 | 0 | 0 | 0 | 0 |

6.5.3.2 信托资产与关联方交易情况:贷款、投资、租赁、应收账款、担保、其他方式等期初汇总数、本期借方和贷方发生额汇总数本期发生额汇总数、期末汇总数

**信托与关联方关联交易**

单位:万元

| | 期初数 | 借方发生额 | 贷方发生额 | 期末数 |
|---|---|---|---|---|
| 贷款 | 1 219 075 | 30 000 | 511 490 | 737 585 |
| 投资 | 98 000 | 0 | 18 000 | 80 000 |
| 租赁 | 0 | 0 | 0 | 0 |
| 担保 | 0 | 0 | 0 | 0 |
| 应收款项 | 0 | 0 | 0 | 0 |
| 其他 | 0 | 0 | 0 | 0 |
| 合计 | 1 317 075 | 30 000 | 529 490 | 817 585 |

6.5.3.3 信托公司自有资金运用于自己管理的信托项目(固信交易)、信托公司管理的信托项目之间的相互(信信交易)交易金额,包括余额和本报告年度的发生额

6.5.3.3.1 固有财产与信托财产之间的交易金额期初汇总数、本期发生额汇总数、期末汇总数

固有财产与信托财产相互交易

单位：万元

| | 期初数 | 本期发生额 | 期末数 |
|---|---|---|---|
| 合计 | 43 500 | 0 | 43 500 |

6.5.3.3.2 信托项目之间的交易金额：期初汇总数、本期发生额汇总数、期末汇总数

信托资产与信托财产相互交易

单位：万元

| | 期初数 | 本期发生额 | 期末数 |
|---|---|---|---|
| 合计 | 0 | 0 | 0 |

**6.5.4 关联方逾期未偿还本公司资金的详细情况以及本公司为关联方担保发生或即将发生垫款的详细情况**

报告期内，本公司无上述情况。

### 6.6 会计制度的披露

固有业务、信托业务均执行财政部于2006年2月15日颁布的企业会计准则。

## 7. 财务情况说明书

### 7.1 利润实现和分配情况

根据有关规定提足相关准备后，母公司报告期实现利润总额37 124万元，税后净利润28 589万元，按规定计提法定盈余公积2 859万元，一般准备金106万元，信托赔偿准备金1 429万元，2010年已分配10 000万元，年末未分配利润15 005万元。

合并后资产总额220 092万元，负债总额59 847万元，少数股东权益5 335万元，所有者权益160 245万元。所有者权益中实收资本120 000万元，资本公积2 449万元，盈余公积8 737万元，未分配利润11 351万元。

合并后净利润为27 256万元，合并后归属母公司所有者的净利润为26 824万元。

### 7.2 主要财务指标

| 指标名称 | 指标值 |
|---|---|
| 资本利润率（%） | 18.32 |
| 加权年化信托报酬率（%） | 0.41 |
| 人均净利润（万元/人） | 310.75 |

### 7.3 对本公司财务状况、经营成果有重大影响的其他事项

无。

## 8. 特别事项简要揭示

### 8.1 前五名股东报告期内变动情况及原因

**8.1.1 前五名股东变更**

无。

**8.1.2 控股股东变更**

无。

### 8.2 董事、监事、高级管理人员变动情况及原因

报告期内董事变动情况：公司于2010年12月26日召开的第三届董事会第二十五次会议审议通过了《关于审议李建生女士辞任的议案》，同意李建生女士因工作原因辞去公司董事长职务，李建生女士离任董事长职务自新的董事长选举产生并且其任职资格经监管部门核准后正式生效；审议通过了《关于选举公司董事长的议案》，选举王俊明先生为公司董事长，王俊明先生在其董事长任职资格经监管部门核准后正式履职，截至报告期内，王俊明先生的任职资格在申请核准过程中。

报告期内监事无变动情况。

报告期内高级管理人员变动情况：公司于2010年12月26日召开的第三届董事会第二十五次会议审议通过了《关于聘任解义才先生职务的议案》，聘任解义才先生为公司副总经理，解义才先生在其副总经理任职资格获监管部门核准后正式履职；审议通过了《关于聘任王石先生职务的议案》，聘任王石先生为公司副总经理，王石先生在其副总经理任职资格获监管部门核准后正式履职。

### 8.3 公司的重大未决诉讼事项

报告期内有两笔重大未决诉讼事项：

（1）绵阳市福潮高新建材制品有限公司旧款纠纷案

绵阳市福潮高新建材制品有限公司于2008年8月向本公司借款2 000万元，该借款人未按借款合同约定还本付息，本公司于2009年7月，直接向绵阳市中级人民法院申请了执行。法院依法查封了借款人名下的砖厂厂房及机器设备，但两次拍卖均未成交。2010年10月，借款人向法院转款1 000万元，并向法院提交了偿还债务的保证书。2010年12月，本公司从绵阳中院划回该案执行款1 070万，并将向法院申请进入第三次拍卖。

（2）成都银利公司借款纠纷案

成都市中级人民法院于2004年下达了（2004）成执字第509号民事裁定书，将成都银利公司的成都银座大厦裙楼的第4层580平方米，第5层1 500平方米，第6层290平方米，共计2 370平方米房产裁定给本公司抵偿欠款。中国长城资产管理公司于2009年申请执行成都银利公司时于2009年9月14日下达了（2009）遂中执字第21号执行裁定书，将该处资产查封，本公司立即向遂宁法院提出异议。

经过遂宁法院的合议后下达了（2009）遂中执字第21－1号执行裁定书，撤销了（2009）遂中执字第21号执行截裁定书，长城资产管理公司向四川省高院申请了复议，省高院下达了（2010）川执复字第2号执行裁定书，撤销了（2009）遂中执字第21－1号执行裁定书，遂宁中院在收到省高院的裁定书后，又下达了（2009）遂中执字第21－2号执行裁定书，仍撤销了（2009）遂中执字第21号执行裁定书。

2010年3月15日，长城资产管理公司向遂宁中级人民法院提交了民事诉讼状，以查封的土地使用权与成都市中院裁定的房屋所有权有区别为由，提请遂宁中院撤销（2009）遂中执字

第21号执行裁定书(银利公司在银座大厦裙楼被中院裁定给银利公司的三家大债权人,其中成都银行系银利公司及本公司是解决银利公司的贷款欠债,而青森置业为当时银座厦的装修工程款,该处资产只被三家债权人分配,不涉及其他债权)。

### 8.4 公司及其董事、监事和高级管理人员受到处罚的情况

报告期内,公司及其董事、监事和高级管理人员未发生受到处罚的情况。

### 8.5 银监会及其派出机构对公司检查后提出整改意见的整改情况

2010年4月,四川银监局对公司实施了现场检查,并根据检查情况下发了《现场检查意见书》(川银监检〔2010〕57号),提出了如下整改意见:加强董事会及其下设机构的履职、完善人事和薪酬管理制度、优化调整内部控制、严控信托项目风险、严格责任追究。报告期内,针对上述监管意见,公司高度重视,董事会、经营层及各部门都组织了学习和讨论,对存在的问题进行了及时纠正,并制定了整改措施。

### 8.6 本年度重大事项临时报告的简要内容、披露时间、所披露的媒体及其版面

无。

### 8.7 银监会及其省级派出机构认定的其他有必要让客户及相关利益人了解的重要信息

无。

## 9. 公司监事会意见

公司监事会认为,本报告期内,董事会运作规范、决策合理、程序合法,认真执行股东会的各项决议。没有发现公司董事、高级管理人员执行公司职务时违反法律、法规、《公司章程》或损害公司利益的行为。公司财务制度健全、内控制度完善,财务状况良好。财务报告真实、客观地反映了公司的财务状况和经营成果。公司发生的关联交易均按市场公允价格确定,未发现违规关联交易;公司没有重大收购资产事项;出售资产交易价格合理,未发现内幕交易、损害部分股东的权益或造成公司资产流失的情形。公司已建立了较为完善的内部控制制度体系并能得到有效执行。

# 中投信托有限公司

## 1. 重要提示

1.1 本公司董事会及董事保证本报告所载资料不存在任何虚假记载、误导性陈述或者重大遗漏，并对其内容的真实性、准确性和完整性承担个别及连带责任。

1.2 独立董事王保树、陈忠阳声明：保证本年度报告的内容真实、完整、准确。

1.3 董事长郭云钊，副总经理(主持工作)张剑平，主管会计工作负责人秦程宏及财务部门负责人吕深远声明：保证本年度报告中财务会计报告的真实、完整、准确。

## 2. 公司概况

### 2.1 公司简介

中投信托有限责任公司的前身是原浙江省国际信托投资公司。浙江省国际信托投资公司创建于1979年8月，1983年12月，经中国人民银行批准成为非银行金融机构，是国内最早经营信托投资业务的公司之一。在信托业第五次清理整顿中，公司更名为浙江省国际信托投资有限责任公司，成为浙江省首家获准重新登记的信托公司。

2007年3月，中国建银投资有限责任公司收购浙江省国际信托投资有限责任公司原股东持有的全部股权。2007年4月，浙江省国际信托投资有限责任公司获得一人有限责任公司营业执照，成为中国建银投资有限责任公司的全资子公司。经中国银监会批准，2007年11月，浙江省国际信托投资有限责任公司更名为中投信托有限责任公司，注册资本为5亿元人民币。2010年1月，公司股东中国建银投资有限责任公司对公司单家增资，注册资本增至15亿元人民币。

| 中文名称 | 中投信托有限责任公司 |
|---|---|
| 英文名称 | China Zhongtou Trust Co. Ltd. |
| 英文名称缩写 | China Zhongtou Trust |
| 法定代表人 | 郭云钊 |
| 注册地址 | 浙江省杭州市教工路18号世贸丽晶城欧美中心1号楼(A座)18~19层C、D区 |
| 邮政编码 | 310012 |
| 国际互联网网址 | http://www.zttrust.com.cn/ |
| 电子信箱 | zttrust@zttrust.com.cn |
| 负责信息披露的高管 | 张剑平 |
| 负责信息披露联系人 | 金 铭 |
| 联系电话 | 0571-85069047 |
| 传真 | 0571-85154216 |
| 电子信箱 | jinming@zttrust.com.cn |
| 公司信息披露报纸名称 | 《金融时报》 |
| 年度报告备置地点 | 中投信托有限责任公司综合办公室 |
| 聘请的会计师事务所及住所 | 天健会计师事务所有限公司<br>住所：杭州市西溪路128号金鼎广场西楼6~10层 |
| 聘请的律师事务所及住所 | 上海锦天城律师事务所杭州分所<br>住所：浙江省杭州市天目山路238号华鸿大厦A座5楼 |

### 2.2 组织结构

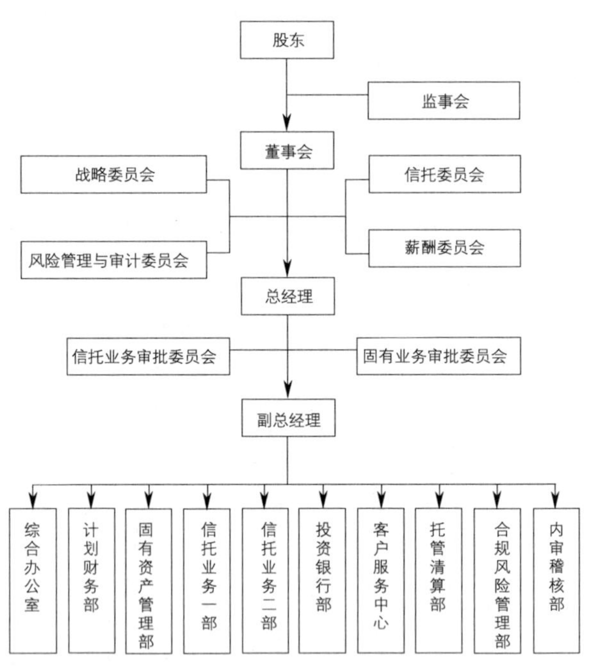


## 3. 公司治理结构

### 3.1 股东

报告期末，公司股东数为一家

股东总数：1

| 股东名称 | 出资比例(%) | 法人代表 | 注册资本(万元) | 注册地址 | 主要经营业务及主要财务情况 |
|---|---|---|---|---|---|
| 中国建银投资有限责任公司 | 100 | 杨庆蔚 | 2 069 225 | 北京市西城区闹市口大街1号院2号楼7~14层 | 投资与投资管理；资产管理与处置；企业管理；房地产租赁；咨询。2010年，实现收入56.43亿元，净利润14.22亿元。 |

## 3.2 董事

第一届董事会董事长、董事

| 姓 名 | 职 务 | 性别 | 年龄 | 选任日期 | 所推举的股东名称 | 该股东持股比例(%) | 简 要 履 历 |
|---|---|---|---|---|---|---|---|
| 高传捷 | 董事长 | 男 | 57 | 2007 年 3 月 | 中国建银投资有限责任公司 | 100 | 曾就职于北京锅炉厂、北京服装八厂、国务院办公厅、中国人民银行总行及贵州省分行、国家外汇局贵州省分局、中国银行业监督管理委员会等单位;现任中国建银投资有限责任公司党委委员、副总裁,中投信托有限责任公司党委书记、董事长。 |
| 叶 星 | 董事 | 女 | 48 | 2007 年 3 月 | 中国建银投资有限责任公司 | 100 | 曾任中国建设银行新疆分行项目审查处副处长(主持工作)、信贷管理处处长,中国建设银行总行资产保全部核销业务处高级经理,中国建银投资有限责任公司审计与风险控制部副总经理、股权管理部副总经理(主持工作);现任中投信托有限责任公司董事、总经理。 |
| 黄建军 | 董事 | 男 | 41 | 2007 年 3 月 | 中国建银投资有限责任公司 | 100 | 曾任中国农村发展信托投资公司计划资金部副处长,中国信达资产管理公司股权管理部经理,中国建设银行总行第二营业部高级副经理、高级经理,中国建银投资有限责任公司资产处置部副总经理;现任中投信托有限责任公司党委委员、董事、常务副总经理。 |

第二届董事会董事长、董事

| 姓 名 | 职 务 | 性别 | 年龄 | 选任日期 | 所推举的股东名称 | 该股东持股比例(%) | 简 要 履 历 |
|---|---|---|---|---|---|---|---|
| 郭云钊 | 董事长 | 男 | 44 | 2010 年 10 月 | 中国建银投资有限责任公司 | 100 | 曾任中国蓝星清洗公司副总工程师,上海蓝星清洗技术有限公司总经理,甘肃济公保健饮品公司经理,中国蓝星化学清洗总公司副总工程师兼项目办主任、重大办主任、科技办主任、总经理助理;蓝星化工科技总院院长,蓝星清洗剂股份有限公司总经理,中国蓝星(集团)总公司总经理助理兼资产管理部主任,中国化工集团公司财务部主任,中国高新投资集团公司副总经理,其间,曾兼任中国金谷国际信托投资有限责任公司董事长;现任中投信托有限责任公司党委书记、董事长。 |
| 叶 星 | 董事 | 女 | 48 | 2010 年 10 月 | 中国建银投资有限责任公司 | 100 | 曾任中国建设银行新疆分行项目审查处副处长(主持工作)、信贷管理处处长,中国建设银行总行资产保全部核销业务处高级经理,中国建银投资有限责任公司审计与风险控制部副总经理、股权管理部副总经理(主持工作);现任中投信托有限责任公司董事、总经理。 |
| 张剑平 | 董事 | 男 | 47 | 2010 年 10 月 | 中国建银投资有限责任公司 | 100 | 曾任中国建设银行总行投资调查部项目一处、原材料非工业处、技改处副处长,信贷评审部机电轻纺处、项目评估部信息调查处、能源处、信贷经营部行业四处、公司业务部信用评价处处长,信贷委处级专职贷款审批人、风控委审批办专职贷款审批人、信贷审批部高级专职贷款审批人,参与金信信托停业整顿工作,任业务组负责人,中国投资咨询公司党委委员、副总经理;现任中投信托有限责任公司党委委员、董事、副总经理。 |

独立董事

| 姓 名 | 所在单位及职务 | 性别 | 年龄 | 选任日期 | 所推举的股东名称 | 该股东持股比例(%) | 简 要 履 历 |
|---|---|---|---|---|---|---|---|
| 王保树 | 清华大学法学院教授、博士生导师、商法研究中心主任 | 男 | 69 | 2007 年 6 月 | 中国建银投资有限责任公司 | 100 | 曾任中国社会科学院法学研究所研究员(教授)、副所长、博士生导师;现任清华大学法学院教授、博士生导师、商法研究中心主任,中投信托有限责任公司独立董事。 |
| 陈忠阳 | 中国人民大学财政金融学院教授、博士生导师 | 男 | 42 | 2007 年 6 月 | 中国建银投资有限责任公司 | 100 | 曾任广西自治区南宁市清秀区人民政府副区长(挂职);现任中国人民大学财政金融学院教授、博士生导师,中投信托有限责任公司独立董事。 |

## 3.3 监事

第一届监事会成员

| 姓　名 | 职　务 | 性别 | 年龄 | 选任日期 | 所推举的股东名称 | 该股东持股比例（%） | 简　要　履　历 |
|---|---|---|---|---|---|---|---|
| 王世强 | 监事长 | 男 | 58 | 2007 年 3 月 | 中国建银投资有限责任公司 | 100 | 曾任中国人民银行计划资金司办公室副主任、主任，中国人民银行业务稽核司副局级稽核员，中国人民银行稽核监督局副局长，国务院稽察特派员总署特派员助理，中国人民银行银行监管一司副司长，建设银行监管组组长（正司局级），中国银监会培训中心主任；现任中国建银投资有限责任公司监事长、党委委员，中投信托有限责任公司监事长、党委委员。 |
| 汪　阳 | 监事 | 男 | 42 | 2007 年 3 月 | 中国建银投资有限责任公司 | 100 | 曾任中国建设银行内蒙古呼和浩特铁路专业支行房贷部副主任、会计部主任，中国建设银行内蒙古分行会计结算部核算中心主任、会计结算部综合科科长、会计结算部总经理助理，中国建银投资有限责任公司财务会计部计划财务一处高级副经理；现任光大实业有限责任公司财务会计部总经理，中投信托有限责任公司监事。 |
| 马　军 | 职工监事 | 男 | 35 | 2007 年 8 月 | 职工工会 | — | 曾任中青旅股份有限公司浙江分公司市场经理，东方通信杭州东信亿泰信息技术有限公司大区经理，广东发展银行杭州分行理财经理；现任中投信托有限责任公司监事、客户服务中心副总经理（主持工作）。 |

第二届监事会成员

| 姓　名 | 职　务 | 性别 | 年龄 | 选任日期 | 所推举的股东名称 | 该股东持股比例（%） | 简　要　履　历 |
|---|---|---|---|---|---|---|---|
| 徐　坤 | 监事长 | 男 | 49 | 2010 年 10 月 | 中国建银投资有限责任公司 | 100 | 曾任中国建设银行总行办公室法规处副处长、资产保全部综合处副处长、处长、高级经理、资产保全部总经理助理等职务；1994 年 11 月至 1995 年 9 月期间，在陕西省汉阴县人民政府挂职扶贫，任副县长；2005 年 1 月进入中国建银投资有限责任公司，历任企业管理部副总经理、企业管理部副总经理（主持工作）、股权管理部副总经理（主持工作）、资本市场部负责人；现任企业管理部高级业务总监，中投信托有限责任公司监事长。 |
| 薛荣革 | 监事 | 女 | 43 | 2010 年 10 月 | 中国建银投资有限责任公司 | 100 | 曾任中国建设银行总行办公室法规处、办公室法律部非诉讼事务处、法律事务部反洗钱处、合法合规管理处主任科员、业务经理；2005 年 1 月进入中国建银投资有限责任公司，历任法律部综合法律处高级副经理、法律业务一处高级经理、战略发展部高级经理；现任法律合规部高级业务经理、中投信托有限责任公司监事。 |
| 曹学文 | 职工监事 | 男 | 39 | 2010 年 10 月 | 职工工会 | — | 曾任金信信托投资股份有限公司房产信托部副经理，中投信托有限责任公司信托业务二部总经理助理，中投信托有限责任公司合规风险管理部副总经理（主持工作）；现任中投信托有限责任公司监事、合规风险管理部负责人。 |

## 3.4　高级管理人员

第一届高管层

| 姓名 | 职务 | 性别 | 年龄 | 选任日期 | 金融从业年限 | 学历 | 专业 |
|---|---|---|---|---|---|---|---|
| 叶　星 | 总经理 | 女 | 48 | 2007 年 4 月 | 26 | 大学本科 | 经济学 |
| 黄建军 | 常务副总经理 | 男 | 41 | 2007 年 4 月 | 17 | 大学本科 | 农业经济管理 |
| 刘功胜 | 副总经理 | 男 | 43 | 2007 年 8 月 | 20 | 大学本科 | 经济学 |
| 屠佑良 | 纪委书记 | 男 | 56 | 2007 年 6 月 | 15 | 硕士研究生 | 工商管理 |
| 周　雄 | 副总经理 | 女 | 51 | 2007 年 6 月 | 27 | 硕士研究生 | 政治经济学 |
| 陈上龙 | 调研员 | 男 | 61 | 2007 年 6 月 | 12 | 大学本科 | 中文 |

第二届高管层

| 姓名 | 职务 | 性别 | 年龄 | 选任日期 | 金融从业年限 | 学历 | 专业 |
|---|---|---|---|---|---|---|---|
| 叶　星 | 总经理 | 女 | 48 | 2007 年 10 月 | 26 | 大学本科 | 经济学 |
| 张剑平 | 副总经理 | 男 | 47 | 2010 年 10 月 | 25 | 硕士研究生 | 经济学 |
| 屠佑良 | 纪委书记 | 男 | 56 | 2007 年 10 月 | 15 | 硕士研究生 | 工商管理 |
| 周　雄 | 副总经理 | 女 | 51 | 2007 年 10 月 | 27 | 硕士研究生 | 政治经济学 |
| 刘　伟 | 副总经理 | 男 | 41 | 2010 年 10 月 | 17 | 大学本科 | 价格学 |
| 瞿　纲 | 副总经理 | 男 | 37 | 2010 年 10 月 | 13 | 硕士研究生 | 工商管理 |
| 秦程宏 | 财务总监 | 男 | 38 | 2010 年 10 月 | 1 | 硕士研究生 | 商学 |

## 3.5 公司员工

| 项目 | | 报告期年度 | | 上年度 | |
|---|---|---|---|---|---|
| | | 人数 | 比例(%) | 人数 | 比例(%) |
| 年龄分布 | 25岁以下 | 1 | 1.2 | 1 | 1.5 |
| | 25~29岁 | 20 | 24.7 | 14 | 20.9 |
| | 30~39岁 | 44 | 54.3 | 36 | 53.7 |
| | 40岁以上 | 16 | 19.8 | 16 | 23.9 |
| 学历分布 | 博士 | 1 | 1.2 | 1 | 1.5 |
| | 硕士 | 31 | 38.3 | 17 | 25.3 |
| | 本科 | 45 | 55.5 | 44 | 65.7 |
| | 专科 | 2 | 2.5 | 3 | 4.5 |
| | 其他 | 2 | 2.5 | 2 | 3 |
| 岗位分布 | 董事、监事及其高管人员 | 7 | 8.6 | 6 | 9 |
| | 自营业务人员 | 7 | 8.6 | 5 | 7.5 |
| | 信托业务人员 | 45 | 55.6 | 31 | 46.3 |
| | 其他人员 | 29 | 35.8 | 25 | 37.2 |

# 4. 经营管理

## 4.1 经营目标、方针、战略规划

### 4.1.1 经营目标

公司将坚持合规、稳健和专业化经营的原则，着眼建立以信托管理能力为基础，以基本型信托业务、投资银行业务以及固有资产业务为支撑，以开发和培育产业投资信托基金、资产证券化、资产管理等核心业务为中长期发展方向，以综合金融服务为依托的业务架构。

### 4.1.2 经营方针

合规经营。成为最值得委托人信赖的专业受托机构，切实维护信托关系各方当事人的合法利益，要牢固树立“诚信为本、规范经营”的理念，在经营管理活动中全面深入贯彻依法合规经营的基本原则，始终做到用制度和流程规范经营行为，使各项业务始终在监管的要求内规范发展。

稳健发展。在业务发展的过程中，要牢固树立审慎经营、稳健发展的指导思想，建立严密的内部管理和风险控制制度，使业务发展水平与风险控制能力相匹配。

专业化经营。即顺应信托行业发展的趋势，坚持专业化经营的发展方向，在产业投资等领域探索形成自身的经营特色。

### 4.1.3 战略规划

以科学发展观为指导，贯彻“诚信为本、合规经营”的核心理念，发挥信托制度优势，提升资产管理能力、盈利能力和风险控制能力，成为资本充实，内控严密，管理规范，具有较强发展能力和竞争能力的金融信托机构，在产业投资信托领域形成专业特色和核心竞争优势，塑造“最值得信赖的专业受托人”形象。

## 4.2 所经营业务的主要内容

**自营资产运用与分布表**

| 资产运用 | 金额(万元) | 占比(%) | 资产分布 | 金额(万元) | 占比(%) |
|---|---|---|---|---|---|
| 货币资产 | 48 195.18 | 21.82 | 基础产业 | — | — |
| 贷款及应收款 | 31 993.27 | 14.48 | 房地产业 | 30 823.15 | 13.96 |
| 交易性金融资产 | 3 232.67 | 1.46 | 证券市场 | 26 819.09 | 12.14 |
| 可供出售金融资产 | 23 586.43 | 10.68 | 实业 | — | — |
| 持有至到期投资 | 102 880.00 | 46.58 | 金融机构 | 151 075.18 | 68.40 |
| 长期股权投资 | — | — | 其他 | 12 158.10 | 5.50 |
| 其他 | 10 987.97 | 4.98 | | | |
| 资产总计 | 220 875.52 | 100.00 | 资产总计 | 220 875.52 | 100.00 |

**信托资产运用与分布表**

| 资产运用 | 金额(万元) | 占比(%) | 资产分布 | 金额(万元) | 占比(%) |
|---|---|---|---|---|---|
| 货币资产 | 59 241.45 | 2.95 | 基础产业 | 399 700.00 | 19.90 |
| 贷款 | 640 880.00 | 31.92 | 房地产 | 349 510.00 | 17.41 |
| 交易性金融资产 | 106 561.95 | 5.31 | 证券市场 | 106 561.95 | 5.31 |
| 可供出售金融资产 | 266 973.05 | 13.29 | 实业 | 592 351.00 | 29.50 |
| 持有至到期投资 | 448 155.00 | 22.32 | 金融机构 | 263 196.43 | 13.11 |
| 长期股权投资 | 252 059.29 | 12.55 | 其他 | 296 776.04 | 14.77 |
| 其他 | 234 224.68 | 11.66 | | | |
| 信托资产总计 | 2 008 095.42 | 100.00 | 信托资产总计 | 2 008 095.42 | 100.00 |

## 4.3 市场分析

### 4.3.1 有利因素

(1)信托公司与其他金融机构相比，在制度和功能上的比较优势可以得到较好的体现。信托公司跨越货币市场、资本市场和产业市场，可以运用多种资产管理方式，在市场变化中调整业务方向，在不同的领域发挥丰富的资产管理功能。

(2)信托具有财产隔离等独特的制度优势，可以研究推出有别于其他金融机构的特色产品，满足客户的个性化理财需要。

(3)在业务发展上，围绕国家“十二五”规划确定的七大新兴产业：新一代信息技术产业、节能环保产业、生物产业和高端装备制造产业、新能源产业、新材料产业和新能源汽车产业，公司将有一定的展业机会。

(4)浙江省经济资源丰富，既具有大量的需要专业理财服务的合格投资者，也有许多需要资金支持的民营企业，产业投资市场非常活跃。

### 4.3.2 不利因素

(1)当前宏观经济平稳运行面临复杂形势，经济结构调整压力加大，资源环境约束强化，改善民生和维护社会稳定任务艰巨。我国经济社会发展中的短期问题和长期问题交织，结构性问题和体制性问题并存，国内问题和国际问题互联，不稳定不确定因素仍然较多。

(2)在行业政策方面，监管部门对于行业的调控力度在加大，需要信托公司进一步加强合规风险和研发力量，注重营销体系建设，以求实现对各类政策的正确解读和领会，实现业务持续创新，摆脱对银行过度依赖，降低信托产品行业集中度。

（3）国家着手对房地产行业进行深度宏观调控，限制购买商品房数量、大规模开建保障房、取消购房税费优惠、加强资金监管和投放、酝酿出台房地产税等等。预计 2011 年房地产调控政策使后续投资增长受到一定程度的压抑，需要审慎把握机会。

（4）浙江省受外部压力和自身结构调整的影响，全省经济增长的内在动力和活力有所增强，但结构性矛盾和深层次问题仍然突出。投资后续发展存在较大的不确定性，对公司新业务拓展和现有业务后期管理带来一定影响。

## 4.4 内部控制

### 4.4.1 内部控制环境和内部控制文化

公司以合规、稳健和专业化经营为基本原则，贯彻“诚信为本、合规经营”的核心理念，发挥信托制度优势，提升资产管理能力、盈利能力和风险控制能力，力争成为资本充实，内控严密，管理规范，具有较强发展能力和竞争能力的金融信托机构。

公司组建较为完善的公司治理结构，明确董事会、监事会、高管层、各部门的职责分工，并设有独立的合规风险管理部和内审稽核部对公司内部控制的执行情况进行监督和检查。

公司根据国家政策法规的变化和公司业务发展的需要及时对内部制度进行更新和完善，并切实加强制度的执行力度，对制度的执行情况进行检查，做到“有章可循，违章必究”。

### 4.4.2 内部控制措施

公司具体内部控制流程分为前台、中台、后台三个部分，并实行前中后台分离原则，现行的内部控制制度基本渗透公司的各项业务过程和各个操作环节。公司董事会下设风险管理与审计委员会，作为董事会风险管理工作的专门议事机构。公司董事会下设信托委员会，确保公司依法履行受托职责，保证公司为受益人的最大利益服务。公司固有财产和信托财产分别管理、分别核算，并将不同委托人的信托财产分别管理、分别记账，同时，按照“审办分离，集体审批”原则，信托业务和固有业务实行决策分离，分别由信托业务审批委员会和固有业务审批委员会审批。业务决策逐步从定性层面过渡至定量与定性相结合的业务决策方式。公司合规风险管理部为公司合规风险管理的具体职能部门，协助公司高级管理层有效识别和管理风险。公司内审稽核部为公司内控管理组织机构的重要组成部分，对公司的经营活动合规性进行监督和评价。公司基本形成了“事前防范、事中控制、事后监督和纠正”的较为健全的内控机制。

### 4.4.3 信息交流与反馈

公司信息披露严格遵守法律法规、企业会计准则、金融企业财务规则和监管部门监管规定。集合信托项目在每年的利益分配前都会对项目的运行情况和收益情况进行信息披露。同时公司还借助网站、宣传材料等工具及时反映公司的业务开展情况，并接受投资者对公司的意见反馈。

### 4.4.4 监督评价与纠正

公司定期接受监管部门的现场检查和会计师事务所的审计，并根据检查意见和审计结果及时修订完善内部控制制度。同时，公司内部实行由合规风险管理部门开展的事中监控和内审稽核部门开展的内部稽核审计，以此作为公司内控制度执行情况检查、评价和完善的重要手段。

## 4.5 风险管理

### 4.5.1 风险管理概况

4.5.1.1 公司经营活动中可能遇到的风险

风险主要有信用风险、市场风险、操作风险、法律风险、流动性风险、声誉风险、战略风险

4.5.1.2 风险管理的基本原则与政策

公司坚持以科学发展观为指导，以建立较为完善的风险管理机制为目标，以重点业务和创新业务的风险管理为重点，不断引入科学管理技术，实现风险有效控制与业务发展的协调统一，不断提升公司风险管理能力。

4.5.1.3 风险管理组织结构与职责划分

董事会风险管理与审计委员会：是董事会设立的负责风险管理与审计工作的专门委员会，主要职责是根据公司发展战略，制订、审核公司风险管理工作规划，评价公司战略目标和经营计划所涉及的风险因素，并向董事会提出建议；定期审核、评议公司风险管理政策，促进风险管理政策的合法合规和及时有效；从风险控制角度，监督公司各项规章制度的执行情况，并对公司重大经营决策进行风险监测和评价；审阅公司风险管理工作报告，对风险管理工作提出改善意见和建议；审核、检测和调整公司的风险控制流程与风险计量模型和方法；审核、评议公司年度审计工作规划；负责对公司内部审计制度的有效性及其执行情况进行监督；负责内部审计与外部审计之间的沟通与协调；提议聘请或更换外部审计机构；董事会授权的其他事宜等。

合规风险管理部：主要职责是识别与公司经营活动相关的经营风险和管理风险，计量、监测和评估风险管理程序的适当性及缺陷，提出改进意见和建议；归口管理公司的规章制定工作，根据公司经营管理需要，提出公司规章体系的设计与调整方案，起草公司规章制订计划、规划并监督落实执行，整理、编纂、编辑公司规章文件等。

内审稽核部：主要职责是对公司内控制度执行情况实行严格的检查和监督，对各部门的业务活动和财务活动进行审计、稽核，出具内部审计稽核报告，并在监督检查过程中对公司内控制度适时作出评价。

### 4.5.2 风险状况

4.5.2.1 信用风险状况

信用风险，称违约风险，是指交易对方不能履行合约义务而带来的风险。对公司而言，它指的是信托当事人各自承担的对他方的责任不能全部或部分按时履行的风险。

4.5.2.2 市场风险状况

市场风险是指公司在信托资产和其自有资产合法经营中，所不可避免的因市场参数的波动而产生的风险。这些市场参数包括利率、汇率、股票指数、商品价格和隐含波动性等。因此，信托公司的市场风险又可以分为利率风险、汇率风险、股市风险和价格风险（也称通货膨胀风险或购买力风险）等。

4.5.2.3 操作风险状况

操作风险主要是指因交易系统不完善、管理失误、控制缺失、或其他一些人为的错误而导致损失的可能性，尤其是因管理失误和内部控制缺失带来的损失。

4.5.2.4 其他风险状况

除以上三种风险外，公司还可能面临的风险包括法律风

险、道德风险、政策风险、创新风险等。法律风险主要是指因合约的内容在法律上有缺陷或不完善而发生法律纠纷甚至无法履约的情况。道德风险是指由于公司内部人员蓄意违规违法或与公司的利益主体串通而给信托受益人或公司自身带来损失的可能性。政策风险主要是指因与信托相关的产业政策或政府各种经济和非经济政策的变化给公司的经营带来的风险。创新风险是指公司因创新业务活动而带来的风险。

**4.5.3 风险管理策略**

4.5.3.1 信用风险管理策略

针对交易对手带来的信用风险，2010 年，公司除了加强事前对交易对手的尽职调查工作外，在后期管理过程中加强风险预警与监测的动态管理，定期跟踪、评价风险隐患，并及时提出风险控制建议，采取必要措施控制风险。

4.5.3.2 市场风险管理策略

对于市场风险，公司密切关注国家政策变化，并据此提出相应对策及业务调整方案。其中，针对资产市场风险，公司把握证券市场的总体变动趋势，通过组合投资，规避股市风险。对于汇率风险、利率风险和价格风险，公司通过密切跟踪宏观经济变化，收集相关信息资料，重点把握影响汇率、利率、价格变动的基本因素，正确预测，防范风险。

4.5.3.3 操作风险管理策略

对于操作风险，公司通过加强员工培训和业务流程再造，规范业务操作流程，明确操作权限和内容，严格遵循“投融资决策与操作分离”、“业务操作和风险监控分离”原则。同时，建立严格的审批、复核、评估、监测程序，制定风险预警措施，防范操作风险。

4.5.3.4 其他风险管理策略

对面临的其他风险的管理，公司完善制度建设，加强合规经营，建立较为完善的公司治理结构，推进内部约束和监督机制。同时，强化对宏观经济政策和行业政策的跟踪、研究，提高预见性；保持业务管理制度与法律、规则和准则的一致性；积极倡导和培育公司的合规文化，加强对员工的思想教育。

## 5.2010 年及 2009 年的比较式会计报表

### 5.1 自营资产

#### 5.1.1 会计师事务所审计结论

**审 计 报 告**

天健审〔2011〕1060 号

中投信托有限责任公司股东：

我们审计了后附的中投信托有限责任公司（以下简称中投信托公司）财务报表，包括 2010 年 12 月 31 日的资产负债表，2010 年度的利润表、现金流量表、所有者权益变动表，以及财务报表附注。

一、管理层对财务报表的责任

按照企业会计准则的规定编制财务报表是中投信托公司管理层的责任。这种责任包括：(1) 设计、实施和维护与财务报表编制相关的内部控制，以使财务报表不存在由于舞弊或错误而导致的重大错报；(2) 选择和运用恰当的会计政策；(3) 作出合理的会计估计。

二、注册会计师的责任

我们的责任是在实施审计工作的基础上对财务报表发表审计意见。我们按照中国注册会计师审计准则的规定执行了审计工作。中国注册会计师审计准则要求我们遵守职业道德规范，计划和实施审计工作以对财务报表是否不存在重大错报获取合理保证。

审计工作涉及实施审计程序，以获取有关财务报表金额和披露的审计证据。选择的审计程序取决于注册会计师的判断，包括对由于舞弊或错误导致的财务报表重大错报风险的评估。在进行风险评估时，我们考虑与财务报表编制相关的内部控制，以设计恰当的审计程序，但目的并非对内部控制的有效性发表意见。审计工作还包括评价管理层选用会计政策的恰当性和作出会计估计的合理性，以及评价财务报表的总体列报。

我们相信，我们获取的审计证据是充分、适当的，为发表审计意见提供了基础。

三、审计意见

我们认为，中投信托公司财务报表已经按照企业会计准则的规定编制，在所有重大方面公允反映了中投信托公司 2010 年 12 月 31 日的财务状况以及 2010 年度的经营成果和现金流量。

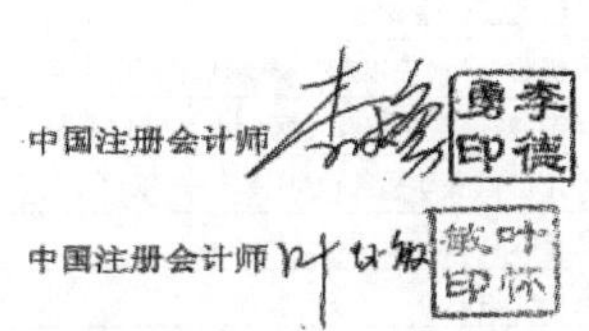


报告日期：2011 年 2 月 27 日

#### 5.1.2 资产负债表

**资产负债表**

编制单位：中投信托有限责任公司　　2010 年 12 月 31 日　　单位：万元

| 资　产 | 注释号 | 期末数 | 期初数 | 负债及所有者权益 | 注释号 | 期末数 | 期初数 |
|---|---|---|---|---|---|---|---|
| 现金及存放中央银行款项 | 1 | 11.98 | 9.74 | 向中央银行借款 | | — | — |
| 存放同业款项 | 2 | 48 183.20 | 17 521.91 | 同业及其他金融机构存放款项 | | — | — |
| 贵金属 | | — | — | 拆入资金 | 13 | 550.00 | 550.00 |
| 拆出资金 | | — | — | 交易性金融负债 | | — | — |
| 交易性金融资产 | 3 | 3 232.67 | 85.32 | 衍生金融负债 | | — | — |
| 衍生金融资产 | | — | — | 卖出回购金融资产款 | | — | — |
| 买入返售金融资产 | | — | — | 吸收存款 | | — | — |

续表

| 资　　产 | 注释号 | 期末数 | 期初数 | 负债及所有者权益 | 注释号 | 期末数 | 期初数 |
|---|---|---|---|---|---|---|---|
| 应收利息 | | — | 81.97 | 应付账款 | 14 | 174.05 | 174.05 |
| 预付款项 | 4 | 82.57 | 114.72 | 预收款项 | | — | 63.31 |
| 其他应收款 | 5 | 910.70 | 664.83 | 应付股利 | 15 | 402.42 | 402.42 |
| 其他流动资产 | | — | — | 其他应付款 | 16 | 2 453.07 | 1 968.48 |
| 发放贷款和垫款 | 6 | 31 000.00 | 18 006.83 | 应付职工薪酬 | 17 | 6 006.41 | 2 297.69 |
| 可供出售金融资产 | 7 | 23 586.43 | 63 522.57 | 应交税费 | 18 | 938.92 | 328.18 |
| 持有至到期投资 | 8 | 102 880.00 | 16 160.00 | 应付利息 | | — | — |
| 长期股权投资 | | — | — | 预计负债 | | — | — |
| 投资性房地产 | 9 | 8 064.40 | 8 359.99 | 应付债券 | | — | — |
| 固定资产 | 10 | 2 219.62 | 2 109.11 | 递延所得税负债 | | — | — |
| 无形资产 | 11 | 231.09 | 215.36 | 其他负债 | 19 | 347.56 | 350.95 |
| 长期应收款 | | — | — | 负债合计 | | 10 872.43 | 6 135.08 |
| 长期待摊费用 | 12 | 472.86 | 598.56 | 所有者权益 | | — | — |
| 递延所得税资产 | | — | — | 实收资本 | 20 | 150 000.00 | 50 000.00 |
| | | | | 资本公积 | 21 | 18 431.11 | 47 241.46 |
| | | | | 减:库存股 | | — | — |
| | | | | 盈余公积 | 22 | 6 105.12 | 3 426.21 |
| | | | | 一般风险准备 | 23 | 4 400.47 | 2 065.10 |
| | | | | 未分配利润 | 24 | 31 066.39 | 18 583.06 |
| | | | | 所有者权益合计 | | 210 003.09 | 121 315.83 |
| 资产总计 | | 220 875.52 | 127 450.91 | 负债和所有者权益总计 | | 220 875.52 | 127 450.91 |

单位负责人:张剑平　　　　主管会计工作负责人:秦程宏　　　　会计机构负责人:秦程宏

### 5.1.3　利润表

**利　润　表**

编制单位:中投信托有限责任公司　　　　2010 年　　　　单位:万元

| 项　　目 | 注释号 | 本期数 | 上年同期数 |
|---|---|---|---|
| 一、营业收入 | | 38 921.64 | 22 701.95 |
| 利息净收入 | | 3 397.25 | 3 092.95 |
| 利息收入 | 1 | 3 397.25 | 3 092.95 |
| 利息支出 | | — | — |
| 手续费及佣金净收入 | | 14 126.58 | 7 118.85 |
| 手续费及佣金收入 | 2 | 14 126.58 | 7 118.85 |
| 手续费及佣金支出 | | — | — |
| 投资收益(损失以"－"表示) | 3 | 20 239.08 | 11 798.51 |
| 其中:对联营企业和合营企业的投资收益 | | — | — |
| 公允价值变动损益(损失以"－"表示) | 4 | 679.26 | 139.26 |
| 汇兑收益(损失以"－"表示) | | -3.95 | -0.13 |
| 其他业务收入 | 5 | 483.42 | 552.51 |
| 二、营业支出 | | 11 889.62 | 6 382.54 |
| 营业税金及附加 | 6 | 1 918.05 | 1 298.68 |
| 业务及管理费 | | 9 721.48 | 4 945.77 |
| 资产减值损失 | 7 | -45.50 | -150.00 |
| 其他业务成本 | 5 | 295.59 | 288.09 |
| 三、营业利润(亏损以"－"表示) | | 27 032.02 | 16 319.41 |
| 加:营业外收入 | 8 | 10.00 | 66.76 |
| 减:营业外支出 | 9 | 252.88 | 9.63 |
| 四、利润总额(亏损以"－"表示) | | 26 789.14 | 16 376.54 |
| 减:所得税费用 | | — | — |
| 五、净利润(亏损以"－"表示) | | 26 789.14 | 16 376.54 |
| 六、其他综合收益 | 10 | -28 810.35 | 33 415.26 |
| 七、综合收益总额 | | -2 021.21 | 49 791.78 |

单位负责人:张剑平　　　　主管会计工作负责人:秦程宏　　　　会计机构负责人:秦程宏

## 5.1.4 所有者权益变动表

**所有者权益变动表**

编制单位:中投信托有限责任公司　　2010 年　　单位:万元

| 项目 | 本期数 | | | | | | | 上年同期数 | | | | | | |
|---|---|---|---|---|---|---|---|---|---|---|---|---|---|---|
| | 实收资本 | 资本公积 | 减:库存股 | 盈余公积 | 一般风险准备 | 未分配利润 | 所有者权益合计 | 实收资本 | 资本公积 | 减:库存股 | 盈余公积 | 一般风险准备 | 未分配利润 | 所有者权益合计 |
| 一、上年末余额 | 50 000.00 | 47 241.46 | — | 3 426.21 | 2 065.10 | 18 583.05 | 121 315.83 | 50 000.00 | 13 826.22 | — | 1 788.55 | 1 173.75 | 4 735.52 | 71 524.04 |
| 加:会计政策变更 | — | — | — | — | — | — | — | — | — | — | — | — | — | — |
| 前期差错更正 | — | — | — | — | — | — | — | — | — | — | — | — | — | — |
| 二、本年初余额 | 50 000.00 | 47 241.46 | — | 3 426.21 | 2 065.10 | 18 583.05 | 121 315.83 | 50 000.00 | 13 826.22 | — | 1 788.55 | 1 173.75 | 4 735.52 | 71 524.04 |
| 三、本期增减变动金额(减少以"-"号填列) | 100 000.00 | -28 810.35 | — | 2 678.91 | 2 335.37 | 12 483.33 | 88 687.26 | — | 33 415.24 | — | 1 637.66 | 891.35 | 13 847.53 | 49 791.79 |
| (一)净利润 | — | — | — | — | — | 26 789.14 | 26 789.14 | — | — | — | — | — | 16 376.53 | 16 376.53 |
| (二)其他综合收益 | — | -28 810.35 | — | — | — | — | -28 810.35 | — | 33 415.24 | — | — | — | — | 33 415.26 |
| 上述(一)和(二)小计 | — | -28 810.35 | — | — | — | 26 789.14 | -2 021.21 | — | 33 415.24 | — | — | — | 16 376.53 | 49 791.79 |
| (三)所有者投入和减少资本 | 100 000.00 | — | — | — | — | — | 100 000.00 | — | — | — | — | — | — | — |
| 1. 所有者投入资本 | 100 000.00 | — | — | — | — | — | 100 000.00 | — | — | — | — | — | — | — |
| 2. 股份支付计入所有者权益的金额 | — | — | — | — | — | — | — | — | — | — | — | — | — | — |
| 3. 其他 | — | — | — | — | — | — | — | — | — | — | — | — | — | — |
| (四)利润分配 | — | — | — | 2 678.91 | 2 335.37 | -14 305.81 | -9 291.53 | — | — | — | 1 637.66 | 891.35 | -2 529.00 | — |
| 1. 提取盈余公积 | — | — | — | 2 678.91 | — | -2 678.91 | — | — | — | — | 1 637.66 | — | -1 637.65 | — |
| 2. 提取一般风险准备 | — | — | — | — | 2 335.37 | -2 335.37 | — | — | — | — | — | 891.35 | -891.35 | — |
| 3. 对所有者的分配 | — | — | — | — | — | -9 291.53 | -9 291.53 | — | — | — | — | — | — | — |
| (五)所有者权益内部结转 | — | — | — | — | — | — | — | — | — | — | — | — | — | — |
| 1. 资本公积转增资本 | — | — | — | — | — | — | — | — | — | — | — | — | — | — |
| 2. 盈余公积转增资本 | — | — | — | — | — | — | — | — | — | — | — | — | — | — |
| 3. 盈余公积弥补亏损 | — | — | — | — | — | — | — | — | — | — | — | — | — | — |
| 4. 一般风险准备弥补亏损 | — | — | — | — | — | — | — | — | — | — | — | — | — | — |
| 5. 其他 | — | — | — | — | — | — | — | — | — | — | — | — | — | — |
| 四、本期末余额 | 150 000.00 | 18 431.11 | — | 6 105.12 | 4 400.47 | 31 066.39 | 210 003.09 | 50 000.00 | 47 241.46 | — | 3 426.21 | 2 065.10 | 18 583.05 | 121 315.83 |

单位负责人:张剑平　　主管会计工作负责人:秦程宏　　会计机构负责人:秦程宏

## 5.2 信托资产

### 5.2.1 信托项目资产负债汇总表

**信托项目资产负债表**

编制单位:中投信托有限责任公司　　2010年12月31日　　单位:万元

| 信托资产 | 期末余额 | 年初余额 | 信托负债和信托权益 | 期末余额 | 年初余额 |
|---|---|---|---|---|---|
| 信托资产 | | | 信托负债 | | |
| 货币资金 | 59 241.45 | 122 355.78 | 交易性金融负债 | 0.00 | 0.00 |
| 拆出资金 | 0.00 | 0.00 | 衍生金融负债 | 0.00 | 0.00 |
| 存出保证金 | 0.00 | 0.00 | 应付受托人报酬 | 542.37 | 30.69 |
| 交易性金融资产 | 106 561.95 | 75 934.56 | 应付托管费 | 61.52 | 26.65 |
| 衍生金融资产 | 0.00 | 0.00 | 应付受益人收益 | 3 528.18 | 1 819.92 |
| 买入返售金融资产 | 232 100.00 | 187 500.00 | 应交税费 | 1 055.88 | 550.54 |
| 应收款项 | 2 124.68 | 469.65 | 应付销售服务费 | 0.00 | 0.00 |
| 发放贷款 | 640 880.00 | 358 740.00 | 其他应付款项 | 1 166.44 | -42.94 |
| 可供出售金融资产 | 266 973.05 | 116 586.31 | 预计负债 | | |
| 持有至到期投资 | 448 155.00 | 378 428.00 | 其他负债 | 10.40 | 1.00 |
| 长期应收款 | 0.00 | 0.00 | 信托负债合计 | 6 364.79 | 2 385.86 |
| 长期股权投资 | 252 059.29 | 163 690.96 | | | |
| 投资性房地产 | 0.00 | 0.00 | 信托权益 | | |
| 固定资产 | 0.00 | 0.00 | 实收信托 | 1 984 455.85 | 1 400 958.45 |
| 无形资产 | 0.00 | 0.00 | 资本公积 | 0.00 | 0.00 |
| 长期待摊费用 | 0.00 | 0.00 | 损益平准金 | 0.00 | 0.00 |
| 其他资产 | 0.00 | 0.00 | 未分配利润 | 17 274.78 | 360.95 |
| 减:各项资产减值准备 | 0.00 | 0.00 | 信托权益合计 | 2 001 730.63 | 1 401 319.40 |
| 信托资产总计 | 2 008 095.42 | 1 403 705.26 | 信托负债和信托权益总计 | 2 008 095.42 | 1 403 705.26 |

单位负责人:张剑平　　主管会计工作负责人:秦程宏　　会计机构负责人:吕深远

### 5.2.2 信托项目利润及利润分配汇总表

**利润及利润分配表**

编制单位:中投信托有限责任公司　2010年　单位:万元

| 项　目 | 本年金额 | 上年金额 |
|---|---|---|
| 1. 营业收入 | 112 458.69 | 71 856.82 |
| 1.1 利息收入 | 74 392.76 | 39 436.26 |
| 1.2 投资收益(损失以"-"号填列) | 36 277.30 | 4 208.36 |
| 1.2.1 其中:对联营企业和合营企业的投资收益 | 0.00 | 0.00 |
| 1.3 公允价值变动收益(损失以"-"号填列) | -6 565.30 | 17 143.68 |
| 1.4 租赁收入 | 0.00 | 0.00 |
| 1.5 汇兑损益(损失以"-"号填列) | 0.00 | 0.00 |
| 1.6 其他收入 | 8 353.93 | 11 068.52 |
| 2. 支出 | 20 051.26 | 11 696.39 |
| 2.1 营业税金及附加 | 3 501.25 | 2 094.20 |
| 2.2 受托人报酬 | 10 060.14 | 3 391.26 |
| 2.3 托管费 | 1 144.42 | 482.55 |
| 2.4 投资管理费 | 1 191.12 | 2 601.70 |
| 2.5 销售服务费 | 1 364.66 | 0.00 |
| 2.6 交易费用 | 770.36 | 0.00 |
| 2.7 资产减值损失 | 0.00 | 0.00 |
| 2.8 其他费用 | 2 019.31 | 3 126.68 |
| 3. 信托净利润(净亏损以"-"号填列) | 92 407.43 | 60 160.43 |

续表

| 项　目 | 本年金额 | 上年金额 |
|---|---|---|
| 4. 其他综合收益 | 0.00 | 0.00 |
| 5. 综合收益 | 92 407.43 | 60 160.43 |
| 6. 加:期初未分配信托利润 | 360.95 | -24 524.60 |
| 7. 可供分配的信托利润 | 92 768.38 | 35 635.83 |
| 8. 减:本期已分配信托利润 | 75 493.60 | 35 274.88 |
| 9. 期末未分配信托利润 | 17 274.78 | 360.95 |

单位负责人:张剑平　　主管会计工作负责人:秦程宏　　会计机构负责人:吕深远

## 6. 会计报表附注

### 6.1 会计报表编制基准、会计政策、会计估计和核算方法发生的变化

本公司执行财政部2006年2月公布的《企业会计准则》,报告期内会计报表编制基准、会计政策、会计估计和核算方法与上一报告期一致,未发生变化。

### 6.2 或有事项说明

其他付款398.30万元。

### 6.3 重要资产转让及其出售的说明

金融资产中本年度卖出股票成本合计32 008.91万元。

## 6.4 会计报表中重要项目的明细资料

### 6.4.1 披露自营资产经营情况

6.4.1.1 按信用风险五级分类结果披露信用风险资产的期初数、期末数

| 信用资产五级分类 | 正常类（万元） | 关注类（万元） | 次级类（万元） | 可疑类（万元） | 损失类（万元） | 信用风险资产合计（万元） | 不良合计（万元） | 不良率（%） |
|---|---|---|---|---|---|---|---|---|
| 期初数 | 36 230.74 | — | — | 91.00 | 205.90 | 36 526.94 | 296.90 | 0.81 |
| 期末数 | 80 093.90 | — | — | — | — | 80 093.90 | 0.00 | 0.00 |

注：不良资产合计＝次级类＋可疑类＋损失类。

6.4.1.2 各项资产减值损失准备的期初、本期计提、本期转回、本期核销、期末数

单位：万元

| | 期初数 | 本期计提 | 本期转回 | 本期核销 | 期末数 |
|---|---|---|---|---|---|
| 贷款损失准备 | 373.26 | 128.02 | — | 191.28 | 310.00 |
| 一般准备 | 181.98 | 128.02 | — | — | 310.00 |
| 专项准备 | 191.28 | — | — | 191.28 | — |
| 其他资产减值准备 | — | — | — | — | — |
| 可供出售金融资产减值准备 | — | — | — | — | — |
| 持有至到期投资减值准备 | — | — | — | — | — |
| 长期股权投资减值准备 | — | — | — | — | — |
| 坏账准备 | 176.96 | — | — | 176.96 | — |
| 投资性房地产减值准备 | — | — | — | — | — |

6.4.1.3 自营股票投资、基金投资、债券投资、股权投资等投资业务的期初数、期末数

单位：万元

| | 自营股票 | 基金 | 债券 | 长期股权投资 | 其他投资 | 合计 |
|---|---|---|---|---|---|---|
| 期初数 | 63 607.89 | — | — | — | 16 160.00 | 79 767.89 |
| 期末数 | 26 819.10 | — | — | — | 102 880.00 | 129 699.10 |

6.4.1.4 按投资入股金额排序，前五名的自营长期股权投资的企业名称、占被投资企业权益的比例、主要经营活动及投资收益情况等（依大小顺序排列）

无。

6.4.1.5 前三名的自营贷款的企业名称、占贷款总额的比例和还款情况等（依大小顺序排列）

| 企业名称 | 占贷款总额的比例（%） | 还款情况 |
|---|---|---|
| 1. 台州万邦置业有限公司 | 38.71 | 无 |
| 2. 浙江新湖集团股份有限公司 | 32.26 | 2011 年 2 月已归还 |
| 3. 杭州盈丰房地产有限公司 | 29.03 | 无 |

6.4.1.6 表外业务的期初数、期末数；按照代理业务、担保业务和其他类型表外业务分别披露

单位：万元

| 表外业务 | 期初数 | 期末数 |
|---|---|---|
| 担保业务 | 0.00 | 0.00 |
| 代理业务（委托业务） | 4 540.00 | 4 484.00 |
| 其他 | 0.00 | 0.00 |
| 合计 | 4 540.00 | 4 484.00 |

6.4.1.7 公司当年的收入结构（母公司口径、并表口径同时披露）

| 收入结构 | 金额（万元） | 占比（%） |
|---|---|---|
| 手续费及佣金收入 | 14 123.58 | 36.28 |
| 其中：信托手续费收入 | 14 123.58 | 36.28 |
| 投资银行业务收入 | — | 0.00 |
| 利息收入 | 3 397.25 | 8.73 |
| 其他业务收入 | 482.48 | 1.24 |
| 其中：计入信托业务收入部分 | — | 0.00 |
| 投资收益 | 20 239.07 | 51.99 |
| 其中：股权投资收益 | — | 0.00 |
| 证券投资收益 | 16 910.68 | 43.44 |
| 其他投资收益 | 3 328.39 | 8.55 |
| 公允价值变动收益 | 679.26 | 1.74 |
| 营业外收入 | 10.00 | 0.03 |
| 收入合计 | 38 931.64 | 100.00 |

### 6.4.2 披露信托财产管理情况

6.4.2.1 信托资产的期初数、期末数

单位：万元

| 信托资产 | 期初数 | 期末数 |
|---|---|---|
| 集合 | 209 905.00 | 455 364.24 |
| 单一 | 913 784.00 | 1 415 474.79 |
| 财产权 | 280 016.00 | 137 256.39 |
| 合计 | 1 403 705.00 | 2 008 095.42 |

6.4.2.1.1 主动管理型信托业务的信托资产期初数、期末数，分证券投资、股权投资、融资、事务管理类分别披露

单位：万元

| 主动管理型信托资产 | 期初数 | 期末数 |
|---|---|---|
| 证券投资类 | 23 659.00 | 17 124.19 |
| 股权投资类 | 25 250.00 | 206 587.23 |
| 融资类 | 548 918.00 | 682 071.20 |
| 事务管理类 | 67 096.00 | 167 494.10 |
| 合计 | 664 923.00 | 1 073 276.72 |

6.4.2.1.2 被动管理型信托业务的信托资产期初数、期末数，分证券投资、股权投资、融资、事务管理类分别披露

单位：万元

| 被动管理型信托资产 | 期初数 | 期末数 |
|---|---|---|
| 证券投资类 | 67 956.00 | 108 298.94 |
| 股权投资类 | 0.00 | 70 283.15 |
| 融资类 | 670 826.00 | 669 482.08 |
| 事务管理类 | 0.00 | 86 754.53 |
| 合计 | 738 782.00 | 934 818.70 |

6.4.2.2 本年度已清算结束的信托项目个数、实收信托合计金额、加权平均实际年化收益率

6.4.2.2.1 本年度已清算结束的集合类、单一类资金信托项目和财产管理类信托项目个数、实收信托金额、加权平均实际年化收益率

| 已清算结束信托项目 | 项目个数 | 实收信托合计金额(万元) | 加权平均实际年化收益率(%) |
|---|---|---|---|
| 集合类 | 10 | 73 440.00 | 7.52 |
| 单一类 | 61 | 712 123.16 | 4.76 |
| 财产管理类 | 70 | 358 110.38 | 4.70 |

6.4.2.2.2 本年度已清算结束的主动管理型信托项目个数、实收信托合计金额、加权平均实际年化收益率，分证券投资、股权投资、融资、事务管理类分别计算并披露

| 已清算结束信托项目 | 项目个数 | 实收信托合计金额(万元) | 加权平均实际年化收益率(%) |
|---|---|---|---|
| 证券投资类 | 0 | 0.00 | 0.00 |
| 股权投资类 | 2 | 20 000.00 | 2.59 |
| 融资类 | 25 | 267 490.00 | 6.55 |
| 事务管理类 | 20 | 182 451.94 | 3.71 |

6.4.2.2.3 本年度已清算结束的被动管理型信托项目个数、实收信托合计金额、加权平均实际年化收益率，分证券投资、股权投资、融资、事务管理类分别计算并披露

| 已清算结束信托项目 | 项目个数 | 实收信托合计金额(万元) | 加权平均实际年化收益率(%) |
|---|---|---|---|
| 证券投资类 | 0 | 0.00 | 0.00 |
| 股权投资类 | 0 | 0.00 | 0.00 |
| 融资类 | 10 | 237 892.00 | 3.65 |
| 事务管理类 | 84 | 435 839.60 | 5.22 |

6.4.2.3 本年度新增的集合类、单一类和财产管理类信托项目个数、实收信托合计金额

| 新增信托项目 | 项目个数 | 实收信托合计金额(万元) |
|---|---|---|
| 集合类 | 17 | 332 710.00 |
| 单一类 | 63 | 3 974 282.38 |
| 财产管理类 | 11 | 205 898.12 |
| 新增合计 | 91 | 4 512 890.50 |
| 其中:主动管理型 | 68 | 919 640.50 |
| 被动管理型 | 23 | 3 593 250.00 |

6.4.2.4 信托业务创新成果和特色业务有关情况

公司始终致力于发展主动管理型信托业务，积极推进业务结构优化和战略性业务布局，实现业务重心逐步向中高收益型转移。目前，公司已在股权投资类、投资性房地产类、PE 投资类信托领域取得突破性成果，"投融资结合"业务模式持续创新发展，初步探索出具有中长期投资价值的产品模式，为公司今后重点开发类产业基金等主动管理型业务奠定良好基础。公司于2008 年首创的"中小企业信托基金"已成功推出14 只，向涉及服务业、文化创意产业、现代农业和现代制造业等多个产业的近300 家省内中小企业提供7.6 亿元资金，获得公司信托资金支持的中小企业均运行良好。中小企业信托基金已成为公司履行企业责任、服务中小企业的标志性品牌。

6.4.2.5 本公司履行受托人义务情况及因本公司自身责任而导致的信托资产损失情况(合计金额、原因等)

本公司作为信托计划的受托人，按照国家法律、法规和信托文件的约定管理、运用和处分信托财产，按期进行信息披露；对委托人、受益人以及处理信托事务的情况和资料依法保密；以信托财产为限向受益人支付信托利益。本年度未发生因本公司自身责任而导致的信托资产损失情况。

## 6.5 关联方关系及其交易的披露

**6.5.1 关联交易方的数量、关联交易的总金额及关联交易的定价政策等**

| | 关联交易方数量 | 关联交易金额(万元) | 定价政策 |
|---|---|---|---|
| 合计 | 3 | 2 567.66 | 合同 |

**6.5.2 关联交易方与本公司的关系性质、关联交易方的名称、法定代表人、注册地址、注册资本及主营业务等**

| 关系性质 | 关联方名称 | 法定代表人 | 注册地址 | 注册资本(万元) | 主营业务 |
|---|---|---|---|---|---|
| 控股股东 | 中国建银投资有限责任公司 | 杨庆蔚 | 北京市西城区闹市口大街1号院2号楼7~14层 | 2 069 225 | 投资与投资管理；资产管理与处置；企业管理；房地产租赁；咨询。 |
| 控股股东之子公司 | 建银大厦 | 王国强 | 北京市丰台区西站南路2号 | 634.3 | 住宿服务、餐饮服务、零售卷烟、理发服务、皮肤护理(医疗性美容除外)、洗衣服务、洗浴服务、棋牌室。物业管理，体育运动项目经营，器械健身，停车场服务。 |
| 控股股东之子公司 | 国泰基金管理有限公司 | 陈勇胜 | 上海市浦东新区峨山路91弄98号201A | 11 000 | 基金设立、基金业务管理，及中国证监会批准的其他业务。 |

**6.5.3 逐笔披露本公司与关联方的重大交易事项**

6.5.3.1 固有与关联方交易情况：贷款、投资、租赁、应收账款、担保、其他方式等期初汇总数、本期借方和贷方发生额汇总数、期末汇总数

**固有与关联方关联交易**

单位：万元

| | 期初数 | 借方发生额 | 贷方发生额 | 期末数 |
|---|---|---|---|---|
| 贷款 | 0 | 0 | 0 | 0 |
| 投资 | 0 | 0 | 0 | 0 |
| 租赁 | 0 | 0 | 0 | 0 |
| 担保 | 0 | 0 | 0 | 0 |
| 应收账款 | 0 | 0 | 0 | 0 |
| 其他 | 0 | 2 567.66 | 2 567.66 | 0.00 |
| 合计 | 0 | 2 567.66 | 2 567.66 | 0.00 |

6.5.3.2 信托与关联方交易情况：贷款、投资、租赁、应收账款、担保、其他方式等期初汇总数、本期借方和贷方发生额汇总数、期末汇总数

信托与关联方关联交易

单位:万元

| | 期初数 | 借方发生额 | 贷方发生额 | 期末数 |
|---|---|---|---|---|
| 贷款 | 0.00 | 0.00 | 0.00 | 0.00 |
| 投资 | 0.00 | 0.00 | 0.00 | 0.00 |
| 租赁 | 0.00 | 0.00 | 0.00 | 0.00 |
| 担保 | 0.00 | 0.00 | 0.00 | 0.00 |
| 应收账款 | 0.00 | 0.00 | 0.00 | 0.00 |
| 其他 | 0.00 | 0.00 | 0.00 | 0.00 |
| 合计 | 0.00 | 0.00 | 0.00 | 0.00 |

6.5.3.3 信托公司自有资金运用于自己管理的信托项目(固信交易)、信托公司管理的信托项目之间的相互(信信交易)交易金额,包括余额和本报告年度的发生额

6.5.3.3.1 固有与信托财产之间的交易金额期初汇总数、本期发生额汇总数、期末汇总数

固有财产与信托财产相互交易

单位:万元

| | 期初数 | 本期发生额 | 期末数 |
|---|---|---|---|
| 合计 | 16 160.00 | 66 720.00 | 82 880.00 |

6.5.3.3.2 信托项目之间的交易金额期初汇总数、本期发生额汇总数、期末汇总数

信托资产与信托财产相互交易

单位:万元

| | 期初数 | 本期发生额 | 期末数 |
|---|---|---|---|
| 合计 | 40 880.00 | 113 122.00 | 154 002.00 |

**6.5.4 逐笔披露关联方逾期未偿还本公司资金的详细情况以及本公司为关联方担保发生或即将发生垫款的详细情况**

无。

## 6.6 会计制度的披露

公司固有业务、信托业务均执行财政部 2006 年 2 月公布的《企业会计准则》。

# 7. 财务情况说明书

## 7.1 利润实现和分配情况(母公司与并表口径同时披露)

公司 2010 年初未分配利润 18 583.05 万元,2010 年实现净利润 26 789.14 万元。按净利润的 10% 提取法定盈余公积 2 678.91 万元,按净利润的 5% 提取信托赔偿准备金1 339.45 万元 按期末承担风险和损失的资产余额的 1% 补充计提一般准备 995.91 万元 向股东分配利润 9 291.53 万元,截至 2010 年 12 月 31 日,公司未分配利润为 31 066.39 万元。

## 7.2 主要财务指标

| 指标名称 | 指标值 |
|---|---|
| 资本利润率(%) | 16.17 |
| 人均净利润(万元/人) | 362.02 |

## 7.3 对本公司财务状况、经营成果有重大影响的其他事项

2007 年 3 月,经浙江省国家税务局直属税务分局批复同意,公司可将以前年度股权转让损失中的 55 000 万元在企业所得税前扣除,但每一纳税年度扣除的股权投资损失不得超过当年实现的股权投资收益和股权投资转让所得,超过部分可向以后纳税年度结转扣除。企业股权投资转让损失连续向后结转 5 年仍不能从股权投资收益和股权投资转让所得中扣除的准予在该股权投资转让年度后第六年一次性扣除。

# 8. 特别事项简要揭示

## 8.1 本报告期内无股东变动情况

## 8.2 本报告期内公司董事、监事及高级管理人员变动情况及原因

根据公司章程规定,公司董事会、监事会、高管层三年一换届,属正常变动。

## 8.3 公司的重大未决诉讼事项

信托:本公司被诉案件:1 个。

"浙江教育学院诉本公司不当得利一案",该案发生于 2008 年,浙江教育学院为原告,本公司为被告之一,诉讼标的为 1 373 万元。现二审审理中。

## 8.4 本报告期内无公司及其董事、监事和高级管理人员受到处罚的情况

## 8.5 本报告期内银监会及其派出机构对公司检查后提出整改意见的情况

报告期内,中国银行业监督管理委员会浙江监管局多次对公司进行现场检查与指导,充分肯定了公司所取得的成绩,认为公司积极应对外部复杂形势,有序推进各项工作,继续探索小企业成长基金信托产品模式,全年信托和固有业务结构有所优化,通过增资扩股进一步增强了资本实力,信托业务规模和利润总额增幅明显,呈现较好的发展态势。但从持续监管来看,公司主动管理型信托业务占比有待进一步提高,核心特色业务模式、稳定合适的盈利模式等仍需进一步探索,随着业务的快速发展,信托项目的尽职调查和精细化管理及内部审计等方面需进一步加强。

## 8.6 本报告期内重大事项临时报告

《中投信托有限责任公司关于公司注册资本及章程变更的公告》,2010 年 3 月 12 日(星期五),《金融时报》第 7 版。

《中投信托有限责任公司关于公司董事长变更的公告》,2010 年 10 月 15 日(星期五),《金融时报》第 7 版。

## 8.7 本报告期内无中国银监会及其省级派出机构认定的其他有必要让客户及相关利益人了解的重要信息

# 9. 公司监事会意见

公司监事会在此声明,2010 年,本公司依法经营,本报告披露的财务报告真实反映公司的财务状况和经营成果。

# 中信信托有限责任公司

## 1. 重要提示

1.1 本公司董事会及董事保证本报告所载资料不存在任何虚假记载、误导性陈述或者重大遗漏，并对其内容的真实性、准确性和完整性承担个别及连带责任。

1.2 本公司独立董事对年度报告内容的真实性、准确性、完整性无异议。

1.3 本公司董事长居伟民、总经理蒲坚、主管会计工作的公司副总经理马春光、主管信托会计的内控总监余金树保证年度报告中财务报告的真实和完整。

## 2. 公司概况

### 2.1 公司简介

2.1.1 公司历史沿革

中信信托有限责任公司（前身是中信兴业信托投资公司）是经原中国人民银行批准设立，由中国银行业监督管理委员会直接监管的全国性非银行金融机构，成立于 1988 年 3 月 5 日，注册地为北京市。2002 年，按照中国人民银行对中信公司经营体制改革的批复和对信托投资公司重新登记的要求，中信集团公司将中信兴业信托投资公司重组、更名、改制为中信信托投资有限责任公司，并承接中信集团公司信托类资产、负债及业务。2007 年，根据中国银行业监督管理委员会《关于中信信托投资有限责任公司变更公司名称和业务范围的批复》，公司名称由“中信信托投资有限责任公司”变更为“中信信托有限责任公司”，英文名称变更为“Citic Trust Co., Ltd.”。

目前公司注册资本金为 12 亿元（其中外汇 2 300 万美元）。

2.1.2 公司的法定名称

中文：中信信托有限责任公司（缩写：中信信托）

英文：Citic Trust Co. Ltd.

2.1.3 公司法定代表人：居伟民

2.1.4 公司注册地址：北京市朝阳区新源南路 6 号京城大厦 13 层

邮政编码：100004

公司互联网网址：http://www.ecitic.com

公司电子信箱：citict@citic.com

2.1.5 公司负责信息披露事务的高级管理人员：马春光

公司信息披露事务联系人：刘　琳、刘　广

办公电话：8610－84861855 84861376

办公传真：8610－84861380

电子信箱：Liulin@citic.com，Liuguang@citic.com

2.1.6 公司选定的信息披露报纸：《金融时报》

2.1.7 年报备置地点：北京市朝阳区新源南路 6 号京城大厦 13 层

2.1.8 公司聘请的会计师事务所：北京京都天华会计师事务所有限公司

办公地址：北京建国门外大街 22 号赛特广场 5 层

2.1.9 公司聘请的律师事务所：北京嘉源律师事务所

办公地址：北京市西城区复兴门内大街 158 号远洋大厦 F407 室

### 2.2 组织结构

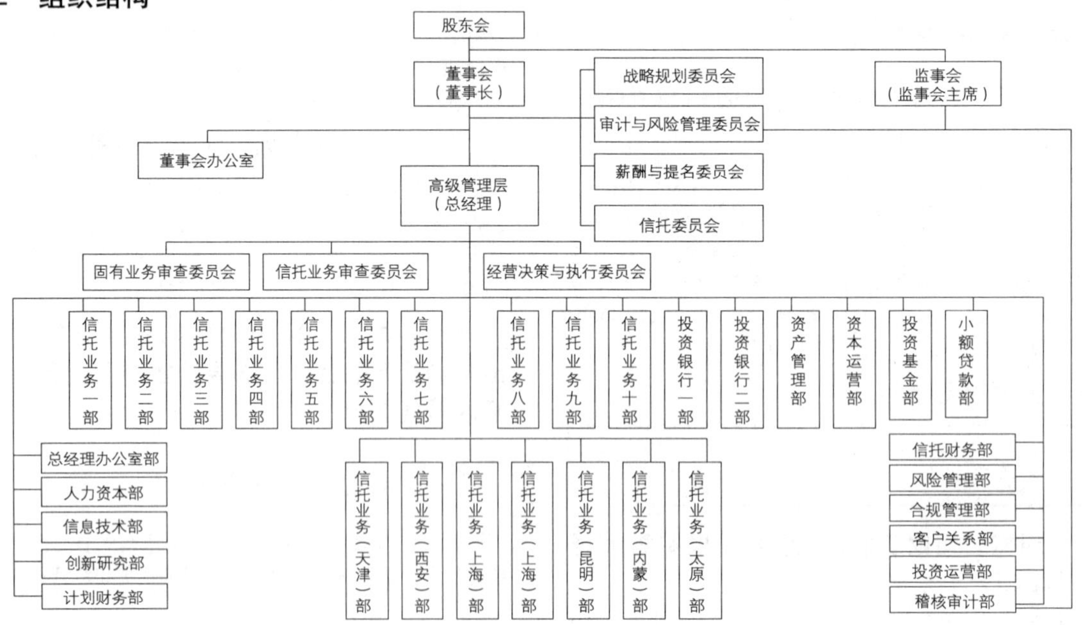

## 3. 公司治理结构

### 3.1 股东

总数:2

| 股东名称 | 持股比例(%) | 法定代表人 | 注册资本(单位:亿元) | 注册地址 | 主要经营业务及主要财务情况 |
|---|---|---|---|---|---|
| 中国中信集团公司★ | 80 | 常振明 | 553.58 | 北京新源南路6号京城大厦 | 金融业务、信息产业、投资服务,2010年末净资产为1 725亿元。 |
| 中信华东(集团)有限公司 | 20 | 王 炯 | 6.74 | 上海浦东新区花园石桥路33号花旗集团大厦3601室 | 实业投资、贸易,2010年末净资产为40.23亿元。 |

注:1. 中信华东(集团)有限公司是中国中信集团公司的全资子公司。
2. ★号代表本公司最终实际控制人。

### 3.2 董事

董事会成员

| 姓 名 | 职 务 | 性别 | 年龄 | 所推举的股东名称 | 该股东持股比例(%) | 简 要 履 历 |
|---|---|---|---|---|---|---|
| 居伟民 | 董事长 | 男 | 47 | 中国中信集团公司 | 80 | 中国人民大学硕士研究生学历、中信集团常务董事、中信集团副总经理兼财务总监。 |
| 蒲 坚 | 董事 | 男 | 50 | 中国中信集团公司 | 80 | 美国福坦莫大学硕士研究生学历、中信集团董事、本公司总经理。 |
| 张翔燕 | 董事 | 女 | 45 | 中国中信集团公司 | 80 | 清华大学硕士研究生学历、中信控股有限公司副总裁。 |
| 张云亭 | 董事 | 男 | 40 | 中信华东(集团)有限公司 | 20 | 上海财经大学工商管理硕士、中信华东集团副总经理。 |
| 马春光 | 董事 | 男 | 59 | 中国中信集团公司 | 80 | 在职研究生结业、本公司副总经理。 |
| 陈一松 | 董事 | 男 | 42 | 中国中信集团公司 | 80 | 湖南大学硕士研究生学历本公司副总经理。 |

独立董事

| 姓 名 | 职 务 | 性别 | 年龄 | 所推举的股东名称 | 该股东持股比例(%) | 简 要 履 历 |
|---|---|---|---|---|---|---|
| 林义相 | 独立董事 | 男 | 47 | 中国中信集团公司 | 80 | 法国巴黎第十大学应用宏观经济博士、天相投资顾问有限公司董事长兼总经理。 |
| 徐经长 | 独立董事 | 男 | 46 | 中国中信集团公司 | 80 | 中国人民大学经济学博士、中国人民大学商学院会计系副主任。 |
| 姜国华 | 独立董事 | 男 | 40 | 中国中信集团公司 | 80 | 美国加利福尼亚大学伯克利分校会计学博士、北京大学光华管理学院会计系副主任。 |

注:本届董事会于2009年3月组成,任期三年。

### 3.3 监事

| 姓 名 | 职 务 | 性别 | 年龄 | 所推举的股东名称 | 该股东持股比例(%) | 简 要 履 历 |
|---|---|---|---|---|---|---|
| 孙志鸿 | 监事会主席 | 女 | 61 | 中国中信集团公司 | 80 | 在职研究生结业、中信集团财务部顾问。 |
| 关颐 | 监事 | 男 | 42 | 中国中信集团公司 | 80 | 对外经济贸易大学毕业、中信集团战略与计划部处长。 |
| 李峰 | 监事 | 男 | 36 | 中国中信集团公司 | 80 | 武汉大学本科毕业、本公司创新研究部负责人。 |

注:本届监事会于2009年3月组成,任期三年,本监事会未设立下属委员会。

### 3.4 高级管理人员

| 姓名 | 职务 | 性别 | 年龄 | 选任日期 | 学历 | 专业 | 简要履历 |
|---|---|---|---|---|---|---|---|
| 蒲 坚 | 总经理 | 男 | 50 | 2009年3月 | 硕士 | 工商管理 | 从事金融21年。 |
| 路京生 | 党委副书记 | 男 | 54 | 2010年5月 | 在职研究生 | 经济管理、科学与技术哲学 | 中央党校在职研究生毕业,曾任中组部干部五局副巡视员。 |
| 马春光 | 副总经理 | 男 | 59 | 2009年3月 | 研究生结业 | 企业管理 | 从事金融28年。 |
| 张子镁 | 副总经理 | 男 | 56 | 2009年3月 | 学士 | 日语、经济 | 从事金融25年,曾任中信集团驻日本代表处首席代表。 |
| 陈一松 | 副总经理 | 男 | 42 | 2009年3月 | 硕士 | 金融学 | 从事金融18年。 |

### 3.5 公司员工

报告期末,公司职工人数为 274 人。

| 项目 | | 报告期年度 | | 上年度 | |
|---|---|---|---|---|---|
| | | 人数 | 比例(%) | 人数 | 比例(%) |
| 年龄分布 | 25 岁以下 | 19 | 7 | 17 | 7 |
| | 25 ~29 岁 | 89 | 32 | 78 | 34 |
| | 30 ~39 岁 | 117 | 43 | 95 | 42 |
| | 40 岁以上 | 49 | 18 | 39 | 17 |
| 学历分布 | 博士 | 11 | 4 | 10 | 4 |
| | 硕士 | 147 | 54 | 112 | 49 |
| | 本科 | 102 | 37 | 92 | 40 |
| | 专科 | 14 | 5 | 15 | 7 |
| | 其他 | 0 | 0 | 0 | 0 |
| 岗位分布 | 董事、监事及其高管人员 | 14 | 5 | 13 | 6 |
| | 自营业务人员 | 14 | 5 | 13 | 6 |
| | 信托业务人员 | 198 | 72 | 166 | 72 |
| | 其他人员 | 48 | 18 | 37 | 16 |

## 4. 经营管理

### 4.1 经营目标、方针、战略规划

#### 4.1.1 经营目标

公司致力于成为信托法规范下综合金融解决方案的提供商和多种金融功能的集成者,以差异化竞争、持续性创新为标志,达成国内领先、综合优势明显、具有核心竞争力的智慧型信托公司。

#### 4.1.2 经营方针

公司追求和谐、科学的价值文化,秉承无边界服务、无障碍运行的经营理念,把握市场规律,超前适变应变,持续学习创新,统筹价值实现。

#### 4.1.3 战略规划

公司充分发挥“中信”的品牌影响力和中信金融的协同效应,以差异化的竞争策略,通过不断学习和创新,提升服务境界,降低产品可复制性,建立可持续增长的盈利模式;提高风险管理水平,完善对业务风险的分析和定价体系,以使各类风险被准确识别、合理定价和安全控制;增加对人力资本的投入,以富含内涵价值的综合报酬和激励机制,实现对创新型、智慧型人才的培养、引进和保持;通过公众化进程,扩大资产和业务规模,优化业务布局,实现经营效益、股东回报和职工成果分享的稳健增长,推动业务覆盖和模式的新发展,探索建立有特色的符合自身发展节奏和信托规律的国际化业务模式。

### 4.2 所经营业务的主要内容

#### 4.2.1 信托业务

公司积极顺应监管政策导向,注重内涵式增长,不断培育和增强主动管理能力,大幅增加主动管理规模,所推信托产品已呈系列化、基金化和品牌化。

截至 2010 年 12 月 31 日,公司实收信托余额为 3 253 亿元,比年初 1 991 亿元增加 1 262 亿元,增长了 63%。其中主动管理型业务余额为 1 343 亿元,占实收信托余额的 41%。

根据信托业务服务内容划分,公司信托业务分为投资类、融资类和事务管理类三大部分。

4.2.1.1 投资类信托

公司将该类业务作为重点发展方向,着力提高产品创新含量、设计水平和管理能力,将自身定位从融资工具转变为个性化产品及基金的设计者和管理者。公司担任受托人和投资管理人,对信托资金的投资运作效果承担责任。

截至 2010 年 12 月 31 日,该类业务规模为 1 099 亿元,占实收信托总额约为 34%。其主要业务包括集合资金信托金融投资、集合资金信托直接投资、集合投资类资产流动化信托、单一授权型信托金融投资和单一授权型信托直接投资。

4.2.1.2 融资类信托

公司在该类业务中担任受托人、贷款人和贷款服务商,主要承担融资项目尽职调查、筛选推荐、交易结构设计、债权及担保管理职责。其主要业务包括集合资金信托贷款、集合资金信托结构性融资、集合融资类资产流动化信托和单一授权型信托贷款。截至 2010 年末,该类业务规模为 244 亿元,约占实收信托总额的 7%。

4.2.1.3 事务管理类信托

公司在该类业务中主要担任受托人、账户管理人和财务顾问,按照信托文件约定和委托人指令执行或提出建议。这类业务主要包括企业年金基金信托、股权信托、单一指定型信托和事务管理类资产流动化信托。

截至 2010 年末,该类业务规模为 1 910 亿元,约占实收信托规模的 59%。

#### 4.2.2 固有业务

4.2.2.1 短期贷款业务

公司在开展此类业务时注重深度拓展综合金融服务,不断提高固有资金使用效率和收益水平,持续开拓和储备新的项目资源。

4.2.2.2 金融产品投资

金融产品投资主要包括上市公司股权投资及信托产品投资。公司持续关注和研究债券市场、基金市场以及信托产品投资等领域,发掘低风险投资机会。

4.2.2.3 长期股权投资

公司长期股权投资主要包括泰康人寿股份有限公司、信诚基金管理有限公司、中信锦绣资本管理公司等优质金融股权投资。2010 年,公司与日本中央短资公司、天津信托拟合资设立天津信唐货币经纪有限责任公司,经监管部门同意,该公司正在筹建,为正式开业做准备。

#### 4.2.3 其他业务

在顺利结束首个担保业务基础上,公司继续探索以公司信用为基础的担保业务,不断积累此类业务经验。

#### 4.2.4 主要业务的资产组合与分布

4.2.4.1 固有资产运用与分布表

| 资产运用 | 金额(万元) | 占比(%) | 资产分布 | 金额(万元) | 占比(%) |
|---|---|---|---|---|---|
| 货币资产 | 60 944.85 | 7.91 | 基础产业 | 0.00 | 0.00 |
| 贷款及应收款 | 345 650.79 | 44.84 | 房地产业 | 221 664.51 | 28.76 |
| 交易性金融资产 | 6 446.20 | 0.84 | 证券市场 | 129 702.62 | 16.83 |

续表

| 资产运用 | 金额(万元) | 占比(%) | 资产分布 | 金额(万元) | 占比(%) |
|---|---|---|---|---|---|
| 可供出售金融资产 | 123 256.43 | 15.99 | 实业 | 6 971.79 | 0.90 |
| 持有至到期投资 | 93 450.00 | 12.12 | 金融机构 | 91 385.22 | 11.85 |
| 长期股权投资 | 98 357.01 | 12.76 | 其他 | 321 141.78 | 41.66 |
| 其他 | 42 760.64 | 5.55 | | | |
| 资产总计 | 770 865.92 | 100.00 | 资产总计 | 770 865.92 | 100.00 |

4.2.4.2 信托资产运用与分布表

| 资产运用 | 金额(万元) | 占比(%) | 资产分布 | 金额(万元) | 占比(%) |
|---|---|---|---|---|---|
| 货币资产 | 6 066 529.41 | 18.23 | 基础产业 | 8 550 221.58 | 25.69 |
| 贷款 | 14 397 056.62 | 43.26 | 房地产 | 5 878 074.76 | 17.66 |
| 交易性金融资产投资 | 3 330 219.31 | 10.01 | 证券市场 | 3 115 620.84 | 9.36 |
| 可供出售金融资产投资 | 2 359 795.59 | 7.09 | 实业 | 1 303 167.15 | 3.92 |
| 持有至到期投资 | 0.00 | 0.00 | 金融机构 | 990 512.11 | 2.98 |
| 长期股权投资 | 6 043 337.80 | 18.16 | 其他 | 13 441 480.93 | 40.39 |
| 其他 | 1 082 138.64 | 3.25 | | | |
| 资产总计 | 33 279 077.37 | 100.00 | 资产总计 | 33 279 077.37 | 100.00 |

## 4.3 市场分析

### 4.3.1 有利条件

影响公司经营发展的有利条件有：

(1)我国经济保持平稳较快发展，工业化、信息化、城镇化进程不断深入，市场需求潜力巨大，将持续推动信托融资需求。

(2)国家关于优化和调整投资结构，建立扩大消费的长期机制，鼓励民间资金进入实业投资等"十二五"规划建议，将为具备综合金融服务优势的信托业开辟广阔市场空间。

(3)国民财富不断累积，居民可支配收入和高净值人群的持续增长，使通过信托这类专业财富管理机构投资理财的需求日趋旺盛。

(4)信托业监管战略与时俱进，风险防范与创新发展并举，积极引导信托公司增强主动管理能力和实现内涵式增长，推动信托业的持续健康发展。

(5)信托业近年发展迅速，信托资产管理总规模已突破3万亿元。信托业在理财市场和资产管理领域的地位和作用及其对中国经济社会发展的价值不断被认识，其在中国金融体系中的地位和影响力不断提升。

### 4.3.2 不利条件

影响公司经营发展的不利条件有：

(1)根据国家宏观调控政策，监管部门在2010年针对银信合作、房地产、信贷资产转让等热点业务密集出台相关政策，在短期内对信托公司业务带来一定影响。

(2)在行业发展环境方面，信托公司跨区域、跨行业的市场竞争进一步加剧。

## 4.4 内部控制

### 4.4.1 内部控制环境和内部控制文化

公司建立分工明确、权责对应、合理制衡的公司治理结构；不断完善选贤举能、优胜劣汰、约束监督、科学激励的治理机制。公司重视环境文化、制度文化、组织文化和行为文化等内控文化建设，通过多种形式，研讨讲解内部控制的最新法规制度和政策；加强制度建设，强化员工职业操守；强化公司内控部门的管理，提升公司内控文化。

### 4.4.2 内部控制措施

(1)公司不断检讨和修订内控制度，监督检查和评价内控的科学性、规范性和可操作性。

(2)公司通过《内部控制指引》对不同业务和管理事项制定有针对性的控制措施，构筑设计监督、操作执行和规范评价三道内控防线，保证了业务管理活动的正常运行。

(2)公司内部不同级次、不同部门之间有明确的授权关系和报告关系；每类业务都有相应的操作规程和风险管理制度。

(4)为防范风险传递，公司实现信托业务系统和固有业务系统之间的部门人员分离、高管分离、财务分离和前台、后台分离等"四个分离"。

(5)公司成立信托业务审查委员会和固有业务审查委员会进行项目评审，由公司领导、前台、中台、后台部门负责人及业务骨干担任评审委员，对高风险或创新业务进行集体审议。

(6)公司针对信托业务和固有业务不同特点，采取既有共性又有个性的内部控制流程。

### 4.4.3 监督评价与纠正

公司在股东层面、董事会层面和公司管理层面建立了多层次的内控评价、后评价和监督纠正体系。

## 4.5 风险管理

### 4.5.1 风险管理概况

风险管理全局性目标是实现长远发展、资本回报和风险暴露之间的平衡，追求运营的高效率和资源的优化配置，追求公司价值最大化。

### 4.5.2 风险状况

4.5.2.1 信用风险状况

(1)信托业务

截至2010年12月31日，信用(流动性)风险在融资类信托业务[包括集合资金信托贷款、集合资金信托融资和集合融资类资产流动化信托、单一授权型信托贷款]中表现比较突出，此类业务实收信托余额242.8亿元，占实收信托业务余额的7.46%。

截至2010年12月31日，公司融资类信托业务中具有银行直接信用保证的项目余额2.6亿元，占全部融资类信托业务实收信托余额242.8亿元的1.00%；其他非银行信用保证，但有财产抵押、权利质押、企业保证及政府信用承诺的信托项目，余额为220.9亿元，占91.05%；未附加担保措施的信托项目余额19.3亿元，占7.95%。目前公司交易对手都具有较好的信用记录，没有违约现象发生。

在直接投资类信托业务中[包括信托直接投资(集合资金信托、单一授权型信托)]，公司除了面临金融、商品市场波动等因素而导致的市场风险之外，也同样面临交易对手违约造成的信用(流动性)风险，此类业务实收信托余额445亿元，占实收信托业务余额的13.68%。

从公司2002年重新登记至2010年末，公司已经办理终止的集合资金信托计划有95个,累计金额245亿元。公司尽职管理上述项目,实现了主要预期目标,依法履约地执行了信息披露。所有信托计划的信托本金和信托收益均能按期支付,所有计划均按期清算终止。

(2)固有业务

截至2010年12月31日,公司固有资金贷款金额45.73亿元,绝大部分贷款拥有土地房产抵押、上市公司股票质押、银行信用保证,综合担保率控制在50%以下。其中,用于抵押的房地产主要位于经济发达地区,抵押物价值表现出较强的抗跌性。

4.5.2.2 市场风险状况

(1)信托业务

截至2010年12月31日,市场风险特征较明显的是投资于证券市场和货币市场的授权型信托金融投资、私募阳光化有价证券投资信托、分层型有价证券投资信托、信托直接投资(集合资金信托、单一授权型信托)、集合投资类财产收益权流动化的投资类信托业务,实收信托余额合计1 099亿元,占同期全部实收信托余额的34%。上述业务均是典型的"主动型资产管理业务"。

(2)固有业务

截至2010年12月31日,公司固有资金股票投资余额12.97亿元,固有资金投资信托产品等余额为9.4亿元。固有资金投资的证券类资产具有较强的抗跌性,安全边界较高,市场风险相对较低。截至报告期,固有资金股票投资为浮盈状态;固有资金投资的信托产品均为公司作为受托人开发的优质信托项目,具有较高的安全性。

截至2010年12月31日,公司固有资金长期股权投资余额9.91亿元,主要包括泰康人寿股份有限公司、信诚基金管理有限公司、中信锦绣资本管理有限责任公司、中信凯德(北京)管理咨询有限公司、中电资产管理有限公司等。上述被投资企业经营状况均良好。

4.5.2.3 操作风险状况

操作风险表现在信托业务和固有业务的整个管理过程中。

4.5.2.4 合规风险状况

合规风险是指因没有遵循法律、规则和准则可能遭受法律制裁、监管处罚、重大财务损失和声誉损失的风险。公司各项管理制度得以切实执行,合规文化氛围逐步浓厚,合规风险得到了有效控制,没有因合规问题而遭受法律制裁、重大财务损失或声誉损失。

4.5.2.5 其他风险状况

(1)政策风险:指国家宏观经济政策的调整可能对公司业务经营或成果造成一定影响。

(2)道德风险:指由于公司内部人员蓄意违规、违法给公司带来损失的可能性。报告期公司无该类风险发生。

(3)声誉风险:指由于公司操作失误、违反有关规定、资产质量下降不能按期兑付、不能向公众提供高质量的综合金融服务和管理不善等原因,对公司外部市场地位和声誉产生的消极和不良影响。报告期公司无该类风险发生。

**4.5.3 风险管理**

4.5.3.1 信用风险管理

公司信用风险管理主要通过对交易对手的尽职调查进行事前控制;通过交易结构设计、风险定价、设定担保措施、持续进行风险评估等手段规避和监控交易对手信用风险变化;明确界定业务部门与风险管理等部门的风险管理职责。公司强调风险管理关口前移,注重业务管理的调研和过程控制,严格授权审批制度、决策限额。公司注重信用风险的分散和补偿,关注交易对手的履约能力,并借鉴商业银行信贷管理经验加强该类风险管理。

4.5.3.2 市场风险管理

市场风险管理是识别、计量、监测和控制市场风险的全过程,其目标是通过将市场风险控制在公司可以承受的合理范围内,实现经风险调整后的收益最大化。公司市场风险表现突出的业务主要是金融品投资和股权直接投资业务。

(1)为管理金融品投资的市场风险,公司注重研究和防范系统性风险,强调发掘研究的价值(尤其是重点行业研究),以研究指引投资决策;坚持稳健风格,注重债券和基金等稳健性投资品种的开发;注重与具有较强资产管理能力的私募基金公司合作;公司在部分业务中引入优先和劣后的信托受益权分层结构;监控投资集中度,注意通过投资组合和分散化来降低集中度风险。

(2)为管理股权直接投资的市场风险,公司关注国家宏观政策变化,避免进入限制类行业和相关项目;控制行业集中度,通过业务创新不断拓展多元化的投资领域;充分考虑拟投资项目筛选、评估、运营、退出中的策略、渠道和措施,注重投资项目的调研和分析工作,建立充足的项目储备池,制定风险处置预案锁定项目退出风险,组建专业化的管理团队,明确项目组织管理结构与投资管理责任,对私人股权直接投资业务则通过受益人大会和定期信息披露向投资者报告项目运行状况。

4.5.3.3 操作风险管理

(1)公司要求每项业务在尽职调查、受理、设计、审批、销售、执行和终止的全过程中都合法合规,按照程序操作。

(2)构建内部控制环境,目前公司的各项控制制度和操作规程涵盖了所有业务领域,基本实现了对公司各项业务操作过程的有效控制。

(3)操作风险管理要点包括注重尽职调查、加强产品规范化管理、借助外部中介机构进行管控、进行持续风险监测和风险评价、加强合同档案管理、规范信息披露、加强信息化支持等。

4.5.3.4 合规风险管理

公司密切关注国内外金融监管发展趋势,动态理解和自觉适用信托业务相关的监管政策法规。公司高度重视合规管理工作,认为合规管理不再是公司运营的成本,而应成为提升公司内在价值和创造价值的重要手段。公司采用风险管理的方法主动进行合规管理,合规管理从基于规则限制的"是否合规",发展为基于风险管理的"如何合规",不让合规成为风险。公司持续完善能确保合规管理工作正常开展的制度体系和操作流程,合规风险管理计划得以有效执行;进一步明晰了对内对外合规风险报告路线,建立了合规绩效考核机制和问责与激励机制。

4.5.3.5 其他风险管理

(1)政策风险管理

公司及时跟踪研究国家宏观政策和行业政策的调整与变

化，尽可能准确地分析宏观政策和监管政策的未来趋势；聘请外部咨询机构研究、分析外部政策法规变化对信托公司发展方向、盈利模式的影响，不断摸索适合公司发展的道路；加强与政策制定部门的沟通，及时调整发展思路和经营理念，保持公司经营策略与国家政策的一致性。

（2）道德风险管理

公司通过制度设计完善内部控制机制，规范操作流程；严格执行管理制度及纪律要求；公司加强道德文化教育，鼓励员工遵纪守法，构筑道德风险“防火墙”，不断提高员工廉洁自律和勤勉尽职的意识；公司以员工为本，强调和谐共赢，不断加强企业的凝聚力和员工的归属感，避免各类短期行为和寻租现象；公司加强制度建设，通过制度建设为防范道德风险提供制度保障。

（3）声誉风险管理

公司将声誉风险管理纳入公司治理和全面风险管理体系，强调在合规经营和健康发展的基础上，主动、有效、灵活地管理声誉风险和应对声誉事件，主要是通过机制和制度建设明晰声誉风险监控、管理和应对流程，通过充分信息披露等方式实现与投资者的良性沟通，通过履行社会责任等积极提升公司的品牌价值和社会形象。

## 5. 报告期末及上年末的比较式会计报表

### 5.1 固有资产

#### 5.1.1 会计师事务所审计意见全文

**审 计 报 告**

京都天华审字（2011）第0792号

中信信托有限责任公司：

我们审计了后附的中信信托有限责任公司（以下简称中信信托公司）财务报表，包括2010年12月31日的资产负债表，2010年度的利润表、现金流量表、所有者权益变动表和财务报表附注。

一、管理层对财务报表的责任

按照企业会计准则的规定编制财务报表是中信信托公司管理员的责任。这种责任包括：（1）设计、实施和维护与财务报表编制相关的内部控制，以使财务报表不存在由于舞弊或错误而导致的重大错报；（2）选择和运用恰当的会计政策；（3）作出合理的会计估计。

二、注册会计师的责任

我们的责任是在实施审计工作的基础上对财务报表发表审计意见，我们按照中国注册会计师审计准则的规定执行了审计工作，中国注册会计师审计准则要求我们遵守职业道德规范，计划和实施审计工作以对财务报表是否不存在重大错误报获取合理保证。

审计工作涉及实施审计程序，以获取有关财务报表金额和披露的审计证据，选择的审计程序取决于注册会计师的判断，包括对由于舞弊或错误导致的财务报表重大错误风险的评估，在进行风险评估时，我们考虑与财务报表编制相关的内部控制，以设计恰当的审计程序，但目的并非内部控制的有效性发表意见，审计工作还包括评价管理员选用会计政策的恰当性和作出会计估计的合理性，以及评价财务报表的总体列报。

我们相信，我们获取的审计证据是充分、适当的，为发表审计意见提供了基础。

三、审计意见

我们认为，中信信托公司财务报表已经按照企业会计准则的规定编制。在所有重大方面公允反映了中信信托公司2009年12月31日的财务状况以及2009年度的经营成果和现金流量。

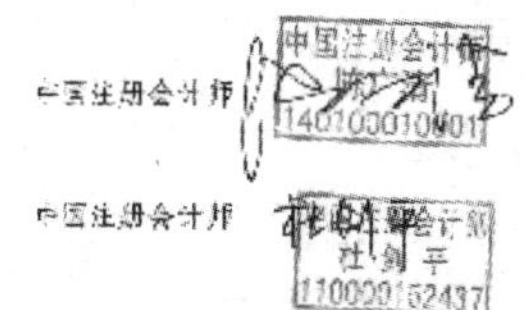

#### 5.1.2 资产负债表

单位：万元

| 项　目 | 2010年12月31日 | 2009年12月31日 |
|---|---|---|
| 资产： | | |
| 现金及存放中央银行款项 | 1.00 | 2.88 |
| 存放同业款项 | 60 943.85 | 144 715.43 |
| 存放联行款项 | 0.00 | 0.00 |
| 拆出资金 | 0.00 | 0.00 |
| 交易性金融资产 | 6 446.20 | 11 814.51 |
| 衍生金融资产 | 0.00 | 0.00 |
| 买入返售金融资产 | 0.00 | 0.00 |
| 应收手续费及佣金 | 13 985.04 | 12 028.04 |
| 应收利息 | 2 421.24 | 3 426.62 |
| 预付账款 | 320.60 | 30.88 |
| 其他应收款 | 2 868.56 | 1 700.33 |
| 发放贷款和垫款 | 329 244.51 | 167 749.65 |
| 可供出售金融资产 | 123 256.43 | 92 555.29 |
| 持有至到期投资 | 93 450.00 | 82 266.11 |
| 长期股权投资 | 98 357.01 | 91 873.10 |
| 投资性房地产 | 0.00 | 0.00 |
| 固定资产 | 1 007.77 | 1 047.34 |
| 无形资产 | 874.85 | 789.99 |
| 递延所得税资产 | 37 188.86 | 24 853.99 |
| 其他资产 | 500.00 | 500.00 |
| 资产总计 | 770 865.92 | 635 354.16 |
| 负债： | | |
| 向中央银行借款 | 0.00 | 0.00 |
| 同业及其他金融机构存放款项 | 0.00 | 0.00 |
| 拆入资金 | 0.00 | 0.00 |
| 交易性金融负债 | 0.00 | 0.00 |
| 衍生金融负债 | 0.00 | 0.00 |
| 卖出回购金融资产款 | 0.00 | 0.00 |
| 预收账款 | 6 202.58 | 5 215.49 |
| 应付职工薪酬 | 47 301.26 | 39 024.78 |
| 应交税费 | 54 575.27 | 47 388.13 |

续表

| 项　目 | 2010 年 12 月 31 日 | 2009 年 12 月 31 日 |
|---|---|---|
| 应付利息 | 0.00 | 0.00 |
| 预计负债 | 0.00 | 0.00 |
| 应付债券 | 0.00 | 0.00 |
| 其他应收款 | 59 588.84 | 51 347.23 |
| 递延所得税负债 | 16 787.93 | 11 944.78 |
| 其他负债 | 21 310.89 | 41 566.30 |
| 负债合计 | 205 766.77 | 196 486.71 |
| 所有者权益： | | |
| 实收资本 | 120 000.00 | 120 000.00 |
| 资本公积 | 50 466.60 | 35 112.56 |
| 减：库存股 | 0.00 | 0.00 |
| 盈余公积 | 43 983.81 | 32 895.99 |
| 一般风险准备 | 27 346.78 | 20 401.74 |
| 未分配利润 | 323 301.96 | 230 457.16 |
| 所有者权益合计 | 565 099.15 | 438 867.45 |
| 负债和所有者权益总计 | 770 865.92 | 635 354.16 |

公司法定代表人：居伟民　　主管会计工作的公司负责人：马春光　　公司会计机构负责人：李　玎

### 5.1.3　利润表

单位：万元

| 项　目 | 2010 年 | 2009 年 |
|---|---|---|
| 一、营业收入 | 238 639.78 | 200 467.22 |
| 利息净收入 | 61 436.22 | 59 777.40 |
| 利息收入 | 63 680.80 | 63 162.07 |
| 利息支出 | 2244.58 | 3 384.67 |
| 手续费及佣金净收入 | 147 658.11 | 104 916.82 |
| 手续费及佣金收入 | 147 658.11 | 104 916.82 |
| 手续费及佣金支出 | 0.00 | 0.00 |
| 投资收益（损失以“－”号填列） | 32 275.48 | 30 026.47 |
| 公允价值变动收益（损失以“－”号填列） | −2 715.37 | 5 746.99 |
| 汇兑收益（损失以“－”号填列） | −14.66 | −0.46 |
| 其他业务收入 | | |
| 二、营业支出 | 94 203.74 | 81 573.92 |
| 营业税金及附加 | 11 706.41 | 9 332.07 |
| 业务及管理费 | 40 899.53 | 23 114.03 |
| 资产减值损失 | 41 597.80 | 49 127.82 |
| 其他业务成本 | 0.00 | 0.00 |
| 三、营业利润（亏损以“－”号填列） | 144 436.04 | 118 893.30 |
| 加：营业外收入 | 1.05 | 0.00 |
| 减：营业外支出 | 114 | 0.37 |
| 四、利润总额（亏损总额以“－”号填列） | 144 323.09 | 118 892.93 |
| 减：所得税费用 | 33 445.43 | 28 782.64 |
| 五、净利润（净亏损以“－”号填列） | 110 877.66 | 90 110.29 |

公司法定代表人：居伟民　　主管会计工作的公司负责人：马春光　　公司会计机构负责人：李　玎

### 5.1.4　所有者权益变动表

单位：万元

| 项　目 | 2010 年 | | | | | |
|---|---|---|---|---|---|---|
| | 实收资本 | 资本公积 | 盈余公积 | 一般风险准备 | 未分配利润 | 所有者权益合计 |
| 一、上年末余额 | 120 000.00 | 35 112.56 | 32 335.68 | 19 634.55 | 226 944.95 | 434 027.74 |
| 加：会计政策变更 | | | | | | — |
| 前期差错更正 | | | 520.87 | 747.47 | 3 571.36 | 4 839.70 |
| 其他 | | | | | | — |
| 二、本年初余额 | 120 000.00 | 35 112.56 | 32 856.55 | 20 382.02 | 230 516.31 | 438 867.44 |
| 三、本年增减变动金额（减少以“－”号填列） | | 15 354.05 | 11 087.77 | 6 945.02 | 92 844.87 | 126 231.71 |
| （一）净利润 | | | | | 110 877.66 | 110 877.66 |
| （二）其他综合收益 | | 15 354.05 | | | | 15 354.05 |
| 上述（一）和（二）小计 | | 15 354.05 | | | 110 877.66 | 126 231.71 |
| （三）所有者投入和减少资本 | | | | | | |
| 1. 所有者投入资本 | | | | | | |
| 2. 股份支付计入所有者权益的金额 | | | | | | |
| 3. 其他 | | | | | | |
| （四）利润分配 | | | 11 087.77 | 6 945.02 | −18 032.79 | |
| 1. 提取盈余公积 | | | 11 087.77 | | −11 087.77 | |
| 2. 对所有者（或股东）的分配 | | | | | | |
| 3. 一般风险准备 | | | | 6 945.02 | −6 945.02 | |
| 4. 其他 | | | | | | |
| （五）所有者权益内部结转 | | | | | | |
| 1. 资本公积转增股本 | | | | | | |
| 2. 盈余公积转增股本 | | | | | | |
| 3. 盈余公积弥补亏损 | | | | | | |
| 4. 其他 | | | | | | |
| 四、本年末余额 | 120 000.00 | 50 466.61 | 43 944.32 | 27 327.04 | 323 361.18 | 565 099.15 |

公司法定代表人：居伟民　　主管会计工作的公司负责人：马春光　　公司会计机构负责人：李　玎

所有者权益变动表(续)

单位:万元

| 项目 | 2009 年 | | | | | |
|---|---|---|---|---|---|---|
| | 实收资本 | 资本公积 | 盈余公积 | 一般风险准备 | 未分配利润 | 所有者权益合计 |
| 一、上年末余额 | 120 000.00 | -2 153.93 | 22 744.21 | 13 425.89 | 146 830.32 | 300 846.49 |
| 加:会计政策变更 | | | | | | — |
| 前期差错更正 | | | 1 101.32 | 1 270.42 | 8 272.43 | 10 644.17 |
| 其他 | | | | | | — |
| 二、本年初余额 | 120 000.00 | -2 153.93 | 23 845.53 | 14 696.31 | 155 102.75 | 311 490.66 |
| 三、本年增减变动金额(减少以"-"号填列) | | 37 266.49 | 9 011.03 | 5 685.70 | 75 413.56 | 127 376.78 |
| (一)净利润 | | | | | 90 110.29 | 90 110.29 |
| (二)其他综合收益 | | 37 266.49 | | | | 37 266.49 |
| 上述(一)和(二)小计 | | 37 266.49 | | | 90 110.29 | 127 376.78 |
| (三)所有者投入和减少资本 | | | | | | — |
| 1. 所有者投入资本 | | | | | | — |
| 2. 股份支付计入所有者权益的金额 | | | | | | — |
| 3. 其他 | | | | | | — |
| (四)利润分配 | | | 9 011.03 | 5 685.70 | -14 696.73 | — |
| 1. 提取盈余公积 | | | 9 011.03 | | -9 011.03 | — |
| 2. 对所有者(或股东)的分配 | | | | | | — |
| 3. 一般风险准备 | | | | 5 685.70 | -5 685.70 | — |
| 4. 其他 | | | | | | — |
| (五)所有者权益内部结转 | | | | | | — |
| 1. 资本公积转增股本 | | | | | | — |
| 2. 盈余公积转增股本 | | | | | | — |
| 3. 盈余公积弥补亏损 | | | | | | — |
| 4. 其他 | | | | | | — |
| 四、本年末余额 | 120 000.00 | 35 112.56 | 32 856.56 | 20 382.01 | 230 516.31 | 438 867.44 |

公司法定代表人:居伟民　　主管会计工作的公司负责人:马春光　　公司会计机构负责人:李　玎

## 5.2 信托资产

### 5.2.1 信托项目资产负债汇总表

单位:万元

| 信托资产 | 2010 年 12 月 31 日 | 2009 年 12 月 31 日 |
|---|---|---|
| 信托资产: | | |
| 存放同业款项 | 6 066 529.41 | 2 186 821.80 |
| 拆出资金 | 0.00 | 0.00 |
| 衍生金融资产 | 0.00 | 0.00 |
| 交易性金融资产 | 3 330 219.31 | 1 002 229.79 |
| 买入返售金融资产 | 268 997.61 | 173 183.22 |
| 应收票据 | 20 299.87 | 0.00 |
| 应收账款 | 140 402.20 | 22 585.47 |
| 应收利息 | 10 313.73 | 7 893.75 |
| 应收股利 | 14 010.56 | 12 054.19 |
| 其他应收款 | 477 692.55 | 89 040.92 |
| 贷款 | 14 397 056.62 | 11 747 395.23 |
| 可供出售金融资产 | 2 359 795.59 | 1 432 721.60 |
| 长期应收款 | 150 304.90 | 71 079.35 |
| 持有至到期金融资产 | 0.00 | 0.00 |
| 长期股权投资 | 6 043 337.80 | 3 932 537.55 |
| 其他资产 | 117.22 | 535.68 |

续表

| 信托资产 | 2010 年 12 月 31 日 | 2009 年 12 月 31 日 |
|---|---|---|
| 信托资产总计 | 33 279 077.37 | 20 678 078.55 |
| 信托负债和信托权益 | 2010 年 12 月 31 日 | 2009 年 12 月 31 日 |
| 信托负债: | | |
| 应交税费 | 1 131.74 | 1 219.31 |
| 其他应付款 | 55 278.06 | 203 927.64 |
| 应付账款 | 21 420.64 | 14 757.25 |
| 长期应付款 | 32 114.25 | 9 347.87 |
| 信托负债合计 | 109 944.69 | 229 252.07 |
| 信托权益: | | |
| 实收信托 | 32 527 751.86 | 19 913 734.10 |
| 资本公积 | 111 769.68 | 86 064.08 |
| 未分配利润 | 529 611.14 | 449 028.30 |
| 信托权益合计 | 33 169 132.68 | 20 448 826.48 |
| 信托负债及权益总计 | 33 279 077.37 | 20 678 078.55 |

法定代表人:居伟民　　主管信托财务负责人:余金树　　会计机构负责人:李　青

### 5.2.2 信托项目利润及利润分配汇总表

单位:万元

| 项目 | 2010 年 | 2009 年 |
|---|---|---|
| 一、营业收入 | 1 631 705.60 | 1 088 806.31 |
| 利息收入 | 914 326.16 | 620 032.95 |
| 投资收益 | 456 194.52 | 306 283.76 |

续表

| 项　目 | 2010 年 | 2009 年 |
|---|---|---|
| 租赁收入 | 23 095. 69 | 3 486. 65 |
| 公允价值变动损益 | 165 165. 73 | 101 602. 04 |
| 汇兑损益 | 0. 00 | 0. 00 |
| 其他收入 | 72 923. 50 | 57 400. 91 |
| 二、营业费用 | 256 397. 31 | 233 572. 84 |
| 三、营业税金及附加 | 9 071. 37 | 20 037. 18 |
| 四、扣除资产损失前的信托利润 | 1 366 236. 92 | 835 196. 29 |
| 减：资产减值损失 | 1 763. 00 | −38. 15 |
| 五、扣除资产损失后的信托利润 | 1 364 473. 92 | 835 234. 44 |
| 加：期初未分配信托利润 | 449 028. 30 | 582 601. 88 |
| 六、可供分配的信托利润 | 1 813 502. 22 | 1 417 836. 32 |
| 减：本期已分配信托利润 | 1 283 891. 08 | 968 808. 02 |
| 七、期末未分配信托利润 | 529 611. 14 | 449 028. 30 |

法定代表人：居伟民　　主管信托财务负责人：余金树　　会计机构负责人：李　青

## 6. 会计报表附注

### 6. 1　会计报表编制基准不符合会计核算基本前提的说明

本公司无上述情况。

### 6. 2　重要会计政策和会计估计说明

#### 6. 2. 1　计提资产减值准备的范围和方法

公司计提资产损失准备的范围包括贷款损失准备、长期股权投资减值准备、固定资产减值准备和无形资产减值准备。主要计提方法是：

（1）贷款损失准备：

公司按照贷款资产风险分类后的风险程度和回收的可能性，参照以下比例计提专项准备：

| 贷款风险类别 | 计提比例（%） |
|---|---|
| 关注类 | 2 |
| 次级类 | 25 |
| 可疑类 | 50 |
| 损失类 | 100 |

计提比例可上下浮动 20%。

（2）长期股权投资减值准备：

期末对单项投资由于市价持续下跌或被投资单位经营状况恶化等原因导致其可收回金额低于账面价值的差额分项提取长期投资减值准备。

（3）固定资产减值准备：

期末对单项资产由于市价持续下跌、技术陈旧、损坏或长期闲置等原因导致其可收回金额低于账面价值的差额，分项提取固定资产减值准备。

（4）无形资产减值准备：

期末按单项资产预计可收回金额低于其账面价值的差额，分项提取无形资产减值准备。

#### 6. 2. 2　金融资产四分类的范围和标准

金融资产于初始确认时分为以下四类：以公允价值计量且其变动计入当期损益的金融资产、持有至到期投资、贷款和应收款项、可供出售金融资产。金融资产在初始确认时以公允价值计量。对于以公允价值计量且其变动计入当期损益的金融资产，相关交易费用直接计入当期损益，其他类别的金融资产相关交易费用计入其初始确认金额。

（1）金融资产的公允价值

存在活跃市场的金融资产，采用活跃市场中的报价确定其公允价值。不存在活跃市场的，本公司采用估值技术确定其公允价值，估值技术包括参考熟悉情况并自愿交易的各方最近进行的市场交易中使用的价格、参照实质上相同的其他金融工具的当前公允价值、现金流量折现法和期权定价模型等。

（2）金融资产转移

金融资产转移，是指本公司将金融资产让与或交付给该金融资产发行方以外的另一方（转入方）。

已将金融资产所有权上几乎所有的风险和报酬转移给转入方的，终止确认该金融资产；保留了金融资产所有权上几乎所有的风险和报酬的，不终止确认该金融资产；既没有转移也没有保留金融资产所有权上几乎所有的风险和报酬的，分别按下列情况处理：放弃了对该金融资产控制的，终止确认该金融资产并确认产生的资产和负债；未放弃对该金融资产控制的，按照其继续涉入所转移金融资产的程度确认有关金融资产，并相应确认有关负债。

#### 6. 2. 3　交易性金融资产核算方法

以公允价值计量且其变动计入当期损益的金融资产，包括交易性金融资产和初始确认时指定为以公允价值计量且其变动计入当期损益的金融资产，采用公允价值进行后续计量，所有已实现和未实现的损益均计入当期损益。

#### 6. 2. 4　可供出售金融资产核算方法

可供出售金融资产指初始确认时即指定为可供出售的非衍生金融资产，以及除上述金融资产类别以外的金融资产，此类金融资产采用公允价值进行后续计量。其折溢价采用实际利率法进行摊销并确认为利息收入。除减值损失及外币货币性金融资产的汇兑差额确认为当期损益外，可供出售金融资产的公允价值变动作为资本公积的单独部分予以确认，直到该金融资产终止确认或发生减值时，在此之前在资本公积中确认的累计利得或损失转入当期损益。与可供出售金融资产相关的股利或利息收入，计入当期损益。

#### 6. 2. 5　持有至到期投资核算方法

持有至到期投资是指到期日固定、回收金额固定或可确定，且本公司有明确意图和能力持有至到期的非衍生金融资产，采用实际利率法，按照摊余成本进行后续计量，其终止确认、发生减值或摊销产生的利得或损失，均计入当期损益。

#### 6. 2. 6　长期投资核算方法

6. 2. 6. 1　长期股权投资的初始计量

长期股权投资在取得时按初始投资成本计量。初始投资成本一般为取得该项投资而付出的资产、发生或承担的负债以及发行的权益性证券的公允价值，并包括直接相关费用。但同一控制下的企业合并形成的长期股权投资，其初始投资成本为合并日取得的被合并方所有者权益的账面价值份额。

6. 2. 6. 2　长期股权投资的后续计量

能够对被投资单位实施控制的长期股权投资，以及对被投资单位不具有共同控制或重大影响，且在活跃市场中没有报价、公允价值不能可靠计量的长期股权投资采用成本法核算；对被投资单位具有共同控制或重大影响的长期股权投资，采用权益法核算。

长期股权投资采用权益法核算时，对长期股权投资初始投资成本大于投资时应享有被投资单位可辨认净资产公允价值份额的，不调整长期股权投资的初始投资成本；对长期股权投资初始投资成本小于投资时应享有被投资单位可辨认净资产公允价值份额的，其差额计入当期损益，同时调整长期股权投资的成本。

按权益法对长期股权投资进行核算时，先对被投资单位的净利润进行取得投资时被投资单位各项可辨认资产等的公允价值、会计政策和会计期间方面的调整，再按应享有或应分担的被投资单位的净损益份额确认当期投资损益。

**6.2.7 固定资产计价和折旧方法**

固定资产按照取得时的实际成本进行初始计量，采用年限平均法计提折旧。

**6.2.8 无形资产计价及摊销政策**

无形资产按照成本进行初始计量，采用直线法摊销。

**6.2.9 收入确认原则和方法**

在与交易相关的经济利益很可能流入公司且收入的金额能够可靠地计量时，确认提供与金融业务相关服务收入的实现。

**6.2.10 所得税的会计处理方法**

采用资产负债表债务法计提递延所得税，所得税率为25%。

**6.2.11 信托报酬的确认原则和方法**

在收入确认原则基础上，信托业务手续费收入按照信托合同约定的结算方法，一般以收益分配结算报告确认。

## 6.3 或有事项说明

本期公司分别为中泰信托——上海天林房地产开发发展有限公司的1.35亿元信托贷款提供担保，担保期间为2009年7月至2011年7月；为吉林信托——北京凤凰联合医院管理股份有限公司2亿元信托贷款提供担保，担保期限为2010年11月至2014年11月。担保金额占公司期末净资产的5.91%。

## 6.4 重要资产转让及其出售的说明

报告期内无重要资产转让及其出售。

## 6.5 会计报表中重要项目的明细资料

**6.5.1 固有资产经营情况**

6.5.1.1 信用风险资产五级分类情况

按照银监会《非银行金融机构资产风险分类指导原则（试行）》的分类标准，本年末公司固有资产质量情况：

| 信用风险资产五级分类 | 正常类（万元） | 关注类（万元） | 次级类（万元） | 可疑类（万元） | 损失类（万元） | 信用风险资产合计（万元） | 不良合计（万元） | 不良率（%） |
|---|---|---|---|---|---|---|---|---|
| 期初数 | 199 949.52 | 193 770.92 | 6 875.00 | 0.00 | 0.00 | 400 595.44 | 6 875.00 | 1.72 |
| 期末数 | 179 219.69 | 327 463.59 | 0.00 | 0.00 | 30 875.00 | 537 558.28 | 30 875.00 | 5.74 |

注：不良资产合计＝次级类＋可疑类＋损失类。

6.5.1.2 资产损失准备情况

单位：万元

| | 期初数 | 本期计提 | 本期转回 | 本期核销 | 期末数 |
|---|---|---|---|---|---|
| 贷款损失准备 | 86 496.28 | 115 387.92 | 73 790.12 | 0.00 | 128 094.08 |
| 一般准备 | 0.00 | 0.00 | 0.00 | 0.00 | 0.00 |
| 专项准备 | 86 496.28 | 115 387.92 | 73 790.12 | 0.00 | 128 094.08 |
| 其他资产减值准备 | 713.16 | 0.00 | 0.00 | 0.00 | 713.16 |
| 可供出售金融资产减值准备 | 0.00 | 0.00 | 0.00 | 0.00 | 0.00 |
| 持有至到期投资减值准备 | 0.00 | 0.00 | 0.00 | 0.00 | 0.00 |
| 长期股权投资减值准备 | 713.16 | 0.00 | 0.00 | 0.00 | 713.16 |
| 坏账准备 | 0.00 | 0.00 | 0.00 | 0.00 | 0.00 |
| 投资性房地产减值准备 | 0.00 | 0.00 | 0.00 | 0.00 | 0.00 |

6.5.1.3 固有股票投资、基金投资、债券投资、长期股权投资等投资情况

单位：万元

| | 自营股票 | 基金 | 债券 | 长期股权投资 | 其他投资 | 合计 |
|---|---|---|---|---|---|---|
| 期初数 | 104 369.79 | 0.00 | 0.00 | 55 166.68 | 82 766.11 | 242 302.58 |
| 期末数 | 129 702.62 | 0.00 | 0.00 | 98 357.01 | 93 950.00 | 322 009.63 |

6.5.1.4 固有长期股权投资的前三名

| 企业名称 | 占被投资企业权益的比例（%） | 主要经营活动 | 投资收益（万元） |
|---|---|---|---|
| 泰康人寿保险公司 | 8.80 | 人寿保险 | 9 000.00 |
| 信诚基金管理有限公司 | 49.00 | 证券投资基金 | 3 165.46 |
| 中信锦绣资本管理有限公司 | 40.00 | 投资咨询、投资管理、财务顾问 | 1 413.28 |

6.5.1.5 固有贷款前三名

| 企业名称 | 占贷款总额的比例（%） | 还款情况 |
|---|---|---|
| 北京北大高科技产业投资有限公司 | 15.96 | 按时归还贷款利息 |
| 昆山红枫房地产有限公司 | 12.07 | 按时归还贷款利息 |
| 天津新润房地产开发有限公司 | 9.40 | 按时归还贷款利息 |

6.5.1.6 表外业务的期初数、期末数

单位：万元

| 表外业务 | 期初数 | 期末数 |
|---|---|---|
| 担保业务 | 13 500.00 | 33 500.00 |
| 代理业务（委托业务） | 72 527.79 | 72 527.79 |
| 其他 | 0.00 | 0.00 |
| 合计 | 86 027.79 | 106 027.79 |

6.5.1.7 公司当年的收入结构

单位:万元

| 收入结构 | 金额(万元) | 占比(%) |
|---|---|---|
| 手续费及佣金收入 | 147 658.11 | 61.30 |
| 其中:信托手续费收入 | 132 253.04 | 54.90 |
| 投资银行业务收入 | 0.00 | 0.00 |
| 利息收入 | 63 680.80 | 26.44 |
| 其他业务收入 | -14.66 | -0.01 |
| 其中:计入信托业务收入部分 | 0.00 | 0.00 |
| 投资收益 | 32 275.48 | 13.40 |
| 其中:股权投资收益 | 13 596.24 | 5.64 |
| 证券投资收益 | 5 192.65 | 2.16 |
| 其他投资收益 | 13 486.59 | 5.60 |
| 公允价值变动收益 | -2 715.36 | -1.13 |
| 营业外收入 | 0.00 | 0.00 |
| 收入合计 | 240 884.37 | 100.00 |

**6.5.2 披露信托资产管理情况**

6.5.2.1 信托资产的期初数、期末数

单位:万元

| 信托资产 | 期初数 | 期末数 |
|---|---|---|
| 集合 | 3 669 918.81 | 7 510 316.44 |
| 单一 | 14 409 426.69 | 23 535 185.20 |
| 财产权 | 2 598 733.05 | 2 233 575.73 |
| 合计 | 20 678 078.55 | 33 279 077.37 |

6.5.2.1.1 主动管理型信托业务期初数,期末数,分证券投资、股权投资、融资、事务管理类分别披露

单位:万元

| 主动管理型信托资产 | 期初数 | 期末数 |
|---|---|---|
| 证券投资类 | 842 860.51 | 7 445 483.72 |
| 股权投资类 | 1 932 935.29 | 4 569 283.90 |
| 融资类 | 2 038 924.22 | 2 597 718.76 |
| 事务管理类 | | |
| 合计 | 4 814 720.02 | 14 612 486.38 |

6.5.2.1.2 被动管理型信托业务期初数,期末数,分证券投资、股权投资、融资、事务管理类分别披露

单位:万元

| 被动管理型信托资产 | 期初数 | 期末数 |
|---|---|---|
| 证券投资类 | 0.00 | 0.00 |
| 股权投资类 | 0.00 | 0.00 |
| 融资类 | 0.00 | 0.00 |
| 事务管理类 | 15 863 358.53 | 18 666 590.99 |
| 合计 | 15 863 358.53 | 18 666 590.99 |

6.5.2.2 本年度已清算结束的信托项目个数、实收信托合计金额、加权平均实际年化收益率

6.5.2.2.1 本年度已清算结束的集合类、单一类资金信托项目和财产管理类信托项目个数、金额、加权平均实际年化收益率

单位:万元

| 已清算结束信托项目 | 项目个数 | 合计金额(万元) | 加权平均实际年化收益率(%) |
|---|---|---|---|
| 集合类 | 25 | 1 721 058.79 | 8.05 |
| 单一类 | 165 | 13 059 949.75 | 4.43 |
| 财产管理类 | 8 | 1 721 920.99 | 8.93 |

6.5.2.2.2 本年度已清算结束的主动管理型信托项目个数、合计金额、加权平均实际年化收益率,分证券投资、股权投资、融资、事务管理类分别披露

| 已清算结束信托项目 | 项目个数 | 合计金额(万元) | 信托报酬率(%) | 加权平均实际年化收益率(%) |
|---|---|---|---|---|
| 证券投资类 | 39 | 1 869 398.68 | | 8.75 |
| 股权投资类 | 3 | 1 065 250.00 | | 11.15 |
| 融资类 | 11 | 527 539.27 | | 6.94 |
| 事务管理类 | | | | |

6.5.2.2.3 本年度已清算结束的被动管理型信托项目个数、合计金额、加权平均实际年化收益率,分证券投资、股权投资、融资、事务管理类分别披露

| 已清算结束信托项目 | 项目个数 | 合计金额(万元) | 信托报酬率(%) | 加权平均实际年化收益率(%) |
|---|---|---|---|---|
| 证券投资类 | | | | |
| 股权投资类 | | | | |
| 融资类 | | | | |
| 事务管理类 | 145 | 13 040 741.58 | | 4.37 |

6.5.2.2.4 本年度新增的集合类、单一类和财产管理类信托项目个数、合计金额

| 新增信托项目 | 项目个数 | 合计金额(万元) |
|---|---|---|
| 集合类 | 134 | 4 837 085.56 |
| 单一类 | 154 | 11 299 575.43 |
| 财产管理类 | 14 | 1 326 114.97 |
| 新增合计 | 302 | 17 462 775.96 |
| 其中:主动管理型 | 144 | 5 519 681.74 |
| 被动管理型 | 158 | 11 943 094.22 |

注:上述统计未包括尚未清算的开放式信托项目本年度内发生的申购和赎回金额,故期初余额-本期清算+本期新增≠期末余额。

6.5.2.2.5 信托业务创新成果有关情况

(1)新增主要创新业务

| 种类 | 项目名称 | 实收信托(万元) | 创新点 |
|---|---|---|---|
| 产业投资基金 | 中信·聚信汇金煤炭资源产业投资基金集合信托计划(Ⅰ号和Ⅱ号) | 637 821.00 | 该信托计划是国内规模最大的煤炭信托,贯彻了国家的产业政策和能源发展战略,实质性推动了山西省的煤炭资源整合。 |
| | 中信聚信汇金地产基金Ⅱ号集合资金信托计划 | 208 530.00 | 该信托计划设计了信托资金参与房地产开发的新途径,实现对房地产项目的真实收购,并聘请地产公司提供专业服务。 |
| | 中信国元农业基金一号集合资金信托计划 | 40 000.00 | 中信信托贯彻国家关于金融扶持"三农"的号召,推出国内首只专注于农业产业发展的信托型基金。 |

续表

| 种类 | 项目名称 | 实收信托（万元） | 创新点 |
|---|---|---|---|
| 另类投资 | 中信文道·中国书画投资基金集合资金信托计划(一期) | 4 000.00 | 该信托计划在投资领域上是国内首只针对书画艺术品实物的另类投资信托型基金,在交易模式上采取与深圳文化产权交易所合作,在该交易所进行交易,通过该所实现资金支付和艺术品保管,保证交易流程的安全和透明。 |
| 信托融资 | 中信·草原惠农基金集合资金信托计划(一期) | 10 500.00 | 该信托计划以股权方式投资于小额贷款公司,开辟小额贷款公司融资新渠道,并充分发挥政府部门的监管作用,进而通过引入政策性担保公司、挑选优质小额贷款公司等方式进一步降低项目风险。 |
| 资产流动化 | 河北创捷汽车租赁受益权流动化系列项目(Ⅰ期和Ⅱ期) | 18 260.00 | 公司与国内最大的汽车分期付款运营商河北开元集团合作开发,推出国内第一只针对汽车融资租赁资产的资产流动化信托产品。该产品采用围绕服务商的管理服务外包和会计核算外包的创新管理方式,并聘请专业评级公司出具信用风险评估报告。 |
| 并购贷款 | 中信弘元基金集合信托计划 | 132 300.00 | 该计划是国内信托行业第一单并购贷款业务,通过信托型基金形式,以股债结合方式,实现对大型煤企的并购整合。 |

(2)课题研究成果

公司委托中国国际经济咨询公司研发了《认知改变信托——2010年中国信托业研究报告》。该报告以法律为基础和出发点,以管理学的框架、思维方式和逻辑,从国民经济发展、产业经济学、企业发展战略等视角看待信托业、信托企业的现状和未来,提出了包括信托三要素、信托价值三要素、信托化、信托的融智功能、信托业综合指数等新概念。

6.5.2.2.6　本公司履行受托人义务情况及因公司自身责任而导致的信托资产损失情况

本公司勤勉尽职履行受托人义务,未发生因公司自身责任而导致的信托资产损失情况。

6.5.2.2.7　信托赔偿准备的提取、使用和管理情况

公司从2010年的税后利润提取5%的信托赔偿准备金,即5 543.88万元。2010年公司未使用信托赔偿准备金。

## 6.6　关联方关系及其交易的披露

### 6.6.1　关联交易方的数量、关联交易的总金额及关联交易的定价原则等

| | 关联交易方数量 | 关联交易金额（万元） | 定价政策 |
|---|---|---|---|
| 合计 | 32 | 2 511 791.25 | 1. 遵循市场价格的原则,有客观的市场价格作为参照的一律以市场价格为准;<br>2. 如果没有市场价格,按照成本加成定价;<br>3. 如果既没有市场价格,也不适合采用成本加成定价的,按照协议价定价。 |

### 6.6.2　关联交易方与本公司的关系性质、关联交易方的名称、法定代表人、注册地址、注册资本及主营业务等

| 关系性质 | 关联方名称 | 法定代表人 | 注册地址 | 注册资本（亿元） | 主营业务 |
|---|---|---|---|---|---|
| 控股股东 | 中国中信集团公司 | 常振明 | 北京市朝阳区新源南路6号京城大厦 | 553.58 | 金融、实业 |
| 非控股股东 | 中信华东（集团）有限公司 | 王　炯 | 上海浦东新区花园石桥路33号花旗集团大厦3601室 | 6.74 | 实业投资、国内贸易 |
| 同一母公司 | 中信银行股份有限公司 | 孔　丹 | 北京东城区朝阳门北大街8号富华大厦C座 | 390.33 | 银行业务 |
| 同一母公司 | 中信房地产股份有限公司 | 李士林 | 北京市朝阳区新源南路6号 | 67.9 | 房地产开发 |

注:公司本年度共有关联方32个,主要来自中信集团内部,表中为公司主要关联方。

### 6.6.3　公司与关联方的重大交易事项

6.6.3.1　固有财产与关联方:贷款、投资、租赁、应收账款、担保、其他方式等期初汇总数、本期发生额汇总数、期末汇总数

单位:万元

| | 期初数 | 借方发生额 | 贷方发生额 | 期末数 |
|---|---|---|---|---|
| 贷款 | 0.00 | 0.00 | 0.00 | 0.00 |
| 投资 | 0.00 | 0.00 | 0.00 | 0.00 |
| 租赁 | 0.00 | 961.15 | 961.15 | 0.00 |
| 担保 | 0.00 | 0.00 | 0.00 | 0.00 |
| 应收账款 | 0.00 | 720.81 | 0.00 | 720.81 |
| 其他 | 209 379.47 | 4 172 943.50 | 4 232 466.23 | 149 856.74 |
| 合计 | 209 379.47 | 4 174 625.46 | 4 233 427.38 | 150 577.55 |

6.6.3.2　信托资产与关联方:贷款、投资、租赁、应收账款、担保、其他方式等期初汇总数、本期发生额汇总数、期末汇总数

单位:万元

| | 期初数 | 借方发生额 | 贷方发生额 | 期末数 |
|---|---|---|---|---|
| 贷款 | 1 446 889.97 | 781 993.52 | 130 072.00 | 2 098 811.49 |
| 投资 | 1 746.21 | 9 000.00 | 0.00 | 10 746.21 |
| 应收账款 | 255.17 | 0.00 | 255.17 | 0.00 |
| 合计 | 1 448 891.35 | 790 993.52 | 130 327.17 | 2 109 557.70 |

注:此外,还包括支付给关联方中信银行的托管费4 340.83万元。

6.6.3.3　固有财产和信托财产之间的交易金额期初汇总数、本期发生额汇总数、期末汇总数

**固有财产与信托财产相互交易**

单位：万元

| | 期初数 | 本期发生额 | 期末数 |
|---|---|---|---|
| 合计 | 82 266.11 | 11 183.89 | 93 450.00 |

6.6.3.4　信托资产与信托财产之间的交易金额期初汇总数、本期发生额汇总数、期末汇总数

**信托资产与信托财产相互交易**

单位：万元

| | 期初数 | 本期发生额 | 期末数 |
|---|---|---|---|
| 合计 | 8 200.00 | 150 006.00 | 158 206.00 |

**6.6.4　关联方逾期未偿还本公司资金的详细情况以及本公司为关联方担保发生或即将发生垫款的情况**

关联方无逾期不偿还本公司资金情况，本公司无为关联方担保发生或即将发生垫款情况。

### 6.7　会计制度的披露

公司固有业务和信托业务均执行2006年颁布的企业会计准则。

## 7. 财务情况说明书

### 7.1　利润实现和分配情况

2010年公司实现净利润110 877.66万元。依据《公司法》、《信托公司管理办法》和《公司章程》，公司对2010年可供分配利润323 361.16万元进行分配，其中，提取10%法定盈余公积金11 087.77万元，提取5%信托赔偿准备5 543.88万元。

### 7.2　主要财务指标

| 指标名称 | 指标值 |
|---|---|
| 资本利润率（%） | 23.99 |
| 信托报酬率（%） | 0.51 |
| 人均利润（万元/人） | 506.29 |

### 7.3　对本公司财务状况、经营成果有重大影响的其他事项

7.3.1　公司2008年与中国中信集团公司、中信华东（集团）有限公司、中信通信项目管理有限责任公司签订关于泰康人寿的股权转让协议，受让泰康人寿股份7 500万股，本期支付第三次股权转让款22 500万元

7.3.2　公司2010年新增对天津信唐货币经纪有限责任公司的投资。截至2010年12月31日，该公司尚在筹建中

7.3.3　本期财务报告对前期长期投资分期付款、贷款利息和手续费跨期、离退休、内退三类人员工资等前期会计差错进行了追溯调整

## 8. 特别事项揭示

### 8.1　股东报告期内变动情况及原因

股东报告期内无变动。

### 8.2　董事、监事及高级管理人员变动情况及原因

报告期内，经中信集团党委任命，路京生担任公司党委副书记。其他无变动。

### 8.3　变更注册资本、注册地或公司名称、公司分立合并事项

报告期内无上述事项。

### 8.4　公司的重大诉讼事项

报告期内公司无重大诉讼事项。

### 8.5　公司及其董事、监事和高级管理人员受到处罚的情况

报告期内无上述处罚情况。

### 8.6　对银监会提出的整改意见简要说明整改情况

银监会在本年未对公司提出整改意见。

### 8.7　重大事项临时报告情况

报告期内无重大事项临时报告。

### 8.8　其他有必要让客户及相关利益人了解的重要信息

**8.8.1　关于安信信托重组一事进展报告**

安信信托投资股份有限公司定向增发、中信集团公司和中信华东（集团）有限公司以所持本公司100%股权认购其部分增发股份事宜已获得银监会原则同意，并于2008年6月16日经证监会并购重组委审核有条件通过，目前尚待监管部门的最后批准。

安信信托投资股份有限公司于2010年6月2日发布连续停牌公告。在公司董事会审议通过本年度报告之日前尚未复牌。

**8.8.2　关于公司获得市场荣誉的报告**

公司在2010年继续获得市场积极评价，先后获得主要荣誉如下：

（1）在2010年末由《金融时报》社和中国社会科学院金融研究所联合举办的中国金融机构金牌榜暨金龙奖评选中，中信信托因其突出的综合实力和经营业绩连续三次荣获“年度最佳信托公司奖”。

（2）在由《北大商业评论》和中国管理案例中心联合评选中，公司因其“无边界服务、无障碍运行”的创新经营管理模式

获得第四届中国管理学院奖专项金奖。

(3)在2010年由中国市值管理研究中心联合多家主流财经媒体举行的20年资本市场评选中,公司成为荣获“20年最有影响力机构奖”唯一信托公司。

本公司在年度审计报告签发日后,公司年报批准日前,未发生需要让客户及相关利益人了解的重要信息。

## 9. 公司监事会意见

北京京都天华会计师事务所有限公司已对公司本年度财务报告进行审计,并出具了标准无保留意见的审计报告。公司财务报告真实反映了公司的财务状况和经营成果。

# 中原信托有限公司

## 1. 重要提示

1.1 本公司董事会及董事保证本报告所载资料不存在任何虚假记载、误导性陈述或者重大遗漏，并对其内容的真实性、准确性和完整性承担个别及连带责任。本年度报告摘要摘自年度报告全文，客户及相关利益人欲了解详细内容，应阅读年度报告全文。

1.2 独立董事华民先生、杨松令先生、于萍女士认为本报告内容是真实、准确、完整的。

1.3 本公司总裁崔泽军、主管会计工作的副总裁李信凤及计划财务部总经理石翠云声明：保证年度报告中财务报告的真实、完整。

## 2. 公司概况

### 2.1 公司简介

中原信托有限公司始建于1985年8月。2002年10月，中国人民银行批准公司重新登记，并改制为有限责任公司，成为专门从事信托业务的信托金融机构。2007年10月，中国银监会批准公司变更名称为现名，并核准了新的业务范围，换发了《中华人民共和国金融许可证》。2008年5月，中国银监会批准公司增资扩股，注册资本由59 227.2万元增加到120 200万元（其中外汇1 500万美元）。

2.1.1 公司中文名称：中原信托有限公司
中文简称：中原信托
英文名称：Zhongyuan Trust Co.，Ltd.
英文缩写：Zhongyuan Trust

2.1.2 法定代表人：黄曰珉

2.1.3 注册地址：中国河南省郑州市郑汴路96号
邮政编码：450004
公司国际互联网网址：http://www.zyxt.com.cn
电子信箱：info@zyxt.com.cn

2.1.4 信息披露事务负责人：刘 飞
电话：0371－6652 1122 传真：0371－6651 3180
电子邮箱：lf@zyxt.com.cn

2.1.5 信息披露报纸：《上海证券报》《证券时报》

2.1.6 年度报告备置地点：中原信托总裁办公室（郑州市郑汴路中原信托大厦802室）

2.1.7 公司聘请的会计师事务所：中审亚太会计师事务所有限公司
地址：北京市海淀区复兴路47号天行健商务大厦22～23层

2.1.8 公司聘请的律师事务所：北京市大成律师事务所郑州分所
地址：郑州市紫荆山路60号金成国贸大厦19层

### 2.2 组织结构

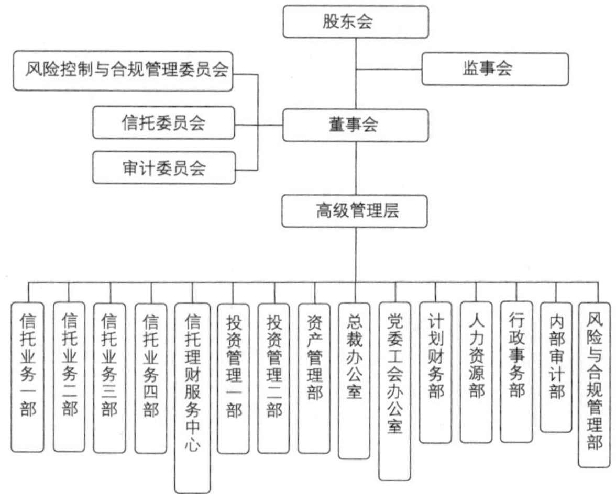


## 3. 公司治理结构

### 3.1 股东

3.1.1.1 截至报告期末公司股东共三家。股东情况

| 股东名称 | 持股比例(%) | 法人代表 |
|---|---|---|
| 河南投资集团有限公司 | 48.42 | 胡智勇 |
| 河南中原高速公路股份有限公司 | 33.28 | 关健 |
| 河南盛润创业投资管理有限公司 | 18.30 | 李喜朋 |

以上股东不存在关联关系。

**3.1.2 公司第一大股东的主要股东的基本情况**

| 股东名称 | 出资比例(%) | 法人代表 |
|---|---|---|
| 河南省人民政府 | 100 | |

### 3.2 董事

**3.2.1 董事会成员**

| 姓名 | 职务 | 性别 | 年龄 | 选任日期 | 所推举的股东名称 | 该股东持股比例(%) | 简要履历 |
|---|---|---|---|---|---|---|---|
| 黄曰珉 | 董事长 | 男 | 53 | 2008年5月 | 河南投资集团有限公司 | 48.42 | 历任河南省计划委员会投资处主任科员，中原信托投资公司国际业务部经理、副总经理，中原信托投资有限公司总经理；现任中原信托有限公司董事长。 |

续表

| 姓名 | 职务 | 性别 | 年龄 | 选任日期 | 所推举的股东名称 | 该股东持股比例(%) | 简要履历 |
|---|---|---|---|---|---|---|---|
| 闫万鹏 | 董事 | 男 | 45 | 2008年5月 | 河南投资集团有限公司 | 48.42 | 历任河南省计委、计经委科员、副主任科员、主任科员，河南省建设投资总公司总经理助理、河南省建设投资总公司总会计师、河南省建设投资总公司结算审计部主任，河南投资集团有限公司财务部临时负责人；现任河南投资集团有限公司财务总监。 |
| 郝国庆 | 董事 | 男 | 45 | 2008年5月 | 河南投资集团有限公司 | 48.42 | 历任河南省计划委员会财政金融处主任科员、副处长，河南省发展计划委员会产业发展处副处长，民生证券总裁助理，河南省建设投资总公司企划部主任；现任河南投资集团有限公司资产管理二部经理。 |
| 顾光印 | 董事 | 男 | 54 | 2009年12月 | 河南中原高速公路股份有限公司 | 33.28 | 历任河南省交通厅人事处主任科员，河南交通建设投资公司副总经理，河南高速公路发展有限责任公司党委副书记，河南高速房地产开发有限公司董事长；现任河南中原高速公路股份有限公司党委书记、董事，河南高速房地产开发有限公司董事。 |
| 张　华 | 董事 | 女 | 36 | 2008年5月 | 河南中原高速公路股份有限公司 | 33.28 | 历任河南省交通厅高速公路建设管理局财务处会计主管、河南高速公路发展有限责任公司财务处会计主管等；现任河南中原高速公路股份有限公司财务总监、财务会计部负责人。 |
| 李喜朋 | 董事 | 男 | 47 | 2008年5月 | 河南盛润创业投资管理有限公司 | 18.30 | 历任河南省煤矿供应公司，河南省煤炭厅供应处科员，河南省豫盛石化公司经理；现任河南盛润创业投资管理有限公司董事长。 |
| 崔泽军 | 董事 | 男 | 46 | 2008年5月 | 职务董事 | | 历任郑州粮食学院教师，中原信托投资公司财务部经理、副总经理，中原信托投资有限公司总经理；现任中原信托有限公司总裁。 |
| 许兆华 | 董事 | 女 | 53 | 2008年5月 | 职工董事 | | 历任南召县农业银行会计出纳副股长、县支行副行长，中原信托投资公司金融业务部经理、中原信托投资有限公司人力资源部经理、党办主任、工会副主席；现任中原信托有限公司党办主任、工会副主席。 |

### 3.2.2 独立董事

| 姓名 | 所在单位及职务 | 性别 | 年龄 | 选任日期 | 所推举的股东名称 | 该股东持股比例(%) | 简要履历 |
|---|---|---|---|---|---|---|---|
| 华　民 | 复旦大学教授 | 男 | 60 | 2008年5月 | 河南投资集团有限公司 | 48.42 | 历任汇添富基金管理有限公司、中海集运公司独立董事，现为复旦大学经济学院世界经济研究所所长、教授、博士生导师。 |
| 杨松令 | 北京工业大学教授 | 男 | 45 | 2008年5月 | 河南投资集团有限公司 | 48.42 | 中国会计学会理事，美国会计学会会员，西澳大利亚大学会计与财务系访问学者，中国教育会计学会工科分会秘书长，现为北京工业大学经济与管理学院教授，博士生导师。 |
| 于　萍 | 北京市大成律师事务所郑州分所律师 | 女 | 45 | 2008年5月 | 河南投资集团有限公司 | 48.42 | 历任河南天平律师事务所律师、河南路通律师事务所主任，现任北京市大成律师事务所郑州分所律师、河南省律师协会金融证券委员会委员、郑州市律师协会金融证券委员会主任委员。 |

## 3.3 监事会成员

| 姓名 | 职务 | 性别 | 年龄 | 选任日期 | 所推举的股东名称 | 该股东持股比例(%) | 简要履历 |
|---|---|---|---|---|---|---|---|
| 关　健 | 监事会主席 | 男 | 44 | 2009年12月 | 河南中原高速公路股份有限公司 | 33.28 | 历任河南省交通厅公路局工程处副处长、河南省交通厅公路管理局监理检测站副处长，河南中原高速公路股份有限公司副总经理，总经理；现任河南中原高速公路股份有限公司董事长。 |
| 王海青 | 监事 | 女 | 38 | 2008年5月 | 河南投资集团有限公司 | 48.42 | 历任郑州市农业局科员，河南省建设投资总公司资产管理二部业务主管；现任河南投资集团有限公司资产管理二部业务主管。 |
| 林　洁 | 监事 | 女 | 49 | 2008年5月 | 河南盛润创业投资管理有限公司 | 18.30 | 历任郑州列车段财务科会计，河南省盛润置业有限公司财务部经理；现任河南盛润创业投资管理有限公司财务总监。 |
| 杨志勇 | 职工监事 | 男 | 40 | 2008年8月 | | | 曾在河南省计划经济委员会研究所，中原信托投资有限公司计划财务部、内部审计部工作，历任中原信托投资有限公司计划财务部副经理、内部审计部副经理；现任中原信托有限公司内部审计部总经理。 |
| 杜晓军 | 职工监事 | 男 | 35 | 2008年8月 | | | 曾在中原信托投资公司国际业务部、投资银行部工作，历任中原信托投资有限公司信托投资部副经理、信托业务总部高级主管，信托业务三部副经理；现任中原信托有限公司信托业务三部总经理。 |

### 3.4 高级管理人员

| 姓名 | 职务 | 性别 | 年龄 | 选任日期 | 金融从业年限 | 学历 | 专业 |
|---|---|---|---|---|---|---|---|
| 崔泽军 | 总裁 | 男 | 46 | 2008年5月 | 19 | 博士研究生 | 西方经济学 |
| 刘　健 | 副总裁 | 男 | 55 | 2008年5月 | 25 | 研究生班结业 | 经济学 |
| 姬宏俊 | 副总裁 | 男 | 47 | 2008年5月 | 12 | 硕士研究生 | 工商管理 |
| 薛怀宇 | 副总裁 | 男 | 42 | 2008年5月 | 21 | 博士研究生 | 西方经济学 |
| 李信凤 | 副总裁 | 女 | 45 | 2010年7月 | 23 | 硕士研究生 | 工商管理 |

### 3.5 公司员工

| 项　目 | | 报告期年度 | |
|---|---|---|---|
| 人数 | | 117 | |
| 平均年龄 | | 39 | |
| | | 人数 | 比例(%) |
| 学历分布 | 博士 | 4 | 3.4 |
| | 硕士 | 38 | 32.5 |
| | 本科 | 47 | 40.2 |
| | 专科 | 19 | 16.2 |
| | 其他 | 9 | 7.7 |

## 4. 经营管理

### 4.1 经营目标、方针、战略规划

#### 4.1.1 经营目标

有效提升自主管理型信托业务，实现固有资产优化配置，为社会提供高品质的财富管理、财产管理服务。

#### 4.1.2 经营方针

抓住“十二五”规划实施和中原经济区建设的机遇，创新信托产品，实施差异化竞争，培养提高资产管理能力，发展壮大高端客户群体，打造专业化的产品、服务和员工队伍。

#### 4.1.3 战略规划

有效整合资源，构建有特色的信托服务平台和核心竞争力，提供专业财富管理和财产管理服务，服务中国社会高端机构和个人投资者对高品质金融理财的需求。

### 4.2 经营业务的主要内容

本公司的业务主要是信托业务和自营资产管理业务。报告期内，公司信托业务的主要品种有中原理财——成长系列信托、中原理财——宏业系列信托、中原理财——安益系列信托以及服务高端机构和个人客户特定需求的单一信托业务等；自营资产管理业务主要包括股权投资、债券投资、股票投资、贷款等。

**自营资产运用与分布表**

| 资产运用 | 金额（万元） | 占比（%） | 资产分布 | 金额（万元） | 占比（%） |
|---|---|---|---|---|---|
| 货币资产 | 36 052 | 24.04 | 基础产业 | 0 | 0 |
| 贷款及应收款 | 29 920 | 19.95 | 房地产业 | 0 | 0 |
| 交易性金融资产投资 | 3 937 | 2.63 | 证券市场 | 43 897 | 29.27 |
| 可供出售金融资产投资 | 59 790 | 39.87 | 实业 | 12 971 | 8.65 |
| 持有至到期投资 | 0 | 0 | 金融机构 | 14 044 | 9.36 |
| 长期股权投资 | 14 044 | 9.36 | 其他 | 79 060 | 52.72 |
| 其他 | 6 229 | 4.15 | | | |
| 资产总计 | 149 972 | 100 | 资产总计 | 149 972 | 100 |

**信托资产运用与分布表**

| 资产运用 | 金额（万元） | 占比（%） | 资产分布 | 金额（万元） | 占比（%） |
|---|---|---|---|---|---|
| 货币资产 | 56 471.08 | 1.58 | 基础产业 | 1 100 983.30 | 30.88 |
| 贷款 | 2 269 129.65 | 63.64 | 房地产 | 180 966.00 | 5.08 |
| 交易性金融资产投资 | 38 417.75 | 1.08 | 证券市场 | 38 655.55 | 1.08 |
| 可供出售金融资产投资 | 0.00 | 0.00 | 实业 | 1 540 590.29 | 43.21 |
| 持有至到期投资 | 0.00 | 0.00 | 金融机构 | 279 982.64 | 7.85 |
| 长期股权投资 | 195 236.70 | 5.48 | 其他 | 424 114.69 | 11.90 |
| 其他 | 1 006 037.29 | 28.22 | | | |
| 信托资产总计 | 3 565 292.47 | 100 | 信托资产总计 | 3 565 292.47 | 100 |

### 4.3 市场分析

#### 4.3.1 有利因素

（1）在积极的财政政策和适度宽松的货币政策的推动下，2010年，国内的经济形势有了明显的好转，投资、消费、出口均出现强劲复苏，经济增长水平进一步提高。

（2）信托业监管战略与时俱进，《信托公司净资本管理办法》正式颁布实施，行业监管更趋科学化、规范化，监管机构对信托公司的定位更加清晰，为信托业的发展创造了良好的制度环境，有利于指导和规范信托业务的发展。

（3）随着国民投资意识的逐步增强，收入结构逐步调整，财产性收入占比提高，投资者理财需求扩大，风险意识增强，信托市场已逐步形成。

#### 4.3.2 不利因素

（1）国际上主要发达经济体复苏乏力；国内通货膨胀压力加大，经济形势较为复杂。

（2）经济结构调整的宏观背景下，部分行业的信贷风险不断累积，隐患上升。

（3）信托业两极分化趋势正在随着金融业综合经营步伐的加快而加快，市场份额迅速向发达地区的信托公司和依托银行、保险、中央企业等机构股东的信托公司聚集，公司身处经济不发达地区，区域性经营特征明显，在市场竞争中处于劣势地位。

### 4.4 内部控制概况

#### 4.4.1 内部控制环境和内部控制文化

公司不断优化内部控制体系，内控制度已贯穿部门、岗位和工作的各个环节之中，并且通过考核制度确保内部控制的各

项要求得到监督和落实。

(1)法人治理结构健全,股东会、董事会有效行使决策职能,监事会充分发挥监督职能。

(2)董事会及高管层下设风险控制与合规管理委员会、审计委员会、信托委员会、项目审查委员会、证券投资决策委员会、资产清收委员会等多个专业委员会。委员会各司其职,充分发挥职能,有效地防范和化解风险。

(3)明确尽职调查和风险管理的问责制,确保公司风险管理事前有防范、事中有控制、事后有评价与反馈,建立了"顺序递进、权责统一、严格有效"的三道监控防线。公司已形成了诚信、稳健经营的文化氛围。

**4.4.2 内部控制措施**

(1)风险控制与合规管理部和内部审计部作为公司内控管理的主要职能部门,拟订和修订内控制度,监督检查和评价内控的科学性、规范性和可操作性。

(2)建立了由公司章程、部门职责、职位说明书、业务管理制度、操作流程或指引等基本授权体系,对各部门、岗位制定了明确的职责和权限,通过《中原信托有限公司授权管理办法》,对授权作了更为系统的界定和规范;信托业务和固有业务部门分设,信托业务和固有业务的高管人员、业务人员、财务人员相互独立。

(3)制定了包括行政管理制度、业务管理制度和财务管理制度等一百多项内部控制制度,加上各部门层面的管理制度,已基本涵盖了业务发展、风险管理、资产管理、部门设置、人员安排以及事前决策与防范、事中执行与控制、事后监督、反馈与纠正等所有部门和管理环节。

(4)公司坚持项目两级评审制度,审慎决策;建立中台、后台对前台的监督制约机制,通过风险控制、内部审计等手段对前台业务进行有效监督、制约。

**4.4.3 监督评价与纠正**

通过对内控机制的不断完善,逐步形成了以内部审计为主,业务授权控制、会计控制及业务流程环节控制等相互作用的内控监督评价与纠正机制,及时发现、纠正内控缺陷。对于检查发现的问题,相关部门及时提出改进措施和管理建议并上报管理层,监督评价机制的适时跟进,增强对操作风险的实时掌控能力,使内部监督制约机制更加健全有效。

2010年,内部审计部共开展了包括信托业务尽职管理、信托产品营销与客户管理、固有业务管理、反洗钱以及离职人员任期经济责任等在内的23项审计工作和1项效能监察工作,充分发挥内部审计在加强公司内部控制、防范经营风险和促进尽职管理等方面的应有作用。

## 4.5 风险管理概况

**4.5.1 风险状况**

4.5.1.1 信用风险状况

信用风险指因交易对手违约带来的风险。报告期末公司固有业务信用风险资产(包括贷款、拆借、租赁)按照资产五级分类标准分类的情况为:正常12 760万元、关注0万元、次级0万元、可疑0万元、损失0万元。其中,不良信用资产的期初数为475万元,期末数为0万元,报告期末准备金余额为3 064.7万元。报告期末公司信托业务信用风险资产按照资产五级分类标准均为"正常"。

4.5.1.2 市场风险状况

公司面临的市场风险主要是股票价格风险、利率风险等。报告期内公司固有资金股票投资虽略有亏损,但对公司业绩影响不大。对于股票质押融资业务,公司注重选择基本面良好的股票,限定较低的股票质押率,实施保证金追加机制,并为质押合同办理具有强制执行效力的公证文书,目前质押股票二级市场价格基本上均远高于质押价格,风险在可控范围内。

4.5.1.3 操作风险状况

公司可能面临的操作风险主要是流程风险、执行风险、信息风险、人员风险等。报告期内,公司没有发生因该类风险所造成的损失。

4.5.1.4 其他风险状况

公司面临的其他风险主要有合规风险、法律风险、流动性风险、声誉风险、道德风险等。公司能够根据外部监管政策和法律法规的变化及时调整公司相关制度,主动配合监管部门对公司业务的监管,对涉及关联交易等合规风险的敏感问题积极主动与监管部门沟通,没有发生重大合规风险和法律风险。

**4.5.2 风险管理**

4.5.2.1 信用风险管理

首先,公司实行贷款总量控制,在规定现阶段信用风险承担限额与管理策略的基础上,细化和明确主要业务品种的风险管理措施和业务控制规模,从总量及其分布上降低和分散信用风险;其次,严格项目审查和审批流程,强化项目担保措施,每笔业务均要经过业务部门认真调研和评估、风险与合规管理部门的初评审、主管领导审批、项目审查委员会审核及公司总裁审批等五道调研和审批程序后,才能付诸实施,从源头上控制信用风险;再次,强化事中尽职管理,密切关注国家宏观调控政策影响及交易对手的经营情况和各项财务指标等关键风险因素变化,从管理上降低信用风险发生概率;最后,制定风险处置预案,明确问题项目管理程序、损失准备政策等,及时化解信用风险,降低损失程度。根据年度经营情况,公司未计提一般准备,按净利润的5%计提信托赔偿准备金,报告期内计提2010年信托赔偿准备金656.57万元,期末信托赔偿准备金3 415.50万元,报告期内未使用信托赔偿准备金,所提取信托赔偿准备金存放于商业银行。

抵(质)押品以选取不存在所有权争议、市场价值可测、易于管理、易于变现的资产为确认原则。抵(质)押率的确定根据项目具体情况和抵(质)押资产特点而定,如土地、在建工程抵押率不超过50%;商业物业抵押率不超过60%;股票质押融资质押率不超过50%等。

保证贷款管理原则为:优先选取清偿能力强、信用状况良好的法人作为贷款保证人;定期对保证人的资信状况、代偿能力、履约情况等进行检查,督促保证人严格按照保证合同约定履行相关义务。

4.5.2.2 市场风险管理

公司管理市场风险的主要策略有对市场风险实行限额管理,根据业务性质、规模、复杂程度及公司风险承受能力设定并定期审查和更新限额,调整市场风险管理策略,将固有资金证券投资业务的比重控制在与投资管理、承担风险能力相适应的水平;加强宏观经济金融形势、调控政策以及行业周期性的研究,增强证券投资决策的预见性,提高反应速度;利用公司引入的证券投资及风险管理系统,提高证券估值效率和风险评估的科学性，强化止盈止损等风险防范措施；动态关注生产型交易对手的产销情况，重点关注国家宏观调控力度较大的房地产行业销售状况，定期开展房价压力测试，制订风险处置预案，有效防范房地产价格波动带来的风险；建立股票质押融资项目风险预警台账，逐日盯市，动态监测项目安全边际；关注国家货币政策变化，确保受益人预期收益和公司信托报酬的实现；强化日常风险监控与报告制度的执行，确保市场风险报告与处置流程通畅，确保高级管理层能够及时监控公司市场风险状况。

4.5.2.3　操作风险管理

操作风险管理是公司风险管理的重点，公司主要采取以下措施强化操作风险管理：一是根据监管政策变化，动态修订和完善内控制度体系。二是细化业务操作流程，进一步明确了岗位职责和操作规范。三是加强业务流程的信息化管理，对操作风险进行有效防范，提升了风险防控能力和执行效力。四是完善公司治理，强化制衡机制，防范可能来自股东或高管人员的操作风险。五是持续加强员工培训，增强员工的责任意识和道德水准，坚持轮岗和内部审计制度等。六是强化各类法律文本的规范化、标准化建设。

4.5.2.4　其他风险管理

继续加强对有关法律法规的动态学习，严格按照相关法律法规的规定开展业务，强化对信托业务立项调研、评审、审批、报备、实施、信息披露、清算等全过程合规性的内部审计监督，全面推行合规风险管理；加强员工对信托监管政策、合同法、物权法、新会计准则及业务涉及法律法规和有关政策的培训，提高员工法律防范意识和风险管理能力；强调固有资产运用中的投资限额管理，合理配置各类资产比例，防范流动性风险；加强员工职业道德教育和公司文化教育，增强员工的工作责任心和团队意识，维护公司信誉，防范声誉风险。

## 5. 报告期末及上年末的比较式会计报表

### 5.1　自营资产

#### 5.1.1　会计师事务所审计结论

中审亚太会计师事务所有限公司审计了中原信托有限公司2010年财务报表，包括2010年12月31日的资产负债表，2010年的利润表、现金流量表、股东权益变动表及财务报表附注。会计师事务所认为，中原信托有限公司财务报表已经按照企业会计准则的规定编制，在所有重大方面公允反映了中原信托有限公司2010年12月31日的财务状况以及2010年的经营成果和现金流量。

#### 5.1.2　资产负债表

**资产负债表**

编制单位：中原信托有限公司　　2010年12月31日　　单位：万元

| 资产 | 行次 | 期初数 | 期末数 | 负债及所有者权益 | 行次 | 期初数 | 期末数 |
|---|---|---|---|---|---|---|---|
| 流动资产： | 1 | | | 流动负债： | 36 | | |
| 货币资金 | 2 | 47 680.33 | 36 052.41 | 短期借款 | 37 | | |
| 拆出资金 | 3 | 475.15 | | 拆入资金 | 38 | | |
| 交易性金融资产 | 4 | 13 074.73 | 3 937.42 | 交易性金融负债 | 39 | | |
| 衍生金融资产 | 5 | | | 衍生金融负债 | 40 | | |
| 买入返售金融资产 | 6 | | | 卖出回购金融资产款 | 41 | | |
| 应收账款 | 7 | 1 941.40 | 2 080.22 | 应付账款 | 42 | | |
| 预付款项 | 8 | | | 预收款项 | 43 | | |
| 应收利息 | 9 | 468.75 | 130.54 | 应付职工薪酬 | 44 | 527.05 | 708.16 |
| 应收股利 | 10 | | | 应交税费 | 45 | 459.67 | 847.68 |
| 其他应收款 | 11 | 6 209.73 | 14 948.74 | 应付利息 | 46 | | |
| 存货 | 12 | | | 应付股利 | 47 | | 80.17 |
| 一年内到期的非流动资产 | 13 | | | 其他应付款 | 48 | 2 294.47 | 1 599.22 |
| 其他流动资产 | 14 | | | 一年内到期的非流动负债 | 49 | | |
| | 15 | | | 其他流动负债 | 50 | | |
| 流动资产合计 | 16 | 69 850.09 | 57 149.33 | 流动负债合计 | 51 | 3 281.19 | 3 235.23 |
| 非流动资产： | 17 | | | 非流动负债： | 52 | | |
| 发放贷款及垫款 | 18 | 4 260.00 | 12 760.00 | 长期借款 | 53 | | |
| 可供出售金融资产 | 19 | 49 646.91 | 59 789.89 | 应付债券 | 54 | | |
| 持有至到期投资 | 20 | | | 预计负债 | 55 | | |
| 长期应收款 | 21 | | | 递延所得税负债 | 56 | 708.19 | 1 245.74 |
| 长期股权投资 | 22 | 16 983.46 | 14 044.22 | 其他非流动负债 | 57 | | |
| 投资性房地产 | 23 | 2 370.91 | 2 296.26 | 非流动负债合计 | 58 | 708.19 | 1 245.74 |
| 固定资产 | 24 | 2 225.38 | 2 200.88 | 负债合计 | 59 | 3 989.38 | 4 480.97 |
| 在建工程 | 25 | | | | 60 | | |
| 工程物资 | 26 | | | 所有者权益： | 61 | | |
| 固定资产清理 | 27 | | 0.67 | 实收资本 | 62 | 120 200.00 | 120 200.00 |

续表

| 资产 | 行次 | 期初数 | 期末数 | 负债及所有者权益 | 行次 | 期初数 | 期末数 |
|---|---|---|---|---|---|---|---|
| 无形资产 | 28 | 565.68 | 554.22 | 资本公积 | 63 | 1 955.02 | 3 484.10 |
| 递延所得税资产 | 29 | 83.99 | 22.02 | 减:库存股 | 64 | | |
| 抵债资产 | 30 | 793.7 | 1 154.70 | 盈余公积 | 65 | 5 635.07 | 6 948.20 |
| 其他非流动资产 | 31 | | | 一般风险准备 | 66 | 3 040.73 | 3 697.30 |
| | 32 | | | 未分配利润 | 67 | 11 959.92 | 11 161.62 |
| 非流动资产合计 | 33 | 76 930.03 | 92 822.86 | 外币报表折算差额 | 68 | | |
| | 34 | | | 所有者权益合计 | 69 | 142 790.74 | 145 491.22 |
| 资产总计 | 35 | 146 780.12 | 149 972.19 | 负债及所有者权益总计 | 70 | 146 780.12 | 149 972.19 |

法定代表人:黄曰珉　　财务经理:石翠云　　复核:金新建　　制表:鲁　耀

### 5.1.3 利润和利润分配表

**利润及利润分配表**

制表单位:中原信托有限公司　　2010 年　　单位:万元

| 项　　目 | 行次 | 当年数 | 上年数 |
|---|---|---|---|
| 一、营业收入 | 1 | 26 156.79 | 20 464.13 |
| 利息净收入 | 2 | 1 114.42 | 1 079.52 |
| 利息收入 | 3 | 1 137.12 | 1 079.56 |
| 利息支出 | 4 | 22.7 | 0.04 |
| 手续费及佣金净收入 | 5 | 14 840.28 | 7 663.09 |
| 手续费及佣金收入 | 6 | 14 840.28 | 7 663.09 |
| 手续费及佣金支出 | 7 | | |
| 投资收益(损失以"-"号填列) | 8 | 9 651.13 | 11 598.56 |
| 其中:对联营企业和合营企业的投资收益 | 9 | | |
| 公允价值变动收益(损失以"-"号填列) | 10 | 359.3 | -111.45 |
| 汇兑收益(损失以"-"号填列) | 11 | -0.85 | -0.34 |
| 其他业务收入 | 12 | 192.51 | 234.75 |
| 二、营业支出 | 13 | 10 094.75 | 9 548.20 |
| 营业税金及附加 | 14 | 1 167.02 | 798.38 |
| 业务及管理费 | 15 | 8 713.99 | 5 416.18 |
| 资产减值损失 | 16 | 139.02 | 3 258.99 |
| 其他业务成本 | 17 | 74.72 | 74.65 |
| 三、营业利润(亏损以"-"号填列) | 18 | 16 062.04 | 10 915.93 |
| 加:营业外收入 | 19 | 4.82 | 11.84 |
| 减:营业外支出 | 20 | 37.02 | 38.43 |
| 四、利润总额(亏损以"-"号填列) | 21 | 16 029.84 | 10 889.34 |
| 减:所得税费用 | 22 | 2 898.52 | -27.79 |
| 五、净利润(净亏损以"-"号填列) | 23 | 13 131.32 | 10 917.13 |
| 六、每股收益 | 24 | | |
| (一)基本每股收益 | 25 | | |
| (二)稀释每股收益 | 26 | | |
| 减:其他调整事项 | 27 | | |
| 七、其他综合收益 | 28 | 1 529.08 | 3 669.08 |
| 八、综合收益总和 | 29 | 14 660.40 | 14 586.21 |

法定代表人:黄曰珉　　财务经理:石翠云　　复核:金新建　　制表:鲁　耀

## 5.2 信托资产

### 5.2.1 信托项目资产负债汇总表

**信托项目资产负债表**

编制单位:中原信托有限公司 2010 年 12 月 31 日 单位:万元

| 信托资产 | 期末数 | 期初数 | 信托负债和信托权益 | 期末数 | 期初数 |
|---|---|---|---|---|---|
| 信托资产: | | | 信托负债: | | |
| 货币资金 | 56 471.08 | 43 476.46 | 交易性金融负债 | | |
| 拆出资金 | | | 衍生金融负债 | | |
| 存出保证金 | | | 应付受托人报酬 | 2 401.78 | 1 955.42 |
| 交易性金融资产 | 38 417.75 | 26 429.36 | 应付托管费 | 44.70 | 25.49 |
| 衍生金融资产 | | | 应付受益人收益 | 694.47 | 106.00 |
| 买入返售金融资产 | | | 应交税费 | | |
| 应收款项 | 6.61 | 8 075.46 | 应付销售服务费 | | |
| 发放贷款 | 2 269 129.65 | 1 629 381.21 | 其他应付款项 | 4 430.06 | 1 090.32 |
| 可供出售金融资产 | | | 预计负债 | | |
| 持有至到期投资 | | | 其他负债 | | |
| 长期应收款 | | | 信托负债合计 | 7 571.01 | 3 177.23 |
| 长期股权投资 | 195 236.70 | 135 320.70 | | | |
| 投资性房地产 | | | 信托权益: | | |
| 固定资产 | 10 098.27 | 2 480.85 | 实收信托 | 3 532 118.05 | 2 419 154.12 |
| 无形资产 | | | 资本公积 | 2 201.85 | 302.45 |
| 长期待摊费用 | 1 652.01 | 4 022.15 | 外币报表折算差额 | | |
| 其他资产 | 994 280.40 | 583 940.30 | 未分配利润 | 23 401.56 | 10 492.69 |
| 减:各项资产减值准备 | | | 信托权益合计 | 3 557 721.46 | 2 429 949.26 |
| 信托资产总计 | 3 565 292.47 | 2 433 126.49 | 信托负债及信托权益总计 | 3 565 292.47 | 2 433 126.49 |

法定代表人:黄曰珉 财务经理:石翠云 复核:张跃强 制表:韩川晶

### 5.2.2 信托项目利润及利润分配汇总表

**信托项目利润及利润分配表**

编报单位:中原信托有限公司 2010 年 单位:万元

| 项 目 | 当年数 | 上年数 |
|---|---|---|
| 1. 营业收入 | 233 886.96 | 93 616.90 |
| 1.1 利息收入 | 121 463.34 | 51 055.32 |
| 1.2 投资收益(损失以"-"号填列) | 30 316.64 | 20 387.00 |
| 1.2.1 其中:对联营企业和合营企业的投资收益 | | |
| 1.3 公允价值变动收益(损失以"-"号填列) | -999.70 | 1 895.60 |
| 1.4 租赁收入 | | |
| 1.5 汇兑损益(损失以"-"号填列) | | |
| 1.6 其他收入 | 83 106.68 | 20 278.98 |
| 2. 支出 | 22 522.64 | 12 271.26 |
| 2.1 营业税金及附加 | | |
| 2.2 受托人报酬 | 9 973.52 | 5 578.51 |
| 2.3 托管费 | 1 361.00 | 1 563.94 |
| 2.4 投资管理费 | 44.96 | 532.46 |
| 2.5 销售服务费 | 255.96 | 13.60 |
| 2.6 交易费用 | 816.37 | |
| 2.7 资产减值损失 | | |
| 2.8 其他费用 | 10 070.83 | 4 582.75 |
| 3. 信托净利润(损失以"-"号填列) | 211 364.32 | 81 345.64 |
| 4. 其他综合收益 | | |
| 5. 综合收益 | 211 364.32 | 81 345.64 |
| 6. 加:期初未分配信托利润 | 10 492.69 | -20 193.16 |
| 7. 可供分配的信托利润 | 221 857.01 | 61 152.48 |
| 8. 减:本期已分配信托利润 | 198 455.45 | 50 659.79 |
| 9. 期末未分配信托利润 | 23 401.56 | 10 492.69 |

法定代表人:黄曰珉 财务经理:石翠云
复核:张跃强 制表:韩川晶

## 6. 会计报表附注

### 6.1 简要说明报告年度会计报表编制基准、会计政策、会计估计和核算方法发生的变化

本公司于 2008 年 1 月 1 日起执行新《企业会计准则》,按照新《企业会计准则》要求进行会计核算。

### 6.2 或有事项说明

本会计期末发生对外担保及其他或有事项。

### 6.3 重要资产转让及其出售的说明

本会计期无重大资产转让及其出售事项。

### 6.4 会计报表中重要项目的明细资料

#### 6.4.1 披露自营资产经营情况

6.4.1.1 按信用风险五级分类结果披露信用风险资产的期初数、期末数

| 信用风险资产五级分类 | 正常类(万元) | 关注类(万元) | 次级类(万元) | 可疑类(万元) | 损失类(万元) | 信用风险资产合计(万元) | 不良合计(万元) | 不良率(%) |
|---|---|---|---|---|---|---|---|---|
| 期初数 | 4 260 | | | 475 | | 4 735 | 475 | 10.03 |
| 期末数 | 12 760 | | | | | 12 760 | | 0 |

注:不良资产合计=次级类+可疑类+损失类。

6.4.1.2 各项资产减值损失准备的期初、本期计提、本期转回、本期核销、期末数;贷款的一般准备、专项准备和其他资

产减值准备

单位:万元

| | 期初数 | 本期计提 | 本期转回 | 本期核销 | 期末数 |
|---|---|---|---|---|---|
| 贷款损失准备 | 4 421.68 | | -3.25 | 1 353.73 | 3 064.70 |
| 一般准备 | | | | | |
| 专项准备 | 4 421.68 | | -3.25 | 1 353.73 | 3 064.70 |
| 其他资产减值准备 | 1 095.42 | 578.56 | | 389.53 | 1 284.45 |
| 可供出售金融资产减值准备 | | | | | |
| 持有至到期投资减值准备 | | | | | |
| 长期股权投资减值准备 | 65.02 | | | 65.02 | |
| 坏账准备 | 809.34 | | | 12.38 | 796.96 |
| 投资性房地产减值准备 | | | | | |

6.4.1.3 自营股票投资、基金投资、债券投资、股权投资等投资业务的期初数、期末数

单位:万元

| | 自营股票 | 基金 | 债券 | 长期股权投资 |
|---|---|---|---|---|
| 期初数 | 22 652.78 | | 28 712.87 | 16 983.45 |
| 期末数 | 4 244.57 | | 12 657.42 | 14 044.22 |

6.4.1.4 前三名的自营长期股权投资的企业名称、占被投资企业权益的比例及投资收益情况等

| 企业名称 | 占被投资企业权益的比例(%) | 投资收益(万元) |
|---|---|---|
| 焦作市商业银行股份有限公司 | 9.95 | 无 |
| 长城基金管理有限公司 | 17.65 | 2 823.52 |
| 光大银行股份有限公司 | 0.01 | 19.88 |
| 新时代证券有限责任公司 | 2.11 | 无 |

6.4.1.5 前三名的自营贷款的企业名称、占贷款总额的比例和还款情况等

| 企业名称 | 占贷款总额的比例(%) | 还款情况 |
|---|---|---|
| 河南天明广告有限公司 | 25.28 | 正常 |
| 郑州亿仁实业有限公司 | 22.12 | 正常 |
| 郑州市郑汴热力有限公司 | 22.12 | 正常 |
| 河南省莲花味精企业集团 | 11.15 | 非正常 |
| 河南环球模具有限公司 | 4.1 | 非正常 |

6.4.1.6 表外业务的期初数、期末数;按照代理业务、担保业务和其他类型表外业务

单位:万元

| 表外业务 | 期初数 | 期末数 |
|---|---|---|
| 担保业务 | 0 | 0 |
| 代理业务(委托业务) | 0 | 0 |
| 其他 | 0 | 0 |
| 合计 | 0 | 0 |

6.4.1.7 公司当年的收入结构

续表

| 收入结构 | 金额(万元) | 占比(%) |
|---|---|---|
| 手续费及佣金收入 | 14 840.28 | 56.68 |
| 其中:信托手续费收入 | 14 399.06 | 54.99 |
| 投资银行业务收入 | 430 | 1.64 |
| 利息收入 | 1 137.12 | 4.34 |
| 其他业务收入 | 191.66 | 0.73 |
| 其中:计入信托业务收入部分 | | |
| 投资收益 | 10 010.43 | 38.23 |
| 其中:股权投资收益 | 3 149.16 | 12.03 |
| 公允价值变动收益 | 359.3 | 1.37 |
| 其他投资收益 | 6 501.97 | 24.83 |
| 营业外收入 | 4.82 | 0.02 |
| 收入合计 | 26 184.31 | 100 |

**6.4.2 信托资产管理情况**

6.4.2.1 信托资产的期初数、期末数

单位:万元

| 信托资产 | 期初数 | 期末数 |
|---|---|---|
| 集合 | 231 838.82 | 355 093.01 |
| 单一 | 2 046 513.38 | 3 061 139.53 |
| 财产权 | 154 774.29 | 149 059.93 |
| 合计 | 2 433 126.49 | 3 565 292.47 |

6.4.2.1.1 主动管理型信托业务期初数、期末数,分证券投资、股权投资、融资、事务管理类分别披露

单位:万元

| 主动管理型信托资产 | 期初数 | 期末数 |
|---|---|---|
| 证券投资类 | 30 076.41 | 39 585.58 |
| 股权投资类 | 191 659.52 | 315 697.63 |
| 融资类 | 416 641.98 | 977 489.05 |
| 事务管理类 | 112 612.56 | 317 488.66 |
| 合计 | 750 990.47 | 1 650 260.92 |

6.4.2.1.2 被动管理型信托业务期初数、期末数,分证券投资、股权投资、融资、事务管理类分别披露

单位:万元

| 被动管理型信托资产 | 期初数 | 期末数 |
|---|---|---|
| 证券投资类 | 16 770.22 | 16 029.85 |
| 股权投资类 | 0.00 | 0.00 |
| 融资类 | 1 279 741.78 | 1 574 982.69 |
| 事务管理类 | 385 624.02 | 324 019.01 |
| 合计 | 1 682 136.02 | 1 915 031.55 |

6.4.2.2 本年度已清算结束的信托项目个数、实收信托合计金额、加权平均实际年化收益率

6.4.2.2.1 本年度已清算结束的集合类、单一类资金信托项目和财产管理类信托项目个数、金额、加权平均实际年化收益率

单位:万元

| 已清算结束信托项目 | 项目个数 | 合计金额(万元) | 加权平均实际年化收益率(%) |
|---|---|---|---|
| 集合类 | 26 | 107 183.00 | 10.18 |
| 单一类 | 73 | 1 835 538.00 | 4.32 |
| 财产管理类 | 6 | 36 831.00 | 4.86 |

注:加权平均实际年化收益率=(信托项目1的实际年化收益率×信托项目1的资产总计+信托项目2的实际年化收益率×信托项目2的资产总计+…信托项目n的实际年化收益率×信托项目n的资产总计)/(信托项目1的资产总计+信托项目2的资产总计+…信托项目n的资产总计)×100%。

6.4.2.2.2 本年度已清算结束的主动管理型信托项目个数、合计金额、加权平均实际年化收益率，分证券投资、股权投资、融资、事务管理类分别披露

| 已清算结束信托项目 | 项目个数 | 合计金额（万元） | 加权平均实际年化收益率（%） |
|---|---|---|---|
| 证券投资类 | 2 | 12 000.00 | 5.56 |
| 股权投资类 | 11 | 42 887.00 | 6.64 |
| 融资类 | 28 | 187 882.00 | 12.15 |
| 事务管理类 | 2 | 16 850.00 | 4.97 |

6.4.2.2.3 本年度已清算结束的被动管理型信托项目个数、合计金额、加权平均实际年化收益率，分证券投资、股权投资、融资、事务管理类分别披露

| 已清算结束信托项目 | 项目个数 | 合计金额（万元） | 加权平均实际年化收益率（%） |
|---|---|---|---|
| 证券投资类 | 0 | 0.00 | 0 |
| 股权投资类 | 0 | 0.00 | 0 |
| 融资类 | 42 | 1 469 152.00 | 4.18 |
| 事务管理类 | 20 | 250 781.00 | 4.02 |

6.4.2.3 本年度新增的集合类、单一类、财产管理类信托项目个数、合计金额

| 新增信托项目 | 项目个数 | 合计金额（万元） |
|---|---|---|
| 集合类 | 33 | 250 708.00 |
| 单一类 | 100 | 3 178 899.00 |
| 财产管理类 | 5 | 32 000.00 |
| 新增合计 | 138 | 3 461 607.00 |
| 其中：主动管理型 | 86 | 1 211 389.00 |
| 被动管理型 | 52 | 2 250 218.00 |

6.4.2.4 信托业务创新成果和特色业务有关情况

（1）公司私募股权投资（PE）、房地产基金信托（REITs）、受托境外理财（QDII）等创新业务。报告期末，本公司存续私募股权投资（PE）项目一个，即"中原理财——聚富资本1期股权投资集合资金信托计划"，规模4 760万元，已于本报告期内完成了投资。

（2）公司创新业务。公司加大信托产品创新力度，2010年，开发了开放式信托产品，通过单一委托人设立信托，信托存续期间可按照事先约定追加投资，信托资金组合运用，增加了产品的灵活性，满足了客户投资需求。

（3）本公司专长业务和研发成果。报告期内，公司积极实施差异化竞争，大力发展上市公司股权质押信托业务和房地产信托业务，形成产品线和品牌效应。其中，上市公司股权质押信托业务是以上市公司股票为标的质押物，根据交易对手的不同特点及融资需要，提供贷款、股权收益权投资等多种方式的融资服务。基于公司有业务团队专门致力于该类业务的研究、市场开发及拓展，通过对交易结构、模式的不断探索和创新该类业务已经形成了可持续的、稳健的产品线，在市场上有着良好的口碑，报告期内累计开发该类信托产品近40期，成为公司稳定的重点信托业务品种之一。

报告期内，本公司以博士和硕士群体为骨干的业务研发团队，紧密结合创新发展实际，加强对宏观经济金融形势和信托行业发展的研究，形成了一批具有一定理论水平和现实指导意义的业务研发报告，对促进业务健康发展发挥了积极作用，其中《引入REITS改造城中村》发表于金融时报、《利用房地产信托推动城中村改造》发表于中国信托业年鉴，其他优秀研发报告有《关于阳光私募的投资研究报告》、《结构化证券投资业务模式研究》、《信托产品营销策略研究》、《关于构建全面风险管理体系的若干思考》、《金融股权价值评估方法研究》、《中国股市长期投资收益的实证研究》等。

6.4.2.5 本公司履行受托人义务情况及因本公司自身责任而导致的信托资产损失情况（合计金额、原因等）

公司根据国家对信托行业相关法律法规的规定，在管理、运用、处分信托财产时，履行了恪尽职守，诚实、信用、谨慎、有效的义务，具体为：

（1）遵守信托文件的规定，为受益人的最大利益处理信托事务的义务；

（2）将受托人的固有财产与信托财产进行分别管理、分别记账，并将不同委托人的信托财产分别管理、分别记账的义务。

截至2010年12月31日，本公司未出现因自身责任导致信托资产损失的情况发生。

## 6.5 关联方关系及其交易的披露

### 6.5.1 关联交易方的数量、关联交易的总金额及关联交易的定价政策等

| | 关联交易数量 | 关联交易金额（万元） | 定价政策 |
|---|---|---|---|
| 合计 | 12 | 162 271 | 市场公平价格 |

注：关联交易是指信托公司以自有资产、信托资产为关联方提供投融资等服务，或以担保等方式为关联方融资提供便利的业务。关联交易的统计范围应基本与银监会非现场监管信息系统中关于关联交易的范围和口径一致，也可增加为关联方提供咨询等其他非投融资类业务服务的信息。

### 6.5.2 关联交易方与本公司的关系性质、关联交易方的名称、法人代表、注册地址、注册资本及主营业务等

| 关系性质 | 关联方名称 | 法定代表人 | 注册地址 | 注册资本（万元） | 主营业务 |
|---|---|---|---|---|---|
| 公司股东 | 河南投资集团有限公司 | 胡智勇 | 郑州市 | 1 200 000 | 项目投资管理 |
| 公司股东关联企业 | 河南天地置业有限公司 | 王小加 | 郑州市 | 14 000 | 房地产开发经营 |
| 公司股东关联企业 | 河南太澳高速公路有限公司 | 李喜朋 | 平顶山市 | 10 000 | 高速公路投资建设管理 |

### 6.5.3 本公司与关联方的重大交易事项

6.5.3.1 固有财产与关联方：贷款、投资、租赁、应收账款、担保、其他方式等期初汇总数、本期发生额汇总数、期末汇总数

**固有财产与关联方关联交易**

单位：万元

| 贷款 | | | 投资 | | | 租赁 | | | 担保 | | | 应收账款 | | | 其他 | | | 合计 | | |
|---|---|---|---|---|---|---|---|---|---|---|---|---|---|---|---|---|---|---|---|---|
| 期初 | 发生额 | 期末 | 期初 | 发生额 | 期末 | 期初 | 发生额 | 期末 | 期初 | 发生额 | 期末 | 期初 | 发生额 | 期末 | 期初 | 发生额 | 期末 | 期初 | 发生额 | 期末 |
| 0 | 0 | 0 | 0 | 1 485 | 0 | 0 | 0 | 0 | 0 | 0 | 0 | 0 | 0 | 0 | 498 | 534 | 498 | 498 | 2 019 | 498 |

6.5.3.2 信托资产与关联方：贷款、投资、租赁、应收账款、担保、其他方式等期初汇总数、本期发生汇总额、期末汇总数

信托资产与关联方关联交易

单位:万元

| 贷款 | | | 投资 | | | 租赁 | | | 担保 | | | 应收账款 | | | 其他 | | | 合计 | | |
|---|---|---|---|---|---|---|---|---|---|---|---|---|---|---|---|---|---|---|---|---|
| 期初 | 发生额 | 期末 | 期初 | 发生额 | 期末 | 期初 | 发生额 | 期末 | 期初 | 发生额 | 期末 | 期初 | 发生额 | 期末 | 期初 | 发生额 | 期末 | 期初 | 发生额 | 期末 |
| 0 | 0 | 0 | 45 100 | 0 | 45 100 | 0 | 0 | 0 | 0 | 0 | 0 | 0 | 0 | 0 | 92 448 | 0 | 92 448 | 137 548 | 0 | 137 548 |

6.5.3.3 固有财产与信托财产之间的交易金额期初汇总数、本期发生额汇总数、期末汇总数

固有财产与信托财产相互交易

单位:万元

| | 期初数 | 本期发生额 | 期末数 |
|---|---|---|---|
| 合计 | 5 356 | 13 474 | 18 830 |

6.5.3.4 信托资产与信托财产之间的交易金额期初汇总数、本期发生额汇总数、期末汇总数

信托资产与信托财产相互交易

单位:万元

| | 期初数 | 本期发生额 | 期末数 |
|---|---|---|---|
| 合计 | 0 | 0 | 0 |

**6.5.4 逐笔披露关联方逾期未偿还本公司资金的详细情况以及本公司为关联方担保发生或即将发生垫款的详细情况**

报告期内无关联方逾期未偿还本公司资金的情况以及本公司为关联方担保发生或即将发生垫款的情况。

### 6.6 会计制度的披露

**6.6.1 自营业务**

本公司执行2006年财政部颁发的《企业会计准则》及相关规定。

**6.6.2 信托业务**

本公司执行2005年版《信托业务会计核算办法》及相关规定。

## 7. 财务情况说明书

### 7.1 利润实现和分配情况

2010年公司实现利润总额16 029.84万元,所得税费用2 898.52万元,实现净利润13 131.32万元,按10%计提法定盈余公积1 313.13万元,按5%计提信托赔偿准备金656.57万元,期末未分配利润11 161.62万元。

### 7.2 主要财务指标

| 指标名称 | 指标值 |
|---|---|
| 资本利润率(%) | 9.60 |
| 加权年化信托报酬率(%) | 0.42 |
| 人均净利润(万元/人) | 121.59 |

注:1. 资本利润率=净利润/所有者权益平均余额×100%。

2. 加权年化信托报酬率=(信托项目1的实际年化信托报酬率×信托项目1的实收信托+信托项目2的实际年化信托报酬率×信托项目2的实收信托+…信托项目n的实际年化信托报酬率×信托项目n的实收信托)/(信托项目1的实收信托+信托项目2的实收信托+…信托项目n的实收信托)×100%。

3. 人均净利润=净利润/年平均人数。

4. 平均值采取年初及各季度末余额移动算术平均法,公式为:a(平均)=($a_0$/2+$a_1$+$a_2$+$a_3$+$a_4$/2)/4。

### 7.3 对本公司财务状况、经营成果有重大影响的其他事项

报告期内,无需要特别说明的对本公司财务状况、经营成果有重大影响的其他事项。

## 8. 特别事项揭示

### 8.1 前五名股东报告期内变动情况及原因

报告期内,本公司股东未发生变动。

### 8.2 董事、监事及高级管理人员变动情况及原因

报告期内,本公司董事、监事及高级管理人员变动情况如下:

聘任李信凤女士担任副总裁兼总会计师。

报告期内其他董事、监事及高级管理人员未发生变动。

### 8.3 公司的重大诉讼事项

报告期内,本公司未发生重大诉讼事项。

### 8.4 对会计师事务所出具的有保留意见、否定意见或无法表示意见的审计报告的,公司董事会应就所涉及事项作出说明

中审亚太会计师事务所对本公司2010年财务报表出具了标准无保留意见审计报告。

### 8.5 公司及其董事、监事和高级管理人员受到处罚的情况

报告期内,本公司及其高级管理人员未受到处罚。

### 8.6 银监会及其派出机构对公司检查后提出整改意见的整改情况

2010年5月24日至6月23日,河南银监局对公司信政业务、银信业务等情况开展了专项现场检查,并下发了《河南银监局关于中原信托有限公司信政业务、银信业务等风险专项检查发现问题和整改意见的通知》(豫银监通〔2010〕65号),对公司提出了在信政业务和银信业务中进一步加强风险管理、完善相关制度、规范尽职调查、提高自主管理能力等意见和建议。对此公司高度重视,研究、制定、实施了系统的整改措施。(1)密切关注融资平台公司负债风险,加强信政业务管理。持续跟踪地方政府规范融资平台工作的进展情况,防范地方政府在规范融资平台过程中产生债权悬空风险;与理财产品发行银行保持密切联系,及时了解掌握需要借新还旧的项目情况以及理财产品发行银行的措施安排,做好极端情况下的风险处置预案;审慎开展与地方融资平台公司新的合作业务,认真贯彻落实

《国务院关于加强地方政府融资平台公司管理有关问题的通知》（国发〔2010〕19号文），与地方政府融资平台公司开展业务必须符合国家产业政策要求，信托贷款必须与项目挂钩，项目资本金必须足额到位；按照风险全覆盖原则，落实有效担保，增加土地等足值抵（质）押品。（2）大力发展主动管理类信托业务，提高公司核心竞争力。目前公司已基本形成中原理财——成长、宏业、宏利和安益四个集合信托产品线和服务高端客户的单一信托产品。下一步，公司将重点从信托业务突出自主管理能力、固有业务形成以优质金融股权投资为主的资产配置、建立有效的风险控制与合规管理体系和建设一支优秀的人才队伍等四个方面打造公司的核心竞争力。（3）加强合规性管理，促进公司依法合规开展业务。一是加强合规制度培训，增强员工合规意识；二是完善项目评审机制，防范合规风险；三是发挥审计监督作用，促进合规管理工作。（4）做细、做实项目后期管理工作，不断提高项目管理水平。一是信托项目成立后，定期进行风险排查和压力测试，按季形成书面的风险分析报告，同时对证券投资信托和股权质押信托业务逐日监控质押股票的安全边界；二是充分发挥项目管理台账在尽职管理中的作用，不但记录财产运用、回收、分配和信息披露等管理过程，还要求信托经理认真填写管理日志，详细记录包括电话沟通、现场排查、委托第三方调查、抵（质）押品监控、证券投资逐日盯市等项目管理事项，要求内部审计部将项目管理台账尤其是管理日志记录的完整性作为重点审计内容，要求相关业务主管领导不定期对项目管理台账进行随机抽查；三是完善业务流程及相关制度，强化信托经理的责任意识。

### 8.7 本年度重大事项临时报告的简要内容、披露时间、所披露的媒体及其版面

无。

### 8.8 银监会及其省级派出机构认定的其他有必要让客户及相关利益人了解的重要信息

无。

## 9. 公司监事会意见

监事会认为，本报告期内，公司经营活动依法运作，操作规范，未发现违反《公司法》、《公司章程》、财务会计制度及国家法律、法规的行为，财务报告真实地反映了公司的财务状况和经营成果。公司董事、高级管理人员勤勉履职、守法经营、规范管理、开拓创新，维护了公司全体股东的根本利益，未发现违反《公司法》、《公司章程》及国家法律、法规的行为。

责任编辑：贾　真
责任校对：张志文
责任印制：裴　刚

**图书在版编目（CIP）数据**

中国信托业年鉴 2010～2011（Zhongguo Xintuoye Nianjian 2010～2011）：全 2 册/中国信托业协会编．—北京：中国金融出版社，2011．9
ISBN 978－7－5049－6073－3

Ⅰ．①中…　Ⅱ．①中…　Ⅲ．①信托—中国—2010～2011—年鉴　Ⅳ．①F832．49－54

中国版本图书馆 CIP 数据核字（2011）第 169649 号

出版发行　中国金融出版社
社址　北京市丰台区益泽路 2 号
市场开发部　（010）63266347，63805472，63439533（传真）
网 上 书 店　http://www.chinafph.com
（010）63286832，63365686（传真）
读者服务部　（010）66070833，62568380
邮编　100071
经销　新华书店
印刷　北京汇林印务有限公司
尺寸　210 毫米×285 毫米
插页　32
印张　112．75
字数　3610 千
版次　2011 年 9 月第 1 版
印次　2011 年 9 月第 1 次印刷
定价　780．00 元（上下卷）
ISBN 978－7－5049－6073－3/F．5633